D1731318

BROCKHAUS · DIE ENZYKLOPÄDIE

1796

Zweihundert Jahre
Brockhaus-Lexika

1996

BROCKHAUS
DIE ENZYKLOPÄDIE

in vierundzwanzig Bänden

Zwanzigste, überarbeitete und
aktualisierte Auflage

Siebzehnter Band
PERU – RAG

F. A. Brockhaus Leipzig · Mannheim

Dieser Band enthält die Schlüsselbegriffe

Pflegebedürftigkeit
politische Kultur
politische Willensbildung
Pornographie
Postmoderne
Privatisierung
Prostitution
Psychosomatik
Psychotherapie

Die Deutsche Bibliothek - CIP-Einheitsaufnahme

Brockhaus - Die Enzyklopädie: in 24 Bänden. -
20., überarb. und aktualisierte Aufl. -
Leipzig; Mannheim: Brockhaus.
19. Aufl. u. d. T.: Brockhaus-Enzyklopädie
ISBN 3-7653-3100-7
Bd.17. PERU-RAG. – 1998
ISBN 3-7653-3117-1

ISBN für das Gesamtwerk: 3-7653-3100-7
Band 17: 3-7653-3117-1

Typographische Beratung: Hans Peter Willberg, Eppstein, und Friedrich Forssman, Kassel, unter Mitwirkung von Raphaela Mäntele, Heidelberg

Satz: Bibliographisches Institut & F. A. Brockhaus AG (PageOne Siemens Nixdorf) und Mannheimer Morgen Großdruckerei und Verlag GmbH
Druck: Appl, Wemding
Papier: 120 g/m² holzfreies, alterungsbeständiges und chlorfrei gebleichtes Offsetpapier der Papeteries de Condat, Paris
Einband: Großbuchbindereien Lachenmaier, Reutlingen, und Sigloch, Künzelsau
Printed in Germany

PERU

Peru

Fläche 1 285 216 km²
Einwohner (1996) 24,23 Mio.
Hauptstadt Lima
Amtssprachen Spanisch, Ketschua und Aimara
Nationalfeiertag 28. 7.
Währung 1 Neuer Sol (S/.) = 100 Céntimos
Uhrzeit 6^{00} Lima = 12^{00} MEZ

Peru, amtlich spanisch **República del Perú,** Staat im W Südamerikas, zw. dem Äquator und 18° 21′ s. Br. (rd. 2 030 km N-S-Ausdehnung), grenzt im W an den Pazifik, im N an Ecuador und Kolumbien, im O an Brasilien, im SO an Bolivien und im S an Chile. Fläche: 1 285 216 km², (1996) 24,23 Mio. Ew.; Hauptstadt ist Lima; Amtssprachen: Spanisch, Ketschua und Aimara; Währung: 1 Neuer Sol (S/.) = 100 Céntimos. Zeitzone: Eastern Standard Time (Lima 6^{00} = 12^{00} MEZ).

STAAT · RECHT

Verfassung: Nach der am 29. 12. 1993 in Kraft getretenen Verf. (am 31. 10. 1993 durch Referendum gebilligt) ist P. eine präsidiale Republik. Staatsoberhaupt und Oberbefehlshaber der Streitkräfte ist der auf fünf Jahre direkt gewählte Präs. (einmalige Wiederwahl möglich); erreicht keiner der Kandidaten die absolute Mehrheit, ist eine Stichwahl notwendig. Die Befugnisse des Präs. wurden durch die neue Verf. erweitert. Er ernennt den Min.-Präs. und die übrigen Mitgl. des Kabinetts und kann das Parlament auflösen, wenn es die Arbeit der Reg. behindert. Die Legislative liegt beim Einkammerparlament (Congreso), dessen 120 Abg. für fünf Jahre gewählt werden.

Parteien: P. verfügt über ein breit gefächertes Spektrum von Parteien, die sich z. T. zu Bündnissen zusammengeschlossen haben. Den derzeit größten Einfluss haben: Cambio 90 – Nuevo Mayoría (C90-NM, gegr. 1993), Unión por la Perú (UP, gegr. 1994), Alianza Popular Revolucionaria Americana (APRA, gegr. 1924), Frente Independiente Moralizador (FIM), Coordinación Democrática – Perú País Posible (CODE-PP), Acción Popular (AP, gegr. 1956), Partido Popular Cristiano (PPC, gegr. 1966) und Izquierda Unida (IU, gegr. 1980).

Zu den wichtigsten Guerillaorganisationen zählen der Movimiento Revolucionario Tupac Amaru (MRTA, dt. Revolutionäre Bewegung, gegr. 1984), der Sendero Luminoso (SL, dt. Leuchtender Pfad, gegr. 1970) und die Frente Anti-imperialista de Liberación (FAL, dt. Antiimperialist. Befreiungsfront, gegr. 1992).

Gewerkschaften: Das Recht auf freie Gewerkschaftsbildung wurde durch das neue Arbeits-Ges. vom Juli 1992 eingeschränkt. Die größten Dachverbände sind: Confederación General de los Trabajadores del Perú (CGTP; gegr. 1968, rd. 500 000 Mitgl., der KP nahe stehend), Confederación de Trabajadores del Perú (CTP; gegr. 1944 von der APRA), Confederación Nacional de Trabajadores (CNT, rd. 12 000 Mitgl., dem PPC nahe stehend).

Wappen: Das Wappen (seit 1825) zeigt im geteilten und in der oberen Hälfte gespaltenen Schild ein Vikunja, einen Chinarindenbaum sowie ein Füllhorn, Symbol für die Bodenschätze des Landes. Der Schild liegt auf je einer Staats- und Handelsflagge zu beiden Seiten, ist aber auch ohne diese im Gebrauch. Er wird überragt von einem Kranz aus Steineichenblättern.

Nationalfeiertag: Nationalfeiertag ist der 28. 7., zur Erinnerung an die Ausrufung der Unabhängigkeit 1821.

Verwaltung: P. ist in 24 Departamentos und die Provincia Constitucional Callao gegliedert. Die jeweiligen Präfekten werden von der Reg. ernannt.

Recht: Höchstes Gericht ist der Oberste Gerichtshof, der zugleich als Appellationsgericht fungiert und dem Gerichte 1. Instanz in den Provinzhauptstädten nachgeordnet sind; in kleineren Orten üben von den Gerichten eingesetzte ehrenamtl. Richter die Gerichtsbarkeit aus.

Streitkräfte: Die Gesamtstärke der Wehrpflichtarmee (Dienstzeit zwei Jahre) beträgt 112 000, die der paramilitär. Kräfte (Guardia Civil und Republikan. Garde) 88 000 Mann. Das Heer (75 000 Soldaten) verfügt v. a. über zwei Panzer- und sechs Infanteriedivisionen sowie je eine Luftlande-, Kavallerie- und ›Dschungeldivision‹; alle Verbände besitzen jedoch nur Brigadestärke. Die Marine hat 22 000, die Luftwaffe 15 000 Mann. Die Ausrüstung besteht u. a. aus 300 Kampfpanzern T-54/T-55, 110 leichten Panzern AMX-13, 100 Kampfflugzeugen, zwei Kreuzern, sechs Zerstörern, vier Fregatten und 10 U-Booten.

LANDESNATUR · BEVÖLKERUNG

P. gliedert sich in drei naturräuml. Großeinheiten. Die 2 300 km lange und 40–150 km breite Küstenwüste im W (**Costa,** rd. 12 % der Staatsfläche, 52 % der Bev.) wird durch 52 Kordillerenflüsse unterbrochen, von denen nur zehn ganzjährig Wasser führen. An den Flussläufen entwickelten sich Oasen, die mittels moderner Bewässerungstechniken z. T. erheblich ausgedehnt wurden.

Das Gebirgsland der Anden (**Sierra,** rd. 30 % der Staatsfläche, 36 % der Bev.) besteht aus zwei Kordillerenzügen, die bei Cerro de Pasco eng zusammentreten und hier die wichtigste Wasserscheide von P. bilden (Quellgebiet des Huallaga, Mantaro und Marañón). Nördlich davon werden die Kordilleren durch das z. T. 3 000 m tief eingeschnittene Längstal des Marañón getrennt. Nach S erstreckt sich zw. beiden Gebirgszügen eine innerandine Hochfläche (Altiplano, 3 000 bis 4 500 m ü. M.), die im S in ein abflussloses Becken mit dem Titicacasee (3 810 m ü. M.) übergeht. Die Westkordillere hat im N in der Cordillera Blanca (Huascarán 6 768 m ü. M.; Nationalpark [UNESCO-Weltnaturerbe]) und in der Cordillera Huayhuash (Yerupaja 6 632 m ü. M.) die höchsten Erhebungen P.s und weist im S-Teil zahlreiche Vulkankegel auf (u. a. Coropuna 6 425 m ü. M.). Die Ostkordillere ist niedriger und be-

Peru

Staatswappen

Staatsflagge

Internationales Kfz-Kennzeichen

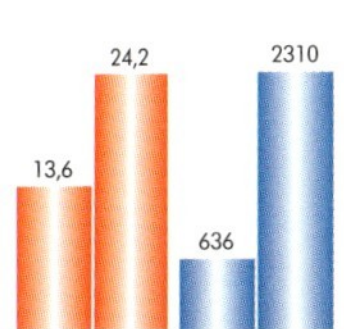

1970 1996
Bevölkerung (in Mio.)

1970 1995
Bruttosozialprodukt je Ew. (in US-$)

Stadt
Land
72%
28%

Bevölkerungsverteilung 1995

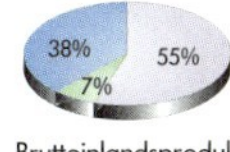

Bruttoinlandsprodukt 1995

Peru: Urubambatal unterhalb von Machu Picchu am Huayna Picchu im Süden des Landes

steht aus mehreren Bergzügen, die von vielen wasserreichen Flüssen in schluchtartigen Tälern nach O zum Amazonastiefland durchbrochen werden. Hochflächen und Hochgebirgstäler sind dicht besiedelt. An steilen Hängen finden sich aus der Inkazeit stammende, z.T. noch genutzte Ackerterrassen.

Nach O schließt sich der **Oriente** an (rd. 58% der Staatsfläche, 12% der Bev.), der sich gliedert in die

Größe und Bevölkerung (1993)

Departamento	Hauptstadt	Fläche in km²	Ew. in 1000	Ew. je km²
Amazonas	Chachapoyas	39249	354	9,0
Ancash	Huaraz	35826	984	27,5
Apurímac	Abancay	20896	396	19,0
Arequipa	Arequipa	63345	939	14,8
Ayacucho	Ayacucho	43815	512	11,7
Cajamarca	Cajamarca	33247	1298	39,0
Callao*)	Callao	147	648	4408,2
Cuzco	Cuzco	71892	1066	14,8
Huancavelica	Huancavelica	22131	400	18,1
Huánuco	Huánuco	36938	678	18,4
Ica	Ica	21328	579	27,1
Junín	Huancayo	44410	1093	24,6
La Libertad	Trujillo	25570	1287	50,3
Lambayeque	Chiclayo	14231	951	66,8
Lima	Lima	34802	6479	186,2
Loreto	Iquitos	368852	736	2,0
Madre de Dios	Puerto Maldonado	85183	70	0,8
Moquegua	Moquegua	15734	130	8,3
Pasco	Cerro de Pasco	25320	239	9,4
Piura	Piura	35892	1409	39,3
Puno	Puno	71999	1104	15,3
San Martín	Moyobamba	51253	572	11,2
Tacna	Tacna	16076	224	13,9
Tumbes	Tumbes	4669	159	34,0
Ucayali	Pucallpa	102411	332	3,2
Peru	Lima	1285216	22639	17,6

*) Provincia Constitucional

Montaña (Bergwald, z.T. als Nebelwald bis 3500m ü.M., an den Osthängen der Ostkordillere) und in das tropisch-feuchtheiße, vielfach noch unerschlossene und sehr dünn besiedelte Waldland (**Selva**), das in den Tälern von Savanneninseln durchsetzt ist.

Klima: P. weist eine große Spannweite trop. Klimate auf. Die Küstenebene steht unter dem Einfluss des kalten Humboldt- oder Perustroms, der das Aufsteigen und Kondensieren der Luftmassen verhindert (unter 50 mm Niederschlag pro Jahr); dichte Nebeldecke (Garúa) von Juni bis Dezember. Im Hochland fallen für den Regenfeldbau ausreichende Sommerniederschläge (600–1000 mm pro Jahr). Die Temperatur nimmt zwar mit der Höhe ab, jedoch liegen selbst in 3300m ü.M. die Jahresmitteltemperaturen noch bei 16°C, sodass Ackerbau bis etwa 4000m ü.M. möglich ist. Die Schneegrenze liegt bei etwa 5000m ü.M. Im Amazonastiefland (mit immerfeuchtem trop. Regenwald als natürl. Vegetationsformation) erreichen die Niederschläge 2500–3000 mm pro Jahr bei Jahresmitteltemperaturen um 26°C.

Bevölkerung: Die Bev. besteht zu rd. 45% aus Indianern (meist der Ketschuasprachfamilie, am Titicacasee auch Aimara, im Amazonastiefland Waldlandindianer), zu rd. 40% aus Mestizen, zu rd. 12% aus Weißen und rd. 3% aus Schwarzen, Mulatten, Ostasiaten.

Bei einer durchschnittl. Bev.-Dichte von 18,9 Ew. pro km² ist die Bev. regional sehr unterschiedlich verteilt. Während weite Teile der Selva noch Ew.-Dichten von unter 10, z.T. unter 1 Ew. pro km² aufweisen, leben (1995) 72% der Bev. in Städten, allein 29% in der Área metropolitana Lima-Callao. Beträgt die Wachstumsrate der Bev. in Lima-Callao (1981–93) 2,4% pro Jahr, so liegt die vieler Dep.-Hauptstädte deutlich darüber, v.a. im Bereich der Selva. Das weist zum einen auf die anhaltende Land-Stadt-Wanderung hin, zum anderen auf die starke Abwanderung aus der Sierra in die Selvaregion. Insgesamt hat sich seit 1940, als noch zwei von drei Peruanern in der Sierra lebten, durch Binnenwanderungen die großregionale Bev.-Verteilung erheblich verschoben; heute beträgt der Bev.-Anteil der Sierra nur noch reichlich ein Drittel.

Die natürl. Wachstumsrate ist mit (um 1995) 2,2% immer noch recht hoch (Geburtenrate 29‰, Sterberate 7‰). Die hohe Säuglingssterblichkeit (60‰) und die im Vergleich zum lateinamerikan. Mittel (69 Jahre) geringere Lebenserwartung (66 Jahre) sind Ausdruck unzureichender medizin. Versorgung und sanitärer Verhältnisse v.a. im ländl. Raum. Die durchschnittl. Kinderzahl pro Frau übersteigt mit 3,5 den Mittelwert für Lateinamerika (3,1); seit 1995 ist Sterilisation gesetzlich erlaubt. 36% der Peruaner sind jünger als 15 Jahre, was zu erhebl. Arbeitsmarktproblemen führt. Die sozialen Gegensätze sind außerordentlich groß. Einer sehr kleinen Oberschicht überwiegend kreol. Abstammung (rd. 2%) und einer kleinen Mittelschicht (rd. 20%), vielfach Angehörige des Verwaltungsapparates, steht die breite Masse der armen Bev. (v.a. Indios und Mestizen) gegenüber. Rund die Hälfte der Bev. lebt (1994) in Armut, auf dem Lande mehr als zwei Drittel. In den Städten haben sich die Marginalsiedlungen der Randzonen (Barriadas, offiziell: Pueblos jovenes ›junge Siedlungen‹) stark ausgedehnt.

Religion: Es besteht Religionsfreiheit. Mit der Verf. von 1980 wurde die gesetzl. Trennung von Staat und Kirche vollzogen und die privilegierte Stellung der kath. Kirche aufgehoben. Da ihr rd. 89% der Bev. angehören, nimmt diese nach wie vor eine herausgehobene Stellung im öffentl. Leben ein. Etwa 7% der Bev. sind Mitgl. prot. Kirchen (bes. Adventisten, Pfingstler, ›Church of the Nazarene‹, Methodisten, ›Church of God‹) und der anglikan. Kirche (als Teil der ›Anglikan. Kirche der Südspitze Amerikas‹). – Die jüd. Gemeinschaft zählt rd. 5000 Mitgl. Daneben gibt es in geringer Zahl Bahai, Muslime und Buddhisten. Eine in P. entstandene Religionsgemeinschaft ist die ›Israelit. Kirche des Neuen Welt-Bundes‹ (1954 gegr.; mit rd. 34000 Mitgl.). Unter der indian. Bev. hat sich eine eigenständige, das Christentum mit Vorstellungen der traditionellen indian. Religionen verbindende Religiosität entwickelt.

Bildungswesen: Der Besuch der staatl. Schulen ist kostenlos. Schulpflicht besteht vom 6. bis 15. Lebensjahr, doch kann sie wegen des Lehrermangels, v.a. in der Sierra, nicht durchgesetzt werden. Hinzu kommt, dass die Kinder mit indian. Muttersprache in span. Sprache unterrichtet werden, was z.T. von der Einschulung abhält und i.d.R. zu geringem Schulerfolg, unregelmäßigem Besuch und vorzeitigem Abbruch (20%) führt. Die fünfjährigen Sekundarschulen teilen sich nach zwei Jahren in einen allgemein bildenden Teil und berufsorientierte Züge (die ein Fünftel der Schüler aufnehmen). Die Analphabetenquote beträgt rd. 11%. P. hat 46 Univ. (einschließlich Kunsthochschulen), davon 27 staatliche und zahlr. andere Hochschuleinrichtungen.

Publizistik: In P. wurde spätestens 1582 die erste Druckpresse Südamerikas aufgestellt. 1825 entstand das heutige Amtsblatt ›El Peruano‹. Das Pressewesen zeichnet sich aus durch eine Vielzahl von regionalen Zeitungen, die zwar eine Auflage von weniger als 10000 Exemplaren haben, aber bereits im ersten Viertel des 20. Jh. gegründet wurden. 1974–80 war die Presse verstaatlicht. Ältestes überregional verbreitetes Blatt ist der konservative ›El Comercio‹ (gegr. 1839; Auflage 150000 Exemplare, sonntags 220000). Überregional verbreitet sind u.a. der konservative ›Expreso‹ (gegr. 1961; 120000) mit der Abendausgabe ›Extra‹ (gegr. 1964; 80000), die linke ›La República‹ (gegr. 1982; 110000) und ›Ojo‹ (gegr. 1968; 180000). – *Rundfunk:* Die staatl. Hörfunkgesellschaft ist ›Radio Nacional de P.‹ (gegr. 1937), Sitz: Lima; daneben existieren drei private Radiosender (u.a. ›Radio América‹, gegr. 1943). Die Fernsehabteilung des Erziehungsministeriums und eine Privatgesellschaft eröffneten 1958 ihre Programmdienste. Inzwischen bestehen vier weitere private Fernsehanstalten.

Bevölkerungsverteilung nach Großregionen (in %)

	1940	1961	1972	1981	1993
Costa	34,3	39,4	48,4	49,7	51,8
Sierra	60,3	51,8	44,7	39,9	36,1
Oriente	5,4	8,8	6,9	10,4	12,1

WIRTSCHAFT · VERKEHR

Trotz umfangreicher Rohstoffvorkommen und teilweise günstiger Voraussetzungen für die Landwirtschaft befindet sich die peruan. Wirtschaft seit den 1970er-Jahren in einer Krise, die sich Ende der 80er-Jahre zuspitzte. So sank das Bruttosozialprodukt (BSP) je Ew. zw. 1987 und 1989 durchschnittlich um jährl. rd. 11% auf 1090 US-$. Die durchschnittl. jährliche Inflationsrate erhöhte sich von 20,5% (1965–80) auf 119,1% (1980–88) und mündete 1989/90 in eine Hyperinflation (1990: 7650%). Mit der Reg.-Übernahme A. FUJIMORIS kam es ab August 1990 mithilfe z.T. schockartiger Maßnahmen (drast. Senkung öffentl. Ausgaben und Beschäftigung, Einführung einer neuen Währung, Liberalisierung der Finanz- und Arbeitsmärkte, Privatisierung von Staatsbetrieben) zu einer Stabilisierung der Wirtschaft, allerdings bei hohen sozialen Kosten. 1995 erreichte das BSP 2310 US-$; 1990–95 betrug der Zuwachs des Bruttoinlandsproduktes (BIP) 5,6%, 1994 sogar 13%; die Inflationsrate konnte auf (1995) rd. 10% gedrückt werden.

Klimadaten von Lima (120 m ü. M.)

Monat	Mittleres tägl. Temperaturmaximum in °C	Mittlere Niederschlagsmenge in mm	Mittlere Anzahl der Tage mit Niederschlag	Mittlere tägl. Sonnenscheindauer in Stunden	Relative Luftfeuchtigkeit nachmittags in %
I	28	1	0,5	6,3	69
II	28,5	1	0,1	6,8	66
III	28,5	1	0,1	6,9	64
IV	26,5	1	0,2	6,7	66
V	23,5	5	0,8	4,0	76
VI	20	5	1	1,4	80
VII	19,5	8	1	1,1	77
VIII	19	8	2	1,0	78
IX	20	8	1	1,1	76
X	21,5	3	0,2	2,5	72
XI	23,5	3	0,2	4,1	71
XII	25,5	1	0,1	5,0	70
I–XII	23,7	45	7	3,9	72

Klimadaten von Cuzco (3225 m ü. M.)

Monat	Mittleres tägl. Temperaturmaximum in °C	Mittlere Niederschlagsmenge in mm	Mittlere Anzahl der Tage mit Niederschlag	Mittlere tägl. Sonnenscheindauer in Stunden	Relative Luftfeuchtigkeit nachmittags in %
I	20	163	18	4,6	40
II	20,5	150	13	4,3	37
III	21	109	11	5,5	31
IV	21,5	51	8	7,0	33
V	21	15	3	7,7	29
VI	20,5	5	2	7,6	23
VII	21	5	2	8,3	23
VIII	21	10	2	7,6	24
IX	21,5	25	7	6,5	26
X	22	66	8	6,4	27
XI	23	76	12	6,5	26
XII	21,5	137	16	5,1	33
I–XII	21,2	812	102	6,4	29

Landwirtschaft: In der Landwirtschaft (einschließlich Forstwirtschaft und Fischerei) arbeiten (1992) 33% der Erwerbstätigen; sie erwirtschaften (1995) aber nur 7% des BIP. Die landwirtschaftl. Nutzfläche setzt sich zusammen aus (1994) 3,7 Mio. ha Ackerland, 390000 ha Dauerkulturen und 27,1 Mio. ha Wiesen und Weiden; bewässert werden 1,7 Mio. ha Land. Das Hauptanbaugebiet (mit rd. 50% des landwirtschaftl. Produktionswertes) liegt in der Costa, wo in den Flusstälern fast ausschließlich auf bewässerten Flächen v.a. Baumwolle, Zuckerrohr, Reis und Obst angebaut werden. Die Viehhaltung in der Costa dient v.a. der Versorgung der Agglomeration Lima-Callao. In der Landwirtschaft der Sierra herrscht die Selbstversorgung (Mais, Knollenfrüchte, europ. Getreidearten, Quinoa) vor; die Hochplateaus werden v.a. durch Viehhaltung (neben Schafen auch Rinder, Lamas, Alpakas, Vikunjas) genutzt. An den Osthängen der Anden dominiert der Tee-, Kaffee- und Reisanbau. Im trop. Amazonastiefland werden Hülsenfrüchte, Reis und Bananen erzeugt sowie Naturkautschuk gewonnen. Nahrungsmittelimporte haben in den letzten Jahren ständig zugenommen. P. ist weltweit der größte Kokaproduzent. Schätzungsweise 200000 ha Ackerland (6% der Anbaufläche) werden für den illegalen Kokaanbau genutzt. Die Deviseneinkünfte aus dem Export von Koka(paste) werden auf über 3 Mrd. US-$ pro Jahr geschätzt und dürften damit wertmäßig den legalen Exporteinkünften entsprechen. – Bis zur Agrarreform 1969 war der Kontrast zw. Minifundium und Latifundium außerordentlich scharf: Nur 0,4% der Betriebe bewirtschafteten 75% der Fläche. Seitdem haben kleinere und mittlere Betriebe, auch durch unsystemat. Parzellierungen der durch die Agrarreform geschaffenen Genossenschaften, ein deutlich höheres Gewicht erlangt; das 1991 beschlossene Änderungsgesetz zur Agrarreform zielt auf eine Liberalisierung des Bodenmarktes.

Forstwirtschaft: Die Forstwirtschaft ist wegen mangelnder Verkehrserschließung ohne Bedeutung. Als Wald werden (1994) 84,8 Mio. ha ausgewiesen (größtenteils im Amazonastiefland und am Ostabhang der Anden). Lediglich 9,2% des Holzeinschlags von (1991) 7,04 Mio. m^3 werden als Nutzholz verwendet.

Fischerei: Das mit dem →Humboldtstrom zusammenhängende Auftriebswasser vor der peruan. Küste bedingt einen außerordentlichen Planktonreichtum, Grundlage eines reichen Bestandes an Fischen, Walen, Robben und Pinguinen. Von den Fischen leben die Vögel (v.a. Kormorane sowie Tölpel und Pelikane), die an der Küste und auf den vorgelagerten Inseln Guanolager hinterlassen haben, deren Abbau bis in die 1960er-Jahre von Bedeutung war. P. dehnte 1969 die Fischereigrenze auf 200 Seemeilen aus und erreichte 1970 mit 12,5 Mio.t Fisch die bisher größte Fangmenge. Seitdem kam es infolge von Veränderungen der Meeresströmung (→Niño, El) und Überfischung zu mehreren Produktionseinbrüchen. 1993 lag die Fangmenge wieder bei 8,5 Mio.t (weltweit 3. Rang). Gefangen werden überwiegend Anchoveta, die zu Fischmehl verarbeitet werden.

Peru: Wirtschaft

Bodenschätze: P. verfügt über große Reserven an Kupfer-, Silber-, Gold-, Blei-, Eisen-, Zinn- und Uranerz sowie Erdöl und Erdgas. Es zählt (1994) bei Silber (1780t, weltweit 3. Rang), Zink (672000t, 4. Rang), Blei (228000t, 4. Rang), Zinn (20000t, 4. Rang) und Kupfer (363000t, 8. Rang) zu den führenden Förderländern. Weiterhin wichtig sind Erdöl (46,5 Mio. Barrel), Eisenerz (3,8 Mio.t Eisen) und Gold (1993: 20000 kg). Förderzentren für Kupfer liegen in Süd-P.; im zentralperuan. Andengebiet (wichtigstes Bergbauzentrum ist →Cerro de Pasco) treten die Kupfererze hinter Blei- und Zinkerzen zurück. Hauptstandort des Eisenerzbergbaus ist →Marcona. Phosphatlager sind in der Küstenwüste Nordwest-P.s vorhanden. Hier befinden sich auch die bereits 1869 erschlossenen Erdölvorkommen. In der Selva kamen zu den Erdölfeldern bei Pucallpa und am Río Ucayali die Anfang der 1970er-Jahre entdeckten umfangreichen Erdölvorkommen im N des peruan. Amazonastieflandes. Zu Beginn der 70er-Jahre sind die wichtigsten ausländ. Erdöl- und Bergbauunternehmen verstaatlicht worden; die erwarteten Produktions- und Produktivitätssteigerungen blieben jedoch aus, es kam vielmehr zu starken Produktions- und Investitionsrückgängen; seit 1991 läuft ein Privatisierungsprogramm.

Industrie: Im industriellen Sektor einschließlich Bergbau, Energie- und Bauwirtschaft erarbeiten (1992) 17% der Erwerbstätigen (1995) 38% des BIP. Über 90% der Industriekapazität befinden sich in der Costa, rd. 80% im Raum Lima-Callao; in Trujillo, Chiclayo, Chimbote u. a. Städten arbeiten die Betriebe für den Export (Fischmehl-, Zuckerfabriken) oder stellen Güter für den heim. Markt her. Wichtigste Industriezweige sind, gemessen am BIP-Anteil (1992) die Nahrungsmittelindustrie, die Metallverarbeitung, die Textil- und Bekleidungsindustrie und die chem. Industrie. Die Politik der Importsubstitution verhalf der verarbeitenden Industrie bis in die 70er-Jahre zu hohen Wachstumsraten, längerfristig bedeutete diese Politik jedoch eine Fehlallokation von Kapital und Arbeit, was sich in einer bis zu Beginn der 90er-Jahre anhaltenden Krise dieses Wirtschaftssektors ausdrückte. Dynamisch gewachsen ist nur die informelle Wirtschaft (Schattenwirtschaft), v.a. in den großen Städten; in Lima-Callao wird ihr Anteil an den Beschäftigten auf mehr als 50% geschätzt.

Tourismus: Hauptanziehungspunkte sind Lima (Bauten der Kolonialzeit), Cuzco (Hauptstadt des Inkareiches), die Ruinenstadt Machu Picchu, der Titicacasee, auch das Amazonastiefland (wichtigster Ausgangspunkt für die Besuche des trop. Regenwaldes ist Iquitos). Die meisten der (1993) 272000 Besucher kommen aus den USA (21%), Chile (11,6%) sowie Bolivien und Deutschland.

Außenwirtschaft: Die wirtschaftl. Liberalisierung bedingte seit 1991 einen wachsenden Einfuhrüberschuss (Einfuhrwert 1995: 7688 Mio. US-$, Ausfuhrwert: 5572 Mio. US-$). Hierin nicht enthalten sind die illegalen Kokaexporte. An der Spitze der Ausfuhrgüter stehen bearbeitete NE-Metalle (Kupfer, Silber, Blei), metallurg. Erze (Eisenerz, Silber) und Fischprodukte (Fischmehl und Fischkonserven). Haupthandelspartner sind die USA und Japan. Die Auslandsschuld beläuft sich (1995) auf 32,1 Mrd. US-$, was 433% der Exporterlöse entspricht.

Verkehr: Die Abriegelung der Küste durch die Anden erschwert die Verkehrserschließung. Der Ausbau des (1994) rd. 70000 km langen Straßennetzes (davon rd. 11% asphaltiert) steht im Vordergrund. Hauptverkehrsadern sind das in N-S-Richtung von der ecuadorian. zur chilen. Grenze entlang der Küste verlaufende 3400 km lange Teilstück der Carretera Panamericana sowie versch. Stichstraßen in die Produktionszentren des Hochlandes und der Regenwaldregion im O. In der Sierra besteht noch keine durchgehende N-S-Verbindung. Die 800 km lange transandine Straße Lima–Cerro de Pasco–Pucallpa (Carretera Central) wurde 1943 vollendet. Zur Erschließung des östl. Andenvorlandes wurde die Carretera Marginal de la Selva gebaut. Das Eisenbahnsystem (Gesamtlänge 1994: 2121 km) besteht aus mehreren nicht zusammenhängenden Streckennetzen. Auf der 171 km langen Strecke Lima–La Oroya (höchster Punkt im Galeratunnel in 4783m ü.M., 21 Spitzkehren, 61 Brücken, 66 Tunnel) fuhr 1892 der erste Zug über die Westkordillere (seit 1893 bis La Oroya in Betrieb); der höchste Eisenbahnpunkt der Erde liegt in 4829 m ü. M. (Mine bei Ticlio). Die Binnenschifffahrt ist auf das obere Amazonasbecken und den Titicacasee beschränkt. Wichtigster Binnenhafen ist Iquitos am Amazonas. Über den Seehafen Callao nahe der Hauptstadt Lima werden 50% des Außenhandelsvolumens abgewickelt. Weitere Seehäfen sind Trujillo, Chimbote, Matarani und Ilo. Internat. Flughäfen befinden sich u. a. in Lima (›Jorge Chávez‹), Iquitos, Cuzco und Arequipa. Die nat. Luftverkehrsgesellschaft ›Aeroperú‹ (gegr. 1973, teilprivatisiert seit 1981) fliegt v. a. latein- und nordamerikan. Flughäfen an.

GESCHICHTE

Zur *Vor-* und *Frühgeschichte* →Südamerika, →andine Hochkulturen, →Inka.

Kolonialzeit: Die Wirren im Inkareich nach dem Tod des Herrschers HUAYNA CAPAC (1527; Erbfolgekrieg unter seinen Söhnen) sowie eine Seuche 1527 erleichterten den Spaniern (zuerst nur 183 Mann) unter F. PIZARRO die Eroberung des Reiches. PIZARRO besetzte am 15. 11. 1532 Cajamarca, die Residenz ATAHUALPAS, und ließ diesen am 29. 8. 1533 hinrichten. Am 15. 11. 1533 zog er in die Inkahauptstadt Cuzco ein und ließ ATAHUALPAS Halbbruder MANCO CAPAC II. unter dem Protektorat des span. Königs krönen. Am 6. 1. 1535 gründete PIZARRO Lima. 1536/37 wehrten PIZARRO und seine Halbbrüder GONZALO und HERNANDO in Cuzco einen Indianeraufstand unter MANCO CAPAC II. ab; dieser zog sich in die Berge von Vilcabamba zurück, wo er als ›Schattenkönig‹ weiterresidierte. Die PIZARROS und D. DE ALMAGRO gerieten jedoch um den Besitz Cuzcos in Streit. ALMAGRO wurde in der Schlacht von Salinas (6. 4. 1538) besiegt und am 8. 7. hingerichtet. Sein gleichnamiger Sohn machte sich nach der Ermordung F. PIZARROS (26. 6. 1541) zum Generalkapitän von P., wurde jedoch am 16. 9. 1542 bei Chupas von C. VACA DE CASTRO geschlagen und später in Cuzco hingerichtet.

1543 wurde das Vizekönigreich P. mit der Hauptstadt Lima gegründet, das im 16. und 17. Jh. das gesamte span. Südamerika (einschließlich Panamas) umfasste. Der Versuch des ersten Vizekönigs von P., die neuen Indianerschutzgesetze von 1542 durchzusetzen, löste einen Aufstand der span. Siedler unter G. PIZARRO aus. Der Vizekönig wurde am 4. 3. 1545 bei Quito besiegt und ermordet. Das Unternehmen G. PIZARROS schien in den Versuch zu münden, einen selbstständigen Staat zu bilden. Die Macht der Krone erwies sich jedoch als stärker, und es gelang dem königl. Bevollmächtigten PEDRO DE LA GASCA (* 1485, † 1567), G. PIZARRO am 9. 4. 1548 bei Sacsayhuamán (heute zu Cuzco) gefangen zu nehmen und ihn hinrichten zu lassen. 1572 ließ Vizekönig F. DE TOLEDO das noch verbleibende Inkareich von Vilcabamba erobern und den letzten Inkaherrscher TUPAC AMARU in Cuzco enthaupten.

In den Städten, bes. in Lima, Cuzco und Quito, bildete sich eine kreol. Kultur mit hoher Blüte in der Architektur und Malerei. Die Universitäten, vornehmlich von Dominikanern und Jesuiten geschaffen, spiegelten die Spätblüte der span. Scholastik wider. Die Wirtschaft des Landes und ihre Stellung im span. Weltreich waren fast ausschließlich auf der Förderung und der Ausfuhr von Silber aufgebaut. Auf dem Höhepunkt des peruan. Silberbergbaus im 17. Jh. kamen rd. fünf Sechstel der Weltproduktion aus Amerika und zwei Drittel davon aus P. Die Indianer, aus ihren Gemeinwesen herausgerissen, mussten in den Bergwerken arbeiten (→Mita). Neben dem Bergbau existierte bes. an der Küste eine bedeutende Agrarproduktion (Wein, Zucker).

Um eine straffere Verwaltung und einen besseren militär. Schutz vor Angriffen europ. Mächte zu gewährleisten, wurde das ausgedehnte Vizekönigreich P. im 18. Jh. aufgeteilt: 1739 wurden mit der Schaffung des Vizekönigreichs Neugranada die Gebiete der heutigen Staaten Ecuador, Kolumbien und Panama ausgegliedert, 1776 mit der Bildung des Vizekönigreichs Río de la Plata die Gebiete Boliviens, Uruguays, Chiles und Argentiniens. Die mit der neuen Verwaltung geforderten höheren Steuern und Abgaben lösten 1780–82 einen Aufstand unter J. G. CONDORCANQUI, der sich Inka →TUPAC AMARU II. nennen ließ, aus. CONDORCANQUI wurde 1781 mit indian. Hilfe besiegt, der Aufstand blutig niedergeschlagen.

Im Unabhängigkeitskampf Südamerikas (seit 1810) blieb P. zunächst der Mittelpunkt der span. Herrschaft. Nach dem Einzug des argentin. Generals J. DE SAN MARTÍN in Lima wurde am 28. 7. 1821 die Unabhängigkeit des Landes ausgerufen. Aber erst die Siege S. BOLÍVARS bei Junín (6. 8. 1824) und seines Generals A. J. DE SUCRE bei Ayacucho (9. 12. 1824) brachten die endgültige Unabhängigkeit von Spanien.

Das unabhängige Peru: 1829 löste sich P. von BOLÍVARS Großkolumbien. Es folgte eine Zeit blutiger Bürgerkriege, in denen sich Konservative und Liberale gegenüberstanden. In die Wirren griff 1836 der bolivian. Diktator A. SANTA CRUZ ein, indem er P. mit Bolivien zu einem Bundesstaat vereinigte. Er wurde aber nach seiner Niederlage im Krieg gegen Chile (1839) gestürzt, und P. erlangte seine Selbstständigkeit wieder. General R. CASTILLA drängte als Präs. (1845–51, 1855–62) die innere Anarchie zurück. Er führte die Schulpflicht ein und schaffte den Indianertribut ab. Mit der Herrschaft CASTILLAS begann ein wirtschaftl. Aufschwung, dessen Träger im Wesentlichen ausländ., bes. brit. Unternehmen waren. Die Hauptquellen des peruan. Reichtums wurden jetzt der Guano der Küsteninseln und die Salpeterlager der Atacamawüste in den südl. Provinzen. Die Besetzung einiger Inseln durch span. Schiffe (1864) veranlasste P. zur Kriegserklärung an Spanien (1866). 1879 wurde P. in den →Salpeterkrieg gegen Chile verwickelt. Die Chilenen besetzten im Januar 1881 Lima; im Frieden von Ancón (20. 10. 1883) musste P. seine Salpeterprovinzen (Tarapacá, Arica und Tacna) an Chile abtreten.

Nach der Niederlage im Salpeterkrieg erlangten brit. und nordamerikan. Unternehmen wieder vorherrschenden Einfluss. Den Präs. NICOLÁS PIÉROLA (1895–99) und JOSÉ PARDO Y BARREDA (1904–08, 1915–19) gelang die innere Konsolidierung P.s. Nach einem Staatsstreich übernahm A. LEGUÍA 1919 zum zweiten Male das Amt des Präs. Einen außenpolit. Erfolg erzielte er in der Tacna-Arica-Frage: Im Vertrag von Lima (3. 6. 1929) gab Chile die Provinz Tacna an P. zurück. Außerdem erhielt P. einen Freihafen in Arica, das bei Chile verblieb, sowie eine Geldentschädigung von 6 Mio. US-$.

Vor dem Hintergrund der Weltwirtschaftskrise und nach dem Sturz LEGUÍAS (1930) folgte eine Phase innerer Unruhen. Durch den Einfluss, den die →Alianza Popular Revolucionaria Americana (APRA) unter V. R. HAYA DE LA TORRE erlangte, verschärften sich die innenpolit. Gegensätze. Sozialistisch und antiimperialistisch ausgerichtet, suchte diese Bewegung eine Landreform durchzusetzen und in Lateinamerika die polit., soziale und kulturelle Stellung der Indianer zu verbessern. Die Unterdrückung der APRA trieb ihre Führer und Anhänger in den Untergrund.

1932 kam es zum Krieg zw. P. und Kolumbien um den Leticiazipfel, nachdem peruan. Truppen die kolumbian. Stadt Leticia besetzt hatten; er wurde nach Vermittlung des Völkerbundes durch die Rückgabe Leticias an Kolumbien beigelegt. Im Zweiten Weltkrieg betrachtete sich P. ab Februar 1942 im Kriegszustand mit Dtl; 1940 brach zw. P. und Ecuador ein bewaffneter Konflikt aus, als P. die zu Ecuador gehörenden Zugänge zum oberen Amazonas beanspruchte. Der Streit wurde auf der Konferenz von Rio de Janeiro (1942) zugunsten von P. entschieden, dem der größte Teil des ecuadorian. Oriente zugesprochen wurde.

1945 wurde als Vertreter der Liberalen JOSÉ LUIS BUSTAMANTE Y RIVERO zum Präs. gewählt. Er holte HAYA DE LA TORRE in seine Reg., wurde jedoch nach innenpolit. Schwierigkeiten von General MANUEL ARTURO ODRÍA im Oktober 1948 zum Rücktritt gezwungen; der General, nach zweijähriger Herrschaft als Führer einer Militärjunta im Juli 1950 zum Präs. ernannt, ließ scharf gegen die APRA vorgehen, stabilisierte aber weitgehend Wirtschaft und Währung. Der wachsende Widerstand gegen seine Militärdiktatur zwang ihn, freie Wahlen zuzulassen, bei denen am 17. 6. 1956 MANUEL PRADO Y UGARTECHE zum zweiten Mal (erstmals 1939–45) zum Präs. gewählt wurde. Gegen den Widerstand der reichen Landaristokratie konnte PRADO seine Reformpläne nicht durchsetzen. Bei den Präsidentschaftswahlen 1962 erhielt HAYA DE LA TORRE als Kandidat der APRA die meisten Stimmen; doch die Militärs erkannten das Wahlergebnis nicht an. Präs. PRADO, der sich weigerte, die Wahl zu annullieren, wurde am 18. 7. 1962 gestürzt.

Bei den von der Militärjunta am 9. 6. 1963 durchgeführten Neuwahlen siegte F. BELAÚNDE TERRY (Acción Popular). Der sich verschlechternden Lage in der Landwirtschaft, die zu Bauernaufständen und zu Terroraktionen führte, begegnete BELAÚNDE TERRY 1964 mit einer Agrarreform, die jedoch nur die Enteignung von etwa 8% der gesamten Betriebsfläche zur Folge hatte. Am 3. 10. 1968 wurde BELAÚNDE TERRY durch einen Militärputsch gestürzt und der Oberkommandierende der Streitkräfte, General JUAN VELASCO ALVARADO, zum neuen Präs. ernannt. Er enteignete nordamerikan. Erdölgesellschaften und führte eine radikale Strukturreform durch, die u. a. die Verstaatlichung eines Teils der Industrie und der Landwirtschaft sowie ausländ. Banken (1970) umfasste. Weitere Nationalisierungsmaßnahmen sowie die Enteignung großer Tageszeitungen (1974) folgten. Als FRANCESCO MORALES BERMÚDEZ am 29. 8. 1975 durch einen Putsch an die Reg. kam, wurden viele Maßnahmen zugunsten des privatwirtschaftl. Sektors zurückgenommen. 1976/77 befand sich P. mehrere Monate im Ausnahmezustand. Wirtschaftl. Not und innenpolit. Spannungen, verstärkt durch eine Eskalation der Gewalt zw. Staat und Guerilla seit Anfang der 80er-Jahre, führten P. in eine schwere Krise. BELAÚNDE, bei den Wahlen 1980 wieder erfolgreich, gelang es nicht, das Land zu konsolidieren. Auch sein Nachfolger ALÁN GARCÍA (APRA), Präs. 1985–90, scheiterte an Inflation, Arbeitslosigkeit und den Anschlägen der Guerillaorganisationen →Sendero Luminoso (SL) und Movimiento Revolucionario Tupac Amaru (MRTA), die das Land in Bürgerkriegsnähe brachten. Die Guerilla verbündete sich mit der Drogenmafia, die sie bekämpfenden Armee- und Polizeieinheiten machten sich schwerer Menschenrechtsverletzungen schuldig.

Nach einer Stichwahl am 10. 6. 1990 konnte sich A. FUJIMORI (Wahlbündnis Cambio 90) durchsetzen. Er konzentrierte alle staatl. Macht auf die Überwindung der Wirtschaftskrise (umfangreiches Privatisierungsprogramm) und die Bekämpfung des Guerillaterrors, löste am 5. 4. 1992 das von der Opposition beherrschte Parlament auf und setzte die Verf. außer Kraft. Mit der Festnahme des Führers des SL, ABIMAEL GUZMÁN, gelang im September 1992 ein spektakulärer Erfolg gegen die Guerilla. Ein Putschversuch (13. 11.) gegen Präs. FUJIMORI schlug fehl. Am 22. 11. 1992 ließ er auf der Grundlage eines neuen Wahlrechts die Verfassunggebende Versammlung wählen, in der seine Parteigänger die Mehrheit erhielten (einige etablierte Parteien wie APRA und AP boykottierten die Wahlen). Die neue Verf. (in Kraft seit dem 29. 12. 1993) etablierte ein Präsidialsystem, das auf die Person FUJIMORIS zugeschnitten ist. Vor dem Hintergrund wirtschaftl. Erfolge wurde der Präs. am 9. 4. 1995 mit großer Mehrheit wieder gewählt. Der wirtschaftl. Aufschwung verlangsamte sich jedoch 1996 erheblich. Ende 1996 wurde das Land durch einen neuen Terroranschlag schwer erschüttert: Ein Kommando des MRTA besetzte am 17. 12. die jap. Botschaft in Lima und nahm die dort anwesenden Personen (anlässlich einer Feier mehrere Hundert Gäste) als Geiseln, um die Freilassung inhaftierter Guerilleros zu erpressen. Nach Verhandlungen wurde zwar ein großer Teil der Geiseln freigelassen, doch blieben 72 Männer über vier Monate in der Gewalt der Rebellen. Am 22. 4. 1997 wurde die Botschaft von Sondereinheiten der Armee gestürmt, alle Guerilleros wurden dabei getötet. Im Laufe des Jahres 1997 verstärkte sich die Kritik am autoritären Reg.-Stil des Präsidenten.

Der jahrzehntealte Grenzkonflikt mit Ecuador brach im Januar 1995 erneut auf, nach internat. Vermittlung wurde eine entmilitarisierte Zone eingerichtet, um die Lage zu beruhigen (→Ecuador, Geschichte). Im April 1997 erklärte P. seinen Austritt aus dem Andenpakt.

J. GOLTE: Bauern in P. (1973); Herrscher u. Untertanen. Indianer in P. 1000 v. Chr. – heute, bearb. v. H. KELM u. a., Ausst.-Kat. (1974); L. NORTH u. T. KOROUKIN: The Peruvian revolution and the officers in power 1967–1976 (Montreal 1981); P., Kolonisation u. Abhängigkeit, hg. v. W. HEUER u. a. (1981); U. WACHENDORFER: Bauernbewegung in P. (1984); G. F. BASURCO VALVERDE: Herrschaftsordnung u. Industrialisierungsprozeß in P. (1985); Struktur- u. Entwicklungsprobleme der Industrie P.s, hg. v. W. MIKUS (1985); K. GIERHAKE: Regionale Entwicklungskonzeptionen in P. (1988); W. MIKUS: P.: Raumstrukturen u. Entwicklungen in einem Andenland (1988); E. VON OERTZEN: P. (1988); W. BAIER: P. als Beispiel eines südamerikan. Entwicklungslandes (1989); K. ESSER: P. – ein Weg aus der Krise (1989); H. DE SOTO: El otro sendero. La revolución informal (Bogotá [9]1990); E. KROSS: Die Barriadas von Lima (1992); B. SCHLEGELBERGER: Unsere Erde lebt. Zum Verhältnis von altandiner Religion u. Christentum in den Hochanden P.s (1992); H. MARTENS: Gesellschaft u. Raum in P. (1993); R. KRAEGE: P. im Umbruch? (1995); N. DAVIES: The ancient kingdoms of P. (London 1997); J. A. HEREDIA: Das Dilemma der peruan. Agrarentwicklung (1997); C. PASS: Polit. Systeme in Lateinamerika (Linz 1997).

peruanische Kunst, →lateinamerikanische Kunst.

peruanische Literatur, →lateinamerikanische Literatur.

Peruanischer Paso, *Pferdezucht:* der →Paso Fino.

Perubalsam, gelblich bis dunkelbraunes, dickflüssiges, in Wasser unlösl. Pflanzenexkret, von aromat., vanilleartigem Geruch, das aus dem Stamm des im trop. Mittel- und Südamerika heim. Schmetterlingsblütlers Myroxylon balsamum var. pareira gewonnen wird. P. enthält bis zu 70% Benzylester der Benzoe- und der Zimtsäure sowie Spuren von Cumarin und Vanillin. Er wird in der Medizin als Wundheilmittel, in der Parfümerie als Fixateur verwendet.

Perücke [frz. péruque, urspr. ›Haarschopf‹], künstl. Haartracht aus Menschen- oder Tierhaaren, aus pflanzl. oder synthet. Fasern, getragen als Ersatz für fehlendes Kopfhaar, Mode- oder Amtstracht.

Kulturgeschichte: Modisch und ein Zeichen der Würde waren P. aus langen, gedrehten Lockensträhnen bei Ägyptern, Hethitern, Assyrern, Babyloniern. Bei den Römerinnen der Kaiserzeit erfreute sich besonders importiertes Haar von blonden Germaninnen für P. wie für ihre über Stirn und Schläfen hochgetürmte Lockenfrisur großer Beliebtheit. MA. und Renaissance kannten die P. nur als Haarersatz. Unter LUDWIG XIII. kam die P. in Frankreich allg. in Gebrauch; diese Mode erreichte ihren Höhepunkt unter LUDWIG XIV., der die →Allongeperücke oder Staats-P. als Bestandteil der höf. Kleidung einführte. Neben menschl. Haar wurde dazu Ross- und Ziegenhaar, Hanf oder Flachs auf eine Haube gearbeitet; die lockige Haarmasse fiel auf Schultern und Rücken herab und türmte sich zuseiten eines Mittelscheitels auf. Bevorzugte Haarfarben waren Blond oder Braun, die gepuderte weiße P. kam erst im 18. Jh. in Mode. Im 1. Viertel des 18. Jh. wurde aus der verkürzten Allonge-P. die Knoten-P., bei der man die hintere und seitl. Haarfülle zu zwei Knoten knüpfte. Sie schrumpfte weiter zur flachen, an den Seiten und am Hinterkopf einen mehrreihigen Lockenkranz bildenden Stutz-P., die als Amtstracht (Geistliche, Ratsherren, Richter) und von Gelehrten bis ins späte 18. Jh. getragen wurde. Eine Stutz-P. mit kleinem Zopf ist der →Muffer, mit kleiner Tonsur die Abbé-P. Im 1. Viertel des 18. Jh. kam in Frankreich die Beutel-P. auf, bei der ein Haarbeutel (→Crapaud) die Hinterhaupthaare zusammenfasste, in Dtl. nach der 2. Hälfte des 18. Jh. die Zopf-P., in Anlehnung an den natürl. Zopf beim preuß. Heer seit FRIEDRICH WILHELM I. Allmählich trat die P. hinter dem eigenen gepuderten Haar zurück und kam nach der Frz. Revolution (1789) aus der Mode. In Großbritannien und in ehem. brit. Kolonialgebieten ist sie noch heute als Amtstracht üblich (Richter, Lord Mayor). Bei den weibl. Haarmoden überwogen Teil-P., künstl. Haarteile (→Toupet), falsche Zöpfe, Locken und Haarknoten, die als Teile kunstvoller Frisuren verwendet wurden. Um 1920 waren für den Abend weiße Bubikopf-P. modern. In den 60er-Jahren kamen P. aus Echt- oder Kunsthaar für den Tag als ›Zweitfrisur‹ in Mode.

P. GUSSMANN: Atlas für Perückenmacher, 3 Bde. ([5-6]1920–26); J. STEVENS COX: An illustrated dictionary of hairdressing & wigmaking (London [2]1984); M. JEDDING-GESTERLING u. G. BRUTSCHER: Die Frisur: Eine Kulturgesch. der Haarmode von der Antike bis zur Gegenwart (1988).

Perugino: Vision des heiligen Bernhard; 1489 (München, Alte Pinakothek)

Perückengeweih, eine Fehlbildung des →Geweihs.

Perückenstrauch, Cotinus, Gattung der Sumachgewächse mit drei Arten in Nordamerika sowie in SO-Europa bis O-Asien. Beliebt als Gartenstrauch ist der **Gemeine P.** (Cotinus coggygria), ein sommergrüner, bis 4 m hoher Strauch (auch in rotblättrigen Formen), Blätter lang gestielt, wechselständig und oval bis rundlich mit leuchtender Herbstfärbung. Zur Fruchtzeit haben die bis 20 cm langen und ebenso breiten Rispen durch die dichte, flaumige Behaarung der Fruchtteile ein perückenartiges Aussehen.

Perugia 1) Stadtwappen

Perugia [peˈruːdʒa], **1)** Hauptstadt der Prov. P., in Umbrien, Italien, 493 m ü. M., auf einem Höhenrücken zw. dem Tibertal und dem Trasimen. See, 148 300 Ew.; Erzbischofssitz; Univ. (gegr. 1200), Univ. für Ausländer (gegr. 1921), Akademie der schönen Künste, Musikschule, Priesterseminar; Archäolog. Museum, Bibliotheken (u. a. Biblioteca Augusta, gegr. 1615); Nahrungs- und Genussmittel-, Textil-, polygraph., Baustoff-, Metall verarbeitende, pharmazeut. Industrie; Fremdenverkehr.

Stadtbild: Vom etrusk. Mauerring (4.–2. Jh. v. Chr.) blieben große Teile erhalten (u. a. zwei monumentale Tore aus dem 3./2. Jh. mit bauplast. Schmuck). Das Stadtbild ist zum großen Teil von Bauten aus der Gotik und der Renaissance geprägt. Im Zentrum der Altstadt liegt die Piazza Quattro Novembre mit dem Dom San Lorenzo (1345–1490; im Dommuseum Gemälde von L. SIGNORELLI), der Fontana Maggiore (1277/78, mit Statuen und Reliefs von NICCOLÒ und G. PISANO) und dem Palazzo Comunale, einem der großartigsten ital. Stadtpaläste der Gotik (Ende 13. Jh. begonnen, 1333–53 erweitert; hier ist die Galleria Nazionale dell'Umbria untergebracht, v. a. mit Werken der umbr. Malerei); an den Palast schließt im S das Collegio del Cambio (ehem. Sitz der Geldwechsler) an, 1452–57 erbaut, mit Fresken von PERUGINO und seinen Schülern. Älteste Kirchen P.s sind Sant'Angelo (ein Zentralbau des 5./6. Jh., im Innern 16 antike Säulen) und San Pietro (um 1000 errichtet; reiche Renaissancemalerei und -dekoration; Marmortabernakel von MINO DA FIESOLE, 1473); mächtige got. Kirche San Domenico (1305 begonnen, im 17. Jh. nach Einsturz erneuert) mit got. Grabmal des Papstes BENEDIKT XI.; im Klostergebäude das Museo Archeologico Nazionale (etrusk. und röm. Kunst); das Oratorio di San Bernardino erhielt 1457–61 eine Fassade von AGOSTINO DI DUCCIO, ein Meisterwerk der Frührenaissance. In der Kapelle der Kirche San Severo Fresken von RAFFAEL (1505, nach dessen Tod von PERUGINO vollendet). – Um die Stadt liegen ausgedehnte etrusk. Nekropolen, v. a. aus hellenist. Zeit, mit reliefgeschmückten Aschenurnen (Volumniergrab; 1. Jh. v. Chr.).

Geschichte: P., das antike **Perusia,** war einer der zwölf Stadtstaaten der Etrusker. 295 v. Chr. wurde die Stadt von den Römern unterworfen. Im **Perusinischen Krieg** (Winter 41/40 v. Chr.) wurde LUCIUS ANTONIUS, der Bruder des MARCUS ANTONIUS, in P. von OCTAVIAN, dem späteren Kaiser AUGUSTUS, belagert. Nach der Übergabe zerstört, wurde die Stadt später von AUGUSTUS als **Augusta Perusia** wieder aufgebaut. 754/774 kam P. an den Kirchenstaat, behielt aber weitgehend seine freistädt. Verfassung; 1130 wurden erstmals Konsuln ernannt. Im 15. Jh. übernahm ein Adelskonsortium, dann die Familie Baglioni die Herrschaft; 1540 wurde P. der direkten Verwaltung durch den Kirchenstaat unterstellt (bis 1860).

G. WAPLER: Die zentralörtl. Funktion der Stadt P.: Bestimmungsfaktoren u. Bedeutung für das Umland (1979).

2) Prov. in der Region Umbrien, Italien, 6 334 km², 600 300 Einwohner.

Perugino [peruˈdʒiːno], eigtl. **Pietro Vannucci** [vanˈnuttʃi], ital. Maler, * Città della Pieve (bei Chiusi) um 1448, † Fontignano (bei Perugia) Februar oder März 1523; hauptsächlich in Florenz, Rom und Perugia tätig, nach G. VASARI Schüler von PIERO DELLA FRANCESCA, in Florenz von VERROCCHIO ausgebildet. P. ist der bedeutendste Maler Umbriens und Lehrer von RAFFAEL. Seine Wand- und Tafelbilder sind klar und ausgewogen komponiert, die Figuren rhythmisch bewegt. Die empfindsame Anmut ihres Ausdrucks beeinflusste Nazarener und Präraffaeliten.

Werke: *Fresken:* Hl. Sebastian (1478; Kirche in Cerqueto); Schlüsselübergabe an Petrus (um 1480/82; Rom, Sixtin. Kapelle); Christus am Kreuz (1493–96; Florenz, Santa Maria Maddalena dei Pazzi); Allegor. u. religiöse Fresken (1497 ff.; Perugia, Collegio del Cambio; mit dem jungen RAFFAEL). – *Tafelbilder:* Vision des hl. Bernhard (1489; München, Alte Pinakothek); Thronende Madonna mit Heiligen (1493; Florenz, Uffizien); Grablegung Christi (1495; ebd., Palazzo Pitti).

E. CAMESASCA: Tutta la pittura del P. (Mailand 1959); P. SCARPELLINI: P. (ebd. 1984).

Perugraben, Tiefseegraben im Pazifik, vor der Küste Perus, bis 6262 m tief (Milne-Edwards-Tiefe).

per ultimo [ital.], **1)** *bildungssprachlich:* am Monatsende (ist Zahlung zu leisten).

2) *Börsenwesen:* Bez. für einen Wertpapierkauf- oder -verkaufsauftrag, der mit einem Höchst- bzw. Mindestpreis versehen ist und bis zum letzten Handelstag des Monats, in dem er erteilt worden ist, gilt und danach automatisch erlischt.

Perusinischer Krieg, Krieg um Perusia, das heutige →Perugia.

Perustrom, Meeresströmung, →Humboldtstrom.

Leo Perutz

Perutz, 1) Leo, eigtl. **Leopold P.,** österr. Schriftsteller, * Prag 2. 11. 1882, † Bad Ischl 24. 8. 1957; war zunächst Versicherungsmathematiker, dann freier Schriftsteller; emigrierte 1938 nach Palästina; befreundet bzw. bekannt u. a. mit R. BEER-HOFMANN, H. VON HOFMANNSTHAL, R. A. BERMANN, E. E. KISCH, A. KUH, A. LERNET-HOLENIA, R. MUSIL, R. M. RILKE, E. WEISS und F. WERFEL. P. war mit seinen spannenden fantast. Romanen (›Die dritte Kugel‹, 1915; ›Zwischen neun und neun‹, 1918; ›Der Marques de Bolibar‹, 1920) und Novellen (›Herr, erbarme dich meiner‹, 1930) bis zum Verbot seiner Schriften durch die Nationalsozialisten 1933 einer der meistgelesenen Autoren des dt. Sprachraums. Sein reifstes Werk, im Exil entstanden und erst 1953 erschienen, ist der kunstvoll aus Novellen komponierte Roman aus dem Prag RUDOLFS II. ›Nachts unter der steinernen Brücke‹. P. war auch Dramatiker. – Seit Mitte der 80er-Jahre wird sein Werk von Verlagen und Publikum wieder entdeckt (u. a. Verfilmungen).

L. P. 1882–1957, bearb. v. HANS-H. MÜLLER u. a., Ausst.-Kat. (Wien 1989); HANS-H. MÜLLER u. W. SCHERNUS: L. P. Eine Bibliogr. (1992).

Max Ferdinand Perutz

2) Max Ferdinand, brit. Chemiker österr. Herkunft, * Wien 19. 5. 1914; lebt seit 1936 in Großbritannien; Prof. und Leiter (1962–79) der Abteilung für Molekularbiologie des Medical Research Council in Cambridge. P. arbeitete v. a. über den räuml. Aufbau von Proteinen und Nukleinsäuren (Tertiärstruktur) und klärte durch Röntgenstrukturanalyse die räuml. Struktur des Hämoglobins auf; hierfür erhielt er 1962 (mit J. C. KENDREW) den Nobelpreis für Chemie.

Peruwarze, charakterist. Hautveränderungen beim →Oroyafieber.

Peruzzi, Baldassare, ital. Baumeister, Maler, getauft Siena 7. 3. 1481, † Rom 6. 1. 1536; Schüler von FRANCESCO DI GIORGIO MARTINI, ging 1503 nach Rom. Dort wurde er von A. CHIGI gefördert, für den er die Villa Farnesina erbaute (1508–11). Nach RAFFAELS Tod (1520) Baumeister an St. Peter; seit 1529 Dombaumeister in Siena. Nach Rom zurückgekehrt, entstand 1534 ff. der Palazzo Massimo alle Colonne, ein wichtiges Werk der frühen manierist. Architektur in Rom, mit geschwungener Fassade und Säulenportikus. Die Fülle seiner Entwürfe verbindet Eleganz der Form mit gründl. Kenntnis der Antike. In der Perspektive erfahren, schuf er Festdekorationen und täuschend raumerweiternde Wand- und Bühnenbilder.

Werke: *Malereien:* Cappella Ponzetti (1515; Rom, Santa Maria della Pace); Anbetung der Könige (1521; London, National Gallery); Fresken (1534 ff.; Rom, Villa Farnesina).

C. L. FROMMEL: Die Farnesina u. P.s architekton. Frühwerk (1961); DERS.: B. P. als Maler u. Zeichner (Wien 1968); H. WURM: Der Palazzo Massimo alle Colonne (1965); B. P.: Architekturzeichnungen, bearb. v. H. WURM (1984); U. EWERING: Der mytholog. Fries der Sala delle Prospettive in der Villa Farnesina zu Rom (1993).

Perversion [lat. ›Verdrehung‹] *die, -/-en,* zeit- und gesellschaftsabhängige Bez. für eine starke bis krankhafte Abweichung von den allg. als normal angesehenen psych. Einstellungen und Verhaltensweisen, v. a. im sexuellen Bereich (z. B. Sadomasochismus, Nekrophilie, Sodomie). – In psychoanalyt. Deutung (bes. S. FREUD) sind P. Entwicklungsstörungen, durch die das menschl. Individuum auf frühkindl. →Partialtriebe zurückgeworfen und fixiert wird.

Die sexuelle P., hg. v. H. GIESE (1967); U. KELLER-HUSEMANN: Destruktive Sexualität. Krankheitsverständnis u. Behandlung der sexuellen P. (1983); E. SCHORSCH: P., Liebe, Gewalt (1993).

pervertieren [lat. pervertere ›verkehren‹], *bildungssprachlich* für: 1) vom Normalen abweichen, entarten; 2) verfälschen, ins Abnormale verkehren.

Pervigilium [lat. ›das Durchwachen‹] *das, -s/...lien,* im altröm. Kult eine religiöse Nachtfeier.

Pervitin® [Kw.] *das, -s,* **Meth|amphetamin,** zu den indirekt wirkenden →Sympathomimetika zählende Substanz mit zentral stark erregendem Effekt.

Perwomajskij, Leonid Solomonowitsch, ukrain. **L. Solomonowytsch Perwomajskyj** [-kei], eigtl. **Illja Schljomowytsch Hurewytsch,** ukrain. Schriftsteller, * Konstantinograd (heute Krasnograd, Gebiet Charkow) 17. 5. 1908, † Kiew 9. 12. 1973; Lyriker, Dramatiker und Erzähler (›Dykyj med‹, 1963).

Ausgabe: Tvory, 7 Bde. (1968–70).

Perwo|uralsk, Stadt im Gebiet Swerdlowsk, Russland, im Mittleren Ural, 144 000 Ew.; Röhrenwalzwerk (Inbetriebnahme 1920), Hüttenwerk (Chrom-Nickel-Legierungen), Herstellung von Bergbauausrüstungen, chem. Industrie.

Perzeption [lat. ›das Empfangen‹, ›das Begreifen‹] *die, -/-en,* **1)** *Philosophie* und *Psychologie:* in der Psychologie meist die sinnl. Wahrnehmung eines Gegenstandes, die ohne bewusstes Erfassen und Identifizieren des Wahrgenommenen bleibt, im Unterschied zur →Apperzeption. – In der Erkenntnistheorie bezeichnet der Begriff einerseits den Vorgang des Wahrnehmens selbst, andererseits aber auch die Inhalte der Wahrnehmungsvorgänge und wird dann synonym zu ›Idee‹ oder ›Vorstellung‹ gebraucht. So fasste R. DESCARTES alle Tätigkeiten des Intellekts (z. B. Erkennen, Wollen, Einbilden, Empfinden) als unterschiedl. Weisen von P. auf, gemäß der und durch die hindurch ein Gegenstand wahrgenommen wird. Bei G. BERKELEY konstituiert die P. die Dinge (›esse est percipi‹), d. h., es gibt kein Objekt ohne das Subjekt. Für G. W. LEIBNIZ ist die P. als Vor- und Darstellung der Welt die nicht bewusste Wahrnehmung und von der Apperzeption abzugrenzen. Zu unterscheiden ist ferner das Verständnis der P. in der klassischen empirist. Wahrnehmungstheorie bei J. LOCKE und D. HUME (Sensualismus), in der Metaphysikkritik des dt. Idealismus und in der Phänomenologie. (→Wahrnehmung)

2) *Sinnesphysiologie:* die Wahrnehmung von durch Sinneszellen oder -organe aufgenommenen Reizen.

Perzeptionalismus *der, -,* von T. REID begründete und von EDWARD JOHN HAMILTON (* 1834, † 1918) entwickelte philosoph. Lehre, nach der im bloßen Akt der Perzeption ein unmittelbares und wahrhaftes Bewusstsein einer äußeren Wirklichkeit erlangt wird. Dabei wird nicht die Unfehlbarkeit des menschl. Wahrnehmungsvermögens behauptet, jedoch dessen Vertrauenswürdigkeit und Zuverlässigkeit, da ›alles Denken und Wissen seinen Ursprung in der Perzeption ... der Dinge hat, denen die Seele unmittelbar verwandt ist‹.

E. J. HAMILTON: The perceptionalist. Or, Mental science (Seattle, Wash., [2]1899); DERS.: P. u. Modalismus. Eine Erkenntnistheorie (a. d. Amerikan., New York 1911).

Pes [lat.] *der, -/...des, Anatomie:* der →Fuß.

Pesade [frz. pəˈzad, frz., von ital. posata ›das Anhalten‹] *die, -/-n, Pferdesport:* Figur der →hohen Schule.

pesante [ital.], musikal. Vortrags-Bez.: schwerfällig, schleppend, wuchtig.

Pesaro, Name von geographischen Objekten:

1) Pesaro, Hauptstadt der Prov. Pesaro e Urbino, in den Marken, Italien, Seebad am Adriat. Meer, 87 700 Ew.; Bischofssitz; Musikschule (Conservatorio di Musica G. Rossini), Theater, Oper, Museen; keram., Nahrungsmittel-, Metallindustrie, Motorrad-, Maschinenbau. – Der Dom, über röm. Bauresten errichtet (profane Bodenmosaiken des 5./6. Jh. unter dem Kirchenpflaster), hat eine unvollendete got. Backsteinfassade (um 1300). Got. Kirchenbauten sind San Francesco und Sant'Agostino. Für die Sforza wurden der Palazzo Ducale (15./16. Jh.), die Stadtburg (Rocca Costanza, 1474–79 von L. LAURANA) und, nordwestlich von P., die Villa Imperiale (urspr. 1496 errichtet, Umbau nach 1529 durch G. GENGA; Wandmalereien) erbaut; im Museo Civico Gemäldegalerie und bedeutendste Majolikasammlung Italiens, v. a. aus Manufakturen der Marken (Blütezeit 15./16. Jh.); Museo Archeologico Oliveriano. – P., das antike **Pisaurum,** wurde 184 v. Chr. als röm. Bürgerkolonie gegründet; mit →Pentapolis fiel es 754 an den Kirchenstaat (bis 1285); danach unter wechselnder Herrschaft von Adelsfamilien, 1631–1860 wieder beim Kirchenstaat.

2) Pesaro e Urbino, Prov. in der Region Marken, Italien, 2 893 km², 338 400 Einwohner.

Pescadores, chin. **P'eng-hu Lieh-tao,** zu Taiwan gehörende Inselgruppe in der Formosastraße, 50–100 km von der Insel Taiwan entfernt; 63 vulkan., größtenteils unbewohnte Inseln, von Korallenriffen umgeben, zus. 127 km², 92 000 Ew. Hauptinsel ist **Penghu** mit dem Hafenort **Makung** (15 000 Ew.), mit Flugplatz. Die vier größten Inseln sind durch Straßenbrücken verbunden. Fischerei; Anbau von Erdnüssen, Bataten, Getreide; Phosphatabbau; Militärbasis.

Pescara, 1) Hauptstadt der Prov. P., Region Abruzzen, Italien, an der Mündung des Flusses P., 119 700 Ew.; Bischofssitz; Wirtschaftshochschule, Museum; Bade- und Winterkurort an der mitteladriat. Küste; Metall-, Textil-, Bekleidungs-, Nahrungsmittel-, Leder- u. a. Industrie, Keramikherstellung (Majolika); Fischereihafen; Fähre nach Split. – P., der antike Hafenort **Aternum,** wurde von den Langobarden zerstört, entstand aber im Hoch-MA. neu **(Piscaria).** Das heutige P. wurde 1927 aus dem damaligen P. und aus Castellammare Adriatico gebildet.

2) Prov. in der Region Abruzzen, Italien, 1 225 km², 292 100 Einwohner.

3) *die,* Fluss in Mittelitalien, 145 km lang, entspringt in den Abruzzen, bis etwa Popolo **Aterno** gen.; mündet bei P. in das Adriatische Meer.

Pescara, Fernando (Ferrante) Francisco **de Ávalos** (ital. **d'Avalos**), Marchese di, span.-neapolitan. Feldherr, *Neapel 1490, †Mailand 3. 12. 1525; ∞ mit VITTORIA COLONNA. Als General Kaiser KARLS V. war P. beteiligt an der Eroberung Mailands (1521) und an den Siegen bei Bicocca (1522) und Pavia (1525), wo er verwundet wurde. Einer in Mailand gegen KARL V. geplanten Verschwörung schloss er sich zum Schein an und entdeckte sie dem Kaiser. – Novelle ›Die Versuchung des P.‹ (1887) von C. F. MEYER.

Pesch, Heinrich, Wirtschafts- und Sozialwissenschaftler, *Köln 17. 9. 1854, †Valkenburg aan de Geul 1. 4. 1926; seit 1876 Jesuit. In Abgrenzung zu Liberalismus und Sozialismus hat P. die solidarist. Gesellschaftsauffassung (→Solidarismus) begründet und die kath. Sozialwissenschaft weiterentwickelt.

Werke: Liberalismus, Socialismus u. christl. Gesellschaftsordnung, 3 Tle. (1893–1900); Lb. der Nationalökonomie, 5 Bde. (1905–23).

Pesaro 1): Sala delle Cariatidi mit dekorativen Wandmalereien in der Villa Imperiale

Peschel, Oscar, Geograph, *Dresden 17. 3. 1826, †Leipzig 31. 8. 1875; leitete seit 1854 die Zeitschrift ›Das Ausland‹, wurde 1871 Prof. in Leipzig. Nach Arbeiten zur Geschichte der Geographie wurde P. zu einem der Wegbereiter der Geomorphologie.

Werke: Gesch. des Zeitalters der Entdeckungen (1858); Gesch. der Erdkunde (1865); Neue Probleme der vergleichenden Erdkunde als Versuch einer Morphologie der Erdoberfläche (1870); Völkerkunde (1874); Phys. Erdkunde, 2 Bde. (hg. 1879–80).

Peschitta [syr. ›die Einfache‹] *die, -,* seit dem 8. Jh. übl. Bezeichnung für die Übersetzung der Bibel ins Syrische. Die Textüberlieferung reicht bis ins 5. Jh. zurück.

Peschkow, Aleksej Maksimowitsch, russ. Schriftsteller, →Gorkij, Maksim.

Peschmerga [kurd. ›die vor dem Tod gehen‹, auch übersetzt als ›die dem Tod Geweihten‹, ›die zum Sterben Bereiten‹], urspr. Eigen-Bez. der Mitgl. der ›Revolutionären Armee Kurdistans‹ (1961–75) unter der Führung von MULLAH MUSTAFA BARSANI in Irak (→Kurden); wurde danach zur Bez. für alle kurd. Guerillakämpfer in Irak und Iran.

Pescia [ˈpeʃʃa], Stadt in der Toskana, Prov. Pistoia, Italien, am Rand des Apennin, 62 m ü. M., 18 000 Ew.; Bischofssitz; Gärtnereifachschule, Museum. P. ist Markt für seine Spezialkulturen (Spargel, Schnittblumen), mit Blumenmesse; Papier-, chem. Industrie. – Dom Santa Maria (1693 über einem Vorgängerbau errichtet); Sant' Antonio (wohl 12. Jh.) mit Fresken aus der 1. Hälfte des 15. Jh.; die Kirche San Francesco wurde auf dem Platz eines Oratoriums im 13. Jh. errichtet (Familienkapelle der Cardini, 1451; Altartafel von B. BERLIGHIERI, 1235).

Pesel [mnd., über altsächs. zu lat. (balneum) pensile ›(auf gemauerten Bogen ruhendes) Badezimmer mit beheiztem Fußboden‹, zu pensilis ›hängend‹, ›schwebend‹] *der, -s/-,* reich ausgestatteter Hauptraum alter Bauernhäuser in Nordfriesland, Dithmarschen und Eiderstedt, z. T. auch im Alten Land.

Pesellino, eigtl. **Francesco di Stefano** [franˈtʃesko -], ital. Maler, *Florenz um 1422, †ebd. 29. 7. 1457; malte unter dem Einfluss von FRA FILIPPO LIPPI, FRA ANGELICO u. a. Renaissancekünstlern vorwiegend Truhenbilder (für Hochzeitstruhen, Cassoni) und Predellen in anmutig-erzählendem Stil und leuchtender Farbigkeit.

Werk: Altarbild der Trinität mit vier Heiligen (1455, vollendet 1458–60 in der Werkstatt von FRA FILIPPO LIPPI; London, National Gallery).

Fernando Francisco de Ávalos, Marchese di Pescara (Ausschnitt aus einem zeitgenössischen Kupferstich)

Oscar Peschel

Peseta [span. ›kleiner Peso‹] *die, -/...ten,* urspr. span. Silbermünze seit dem frühen 18. Jh. zu 1/4 Peso = 2 Reales de plata (ab 1772 zu 1/5 Peso = 4 Reales de vellon). Offizielle Währungseinheit Spaniens ist die P. (Pta), die urspr. in 100 Céntimos unterteilt war, seit 1868.

Pesewa *die, -/-s,* Abk. **p,** kleine Währungseinheit von Ghana, 100 P. = 1 Cedi.

Peshawar [-ʃ-, engl. pəˈʃɔ:ə, ˈpeɪʃɑ:və], Hauptstadt der North-West Frontier Province, Pakistan, 320 m ü. M., im unteren Kabultal, 1,66 Mio. Ew.; 3 Univ. (gegr. 1950, 1952, 1981), Museen; Europaschule. Als Schnittpunkt alter Karawanenwege war die Stadt den verschiedensten Kultureinflüssen (v. a. aus Persien) ausgesetzt und besaß – am Beginn der Passstraße zum →Khyberpass gelegen – hohen strateg. Wert. Die wichtige Handelsstadt besitzt Textil-, pharmazeut. und Nahrungsmittelindustrie. Handwerksbetriebe stellen Lederwaren, Kunstschmiedearbeiten, Textilien, Teppiche und Schneidwaren her. – Pittoresker Basar, Makabat-Khan-Moschee (17. Jh.), Fort (1. Hälfte des 19. Jh.). Das P.-Museum enthält Werke der Gandharakunst (u. a. kupfernes Kanishka-Reliquiar, Relieftafel aus Schiefer). – Als **Purushapura** war P. – wohl im 2. Jh. n. Chr. – Residenz des Kushanaherrschers KANISHKA I.; Mogulkaiser AKBAR (1556–1605) benannte die Stadt in P. um. 1833 wurde P. von den Sikhs, 1849 von den Briten erobert.

Antoine Pesne
(Selbstbildnis)

Peshkopi [peʃkoˈpi], Hauptstadt des Bez. Dibër im östl. Mittelalbanien, 600 m ü. M., am Schwarzen Drin, 13 300 Ew.; Verarbeitung landwirtschaftl. Produkte; Thermalquellen.

Pesne [pɛ:n], Antoine, frz. Maler, *Paris 23. 5. 1683, †Berlin 5. 8. 1757; 1705–10 Aufenthalt in Italien, von wo er 1710 nach Berlin berufen wurde; 1711 wurde er zum preuß. Hofmaler ernannt. Reisen führten ihn an die Höfe von Dessau, Dresden, London und Paris, wo er 1720 Mitgl. der Akademie wurde. Er malte Tafelbilder mit Genre- und Historienszenen sowie allegor. Wand- und Deckenbilder in den königl. Schlössern Rheinsberg, Charlottenburg, Potsdam (Stadtschloss und Sanssouci). Seine besten Leistungen sind Porträts, bes. von Mitgl. der königl. Familie und des preuß. Hofs, in hellem, warmem Kolorit und graziös-freier Auffassung.

H. BÖRSCH-SUPAN: Die Gemälde A. P.s in den Berliner Schlössern (1982); DERS.: Der Maler A. P., Franzose u. Preuße (1986).

Peso
(Mexiko, 1807; Durchmesser 40 mm)

Vorderseite

Rückseite

Peso [span., eigtl. ›Gewicht‹, zu lat. pendere, pensum ›abwägen‹, ›zuwiegen‹] *der, -(s)/-(s),* **P. de a ocho** [-ˈɔtʃɔ; span. ›Achterstück‹], span. Silbermünze (Taler), die 1497 eingeführt wurde und acht Reales de plata galt (Achterstück). Ab 1537 wurde der P. auch in den span. Kolonialmünzstätten Amerikas (Stadt Mexiko, Potosí) geprägt. Die in großen Stückzahlen ausgegebenen P. wurden seit dem 17. Jh. zur Welthandelsmünze, die auch im Fernen Osten und in Indien kursierte. Nach den Säulen des Herakles neben dem span. Wappen auf der Rückseite wurde der P. in Italien **Colonnato,** in Nordamerika **Pillar-Dollar** [ˈpɪlə ˈdɔlə] genannt, in Spanien selbst wurde er als **Duro** bezeichnet. Dezimal unterteilt (1 P. = 100 Centavos), ist der P. noch heute Währungseinheit in folgenden Staaten: Chile (chil$), Dominikan. Republik (dom$), Guinea-Bissau (PG), Kolumbien (kol$), Kuba (kub$), Mexiko (mex$), Philippinen (₱), Uruguay (1 urug$ = 100 Centésimos).

Pessach [hebr.], jüd. Fest, →Passah.

Pessanha [pəˈsaɲa], Camilo **de Almeida** [alˈmaiða], port. Lyriker, *Coimbra 7. 9. 1867, †Macao 1. 3. 1926; Jurastudium in Coimbra, ab 1894 Gymnasiallehrer und Anwalt in Macao; einer der hervorragendsten port. Vertreter des Symbolismus, beeinflusst von P. VERLAINE und S. MALLARMÉ. Sein Hauptwerk ist ›Clépsidra‹ (1920, erweitert hg. 1945), das eine besondere Note durch den ostasiat. Exotismus erhält.

J. G. SIMÕES: C. P. (Lissabon 1967); B. SPAGGIARI: O simbolismo na obra de C. P. (ebd. 1982).

Pessar [spätlat., von griech. pessós ›länglich runder Stein (im Brettspiel)‹, ›Tampon‹] *das, -s/-e, Gynäkologie:* ring-, schalen- oder würfelförmiger Scheideneinsatz aus Kunststoff oder Hartgummi zur symptomat. Korrektur einer Lageanomalie der Gebärmutter (Senkung, Vorfall) und Abstützung des erschlafften Beckenbodens. Scheiden-P. müssen in regelmäßigen Abständen vom Arzt kontrolliert werden, da es sonst zu Entzündungen und Druckgeschwüren kommen kann. Eine Daueranwendung ist nur bei Patientinnen, die nicht operiert werden können, üblich. P. dienen auch zur →Empfängnisverhütung und werden bei →Zervixinsuffizienz in der Schwangerschaft angewendet.

Antoine Pesne: Friedrich der Große als Kronprinz; 1739/40 (Berlin, Gemäldegalerie)

Pessi, westafrikan. Volk, →Kpelle.

Pessimismus [von lat. pessimus ›der Schlechteste‹] *der, -,* dem →Optimismus entgegengesetzte Einstellung oder Lebensanschauung, nach der in der Welt, in Kultur, Geschichte und Leben des Menschen das Übel überwiegt, ein in der Welt lokalisierbarer oder ihr transzendenter Sinn grundsätzlich infrage gestellt wird und alle Entwicklung zum Schlechteren fortgeht. Ein Fortschritt wie auch utop. Selbstentwürfe des Menschen im Sinne einer besseren Zukunft gelten als fragwürdig und zum Scheitern verurteilt. Der P. stimmt in manchen Aspekten mit dem Nihilismus und (v. a. in erkenntnistheoret. Hinsicht) mit dem Skeptizismus überein. Für den P. als metaphys. Lehre, die v. a. von A. SCHOPENHAUER vertreten wurde, ist alles, was ist, etwas an sich Schlechtes. Die Natur als Ganzes erscheint als blinde Kraft, die sinnlos und ohne Ende ständig neu produziert, um ihre eigenen Produkte zu zerstören.

In *Philosophie* und *Dichtung* finden sich pessimist. Äußerungen z. T. weit reichender Art, in der Antike bei HERAKLIT, SEMONIDES, THEOGNIS, PINDAR, EMPEDOKLES, SOPHOKLES, EURIPIDES und PLATON, ein radikaler P. bei dem Philosophen HEGESIAS. Die christl. Philosophie sucht das Problem des P. mit den Überlegungen der Theodizee zu bewältigen. Eigentl.

Lehrinhalt wird der P. bei SCHOPENHAUER und in dessen Nachfolge bei J. BAHNSEN, E. VON HARTMANN und F. NIETZSCHE. Einen kulturgeschichtl. P. enthält das Werk von O. SPENGLER.

E. VON HARTMANN: Zur Gesch. u. Begründung des P. (1880, Nachdr. 1996); H. DIELS: Der antike P. (1921); F. BILLICSICH: Das Problem des Übels in der Philosophie des Abendlandes, 3 Bde. (Wien [1-2]1952–59); L. MARCUSE: P. (1953); K. JASPERS: Psychologie der Weltanschauungen (Neuausg. [2]1994); M. PAUEN: P. Geschichtsphilosophie, Metaphysik u. Moderne von Nietzsche bis Spengler (1997).

Pessimismus-Optimismus-Regel, Hurwicz-Regel [-vɪts-], von LEONID HURWICZ (* 1917) entwickelte Regel zur Auswahl von Handlungsalternativen in Entscheidungssituationen, bei denen Unsicherheit (Ungewissheit) herrscht. Die P.-O.-R. sieht vor, dass Entscheidungsträger einen für sie gültigen, zw. 0 und 1 liegenden Optimismusfaktor α bestimmen, der ihre Risikoneigung ausdrückt. Für jede Alternative i wird nach der Formel

$$M_i = \alpha (\max_j D_{ij}) + (1-\alpha) \cdot (\min_j D_{ij})$$

ein gewogener arithmet. Mittelwert M_i errechnet, wobei D_{ij} den zu erwartenden Nutzen einer Alternative i bei Eintritt eines Umweltzustandes j ausdrückt. Nach der P.-O.-R. ist die Alternative mit maximalem M_i zu wählen.

Pessimum *das, -s/...ma,* Begriff aus der Ökologie zur Bezeichnung sehr schlechter, gerade noch ertragbarer Umweltbedingungen für Tiere und Pflanzen.

Pessoa [pəˈsoa], Fernando António **Nogueira de Seabra** [nuˈɣɐirrə-], port. Schriftsteller, *Lissabon 13. 6. 1888, †ebd. 30. 11. 1935; wuchs in Südafrika auf; u. a. Mitarbeiter der Zeitschrift ›A Águia‹ und Mitherausgeber der Zeitschrift ›Orpheu‹ (1915). Gilt als der bedeutendste Lyriker der neueren port. Literatur. Seine frühen Gedichte, die er teilweise in engl. Sprache verfasste (›Antinous‹, 1918; ›35 sonnets‹, 1918; ›English poems‹, 2 Bde., 1921), lassen den Einfluss der engl. Romantiker und der frz. Symbolisten erkennen. Später bediente er sich souverän aller lyr. Ausdrucksmittel von Klassizismus, Symbolismus und Futurismus. In der einzigen, zu seinen Lebzeiten in Buchform erschienenen Sammlung ›Mensagem‹ (1934) beschwört er die port. Geschichte und ihre Legenden. Seit 1914 schrieb er außer unter seinem eigenen Namen auch unter vier Pseudonymen (›Heteronymen‹) – **Alberto Caeiro** [kaˈeiru], **Álvaro de Campos** [-ɔʃ], **Ricardo Reis** und **Bernardo Soares** [-rɪʃ] –, die er nicht als Symbole unterschiedl. themat. und formaler Möglichkeiten verstanden wissen wollte, sondern als selbstständige menschl. und poet. Individuen.

Ausgaben: Obras completas, 11 Bde. (Neuausg. [1-13]1979–84); Obra poetica o em prosa, hg. v. A. QUADROS, 3 Bde. (1986). – A. Caeiro: Dichtungen. R. Reis: Oden, übers. v. G. R. LIND (1986; port. u. dt.); Á. de Campos: Poesias. Dichtungen, übers. v. DEMS. (1987; port. u. dt.); Poesias, übers. v. DEMS. (1987; port. u. dt.); Esoter. Gedichte. Mensagem, übers. v. DEMS. (1989; port., engl. u. dt.); Das Buch der Unruhe des Hilfsbuchhalters Bernardo Soares, übers. v. DEMS. (40.–45. Tsd. 1990); Faust, eine subjektive Tragödie. Fragmente u. Entwürfe, hg. u. übers. v. DEMS. (1990; port. u. dt.); Ein anarchist. Bankier, übers. v. R. WERNER (Neuausg. 1990).

G. GÜNTERT: Das fremde Ich. F. P. (1971); Bibliografia de F. P., hg. v. C. A. IANNONE (São Paulo [2]1975); J. G. SIMÕES: Vida e obra de F. P. (Lissabon [5]1987); F. P. Dokumente zur Person u. ausgew. Briefe, übers. u. hg. v. G. R. LIND (Zürich 1988); F. P., ›Algebra der Geheimnisse‹, ein Lesebuch. Mit Beitr. v. DEMS. u. a. (Neuausg. 1990); E. LOURENÇO: P. l'étranger absolu (a. d. Port., Paris 1990); R. BRÉCHON: Étrange étranger. Une biographie de F. P. (ebd. 1995); M. STEINMETZ: F. P. u. Gottfried Benn (1995); Á. CRESPO: F. P. Das vervielfältigte Leben (a. d. Span. u. Port., Zürich 1996).

Pest [von lat. pestis ›ansteckende Krankheit‹, ›Seuche‹, ›Pest‹] *die, -,* hochansteckende, akute, bereits bei Erkrankungsverdacht meldepflichtige bakterielle Infektionskrankheit; Erreger ist Yersinia pestis, ein unbegeißeltes, stäbchenförmiges, gramnegatives Bakterium. – Die P. ist ihrem Ursprung nach eine endem. Krankheit wild lebender Nagetiere (Zoonose), die durch versch. Ektoparasiten (Rattenfloh) übertragen wird. Einzelinfektionen beim Menschen können durch Tierkontakt (tote Nager) in Endemiegebieten hervorgerufen werden, menschl. Epidemien und Pandemien durch Verbreitung der Erreger über eine Infektionskette von Wanderratten u. a. wild lebenden Nagern auf Hausrattenpopulationen in menschl. Siedlungsgebieten; eine Übertragung von Mensch zu Mensch ist durch Tröpfcheninfektion und infizierte Gegenstände möglich. Der Erreger bleibt in Nagerhöhlen oder in Auswurf, Kot und Eiter (auch eingetrocknet) über mehrere Monate infektionsfähig.

Formen: Die Krankheit tritt, entsprechend Übertragungsform und Verlauf, in unterschiedl. Ausprägung auf. Häufigste Form ist die durch Bisse des Rattenflohs übertragene **Beulen-P. (Bubonen-P.);** sie äußert sich nach einer Inkubationszeit von 2–6 Tagen in Fieber, Kopf- und Gliederschmerzen, Benommenheit und schwerem Krankheitsgefühl. Durch Eindringen der Erreger in die regionären Lymphknoten (meist im Leistenbereich) kommt es zur charakterist. Lymphknotenentzündung (Lymphadenitis) mit stark schmerzhafter Schwellung (bis zu 10 cm Größe) und blutig-eitriger Einschmelzung, auch mit geschwürigem Zerfall. Bei Aufbrechen oder künstl. Eröffnung der Beulen ist eine Heilung möglich; in bis zu über 50% der Fälle ist der Verlauf nach Eintritt der Erreger in die Blutbahn (Septikämie) und Entwicklung einer Lungenentzündung (sekundäre Lungen-P.) oder einer allgemeinen Streuung mit ausgedehnten kapillaren Blutungen in der Haut (›schwarzer Tod‹) tödlich.

Fernando Pessoa (zeitgenössische Zeichnung)

Die inzwischen sehr selten vorkommende primäre **Lungen-P. (P.-Pneumonie)** wird durch Tröpfcheninfektion hervorgerufen und war eine der Hauptursachen von Epidemien in kälteren Klimazonen mit schneller Ausbreitung; sie nimmt nach kurzer Inkubationszeit (1–2 Tage) einen heftigen Verlauf mit Husten, schwarz-blutigem Auswurf, Atemnot und Zyanose und führt in wenigen Tagen zum Tod durch Lungenödem und Kreislaufkollaps.

Die **P.-Sepsis** tritt nicht nur als Komplikation der Beulen- und Lungen-P., sondern auch in primärer Form ohne andere Symptome auf. Daneben sind auch milde Verlaufsformen mit abgeschwächter Symptomatik möglich **(abortive P.).** Das Überstehen der Krankheit verleiht eine lang anhaltende Immunität.

Die *Diagnose* wird durch serolog. Untersuchungen und Nachweis der Erreger im Lymphknoteneiter und im Blut gestellt. Für eine erfolgreiche *Behandlung* ist die möglichst frühzeitige Anwendung von Antibiotika (Tetracycline, Streptomycin, Chloramphenicol) erforderlich; die Schutzimpfung gewährleistet nur einen kurzzeitigen Schutz und ist auch wegen der starken Nebenwirkungen umstritten.

Die heutige Verbreitung der Krankheit wird nur noch aus den pestverseuchten Reservoiren wild lebender Nagetiere (Wald-P.) gespeist, die v. a. in Zentralasien, Ost- und Zentralafrika, Madagaskar, Südamerika und den westl. USA (Rocky Mountains) bestehen. Im April 1991 wurden P.-Fälle noch aus Madagaskar, Tansania, Zaire, Bolivien, Brasilien, Peru und Vietnam gemeldet. 1989 erkrankten weltweit 770 Personen, davon 315 in Afrika, mit 55 Todesfällen. 1994 traten jedoch erneut epidem. Formen der P. in Malawi, Moçambique und Indien auf.

Geschichte: Aus ihrem enzoot. P.-Dauerherd unter den wild lebenden Nagern und ihren Ektoparasiten in den Hochsteppen Zentralasiens ist die P. wiederholt in schweren Seuchenzügen ausgebrochen und durch

Wander- bzw. Hausratten über Eurasien getragen worden. Bis zu den Pandemien des 20. Jh. blieben dabei Mittel- und Südafrika, Australien und die Neue Welt verschont. Berichte über das seuchenartige Auftreten der P. reichen bis in die Antike zurück. Nach einer ausgedehnten Pandemie Mitte des 6. Jh. in Konstantinopel unter JUSTINIAN kam es im 7. und 8. Jh. immer wieder zu verheerenden Seuchenzügen in Europa. Die zweite große, später als ›schwarzer Tod‹ bezeichnete Pandemie (1347–52) breitete sich, entlang der Handelswege ausgehend von Asien über die Seidenstraße und die Krim, bis nach Island aus und verursachte etwa 25 Mio. Todesfälle (rd. ein Drittel der damaligen Bevölkerung; Entvölkerung ganzer Ortschaften und Landstriche); es kam zu tief greifenden Auswirkungen auf das Wirtschafts-, Kultur- und Geistesleben der Zeit (Hungersnöte, gesteigerter Totenkult, Drang nach Lebensgenuss, begleitet vom Zerfall der Sitten; Totentänze, Endzeitstimmung).

Wiederholte Epidemien traten bis zum 17. und 18. Jh. in versch. Heftigkeit auf, die letzte größere forderte 1665–66 in London zahlr. Opfer; in Europa kam es nach einer Epidemie in Marseille und der Provence sowie in Toulon (1720–22) nur noch zu begrenzten Erkrankungen (z. B. in Malta, 1936). 1896 nahm eine erneute Pandemie von dem innerasiat. Herd ihren Ausgang, die etwa 50 Jahre dauerte und erstmalig, von Bombay und Hongkong ausgehend, durch Verbreitung infizierter Ratten über die Handelsschifffahrt in allen großen Häfen der Erde auftrat; sie forderte etwa 12 Mio. Opfer, wobei Europa aufgrund der seuchenhygien. Maßnahmen weitgehend verschont blieb. – Zeitgenössische literar. Schilderungen von P.-Seuchen stammen u. a. von G. BOCCACCIO (›Il Decamerone‹, gedruckt 1470) und D. DEFOE (›A journal of the plague year‹, 1722).

Johann Heinrich Pestalozzi

Als Ursache der P. vermutete man wie bei anderen Infektionskrankheiten Veränderungen der Luft, giftige Dünste, Wolken von unsichtbar kleinen Insekten, deren Eindringen in den Körper zu einer Blutveränderung führen sollte; zu den irrationalen Erklärungen gehörte im MA. und in der frühen Neuzeit auch, dass Juden als Brunnenvergifter verantwortlich gemacht wurden, was im Verlauf der zweiten Pandemie zu einer der P. vorauseilenden Pogromwelle führte. Medizin. Behandlungsversuche beschränkten sich auf die Anwendung von schweißtreibenden Mitteln und Einreibungen, das Auf- oder Ausschneiden der P.-Beulen und das Ausräuchern der Krankenzimmer; noch Anfang des 19. Jh. wurde ein Baumöl als wirksames Heilmittel empfohlen. Bereits während der großen Epidemien des 14. und 15. Jh. wurden in der Rep. Venedig wegweisende seuchenhygien. Maßnahmen eingeführt (Quarantäne, Isolierung), im 16. Jh. wurden P.-Häuser zur Behandlung errichtet. Die Ärzte trugen im 16. und 17. Jh. spezielle Schutzkleidungen mit Masken.

Erst 1894 gelang A. E. YERSIN und S. KITASATO die Entdeckung des Erregers.

Volkskundliches: Dem Volksglauben galt die P. als Dämon oder Geist, der als Nebel, Flämmchen, Rauch, Tier oder Mensch (P.-Männlein, -Frau, -Knabe) erscheinen konnte. Der (angebl.) P.-Abwehr dienten u. a. Schießen, Läuten, Notfeuer, Amulette (v. a. Antoniuskreuz); vor der Strafe Gottes suchte man Zuflucht bei den Heiligen (**P.-Patrone;** u. a. ANTONIUS D. GR., SEBASTIAN, ROCHUS, CHRISTOPHORUS, die vierzehn Nothelfer und K. BORROMÄUS). Der Bußgedanke führte Mitte des 14. Jh. zuerst in Ungarn und Österreich, dann in Dtl. zu Geißlerzügen (→Flagellanten, →Geißlerlieder); im 15. Jh. entstanden **P.-Blätter** mit Gebeten und Holzschnittillustrationen von P.-Patronen. Zur Erinnerung an überstandene P.-Epidemien wurden (auch nachträglich, bes. im Barock) P.-Altäre, →Pestsäulen, P.-Kapellen, P.-Kreuze er-

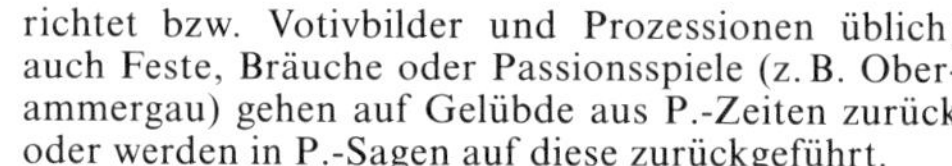

richtet bzw. Votivbilder und Prozessionen üblich; auch Feste, Bräuche oder Passionsspiele (z. B. Oberammergau) gehen auf Gelübde aus P.-Zeiten zurück oder werden in P.-Sagen auf diese zurückgeführt.

J. F. C. HECKER: Der schwarze Tod im 14. Jh. (1832, Nachdr. Vaduz 1993); J. NOHL: Der schwarze Tod. Eine Chronik der P. 1348 bis 1720 (1924); L. HONKO: Krankheitsprojektile (a. d. Finn., Helsinki 1959); E. H. ACKERKNECHT: Gesch. u. Geographie der wichtigsten Krankheiten (1963); E. SCHIMITSCHEK u. G. T. WERNER: Malaria, Fleckfieber, P. Auswirkungen auf Kultur u. Gesch. – medizin. Fortschritte (1985); Die P. in der medizin. Fachlit. 1879–1985, hg. v. H. KUPFERSCHMIDT (Zürich [2]1990); M. VASOLD: P., Not u. schwere Plagen (1991); J. RUFFIE u. J.-C. SOURNIA: Die Seuchen in der Gesch. der Menschheit (a. d. Frz., [2]1993); K. BERGDOLT: Der Schwarze Tod in Europa. Die Große P. u. das Ende des MA. ([3]1995).

Pest [pɛʃt], **1)** Stadtteil von →Budapest.

2) Bez. in Ungarn, 6 394 km², 973 000 Ew.; Verw.-Sitz ist Budapest (das selbst nicht zum Bezirk P. gehört). Beiderseits der Donau gelegen, hat der Bez. Anteil am Ungar. Mittelgebirge und Ungar. Tiefland. Wichtigste Industriezweige sind Erdölverarbeitung, chem. Industrie, Maschinen- und Fahrzeugbau, Nahrungsmittel- und Baustoffindustrie (Hauptstandorte sind Százhalombatta und Waitzen). Daneben besteht umfangreiche Landwirtschaft mit Weizen- und Maisanbau, Wein-, Obst- und Gartenbau (Gemüse, Blumen) sowie Viehzucht.

Pest, Die, frz. ›La peste‹, Roman von A. CAMUS; frz. 1947.

Pestalozzi, Johann Heinrich, schweizer. Pädagoge, Schriftsteller und Sozialreformer, * Zürich 12. 1. 1746, † Brugg 17. 2. 1827; studierte ab 1764 zunächst Theologie, dann Rechtswissenschaft in Zürich. Dort gehörte P. dem Kreis um J. J. BODMER und J. J. BREITINGER an. Durch H. C. HIRZELS Schrift ›Die Wirthschaft eines philosoph. Bauern‹ (1761) angeregt, gründete er mit seiner Frau ANNA (* 1738, † 1815) ein landwirtschaftl. Unternehmen auf dem Neuhof bei Birr (Kt. Aargau), das jedoch scheiterte, ebenso der Versuch, den Hof in eine Erziehungsanstalt für arme Kinder umzuwandeln. In ›Die Abendstunde eines Einsiedlers‹ (1782) rechtfertigte er sein pädagog. Vorhaben. In dem Roman ›Lienhard und Gertrud‹ (1781–87, 4 Bde.) versuchte P., sein Rechtsdenken, seine Anschauungen über Natur und Gesellschaft und seine Theorie der Schule in ein Modell zu fassen. Da seine Reformvorstellungen in der alten Eidgenossenschaft keinen Widerhall fanden, hoffte er zunächst auf den aufgeklärten Absolutismus, dann auf die Frz. Revolution. 1792 wurde P. als einziger Schweizer Ehrenbürger der Frz. Republik. Doch sein Engagement für die Revolution (›Ja oder Nein?‹, 1793) war auf Mäßigung und Ausgleich bedacht. 1798 eröffnete er ein Waisenhaus in Stans und 1800 eine Versuchsschule in Burgdorf, die 1803 nach Münchenbuchsee (Kt. Bern) verlegt wurde. In dieser Zeit entstanden die wichtigsten Schriften zur didakt. Methode und die Elementarbücher. Nach dem Scheitern der Zusammenarbeit mit P. E. FELLENBERG in der ›Pädagog. Provinz‹ auf dem Wylhof bei Münchenbuchsee siedelte P. nach Yverdon über, wo er 1804–25 ein Erziehungsinstitut leitete, das weltberühmt wurde. 1825 kehrte er, nach Zerwürfnissen mit seinen Mitarbeitern, auf den Neuhof zurück. – Als Politiker wie als Pädagoge beschäftigte P. die ›Verwilderung‹ und ›Entwürdigung‹ des Volkes. Als ihre Ursachen sah er die menschl. Natur, das Privateigentum und den Staat (›Freymüthige Nachforschungen über den Gang der Natur in der Entwickelung des Menschengeschlechts‹, 1797). Sie sollten durch das Recht (als Einschränkung des Eigennutzes) und durch Sittlichkeit (als Einschränkung der menschl. Natur) beseitigt werden. Er verstand Erziehung als Entfaltung der in der menschl. Natur liegenden positiven Kräfte und suchte sie auf ›Anschauung‹ (als Gegensatz zum ›Buchwissen‹), d. h. den inneren Sinn des Menschen für die Ordnung der Welt, und auf ›Liebe‹ und ›Glauben‹ zu gründen. P. forderte die umfassende Entwicklung der geistigen, sittlich-religiösen und körperlich-werktätigen Kräfte (›Kopf, Herz, Hand‹), die er im Lebenskreis der Familie, im Mutter-Kind-Verhältnis (v. a. auch in einer durch mütterl. Erziehung gebildeten Sprache) und letztlich in der Bindung an Gott als engster Beziehung des Menschen verwurzelt sah. – Im Europa der Restauration wirkte v. a. sein spätes pädagog. Werk, das die Gründung zahlreicher erzieher. Musteranstalten anregte. Stand zunächst das Unterrichtsmethodische im Vordergrund, so trat mit zunehmender Industrialisierung der sozialreformer. Gedanke als Mittel gegen die Zerstörung der Familie hervor.

Erst gegen Ende des 19. Jh. begann man, sich P.s Gesamtwerk zuzuwenden, und erst seit 1927 erschienen zahlreiche, bis dahin unbekannte Werke im Rahmen einer krit. Gesamtausgabe.

Ausgaben: Sämtl. Werke, hg. v. L. W. SEYFFAHRT, 12 Bde. (Neuausg. 1899–1902); Sämtl. Werke. Krit. Ausg., hg. v. A. BUCHENAU u. a., 29 Bde. (1927–85); Werke, hg. v. G. CEPL-KAUFMANN u. a., 2 Bde. (1977); P. über seine Anstalt in Stans. Mit einer Interpretation v. W. KLAFKI (^{5}1982).

H. MORF: Zur Biogr. P.s, 4 Bde. ($^{1-2}$1868–89, Nachdr. 1966); H. BARTH: P.s Philosophie der Politik (Zürich 1954); A. RANG: Der polit. P. (1967); F. DELEKAT: J. H. P. (^{3}1968); J.-G. u. L. KLINK: Bibliogr. J. H. P. (1968); H. DRÄGER: P.s Idee von der Einheit der Erziehung (1989); P. STADLER: P., 2 Bde. (Zürich $^{1-3}$1993–96); Philosophie u. Religion bei P. P.-Bibliogr. 1977–1992, hg. v. F.-P. HAGER u. D. TRÖHLER (Bern 1994); M. LIEDTKE: J. H. P. (56.–58. Tsd. 1995); S. HEBENSREIT: J. H. P. Leben u. Schriften (1996).

Pestalozzianum Zürich, Stiftung zur Förderung des Schweizer Schulwesens, der bildungsgeschichtl. Arbeit und der Pestalozziforschung mit Sitz in Zürich; dort 1875 als permanente Schulausstellung gegründet und 1929 in eine Stiftung umgewandelt. Das P. Z. unterhält eine pädagog. Fachbibliothek, eine Jugendbibliothek und eine Sammlung audiovisueller Unterrichtsmittel. Die angegliederte Pädagog. Arbeitsstelle veranstaltet Kurse und Vorträge (Lehrerfortbildung).

Pestalozzidorf Trogen, 1946 auf Initiative von WALTER ROBERT CORTI (* 1910, † 1990) in Trogen (Schweiz) geschaffenes Kinderdorf für Kinder und Jugendliche unterschiedl. kultureller Herkunft (v. a. Waisen und Flüchtlinge) aus allen Ländern, die längerfristig auf eine sozialpädagog. Betreuung angewiesen sind.

Pestalozzi-Fröbel-Verband e. V., sozialpädagog. Fachverband, 1948 als Nachfolgeorganisation des Dt. Fröbel-Verbands (1873–1938) gegr.; Sitz Berlin; mit Fragen familienergänzender Einrichtungen (Kindergarten, -tagesstätte) und der Erzieherbildung befasst; Tagungen, Arbeitsgemeinschaften, Informations- und Öffentlichkeitsarbeit.

Pestana dos Santos [-dɔʃ ˈsantɔʃ], Artur, eigentl. Name des angolan. Schriftstellers →Pepetela.

Pestel, Pawel Iwanowitsch, russ. Offizier und Revolutionär, * Moskau 5. 7. 1793, † (hingerichtet) Sankt Petersburg 25. 7. 1826; entwarf als Führer des Südbundes der →Dekabristen in seinem polit. Programm ›Russkaja Prawda‹ das Bild eines republikanisch-demokrat., zentralist. Staates ohne Leibeigenschaft und ständ. Privilegien; nach dem gescheiterten Putsch von 1825 mit vier anderen Dekabristen gehängt.

Pestis [lat., vgl. Pest] *die, -,* Seuche. – **P. avium,** Geflügelpest (→Geflügelkrankheiten), **P. bovina,** Rinderpest; **P. equorum,** Pferdesterbe (→afrikanische Pferdepest), **P. suum,** Schweinepest.

Pestizide [zu Pest und lat. -cidere ›töten‹], *Sg.* **Pestizid** *das, -s,* besonders im Umweltschutz gebräuchl. Bez. für →Schädlingsbekämpfungsmittel, auch Sammelbegriff für chem. →Pflanzenschutzmittel.

Pestmedaille [-medaljə], Prägung, die sich durch die Beschriftung und/oder die bildl. Darstellung auf die Gefährdung durch Epidemien oder das tatsächl. Auftreten epidem. Krankheiten bezieht. Bekannt sind z. B. die Joachimsthaler und Wittenberger Pesttaler. Auf dem Erfurter Pestpfennig ist die Anzahl der in Erfurt und Umgebung während der Pest 1597 gestorbenen Menschen genannt.

Pestpatrone, →Pest.

Pestratten, allg. Bez. für die Pest übertragende Nagetiere, insbesondere für die Ind. Maulwurfsratte.

Pestruper Gräberfeld, 39 ha große Heidefläche südlich von Wildeshausen, Ndsachs., mit rd. 500 kleineren Hügelgräbern (Durchmesser 2–3 m) sowie einigen größeren, tellartigen ›Königsgräbern‹ (Höhe 1 m, Durchmesser am Grund 30 m). 1958/59 vorgenommene Ausgrabungen erbrachten Brandbestattungen von der späten Bronzezeit (9. Jh. v. Chr.) bis zur vorröm. Eisenzeit (2. Jh. v. Chr.).

Pestsäule, anlässlich einer Pestepidemie gelobte und als Dank für die überstandene Pest aufgestellte Votivsäule, die nach dem Vorbild der Wiener P. (→Dreifaltigkeitssäulen) die hl. Dreifaltigkeit sowie die Pestpatrone (→Pest) zeigt und im süddt., österr., böhm. und ungar. Raum im 17./18. Jh. Verbreitung fand. (BILD →Olmütz)

Pestwurz: Gemeine Pestwurz (Höhe bis 1 m)

Pestum, Jo, eigtl. **Johannes Stumpe,** Schriftsteller, * Essen 29. 12. 1936; Verfasser zahlr. Kinder- und Jugendbücher (›Die Insel des Glücks‹, 1977; ›Cowboys weinen nicht‹, 1981; ›City-Glück & Straßen-Blues‹, 1989; ›Der Waldläufer‹, 1993), Sachbücher, Romane und lyr. Arbeiten.

Pestwurz, Petasites, Gattung der Korbblütler mit 15 Arten im gemäßigten und subarkt. Bereich der Nordhalbkugel, v. a. in N-Asien; Stauden mit grundständigen, meist nach der Blüte erscheinenden, großen, oft herz- oder nierenförmigen, unterseits filzig behaarten Blättern und traubigen oder rispig angeordneten Blütenköpfchen an aufrechtem Schaft. Die Einzelköpfchen haben meist purpur-, rosafarbene oder gelblich weiße Röhrenblüten. – Die in Mitteleuropa im MA. als hustenlindernde, schweiß- und harntreibende Heilpflanze angebaute, an Bachufern und feuchten Waldrändern wachsende **Gemeine P. (Echte P., Rote P.,** Petasites hybridus) hat rötl. Blütenköpfchen.

PET, Abk. für **P**oly**e**thylen**t**erephthalate (→Polyäthylenterephthalate).

Peta, Vorsatzzeichen **P,** ein Vorsatz vor Einheiten für den Faktor 10^{15}; z. B. 1 PJ = 10^{15} Joule.

Petah Tiqwa, Petach-Tikva, Stadt in der zentralen Küstenebene von Israel, 12 km östlich von Tel Aviv-Jaffa, 152 000 Ew.; Kunstmuseum, zoolog. Garten. P. T. ist ein Zentrum des israel. Orangenanbaus; Obstverarbeitung, Maschinen- und Fahrzeugbau, Metallverarbeitung, elektron., Textil- und Bekleidungsindustrie, Herstellung von Baustoffen, chem. Produkten und Autoreifen.

Philippe Pétain

Pétain [peˈtɛ̃], Henri Philippe, frz. Marschall und Politiker, * Cauchy-à-la-Tour (Dép. Pas-de-Calais) 24. 4. 1856, † Port-Joinville (Insel Yeu) 23. 7. 1951; Berufssoldat, nach Beginn des Ersten Weltkrieges zum General (1914) befördert, zeichnete sich als Kommandeur der 2. Armee bei der Offensive in der Champagne (September 1915) aus; wurde als Verteidiger von Verdun 1916/17 zum Nationalhelden. Im November 1918 zum Marschall ernannt. 1920–31 war er Vize-Präs. des Obersten Kriegsrates, 1922–31 Generalinspekteur der Armee, leitete 1925 den Feldzug gegen die Rifkabylen; 1931–34 Inspekteur der Luftverteidigung, 1934 Kriegs-Min., ab 1939 Botschafter in Madrid. Die antiparlamentar. und antisemit. Orientierung offenbarte sich seit den 30er-Jahren.

Nach dem dt. Angriff auf Frankreich 1940 wurde P. stellv. Min.-Präs. in der Reg. Reynaud (18. 5.). Ange-

2 BP 17 EDCB

sichts der sich abzeichnenden frz. Niederlage plädierte P. aus Furcht vor Anarchie und sozialer Revolution für einen Waffenstillstand. Nach P. REYNAUDS Rücktritt zum Min.-Präs. (17. 6. 1940) ernannt, konnte er sich durchsetzen (22./24. 6. Waffenstillstand mit dem Dt. Reich und Italien). In Vichy (nach der Übersiedlung von Reg. und Nationalversammlung) übertrugen ihm die verbliebenen Abg. alle legislativen und exekutiven Vollmachten, die Kontrolle der Jurisdiktion und die Ausarbeitung einer neuen Verf. (10./11. 7. 1940). Als ›Chef de l'État Français‹ (›Chef des frz. Staates‹), der die Funktionen von Staats- und Min.-Präs. vereinigte, verfolgte P. das Konzept einer ›nat. Revolution‹, die auf die Erneuerung traditioneller Werte (›Gott, Familie, Vaterland‹) und Wiederherstellung der Einheit der Nation zielte und antirepublikan. Maßnahmen sowie antisemit. Gesetzgebung einschloss. Außenpolitisch suchte P. die Zusammenarbeit mit dem Dt. Reich, um in einem neuen Europa dt. Ordnung die Stelle eines Partners einzunehmen und einer sowjet. Hegemonie vorzubeugen (Treffen mit HITLER in Montoire, 24. 10. 1940). Nach dem dt. Einmarsch in das unbesetzte Frankreich (November 1942) immer stärker unter Druck, versuchte er erst die Entwicklung zum Satellitenstaat aufzuhalten, stimmte dann aber dem Eintritt von Faschisten in das Kabinett Laval zu und tolerierte die Ausbildung eines Zwangs- und Polizeistaates. Nach seiner Internierung durch die Deutschen in Belfort (ab 20. 8. 1944) und Sigmaringen (ab 8. 9.) ging P. im April 1945 in die Schweiz und stellte sich wenig später den frz. Behörden. Am 15. 8. 1945 wurde P. vom Obersten Gerichtshof wegen Hoch- und Landesverrats zum Tode verurteilt, wegen seines hohen Alters wurde die Strafe ausgesetzt und P. auf die Insel Yeu verbannt.

Werk: La bataille de Verdun (1929).

J. ISORNI: P. P., 2 Bde. (Paris 1972–73); F. POTTECHER: Le procès P. (ebd. 1980); H. R. LOTTMAN: P., hero or traitor (New York 1985); C. FLORET: P. P. u. Pierre Laval (1997); J. LE GROIGNEC: P. et les Allemands (Paris 1997); N. ATKINS: P. (London 1998).

Georg Petel: Ecce Homo; Lindenholz, 1627–32 (Augsburg, Dom)

Petäjävesi, Gem. in Südfinnland, Prov. Keski-Suomi, westl. von Jyväskylä, 3 800 Ew., die Holzkirche (1763–64) wurde von der UNESCO zum Weltkulturerbe erklärt.

Petalen [von griech. pétalon ›Blatt‹], *Sg.* **Petal** oder **Petalum** *das, -s,* **Blumenblätter,** die meist farbigen Kronblätter der →Blüte.

Petaling Jaya [-dʒ-], Satellitenstadt 10 km südwestlich von Kuala Lumpur, Westmalaysia, 254 800 Ew.; Schlafstadt des gehobenen Mittelstandes von Kuala Lumpur (Pendler); Verwaltungs- und Bildungseinrichtungen (Technikum, Internat. Islam. Univ.; Nationalarchiv); Kfz-Montage, Metall-, Gummi-, chem., Papier-, Nahrungsmittel- u. a. Industrie. – P. J. entstand 1951 als ›New Town‹ des sozialen Wohnungsbaus auf ehem. Bergbau- und Plantagengelände.

Petalit [zu griech. pétalon ›Blatt‹] *der, -s/-e,* weißes oder graues, auch rötl., durchsichtiges bis durchscheinendes, monoklines Mineral der chem. Zusammensetzung $Li[AlSi_4O_{10}]$; Härte nach MOHS 6,5, Dichte 2,4 g/cm^3; Kristalle (**Kastor, Castorit:** so gen., weil erstmals zus. mit Pollucit gefunden) selten, meist derb; in granitpegmatit. Gängen; Lithiumerz.

Petan, Žarko, slowen. Schriftsteller, *Ljubljana 27. 3. 1929; schreibt Theaterstücke, Hörspiele, Kurzgeschichten, Romane, Kinderbücher und formal geschliffene, geistvolle und treffsichere Aphorismen.

Ausgaben: Mit leerem Kopf nickt es sich leichter (^{2}1980); Himmel in Quadraten (1981); Vor uns die Sintflut (1983); Viele Herren von heute waren gestern noch Genossen. Neue Aphorismen (1990).

Pétange [pe'tãʒ], Gem. in Luxemburg, →Petingen.

Pétanque [pe'tãk; frz., von provenzal. ped tanco ›fest stehender Fuß‹] *das, -,* mit dem Boccia verwandtes, aus Frankreich stammendes Zielspiel mit Stahlkugeln von 650–800 g Gewicht und 70,5–80 mm Durchmesser auf Naturboden. Ziel ist es, die eigenen Kugeln möglichst nahe an die Zielkugel heranzuwerfen, wobei auch gegner. Kugeln aus deren Nähe mithilfe eigener Kugeln weggespielt werden können. – Dt. Meisterschaften im P. finden jährlich u. a. in den Disziplinen Tête-à-tête (Einzel), Doublette (Zweiermannschaften), Doublette Mixte (gemischt) und Triplette (Dreierteams) statt; Weltmeisterschaften der Männer (jährlich) und Frauen (alle zwei Jahre) werden ausschließlich im Triplette ausgetragen. P. ist in Dtl. als Dt. P.-Verband (DPV) im Dt. Boccia-, Boule- und P.-Verband (→Boccia) organisiert. Der DPV verfügt über neun Landesverbände (alte Bundesländer) mit (1997) knapp 10 000 Mitgliedern. In Österreich besteht der Österr. P. Verband (ÖPV; gegr. 1995, Sitz: Wien) und in der Schweiz die Schweizer. P.-Vereinigung (SPV; gegr. 1952, Sitz: Lausanne). Internat. Dachverband ist die Fédération Internationale de P. et Jeu Provençal (FIPJP; gegr. 1958, Sitz: Marseille).

Petarde [frz., zu péter ›knallen‹, ›zerspringen‹] *die, -/-n,* Mitte des 16. Jh. in den Niederlanden aufgekommenes, mit Pulver gefülltes mörserartiges Metallgefäß zur Sprengung z. B. von Festungstoren.

Petasites [griech. ›hutförmig‹], die Pflanzengattung →Pestwurz.

Petasos [griech.] *der, -/-,* breitkrempiger Hut aus Filz, Stroh oder Leder, mit flachem Kopf und Kinnriemen, der im antiken Griechenland von Epheben sowie als Reisehut getragen wurde. Mit geflügeltem P. wird oft Hermes dargestellt.

Petavius, Dionysius, eigtl. **Denis Pétau** [pe'to], frz. kath. Theologe, *Orléans 21. 8. 1583, †Paris 11. 12. 1652; Jesuit (seit 1605); edierte zahlr. Werke griech. Klassiker und Kirchenväter und verfasste Schriften zur Patrologie, zur Chronologie sowie gegen die prot. und jansenist. Theologie. In seinem unvollendeten Hauptwerk ›Theologicorum dogmatum‹ (4 Bde., 1644–50) versuchte er unter Rückgriff auf Bibel und Kirchenväter den Traditionsbeweis der kath. Lehre; gilt seither als ›Vater der Dogmengeschichte‹.

M. HOFMANN: Theologie, Dogma u. Dogmenentwicklung im theolog. Werk Denis Petau's (Bern 1976).

Petechialfieber, *Tiermedizin:* die →Blutfleckenkrankheit.

Petechi|en [ital.] *Pl.,* punktförmige Kapillarblutungen in Haut und Schleimhaut als Symptom der →hämorrhagischen Diathesen.

Petel, Georg, Bildhauer und Elfenbeinschnitzer, *Weilheim i. OB um 1601/02, †Augsburg vor dem 29. 1. 1634; ausgebildet in Weilheim i. OB, später in München; 1620 reiste er nach Italien. In Genua vermittelte ihm A. VAN DYCK die Bekanntschaft mit P. P. RUBENS, den er 1624, 1627/28 und wohl auch 1634 in Antwerpen traf, wo VAN DYCK 1627 sein Bildnis malte (München, Alte Pinakothek). 1625 ließ P. sich als Bildhauer in Augsburg nieder. P. bewies seine virtuose Meisterschaft sowohl in der Kleinplastik (aus Wachs, Terrakotta, Elfenbein) als auch in monumentalen Werken, aus Lindenholz geschnitzten oder in Bronze gegossenen Figuren. Sein Hauptthema war die Darstellung des Gekreuzigten. Ausgehend vom späten Manierismus, fand er durch selbstständige Verarbeitung der von RUBENS und seinem Kreis empfangenen Anregungen zum Barock.

Werke: Salzfass mit der schaumgeborenen Venus (Elfenbein, 1627/28; Stockholm, Königl. Schloss; BILD →Elfenbeinschnitzerei); Pálffy-Kruzifix (Holz, 1629/30; Marchegg, Christkönigkirche); Ecce Homo (Holz, 1627–32; Augsburg, Dom); Hl. Sebastian (Elfenbein, 1628/29; München, Bayer. Nationalmuseum); Hl. Christophorus (Holz, um 1630; Augsburg, St. Moritz); Kreuzigungsgruppe (Bronze, 1631/32; Regensburg, Niedermünster); Bildnisbüste König Gustavs II. Adolf (Bronze, 1632 modelliert, 1643 gegossen; Stockholm,

Nationalmuseum u. Dresden, Skulpturen-Slg.), Bildnisbüste P. P. Rubens' (Terrakotta, 1633; Antwerpen, Koninklijk Museum voor Schone Kunsten).

G. P. (1601/02–1634), Barockbildhauer zu Augsburg, bearb. v. A. SCHÄDLER u. a. (1985).

Petén, Landschaft und Dep. (35 854 km², 1994: 295 200 Ew.) in N-Guatemala, Hauptort ist Flores (auf einer Insel im rd. 100 km² großen P.-Itzá-See, etwa 5 000 Ew.). Der P. umfasst einen Ausschnitt der flachwelligen, verkarsteten Kalktafel der Halbinsel Yucatán, die im S mit immergrünem trop. Regenwald, im N mit regengrünen Trockenwäldern bedeckt ist. Kleinbäuerl. Siedler mit Subsistenzwirtschaft und Weidewirtschaftsgroßbetriebe drängen die Naturvegetation heute rasch zurück; zahlreiche archäolog. Stätten der Maya, u. a. Tikal und Uaxactún, sind Zeugen dichter Besiedlung von etwa 300 bis 900 n. Chr.

Peter, Herrscher:

Aragonien: **1) Peter II.,** span. **Pedro II.** ['peðro-], katalan. **Pere II.,** König (seit 1196), *1174, †(gefallen) Muret (Dép. Haute-Garonne) 13. 9. 1213; Sohn ALFONS' II.; erneuerte 1204 die Lehnsabhängigkeit vom Papst, der ihn in Rom krönte. Im Bund mit Kastilien und Navarra besiegte er 1212 die Almohaden bei Las Navas de Tolosa. Trotz drohender Exkommunikation kam P. den Albigensern (seinen Vasallen) zu Hilfe. Die Niederlage beim südfrz. Muret (1213) bedeutete den Verlust der meisten Gebiete der Krone Aragón nördlich der Pyrenäen an Frankreich.

2) Peter III., der Große, span. **Pedro III. el Magno** ['peðro, 'maɲo], katalan. **Pere III. el Gran,** König (seit 1276), *zw. 1238 und 1243, †Villafranca del Panadés (Prov. Barcelona) 10. 11. 1285; Sohn JAKOBS I.; beanspruchte als Schwiegersohn des Staufers MANFRED dessen Erbe, unterstützte die →Sizilianische Vesper (1282) und eroberte im Kampf gegen KARL I. von Anjou Sizilien. Im ›Privilegio general‹ gab er den aragones. Ständen Einfluss auf die Regierung.

3) Peter IV., der Zeremoniöse, span. **Pedro IV. el Ceremonioso** ['peðro, θe-], katalan. **Pere IV. el Cerimoniós,** König (seit 1336), *Balaguer (bei Lérida) um 1319, †Barcelona 5. 1. 1387; Sohn ALFONS' IV.; gewann 1343/44 das Königreich Mallorca zurück.

Brasilien: **4) Peter I.,** port. **Pedro I.** ['peðru], Kaiser von Brasilien (1822–31), als **Peter IV.** König von Portugal (1826), *Lissabon 12. 10. 1798, †ebd. 24. 9. 1834, Vater von 5); Sohn des port. Königs JOHANN VI., flüchtete 1807 mit diesem vor den Franzosen nach Brasilien, wurde 1816 Prinz von Brasilien und 1821 Prinzregent, als sein Vater nach der Revolution von 1820 nach Portugal zurückkehrte. Er widersetzte sich der Absicht der port. Cortes, Brasilien wieder zur Kolonie zu machen. Am 7. 9. 1822 rief er die Unabhängigkeit Brasiliens aus, am 1. 12. wurde er zum Kaiser gekrönt. Nach dem Tod seines Vaters (10. 3. 1826) nahm er den Titel eines Königs von Portugal an, trat jedoch schon am 5. 5. zurück zugunsten seiner minderjährigen Tochter MARIA II. DA GLÓRIA, für die sein Bruder MICHAEL Regent wurde. In Brasilien wegen innen- und außenpolit. Misserfolge immer unpopulärer, dankte P. am 7. 4. 1831 zugunsten seines fünfjährigen Sohnes PETER II. ab und ging als ›Herzog von Bragança‹ nach Frankreich. Von dort führte er eine erfolgreiche Expedition zur Rettung des Throns seiner Tochter MARIA II. gegen MICHAEL (seit 1828 König).

C. H. HARING: Empire in Brazil. A New World experiment with monarchy (Cambridge, Mass., 1958).

5) Peter II., port. **Pedro II.** ['peðru], Kaiser (1831–89), *Rio de Janeiro 2. 12. 1825, †Paris 5. 12. 1891, Sohn von 4); stand bis 1840 unter Vormundschaft. Unter seiner Reg. wurden erfolgreiche Kriege gegen Argentinien (1851/52) und Paraguay (1865–70) geführt, im Innern verstand er es, das Gleichgewicht zw. Konservativen und Liberalen aufrechtzuerhalten. P. förderte das Wirtschaftsleben und die europ. Einwanderung. Sein besonderes Interesse galt Wiss. und Kunst. Die entschädigungslose Aufhebung der Sklaverei (13. 5. 1888) machte die schwer getroffenen, einflussreichen Kaffeepflanzer zu seinen Gegnern. Eine militär. Erhebung unter Marschall M. DA FONSECA hatte den unblutigen Sturz des Kaisertums am 15. 11. 1889 zur Folge.

Jugoslawien: **6) Peter II. Karađorđević** [-'dʑɔːrdʑɛvitɕ], **Petar II.,** König (1934–45), *Belgrad 6. 9. 1923, †Los Angeles (Calif.) 3. 11. 1970; Nachfolger seines 1934 ermordeten Vaters ALEXANDER I. (unter der Regentschaft seines Onkels PAUL). Nach dem Militärputsch des Generals DUŠAN SIMOVIĆ (*1882, †1962) am 27. 3. 1941 übernahm er die Reg. und ging nach der Besetzung Jugoslawiens durch dt. und ital. Truppen im April 1941 ins Exil (Großbritannien, USA); 1945 abgesetzt, verzichtete er nicht auf seine Thronrechte.

Kastilien: **7) Peter I., der Grausame,** span. **Pedro I. el Cruel** ['peðro-], König (seit 1350), *Burgos 30. 8. 1334, †Montiel (Prov. Ciudad Real) 22. 3. 1369; Sohn ALFONS' XI. Der Thronanspruch seines Halbbruders HEINRICH VON TRASTÁMARA (HEINRICH II. von Kastilien) beschwor heftige Kämpfe herauf, bei denen beide Parteien sich ausländ. Hilfe bedienten. 1366 vertrieben, setzte sich P. 1367 nochmals durch, wurde aber nach seiner Niederlage bei Montiel von HEINRICH ermordet. – P. ließ die Geliebte seines Vaters und wahrscheinlich seine eigene Frau beseitigen.

Mainz: **8) Peter von Aspelt,** Kurfürst und Erzbischof (seit 1306), *um 1240, †Mainz 5. 6. 1320; entstammte einem Luxemburger Ministerialengeschlecht, wuchs in Trier auf; hochgebildet, in den letzten Jahren RUDOLFS I. VON HABSBURG als dessen Leibarzt bezeugt. Ab 1289 in Diensten König WENZELS II. von Böhmen, stieg er 1296 zu dessen Kanzler auf; 1297 wurde er Bischof von Basel, 1306 Erzbischof und Kurfürst von Mainz. Als Gegner der Habsburger unterstützte er als Reichskanzler die Wahl HEINRICHS VII. (1308) und LUDWIGS IV., DES BAYERN (1314); 1310 half er JOHANN VON LUXEMBURG, dessen dynast. Ansprüche in Böhmen zu verwirklichen.

Peter I., Kaiser von Brasilien (Ausschnitt aus einem zeitgenössischen Stahlstich)

Montenegro: **9) Peter I., Petar I. Petrović Njegoš** [-vitɕ -gɔʃ], regierender Prinz (seit 1782) und Fürstbischof (Vladika, seit 1784), *Njeguši (bei Cetinje) April 1747, †Cetinje 18. 10. 1830, Onkel von 10); gewann in Kämpfen gegen die Türken das montenegrin. Küstenland. Gestützt auf die erste geschriebene Gesetzessammlung (›Zakonik‹, 1798, erweitert 1803) und seine geistl. Autorität bereitete er die Einigung der montenegrin. Stämme und die Staatsbildung vor; 1835 von der serbisch-orth. Kirche kanonisiert.

10) Peter II., Petar II. Petrović Njegoš [-vitɕ -gɔʃ], Fürstbischof (Vladika, seit 1830) und Dichter, *Njeguši (bei Cetinje) 1. 11. 1813, †Cetinje 19. 10. 1851, Neffe von 9); festigte den Staat durch Schaffung staatl. Organe (u. a. Einführung des Schulwesens, eines Senats, von Steuern), konnte mit russ. Unterstützung die Grenze zu Österreich sichern (1838) und praktisch die Unabhängigkeit vom Osman. Reich erringen. – Das literar. Werk (Lyrik, Epik, Dramatik) P.s ist von patriot. Bestrebungen geprägt. Sein dramat. Versepos ›Gorski vijenac‹ (1847; dt. ›Der Bergkranz‹), das den Befreiungskampf der Montenegriner gegen die osman. Herrschaft beschreibt, wurde zu einem serb. Nationalepos.

Ausgabe: Celokupna dela, 7 Bde. ([4]1975).

M. DJILAS: Njegoš oder Dichter zw. Kirche u. Staat (a. d. Serbokroat., Wien 1968); M. AUBIN: Visions historiques et politiques dans l'œuvre poétique de P. P. Njegos (Paris 1972).

Peter II., Kaiser von Brasilien

Portugal: **11) Peter I.,** port. **Pedro I.** ['peðru], König (seit 1357), *Coimbra 1320, †Estremoz (bei Évora)

18. 1. 1367; Sohn Alfons' IV.; v.a. bekannt durch seine Liebe zu Inês de →Castro, die er als Infant (Dom Pedro) heimlich geheiratet hatte.

12) Peter, port. **Dom Pedro** [dõ ˈpeðru], Infant von Portugal, Herzog von **Coimbra,** *Lissabon 9. 12. 1392, †(gefallen) Alfarrobeira 20. 5. 1449; Sohn König Johanns I., führte 1438–48 die Regentschaft für seinen unmündigen Neffen Alfons V., für den er die ›Alfonsin. Gesetzessammlung‹ zusammenstellen ließ. Alfons ließ sich gegen ihn aufhetzen, und im Krieg zw. beiden fiel P. in der Schlacht von Alfarrobeira.

13) Peter II., port. **Pedro II.** [ˈpeðru], König (seit 1683), *Lissabon 26. 4. 1648, †ebd. 9. 12. 1706; Sohn Johanns IV., seit 1667 Regent für seinen geistesschwachen Bruder Alfons VI. Nach Ausgleich überseeischer Differenzen mit den Niederlanden erreichte er 1668 die endgültige Anerkennung der Unabhängigkeit Portugals durch Spanien.

14) Peter IV., port. **Pedro IV.** [ˈpeðru], →Peter 4).

Peter I., der Große, Kaiser von Russland

Russland: **15) Peter I., der Große, Pjotr I. Aleksejewitsch,** Zar (seit 1682) und Kaiser (seit 1721), *Moskau 9. 6. 1672, †Sankt Petersburg 8. 2. 1725; Sohn des Zaren Aleksej Michajlowitsch, wurde nach dem Tod seines Halbbruders Fjodor III. zunächst zum Zaren ausgerufen, jedoch erzwangen die aufrührer. Strelitzen die Mitregierung seines schwachsinnigen Halbbruders Iwan V. (*1666, †1696) und ermöglichten es seiner Halbschwester Sophia (Sofja), die Regentschaft an sich zu reißen und bis zur Volljährigkeit P.s (1689) zu behaupten. P. war in erster Ehe (1689–98) mit Jewdokija Fjodorowna (Eudoxia) Lopuchina (*1670, †1731, in zweiter Ehe (seit 1712) mit Martha Skawronskaja, der späteren Kaiserin Katharina I., verheiratet.

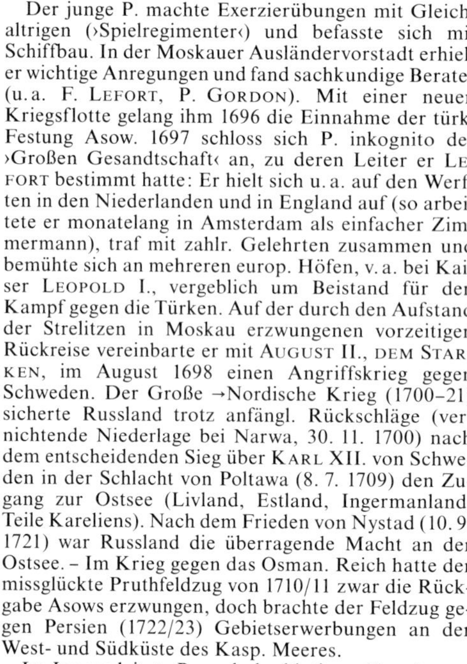

Der junge P. machte Exerzierübungen mit Gleichaltrigen (›Spielregimenter‹) und befasste sich mit Schiffbau. In der Moskauer Ausländervorstadt erhielt er wichtige Anregungen und fand sachkundige Berater (u.a. F. Lefort, P. Gordon). Mit einer neuen Kriegsflotte gelang ihm 1696 die Einnahme der türk. Festung Asow. 1697 schloss sich P. inkognito der ›Großen Gesandtschaft‹ an, zu deren Leiter er Lefort bestimmt hatte: Er hielt sich u.a. auf den Werften in den Niederlanden und in England auf (so arbeitete er monatelang in Amsterdam als einfacher Zimmermann), traf mit zahlr. Gelehrten zusammen und bemühte sich an mehreren europ. Höfen, v.a. bei Kaiser Leopold I., vergeblich um Beistand für den Kampf gegen die Türken. Auf der durch den Aufstand der Strelitzen in Moskau erzwungenen vorzeitigen Rückreise vereinbarte er mit August II., dem Starken, im August 1698 einen Angriffskrieg gegen Schweden. Der Große →Nordische Krieg (1700–21) sicherte Russland trotz anfängl. Rückschläge (vernichtende Niederlage bei Narwa, 30. 11. 1700) nach dem entscheidenden Sieg über Karl XII. von Schweden in der Schlacht von Poltawa (8. 7. 1709) den Zugang zur Ostsee (Livland, Estland, Ingermanland, Teile Kareliens). Nach dem Frieden von Nystad (10. 9. 1721) war Russland die überragende Macht an der Ostsee. – Im Krieg gegen das Osman. Reich hatte der missglückte Pruthfeldzug von 1710/11 zwar die Rückgabe Asows erzwungen, doch brachte der Feldzug gegen Persien (1722/23) Gebietserwerbungen an der West- und Südküste des Kasp. Meeres.

Peter III., Kaiser von Russland

Im Innern leitete P. nach der blutigen Abrechnung mit den Strelitzen (Massenhinrichtungen 1698/99) umfassende Reformmaßnahmen ein, die den Bruch mit der Vergangenheit und den altertümlichen moskowit. Lebensformen bedeuteten. Er führte bei Hof die westeurop. Etikette und Kleiderordnung ein, stellte die Zeitrechnung zum 1. 1. 1700 auf den julian. Kalender um, gründete 1703 mit Sankt Petersburg die künftige Hauptstadt und reorganisierte den gesamten

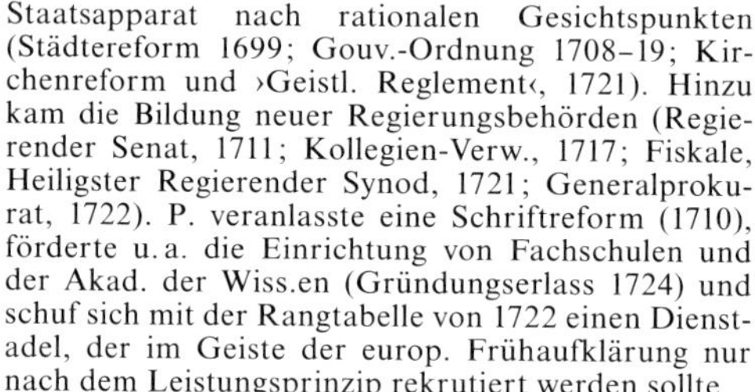

Staatsapparat nach rationalen Gesichtspunkten (Städtereform 1699; Gouv.-Ordnung 1708–19; Kirchenreform und ›Geistl. Reglement‹, 1721). Hinzu kam die Bildung neuer Regierungsbehörden (Regierender Senat, 1711; Kollegien-Verw., 1717; Fiskale, Heiligster Regierender Synod, 1721; Generalprokurat, 1722). P. veranlasste eine Schriftreform (1710), förderte u.a. die Einrichtung von Fachschulen und der Akad. der Wiss.en (Gründungserlass 1724) und schuf sich mit der Rangtabelle von 1722 einen Dienstadel, der im Geiste der europ. Frühaufklärung nur nach dem Leistungsprinzip rekrutiert werden sollte.

1721 nahm P. den Kaisertitel an. Über Eheschließungen der Nichten und zweier seiner Kinder verband er die außenpolit. Interessen Russlands mit dt. Fürstenhäusern (Kurland, Mecklenburg, Braunschweig-Wolfenbüttel, Holstein-Gottorp). P. geriet in einen tiefen Gegensatz zu seinem Sohn aus erster Ehe, den Zarewitsch Aleksej Petrowitsch, den er nach dessen Flucht nach Russland zurückholen ließ, enterbte und dem er wegen Hochverrats den Prozess machte (Aleksej starb kurz nach Verkündung des Todesurteils 1718 an den Folgen von Folterungen). Unter dem Eindruck der Auseinandersetzung mit Aleksej erließ P. zwar 1722 eine neue Thronfolgeordnung, die verfügte, dass der russ. Herrscher unter Umgehung des Geblütsrechts seinen Nachfolger selbst wählen könne, versäumte es aber, sein Lebenswerk durch eine rechtzeitige Bestimmung des Thronfolgers zu sichern.

In Musik und Literatur wurden zahlr. Episoden aus dem Leben des Zaren verarbeitet. Vom Aufenthalt in Holland handeln u.a. die Opern ›Zar und Zimmermann‹ (1837) von A. Lortzing und ›Der Nordstern‹ (1854) von E. Scribe/G. Meyerbeer. Gesamtdarstellungen seines Lebens geben u.a. die Romane von D. S. Mereschkowskij (1905), Klabund (1923) und A. N. Tolstoj (1929–45; unvollendet).

Ausgabe: Pis'ma i bumagi imperatora Petra Velikogo (1887 ff.).

R. Wittram: P. I., Czar u. Kaiser, 2 Bde. (1964); M. S. Anderson: P. the Great (London 1978); C. Peterson: P. the Great's administrative and judicial reforms (Stockholm 1979); N. V. Riasanovsky: The image of P. the Great in Russian literature and thought (New York 1985); E. Donnert: P. d. Gr. (Neuausg. Wien 1989); P. d. Gr. in Westeuropa. Die große Gesandtschaft 1697–1698, bearb. v. W. Griep u. F. Krahé, Ausst.-Kat. Übersee-Museum, Bremen (1991); R. K. Massie: Peter d. Gr. Sein Leben u. seine Zeit (a.d. Amerikan., 39.–41. Tsd. 1992); G. Helmert: Der Staatsbegriff im petrin. Rußland (1996).

16) Peter II., Pjotr II. Aleksejewitsch, Kaiser (seit 1727), *Sankt Petersburg 23. 10. 1715, †Moskau 29. 1. 1730; Sohn des Thronfolgers Aleksej Petrowitsch, folgte Katharina I. am 18. 5. 1727 auf den Thron. Mit ihm starb das Haus Romanow im Mannesstamm aus; ihm folgte Anna Iwanowna.

17) Peter III., Pjotr III. Fjodorowitsch, Kaiser (1762), als Herzog von Holstein-Gottorp (seit 1739) **Karl P. Ulrich,** *Kiel 21. 2. 1728, †Ropscha (bei Petrodworez) 17. 7. 1762; Sohn von Anna Petrowna, einer Tochter Peters I., d. Gr., und des Herzogs Karl Friedrich von Holstein-Gottorp. Von seiner Tante, Kaiserin Elisabeth Petrowna, 1742 als Thronfolger nach Russland gerufen und 1745 mit Sophie Friederike Auguste von Anhalt-Zerbst, der späteren Kaiserin Katharina II., vermählt, bestieg er nach Elisabeths Tod (5. 1. 1762) den Thron. P. schloss sofort Frieden mit Friedrich II., d. Gr. (Rückgabe des von den Russen besetzten Ostpreußen); er verfügte die Aufhebung der Dienstpflicht des Adels, die Abschaffung der Geheimen Kanzlei sowie die Säkularisierung der Kirchengüter. P. wurde von einer Verschwörung, an deren Spitze sich Katharina stellte, am 9. 7. 1762 gestürzt und unter nie ganz geklärten Umständen in Ropscha ermordet.

Serbien: **18) Peter I. Karađorđević** [-ˈdʑɔːrdʑɛvitɕ], **Petar I.,** König (seit 1903), seit 1918 König der Serben, Kroaten und Slowenen, *Belgrad 11. 7. 1844, †ebd. 16. 8. 1921; wurde nach der Ermordung ALEXANDERS I. OBRENOVIĆ 1903 von der Nationalversammlung zum König gewählt. Seine Außenpolitik war wesentlich von N. PAŠIĆ im Sinne der großserb. Idee bestimmt.

Peter, P. von Ailly [-aˈji], **Pierre d'Ailly** [piɛːr-], **Petrus von Alliaco,** frz. Kirchenpolitiker, Theologe und Philosoph, *Compiègne 1350, †Avignon 9. 8. 1420; 1389–95 Kanzler der Univ. Paris, wurde 1389 Beichtvater KARLS VI.; 1395 Bischof von Le Puy, ab 1397 Bischof von Cambrai. P. setzte sich v.a. für die Beilegung des Abendländ. Schismas (1378–1417) ein, wobei er theologisch die Oberhoheit der Konzilien gegenüber dem Papst vertrat. 1411 erhob ihn der Gegenpapst JOHANNES XXIII. zum Kardinal, 1413 ernannte er ihn zum Apostol. Legaten für Dtl. Zusammen mit seinem Schüler J. GERSON nahm P. am Konzil von Konstanz (1414–18) teil. – Philosophisch war P. ein Anhänger WILHELM VON OCKHAMS. Durch seinen Sentenzenkommentar (1375) hat er u.a. auf M. LUTHER gewirkt, der durch ihn die Texte vieler Spätscholastiker kennen lernte. Mit dem Werk ›Imago Mundi‹ (1410) gehört er zu den Anregern der Entdeckungsfahrten des KOLUMBUS.

L. SALEMBIER: Le cardinal Pierre d'Ailly ... Bibliographie de ses œuvres ... (Compiègne 1909); B. MELLER: Studien zur Erkenntnislehre des P. v. A. (1954); O. PLUTA: Die philosoph. Psychologie des P. v. A. (Amsterdam 1987); L. A. SMOLLER: History prophecy, and the stars. The Christian astrology of Pierre d'Ailly 1350–1420 (Princeton, N. J., 1994).

Peter, P. von Amiens [-aˈmjɛ̃], gen. **der Eremit,** Augustinerchorherr, Buß- und Wanderprediger, *Amiens um 1050, †Kloster Neufmoustier (heute zu Huy) 8. 7. 1115; sammelte nach der Kreuzzugsaufforderung URBANS II. zahlr. Anhänger in Frankreich und Dtl. und führte sie donauabwärts in den ersten Kreuzzug. Dieses Heer wurde am 21. 10. 1096 bei Nikaia von den Seldschuken vernichtet. P. schloss sich dem ritterl. Kreuzzugsheer an. Später gründete er das Kloster Neufmoustier, dessen erster Prior er wurde.

Peter, P. von Arberg, Dichter des 14. Jh.; vielleicht identisch mit PETER II., Graf von Aarburg, Reichsschultheiß von Solothurn, bezeugt 1324–57. Zwei Handschriften nennen seinen Namen als Autor volkstümlicher weltl. und geistl. Lieder, sieben seiner Lieder sind in der Colmarer Liederhandschrift in vier Tönen überliefert.

Peter, P. von Dusburg, Petrus von Dusburg, Chronist des Dt. Ordens in der 1. Hälfte des 14. Jh.; schrieb als Ordensgeistlicher mit seinem bis 1326 reichenden Werk ›Chronicon terrae Prussiae‹ die erste Geschichte des Dt. Ordens. Sein bis 1330 fortgeführtes Werk wurde von NIKOLAUS VON JEROSCHIN ins Ostmitteldeutsche übertragen.

Peter, P. von Kiew, P. von Moskau, russ.-orth. Metropolit, *in Wolhynien, †Moskau 20. 12. 1326; wurde 1308 von dem Ökumen. Patriarchen ATHANASIOS I. zum Metropoliten von Kiew und der ganzen Rus bestellt, residierte seit 1309 in Wladimir. 1325 siedelte er auf Bitten IWANS I. DANILOWITSCH während des Streites zw. Twer und Moskau nach Moskau über und leitete damit auch die Verlagerung des kirchl. Mittelpunktes nach Moskau ein. Sein Grab in der Uspenskijkathedrale in Moskau wurde zum Symbol der Einheit des russ. Staates; an ihm wurden alle wichtigen Staatseide abgelegt. – Heiliger der russisch-orth. Kirche (Tag: 21. 12.).

Peterborough [ˈpiːtəbrə], **1)** Stadt in der Cty. Cambridgeshire, England, am Rand des Marschengebiets der Fens, 134 800 Ew.; anglikan. Bischofssitz; städt. Museum mit Kunstgalerie. P. wurde 1967 →New Town; Motoren- und Maschinenbau, Herstellung von Haushaltsgeräten, Kunststoff- und Konservenindustrie; Marktzentrum eines reichen landwirtschaftl. Umlandes; Eisenbahnknotenpunkt mit Eisenbahnwerkstätten. – Die Kathedrale von P. entstand als Kirche der Abtei an der Stelle zerstörter Vorläuferbauten und wurde 1118 als roman. Querhausbasilika mit Umgangschor begonnen. Das Langhaus (2. Hälfte des 12. Jh.) erhielt nach 1177 ein frühgot. W-Querhaus, die W-Fassade Anfang des 13. Jh. drei hoch aufragende got. Loggien, flankiert von seitl. Ecktürmen. Um 1400 wurde die Apsis durch einen rechteckigen Umgang ummantelt und mit spätgot. Maßwerkfenstern versehen; gemalte Holzdecke um 1220. – Im NW von P. liegt →Burghley House. – P. entstand um eine gleichnamige Benediktinerabtei (665 gegr., 870 von den Dänen zerstört, um 970 erneuert, 1539 aufgehoben).

Peterborough 1): Ansicht der Kathedrale von Südwesten; 1118 begonnen

Peter I. Karađorđević, König von Serbien

2) Stadt in der Prov. Ontario, Kanada, am Trentkanal, 62 000 Ew.; kath. Bischofssitz; Trent University (gegr. 1963); kanad. Kanumuseum; wichtigster Industriezweig ist die Holzverarbeitung.

Peter-der-Große-Bucht, Bucht des Jap. Meeres im Fernen Osten Russlands, 80 km lang, im S rd. 200 km breit; fächert sich in mehrere Buchten auf, darunter im NW die **Amurbucht** (65 km lang, 9–20 km breit) mit der Goldenes Horn genannten Hafenbucht von Wladiwostok, im NO die **Ussuribucht** (67 km lang, am Eingang 55 km breit) sowie im O die **Amerikabucht** (15 km lang, am Eingang 10 km breit) mit dem Hafen von Nachodka. 1978 wurde in der P.-d.-G.-B. das erste russ. Meeresschutzgebiet (200 km^2) eingerichtet.

Peterhead [piːtəˈhed], Stadt im Verw.-Distr. Aberdeenshire, Schottland, an der Nordsee, 18 700 Ew.; Fischerei- und Handelshafen, Fisch verarbeitende Industrie; Versorgungszentrum für Nordsee-Erdölfelder, Gasterminal.

Peterhof, lat. **Curia Sancti Petri,** auf dem rechten Ufer des Wolchow gelegenes Kontor der Hanse in Nowgorod; dt. Niederlassung für 1205/06 bezeugt; 1494 durch IWAN III. geschlossen.

Peterhof, Stadt in Russland, →Petrodworez.

Peter-I.-Insel, unbewohnte Insel im Bellingshausenmeer, W-Antarktis, 249 km^2, bis 1 220 m ü. M., fast ganz mit Eis bedeckt. – 1821 von F. G. VON BELLINGSHAUSEN entdeckt, seit 1931 norwegisch.

Peterlee [piːtəˈliː], Stadt in der Cty. Durham, NO-England, 31 100 Ew.; kleinere Industrieparks mit Leichtindustrie und Dienstleistungsunternehmen. – 1948 als →New Town gegründet.

Petermann, August, Kartograph und Geograph, *Bleicherode 18. 4. 1822, †(Selbstmord) Gotha 25. 9.

August Petermann

1878; Schüler von H. BERGHAUS; ab 1845 in Edinburgh tätig, ab 1847 als selbstständiger Kartograph in London, ab 1854 in Justus Perthes' Geograph. Anstalt (u.a. an Stielers Handatlas; Karte der Vereinigten Staaten von Amerika, sechs Blätter). Er regte mehrere Afrika- und die ersten dt. Polarexpeditionen an; gründete 1855 die Zeitschrift ›Mittheilungen aus Justus Perthes' Geograph. Anstalt ...‹ (seit 1860 mit ›Ergänzungs-Bänden‹), die später nach ihm benannt wurde (›A. Petermann's Geograph. Mitteilungen ...‹, 1879 ff.).

Petermännchen: 3-Petermännchen-Stück (Trier 1693; Durchmesser 23,7 mm)

Vorderseite

Rückseite

Petermännchen, Petermenger, kleine Billonmünze (Albus) des Erzbistums Trier im 17./18. Jh., 1 P. = 8 Pfennige = 2 Kreuzer. Ab 1689 wurden Münzen zu 3 P. geprägt, die 5 Kreuzer galten. Namengebend war der stehende oder auf Wolken thronende Apostel PETRUS auf der Rückseite.

Petermännchen, Name zweier Arten der Drachenfische, die an den europ. Küsten vorkommen: **Großes P. (Petermann,** Trachinus draco), bis 45 cm lang, und **Kleines P. (Vipernqueise,** Trachinus vipera), bis 20 cm lang. Beide Arten besitzen eine giftige erste Rückenflosse.

Peter-Pauls-Felsen, zu Brasilien gehörende Felsen im Atlantik, →Sankt-Peter-und-Paul-Felsen.

Peters, 1) Carl, Kolonialpolitiker, * Neuhaus/Elbe (heute Amt Neuhaus, Kr. Lüneburg) 27. 9. 1856, † Woltorf (heute zu Peine) 10. 9. 1918; entwickelte Pläne für eine koloniale Expansion Dtl.s und gründete 1884 die ›Gesellschaft für dt. Kolonisation‹. Er erwarb bei einer Expedition nach Ostafrika im Hinterland des Sultanats Sansibar durch Schutzverträge mit einheim. Häuptlingen das Kernland des späteren Dt.-Ostafrika (1885 kaiserl. Schutzbrief), 1887 weitere Gebiete an der ostafrikan. Küste und schloss mit dem Kabaka von Buganda einen Schutzvertrag, der jedoch im Helgoland-Sansibar-Vertrag (1890) nicht anerkannt wurde. Mit der Übernahme der Verw. des Schutzgebietes durch das Dt. Reich 1891 wurde P. zum Reichskommissar für das Kilimandscharogebiet ernannt (bis 1893). Schwere Vorwürfe wegen Willkür gegenüber den Einheimischen führten 1897 zu seiner Entlassung aus dem Staatsdienst.

Carl Peters

Ausgabe: Ges. Schr., hg. v. W. FRANK, 3 Bde. (1943–44).

2) Johann Anton de, Maler, Kupferstecher und Zeichner, getauft Köln 16. 1. 1725, † ebd. 6. 10. 1795; war ab etwa 1745 in Paris tätig. 1768 wurde er Hofmaler des dän. Königs CHRISTIAN IV. Seit der Frz. Revolution hielt er sich wieder in Köln auf. P. schuf v.a. Gesellschaftsstücke und Porträts in der Art von J.-B. GREUZE und J. H. FRAGONARD; auch bedeutend als Kunstsammler und Musikverleger.

J. A. de P., ein Kölner Maler des 18. Jh. in Paris, bearb. v. G. CZYMMEK u.a. (1981).

3) ['pi:təz], Roberta, amerikan. Sängerin (Koloratursopran), * New York 4. 5. 1930; debütierte 1950 an der Metropolitan Opera in New York, deren Mitgl. sie bis 1985 war. Sie sang auch bei Festspielen (Salzburg) und wurde bes. als Mozart- (Königin der Nacht in der ›Zauberflöte‹), Rossini-, Donizetti- und Verdi-Interpretin bekannt.

Peters, C. F. P. Musikverlag, gegr. 1800 in Leipzig von FRANZ ANTON HOFFMEISTER (* 1754, † 1812) und AMBROSIUS KÜHNEL (* 1770, † 1813) als ›Bureau de Musique‹. 1814 wurde das Unternehmen an den Buchhändler CARL FRIEDRICH PETERS (* 1779, † 1827) verkauft. Das Leipziger Haus, weltbekannt durch die Veröffentlichung klass., romant. und moderner Musikwerke (**Edition P.,** gegr. 1867), wurde 1949 enteignet, als ›VEB Edition P.‹ fortgeführt und auf staatl. Weisung zum 30. 6. 1990 eingestellt. Seit 1950 befindet sich das Stammhaus in Frankfurt am Main. Die Geschäftsführung des M. P. Belaieff Musikverlags (gegr. 1885) wurde 1971, der Musikverlag Schwann (gegr. 1821) 1974, der Musikverlag C. F. Kahnt (gegr. 1851) 1989 übernommen. Zum Verlag gehört auch der Henry Litolff's Verlag (gegr. 1828). – In London wurde 1937 die Hinrichsen Edition Ltd. und in New York 1948 die C. F. Peters Corporation gegründet.

Petermännchen: Großes Petermännchen (Länge bis 45 cm)

Petersberg, 1) Gem. im Landkreis Fulda, Hessen, 350 m ü. M., nordöstlich an Fulda anschließend, 14 000 Ew.; Haunetalsperre. – Auf der 400 m hohen gleichnamigen Basaltkuppe liegt die Kirche (urspr. 9. und 12. Jh.) der ehem. Benediktinerpropstei St. Peter; Neubau des Langhauses im 15. Jh. In der Krypta (9. und 12. Jh.) Steinsarkophag der hl. LIOBA (um 836) und alte Wandmalereien. In der Oberkirche Steinreliefs aus dem 12. Jh.; Weihwasserbecken um 1170.

2) Basaltkuppe im Siebengebirge bei Königswinter, NRW, 331 m ü. M. – Das 1912–14 erbaute **Hotel P.** war 1946–51 Sitz der Alliierten Hohen Kommissare (→Petersberger Abkommen). Nach durchgreifenden Renovierungen wurde das Hotel 1990 als Gästehaus der Bundesrepublik Dtl. wieder eröffnet.

3) Porphyrkuppe (z. T. bewaldet) 13 km nördlich von Halle (Saale), Sa.-Anh., 250 m ü. M., mit roman. Stiftskirche (1124 erstmals geweiht, 1565 zerstört, Wiederaufbau 1853–57), Fernsehturm und meteorolog. Station; Museum, Tierpark.

Petersberger Abkommen, im Hotel Petersberg (bei Königswinter), dem Sitz der drei Alliierten Hohen Kommissare für die Bundesrepublik Dtl., am 22. 11. 1949 geschlossenes Abkommen zw. der Bundes-Reg. unter K. ADENAUER und der Alliierten Hohen Kommission (AHK), die erste Etappe bei den Bemühungen der Reg. Adenauer um die Revision des Besatzungsstatuts. Es ermöglichte der Bundesrepublik Dtl. u.a., sich an internat. Organisationen zu beteiligen sowie der Internat. Ruhrbehörde und dem Europarat beizutreten. Es erlaubte der Bundesrepublik, mit den Gremien der Marshallplanhilfe ein Abkommen abzuschließen sowie mit den Staaten des Westens Konsular- und Handelsbeziehungen aufzunehmen. Das P. A. regelte die Gesetzgebung auf dem Gebiet der Entflechtung der Kartelle und stoppte die Demontage bestimmter Produktionen und Werke der Chemie- und Stahlindustrie.

Petersburg, Kurz-Bez. der russ. Stadt →Sankt Petersburg.

Peter Schlemihls wundersame Geschichte, Novelle von A. VON CHAMISSO (1814).

Petersdorf, poln. **Piechowice** [pjɛxɔ'vitsɛ], Stadt in der Wwschaft Jelenia Góra (Hirschberg), Polen, 400–500 m ü. M., am Fuß des Riesengebirges, 7 400 Ew.; Glaskunstmuseum; Kristallglashütte, Elektromotorenbau, Holz- und Papierindustrie. Zu P. gehört seit 1976 der Luftkurort →Agnetendorf sowie seit 1961 der Erholungs- und Wintersportort **Kiesewald** (poln. **Michałowice**). – P. kam 1945 unter poln. Verwaltung, die Zugehörigkeit zu Polen wurde durch den Dt.-Poln.

Grenzvertrag vom 14. 11. 1990 (in Kraft seit 16. 1. 1992) anerkannt; Stadtrecht seit 1967.

Petersen, 1) Carl, Politiker, *Hamburg 31. 1. 1868, †ebd. 6. 11. 1933; seit 1899 Mitgl. der Bürgerschaft, seit 1918 des Senats von Hamburg, 1918 Mitbegründer und 1919–24 Vors. der DDP, 1920–24 MdR, war 1924–29 und 1932–33 Erster Bürgermeister von Hamburg.

2) Jan, eigtl. **Hans Schwalm,** Schriftsteller, *Berlin 2. 7. 1906, †Berlin (Ost) 11. 11. 1969; seit 1930 Mitgl. der KPD, war 1922–35 Leiter einer antifaschist. Widerstandsgruppe (›Bund Proletarisch-Revolutionärer Schriftsteller Dtl.s‹) in Berlin; 1935 Emigration über Frankreich in die Schweiz, 1937 nach England (1941 in Kanada interniert); 1946 Rückkehr nach Berlin. Zentrales Thema seiner Erzählungen und Romane ist der Widerstand gegen den Nationalsozialismus. Auch international erfolgreich war der Roman ›Unsere Straße‹ (1936).

3) Johann Wilhelm, ev. Theologe, pietist. Schriftsteller und Dichter, *Osnabrück 1. 6. 1649, †auf seinem Gut Thymer (bei Zerbst) 31. 1. 1727; wurde 1676 Prof. der Rhetorik in Rostock, 1678 Superintendent und Hofprediger in Eutin, 1688 in Lüneburg. Seine Verkündigung des bald anbrechenden Reiches Gottes brachte ihm den Vorwurf des Chiliasmus ein und führte 1692 zur Amtsenthebung. Mit seiner Frau JOHANNA ELEONORE, geb. VON MERLAU (*1644, †1724), gehörte P. zu jener spiritualist. Richtung des →Pietismus, die sich von der Kirche trennte.

Werke: Geheimnis der Wiederbringung aller Dinge, 3 Bde. (1701–10); Das Leben J. W. P. ... (1717).

E. A. SCHERING: J. W. u. J. E. P., in: Gestalten der Kirchengesch., hg. v. M. GRESCHAT, Bd. 7 (1982).

4) ['pe:dərsən], Nis Johan, dän. Schriftsteller, *Vamdrup (Jütland) 22. 1. 1897, †Laven (bei Silkeborg) 9. 3. 1943; schrieb, in einem vom Ersten Weltkrieg erschütterten Leben innerer Unruhe und äußerer Unrast, Gedichte, Novellen, Romane und Aphorismen. Ähnlich K. MUNK ist auch P.s literar. Schaffen von einer antinaturalist. Tendenz geprägt. Sein im Rom MARK AURELS spielendes Hauptwerk, der Roman ›Sandalmagernes Gade‹ (1931; dt. ›Die Sandalenmachergasse‹), ist letztlich Spiegelung der eigenen Zeit und ein kunstvoller Reflex auf die von Krieg und Krise geprägte Weltanschauungsdebatte der 20er-Jahre; formal dichter, aber literarisch weniger erfolgreich war P.s Thematisierung des irischen Bürgerkriegs in dem Roman ›Spildt mælk‹ (1934; dt. ›Verschüttete Milch‹).

Ausgaben: Samlede digte, hg. v. H. BRIX (1949); Samlede vaerker, 8 Bde. (1962).

5) Peter, Pädagoge, *Großenwiehe (bei Flensburg) 26. 6. 1884, †Jena 21. 3. 1952; 1923–50 Prof. in Jena, entwickelte und erprobte als Leiter der dortigen Universitätsschule sein Schulmodell (›Der Jena-Plan‹, 3 Bde., 1930–34); setzte sich bes. für ein freies Arbeiten in Altersgruppen nach Wochenarbeitsplan mit sozialpädagog. Tendenz ein.

Werke: Allg. Erziehungswiss., 3 Bde. (1924–54); Die neueurop. Erziehungsbewegung (1926); Die pädagog. Tatsachenforschung (hg. 1965, mit ELSE PETERSEN).

H. DÖPP-VORWALD: Die Erziehungslehre P. P.s (1962); T. RUTT: P. P. Leben u. Werk (1984); T. DIETRICH: Die Pädagogik P. P.s ([6]1995).

6) Wolfgang, Film- und Fernsehregisseur, *Emden 14. 3. 1941; in den 60er-Jahren Theaterregisseur in Hamburg; seit 1971 Fernsehfilme, darunter mehrere ›Tatorte‹. Als Spielfilmregisseur inzwischen in Hollywood arbeitend, tendiert er zu aufwendigen Action- und Fantasyproduktionen.

Filme: Einer von uns beiden (1973); Die Konsequenz (1977); Das Boot (1981; überarbeitete Kinoversion 1997); Die unendliche Geschichte (1983); Enemy Mine – Geliebter Feind (1985); Tod im Spiegel (1990); In the Line of Fire – Die zweite Chance (1993); Outbreak – Lautlose Killer (1995); Air Force One (1997).

Petersen-Spule, die →Erdschlussspule.

Petersfels [nach dem Vorgeschichtsforscher EDUARD PETERS, *1905, †1944], Höhle bei Engen, Bad.-Württ., Siedlungsstätte der jüngeren Altsteinzeit. Ausgrabungen 1927–30 sowie in den 70er-Jahren erbrachten umfangreiche Funde des Spätmagdalénien, darunter Gravierungen (Wildpferd, Rentier, Symbole), knöcherne Geschossspitzen, Harpunen und stark stilisierte Frauenstatuetten aus Gagat.

E. PETERS u. V. TOEPFER: Die altsteinzeitl. Kulturstätte P., 2 Tle. (1930–41); G. ALBRECHT: Magdalénien-Inventare vom P. Siedlungsarchäolog. Ergebnisse der Ausgrabungen 1974–1976 (1979).

Petersfische: Heringskönig (Länge etwa 70 cm)

Petersfische, Zeidae, artenarme Fischfamilie mit diskusförmigem, seitlich stark abgeplattetem Körper sowie Stachel- oder Buckelreihen an der Basis der Rücken- und Afterflosse. Der rd. 70 cm lange **Heringskönig (Petersfisch, Christusfisch,** Zeus faber) lebt in der Hochsee; auf den Flanken hat er einen schwarzen Fleck, das Maul ist ausstülpbar.

Nis Petersen

Petersflagge, weiße Flagge mit einem schwarzen Kreuz (Dt. Orden), in der Oberecke mit dem weißen Sternbild ›Kreuz des Südens‹ auf rotem Grund, die C. PETERS mit sich führte und die dann die Flagge der Dt.-Ostafrikan. Gesellschaft wurde. Im 20. Jh. wurde sie zum Symbol der dt. Kolonialbewegung und vielfach als ›Kolonialflagge‹ bezeichnet.

Petershagen, Stadt im Kr. Minden-Lübbecke, NRW, 79 m ü. M., an der mittleren Weser, 26 000 Ew.; Heimat- und Heringsfängermuseum; Baustoff- (Ziegeleien), Möbel- und Bekleidungsindustrie; Steinkohlekraftwerk (840 MW). – Die ev. Stadtkirche wurde 1615–18 noch in got. Formen errichtet; die ehem. Burg wurde im 16. Jh. im Stil der Weserrenaissance umgebaut (heute Hotel). – Im Anschluss an eine 784 erstmals erwähnte Siedlung errichtete 1306 der Mindener Bischof GOTTFRIED VON WALDECK eine Burg, bei der planmäßig eine Neustadt angelegt wurde. 1363 erhielten sowohl Neu- als auch Altstadt Stadtrecht, 1719 wurden beide Städte zusammengelegt.

Wolfgang Petersen

Petersilie [von griech. petrosélinon ›Steinteppich‹, ›Felsenteppich‹], **Petroselinum,** Gattung der Doldenblütler mit vier Arten in Mitteleuropa und im Mittelmeergebiet; am bekanntesten ist die durch Kultur weit verbreitete, zwei- bis mehrjährige **Garten-P.** (Petroselinum crispum) mit rübenförmiger, schlanker Wurzel und dunkelgrünen, glänzenden, zwei- bis dreifach gefiederten Blättern. Die P. bildet im zweiten Anbaujahr einen bis 120 cm hohen, verzweigten Stängel mit zusammengesetzten, vielstrahligen Dolden, gelbgrünen bis rötl. Blütenblättern (nicht zu verwechseln mit der giftigen →Hundspetersilie) und zweiteiligen, etwas zusammengedrückten, graubraunen Früchten. – Die P. wird wegen ihres Gehaltes an äther. Öl (v. a. in der Wurzel und in den Früchten) und wegen ihres hohen Vitamin-C-Gehaltes als Heil- und Gewürzpflanze verwendet. Man unterscheidet die zu Würzzwecken angebaute **Blatt-P. (Krausblättrige P.,** Petroselinum crispum ssp. crispum) und die **Wurzel-P.** (Petroselinum crispum ssp. tuberosum), deren fleischige Wurzelrübe als Gemüse gegessen wird.

Petersilie: Gartenpetersilie (im ersten Anbaujahr)

Kulturgeschichte: Die P. ist seit der Jungsteinzeit in Mitteleuropa nachweisbar. Griechen und Römern war sie als Heil- und Kultpflanze sowie als Küchengewürz bekannt. Die Sieger der Isthm. Spiele wurden

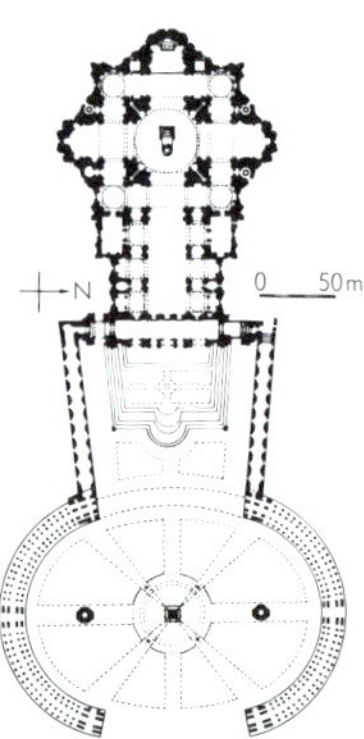

Peterskirche und Petersplatz (Grundriss)

mit P.-Kränzen geschmückt. In der Renaissance für aromat. Wasser und Parfüms benutzt. Im MA. waren mit der P. auch abergläub. Bräuche verbunden.

Petersilienkampfer, andere Bez. für →Apiol.

Peterskirche, Petersdom, ital. **San Pietro in Vaticano,** in der Vatikanstadt (UNESCO-Weltkulturerbe) gelegene Grabkirche des Apostels PETRUS und Hauptkirche des Papstes. Der älteste Bau, von Kaiser KONSTANTIN D. GR. um 324 begonnen, wurde auf einem überwiegend heidnisch belegten Friedhof über einem Grab, das man als das Grab des PETRUS ansah und verehrte, angelegt. Die fünfschiffige, flach gedeckte Basilika (Mitte des 4. Jh. vollendet) mit einschiffigem Querhaus, an das sich die Apsis anschloss, besaß ein großes Atrium; ihr Grundriss wurde beispielgebend für den abendländ. Kirchenbau. Unter NIKOLAUS V. begann B. ROSSELLINO 1452–55 ein neues Querhaus und den Chor. Den Grundstein des völligen Neubaus legte JULIUS II. 1506. BRAMANTES Entwurf sah einen Zentralbau in Form eines griech. Kreuzes im Maßstab der Maxentiusbasilika mit einer Kuppel vor. Aus Gründen der Tradition und des Kultes wurde die Rückkehr zur lat. Kreuzform gefordert. Unter RAFFAEL, B. PERUZZI und A. DA SANGALLO

Peterskirche: Blick auf den Papstaltar von Gian Lorenzo Bernini

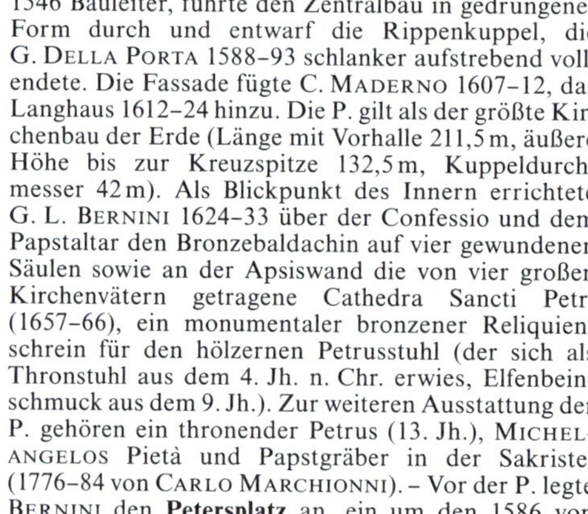

wuchs der Bau nur schleppend. MICHELANGELO, seit 1546 Bauleiter, führte den Zentralbau in gedrungener Form durch und entwarf die Rippenkuppel, die G. DELLA PORTA 1588–93 schlanker aufstrebend vollendete. Die Fassade fügte C. MADERNO 1607–12, das Langhaus 1612–24 hinzu. Die P. gilt als der größte Kirchenbau der Erde (Länge mit Vorhalle 211,5 m, äußere Höhe bis zur Kreuzspitze 132,5 m, Kuppeldurchmesser 42 m). Als Blickpunkt des Innern errichtete G. L. BERNINI 1624–33 über der Confessio und dem Papstaltar den Bronzebaldachin auf vier gewundenen Säulen sowie an der Apsiswand die von vier großen Kirchenvätern getragene Cathedra Sancti Petri (1657–66), ein monumentaler bronzener Reliquienschrein für den hölzernen Petrusstuhl (der sich als Thronstuhl aus dem 4. Jh. n. Chr. erwies, Elfenbeinschmuck aus dem 9. Jh.). Zur weiteren Ausstattung der P. gehören ein thronender Petrus (13. Jh.), MICHELANGELOS Pietà und Papstgräber in der Sakristei (1776–84 von CARLO MARCHIONNI). – Vor der P. legte BERNINI den **Petersplatz** an, ein um den 1586 von D. FONTANA aufgerichteten Obelisken und zwei Brunnen geschlossenes Queroval aus vierfachen Kolonnaden, durch schräg laufende Galerien mit der Fassade der P. verbunden. Auf den Kolonnaden und den Flügelbauten stehen 140 Standbilder von Heiligen. – Das **Petrusgrab** ist der Ort der Verehrung des Apostels PETRUS; über ihm war eine auch sonst für Märtyrer übl. ›Memoria‹ in Form einer Ädikula errichtet (mit großer Wahrscheinlichkeit im Jahr 160 n. Chr.), unter ihm fand man Gebeine eines kräftigen Mannes.

Oscar E. Peterson

Peterson, 1) Axel, gen. **Döderhultaren,** schwed. Holzschnitzer, * Döderhult (bei Oskarshamn) 12. 12. 1868, † Oskarshamn 15. 3. 1925; Autodidakt, suchte in seinen kleinformatigen Holzskulpturen (meist Bauern und Kleinstädter) die Ausdruckskraft mittelalterl. Bildwerke zu erreichen.

2) Erik, zuerst ev., seit 1930 kath. Theologe, * Hamburg 7. 6. 1890, † ebd. 26. 10. 1960; 1924 Prof. an der Ev.-theolog. Fakultät in Bonn, konvertierte 1930 zur kath. Kirche und war ab 1945 Prof. für altchristl. Literatur und Religionsgeschichte an päpstl. Hochschulen in Rom. Er entwickelte in seinen Werken eine in sich geschlossene Geschichtstheologie, wobei er sich um den Nachweis einer eigenständigen Entwicklung des Christentums (unabhängig von der jüd., hellenist. bzw. röm. Umwelt) bemühte.

Werke: Was ist Theologie? (1925); Die Kirche (1929); Der Monotheismus als polit. Problem (1935); Frühkirche, Judentum u. Gnosis (1959).

Ausgabe: Ausgew. Schriften, hg. v. B. NICHTWEISS, auf 12 Bde. ber. (1994 ff.).

B. NICHTWEISS: E. P. Neue Sicht auf Leben u. Werk ([2]1994).

3) ['petersɔn], Karl Michajlowitsch, russ. Mathematiker lett. Herkunft, * Riga 13. 5. 1828, † Moskau 1. 5. 1881; lieferte auf dem Gebiet der Differenzialgeometrie richtungweisende Untersuchungen über Kurven und Flächen.

4) ['pi:təsn], Oscar Emmanuel, kanad. Jazzpianist, * Montreal 15. 8. 1925; ging 1949 in die USA und trat seit 1951 vorwiegend mit eigenem Trio (u. a. mit R. BROWN, B. KESSEL, HERB ELLIS, * 1921) auf. Bes. von A. TATUM und G. SHEARING beeinflusst, ist P. mit seiner brillanten Technik, seinem außergewöhnl. Drive und seinen harmonisch subtilen Improvisationen ein einflussreicher Solist, der alle stilist. Mittel vom Swing bis zum modernen Jazz (auch Hardbop) souverän beherrscht.

Peterspfennig, lat. **Denarius Sancti Petri,** eine urspr. freiwillige jährl. Abgabe des engl. Königs an den Papst, erstmals unter König OFFA von Mercia (757–796). Im 10. Jh. wurde die Abgabe, von der Kurie verstanden als Anerkennungszins für die Lehnsherrschaft des Hl. Stuhls über England, auf die gesamte Bev. ausgedehnt. Seit dem 12. Jh. wurde der P. auch in Dänemark, Norwegen, Schweden, Polen, Ungarn und wahrscheinlich auch in einem Teil Russlands verlangt. Die Zahlungen, seit dem 14. Jh. bereits unregelmäßig geleistet, wurden im 16. Jh. ganz eingestellt. – Eine Wiederbelebung als freiwillige Spende der Katholiken für die Aufgaben des Papsttums erfuhr der P. 1860 unter PIUS IX. Seit der Auflösung des Kirchenstaates wurde die zunächst nur in Österreich und Irland eingeführte Spende allgemein. Heute ist der P. die jährl. freiwillige Gabe (üblicherweise Kollekte am Fest ›Peter und Paul‹ [29. 6.]) der kath. Bistümer für Aufgaben der Weltkirche.

Peterssen, Hjalmar Eilif Emanuel, norweg. Maler, * Christiania (heute Oslo) 4. 9. 1852, † Lysaker (heute zu Oslo) 29. 12. 1928; studierte in Kopenhagen, Karlsruhe und München; seit seinem Italienaufenthalt (1879–83) entstanden realist. Landschaftsbilder und Genreszenen; zahlr. Porträts (u. a. von H. IBSEN, E. GRIEG). BILD →Garborg, Arne

Peterstal-Griesbach, Bad P.-G., Gem. im Ortenaukreis, Bad.-Württ., 400-1 000 m ü. M., im Schwarzwald, an der Rench, zw. Offenburg und Freudenstadt, 3 100 Ew.; Mineral- und Moorbad, Kneippkurort. Die Mineralquellen fördern Calcium-Natrium-Hydrogencarbonat-Sulfat-Eisensäuerlinge. Anwendung gegen Herz- und Kreislauferkrankungen, rheumat. und Frauenkrankheiten. Mineralwasserversand; Wintersport. – P.-G. entstand 1973 durch Zusammenlegung von Bad Peterstal (1293 erstmals urkundlich, 1584 als Heilbad erwähnt) mit Bad Griesbach (1330 erstmals urkundlich erwähnt, erste Badeeinrichtungen 1578).

Peterswaldau, poln. **Pieszyce** [pjɛˈʃitsɛ], Stadt in der Wwschaft Wałbrzych (Waldenburg), Polen, 260–400 m ü. M., am NO-Fuß des Eulengebirges, 10 100 Ew.; Baumwollverarbeitung, Uhrenfertigung. – Spätgot. Pfarrkirche (14. Jh., im 16. Jh. umgebaut); barockes Schloss (1710) mit älteren Bauelementen (16. Jh.). – P. kam 1945, bis dahin amtlich **Peterswaldau (Eulengebirge)** gen., unter poln. Verwaltung, die Zugehörigkeit zu Polen wurde durch den Dt.-Poln. Grenzvertrag vom 14. 11. 1990 (in Kraft seit 16. 1. 1992) anerkannt; Stadtrecht seit 1962.

Peter und der Wolf, russ. ›Petja i wolk‹, sinfon. Märchen für Sprecher und kleines Orchester von S. S. PROKOFJEW, op. 67 (1936).

Peterwardein, dt. Name für →Petrovaradin.

Pethidin [Kw.] *das, -s,* 1-Methyl-4-phenyl-piperidin-4-carbonsäuremethylester, ein synthetisch hergestelltes, stark wirksames Schmerzmittel. Die Dosis von 50 bis 100 mg entspricht etwa der von 10 mg Morphin.

Petignäs, Erzförderstätte in Nordschweden, bei der Bergbausiedlung Boliden; das aus einer Tiefe von 600–700 m Tiefe geförderte Erz enthält Gold, Silber, Kupfer, Zink und Blei.

Petinetmuster [engl.-frz., zu engl. petty net ›kleines Netz‹], bei Maschenware anzutreffende Musterungsart, die durch seitl. Verhängen von Maschen auf die Nachbarnadel erzielt wird und damit poröse, durchbrochene, oft spitzenartig wirkende Maschenstoffe zur Folge hat.

Petingen, frz. **Pétange** [peˈtɑ̃ʒ], Gem. im Kt. Esch, Luxemburg, 13 200 Ew.; kleinere Gießerei mit Walzwerk im Ortsteil Rodingen, Fabrik für Viehzuchtbedarf.

Petiolus [lat. ›Füßchen‹] *der, -/...li,* bei Hautflüglern, z. B. Ameisen, Bienen, Wespen (›Wespentaille‹), zu einem Stiel verengte Basis des Hinterleibs zw. 1. und 2. Segment.

Pétion [peˈtjɔ̃], Anne Alexandre, eigtl. **A. A. Sabès** [saˈbɛs], Präs. von Haiti (seit 1806), * Port-au-Prince 2. 4. 1770, † ebd. 21. 3. 1818; einer der Führer der Revolte gegen J. J. DESSALINES; nach dessen Sturz (1806) zum Präs. der Mulatten-Rep. im S Haitis gewählt; erließ 1816 eine fortschrittl. Verfassung.

Petiot [pəˈtiˈo], Jean Charles Henri, frz. Schriftsteller, →Daniel-Rops.

Petipa [pətiˈpa], Marius, frz. Tänzer und Choreograph, * Marseille 11. 3. 1818, † Gursuf (Krim) 14. 7. 1910; kam 1847 als Tänzer an das Marientheater in Sankt Petersburg (1862 Ballettmeister). Mit seinen Choreographien, die dem abstrakten Divertissement und der reinen Choreographie gegenüber der dramat. Handlung den Vorzug gaben, führte er das russische klassizist. Ballett zu Weltruhm. Aus seiner Schule ging u. a. M. FOKIN hervor.

Choreographien: Don Quixote (1869); La Bayadère (1877); Dornröschen (1890); Schwanensee (1895); Raymonda (1898).

I. FORBES: The ballet of the Second Empire (Neuausg. London 1974); M. P., Meister des klass. Balletts. Selbstzeugnisse, Dokumente, Erinnerungen, hg. v. E. REBLING (Neuausg. 1980).

Petit [pəˈti; frz. ›klein‹] *die, -, graf. Technik:* ein Schriftgrad von acht typograph. Punkten.

Petit [pəˈti], **1)** Alexis Thérèse, frz. Physiker, * Vesoul 2. 10. 1791, † Paris 21. 6. 1820; ab 1815 Prof. in Paris; untersuchte ab 1815 zus. mit P. L. DULONG die Wärmeausdehnung fester Körper, bestimmte den Ausdehnungskoeffizienten des Quecksilbers und formulierte mit DULONG die →Dulong-Petit-Regel.

2) Roland, frz. Choreograph und Ballettdirektor, * Villemomble (Dép. Seine-Saint-Denis) 13. 1. 1924; seit 1954 ⚭ mit der Tänzerin ZIZI JEANMAIRE; gründete 1945 die ›Ballets des Champs-Élysées‹ und 1948 die ›Ballets de Paris‹. 1970 übernahm er mit seiner Frau das Casino de Paris, 1972 die Ballettdirektion der Oper von Marseille (Ballet National de Marseille). Er sucht das klass. Ballett mit dem modernen Ausdruckstanz zu verbinden.

Choreographien: Le jeune homme et la mort (1946); Carmen (1949); Cyrano de Bergerac (1959); Notre Dame de Paris (1965); Les intermittences du cœur (1974); Der blaue Engel (1985); Der ganze Satie (1988); Die Sirenen des Teufels (1990); Dix (1993).

Petite Champagne [ptitʃɑ̃ˈpaɲ, frz.], Anbaugebiet der hochwertigen Grundweine für →Cognac.

Petitgrainöle [ptiˈgrɛ̃-; frz. petit grain ›kleines Korn‹], →Agrumenöle.

Petitio [lat. ›Bitte‹, ›Gesuch‹] *die, -/...tiˈones,* im formelhaften Aufbau der mittelalterl. Urkunde die zw. der Narratio und der Dispositio eingefügte Erwähnung der Bitte oder Intervention Dritter, die der Urkundenausstellung voranging.

Petition [lat., zu petere ›(er)bitten‹] *die, -/-en,* Bitte, Gesuch, bes. die Eingabe an Staatsoberhaupt, Volksvertretung und Behörde. Die zum **P.-Recht** ausgestaltete Befugnis, P. zu stellen, war urspr. ein Recht der Volksvertretung gegenüber dem Herrscher. Seit dem 19. Jh. erstarkte es zum Recht des Einzelnen. In Dtl. genießt das P.-Recht Grundrechtsschutz; Art. 17 GG gibt jedermann das Recht, sich einzeln oder in Gemeinschaft mit anderen schriftlich mit Bitten oder Beschwerden an (zuständige) Behörden oder die Volksvertretung zu wenden. Fristen sind nicht zu wahren. Inhaltlich müssen P. ein bestimmtes Begehren verfolgen, bloße Mitteilungen, Belehrungen, Ermahnungen u. Ä. sind ebenso wenig zulässig wie P. mit beleidigendem Inhalt oder wiederholte (querulator.) P. desselben Petenten in der gleichen Sache. P. dürfen ferner nichts Unmögliches verlangen, z. B. die Aufhebung rechtskräftiger gerichtl. Entscheidungen. Für Soldaten und Zivildienstleistende ist das P.-Recht eingeschränkt (Art. 17a GG).

Der **Petent** hat zwar keinen Anspruch auf Entscheidung in der Sache, wohl aber einen gerichtlich durchsetzbaren Anspruch auf Entgegennahme der (ordnungsgemäßen) P., sachl. Prüfung und auf eine Antwort, aus der sich die Kenntnisnahme vom Inhalt der P. und die Art ihrer Erledigung ergeben muss. Eine bei einer unzuständigen Stelle eingegangene P. ist von Amts wegen an die zur sachl. Entscheidung befugte Stelle weiterzuleiten.

Marius Petipa

Die Parlamente des Bundes und der Länder haben **P.-Ausschüsse** eingerichtet; der P.-Ausschuss des Dt. Bundestages findet in Art. 45c GG und dem entsprechenden Gesetz vom 19. 7. 1975 seine Grundlage. Die P.-Ausschüsse haben Untersuchungsbefugnisse, sie sollen bei berechtigten Beanstandungen dem Einzelnen schnell und wirksam helfen und die parlamentar. Kontrolle stärken. Neben den P.-Ausschüssen können Bürgerbeauftragte und (in anderen Ländern) Ombudsleute gleiche Funktionen wahrnehmen. Einen Schwerpunkt bilden die Eingaben im Bereich der Sozialversicherung.

In *Österreich* steht nach Art. 11 Staatsgrundgesetz das ›P.-Recht ... jedermann zu‹. Jeder darf demnach Anträge allgemeiner Art an die Organe der Gesetzgebung oder Vollziehung einbringen, ohne Rechtsnachteile befürchten zu müssen. Die Behörden sind verpflichtet, P. entgegenzunehmen und einzusehen, nicht aber zum Inhalt Stellung zu nehmen oder sie zu beantworten. – Eine besondere Ausprägung hat die P. in der *Schweiz* (Art. 57 Bundes-Verf.). Einzelne Bürger oder Gruppen, auch Personen ohne Stimmrecht (Jugendliche, Ausländer), können P. bei den Bundes- und Kantonsbehörden einreichen, ohne Rechtsnachteile befürchten zu müssen.

F. X. MUHEIM: Das P.-Recht ist gewährleistet (Diessenhofen 1981); R. SCHICK: Petitionen (1987).

Petition of Right [pɪˈtɪʃn əv ˈraɪt; engl. ›Bittschrift um Herstellung des Rechts‹], von Sir E. COKE am 8. 5. 1628 im engl. Unterhaus formulierte, am 28. 5. von beiden Häusern verabschiedete und am 7. 6. von KARL I. angenommene Bittschrift, in der der König aufgefordert wurde, u. a. folgende Rechte zu bestätigen: keine zusätzl. Besteuerungen ohne Zustimmung des Parlaments, keine Zwangseinquartierungen in Privathäusern, Aufhebung des Kriegsrechts, keine Verhaftungen ohne Angabe des Grundes, Garantie für ein ordentl. Gerichtsverfahren. Die P. of R. galt in der Folge als Bollwerk bürgerl. Freiheit; an ihrer Auslegung entzündete sich u. a. der engl. Bürgerkrieg. Später wurde sie durch die →Habeas-Corpus-Akte (1679) und die →Bill of Rights (1689) vervollständigt.

The Stuart constitution, 1603–1688. Documents and commentary, hg. v. J. P. KENYON (Cambridge 1966).

Petitionsrecht, →Petition.

Petitio Principii [lat. ›Forderung des (Beweis)grundes‹] *die, - -, Logik:* Beweisfehler, der darin besteht, dass zum Beweis eine selbst noch beweisbedürftige Aussage verwendet wird; ein Sonderfall ist der →Circulus vitiosus.

Petit Mal [ptiˈmal; frz. ›kleines Übel‹] *das, - -,* kleiner Krampfanfall bei →Epilepsie. (→Absence)

Petitot [ptiˈto], Jean, d. Ä., schweizer. Emailmaler, * Genf 12. 7. 1607, † Vevey 3. 4. 1691; war ab etwa 1636 am Hof in London, nach 1644 in Frankreich tätig. Er schuf Miniaturen nach Porträts bedeutender Meister des 17. Jh. in punktierender Malweise auf weißem Grund (u. a. LUDWIG XIV., ANNA VON ÖSTERREICH, RICHELIEU).

Petit Point

Petitpierre [ptiˈpjɛːr], Max, schweizer. Politiker, * Neuenburg 26. 2. 1899, † ebd. 25. 3. 1994; Rechtsanwalt; 1926–31 und 1938–44 Prof. für Internat. Privatrecht an der Univ. Neuenburg, Mitgl. der Freisinnig-Demokrat. Partei der Schweiz, gehörte 1942–44 dem Ständerat an. Als Bundesrat (1945–61; Rücktritt) leitete er das Polit. Departement (de facto Außen-Min.) und bemühte sich im Sinne der traditionellen schweizer. Außenpolitik um unbedingte Neutralität im Kalten Krieg sowie in der Öffnung nach O und W (Politik der ›guten Dienste‹) um Überwindung der Isolation; 1950, 1955 und 1960 war er Bundes-Präs., 1961–74 Mitgl. des Komitees vom Internat. Roten Kreuz.

Petit Point [pti pwɛ̃; frz. ›kleiner Punkt‹] *das,* auch *der, - -,* Stickerei aus halben Kreuzstichen, die in Wolle oder Seide auf feinem Stramin ausgeführt wird. Die traditionelle Technik gelangte in der 1. Hälfte des 19. Jh. in Wien zu neuer Blüte (Wiener Arbeit).

Petkanow, Konstantin Nikolow, bulgar. Schriftsteller, * Kavaklı (heute Mariç, Türkei) 29. 11. 1891, † Sofia 12. 1. 1952; zunächst Lehrer, schrieb Romane und Erzählungen mit Themen aus der thrak. Geschichte und dem Leben der thrak. Bauern.

Werke: *Romane:* Bez deca (1927); Chajduti (1931; dt. Die Heiducken); Preselniki (1937).

Sándor Petőfi

Petljura, Symon Wassiljewitsch, ukrain. Politiker, * Poltawa 17. 5. 1879, † (ermordet) Paris 26. 5. 1926; wurde nach Ausrufung der Autonomie der Ukraine (Juni 1917) im Juli 1917 Kriegs-Min. Seit November 1918 Mitgl. des Direktoriums der ›Ukrain. Volksrepublik‹, übernahm er das Amt eines ›Hauptatamans‹ des ukrain. Heeres und wurde im Februar 1919 Vors. des Direktoriums, das den Ententemächten zuneigte. Nach der Unterdrückung der ukrain. Nationalbewegung durch die russ. Bolschewiki (Dezember 1919) suchte P. mit poln. Hilfe die Unabhängigkeit der Ukraine wiederherzustellen (→Polnisch-Sowjetischer Krieg). Nach dem Fehlschlag dieser Bemühungen ging er ins Exil, zunächst nach Warschau, dann nach Paris. – Unter der Verantwortung P.s kam es zw. 1918 und 1920 in der Ukraine zu schweren antijüd. Pogromen. Der Sohn eines dabei Getöteten ermordete P. in einem Racheakt.

Peto [ˈpiːtəʊ], John Frederick, amerikan. Maler, * Philadelphia (Pa.) 21. 5. 1854, † Island Heights (N. J.) 23. 11. 1907; schuf wie sein Lehrer W. M. HARNETT v. a. Stillleben in Trompe-l'Œil-Manier (›Armeleute-Laden‹, 1885; Boston, Museum of Fine Arts).

Petőfi [ˈpɛtøːfi], Sándor, ungar. Schriftsteller, * Kiskőrös (bei Kiskunhalas) 1. 1. 1823, † (gefallen) bei Schäßburg 31. 7. 1849; führte als Jugendlicher ein ruheloses Wanderleben, verließ das Gymnasium, schloss sich einer Theatergruppe an, wurde 1839 Soldat, nach seiner Entlassung 1841 erneut Schauspieler und nach dem Erscheinen seines ersten Gedichtbandes 1844 Hilfsredakteur in Pest. Nach Anfängen im Stil der sentimentalen ›Almanach-Lyrik‹ des Biedermeier fand er rasch seinen eigenen Ton. Seine thematisch wie sprachlich volksnahe Dichtung, in die sich bald revolutionäre Töne mischten, irritierte die Kritik und eroberte das Publikum. Die allgemein europ. Entdeckung der Volksdichtung als Quelle der hohen Literatur hatte in Ungarn, wo zu dieser Zeit um die Ablösung des Lateinischen und die Einführung des Ungarischen als Amtssprache in Politik und Verwaltung noch gerungen wurde, einen besonderen Stellenwert. P. verhalf der lebensnahen Sprache der Volksdichtung in der Literatur zum Durchbruch und leitete damit eine neue Stilepoche ein. Nachdem er die hohe Diktion der adelig-klassizist. Epen in einem kom. Epos satirisch persifliert hatte (›Der Dorfhammer‹, 1844; ungar.), verfasste er ein volkstüml. Märchenepos (›Held János‹, 1845; dt.) mit bäuerlich-realist. Motiven und Elementen des Volksmärchens. Auch in den Situationsliedern, Genrebildern, poet. Landschaftsbeschreibungen und v. a. in den polit. und Liebesliedern P.s dominiert der subjektive Ton, wodurch eine Sprengung der poet. Konventionen vollzogen wurde. – P. stellte sich am 15. 3. 1848 an die Spitze der revolutionären Jugend in Pest. Er fiel in einer der letzten Schlachten des ungar. Freiheitskrieges 1848–49 als Adjutant des poln. Generals J. BEM.

Ausgaben: Összes művei, hg. v. B. VARJAS u. a., 7 Bde. (1951–64). – P. Ein Lesebuch für unsere Zeit, hg. v. G. STEINER (1955); Gedichte, übers. v. M. REMANÉ ([3]1978).

J. HORVÁTH: P. S. (Budapest [2]1926); G. ILLYÉS: Feuer ist mein Wesen. Ein P.-Bildnis (a. d. Ungar., Budapest 1980); E. MOLNÁR BASA: S. P. (Boston, Mass., 1980); N. LOSSAU: Die dt. P.-Übersetzungen (1993).

Petosiris [ägypt. ›den Osiris gegeben hat‹], Ende des 4. Jh. v. Chr. Hoher Priester des Thot von Hermopolis. Sein mit Reliefs in griechisch-ägypt. Mischstil geschmücktes Tempelgrab mit Säulenportikus wurde 1920 archäologisch untersucht. Nach seinem Tod wurde er als ›Weiser‹ verehrt, doch ist seine Identität mit einem gleichnamigen Verfasser astrolog. Schriften des 2. Jh. v. Chr. nicht erwiesen.

petr..., Wortbildungselement, →petro...

Petra, Ruinenstätte (UNESCO-Weltkulturerbe) mit Felsnekropole im südl. Jordanien, 850 m ü. M., 30 km nordwestlich von Maan, in der schwer zugängl. Schlucht des oberen Wadi Musa. Im Altertum wichtiger Knotenpunkt im Karawanenverkehr von S-Arabien nach Syrien (→Weihrauchstraße); Hauptstadt des Nabatäerreiches bis zur Eroberung durch die Römer 106 n. Chr. Im 4. Jh. noch Hauptstadt der röm. Prov. ›Palaestina tertia‹ und Bischofssitz. P. verlor durch

Petra: Felsengrab Ed-Der (›Das Kloster‹)

Verlagerung der Karawanenwege nach Palmyra seit dem 3. Jh. an Bedeutung und verfiel nach Eroberung durch beduin. Araber (629/632). 1812 wurde die Stadt von J. L. BURCKHARDT wieder entdeckt (Ausgrabungen seit 1929). – Zeugen nabatäischer Kunst sind v. a. die in die schroffen Felswände hineingearbeiteten über 600 Grabanlagen des 1. und 2. Jh. n. Chr. Ihre kunstvollen Fassaden zeigen eine eigenartige Mischung hellenistisch-röm. Architekturformen mit einheim. Grabbautraditionen. Das Felsengrab El-Chasne (BILD →Felsengräber), ins 2. Jh. n. Chr. datiert, gehört wohl eher in das 1. Jh. n. Chr. und ist vermutlich nicht von nabatäischen Steinhauern gearbeitet; es ist stilistisch von großem Einfluss auf die weitere Entwicklung der Grabbaukunst. Älter sind die Gräber mit glatten Fassaden. Grundtyp ist das Pylon- oder Zinnengrab (mit ein oder zwei Zinnenfriesen), eine Abwandlung des Stufen- oder Treppengrabes (dessen Fassade mit seitl. Abtreppungen, eigtl. Eckzinnen, verziert ist). Ein Grab mit Eckpilastern mit nabatäischen Kapitellen wird als Proto-Hegra-Typ bezeichnet. Wenn über der Tür ein Attikageschoss skulptiert ist, über dem ein Giebel oder Bogen oder ein weiteres Geschoss angeordnet ist, spricht man vom Hegra-Typ. Dazu gehören: das Stockwerk- oder Palastgrab, das Urnengrab, das Korinth. Grab, das Grab des Prokurators SEXTIUS FLORENTINUS (vermutlich bereits um 100 n. Chr. errichtet) und das so genannte Kloster (Ed-Der) mit Tholos und Säulenstellung im Obergeschoss (frühes 2. Jh. n. Chr.). Auffällig sind planierte Kultplätze auf Anhöhen. Das kleine Theater lag am Rand, das große (1. Jh. v. Chr.) in der großen Nekropole von P. – Die Stadt selbst ist weniger gut erforscht. Untersucht (v. a. 1916) und z. T. ausgegraben (seit 1929) ist v. a. der Stadtkern mit einer 18 m breiten Monumentalstraße, überspannt von einem dreiteiligen Bogentor (am Beginn der hl. Straße). Ein 5,60 m breites Propylon mit 30 Stufen führt zum südlich erhöht liegenden Tempelbezirk (56 × 130 m). Der größte Tempel ist der Kasr Bint Faraun von noch 23 m Höhe, der tiefer gelegene Hof (Theatron) hat Sitzbänke und Opferaltar. Neben dem Tempelbezirk Reste großer Thermen. An der S-Seite der Straße lagen auch die drei großen Marktplätze, der unterste maß 65 × 92 m. Im O mündete die Prachtstraße bei zwei Nymphäen. An der nördl. Straßenseite wurden ein Palast und ein Gymnasion (auf drei Terrassen) festgestellt. Die Wohnhäuser waren in Reihen an die Abhänge gebaut.

P. Neue Ausgrabungen u. Entdeckungen, hg. v. M. LINDNER (1986); P. u. das Königreich der Nabatäer. Lebensraum, Gesch. u. Kultur eines arab. Volkes der Antike, hg. v. DEMS. ([5]1989); P., Königin der Weihrauchstraße, hg. v. DEMS., Ausst.-Kat. (1991); N. I. KHAIRY: The 1981 P. excavations, auf mehrere Bde. ber. (Wiesbaden 1990 ff.); P. Antike Felsstadt zw. arab. Tradition u. griech. Norm, hg. v. T. WEBER u. R. WENNING (1997).

PETRA, Abk. für **P**ositron-**E**lektron-**T**andem-**R**ingbeschleuniger**a**nlage, 1978 beim →Deutschen Elektronen-Synchrotron (DESY) in Betrieb genommener →Speicherring, in dem Elektronen und Positronen nach Injektion aus dem Synchrotron als gegenläufige Teilchenpakete beschleunigt und gespeichert werden; die max. erreichbare Energie pro Strahl beträgt 19 GeV. – Bis Ende der 1980er-Jahre diente PETRA u. a. für Experimente zur Messung der Ausdehnung von Leptonen und Quarks ($< 10^{-18}$ m) und zur Überprüfung von Voraussagen der Quantenchromodynamik. Außerdem konnten erstmals auf Gluonen zurückzuführende Prozesse nachgewiesen werden. Seit 1988 wird PETRA zur Vorbeschleunigung von Elektronen (14 GeV) und Protonen (40 GeV) für →HERA eingesetzt. Die Anlage wird auch als Synchrotronstrahlungsquelle im Bereich der harten Röntgenstrahlung genutzt.

Petrarca, Francesco, ital. Humanist und Dichter, * Arezzo 20. 7. 1304, † Arquà (heute Arquà Petrarca, Prov. Padua) 18. 7. 1374. P. war der Sohn eines Florentiner Notars, der 1302, wahrscheinlich aufgrund persönl. Konflikte, aus Florenz verbannt worden war. Die Familie übersiedelte 1310 nach Pisa und 1311 nach Avignon. P. studierte ab 1316 die Rechte in Montpellier, ab 1320 in Bologna. Nach dem Tod des Vaters kehrte P. nach Avignon zurück und trat 1326 in den geistl. Stand. Am 6. 4. 1327 (Karfreitag) kam es in der Kirche der hl. Klara in Avignon zur ersten Begegnung mit Laura, jener nicht eindeutig biographisch oder historisch fixierbaren Frauengestalt, die im Zentrum seiner Lyrik steht. Nach seinen Angaben starb sie am 6. 4. 1348. Im Sommer 1330 hielt sich P. bei seinem

Francesco Petrarca (Initiale aus einer Handschrift des Trostbüchleins ›De remediis utriusque fortunae‹, um 1380; Venedig, Biblioteca Nazionale di San Marco)

Freund GIACOMO COLONNA, Bischof von Lombez, auf; dann lebte er wieder in Avignon, bis 1347 im Dienst des Kardinals GIOVANNI COLONNA, von 1337 an zog er sich oft auf sein Landgut in Vaucluse bei Avignon zurück. Im Sommer 1333 unternahm er eine Bibliothekenreise nach Frankreich, Flandern und ins Rheinland; in Paris las er die ›Bekenntnisse‹ des hl. AUGUSTINUS. Am 8. 4. 1341 wurde er auf dem Kapitol in Rom zum Dichter gekrönt. 1341–45 besuchte er verschiedene ital. Städte, entdeckte dabei in Verona die Handschrift von CICEROS Briefen an ATTICUS, QUINTUS und BRUTUS. 1347 begeisterte er sich vorübergehend für den röm. Volkstribunen C. DI RIENZO, in dem er den Erneuerer der Größe des republikan. Rom sah, und überwarf sich deswegen mit Kardinal COLONNA. 1353 verließ P. Avignon für immer. 1353–61 stand er im Dienste der Visconti in Mailand und reiste u. a. 1356 als deren Gesandter zu Kaiser KARL IV. nach Prag. 1362–68 lebte er in Venedig, darauf in Padua und auf seinem kleinen Landgut in Arquà.

Die Zeitgenossen sahen in P. v.a. den Humanisten, der als einer der Ersten nach antiken Handschriften forschte und um deren Verbreitung bemüht war. P.s Leistung als Textkritiker und Herausgeber begründete den neuen, philolog. Zugang zur antiken Überlieferung und damit zugleich die Ablehnung der mittelalterl. Latinität. P. selbst ging mit seiner an CICERO ausgerichteten lat. Prosa beispielgebend voran: Seine Korrespondenz fasste er selbst zusammen, u.a. in den 24 Büchern der ›Epistolae familiares‹ (begonnen zw. 1351 und 1353, abgeschlossen 1366, gedruckt 1492; dt. Ausw. u.d.T. ›Briefe‹) und in den 17 Büchern der ›Epistolae seniles‹ (begonnen nach 1361, gedruckt 1501); die ›Epistolae variae‹ wurden postum von seinen Freunden zusammengestellt (gedruckt 1501). Bedeutend ist v.a. sein autobiograph. Brief ›Posteritati‹ (entstanden um 1370, unvollendet gedruckt 1496; dt. ›Brief an die Nachwelt‹). Aufschluss über P.s Persönlichkeit geben insbesondere die in Versen verfassten Briefe ›Epistolae metricae‹ (entstanden 1333–54, gedruckt 1501; dt. ›Poet. Briefe‹). Mit seinem Epos ›Africa‹ (begonnen 1338, unvollendet gedruckt 1496), in dem er, die Gestalt des älteren SCIPIO in den Mittelpunkt stellend, die röm. Rep. verherrlichte, wollte P. das antike Epos erneuern. Das Prosawerk ›De viris illustribus‹ (entstanden 1338 bis nach 1351, hg. 1874–79 in 2 Bden. u.d.T. ›Le vite degli uomini illustri ...‹, ital. u. lat.) stellt die Geschichte Roms in Biographien von Romulus bis Kaiser TITUS dar (unvollendet; bis CAESAR). Von P.s weiteren lat. Prosawerken sind u.a. Bekenntnisschriften zu nennen (›Secretum meum‹, auch ›De contemptu mundi‹, entstanden 1342/43, überarbeitet zw. 1353 und 1358, gedruckt 1470; dt. ›Gespräche über die Weltverachtung‹), drei fiktive Dialoge zw. dem Dichter und dem hl. AUGUSTINUS, in dem P. in mittelalterl. Geist wegen seiner weltl. Neigungen mit sich zu Gericht geht. P.s Schwanken zw. Weltlichkeit und Askese ist das Thema seiner 12 allegor. Eklogen (›Bucolicum carmen‹, entstanden 1346–48, 1357, 1359 und 1364 überarbeitet, gedruckt 1473). Die Ruhe klösterl. Lebens preist er in den mystisch-asket. Schriften ›De otio religioso‹ (entstanden 1347, gedruckt 1501) und ›De vita solitaria‹ (entstanden 1346–56, gedruckt um 1473). Das in Form (Frage-und-Antwort-Spiel) und Inhalt am stärksten von mittelalterl. Geist erfüllte Trostbüchlein ›De remediis utriusque fortunae‹ (entstanden 1354–66, gedruckt 1468; dt. ›Von der Artzney bayder Glück – des guten und widerwertigen‹, auch u.d.T. ›Heilmittel gegen Glück und Unglück‹), eine Anleitung zum glückl. Leben, verbindet christl. Gläubigkeit mit stoischen, aus CICERO und SENECA D.J. geschöpften Gedanken. Es war im 14. und 15. Jh. P.s bekanntestes Werk. In kleineren Schriften polemisierte P. gegen Scholastik und averroist. Philosophie und trat für den Wert der Dichtung und der Philosophie gegenüber den Naturwiss.en, bes. der Medizin, ein.

P.s Werk in ital. Sprache umfasst lyr. Gedichte und eine allegor. Dichtung. In der Lyrik fußt er formal und inhaltlich auf den Traditionen des provenzal. Minnesangs und des Dolce stil nuovo, hebt deren Strenge jedoch durch den persönl. Ton auf. Die im Verlauf vieler Jahre entstandenen Gedichte fasste P. selbst in einer mehrfach umgestalteten Sammlung zusammen, heute u.d.T. ›Il canzoniere‹ (Liederbuch; hg. 1470, dt. ›Ital. Gedichte‹, auch u.d.T. ›Canzoniere‹) bekannt, deren letzte Fassung (Vatikan. Codex 3195) 317 Sonette, 29 Kanzonen, neun Sestinen, sieben Balladen und vier Madrigale umfasst. Diese Formen wurden für die ital. Lyrik kanonisch. Der ›Canzoniere‹ gliedert sich in zwei Teile: 263 an die lebende und 103 an die verstorbene Laura gerichtete Gedichte. Ihrer moral. Belehrung wegen war die Terzinen-Dichtung ›Triumphi‹ (entstanden zw. 1357 und 1374, gedruckt 1470; dt. ›Sechs Triumphe‹), in der sechs allegor. Figuren (Begierde, Scham, Tod, Ruhm, Zeit, Ewigkeit) an dem Dichter vorüberziehen, im 15. und 16. Jh. P.s beliebtestes Werk.

Ausgaben: Le rime, hg. v. G. CARDUCCI u.a. (1899, Nachdr. 1984); Edizione nazionale delle opere, auf zahlr. Bde. ber. (1926ff.); Opere, hg. v. G. PONTE (1968); Poesie latine, hg. v. G. MARTELLOTTI (1976). – Das lyr. Werk: Der Canzoniere. Die Triumphe. Nugellae, übers. v. B. GEIGER (1958); Dichtung u. Prosa, übers. u. hg. v. H. HEINTZE (1968); Sonette u. Kanzonen, hg. v. DEMS. (1974; ital. u. dt.); Dichtungen, Briefe, Schr., hg. v. H. W. EPPELSHEIMER ([3]1985); Canzoniere, übers. v. G. GABOR u. E.-J. DREYER ([2]1990; ital. u. dt.).

G. BILLANOVICH: P. letterato (Rom 1947); K. HEITMANN: Fortuna u. Virtus. Eine Studie zu P.s Lebensweisheit (1958); E. H. WILKINS: Life of Petrarch (Chicago, Ill., 1961); A. TRIPET: Pétrarque ou la connaissance de soi (Genf 1967); P. 1304–1374. Beitr. zu Werk u. Wirkung, hg. v. F. SCHALK (1975); P., hg. v. A. BUCK (1976); U. BOSCO: F. P. (Bari [4]1977); U. DOTTI: P. e la scoperta della coscienza moderna (Mailand 1978); DERS.: Vita di P. (Rom 1987); C. TRINKAUS: The poet as philosopher. Petrarch and the formation of Renaissance consciousness (New Haven, Conn., 1979); Quaderni petrarcheschi (Pisa 1983ff., früher unter anderen Titeln); Saggio critico sul P., hg. v. N. GALLO (Turin 1983); K. FOSTER: Petrarch. Poet and humanist (Edinburgh 1984); R. CAPUTO: Cogitans fingo. P. tra ›Secretum‹ e ›Canzoniere‹ (Rom 1987); G. ORELLI: Il suono dei sospiri. Sul P. volgare (Turin 1990); G. HOFFMEISTER: P. (1997).

Petrarcameister: Ständebaum; Holzschnitt aus der deutschen Ausgabe von Francesco Petrarcas Trostbüchlein ›De remediis utriusque fortunae‹; gedruckt 1532

Petrarcameister, Meister des Trostspiegels, im 1. Viertel des 16. Jh. tätiger Holzschneider; benannt nach den 258 Zeichnungen für die Holzschnittillustrationen zu der dt. Ausgabe von F. PETRARCAS Trostbüchlein ›De remediis utriusque fortunae‹ (1520 vollendet, 1532 gedruckt), auch ›Trostspiegel‹ genannt. Der P. gehörte zu den produktivsten Grafikern seiner Zeit.

Petrarca-Preis, von dem Verleger HUBERT BURDA (*1940) gestifteter und 1975–95 jährlich von einer Jury von fünf Autoren verliehener dt. Literaturpreis, mit dem ›radikal-subjektive Literatur‹ ausgezeichnet werden sollte; zuletzt dotiert mit 40000 DM. Preisträger: R. D. BRINKMANN (1975), SARAH KIRSCH und E. MEISTER (1976), H. ACHTERNBUSCH (1977; lehnte den Preis ab), A. KOLLERITSCH (1978), Z. HERBERT (1979), L. HOHL (1980), T. TRANSTRÖMER (1981), ILSE AICHINGER (1982), GERHARD MEIER (1983), G. JANUŠ (1984); die Vergabe des Preises wurde für zwei Jahre eingestellt, danach verliehen an H. LENZ

(1987), P. JACCOTTET (1988), J. SKÁCEL (1989), P. WÜHR (1990), JOHN BERGER (1991), M. HAMBURGER (1992), G. N. AJGI (1993), HELMUT FÄRBER (* 1937; 1994), letzter Preisträger ist L. A. MURRAY (1995). Mit dem 1987 erstmals verliehenen und zuletzt mit 15 000 DM dotierten **Petrarca-Übersetzerpreis** wurden u. a. HANNO HELBLING (* 1930; 1987), GEORG RUDOLF LIND (* 1926; 1988), F. P. INGOLD (1989), FABIAN HAFNER (* 1966; 1990), ILMA RAKUSA (* 1946; 1991); HANNS GRÖSSEL (1993), ELISABETH EDL und WOLFGANG MATZ (1994) ausgezeichnet, letzte Preisträgerin ist VERENA REICHEL (1995).

Petrarkịsmus *der,* -, Stilrichtung der europ. Liebeslyrik vom 14. bis zum 17./18. Jh., die auf den ›Canzoniere‹ F. PETRARCAS zurückgeht, indem sie aus ihm charakterist. Motive, Formen und Stilelemente entlehnte. Die Hauptmotive waren Frauenpreis, Sehnsucht und Liebesschmerz des sich im Dienst um die unerreichbare Frau verzehrenden Mannes. In der Form entwickelte sich ein festes Schema von Formulierungen, rhetor. Figuren usw. Diese formalästhet. Virtuosität wurde in den meisten europ. Nationalliteraturen für lange Zeit verbindl. Norm der lyr. Dichtung, wobei die bedeutenden Vetreter nicht nur von der formalen Kunstfertigkeit, sondern v. a. von PETRARCAS Gestaltung der Widersprüchlichkeit zw. Ideal und Wirklichkeit angeregt wurden. Petrarkist. Lyrik wurde gepflegt von den neulateinischen humanist. Dichtern (v. a. J. C. SCALIGER, D. HEINSIUS, H. GROTIUS), in Italien von L. ARIOSTO, MICHELANGELO, T. TASSO, P. BEMBO, G. B. GUARINI u. a., in Spanien von J. BOSCÁN ALMOGÁVER, GARCILASO DE LA VEGA u. a., in Portugal u. a. von L. VAZ DE CAMÕES, in England von T. WYATT, P. SIDNEY, E. SPENSER, SHAKESPEARE, in Frankreich von den Dichtern der →Pléiade und der École lyonnaise (M. SCÈVE, der frühe P. DE TYARD, LOUISE LABÉ), in Dtl. v. a. von M. OPITZ und P. FLEMING. Wie weit reichend der Einfluss der Dichtungen PETRARCAS war, zeigen z. B. die Libretti L. DA PONTES zu ›Le nozze di Figaro‹ (1786), ›Don Giovanni‹ (1787) und ›Così fan tutte‹ (1790), in denen die Liebenden in den alten Antithesen des ›Canzoniere‹ sprechen. Parallel entwickelte sich früh als Gegenbewegung der Antipetrarkismus, der die petrarkist. Manier parodierte.

J.-U. FECHNER: Der Anti-P. (1966); G. HOFFMEISTER: Petrarkist. Lyrik (1973); L. BALDACCI: Il petrarchismo italiano nel Cinquecento (Padua ²1974); Übers. u. Nachahmung im europ. P. Studien u. Texte, hg. v. L. KELLER (1974); L. FORSTER: Das eiskalte Feuer. Sechs Studien zum europ. P. (a. d. Engl., 1976); G. IZZI: Petrarchismo, in: Dizionario critico della letteratura italiana, hg. v. V. BRANCA, Bd. 3 (Neuausg. Turin 1989).

Pẹtrascheck, Wilhelm, österr. Geologe, * Pančevo 25. 4. 1876, † Leoben 16. 1. 1967; gehörte der Geolog. Reichsanstalt in Wien an und war 1918–47 Prof. an der Montanist. Hochschule in Leoben. P. trug wesentlich zur Kenntnis vieler Kohlenlagerstätten und der Kohlengeologie bei.

Werke: Kohlengeologie der österr. Teilstaaten, 2 Bde. (1922–29); Die Sudetenländer, in: Hb. der regionalen Geologie, Bd. 1, Abt. 5 (1944); Lagerstättenlehre (1950, mit W. E. PETRASCHECK); Kohle (1956).

Petraschẹwskij, Petrašẹvskij [-ʃ-], Michail Wassiljewitsch, russ. Revolutionär, * Sankt Petersburg 13. 11. 1821, † Belskoje (bei Krasnojarsk) 19. 12. 1866; Jurist, sammelte seit Mitte der 1840er-Jahre einen Diskussionskreis (›Petraschewzen‹) um sich, der sich unter dem Einfluss der Dekabristen, W. G. BELINSKIJS und C. FOURIERS auf der Grundlage eines utop. Sozialismus v. a. gegen die Alleinherrschaft des Zaren und die Leibeigenschaft richtete. Der Kreis, dem auch F. M. DOSTOJEWSKIJ angehörte, wurde 1849 aufgelöst, P. nach Sibirien deportiert.

J. H. SEDDON: The Petrashevtsy. A study of the Russian revolutionaries of 1848 (Manchester 1985).

Petrạssi, Goffredo, ital. Komponist, * Zagarolo (bei Rom) 16. 7. 1904; wurde 1939 Lehrer für Komposition am Conservatorio di Santa Cecilia in Rom und leitete ebd. 1960–78 eine Meisterklasse an der Musikakademie. Er entwickelte einen neoklassizist. Stil, der sich durch Kantabilität und differenzierte Rhythmik auszeichnet. In neueren Werken bezieht P. auch serielle Technik mit ein.

Goffredo Petrassi

Werke: *Opern:* Il cordovano (1949; nach CERVANTES); La morte dell'aria (1950). – *Ballette:* La follia d'Orlando (1947); Ritratto di Don Chisciotte (1947). – *Orchesterwerke:* 8 Concerti per orchestra (1934–72); Flötenkonzert (1960); Frammento (1983); Inni für 12 Blechbläser (1984). – *Kammermusik:* Ottetto di ottoni (1969); Grand septuor avec clarinette concertante (1978); Odi (1983; für Streichquartett). – *Vokalmusik:* Beatitudines, Testimonianza per M. Luther King (1969; für Bass u. fünf Instrumente); Laudes creaturarum (1982; für Rezitator und sechs Instrumente); Kyrie (1990; für Chor u. Streicher).

petre..., Wortbildungselement, →petro...

Petrefạkten [zu lat. facere ›machen‹], *Sg.* **Petrefạkt** *das, -(e)s/-e(n),* frühere Bez. für →Fossilien.

Petrẹscu, 1) Camil, rumän. Schriftsteller, * Bukarest 22. 4. 1894, † ebd. 14. 5. 1957; erfolgreicher Verfasser bühnenwirksamer Dramen mit existenzphilosoph. Problematik sowie von psycholog. Romanen, die er mit neuer Technik (maßgebend war der Einfluss von M. PROUST) zu gestalten versuchte. Zahlreiche theoret. Schriften zeigen P.s Interesse für philosoph. Fragestellungen, v. a. für H. BERGSONS Denken und die Phänomenologie E. HUSSERLS.

Werke: *Romane:* Ultima noapte de dragoste, întâia noapte de razboi (1931; dt. Letzte Liebesnacht, erste Kriegsnacht); Patul lui Procust, 2 Bde. (1933; dt. Das Prokustesbett); Un om între oameni, 3 Bde. (1953–57; dt. Ein Mensch unter Menschen, 4 Bde.). – *Drama:* Danton (1931).

Ausgabe: Opere, hg. v. A. ROSETTI u. a., 6 Bde. (1974–84).

2) Cezar, rumän. Schriftsteller, * Hodora (Kr. Jassy) 13. 12. 1892, † Bukarest 9. 3. 1961; schrieb zahlreiche erfolgreiche Romane und Erzählungen, in denen er nach dem Vorbild H. DE BALZACS versuchte, eine umfassende Darstellung histor. und aktueller Gesellschaftsprobleme Rumäniens zu geben.

Werke: *Romane:* Întunecare, 2 Bde. (1927–28; dt. Umdüsterung, 3 Bde.); Comoara regelui Dromichet (1931; dt. Der Schatz des Königs Dromichet); Aurul negru (1934; dt. Das schwarze Gold).

Petri, 1) Laurentius, eigtl. **Lars Petersson,** schwed. Reformator, * Örebro 1499, † Uppsala 26. 10. 1573, Bruder von 2); seit 1531 erster luther. Erzbischof Schwedens; prägte maßgeblich die schwed. Kirche u. a. durch Herausgabe der ersten schwed. Bibelübersetzung (›Gustav-Wasa-Bibel‹, 1541), eines Gesangbuches (1567) und durch seine Kirchenordnung (1571–72).

G. SCHWAIGER: Die Reformation in den nord. Ländern (1962).

2) Olaus, eigtl. **Olof Petersson,** schwed. Reformator, * Örebro 6. 1. 1493, † Stockholm 19. 4. 1552, Bruder von 1); u. a. Pfarrer in Stockholm, 1531–33 schwed. Kanzler; durch seine volkstüml. reformatorischen Schriften wurde er zum Wegbereiter der Reformation und zu einem der Begründer der schwed. Nationalliteratur.

Ausgabe: Samlade skrifter, hg. v. B. HESSELMAN, 4 Bde. (1914–17).

C. J. I. BERGENDORFF: Olavus P. and the ecclesiastical transformation in Sweden, 1521–1552 (New York 1928).

Petrick, Wolfgang, Maler und Zeichner, * Berlin 12. 1. 1939; Vertreter des krit. Realismus. P. verleiht seinen sozialkritisch engagierten Arbeiten durch Mittel der Verfremdung besondere Eindringlichkeit.

W. P.: 1962–1989, Sprung durch die Sonne, bearb. v. K. WILHELM u. a., Ausst.-Kat. (1989).

Petrie [ˈpi:trɪ], Sir (seit 1923) William Matthew **Flinders** [ˈflɪndəz], brit. Archäologe, * Charlton (heute zu London) 3. 6. 1853, † Jerusalem 28. 7. 1942; Begründer der wiss. Grabungsmethoden in Ägypten und Palästina; tätig (ab 1880) in Giseh, Tanis, Naukratis und Daphnae im Nildelta (Keramikfunde, die er in der Schichtenabfolge untersuchte), im Faijum, in Abydos, Amarna und Negade; in Palästina führte er (1890) seine Datierung nach Schichtenabfolgen konsequent durch (Tell Hasi südlich von Jerusalem); hier grub er erneut 1927–38. – 1892–1933 Prof. in London; 1894 gründete er den Egyptian Research Account (seit 1905 British School of Archaeology). Schrieb u. a. ›Seventy years in archaeology‹ (1931).

Petrified Forest National Park [ˈpetrɪfaɪd ˈfɔrɪst ˈnæʃnl ˈpɑːk], Nationalpark in Arizona, USA, im O der wüstenhaften Painted Desert, 379 km²; aufgebaut v. a. aus Sandsteinen der Trias, die stark erodiert sind; eingelagert sind verkieselte Baumstämme u. a. Gewächse. Ruinen von indian. Siedlungen mit Felszeichnungen. – 1906 als National Monument eingerichtet, seit 1962 Nationalpark.

petrifizieren, versteinern, zu Stein werden.

Petrikau, poln. **Piotrków Trybunalski** [ˈpjɔtrkuf tribuˈnalski], **1)** Hauptstadt der Wwschaft Piotrków Trybunalski (Petrikau) in Zentralpolen, 170–200 m ü. M., 81 400 Ew.; Zweigstelle der TU von Lodz, mehrere Museen; Glashütten, Maschinenbau, Nahrungsmittelindustrie, Holzverarbeitung. – Barocke Jesuitenkirche (1695–1727) mit Doppelturmfassade (1741–42), bedeutenden Stuckarbeiten und Fresken; got. Pfarrkirche (14./15. Jh.) mit barocken Kapellen (1674); ehem. Dominikanerkloster mit Kirche (14. Jh., im 17. und 19. Jh. umgebaut); Bürgerhäuser (17.–18. Jh.). – P. erhielt vor 1313 und erneut 1404 Stadtrecht.

2) Wwschaft im zentralen Teil von Polen, 6 266 km², 644 800 Einwohner.

Petri-Netz, von C. A. PETRI 1962 vorgeschlagene modellmäßige graf. Darstellung zur Beschreibung und Analyse von Abläufen mit nebenläufigen Prozessen und nichtdeterminist. Vorgängen. Dabei sind nach der allg. gültigen Definition unter nebenläufigen Prozessen solche zu verstehen, die paarweise wechselseitig unabhängig voneinander sind (ohne jedoch gleichzeitig sein zu müssen; die Eigenschaft der Nebenläufigkeit ist im Ggs. zu der der Gleichzeitigkeit nicht transitiv) und unter einem nichtdeterminist. Vorgang ein Vorgang, bei dem die gleiche Ausgangssituation zu versch. Folgesituationen führen kann. P.-N. eignen sich zur Veranschaulichung der Funktionsabläufe in dynam. Systemen, die eine feste Grundstruktur besitzen; Beispiele hierfür sind Rechenanlagen, Betriebssysteme oder Organisationsabläufe (wie Büroabläufe, Herstellungsverfahren).

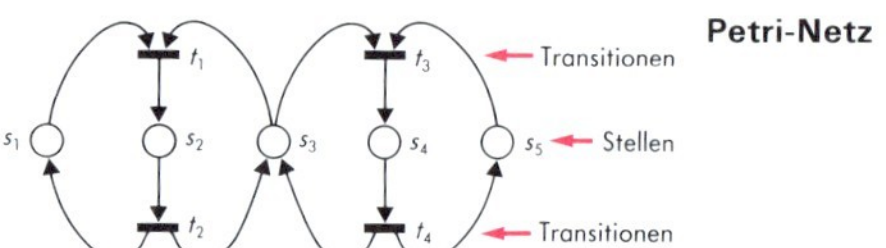

Petri-Netz

Ein P.-N. ist ein gerichteter →Graph, der aus zwei Arten von Knoten besteht, die durch gerichtete Verbindungen, die Kanten, verknüpft sind. Von den beiden Arten von Knoten wird die eine als **Stelle (Platz)** bezeichnet, die andere als **Transition** (auch Hürde). Eine Stelle entspricht einer Zwischenablage für Daten, eine Transition einem Verarbeitungsvorgang von Daten. Eine Kante darf jeweils nur von einer Art von Knoten zu einer anderen Art führen. Die Stellen werden als Kreise dargestellt, die Transitionen als Balken oder Rechtecke. In einen Knoten können mehrere Kanten münden, und von ihm können mehrere Kanten ausgehen. Insgesamt kann man P.-N. aus zehn Grundelementen zusammensetzen (wie Löschen, Erzeugen, Weitergabe, Vervielfachen von Objekten).

Antonio Petrini: Schloss Seehof in Memmelsdorf bei Bamberg; 1687–95

B. BAUMGARTEN: Petri-Netze. Grundlagen u. Anwendungen (²1996).

Petrini, 1) Antonio, ital. Architekt, *Trient um 1624/25 (?), †Würzburg 8. 4. 1701; war ab 1651 als fürstbischöfl. Hofbaumeister in Würzburg, zeitweilig u. a. auch in Mainz, Bamberg und Kitzingen tätig. Sein Stil, der Formen des oberital. Barock mit Elementen der dt. Renaissance verbindet, wurde richtungweisend für die fränk. Architektur der letzten Jahrzehnte des 17. Jh. (›P.-Zeit‹).

Werke: Stift Haug in Würzburg (1670–91); St. Stephan in Bamberg (1677–83); Ev. Pfarrkirche in Kitzingen (1686–93); Schloss Seehof in Memmelsdorf bei Bamberg (1687–95); Nordflügel des Juliusspitals in Würzburg (1699–1714, nach Zerstörungen von 1945 wiederhergestellt).

L. LONGO: A. P. (um 1620/21–1701), ein Barockarchitekt in Franken (1985).

2) Giuseppe Antonio, gen. **il Cavaliere P.,** schweizer. Maler, *Carona (bei Lugano) 23. 10. 1677, †ebd. um 1758; malte spätbarocke Altarbilder und Fresken in Kirchen des Tessins und Oberitaliens.

Petri-Schale [nach dem Bakteriologen JULIUS R. PETRI, *1852, †1921], flache Schale aus Glas oder Kunststoff (Durchmesser 9–12 cm) mit gleichartiger Deckelschale; dient v. a. der Aufnahme von Nährböden für Bakterienkulturen.

petro... [griech. pétros ›Fels(block)‹, ›Stein‹], auch **petre..., petri...,** vor Vokalen verkürzt zu **petr...,** Wortbildungselement mit der Bedeutung: Stein, Gestein, z. B. Petrogenese, Petrefakt, petrifizieren, Petroleum.

Petróbras [-braʃ], Abk. für **Petróleo Brasileiro S. A.** [peˈtrɔleu̯ brasiˈlei̯ru susjeˈðaðə əˈnɔnimɛ], staatl. Öl- und Petrochemieunternehmen, größtes brasilian. Industrieunternehmen, gegr. 1954; Sitz: Rio de Janeiro; Umsatz (1996): 23,59 Mrd. US-$, Beschäftigte: rd. 43 000. Mit der Gründung der Ölaufsichtsbehörde Agência Nacional do Petrolio (ANP) wurde Ende 1997 das Machtmonopol der P. über die Öl- und Gasaktivitäten entflochten.

Petrochemie, Petrolchemie, Zweig der chem. Großindustrie, der chem. Stoffe aus Erdölprodukten und Erdgas herstellt und damit Bindeglied zw. Erdölverarbeitung und eigentlicher chem. Industrie ist. Anlagen der P. sind entweder in Erdölraffinerien integriert oder in speziellen petrochem. Werken angesiedelt, die häufig als gemeinsame Tochterfirmen von Mineralöl- und Chemieunternehmen betrieben werden. Die Anlagen zeichnen sich durch große Kapazität und hohen Automatisierungsgrad aus. Die wichtigsten Primärprodukte der P. sind Äthylen, Propylen, Butadien, Isobuten, Benzol, Toluol und Xylole sowie Synthesegas für die Herstellung von Methanol, Ammoniak, Oxoalkoholen und Essigsäure. Olefine und Aromaten werden durch →Steamcracken, in Westeuropa überwiegend aus Rohbenzin (Dtl. 1995: 10,5%

des Mineralölverbrauchs), z.T. aus Flüssiggas oder Gasöl u.a. Mineralölerzeugnissen (Dtl. 1995: 3,2% des Mineralölverbrauchs) erzeugt. In den USA ist Äthan aus Erdgas bevorzugter Rohstoff für die Äthylenherstellung. Die aufwendige Trennung der Crackprodukte erfolgt u.a. durch Destillation, Extraktion, Extraktivdestillation und Molekularsiebverfahren. Zur Herstellung von Synthesegas werden bevorzugt Erdgas (→Steamreforming) und Schweröle (→partielle Oxidation) verwendet. Sekundärprodukte der P. werden durch Polymerisation (z.B. Kunststoffe wie Polyäthylen, Polypropylen), Oxidation (z.B. Acetaldehyd, Äthylenoxid, Phthalsäureanhydrid), Alkylierung (z.B. Äthylbenzol, Cumol), Hydratisierung (z.B. Isopropylalkohol, Äthylenglykol), Dehydrierung (z.B. Styrol) oder andere chem. Verfahren gewonnen.

Als erstes petrochem. Produkt wurde 1920 in den USA Isopropylalkohol aus propylenhaltigen Raffineriegasen hergestellt. Eine starke Entwicklung der P. setzte Anfang der 50er-Jahre ein, als Erdöl weltweit in großen Mengen billig zur Verfügung stand. Durch die P. wurden v.a. Kunststoffe, Synthesekautschuk und Synthesefasern zu Massenprodukten, die viele traditionelle Produkte (z.B. Baumwolle, Glas, Stahl) am Markt zurückdrängten. Nach einem Höhepunkt Ende der 60er-Jahre bremsten stark steigende Erdölpreise und eine Sättigung des Marktes die Entwicklung. Heute basiert die technische organ. Synthese zu etwa 80% auf der P., je etwa 10% entfallen auf die Rohstoffgruppen Kohle (→Kohlechemie) und Naturstoffe. Petrochem. Herkunft sind auch technisch wichtige Anorganika wie Ammoniak und z.T. Schwefelsäure. Seit der Einführung unverbleiter Kraftstoffe ist die Herstellung klopffester Kraftstoffkomponenten eine wichtige Aufgabe der P. Während Ende der 70er-Jahre 95% der Produktion organ. Petrochemikalien bei den USA, Westeuropa und Japan lagen, treten heute als Produzenten für petrochem. Massenprodukte zunehmend andere Länder auf, von denen einige (z.B. Saudi-Arabien) Wettbewerbsvorteile durch niedrige Rohstoff- und Energiekosten haben. Bei den Industrieländern zeichnet sich deshalb ein Trend zugunsten hochwertiger Spezialprodukte ab.

Petrodollar, der →Erdöldollar.

Petrodworez, bis 1944 **Peterhof,** Stadt im Gebiet Leningrad, Russland, im W von Groß-Sankt Petersburg, am Finn. Meerbusen, 80900 Ew.; Uhrenfabrik; Hafen. P. entstand als Sommerresidenz PETERS D. GR. In einer der prachtvollsten barocken russ. Parkanlagen liegt auf einer von Terrassen mit Kaskaden abgestuften Anhöhe das Große Schloss (1714–28 begonnen, 1747–52 von B. F. RASTRELLI erweitert). An der Küste des Finn. Meerbusens inmitten eines nach holländ. Art angelegten Gartens stehen das Schlösschen Monplaisir (1714–23, Seitenflügel um 1750 von RASTRELLI) im Stil eines holländ. Backsteinhauses mit hohem Satteldach sowie die Wasserschlösser Eremitage (1721–25) und Marly (1720–24). In der Nähe ließ KATHARINA II. das klassizist. Engl. Palais (1781–94, G. QUARENGHI) erbauen. NIKOLAUS I. beauftragte 1832 K. F. SCHINKEL mit der Errichtung der Alexander-Newski-Kirche in der Alexander-Domäne. Das im Zweiten Weltkrieg stark zerstörte Ensemble wurde nach 1945 wieder aufgebaut und restauriert.

Petrofina S. A., Mineralölkonzern, eines der größten belg. Unternehmen, gegr. 1920; Sitz: Brüssel; betreibt Exploration, Förderung, Verarbeitung und Vertrieb von Rohöl und Erdgas, Petrochemie, verfügt insgesamt über 36 Tochtergesellschaften; Umsatz (1996): 13,45 Mrd. US-$, Beschäftigte: rd. 13600.

Petroglyphen [zu griech. glýphein ›ausmeißeln‹, ›einschneiden‹], *Sg.* **Petroglyphe** *die, -,* in der Vorgeschichtsforschung verwendete Bez. für Felszeichnungen, -ritzungen, -gravierungen (→Felsbilder).

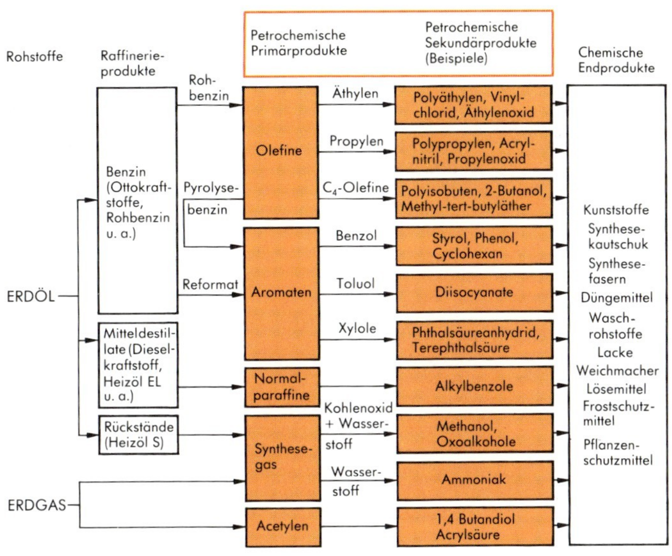

Petrochemie

Petrograd, 1914–24 Name für →Sankt Petersburg.

Petrographie *die, -,* Zweig der →Petrologie.

petrographische Provinzen, die →Gesteinsprovinzen.

Petrokrepost, 1944–92 Name der russ. Stadt →Schlüsselburg.

Petrol|äther, eine Benzinfraktion, →Benzin.

Petrolatum [griech.-lat.] *das, -s,* →Vaseline.

Petrole|um [lat.-griech., eigtl. ›Steinöl‹, zu griech. pétra ›Stein‹ und lat. oleum ›Öl‹] *das, -s, Chemie:* 1) amerikanisch-internat. Bez. für →Erdöl; 2) andere Bez. für →Kerosin, in der 2. Hälfte des 19. Jh. für →Leuchtpetroleum.

Petrole|umlampe, Lampe, in der flüchtige Mineralöle, bes. Petroleum, verbrannt werden. Bei älteren P. mit Flach- und Rundbrenner und Glaszylinder zur Zuführung der Verbrennungsluft wird der Brennstoff der Flamme durch die Saugwirkung des Dochtes zugeführt. Die heutigen **Petroleum-Glühlicht-Drucklampen** und **Petroleum-Starklichtlampen** zur Beleuchtung

Petrodworez: Großes Schloss; 1714–28 begonnen, 1747–52 erweitert

von Bauplätzen, Werkstätten, Wochenendhäusern u. a. haben einen Vergaser, dem das gereinigte Petroleum unter Druck zugeführt wird; das im erhitzten Vergaser verdampfende Petroleum strömt durch ein Mischrohr zum Brennerkopf, wo die Flamme einen mit Leuchtsalzen getränkten Glühstrumpf erhitzt.

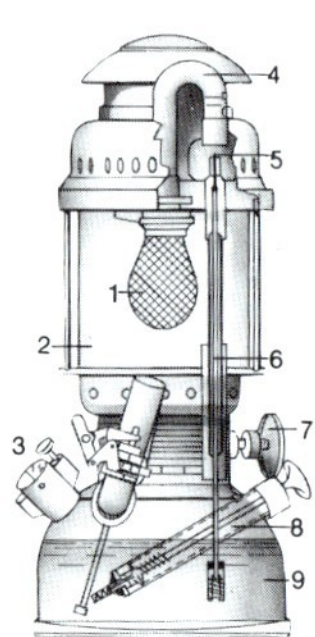

Petroleumlampe: 1 Glühstrumpf, 2 Glaszylinder, 3 Druckablass, 4 Mischrohr, 5 Zerstäuberdüse, 6 Vergaser, 7 Reglerschraube, 8 Luftpumpe, 9 Behälter mit Petroleum

Petrolkoks, Koks, der beim therm. →Cracken von Erdölfraktionen (meist Destillationsrückständen) anfällt und der sich durch niedrigen Aschegehalt auszeichnet. P. wird zur Herstellung von Elektroden eingesetzt **(Elektrodenkoks).**

Petrologie *die, -,* **Gesteinskunde,** Teilgebiet der Mineralogie, das sich in zwei Arbeitsrichtungen gliedert: die mehr beschreibende Petrographie und die bes. Bildung (Petrogenese) und Umwandlung der Gesteine erforschende P. Im Einzelnen befasst sich die **Petrographie** mit der mineral. und chem. Zusammensetzung der →Gesteine und davon ausgehend mit ihrer Nomenklatur und Klassifikation, ihrem geolog. Auftreten (→Lagerung, →Gefüge), ihrer zeitl. und räuml. Abfolge (→Gesteinsprovinzen), ihrer →Altersbestimmung und der Bestimmung der physikal. Eigenschaften von Gesteinen und Gesteinskomplexen. Die P. untersucht demgegenüber die physikalisch-chem. Bildungsbedingungen der Gesteine und heute in der **experimentellen P.,** unter Berücksichtigung der Erkenntnisse der Hochdruck- und Hochtemperaturforschung, insbesondere die Phasenbeziehungen in einfachen Mehrstoffsystemen, um die Stabilitätsbedingungen von Einzelmineralen oder einfachen Mineralparagenesen abzugrenzen. Hierbei werden Synthese- und Abbauversuche durchgeführt. Auch natürl. Gesteine unterwirft man Hochdruck-Hochtemperatur-Experimenten, z. B. zur Klärung genet. Fragen.

P. i. w. S. ist die gedankl. Verknüpfung von Untersuchungsergebnissen aus beiden Arbeitsrichtungen. Die P. versucht, empirisch gewonnene Erkenntnisse aus Naturbeobachtung und Experiment zu Modellen zu ordnen, die gesteinsbildenden Prozesse zu erklären und die physikalisch-chem. Bedingungen, unter denen sie ablaufen, abzugrenzen. Enge Verbindungen bestehen zur Geologie, Geophysik und Geochemie. Die Untersuchung der Sedimentgesteine (Sedimentologie) ist zu einem eigenen Arbeitsgebiet geworden.

Die **technische Gesteinskunde** befasst sich v. a. mit den physikalisch-techn. Eigenschaften der Gesteine, u. a. ihrer Dichte, Härte, Druck- und Schlagfestigkeit, Witterungs- und Farbbeständigkeit, Porosität, Kapillarität, Oberflächenbeschaffenheit, Bearbeitbarkeit.

L. PFEIFFER u. a.: Einf. in die P. (Berlin-Ost [2]1985); W. WIMMENAUER: Petrographie der magmat. u. metamorphen Gesteine (1985); The encyclopedia of igneous and metamorphic petrology, hg. v. D. R. BOWES (New York 1989); S. MATTHES: Mineralogie. Eine Einf. in die spezielle Mineralogie, P. u. Lagerstättenkunde ([5]1996).

Petrolsulfonate, viskose Flüssigkeiten, die bei der Behandlung von Gasöl- und Schmierölfraktionen mit Oleum oder Schwefeltrioxid und Neutralisation der gebildeten aromat. Sulfonsäuren mit Natronlauge entstehen. P. enthalten etwa 60 % Tenside und 35 % inaktives Öl. Sie werden u. a. als Zusätze für Motorenöle und Metallbearbeitungsöle sowie bei der tertiären Erdölgewinnung verwendet.

Petronell-Carnuntum, Markt-Gem. im Bez. Bruck an der Leitha, Niederösterreich, 182 m ü. M., südwestlich von Hainburg an der Donau, am rechten Flussufer, 1 200 Ew., mit den Resten der röm. Festung →Carnuntum, deren Bereich zu einem archäolog. Park mit Rekonstruktionen, Antiken- und Grabungsmuseum ausgebaut wurde. – In der kath. Pfarrkirche St. Petronilla (um 1200) ein Rokokotabernakel; die Kapelle Hl. Johannes der Täufer (1. Hälfte des 12. Jh.; urspr. Wehrkirche) ist ein roman. Rundbau. Schloss Traun, eine ehem. Wasserburg, wurde 1660–67 von

Petrópolis: Sommerresidenz des Kaisers Peter II.

DOMENICO CARLONE (* um 1615, † 1679) zu einer frühbarocken Vierflügelanlage umgebaut; im Schloss u. a. das Donaumuseum. – Im Bereich des röm. Carnuntum entwickelte sich in der 2. Hälfte des 11. Jh. eine Siedlung, die im 12. Jh. Marktrecht erhielt.

Petronius, Gaius (Titus ?), gen. **P. Arbiter,** röm. Schriftsteller, † 66 n. Chr.; lebte am Hof NEROS als Meister (Schiedsrichter) der Kunst feinsten Lebensgenusses (Arbiter Elegantiarum); wurde, wohl als Mitwisser der Pison. Verschwörung gegen NERO, zum Selbstmord gezwungen. Sein in Bruchstücken erhaltener Roman ›Satyricon‹ (›Saturae‹) schildert die frivolen Abenteuer des Icherzählers Encolpius. Das drast. Sittengemälde hat in der röm. Literatur weder Vorbild noch Nachfolger. Berühmt ist v. a. die ›Cena Trimalchionis‹, das Gastmahl des Emporkömmlings Trimalchio. Das Werk ist eine wichtige Quelle für das Vulgärlatein der neron. Zeit.

Ausgabe: Satyrica, hg. v. KONRAD MÜLLER u. a. ([3]1983, lat. u. dt.).

G. L. SCHMELING u. J. H. STUCKEY: A bibliography of P. (Leiden 1977).

Petropawlowsk, Petropavlovsk, kasach. **Petropawl,** Gebietshauptstadt in Kasachstan, im Westsibir. Tiefland am Ischim, 266 600 Ew.; Maschinenbau, Nahrungsmittel-, Bekleidungs-, Lederindustrie; Verkehrsknoten an der Transsibir. Eisenbahn. – 1752 als Festung gegründet; erhielt 1807 Stadtrecht.

Petropawlowsk-Kamtschatskij, Petropavlovsk-Kamčatskij [-tʃ-], 1822–1924 **Petropawlowskij Port,** Hauptstadt des Gebiets Kamtschatka, Russland, an der SO-Küste der Halbinsel Kamtschatka, 204 700 Ew.; Ingenieurhochschule für Seefahrt, PH, vulkanolog. und seismolog. Institut der Russ. Akad. der Wiss.en; Fischverarbeitung, Reparaturwerft, Baustoffindustrie; eisfreier Marine- (Heimathafen der pazif. U-Boot-Flotte), Fischerei- und Handelshafen, Flughafen. – P.-K. wurde 1740 von Teilnehmern an der zweiten Kamtschatka-Expedition unter V. J. BERING gegründet, die hier mit den Schiffen ›St. Peter‹ und ›St. Paul‹ landeten.

petrophil [zu griech. phileĩn ›lieben‹], *Biologie:* Bez. für Lebewesen, die steinigen, felsigen Untergrund bevorzugen, z. B. die Petrophyten.

Petrophyten [zu griech. phytón ›Pflanze‹], *Sg.* **Petrophyt** *der, -en,* **Gesteinspflanzen,** anspruchslose, ausdauernde Pflanzen, die auf humusarmen, felsigen oder steinigen Standorten vorkommen; besiedeln z. T. nackte Felsflächen und lösen die benötigten Mineralstoffe durch Säureausscheidung aus dem Untergrund selbst heraus. P. sind viele Steinbrecharten, Moose, Farne und Algen.

Petrópolis, Stadt im Bundesstaat Rio de Janeiro, Brasilien, 813 m ü. M., in einem Hochtal der Serra dos

Orgãos, 255 000 Ew.; Bischofssitz; kath. Univ., Museum; durch Autobahn mit Rio de Janeiro verbundener Kurort; Textil- u. a. Industrie; Brauereien. – P., 1845 von dt. und schweizer. Einwanderern gegründet, wurde nach dem brasilian. Kaiser PETER II., der sich hier eine Sommerresidenz errichten ließ, P. benannt. – Im **Vertrag von P.** (18. 11. 1903) trat Bolivien den größten Teil des umstrittenen Acregebiets an Brasilien ab.

Petroşani [petroˈʃanj], ungar. **Petrozsény** [ˈpɛtrɔʒeːnj], Stadt im Kr. Hunedoara, im SW Rumäniens, 650 m ü. M., in der P.-Senke der Südkarpaten, 53 100 Ew.; TU, Institut für Kohleforschung, Bergbaumuseum; Bau von Bergbauanlagen, Möbel-, Baustoff-, Trikotagen-, Nahrungsmittelindustrie. In der **P.-Senke** (45 km lang, bis 5 km breit, 600–1 000 m ü. M.) wird seit 1850 Stein- und Braunkohle abgebaut.

Petrosawodsk, Petrozavodsk [-za-], Hauptstadt von Karelien, Russ. Föderation, am W-Ufer des Onegasees, 282 000 Ew.; Univ. (gegr. 1940), PH, Konservatorium, Institute der Karel. Abteilung der Akad. der Wiss.en. Wichtigstes karel. Industriezentrum mit Traktorenwerk, Zellstoff- und Papierfabrik, Werkzeugmaschinen-, Möbelbau, Fischverarbeitung und Werft; Verkehrsknoten an der Murmanbahn, wichtigster Hafen des Onegasees, Flughafen. – 1703 von PETER D. GR. im Zusammenhang mit der Errichtung einer Kanonengießerei als **Petrowskaja sloboda** gegr.; im 18. und 19. Jh. Bau weiterer Waffenfabriken. Seit 1777 Stadt, wurde P. 1801 Hauptstadt des Gouv. Olonez, 1920 Zentrum der Karel. Arbeiterkommune und 1923 Hauptstadt der Karel. ASSR.

Petroselinum [griech.], die Gattung →Petersilie.

Petrovaradin [-diːn], dt. **Peterwardein,** ehemals selbstständige Stadt in der Wojwodina, Serbien, Jugoslawien, in einer Donauschlinge, seit 1945 Stadtteil von Novi Sad. – P. geht auf das röm. **Cusum** und das 1273 an dessen Stelle errichtete Zisterzienserkloster Bellefons zurück; im 17.–18. Jh. österr. Grenzfestung gegen die Türken. – Bei P. schlug Prinz EUGEN am 5. 8. 1716 das osman. Hauptheer.

Petrović [ˈpɛtrɔvitɕ], **1)** Rastko, serb. Schriftsteller, * Belgrad 16. 5. 1898, † Washington (D. C.) 15. 8. 1949; ab 1923 im diplomat. Dienst; verband in seiner Lyrik (›Otkrovenje‹, 1922) Tendenzen der europ. Avantgarde mit Motiven des serb. Volksliedes; daneben Romane (›Dan šesti‹, hg. 1961), Reisebeschreibungen.

Ausgabe: Dela, 6 Bde. (Neuausg. 1966–74).

2) Veljko, serb. Schriftsteller, * Sombor 5. 2. 1884, † Belgrad 27. 7. 1967; Journalist, Kunsthistoriker, Leiter des Nationalmuseums in Belgrad; begann mit patriot. Gedichten, wandte sich dann der Novelle (›Prepelica u ruci‹, 1948) zu, in der er soziale und eth. Probleme der Gesellschaft, bes. des Bürgertums in der Wojwodina, behandelte.

Ausgabe: Sabrane pripovetke, 6 Bde. (1964).

Petrow, 1) Iwajlo, bulgar. Schriftsteller, * Gjuktschedjoljuk (heute Bdinzi, bei Tolbuchin) 19. 1. 1923; schreibt realist., durch treffende Charakterzeichnung geprägte Erzählungen und Romane über die Wandlungen auf dem bulgar. Dorf nach dem Zweiten Weltkrieg.

Werke: *Romane:* Nonkinata ljubov (1956; dt. Nonkas Liebe); Mărtvo vălnenie (1961; dt. Und wenn ich dich zwingen muß); Predi da se rodja (1968; dt. Bevor ich zur Welt kam ... und danach); Chajka za vălci (1982; dt. Wolfsjagd).

2) Jewgenij, eigtl. **J. Petrowitsch Katajew,** russ. Schriftsteller, * Odessa 13. 12. 1903, † (gefallen) bei Sewastopol 2. 7. 1942; Bruder von W. P. KATAJEW; Kriegsberichterstatter im Zweiten Weltkrieg (›Frontovyj dnevnik‹, 1942); verfasste gemeinsam mit I. ILF humoristisch-satir. Skizzen, Feuilletons und Romane (›Dvenadcat' stul'ev‹, 1928, dt. ›Zwölf Stühle‹; ›Zolotoj telenok‹, 2 Bde., 1931, dt. u. a. als ›Das goldene Kalb‹). Nach ILFS Tod (1937) schrieb er u. a. Drehbücher, Reportagen und die Komödie ›Ostrov mira‹ (hg. 1948; dt. ›Die Insel des Friedens‹).

Literatur →Ilf, Ilja.

3) Nikola, bulgar. Maler, * Widin 20. 8. 1881, † Sofia 10. 12. 1916; malte zunächst impressionist., später neoimpressionist. Landschafts- und Städtebilder (Hauptmotiv Sofia), ferner Porträts, auch Ikonen.

4) Waleri, eigtl. **W. Nissim Meworach,** bulgar. Schriftsteller, * Sofia 22. 4. 1920; Arzt, Redakteur, 1947–50 Presseattaché in Rom; schrieb Gedichte, Essays, Filmdrehbücher sowie Bühnenstücke.

Ausgabe: Izbrani proizvedenija, 2 Bde. (1980).

Petrowsk-Port, 1857–1921 Name der dagestan. Stadt →Machatschkala in der Russ. Föderation.

Kusma Sergejewitsch Petrow-Wodkin: Das Bad des roten Pferdes; 1912 (Moskau, Tretjakow-Galerie)

Petrow-Wodkin, Kusma Sergejewitsch, russ. Maler, * Chwalynsk (Gebiet Saratow) 5. 11. 1878, † Leningrad 15. 2. 1939; studierte u. a. in Moskau, München und Paris. Er war Mitgl. der Gruppe ›Mir Iskusstwa‹ und gehörte zu den führenden Vertretern des Symbolismus in Russland. Eine Italienreise (1908) vermittelte ihm Eindrücke der ital. Malerei der Renaissance, die in der Folgezeit neben der russ. Volkskunst und der Ikonenmalerei für seine Werke (v. a. Porträts, Stillleben, Landschaften, Genreszenen) bestimmend wurde. Er schuf auch Grafiken, entwarf Theaterdekorationen und gestaltete Bücher.

K. P.-W.: Malerei, Grafik, Bühnenbildkunst, bearb. v. J. RUSSAKOW (1986).

Petrozsény [ˈpɛtrɔʒeːnj], Stadt in Rumänien, →Petroşani.

Petrucci [peˈtruttʃi], Ottaviano, ital. Notendrucker und Musikverleger, * Fossombrone (bei Urbino) 18. 6. 1466, † Venedig 7. 5. 1539; erfand ein Notendruckverfahren zur Wiedergabe von Mensuralnoten mit bewegl. Metalltypen; war der erste bedeutende Musikverleger.

Michel Petrucciani

Petrucciani [pɛtrutˈtʃaːni], Michel, frz. Jazzmusiker (Pianist), * Orange 28. 12. 1962; begann, trotz einer schweren Knochenkrankheit, 15-jährig als Pianist bei KENNY CLARKE; siedelte 1981 in die USA über und wurde international bekannt durch seine Auftritte u. a. bei L. KONITZ. Mit seiner außerordentl. Spieltechnik, deren Virtuosität und perkussive Brillanz an die Meister des Jazzpianos wie A. TATUM und O. PETERSON heranreicht, zählt er heute zu den besten Pianisten im modernen Jazz.

Petrus, griech. **Petros,** aus dem Aramäischen abgeleitet auch **Kephas** [›Stein‹, ›Fels‹], eigtl. **Simon,** Apostel und führende Persönlichkeit im Jüngerkreis JESU und in der →Urgemeinde, † Rom (?) zw. 64 und 67 (?); stammte aus Betsaida (heute et-Tell, nahe der

Mündung des Jordan in den See Genezareth), wo sein Vater JONAS (Mt. 16,17; oder JOHANNES [Joh. 1,42]) wie P. selbst als Fischer tätig war. Zur Zeit seiner Berufung durch JESUS (zus. mit seinem Bruder ANDREAS) lebte er als verheirateter Mann in Kapernaum (Mk. 1,29f.). Er trat als Wortführer der Jünger auf (z.B. Mk. 8,29), gehörte zum Kreis der engeren Vertrauten JESU (Mk. 9,2) und wird in den Listen der ›Zwölf‹ (→Apostel) an erster Stelle genannt. Das N.T. berichtet von der besonderen Nähe P.' zu JESUS (Messiasbekenntnis des P., Mk. 8,29; JESU Ankündigung beim ›wunderbaren Fischfang‹, P. werde ›von nun an Menschen fangen‹, Lk. 5,10; P. als Zeuge der ›Verklärung‹ JESU, Mk. 9), aber auch von seinem Versagen während der Passion JESU (Verleugnung JESU durch P., Mk. 14, 66–72). In alter Tradition erscheint P. auch als Erstzeuge der Auferstehung (1. Kor. 15,5; Lk. 24,34). Nach Darstellung von Apg. 1–12 ergriff P. die Initiative bei der nachösterl. Sammlung der Jesusjünger (›Pfingstpredigt‹ des P. [Apg. 2,14–36]). Über mehrere Jahre stand er in leitender Position der Jerusalemer Urgemeinde, zunächst als Erster der ›Zwölf‹, später als wohl führendes Mitgl. eines Dreierkollegiums (nach Gal. 2,9 die ›Säulen‹ P., der ›Herrenbruder‹ JAKOBUS und der Apostel JOHANNES). Der Bedrohung durch HERODES AGRIPPA I. (Apg. 12,1ff.) entzog er sich durch Flucht (möglicherweise nach Antiochia am Orontes, 41). Er widmete sich der Judenmission, wobei ihn seine Frau auf seinen Reisen begleitete (1. Kor. 9,5). Beim →Apostelkonzil (48/49) befand er sich wieder in Jerusalem. Während er dort die gesetzesfreie Heidenmission, wie sie PAULUS praktizierte, befürwortete, kam es kurz darauf in Antiochia am Orontes wegen P.' widersprüchl. Verhaltens zum Konflikt mit PAULUS (Gal. 2,11ff.). Ende der 50er- oder Anfang der 60er-Jahre gelangte P. nach Rom. Über seinen Lebensausgang sind kaum verlässl. Nachrichten überliefert. Archäolog. und frühe literar. Zeugnisse (1. Klemensbrief, IGNATIUS VON ANTIOCHIA) weisen auf die Anwesenheit P.' in Rom hin. Joh. 21 und 1. Petr. setzen ein Martyrium voraus, das P. vermutlich Mitte der 60er-Jahre in der Verfolgung NEROS erlitt. Legendarisch ist wohl die Darstellung der apokryphen ›Acta Petri‹, nach der P. mit dem Kopf nach unten gekreuzigt worden sei. Das P.-Grab wird in der →Peterskirche verehrt.

Petrus: Die Heiligen Petrus und Andreas; Elfenbeinrelief aus Konstantinopel; Mitte des 10. Jh. (Wien, Kunsthistorisches Museum)

Während die besondere Bedeutung P.' im Jüngerkreis und in der Urgemeinde weitgehend unbestritten ist, wird von den versch. Konfessionen und theolog. Richtungen unterschiedlich beurteilt, welche Rückschlüsse sich daraus für die Kirche und den Primat des röm. Bischofs ziehen lassen (→Papsttum). Im Mittelpunkt steht dabei die Interpretation der als Zitat JESU formulierten Perikope Mt. 16,18f. ›Du bist P., und auf diesen Felsen werde ich meine Kirche bauen‹ mit der Übertragung der Binde- und Lösegewalt (›Schlüssel des Himmelreichs‹; →Schlüsselgewalt).

Schon früh wurde P. als Heiliger verehrt. **P.-Feste** sind ›Peter und Paul‹ (zus. mit PAULUS, 29. 6.; erstmals 354 literarisch belegt), ›Petri Stuhlfeier‹ (22. 2., früher 18. 1. und 22. 2.; seit dem 6./7. Jh. als Gedächtnis der Übertragung des Hirtenamtes an P.) und ›Petri Kettenfeier‹ (1. 8.; 1960 abgeschafft; mit Bezug auf die in Apg. 12 berichtete Befreiung des P. aus der Gefangenschaft). P. ist u.a. Patron der Fischer und Schiffer und gilt im Volksglauben als Wettermacher und Himmelspförtner.

Die allg. anerkannte Autorität des P. führte in den ersten Jahrhunderten zur Entstehung zahlr. Schriften, die ihm zugeschrieben wurden. Neben den im N.T. enthaltenen →Petrusbriefen waren dies v.a. mehrere, z.T. nur fragmentarisch erhaltene **apokryphe P.-Schriften:** das ›Kerygma Petrou‹ (1. Hälfte des 2. Jh.), ein ›P.-Evangelium‹ (Mitte des 2. Jh.; Passion und Auferstehung), mehrere ›P.-Apokalypsen‹ (am verbreitetsten die um 135 entstandene), die in die →Pseudoklementinen integrierten, judenchristlich-gnostisierenden und antipaulin. ›Kerygmata Petrou‹ (um 200) sowie die ›Acta Petri‹ (um 180/190), die in legendar. Weise den Weg des P. nach Rom, sein dortiges Wirken und sein Martyrium schildern.

In der *bildenden Kunst* hat sich schon relativ früh (auf Sarkophagen des 4. Jh.) ein charakterist. Typus herausgebildet: eine kräftige, gedrungene Gestalt, runder Kopf mit kurzem Bart, Glatze mit Lockenkranz (später auch mit Stirnlocke). Attribute sind Buch und/oder Schlüssel, auch Kreuzstab. Die Themen umfassen neutestamentl. Szenen wie die ›Schlüsselübergabe‹, ›Verklärung Christi am Ölberg‹, ›Gefangennahme Christi‹, ›Verleugnung Petri‹; ebenso erscheint P. auch als Einzelfigur (Apostel, Bischof, Märtyrer). Zu den bekannten Darstellungen von Szenen aus dem Leben des P. gehören die Fresken in der Brancaccikapelle von Santa Maria del Carmine in Florenz von MASOLINO und MASACCIO (wohl ab 1426) und auf einem Petrusaltar ›Der wunderbare Fischzug‹ (1444; Genf, Musée d'Art et d'Histoire) von K. WITZ. Berühmt wurde auch ›Petri Fischzug‹ von RAFFAEL auf der Teppichfolge im Vatikan (1517–19). Die Szene aus der Apostelgeschichte ›Ein Engel befreit P. aus dem Gefängnis‹ malte RAFFAEL in den vatikan. Stanzen (Stanza d'Eliodoro,1512–14); im MA. war diese Befreiung bereits Thema auf Kapitellen der frz. Kathedralen (u.a. in Autun, 12. Jh.). ›Petri Verleugnung‹ malte u.a. REMBRANDT (1660; Amsterdam, Rijksmuseum).

F. MUSSNER: P. u. Paulus – Pole der Einheit (1976); Der P. der Bibel, hg. v. R. E. BROWN (a.d. Engl., 1976); R. PESCH: Simon-P. (1980); Kontinuität u. Einheit, hg. v. PAUL-GERHARD MÜLLER u.a. (1981); J. AUER: Die Kirche – das allg. Heilssakrament (1983); O. CULLMANN: P. (Zürich [3]1985); H. FRIES: Fundamentaltheologie (Graz 1985); Das P.-Bild in der neueren Forschung, hg. v. C. P. THIEDE (1987); C. C. CARAGOUNIS: Peter and the rock (Neuausg. Berlin 1990); P., der Fels des Anstoßes, hg. v. R. NIEMANN (1994).

Petrus, P. Alfonsi, eigtl. **Moses Sefardi,** mittellat. Autor, † nach 1121. Der jüd. Gelehrte und Leibarzt König ALFONS' I. von Aragonien nannte sich seit seiner Taufe in Huesca am 29. 6. 1106 nach dem Apostel und seinem königl. Paten P. A. und hielt sich um 1110 als dessen Gesandter am Hof HEINRICHS I. von England auf, wo er arab. Wissenschaften lehrte (›Epistula de studio artium liberalium‹) und mit der lat. Übersetzung des astronom. Tafelwerks des CHARISMI (›De dracone‹, 1116) u.a. ADELARD VON BATH beeinflusste. Weite Verbreitung fanden seine autobiograph. Rechtfertigungsschrift (›Dialogi lectu dignissimi‹, gedr. 1536), eine unpolem. Auseinandersetzung mit Judentum und Islam, und die ›Disciplina clericalis‹ (›Schule des Klerikers‹), die älteste und bes. nachwirkende Sammlung arabisch-jüd. Erzählungen in Form von 34 Gesprächen zw. Vater und Sohn.

Ausgabe: Die Kunst, vernünftig zu leben, übers. v. E. HERMES (1970).

O. SPIES: Arab. Stoffe in der Disciplina clericalis, in: Rhein. Jb. für Volkskunde, Bd. 21 (1973); M.-T. D'ALVERNY: Translations and translators, in: Renaissance and renewal in the XIIth century, hg. v. R. L. BENSON u. a. (Oxford 1982).

Petrus, P. Aureoli, Pierre d'Auriole [pjɛ:r dɔrˈjɔl], frz. Philosoph und Theologe, *Gourdon (Dép. Lot) zw. 1275 und 1280, †Avignon oder Aix-en-Provence 1322; Franziskaner; 1321 Erzbischof von Aix-en-Provence. Entwickelte gegen den herrschenden Begriffsrealismus (→Realismus) eine Erkenntnistheorie, nach der die Begriffe nicht in der Natur bestehende Unterschiede, sondern die Ergebnisse geistiger Unterscheidungsleistungen sind; die begriffl. Unterscheidungen, nicht die Unterschiede der Natur sind daher Erkenntnisobjekt. Damit verschwindet die Frage nach einem Individuationsprinzip: Dadurch, dass etwas existiert, ist es ein Einzelnes. In der Wahrnehmung des Einzelnen, in der Erfahrung, hat die Wissenschaft ihren Ursprung.

S. R. STREUER: Die theolog. Einleitungslehre des P. A. (1968); P. V. SPADE: The unity of science according to Peter Auriol, in: Franciscan studies, Jg. 32 (St. Bonaventure, N. Y., 1972).

Petrus, P. Chrysologus [griech. ›Goldredner‹], Kirchenlehrer, Bischof von Ravenna, *Forum Cornelii (heute Imola) um 380, †ebd. 3. 12. 450; wurde bes. durch seine rhetor. Begabung und seine volkstüml. Predigten bekannt, von denen über 180 Sermones zu den verschiedensten Themen und Anlässen erhalten sind. – Heiliger (Tag: 30. 7.).

Petrus, P. Comestor, Petrus Manducator, mittellat. Schriftsteller und Theologe, *Troyes um 1100, †Paris um 1179; Schüler des PETRUS LOMBARDUS, war Dekan in Troyes, Kanzler der Kathedrale, Lehrer in Paris und seit 1178 Kanoniker im dortigen Stift St. Viktor. Sein Hauptwerk ist die ›Historia scolastica‹, die erste rein histor. Gesamtdarstellung des bibl. Stoffes nach dem A. T. und N. T., in die Ereignisse der Profangeschichte aus anderen Quellen eingearbeitet sind. Das Werk fand große Verbreitung und ist in zahlr. Handschriften und Frühdrucken überliefert.

P. LUSCOMBE: P. C., in: The Bible in the medieval world. Essays in memory of Beryl Smalley, hg. v. K. WALSH u. a. (Oxford 1985).

Petrus, P. Damiani, ital. Kirchenlehrer, Reformer und Kardinal, *Ravenna um 1007, †Faenza 22./23. 2. 1072; seit 1035 Benediktiner, seit 1043 Prior einer Einsiedlergemeinde in Fonte Avellana (bei Fabriano); Verfechter einer Reform von Klöstern und Kirche; wandte sich bes. gegen Simonie und die sittl. Laster des damaligen Klerus. Als Buß- und Wanderprediger und – nach seiner Erhebung zum Kardinal – Bischof von Ostia (1057) durchzog er in päpstl. Auftrag weite Teile Europas. Urspr. selbst Lehrer der freien Künste, lehnte er später die Dialektik als Methode ab und hielt letztlich den menschl. Verstand der Gotteserkenntnis für unfähig. P. hat das umfangreichste literar. Werk aus Reformkreisen hinterlassen: 170 Briefe, über 50 Predigten, mehrere Heiligenviten, 240 Gedichte, Gebete und kleinere Schriften. In den Reformbewegungen des 14. und 15. Jh. wurden seine Schriften verstärkt rezipiert. – P. wird in der kath. Kirche, obgleich nie heilig gesprochen, als Heiliger verehrt (Tag: 21. 2.).

C. LOHMER: Heremi conversatio. Studien zu den monast. Vorschriften des P. D. (1991); S. FREUND: Studien zur literar. Wirksamkeit des P. D. (1995).

Petrus, P. de Crescentiis, ital. **Pier de' Crescenzi** [pjɛr, -krɛʃʃ-], mittellat. Autor, *Bologna 1230 oder 1233, †1320/21; war nach Studien der Medizin, Naturwissenschaften und des Rechts in Bologna als Jurist für nordital. Städte tätig, zog sich 1299 auf sein Landgut zurück, schrieb hier auf der Grundlage röm. Fachliteratur (VARRO, PALLADIUS), der Botanik des ALBERTUS MAGNUS, v. a. aber eigener Erfahrung über die Vorzüge des Landlebens die ›Ruralia commoda‹. Das Werk wurde in ganz Europa verbreitet und als prakt. Handbuch über Acker- und Weinbau, Pflanzen- und Tierzucht, Jagd und Fischfang bis ins 16. Jh. geschätzt.

R. G. CALKINS: P. de' C. and the medieval garden, in: Medieval gardens, hg. v. E. MACDOUGALL (Washington, D. C., 1986).

Petrus, P. der Walker, orth. Patriarch von Antiochia, †488; urspr. Gerber, dann Mönch und Priester; wurde 471 Patriarch von Antiochia, aber schon im gleichen Jahr wieder abgesetzt und nach Oasis in Ägypten ins Exil geschickt. 475–477 konnte er unter dem Usurpator BASILISKOS (476–477) zurückkehren, 477–488 war er ein drittes Mal Patriarch. Er vertrat im Sinne des →Henotikon einen Ausgleich von Monophysitismus und reichskirchl. Theologie. Bes. bekannt wurde er durch seinen Zusatz zum →Trishagion, der seitdem in den Liturgien der oriental. Nationalkirchen üblich ist.

Petrus, P. de Vinea, P. de Vinelis, Pier della Vigna [pjɛr della ˈviɲɲa], **Pier delle Vigne** [- delle ˈviɲɲə], ital. Jurist, Staatsmann und Dichter, *Capua um 1190, †(Selbstmord) San Miniato April 1249; studierte Jurisprudenz in Bologna, wurde am Hof des Staufers FRIEDRICH II. 1220 Notar, 1225 Richter, dann Großkanzler. Seit 1246 war er Protonotar und Logothet (der byzantin. Verwaltung entlehnter Titel hoher Beamter) und vertrat damit den Kaiser im obersten Richteramt; er wirkte für eine Neuordnung des Rechtswesens. Von Rivalen verdächtigt, seine Ämter zur persönl. Bereicherung missbraucht zu haben, wurde er 1249 in Cremona verhaftet, in San Miniato gefangen gesetzt, geblendet; weiteren Nachstellungen entzog er sich durch Selbstmord. Sein rascher Aufstieg und sein Tod fanden weiten Widerhall. Im 13. Gesang der Hölle von DANTES ›Göttlicher Komödie‹ beteuert er im ›Wald der Selbstmörder‹ seine Unschuld. – P. genoss großes Ansehen als lat. Schriftsteller; er gehörte auch zu den fruchtbarsten Dichtern der →Sizilianischen Dichterschule.

Petrus, P. Hispanus, Mediziner, Philosoph und Papst, →Johannes XXI.

Petrus, P. Lombardus, ital. scholast. Theologe, Bischof von Paris (seit 1159), *Lumellogno (heute zu Novara) um 1095, †Paris 21. oder 22. 7. 1160; kam um 1133 durch Vermittlung BERNHARDS VON CLAIRVAUX nach Paris, wurde um 1140 Lehrer an der Kathedralschule Notre-Dame, nahm 1148 als Gegner des GILBERT DE LA PORRÉE am Konzil von Reims teil; Verf. eines Psalmenkommentars (1135–37) und eines Kommentars zu den Paulusbriefen (1139–41). Sein Hauptwerk, der ›Liber sententiarum‹ (Sententiae in IV libris distinctae, 1148–52), nach dem P. auch ›Magister Sententiarum‹ genannt wurde, ist eine systemat. Zusammenstellung des theolog. Wissens jener Epoche mit zahlr. Zitaten aus der Bibel und den Texten der Kirchenväter, geordnet in der seither in der Dogmatik üblichen Reihenfolge: Gotteslehre, Schöpfungslehre, Lehre von der Erlösung, Sakramentenlehre (Festlegung von sieben Sakramenten), Eschatologie. Erstmals von ALEXANDER VON HALES als Grundlage für dessen theolog. Vorlesungen benutzt, wurden die ›Sentenzen‹ des P. zum wichtigsten theolog. Handbuch des Hoch- und Spät-MA., das in zahlr. ›Sentenzenkommentaren‹ immer wieder neu kommentiert wurde.

Ausgabe: Sententiae in IV libris distinctae, 3 Tle. ([3]1971–81).

Petrus, P. Martyr, eigtl. **P. von Verona,** ital. Dominikaner (seit 1221/22), *Verona um 1205, †(ermordet) Farga (heute zu Mailand) 6. 4. 1252; seit 1232 päpstl. Gesandter in Mailand, seit 1251 päpstl. Inquisitor in Como und Mailand; wurde auf Betreiben lombard. Katharer von gedungenen Mördern erdolcht. – Heiliger (Tag: 6. 4.).

Petrus, P. Nolascus, span. Ordensgründer, *Recaudum (bei Toulouse) um 1182, †Barcelona 25. 12. 1249 (oder 1256); nahm mit 15 Jahren am Krieg gegen die Albigenser teil, lebte später am Hof JAKOBS I. von Aragonien und gründete 1218 mit RAIMUND VON PENNAFORT den Orden der →Mercedarier, den er bis zu seinem Tod leitete. – Heiliger (Tag: 25. 12.).

Petrus, P. Peregrinus, frz. Gelehrter, →Maricourt, Pierre de.

Petrus, P. Pictor [lat. ›der Maler‹], mittellat. Dichter aus Flandern; um 1100 Magister und Stiftsherr in Saint-Omer, musste seit 1110 wohl wegen seiner engagierten Zeitkritik fern der Heimat von Grammatikunterricht und Buchmalerei leben. Von seinen formgewandten ›Carmina‹ waren das ›Lob Flanderns‹, die derben Satiren gegen die Kurie und gegen die Frauen sowie die Sakramentenlehre nach RADBERT PASCHASIUS am erfolgreichsten.

Ausgabe: Carmina, hg. v. L. VAN ACKER (1972).

J. STOHLMANN in: Mittellat. Jb., Jg. 11 (1976).

Petrus, P. Riga, mittellat. Dichter, *Reims vor 1140, †ebd. 1209; war Lehrer und Kanoniker in Reims. Für seinen Förderer, Erzbischof SAMSON VON REIMS († 1161), stellte er seine frühen Gedichte in der Sammlung ›Floridus aspectus‹ zusammen; zw. 1170 und 1200 schrieb er das Bibelepos ›Aurora‹ in 15 000 Versen, in denen er den Inhalt der histor. Bücher des A. T. und N. T. erklärend und unterhaltsam darstellte; die ›Aurora‹ wurde 1208 von AEGIDIUS VON PARIS erweitert, dann immer wieder studiert, zitiert, übersetzt und so die populärste Versbibel des Mittelalters.

Ausgabe: Aurora, hg. v. P. E. BEICHNER, 2 Bde. (1965).

P. E. BEICHNER: The ›Floridus aspectus‹ of Peter Riga, in: Classica et Mediaevalia, Jg. 30 (Kopenhagen 1969).

Petrus, P. Venerabilis [lat. ›der Ehrwürdige‹], mittellat. Schriftsteller und Theologe, *Montboissier (bei Châteaudun) 1092 oder 1094, †Cluny 25. 12. 1156; war seit 1109 Mönch in Cluny, dann Prior in Vézelay und Domène (bei Grenoble). 1122 wurde er Abt in Cluny und betrieb als solcher Reformen in seinem Orden (Generalkapitel 1132 und 1146). Er setzte sich mit BERNHARD VON CLAIRVAUX auseinander, trat aber mit diesem für INNOZENZ II. ein. P. verfasste Schriften zum kluniazens. Klosterverband, das aszetisch-erbaul. Werk ›De miraculis‹, Traktate gegen die Juden und die Petrobrusianer (die Anhänger einer unsichtbaren ›inneren Kirche der wahren Christen‹ in S-Frankreich) sowie Predigten, Gedichte und Hymnen. Erhalten ist auch eine große Briefsammlung. Er setzte sich auch mit dem Islam auseinander, wofür er den Koran u. a. arab. Schriften ins Lateinische übersetzen ließ (›Corpus Toletanum‹). – Heiliger (Tag: 25. 12.).

Ausgaben: Petri Cluniacensis abbatis De miraculis libri duo, hg. v. D. BOUTHILLIER (1988). – The letters of P. the Venerable, hg. v. G. CONSTABLE, 2 Bde. (1967); Schr. zum Islam, hg. u. übers. v. R. GLEI (1985).

Petrus, P. von Alcántara, span. Franziskaner, *Alcántara 1499, †Arenas (bei Ávila) 18. 10. 1562; genoss wegen seines asket. und kontemplativen Lebens hohes Ansehen und war ein geschätzter Ratgeber, u. a. von THERESIA VON ÁVILA, der er Impulse zur Reform ihres Ordens gab. Seine Reformbemühungen (ab 1542) führten zur Gründung der Alcantariner, der strengsten Kongregation der Franziskanerobservanten (Wiedereingliederung in den Gesamtorden 1897). P. gilt als Verfasser des ›Traktats über das Gebet und die Meditation‹ (›Tratado de la oración y meditación‹; Erstausgabe 1554), der, in über 200 Auflagen und zahlr. Übersetzungen, von nachhaltigem Einfluss auf die Mystik war. – Heiliger (Tag: 18. 10.).

Petrus, P. von Alliaco, frz. Kirchenpolitiker, Theologe und Philosoph, →Peter, P. von Ailly.

Petrus, P. von Blois [- blwa], **P. Blesensis,** mittellat. Schriftsteller und Theologe, *Blois um 1130/35, †in England um 1211/12; stand seit 1166 nacheinander im Dienste des sizilian. und engl. Königshofes und hatte seit 1177 versch. kirchl. Ämter in England inne. P.' umfangreiches, in etwa 500 Handschriften überliefertes Werk umfasst u. a. Predigten, theolog. Traktate (sein Kommentar zum Buch Hiob wurde ins Altfranzösische übersetzt), Schriften zum 3. Kreuzzug, einige Gedichte sowie eine Sammlung von über 200 Briefen, die kulturgeschichtlich von großer Bedeutung sind und P. als Kenner der antiken lat. Lit. ausweisen.

R. KÖHN: Magister P. v. B. (Diss. Konstanz 1973); P. DRONKE: P. of B. at the court of Henry II., in: DERS.: The medieval poet and his world (Rom 1984).

Petrus, P. von Dusburg, Chronist, →Peter, P. von Dusburg.

Petrus, P. von Eboli, P. de Ebulo, mittellat. Dichter, *Eboli um 1160, †Salerno um 1220; Geistlicher und Lehrer in Salerno, dort vermutlich auch als Arzt tätig. Er pries die Eroberung des Königreichs Neapel und Sizilien durch Kaiser HEINRICH VI. 1189 in der panegyr. Dichtung ›Liber ad honorem Augusti‹ (überliefert in einer reich illuminierten Handschrift). Ferner verfasste er ein kulturhistorisch wichtiges Gedicht auf die 35 heilkräftigen Bäder von Puteoli (Pozzuoli) und ein (verlorenes) Epos auf die Taten Kaiser FRIEDRICHS I.

Petrus, P. von Schaumberg, Kardinal (seit 1439), *Mittwitz (bei Kronach) 22. 2. 1388, †Dillingen a. d. Donau 12. 4. 1469; seit 1424 Bischof von Augsburg. Für Kurie und Kaiser SIEGMUND diplomatisch tätig, verhandelte er 1433–36 mit den Hussiten und vermittelte 1437 zw. Papst und Basler Konzil. Im Augsburger Bistum reformerisch tätig, förderte P. die Humanisten.

Petrus, P. von Zittau, Abt des Zisterzienserklosters Königsaal (seit 1316), *um 1275, †1339 (?); führte die von seinem Vorgänger OTTO begonnene Chronik von Königsaal (›Chronicon Aulae regiae‹, eine Darstellung der böhm. Geschichte zw. 1253 und 1338) fort; nach 1339 von FRANZ VON PRAG (†nach 1355) zur ›Chronica Pragensis‹ umgearbeitet.

Ausgabe: Chronicon Aulae regiae, in: Die Königsaaler Geschichtsquellen, hg. v. J. LOSERTH (1875, Nachdr. 1970).

Petrus|amt, Petrusdienst, Bez. für den mit Berufung auf den Apostel PETRUS begründeten Primat der Bischöfe von Rom. (→Papst)

Petrusbriefe, zwei zur Gruppe der →Katholischen Briefe gehörende Schriften des N. T. Beide in Briefform verfassten Texte beziehen sich auf den Apostel PETRUS als Autor, sind jedoch aus sprachl. und theologiegeschichtl. Gründen als pseudepigraph. Schriften ausgewiesen worden (für den 1. P. z. T. bestritten). Der **1. P.** (Abk. 1. Petr.) richtet sich an heidenchristl. Gemeinden in Kleinasien und ermutigt sie, im nichtchristl. Umfeld die christl. Ethik exemplarisch zu leben; entstanden um 100 vermutlich in Rom (als ›Babylon‹ bezeichnet) oder im östl. Mittelmeerraum. Der **2. P.** (Abk.: 2. Petr.) wendet sich in Form eines Testaments gegen libertinist. Gruppen innerhalb griech. heidenchristl. Gemeinden; er betont die Einheit von Orthodoxie und Orthopraxie, die eth. Relevanz des Glaubens und seine Verwirklichung in der konkreten Umwelt. Er ist literarisch vom →Judasbrief abhängig, verweist zwar selbst auf 1. Petr., stammt aber nicht vom selben Autor. Sein Abfassungsort ist unbekannt. Wahrscheinlich in der 2. Hälfte des 2. Jh. entstanden, gewann er erst nach dem 4. Jh. kanon. Geltung.

K. H. SCHELKLE: Die P., der Judasbrief ([6]1988); H. FRANKEMÖLLE: 1. P., 2. P., Judasbrief ([2]1990); O. KNOCH: Der erste u. zweite P., der Judasbrief (1990); H. PAULSEN: Der zweite P. u. der Judasbrief (1992); N. BROX: Der erste P. (Zürich [4]1993); A. VÖGTLE: Der Judasbrief, der 2. P. (Solothurn 1994).

Petruschewskaja, Petruševskaja [-ʃ-], Ljudmila Stefanowna, russ. Schriftstellerin, *Moskau 26. 5. 1938; zunächst Journalistin, schreibt Erzählungen und Dramen, in denen sie die Schwere des Alltags (bes. für Frauen) schildert. Dabei verwendet sie die Sprache der Straße, um mit der Darstellung des Hässlichen zu schockieren und zu erschüttern. 1991 wurde ihr der Puschkin-Preis zuerkannt.

Werke: *Dramen:* Cinzano (entst. 1973, UA nach 1985; dt.); Uroki muzyki (1983; dt. Musikstunden); Tri devuški v golubom (1983; dt. Drei Mädchen in Blau); Kvartira Kolumbiny (1985). – *Erzählungen:* Bessmertnaja ljubov (1988, dt. Unsterbliche Liebe); Vremja noč' (1990; dt. Meine Zeit ist die Nacht); Po doroge boga Ėrosa (1993; dt. Auf Gott Amors Pfaden u. a. Erzählungen).

Ausgaben: Der Mann, der wie eine Rose roch (1993; dt. Ausw. Märchen).

Petsalis-Diomidis, Thanassis, neugriech. Schriftsteller, *Athen 11. 9. 1904; schrieb zunächst Romane über Leben und Konflikte der großbürgerl. Gesellschaft und wandte sich dann dem histor. Roman und der Erzählung mit nat. Themen zu.

Petsamo [finn.], russ. **Petschenga, Pečenga** [-tʃ-], Gebiet im äußersten NW Russlands, im Verw.-Gebiet Murmansk, an der Grenze zu Norwegen und an der Barentssee, 10481 km², bis 631 m ü. M., Tundrenvegetation; reiche Kupfer-Nickel-Erzlager (Förderung in Nikel). Am 15 km langen, eisfreien **P.-Fjord** liegt der Hauptort P. (etwa 3500 Ew.; Erzanreicherungswerk), 12 km unterhalb der Hafen Liinahamari (russ. Liinachamari). – Das Gebiet von P. fiel durch den Friedensvertrag von Dorpat 1920 an Finnland. 1939 von russ. Truppen erobert, war P. 1940–44 wieder finnisch und kam durch den finnisch-sowjet. Waffenstillstand (19. 9. 1944), bestätigt durch den Pariser Frieden (10. 2. 1947), an die UdSSR. Die um P. lebenden Skoltlappen wurden an den Inarisee umgesiedelt.

Petschaft [von tschech. pečet' ›Siegel‹, ›Stempel‹] *das, -s/-e,* Siegel, bestehend aus einem Stiel und einer Platte aus Metall oder Stein. Der Namenszug, das Wappen oder die Figur, die in diese eingraviert sind, werden beim Siegeln von Briefschaften in Siegellack eingedrückt. Auch Ringe mit gravierter Platte werden als P. benutzt **(Siegelringe).**

Petschaniki [russ.], Bez. für das Fell des Sandziesels (→Ziesel).

Petschenegen, nomad. Turkvolk; lebte im 9. Jh. zw. den Flüssen Wolga und Ural, wurde um 889 von den Chasaren und den Ogusen in die Gebiete zw. Donau und Don vertrieben. Die P. drängten daraufhin die Magyaren nach W ab. Zeitweilig kämpften sie mit Byzanz gegen die Kiewer Rus (972 unterlag ihnen Fürst SWJATOSLAW IGORJEWITSCH); ihre Raubzüge in sein Reich konnte der Kiewer Großfürst JAROSLAW DER WEISE 1036 durch seinen Sieg über sie beenden. 1090/91 belagerten die P. Konstantinopel und wurden 1091 von den mit den Byzantinern verbündeten Kumanen bezwungen; 1122 endete der letzte Überfall auf das Byzantin. Reich mit ihrer endgültigen Vernichtung. Ein Teil der P. ging in den Ungarn und Bulgaren auf.

Petschenga, russ. Name für →Petsamo.

Petscherskij, Pečerskij [-tʃ-], Andrej, Pseud. des russ. Schriftstellers Pawel Iwanowitsch →Melnikow.

Petschnigg, Hubert, Architekt, →Hentrich, Helmut.

Petschora, Pečora [-tʃ-], **1)** Stadt in der Rep. Komi innerhalb der Russ. Föderation, am rechten Ufer der mittleren P., 62700 Ew.; Holzverarbeitung (u. a. Möbelfabrik), Schiffswerft; Umschlagplatz an der →Petschorabahn.

2) *die,* Fluss im N des europ. Teils der Russ. Föderation, 1809 km lang, entspringt im Nördl. Ural, durchfließt mit versumpfter Aue das erdöl- und kohlereiche **P.-Tiefland,** mündet in einem 45 km breiten Delta in die **P.-Bucht** (100 km lang, 40–120 km breit) der Barentssee. Für Seeschiffe bis Narjan-Mar, für Binnenschiffe bis Troizko-Petschorsk schiffbar (Transport von Kohle aus dem P.-Kohlenbecken, Holz, Erdöl u. a.).

Petschorabahn, Pečorabahn [-tʃ-], Eisenbahnlinie im N des europ. Teils Russlands, von Kotlas über Uchta und Petschora nach Workuta, 1176 km lang; 1937–42 erbaut; später um eine rd. 200 km lange Abzweigung nach Labytnangi am unteren Ob (seit 1987 von hier eine Verlängerung von etwa 500 km zum Erdgasfeld Bowanenko auf der Halbinsel Jamal, 1996 bis in deren S-Teil fertig gestellt, im Bau), im N nach Chalmer-Ju und Schelesnodoroschnyj erweitert und seit 1981 durch zwei weitere Nebenbahnen (nach Ussinsk und Troizko-Petschorsk) ausgebaut. Die P. dient v. a. dem Kohle-, Erdöl- und Holztransport.

Petschora-Kohlenbecken, Pečora-Kohlenbecken [-tʃ-], Kohlenlagerstätte im N des europ. Teils der Russ. Föderation (Rep. Komi, Autonomer Kreis der Nenzen), zw. der Petschora, Polarem Ural und dem Pajchojbergland, umfasst rd. 90000 km², Gesamtvorräte rd. 344 Mrd. t Kohle (Stein- und Braunkohle). Die Zahl der Flöze nimmt von N (86) nach S ab (bei Inta 42). Die Kohleförderung begann 1934 und erhielt durch den Bau der →Petschorabahn einen großen Aufschwung. Förderzentren (Tiefbau) sind Workuta, Inta und Chalmer-Ju.

Petten ['pɛtə], Ortsteil der Gem. Zijpe in der Prov. Nordholland, Niederlande, nordwestlich von Alkmaar; Kernforschungszentrum der Europ. Atomgemeinschaft.

Pettenkofen, August Ritter von (seit 1874), österr. Maler, *Wien 10. 5. 1822, †ebd. 21. 3. 1889; Schüler von L. KUPELWIESER. Er malte Szenen aus dem Feldzug 1848–49, Genrebilder (v. a. mit ungar. Bauern und Zigeunern) und wandte sich, beeinflusst von der Schule von Barbizon, auch der Freilichtmalerei zu.

Max von Pettenkofer

Pettenkofer, Max Josef von (seit 1883), Hygieniker, *Lichtenheim (heute zu Weichering, Landkreis Neuburg-Schrobenhausen) 3. 12. 1818, †(Selbstmord) München 10. 2. 1901; ab 1847 Prof. für medizin. Chemie und ab 1865 (erster dt.) Prof. für Hygiene in München, wo auf sein Betreiben 1879 das erste dt. hygien. Institut eröffnet wurde; 1890–99 Präs. der Bayer. Akademie der Wiss.en. – P. arbeitete erfolgreich auf dem Gebiet der Biochemie (1844 Entdeckung des Kreatinins und des nach ihm benannten Nachweises für Gallensäuren), der techn. Chemie (z. B. 1847 Verbesserung der Zementherstellung, 1851 Herstellung von Leuchtgas aus Holz) und der Physiologie (um 1860 Stoffwechselbilanzuntersuchungen mit C. VON VOIT) und untersuchte die Umwelt des Menschen (Heizung, Kanalisation, Kleidung), z. T. mit experimentellen Methoden. Dadurch wurde P. zum Begründer der experimentellen Hygiene. Mit der Cholera beschäftigte sich P. ab 1854; er hielt aber die Boden- und Grundwasserbeschaffenheit für wichtigere Faktoren als einen spezif. Erreger.

A. BEYER: M. v. P. (1956).

Petticoat ['petɪkəʊt; engl., eigtl. ›kleiner Rock‹] *der, -s/-s,* weiter Unterrock aus synthet. Gewebe mit Steifausrüstung oder gestärkter Baumwolle, der den Röcken der Teenagermode der 1950er- und frühen 60er-Jahre den gewünschten Stand verlieh.

Oscar Pettiford

Pettiford ['petɪfɔ:d], Oscar, amerikan. Jazzmusiker (Kontrabass, Violoncello), *Okmulgee (Okla.) 30. 9. 1922, †Kopenhagen 8. 9. 1960; nahm Anfang der 1940er-Jahre an Bebopsessions teil, spielte u. a. bei DUKE ELLINGTON und mit eigenen Gruppen und

Sir William Petty

Jakob Josef Petuchowski

Petunie: Gartenpetunie (Höhe bis 45 cm)

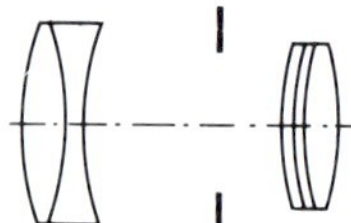
Petzval-Objektiv: Die Objektseite ist links, die Blende durch Strichbegrenzung angedeutet

lebte seit 1958 in Europa. Beeinflusst von JIMMY BLANTON, war er mit seinem melod. Spiel und seiner hervorragenden Technik (Pizzikatospiel) einer der einflussreichsten Bassisten des modernen Jazz.

Petting [engl., zu to pet ›liebkosen‹] *das, -(s)/-s,* sexuelle (bis zum Orgasmus betriebene) Stimulierung, bei der – im Unterschied zum Necking – die Geschlechtsorgane berührt werden, der eigentl. Geschlechtsverkehr jedoch unterbleibt.

Pettoruti, Emilio, argentin. Maler, * La Plata 1. 10. 1892, † Paris 1971; lebte 1913–24 v. a. in Italien und Paris und malte zunächst unter dem Einfluss der Kubisten und Futuristen, bevor er seine Bilder auf rein abstrakten Formbeziehungen aufbaute. In Argentinien (ab 1924) trat er als Wortführer der Moderne auf und wurde 1930 Direktor des Museums von La Plata (1947 seines Amtes enthoben). 1952 kehrte er nach Paris zurück.

Petty [ˈpetɪ], Sir (seit 1662) William, brit. Volkswirtschaftler und Statistiker, * Romsey 26. 5. 1623, † London 16. 12. 1687; urspr. Physiker und Arzt, später u. a. Sekretär O. CROMWELLS und Mitbegründer der Royal Society. P. gilt als gemäßigter Vertreter des Merkantilismus, führte statist. und demograph. Methoden in die polit. Ökonomie ein und prägte den Begriff ›polit. Arithmetik‹. Als Begründer der Arbeitswerttheorie ist er ein Vorläufer der klass. Nationalökonomie.

Ausgaben: The economic writings, hg. v. C. H. HULL, 2 Bde. (Neuausg. 1963–64). – Schr. zur polit. Ökonomie u. Statistik, hg. v. W. GÖRLICH (1986).

Petuchowski, Jakob Josef, jüd. Theologe, * Berlin 30. 7. 1925, † Cincinnati (Oh.) 12. 11. 1991; emigrierte vor Ausbruch des Zweiten Weltkriegs nach England (dort Studium u. a. bei L. BAECK), ging 1948 in die USA und wurde nach einer Ausbildung als Rabbiner 1956 Prof. am Hebrew Union College in Cincinnati (Oh.). P. hat das Reformjudentum wesentlich beeinflusst und wichtige wiss. Beiträge zum jüd.-christl. Dialog geleistet.

Werke: Ever since Sinai, a modern view of Torah (1961); Zion reconsidered (1966); Prayerbook reform in Europe. The liturgy of European liberal and reform Judaism (1968); Heirs of the Pharisees (1970); Understanding Jewish prayer (1972); Theology and poetry (1977); Feiertage des Herrn. Die Welt der jüd. Feste u. Bräuche (1984); Mein Judesein. Wege u. Erfahrungen eines dt. Rabbiners (1992); Lex. der jüdisch-christl. Begegnung (1989; Neuausg. 1994; mit C. THOMA).

Petuni|e [frz., von Tupí petyn ›Tabak‹] *die, -/-n,* **Petunia,** Gattung der Nachtschattengewächse mit rd. 35 Arten im trop. und warmen Südamerika (bes. in Brasilien); meist klebrig-weichbehaarte Kräuter mit trichter- oder tellerförmigen, großen Blüten. Die durch vielseitige Züchtung geschaffenen **Garten-P.** mit violetten, roten, rosafarbenen oder weißen, auch gestreiften oder gefleckten Blüten, gehören zu den beliebtesten Beet- und Balkonpflanzen.

Pétursson [ˈpjɛːtyrsɔn], **1)** Hallgrímur, isländ. Dichter, * bei Hólar 1614, † Ferstikla 27. 10. 1674; Schulbesuch in Kopenhagen, Bauer und Fischer, ab 1644 Pfarrer. Mit seinen in ihrer Schlichtheit ansprechenden Psalmen und Hymnen ist P. der bedeutendste geistl. Dichter Islands. Seine ›Fimmtíu passíusálmar‹ (1666) zählen zu den klass. Werken der isländ. Literatur und sind heute noch sehr beliebt.

Ausgabe: Passíusálmar, hg. v. B. MAGNÚSSON (1950).

M. JÓNSSON: H. P. æfi hans og starf, 2 Bde. (Reykjavík 1947).

2) Hannes Pálmi, isländ. Schriftsteller und Literaturwissenschaftler, * Sauðárkrókur 14. 12. 1931; Vertreter einer mehr traditionell orientierten Lyrik unter dem Einfluss u. a. von E. MÖRIKE, R. M. RILKE und H. HESSE (›Kvæðabók‹, 1955; ›Óður um Ísland‹, 1974).

Petzelt, Alfred, Erziehungswissenschaftler, * Rzadkowo (Wwschaft Posen) 17. 1. 1886, † Münster 25. 5. 1967; 1930–34 Prof. in Beuthen O. S., 1945–48 in Leipzig, ab 1951 in Münster; arbeitete auf der Grundlage des Marburger Neukantianismus v. a. über pädagog. Methoden- und Zielfragen sowie Entwicklungspsychologie.

Werke: Grundzüge systemat. Pädagogik (1947); Kindheit – Jugend – Reifezeit (1951); Wissen u. Haltung (1955).

Petzit *der, -s/-e,* 1849 von dem ungar. Geologen W. K. PECZ († 1873) analysiertes stahlgraues bis eisenschwarzes, metallisch glänzendes, kub. Mineral der chem. Zusammensetzung Ag_3AuTe_2; Härte nach MOHS 2,5–3, Dichte 9,13 g/cm³; derbe Aggregate, in subvulkan. und intrusiven Goldgängen; lokales Silber- und Golderz.

Petzold, 1) Alfons, österr. Schriftsteller, * Wien 24. 9. 1882, † Kitzbühel 26. 1. 1923; stammte aus einer Arbeiterfamilie, wuchs in dürftigsten Verhältnissen auf und erkrankte früh an Tuberkulose; arbeitete in versch. Berufen, war oft arbeitslos. Sein Roman ›Das rauhe Leben‹ (1920) ist ein erschütternder autobiograph. Bericht. Früh näherte sich P. der Sozialdemokratie. Er war Mitgl. der →Nylandgruppe und gilt als Wegbereiter der österr. sozialist. Literatur. In seinen Gedichten ist er von H. HEINE, R. M. RILKE sowie F. FREILIGRATH und G. HERWEGH geprägt. Die Dichtung der letzten Jahre zeigt religiöse Züge.

Weitere Werke: *Lyrik:* Trotz alledem (1910); Der Ewige u. die Stunde (1912); Der stählerne Schrei (1916); Der Dornbusch (1919). – *Romane und Erzählungen:* Erde (1913); Sil, der Wanderer (1916); Der feurige Weg (1918).

Dichter u. Denker unserer Zeit, hg. v. F. HÜSER, Bd. 40: A. P. (1972); B. DENSCHER: A. P. 1882–1923. Ausst.-Kat. (Wien 1982).

2) Hans, Goldschmied, * Nürnberg 1551, † ebd. 19. 3. 1633; ab 1578 Meister; nach W. JAMNITZER der bedeutendste Nürnberger Goldschmied der dt. Renaissance. Charakteristisch für seine Prunkpokale ist die Wiederaufnahme spätgot. Formen, die durch ihn für die Kunst um 1600 allgemein kennzeichnend wurden.

Petzval [-val], Joseph, österr. Mathematiker, * Bela (Ostslowak. Gebiet) 6. 1. 1807, † Wien 17. 9. 1891; Prof. in Pest (heute zu Budapest) und Wien, arbeitete über lineare Differenzialgleichungen und über Optik, berechnete das P.-Objektiv.

Petzval-Bedingung [-val], **Petzval-Summe,** *Optik:* von J. PETZVAL 1843 formulierte Bedingung für ein opt. System, bei deren Erfüllung im →seidelschen Gebiet ein ebenes →Bildfeld entsteht (korrigierte Bildfeldwölbung). Die P.-B. lautet für ein System aus dünnen Linsen $i\ F_i'/n_i = 0$, wobei F_i die Brechwerte der Einzellinsen, n_i ihre Brechzahlen sind.

Petzval-Objektiv [-val], vierlinsiges fotograf. Objektiv (zwei Paare mit relativ großem Abstand), für dessen Entwurf erstmals opt. Rechenmethoden erfolgreich angewendet wurden (J. PETZVAL, 1840). Öffnungsfehler und Koma sind weitgehend beseitigt, Astigmatismus und Bildfeldwölbung nur gemildert; bei ausgezeichneter Mittenschärfe ist das Bildfeld daher auf etwa 20° beschränkt. Bis zu seiner Verdrängung durch lichtstarke Anastigmate war das P.-O. das ideale Porträtobjektiv. Seine für die damalige Zeit hervorragende Lichtstärke von 1 : 3,4 wurde bei seinem späteren Einsatz für Projektionszwecke bis auf 1 : 1,5 gesteigert.

Peucedanum [zu griech. peukedanós ›stechend‹, ›scharf‹, ›bitter‹], die Pflanzengattung →Haarstrang.

Peucer [-tsər], Kaspar, Arzt und Theologe, * Bautzen 6. 1. 1525, † Dessau 25. 9. 1602; Schwiegersohn P. MELANCHTHONS. Zunächst Leibarzt und Berater Kurfürst AUGUSTS von Sachsen, war er als führender Vertreter der ›Philippisten‹ (→Kryptokalvinismus) 1574–86 inhaftiert; danach Leibarzt und Rat des Fürsten von Anhalt. Er schrieb zahlr. Abhandlungen aus den Bereichen Medizin, Mathematik, Philosophie, Theologie und Geschichte.

Peucker, Karl, Kartograph, *Bojanowo (bei Posen) 15. 6. 1859, †Wien 23. 7. 1940; seit 1891 in Wien beim Landkartenverlag Artaria tätig, lehrte 1910–31 an der Export-Akademie (heute Wirtschafts-Univ.) in Wien; schuf ein System der Geländedarstellung durch Höhenfarben.

Werke: Atlas für commercielle Lehranstalten (1892); Schattenplastik u. Farbenplastik (1898).

Peuckert, Will-Erich, Volkskundler und Schriftsteller, *Töppendorf (Niederschlesien) 11. 5. 1895, †Darmstadt 25. 10. 1969; war 1928–39 Dozent in Breslau, 1946–60 Prof. für Volkskunde und Geistesgeschichte in Göttingen; arbeitete v. a. über Persönlichkeiten der Geistesgeschichte des 16. und 17. Jh., Geheimwissenschaften, Magie, schles. Volkskunde und Erzählforschung. Seine ›Volkskunde des Proletariats‹ (1931) stellt Arbeiterkultur als historisch neues Phänomen in den Kontext wirtschafts- und sozialgeschichtl. Entwicklungen und markiert den Beginn einer eigentl. Arbeitervolkskunde.

Weitere Werke: Die Rosenkreutzer (1928; 2. Aufl. 1973 u. d. T. Das Rosenkreutz); Schles. Volkskunde (1928); Pansophie (1936); Dt. Volkstum in Märchen u. Sage, Schwank u. Rätsel (1938); Geheimkulte (1951); Ehe. Weiberzeit, Männerzeit, Saeterehe, Hofehe, freie Ehe (1955).

Peuerbach, Stadt im Bez. Grieskirchen, OÖ, 390 m ü. M., im Hausruckviertel, 2 200 Ew.; Bezirksgericht; Bauernkriegsmuseum; elektrotechn. Industrie. – Gut erhaltenes altes Stadtbild mit barocker Pfarrkirche und got. Giebelhäusern; Schloss (16. Jh.).

Peugeot-Citroën S. A. [pøˈʒo ˈsitrɔˈɛn sɔsjeˈte anɔˈnim], Abk. **PSA,** führender frz. Kfz-Hersteller, entstanden 1976 aus der Fusion von Peugeot S. A., gegr. 1896 von ARMAND PEUGEOT (*1849, †1915), und Citroën S. A. (gegr. 1915); Sitz: Paris. 1978 übernahm das Unternehmen die europ. Werke der Chrysler Corp. PSA produzierte (1996) 2,0 Mio. Kraftwagen, außerdem werden Fahrräder hergestellt. Großaktionäre sind die Familien Peugeot und Michelin. Umsatz (1996): 172,7 Mrd. FF, Beschäftigte: 139 100.

Peuls [pøl, frz.], *Sg.* **Peul,** Stammesgruppe in Afrika, →Fulbe.

Peuplierungspolitik [pœ-], aktive Bev.-Politik im →Merkantilismus.

Peurbach, Peuerbach, Georg, österr. Astronom und Mathematiker, *Peuerbach 30. 5. 1423, †Wien 8. 4. 1461; lehrte in Wien Mathematik, Astronomie und Philosophie; schrieb ein Buch über Arithmetik (›Elementa arithmetices, algorithmus de numeris integris‹, gedruckt 1492) und berechnete trigonometr. Tabellen, die später von seinem Schüler REGIOMONTANUS ergänzt wurden. In seinen ›Theoricae novae planetarum‹ (hg. 1472 von REGIOMONTANUS) versuchte P., die damaligen Ansichten über die Planetenbewegung zu vereinigen. Seine Übersetzung des Almagest von PTOLEMÄUS wurde von REGIOMONTANUS fortgeführt (gedruckt 1496). Mit z. T. selbst gefertigten astronom. Instrumenten führte P. Sternbeobachtungen durch und berechnete astronom. Tabellen.

Peutinger, Conrad, Humanist, *Augsburg 15. 10. 1465, †ebd. 28. 12. 1547; entstammte einer alteingesessenen Augsburger Patrizierfamilie, war nach umfassenden Studien in Italien 1497–1534 Stadtschreiber in Augsburg und wurde wiederholt mit diplomat. Aufträgen betraut. Er genoss das Vertrauen Kaiser MAXIMILIANS I. und war Kaiserl. Rat auch unter KARL V. Als einer der maßgebl. Vertreter des dt. Humanismus sammelte er nicht nur Handschriften, Bücher u. a., sondern edierte auch lat. Inschriften sowie lat. Autoren des dt. MA. wie JORDANES (›De rebus Gothorum‹, 1515) und PAULUS DIACONUS (›De gestis Langobardorum‹, 1515); seine umfangreichen Briefwechsel mit fast allen Geistesgrößen seiner Zeit dokumentieren seine breiten Interessen. Seine Kenntnis des damaligen Wirtschaftslebens ließ ihn zur Verteidigung der oberdt. Handelsgesellschaften ein Programm der Wirtschaftsfreiheit und des uneingeschränkten Eigennutzes entwerfen, das auch die korporativen Bindungen der Zünfte kritisch hinterfragte.

Conrad Peutinger (Bronzemedaille von Hans Schwarz, 1517/18; Wien, Kunsthistorisches Museum)

Ausgabe: P.s Briefwechsel, hg. v. E. KÖNIG (1923).

C. BAUER: C. P.s Gutachten zur Monopolfrage, in: Archiv für Reformationsgesch., Bd. 45 (1954); R. PFEIFFER in: Augusta 955–1955, hg. v. H. RINN (1955); H. LUTZ: C. P. Beitrr. zu einer polit. Biographie (1958).

Peutingersche Tafel, Tabula Peutingeriana, im 12./13. Jh. entstandene Kopie einer röm. Straßenkarte. Das zugrunde liegende Original war eine um 250 entstandene und bis in die 1. Hälfte des 5. Jh. mehrmals verbesserte Kopie einer Weltkarte des MARCUS VIPSANIUS AGRIPPA. Die P. T. wurde von K. CELTIS in einer Klosterbibliothek aufgefunden und C. PEUTINGER überlassen. Später verschollen, kam sie 1717 in den Besitz des Prinzen EUGEN, 1737 in die Hofbibliothek (heute Nationalbibliothek) in Wien. Das dargestellte, von den Brit. Inseln bis China reichende Gebiet ist auf einen Streifen von 6,82 m Länge und 34 cm Höhe zusammengedrängt; ein einheitl. Maßstab liegt nicht zugrunde. Dargestellt sind das spätröm. Straßennetz, Etappenorte, Gewässernetz, Militärstationen, Gebirge und Städte mit Entfernungsangaben, meist in röm. Meilen. Die ursprüngl. Pergamentrolle wurde später in zwölf Blätter zerschnitten, von denen das Blatt mit dem westlichsten Gebiet verloren gegangen ist.

H. GROSS: Zur Entstehungsgesch. der Tabula Peutingeriana (1913, Nachdr. Amsterdam 1980); E. WEBER: Tabula Peutingeriana, in: Antike Welt, Jg. 15 (Küsnacht 1984), H. 1.

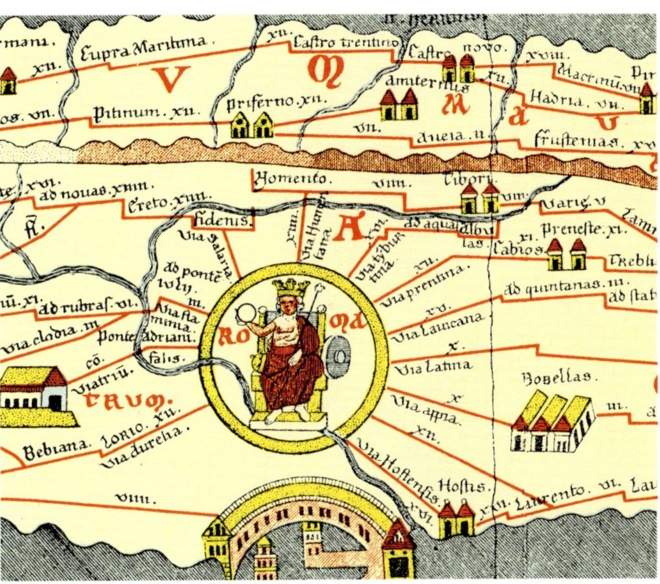

Peutingersche Tafel (Ausschnitt) mit der Darstellung von Mittelitalien (Wien, Österreichische Nationalbibliothek)

Pevsner, 1) [pɛvsˈnɛːr], Antoine, eigtl. **Nathan Borisowitsch P.,** frz. Maler und Bildhauer russ. Herkunft, *Orel 18. 1. 1886, †Paris 12. 4. 1962, Bruder von N. GABO; Kunststudium in Kiew und Sankt Petersburg. In Paris (1911–14) begann P., von Kubismus und Orphismus angeregt, abstrakt zu malen. 1915–17 lebte er in Stockholm und Oslo, 1917–23 in Moskau, seit 1923 in Paris. P. wandte sich erst 1923 endgültig

Antoine Pevsner: Konstruktion im Ei; Bronze, 1943 (Privatbesitz)

der Bildhauerei zu, nachdem er bereits 1920 mit seinem Bruder das ›Realist. Manifest‹ herausgegeben hatte, die Programmschrift des Konstruktivismus. Gemeinsam mit GABO steht P. im Zentrum der konstruktivistisch-abstrakten Plastik im 20. Jh. Seine Werke fügen sich häufig aus ›sphär. Flächen‹ (meist dicht aneinander gelegte Metallstäbe) zusammen, die von einer Mittelachse ausstrahlen. Er zielt dabei auf eine dynam. Definition räuml. Gegebenheiten.

A. P.: Biogr., Bibliogr. u. Werkverz., bearb. v. P. PEISSI (Neuenburg 1961).

Sir Nikolaus Pevsner

2) ['pe:fsnər], Sir (seit 1969) Nikolaus Bernhard Leon, brit. Kunsthistoriker dt. Herkunft, *Leipzig 30. 1. 1902, †London 18. 8. 1983; war 1928–33 Dozent in Göttingen und emigrierte 1934 nach England. 1941 wurde er Prof. am Birbeck College der Univ. London, 1949–55 an der Univ. Cambridge, 1968 an der Univ. Oxford. Herausgeber der ›Pelican history of art‹ (1953 ff.) und Mitherausgeber des ›Penguin dictionary of architecture‹ (1966; dt. ›Lexikon der Weltarchitektur‹).

Weitere Werke: Die ital. Malerei vom Ende der Renaissance bis zum ausgehenden Rokoko (1928); Pioneers of modern design (1936; dt. Wegbereiter moderner Formgebung); An outline of European architecture (1943; dt. Europ. Architektur von den Anfängen bis zur Gegenwart); The buildings of England, 48 Bde. (1951–74); The Englishness of English art (1956; dt. Das Englische in der engl. Kunst); Studies in art, architecture and design, 2 Bde. (1968; dt. Architektur u. Design).

Claus Peymann

Peymann, Claus, Regisseur, *Bremen 7. 6. 1937; nach Tätigkeit am Theater am Turm in Frankfurt am Main und an der Schaubühne am Halleschen Ufer in Berlin war P. 1974–79 Schauspieldirektor in Stuttgart, dann Leiter des Schauspielhauses Bochum, ab 1986 (bis August 1999) Leiter des Wiener Burgtheaters. Bekannt wurde er als Uraufführungsregisseur (u. a. P. HANDKE, T. BERNHARD, B. STRAUSS, P. TURRINI) und durch Aufführungen von Klassikern, die er mit oft parodist. Elementen in die Gegenwart übertrug.

P. IDEN: Theater als Widerspruch (1984).

Peynet [pɛ'nɛ], Raymond, frz. Zeichner, *Paris 16. 11. 1908; schilderte in Bildbänden aus heiter-iron. Sicht die Traumwelt eines Liebespaares, das er auch als Motiv für Porzellan, Tapeten, Stoffe u. a. verwendete. Er zeichnete ferner für Zeitungen, illustrierte Bücher, entwarf Bühnenbilder und Theaterkostüme.

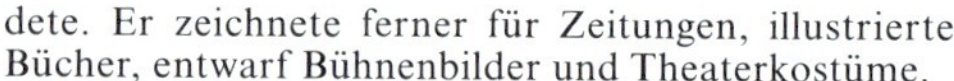

Peyo, eigtl. **Pierre Culliford** [kyli'fɔ:r], belg. Comic-Künstler, *Brüssel 25. 6. 1928, †Brüssel 24. 12. 1992; erfand 1947 die Comicserie ›Johan‹ (ab 1954 u. d. T. ›Johan et Pirlouit‹; dt. u. d. T. ›Prinz Edelhart‹, ›Johann und Pfiffikus‹), aus der die weltweit erfolgreichen Comicfiguren der Schlümpfe hervorgingen; seit 1952 Mitarbeit an der Zeitschrift ›Spirou‹. Weitere Comicstrips P.s sind u. a. ›Poussy‹ (dt. ›Pussy‹) und ›Benoît Brisefer‹ (dt. ›Winni‹, ›Benni Bärenstark‹).

Peyotekult, Peyotereligion, unter nordamerikan. Indianern verbreitete →neue Religion, die altindian. Elemente, v. a. im Ritualbereich, mit christlich-monotheist. Vorstellungen synkretistisch verbindet. – Der P. verbreitete sich nach dem Zusammenbruch der Kultur der Plains-Indianer um 1890, ausgehend von den Comanchen und den Kiowa, bei vielen Stämmen. Während des Gottesdienstes wird →Peyotl als Rauschmittel gekaut. Der P. war zeitweise von der amerikan. Reg. verboten, ist aber heute als **Native American Church of North America** eine der einflussreichsten panindian. Bewegungen. Bes. in den Reservationen findet er großen Anklang, wo er einen Ausweg aus der existenziellen Not aufzeigt, indem er sich mit dem kollektiven Streben nach Identität und Solidarität verbindet. Sein Moralkodex unterstützt den Abbau von Alkoholismus, Lethargie oder Suizidgefahr und lindert andere Symptome des Zerfalls in unterprivilegierten Gesellschaften.

W. LA BARRE: The peyote cult (Neuausg. New York 1969); P. GERBER: Die Peyote-Religion nordamerikan. Indianer (Diss. Zürich 1975).

Peyotl [aztek.] *der,* -, **Peyote, Pellote, Mescalbuttons** ['meskl 'bʌtnz], getrockneter, in Scheiben geschnittener, oberird. Teil der mexikan. Kakteenart Lophophora williamsii; enthält u. a. →Mescalin; wird als Halluzinogen gekaut.

Peyre [pɛ:r], Marie Joseph, frz. Architekt, *Paris 1730, †Choisy-le-Roi 11. 8. 1788 (1785?); Vertreter des Klassizismus, hielt sich 1753–57 in Italien auf. Die Orientierung an der Architektur der röm. Antike kennzeichnet sein Hauptwerk, das mit C. DE WAILLY errichtete Théâtre de l'Odéon (1778–82) in Paris.

Schrift: Œuvres d'architecture (1765).

Peyrefitte [pɛr'fit], **1)** Alain, frz. Politiker, *Najac (Dép. Aveyron) 26. 8. 1925; 1947–58 im diplomat. Dienst, mehrfach Min. (u. a. 1962–66 für Information, 1967–68 Erziehung, 1977–81 Justiz), 1972/73 Gen.-Sekr. der (gaullist.) UDR. Er trat auch als Schriftsteller hervor (u. a. ›Quand la Chine s'éveillera ... le monde tremblera‹, 1973, dt. ›Wenn China sich erhebt ... erzittert die Welt‹; ›Encore un effort, Monsieur le Président‹, 1985).

2) Roger, frz. Schriftsteller, *Castres 17. 8. 1907; war 1930–40 und 1943–45 im diplomat. Dienst tätig und wurde (seit 1951) mit Schlüsselromanen über tatsächl. oder vermeintl. Geheimnisse aus der Welt der Diplomatie (›Les ambassades‹, 1951, dt. ›Diplomaten‹; ›La fin des ambassades‹, 1953, dt. ›Diplomat. Missionen‹), des Vatikans (›Les clés de Saint-Pierre‹, 1955; dt. ›Die Schlüssel von Sankt Peter‹), der Freimaurerei (›Les fils de la lumière‹, 1961; dt. ›Die Söhne des Lichts‹) und aus dem Privatleben seiner Zeitgenossen bekannt (›Propos secrets‹, 2 Tle., 1977–80, ›L'innominato, nouveaux propos secrets‹, 1989); trat auch mit Biographien hervor.

Weitere Werke: Les amitiés particulières (1945; dt. Heiml. Freundschaften); Les juifs (1965; dt. Die Juden); Manouche (1972; dt.); L'enfant de cœur (1978; dt. Herzbube); La soutane rouge (1983; dt. Die rote Soutane).

Pezinok [-z-], Stadt in der Slowak. Rep., →Bösing.

Pezold, Friederike, österr. Künstlerin, *Wien 14. 8. 1945; ihr Hauptthema ist die Rolle der Frau. In Zeich-

Pfaffenhofen a. d. Ilm 1): Innenraum der Pfarrkirche Sankt Johannes Baptist mit Stuckaturen von Matthias Schmuzer

nungen, Fotoserien und Videofilmen sucht sie nach einer ›Neuen Zeichensprache eines Geschlechts nach den Gesetzen der Anatomie, Geometrie und Kinetik‹ (1973 ff.) und entwickelte 1977 diese ›leibhaftige‹ Zeichensprache weiter in ›Der Tempel der schwarz-weißen Göttin‹, wobei sie sich selbst als Kunstfigur inszeniert.

pF, Einheitenzeichen für Pikofarad (→Farad).

Pfad, achtfacher, im Buddhismus der ›edle achtfache Weg‹, den BUDDHA zur Überwindung des Leidens lehrte.

Pfadfinder, größte freiwillige internat. Jugendbewegung der Erde. Zu den Grundprinzipien gehören die Arbeit in kleinen Gruppen und Altersstufen (Wölflinge, 7–11; Jung-P., 11–14; P., 14–17; Rovers, 17–20 Jahre), die ›Tracht‹ als gemeinsame Kleidung, bestimmte Regeln, pädagog. Leitlinien und P.-Versprechen, die persönl. Verpflichtung auf die Grundideen der Solidarität, Toleranz und Mitverantwortung. Ein Hauptanliegen der P.-Bewegung ist die internat. Verständigung.

Die über 120 nat. Organisationen sind in der Weltpfadfinderbewegung (World Organization of the Scout Movement, WOSM, Sitz in Genf; überwiegend männl. Mitgl.) und im Weltbund der Pfadfinderinnen (World Association of Girl Guides and Girl Scouts, WAGGGS, Sitz in London; weibl. Mitgl.) zusammengeschlossen; insgesamt über 26 Mio. Mitglieder.

Die P.-Bewegung wurde 1907/08 in Großbritannien von R. S. S. BADEN-POWELL gegründet **(Boyscouts).** Schon wenig später entstanden die ersten P.-Gruppen in Dtl., 1911 wurde der Dt. P.-Bund (DPB) gegründet. Nach dem Ersten Weltkrieg gab es eine Vielzahl von Neugründungen von Wandervogel- und P.-Bünden (1927 Zusammenschluss in der →Deutschen Freischar); sie waren Teil der dt. Jugendbewegung und wurden 1933 verboten. Nach 1945 entstanden interkonfessionelle und konfessionelle P.-Verbände neu. Dem Ring dt. P.-Verbände (RdP) gehören heute der interkonfessionelle ›Bund der Pfadfinderinnen und P.‹ (BdP; gegr. 1948/49), die kath. ›Dt. Pfadfinderschaft Sankt Georg‹ (DPSG) und der ev. ›Verband Christl. Pfadfinderinnen und P.‹ (VCP) an. BdP, VCP und die kath. ›Pfadfinderinnenschaft Sankt Georg‹ (PSG) bilden den Ring Dt. Pfadfinderinnenverbände (RDP). – In *Österreich* bestehen der ›Österr. P.-Bund‹ (gegr. 1912) und die ›P. und Pfadfinderinnen Österreichs‹ (gegr. 1914), in der *Schweiz* der ›Schweizer. P.-Bund‹ (gegr. 1913) und der ›Bund Schweizer. Pfadfinderinnen‹ (gegr. 1915).

Lager und Fahrt spielen nach wie vor eine Rolle, ebenso die Heimabende und internat. Begegnungen. Seit Beginn der 70er-Jahre engagieren sich Pfadfinderinnen und P. zunehmend auch bei Projekten in der Dritten Welt und im Umweltbereich und befassen sich mit friedenspolit. Aktivitäten. – 1981 verlieh die UNESCO der Weltpfadfinderbewegung ihren ersten Preis für Friedenserziehung.

H. E. GERR: P.-Erziehung (1983); K. EICHELER: Hb. für P. (1984); C. LAUE: Der Bund der Wandervögel u. P. (1987); P.-T. HINKEL: Die P.-Verbände in der Bundesrepublik Dtl. ([3]1990); H. WITTKE: Freiheit in Bindung. Der Dt. P.-Verband (1990); W. HANSEN: Das P.-Tb. (Wien 1997).

Pfaff, Johann Friedrich, Mathematiker, * Stuttgart 22. 12. 1765, † Halle (Saale) 21. 4. 1825; ab 1788 Prof. in Helmstedt, 1809 in Halle (Saale), Förderer von C. F. GAUSS; arbeitete v. a. über die Integration partieller Differenzialgleichungen, wobei er die pfaffsche →Differenzialform einführte, die später von C. G. JACOBI untersucht wurde. Daneben galt P. als wichtiger Vertreter der ›kombinator. Schule‹ in der Analysis.

Pfaffe [ahd. pfaffo, phapho, über mlat. papas von mittelgriech. papãs ›niedriger Geistlicher‹], Geistlicher (seit der Reformation abwertend verwendet).

Pfaffe Amis, Schwanksammlung, →Stricker, Der Stricker.

Pfaffe Konrad, mittelhochdt. Dichter, →Konrad.

Pfaffe Lamprecht, mittelhochdt. Kleriker und Schriftsteller, →Lamprecht.

Pfaffenbaum, der →Spindelstrauch.

Pfaffenhofen a. d. Ilm, 1) Kreisstadt in Oberbayern, 428 m ü. M., in der →Hallertau, 21 600 Ew.; Heimatmuseum; Skulpturenpark; Hopfenhandel, Fachschule für Hopfenbau; Herstellung von pharmazeut. Erzeugnissen, Nährmitteln und Metallwaren, Werk für tiermedizin. Präparate. – Die kath. Pfarrkirche St. Johannes Baptist (um 1400) wurde 1671/72 eingewölbt, Stuckaturen von M. SCHMUZER. – Das um 1200 von den Wittelsbachern neu gegründete P., um 1280 erstmals urkundlich erwähnt, ging aus einer in gleicher Quelle aufgeführten Altstadt (1197 Marktrecht) hervor. Das 1318 verliehene Stadtrecht wurde 1410 erneuert und erweitert.

2) Landkreis im Reg.-Bez. Oberbayern, 760 km², 105 800 Ew.; erstreckt sich aus dem lösslehmbedeckten Donau-Isar-Hügelland, das lockere Nadelwälder trägt, nach N bis in die Donauniederung östlich von Ingolstadt. Meist klein- bis mittelbäuerl. Betriebe mit über einem Viertel der Erwerbspersonen; auf guten Böden werden außer Getreide auch Hackfrüchte u. a. für intensive Schweinezucht angebaut. Großenteils gehört das Kreisgebiet zur Hallertau, dem wichtigsten Hopfenanbaugebiet Dtl.s (Zentrum ist Wolnzach). Die Industrie umfasst u. a. eine Erdölraffinerie (in Vohburg a. d. Donau), ein Flugzeugwerk (in Manching), chem., pharmazeut., Nahrungsmittel-, Möbel-, Textilindustrie.

Pfaffenhütchen, Art der Gattung →Spindelstrauch.

Pfaffenspiegel, von O. VON CORVIN-WIERSBITZKI verfasste antiklerikale, gegen die kath. Kirche gerichtete Kampfschrift; 1845 unter dem Titel ›Histor. Denkmale des christl. Fanatismus‹, ab 1868 unter dem Titel ›P.‹ erschienen. Ungeachtet seiner wiss. nicht haltbaren Aussagen erlebte der P. bis heute zahlr. Auflagen und weite Verbreitung.

Pfaffenstein, Tafelberg im Elbsandsteingebirge, südlich von Königstein/Sächs. Schweiz, Sa., 427 m

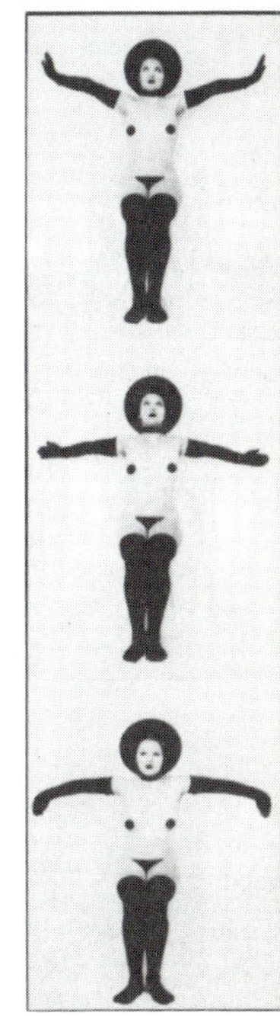

Friederike Pezold: Standfoto aus dem Videofilm ›Der Tempel der schwarz-weißen Göttin‹; 1977

Pfahl: Der Pfahl bei Viechtach im Bayerischen Wald

ü. M., mit Aussichtsturm. Südlich vom P. die 43 m hohe Felsnadel **Barbarine.**

Pfaffenwinkel, histor. Landschaft im Alpenvorland, Bayern, 700–900 m ü. M., zw. Lech und Ammer, Peiting/Steingaden und Weilheim i. OB; zahlr. Wallfahrtskirchen und alte Klöster (aus dem 7./8. und 10.–12. Jh.).

Pfaffe vom Kalenberg, Der, Titelfigur eines Schwankromans von P. →FRANKFURTER.

Pfäffikon, 1) Bezirkshauptort im Kt. Zürich, Schweiz, 8 800 Ew.; am N-Ufer des **Pfäffiker Sees** (537 m ü. M., 3,3 km², bis 36 m tief) gelegen; Heimatmuseum; Gummi-, Kunststoffverarbeitung, Kabelwerk, Maschinenbau. – Die alte ringförmige Dorfanlage ist gut erhalten. In der ref. Kirche (1484–88) am Chorbogen spätgot. Wandmalereien (1488). – Die Ortschaft erwuchs um die 811 erstmals urkundlich erwähnte Kirche. – Am Seeufer wurden vorgeschichtl. Uferrandsiedlungen (›Pfahlbauten‹) der Jungsteinzeit und Bronzezeit gefunden. Die Funde umfassen Stein- und Bronzegerät, Keramik, gut erhaltene Textilien und Holzgeräte (teils im Museum P.). – Östlich von P. liegen die Grundmauern des Römerkastells Irgenhausen aus diokletian. Zeit.

2) Ortschaft der Gem. →Freienbach im Kt. Schwyz, Schweiz.

3) Bez. im Kt. Zürich, Schweiz, 164 km², 47 100 Ew.; südlich an Winterthur anschließend, im O bis zum Hörnli (1 133 m ü. M.) reichend.

Pfahl, 1) *Bautechnik:* ganz oder teilweise im Boden eingebautes stabartiges Konstruktionselement, über das Bauwerkslasten durch Spitzendruck oder Mantelreibung in den Baugrund übertragen werden. P. werden häufig für Tiefgründungen (→Gründung), für Ortswände (Stütz-, Dichtungs- und Tragwände, die direkt an der Verwendungsstelle hergestellt werden), für Verankerungen sowie für Dalben, Leitwerke u. a. im Wasserbau angewendet.

2) *Heraldik:* ein in der Schildmitte liegender senkrechter Streifen, in der Regel $^2/_7$, vielfach aber auch $^1/_3$ der Schildbreite.

Pfahl, riffartig aus umgebenden Gneisen und Graniten herausgewitterte, wahrscheinlich aus heißer wässeriger Lösung ausgeschiedene Quarzausfüllung eines geradlinigen tekton. Kluftsystems im Bayer. und Oberpfälzer Wald; Nachbargestein tektonisch stark beansprucht (Breccie, z. T. als ›P.-Schiefer‹ ausgebildet); auf etwa 150 km von Freyung bis Schwarzenfeld (bei Schwandorf) zu verfolgen, maximal bis 120 m breit; ähnlich der **Böhmische P.** zw. Furth i. Wald und Tachau. Der Quarz wurde früher als Straßenschotter, zur Herstellung von Ferrosilicium, Auskleidungen von Elektroschmelzöfen u. a. verwendet.

Pfahl 1): 1 Hölzerner Pfahl, Pfahlkopf durch eisernen Ring geschützt; 2 Stahlbeton-Rammpfahl; 3 Ortpfahl, im Boden hergestellt (eingerammtes Mantelrohr wird mit Stahlbeton gefüllt, es kann wieder herausgezogen werden); 4–7 Profile von Stahlpfählen: 4 Peiner-Profil; 5 Union-Kasten-Profil; 6 Rohr; 7 Krupp-Pfahl

Pfahlbauten, auf eingerammte Pfähle gestellte und damit frei über dem Untergrund stehende Wohn- und Speicherbauten; errichtet zum Schutz vor feindl. Menschen, Tieren und Bodenfeuchtigkeit, ggf. auch zum Schutz vor Überschwemmungen oder zur besseren Durchlüftung der Behausung (so im trop. Amerika). P. können im und am Wasser oder auf dem Land stehen. Die Pfähle dienen entweder nur der Errichtung einer Plattform, auf der bei einigen Ethnien nur Zelte oder Windschirme stehen, oder sind Teil der eigentl. Hauskonstruktion. Fußboden und Dach können auch auf versch. Pfahlsystemen ruhen (unechte P.). P. kommen heute außerhalb Europas v. a. in SO-Asien, Ozeanien sowie im trop. Afrika vor.

In der *Vorgeschichtsforschung* wird seit den ersten entsprechenden Funden in den Uferzonen schweizer. Seen 1853/54 der Begriff ›P.‹ diskutiert. Vom archäolog. Befund her gesehen handelt es sich stets um in heute offenem Wasser oder in Ufernähe von Seen und

Pfahlbauten in Thailand

Flüssen oder in zwischenzeitlich von Moor überwachsenen Flächen wieder aufgefundene **Pfahlfelder.** Diese umfassen i. d. R. mehrere Tausend im Untergrund steckende hölzerne Fundamentgründungen aus oft ganz unterschiedl. Bauperioden, teils aus der Jungsteinzeit, teils aus der Bronzezeit v. a. des Alpenraums. Regelhaft ist ferner ein reicher Fundbestand an Keramik, Stein-, Knochen- und Metallgerät, aber auch aus organ. Materialien (Holz, Textilien).

Dendrochronolog. Analysen zufolge erstrecken sich Befunde zu P. über nahezu drei Jahrtausende, von der Zeit um 3800 bis gegen 900 v. Chr. Aus modernen Forschungsarbeiten resultieren zwei entscheidend neue Grundeinsichten: 1) Der Begriff P. wurde durch den sachlich angemessenen Begriff ›Feuchtbodensiedlung‹ ersetzt; 2) unangemessen und auch unzweckmäßig ist, die Vielzahl der Befunde mit einer einzigen Theorie erklären zu wollen. Weil infolgedessen alle älteren Literaturdarstellungen als überholt gelten müssen, vermitteln derzeit lediglich die fachspezif. Ausgrabungsdokumentationen und deren zusammengefasste Resultate verlässl. Einsichten.

Das Pfahlbauproblem, bearb. v. W. U. GUYAN u. a. (Basel 1955); 125 Jahre Pfahlbauforschung, in: Archäologie der Schweiz, Jg. 2 (ebd. 1979); A. BILLAMBOZ u. H. SCHLICHTHERLE: P. Urgeschichtl. Ufer- u. Moorsiedlungen (²1984); Ber. zu Ufer- u. Moorsiedlungen SW-Dtl.s, Bd. 2, bearb. v. B. BECKER u. a. (1985); H. SCHLICHTHERLE u. B. WAHLSTER: Archäologie in Seen u. Mooren. Den P. auf der Spur (1986);

P. J. SUTER: Zürich ›Kleiner Hafner‹ (Zürich 1987); Zürich-Mozartstraße. Neolith. u. bronzezeitl. Ufersiedlungen, hg. v. E. GROSS u. a., auf mehrere Bde. ber. (ebd. 1987 ff.); Die ersten Bauern. Pfahlbaufunde Europas. Forschungsber. zur Ausst. im Schweizer. Landesmuseum ..., 2 Bde. (ebd. 1990).

Pfahlbürger, um 1200 aufkommende Bez. für Leute, die das Bürgerrecht einer Stadt erlangten, aber nicht innerhalb der Mauern wohnten, sondern vor und hinter den das Außenwerk bildenden Pfählen. Für die Stadt war dies eine Möglichkeit zur Ausweitung ihres Machtbereiches; die Institution wurde von den Landesherren als Eingriff in ihre Rechte gesehen, bekämpft und unter ihrem Einfluss reichsrechtlich häufig verboten (z. B. in den ›Fürstengesetzen‹ Kaiser FRIEDRICHS II. 1220 und 1232, in der Goldenen Bulle 1356).

Pfahl|eisen, *Jägersprache:* in Dtl. verbotene Fangvorrichtung für Greifvögel: ein auf einen Pfahl aufgesetztes Tritteisen.

Pfahler, Georg Karl, Maler, *Emetzheim (heute zu Weißenburg i. Bay.) 8. 10. 1926; schuf malerisch strukturierte, großformatige Farb-Form-Objekte, die seit 1960 geometrisiert und in ihrer Farbigkeit vereinheitlicht wurden. Dann folgten flächenhafte Konstruktionen mit Beziehungen zum Hard-Edge-Painting und Farbraumprojekte.

G. K. P., neue Bilder, hg. v. M. WICKENHÄUSER, Ausst.-Kat. (1985); G. K. P. Bildfolgen, hg. v. G. RUCK, Ausst.-Kat. (1990); A. KLEE: G. K. P. Die Entstehung seines Werkes im internat. Kontext (1997).

Pfahlgründung, *Bauwesen:* Art der Tiefgründung (BILD →Gründung).

Pfahlmuscheln, die →Miesmuscheln.

Pfahlrohr, Arundo, Gattung der Süßgräser mit drei Arten im trop. und subtrop. Asien und im Mittelmeergebiet; ausdauernde, hohe Stauden mit flachen, meist ziemlich breiten Blättern; Ährchen zwei- bis vielblütig, in dichten, oft langen Rispen. Als 3–4 m hohes Ziergras für warme und feuchte Standorte wird v. a. die aus S-Europa stammende Art **Riesenrohr** (Arundo donax) angepflanzt, die in Mitteleuropa allerdings i. d. R. nicht zur Blüte gelangt.

Pfahlwurm, eine →Schiffsbohrmuschel.

Pfahlwurzel, *Botanik:* →Wurzel.

Pfalz [ahd. phalanza, von lat. palatium ›(kaiserlicher) Palast‹], **Palatium,** im mittelalterl. Fränk. und

Pfalz: Plan der karolingischen Pfalz in Aachen

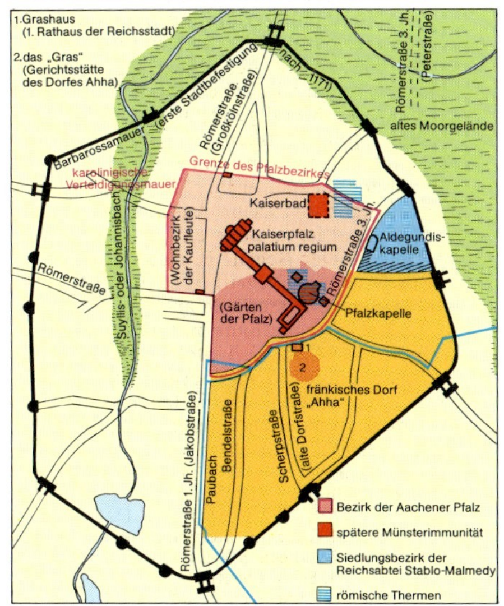

Georg Karl Pfahler: Metro Rot, Rot / Blau, Blau; 1963 (Privatbesitz)

Heiligen Röm. Reich auf Königsgut angelegter Gebäudekomplex; Grundelemente sind die Palastbauten mit Palas und P.-Kapelle zur Aufnahme des Königs und seines Gefolges **(Königs-P.)** sowie der Wirtschaftshof. Den i. d. R. befestigten Anlagen konnten Ansiedlungen (Handwerker, Markt) angegliedert sein. Struktur und Topographie der P. wurden von den versch. Funktionen bestimmt: Aufenthalt des reisenden Herrschers (→Reisekönigtum) in der **Kaiser-P.** bzw. im Königshof, Abhaltung von Hoftagen unter Beisitz des P.-Grafen, Grenzschutz, in stauf. Zeit (12./13. Jh.) Verwaltungsmittelpunkt von Reichsland. In karoling. Zeit entstanden u. a. die P. Aachen, Ingelheim und Worms, in otton. Zeit u. a. Werla (an der Oker, bei Hornburg) und Pöhlde (Gem. Osterode am Harz), in salisch-stauf. Zeit u. a. Goslar, Hagenau, Gelnhausen, Speyer und Wimpfen. Weitere BILDER →Gelnhausen, →Goslar.

Dt. Königspfalzen. Beiträge zu ihrer histor. u. archäolog. Erforschung, hg. v. Max-Planck-Inst. für Gesch., 4 Bde. (1963–96); Die Dt. Königspfalzen. Repertorium der P., Königshöfe u. übrigen Aufenthaltsorte der Könige im dt. Reich des MA., bearb. v. T. ZOTZ u. a., auf mehrere Bde. ber., Losebl. (1983 ff.); W. HOTZ: Pfalzen u. Burgen der Stauferzeit (^{3}1992); G. BINDING: Dt. Königspfalzen. Von Karl d. Gr. bis Friedrich II. 765–1240 (1996).

Pfalz, 1) mittlerer und südl. Teil des Reg.-Bez. Rheinhessen-P. (Rheinl.-Pf.), grenzt im S an Frankreich; umfasst den Pfälzer Wald, das Nordpfälzer Bergland, den Westrich, das Pfälzer Gebrüch und die Pfälzische Rheinebene (Teil des nördl. Oberrhein. Tieflands). Letztere wird zus. mit der →Haardt als **Vorder-P.** bezeichnet.

2) histor. dt. Territorialstaat mit Schwerpunkten im Rhein-Neckar-Gebiet (heute noch als ›Kur-P.‹ bezeichnet), dem heutigen rheinland-pfälz. Reg.-Bez. Rheinhessen-P. (→Pfalz 1) und dem heutigen bayer. Reg.-Bez. Oberpfalz.

Die P. entstand durch die Verlagerung der lothring. P.-Grafschaft aus dem Raum um Aachen und vom Niederrhein über die Mosel zum Mittel- und Oberrhein und dem unteren Neckarraum im 11. und 12. Jh., wobei zunächst Alzey und seit dem 13. Jh. das urspr. worms. Lehen Heidelberg Zentrum wurden (**P.-Grafschaft bei Rhein,** →Pfalzgraf). 1093 wird erstmals ein ›comes palatinus Rheni‹ genannt, 1156 belehnte König FRIEDRICH I. BARBAROSSA seinen Halbbruder KONRAD VON STAUFEN mit der P.-Grafschaft bei Rhein und bezog diese so in die stauf. Territorialpolitik ein. – Das Territorium wurde gebildet aus Gut der lothring. P.-Grafschaft, salisch-stauf. Hausbesitz und Vogtei- sowie Lehnsrechten über Kirchengut (v. a. der Bistümer Speyer und Worms sowie der Reichsabtei Lorsch). Die P. war so geprägt von sehr unterschiedl. Besitzrechten und von einer ausgesprochenen bunten Gemengelage mit zahlr. anderen Herrschaften, ein Zustand, der bis zum Ende des Hl. Röm. Reiches (1806) andauerte. – Nach einem welf. Zwischenspiel

(1195–1214) kam die P. 1214 durch Belehnung König FRIEDRICHS II. an den bayer. Herzog LUDWIG I., DEN KELHEIMER, dessen Sohn OTTO II. 1225 die welf. Erbtochter AGNES († 1267/69) heiratete und damit die seit der Herausbildung des Kurfürstenkollegiums im 13. Jh. auch **Kur-P.** genannte P. endgültig dem Haus Wittelsbach sicherte (bis 1803).

Bis 1329 war die P. mit dem Herzogtum Bayern bzw. bayer. Teilherzogtümern verbunden. Herzog LUDWIG von Oberbayern, der spätere Kaiser LUDWIG IV., brachte 1317 letztmals das ganze wittelsbach. Erbe an sich, musste aber 1329 im Hausvertrag von Pavia seinen Neffen RUDOLF II. (1329–53) und RUPRECHT I. (1353–90) neben dem rhein. Besitz große Teile des bayer. Nordgaus (die spätere Ober.-P.) abtreten. Zugleich begründete dieser Vertrag die Trennung des Hauses Wittelsbach in die ältere pfälz. und die jüngere bayer. Hauptlinie, wobei die Kurwürde zw. beiden wechseln sollte. Durch die →Goldene Bulle (1356) erhielten die P.-Grafen bei Rhein jedoch allein die Kurwürde als Erztruchsessen.

Einen ersten Höhepunkt erreichte die P. unter Kurfürst RUPRECHT I., der umfangreichen Territorialbesitz erwarb und 1385/86 die Univ. Heidelberg gründete. Nach dem Tod RUPRECHTS III. (als Röm. König RUPRECHT I.) 1410 gründeten seine Söhne vier Linien: Kur-P. (mit Heidelberg und Amberg; ältere Kurlinie; 1559 erloschen), →Pfalz-Neumarkt (Ober-P.; 1448 ausgestorben), →Pfalz-Simmern und →Pfalz-Mosbach (1499 erloschen).

Unter Kurfürst FRIEDRICH I. (1449–76) wurde die Kur-P. v.a. in Rivalität zu Kurmainz zur Vormacht am Oberrhein; er erweiterte das Territorium, baute den kurpfälz. Lehnsverband bis weit ins Elsass hinein aus und festigte das Land durch administrative Reformen (Ämterorganisation, Hofgericht, Zentralbehörden). Ihre dominierende Stellung büßte die Kur-P. jedoch im Landshuter Erbfolgekrieg 1504/05 weitgehend v.a. zugunsten von Oberbayern und Kurmainz wieder ein.

Während die Kur-P. unter LUDWIG V. (1508–44) konfessionspolitisch neutral blieb, machte sie danach bis 1685 einen siebenmaligen Konfessionswechsel durch. Unter Kurfürst OTTO HEINRICH (1556–59) war sie lutherisch. Mit dem Wechsel der Linien beim Reg.-Antritt FRIEDRICHS III. (1559–76; mittlere Kurlinie **P.[-Zweibrücken]-Simmern**) wurde die P. (unterbrochen unter seinem luther. Sohn LUDWIG VI.; 1576–83) zu einem Zentrum des aktiven reformierten Protestantismus (→Heidelberger Katechismus, 1563), verbunden mit reichsständ. Opposition gegen den Kaiser. Kurfürst FRIEDRICH V. ließ sich als Haupt der unter FRIEDRICH IV. 1608 gegründeten prot. Union 1619 zum böhm. König wählen, verlor jedoch nach der Schlacht am Weißen Berg (1620) sowohl sein kurzzeitiges Königtum (daher der ›Winterkönig‹ gen.) als auch sein Stammland mit der Kur an den kath. Wittelsbacher MAXIMILIAN I. von Bayern (1623). Zwar erhielt nach Ende des Dreißigjährigen Krieges (1648) sein Sohn KARL LUDWIG (1633/49–80) die Kur-P. zurück, er musste jedoch auf die Ober-P. und die alte pfälz. Kurstimme zugunsten Bayerns verzichten und erhielt stattdessen eine neue, rangniedrigere achte Kur.

Nach Erlöschen der Linie P.-Simmern (1685) – ihr folgte die ebenfalls aus P.-Zweibrücken hervorgegangene kath. Linie P.-Neuburg – führten die vom frz. König LUDWIG XIV. erhobenen Erbansprüche 1688 zum →Pfälzischen Erbfolgekrieg; nach dem Dreißigjährigen Krieg wurde die P. erneut stark verwüstet (›Neunjähriger Krieg‹ bis 1697). Dennoch behauptete sich die junge Kurlinie **P.-Neuburg** unter JOHANN WILHELM, die u.a. auch in den niederrhein. Herzogtümern Jülich und Berg herrschte. In Fortsetzung der Konfessionspolitik der Besatzungsmächte des 17. Jh. (Bayern, Spanien, Frankreich) verfolgten die neuen Landesherren – zwar behindert durch eine Schutzklausel des Friedens von Rijswijk – eine Rekatholisierungspolitik, die erst nach Intervention des ev. (Brandenburg-)Preußen durch die Religionsdeklaration von 1705 gemildert wurde, den konfessionellen Frieden

Pfalz 2): Pfälzische Territorien ab 1410

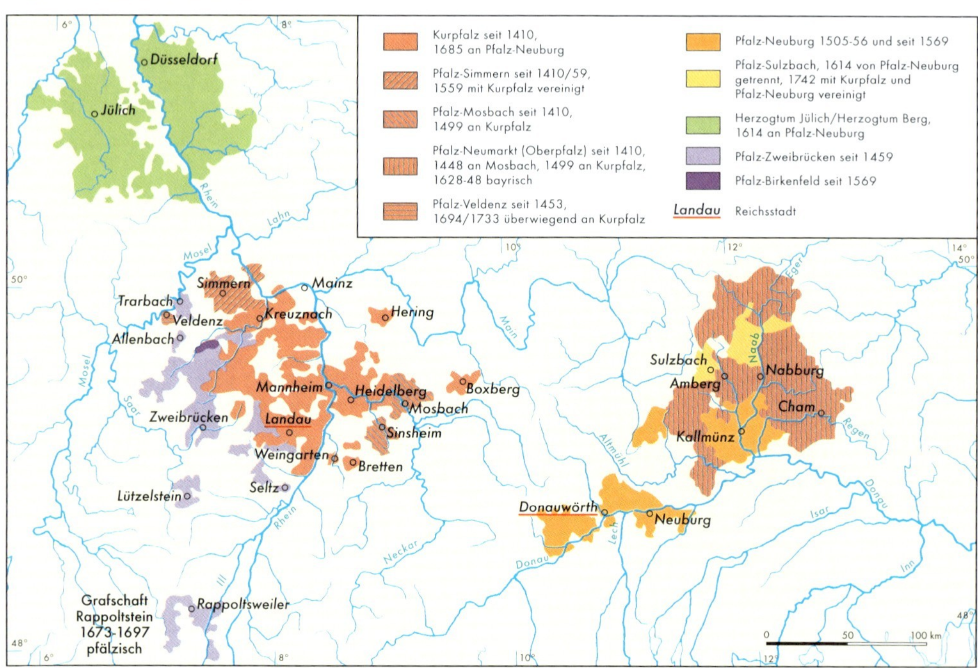

des Reiches aber bis ins 18. Jh. belastete. Zahlr. Einwohner wanderten aus religiösen Gründen nach SO-Europa und Nordamerika aus, wodurch die P. zu einem der Hauptauswanderungsgebiete Dtl.s wurde.

Da die Konfessionsverschiedenheit der Aussöhnung mit den bayer. Wittelsbachern nun nicht mehr im Wege stand, gelang Kurfürst KARL III. PHILIPP die Hausunion von 1724; zuvor hatte er den kurpfälz. Hof von Heidelberg nach Mannheim (1720) verlegt. Als mit ihm 1742 auch die Linie P.-Neuburg erlosch, folgte mit KARL (IV.) THEODOR (1742–99) die ebenfalls von P.-Zweibrücken abstammende kath. Linie **P.-Sulzbach** in der pfälz. Kur. Unter ihm erlebte v. a. die Hauptstadt Mannheim eine kulturelle Blüte; durch den Anfall Bayerns (1777) wurde die territoriale Machtgrundlage zwar erheblich vergrößert, die P. jedoch zum Nebenland, da KARL THEODOR seine Residenz 1778 nach München verlegen musste. Durch seinen Erben, MAXIMILIAN (I.) JOSEPH aus der Linie **P.-Zweibrücken-Birkenfeld,** wurden 1799 erstmals seit 1329 wieder alle wittelsbach. Besitzungen in einer Hand vereinigt. Die Auswirkungen dieser neuen Konstellation und der nun eingeleiteten Reformen (u. a. konfessionelle Toleranz) kamen jedoch in der P. nicht mehr zum Tragen. Die Frz. Revolutionskriege 1792/93–1801/02 brachten den Verlust aller linksrhein. Gebiete der Kur-P. und Jülichs an Frankreich (Friede von Lunéville, 1801); die rechtsrheinischen kurpfälz. Landesteile fielen im Reichsdeputationshauptschluss von 1803 v. a. an Baden, wo sie auf Dauer verblieben, das Herzogtum Berg an Westfalen. Am Ende ihres Bestehens umfasste die territorial niemals geschlossene Kur-P. rd. 8 200 km² mit rd. 300 000 Einwohnern.

Bei der polit. Neugliederung der linksrhein. Gebiete des →Deutschen Bundes nach 1815 wurde aus Teilen der linksrhein. Gebiete der ehem. Kur-P. und dem dazwischenliegenden Besitz verschiedener geistl. und weltl. Reichsstände des 1806 untergegangenen Heiligen Röm. Reiches 1816 der Bayer. Rheinkreis gebildet, der seit 1838 **Rhein-P.** (Bayer. P., Bayer. Rhein-P., rhein. P.) genannt wurde; andere ehem. pfälz. Landesteile fielen an Preußen und Hessen-Darmstadt. – In der dt. Märzrevolution war die P. kurz ein Zentrum bürgerkriegsähnl. Auseinandersetzungen (›Pfälzer Aufstand‹, Mai–Juni 1849). – Von Dezember 1918 bis Juni 1930 war die Rhein-P. von Frankreich besetzt, und 1920 kamen einzelne Teile im Westen an das Saargebiet. 1923/24 unterstützte die frz. Besatzungsmacht Bestrebungen pfälz. Politiker, die P. aus dem Verband mit Bayern oder – darüber hinaus – mit dem Dt. Reich zu lösen. Unter Führung des Gutsbesitzers F. J. HEINZ (ermordet 9. 1. 1924) aus Orbis (›Heinz-Orbis‹) riefen pfälz. Politiker am 6. 11. 1923 die ›freie P.‹ als Teil der ›Rhein. Republik‹ aus. Diese Bemühungen scheiterten jedoch. Die Rhein-P. blieb bis 1940 bei Bayern, wurde dann mit dem Saargebiet zum Gau ›Saar-P.‹ zusammengeschlossen, gehörte nach 1945 zur frz. Besatzungszone, bildete 1946–68 den Reg.-Bez. P. und ist seit 1968 ein Teil des Reg.-Bez. Rheinhessen-P. des Landes Rheinland-Pfalz.

L. HÄUSSER: Gesch. der rhein. Pfalz nach ihren polit., kirchl. u. literar. Verhältnissen, 2 Bde. (²1856, Nachdr. 1978), Reg.-Bd., hg. v. F. LOOS (1971); D. HÄBERLE: Pfälz. Bibliogr., 6 Bde. (1908–28); L. STAMER: Kirchengesch. der P., 5 Bde. (1936–64); Pfälz. Bibliogr., auf zahlr. Bde. ber. (1952 ff.); P. FUCHS: Palatinatus illustratus. Die histor. Forschung an der Kurpfälz. Akademie der Wiss.en (1963); P.-Atlas, hg. v. W. ALTER, auf mehrere Tle. ber. (1963 ff.); R. HAAS u. H. PROBST: Die P. am Rhein (⁴1984); H. PROBST: Die P. als histor. Begriff (1984); A. BECKER: Die P. u. die Pfälzer (Neuausg. 1988); M. SCHAAB: Gesch. der Kur-P., 2 Bde. (1988–92); K. MOERSCH: Gesch. der P. (⁵1994).

Pfalz-Birkenfeld, mit dem zweibrück. Anteil der Grafschaft Sponheim um das Nahetal 1569 begründe-

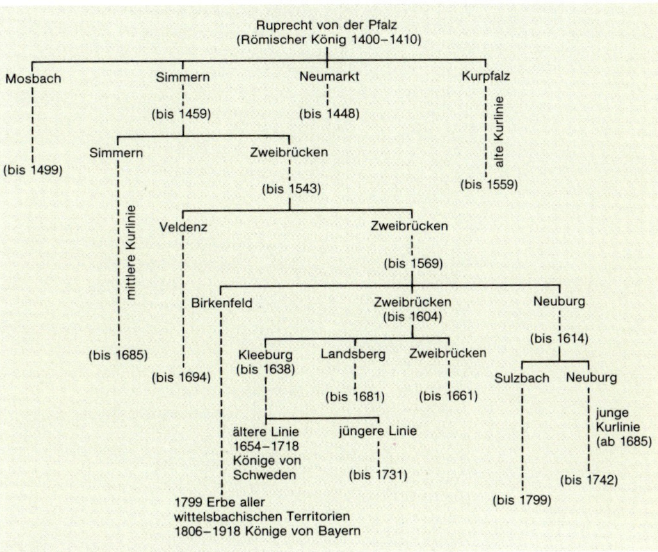

Pfalz 2): Pfälzische Teillinien der Wittelsbacher nach 1410

tes Fürstentum der jüngeren Linie von Pfalz-Zweibrücken, das 1671 wieder mit der 1630 abgespaltenen Nebenlinie Pfalz-Bischweiler vereinigt wurde. Nach dem Anfall Pfalz-Zweibrückens 1731 nannte sich die Linie **Pfalz-Zweibrücken-Birkenfeld**; ihr entstammte der spätere bayer. König MAXIMILIAN I. JOSEPH, unter dem 1799 alle wittelsbach. Besitzungen vereinigt wurden.

Pfalzburg, frz. **Phalsbourg** [falsˈbu:r], Stadt im Dép. Moselle, Lothringen, Frankreich, 4 200 Ew. – P. wurde 1560 als Mittelpunkt des neu geschaffenen Reichsfürstentums P. angelegt. Mit diesem fiel es 1583 an Lothringen und 1661 an Frankreich. Die 1679 nach VAUBANS Plänen entstandenen Befestigungen dienten der Sperre der Zaberner Steige. Sie wurden nach 1870 geschleift.

Pfälzer Gebrüch, Kaiserslauterner Senke, Westpfälzer Senke, Senke in Rheinl.-Pf. und im Saarland, trennt das Nordpfälzer Bergland (im N) vom Westrich und Pfälzer Wald, 200–240 m ü. M. Das vermoorte P. G. (bis 4 m mächtige Torfschichten) wurde seit 1745 kultiviert. Im P. G. liegen Kaiserslautern, Landstuhl und Homburg.

Pfälzer Wald, Pfälzerwald, Buntsandsteinbergland in Rheinl.-Pf., bis 673 m ü. M. (Kalmit); bildet den **Naturpark Pfälzerwald** (1 799 km²; eingerichtet 1958). Der P. W. reicht vom Pfälzer Gebrüch (im N) bis ins Elsass (Vogesen); im O bricht er mit der →Haardt zum Oberrhein. Tiefland ab, im W wird er durch die Muschelkalkhochfläche des Westrich begrenzt. Das Bergland ist stark zertalt; bizarre Felsenformen finden sich im Dahner Felsenland. Der dünn besiedelte P. W. ist v. a. von Mischwald bedeckt.

Der Pfälzerwald, Portrait einer Landschaft, hg. v. M. GEIGER u. a. (1987); Pfälzerwald u. Weinstraße, hg. v. A. HANLE (1990).

Pfälzer Weine, Bezeichnung für die Weine des zweitgrößten deutschen Weinbaugebietes, Pfalz, in Rheinl.-Pf., das sich als weitgehend geschlossenes Rebareal von 5–10 km Breite über 60 km am Fuß der Haardt erstreckt (im N – Unterhaardt – bis Bockenheim reichend und auch verstreute Parzellen des anschließenden Zellertales umfassend) und von der Dt. Weinstraße durchzogen wird; gegliedert in die zwei Bereiche ›Südl. Weinstraße‹ (südlich von Neustadt an der Weinstraße, dem Zentrum des Gebietes) und ›Mittelhaardt/Dt. Weinstraße‹ mit den Spitzenlagen an der Mittelhaardt, u.a. um Forst und Deidesheim (hier auch Museum für Weinkultur). Die 23 764 ha Rebland (1996: 22 732 ha in Ertrag) sind mit vielen Rebsorten bestockt, unter denen Riesling mit einem Anteil von 21%, Müller-Thurgau (20%) und Kerner (10,2%) dominieren; der Anteil der Rotweinreben liegt bei 19,7% (v.a. Portugieser, Dornfelder und Spätburgunder). 1996 wurden 1,88 Mio. hl Wein erzeugt (21,9% der dt. Produktion) bei durchschnittl. Hektarerträgen von 93,8 hl (in Dtl. 84,4 hl). Der Weinbau wird überwiegend im Nebenerwerb betrieben; 1996 gab es 2469 Haupterwerbsbetriebe (37,4%); etwa 25% der Ernte wird von Winzergenossenschaften verarbeitet. Die Pfalz deckt die gesamte Palette der Qualitäts- und Geschmacksrichtungen ab, vom herzhaften Liter- und Rebsortenwein bis zu feinen, lange lagerfähigen Rieslingweinen.

Pfalzgraf, Palatin, lat. **Comes palatinus, Comes palatii,** seit dem 6. Jh. Hofbeamter, unter den Merowingern Beisitzer im Königsgericht, unter den Karolingern Vorsteher der königl. Gerichtsschreiberei und Vertreter des Königs im Königsgericht; später Vorsitzender eines sich von diesem abspaltenden **P.-Gerichts,** ferner leitender Amtsträger in Regierungsgeschäften. Für versch. Zeiten ist eine Mehrzahl von P. mit unterschiedl. Aufgabenbereichen nachweisbar.

Seit König bzw. Kaiser OTTO I., D. GR., (936–973) finden sich in den Stammesherzogtümern Lothringen, Bayern, Schwaben und Sachsen Stammes-P., die als Vertreter königl. Rechte ein Gegengewicht zur Herzogsgewalt bildeten; die **Pfalzgrafschaften** erlangten z.T. als Fahnlehen einen hohen Rang (→Sachsen). Am bedeutendsten wurde der P. von Lothringen (Sitz in Aachen), der als **P. bei Rhein** zum Erztruchsess und Kurfürsten aufstieg (→Pfalz 2). Er war Stellvertreter des Königs im Hofgericht, zus. mit dem Kurfürsten von Sachsen Reichsvikar bei Thronvakanz, nach dem Sachsenspiegel sogar Richter über den König. An die alte Stellung des Hofbeamten knüpfte die Würde des Hof-P. unter Kaiser KARL IV. (1346–78) an.

Pfalzgrafenstein, ehem. Zollburg bei →Kaub.

Pfalzgrafschaft bei Rhein, →Pfalz 2).

pfälzische Phase, *Geologie:* eine →Faltungsphase.

Pfälzischer Erbfolgekrieg, Orléansscher Krieg [ɔrleˈã-], 1688–97 um Teile der Pfalz zw. Frankreich und dem Heiligen Röm. Reich geführter Krieg, ausgelöst durch die Ansprüche, die König LUDWIG XIV. von Frankreich nach dem Tod (1685) des Kurfürsten KARL II. von der Pfalz für seine Schwägerin ELISABETH CHARLOTTE, Herzogin von Orléans und Tochter des Kurfürsten KARL LUDWIG, geltend machte. Deshalb schloss Kaiser LEOPOLD I. – durch den ›Großen Türkenkrieg‹ gebunden – 1686 die Augsburger Allianz und nach der Eröffnung des Krieges (Herbst 1688) durch Frankreich die Große Allianz mit den Niederlanden (Wien, 12. 5. 1689), der England, 1690 Spanien und Savoyen sowie einzelne Reichsfürsten beitraten. Die Feldzüge begannen mit der Verwüstung der Pfalz durch E. DE MÉLAC (v.a. Heidelberg, Speyer). In den Niederlanden unterlagen die Verbündeten bei Fleurus (1690), Steenkerken (3. 8. 1692) und Neerwinden (1693). Dagegen war die vereinigte englisch-niederländ. Flotte bei La Hogue siegreich (Mai 1692). Von der Blockade durch die Seemächte geschwächt, begann Frankreich separate Verhandlungen; 1696 schied Savoyen aus der Allianz aus. Mit England, den Niederlanden und Spanien wurde am 20. 9. 1697 in →Rijswijk Frieden geschlossen, dem der Kaiser am 30. 10. beitrat und in dem – bis auf Straßburg und die elsäss. →Reunionen – der Vorkriegsstatus wiederhergestellt wurde.

K. VON RAUMER: Die Zerstörung der Pfalz von 1689 im Zusammenhang der frz. Rheinpolitik (1930, Nachdr. 1982); G. CLARK: The nine years war 1688–1697, in: The New Cambridge modern history, hg. v. J. S. BROMLEY, Bd. 6 (London 1970).

Pfalzkapelle, Kapelle einer Pfalz; sie kann als selbstständiger Baukörper, als Torkapelle oder in Zusammenhang mit dem Palas errichtet sein. Sie ist vielfach mit einer Westempore für den Herrscher ausgestattet oder ist als Doppelkapelle erbaut.

Pfalz-Lautern, 1576 von Kurfürst FRIEDRICH III. von der Pfalz aus den kurpfälz. Oberämtern (Kaisers-)Lautern und Neustadt sowie dem Amt Sobernheim gebildetes Fürstentum zum Erhalt der ref. Konfession in der unter seinem ältesten Sohn LUDWIG VI. lutherisch werdenden Kurpfalz für den zweitgeborenen Sohn JOHANN CASIMIR; es fiel nach JOHANN CASIMIRS Tod 1592 an die nun wieder ref. Kurpfalz zurück.

M. KUHN: Pfalzgraf Johann Casimir von P.-L. 1576–1583 (1961).

Pfalz-Mosbach, bei der pfälz. Erbteilung 1410 entstandenes Fürstentum mit Besitzungen um Mosbach, im Kraichgau und an der Bergstraße. Die Linie P.-M. beerbte 1448 z.T. Pfalz-Neumarkt, starb selbst jedoch 1499 aus; ihr Territorium fiel an Kurpfalz zurück.

Pfalz-Neuburg, Junge Pfalz, als Folge des Landshuter Erbfolgekrieges 1505/09 für die Söhne des unterlegenen Pfalzgrafen RUPRECHT (* 1481, † 1504), OTTO HEINRICH und PHILIPP (* 1503, † 1548), gegründetes Fürstentum im Bereich der heutigen bayer. Reg.-Bez. Oberpfalz und Schwaben. Nachdem OTTO HEINRICH 1556 die Kurpfalz geerbt hatte, übergab er P.-N. 1557 an →Pfalz-Zweibrücken. 1569 entstand P.-N. neu als Nebenlinie (jüngere Linie) von Pfalz-Zweibrücken. 1610/14 spalteten sich die Nebenlinien →Pfalz-Sulzbach und Hiltpoltstein ab; Letztere fiel 1644 wieder an P.-N. zurück. Die Herzöge von P.-N. erhielten nach Beendigung des →Jülich-Kleveschen Erbfolgestreits 1614 die niederrhein. Herzogtümer Jülich und Berg und verlegten ihre Residenz nach Düsseldorf, wodurch P.-N. zum Nebenland absank; 1685 erbte PHILIPP WILHELM von P.-N. die Kurpfalz (→Pfalz 2), JOHANN WILHELM behauptete sie im Pfälz. Erbfolgekrieg. Als das Haus P.-N. 1742 ausstarb, wurde es von seiner Nebenlinie Pfalz-Sulzbach beerbt. – Die Landstände übten v.a. im 16. Jh. starken Einfluss auf die Politik aus; sie konnten ihre Selbstständigkeit bis 1808 bewahren. Das seit etwa 1700 als Herzogtum bezeichnete P.-N. wurde 1803 mit eigener Provinzial-Reg. in Bayern eingegliedert und ging 1808 im neu geschaffenen bayer. Altmühlkreis auf.

Neuburg. Die junge Pfalz u. ihre Fürsten, hg. v. J. HEIDER (1955); M. CRAMER-FÜRTIG: Landesherr u. Landstände im Fürstentum P.-N. (1995).

Pfalz-Neumarkt, Pfalz-Oberpfalz, bei der pfälz. Erbteilung 1410 entstandenes Fürstentum in der →Oberpfalz. Die Linie P.-N. starb 1448 mit CHRISTOPH III. (* 1418) aus, der seit 1440 König von Dänemark war, daneben seit 1441 von Schweden und seit 1442 auch von Norwegen. Ihr Besitz fiel an Pfalz-Mosbach und Pfalz-Simmern, das seinen Anteil gegen 90 000 Gulden an Pfalz-Mosbach verkaufte.

Pfalz-Simmern, bei der pfälz. Erbteilung 1410 entstandenes Fürstentum, von dem sich 1459 →Pfalz-Zweibrücken abspaltete; bestehend aus Simmern und Teilen der Grafschaft Sponheim. FRIEDRICH (III.) von P.-S. erbte 1559 die Kurpfalz und überließ darauf P.-S. seinen Brüdern. 1598 fiel es an die Kurpfalz. P.-S. wurde 1611 abermals eingerichtet von Kurfürst FRIEDRICH V. für seinen Bruder LUDWIG PHILIPP (* 1602, † 1655), der hier eine neue Nebenlinie gründete. Nach deren Aussterben 1674 fiel das Gebiet wieder an Kurpfalz zurück.

K. WAGNER: Simmern. Gesch. der Herrschaftsverhältnisse u. der Stadt (1930).

Pfalz-Sulzbach, erstmals 1569–1604 Teilfürstentum des Pfalzgrafen OTTO HEINRICH (* 1556, † 1604) unter der Landeshoheit von Pfalz-Neuburg; durch abermalige Teilung von Pfalz-Neuburg 1610/14 erneut entstandenes und seit 1656 selbstständiges Fürstentum in der Oberpfalz. Der letzte Sulzbacher Pfalzgraf KARL (IV.) THEODOR erbte 1742 Pfalz-Neuburg mit Kurpfalz und Jülich/Berg sowie 1777 Bayern.

Pfalz-Veldenz, 1543 von Pfalzgraf WOLFGANG (* 1526, † 1569) von Pfalz-Zweibrücken für seinen Onkel und bisherigen Vormund RUPRECHT (* 1506, † 1544) gebildetes Fürstentum mit Besitz um Veldenz, Lauterecken und (seit 1559/60) Lützelstein. Nach dem Aussterben der Linie P.-V. 1694 kam es zu langen Erbstreitigkeiten zw. Kurpfalz, Pfalz-Sulzbach und Pfalz-Birkenfeld, die erst 1733 beigelegt werden konnten, wobei der größte Teil von P.-V. bei der Kurpfalz blieb, die das Land bereits 1694 besetzt hatte.

T. GÜMBEL: Gesch. des Fürstentums P.-V. (1900).

Pfalz-Zweibrücken, ehem. Herzogtum; neben der Kurpfalz (→Pfalz 2) bedeutendstes pfälz. Teilfürstentum mit Gebieten um Zweibrücken, Simmern, Veldenz und Sponheim. P.-Z. war 1459 durch Abspaltung von Pfalz-Simmern entstanden; seit 1477 war Zweibrücken Residenz. 1543 spaltete sich die Linie →Pfalz-Veldenz ab. 1556 kam Pfalz-Neuburg hinzu, aber schon 1569 teilte sich P.-Z. abermals in P.-Neuburg (jüngere Linie), P.-Z. und →Pfalz-Birkenfeld. P.-Z. wurde 1611 abermals dreigeteilt, 1681 aber wieder unter der älteren Linie **P.-Z.-Kleeburg** vereint, aus der die schwed. Könige KARL X., KARL XI. und KARL XII. stammten. Das Haus P.-Z. erlosch 1731 und wurde durch Pfalz-Birkenfeld beerbt (**P.-Z.-Birkenfeld;** seit 1799 Kurwürde); 1801 fiel im Frieden von Lunéville das gesamte Territorium von P.-Z. an Frankreich, nach 1815 kam es größtenteils an Bayern und Preußen.

Pfand [ahd. pfant, weitere Herkunft unklar], die zur Sicherung einer Verpflichtung dienende Sache; auch das an ihr bestehende Recht (→Pfandrecht, →Pfändung).

Pfand|anstalt, das →Leihhaus.

Pfandbrief|anstalten, ältere Bez. für →Realkreditinstitute.

Pfandbriefe, langfristige mündelsichere (→Mündel) Schuldverschreibungen, die Spezialbanken (Realkreditinstitute) emittieren und deren Erlös sie zur Refinanzierung hypothekarisch gesicherter Kredite verwenden. Sie lauten meist auf den Inhaber und werden i. d. R. zum Nennwert oder mit einem Disagio (Damnum) ausgegeben. Die Emittenten unterscheidet man nach der Rechtsform in öffentlich-rechtl. Grundkreditanstalten sowie private →Hypothekenbanken und Schiffshypothekenbanken. Um die Sicherheit der P. zu gewährleisten, unterliegt ihre Ausgabe strengen gesetzlichen Vorschriften (Hypothekenbank-Ges. und Schiffsbank-Ges. für die privaten, P.-Gesetz für die öffentlich-rechtl. Institute). Die Gesamtsumme der ausgegebenen P. (in Höhe des Nominalwerts) muss jederzeit durch in ein Hypothekenregister eingetragene Hypotheken gleicher Höhe und mit mindestens gleichem Zinsertrag gedeckt sein. Die Laufzeiten der P. bewegen sich im Bereich von 2 bis 30 (früher 30–50) Jahren, liegen aber überwiegend zw. 4 und 15 Jahren. Der Inhaber hat kein Kündigungsrecht. Die Rückzahlung erfolgt durch Auslosung, globale Kündigung meist einzelner Serien oder freihändigen Rückkauf. P. werden an Börsen notiert, sind also jederzeit vor dem eigentl. Rückzahlungstermin veräußerbar.

Als festverzinsl. Wertpapiere mit grundpfandrechtl. Sicherung und wegen ihrer Lombard- und Deckungsstockfähigkeit eignen sich P. als Kapitalanlage v. a. für institutionelle Anleger wie Versicherungsunternehmen.

Pfandbruch, veraltet für →Verstrickungsbruch.

Pfänder *der,* Aussichtsberg im Vorderen Bregenzer Wald, Vorarlberg, Österreich, 1 064 m ü. M.; Seilbahn von Bregenz. Die Rheintalautobahn unterfährt den P. in einem 6,7 km langen Tunnel.

Pfänder, Alexander, Philosoph, * Iserlohn 7. 2. 1870, † München 20. 3. 1941; Prof. in München. Schüler von T. LIPPS und E. HUSSERL. Er arbeitete als Phänomenologe v. a. auf den Gebieten der Logik und der Psychologie.

Werke: Phänomenologie des Wollens (1900); Einf. in die Psychologie (1904); Zur Psychologie der Gesinnungen, 2 Tle. (1913–16); Logik (1921); Die Seele des Menschen (1933); Philosophie der Lebensziele (hg. 1948).

H. SPIEGELBERG: A. P.s Phänomenologie (Den Haag 1963); K. SCHUHMANN: Husserl über P. (ebd. 1973).

Pfandleihe, Gewährung eines Gelddarlehens gegen Faustpfand (bei bewegl. hinterlegungsfähigen Sachen), →Leihhaus.

Pfandrecht, das dingl. Recht eines Gläubigers, einen fremden Gegenstand zur Befriedigung seines Anspruchs (Forderung), zu dessen Sicherung der Gegenstand dient, unter bestimmten Voraussetzungen zu verwerten. Das P. ist also ein Sicherungsrecht. In seinem Bestand ist das P. von der zu sichernden Forderung abhängig, d. h. →akzessorisch.

Man unterscheidet das **Fahrnis-P.** als das P. an bewegl. Sachen und Rechten (§§ 1204 ff. BGB) und das **Grund-P.** (→Hypothek, →Grundschuld, →Rentenschuld). Das P. an bewegl. Sachen existiert als gesetzl. P., Vertrags- oder Faust-P. (bei Übertragung des unmittelbaren Besitzes) sowie aufgrund der →Pfändung im Zuge der Zwangsvollstreckung.

Ein gesetzl. P. besitzen z. B. der Vermieter (→Miete), der Werkunternehmer (§ 647 BGB) und der Gastwirt (§ 704); bedeutsam sind ferner die gesetzl. P. der Kaufleute (Kommissionär, Spediteur, Frachtführer, Lagerhalter).

Die vertragl. Bestellung des P. an einer bewegl. Sache erfolgt dadurch, dass der Eigentümer die Sache dem Gläubiger übergibt und beide darüber einig sind, dass dem Gläubiger das P. zustehen soll (Verpfändung). Von bestimmten Konstellationen abgesehen (z. B. Ersetzung der Übergabe durch Abtretung des Herausgabeanspruchs gegenüber Dritten) ist eine Pfandbestellung ohne gleichzeitige Übertragung des Besitzes nicht zulässig. Dies wird allerdings den Bedürfnissen der Praxis oftmals nicht gerecht, wenn die der Sicherheit des Gläubigers dienenden Pfandgegenstände zugleich Wirtschaftsgüter des Schuldners sind, durch die er die Mittel erwirtschaften muss, die ihm die Erfüllung der Gläubigeransprüche erlauben. Um dieses Problem zu lösen, ist das Vertrags-P. in weiten Bereichen der Sicherungsübereignung gewichen.

Erfolgt die Verpfändung durch Nichtberechtigte, ist der gutgläubige Pfanderwerber entsprechend den Regeln über den gutgläubigen Eigentumserwerb geschützt (§ 1207 BGB).

Der Gläubiger ist grundsätzlich nur zum Besitz des Pfandes berechtigt, d. h. Nutzungen aus dem Pfand darf er nur ziehen, wenn dies ausdrücklich vereinbart worden ist (**Nutzungspfand,** §§ 1213 f. BGB). Für Verwendungen, die er macht, hat er einen Ersatzanspruch (z. B. wenn der Gegenstand repariert werden muss). Nach Erlöschen des P. muss der Gläubiger die Sache zurückgeben. Das P. erlischt, wenn die zu sichernde Forderung nicht mehr besteht, bei Verzicht des Gläubigers, bei der Rückgabe des Pfandgegenstandes an den Verpfänder oder Eigentümer oder wenn P. und Eigentum bei derselben Person zusammenfließen (Konsolidation).

Muss der Gläubiger zur Befriedigung seiner Ansprüche auf das Pfand zurückgreifen, erfolgt die Verwertung durch Verkauf. Dieser setzt die **Pfandreife,**

d. h. die Fälligkeit der Forderung, voraus. Ein Verzug des Schuldners ist nicht erforderlich. Die Versteigerung des Pfandes ist grundsätzlich vorher anzudrohen. Der Pfandverkauf erfolgt, wenn die Sache keinen Markt- oder Börsenpreis hat, im Wege öffentl. Versteigerung. Abweichungen können zw. den Parteien vereinbart oder durch gerichtl. Entscheidung angeordnet werden. Auf das P. an Rechten (z. B. Miterbenanteile) finden mit bestimmten Besonderheiten die Vorschriften über das P. an bewegl. Sachen entsprechende Anwendung. Handelt es sich bei dem Recht um eine Forderung, ist zusätzlich die Anzeige an den Schuldner erforderlich. Anders als beim Faustpfand kann die Verwertung regelmäßig nur aufgrund eines vollstreckbaren Titels nach den für die Zwangsvollstreckung geltenden Vorschriften erfolgen. Beim P. an einer Forderung kann bis zur Pfandreife der Schuldner nur an den Pfandgläubiger und den Forderungsgläubiger gemeinsam leisten. Nach Eintritt der Pfandreife ist der Pfandgläubiger allein zur Einziehung der Forderung berechtigt, und der Schuldner kann nur an diesen leisten. – Inhaberpapiere werden wie bewegl. Sachen verpfändet.

Auch nach *österr.* Recht ist das P. ein dingl. Recht, das es einem Gläubiger ermöglicht, zur Befriedigung einer Forderung direkt auf bestimmte Vermögensstücke des Schuldners zu greifen (§ 447 ABGB). Das P. kann nur an einzelnen, bestimmten Sachen begründet werden (Spezialitätsgrundsatz). Als Erwerbungsgründe für das P. nennt das ABGB (§ 450) Gesetz, richterl. Anordnung oder Rechtsgeschäft. Sonst gelten im Wesentlichen die gleichen Grundsätze wie im dt. Recht. – In der *Schweiz* gelten ähnl. Grundsätze wie in Dtl. (Art. 884 ff. ZGB für P. an Fahrnis und Rechten sowie Art. 793 ff. ZGB für Grundpfandrechte). Die Verwertung erfolgt i. d. R. auf dem Wege der Betreibung auf Pfandverwertung. Bei entsprechender Abrede ist die private Verwertung durch den Gläubiger zulässig und bes. im Bankgeschäft bei P. an Wertpapieren üblich.

Pfändung, im Zivilprozess eine hoheitl. Rechtshandlung, durch die zur Sicherung und i. d. R. zur späteren Befriedigung eines oder mehrerer Gläubiger wegen einer Geldforderung dem Schuldner der Besitz oder die Verfügungsmacht über einen Gegenstand (Sache oder Recht) entzogen wird. Regelmäßig erfolgt die P. im Wege der Zwangsvollstreckung in das bewegl. Vermögen des Schuldners. Sie setzt einen Antrag des Gläubigers sowie eine vollstreckbare Ausfertigung eines Vollstreckungstitels (v. a. Urteil, vollstreckbare Urkunde) voraus, der dem Schuldner spätestens mit Beginn der Zwangsvollstreckung zugestellt werden muss. Die P. bewirkt die öffentlich-rechtl. Verstrickung (Beschlagnahme) der Pfandsache, ein Verfügungsverbot gegenüber dem Schuldner und lässt für den Gläubiger ein Pfandrecht (P.-Pfandrecht) entstehen. Bewegl. Sachen (§§ 803 ff. ZPO) werden vom Gerichtsvollzieher gepfändet, der sie in Besitz nimmt. Geld, Wertpapiere und Kostbarkeiten sowie Sachen, deren weiteres Verbleiben beim Schuldner die Befriedigung des Gläubigers gefährden würde, hat der Gerichtsvollzieher sogleich wegzuschaffen. Andere Sachen sind durch Anbringung eines Pfandsiegels (volkstümlich: ›Kuckuck‹) als gepfändet kenntlich zu machen und bis zur Verwertung beim Schuldner zu belassen. Die P. setzt den Gewahrsam des Schuldners voraus, nicht dessen Eigentum. Gehört die gepfändete Sache einem Dritten, so kann die Aufhebung der P. notfalls durch Drittwiderspruchsklage (§ 771 ZPO) erzwungen werden. Im Übrigen darf die P. nur in dem Umfang erfolgen, als es zur Befriedigung der Gläubigerforderungen erforderlich ist (Verbot der Über-P.). Ein Gegenstand kann auch mehrfach gepfändet werden (Anschluss-P.). Im Rahmen des P.-Schutzes ist die Austausch-P. möglich. Gepfändete Sachen werden i. d. R. durch öffentl. Versteigerung verwertet.

Die P. von Forderungen u. a. Vermögensrechten erfolgt durch P.-Beschluss des Amtsgerichts (Rechtspflegers), der mit der Zustellung an den Drittschuldner wirksam wird. Diesem wird verboten, an den Vollstreckungsschuldner zu leisten (›Arrestatorium‹); gleichzeitig wird dem Vollstreckungsschuldner geboten, sich jeder Verfügung über die Forderung, insbesondere ihre Einziehung beim Drittschuldner, zu enthalten (›Inhibitorium‹). Die Verwertung erfolgt i. d. R. durch Überweisung (im Sinne einer Zuwendung) der gepfändeten Forderung an den Gläubiger zur Einziehung (P.- und Überweisungsbeschluss des Gerichts). Bei Vermögensrechten ohne Forderungscharakter (z. B. Patentrechte, Gesellschaftsanteile) finden diese Regeln entsprechende Anwendung.

Bei P. desselben Gegenstandes durch mehrere Gläubiger (so bei der Anschluss-P.) werden diese nach der zeitl. Reihenfolge der P. (Rang der P.-Pfandrechte) befriedigt. Ist eine Forderung mehrfach gepfändet und streiten sich die Gläubiger über den Rang ihrer P., kann der Schuldner den Forderungsbetrag bei Gericht hinterlegen und wird so von seiner Verpflichtung frei. (→Pfändungsschutz)

Rechtsgrundlage der P. in *Österreich* sind die §§ 249 ff. Exekutionsordnung (EO). Es gelten im Wesentlichen die gleichen Grundsätze wie im dt. Recht. – In der *Schweiz* findet die Betreibung auf P. auf Personen Anwendung, die nicht der Konkursbetreibung unterliegen. Vollzogen wird die P. durch den Betreibungsbeamten aufgrund eines Zahlungsbefehls des Gläubigers, dem entweder der Schuldner nicht mit Rechtsvorschlag opponiert hat (ein gerichtl. Vollstreckungstitel braucht in diesem Fall nicht vorzuliegen) oder bei dem der Rechtsvorschlag durch den Richter beseitigt wurde. Andere Gläubiger, welche innerhalb von 30 Tagen nach der P. ebenfalls ein P.-Begehren stellen, nehmen an derselben im gleichen Rang teil; spätere P.-Begehren bilden in derselben Weise weitere Gruppen (System der P.-Gruppen); ein P.-Pfandrecht kennt das schweizer. Recht nicht.

Literatur →Zwangsvollstreckung.

Pfändungsfreigrenzen, die v. a. bei der →Lohnpfändung zu beachtenden unpfändbaren Beträge.

Pfändungsschutz, die aus sozialen Gründen bestehenden Pfändbarkeitsbeschränkungen an bestimmten Sachen und Rechten des Vollstreckungsschuldners. Der P. verbietet den Gläubigerzugriff auf die gesamte Habe des Schuldners (Verbot der ›Kahlpfändung‹), er soll diesem (und seiner Familie) eine gewisse Absicherung seines Lebensbedarfs geben und seine Sozialbedürftigkeit verhindern. P.-Bestimmungen finden sich in mehreren Gesetzen (z. B. im Urheberrechts-Ges., im SGB); in der ZPO ist der P. in den §§ 811 ff. und 850 ff. geregelt. Danach sind unpfändbar u. a. die dem persönl. Gebrauch oder Haushalt dienenden Sachen (z. B. Kleidungsstücke, Hausrat, Fernseher) und die zur Fortsetzung einer persönl. geistigen oder körperl. Erwerbstätigkeit erforderl. Gegenstände (z. B. landwirtschaftl. Gerät und Vieh eines Landwirts, Fotokopierer eines Architekten oder Rechtsanwalts). Der Gläubiger hat die Möglichkeit, für eine an sich unpfändbare Sache ein Ersatzstück zu stellen (›Austauschpfändung‹, z. B. Austausch eines wertvollen Farbfernsehers gegen einen funktionstüchtigen Schwarzweißfernseher). Die Bestimmungen des P., die sich an einer der Berufstätigkeit und Verschuldung angemessenen, bescheidenen Lebensführung orientieren, sind von Amts wegen zu beachten; ein Verstoß kann mit der →Erinnerung 2) gerügt werden. Nur beschränkt der Pfändung unterworfen sind das Arbeitseinkommen (→Lohnpfändung), Sozialleistungen, Renten u. a. Versorgungsbezüge. Einen gesondert normierten P. bei Forderungen gibt es für Landwirte und Miet- und Pachtzinsen (§§ 851 a f. ZPO). Für extreme Ausnahmefälle (sittenwidrige Härte) lässt § 765 a ZPO einen allgemeinen gerichtl. P. zu.

In *Österreich* ist jenseits der Lohnpfändung die taxative Aufzählung unpfändbarer Sachen (§§ 250 f. Exekutionsordnung) zu beachten. – Auch im *schweizer.* Recht sind die Pfändungsbeschränkungen ähnlich wie in Dtl. geregelt (Art. 92 ff. Schuldbetreibungs- und Konkurs-Ges.).

Pfanne [ahd. pfanna, wohl zu lat. patina, von griech. patánē ›Schüssel‹], **1)** *allg.:* flaches, zum Braten oder Backen auf dem Herd verwendetes Gefäß mit langem Stiel; heute meist aus Gusseisen, Stahl oder Leichtmetall, häufig emailliert oder mit einer Antihaftbeschichtung aus Kunststoff versehen.

2) *Bautechnik:* ein →Dachziegel in Wellenform.

3) *Geomorphologie:* afrikaans **Pan,** meist rundl., geschlossene, flache Hohlform der Erdoberfläche, bes. in Trockengebieten, mit dauernder oder zeitweiliger Wasserführung. Sie ist mit Tonen, Mergeln oder Kalkablagerungen gefüllt, mehr oder weniger salzhaltig (→Salzpfannen); nach größeren Regenfällen vorübergehend überschwemmt.

4) *Metallurgie:* aus Stahlblech gefertigtes Gefäß mit feuerfester Auskleidung zur Aufnahme und zum Transport von geschmolzenen Metallen; in der modernen Metallurgie zunehmend auch Reaktionsgefäß (→Pfannenmetallurgie).

Pfannenmetallurgie, auch **Sekundärmetallurgie,** Behandlung von Schmelzen in der Pfanne, d. h. außerhalb des Schmelz- oder Frischgefäßes (Hochofen, Konverter, Lichtbogenofen). Ziel der P. ist v. a. die Erhöhung der Stahlqualität, aber auch die Steigerung der Produktivität. Die Pfanne hat sich damit vom reinen Transport- zum Reaktionsgefäß gewandelt.

Pfannenstiel-Querschnitt [nach dem Gynäkologen HERMANN JOHANNES PFANNENSTIEL, *1862, †1909], bei gynäkolog. (z. B. Kaiserschnitt) oder urolog. Operationen häufig angewendeter, oberhalb der Schambeinfuge quer verlaufend geführter Bauchdeckenschnitt, der ein kosmetisch günstiges Ergebnis garantiert.

Pfannkuchen, die →Berliner Pfannkuchen.

Pfarr|administrator, *kath. Kirchenrecht:* Bez. für den Priester, der bei Abwesenheit oder Behinderung des Pfarrers vorübergehend oder bei Pfarrerwechsel interimistisch eine Pfarrei leitet (cc. 539–541 CIC).

Pfarr|amt, das Amt des Pfarrers, gebunden an ein Gebiet oder an einen Personenstand; das P. ist →Kirchenamt und öffentl. Behörde ohne staatl. Mitwirkung.

Pfarrei [ahd. pfarra, vielleicht verwandt mit Pferch, auf das spätlat. parrochia, von griech. paroikía ›Nachbarschaft‹, eingewirkt hat], **Pfarre,** *kath. Kirchenrecht:* eine meist territorial umschriebene Gemeinschaft von Gläubigen, die auf Dauer errichtet ist, einem →Pfarrer als ihrem Seelsorger anvertraut wird und eine eigene Kirche (Pfarrkirche) hat. Die nicht territorial umschriebene →Personalpfarrei ist nur als Ausnahme vorgesehen. Mehrere P. können einem Pfarrer anvertraut werden; möglich ist auch, dass eine große P. mehreren Pfarrern unter Federführung eines von ihnen zugeordnet wird. Die staatlich anerkannte P. bildet zugleich die Kirchengemeinde. Nach dt. Staatskirchenrecht ist die P. als kath. Kirchengemeinde Körperschaft des öffentl. Rechts.

In den *ev. Kirchen* entspricht der P. der territorial bzw. personal und konfessionell begrenzte Bezirk der Kirchengemeinde (→Gemeinde).

Pfarrer, der Inhaber eines Pfarramtes, dem die selbstständige und verantwortl. Betreuung und Leitung der Pfarrei bzw. Gemeinde obliegt. Er wird in der kath. Kirche vom Diözesanbischof, in der ev. Kirche durch landeskirchl. Verfügung oder Wahl der Gemeinde beauftragt. Seine Amtspflichten umfassen die Wortverkündigung, Sakramentenverwaltung, Seelsorge, Diakonie, Katechese, Unterricht und Verwaltungsaufgaben, wobei er mit den betreffenden Gemeindegremien zusammenarbeitet. Voraussetzung für die Amtseinsetzung des P. sind i. d. R. ein Theologiestudium, eine kirchlich-prakt. Ausbildung (Prediger-, Priesterseminar) sowie in den ev. Kirchen die Ordination, in der kath. Kirche die Priesterweihe. Im Unterschied zur kath. Kirche können in den ev. Kirchen auch Frauen P. werden. In der Ev. Kirche in Dtl. sind seit 1978 die Pfarrerinnen rechtlich den P. gleichgestellt. In der kath. Kirche kann der Bischof den P. aus Gründen der Seelsorge versetzen oder abberufen, gegen seinen Willen aber nur in einem Verwaltungsverfahren; spätestens bei Vollendung des 75. Lebensjahres soll der P. dem Bischof seinen Rücktritt anbieten. In den ev. Kirchen ist das Dienstverhältnis der P. durch Kirchengesetz in beamtenähnl. Rechtsform geordnet; der P. untersteht der Dienstaufsicht (Visitationsordnung) der Landeskirche und übt seinen Dienst i. d. R. so lange aus, bis er gemäß der gesetzl. Altersgrenze in den Ruhestand tritt.

Pfarrernotbund, die Vorläuferorganisation der →Bekennenden Kirche.

Pfarrgemeinderat, *kath. Kirchenrecht:* vom 2. Vatikan. Konzil empfohlenes Gremium, in dem Laien mit der Pfarrgeistlichkeit die Seelsorgearbeit beraten und fördern sollen. In den dt. Diözesen hat der P. seit 1975 zugleich die Aufgabe, als Koordinierungsgremium des ganzen Laienapostolats tätig zu werden, weshalb ihm in diesen Bereichen beschließende Funktion zukommt und i. d. R. ein Laie Vorsitzender ist. In manchen dt. Diözesen und in Österreich ist der P. (evtl. durch einen Ausschuss) auch für die Verwaltung des Ortskirchenvermögens zuständig (statt des Kirchenvorstands). Die meisten Mitgl. werden frei gewählt, einige gehören von Amts wegen dazu (Seelsorger) oder können vom Pfarrer berufen werden.

Pfarrkirchen, Kreisstadt des Landkreises Rottal-Inn, Niederbayern, 377 m ü. M., am Rand des breiten Tales der Rott, 11 600 Ew.; Fleischverarbeitung, Gemüsekonservenfabrik; Pferdezucht (seit 1895 Pferderennbahn). – In der kath. Stadtpfarrkirche St. Simon und Judas Thaddäus (um 1500 Umbau einer älteren Anlage) zahlr. Grabdenkmäler; ehem. Rathaus (um 1500; jetzt Heimatmuseum); Bürgerhäuser des 16.–18. Jh. Die Wallfahrtskirche zur Schmerzhaften Muttergottes auf dem Gartlberg ist eine barocke Doppelturmanlage (1661 begonnen); ihre Ausstattung (1668 ff.) schuf u. a. G. B. CARLONE. – Der im letzten Viertel des 9. Jh. erstmals erwähnte Ort wurde 1317 als Markt bezeugt. 1862 erhielt P. Stadtrecht.

Pfarrschulen, die im MA. und in der frühen Neuzeit in den Pfarreien eingerichteten und vom Pfarrer betreuten Schulen für die religiöse Unterweisung und für einen allgemeinen Elementarunterricht. P. wurden im Fränk. Reich von KARL D. GR. gefördert, auf der Synode von Mainz (813) wurde eine christl. Grundbildung (Glaubensbekenntnis) gefordert. Der Protestantismus gliederte die P. in seine Kirchenordnungen ein. Mit der Entwicklung des Staatsschulwesens im 18. Jh. verfielen die Pfarrschulen.

Pfarrvikar, *kath. Kirchenrecht:* ein vom Bischof ernannter Geistlicher, der den Pfarrer in seinen gesamten seelsorgl. Aufgaben unterstützt, in Dtl. oft ›Kaplan‹ genannt. Nach einer Einführungszeit sollten ihm einzelne Aufgaben zur relativ selbstständigen Wahrnehmung übertragen werden (z. B. Jugendarbeit).

Im *ev. Kirchenrecht* wird der P. als **Vikar** bezeichnet, ein Theologe, der sich nach Abschluss seines Studiums in der kirchlich-prakt. Ausbildung befindet. Eine zweite, am Ende der Vikarzeit vor der Kirchenbehörde abzulegende Amtsprüfung ist Voraussetzung für die Übernahme eines Pfarramtes.

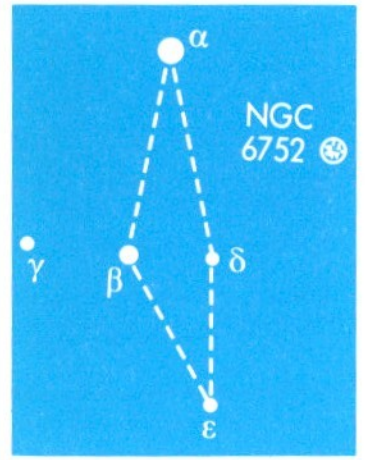

Pfau

Pfarrzwang, *kath.* und *ev. Kirchenrecht:* die Zuweisung der Gemeindeglieder an den für ihren Wohnsitz zuständigen Pfarrer. Ausnahmen sind aufgrund von →Dimissorien möglich.

Pfau, lat. **Pavo,** Abk. **Pav,** ein Sternbild des Südhimmels, das von unseren Breiten aus nicht sichtbar ist. Sein hellster Stern (α) ist ein Doppelstern der Größenklasse 2. Es enthält einige veränderl. Sterne und den großen hellen Kugelhaufen NGC 6752.

Pfau, Ludwig Karl, Schriftsteller und Kritiker, *Heilbronn 25. 8. 1821, †Stuttgart 12. 4. 1894; gründete 1848 mit dem ›Eulenspiegel‹ die erste dt. politisch-karikaturist. Zeitschrift. Als Mitgl. des demokrat. württembergischen Landesausschusses musste er nach der Revolution von 1848 emigrieren. Nach Aufenthalten in der Schweiz und in Frankreich kehrte er 1865 als Redakteur des ›Beobachters‹ und Mitarbeiter bei liberalen Zeitungen nach Stuttgart zurück. P. verfasste volkstüml. und polit. Gedichte, ästhet. und krit. Schriften.

Ausgaben: Kunst u. Kritik, 4 Bde. (1888); Gedichte ([4]1889).

R. ULLMANN: L. P. Monographie eines vergessenen Autors (1987).

Pfauen: **oben** Blauer Pfau (Männchen, Größe einschließlich der langen Schwanzfedern bis über 2 m); **unten** Blauer Pfau (Weibchen)

Pfauen [ahd. pfāwo, von lat. pavo ›Pfau‹], **Pavo,** mit den Fasanen verwandte Gattung sehr großer Hühnervögel mit zwei Arten, v. a. in Wäldern und dschungelartigen Landschaften S-Asiens und der Sundainseln; Männchen mit verlängerten, von großen, schillernden Augenflecken gezierten Oberschwanzdecken, die bei der Balz zu einem ›Rad‹ aufgerichtet werden (BILD →Imponiergehabe); Weibchen unscheinbar gefärbt. In Indien (einschließlich Ceylon) kommt der **Blaue P.** (Pavo cristatus) vor: Männchen im Prachtkleid mit tiefblau gefärbtem Hals- und Brustgefieder; wird häufig als Ziervogel gehalten. Der **Ährenträger-P.** (Pavo muticus) lebt in SO-Asien; Hals und Brust des Männchens sind vorwiegend metallisch grün gefärbt; der Bestand ist bedroht.

Kulturgeschichte: Die frühesten Darstellungen von P. finden sich auf Gefäßen der Harappakultur, in der ind. Mythologie treten sie verschiedentlich in Erscheinung, u. a. als Reittiere von Gottheiten. Für den chin. Raum sind P. erstmals auf Bronzen des späten 2. Jt. v. Chr. belegt. Die erste schriftl. Erwähnung der Vögel enthält die Bibel (1. Kön. 10, 22) in dem Bericht über SALOMOS Schiffe. Im alten Griechenland wurden P. unter dem Einfluss phönik. Kults auf der Insel Samos im Tempel der Hera gehalten. Nach dem 5. Jh. v. Chr. breitete sich die P.-Zucht im Mittelmeerraum rasch aus. In Italien wurden die Tiere herdenweise gehalten; sie waren ein beliebtes Motiv der röm. Kunst, bes. auch der Kleinkunst. In der frühchristl. Kunst waren sie ein Symbol des Paradieses (Rom, Kallistuskatakombe, Kammer der Cinque Santi); P. wurden außerdem als Symbol der Auferstehung oder auch dekorativ verwendet (San Vitale in Ravenna, Handschriften, Maximianskathedra).

Wilhelm Pfeffer

In Mitteleuropa kennt man P. seit KARL D. GR.; ihre Federn wurden als Helmzier verwendet. P.-Federn wurden in vielen Ländern als Zierde und Würdezeichen angesehen und zu Fächern, Wedeln und Federbüschen verarbeitet. Der 1621–28 gefertigte Thron des Großmoguls in Indien war mit P. aus Gold und Perlen verziert, deren Schweife aus Saphiren und anderen Edelsteinen bestanden. Diesen **P.-Thron** brachte Schah NADIR von seinem Feldzug gegen MOHAMMED SCHAH in Delhi 1739/40 nach Persien (nicht mehr vorhanden). – In der Neuzeit wird der Rad schlagende P. als Sinnbild der Eitelkeit aufgefasst. In England galt er als Unglücksvogel, der dt. Volksaberglaube schrieb ihm den bösen Blick zu. In Indien ist der P. Nationalvogel. Weiteres BILD →christliche Symbole.

Pfeffermilchling (Hutdurchmesser 6–15 cm)

Pfauen|augen, Bez. für Schmetterlinge aus versch. Familien mit augenförmigen Flügelzeichnungen, z. B. Nacht-P., Tag-P. und Abendpfauenauge.

Pfauenblume, Art der Gattung →Tigerblume.

Pfauenfisch, Pfauenfederfisch, Meerpfau, Julis pavo, im Mittelmeer lebende bunte Art der Lippfische; beliebter Seewasseraquarienfisch.

Pfauenhut, mit Pfauenfedern besetzter Hut, der im 13. und frühen 14. Jh. zur ständisch gebundenen Kleidung der Oberschicht gehörte.

Pfauen|insel, Havelinsel im Verw.-Bez. Zehlendorf von Berlin, etwa 1,5 km lang, 500 m breit, 76 ha; Gartenanlage und Park (von P. J. LENNÉ gestaltet) mit Schloss in Form einer Burgruine (1794–96 erbaut; von FRIEDRICH WILHELM II. angelegt), Kavalierhaus (1804, 1826 von K. F. SCHINKEL unter Verwendung einer spätgot. Hausfassade aus Danzig erweitert), Pfauenhof, Voliere sowie Wasseranlagen. – Von der UNESCO zum Weltkulturerbe erklärt.

Pfaufasanen, Argusianinae, Unterfamilie bis pfauengroßer Hühnervögel mit acht Arten, v. a. in feuchten Wäldern SO-Asiens und der Sundainseln; mit meist grauem bis braunem Gefieder, das von zahlr. bunt schillernden Augenflecken geziert ist. Die Männchen schlagen, ebenso wie die Pfauen, zur Fortpflanzungszeit ein ›Rad‹. Zu den P. gehören der 60–70 cm lange **Graue P.** (Polyplectrum bicalcaratum) in Hinterindien, der **Perlenpfau (Rheinartfasan,** Rheinartia ocellata; mit bis 1,7 m langem Schwanz) und der →Argusfasan.

Pfaundler, Meinhard von, Kinderarzt, *Innsbruck 7. 6. 1872, †Ötztal 20. 7. 1947; 1902–06 Prof. in Innsbruck, später in München. P. befasste sich mit der Physiologie der Neugeborenen, Schilddrüsenstörungen bei Kindern und immunolog. Problemen.

Pfautauben, Pfauentauben, zu den Strukturtauben gehörende Taubenrasse, gekennzeichnet durch hoch aufgerichtete, weit herausgedrückte Brust, s-förmig nach rückwärts gebogenen Hals und großen, kreisrunden Schwanzfächer.

Pfautauben

Pfeffel, Gottlieb Konrad, Schriftsteller, *Colmar 28. 6. 1736, †ebd. 1. 5. 1809; 1758 erblindet; gründete 1773 in Colmar eine Erziehungsanstalt für die adlige ev. Jugend. Als Verfasser von Fabeln und amüsanten poet. Erzählungen mit didakt. Absicht gewann er große Beliebtheit. P. schrieb auch Dramen und Gedichte, von denen einige volkstümlich wurden.

Ausgaben: Fabeln u. poet. Erz., hg. v. H. HAUFF, 2 Bde. (Neuausg. 1861); Skorpion u. Hirtenknabe, hg. v. R. K. UNBESCHEID (1970).

G. K. P. Satiriker u. Philanthrop: 1736–1809, Ausst.-Kat. (1986).

Pfeffer [ahd. pfeffar, von lat. piper, griech. péperi, das über das Pers. auf altind. pippalī ›Beere‹, ›Pfefferkorn‹ zurückgeht], **1) Piper,** Gattung der P.-Gewächse mit etwa 1000 tropisch verbreiteten Arten; Sträucher, verholzende Lianen oder auch kleine Bäume, häufig mit verdickten Knoten und wechselständigen, ellipt. bis herzförmigen Blättern, unscheinbaren Blüten in Trauben oder dichten Ähren und kleinen Steinfrüchten; zahlr., auch buntblättrige Zierpflanzen sowie viele Gewürzpflanzen, u. a. der →Kawapfeffer. Wirtschaftlich bedeutend ist der →Pfefferstrauch.

2) Bez. für scharf schmeckende Gewürze aus Früchten und Samen v. a. von Arten der Gattung P., bes. des →Pfefferstrauchs, auch des →Guineapfeffers.

Pfẹffer, Wilhelm Friedrich Philipp, Chemiker und Botaniker, *Grebenstein 9. 3. 1845, †Leipzig 31. 1. 1920; Prof. in Bonn, Basel, Tübingen und Leipzig, untersuchte die osmot. Vorgänge in Pflanzenzellen und entwickelte Methoden zur Bestimmung des osmot. Drucks (→Osmose); arbeitete ferner über Pflanzenphysiologie, bes. über Tropismen, Pflanzenatmung und Photosynthese, Energetik, und über das Problem des Lebens überhaupt.

Pfefferfresser, anderer Name der →Tukane.

Pfeffergewächse, Piperaceae, Pflanzenfamilie mit rd. 2000 Arten in 12–15 Gattungen in den Wäldern der Tropen, v. a. im trop. Amerika und in Indonesien; aufrechte oder schlingende Kräuter, Sträucher oder kleine Bäume mit meist wechselständigen, oft dickfleischigen Blättern und sehr kleinen, meist in dichten Ähren stehenden Blüten; der scharfe Geschmack der Früchte und Samen kommt durch den Gehalt an Piperin in den Ölzellen zustande; viele Zier- und Nutzpflanzen, v. a. aus den Gattungen →Pfeffer und →Peperomie.

Pfẹfferkorn, Johannes, bis 1504 **Josef P.**, Schriftsteller, *Nürnberg(?) 1469, †Köln 1522/23; jüd. Herkunft, konvertierte nach mehrjährigem Wanderleben (u. a. Tätigkeit als Schlächter in Böhmen) 1504 in Köln zum Christentum. Seit 1513 war P. Spitalmeister im Stift St. Ursula in Köln. P. veröffentlichte eine Reihe polemischer antijüd. Schriften (›Juden Spiegel‹, 1507; ›Ich heyß eyn buchlijn der juden beicht‹, 1508; ›In diesem buchlein vindet Jer ... wie die blinden Juden yr Ostern halten‹, 1508; ›Ich bin ein buchlin, der Juden veindt ...‹, 1509) und forderte die Vernichtung der außerbiblischen jüd. Schriften, die er als größtes Bekehrungshindernis ansah. Seine eigene Kenntnis des rabbin. Schrifttums war gering. Auf Intervention des Mainzer Erzbischofs URIEL VON GEMMINGEN (1508–14) erhielt dieser 1509 von Kaiser MAXIMILIAN I. den urspr. an P. erteilten Auftrag zur Überprüfung der jüd. Schriften. Als J. REUCHLIN als hinzugezogener Gutachter nur die Konfiszierung jüd. Schmähschriften akzeptierte, griff P. ihn im ›Handt Spiegel‹ scharf an. Diese Schrift und REUCHLINS Antwort im ›Augenspiegel‹ (beide 1511) sind Ausgangspunkt der ›Reuchlinaffäre‹, eines Streites, der sich in vielen polem. Schriften P.s mit der Unterstützung von Kölner Dominikanern auf der einen, REUCHLINS und vieler Humanisten auf der anderen Seite niederschlug (→Epistolae obscurorum virorum).

H.-M. KIRN: Das Bild vom Juden im Dtl. des frühen 16. Jh. Dargestellt an den Schriften J. P.s (1989); E. MARTIN: Die dt. Schriften des J. P. (1994).

Pfefferkornhaar, das →Fil-fil.

Pfefferkraut, anderer Name für die →Peperomie.

Pfefferküste, engl. **Grain Coast** [greɪn kəʊst], histor. Name der Küste Westafrikas zw. Monrovia und Harper, Liberia; vorgelagerte Sandbänke, am Ufer Mangrovewälder; hier wurde der Guineapfeffer (engl. grains of paradise) gewonnen.

Pfeffermilchling, Lactarius piperatus, weit verbreiteter und häufig vorkommender weißer Pilz (Milchling) in Laub- und Nadelwäldern; Hut 6 bis 15 cm groß, glatt, trichterförmig, alt braunfleckig werdend, Rand aber stets weiß bleibend; Lamellen dicht gedrängt, schmal; der weißl. Stiel ist oft grünlich oder rötlich überlaufen; Milchsaft zuerst weiß, dann sich grünlich verfärbend, sehr scharf.

Pfefferminze, →Minze.

Pfefferminz|öl, äther. Öl, das aus den Blättern der Pfefferminze (→Minze) gewonnen wird; es enthält v. a. Menthol, ferner Terpenalkohole, Menthon u. a. Terpenverbindungen. P. hat einen erfrischenden Geruch und Geschmack; es wird als Aromastoff u. a. für Genuss-, Mundpflege- und Arzneimittel verwendet.

Pfeffermühle, 1) Die P., am 1. 1. 1933 in München von ERIKA MANN gegründetes politisch-literar. Kabarett, das aufgrund der natsoz. Machtübernahme noch im gleichen Jahr nach Zürich emigrierte. Zum Vortrag kamen v. a. Texte von ERIKA und K. MANN und W. MEHRING. Zum Ensemble gehörten u. a. auch THERESE GIEHSE und LOTTE GOSLAR. Nach Auftrittsverbot im Kt. Zürich (1936) und einer erfolglosen USA-Tournee löste sich das Kabarett 1937 auf.

Beteiligt euch, es geht um eure Erde. Erika Mann u. ihr polit. Kabarett ›D. P.‹, 1933–1937, hg. v. H. KEISER-HAYNE (1990).

2) das Kabarett →Leipziger Pfeffermühle.

Pfeffermuscheln: Große Pfeffermuschel (Schalenlänge bis 6 cm)

Pfeffermuscheln, nach ihrem Geschmack benannte Muscheln der Gattungen Abra und Scrobicularia, so z. B. die auch in Nord- und Ostsee lebenden Arten **Große P.** (Scrobicularia plana; Schalenlänge bis 6 cm) und die **Kleine P.** (Abra alba; Schalenlänge bis 2,5 cm), die eine wichtige Nahrung für Plattfische und Dorsche ist.

Pfefferröhrling (Hutdurchmesser 3–7 cm)

Pfefferröhrling, Chalciporus piperatus, kleiner Röhrling, meist unter Nadelbäumen auf sauren Böden in Mitteleuropa; Hut 3–7 cm groß, orangefarben bis rostbraun; Stiel 6–8 cm hoch, gelblich braun mit gelber Basis; Fleisch gelb mit pfeffrig-scharfem Geschmack; Gewürzpilz.

pfẹffersche Zelle, →Osmometer.

Pfefferstrauch, 1) Echter Pfeffer, Piper nigrum, wirtschaftlich wichtigste, wahrscheinlich an der Malabarküste beheimatete Art der Pflanzengattung Pfeffer; ausdauernde, an Stangen und Spalieren gezogene, mit Haftwurzeln kletternde Pflanze mit wechselständigen, häutig-ledrigen, oberseits dunkelgrünen Blättern. Die Früchte sitzen zu 20 bis 30 Stück an den nach unten hängenden Ähren und sind fast runde, einsamige, zunächst grüne, reif dann gelbe bis rote Steinfrüchte. Der P. liefert das wichtigste Welthandelsgewürz, den **schwarzen Pfeffer,** der aus den ganzen, unreif (grün) geernteten, ungeschälten, getrockneten (und dabei die dunkle Farbe annehmenden) Früchten besteht. Der **weiße Pfeffer** dagegen wird aus den reifen roten, durch Fermentation von der äußeren Schale befreiten Früchten gewonnen. Beide Sorten kommen ganz oder gemahlen in den Handel. Außerdem wird in Salzlake oder Essig konservierter **grüner Pfeffer** (unreif, ungetrocknet) angeboten, der sehr mild schmeckt. Der brennende Geschmack des Pfeffers wird durch das Alkaloid →Piperin bewirkt, der aromat. Geruch durch ein äther. Öl.

Kulturgeschichte: Pfeffer ist eines der ältesten Gewürze, bereits in der altind. Sanskritliteratur wird er als ›Pippali‹ erwähnt. Durch den Vorstoß ALEXANDERS D. GR. nach Indien lernten ihn die Griechen kennen. In der Antike und im MA. wurde der aus Vorderindien nach Europa importierte Pfeffer ähnlich wie Edelmetall als Zahlungsmittel (v. a. für Tribute, Steuern und Zölle) verwendet. Im 14. und 15. Jh. gebrauchte man Pfefferkörner anstelle von Geld. Im MA. wurde bes. der schwarze Pfeffer sehr geschätzt. Bis in das 15. Jh. brachten die Inder den Pfeffer selbst mit Schiffen bis zum Roten Meer, der Weitertransport von dort lag in der Hand des venezianisch-arab. Zwischenhandels. Nach der Entdeckung des Seeweges nach Ostindien Ende des 15. Jh. geriet der Pfefferhandel unter die Kontrolle der Portugiesen, das Gewürz kam nun zuerst nach Lissabon und von da nach Antwerpen und London. Mit der Intensivierung des Handels war eine Steigerung der Angebotsmenge verbunden, die Pfefferpreise fielen dementsprechend ganz erheblich. Da hierdurch aber auch die Nachfrage nach Pfeffer stark anstieg, erzielten die Gewürzhändler (›Pfeffersäcke‹) weiterhin sehr gute Gewinne.

Pfefferstrauch 1): oben Ganze Pflanze; **unten** Zweig mit Blättern und Früchten

Pfefferstrauch 2): Peruanischer Pfefferstrauch (Zweig mit Blättern und Früchten)

Pfeifenblume: Gewöhnliche Osterluzei (Höhe 30–70 cm)

Pfeifengras: Blaues Pfeifengras (Höhe 15–90 cm)

Pfeifenstrauch: Europäischer Pfeifenstrauch (Höhe bis 5 m)

2) Pfefferbaum, Amerikanischer Mastixbaum, Schinus, Gattung der Sumachgewächse mit etwa 30 von Mexiko bis Chile verbreiteten Arten. Sträucher bis große Bäume mit meist unpaarig gefiederten Blättern und kleinen, in Rispen oder Scheintrauben angeordneten, zweihäusig verteilten Blüten. Die bekannteste Art ist der immergrüne **Peruanische P.** (Schinus molle), mit 12–20 cm langen, pfefferartig duftenden Blättern und gelblich weißen Blüten in bis 5 cm langen Rispen.

Pfeffer und Salz, *Textiltechnik:* schwarzweiße oder grauweiße Kleinmusterung von Köpergeweben für Anzug- und Kostümstoffe.

Pfeffinger, Johann, ev. Theologe, * Wasserburg a. Inn 27. 12. 1493, † Leipzig 1. 1. 1573; war ab 1518 Priester in Bayern; schloss sich Anfang der 1520er-Jahre der Reformation an und musste aus Bayern fliehen (1523 Aufenthalt in Wittenberg); ab 1527 ev. Pfarrer in Sachsen. Als der erste Superintendent von Leipzig (ab 1540) und Prof. der Leipziger Univ. (ab 1544) war P. maßgeblich an der Einführung der Reformation in der Stadt beteiligt. Theologisch ein Anhänger P. MELANCHTHONS, war er Mitverfasser des Leipziger →Interims und vertrat die Positionen MELANCHTHONS in den ›adiaphoristischen Streitigkeiten und im →synergistischen Streit.

Pfeife [ahd. pfife, zu lat. pipare ›piepen‹], **1)** *Instrumentenlehre:* umgangssprachl. Bez. für eine kleine, hoch und scharf klingende Flöte (z. B. Einhandflöte, Querpfeife). Im instrumentenkundl. Sinne Bez. für eine Schallquelle, bei der eine in einem röhrenförmigen Gehäuse (P.-Rohr) eingeschlossene Luftsäule zu Eigenschwingungen angeregt wird. Nach der Art der Schallerregung unterscheidet man →Labialpfeifen (Lippen-P.), zu denen ein großer Teil der Orgel-P. und die Flöten (Blockflöte, Querflöte) gehören, und →Lingualpfeifen (Zungen-P.), zu denen der andere Teil der Orgel-P. und die Rohrblattinstrumente (Klarinette, Oboe, Fagott) zählen.

2) *Rauchgeräte:* →Tabakspfeife, →Kalumet, →Wasserpfeife.

Pfeifenblume, Osterluzei, Aristolochia, Gattung der Osterluzeigewächse mit etwa 400 Arten, die weltweit (mit Ausnahme Australiens) in den trop. und wärmeren Gebieten verbreitet sind. Kräuter oder Sträucher, darunter zahlr. Kletterpflanzen, mit wechselständig angeordneten, ganzrandigen Blättern und zwittrigen, oft bizarren Blüten. Deren Hülle besitzt am Grund oftmals eine bauchig erweiterte Röhre, der ein tellerartig ausgebreiteter Saum ansitzt. Häufig sind sie fleischfarben, entwickeln einen Aasgeruch und sind als Gleitfallenblumen angelegt. Heimisch ist die **Gewöhnliche Osterluzei (Gemeine P.**, Aristolochia clematitis) mit grünlich gelben, in Büscheln stehenden Blüten. Sie stammt aus dem Mittelmeerraum, ist aber im MA. aus Arzneigärten verwildert und eingebürgert; kommt bevorzugt in Weinbergen oder in feuchten Wäldern auf kalkhaltigen Böden vor.

Pfeifenfische, Aulostomoidei, Unterordnung der Knochenfische, vier Familien mit langem Röhrenmaul: **Trompetenfische** (Aulostomidae), lang gestreckte Raubfische, bis 60 cm, vier Arten in Korallenriffen; **P. (Flötenmäuler, Flötenmünder,** Fistularidae), mit unbeschupptem Körper, bis 120 cm, vier Arten an den Küsten trop. Meere; **Schnepfenmesserfische** (Centriscidae), messerartiger Körper mit scharfer Bauchkante, bis 20 cm, vier Arten im Indopazifik; **Schnepfenfische** (Macrorhamphosidae), seitlich abgeplatteter Körper mit Rückenstachel, bis 30 cm, elf Arten in trop. und subtrop. Meeren. Im Mittelmeer lebt die **Seeschnepfe (Meerschnepfe,** Macrorhamphosus scolopax).

Pfeifengras, Molinia, Gattung der Süßgräser mit zwei Arten im temperierten Eurasien. In Dtl. kommt das **Blaue P.** (Molinia coerulea) auf meist nährstoffarmen, sauren Böden vor: 15–90 cm hohe Staude, mit nur 3–6 mm breiten, weichen, blaugrünen Blättern und an der Halmbasis zusammengedrängten Knoten. Die Ährchen stehen in einer stark violett überlaufenen Rispe.

Pfeifenstrauch, Philadelphus, Gattung der Steinbrechgewächse mit etwa 65 Arten in den temperierten Gebieten der Nordhalbkugel; meist sommergrüne Sträucher mit ungeteilten, häufig gezähnten Blättern. Durch intensive Hybridzüchtungen sind zahlr. Kultursorten entstanden, die als Ziersträucher beliebt sind. Bekannt ist der aus S-Europa stammende **Europäische P. (Falscher Jasmin,** Philadelphus coronarius) mit bis zu 3 cm großen, z. T. stark duftenden weißen Blüten in traubigen Blütenständen.

Pfeifente, Anas penelope, eurasiat. Art der Schwimmenten mit kurzem Schnabel, rotbraunem Kopf, cremefarbenem Scheitel, Männchen mit grünem Spiegel und weißer Linie am Flügel. P. brüten an stehenden Süßgewässern und Sümpfen, selten an Küsten. Charakteristisch ist der pfeifende Ruf.

Pfeifenwerk, *Musik:* →Orgel.

Pfeifenwinde, Aristolochia durior, aus Nordamerika stammender, 3–6 m hoch windender Strauch aus der Gattung Pfeifenblume; mit großen, herzförmigen Blättern und bräunlich grünen, tabakspfeifenähnl. Blüten mit gekrümmter brauner Röhre und dreilappigem Saum; an Lauben oder Pergolen kultiviert.

Pfeifer, seit dem MA. Bez. für die Spieler von (Holz-)Blasinstrumenten, in der Militärmusik als Gruppe der ›P. und Trommler‹; später allg. für Instrumentalisten außerhalb des Hofdienstes, die sich in Abgrenzung von den rechtlos fahrenden Musikanten nach Art einer Zunft zusammenschlossen und einem (vielfach von der Obrigkeit bestimmten) **P.-König** (auch **Spielgraf**) unterstellten. Die jährl. **P.-Tage** dienten der Regelung berufl. Angelegenheiten nach zunftmäßigen Statuten. Die Instrumentalisten im Dienste der Städte hießen nachweisbar seit dem 14. Jh. →Stadtpfeifer.

Pfeiffer, 1) Franz, schweizer. Germanist, * Bettlach (bei Solothurn) 27. 2. 1815, † Wien 29. 5. 1868; ab 1843 Sekretär des Literar. Vereins in Stuttgart, 1846 Bibliothekar ebd.; ab 1857 Prof. in Wien. P.s Hauptarbeit galt der Herausgabe mhd. Texte (u. a. ›Walther von der Vogelweide‹, 1864). Er zeigte sich dabei als Gegner der ›Berliner Schule‹ K. LACHMANNS und deren Editionsprinzipien. 1856 begründete P. die bis 1867 von ihm herausgegebene Zeitschrift ›Germania‹.

Werke: Zur dt. Literaturgesch. (1855); Freie Forschung. Kleine Schr. zur Gesch. der dt. Litteratur u. Sprache (1867). – **Hg.:** Altdt. Übungsbuch (1866).

2) Hans, Schriftsteller, * Schweidnitz 22. 2. 1925; war ab 1966 Dozent am ›Literaturinstitut J. R. Becher‹ in Leipzig, 1985–90 dort Direktor; begann mit Dramen, wurde aber v. a. bekannt durch seine zahlr. Kriminalromane, die die typ. Handlungsmuster auf die DDR-Gesellschaft übertragen (›Mord ohne Motiv?‹, 1965; ›Die eine Seite des Dreiecks‹, 1980); schreibt auch populärwiss. Bücher zur Kriminalliteratur und histor. Romane.

Weitere Werke: *Romane:* Thomas Müntzer (1975); Scharnhorst (1988); Unser schönes blutiges Handwerk. Der Weg des Chirurgen Johann Paul Schroth (1994). – *Sachbücher:* Phantasiemorde (1985); Die Spuren der Toten (1994); Der hippokrat. Verrat (1997).

Pfeifenfische: Meerschnepfe (Länge 15 cm)

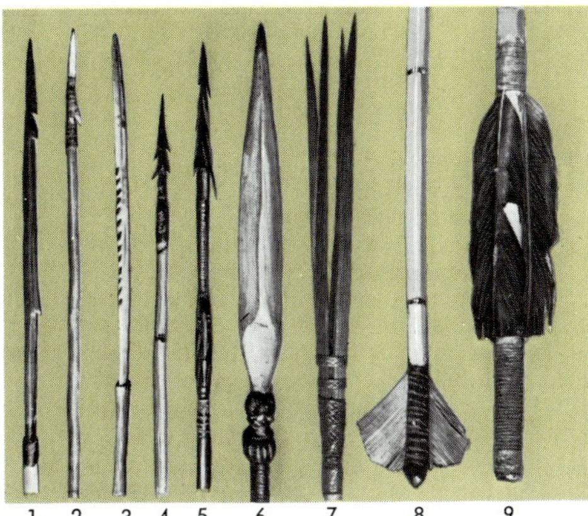

Pfeil 2): 1 Hartholzpfeil, Gran Chaco, Südamerika; 2 Pfeil mit Knochenspitze, Kolumbien; 3 Pfeil mit Knochenspitze, König-Georg-Sund, SW-Australien; 4 Pfeil mit eisernen Widerhaken, Afrika; 5 Bambuspfeil mit Widerhaken aus Knochen, Salomoninseln; 6 Bambuspfeil, Neuguinea; 7 Fischpfeil, Neuguinea; 8 Radialfiederung des Hartholzpfeils Abb. 1; 9 Tangentialfiederung des Pfeils mit Knochenspitze Abb. 2

3) Ida, geb. **Reyer,** österr. Reiseschriftstellerin, * Wien 14. 10. 1797, † ebd. 27. 10. 1858; unternahm ab 1842 zahlr. Reisen (darunter Weltreisen 1846–48 und 1851–55), die sie mit ihren spannend geschriebenen Berichten finanzierte. Von ihrer Fahrt nach Madagaskar (1856–58), wo sie längere Zeit gefangen gehalten wurde, kehrte sie schwer krank zurück. Sie lieferte neue länder- und völkerkundl. Erkenntnisse.

Werke: Reise nach dem skandinav. Norden ..., 2 Bde. (1846); Eine Frauenfahrt um die Welt ..., 3 Bde. (1850); Meine zweite Weltreise, 4 Bde. (1856); Reise nach Madagaskar, 2 Bde. (hg. 1861).

4) Michelle, amerikan. Filmschauspielerin, * Santa Ana (Calif.) 29. 4. 1958; übernahm 1980 ihre erste Filmrolle, ab Ende der 80er-Jahre eine der führenden Hollywood-Schauspielerinnen; auch Fernsehauftritte.

Filme: Scarface (1983); Die Hexen von Eastwick (1987); Gefährliche Liebschaften (1988); Die fabelhaften Baker Boys (1989); Das Rußland-Haus (1990); Frankie und Johnny (1991); Batmans Rückkehr (1992); Love Field (1993); Zeit der Unschuld (1993); Wolf (1994); Dangerous Minds (1995); Aus nächster Nähe (1996); Tage wie dieser (1996).

5) Paul, Chemiker, * Elberfeld (heute zu Wuppertal) 21. 4. 1875, † Bonn 4. 3. 1951; ab 1908 Prof. in Zürich, 1916 in Rostock, 1919 in Karlsruhe und 1922–47 in Bonn. Durch seine Arbeiten über organ. Molekülverbindungen und über die Beziehungen zw. Koordinationszahl und Raumgitter wurde P. Mitbegründer der Koordinationslehre.

6) Richard, Bakteriologe, * Zduny (Wwschaft Posen) 27. 3. 1858, † Bad Landeck i. Schl. 15. 9. 1945; Mitarbeiter ROBERT KOCHS, 1894 Prof. am Inst. für Infektionskrankheiten in Berlin, 1899 Prof. in Königsberg (heute Kaliningrad), 1909 in Breslau. 1892 entdeckte P. den nach ihm benannten Influenzabazillus. 1896 fand er im Serum von cholerakranken Tieren spezifisch wirkende Antikörper, die er ›Bakteriolysine‹ nannte. Auf ihn gehen die Immunisierungsverfahren beim Typhus zurück.

Pfeiffer-Drüsenfieber [nach dem Internisten EMIL PFEIFFER, * 1846, † 1921], die →Mononukleose.

Pfeif|frösche, Leptodactylus, Gattung der Südfrösche mit etwa 50 sehr unterschiedl. Arten (Größen 2–20 cm) im südl. Nordamerika, Mittelamerika und östlich der Anden bis Argentinien.

Pfeifgänse, Dendrocygninae, Unterfamilie der Gänsevögel mit acht langhalsigen, hochbeinigen Arten in einer Gattung (Dendrocygna); P. sind v. a. an trop. und subtrop. Süßgewässern beheimatet. Ihr Federkleid ist vorwiegend braun, schwarz oder weiß gefärbt, charakteristisch sind die hellen Pfeiflaute.

Pfeifhasen, Pikas, Ochotonidae, Familie bis 25 cm langer, stummelschwänziger Hasentiere in Asien und im westl. Nordamerika; Fell überwiegend rotbraun bis grau. Gesellige, in Erdbauen lebende Steppen- und Gebirgsbewohner, die sich untereinander durch schrille Pfiffe verständigen.

Pfeil [ahd. pfīl, von lat. pilum ›Wurfspieß‹], **1)** *Astronomie:* lat. **Sagitta,** Abk. **Sge,** ein kleines, in der Nähe des Sternbilds Schwan in der Milchstraße gelegenes Sternbild des Nordhimmels, das in unseren Breiten im Sommer am Abendhimmel sichtbar ist. Es enthält den offenen Sternhaufen M 71.

2) *Waffe:* Geschoss für Armbrust, Blasrohr und v. a. den Bogen; kann in der Form des Wurf-P. auch direkt von Hand eingesetzt werden. In der einfachsten Form ein zugespitzter, dünner Stab, ist der P. fast überall zu einem aus Schaft und Spitze zusammengesetzten Gegenstand entwickelt worden. Die z. T. mit Widerhaken versehene, auch vergiftete Spitze besteht aus Holz, Knochen, Stein oder Metall und wird an den Schaft gebunden oder geklebt. Das Schaftende ist meist zum Aufsetzen auf die Bogensehne eingekerbt und z. T. zur Vermeidung des Aufspaltens umwickelt. Blasrohr-P. tragen an ihrem hinteren Ende einen Pfropf aus wolligen Fasern. Der Stabilisierung des Fluges dient außer der Spitze (Verlagerung des Schwerpunkts nach vorn) oft eine radial oder tangential am Schaft angebrachte Befiederung aus Federn, Lederstücken oder Blättern.

Pfeil, Elisabeth, Soziologin, * Berlin 9. 7. 1901, † Dießen a. Ammersee 25. 7. 1975; 1941–45 wiss. Referentin am Inst. für Bevölkerungswiss. in München, 1952–56 an der Sozialforschungsstelle Dortmund, lehrte 1956–69 (seit 1964 als Prof.) in Hamburg. Sie verband Bevölkerungswiss. und empir. Sozialforschung und befasste sich mit Aspekten der Flüchtlingssituation, der Wohn- und Siedlungsforschung, insbesondere der Großstadtsoziologie, auf die sie nachhaltigen Einfluss ausgeübt hat, sowie bereits sehr früh mit Frauenforschung.

Werke: Der Flüchtling (1948); Großstadtforschung (1950); Die Berufstätigkeit von Müttern (1961); Die Familie im Gefüge der Großstadt (1965); Die 23jährigen (1968).

Pfeil|aale, Pfeilschnäbel, Stachel|aale, Mastacembelidae, Familie lang gestreckter Barschartiger Fische im trop. Afrika und Asien mit 50 Arten, die bis 90 cm lang sind. Das Maul ist leicht verlängert, die erste Rückenflosse besteht aus einzelnen Stacheln, die Kiemendeckel haben eine schmale Öffnung an der Bauchseite. Manche Arten sind Aquarienfische.

Pfeildiagramm, *Mathematik:* graf. Darstellungsweise für →Relationen in einer endl. Menge oder für Abbildungen zw. zwei endl. Mengen. Ist $R \subset M \times M$ eine Relation in der endl. Menge M, so werden die Elemente von M als Punkte dargestellt. Gilt für die Elemente $a, b \in M$ die Beziehung $R(a, b)$, wird ein Pfeil von a nach b eingetragen. Bei Abbildungen werden analog Pfeile zw. den Urbildern und ihren Bildern notiert. Mathematisch betrachtet sind P. gerichtete →Graphen.

Pfeiler [ahd. pfīlāri, von mlat. pilarium, pilarius ›Pfeiler‹, ›Stütze‹, ›Säule‹, zu lat. pila ›Pfeiler‹], **1)** *Baukunst:* Stütze aus Mauerwerk, Stein oder Beton zur Aufnahme von Lasten der Wände, Decken und Gewölbe. Der Grundriss des P. ist rechteckig, polygonal, rund oder besteht in einer Kombination von rechteckigen und runden Formen. Der Rund-P. besitzt jedoch im Ggs. zur Säule keine Entasis und keine Verjüngung. Man unterscheidet grundsätzlich frei ste-

Pfeifente (Größe 46 cm)

Ida Pfeiffer

Michelle Pfeiffer

Pfeifhasen: Nordamerikanischer Pika (Kopf-Rumpf-Länge 16–22 cm)

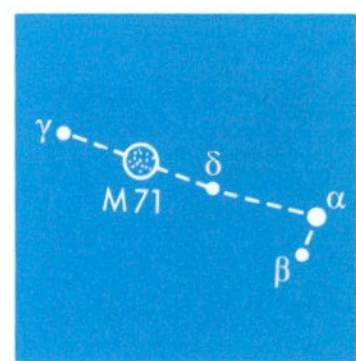

Pfeil 1)

hende Frei-P. und mit der Wand verbundene Wand-P. Ein flacher Wand-P. wird auch Pilaster genannt, ein Eck-P. auch Eckpilaster, zwei gekoppelte, flache Wand-P. Doppelpilaster. Der Bündel-P. besteht aus einem meist runden Kern mit vorgelegten Diensten; beim kantonierten P. befinden sich die Dienste (Halb- oder Dreiviertelsäulen) an den abgefasten Kanten. Der Strebe-P. dient zur Aufnahme des Gewölbeschubs. (→Brückenpfeiler)

2) *Bergbau:* 1) meist regelmäßig und rechtwinklig begrenzter, vorläufig zur Stützung des →Dachs stehen gelassener Teil einer Lagerstätte, der von Strecken oder Abbauen umfahren ist und nachträglich abgebaut wird; 2) vorgerichtete, an drei Seiten umfahrene, meist lang gestreckte Lagerstättenteile, die von der zugehörigen P.-Strecke in bestimmter Reihenfolge abgebaut werden.

Pfeilkalmar (Länge einschließlich der Arme bis 1,5 m)

Pfeilerstau, Brückenstau, Stau in Fließgewässern infolge Querschnittsverengung durch Einbauten, z. B. durch Pfeiler, Widerlager, Kaizungen.

Pfeilervorlage, *Baukunst:* Halb- oder Dreiviertelsäule, Pilaster, Lisene oder Dienst, die einem Pfeiler v. a. als Verstärkung vorgelagert sind.

Pfeilflügel, →Flugzeug (Baugruppen).

Pfeilgifte, Gifte, mit denen Pfeile bestrichen werden, bes. bei den Indianern Südamerikas und den Buschleuten Afrikas. P. wirken bes. auf Herz und Nerven; das Fleisch getroffener Tiere bleibt genießbar. Pflanzl. Ursprungs sind z. B. →Curare und Pohon Upas (→Antiaris). Die selteneren P. tier. Ursprungs stammen u. a. von Fröschen, Schlangen, Skorpionen und Käferlarven, z. B. der Gattung Diamphidia (→Erdflöhe), oder von verwesenden Kadavern. Zur Konsistenzverbesserung oder aus mag. Gründen wurden meist andere Substanzen (Drogen) zugesetzt. Die Wirkung der kurzen, einteiligen Blasrohr- und Armbrustpfeile wurde durch P. erst ermöglicht, die der Bogenpfeile erhöht.

L. LEWIN: Die P. (1923, Nachdr. 1984); B. WOLTERS: Drogen, Pfeilgift u. Indianermedizin (1994).

Pfeilkraut: Gewöhnliches Pfeilkraut (Höhe 30–100 cm)

Pfeilgiftfrösche, die →Farbfrösche.

Pfeilhechte, die →Barrakudas.

Pfeilkalmar, Ommatostrephes sagittatus, einschließlich Armen bis 1,5 m langer Kalmar mit pfeilförmigem Flossensaum am Hinterende, der in Schwärmen in der Hochsee Fische jagt; gelegentlich in der Nordsee.

Pfeilkraut, Sagittaria, Gattung der Froschlöffelgewächse mit rd. 35 Arten v. a. im trop. und gemäßigten Amerika; meist Sumpf- und Wasserpflanzen. In Dtl. ist das **Gewöhnliche P.** (Sagittaria sagittifolia) in stehendem, seichtem Wasser verbreitet; mit pfeilförmigen, grundständigen Blättern, in tiefem Wasser auch mit bis 2,5 m langen Unterwasserblättern; die weißen, am Grund braunroten Blüten stehen in dreizähligen Quirlen.

Pfeilkresse: Gemeine Pfeilkresse (Höhe 20–50 cm)

Pfeilkresse, Herzkresse, Cardaria, Gattung der Kreuzblütler mit der einzigen, aus dem Mittelmeergebiet und W-Asien stammenden Art **Gemeine P.** (Cardaria draba), die in den wärmeren Gebieten Dtl.s in Schuttunkrautgesellschaften und an Wegrändern anzutreffen ist; 20–50 cm hohe, grau behaarte Staude. Die weißen Blüten stehen in dichten Scheindolden; in viele Länder verschleppt und teilweise eingebürgert.

Pfeilkreuzler, natsoz. Bewegung in Ungarn zw. 1935 und 1945, geführt und ideologisch bestimmt von F. SZÁLASI, organisierte sich zum ersten Male 1935 in der ›Partei des Willens der Nation‹ (verboten 1937), 1937 in der ›Ungar. Nationalsozialist. Partei‹ (verboten 1938), 1939 in der ›P.-Partei‹, bekannte sich zum ›Hungarismus‹, der die Idee der Volksgemeinschaft (auf christl. Basis) mit einem radikalen Antisemitismus verband. Nach dem Sturz des ungar. Reichsverwesers Admiral M. HORTHY und der Ernennung SZÁLASIS zu seinem Nachfolger (Oktober 1944) erhielt die P.-Partei unter dt. Besatzung eine der NSDAP vergleichbare Stellung in Ungarn; ihre Anhänger übten bis April 1945 einen blutigen Terror aus.

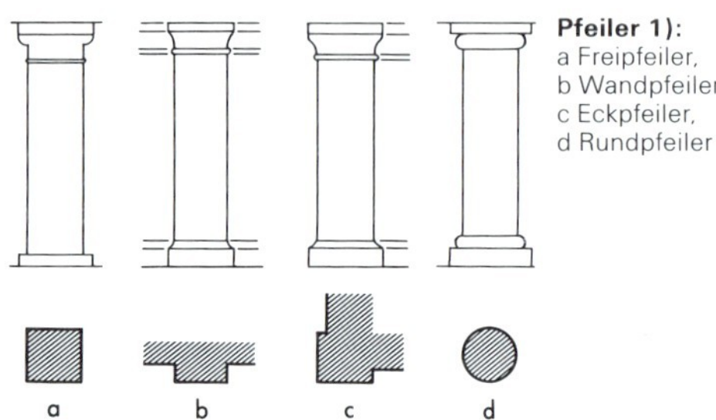

Pfeiler 1): a Freipfeiler, b Wandpfeiler, c Eckpfeiler, d Rundpfeiler

Pfeilnatter, Art der →Zornnattern.

Pfeil|otter, Causus rhombeatus, bis 90 cm lange Viper mit großen Giftdrüsen, in Afrika südlich der Sahara. Graubraun bis graugrün mit dunklen, rhomb. Rückenflecken und charakterist. pfeilförmiger Zeichnung am Hinterkopf. Die P. ernährt sich v. a. von Kröten und Fröschen.

Pfeilschnäbel, die →Pfeilaale.

Pfeilschwanzkrebse, Schwertschwänze, Pfeilschwänze, Xiphosura, mit den Spinnentieren verwandte, auf dem schlammigen Grund der Schelfmeere lebende →Gliederfüßer von z. T. über 60 cm Länge (einschließlich Stachel). Da die P. nicht zu den Krebstieren gehören, wird mittlerweile die Bez. Pfeilschwänze der irreführenden Bez. P. vorgezogen. Die P. besitzen einen schaufelartigen Vorderkörper, der mit seiner hufeisenförmigen Vorderkante zum Eingraben dient. Die in der Mitte seiner Unterseite gelegene Mundöffnung wird von den Kieferklauen und fünf Laufbeinpaaren umstellt. Der Hinterkörper endet in einem bewegl. Schwanzstachel und hat sechs Blattbeine; die fünf letzten tragen Kiemen.

P. sind seit dem Unterkambium, seit über 550 Mio. Jahren, nachweisbar. Heute leben noch vier Arten, darunter der **Atlantische Schwertschwanz** (Limulus polyphemus) an der nordamerikan. Atlantikküste und die **Molukkenkrebse** (Gattungen Tachypleus und Carcinoscorpius) an den Küsten Südostasiens.

Pfeilschwanzkrebse: Atlantischer Schwertschwanz (Länge einschließlich Schwanz 60 cm)

Pfeilstern, *Astronomie:* →Barnards Stern.

Pfeilwürmer, Borstenkiefer, Chaetognatha, Gruppe von etwa 80 Arten 3–100 mm langer, frei schwimmend im Meer lebender Würmer mit unbekannter Verwandtschaftsbeziehung. Der durchsichtige, pfeilförmige Körper ist in drei Abschnitte (Kopf, Rumpf, Schwanz) geteilt. Der Kopf trägt Augen und 4–18 Greifhaken, mit denen Kleinkrebse und Krebs- und Fischlarven erbeutet werden. Rumpf und Schwanz tragen mit Strahlen verstärkte Seitenflossen, die das Schweben im Wasser und, in Verbindung mit Körperkontraktionen, pfeilartiges Vorwärtsschießen ermöglichen. P. sind Zwitter mit einer direkten Entwicklung ohne Larven.

Pfeilwurz, Arrowroot ['ærəʊru:t, engl.], **Maranta arundinacea,** wirtschaftlich wichtigste Art der Gattung →Maranta, heute in den Tropen allg. angebaut; 1-3 m hohe Staude mit verzweigtem Stängel, lanzettlich-eiförmigen, langscheidigen Blättern und weißen Blüten. Die 20-45 cm langen, dickfleischigen Wurzelstöcke liefern die feine Marantastärke (westind. Arrowroot, P.-Stärke), u. a. für Kinder- und Diätkost verwendet. Mit den Knollen werden auch durch vergiftete Pfeile entstandene Wunden behandelt.

Pfeilwurzgewächse, die →Marantengewächse.

Pfemfert, Franz, Pseudonyme **U. Gaday, Dr. S. Pulvermecher, August Stech,** Publizist und Schriftsteller, * Lötzen 20. 11. 1879, † Mexiko 26. 5. 1954; schrieb für anarchistisch-literar. Zeitschriften polit. Essays über zeitgenöss. Literatur; 1910/11 Schriftleiter der Zeitschrift ›Der Demokrat‹. Als Herausgeber und Verleger der Zeitschrift ›Die Aktion‹ (1911-32), Sprachrohr der Oppositionsliteratur gegen Nationalismus, Militarismus und Spießertum, wurde er zu einer Schlüsselfigur des frühen Expressionismus. In dieser Zeitschrift und in den von P. herausgegebenen Anthologien ›Die Aktionslyrik‹ (7 Bde., 1916-22), ›Das Aktionsbuch‹ (1917), ›Polit. Aktions-Bibliothek‹ (13 Bde., 1916-30) und ›Der rote Hahn‹ (60 Bde., 1917-25) zielte er darauf, fortschrittl. Politik und moderne Kunst zu verbinden. 1921 machte er ›Die Aktion‹ aus Enttäuschung über die Ohnmacht der Dichter zu einer ausschließlich polit. Zeitschrift. P. vertrat den radikalen Rätegedanken gegen die Sozialdemokratie, später gegen den Stalinismus. Er emigrierte 1933 in die Tschechoslowakei, 1936 nach Frankreich, 1941 nach Mexiko, wo er, völlig verarmt, als Fotograf arbeitete.

Ausgabe: Ich setze diese Zeitschrift wider diese Zeit. Sozialpolit. u. literaturkrit. Texte, hg. v. W. HAUG (1985).

P. RAABE: Ich schneide die Zeit aus. Expressionismus u. Politik in F. P.s ›Aktion‹ 1911-1918 (1964).

Franz Pfemfert (Holzschnitt von Georg Tappert)

Pfennig [ahd. pfenting, pfenning, Herkunft unklar, vielleicht zu lat. pondus ›Gewicht‹], Abk. **Pf,** früher ₰, dt. Bez. für den **Denarius argenteus** des MA., der durch die Münzreformen der fränk. Könige PIPPIN und KARL D. GR. geschaffen wurde. Aus einem Pfund Silber wurden 240 P. geprägt, wobei 12 P. einen Schilling (nur Rechnungsmünze) galten. Diese Zählweise blieb in Großbritannien bis 1971 erhalten. Der P. war von Mitte des 8. bis Mitte des 13. Jh. in weiten Teilen Europas das dominierende Münznominal. In der Numismatik wird dieser Zeitraum deshalb auch als P.-Zeit bezeichnet. Münzen zu $^1/_2$ P. (Hälbling, Obol) oder $^1/_4$ P. (Vierling) wurden sehr selten geprägt. Meist half man sich, indem man einfach die P.-Münzen entsprechend zerteilte. Das Münzbild der P. war nicht einheitlich und wandelte sich von den urspr. →monepigraphischen Münzen zu bildl. Münzmotiven. Die Prägung der Brakteaten mit ihrer gegenüber den zweiseitig geprägten P. weit größeren Oberfläche ermöglichte im 12./13. Jh. eine Renaissance der Münzkunst. Nach dem Aufkommen des Groschens wurde der P. allmählich zur Scheidemünze, was sich auch im verwendeten Münzmetall ausdrückte. Der Silbergehalt wurde immer niedriger, im 17. Jh. waren in Westfalen bereits Kupfer-P. üblich (Anfänge der Kupferprägung gab es schon im 16. Jh.). Die letzten Silber-P. wurden zu Beginn des 19. Jh. geschlagen. Neben der heute geläufigen Bez. P. war bis 1871 auch die Schreibweise **Pfenning** häufig. Seit 1873 wird der P. in Dtl. einheitlich als kleinste Scheidemünze ausgeprägt (Reichs-, Renten-, Schaupfennig).

Der P. ist die kleine Währungseinheit in Dtl.: 100 Dt. Pfennige (Pf) = 1 Dt. Mark (DM).

Pfennigkraut, Art der Gattung →Gilbweiderich.

Pferch [ahd. pferrih, von mlat. parricus ›Gehege‹], *Schafzucht:* durch hölzerne Hürden oder Elektrozäune umgrenztes Areal, in dem sich die Schafe bei Weidehaltung in der Nacht aufhalten. **Streu-P.** oder **Dauer-P.** werden mit Stroh eingestreut, sie sind standortgebunden und dienen als Schafstallersatz; in der Wanderschafhaltung werden bewegl. P. benutzt.

Pferd, *Sport:* Kurz-Bez. für die Turngeräte Lang-P. (→Pferdsprung) und →Pauschenpferd.

Pferde [ahd. pfärfrit, von mlat. par(a)veredus ›Kurierpferd (auf Nebenlinien)‹], **Einhufer, Equidae,** Familie der Unpaarhufer mit →Esel, →Halbesel, den →Zebras mit drei Arten und dem →Prschewalskipferd (die bekannten wildpferdeähnl. Rassen wie Dülmener und Mustangs haben zu den echten Wild-P. keine direkte Beziehung; es handelt sich dabei vielmehr um verwilderte Haus-P. oder ständig auf freier Wildbahn lebende Hauspferderassen). Im Ggs. zu den Paarhufern treten die Einhufer nur mit der Spitze der mit einem breiten Huf bekleideten Mittelzehe (3. Zehe) auf. Die zweiten und vierten Mittelfußknochen sind zu schmalen Stäben verkümmert (Griffelbeine). Von den übrigen Mitgl. der Familie Equidae unterscheiden sich die (vermutlich) vom Prschewalski-P. (Wild-P.) abstammenden Haus-P. (P. i. e. S.) durch kurze Ohren, Hornwarzen (Kastanien) an allen vier Beinen, durch den behaarten Schweif und das Wiehern.

Hauspferde

Die P. i. e. S. sind hochbeinige Lauf- und Fluchttiere. Sie ernähren sich von Pflanzen; ihr Verdauungstrakt ist auf die ursprüngl. Steppenheimat abgestimmt, wo zur Futtersuche täglich weite Strecken zurückgelegt werden müssen (im Herdenverband unter naturnahen Bedingungen bewegen sich P. zur Futteraufnahme bis zu 16 Stunden am Tag), wobei kontinuierlich kleine Mengen schwer verdaul. Futters aufgenommen werden. Der P.-Magen hat ein Fassungsvermögen von etwa 18 Liter, der gesamte Darm kann bis über 30 m lang sein. Die Schneidezähne der P. tragen eine tütenartige Schmelzeinstülpung (→Bohne), die Eckzähne sind nur beim Hengst erhalten, die Backenzähne besitzen Schmelzfalten. Aufgrund der Abnutzung des Gebisses kann das Alter bestimmt werden; es kann bis zu 40 Jahren betragen, im Mittel sind es 16 bis 18 Jahre.

Die Größe der Hauspferderassen variiert zw. durchschnittlich 180 cm Widerristhöhe (→Stockmaß), z. B. beim engl. Shire Horse, und 71 cm, z. B. beim argentin. Falabella. Während Prschewalski-P. und häufig auch verwilderte Haus-P. eine graubraune Fellfarbe und schwarzes Langhaar (Mähne und Schweif) besitzen, gibt es bei den Haus-P. eine große Farbenvielfalt: Nach Fell- und Langhaarfarbe unterscheidet man **Braune** (hell- bis dunkelbraunes Fell, schwarzes Langhaar und schwarze Füße), **Füchse** (rotbraunes Fell und ebensolches Langhaar, in stark variierender Schattierung vom hellen Lehmfuchs bis zum fast schwarzen Kohlfuchs), **Rappen** (schwarzes Fell und schwarzes Langhaar) sowie **Schimmel** (weißes Fell, weißes Langhaar, dunkle Augen); besondere Farbschläge sind →Isabellen und →Falben. Einzelne weiße Haare im Fell bezeichnet man als Stichelhaare; treten sie vermehrt auf, heißen die P. Rotschimmel, Rappschimmel oder Apfelschimmel. Vielfach weisen die P. auch mehr oder weniger große weiße Abzeichen im Fell auf, meist auf dem Nasenrücken (z. B. Blesse) oder an den Füßen. P. mit weißer Grundfarbe und unregelmäßig geformten braunen und/oder schwarzen Flecken auf dem Körper heißen →Schecken. (→Pinto)

Das männl. P. heißt **Hengst** (kastriert **Wallach**), das weibl. **Stute,** das junge **Fohlen.** Die Geschlechtsreife tritt mit etwa 18 Monaten ein; zuchtreif ist ein Haus-P. je nach Rasse allerdings frühestens mit 24-30

Pfennig aus Billon (Fürstentum Reuß-Obergreiz, 1679; Durchmesser 13 mm); auf der Rückseite im Reichsapfel das alte Zeichen für Pfennig

Vorderseite

Rückseite

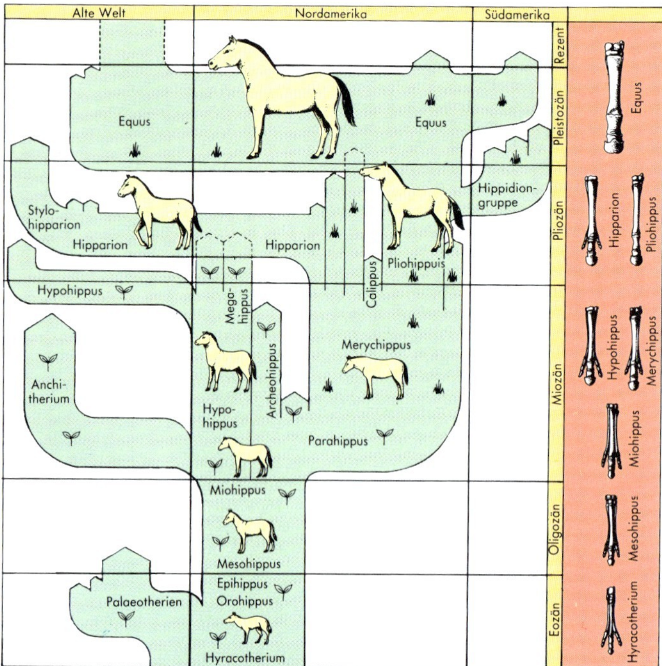

Pferde: Schematische Darstellung der Stammesgeschichte; die in ein Feld mit Laubblättern beziehungsweise Grasbüscheln gestellten Tiere waren Laub fressende beziehungsweise Gras fressende Pferde; die neben die Tiere gestellten Gliedmaßenskelette (abgebildete Hinterextremitäten) zeigen die Entwicklung vom dreizehigen Hyracotherium zum Einhufer (Pliohippus, Equus)

Monaten. Die Brunst der Stuten **(Rosse)** dauert zw. 3 und 15 (selten 30) Tagen. Nach einer Tragzeit von 320 bzw. 336 bis 360 Tagen ist die Einzelgeburt die Regel; Zwillingsgeburten sind selten. Das Fohlen saugt zw. vier und fünf Monate bei der Mutter; dann wird es abgesetzt. Die Aufzucht der Fohlen und Jung-P. erfolgt meist in Gruppen. Die Ausbildung zum Renn-, Reit-, Wagen- oder Zug-P. beginnt rasse- und reifebedingt zw. dem zweiten und vierten Lebensjahr.

Krankheiten: Bes. häufig sind Erkrankungen der Verdauungsorgane (→Kolik), der Atmungs- und Kreislauforgane sowie die vielfach durch Verschleiß verursachten Schädigungen der Bewegungsorgane **(Lahmheiten).** Dazu zählen v.a. Huferkrankungen (z.B. Hufkrebs, Strahlfäule, Hufrollenentzündung, Hufrehe), Sehnen- (z.B. der Beugesehnen) und Gelenkerkrankungen (z.B. Spat, Verstauchung und Schale). Häufige Infektionskrankheiten sind Katarrhe der oberen Luftwege, Brustseuche, Druse, Pferdeinfluenza, Wundstarrkrampf, Fohlenlähme, Blutfleckenkrankheit, ansteckende Blutarmut und Salmonellosen. Eine bes. in den Tropen vorkommende Infektionskrankheit ist die afrikan. Pferdepest.

Wurmerkrankungen (Magendasseln, Blutwürmer, Magenwürmer) sind v.a. bei Weidehaltung weit verbreitet. Zu den wichtigsten Hauterkrankungen zählen Mauke, Räude und Flechten. Häufige Erkrankungen sind ferner Phlegmone **(Einschuss),** eine Wundinfektionskrankheit mit bes. an der Innenfläche auftretenden entzündl. Schwellungen der Haut und Unterhaut, meist an den Hinterbeinen und Kreuzverschlag (→Lumbago) infolge mangelnder Bewegung bei zu eiweißhaltigem Futter. Als Hauptmängel im P.-Handel gelten →Dämpfigkeit, →Dummkoller, →Kehlkopfpfeifen, →Koppen, →Mondblindheit und →Rotz.

Wirtschaftliches: Der Bestand an P. nahm in Dtl. in den 1950er- und 60er-Jahren laufend ab (Gesamtanzahl der P. 1977 in der Bundesrepublik 253 000). Dann gewann die P.-Zucht durch zunehmende Beliebtheit des P.-Sports wieder an Bedeutung. Der P.-Bestand beträgt (1997) in Dtl. über 700 000 Pferde. An Geldpreisen und Züchterprämien wurden 1996 rd. 52 Mio. DM bei P.-Leistungsprüfungen, rd. 61,5 Mio. bei Galopprennen und rd. 370 Mio. bei Trabrennen ausgeschüttet.

Recht: Für Reiter und Führer von P. gelten die für den gesamten Fuhrverkehr einheitlich bestehenden Verkehrsregeln sinngemäß (§ 28 Straßenverkehrs-Ordnung). Für Schäden, die durch P. verursacht werden, besteht eine allgemeine delikt. Haftung (Gefährdungshaftung, §§ 833 f. BGB).

Stammesgeschichte

Die frühesten Funde von P. stammen aus dem unteren Eozän Nordamerikas und Europas. Vor rd. 50 Mio. Jahren lebte das hasen- bis fuchsgroße **Hyracotherium (Eohippus)** in Wäldern; es ernährte sich von Laubblättern und Früchten und war noch durch vierzehige Vorderbeine gekennzeichnet. Das u.a. aus Messel bekannte, dreizehige **Propalaeotherium** gehört einem Seitenzweig **(Palaeotherien)** an, der im Oligozän ausstarb; seine Lebensweise ähnelte der von Hyracotherium.

Die weitere stammesgeschichtl. Entwicklung der P. vollzog sich v.a. in Nordamerika. Hier gingen aus den Hyracotherien dreizehige, waldbewohnende Laubfresser hervor, die u.a. folgenden Gattungen angehörten: **Orohippus** (mittleres Eozän; Schulterhöhe etwa 40 cm), **Epihippus** (oberes Eozän), **Mesohippus** (Oligozän; Schulterhöhe etwa 50 cm), **Miohippus** (oberes Oligozän; Schulterhöhe etwa 80 cm). Mit der letzten Gattung begann eine explosive Zunahme der Artenmannigfaltigkeit. Mit der miozänen Gattung **Parahippus,** deren Arten noch Laubfresser waren, erfolgte der Übergang der P. zum Wald- und Steppenleben, entsprechend der Ausbreitung der offenen Grasvegetation (Steppe) in Nordamerika: Durch Umbau der Zähne vom niedrig- zum hochkronigen Typ wurden die Tiere zu Grasfressern. Ihre Laufgeschwindigkeit nahm durch starke Verlängerung der Mittelzehe bei gleichzeitiger Rückbildung der zweiten und vierten Zehe bedeutend zu. Die nach Europa eingewanderten, waldbewohnenden Anchitherien entwickelten dagegen keine Hochkronigkeit und keine Einhufigkeit.

Mit der aus dem mittleren bis späten Miozän bekannten Gattung **Merychippus (Merihippus)** folgte eine zweite intensive Entwicklungsperiode der P. Aus ihr entstanden einerseits Reihen, die später völlig ausstarben (z.B. seit dem Miozän die Gattung **Hipparion** mit fast zebragroßen Arten, von denen ein Teil über Asien nach Europa einwanderte, dort aber im unteren Pleistozän ausstarb), andererseits solche, von denen eine zur pliozänen Gattung **Pliohippus** (älteste Einhufer unter den P.) führte, die als direkte Stammform der heutigen P. gilt. In Nord- und Südamerika starben die P. spätestens im frühen Holozän aus.

Kulturgeschichte

In der ausgehenden Altsteinzeit wurde das P. als wertvoller Fleischlieferant nur gejagt. Das beweisen z.B. Knochenlager unterhalb des Felsens von Solutré in Frankreich, über dessen Steilhang Herden von Wild-P. gejagt wurden.

Beginn und Ursprung der Domestikation des Wild-P. sind umstritten; erste Domestikationszentren befanden sich wahrscheinlich im 3. Jt. v. Chr. in S-Russland und Mittelasien, in S-Sibirien (Altaigebiet), in Zentralasien (Turangebiet) sowie in SW-Iran, von wo die älteste überlieferte Reiterdarstellung stammt, eine Ritzzeichnung auf einem Knochen (um 2800 v. Chr.). Auch im S und SW der Iber. Halbinsel waren im 3. Jt. v. Chr. die Voraussetzungen für ein eigenständiges Domestikationsgebiet gegeben.

In N- und W-Europa sowie im Donauraum begann die Domestikation vermutlich im ausgehenden Neolithikum Ende des 3. Jt. v. Chr., mit Sicherheit aber zu Beginn der Bronzezeit.

In China stammen die ersten Hinweise auf das P. aus der 1. Hälfte des 2. Jt. v. Chr.; seit 1300 v. Chr. wurde es als Zugtier am Streitwagen und seit etwa 300 v. Chr. als Reittier verwendet. Die Erfindung des Steigbügels (477 v. Chr.) in China veränderte die militär. Bedeutung des P. wegen der größeren Beweglichkeit der Reiter.

Aus Indien kennt man aus der Zeit der indogerman. Einwanderungswelle Mitte des 2. Jt. v. Chr. Hinweise auf P.-Opfer.

Im 16. Jh. v. Chr. wurden im ostkleinasiatisch-syrisch-mesopotam. Raum allg. pferdebespannte Streitwagen eingesetzt. Das älteste hippolog. Werk der Weltliteratur, eine von dem Mitannier KIKKULI verfasste Trainingsanleitung für Wagen-P., wurde im Tontafelarchiv von Hattusa gefunden. Nach Ägypten kamen die P. im 17. Jh. v. Chr. nach dem Einfall der Hyksos.

Um 1000 v. Chr. fasste eines der Land suchenden Seevölker Fuß in N-Afrika; zahlr. Felsbilder von Reitern und Wagen lassen vermuten, dass die Einwanderer mit Kreta und Mykene in Verbindung standen. In Kreta war der Streitwagen um 1400 v. Chr. in Gebrauch; auch in Zypern kannte man das P. bereits spätestens um 1600 v. Chr. Die ältesten P.-Reste aus Troja stammten aus Schichten von 1800 v. Chr., in Mittelmakedonien von etwa 2000 v. Chr. Hierbei ist ungeklärt, ob es sich bereits um domestizierte Tiere handelt und auch, ob die P. aus der Ukraine über Makedonien oder Kleinasien nach Griechenland kamen. Hurriter, Hethiter, Kassiten und Hyksos benutzten den zweirädrigen Streitwagen.

Die griech. Reiterei spielte im Krieg nur eine untergeordnete Rolle, mit Ausnahme der Thessaler und Makedonen waren die Griechen keine guten Reiter, aber gute Wagenlenker; das P. war ein Lieblingstier der Götter und Helden, ein göttl. P. war Pegasus. Bereits bei den ersten Olymp. Spielen wurden Wagenrennen veranstaltet. Um 630 v. Chr. gründeten Griechen in N-Afrika die Stadt Kyrene, die für ihre P.-Zucht bekannt wurde. Von ihnen übernahmen die Libyer den mit vier P. bespannten Wagen.

Die Römer legten ebenso wie die Griechen zunächst wenig Wert auf die Reiterei im Heer. Da keine Steigbügel benutzt wurden, fehlte der feste Halt auf dem P. Erst die Heeresreform des GALLIENUS (260–268 n. Chr.) und seiner Nachfolger machte Roms Kavallerie den östl. Reitervölkern ebenbürtig. Sehr beliebt waren in Rom Wagen- und P.-Rennen. AUGUSTUS baute die P.-Staatspost, die bis ins 2. Jh. v. Chr. zurückreichte, nach altpers. Vorbild wieder neu auf.

Auch die Kelten Galliens und Britanniens betrieben P.-Zucht, benutzten den Streitwagen (›essedum‹) und waren beritten. Die Germanen besaßen gut ausgebildete Reiterheere. Die P.-Zucht wurde durch KARL D. GR. stark gefördert. Er erhielt vom Kalifen HARUN AR-RASCHID arab. P. und richtete Mustergestüte ein. Materielle Voraussetzungen für den sich seit der Karolingerzeit herausbildenden Ritterstand waren P. und Rüstung. Die schwer gepanzerten Ritter des MA. machten jedoch die Zucht starker und kräftiger P. erforderlich.

Als die Spanier nach der Entdeckung Amerikas Mexiko und Südamerika eroberten, brachten sie auch P. mit, die in Amerika unbekannt waren. Die entlaufenen und verwilderten P. (v. a. Andalusier und Lusitanos) vermehrten sich in den Prärien Nordamerikas sehr stark (→Mustang). Seit dem 17. Jh. wurden sie von den dort lebenden Indianern eingefangen, gezähmt und weitergezüchtet.

In Europa entwickelte sich bereits im 12. Jh., v. a. aber ab Anfang des 16. Jh. in Italien und Frankreich die klass. Reitkunst, deren höchste Vollendung die →hohe Schule ist und die die Grundlagen für das moderne →Dressurreiten lieferte.

I. KRUMBIEGEL: Einhufer (Wittenberg 1958); G. G. SIMPSON: P. Die Gesch. der P.-Familie in der heutigen Zeit u. in sechzig Mio. Jahren ihrer Entwicklung (a. d. Engl., 1977); M. P. LOSE u. S. MEINECKE-TILLMANN: Die Stute u. ihr Fohlen (a. d. Amerikan., 1981); D. SCHÖN: Prakt. P.-Zucht. Sport-P. u. Ponys (1983); E. FELLMER: Rechtskunde für P.-Halter u. Reiter ([2]1984); Gesch. des P., bearb. v. A. BASCHE (1984); E. MOHR u. J. VOLF: Das Urwild-P. (Wittenberg [3]1984); HELMUT MEYER: P.-Fütterung (1986); Richtlinien für Reiten u. Fahren, Bd. 4: P.-Haltung ([6]1986); W. BLENDINGER: Psychologie u. Verhaltensweise des P. ([5]1988); H. LÖWE: P.-Zucht ([6]1988); B. OEXMANN: Die zivilrechtl. Haftung des P.-Halters (1988); M. PICK: Neues Hb. der P.-Krankheiten (1988); J. MARTENS u. A. SALEWSKI: Hb. der modernen P.-Haltung (1989); M. SCHÄFER: Die Sprache des P. (22.–24. Tsd. 1989); Hb. P., hg. v. P. THEIN (Neuausg. 1990); M. JUNKELMANN: Die Reiter Roms, auf mehrere Bde. ber. (1990 ff.); P. LAUNER u. a.: Krankheiten der Reit-P. (1990); U. BUURMAN-PAUL u. W. PAUL: Moderne P.-Zucht u. Haltung ([5]1994); E. C. STRAITON: P.-Krankheiten erkennen u. behandeln (a. d. Engl., [11]1995).

Pferde|aktini|e, Purpurseerose, Erdbeer|rose, Actinia equina, 6 cm hohe, rot, grün oder braun gefärbte Art der Seerosen in der Gezeitenzone aller Meere mit bis zu 190 einziehbaren Tentakeln. Die Fortpflanzung erfolgt ungeschlechtlich durch Längsteilung oder Jungfernzeugung, bei der sich die Larven im Magenraum entwickeln und erst die Jungpolypen das Muttertier durch die Mundöffnung verlassen.

Pferde|antilopen, Hippotragus, Gattung der Pferdeböcke mit drei Arten, von denen der seit 1800 ausgerottete **Blaubock** (Hippotragus leucophaeus) des Kaplandes z. T. auch als Unterart der Pferdeantilope angesehen wird. Die bis 2,5 m körperlange **Pferdeantilope** (Hippotragus equinus) lebt in den Savannen und Steppen Afrikas südlich der Sahara; sie ist grau- bis rotbraun gefärbt mit weißer Gesichtsmaske und besitzt nach hinten gebogene, geringelte Hörner. Sehr ähnlich ist die etwas kleinere und dunkler gefärbte **Rappenantilope** (Hippotragus niger; Körperlänge bis 2,5 m), die im östl. und südl. Afrika beheimatet ist.

Pferdeböcke, Hippotraginae, Unterfamilie der Horntiere mit drei Gattungen: →Pferdeantilopen, →Mendesantilopen und →Spießböcke.

Pferdebohne, *Botanik:* →Bohne.

Pferdeegel
(Länge 10–15 cm)

Pferde|egel, Haemopsis sanguisuga, 10–15 cm langer Kieferegel, der in langsam fließenden und stehenden Gewässern räuberisch von Würmern und Insektenlarven, aber auch von Kaulquappen und Jungfischen lebt, die er ganz hinunterschlingt.

Pferdegrippe, die →Pferdeinfluenza.

Pferdeheilkunde, Hippiatrie, Hippiatrik, die Wiss. von den Krankheiten des Hauspferdes, ihrer Diagnose und Therapie.

Pferde|influenza, Pferdegrippe, hochansteckende fieberhafte Viruserkrankung der Atemwege bei Pferden durch Infektion mit einem Orthomyxovirus (Myxovirus influenzae). Symptome sind Schnupfen, Bindehautentzündung, Lymphknotenschwellung und in der weiteren Folge trockener Husten **(Hoppegartener Husten).** Bei Ruhigstellung kommt es nach 2–3 Wochen zur Selbstheilung. Infolge bakterieller Sekundärinfektionen können komplizierte Verläufe (so genannte **Brüsseler Krankheit**) auftreten. Prophylaktisch ist eine aktive Immunisierung möglich.

Pferdekartoffel, der →Topinambur.

Pferdekopfnebel, *Astronomie:* eine →Dunkelwolke (NGC 2023) in Form eines Pferdekopfes vor einem Emissionsnebel (IC 434) im Sternbild →Orion, südlich des Sterns ζ Orionis. Der P. hat einen Durchmesser von etwa drei und eine Entfernung von etwa 1000 Lichtjahren und ist Teil einer riesigen interstellaren Molekülwolke. (BILD →interstellare Materie)

Pferdelänge, *Pferdesport:* Bez. für den Abstand, der zw. zwei Pferden beim Einlauf in das Ziel liegt. Gemessen wird dabei vom Kopf des vorderen bis zum Kopf des folgenden Pferdes. Man unterscheidet: totes Rennen (Pferde liegen gleichauf und können auch von der Zielfotografie nicht unterschieden werden), Nase, kurzer Kopf, Kopf, Hals, ½ Länge, ¾ Länge, ein bis zehn Längen, über zehn P. ›Weile‹.

Pferdelausfliege
(Körperlänge 7 mm)

Pferdelausfliege, Hippobọsca equịna, 7 mm lange Art der Lausfliegen; lebt als Blutsauger auf der Haut von Pferden, aber auch von Rindern, sticht gelegentlich auch Menschen und Hunde.

Pferdeleistungsschau, Abk. **PLS,** Reit- und Fahrturnier, an dem Wettbewerbe (Reiter-, Fahrer- und Schauwettbewerbe) und Pferdeleistungsprüfungen (Dressur-, Spring-, Gelände- und Vielseitigkeitsprüfungen, Fahrprüfungen) sowie Basis- und Aufbauprüfungen (Reitpferdeprüfungen, Eignungs-, Zuchtstuten-, Spring- und Dressurpferdeprüfungen) durchgeführt werden. Nach Anforderungen und Preisen werden die PLS in drei Kategorien (C, B und A) unterteilt. Die Durchführung erfolgt nach Vorgaben der **Leistungsprüfungsordnung (LPO)** der Dt. Reiterl. Vereinigung (FN) und deren Durchführungsbestimmungen; bei internat. PLS auf dt. Boden wird das Règlement Géneral der Fédération Équestre Internationale angewendet. *Organisationen:* →Pferdesport.

Leistungsprüfungsordnung, hg. v. der Dt. Reiterl. Vereinigung ([4]1995).

Pferdemakrelen, die →Stachelmakrelen.

Pferdemalaria, in trop. und subtrop. Ländern durch Zecken übertragene Babesiose (→Babesia) beim Pferd; Kennzeichen sind Hämolyse, Anämie, Gelbsucht und Ödeme.

Pferdepolo, *Reitsport:* das →Polo.

Pferderassen, nach Exterieur (Aussehen, Größe, Gewicht), Temperament, Verwendungszweck und Zuchtgebiet unterschiedl. Pferdetypen, die nach bestimmten Auswahlkriterien weitergezüchtet werden.

Die genet. Variabilität des Wildpferdes war Voraussetzung für die Entstehung der heutigen Rassenvielfalt. Während zunächst nur Umwelt und Klima in den Verbreitungsgebieten, Isolation einzelner Pferdegruppen oder Teilpopulationen sowie Zuchtwahl innerhalb einer Gruppe zur unterschiedl. Entwicklung der Pferde beitrugen, nahm nach erfolgter Domestikation der Mensch durch Selektion bestimmter Exemplare für die Zucht einen entscheidenden Einfluss auf die Ausprägung einzelner Merkmale und Eigenschaften. Immer wieder mussten einzelne P. einem wechselnden Zuchtziel angepasst werden. Im deutschsprachigen Raum unterteilt man die P. grob in Vollblut-, Warmblut- und Kaltblutrassen sowie nach der Größe in Großpferde- und Ponyrassen.

Geschichte

Beginn und Ursprung der Domestikation der Wild-P. sind wiss. umstritten, ebenso die Abstammung der Haus-P. Während die polyphylet. Abstammungslehre den Haus-P. mehrere Stammformen zugrunde legt, geht die heute bevorzugte monophylet. Abstammungstheorie davon aus, dass in der Jungsteinzeit, als die Wildtiere domestiziert wurden, in Eurasien nur noch das →Prschewalskipferd existierte und somit die Stammform aller heute lebenden P. darstellt.

Eine der ältesten und bedeutendsten P. der Erde ist der **Araber.** Sein Ursprung ist in Pferdepopulationen des zentralasiat. Raumes zu suchen, die von den Persern nach Vorder- und Kleinasien gebracht wurden, sich dort ausbreiteten und weiterentwickelten. Früheste Zeugnisse über die dortige Pferdezucht stammen aus dem 2. Jh. n. Chr. Im frühen MA. entstand das Hauptzuchtgebiet des Arabers im Hochland von Nedjd, dem Stammland der Wahhabiten. Besondere Förderung erfuhr die arab. Pferdezucht durch MOHAMMED, der die Stellung des Pferdes religiös verankerte und die Reinzucht zum obersten Gebot erhob. Dadurch entstand eines der ersten geschlossenen Zuchtgebiete, in dem im Verlauf von Jahrhunderten ein hochedles, charakterlich einwandfreies, ausdauerndes und v. a. schnelles Pferd entstand. Im 9. Jh. gelangten arab. Pferde über N-Afrika nach Spanien und Frankreich sowie vereinzelt auch nach W- und Mitteleuropa, wobei sie insbesondere die Landeszuchten N-Afrikas (Berber) und Spaniens (Andalusier) stark prägten. Der über viele Generationen hinweg in seinen typ. Merkmalen gefestigte Araber hat dadurch direkt oder indirekt zur Entstehung oder Veredlung nahezu aller P. weltweit beigetragen. Das ursprüngl. Nedjder Pferd ist heute durch Auswanderung der Beduinen nach N-Arabien in seiner Stammheimat nahezu verschwunden; ein großer Teil der wertvollen Zuchtpferde konnte jedoch im 19. Jh. (unter Pascha ABBAS I. HILMI) nach Ägypten gerettet werden, das dadurch zum wichtigsten Zuchtgebiet der reinrassigen Wüstenaraber wurde. Pferde aus dieser Zucht werden auch als **Vollblut-Araber** oder **Asil-Araber** (von asil ›reinblütig‹) bezeichnet.

Möglicherweise noch älter als die Araberzucht ist die der **Achal Tekkiner,** einer aus dem Gebiet des heutigen Turkmenistan stammenden, edlen, harten und schnellen P., die von vielen Hippologen als weitere Vollblutrasse anerkannt wird. Älteste Funde turkmen. Pferde, die bereits große Ähnlichkeit mit dem existierenden Achal Tekkiner aufweisen, lassen sich auf die Zeit um 1500 v. Chr. datieren.

In Europa bildeten sich erst um 300 v. Chr. die ersten Landschläge aus; bei den kleinwüchsigen Pferden der Jungsteinzeit, Bronze- und Eisenzeit waren noch keine Rassenunterschiede erkennbar. Die galloröm. Pferde des 3. und 4. Jh. v. Chr. waren größer als ihre Vorgänger und Nachfahren. In den ersten Jahrhunderten n. Chr. finden sich bei den Landschlägen bereits kleinere und größere Formen; während der Zeit der Völkerwanderung entstanden mittelgroße, breitwüchsige ›Urkaltblüter‹, aus denen später die Ritterpferde des MA. (Stockmaß um 1,60 m) herausgezüchtet wurden.

Im 14. Jh. begannen die Engländer mit einer ausschließlich auf Rennleistung ausgerichteten Pferdezucht; zunächst auf der Basis einheimischer kelt. Landschläge, die sie durch Kreuzung mit anderen europ. Rassen zu verbessern suchten. Eindeutige Erfolge erzielte man schließlich durch Veredlung mit oriental. P. (Arabern, Turkmenen, Berbern). Im 18. Jh. erkannte man die züchter. Bedeutung der genet. Isolation; als Folge wurden keine weiteren Pferde mehr in die Zucht aufgenommen. Die 1791 in das Generalstutbuch eingetragenen Pferde dieser ersten planmäßig geschlossenen Pferdezucht bilden die Grundlage der heute so bedeutenden Rasse des →Englischen Vollbluts.

Im 18. und 19. Jh. entstanden in Europa P. auf der Basis vorhandener Landschläge, die v. a. mithilfe des Arab. und Engl. Vollbluts und der Angloaraber (Kreuzungsprodukte aus Arab. und Engl. Vollblut) veredelt wurden, das Warmblut. Zuchtziel war ein als Wagen- (Karossier-) und Reitpferd geeignetes Pferd, das sich aber auch in der Landwirtschaft einsetzen ließ. Zu den zuchthistorisch wichtigsten dt. Warmblutrassen zählen Trakehner, Mecklenburger, Hannoveraner, Holsteiner und Oldenburger. Durch starke Angleichung des Zuchtzieles stehen heute die Warmblutpferde aller dt. Zuchtgebiete nahezu ausnahmslos im Typ des →Deutschen Reitpferdes und gehören zu den für den Pferdesport bedeutendsten P. weltweit.

J. FORBIS: Das klass. arab. Pferd (a. d. Engl., 1980); E. SCHIELE: Araber in Europa. Gesch. u. Zucht ([3]1982); Dt. Pferdezucht. Gesch., Zuchtziele, hg. v. C. Freiherr VON STENGELIN u. a. (1983); Asil-Araber. Arabiens edle Pferde. Eine Dokumentation, hg. vom Asil-Club (Neuausg. 1985); G. KAPITZKE: Staatsgestüte Bundesrepublik Dtl., Österreich, Schweiz (1989); L. KNOLL: Das engl. Vollblut (1990); E. H. EDWARDS: Pferde-Rassen (a. d. Engl., 1995).

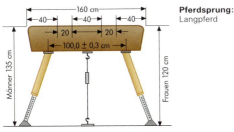

160 cm
40 40 40
20 20
100,0 ± 0,3 cm
Männer 135 cm
Frauen 120 cm

Pferdsprung: Langpferd

Pferderettichbaum, Meerrettichbaum, Moringa oleifera, trockenheitsresistenter Baum aus der Familie der →Moringagewächse mit großen, gefiederten Blättern und dickem Stamm; v. a. in Vorderindien kultiviert; die jungen Früchte sind in Indien und in W-Afrika ein beliebtes Gemüse, die scharf schmeckende Wurzel dient als Gewürz (›horse radish‹).

Pferdeschwamm, Art der →Hornschwämme.

Pferdesport, Sammel-Bez. für alle sportl. Disziplinen, die sich aus dem Umgang des Menschen mit Pferden entwickelt haben. Zu den ältesten P.-Arten zählen das Pferderennen, das auch einen starken Einfluss auf die Pferdezucht ausübte, sowie versch. Kampfspiele zu Pferde. Heute gehören zu den offiziell anerkannten P.-Disziplinen neben dem Rennsport (→Galopprennen, →Trabrennen) v. a. der Reitsport mit →Dressurreiten, →Springreiten, →Vielseitigkeit, →Distanzreiten, →Westernreiten, das →Fahren, das →Voltigieren und versch. Mannschaftssportarten, v. a. →Polo. *Organisationen:* Der P. (außer Rennsport und Polo) wird in Dtl. durch die Dt. Reiterl. Vereinigung (FN, Abk. für Fédération Nationale; gegr. 1905, Sitz: Warendorf) und ihre Anschlussverbände organisiert. In Österreich besteht der Bundesfachverband für Reiten und Fahren in Österreich (BFV; gegr. 1962, Sitz: Wien) und in der Schweiz der Schweizer. Verband für P. (SVP; gegr. 1900, Sitz: Ostermundingen). Internat. Dachverband ist die Fédération Équestre Internationale (FEI; gegr. 1921, Sitz: Lausanne). →Pferdeleistungsschau

Pferdestärke, Einheitenzeichen **PS,** nichtgesetzliche Einheit der Leistung in der Technik: 1 PS = 75 kp · m/s = 0,735 498 75 kW.

Pferdesterbe, Pferdepest, *Tiermedizin:* →afrikanische Pferdepest.

Pferde|umritte, brauchtüml. Reiterprozessionen, →Flurumritt.

Pferdezucht, die planmäßige Zucht von Pferden nach Abstammung, Exterieur und Leistung, wobei die Zuchttiere nach Fehlerlosigkeit, Form, Leistungsfähigkeit, Ausdauer u. a. Kriterien, die dem gewünschten Zuchtziel entsprechen, ausgesucht werden.

Literatur →Pferde, →Pferderassen.

Pferdmenges, Robert, Bankier und Politiker (CDU), * Mönchengladbach 27. 3. 1880, † Köln 28. 9. 1962; 1931–54 Teilhaber des Bankhauses Salomon Oppenheim jr. & Cie., Köln sowie Vors. und Mitgl. der Aufsichtsräte mehrerer Unternehmen der Schwer- und Textilindustrie; 1951–60 Vors. des Bundesverbandes dt. Banken. Er war Mitbegründer der CDU im Rheinland, 1947–49 MdL von NRW, 1949–62 MdB. P. war Vertrauter und Berater von K. ADENAUER, bes. für Wirtschafts- und Finanzfragen.

Robert Pferdmenges

Pferdsprung, *Kunstturnen:* Übung des Geräteturnens, bei der die Männer über das lang gestellte und die Frauen über das quer gestellte **Langpferd** springen, das im Ggs. zum →Pauschenpferd keine Griffbügel aufweist. Als Absprunghilfe dient ein federndes Brett (Sprungbrett). P. ist auch Disziplin des →Sechskampfes (Männer) bzw. →Vierkampfes (Frauen).

Pfettendach [spätmhd. pfette, wohl zu lat. patena, eigtl. ›Krippe‹], Form der Dachkonstruktion, →Dach.

Pfifferling [ahd. phifera, zu Pfeffer (nach dem leicht pfefferähnlichen Geschmack)], **Echter P., Eierschwamm, Goldschwämmchen, Rehling, Pfefferling, Cantharellus cibarius,** zur gleichnamigen Gattung Pfifferlinge (Cantharellus) gehörender Leistenpilz der Laub- und Nadelwälder, erscheint Juli bis Ende September; Hut 3–8 cm breit, oft trichterförmig vertieft, mit unregelmäßigem Rand, an der Unterseite mit herablaufenden, schmalen, lamellenartigen, gegabelten Leisten; Farbe blass- bis eidottergelb; Stiel blasser; Fleisch weißlich. Der P. ist ein wertvoller Speisepilz, der in der Roten Liste Dtl.s als gefährdet eingestuft wurde. Er wird gelegentlich mit dem im Nadelwald häufigen **Falschen P. (Orangegelber Gabelblättling,** Hygrophoropsis aurantiaca), einem Trichterling, verwechselt; Hut dünnfleischig und orangerot bis lederfarben; mit schmalen, gegabelten, herablaufenden Lamellen; Stiel gleichfarbig; wenig schmackhaft und zäh.

Pfifferling: Echter Pfifferling (Hutdurchmesser 3–8 cm)

Pfingstbewegung, Sammel-Bez. für versch. aus der amerikan. Heiligungsbewegung des 19. Jh. entstandene christl. Gemeinschaften. Der Name P. hat seinen Ursprung in der von ihren ersten Anhängern **(Pfingstlern)** erwarteten erneuten (endzeitl.) Ausgießung des Hl. Geistes nach dem Vorbild der Geistausgießung am Pfingsttag (Apg. 2, 1 ff.). Die ›Geisttaufe‹ bildet im pfingstler. Verständnis die dritte geistl. Erfahrung nach ›Bekehrung‹ und ›Heiligung‹ und wird mit versch. ›Geistesgaben‹ verbunden (Zungenrede [→Glossolalie], Prophetie, Krankenheilungen). Allen Pfingstlern gemeinsam sind bes. ein von der buchstäbl. Unfehlbarkeit der Bibel ausgehendes Bibelverständnis, spontane Gebetspraxis, ekstat. Frömmigkeitsformen und ein mit dem Gebot der Heiligung des Alltags begründeter moral. Rigorismus.

Durch die von ihren Anhängern in bes. starker Weise empfundene Berufung zur Mission ist die P. der am stärksten wachsende Zweig des Christentums im 20. Jh. Ausgehend von einer Erweckung in einer Gebetsversammlung des farbigen Bischofs WILLIAM J. SEYMOUR (* 1870, † 1922) in Los Angeles (Calif.) 1906 breitete sich die urspr. sozialkrit. Bewegung v. a. unter der sozial bedrängten Bev. Lateinamerikas (heute v. a. in Brasilien und Guatemala vertreten) aus, aber auch in Afrika und in Asien (bes. in Süd-Korea), wo sich zahlr. unabhängige Pfingstkirchen bildeten. Die traditionellen (›klassischen‹) Pfingstkirchen entstanden in den USA und in Europa (bes. in Skandinavien, Dtl. und Italien). Neben sie sind in der Folge zahlr. **unabhängige Pfingstkirchen** und **neupfingstlerische (neopentekostale) Gruppen** getreten. In O- und SO-Europa (Sowjetunion, Rumänien) fasste die P. Anfang der 1920er-Jahre Fuß sowie erneut nach dem Zusammenbruch der kommunist. Staatsordnungen (1989/90). In Dtl. wurde die P. zuerst innerhalb der →Gemeinschaftsbewegung (›Gnadauer Pfingstkonferenz‹) wirksam, führte 1909 zu deren Spaltung (›Berliner Erklärung‹) und organisierte sich danach als selbstständige religiöse Bewegung neben den Kirchen in mehreren unabhängigen Zusammenschlüssen, wie dem ›Christl. Gemeinschaftsverband Mülheim/Ruhr‹

(1997: rd. 3 500 Mitgl. in 70 Gemeinden), dem ›Bund Freikirchl. Pfingstgemeinden‹ (rd. 29 500 Mitgl. in 528 Gemeinden) und der ›Volksmission entschiedener Christen‹ (rd. 3 700 Mitgl.), der ›Gemeinde Gottes‹ (→Church of God) und der ›Apostol. Kirche – Urchristl. Mission‹ (rd. 700 Mitgl.) sowie in zahlr. Einzelgemeinden und Missionswerken. – Dachverband der Pfingstkirchen in der *Schweiz* (insgesamt über 10 500 Mitgl.) ist seit 1974 der ›Bund Pfingstl. Freikirchen in der Schweiz‹.

Weltweit werden der P. heute (1997) rd. 220 Mio., der in ihren Wurzeln von der P. beeinflussten charismat. Bewegung rd. 170 Mio. Christen zugerechnet. Auf innerpfingstl. ökumen. Ebene finden seit 1947 alle drei Jahre Weltpfingstkonferenzen statt. Eine Mitgliedschaft im Ökumen. Rat der Kirchen lehnen die meisten Pfingstkirchen jedoch ab.

Die Pfingstkirchen, hg. v. W. J. HOLLENWEGER (1971); G. U. KLIEWER: Das neue Volk der Pfingstler. Religion, Unterentwicklung u. sozialer Wandel in Lateinamerika (Bern 1975); Dictionary of Pentecostal and charismatic movements, hg. v. S. M. BURGESS u. a. (Grand Rapids, Mich., 1988); Hb. religiöse Gemeinschaften, hg. v. H. RELLER u. a. ([4]1993); F. STEPPER: Die Gesch. der charismat. Bewegung (1995); W. J. HOLLENWEGER: Charismat.-pfingstl. Christentum. Herkunft, Situation, ökumen. Chancen (a. d. Engl., 1997). *Weitere Literatur* →charismatische Bewegung

Pfingsten [mhd. pfingeste(n), durch Vermittlung von gleichbed. got. paíntēkustē von griech. pentekostē (hēmerá) ›fünfzigster‹ (Tag, d. h. nach Ostern)], im *Judentum* das Fest →Schawuot (›Wochenfest‹), das in jüdisch-hellenist. Kreisen auch Pentekoste (›Fest des fünfzigsten Tages‹) genannt wurde; daraus ging die christl. Bez. Pfingsten hervor. In den *Kirchen abendländ. Tradition* ist P. das Fest der Sendung des Hl. Geistes und der Begründung der Kirche, in der *orth. Kirche* das Fest der Trinität (Pfingstsonntag) und der Geistsendung (Pfingstmontag). Die bibl. Begründung des Pfingstfestes findet sich in der in Apg. 2, 1 ff. geschilderten Ausgießung des Hl. Geistes zu Schawuot (›Pfingstwunder‹). Nach altchristl. Verständnis war P. Höhepunkt und Abschluss der Osterzeit. In der röm. Liturgie wurde es – neben Ostern – zu einem zweiten Tauftermin und entwickelte sich, erweitert um die Feier der Vigil (seit dem 5. Jh.) und der Oktav (seit dem 7. Jh.), zu einem eigenständigen ›Fest des Hl. Geistes‹. Die Liturgiereform in der *kath. Kirche* hat Vigil und Oktav gestrichen und die Bedeutung von P. als festl. Beendigung der 50-tägigen Osterfeier in den Mittelpunkt gerückt (Lesung: Joh. 20, 19–23). In den *ev. Kirchen* wird P. als Ausrüstung der Jünger mit dem Hl. Geist (und damit zur Mission) und als Geburtsfest der Kirche gefeiert. Der Pfingstmontag ist trotz Wegfall der Pfingstoktav in Dtl., Österreich und der Schweiz (kirchl. und staatl.) Feiertag.

Pfingstrose: **oben** Edelpäonie (Höhe 60–80 cm); **unten** Strauchpfingstrose (Höhe 60–150 cm)

Die älteste Darstellung des Pfingstmotivs in der *bildenden Kunst* findet sich auf einer Miniatur im syr. Rabula-Evangeliar (586): MARIA steht inmitten der zwölf Apostel, eine Taube kommt herab, über den Häuptern züngeln Flammen. Dieser Darstellungstypus blieb bestimmend; MARIA und die Apostel wurden jedoch auch sitzend wiedergegeben. Manchmal fehlt MARIA, dafür wird PETRUS Mittelpunkt (Codex Egberti, um 980–984; Trier, Stadtbibliothek); CHRISTUS sendet den Hl. Geist zu den Aposteln (Tympanon an der Abteikirche Sainte-Madeleine in Vézelay, um 1120–30); die Völker staunen über das Sprachwunder (Codex Egberti, L. GHIBERTI, FRA ANGELICO). Seit dem späten MA. wird die Verzückung der vom Hl. Geist Überkommenen betont, das Flammenwunder findet seinen Ausdruck in einem von der Höhe herabkommenden Licht (A. DÜRER, TIZIAN, J. BASSANO, EL GRECO, P. P. RUBENS). Das Pfingstgeschehen zeigen oft auch barocke Kuppel- und Deckenfresken (M. GÜNTHER, 1735–43; Neustift).

Pfingsten: Miniatur aus dem Rabula-Evangeliar; 586 (Florenz, Biblioteca Medicea Laurenziana)

Kulturgeschichtliches und *Brauchtum:* P. ist von der beginnenden Sommerzeit (→Mai) und vermutlich vorchristl. Fruchtbarkeitskulten geprägt. – Breton. Sagen, frz. und dt. Ritterromane erzählen von glanzvollen Pfingstfesten des sagenhaften Königs Artus (5./6. Jh.) zu Glamorgan. Zu P. 1184 feierte FRIEDRICH I. BARBAROSSA in Mainz die Schwertleite (Ritterschlag) zweier Söhne im Beisein von 70 000 Menschen. – P. blieb der beliebteste Termin der höfisch-ritterl. wie der patriz. Turniere und wurde es auch für die großen Schützenfeste. Auf der Pfingstwiese und dem Pfingstanger, den Plätzen der Festlichkeiten in der Stadt und auf dem Land, wurden Pfingstlauben errichtet, Pfingstbäume aufgestellt, Pfingstmaien (vornehmlich Vogelbeerbaum und Birke) gesteckt, Pfingstgelage und Pfingstgilden mit dem Ausschank des Pfingstbiers gehalten. Hier fanden die Tanzveranstaltungen und Pfingstspiele statt: Scheiben- oder Vogelschießen, Wettkämpfe zu Fuß oder zu Pferd, Reiten und Stechen nach Kranz und Ring, das Schlagen nach dem Pfingsthahn. Aus Siegen in Wettkampfspielen oder auch aus Wahlen gingen ein Pfingstkönig und eine Pfingstkönigin bzw. Pfingstbraut hervor. Die Personifizierung des Festtermins ergab in Laub und Birkenreisig gehüllte Maskengestalten unter landschaftlich unterschiedl. Bezeichnungen (Laubmann, Laubkönig, Pfingst- oder Wasservogel, Schössmeier, Pfingstquack). Häufig wurde der zuletzt zum Fest erschienene Bursche mit Laub oder Stroh verkleidet und als Pfingstlümmel, Pfingstbutz, Füstjemaj, Pfingstdreck verspottet, mancherorts der zuerst erschienene geehrt (z. B. als Tauschlepper). Der Heischegang der verkleideten Gestalten war das Vorrecht der Jugendlichen, sie gingen (im ›Pfingstdreckspiel‹ in Fußbach, Kinzigseitental, noch heute) von Haus zu Haus, um mit Pfingstliedern und -sprüchen Gaben zu erheischen. Vor der Technisierung der Landwirtschaft wurde zu P. das Vieh zum ersten Mal auf die Weide getrieben und das erste oder letzte Tier bzw. der zum Braten bestimmte Pfingstochse (Mecklenburg) festlich geschmückt. Mit dem religiösen Sinn des Festes sind die Flurumritte verbunden, bei denen, z. B. in Kötzting (Bayer. Wald), der Flursegen erteilt wird. In kath. Kirchen gab es den Brauch, eine geschnitzte Taube aus dem Kirchengewölbe (›Heiliggeistloch‹) herabzulassen. Den Brauch der Pfingstmaien übernahm auch die ev. Kirche, gestützt auf Ps. 118, 27 (in der Übers. M. LUTHERS ›Schmücket das Fest mit Maien bis an die Hörner des Altars‹). Wie dem Osterwasser wurde dem Pfingstwasser besondere Heil- und Segenskraft nachgesagt, was sich z. B. im Brauch des Brunnenschmückens (bzw. der Brunnenfeste) äußert.

J. BOECKH: Die Entwicklung altkirchl. Pentekoste, in: Jb. für Liturgik u. Hymnologie, Jg. 5 (1960); J. KREMER: Pfingstbericht u. Pfingstgeschehen. Eine exeget. Unters. ... (1973); I. WEBER-KELLERMANN: Saure Wochen, frohe Feste (1985).

Pfingstrose, Päonie, Paeonia, Gattung der P.-Gewächse mit rd. 30 Arten im temperierten Eurasien (davon zehn in Europa) und im westl. Nordamerika; ausdauernde Pflanzen mit meist knollig verdickten Wurzeln, krautigen oder verholzenden Stängeln, zusammengesetzten Blättern und großen, weißen, gelben, rosafarbenen oder roten Blüten. Die P. gehört zu den beliebtesten Zierpflanzen. Die wichtigsten Arten mit zahlr. Zuchtformen sind die krautige **Edelpäonie** (**Chinesische P.,** Paeonia lactiflora; mit mehr als 3 000 Gartenformen, v. a. für Schnittblumen genutzt), die in China und im Himalajagebiet heim. **Strauch-P.** (**Strauchpäonie,** Paeonia suffruticosa; mit bis 16 cm großen Blüten) und die **Echte P.** (**Bauern-P., Gicht-, Klatschrose,** Paeonia officinalis; Stauden mit doppelt dreizähligen, tief eingeschnittenen Blättern und bis 10 cm großen, meist roten, oft gefüllten Blüten).

Pfingstrosengewächse, Paeoniaceae [pɛ...], Familie der Zweikeimblättrigen mit zwei Gattungen im temperierten Eurasien und im westl. Nordamerika; die wichtigste Gattung ist die →Pfingstrose.

Pfintzing, Pfinzing, Melchior, Dichter, *Nürnberg 25. 11. 1481, †Mainz 24. 11. 1535; 1512 Propst in Nürnberg, später in Mainz; Sekretär und Rat MAXIMILIANS I.; arbeitete im Auftrag des Kaisers an dessen autobiograph. Epos ›Theuerdank‹ (1517) mit und ergänzte es durch einen Allegorienschlüssel.

Pfinz *die,* rechter Nebenfluss des Rheins, Bad.-Württ., 60 km lang, entspringt am nördl. Schwarzwaldrand, mündet gegenüber von Germersheim. Die 1934 begonnene P.-Saalbach-Korrektion hat die Abflussverhältnisse in der Ebene sowie die Anbauverhältnisse verbessert.

Pfinzgau, Landschaft am Oberrhein, Bad.-Württ., das Grenzgebiet zw. Schwarzwald und Kraichgau im Einzugsgebiet der oberen und mittleren Pfinz, eine fruchtbare, lössbedeckte Gäulandschaft.

Pfinztal, Gem. im Landkreis Karlsruhe, Bad.-Württ., 151 m ü. M., im nördl. Pfinzgau, 17 300 Ew.; Institut für Chemie der Treib- und Explosionsstoffe; Baustoffindustrie. – Im Ortsteil Kleinsteinbach ev. Thomaskirche (1807–17; nach Entwurf von F. WEINBRENNER).

Pfirsich [mhd. pfersich, über vulgärlat. persica von lat. persicum (malum) ›persisch(er Apfel)‹], kugelige, seidig behaarte, essbare Steinfrucht des P.-Baums. Eine glattschalige Varietät ist die →Nektarine.

Pfirsichbaum, Prunus persica, in vielen Ländern der Erde (u. a. Südeuropa, Kalifornien, Südamerika) angepflanztes, urspr. aus China stammendes Rosengewächs; Strauch, der meist baumförmig (bis 8 m hoch) auswächst mit breit-lanzettl., 8–15 cm langen, lang zugespitzten Blättern und rosafarbenen oder roten, 2–3,5 cm breiten Blüten, die meist vor den Blättern erscheinen. Der P. wird in zahlr. Sorten kultiviert (Früchte →Pfirsich).

Krankheiten und *Schädlinge:* Häufig tritt die durch einen Pilz verursachte Kräuselkrankheit des P. auf, kennzeichnend ist die hellgrüne Kräuselung der Blattflächen. Die Behandlung mit Fungiziden muss frühzeitig vor dem Austrieb erfolgen. Die Raupe der Pfirsichmotte verursacht Fraßgänge in den Früchten.

Kulturgeschichte: Vermutlich in Zentralchina heimisch, wurde der P. dort bereits im 3. Jt. v. Chr. kultiviert und in versch. Sorten angebaut. Um 200 v. Chr. lässt er sich im vorderasiat. Raum nachweisen. Von den Persern lernten ihn die Römer kennen, die ihn dann im 1. Jh. n. Chr. im gesamten Röm. Reich verbreiteten. Im MA. wurde er verschiedentlich erwähnt (›Capitulare de villis‹ KARLS D. GR.) und beschrieben (u. a. von ALBERTUS MAGNUS), seine Bestandteile von HILDEGARD VON BINGEN als Heilmittel empfohlen, ebenso von den Botanikern des 16. Jahrhunderts.

Pfirsichbaum: Zweig mit Einzelblüten und mit Frucht

Pfirsichblattlaus, Art der →Röhrenläuse.

Pfirt, frz. **Ferrette** [fɛˈrɛt], ehem. Grafschaft im Sundgau, Oberelsass, die vom 11. Jh. bis 1324 den Grafen von P. unterstand. Deren Sitz war die Burg Hohenpfirt (Ruine) im heutigen Ort Ferrette (800 Ew.). 1324 fiel die Grafschaft durch Heirat an das Haus Habsburg. 1648 kam P. an Frankreich. LUDWIG XIV. schenkte die Grafschaft 1659 Kardinal MAZARIN bei dessen Erhebung in den Herzogstand.

Pfitscher Joch, ital. **Passo di Vizze,** Pass, 2 251 m ü. M., zw. Zamser Tal und **Pfitscher Tal** (28 km lang, mündet in Südtirol, Italien, bei Sterzing ins Eisacktal).

Pfitzner, Hans Erich, Komponist, *Moskau 5. 5. 1869, †Salzburg 22. 5. 1949; studierte in Frankfurt am Main und kam u. a. über Mainz (1894–96 Theaterkapellmeister), Berlin (1897–1907 Lehrer für Komposition am Sternschen Konservatorium, seit 1903 zugleich Kapellmeister am Theater des Westens), Straßburg (1908–18 Städt. Musikdirektor und Direktor des Konservatoriums) wieder nach Berlin (1920–29 Leiter einer Meisterklasse für Komposition an der Akad. der Künste); 1929–34 war er Leiter einer Meisterklasse für Komposition in München und wirkte dann international als Dirigent, Pianist und Opernregisseur.

Hans Pfitzner

Sein Werk ist in Kompositionsart und Gehalt Ausklang der klassisch-romant. Tradition, deren Allgemeingültigkeit er auch in seinen Streitschriften gegen zeitgenöss. Richtungen betonte (u. a. ›Futuristengefahr‹, 1917, gegen F. BUSONI; ›Die neue Aesthetik der musikal. Impotenz‹, 1920). Die Opern sind von eigener musikdramat. Kraft, die Kammermusikwerke oft von verhaltener, in sich gekehrter Faszination des Ausdrucks, die z. T. durch subtile kontrapunkt. Stimmführung erzielt wird. Sein Hauptwerk ist die musikal. Legende ›Palestrina‹ (1917; Text von P.), in deren Musik die Erfahrung des polyphonen Klanges des 16. Jh. eingeschmolzen ist.

Weitere Werke: *Opern:* Der arme Heinrich (1895); Die Rose vom Liebesgarten (1901); Das Christ-Elflein (1906, Neufassung 1917); Das Herz (1931). – *Schauspielmusiken:* Musik zu H. IBSENS ›Fest auf Solhaug‹ (1890) und H. VON KLEISTS ›Käthchen von Heilbronn‹ (1905). – *Orchesterwerke:* Sinfonie cis-Moll (1932; nach dem Streichquartett cis-Moll); Kleine Sinfonie (1939); Sinfonie C-Dur (1940); Fantasie (1947); Klavierkonzert Es-Dur (1922); Violinkonzert h-Moll (1925); Violoncellokonzerte G-Dur (1935) und a-Moll (1943; UA 1944). – *Kammermusik:* 4 Streichquartette (d-Moll 1886; D-Dur 1903; cis-Moll 1925; c-Moll 1942); Klaviertrio F-Dur (1896); Klavierquintett C-Dur (1908); Klaviersextett (1945). – *Vokalwerke:* Von dt. Seele. Eine romant. Kantate nach ... J. VON EICHENDORFF (1921); Das dunkle Reich. Eine Chorphantasie (1929, UA 1930); ferner Chöre, über 100 Lieder und Bearbeitungen.

Ausgaben: Ges. Schr., 4 Bde. (1926–87); Reden, Schr., Briefe, hg. v. W. ABENDROTH (1955).

Mitt. der H.-P.-Gesellschaft (1954 ff.); H. GROHE: H. P. Verz. sämtl. im Druck erschienenen Werke (1960); B. ADAMY: H. P.: Lit., Philosophie u. Zeitgeschehen in seinem Weltbild u. Werk (1980); J. P. VOGEL: H. P. (1989); H. P. – ›Das Herz‹ u. der Übergang zum Spätwerk, hg. v. P. CAHN u. W. OSTHOFF (1997).

Pflanzbau, bes. in den Tropen verbreiteter Ackerbau ohne Pflug und landwirtschaftl. Maschinen; charakterisiert durch Brandrodung, Land- (Wanderfeldbau) oder Feldwechsel (Rotationsbrache) und die Lockerung der Krume mit Hacke oder Grabstock.

Pflanzen [ahd. pflanza, von lat. planta ›Setzling‹], formenreiche Organismengruppe, die gemeinsam mit den Tieren und den Menschen die Biosphäre besiedelt. Dem Menschen, der P. schon frühzeitig in Kultur nahm (→Kulturpflanzen), liefern sie Nahrungs-, Futter- und Heilmittel sowie als Nutz- und Industriepflanzen Rohstoffe für Kleidung, Behausung und Werkzeuge. Die Abgrenzung der P. gegenüber den Tieren ist im Bereich der →Flagellaten schwierig und erst auf höherer Organisationsstufe aufgrund der Ernährungsweise und des Zellbaus möglich. P. sind i. Allg. autotroph, d. h., sie bauen mithilfe des Sonnenlichts (→Photosynthese) ihre organ. Körpersubstanz aus unbelebtem, anorgan. Material auf. Damit schaffen P. die Existenzvoraussetzungen für die heterotrophen Tiere, für einige heterotrophe P. (chlorophyllfreie P., Pilze, einige Bakterien) und den Menschen, die alle ihre Körpersubstanz nur aus organ., letztlich von P. aufgebautem Material bilden können.

Die äußere Form (morpholog. Organisation) der P. ist der autotrophen Lebensweise durch Ausbildung großer äußerer Oberflächen (Blätter, verzweigte Spross- und Wurzelsysteme) zur Aufnahme von Energie und Nährstoffen am Standort angepasst. Es fehlen die zur aktiven Nahrungssuche durch Ortsveränderung notwendigen Bewegungs- und Koordinationssysteme, wie sie die Tiere haben, die (bei kompakter Außenform) im Ggs. zu den P. zur Nahrungsresorption große innere Oberflächen ausbilden. Bei den P. erfolgt die Koordination zw. den einzelnen Zellen, Geweben und Organen auf hormonellem Wege (→Pflanzenhormone).

Die ursprüngl. P.-Gruppen sind z. T. einzellig (Bakterien, Flagellaten, niedere Algen), bilden lockere Zellkolonien (verschiedene Grünalgen) oder haben einen einfachen fädigen oder gelappten Vegetationskörper (Thallus). Bei den Laubmoosen andeutungsweise beginnend, tritt, fortschreitend über die Farne zu den Samenpflanzen, eine Gliederung des Vegetationskörpers zu einem Kormus (→Kormophyten) ein. Unterschiede in Zahl, Anordnung und Größe sowie Metamorphosen der Grundorgane (im Verlauf der Stammesgeschichte erfolgte Umbildung zu Organen mit besonderer Funktion, z. B. die Entstehung von Blüten- oder Staubblättern aus der Grundform des Blattes) verursachen die Formenmannigfaltigkeit der P., die sich mit rd. 360 000 Arten zu einem System von abgestufter Organisationshöhe ordnen lassen, das als Abbild der stammesgeschichtl. Entwicklung gilt.

Grundbaustein der inneren Organisation der P. ist die →Zelle. Während im Thallus die Zellen wenig nach Form und Funktion differenziert sind, ist der Kormus der höheren P. (Farne, Samen-P.) aus arbeitsteiligen Geweben aufgebaut. Die Fortpflanzung und Vermehrung der P. erfolgt geschlechtlich durch Vereinigung verschiedengeschlechtiger Geschlechtszellen oder ungeschlechtlich (vegetativ) durch Sporen. Bei niederen P. (Algen, Pilze, Flechten, Moose) gibt es z. T. freie Wahl zw. beiden Fortpflanzungsarten, bei höher organisierten Gruppen tritt ein strenger →Generationswechsel auf. Die Bildungsorgane der Geschlechtszellen und Sporen sind entweder unscheinbar oder in auffallende umgebildete Sprosse, die Blüten, einbezogen. Bei vielen P. tritt zusätzlich eine vegetative Vermehrung durch Zellverbände auf, die sich von der Mutterpflanze ablösen (Ausläufer, Brutkörper, Brutknospen). – Auf Außenreize reagieren P. durch versch. Organbewegungen (→Tropismen, →Nastien); freibewegl. Formen zeigen ortsverändernde →Taxien.

Die Bedeutung der P. für das organismische Leben ist sehr groß. Sie versorgen nicht nur die heterotrophen Lebewesen mit Nährstoffen, sondern ermöglichen dank der Freisetzung von Sauerstoff bei der Photosynthese die Atmung aller Organismen. Sie prägen auch entscheidend das Landschaftsbild der Erde. Auch in den Meeren, Seen und Flüssen ermöglichen erst die P. das Leben von Tieren. Fehlt die Vegetation oder wird sie vernichtet, so ändert sich die Landschaft, und erhebl. Gefahren drohen (Erosion, Versteppung, Mangel an Nahrungsmitteln). Durch Aufnahme und Speicherung von Niederschlagswasser sowie durch dessen Abgabe (Transpiration, Guttation) beeinflussen die P. das Klima und tragen durch Ausscheidungen von Säuren aus ihrem Vegetationskörper (z. B. bei Flechten als Besiedler nackten Gesteins) oder aus den Wurzeln zur Bodenbildung bei. Gärten, Parks und Grünanlagen sind wegen der Sauerstoffbildung der P. durch Photosynthese, aber auch durch Bindung von Staub und anderen Luftverunreinigungen durch die Blätter die ›grünen Lungen‹ der Städte.

Die ersten Land-P. sind als Fossilien von der Wende des Silurs zum Devon vor ungefähr 390 Mio. Jahren bekannt. Die ältesten bedecktsamigen Blüten-P. entwickelten sich in der Kreidezeit vor rd. 125 Mio. Jahren. Sie verdrängten die bis dahin vorherrschenden Nadelbäume und Farn-P. und sind heute die dominierende P.-Gruppe.

⇨ *Botanik · Ernährung · Giftpflanzen · Heilpflanzen · Kulturpflanzen*

Literatur →Botanik.

Pflanzen|anzucht, die gesteuerte Anzucht ein- oder mehrjähriger Pflanzen aus Samen (v. a. wertvolle Gemüse, Blumen, Gehölze). Zunächst werden die Pflanzensamen zu bestimmten Zeiten ins Saatbeet oder in den Aussaatkasten (meist im Gewächshaus) ausgesät. Sobald die Sämlinge zwei bis vier Oberblätter ausgetrieben haben, werden sie in regelmäßigen Abständen in Anzuchtkästen, Pflanztöpfe oder Pflanzbeete ausgepflanzt (pikiert, vertopft). Wenn die Jungpflanzen ausreichend groß sind, werden sie als Setzlinge (Setzpflanzen) an den endgültigen Standort verbracht. Einige Forstgehölze, z. B. Waldkiefern, Trauben- und Stieleichen, werden (im →Kamp) bereits in artspezif. Abständen ins Saatbeet gesät und gelangen von hier nach ein bis zwei Jahren ohne →Verschulen an den endgültigen Standort.

Pflanzen|areal, Verbreitungsgebiet einer Pflanzensippe (Art, Gattung, Familie u. a.). Nur wenige Arten, bes. Wildkräuter und untergetaucht lebende Wasserpflanzen, sind über die ganze Erde verbreitet (Kosmopoliten, Ubiquisten, z. B. Adlerfarn). Ein begrenztes P. ist entweder zusammenhängend (**geschlossenes Areal,** z. B. Heidekraut) oder **nicht geschlossen** mit einem Kernraum und mehreren vorgelagerten Exklaven (z. B. Baumheide). Bei etwa gleich großen Teilarealen kann die Distanz voneinander so weit sein, dass mit natürl. Verbreitung über diese Lücken nicht gerechnet werden kann (**disjunkte Areale,** z. B. Drachenbaum), oder die Areale finden sich – durch die Tropen getrennt – auf der Nord- und Südhemisphäre (**bipolare Areale,** z. B. Buchengewächse). Sippen, die in einem nur eng begrenzten Gebiet leben, nennt man **Endemiten.** Solche Wohnbezirke können Überreste eines früher größeren Areals (**regressive Endemiten,** z. B. Azorenlorbeer) oder durch Neuentwicklung von Arten besiedelte isolierte Flächen (z. B. eine Insel) sein (**progressive Endemiten,** z. B. Teideginster). Der **Arealtyp** ist die Grundform von Arealen gleicher Größe und Form mit einer spezif. erdräuml. Einordnung. Die einem Arealtyp angehörenden Pflanzenarten bilden ein Geoelement (→Florenelemente).

Pflanzen|arzt, Phytomediziner, Pflanzen- und Vorratsschutz ausübende Person, die aufgrund eines Studiums der Phytopathologie über entsprechende Kenntnisse verfügt und ökolog. Prinzipien einbezieht. Berufsständ. Organisation ist die Dt. Phytomedizin. Gesellschaft. (→Phytomedizin)

Pflanzenbau, der Anbau von Kulturpflanzen, der sich heute i. Allg. auf versch. Zweige verteilt, in Dtl. z. B. auf den landwirtschaftl., gärtner. und forstwirtschaftl. P., ferner auf den Obst- und Weinbau. Der Boden wird durch vielfältige Maßnahmen des Ackerbaus kultiviert, verbessert (→Melioration) und mit Nährsalzen versorgt (→Düngung, →Ernährung). Beim Klima sind fast nur die Feuchtigkeitsverhältnisse durch Bewässerung bzw. Entwässerung beeinflussbar. Die Sonnenenergie und ihre Verteilung sind vorgegeben und bestimmen auch die Länge der Vegetationszeit. Gegen Wind und Frost werden örtl. Maßnahmen eingeleitet (Windschutz, Frostschutz). – Nur der Unterglasgartenbau ist vom gegebenen Klima unabhängig (Regulierung der Boden- und Luftfeuchte, der Wärme und Luftzufuhr). – Die Hydrokultur löst sich vom Boden als Standort, ist aber nur für Spezialfälle von volkswirtschaftl. Bedeutung.

Wichtige Maßnahmen des P. sind v. a. die Sortenwahl, die Festlegung der richtigen Bestandsdichte und Fruchtfolge sowie der →Pflanzenschutz. Der P. wird z. T. nicht allein nach agrarpolit., sondern auch nach ökolog. Gesichtspunkten durchgeführt. Durch die genet. Pflanzenzüchtung werden dem prakt. P. ständig bessere, ertragreichere und ertragsicherere Sorten zur Verfügung gestellt.

Pflanzenfasern, pflanzliche Fasern, →Fasern.

Pflanzenfresser, die →Phytophagen.

Pflanzengallen, die →Gallen.

Pflanzengemeinschaft, an einem Standort tatsächlich vorhandenes Arrangement von Pflanzen ohne pflanzensoziolog. Wertigkeit.

Pflanzengeographie, Geobotanik, Phytogeographie, Lehre von der Verbreitung der Pflanzen auf der Erde in ihrer Abhängigkeit von den Lebensbedingungen. Die P. zerfällt in mehrere Teildisziplinen. Die **floristische P.** (Arealkunde) befasst sich mit den natürl. Wohnbezirken (›potenziell natürl. Vegetation‹) von Pflanzensippen (→Pflanzenareal). Die größten Arealeinheiten sind die sechs Florenreiche →Holarktis, →Paläotropis, →Neotropis, →Australis, →Capensis und das →antarktische Florenreich. Die meist von Kryptogamen bewohnten Meeresgebiete bilden zusätzlich das ozean. Florenreich. Die **spezielle P.** (Formationslehre) beinhaltet eine physiognom. Vegetationsbeschreibung. Die Formationen (durch das äußere Erscheinungsbild gefasste Pflanzengemeinschaften) wie Wald, Sukkulentenbusch oder Wüste bedienen sich der ›Wuchsformen‹. Charakterist. Formationen sind oft den Klimazonen gleichzusetzen. Die Physiognomie ist somit meist in hohem Maße Ausdruck für den ökolog. Charakter eines Gebietes. Damit eng verknüpft ist die **ökologische P.** Sie untersucht das Vorkommen von Pflanzen in Abhängigkeit von ihren Lebensbedingungen wie Temperatur, Licht, Wasser, chem. (z. B. Boden) und mechan. (z. B. Wind) Faktoren. Die **soziologische P.** (Pflanzensoziologie, Phytozönologie, Phytozönotik) fasst Pflanzen, deren Standorte annähernd gleiche ökolog. Bedingungen aufweisen, zu Gruppierungen, die ihrerseits in ein hierarch. System eingebaut sind, zusammen. Grundeinheit der Pflanzensoziologie ist die →Assoziation, die durch Vergleichen von Pflanzenlisten vieler Standorte ermittelt wird und durch eine oder mehrere →Charakterarten, die eine mehr oder weniger feste Bindung an die Assoziation besitzen sollten, gekennzeichnet ist. Diese Wiss. beschäftigt sich also nicht mit einzelnen Sippen, sondern mit Pflanzengesellschaften, aus denen sich die Vegetation eines bestimmten Gebietes zusammensetzt. Bei der **historisch-genetischen P.** wird der heutige Pflanzenwuchs als Ergebnis langer, sich über geolog. Epochen erstreckender Zeiträume gesehen. Untersucht werden u. a. die frühere Verbreitung von Arten, die Pflanzenwanderungen (›Migrationen‹) im Laufe der Zeit, die Vegetationsveränderungen unter der Einwirkung des Menschen. (KARTE S. 64/65)

Pflanzengesellschaft, Phytozönose, Gruppe von Pflanzen versch. Arten, die Standorte mit gleichen oder ähnl. ökolog. Bedingungen besiedeln, die gleiche Vegetationsgeschichte aufweisen und stets eine mehr oder weniger gleiche, durch Wettbewerb und Auslese entstandene Vergesellschaftung darstellen. P. geben der Landschaft ihr Gepräge (z. B. die P. des Laub- und Nadelwaldes, des Hochmoors und der Steppe), sind gute Standortanzeiger und können als Grundlage wirtschaftl. Nutzung und Planung dienen. Sie sind zeitlich stabil, solange nicht durch Klimaänderungen, geolog. Vorgänge, menschl. Eingriffe oder durch Zuwanderung neuer Arten neue Wettbewerbsbedingungen und dadurch Änderungen in der Artenzusammensetzung verursacht werden.

Pflanzengrillen, Baumgrillen, Blütengrillen, Oecanthidae [ø-], artenarme Familie der Langfühlerschrecken, v. a. in warmen Ländern; in Weinbaugebieten Süd-Dtl.s lebt das gelbbraune, nachtaktive **Weinhähnchen** (Oecanthus pellucens; Länge 15 mm).

Pflanzenheilkunde, 1) *Botanik:* die →Phytomedizin.

2) *Medizin:* **Phytotherapie,** Lehre von der Behandlung mit →Heilpflanzen oder Auszügen aus Heilpflanzen.

R. F. WEISS u. V. FINTELMANN: Lb. der Phytotherapie ([8]1997).

Pflanzenhormone, Phytohormone, von den höheren Pflanzen selbst synthetisierte Stoffe, die wie Hormone wirken. Die P. steuern physiolog. Reaktionen (Wachstum, Blührhythmus, Zellteilung, Samenreifung). Sie werden bei jungen Pflanzen z. B. in den Keimblättern, bei älteren z. B. in den Laubblättern gebildet und von dort im Leitgewebe zu ihren Wirkungsorten transportiert. Bekannte P. sind die (wachstumsfördernden) →Auxine, →Gibberelline und →Zytokinine, die (wachstumshemmende) →Abscisinsäure und das (die Blütenbildung fördernde) →Florigen. Eine Stimulierung von Alterungs- und Reifungsvorgängen wird durch das bei zahlr. Pflanzen gebildete Äthylen bewirkt, auch als Fruchtreifungshormon bezeichnet. Einige synthetisch hergestellte P. werden u. a. zur Wachstumsbeschleunigung und zur Erzielung von Zwergwuchs bei Zierpflanzen verwendet; Äthylen dient zur Regulation der Reifung gelagerter Früchte.

Pflanzenkrankheiten, i. w. S. alle Abweichungen vom normalen Verlauf der Lebensvorgänge, die das Leben der Pflanze oder ihrer Teile bedrohen; i. e. S. die zu Ertragsminderung oder Schädigung bei Kulturpflanzen führenden Krankheiten. Da die Übergänge zw. einer unbedeutenden und einer das Leben der Pflanze bedrohenden Schädigung fließend sind und deren Beurteilung zudem abhängig davon ist, ob durch die Erkrankung der Selbstzweck, also Erhaltung und Vermehrung, oder der Kulturzweck bedroht ist, ist eine eindeutige Definition des Begriffs P. nicht möglich.

Befallen und geschädigt werden können alle ober- und unterird. Organe sowie gelagerte pflanzl. Produkte. Die Krankheitserscheinungen sind sehr vielfältig (z. B. Welke-, Absterbeerscheinungen, Verfärbungen, Formveränderungen), oft liegt ein Symptomenkomplex vor. Die Einteilung von P. erfolgt anhand ihrer Ursachen, wobei grundsätzlich zw. abiotischen und biotischen unterschieden werden kann. Abiot. Ursachen sind Witterungs- und Bodenfaktoren, Wasser- und Nährstoffmangel oder -überschuss. Bei den biot. Ursachen unterscheidet man: Erreger von Infektionskrankheiten (Viren, Bakterien, Pilze), pflanzl. (z. B. Pilze), tier. (z. B. viele Insekten) Parasiten sowie hauptsächlich durch Fraß schädigende tier. Schädlinge (v. a. Mollusken, Nematoden, Gliederfüßer und deren Larvenstadien, Vögel, Säugetiere). Das Auftreten einer Reihe von gefährl. P. bzw. Pflanzenschädlingen ist den zuständigen Stellen des Pflanzenschutzes anzuzeigen. Meldepflichtige P. in Dtl. sind das Auftreten (und der Verdacht) von Kartoffelkrebs, Kartof-

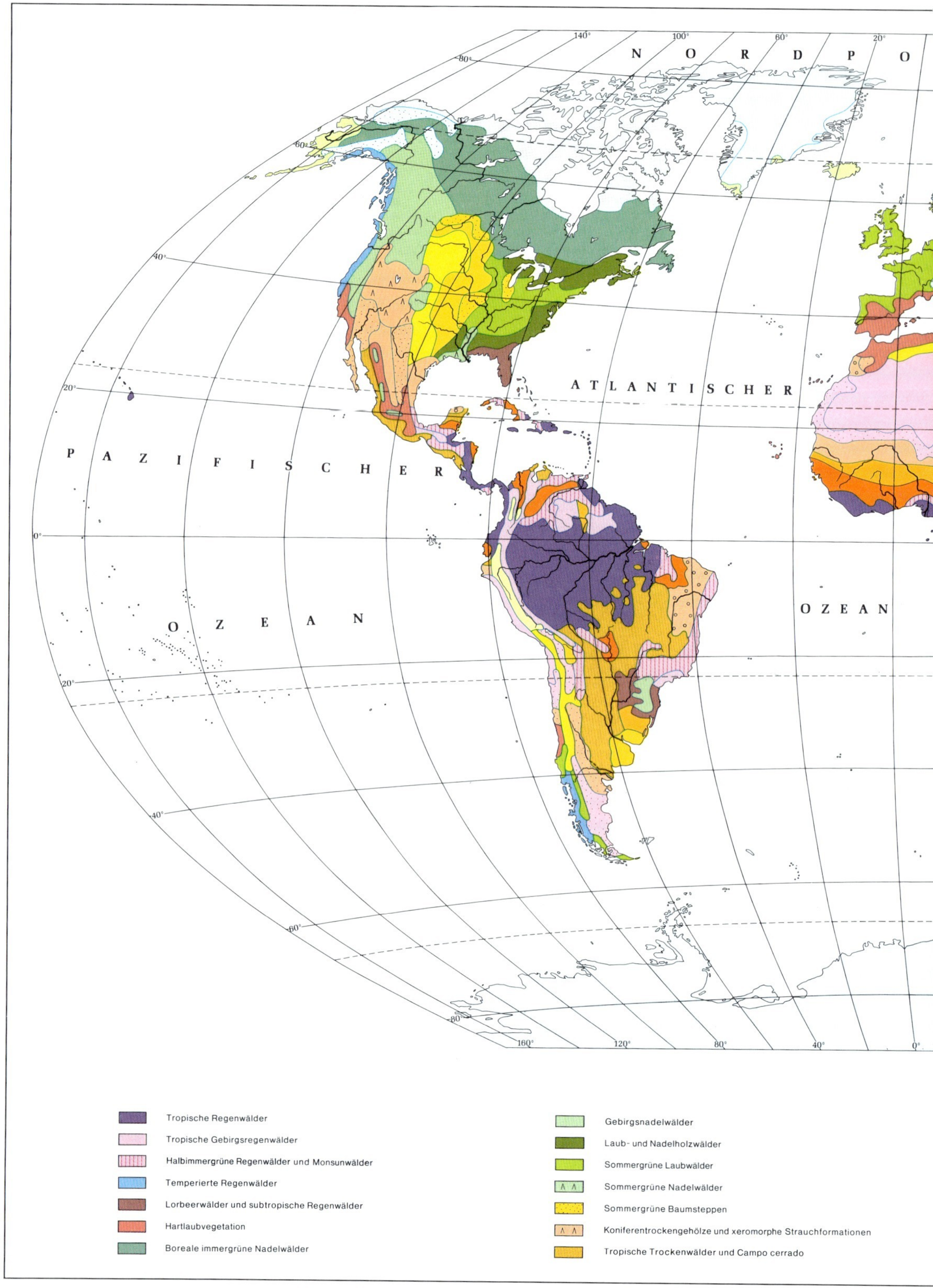
N O R D P O
ATLANTISCHER
OZEAN
PAZIFISCHER
OZEAN
Tropische Regenwälder
Tropische Gebirgsregenwälder
Halbimmergrüne Regenwälder und Monsunwälder
Temperierte Regenwälder
Lorbeerwälder und subtropische Regenwälder
Hartlaubvegetation
Boreale immergrüne Nadelwälder
Gebirgsnadelwälder
Laub- und Nadelholzwälder
Sommergrüne Laubwälder
Sommergrüne Nadelwälder
Sommergrüne Baumsteppen
Koniferentrockengehölze und xeromorphe Strauchformationen
Tropische Trockenwälder und Campo cerrado

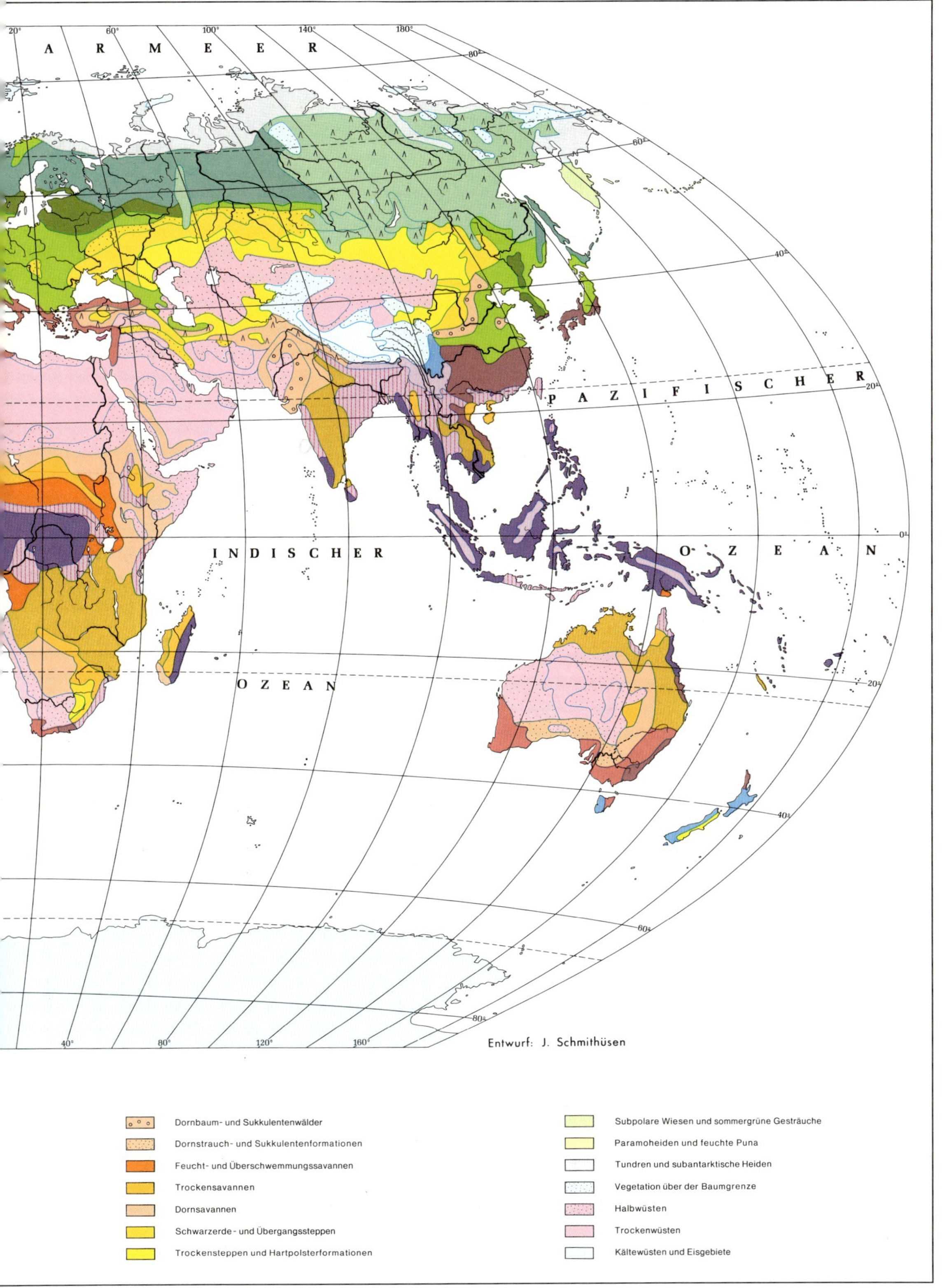
A R M E E R
P A Z I F I S C H E R
O Z E A N
I N D I S C H E R
O Z E A N
Entwurf: J. Schmithüsen
Dornbaum- und Sukkulentenwälder
Dornstrauch- und Sukkulentenformationen
Feucht- und Überschwemmungssavannen
Trockensavannen
Dornsavannen
Schwarzerde- und Übergangssteppen
Trockensteppen und Hartpolsterformationen
Subpolare Wiesen und sommergrüne Gesträuche
Paramoheiden und feuchte Puna
Tundren und subantarktische Heiden
Vegetation über der Baumgrenze
Halbwüsten
Trockenwüsten
Kältewüsten und Eisgebiete

felnematoden, der San-José-Schildlaus, der Reblaus, des Blauschimmels (Tabak), des Feuerbrandes (Obst) und der Scharkakrankheit (Pflaume).

Hb. der P., begr. v. P. SORAUER, hg. v. B. RADEMACHER u. a., auf zahlr. Tle. ber. ($^{2-7}$1949 ff.); P. u. Schädlinge im Ackerbau, Beitrr. v. R. HEITEFUSS (^{3}1993).

Pflanzenkrebs, durch ungehemmtes, ungeordnetes Wachstum gekennzeichnete Veränderungen pflanzl. Gewebe, wobei sich Wucherungen versch. Form entwickeln, die als Obstbaumkrebs, Wurzelkropf, Mauke, Hernie, Tuberkeln bezeichnet werden. Erreger sind Viren, Bakterien und Pilze.

Pflanzenkunde, die →Botanik.

Pflanzenläuse, Sternorrhyncha, Gruppe der Pflanzensauger mit rd. 7600 meist kleinen Arten (in Mitteleuropa 1150); der Ansatz des Saugrüssels ist weit nach hinten bis zw. die Vorderhüften verlagert; oft sind Hautdrüsen entwickelt, z. B. als Wachsdrüsen. Manche P. übertragen pflanzl. Viruskrankheiten. Zu den P. gehören Blattflöhe, Blattläuse, Mottenläuse und Schildläuse.

Pflanzenmorphologie, Teilgebiet der allgemeinen →Botanik.

Pflanzennährstoffe, Sammel-Bez. für die von autotrophen Pflanzen aufnehmbaren und für deren Wachstum in bestimmten Mengen und Mengenverhältnissen erforderl. chem. Elemente und Verbindungen. (→Ernährung)

Pflanzen|ökologie, Lehre von den Wechselbeziehungen zw. Pflanzen und ihrer Umwelt (→Ökologie).

Pflanzenphysiologie, Teilgebiet der →Botanik.

Pflanzenreich, Begriff der botan. →Systematik, der die Gesamtheit der pflanzl. Organismen umfasst.

Pflanzensauger, Gleichflügler, Hom|opteren, Hom|optera, weltweit verbreitete Ordnung wanzenartiger Landinsekten mit rd. 30000 Arten; P. besitzen einen Saugrüssel zum Einsaugen von Säften aus pflanzl. Gewebe; die vier weichhäutigen Flügel sind – soweit vorhanden – gleichartig häutig ausgebildet (im Ggs. zu den Wanzen); unvollkommene Verwandlung. Viele Arten schädigen Kulturpflanzen. Man unterscheidet Pflanzenläuse und Zikaden.

Pflanzenschädlinge, pflanzl. oder tier. Organismen, die durch ihre Lebensweise Nutzpflanzen schädigen; v. a. Bakterien und Pilze sowie viele Arten von Gliederfüßern, Weichtieren und Fadenwürmern, ferner einige Wirbeltiere (z. B. manche Vögel, Wühlmäuse, Wild). Viele P. sind auf einige wenige Pflanzenarten spezialisiert.

Pflanzenschleim, Zellwandgrundsubstanz mit hohem Anteil an Polysacchariden und Glykoproteinen, die stark wasserbindend sind; ihr Trockenmasseanteil kann unter 5% der Frischmasse liegen (z. B. Pektine, Quittenschleim, Leinsamenschleim, Agar-Agar). In diese Gruppe gehören auch die pflanzl. Gummiharze (z. B. Gummiarabikum).

Pflanzenschutz, zusammenfassende Bez. für alle Maßnahmen biolog., physikal. und chem. Art, um Bestände von Kulturpflanzen und Vorräte vor Schadorganismen und abiot. Schäden (z. B. Temperatur, Wind) zu schützen. Der Schutz der Pflanzen erstreckt sich auf die Vermeidung von Infektionen mit Mikroorganismen oder deren Bekämpfung, auf die Vermeidung von Fraßschäden durch Insekten und deren Larven sowie durch Schnecken, Wild, Nagetiere, Vögel u. a., auf die Abwehr parasit. Insekten oder Fadenwürmer und auf die Bekämpfung unerwünschter Pflanzen (Wildkräuter, Unkräuter), die mit Nutzpflanzen um Wasser, Licht, Nährstoffe konkurrieren oder auf ihnen parasitieren.

Physikal. Methoden des P. sind z. B. Umzäunungen gegen Fraßschäden, Vogelscheuchen oder die akust. Vertreibung von Vögeln, mechan. Entfernung kranker Pflanzen oder Pflanzenteile oder von Unkräutern, das Einsammeln und Vernichten von Schnecken oder Insekten. Zu *biolog. Methoden* gehören die Begünstigung natürl. Feinde von Schadorganismen, der Einsatz räuber. (z. B. Marienkäfer) oder parasitierender Insekten (z. B. Schlupfwespen) oder von insektenpathogenen Pilzen oder Bakterien, das Aussetzen sterilisierter Männchen und die Resistenzzüchtung. Für den Einsatz biolog. Methoden sind sehr genaue Fachkenntnisse erforderlich. *Chem. Methoden* des P. umfassen die Anwendung von →Pflanzenschutzmitteln, zu denen auch →Phagodeterrents, Repellents, Insektenhormone oder analoge Verbindungen sowie Insektenlockstoffe in Fallen, insbesondere Sexualpheromone, gehören können. Weiterhin kann man P.-Maßnahmen einteilen in *protektive Verfahren,* die die Pflanzen (z. B. im Rahmen der Phytohygiene) vor Befall schützen sollen, und *kurative Verfahren,* die der Heilung bereits erkrankter Pflanzen dienen.

Integrierter P. ist eine Kombination von Verfahren, bei denen unter vorrangiger Berücksichtigung biolog., biotechn., pflanzenzüchter. sowie anbau- und kulturtechn. Maßnahmen die Anwendung chem. Pflanzenschutzmittel auf das notwendige Maß beschränkt wird. Eine solche P.-Strategie zielt auf ein ökonomisch und ökologisch abgestimmtes Zusammenwirken von Maßnahmen des Pflanzenanbaus (Pflanzenzüchtung, Fruchtfolge, Pflanzenernährung), der Landtechnik (Bodenbearbeitung, Produktionsmethode) in Abstimmung mit Standort und Umweltbedingungen und schließlich mit der auf das Notwendige beschränkten Anwendung von Pflanzenschutzmitteln. Der integrierte P. ist kein feststehendes Verfahren, sondern entwickelt sich mit dem Stand der Technik und der wiss. Erkenntnisse ständig fort.

Die Organisation der sich mit Fragen des Pflanzenschutzes befassenden Einrichtungen in Dtl. besteht aus forschenden, beratenden, überwachenden und administrativen Institutionen. Dazu gehört insbesondere die dem Bundesministerium für Ernährung, Landwirtschaft und Forsten nachgeordnete Biolog. Bundesanstalt für Land- und Forstwirtschaft (BBA) in Berlin und Braunschweig, die für die Zulassung von Pflanzenschutzmitteln zuständig ist und in einer Reihe von fachspezif. Instituten Pflanzenschutzforschung betreibt. Die Bundesländer unterhalten den amtl. Pflanzenschutzdienst, der je nach Bundesland in unterschiedl. Institutionen angesiedelt ist (z. B. Pflanzenschutzämter, Landwirtschaftskammern, Landesanstalten, Regierungspräsidien). Rechtlich wird der P. in Dtl. vom →Pflanzenschutzgesetz und den dazugehörigen Verordnungen geregelt. In den Regelungen des Gesetzes ist auch das in Dtl. verwirklichte Grundprinzip verankert, nach dem neben einer umfassenden und sicheren Zulassung eines Pflanzenschutzmittels auch eine gute Ausbildung des Anwenders und eine gute Geräteausstattung gefordert wird. – Eine Reihe internat. Organisationen (z. B. EU, FAO, WHO, OECD) befasst sich mit der Koordination und Harmonisierung von Vorschriften und Richtlinien im P. Wichtigstes Ziel sind dabei die internat. Vereinheitlichung und Zusammenarbeit auf den versch. Gebieten des P., der Zulassung von Pflanzenschutzmitteln und den zulässigen Höchstmengen für Rückstände von Pflanzenschutzmitteln. V. a. für die Entwicklung biolog. und integrierter P.-Maßnahmen setzt sich die EPPO (European and Mediterranean Plant Protection Organization) ein, eine P.-Organisation für Europa und den Mittelmeerraum mit (1997) 38 Mitgliedsstaaten.

Chemie der P.- u. Schädlingsbekämpfungsmittel, hg. v. R. WEGLER, 8 Bde. (1970–82); R. HEITEFUSS: P. Grundl. der prakt. Phytomedizin (^{2}1987); P. in der Landwirtschaft, bearb. v. W. RODER u. a. (Berlin-Ost 1990); P. im integrierten Obstbau, hg. v. G. FRIEDRICH (^{3}1996); H. BÖRNER: Pflanzenkrankheiten u. P. (^{7}1997).

Pflanzenschutzgesetz, Abk. **PflSchG,** Bundes-Ges. vom 15. 9. 1986; das P. soll Kulturpflanzen und deren Erzeugnisse vor Schadorganismen und Beeinträchtigungen schützen und Gefahren abwenden, die durch die Anwendung von →Pflanzenschutzmitteln und -maßnahmen für die Gesundheit von Mensch und Tier sowie für den Naturhaushalt entstehen können. Einfuhr und gewerbl. Vertrieb von Pflanzenschutzmitteln bedürfen nach dem P. der Zulassung durch die Biolog. Bundesanstalt für Land- und Forstwirtschaft. Die VO vom 10. 11. 1992 regelt Anwendungsverbote für Pflanzenschutzmittel. Anforderungen an die Sachkunde der Anwender von Pflanzenschutzmitteln ergeben sich aus der VO vom 28. 7. 1987.

Pflanzenschutzmittel, nach dem Pflanzenschutzgesetz vom 15. 9. 1986 Stoffe, die Pflanzen und Pflanzenerzeugnisse vor Schadorganismen oder anderen Beeinträchtigungen schützen sowie als Wachstumsregler oder Keimungshemmer angewandt werden können. Die häufig synonym gebrauchte Bez. Pestizide schließt die im häusl. Hygienebereich (Schädlingsbekämpfungsmittel) angewandten Präparate mit ein. Nach dem Anwendungsbereich können P. eingeteilt werden in →Akarizide, →Bakterizide, →Fungizide, →Herbizide, →Insektizide, →Molluskizide, →Nematizide und →Rodentizide. Mitte 1997 waren in Dtl. rd. 1 000 P. mit rund 240 Wirkstoffen zugelassen. Nach der amtl. Statistik werden in Dtl. zurzeit etwa 30 000 t bis 35 000 t Wirkstoffe von Pflanzenschutzmitteln abgesetzt. Die Mengen schwanken je nach Witterung und Lagerhaltung beim Handel und in den Betrieben.

Bei den Wirkstoffen handelt es sich um Naturstoffe oder synthetisch hergestellte Verbindungen, die verschiedenen chem. Gruppen angehören. Um zu gewährleisten, dass P. technisch anwendbar sind und die biolog. Wirksamkeit optimal ausgenutzt wird, werden bei der Zubereitung von P. Trägerstoffe (z. B. Gesteinsmehle, organ. Lösungsmittel) sowie Hilfsstoffe (meist Tenside als Emulgatoren, Netz- oder Haftmittel) zugesetzt. Nach Ausbringungsformen kann z. B. unterschieden werden zw. Granulaten, Spritzmitteln und Aerosolen.

Die Zulassung eines P. wird durch die Biolog. Bundesanstalt für Land- und Forstwirtschaft (BBA) im Einvernehmen mit dem Bundesinstitut für gesundheitlichen Verbraucherschutz und Veterinärmedizin (BgVV) und Umweltbundesamt (UBA) für höchstens zehn Jahre ausgesprochen und – soweit erforderlich – mit den notwendigen Auflagen zum Schutz der Gesundheit von Mensch und Tier sowie des Naturhaushaltes verknüpft. Hierzu gehören z. B. auch Wartezeiten zw. der letzten Behandlung der Pflanzen und der Ernte, die einen hinreichenden Abbau der Wirkstoffe ermöglichen. P. werden nach dem Pflanzenschutz-Ges. nur zugelassen, wenn sie u. a. bei bestimmungsgemäßer und sachgerechter Anwendung oder als Folge einer solchen Anwendung keine schädl. Auswirkungen auf die Gesundheit von Mensch und Tier und auf das Grundwasser sowie keine sonstigen Auswirkungen, insbesondere auf den Naturhaushalt, haben, die nach dem Stande der wiss. Erkenntnisse nicht vertretbar sind. Darüber hinaus können für bestimmte P., die bestimmte Wirkstoffe enthalten, vollständige oder eingeschränkte Anwendungsverbote und -beschränkungen verfügt werden (Pflanzenschutz-Anwendungsverordnung). In der Rückstands-Höchstmengenverordnung sind die duldbaren Höchstmengen für P.-Wirkstoffe in oder auf Pflanzen und Pflanzenerzeugnissen festgeschrieben. Die Höchstmenge wird in einem mehrstufigen Verfahren ermittelt, bei dem i. d. R. der durchschnittl. Pro-Kopf-Verzehr eines vier- bis sechsjährigen Mädchens mit einem Körpergewicht von 13,5 kg und der ADI-Wert des Wirkstoffes (Acceptable Daily Intake) mit einer hohen Sicherheitsspanne zugrunde gelegt wird. Das vier- bis sechsjährige Mädchen wurde gewählt, da die relative Nahrungsaufnahme (bezogen auf das Körpergewicht) größer ist als die von Erwachsenen. Die Höchstmengen stellen also nicht einen Grenzwert dar, ab dem man Gesundheitsschäden für Menschen zu befürchten hat.

P. sind wichtige Produktionshilfen in Landwirtschaft und Gartenbau, die sowohl die äußere als auch die innere Produktqualität (z. B. durch Verhinderung der Bildung von Mykotoxinen) bei bestimmungsgemäßer und sachgerechter Anwendung verbessern helfen. V. a. bezüglich der äußeren Produktqualität sind die Qualitätsanforderungen des Marktes so hoch, dass die landwirtschaftl. Praxis dem ohne Verwendung von Pflanzenschutzmitteln zurzeit kaum gerecht werden kann. Kritiker fordern deshalb die Änderung der äußeren Qualitätsnormen zugunsten der inneren Werteeigenschaften, die sie zum Teil in nicht vertretbarer Weise durch Belastung mit Rückständen beeinträchtigt sehen.

Mit dem weit reichenden Gebrauch von P. sind – v. a. bei einseitigem und übermäßigem Einsatz – negative Auswirkungen auf Lebensgemeinschaften verbunden: z. B. werden gleichzeitig Nützlinge vernichtet, die Räuber oder Parasiten für die Schadorganismen sind, entweder direkt durch das P. oder dadurch, dass ihnen die Nahrungsgrundlage entzogen wird; es kommt zur Ausschaltung von Konkurrenz und zum Auftreten von Massenvermehrungen. Zudem können Veränderungen der Biozönose dazu führen, dass bisher unter der Schadensschwelle existierende Organismen durch Massenvermehrung ihrerseits zu Schädlingen werden. Gefördert wird dies um so mehr, je breiter wirksam und persistenter die P. sind, je häufiger und regelmäßiger der Einsatz erfolgt. Ein weiteres Problem ist die Entwicklung von Resistenzen der Schädlinge gegen P. Wahrscheinlichkeit und Geschwindigkeit der Resistenzentwicklung sind um so größer, je häufiger ein P. angewendet wird. Hinzu kommt die Belastung des Bodens durch Akkumulation von P. Zwar ist die Anwendung der bes. persistenten Chlorkohlenwasserstoffe in Dtl. weitgehend verboten (z. B. DDT seit 1972), jedoch scheint mittlerweile die Speicher- und Abbaukapazität des Bodens auch für andere P. überschritten zu sein, denn in den letzten Jahren wurden bei entsprechenden Messungen in Trink- und Grundwasser häufiger Überschreitungen der Trinkwasserverordnung festgestellt.

Pflanzenseide, ungenaue Bez. für die nicht verspinnbaren Haare des Samenschopfes einiger Schwalbenwurz- und Hundsgiftgewächse; sie dienen als Polstermaterial (›Akon‹).

Pflanzensoziologie, Phytozönologie, Teilgebiet der →Pflanzengeographie.

Pflanzenstoffe, sekundäre P., Stoffe in Pflanzen mit z. T. noch unbekannter Bedeutung, die nur in bestimmten Geweben oder Organen bzw. in bestimmten Entwicklungsstadien gebildet werden, z. B. Harze, Gerbstoffe, Anthocyane, äther. Öle, Alkaloide und andere Pflanzengifte. Da P. oft für bestimmte Ordnungen oder Familien ein typ. Muster zeigen, können sie als taxonom. Merkmal dienen.

Pflanzensymbolik, die sinnbildl. Verwendung von Pflanzen in Sprache, Kunst, Religion und Brauch. Die Pflanze selbst, ihr Name, Bild oder Zeichen kann Symbol sein. Je nach Kontext kann z. B. die Rose Verehrung, Liebe, Unschuld, Schönheit, Jugend, Glück bedeuten, aber auch Zeichen des Schmerzes, der Vergänglichkeit und des Todes sein. In der christl. P. sind Ähre und Weintraube Sinnbilder für Brot und Wein; CHRISTUS ist der Weinstock, MARIA die Rose ohne Dorn. Auf Gräbern sind Buchsbaum, Immergrün und Efeu Zeichen der Unsterblichkeit bzw. der christl.

Auferstehungshoffnung, Eibe und Wacholder dienen als Schutz vor dem Bösen, Zypresse, Weide und Wermut bezeichnen Trauer. Im altdt. Recht versinnbildlichen Gras, Halm und Ast die Übertragung des Besitzes. In der christl. Baukunst weist das Blattwerk auf Inhalte des Glaubens hin: das Dreiblatt auf die Dreieinigkeit, das Vierblatt auf das Kreuz oder die Evangelien, das Siebenblatt auf die Gaben des Hl. Geistes.

G. MEINEL: Pflanzenmetaphorik im Volkslied, in: Jb. für Volksliedforschung, Jg. 27/28 (1982/83); G. RICHTER: Zur histor. Pflanzenverwendung auf Friedhöfen, in: Vergänglichkeit u. Denkmal. Beitrr. zur Sepulkralkultur, hg. v. J. SCHUCHARD u. a. (1985).

Pflanzensystematik, →Systematik.

Pflanzenvermehrung, die im Rahmen des prakt. Pflanzenbaus stattfindende Vermehrung des Saatguts durch →Vermehrungsanbau sowie die vegetative P. durch Ableger, Absenker, Stecklinge und künstlich vermehrte pflanzl. Gewebe (→Meristemkultur); auch die Veredelung kann als Spezialform der P. gelten.

Pflanzenwachs, vegetabilisches Wachs, Wachsausscheidungen auf der Oberfläche von Pflanzenteilen, z. B. Blättern und Früchten. Sie dienen v. a. als Transpirationsschutz und zur Lichtreflexion und finden sich bes. bei Pflanzen trockener Standorte. P. macht ferner die Oberfläche unbenetzbar, sodass wässrige Flüssigkeiten ablaufen.

Pflanzenwespen, Sägewespen, Symphyta, Unterordnung der Hautflügler mit rd. 7 000 Arten (in Mitteleuropa etwa 750), 3–40 mm groß, Hinterleib breit am Vorderkörper ansitzend, also ohne ›Wespentaille‹, Weibchen mit freiliegendem Legebohrer, ohne Wehrstachel; bereits aus dem Oberen Jura (vor 150 Mio. Jahren) bekannt. Vollkerfe leben von Blütenpollen, Nektar, Pflanzensäften, einige sind räuberisch, viele nehmen gar keine Nahrung auf. Die raupenähnl. Larven (Afterraupen, außer den drei Brustfußpaaren mit 6–8 Fußpaaren am Hinterleib) leben frei an oder minieren in Pflanzen, andere bohren im Holz, manche erzeugen Pflanzengallen, einige parasitieren in Holz bewohnenden Käferlarven. Am artenreichsten sind die Blattwespen mit Garten- und Forstschädlingen, z. B. Kirschen-, Rosen- und Gelbe Stachelbeerblattwespe, Apfelsägewespe, Lärchenblattwespe. Weitere Familien sind die →Gespinstblattwespen, die →Halmwespen und die →Holzwespen.

Pflanzenwuchsstoffe, in allen Pflanzen gebildete →Pflanzenhormone.

Pflanzenzucht, Pflanzenzüchtung, die Schaffung neuer Kulturpflanzensorten, die den besonderen Standortverhältnissen oder den veränderl. Anbaumethoden und Ansprüchen des Menschen angepasst sind. Insbesondere ist P. als angewandte Genetik die erbl. Veränderung von Kulturpflanzen, v. a. durch Neukombination von Erbmerkmalen und Auslösung von Mutationen.

Als wichtige Formen der P., die auch geschichtlich in dieser Reihenfolge entwickelt wurden, unterscheidet man Auslesezüchtung, Kombinationszüchtung und →Mutationszüchtung. Zur Auslesezüchtung gehört als ältestes Verfahren die Massenauslese (heute praktisch nur noch zur Erhaltung von Reinheit und Leistung vorhandener Sorten; →Erhaltungszüchtung), ferner die Gruppenauslese und die Nachkommenschaftsauslese (→Stammbaumzüchtung). Die Kombinationszüchtung umfasst die verschiedenen Formen der →Kreuzung, einschließlich →reziproker Kreuzung und →Konvergenzzüchtung.

Wichtige Ziele der P. sind v. a. hohe Erträge landwirtschaftl. Kulturen, schmackhafte Früchte (z. B. im Obstbau), Resistenz u. a. gegen Kälte, Trockenheit und bestimmte Krankheitserreger, neue form- und farbschöne Blüten (in der Blumengärtnerei) sowie zahlr. Einzeleigenschaften (z. B. Frühreife, Vegetationszeitverkürzung, Kurzhalmigkeit und Standfestigkeit des Getreides, Fadenlosigkeit der Bohnen). Die Züchtung einer neuen Kulturpflanzensorte nimmt etwa 10–18 Jahre in Anspruch. Mit den Methoden der →Gentechnologie werden einige Ziele wesentlich schneller erreicht.

Geschichte: Bereits im Neolithikum begann mit dem Anbau von Kulturpflanzen eine Auslese der angebauten Pflanzenarten. In Antike und MA. wurden Kulturpflanzen zu großer Vielfalt gezüchtet, v. a. Getreide-, Gemüse- und Obstsorten, seit Beginn der Neuzeit auch Blumensorten. Die gezielte P. auf wiss. Grundlage setzte erst um 1900 mit der ›Wiederentdeckung‹ der mendelschen Regeln ein. HERMAN NILSSON-EHLE (* 1873, † 1949) begründete die moderne Pflanzenveredelung und wurde wegweisend für die Weizenzüchtung. WILHELM JOHANNSEN (* 1857, † 1927) entwickelte die wissenschaftlich-experimentelle P. Sie wurde v. a. durch die Mutationstheorie von H. DE VRIES, die Erforschung der Polyploidie und die Errichtung von Instituten für P. (zuerst in Wien 1903) gefördert.

K. H. SIMON: Nutzpflanzenzüchtung (1980); H. KUCKUCK u. a.: Grundzüge der Pflanzenzüchtung ([5]1985); P. NEVERS: Gentechnik in der Pflanzenzüchtung (1992).

Pflanzung, *Agrarwissenschaft:* mit Kulturpflanzen bebautes Stück Land, landwirtschaftl. Betriebsform bes. in Tropen und Subtropen, kleiner als Plantagen.

Pflaster [ahd. pflastar, von lat. emplastrum ›Wundpflaster‹, von griech. émplast(r)on (phármakon) ›das (zu Heilzwecken) Aufgeschmierte‹], **1)** *Bautechnik:* fester Straßen- oder Bodenbelag aus einzelnen, aneinander gesetzten Natur- oder Kunststeinen, z. T. auch aus anderem Material (z. B. Holz-P.); als Fahrbahndecke weitgehend durch bituminöse oder Betondecken verdrängt. – Bei der Pflasterung von Altstadtstraßen und -plätzen kommt man heute teilweise wieder auf das früher übl. **Kopfstein-P.** zurück, ein unregelmäßig gefügtes P. aus ungleichmäßigen, abgerundeten, meist kinderkopfgroßen Natursteinen. – Für **Klein-P.** werden gewöhnlich würfelförmige Natursteine mit Kantenlängen von 7, 8, 9 und 10 cm verwendet, die mithilfe von Steinspaltmaschinen auf die gewünschte Größe geschlagen werden. – **Naturstein-P.** wird v. a. aus Basalt, Diorit, Gabbro, Granit, Granitporphyr, Melaphyr und Quarzporphyr hergestellt, **Klinker-P.** aus besonderen, bis zur Sintergrenze gebrannten Straßenbauklinkern. – Für Gehwege, Parkplätze u. a. wird heute vielfach der **Betonpflasterstein** bevorzugt, rund, quadratisch oder rechteckig, zunehmend in Form des **Verbundpflastersteins** (Verbundwirkung durch Ineinandergreifen).

2) *Pharmazie:* lat. **Emplastrum,** zur Anwendung auf der Haut bestimmte, aus Stoff oder Kunststofffolien bestehende und mit einer Klebemasse versehene Verbandstoffart. **Heft-P.** dienen u. a. zur Fixierung von Verbänden, **Wund-P.** (mit einer Mullkompresse) als Wundschnellverbände. **Medikamentöse P.** enthalten zusätzlich Arzneistoffe (z. B. Rheumapflaster, Hühneraugenpflaster).

3) *Wasserbau:* **Pflasterung,** bautechn. Sohlen- oder Böschungssicherung von Gewässern mit in Sand- oder Zementmörtel versetzten, regelmäßig geformten Natur-, Beton-, Tonziegel- oder Hochofenschlackensteinen auf einer Sand-, Kies- oder Schotterunterlage.

Pflasterzähne, bei Fischen und Reptilien (sowie der Sauriergattung →Placodus) vorkommender Zahntyp; P. ermöglichen mit ihrer breiten, pflastersteinförmigen, harten Oberfläche das Zermahlen harter Nahrung (z. B. Muscheln). Sie variieren fast nur in der Größe und ergeben somit ein homodontes Gebiss.

Pflasterzahnsauri|er, Bez. für die Sauriergattung →Placodus.

Pflaume [ahd. pfruma, von lat. prunum, griech. proũmnon], Bez. für die meist rundlich-kugeligen, blauen, gelben oder auch roten Steinfrüchte (z. B. Eier-P., Rund-P., Spitz-P.) vieler Sorten des →Pflaumenbaums. Die Früchte haben meist ein gelblich grünes, zuckersüßes und sehr saftiges Fruchtfleisch und einen zusammengedrückten, rundlich-eiförmigen bis ellipt. Steinkern.

Pflaumenbaum, Prunus domestica, sehr nahe mit dem Schlehdorn verwandter, in zahlr. Zuchtformen weit verbreiteter, 3–10 m hoher Baum mit ellipt., 5–10 cm langen, feinkerbig gesägten Blättern und grünlich weißen Blüten; die Früchte (→Pflaume) werden roh, gekocht oder getrocknet gegessen, zu Mus verarbeitet oder für alkohol. Getränke verwendet.

Die zahlr. Formen des P. können in folgende Unterarten eingeteilt werden: **Hafer-P. (Haferschlehe, Krieche, Kriechen-P., Spilling,** Prunus domestica ssp. insititia), 3–7 m hoher Strauch oder Baum mit zuweilen bedornten Zweigen; Früchte kugelig, gelblich grün oder blauschwarz; **Mirabelle** (Prunus domestica ssp. syriaca), mit kirschgroßen, runden, hellgelben oder hellgrünen, saftigen Früchten; **Reneklode (Reineclaude,** Prunus domestica ssp. italica), mit grünl., kugeligen Früchten; **Zwetsche (Zwetschge,** Prunus domestica ssp. domestica), Früchte (Zwetschen, Zwetschgen, Pflaumen) länglich eiförmig, dunkelblau, mit leicht abwischbarem Wachsüberzug; Fruchtfleisch gelblich.

Krankheiten und *Schädlinge:* Eine gefährl. Viruserkrankung ist die Scharkakrankheit; Hauptsymptom sind von Rissen durchzogene Früchte, die vor der Reife abfallen; kranke Bäume müssen gerodet werden. Steinlose Hungerzwetschen sind die Folge der durch Pilze verursachten Taschen- oder Narrenkrankheit. In Früchten fressen die weißl. Larven der Pflaumensägewespen und die rötl. Maden des Pflaumenwicklers.

Kulturgeschichte: Griechen und Römer verbreiteten in der Antike den Anbau des P. und verwendeten die Frucht als Obst und das Harz als Arzneimittel. Bekannt war die Zwetsche. Die Kräuterbücher des 16. und 17. Jh. berichten über zahlr. Pflaumensorten, Mirabellen sollen in Mitteleuropa erst nach 1560, Renekloden noch später eingeführt worden sein.

Pflaumenrötling, der →Mehlpilz.

Pflaumensägewespen, Name zweier, etwa 5 mm langer Arten der Blattwespen, **Gelbe P.** (Hoplocampa flava) und **Schwarze P.** (Hoplocampa minuta); beide Arten legen ihre Eier in Kelchzipfel der Blüten von Pflaumen, Aprikosen und Kirschen. Die raupenähnl. Larven zerstören die Früchte, die daraufhin abfallen (Schüttelkrankheit).

Pflaumenwickler, Grapholitha funebrana, Laspeyresia funebrana, kleiner graubrauner Schmetterling, dessen 12 mm lange rötl. Raupe (Pflaumenmade) in jungen Früchten lebt, die dann früh abfallen.

Pflegebedürftigkeit, das existenzielle, ständige Angewiesensein auf die persönl. Hilfe anderer bei den gewöhnl. und regelmäßig wiederkehrenden Verrichtungen des tägl. Lebens (z. B. An- und Ausziehen, Körperpflege, Benutzung der Toilette, Essen und Trinken). Bei der P. gibt es unterschiedl. Schweregrade. Das am 1. 1. 1995 in Kraft getretene Pflege-Versicherungs-Ges. (SGB XI) unterscheidet drei Pflegestufen (§ 15 SGB XI), die jeweils unterschiedl. Leistungen nach sich ziehen.

Pflegestufe I (erheblich Pflegebedürftige): Hierunter fallen Personen, die bei der Körperpflege, bei der Ernährung oder der Mobilität für wenigstens zwei Verrichtungen aus einem oder mehreren Bereichen mindestens einmal täglich der Hilfe bedürfen und zusätzlich mehrfach in der Woche Hilfe bei der hauswirtschaftl. Versorgung benötigen.

Pflegestufe II (Schwerpflegebedürftige): Hier ist mindestens dreimal täglich zu versch. Tageszeiten Hilfe notwendig und zusätzlich mehrfach in der Woche bei hauswirtschaftl. Verrichtungen.

Pflegestufe III (Schwerstpflegebedürftige): Hierzu zählen Personen, die bei der Körperpflege, der Ernährung oder der Mobilität täglich rund um die Uhr, auch nachts, der Hilfe bedürfen und zusätzlich mehrfach in der Woche Hilfe bei der hauswirtschaftl. Versorgung benötigen.

P. beruht auf multifaktoriell verursachten chron. Erkrankungen oder Behinderungen. Die häufigsten Anlässe bzw. Erkrankungen, die zur P. führen, sind neben Frakturen (häufig nach Unfällen) und Amputationen bes. Hirngefäßerkrankungen (Schlaganfallerkrankungen), chron. Erkrankungen der inneren und der Bewegungsorgane und des Bewegungsapparates, schwere rheumat. Erkrankungen, psych. Erkrankungen, darunter v. a. Hirnleistungsstörungen (Demenzen) sowie Beeinträchtigungen der Sinnesorgane, d. h. von Hören und Sehen.

P. ist heute kein Einzelschicksal mehr, sondern gilt als allgemeines Lebensrisiko, bes. für ältere Menschen. Auch **Alters-P.** ist i. d. R. krankheitsbedingt und beruht weitgehend auf chron. Erkrankungen. Krankheit im Alter ist charakterisiert durch das gleichzeitige Auftreten versch. Krankheiten (Multimorbidität) sowie durch deren Tendenz zum chron. Verlauf. Charakterist. Merkmal speziell von Alters-P. ist weiter die häufige Überlagerung von chronisch-degenerativen durch psych. Erkrankungen. Besondere Bedeutung haben dabei die Demenzerkrankungen. In Dtl. gibt es derzeit etwa 800 000 Demenzkranke, die sich auf die Gruppe der sehr alten Menschen konzentrieren. Von den über 80-Jährigen gilt jeder Fünfte als demenzkrank, von den über 90-Jährigen sogar jeder Dritte.

Ausmaß und Struktur der Pflegebedürftigkeit

Nach repräsentativen Umfrageergebnissen lebten 1994 in Dtl. etwa 1,7 Mio. pflegebedürftige Menschen, davon etwa 1,25 Mio. zu Hause und rd. 450 000 in Heimen und dgl. Weitere 1,2 Mio. Menschen benötigten Hilfe bei hauswirtschaftl. Verrichtungen. Neben v. a. älteren pflegebedürftigen Menschen gibt es auch viele jüngere Pflegebedürftige, wie von Geburt an Behinderte, Unfallopfer oder Aidskranke. 1994 waren etwa 75 % der zu Hause und etwa 90 % der in Heimen lebenden Pflegebedürftigen 65 Jahre und älter. Fast 50 % der Pflegebedürftigen in Privathaushalten und fast zwei Drittel der Pflegebedürftigen in Heimen sind 80 Jahre und älter. Bezogen auf alle über 60-Jährigen lag die P.-Quote aber lediglich bei unter 6 %. Mit der Zunahme der Lebenserwartung sowie der Zahl sehr alter Menschen nimmt auch die Zahl Pflegebedürftiger ständig zu. Aufgrund dieser Entwicklung erwarten Prognosen für die nächsten 25 Jahre einen weiteren Anstieg der Zahl der Pflegebedürftigen von 40 bis 45 %.

Schlüsselbegriff

Die Versorgung der Pflegebedürftigen

Grundsätzlich lassen sich zwei Formen der Versorgung bei P. unterscheiden: die **häusliche Pflege,** meist durch Familienangehörige mit und ohne ergänzende Hilfen durch organisierte ambulante und teilstationäre Pflegedienste (wie Sozial- und Gemeindekrankenpflegestationen, private ambulante Pflegedienste, Tages- und Kurzzeitpflege) sowie die **stationäre Pflege** in Heimen oder Krankenhäusern. Etwa drei Viertel der zu Hause lebenden Pflegebedürftigen verfügen über eine Hauptpflegeperson, die in rd. 80 % der Fälle eine eng verwandte Person ist, darunter zu etwa 60 % die Ehe- oder Lebenspartner. Von ihnen leben weit über die Hälfte mit den Pflegebedürftigen in einem gemeinsamen Haushalt.

Pflaumenbaum: Zweige der Bühler Frühzwetschge mit Blüten (unten) und Früchten (oben)

Nachbarn oder Bekannte übernehmen die Pflege i. d. R. nicht. Ohne jegl. Hilfe aus der Familie bzw. von Nachbarn und Bekannten ist immerhin fast jeder zehnte zu Hause lebende Pflegebedürftige. Die Hauptpflegepersonen sind überwiegend Frauen, zumeist Ehefrauen, relativ oft Töchter, sehr viel seltener Schwiegertöchter. Bei den Männern pflegen fast nur die Ehemänner. Entsprechend der Altersstruktur der Pflegebedürftigen werden familiale Pflegeleistungen sehr häufig von älteren Menschen für ältere Menschen erbracht. Etwa ein Drittel der Hauptpflegepersonen ist 65 Jahre und älter, knapp 60% zw. 40 und 65 Jahren. In der häusl. Pflege ist der durchschnittl. Pflegeaufwand beträchtlich. Nach repräsentativen Befragungsergebnissen muss die Hauptpflegeperson in etwa 70% der Fälle ›rund um die Uhr‹ verfügbar sein. Für fast die Hälfte der Pflegehaushalte beträgt die durchschnittl. Pflegedauer mehr als sieben Jahre.

Die häusl. Versorgung, die auch für die neuen Bundesländer typisch ist, stößt zunehmend an ihre Grenzen. Dennoch postuliert auch das Pflege-Versicherungs-Ges. den Vorrang der häusl. Pflege (§ 3 SGB XI). Verantwortlich für die Probleme bei der häusl. Pflege sind u. a. demograph. Entwicklungen, veränderte Wohnbedingungen sowie eine durch den allgemeinen sozialen Wandel bedingte Abnahme der familialen Pflegemöglichkeiten, v. a. durch die Töchter. So steht dem demographisch verursachten Rückgang an jüngeren potenziellen Pflegepersonen seit Beginn der 70er-Jahre eine ebenfalls demographisch bedingte starke Zunahme bes. sehr alter Pflegebedürftiger gegenüber. Auch nimmt die Zahl der Einpersonenhaushalte älterer Menschen ständig zu. Hinzu kommen Veränderungen in Familienstrukturen und -beziehungen insgesamt (z. B. zunehmende Frauenerwerbstätigkeit, regionale und berufl. Mobilitätserfordernisse, steigende Zahl an Trennungen und Scheidungen, häufigeres Getrenntleben der Generationen). Vor diesem Hintergrund ist es umso erstaunlicher, dass sich häusl. Pflege in der Vergangenheit noch ausgeweitet hat: Immer mehr und immer schwerere Fälle von P. werden durch immer weniger familiale Helfer zu Hause betreut. Von dem viel zitierten ›Abschieben in die Heime‹ kann also keine Rede sein. Dennoch gibt es auf der Grundlage der erwähnten Trends Prognosen, die für 2040 gegenüber heute mit rd. 900 000 Pflegebedürftigen eine Verdoppelung der in Heimen lebenden Pflegebedürftigen anzeigen.

Anfang der 90er-Jahre erhielt nur etwa jeder dritte Pflegehaushalt Unterstützung durch organisierte professionelle Pflegedienste. Entsprechende Dienstleistungen werden heute von unterschiedl. Trägern erbracht, zunehmend auch von privatwirtschaftl. Anbietern. Neben den über 4 000 Sozialstationen, die allein von den Verbänden der freien Wohlfahrtspflege unterhalten werden, existieren zahlr. kommunale Gemeinde- und Altenpflegedienste, mobile soziale Hilfsdienste in unterschiedl. Trägerschaft sowie (mit wachsender Tendenz) private ambulante Pflegedienste. Nach Schätzungen waren das 1996/97 bereits rd. 11 000, wobei vermutet werden kann, dass dieser ›Boom‹ eine Folge der Einführung der Pflegeversicherung ist.

Mit rd. 450 000 Personen lebten 1994 die wenigsten Pflegebedürftigen in den rd. 8 300 **Heimen der Altenhilfe.** Zählt man zu rd. 660 000 Plätzen in diesen Heimen jene in den Einrichtungen der Behindertenhilfe hinzu, so gab es 1994 bundesweit etwa 803 000 Heimplätze. Von allen über 65-Jährigen leben nur etwa 5% in Heimen, allerdings steigt diese Quote mit fortschreitendem Lebensalter deutlich an und liegt beispielsweise bei allen über 80-Jährigen bei etwa 14% und bei allen über 90-Jährigen sogar bei über einem Drittel. Die Bewohnerstruktur der Heime spiegelt gleichsam eine ›Negativauslese‹ des Alters wieder: Nahezu zwei Drittel aller Neuaufnahmen sind gesundheitsbedingt, wobei mit etwa 43% die Demenzerkrankungen dominieren. Heute leben in Heimen überwiegend sehr alte Menschen, die bes. schwer pflegebedürftig sind, z. B. beträgt der Altersdurchschnitt in den Heimen für ältere Menschen in NRW 84 Jahre. Auch handelt es sich mit etwa 80% um Frauen, die zudem überwiegend allein stehend sind, denn Verwitwete und Ledige/Geschiedene sind gegenüber dem Durchschnitt der übrigen Altenbevölkerung stark überrepräsentiert. Entsprechend geringer ausgeprägt ist auch ihr familiales wie außerfamiliales soziales Netzwerk. Nach Untersuchungen kommen die Menschen zudem immer später in die Heime. Zugleich steigt der Anteil der gerontopsychiatrisch erkrankten Heimbewohner weiter an, nach Erhebungen beträgt er mittlerweile weit über 50%. Die Heime für ältere Menschen verändern sich somit in der Tendenz immer mehr zu gerontopsychiatr. Pflegeeinrichtungen für immer schwerere Fälle von Pflegebedürftigkeit.

Dieser **Strukturwandel der Heimbewohner** stellt an die Heime besondere fachlich-professionelle Anforderungen, die keineswegs durchgängig erfüllt sind. Bundesweit gibt es Engpässe an Fachpersonal, der Fachkräfteanteil am Gesamtpersonal wird hier auf ca. 50% geschätzt. Besondere Qualifikationsmängel bestehen in den Leitungsebenen. In den meisten Heimen fehlt es zudem an ausreichenden Angeboten der gerontopsychiatr. Pflege, Erhaltenstherapie, aktivierenden Pflege oder an Angeboten der Sterbebegleitung. Altenpolit. Forderungen, wie die nach ›Normalisierung des Heimalltags‹ oder ›Wohnen in der Pflege‹, müssen wegen des hohen Anteils an Zwei- und Mehrbettzimmern, in denen über vier Fünftel aller Heimbewohner leben, sowie wegen des baulich-technischen Zuschnitts vieler vor allem älterer Heime, die funktional auf Versorgung zugeschnitten sind, zwangsläufig ins Leere laufen.

Soziale Absicherung bei Pflegebedürftigkeit durch die Pflegeversicherung

Zuständig für die soziale Absicherung bei P. ist bes. die gesetzl. →Pflegeversicherung. Leistungen der Versicherung erhalten nur diejenigen Personen, die nach der Legaldefinition des Pflege-Versicherungs-Ges. entsprechend den genannten Pflegestufen ›pflegebedürftig‹ sind. Die Feststellung der P. und die Zuordnung zu den Pflegestufen wird vom **medizinischen Dienst** der Krankenkassen vorgenommen. Für alle Leistungen gleichermaßen gilt, dass keine Vollversorgung der Pflegepersonen beabsichtigt ist. Die pauschalierten Geld- und/oder Sachleistungen sollen lediglich einen Zuschuss zu den Kosten ausmachen. Leistungen der Pflegeversicherung sind bes. die **häusliche Pflegehilfe** als Pflegesachleistung, die Pflegebedürftige beantragen können, wenn sie im häusl. Bereich Pflege und Betreuung (Grundpflege und hauswirtschaftl. Versorgung) von professionellen Pflegekräften benötigen. Hierbei finanzieren die Pflegekassen Pflegeeinsätze in der Pflegestufe I bis zu 750 DM, für Schwerpflegebedürftige (Pflegestufe II) bis zu 1 800 DM und für Schwerstpflegebedürftige (Pflegestufe III) bis zu 2 800 DM, wobei in besonderen Härtefällen bis zu 3 750 DM gezahlt werden können. Im Rahmen einer ärztl. Behandlungspflege (z. B. Wundversorgung) anfallende Pflegekosten werden nicht von der Pflegekasse gezahlt, sondern verbleiben bei den Krankenkassen. Die kostenlose Inanspruchnahme einer Pflegesachleistung setzt voraus, dass die Pflegekraft in einem Vertragsverhältnis zur Pflegekasse steht bzw. einer Einrichtung (z. B. Sozialstation) angehört, die mit der Pflegekasse einen Versorgungsvertrag mit entsprechenden Vergütungsvereinbarungen getroffen hat. Um die Grundpflege und die Versorgung sicherzustellen, können Pflegebedürftige auch **Pflegegeld für selbst beschaffte Pflegehilfen** beantragen. Es ist nach dem Schweregrad der P. gestaffelt und beträgt in der Stufe I monatlich 400 DM, in der Pflegestufe II 800 DM und in der Pflegestufe III 1 300 DM. Das Pflegegeld soll kein Entgelt für erbrachte Pflegeleistungen sein, sondern ein Anreiz zum Erhalt der privaten Pflegebereitschaft bei Angehörigen, Freunden und Nachbarn. Pflegegeld wird von der Pflegekasse an den anspruchsberechtigten Pflegebedürftigen gezahlt. Pflegegeld und Pflegesachleistungen können auch kombiniert werden. Bei Verhinderung der Pflegeperson übernimmt die Pflegekasse einmal jährlich für vier Wochen eine Ersatzpflegekraft bis zu 2 800 DM. Wer häusl. Pflege leistet, ist in die gesetzl. Unfallversicherung einbezogen, und es werden Beiträge zur Rentenversicherung je nach Pflegestufe und Umfang der Pflegetätigkeit gezahlt. Die Pflegekasse übernimmt die Kosten für **teilstationäre Pflege** in Einrichtungen der Tages- und Nachtpflege für Pflegebedürftige der Pflegestufe I im Wert bis zu 750 DM, für Pflegestufe II bis zu 1 500 DM, für Pflegestufe III bis zu 2 100 DM je Kalendermonat, wenn häusl. Pflege nicht in ausreichendem Umfang sichergestellt werden kann. Auf vollstationäre **Kurzzeitpflege** besteht z. B. Anspruch, wenn die Pflegeperson ausfällt und teilstationäre Pflege nicht ausreicht. Pflegebedürftige können im Grundsatz frei entscheiden, ob sie häusl. oder stationäre Pflege in Anspruch nehmen. Bei der **stationären Pflege** werden von der Pflegekasse bis zu 2 800 DM monatlich gezahlt. Für Schwerstpflegebedürftige stehen zur Vermeidung von Härtefällen ausnahmsweise bis zu 3 300 DM monatlich zur Verfügung. Kosten für Unterkunft und Verpflegung trägt der Pflegebedürftige selbst. Darüber hinaus besteht im Falle der häusl. Pflege bei Bedarf Anspruch auf Versorgung mit notwendigen Hilfsmitteln, techn. Hilfen sowie auf Zuschüsse für Verbesserungen des Wohnumfeldes im Umfang von max. 5 000 DM je Maßnahme.

Die vorliegenden Daten zur Inanspruchnahme von Leistungen bestätigen auch für die Pflegeversicherung die hohe Bedeutung der Geldleistungen. Im Bereich der häusl. Pflege wurde bis zum Herbst 1996 bundesweit in etwa 80 % der Fälle Pflegegeld in Anspruch genommen, d. h. nur in der Minderheit der Fälle greifen die Pflegefamilien auf Sachleistungen in Form von professionellen pfleger. Diensten zurück. Allgemein wird jedoch angenommen, dass künftig der Anteil der Kombinationsleistungen steigen wird. Man vermutet hinter der von Experten erwarteten fakt. Dominanz der Geldleistungen zahlr. ›Mitnahmeeffekte‹ bei den Angehörigen, d. h. finanzielle Motive. Zwar sieht das Ges. Überprüfungen der häusl. Pflegequalität durch Pflegefachkräfte vor, doch fehlt es v. a. an Qualitätsstandards, die einer derartigen Überprüfung zugrunde liegen müssten.

⇨ *Altern · Behinderte · Rehabilitation*

P. im Alter, Beitrr. v. P. ZWEIFEL u. a. (Zürich 1994); H. GARG: P. als Gegenstand ökonom. Sicherungspolitik (1995); SGB XI als Herausforderung für die Kommunen, hg. v. G. IGL u. a. (1995); G. BÄCKER u. a.: Die sozialen Dienste vor neuen Herausforderungen (1995); Die Wirkungen des Pflege-Versicherungsgesetzes, hg. v. U. FACHINGER u. H. ROTHGANG (1995); Hilfe- u. Pflegebedürftige in privaten Haushalten, Beitrr. v. U. SCHNEEKLOTH u. a. ([2]1996); A. JÜRGENS: Mein Recht bei P. (Neuausg. 1996); H. ROTHGANG u. A. VOGLER: Die zukünftige Entwicklung der Zahl der Pflegebedürftigen bis zum Jahre 2040 u. ihre Einflußgrößen (1997).

Pflegehieb, forstl. Bewirtschaftungsmaßnahme, die primär der Verbesserung des verbleibenden Waldbestands dient. Man unterscheidet zw. Jungwuchspflege (im Stadium der anwachsenden Forstkultur), Läuterung (im Dickungsalter) und Durchforstung (im Stangenholz- und Baumalter).

Pflegekennzeichen, nach internat. Vereinbarung freiwillig angebrachte Kennzeichnung in Textilien; Etikett mit Symbolen für Waschen, Chloren, Bügeln und chem. Reinigung.

Waschen	95 °C Koch- oder Weißwäsche	60 °C Buntwäsche	30 °C Feinwäsche	Schon- 30 °C waschgang	nicht waschen
Chloren	Cl chloren möglich				nicht chloren
Bügeln	starke Einstellung	mittlere Einstellung	schwache Einstellung		nicht bügeln
Chemisch-Reinigen	A allgemein übliche Lösungsmittel	P Per-chloräthylen oder Benzin	F nur Benzin	F	nicht chemisch reinigen

Pflegekennzeichen

Pflegekind, Kind (oder Jugendlicher), das sich für dauernd oder regelmäßig für einen Teil des Tages in einer Familie (Familienpflege) zu fremder Betreuung und Erziehung befindet. Es wird zw. Vollzeitpflege (§ 33 SGB VIII) und Tagespflege (§ 23 SGB VIII) unterschieden. Grundsätzlich ist vor der Aufnahme eines P. die Erlaubnis des Jugendamtes einzuholen, die zu versagen ist, wenn das Wohl des Kindes oder Jugendlichen in der Pflegestelle nicht gewährleistet ist (§ 44 SGB VIII). Die Tagespflege ist, wenn sie nicht gewerbsmäßig betrieben wird, erlaubnisfrei. Weitere Ausnahmen von der Erlaubnispflicht bestehen z. B. dann, wenn die Pflege im Rahmen der Hilfe zu Erziehung (→Erziehungshilfe) aufgrund einer Vermittlung durch das Jugendamt erfolgt, wenn es sich bei der Pflegeperson um einen Verwandten oder Verschwägerten bis zum dritten Grad handelt oder wenn die Dauer von acht Wochen nicht überschritten wird.

Soweit eine Pflegeerlaubnis erforderlich ist, steht dem Jugendamt die Aufsicht über die Pflegestelle zu. Ist ein Kind, das längere Zeit in einer Pflegefamilie gelebt hat, so mit dieser Familie verbunden, dass es ohne gravierenden Schaden nicht mehr von dieser getrennt werden kann, kann das Vormundschaftsgericht auch gegen den Willen der leibl. Eltern ein Verbleiben in der Pflegefamilie anordnen (§ 1632 Abs. 4 BGB; verfassungskonform).

Einkommensteuerrechtlich werden P. bei den Pflegeeltern als Kinder berücksichtigt, wenn das Obhuts- und Pflegeverhältnis zu den Eltern nicht mehr besteht (§ 32 Einkommensteuer-Ges.).

pflegeleichte Textilien, nicht einheitlich normierte Bez. für Textilien aus Natur- oder Kunstfasern, die durch Veredelungsverfahren waschmaschinenfest, knitterarm, Schmutz und Flecken abweisend gemacht und einfach zu bügeln sind.

Pfleger, 1) *allg.:* veraltet für Verwalter eines Amtes, Vorsteher eines Bezirks.

2) *Recht:* mit einer →Pflegschaft Betrauter.

Pfleger-Moravský [-ski:], Gustav, tschech. Schriftsteller, *Karasín (Südmähr. Gebiet) 27. 7.

1833, † Prag 20. 9. 1875; führte, von A. S. PUSCHKIN und M. J. LERMONTOW beeinflusst, in dem Versroman ›Pan Vyšinský‹ (4 Tle., 1858–59) den Typ des russ. ›überflüssigen Menschen‹ in die tschech. Literatur ein. Im Geist eines frühen Realismus steht ›Z malého světa‹ (1864), der erste tschech. Roman aus dem Milieu der Fabrikarbeiter.

Weitere Werke: *Romane:* Ztracený život (1862); Paní fabrikantová (1873).

Ausgabe: Sebrané spisy, hg. v. J. LAICHTER, 6 Bde. (1907–12).

Pflegesatz, Richtsatz für die Kosten der Unterbringung und Behandlung von Kranken und Pflegebedürftigen in Kranken-, Heil- und Pflegeanstalten aller Art. Bei der Krankenhausbehandlung wird er zw. den Krankenhausträgern und den Krankenkassen gemäß Bundespflegesatz-VO vom 26. 9. 1994 vereinbart (→Krankenhaus, Wirtschaft). Bei der Unterbringung in Pflegeheimen, Rehabilitationseinrichtungen u. a. wird er von den Trägern der zuständigen Sozialversicherung (z. B. Pflegekassen), der Sozialhilfe und den Trägern der Heime vereinbart und bezieht sich auf die pro Tag und Platz aufzubringenden Kosten.

Pflegestufen, →Pflegebedürftigkeit.

Pflegeversicherung, Sammelbegriff für Versicherungen zur finanziellen Vorsorge gegen das Risiko der Pflegebedürftigkeit. Zuständig für die soziale Absicherung bei Pflegebedürftigkeit ist v. a. die gesetzl. P., die im 11. Buch des Sozialgesetzbuches (SGB XI) geregelt ist. Sie trat am 1. 1. 1995 nach über zwanzigjähriger Diskussion als fünfte Säule im System der sozialen Sicherung stufenweise in Kraft. Leistungen zur häusl. Pflege können ab 1. 4. 1995, Leistungen zur stationären Pflege ab 1. 7. 1996 bezogen werden (→Pflegebedürftigkeit). Träger der P. sind die Pflegekassen, die bei jeder gesetzl. Krankenkasse errichtet wurden. Versicherungspflichtig sind die Versicherten der gesetzl. Krankenversicherung sowie die Versicherten von privaten Krankenversicherungen und Beamte. Rentner sind pflichtversichert und zahlen die Hälfte des Beitrages. Neben der gesetzl. und privaten P. können für Leistungen bei Pflegebedürftigkeit weiterhin zuständig sein: die Beihilfe (für Beamte), die gesetzl. Unfallversicherung, die Sozialhilfe.

Zur Finanzierung der gesetzl. P. wurde der Versicherungsbeitrag ab 1. 1. 1995 auf 1 %, ab 1. 7. 1996 auf 1,7 % des Bruttoeinkommens eines Arbeitnehmers bis zur Beitragsbemessungsgrenze der gesetzl. Krankenversicherung festgesetzt. Die Beiträge werden je zur Hälfte von den Arbeitnehmern und ihren Arbeitgebern finanziert, wenn der Beschäftigungsort in einem Bundesland liegt, das zur Kostenentlastung der Arbeitgeber einen auf einen Wochentag fallenden Feiertag abgeschafft hat (Ausnahme: Sachsen; kein Feiertag abgeschafft, Arbeitnehmer zahlen 1,35 % des Beitrages). Leistungen der P. werden nur bis zu der über die Beitragseinnahmen abgesicherten Höhe der finanziellen Mittel erbracht, d. h. sie sind ›gedeckelt‹. Darüber hinausgehende Kosten müssen die Pflegebedürftigen nach wie vor selbst tragen. Die Finanzierung der Leistungen erfolgt nach dem Umlageprinzip.

Für die Finanzierung der Investitionen in den Pflegeeinrichtungen sind die Länder zuständig. Näheres zur Planung und Förderung bestimmt Landesrecht. Für die neuen Länder hat sich der Bund zu einer Anschubfinanzierung von jährlich 800 Mio. DM bis zum Jahr 2002 verpflichtet. Den Pflegekassen obliegt die Sicherstellung der bedarfsgerechten pfleger. Versorgung ihrer Versicherten. Sie schließen mit den einzelnen Leistungserbringern (Pflegedienste, Heime usw.) Versorgungsverträge ab, die eine leistungsfähige und wirtschaftl. Versorgung ermöglichen sollen.

In *Österreich* erhalten sozialversicherte Personen, die aufgrund einer körperl., geistigen oder psych. Behinderung ständig pflegebedürftig sind, ab Vollendung des dritten Lebensjahres ein nach dem Grad ihrer Behinderung gestaffeltes Pflegegeld nach dem Bundespflegegeld-Ges. von 1993 i. d. F. v. 1995. – In der *Schweiz* umfasst die Krankenpflege alle Maßnahmen, mit denen eine (i. d. R.) nicht unfallbedingte Beeinträchtigung der körperl. oder geistigen Gesundheit behoben sowie ein drohender Gesundheitsschaden oder die Verschlimmerung eines bestehenden Leidens abgewendet werden soll. Versicherungspflichtig ist nach dem Krankenversicherungs-Ges. vom 18. 3. 1994, das im Wesentlichen die obligator. P. zum Gegenstand hat, grundsätzlich jede Person mit Wohnsitz in der Schweiz. Die Versicherung übernimmt die durch Gesetz und VO näher umschriebenen Kosten für die Leistungen, die der Diagnose oder Behandlung einer Krankheit und ihrer Folgen dienen. Die P. wird hauptsächlich durch Beiträge der Versicherten und der öffentl. Hand finanziert.

Pflegschaft, 1) *Recht:* die Fürsorge für eine in rechtl. Hinsicht hilfsbedürftige Person oder für ein Vermögen. Im Unterschied zur →Vormundschaft bezieht sich die P. nur auf einzelne Angelegenheiten, zu deren Wahrnehmung eine P. bestellt wird (§§ 1909 ff., 1960 BGB). Auf die P. finden grundsätzlich die Vorschriften über die Vormundschaft entsprechende Anwendung. Die Bestellung der P. obliegt dem Vormundschaftsgericht (bei der Nachlass-P. dem Nachlassgericht). Das Gericht ernennt auch den Pfleger. Das Gesetz kennt die Fälle der Ergänzungs-P. für denjenigen, der unter elterl. Sorge oder Vormundschaft steht, für Angelegenheiten, an deren Besorgung Eltern oder Vormund rechtlich (z. B. bei Rechtsgeschäften zw. Vormund und Mündel) oder tatsächlich gehindert sind; ferner die P. wegen Abwesenheit, die P. für eine Leibesfrucht, die P. für unbekannte Beteiligte einer Rechtsangelegenheit, die P. für ein Sammelvermögen und die Nachlass-P. (§ 1960 BGB). Die gesetzl. →Amtspflegschaft für ein nichtehel. Kind (§ 1706 BGB alter Fassung) wurde mit Wirkung vom 1. 7. 1998 abgeschafft. Sie wurde durch eine freiwillige Beistandschaft des Jugendamtes (auf Antrag eines Elternteiles) ersetzt, die die elterl. Sorge nicht einschränkt (§§ 1712 ff. BGB). – An die Stelle der früheren Gebrechlichkeits-P. ist das Rechtsinstitut der →Betreuung getreten.

Das *österr.* Recht verwendet anstelle des Begriffs P. die Bez. **Kuratel** (§§ 269 ff. ABGB). Hiervon zu trennen ist das kindschaftl. Sonderrechtsverhältnis des Pflegeverhältnisses (§§ 187 f. ABGB). – In der *Schweiz* entspricht die P. der **Beistandschaft** (→Beistand; Art. 392 ff. ZGB).

2) *Schulwesen:* **Klassen-P., Schul-P.,** im Schulrecht einiger Länder (z. B. Bad.-Württ., NRW) Bez. für versch. Gremien der →Elternvertretungen.

Pfleiderer, Otto, ev. Theologe, * Stetten (heute Kernen im Remstal) 1. 9. 1839, † Berlin 17. 8. 1908; war ab 1871 Prof. für prakt. Theologie in Jena, ab 1875 für systemat. Theologie in Berlin; als Vertreter des ›freie Theologie‹ genannten Zweigs der liberalen Theologie betonte er im Anschluss an die Philosophie G. W. F. HEGELS die Einheit von Theologie und Philosophie (gegen A. RITSCHLS kantian. Trennung von Glaube und Wissen) und bezog das entwicklungsgeschichtl. Denken und die vergleichende Methode der Religionswiss. in die Theologie ein.

Werke: Die Religion, ihr Wesen u. ihre Gesch., 2 Bde. (1869); Der Paulinismus. Ein Beitr. zur Gesch. der urchristl. Theologie (1873); Religionsphilosophie auf geschichtl. Grundl. (1878); Grundr. der christl. Glaubens- u. Sittenlehre (1880); Das Urchristentum (1887).

Pflicht, *Ethik:* eine verbindl. Aufgabe oder Handlung, gegenüber der sich der Einzelne oder eine Gruppe verantwortlich weiß. P. haben ihre Begründung meist in gewohnheitsmäßigen, kulturellen oder rechtl. Normen und sind damit durch die fakt. Autorität einer verordnenden Instanz (Familie, gesellschaftl. Gruppen, Staat) vorgegeben. Sie können in Moral und Sitte und damit in angeeigneten Wertmaßstäben, Handlungsregeln und auch Sinnvorstellungen begründet liegen oder durch Moralität im Sinne der Entscheidung des Menschen als freies Vernunftwesen für das Tun des Guten um seiner selbst willen bedingt sein.

In der Philosophie bezeichnete der Terminus unter dem Einfluss des römisch-stoischen Begriffs ›officium‹ (CICERO), der mit P. übersetzt wurde, zunächst einen bestimmten berufl. oder gesellschaftl. Aufgabenkreis, dessen Erfüllung zugleich als sittl. Forderung erschien, dann auch überhaupt jedes sittlich geforderte Verhalten oder die sittl. Forderung als solche.

Die P. wird z.T. auf ein Gesetz zurückgeführt, das dem Menschen entweder von der Natur (→Naturrecht) und der eigenen Natur als Vernunftwesen (→Autonomie) oder Gemeinschaftswesen oder von Gott als Maßstab seines Handelns vorgegeben ist. Aber auch aus dem erkannten Wert oder Unwert eines Verhaltens oder seiner Ziele und voraussichtl. Folgen kann die P. abgeleitet werden. In Anlehnung an I. KANT bezeichnet P. dasjenige, was jemand aus unbedingten moral. Gründen tun soll (→kategorischer Imperativ). Sie hat den Charakter von uneingeschränkter Verbindlichkeit und Nötigung, die der vernünftigen, wollenden oder triebhaften Neigung des Menschen durchaus entgegenstehen kann. In modernen Überlegungen werden zudem die denkbaren Unterschiede in Art, Beziehungsform und Durchsetzbarkeit der P. berücksichtigt, so z.B. vollkommene und unvollkommene P., die P. gegen sich selbst, gegen andere und gegen Gott, in Anlehnung an KANT Rechts-P. und Tugend-P., und in der Perspektive des Handelnden als P.-Bewusstsein (Innewerden und Erfüllung bestimmter P.) und P.-Gefühl (Wertschätzung der P.) reflektiert. Ist im Einzelfall die Erfüllung mehrerer P. miteinander unvereinbar, so entsteht ein Konflikt der P. (P.-Kollision).

In der Pädagogik galten P.-Erfüllung, P.-Bewusstsein und P.-Gefühl bis zur Reformpädagogik des 20. Jh. in Dtl. als unbestrittene Ziele einer Charaktererziehung, die auf die Prägung fester Gewohnheiten, Ordnungen und Wertvorstellungen gerichtet war. Nicht zuletzt aufgrund des polit. Missbrauchs des P.-Begriffs (P. als unbedingter Gehorsam gegenüber obrigkeitlich gesetzten Normen unabhängig von deren moral. Qualität) will die Pädagogik heute dagegen die individuelle Fähigkeit zur krit. Unterscheidung zw. zeitlos gültigen und zeitbedingten, gesellschaftlich-kulturell geprägten Normvorstellungen und die Fähigkeit zur Einsicht als Voraussetzung für ethisch verantwortungsvolle Entscheidungen in unterschiedl. Lebenssituationen fördern.

⇨ *Gewissen · Norm · Person · Verantwortung*

I. KANT: Grundlegung zur Metaphysik der Sitten (1785, Nachdr. 1984); DERS.: Kritik der prakt. Vernunft (1788, Nachdr. 1984); G. H. VON WRIGHT: An essay in deontic logic and the general theory of action (Amsterdam 1972); U. WOLF: Das Problem des moral. Sollens (1984); W. D. ROSS: The right and the good (Neuausg. Indianapolis, Ind., 1988); O. O'NEILL: Tugend u. Gerechtigkeit. Eine konstruktive Darst. des prakt. Denkens (a. d. Engl., 1996).

Pflichtenheft, Lastenheft, Zusammenstellung von grundsätzl. Anforderungen, die ein techn. Erzeugnis (z.B. Computersoftware, Kraftwagen, Flugzeug) erfüllen soll.

Pflichtenkollision, *Strafrecht:* die nicht rechtswidrige Verletzung einer Rechtspflicht durch eine Handlung, wenn diese Handlung das einzige Mittel war, um eine andere, höherrangige Rechtspflicht zu erfüllen, und wenn der Handelnde sich aufgrund einer Abwägung der Pflichten entschieden hat. Die P. ist Rechtfertigungsgrund mit der Folge, dass ihr Vorliegen die Bestrafung des Handelnden ausschließt.

Pflichtprüfung, *Betriebswirtschaftslehre:* gesetzlich vorgeschriebene und geregelte Prüfung, v.a. der Rechnungslegung und Berichterstattung bestimmter Unternehmen (→Prüfung des Abschlusses).

Pflichtschulen, in den Ges. zur Schulpflicht mancher Länder Dtl.s Schulen, deren Besuch gesetzlich vorgeschrieben ist, sofern von den Erziehungsberechtigten keine →weiterführenden Schulen gewählt werden; zu den P. zählen Grund- und Hauptschule (ggf. Sonderschule) sowie Berufsgrundbildungsjahr als Vollzeitschulen und Berufsschule als Teilzeitschule.

Pflichtstücke, Pflicht|exemplare, diejenigen Exemplare von Büchern, sonstigen Druckerzeugnissen und Tonträgern, die der Verleger als Belegstück für seine Produktion meist unentgeltlich an gesetzlich oder durch Verordnung festgelegte Stellen, i.d.R. bestimmte Bibliotheken, abliefern muss. Die Ablieferungspflicht ist im Einzelnen in den Pressegesetzen der Bundesländer, den zugehörigen Durchführungsverordnungen oder in landesrechtl. Sondergesetzen geregelt. Bundesrechtlich sieht das Ges. über die Dt. Bibliothek vom 31. 3. 1969 (§§ 18 ff.) in Verbindung mit der P.-Verordnung vom 14. 12. 1982 die grundsätzlich unentgeltl. Lieferung je eines Exemplars von Druckerzeugnissen sowie Musiknoten und Musiktonträgern an die Standorte der Dt. Bibliothek in Frankfurt am Main sowie in Leipzig (Dt. Bücherei) vor. Bei Dissertationen ist die Ablieferung von P. Promotionsvoraussetzung.

Pflichtteil, die Mindestbeteiligung eines nahen Angehörigen am Nachlass eines Erblassers (§§ 2303 ff. BGB). Der P. besteht in einem bloßen Geldanspruch gegen den oder die Erben in Höhe der Hälfte des Wertes des gesetzl. Erbteils; er verschafft dem P.-Berechtigten weder eine Beteiligung am Nachlass noch einen Anspruch auf bestimmte Nachlassgegenstände. Durch den P. wird die Testierfreiheit des Erblassers beschränkt. Der Anspruch auf den P. ist dann gegeben, wenn der Erblasser durch Verfügung von Todes wegen (Testament, Erbvertrag) P.-Berechtigte enterbt, d.h. sie von der gesetzl. Erbfolge ausschließt. Pflichtteilsberechtigt sind nur die Abkömmlinge (Kinder und Kindeskinder; auch die nichtehelichen), die Eltern und der Ehegatte des Erblassers (also z.B. nicht die Geschwister). Der P. kann nur unter engen Voraussetzungen entzogen werden, z.B. bei vorsätzlicher körperl. Misshandlung, böswilliger Verletzung von Unterhaltspflichten, bei ehrlosem oder unsittl. Lebenswandel.

Ist der P.-Berechtigte vom Erblasser zwar bedacht worden, erreicht der Wert der Zuwendung aber nicht den des P., so kann die Differenz im Wege des **P.-Restanspruchs (Zusatz-P.,** §§ 2305, 2307) verlangt werden. Einen ähnl. Schutz genießt ein zum Erben berufener P.-Berechtigter, der durch die Verfügung des Erblassers übermäßig beschränkt oder beschwert wurde (z.B. durch Auflagen, Einsetzung eines Testamentsvollstreckers, Nacherbschaft, § 2306). Der Aushöhlung des P.-Anspruchs durch unentgeltl. lebzeitige Verfügungen des Erblassers wirkt der **P.-Ergänzungsanspruch** entgegen (§§ 2325 ff.), der dann gegeben ist, wenn der Erblasser innerhalb der letzten zehn Jahre vor Eintritt des Erbfalls den Nachlass durch Schenkungen an Dritte verringert hat. Bei Ehegatten, die im gesetzl. Güterstand der Zugewinngemeinschaft gelebt haben, wird zw. dem **großen P.,** der nach dem gemäß § 1371 Abs. 1 BGB erhöhten gesetzl. Erbteil berechnet wird, und dem nach dem nicht erhöhten gesetzl. Ehegattenerbteil gemäß § 1931 BGB berechneten **kleinen P.** unterschieden. Wird der Ehegatte weder Erbe noch Vermächtnisnehmer, kann er neben dem Zugewinnausgleich nur den kleinen P. verlangen. Der große

P. kommt als Berechnungsgröße für den P.-Restanspruch zum Zuge, also dann, wenn der pflichtteilsberechtigte Ehegatte am Nachlass als Erbe oder Vermächtnisnehmer beteiligt ist.

Im *österr.* Recht gilt Entsprechendes (§§ 765 ff. ABGB). Dem P.-Berechtigten **(Noterben)** wird ein Mindestanteil am Erbe zugesprochen; dieser beträgt bei Nachkommen und dem Ehegatten jeweils die Hälfte, bei Vorfahren jeweils ein Drittel des gesetzl. Erbteils. Bei Vorliegen eines gesetzl. Enterbungsgrundes (§§ 768 ff.) kann auch der P. entzogen werden. – In der *Schweiz* fiel bei der Reform des Eherechts (in Kraft seit 1. 1. 1988) der P. der Geschwister und Geschwisterkinder weg. Nunmehr beträgt der P. für einen Nachkommen drei Viertel des gesetzl. Erbteils, für jeden Elternteil sowie für den überlebenden Ehegatten die Hälfte (Art. 471 ZGB).

Pflicht|unterricht, der Teil des schul. Lehrangebots, der von allen Schülern im Hinblick auf Gegenstand und Zeit zu leisten ist; **Pflichtfächer** sind nicht abwählbare Schulfächer, **Wahlpflichtfächer** sind Unterrichtsfächer, die ein Schüler aus einer Gruppe von Schulfächern ausgewählt hat; d. h., nicht alle Fächer dieser Gruppe sind abwählbar. Die Unterscheidung von Pflichtfächern, Wahlpflichtfächern und zusätzl. (fakultativen) reinen Wahlfächern ist heute in fast allen Schularten in der Sekundarstufe I und II üblich; in der gymnasialen Oberstufe wurden Pflichtfächer 1989 wieder eingeführt; die Kernfächer (Deutsch, eine Fremdsprache und Mathematik) müssen durchgängig belegt werden, bei den Wahlpflichtfächern müssen ein naturwiss. und ein gesellschaftswiss. Fach (mit Geschichtsunterricht) mit vier Halbjahreskursen (Grundkursen) beim Abitur nachgewiesen werden.

Pierre Pflimlin

Pflichtversicherung, obligatorische Versicherung, Zwangsversicherung, Versicherung, die aufgrund gesetzl. Verpflichtungen zustande kommt, so allg. in der dt. Sozialversicherung. In der Individualversicherung bildet die P. die Ausnahme, z. B. die Haftpflichtversicherung für Kfz-Halter, für Luftverkehrsunternehmen, für den Betrieb von Atomanlagen.

Pflimlin [pflimˈlɛ̃], Pierre, frz. Politiker, * Roubaix 5. 2. 1907; Rechtsanwalt; 1945–46 Abg. des Mouvement Républicain Populaire (MRP) in beiden Konstituanten, 1946–67 in der Nationalversammlung, 1956–63 Präs. des MRP, in der Vierten Republik fast ständig Min., u. a. 1947–51 (mit Unterbrechungen) Landwirtschaft, 1955/56 Finanzen, 1957/58 Finanzen und Wirtschaft. In der Staatskrise 1958 zum Min.-Präs. ernannt (13. 5.), trat P. nach dem Putsch in Algier und dem Scheitern der Bemühungen um Beilegung des Konflikts zurück (28. 5.) und ermöglichte die Berufung C. DE GAULLES zum Min.-Präs., dessen Kabinett er 1958/59 angehörte. 1962 war P. Mitgl. der Reg. Pompidou, die er aber wegen Differenzen in der Europapolitik nach kurzer Zeit verließ; 1959–83 Oberbürgermeister von Straßburg.

Als überzeugter Anhänger der europ. Einigung setzte sich P. in Ergänzung des Schumanplans (→Europäische Gemeinschaft für Kohle und Stahl) für die Integration der europ. Landwirtschaft ein **(P.-Plan).** 1959–67 war P. Mitgl. der Beratenden Versammlung des Europarats (1963–66 deren Präs.), 1979–89 Abg. im Europ. Parlament (1979–84 Vize-Präs., 1984–87 Präs.). Beide Institutionen tagen auf seine Initiative hin in Straßburg.

PFLP, Abk. für **People's Front for the Liberation of Palestine** [ˈpiːplz frʌnt fɔː ðə lɪbəˈreɪʃn əv ˈpæləstaɪn; engl. ›Volksfront für die Befreiung Palästinas‹], radikale Untergruppe der →Palästinensischen Befreiungsorganisation (PLO).

Pflück|erbse, die Palerbse (→Erbse).

Pflücksalat, Varietät des Gartensalats (→Kopfsalat).

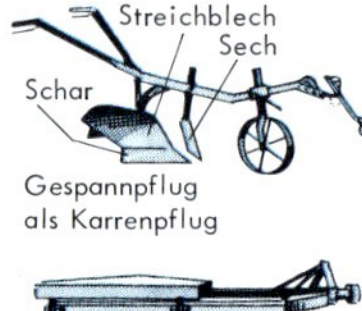

Gespannpflug als Karrenpflug

Kreiselpflug

Beetpflug, einseitig wendend

Drehpflug, zweiseitig wendend

Pflug

Pflug, Bodenbearbeitungsgerät zum Wenden, groben Lockern und Mischen des Bodens (→Pflügen). Man unterscheidet zw. den gezogenen Schar-P. und Scheiben-P. mit nicht angetriebenen Arbeitswerkzeugen sowie zapfwellengetriebenen P., z. B. **Kreisel-P.,** einer Kombination aus Schar-P. und →Bodenfräse. Die verbreitetste Form ist der früher von Gespannen **(Gespann-P.),** heute von Schleppern gezogene **Schar-P.,** der mit diesem durch Anhängen (heute selten), Aufsattelung oder Anbauen verbunden wird. Je nach Anzahl der P.-Körper unterscheidet man Einschar-P. und Mehrschar-P. Die **P.-Körper** bestehen aus dem **Schar,** dem **Streichblech** mit der als Verlängerung dienenden Streichschiene, der Anlage mit der Schleifsohle zum Abstützen der auftretenden Vertikal- und Querkräfte auf dem Boden und aus dem Rumpf, mit dem die Teile verschraubt sind. Mit dem Schar wird aus dem Boden ein Streifen (›Erdbalken‹) herausgeschnitten und mithilfe des Streichblechs gewendet. Durch die im Erdbalken auftretenden Druck-, Zug- und Drehspannungen entstehen Risse, die zu einem Zerkleinern der Erde in Abhängigkeit von der Bodenbeschaffenheit führen. Durch das Wenden wird der Erdbalken seitlich verlagert, an seiner ursprüngl. Stelle entsteht eine Furche, die beim nächsten Durchgang vom nächsten Erdbalken gefüllt wird.

Die Wirkung des P.-Körpers kann durch Zusatzwerkzeuge verstärkt werden, z. B. durch das **Scheibensech,** ein kreisförmiges Stahlmesser, das zum senkrechten Abtrennen des Erdbalkens und zum Herstellen einer glatten Furchenwand vor dem P.-Körper angebracht ist. Dem gleichen Zweck dient das **Messersech,** ein gegen die Fahrtrichtung nach hinten geneigtes Messer, oder das in der Anlage befestigte **Anlagesech.** Andere Zusatzwerkzeuge sind **Strohleithorn, Düngereinleger** oder **Einlegestreichschiene,** die das Unterpflügen von Stalldung, Gründünger oder (sperrigen) Vorfruchtrückständen verbessern. Nach der Arbeitstiefe unterscheidet man bei Schar-P. **Schäl-P., Saat-P.** und **Tief-P.,** nach der Arbeitsweise Beet-P. und Kehr-P. **Beet-P.** können den Erdbalken (in Fahrtrichtung betrachtet) nur in eine Richtung wenden; **Kehr-P.,** die wiederum als Dreh-, Kipp- und Wechsel-P. ausgebildet werden, haben die Fähigkeit, die Erdbalken wechselseitig nach beiden Richtungen zu werfen. Beet-P. fahren zum Bearbeiten des Ackers um ein immer kleiner werdendes ›Beet‹ herum. Kehr-P. können an einer Feldseite hin- und herfahren; bei der Hinfahrt wird z. B. der nach rechts wendende Pflugkörper, bei der Rückfahrt der nach links wendende in den Boden gebracht. – Ähnlich wie die Schar-P. arbeiten die **Scheiben-P.,** deren Werkzeuge anstelle von Schar und Scheibenblech schräg zur Fahrtrichtung angebrachte, gewölbte Stahlblechscheiben sind, deren kreisförmige Ränder als Schneiden ausgebildet sind. Während des Pflügens werden die Scheiben durch die Bodenreibung in Drehung versetzt, die Erde wird über einen Abstreifer zur Seite geworfen.

Geschichte: Einfache hölzerne **Haken-P.,** die die Erde kontinuierlich aufreißen, jedoch nicht wenden können, sind bereits seit Anfang des 3. Jt. v. Chr. in Mesopotamien bekannt, während sonst der Boden allgemein mit der Hacke aufgerissen und mit Grabstöcken Furchen für die Saat gezogen wurden. Die vermutlich ältesten Hakenpflugspuren in Mittel- und Nordeuropa wurden unter neolith. Gräbern in Skandinavien gefunden (um 2000 v. Chr.), etwas jüngeren Datums sind Funde im schweizer. Voralpenland. Die hier ausgegrabenen Handhaken wurden von einem ›Häker‹ an den Sterzen (Griffhölzern) geführt und von einer oder zwei Personen an einem Seil gezogen. Die bislang ältesten Nachweise über die Benutzung eines P. wurden in Feddersen Wierde gefunden; anhand der P.-Spuren kann gezeigt werden, dass der Boden nicht nur gehakt, sondern auch gewendet wurde. Diese Beetpflugtechnik fand jedoch erst wieder im 15. Jh. Verbreitung, u.a. durch die Entwicklung des Kehr-P. Bei der Bauweise wurden die jeweiligen Bodenverhältnisse berücksichtigt; zu einer Standardisierung des P. kam es in den Industrieländern erst Mitte des 20. Jh. Die Verbreitung des P. und damit des auf großen Flächen betriebenen Getreideanbaus erfuhr nach dem Zeitalter der Entdeckungen eine Ausweitung über die ganze Erde. Europäer brachten den P.-Bau in alle überseeischen Gebiete, in denen Getreideanbau eingeführt werden konnte, und schufen damit die Grundlagen für die Kornkammern der Erde. Zum Ziehen der P. dienten in Europa hauptsächlich Ochsen, später auch Pferdegespanne (in anderen Regionen auch Kamele, Wasserbüffel und Elefanten) und schon im ausgehenden 19. Jh. Maschinen. Die Dampfmaschine ermöglichte den Einsatz schwerer, an Drahtseilen gezogener Mehrschar-P. **(Dampf-P.).** I. Allg. setzte die Motorisierung jedoch erst nach dem Zweiten Weltkrieg mit der Entwicklung und Produktion leistungsfähiger Ackerschlepper ein. Der vor der Entwicklung moderner Schlepperhydraulik vornehmlich verwendete Anhänge-P. wurde in den letzten Jahren mehr und mehr durch den Anbau-P. verdrängt, der über ein Dreipunktgestänge mit dem Schlepper verbunden ist. (→Landtechnik)

Pflug, Julius von, letzter kath. Bischof von Naumburg-Zeitz, *Eythra (bei Leipzig) 1499, †Zeitz 3. 9. 1564; nach Studium in Leipzig, Bologna und Padua (1510–20) zusätzl. Rechtsstudium und diplomat. Ausbildung. 1522 wurde P. Dompropst in Zeitz, 1537 Dekan von Meißen, 1541 Bischof von Naumburg-Zeitz, konnte sich aber erst 1547 nach dem Schmalkald. Krieg gegen den von Kurfürst JOHANN FRIEDRICH I. eingesetzten luther. Bischof N. VON AMSDORF durchsetzen. Der reformer. und friedenswillige Humanist P. bemühte sich in Trient (1551/52) und auf allen Religionsgesprächen zw. 1530 und 1547 um die Aufhebung der Kirchenspaltung. P. ist Mit-Verf. des Regensburger Buches (des vom Kaiser bei dem Religionsgespräch von 1541 vorgelegten Vergleichsentwurfs) und des Augsburger Interims (1548). Die Rekatholisierung seines Bistums erreichte er nicht.

Ausgabe: Correspondance, hg. v. J. V. POLLET, 5 Bde. (1969–82).

J. V. POLLET: J. P., in: Gestalten der Kirchengesch., hg. v. M. GRESCHAT, Bd. 6 (1981); Pflugiana. Studien über J. P. (1499–1564). Ein internat. Symposium, hg. v. E. NEUSS u.a. (1990); J. V. POLLET: J. P. (Leiden 1990).

Pflügen, *Ackerbau:* die wichtigste Art der Bodenbearbeitung zum Lockern, Wenden und Mischen des Bodens, zum Unterbringen von Dünger und Stoppelresten für den Anbau von Kulturpflanzen. Gepflügt wird bes. vor dem Winter, um die krümelnde Wirkung des Frostes auszunutzen. Die **Pflugfurche** vor dem Winter wird 20–30 cm tief durchgeführt. Zum Anbau von Hackfrüchten, bes. Zuckerrüben, und bei Bodenverdichtungen kann eine Untergrundlockerung (35–50 cm) mit besonderen Geräten (Untergrundlockerer) vorgenommen werden, wobei der Untergrund nicht mit der Krume vermischt wird. Auf einigen Böden, bes. bei Staunässe, kann das Tiefpflügen (80–120 cm) empfohlen werden; dadurch wird die Wassersickerung in tiefere Schichten möglich und das tiefere Eindringen der Wurzeln gefördert. Die heraufgepflügte nährstoffarme Schicht (toter Boden) lässt sich durch Düngemittel wieder anreichern. Notwendig ist das Tiefpflügen **(Rigolen)** bei Tiefwurzlern. Zur Herstellung eines Saatbettes **(Saatfurche)** wird weniger tief (rd. 20 cm) gepflügt, um ein schnelleres Absetzen des Bodens zu erreichen. Kurz nach der Ernte wird die Oberfläche der Krume (rd. 10 cm) geschält **(Schälfurche),** um das Austrocknen des Bodens zu vermeiden, die Gare zu erhalten und die Bildung von Humusstoffen aus den Stoppelresten zu fördern. (→Pflug)

Pflüger, Eduard Friedrich Wilhelm, Physiologe, *Hanau 7. 6. 1829, †Bonn 16. 3. 1910; ab 1859 Prof. in Bonn; arbeitete v.a. über die sensor. Funktionen des Rückenmarks, die Hemmungsnerven des Darms und über Verdauungs- und Stoffwechselvorgänge. – 1859 stellte er das **Pflüger-Zuckungsgesetz** auf, das die von Stärke und Richtung des Stroms abhängige Reizwirkung elektr. Gleichstromstöße auf Nerven und Muskeln beschreibt, die am geschädigten oder absterbenden Organ typisch abgewandelt ist.

Pflugnasenchimären, Familie der →Seedrachen.

Ludwig Freiherr von der Pfordten

Pfordten, Ludwig Freiherr von der (seit 1854), bayer. Jurist und Politiker, *Ried im Innkreis 11. 9. 1811, †München 18. 8. 1880; 1836 Prof. für röm. Recht in Würzburg, 1843 Prof. in Leipzig. März 1848 bis Februar 1849 leitete er in Sachsen die Ministerien für Auswärtiges und für Kultus; im April 1849 als Außen-Min. nach Bayern berufen, wo er im Dezember 1849 auch das Amt des Min.-Präs. übernahm. Während seiner ersten Amtszeit (bis 1859) suchte er als einer der Hauptvertreter der Triasidee, durch den Zusammenschluss der dt. Mittelstaaten neben Preußen und Österreich eine dritte Macht innerhalb des Dt. Bundes zu schaffen. Als seine Politik sich als nicht realisierbar erwies, trat P. zurück. 1859–64 vertrat er Bayern beim Dt. Bund in Frankfurt am Main. Seit 1864 wieder Min.-Präs., scheiterte er 1866 bei Vermittlungsversuchen zw. Preußen und Österreich, worauf er Bayerns Zusammengehen mit Österreich erwirkte. Nach der Niederlage im Dt. Krieg von 1866 trat P. zurück.

Franz Pforr: Der Graf von Habsburg und der Priester; 1810 (Frankfurt am Main, Städelsches Kunstinstitut)

Pforr, Franz, Maler, *Frankfurt am Main 5. 4. 1788, †Albano Laziale 16. 6. 1812; ab 1801 Schüler seines Onkels J. H. TISCHBEIN D. J. in Kassel, ab 1805 H. FÜGERS an der Wiener Akademie. Hier wandte er sich gegen den akadem. Klassizismus und gründete 1809 als Ausdruck einer religiös vertieften Lebens- und Kunstanschauung mit J. F. OVERBECK u.a. den Lukasbund; mit OVERBECK lebte er ab 1810 im Kloster Sant' Isidoro in Rom (→Nazarener). Im Unterschied zur Hinwendung OVERBECKS zu PERUGINO und RAFFAEL griff P. auf altdt. Vorbilder zurück (Motive aus der mittelalterl. Legende und Geschichte).

Werke: Einzug Kaiser Rudolfs von Habsburg in Basel (1808–10; Frankfurt am Main, Städelsches Kunstinstitut); Der Graf von Habsburg u. der Priester (1810; ebd.); Der hl. Georg u. der Drache (um 1811; ebd.).

Pforta, Pforte, seit 1952 Stadtteil von Bad Kösen, →Schulpforta.

Pfort|ader, Vena portae, Vene im Blutkreislauf des Menschen und der Wirbeltiere, die das Blut von

Magen, Darm und Milz sammelt und der Leber zuführt. Der **P.-Kreislauf** ist ein Kreislauf, in dem eine Vene ihr Blut aus einem Kapillarnetz erhält und wieder in ein Kapillarnetz aufteilt. – Beim Menschen und bei erwachsenen Säugetieren findet sich ein P.-Kreislauf auch im Bereich der Hirnanhangdrüse.

Pfort|aderhochdruck, portale Hypertension, Pfort|aderstauung, Bluthochdruck im Pfortadersystem aufgrund mechan. Strömungshindernisse. Sie liegen meist innerhalb der Leber (›intrahepat. Block‹) und sind dann überwiegend Folge einer Leberzirrhose; Stauungen vor der Leber (›prähepat. Block‹) werden v. a. durch Pfortaderthrombosen hervorgerufen. Seltener ist ein Verschluss der Lebervenen (›posthepat. Block‹) beim →Budd-Chiari-Syndrom. Der P. kann zur Ausbildung eines Umgehungskreislaufs mit Entstehung von Krampfadern v. a. im Bereich der Speiseröhre (→Ösophagusvarizen) oder des Bauchnabels (→Caput medusae) führen.

Eine operative *Behandlung* ist unter entsprechenden Voraussetzungen durch Anlegen eines Bypasses oder eines (›portosystem.‹) Shunts zw. Pfortader und unterer Hohlvene oder Nierenvene möglich.

Pforte, 1) *allg.:* (meist kleinere) Tür zum Garten, Hof, Vorplatz eines Hauses.

2) *Geschichte:* Kurz-Bez. für die Reg. des Osman. Reiches, →Hohe Pforte.

3) *Verkehrsgeographie:* wichtiges Durchgangsgebiet zw. Gebirgen (z. B. Burgund., Dsungar., Westfäl. P.).

Pförtner, *Anatomie:* der Ausgang des →Magens.

Pforzheim
Stadtwappen

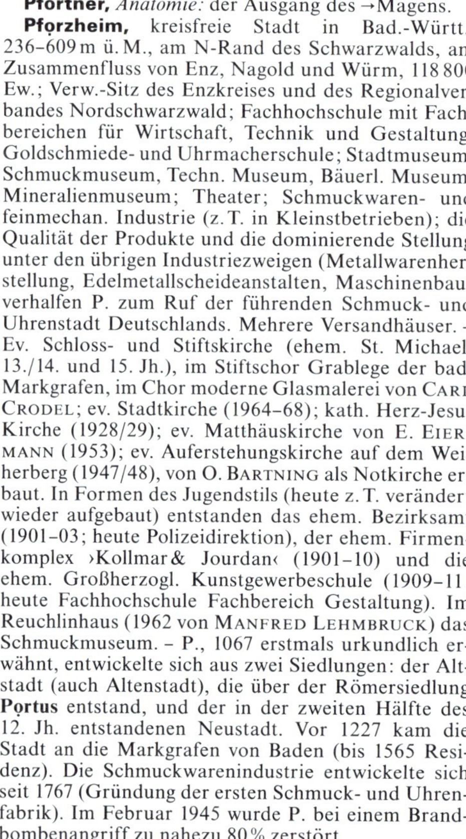

Pforzheim, kreisfreie Stadt in Bad.-Württ., 236–609 m ü. M., am N-Rand des Schwarzwalds, am Zusammenfluss von Enz, Nagold und Würm, 118 800 Ew.; Verw.-Sitz des Enzkreises und des Regionalverbandes Nordschwarzwald; Fachhochschule mit Fachbereichen für Wirtschaft, Technik und Gestaltung, Goldschmiede- und Uhrmacherschule; Stadtmuseum, Schmuckmuseum, Techn. Museum, Bäuerl. Museum, Mineralienmuseum; Theater; Schmuckwaren- und feinmechan. Industrie (z. T. in Kleinstbetrieben); die Qualität der Produkte und die dominierende Stellung unter den übrigen Industriezweigen (Metallwarenherstellung, Edelmetallscheideanstalten, Maschinenbau) verhalfen P. zum Ruf der führenden Schmuck- und Uhrenstadt Deutschlands. Mehrere Versandhäuser. – Ev. Schloss- und Stiftskirche (ehem. St. Michael, 13./14. und 15. Jh.), im Stiftschor Grablege der bad. Markgrafen, im Chor moderne Glasmalerei von CARL CRODEL; ev. Stadtkirche (1964–68); kath. Herz-Jesu-Kirche (1928/29); ev. Matthäuskirche von E. EIERMANN (1953); ev. Auferstehungskirche auf dem Weiherberg (1947/48), von O. BARTNING als Notkirche erbaut. In Formen des Jugendstils (heute z. T. verändert wieder aufgebaut) entstanden das ehem. Bezirksamt (1901–03; heute Polizeidirektion), der ehem. Firmenkomplex ›Kollmar & Jourdan‹ (1901–10) und die ehem. Großherzogl. Kunstgewerbeschule (1909–11; heute Fachhochschule Fachbereich Gestaltung). Im Reuchlinhaus (1962 von MANFRED LEHMBRUCK) das Schmuckmuseum. – P., 1067 erstmals urkundlich erwähnt, entwickelte sich aus zwei Siedlungen: der Altstadt (auch Altenstadt), die über der Römersiedlung **Portus** entstand, und der in der zweiten Hälfte des 12. Jh. entstandenen Neustadt. Vor 1227 kam die Stadt an die Markgrafen von Baden (bis 1565 Residenz). Die Schmuckwarenindustrie entwickelte sich seit 1767 (Gründung der ersten Schmuck- und Uhrenfabrik). Im Februar 1945 wurde P. bei einem Brandbombenangriff zu nahezu 80 % zerstört.

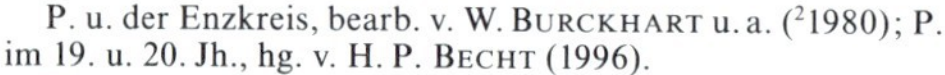

P. u. der Enzkreis, bearb. v. W. BURCKHART u. a. ([2]1980); P. im 19. u. 20. Jh., hg. v. H. P. BECHT (1996).

Pfriemenkresse: Wasserpfriemenkresse (Höhe 2–8 cm)

Pfuhlschnepfe (Größe 38 cm)

Pfosten, *Bautechnik:* Bez. für 1) Rund- oder Kanthölzer, die senkrecht stehen und in Längsrichtung auf Druck beansprucht sind; man unterscheidet v. a. **Stuhl-P.** in stehenden Dachstühlen und **Wand-P.** in Fachwerkwänden. 2) Füllstäbe von Fachwerkträgern, die senkrecht zu den Gurten stehen.

Pfötchenstellung, charakterist. Krampfhaltung der Hände als Symptom bei →Tetanie.

Pfote, der Fuß (v. a. der Vorderfuß) versch. Säugetiere, z. B. Hase, Kaninchen, Eichhörnchen, Hund, Katze; bei großen Raubtieren heißen die mit starken Krallen ausgestatteten Füße auch **Pranken** (in der Jägersprache **Branten**) oder, bes. bei Bären, **Tatzen.**

PfP, Abk. für engl. **P**artnership **f**or **P**eace, →Partnerschaft für den Frieden.

Pforzheim: Grablege der badischen Markgrafen (16. Jh.) in der Schloss- und Stiftskirche

Pfriem, andere Bez. für →Ahle.

Pfriemengras, das →Federgras.

Pfriemenkresse, Subularia, Gattung der Kreuzblütler mit je einer Art auf der N-Halbkugel und in den Hochgebirgen O-Afrikas; in Dtl. kommt selten die **Wasser-P.** (Subularia aquatica) vor; am Rand von Fischteichen oder untergetaucht wachsende Pflanzen mit grasartigen Blättern und kleinen, weißen Blüten.

Pfriemenmücken, Fenstermücken, Phrynedidae, Familie der Mücken mit 70 nicht stechenden Arten (in Europa 10); die hellen, schlanken Larven (weiße Drahtwürmer) leben in faulenden Pflanzenstoffen, so z. B. die der **Fenstermücke** (Phryne fenestralis) in faulenden Kartoffeln in Kellern.

Pfrille, die →Elritze.

Pfronten, Gem. im Landkreis Ostallgäu, Bayern, 850–901 m ü. M., in einem von der Vils durchflossenen Becken am N-Rand der Allgäuer Alpen, besteht aus 13 weit verstreuten Ortsteilen, 8 200 Ew.; Heimatmuseum; Sommerfrische und Wintersportplatz; Maschinenbau, feinmechan. Industrie. – Im Gemeindeteil Berg liegt auf einer Anhöhe die kath. Pfarrkirche St. Nikolaus (Neubau 1687–92; Turm 18. Jh.).

Pfropfung, Pfropfen, *Obst-, Wein-* und *Gartenbau:* →Veredelung.

Pfründe [zu mlat. praebenda ›Unterhalt‹] *die,* das →kirchliche Benefizium.

Pfuhl, Christian Traugott, sorb. **Křesćan Bohuwěr Pful,** sorb. Sprachwissenschaftler, *Preuschwitz (heute zu Gnaschwitz-Doberschau, Landkreis Bautzen) 28. 3. 1825, †Neschwitz (Landkreis Bautzen) 21. 12. 1889; trat mit M. HÓRNIK und J. A. SMOLER für die analoge Rechtschreibung ein, die am Tschechischen und Polnischen orientiert war, und gilt daher als Mitbegründer der neuen sorb. Orthographie.

Werk: Laut- u. Formenlehre der oberlausitzisch-wend. Sprache (1867). – **Hg.:** Lausitzisch-wend. Wb. (1866).

Pfuhlschnepfe, Limosa lapponica, v. a. in den nordeurasiat. Tundren und Küstengebieten brütender

Schnepfenvogel, der auch an der dt. Nordsee überwintert; unterscheidet sich von der täuschend ähnl. und gleich großen Uferschnepfe v.a. durch den schwarzweiß gebänderten Schwanz und durch das Fehlen der weißen Flügellängsbinde.

Pfullendorf, Stadt im Landkreis Sigmaringen, Bad.-Württ., 602–741 m ü. M., im oberen Linzgau, Oberschwaben, 12 800 Ew.; Herstellung von Küchenmöbeln und Sanitärtechnik, Kipptorfabrik; Garnisonstadt. – Die kath. Pfarrkirche St. Jakob (14. und 15. Jh.) wurde im 18. Jh. barockisiert. Im großen Saal des Rathauses (1524) bemalte Glasscheiben aus der Erbauungszeit. Das ›Schoberhaus‹, bereits 1317 erwähnt, gilt als ältestes Fachwerkhaus in Süd-Dtl. Von der ehem. Stadtbefestigung sind Mauerteile sowie das stattl. Obertor (15./16. Jh.) mit einer Kreuzigungsgruppe (1505) erhalten. – P., 1157 erstmals urkundlich erwähnt, fiel vor 1180 an die Staufer. Um 1220 erhielt es mit dem Bau seiner Befestigungsmauer Stadtrecht. 1220–1803 war P. Reichsstadt, seitdem badisch.

Pfullingen, Stadt im Landkreis Reutlingen, Bad.-Württ., 426 m ü. M., am Fuß der Schwäb. Alb, 17 600 Ew.; Württemberg. Trachtenmuseum, Mühlenmuseum, Stadtgeschichtl. Museum; Papier-, Textilindustrie, Elektrogeräte- und Leiterplattenfertigung. – Spätgot. ev. Pfarrkirche (1463); ehem. Klarissinnenklosterkirche (frühgotisch, 13. Jh.; heute profaniert); Fachwerkrathäuser (1450 und 1686) und ehem. herzogl. Jagdschloss (1563). Die ›Pfullinger Hallen‹, eine ›Ton- und Turnhalle‹ im Jugendstil von T. FISCHER (1905–06), gelten als bahnbrechende Leistung moderner Architektur; Wandbilder von A. HOELZEL. – Das im 10. Jh. erstmals erwähnte P. wurde 1699 Stadt.

Pfund [ahd. pfunt, von lat. pondo ›(ein Pfund) an Gewicht‹, zu pendere ›abwägen‹, ›zuwiegen‹], **1)** *Metrologie* und *Münzwesen:* Zeichen **Lb, lb,** alte Masseneinheit, die auf die röm. Libra zurückgeht und von den Merowingern übernommen wurde. Im karoling. Münzsystem bildete das P. das Grundgewicht; aus dem P. mussten 240 Pfennige ausgeprägt werden. In unterschiedl. Größe war das P. seit dem frühen MA. die Gewichtseinheit in Europa. Als Handelsgewicht (Krämergewicht) waren alle dt. P.-Gewichte in 32 Lot unterteilt, als Medizinalgewicht (Apotheker-P.) war 1 P. = 12 Unzen = 96 Drachmen = 288 Skrupel = 576 Obolus = 5 760 Gran = 357,854 g (Nürnberg). Während sich als Medizinalgewicht das Nürnberger Apotheker-P. weitgehend durchsetzte, wichen die P. des Krämergewichts in fast jeder Stadt voneinander ab. Erst 1858 wurde im Dt. Zollverein ein einheitl. P. von 500 g **(Zoll-P., metrisches P.,** Abk. **Pfd)** festgelegt, das schon 1857 Münzgrundgewicht geworden war. Seit 1877 ist das P. im Dt. Reich keine gesetzl. Einheit mehr. – Aus der karoling. Einteilung des P. in 240 Pfennige resultierte auch die Verwendung des P. als Zählgröße für 240 Stück. So wurden z. B. in einer Salzburger Chronik sogar die Opfer der Pest von 1349 in P. angegeben.

2) P. Sterling [- ˈʃtɛrlɪŋ, engl. - ˈstəːlɪŋ], engl. **Pound Sterling** [paʊnd -], Zeichen **£, L,** *Währungseinheit* in Großbritannien und Nordirland, 1 P. = 100 Pence (p). Rechnungsmünze war das P. schon seit dem 8. Jh., 1 P. = 20 Shillings = 240 Pence. Diese Relation galt in Großbritannien bis zur Einführung der dezimal unterteilten Währung 1971. Das 1489 erstmals als Goldmünze ausgeprägte P. (Sovereign) löste 1816, als Großbritannien zur Goldwährung überging, die →Guinea im festen Wert von 20 Shillings ab. Seit 1983 werden in Großbritannien auch Kursmünzen zu 1 P. aus einer Kupfer-Nickel-Legierung geprägt.

Vom P. Sterling abgeleitet gibt es die Währungseinheit P. mit unterschiedl. Bez. und Unterteilungen (Ägypten, Falklandinseln, Gibraltar, Irland, Libanon, Sudan, Syrien, Türkei, Zypern).

Pfundnase, das →Rhinophym.

Pfundner, gegen Ende der Reg.-Zeit des Erzherzogs SIGISMUND von Tirol (1439–90) geschaffene Silbermünze im Wert von 12 Kreuzern. Vorbilder für diese Münze waren die venezian. Lira Tron (→Lira) und die Testonprägungen (→Testone).

Pfund-Seri|e, von dem Physiker AUGUST HERMANN PFUND (* 1879, † 1949) 1924 entdeckte Spektralserie des Wasserstoffatoms. Das untere Energieniveau der Übergänge der P.-S. liegt in der O-Schale, die entsprechende Strahlung im infraroten Spektralbereich. (→Atom)

Pfungstadt, Stadt im Landkreis Darmstadt-Dieburg, Hessen, 103 m ü. M., im Hess. Ried südwestlich von Darmstadt, 25 000 Ew.; Museum; Maschinenbau, Elektro-, chem. (u. a. Farben- und Lackfabrik), Textil-, Papierindustrie, Kunststoffverarbeitung, Backwarenfabrik, Brauerei, Mälzerei; Anbau von Spargel, Frühgemüse, Braugerste. – In der ev. Pfarrkirche (1746–48) neugot. Ausstattung; das Rathaus, ein zweigeschossiges Steingebäude von 1614, wurde teilweise über die Modau gebaut. Ober- und unterhalb des Ortes einige Mühlen des 17.–18. Jh. – P., erstmals 785 erwähnt, wurde 1479 hessisch. Mit Gründung einer Farbenmanufaktur begann die industrielle Entwicklung der bis dahin agrarisch ausgerichteten Gemeinde. 1886 erhielt P. Stadtrecht. 1972 wuchs die Stadt durch Eingemeindungen.

Einige Pfundgewichte vor Einführung des Zollpfunds

Stadt bzw. Staat	Gewicht in g	Stadt bzw. Staat	Gewicht in g
Berlin	467,711	Leipzig (bis 1837)	467,214
Frankfurt am Main (bis 1837)		Nürnberg	509,855
leichtes Pfund	467,914	Österreich	425,100
schweres Pfund	505,347	Ungarn	491,0

Pfynwald, Kiefernwald im Rhônetal bei →Leuk, Schweiz.

PG, Abk. für den Peso von Guinea-Bissau.

PGA, Abk. für engl. **Professional Golfers Association** [prəʊˈfeʃnl gɔlfəz əsəʊsɪˈeɪʃn], Verband der Berufsgolfer (gegr. 1916, Sitz: Palm Beach); organisiert PGA-Turniere.

p-Gruppe, eine →Gruppe *G*, in der alle Elemente eine Ordnung haben, die eine Potenz der festen Primzahl *p* ist. Für alle $g \in G$ gilt somit: $g^{p^{\alpha}} = e$, wobei *e* das neutrale Element von *G* und α eine i. Allg. vom Element *g* abhängige natürl. Zahl ist. Die Theorie der p-G. wurde von dem dän. Mathematiker L. SYLOW (* 1832, † 1918) entwickelt.

ph, Einheitenzeichen für →Phot.

PH, Abk. für →pädagogische Hochschule.

Phäaken, Phaeaken, Phaiaken, griech. **Phaiakes,** in der ›Odyssee‹ Name eines glücklich und sorglos lebenden Seefahrervolkes auf der Insel Scheria (der Überlieferung nach Korfu), dessen König Alkinoos den schiffbrüchigen Odysseus aufnahm und auf einem seiner schnellen, sicher das Ziel findenden Schiffe nach Ithaka geleiten ließ. Odysseus' Feind Poseidon, der den Helden selbst nicht mehr verfolgen durfte, rächte sich an den P., indem er das Schiff auf der Rückfahrt, schon in Sichtweite der Heimat, in Stein verwandelte.

Phacelia [griech.], wiss. Name der Pflanzengattung →Büschelschön.

Phädra, Phaedra, griech. **Phaidra,** *griech. Mythos:* Tochter des Minos und der Pasiphae, Schwester der Ariadne, Gemahlin des Theseus. Da ihr Stiefsohn →Hippolytos ihre Liebe nicht erwiderte, verleumdete sie ihn bei Theseus, verursachte seinen Tod und verübte daraufhin Selbstmord. SOPHOKLES schrieb eine (verloren gegangene) Tragödie ›P.‹; von EURIPIDES

Phaistos: Links im Bild Freitreppe und Westfassade des jüngeren Palasts, davor das bei dessen Errichtung zugeschüttete Heiligtum des älteren Palasts und dessen Hof

wurde der Stoff zweimal behandelt, die jüngere Fassung, ›Hippolytos‹ (428 v. Chr.), ist erhalten; SENECA D. J. knüpfte in seiner Tragödie ›Phaedra‹ daran an. Seit der Renaissance wurde der Stoff immer wieder für die Bühne bearbeitet (u. a. von R. GARNIER), bleibende Wirkung hat das Meisterwerk des frz. klass. Theaters, J. RACINES ›Phèdre‹ (1677; dt. bearbeitet von SCHILLER, 1805). Moderne Übertragungen des Stoffes schuf u. a. É. ZOLA in dem Roman ›La curée‹ (1871) und in seinem Drama ›Renée‹ (1887). G. D'ANNUNZIO (›Fedra‹, 1909), R. JEFFERS (›The Cretan woman‹, 1954) und CARLO TERRON (* 1914; ›Ippolito e la vendetta‹, 1958) strebten nach einer Erneuerung der antiken Tragödie.

Phaedrus, röm. Fabeldichter, Freigelassener des AUGUSTUS, wirkte bis etwa 50 n. Chr., verfasste in volkstümlichen jamb. Senaren Tierfabeln, Schwänke und Anekdoten, in denen er teils AISOPOS folgte, teils neue Stoffe in dessen Art bearbeitete. In der Spätantike in Prosa umgesetzt, hatten die Fabeln im MA. eine starke Nachwirkung (→Romulus).

Ausgaben: Liber fabularum, hg. v. A. GUAGLIANONE (1969); Liber fabularum. Fabelbuch, übers. v. F. F. RÜCKERT u. a. ([3]1982). – Der Wolf u. das Lamm. Fabeln. Lat. u. dt., hg. v. V. RIEDEL (1989).

Phaeton: Demi-Mail-Phaeton

Phaeophyceae [griech.], die →Braunalgen.

Phaeoplasten, photosynthetisch aktive Plastiden der Braunalgen, die durch einen hohen Anteil des Farbstoffs Fucoxanthin braun gefärbt sind.

Phaethon, *Astronomie:* ein Planetoid (3 200), der 1983 während der Mission des Satelliten IRAS entdeckt wurde und zu den →Apollo-Objekten gehört. P. hat einen Durchmesser von einigen Kilometern und mit 0,14 AE den kleinsten bei einem Planetoiden bisher bekannten Perihelabstand; seine Bahn ist nahezu mit der der Geminiden identisch.

Phaethon, griech. **Phaethon,** *griech. Mythos:* Sohn des Sonnengottes Helios. Er erbat sich von seinem Vater die Erlaubnis, den Sonnenwagen zu lenken, kam dabei der Erde zu nahe und setzte diese in Brand. Zeus schleuderte ihn zur Strafe durch einen Blitzstrahl in den Eridanus (antiker Name des Po). Seine Schwestern, die Heliaden, die ihn an den Ufern des Flusses betrauerten, wurden in Pappeln, ihre Tränen in Bernstein verwandelt. Den Stoff behandelte OVID in seinen ›Metamorphosen‹.

Phaeton *der, -s/-s, Fahrzeugtechnik:* nach dem Sohn des griech. Sonnengottes benannter leichter vierrädriger Kutschwagen. Der **Mail-P.** ist der schwerste Typ dieses Wagens, der meist vierspännig gefahren wird, der **Demi-Mail-P.** ein leichterer Typ für meist zweispänniges Fahren.

...phag, ...phage, →phago...

Phagen, *Sg.* **Phage** *der, -n,* die →Bakteriophagen.

Phagentypisierung, Lysotypie, die Zuordnung von Bakterienstämmen innerhalb einer Art zu einem bestimmten Typ mithilfe von Bakteriophagen. Durch die P. konnte die Infektionsquellenforschung wesentlich vertieft werden. Die P. dient als diagnost. Verfahren bei Infektionen des Menschen durch Typhus-, Paratyphus- und Ruhrbakterien sowie durch Staphylokokken, bei Tierseuchen und bei bakteriellen Pflanzenkrankheiten; sie wird jedoch zunehmend durch molekulargenet. Typisierung ersetzt.

phago... [zu griech. phageĩn ›essen‹, ›fressen‹], Wortbildungselement mit der Bedeutung: Nahrungsaufnahme, Schlucken, Vertilgen, z. B. Phagozyten; auch als letzter Wortbestandteil, 1) **...phag,** mit der Bedeutung: vertilgend, z. B. monophag; 2) **...phage,** mit der Bedeutung: Fresser, Vertilger, z. B. Bakteriophagen; 3) **...phagie,** mit der Bedeutung: Nahrungsaufnahme, z. B. Dysphagie.

Phagodeterrents [fægəʊdɪˈterənts; engl., zu deterrent ›abschreckend‹], *Sg.* **Phagodeterrent** *das, -s, Schädlingsbekämpfung:* Stoffe, die bei Schädlingen den Biss, den Einstich oder den Fraß hemmen, ohne den Schädling zu vertreiben.

Phagosom [zu griech. sõma ›Leib‹, ›Körper‹] *das, -s/-en,* bei →Phagozytose durch Einstülpung und nachfolgende Abschnürung der äußeren Membran entstandenes Vesikel, das die aufgenommenen Teilchen (z. B. Nahrungspartikel, Bakterien) enthält.

Phagostimulants [fægəʊˈstɪmjʊlənts; engl., zu stimulant ›anreizend‹], *Sg.* **Phagostimulant** *das, -s, Schädlingsbekämpfung:* den Lockstoffen (→Attractants) zugesetzte Stoffe, die den Biss oder Einstich eines Schädlings am Substrat aktivieren; z. B. Senfölglykoside bei den Raupen des Kohlweißlings.

Phagozyten [zu griech. kýtos ›Höhlung‹, ›Wölbung‹], *Sg.* **Phagozyt** *der, -en,* **Fresszellen,** zur →Phagozytose befähigte Zellen, die bei mehrzelligen Tieren frei in Körperflüssigkeiten oder Geweben vorkommen. Sie können der Nahrungsaufnahme dienen, z. B. bei Schwämmen, Hohltieren, Plattwürmern und manchen Weichtieren. Sie sind am Umbau des Körpers im Rahmen normaler Entwicklungsvorgänge beteiligt, z. B. beim Gewebeumbau während der Metamorphose bei Insekten und Lurchen oder bei der Erneuerung von Knochen- oder Knorpelgewebe (Osteoklasten, Chondroklasten) und der Blutmauserung. P. erfüllen wichtige Funktionen bei der Abwehr von Infektionserregern und Fremdpartikeln (z. B. durch Aufnahme und Verdauung von Bakterien). Bei Wirbeltieren sind v. a. einige der zum Immunsystem gehörenden Leukozyten (Granulozyten bzw. ›Mikrophagen‹) und die Zellen des Monozyten-Makrophagen-Systems zur Phagozytose befähigt. Bei örtl. Entzündungen bilden diese nach Vernichtung von Krankheitserregern den größten Teil des Eiters.

Phagozytose *die, -,* **Phagocytose,** die Aufnahme von fremden (z. B. Bakterien) oder veränderten körpereigenen (z. B. gealterte rote Blutkörperchen) Partikeln durch phagozytierende Zellen (→Phagozyten) und ihr Abbau durch Enzyme (→Lysosomen). Bei Tieren und beim Menschen sind v. a. einige Leukozyten zur P. befähigt, die bei Fremdelementen (z. B. Infektionserreger) durch Opsonierung (→Opsonine) gesteigert wird. Die Bedeutung der P. für die Abwehr von Infektionen wurde von E. METSCHNIKOW erkannt.

Phaiaken, *griech. Mythos:* die →Phäaken.

Phaidon, griech. Philosoph aus Elis (5. Jh. v. Chr.); geriet im Peloponnes. Krieg in Gefangenschaft. Er wurde in Athen als Sklave verkauft, mithilfe des SOK-

RATES wieder befreit und zu einem seiner Lieblingsschüler. P. gründete die Elische Philosophenschule. PLATON benannte nach ihm seinen Dialog über die Unsterblichkeit der Seele.

Phaidra, *griech. Mythos:* →Phädra.

Phaistos [neugriech. fɛsˈtɔs], minoischer Palast mit zugehöriger Stadt auf einem Höhenzug über der Messara, Kreta; seit 1900 von ital. Forschern (FEDERICO HALBHERR, * 1857, † 1930, und Nachfolger) ausgegraben, die auch ältere Siedlungsspuren seit neolith. Zeit feststellten. Eine ältere Palastanlage (um 2000 v. Chr.) wurde nach 1700 von einer jüngeren überbaut, die um 1450 v. Chr. zerstört wurde. Teile benutzte man offenbar weiter (z. B. Kulträume im O-Flügel), in der protogeometr. und geometr. Periode errichtete man Häuser, ein archaischer Rheatempel entstand im SW der Anlage, hellenist. Häuser sind im NW freigelegt worden. Die Räume des jüngeren Palastes, von denen die im SO liegenden durch den Absturz des Geländes zerstört sind, waren um einen Mittelhof angeordnet, der durch einen breiten Gang mit einem westl. Vorplatz verbunden war. Nördlich des Gangs lag ein Magazintrakt mit breitem Korridor und Vorraum. Vom W-Hof stieg eine Freitreppe zur W-Fassade (Heiligtum?) empor. Die Stufenanlage am N-Rand des Vorhofs gehört zum älteren Palast, bei der Aufhöhung des Geländes für den jüngeren wurde sie mit den Räumen vor der neuen Freitreppe zugeschüttet. Es handelt sich um eine Schautreppe (Theater) um einen gepflasterten Hof, bei den Grundmauern um ein Heiligtum; quer über den aufgeschütteten Vorhof führte in der Jüngeren Palastzeit eine gepflasterte Prozessionsstraße zum Palastheiligtum des W-Flügels, das südlich des Durchganges angeordnet war. Im N-Flügel lag der königl. Palast mit Säulenhalle und Hof. Östlich schlossen Werkstätten an, nordöstlich u. a. Schatzkammern und Archive des alten Palastes (u. a. Fund des →Diskos von Phaistos). Unter den Funden sind →Kamaresvasen und schön ornamentierte runde oder ovale mittelminoische Siegelabdrücke. – Die Ausgrabungen der minoischen und späteren Stadt blieben punktuell. 150 v. Chr. durch Gortyn zerstört, bestand sie jedoch auch in röm. Zeit fort. Hafen schon des minoischen P. war →Hagia Triada, wo auch die Nekropole lag.

D. LEVI: Festòs e la civiltà minoica, 2 Bde. in 6 Tlen. (Rom 1976–88); I. BEYER: Der minoisch-myken. Palasttempel u. seine Wirkung auf den dor. Tempel, 2 Tle. (1981).

Phajus [griech. phaiós ›schwärzlich‹, ›grau‹], Orchideengattung mit rd. 30 Arten in W-Afrika, Indomalesien bis S-China und Australien; meist halbterrestr. Pflanzen mit verlängertem, beblättertem Stämmchen oder dickfleischigen, mehrblättrigen Pseudobulben, vielnervigen Blättern und traubigem, meist dunkelfarbenem Blütenstand. Fast alle Arten sind in Warmhäusern leicht zu kultivieren.

Phako|emulsifikation, Operationsmethode bei →Katarakt.

Phakolith [zu griech. phakós ›Linse‹ und líthos ›Stein‹] *der, -s* und *-en/-e(n),* **Sichelstock, Harpolith,** *Geologie:* linsen- oder sichelförmiger Intrusivkörper (→Intrusion).

Phakomatosen [zu griech. phakós ›Linse‹] *die, -/-n,* Oberbegriff für erbl. Syndrome mit Veränderungen an Haut und Nervensystem, z. T. mit Tumorbildungen und Gefäßveränderungen. Zu den P. gehört z. B. die Neurofibromatose.

Phalaborwa, Stadt (seit 1957) in der Nord-Provinz, Rep. Südafrika, 540 m ü. M., im Lowveld, etwa 11 000 Ew. Bei P. werden seit 1952 Phosphate, seit 1964 auch Kupfererze, Vermiculit, Magnetit u. a. im Tagebau (einer der größten der Erde) gewonnen und z. T. verarbeitet (Düngemittel, Phosphor-, Schwefelsäure) oder aufbereitet (Kupfer); Flugplatz. – In der Nähe Eingang zum Krüger-Nationalpark.

Phalacrocoracidae [griech.], die →Kormorane.

Phalaenopsis [griech.], Gattung der Orchideen mit etwa 40 Arten im asiatisch-austral. Gebiet, Verbreitungsschwerpunkte sind Borneo und die Philippinen; meist Epiphyten mit zahlr. fleischigen Wurzeln, einem stark verkürzten, zweizeilig mit fleischigen Blättern besetzten Spross und seitenständigen, traubigen bis rispigen Blütenständen; Blüten meist groß und oft auffällig gefärbt. P. ist eine der wichtigsten Gattungen in der Hybridenzüchtung; viele Zuchtformen als Zierpflanzen (›Fensterbankorchidee‹).

Phalaenopsis: Phalaenopsis schillerana (Höhe bis 90 cm)

Phalange [frz., zu Phalanx], arab. **Kataib** [›Heerschar‹, Kurz-Bez. für Hisb al-kataib al-lubnanija ›Partei der libanes. Heerschar‹], libanes. Partei, gegr. 1936, libanesisch-nationalistisch, christlich und der westl. Staatenwelt zugeneigt, schloss sich zu Beginn des Bürgerkriegs (1975–90) 1976 u. a. mit der Nationalliberalen Partei zur ›Libanes. Front‹ zusammen; war mit ihren militär. Einheiten ein wesentl. Bestandteil der christl. Milizen.

Phalangen, *Sg.* **Phalanx** *die, -,* bei den vierfüßigen Wirbeltieren und dem Menschen die Finger- und Zehenknochen, bei Spinnentieren, Tausendfüßern und Insekten die Glieder des Fußes (Tarsalglieder).

Phalangeridae [griech.], die →Kletterbeutler.

Phalansterium [zu griech. phálanx ›Schlachtenreihe‹ und frz. monastère ›Kloster‹], frz. **Phalanstère** [falãsˈtɛːr], Begriff aus den Entwürfen des frz. Frühsozialisten C. FOURIER zur Neuordnung der ökonom. Produktion und des sozialen Zusammenlebens in Form von aus Kollektivbetrieben und Siedlungskommunen bestehenden Assoziationsketten. P. bezeichnet die soziale Grundeinheit einer Art Wohn-, Lebens- und Produktionsgemeinschaft, in der, nach einem bestimmten Schlüssel ausgewählt, jeweils ca. 1 620 Menschen in Harmonie zusammenleben sollten. Der Versuch zur Gründung einer solchen Assoziation bei Rambouillet scheiterte 1832.

Die frühen Sozialisten, hg. v. F. KOOL u. a., Bd. 1 (1972); W. HOFMANN: Ideengesch. der sozialen Bewegung des 19. u. des 20. Jh. ([6]1979).

Phalanx [griech., eigtl. ›Balken‹, ›Baumstamm‹] *die, -/...ˈlangen,* **1)** *allg.:* geschlossene Front.

2) *Militärwesen:* Schlachtformation der frühantiken Heere, eine ununterbrochene mehrgliedrige Linearaufstellung von wechselnder Tiefe (meist acht, gelegentlich bis zu 25 Mann); gebildet i. d. R. von den Schwerbewaffneten, in Griechenland z. B. den →Hopliten. Die Entscheidung im Kampf zw. zwei sich aufeinander zu bewegenden P. wurde meist durch den ersten Zusammenprall herbeigeführt, wobei sich diejenige Partei als die Stärkere erwies, bei der sich der Kampfwille in eine im Verhältnis zum Gegner größere ›Aufprallwucht‹ umsetzte. Der Nachteil der P. war ihre relativ große Schwerfälligkeit. Im Bestreben, diese zu überwinden, gingen die Römer im 4. Jh. v. Chr. dazu über, die P.-Aufstellung der Legion durch die aufgelockerte Manipulartaktik zu ersetzen.

Phalaris [griech.], wiss. Name der Süßgrasgattung →Glanzgras.

Phalaris, Tyrann von Akragas (heute Agrigent), soll 570–554 v. Chr. eine grausame Herrschaft geführt haben; galt im Altertum als Typus des furchtbaren Despoten. – Die unter seinem Namen überlieferte antike Briefsammlung **(Phalarisbriefe)** wurde 1697 von R. BENTLEY als Fälschung erkannt.

Phaleristik [zu lat. phalerae ›Brustschmuck, Auszeichnung (der Krieger)‹, von griech. phálara] *die, -,* die →Ordenskunde.

Phaleron, flache Bucht östlich von Piräus, Griechenland; bevor Piräus 493 v. Chr. zum Haupthafen Athens bestimmt wurde, nahm P. diese Funktion ein.

phallische Phase, *Psychoanalyse:* nach S. FREUD der dritte, an die →anale Phase anschließende

Abschnitt der menschl. Sexualentwicklung (4.–6. Lebensjahr), in dem sich die sexuellen Wünsche auf die eigenen Geschlechtsteile als Mittelpunkt des Lustgewinns konzentrieren. Die p. P. ist durch die Konfliktkonstellation des →Ödipuskomplexes (daher auch **ödipale Phase** genannt) gekennzeichnet. An die p. P. schließt nach einer Latenzphase (6.–12. Lebensjahr) die →genitale Phase als endgültige Stufe an.

Phallo|idin *das, -s,* im Grünen Knollenblätterpilz enthaltener, hitzestabiler eiweißartiger Giftstoff, der jedoch wegen geringer (bis fehlender) Resorption allenfalls geringfügig zur Knollenblätterpilzvergiftung beiträgt.

Phallokratie [zu griech. krateĩn ›herrschen‹] *die, -,* Begriff zur krit. Kennzeichnung 1) der gesellschaftl. Dominanz der Männer und 2) der Überzeugung von der natürl. Überlegenheit des männl. Geschlechts.

Phallus [griech.] *der, -/...li* und *...len,* **1)** *Anatomie:* der →Penis.

2) *Botanik:* Gattung der Bauchpilze mit der bekannten Art →Stinkmorchel.

Phallus 3): Silen mit Pferdehufen und Phallus; 6. Jh. v. Chr. (Athen, Archäologisches Nationalmuseum)

3) *Religionsgeschichte:* Der P., bes. das erigierte männl. Glied, ist im Altertum ein Attribut von Göttern (z. B. Priapos) oder Naturwesen (z. B. Satyrn) und gilt als Zeichen besonderer Kraft (daher oft als Amulett verwendet) und der Fruchtbarkeit, so in den Kulten des Dionysos, der Demeter (z. B. in Verbindung mit Baubo), des Osiris, der Astarte und als Linga im Kult des Shiva (›phall. Kulte‹); er war auch Attribut der Herme. Aus der Jungsteinzeit Europas sind tönerne P. und Tonfiguren bezeugt, die für die Bedeutung des P. in Religion und Kult sprechen. Auch manche skandinav. Felsbilder der Bronzezeit scheinen Männer (Priester oder Götter?) mit übergroßem P. (ithyphallisch) darzustellen, so auch Holzfiguren aus den norddt. und engl. Mooren. Die Völkerkunde kennt ihn als Attribut von Ahnenfiguren.

Phalsbourg, Stadt in Lothringen, →Pfalzburg.

Pham Van Dong

Pham Van Dong [fam vaın doŋ], vietnames. Politiker, *Prov. Mo Duc (Süd-Vietnam) 1. 3. 1906; schon früh in der Unabhängigkeitsbewegung gegen die frz. Kolonialherrschaft in Indochina aktiv, 1929–36 von den frz. Kolonialbehörden inhaftiert; gründete mit HO CHI MINH 1941 die Vietminh. Nachdem diese im September 1945 die Unabhängigkeit Vietnams ausgerufen hatte, wurde P. V. D. unter Präs. HO CHI MINH Finanz-Min. und Staats-Sekr. für Nat. Verteidigung.

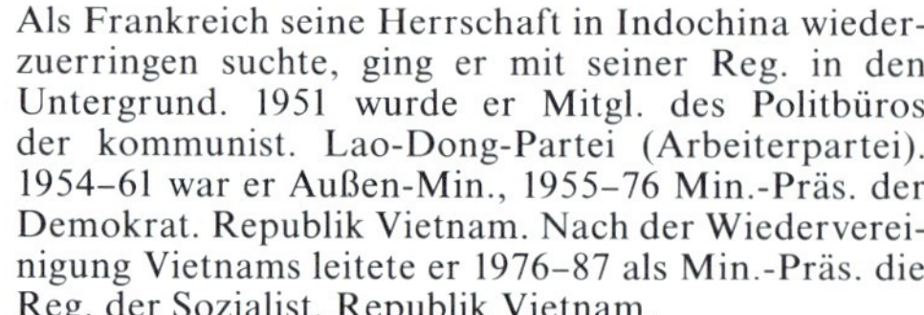

Als Frankreich seine Herrschaft in Indochina wiederzuerringen suchte, ging er mit seiner Reg. in den Untergrund. 1951 wurde er Mitgl. des Politbüros der kommunist. Lao-Dong-Partei (Arbeiterpartei). 1954–61 war er Außen-Min., 1955–76 Min.-Präs. der Demokrat. Republik Vietnam. Nach der Wiedervereinigung Vietnams leitete er 1976–87 als Min.-Präs. die Reg. der Sozialist. Republik Vietnam.

Phän [zu griech. phaínesthai ›erscheinen‹] *das, -s/-e, Biologie:* eine durch die Wirkung eines Gens (**monogenes Merkmal;** selten) oder mehrerer (**oligogenes Merkmal**) bis vieler Gene (**polygenes Merkmal**) bedingte, durch Umweltfaktoren modifizierbare, deutlich in Erscheinung tretende Eigenschaft eines Lebewesens. (→Merkmal)

Phanarioten, Fanarioten, i. e. S. die Bewohner (meist griech. Herkunft) des **Phanar,** eines Stadtviertels von Konstantinopel, i. w. S. alle Griechen im Dienst der Osmanen. Ihre Oberschicht entstammte angesehenen Familien des Byzantin. Reiches (z. B. Mavrokordatos, Kantakuzenos), die im Osman. Reich zu hohen Ämtern im Hof- und Verwaltungsdienst gelangt waren. In der Moldau (1711–1821) und der Walachei (1716–1821) wurden P. vom Sultan als Landesfürsten eingesetzt (→Hospodar). Die P. verloren ihre Privilegien, nachdem sie sich an der griech. Revolution (1821) beteiligt hatten. Nach dem griechisch-türk. Austauschvertrag (1923) zogen die meisten Familien von Konstantinopel fort.

phanero... [griech. phanerós ›offenbar‹, ›einleuchtend‹], Wortbildungselement mit der Bedeutung: erkennbar, sichtbar, z. B. phanerokristallin.

Phanerogamen [zu griech. gamós ›Ehe‹], *Sg.* **Phanerogame** *die, -,* die →Samenpflanzen.

phanerokristallin, Eigenschafts-Bez. für Mineralaggregate (Gesteine), die aus mit bloßem Auge erkennbaren Einzelmineralen zusammengesetzt sind; Ggs.: kryptokristallin.

Phanerophyten [zu griech. phytón ›Pflanze‹], *Sg.* **Phanerophyt** *der, -en,* **Luftpflanzen,** Holzpflanzen mit oberird., auch während der ungünstigen Jahreszeit ausdauernden Trieben (z. B. Bäume und Sträucher).

Phanerozoikum [zu griech. zõon ›Lebewesen‹] *das, -s, Geologie:* die Zeit des deutlich erkennbaren Lebens, vom Kambrium bis heute, gegliedert in Paläozoikum, Mesozoikum und Känozoikum. (→Geologie, ÜBERSICHT)

Phänokopie, die Änderung eines äußeren Merkmals (Phän) bei einem Individuum, die das Vorhandensein einer Mutation vortäuscht, jedoch nicht erblich ist und allein durch die Auswirkung bestimmter Umweltfaktoren hervorgerufen wird.

Phänologie [zu Phän] *die, -,* Lehre vom jahreszeitl. Ablauf der Lebenserscheinungen. Es werden charakterist., leicht erkennbare Phasen in der Entwicklung häufiger Kultur- und Wildpflanzen beobachtet und die Orte gleichen Datums des Auftretens derselben Erscheinung auf einer phänolog. Karte festgehalten. Solche Karten ermöglichen feine räuml. Differenzierungen der lokalen Klimaverhältnisse, der Länge der Vegetationszeit und der pflanzengeograph. Verhältnisse. Die Beobachtungen werden in einem phänolog. Kalender zusammengefasst.

Bei den Tieren wird am häufigsten das Ankunfts- und Wegzugsdatum von Zugvögeln ermittelt.

Phänomen [griech. phainómenon ›das Erscheinende‹] *das, -s/-e,* **1)** *allg.:* 1) Erscheinung; 2) etwas, das in seiner Erscheinungsform ungewöhnlich ist, auffällt; 3) Mensch mit außergewöhnlichen Fähigkeiten.

2) *Philosophie:* das sich Zeigende im Sinne der wahrnehmbaren Erscheinung oder als bloßer Schein. Zunächst vom sinnlich Wahrnehmbaren gebraucht, bezeichnet ›P.‹ dann, übertragen auf alles in äußerer oder innerer Erfahrung in das Bewusstsein Tretende, die Gegenstände der Vorstellung und Erkenntnis überhaupt. – Bei PLATON wird die veränderl. Welt der sinnl. Erscheinungen durch die nichtsinnl. Urbilder (Ideen) begründet. Für I. KANT ist P. das von den Erkenntnisformen des menschl. Subjekts Bestimmte, das sich damit so zeigt, wie es für den Menschen erscheint, nicht aber, wie es ›an sich‹ ist. Bei G. W. F. HEGEL sind P. die Gestaltungen des absoluten Geistes auf dem Wege zu seiner vollen Selbstidentität in der absoluten Idee. In der von E. HUSSERL begründeten Phänomenologie ist P. das sinnlich Fassliche in seiner evidenten Selbstgegebenheit, wie es in der unmittelbaren Beschreibung erfasst wird. Empirismus und Positivismus sehen den phänomenalen Bereich des sinnlich Gegebenen als Grundlage jeglicher wiss. Erkenntnis an.

Phänomenalismus *der,* -, erkenntnistheoret. und wissenschaftstheoret., v. a. den neuzeitl. Empirismus kennzeichnende Position, nach der Gegenstand menschl. Erkenntnis nicht die ›realen‹ Dinge der Außenwelt, sondern deren durch die Wahrnehmung als ›Sinnesdaten‹ vermittelte bewusstseinsimmanente Erscheinungen, die →Phänomene, sind; so in versch. Akzentuierung bei J. LOCKE, G. BERKELEY, D. HUME und J. S. MILL dargestellt. Der Empiriokritizismus (R. AVENARIUS, E. MACH) versucht, den P. durch Ergebnisse der Wahrnehmungsphysiologie und -psychologie zu stützen. Im Anschluss daran fasst der frühe log. Empirismus den P. als These auf, nach der alle ›Dingaussagen‹ (D-Aussagen) in Aussagen über Sinnesdaten oder Phänomene (P-Aussagen) übersetzbar sind. Dieser Ansatz stößt jedoch auf eine Reihe bisher ungelöster Schwierigkeiten, z. B. auf die Frage, wie theoret. Begriffe in der ›P-Sprache‹ zu repräsentieren sind. – Im Anschluss an J. L. AUSTIN wird die →Ordinary language philosophy als linguist. P. bezeichnet. (→analytische Philosophie)

Phänomenologie *die,* -, eine von E. HUSSERL (unter dem Einfluss von F. BRENTANO) seit 1900 entwickelte Hauptströmung der Philosophie. Gemäß der Grundauffassung, dass jedwede Art von Wirklichkeit zunächst Erscheinung für ein intentionales Bewusstsein (ein zielgerichtetes Bewusstsein von etwas) ist, versteht sich P. als Lehre von den im Bewusstsein erscheinenden Gegenständen der Welt. Theoret. und histor. Konstruktionen sollen unterlaufen werden, indem Erscheinungen so gefasst werden, wie sie sich zunächst im Erleben geben. Darüber hinaus beschäftigen sich phänomenolog. Beschreibung und Analyse auch mit den Weisen des Erscheinens im Bewusstsein selbst, aus denen der erkenntnistheoret. Sinn von Erscheinungen verständlich zu machen ist. Als method. Ansatzpunkt gilt für die frühe phänomenolog. Bewegung mit Autoren wie M. GEIGER, A. PFÄNDER, ADOLF REINACH (* 1883, † 1917) und M. SCHELER die Devise HUSSERLS: ›Zu den Sachen selbst‹. SCHELER nennt die P. ›eine fortwährende Entsymbolisierung der Welt‹ (1914).

P. ist ein Neologismus der Wissenschaftssprache des 18. Jh., vorbereitet durch das Wiederaufleben des antiken Terminus ›Phänomen‹ in Philosophie und Wiss. des 17. Jh. So benutzte J. H. LAMBERT ›P.‹ als Disziplintitel in seinem ›Neuen Organon ...‹ (2 Tle., 1764) für die Lehre vom Schein, weil dem menschl. Geist Wahrheit außer in Zeichen (Semiotik) oft auch nur ›unter einem anderen Schein‹ erfassbar ist. F. C. OETINGER benutzte 1762 (›Philosophie der Alten ...‹, 2 Tle.) das Adjektiv ›phänomenologisch‹ im Sinne der beobachtenden Methode, die von gegebenen Erscheinungen auf komplexere Ganzheiten schließt. In Briefen an LAMBERT und MARCUS HERZ (* 1747, † 1803) entwarf I. KANT 1770/72 eine P. (Phaenomenologia generalis) als Lehre von den Prinzipien und Schranken der sinnl. Seite des Erkennens. In seinen ›metaphys. Anfangsgründen der Naturwiss.‹ (1786) verwendet KANT ›P.‹ als Teil der Bewegungslehre, und zwar hinsichtlich ihrer Modalität: Es geht um die Beobachtung von Naturphänomenen (Ruhe und Bewegung) unter Rücksicht auf den konkreten Beobachter. J. G. HERDER benutzte (1769/74) ›P.‹ im Anschluss an LAMBERT zur Bestimmung der konkreten Erfahrung des Schönen. Zum Titelbegriff wurde P. 1807 in G. W. F. HEGELS ›P. des Geistes‹, und zwar im Sinne eines Systems von den Weisen und Stufen, wie der menschl. Geist in der Welt erscheint. Auch Naturwissenschaftler des 19. Jh. wie G. R. KIRCHHOFF und E. MACH betrieben P. als beschreibende Beobachtung der phys. Realität, noch vor deren Erklärung. Für C. STUMPF ist die P. eine ›neutrale Wiss.‹ (1907), die sowohl den Geistes- als auch den Naturwissenschaften vorausgeht. Der so gefasste P.-Begriff bedeutet in seiner populären Fassung soviel wie unbefangene Beschreibung des durchschnittlich Gegebenen; ›phänomenologisch‹ heißt dann geradezu ›beschreibend‹.

Seit HUSSERL wurde der Beschreibungsbegriff entscheidend vertieft im Sinne nachzuvollziehender Strukturierung oder Selbststrukturierung des Erscheinens im Erlebnis- und Erfahrungsprozess. Diesen Prozess als Korrelation von Vollzug (Noesis) und Sinngehalt (Noema) nennt HUSSERL ›phänomenolog. Sphäre‹ (›Ideen ...‹, 1913). Soweit das Bewusstsein als phänomenolog. Sphäre selbst einer Wesensbeschreibung (Eidetik) unterziehbar ist, wird von transzendentaler P. und transzendentalphänomenolog. Reduktion (auf die reinen Bewusstseinsstrukturen) gesprochen. Dieses transzendentale Bewusstsein wird schon bei HUSSERL zunehmend differenziert und konkretisiert, z. B. als phänomenolog. Konstitutionsforschung (im Hinblick auf objektive Weltgehalte) und als genet. P. (im Hinblick auf Typen der Subjektivität). So entfaltet sich eine vertiefte Erforschung der Subjektivität als ›Inter-Subjektivität‹ und der ›Lebenswelt‹ als Form vortheoret. Weltauffassung mit entsprechenden Reduktionen. Der Beschreibungsbegriff wird bei M. HEIDEGGER zu dem der ›Auslegung‹ umgestaltet und damit zu einer hermeneut. P. (H.-G. GADAMER, P. RICŒUR). Die schon bei HUSSERL in Ansatz gebrachten leibl. Momente des Bewusstseins (hylet. Felder) werden bei H. PLESSNER zu einer anthropolog. P. ausgebaut, bei M. MERLEAU-PONTY zu einer P. der Inkarnation des Sinnes, bei J.-P. SARTRE zum lebendigen Brennpunkt einer negativen Ontologie des Bewusstseins. Die von HUSSERL thematisierte immanente Zeitlichkeit allen Erlebens ist für die poststrukturale frz. P. das Motiv, die Möglichkeit der Gegenwart von Sinn zu problematisieren (J. DERRIDA).

Die frühe P. gliederte sich in zwei zusammenwirkende Schulen: die Göttinger (ontologisch-deskriptiv) und die Münchener Schule (psychologisch-deskriptiv); seit 1916 entfaltet sich mit HUSSERLS dortiger Lehrtätigkeit die Freiburger transzendental ausgerichtete P. Eine hermeneut. Marburger P., die sich nach 1945 in Heidelberg und Freiburg fortsetzt, entstand seit den 20er-Jahren. Wichtig für die Entwicklung der P. in den USA wurden MARVIN FARBER (* 1901; realist. Richtung), A. SCHÜTZ (Sozialphilosophie) und ARON GURWITSCH (* 1901, † 1996; moderne Bewusstseins-P.). In Dtl. sind die Kölner Schule mit L. LANDGREBE, die Freiburger mit E. FINK und W. MARX sowie die Mainzer mit G. FUNKE zu nennen. Seit 1971 gibt es eine Dt. Gesellschaft für phänomenolog. Forschung, weitere Gesellschaften arbeiten in Österreich, Japan und den USA. – P. leistet neben Ontologie, Wiss.- und Erkenntnistheorie zunehmend auch Beiträge zur Wiss.- und Kulturkritik. Charakteristisch für die Entwicklungen der P. sind ihre mannigfaltigen Beziehungen zu unterschiedlichsten Einzelwissenschaften (z. B. Psychologie, Sozialwissenschaften, Linguistik).

E. HUSSERL: Ideen zu einer reinen P. u. phänomenolog. Philosophie ([2]1922, Nachdr. 1993); M. FARBER: The foundation of phenomenology (Albany, N. Y., [3]1967); L. LANDGREBE: Der Weg der P. (Neuausg. 1978); G. FUNKE: P., Metaphysik oder Methode? ([3]1979); H. SPIEGELBERG: The phenomenological movement (Den Haag [3]1982); B. WALDENFELS: P. in Frankreich (Neuausg. 1987); DERS.: Einf. in die P. (1992); Profile der P., Beitr. v. E. STRÖKER u. a. (1989); E. STRÖKER u. P. JANSSEN: Phänomenolog. Philosophie (1989); J.-F. LYOTARD: Die P. (a. d. Frz., 1993); K.-H. LEMBECK: Einf. in die phänomenolog. Philosophie (1994). – *Zeitschriften u. Serien:* Jb. für Philosophie u. phänomenolog. Forsch., 11 Bde. (1913–30); Philosophy and phenomenological research (Buffalo, N. Y., 1940 ff.); Phaenomenologica (Den Haag 1958 ff.); Phänomenolog. Forsch. (1975 ff.); Husserl-Studies, hg. v. J. N. MOHANTY u. a. (1984 ff.); Études phénoménologiques (Brüssel 1985 ff.).

phänomenologisch, 1) *allg.:* die Phänomenologie betreffend.

2) *Physik:* die äußere Erscheinung (›Phänomen‹) oder Messgrößen betreffend oder darauf bezogen, ohne Gründe oder Bezüge auf tiefer liegende Erklärungen zu geben.

phänomenologische Psychologie, uneinheitlich verwendete Bez. für Richtungen im Grenzgebiet zw. Philosophie und Psychologie. Von p. P. wird im deutschsprachigen Raum v. a. dann gesprochen, wenn auf Ansätze von E. HUSSERL Bezug genommen wird und, an diesen anknüpfend, Analysen von Bewusstseinsstrukturen bzw. Strukturen des bewussten Erlebens erstellt werden, wobei die Methode der Reduktion (Absehen von unwesentl. Merkmalen bzw. Herausstellen des Wesens) angewendet wird.

Phänomotiv [zu Phän], *Psychologie:* von W. STERN eingeführte Bez. für dasjenige Motiv, das ein Individuum als in seinem Bewusstsein erscheinend oder vorfindbar angibt und mit dem es seine Handlungen begründet bzw. rechtfertigt. Den Gegenbegriff bildet das **Genomotiv** (›erzeugendes‹ Motiv), das oft den tatsächl. Grund für eine Handlung darstellt, meist aber nicht bewusst wird.

Phänotyp, 1) *Genetik:* das sich aus der Gesamtheit der Merkmale (→Phän) zusammensetzende Erscheinungsbild eines Lebewesens, als Ergebnis des Zusammenwirkens der Erbanlagen (→Genotyp) mit der Umwelt.

2) *Sprachwissenschaft:* Bez. für die der empir. Beobachtung zugängl. äußere Erscheinungsform natürl. Sprachen (auch als Phänogrammatik bezeichnet), im Unterschied zum →Genotyp.

Phantasie [zu griech. phantázesthai ›erscheinen‹] *die, -/...'si|en,* →Fantasie.

Phantasmagorie [zu griech. phántasma ›Sinnestäuschung‹ und agorá ›Versammlung‹] *die, -/...'ri|en,* Trugbild, Täuschung.

phantastische Literatur, →fantastische Literatur.

phantastischer Film, →fantastischer Film.

phantastischer Realismus, *Kunst:* →fantastischer Realismus.

Phantom [von frz. fantôme, zu griech. phantásma ›Sinnestäuschung‹] *das, -s/-e,* **1)** *allg.:* gespenst., unwirkl. Erscheinung, Trugbild.

2) *Medizin:* künstl. Nachbildung eines Organs oder Körperteils zu Lehrzwecken.

3) *Militärwesen:* **McDonnell Douglas F-4 P. II** [mək'dɔnl 'dʌgləs -, engl.], Name eines zweisitzigen Militärflugzeugs, eingesetzt als Jagdbomber und Jagdflugzeug sowie als Aufklärer. In den USA in der 2. Hälfte der 1950er-Jahre von der McDonnell Douglas Corporation entwickelt, wurden bis Ende der 70er-Jahre über 5 200 Maschinen des Typs in versch. Versionen gebaut und in die Luftstreitkräfte mehrerer Länder eingeführt. Techn. Daten: zwei Strahltriebwerke mit je etwa 50 kN Schubkraft; Höchstgeschwindigkeit Mach 2,17 in 11 000 m Höhe; Aktionsradius (je nach Zuladung): 250–1 100 km; Bewaffnung: 20-mm-Gatling-Kanone und max. 7 250 kg Waffenzuladung. (BILD →Kampfflugzeug)

Phantombild, *Kriminalistik:* nach Zeugenaussagen zur Fahndung oder Personenidentifizierung dienende Nachbildung (Rekonstruktion) der äußerl. Erscheinung, bes. des Gesichts. Zu seiner Herstellung bedient man sich versch. Methoden: z. B. der Zeichnung (durch einen Polizeizeichner, der die Angaben bildnerisch umsetzt); der Fotomontage; des ›Identi-kit-Verfahrens‹ (Übereinanderlegen von Folien mit Gesichtselementen); des Interaktiven Systems zur Identifizierung von Straftätern (Abk.: I. S. I. S.), bei dem das P. computergestützt unter Verwendung gescannter oder videodigitalisierter Fotos erstellt wird.

Phantomkanal, *Elektroakustik:* bei der Stereophonie durch Zusammenschalten von rechtem und linkem Kanal künstlich gebildeter Mittelkanal; er verhindert ein Auseinanderfallen des Klangbildes durch das ›akust. Loch‹ zw. beiden Lautsprechern.

Phantomkreis, *Fernmeldetechnik:* Nachrichtenübertragungsweg, der zur besseren Ausnutzung von Fernsprechfernleitungen durch Brückenschaltung zusätzlich gebildet wird, indem man die Ausgänge des P. an die Mitten der Leitungsabschlussübertrager der beiden Stämme eines Fernsprechviererkreises legt.

Phantom of the opera, The [ðə 'fæntəm əv ði: 'ɔprə, engl.], dt. **Das Phantom der Oper,** Musical von A. LLOYD WEBBER, Gesangstexte von C. HART und R. STILGOE, Buch von STILGOE und LLOYD WEBBER nach dem Roman ›Le fantôme de l'opéra‹ von G. LEROUX; Uraufführung 9. 10. 1986 in London.

Phantomschmerz, Schmerzempfindung in einer amputierten Gliedmaße. Der P. wird dadurch verursacht, dass die Nervenfasern, die für die Empfindungen des amputierten Glieds verantwortlich waren, im Hauptnerv noch vorhanden sind. Durch Reizung des Nervenstumpfs in Höhe der Amputation (die amputierten Nervenbahnen haben hier keine Isolation) werden die Empfindungen ausgelöst, die vom Gehirn z. B. auf die nicht mehr vorhandenen Gliedmaßenteile ›projiziert‹ werden.

Phäo|chromozytom [zu griech. phaiós ›schwärzlich‹, chrõma ›Farbe‹ und kýtos ›Zelle‹] *das, -s/-e,* seltener, häufig (als Adenom) gutartiger Tumor der chromaffinen Zellen der Nebennieren, der überwiegend einseitig auftritt und i. d. R. vom Nebennierenmark ausgeht; in etwa 10 % der Fälle außerhalb der Nebennieren an den Paraganglien **(Paragangliom)** angesiedelt. – Die *Symptome* werden durch überschießende Bildung und Freisetzung von Catecholaminen (v. a. Adrenalin, Noradrenalin, bes. bei bösartigen P. auch Dopamin) durch das Tumorgewebe bestimmt; sie bestehen in Bluthochdruck sowie in einer Stoffwechselsteigerung mit fortschreitender Abmagerung. *Behandlung* durch operative Entfernung des Tumors.

Phäophytin [zu griech. phaiós ›schwärzlich‹, ›grau‹ und phytón ›Pflanze‹] *das, -s,* Abbauprodukt des Chlorophylls mit der Summenformel $C_{55}H_{74}O_5N_4$; entsteht aus Chlorophyll a durch Abspaltung des Magnesiums.

Pharao, [griech., von altägypt. per-a'a, eigtl. ›großes Haus‹], *der, -s/...'onen,* Titel der altägypt. Könige.

Pharao|ameise, Monomorium pharaonis, sehr kleine gelbe Ameisenart der Familie Knotenameisen, die Arbeiterinnen sind nur 2 mm lang; Kolonien der P. können bis zu 30 000 Individuen umfassen, darunter 200–500 Königinnen. Von S-Asien aus weltweit verschleppt, leben die Wärme liebenden P. in Mitteleuropa fast nur in Gebäuden, wo sie meist sehr lästig und nur schwer zu vertreiben sind, da die Nester sich oft tief versteckt in Hohlräumen im Mauerwerk befinden. Die Nahrung besteht aus tier. Eiweiß und süßen Stoffen, wobei die P. Krankheitskeime auf Lebensmittel übertragen können.

Pharaonenhund, windhundartige Haushunderasse, die den altägypt. Darstellungen von Windhunden mit Stehohren ähnelt; außergewöhnl. Sprungvermögen; kurze, glatte, leuchtend weiße und rote oder auch nur rote Haare. Widerristhöhe: 57–63 cm.

Pharaonenhund (Widerristhöhe 57–63 cm)

pharaonische Beschneidung, →Infibulation.

Pharisäer [von hebr. ha-perûschîm ›die Abgesonderten‹], **1)** *Judentum:* religiöse, politisch aktive Bewegung im Judentum, die wahrscheinlich im 2. Jh. v. Chr. als eher pragmat. Richtung aus der religiösen Gruppe der ›Frommen‹ (Chasidäer, 1. Makk. 7, 13) hervorgegangen war, eine Mittelposition zw. →Sadduzäern und endzeitlich orientierten (z. T. politisch-radikalen) Gruppen bildete und im palästin. Judentum zur Zeit JESU hohes Ansehen genoss. Im Ggs. zur Tempelaristokratie der Sadduzäer waren die P. eine Laienbewegung; sie legten v. a. Wert auf das Studium der Hl. Schrift. Charakteristisch für sie waren ihre lebensnahe, liberale Interpretation des jüd. Gesetzes, wobei sie außer der im Pentateuch niedergelegten Thora auch die mündl. Überlieferung als verbindlich ansahen, sowie ihre Anpassung an die hellenisierte Umwelt bei Bewahrung ihrer religiösen Identität. Mit den Sadduzäern bildeten sie den Hohen Rat (→Synedrion). Gegenüber der röm. Besatzung nahmen sie eine realpolit. Haltung ein, weshalb sich der radikale Flügel, die →Zeloten, von ihnen trennte (6 n. Chr.). Theologisch vertraten sie über die hebr. Bibel hinausgehende Vorstellungen wie die Hoffnung auf Auferstehung (im Ggs. zu den Sadduzäern, Apg. 23, 6 ff.) oder die Erwartung eines Endgerichtes, in dem sie durch die strikte Erfüllung der Thora unter dem Erbarmen Gottes bestehen zu können glaubten. Die an den P. geübte, z. T. jedoch sehr einseitige und polem. Kritik (Vorwurf der äußerl. Gesetzlichkeit und Selbstgerechtigkeit) spiegelt sich sowohl im N. T. als auch in jüd. Quellen wider. JESUS hat wahrscheinlich in krit. Nähe zu ihnen gestanden (ähnlich auch PAULUS). Nach der Zerstörung Jerusalems (70 n. Chr.) bestimmten die P. als Träger des rabbin. →Judentums in der Folge die Entwicklung des Gesamtjudentums. Ihre Lehrauffassungen haben ihren Niederschlag in der rabbinisch-talmud. Literatur (→hebräische Literatur) gefunden.

J. NEUSNER: The rabbinic traditions about the pharisees before 70, 3 Bde. (Leiden 1971); DERS.: Das pharisäische u. talmud. Judentum (a. d. Amerikan., 1984); J. KAMPEN: The Hasideans and the origin of pharisaism (Atlanta, Ga., 1988); JOHANN MAIER: Zw. den Testamenten (1990); S. MASON: Flavius Josephus on the Pharisees (Leiden 1990); M. PELLETIER: Les Pharisiens. Histoire d' un parti méconnu (Paris 1990); G. STEMBERGER: P., Sadduzäer, Essener (1991); R. DEINES: Die P. (1997).

2) *übertragen* für: selbstgerechter, hochmütiger, heuchler. Mensch.

Pharmaberater, Pharmareferent, Bez. für Handelsvertreter u. a. Personen, die nach entsprechender Ausbildung hauptberuflich Angehörige von Heilberufen aufsuchen, um sie über Arzneimittel zu informieren und deren Verkauf zu fördern.

pharmako... [griech. phármakon ›Heilmittel‹], Wortbildungselement mit der Bedeutung: Arzneimittel, Heilmittel, z. B. Pharmakologie.

Pharmakodynamik, Lehre von den Wirkungen und Wirkungsmechanismen von Arzneistoffen im Organismus am Wirkort. (→Pharmakokinetik)

Pharmakogenetik, Teilgebiet der →Pharmakologie, das sich mit den genetisch bedingten Ursachen der unterschiedl. Reaktionen von Patienten nach Arzneimittelgaben beschäftigt.

Pharmakognosie [zu griech. gnõsis ›das Erkennen‹, ›Kenntnis‹] *die, -,* neuere Bez. **pharmazeutische Biologie, Drogenkunde,** wiss. Fachgebiet, das sich mit Stoffwechselprodukten von Pflanzen und Tieren befasst, die direkt oder indirekt Anwendung zu Heilzwecken finden. Dazu werden die biolog. Vorgänge untersucht, die zur Bildung, Anreicherung und Ablagerung oder Ausscheidung der Naturstoffe führen, weiterhin die Auswahl geeigneter Kultursorten und Anbauverfahren für Heilpflanzen sowie optimaler Konservierungsverfahren für die wirkstoffhaltigen Gewebe oder Organe, ferner die Erarbeitung von Vorschriften zur Prüfung von Drogen auf Echtheit und Wirkstoffgehalt sowie zur Erkennung von Verwechslungen und Verfälschungen.

Pharmazeut. Biologie, 4 Bde. ([1-5]1981–95); G. SCHNEIDER: Pharmazeut. Biologie ([2]1985); E. TEUSCHER: Biogene Arzneimittel ([5]1997).

Pharmakokinetik, Lehre von den Konzentrationsveränderungen der Arzneistoffe im Organismus in Abhängigkeit von der Zeit. Sie beschäftigt sich damit, wie und wie rasch ein Arzneistoff in den Körper aufgenommen wird, wie er sich verteilt, wie er chemisch verändert (biotransformiert) wird und wie und wie rasch er ausgeschieden wird.

Pharmakolith: Rötliches Nadelbüschel auf Erz

Pharmakolith [zu griech. líthos ›Stein‹] *der, -s* und *-en/-e(n),* weißes, auch rötl. oder grünl. monoklines Mineral der chem. Zusammensetzung $CaH[AsO_4] \cdot 2\,H_2O$; Härte nach MOHS 2, Dichte 2,53–2,73 g/cm^3; bildet Krusten oder Nadelbüschel auf Arsenerzen.

Pharmakologie *die, -,* i. w. S. die Lehre von den Wechselwirkungen zw. biologisch aktiven Substanzen und Organismen; i. e. S. die Lehre von den Wirkungen der Arzneimittel an gesunden oder kranken Organismen. Wegen der Ähnlichkeit der verwendeten Methoden sowie wegen der Überschneidung der Stoffgebiete sind die Grenzen der P. zu Nachbarfächern, z. B. Physiologie, Pathophysiologie oder Biochemie, fließend.

Zu den spezifisch pharmkolog. (und toxikolog.) Aufgaben gehören die Prüfung potenzieller Arzneistoffe am Tier und, sofern nach den Tierversuchen die klin. Prüfung sinnvoll und unbedenklich erscheint, auch am Menschen, ferner die Suche nach Möglichkeiten zur Verhütung und Behandlung von Vergiftungen, die Aufklärung von Wirkungsmechanismen sowie die Erforschung der Zusammenhänge zw. der chem. Struktur und der pharmakolog. Wirkung. In der **allgemeinen P.** wird versucht, aus den experimentellen Befunden weitgehend allgemein gültige Gesetzmäßigkeiten zu finden und damit die theoret. Grundlagen der P. zu liefern. Die **klinische P.** hat die Aufgabe, Arzneimittel am Menschen zu untersuchen. Sie schafft damit die Voraussetzung für eine rationale, sinnvolle Pharmakotherapie (Behandlung mit Arzneimitteln) und stellt die Verbindung zw. der experimentellen P. und der klin. Medizin her.

H. HAAS: Ursprung, Gesch. u. Idee der Arzneimittelkunde (1981); Prakt. P., Beitrr. v. R. SALLER u. a. ([2]1983); Klin. P., hg. v. H.-P. KÜMMERLE, Losebl. ([4]1984 ff.); W. SCHELER: Grundl. der allg. P. (Jena [3]1989); G. KUSCHINSKY u. a. Kurzes Lb. der P. u. Toxikologie ([13]1993); Allg. u. spezielle P. u. Toxikologie, hg. v. W. FORTH u. a. ([7]1996); E. MUTSCHLER: Arzneimittelwirkungen. Lb. der P. u. Toxikologie ([7]1996); P. u. Toxikologie, hg. v. E. OBERDISSE (1997).

Pharmakon [griech. Geschenk, Gift] *das, -s/...ka,* im allgemeinen Sprachgebrauch gleichbedeutend mit Arzneistoff bzw. Arzneimittel; in der wiss. Lit. meist verallgemeinernd und ohne Wertung, ob eine therapeut. Anwendung möglich ist, im Sinne von biologisch aktiver Substanz gebraucht. (→Arzneimittel)

Pharmakopöe [zu griech. pharmakopoieĩn ›Arzneien zubereiten‹] *die, -/-n,* das →Arzneibuch.

Pharmakopsychologie, Bereich der Psychologie, der sich mit der psych. und physiolog. Wirkung von chem. Substanzen (v. a. Psychopharmaka) auf den menschl. und tier. Organismus beschäftigt; untersucht als Teil der angewandten Psychologie die Beeinträchtigung der Leistungsfähigkeit (z. B. im Verkehr) durch Alkohol, Arzneimittel und Rauschmittel, im Rahmen der klin. Psychologie und Psychiatrie die therapeut. Wirksamkeit von Psychopharmaka, im Bereich der Psychophysiologie die psychophys. Zusammenhänge durch Beobachtung pharmakologisch bewirkter Verhaltensänderungen.

Pharmako|siderit, grünes bis gelbes oder braunes kubisches Mineral der chemischen Zusammensetzung $KFe_4[(OH)_4|(AsO_4)_3] \cdot 6\text{–}7\,H_2O$; Härte nach MOHS 2,5, Dichte 2,8 g/cm^3; bildet oft kleine Kristalle, sonst aufgewachsen und in Drusen; hydrothermal oder durch Verwitterung aus Arsenopyrit entstanden.

Pharmakotherapie, Behandlung mit →Arzneimitteln.

Pharmazeut [griech. pharmakeutḗs ›Hersteller von Heilmitteln‹] *der, -en/-en,* auf dem Gebiet der Pharmazie Apotheker, Arzneimittelfachmann, Wissenschaftler.

pharmazeutische Biologie, die →Pharmakognosie.

pharmazeutische Chemie [ç-], Teilgebiet der Pharmazie, das sich mit Entwicklung, Herstellung, Analyse und Prüfung von Arzneimitteln und Hilfsstoffen für die Arzneimittelzubereitung beschäftigt.

OTTO-E. SCHULTZ u. J. SCHNEKENBURGER: Einf. in die p. C. ([2]1984); H. AUTERHOFF: Lb. der p. C., bearb. v. J. KNABE u. H. D. HÖLTJE ([13]1994).

pharmazeutische Industrie, Kurz-Bez. **Pharma|industrie,** Zweig der chem. Industrie zur Herstellung von Arzneimitteln. Wichtigste Produktgruppe sind die ›humanpharmazeut. Spezialitäten‹, d. h. zur Anwendung bei Menschen bestimmte Arzneimittel (rd. 80 % des Umsatzes der p. I.). Weitere Erzeugnisse sind Vitamine und Hormone, Alkaloide, Glykoside und deren Derivate. Die p. I. ist forschungsintensiv (u. a. in der Biotechnologie).

Neben den USA und Japan besitzt Dtl. eine der bedeutendsten p. I. und ist traditionell weltgrößter Medikamentenexporteur. Die p. I. wurde wegen ihrer Preisgestaltung für Arzneimittel sowie wegen eines zu großen Sortiments an Medikamenten häufig kritisiert. Nach dem Arzneimittel-Ges. wird allerdings jede Stärke und Darreichungsform eines Medikaments als Arzneimittel gezählt; das Arzneimittelverzeichnis ›Rote Liste‹ weist rd. 9 000 Präparate aus. Die in Dtl. vom Gesetzgeber eingeführten Gesundheitsreformgesetze (Festbetragsregelung) haben den Preisanstieg im Arzneimittelbereich deutlich gebremst. Die durchschnittliche jährl. Veränderungsrate der Preise auf dem dt. Apothekermarkt betrug zw. 1985 und 1997 etwa 0,4 %. Der Produktionswert der p. I. (ca. 115 000 Beschäftigte) belief sich 1997 auf 34,28 Mrd. DM.

pharmazeutische Technologie, Galenik, Lehre von der Herstellung und den Eigenschaften der Arzneiformen (Tabletten, Kapseln, Zäpfchen u. a.), daher oft auch als **Arzneiformenlehre** bezeichnet. Schwerpunkte der p. T. liegen auf der Entwicklung einfach anzuwendender, die Wirkungen des Arzneistoffs möglichst gut zur Entfaltung bringender, rational zu fertigender sowie innovativer Arzneiformen. Zu den Aufgaben des pharmazeut. Technologen gehört außerdem die Untersuchung der pharmakokinet. Eigenschaften (→Pharmakokinetik) von Arzneiformen.

Pharmazie [von griech. pharmakeía ›(Gebrauch einer) Arznei‹] *die, -,* **Pharmazeutik, Arzneimittelkunde,** die dem Beruf des Apothekers zugrunde liegende Wissenschaft von den →Arzneimitteln, bes. im Hinblick auf ihre Herkunft, Herstellung, Prüfung und Wirkungsweise. – Anfänge einer selbstständigen P. finden sich im arab. Kulturraum des MA. Bis zum Beginn der Neuzeit entwickelte sich die P., damals noch **Apothekerkunst** gen., als eigenständiges Handwerk in den Apotheken. 1241 erließ Kaiser FRIEDRICH II. in Salerno ein Edikt, in dem erstmals die Trennung von Arzt und Apotheker vorgeschrieben wurde. Das Universitätsstudium der P. wurde 1812 in Bayern und 1825 in Preußen für Apotheker obligatorisch. Danach entstanden als Disziplinen der P. die pharmazeut. Chemie, die Pharmakognosie (pharmazeut. Biologie) und die pharmazeut. Technologie. – Das P.-Studium umfasst die Fächer Botanik, Physik, anorgan., organ. und pharmazeut. Chemie, Biochemie, pharmazeut. Biologie, pharmazeut. Technologie, Pharmakologie und Toxikologie (→Apotheker).

P. H. LIST: Arzneiformenlehre ([4]1985); Wb. der P., bearb. v. H. AUTERHOFF u. a., 4 Bde. (Neuausg. 1990); DERS.: Lb. der pharmazeut. Chemie ([12]1994); R. VOIGT: Pharmazeut. Technologie für Studium u. Beruf ([8]1995); Pharmazeut. Praxis, hg. v. K.-A. KOVAR ([5]1996).

Pharnabazos, griech. **Pharnabazos,** pers. Satrap von Daskyleion (Bithynien), * um 450 v. Chr., † etwa 373 v. Chr.; unterstützte Sparta ab 413 im Peloponnes. Krieg; schloss 409 einen Waffenstillstandsvertrag mit ALKIBIADES, den er 404 auf Verlangen LYSANDERS ermorden ließ. Seit 400 von Sparta bekämpft, errang er 394 mit KONON den entscheidenden Sieg über die spartan. Flotte bei Knidos.

Pharnakes II., König des Bosporan. Reiches (63–47 v. Chr.), Sohn MITHRIDATES' VI. von Pontos; wurde 47 v. Chr. beim Versuch, Pontos zu erobern, von CAESAR bei Zela geschlagen (›veni, vidi, vici‹) und von seinem Statthalter ermordet.

Pharos [nach Menelaos' Steuermann Pharos, der hier begraben sein soll], lat. **Pharus,** ehem. Insel vor Alexandria in Ägypten, mit berühmtem Leuchtturm (urspr. Signalturm ohne Befeuerung), der eines der sieben Weltwunder der Antike darstellte; er stürzte im 14. Jh. infolge eines Erdbebens ein (eine Rekonstruktion ist geplant). Frz. Archäologen bargen 1995/96 im Hafenbecken von Alexandria Reste antiker Bauten; Teile des Leuchtturmes werden nur vermutet.

Pharsalos, lat. **Pharsalus,** neugriech. **Pharsala,** Stadt im Verw.-Bez. (Nomos) Larissa in Thessalien, Griechenland, 8 400 Ew. – Im Altertum Hauptort der thessal. Landschaft Phthiotis. – Bei P. fand die Entscheidungsschlacht zw. CAESAR und POMPEIUS (9. 8. 48 v. Chr.) statt, die mit der Niederlage des POMPEIUS endete.

Pharyngal [zu Pharynx] *der, -s/-e,* →Laut.

Pharyngitis [zu Pharynx] *die, -/...'tiden,* die Rachenentzündung (→Schlund).

Pharynx [griech.] *der, -/...'rynges* und *...'ryngen, Anatomie:* der →Schlund.

Phase [frz., von griech. phásis ›Erscheinung‹, ›Aufgang eines Gestirns‹] *die, -/-n,* **1)** *allg.:* Abschnitt, Stufe innerhalb einer stetig verlaufenden Entwicklung oder eines zeitl. Ablaufs.

2) *Astronomie:* die durch die unterschiedl. Stellungen zu Erde und Sonne wechselnde Lichtgestalt nicht selbstleuchtender Himmelskörper (Mond, Planeten, Planetoiden). Von den Planeten durchlaufen nur die unteren Planeten Merkur und Venus wie der →Mond alle P. oder Lichtgestalten. Von den äußeren Planeten zeigt nur der Mars einen schwachen P.-Wechsel.

3) *Elektrotechnik:* früher, im techn. Sprachgebrauch z.T. noch heute übl. Bez. für die Strombahnen eines Mehrphasenstromsystems. Die Verwendung von ›P.‹ in diesem Sinn zur Bez. von Gegenständen wird nach DIN nicht mehr empfohlen. (→Drehstrom)

4) *Schwingungslehre:* **Schwingungsphase,** der augenblickl. Schwingungszustand eines schwingenden Systems (→Schwingungen), gekennzeichnet durch den **P.-Winkel** φ, das Argument der Schwingungsfunktion. Bei einer →harmonischen Schwingung konstanter Amplitude $\hat{x}$ und konstanter Kreisfrequenz $\omega = 2\pi / T$ (T Schwingungsperiode) der Form $x(t) = \hat{x} \cdot \sin(\omega t + \varphi_0)$ bezeichnet man das Argument der Sinusfunktion $\varphi = \omega t + \varphi_0$ als P. oder P.-Winkel. Der P.-Winkel im Anfangszustand (zur Zeit $t = 0$) heißt **Nullphasenwinkel** φ_0 oder **P.-Konstante.** Unterscheiden sich zwei Sinusgrößen gleicher Frequenz durch ihre Nullphasenwinkel, dann sind sie gegeneinander **phasenverschoben.** Die Differenz $\Delta\varphi$ der Nullphasenwinkel heißt **P.-Verschiebungswinkel.** Die dem P.-Winkel φ entsprechende Zeit $t = \varphi / \omega$ heißt **P.-Zeit,** die dem Nullphasenwinkel gemäß $t_0 = \varphi_0 / \omega$ zugeordnete Zeit t_0 **Nullphasenzeit.** – Beispiele für Sinusgrößen $x(t)$ sind die Augenblickswerte von Spannung (u) und Strom (i) bei sinusförmigem Verlauf, $u(t) = \hat{u}\cos(\omega t + \varphi_u)$ und $i(t) = \hat{\imath}\cos(\omega t + \varphi_i)$; dabei sind φ_u und φ_i die Nullphasenwinkel der Spannung und des Stromes, $\varphi = \varphi_u - \varphi_i$ ist der P.-Verschiebungswinkel der Spannung gegen den Strom (→Wirkleistung).

Da →Wellen im Unterschied zu Schwingungen nicht nur zeitlich, sondern auch räumlich periodisch sind, bezeichnet die P. in der *Wellenlehre* das Argument der Funktion, die den Zustand einer Welle zu jeder Zeit und an jedem Ort festlegt. Bei (ebenen) Sinuswellen erhält der P.-Winkel deshalb einen zusätzl. Term: $\varphi = \omega t + kx + \varphi_0$. Dabei ist $k = 2\pi / \lambda$ die Kreiswellenzahl (λ Wellenlänge).

5) *statist. Mechanik:* Gesamtheit der Orts- und Impulskoordinaten eines Teilchens oder Teilchensystems; der P. entspricht ein Punkt im →Phasenraum.

6) *Thermodynamik:* homogene (d.h. makroskopisch gleichartige), durch deutl. Grenzflächen (**P.-Grenzen**) abgegrenzte, physikalisch unterscheidbare Zustandsform der Materie in einem heterogenen System, z.B. die nebeneinander bestehenden Aggregatzustände (feste, flüssige, gasförmige P.) eines Stoffes, die ferromagnet. und supraleitende P. bestimmter Metalle, die suprafluide P. von flüssigem Helium oder die versch. Modifikationen eines Festkörpers. (→Phasenübergang)

Phasen|anschnittsteuerung, elektron. Steuerung eines Wechselstroms (z.B. bei Wechselstromstellern und netzgeführten Stromrichtern) derart, dass nur ein der gewünschten mittleren Stromstärke entsprechender Teil der Halbschwingungen des Wechselstroms durchgelassen wird. Zu diesem Zweck wird der Stromkreis synchron mit der Wechselspannung erst zu einem späteren Zeitpunkt als beim Nulldurchgang der Wechselspannung geschlossen (Veränderung der Spannungs-Zeit-Fläche). Das Ein- und Ausschalten des Wechselstroms geschieht durch steuerbare Halbleiterbauelemente (früher durch Thyratrone). Soll nur eine Halbwelle (positive oder negative) zur P. genutzt werden, setzt man →Thyristoren ein, zur Ausnutzung beider Halbwellen werden →Triacs oder antiparallel geschaltete Thyristoren verwendet. Durch zeitl. Verschieben der Einschaltimpulse hat man die Möglichkeit, die Leistungsaufnahme elektr. Verbraucher verlustfrei und damit Energie sparend zu regeln, z.B. die Drehzahl eines Elektromotors oder die Helligkeit einer Glühlampe mit einem →Dimmer.

Phasendiagramm, *Thermodynamik:* ein →Zustandsdiagramm, das die Existenzbereiche der Phasen eines Stoffes oder Stoffgemisches zeigt.

Phasendiskriminator, *Elektronik:* eine Schaltung (oder ein Gerät, das eine solche enthält) zur Durchführung eines Phasenvergleichs zw. dem Frequenzwert eines Oszillators (Istwert) und dem Frequenzwert eines Bezugssignals (Sollwert). Bei Frequenzungleichheit entsteht am Ausgang des P. eine Regelspannung, deren Betrag und Richtung von Betrag bzw. Richtung der Verstimmung der Oszillatorfrequenz abhängen. Die Regelspannung kann dazu benutzt werden, den Oszillator auf Sollfrequenz zu steuern (→PLL). P. dienen u.a. zur →Demodulation frequenzmodulierter elektr. Schwingungen bzw. Wechselspannungen.

Phasenfokussierung, Bez. für den in Hochfrequenzbeschleunigern wichtigen Vorgang der Bündelung (zeitl. Fokussierung) der den Beschleuniger durchlaufenden Teilchen in einem Teilchenpaket um das Sollteilchen. Die P. ist eine Grundvoraussetzung für die Funktionsfähigkeit von Hochfrequenzbeschleunigern; sie gewährleistet, dass fast alle Teilchen eines Strahls im Mittel mit der gleichen Phase des elektr. Hochfrequenzfeldes beschleunigt werden. Durch geeignete konstruktive Maßnahmen wird die **Phasenstabilität** eines Beschleunigers erreicht, d.h. die automat. P. aller Teilchen, deren Ort und Geschwindigkeit sich nur um definierte Grenzwerte von dem für ein Sollteilchen geltenden Betrag unterscheiden.

Phasengang, *Physik* und *Technik:* →Frequenzgang.

Phasengeschwindigkeit, Formelzeichen c_{ph}, v_p, die Geschwindigkeit, mit der sich die →Phase einer Welle fortpflanzt (→Fortpflanzungsgeschwindigkeit). Sie ist durch das Produkt aus Wellenlänge λ und Frequenz ν gegeben: $c_{ph} = \lambda \cdot \nu$. (→Welle)

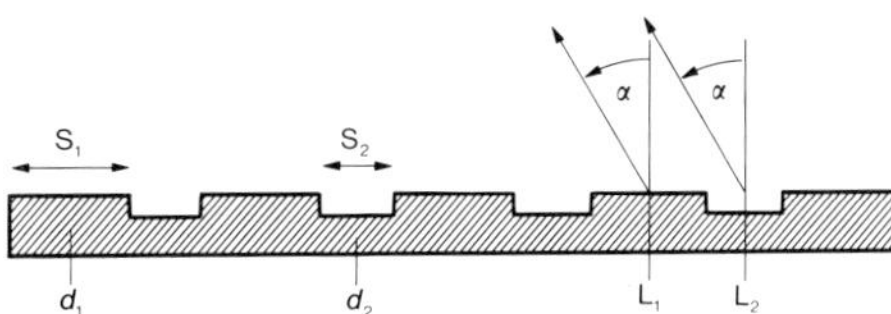

Phasengitter: Durch die unterschiedlichen Dicken d_1 und d_2 der Gitterstreifen S_1 und S_2 entsteht eine Phasendifferenz zwischen den Lichtstrahlen L_1 und L_2 des unter dem Winkel α gebeugten Lichts

Phasengitter, ein Beugungsgitter (→Gitter), dessen Elemente so beschaffen sind, dass sie die →Phase des an ihnen reflektierten bzw. von ihnen hindurchgelassenen Lichts räumlich periodisch (mit der Gitterkonstanten als Periode) verändern und nicht (oder nicht nur) die Intensität des Lichts wie beim Amplitudengitter. Die Phasendifferenz zweier von unmittelbar benachbarten Elementen eines P. ausgehenden Wellen hängt beim P. von Einfalls- und Ausfallswinkel sowie von Gitterkonstanten und Gitterstruktur ab; im Ggs. zum Amplitudengitter tritt auch bei senkrechtem Lichteinfall und senkrechter Reflexion bzw. geradliniger Transmission eine Phasendifferenz auf.

Phasengrenzen, *Kristallographie* und *Werkstoffkunde:* →Korngrenzen.

Phasenkonjugation, Prozess der →nichtlinearen Optik, der die Erzeugung phasenkonjugierter Lichtwellen bewirkt. Bei diesem formal als →Zeitumkehr beschreibbaren Vorgang werden die einfallenden Lichtwellen (Laserlicht) von einem optisch nichtlinearen Medium (bestimmte Gase, Kristalle, Plasmen u.a.) in sich selbst reflektiert; d.h., die zurücklaufende Wellenfront ist in Strahlengang und Phasenlage mit der einfallenden deckungsgleich und hat lediglich die umgekehrte Bewegungsrichtung (Wellenfrontumkehr). Die P. beruht auf der Induktion einer nichtlinearen Polarisation des reflektierenden Mediums, die wiederum die Ausstrahlung der phasenkonjugierten Welle hervorruft. Wellenfronten, die beim Durchgang durch ein optisch inhomogenes Medium (z. B. turbulente Luftschichten, geätztes Glas) verzerrt werden, können durch phasenkonjugierte Spiegelung und anschließenden Rücklauf durch das verzerrende Medium in der ursprüngl. Form zurückgewonnen werden. Diese Rekonstruktion von Strahlenbündeln (und der in ihnen enthaltenen Information), die bei der gewöhnl. Reflexion nicht möglich ist, wird u. a. in der Photolithographie, in Laserresonatoren, bei Lichtleitern und Satellitenkommunikationssystemen angewendet.

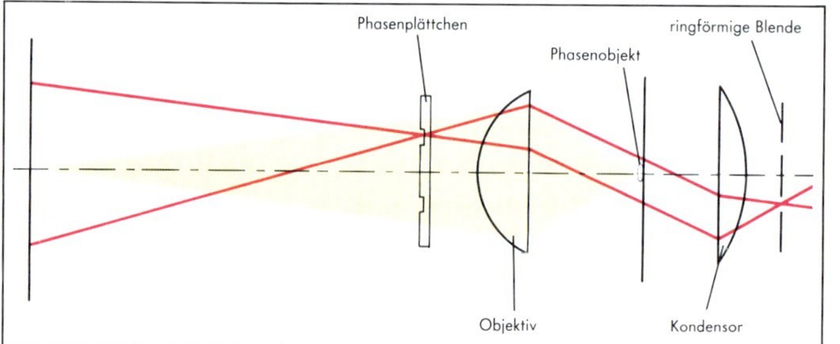

Phasenkontrastverfahren: Strahlengang im Phasenkontrastmikroskop; das vom Phasenobjekt gebeugte Licht ist als gelbes Feld dargestellt

Phasenkontrastverfahren, von F. ZERNIKE entwickeltes Verfahren der Mikroskopie zur Erzeugung von Bildkontrasten bei Objekten ohne oder mit nur geringem Amplituden- oder Farbkontrast, die aber Strukturen in der Oberfläche, der Dicke oder der Brechzahl aufweisen; diese Strukturen wirken sich für die Wellenfronten des hindurchtretenden oder reflektierten Lichts als unterschiedliche opt. Weglängen aus **(Phasenstrukturen).** Das P. nutzt die Tatsache, dass das Licht an solchen Phasenstrukturen gebeugt wird, und erzeugt mittels einer Phasenplatte im Bildraum des Mikroskops eine Phasenverschiebung zw. dem am Objekt gebeugten und dem nicht gebeugten Licht. Die Interferenz der zugehörigen Wellenfronten in der Zwischenbildebene des Mikroskops führt zu einer objektähnl. Bildstruktur.

Phasenraum, *statist. Mechanik:* der einem mechan. System mit f Freiheitsgraden zugeordnete $2f$-dimensionale euklid. Raum, der von den f →verallgemeinerten Koordinaten q_k und den f verallgemeinerten Impulsen p_k aufgespannt wird ($k = 1, 2, ..., f$); jeder mögl. Zustand des Systems ist dann eindeutig durch einen **P.-Punkt** festgelegt. Die zeitl. Entwicklung des Systems wird durch die Hamilton-Funktion $H(q_k, p_k, t)$ und die →Hamilton-Gleichungen beschrieben, die unter den jeweiligen Anfangsbedingungen die Bewegung des P.-Punktes auf einer Trajektorie **(P.-Bahn)** bestimmen. Wegen der Eindeutigkeit der Lösung der Bewegungsgleichungen kann durch jeden Punkt des P. nur eine Trajektorie führen. Bei period. Bewegungen sind die P.-Bahnen in sich geschlossen. Liegen für das System Erhaltungssätze vor, führen diese zu Einschränkungen der erlaubten P.-Bahnen, die in einer durch den Erhaltungssatz definierten Hyperfläche im P. liegen müssen. So beschränkt die Erhaltung der Energie E des Systems die P.-Bahnen auf die $(2f - 1)$-dimensionale **Energiefläche** $H(q_k, p_k) = E$. Der von dieser umschlossene Teil des P. wird als **P.-Volumen** bezeichnet. Im Fall gewöhnl. Orts- und Impulskoordinaten (anstelle der verallgemeinerten Koordinaten) zerlegt man den P. häufig in einen Orts- oder Konfigurationsraum sowie einen Impulsraum. Verwendet man nicht die Teilchenimpulse, sondern die Geschwindigkeiten, wird der Impulsraum durch den Geschwindigkeitsraum ersetzt.

Der P. eines Systems vieler gleichartiger, wechselwirkender Teilchen wird als **Γ-Raum (Gammaraum)** bezeichnet (›Gas-P.‹). Für ein einatomiges ideales Gas hat er $6N$ Dimensionen ($f = 3N$; N Teilchenzahl). Bei wechselwirkungsfreien Systemen ist die Betrachtung des P. eines einzelnen Teilchens ausreichend (i. d. R. ein Molekül). Man erhält dann den **μ-Raum (Myraum),** der für ein einatomiges Molekül ($f = 3$) 6 Dimensionen hat (›Molekül-P.‹). Die Anzahl der Freiheitsgrade erhöht sich für mehratomige Moleküle um deren Rotationsfreiheitsgrade (der P. für zweiatomige Moleküle, $f = 5$, ist somit 10-dimensional). (→statistische Mechanik)

In der *Quantenstatistik* sind die Orte q_k und die Impulse p_k aufgrund der →Unschärferelation nicht gleichzeitig exakt bestimmbar. Einem Zustand des Systems entspricht daher nicht mehr ein einziger P.-Punkt, sondern eine **P.-Zelle** des Volumens h^f (h plancksches Wirkungsquantum). Die →Nichtunterscheidbarkeit der Teilchen eines Quantensystems führt zudem zu einer anderen Abzählung der mögl. Zustände als in der klass. Statistik.

Phasenraumdichte, *statist. Mechanik:* →Verteilungsfunktion.

Phasenregel, *Thermodynamik:* →gibbssche Phasenregel.

Phasenschieber, →Blindleistungsgenerator.

Phasenschiebergenerator, Oszillatorschaltung zur Erzeugung sinusförmiger Wechselspannungen. Die Ausgangsspannung eines Verstärkers (Transistor, Operationsverstärker), die gegenüber der Eingangsspannung um 180° phasenverschoben ist, wird über einen Mitkopplungszweig auf den Eingang zurückgeführt. Die Mitkopplung erfolgt durch mindestens drei in Reihe geschaltete →RC-Glieder, die zusammen eine weitere Phasenverschiebung um 180° bewirken. Die zurückgekoppelte Ausgangsspannung ist damit phasengleich mit der Eingangsspannung. Der Generator schwingt dann (ausreichende Verstärkung der Schaltung vorausgesetzt) mit der durch die frequenzbestimmenden RC-Glieder festgelegten Frequenz.

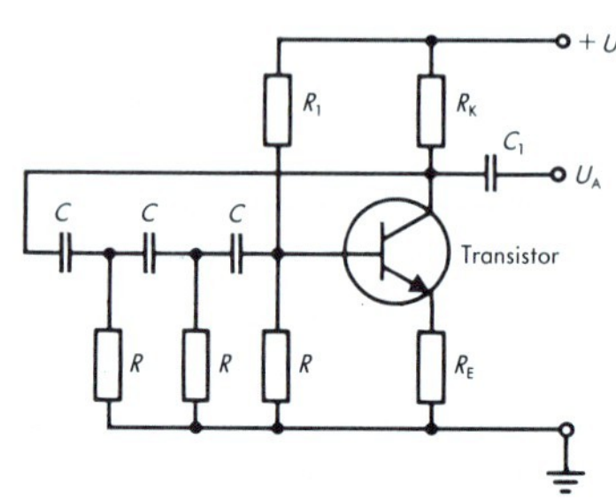

Phasenschiebergenerator mit drei RC-Gliedern; U_B Betriebsspannung, U_A Ausgangsspannung, R, R_1, R_E, R_K Widerstände, C, C_1 Kapazitäten

Phasensprung, die plötzl. Änderung der Phase einer Schwingung oder Welle, z. B. bei Reflexion oder Streuung.

Phasenstabilität, →Phasenfokussierung.

Phasentransfer|katalyse, Syntheseverfahren der organ. Chemie, bei dem Reaktionspartner zur Reaktion gebracht werden, die in zwei versch., nicht miteinander mischbaren Lösungsmitteln (Phasen) gelöst sind. Bei der P. werden Katalysatoren verwendet, die sich in beiden Phasen lösen (z. B. das Kation von Tetraalkylammonium-Salzen), sodass sie in der Lage sind, Reaktionspartner aus der wässrigen Phase (z. B. die Anionen CN^-, OH^-) in die organ. Phase zu transportieren.

Phasen|übergang, Phasen|umwandlung, Übergang eines Vielteilchensystems von einer thermodynam. →Phase in eine andere, wobei sich seine makrophysikal. Eigenschaften (z. B. Dichte, elektr. Leitfähigkeit) und/oder die räuml. Symmetrie der Struktur in Abhängigkeit von Temperatur, Druck, elektr. oder magnet. Feldstärke, chem. Potenzial oder einem anderen intensiven Parameter stark ändern. Die versch. Phasen unterscheiden sich bei festem Wert der intensiven Variablen durch ihre Zustandsgrößen wie Entropie, innere oder freie Energie und Enthalpie. Eine Phase kann dabei jeweils nur in einem begrenzten Bereich der intensiven Parameter existieren, bei Überschreiten der **Stabilitätsgrenzen** muss sich das System in eine andere Phase umwandeln.

Qualitativ lassen sich zwei versch. Arten von P. unterscheiden, der **diskontinuierliche P. (P. I. Art)** und der **kontinuierliche P. (P. II. Art),** bei denen sich die Zustandsgrößen als Funktion des intensiven Parameters am Umwandlungspunkt sprunghaft bzw. stetig ändern. P. I. Art sind die Umwandlungen eines Stoffes in die versch. Aggregatzustände, d. h. Verdampfen, Schmelzen, Sublimieren, Kondensieren und Erstarren, sowie die Umwandlung der Kristallstruktur in Festkörpern, die Bildung von Legierungen oder Flüssigkeitsmischungen. P. II. Art sind u. a. die Übergänge von Festkörpern vom paramagnet. in den ferromagnet. oder vom paraelektr. in den ferroelektr. Zustand, der Übergang eines Metalls von normaler elektr. Leitfähigkeit zur Supraleitung, das Entstehen von Suprafluidität, die Entmischung versch. Komponenten in einem Gemisch oder auch der Flüssigkeit-Gas-Übergang am krit. Punkt. Die beim P. beobachteten Änderungen makrophysikal. Eigenschaften sind auf mikroskop. Änderungen des Ordnungszustands und damit der gegenseitigen Wechselwirkung der atomaren Bausteine am krit. Punkt (z. B. beim Überschreiten einer krit. Temperatur, einer krit. Dichte, einer krit. Feldstärke; →kritischer Zustand) zurückzuführen. Rein phänomenologisch kann der P. durch Einführung eines **Ordnungsparameters** (z. B. der Magnetisierung beim ferromagnet. P. oder der Differenz der Dichte von Flüssig- und Gasphase beim Flüssigkeit-Gas-P.) beschrieben werden.

Dem Sprung in der Entropie beim P. I. Art entspricht eine latente Wärme, die vom System beim P. ohne Temperaturänderung aufgenommen oder abgegeben wird. Wegen der Entropiedifferenz existiert eine endl. Grenzflächenenergie zw. den beiden Phasen, die zu Keimbildungsschwierigkeiten und zu einer Umwandlungshysterese führt. Beim P. II. Art sind alle Zustandsgrößen am Umwandlungspunkt in beiden Phasen gleich, sodass die Phasen sich ohne Energieaufwand ineinander umwandeln können. Der Wechsel zw. den beiden Phasen vollzieht sich an der Stabilitätsgrenze im therm. Gleichgewicht und entspricht daher einem Stabilitätszustand. Im Ggs. dazu sind die Zustände auf der Stabilitätsgrenze beim P. I. Art instabil, sodass die Umwandlung bereits vor Erreichen dieser Grenze eintreten muss. Es gibt daher einen Bereich, in dem beide Phasen nebeneinander im Gleichgewicht auftreten können **(Koexistenzbereich),** wobei das System beim Übergang in diesen Koexistenzbereich nicht notwendig beide Phasen ausbilden muss, sondern in einen metastabilen Zustand übergehen kann (z. B. überhitzte Flüssigkeit). Der P. aus diesem metastabilen Zustand, der spätestens bei Erreichen der Stabilitätsgrenze erfolgen muss, wird durch hinreichend große lokale Fluktuationen der intensiven Variablen ausgelöst. Bei P. II. Art können die beiden Phasen nur auf der Stabilitätsgrenze koexistieren. Oberhalb und unterhalb der Stabilitätsgrenze existieren keine metastabilen Zustände. Charakteristisch für die P. II. Art ist, dass physikalisch völlig versch. Phänomene, wie die Kompressibilität eines Flüssigkeit-Gas-Systems an seinem krit. Punkt, die Dielektrizitätskonstante eines Ferroelektrikums an seinem ferropara-elektr. Umwandlungspunkt, die magnet. Suszeptibilität eines Ferromagneten an seinem Curie-Punkt, die Wärmeleitfähigkeit, der Wärmeausdehnungskoeffizient, der Temperaturkoeffizient des elektr. Widerstands in einem engen Temperaturintervall von etwa ± 1 % um T_c (T_c krit. Temperatur), exakt dieselbe Temperaturabhängigkeit aufweisen und die Materialkonstanten nahe T_c auf das 100- bis 1 000fache ihres normalen Werts anwachsen. Diese **Universalität** wird dadurch erklärt, dass an einem krit. Punkt bei einem kontinuierl. P. die Fluktuationen des Ordnungsparameters so groß werden, dass die physikal. Eigenschaften im Wesentlichen nur noch von der Größe und Lebensdauer dieser Schwankungen bestimmt sind und kaum von den Details der Wechselwirkung abhängen.

Phasen|übertragungsfunktion, *Optik:* →optische Übertragungsfunktion.

Phasen|umwandlung, der →Phasenübergang.

Phasenverschiebung, Phasendifferenz, die Differenz der →Phasen zweier Wellen oder Schwingungen gleicher Frequenz; in der Elektrizitätslehre z. B. die P. des Wechselstroms gegenüber der Wechselspannung. Zwei Wellen oder Schwingungen sind **phasengleich,** wenn ihre Schwingungszustände zu jedem Zeitpunkt, bei Wellen außerdem in jedem Raumpunkt, gleich sind.

Phaseolunatin [nach dem wiss. Namen der Mondbohne Phaseolus lunatus] *das, -s,* **Linamarin,** in einigen Pflanzen und den aus ihnen gewonnenen Produkten, u. a. in Leinsamen, Tapiokamehl, Mondbohnen, vorkommendes, aus Glucose und Acetoncyanhydrin aufgebautes giftiges Glykosid; wird durch das Begleitenzym Linase gespalten.

Phaseolus [lat.-griech.], wiss. Name der Gattung Gartenbohne (→Bohne).

Phaser ['feɪzə, engl.] *der, -s/-,* ein elektron. Effektgerät v. a. der Rockmusik, dessen Funktion auf der Aufspaltung und Phasenverschiebung eines eingegebenen Signals beruht und das einen in sich kreisenden Klangeindruck (›Jeteffekt‹) hervorruft.

Phasin [nach dem wiss. Namen der Gattung Gartenbohne, Phaseolus] *das, -s,* Sammelbez. für giftige Eiweißbestandteile der Bohnen, die 2–3 Std. nach Einnahme Übelkeit und Erbrechen, später kolikartige Bauchschmerzen, Durchfall und Kreislaufkollaps hervorrufen. Durch Kochen wird die schädl. Wirkung des P. zerstört.

Phasis, im Altertum Name des →Rioni.

Phasmida [zu griech. phásma ›Erscheinung‹, ›Gespenst‹], die →Gespenstschrecken.

PHB-Ester, Abk. für Ester der **p-H**ydroxy**b**enzoesäure (→Hydroxybenzoesäuren), i. e. S. für die Ester mit Äthyl- und Propylalkohol und ihre Natriumsalze, die in Dtl. als Konservierungsmittel für Lebensmittel gesetzlich zugelassen sind.

Phe, Abk. für →**Phe**nylalanin.

Pheidias, griech. Bildhauer, →Phidias.

Pheidon, König von Argos (wohl um die Mitte des 7. Jh. v. Chr.); galt wegen der gewaltsamen Ausdehnung seiner Macht über die Grenzen der Argolis hinaus – wodurch der spartan. Expansion Einhalt geboten wurde – und seines Eingreifens in die Festordnung von Olympia später als Tyrann.

Phekda [arab.], der Stern γ im Sternbild Großer Bär (scheinbare visuelle Helligkeit $2^m,44$, Sonnenentfernung etwa 36 pc).

Phellem [zu griech. phellós ›Korkeiche‹, ›Kork‹] *das, -s,* der →Kork.

Phellinus [griech. phéllinos ›aus Kork gemacht‹], Gattung parasit. und saprophyt. Holz bewohnender Porlinge mit zahlr. Arten; bekannt ist der Gemeine →Feuerschwamm.

Phellodendron [griech.] *der,* auch *das, -s/...dren,* **Korkbaum,** Gattung der Rautengewächse mit etwa zehn Arten im subtrop. und gemäßigten O-Asien; sommergrüne, aromatisch duftende Bäume mit Fiederblättern. Einige Arten sind beliebte Parkbäume.

Phelloderm [griech.] *das, -s/-e,* die Korkrinde (→Kork).

Phellogen, das Korkkambium (→Kork).

Phelloid [zu griech. phellós ›Kork‹ und ...id, von griech. ...eidēs ›gestaltet‹, ›ähnlich‹] *das, -(e)s/-e,* **unechter Kork,** unverkorkte, nur verholzte Trennungsschicht im Korkgewebe einiger Bäume, z. B. Platane, Kiefer. Das Abblättern der →Borke erfolgt durch die zw. den Korkschichten liegenden P.-Schichten, die durch die Querspannung in der Borke durchreißen.

Phelonion [griech. ›Mantel‹] *das, -s/...ni|en, orth. Kirche:* das liturg. Obergewand des Priesters, vergleichbar der abendländ. Glockenkasel (→Kasel); bis ins 11. Jh. schmucklos, später mit Bandstreifen, Kreuz und oftmals mit Stern auf dem Rückenteil verziert und vorn gekürzt.

Phelps [felps], Samuel, brit. Schauspieler, * Devonport (heute zu Plymouth) 13. 2. 1804, † Coopertale (Cty. Essex) 6. 11. 1878; zunächst Schauspieler in der Provinz, ab 1837 in London; 1843–62 Direktor des Sadler's Wells Theatre, das unter seiner Leitung zur führenden Shakespearebühne wurde; galt als einer der besten Shakespearedarsteller seiner Zeit.

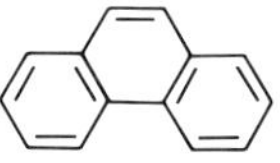
Phenanthren

Phenacetin [zu Phenol und Acetum gebildet] *das, -s,* früher häufig verwendetes Mittel gegen Fieber und Schmerzen, das wegen seiner beträchtl. Nebenwirkungen (v. a. Nierenschädigungen) in Dtl. (seit 1986) und anderen Staaten verboten ist.

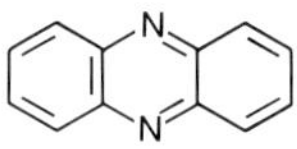

Phenazin

Phenacodus [griech.], Gattung der ausgestorbenen →Urhuftiere.

Phenakit [zu griech. phénax ›Betrüger‹ (weil dem Quarz sehr ähnlich)] *der, -s/-e,* meist farbloses, auch gelbl., rosafarbenes oder braunes, durchsichtiges, trigonales Mineral der chem. Zusammensetzung $Be_2[SiO_4]$; Härte nach Mohs 7,5, Dichte 3,0 g/cm³; aufgewachsene Kristalle; hydrothermal oder pneumatolytisch gebildet; wegen Härte und lebhaftem Glanz als Schmuckstein verschliffen.

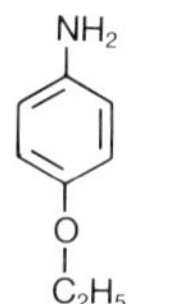

4-Phenetidin, p-Phenetidin

Phenetidine

Phenanthren [Kw.] *das, -s,* im Steinkohlenteer als Begleiter des Anthracens auftretender kristalliner aromat. Kohlenwasserstoff, der Grundgerüst vieler Naturstoffe (Steroide, Morphin u. a.) ist. P. wird u. a. zur Herstellung von Farbstoffen und Arzneimitteln verwendet.

Phenazin [Kw.] *das, -s,* **Dibenzopyrazin,** heterozykl., in hellgelben Nadeln kristallisierende Verbindung, die man durch Kondensation von o-Benzochinon und o-Phenylendiamin erhält. P. ist der Grundkörper der Phenazinfarbstoffe (→Azinfarbstoffe).

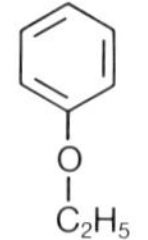

Phenetol

Phencyclidin, Abk. **PCP,** als ›Engelstaub‹ (engl. angel dust) bekannt gewordene Substanz, die urspr. als Schmerz- und Beruhigungsmittel entwickelt wurde, aber wegen halluzinogener Nebenwirkungen nicht mehr im Handel ist. In der Drogenszene der USA verbreitete sich PCP in den 1970er-Jahren außerordentlich rasch (mehrere Millionen Konsumenten) und erforderte medizin. Notfallmaßnahmen. In Europa erfuhr PCP keine ähnlich weite Verbreitung.

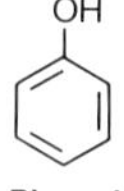

Phenol

Phenetidine [Kw.], Äthyläther der drei isomeren →Aminophenole. Wichtig sind v. a. das 2- und das 4-P. (o- bzw. p-P.), ölige, in Wasser unlösl. Flüssigkeiten, die u. a. zur Herstellung von Farbstoffen, Riechstoffen sowie Arzneimitteln verwendet werden.

Phenetol [Kw.] *das, -s,* **Äthoxybenzol,** angenehm riechende, ölige, flüssige Substanz, die als Speziallösungsmittel und Zwischenprodukt in der präparativen organ. Chemie verwendet wird.

Phenol [zu griech. phaínein ›scheinen‹, ›leuchten‹] *das, -s,* **Hydroxybenzol,** vom Benzol abgeleitete aromat. Verbindung mit einer Hydroxylgruppe, farblose, sich an der Luft rötlich färbende, kristalline Substanz (Schmelzpunkt 41 °C) von charakterist. Geruch. Die wässrige Lösung reagiert schwach sauer. Die Salze heißen **Phenolate.** P. wird zur Herstellung von P.-Harzen, Bisphenol A, Caprolactam und einer Vielzahl anderer Produkte verwendet (z. B. Adipinsäure, Desinfektionsmittel, Antioxidantien). Das wichtigste Herstellungsverfahren (etwa 90 % der Produktion) beruht auf der katalyt. Oxidation von Cumol zu Cumolhydroperoxid und dessen Spaltung zu P. und Aceton in Gegenwart von Schwefelsäure. Bei der Oxidation des Cumols fallen Acetophenon und Dimethylbenzylalkohol als Nebenprodukte an. Techn. Bedeutung haben auch die Oxidation von Toluol über Benzoesäure als Zwischenprodukt und die Hydrolyse von Monochlorbenzol. Etwa 1 % des P. wird aus Teer und Abwässern isoliert.

P. ist ein starkes Protoplasmagift; MAK-Wert 5 ppm bzw. 19 mg/m³. Vergiftungen durch P. können v. a. im gewerbl. Bereich (entschädigungspflichtige Berufskrankheit) bei der Herstellung von Farbstoffen, Kunststoffen u. a. auftreten; das Einatmen der Dämpfe führt zu zentraler Erregung, Schwindel und Schlaflosigkeit. Bei Hautbenetzung, die aufgrund der leichten Resorbierbarkeit auch zu inneren Vergiftungen führen kann, oder innerl. Einwirkung kommt es zu örtl. Reizung von Haut oder Schleimhäuten und schmerzfreien Verätzungen (lokalanästhet. Wirkung), nach Aufnahme größerer P.-Mengen zu Bewusstlosigkeit, Krämpfen und Tod durch Lähmung des Zentralnervensystems oder Nierenversagen.

P. wurde 1834 von F. F. Runge im Steinkohlenteer entdeckt und **Carbol (Karbol)** genannt.

Phenol|äther, Phenol|ether, Derivate der Phenole, bei denen eine oder mehrere Hydroxylgruppen veräthert vorliegen. P. sind meist angenehm riechende Flüssigkeiten oder kristalline Substanzen, die bei der Herstellung von Riechstoffen eine Rolle spielen. Zahlreiche P. kommen in der Natur vor, z. B. →Eugenol, →Guajakol und →Safrol; andere werden v. a. synthetisch hergestellt, z. B. →Anisol und →Phenetol, und als Zwischenprodukte für organ. Synthesen verwendet.

Phenole, aromat. Verbindungen, bei denen eine oder mehrere Hydroxylgruppen direkt an den Benzolkern gebunden sind. Je nach Anzahl der Hydroxylgruppen unterscheidet man einwertige (→Phenol, →Kresole, →Xylenole), zweiwertige (→Brenzcatechin, →Resorcin, →Hydrochinon) und dreiwertige (→Pyrogallol, →Phloroglucin, Hydroxyhydrochinon) P. Sämtl. P. sind bedeutend stärkere Säuren als die Alkohole; die saure Wirkung wird durch Elektronen anziehende Substituenten (z. B. Nitrogruppen, $-NO_2$) verstärkt (z. B. bei der →Pikrinsäure). – P. haben große Bedeutung als Ausgangsstoffe für chem. Synthesen (z. B. von Kunststoffen, Synthesefasern, Farbstoffen) und als Bestandteile von Antioxidantien. Die beim Räuchern aus dem Lignin des Holzes gebildeten P. tragen durch ihre oxidationshemmende und bakterizide Wirkung in bedeutendem Maß zur Haltbarmachung geräucherter Lebensmittel bei. In Abwässern gelöste P. können den Betrieb von biolog. Kläranlagen und die Selbstreinigungskraft von Gewässern beeinträchtigen.

Phenolharze, Phenoplaste, Abk. **PF** (für **P**henol und **F**ormaldehyd), gelbe bis braune Kunstharze, die durch Polykondensation von Phenolen (v. a. unsubstituiertes Phenol, für Lackharze Kresole) mit Aldehyden (meist Formaldehyd) hergestellt werden. Die Reaktion beginnt mit der Einführung einer Methylolgruppe ($-CH_2OH$) in o- oder p-Stellung zur Hydroxylgruppe des Phenols, z. B.:

Phenol + H_2CO → (Formaldehyd)

In Gegenwart von Basen und bei Formaldehydüberschuss bilden sich flüssige oder lösl. Kondensationsprodukte (Resole), z. B.:

$- H_2O$

Resole sind selbsthärtende P. Die Methylol- und Äthergruppen versch. Moleküle reagieren bei 100–180 °C unter Vernetzung der Moleküle. Die Härtung verläuft über schmelzbare Zwischenstufen **(Resitole)** zu unschmelzbaren **Resiten.** Wasserlösl. Resole werden als Holzklebstoffe sowie als Bindemittel für Holzwerkstoffe (Spanplatten), Gießereisande, Fasern (zu Matten, Dämmplatten) und Schleifmittel verwendet. Bei der Polykondensation in Gegenwart von Säuren und bei Phenolüberschuss entstehen Novolake mit Molekülketten, in denen Phenoleinheiten über Methylengruppen miteinander verknüpft sind, z. B.:

Novolake sind thermoplast. Kunststoffe, die aus Mangel an reaktiven Gruppen nicht selbst härten. Ihre Moleküle können aber mit Hexamethylentetramin als Härtungsmittel bei 140–160 °C vernetzt werden. Sie dienen als Bindemittel in härtbaren →Formmassen, für Schleifscheiben, Bremsbeläge u. a., mit Kolophonium modifizierte P. als Bindemittel für Lacke und Druckfarben. Durch Schmelzspinnen von Novolaken und anschließende Vernetzung mit Formaldehyd entstehen Novoloid-Fasern (Kynol®) von hoher therm. Beständigkeit, die für flammfeste Textilien, als Asbestersatz, Filtermaterial u. a. verwendet werden. P. waren die ersten vollsynthet. →Kunststoffe; sie kamen unter der Bez. Bakelit (Bakelite®) in den Handel.

Phenol|oxidasen, Phenolasen, Tyrosinasen, metallhaltige Enzyme, die Tyrosin zu Dopa und dieses weiter zum entsprechenden Dopachinon oxidieren, aus dem in einer Reihe von Folgereaktionen die braunschwarzen bis schwarzen Melanine entstehen. P. sind bei Insekten an der Melaninbildung und an der Härtung der Kutikula beteiligt.

Phenolphthalein, als Indikator v. a. für die Alkali- und Acidimetrie sowie für Polreagenzpapier verwendeter Triphenylmethanfarbstoff. Lösungen des P. sind in saurem und neutralem Bereich farblos und schlagen bei pH-Werten zwischen 8,3 und 10 nach Rot um.

Phenoplaste, die →Phenolharze.

Phenothiazin [Kw.] *das, -s,* trizykl. heterozyklische Verbindung, die je ein Stickstoff- und ein Schwefelatom im mittleren Ring enthält; entsteht beim Erhitzen von Diphenylamin mit Schwefel. P. ist der Grundkörper zahlreicher substituierter Verbindungen (der **Phenothiazine**), die als Psychopharmaka und Antihistaminika Bedeutung haben, sowie der Phenothiazinfarbstoffe (→Azinfarbstoffe).

Phenoxazin [Kw.] *das, -s,* trizykl. heterozyklische Verbindung, die je ein Stickstoff- und ein Sauerstoffatom im mittleren Ring enthält; farblose, kristalline Substanz; Grundgerüst der Phenoxazinfarbstoffe (→Azinfarbstoffe).

Phen|oxy..., Bez. der chem. Nomenklatur für die Gruppe $-OC_6H_5$.

Phen|oxyessigsäure, farblose, kristalline Substanz, die durch Umsetzen von Phenol mit Chloressigsäure gewonnen wird. Einige chlorierte Derivate der P. (z. B. 2,4-Dichlor-P., 2,4,5-Trichlor-P., →Chlorphenoxyessigsäuren) sind wirksame Herbizide.

Phenyl..., Bez. der chem. Nomenklatur für die Gruppe $-C_6H_5$.

Phenyl|alanin, Abk. **Phe,** eine essenzielle →Aminosäure, chemisch die 2-Amino-3-phenylpropionsäure. P. kommt u. a. als Baustein des Ovalbumins und des Lactalbumins vor. Eine Störung des P.-Stoffwechsels verursacht die →Phenylketonurie.

Phenyl|äthanole, Phenyl|äthylalkohole, Bez. für die zwei strukturisomeren Phenylderivate des Äthanols: 1-(oder α-)P. und 2-(oder β-)P. Das rosenartig riechende 2-P. kommt in mehreren äther. Ölen vor; es wird auch synthetisch hergestellt und als Riechstoff verwendet.

Phenylbrenztraubensäureschwachsinn, die →Phenylketonurie.

Phenylen..., Bez. der chem. Nomenklatur für die Gruppe $-C_6H_4-$.

Phenylendiamine, Diaminobenzole, Derivate des Benzols, die zwei Aminogruppen im Molekül enthalten. Die drei isomeren P. (o-, m- und p-P.) werden durch Reduktion der entsprechenden Dinitrobenzole gewonnen; sie sind farblose kristalline Substanzen und dienen v. a. zur Herstellung von Farbstoffen; p-P. wird als Entwickler in der Fotografie verwendet.

Phenyl|essigsäure, farblose, kristalline Verbindung, die synthetisch durch Hydrolyse von Benzylcyanid hergestellt werden kann. P. riecht in starker Verdünnung nach Honig und kommt in einigen äther. Ölen vor. Sie dient zur Herstellung von Penicillin, Riechstoffen und Arzneimitteln.

Phenylhydrazin, gelbl. bis farblose (sich an der Luft rasch dunkel färbende), kristalline oder flüssige Substanz, die durch Reduktion von Benzoldiazoniumchlorid mit Natriumhydrogensulfit gewonnen wird und als wichtiges Reagenz für den Nachweis und die Identifizierung von Verbindungen, die Carbonylgruppen enthalten (Aldehyde, Ketone, Zucker), verwendet wird. P. bildet mit diesen durch Kondensation (unter Wasserabspaltung) gut kristallisierende **Phenylhydrazone** mit meist genau bestimmbaren Schmelzpunkten. Bei der Umsetzung von Monosacchariden mit (überschüssigem) P. in essigsaurer Lösung bilden sich die →Osazone.

Phenylketon|urie, Abk. **PKU, Phenylbrenztraubensäureschwachsinn,** autosomal-rezessiv vererbte Stoffwechselkrankheit (Enzymopathie), die auf einem genetisch bedingten Defekt des Leberenzyms Phenylalanin-Monooxygenase (Phenylalaninhydroxylase) beruht; hierdurch ist der Umbau der Aminosäure Phenylalanin zu Tyrosin gestört, was zu einer Anhäufung im Blut und teils zu einer Umwandlung über Nebenwege des Stoffwechsels v. a. zu Phenylbrenztraubensäure, einer α-Ketosäure, führt. Sie ist Ursache schwerwiegender Schädigungen.

Die *Symptome* treten etwa zwölf Monate nach der Geburt auf und bestehen in Krampfneigung, Bewegungsstörungen, typ. (›muffigem‹) Körpergeruch durch Ausscheidung von Phenylacetat; ohne Behandlung kommt es zu Minderwuchs, Mikrozephalie, Haltungsstörungen und einer unterschiedlich starken geistigen Behinderung. Bei 6 000–10 000 Geburten tritt ein Erkrankungsfall auf.

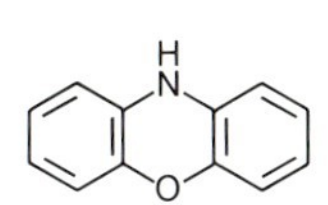
Phenothiazin

Phenoxazin

Phenoxyessigsäure

Phenyl...

Phenylalanin

2-Phenyläthanol, β-Phenyläthanol
Phenyläthanole

Phenylessigsäure

Phenylhydrazin

Phiale: Römische Phiale aus vergoldetem Silber; Durchmesser 22,5 cm, Ende des 1. Jh. n. Chr. (Paris, Louvre)

Der *Früherkennung* dient der bei allen Neugeborenen am 4. bis 5. Tag (nach Beginn der Milchernährung) als Vorsorgeuntersuchung durchgeführte →Guthrie-Test.

Die *Behandlung* besteht in einer exakt berechneten, dem Wachstum des Kindes angepassten phenylalaninarmen Kost mit Deckung des Eiweißbedarfs durch synthet. Aminosäurengemische und muss mindestens bis zur Pubertät (meist auch danach) mit begleitenden Blutuntersuchungen eingehalten werden.

Phenylmethanol, der →Benzylalkohol.

Phenytoin *das, -s,* ein Derivat des →Hydantoins.

Pherekrates, griech. Komödiendichter des 5. Jh. v. Chr. aus Athen; unter seinem Namen sind 18 Stücke kunst- und sittenkrit., meist unpolit. Inhalts überliefert.

Ausgabe: Poetae Comici Graeci, hg. v. R. KASSEL u. a., Bd. 7 (1989).

Pherekrateus, nach PHEREKRATES benannter katalekt. →Glykoneus: ⏓⏓–⏑⏑––.

Pherekydes, griech. Weiser von der Insel Syros im 6. Jh. v. Chr. In seinem nur fragmentarisch erhaltenen Werk legt er eine Weltentstehungslehre dar, die Mythos und Spekulation verbindet; sie ist offenbar von ANAXIMANDER beeinflusst.

Pheromone [Kurzbildung zu griech. phérein ›tragen‹ und Hormon], *Sg.* **Pheromon** *das, -s,* **Ektohormone,** von Tieren produzierte Substanzen, die, nach außen abgegeben, Stoffwechsel und Verhalten anderer Individuen der gleichen Art beeinflussen. Diese Art chem. Kommunikation zw. Artgenossen ist im Tierreich weit verbreitet. P. werden durch Chemorezeptoren in Geruchs- oder Geschmacksorganen aufgenommen und sind wie Hormone in geringsten Konzentrationen wirksam; nach ihrer Wirkung lassen sich **Lock-P., Versammlungs-P.** (Aggregations-P.), **Warn-P.** u. a. unterscheiden. – Bes. gut untersucht sind P. von Insekten, u. a. die Sexuallockstoffe mancher Schmetterlingsarten (z. B. →Bombykol). Ameisen benutzen P. zur Markierung von Futterstraßen und als Alarmsubstanzen, die Königin der Honigbienen gibt ein P. an die Arbeiterinnen ab, das deren Entwicklung zu Geschlechtstieren unterdrückt. Bei Säugetieren sind P. weniger gut untersucht. Es ist bekannt, dass sie z. B. bei Nagetieren die Sexualfunktionen und das Fortpflanzungsverhalten beeinflussen.

Phetchaburi [ˈphɛtʃa-], Kurz-Bez. **Phetburi,** Stadt in Thailand, am Golf von Thailand südwestlich von Bangkok, 34 000 Ew. – Im Vat Yai Suvannaram Tempelmalereien, die u. a. Götterwesen bei der Aufnahme der buddhist. Lehre darstellen (BILD →buddhistische Kunst). Auf den Malereien im Vat Keo Sutharam (Anfang 18. Jh.) sind fliegende Adoranten dargestellt. – Seit dem 17./18. Jh. künstler. Zentrum, bes. auf dem Gebiet der Malerei.

Phi, Zeichen φ, Φ, der 21. Buchstabe des klass. griech. Alphabets; er bezeichnete urspr. das behauchte [p], die spirant. Aussprache [f] setzte in vorchristl. Zeit ein, jedoch ist die behauchte Aussprache noch im 3. Jh. belegt.

Phiale [griech.] *die, -/-n,* flache Schale der griech. Antike, ohne Fuß und meist ohne Henkel, dafür mit einem Buckel (›Omphalos‹) in der Mitte, in den man von unten hineinfassen kann; urspr. wohl Metallgefäß (Bronze, Edelmetall), später auch aus Ton; das traditionelle Gefäß des antiken Spenderituals. Die Spendenschale wird auch in der Hand von Göttern (außer Dionysos, der den →Kantharos hält) wiedergegeben (Vasenbilder, Kultstatuen).

Phidias, griech. **Pheidias,** att. Bildhauer, Bronzeplastiker, Toreut und Maler des 5. Jh. v. Chr. aus Athen, vermutlich um 490 geboren; genoss hohes Ansehen schon in der Antike. P. war neben POLYKLET der Schöpfer der hochklass. attischen Kunst, der künstlerisch und geistig vielseitigste unter den großen bildenden griech. Künstlern seiner Epoche. Seine großen goldelfenbeinernen Götterbilder der Athene Parthenos im Parthenon auf der Athener Akropolis und des Zeus im Zeustempel zu Olympia beschrieb PAUSANIAS (wie auch andere Arbeiten des P.). Von der 438 geweihten, stehenden Athene Parthenos geben verkleinerte antike Marmornachbildungen der Statue, Repliken des Kopfes (Kopenhagen, Ny Carlsberg Glyptotek), Kopien der Reliefs von Basis, Thron, Sandalen, Helm und Schild (hier auch Malereien) eine gewisse Vorstellung. Die unter Mitarbeit von PANAINOS und KOLOTES wohl anschließend (P. ist um 430 in Olympia nachzuweisen) gearbeitete Sitzstatue des Zeus ist durch Wiedergaben auf Münzen bezeugt,

Phidias: Kopf des Zeus; Kopie aus römisch-augusteischer Zeit, vermutlich nach dem Original des Zeus von Olympia (Kyrene, Museum)

auch ein Kopftypus aus augusteischer Zeit (u. a. Rom, Villa Giulia, und Kyrene, Museum) geht vielleicht auf die Statue zurück. Da P. im Auftrag des PERIKLES und als dessen Freund die oberste Leitung der Bauten und Bildhauerarbeiten auf der Akropolis innehatte, hatte er wohl auch Einfluss auf Programm und Gestaltung der Parthenonskulpturen; wie weit dieser im Einzelnen ging, wird heute eher als gering beurteilt. Umstritten sind Zuweisungen kleinerer Bildhauerarbeiten am Parthenon und die Rückführungen einiger in röm. Kopien erhaltener Statuen auf Werke des P. selbst, so des Kasseler Apoll (um 450), der Athene Lemnia (um 445; u. a. Dresden, Skulpturensammlung), des Anadumenos Farnese (London, Brit. Museum), der Athene Medici (um 420; Paris, Louvre) oder des Anakreon (Kopenhagen, Ny Carlsberg Glyptotek). Von den drei Typen erhaltener Kopien von Amazonenstatuen dürfte die Amazone Mattei (Vatikan. Sammlungen) auf P. zurückgehen. Als ein Original des P. gilt ein Glasschmelzrelief mit dem Profil des Kodros (Heidelberg, Archäolog. Institut); auf dieses Relief stützt sich der Versuch, die Krieger von Riace als Teil der elf Heldenstatuen des Tempels von Delphi zu deuten. P. wurde um 432/431 wegen angebl. Unterschlagung von Elfenbein oder Gold für die Athene Parthenos (44 Talente Goldblech ≈ 1 150 kg hatte P. zur Verfügung) und wegen Gotteslästerung von den Athenern verklagt, soll im Gefängnis gestorben oder nach Elis geflohen sein; jedenfalls war er noch 430 in Olympia tätig (1954 sind in Olympia in der Werkstatt des P. tönerne Matrizen für das Goldelfenbeinbild des Zeus gefunden worden, auch ein Tassenbruchstück mit eingeritztem Besitzvermerk: ›Ich gehöre dem Phidias‹).

E. LANGLOTZ: P.-Probleme (1947); J. LIEGLE: Der Zeus des P. (1952); F. BROMMER: Athena Parthenos (1957); Die Werkstatt des Pheidias in Olympia, Beitr. v. A. MALLWITZ u. W. SCHIERING, 3 Tle. (1964–91); Alla ricerca di Fidia, bearb. v. B. CONTICELLO u. a. (Padua 1987); C. HÖCKER u. L. SCHNEIDER: P. (1993).

phil..., ...phil, Wortbildungselement, →philo...

Philadelphia, griech. **Philadelpheia,** Name antiker Städte:

1) antike Stadt in Lydien, heute **Alaşehir** [-ʃɛ-], Türkei, rd. 120 km östlich von İzmir; von ATTALOS II. PHILADELPHOS (159–138 v. Chr.) gegr., hieß in röm. Zeit **Neocaesarea** und war einer der hellenist. Hauptorte Kleinasiens; Sitz einer frühchristl. Gemeinde; Reste der Stadtbefestigung, eines Theaters und Stadions sind erhalten.

2) Name, den **Rabbath Ammon,** die ehem. Hauptstadt des Ammoniterreiches, nach der Hellenisierung durch PTOLEMAIOS II. PHILADELPHOS (285/283–246 v. Chr.) bekam, heute →Amman.

Philadelphia [engl. fɪlə'delfɪə], Stadt in SO-Pennsylvania, in der atlant. Küstenebene, mit 1,52 Mio. Ew. (davon 53% Weiße, 40% Schwarze) eine der größten Städte der USA (1950: 2,07 Mio. Ew.); die Metrop. Area hat 5,97 Mio. Ew.; Sitz eines kath. und eines uniert-ukrain. Erzbischofs sowie eines Bischofs der Episcopal Church und der United Methodist Church. Als bedeutendes Kultur- und Bildungszentrum ist P. Sitz der University of Pennsylvania (gegr. 1740), der Saint Joseph's University (gegr. 1851), der Temple University (gegr. 1884) und der Drexel University (gegr. 1891 als Drexel Institute of Art, Science and Industry), der Pennsylvania Academy of the Fine Arts (gegr. 1805) und der Academy of Natural Science of P. (gegr. 1812); Bibliotheken, Museen, ein Planetarium; P. Orchestra. – P. gehört zu den wichtigsten Handels-, Finanz- und Industriezentren der USA, die 1790 gegründete Effektenbörse ist die älteste des Landes. Die Industrie umfasst v. a. Erdölraffinerien, Elektromaschinenbau, Bekleidungs-, Nahrungsmittel- und elektrotechn. Industrie, Druckereien, Verlage. Die verarbeitende Industrie ist seit den 1960er-Jahren zugunsten von Dienstleistungen und Handel zurückgegangen. Der Hafen (überwiegend Umschlag von Mineralöl und -produkten) von P. liegt rd. 150 km von der Küste entfernt am Delaware River und am Schuylkill River. Die Stadt ist ein Knotenpunkt des Schienen-, Straßen- und Luftverkehrs.

Stadtbild: Zahlr. Bauten des 18. Jh. (u. a. Independence Hall mit der 1752 in England gegossenen Friedensglocke, von der UNESCO zum Weltkulturerbe erklärt, Congress Hall, Carpenter's Hall) im histor. Stadtzentrum (Independence National Historic Park, seit 1948) sind eng mit der amerikan. Geschichte verbunden. Älteste Kirche ist die Gloria Dei Church (1700). Wichtige Bauten der späteren Entwicklung sind u. a. das Rathaus (1874–1901; im frz. Renaissancestil, mit 156 m hohem Turm) und das Old P. Custom House, 1824–37 Sitz der Bank der amerikan. Regierung, dann Zollhaus, seit 1935 National Historic Site und Museum. Weitere architektonisch bedeutende Bauwerke sind das Gebäude der P. Savings Funds Society (1931/32), das Forschungszentrum der University of Pennsylvania (1957–64) von L. I. KAHN, das Guild House (1961–64) und der Franklin Court (1972–76) von R. VENTURI. Im Bereich des Penn Centers, eines Hotel- und Bürokomplexes, entstanden zahlr. Wolkenkratzer, die die Skyline prägen (u. a. One Liberty Place Building, Two Liberty Place, Mellon Bank Center). Das P. Museum of Art (gegr. 1876) beherbergt Kunst aus Europa, Amerika und O-Asien; die Academy of Fine Arts (Bau 1871–76 von F. FURNESS) besitzt v. a. Werke amerikan. Künstler; in P. befindet sich auch ein Rodin-Museum. – Am SW-Rand der Stadt liegt am Ufer des Delaware River die histor. Festung Fort Mifflin, die im Unabhängigkeitskrieg eine wichtige Rolle spielte und bis zum Ende des 19. Jh. die Stadt als Sperrfort schützte.

Philadelphia: Blick auf das historische Stadtzentrum mit der Independence Hall

Philadelphia
Stadtwappen

Stadt in Pennsylvania, USA
·
am Delaware River
·
1,52 Mio. Ew.
·
vier Universitäten
·
Philadelphia Museum of Art
·
Philadelphia Orchestra
·
Kultur-, Handels-, Finanz- und Industriezentrum
·
Hafen 150 km vom Atlantik entfernt
·
1682 von W. Penn gegründet
·
am 4. 7. 1776 Verkündung der Unabhängigkeitserklärung der USA in der Independence Hall (von der UNESCO als Weltkulturerbe erklärt)

Geschichte: P., die ›Stadt der brüderl. Liebe‹, wurde 1682 von W. PENN als Hauptstadt seiner Kolonie Pennsylvania auf der Landzunge zw. Delaware River und Schuylkill River gegründet und entsprechend dem von C. WREN bei der Neugestaltung Londons verwendeten Schachbrettmuster angelegt. Sie war bis Mitte des 18. Jh. kultureller Mittelpunkt der nordamerikan. Kolonien und nach London die bedeutendste Handelsstadt des brit. Reiches. In Carpenter's Hall tagte 1774 der erste, im State House (Independence Hall) seit 1775 der zweite Kontinentalkongress; hier wurde auch die Unabhängigkeitserklärung vom 4. 7. 1776 verkündet. 1777/78 war die Stadt von brit. Truppen besetzt. Im Sommer 1787 arbeitete der Konvent hier die Bundes-Verf. der USA aus. 1790–1800 war P. Sitz der Bundes-Reg., bis 1799 auch Hauptstadt Pennsylvanias. 1854 wurde →Germantown eingemeindet. Zum 100-jährigen Jahrestag der amerikan. Unabhängigkeit fand 1876 in P. die Weltausstellung statt.

The divided metropolis, hg. v. W. W. CUTLER u. a. (Westport, Conn., 1980); P. A 300 year history, hg. v. R. F. WEIGLEY u. a. (New York 1982); S. B. WARNER: The private city. P. in three periods of its growth (Neuausg. Philadelphia, Pa., 1987); E. WOLF: P. Porträt of an american city (ebd. [2]1990).

Philadelphia-Chromosom [nach dem Entdeckungsort Philadelphia, Pa.], durch eine strukturelle Anomalie deutlich verkürztes Chromosom 22, Chromosomenaberration mit Deletion der langen Arme, meist durch eine reziproke Translokation mit dem Chromosom 9 entstanden; in 80–90% der Fälle von chronisch-myeloischer Leukämie nachweisbar.

Philadelphia-Gemeinde, auf CHRISTIAN RÖCKLE (* 1883, † 1966) zurückgehende religiöse Bewegung. RÖCKLE behauptete, 1942 in einer Vision den Auftrag empfangen zu haben, ›die Gemeinde auf die Wiederkunft JESU vorzubereiten‹. Mit Bezug auf Vorstellungen der Johannesapokalypse (Apk. 3, 7–13) und in Analogie zur Dreiteilung des alttestamentl. Tempels in Vorhof, Heiligtum und Allerheiligstes unterschied er drei Klassen von Christen: die durchschnittl. ›Vorhofchristen‹, die mit Gott versöhnten

›Wiedergeborenen‹ und die dem Allerheiligsten entsprechende ›Philadelphia-Gemeinde‹, d.h. jene, die die völlige ›Lebensübergabe an den Herrn‹ vollzogen haben und als ›Mitregenten JESU im Tausendjährigen Reich‹ auserwählt sind. Die Anhänger der P.-G. haben sich in etwa 30 Hauskreisen in Dtl. und der Schweiz organisiert, bilden jedoch organisatorisch keine eigenständige Religionsgemeinschaft, sondern bleiben Mitgl. ihrer Kirchen und Gemeinschaften. Seit 1946 finden jährlich ›Philadelphia-Konferenzen‹ statt; seit 1948 erscheinen die ›Philadelphia-Briefe‹. Zentrum der P.-G. ist ihr Gründungsort Leonberg. Ein Bibel- und Erholungsheim, ein Verlag und soziale Einrichtungen werden vom dem 1945 gegründeten ›Philadelphia-Verein‹ getragen.

Philadelphia Orchestra [fɪlə'delfɪə 'ɔ:kɪstrə], eines der führenden Orchester der USA, gegr. 1900; Chefdirigent: W. SAWALLISCH (seit 1993). Frühere bedeutende Dirigenten waren u.a. L. STOKOWSKI, E. ORMANDY und R. MUTI.

Philadelphus [griech.], wiss. Name der Gattung →Pfeifenstrauch.

Philae, Philä, arab. **Gasirat Fila,** ehem. ägypt. Nilinsel südlich von Assuan, 460 m lang, 150 m breit, heute vom Nassersee überflutet. Wallfahrtsort der späten Pharaonenzeit, an dem Mysterienkulte für Isis und Horus stattfanden. Die Tempel wurden 537 n. Chr. geschlossen; zu den Pilgern gehörten insbesondere auch die →Blemyer. Die Bauten (UNESCO-Weltkulturerbe) entstanden in der 30. Dynastie, unter Pharao NEKTANEBOS I. (380–363 v. Chr.) im SW der Insel ein großer Portikus, von dem eine Kolonnadenstraße zum Hauptheiligtum von P. verlief, dem Isistempel aus der ersten Hälfte des 3. Jh. v. Chr. mit Eingangspylon, Hof mit Mammisi und Kolonnaden, zweitem Pylon und dem eigentl. Tempel; in allen Teilen der komplexen Anlage reicher Kapitellschmuck. Im O des Isistempels wurden im 2. Jh. v. Chr. ein Hathortempel, in der röm. Kaiserzeit ein Kiosk (mit 14 Säulen), im W und N weitere Torbauten und der Augustustempel errichtet.

1972 begann ein Rettungsprogramm mit Mitteln der UNESCO, die seit 1910 (Bau des ersten Assuanstaudamms) überflutete Insel trockenzulegen, die Tempel abzutragen und auf der Nachbarinsel **Agilkia** wieder aufzubauen. Seit 1980 sind hier die Anlagen (ohne die kopt. Denkmäler) für den Besucher wieder zugänglich. Bei den Rettungsarbeiten kamen wieder verwendete Baublöcke zutage, die bis in die 25. und 26. Dynastie (speziell der Pharaonen TAHARKA und AMASIS) zurückreichen. BILD →ägyptische Kultur

H. GOEDICKE: Die Darstellung des Horus. Ein Mysterienspiel in P. unter Ptolemäus VIII. (Wien 1982).

Philander von Sittewald, Pseudonym des Schriftstellers Johann Michael →Moscherosch.

Philanthrop [griech.] *der, -en/-en,* Menschenfreund.

Philanthropin [zu griech. philanthropía ›Menschenliebe‹], die von J. B. BASEDOW 1774 in Dessau gegründete Erziehungsanstalt (1793 geschlossen), nach deren Muster im ausgehenden 18. Jh. in Dtl. und der Schweiz weitere eingerichtet wurden, von denen das von C. G. SALZMANN 1784 gegründete P. Schnepfenthal (bei Gotha) am längsten bestand. (→Philanthropismus)

Philanthropismus *der, -,* **Philanthropinismus,** eine pädagog. Reformbewegung des späten 18. Jh.; sie gründete auf den Anschauungen J.-J. ROUSSEAUS sowie dt. Philosophen der Aufklärung und wirkte durch theoret. Schriften wie auch durch die Gründung von Erziehungsanstalten (→Philanthropin). Der kosmopolit. P., die ›neue Erziehung‹ der Aufklärung, zentriert um J. B. BASEDOW und seinen Umkreis, strahlte weit aus. Mit dem Ziel einer Humanisierung des gesamten gesellschaftl. Lebens trat der P. für eine ›vernünftig-natürl.‹ Erziehung ein, die vom Vertrauen in die menschl. Natur getragen war. Menschen- und Bürgerbildung sollten vereinigt, Lebens- und Berufstüchtigkeit im Erwerbsleben gewährleistet werden. Als nützl. und gemeinnützige Tugenden galten deshalb auch Fleiß, Ordnung und Sauberkeit. Es wurde zur Entfaltung der kindl. Kräfte und der kindl. Vernunft Wert auf Naturnähe, körperl. Ertüchtigung, Abhärtung und Leibesübungen, Sexualerziehung, Werkunterricht und Gartenarbeit, Muttersprache und Unterricht der Realien gelegt. Aufgrund seiner prakt. Weltorientierung und seines Nützlichkeitsdenkens förderte der P. u.a. auch die Errichtung von →Industrieschulen. Der Religionsunterricht sollte im Sinne der aufgeklärten ›Vernunftsreligion‹ gestaltet werden. Für das gesamte Schulwesen wurden Reformen gefordert, v.a. staatl. Schulaufsicht unter Zurückdrängung des kirchl. Einflusses, einheitl. Durchgliederung und staatl. Lehrerbildung. Besondere Berücksichtigung fanden auch die Schulbuch- und Volksbildungsliteratur und die Jugendschriften. Standardwerke des P. verfassten J. H. CAMPE und E. C. TRAPP.

Das pädagog. Jahrhundert, hg. v. U. HERRMANN (1981); W. HARTH: Die Anfänge der Neuen Erziehung in Frankreich (1986). – Weitere Literatur →Basedow, Johann Bernhard.

Philatelie [frz., zu griech. atéleia ›Abgabenfreiheit‹] *die, -,* das Sammeln von Briefmarken und die wiss. Beschäftigung mit ihnen. Da die Fülle der erscheinenden Briefmarken kaum noch von einzelnen Sammlern erfasst werden kann, werden i.d.R. Spezialsammlungen angelegt: Marken einzelner Länder oder Ausgaben, Motive (nach dem Bildinhalt), bestimmte Typen von Marken mit Variationen, Stempel, Stempelformen, Stempel mit Werbeaussagen, Ersttagsstempel, Blöcke mehrerer Marken, Briefumschläge mit Marken und Stempel, auch Fehldrucke (berühmteste: →Mauritius). Die Beschäftigung mit der Postgeschichte, der Herstellung der Marken, gehört ebenfalls in den Bereich der P. Histor. Postwertzeichen werden auf Auktionen gehandelt.

Fachvereinigungen: Älteste Sammelvereine sind in Dtl. der Internat. Philatelistenverein in Dresden (gegr. 1877) und der Verein für Briefmarkenkunde in Frankfurt am Main (gegr. 1878); im Ausland die Royal Philately Society in London (gegr. 1869); die Société Française de Timbrologie in Paris (gegr. 1874). Die Spitzenorganisation in Dtl. ist der Bund Dt. Philatelisten e.V. (BDPh), Sitz: Bonn; er ist Mitgl. der Fédération Internationale de Philatelie, Sitz: Genf.

Wichtigste Kataloge: Michel (seit 1910, Dtl.); Scott's (seit 1867, USA); Stanley Gibbons (seit 1893, Großbritannien); Zumstein (seit 1909, Schweiz); Yvert (seit 1900, Frankreich).

L. TRÖNDLE: Briefmarkenkunde (1979); Lex. für Briefmarkenfreunde, hg. v. A. SCHWENZFEGER (1981); C. BRÜHL: Gesch. der P., 2 Bde. (1985–86); D. STEIN: Briefmarken sammeln (Neuausg. 1994).

Philby ['fɪlbɪ], Kim, eigtl. **Harold Adrian Russell P.,** britisch-sowjet. Doppelagent, *Ambala (Indien) 1. 1. 1912, †Moskau 11. 5. 1988; Sohn des brit. Kolonialbeamten und Arabienforschers HARRY ST. JOHN BRIDGER P. (*1885, †1960), der u.a. polit. Berater des saudiarab. Königs IBN SAUD war. Während seines Studiums in Cambridge (1929–33) wurde P. Kommunist und 1934 als sowjet. Spion angeworben. Zunächst Journalist, war er seit 1940 im brit. Secret Intelligence Service (SIS) tätig, wo er rasch aufstieg (u.a. seit 1944 Chef der antisowjet. Spionageabwehrabteilung von MI 6 und damit Stellv. des brit. Geheimdienstes, 1949–51 in Washington [D. C.] Verbindungsoffizier zw. SIS und CIA sowie FBI) und den westl. Geheimdiensten größten Schaden zufügte (Verrat von Geheimdienstoperationen und -strukturen, Enttarnung vieler westl. Agenten im Ostblock). 1951 erstmals als Sowjetspion in Verdacht geraten, von der brit. Reg. 1955 jedoch mangels Beweisen von allen Anschuldigungen frei gesprochen, wirkte P. dann geheimdienstlich im Nahen Osten und floh 1963 von Beirut aus in die UdSSR.

Philemon, Gestalt der *griech. Mythologie.* P. lebte mit seiner Frau **Baukis (Baucis)** in Phrygien. Nach einer in OVIDS ›Metamorphosen‹ aufgenommenen Sage nahm das bejahrte Ehepaar trotz Armut Jupiter und Merkur gastfreundlich auf, als diese in Menschengestalt das Land durchwanderten. Als eine Sintflut das Land überschwemmte, blieb ihre Hütte verschont und wurde in einen Tempel verwandelt, in dem P. und Baukis als Priester wirkten. Beide erbaten sich den gleichzeitigen Tod: Im hohen Alter wurde P. in eine Eiche, Baukis in eine Linde verwandelt. – Die Sage wurde in versch. Variationen in der Neuzeit dichterisch bearbeitet, so von J. DE LA FONTAINE (1685) und J. DRYDEN (1700). In GOETHES Werk klingt das Motiv am ausführlichsten im zweiten Teil des ›Faust‹ an. L. AHLSEN aktualisierte den Stoff dramatisch (›P. u. Baucis‹, 1956).

Philemon, griech. Dichter, vielleicht aus Syrakus, *zw. 365 und 360, †um 264 v. Chr.; neben MENANDER bekanntester Vertreter der ›neuen‹ griech. Komödie; von seinen 97 in der Antike bekannten Stücken sind drei in der lat. Nachdichtung des PLAUTUS (›Mercator‹, ›Trinummus‹, ›Mostellaria‹) erhalten.

Ausgabe: Poetae Comici Graeci, hg. v. R. KASSEL u. a., Bd. 7 (1989).

Philemonbrief, Abk. **Phlm.,** Schrift des N. T., der kürzeste und persönlichste Brief des PAULUS, gerichtet an PHILEMON, einen Christen in Kolossai (im Tal des Mäander, heute Büjük Menderes), verfasst vermutlich während der Gefangenschaft des PAULUS in Ephesos (54/55). Im P. verwendet sich PAULUS für den PHILEMON entlaufenen Sklaven ONESIMUS, der den P. als Geleitbrief für seine Rückkehr mitführte. PAULUS stellt darin die Sklaverei nicht prinzipiell infrage, nimmt aber eine christl. Neubewertung vor: Sklaven sind nicht verfügbare Sachen, sondern Mitmenschen, die wie Freie unter der Liebe CHRISTI stehen.

W. EGGER: Galaterbrief, Philipperbrief, P. ([2]1988); P. STUHLMACHER: Der Brief an Philemon (Zürich [3]1989).

Philetairos, griech. **Philetairos,** Gründer des →Pergamenischen Reiches und Begründer der Dynastie der Attaliden, *343 v. Chr., †263 v. Chr.; wurde von LYSIMACHOS zum Verwalter der Schätze auf der Burg von Pergamon bestellt, fiel aber 282 von diesem ab und begründete eine von den Seleukidenkönigen nur formal abhängige Herrschaft, die von seinem Nachfolger EUMENES I. zur vollen Unabhängigkeit geführt wurde.

Philetas, Philitas, griech. Dichter und Philologe aus Kos um 300 v. Chr., Lehrer des ägypt. Königs PTOLEMAIOS II.; sein Werk war von großem Einfluss auf die hellenist. Dichtung (u. a. THEOKRIT).

Ausgaben: Anthologia lyrica Graeca, hg. v. E. DIEHL, Bd. 2 ([3]1950); Supplementum Hellenisticum, hg. v. H. LLOYD-JONES u. a. (1983).

Philharmonia Orchestra [fɪlɑːˈməʊnjə ˈɔːkɪstrə], 1945 in London gegründetes Orchester, das 1964–77 den Namen **New P. O.** führte; Chefdirigent: C. VON DOHNÁNYI (seit 1997). Zu den früheren bedeutenden Dirigenten zählen H. VON KARAJAN, O. KLEMPERER, R. MUTI und G. SINOPOLI.

philharmonisch, bezeichnet musikal. Körperschaften hohen Bildungsranges, Gesellschaften oder Orchester. Das Wort tritt zuerst in Italien im 17. Jh. für Kunstakademien (philharmon. Akademien) auf (Verona; Neapel; Mailand; Bologna: Accademia dei Filomusi, die 1633 mit der Accademia Filarmonica zusammengelegt wurde). Im 19. Jh. bildeten sich philharmon. Gesellschaften zur Förderung des Musik- und Konzertlebens (Sankt Petersburg 1802, London 1813), die philharmon. Konzerte einrichteten (Wien 1842, Berlin 1882). Von da ging der Name auf einige bedeutende Orchester über: z. B. die Berliner, Münchner, Wiener Philharmoniker, das New York und das London Philharmonic Orchestra.

Philharmonisches Staats|orchester Hamburg, Orchester der Hamburgischen Staatsoper, 1828 gegründetes Orchester; Generalmusikdirektor: I. METZMACHER (seit 1997). Frühere Dirigenten waren u. a. C. MUCK, E. JOCHUM, J. KEILBERTH, L. LUDWIG, W. SAWALLISCH, C. VON DOHNÁNYI, A. CECCATO, H. ZENDER und G. ALBRECHT.

Philhellenen [griech. ›Griechenfreunde‹], schon in der Antike (HERODOT) verwendeter Ausdruck, im Humanismus und im 18. Jh. Bez. für Freunde der altgriech. Kultur. Im 19. Jh. erhielt der Begriff eine polit. Deutung und bezeichnete Personen, die sich für die polit. Ziele des griech. Volkes einsetzten, bes. während des Unabhängigkeitskrieges (1821–30). Der **Philhellenismus** entstand aus der Verherrlichung der griech. Antike und dem christl. Eifer gegen die muslim. Türken. Er verbreitete sich über fast ganz Europa und die USA und erfasste alle sozialen Schichten. Zahllose Gedichte und Pamphlete (WILHELM MÜLLER, A. VON CHAMISSO, A. DE LAMARTINE, V. HUGO), auch einige Gemälde (E. DELACROIX), Griechenhilfsvereine und Freiwilligenscharen im Unabhängigkeitskampf sind Äußerungen des Philhellenismus. Vorbildhaft war das aktive und literar. Engagement des engl. Dichters G. BYRON.

C. M. WOODHOUSE: The Philhellenes (Neuausg. Rutherford, N. J., 1971).

François-André Philidor (Ausschnitt aus einem zeitgenössischen Kupferstich)

Philidor, François-André, eigtl. **F.-A. Danican** [daniˈkã], frz. Komponist und Schachmeister, *Dreux 7. 9. 1726, †London 31. 8. 1795; war Schüler von A. CAMPRA und einer der Hauptmeister der Opéra comique (u. a. ›Le diable à quatre‹, 1757; ›Le sorcier‹, 1764; ›Tom Jones‹, 1766). P. war der bedeutendste Schachmeister des 18. Jh., der neue Prinzipien der Strategie und Taktik einführte; schrieb die Abhandlung ›L'analyze des echecs‹ (1749; dt. ›Prakt. Anweisung zum Schachspiel‹).

...philie, Wortbildungselement, →philo...

Philip, Duke of Edinburgh

Philip, Duke of Edinburgh [əv ˈedɪnbərə], Earl **of Merioneth** [əv merɪˈɔnɪθ], Baron **Greenwich** [ˈgrɪnɪdʒ] (seit 1947), Prince of the United Kingdom (seit 1957), *Korfu 10. 6. 1921, Sohn des Prinzen ANDREAS von Griechenland (*1882, †1944) und der Prinzessin ALICE VON BATTENBERG (ab 1917 MOUNTBATTEN, *1885, †1969); wurde ab 1934 in Großbritannien erzogen, diente 1940–52 in der brit. Marine, seit Februar 1947 brit. Staatsbürger, nahm den Familiennamen Mountbatten an, seit 20. 11. 1947 ⚭ mit der brit. Thronfolgerin und späteren Königin ELISABETH II.; seit 1953 Admiral, Feld- und Luftmarschall.

Gérard Philipe

Philipe [fiˈlip], Gérard, frz. Schauspieler, *Cannes 4. 12. 1922, †Paris 25. 11. 1959; am Theater gelang ihm der Durchbruch 1945 mit der Titelrolle in ›Caligula‹ (A. CAMUS); seine größten Triumphe feierte er an J. VILARS Théâtre National Populaire, u. a. als Prinz von Homburg, Richard II., Cid. Internat. Bekanntheit erlangte er durch den Film (ab 1944).

Filme: Der Idiot (1946); Teufel im Leib (1947); Die Kartause von Parma (1947); Fanfan, der Husar (1951); Liebling der Frauen (Monsieur Ripois, 1953); Rot und Schwarz (1954); Gefährliche Liebschaften (1959).

G. BONAL: G. P. Biogr. (Paris 1994).

Philip Marlowe [ˈfɪlɪp ˈmɑːləʊ], Privatdetektiv in den Kriminalromanen von R. CHANDLER; populär auch durch die Verfilmungen mit H. BOGART in der Hauptrolle.

Philip Morris Companies Inc. [ˈfɪlɪp ˈmɔrɪs ˈkʌmpənɪz ɪnˈkɔːpəreɪtɪd], weltgrößter Konzern für abgepackte Nahrungs- und Genussmittel, gegr. 1919, seit 1955 jetziger Name; Sitz der Hauptverwaltung: New York. Das Produktionsprogramm umfasst Tabakwaren (u.a. Marlboro, Philip Morris, L&M, Benson&Hedges), Nahrungs- (z.B. Kraft- und Philadelphia-Käse, Salatdressings, Miracle Whip, O. Mayer Wurstwaren) und Genussmittel (Maxwell House, Jacobs Kaffee, Kaffee Hag, Milka-, Suchard- und Toblerone-Schokoladen), Bier (Miller High Life, Miller Light). In den letzten Jahren wurden namhafte Konzerne erworben, u.a. General Foods (1986), Kraft Inc. (1988), Jacobs Suchard (1990). Umsatz (1996): 68,94 Mrd. US-$, Beschäftigte: 154000.

Charles Philipon: Die ›Birnenskizzen‹; erstmals 1830 in der Zeitschrift ›La Caricature‹ veröffentlicht

Philipon [filiˈpɔ̃], Charles, frz. Zeichner und Publizist, *Lyon 19. 4. 1806, †Paris 25. 1. 1862; gründete die satir. Zeitschriften ›La Caricature‹ (1830) und ›Le Charivari‹ (1832). Mit H. DAUMIER entwickelte er die satir. Figur Robert Macaire als Personifikation des Bürgertums und die Karikatur König LOUIS-PHILIPPES als Birne (la poire Philipon).

Philipp, Herrscher:

Heiliges Römisches Reich: **1) Philipp von Schwaben,** König (seit 1198), *um 1178, †(ermordet) Bamberg 21. 6. 1208, jüngster Sohn Kaiser FRIEDRICHS I. BARBAROSSA und der BEATRIX VON BURGUND. Den urspr. zum Geistlichen Bestimmten bezog sein Bruder, Kaiser HEINRICH VI., 1195 durch Belehnung mit dem Herzogtum Tuszien und den Mathild. Gütern sowie 1196 durch die Belehnung mit dem Herzogtum Schwaben in seine dynast. Politik ein. Nach HEINRICHS Tod scheiterte P. mit dem Versuch, seinem Neffen FRIEDRICH, dem späteren FRIEDRICH II., als Reichsverweser die Krone zu erhalten. Auf Drängen des Staufer-anhangs ließ er sich daraufhin am 6. 3. 1198 zum König wählen und kam somit der antistauf. Opposition zuvor, die am 9. 6. 1198 den Welfen OTTO IV. (von Braunschweig) zum König wählte. In den Auseinandersetzungen mit diesem, der 1200/01 die Unterstützung von Papst INNOZENZ III. errang, konnte P. sich sowohl militärisch (Sieg bei Wassenberg westlich Kölns 1206) als auch diplomatisch durchsetzen. Kurz vor Abschluss der Ausgleichsverhandlungen mit der Kurie wurde P. von dem bayr. Herzog OTTO VON WITTELSBACH, dessen Verlobung mit seiner Tochter er aus dynast. Erwägungen aufgehoben hatte, erschlagen (→Ekbert). – Grab im Dom zu Speyer.

E. WINKELMANN: P. v. S. u. Otto IV., 2 Bde. (1873–78, Nachdr. 1968); O. ENGELS: Die Staufer ([6]1994).

Philipp III., der Gute, Herzog von Burgund (nach einem Gemälde von Rogier van der Weyden)

Burgund: **2) Philipp II., der Kühne,** frz. **Philippe le Hardi** [fiˈlip ləarˈdi], Herzog (seit 1363), *Pontoise 17. 1. 1342, †Halle (Brabant) 27. 4. 1404, Großvater von 3), Sohn König JOHANNS II. von Frankreich, von dem er 1363 das Herzogtum Burgund erhielt. Durch seine Heirat (1369) mit MARGARETE VON FLANDERN (*1350, †1405) erhielt er 1384 die Grafschaften Flandern, Artois, Nevers, Rethel und die Franche-Comté; 1390 kaufte er die Grafschaft Charolais. Er bereitete durch geschickte Politik den späteren Anfall der Herzogtümer Brabant und Limburg an sein Haus vor und schuf die Grundlage für einen mächtigen Staat zw. Frankreich und dem Hl. Röm. Reich. Im Ringen mit seinem Neffen, LOUIS I., Herzog von →Orléans, hat er erhebl. Einfluss auf die Reg. des seit 1392 geisteskranken Königs KARL VI. von Frankreich ausgeübt.

R. VAUGHAN: Philip the bold. The formation of the Burgundian state (Neuausg. London 1979).

3) Philipp III., der Gute, frz. **Philippe le Bon** [fiˈlip ləˈbɔ̃], Herzog (seit 1419), *Dijon 31. 7. 1396, †Brügge 15. 6. 1467, Enkel von 2); Sohn JOHANNS I. OHNE FURCHT. Um dessen Ermordung zu rächen, erkannte er 1420 im Vertrag von Troyes HEINRICH V. von England als Nachfolger König KARLS VI. auf dem frz. Thron an, setzte mit den Engländern den Krieg gegen den frz. König KARL VII. fort, schloss aber mit diesem 1435 den Frieden von Arras. Durch die Erwerbung von Holland, Hennegau, Namur, Brabant, Limburg und Luxemburg stieg Burgund unter P. zu höchster Macht auf und wurde ein Zentrum der abendländ. Kultur. Bei seiner Vermählung mit ISABELLA VON PORTUGAL (*1397, †1472) stiftete P. 1430 den Orden vom →Goldenen Vlies. 1465 überließ er seinem Sohn KARL DEM KÜHNEN die fakt. Herrschaft.

R. VAUGHAN: Philip the Good (London 1970).

Frankreich: **4) Philipp II. Augustus,** bekannt als **Philipp II. August,** frz. **Philippe Auguste** [fiˈlip oˈgyst], König (seit 1180), *Paris 21. 8. 1165, †Mantes-la-Jolie 14. 7. 1223, Sohn LUDWIGS VII.; erwarb für die Krondomäne das Artois, ferner Amiens, Valois und Vermandois. Vom 3. Kreuzzug kehrte er vorzeitig zurück, um den 1186 begonnenen Kampf gegen die engl. Könige fortzusetzen. 1202 erklärte ein Pairshof König JOHANN I. OHNE LAND wegen Treuebruchs (Felonie) seiner frz. Lehen für verlustig, worauf P. den engl. Festlandsbesitz (→Angevinisches Reich) bis auf Teile Aquitaniens eroberte. 1214 schlug er bei →Bouvines die Koalition seiner engl. und dt. Gegner (seither Beiname Augustus). Die gewaltig vergrößerte Krondomäne verwaltete er durch →Baillis. Wegen der zeitweiligen Verstoßung seiner zweiten Frau INGEBORG (†1236) und einer dritten Eheschließung verhängte INNOZENZ III. den Bann über ihn und das Interdikt über sein Land. Mit P. verschwand die Königswahl zugunsten der Erbmonarchie. P. war einer der herausragenden Herrscher des frz. Mittelalters.

La France de Philippe Auguste, hg. v. R.-H. BAUTIER (Paris 1982); J. W. BALDWIN: The government of Philip Augustus (Berkeley, Calif., 1986); G. DUBY: Der Sonntag von Bouvines (a. d. Frz., 1988).

5) Philipp III., der Kühne, frz. **Philippe le Hardi** [fiˈlip ləarˈdi], König (seit 1270), *Poissy 3. 4. 1245, †Perpignan 5. 10. 1285, Sohn LUDWIGS IX., Vater von 6); versuchte im Einvernehmen mit KARL I. VON ANJOU die frz.-sizil. Vorherrschaft gegen PETER III. von Aragonien zu gewinnen. 1272/73 erstrebte er vergebens die Wahl zum Röm. König.

6) Philipp IV., der Schöne, frz. **Philippe le Bel** [fiˈlip ləˈbɛl], König (seit 1285), *Fontainebleau 1268, †ebd. 29. 11. 1314, Sohn von 5), Onkel von 7); ⚭ seit 1284 mit JOHANNA von Navarra (†um 1305), Erbin Navarras und der Champagne. P. vergrößerte die Krondomäne um Lille und Douai (trotz seiner Niederlage bei Kortrijk 1302) und um die Besitzungen der Grafschaft Bar links der Maas auf Kosten des Hl. Röm. Reichs.

Die Finanzbedürfnisse der Krone führten zur Ausplünderung der Juden, Münzverschlechterung und Einführung intensiver Besteuerung, deren Ausdehnung auf den Klerus 1296 und 1301 den Zusammenstoß mit Papst BONIFATIUS VIII. hervorrief. P. nutzte die anfechtbare Wahl des Papstes und dessen Schwierigkeiten in Italien aus (Gefangennahme des Papstes durch GUILLAUME DE NOGARET in Anagni, 1303). 1309 verlegte der frz. Papst KLEMENS V. seine Residenz nach Avignon. Unter königl. Druck musste er seit 1312 die Vernichtung des finanzstarken Templerordens zugestehen. P. umgab sich mit rechtskundigen Beratern meist bürgerl. Herkunft, den Legisten, und war innen- wie kirchenpolitisch einer der frühesten Verfechter absoluter Staatsgewalt.

J. FAVIER: Philippe le Bel (Paris 1978); J. R. STRAYER: The reign of Philipp the Fair (Princeton, N. J., 1980).

7) Philipp VI., König (seit 1328), * 1293, † Nogent-le-Roi (Dép. Eure-et-Loir) 22. 8. 1350, Neffe von 6); Begründer des Hauses Valois; besiegte die flandr. Städte bei Cassel (Dép. Nord) am 28. 8. 1328, unterlag den Engländern 1346 bei Crécy (→Hundertjähriger Krieg).

Hessen: **8) Philipp I., der Großmütige,** Landgraf, * Marburg 13. 11. 1504, † Kassel 31. 3. 1567; folgte (bis 1518 unter der Vormundschaft seiner Mutter) 1509 seinem Vater WILHELM II. Beteiligt an der Niederschlagung des Ritteraufstands FRANZ VON SICKINGENS (1522/23) und des Bauernkrieges in Hessen und Thüringen, war er seit dem Reichstag zu Worms 1521 der Reformation zugetan, bekannte sich ab 1524 zu ihr und wurde einer ihrer polit. Führer. Die Neuordnung der Kirche und des Kirchenguts in Hessen führte er 1526/27 durch. Eine Einigung der Protestanten erstrebte P. durch das →Marburger Religionsgespräch (1529). Über den Schmalkald. Bund (1530/31) hinausgehend, suchte er die Reichsstände und selbst das Ausland gegen Kaiser KARL V. zu verbünden; 1534 war er maßgeblich an der Rückführung des von den Habsburgern verbannten Herzogs ULRICH von Württemberg in sein Stammland beteiligt. Den Oberbefehl im Schmalkald. Krieg führte P. gemeinsam mit Kurfürst JOHANN FRIEDRICH I. von Sachsen. Nach dessen Niederlage bei Mühlberg ließ sich P. 1547 in Halle (Saale) zur Unterwerfung unter den Kaiser verlocken, der ihn jedoch in harte Gefangenschaft nahm, aus der ihn erst 1552 der Passauer Vertrag befreite. Danach widmete er sich neben der Sorge um sein Land der Bildung einer Union aller prot. Parteien und der Unterstützung der Hugenotten. Seine Erbfolgeregelung zersplitterte →Hessen.

Ausgaben: Briefwechsel Landgraf P.'s des Großmüthigen von Hessen mit Bucer, hg. v. M. LENZ, 3 Tle. (1880–91, Nachdr. 1965); Polit. Archiv des Landgrafen P. des Großmütigen von Hessen, hg. v. F. KÜCH u. a., 4 Bde. (1904–59, Bd. 1 u. 2 Nachdr. 1965).

R. HAUSWIRTH: Landgraf P. von Hessen u. Zwingli (1968); W. HEINEMEYER: P. der Großmütige u. die Reformation in Hessen (1997).

Kastilien: **9) Philipp I., der Schöne,** span. **Felipe el Hermoso** [ɛrm-], Regent und König (1504/06), * Brügge 22. 7. 1478, † Burgos 25. 9. 1506, einziger Sohn Kaiser MAXIMILIANS I. und der MARIA VON BURGUND, Vater der Kaiser KARL V. und FERDINAND I., Großvater von 14); verwaltete seit 1494 die burgund. Länder. Seit 1496 ⚭ mit JOHANNA (DER WAHNSINNIGEN) von Kastilien, die von ihrer Mutter ISABELLA I. zur Thronerbin von Kastilien eingesetzt worden war und für die sowohl P. wie auch sein Schwiegervater FERDINAND II. von Aragonien die Regentschaft beanspruchten. P.s und JOHANNAS Königtum wurden 1506 von den kastil. Cortes anerkannt.

Köln: **10) Philipp von Heinsberg,** Erzbischof von Köln (seit 1167/68), * um 1130, † bei Neapel 13. 8. 1191; stieg in der Nachfolge RAINALDS VON DASSEL zum Reichskanzler und Erzbischof von Köln auf. P. bewährte sich auf dem 5. Italienzug FRIEDRICHS I. BARBAROSSA (1174–77) als dem Kaiser bedingungslos ergebener Parteigänger in diplomat. und militär. Aufgaben. Danach zählte er zu den Hauptgegnern HEINRICHS DES LÖWEN, nach dessen Sturz ihm der westl. Teil des sächs. Herzogtums als Herzogtum (Sachsen-)Westfalen übertragen wurde. Seine ehrgeizige Territorialpolitik führte ihn zeitweilig in Opposition zum Kaiser, doch unterwarf er sich diesem 1188. Er starb auf dem Italienzug HEINRICHS VI. an der Pest.

F. J. ESSER: Studien zum Kölner Erzbischof P. v. H. (Diss. Köln 1955); P. v. H., Erzbischof u. Reichskanzler, bearb. v. S. CORSTEN u. L. GILLESSEN (1991).

Makedonien: **11) Philipp II.,** griech. **Philippos,** König (seit 359 v. Chr.), * um 382 v. Chr., † (ermordet) Aigai 336 v. Chr., Sohn AMYNTAS' III., Vater ALEXANDERS D. GR.; führte nach dem Tod seines Bruders PERDIKKAS III. im Illyr. Krieg 359 für dessen unmündigen Sohn AMYNTAS die Regentschaft so geschickt, dass ihn das Volk zum König ausrief. Als solcher schuf er den makedon. Einheitsstaat, dem er auch Griechenland anzugliedern wusste (→Griechenland, Geschichte). Er war mit der Epirotin OLYMPIAS, der Mutter ALEXANDERS D. GR., und seit 337 auch mit der Makedonin KLEOPATRA vermählt.

H. BENGTSON: P. u. Alexander d. Gr. Die Begründer der hellenist. Welt (Neuausg. 1997).

12) Philipp V., griech. **Philippos,** König (seit 221 v. Chr.) und Hegemon des von ANTIGONOS III. DOSON gegründeten Hellenenbundes, * 238 v. Chr., † Amphipolis 179 v. Chr.; kämpfte 220–217 v. Chr. gegen die Ätoler, verbündete sich 215 mit HANNIBAL und führte gegen Rom, seit 212/211 auch gegen die Ätoler, den 1. Makedon. Krieg (215–205 v. Chr.). Der 2. Makedon. Krieg (200–197 v. Chr.) endete mit P.s Niederlage bei Kynoskephalai. Fortdauernde Spannungen mit Rom führten unter P.s Sohn PERSEUS zur Zerschlagung Makedoniens.

Spanien: **13) Philipp I., der Schöne,** König von Kastilien, →Philipp 9).

14) Philipp II., span. **Felipe,** König von Spanien (seit 1556) und von Portugal (seit 1580), * Valladolid 21. 5. 1527, † El Escorial 13. 9. 1598, Enkel von 9), Sohn Kaiser KARLS V. und der ISABELLA VON PORTUGAL (* 1503, † 1539), Vater von 15); heiratete 1543 MARIA VON PORTUGAL († 1545 nach der Geburt des Infanten DON CARLOS). Seine 1554 geschlossene Ehe mit MARIA I. TUDOR († 1558), Königin von England, blieb kinderlos; der Plan, ELISABETH I. von England zu heiraten, scheiterte. Aus der Ehe (seit 1559) mit ELISABETH VON VALOIS († 1568) gingen zwei Töchter hervor, der Ehe (seit 1570) mit ANNA VON ÖSTERREICH (* 1549, † 1580) entstammte der Thronfolger PHILIPP III. Nach der Abdankung KARLS V. als span. König (Januar 1556) trat P., seit 1543 Regent der span. Gebiete, das ausgedehnte Erbe an. Es umfasste – außer Spanien und den span. Kolonien – die Niederlande, die Franche-Comté, Mailand, Neapel, Sizilien und Sardinien. KARLS Plan, P. auch die Kaiserwürde zu verschaffen, scheiterte am Widerstand der dt. Fürsten und seines Bruders FERDINAND (I.).

Die Umklammerung Frankreichs durch span. Besitzungen führte zum Konflikt mit Frankreichs Verbündetem Papst PAUL IV. und dann zum Krieg mit Frankreich (1557). P. behauptete seine Machtstellung im Frieden von →Cateau-Cambrésis; durch seine Heirat mit ELISABETH, Tochter HEINRICHS II. von Frankreich, kam es zu einer Annäherung der beiden kath. Mächte. 1561 verlegte P. seine Residenz nach Madrid, das unter seiner Reg. zu einer repräsentativen Hauptstadt wurde; daneben 1563 Baubeginn der Klosterresidenz El →Escorial.

P.s harte gegenreformator. Haltung führte in den Niederlanden zur Aufstandsbewegung (Achtzigjähriger Krieg 1568–1648). Es gelang, die südl. Hälfte des Landes in span. Besitz zu behaupten. Im Kampf gegen die Osmanen errang DON JUAN DE AUSTRIA, P.s Halbbruder, 1571 bei Lepanto einen glanzvollen Sieg. 1580 sicherte sich P. nach dem Erlöschen der Dynastie Avis als nächster Erbe den Besitz Portugals, scheiterte aber bei dem Versuch, der Einmischung Englands in den Niederlanden und der Bedrohung der span. Seewege durch die Entsendung der →Armada (1588) eine Ende zu setzen. Ein neuer Krieg mit

Philipp I., der Großmütige,
Landgraf von Hessen

Philipp II.,
König von Spanien
(Porträt auf einer Medaille; 1555)

Frankreich (1594–98) endete ohne greifbare Ergebnisse (Friede von Vervins).

P. schätzte die weltgeschichtl. Tendenzen seiner Zeit ebenso falsch ein wie die Kräfteverhältnisse der wichtigsten wirkl. und mögl. Gegner seines Reiches und sah ebenso wie sein Vater nicht rechtzeitig den grundsätzl. Wandel der Welt- und Lebensverhältnisse, der mit der Reformation, dem Streben nach nat. Staatenbildung und der Umwandlung des Wirtschaftslebens eingesetzt hatte. Sein Versuch, die Gegenreformation voranzutreiben, auch mithilfe der Inquisition, scheiterte zum einen, weil er die dieser innewohnende Kraft überbewertete, zum anderen, weil die Hilfsquellen Spaniens und seiner Nebenländer nicht ausreichten, die aufstrebenden prot. Staaten und dazu auch noch Frankreich zu überwinden. In Spanien selbst konnte er zwar die Macht der Stände zurückdrängen, aber weder den vollen königl. Absolutismus noch einen Einheitsstaat begründen.

Literarische Behandlung: Im span. Drama der klass. Zeit war P. als Hintergrundsfigur der gerechte, fleißige und besonnene Herrscher. Die ausländ. Literarisierungen (Chroniken, Romane, Dramen) stellten den Vater-Sohn-Konflikt in den Mittelpunkt und zeichneten ein düsteres Bild P.s und der Atmosphäre der Bedrückung unter seiner Herrschaft. Nach SCHILLERS ›Don Carlos, Infant von Spanien‹ (1787) wurde er auch außerhalb der Don-Carlos-Dichtungen als finsterer Despot dargestellt.

M. DE FERDINANDY: P. II. Größe u. Niedergang der span. Weltmacht (1977); E. GRIERSON: P. II. König zweier Welten (a. d. Engl., 1978); L. PFANDL: P. II. Gemälde eines Lebens u. einer Zeit ([8]1979); F. BRAUDEL: Das Mittelmeer u. die mediterrane Welt in der Epoche P.s II., 3 Bde. (a. d. Frz., 1990); H. KAMEN: Philip of Spain (New Haven, Conn., 1997).

15) Philipp III., span. **Felipe,** König (seit 1598), * Madrid 14. 4. 1578, † ebd. 31. 3. 1621, Sohn von 14), Vater von 16); überließ die Reg. weitgehend Günstlingen. Die Außenpolitik war zunächst auf Frieden ausgerichtet (1604 Frieden mit England, 1609 zwölfjähriger Waffenstillstand mit den Niederlanden). Im Dreißigjährigen Krieg unterstützte er den Kaiser mit Geld und Truppen. Innenpolitisch setzte sich der wirtschaftl. Verfall fort. Literatur und Kunst erlebten zur Reg.-Zeit P.s ihre höchste Blüte (›goldenes Zeitalter‹: M. DE CERVANTES SAAVEDRA, LOPE DE VEGA, QUEVEDO Y VILLEGAS, L. DE GÓNGORA Y ARGOTE).

16) Philipp IV., span. **Felipe,** König (seit 1621), * Valladolid 8. 4. 1605, † Madrid 17. 9. 1665, Sohn von 15); überließ die Reg. weitgehend dem Grafen von →OLIVARES, mit dem er die Wiederherstellung der span. Großmacht anstrebte. Die Ergebnisse dieser Politik waren für Spanien katastrophal: Die Verwicklung in den Dreißigjährigen Krieg schwächte die Wirtschaft bis zum Staatsbankrott (1627). Im Frieden von Münster (15. 5. 1648) musste Spanien die Unabhängigkeit der nördlichen niederländ. Provinzen anerkennen; im Pyrenäenfrieden (7. 11. 1659) verlor es Gebiete an Frankreich; Unruhen im Inneren (bes. in Portugal, Andalusien, Katalonien, 1640) führten zum Verlust Portugals und von dessen Kolonien.

Philipp V.,
König von Spanien

17) Philipp V., span. **Felipe,** König (1700 bis Januar 1724 und seit September 1724), vorher als frz. Prinz aus dem Haus Bourbon Herzog **von Anjou** [-ãˈʒu], * Versailles 19. 12. 1683, † Madrid 9. 7. 1746, Sohn des Dauphins LUDWIG († 1711), Enkel LUDWIGS XIV. von Frankreich; bestieg als Erbe KARLS II. den span. Thron, der im →Spanischen Erbfolgekrieg gegen den späteren Kaiser KARL VI. behauptet wurde. Die span. Politik bestimmten P.s Gemahlinnen MARIE LUISE VON SAVOYEN (* 1688, † 1714) und ELISABETH FARNESE (→Elisabeth, Herrscherinnen, Spanien) sowie deren Berater G. ALBERONI. Der Versuch, 1717–20 die im Frieden von Utrecht verlorenen span. Besitzun-

Philippine Airlines

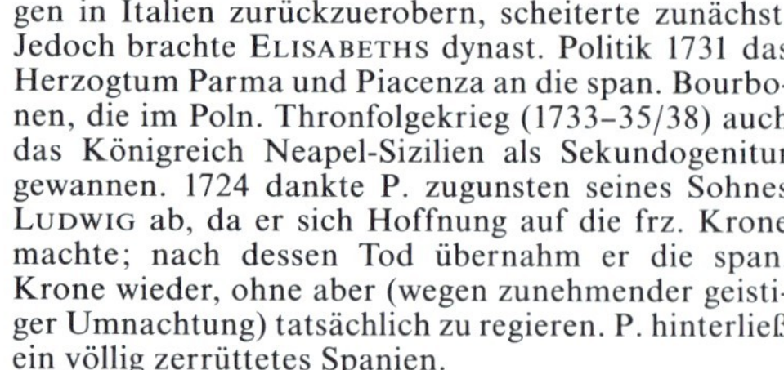

gen in Italien zurückzuerobern, scheiterte zunächst. Jedoch brachte ELISABETHS dynast. Politik 1731 das Herzogtum Parma und Piacenza an die span. Bourbonen, die im Poln. Thronfolgekrieg (1733–35/38) auch das Königreich Neapel-Sizilien als Sekundogenitur gewannen. 1724 dankte P. zugunsten seines Sohnes LUDWIG ab, da er sich Hoffnung auf die frz. Krone machte; nach dessen Tod übernahm er die span. Krone wieder, ohne aber (wegen zunehmender geistiger Umnachtung) tatsächlich zu regieren. P. hinterließ ein völlig zerrüttetes Spanien.

Philipp, Bruder P., Kartäusermönch, † bei Wien (?) vor 1346; verfasste wohl vor 1316 in der steir. Kartause Seitz bei Cilli (heute Celje) das dem Dt. Orden gewidmete mhd. Gedicht ›Marienleben‹ in über 10 000 Versen.

Philipp, P. der Kanzler, mittellat. Dichter und Theologe, * Paris zw. 1160 und 1186, † ebd. 23. 12. 1236; seit 1217 Kanzler der Kathedrale von Notre-Dame in Paris. In diesem Amt war er in die Auseinandersetzungen um das Streben der Univ. nach Autonomie verwickelt; auf seine Initiative geht die Einrichtung der ersten Lehrstühle für Dominikaner (1229, 1231) und Franziskaner (1236) zurück. P. verfasste u. a. über 700 Predigten sowie geistl. und moralisch-satir. Lieder und Gedichte (darunter ist ihm ein altfrz. mit Sicherheit zugewiesen). Sein Hauptwerk, die ›Summa de bono‹, ist eine bes. von AUGUSTINUS und BOETHIUS beeinflusste Abhandlung über das Gute, die für die Entwicklung der Scholastik bedeutsam war.

Ausgabe: Summa de bono, hg. v. N. WICKI, 2 Bde. (1985).

P. d. K., in: Dictionnaire de spiritualité, hg. v. M. VILLER u. a., Bd. 12, Tl. 1 (Paris 1984); P. DRONKE: The lyrical compositions of P. the Chancellor, in: Studi medievali, 3. Serie, Jg. 28 (Turin 1987).

Philipp, P. von Harveng, P. von Harvengt, P. Ele|emosynarius, mittellat. Schriftsteller, * Harveng (bei Mons) um 1100, † Bonne-Espérance (heute zu Estinnes, Prov. Hennegau) April 1183; war seit etwa 1130 Prior und wurde 1157 Abt des Prämonstratenserklosters Bonne-Espérance. Zu seinen Werken, die durch die virtuose Beherrschung der Reimprosa bestechen, gehören sechs Heiligenviten, ein Kommentar zum Hohenlied und eine Anleitung zur Unterweisung

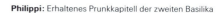

Philippi: Erhaltenes Prunkkapitell der zweiten Basilika

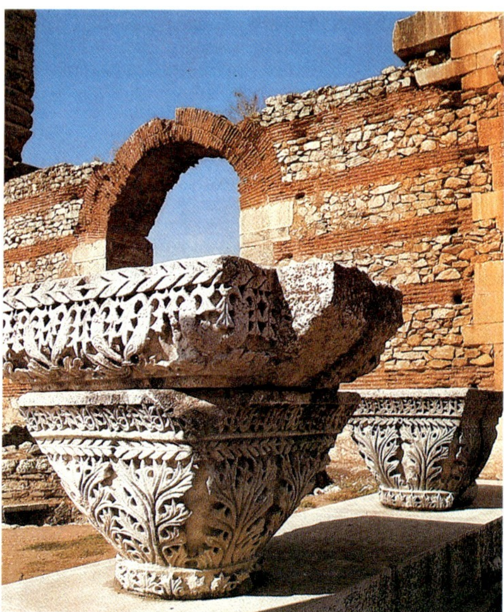

von Geistlichen. Er korrespondierte mit bedeutenden Zeitgenossen, darunter BERNHARD VON CLAIRVAUX, Papst EUGEN III. und RAINALD VON DASSEL.

Ausgabe: Patrologiae cursus completus. Series latina, hg. v. J.-P. MIGNE, Bd. 203 (1855).

Philippe [fiˈlip], **P. de Thaon** [-dəˈtã], altfrz. Dichter der 1. Hälfte des 12. Jh. Sein Lehrgedicht über die Kalenderberechnung (›Cumpoz‹, um 1119), sein Tierbuch (›Bestiaire‹, um 1130, erste frz. Version des lat. ›Physiologus‹) sowie seine beiden Steinbücher (›Lapidaire alphabétique‹ und ›Lapidaire apocalyptique‹) gehören zu den frühesten Zeugnissen in anglonormann. Sprache.

Philippe [fiˈlip], Charles-Louis, frz. Schriftsteller, * Cérilly (Dép. Allier) 4. 8. 1874, † Paris 21. 12. 1909; war Stadtbeamter in Paris. Seine z.T. autobiographisch gefärbten Romane, in deren Mittelpunkt immer sozial Benachteiligte stehen, zeugen von tiefem menschl. Mitgefühl. Damit und mit seinem schlichten Stil wurde er zu einem Wegbereiter des literar. →Populismus.

Werke: *Romane:* Bubu de Montparnasse (1901; dt. Bübü); Le père Perdrix (1903; dt. Der alte Perdrix); Marie Donadieu (1904; dt.); Croquignole (1906; dt.); Dans la petite ville (hg. 1910; dt. Die kleine Stadt); Charles Blanchard (hg. 1913; dt.).

Philippe Égalité [fiˈlip egaliˈte], →Orléans, Louis Philippe Joseph, Herzog von.

Philipperbrief, Abk. **Phil.,** Schrift des N.T., Brief des PAULUS an die christl. Gemeinde in Philippi (gegr. 49/50); verfasst wahrscheinlich während der Gefangenschaft des PAULUS in Ephesos (54/55), nach anderer Ansicht später in Caesarea Palaestinae oder Rom. Diskutiert wird in der exeget. Forschung, ob der P. aus zwei oder drei Briefen oder Briefteilen besteht oder ob er einheitlich ist. PAULUS dankt darin für die Unterstützung in der Haft, mahnt zur Einigkeit und warnt vor judenchristl. Missionaren. Theologiegeschichtlich bedeutsam ist der (wohl auf ein von PAULUS vorgefundenes Lied) zurückgehende Christushymnus 2, 6–11 (→Kenose).

J. GNILKA: Der P. ([4]1987); ULRICH B. MÜLLER: Der Brief des Paulus an die Philipper (1993); P. WICK: Der P. Der formale Aufbau des Briefs als Schlüssel zum Verständnis seines Inhalts (1994).

Philippeville [filipˈvil], früherer Name der alger. Hafenstadt →Skikda.

Philippi, griech. **Philippoi,** antike Stadt in O-Makedonien, nordwestlich des heutigen Kavala gelegen, die, urspr. von thrak. Stämmen besiedelt, **Krenides** hieß, nach der Neugründung durch griech. Kolonisten **Daton** und nach der Eroberung durch PHILIPP II. von Makedonien 356 v.Chr. in P. umbenannt wurde. Im Herbst 42 v.Chr. siegten in der Doppelschlacht von P. MARCUS ANTONIUS und OCTAVIANUS über die Caesarmörder MARCUS IUNIUS BRUTUS und GAIUS CASSIUS LONGINUS. 49/50 n.Chr. entstand beim ersten Besuch des Apostels PAULUS in P. eine Christengemeinde (→Philipperbrief). – Ruinen v.a. aus röm. Zeit, Akropolis, Forum mit versch. Gebäuden, Theater, Thermen, Gymnasion, byzantin. Stadtmauer; freigelegt wurden auch zwei christl. Basiliken aus dem 5. und 6. Jh.; später wurde ein aufwendiger oktogonaler Kirchenbau des 6. Jh. ausgegraben.

Philippika *die, -/...ken,* Bez. für die Reden des DEMOSTHENES gegen PHILIPP II. von Makedonien, dann für CICEROS 14 ›Orationes Philippicae‹ gegen MARCUS ANTONIUS; danach allgemeine Bez. für Straf-, Angriffsrede.

Philippine Airlines [ˈfɪlɪpi:n ˈeəlaɪnz], Abk. **PAL** [pi:eɪˈel], Luftverkehrsgesellschaft der Philippinen, gegr. 1941, Sitz: Manila, 1992 privatisiert. Das Streckennetz umfasst v.a. Australien, SO-Asien, Nahost, Europa und die USA. PAL beförderte 1995 mit einem Flugpark von 60 Flugzeugen und mit 13 869 Beschäftigten 7,1 Mio. Passagiere.

Philippinen

Fläche 300 000 km²
Einwohner (1996) 68,97 Mio.
Hauptstadt Manila
Amtssprachen Filipino, Englisch
Nationalfeiertag 12. 6.
Währung 1 Philippin. Peso (₱) = 100 Centavos (¢)
Uhrzeit 19⁰⁰ Manila = 12⁰⁰ MEZ

Philippinen, amtl. Namen: Filipino (Tagalog) **Republika ñg Pilipinas** [-ŋg-], engl. **Republic of the Philippines** [rɪˈpʌblɪk əv ðə ˈfɪlɪpi:nz], dt. **Republik der P.,** Staat und Inselgruppe in SO-Asien, im Malaiischen Archipel, mit 300 000 km² so groß wie Italien, (1996) 68,97 Mio. Ew. Hauptstadt ist Manila; Amtssprachen sind Filipino (bis 1987 →Pilipino) und Englisch. Währung: 1 Philippin. Peso (₱) = 100 Centavos (¢). Uhrzeit: 19⁰⁰ Manila = 12⁰⁰ MEZ.

Philippinen

Staatswappen

Staatsflagge

Internationales Kfz-Kennzeichen

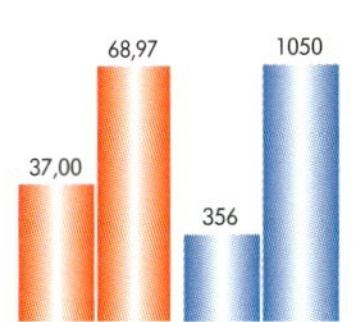

Bevölkerung (in Mio.) Bruttosozialprodukt je Ew. (in US-$)

Stadt
Land

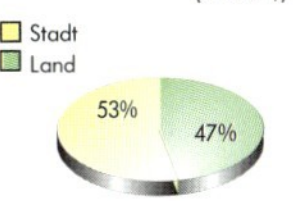

Bevölkerungsverteilung 1995

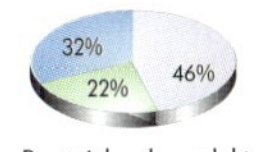

Bruttoinlandsprodukt 1995

STAAT · RECHT

Verfassung: Nach der am 2. 2. 1987 durch Referendum angenommenen Verf. sind die P. eine demokrat. und laizist. Präsidialrepublik. Präs. und Vize-Präs. werden direkt für sechs Jahre gewählt; der Präs. ist nicht wieder wählbar, der Vize-Präs. nur einmal. Der Präs. ist Staatsoberhaupt, Reg.-Chef und Oberbefehlshaber der Streitkräfte und ernennt die Mitgl. des Kabinetts sowie andere hohe Staatsbedienstete. Die Notstandsbefugnisse des Präs. sind eng an die Zustimmung des Parlaments gebunden. Die Übertragung öffentl. Ämter an Angehörige des Präs. ist untersagt. Die Legislative liegt beim Zweikammerparlament (Kongress), bestehend aus dem für sechs Jahre direkt und landesweit gewählten Senat (24 Mitgl.; seit 1995 wird jeweils die Hälfte von ihnen im Dreijahresrhythmus gewählt) und dem Repräsentantenhaus mit 204 direkt in Wahlkreisen für drei Jahre gewählten Abg. und 50 vom Präs. nach Listen gesellschaftl. Gruppen ernannten Abg. Kein Mitgl. des Repräsentantenhauses ist für mehr als drei aufeinander folgende Wahlperioden wählbar. Gegen Gesetzesbeschlüsse des Kongresses kann der Präs. ein Veto einlegen, das durch Zweidrittelmehrheiten in beiden Häusern überwunden werden kann.

Parteien: Das Parteiensystem ist bestimmt durch starke Orientierung auf Persönlichkeiten, fließende Übergänge zw. den einzelnen Parteien und Parteienkoalitionen. Zu den einflussreichsten Parteien zählen derzeit die Lakas ng EDSA – National Union of Christian Democrats (Lakas – NUCD, gegr. 1992), die Laban ng Demokratikong Philipino (LDP, gegr. 1987), die Nationalist People's Coalition (NPC, gegr. 1991), die Liberal Party (LP, gegr. 1946), die Nacionalista Party (NP, gegr. 1907) und die People's Reform Party (PRP, gegr. 1991).

Gewerkschaften: Größter Dachverband ist der Katipunang Manggagawang Pilipino – Trade Union Congress of the Philippines (KMP – TUCP, gegr. 1975), dem 50 Einzelgewerkschaften mit rd. 1,5 Mio. Mitgl. angeschlossen sind.

Wappen: Das Wappen (seit 1946) zeigt im Schildhaupt drei Sterne (Symbole für die Inseln Luzon und Mindanao sowie die Inselwelt der Visayas), an der Herzstelle einen aufgelegten ovalen Schild mit achtstrahliger ›Freiheitssonne‹ (Zeichen für die Unabhängigkeit des Landes), im unteren gespaltenen Schildteil auf der heraldisch rechten Seite einen braunen Weißkopfseeadler (erinnert an die Kolonialherrschaft der USA), auf der heraldisch linken Seite einen goldenen Löwen auf rotem Grund, zum Gedenken an die span.

Philippinen: Landschaft in der Nähe von Cebu, Visayan Islands

Herrschaft. Unter dem Wappen befindet sich ein Schriftband mit dem amtl. Staatsnamen in Englisch.

Nationalfeiertag: Nationalfeiertag ist der 12. 6.

Verwaltung: Administrativ ist das Land in 16 Regionen, davon vier mit Sonderstatus, gegliedert. Diese setzen sich aus 77 Prov. und 60 Städten (›cities‹ – als ›highly urbanized cities‹ provinzfrei oder als ›component cities‹ Teil der jeweiligen Prov.) zusammen. Darunter bestehen über 1 500 Stadtbezirke/Kreise (›municipalities‹), unter diesen rd. 42000 Gemeinden (›barangays‹).

Recht: Das Zivilrecht (Civil Code, 1949) ist ebenso wie das Strafrecht (Revised Penal Code, 1930) von span. Einflüssen geprägt. Daneben gelten regionale Stammesrechte, im Personen- und Familienrecht z. T. auch islam. Rechtsgrundsätze (Code of Muslim Personal Laws, 1977). Durch die Einführung des Familiengesetzbuches (Family Code, 1987) wurde die Rechtsstellung der Frau verbessert. Das Staats-, Verwaltungs-, Wirtschafts-, Steuer-, Sozial- und Verfahrensrecht ist demgegenüber durch die angloamerikan. Rechtstradition (Common Law) beeinflusst. – An der Spitze der Gerichtsorganisation steht der Oberste Gerichtshof (Supreme Court), dessen Entscheidungen z. T. gesetzesähnl. Wirkung haben.

Streitkräfte: Die Gesamtstärke der Freiwilligenarmee beträgt rd. 106000 Mann, die der paramilitär. Kräfte etwa 45000 Mann. Das Heer (rd. 68000 Soldaten) ist im Wesentlichen in acht Infanteriedivisionen und eine leichte Panzerbrigade (etwa 40 Spähpanzer ›Scorpion‹) gegliedert. Die Marine hat etwa 23000 Mann; sie verfügt über 11 Fregatten/Korvetten und 14 Patrouillenboote. In der Luftwaffe dienen rd. 15000 Soldaten; sie verfügt neben 42 Kampfflugzeugen v. a. über Hubschrauber. – Nach dem Abzug der letzten US-amerikan. Truppen 1992/93 wurde 1995 ein Gesetz verabschiedet, das die Modernisierung der Ausrüstung bei gleichzeitiger Reduzierung der Truppenstärke innerhalb von 15 Jahren vorsieht.

Größe und Bevölkerung (1995)

Region	Fläche in km²	Ew. in 1000	Ew. je km²
National Capital[1]	636	9454	14864,8
Cordillera[2]	18294	1255	68,6
Ilocos	12840	3804	296,3
Cagayan Valley	26838	2536	94,5
Central Luzon	18231	6933	380,3
Southern Tagalog	46924	9941	211,9
Bicol	17633	4325	245,3
Western Visayas	20223	5777	285,7
Central Visayas	14952	5015	335,4
Eastern Visayas	21432	3367	157,1
Western Mindanao	15997	2795	174,7
Northern Mindanao	14033	2483	176,9
Southern Mindanao	27141	4604	169,6
Central Mindanao	14572	2360	162,0
Muslim Mindanao[3]	11410	2021	177,1
CARAGA	18847	1942	103,0
Philippinen	300000[4]	68612	228,7

[1](NCR) = Metro Manila. – [2]administrative Region (CAR). – [3]autonome Region (ARMM). – [4]Abweichung durch Rundung.

LANDESNATUR · BEVÖLKERUNG

Die Inselgruppe liegt im nördöstl. Teil des Malaiischen Archipels. Sie hat eine maximale N-S-Ausdehnung von 1 851 km und eine maximale W-O-Ausdehnung von 1 107 km. Von den über 7 100 Inseln überschreiten jedoch nur 357 eine Fläche von 2,5 km², 47 haben mehr als 100 km² und 13 mehr als 1 000 km². Allein auf die beiden Hauptinseln Luzon (104688 km²) und Mindanao (94630 km²) entfallen etwa zwei Drittel der Landmasse mit sieben Zehnteln der Bev.; zus. mit neun weiteren Inseln von über 3 000 km² ergeben sich mehr als 92% der Fläche und 94% der Bev.

Geographisch wird oft eine Dreiteilung des Landes vorgenommen: im N Luzon und benachbarte Inseln mit zus. 141 395 km², im S Mindanao und benachbarte Inseln mit zus. 101 999 km², dazwischen die Inselwelt der Visayas mit zus. 56606 km². Gebirge, Hügellandschaften, Plateaus und die Kegel von über 100 Vulkanen (von denen heute noch 21 aktiv sind, darunter der 1991 erstmals nach über 600 Jahren wieder ausgebrochene Mount Pinatubo) lassen die P. in erster Linie als Bergland erscheinen.

Größte Inseln (in km²)

Insel	km²	Insel	km²
Luzon	104688	Mindoro	9735
Mindanao	94630	Leyte	7214
Samar	13080	Cebu	4422
Negros	12705	Bohol	3865
Palawan	11785	Masbate	3287
Panay	11515		

Gebirge prägen bes. die Hauptinsel →Luzon (Reisterrassen in Banawe als UNESCO-Weltkulturerbe erklärt), die von mehreren meridional ausgerichteten Gebirgsketten, der Cordillera Central mit dem Mount Pulog (2928 m ü. M.) und der waldreichen Sierra Madre im O, durchzogen wird. Ebenso sind auf den drei bevölkerungsreichsten Visayasinseln →Panay, →Negros und →Cebu die zentralen, oft stark gegliederten Gebirgsketten (bis 2465 m ü. M.) landschaftsbestimmend; eine ähnliche naturräuml. Struktur weisen auch die übrigen größeren Inseln →Mindoro und die Inselgruppe von Palawan im W sowie Leyte und Samar im O auf. Dagegen bilden auf →Mindanao weite Hochländer im Zentrum, ferner Hügellandschaften das bestimmende Formenelement. Neben dem vertikalen tritt das (wirtschaftlich weitaus wichtigere) horizontale Landschaftselement, die Tieflandebene, flächenmäßig klar zurück. Außer Luzon und Mindanao weist kaum eine Insel größere Ebenen auf. Daher bilden die Mündungstrichter der zahlr., meist kleinen Flüsse das bevorzugte Siedlungs- und Ackerland. Es gibt nur vier große Ebenen: die sich unmittelbar nördlich der Hauptstadt Manila bis zum Golf von Lingayen erstreckende ›Zentrale Ebene‹ und das Cagayantal auf Luzon sowie die Täler von Agusan und Cotabato auf Mindanao. Erstere ist der wirtschaftl. und polit. Kernraum des Landes. In der Hauptstadtregion und den südlich angrenzenden Prov. Rizal, Laguna und Cavite leben über 20% der Gesamt-Bev. Diese Region ist infrastrukturell bereits stark erschlossen. Im Übrigen wirkt sich die starke Zergliederung des Archipels nicht allein für den Verkehr, sondern v. a. wegen der in den peripheren Gebieten lebenden, sich sprachlich und ethnisch von Tiefland- und Küstenbewohnern sehr unterscheidenden Bev.-Gruppen für die Integration des Staates erschwerend aus.

Klima: Das Klima ist günstig für die Landwirtschaft. Da kein Ort über 100 km von der Küste entfernt liegt, ist das Klima durchweg maritim. Zudem bedingt die Lage der Inseln in den niedrigen trop. Breiten geringe regionale, jahreszeitl. und tägl. Temperaturschwankungen. Die jährl. Niederschläge sind mit etwa 2 000–3 000 mm in den wichtigsten Produktionsgebieten für den Anbau der Nutzpflanzen ausreichend. An der unteren Grenze des für den Anbau von Reis nötigen Niederschlags von 1 500 mm liegen lediglich Teile der mittleren Visayas (Cebu: 1 431 mm) sowie SW-Mindanao (Zamboanga: 1 524 mm). Ausgeprägte Trockenperioden, wie sie für die meisten Monsunländer in S- und SO-Asien charakteristisch sind, treten auf den P. nur selten auf. In den meisten Landesteilen sind die Niederschläge sogar über das ganze Jahr verteilt. Insgesamt ermöglichen diese Faktoren einschließlich der beachtl. mittleren Luftfeuchtigkeit (> 80 % im Jahr für die meisten Landesteile) zus. mit den in den Hauptanbaugebieten sehr fruchtbaren Böden (u. a. auf vulkan. Gesteinen) einen in den meisten Regionen durchgehenden Anbau mit zumeist zwei, bei zusätzl. Bewässerung sogar drei Ernten im Jahr. Missernten verursachen die von O kommenden Taifune, von denen nur Mindanao (Ausnahme: NO) verschont bleibt.

Bevölkerung: Ethnisch-linguistisch umfasst die Bev. mehr als 50 Gruppen (Ilocanos, Tagalog [→Tagalen], Cebuanos u. a.). Die ältesten Bewohner, die →Aeta, gehören als Einzige nicht zu den Indonesiern. Sie sind inzwischen auf rd. 30 000 Personen dezimiert und teilweise aus dem ursprüngl. Lebensraum verdrängt worden. Später eingewanderte altindones. Stämme wurden wiederum von jungindones., die den Grundstock der heutigen Filipinos bilden, zurückgedrängt. Von den Zuwanderern in den letzten Jahrhunderten spielen v. a. die Chinesen als zwar weitgehend integrierte, aber doch kohärente Gruppe eine erhebl. Rolle in der Wirtschaft.

Regional konzentriert sich die Bev. bes. auf Groß-Manila und Umgebung. 1995 lebten über 38 % aller Ew. in der Hauptstadtregion und den nördlich und südlich angrenzenden Regionen. Der landesweit hohe Anteil der städt. Bev. (1995: 53 %) deutet auf einen fortgeschrittenen Entwicklungsstand hin. Entwicklungspolitisch das gravierendste Problem der P. ist aber das explosionsartige Wachstum der Bev. seit dem Ende des Zweiten Weltkriegs: Blieb es von 1903 (7,6 Mio.) bis 1948 (19,2 Mio.) noch jährlich unter 2 %, so war die Zunahme 1948–80 mit fast 3 % im Jahresdurchschnitt ausgesprochen hoch. Das weiter anhaltende, durch den Widerstand der kath. Kirche gegen künstl. Geburtenkontrolle mitverursachte sehr hohe Bev.-Wachstum (1985–95: 2,3 %) stellt zunehmend eine wirtschaftlich-soziale Belastung dar. Es erschwert den Abbau von Arbeitslosigkeit und Unterbeschäftigung und damit der noch weit verbreiteten Armut, führt aber auf der anderen Seite zu einer sehr jungen Bev. (1994: 48,2 % aller Ew. unter 20 Jahre alt).

Religion: Es besteht Religionsfreiheit. Traditionell nimmt jedoch die kath. Kirche eine herausgehobene Stellung im öffentl. Leben ein. Rd. 95 % der Bev. sind Christen: etwa 80 % gehören der kath. Kirche an, über 6 % der ›Philippin. Unabhängigen Kirche‹, rd. 9 % den insgesamt über 300 prot. (bes. Adventisten, Methodisten, Pfingstler, ›Church of God‹) und philippin. unabhängigen Kirchen (bes. der evangelikalen ›Iglesia ni Cristo‹; gegr. 1914, rd. 2 Mio. Mitgl.) sowie der anglikan. Kirche (›Episcopal Church in the Philippines‹; rd. 100 000 Mitgl.). Die ›Philippin. Unabhängige Kirche‹ (›Iglesia Filipina Independiente‹) wurde 1902 als von Rom unabhängige kath. Nationalkirche gegründet und ist seit 1965 mit den →Altkatholiken verbunden. – Rd. 4,6 % der Bev. (v. a. die →Moro) sind Muslime, mehrheitlich Sunniten der schafiit. Rechtsschule. Daneben gibt es Bahais und Buddhisten sowie Anhänger traditioneller Religionen.

Klimadaten von Manila auf Luzon (15 m ü. M.)

Monat	Mittleres tägl. Temperaturmaximum in °C	Mittlere Niederschlagsmenge in mm	Mittlere Anzahl der Tage mit Niederschlag	Mittlere tägl. Sonnenscheindauer in Stunden	Relative Luftfeuchtigkeit nachmittags in %
I	30,0	23	6	5,7	63
II	31,1	11	3	7,0	59
III	32,8	17	4	7,3	55
IV	33,9	32	4	8,6	55
V	33,9	128	12	7,2	61
VI	32,8	253	17	5,4	68
VII	31,1	414	24	4,3	74
VIII	30,6	437	23	4,3	73
IX	31,1	353	22	4,4	73
X	31,1	195	19	5,1	71
XI	30,6	138	14	5,1	69
XII	30,0	68	11	4,9	67
I–XII	31,6	2069	159	5,8	66

Bildungswesen: Allgemeine Schulpflicht vom 7. bis 10. Lebensjahr, in diesen vier Jahren unentgeltl. Besuch der insgesamt sechsjährigen Primarschule; Unterrichtssprachen sind Filipino und Englisch, in den Sekundarschulen allg. Englisch. Neben der prakt. (berufsorientierten) Sekundarstufe (ein bis vier Jahre) gibt es die allgemein bildende (vier Jahre) Stufe, wonach ein College besucht werden kann. Die Analphabetenquote beträgt ca. 5 %. Univ., techn. u. a. höhere Lehranstalten sind überwiegend privat.

Größte Städte (Ew. 1995)

Metro Manila	9 454 000	Davao	1 006 840
Quezon	1 989 419	Cebu City	662 229
Manila	1 654 761	Zamboanga	511 139
Caloocan	1 023 159	Cagayan de Oro	428 314
Makati	484 176	Bacolod	402 345
Pasig	471 075	Iloilo	334 539
Valenzuela	437 000	General Santos	327 173
Las Pinas	413 000	Iligan	273 004
Pasay	408 610	Butuan	247 074
Muntinlupa	399 846	Angeles	234 011
Paranaque	391 000		
Tagig	381 000		
Marikina	357 000		

Publizistik: Die erste Tageszeitung war ›La Esperanza‹ (gegr. 1846). Seit der amerikan. Besetzung dominieren Zeitungen in Englisch das Pressewesen. Auflagenstärkste Zeitungen sind das englisch- und filipinosprachige ›People's Journal‹ (Auflage 350 000), ›People Tonight‹ (gegr. 1978, 500 000) sowie ›Philippine Daily Inquirer‹ (gegr. 1985, 285 000), ›Manila Bulletin‹ (gegr. 1972, 260 000), ›Tempo‹ (gegr. 1982, 250 000), ›News Herald‹ (175 000) und die filipinosprachigen Zeitungen ›Ang Pahayagang Malaya‹ (286 000) und ›Balita‹ (gegr. 1972, 181 000). – Die staatl. *Nachrichtenagentur* ›Philippines News Agency‹ (PNA, gegr. 1973) verbreitet den größten Teil der Tagesnachrichten. – *Rundfunk:* Die ›National Telecommunications Commission‹ (NTC, gegr. 1979) beaufsichtigt alle privaten und öffentl. Telekommunikationseinrichtungen. 1991 gab es 355 private und 31 staatl. Hörfunkstationen; Letztere werden von der ›National Broadcasting Corporation‹ betrieben. Einflussreich sind ferner die ›Philippine Federation of Catholic Broadcasters‹ mit 43 Hörfunk- und drei Fernsehstationen, das ›Radio Philippines Network‹ mit 14 Hörfunk- und sieben Fernsehkanälen sowie das ›Republic Broadcasting System‹, das mehrere Hörfunk- und 38 landesweit ausstrahlende Fernsehstationen unterhält.

WIRTSCHAFT · VERKEHR

Trotz nach wie vor starker landwirtschaftl. Grundlage entwickeln sich die P. langsam in Richtung ›Schwellenland‹. So trug 1995 der Agrarsektor nur noch 22% zur Entstehung des Bruttoinlandsproduktes (BIP) bei, das verarbeitende Gewerbe aber bereits 25,3%. Allerdings sind Landwirtschaft und Fischerei nach wie vor wichtigste Lebensgrundlage der Bev.; 1995 waren 40,4% aller Erwerbstätigen im Agrarsektor tätig, hingegen nur 9,2% im verarbeitenden Gewerbe. Von dem wirtschaftl. Tief, das die ›Verschuldungskrise‹ 1983 auslöste, hat sich das Land unter Präsidentin CORAZON AQUINO (ab 1986) begrenzt und unter Präs. F. RAMOS (ab 1992) beschleunigt erholt. 1995 wuchs das Bruttosozialprodukt (BSP) real um 5,5%; die Inflationsrate konnte 1995 auf 8,1% gesenkt werden. RAMOS hat mit der Freigabe des Peso-Wechselkurses, einer weiteren Öffnung der Wirtschaft gegenüber dem Ausland, der Beseitigung von Monopolen in mehreren Branchen, einer beschleunigten Privatisierung von Staatsbetrieben u.a. die Basis für einen fortgesetzten wirtschaftl. Aufschwung geschaffen. Das Volumen der ›Schattenwirtschaft‹ wurde 1994 auf zusätzlich 40% des BIP geschätzt.

Landwirtschaft: 1995 wurden 12,5 Mio. ha (knapp 42% der gesamten Landfläche) landwirtschaftlich genutzt. Von dem Grundnahrungsmittel Reis wurden 10,5 Mio.t geerntet, die knapp den Bedarf deckten, von Mais 4,1 Mio.t. Führende Exportkultur sind Kokosnüsse (12,2 Mio.t); die P. sind größter Kopraerzeuger der Erde. Zuckerrohr (18,7 Mio.t) hat durch eine verfehlte frühere Reg.-Politik nur noch geringe außenwirtschaftl. Bedeutung. Weitere wichtige Anbauprodukte sind Bananen, Kassava, Ananas, Mangofrüchte, außerdem Zitrusfrüchte, Kaffee, Kakao, Tabak, Kautschuk, Hanf, Gemüse, Gewürze. Die Nutztierhaltung ist relativ umfangreich: (1995) 2,7 Mio. Wasserbüffel, 2,0 Mio. Rinder, 2,8 Mio. Ziegen, 8,9 Mio. Schweine sowie Geflügel. Eine 1972 eingeleitete Bodenreform für Reis- und Maisanbauflächen und die 1987/88 aufgenommene allg. Bodenreform (CARP) sind erheblich hinter den Zielen zurückgeblieben. So wurden von der vom CARP betroffenen Gesamtfläche von 10,3 Mio. ha von 1987–95 lediglich 2,9 Mio. ha umverteilt.

Forstwirtschaft: 1995 waren 15,9 Mio. ha (52,9% der gesamten Landfläche) als Forste eingestuft. Bewaldet i.e.S. ist jedoch eine beträchtlich geringere Fläche. Infolge zunehmender Entwaldung durch Raubbau, Brandrodung u.a. hat die Reg. bereits mehrere Jahre vorher Schutzmaßnahmen eingeführt, durch welche der Holzeinschlag (hier: Rundholzvolumen) von 1987: 4,1 Mio. cm^3 über 1991: 1,9 Mio. cm^3 auf 1995: 605000 cm^3 zurückgegangen ist. Die wieder aufgeforstete Fläche schwankt von Jahr zu Jahr stark.

Fischerei: Die P. gehören zu den wichtigen Fischfangnationen. 1995 wurden 2,7 Mio. Fisch u.a. Meeresfrüchte angelandet, darunter 926900t in der kommerziellen Fischerei und 825400t aus Aquakulturen. Unerlaubte Fangmethoden (Gift u.a.) haben stellenweise bereits schwere Schäden angerichtet.

Bodenschätze: Die relativ umfangreichen Vorkommen von Gold, Silber, Kupfer, Nickel, Blei und Chrom sowie in geringerem Umfang Zink, Kobalt und Mangan werden erst teilweise ausgebeutet (Produktion 1994 u.a. 14,7t Gold, 29,6t Silber, 112075t Kupfer, 6052t Nickel). Der Kohleabbau ist seit Anfang der 1980er-Jahre stark gestiegen (1994: 1,6 Mio.t). Die Erdölförderung (offshore vor der Insel Palawan) deckt den Bedarf und die Raffineriekapazität der P. nur zu einem kleinen Teil.

Energiewirtschaft: Die Stromerzeugung, die noch einen gewissen Engpass für die weitere Industrialisierung bildet, erfolgt aus versch. Energieträgern; 1995 entfielen von einer installierten Leistung von 9696 MW 23,3% auf Wasserkraft, 12,0% auf Erdwärme, 8,8% auf Kohle, 55,9% auf Erdölprodukte.

Industrie: Neben der Verarbeitung einheim. Erzeugnisse spielt die Veredelung importierter Vorprodukte eine zunehmende Rolle. Ebenso hat die Produktion für den Export stark an Bedeutung gewonnen. Gefördert wird die Industrialisierung u.a. durch vier staatlich verwaltete Exportverarbeitungszonen und privat verwaltete Industriezonen. Außer der Nahrungs- und Genussmittelindustrie (Reis- und Ölmühlen, Zuckerraffinerien, Fabriken für Obst- und Gemüsekonserven, Kokosnussverarbeitung, Tabakwarenindustrie, Brauereien) sind die Textil- und Bekleidungs-, Papier-, Möbel-, chem., Zement-, Reifen-, Glas-, Kunststoff-, Metallindustrie (einschließlich Stahlproduktion), Maschinenbau, Kraftfahrzeugmontage (darunter jap. und dt. Modelle), Elektro- und Elektronikindustrie (darunter Herstellung von Computerchips) von unterschiedl. Bedeutung.

Tourismus: Die tourist. Infrastruktur ist gut ausgebaut, die Touristenzahl in stetigem Wachstum begrif-

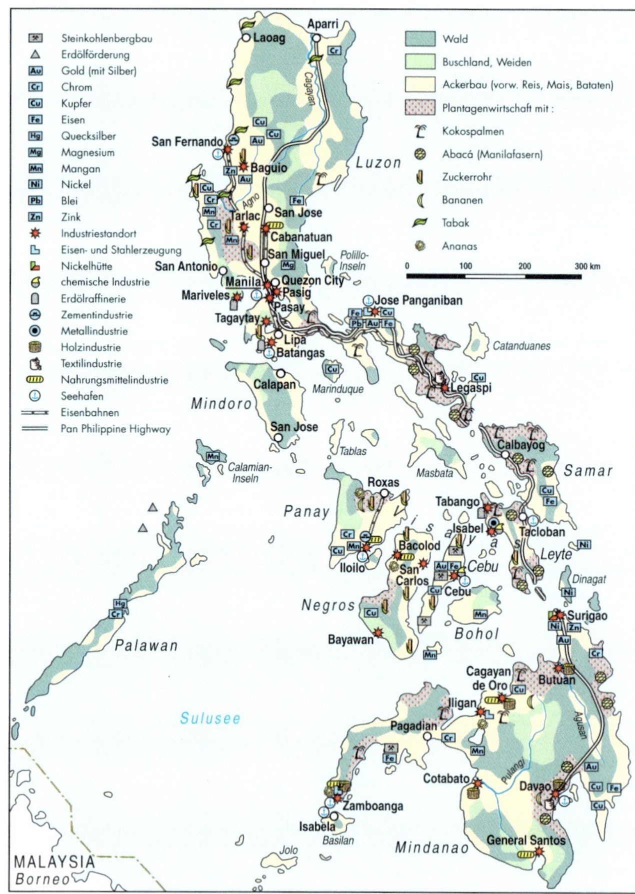

Philippinen: Wirtschaft

fen. 1995 erbrachten 1,76 Mio. Besucher aus dem Ausland (zur Hälfte aus Asien, knapp 20% aus den USA, 13% aus Europa) fast 2,5 Mrd. US-$ an Devisen.

Außenwirtschaft: Kennzeichnend ist ein chron. Defizit in der Handelsbilanz (1995: –8,96 Mrd. US-$), aber gleichzeitig eine durch hohe Überweisungen philippin. Auslandstätiger, multi- und bilaterale Entwicklungszusammenarbeit sowie ausländ. Investitionen in den letzten Jahren positive Zahlungsbilanz (1995: + 645 Mio. US-$). Sowohl die Ein- als auch die Ausfuhren steigen rasch (1995 auf 26,5 bzw. 17,4 Mrd. US-$). In der Exportstruktur spielen die traditionellen Ausfuhren nur noch eine untergeordnete Rolle (1995: 1,99 Mrd. US-$, darunter Kokosnusserzeugnisse 826 Mio. US-$), die nichttraditionellen dominieren (1995: 14,97 Mrd. US-$, darunter allein 7,4 Mrd. US-$ durch elektr. und elektron. Geräte oder Teile und 2,6 Mrd. US-$ durch Bekleidung). Wichtigster Handelspartner sind die USA, gefolgt von Japan. Trotz hoher Auslandsverschuldung (1996: 37,9 Mrd. US-$) sind die Devisenreserven hoch (1996: 11,8 Mrd. US-$) und die Schuldendienstrate erträglich (1995: 15,1%).

Verkehr: Der Straßenverkehr und der interinsulare Schiffsverkehr sind die wichtigsten Verkehrsträger. Rd. 60% des Fracht- und 80% des Personenverkehrs werden auf der Straße abgewickelt. 1995 waren von insgesamt 161 009 km Straßen nur knapp 17% asphaltiert oder betoniert. Der Eisenbahnverkehr (740 km Streckenlänge auf Luzon) ist relativ bedeutungslos. Die Schifffahrt transportiert etwa 40% der Fracht und 10% aller Passagiere. 1995 wurden philippin. Häfen in der Binnenschifffahrt von 197 237 Schiffen mit einer Nettotonnage von 72,7 Mio. t und in der internat. Schifffahrt von 9 913 Schiffen mit einer Nettotonnage von 59,4 Mio. t angelaufen. Wichtige Häfen sind Manila und Cebu City, beide mit Containerumschlaganlagen. Auf den Luftverkehr entfallen rd. 9% des Passagieraufkommens. Es gibt 87 nat. Flughäfen, darunter 3 größere für den internat. Verkehr (Manila, Cebu City, General Santos); der ehem. US-Militärstützpunkt Clark wird zu einem weiteren internat. Flughafen für Manila ausgebaut. Fluggesellschaft ist die ›Philippine Airlines‹.

GESCHICHTE

Das Gebiet der heutigen P. ist seit etwa 10000 v. Chr. permanent besiedelt (um diese Zeit Ansteigen des Meeresspiegels um rd. 100 m auf etwa die heutige Höhe und Isolierung der einzelnen Inseln). In mehreren Migrationswellen wanderten versch. Völkerschaften vom asiat. Festland ein, zunächst die Aeta (vor 30 000–25 000 Jahren aus dem SW über die beiden Landbrücken der Sulu- und Palawaninseln, da sie keine naut. Kenntnisse hatten), dann, mit dem Bau seetüchtiger Boote, seit etwa 4000–3000 v. Chr. die Altindonesier (früher Altmalaien gen., →Indonesier). Diese wurden seit etwa 200 v. Chr. durch die Jungindonesier (Jungmalaien; sie kamen ebenso aus dem SW) aus den fruchtbaren Ebenen vertrieben. Lehnwörter in den philippin. Sprachen sowie einige tradierte Kulturelemente deuten auf enge Kontakte mit dem ind. Kulturkreis hin, die in gewissem Umfang direkt (S-Indien), in überwiegendem Maße aber durch die expansiven indisierten Großreiche Indonesiens vermittelt wurden (seit etwa 800 durch das Reich Srivijaya, im 13. und 14. Jh. durch Majapahit). Sehr viel stärkere Nachwirkungen hatten die Kontakte mit dem chin. Kulturkreis; erste Handelsbeziehungen werden durch Porzellanfunde aus der Tangzeit in die Zeit um 800 datiert. Seit 1200 gründeten die Chinesen auf den P. feste Handelsplätze. Mit dem Aufkommen des islam. Reichs von Malakka (→Melaka, um 1400 gegr.) erstreckte sich dessen polit. und kulturelle Einflusssphäre bis zu den P. Von muslim. Missionaren bekehrt, gründeten einheim. Fürsten auf den Suluinseln und auf Mindanao Sultanate, deren kulturelles Erbe bis in die Gegenwart spürbar ist. Dank ihrer straffen polit. Organisation vermochten sie den eindringenden span. Konquistadoren heftigen Widerstand zu leisten.

F. DE MAGALHÃES landete am 16. 3. 1521 im Golf von Leyte und nahm die Inseln für Spanien in Besitz. 1543 erhielt die Inselgruppe um Samar und Leyte – nach dem späteren span. König PHILIPP II. – den Namen ›Islas las Felipinas‹, der 1571 auf das gesamte Inselreich übertragen wurde. 1565 wurde auf Cebu die erste span. Dauerniederlassung gegründet, von der aus die weitere Kolonisation des Archipels ihren Ausgang nahm. Wegen der feindl. Haltung der einheim. Bev. und der ständigen Gefahr port. Überfälle verlegten die Spanier ihren Sitz jedoch nach Manila (1571). 1648 wurden die P. im Westfäl. Frieden Spanien zugesprochen. Eine besondere Rolle bei der Eroberung und kolonisator. Erschließung des Landes spielte der span. Klerus. Seiner oft rigorosen Missionstätigkeit war es zuzuschreiben, dass fast die gesamte einheim. Bev. zum Christentum bekehrt wurde; auch förderte er Bildung und Wissenschaft (Gründung von Schulen und Univ., zunächst v. a. auf Cebu). Die Angehörigen der geistl. Orden nahmen zudem in der nach spanisch-amerikan. Muster aufgebauten Administration führende Positionen ein. Wie die span. Aristokratie und die Stammeshäuptlinge gelangten auch sie in den Besitz riesiger Latifundien, auf denen die Einheimischen wie Leibeigene gehalten wurden. Ausbeutung der Steuerzahler, Einbehaltung von Abgaben und Nichtbeachtung religiöser Unterweisung durch die Großgrundbesitzer führten gegen Ende des 16. Jh. zur Abschaffung dieses Systems und zur direkten Kontrolle durch den vom span. König ernannten Gen.-Gouv. Die vom span. Hof angeordnete drast. Beschränkung des philippinisch-mexikan. Warenaustausches, ferner die unrationellen, veralteten landwirtschaftl. Produktionsmethoden sowie die an der Konservierung feudaler Gesellschaftsstrukturen orientierte Haltung der Kirche waren nicht nur der Entwicklung eines liberalen Handels mit dem Westen abträglich, sondern ließen auch die Pläne scheitern, in SO-Asien ein span. Kolonialimperium zu errichten.

Die Missstände, ausgelöst v. a. durch das hemmungslose Profitstreben weniger Privilegierter auf Kosten der Bev., waren die Ursache zahlreicher blutiger Bauernaufstände. Als sich die Filipinos ihrer rass. Diskriminierung und wirtschaftl. Benachteiligung bewusst wurden, entstanden überall im Lande Freiheitsbewegungen, die v. a. von westlich erzogenen Intellektuellen (bes. J. P. RIZAL), von antiklerikalen Kräften und bäuerl. Sozialrevolutionären (1892 Gründung der Katipunan-Bewegung durch ANDRES BONIFACIO) getragen wurden. Die Aufstände mündeten in die Revolution 1896–98 (unter Führung von E. AGUINALDO) und die Proklamation der Rep. der P. am 12. 6. 1898 in Malolos durch AGUINALDO. Beim Ausbruch des Spanisch-Amerikan. Krieges (1898) unterstützten die Filipinos die USA, die als Gegenleistung die staatl. Unabhängigkeit versprachen.

Nach dem Krieg musste Spanien im Frieden von Paris (10. 12. 1898) die P. an die USA abtreten. Als diese die angestrebte Unabhängigkeit nicht gewährten, setzte die Aufstandsbewegung 1899 unter AGUINALDO ihren Kampf fort, musste jedoch die amerikan. Herrschaft über die P. 1901 anerkennen. Bei den ersten Parlamentswahlen gewann die Nationalist. Partei unter M. QUEZÓN 1907 die Mehrheit der Mandate. Mit der Verf. vom 29. 8. 1916 verlieh die amerikan. Verwaltung unter Gen.-Gouv. FRANCIS BURTON HARRISON (1913–21; * 1873, † 1957), einem entschiedenen Gegner der imperialistisch motivierten amerikan. Politik in dieser Zeit, den P. weitgehende Autonomie.

Die Handelspolitik der USA gegenüber den P., bes. die zollfreie Einfuhr amerikan. Industriewaren in die P. sowie der Export philippin. Rohprodukte (bes. Zuckerrohr) in den zolltariflich geschützten Markt der USA, hemmten den Aufbau einer Industrie und förderten - in Verbindung mit der wachsenden Konzentration des Landbesitzes in den Händen weniger - die wirtschaftl. Macht der Großgrundbesitzer, die sich zugleich zur polit. Führungsschicht entwickelten. Vor diesem Hintergrund kam es in den 1920er- und 30er-Jahren v.a. in Zentral-Luzon zu Aufständen.

Mit dem Tydings-McDuffie Act (unterzeichnet von Präs. F. D. ROOSEVELT am 24. 3. 1934) erhielten die P. im Rahmen eines ›Philippine Commonwealth‹ den Dominionstatus (in Kraft getreten am 15. 11. 1935). Entsprechend dieser gesetzl. Vorgabe sollten die P. nach Ablauf von zehn Jahren unabhängig werden. Seit dem 17. 9. 1935 war QUEZÓN Staatspräs., S. OSMENA Vizepräsident. In der Übergangsperiode vertrat ein Oberkommissar die Reg. der USA in Manila.

Nach Beginn des Pazifikkrieges (7. 12. 1941; Zweiter →Weltkrieg) landeten jap. Truppen seit dem 9. 12. auf den P. Nach Evakuierung der Reg. Quezón ins US-Hauptquartier nach Corregidor, 1942 in die USA, bildete sich ein japanfreundl. Executive Commitee (1942–43). Im Oktober 1943 errichtete die jap. Besatzungsmacht eine unabhängige philippin. Republik unter Präs. JOSÉ P. LAUREL (* 1891, † 1959). Gegen Japan und die mit ihm zusammenarbeitenden philippin. Kräfte bildeten sich eine bürgerl., mit den USA sympathisierende Widerstandsbewegung sowie eine sozialistisch-kommunist., die ›Hukbalahap‹; unter Anknüpfung an das traditionelle gesellschaftl. Konfliktpotenzial (v.a. in Zentral-Luzon) verband diese den politisch-militär. Widerstand mit dem Versuch einer sozialen Revolution und enteignete in ihrem Machtbereich den Grundbesitz der Kaziken, einer einheim., während der span. Kolonialzeit entstandenen Oberschicht. Im Zuge der militär. Niederlage Japans brach 1945 auch das mit ihm zusammenarbeitende Reg.-System unter LAUREL zusammen; OSMENA, der bereits im Exil nach dem Tod QUEZÓNS (1944) das Amt des Präs. des ›Philippine Commonwealth‹ übernommen hatte, kehrte nach Manila zurück. Die von den Hukbalahap enteigneten Kaziken suchten unmittelbar nach dem Krieg - oft mit terrorist. Mitteln - ihre gesellschaftl. Vormachtstellung zurückzugewinnen.

Am 4. 7. 1946 entließen die USA die P. in die staatl. Unabhängigkeit. MANUEL ROXAS (* 1892, † 1948), im April 1946 als Kandidat der neu entstandenen Liberalen Partei zum Staatspräs. gewählt, akzeptierte die engen wirtschaftl. und militär. Bindungen an die USA. So mussten die P. in einer Ergänzung zur Verf. US-Bürgern dieselben Rechte bei der Ausbeutung von Naturschätzen zugestehen wie den Filipinos. Zudem erhielten die USA - auf 99 Jahre - zahlr. Militärstützpunkte. Nach dem Tod ROXAS' wählte die Bev. (in einem in seinem Ablauf umstrittenen Wahlgang) ELIPIDIO QUIRINO (* 1880, † 1956; Liberale Partei) zum Staatspräs. Unter seiner Reg. (1948–53) lösten die Hukbalahap 1949 einen Aufstand aus, in dem sich bes. die Unzufriedenheit der armen Landpächter zeigte. Mit amerikan. Militärhilfe wurde der Aufstand niedergeschlagen. RAMÓN MAGSAYSAY (* 1907, † 1957), der dabei als Verteidigungs-Min. (1950–53) eine wesentl. Rolle gespielt hatte (Reorganisation von Armee und Polizei), wurde 1953 als Kandidat der Nationalist. Partei zum Staatspräs. gewählt; seine Bemühungen um gesellschaftl. Reformen scheiterten. Nach seinem Tod folgten ihm CARLOS P. GARCIA (* 1896, † 1971; 1957–61; Nationalist. Partei) und DIOSDADO MACAPAGAL (* 1910, † 1997; 1961–65; Liberale Partei).

Im November 1965 wurde F. E. MARCOS als Kandidat der Nationalist. Partei zum Staatspräs. gewählt; (1969 wieder gewählt); im Innern mit sich verschärfenden sozialen, ethn. und religiösen Spannungen konfrontiert, schlug er zunehmend einen diktator. Kurs ein. 1972 verhängte er das Kriegsrecht: Oppositionelle Politiker wurden verhaftet, die Pressefreiheit eingeschränkt, das Streikrecht aufgehoben und die polit. Parteien formell aufgelöst. Er versprach eine Bodenreform. In mehreren Volksabstimmungen (Vorwurf der Manipulation) ließ er sich 1973, 1975, 1976 und 1978 im Amt bestätigen. In seiner Herrschaft sah sich MARCOS zum einen der von B. AQUINO geführten bürgerl. Opposition gegenübergestellt, zum anderen mit der ›New People's Army‹ (NPA), dem bewaffneten Arm der KP, konfrontiert. Darüber hinaus hatte im S der P., auf den Suluinseln, 1973 ein Aufstand der muslimisch orientierten Moro National Liberation Front (Nat. Befreiungsfront der Moro) begonnen. Nachdem MARCOS 1980 unter innenpolit. Druck das Kriegsrecht aufgehoben hatte, ließ er sich 1981 erneut zum Präs. (mit umfassenden Vollmachten) wählen. Die Ermordung des Oppositionsführers B. AQUINO kurz nach seiner Rückkehr aus dem Exil (August 1983) löste eine schwere innenpolit. Krise aus. Anhaltende Proteste und Demonstrationen veranlassten MARCOS, für den 7. 2. 1986 vorgezogene Wahlen anzuberaumen; für diese Präsidentschaftswahlen stellte die Opposition als einzige Kandidatin CORAZON AQUINO, die Witwe B. AQUINOS, auf. Nach der (offenkundig manipulierten) Wiederwahl von MARCOS musste dieser unter starkem innenpolit. Druck (Kampagne zivilen Ungehorsams, Verweigerung jegl. Unterstützung durch die USA) zugunsten von C. AQUINO auf das Präsidentenamt verzichten und verließ das Land. Friedensgespräche mit der NPA 1986 erbrachten keinen dauerhaften Erfolg. Die eingeleitete Demokratisierung war von einer erhebl. Verschlechterung der wirtschaftl. Situation begleitet. Die bis in Reg.-Kreise reichende Opposition gegen C. AQUINO organisierte sich 1988 in der mehrere Parteien umfassenden Union for National Action (UNA); seit 1986 wurden mehrere Putschversuche gegen die Präsidentin niedergeschlagen. 1990 kündigten die P. das Stützpunktabkommen mit den USA zum September 1991 auf; die Inkraftsetzung eines neuen scheiterte am Widerstand des Senats (1992 Räumung der Marinebasis Subic Bay als letzter amerikan. Militärstützpunkt). Die Präsidentschaftswahlen im Mai 1992 gewann F. RAMOS, der eine friedl. Lösung des Konflikts mit den versch. Gruppen der islam. Aufständischen auf Mindanao einzuleiten suchte. Nach Vereinbarung eines provisor. Waffenstillstandsabkommens (1993) mit der Moro National Liberation Front (MNLF) unterzeichneten am 2. 9. 1996 RAMOS und der muslim Rebellenführer NUR MISUARI ein Friedensabkommen zur Beendigung eines Guerillakriegs, der in mehr als zwei Jahrzehnten über 100 000 Tote forderte. Durch diesen Vertrag wurde die Einsetzung eines ›Südphilippin. Rates für Frieden und Entwicklung‹ unter Führung der Rebellen für 14 Prov. auf Mindanao und für 1999 ein Referendum über die Beteiligung der Prov. an einer geplanten autonomen Region beschlossen; dagegen kündigte die christl. Bev. dieser Gebiete Widerstand an. – Außenpolitisch setzte nach Schließung der amerikan. Stützpunkte eine stärkere Orientierung nach O-Asien ein. Die Beziehungen zur VR China wurden durch den philippin. Anspruch auf einige Spratlyinseln belastet.

1997 wurden Bestrebungen einer Bürgerinitiative, durch eine Verf.-Änderung eine Wiederwahl von Präs. RAMOS zu erwirken, vom Obersten Gericht für unzulässig erklärt.

H. DE LA COSTA: The Jesuits in the Philippines, 1581–1768 (Cambridge, Mass., 1961); J. L. PHELAN: The hispanization of the Philippines. Spanish aims and Filipino responses,

1565–1700 (Madison, Wis., [2]1967); F. L. WERNSTEDT u. J. F. SPENCER: The Philippine island world. A physical, cultural and regional geography (Berkeley, Calif., 1967, Nachdr. ebd. 1978); N. P. CUSHNER: Spain in the Philippines. From conquest to revolution (Quezon City 1971); T. M. BURLEY: The Philippines. An economic and social geography (London 1973); R. CONSTANTINO: A history of the Philippines (New York 1976); H. H. E. LOOFS: Archäologie der P. (Leiden 1978); T. J. S. GEORGE: Revolt in Mindanao. The rise of Islam in Philippine politics (Oxford 1980); D. C. SALITA u. D. Z. ROSELL: Economic geography of the Philippines (Bicutan 1980); D. BRONGER: Die P. Raumstrukturen, Entwicklungsprobleme, regionale Entwicklungsplanung (1987); D. WURFEL: Filipino politics. Development and decay (Ithaca, N. Y., 1988); Documentary sources of Philippine history, hg. v. G. F. ZAIDE, 12 Bde. (Manila 1990); Economy and politics in the Philippines under Corazon Aquino, hg. v. B. DAHM (1991); D. G. TIMBERMAN: A changeless land. Continuity and change in Philippine politics (Singapur 1991); J. M. DE MESA: Maginhawa – den Gott des Heils erfahren. Theolog. Inkulturation auf den P. (a. d. Engl., (1992); D. J. STEINBERG: The Philippines. A singular and a plural place (Boulder, Colo., [3]1994); H. M. KUNZ: Von Marcos zu Aquino. Der Machtwechsel auf den P. u. die kath. Kirche (1995); H.-P. FOTH: Landreformpolitik auf den P. Die Ära Aquino (1996).

Philippinengraben, Tiefseegraben im Pazif. Ozean, östlich der Philippinen, bis 10 540 m tief (Galatheatiefe).

philippinische Sprachen und Literatur. Die rd. 100 auf den Philippinen und in angrenzenden Regionen gesprochenen Sprachen gehören zur westmalaio-polynes. Gruppe der austrones. Sprachen. Zu den philippin. Sprachen zählen u. a. Tagalog (in standardisierter Form seit 1946 Amtssprache der Philippinen, seit 1959 Pilipino, seit 1987 Filipino gen.) und Cebuano (auch Sugbuhanon gen.) mit jeweils rd. 10 Mio. Sprechern sowie mit jeweils etwa 5 Mio. Sprechern Ilokano und Ilongo (auch Hiligaynon gen.), darüber hinaus Bicolano und Waraywaray. Die Sprachen der Philippinen sind durch Verwendung von Reduplikation und Affixen zur Bez. von Tempus, Aspekt und Modus sowie ein komplexes Kasussystem gekennzeichnet.

Von der genuin philippin. Literatur vor der span. Eroberung 1565 sind keine Originalfassungen erhalten, da die span. Missionare die einheim. Kultur aus Glaubensgründen bekämpften. Mündlich überliefert (später auch aufgezeichnet) wurden Mythen, Heldenepen, Fabeln, Legenden, Sprichwörter und Rätsel. Lieder und Gedichte handelten von Übergangsriten (Geburt, Heirat, Tod) und Lebensgrundlagen (Hausbau, Jagd, Fischfang); Gesang und Rezitation wurden von Blas- und Saiteninstrumenten begleitet; noch die heutige Art der Gedichtrezitation erinnert mit ihrer ›hohen‹ Tonlage an die alten Formen. Die Literatur während der span. Kolonialherrschaft (1565–1898) wurde in span. und in philippin. Sprachen (v. a. Tagalog) verfasst. Die Christianisierung der Filipinos fand ihren Ausdruck in einer im Zeichen christl. Verkündigung stehenden Literatur (geistl. Spiele, Erbauungsliteratur). Im 18. Jh. entstand eine profane Literatur mit dem Volkstheater (›komedya‹), dessen stoffl. Grundlage die Übersetzung und Bearbeitung mittelalterlicher span. Romanzen bildeten. Im 19. Jh. begannen sich ein philippin. Nationalbewusstsein und der Widerstand gegen die span. Kolonialmacht literarisch zu artikulieren, bes. bei J. P. RIZAL, dessen Werke die Erhebung von 1896 einleiteten. In der Geschichte des philippin. Dramas wurde im 19. Jh. die ›komedya‹ durch eine eigene Version (›sarsuwela‹) des span. Singspiels (›zarzuela‹) mit spezifisch philippin. Thematik abgelöst. Die literar. Entwicklung seit der amerikan. Machtübernahme (1898) war dadurch geprägt, dass die traditionelle romant. Richtung, vertreten z. B. durch den Dramatiker JOSÉ CORAZON DE JESUS (* 1896, † 1932) und den Romancier IÑIGO E. REGALADO (* 1888, † 1976) zunehmend von realistischeren (in der Nachfolge RIZALS stehenden) Richtungen zurückgedrängt wurde. Letztere engagierten sich, obwohl sie literarisch oft westl. Vorbildern folgten und – neben dem Tagalog – auch die engl. Sprache als Medium gebrauchten, im Kampf um die Befreiung vom amerikan. Kolonialismus, v. a. die Dramatiker AURELIO TOLENTINO (* 1868, † 1915) und JUAN ABAD (* 1872, † 1932) sowie der Romancier FAUSTINO AGUILAR (* 1882, † 1955), ferner der Dichter ALEJANDRO G. ABADILLA (* 1904, † 1969), die um 1940 eine Art Revolution in der Tagalogpoesie herbeiführten. In der erzählenden Literatur wurde die (vorher unbekannte) Kurzgeschichte, als deren Wegbereiter JOSÉ GARCÍA VILLA (* 1910) mit seiner Sammlung (1931) gilt, zur beliebtesten Gattung. Einige ihrer Vertreter aus der Generation VILLAS haben auf dem Gebiet der – thematisch meist sozialkrit. – Kurzgeschichte und/oder des Romans internat. Rang erreicht wie BIENVENIDO N. SANTOS (* 1911, † 1996), AMADOR DAGUIO (* 1912, † 1966), NESTOR VICENTE MADALI GONZALEZ (* 1915), FRANCISCO ARCELLANA (* 1916), NICK JOAQUIN (* 1917), der Gründer (1958) des philippin. PEN-Zentrums FRANCISCO SIONIL JOSÉ (* 1924) und RONY V. DIAZ (* 1932).

Die Philippinen in Erz. ihrer zeitgenöss. Autoren, hg. v. G. BIRKENFELD (1965); J. H. WARD: A bibliography of Philippine linguistics and minor languages (Ithaca, N. Y., 1971); B. LUMBERA: Philippine literature, in: Hb. der Orientalistik, hg. v. B. SPULER, Abt. 3, Bd. 3,1 (Leiden 1976); C. D. MACFARLAND: A linguistic atlas of the Philippines (Tokio 1980); S. J. EPIFANIO: Reading the west, writing the east (New York 1992).

Philippisten, in den theolog. Auseinandersetzungen im frühen →Luthertum die Anhänger P. MELANCHTHONS (→Kryptokalvinismus).

Philippopel, Stadt in Bulgarien, →Plowdiw.

Philippsburg, Stadt im Landkreis Karlsruhe, Bad.-Württ., 100 m ü. M., an einem Altrheinarm, 12 500 Ew.; Maschinen- und Gerätebau, Reifenherstellung; Kernkraftwerk (zwei Blöcke, 890 und 1 388 MW Nettoleistung). – Kath. Pfarrkirche Mariä Himmelfahrt (1710); Jugendstilfesthalle (1906). – P., 784 erstmals erwähnt, bis 1623 **Udenheim** gen., kam 1316 an das Bistum Speyer und wurde 1338 Stadt. 1371–1723 war P. fast ständig Residenz der Bischöfe von Speyer. 1615 ließ sie PHILIPP CHRISTOPH VON SÖTERN (1610–23 Bischof) zur Festung ausbauen. 1623 wurde die Stadt nach ihm benannt. Die Festung wurde 1800 geschleift. 1803 kam P. an Baden.

Philippson, Alfred, Geograph, * Bonn 1. 1. 1864, † ebd. 28. 3. 1953; Prof. in Bern, Halle (Saale) und (1911–29) in Bonn. Schwergewicht seiner Forschungen bilden die Geomorphologie und die auf ihr basierende, Siedlung und Wirtschaft der Menschen einbeziehende geogr. Landeskunde, insbesondere Griechenlands und Kleinasiens.

Werke: Der Peloponnes (1891); Grundzüge der Allg. Geographie, 2 Bde. (1921–24); Die griech. Landschaften, 8 Tle. (1950–59, mit H. LEHMANN u. E. KIRSTEN).

Ausgabe: Wie ich zum Geographen wurde, hg. v. H. BÖHM u. A. MEHMEL (1996).

P.-Gedächtnis-Kolloquium 13. 11. 1989, hg. v. E. EHLERS (1990).

Philippsthal (Werra), Gem. im Landkreis Hersfeld-Rotenburg, Hessen, 4 900 Ew. – Das im 12. Jh. gegründete Benediktinerinnenkloster Kreuzberg wurde nach 1686 zu einem Barockschloss umgebaut (Residenz der Landgrafen von Hessen-Philippsthal). Die ehem. Abteikirche ist eine roman. Säulenbasilika (Ende 12. Jh., 1733 barock verändert); Jugendstilrathaus (1913).

Philippus, im N. T. Apostel, Jünger JESU; aus Betsaida, war vorher einer der Jünger JOHANNES' DES TÄUFERS. Er spielt v. a. im Johannesevangelium eine Rolle (z. B. Joh. 1,45 f.; 6,5 ff.), legendarisch ist sein Tod als Märtyrer (gekreuzigt). – Heiliger (Tag: 3. 5.; in der orth. Kirche 14. 11.).

Theodor Philipsen: Allee bei Kastrup; 1891 (Kopenhagen, Kunstmuseum)

Philippus Diakonus (Holzplastik von Tilman Riemenschneider, 1490; München, Bayerisches Nationalmuseum)

Philippus, Gegenpapst (31. 7. 768), Mönch im röm. Vituskloster; wurde von der Langobardenpartei tumultuarisch erhoben und inthronisiert, aber nicht zum Bischof geweiht. Noch am gleichen Tag verzichtete er auf seine Würde und kehrte ins Kloster zurück.

Philippus, P. Diakonus, im N. T. einer der sieben mit der Sorge um die judenchristl. Witwen griech. Sprache betrauten Diakone in Jerusalem (Apg. 6, 5). Nach Apg. 8 missionierte er in Samaria, dann zw. Ashdod und Caesarea Palaestinae; nach Apg. 21, 8 f. lebte er später mit seinen vier prophetisch begabten Töchtern in Caesarea. Legendarisch ist sein späteres Martyrium in Hierapolis (Phrygien). Die in Apg. 8, 38 berichtete Taufe eines Äthiopiers durch P. fand eine künstler. Darstellung in REMBRANDTS ›Taufe des Mohrenkämmerers‹. – Heiliger (Tag: 6. 6.; in der orth. Kirche 11. 10.) – P. wurden mehrere apokryphe Schriften zugeschrieben: das ›P.-Evangelium‹ (2. Jh.; gnostisch geprägtes Florilegium zu Sakramenten und Ethik), die ›P.-Akten‹ (Mitte 4. Jh.; fragmentarisch erhaltene legendar. Darstellung des Lebens und Martyriums des P., wobei, wie auch bei anderen Autoren, P. fälschlich mit dem Apostel PHILIPPUS identifiziert wird) sowie ein ›Brief des Petrus an Philippus‹.

Philippus Arabs, eigtl. **Marcus Iulius P.,** röm. Kaiser (seit 244), * Shahba (im Hauran) um 204, † bei Verona September 249; Sohn eines nordarab. Scheichs, wurde 243 Prätorianerpräfekt, im Februar

244 Nachfolger GORDIANS III., den er hatte ermorden lassen. In seine von Usurpationen gestörte Reg.-Zeit fiel die Tausendjahrfeier Roms (21. 4. 248). P. fiel im Kampf mit dem Gegenkaiser DECIUS.

Philips Electronics N. V. [-ılekˈtrɔnıks-], niederländ. Konzern der elektron. und elektrotechn. Industrie, gegr. 1891 von GERARD LEONARD FREDERIK PHILIPS (* 1858, † 1942) und ANTON FREDERIK PHILIPS (* 1874, † 1951), 1912–91 Philips Glœilampenfabrieken N. V.; Sitz: Eindhoven. Das Produktionsprogramm umfasst v. a. Erzeugnisse der Audio- und Video-, Licht-, Kommunikations- und Medizintechnik sowie der Industrie- und Mikroelektronik. Zu den Tochtergesellschaften in rd. 60 Ländern gehört u. a. die Philips GmbH, Hamburg. Konzernumsatz (1997): 76,45 Mrd. hfl, Beschäftigte: 264 700.

Philipsen, Theodor Esbern, dän. Maler, * Kopenhagen 10. 6. 1840, † ebd. 3. 3. 1920; malte mit impressionist. Mitteln Landschafts- und Tierbilder in lebhaften, lichterfüllten Farben.

Philiskos, Bildhauer des 1. Jh. v. Chr. aus Rhodos; seine Signatur ist an einer auf Thasos gefundenen Porträtstatue erhalten. Die ›Musen des P.‹ stammen wohl aus dem 2. Jh. v. Chr. (in zahlr. Kopien erhalten) und sind nicht auf seine – nur literarisch überlieferte – Musengruppe zurückzuführen.

Philister *der, -s/-,* kleinbürgerlich-engstirniger Mensch, Spießbürger. Der Name der P., in der Bibel die schlimmsten Feinde des auserwählten Volkes (Israeliten), wurde im 17. Jh. von Studenten auf deren Feinde, die Stadtsoldaten und Polizisten, übertragen, wobei sie sich selbst als (geistig) Auserwählte sahen. Später wurde die Bez. auf die ›Nichtakademiker‹, dann auf kleinbürgerlich-engstirnige Menschen übertragen.

Philister, hebr. **Pelischtim,** nach 1200 v. Chr. im Zusammenhang mit der Wanderung der Seevölker durch Palästina an die Grenzen Ägyptens vorstoßendes Volk westl. Herkunft, nach dem A. T. (Amos 9, 7) aus Kaphtor, womit möglicherweise Kreta gemeint ist; 1176 durch Pharao RAMSES III. in einer Land- und einer Seeschlacht geschlagen und in der südwestl. Küstenebene von Palästina angesiedelt, während sich das mit den P. verwandte Volk der Ikr in der Hafenstadt →Dor niederließ. In einem Fünfstädtebund (Pentapolis: Gaza, Ashdod, Ashkelon, Gath und Ekron) zusammengeschlossen, stießen sie gegen das israelitisch besiedelte Gebiet vor und zwangen die israelit. Stämme zum staatl. Zusammenschluss unter SAUL. Erst DAVID konnte die Bedrohung endgültig beseitigen. Die assyr. Eroberung der Küstenebene (seit 734 v. Chr.) beendete ihre Selbstständigkeit.

An ägypt. Darstellungen von P. aus Medinet Habu fällt bes. das hochgebundene Haupthaar auf, das wie Federkronen aussieht (→Medinet Habu, BILD). Die ›P.-Keramik‹, eng verwandt mit zypr. Ware der spätmyken. Zeit (und zwar Späthelladisch III C), gibt weder sichere Hinweise auf die Herkunft der P. noch auf ihre Verbreitung. Ähnliches gilt für die menschengestaltigen Tonsarkophage (u. a. aus Beth Schean und Lachis), die dem ägypt. Kulturkreis entstammen. Die Assimilierung mit der lokalen kanaanäischen Kultur muss sehr rasch erfolgt sein, sodass weder aus dem Namenmaterial und der Bewaffnung (→Goliath) noch aus den überlieferten Götternamen (→Beelzebub, →Dagon) sichere Schlüsse auf die kulturelle Eigenart der P. gezogen werden können. Von den laufenden Ausgrabungen von Ashdod und Ekron werden neue Aufschlüsse erwartet.

T. DOTHAN: The Philistines and their material culture (a. d. Hebr., New Haven, Conn., 1982); DERS. u. M. DOTHAN: Die P. Zivilisation u. Kultur eines Seevolkes (a. d. Engl., 1995).

Phillips [ˈfılıps], **1)** Caryl, engl. Schriftsteller karib. Herkunft, * Saint Kitts 13. 3. 1958; in Großbritannien

Peter Phillips: Casual Illusions, 4; 1968 (Privatbesitz)

aufgewachsen, studierte in Oxford. Durch seine Dramen, Romane und Essays zieht sich als dominantes Thema die Auseinandersetzung mit der Identität des schwarzen Autors, mit den Kulturbeziehungen zw. der Karibik und Großbritannien, mit Problemen der Dekolonisation, Sklaverei und Auswanderung.

Werke: *Romane:* The final passage (1985; dt. Abschied von der Tropeninsel); A state of independence (1986); Higher ground (1989; dt. Auf festem Grund); Cambridge (1991; dt. Emily u. Cambridge); Crossing the river (1993; dt. Jenseits des Flusses). – *Drama:* The shelter (1984). – *Reisebericht:* The European tribe (1987).

2) David Graham, amerikan. Schriftsteller, *Madison (Ind.) 31. 10. 1867, †(ermordet) New York 24. 1. 1911. Als Journalist mit den →Muckrakers verbunden, schrieb realist. sozialkrit. Romane, in denen er polit. Skandalfälle und Korruption bloßlegte und sich für Reformen einsetzte. Beschäftigte sich auch mit der sich wandelnden Stellung der Frau in der Gesellschaft (›Susan Lenox, her fall and rise‹, 2 Bde., hg. 1917).

Weitere Werke: *Romane:* The great god Success (1901); The deluge (1905); The plum tree (1905).

A. C. RAVITZ: D. G. P. (New York 1966); L. FILLER: Voice of the democracy. A critical biography of D. G. P. (University Park, Pa., 1978).

3) Jayne Anne, amerikan. Schriftstellerin, *Buckhannon (W. Va.) 19. 7. 1952. Ihre Prosa beobachtet einfühlsam, in knapp verdichteter Sprache, Situationen des Leidens, der Einsamkeit und Entfremdung.

Werke: *Romane:* Machine dreams (1984; dt. Maschinenträume); Shelter (1994; dt. Sommercamp). – *Kurzgeschichten:* Black tickets (1979; dt. Das himmlische Tier); How Mickey made it (1981); Fast lanes (1984; dt. Überholspur).

4) Peter, engl. Maler, *Birmingham 21. 5. 1939; Vertreter der Pop-Art. Seine collagehaften, oft geometrisch komponierten Bilder verbinden die Zeichensysteme von Spielautomaten, die Bildidole des Sex und die Klischees der Werbung in zunehmend plakativer Darstellungsweise.

5) William Daniel, amerikan. Physiker, *Wilkes-Barre (Pa.) 5. 11. 1948; am National Institute of Standards and Technology in Gaithersburg (Md.) tätig; erhielt zus. mit dem frz. Physiker CLAUDE COHEN-TANNOUDJI (*1933) und seinem amerikan. Kollegen STEVEN CHU (*1948) für die Entwicklung von Methoden, Atome mit Laserlicht zu kühlen und einzufangen (→Laserkühlung), 1997 den Nobelpreis für Physik.

Phillipsit [nach dem brit. Mineralogen WILLIAM PHILLIPS, *1775, †1828] *der, -s/-e,* **Kalkharmotom,** farbloses oder weißes, auch gelbl. oder rötl., glasglänzendes, monoklines Mineral der chem. Zusammensetzung $KCa[Al_3Si_5O_{16}] \cdot 6H_2O$; Härte nach MOHS 4–4,5, Dichte 2,2 g/cm^3; kurznadelige, tafelige Kristalle (Zwillingsbildung); in Hohlräumen von vulkan. Gesteinen, daneben auch in Absätzen heißer Quellen. (BILD S. 106)

Phillips-Kurve ['fılıps-], graf. Darstellung des Zusammenhangs zw. der Inflationsrate und der Arbeitslosenquote, urspr. von dem brit. Volkswirtschaftler ALBAN WILLIAM PHILLIPS (*1914, †1975) für den Zusammenhang zw. der Zuwachsrate der Nominallöhne und der Arbeitslosenquote verwendet und für die Jahre 1861–1957 für Großbritannien empirisch untermauert. P. A. SAMUELSON und R. M. SOLOW bezogen als Erste diese **originäre P.-K.** auf die Inflationsrate und gaben ihr dadurch wirtschaftspolit. Bedeutung **(modifizierte P.-K.).** In Anlehnung an PHILLIPS gingen sie von einem konvexen Verlauf der Kurve aus. Die Daten für die Jahre 1955–73 bestätigten den gegenläufigen Zusammenhang zw. Inflationsrate und Arbeitslosenquote. Dies sprach dafür, dass die Beschäftigungspolitik im Sinne des Keynesianismus durch expansive Geld- und Fiskalpolitik die Beschäftigung erhöhen kann, wenn sie bereit ist, dafür eine höhere Inflationsrate in Kauf zu nehmen. Die Entwicklung seit 1973 führte allerdings zu höheren Inflationsraten *und* höheren Arbeitslosenquoten.

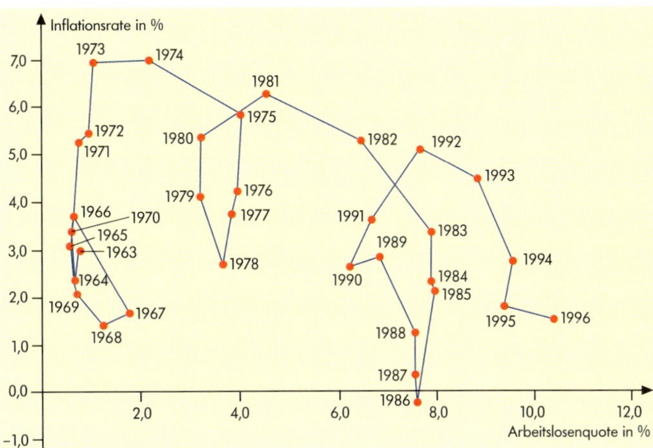

Phillips-Kurve: Die tatsächlichen Werte von Inflationsrate und Arbeitslosenquote für die Bundesrepublik Deutschland in den Jahren 1963–96 (seit 1991 einschließlich neuer Bundesländer)

In der ökonom. Theorie wurde die aus der P.-K. abgeleitete Wahlmöglichkeit zw. Arbeitslosigkeit und Inflation von den Monetaristen mit dem Argument bestritten, durch die P.-K. werde nur eine kurzfristige Beziehung beschrieben. Langfristig ergebe sich eine ausschließlich durch strukturelle Faktoren bestimmte Arbeitslosenquote, die M. FRIEDMAN als ›natürl. Arbeitslosenquote‹ bezeichnete. Eine Abweichung der gemessenen von der natürl. Arbeitslosigkeit wird vom Monetarismus auf falsche Inflationserwartungen zurückgeführt. Sobald die Erwartungsirrtümer korrigiert seien, kehre die Arbeitslosenquote auf das natürl. Niveau zurück. Jeder Versuch, die Arbeitslosenquote auf Dauer unter dieses Niveau zu drücken, führt nach monetarist. Auffassung nur zu immer weiter sich beschleunigender Inflation. Langfristig sei die P.-K. daher eine Senkrechte über der natürl. Arbeitslosenquote **(monetaristische P.-K.).** In der →neuen klassischen Makroökonomik wird die P.-K. auch kurzfristig als Senkrechte über der natürl. Arbeitslosigkeit betrachtet. Der von PHILLIPS urspr. gefundene stabile Zusammenhang ist heute empirisch nicht mehr ohne weiteres erkennbar. Wegen der unterschiedlichen theoret. Standpunkte und der unklaren empir. Datenlage ist die Diskussion um die P.-K. letztlich auch heute noch nicht abgeschlossen.

William Daniel Phillips

philo... [griech. phílos ›freundlich‹, ›Freund‹], vor Vokalen und h verkürzt zu **phil...,** Worbildungselement mit der Bedeutung: Freund, Liebhaber, Anhänger; Liebe, Neigung; wiss. Beschäftigung, z. B. Philologie, Philanthrop; auch als letzter Wortbestandteil, 1) bei Adjektiven: **...phil,** mit der Bedeutung: liebend, eine Vorliebe für jemanden oder etwas habend, z. B. anglophil, hydrophil; 2) bei Substantiven: **...philie,** mit der Bedeutung: Vorliebe, Zuneigung, z. B. Homophilie, Gräkophilie.

Philodemos, P. von Gadara, griech. Philosoph, *wohl Gadara um 110 v. Chr., †um 40 (35?) v. Chr.; Epikureer, Schüler des ZENON VON SIDON. Er gründete mit SIRON in Neapel eine epikureische Schule, die auf das röm. Geistesleben (u. a. VERGIL) großen Einfluss hatte. Er befasste sich mit Logik, Theologie,

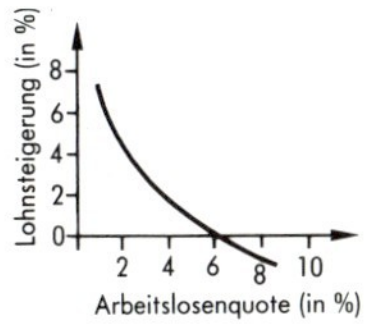

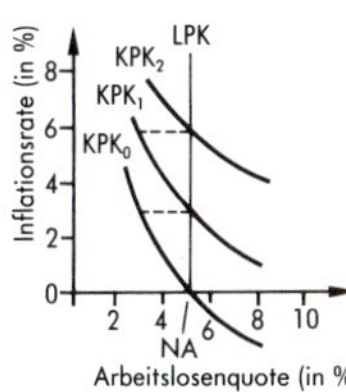

Phillips-Kurve: Originäre Phillips-Kurve **(oben)** sowie modifizierte kurzfristige Phillips-Kurven (KPK) und die senkrecht über der ›natürlichen‹ Arbeitslosenquote (NA) verlaufende langfristige Phillips-Kurve (LPK; **unten**)

Kunsttheorie (Musik, Rhetorik, Dichtung) und Ethik und schrieb einige kunstvolle Epigramme.

Philodendron [zu griech. déndron ›Baum‹, also eigtl. ›Baumfreund‹] *der, -s/...ren,* Gattung der Aronstabgewächse mit etwa 500 Arten im trop. Amerika; meist epiphyt. Lianen mit ganzrandigen bis tief gelappten Blättern und kolbenförmigen, scheinbar seitenständigen Blütenständen, die jeweils von einem tütenartigen Hüllblatt (Spatha) eingeschlossen sind. Auffällig sind die oft reich entwickelten Luftwurzeln. Zahlr. Arten und Hybriden sind beliebte Zierpflanzen; teilweise giftig.

Philokalia [griech. ›Liebe zum Schönen‹], erstmals 1782 von dem Athosmönch NIKODEMOS VOM HEILIGEN BERG (* 1749, † 1809) und Bischof MAKARIOS von Korinth (* 1731, † 1805) in Venedig in griech. Sprache edierte umfangreiche Sammlung mystisch-asket. Texte von 36 Autoren des 4. bis 15. Jh., die in der orth. Spiritualität (bes. der monast.) eine richtungweisende Rolle spielten. Die P. fand rasch weite Verbreitung bei den slaw. Orthodoxen: Schon 1793 entstand in Moskau eine kirchenslaw. Ausgabe durch PAISSIJ WELITSCHKOWSKIJ, 1877–89 eine stark erweiterte russ. Fassung durch Bischof FEOFAN.

Ausgaben: Philokalia tōn hierōn nēptikōn, 5 Bde. (1957–63). – Byzantin. Mystik. Ein Textbuch aus der ›P.‹, übers. v. K. DAHME, auf mehrere Bde. ber. (1989 ff.).

Phillipsit: Weiße Kristalle auf Basalt

Philoktet, griech. **Philoktetes,** *griech. Mythos:* Sohn des Poias und der Demonassa, stand Herakles in der Todesstunde bei und erhielt dafür von diesem seinen Bogen. Am Feldzug der Griechen gegen Troja nahm P. mit sieben Schiffen teil, wurde aber bei einer Zwischenlandung von einer Schlange gebissen; da die Wunde nicht heilte und einen unerträgl. Geruch verbreitete, wurde P. auf Odysseus' Rat auf Lemnos ausgesetzt und verlebte dort unter großen Qualen neun Jahre; im zehnten Jahr holten Odysseus und Diomedes (oder Neoptolemos) ihn mit einer List zurück, da nach einem Orakel Troja ohne Herakles' Bogen nicht erobert werden konnte. P. tötete Paris, und Troja fiel. Von den P.-Tragödien der drei großen griech. Tragiker ist nur die des SOPHOKLES vollständig erhalten (von HEINER MÜLLER bearbeitet).

Philolaos, P. von Kroton, griech. **Philolaos,** griech. Philosoph des 5. Jh. v. Chr.; bedeutender Pythagoreer; lehrte angeblich auch auf Sizilien und in Theben; vielleicht Lehrer des ARCHYTAS VON TARENT. P. hatte großen Einfluss auf PLATON. – Er nahm eine im Weltgebäude sich bewegende Erde an und beschäftigte sich mit der pythagoreischen Zahlentheorie.

Philodendron: Philodendron panduriforme

Philologe *der, -n/-n,* Forscher und Lehrer der Literatur- und Sprachwiss.; *bildungssprachlich:* Lehrer an höheren Schulen (→Deutscher Philologenverband e. V.).

Philologie [griech.] *die, -/...'gi|en,* i. e. S. die Wiss. der Deutung von Texten, i. w. S. die wiss. Erforschung der geistigen Entwicklung und Eigenart eines Volkes oder einer Kultur aufgrund seiner Sprache und Literatur. Ausgebildet hat sich die P. als Wiss. in Griechenland im Zeitalter des Hellenismus. In der Neuzeit ging die klass. oder **Alt-P.** in der Entwicklung einer strengen Methodik und deren sicherer Handhabung den übrigen P. voran. Als **Neu-P.** fasst man die P. der neueren Sprachen (einschließlich ihrer überlieferten Texte) zusammen, darunter Germanistik, Anglistik, Romanistik, Slawistik. Aus der P. haben sich Sprachwiss. und Literaturwiss. entwickelt, da sich spätestens seit den 1960er-Jahren die Einheit von Sprach- und Literaturwiss. innerhalb einer P. aufzulösen begann. Darüber hinaus ist die P. eine Grundlage aller neuzeitlichen geschichtl. Wiss.

Ziele und *Methoden:* Vordringl. Aufgabe jeder philolog. Disziplin ist die Herstellung möglichst authent. Texte. Der handschriftl. Text des Verfassers (→Autograph), seine versch. Fassungen, ferner Korrekturen, Druckfahnen, voneinander abweichende Auflagen sind wichtiges Grundmaterial. Vor der Erfindung des Buchdrucks wurden die Texte in handgeschriebenen Exemplaren verbreitet (→Handschrift). Die Texte der versch. Handschriften eines Werkes werden miteinander verglichen und die Textabweichungen (Varianten) festgestellt. Neben der ›direkten‹, handschriftl. Überlieferung liegt eine ›indirekte‹ durch Zitate bei anderen Autoren und in der die Texte kommentierenden Literatur vor. Mit den Methoden der Textkritik wird zunächst der Bestand des Überlieferten ermittelt (›recensio‹), dann diese Überlieferung kritisch auf ihre Originalität hin geprüft (›examinatio‹); dabei müssen Textschäden (Korruptelen) festgestellt und nach Möglichkeit durch Vermutung (›divinatio‹) behoben (Emendation) oder gebessert (→Konjektur) werden. Der so gewonnene Text wird auf seine Echtheit befragt, d. h. darauf, ob er von dem vorgebl. Verfasser stammt oder ob er Einschübe (Interpolationen) von anderer Hand enthält. Weiterhin ist zu klären, ob der Text einheitlich ist; durch entsprechende Analyse können ggf. versch. Schichten des Textes voneinander abgehoben werden. Die gesamte Arbeit am Text schlägt sich nieder in der krit. Ausgabe, die ein genaues Bild der gesamten direkten wie indirekten Überlieferung zu geben hat.

Grundlage für die in der Praxis mit der Textkritik Hand in Hand gehende Textinterpretation (→Interpretation) ist die sorgfältige Analyse der sprachl. Form des Textes. Während die Grammatik typ. Elemente herausarbeitet, richtet sich die Stilbetrachtung auf die individuellen und zeitgeschichtlichen sprachl. Besonderheiten (Stil). Darüber hinaus wird eine Analyse des Gehalts angestrebt, der sich bei Texten von Rang von der Form nicht ablösen lässt. Die Verbindung formaler, stilist. und inhaltl. Gesichtspunkte ermöglicht eine literaturgeschichtl. Einordnung des Textes.

Geschichtliches: Von histor. Bedeutung für die philolog. Analyse war die Lehre vom mehrfachen Schriftsinn. Schon im 6. Jh. v. Chr. nahm man an manchen Darstellungen HOMERS Anstoß und suchte sie daher allegorisch zu erklären. Diese Art der allegor. Deutung (→Allegorese) wurde dann in hellenist. Zeit von den Stoikern systematisch ausgebaut; PHILON VON ALEXANDRIA wandte sie auf das A. T. an; bes. intensiv wurde sie von den Neuplatonikern geübt.

Aus der Tätigkeit der frühgriech. Rhapsoden, die das alte Epos nicht nur rezitierten, sondern auch erklärten, erwuchsen seit dem 6. Jh. v. Chr. die Anfänge der P. Die Sophisten schufen die ersten systemat. Grundlagen für die P.; ARISTOTELES und seine Schule entwickelten eine alle Wissensgebiete umfassende Sammlertätigkeit. ARISTOTELES gab auch systemat. Zusammenfassungen des philolog. Wissensstandes in der ›Rhetorik‹ und v. a. in seiner ›Poetik‹.

Eine neue Epoche der P. begann im Zeitalter des Hellenismus. In Alexandria entstanden die →Alexandrinische Bibliothek u. a. Forschungsstätten (z. B. Museion). Diese wiss. Hilfsmittel führten die P. zu höchster Blüte. Die alexandrin. Philologenschule (ZENODOT, ERATOSTHENES VON KYRENE, der sich als Erster als Philologe bezeichnete, ARISTOPHANES VON BYZANZ, ARISTARCHOS VON SAMOS, APOLLODOR u. a.) widmete sich v. a. der textkrit. Bearbeitung und umfassenden Interpretation der Werke bedeutender Schriftsteller. Neben der alexandrinischen behauptete sich seit dem 2. Jh. v. Chr. die stoisch beeinflusste pergamen. Schule (KRATES MALLOTES u. a.).

In Rom stand die P. ganz unter griech. Einfluss. Der erste bedeutende röm. Philologe, AELIUS STILO (um 100 v. Chr.), war noch stark von der pergamen. Schule geleitet; mit M. TERENTIUS VARRO wurde die strenge textkrit. Methode der alexandrin. Philologenschule in Rom geprägt. Hervorragende röm. Philologen waren u. a. VERRIUS FLACCUS, REMMIUS PALAEMON, QUINTILIAN, VALERIUS PROBUS und SUETON. Mit dem 2. Jh. begann die Zeit der Kompilatoren, v. a. in der Grammatik und in der Interpretation dichter. Werke. Philologen dieser Epoche waren u. a. GELLIUS, der Vergilkommentator SERVIUS, MARTIANUS CAPELLA, MACROBIUS, BOETHIUS, CASSIODOR, der Grammatiker PRISCIANUS sowie der Kirchenlehrer ISIDOR VON SEVILLA. Das MA. bewahrte durch Abschriften zahlreiche lat. Werke für die Nachwelt, u. a. aus dem didakt. Bedürfnis, die lat. Sprache nach als unübertroffen geltenden stilist. Vorbildern zu vermitteln und damit erlernbar zu machen (→mittellateinische Literatur). Hierzu trug im Spanien des 11.–13. Jh. eine reiche Übersetzungstätigkeit aus dem Arabischen ins Lateinische bei, u. a. von griech. Werken (z. B. ARISTOTELES), die nur auf diesem Wege erhalten geblieben sind (→arabische Wissenschaft).

Zu neuer Blüte gelangte die P. während der Renaissance und des Humanismus. 1397 wurde M. CHRYSOLORAS als erster Lehrer des Griechischen von Konstantinopel nach Florenz berufen; seine Landsleute Kardinal BESSARION und GEORG VON TRAPEZUNT verbreiteten die Kenntnis griech. Literatur. Das löste eine Fülle von Erstausgaben und Übersetzungen durch humanist. Gelehrte aus und belebte von neuem die Beschäftigung mit der Philosophie PLATONS (bes. in der Akademie M. FICINOS in Florenz) und der des ARISTOTELES. Der Buchdruck sicherte dann endgültig Erhalt und Verbreitung des antiken Schrifttums überall in Europa. Die gelehrten Interessen waren dabei durchaus unterschiedlich: Sie galten in Dtl. vornehmlich antiken Werken zur dt. Frühzeit (K. CELTIS, BEATUS RHENANUS) und dem Urtext der Bibel (J. REUCHLIN, ERASMUS VON ROTTERDAM), in Frankreich der ›realen‹ Erforschung des Altertums (G. BUDAEUS) und der systemat. Sammlung histor. Quellen (A. DUCHESNE, C. DU CANGE, J. MABILLON), während niederländ. (J. J. SCALIGER, D. HEINSIUS, J. LIPSIUS) und engl. Philologen (R. BENTLEY, R. PORSON) durch Textkritik und umfassende Sprach- und Sacherklärung antiker Autoren die Grundlagen der klass. P. schufen.

Die P. im modernen Sinne beginnt im Zeitalter der dt. Klassik, des Neuhumanismus und der Romantik mit F. A. WOLF, der in seinen Vorlesungen und Schriften die Idee einer umfassenden →Altertumswissenschaft entwickelte, die alle die Antike betreffenden Einzeldisziplinen einschloss. Unter dem Einfluss J. G. HERDERS, der die Individualität der Völker und ihrer Traditionen hervorhob, und der geistig-polit. Zeitströmungen nach Frz. Revolution und Befreiungskriegen setzte in Dtl. eine Rückbesinnung auf das MA. als den Ausgangspunkt nat. Sprachen und Geschichte ein. Dies führte zur Begründung der quellenorientiert arbeitenden dt. Geschichtswiss. (Sammlung dt. Geschichtsquellen, →Monumenta Germaniae Historica), der german. Altertums- und Sprachwiss. (J. und W. GRIMM) sowie selbstständiger philolog. Disziplinen (Germanistik, Anglistik, Romanistik, Slawistik). Entscheidend für die neue Epoche der klass. P. wurden neben den Arbeiten des Textphilologen und Kritikers G. HERMANN v. a. die mit A. BÖCKH einsetzende Einbeziehung geschichtl. Gesichtspunkte in die Textinterpretation sowie die Hinzunahme von Inschriften u. a. Denkmälern als Dokumenten des antiken Lebens in seiner Gesamtheit. Bedeutende Beiträge zur griech. Tragödie und griech. Mythologie leistete F. G. WELCKER. Die Latinistik stellten K. LACHMANN, J. N. MADVIG, F. W. RITSCHL und F. BÜCHELER auf eine neue Grundlage. Ausgrabungen und Papyrusfunde erschlossen der P. neue Quellen und neue Gesichtspunkte. Die internat. Zusammenarbeit wurde durch Akademien und Institute gefördert, weit reichende Unternehmungen wurden organisiert (Inschriftensammlungen, Textserien, →Thesaurus Linguae Graecae, →Thesaurus Linguae Latinae). Intensiv betrieben wurden die Sammlung von Fragmenten verloren gegangener antiker Werke (Komiker: AUGUST MEINEKE, * 1790, † 1870; Tragiker: AUGUST NAUCK, * 1822, † 1892), die Geschichte der antiken Religionen (H. USENER, E. ROHDE), der griech. Philosophie (E. ZELLER; USENER, H. DIELS, JOHN BURNET, * 1863, † 1928; ALFRED EDWARD TAYLOR, * 1869, † 1945) und von Einzelwiss.en wie der antiken Medizin, Mathematik, Naturwiss. (M. P. É. LITTRÉ, PAUL TANNERY, * 1843, † 1904; JOHAN LUDVIG HEIBERG, * 1854, † 1928), Astronomie und Astrologie (FRANZ BOLL, * 1867, † 1927; F. CUMONT, JOSEPH BIDEZ, * 1867, † 1945).

Bisher wenig erforschte Epochen wie Hellenismus und Spätantike wurden erschlossen, dann auch die lat. Literatur des MA. sowie die griech. Literatur der byzantin. Zeit erforscht (K. KRUMBACHER und L. TRAUBE, die ersten Professoren für Byzantinistik bzw. mittellat. Philologie in München, 1892 bzw. 1902) und die Originalität der röm. Literatur erkannt (F. LEO, R. HEINZE). Durch die Auswertung der Textgeschichte wurde die Textkritik gefördert (U. VON WILAMOWITZ-MOELLENDORFF, P. MAAS, GIORGIO PASQUALI, * 1885, † 1952); in den spätlat. und vulgärlat. Texten wurde die Umgangssprache wieder aufgedeckt (EINAR LÖFSTEDT, * 1880, † 1955). In der Auseinandersetzung mit WILAMOWITZ-MOELLENDORFF ergaben sich neue Impulse im griech. (W. JAEGER, K. REINHARDT, RUDOLF PFEIFFER, * 1889, † 1979; B. SNELL, A. LESKY, W. SCHADEWALDT) wie im lat. Bereich (E. FRAENKEL, F. KLINGNER, V. PÖSCHL). Neuerdings finden Rezeptionsphänomene im weitesten Sinne verstärkt Interesse.

⇨ *Anglistik · Germanistik · Literaturwissenschaft · Orientalistik · Romanistik · Slawistik · Sprachwissenschaft · Textkritik*

F. A. WOLF: Darst. der Alterthumswiss. (1807, Nachdr. 1986); Friedrich August Wolf's Vorlesungen über die Alterthumswiss., hg. v. J. D. GÜRTLER u. a., 5 Bde. u. Suppl.-Bd. (Neuausg. 1839); C. BURSIAN: Gesch. der class. P. in Dtl. von den Anfängen bis zur Gegenwart, 2 Bde. (1883, Nachdr. New York 1965); A. BOECKH: Encyklopädie u. Methodologie der philolog. Wiss.en, hg. v. E. BRATUSCHEK ([2]1886); W. DILTHEY: Die Entstehung der Hermeneutik, in: Philosoph. Abh. Christoph Sigwart zu seinem 70. Geburtstage ... (1900); J. E. SANDYS: A history of classical scholarship (Cambridge [1-2]1906–08, Nachdr. New York 1967); A. GUDEMAN: Imagines philologorum (1911); T. BIRT: Kritik u. Hermeneutik (1913); U. VON WILAMOWITZ-MOELLENDORFF: Gesch. der P. ([3]1921, Nachdr. Leipzig 1959); H. J. POS: Krit. Studien über die philolog. Methode (1923, Nachdr. Nendeln 1973); J. WACH: Das Verstehen. Grundzüge einer Gesch. der hermeneut. Theorie im 19. Jh., 3 Bde. (1926–33, Nachdr. 1984); P. MAAS: Textkritik (Leipzig [4]1960); R. PFEIFFER: Gesch. der klass. P. Von den Anfängen bis zum Ende des Hellenismus (a. d. Engl., 1978); DERS.: Die klass. P. von Petrarca bis Mommsen (a. d. Engl., 1982); H.-G. GADAMER: Wahrheit u. Methode (Neuausg. 1986); Classical scholarship. A biographical encyclopedia, hg. v. W. W. BRIGGS u. a. (New York 1990).

Philombe [fiˈlɔ̃b], René, eigtl. **Philippe-Louis Ombede,** kamerun. Schriftsteller und Verleger, * Batchenga (Distr. Lékié, Zentral-Prov.) 1930; in seinen in frz. Sprache geschriebenen Werken behandelt er, oft mit amüsierter Ironie, kontrastierende Themen afrikan. Lebens: Dorf und Vorstadt, afrikan. Religionen und Christentum, den Konflikt von Alt und Jung. In seinem Theaterstück ›Africapolis‹ (1978) sowie seinem bereits 1960 in der polit. Gefangenschaft entstandenen Lyrikband ›Choc anti-choc‹ (1978; dt. ›Bürgerklage‹) kritisiert er das Diktatorische im nachkolonialen Afrika, während er sich in dem Roman ›Un sorcier blanc à Zangali‹ (1969; dt. ›Der weiße Zauberer von

Zangali‹) mit z. T. grotesken Erscheinungsformen bes. der dt. Kolonialherrschaft auseinander setzt.

Philomela, griech. **Philomele,** *griech. Mythos:* Tochter des Königs Pandion von Athen, die von Tereus, dem Gemahl ihrer Schwester Prokne, vergewaltigt wurde; um es geheim zu halten, schnitt Tereus ihr die Zunge ab. P. stellte für Prokne die Schandtat in einem kunstvollen Gewebe dar, worauf Prokne ihren und Tereus' Sohn Itys schlachtete und ihrem Mann auftischte. Als Tereus den getöteten Sohn erkannte und die Schwestern verfolgte, verwandelten die Götter Prokne in eine Nachtigall, P. in eine Schwalbe (in der röm. Überlieferung sowie in der Renaissance- und Barockdichtung meist umgekehrt), Tereus in einen Wiedehopf. Der Stoff wurde u. a. von SOPHOKLES im ›Tereus‹ (nur Fragmente erhalten) und von OVID in seinen ›Metamorphosen‹ behandelt.

Philon, P. von Alexandria, Philo Judaeus, jüdisch-hellenist. Theologe und Philosoph, * Alexandria um 20 v. Chr., † ebd. um 50 n. Chr.; aus vornehmem Hause stammend, unterhielt P. gute Beziehungen zum röm. Hof (HERODES AGRIPPA I., Kaiser CLAUDIUS). Er verstand es, Treue zum jüd. Glauben mit Loyalität zu Rom zu vereinbaren; um 40 führte er eine Gesandtschaft zu Kaiser CALIGULA nach Rom, um für seine jüd. Landsleute Dispens vom Kaiserkult zu erlangen und um gegen die Gewalttaten des ägypt. Präfekten FLACCUS zu intervenieren. Seinem Selbstverständnis nach ganz Jude, strebte P. danach, die hellenist. Philosophie (bes. PLATON, PYTHAGORAS und Stoa) mit dem jüd. Denken zu vereinen. In seinem philosoph. Eklektizismus bemühte er sich, mithilfe der Allegorese nachzuweisen, dass die zentralen Inhalte der griech. Philosophie bereits in den alttestamentl. Schriften vorhanden seien und nur noch freigelegt werden müssten. Seine Theologie ist von einem starken Dualismus geprägt: Gott erschafft und erhält die Welt, ist aber absolut jenseits und für menschl. Erkennen unerreichbar. Die Kluft zw. Gott und Welt muss daher durch Vermittlungsgestalten überbrückt werden. Neben der Weisheit (→Sophia) wird der →Logos bei P. zum Zentralbegriff. Als Archetypus und Mittler des Schöpfungsplanes, dessen sich Gott zur Welterschaffung bedient, wird er zum Vorbild des abbildlich geschaffenen Menschen; durch ihn wird die Transzendenz des Monotheismus mit göttl. Immanenz verbunden. In der Anthropologie bildet die Ebenbildlichkeit die Grundlage des freien Willens des Menschen und befähigt ihn zu unmittelbarer Schau Gottes. Trotz einer pessimist. Sicht der Leiblichkeit hält P. an der grundsätzl. Möglichkeit einer Überwindung der Sünde durch Änderung des Lebenswandels fest. P. verfasste histor. und apologet. Schriften und trat vornehmlich als Kommentator des →Pentateuch hervor. In seiner Verbindung von Hl. Schrift und platon. Philosophie wurde er wegweisend für frühchristl. Theologen wie KLEMENS VON ALEXANDRIA und ORIGENES, über die sein Denken auch Eingang in die christl. Mystik fand, wie für den christl. →Neuplatonismus insgesamt.

Ausgaben: Opera quae supersunt, hg. v. L. COHN u. a., 6 Bde. u. 2 Reg.-Bde. (1896–1930, Nachdr. 1962–63); Die Werke, hg. v. DEMS. u. a., 6 Bde. (1909–38, Nachdr. 1962, Reg.-Bd. 1964).

E. BRÉHIER: Les idées philosophiques et religieuses de Philon d'Alexandrie (Paris [3]1950); Y. AMIR: Die hellenist. Gestalt des Judentums bei P. von Alexandrien (1983); R. M. BERCHMAN: From Philo to Origen. Middle Platonism in transition (Chico, Calif., 1984); L. A. MONTES-PERAL: Akataleptos Theos. Der unfaßbare Gott (Leiden 1987); D. T. RUNIA: Philo and the church fathers. A collection of papers (ebd. 1995).

Philon, P. von Byzanz, griech. Mechaniker (Ingenieur) der 2. Hälfte des 3. Jh. v. Chr.; jüngerer Zeitgenosse des KTESIBIOS, Verfasser der ›Mechanike syntaxis‹ (von den neun Büchern sind Buch 4, 7, 8 in umfangreichen griech. Exzerpten, Buch 5 in arab. und lat. Übersetzung erhalten). Sie behandelt nach einer allgemeinen Einleitung (Buch 1) Hebel und hebelartige Werkzeuge (2), Hafenbau (3), Geschützbau (4), pneumat. Apparate (5), Automatentheater (6), Festungsbau (7), Verteidigungs- und Belagerungstechnik (8) und Kriegslisten (9). P. gab damit einen Überblick über die Erkenntnisse und Erfindungen der Mechanik und Technik seiner Zeit.

Philon, P. von Eleusis, griech. Baumeister des 4. Jh. v. Chr. aus Athen, dessen viel gerühmtes Schiffsarsenal (Skeuothek) im Hafen Piräus (um 330) nach einer Inschrift von W. DÖRPFELD bereits 1883 zeichnerisch rekonstruiert wurde. P. entwarf die dor. Säulenvorhalle des Telesterions in Eleusis und verfasste architekturtheoret. Schriften.

Philopoimen, Philopömen, Stratege des Achaiischen Bundes, * Megalopolis um 253 v. Chr., † Messene 183 v. Chr.; vertrat seit Ende des 3. Jh. eine Politik der Unabhängigkeit der Achaier, zwang 192 v. Chr. Sparta zum Eintritt in den Achaiischen Bund; bei Niederschlagung eines von Rom gestützten Aufstands von den Messeniern gefangen genommen und vergiftet.

Philoponos, Johannes, gen. **J. Grammatikos,** Philosoph und Theologe in Alexandria, * um 490, † um 570; verfasste u. a. Kommentare zu Werken des ARISTOTELES. Er versuchte, die christl. Lehre mit der aristotel. Philosophie in Einklang zu bringen. In seinen nur z. T. erhaltenen Schriften vertrat er eine monophysit. Trinitätslehre und setzte sich mit der Frage der Auferstehung und der aristotel. Theorie der Bewegung auseinander.

Philosemitismus *der, -,* geistige Bewegung bzw. Haltung, die gegenüber Juden und ihrer Religion Verständnis und Wertschätzung aufbringt und judenfeindl. Äußerungen (Antisemitismus) zurückweist. – Humanisten wie G. PICO DELLA MIRANDOLA und J. REUCHLIN waren von der Einheit griech., jüd. und christl. Mystik überzeugt. Chiliast. Erwartungen im Zeitalter des Barock förderten den P., ebenso die starke Identifizierung des Kalvinismus mit dem A. T. Vielfach drückte sich der P. auch in Form der Judenmission aus, die jedoch von jüd. Seite abgelehnt wurde. – Einen humanitären P. vertrat G. E. LESSING in seinem Werk ›Nathan der Weise‹.

Philosoph [griech. ›Freund der Weisheit‹] *der, -en/-en,* erstmals bei HERAKLIT verwendeter Begriff, der nach sokratisch-platon. Tradition den Menschen bezeichnet, der nach Weisheit (Lebens-, Welt-, Gottesweisheit) strebt, nach aristotel. und stoischem Begriff denjenigen, der solche Weisheit erlangt hat.

Die Figur des P. hat in der abendländ. Geistesgeschichte mannigfaltige Ausprägungen gefunden, die auch heute noch die Meinungen über das, was ihn ausmacht, und über seine Rolle in der Gesellschaft bestimmen. Zudem ist Philosophiegeschichtsschreibung immer zugleich auch Geschichte der P. gewesen. Die ältesten vorsokrat. P. verkörpern Leitbilder äußerster Denkanstrengung zur Gewinnung letztbegründeter Einsichten und zum Entwurf rationaler Denksysteme für die Deutung von Kosmos, Götter- und Menschenwelt. SOKRATES und PLATON grenzen den P. streng vom für Honorar lehrenden und beratenden ›Sophisten‹ ab, wobei SOKRATES selbst als Vorbild kompromissloser Wahrheitsforschung und daran orientierter Menschenbildung gilt. In den nachsokrat. ›Schulen‹ bildete sich die seitdem stehende Unterscheidung zw. dem schulbegründenden ›Meisterdenker‹ und den ihm ›dogmatisch‹ anhängenden ›Schul-P.‹ aus, die sein hinterlassenes schriftl. Werk interpretierend verwalten. – Das MA. etablierte den P. als Lehrer und Forscher an der philosoph. Fakultät und wies ihm damit eine seither beständige Berufsfunktion zu. Er verwaltete und vermittelte hier auf der Grundlage des platon. Lehrcurriculums der ›freien Künste‹ das gesamte

Bildungsgut der antiken P.-Schulen im propädeut. ›Studium generale‹ für die berufsbezogenen Studiengänge der Theologen, Ärzte und Juristen. In der Neuzeit entwickelten sich die Disziplinen der philosoph. Fakultät zu Einzelwissenschaften. Diese bis heute anhaltende Tendenz zwingt die P. zu Neuorientierungen ihrer Aufgaben und Rolle im Wissenschaftssystem. Im Kontext der Geisteswissenschaften tritt der P. auch als Philosophiehistoriker und philolog. Klassikerexeget auf, im Rahmen der Naturwissenschaften als Natur-P. oder neuerdings mehr als Wissenschaftstheoretiker der Naturwissenschaften. Parallel zu dieser ›Verwissenschaftlichung‹ und fortschreitenden Spezialisierung der Universitätsphilosophie profilierten sich seit der Renaissance außeruniversitäre P. (M. FICINO, G. PICO DELLA MIRANDOLA, F. BACON, R. DESCARTES, G. W. LEIBNIZ), die vermeintlich neue Weltbilder entwarfen und dadurch die Universitätsphilosophie (›Scholastik‹) zu überwinden oder kritisch zu reformieren trachteten, wobei ihre Lehren oft selbst in neuen Institutionen (Akademien, gelehrte Gesellschaften) zu eigenständigen Schulen führten. – Immer wieder hat es Ansätze gegeben, →Philosophie politisch wirksam werden zu lassen, so in Anknüpfungen an PLATONS Ideal des P.-Königtums bei MARK AUREL, JULIAN und FRIEDRICH D. GR. Heute ist vielfach bes. in politisch relevanten eth. Fragen eine öffentl. Stellungnahme, ja Orientierung vonseiten der P. gefragt.

Grundprobleme der großen P., hg. v. J. SPECK, 11 Bde. (1972–84); Philosophes critiques d'eux-mêmes. Philosophers on their own work. Philosoph. Selbstbetrachtungen, hg. v. A. MERCIER u. a., 14 Bde. (Bern 1975–90); Philosophie in Selbstdarst., hg. v. L. J. PONGRATZ, 3 Bde. (1975–77); Philosophie der Gegenwart in Einzeldarstellungen. Von Adorno bis von Wright, hg. v. J. NIDA-RÜMELIN (1991); Metzler-Philosophen-Lex., hg. v. B. LUTZ ([2]1995).

Philosophem [griech.] *das, -s/-e,* eine philosoph. Lehrmeinung in Form von Theorie, Lehre oder Satz eines Philosophen; in ursprüngl. Bedeutung bei ARISTOTELES der apodikt. Syllogismus (eine Form des log. Schlusses, dessen Prämissen und Konklusion aus notwendigen Urteilen bestehen).

Philosophengesandtschaft, die von den Athenern 156/155 v. Chr. zur Verhandlung über eine auferlegte Geldbuße nach Rom entsandten drei Philosophen DIOGENES VON SELEUKIA (Vertreter der Stoa), KARNEADES VON KYRENE (Vertreter der Akademie) und KRITOLAOS (Vertreter des Peripatos). Ihre z. T. provozierend skept. Vorträge führten zwar (auf den Rat des CATO MAIOR) zur Ausweisung, riefen jedoch in Rom auch ein vermehrtes Interesse an Philosophie hervor.

Philosophiae naturalis principia mathematica, dt. ›Mathemat. Prinzipien der Naturlehre‹, das Hauptwerk I. NEWTONS, 1687.

Philosophia perennis [lat.], im Anschluss an das Werk ›De perenni philosophia‹ (1540) des ital. Humanisten AUGUSTINUS STEUCHUS (* 1496, † 1548) die seit dem Altertum (PLATON, ARISTOTELES) durch alle Wandlungen der Geschichte in ihrem Kern ›immer währende Philosophie‹ des Abendlandes. In diesem Sinn weist der Begriff drei Hauptbedeutungen auf: 1) die seit den Griechen überlieferte und im Zusammenhang entfaltete ›wahre Philosophie‹ (G. W. LEIBNIZ); 2) die Einheit und Kontinuität des fakt. lebendigen Philosophierens über die Zeiten hinweg (K. JASPERS) oder das rein sachhingegebene Problemdenken (N. HARTMANN); 3) die speziell scholastisch-thomist. Philosophie der auf einen festen theolog. Grundbestand ewig geltender philosoph. Wahrheiten sich aufbauenden Tradition des christl. Abendlands.

P. HAEBERLIN: P. p. (1952); A. HUXLEY: Die ewige Philosophie. P. p. (a. d. Engl., Neuausg. 1987).

Philosophical Transactions [fɪlə'sɔfɪkəl træn'zækʃənz], aus der Korrespondenz brit. und anderer europ. Wissenschaftler hervorgegangene, von der Londoner Royal Society begründete älteste wiss. Zeitschrift der Erde (erste Ausgabe 1665); ab 1887 in zwei Serien: Serie A aus dem physikal. und mathemat., Serie B aus dem biolog. Bereich.

Philosophie [griech. ›Liebe zur Weisheit‹] *die, -/...'phi|en,* nach der Auffassung von SOKRATES und PLATON das Streben nach Weisheit, nach der des ARISTOTELES und der Stoiker die Weisheit selbst. Ihren Inhalt bildet die Beantwortung der Grundfragen: Was ist Grund und Ursprung aller Dinge? (Vorsokratiker) – Was bin ich? (SOKRATES) – Was kann ich wissen, was soll ich tun, was darf ich hoffen? (I. KANT). Die diesbezügl. Antworten und Überzeugungen schlagen sich in den myth. Sagen, religiösen Überlieferungen, Dichtungen, ›Weistümern‹ und Gesetzgebungen, Verhaltensregeln und Sprichwörtern der Völker und Kulturen als herrschende Menschenbilder und als Welt-, Lebens- und Gottesweisheit nieder. In den Hochkulturen haben sich überall eigene Stände oder Berufe herausgebildet, die sich arbeitsteilig mit deren Pflege und Tradierung, Vereinheitlichung und begriffl. Ausarbeitung befassen. Im Abendland ist dies bes. im Zusammenhang des Ursprungs und Ausbaus der Organisation von Wiss. geschehen. P., am Anfang mit Wiss. identisch, ist auch im Rahmen des entwickelten Wissenschaftssystems der Ort geblieben, wo es um solche Letztfragen geht und deren Beantwortung auch mit Mitteln der Wiss. selbst gesucht wird.

Gliederung des Fachgebietes Philosophie

P. im Verband der Wissenschaften weist – ausgehend von den genannten Grundfragen – eine reiche Gliederung von Disziplinen auf, mittels derer sie auch die Verbindung mit dem Forschungsstand und den Ergebnissen der Einzelwissenschaften aufrechterhält.

1) *Philosophiegeschichte:* Schon in der Spätantike hat sich eine beachtl. P.-Geschichtsschreibung entwickelt, von der aber nur das Werk des DIOGENES LAERTIOS (›Über Leben und Meinungen berühmter Philosophen‹, 3. Jh.) erhalten blieb. Es wurde neben den in den überlieferten Klassikerwerken selbst enthaltenen Bezugnahmen zum Ausgangspunkt der für die abendländ. P. typischen kontinuierl. vergegenwärtigenden Aneignung und Integration der P.-Geschichte in das systemat. Philosophieren. So bestand die ›scholast. Methode‹ der mittelalterl. P. in der systemat. Heranziehung der Argumente der Klassiker für die Entscheidung der philosoph. Probleme (Quaestiones). Seit der Renaissance bildete sich im Verband mit den historisch-philolog. Geisteswissenschaften die P.-Geschichte als eigenständige Disziplin heraus, zunächst und bis ins 18. Jh. als antike, dann auch als mittelalterl. und neuere P.-Geschichte. Schwerpunkt und Interesse sind darin immer sowohl die historisch-philolog. Tatsachenforschung (Textrekonstruktion und -edition sowie Interpretation der Klassiker) als auch die aktualisierende Anwendung des Überlieferungsbestandes auf die Gegenwartsprobleme geblieben. Heute wird die antike P. meist in enger Kooperation mit der klass. Philologie bearbeitet, die mittelalterl. oft mit kath. und prot. Theologiegeschichte. Für die neuere und neueste P. bahnt sich erst allmählich eine vergleichbare Kooperation mit der allg. Wissenschaftsgeschichte an. Spezialdisziplinen sind die P.-Geschichten der einzelnen Nationen und Kulturen, deren Bearbeitung teils die Domäne der jeweiligen nat. Gelehrten ist, teils in die Kompetenz der entsprechenden Philologien (Indologie, Sinologie, Japanologie, Arabistik, Hebraistik) fällt. Ihre Ergebnisse bilden die Grundlage der vergleichenden P.-Geschichte, die bisher v. a. in den USA, Indien und Japan gepflegt wird.

2) *Systematische Philosophie:* Die themat. Entfaltung der P. hat überhaupt erst zum Disziplinen- und Wissenschaftssystem geführt. Leitend blieben in man-

nigfaltigen Verschränkungen der Kanon der Artes liberales (›Enzyklopädie‹) PLATONS und das aristotel. ›Wissenschaftssystem‹ der theoret. Wissenschaften (›prima philosophia‹, d.h. Metaphysik, Mathematik, Physik), der prakt. Handlungswissenschaften (Ethik, Ökonomik, Politik) und der Schaffenswissenschaften (nur ›Poetik‹ und ›Rhetorik‹ sind daraus erhalten, es ging aber vermutlich um die Theorie von Handwerk, Kunst und Technik).

Die *Metaphysik* ist die Disziplin der Letztbegründungen, auf die auch die Fragen nach Gott, Welt, Mensch, Erkennen und Praxis zurückführen. Sie behandelt die mögl. Typen von P., die sich im Ausgang von Letztannahmen (→Arche, →Prinzip) entwickeln lassen. Als metaphys. Theorien werden diese selbst i.e.S. Metaphysiken genannt. Zentrale Themen der ›metaphysica specialis‹ bilden die Fragen nach der Sterblichkeit der Seele, der Endlichkeit des Kosmos und der Existenz eines höchsten Wesens. Neuere Bez. der Metaphysik sind: Weltanschauungslehre, Ideologienlehre und -kritik, Meta-P., P. der P. Gegenüber der in jüngerer Zeit erneut vielfach propagierten ›Überwindung der Metaphysik‹ wird eingewendet, sie stehe selbst auf undurchschauten oder verschwiegenen metaphys. Grundlagen, nämlich auf Totalisierungen einzelwiss. Kategorien (Physikalismus, Psychologismus, Linguistizismus u.a.).

Die philosoph. *Grunddisziplinen* thematisieren unter Voraussetzung metaphys. Annahmen die philosoph. Grundfragen (z.B.: Was ist Wirklichkeit?).

Die *Ontologie* (auch ›metaphysica generalis‹ gen.) stellt in diesem Rahmen Theorien über das Sein und die Einteilung des Seins in Wirklichkeitsbereiche auf. Die klass. Theorien sind Grundlage der Gegenstandsbestimmung der Einzelwissenschaften geworden. In der aktuellen Diskussion konkurrieren v.a. transzendentalphilosoph., phänomenolog. und konstruktivist. Ansätze.

Die *philosophische Anthropologie* untersucht das Wesen des Menschen. Ihre Theorien, die i.d.R. die klassischen philosoph. ›Menschenbilder‹ aktualisieren, sind zugleich auch heurist. Leitbilder für die einzelwiss. Humanforschung.

Die *Erkenntnistheorie* (oder *Gnoseologie*) behandelt Wesen, Formen, Reichweite und Grenzen der Erkenntnis, wobei sie auch als Propädeutik der Metaphysik fungieren kann. Neuere Theorien beachten verstärkt die speziell log. (Begriffs-, Aussagen-, Theorienstruktur) und die sprachl., symbolisch-techn. (Modelle, Formalismen, Computersimulation) Erkenntnismittel. Die speziellen Erkenntnisformen der Einzelwissenschaften (histor., sozialwiss., physikal., mathemat. Erkenntnisse) werden heute meist als Gegenstand der Wissenschaftstheorie behandelt. Die erkenntnistheoret. Grundprobleme berühren unmittelbar alle einzelwiss. Forschung (Wahrheitsproblem).

Die *praktische Philosophie* leitet sich von ältesten Handlungsmaximen der ›sieben Weisen‹ und der großen Gesetzgeber, dann bes. von ARISTOTELES' Lehre von den eth., ökonom. und polit. Handlungen und Schaffensprozessen (›Poiesis‹) her. I. KANTS ›Kritik der prakt. Vernunft‹ handelt von der Möglichkeit moral. Tuns. Die handlungstheoret. Theorien liefern die philosoph. Grundlagen der einzelnen Handlungsdisziplinen und Handlungswissenschaften.

Die *Bereichsdisziplinen* sind die Verbindungsglieder zw. Grunddisziplinen und Einzelwissenschaften. In engem Kontakt mit deren Forschungslage bewerten sie einerseits die philosoph. Relevanz ihrer Ergebnisse, andererseits klären sie die philosoph., d.h. insbesondere die kategorialen und methodolog. Grundlagen derselben. Man kann sie einteilen in: *Naturphilosophie* der toten und lebendigen Natur, *Kulturphilosophie* der einzelnen Kultursektoren (Geschichte, Sprache, Erziehung, Recht, Gesellschaft, Politik, Wirtschaft, Technik, Wissenschaft, Kunst und Religion) und *Philosophie der Sinngebilde* (Logik, P. der Mathematik, Hermeneutik, Dialektik, Rhetorik, Ethik). Die Übergänge zw. der P. und den Einzelwissenschaften sind hierbei meistens fließend.

Neben den disziplinär-wiss. gibt es noch viele andere Gestalten und Formen der P. Ob etwa die Dichtung oder allgemeiner die Kunst oder die Religion philosoph. Wissen enthalte, das aller disziplinären P. voraus sei, wird seit PLATON kontrovers diskutiert. G.W.F. HEGEL etwa meinte, dass P. immer erst dann entstehe, wenn eine weltl. Erscheinung zugunsten einer neuen ihre Bedeutung verloren habe. In diesem Sinne betonte M. HEIDEGGER die durch rationale P. nicht einzuholende ›Wahrheit der Dichtung‹. Ein weiterer Gebrauch des Begriffs P. entstammt der neuzeitl. Neigung, allgemeinere ›theoret.‹ Überlegungen zu irgendeinem Erfahrungsbereich wie auch persönl. Grundeinsichten als ›P.‹ oder ›P. von ...‹ zu bezeichnen. So hat etwa JOHANN GEORG WALCH (*1693, †1775) in seinem ›Philosoph. Lexicon‹ (1726) Ackerbau, Bierbrauerei, Butter- und Kaffeeherstellung in philosoph. Artikeln behandelt.

Philosophische Strömungen und Schulen

Die metaphys. Grundorientierungen sind in allen Hochkulturen von namentlich bekannten Denkern entworfen und von ihren Anhängern in Schulen und Meinungsströmungen zu mehr oder weniger konsistenten ›Systemen‹ fortentwickelt worden (→Philosoph). In Indien sind es die sechs ›orthodoxen‹ Systeme, die bis heute interpretatorisch fortgebildet werden (die Systeme des Nyaya, des Vaisheshika, des Samkhya, des Yoga, der Mimamsa und des Vedanta). In China haben KONFUZIUS und LAOZI alles Denken nachhaltig geprägt. Ihre gedankl. Motive wurden durch mehr als 200 Schulen (Xue-pai) in vielen Verschränkungen ausgearbeitet, z.T. auch mit auswärtigem Gedankenimport (aus dem ind. Buddhismus, der dem Denken LAOZIS nahe stand; aus dem westl. Denken, bes. dem Marxismus, der der ›prakt.‹ Ausrichtung des Konfuzianismus entsprach) verschmolzen. Im Abendland haben die Gründer ihrer Lehre durch besondere Lehrinstitutionen Dauer verliehen, die z.T. Jahrhunderte bestanden und sich auch im Geistesgut der Völker niedergeschlagen haben: PLATONS Akademie, das Lykeion des ARISTOTELES, die Stoa ZENONS VON KITION und CHRYSIPPOS', der ›Garten‹ EPIKURS. Sie prägen noch jetzt die theoret. Grundlagen der großen Berufsstände: Platonismus, Neuplatonismus und der Thomismus des MA. das Denken der Theologen, die Stoa (›Naturrecht‹) das der Juristen, der Epikureismus das der Ärzte, der Aristotelismus überhaupt das Grundverständnis von Wissenschaft bei den Gelehrten. Im MA. sind v.a. die kirchl. Orden und die Kathedral- und Klosterschulen sowie – wie bis heute – die Univ. Institutionen der philosoph. Schulen und Strömungen gewesen. In der Neuzeit traten vielerlei neue Institutionen an ihre Seite, v.a. die Akademien und gelehrten Gesellschaften. Die Gründerväter der neuzeitl. P. (M. FICINO, F. BACON, R. DESCARTES, G.W. LEIBNIZ) fügen sich bei allem ›revolutionären‹ Selbstverständnis als radikale Neuerer durchaus in die Traditionslinien der antiken Klassikerphilosophien ein, die sie zu neuen ›Systemen‹ fortentwickelten.

Neuzeitl. Philosophieren knüpfte zunächst an diese neueren Klassiker an und entfaltete deren Lehren in den nach ihnen benannten Schulen. Bis in die Gegenwart wirksam sind v.a. die in Dtl. entwickelte leibniz-wolffsche Schule, der Kantianismus und Neukantianismus, die Schellingschule (romant. Naturphilosophie), der Rechts- und Linkshegelianismus (Marxismus), der Schopenhauerianismus. Allein die Neuscholastik (Thomismus) knüpft bewusst an die antike (neuplaton. und aristotel.) und mittelalterl. Tradition an. Einige spätere Philosophen sind durch ihre Anhänger durch entsprechende Benennungen als Schulgründer herausgehoben worden (Nietzscheanismus, Husserlianismus, Heideggerianismus). Seit der Mitte des 19. Jh. wurde es jedoch üblich, die Schulen eher nach ihren metaphys. Prinzipien oder ihren methodolog. Grundeinstellungen, die sie meist in enger disziplinärer Verbindung mit bestimmten Einzelwissenschaften entwickeln, sowie nach den Standorten, wo sie vertreten werden, zu bezeichnen. Dies prägt sich in den vielfältigen Allianzen, Konvergenzen, ja Synkretismen aus, die sich in der Gegenwarts-P. zw. den älteren Klassikerschulen auch über die nat. Grenzen hinaus zu verwandten Strömungen des Auslandes herausgebildet haben. Diese Schulen traten und treten daher durchweg als internat. philosoph. Strömungen mit eigenen internat. Kongressen, Studienzentren und Filialen in Erscheinung: dialekt. und histor. Materialismus, Energetismus des ›Monistenbundes‹ von W. OSTWALD und E. HAECKEL, log. Positivismus bzw. analyt. P., ausgehend vom Wiener und Berliner Kreis, Lebens-P., Phänomenologie, Existenz- und Existenzial-P., Pragmatismus bzw. Konstruktivismus, Strukturalismus und Hermeneutik. Hierbei ergibt sich auch viel Spielraum für Renaissancen und Renovierungen älterer Schulen unter den Epitheta von ›Neo-‹, ›Meta-‹, ›Trans-‹ und ›Post-‹Ismen. Alle diese Schulen und Strömungen stehen untereinander in fruchtbarer und krit. Diskussion und gelten allg. als die offiziellen Repräsentanten des westl. Denkens. Der Dialog mit entsprechenden Schulen und Strömungen des Nahen und Fernen Ostens und der Dritten Welt kommt erst zögernd in Gang. Wissenschafts- und philosophiekrit. Bedeutung hat die feminist. P., die sich mit der Leistung von Frauen in der Wissenschafts- und P.-Geschichte beschäftigt und sich kritisch mit den weitgehend von Männern geprägten Denktraditionen und -mustern auseinander setzt. Neben der Wissenschaftstradition stellen sich eine große Vielfalt von Geistes- und Ideenströmungen in Gestalt religiöser, v. a. ›fundamentalist.‹ Heils- und Erweckungsbewegungen, therapeut., pseudo- und parawiss. Lehren als neue P. dar (Anthroposophie, Psychoanalyse, ›New Age‹ bzw. ›neues Denken‹, Okkultismus u. a.). Sie artikulieren ein weit verbreitetes Unbehagen an der westl. wissenschaftlich-techn. Zivilisation, gegen deren materialist. und rationalist. Ausrichtung sie aus alteurop., ind. oder fernöstl. Überlieferungsquellen gespeiste Geist- und All-Einheitslehren und darauf begründete Lebensformen propagieren.

⇨ *analytische Philosophie · Anthropologie · Artes liberales · Ästhetik · christliche Philosophie · Dialektik · Empirismus · Erkenntnistheorie · Ethik · Existenzphilosophie · Freiheit · Geist · Geschichtsphilosophie · Hermeneutik · Idealismus · Konfuzianismus · Kosmologie · Kultur · Kulturphilosophie · Leben · Lebensphilosophie · Leib-Seele-Problem · Logik · Materialismus · Materie · Metaphysik · Monismus · Natur · Naturphilosophie · Nihilismus · Ontologie · Pantheismus · Person · Phänomenologie · Pluralismus · Positivismus · Pragmatismus · praktische Philosophie · Rationalismus · Realismus · Rechtsphilosophie · Religionsphilosophie · Rhetorik · Seele · Sein · Sensualismus · Sprachphilosophie · Staatsphilosophie · Subjekt-Objekt-Problem · Taoismus · Utilitarismus.* – Siehe auch die Artikel zur Philosophie der einzelnen Länder.

Bibliographien: Bibliographie de la philosophie. Bull. trimestriel (Paris 1937 ff., N. F. 1954 ff.); Philosoph. Literaturanzeiger (1949 ff.); G. VARET: Manuel de bibliographie philosophique, 2 Bde. (Paris 1956); W. TOTOK: Hb. der Gesch. der P., 6 Bde. (1964–90); The Philosopher's index. An international index to philosophical periodicals (Bowling Green, Oh., 1967 ff.); W. HOGREBE u. a.: Periodica philosophica. Internat. Bibliogr. philosoph. Ztschr. (1972); L. GELDSETZER: Allg. Bücher- u. Institutionenkunde für das P.-Studium (1971); DERS.: Bibliography of the international congresses of philosophy (München 1981).

Einführungen: H. ROMBACH: Die Gegenwart der P. ([3]1988); K. JASPERS: Einf. in die P. ([30]1992); DERS.: Was ist P.? (Neuausg. 1996); W. D. REHFUS: Einf. in das Studium der P. ([2]1992); W. STROMBACH: Einf. in die systemat. P. (1992); WALTER SCHULZ: P. in der veränderten Welt ([6]1993); A. ANZENBACHER: Einf. in die P. ([6]1997); B. RUSSELL: P. des Abendlandes (a. d. Engl., Neuausg. Wien [7]1997).

Handbücher u. Lexika: Hb. der P., hg. v. A. BAEUMLER u. a., 5 Tle. (1926–34); R. EISLER: Wb. der philosoph. Begriffe, 3 Bde. ([4]1927–30); The encyclopedia of philosophy, hg. v. P. EDWARDS, 8 Bde. (New York 1967, Nachdr. ebd. 1972); Histor. Wb. der P., hg. v. J. RITTER u. a., auf zahlr. Bde. ber. (Basel 1971 ff.); Enzykl. P. u. Wissenschaftstheorie, hg. v. J. MITTELSTRASS, 4 Bde. (1980–96); Enciclopedia filosofia, 8 Bde. (Neuausg. Rom 1982); Lex. der philosoph. Werke, hg. v. F. VOLPI u. a. (1988); Wb. der philosoph. Begriffe, hg. v. J. HOFFMEISTER (Neuausg. 1988); A. LALANDE: Vocabulaire technique et critique de la philosophie, 2 Bde. (Neuausg. Paris [2]1993); J. FERRATER MORA: Diccionario de filosofía, 4 Bde. (Neuausg. Madrid 1994); The Oxford companion to philosophy, hg. v. T. HONDERICH (Oxford 1995).

Philosophiegeschichte: Grundr. der Gesch. der P., begr. v. F. UEBERWEG ([13–14]1951–58; völlige Neubearbeitung Basel 1983 ff.); F. C. COPLESTON: A history of philosophy, 9 Bde. (Neuausg. Garden City, N. Y., 1985); W. STEGMÜLLER: Hauptströmungen der Gegenwarts-P., 4 Bde. ([1–8]1987–89); Gesch. der P., hg. v. H. SCHNÄDELBACH, 3 Bde. (Neuausg. 1990); F. M. WIMMER: Interkulturelle P., auf mehrere Bde. ber. (Wien 1990 ff.); J. HIRSCHBERGER: Gesch. der P., 2 Bde. (Neuausg. 1991); Models of the history of philosophy, hg. v. C. W. T. BLACKWELL, auf mehrere Bde. ber. (a. d. Ital., Dordrecht 1993 ff.); W. WINDELBAND: Lb. der Gesch. der P. ([18]1993); H. J. STÖRIG: Kleine Weltgesch. der P. (Neuausg. 65.–70. Tsd. 1997).

Zeitschriften: Mind (London 1876 ff.); Archiv für Gesch. der P. (1888 ff.); Revue de métaphysique et de morale (Paris 1893 ff.); Kant-Studien, Bd. 1–44 (1896–1944, N. F. 1953 ff.); The journal of philosophy, psychology and scientific methods (New York 1904 ff.); Rivista di filosofia neo-scolastica (Mailand 1909 ff.); Archiv für Rechts- u. Sozial-P. (1917 ff., N. F. 1949 ff.); Theoria (Lund 1935 ff.); Revue internationale de philosophie (Brüssel 1938 ff.); Tijdschrift voor filosofie (Löwen 1939 ff.); Revista de filosofía (Madrid 1942 ff.); Ztschr. für philosoph. Forsch. (1946 ff.); Philosophia naturalis (1950 ff.); Dt. Ztschr. für P. (Berlin-Ost 1953 ff.); Philosoph. Rundschau (1953 ff.); Ztschr. für allg. Wissenschaftstheorie (1970 ff.).

Philosophieunterricht, wahlfreies Unterrichtsfach in der gymnasialen Oberstufe mit wissenschaftspropädeut. Zielsetzung, das sich mit philosoph. Fragestellungen in vielen Bereichen befasst; kann als Grund- oder Leistungskurs zur Abdeckung des gesellschaftswiss. Aufgabenfeldes gewählt werden. Bundeseinheitl. Prüfungsanforderungen wurden 1979 vereinbart. Entstanden i. Allg. als Alternative für Religionsunterricht, worauf auch die in einigen Bundesländern noch bewahrte Bez. ›Ethik‹ zurückgeht. Eth. Fragestellungen sind integrativer Bestandteil des P. Der Geschichte der Philosophie ist im Curriculum aller gesellschaftswiss. Wahlpflichtfächer ein angemessener Stellenwert einzuräumen. (→Lebensgestaltung – Ethik – Religionskunde)

Schülerduden. Die Philosophie, bearb. v. G. LANCZKOWSKI u. a. (1985).

Philosophikum *das, -s/...ka,* früher beim Staatsexamen für das Gymnasiallehramt nachzuweisende Prüfung, die ein philosoph. oder erziehungswiss. Begleitstudium abschloss, das in den 1970er-Jahren in ein erziehungswiss.-gesellschaftswiss. Grundstudium umgewandelt und in die Staatsprüfung integriert wurde.

philosophische Psychologie, die →Psychologie als integraler Bestandteil der Philosophie, aus der sie sich erst in der 2. Hälfte des 19. Jh. herausgelöst hat. Unter der verhältnismäßig neuen Bez. p. P. werden heute zwei versch. Bereiche verstanden: Zum einen handelt es sich im Rahmen der philosoph. →Anthropologie um den Aspekt der Grundbedingungen der menschl. Existenz als eines der Fundamente der Psychologie. Zum anderen geht es (hauptsächlich im angloamerikan. Sprachraum) um die Analyse der Begriffe, mit denen die Alltagssprache oder die Fachsprache Probleme der Psychologie beschreibt und erklärt (z. B. Person, Motiv, Rationalität).

Philostratos, Name mehrerer Vertreter der zweiten Sophistik im 2. und 3. Jh. n. Chr., aus lemn. Familie. Bedeutend v. a.:

Flavius P. II., *Lemnos zw. 160 und 170, †um 245; wirkte in Athen sowie am röm. Kaiserhof. Von ihm stammt wohl der größte Teil der unter dem Namen ›P.‹ überlieferten Schriften, darunter die ›Sophistenbiographien‹, Lebensbeschreibungen, beginnend mit Autoren um 100 n. Chr. und bis in die Zeit des Verfassers reichend. Ferner schrieb er die Biographie des APOLLONIOS VON TYANA, in der dieser (vermutlich als Gegenfigur zu CHRISTUS) zum Propheten stilisiert wird, sowie die (von P.s Enkel weitergeführte) kunstgeschichtlich bedeutende Beschreibung antiker Gemälde (›Eikones‹).

Ausgaben: Opera, hg. v. K. L. KAYSER, 2 Bde. (1870–71, Nachdr. 1985, 1 Bd.); P. and Eunapius. The lives of the sophists, übers. v. W. C. WRIGHT (1921, Nachdr. 1968; griech. u. engl.); The letters of Alciphron, Aelian and P., hg. v. A. BENNER u. a. (1962, Nachdr. 1979; griech. u. engl.); Die Bilder, hg. u. übers. v. O. SCHÖNBERGER (1968; griech. u. dt.); Heroicus, hg. v. L. DE LANNOY (1977; griech.). – Des älteren P. erot. Briefe, hg. v. P. HAUSMANN (1989).

Philotas, makedon. Reiterführer, †(hingerichtet) Prophthasia (im heutigen Afghanistan) 330 v. Chr.; Sohn des PARMENION, Jugendfreund ALEXANDERS D. GR.; wegen angebl. Hochverrats zum Tode verurteilt. – Titel eines Dramas von G. E. LESSING (1759).

Philotheos, P. Kokkinos, Ökumen. Patriarch (1353/54 und 1364–76), *Saloniki um 1300, †1379; mütterlicherseits jüd. Herkunft; Mönch auf dem Sinai, später auf dem Athos, wurde 1347 Metropolit des thrak. Herakleia, 1353 von Kaiser JOHANNES VI. KANTAKUZENOS zum Patriarchen von Konstantinopel erhoben, nach dessen Sturz abgesetzt. In seiner zweiten Amtszeit dankte er 1376 ab. P. war ein Vorkämpfer des Palamismus und kanonisierte 1368 G. PALAMAS. Gegenüber den Unionsbestrebungen betonte er die Bedeutung des Ökumen. Patriarchates und trat angesichts der Türkengefahr für eine Allianz der orth. Länder Serbien, Bulgarien und Russland ein. Verfasser zahlr. hagiograph. und homilet. Schriften.

Philoxenos, P. von Eretria, griech. Maler des 4. Jh. v. Chr. Sein nach 317 v. Chr. gemaltes Tafelbild der Schlacht ALEXANDERS D. GR. gegen DAREIOS III. galt wohl zu Unrecht als Vorbild für das →Alexandermosaik.

Philtrum [griech. phíltron, eigtl. ›Liebeszauber‹] *das, -s/...ra* und *...ren, Anatomie:* Bez. für die Einbuchtung in der Oberlippe (→Lippe).

Phimose [aus griech. phímosis ›das Verschließen‹] *die, -/-n,* die →Vorhautverengung.

Phineus, griech. **Phineus,** *griech. Mythos:* blinder Seher am Schwarzen Meer, Sohn des phönik. Königs Agenor, Schwager der Boreaden, der von den Harpyien, die seine Mahlzeit raubten oder besudelten, gepeinigt wurde, weil er seine Seherkunst durch allzu unverhüllte Offenbarungen missbraucht hatte. Nachdem die Boreaden, die mit den Argonauten kamen, die Harpyien verjagt hatten, belehrte P. zum Lohn die Argonauten über die Weiterfahrt nach Kolchis. Nach einer anderen Version des Mythos wurde P. von den Boreaden des Augenlichtes beraubt und getötet, weil er auf Anraten seiner zweiten Frau seine Söhne aus erster Ehe blendete und einkerkerte.

Phintias, attischer Vasenmaler aus der Anfangsphase des rotfigurigen Stils, um 525–510 v. Chr. tätig; seine Vorbilder waren anscheinend EUPHRONIOS und EUTHYMIDES, den er auf einer Hydria (München, Staatl. Antikensammlung) hochleben lässt. Auf einer Schale (Baltimore, Md., Walters Art Gallery) stellte er eine Töpferwerkstatt dar. (BILD →Leto)

Phintias, Freund des →Damon.

Phiole [aus mlat. fiola, über lat. phiala von griech. phiálē ›Schale‹] *die, -/-n,* (von den Alchimisten verwendete) bauchige Glasflasche mit langem, engem Hals.

Phiops, Pepi, Name zweier ägypt. Könige der 6. Dynastie (2320–2160 v. Chr.), deren Pyramiden bei Sakkara liegen. Von der Pyramide P.' I. (†etwa 2260 v. Chr.) erhielt Memphis seinen bleibenden Namen. Sein Sohn P. II. soll als sechsjähriges Kind auf den Thron gekommen sein und mehr als 90 Jahre regiert haben. Nach seinem Tod (etwa 2160 v. Chr.) brach das Alte Reich zusammen.

Phi-Phänomen, die Wahrnehmung einer Scheinbewegung: Wenn zwei Punkte im Abstand von etwa 0,15° vor einem dunklen Hintergrund mit einem zeitl. Abstand von höchstens 60 ms (rund $^{1}/_{16}$ Sekunden) nacheinander aufleuchten, wird der Wechsel als Bewegung empfunden. (→stroboskopisches Sehen)

Phi Tong Luang [phi:-; Tai ›Geister der gelben Blätter‹], Wildbeuter in Hinterindien, →Yumbri.

Phitsanulok [phisanu'lo:g], Stadt in Thailand, in der oberen Menamebene am linken Ufer des Nan, 91 300 Ew.; Marktort; Eisenbahnstation, Flugplatz. – Ummauerte Altstadt; 1955 brannte das Zentrum fast völlig ab, verschont blieb der Tempel Vat Mahathat mit der meistverehrten Buddhastatue Thailands, der Phra Buddha Jinnarai (vermutlich aus dem 15. Jh.).

Phiz [fɪz], brit. Zeichner, →Browne, Hablot Knight.

phleb..., Wortbildungselement, →phlebo...

Phlebektasie, Venektasie, →Gefäßerweiterung.

Phlebitis *die, -/...'tiden,* die →Venenentzündung.

phlebo... [zu griech. phléps, phlebós ›Blutader‹], vor Vokalen verkürzt zu **phleb...,** Wortbildungselement mit der Bedeutung: Vene, z. B. Phlebologie.

Phlebographie *die, -/...'phi|en,* **Venographie,** Verfahren der Angiographie; die Venen werden während der Injektion von Kontrastmittel durch Röntgenuntersuchung dargestellt. Die P. dient v. a. zur Feststellung von Thrombosen der Bein-, Becken- oder anderer Venen. Je nach Befund kann an diese diagnost. Maßnahme eine medikamentöse Auflösung von Thromben (Thrombolyse) angeschlossen werden.

Phlebolith [zu griech. líthos ›Stein‹] *der, -s* oder *-en/-e(n),* Venenstein, verkalkter Thrombus in einer Vene (ohne Krankheitswert).

Phlebologie *die, -,* Lehre von den Venen und ihren Erkrankungen.

Phlebo|sklerose, bindegewebige Umwandlung der Venenwand (ähnlich der Arteriosklerose) mit Verhärtung (Elastizitätsverlust) und Thromboseneigung.

Phlebotomie [zu griech. tomé ›das Schneiden‹] *die, -/...'mi|en,* die →Venae sectio.

Phlebotomusfieber, das Pappatacifieber (→Dreitagefieber).

Phlegethon [griech. ›der Flammende‹], *griech. Mythos:* ein Fluss in der Unterwelt, ein Feuerstrom.

Phlegma [griech. ›zähflüssiger Körperschleim‹] *das, -s,* in der Temperamentenlehre Charakteristikum des **Phlegmatikers** (→Typologie), der v. a. durch (geistige) Trägheit, Schwerfälligkeit, Langsamkeit, auch Gleichgültigkeit bzw. Teilnahmslosigkeit gekennzeichnet ist.

Phlegmatisieren, *Technik:* das Herabsetzen der Empfindlichkeit brisanter Explosivstoffe (z. B. Nitropenta, Hexogen) gegen Schlag und Reibung durch Zusatz von Wachs oder Kunststoffen.

Phlegmone [griech.] *die, -/-n,* Form der →Bindegewebeentzündung. – Bei →Pferden als Einschuss bezeichnet.

Phlegräische Felder, ital. **Campi Flegrei** ›brennende Felder‹], vulkan. Hügelland im S Italiens, westlich von Neapel, über 200 km², bis 459 m ü. M.; urspr. eine Caldera, die im Jungpleistozän aus einem Stratovulkan entstand, mit zahlreichen randl. Kegelkratern (größter: Astroni), kleinen Calderen und Kraterseen (u. a. Averner See, 34 m ü. M.). 1538 bildete sich der 140 m hohe Monte Nuovo; heute treten nur noch Dampfquellen (Fumarolen; 130–165 °C) aus. In Pozzuoli, dem Hauptort der P. F., erfolgen auch Hebungen und Senkungen der Küstenlinie, bes. am ›Serapistempel‹. Das klein parzellierte Hügelland wird intensiv genutzt (Wein-, Obst-, Gemüsebau); Fremdenverkehr. – Der fruchtbare Boden sowie die günstige strateg. Lage (natürl. Häfen) führten im Altertum zur ältesten Koloniegründung der Griechen auf dem ital. Festland (Kyme, →Cumae) und später zur Anlage bedeutender Häfen für die röm. Handels- und Kriegsflotte in Puteoli (heute Pozzuoli) und Misenum (Miseno) sowie des kaiserzeitl. röm. Seebades Baiae (→Baia).

H. PICHLER: Ital. Vulkangebiete, Bd. 2: P. F., Ischia, Ponza-Inseln, Roccamonfina (1970).

Phlegyas, griech. **Phlegyas,** *griech. Mythos:* ein thessal. Herrscher, Vater des Ixion, der Apolls Tempel in Delphi niederbrannte. Er wurde dafür von Apoll in den Hades geschickt.

Phleum [griech.], die Süßgrasgattung →Lieschgras.

Phlobaphene [Kw.], **Gerber|rote, Gerbstoffrote,** durch Kondensation von Gerbstoffen (v. a. Catechinen) entstehende, meist rötlich braune, wasserunlösl., fäulnishemmende Pigmente in den Wänden toter pflanzl. Zellen (z. B. von Rindengewebe, Kernholz, Samenschalen). P. bewirken auch die braune Herbstfärbung der Laubblätter.

Phloem [zu griech. phlóos ›Bast‹, ›Rinde‹] *das, -s/-e,* der Siebteil des →Leitbündels.

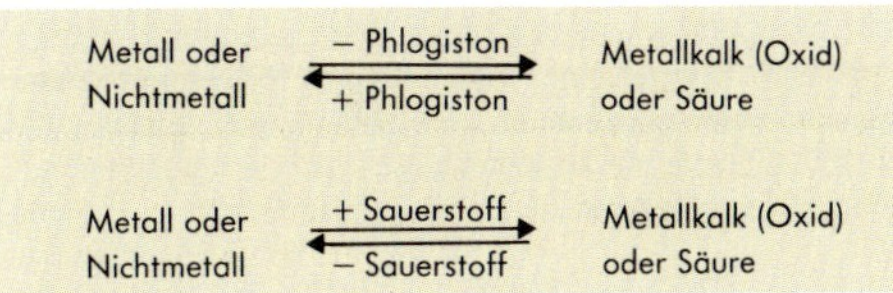

Phlogistontheorie: Vergleich der Phlogistontheorie (Georg Ernst Stahl; oben) mit dem antiphlogistischen System (Antoine Laurent de Lavoisier; unten)

Phlogistontheorie [zu griech. phlogistós ›verbrannt‹], im Wesentlichen von G. E. STAHL entwickelte und in der Schrift ›Zymotechnia fundamentalis seu fermentationis theoria generalis‹ (1697) erstmals dargelegte umfassende Theorie über Vorgänge, die später als Oxidation und Reduktion bezeichnet wurden. Nach der Theorie ist **Phlogiston** eine in reiner Form unbekannte, in allen brennbaren und ›verkalkbaren‹ Stoffen enthaltene Substanz. Es entweicht bei der Verbrennung, Atmung, Verwesung oder vergleichbaren Vorgängen. Die mehr oder weniger rückstandslos verbrennende Kohle besteht aus ziemlich reinem Phlogiston, während Metalle nur wenig davon enthalten. Die P. hat die chemisch-techn. Entwicklung außerordentlich beflügelt und gab z. B. eine theoret. Grundlage für die Verhüttung von Erzen: Bei Verbrennungsvorgängen wird das abgegebene Phlogiston von der Luft aufgenommen, gelangt von da in Blätter und Hölzer von Bäumen und schließlich in Holzkohle. Aus dieser wird es bei der Verhüttung unter Freisetzung des Metalls auf das Erz übertragen. Trotz mancher Widersprüche (z. B. hatte schon R. BOYLE festgestellt, dass Metalle bei der Verbrennung nicht leichter, sondern schwerer werden) waren bedeutende Chemiker des 18. Jh. Anhänger der P., z. B. H. CAVENDISH, J. PRIESTLEY, C. W. SCHEELE und zunächst auch A. L. DE LAVOISIER, der die P. schließlich widerlegte.

Phlogopit [zu griech. phlogōpós ›feurig‹, ›glänzend‹] *der, -s/-e,* **Magnesiaglimmer,** zur Biotitgruppe der Glimmer gehörendes, rötl. bis braunes, monoklines Mineral der chem. Zusammensetzung $KMg_3[(F,OH)_2|AlSi_3O_{10}]$; Härte nach MOHS 2,5, Dichte 2,76–2,97 g/cm³; meist blättrige, schuppige Aggregate; pegmatitisch und pneumatolytisch gebildet, auch kontakt- und regionalmetamorph in Kalken und Dolomiten.

Phlomis [griech.], die Pflanzengattung →Brandkraut.

Phlorina, griech. Stadt, →Florina.

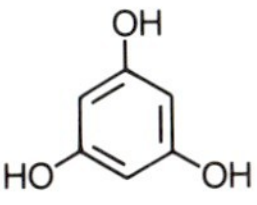

Phloroglucin

Phloroglucin [Kw.] *das, -s,* dreiwertiges, mit Pyrogallol isomeres Phenol (chemisch das Benzol-1,3,5-triol), eine kristalline, farblose Substanz, die sich im Licht verfärbt. P. kommt gebunden in einigen Pflanzenstoffen (Flavone, Gerbstoffe) vor. Synthetisch erzeugtes P. wird u. a. zur Herstellung von Farbstoffen verwendet. Die salzsaure alkohol. Lösung des P. gibt mit Lignin eine Rotfärbung und wird zum Ligninnachweis verwendet.

Phlox: Staudenphlox, Hybride (Höhe bis 1,20 m)

Phlox [griech. ›Flamme‹] *der, -es/-e,* auch *die, -/-e,* **Flammenblume,** Gattung der Sperrkrautgewächse mit rd. 65 Arten in Nordamerika und Nordostasien; ausdauernde, selten einjährige Kräuter mit ganzrandigen Blättern; Blüten einzeln oder in rispigen, doldentraubigen oder straußartigen Blütenständen stehend; die fünfteilige, tellerförmige Blütenkrone mit schmalem Schlund und dünner Röhre. – Bekannte Zierpflanzen sind die Sorten des **Einjahres-P.** (P. drummondii; mit urspr. roten, bei Kultursorten jedoch in vielen Pastelltönen gefärbten Blüten) und des **Stauden-P.** (P. paniculata; bis 1,20 m hoch, Blüten in Dolden). Eine bes. schöne Art ist der rasenartig wachsende **Moos-P.** (**Polster-P.,** P. subulata; etwa 5–10 cm hoch, flaumig behaart).

Phlyaken [griech., zu phlýaros, dorisch phlýax ›unnützes Geschwätz‹, ›Posse‹] *Pl.,* Bez. für eine Spielart der dor. Volksposse (und ihre Darsteller), die bes. in Unteritalien und in Sizilien entwickelt wurde (teils derbe mim. Scherzszenen, teils Travestien und mytholog. Tragödien); als Begründer der P. als literar. Form gilt RHINTON aus Syrakus (4./3. Jh. v. Chr.), erhalten sind nur wenige Fragmente.

Phlyakenvasen, ital. Vasengattung des 4. Jh. v. Chr., v. a. apul. Vasen, mit Darstellungen von →Phlyaken; die Schauspieler trugen Masken, Zottelkleid und einen riesigen Phallus.

Phnom Penh [pnɔm'pɛn], Hauptstadt von Kambodscha, 10 m ü. M., am Mekong, 920 000 Ew.; Univ., Technikum; Nationalmuseum, Museum des Königspalastes, Armeemuseum; Rundfunk- und Fernsehsender. Die von den Roten Khmer zerstörten oder zumindest außer Funktion gesetzten Industriebetriebe konnten erst allmählich wiederhergestellt werden (u. a. Textil-, Nahrungsmittelindustrie, Reifenfabrik); ausgedehnt hat sich dagegen das private Kleingewerbe. Der Hafen, 280 km von der Mekongmündung entfernt, ist auch für Seeschiffe bis etwa 5 m Tiefgang erreichbar; internat. Flughafen Pochentong. – Auf einem aufgeschütteten Hügel liegt der Tempelbezirk (15. Jh.); am Tonle Sap der Königspalast mit der Silberpagode und dem Palastmuseum aus dem Anfang des 20. Jh. – Die Stadt wurde 1434 Residenz der Khmerkönige anstelle von Angkor, Anfang des 16. Jh. aufgegeben und erst 1867 wieder Hauptstadt des nun unter frz. Protektorat stehenden Landes. Nach der Eroberung von P. P. durch die Roten Khmer am 17. 4. 1975 wurde ein Großteil der Stadt-Bev. in ländl. Gebiete zwangsdeportiert; am 7. 1. 1979 nahmen vietnames. Truppen die Stadt ein. Die unter der Terrorherrschaft der Roten Khmer stark verfallene und entvöl-

Phnom Penh

Hauptstadt von Kambodscha
·
Hafen am Mekong
·
920 000 Ew.
·
Königspalast
·
1434 Verlegung der Residenz der Khmerkönige von Angkor nach Phnom Penh
·
seit 1867 Hauptstadt
·
1975 Zwangsräumung durch die Roten Khmer

Phnom Penh: Innenhof des Königspalasts

kerte Stadt wurde unter der von Vietnam eingesetzten kambodschan. Reg. nur allmählich wieder hergerichtet; diese Entwicklung wurde erst im Zusammenhang mit der UN-Übergangsverwaltung (1992–93) und der anschließenden Amtsübernahme durch eine gewählte kambodschan. Koalitions-Reg. forciert; 1993 wurde die Stadt auch Sitz der wieder errichteten Monarchie (Einsetzung von NORODOM SIHANOUK als König). 1997 war P. P. erneut Schauplatz militär. Machtkämpfe (→Kambodscha, Geschichte).

Phnong, →Pnong.

phob..., ...phob, Wortbildungselement, →phobo...

Phöbe, *griech. Mythos:* →Phoibe.

Phöbe, im N.T. bei PAULUS (Röm. 16,1 f.) erwähnte Diakonisse, die in Kenchreä bei Korinth karitativ und organisatorisch tätig war. – Heilige (Tag: 3. 9.).

...phobie, Wortbildungselement, →phobo...

Phobie [griech.] *die, -/...'ilen,* Angsterkrankung mit unangemessener Furcht vor bestimmten Situationen oder Gegenständen, die die Lebensqualität des Betreffenden z.T. erheblich einschränkt. Entsprechend den Furcht auslösenden Reizen spricht man z. B. von Agoraphobie, Klaustrophobie und Soziophobie. – Die *Psychoanalyse* sieht hinter den P. unbewusste Konflikte. Danach werden aggressive oder sexuelle u.a. Wünsche und Fantasien verdrängt und mithilfe von Abwehrmechanismen auf neutrale Gegenstände oder Situationen bezogen. *Lerntheoretisch* hingegen wird die Entstehung von P. durch klass. und ihre Aufrechterhaltung durch operante →Konditionierung erklärt. – Zur *Behandlung* von P. haben sich bes. bei eingrenzbaren Situationen verhaltenstherapeut. Maßnahmen (z. B. Desensibilisierung, Reizüberflutung) als am erfolgreichsten erwiesen. Furcht im sozialen Leben lässt sich am wirksamsten durch Selbstsicherheitstraining und Gruppentherapie begegnen. (→Angst)

phobo... [griech. phóbos ›Furcht‹], vor Vokalen verkürzt zu **phob...,** Wortbildungselement mit der Bedeutung: (krankhafte) Furcht, z. B. Phobotaxis; auch als letzter Wortbestandteil, 1) bei Adjektiven: **...phob,** mit der Bedeutung: eine Abneigung habend, meidend, z. B. hydrophob; 2) bei Substantiven: **...phobie,** mit den Bedeutungen: (krankhafte) Furcht, Abneigung, z. B. Agoraphobie; Überempfindlichkeitsreaktion, z. B. Photophobie.

Phobos, ein Mond des Planeten →Mars.

Phobos, *griech. Mythos:* die Verkörperung der Furcht; wie Deimos, der Schrecken, Sohn und Begleiter des Kriegsgottes Ares.

Phobotaxis, Änderung der Bewegungsrichtung bei frei beweg1. Organismen aufgrund einer phob. Reaktion (›Schreckreaktion‹) auf eine Intensitätsänderung von einwirkenden Reizen. (→Taxien)

Phöbus, *griech. Mythos:* →Phoibos.

Phocoenidae [griech.], die →Schweinswale.

Phoebe, ein Mond des Planeten →Saturn.

Phoebe, *griech. Mythos:* →Phoibe.

Phoebus, *griech. Mythos:* →Phoibos.

Phoenicopteridae [griech.], die →Flamingos.

Phoenix [lat.], **1)** *Astronomie:* das Sternbild →Phönix.

2) *Botanik:* die Gattung →Dattelpalme.

3) *Rundfunk:* von ARD und ZDF betriebener werbefreier Fernsehspartenkanal, konzipiert als ›Ereignis- und Dokumentationskanal‹ und finanziert aus einem Anteil an der Rundfunkgebühr; Sendestart 7. 4. 1997. Das über Satellit und Kabel verbreitete Programm umfasst vollständige Live-Übertragungen von Parlamentsdebatten, Kongressen, Staatsakten u. a., histor. und sonstige Dokumentationen sowie Gesprächs-, Reportage- und Nachrichtensendungen.

Phoenix ['fi:nɪks], Hauptstadt und größte Stadt des Bundesstaates Arizona, USA, am Salt River in einem Bewässerungsfeldbaugebiet, (1995) 1,08 Mio. Ew. (1950: 106 800 Ew.); die Metropolitan Area hat 2,12 Mio. Ew.; kath. und anglikan. Bischofssitz; Heard Museum (Kunst und Kultur der Indianer), P. Art Museum (amerikan. und fernöstl. Kunst, europ. Kunst der Renaissance und des Barock). Seit dem Zweiten Weltkrieg entstand in Verbindung mit den nahe gelegenen Luftwaffenstützpunkten in P. Flugzeug- und elektron. Industrie. Begünstigt durch das warmtrockene Klima, wurde der Raum P. zu einem beliebten Erholungs- und Wohngebiet (u. a. Scottsdale, Sun City). – State Capitol (1900 vollendet) mit Museum; Kultur- und Kongresszentrum (Civic Plaza); Public Library von WILL BRUDER (1996); Erweiterungsbau des P. Art Museums von TOD WILLIAMS und BILLIE TSIEN (1997). – In der Nähe von P. finden sich Überreste der Hohokamkultur. – P., 1871 gegr., wurde 1889 Hauptstadt von Arizona.

Phoenix Islands ['fi:nɪks 'aɪləndz], die →Phönixinseln.

Phoibe, Phoebe, Phöbe, *griech. Mythos:* 1) Beiname der Artemis als Mondgöttin (bes. bei röm. Dichtern); 2) Tochter des Uranos und der Gaia, Gemahlin des Koios und Mutter der Leto und der Asteria.

Phoibos [griech. ›der Lichte‹, ›der Reine‹], **Phoebus, Phöbus,** *griech. Mythos:* Beiname des Gottes Apoll.

Phokaia, Phokäa, antike Stadt zuerst der äol., seit 800 v. Chr. der ion. Griechen, an der W-Küste Kleinasiens, an der Stelle des heutigen Foça, Türkei, nordwestlich von İzmir. P. war ein bedeutender Handelsplatz und Mutterstadt mehrerer Gründungen im Mittelmeerraum (Ampurias in Spanien, Marseille u. a.). Ausgrabungen erbrachten Reste eines Tempels und Kleinfunde.

Phokas, griech. **Phokas,** byzantin. Geschlecht aus Kappadokien, dem neben vielen Feldherren mehrere Kaiser entstammten: PHOKAS (602–610), NIKEPHOROS II. PHOKAS (963–969), dessen Neffe BARDAS 971 und 987–989 als Gegenkaiser auftrat, und NIKEPHOROS III. BOTANEIATES (1078–81). – Bekannt v. a.:

Phokas, byzantin. Kaiser (seit 602), *Thrakien nach 547, †(hingerichtet) Konstantinopel 5. 10. 610; niederer Offizier der Donauarmee; entmachtete an der Spitze unzufriedener Truppen Kaiser MAURIKIOS und ließ ihn ermorden. P. führte eine Schreckensherrschaft; in seiner Reg.-Zeit drangen die Slawen und Awaren auf dem Balkan und die Perser bis Chalkedon vor. Er wurde durch den Exarchen von Karthago, HERAKLEIOS, gestürzt.

Phokion, griech. **Phokion,** athen. Politiker und Feldherr, * um 402 v. Chr., † Athen 318 v. Chr.; vermittelte 322 v. Chr. den Frieden mit ANTIPATER, durch den Athen seine polit. Selbstständigkeit verlor. Als Makedonenfreund musste P. den Giftbecher trinken. Biographien von PLUTARCH und CORNELIUS NEPOS.

Phokis, histor. Landschaft in Mittelgriechenland, mit dem Parnass und Delphi im S und der Ebene des Kephisos im N. Der Verw.-Bez. (Nomos) P. hat 2 120 km² und 44 200 Ew., Hauptstadt ist Amphissa. – Neolith. Siedlungen sind in der Kephisosebene belegt. Seit dem 6. Jh. v. Chr. bildeten die **Phoker** einen eigenen Stammesbund. In den Perserkriegen stand P. aufseiten Athens, im Peloponnes. Krieg aufseiten Spartas. P. erreichte seine größte Machtstellung unter dem Feldherrn und Politiker ONOMARCHOS im 3. Hl. Krieg (**Phokischer Krieg,** 356–346 v. Chr., →heilige Kriege).

Phokomelie [zu griech. phṓkē ›Robbe‹ und mélos ›Glied‹] *die, -/...'li|en,* angeborene Gliedmaßenfehlbildung (→Dysmelie), bei der durch eine mangelnde Ausbildung der langen Röhrenknochen die Hände oder Füße unmittelbar am Rumpf (Schultern oder Hüften) ansetzen; frühembryonale Hemmungsfehlbildung, die u. a. bei Schädigungen durch →Thalidomid auftrat.

Pholcidae [griech.], die →Zitterspinnen.

Pholididae [griech.], die →Butterfische.

Pholidota [griech.], die →Schuppentiere.

Pholiota [griech.], etwa 30 Arten umfassende Gattung der Ständerpilze mit dunkelfarbenen Lamellen; bekannte Arten sind →Reifpilz und →Stockschwämmchen.

Phoma [zu griech. kýphoma ›Buckel‹], zu den →Deuteromycetes gehörende Pilzgattung mit zahlr. saprophytisch und parasitisch auf Wurzeln, Stängeln, Blüten oder Früchten (Fleckenbildung) lebenden Arten, z. B. der Erreger der Schwarzpustelkrankheit.

phon..., ...phon, Wortbildungselement, →phono...

Phon *das, -s/-s,* **1)** *Physik:* die Einheit des →Lautstärkepegels.

2) *Sprachwissenschaft:* →Phonem.

Phonasthenie [zu griech. asthenḗs ›kraftlos‹] *die, -/...'ni|en,* funktionelle Stimmschwäche auf konstitutioneller Basis oder als Folge einer Überbeanspruchung, falscher Sprech- oder Singtechnik oder mangelnder Schonung bei entzündl. Kehlkopfkrankheiten.

Phonem *das, -s/-e, Sprachwissenschaft:* kleinste bedeutungsunterscheidende lautl. Einheit einer Sprache. Mit dem P.-Begriff trägt man der Tatsache Rechnung, dass in einer Sprache nicht alle Laute **(Phone)** eine systemat. Funktion haben, sondern auch nur Varianten sein können. So kennt das Deutsche mehrere r-Laute, u. a. Zungenspitzen- und Zäpfchen-r, die aber beliebig gegeneinander austauschbar sind, ohne dass sie zu einer Bedeutungsänderung führen, während der Austausch von [k] und [t] in ›Kanne‹ und ›Tanne‹ eine Bedeutungsveränderung bewirkt. Demensprechend haben die versch. r-Laute im Deutschen – anders als [k] und [t] und auch anders als etwa im Portugiesischen, wo Zungenspitzen- und Zäpfchen-r bedeutungsunterscheidende Funktion haben – nicht den Status von P., sondern sind nur freie Varianten, so genannte freie →Allophone des P. [r]. P.-Status haben zwei Phone auch dann nicht, wenn sie niemals in der gleichen lautl. Umgebung auftreten, also keine bedeutungsunterscheidende Funktion haben können, wie z. B. die beiden ch-Laute im Deutschen in ›Wicht‹ und in ›Wacht‹; hier spricht man von stellungsbedingten oder kombinator. Allophonen. Hinsichtlich der genauen Definition des P.-Begriffs sowie der Verfahren zur Ermittlung von P. gibt es unterschiedl. Auffassungen in der Sprachwiss. Beschrieben werden können P. als Menge distinktiver, d. h. phonologisch relevanter Merkmale, die sich an den lautl. Eigenschaften der jeweiligen P.-Realisierungen orientieren (P.-Gehalt).

Phonematik *die, -,* **Phonemik,** *Sprachwissenschaft:* die →Phonologie.

Phonetik *die, -,* die Wiss. vom Sprachschall, seiner Erzeugung durch den Sprecher und seiner Verarbeitung durch den Hörer. Historisch gesehen ist die P. ein Teilbereich der Sprachwiss.; die traditionelle Fachbestimmung als Wiss. von den Sprachlauten (→Laut) ist jedoch im Hinblick auf die moderne phonet. Forschung zu eng. Die P. beschäftigt sich vielmehr mit der Gesamtheit der miteinander verketteten physikal., physiolog. und psych. Prozesse, die bei der Kommunikation mittels gesprochener Sprache an der Übermittlung einer Information vom Bewusstsein des Sprechers zum Bewusstsein des Hörers beteiligt sind. Es sind dies 1) neurophysiolog. Vorgänge im Gehirn und in den efferenten Nervenbahnen des Sprechers – diese bereiten die Artikulation des Sprachsignals vor und aktivieren die Muskeln der Sprechorgane; 2) die daraus resultierenden Bewegungen und Stellungen der Sprechorgane; 3) die Erzeugung der akust. Sprachsignale in den durch die Sprechorgane gebildeten Hohlräumen (gelegentlich auch als Akustogenese bezeichnet; →Ansatzrohr); 4) die Übertragung des Sprachschalls vom Sprecher zum Hörer; 5) mechan. und hydrodynam. Vorgänge im Mittel- bzw. Innenohr; 6) neurophysiolog. Vorgänge auf den afferenten Nervenbahnen des Gehörs und im Gehirn des Hörers (und des Sprechers).

Bei der Erforschung dieses bioakust. Systems stehen Theorie, Empirie und Experiment gleichberechtigt nebeneinander. Das verwendete Instrumentarium entstammt vielfach anderen Disziplinen, z. B. Physik, Physiologie, Psychologie oder Elektroakustik. Hierbei gewinnen computergestützte Methoden der Signalverarbeitung zunehmend an Bedeutung.

Forschungsrichtungen: Gegenstand der **akustischen P.** sind einerseits die Signaleigenschaften des Sprachschalls, andererseits die bei seiner Erzeugung ablaufenden akust. Prozesse innerhalb des Sprechtrakts. Sprachsignale werden v. a. hinsichtlich derjenigen akust. Eigenschaften untersucht, die entweder die sprachl. Zeichenfunktion oder das sprechende Individuum charakterisieren. Wichtigstes Analysiergerät ist der →Sonagraph; daneben existiert eine Vielzahl z. T. sehr spezieller Analysiergeräte, die bestimmte Parameter (z. B. die Sprachgrundfrequenz, d. h. die Sprechmelodie) aus dem Sprachsignal zu extrahieren gestatten. – Die von der akust. P. gewonnenen Erkenntnisse dienen sowohl der Grundlagenforschung (z. B. der Bildung einer akust. Theorie der Artikulation) als auch anwendungsorientierten Zwecken. Zu Letzteren gehört die Entwicklung von Verfahren zur automat. Sprach- und Sprecherkennung (akust. Mensch-Maschine-Kommunikation) sowie zur Sprachausgabe (z. B. automat. Auskunftssysteme mit synthet. Sprache, Vorlesegeräte für Blinde).

Die **artikulatorische P.** (→Koartikulation, →Artikulation) beschreibt die Art und Weise, in der die Sprechorgane an der Erzeugung der Sprachlaute beteiligt sind. Die wichtigsten Sprechorgane sind – neben den Stimmbändern – versch. Teile der Zunge und des Gaumens, die Lippen, die oberen Schneidezähne sowie das Gaumensegel. Durch einen komplexen Bewegungsablauf dieser Artikulatoren wird Primärschall modifiziert und erhält dadurch seine endgültige Klanggestalt. Der Primärschall ist ungefähr periodisch (bei Vokalen und stimmhaften Konsonanten), soweit er von Stimmbandschwingungen herrührt, oder geräuschhaft (bei Frikativen), wenn durch eine krit. Engebildung im Ansatzrohr in der ausströmenden Atemluft Turbulenzen auftreten. – Die artikulator. P. bildet mit ihren anschaul. Beschreibungsparametern das vorrangige Bezugssystem für die →Lautschrift. Hieraus ergibt sich auch ihre Bedeutung für die Phonologie, für die Aussprachevermittlung im Fremdsprachenunterricht, für die Stimm- und Sprechtherapie und für die Erstellung von Aussprachewörterbüchern.

Die **perzeptive P.** (auch **auditive P.** gen.) untersucht die Wahrnehmung und Verarbeitung von Sprachschall durch den Hörer. Ihr vorrangiges Ziel besteht darin, Relationen zw. Eigenschaften des akust. Signals und aus der perzeptuellen Analyse abgeleiteten phonetisch-phonolog. Einheiten aufzudecken. Das method. Vorgehen ist durch Wahrnehmungsexperimente bestimmt, in denen unter Einsatz spezieller computergestützter Verfahren akust. Merkmale des Sprachsignals systematisch variiert werden. Neben der Aufdeckung akust. Schlüsselmerkmale für die Lautperzeption ist die Untersuchung der primären Wahrnehmungseinheiten in der Worterkennung ein wichtiger Bereich. In unterschiedl. Modellen werden als intermediäre Bausteine in der Worterkennung entweder →distinktive Merkmale, →Phoneme oder →Silben eingesetzt. Mit ihren Methoden und Fragestellungen steht die perzeptive P. zwischen psycholog. →Akustik und →Psycholinguistik.

Die **funktionale P.** oder →Phonologie beschäftigt sich u.a. mit der Funktion der Sprachlaute im Rahmen eines Sprachsystems, mit der Festlegung des Phonemsystems einer Sprache sowie seiner Beschreibung durch artikulator. oder akust. Eigenschaften bzw. auch in vereinheitlichter Darstellung mithilfe distinktiver Merkmale.

Die **physiologische P.** erforscht die neurolog. Vorgänge, die die Stimmtonerzeugung und die Artikulation steuern und die der Signalverarbeitung beim Hörer dienen. Ferner fallen in diesen Bereich die Mechanismen des Mittel- und Innenohrs sowie der Atmung und des Kehlkopfes, soweit sie für den Sprechvorgang relevant sind.

G. UNGEHEUER: Elemente einer akust. Theorie der Vokalartikulation (1962); G. LINDNER: Einf. in die experimentelle P. (Berlin-Ost 1969); G. FANT: Acoustic theory of speech production (Den Haag [2]1970); Manual of phonetics, hg. v. B. MALMBERG (Neudr. Amsterdam 1974); R. JAKOBSON u.a.: Preliminaries to speech analysis. The distinctive features and their correlates (Neuausg. Cambridge, Mass., 1976); K. J. KOHLER: Einf. in die P. des Dt. (1977); O. VON ESSEN: Allg. u. angewandte P. (Berlin-Ost [5]1979); H.-G. TILLMANN u. P. MANSELL: P. (1980); G. LINDNER: Grundlagen u. Anwendungen der P. (Berlin-Ost 1981); D. O'SHAUGHNESSY: Speech communication. Human and machine (Reading, Mass., 1987); J. C. CATFORD: A practical introduction to phonetics (Oxford 1988); S. ROSEN u. P. HOWELL: Signals and systems for speech and hearing (London 1991); P. LADEFOGED: A course in phonetics (Fort Worth, Tex., [3]1993).

phonetische Transkription, die →Lautschrift.

...phonie, Wortbildungselement, →phono...

Phöniki|en, Phönizi|en, griech. **Phoinike** [›Purpurland‹], lat. **Phoenicia,** im Altertum griech. Name der histor. Landschaft an der syrisch-libanesisch-israel. Mittelmeerküste etwa zw. Latakia und Akko (Akkon). Mindestens seit dem 3. Jt. v. Chr. lebte hier eine semitischsprachige Bev., aus der nach den tief greifenden Veränderungen des Seevölkersturms (etwa 1200–1175 v. Chr.) die **Phöniker (Phönizier)** hervorgingen. Einige Wissenschaftler beziehen die Bez. ›phönikisch‹ auch auf die kanaanäischen Küstenstädte des 3. und 2. Jt. v. Chr. HOMER nannte die Phöniker **Sidonier;** sie selbst nannten sich **Kanaanäer.** Der Machtverfall Ägyptens und der vorderasiat. Großreiche nach 1200 führte seit etwa 1100 zum Erstarken der zahlreichen assyr. und phönik. Stadtstaaten, von denen zunächst →Byblos im Vordergrund stand; es wurde jedoch von →Tyros und →Sidon verdrängt. Die Phöniker gründeten Handelskolonien an den Mittelmeerküsten, bes. auf Zypern (Kition, heute Larnaka), Sizilien (z. B. Panormus, heute Palermo), Malta und Sardinien, in S-Spanien (z. B. Gadir, heute Cádiz) und N-Afrika (z. B. Hippo Regius, heute Annaba; Utica, Karthago), wo sie als **Punier** (lat. **Poeni**) zur vorherrschenden Handelsmacht im westl. Mittelmeer aufstiegen (→Karthago). Die phönik. Kolonien standen in wachsender Rivalität zu den nachfolgenden ionisch-griech. Kolonien. Hauptausfuhrgüter waren Bauhölzer aus dem Libanongebirge und Purpurstoffe, ferner kunstgewerbl. Erzeugnisse aus Metall und Glas.

Wichtigste phönik. Städte waren neben Byblos, Sidon und Tyros (von N nach S) Arados (Arwad, heute Ruwad bei Tartus, Syrien) mit dem Hafen Karne sowie Tripolis, Berytos (Beirut) und Akko. Unter ihnen errang Tyros (phönik. Sor) die Vorherrschaft, die es bis zur Dynastie König ITTOBAALS I. (887–856 v. Chr.) behauptete. Im 10. Jh. unterhielt HIRAM (um 969–936 v. Chr.) von Tyros enge Beziehungen zu König SALOMO. Seit etwa 875 v. Chr. waren die phönik. Stadtstaaten dem militär. Druck Assyriens ausgesetzt, der sie zu hohen Tributzahlungen zwang. Auf die Vorherrschaft der Assyrer folgte die der Babylonier (dreizehnjährige Belagerung von Tyros durch NEBUKADNEZAR II.) und der Perser, jeweils unter Fortbestand der stadtstaatl. Strukturen unter einheim. Dynastien (z. T. oligarchisch organisiert). Neben den kleinasiat. Griechen stellten die Phöniker den Hauptteil der pers. Flotte. Erst nach der Teilnahme am ägypt. Aufstand gegen ARTAXERXES III. wurde Sidon, das damals Tyros überflügelt hatte, zerstört (343 v. Chr.). Tyros erhielt damit wieder seine Vormachtstellung, bis es 332 v. Chr. von ALEXANDER D. GR. erobert wurde. Nach ALEXANDERS Tod war das Land zw. Ptolemäern und Seleukiden umstritten und verlor stark an Bedeutung. Mit ganz Syrien wurde es 64/63 v. Chr. von POMPEIUS dem Röm. Reich einverleibt.

L'espansione fenicia nel Mediterraneo, bearb. v. F. BARRECA u.a. (Rom 1971); S. MOSCATI: Die Phöniker (a.d. Ital.,

Phönikien: Phönikische Kolonisation

Neuausg. 1975); A. PARROT u.a.: Die Phönizier (a.d. Frz., 1977); G. BUNNENS: L'expansion phénicienne en Méditerranée (Brüssel 1979); H. G. NIEMEYER: Das frühe Karthago u. die phöniz. Expansion im Mittelmeerraum (1989). – Weitere Literatur →phönikische Kunst.

phönikische Kunst: Schale aus dem Bernardini-Grab in Palestrina; Silber, um 710–675 v. Chr. (Rom, Museo Nazionale di Villa Giulia)

phönikische Kunst, die im Küstenstreifen v. a. des heutigen Libanon und N-Israels (→Phönikien) beheimatete, aber auch andernorts entstandene Kunst des 10.–4. Jh. v. Chr.; der Begriff wird auch ausgedehnt auf die Kunst dieses Raumes sowie in Teilen Zyperns seit dem 12. Jh. v. Chr. und in Kanaan auch früher, wobei allerdings eine Unterscheidung zw. syr. (ugarit.) und ›frühphönik.‹ Bereichen, die zudem beide vielfältige Einflüsse aus Ägypten und Vorderasien verarbeiteten, kaum geleistet werden kann. Analog zur Handelstätigkeit und Kolonisierung der Phöniker sind Werke und Werkstätten der p. K. im ganzen Mittelmeerraum verbreitet, Funde auf Zypern datieren bereits Ende 12./11. Jh. (Kition, heute Larnaka), auf Rhodos, Samos und in Griechenland (Korinth) seit dem 8. Jh., im westl. Mittelmeerraum und an den Atlantikküsten seit Ende des 8. Jh.; als Handelsware oder Beutegut gelangten phönik. Arbeiten auch nach Assyrien.

Zentren der p. K. des Mutterlandes waren seit dem 10. Jh. v. a. Sidon und Tyros, außerdem sind Arados (Arwad, heute Ruwad bei Tartus, Syrien) und Berytos (Beirut) zu nennen. Für die kanaanäisch-frühphönik. Kunst des 2. Jt. v. Chr. ist als mächtigste Stadt dieser Epoche Byblos Zentrum. Bauwerke haben sich archäologisch erst aus der Zeit der achaimenid. Oberherrschaft und des Hellenismus fassen lassen, sie scheinen sowohl ägypt. wie phönikisch-syr. Wurzeln (Tempelgrundrisse im Bit-Hilani-Typ, Bautechnik) zu haben. Auf der mit Bronzereliefs beschlagenen Tür aus Imgur-Enlil ist eine typ., auf engem Raum auf einer Insel vor der Klippenküste hoch gebaute phönik. Stadt (Tyros) dargestellt. Phönik. Elfenbeinreliefs zeigen die für die Architektur der Phöniker typ. Fensterbalustraden, deren Säulchen Kelchblattkapitelle tragen. Aus der Frühzeit der p. K. bzw. der Epoche, in der die Kunst des 1. Jt. wurzelt, wurde in Byblos der ›Obeliskentempel‹ aus dem frühen 2. Jt. freigelegt (BILD →Byblos). Durch die phönik. Inschrift ist der steinerne Kastensarkophag des Königs ACHIRAM von Byblos (um 1000) mit figürl. Reliefs bes. bekannt. In Amrit, Tyros und Sarepta, auf Sardinien und Zypern gibt es einige Großplastiken (8.–6. Jh.). Überall verbreitet sind Grabstelen; Grabbauten wurden bes. in Salamis untersucht. Masken aus Bronze oder Terrakotta fanden sich in Gräbern oder – in Griechenland – in Heiligtümern. Die zahlr. Statuetten phönik. Götter sind ebenfalls aus Terrakotta oder Bronze. Kostbare phönik. Erzeugnisse der Kleinkunst gehörten zu den wichtigsten Handelswaren. Aus dem 10.–7. Jh. stammen vergoldete Bronze- oder Silberschalen mit figürl. Relieffriesen (z. B. Stiermotive), die nur in Phönikien selbst hergestellt wurden (Funde auf Zypern, in Etrurien und Nimrud), birnenförmige Metallkannen, bemalte Straußeneier, feine ›rote Ware‹ (Keramik mit Engobe, hergestellt 850–550), z. T. granulierter Schmuck, bes. Ohrringe (in Sichel- oder Bootform; Gehänge), Armbänder, Anhänger, darunter auch viele Siegel, die im 6.–4. Jh. v. a. in Tharros auf Sardinien gearbeitet wurden. Ältere Siegel (9.–6. Jh.) sind oft schwer von ägypt. zu unterscheiden. Das gilt auch für die Glasgefäße, wobei die phönik. i. d. R. die feineren Arbeiten sind. Glasperlen (Augenperlen) wurden seit dem 6. Jh. als Massenartikel hergestellt. Die Elfenbeinschnitzereien aus dem 8. Jh. zeigen deutlich eine eigene stilist. Ausformung in den weichen Konturen der Figuren, motivlich und kompositorisch Anlehnungen an ägypt. und mesopotam. Vorbilder (bes. Siegel des 2. Jt.), wobei die Bildgedanken jedoch mit künstler. Fantasie zu einer neuen Einheit verschmolzen sind; Fundorte sind v. a. die assyr. Paläste von Kalach (Nimrud) und Hadatu (Arslan-Tasch). Von den Elfenbeinarbeiten des 14. Jh. aus Tell Kamid el-Loz (Beka, Libanon) wird wegen ihrer Sensibilität, Lebensnähe und Frische eine Linie zu phönik. Statuetten und den Elfenbeinarbeiten des 8. Jh. gezogen. Von den berühmten Purpurstoffen sind keine Reste erhalten. – Ausgrabungen phönik. Kolonien fanden u. a. in Kition (Zypern), Sukas (Syrien), Sarafand (Israel), Toscanos, Morro de Mezquitilla (span. Mittelmeerküste), Tharros, Nora nel Sulcis (Sardinien), Motye (Sizilien) und Lixus (Marokko) sowie Karthago statt, das im W ab etwa 550 die phönik. Städte der Levante zurückdrängte, was archäologisch an der Ablösung phönik. durch pun. Horizonte ablesbar ist.

phönikische Kunst: Statuette der Astarte; Bronze, Höhe 28,7 cm; 2. Hälfte des 8. Jh. v. Chr. (Privatbesitz)

phönikische Kunst: Fruchtbarkeitsgöttin, Elfenbeinschnitzerei aus Ras-Schamra, 14. Jh. v. Chr. (Paris, Louvre)

Den kulturellen Anstößen, die die Phöniker dem Mittelmeerraum gaben, gilt ebenso wie ihren eigenständigen künstler. Leistungen zunehmend die Aufmerksamkeit der jüngeren Forschung. Der Einfluss der p. K. wird im orientalisierenden Stil der griech. und etrusk. Kunst, auch in der Kunst von Tartessos am Guadalquivir fassbar.

E. J. WEIN u. R. OPIFICIUS: 7000 Jahre Byblos (1963); R. BARNETT: A catalogue of the Nimrud ivories (London [2]1975); W. ORTHMANN: Der alte Orient (1975); A. PARROT u. a.: Die Phönizier. Die Entwicklung der phöniz. Kunst von den Anfängen bis zum Ende des Dritten Pun. Krieges (a. d. Frz., 1977); P. WAGNER: Der ägypt. Einfluß auf die phöniz.

Architektur (1980); Frühe Phöniker im Libanon, hg. v. R. HACHMANN, Ausst.-Kat. (1983); Die Phönizier, hg. v. S. MOSCATI, Ausst.-Kat. (a. d. Ital., 1988); H. WEIPPERT: Palästina in vorhellenist. Zeit (1988); Die Phönizier im Zeitalter Homers, hg. v. U. GEHRIG u. a., Ausst.-Kat. (1990). – Weitere Literatur →Phönikien.

phönikische Musik. Instrumentenfunde, vereinzelte Hinweise in der Bibel und Textstellen bei antiken Schriftstellern lassen vermuten, dass die Musik im kulturellen Leben der Phöniker bereits eine besondere Stellung einnahm. Wichtig war dabei die Vermittlerrolle der Phöniker zw. den Kulturen Ägyptens, Mesopotamiens und des Mittelmeerraumes. Sängerinnen aus Phönikien führten in Ägypten die phönik. Langhalslaute Pandore sowie die Bogenharfe ein. Auch die semit. Kastenleier war nach Ägypten gelangt, wie Gemälde um 2000 v. Chr. bezeugen. Nach der Bibel lieferte der phönik. König HIRAM I. (um 969–936 v. Chr.) von Tyros an König SALOMO nicht nur Holz für den Tempelbau, sondern auch für die Konstruktion von Lauten und Leiern (1. Kön. 10, 11 f.). Phönik. Instrumentennamen wie Nabla (gezupftes Saiteninstrument), Sambuca (Winkelharfe) und Kennara (Kastenleier) wurden bei den Griechen zu Nablas, Sambyke und Kinyra. Im phönik. Kult begleitete die Musik Tänze zu Ehren von Marqod, dem Gott des Tanzes; bei den Feiern für die Göttin Astarte spielte die Flöte Ambuba zu Tänzen und Riten. Bei volkstüml. Festen erklangen das Blasinstrument Zamora und die Trommel Tabola.

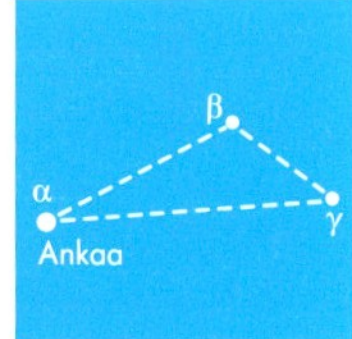

Phönix 1)

phönikische Religion. Die Religion der Phöniker ist nicht aus Originalquellen bekannt, sondern durch Auszüge aus der Bearbeitung der Bücher des ›Sanchuniathon‹ durch PHILON VON BYBLOS (* um 64, † 141), die bei dem griech. Kirchenschriftsteller EUSEBIOS VON CAESAREA erhalten sind. Hinzu treten die mytholog. Texte des 13. Jh. v. Chr. aus Ras Schamra (→Ugarit), die wesentl. Züge der frühen kanaanäischen Religion vermitteln, der die phönik. Religion sehr nahe stand. Verehrt wurde als höchster Gott El, die einzelnen Städte hatten ihren Baal (z. B. Tyros den →Melkart), doch gab es in jüngerer Zeit auch einzelne Erscheinungsformen wie den Baal Schamem (Himmelsbaal), Baal Hammon u. a. Bevorzugte weibl. Gottheit war Astarte, z. B. die von den Ägyptern mit Hathor gleichgesetzte ›Herrin von Byblos‹. Von Bedeutung waren ferner der Heilgott Eschmun, der Gott der Seuchen Reschef und der verhältnismäßig spät bezeugte jugendl. Adonis, dessen Tod am Nahr Ibrahim (nordöstlich von Beirut) alljährlich beweint wurde. Durch die Kolonisation wurde der Kult phönik. Götter im gesamten Mittelmeerraum verbreitet.

phönikische Schrift, v. a. seit dem 9. Jh. v. Chr. normierte Buchstabenschrift (22 Buchstaben) im syrisch-palästinens. Raum, deren Ursprünge auf etwa die Mitte des 2. Jt. v. Chr. zurückgehen. Die p. S. war als reine Konsonantenschrift konzipiert; bestimmte Zeichen wurden jedoch auch als Lesehilfen für Vokale gebraucht (z. B. w für u, j für i). Die p. S. ist aus den altkanaanäischen Schriften abgeleitet und der Ausgangspunkt aller semit. Konsonantenschriften (z. B. Hebräisch und Arabisch) sowie der griech. und der lat. Schrift; die Schriftrichtung verläuft von rechts nach links. Als ältester zusammenhängender Text ist die in Byblos gefundene Inschrift auf dem Kalksteinsarkophag des Königs ACHIRAM (um 1 000 v. Chr.) erhalten, jünger ist die Bauinschrift des Königs JECHIMILK. Aus dem 5. Jh. v. Chr. stammt eine Sarginschrift des Königs ESCHMUNAZAR von Sidon. Das älteste Denkmal in p. S. außerhalb des phönik. Kernlandes ist die Siegessäule des Königs MESCHA von Moab (842 v. Chr.). Phönik. Inschriften fanden sich auch auf Zypern (750 v. Chr.), Delos, Sizilien, Sardinien, Ischia, in Karthago, Marseille und Carpentras, hethitisch-phönik. Bilinguen in Karatepe, phönikisch-griech. auf Zypern und Malta, etruskisch-pun. in Pyrgi und lateinisch-pun. in Leptis Magna, Graffiti in Abydos.

M. LIDZBARSKI: Hb. der nordsemit. Epigraphik, 2 Tle. (1898, Nachdr. 1962); M. DUNAND: Byblia grammata (Beirut 1945); M. G. GUZZO AMADASI: Le iscrizioni fenicie e puniche delle colonie in Occidente (Rom 1967); H. DONNER u. W. RÖLLIG: Kanaanäische u. aramäische Inschriften, 3 Bde. ([3-4]1973–79); G. R. DRIVER: Semitic writing from pictography to alphabet (Neuausg. London 1976); W. RÖLLIG: Das phöniz. Alphabet u. die frühen europ. Schr., in: Die Phönizier im Zeitalter Homers, hg. v. U. GEHRIG u. a., Ausst.-Kat. (1990).

Phönikisches Alphabet	Umschrift
𐤀	ʼ[1])
𐤁	g
𐤂	b
𐤃	d
𐤄	h
𐤅 (Y)	w
𐤆	z
𐤇	ḥ[2])
𐤈	ṭ[3])
𐤉	i
𐤊	k
𐤋	l
𐤌	m
𐤍	n
𐤎	s
𐤏	ʻ[4])
𐤐	p
𐤑	ṣ
𐤒	q
𐤓	r
𐤔	š[5])
𐤕	t

phönikische Schrift: [1]) fester Vokaleinsatz oder -absatz; [2]) sehr hart ausgesprochenes h; [3]) mit starker Pressung gesprochenes t; [4]) Kehlpresslaut; [5]) gesprochenes [ʃ]

phönikische Sprache, die Sprache der Phöniker, eine der →semitischen Sprachen. Anfangs diente sie auch den Aramäern als Schriftsprache. Im Mutterland wurde sie bis in hellenist. Zeit geschrieben, dürfte aber im tägl. Gebrauch schon vom Aramäischen und Griechischen verdrängt worden sein. Eine jüngere Form der p. S. ist die **punische Sprache** (in Karthago und dessen Einflussbereich in N-Afrika, Spanien, auf Sizilien, Sardinien u. a.). Neben nur geringen lexikal. und morpholog. Abweichungen vom Phönikischen zeigt das Punische (unter dem Einfluss der Sprachen der einheim. Vorbevölkerung und des Lateinischen) einen zunehmenden Verfall bestimmter semit. Laute. Das Punische erhielt sich über die Zerstörung Karthagos hinaus bis in christl. Zeit. Beide Sprachen sind fast nur aus Inschriften bekannt (→phönikische Schrift).

J. FRIEDRICH u. W. RÖLLIG: Phönizisch-pun. Gramm. (Rom [2]1970); S. SEGERT: A grammar of Phoenician and Punic (München 1975).

Phönix, 1) *Astronomie:* **Phoenix** [lat.], Abk. **Phe,** ein Sternbild des Südhimmels, in der Nähe von Achernar, dem hellsten Stern im Sternbild Eridanus. Sein hellster Stern, α (Ankaa), ist von 2. Größenklasse.

2) *Münzwesen:* 1) Währungseinheit Griechenlands nach der Unabhängigkeit vom Osman. Reich (nur 1828 geprägt), 1 P. = 100 Lepta; 2) Beiname der von 1720 bis 1734 auf Sizilien geprägten Gold-Oncia zu 30 Tari.

Phönix, griech. **Phoinix, 1)** *Mythos* und *Symbolik:* Im ägypt. Mythos war P. ein heiliger Vogel (ägypt. **Benu** oder **Boine**), urspr. als Bachstelze, später als Reiher dargestellt; er galt als Wesen, das bei der Weltschöpfung auf dem aus dem Schlamm entstandenen Urhügel erschienen war. Zumeist wurde er als Verkörperung des Sonnengottes angesehen und hatte in On (Heliopolis) eine eigene Wohnstätte. Der wachsende Osirisglaube betrachtete ihn als Seele des Osiris. Unter vielerlei Umdeutungen wurde der P. bei den Griechen und Kirchenschriftstellern als Symbol übernommen. In hellenist. Zeit konnte er zum Symbol weltl. Macht werden. Im 1. Jh. n. Chr. erhielt der P.-Mythos bei den Römern eine Neufassung, in der er später durch die ganze Welt wanderte: Der P. sollte sich in gewissen Zeitabständen (alle 500 oder 1 461 Jahre) selbst verbrennen und aus der Asche neu aufsteigen; als seine Heimat wurde nun Indien genannt. Seit dem 2. Jh. n. Chr. übertrugen frühchristl. Dichter und Kirchenväter das Bild des P. auf CHRISTUS; bes. der →Physiologus beeinflusste die mittelalterl. Auffassung vom P. entscheidend. Seitdem erscheint der P., auch in der Kunst, als ein Sinnbild CHRISTI sowie allg. der Auferstehung und der unsterbl. Seele. Das P.-Motiv ist auch in viele Märchen eingegangen. Oft erhält der Held den Auftrag, diesen Wundervogel aus fernen Ländern zu holen. Zuweilen ist der P. gleich dem Greif oder Drachen ein dämon. Wesen; es gilt, ihm drei seiner goldenen Federn zu entreißen und seine Geheimnisse zu erkunden.

Im chin. Mythos gehört der P. zu den Wundertieren, auch hier ist er aus der Sonne oder aus dem Feuer geboren. Als Symbol der Güte und Schönheit zeigt er sich den Menschen nur, wenn eine gute Regierung herrscht, die für Frieden und Wohlstand sorgt.

W. WOLF: Der Vogel P. u. der Gral, in: Studien zur dt. Philologie des MA., hg. v. R. KIENAST (1950); R. VAN DEN BROEK: The myth of the phoenix. According to classical and early christian traditions (Leiden 1972).

2) *griech. Mythos:* 1) Sohn des Agenor, der Stammvater der Phöniker, Bruder oder Vater des Kadmos und der Europa; 2) Sohn des Amyntor und der Hippodameia. Nach einer Version des Mythos wurde er von dieser angestiftet, die Nebenfrau seines Vaters zu verführen, damit dieser sich von ihr abwende, von ihm jedoch zur Strafe zu ewiger Kinderlosigkeit verflucht. Daraufhin floh P. zu Peleus und wurde zum Erzieher von dessen Sohn Achill sowie König der Doloper.

Phönixhuhn, schlankes und langschwänziges jap. Zierhuhn, das 1878 in Dtl. eingeführt wurde. Die Hähne besitzen bis 3 m lange tiefschwarze Schwanzfedern und einen langen Federbehang am Hals. Der Kamm ist bei beiden Geschlechtern einfach und aufrecht; versch. Farbschläge.

Phönix|inseln, engl. **Phoenix Islands** ['fi:nɪks 'aɪləndz], seit 1979 zu Kiribati gehörende Gruppe von acht nicht ständig bewohnten Atollen im zentralen Pazifik, zw. 3° und 5° s. Br. sowie 170° und 175° w. L., 29 km²: Phoenix Island (Rawaki), →Kanton Island (Canton Island, Abariringa), Enderbury Island, Hull Island (Orona), Gardner Island (Nikumaroro; BILD →Atoll), Sydney Island (Manra), Birnie Island, McKean Island; z. T. ehemals von Polynesiern besiedelt, z. T. auch 1938 bis 1958/64; im 19. Jh. Guanoabbau. – Entdeckt zw. 1794 und den 1820er-Jahren; 1937–79 (außer dem britisch-amerikan. Kondominium Canton and Enderbury) Teil der britischen Kronkolonie Gilbert and Ellice Islands.

Phöniziler, die Phöniker (→Phönikien).

phono... [griech. phōnḗ ›Laut‹, ›Ton‹; ›Stimme‹], vor Vokalen meist verkürzt zu **phon...,** Wortbildungselement mit den Bedeutungen: 1) Schall, Geräusch, Ton, z. B. Phonograph; 2) Laut; Stimme; Sprechvorgang, z. B. Phonogramm, Phonetik; auch als letzter Wortbestandteil: 1) **...phon,** mit der Bedeutung: Ton, Stimme, z. B. Megaphon; 2) **...phonie,** mit der Bedeutung: Stimme, Klang, z. B. Symphonie.

Phonograph *der, -en/-en,* von T. A. EDISON 1877 erfundenes (1878 patentiertes) Schallspeichergerät, mit dessen Hilfe Tonsignale als spiralförmige Rille auf einer mit Stanniol oder Hartwachs umwickelten Walze aufgezeichnet und von dieser wieder abgespielt werden können; der P. wurde rasch vom Grammophon verdrängt. (Weiteres BILD →Edison, Thomas Alva)

Phonokardiographie, Verfahren der Kardiographie zur Aufzeichnung von →Herztönen und krankheitsbedingten →Herzgeräuschen in Form eines **Phonokardiogramms,** meist in Verbindung mit einem Elektrokardiogramm; der Herzschall wird von einem über dem Herzen der Brustwand aufgesetzten Mikrofon mit elektron. Hochpassfilter zum Ausfiltern der diagnostisch wichtigen höherfrequenten, relativ schwachen Frequenzbereiche aufgenommen und einem Verstärker und Aufzeichnungsgerät zugeleitet; dient v. a. der Feststellung von Herzklappenfehlern und Herzmuskelschäden.

Phonolith [zu griech. líthos ›Stein‹] *der, -s* und *-en/-e(n),* **Klingstein,** dichtes bis feinkörniges, grünlich graues bis bräunlich graues vulkan. Gestein, v. a. aus Sanidin, daneben Feldspatvertretern (Nephelin, Leucit u. a.), ferner u. a. Ägirin, Ägirinaugit, Amphibol; absondernd in plumpen Säulen oder dünnen, beim Anschlagen klingenden Platten; Varietäten z. B. **Nephelin-P., Leucit-P.** und Mischtypen **(Leucitophyr);** verwendet als Schotter, Splitt, Baustein; oft an tertiäre Graben- und Bruchschollentektonik gebunden (z. B. Kaiserstuhl, Hegau, Rhön).

Phonologie *die, -,* **Phonematik, Phonemik,** Teildisziplin der Sprachwiss., die sich im Unterschied zur →Phonetik nicht mit den Sprachlauten, sondern mit den lautl. Systemen von Sprachen beschäftigt. Ihr Gegenstand sind zum einen die →Phoneme, das Phoneminventar und das Phonemsystem sowie die Regeln für die Kombination der Phoneme miteinander (Phonotaktik), zum andern so genannte suprasegmentale oder prosod. Phänomene, z. B. Intonation, Akzent und Quantität.

Von entscheidender Bedeutung für die Entwicklung der P. als linguist. Teildisziplin war der linguist. →Strukturalismus, insbesondere die →Prager Schule (N. S. TRUBEZKOJ, R. O. JAKOBSON), die v. a. den funktionalen Aspekt, die bedeutungsunterscheidende Funktion von Phonemen als grundlegend betrachtete, sowie der amerikanische →Distributionalismus (Z. S. HARRIS), der die Untersuchung der Vorkommensmöglichkeiten der Laute in unterschiedl. Kontexten in den Mittelpunkt stellte. Neben der strukturalistisch orientierten P. ist heute auch die generative P. (→generative Grammatik) von großer Bedeutung, die nicht von Phonemen und einer autonomen phonolog. Ebene ausgeht, sondern mit universellen phonet. Merkmalen als Grundeinheiten arbeitet und zw. den jeweiligen lautl. Eigenschaften von Wörtern einerseits und systematischen lautl. Eigenschaften einer Sprache andererseits unterscheidet. Dementsprechend wird zunächst eine abstrakte zugrunde liegende Form generiert, die durch die Anwendung phonolog. Regeln in die Oberflächenstruktur überführt wird (eine solche phonolog. Regel ist etwa die Regel der →Auslautverhärtung im Deutschen).

Von Bedeutung ist die P. für die →Psycholinguistik (v. a. im Zusammenhang mit dem Spracherwerb sowie mit Sprachstörungen), für die kontrastive Sprachwissenschaft sowie für Fragen der Orthographie.

C. F. HOCKETT: A manual of phonology (Baltimore 1955); Z. S. HARRIS: Methods in structural linguistics (Neudr. Chicago, Ill., 1957); N. CHOMSKY u. M. HALLE: The sound pattern of English (New York 1968); W. U. WURZEL: Studien zur dt. Lautstruktur (1970); W. MAYERTHALER: Einf. in die generative P. (1974); H. PILCH: Phonemtheorie, Bd. 1 (Basel [3]1974, m. n. e.); R. JAKOBSON u. M. HALLE: Fundamentals of language (Den Haag [4]1980); G. MEINHOLD u. E. STOCK: P. der dt. Gegenwartssprache (Leipzig [2]1982); R. LASS: Phonology (Cambridge 1984, Nachdr. ebd. 1991); T. VENNEMANN: Neuere Entwicklungen in der P. (1986); E. TERNES: Einf. in die P. (1987); N. S. TRUBEZKOJ: Grundzüge der P. ([7]1989); L. BLOOMFIELD: Language (Neudr. Chicago, Ill., 1991); M. KENSTOWICZ u. C. KISSEBERTH: Generative phonology (Neudr. San Diego, Calif., 1992); DERS.: Phonology in generative grammar (Cambridge, Mass., 1994); K. H. RAMERS u.

Phönix 1): Konsolfigur von Peter Parler im Prager Dom

Phonograph: Verbesserter Edison-Standard-Phonograph aus dem Jahr 1901

H. VATER: Einf. in die P. (^{4}1995); J. E. CLARK u. C. YALLOP: An introduction to phonetics and phonology (Oxford ^{2}1995); A. SPENCER: Phonology (ebd. 1996); R. WIESE: The phonology of German (ebd. 1996).

Phonon: Transversale optische und akustische Phononenzweige (z. B. eines Ionenkristalls)

Phonologisierung, *Sprachwissenschaft:* die Entwicklung einer Phonemvariante (eines →Allophons) zu einem →Phonem.

Phonon *das, -s/...'nonen,* eine →Elementaranregung der Gitterstruktur eines Festkörpers (Schallquant); P. erhält man als Energiequanten der →Gitterschwingungen eines Kristalls, wenn man dessen Normal- oder Eigenschwingungen quantisiert. Als kollektive Anregung der Gesamtheit der Atome, Ionen oder Moleküle des Gitters sind P. im Festkörper delokalisiert, lassen sich aber als →Quasiteilchen behandeln, für die bei Wechselwirkungsprozessen Impuls- und Energieerhaltung gelten. Ihrem quantenmechan. Charakter nach gehören P. zu den Bosonen (Spin = 0) und unterliegen der →Bose-Einstein-Statistik. Sind beim Schwingungsvorgang jeweils benachbarte Gitterbausteine in die gleiche Richtung ausgelenkt, bezeichnet man die zugehörigen Normalschwingungen als akust. P.-Zweige **(akustische P.).** In polaren Medien, z. B. Ionenkristallen, können die unterschiedlich geladenen Bausteine gegeneinander (gegenphasig) schwingen, und es liegen opt. P.-Zweige vor **(optische P.).** Zusätzlich unterscheidet man nach der Art der Gitterschwingung transversale und longitudinale P.-Zweige. Ein P. des j-ten Zweiges mit Wellenvektor $\boldsymbol{q}$ besitzt die Frequenz $\omega_j(\boldsymbol{q})$ (→Dispersionsrelation) und trägt die Energie $\hbar\omega_j(\boldsymbol{q})$ ($\hbar = h/2\pi$, h plancksches Wirkungsquantum). Die Gruppengeschwindigkeit (Schallgeschwindigkeit bei akust. P.) ist dann $\boldsymbol{v}_j(\boldsymbol{q}) = \mathrm{grad}_q\,\omega_j(\boldsymbol{q})$.

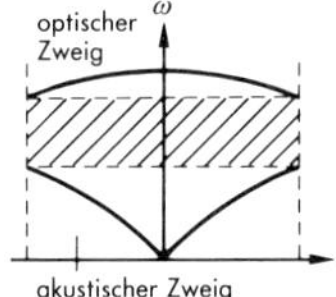

Phonon: Dispersionskurve für ein Gitter mit zweiatomiger Basis; die Größe der Frequenzlücke zwischen den Zweigen hängt vom Verhältnis der Atommassen ab

Das Konzept der P. erlaubt u. a. die Bestimmung der Temperaturabhängigkeit der molaren Wärmekapazität C_V von Kristallen ($C_V \sim T^3$, →Debye-Theorie). Da die Quantisierung der Gitterschwingungen innerhalb der →harmonischen Näherung stattfindet, äußern sich anharmon. Effekte in den Schwingungen als **P.-P.-Wechselwirkung.** Die daraus resultierenden Mehrphononenprozesse (›Umklappprozesse‹, →Quasiimpuls) führen zur therm. Ausdehnung von Festkörpern und tragen zur Wärmeleitung bei (endl. mittlere Weglänge der P.). P. erlangen außerdem über die →Elektron-Phonon-Wechselwirkung Bedeutung (elektr. Widerstand, Supraleitung). Die Kopplung opt. P. an Photonen (Lichtquanten) ergibt phonon. →Polaritonen als neue Quasiteilchen. Experimentelle Methoden der **P.-Spektroskopie** zur Bestimmung der Dispersionsrelationen u. a. Eigenschaften sind die unelast. Streuung therm. Neutronen (→Neutronenbeugung), die Raman-Spektroskopie (→Raman-Effekt) und die →Infrarotspektroskopie.

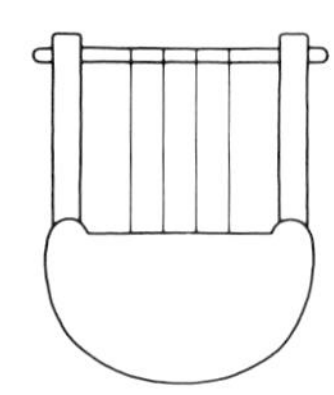

Phorminx

Phonothek [nach Bibliothek gebildet] *die, -/-en,* **Diskothek,** Sammlung von Tonträgern (Walzen, Schallplatten, CDs, Tonbänder, Tonfilme) zum Zweck der Dokumentation und Forschung. Die P. gingen aus um 1900 entstandenen Phonogrammarchiven hervor und nehmen heute ähnl. Aufgaben wie Bibliotheken auf dem Gebiet des Schrifttums wahr. Bedeutende P. bestehen in Berlin (Dt. Musikarchiv), Brüssel, Couvet (Schweiz), London, Paris, Rom, Stockholm und Washington (D. C.). – Rundfunk-P. erfüllen neben archival. und dokumentar. Aufgaben auch die der Bereitstellung des Sendeguts (›Repertoire‹).

...phor [zu griech. phoreĩn ›tragen‹], Wortbildungselement mit den Bedeutungen: 1) auch **...phore,** Träger, Behälter, z. B. Spermatophore; 2) hervorbringend, erzeugend, z. B. Elektrophor.

Phorbol [Kw.] *das, -s,* trizykl. Diterpenalkohol (Summenformel $C_{20}H_{28}O_6$), der verestert im Milchsaft zahlr. Wolfsmilchgewächse enthalten ist. Die **P.-Ester** wirken lokal stark reizend und kokarzinogen; sie sind z. B. für die Giftigkeit der Zypressenwolfsmilch (→Wolfsmilch) verantwortlich; auch in dem aus Croton tiglium (→Croton) gewonnenen, hautreizenden Krotonöl sind P.-Ester enthalten.

Phoresie [zu griech. phórēsis ›das Tragen‹] *die, -,* Beziehung zweier Tierarten, bei der Individuen der einen solche der anderen Art vorübergehend als Transportmittel für eine Ortsveränderung nutzen, ohne sie zu schädigen. Hierzu besitzen sie z. B. spezielle Hafteinrichtungen. So werden u. a. Fadenwürmer und Milben von Käfern von Kothaufen zu Kothaufen getragen oder Larven bestimmter Käfer in die Nester von Hautflüglern. Bei den Fischen heften sich Schiffshalter mit Saugscheiben an Rochen oder Haie.

Phoridae [griech.], die →Buckelfliegen.

P-Horizont, *Bodenkunde:* →Bodenhorizont.

Phorkys, Phorkos, *griech. Mythos:* Meergott, Vater der →Graien und der Gorgonen (→Gorgo), die nach ihm Phorkyden oder Phorkyaden heißen, sowie u. a. der Hesperiden und der Skylla. In GOETHES ›Faust‹ (2. Teil) erscheint Mephisto, dem die Phorkyaden ihr Bild überlassen haben, als ›Phorkyas‹.

Phorminx [griech.] *die, -/...'mingen,* altgriech. Saiteninstrument vom Typ der Leier, dem Namen nach seit HOMER belegt. Die P. bestand nach Bildzeugnissen auf Vasen des 8.–7. Jh. v. Chr. aus einem sichel- oder halbkreisförmigen Schallkörper, nach außen geschwungenen oder geraden Jocharmen und vier Saiten, die mit den Fingern angerissen wurden.

Phormium [griech.], die →Flachslilie.

Phoronida [griech.], **Phoronidea,** die →Hufeisenwürmer.

Phoropter [zu griech. optikós ›das Sehen betreffend‹] *der, -s/-,* Gerät zur vereinfachten und schnellen Durchführung einer Sehprüfung, das anstelle von Probierbrillen eingesetzt wird, z. B. zur Messung von Brechkraft, Hornhautkrümmung (Astigmatismus), Achsenparallelität und Akkommodationsbreite bei der Brillenbestimmung; besteht aus einer vor beiden Augen scheibenförmig angeordneten Serie von unterschiedlich vorschaltbaren Linsen, Zylindergläsern, Blenden und Filtern.

Phosgen [engl., zu griech. phõs ›Licht‹], **Carbonyldichlorid, Kohlenoxidchlorid,** $COCl_2$, farbloses, äußerst giftiges Gas (MAK-Wert 0,4 mg/m^3 bzw. 0,1 ppm) mit süßl. bis muffigem Geruch, das bei Belichtung eines Gemisches von Kohlenmonoxid und Chlor entsteht und technisch durch Umsetzung von Kohlenmonoxid mit Chlor an Holzkohle als Katalysator hergestellt wird. P. ist sehr reaktionsfähig und wird zur Erzeugung von Zwischenprodukten für Arzneimittel, Farbstoffe, Kunststoffe (bes. von Diisocyanaten für Polyurethane) u. a. verwendet. Im gewerbl. Bereich kann P. durch Zersetzung von Halogenkohlenwasserstoffen bei Kontakt mit offenen Flammen oder glühendem Metall (z. B. beim Schweißen) frei werden. – P. wurde im Ersten Weltkrieg als Grünkreuzkampfstoff eingesetzt.

Bei Einatmen von P. kommt es nach mehrstündiger Latenzzeit zu einer Schädigung des Lungenepithels und ggf. zu einem tödl. Lungenödem. Behandlung durch hoch dosierte Zufuhr von Hexamethylentetramin (oral und intravenös) in der Latenzphase, um die Entstehung eines Lungenödems zu verhindern.

Phosgenit [zu griech. phõs ›Licht‹] *der, -s/-e,* **Bleihornerz,** weißes, gelbl. oder bräunl. tetragonales Mineral der chem. Zusammensetzung $Pb_2[Cl_2|CO_3]$; Härte nach MOHS 2–3, Dichte 6,13 g/cm^3; meist aufgewachsene kurzsäulige Kristalle, in der Oxidationszone aus Bleiglanz gebildet.

Phosphagene, eine Gruppe von energiereichen, phosphorsäurehaltigen Verbindungen, die für den Energiestoffwechsel der Muskelfasern (Phosphatreserve für die rasche Regenerierung von Adenosintriphosphat) wichtig sind. Zu den P. gehört v. a. das bei den Wirbeltieren auftretende Kreatinphosphat (→Kreatin).

Phosphane, →Phosphorverbindungen.

Phosphatasen, Phosphomonolesterasen, in allen Organismen vorhandene, zur Gruppe der Esterasen gehörende Enzyme, die Phosphorsäureester (Phosphatide, Zuckerphosphate, Nukleotide u. a.) spalten. P. spielen im Zellstoffwechsel eine große Rolle und haben auch enzymdiagnost. Bedeutung.

Phosphatdiabetes, angeborene, meist x-chromosomal dominant erbl. Phosphatstoffwechselstörung, die durch einen Defekt der Phosphatrückresorption in den Harnkanälchen (Tubuli) der Niere gekennzeichnet ist. Hierdurch kommt es zu einem Absinken des Phosphatspiegels (Hypophosphatämie) und einer vermehrten Phosphatausscheidung im Harn (Hyperphosphaturie). Der P. führt ohne Behandlung in den ersten beiden Lebensjahren zu rachit. Knochenveränderungen an Rumpf und Gliedmaßen mit vermindertem Größenwachstum, die durch normale Vitamin-D-Gaben unbeeinflussbar sind (›Vitamin-D-resistente Rachitis‹); bei Spätmanifestation im Erwachsenenalter kommt es zu einer Knochenerweichung. – Die *Behandlung* besteht in einer hoch dosierten Vitamin-D-Zufuhr (0,5–2 mg je Tag) und Phosphatgaben bei gleichzeitiger Kontrolle des Calciumspiegels (Gefahr der Vitamin-D-Intoxikation).

Phosphate [zu griech. phōs ›Licht‹], *Sg.* **Phosphat** *das, -(e)s,* i. w. S. die Salze und Ester der versch. Phosphorsauerstoffsäuren (→Phosphorverbindungen); i. e. S. die P.(V), d. h. die Salze und Ester der Phosphor(V)-säure, Orthophosphorsäure (→Phosphorsäure). Bes. die Calcium-P. kommen in der Natur in großen Lagerstätten vor (→Phosphor); sie bilden die Ausgangsmaterialien für die Herstellung von Phosphatdüngern sowie für die Gewinnung von Phosphor und den von ihm abgeleiteten Verbindungen.

Bei den *Salzen* der Phosphorsäure (einer dreibasigen Säure) lassen sich **primäre, sekundäre** und **tertiäre P.** mit den allgemeinen Formeln $M^IH_2PO_4$, $M^I_2HPO_4$ und $M^I_3PO_4$ unterscheiden. In Wasser lösen sich alle primären und sekundären P. sowie die tertiären P. der Alkalimetalle. Beim Erhitzen gehen die primären und sekundären P. in **Meta-P.** (mit ringförmigen Molekülen) oder in hochmolekulare **Poly-P.** (mit versch. Struktur und unterschiedl. Kettenlängen) über. Technisch wichtig sind v. a. die **Natrium-P.,** z. B. das Natriumdihydrogenphosphat (primäres Natriumphosphat), NaH_2PO_4, das Dinatriumhydrogenphosphat (sekundäres Natriumphosphat), Na_2HPO_4, und das Trinatriumphosphat (tertiäres Natriumphosphat), Na_3PO_4, sowie bes. das **Natriumdiphosphat,** $Na_4P_2O_7$, das **Natriumtriphosphat,** $Na_5P_3O_{10}$, die **Natrium-meta-P.,** $(NaPO_3)_n$ mit n = 3 oder 4, sowie die höhermolekularen **Natriumpoly-P.,** $Na_{n+2}P_nO_{3n+1}$ mit n = 4 bis über 1 000, die v. a. zur Wasserenthärtung (Komplexbildung mit Calciumionen) in Wasch- und Reinigungsmitteln verwendet werden (›Waschmittel-P.‹); sie können mit dem Abwasser in natürl. Gewässer gelangen und deren schädl. Überdüngung verursachen (→Eutrophierung). Der Einsatz von Poly-P. in Waschmitteln wurde in vielen Staaten Europas gesetzlich eingeschränkt, moderne, phosphatfreie Waschmittel wurden von der Industrie entwickelt. In Dtl. gilt die Phosphathöchstmengen-VO, die Phosphatgehaltobergrenzen zw. 0,4 und 1,25 g Phosphat je Liter Waschlauge festlegt. **Ammonium-P.** (→Ammoniumverbindungen) sowie die durch Aufschluss der natürl. P. gewonnenen lösl. **Calcium-P.** (→Superphosphat) werden v. a. in Düngemitteln verwendet. Das als **Phosphorsalz** bezeichnete Doppelsalz Ammoniumnatriumhydrogenphosphat, NH_4NaHPO_4, wird v. a. in der analyt. Chemie beim Nachweis von Schwermetallen benutzt (→Phosphorsalzperle).

Wirtschaft: Die wichtigsten Erzeugerländer für Phosphatdünger waren 1992/93 in 1 000 t Phosphat berechnet auf P_2O_5: USA 10 684, China 4 700, Russland 2 840, Indien 2 356, Brasilien 1 076, Marokko 997, Tunesien 687, Polen 329, Australien 322 und Neuseeland 220.

Unter den *Estern* der Phosphorsäure, den **organischen P.** oder **Phosphorsäureestern,** sind zahlr. Alkyl- und Arylester Ausgangsstoffe u. a. für die Herstellung von Schädlingsbekämpfungsmitteln (z. B. E 605), Weichmachern und Flotationsmitteln. – Biologisch wichtige Phosphorsäureester sind z. B. die →Phosphatide und die →Nukleotide.

Phosphatlersatzstoffe, Stoffe, die in phosphatfreien und -reduzierten Waschmitteln die Phosphate als Skelettsubstanzen ersetzen. Zeolith A, ein wasserunlösl., synthet. Natriumaluminiumsilikat, das als feines Pulver in den Hohlräumen der Einzelpartikel Natrium gegen Calcium und Magnesium austauschen kann, gilt als ökotoxikologisch am besten geeignet. Weitere P. sind Polycarboxylate mit Calcium bindenden und dispergierenden Eigenschaften, die die Primärwaschwirkung verstärken, sowie ferner Nitrilotriacetat (organ. Komplexbildner) und Phosphonate (phosphororgan. Komplexbildner).

Phosphatidasen, die →Phospholipasen.

Phosphatide, Phospholipide, Phospholipoide, zur Gruppe der →Lipide gehörende Substanzen, die bes. am Aufbau von Wasser abstoßenden Membranen der Zellen im Organismus beteiligt sind (Protein-Lipoid-Doppelschichten). Zu den P. gehören u. a. die Lecithine, Kephaline, Inosit.-P. und Plasmalogene. Die P. sind Diester der Phosphorsäure (Orthophosphorsäure), die über eine ihrer Hydroxylgruppen mit einem Diglycerid (Glycerinester mit zwei Molekülen langkettiger Fettsäuren) und über eine zweite Hydroxylgruppe mit Cholin (Lecithine), Colamin oder Serin (Kephaline) oder Inosit (Inosit.-P.) verestert ist. Bei den Plasmalogenen enthält die Glycerinkomponente anstelle einer der beiden Fettsäuren einen Aldehyd (Plasmal) in Acetalbindung, die zweite Hydroxylgruppe der Phosphorsäure ist mit Colamin oder Cholin verestert. Strukturell ähnlich sind die →Sphingomyeline. Bes. reich an P. ist das Nervensystem (Hirn und Nerven).

Phosphatieren, Beschichtungsverfahren, bei dem Metalle, bes. Eisen, Stahl und Zink, mit Alkali- oder Schwermetallphosphatlösungen (v. a. Zink- und Manganphosphat) behandelt werden zur Erzeugung von Phosphatdeckschichten, die gegen Korrosion schützen, die Kaltverformbarkeit und die Gleiteigenschaften der Metalle verbessern oder als elektr. Isolierung dienen. Das P. erfolgt meist im Tauch- oder Spritzverfahren bei Temperaturen bis etwa 100 °C. Für den Korrosionsschutz werden die porösen Schichten nachbehandelt (z. B. mit Chromsäure oder Chromaten, Öl, Wachs). Die Haftfestigkeit und der Widerstand gegen Unterrostung werden verbessert, wenn Stahl vor dem Lackieren phosphatiert wird. Ältere Verfahren wurden an versch. Stellen weiterentwickelt und tragen häufig Firmen-Bez., z. B. ›Bondern‹. – Phosphorsäurehaltige Reaktionslacke verbessern die Haftfestigkeit und Korrosionsbeständigkeit von Lacküberzügen.

H. Simon u. M. Thoma: Angewandte Oberflächentechnik für metall. Werkstoffe (1985); D. B. Freeman: Phosphating and metal pre-treatment (New York 1986).

Phosphatmethode, Verfahren zur Sondierung vor- und frühgeschichtl. Siedlungen und von Wüstungen. In der Nähe menschl. Siedlungen ist der Phosphatgehalt des Bodens beträchtlich höher als in der Umgebung (Ausscheidungen von Mensch und Tier, Verwesung).

Phosphaturie [zu griech. oũron ›Harn‹] *die, -/...'ri|en,* vermehrte Ausscheidung von (Calcium- und Magnesium-)Phosphaten im Harn, der hierdurch eine milchig-trübe Farbe annimmt; als natürl., vorübergehende Reaktion v. a. bei alkal. Kost, übermäßiger Eiweißzufuhr, starker körperl. Anstrengung oder als Hungersyndrom, als Krankheitssymptom in gesteigertem Ausmaß **(Hyper-P.)** bes. bei Rachitis, Phosphatdiabetes, Knochenerweichung, Hyperparathyreoidismus und Paget-Krankheit.

Phosphen [zu griech. phõs ›Licht‹ und phaínestai ›erscheinen‹] *das, -s/-e,* subjektive Lichtwahrnehmung (z. B. Blitze, Sternchen), die durch einen nichtadäquaten Reiz (Druck, elektr. Stromstoß) auf das Sehorgan ausgelöst wird.

Phosphine, →Phosphorverbindungen.

Phosphinsäure, →Phosphorverbindungen.

Phospholipasen, Phosphatidasen, zu den Hydrolasen zählende Enzyme (Lipasen), die die Phosphatide hydrolytisch spalten. Je nach dem Angriffspunkt am Phosphatidmolekül (Esterbindung am C^1-, C^2- oder C^3-Atom des Glycerins oder Bindung des am Phosphorsäurerest gebundenen Moleküls) werden **Phospholipase A, B, C** und **D** unterschieden.

Phospholipide, die →Phosphatide.

Phosphomonoesterasen, die →Phosphatasen.

Phosphoniumsalze, →Phosphorverbindungen.

Phosphor

chem. Symbol: P		
	Ordnungszahl	15
	relative Atommasse	30,97362
	Häufigkeit in der Erdrinde	0,09 %
	natürliche Isotope (stabil)	nur ^{31}P
	radioaktive Isotope	^{26}P bis ^{30}P, ^{32}P bis ^{42}P
	längste Halbwertszeit (^{33}P)	25,3 Tage
	Dichte (weiß)	1,82 g/cm³
	Dichte (rot)	2,2 g/cm³
	Dichte (schwarz)	2,25 bis 2,69 g/cm³
	Schmelzpunkt (weiß)	44,1 °C
	Siedepunkt (weiß)	280 °C
	spezifische Wärmekapazität (bei 25 °C) (weiß)	0,769 J/(g · K)

Phosphor [zu griech. phōsphóros ›lichttragend‹ (nach der Leuchteigenschaft)] *der, -s/-e,* chem. Symbol **P,** ein →chemisches Element aus der fünften Hauptgruppe des Periodensystems. P. ist ein sehr reaktionsfähiges Element, das in der Natur nur gebunden (in Form von Salzen der P.-Säure, Phosphaten) vorkommt.

Elementarer P. tritt in drei kristallinen Modifikationen (als weißer, violetter und schwarzer P.) sowie in einer amorphen Form (roter P.) auf. Die thermodynamisch stabilste Modifikation ist der schwarze P., weißer, roter und violetter P. sind jedoch wegen ihrer geringen Umwandlungsgeschwindigkeiten unter Normalbedingungen metastabil. – **Weißer P. (gelber, farbloser P.)** ist bei Zimmertemperatur eine wachsartig durchscheinende, weiße bis hellgelbe Masse. Er besteht aus P_4-Molekülen, in denen die P.-Atome tetraedrisch verknüpft sind. Weißer P. ist chemisch sehr reaktionsfreudig; mit Luftsauerstoff reagiert er leicht unter Erwärmung zu P.-Pentoxid; ein Teil der bei der Oxidation frei werdenden Energie wird als Licht abgegeben (Chemolumineszenz), worauf das Leuchten des weißen P. im Dunkeln beruht. Da weißer P. selbstentzündlich ist, wird er unter Wasser aufbewahrt und behandelt; er ist in Wasser unlöslich, in einigen Lösungsmitteln, z. B. Schwefelkohlenstoff, dagegen gut löslich. Seine Dämpfe sind sehr giftig (→Phosphorvergiftung). – **Roter P.** ist ein rotes, amorphes oder feinkristallines Pulver, das sich bei längerem Erhitzen von weißem P. auf 450–550 °C unter Luftabschluss bildet. Er ist wesentlich weniger reaktionsfähig als der weiße P. (entzündet sich erst oberhalb 300 °C); im Gemisch mit starken Oxidationsmitteln, z. B. Kaliumchlorat, explodiert er jedoch schon beim einfachen Verreiben. Er ist im Ggs. zum weißen P. nicht giftig. – **Violetter P.** entsteht bei ein- bis zweiwöchigem Erhitzen von weißem P. auf 550–620 °C; er wird auch **Hittorf-P.** genannt, da die gleiche Modifikation von J. W. HITTORF beim Umkristallisieren von P. aus einer Bleischmelze gewonnen wurde. Violetter P. ist eine klare rote, violettstichige, in monoklinen, gut spaltbaren Tafeln kristallisierende Substanz. Seiner Kristallstruktur liegt ein kompliziertes Schichtgitter zugrunde, in dem die P.-Atome röhrenförmig verknüpft sind. – **Schwarzer P. (metallischer P.)** bildet glänzende eisengraue Kriställchen mit guter therm. und elektr. Leitfähigkeit; das Kristallgitter enthält Doppelschichten von P.-Atomen. In seinem chem. Verhalten ähnelt er dem roten P. Gewonnen wird der schwarze P. aus weißem P. durch Anwendung hoher Drücke (bei 200 °C 12 000 bar); bei extrem hohen Drücken erfolgt die Umwandlung augenblicklich. Daneben ist auch eine katalyt. Umwandlung ohne Druck durch mehrtägiges Erhitzen auf 380 °C in Gegenwart von metall. Quecksilber und von Impfkristallen aus schwarzem P. möglich.

Vorkommen: P. kommt in der Natur ausschließlich gebunden vor, und zwar v. a. in Form von Salzen der Phosphorsäure (Phosphaten); der durchschnittl. Gehalt der Erdkruste, berechnet auf P_2O_5 (P.-Pentoxid), beträgt 0,27 %. Die Phosphate liegen hauptsächlich in Form von Sedimenten und in magmat. Gesteinen vor. Dabei ist der P. in Calciumphosphaten, v. a. in den versch. Apatitmineralen (→Apatit), gebunden. Der Apatit der magmat. Gesteine besteht überwiegend aus Fluorapatit, $Ca_5(PO_4)_3F$; er bildet bedeutende Phosphatlagerstätten in Alkaligesteinen, v. a. auf der Halbinsel Kola (Ringintrusion mit Nephelinsyeniten), im Magnetitapatit von Kiruna und im Apatitpegmatit von Bamble (Norwegen). Die meisten sedimentären Phosphate bestehen aus Carbonat-Hydroxyl-Fluor-Apatiten mit der ungefähren chem. Zusammensetzung $Ca_5[(F,OH)(PO_4,CO_3)_3]$. Einen bes. hohen Fluorgehalt (über 1 %) besitzt der Francolith (Carbonat-Apatit). Phosphatsedimente werden →Phosphorit genannt. – Phosphate sind wesentl. Bestandteile des Knochengerüsts von Wirbeltieren und der Hartteile von manchen Wirbellosen.

Gewinnung: P. wird technisch durch Reduktion von Phosphaten (v. a. Calciumphosphaten wie Apatit und Phosphorit) mit Kohle oder Koks (C) unter Zusatz von Quarzsand (Siliciumdioxid, SiO_2) im Elektroofen bei Temperaturen von etwa 1 300–1 400 °C entsprechend folgender Gleichung gewonnen:

$$Ca_3(PO_4)_2 + 3\,SiO_2 + 5\,C \rightarrow 3\,CaSiO_3 + 5\,CO * 2\,P.$$

Dabei fällt der P. stets in Form des weißen P. an, der abdestilliert und durch weitere Destillation gereinigt wird. Er kommt in Stangen gegossen in den Handel. – Der P.-Gehalt einiger Eisenerze, z. B. der Minette, fällt bei der Verhüttung als Thomasmehl an.

Verwendung: Weißer P. wird zur Herstellung von P.-Verbindungen aller Art verwendet, v. a. von P.-Oxiden, -Säuren, -Halogeniden, die zu zahlr. weiteren Verbindungen umgesetzt werden. Früher diente weißer P. auch zur Herstellung von Zündhölzern, heute wird hierfür roter P. benutzt. Ferner wird P. zur Erzeugung von Brandbomben und von künstl. Nebel verwendet. P. ist Bestandteil einiger Legierungen (z. B. P.-Bronze); in der Metallurgie dient P. (meist in Form von Phosphiden) als wichtiges Desoxidationsmittel.

Biolog. Bedeutung: P. gehört zu den für eine normale Entwicklung der Pflanzen unerlässl. Nährstoffen. Die Pflanzen decken den P.-Bedarf aus den mineral. P.-Anteilen des Bodens, die durch chem. Verwitterungsvorgänge aus dem Gestein verfügbar werden. P. ist auch für Menschen und Tiere unentbehrlich; er ist z. B. in Nukleinsäuren und Enzymen enthalten, an allen Vorgängen des Energiestoffwechsels und an Stoffwechselreaktionen (z. B. Stärkebildung, Proteinbiosynthese, Knochenaufbau) beteiligt.

Geschichte: P. wurde 1669 von dem Alchimisten H. BRAND entdeckt. Als Element erkannt wurde P. jedoch erst von A. S. MARGGRAF, der 1743 P. durch Oxidation mit Salpetersäure in P.-Säure überführte, sowie durch A. L. DE LAVOISIER, der 1772 bei seinen Untersuchungen über die Verbrennung des P. zu dem Ergebnis kam, dass P.-Säure aus P. und Sauerstoff zusammengesetzt ist.

Marine phosphorites, geochemistry, occurrence, genesis, hg. v. Y. K. BENTOR (Tulsa, Okla., 1980); I. VALETON: Sedimentäre Phosphatgesteine, in: Sedimente u. Sedimentgesteine, hg. v. H. FÜCHTBAUER ([4]1988).

Phosphore, Stoffe, die →Phosphoreszenz zeigen. Wegen der z. T. fließenden Grenzen zw. Phosphoreszenz und →Lumineszenz wird die historisch ältere Bez. meist als Synonym für →Luminophore benutzt. Außer natürl. Stoffen sind viele Tausende künstlich hergestellte P. bekannt, die sich u. a. hinsichtlich des Spektralbereichs der von ihnen emittierten Strahlung (im Sichtbaren in der Farbe, →Leuchtstoffe) und der Nachleuchtdauer unterscheiden. Erdalkali-P., die Phosphoreszenz zeigen, wurden erstmals von P. LENARD um 1904 hergestellt und untersucht **(Lenard-P.).** Sie entstehen beim Zusammensintern von Erdalkalisulfiden, -seleniden und -oxiden mit Schwermetallen ohne Flussmittel bei etwa 1 000 °C. – P. werden v. a. für Leuchtstofflampen und Bildschirme von Kathodenstrahl- und Fernsehbildröhren verwendet.

Phosphoreszenz *die, -,* Art der →Lumineszenz, die im Ggs. zur →Fluoreszenz mit der Erscheinung des Nachleuchtens verbunden ist, d. h. mit einem Fortdauern des Strahlens nach Beendigung der Energiezufuhr, das von Bruchteilen einer Sekunde bis zu Monaten (Jahren) dauern kann. Bei sehr kurzen Nachleuchtdauern ist häufig keine eindeutige Unterscheidung von P. und Fluoreszenz möglich, man verwendet dann besser den übergeordneten Begriff Lumineszenz.

Bei allen P. zeigenden Stoffen kann ein strahlender Übergang von Elektronen aus angeregten Zuständen in den jeweiligen Grundzustand nur mit geringer Wahrscheinlichkeit erfolgen; ist dann neben dem strahlenden Übergang kein konkurrierender strahlungsloser Übergang möglich, wird die Anregungsenergie in so genannten metastabilen Zuständen gespeichert, die meist mittels strahlungsloser Mechanismen erreicht werden (innere Konversion). Die Entleerung der metastabilen Zustände erfolgt bei Energiezufuhr über energetisch höher liegende Zustände, von denen aus Fluoreszenz möglich ist. Die Energiezufuhr kann z. B. thermisch erfolgen (→Thermolumineszenz) oder durch niederenerget. Photonen (Infrarotstrahlung; man spricht dann von Ausleuchten des Stoffes). Bei zu großer Temperatur oder bei Bestrahlung mit Licht zu kurzer Wellenlänge erfolgt meist der gegenteilige Effekt: Die Elektronen werden dann in höhere Zustände angeregt, von denen aus strahlungslose Übergänge in den Grundzustand möglich sind (Tilgung, engl. quenching). Die Art eines metastabilen Zustands hängt stark von der Beschaffenheit des Luminophors ab. Bei leichten Atomen (etwa aus den ersten beiden Perioden des Periodensystems) und Molekülen, die aus einer kleinen Zahl solcher Atome bestehen (beide im Gaszustand), handelt es sich um Zustände, von denen aus Übergänge in den Grundzustand mit einer Änderung der Spinquantenzahl verbunden sind (verbotene Übergänge); häufig, v. a. bei Molekülen, ist dabei der metastabile Zustand ein Triplettzustand und der Grundzustand ein Singulettzustand. In Kristallen können Elektronen von Störstellen eingefangen werden (Fallen, engl. traps).

phosphorige Säure, →Phosphorverbindungen.

Phosphoristen, schwed. romant. Dichterkreis, gegr. 1807 in Uppsala von P. D. A. ATTERBOM als ›Musis Amici‹ (seit 1808 unter dem Namen ›Auroraförbundet‹) mit dem Ziel der Erneuerung der bis dahin an frz. Vorbildern ausgerichteten schwed. Literatur im Geist der dt. Romantik und der idealist. Philosophie. Die Bez. P. geht auf die von ATTERBOM 1810 gegründete Zeitschrift ›Phosphoros‹ (1810–13, 1813–23 u. d. T. ›Svensk litteratur-tidning‹) zurück.

Phosphorit: Gelbliche Kruste auf Dolomit

Phosphorit *der, -s/-e,* bräunl., gelbl., weißes, graues oder schwarzes phosphat. Sedimentgestein, ein Mineralgemenge hauptsächlich aus versch. Varietäten des →Apatits (Carbonat-Hydroxyl-Fluor-Apatite); mikrokristallin ausgebildeter Apatit wird Kollophan genannt; dazu kommen u. a. Carbonate, Tonminerale, Quarz, Feldspat. Neben harten gibt es auch weiche Varietäten. Manche P.-Sedimente sind eindeutig biogener Herkunft: Ansammlungen von Knochen und Zähnen (→Bonebed), Brachiopodenschalen und Guano auf Kontinenten und Inseln. Die wichtigeren konkretionären, oolith. und körnigen P. sind schwieriger zu deuten. Sie sind im Meer entstanden und v. a. an nährstoff-, phosphorreiches Auftriebswasser (→Auftrieb) gebunden. Sie treten hier auf dem äußeren Schelf und auf dem höheren Kontinentalabhang, meist in 60–300 m u. M., als kugelförmige oder unregelmäßige P.-Knollen (Durchmesser meist mehrere Zentimeter) und als P.-Krusten auf. Das Phosphor des Meerwassers wird im Phytoplankton gebunden, zu über 90 % nach dem Absterben sogleich wieder freigesetzt. Aus der zur Ablagerung auf dem Meeresboden gekommenen organ. Substanz entstehen die P. erst innerhalb der Sedimente durch längere chem. Prozesse (Verdrängung kieseliger und kalkiger Skelette durch die Phosphate). Durch Wasserbewegungen werden P.-Teilchen konzentriert. P. bilden sich im warmen Wasser (trop. und subtrop. Zonen). Sie entstanden seit dem Präkambrium. – Wichtiger Ausgangsstoff zur Gewinnung von Phosphor und zur Herstellung von Düngemitteln.

Phosphorsalzperle, ein Nachweis für Schwermetalle in der analyt. Chemie, wobei mit einem Magnesiastäbchen ein Tropfen geschmolzenes Phosphorsalz (→Phosphate) in die zu untersuchende Substanz getaucht und anschließend geglüht wird; durch die entstehenden Metallphosphate wird die P. charakteristisch gefärbt.

Phosphorsäure, Phosphor(V)-säure, Orthophosphorsäure, H_3PO_4, wichtigste, vom +5-wertigen Phosphor abgeleitete Säure aus der Reihe der Phosphorsauerstoffsäuren (→Phosphorverbindungen). P. ist in reinem Zustand eine farblose, kristalline, in Wasser sehr leicht lösl. Substanz (Schmelzpunkt 42,35 °C); sie kommt meist in Form einer konzentrierten (85 %igen) wässrigen Lösung in den Handel. Technisch wird P. durch Umsetzen von Calciumphosphaten (v. a. der Phosphatminerale Apatit und Phosphorit) mit Schwefelsäure gewonnen oder (bes. rein) durch Umsetzen von Phosphorpentoxid mit Wasser hergestellt. – P. ist eine mittelstarke dreibasige Säure, die primäre, sekundäre und tertiäre Salze bildet (→Phosphate). Beim Erhitzen auf über 200 °C geht P. durch Wasserabspaltung (aus zwei Molekülen P.) in Diphosphorsäure, $H_4P_2O_7$, über. Beim Erhitzen auf über 300 °C entstehen unter weiterer Wasserabspaltung hochmolekulare, langkettige **Polyphosphorsäuren** mit der allgemeinen Formel $H_{n+2}P_nO_{3n+1}$.

P. ist eine wichtige anorgan. Säure; sie dient u. a. zur Herstellung von künstl. Phosphatdüngern, Natriumphosphaten für die Wasserenthärtung, Emaillen und Kitten für Porzellan und Zahnersatz, Flammschutzmitteln, Weichmachern sowie zum Oberflächenschutz von Eisen (→Phosphatieren). P. ist ungiftig und als Antioxidationsmittel (E 338) zugelassen.

Phosphorsäure|ester, →Phosphate.

Phosphorus, der Morgenstern (→Abendstern).

Phosphorverbindungen: Wichtige Phosphorsauerstoffsäuren

Oxidationsstufe	›Orthosäuren‹ Formel	›Metasäuren‹ Formel	Name	›Disäuren‹ Formel	Name
+1	H_3PO_2		Phosphinsäure Phosphor(I)-säure		
+2				$H_4P_2O_4$	Hypodiphosphonsäure Diphosphor(II)-säure
+3	H_3PO_3	HPO_2	Phosphonsäure Phosphor(III)-säure	$H_4P_2O_5$	Diphosphonsäure Diphosphor(III)-säure
+4				$H_4P_2O_6$	Hypodiphosphorsäure Diphosphor(IV)-säure
+5	H_3PO_4	HPO_3	Phosphorsäure Phosphor(V)-säure	$H_4P_2O_7$	Diphosphorsäure Diphosphor(V)-säure

Phosphorverbindungen. Als Element der fünften Hauptgruppe des Periodensystems liegt Phosphor in seinen Verbindungen v. a. in den Wertigkeitsstufen −3, +3 und +5 vor; er kann aber auch in allen anderen Wertigkeitsstufen zw. −3 und +5 auftreten.

Mit Wasserstoff bildet Phosphor eine Reihe von ketten- und ringförmigen Verbindungen, die **Phosphorwasserstoffe, Phosphane.** Diese sind stark riechende, giftige und z. T. selbstentzündl. Stoffe, die bei der Zersetzung von Phosphiden mit Wasser oder auch bei der Reaktion von Phosphor mit Wasserstoff entstehen. Beispiele sind der gasförmige **Phosphorwasserstoff, (Mono-)Phosphan, Phosphin,** PH_3, und das selbstentzündl. flüssige **Diphosphan,** P_2H_4, aus dem sich durch therm. Zersetzung und unter Lichteinfluss wasserstoffärmere, z. T. feste **Polyphosphane** bilden. Die wichtigste Verbindung ist der Phosphorwasserstoff, PH_3, ein farbloses, knoblauchartig riechendes, sehr giftiges Gas (MAK-Wert 0,15 mg/m³), das sich bei −87,7 °C verflüssigt; er wird u. a. für organ. Synthesen und als Begasungsmittel in der Schädlingsbekämpfung verwendet. – **Phosphine** sind Verbindungen, die sich vom Phosphorwasserstoff durch Substitution der Wasserstoffatome mit Alkyl- oder Arylresten ableiten; sie sind übel riechende, sehr giftige, teils selbstentzündl. Substanzen. Man unterscheidet primäre (z. B. Methylphosphin, CH_3PH_2), sekundäre (z. B. Dimethylphosphin, $(CH_3)_2PH$) und tertiäre Phosphine. – **Phosphide** entstehen formal durch Ersatz der Wasserstoffatome des Phosphorwasserstoffs durch Metalle; sie sind i. d. R. schwer schmelzbare und hitzebeständige Substanzen, die durch Zusammenschmelzen von Metallen und Phosphor unter Luftabschluss hergestellt werden (z. B. Natriumphosphid, Na_3P, Calciumphosphid, Ca_3P_2). Die Phosphide der Alkali- und Erdalkalimetalle sind salzartige Substanzen, die sich in Wasser unter Bildung von Phosphorwasserstoffen zersetzen; einige Phosphide (wie Galliumphosphid, GaP, und Indiumphosphid, InP) haben Bedeutung als Halbleiter; die Phosphide der Übergangsmetalle besitzen große Härte sowie hohe Wärme- und elektr. Leitfähigkeit. – Die Anlagerung eines Protons an Phosphorwasserstoff führt zum **Phosphoniumion,** $[PH_4]^+$, das – bes. wenn anstelle der Wasserstoffatome organ. Reste vorliegen – stabile wasserlösl. Salze **(Phosphoniumsalze)** bildet.

Mit Sauerstoff bildet Phosphor (neben einigen hochmolekularen Verbindungen) fünf monomolekulare **Phosphoroxide** mit der allgemeinen Formel P_4O_n (n = 6 bis 10); unter diesen sind v. a. das Tetraphosphorhexaoxid, P_4O_6, und das Tetraphosphordecaoxid, P_4O_{10}, zu nennen, die aus histor. Gründen auch heute noch vereinfachend als Phosphortrioxid und Phosphorpentoxid bezeichnet werden: Das **Phosphortrioxid,** P_2O_3, ist eine weiße, wachsartige, kristalline, sehr giftige Substanz. Es wird durch Verbrennen von weißem Phosphor bei beschränktem Luftzutritt gewonnen und ist das Anhydrid der Phosphonsäure. Bei Verbrennung des Phosphors im Sauerstoffüberschuss entsteht das **Phosphorpentoxid,** P_2O_5, eine weiße, geruchlose, stark ätzende (MAK-Wert 1 mg/m³), pulverige Substanz, die bei über 300 °C sublimiert. Phosphorpentoxid ist das Anhydrid der Phosphor(V)-säure; es wird technisch durch Verbrennen von weißem Phosphor in eisernen Trommeln hergestellt. Phosphorpentoxid ist sehr hygroskopisch und wird als Trockenmittel für Gase, Flüssigkeiten und Feststoffe verwendet (z. B. in Exsikkatoren zur Entfernung geringster Wasserspuren); außerdem dient es zur Abspaltung von Wasser aus organ. Verbindungen. – Die zahlr. **Phosphorsauerstoffsäuren** (›Phosphorsäuren‹) unterscheiden sich sowohl in der Oxidationsstufe des Phosphors als auch in ihrem Wassergehalt. Sie haben die allgemeine Zusammensetzung H_3PO_n (›Orthosäuren‹) oder HPO_{n-1} (›Metasäuren‹; n = 2 bis 4) und $H_4P_2O_n$ (›Disäuren‹; n = 4 bis 7); daneben gibt es noch viele Polyphosphorsäuren. Weitaus die wichtigste Verbindung aus der Reihe der Orthosäuren ist die vom +5-wertigen Phosphor abgeleitete Phosphor(V)-säure, Orthophosphorsäure, H_3PO_4; sie wird allg. kurz →Phosphorsäure genannt; von ihr sind zahlr. Salze und Ester, **Phosphate(V),** bekannt (→Phosphate). Weitere Verbindungen aus der Reihe der Orthosäuren sind die Phosphonsäure und die Phosphinsäure: Die **Phosphonsäure, Phosphor(III)-säure,** früher **phosphorige Säure** gen., H_3PO_3, wird durch Umsetzen von Phosphortrichlorid oder Phosphortrioxid mit Wasser hergestellt; bei ihr liegt ein Gleichgewicht zw. den Formen $H_2[HPO_3]$ (zweibasige Hauptform) und $H_3[PO_3]$ vor. Sie ist eine farblose, kristalline, hygroskop. Substanz, die sich leicht in Wasser löst (Schmelzpunkt 70,1 °C). Ihre Salze und Ester werden **Phosphonate** oder **Phosphate(III)** genannt (frühere Bez. **Phosphite**). Die **Phosphinsäure, Phosphorsäure(I),** früher **hypophosphorige Säure** gen., H_3PO_2, wird durch Kochen von weißem Phosphor mit Alkalilaugen (und anschließende Isolierung aus den entstandenen Salzen) gewonnen; bei ihr liegt ein Gleichgewicht zw. den Formen $H[H_2PO_2]$ (einbasige Hauptform) und $H_2[HPO]_2$ vor. Sie ist eine farblose, kristalline Substanz (Schmelzpunkt 26,5 °C). Ihre Salze werden **Phosphinate** oder **Phosphate(I)** genannt (frühere Bez. **Hypophosphite**). Phosphonsäure und Phosphinsäure sowie die Salze beider Säuren sind starke Reduktionsmittel. Eine wichtige Verbindung aus der Reihe der Disäuren ist die **Diphosphorsäure, Diphosphor(V)-säure, Pyrophosphorsäure,** $H_4P_2O_7$, die beim Erhitzen von Phosphorsäure, H_3PO_4, auf über 200 °C durch Wasserabspaltung entsteht und bes. durch Umsetzen von Phosphorpentoxid mit Wasser (im Molverhältnis 1:2) rein hergestellt werden kann. Diphosphorsäure ist eine farblose, glasige, bei 71,5 °C schmelzende Masse. Ihre Salze werden als **Diphosphate, Diphosphate(V), Pyrophosphate** bezeichnet, allgemeine Formel $M^I_4P_2O_7$ oder $M^I_2H_2P_2O_7$ **(saure Diphosphate, Dihydrogendiphosphate).** Beim Erhitzen über 300 °C geht Diphosphorsäure unter Wasserabspaltung in Polyphosphorsäuren über.

Mit den Halogenen bildet Phosphor versch. **Phosphorhalogenide** mit den allgemeinen Zusammensetzungen PX_3, PX_5, P_2X_4 und POX_3 (X = Halogen). **Phosphortrichlorid,** PCl_3, entsteht aus weißem Phosphor und Chlor als farblose, stechend riechende Flüssigkeit (Siedepunkt 76,1 °C). Mit einem Überschuss an Chlor bildet sich **Phosphorpentachlorid,** PCl_5, eine weiße, sublimierbare Masse. Beide Phosphorchloride ›rauchen‹ an feuchter Luft wegen der Bildung von Salzsäurenebeln und werden in der organ. Chemie als Chlorierungsmittel verwendet. Bei unvollständiger Hydrolyse des Phosphorpentachlorids entsteht das **Phosphoroxidchlorid, Phosphorylchlorid,** $POCl_3$, eine an feuchter Luft ebenfalls ›rauchende‹ Flüssigkeit (Siedepunkt 105,3 °C), die auch durch katalyt. Umsetzung von Phosphortrichlorid mit Sauerstoff entsteht und in der organ. Chemie als Chlorierungsmittel sowie zur Herstellung von Phosphorsäureestern verwendet wird. **Phosphortrifluorid,** PF_3, und **Phosphorpentafluorid,** PF_5, sind farblose Gase; **Diphosphortetrajodid,** P_2J_4, bildet hellorangefarbene Prismen.

Durch Zusammenschmelzen von rotem Phosphor und Schwefel erhält man in Abhängigkeit von den Mengenverhältnissen versch., meist gelbe, kristalline, in Schwefelkohlenstoff lösl. **Phosphorsulfide,** z. B. das **Tetraphosphortrisulfid,** P_4S_3 (Schmelzpunkt 172 °C), das zur Herstellung von Zündhölzern verwendet wird.

Durch Reaktion von Phosphorpentachlorid mit Ammoniumchlorid entstehen kautschukartige Polymere der (in freiem Zustand nicht bekannten) Verbindung **Phosphornitridchlorid,** $PNCl_2$ (Dichlorphosphazen; →anorganischer Kautschuk). Es sind auch zahlr. **organische P.** bekannt, die teils esterartig gebundene, teils direkt mit Phosphoratomen verbundene organ. Reste enthalten. Einige dieser Verbindungen sind wichtige Insektizide oder andere Pflanzenschutzmittel.

Phosphorvergiftung, Vergiftung durch weißen Phosphor. Akute Erscheinungen sind Erbrechen, Durchfall und Schock; nach einigen Tagen treten Leberschädigung und zentralnervöse Störungen auf. In vielen Fällen kommt es zum Tod. Die inzwischen seltene chron. P. (durch Einatmen von Phosphordämpfen; Berufskrankheit) führt v. a. zu Knochenschäden **(Phosphornekrose),** bes. des Unterkiefers.

Phosphorylase *die, -,* ein in pflanzl. und tier. Zellen enthaltenes, vorwiegend Glykogen und Stärke abbauendes Enzym (Glykosidase), das spezifisch an den 1,4-Bindungen dieser Polysaccharide angreift. Die P. baut dabei die Polysaccharide vom nicht reduzierenden Ende her ab und überführt je eine Glucoseeinheit durch Anhängen eines Phosphorsäurerests in Glucose-1-phosphat.

Phosphorylierung, Bez. für die enzymat. Einführung eines Phosphorsäurerests in ein Substrat, das dadurch biochemisch aktiviert wird. Als **oxidative P.** bezeichnet man die in der Atmungskette erfolgende Fixierung der chem. Energie unter Bildung von Adenosintriphosphat (ATP). Bei der **nichtzyklischen** und der **zyklischen Photo-P.** in der Photosynthese wird die durch Elektronentransportvorgänge gewonnene Energie ebenfalls in Form von ATP gespeichert.

Phosphorylierungspotenzial, *Physiologie:* Maß für das Potenzial einer Zelle, ATP-abhängige Prozesse durchzuführen, und somit Indikator für den Energiezustand der Zelle. Das P. ist definiert als das Verhältnis der Konzentrationen an ATP, ADP und Phosphat (P_i), $[ATP]/[ADP] \cdot [P_i]$, und identisch mit der Massenwirkungskonstante des ATP-Systems, des zentralen Systems des Energiestoffwechsels zur Speicherung und Bereitstellung von Energie. Je höher das P., desto höher ist die →Energieladung der Zelle. Das P. ist bei energet. Berechnungen von großer Bedeutung, da es im Unterschied zur Energieladung die Konzentration von Phosphat mitberücksichtigt, das ein essenzieller Reaktant bei oxidativen und glykolyt. Phosphorylierungen ist.

Phot [zu griech. phōs, phōtós ›Licht‹] *das, -s/-,* Einheitenzeichen **ph,** alte, nichtgesetzl. Einheit der spezif. Lichtausstrahlung und der Beleuchtungsstärke: 1 ph = 10^4 lm/m^2.

phot..., Wortbildungselement, →photo...

Photeinos [-ˈtɛi̯nɔs], **Photin,** Bischof von Sirmium, Häretiker, * Ankyra (heute Ankara), † Galatien 376; Schüler des MARCELLUS von Ankyra, vertrat bald nach seiner Ernennung zum Bischof (343) die Auffassung, CHRISTUS sei bloßer Mensch gewesen. Nach mehrmaligen Verurteilungen (Antiochia 344, Mailand 345/347, Sirmium 348/351) wurde er 351 seines Amtes enthoben und verbannt. Seine Anhänger (**Photinianer,** Homuncionisten) konnten sich trotz kirchl. Verurteilung und staatl. Verfolgung bis zur Mitte des 5. Jh. behaupten.

Photinia [griech.], wiss. Name der Gattung →Glanzmispel.

Photios, byzantin. orth. Theologe und Ökumen. Patriarch (858–867 und 877–886), * Konstantinopel um 810, † (in der Verbannung) 6. 2. zw. 891 und 898 (wohl 897); stammte aus einer vornehmen Höflingsfamilie; lehrte Logik, Dialektik, Philosophie, Mathematik und Theologie an der kaiserl. Univ., war Gesandter in Assyrien, dann Sekretär Kaiser MICHAELS III.; 858 wurde er Nachfolger des amtsenthobenen Patriarchen IGNATIOS (* um 798, † 877), aber 863 von Papst NIKOLAUS I. selbst für abgesetzt erklärt, was P. mit einem Konzil in Konstantinopel 867 beantwortete, das NIKOLAUS I. exkommunizierte (›Photian. Schisma‹). Abrupte Änderungen der oström. Innenpolitik (Ermordung MICHAELS III. und Begründung der makedon. Dynastie) führten Ende 867 zur Verbannung des P. und zur Wiedereinsetzung des IGNATIOS. Nach dessen Tod bestätigte ein Konzil von Konstantinopel 879/880 unter Zustimmung der päpstl. Legaten P. erneut in seinem Amt, das er aber 886 auf Wunsch Kaiser LEONS VI. aufgeben musste, um sich ins Kloster der Armenier zurückzuziehen. – P. bemühte sich bes. um die Missionierung der Chasaren, der Slawen in Mähren und der Bulgaren, was ihn in Ggs. zur röm. Kirche brachte, die die Unterordnung der bulgar. Kirche unter ihre Jurisdiktion forderte, während P. die Autonomie von Konstantinopel verteidigte. P. verfasste nicht nur dogmat. Schriften (darunter sein Hauptwerk, die gegen die lat. Kirche gerichtete ›Mystagogie‹), exeget. Arbeiten, Predigten und Hymnen, sondern als einer der bedeutendsten Vertreter des byzantin. Humanismus auch Erklärungen zu Schriften des ARISTOTELES und eine Erläuterung von 280 antiken Werken (›Myriobiblon‹). Seit Ende des 10. Jh. zählt P. zu den Heiligen der orth. Kirche (Tag: 6. 2.) und wird mit dem Beinamen ›der Große‹ geehrt.

Ausgaben: Opera omnia in classes quinque distributa, hg. v. J. P. MIGNE, 4 Bde. (1860); The homilies of Photius, hg. v. C. MANGO (1958); Bibliothèque, übers. v. R. HENRY, 8 Bde. (1959–77).

F. DVORNIK: The Photian schism (Cambridge 1948, Nachdr. ebd. 1970); DERS.: Photian and Byzantine ecclesiastical studies (London 1974); A. GEROSTERGIOS: Saint P. the great (Belmont, Mass., 1980); D. S. WHITE: Patriarch P. of Constantinopel (Brookline, Mass., 1981).

Photismen, *Sg.* **Photismus** *der, -,* bei starken, nicht opt. Sinnesreizen oder bei affektiven Belastungen (z. B. Schreck) auftretende visuelle Empfindungen, v. a. Farb- oder Lichtwahrnehmungen.

photo... [von griech. phōs, phōtós ›Licht‹], **foto...,** vor Vokalen auch **phot..., fot...,** Wortbildungselement mit der Bedeutung ›Licht‹, z. B. Photochemie; in der Bedeutung ›Fotografie‹ vorrangig →foto...

Photoaktivierung, Fotoaktivierung, 1) *Chemie:* die →Aktivierung eines Stoffes durch elektromagnet. Strahlung, d. h. durch Zufuhr von →Aktivierungsenergie in Form von Photonen.

2) *Kernphysik:* die →Aktivierung eines Stoffes mit Gammastrahlung, d. h. mit hochenerget. Photonen (die Schwellenenergien liegen bei 10–20 MeV).

photoakustischer Effekt, fotoakustischer Effekt, von A. G. BELL 1881 bei Arbeiten an einem opt. Telefon (›Photophon‹) entdeckte Umwandlung von elektromagnet. Strahlungsenergie in Schallenergie (urspr. als **optoakustischer Effekt** bezeichnet). Der p. E. tritt auf, wenn bei der Einstrahlung intensitätsmodulierten Lichts (Modulationsfrequenzen im Bereich von etwa 20 Hz bis 10 kHz) in Gase, Flüssigkeiten oder Festkörper die absorbierte Energie oder ein Teil davon nicht in Form von Strahlung reemittiert, sondern mittels strahlungsloser Desaktivierungsprozesse in Wärme umgewandelt wird. Die daraus resultierenden Oszillationen von Druck oder Volumen können mithilfe eines Sensors (Mikrofons) gemessen werden. Der p. E. hat durch die Entwicklung intensiver Lichtquellen (Laser) und moderner Verstärkertechniken besondere Bedeutung erlangt und findet v. a. in der →photoakustischen Spektrometrie, aber auch zur Messung von Lichtleistungen (→Photodetektor) Anwendung.

photoakustische Spektrometrie, Abk. **PAS, fotoakustische Spektrometrie,** empfindl., auf dem photoakust. Effekt beruhendes Verfahren zum Nachweis geringer Konzentrationen einer Molekülsorte in Gegenwart anderer Komponenten bei höheren Drücken (z. B. Schadstoffkonzentrationen in Luft bei Atmosphärendruck) sowie zur Spektrometrie fester und flüssiger Stoffe, die zur Analyse in eine gasgefüllte Probenkammer eingebracht werden. Untersucht wird hauptsächlich mit Infrarotstrahlung, weil die mit ihr angeregten Schwingungsrotationszustände der Moleküle im elektron. Grundzustand genügend langlebig sind, um mit großem Wirkungsgrad durch Stöße abgeregt zu werden. Man benötigt dazu monochromat. Lichtquellen mit ausreichender Intensität. – Die p. S. ist eine wertvolle Ergänzung rein opt. Methoden der Spektralanalyse, weil sie auf einfache Weise die Untersuchung optisch undurchlässiger Proben ermöglicht, sodass auch Messungen an Proben in Form von Pulvern, Tabletten, Gelen und biolog. Präparaten durchgeführt werden können.

Photobacterium, Gattung der →Leuchtbakterien.

Photobiologie, Fotobiologie, interdisziplinäres Forschungsgebiet, das sich mit lichtabhängigen und Licht erzeugenden Vorgängen bei Organismen befasst, einschließlich der prakt. Anwendung von Licht in Biologie und Medizin. Photobiolog. Vorgänge sind u. a. Photosynthese, Photoreaktivierung (Reparaturmechanismus für Photoläsionen der DNA), Phototrophie, Phototaxis, Phototropismus, Photonastie, Photomorphogenese, Photoperiodismus, der Sehvorgang, die Hautbräunung beim Menschen und als Licht erzeugender Vorgang die Biolumineszenz.

Photochemie, Fotochemie, Teilgebiet der Chemie, das sich mit chem. Reaktionen befasst, die durch elektromagnet. Strahlung (Licht) initiiert werden, sofern die absorbierte Strahlungsenergie nicht in Wärme umgewandelt oder als Strahlung (→Lumineszenz) emittiert wird. Die erforderl. Energiezufuhr erfolgt bei photochem. Prozessen (im Unterschied zu anderen chem. Prozessen) i. Allg. durch Absorption von Licht (Photonen) im ultravioletten, sichtbaren oder infraroten Bereich der elektromagnet. Strahlung, das z. B. von der Sonne, von Quecksilberlampen bzw. Lasern (→Laserchemie) abgegeben wird. Die dabei zugeführte Energie dient insbesondere zur →Aktivierung (Photoaktivierung) und kann in spezif. Prozessen teilweise als freie Enthalpie gespeichert werden (z. B. Photosynthese). Die chem. Reaktionen der durch Lichtabsorption entstehenden elektronisch angeregten Atome oder Moleküle (→Anregung) oder die in manchen Fällen unmittelbar zu sehr reaktiven Zwischenprodukten im elektron. Grundzustand führenden Absorptionsprozesse werden als **Primärprozesse** bezeichnet. Deren Produkte können in **Sekundärprozessen** zu stabilen Reaktionsprodukten abreagieren, z. B. in Primärreaktionen gebildete Ionen bzw. Radikale durch →Kettenreaktionen oder Rekombination. In Konkurrenz zu den photochem. Reaktionen treten neben der Lumineszenz strahlungslose Übergänge (zw. Zuständen gleicher Multiplizität: interne Konversion, ›IC‹; zw. Zuständen versch. Multiplizität: Interkombinationsübergänge, engl. ›intersystem crossing, ICS‹) und Stoßdesaktivierung auf. Diese Prozesse können die →Quantenausbeute verringern, die ein Maß für die Effizienz der Umwandlung von Ausgangsstoffen oder die Herstellung von Endprodukten, bezogen auf die Zahl der absorbierten Photonen, ist.

Grundgesetze der P. sind das →grotthußsche Gesetz, nach dem nur das absorbierte Licht eine photochem. Reaktion hervorrufen kann, und das Stark-Einstein-Gesetz (→Quantenäquivalentgesetz), nach dem bei der Lichtabsorption jeweils ein Atom (oder Molekül) durch Absorption eines Lichtquants (Photons) in einen elektronisch angeregten Zustand angehoben wird. Die zur Anregung eines Mols eines Stoffes erforderl. Energie $E = N_A \cdot h\nu$ wird als **photochemisches Äquivalent** bezeichnet, wobei N_A die Avogadro-Konstante, h das plancksche Wirkungsquantum und ν die Frequenz der Strahlung ist (→Bunsen-Roscoe-Gesetz). Wieviel Licht tatsächlich absorbiert werden kann, wird durch das →Lambert-Beer-Gesetz beschrieben.

Neben der →Photosynthese als wichtigstem photochem. Prozess sind für das organ. Leben photochem. Reaktionen in der Atmosphäre (biogene und anthropogene Stoffe, Ozonschicht, Smog), an der Erdoberfläche (Assimilation des Kohlendioxids) und im Meerwasser von Bedeutung; bei höheren Organismen spielen sie z. B. für den Sehvorgang und bei der Umwandlung von Ergosterin in Vitamin D_2 unter Einwirkung von UV-Strahlung eine bedeutende Rolle. Kurzwellige UV-Strahlung kann Hautkrebs hervorrufen und sichtbares Licht wird in der photodynam. Krebstherapie eingesetzt. Techn. Anwendungen finden u. a. photochemisch ausgelöste Kettenreaktionen wie Oxidationen, Chlorierung, Sulfoxidation und Sulfochlorierung von Kohlenwasserstoffen, Herstellung und Verarbeitung von Materialien zur Informationsaufzeichnung (→Fotografie, →Photopolymerisation) sowie Untersuchungen zur Reaktionskinetik und zu Reaktionsmechanismen.

Einf. in die P., hg. v. H. G. O. BECKER ([3]1991).

Photochemotherapie, Fotochemotherapie, kombinierte Anwendung von UV-Licht und photosensibilisierenden Arzneimitteln; andere Bez. für →Blacklighttherapie.

photochromes Glas, →phototropes Glas.

Photochromie [zu griech. chrõma ›Farbe‹] *die, -,* **Fotochromie, Phototropie, Fototropie,** die reversible photochem. Umwandlung bestimmter Stoffe, die zu reversiblen Änderungen des Absorptionsspektrums und damit zu reversiblen Farbänderungen führen; nutzbar z. B. für fotograf. Verfahren, zur Informationsspeicherung, für spezielle Gläser.

Photodermatosen, *Medizin:* die →Lichtschäden.

Photodetektor, Fotodetektor, Photo|empfänger, Foto|empfänger, Lichtdetektor, optisch-elektrischer Wandler, Strahlungsempfänger zum Nachweis oder zur intensitätsproportionalen Anzeige oder Registrierung opt. (einschließlich infraroter und ultravioletter) elektromagnetischer Strahlung (Licht) durch deren Umsetzung in elektr. Signale. P. sind daher Bauelemente der →Optoelektronik. Entsprechend der Art der Wechselwirkung zw. dem Licht und der Detektorsubstanz kann man zw. indirekter und direkter optisch-elektr. Signalumwandlung unterscheiden und die P. entsprechend in therm. und Quanten-P. einteilen.

Bei **thermischen P.** erfolgt die Wechselwirkung mit den Gitteratomen eines Festkörpers (Photon-Phonon-Wechselwirkung), und ein Ausgangssignal wird indirekt durch eine Temperaturerhöhung der Detektorsubstanz erzeugt. Zu ihnen gehören insbesondere das Bolometer, das Thermoelement, der pyroelektr. Detektor und die **Golay-Zelle.** Bei dieser wird eine bestimmte Gasmenge durch eine optisch schwarze, dünne Membran verschlossen, die die auftreffende Lichtleistung absorbiert und die entsprechende Wärme an das Gas weitergibt; die daraus resultierende Expansion oder Druckänderung des Gases ist die eigentl. Messgröße. Therm. P. haben eine weitgehend von der Lichtwellenlänge unabhängige →Photoempfindlichkeit (Arbeitsbereiche überwiegend im nahen und fernen Infrarot); ihre Zeitauflösung ist wegen der therm. Relaxationszeiten i. Allg. gering.

Quanten-P. beruhen auf dem inneren oder auf dem äußeren →Photoeffekt, bei denen durch Wechselwirkung des Lichts mit den quasifreien oder gebundenen Elektronen im Festkörper ein von der eingestrahlten Leistung direkt abhängiges Signal **(Photostrom** oder **Photospannung)** erzeugt wird (Photon-Elektron-Wechselwirkung). Die auf dem inneren Photoeffekt beruhenden Quanten-P. werden in **Sperrschicht-P.** (z. B. →Photoelement, →Phototransistor) und **Photoleitfähigkeitsdetektoren** (→Photoleitung) eingeteilt; die auf dem äußeren Photoeffekt beruhenden werden auch als **photoemissive Detektoren** bezeichnet. Die Quanten-P. zeigen eine ausgeprägte Wellenlängenabhängigkeit der Photoempfindlichkeit.

Neben der Photoempfindlichkeit unterscheiden sich therm. und Quanten-P. auch im Zeitverhalten. Während sich die ersten nur bis zu Signalfrequenzen von einigen Hundert MHz betreiben lassen, sind bei den zweiten Frequenzen bis zu einigen GHz möglich, allerdings nur in einem von dem jeweiligen Material abhängigen eingeschränkten Spektralbereich.

Photodiode, Fotodiode, als Photodetektor dienende, in Rückwärtsrichtung betriebene Halbleiterdiode (→Diode). P. bilden in den Raumladungszonen beim Eindringen von Photonen Ladungsträgerpaare (Elektronen und Defektelektronen), die zur Leitfähigkeit beitragen (Photostrom), wenn die Photonenenergie größer ist als die Bandlücke (→Bändermodell). Bei speziellem Aufbau und ausreichend großer Sperrspannung ist durch Ladungsvervielfachung eine Verstärkung des Photostroms zu erreichen **(Lawinen-P.,** →Avalanchediode). Wegen des linearen Zusammenhangs zw. Sperrstrom und Beleuchtungsstärke sind P. bes. für messtechn. Aufgaben geeignet.

Die an der Oberfläche der P. auftretende teilweise Reflexion der eingestrahlten Lichtleistung kann durch Aufbringen spezieller Antireflexionsschichten verringert werden. P. sind in Planar- oder Mesabauweise als Homo- oder Heterostrukturen in den verschiedensten Ausführungen herstellbar (auch als PIN-Diode), wobei sich Letztere als bes. günstig erweisen; bei ihnen besteht eine P. aus versch. Halbleiterschichten mit unterschiedl. Bandlücken, wofür Mischkristallhalbleiter verfügbar sein müssen.

Photoleffekt, Fotoleffekt, photolelektrischer Effekt, fotolelektrischer Effekt, lichtlelektrischer Effekt, physikal. Vorgang, bei dem Elektronen durch Lichtabsorption aus ihrem Bindungszustand gelöst und für den elektr. Ladungstransport verfügbar werden. I. w. S. versteht man unter P. jede Art der Wechselwirkung von →Photonen mit Materie, bei der die Photonen ihre gesamte Energie abgeben, also absorbiert werden; z. B. wird beim **atomaren P. (Photoionisation)** ein Licht-, Röntgen- oder γ-Quant genügend großer Energie durch die Elektronenhülle eines freien Atoms absorbiert, wodurch ein Elektron den atomaren Verband verlässt und das Atom als positiv

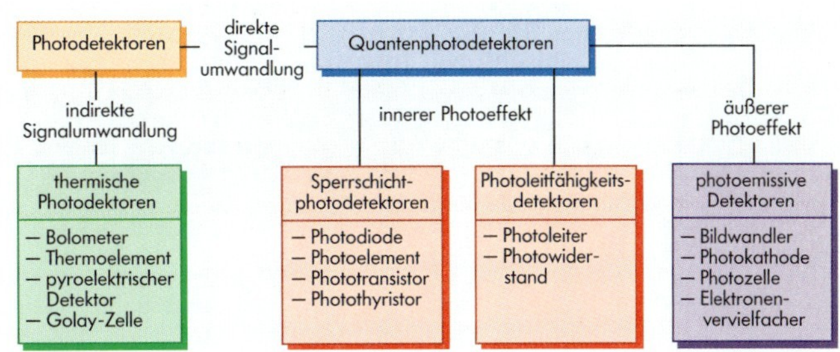

Photodetektor: Übersicht über die verschiedenen Klassen von Photodetektoren

geladenes Ion zurückbleibt. Sehr harte Gammastrahlung kann den →Kernphotoeffekt auslösen, bei dem Protonen oder Neutronen aus dem Atomkern emittiert werden.

Beim **äußeren P. (Hallwachs-Effekt)** werden Elektronen **(Photoelektronen)** aus einem Festkörper in das umgebende Volumen emittiert **(Photoemission),** die in einem elektr. Feld beschleunigt werden und einen Strom **(Photostrom)** erzeugen können. Die Anzahl der Photoelektronen bzw. die Stromstärke des Photostroms ist bei genügend großer elektr. Feldstärke der absorbierten Lichtintensität proportional **(photoelektrisches Proportionalitätsgesetzt).** Nur Photonen, deren Energie $h\nu$ größer ist als die →Austrittsarbeit A des bestrahlten Metalls (h plancksches Wirkungsquantum), können jeweils ein Leitungslektron aus dem Metallverband herauslösen. Die kinet. Energie W_k der Photoelektronen hängt von der Frequenz ν der einfallenden elektromagnet. Strahlung und von der Austrittsarbeit A des bestrahlten Metalls ab: $W_k = h\nu - A$ **(photoelektrisches** oder **einsteinsches Gesetz, Lenard-Einstein-Gleichung).** Daher hat der äußere P. eine langwellige Grenze, oberhalb derer eine photoelektr. Elektronenemission nicht möglich ist. Die zugehörige untere Grenzfrequenz ist durch $\nu_g = A/h$ gegeben. Sie liegt bei den Alkalimetallen im sichtbaren, bei den meisten anderen Metallen im ultravioletten Spektralbereich und kann durch Sensibilisatoren (z. B. bei Photozellen) bis in den Infrarotbereich verschoben werden.

Beim **inneren P.,** der an Halbleitern und Isolatoren auftritt, verlassen die durch Lichtabsorption angeregten Ladungsträger den Festkörper nicht. Durch die Bestrahlung wird einzelnen Kristallelektronen Energie zugeführt, die ihnen erlaubt, sich fast wie freie Teilchen im Kristallverband zu bewegen. Dadurch erhält der Isolator eine elektr. Leitfähigkeit (→Photoleitung), die z. B. zum Strahlungsnachweis dienen kann. Auch für den inneren P. gilt das einsteinsche Gesetz; die Austrittsarbeit ist dabei durch die Größe ΔE der Bandlücke (→Bändermodell) zu ersetzen. Da in einigen Halbleitern, z. B. Bleisulfid, ΔE sehr klein ist, sind diese als infrarote Strahlungsempfänger von großer Bedeutung. – Eine spezielle Form des inneren P. ist der **Sperrschicht-P. (photovoltaischer Effekt),** der bei der Bestrahlung eines →p-n-Übergangs in einem Halbleiter oder der Schottky-Randschicht eines Metall-Halbleiter-Übergangs (→Schottky-Kontakt) zu einer Photospannung an der Sperrschicht führt. Man kann damit einen Stromfluss erreichen, ohne eine äußere elektr. Spannung anlegen zu müssen, wie es bei dem äußeren und inneren P. erforderlich ist. Damit gelingt die direkte Umwandlung von Lichtenergie in elektr. Energie (→Photoelement, →Solarzelle).

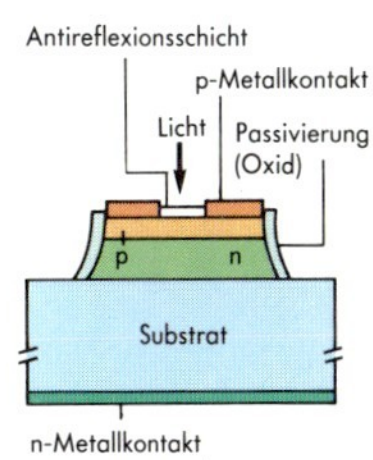

Photodiode in Mesabauweise (oben) und Planarbauweise (unten)

Photodiode: Schaltzeichen

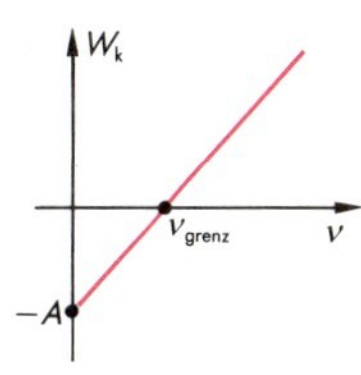

Photoeffekt: Photoelektrisches Gesetz; Zusammenhang zwischen der kinetischen Energie W_k der Photoelektronen und der Frequenz ν des einfallenden Lichts; A Austrittsarbeit

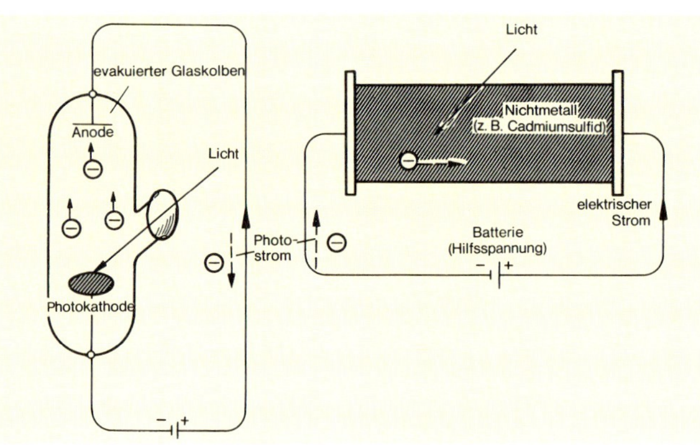

Photoeffekt: Äußerer Photoeffekt (Photozelle; links) und innerer Photoeffekt (Photowiderstand; rechts)

Bei räumlich inhomogener Bestrahlung (z.B. infolge starker Lichtabsorption) zeigt sich der **Kristall-P.** (→Dember-Effekt), bei dem durch das Konzentrationsgefälle der Elektronen längs des Lichtwegs Diffusionserscheinungen in Lichtrichtung auftreten, die zur Ausbildung einer Photospannung führen. – An metall. oder halbleitenden Elektroden in einem Elektrolyten tritt bei Bestrahlung der →Becquerel-Effekt auf.

photo|elektromagnetischer Effekt, Abk. **PEM-Effekt, foto|elektromagnetischer Effekt,** tritt in Halbleitern bei Lichteinstrahlung auf, wenn senkrecht zum Lichtstrom ein Magnetfeld angelegt ist. Die durch den →Dember-Effekt ins Innere fließenden Diffusionsströme der Elektronen und der Defektelektronen werden durch das Magnetfeld in einander entgegengesetzte Richtungen abgelenkt. So bildet sich senkrecht zum Magnetfeld und senkrecht zum Lichtstrom ein Spannungsunterschied aus. Es liegt damit ein →Hall-Effekt vor **(Photo-Hall-Effekt),** der von den durch Photoeffekt erzeugten freien Ladungsträgern verursacht wird.

Photo|elektronen, →Photoeffekt.

Photo|elektronenspektroskopie, Abk. **PES, Foto|elektronenspektroskopie,** auf dem äußeren Photoeffekt beruhendes Verfahren der →Elektronenspektroskopie, bei dem aus dem zu untersuchenden Stoff (in fester, flüssiger oder gasförmiger Phase) durch Bestrahlung mit energiereicher Ultraviolettstrahlung (UPS) oder mit weicher Röntgenstrahlung (XPS, X von engl. x-rays für Röntgenstrahlen; ältere Bez. ESCA für engl. electron spectroscopy for chemical analysis) Elektronen freigesetzt werden, deren Energieverteilung (Energiespektrum) gemessen wird. Bei den freigesetzten Elektronen handelt es sich entweder um Valenzelektronen (UPS) oder um Rumpfelektronen aus inneren Elektronenschalen (XPS). Da die gemessenen Energieverteilungen der Elektronen nicht nur von den jeweiligen Atomarten, sondern auch von deren Bindungsverhältnissen, also der Elektronenstruktur der Moleküle oder Festkörper, abhängen, wird die P. zur chem. Analyse und zur Untersuchung der chem. und physikal. Eigenschaften einer Substanz eingesetzt. Sie ist eine der wichtigsten Methoden zur Gewinnung experimenteller Daten, die als Grundlage für quantenchem. Rechnungen dienen können. – Durch die Verwendung neuer (monochromatisierter) Strahlungsquellen (z.B. Synchrotronstrahlung) verliert die Unterteilung in UPS und XPS an Bedeutung.

Photo|element, Foto|element, aus Halbleitermaterial bestehendes, auf dem inneren →Photoeffekt beruhendes optoelektron. Bauelement, das bei Lichteinstrahlung eine elektr. Spannung abgibt. Im Ggs. zur →Photodiode benötigt das P. keine angelegte Spannung, sondern erzeugt aufgrund der durch die einfallende Strahlung hervorgerufenen Photospannung selbst einen im Außenkreis fließenden Strom. P. können (wie ein Generator) elektr. Leistung an einen Verbraucher abgeben. Das P. stellt also einen Energiewandler zw. Licht- und elektr. Energie dar. Anwendungen als →Solarzelle zur Stromversorgung, außerdem in der Mess-, Steuer- und Regelungstechnik.

Photo|emission, →Photoeffekt.

Photo|empfindlichkeit, Foto|empfindlichkeit, die i. Allg. wellenlängenabhängige (spektrale) Ansprechempfindlichkeit von →Photodetektoren, ein Gütemaß für die Umwandlung der empfangenen opt. Signalstärke (Strahlungsleistung) in elektr. Signale, definiert als das Verhältnis der entstehenden Ausgangssignale (Strom, Spannung) zur empfangenen Strahlungsleistung und angegeben in Ampere/Watt oder Volt/Watt. Bei idealen Quantenphotodetektoren, d.h. bei solchen mit wellenlängenunabhängiger →Quantenausbeute (idealerweise vom Wert 1), steigt die P. linear mit der Wellenlänge λ der Strahlung bis zu einem bestimmten Wert λ_G an, weil bei konstanter Strahlungsleistung die Zahl der einlaufenden Photonen proportional zur Wellenlänge ist, und fällt dann steil auf Null; λ_G entspricht der Bandlücke (→Bändermodell) des Halbleiters. Bei realen Quantenphotodetektoren treten Verluste auf (Reflexion, Absorption, Transmission, Ladungsträgerrekombination), weswegen bei diesen die P. geringer ist als bei den idealen. Die P. der Quantenphotodetektoren stimmt i. Allg. nicht mit der spektralen Empfindlichkeit des menschl. Auges überein. Im Ggs. zu den Quantenphotodetektoren zeigen die therm. Photodetektoren über größere Wellenlängenbereiche eine konstante P., weil bei ihnen nicht die absorbierte Photonenzahl, sondern die absorbierte Strahlungsleistung maßgebend ist.

Photogeologie, →Fotogeologie.

Photogrammmetrie *die,* -, **Fotogrammmetrie,** Bildmessung; Wiss. und Technik der Aufnahme und Auswertung von Bildern zur Bestimmung von Form, Größe oder Lage beliebiger Objekte. Die P. geht auf den frz. Fototechniker AIMÉ LAUSSEDAT (* 1819, † 1907) und den dt. Architekten und Ingenieur ALBRECHT MEYDENBAUER (* 1834, † 1921) zurück. Sie beruht darauf, dass ein Bild nach bestimmten geometrisch-opt. Gesetzen entsteht und durch deren Umkehrung geometr. Größen der abgebildeten Objekte abgeleitet werden können. Dazu benutzte man früher nur fotografisch aufgezeichnete Messbilder. Durch neuartige Techniken der Bildaufnahme und der Auswertung hat die P. aber eine bedeutende Ausweitung auf andere Arten von Bildern erfahren. Außerdem führte die Interpretation von Bildinhalten zur eigenständigen Disziplin der →Fernerkundung mit speziellen Aufnahme- und Auswertemethoden.

Die photogrammmetr. *Aufnahme* erfolgt vom Erdboden, von Flugzeugen, von Satelliten oder Weltraumsonden aus. Als Aufnahmegeräte dienen v.a.

Photoelement: Aufbau eines Halbleiterphotoelements; D Deckelektrode, H Halbleiterschicht, T Trägerelektrode

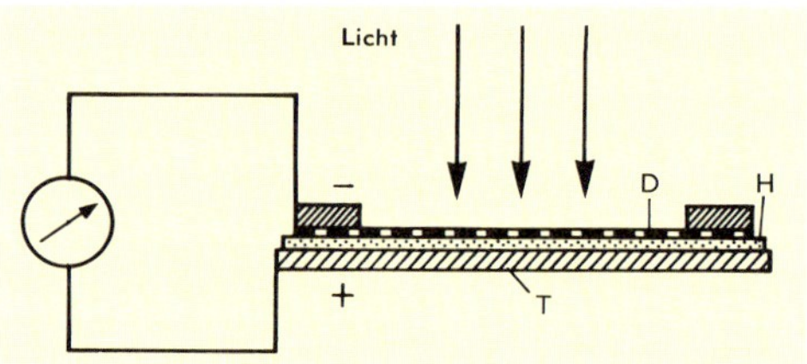

fotograf. Kameras, die so gebaut und kalibriert sind, dass das Aufnahmestrahlenbündel rekonstruiert werden kann (→Messbild, Messkamera), wodurch die photogrammmetr. Auswertung sehr erleichtert wird. Dieser klass. Form entsprechen v. a. die Reihenmesskameras zur Aufnahme von →Luftbildern und die Phototheodolite zur terrestr. Geländeaufnahme. Es gewinnen aber auch andere Kameras zunehmend an Bedeutung, z. B. Fotokameras, die mit einer Glasgitterplatte vor der Bildebene nachgerüstet wurden (Reseau-Kamera). V. a. aber ermöglicht die Optoelektronik in Verbindung mit der digitalen Bildverarbeitung den Einsatz von CCD-Kameras (→CCD) in der P. Dabei werden im Nahbereich, z. B. für industrielle Messaufgaben, flächenhaft arbeitende CCD-Kameras bevorzugt, von Flugzeugen und Satelliten aus zeilenweise arbeitende Kameras. Für spezielle Aufgaben kommen auch andere Aufnahmesysteme zur Anwendung, z. B. Unterwasserkameras oder Elektronenmikroskope. Durch die Aufnahme wird ein Punkt P eines räuml. Objektes mit den Raumkoordinaten x, y, z in der Ebene eines Bildes stets als Bildpunkt P' mit den Koordinaten x', y' wiedergegeben. Daraus kann zwar die Richtung zum Punkt P bestimmt werden, nicht aber seine Entfernung. Seine räuml. Lage kann also nicht aus einem Bild, sondern nur durch den Schnitt der Bildstrahlen aus zwei Bildern (oder mittels anderer Zusatzinformationen) gewonnen werden.

Die *Auswerteverfahren* der P. rekonstruieren die bei der Bildaufnahme wirksamen geometrisch-opt. Gesetzmäßigkeiten. Der allgemeine Fall der P. ist die **Zweibildmessung,** die von Bildern eines Objekts ausgeht, welche von versch. Orten aus aufgenommen wurden. Sie umfasst jeweils zwei Teilaufgaben, die Orientierung und die Messung. Durch die Orientierung werden die geometr. Beziehungen zw. Objekt und Bild rekonstruiert. Dazu benötigt man i. d. R. einige →Passpunkte. Durch Messungen werden die Koordinaten eines Objektpunkts in den beiden Bildern bestimmt und daraus seine räuml. Lage abgeleitet.

Die am häufigsten angewandte Form der Zweibildmessung und der P. überhaupt ist die **Stereo-P.** (Raumbildmessung). Sie benutzt Messbilder, die mit genau oder zumindest genähert parallel ausgerichteten Kameras aufgenommen wurden. Diese Anordung ermöglicht die räuml. Betrachtung und Ausmessung zweier Bilder durch →Stereoskopie. Für die Ausmessung von Stereobildern durch einen Beobachter stehen **Stereokartiergeräte** zur Verfügung, deren Grundprinzip erstmals 1915 realisiert wurde (→Doppelprojektion). Später wurden auch Geräte gebaut, bei denen die Abbildungsstrahlen mit mechan. Mitteln rekonstruiert wurden. Diese Geräte erlauben es, aus den Messbildern linienweise Grundriss- und Höhendarstellungen der aufgenommenen Objekte auszuwerten.

Die **analytische P.** löst die Orientierungs-und Messaufgaben, indem sie die Abbildungsgeometrie rein rechnerisch rekonstruiert. Stereophotogrammmetr. Auswertesysteme nach diesem Prinzip können flexibel eingesetzt und die Messergebnisse (z. B. in →Geoinformationssystemen) direkt weiterverwertet werden. Man kann aber auch mehrere Bilder mit zusätzl. Informationen (z. B. bekannte Objektstrecken) verarbeiten und die Orientierungsdaten und Objektpunktkoordinaten gleichzeitig bestimmen (Bündelmethode). Das Verfahren wird dadurch vielseitiger und kann auch zur messtechn. Auswertung von Bildern eingesetzt werden, die keine Messbilder sind.

Die digitale →Bildverarbeitung eröffnet der P. neue Wege. Dazu werden fotograf. Messbilder durch →Scanner digitalisiert, in zunehmendem Maße auch direkt digitale Bilddaten aufgenommen. Zur stereoskop. Auswertung mit einer digitalen photogrammmetr. Workstation wird ein Stereomonitor benötigt. Durch die rechner. Verarbeitung kann ein Teil der Messaufgaben automatisiert werden, insbesondere die Messung großer Mengen von Einzelpunkten, z. B. zur Gewinnung von →digitalen Geländemodellen.

Eine Sonderstellung nehmen die Verfahren der →Entzerrung (auch Einbildmessung) ein. Sie bilden zentralperspektive Bilder in eine Parallelprojektion in einem bestimmten Maßstab um, sodass sie bei einem Luftbild geometrisch einer topograph. Karte entsprechen. Bei der einfachen Entzerrung wird vorausgesetzt, dass die Objektoberfläche praktisch eben ist. Ist dies nicht der Fall, muss die Oberfläche z. B. in Form eines digitalen Geländemodells gegeben sein. Dann kann durch Differenzialentzerrung ein Orthobild (→Orthofotoverfahren) erzeugt werden. Auch hierzu ist die digitale Bildverarbeitung bes. gut geeignet.

Die Anwendungen der P. sind sehr vielseitig. Im Mittelpunkt steht die Auswertung von Luftbildern zur Herstellung von Karten beliebiger Maßstäbe für Zwecke der Landesvermessung (→Landesaufnahme), der Landes- und Städteplanung sowie des Ingenieurwesens (z. B. Flächen- und Erdmassenberechnungen, Trassierung von Verkehrswegen u. a.). Zur Bestimmung von →Passpunkten wird dabei vielfach eine →Aerotriangulation durchgeführt. In der terrestr. P. von festen Standpunkten aus werden die Orientierungsdaten häufig direkt gemessen. Methoden der P. werden auch angewandt in der Elektronenmikroskopie, in der Medizin, in Architektur und Denkmalpflege, in der industriellen Messtechnik und bei der Ingenieurvermessung. Mithilfe der P. können ferner Bewegungsvorgänge in der Natur und im Laboratorium, Deformationen an Bauwerken, Wasserwellen oder Gletscherbewegungen erfasst werden. Oft hat der dokumentar. Wert der Bilder große Bedeutung (→Luftbildarchäologie, Erfassung von Hochwasserständen, Unfällen u. a.). Schließlich ist die Kartierung von Planetenoberflächen nicht ohne P. denkbar.

Hb. der Vermessungskunde, hg. v. W. JORDAN u. a., Bd. 3, a: Photogrammetrie, bearb. v. K. RINNER u. a., 3 Tle. ([10]1972); K. SCHWIDEFSKY u. F. ACKERMANN: Photogrammetrie: Grundl., Verfahren, Anwendungen ([7]1976); G. KONECNY u. G. LEHMANN: Photogrammetrie ([4]1984); W. RÜGER u. a.: Photogrammetrie. Verfahren u. Geräte ... (Berlin-Ost [5]1987); Photogrammetrie. Tb., hg. v. J. ALBERTZ u. a. ([4]1989); K. REGENSBURGER: Photogrammetrie. Anwendungen in Wiss. u. Technik (1990); K. KRAUS: Photogrammetrie, 2 Bde. ([3-5]1994–96).

Photogrammmetrie: Photogrammmetrische Aufnahme der Statue von Ramses II. im größeren Tempel von Abu Simbel

Photogravüre, die →Heliogravüre.

Photo-Hall-Effekt [-ˈhɔːl-], →photoelektromagnetischer Effekt.

Photoionisation, →Photoeffekt.

Photokathode, Fotokathode, eine Kathode aus einer Festkörpersubstanz, aus der die Elektronen durch den äußeren Photoeffekt ausgelöst werden (Photoelektronen). Deren Erzeugungsrate hängt von der spektralen →Photoempfindlichkeit der P. ab und ist bis zu einer Sättigungsgrenze zur Bestrahlungsstärke proportional. Der prakt. Anwendungsbereich der P. liegt bei Wellenlängen von etwa 100 nm (UV) bis etwa 1 200 nm (nahes IR). Die verwendeten Substanzen sind v. a. Dünnschichtstrukturen (z. B. aus Na_2KSb) oder III-V-Halbleiterschichten (z. B. GaAs, InGaAs). Zur Senkung der Austrittsarbeit sind ihre Oberflächen häufig mit Cäsium oder einem seiner Oxide beschichtet. P. werden u. a. in Photozellen, Elektronenvervielfachern, Bildwandlerröhren sowie Anzeige- und Aufnahmeröhren verwendet. Der Dunkelstrom der P. ist stark temperaturabhängig (im Ggs. zur Photoempfindlichkeit). Zur Senkung der Nachweisgrenze werden mit P. ausgerüstete Photodetektoren daher häufig gekühlt betrieben.

Photokinese, Fotokinese, lichtinduzierte Änderung der Beweglichkeit eines Organismus; häufig bei Algen wie Volvox, Eudorina, Chlamydomonas. P. be-

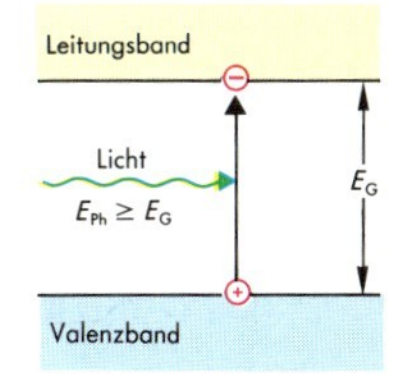

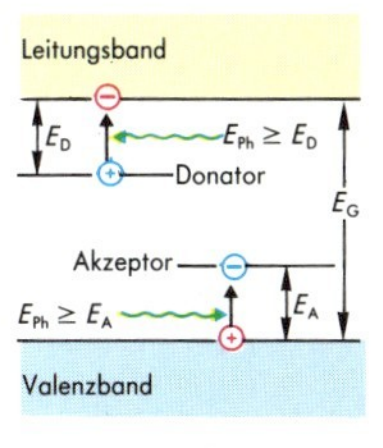

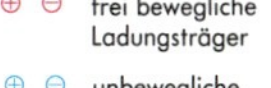

unbewegliche Ladungsträger an den Störstellen

Photoleitung: **oben** Eigenphotoleitung; **unten** Störstellen-Photoleitung; E_{Ph} Photonenenergie, E_G Bandlücke, E_A Akzeptorniveau, E_D Donatorniveau trifft nur die Geschwindigkeit der Bewegung, nicht deren Richtung.

Photokoagulation, die →Lichtkoagulation.

Photolack, das →Photoresist.

Photoleitung, Fotoleitung, Photoleitfähigkeit, Fotoleitfähigkeit, die Änderung der elektr. Leitfähigkeit von →Halbleitern oder Isolatoren infolge der Absorption elektromagnet. Strahlung, insbesondere von Licht (Photonen). Die energet. Anregung der Elektronen kann vermittels des inneren →Photoeffekts zu einer Erhöhung der Anzahl quasifreier Ladungsträger führen (unter Umständen auch zu deren Verminderung), andererseits zur Erhöhung der Beweglichkeit bereits vorhandener quasifreier Ladungsträger. Auf der Veränderung der elektr. Leitfähigkeit der entsprechenden Substanz **(Photoleiter, Photowiderstand)** beruht die Wirkungsweise von **Photoleitfähigkeitsdetektoren** (→Photodetektoren).

Bei der Erhöhung der Ladungsträgerzahl unterscheidet man zw. **Eigen-P. (intrinsische P., Interband-P.)** und **Störstellen-P. (extrinsische P.).** Bei der Erstgenannten (→Eigenleitung) erfolgt die Anregung der Elektronen aus dem Valenz- ins Leitungsband, und die Energie der Photonen muss mindestens so groß sein wie die Bandlücke. Bei der zweiten werden die Elektronen je nach Art der Fremdatome (Donator oder Akzeptor) aus einem Störstellenniveau in das Leitungsband oder aus dem Valenzband in ein Störstellenniveau angeregt; hierfür ist i. d. R. eine kleinere Photonenenergie erforderlich als bei der Eigen-P. Die Erhöhung der Ladungsträgerbeweglichkeit tritt in polykristallinen Materialien auf und beruht auf der optisch induzierten Änderung der Leitfähigkeitsbarrieren an Korngrenzen. Ein anderer Prozess ist die Erhöhung der Beweglichkeit von quasifreien Elektronen im Leitungsband durch Erhöhung ihrer kinet. Energie durch opt. Anregung **(Intraband-P.). Negative P.** (d. h. Verminderung der Leitfähigkeit) kann eintreten, wenn Störstellenatome ionisiert werden und dadurch die Rekombination quasifreier Ladungsträger begünstigt wird, was eine Verringerung der Konzentration quasifreier Ladungsträger zur Folge hat. (BILD S. 129)

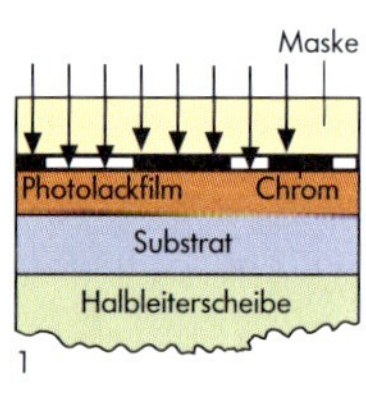

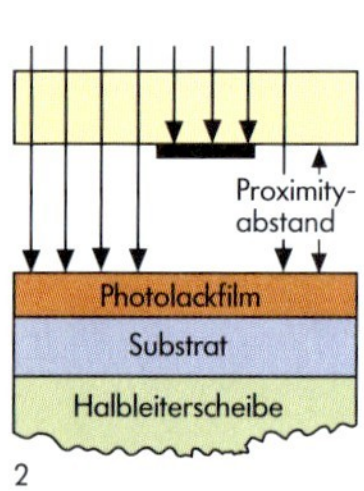

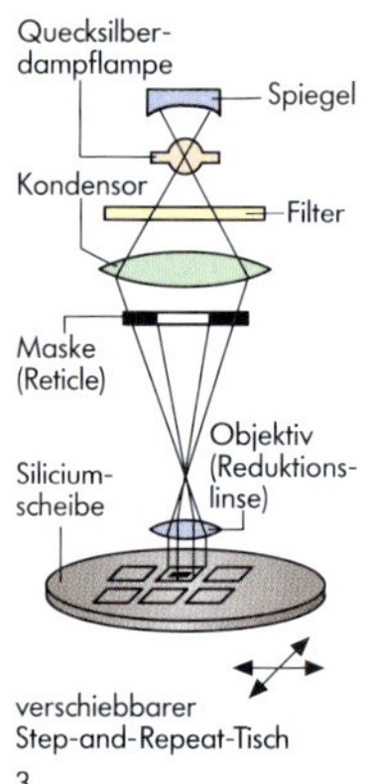

Photolithographie 2): 1 Kontaktbelichtung; 2 Proximitybelichtung; 3 Projektionsbelichtung im Step-and-Repeat-Verfahren (schematische Darstellungen)

Photolitho|autotrophie, Fotolitho|autotrophie, Photolithotrophie, Fotolithotrophie, i. w. S. ein Ernährungstyp, der gekennzeichnet ist durch Photosynthese und durch die Verwendung anorgan. Substanzen als Wasserstoffdonator für die photosynthet. Reduktion von Kohlendioxid (CO_2); bei allen grünen Pflanzen, Blaualgen, Schwefel-Purpurbakterien und Grünen Schwefelbakterien. I. e. S. die Ernährungsweise der zu den phototrophen Bakterien gehörenden Schwefel-Purpurbakterien (Chromatiaceae) und der Grünen Schwefelbakterien (Chlorobiaceae), die Schwefelverbindungen als Wasserstoffdonatoren benutzen.

Photolithographie, Fotolithographie, 1) *graf. Technik:* Verfahren zur Herstellung von Druckformen für den →Offsetdruck (früher auch für den Zinkdruck). Von den Vorlagen werden dabei nach versch. Verfahren entweder Negative oder Diapositive als Kopiervorlagen für die Offsetdruckplatte hergestellt.

2) *Halbleitertechnik:* Verfahren der →Lithographie, das Licht zur Übertragung der Maskenstrukturen (→Maske) auf die Halbleiterscheiben verwendet, dessen Wellenlänge zw. etwa 100 nm (tiefes UV) und 450 nm (Violett) liegt. Als Lichtquellen dienen Quecksilber- und Xenonhöchstdrucklampen, aber auch gepulste Excimerlaser. Bei der Verwendung von Licht mit Wellenlängen, die kleiner sind als etwa 300 nm, können opt. Systeme aus Glas nicht benutzt werden, da Glas Licht dieser Wellenlängen absorbiert; in diesem Fall kommen u. a. Quarz und Flussspat infrage.

Die derzeit eingesetzten Belichtungsverfahren sind Kontaktbelichtung, Proximitybelichtung sowie Projektionsbelichtung im Maßstab 1:1 oder verkleinernde Projektionsbelichtung, mit einem Trend zur letztgenannten. Bei der Kontaktbelichtung wird ein mit →Photoresist beschichtetes Substrat (→Wafer) nach der Justierung auf die Maske mit definiertem Druck an diese gepresst und mit Licht im nahen UV-Bereich belichtet. Zu den Vorteilen dieses Verfahrens gehören hohe Auflösung (bis zu etwa 0,7 bis 0,8 µm). Der Kontaktbelichtung ähnlich ist die Proximitybelichtung, mit dem Unterschied eines kleinen Abstands zw. Maske und Substrat (etwa 10 bis 30 µm). Der hierdurch errungene Vorteil der Kontaktvermeidung wird mit einer Einbuße an Auflösungsvermögen (durch Beugungseffekte) erkauft. Bei der Projektionsbelichtung werden die Strukturen der Maske mit einer Linsenoptik (ein beugungsbegrenztes →optisches System) oder einer Spiegeloptik auf das Substrat projiziert. Dabei ist im ersten Fall eine Verkleinerung (etwa 1:10 oder 1:5), im zweiten Fall der Maßstab 1:1 üblich. Bei der Abbildung im Maßstab 1:1 werden Maske und Substrat parallel zueinander und gemeinsam an einem Lichtspalt vorbeigefahren und das ganze Substrat wie bei Kontakt- und Proximitybelichtung in einem Vorgang belichtet. Von Vorteil ist hier die Möglichkeit der Verwendung polychromat. Lichts, von Nachteil der erforderl. Aufwand für Mechanik und Optik. Die Auflösungsgrenze liegt bei etwa 1,5 µm. Bei der verkleinernden Projektionsbelichtung gelangt das Licht durch einen monochromat. Filter und einen Kondensor auf die Maske, die durch eine ›Reduktionsoptik‹ verkleinert auf das Substrat abgebildet wird. Dem hohen Auflösungsvermögen (bis zu 0,5 µm) steht eine geringe Schärfentiefe gegenüber.

Photolyse [zu griech. lýsis ›(Auf)lösung‹] *die, -/-n,* **Fotolyse,** die Spaltung chem. Verbindungen durch die Einwirkung elektromagnetischer Strahlung (bes. von Licht); bei der →Photosynthese die Spaltung von Wasser.

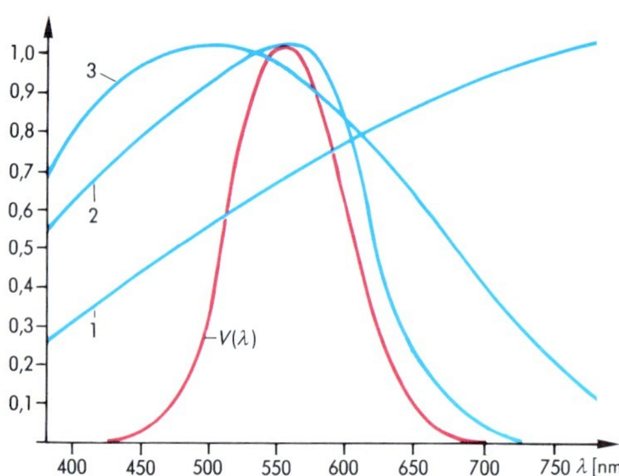

Photometer: Relative spektrale Empfindlichkeit physikalischer Photometer; 1 Siliciumphotoelement, 2 Selenphotoelement, 3 Photomultiplier; $V(\lambda)$ Hellempfindlichkeitskurve für das Tagsehen

Photometer *das, -s/-,* **Fotometer,** Gerät zur direkten Messung photometr. Größen. Dient das Auge eines Normalbeobachters als Lichtempfänger, so spricht man von **visuellen** (subjektiven) **P.,** bei Verwendung eines lichtelektr. Empfängers von **physikalischen** (objektiven) **Photometern.**

Die kaum noch verwendeten visuellen P. bestehen im Prinzip aus einem zweigeteilten Gesichtsfeld zur Beobachtung der Vergleichsstrahlung und einer Einrichtung zur messbaren Lichtschwächung. Als Abgleichmethoden dienen der Direkt- und der Flimmerabgleich. Beim **Flimmer-P.** werden dem Auge zwei in rascher Folge abwechselnd beleuchtete, aneinander grenzende Flächen dargeboten; die Flimmerfrequenz wird so gewählt, dass das Farbflimmern gerade verschwindet, sodass gleiche Helligkeit der Flächen erzielt werden kann. Visuelle P. sind v. a. Leuchtdichtemesser; indirekt lassen sich auch Licht- und Beleuchtungsstärken messen, wenn die Lichtauffangflächen des P. aus diffus streuendem Material bestehen. Ein Hilfsmittel zur Messung des Gesamtlichtstroms einer Lichtquelle ist das **Kugel-P.** (→ulbrichtsche Kugel). Die einfachste Form eines P. ist das Bunsen- oder →Fettfleckphotometer, eine Weiterentwicklung der **P.-Würfel** (→Lummer-Brodhun-Würfel).

Physikal. P. bestehen aus einem lichtelektr. Empfänger (Photoelement, Photodiode), dessen spektrale Empfindlichkeit dem photometr. Messzweck angepasst ist, und einer Anzeige des verstärkten Photostromes. Sie ermöglichen die Messung der Beleuchtungsstärke, auf die alle anderen photometr. Größen und Kennzahlen zurückgeführt werden können.

Photometerwürfel, der →Lummer-Brodhun-Würfel.

Photometrie *die, -,* **Fotometrie,** Arbeitsgebiet der →Lichttechnik (›Lichtmessung‹), das sich mit der Definition und Messung der →photometrischen Größen befasst. Ziel ist, die sichtbare Strahlung eindeutig mithilfe von →Photometern so zu bewerten, dass zwei unter gleichen Bedingungen gleich erscheinende Strahlungen die gleiche Maßzahl erhalten. Je nachdem, ob das Auge oder ein physikal. Gerät als Empfänger verwendet wird, unterscheidet man **visuelle** oder **physikalische P.;** ein Spezialfall der physikal. P. ist die →Spektralphotometrie, bei der die Strahlung (im Unterschied zur Integral-P.) spektral zerlegt und die Strahlungsverteilung definitiver Wellenlängen bestimmt wird. Im Ggs. zu den Strahlungsgrößen, die das Licht nach seiner Energie oder Leistung bewerten, liegt den photometr. Größen die Helligkeitsempfindung des menschl. Auges zugrunde; das wichtigste photometr. System der Integral-P. beruht deshalb auf der →Hellempfindlichkeitskurve für das Tagessehen.

Für spezielle Anwendungen (Filmbelichtung, Pflanzenwachstum) ist das Produkt einer photometr. Größe mit der Zeitdauer ihrer Einwirkung von Bedeutung, z. B. die →Belichtung als Zeitintegral der Beleuchtungsstärke (gemessen in lx · s) oder die →Lichtmenge als Zeitintegral des Lichtstroms (in lm · h).

In der *Chemie* werden photometr. Messungen v. a. zur quantitativen Bestimmung bekannter Substanzen herangezogen, z. B. zur Bestimmung der Konzentration von Lösungen. – Die **astronomische P.** (→Astrophotometrie) wird zur Messung der Strahlung und der Helligkeit von Himmelskörpern angewendet.

photometrische Größen, fotometrische Größen, die aus den physikal. (energet.) →Strahlungsgrößen unter Berücksichtigung der relativen spektralen Hellempfindlichkeit des menschl. Auges abgeleiteten Größen. Für den Zusammenhang zw. einer p. G. X_v (v für visuell) und der ihr entsprechenden strahlungsphysikal. Größe X_e (e für energetisch) gilt

$$X_V = K_m \int X_{e\lambda} \cdot V(\lambda) \cdot d\lambda = \int X_{e\lambda} \cdot K(\lambda) \cdot d\lambda .$$

Hierbei ist $X_{e\lambda} = dX_e / d\lambda$ die X_e entsprechende spektrale Größe, $V(\lambda)$ der spektrale →Hellempfindlichkeitsgrad für das Tagessehen und K_m der Maximalwert des spektralen →photometrischen Strahlungsäquivalents $K(\lambda) = K_m \cdot V(\lambda)$.

photometrisches Entfernungsgesetz, →Entfernungsquadratgesetz.

photometrisches Grundgesetz, fotometrisches Grundgesetz, die Abhängigkeit des von einem Flächenelement dA_1 einer Strahlerfläche der Leuchtdichte L auf ein im Abstand r befindl. Flächenelement dA_2 übertragenen Lichtstroms $d^2\Phi$ von diesen Größen und von den Winkeln ε_1 und ε_2 zw. der Strahlrichtung und den Normalen der Flächenelemente: $d^2\Phi = L(dA_1 \cos\varepsilon_1 \, dA_2 \cos\varepsilon_2)/r^2$. Das p. G. umfasst das →lambertsche Kosinusgesetz und das photometr. Entfernungsgesetz (→Entfernungsquadratgesetz).

photometrisches Strahlungsäquivalent, fotometrisches Strahlungsäquivalent, bei einer Lichtquelle 1) das **p. S. der Gesamtstrahlung,** definiert als das Verhältnis von abgestrahltem Lichtstrom Φ_v (in Lumen) und abgestrahlter Strahlungsleistung Φ_e (in Watt): $K = \Phi_v / \Phi_e$, 2) das **spektrale p. S.,** gegeben durch $K(\lambda) = \Phi_{v\lambda} / F_{e\lambda} = K_m V(\lambda)$. Dabei gilt $\Phi_\lambda = d\Phi / d\lambda$; $V(\lambda)$ ist der spektrale →Hellempfindlichkeitsgrad. $K(\lambda)$ hängt nur von der spektralen Zusammensetzung des Lichts ab und gibt die oberste theoret. Grenze für die Lichtausbeute von Lichtquellen an. Der **Maximalwert des spektralen p. S.,** $K_m = 683\,lm/W$, ergibt sich aus der Definition der Lichtstärkeeinheit →Candela (früher galt $K_m = 685\,lm/W$). Typ. Werte für das p. S. zusammengesetzter Strahlung sind etwa 105 lm/W für die Globalstrahlung von Sonne und Himmel, 12–16 lm/W für Glühlampenlicht (bis zu 33 lm/W für Halogenglühlampen). – Der Kehrwert von K_m wurde früher als **(mechanisches) Lichtäquivalent** bezeichnet.

Photomorphogenese, Fotomorphogenese, Steuerung von Formbildung und Formveränderung durch Licht im Verlauf der Entwicklung von Pflanzen. Der Vorgang der lichtabhängigen Differenzierung wird als **Photomorphose** bezeichnet. Die Vermittlung der Lichtwirkung bei photomorphogenet. Prozessen erfolgt über das Phytochromsystem (→Phytochrom) sowie u. a. bei Pilzen über einige im Blau- und UV-Bereich absorbierende Pigmente (Carotinoide, Flavoproteine). P. kann entweder allein durch einen Lichtreiz oder durch einen period. Hell-Dunkel-Wechsel ausgelöst werden (→Photoperiodismus). Der Begriff wird auch auf lichtinduzierte Reaktionen bei Tieren ausgedehnt (z. B. lichtabhängige Pigmentierung, Photoperiodismus bei Stoffwechselvorgängen). Bei Wirbeltieren ist das Hormon Melatonin an der Vermittlung der Wirkung beteiligt.

Strahlungsgrößen, photometrische Größen und Photonengrößen

Beziehung	Größe		Einheit
$\Phi = \frac{\partial Q}{\partial t}$, $\Phi_p = \frac{\partial N_p}{\partial t}$	Strahlungsleistung Lichtstrom Photonenstrom	Φ_e Φ_v Φ_p	W lm s^{-1}
$M = \frac{\partial \Phi}{\partial A_1}$	spezif. Ausstrahlung spezif. Lichtausstrahlung spezif. Photonenausstrahlung	M_e M_v M_p	$W\,m^{-2}$ $lm\,m^{-2}$ $s^{-1}\,m^{-2}$
$I = \frac{\partial \Phi}{\partial \Omega_1}$	Strahlstärke Lichtstärke Photonenstrahlstärke	I_e I_v I_p	$W\,sr^{-1}$ $cd\,(= lm\,sr^{-1})$ $s^{-1}\,sr^{-1}$
$L = \frac{\partial^2 \Phi}{\partial \Omega_1 \cdot \partial A_1 \cdot \cos\varphi_1}$	Strahldichte Leuchtdichte Photonenstrahldichte	L_e L_v L_p	$W\,sr^{-1}\,m^{-2}$ $cd\,m^{-2}$ $s^{-1}\,sr^{-1}\,m^{-2}$
$E = \frac{\partial \Phi}{\partial A_2}$	Bestrahlungsstärke Beleuchtungsstärke Photonenbestrahlungsstärke	E_e E_v E_p	$W\,m^{-2}$ $lx\,(= lm\,m^{-2})$ $s^{-1}\,m^{-2}$
$H = \int_{t_1}^{t_2} E\,dt$	Bestrahlung Belichtung Photonenbestrahlung	H_e H_v H_p	$J\,m^{-2}$ lx s m^{-2}

Erläuterungen: Bei Gefahr einer Verwechslung erhalten die Strahlungsgrößen einen Index ›e‹ (›energetisch‹), die photometrischen einen Index ›v‹ (›visuell‹) und die Photonengrößen einen Index ›p‹ (›photon‹). Ausgangsgrößen sind die Strahlungsmenge Q_e in Joule bzw. die Lichtmenge Q_v in Lumensekunden oder die Photonenzahl N_p; t ist die Zeit, Ω der Raumwinkel, A_1 die Strahler-, und A_2 die Empfängerfläche, φ der Winkel zwischen Strahlungsrichtung und Flächennormale.

Photomultiplier [-mʌltɪplaɪə, engl.], →Elektronenvervielfacher.

Photon *das, -s/...'tonen,* **Lichtquant, Strahlungsquant,** Symbol γ, von A. EINSTEIN 1905 geprägte Bez. für die Energiequanten des elektromagnet. Strahlungsfeldes, z. B. von Licht, Röntgenstrahlung **(Röntgenquanten)** oder Gammastrahlung **(Gammaquanten).** P. sind →Elementarteilchen, die sich mit Lichtgeschwindigkeit bewegen und daher keine Ruhemasse haben. Im Ggs. zum Wellenbild des →Lichts können mit dem Teilchenkonzept des P. solche Erscheinungen wie der →Photoeffekt und der →Compton-Effekt erklärt werden, indem die entsprechenden Vorgänge als das Auftreffen von Teilchen bestimmter Energie interpretiert werden. Ein P. hat eine Energie der Größe $h\nu$ und einen Impuls vom Betrag $h\nu/c$ (h plancksches Wirkungsquantum, ν Frequenz der Strahlung, c Vakuumlichtgeschwindigkeit). Die betreffenden Ereignisse genügen den Erhaltungssätzen für Energie und Impuls, ebenso wie Stöße zw. materiellen Teilchen mit endl. Ruhemasse. Wellen- und Teilchenaspekt des Lichts oder allgemeiner der elektromagnet. Strahlung ergänzen sich im Sinne der →Komplementarität. Welcher Aspekt im Vordergrund steht, hängt v. a. von der vorliegenden Problemstellung und Versuchsanordnung ab. – Als →Feldquanten des elektromagnet. Strahlungsfeldes vermitteln die P. die →elektromagnetische Wechselwirkung.

Photonastie, Fotonastie, durch Lichtreiz bewirkte Krümmungsbewegung von Organen (z. B. Blütenblätter) ortsgebundener Pflanzen. (→Nastien)

Photonenstatistik, →Quantenoptik.

Photonenzähler, photoelektr. Strahlungsmessgerät zur Messung sehr kleiner Lichtintensitäten. Als Detektor dient die Photokathode eines →Elektronenvervielfachers. Die von den Photonen freigesetzten Photoelektronen lösen wegen der Sekundärelektronenvervielfachung Elektronenlawinen aus; diese erzeugen am Anodenarbeitswiderstand Spannungsimpulse, die mit einem Impulszählgerät registriert werden. Auf diese Weise können einzelne Photonen nachgewiesen werden, falls der zeitl. Abstand zw. dem Eintreffen zweier Photonen auf der Kathode größer als etwa 10 ns ist.

Photonik [Kw. aus **Photon** und Elektro**nik**] *die, -,* moderne Grundlagentechnologie, die sich mit der Übertragung und Speicherung von Information durch Licht befasst und dabei die besonderen physikal. Eigenschaften von Lichtquanten (→Photonen) ausnutzt. Die Verbindung zw. Halbleiterelektronik und P. besteht einerseits im Aufkommen miniaturisierter opt. Bauteile, andererseits in der Verwendung von Halbleiterbauelementen für opt. Zwecke.

Die P. umfasst verschiedene techn. und wiss. Bereiche wie Optoelektronik, Elektro- und Magnetooptik sowie nichtlineare Optik. Charakteristisch für die P. ist der Ersatz elektr. Drähte und Leiterbahnen durch Lichtwellenleiter (→Lichtleiter) in Form von Glasfasern oder integriert-opt. Wellenleitern (→integrierte Optik). Als Lichtquellen dienen Leucht- oder Laserdioden, als Detektoren Photodioden. Photon. Bauelemente finden breite Anwendung in der Nachrichten- und Datentechnik, bei opt. Sensoren, bei unterschiedlichsten Formen von Anzeigen (Displays) und in der Lasertechnik.

Photo|organotrophie [zu griech. trophḗ ›Nahrung‹] *die, -,* **Foto|organotrophie,** Ernährungstyp der schwefelfreien Purpurbakterien, die Lichtenergie mithilfe der Photosynthese umwandeln und organ. Verbindungen als Wasserstoffdonatoren zur Reduktion von Kohlendioxid (CO_2) nutzen **(Photoorganoautotrophie).** Z. T. werden organ. Substanzen auch anstelle von CO_2 oder mit diesem zusammen zu Kohlenhydraten assimiliert **(Photoorganoheterotrophie).**

Photo|oxidanti|en, Foto|oxidanti|en, Bez. für eine Gruppe äußerst reaktionsfähiger Substanzen unterschiedl. Zusammensetzung (z. B. Ozon, PAN, Stickoxide), die sich aus in der Luft befindl. (ungesättigten) Kohlenwasserstoffen (entstanden durch unvollständige Verbrennungsvorgänge oder als natürl. Ausscheidungsprodukte von Pflanzen), Stickstoffdioxid (ebenfalls aus Verbrennungsvorgängen) und Luftsauerstoff unter dem Einfluss von kurzwelligem Licht (Wellenlänge < 430 nm) bilden und in einer Reihe von Radikalkettenreaktionen sehr rasch zu Kohlenwasserstoffen, Stickstoffmonoxid und Ozon zerfallen. P. kommen bes. im photochem. →Smog vor, lassen sich aber auch in ›Reinluftgebieten‹ nachweisen. Durch P. kommt es u. a. zu einer Erhöhung des Ozongehaltes in der Luft, der schädigend in die Photosynthese eingreift. Den P. wird als Schadstoffen (die auch zu gesundheitl. Schäden bei Mensch und Tier führen können) steigende Bedeutung zugemessen.

Photoperiodismus *der, -/...men,* **Fotoperiodismus,** bei *Pflanzen* der Einfluss der Tageslänge auf Wachstum und Entwicklung (z. B. Blüten- und Knollenbildung). Bei Kurztagpflanzen beträgt die benötigte Lichtperiode höchstens 9–11, die Dunkelperiode mindestens 12 Stunden (z. B. Reis). Langtagpflanzen kommen nur bei täglich 12 Stunden und mehr (14–16 Std.) zum Blühen (z. B. Gerste, Zuckerrübe). Tagneutrale Pflanzen blühen unabhängig von der Tageslänge (z. B. Gänseblümchen). Der physiolog. Effekt beruht auf der Auslösung der Blühhormonbildung in den Laubblättern. – Auch bei *Tieren* und beim *Menschen* werden Wachstum, Entwicklung und Verhalten durch die jahreszeitl. Änderung der Tageslänge beeinflusst (→physiologische Uhr).

photophil [griech.], **fotophil,** *Biologie:* das Licht bevorzugend; von Tieren und Pflanzen gesagt, die lichtarme Stellen meiden.

photophob [griech.], **fotophob,** *Biologie:* das Licht meidend; von Tieren und Pflanzen gesagt, die das Dunkel bevorzugen.

Photo|phobie, die →Lichtscheu.

Photophoren [zu griech. phoreĩn ›(in sich) tragen‹], die →Leuchtorgane.

Photophosphorylierung, *Botanik:* →Phosphorylierung.

Photopolymerisation, Fotopolymerisation, Verfahren der nichtkonventionellen Fotografie; **Photopolymere** sind polymere Kunststoffe, die unter (UV-)Lichteinfluss ihre Löslichkeit verändern, d. h. entweder weiter polymerisieren (z. B. Zimtsäureester des Polyvinylalkohols) oder unter nachfolgenden Kupplungsreaktionen depolymerisieren (z. B. Diazoniumverbindungen), wodurch eine Gerbung (Härtung) der belichteten Schicht erreicht wird. Sie dienen als Kopierschichten in der Druckformenherstellung oder werden als →Photoresists verwendet.

Photo Porst AG, Handelsunternehmen für Foto, Telekommunikation und Unterhaltungselektronik, gegr. 1919 von HANNS PORST (* 1896, † 1984); Sitz: Schwabach. Bekannt wurde das Unternehmen bes. durch die von HANNSHEINZ PORST (* 1922), Sohn des Gründers, als ›totale Mitbestimmung‹ bezeichnete und 1972 eingeführte Mitarbeiterbeteiligung. Alle Mitarbeiter wurden Unternehmensgesellschafter mit Anspruch auf den erwirtschafteten Gewinn; in einem Beirat der Geschäftsleitung hatte die Belegschaft (zunächst) eine deutl. Mehrheit. Infolge von Auseinandersetzungen in der Geschäftsleitung und aufgrund von Verlusten, die den Verkauf von Unternehmensteilen erforderlich gemacht hatten, musste das Modell im April 1982 aufgegeben werden. Mehrheitsaktionär war 1982–96 die schweizer. Interdiscount Holding AG, seit September 1996 ist das Unternehmen, das bis Juli 1997 als Porst AG firmierte, eine Tochtergesellschaft der belg. Spector Photo Group N. V. Umsatz (1996): 777 Mio. DM, Beschäftigte: rd. 2 100.

M. HEINRICH: Legitimationsprobleme der Mitbestimmung. Überlegungen zur Reform der Unternehmensordnung – untersucht am Beispiel des ›Porst-Modells‹ (Bern 1981).

Photopsie [zu griech. õpsis ›das Sehen‹] *die, -/...'si|en,* **Fotopsie,** subjektive Wahrnehmung von Lichteindrücken bei inadäquatem Reiz (Phosphen), z. B. bei beginnender Netzhautablösung des Auges oder Schädigungen des Hinterhirns (Sehrinde).

Photoreaktivierung, Fotoreaktivierung, *Biologie:* die Aufhebung bestimmter, bei kurzwelliger Ultraviolettbestrahlung entstandener Genmutationen durch Aktivierung eines lichtabhängigen Reparaturenzyms mittels Bestrahlung mit langwelligem Ultraviolett- oder Blaulicht; z. B. die Trennung fest verkoppelter und damit nicht mehr replikationsfähiger Dimeren aus benachbarten Pyrimidinbasen (z. B. Thymin-Thymin) im DNA-Molekül.

Photoresist [-rızıst, zu engl. resist ›Schicht‹] *das* oder *der, -s/-s,* **Fotoresist, Photolack, Fotolack,** Beschichtung aus organ. Vielstoffsystemen, in der bei Belichtung (z. B. mit UV-Strahlung) chem. Reaktionen ablaufen, die zu einer Veränderung der Löslichkeit führen. Dadurch können P. beim ›Entwickeln‹ mit geeigneten Lösungsmitteln entweder an den belichteten (Positivverfahren) oder unbelichteten (Negativverfahren) Stellen selektiv entfernt werden. P. haben für die Erzeugung von Mikrostrukturen auf Silicium- oder Metalloberflächen z. B. bei elektron. Bausteinen, Offsetdruckplatten oder in der Mikrosystemtechnik große Bedeutung. P. für Positivverfahren enthalten z. B. o-Naphthochinondiazid, das bei Belichtung unter Stickstoffabspaltung in Indensäure übergeht, die sich mit wässrigen alkal. Lösungen auswaschen lässt:

Naphthochinondiazid —Belichtung→ Indensäure

P. für Negativverfahren enthalten z. B. Acrylsäurederivate oder andere Monomere, die bei Belichtung polymerisieren und vernetzen, somit in Lösungsmitteln (z. B. 1,1,1-Trichloräthan) unlöslich werden.

Photorespiration, die →Lichtatmung.

Photorezeptoren, Fotorezeptoren, der Wahrnehmung von Licht dienende Organellen, Zellen oder Moleküle bei Pflanzen (z. B. Phytochrom, Chlorophyll) und Tieren (Auge).

Photosatz, →Fotosatz.

Photo-Secession ['fəʊtəʊ sı'seʃn, engl.], Vereinigung von Fotografen, →Piktoralismus.

Photo|sensibilisierung, Foto|sensibilisierung, Steigerung der Lichtempfindlichkeit der Haut durch innere oder äußere Einwirkung von entsprechend wirksamen Substanzen (Photosensibilisatoren), die zu phototox. →Lichtschäden führen kann, aber auch gezielt zu Heilzwecken bei der →Blacklighttherapie eingesetzt wird.

Photosphäre, Fotosphäre, äußerste Schicht der →Sonne, aus der der überwiegende Anteil des Sonnenlichts abgestrahlt wird.

Photosynthese, Fotosynthese, die grundlegende Stoffwechselreaktion chlorophyllhaltiger Organismen (Samenpflanzen, Farne, Moose, Algen, Cyanobakterien u. a. phototrophe Bakterien), die nach der Absorption von Licht zur Synthese einer energiereichen organ. Verbindung führt. Kohlendioxid (CO_2) wird aus der Luft aufgenommen und unter Energieverbrauch an Zuckermoleküle gebunden, sodass Glucose entsteht. Die Absorption des energiereichen Sonnenlichts durch Chlorophyll führt zur Bildung von ATP und NADPH + H^+. Bei der **oxygenen P.** wird Wasser (H_2O) gespalten (in Wasserstoff und Sauerstoff), bei der **anoxygenen P.** phototropher Bakterien dagegen Schwefelwasserstoff (H_2S) o. a. Moleküle. Der heutige Sauerstoffgehalt der Atmosphäre (21 %) beruht allein auf der Sauerstofffreisetzung durch die Photosynthese. Ohne den freigesetzten Sauerstoff und die aufgebaute Glucose wäre ein Leben für Tiere und Menschen auf der Erde unmöglich. Die P. besteht aus zwei miteinander gekoppelten Prozessen, der **Lichtreaktion** und der **Dunkelreaktion.** Die Bruttogleichung der P. lautet:

$$6\,CO_2 + 12\,H_2O \xrightarrow{\text{Licht 2825 kJ}} C_6H_{12}O_6 + 6\,O_2 + 6\,H_2O.$$

In der **Lichtreaktion** wird nach Absorption des Lichts ein Elektron angeregt und Wasser gespalten **(Photolyse).** Ort der Lichtreaktion sind mehrere Pro-

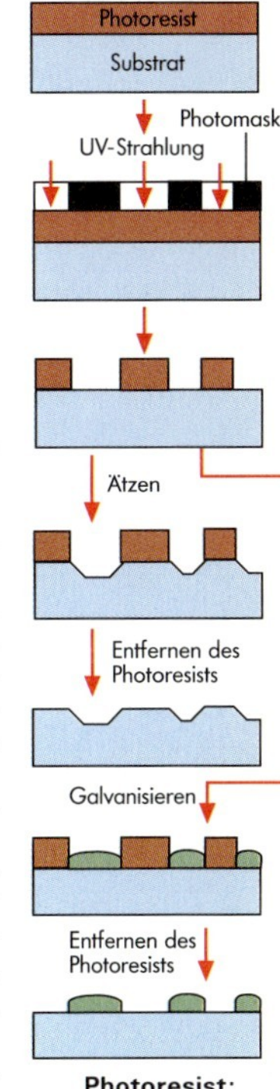

Photoresist: Strukturerzeugung durch Photoresisttechnik

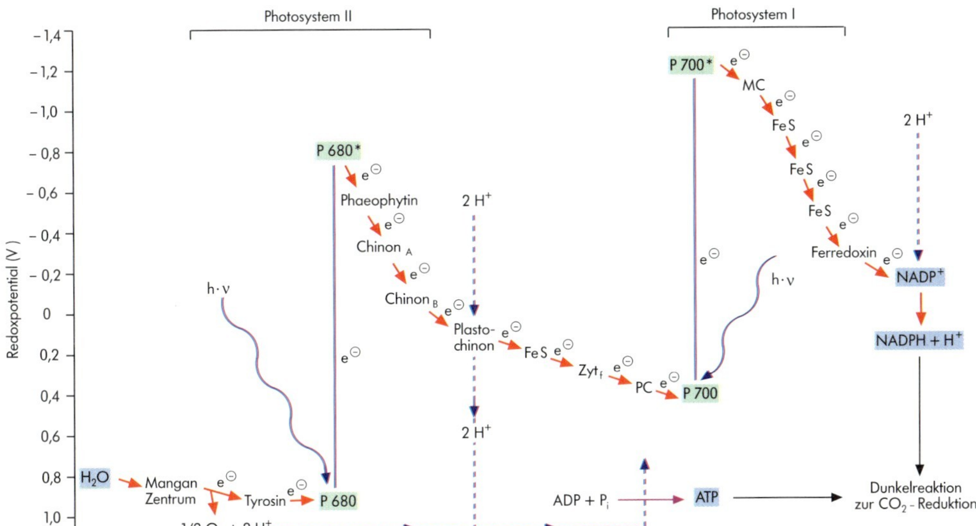

Photosynthese: Lichtreaktion

teinkomplexe, die in Membransysteme (Thylakoide) eingelagert sind. Diese befinden sich in Chloroplasten (Algen, höhere Pflanzen) oder liegen frei im Zytoplasma (Cyanobakterien, phototrophe Bakterien). Kernstück der Proteinkomplexe sind die verkoppelten Photosysteme I und II (Pigmentsysteme I und II), welche die Chlorophylle und Carotinoide als Pigmente gebunden haben. Nach Absorption eines Lichtquants in einem Chlorophyll- oder Carotinoidmolekül des Photosystems II wird dessen Energie zu einem zentralen Chlorophyll (P 680) weitergeleitet. Ein Elektron dieses Chlorophylls wird dadurch angeregt und zum ersten Akzeptor Phaeophytin (ein Chlorophyll ohne Magnesium) abgegeben. Die entstandene Elektronenlücke füllt ein bei der Wasserspaltung frei werdendes Elektron (über einen Tyrosinrest des Wasserstoff spaltenden Proteins). In diesem Protein werden Manganatome in einem Zyklus mehrfach reduziert, bevor Wasserstoff und Sauerstoff frei werden. Das energiereiche Elektron im Photosystem II wird vom Phaeophytin in einer Folge von Redoxreaktionen über drei versch. Chinone (u. a. Plastochinon), ein Eisen-Schwefel-Protein (FeS), Zytochrom$_f$ (Zyt$_f$) und Plastocyanin (PC, ein Kupferprotein) weitergeleitet. Es füllt die Lücke im zentralen Chlorophyll des Photosystems I (P 700), die nach der Abgabe eines energiereichen Elektrons durch die vorhergehende Lichtabsorption im Chlorophyll entstanden ist. Dieses Elektron reduziert im Photosystem I zunächst ein weiteres Chlorophyll, um anschließend in Redoxreaktionen über Menachinon (MC, Vitamin K), vier Eisen-Schwefel-Proteinen (u. a. Ferredoxin) zum $NADP^+$ weitergeleitet zu werden. Zwei energiereiche Elektronen und zwei Protonen reduzieren $NADP^+$ zu $NADPH + H^+$. Mit den Redoxreaktionen findet gleichzeitig ein Protonentransport über die Thylakoidmembran statt. Der so entstehende Protonengradient wird zur ATP-Bildung genutzt (entspricht der chemiosmot. Theorie von P. MITCHELL). Bei der Bildung eines Moleküls Sauerstoff werden vier Elektronen freigesetzt ($2\,H_2O \rightarrow O_2 + 4\,H^+ + 4\,e^-$). Da zum Transport jedes Elektrons zwei Lichtquanten nötig sind, ergibt sich ein Bedarf von acht Lichtquanten für jedes entstandene Sauerstoffmolekül.

Die **Dunkelreaktion** ist i. d. R. mit der Lichtreaktion gekoppelt, kann aber auch alleine im Dunkeln ablaufen. Die Enzyme dieser Reaktion liegen alle im Zytoplasma des Chloroplasten. CO_2 bindet an einen phosphorylierten Pentosezucker (C_5). Die so entstandene instabile Hexose (C_6) zerfällt in zwei C_3-Carbonsäuren, die mithilfe von ATP und $NADPH + H^+$ reduziert werden. Aus den Produkten dieser Reaktion entsteht entweder Glucose, oder der ursprüngl. Pentosezucker wird in einem komplexen Reaktionszyklus (→Calvin-Zyklus) wieder zur Verfügung gestellt.

H. LICHTENTHALER u. K. PFISTER: Praktikum der P. (1978); C. BUSCHMANN u. K. GRUMBACH: Physiologie der P. (1985); M. TEVINI u. D.-P. HÄDER: Allg. Photobiologie (1985); R. FROMME: Unterss. zur Struktur u. Funktion des Photosystems II der P. aus höheren Pflanzen u. Algen (1994).

Phototaxis [zu griech. táxis ›Anordnung‹] *die, -/...xen,* **Fototaxis,** durch Licht hervorgerufene, gerichtete Bewegung frei bewegl. Organismen (z. B. bei Purpurbakterien, Algen). (→Taxien)

Phototheodolit, Fototheodolit, Messkamera zur terrestr. Photogrammmetrie, meist für die Geländeaufnahme.

Phototherapie, andere Bez. für →Blacklighttherapie.

Photothyristor, Fotothyristor, ein →Thyristor, der nicht mit elektr. Impulsen, sondern mit Lichtenergie gesteuert (›gezündet‹) wird. Ausgelöst wird der Schaltvorgang durch die Lichteinstrahlung, die Ladungsträger in der Sperrschicht des mittleren p-n-Übergangs freisetzt.

Phototransistor, Fototransistor, ein Transistor mit pnp- oder npn-Schichtenfolge, dessen Basis-Kollektor-Sperrschicht einer externen Lichtquelle zugänglich ist. Der P. besteht im Prinzip aus einer mit einer zusätzl. Sperrschicht zum Transistor erweiterten →Photodiode. Die durch den Lichteinfall erzeugte Spannung steuert den P., ähnlich wie die Basisspannung einen übl. Transistor. Der P. ist wesentlich empfindlicher als eine Photodiode, da er gleichzeitig als Verstärker wirkt. Anwendung als Strahlungsmesser, lichtempfindl. Schalt- und Signalelemente. (→Photodetektor)

phototropes Glas [zu griech. tropḗ ›(Hin)wendung‹], **fototropes Glas, photochromes Glas, fotochromes Glas,** Glas, das sich durch Photochromie in seiner Transparenz den jeweiligen Lichtverhältnissen anpasst (→Brille).

phototrophe Bakterien [zu griech. trophḗ ›Nahrung‹], **fototrophe Bakterien,** Bez. für Bakterien, die die Fähigkeit besitzen, Licht als Energiequelle zu nutzen. Man unterscheidet zwei große Gruppen: 1) anaerob lebende Purpurbakterien und Grüne Bakterien, die Bakteriochlorophylle und Carotinoide als photosynthetisch aktive Pigmente besitzen; 2) aerob lebende Cyanobakterien mit Chlorophyll a, Carotinoiden und Phycobilinen. Die Vertreter der ersten Gruppe leben in den anaeroben Zonen von flachen Gewässern. Zu den **Purpurbakterien** gehören die Schwefel-Purpurbakterien (Chromatiaceae) und die schwefelfreien Purpurbakterien (Rhodospirillaceae), zu den **Grünen Bakterien** die Chlorobiaceae und die Chloroflexaceae. Im Ggs. zu den grünen Pflanzen können die anaeroben p. B. Wasser als Wasserstoffdonator nicht verwerten; sie sind auf Wasserstoffdonatoren wie Schwefelwasserstoff (H_2S), molekularen Wasserstoff (H_2) oder organ. Verbindungen angewiesen. Da sie keinen Sauerstoff (aus Wasser) freisetzen, betreiben sie eine **anoxygene Photosynthese.** Die Cyanobakterien (früher als Blaualgen bezeichnet) können demgegenüber (wie grüne Pflanzen) Wasser als Wasserstoffdonator verwerten und im Licht molekularen Sauerstoff (O_2) freisetzen; d. h., sie betreiben eine **oxygene Photosynthese.** Den für den Zellaufbau benötigten Kohlenstoff gewinnen die meisten p. B. durch Fixierung von Kohlendioxid. Die Rhodospirillaceae können nicht nur anaerob im Licht, sondern auch aerob im Dunkeln wachsen. Während an der oxygenen Photosynthese zwei Lichtreaktionen (zwei Pigmentsysteme) beteiligt sind, erfolgt die anoxygene Photosynthese über eine Lichtreaktion.

Die in gesättigten Salzlösungen vorkommenden, zu den Archaebakterien gehörenden →Halobakterien sind eine spezielle Gruppe der p. B.; sie gewinnen ihre Energie (in Form von ATP) im Wesentlichen durch Substratoxidation, können zusätzlich aber auch eine Lichtreaktion für die Bildung von ATP nutzen.

Phototrophie *die, -,* **Fototrophie,** Ernährungstyp, bei dem Lichtenergie als Energiequelle für den Aufbau körpereigener Substanz genutzt wird, durch Umwandlung der Lichtenergie mithilfe der →Photosynthese in für den Organismus verwertbare chem. Energie in Form von ATP. Je nach Wasserstoffdonator für die Reduktion von Kohlendioxid wird unterschieden zw. →Photolithoautotrophie und →Photoorganotrophie.

Phototropie [zu griech. tropḗ ›(Hin)wendung‹] *die, -,* die →Photochromie.

Phototropismus, Fototropismus, Heliotropismus, die durch Lichtreiz bewirkte Krümmungsbewegung von Teilen ortsgebundener Pflanzen. (→Tropismen)

Photo|voltaik [zu Volt] *die, -,* **Foto|voltaik,** Gebiet der Physik, das sich mit der direkten Umsetzung von Lichtenergie in elektr. Energie befasst. Ausgenutzt wird der photovoltaische Effekt (Sperrschicht-Photoeffekt, →Photoeffekt) in Halbleitermaterialien (→Solarzelle), mit denen u. a. photovoltaische Sonnenkraftwerke aufgebaut werden können.

Photowiderstand, Fotowiderstand, auf der →Photoleitung beruhendes Halbleiterbauelement. Der P. besteht aus einer auf ein Dielektrikum aufgedampften, aufgesprühten oder chemisch aufgebrachten Schicht aus Cadmium- oder Bleisulfid (Bleisulfidzelle), Blei- oder Cadmiumselenid, Bleitellurid oder ähnl. Stoffen und wird als →Photodetektor verwendet.

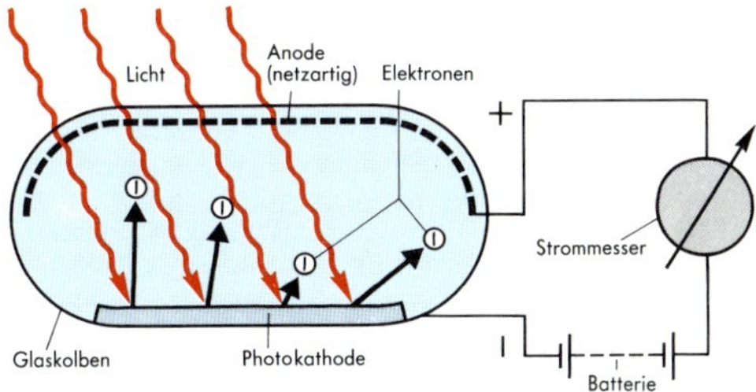

Photozelle: Schematische Darstellung

Photozelle, Fotozelle, optoelektron. Bauelement, dessen Wirkungsweise auf dem äußeren →Photoeffekt beruht. Die **Vakuum-P.** besteht aus einem hochevakuierten Glas- oder Quarzgefäß mit einer →Photokathode und einer ihr gegenüberstehenden stab- oder netzförmigen Anode. Bei Lichteinwirkung werden aus der Photokathode Elektronen ausgelöst und durch die von außen an die Röhre angelegte Spannung von der Anode angesaugt. Der **Photostrom** ist proportional der Intensität des eingestrahlten Lichts und folgt dessen Schwankungen bis zu Frequenzen von 1 bis 10 GHz trägheitslos; er ist sehr gering, sodass er verstärkt werden muss. Zu den Vakuum-P. zählt auch der Photomultiplier (→Elektronenvervielfacher). In **gasgefüllten P.** wird der Photostrom etwa fünfmal verstärkt, indem die von der Kathode emittierten Elektronen auf dem Weg zur Anode Sekundärelektronen aus den Gasteilchen auslösen und somit die Zahl der Ladungsträger erhöhen. (→Photodetektor)

Phragmipedium [griech.], Orchideengattung mit etwa zehn Arten im trop. Amerika; immergrüne, stammlose Erdorchideen mit langen, riemenförmigen, grünen Blättern; Schaft mit mehreren Blüten und häufig verzweigt; beliebte Zierpflanzen.

Phragmites [griech.], wiss. Name der Süßgrasgattung →Schilfrohr.

Phragmobasidile, längs, seltener quer geteilte oder einzellige Basidie der Ständerpilze.

Phragmobasidiomycetes [griech.], Unterklasse der →Ständerpilze.

Phragmokon [zu griech. phragmós ›Zaun‹, ›Scheidewand‹ und kônos ›Kegel‹] *der, -s/-e,* Gehäuseteil von Kopffüßern, v. a. von →Belemniten.

Phraortes, altpers. **Frawartisch,** König von Medien (etwa 645–623 v. Chr.); unterwarf die Perser und machte Medien von Assyrien unabhängig; er fiel im Kampf gegen Ninive. Sein Sohn war KYAXARES.

Phrase [griech. phrásis ›das Sprechen‹, ›Ausdruck‹] *die, -/-n,* **1)** *bildungssprachlich* für: abgegriffene, leere Aussage, Redensart.

2) *Musik:* eine melod. Sinneinheit, die aus mehreren Einzeltönen oder Motiven besteht. Mehrere P. in symmetr. Anordnung ergeben eine musikal. →Periode. Die Unterscheidung von P. erleichtert die Interpretation von Werken bes. der Instrumentalmusik. Meist sind versch. Auffassungen über die Abgrenzung der P. und somit über die Phrasierung einer Komposition möglich.

3) *Sprachwissenschaft:* aus einem Einzelwort oder aus mehreren, eine Einheit bildenden Wörtern bestehender Satzteil, z. B. die →Nominalphrase, die →Präpositionalphrase und die →Verbalphrase. Die Analyse von Sätzen in P. ist Grundlage der →Phrasenstrukturgrammatik.

Phrasemarker [ˈfreɪsmɑːkə, engl.] *der, -s/-,* Darstellungsform der Phrasenstruktur eines Satzes in Form eines Strukturbaums oder durch Klammerdarstellung (→Konstituentenanalyse).

Phrasenstruktur, *Sprachwissenschaft:* andere Bez. für Konstituentenstruktur (→Konstituentenanalyse).

Phrasenstrukturgrammatik, Abk. **PSG, Formationsgrammatik, Konstituentenstrukturgrammatik,** grammat. Beschreibung des Aufbaus von Sätzen, deren Ziel es ist, die Gliederung von Sätzen, die sich aufgrund der →Konstituentenanalyse ergibt, in (formale) Regeln zu fassen. Der Name P. geht auf die engl. Bezeichnung ›phrase‹ zurück, mit der man eine Gruppe syntaktisch zusammengehöriger, um ein zentrales Element (Kopf) gruppierter Wörter versteht (Nominalphrase, Präpositionalphrase u. a.). Die P. wurde im Wesentlichen von N. CHOMSKY entwickelt und zur Grundlage der →generativen Grammatik gemacht.

Phrasenstruktur|regeln, Erzeugungsregeln, *Sprachwissenschaft:* Verfahren zur Ableitung von Sätzen im Rahmen der Phrasenstrukturgrammatik. Sie werden in Form von Ersetzungsregeln dargestellt; so wird das Anfangssymbol S (Satz) aufgeteilt in die Verbindung einer Nominalphrase (NP) und einer Verbalphrase (VP), geschrieben S→ NP + VP; stets wird ein einzelnes, links vom Pfeil stehendes Symbol durch ein oder mehrere Symbole auf der rechten Seite ersetzt. Jeder P. entspricht eine Verzweigung im Strukturbaum, wodurch die Rekonstruierbarkeit des Ableitungsprozesses ermöglicht wird.

Phraseologie *die, -, Sprachwissenschaft:* 1) Gesamtheit typ. Wortverbindungen, charakterist. Redensarten, Redewendungen einer Sprache; 2) Zusammenstellung, Sammlung solcher Redewendungen.

Phraseologismus, Redensart, Redewendung, feste sprachl. Wendung, deren Gesamtbedeutung sich nicht mehr aus den Bedeutungen der einzelnen Komponenten ergibt, sondern die eine Umdeutung (Übertragung) erfahren hat. Die urspr. vorhandene Motivation geht verloren (z. B. ›durch die Lappen gehen‹ in der Bedeutung ›entwischen‹, urspr. in der Jägersprache vom Wild gesagt, das durch die aufgespannten Tücher entkommt). Die Glieder eines P. sind nicht oder nur begrenzt austauschbar (›den Rahm abschöpfen‹, aber nicht ›die Sahne abschöpfen‹ für ›das Beste für sich behalten‹).

Phraseonym [zu griech. ónyma ›Name‹] *das, -s/-e,* Deckname, Verfassername, der aus einer Redewendung besteht (z. B. ›von einem, der das Lachen verlernt hat‹).

Phrasierung, *Musik:* die Sinngliederung eines Stücks, d. h. die dem musikal. Sinn gemäße Abgrenzung und Verbindung der Einzelteile (Tongruppe, Mo-

Phrase 2): oben Ludwig van Beethoven, Beginn des ersten Satzes der Klaviersonate f-Moll op. 2,1 (1793–95); **unten** Wolfgang Amadeus Mozart, Menuett aus der Sinfonie g-Moll KV 550 (1788)

Phragmipedium: Phragmipedium longifolium var. hincksianum (Höhe bis 1 m)

tiv, Phrase), aus denen ein zusammenhängender Satz besteht. Eine durchdachte P. ist eine Vorbedingung für den sinnvollen Vortrag eines Musikstücks; dabei sind oft mehrere versch. Lösungen möglich und sinnvoll. Zur Verdeutlichung der P. beim Vortrag dienen z.B. dynam. und agog. Differenzierungen, d.h. Vortragsmittel, die die Gliederung durch Bindung oder Trennung der Töne hervorheben (→Artikulation). Die ältere Musik bis zum ausgehenden 18. Jh. kannte keine Zeichen für die P. In der neueren Musik geben Vortragszeichen, bes. Legatobögen, Staccatopunkte, Pausen u.a. P.-Hinweise. H. RIEMANN hat im Blick auf die Instrumentalmusik der Wiener Klassik ein System der P. entwickelt, das jedoch nur eine auftaktige Gliederung anerkennt und daher stark umstritten ist.

Im Jazz ist die aus Timing (Platzierung der Töne entsprechend dem Beat, rhythmisch-metr. Verschiebung zusammengehöriger Phrasen, Patterns, Riffs), Dynamik, Artikulation und Tongebung bzw. -beugung (Inflection) bestehende P. von zentraler Bedeutung und u.a. ausschlaggebend für den individuellen Improvisationsstil eines Jazzmusikers.

Phratrie [griech. ›Bruderschaft‹] *die, -/...'ri|en,* **1)** *histor. Sozialwissenschaft:* im antiken Griechenland (bes. bei den Ioniern) ein Geschlechterverband, der größenmäßig über die Zahl der Blutsverwandten i.e.S. hinausging, aber Teil des Stammes (der →Phyle) war. Die P. waren soziale Institutionen mit kult., rechtl. und polit. Funktionen.

2) *Völkerkunde:* von L. H. MORGAN eingeführter Begriff zur allgemeinen Kennzeichnung eines Verbundes mehrerer Gentes (Sippen, Klane) innerhalb einer Stammesorganisation, deren Zusammengehörigkeitsgefühl durch die Vorstellung unilinearer Abstammung von einem myth. Ahnen bestimmt wird.

L. H. MORGAN: Die Urgesellschaft. Unterss. über den Fortschritt der Menschheit aus der Wildheit durch die Barbarei zur Zivilisation (a. d. Engl., [2]1908, Nachdr. Wien 1987).

phreatisch [zu griech. phréar, phréatos ›Brunnen‹], nach A. PENCK Bez. für diejenigen Gebiete des humiden Klimabereichs, in denen Grundwasserbildung und -speicherung vorkommen; im Ggs. zum polaren Klimatyp mit ewiger Gefrornis anstelle von Grundwasser.

phreatomagmatisch, bezeichnet die durch Kontakt des aufsteigenden Magmas mit Wasser eingeleiteten oder ausgelösten explosiven vulkan. Eruptionen. Als p. gelten u.a. die →Maare.

phrygische Kunst: Zwei Krieger auf einer bemalten friesartigen Terrakottawandplatte aus Pazarlı; 6. Jh. v. Chr. (Ankara, Archäologisches Museum)

Phrenologie *die, -,* von JOHANN CHRISTIAN KASPAR SPURZHEIM (* 1776, † 1832) eingeführte Bez. für eine von F. J. GALL begründete (überholte) Lehre, nach der charakterl. und intellektuelle Dispositionen eines Menschen bereits an der Form seines Kopfes zu erkennen seien. (→Lokalisationslehre)

Phrixos, *griech. Mythos:* Sohn des Athamas und der Nephele, Bruder der Helle. Als er durch die Ränke seiner Stiefmutter Ino geopfert werden sollte, floh er mit →Helle auf einem Widder mit goldenem Vlies und gelangte zu König Aietes nach Kolchis. Der Widder wurde Zeus geopfert, sein Fell im Hain des Ares verwahrt (→Argonauten). – P. wurde allein mit dem Widderkopf, sitzend auf dem Widder und zus. mit Helle freiplastisch (Statuette, um 400 v. Chr.; Malibu, Calif., J. Paul Getty Museum), in Reliefs (Metope des Sikyonierschatzhauses, 6. Jh. v. Chr.; Delphi, Museum) und auf Wandbildern (Pompeji) dargestellt.

Phrygana [zu Phrygien] *die, -/-s,* vorwiegend durch Zwergsträucher, Geophyten und Gräser aufgebaute Formation in Griechenland (→Garigue).

Phrygi|en, griech. **Phrygia,** histor. Landschaft in Innerkleinasien auf der westl. Hochebene Anatoliens mit Kernbereich am Oberen Sangarios (heute Sakarya). Die indogerman. **Phryger** sind wahrscheinlich erst nach 1100 v. Chr. aus dem Balkangebiet eingewandert, angezogen durch das nach dem Ende des Hethiterreiches entstandene Machtvakuum. Das phryg. Reich des 8. Jh. v. Chr. (Hauptstadt Gordion), in dem mehrfach die Königsnamen Gordios und Midas begegnen, stand in fruchtbarem kulturellem Austausch mit den Griechen und Urartäern. In der phryg. Religion stand der Kult um die Göttin Kybele im Mittelpunkt. Zu Beginn des 7. Jh. brach das Reich unter dem Ansturm der Kimmerier zusammen (Selbstmord des letzten Königs MIDAS). Seitdem stand P. unter lyd. Oberhoheit, seit 546 v. Chr. unter pers., seit ALEXANDER D. GR. unter makedon. Herrschaft. Im nordöstl. P. setzten sich im 3. Jh. v. Chr. die Galater fest. Das westl. P. wurde 188 v. Chr. Teil des Pergamen. Reichs, 133 v. Chr. mit diesem römisch (Teil der Prov. Asia). Unter DIOKLETIAN wurden die Prov. Phrygia I und II gebildet. – Die ersten christl. Gemeinden des Landes gehen auf PAULUS zurück.

W. M. RAMSAY: The cities and bishoprics of Phrygia, 2 Bde. (Oxford 1895–97, Nachdr. New York 1975); R. D. BARNETT: Phrygia and the peoples of Anatolia in the Iron age (Cambridge 1967); E. KASPAR u. H.-D. KASPAR: P. Ein sagenumwobenes Königreich in Anatolien (1990).

Phrygisch, die Sprache der Phryger, eine westindogerman. Sprache mit alten Beziehungen zum Griechischen. Sie ist in mehr als 300 meist sehr kurzen altphryg. Inschriften etwa des 8.–4. Jh. v. Chr. (in einer Abart des griech. Alphabets) und in rd. 110 neuphryg. Inschriften (in griech. Schrift) etwa des 1.–4. Jh. erhalten. Sie erlosch wohl im 5. Jh. n. Chr.

O. HAAS: Die phryg. Sprachdenkmäler (Sofia 1966); C. BRIXHE u. M. LEJEUNE: Corpus des inscriptions paléophrygiennes, 2 Tle. (Paris 1984); G. NEUMANN: P. u. Griechisch (Wien 1988).

phrygische Kunst, die Kunst der Phryger vom 8. bis ins 5. Jh. v. Chr.; sie erscheint nach den Belegen ziemlich unvermittelt in hoher Blüte. Verteidigungstechnisch vorzüglich befestigte phryg. Siedlungen wurden in Gordion, Hattusa und Alişar Hüyük ausgegraben; Gordion und Hattusa besaßen mächtige Toranlagen. Als Haustyp herrschte in Gordion das Megaron, im ehemals hethit. Hattusa das Grubenhaus vor. Als Innendekoration sind geometr. Kieselmosaikfußböden bekannt (Gordion), figürl., bemalte friesartige Terrakottaverkleidungen vom Außenbau u.a. aus Pazarlı (6. und 5. Jh. v. Chr.). Die Reliefkunst stand zunächst offenbar unter späthethit. Einfluss, erlangte aber bereits im 6. Jh. v. Chr. ihren eigenen Stil (Tierdarstellungen und geometr. Muster). Felsreliefs bei

Afyonkarahisar (Maltaş), in Yazılıkaya (Midas Şehrı) und südwestlich davon Arslankaya und Arslan-Tasch sowie bei Eskişehir gehören zu Grabfassaden und/oder Kultstätten der Kybele in Hausform mit Satteldach und Kultnische (innen oder außen); eine der seltenen Kybelefiguren (vom Tor von Hattusa) befindet sich im Archäolog. Museum von Ankara. In der Kleinkunst sind Holzfiguren sowie hervorragende Metallarbeiten aus dem 8. Jh. (Gräber von Gordion) bekannt (Fibeln, Schmucknadeln, Phialen, Rhyta), die weithin exportiert wurden. Ebenfalls ausgezeichnet die auf hellem Grund bemalte Keramik aus dem 8. Jh. (Funde in Alişar Hüyük); es können mehrere Gruppen (Silhouettenstil, geometr. Stil, Tierstil) unterschieden werden. In Gordion wurden Holzmöbel geborgen. Die p. K. verarbeitete oriental. und griech. sowie vielleicht frühägäische Stilelemente in sehr eigenständiger Weise, andere Charakteristika erscheinen vollständig unabhängig oder die Wurzeln sind nicht bekannt.

E. AKURGAL: Die Kunst Anatoliens von Homer bis Alexander (1961); C. H. E. HASPELS: The highlands of Phrygia, 2 Bde. (Princeton, N. J., 1971); F. PRAYON: Phryg. Plastik (1987); Propyläen-Kunstgesch.: Die Griechen u. ihre Nachbarn, bearb. v. K. SCHEFOLD u. a. (Neuausg. 1990).

phrygische Mütze, antike, auf kleinasiat. Ursprünge zurückgehende kegelförmige Mütze der Phryger und Perser mit nach vorn fallender rundl. Spitze. Als Träger der p. M. erscheinen in der griech. Kunst auch myth. Gestalten oriental. Herkunft (Orpheus, Adonis, Ganymed, Paris, Amazonen) sowie oriental. Gottheiten wie Mithras oder Dolichenus (und ihre Anhänger). Röm. Sklaven erhielten als Zeichen der Freilassung eine p. M. In der Frz. Revolution wurde sie als →Jakobinermütze zum Freiheitssymbol.

phrygische Mütze: Brustbild eines jungen Mannes mit phrygischer Mütze auf dem so genannten ›Portlanddiskus‹; vielleicht aus Rom, 1. Hälfte des 1. Jh. n. Chr. (London, Britisches Museum)

phrygischer Kirchenton, auf dem Grundton e stehende →Kirchentonart.

Phrynelidae [griech.], die →Pfriemenmücken.

Phrynichos, athen. Tragiker des 6./5. Jh. v. Chr.; Vorläufer und Rivale des AISCHYLOS; behandelte neben den übl. mytholog. Stoffen auch zweimal zeitgeschichtl. Themen: ›Einnahme von Milet‹ (um 492 v. Chr.), ›Phönikerinnen‹ (um 476 v. Chr.; die Schlacht von Salamis aus pers. Sicht, wohl Vorbild für die ›Perser‹ des AISCHYLOS).

Ausgabe: Tragicorum Graecorum Fragmenta, Bd. 1: Didascaliae tragicae ..., hg. v. B. SNELL (Neuausg. 1986).

Phthaleine [zu Naphthalin gebildet], *Sg.* **Phthalein** *das, -s,* Bez. für eine Gruppe von synthet. Farbstoffen, die durch Kondensation von Phthalsäureanhydrid mit phenol. Verbindungen gewonnen werden; strukturell gehören sie zu den Xanthenfarbstoffen (z. B. Eosin, Fluorescein).

Phthalocyanine, *Sg.* **Phthalocyanin,** Gruppe von synthet. Farbstoffen, die aus einer stickstoffhaltigen makrozykl. Verbindung bestehen, in der sich meist ein Metallatom in chelatartiger Bindung befindet. P. werden z. B. durch Schmelzen von Metallsalzen mit Phthalsäuredinitril hergestellt; sie sind äußerst beständige, farbstarke, meist blaue bis grüne Substanzen, die sich v. a. als Pigmente eignen (z. B. das tiefdunkelblaue **Kupfer-P.**); durch Einführung geeigneter chem. Gruppen können lösl. Farbstoffe für Textilien, Papier und Leder gewonnen werden.

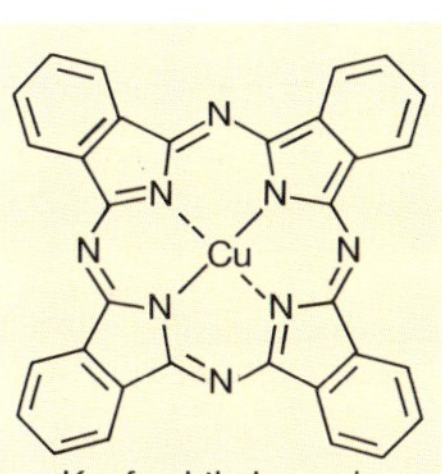

Phthalocyanine

Phthalsäure, 1,2-Benzoldicarbonsäure, wichtigste der drei Benzoldicarbonsäuren (isomer sind →Isophthalsäure und →Terephthalsäure). P. ist eine farblose kristalline Substanz, die v. a. durch katalyt. Oxidation von o-Xylol hergestellt wird. Zwischenprodukt ist das **P.-Anhydrid,** eine ebenfalls kristalline Substanz, die durch Wasseraufnahme in P. übergeht. P. wird (meist direkt in Form des P.-Anhydrids) mit höheren Alkoholen (z. B. 2-Äthylhexanol) zu **P.-Estern (Phthalaten)** verarbeitet, die als Weichmacher Bedeutung haben. Daneben dienen P. und P.-Anhydrid zur Herstellung von Alkydharzen, Polyestern und Farbstoffen. **P.-Dinitril,** das aus dem Diamid der P. durch Erwärmen mit Wasser abspaltenden Mitteln gewonnen wird, ist Zwischenprodukt bei der Herstellung der Phthalocyanine.

COOH
COOH
Phthalsäure

CO
O
CO
Phthalsäureanhydrid

CN
CN
Phthalsäuredinitril

Phthalsäure

Phthiotis, histor. Landschaft in Griechenland; der heutige Verw.-Bez. (Nomos) P. hat 4441 km² und 171 300 Ew., Hauptstadt ist Lamia.

Phthiraptera [griech.], die →Tierläuse.

Phthise [griech. ›Auszehrung‹] *die, -/-n,* alte Bez. v. a. für die tödlich verlaufende kavernöse Lungentuberkulose.

Phuket [phuːˈked], thailänd. Insel in der Andamanensee, vor der W-Küste der Malaiischen Halbinsel, 543 km², 194 200 Ew.; Hauptort ist Phuket (57 100 Ew.). Vorkommen von Zinnseifen, v. a. von Chinesen (heute über die Hälfte der Bev.) abgebaut; in P. Verhüttung aller abgebauten Zinnerze Thailands; Kautschuk-, Kokospalmenpflanzungen; Fischerei (Export). P. (seit 1971 Straßenbrücke zum Festland) ist das wichtigste Touristenzentrum S-Thailands.

Phu Quoc [fu kuək], vietnames. Insel im Golf von Thailand, 600 km², bis rd. 600 m ü. M.; z. T. bewaldet; Kokospalmen-, Pfeffer- u. a. Kulturen; Kohlenbergbau; Hauptort Duongdong mit Fischereihafen und Flugplatz.

pH-Wert [pH Abk. für **p**otentia **h**ydrogenii ›Stärke (Konzentration) des Wasserstoffs‹], *Chemie:* gebräuchl. Maßzahl für die in Lösungen enthaltene Konzentration an Wasserstoffionen, H^+ (bzw. Hydroniumionen, H_3O^+), d. h. für den sauren oder bas. Charakter (Acidität bzw. Basizität) einer Lösung. Der pH-W. ist definiert als der negative dekad. Logarithmus der Wasserstoffionenkonzentration; er wurde 1909 durch den dän. Chemiker S. P. L. SØRENSEN eingeführt, um diese Konzentration in einfachen Zahlenwerten angeben zu können. – Die Konzentration an Hydroniumionen ergibt sich aus der elektrolyt. Eigendissoziation des reinen Wassers in Hydronium- und Hydroxidionen nach dem Massenwirkungsgesetz:

$$\frac{[H_3O^+] \cdot [OH^-]}{[H_2O]} = K_c.$$

Dabei bedeuten die in eckige Klammern gesetzten Symbole die molaren Konzentrationen der Stoffe (Mol pro Liter); die Gleichgewichtskonstante K_c beträgt (bei 25 °C) $1{,}8 \cdot 10^{-16}$. Da der Gehalt an undissoziiertem Wasser praktisch der gesamten Wassermenge (d. h. einer molaren Konzentration von 55,5 mol/l) entspricht, ergibt sich aus der obigen Beziehung somit das Ionenprodukt des Wassers:

$$[H_3O^+] \cdot [OH^-] = K_c \cdot 55{,}5 = 10^{-14}.$$

Da in reinem Wasser die Konzentrationen der Hydronium- und Hydroxidionen gleich groß sind (je 10^{-7} mol/l), liegt der negative Logarithmus der Wasserstoffionenkonzentration (der pH-W.) des Wassers bei 7; Lösungen mit höherer Wasserstoffionenkonzentration haben einen niedrigeren pH-W. und werden als sauer, Lösungen mit niedrigerer Wasserstoffionenkonzentration haben einen höheren pH-W. und werden als basisch (oder alkalisch) bezeichnet. Eine Salzsäure der Konzentration $c = 0{,}01$ mol/l enthält 0,01 g Wasserstoffionen pro Liter, hat also einen pH-W. von $-\log 0{,}01 = 2$. Allg. bezeichnet man Lösungen mit pH-W. < 3 als stark sauer, zw. 3 und 7 als schwach sauer, zw. 7 und 11 als schwach basisch und > 11 als stark basisch.

Phyllanthus:
Phyllanthus fuernrohrii
(Höhe bis 40 cm)

Phycobiline [zu griech. phỹkos ›Tang‹ und lat. bilis ›Galle‹], Lichtsammelpigmente, die mit Proteinen assoziiert als **Phycobilisomen** z. B. in Rotalgen und Cyanobakterien (Blaualgen) Licht im Bereich von 450–650 nm absorbieren und die Energie auf Chlorophyll übertragen. Drei Klassen: rote Phycoerythrine, blaue Phycocyanine, blaue Allophycocyanine.

Phycomycetes [griech.], die →Algenpilze.

Phykologie [zu griech. phỹkos ›Tang‹] *die, -,* **Algenkunde,** Teilgebiet der Botanik; beschäftigt sich mit der Wissenschaft und Lehre von den →Algen.

Phylakopi, vorgeschichtl. Siedlung an der N-Küste der Insel Melos im Ägäischen Meer. Durch Ausgrabungen konnten fünf Perioden mit sieben Phasen aus dem 3. und 2. Jt. v. Chr. unterschieden werden, eine der Schichten ist namengebend für eine Phase der →Kykladenkultur (Frühkykladisch III; 2400/2300 bis 2200/2100). Seit dem frühen 2. Jt. v. Chr. sind Kontakte zu Kreta und zum griech. Festland nachgewiesen. Nach 1500 v. Chr. entstanden die mächtige Stadtmauer und der Palast mit großem Megaron. Ein spätmyken. Heiligtum erbrachte u. a. ein fast 50 cm hohes, bemaltes weibl. Idol aus Terrakotta.

Phylarch [griech. ›Vorsteher einer Phyle‹] *der, -en/-en,* griech. **Phylarchos,** Titel vom byzantin. Kaiser eingesetzter arab. Stammesfürsten im syrisch-palästinens. Grenzgebiet, z. B. die Ghassaniden; schon im Röm. Reich Bez. verbündeter arab. Häuptlinge.

Phyle *die, -/-n,* griech. **Phyle,** urspr. für die Stammesverbände der Oberschichten vieler altgriech. Staaten verwendete Bez. (den röm. →Tribus vergleichbar), mehrere Phratrien umfassend. Wohl auf Verhältnisse der Einwanderungszeit zurückgehend, gab es in den dor. Staaten drei P., bei den Ioniern (auch in Athen) vier P. Diese ›gentiliz.‹ (auf Stammes- und Familienbindungen zurückgehenden) P. bestimmten – neben ihrer religiösen, sozialen und rechtl. Bedeutung – urspr. auch die Heeresgliederung. Die von KLEISTHENES bei der Neuordnung des att. Staates neu geschaffenen, territorial gegliederten zehn P. (→Athen, Geschichte) bildeten in der Folge die Grundlage der staatl. Ordnung Athens. In hellenist. Zeit wurden sie auf zwölf, unter HADRIAN auf dreizehn P. erhöht.

Phyllodoce:
Phyllodoce caerulea
(Höhe 10–35 cm)

G. BUSOLT u. H. SWOBODA: Griech. Staatskunde, 2 Bde. ([3]1920–26, Nachdr. 1972–79).

phyll..., ...phyll, Wortbildungselement, →phyllo...

Phyllanthus [zu griech. ánthos ›Blüte‹], Gattung der Wolfsmilchgewächse mit etwa 600 Arten in den Tropen und Subtropen; in Wuchsform, Sprosstyp, Blattform, Blütenbau und Fruchtform sehr vielgestaltig; Kräuter, Sträucher oder Bäume, entweder mit ansehnl., oft zweizeilig gestellten Blättern an normalen Sprossen (die dann Fiederblätter vortäuschen können) oder mit winzigen Schuppenblättern an blattartig abgeflachten Flachsprossen; Blüten klein und unscheinbar, eingeschlechtig, mit einfacher Blütenhülle, in den Blattachseln bzw. in den diesen entsprechenden Randkerben der Flachsprosse.

Phyllis, griech. **Phyllis,** *griech. Mythos:* thrak. Königstochter, die sich aus Sehnsucht nach ihrem Geliebten, dem Theseussohn Akamas oder Demophon, den Tod gab; in Hirtengedichten häufig Name von Schäferinnen.

Phyllit *der, -s/-e,* metamorphes Gestein der Epizone mit schiefrigem Gefüge; grüngrau, violettgrau, auch schwarz, feinkörnig, mit seidigem Flächenglanz (hervorgerufen durch eingeregelte Sericitblättchen); Mineralbestand: Sericit, Chlorit, Quarz; ferner z. B. auch Albit, Carbonate, Chloritoid. P. sind Paragesteine, aus tonigen Sedimenten entstanden.

phyllo... [griech. phýllon ›Blatt‹], vor Vokalen verkürzt zu **phyll...,** Wortbildungselement mit der Bedeutung: Blatt, blattartige Struktur, z. B. Phyllocactus, Phyllanthus; auch als letzter Wortbestandteil: **...phyll,** z. B. Chlorophyll.

Phyllocactus, Zuchthybriden des →Blattkaktus.

Phyllochinon, Vitamin K_1, Hauptform einer Gruppe fettlösl. Vitamine (unter dem Oberbegriff Vitamin K zusammengefasst), die chemisch gesehen Naphthochinone mit isoprenoiden Seitenketten sind. P. ist v. a. in Pflanzen enthalten (z. B. Kohl, Spinat), während das sich nur durch die Länge der isoprenoiden Seitenkette von P. unterscheidende **Menachinon (Fanochinon, Vitamin K_2)** von Bakterien (auch der Darmflora) synthetisiert werden kann. Der Tagesbedarf eines Erwachsenen beträgt 1–4 mg. Vitamin K ist notwendig für die Bildung des Blutplasmaproteins Prothrombin, einer inaktiven Vorstufe des Thrombins, und somit wichtig für den Blutgerinnungsprozess. Mangelerscheinungen führen zu Blutgerinnungsstörungen, kommen jedoch wegen der Synthese von Vitamin K durch die Darmbakterien selten vor.

Phyllocladus [zu griech. kládos ›Zweig‹], **Blatteibe,** Gattung der Steineibengewächse mit nur wenigen Arten in Neuseeland, Tasmanien, Neuguinea und auf den Philippinen; Bäume oder Sträucher, deren Langtriebe kleine Schuppenblätter tragen; in den Achseln der Langtriebe stehen blattähnl., breite Kurztriebe (Phyllokladien). Eine bekannte Art ist die **Farneibe** (Phyllocladus asplenifolius): immergrüner Baum mit blattartigen, bis 3 cm langen, ledrigen Kurztrieben, die in den Achseln schuppenförmiger Nadelblätter stehen. Die Blüten entwickeln sich zu fleischigen Beerenzapfen; als Kalthauspflanze in Kultur.

Phyllodium *das, -s/...di|en,* blattartig verbreiterter Blattstiel mit Assimilationsfunktion bei rückgebildeter Blattspreite; z. B. bei versch. Akazienarten.

Phyllodoce [zu griech. dokḗ ›Schein‹], **Blauheide, Moosheide,** Gattung der Heidekrautgewächse mit nur wenigen Arten in den arkt. und alpinen Gebieten der nördl. Halbkugel; niedrige, immergrüne Zwergsträucher mit lineal. Blättchen und glockenförmigen weißen, gelbl., rosafarbenen oder purpurroten Blüten in endständigen Trugdolden oder Trauben; einige Arten werden als Zierpflanzen kultiviert.

Phyllokladium [zu griech. kládos ›Zweig‹] *das, -s/...di|en, Botanik:* →Flachspross.

Phyllomanie, Vergrünen und Umwandeln von Blüten und Blütenorganen zu Blättern, auch Bildung von Blättern an ungewöhnl. Stellen (Verlaubung), z.T. durch Blattläuse bewirkt.

Phyllonit [zu Phyllit und Mylonit gebildet] *der, -s/-e,* phyllitähnliches, durch Diaphthorese (→Metamorphose) entstandenes metamorphes Gestein.

Phyllopoda [zu griech. poús, podós ›Fuß‹], wiss. Name der →Blattfußkrebse.

Phyllosphäre, die von Mikroorganismen (Bakterien, Pilzen) als Lebensraum besiedelte Oberfläche der Blätter und Blattscheiden. Die Organismen leben von organ. Blattausscheidungen.

Phylloxeridae [griech.], die →Zwergläuse.

Phylogenese [zu griech. phylon ›Stamm‹, ›Sippe‹], **Phylogenie, Stammesentwicklung, Stammesgeschichte,** die Entstehung der Lebewesen in der Vielfalt ihrer Arten im Laufe der Erdgeschichte, entweder bezogen auf die Gesamtheit der Organismen oder auf eine bestimmte Verwandtschaftsgruppe, sowie die Erforschung der diesbezügl. Gesetzmäßigkeiten. Erkennbar wird der Verlauf der P. einerseits aus der vergleichenden Betrachtung der rezenten Formen im Hinblick u.a. auf Anatomie, Ontogenese, Verhalten, die Aminosäuresequenz bestimmter Proteine und das Blutserum; andererseits aus der vergleichenden Untersuchung der Fossilien (Wissenschaftsbereich der Paläontologie), die Dokumente des tatsächl. Verlaufs der P. sind. Über die Rekonstruktion der P. einer Organismengruppe können die Verwandtschaftsbeziehungen der zugehörigen Arten aufgeklärt und so ein phylogenet. (natürl.) →System aufgestellt werden.

Phylogenetik, die →Abstammungslehre.

Phylum [nlat., zu griech. phylon ›Stamm‹, ›Sippe‹] *das, -s/...la,* in der zoolog. Systematik der →Stamm.

Phyromachos, nach literar. Zeugnissen bedeutender hellenist. Bildhauer und Maler aus Athen; tätig v.a. in Pergamon, wohl 1. Hälfte des 2. Jh. v. Chr. – Sein Werk ist heute nicht mehr hinreichend erkennbar. Er schuf das einst gefeierte Kultbild des Asklepios für Pergamon, wohl auch das kleine →Attalische Weihgeschenk und vielleicht das in Kopien überlieferte Bildnis des ANTISTHENES. Nach neueren Forschungen kann P. aufgrund von Stilvergleichen wahrscheinlich auch als Schöpfer der Bildhauerarbeiten des Pergamonaltars angesehen werden.

Physalis [griech. ›Blase‹], wiss. Name der Gattung →Blasenkirsche.

Physeteridae [griech.], die →Pottwale.

Physharmonika, ein 1818 von ANTON HAECKL in Wien gebautes Tasteninstrument mit durchschlagenden Zungen; gilt als Vorläufer des Harmoniums.

Physik [mhd. fisike, über lat. physica ›Naturlehre‹ von griech. physikḗ (theōría) ›Naturforschung‹] *die, -,* die Wiss. von solchen Naturvorgängen, die experimenteller Erforschung, messender Erfassung und mathemat. Darstellung zugänglich sind und allg. gültigen Gesetzen unterliegen. Insbesondere untersucht die P. die Erscheinungs- und Zustandsformen der (unbelebten) Materie, ihre Struktur, Eigenschaften und Bewegung (Veränderung) sowie die diese hervorrufenden Kräfte und Wechselwirkungen.

Als grundlegende, empir. Wiss. ist die P. hinsichtlich ihrer Vorgehensweisen und Methodik beispielgebend; die Anwendung ihrer Grundbegriffe, Theorien und Methoden auf angrenzende Wiss.en hat zu wichtigen Spezialgebieten geführt. Innerhalb des weiteren Rahmens der exakten Naturwiss.en nimmt die P. die zentrale Stellung ein, weil die physikal. Gesetzmäßigkeiten auch die Grundlage zum Verständnis der in anderen Naturwiss.en beobachteten Naturvorgänge bilden. So sind im Prinzip die Gesetze der Chemie aus den quantentheoret. Gesetzen der Atom-P. mathematisch herleitbar; das Grenzgebiet der physikal. Chemie nimmt hier eine vermittelnde Stellung ein. Auch die Grenzen zw. P. und Biologie verschwimmen in dem Maß, in dem physikal. Methoden auf die komplexen biolog. Systeme anwendbar werden (Bio-P.). P. und Astronomie sind durch Astro-P. und Kosmologie miteinander verknüpft. Die Geo-P. stellt die Verbindung zw. P. und den Geowiss.en her. Enge Wechselbeziehungen bestehen auch zw. P. und Mathematik, da einerseits viele abstrakte mathemat. Strukturen historisch aus physikal. Problemstellungen erwachsen sind, andererseits bereits entwickelte mathemat. Strukturen häufig in der physikal. Forschung zur modellmäßigen Beschreibung real existierender Gegebenheiten verwendet werden können.

Die wesentl. Aufgabe der P. besteht darin, die Fülle der von ihr untersuchten Naturerscheinungen und -vorgänge **(physikalische Phänomene)** zu erfassen, zu beschreiben und zu erklären. Dieses Ziel hat sie im Laufe einer jahrhundertelangen Entwicklung verfolgt, indem sie (ausgehend von einem vorwiss. Erfahrungswissen) Begriffe bildete, mit denen sich, nach ihrer durch Messvorschriften erreichten Präzisierung als physikal. Größen, die physikal. Naturvorgänge beschreiben und deuten lassen. Bei ihrem Vorgehen bildete die P. stets eine Einheit von →Theorie und →Experiment, Hypothese und Verifikation bzw. Falsifikation. Hierin liegt die enge Berührung zw. **theoretischer** und **experimenteller P.;** aus den durch Beobachtung und Messung (physikal. Experimente) gewonnenen Daten werden die funktionalen Beziehungen zw. den untersuchten physikal. Größen abstrahiert und als physikal. Gesetze formuliert bzw. zu grundlegenden physikal. Theorien verallgemeinert. – Eine wichtige Rolle im physikal. Erkenntnisprozess spielen Modellvorstellungen **(physikalische Modelle),** da zahlreiche physikal. Objekte und Erscheinungen nicht unmittelbar sinnlich erfassbar und auch nicht anschaulich vorstellbar sind. Obwohl →Modelle oft nur unter gewissen Aspekten der Wirklichkeit entsprechen, sind sie von heurist. Wert für die Interpretation von Messergebnissen und für das Gewinnen neuer Erkenntnis. Die Gesamtheit der in den versch. Bereichen der P. entwickelten Modelle und Theorien sowie der daraus resultierenden Erkenntnisse bezeichnet man als **physikalisches Weltbild.**

Das Gesamtgebiet der P. wird nach verschiedenen histor. oder sachl. Gesichtspunkten in klass. und moderne P., Kontinuums- und Quanten-P. oder Makro- und Mikro-P. unterteilt, wobei sich die Begriffe z.T. überschneiden. Unter der Bez. **klassische P.** fasst man die bis etwa zum Ende des 19. Jh. untersuchten Erscheinungen und Vorgänge zus., die anschaulich in Raum und Zeit beschreibbar sind und für die bis dahin abgeschlossene Theoriengebäude vorlagen. Kennzeichnend für das Gebiet der klass. P. ist, dass der Einfluss des Messvorgangs auf die Messobjekte und damit auf die Messresultate vernachlässigt oder kompensiert werden kann. Teilbereiche der klass. P. sind nach herkömmlicher, z.T. den Sinneswahrnehmungen angepasster Einteilung: die klass. →Mechanik, die →Akustik, die →Thermodynamik, die Elektrodynamik als Lehre von der →Elektrizität und vom →Magnetismus sowie die →Optik. Dabei führte die Anwendung der Mechanik auf verformbare kontinuierl. Medien zur Entwicklung der →Kontinuumsmechanik mit ihren zahlr. Untergebieten. Die auf die Bewegung kleinster Teilchen der Materie rückführbaren Erscheinungen können ebenfalls aus den Gesetzen der Mechanik hergeleitet werden, unter Heranziehung statist. Vorstellungen, die zuerst von der →kinetischen Gastheorie und später von der →statistischen Mechanik entwickelt wurden. Zahlr. Probleme der klass. Optik sind mit der Elektrodynamik behandelbar. Ausgehend vom Kraftbegriff und den zur Charakterisierung kontinuierl. Medien entwickelten Begriffsbildungen hat die klass. P. auch den Begriff des →Feldes, insbesondere den des elektromagnet. Feldes als einer selbstständigen physikal. Realität, entwickelt und zum Gegenstand einer allgemeinen →Feldtheorie gemacht, in der beliebige räumlich kontinuierl. Erscheinungen der klass. P. behandelt werden können. Mit der klass. →Elektronentheorie wurde eine Kombination der Mechanik und der Elektrodynamik geschaffen, deren Ausbau v.a. zu einem vertieften Verständnis der elektr., magnet. und opt. Erscheinungen führte.

Während die klass. P. durch Anschaulichkeit und Stetigkeit in der Beschreibung des Naturgeschehens gekennzeichnet ist und i. Allg. nur eine phänomenolog. Beschreibung der →Materie und ihrer Eigenschaften liefert, umfasst die sich seit Beginn des 20. Jh. entwickelnde **moderne P.** v.a. die nicht mehr anschaulich in Raum und Zeit beschreibbaren und unstetig verlaufenden Naturerscheinungen und -vorgänge der Mikro-P. Die von ihr untersuchten mikrophysikal. Systeme sind nur im Rahmen der →Quantentheorie und auf ihr basierender Theorien beschreibbar. Die Beschreibung atomarer Teilchen und aus ihnen bestehender Systeme erfolgt dabei weitgehend mit den Mitteln der →Quantenmechanik, die für gewisse Grenzfälle in die klass. Mechanik übergeht. Eine entsprechende Beschreibung von gekoppelten Feldern, die sich den versch. →Elementarteilchen zuordnen lassen, ermöglicht die →Quantenfeldtheorie, wobei speziell die →Quantenelektrodynamik die durch die Kopplung von geladenen Teilchen an elektromagnet. Felder auftretenden Erscheinungen und Vorgänge wiedergibt. Ein grundlegender Teilbereich der modernen P. ist die Atom-P., deren Untersuchungsobjekt i.e.S. der Bau der →Atome und deren Wechselwirkung mit dem Strahlungsfeld ist, i.w.S. auch die Wechselwirkung der Atome untereinander und die darauf beruhende Bildung von Molekülen und makroskop. Körpern in Form kondensierter Materie; deren feste Phase wird von der →Festkörperphysik untersucht und beschrieben. Die hierbei verwendeten formalen Theorien sind die Quantenmechanik, für größere Genauigkeit deren relativist. Fassung, und die Quantenelektrodynamik. Zu einer weitgehend eigenständigen Disziplin hat sich die →Kernphysik entwickelt, die Bau und Eigenschaften der Atomkerne und ihrer Bausteine untersucht und für die Zwecke der →Kernenergie verbreitet Anwendung findet. Gegenstand der Teilchen-P. ist die Untersuchung der Eigenschaften der Elementarteilchen sowie deren Erzeugung (→Hochenergiephysik).

Eine gewisse Sonderstellung nimmt die →Relativitätstheorie ein. Sie gilt einerseits als Vollendung und Krönung der klass. Mechanik (spezielle Relativitätstheorie) sowie der newtonschen Theorie der →Gravitation (allgemeine Relativitätstheorie) und wird insoweit der klass. P. zugerechnet. Andererseits war die ihr vorausgehende Erkenntniskritik (v.a. Untersuchung des Begriffs der Gleichzeitigkeit in zwei gegeneinander bewegten Inertialsystemen und Gleichsetzung von Gravitation und Geometrie) so fundamental und neuartig, dass gerade in der Relativitätstheorie, zus. mit der Quantentheorie, ein Markstein für den Beginn der modernen P. gesehen wird.

Lehrbücher: A. SOMMERFELD: Vorlesungen über theoret. P., 6 Bde. (Leipzig $^{3-8}$1964–70, Nachdr. 1977–78); F. HUND: Grundbegriffe der P., 2 Bde. (^{2}1979); Berkeley-P.-Kurs, 6 Bde. (a.d. Engl., $^{2-4}$1980–89); Lb. der Experimental-P., begr. v. L. BERGMANN u. C. SCHÄFER, 8 Bde. ($^{1-10}$1987–97); G. JOOS: Lb. der theoret. P. (^{15}1989); R. P. FEYNMAN u.a.: Vorlesungen über P., 3 Bde. (Neuausg. $^{2-3}$1991–97); L. D. LANDAU u. E. M. LIFSCHITZ: Lb. der theoret. P., 10 Bde. (a.d. Russ., Neuausg. $^{2-14}$1991–97); E. SCHMUTZER: Grundl. der theoret. P., 4 Bde. (^{2}1991); C. GERTHSEN u.a.: P. Ein Lb. zum Gebrauch neben Vorlesungen (^{17}1993); P. A. TIPLER: P. (a.d. Amerikan., Neuausg. 1995); F. KOHLRAUSCH: Prakt. P., 3 Bde. (^{24}1996).

Nachschlagewerke: Hb. der P., hg. v. S. FLÜGGE, 54 Bde. in 77 Tlen. u. Reg.-Bd. (1955–88); Encyclopaedic dictionary of physics, hg. v. J. THEWLIS, 9 Bde. u. 5 Suppl.-Bde. (Oxford 1961–75); Lex. der Schul-P., hg. v. O. HÖFLING, 8 Bde. (1978); Encyclopedia of physics, hg. v. R. G. LERNER u.a. (New York ^{2}1991); McGraw-Hill encyclopedia of physics, hg. v. S. P. PARKER (New York ^{2}1993); Schüler-Duden Die P., neu bearb. v. K. BETHGE (^{3}1995).

Philosophie u. Geschichte: I. NEWTON: Mathemat. Prinzipien der Naturlehre (a.d. Engl., 1872, Nachdr. 1963); E. HOPPE: Gesch. der P. (1926, Nachdr. 1965); A. S. EDDINGTON: Das Weltbild der P. u. ein Versuch seiner philosoph. Deutung (a.d. Engl., 1931); E. MACH: Die Mechanik in ihrer Entwicklung (^{9}1933, Nachdr. 1991); E. T. WHITTAKER: Von Euklid zu Eddington. Zur Entwicklung unseres modernen physikal. Weltbildes (a.d. Engl., Wien 1952); W. PAULI: Aufsätze u. Vorträge über P. u. Erkenntnistheorie (1961, Nachdr. 1984); G. GAMOW: Biogr. der P. Forscher, Ideen, Experimente (a.d. Amerikan., 1965); B. KANITSCHEIDER: Philosophie u. moderne P. (1979); Grundlagenprobleme der modernen P., hg. v. J. NITSCH u.a. (1981); B. G. KUZNECOV: Philosophie, Mathematik, P. Eine Gesch. der Philosophie für Physiker u. Mathematiker (a.d. Russ., Berlin-Ost 1981); A. HERMANN: Lex. Gesch. der P. A–Z (^{3}1987); P. u. Philosophie, Beitrr. v. W. HEISENBERG u.a. (^{5}1990); I. PRIGOGINE: Vom Sein zum Werden. Zeit u. Komplexität in der Naturwiss. (a.d. Engl., ^{6}1992); A. EINSTEIN: Mein Weltbild (Neuausg. ^{25}1993); C. F. VON WEIZSÄCKER: Aufbau der P. (Neuausg. ^{3}1994); K. SIMONYI: Kulturgesch. der P. Von den Anfängen bis 1990 (a.d. Ungar., ^{2}1995); Twentieth century physics, hg. v. L. M. BROWN u.a., 3 Bde. (Bristol, Conn., 1995); R. P. FEYNMAN: Vom Wesen physikal. Gesetze (a.d. Amerikan., Neuausg. 1996); E. SCHRÖDINGER: Was ist ein Naturgesetz? (^{5}1997). – Weitere Literatur →Naturwissenschaften.

physikalisch, die Physik betreffend, auf ihren Gesetzen beruhend.

physikalische Chemie, Physikochemie, Grenzgebiet zw. Physik und Chemie, das sich mit den bei chem. Vorgängen auftretenden physikal. Erscheinungen und mit dem Einfluss physikal. Einwirkungen auf chem. Vorgänge befasst sowie Stoffe und Vorgänge mit physikal. Methoden untersucht und mithilfe physikal. Vorstellungen und Theorien beschreibt bzw. erklärt. Wichtige Zweige der p. C. sind z.B. Elektro-, Kolloid-, Kristall-, Magneto-, Photo-, Strahlenchemie, Reaktionskinetik, Thermochemie und (chem.) Thermodynamik, ferner die theoret. Chemie mit wichtigen Teilbereichen wie Quanten- und Stereochemie. Als eine den verschiedenen chem. Fachrichtungen übergeordnete Wiss. liefert die p. C. in vielfacher Hinsicht auch die theoret. Grundlagen der chem. Technologie und der Verfahrenstechnik.

H. LABHART u.a.: Einf. in die p. C., 5 Bde. (^{2}1984–89); W. J. MOORE: Grundl. der p. C. (a.d. Engl., 1990); H.-D. FÖRSTERLING u. H. KUHN: Praxis der P. C. (^{3}1991); P. W. ATKINS: P. C., 2 Bde. (a.d. Amerikan., ^{2}1996).

physikalische Größen, →Größe.

physikalische Karte, 1) *Genetik:* eine Form der →Chromosomenkarte.

2) *Kartographie:* →physische Karte.

physikalische Konstanten, →Naturkonstanten.

physikalisches System, Gesamtheit von i. Allg. untereinander in Wechselwirkung stehenden physikal. Objekten, z.B. Teilchen (Atome, Moleküle), starre, elast. oder deformierbare Körper, Massenpunkte, elektr. Ströme und Ladungen, Stoffe usw., die als einheitl. Ganzes behandelt und mit physikal. Methoden untersucht wird und die als in definierter Weise mit der übrigen Welt in Wechselbeziehung stehend bzw. als von ihr getrennt und unabhängig angesehen wird. In versch. Teilbereichen der Physik werden bestimmte p. S. bes. bezeichnet, z.B. →mikrophysikalisches System, thermodynam. System (→Thermodynamik), →Vielteilchensystem. Ein p. S. wird als **abgeschlossen** bezeichnet, wenn es nicht mit der Umwelt (d.h. mit physikal. Objekten außerhalb des Systems) in Wechselwirkung steht; bei einem derartig isolierten System, in dem nur innere Kräfte wirken, findet idealerweise keinerlei Austausch mit seiner Umwelt statt; die ein solches p. S. festlegenden physikal. Größen (z. B. Hamilton- und Lagrange-Funktion) hängen nicht explizit von der Zeit ab. In der Thermodynamik ist ein abgeschlossenes p. S. der Sonderfall eines thermisch isolierten, d. h. eines Systems, an dem und von dem keine Arbeit geleistet wird. Im Unterschied zum abgeschlossenen System wird bei einem geschlossenen System zwar Energie, jedoch keine Materie mit der Umgebung ausgetauscht. Ein →offenes System schließlich kann sowohl Energie als auch Materie mit der Umwelt austauschen. (→konservative Kräfte)

physikalische Therapie, die →Physiotherapie.

Physikalisch-Technische Bundesanstalt, Abk. **PTB,** staatl. Metrologie- und Technologiezentrum, das die Grundlagen für das wiss., techn. und gesetzl. Messwesen schafft; eine dem Bundeswirtschaftsministerium nachgeordnete Oberbehörde für das Messwesen und Teile der physikal. Sicherheitstechnik mit Sitz in Braunschweig und Berlin. Nachfolgerin der 1887 in Berlin gegründeten Physikalisch-Techn. Reichsanstalt (PTR).

Physikalismus *der, -,* im Wiener Kreis von O. NEURATH eingeführte Bez. für eine (für alle Wiss.) einheitl. Wissenschaftssprache auf der Basis der Physik. Um die wiss. Kriterien der Intersubjektivität, Nachprüfbarkeit und Universalisierbarkeit zu erfüllen, was bei Aussagen über seel. Erlebnisse nicht gegeben sei, sollen nach R. CARNAP die Ausdrücke aller Wiss. (mit Ausnahme von Mathematik und Logik) auf Aussagen über wahrnehmbare Eigenschaften körperl. Dinge zurückgeführt werden können, d. h. in der ›Beobachtungssprache‹ darstellbar sein. Die Psychologie ist demnach mit dem Behaviorismus identisch und schließt Aussagen über seel. Erlebnisse (als nicht wissenschaftlich) aus.

Physiker, Die, Komödie von F. DÜRRENMATT, Uraufführung Zürich 21. 2. 1962; Erstausgabe 1962.

physikoteleologischer Gottesbeweis, der Schluss auf Wirklichkeit und Wesen Gottes aus der in der Natur erscheinenden sinnvollen Ordnung und Zweckmäßigkeit; er bildet die Grundlage der als ›physikoteleologisch‹ oder **Physikoteleologie** bezeichneten Betrachtungsweise der Welt, die im 18. Jh. in einer umfangreichen Lit. vertreten wurde. Während G. W. LEIBNIZ der physikoteleolog. Konzeption positiv gegenüberstand, unterwarf I. KANT den p. G. wie alle traditionellen Gottesbeweise widerlegender Kritik.

W. DERHAM: Physico theology (London 1713, Nachdr. Hildesheim 1976); W. PHILIPP: Das Werden der Aufklärung in theologiegeschichtl. Sicht (1957).

Physikum *das, -s/...ka,* frühere Bez. für die zweite ärztl. Vorprüfung; nach der Approbationsordnung vom 28. 10. 1970 gibt es nur noch eine am Abschluss der vorklin. Semester (mindestens zwei Jahre) in den naturwiss. Fächern Physiologie, Biochemie, Anatomie, medizin. Psychologie und Medizinsoziologie.

Physikus [lat. ›Naturkundiger‹] *der, -/-se,* im MA. die für den Arzt gebräuchl. Bez.; bis 1901 u. a. in Preußen der staatlich beamtete Arzt, sodass P. gleichbedeutend mit Kreisarzt war.

Physiogeographie, →allgemeine Geographie.

Physiognomie [griech. ›Untersuchung der Natur, des Körperbaus‹, zu phýsis ›Natur‹ und gnṓmē ›Erkenntnis‹] *die, -/...'mi|en,* das für ein Lebewesen charakterist. äußere Erscheinungsbild, bes. die Gesichtszüge eines Menschen.

Physiognomik *die, -,* Teilgebiet der Ausdruckspsychologie, das sich mit der psychodiagnost. Deutung statischer äußerer Körperformen (insbesondere der Gesichtszüge) befasst, im Ggs. zur Deutung des dynam. Ausdrucks bei der Mimik bzw. Pantomimik. – Eine weitgehend spekulativ-intuitive P. wurde bereits im Altertum und MA. betrieben. Der älteste Versuch einer Systematisierung physiognom. Befunde ist die anonyme Schrift ›Physiognomika‹ aus dem 2. Jh. n. Chr., auf der G. B. DELLA PORTA (›De humana physiognomonia‹, 1593) aufbaute. DELLA PORTA beschrieb 43 versch. Menschentypen, wobei er neben Form und Beschaffenheit des gesamten Körpers (Gestalt) auch Körperhaltung, Gang und Sprache berücksichtigte. Im 18. und 19. Jh. haben sich im Rahmen der Charakterologie mit der P. v. a. G. C. LICHTENBERG (in überwiegend ablehnender Weise: ›Über P. wider die Physiognomen‹, 1778), F. J. GALL (von dessen Phrenologie Impulse auf die P. übergingen), C. G. CARUS (›Symbolik der menschl. Gestalt‹, 1853), C. R. DARWIN (›The expression of the emotions in man and animals‹, 1872) sowie in besonderer Weise J. K. LAVATER beschäftigt. LAVATER fasste die P. vorwiegend als eine Art Kunst auf, das innere Wesen eines Menschen an seinem Äußeren zu erkennen. Die wiss. Anthropologie der Gegenwart indessen hat sich bezüglich der physiognom. Fragestellung weitgehend von Deutungen und Spekulationen gelöst. Sie beschränkt sich im Wesentlichen auf rein statist. Korrelationen zw. bestimmten phys. (speziell körperbaul.) und psych. (speziell charakterl.) Eigentümlichkeiten des Menschen. (→Konstitutionstypen, →Typologie)

Physiokraten [frz., zu Physis und griech. krateĩn ›herrschen‹], Gruppe frz. Wirtschaftswissenschaftler in der 2. Hälfte des 18. Jh., die die erste nationalökonom. Schule entwickelten. Als Begründer gilt F. QUESNAY, weitere Vertreter waren V. DE RIQUETI Marquis VON MIRABEAU und A. R. J. TURGOT.

Vom Naturrecht ausgehend, unterschieden die P. zw. einer unveränderl. und vollkommenen (›ordre naturel‹) und einer zeitbedingten und vorübergehenden Ordnung (›ordre positif‹); Letztere sollte durch Gesetze den Geboten des ›ordre naturel‹ weitestgehend angenähert werden.

Anknüpfend an die Entdeckung des Blutkreislaufes (W. HARVEY, 1628) entwickelte QUESNAY das Modell eines natürl. Wirtschaftskreislaufes in einem Staat ohne Außenwirtschaftsbeziehungen (›Tableau économique‹, 1758), der sich durch eine endlose Kette von Tauschakten zw. den sozialen Klassen vollzieht. Dabei wird der Begriff der sozialen Klasse allein vom ökonom. Standpunkt aus definiert. Als wichtigste Klasse (›classe productive‹) galt die landwirtschaftlich tätige Bev. (Bauern, Pächter, aber nicht Landarbeiter). Die Klasse der Grundeigentümer (›classe propriétaire‹; Adel, Kirche, König) erwirtschaftet zwar keine Güter, setzt aber die an sie abgeführten Grundrenten in Umlauf und vermehrt so den volkswirtschaftl. Reinertrag (›produit net‹). Kaufleute, Handwerker u. a. bildeten die dritte, unproduktive Klasse (›classe stérile‹), die den Gütern im Wirtschaftsprozess nur ihre eigene Arbeit hinzufügen, ohne neue Werte zu schöpfen. Sinn des Kreislaufs war die jährl. Reproduktion des von den einzelnen Klassen in den Wirtschaftsprozess eingebrachten Betriebskapitals. Während die volle Reproduktion nur innerhalb des ›ordre naturel‹ denkbar war, konnte der Kreislauf innerhalb des ›ordre positif‹ sowohl mit einem volkswirtschaftl. Plus als auch Minus enden.

Den weit gespannten Wirtschafts- und Finanzreformplänen der P. (Schaffung leistungsfähiger Großbetriebe nach engl. Vorbild, Freigabe der Getreideausfuhr, Erhöhung der Geldeinnahmen der Landwirte) lag die Annahme zugrunde, dass allein die Landwirtschaft wertschöpfend ist. Aus der Grundüberzeugung der P., dass Steuern allein aus dem landwirtschaftl. Reinertrag gezahlt werden können, ist ihre Forderung nach einer Steuer zu erklären, die ausschließlich von den Grundeigentümern getragen werden sollte (Alleinsteuer).

Manche Reformideen der P. wurden im Zeitalter des aufgeklärten Absolutismus auch außerhalb Frankreichs aufgenommen, z. B. von Markgraf KARL FRIEDRICH von Baden und Kaiser LEOPOLD II. Der Basler Staatsschreiber I. ISELIN veranlasste die Errichtung eines Lehrstuhls für Physiokratie, auf den 1776 der bekannteste dt. Physiokrat, J. A. SCHLETTWEIN, berufen wurde.

Der **Physiokratismus** hat nur eine kurze Blüte erlebt, da er bald durch die von A. SMITH begründete klass. Nationalökonomie verdrängt wurde, doch haben verschiedene theoret. Erkenntnisse weitergewirkt. Das Modell eines Wirtschaftskreislaufs hat sich für ein theoret. Verständnis des Wirtschaftsprozesses als unentbehrlich erwiesen, auch die Lehren von K. MARX von Umschlag und Reproduktion des Kapitals gehen auf physiokrat. Einsichten zurück. QUESNAYS ›Tableau économique‹ gilt als erstes Beispiel einer volkswirtschaftl. Gesamtrechnung.

F. HENSMANN: Staat u. Absolutismus im Denken der P. Ein Beitr. der physiokrat. Staatsauffassung von Quesnay bis Turgot (1976); R. GÖMMEL u. R. KLUMP: Merkantilisten u. P. in Frankreich (1994); R. WALTER: Wirtschaftsgesch. (1995).

Physiologie [griech.-lat. ›Naturkunde‹] *die, -,* als Teilgebiet der Biologie die Wiss. und Lehre von den normalen, auch den krankheitsbedingten **(Patho-P.)** Lebensvorgängen und Lebensäußerungen der Pflanzen **(Pflanzen-P.)**, der Tiere **(Tier-P.)** und speziell des Menschen **(Human-P.)**. Die P. versucht mit physikal. und chem. Methoden möglichst auf molekularer Ebene die Reaktionen und die Abläufe von Lebensvorgängen (Wachstum, Entwicklung, Fortpflanzung u. a.) bei den Organismen bzw. ihren Zellen, Geweben oder Organen aufzuklären. Wichtige Spezialgebiete der P. sind u. a. Entwicklungs-P., Stoffwechsel-P., Sinnes-P., Nerven-P. (Neuro-P.), Muskel-P., vergleichende P. und Arbeitsphysiologie.

W. F. GANONG: Lb. der medizin. P. (a. d. Engl., [4]1979); K. URICH: Vergleichende Biochemie der Tiere (1990); R. ECKERT: Tier-P. (a. d. Engl., [2]1993); Klin. Pathophysiologie, hg. v. W. SIEGENTHALER ([7]1994); P. des Menschen, hg. v. ROBERT F. SCHMIDT u. a. ([27]1997); G. RICHTER: Stoffwechsel-P. der Pflanzen ([6]1998).

physiologische Chemie, die Lehre von der chem. Natur physiolog. Vorgänge, Grenzgebiet zw. Biochemie und Physiologie.

physiologische Frühgeburt, normalisierte Frühgeburt, von A. PORTMANN eingeführte Bez. für die Tatsache, dass menschl. Kinder viel früher geboren werden, als es der animal. Entwicklung entspricht (→Nesthocker). Verglichen mit dem Entwicklungsstand nichtmenschl. Primaten (und auch anderer Säugetiere) bei der Geburt müsste der Geburtstermin des menschl. Neugeborenen etwa 12–13 Monate später liegen. Dass der Mensch aber sein erstes Lebensjahr (als ›extrauterines Kleinkindjahr‹) außerhalb des Mutterleibs verbringt, ist für seine spezif. Ontogenese außerordentlich wichtig, da in diesem Jahr schon wesentliche menschl. Charakteristika und Verhaltensweisen (wie Anfänge der Wortsprache, aufrechte Körperhaltung u. a.) erworben werden.

physiologische Kochsalzlösung, wässrige Lösung von →Kochsalz, die mit dem Blutserum isotonisch ist, d. h. den gleichen osmot. Druck hat (bei Mensch und Säugetieren 0,9 %); p. K. wird in Medizin und Biologie häufig verwendet (z. B. in Infusionen).

physiologische Psychologie, die →Psychophysiologie.

physiologischer Brennwert, →Brennwert.

physiologische Uhr, innere Uhr, Bez. für die sowohl bei Einzellern als auch bei Vielzellern beobachteten endogenen Tagesrhythmen (circadianer Rhythmus), durch die Stoffwechselabläufe, Wachstumsleistungen oder Verhaltensweisen an tagesperiod. Schwankungen der Umweltbedingungen angepasst werden. Als Grundprinzip wird ein rhythmisch arbeitender, autonomer physiolog. Mechanismus auf zellulärer Ebene angenommen, dessen molekulare Grundlagen bislang weitgehend unbekannt sind. Dieser endogene Rhythmus wird durch tagesperiod. Außenfaktoren, so genannte Zeitgeber, mit dem 24-Stunden-Tag synchronisiert. Wichtigster Zeitgeber ist der tägl. Hell-Dunkel-Wechsel, weiterhin chem. und physikal. Faktoren sowie bei sozial lebenden Organismen (einschließlich des Menschen) soziale Faktoren. Anpassungsleistungen des Organismus an den tägl. Lichtzyklus werden unter dem Begriff Photoperiodismus zusammengefasst. Die p. U. befähigt die Organismen zu einer zeitl. Ordnung ihrer vielfältigen Funktionen und ermöglicht durch die somit erreichte tageszeitl. Spezialisierung eine bessere Anpassung an wechselnde Bedingungen und damit günstigere Überlebensbedingungen.

Die vielfältigen circadianen Rhythmen in Geweben und Organen werden durch einen so genannten ›Schrittmacher‹ synchronisiert, der z. B. bei niederen Wirbeltieren im Pinealorgan und bei den Säugetieren in einem bestimmten Bereich des Hypothalamus vermutet wird. Wichtige Tagesrhythmen beim Menschen sind der Schlaf-wach-Rhythmus, der Aktivitätszyklus und damit eng verbunden Nahrungsaufnahme- und Trinkrhythmus, der Körpertemperaturrhythmus sowie endokrine Rhythmen (z. B. der Plasmacorticosteroide).

Physiologus: Seite aus einer lateinischen Pergamenthandschrift aus dem 13. Jh. (München, Bayerische Staatsbibliothek)

Physiologus [lat., griech. ›Naturforscher‹], griech. **Physiologos,** Titel eines in frühchristl. Zeit (wahrscheinlich 2. Jh.) im Vorderen Orient (wohl Ägypten) entstandenen, in umgangssprachl. Griechisch verfassten Volksbuches, in dem in 48 Kapiteln Tiere, Pflanzen und Steine christlich-typologisch gedeutet werden. Der P. wurde im MA. mehrfach bearbeitet und u. a. ins Koptische, Äthiopische, Syrische, Armenische, Arabische, Georgische und Slawische übersetzt. Durch allmähl. Entwicklung zur prakt. Morallehre,

Benutzung als Unterrichts- und Erbauungsbuch wurde der P. eine der verbreitetsten Schriften des MA. und grundlegend für die Symbolik der mittelalterl. christl. Naturvorstellungen. Die erste dt. Übersetzung (in Prosa) entstand in alemann. Mundart, vermutlich um 1070 im Kloster Hirsau, in der 2. Hälfte des 12. Jh. folgte eine zweite Prosaübertragung; eine um 1140 entstandene Fassung ist gereimt. Aus der Gruppe der späteren P.-Handschriften entwickelten sich die Bestiarien. – In der bildenden Kunst erscheinen außer in den illustrierten P.-Handschriften auch an Portalen, Kapitellen, an Miserikordien der Chorgestühle, auf Glasfenstern u. Ä. vielfach Typen des Physiologus.

Ausgabe: Der P., übers. v. O. SEEL ([7]1995).

E. PETERS: Der griech. P. u. seine oriental. Übers. (1898); Der altdt. P. Die Millstätter Reinfassung u. die Wiener Prosa, hg. v. F. MAURER (1967); N. HENKEL: Studien zum P. im MA. (1976); P. Naturkunde in frühchristl. Deutung, hg. v. U. TREU (1981); E. BRUNNER-TRAUT: Der ägypt. Ursprung des 45. Kap. des P. u. seine Datierung, in: Studien zur altägypt. Kultur, Jg. 11 (1984); C. SCHRÖDER: P., in: Die dt. Lit. des MA. Verfasser-Lex., begr. v. W. STAMMLER, hg. v. K. RUH u. a., Bd. 7 ([2]1989).

Physiotherapeut, früher **Krankengymnast,** Beruf für Frauen und Männer im medizin. Fachgebiet der physikal. Therapie. Aufgrund ärztl. Diagnose und Verordnung erstellen P. selbstständig einen Behandlungsplan. Zugangsvoraussetzung für die dreijährige Ausbildung ist ein mittlerer Bildungsabschluss.

Physiotherapie, physikalische Therapie, medizin. Vorbeugungs-, Behandlungs- und Wiederherstellungsverfahren unter Nutzung physikal. Faktoren; u. a. Wärme-, Kälte-, Elektro-, Ultraschall-, Licht-, Hydro-, Balneo-, Massage-, Bewegungs-, Inhalations- oder Klimatherapie. Außerdem gibt die P. Hilfen zur Entwicklung, zum Erhalt oder zur Wiederherstellung aller Funktionen im körperl. und psych. Bereich. Bei nichtrückbildungsfähigen Körperschäden unterstützt sie die Schulung von Ersatzfunktionen.

Lb. der physikal. Medizin u. Rehabilitation, hg. v. KLAUS L. SCHMIDT u. a. ([6]1995); Physikal. Therapie in Klinik u. Praxis, bearb. v. U. DIRSCHAUER u. a. ([5]1995); G. T. WERNER u. a.: Checkliste physikal. u. rehabilitative Medizin (1997).

Physis [griech. ›Natur‹, ›natürl. Beschaffenheit‹] *die, -, -,* **1)** *bildungssprachlich* für: körperl. Beschaffenheit eines Menschen.

2) Terminus der griech. *Philosophie,* der als ›eigentl. Beschaffenheit‹, ›wahres Wesen‹, ›natürl. Gegebensein‹ insbesondere im Rahmen der Entgegensetzungen P. – Nomos (schriftl. Recht oder ungeschriebenes Brauchtum), P. – Techne (menschl. Kunstfertigkeit) i. d. R. dem Begriff →Natur der späteren philosoph. Tradition entspricht. ARISTOTELES verwendet P. auch für den Bereich dessen, was ›Ursprung von Bewegung und Stillstand in sich selbst‹ hat.

F. HEINIMANN: Nomos u. P. Herkunft u. Bedeutung einer Antithese im griech. Denken des 5. Jh. (Basel 1945, Nachdr. 1987); W. WIELAND: Die aristotel. Mystik. Unters. über die Grundlegung der Naturwiss. u. die sprachl. Bedingungen der Prinzipienforschung bei Aristoteles ([2]1970).

physisch, 1) in der Natur begründet, natürlich; 2) die körperl. Beschaffenheit betreffend, körperlich.

physische Distribution, *Betriebswirtschaftslehre:* →Logistik, →Vertrieb.

physische Geographie, →allgemeine Geographie.

physische Karte, physikalische Karte, *Kartographie:* kleinmaßstäbige Karte mit ausgearbeiteter farbiger Reliefdarstellung.

Physi|sorption, →Adsorption.

Physoklisten [zu griech. phŷsa ›Blasebalg‹, ›Wind‹ und kleistós ›verschlossen‹], Fische, bei denen sich der Schwimmblasengang zum Darm bereits bei der Brut zurückbildet; z. B. Barsche, Makrelen.

Physostegia [griech.], svw. →Gelenkblume.

Physostigma, Gattung der Hülsenfrüchtler mit wenigen Arten im trop. Afrika; bekannt ist die giftige →Kalabarbohne.

Physostigmin, Eserin, Alkaloid ($C_{15}H_{21}N_3O_2$) aus den Samen der Kalabarbohne (Physostigma venenosum). P. erregt durch Blockade der Acetylcholinesterase, einem Enzym, das den Überträgerstoff Acetylcholin abbaut, und die dadurch ausgelöste Zunahme der Acetylcholinkonzentration das parasympath. Nervensystem. Außerdem erhöht es die Spannung der quer gestreiften Muskulatur. Therapeutisch wird es bei Vergiftungen mit →Parasympatholytika eingesetzt.

Physostomen [zu griech. phŷsa ›Blasebalg‹, ›Wind‹ und stóma ›Mund‹], Fische, bei denen Darm und Schwimmblase miteinander verbunden sind (z. B. Karpfen, Heringe, Welse).

phyt..., ...phyt, Wortbildungselement, →phyto...

Phytal *das, -s,* untermeer. Lebensraum entlang der Küsten aller Kontinente bis in eine Tiefe, in der noch genügend Licht für die Photosynthese vorhanden ist, d. h. bei klarem Wasser bis etwa 200 m, in den gemäßigten Breiten mit weniger klarem Wasser bis etwa 30–50 m Wassertiefe.

Phytelephas [griech. eléphas ›Elefant‹, ›Elfenbein‹], wiss. Name der Gattung →Elfenbeinpalme.

Phyteuma [griech.-lat.], wiss. Name der Pflanzengattung →Teufelskralle.

Phytinsäure, der Hexaphosphorsäureester des Myoinosits (→Inosit). P. ist in Form ihres schwer lösl. Calcium-Magnesium-Salzes **(Phytin)** in pflanzl. Organen (v. a. Samen) sowie in tier. Geweben und Organen enthalten; Speicherform für Phosphorsäure.

phyto... [griech. phytón ›das Gewachsene‹, ›Gewächs‹, ›Pflanze‹], vor Vokalen verkürzt zu **phyt...,** Wortbildungselement mit der Bedeutung: Pflanze, pflanzlich, z. B. Phytohormone, Phytal; auch als letzter Wortbestandteil **...phyt,** in der Bedeutung: pflanzl. Organismus, Pilz, z. B. Epiphyten.

Phyto|alexine, in Pflanzen als Reaktion auf Parasitenbefall gebildete Abwehrstoffe, deren Bildung v. a. durch phytopathogene Pilze induziert wird und die relativ unspezifisch auf pilzl., virale und bakterielle Krankheitserreger toxisch wirken. Die Bildung von P. kann außer durch Pilze auch durch Stressfaktoren (z. B. Verletzungen, Gifte) ausgelöst werden. P. gehören unterschiedl. chem. Stoffgruppen an; als Beispiel u. a. das von Orchideen gebildete →Orchinol.

Phytochemie, Pflanzenchemie, Teilbereich der Biochemie, der sich mit Isolierung, Untersuchung und Konstitutionsaufklärung der →Pflanzenstoffe befasst.

Phytochrom [zu griech. chrôma ›Farbe‹] *das, -s,* in Pflanzen weit verbreitetes, bläul. Protein mit einer offenkettigen Tetrapyrrolverbindung als Chromophor, das an der Steuerung lichtinduzierter Entwicklungsvorgänge (Photomorphogenesen) wie Blühinduktion, Samenkeimung und Längenwachstum sowie dem Zustandekommen von Phototropismen beteiligt ist. Es existiert in zwei isomeren Formen, dem hellrotes Licht absorbierenden P 660, das durch Lichtabsorption in die Dunkelrot absorbierende Form P 730 übergeht.

Phytoflagellaten, die pflanzl. →Flagellaten.

Phytogeographie, die →Pflanzengeographie.

Phytohormone, die →Pflanzenhormone.

Phytokinine, die →Zytokinine.

Phytol *das, -s,* einfach ungesättigter Diterpenalkohol (chemisch das 3,7,11,15-Tetramethyl-2-hexadecen-1-ol), der in der Natur verbreitet vorkommt, frei z. B. im Jasminöl, chemisch gebunden im Chlorophyll und im Phyllochinon.

Phytolacca [zu mlat. lacca ›Lade‹], wiss. Name der Pflanzengattung →Kermesbeere.

Phytolaccaceae, die →Kermesbeerengewächse.

Phytolithe [zu griech. líthos ›Stein‹], *Sg.* **Phytolith** *der, -s* und *-en/-e(n), Petrologie:* →Biolithe.

Phytologie *die,* -, die →Botanik.

Phytomedizin, Pflanzenheilkunde, die Wissenschaft und Lehre von Krankheiten und Schädigungen sowie deren Ursachen bei Kulturpflanzen. Sie umfasst die Teilgebiete Phytopathologie, Phytohygiene und Phytopharmakologie. Anwendungsbereiche sind Pflanzenschutz, Schädlingsbekämpfung und Vorratsschutz.

Phytomimese, Form der →Mimese.

Phytonzide [zu lat. caedere, in Zusammensetzungen -cidere ›töten‹], *Sg.* **Phytonzid** *das, -(e)s,* von Pflanzen gebildete Abwehrstoffe gegen Mikroorganismen (Protozoen, Bakterien) mit relativ unspezif. (breiter) Wirkung. P. werden als gasförmige oder flüssige Substanzen von Wurzeln oder oberird. Pflanzenteilen ausgeschieden. Die Abgrenzung der unterschiedl. chem. Stoffklassen angehörenden P. gegenüber den Antibiotika ist z.T. unklar, ebenso wie die begriffl. Abgrenzung gegenüber allelopathisch (→Allelopathie) wirksamen Substanzen.

Phytopathologie, Teilgebiet der →Phytomedizin.

Phytophagen [griech.], *Sg.* **Phytophage** *der, -n,* **Pflanzenfresser,** Bez. für Tiere, die sich von lebenden Pflanzen ernähren, im Unterschied zu →Zoophagen und →Saprophagen.

Phytophthora [zu griech. phthorá ›Vernichtung‹], Gattung der Falschen Mehltaupilze; am bekanntesten P. infestans (→Krautfäule).

Phytoplankton, →Plankton.

Phytosauria [zu griech. saũros ›Eidechse‹], **Parasuchia,** ausgestorbene Gruppe der Reptilien (zu den Thecodontia gehörend) aus der Trias; Aussehen und Lebensweise krokodilähnlich, langschnauzig, räuberisch, amphibisch; etwa zehn Gattungen, u.a. Mystriosuchus, Nicrosaurus und Belodon aus dem Keuper.

Phytotelmon [zu griech. télma ›Pfütze‹, ›Sumpf‹] *das, -s,* Lebensgemeinschaft (Biozönose) in pflanzl. Wasserbehältern, wie Baumhöhlen, Blattachseln von Banane oder Bromelie, Luftknollen epiphyt. Orchideen, trichterförmigen Blättern und Blüten. Das P. umfasst als extremes Ökosystem meist artenarme, individuenreiche Gesellschaften von Wasserorganismen. Bei längerem Bestand durch ständige Regenwasserzufuhr, z.B. im trop. Regenwald, können Algen, Wimpertierchen, Rädertierchen und andere Einzeller, Zuckmücken- und Stechmückenlarven sowie Insekten (Libellen, Fliegen, Käfer) und Frösche vorkommen. Der Lebensraum wird als **Phytotelmal,** das Ökosystem als **Phytotelmozön** bezeichnet.

Phytotherapie, die →Pflanzenheilkunde 2).

Phytotomie [zu griech. tomḗ ›Schnitt‹] *die,* -, die →Anatomie der Pflanzen.

Phytotron [Analogiebildung zu Fremdwörtern wie Synchroton] *das, -s/-e,* Bez. für zu pflanzenphysiolog. und pflanzenökolog. Forschungszwecken dienende Klimakammern, in denen durch programmierte Steuerung von Temperatur, Luftfeuchte, Licht, Windgeschwindigkeit u.a. Faktoren unterschiedl. Umweltbedingungen simuliert werden können.

Piacenza 1) Stadtwappen

Phytozezidien [zu griech. kekídion, Verkleinerung von kekís ›Gallapfel‹], bestimmte Pflanzengallen (→Gallen).

Phytozönologie [zu griech. koinós ›gemeinsam‹] *die,* -, die soziolog. →Pflanzengeographie.

Phytozönose [zu griech. koinós ›gemeinsam‹] *die, -/-n,* die →Pflanzengesellschaft.

Pi, 1) Zeichen **Π, π,** der sechzehnte (urspr. siebzehnte) Buchstabe des griech. Alphabets.

2) *Mathematik:* 1) Zeichen Π, Formelzeichen für das Produkt mehrerer Faktoren; 2) **Kreiszahl, ludolphsche Zahl,** Formelzeichen π, transzendente irrationale Konstante, die geometrisch als das Verhältnis von Kreisumfang zu Durchmesser (oder von Kreisfläche zum Quadrat des Radius) bestimmt ist, mit dem angenäherten Wert

$$\pi = 3{,}141\,592\,653\,589\,793\,238\,46\ldots$$

Geschichte: Während man in den frühen Kulturen (z.B. die Babylonier) meist vom Wert $\pi \approx 3$ ausging, rechneten die Ägypter bereits mit der besseren Näherung $\pi/4 \approx (8/9)^2$, was $\pi \approx 3{,}1605\ldots$ entspricht. ARCHIMEDES bewies erstmals, dass die Flächenberechnung des Kreises und die Bestimmung des Kreisumfangs äquivalente Probleme sind. Sein Verfahren, den Kreis durch ein- und umbeschriebene Vielecke anzunähern, lieferte die erste bewiesene Approximation für π, nämlich $3^{10}/_{71} < \pi > 3^{1}/_{7}$ (der Wert $3^{1}/_{7}$ wird noch heute in der Praxis als ausreichender Näherungswert verwendet). Mit diesem Verfahren gelang es, den Wert von π immer genauer zu bestimmen (LUDOLPH VAN →CEULEN 1615 auf 32 Dezimalen genau; noch genauer W. SNELL 1621 und C. HUYGENS 1654). F. VIÈTE fand 1579 als Erster eine analyt. Darstellung für π in Form eines unendl. Produkts für $2/\pi$. – Grundsätzl. Fortschritte wurden erst erzielt, nachdem im 17. Jh. die Infinitesimalrechnung und die Theorie der unendl. Reihen entwickelt worden waren. 1659 fand J. WALLIS bei Integrationsbetrachtungen das nach ihm benannte Wallis-Produkt. Die Verwendung von Reihenentwicklungen für die zyklometr. Funktionen, insbesondere der von J. GREGORY (1671) und G. W. LEIBNIZ (1673) entdeckten Reihe für den Arkustangens von x, die für $x = 1$ die (schlecht konvergierende) Leibniz-Reihe ergibt, ermöglichte es dann, den Wert von π und damit die Fläche eines Kreises beliebig genau zu bestimmen. Das Symbol wurde 1737 von L. EULER eingeführt. – Die Frage nach dem Wesen der Zahl π wurde erst im 19. Jh. endgültig gelöst: Nachdem J. H. LAMBERT 1767 die Irrationalität von π bewiesen hatte, zeigte F. VON LINDEMANN 1882, dass π eine transzendente Zahl ist. – Mithilfe moderner Rechner wurde die Zahl π inzwischen auf über 6 Mrd. Stellen genau bestimmt.

D. WELLS: Das Lex. der Zahlen (a.d. Engl., 7.–10. Tsd. 1991); Zahlen, bearb. v. H. D. EBBINGHAUS u.a. ([3]1992).

3) *Physik:* **π** Symbol für das →Pion.

PIA [Abk. für engl. **p**eripheral **i**nterface **a**dapter], *Datenverarbeitung:* →Schnittstellenbaustein.

Piacentini [piatʃenˈtiːni], Marcello, ital. Architekt, * Rom 8. 12. 1881, † ebd. 19. 5. 1960; arbeitete mit dem Formenvokabular des Neoklassizismus als führender Architekt des faschist. Italien.

Werke: Albergo degli Ambasciatori, Rom (1926); Casa Madre dei Mutilati, ebd. (1928); Siegesdenkmal, Bozen (1928); Kirche Cristo Re, Rom (1934); Banca Nazionale del Lavoro, ebd. (1934–36). – *Städtebaul. Entwürfe:* Zentren von Bergamo (1927) und Brescia (1932); Città Universitaria, Rom (1932–35); Trabantenstadt EUR bei Rom (1937–43).

M. ESTERMANN-JUCHLER: Faschist. Staatsbaukunst (1982).

Piacenza [piaˈtʃɛntsa], **1)** Hauptstadt der Prov. P., in der Emilia-Romagna, Italien, 61 m ü. M. nahe dem rechten Ufer des mittleren Po, 101 100 Ew.; Bischofssitz; Kunstakademie, Fachschulen, Museen, Bibliothek. P. ist Zentrum eines reichen Agrargebiets mit Nahrungsmittelindustrie, Zuckerfabrik und Herstellung landwirtschaftl. Maschinen, chem., Zementindustrie; Erdgas- und Erdölvorkommen in der Nähe. – Mittelpunkt der Stadt ist die Piazza dei Cavalli, benannt nach zwei Reiterdenkmälern der Farnese (1620 und 1625) vor dem Palazzo del Comune (1280 begonnen). Der Dom wurde 1122–1233 errichtet (vermutlich von NICOLÒ begonnen), Sant'Antonino im 11. Jh. (Veränderung im 13. Jh.); in der Krypta der im 12. Jh. wieder erbauten (später mehrfach veränderten) Kirche San Savino Bodenmosaiken des 12. Jh. Die Kirche Madonna di Campagna ist ein Zentralbau von 1522 bis 1528 (Chor 1791), San Sepolcro wurde 1513–33 gebaut, San Sisto 1499–1511; im Palazzo Farnese (1558 begonnen, von VIGNOLA erweitert) das Museo Civico

Piacenza 1): Palazzo del Comune; 1280 begonnen

(archäolog. Funde, Gemälde, Plastik); Galleria Ricci-Oddi (1931; ital. Kunst des 19. Jh.). – P., das antike **Placentia,** wurde 218 v. Chr. als Militärkolonie latin. Rechts von den Römern gegründet. Im MA. hatten seit 997 die Bischöfe die Herrschaft, dann gehörte P. zum lombard. Städtebund, 1336 kam es an die Visconti von Mailand, 1512 an den Kirchenstaat, 1545 wurde es mit Parma zum Herzogtum →Parma und Piacenza vereinigt. – Im Österr. Erbfolgekrieg siegten am 16. 6. 1746 bei P. die Österreicher über das frz.-span. Heer.

2) Prov. in der Region Emilia-Romagna, Italien, 2 589 km², 267 100 Einwohner.

Piacenzium *das, -s,* **Piacentin** [piatʃɛnˈtiːn], *Geologie:* Stufe des Pliozäns, →Tertiär.

piacere [pjaˈtʃeːre, ital.], musikal. Vortrags-Bez.: →a piacere.

piacevole [pjaˈtʃevole, ital.], musikal. Vortrags-Bez.: angenehm, gefällig, lieblich.

Pia desideria [lat. ›fromme Wünsche‹], Titel der theolog. Hauptschrift (1675) P. J. SPENERS; seitdem auch sprichwörtlich für unerfüllbare (›fromme‹) Wünsche.

Piaf [pjaf], Édith, eigtl. **É. Giovanna Gassion** [gaˈsjɔ̃], frz. Chansonsängerin, *Paris 19. 12. 1915, †ebd. 11. 10. 1963; feierte ab 1937, gefördert von M. CHEVALIER, als ›Spatz von Paris‹ mit z. T. selbst verfassten Chansons überragende Erfolge in Kabaretts und Revuetheatern. Mit ihrer kraftvollen und ausdrucksstarken Stimme sang sie sich an die Spitze der frz. Chansoninterpreten (›La vie en rose‹, ›Je ne regrette rien‹, ›Milord‹). Postum erschienen ihre Erinnerungen ›Ma vie‹ (1964; dt. ›Mein Leben‹).

M. CROSLAND: P. Biogr. (a. d. Engl., Neuausg. 1997).

Piaffe [pjaf; frz., eigtl. ›Prahlerei‹] *die, -/-n, Reitsport:* Figur der →hohen Schule.

Piaget [pjaˈʒɛ], Jean, schweizer. Psychologe, *Neuenburg 9. 8. 1896, †Genf 16. 9. 1980; 1925 Prof. in Neuenburg, 1929 Prof. für Geschichte des wiss. Denkens in Genf, 1938 Prof. in Lausanne, 1940 in Genf, 1952–63 Prof. für genet. Psychologie an der Sorbonne. Er war 1929–67 Direktor des Bureau International d'Éducation in Genf und gründete 1955 ebd. das ›Centre international d'épistémologie génétique‹.

In den frühen 20er-Jahren beschäftigte sich P. mit Zusammenhängen zw. Sprache und Denken des Kindes, wobei er zeigte, wie das Kind seinen anfängl. Egozentrismus überwindet. Um 1930 veröffentlichte er versch. Werke über Weltbild und Moral des Kindes. Mitte der 30er- bis in die 1. Hälfte der 40er-Jahre entstanden seine Werke über die frühkindl. Entwicklung, in denen P. die frühe Entwicklung seiner eigenen drei Kinder beschreibt und analysiert. In diesen Werken führt P. eine Deutung der Anpassung ein, die er als Gleichgewicht zw. psycholog. Assimilation und Akkommodation sieht. 1940–55 erschienen die wichtigsten Monographien zur Entwicklung im Schulalter, in dem das Kind sein anschaul., prakt. Denken zugunsten eines konkret-operator. und reversiblen und sodann eines formal-systemat. Denkens überwindet. Ab den 50er-Jahren beschäftigte sich P. v. a. mit theoret. und philosoph. Grundfragen seines Systems. – Seine Arbeiten waren auch für die Pädagogik bedeutend.

Werke: Le langage et la pensée chez l'enfant (1923; dt. Sprechen u. Denken des Kindes); Le jugement moral chez l'enfant (1932; dt. Das moral. Urteil beim Kinde); La naissance de l'intelligence chez l'enfant (1936; dt. Das Erwachen der Intelligenz beim Kinde); La construction du réel chez l'enfant (1937; dt. Der Aufbau der Wirklichkeit beim Kinde); La psychologie de l'intelligence (1947; dt. Psychologie der Intelligenz); La genèse des structures logiques élémentaires (1959, mit B. INHELDER; dt. Die Entwicklung der elementaren log. Strukturen); La psychologie de l'enfant (1966, mit B. INHELDER; dt. Die Psychologie des Kindes); Biologie et connaissance (1967; dt. Biologie u. Erkenntnis); Psychologie et pédagogie (1969; dt. Theorien u. Methoden der modernen Erziehung); L'Épistémologie génétique (1970; dt. Abriß der Epistemologie); Genetic epistemology (1970; dt. Einf. in die genet. Erkenntnistheorie); Adaption vitale et psychologie de l'intelligence (1974; dt. Biolog. Anpassung u. Psychologie der Intelligenz).

Ausgabe: Ges. Werke, 10 Bde. (1975).

J. H. FLAVELL: The developmental psychology of J. P. (New York 1963, Nachdr. Princeton, N. J., 1968); L. SALBER: P.s Psychologie der Intelligenz (1977); H. SCHNEIDER: Die Theorie P.s, ein Paradigma für die Psychoanalyse? (Bern 1981); E. ZEIL-FAHLBUSCH: Perspektivität u. Dezentrierung philosoph. Überlegungen zur genet. Erkenntnistheorie J. P.s (1983); H. GINSBURG u. S. OPPER: P.s Theorie der geistigen Entwicklung (a. d. Engl., [4]1985); H. G. FURTH: Wissen als Leidenschaft. Eine Unters. über Freud u. P. (a. d. Engl., 1990); F. BUGGLE: Die Entwicklungspsychologie J. P.s ([3]1997).

Pialat [pjaˈlat], Maurice, frz. Filmregisseur, *Puy-de-Dôme 21. 8. 1925; drehte (meist kurze) Dokumentarfilme, seit 1968 realist. Spielfilme.

Filme: Nackte Kindheit (1968); Wir werden nicht zus. alt (1972); Die Qual vor dem Ende (1974); Mach erst mal Abitur (1979); Der Loulou (1979); Der Bulle von Paris (1985); Die Sonne Satans (1987); Van Gogh (1991); Le Garçu (1995).

Pia mater [lat., eigtl. ›fromme Mutter‹] *die, - -,* innerer Teil der weichen Gehirnhaut, der aus gefäßreichem, mit weiten, faserhaltigen Interzellularräumen versehenem Bindegewebe besteht. (→Gehirnhäute)

Pianchi, ägypt. König, →Pije.

Pianino [ital., Verkleinerung von Piano] *das, -s/-s, Musik:* →Klavier.

piano [ital.], Abk. **p,** musikal. Vortrags-Bez.: leise, schwach; **pianissimo,** Abk. **pp,** sehr leise; **pianissimo piano,** Abk. **ppp,** so leise wie irgend möglich; auch in Zusammensetzungen: **più p.,** leiser, schwächer; **mezzo p.,** Abk. **mp,** halbschwach; **fortepiano,** Abk. **fp,** laut und sofort wieder leise.

Édith Piaf

Piano *das, -s/-s, Musik:* Kurz-Bez. für Pianoforte →Klavier.

Piano, Renzo, ital. Architekt, *Genua 14. 9. 1937; studierte und lehrte (1965–68) am Polytechnikum Mailand, gleichzeitig im väterl. u. a. Architekturbüros (bei F. ALBINI, L. I. KAHN, Z. S. MAKOWSKI) tätig, Kontakte v. a. auch mit J. PROUVÉ. Seit 1970 internat. Aufträge, bis 1977 zus. mit R. ROGERS, ab 1977 mit PETER RICE (u. a. Mitarbeitern des gemeinsamen Studios); zahlr. Gastprofessuren. Vielfach prägt die Technologie seinen Baustil (→Hightech), zugleich gilt seine Aufmerksamkeit der Funktionsvielfalt und Kommunikation; nahm auch behutsame Erneuerungen histor. Zentren und Bauten vor. 1995 wurde er für seine Verdienste innerhalb der modernen Baukunst mit dem Erasmus-Preis ausgezeichnet. (BILD →Centre National d'Art et de Culture Georges Pompidou)

Jean Piaget

Werke (mit Mitarbeitern): Ital. Pavillon auf der Weltausstellung Expo '70 in Ōsaka; Centre National d'Art et de Culture Georges Pompidou (Paris, 1971–77); Corciano (Wohnviertel bei Perugia, 1978–82); Umbau der Fabriken Schlumberger

Renzo Piano: ›Debis‹-Bürohochhaus am Potsdamer Platz in Berlin, rechts davon Bürogebäude von Isozaki Arata; beide 1997 fertig gestellt

(Paris, 1980 ff.); De Menil Collection (Houston, Tex., 1981–87), Einkaufszentrum ›Bercy II‹ (Paris, 1987–90); Fußballstadion ›Santa Nicola‹ (Bari, 1987–90); Umbau des FIAT-Werks ›Lingotto‹ in ein Kultur- und Wissenschaftszentrum (Turin, 1989–94); Neugestaltung der Hafenanlagen mit Ausstellungs- u. Kongresszentrum in Genua (1990–92); Teilbebauung Potsdamer Platz (Berlin, 1992 ff.); Kansai International Airport (Ōsaka, 1987–94); Impulse Science & Technology Center (Amsterdam, 1994 ff.); ›Cité Internationale‹ (Lyon, 1996 eingeweiht); Museum der ›Fondation Beyeler‹ (Riehen, 1997 eröffnet).

M. Dini: R. P. Progetti e architetture, 1964–1983 (Mailand 1983); A. Compagno: R. P. Eine method. Suche nach Kompetenz (Zürich 1991); Bauten u. Projekte, Beitrr. v. V. Lampugnani (a. d. Ital., 1995); R. P. 1987–1994, Beitrr. v. dems. (a. d. Ital., 1995); Architekten – R. P., bearb. v. U. Stark ([3]1995); R. P., Building Wokshop, hg. v. P. Buchanan, 2 Bde. (a. d. Engl., 1994–96).

Pianoforte [ital., eigtl. ›leise (und) laut‹] *das, -s/-s, Musik:* →Klavier.

Pianograph *der, -en/-en, Musik:* →Melograph.

Pianola [ital.] *das, -s/-s,* Sammel-Bez. für zahlr. Typen selbstspielender, meist pneumatisch betriebener Klaviere mit Lochstreifen-Notenrollen, gebaut 1900–30; auch als separates Vorsatzgerät.

Pianopedal, *Musik:* →Klavier.

Piaristen, lat. **Ordo Clericorum Regularium Pauperum Matris Dei Scholarum Piarum** [›Orden der Armen Regularkleriker der Mutter Gottes für fromme Schulen‹], 1617 von Joseph von Calasanza in Rom gegründeter kath. Orden für Schulunterricht und Jugenderziehung mit (1997) rd. 1 450 Mitgl. in über 30 Ländern. Sitz des Generaloberen: Rom.

Piassavapalme, zwei Palmenarten, die an den nördl. Nebenflüssen des Amazonas in N-Brasilien und S-Venezuela beheimatete **Para-P.** (Leopoldinia piassaba) und die weiter südlich in Brasilien vorkommende **Bahia-P.** (Attalea funifera). Die Fasern werden als Flechtmaterial verwendet.

Piassave [indian.-port.] *die, -/-n,* **Piassava,** Bez. für mehrere Pflanzenfasern, die aus den Gefäßbündeln der Blattscheide und des Blattstiels versch. Palmenarten gewonnen werden. P.-Fasern sind kräftig, biegsam, meist dunkel gefärbt und eignen sich v. a. zur Herstellung von Bürsten, Besen und Matten.

Piasten, poln. und schles. Herrschergeschlecht, dessen Stammvater Piast († um 890) als Herzog die poln. Stämme zusammengefasst haben soll. Der erste histor. Vertreter, Mieszko I. († 992), dehnte den Staat der P. nach W aus. Mieszkos Sohn, Bolesław I. Chrobry (* 966/967, † 1025), festigte die Vormachtstellung Polens unter den westslaw. Fürstentümern. 1138 erfolgte die Teilung des Reiches unter die Söhne Bolesławs III. Krzywousty (* 1085, † 1138), und es entstanden eigenständige piast. Linien in Schlesien (bis 1675), Großpolen (bis 1296) und Kleinpolen (bis 1279) sowie, durch Teilungen der kleinpoln. Linie, in Masowien (bis 1526) und Kujawien (bis 1370/89). Die kujaw. Linie erneuerte 1320 mit Wladislaw I. Łokietek (* 1260/61, † 1333) das poln. Königtum, starb aber mit Wladislaws Sohn, Kasimir III., d. Gr. (* 1310, † 1370), dem letzten P. auf dem poln. Königsthron, aus.

Die schles. Linie geht auf Wladislaw II. von Polen (* vor 1105, † 1159) zurück, der bei der Reichsteilung 1138 das Teilfürstentum Schlesien erhielt. Unter seinen Söhnen Bolesław I. Wysoki († 1201) und Mieszko I. († 1211) von Schlesien teilten sich die schles. P. in einen niederschles. und einen oberschles. Zweig. 1248 entstanden die niederschles. Linien Liegnitz, Breslau und Glogau. Vom oberschles. Zweig spalteten sich u. a. die Linien Teschen-Auschwitz, Ratibor und Oppeln ab. Die schles. P. erloschen 1675 mit Herzog Georg Wilhelm von Liegnitz, Brieg und Wohlau (* 1660, † 1675).

Piaster [von ital. piastra, eigtl. ›Metallplatte‹] *der, -s/-, Münzkunde:* 1) bis in das 19. Jh. in Europa verwendete Bez. für den Peso **(Säulen-P.),** eine spanisch-amerikan. Handelsmünze; 2) im Osman. Reich allg. Bez. für Talermünzen und seit 1687 auch für die osman. Großsilbermünzen, 1 P. = 40 Para. Der P. ist noch heute kleine Währungseinheit in Ägypten: 100 P. (PT) = 1 Ägypt. Pfund, Libanon: 100 P. (P. L.) = 1 Libanes. Pfund, Sudan: 100 P. (PT.) = 1 Sudanes. Pfund und Syrien: 100 P. (PS) = 1 Syr. Pfund.

Piatigorsky [engl. pjɑːtɪˈgɔːskɪ], Gregor, amerikan. Violoncellist russ. Herkunft, * Jekaterinoslaw 17. 4. 1903, † Los Angeles (Calif.) 6. 8. 1976; studierte u. a. bei J. Klengel, war 1924–28 Solovioloncellist der Berliner Philharmoniker und wirkte 1942–51 als Prof. am Curtis Institute of Music in Philadelphia (Pa.), seit 1962 an der Univ. of Southern California in Los Angeles. Er spielte zahlr. z. T. ihm gewidmete Violoncellowerke bei Uraufführungen, z. B. von P. Hindemith, B. Martinů, D. Milhaud, S. S. Prokofjew, A. Webern; trat als Duopartner von S. W. Rachmaninow und A. Schnabel sowie als Triopartner von V. Horowitz und N. Milstein, A. Rubinstein und J. Heifetz auf; schrieb die Autobiographie ›Cellist‹ (1965; dt. ›Mein Cello und ich und unsere Begegnungen‹).

Piatra Neamț [ˈpjatra ˈneamts], Hauptstadt des Kr. Neamț, im O Rumäniens, am Rand der Ostkarpaten, 345 m ü. M., im Tal der Bistritz, 126 600 Ew.; archäolog. Museum; Landmaschinenbau, Möbelfabrik, Papier-, Nahrungsmittel- und Textilindustrie. – St. Johanneskirche (1497–98).

Piatti, Celestino, schweizer. Grafiker, Zeichner und Maler, * Wangen (bei Zürich) 5. 1. 1922; gestaltet Plakate, Bilderbücher, Buchillustrationen, Briefmarken, Wand- und Glasbilder, seit 1961 v. a. Buchumschläge; seit 1986 auch Eisenplastiken.

C. P. Meister des graph. Sinnbilds, hg. v. B. Weber (1987); Plakate = Posters, Beitrr. v. W. Göbel u. a. (1992).

Piauí, Bundesstaat in NO-Brasilien, 252 379 km², (1993) 2,66 Mio. Ew.; Hauptstadt ist Teresina; gehört zu den ärmsten Staaten Brasiliens. Das von einem schmalen Küstenstreifen und vom Parnaíba (W-Grenze) allmählich zum Brasilian. Bergland ansteigende Gebiet (v. a. Campos cerrados und Caatinga) dient überwiegend extensiver Schaf-, Ziegen- und Rinderzucht; am unteren Parnaíba Anbau bes. von Baumwolle, Maniok, Zuckerrohr, Bananen, Reis, Mais und Bohnen, Gewinnung von Karnaubawachs. – Das Gebiet von P. wurde erst im 17. und 18. Jh. erschlossen.

Piave, 1) *die,* Fluss in Norditalien, 220 km lang, entspringt in den Karnischen Alpen, durchfließt die Landschaft Cadore und das Becken von Belluno, durchbricht die Venezian. Voralpen, mündet kanalisiert ins Adriat. Meer.

2) Weinbaugebiet in Venetien, Italien, um Treviso; produziert vier sortenreine Weine (DOC): Tocai und Verduzzo (weiß) sowie Cabernet und Merlot (rot).

Piazza [ital., von lat. platea ›Straße‹] *die, -/...ze,* ital. für Platz, Marktplatz.

Celestino Piatti: Eulengesicht; Lithographie, 1973

Piazza Armerina, in Sizilien auch **Chiazza** ['kjattsa], Stadt in der Prov. Enna, Sizilien, Italien, 721 m ü. M., 22 700 Ew.; Bischofssitz; nahebei ehemalige Schwefelgruben. – Der Dom wurde 1627 neu errichtet, got. Campanile; aus der Normannenzeit stammende Kirche Sant'Andrea fuori le mura (1096), Fresken (12.–15. Jh.). – Die im 11. Jh. gegründete Stadt wurde im 12. Jh. zerstört, in der 2. Hälfte des 13. Jh. etwas weiter östlich wieder aufgebaut. – Südwestlich von P. A. wurde seit 1950 eine der größten spätantiken röm. Villenanlagen (Villa Romana del Casale) freigelegt. Die in abweichenden Achsen um ein großes Peristyl angelegten Räume enthalten farbige und schwarzweiße Fußbodenmosaiken (über 3 000 m^2) aus dem frühen 4. Jh. n. Chr., die mytholog. Darstellungen, Jagden, Wagenrennen, Gymnastik treibende junge Frauen u. a. Szenen wiedergeben (BILD →Mosaik). Wieder errichtet ist das Peristyl mit Brunnen.

Piazzetta, Giovanni Battista, ital. Maler und Radierer, *Venedig 13. 2. 1682, †ebd. 28. 4. 1754; ging 1703 nach Bologna zu G. M. CRESPI, ab 1711 in Venedig tätig; zählt neben G. B. TIEPOLO zu den Hauptmeistern des venezian. Rokoko. Er verbindet die malerisch-flüssige Gestaltungsweise Venedigs mit dem dramat. Helldunkel und dem Sinn für Realismus der Caravaggio-Tradition. In zunehmend heller werdender Farbigkeit und Transparenz gewinnen seine heftig bewegten Kompositionen visionären Charakter, ohne die Plastizität der Form aufzugeben. Wegen seiner langsamen Arbeitsweise erhielt P. nur wenige kirchl. Großaufträge. Er schuf Altarbilder, Porträts und v. a. ländlich-idyll., großfigurige Genreszenen, z. T. mit bibl. Motiven.

Werke: Deckenbild mit Glorie des hl. Dominikus (1727 vollendet; Venedig, Santi Giovanni e Paolo); Die Wahrsagerin (1740; ebd., Accademia); Rebecca am Brunnen (um 1740; Mailand, Brera).

L'opera completa del P., hg. v. R. PALLUCCHINI (Mailand 1982); G. KNOX: Giambattista P. (Oxford 1992).

Piazzi, Giuseppe, ital. Astronom, *Ponte (Veltlin) 16. 7. 1746, †Neapel 22. 7. 1826; Theatinermönch und Prof. der höheren Mathematik. P. baute die Sternwarte in Palermo, deren Direktor er später ebenso wie der von Neapel war. In der Neujahrsnacht 1800/01 entdeckte er den ersten Planetoiden, Ceres. Auf der Grundlage dieser Beobachtungen konnte C. F. GAUSS die Bahn dieses Himmelskörpers bestimmen.

Piazzolla, Astor, argentin. Musiker und Komponist, *Mar del Plata 11. 3. 1921, †Buenos Aires 4. 7. 1992; gefeierter Bandoneonspieler, begann in Tangoorchestern und studierte ab 1940 Komposition bei A. GINASTERA, ab 1954 in Paris bei N. BOULANGER. P. gilt als Erneuerer des argentin. Tangos, den er durch die Verbindung mit Elementen der Neuen Musik und des Jazz von der ausschließl. Funktion der Tanzmusik löste (Tango nuevo). P. komponierte mehr als 300 Tangos (u. a. ›Adios Nonino‹), Orchesterwerke, Kammer- und Filmmusiken sowie die Oper ›María de Buenos Aires‹ (1967; Uraufführung 1987 in Wien).

Astor Piazzolla

Pibgorn *das, -(s)/-s,* walis. Rohrblattinstrument, →Hornpipe 1).

Pibul Songgram, Phibun Songgram [phi-], Luang, thailänd. Politiker und Marschall, *Nonthaburi (bei Bangkok) 14. 7. 1897, †Tokio 11. 6. 1964; organisierte mit L. PRIDI BANOMJONG den Staatsstreich von 1932 gegen die absolute Monarchie unter König PRAJADHIPOK. 1934 wurde er Verteidigungs-Min., 1938 Min.-Präs. Innenpolitisch verfolgte er einen am nat.-soz. Dtl. und faschist. Italien orientierten Kurs. 1941 zwang er die Protektoratsmacht Frankreich, von Thaistämmen besiedelte, früher zu Thailand gehörende Gebiete in Laos und Kambodscha abzutreten. 1942 führte er Thailand an der Seite Japans in den Zweiten Weltkrieg. Angesichts der sich abzeichnenden jap. Niederlage sah sich P. S. 1944 zum Rücktritt gezwungen. Nach einem Militärputsch (1947) wieder Min.-Präs. (1948–57), lehnte sich eng an die von den USA geführten Mächte an und beteiligte sich 1954 führend an der Gründung der SEATO. Vom Militär gestürzt, ging er 1957 nach Tokio ins Exil.

Pic *der, -s/-e* und *-s,* frz. Bez. für: Bergspitze.

Picabia, Francis, eigtl. **F. Martínez de P.** [mar'tinεθ -], frz. Maler, Grafiker und Schriftsteller span.-kuban. Abkunft, *Paris 22. 1. 1879, †ebd. 30. 11. 1953; einer der wichtigsten Anreger der Kunst des 20. Jh., bes. für den Dadaismus. Er wechselte häufig seine Stile; begann impressionistisch, wandte sich dem Kubismus zu, trat 1911 der Section d'Or bei und stand

Francis Picabia: Udnie; 1913 (Paris, Musée National d'Art Moderne)

Pablo Picasso: Das Leben; 1903 (Cleveland, Oh., Museum of Art)

seit 1912 der orphist. Malerei nahe. In New York (v.a. 1914–16) hatte er Kontakt zu M. DUCHAMP und malte ironisch-satir. Maschinenbilder. Nach seiner dadaist. Phase (etwa 1914 bis um 1920) schloss er sich der surrealist. Bewegung an. 1924 war er an dem Experimentalfilm ›Entr'acte‹ von R. CLAIR beteiligt. 1925 kehrte er zur figurativen Kunst von provozierender Trivialität zurück. Nach 1945 fand er den Weg zur informellen Malerei.

Pablo Picasso: Frau mit Gitarre; 1924

Ausgabe: Schr., übers. v. P. GALLISSAIRES u.a., 2 Bde. (1981–83).

W. A. CAMFIELD: F. P. His art, life and times (Princeton, N. J., 1970); F. P., hg. v. M. HEINZ, Ausst.-Kat. ([2]1984); M. L. BORRÀS: P. (New York 1985); E. ORTH: Das dichter. Werk von F. P. (1917–1920) (1994); F. P., fleurs de chair, fleurs d'âme, hg. v. S. WIRTH, Ausst.-Kat. Galerie Hauser & Wirth, Zürich (Köln 1997).

Picador [span., zu picar ›stechen‹] *der, -s/-es,* eingedeutscht **Pikador,** *Stierkampf:* Lanzenreiter, der den Stier durch Stiche in den Nacken reizt.

Picard [piˈkaːr], **1)** Charles Émile, frz. Mathematiker, *Paris 24. 7. 1856, †ebd. 11. 12. 1941; ab 1885 Prof. an der Sorbonne in Paris. Frühe Arbeiten P.s galten v.a. der Funktionentheorie (→picardscher Satz), spätere Arbeiten betrafen die Analysis (Existenzsatz für Lösungen von Differenzialgleichungen, verbunden mit dem picardschen Iterationsverfahren zur Konstruktion von Lösungen), die Algebra und die Geometrie, insbesondere die algebraische Geometrie und Topologie.

2) Jacob, eigtl. **J. Pickard,** Pseud. **J. P. Wangen,** Schriftsteller, *Wangen (heute zu Öhningen, Landkreis Konstanz) 11. 1. 1883, †Konstanz 1. 10. 1967; emigrierte 1940 in die USA; nach dem Krieg Rückkehr; schrieb anfangs expressionist., dann jüdisch-traditionalist. Lyrik sowie Novellen und Essays.

Werke: *Lyrik:* Das Ufer (1913); Erschütterung (1920); Der Uhrenschlag (1960). – *Erzählungen:* Der Gezeichnete (1936, 1963 erweitert u. d. T. Die alte Lehre).

3) Jean, frz. Priester und Astronom, *La Flèche 21. 7. 1620, †Paris 12. 7. 1682; führte 1669/70 zw. Sourdon südlich von Amiens und Malvoisine südlich von Paris die erste Gradmessung unter Benutzung von Fernrohren an den Winkelmessinstrumenten aus.

4) Max, schweizer. Schriftsteller und Philosoph, *Schopfheim 5. 6. 1888, †Sorengo (bei Lugano) 3. 10. 1965; Arzt, ab 1918 freier Schriftsteller; leistete konservativ-religiöse Beiträge zur Kunsttheorie, Kulturphilosophie und Kulturkritik.

Werke: Das Ende des Impressionismus (1916); Der letzte Mensch (1921); Die Flucht vor Gott (1934); Hitler in uns selbst (1946); Die Atomisierung in der modernen Kunst (1954).

Picardie *die,* dt. **Pikardie,** Region und histor. Prov. in N-Frankreich, umfasst die Dép. Aisne, Oise und Somme, 19 399 km², 1,9 Mio. Ew.; Hauptstadt: Amiens. Das im O an die Champagne, im W an den Kanal grenzende Gebiet liegt zw. dem Pariser Raum und der hoch industrialisierten Region Nord-Pas-de-Calais; größte Städte sind Amiens und Saint-Quentin. Kernraum der P. ist ein hügeliges, verkarstetes Kreideplateau (rd. 200 m ü. M.) im Bereich des nördl. Pariser Beckens, im N und S durch Artois und Pays de Bray begrenzt. Intensive Landwirtschaft (Weizen, Gerste, Hafer, Roggen, Mais, Kartoffeln, 40% der frz. Zuckerrübenproduktion). Weinbau im Dép. Aisne. In der P. gibt es mehrere Zuckerraffinerien. Die Küste besitzt nur einige Fischerei- und Jachthäfen. Im Bereich der unteren Somme und Authie sind Marschen verbreitet (Weidewirtschaft). Die Schwerindustrie in Creil und Tergnier arbeitet mit Kohle des nordfrz. Reviers. Industriebetriebe siedelten sich in zahlr. Kleinstädten am Rand der Pariser Agglomeration und in den verkehrswichtigen Tälern von Oise und Aisne an. – Die P. war im MA. in viele (v.a. kirchl.) Herrschaften zersplittert, wichtigste waren die Grafschaften Vermandois und Ponthien. Vom 12. bis 14. Jh. fiel das Gebiet nach und nach an die frz. Krondomäne. 1435 und 1465/67 kamen Teile an Burgund. Erst nach dem Tod KARLS DES KÜHNEN (1477) wurden diese 1482 von Kaiser MAXIMILIAN I. an Frankreich zurückgegeben. – Zur Mundart der P. →Pikardisch.

Pablo Picasso: Frau im Lehnstuhl; 1941 (Düsseldorf, Kunstsammlung Nordrhein-Westfalen)

Atlas de P. (Amiens 1976); Histoire de la P., hg. v. R. FOSSIER (Neuausg. Toulouse 1988).

picardscher Satz [piˈkaːr-; nach C. É. PICARD], *Mathematik:* Eine in einem Gebiet der komplexen Ebene bis auf eine wesentl. Singularität *a* holomorphe Funktion nimmt in jeder Umgebung von *a* alle komplexen Werte mit höchstens einer Ausnahme an.

Picasso, Pablo, eigtl. **Pablo Ruiz y P.** [rruiθ i -], span. Maler, Grafiker und Bildhauer, * Málaga 25. 10. 1881, † Mougins (bei Cannes) 8. 4. 1973; besuchte mit 15 Jahren die Kunstschule in Barcelona, 1897 kurze Zeit die Academia San Fernando in Madrid. Von 1900 bis zu seiner endgültigen Übersiedlung (1904) reiste P. jährlich nach Paris, wo ihn v. a. nachimpressionist. Bilder von H. TOULOUSE-LAUTREC, P. GAUGUIN, aber auch E. DELACROIX, H. DAUMIER, E. DEGAS und T. STEINLEN beeinflussten. Seit 1901 entwickelte P. in der ›blauen Periode‹ (bis 1904) seinen ersten eigenständigen Stil mit schwermütigen Figurenbildern in Blautönen (›Absinthtrinkerin‹, 1902; Glarus, Sammlung Huber). Ab 1901 signierte er mit P. Nach 1904

Pablo Picasso (Foto von Robert Doisneau, 1952)

belebte sich seine Farbskala wieder, doch blieb die melanchol. Grundstimmung. P. bevorzugte Zirkusmotive, häufig vor einem rosa Hintergrund, daher ›rosa Periode‹ (bis 1906) genannt (›Die Gaukler‹, 1905; Washington, D. C., National Gallery). Neben Radierungen und Kupferstichen entstanden die ersten Plastiken. Für die Stilwende von 1907 waren v. a. afrikan. Masken und die Auseinandersetzung mit dem Werk P. CÉZANNES wichtig, die bes. in den Vorstudien zu dem Bild ›Les Demoiselles d'Avignon‹ (1907; New York, Museum of Modern Art; BILD →Kubismus) zum Ausdruck kommt. Dieses Werk brach mit der bisher gültigen Ästhetik, zersplitterte Formen und Farben (v. a. Grau-, Braun-, Grüntöne) und führte zeitgleich mit G. BRAQUE zum analyt. Kubismus.

Die Auflösung des Gegenständlichen in stereometr. Strukturen näherte sich in den Bildern der Folgezeit der Abstraktion (›Frauenkopf‹, 1909, Privatsammlung; ›Frau mit Gitarre‹, ›Ma Jolie‹, 1911/12, New York, Museum of Modern Art), ohne dass das gegenständl. Motiv ganz aufgegeben wurde. Eine auf die Zweidimensionalität abgestimmte Ästhetik hatte die Einbeziehung der Collage (›papiers collés‹) zur Folge. Die Phase des synthet. Kubismus (ab 1912) ging häufig vom abstrahierten Bildvorwurf oder der reinen Form der Einzelobjekte aus, deren Kombination dann eine gegenständl. Deutung des Bildganzen zulässt; sie ist durch wieder zunehmende Farbigkeit bestimmt (›Die Violine‹, 1912; Stuttgart, Staatsgalerie). Der

Pablo Picasso: **links** Stierschädel; Bronze, 1943; **rechts** Ziegenschädel und Flasche; Bronze, 1951 (beide Düsseldorf, Kunstsammlung Nordrhein-Westfalen)

›synthetische‹ Charakter dieser Kunst kommt in den gleichzeitig entstandenen Plastiken (von P. ›Construction‹ gen.) deutlich zum Ausdruck (›Gitarre‹, 1912; New York, Museum of Modern Art).

In der Folgezeit stehen widersprüchl. Kunstrichtungen in P.s Werk nebeneinander. Ab 1915 zeichnete er neben kubist. Arbeiten wieder realistisch erscheinende Porträts. Ab 1914 trat neben die gleichzeitig lockerer werdende kubist. Malerei eine monumental ›klassizistische‹, die seit 1919 auch auf antike mytholog. Motive und Vorbilder zurückgriff. Nachhaltige Impulse erhielt P. in seinem Kontakt zu den Surrealisten, an deren Ausstellung er sich 1925 beteiligte (›Drei Tänzer‹, 1925; London, Tate Gallery). Die vom Surrealismus eröffnete Möglichkeit zur Verschlüsselung und myth. Überhöhung psych. Erfahrungen erweiterte die Ausdruckskraft in P.s Werk (›Minotauromachie‹; 1925, Radierung). Eine Reise nach Spanien (1934) bereicherte seine Thematik um Stierkampfszenen.

Ein Höhepunkt in P.s Schaffen ist das für den span. Pavillon auf der Weltausstellung in Paris (1937) ge-

Auguste Piccard

malte großformatige Gemälde ›Guernica‹ (Madrid, Centro de Arte Reina Sofia), das als symbol. Aufschrei gegen den Krieg verstanden wurde. P.s Protest gegen den Krieg allg. führte nach dem Zweiten Weltkrieg (den er im besetzten Paris erlebte) zu stärkerem polit. Engagement; ab 1944 war er Mitgl. der Kommunist. Partei Frankreichs (Symbol der ›Friedenstaube‹ u.a., Plakat, 1949). Als Künstler experimentierte er nun mit neuen Techniken und Themen. Die Lithographie war 1945–49 eine wichtige Ausdrucksmöglichkeit, die seiner spontanen Zeichenweise entgegenkam. Seit 1947 entstand in Vallauris (bei Cannes) eine große Zahl bemalter Keramiken; vereinzelt auch plast. Werke. In der Malerei variierte er die sein ganzes Werk durchziehenden bukol. Themen und kam dabei zu einem stark vereinfachenden, kurvigen Linienstil. Auch Gemälde alter Meister (REMBRANDT, D. VELÁZQUEZ, EL GRECO, N. POUSSIN) dienten ihm (bes. seit 1954) als Bildentwurf und wurden einer Reihe eigenwilliger Metamorphosen unterworfen (›Las Meninas‹, 1957; Barcelona, Museo P.). Ab 1961 lebte P. in Mougins. Bes. in der Grafik gelangte er hier zu einem abgeklärten Klassizismus. Es entstanden u.a. heiter-parodist. Zeichnungen (›Maler und Modell‹, etwa 70 Blätter, 1963/64), 1968 eine Folge von 347 Radierungen.

P. gilt als ein Wegbereiter und einer der wichtigsten Repräsentanten der Malerei des 20. Jh.; seine Figuren, Köpfe, Konstruktionen, Materialbilder und Assemblagen sind Schlüsselwerke der modernen Plastik. – P. verfasste auch das dadaist. Stück ›Le désir attrapé par la queue‹ (entstanden 1941, erschienen 1945) sowie ›Les quatres petites filles‹ (entstanden 1948, erschienen 1968), ein Spiel in sechs Akten.

Niccolò Piccinni (Kupferstich von Johann Friedrich Schröter; um 1795)

1963 wurde in Barcelona das Museo P. eröffnet. Einen Großteil des künstler. Nachlasses erhielt (zur Abgeltung von Erbschaftsteuern) der frz. Staat, der hierfür 1985 das Musée P. in Paris einrichtete. In Málaga, der Geburtsstadt des Künstlers, soll bis 1999 im Buenavista-Palast ein P.-Museum eingerichtet werden; 138 Werke aus allen Epochen bilden den Grundstock der Sammlung, den 1996 CHRISTINE RUIZ P., Schwiegertochter des Künstlers, der Regionalregierung von Andalusien stiftete.

Michel Piccoli

Ausgabe: Die poet. Schr. 1935–1959, hg. v. M. L. BERNADAC u.a. (1989).

P. P. Œuvres de 1895 ... à 1972, hg. v. C. ZERVOS, 34 Bde. (Paris 1942–83); P. Peintre-graveur, bearb. v. B. BAER u.a., 5 Bde. (Bern 1955–89); G. BLOCH: P. P. Catalogue de l'œuvre gravé et lithographié, 4 Bde. (ebd. [1-2]1971–79); P. P. Zeichnungen, hg. v. W. BOECK (1973); P. P. Retrospektive im Museum of Modern Art, New York, hg. v. W. RUBIN (a.d. Amerikan., 1980); P. PENROSE: P. P. Sein Leben – sein Werk (a.d. Engl., 1981); S. GOEPPERT: P. P. Catalogue raisonné des livres illustrés (Genf 1983); P., das plast. Werk, bearb. v. W. SPIES ([2]1983); Der junge P. Frühwerk u. Blaue Periode, hg. v. J. GLAESEMER, Ausst.-Kat. (Bern 1984); BRASSAÏ: Gespräche mit P. (a.d. Engl., 1985); P.s Klassizismus. Werke 1914–1934, hg. v. U. WEISNER, Ausst.-Kat. (1988); P. P. Portrait, bearb. v. R. DOSCHKA, Ausst.-Kat. (Ballingen 1989); P. u. Braque. Die Geburt des Kubismus, hg. v. W. RUBIN, Ausst.-Kat. (a.d. Amerikan., 1990); W. WIEGAND: P. P. mit Selbstzeugnissen u. Bilddokumenten (62.–65. Tsd. 1990); Die Metamorphosen der Bilder, bearb. v. D. ELGER, Ausst.-Kat. Sprengel Museum Hannover (1992); P. 1905–1906. Rosa Periode u. Gósol, Ausst.-Kat. Museu Picasso, Barcelona u.a. (Barcelona 1992); P. and Braque. A symposium, hg. v. L. ZELEVANSKY (München 1992). L. C. RODRIGO: P. in his Posters. Image and work, 4 Bde. (Madrid 1992); Die Zeit nach Guernica 1937–1973, bearb. v. W. SPIES, Ausst.-Kat. Nationalgalerie, Berlin u.a. (1993); P. P. Wege zur Skulptur. Die Carnets Paris u. Dinard von 1928, bearb. v. DEMS., Ausst.-Kat. Wilhelm-Lehmbruck-Museum, Duisburg u.a. (1995); P. Die Sammlung Ludwig. Zeichnungen, Gemälde, plast. Werke, hg. v. E. WEISS, Ausst.-Kat. Museu Picasso, Barcelona u.a. ([2]1993); C. GEELHAAR: P. Wegbereiter u. Förderer seines Aufstiegs 1899–1939 (Zürich 1993); P. P. Die illustrierten Bücher, bearb. v. KATHARINA SCHMIDT, Ausst.-Kat. Kunstmuseum, Basel u.a. (1995); P. P., the early years 1892–1906, hg. v. M. MCCULLY, Ausst.-Kat. National Gallery of Art Washington (Washington, D.C., 1997).

Picassofisch, Rhinecanthus aculeatus, Art der →Drückerfische (Körperlänge 30–50 cm) in den Korallenriffen des trop. Indopazifiks; die plakative Körperfärbung hat einerseits Warnfunktion, andererseits Schutzfunktion durch opt. Auflösung der Körperumrisse. Der P. ist zur Haltung in großen Seewasseraquarien geeignet, jedoch recht unverträglich.

Piccard [piˈkaːr], **1)** Auguste, schweizer. Physiker, *Basel 28. 1. 1884, †Lausanne 25. 3. 1962, Vater von 2); wurde 1917 Prof. in Zürich, 1922 in Brüssel. Er unternahm 1931 mit seinem Assistenten F. KIPFER von Augsburg aus den ersten Stratosphärenflug mit einem Ballon, wobei er eine Höhe von 15 781 m erreichte (1932 von Zürich aus 16 940 m). P.s Zwillingsbruder JEAN FÉLIX P. (*1884, †1963) erreichte 1934 mit einem Ballon fast 17 500 m. – Ab 1947 beschäftigte sich P. mit Tiefseetauchversuchen; er entwickelte das erste Tiefseetauchgerät (→Bathyskaph), mit dem er 1953 eine Tiefe von 3 150 m erreichte.

2) Jacques, schweizer. Tiefseeforscher, *Brüssel 28. 7. 1922, Sohn von 1); Mitarbeiter seines Vaters bei der Konstruktion des Bathyskaphs ›Trieste‹ und anschließenden Tauchversuchen (1953); 1960 tauchte er zus. mit dem amerikan. Marineleutnant DON WALSH mit der von der US-Marine gekauften ›Trieste‹ im Marianengraben in eine Tiefe von 10 916 m. Mit seiner Hilfe entstanden ab 1964 (›Auguste Piccard‹) auch Unterseeboote für tourist. Zwecke.

Piccinni [pitˈtʃi(n)ni], **Piccini** [pitˈtʃiːni], Niccolò Vito, eigtl. **Nicola Vincenzo P.,** ital. Komponist, *Bari 16. 1. 1728, †Passy (heute zu Paris) 7. 5. 1800; wirkte v.a. in Neapel, Rom und (seit 1776) in Paris. P. entwickelte die Opera buffa zu einer im bürgerl. Milieu angesiedelten Komödie mit empfindsamen Zügen. Er wurde zum Gegner von C. W. GLUCK und dessen Reformoper und zum Hauptvertreter einer italianisierenden, die kantable Melodik bevorzugenden Partei (den ›Piccinnisten‹) gemacht. P. schrieb etwa 120 Bühnenwerke, Oratorien und Kirchenmusik.

Werke: *Opern:* Alessandro nelle Indie (1758; Opera seria); La Cecchina, ossia La buona figliuola (1760, Libretto von C. GOLDONI; Opera buffa); L'Olimpiade (1761, nach P. METASTASIO; Opera seria; Neufassung 1774); Iphigénie en Tauride (1781; Opera seria).

Piccoli [pikɔˈli], Jacques Daniel Michel, frz. Schauspieler, *Paris 27. 12. 1925; Bühnen- (u.a. Titelrolle in ›John Gabriel Borkman‹ von H. IBSEN), Film- und Fernsehdarsteller. Seit 1949 beim Film, gelang ihm der künstler. Durchbruch in den 60er-Jahren; seine Rollen brachten ihm internat. Anerkennung.

Filme: Die Verachtung (1963); Tagebuch einer Kammerzofe (1964); Belle de Jour – Schöne des Tages (1967); Themroc (1972); Das Mädchen u. der Kommissar (1973); Das große Fressen (1973); Trio Infernal (1974); Die Spaziergängerin von Sans-Souci (1981); Das weite Land (1986); Eine Komödie im Mai (1990); Die schöne Querulantin (1991); Hundertundeine Nacht (1994); Tödliches Geld (1995).

Piccolo, *Musik:* →Pikkolo.

Piccolomini, ital. Adelsgeschlecht aus Siena, erlosch mit ENEA SILVIO P. (Papst →PIUS II.) 1464 im Mannesstamm. Der Name ging auf die Nachkommenschaft seiner Schwester LAUDEMIA (**P.-Todeschini,** erloschen 1783) und seiner Nichte CATERINA (**P.-Pieri,** erloschen 1757) über. – Bedeutende Vertreter:

1) Alessandro, ital. Gelehrter und Dichter, *Siena 13. 6. 1508, †ebd. 12. 3. 1578; lehrte Moralphilosophie in Padua, ging dann nach Rom und lebte seit 1549 als hoher geistl. Würdenträger in seiner Geburtsstadt Siena; bemühte sich um die Popularisierung von Philosophie und Wiss. des Humanismus; schrieb astronom. (›De la sfera del mondo‹, 1540) und philosoph. Werke (›La filosofia naturale‹, 1551) und übersetzte und kommentierte u.a. die Poetik des ARISTOTELES

(1575). Sein in der Jugend verfasster, später von ihm verworfener freizügiger Dialog ›La Raffaella. Ovvero, della bella creanza delle donne, dialogo‹ (1540; dt. ›Gespräche über die feine Erziehung der Frauen‹) ist von kulturhistor. Interesse. P. schrieb auch Lustspiele und Sonette (›Cento sonetti‹, 1549).

F. V. CERRATA: A. P., letterato e filosofo senese del Cinquecento (Siena 1960); A. BUCK: A. P.s moralphilosoph. Lehre im Rahmen des Vulgärhumanismus, in: Italien u. die Romania in Humanismus u. Renaissance, hg. v. K. W. HEMPFER u. a. (1983).

2) Ottavio Fürst (seit 1650) **P.-Pieri, Herzog von Amalfi** (seit 1639), kaiserl. Feldmarschall (1634) und Generalleutnant, *Florenz 11. 11. 1599, †Wien 11. 8. 1656; trat nach Einsätzen in Italien, Böhmen und im Mantuan. Erbfolgekrieg in das Heer WALLENSTEINS ein, dessen Vertrauen er sich seit 1627 als Kapitän der Leibgarde erworben hatte. P. entdeckte dem Kaiser WALLENSTEINS eigenmächtige Pläne und wurde mit dessen Festnahme beauftragt. Er besiegte 1634 die Schweden bei Nördlingen, kämpfte 1636-39 im span. Heer gegen die Franzosen und Holländer, dann im kaiserl. gegen die Schweden, die ihn bei Breitenfeld besiegten (2. 11. 1642). Als kaiserl. Vertreter führte er die 1648 in Prag aufgenommenen und 1649 in Nürnberg fortgeführten Verhandlungen mit Schweden über die Durchführung des Westfäl. Friedens. 1650 erhielt er aus dem ehem. wallensteinschen Besitz die Herrschaft Nachod in Böhmen. - Seine Rolle bei der Ermordung WALLENSTEINS gestaltete SCHILLER poetisch frei in seinem Drama ›Wallenstein‹.

Piccolo Teatro di Milano ['pikkolo], eine der ersten Bühnen Italiens mit festem Haus und Ensemble (›Teatro stabile‹), 1947 von P. GRASSI und G. STREHLER in Mailand gegründet. Das P. T. di M. entwickelte sich zu einer der international renommiertesten Bühnen. Nach STREHLERS Ausscheiden (1968) übernahm GRASSI die alleinige Leitung. Als GRASSI 1972 Generalintendant der Mailänder Scala wurde, kehrte STREHLER zurück und leitete es offiziell bis 1996. Amtierender künstler. Direktor bis Juni 1997 war JACK LANG. 1998 wurde der 1983 begonnene Neubau eines Theatergebäudes eröffnet. Das P. T. di M. wird teilweise subventioniert.

P. T. 1947-1958, hg. v. P. GRASSI u. a. (Mailand 1958).

Picea [lat.], wiss. Name der Gattung →Fichte.

Picenum, antike Landschaft an der ital. Adriaküste zw. Esino und Pescara, bewohnt von den umbrosabell. **Picentern** (lat. **Picentes**); 268 v. Chr. von den Römern unterworfen. (→italische Kunst)

Pichegru [piʃ'gry], Charles, frz. General, *bei Arbois 16. 2. 1761, †(Selbstmord) Paris 6. 4. 1804; war 1797 führend an der royalist. Verschwörung gegen das Direktorium beteiligt. Deportiert, entkam P. 1798 nach England. Sein mit G. CADOUDAL geplanter Anschlag auf NAPOLEON wurde entdeckt. P. beging im Gefängnis Selbstmord.

Pichelswerder, Halbinsel zw. Havel und Stößensee im Verw.-Bez. Spandau von Berlin; sommerl. Ausflugsziel.

Pichet [pi'ʃɛ, frz.] *der, -(s)/-s,* Krug, in dem in Frankreich traditionell offene Weine serviert werden.

Pichincha [pi'tʃintʃa], **1)** Vulkan in Ecuador, bei →Quito.

2) Prov. in →Ecuador.

Pichler, 1) Adolf, Ritter **von Rautenkar** (seit 1877), österr. Schriftsteller, *Erl 4. 9. 1819, †Innsbruck 15. 11. 1900; 1848 Hauptmann der akadem. Tiroler Schützenkompanie im Kampf gegen die Italiener; 1849 Gymnasiallehrer, ab 1867 Prof. für Mineralogie und Geologie in Innsbruck. Seine Dichtungen (Erzählungen, Epen, Lyrik, Dramen) sind vom Erlebnis der Tiroler Landschaft und Bev. geprägt.

Ausgabe: Ges. Werke, 17 Bde. ([1-6]1905-09).

2) Hans, Philosoph, *Leipzig 26. 2. 1882, †Greifswald 10. 11. 1959; seit 1921 Prof. in Greifswald; trat, in Auseinandersetzung mit dem Denken von G. W. LEIBNIZ, C. WOLFF und I. KANT, für eine Neubelebung der Ontologie ein.

Werke: Über die Arten des Seins (1906); Über Christian Wolffs Ontologie (1910); Leibniz (1919); Zur Logik der Gemeinschaft (1924); Die Logik der Seele (1927); Leibniz' Metaphysik der Gemeinschaft (1929); Einf. in die Kategorienlehre (1937); Das Geistvolle in der Natur (1939); Persönlichkeit, Glück, Schicksal (1947); Die Idee der Wiss. im Wandel der Jahrhunderte (1956).

Ausgabe: Ganzheit u. Gemeinschaft. Ges. Schr. (1967).

3) Karoline, geb. **von Greiner,** österr. Schriftstellerin, *Wien 7. 9. 1769, †ebd. 9. 7. 1843. Ihr Haus war ein kultureller Mittelpunkt im biedermeierl. Wien. Sie schrieb Balladen, breit angelegte patriot. Romane und Erzählungen mit moralisierender Tendenz, Dramen sowie literaturgeschichtlich interessante ›Denkwürdigkeiten aus meinem Leben‹ (hg. 1844).

4) Walter, österr. Bildhauer, Architekt und Zeichner, *Deutschnofen (bei Bozen) 1. 10. 1936; arbeitet seit 1972 in Sankt Martin an der Raab (Burgenland), wo er einen Bauernhof zu einer Art Gesamtkunstwerk gestaltet. Ausgangspunkte seines Schaffens bilden visionäre, z. T. mit H. HOLLEIN entwickelte Architekturvorstellungen und in der Bildhauerei zw. apparativen und ritualisierten Formen vermittelnde ›Prototypen‹ aus Bronze, Holz und Lehm. Seine Werke begleiten zahlr. Zeichnungen.

W. P. Skulpturen, Gebäude, Projekte (Salzburg 1983); W. P. Bilder, Text v. C. REDER (ebd. 1986); Skulptur: W. P., hg. v. P. NOEVER, Ausst.-Kat. (Wien 1990); Halle in Syros, Beitrr. v. V. PURTSCHER u. a. (1993); Joseph Beuys, W. P. Zeichnungen, hg. v. K. GALLWITZ u. a., Ausst.-Kat. Gerhard-Marcks-Haus, Bremen u. a. (1996).

Ottavio Fürst Piccolomini-Pieri

Charles Pichegru

Walter Pichler: Alkoholiker mit 3 Frauen; 1975 (Basel, Kunstmuseum, Depositum der Emanuel Hoffmann-Stiftung)

Picht, Georg, Pädagoge und Religionsphilosoph, *Straßburg 9. 7. 1913, †Hinterzarten 9. 8. 1982; ∞ mit EDITH PICHT-AXENFELD; leitete 1946-56 das Land-

Georg Picht

erziehungsheim Birklehof (bei Hinterzarten), seit 1958 in Heidelberg an der Forschungsstätte der Ev. Studiengemeinschaft (FEST); 1965 Univ.-Prof. ebd. P. war mit seiner Kritik am dt. Bildungswesen ein Wegbereiter der Bildungsreform.

Werke: Die dt. Bildungskatastrophe (1964); Die Verantwortung des Geistes (1965); Prognose, Utopie, Planung (1967); Wahrheit, Vernunft, Verantwortung (1969); Theologie u. Kirche im 20. Jh. (1972); Hier u. Jetzt. Philosophieren nach Auschwitz u. Hiroshima, 2 Bde. (1980–81).

Edith Picht-Axenfeld

Picht-Axenfeld, Edith Maria, Pianistin und Cembalistin, * Freiburg im Breisgau 1. 1. 1914; ⚭ mit G. PICHT; Schülerin von R. SERKIN; v. a. geschätzt als Interpretin J. S. BACHS, auch zeitgenöss. Werke.

Pichurimbohnen [indian.], **Brasilianische Bohnen, Sassafrasnüsse,** etwa 3 cm lange und 1 cm breite Früchte des brasilian. Lorbeergewächses Nectandra puchury. Die stark aromat. Keimblätter wurden früher als Vanilleersatz bei der Schokoladenherstellung verwendet.

Pichvai *das, -s/-s,* **Pichwai,** großformatiges, auf Stoff gemaltes ind. Kultbild, das meist Krishna als zentrale Figur zeigt.

Pick, Lupu, Schauspieler, Regisseur, Autor und Produzent rumän. Herkunft, * Jassy 2. 1. 1886, † Berlin 7. 3. 1931; begann 1909 als Schauspieler am Theater und 1915 beim Film. Ab 1918 drehte er – meist mit CARL MAYER als Drehbuchautor – eigene Spielfilme, z. B. ›Scherben‹ (1921) und ›Sylvester‹ (1923), die zu den wichtigsten Dokumenten des expressionist. ›Kammerspielfilms‹ zählen.

Weitere Filme: Napoleon auf St. Helena (1929); Gassenhauer (1931).

Mary Pickford

Pickel, *Medizin:* umgangssprachl. Bez. für Hautknötchen mit unterschiedl. Ursachen, v. a. in Form der entzündeten Mitesser bei Akne.

Pickel, Konrad, Humanist, →Celtis, Konrad.

Pickelhaube, nichtamtl., auf die Form hinweisende Bez. für den 1842 von der preuß. Armee eingeführten Helm, der für einige Kavallerietruppenteile aus Metall, sonst aber aus Leder gefertigt wurde. Charakteristisch war die aufgesetzte hohe Spitze. In abgewandelter Form hielt sich die P. im dt. Heer bis zur Einführung des Stahlhelms 1916. (BILD →Helm)

Pickelhering [von älter engl. pickleherring ›Pökelhering‹], **Pickelhäring,** die →komische Person bei den →englischen Komödianten, geschaffen 1618. Die Figur hatte Handlungs- und Chorfunktionen (kom. Spiel und Kommentar). →Hanswurst

Pickeln, Teilprozess bei der Herstellung von Chromleder, bei dem eine Kochsalz-Schwefelsäure-Lösung (›Pickel‹) zur Konservierung der Häute dient.

Picker [engl. ›Pflücker‹] *der, -s/-,* **1)** *Landtechnik:* fahrbare Baumwollpflückmaschine.

2) *Textiltechnik:* **Treiber,** an der Webmaschine der Teil aus hartem Büffelleder, Schweinsleder, Fiber oder Kunststoff, der den Schützen mit schlagartiger Bewegung durch das →Fach treibt.

Giovanni Pico della Mirandola

Pickering, Edward Charles, amerikan. Astronom, * Boston (Mass.) 19. 7. 1846, † Cambridge (Mass.) 3. 2. 1919; ab 1877 Direktor des Harvard-College-Observatoriums in Cambridge (Mass.), das er zu einer der bedeutendsten Sternwarten ausbaute. Sein Beobachtungsmaterial an visuellen und fotograf. Sternhelligkeiten und Sternspektren war lange Zeit die Grundlage der Stellarstatistik und des Studiums der veränderl. Sterne. Unter ihm gab das Harvard-Observatorium die ›Photometric revision of the Harvard Photometry‹ (1899) und den →Henry-Draper-Katalog (9 Bde., 1918–24, mit A. J. CANNON) heraus. Auch P.s Bruder WILLIAM H. P. (* 1858, † 1938) war als Astronom am Harvard-Observatorium tätig.

Pickering-Serie, die von E. C. PICKERING in den Spektren von O-Sternen entdeckte wasserstoffähnl. Spektralserie der einfach ionisierten Heliumatome. Sie entspricht Übergängen von höheren Zuständen zum Energieniveau mit der Hauptquantenzahl $n = 4$. – Die P.-S. wurde urspr. als ›II. Nebenserie des Wasserstoffs‹ fälschlich dem Wasserstoffatom zugeordnet.

Pickford [ˈpɪkfəd], Mary, eigtl. **Gladys M. Smith** [smɪθ], amerikan. Filmschauspielerin, * Toronto 9. 4. 1893, † Santa Monica (Calif.) 28. 5. 1979. 1909 von D. W. GRIFFITH für den Film entdeckt, entwickelte sich P. mit kindlich-naiven Rollen, z. B. in den Filmen ›A good little devil‹ (1913), ›The poor little rich girl‹ (1917), ›Pollyanna‹ (1920), ›Kiki‹ (1931), zu einem der ersten Stars des amerikan. Films (bis 1933). Mit D. FAIRBANKS SEN., mit dem sie 1920–35 verheiratet war, sowie C. CHAPLIN und GRIFFITH gründete sie 1919 die United Artists Corporation.

Pick-Krankheit [nach dem tschech. Neurologen und Psychiater ARNOLD PICK, * 1851, † 1924], erblich bedingte, umschriebene Hirnatrophie, bes. im Bereich des Stirn- und Schläfenlappens. Zur Manifestation kommt es v. a. zw. dem 40. und 60. Lebensjahr. Persönlichkeitsveränderungen und später Gedächtnisstörungen stehen im Vordergrund. Die P.-K. ist durch Computer- oder Kernspintomographie nachweisbar.

Pickwickier, Die [- pɪkˈwɪkɪə], engl. ›The posthumous papers of the Pickwick Club‹, Roman von C. DICKENS; engl. 1837; pikaresker Roman, der die Abenteuer des weltfremden Mr. Pickwick und seines gewitzten Cockney-Dieners Sam Weller zum Inhalt hat; mehrfach dramatisiert und verfilmt.

Pickwick-Syndrom [nach der Titelfigur des Romans ›Die Pickwickier‹ von C. DICKENS], Erkrankung mit ausgeprägter Fettsucht; gekennzeichnet durch Atemnot, Zyanose, teils anfallartig auftretende Schlafneigung (Somnolenz) infolge einer Kohlendioxidanreicherung im Blut (Hyperkapnie) und Rechtsherzüberlastung (›kardiopulmonales Syndrom‹). Die *Behandlung* besteht in einer Gewichtsreduktion.

Picnjo [-ts-], sorb. Name der Stadt →Peitz.

Pico, 1) *der,* ital., span. und port. für Bergspitze.

2) Insel der →Azoren.

Pico della Mirandola, Giovanni, ital. Humanist und Philosoph, * Mirandola (bei Modena) 24. 2. 1463, † bei Florenz 17. 11. 1494. Nach intensiven Aristoteles- und Scholastikstudien in Padua und Florenz, bei denen er auch die hebr. und arab. Aristotelesforschung kennen lernte, ließ P. d. M. sich 1484 in Florenz nieder, wo er Beziehungen zu M. FICINO und später zu G. SAVONAROLA knüpfte. 1485 richtete er an den venezian. Humanisten ERMOLAO BARBARO (* 1453, † 1493), der die arab. und scholast. Aristotelesinterpretation für unzulänglich hielt, den Brief ›De genere dicendi philosophorum‹ (1485), in dem er ihre Gründlichkeit betonte; Beurteilungskriterium könne nicht die stilist. Qualität dieser Schriften sein, die auch keinen Selbstwert darstellen könne. Bemüht, in den Philosophien und Religionen jedweder Herkunft Wahrheitselemente zu erkennen, lud P. d. M. Gelehrte zu einem Kongress nach Rom ein, bei dem 900 zu diesem Zweck verfasste Thesen (›Conclusiones philosophicae, cabalisticae et theologicae‹, 1486) diskutiert werden sollten. Gegen deren Ablehnung durch den Papst suchte sich P. d. M. in der ›Apologia‹ (1487) zu verteidigen. Eingeleitet werden die ›Conclusiones‹ durch die Rede ›De hominis dignitate‹ (dt. ›Über die Würde des Menschen‹), in der sich die These findet, der Mensch sei von Gott nicht an einen festen Punkt in der Hierarchie der wirkl. Dinge gestellt worden; vielmehr sei er so geschaffen, dass er sich entscheiden könne, entweder auf den Stand des Tieres zurückzufallen oder sich in die Welt des Göttlichen zu erheben. Diese These greift P. d. M. wieder in seinem Werk ›Heptaplus, de septiformi sex dierum geneseos enarratione‹ (1489)

auf, einer u. a. auf kabbalist. Quellen gestützten Interpretation des Sechstagewerks der Schöpfung. Der Betonung der Freiheit des menschl. Willens entspricht auch die Ablehnung astrolog. Denkens, sofern es die Abhängigkeit menschl. Handelns von den Konstellationen der Sterne behauptet (›Disputationes adversus astrologiam divinatricem‹, um 1495).

Ausgabe: Opera omnia, 2 Bde. (1557–73, Nachdr. 1969).

E. MONNERJAHN: G. P. d. M. Ein Beitr. zur philosoph. Theorie des ital. Humanismus (1960); J. JACOBELLI: P. D. M. (Mailand [2]1987).

Pico de Orizaba [-ˈθaβa], Vulkan in Mexiko, →Citlaltépetl.

Picoline [Kw.], **Methylpyridine,** Bez. für die drei stellungsisomeren Monomethylderivate des Pyridins (**α-, β-** und **γ-P.**). Die P. sind flüssige Substanzen, die neben Pyridin (u. a. Pyridinbasen) im Steinkohlenteer vorkommen. β-P. wird durch katalyt. Reaktion von Acrolein mit Ammoniak hergestellt und zur Herstellung von Nikotinsäurederivaten verwendet.

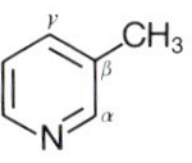

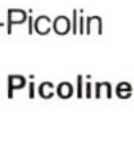

β-Picolin

Picoline

Picornaviren [Kw.], **Picornaviridae,** Familie sehr kleiner (Durchmesser 20–30 nm) RNA-Viren, die aus dem Nukleinsäurekern (einsträngige Ribonukleinsäure) und einem Proteinmantel mit Ikosaederstruktur bestehen. Für Menschen ansteckende Vertreter der P. sind u. a. die →Enteroviren und die →Rhinoviren; die Erreger der Maul- und Klauenseuche gehören ebenfalls in diese Familie.

Picotit [nach dem frz. Naturforscher PHILIPPE-ISIDORE PICOT DE LAPEYROUSE, *1744, †1818] *der, -s/-e,* Mineral, chromhaltiger, schwarzer →Spinell, chemisch $(Fe, Mg)(Al, Cr, Fe)_2O_4$, Härte nach MOHS 8, Dichte 4,08 g/cm^3; in Peridotiten, olivinreichen Gabbros und Serpentiniten.

Picpoul [pikˈpul], im Armagnacgebiet Bez. für die Rebsorte →Folle blanche.

Picpus-Gesellschaft [pikˈpys-; nach dem Mutterhaus in Paris, Rue de Picpus], lat. **Congregatio Sacrorum Cordium Iesu et Mariae necnon Adorationis Perpetuae Sanctissimi Sacramenti Altaris** [›Gemeinschaft von den hl. Herzen Jesu und Mariä und der Ewigen Anbetung des Heiligsten Altarsakramentes‹], Abk. **SSCC,** in Dtl. bekannt als **Arnsteiner Patres,** eine 1800 in Poitiers von PIERRE COUDRIN (*1768, †1837) und HENRIETTE AYMER DE LA CHEVALERIE (*1767, †1834) gegründete kath. Ordensgemeinschaft mit männl. und weibl. Zweig und Sitz der Generaloberen in Rom, mit (1997) rd. 1 250 männl. und 900 weibl. Mitgl. in 38 Ländern. Arbeitsschwerpunkte sind Mission, Seelsorge, Jugenderziehung.

Picris [lat.], **Bitterkraut,** Gattung gelb blühender Korbblütler mit etwa 40 Arten in Europa, Asien sowie im Mittelmeerraum und in Äthiopien; in Mitteleuropa kommt das 30–60 cm hohe, zweijährige **Gemeine Bitterkraut** (Picris hieracioides) mit länglich lanzettl., buchtig gezähnten, steif behaarten (wie der Stängel) Blättern und schmalen, abstehenden Hüllblättern am Köpfchen vor; häufig auf Wiesen, an Waldrändern, Dämmen und Mauern.

Pictet [pikˈtɛ], **1)** Amé, schweizer. Chemiker, *Genf 12. 7. 1857, †ebd. 11. 3. 1937; seit 1894 Prof. in Genf, arbeitete über Alkaloide und Kohlenhydrate. Mit dem Biochemiker HANS VOGEL (*1900) stellte P. 1928 erstmals die Saccharose synthetisch her.

2) Raoul Pierre, schweizer. Physiker, *Genf 4. 4. 1846, †Paris 27. 7. 1929; 1879–85 Prof. in Genf, danach in Berlin und später in Paris. Untersuchungen physikal. Eigenschaften bei tieferen Temperaturen und v. a. Arbeiten zur Kältetechnik führten 1875 zum Bau der ersten mit Kohlendioxid arbeitenden Kältemaschine; auch Arbeiten zur Gasverflüssigung. 1877 gelang ihm etwa gleichzeitig mit L. P. CAILLETET die Verflüssigung von Sauerstoff, Stickstoff, Kohlenmonoxid, Stickstoffdioxid und Acetylen.

Pictet-Verfahren [pikˈtɛ-; nach R. P. PICTET], Methode zur Gasverflüssigung: Ein Gas wird unterhalb seiner krit. Temperatur durch Komprimieren verflüssigt; nach Abführen der Kompressionswärme und Aufheben des Drucks kühlt sich die so gewonnene Flüssigkeit auf ihren Siedepunkt ab und wird zur Abkühlung eines zweiten Gases auf Temperaturen verwendet, die unterhalb dessen krit. Temperatur liegen; das zweite Gas wird dann in der gleichen Weise verflüssigt usw.

Picton [ˈpɪktən], Hafenstadt auf der Südinsel Neuseelands, am Queen Charlotte Sound, 3 200 Ew.; Export von Wolle, Getreide, Obst; Fleischverpackung; Fischerei; Fährhafen für den Verkehr nach Wellington.

Pictor [lat.], wiss. Bez. des Sternbilds →Maler.

Pictorius, Baumeisterfamilie dän. Herkunft. – Bedeutende Vertreter:

1) Gottfried Laurenz, getauft 10. 12. 1663, †Münster 17. 1. 1729, Sohn von 2); wurde vom Fürstbischof in Münster mit dem Neubau des Schlosses →Nordkirchen beauftragt, an dem auch sein Bruder PETER P. D. J. (*1673, †1735) beteiligt war. Er errichtete ferner u. a. die Landsbergsche Kurie (1703–07; heute Univ.-Gebäude) und mehrere Adelshöfe in Münster sowie die Mauritiuskirche in Nordkirchen (1715–19, mit PETER P. D. J.). Sein Barockstil ist von Elementen des niederländ. Klassizismus geprägt.

2) Peter, d. Ä., *1626, †Münster 1684, Vater von 1); stand ab etwa 1654 im Dienst des Fürstbischofs von Münster. Er erbaute in Anlehnung an den niederländ. Klassizismus u. a. die Wallfahrtskirche in Telgte (1654–57) und entwarf Schloss Ludgerusburg bei Coesfeld als eine der ersten dt. Dreiflügelanlagen.

Picunda [-ts-], Ort in Georgien, →Pizunda.

Pidgin-English [ˈpɪdʒɪn ˈɪŋglɪʃ; engl., nach der chin. Aussprache des engl. Wortes business ›Geschäft‹] *das, -,* **Pidginenglisch,** eine Mischung aus einem grammatisch sehr vereinfachten, im Vokabular stark begrenzten Englisch und Elementen aus einer oder mehreren anderen (ostasiat., afrikan.) Sprachen. (→Pidginsprachen)

Pidginsprachen [ˈpɪdʒɪn-], in den Kolonialgebieten europ. Staaten seit dem 17. Jh. für die Zwecke des Handels und der notwendigsten Kommunikation entstandene Verkehrssprachen. Hierzu gehören u. a. die unterschiedl. Varianten des →Pidgin-English. Die P. setzen sich aus Elementen der einheim. und europ. Sprachen zusammen, wobei die europ. Sprachen (Englisch, Französisch, Spanisch, Portugiesisch, Niederländisch u. a.) als Basissprachen fungieren. Im Unterschied zu den →kreolischen Sprachen werden die P. nicht als Muttersprache erlernt (also nur im Kontakt zw. Erwachsenen verwendet); aufgrund besonderer Umstände können sie sich jedoch zu Kreolsprachen wandeln. Wie diese besitzen sie jedoch ein gegenüber den europ. Sprachen vereinfachtes Lautsystem und eine reduzierte Morphologie. Der – ebenfalls stark vereinfachte – Wortschatz geht überwiegend auf die europ. Sprachen zurück. Charakteristisch ist ferner die Häufigkeit von Umschreibungen und metaphor. Bezeichnungen. Nach ihrer Funktion sind die P. einer →Lingua franca vergleichbar. Der Begriff P. wird auch allg. für ein behelfsmäßiges Kommunikationsmittel verwendet, dessen sich Sprecher, die ihrer sozialen Stellung nach als dominierend eingestuft werden, im Kontakt mit Sprechern aus einem anderen sozialen und kulturellen Umfeld bedienen.

Pidginization and creolization of languages, hg. v. D. HYMES (Neuausg. London 1974); A. BAUER: Die soziolinguist. Status- u. Funktionsproblematik von Reduktionssprachen (Bern 1975); R. A. HALL: Pidgin and Creole languages (Ithaca, N. Y., Neuausg. 1979); J. A. HOLM: Pidgins and Creoles, 2 Bde. (Cambridge 1988–89, Nachdr. ebd. 1994–95); L. TODD: Pidgins and Creoles (London [2]1990, Nachdr. ebd. 1995).

Picris:
Gemeines Bitterkraut
(Höhe 30–60 cm)

Wilhelm Pieck

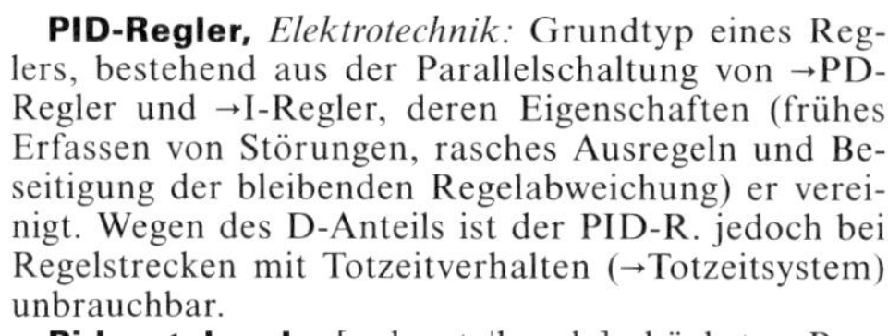

PID-Regler, *Elektrotechnik:* Grundtyp eines Reglers, bestehend aus der Parallelschaltung von →PD-Regler und →I-Regler, deren Eigenschaften (frühes Erfassen von Störungen, rasches Ausregeln und Beseitigung der bleibenden Regelabweichung) er vereinigt. Wegen des D-Anteils ist der PID-R. jedoch bei Regelstrecken mit Totzeitverhalten (→Totzeitsystem) unbrauchbar.

Pidurutalagala [pɪdʊrʊtəˈlægələ], höchster Berg von Sri Lanka, 2 524 m ü. M., im S der Insel Ceylon.

Pie [pje; span. ›Fuß‹] *der, -/-s,* frühere span. Längeneinheit, 1 P. = 12 Pulgados = 27,83 cm.

Piechowice [pjɛxɔˈvitsɛ], Stadt in Polen, →Petersdorf.

Pieck, Wilhelm, Politiker, * Guben 3. 1. 1876, † Berlin 7. 9. 1960; Tischler, trat 1895 der SPD bei und schloss sich später dem linken Flügel der Partei an. Er war Mitbegründer des Spartakusbundes (1917) und der KPD (1918/19), deren Führung er seitdem angehörte. 1921–28 war P. MdL von Preußen, 1928–33 MdR und 1930–32 Mitgl. des preuß. Staatsrates. 1933 emigrierte er nach Frankreich und ging von dort in die UdSSR. Anstelle des inhaftierten E. THÄLMANN wurde er 1935 auf der ›Brüsseler Konferenz‹ (in Moskau) zum Vors. der Exil-KPD gewählt. 1938–43 arbeitete P. als Gen.-Sekr. der Komintern. 1943 war er einer der führenden Mitbegründer des Nationalkomitees ›Freies Dtl.‹. 1945 mit der Roten Armee nach Dtl. zurückgekehrt, wurde er Vors. der KPD. P. betrieb maßgeblich den Zusammenschluss der SPD mit seiner Partei zur SED (1946), deren Vorsitz er mit O. GROTEWOHL bis 1954 innehatte. Vom 11. 10. 1949 bis zu seinem Tod war P. Präs. der DDR (mit nur geringem polit. Einfluss).

Harry Piel

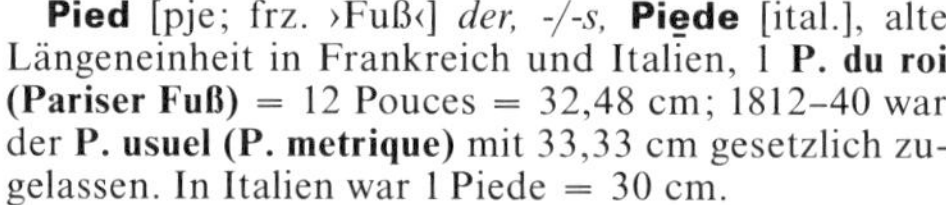

Pied [pje; frz. ›Fuß‹] *der, -/-s,* **Piede** [ital.], alte Längeneinheit in Frankreich und Italien, 1 **P. du roi (Pariser Fuß)** = 12 Pouces = 32,48 cm; 1812–40 war der **P. usuel (P. metrique)** mit 33,33 cm gesetzlich zugelassen. In Italien war 1 Piede = 30 cm.

Piedestal [frz., von älter ital. piedestallo, aus piede ›Fuß‹ und stallo ›Sitz‹] *das, -s/-e,* **1)** *allg.:* sockelartiger Ständer für bestimmte Kunst-, Ziergegenstände; auch hohes Gestell mit schrägen Beinen für Vorführungen (bes. von Tieren) im Zirkus.

2) *Architektur:* (gegliederter) Sockel.

Piedmontfläche [ˈpiːdmənt-; engl. piedmont ›Gebirgsfuß‹], *Geomorphologie:* am Fuß eines Gebirges in Phasen tekton. Ruhe ausgebildete flachwellige bis ebene, sanft geneigte Rumpffläche, die sich mit einem deutl. Hangknick gegen das Gebirge absetzt. P. entstehen durch Erosion und Denudation. Haben sich durch mehrere Hebungen versch. P. hintereinander ausgebildet, spricht man von einer **Piedmonttreppe.**

Piedmontplateau [ˈpiːdməntplatoː], stark zerschnittene Einebnungsfläche im O der USA, den Appalachen östlich vorgelagert. Das P. wird von Hügelreihen (Uplands) um 100–150 m überragt, es verschmälert sich von etwa 150 km Breite im S (Alabama) nordwärts immer mehr bis zur Mündung des Hudson River und wird durch die →Fall-Linie von der atlant. Küstenebene getrennt. Urspr. stark bewaldet; Rodungen lösten schwere Schäden durch Bodenerosion aus. Heute Ackerbau und Forstwirtschaft.

Piedra [span. ›Stein‹] *die, -,* versch. Formen einer v. a. in den Tropen vorkommenden Pilzinfektion der Haare und der behaarten Haut, die durch Ausbildung steinharter Knötchen aus Pilzfäden und -fruchtkörpern gekennzeichnet ist.

Piedras Negras, 1) früher **Ciudad Porfirio Díaz** [siuˈdad, ˈdias], Stadt im Bundesstaat Coahuila, Mexiko, 220 m ü. M., am Rio Grande, gegenüber von Eagle Pass (Tex.), 150 000 Ew.; starker Transit-, auch Fremdenverkehr; Zinkschmelze, Zementfabrik, Nahrungsmittelindustrie, nahebei Kohlen-, Erzbergbau.

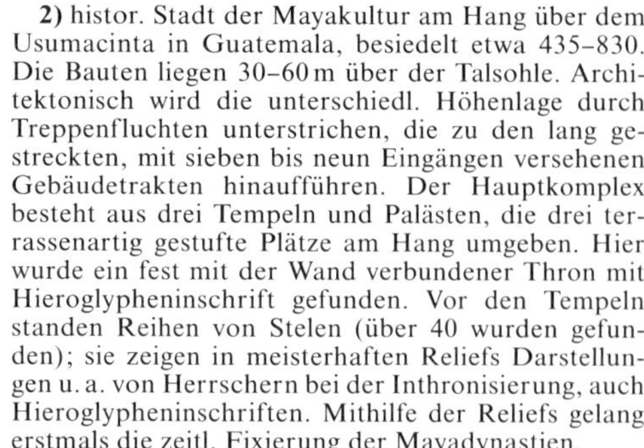

2) histor. Stadt der Mayakultur am Hang über dem Usumacinta in Guatemala, besiedelt etwa 435–830. Die Bauten liegen 30–60 m über der Talsohle. Architektonisch wird die unterschiedl. Höhenlage durch Treppenfluchten unterstrichen, die zu den lang gestreckten, mit sieben bis neun Eingängen versehenen Gebäudetrakten hinaufführen. Der Hauptkomplex besteht aus drei Tempeln und Palästen, die drei terrassenartig gestufte Plätze am Hang umgeben. Hier wurde ein fest mit der Wand verbundener Thron mit Hieroglypheninschrift gefunden. Vor den Tempeln standen Reihen von Stelen (über 40 wurden gefunden); sie zeigen in meisterhaften Reliefs Darstellungen u. a. von Herrschern bei der Inthronisierung, auch Hieroglypheninschriften. Mithilfe der Reliefs gelang erstmals die zeitl. Fixierung der Mayadynastien.

T. PROSKOURIAKOFF: Historical implications of a pattern of dates at P. N., in: American Antiquity, Bd. 25 (Washington, D. C., 1960).

Piekary Śląskie [pjɛˈkari ˈɕlɔ̃skjɛ], Stadt in der Wwschaft Katowice (Kattowitz), Polen, im Oberschlesischen Industriegebiet, 68 000 Ew.; Förderung von Zink- und Bleierz sowie Steinkohle; Baustoff-, Leichtindustrie. – Neoroman. kath. Wallfahrtskirche (1848). – P. Ś. entstand 1935 durch die Zusammenlegung der Gem. **Deutsch-Piekar** (poln. **Piekary Niemieckie**) und **Polnisch-Piekar** (poln. **Szarlej-Wielkie Piekary**). Seit 1939 Stadt.

Piel, Harry, Filmregisseur, -autor, -produzent und -schauspieler, * Düsseldorf 12. 7. 1892, † München 27. 3. 1963; seit 1912 beim Film; führte den ›Sensationsfilm‹ im dt. Kino ein. Seine Filme, die häufig im Artisten- und Abenteurermilieu spielen, erreichten durch Akrobatiknummern, Dressurakte, Actionszenen und techn. Tricks große Popularität.

Filme: *Regisseur, Darsteller, Produzent:* Ein Unsichtbarer geht durch die Stadt (1933); Artisten (1935); Der Dschungel ruft (1936); Menschen, Tiere, Sensationen (1938); Der Tiger Akbar (1952; auch Mitautor).

Pielach *die,* rechter Nebenfluss der Donau in Niederösterreich, 70 km lang, entspringt in den Kalkvoralpen, mündet bei Melk.

Piemont, ital. **Piemonte,** frz. **Piémont** [pjeˈmɔ̃], Region in Norditalien, 25 399 km², 4,3 Mio. Ew., mit den Prov. Alessandria, Asti, Biella, Cuneo, Novara, Turin, Verbano-Cusio-Ossola, Vercelli. Hauptstadt ist Turin. P. umfasst den westl. Teil der Poebene, umschlossen von der N-Abdachung des Ligur. Apennins und von den W-Alpen, über die wichtige Pässe mit Straßen und Bahnen nach Frankreich und in die Schweiz führen (Mont Cenis, Montblanc, Großer Sankt Bernhard, Simplon u. a.). – Im Unterschied zu den dünn besiedelten Alpen, in denen sich Wintersportplätze entwickelt haben, sind die tiefer gelegenen Landschaften dicht bewohnt. In der leicht zu bewässernden Ebene werden bes. Futterpflanzen und im NO Reis angebaut; auf höher gelegenen Teilen überwiegen Weizen und Mais, im Hügelland Weinbau; verbreitet Obstbau. – Bergbau (Blei, Zink, Eisen) und elektr. Energie aus den Wasserkraftanlagen der Alpenflüsse förderten die durch die Verkehrslage begünstigte Industrieentwicklung, v. a. um Turin sowie am Alpenrand bei Ivrea und Biella (Hüttenwerke, Maschinen-, Fahrzeugbau, Aluminium-, chem., Textil-, Leder- und Nahrungsmittelindustrie).

Geschichte: Der Name P. (mlat. **Pedemontium** ›am Fuß der Berge‹) ist erst seit dem 13. Jh. für einen Teil des heutigen P. bezeugt. Im Altertum ohne ethn. oder staatl. Einheit, wurde das Gebiet erst unter AUGUSTUS dem Röm. Reich eingegliedert. Nachdem Teile des Gebiets zeitweilig im Besitz der Ostgoten, Byzantiner, Langobarden und Franken waren, wurde es seit dem Ende des 9. Jh. durch Einfälle der Ungarn und Sarazenen verwüstet und zerfiel im 10. Jh. in die Marken Ivrea, Turin und die Ligurische (auch Arduinische oder Aleramische) Mark. Im hohen MA. erlangten die Städte Turin, Asti und Alessandria Geltung, doch dominierte der Adel, so die Markgrafen von Saluzzo und Monferrato und bes. die Grafen (seit 1416 Herzöge) von Savoyen, die in der Mitte des 11. Jh. durch Heirat Teile der Markgrafschaft Turin erwarben und Anfang des 15. Jh. unter AMADEUS VIII. die Alleinherrschaft über den Großteil P.s erlangten. In der Folge teilte P. die Geschicke des Herzogtums Savoyen, dessen Schwergewicht sich immer stärker nach P. verlagerte; 1560 wurde Turin anstelle von Chambéry Hauptstadt. Im Frieden von Utrecht (1713) erhielt Savoyen-P. das Königreich Sizilien zugesprochen, das es 1720 gegen Sardinien eintauschen musste. VIKTOR AMADEUS II., Herzog von Savoyen, wurde König von Sardinien. Kernland und Stammsitz des Königreichs war jedoch P. 1801–14 gehörte P. zu Frankreich. Bei der Einigung Italiens war Sardinien-P. der Kern des neuen Staates, Turin bis 1865 Hauptstadt.

Storia del Piemonte, hg. v. D. GRIBAUDI u. a. (Turin 1960).

Pi|emontit [nach dem Vorkommen bei Saint-Marcel im Aostatal, ehemals zu Piemont] *der, -s/-e,* Mineral, ein kirsch- oder braunroter →Epidot; chem. Zusammensetzung $Ca_2(Al, Fe, Mn)_2[O|OH|SiO_4|Si_2O_7]$, Härte nach MOHS 6,5, Dichte 3,45–3,52 g/cm³; strahlige Aggregate; auf Manganerzlagerstätten.

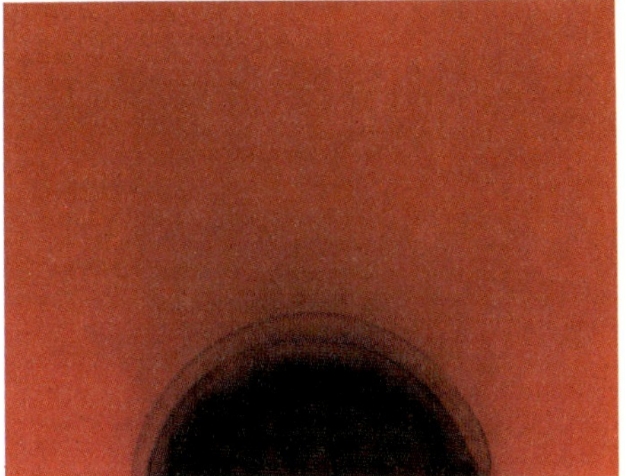

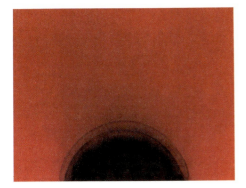

Otto Piene: Die Sonne brennt; 1966 (Düsseldorf, Kunstmuseum)

Piene, Otto, Künstler, * Bad Laasphe 18. 4. 1928; beschäftigt sich v. a. mit Lichtstrukturen; gestaltete seit 1955 Licht- und Buchstabenraster, seit 1957 mithilfe von Lochstanzungen Rasterbilder. P. war Mitbegründer der Gruppe Zero. Er inszenierte lichtkinet. Arbeiten (›Lichtballett‹, ›Lichtkugeln‹), Rauchbilder (mit Kerzen- oder Kienruß) und Luftprojekte (u. a. mit aufblasbaren Kunststoffplastiken; ›Olympia Regenbogen‹, München 1972), die er als neue Stufe einer ›Environmental Art‹ versteht. Er arbeitet v. a. in den USA (war 1974–93 Direktor des Center for Advanced Visual Studies, Cambridge, Mass.).

O. P., bearb. v. J. WISSMANN (1976); O. P. Werk-Verz. der Druckgrafik 1960–76 (1977); O. P. Feuerbilder u. Texte, Ausst.-Kat. (1988); O. P. Retrospektive 1952–1996, hg. v. S. VON WIESE u. S. RENNERT (1996).

Pieneman, Jan Willem, niederländ. Maler, getauft Abcoude (Prov. Utrecht) 7. 11. 1779, † Amsterdam 8. 4. 1853; ab 1820 Direktor der Königl. Akademie in Amsterdam. Er malte Porträts und große Historienbilder; Lehrer von J. ISRAËLS.

pieno [ital.], musikal. Vortrags-Bez.: voll, mit starkem, vollem Ton, z. B. **a voce piena,** mit voller Stimme.

Pieńsk [pjɛĩsk], Stadt in Polen, →Penzig.

Pienza, Stadt in der Prov. Siena, Italien, 491 m ü. M. über den Tälern von Orcia und Asso gelegen, 2 300 Ew. – Der hier 1405 geborene Papst PIUS II. ließ das bisherige Dorf **Corsignano** [-ɲ'a:no] durch den Architekten B. ROSSELLINO zu einer →Idealstadt ausbauen und 1462 in P. umbenennen. Mittelpunkt ist die einheitlich gestaltete Piazza Pio II. mit dem Dom Santa Maria, einer dreischiffigen got. Hallenkirche mit Renaissancefassade (1459–62), Palazzo Piccolomini (1459–63), Bischofspalast, Palazzo Comunale; Museo della Cattedrale (Kirchenkunst). Die Altstadt wurde von der UNESCO zum Weltkulturerbe erklärt.

A. TÖNNESMANN: P. Städtebau u. Humanismus (1990); M. BONIFAZI-GERAMB: P. Studien zur Architektur u. Stadtplanung unter Pius II. (a. d. Ital., 1994).

Pieper: oben Baumpieper (Größe 15 cm); unten Wiesenpieper (Größe 15 cm)

Pieper, Anthus, fast weltweit verbreitete, zu den →Stelzen zählende Gattung etwa buchfinkengroßer Singvögel; im Ggs. zu den Stelzen i. e. S. oberseits meist graubraune, unterseits auf hellem Grund dunkel gefleckte oder gestreifte, kurzschwänzige Vögel, die häufig zur Brutzeit zu Balzflügen emporsteigen. P. sind Bodenbrüter und i. d. R. Zugvögel.

Zu den P. gehören rd. 40 Arten, darunter u. a.: **Baum-P.** (Anthus trivialis), etwa 15 cm lang; in großen Teilen Eurasiens; oberseits lerchenartig gefärbt, unterseits rahmfarben mit Längsstreifung; **Wiesen-P.** (Anthus pratensis), etwa 15 cm lang; dem Baum-P. ähnlich, aber am Gesang zu unterscheiden; bewohnt offene Landschaften, setzt sich nur selten auf Bäume; **Brach-P.** (Anthus campestris), etwa 17 cm lang; v. a. in Ödland und Dünengebieten Europas (mit Ausnahme des N) und der gemäßigten Regionen Asiens; Oberseite einfarbig sandbraun, Unterseite meist ungestreift; **Wasser-P.** (Anthus spinoletta), bis 17 cm lang; in Eurasien und Nordamerika, in Gebirgen (**Gebirgswasser-P., Berg-P.,** Anthus spinoletta spinoletta; zur Brutzeit Unterseite weißlich mit rötl. Anflug) oder an Meeresküsten (**Strand-P.,** Anthus spinoletta petrosus; zur Brutzeit unterseits olivgelblich mit dunkler Längsstreifung); **Sporn-P.** (Anthus novaeseelandiae; mit stark verlängerter Hinterzehenkralle); in Zentralasien und Australien heimisch, in Europa Irrgast.

Pieper, Josef, Philosoph, * Elte (heute zu Rheine) 4. 5. 1904, † Münster 6. 11. 1997; wurde 1946 Prof. in Essen, 1950 in Münster. Seine zahlr., z. T. in viele Sprachen übersetzten philosophisch-eth. Schriften sind durch die thomist. Ethik geprägt.

Werke: Über das Ende der Zeit. Eine geschichtsphilosoph. Betrachtung (1950); Hinführung zu Thomas von Aquin (1958); Scholastik. Gestalten u. Probleme der mittelalterl. Philosophie (1960); Über den Glauben (1962); Tradition als Herausforderung. Aufs. u. Reden (1963); Das Viergespann. Klugheit, Gerechtigkeit, Tapferkeit, Maß (1964); Hoffnung u. Gesch. (1967); Tod u. Unsterblichkeit (1968); Über den Begriff der Sünde (1977); Lieben, hoffen, glauben (1986); Philosophie – Kontemplation – Weisheit (1991). – *Autobiographisches:* Noch wußte es niemand (1976); Noch nicht aller Tage Abend (1979); Eine Gesch. wie ein Strahl (1988).

Ausgabe: Werke, hg. v. B. WALD, auf 8 Bde. ber. (1995 ff.).

P. BREITHOLZ u. M. VAN DER GIET: J.-P.-Schriftenverz. 1929–1989 (1989).

Pier [engl.] *der, -s/-e* und *-s,* Seemannssprache: *die, -/-s,* Landungsbrücke, an der Schiffe beiderseits anlegen können.

Pier, Matthias, Physikochemiker, * Nackenheim 22. 7. 1882, † Heidelberg 12. 9. 1965; war 1920–49 bei der BASF in Ludwigshafen am Rhein tätig; ab 1950 Prof. in Heidelberg. P. führte Forschungs- und Entwicklungsarbeiten über katalyt. Hochdruckverfahren durch, z. B. zur Methanolsynthese, v. a. aber zur Hydrierung von Kohle, Teer und Öl; er führte diese Verfahren in die Praxis zur großtechn. Erzeugung von Kraft- und Schmierstoffen (→Kohlehydrierung) ein.

Franklin Pierce

Pierce [pɪəs], Franklin, 14. Präs. der USA (1853–57), * Hillsboro (N. H.) 23. 11. 1804, † Concord (N. H.) 8. 10. 1869; Jurist; war 1833–37 Abg. im Repräsentantenhaus, 1837–42 Senator; Brigadegeneral im Mexikan. Krieg (1846–48). 1852 wurde er als Kompromisskandidat der zerstrittenen Demokraten zum Präs. gewählt; in seine Amtszeit fielen der Kauf eines größeren Gebietes von Mexiko (1853 Gadsden Purchase) und die Mission M. C. PERRYS zur Öffnung von Häfen in Japan. In den Auseinandersetzungen um die Sklaverei stellte er sich auf die Seite der Südstaaten und wurde deshalb 1856 nicht wieder nominiert.

Pierce-Oszillator [ˈpɪəs-; nach dem amerikan. Elektroingenieur GEORGE WASHINGTON PIERCE, *1872, †1956], ein →Quarzgenerator mit einem Schwingquarz als Resonanzglied, bei dem die Rückkopplung nach dem **Huth-Kühn-Prinzip** über die Kollektor-Basis-Kapazität (Bipolartransistor) oder über die Drain-Gate-Kapazität (Feldeffekttransistor) erfolgt. Der Schwingquarz liegt zw. Basis und Emitter, der Kollektorkreis ist auf die Frequenz des Quarzes abgestimmt. Die Frequenz des P.-O. liegt etwas oberhalb der Serienresonanzfrequenz des Schwingquarzes, der deswegen induktiv wirkt und mit den äußeren Kapazitäten einen Parallelschwingkreis bildet.

Piero della Francesca: Porträt der Battista Sforza; 1461–66 (Florenz, Uffizien)

Piercy [ˈpɪəsɪ], Marge, amerikan. Schriftstellerin, *Detroit (Mich.) 31. 3. 1936; Studium an der University of Michigan und der Northwestern University; aktiv in der Bürgerrechts- und Studentenbewegung der 60er-Jahre, seitdem in der Frauenbewegung. Ihre Romane und Gedichtsammlungen gestalten weibl. Bewusstsein im Konflikt mit einer patriarchal. Welt.

Werke: *Romane:* Woman on the edge of time (1976; dt. Die Frau am Abgrund der Zeit); Vida (1979); Braided lives (1982; dt. Donna u. Jill); Fly away home (1984); Gone to soldiers (1987; dt. Menschen im Krieg); Summer people (1989); The earth shines secretly. A book of days (1990); He, she and it (1991; dt. Er, Sie u. Es); The longings of women (1994; dt. Sehnsüchte). – *Lyrik:* The moon is always female (1980); Stone, paper, knife (1983); My mother's body (1985); Available light (1988).

P. THIELMANN: M. P.'s women: Captured and subdued (Frankfurt am Main 1986).

Pierer, Johann Friedrich, Arzt und Verleger, *Altenburg 22. 1. 1767, †ebd. 21. 12. 1832; erwarb 1799 die Altenburger Hofbuchdruckerei (gegr. 1594), gab seit 1798 die ›Medizin. Nationalzeitung‹, seit 1800 die ›Allgemeinen medizin. Annalen des 19. Jh.‹ heraus und gründete 1801 einen eigenen Verlag, den sein Sohn HEINRICH AUGUST P. (*1794, †1850) weiterführte (1872 verkauft) und v. a. durch sein Lexikon bekannt machte (1. Aufl. unter dem Titel ›Encyklopäd. Wörterbuch der Wiss., Künste und Gewerbe‹, hg. v. A. VON BINZER u. a., 26 Bde., 1824–36; 7. und letzte Aufl. unter dem Titel ›P.'s Konversations-Lexikon‹ hg. v. J. KÜRSCHNER, 12 Bde., 1888–94).

Pieria [pjɛ-], dt. **Pierilen,** histor. Landschaft in Makedonien; heute Verw.-Bez. (Nomos) P. in Griechenland, 1 516 km^2, 116 800 Ew., Hauptstadt ist Katerini.

Pierlot [pjɛrˈlo], Hubert Graf (seit 1946), belg. Politiker, *Cugnon (Prov. Luxemburg) 23. 12. 1883, †Brüssel 13. 12. 1963; Jurist; 1926–46 Senator (Kath. Partei, seit Dezember 1945 Christl. Volkspartei), 1934–35 Innen-Min., 1936–38 Landwirtschafts-Min., 1939–45 Min.-Präs., 1939 zugleich Außen-Min. Er geriet im Mai 1940 in Konflikt mit König LEOPOLD III., da er für die Fortsetzung des Krieges gegen Dtl. eintrat, führte die Exil-Reg. Mai–September 1940 in Vichy, dann in London. Nach seiner Rückkehr nach Brüssel (8. 9. 1944) strengte P. zahlr. Ermittlungsverfahren wegen unpatriot. Verhaltens an, scheiterte in seinem Bemühen, Wirtschaft und Verwaltung zu ordnen, und musste im Februar 1945 zurücktreten.

Pilermarini, Giuseppe, ital. Baumeister, *Foligno 18. 7. 1734, †ebd. 5. 2. 1808; Schüler von L. VANVITELLI, seit 1770 Hofarchitekt der Habsburger in Mailand; Begründer des Klassizismus in der Lombardei, Vertreter des Neupalladianismus.

Werke: Teatro alla Scala in Mailand (1776–78); Umbau (Fassade) des Palazzo Reale, ebd. (1769–78); Palazzo Belgioioso, ebd. (1772–81); Palazzo Greppi, ebd. (1778); Villa Reale in Monza (1777–80; BILD →Monza).

Piero, P. della Francesca [- franˈtʃeska], eigtl. **Pietro di Benedetto dei Franceschi** [- franˈtʃeski], ital. Maler, *Borgo San Sepolcro (heute Sansepolcro, Prov. Arezzo) zw. 1415 und 1420, begraben ebd. 12. 10. 1492; vermutlich Schüler von DOMENICO VENEZIANO, dessen Gehilfe er 1439 bei der Ausmalung des Chors von Sant'Egidio in Florenz (weitgehend zerstört) war. Seit 1442 war er v. a. in Sansepolcro (wo zunächst der Einfluss MASACCIOS noch stark hervortrat) und in Urbino (wo er L. B. ALBERTI begegnete) tätig, ferner in Ferrara (um 1450), Rimini (1451 und 1482), Rom (1459) und Arezzo (bis 1466). P. gilt als einer der genialsten Maler der Frührenaissance, der als Mathematiker und Theoretiker Körpervolumen, Proportionen und perspektiv. Raumdarstellung genau berechnete und mit feinsten Beobachtungen der atmosphär. Lichtverhältnisse verband. Die Klarheit der Formen und der räuml. Beziehungen, die Logik der architekton. Struktur und die Verquickung von Farbe und (einheitlich ausgebreitetem) Licht verleihen seinen Werken Monumentalität und zugleich Poesie. P. verfasste auch drei Traktate. Er war ein bedeutender Lehrer (L. SIGNORELLI, P. PERUGINO) und beeinflusste die ober- und mittelital. Malerei (ANTONELLO DA MESSINA, G. BELLINI). Weitere BILDER →Geburt Christi, →italienische Kunst, →Johannes der Täufer.

Werke: Altarwerk mit der Schutzmantelmadonna und Heiligen (nach 1445; Sansepolcro, Pinakothek); Taufe Christi (1448–50; London, National Gallery); Votivbild des Sigismondo Pandolfo Malatesta, Fresko (1451; Rimini, San Francesco); Freskenzyklus der Legende des Hl. Kreuzes (1451–66; Arezzo, San Francesco); Geißelung Christi (um 1460; Urbino, Galleria Nazionale); Porträts von Federigo da Montefeltro und seiner Gattin Battista Sforza (1461–72; Florenz, Uffizien); Madonna mit Heiligen und Federigo da Montefeltro als Stifter (›Pala de Montefeltro‹, um 1472; Mailand, Brera).

K. CLARK: P. d. F. (Ithaca, N. J., [2]1981); C. BERTELLI: P. d. F. Leben u. Werk des Meisters der Frührenaissance (a. d. Ital., 1992); W. SEITTER: P. d. F. (1992); C. GINZBURG: Erkundungen über Piero (a. d. Ital., Neuausg. 1995).

Piero, P. di Cosimo, eigtl. **P. di Lorenzo,** ital. Maler, *Florenz 1461 oder 1462, †ebd. 1521; half als Schüler und Gehilfe von C. ROSELLI (1481/82) bei der Ausführung von Fresken in der Sixtin. Kapelle des Vatikans. Unter dem Einfluss LEONARDOS und fläm. Werke bildete er sich zu einem originellen Gestalter mytholog. und allegor. Themen, malte viele Cassonetafeln sowie Porträts. In seinem versponnenen Erfindungsreichtum und seiner eigenwilligen Farbgebung v. a. seit 1500 gilt er als Außenseiter der florentin. Malerei, hatte aber erhebl. Einfluss, u. a. auf LORENZO DI CREDI und seine Schüler ANDREA DEL SARTO und J. DA PONTORMO.

Werke: Szenen aus der Urgesch. der Menschheit (z. T. New York, Metropolitan Museum, z. T. Oxford, Ashmolean Museum); Tod der Prokris (um 1510; London, National Gallery); Simonetta Vespucci (vor 1520; Chantilly, Museé Condé); Darstellungen aus der Prometheussage (zwei Cassonetafeln, um 1510–20; München, Alte Pinakothek, und Straßburg, Musée des Beaux-Arts).

M. BACCI: P. di C. (Mailand 1966); L'opera completa di P. di C., hg. v. M. BACCI (ebd. 1976); U. BISCHOFF: Die ›Cassonebilder‹ des P. di C. (1995).

Pierola, Nicolás de, peruan. Politiker, *Cumaná 5. 1. 1839, †Lima 24. 6. 1913; machte sich im Dezember 1879 durch einen Aufstand zum Diktator, musste aber 1881 nach der peruan. Niederlage im Salpeterkrieg ins Ausland fliehen. Als Präs. (1895–99) führte P. das allgemeine Wahlrecht ein.

Pierre [ˈpɪə], Hauptstadt des Bundesstaates South Dakota, USA, am Missouri unterhalb des Oahe Dam, 12 900 Ew.; Handelszentrum eines Ackerbaugebietes. – P. wurde 1880 an der Stelle einer früheren Siedlung der Arikara-Indianer als vorläufige Endstation einer Eisenbahnlinie gegründet.

Pierre, Abbé P. [aˈbe ˈpjɛːr], eigtl. **Henri Pierre Grouès** [gruˈɛs], frz. kath. Theologe, *Lyon 5. 8. 1912; wurde 1930 Kapuziner, 1938 Weltpriester; war 1942–45 Mitgl. der Résistance, 1945–51 Abg. der Nationalversammlung. 1949 gründete er das Hilfswerk →Emmaus-Bewegung.

Werk: Testament (1994; dt. Mein Testament).

H. OSCHWALD: A. P. Herausforderung für die Etablierten (1995).

Pierrelatte [pjɛrˈlat], Gem. im Dép. Drôme, S-Frankreich, an der Rhône, 11 800 Ew.; Atomforschungszentrum, Urananreicherungsanlage.

Pierrot [piɛˈroː, frz. pjɛˈro; frz., eigtl. ›Peterchen‹] *der, -s/-s,* frz. Komödienfigur; dumm-pfiffiger Diener in weißer Maske und sackartig weitem, weißem Kostüm; im 17. Jh. in der Pariser Comédie Italienne aus einer Dienerfigur der Commedia dell'Arte entwickelt.

K. DICK: P. (London 1960).

Piešt'any [ˈpiɛʃtjani], Stadt in der Slowak. Rep., →Pistyan.

Piesteritz, Stadtteil von →Wittenberg; Stickstoffwerk.

Pieszyce [pjɛˈʃitsɛ], Stadt in Polen, →Peterswaldau.

Pietà [ital. ›Frömmigkeit‹] *die, -/-s,* →Andachtsbild.

Pietarsaari [ˈpiɛtarsaːri], schwed. **Jakobstad** [-stɑːd], Hafenstadt am Bottn. Meerbusen, Finnland, Prov. Vaasa, 19 800 überwiegend schwedischsprachige Ew.; Stadt-, Heimat-, Tabakmuseum; Tabak-, Holzverarbeitung u. a. Industrie.

Pietas [lat.], *röm. Religion:* die als Göttin verehrte Personifikation des ehrfürchtigen Verhaltens gegenüber den Göttern, nahen Blutsverwandten (v. a. den Eltern) und dem Herrscher.

Pietät [lat. pietas, zu pius ›fromm‹, ›pflichtbewusst‹] *die, -,* ehrfürchtiger Respekt, Achtung (bes. gegenüber Toten), taktvolle Rücksichtnahme.

Pietermaritzburg [piːtərmaˈrətsbœrx], Hauptstadt der Prov. KwaZulu/Natal, Rep. Südafrika, 677 m ü. M., 180 000 Ew.; Univ., Natalmuseum (naturkundl. und ethnolog. Sammlung), Kunstgalerie, Voortrekker-Museum; botan. Garten und zahlr. Parkanlagen; vielseitige Industrie. – Altes Regierungshaus (1848 bis 1910); viktorian. Backsteinarchitektur (u. a. Rathaus, 1900). – 1838 gründeten die 1837 auf dem Großen Treck eingewanderten Buren die Stadt, die sie nach ihren Führern PIETER RETIEF (*1780, †1838) und GERRIT MARITZ (*1797, †1838) benannten.

Piero di Cosimo: Darstellung aus der Prometheussage; um 1510–20 (München, Alte Pinakothek)

Pietersburg [ˈpiːtərsbœrx], Hauptstadt der Nord-Provinz, Rep. Südafrika, 1 280 m ü. M., 43 000 Ew.; Handelszentrum eines bedeutenden Rinderzuchtgebietes an Bahn und Straße vom Witwatersrand nach Simbabwe; Abbau von Asbest, Chromerzen, bes. reinem Quarzsand und Gewinnung von Silicium; Bahnstation, Flugplatz. – 30 km östlich von P. in Turfloop die University of the North, urspr. für Sotho, Tonga, Tswana und Venda gegründet.

Abbé Pierre

Pietersburgkultur [ˈpiːtərsbœrx-; nach Pietersburg, Rep. Südafrika], **Pietersburgien** [-ˈʒjɛ̃], Kultur des subsahar. Middle Stone Age mit regionaler Verbreitung. (→Afrika, Vorgeschichte)

Pietersz. [ˈpiːtərs], **1)** Aert, niederländ. Maler, *Antwerpen oder Amsterdam 1550, begraben Amsterdam 12. 6. 1612; Sohn und Schüler von P. AERTSEN, malte Porträts und großformatige Gruppenbilder (›Anatomie des Dr. Sebastian Egbertsz.‹, 1603; Amsterdam, Rijksmuseum).

2) Gerrit, niederländ. Maler, eigtl. **G. P. Sweelinck,** getauft Amsterdam 1. 11. 1566, †vor 1616 (?), Bruder des Komponisten J. P. SWEELINCK; arbeitete in der manierist. Art des C. CORNELISZ. und malte Porträts und Gruppenbilder (›Kompagnie des Hauptmanns Jan Jansz.‹, 1604; Amsterdam, Rijksmuseum).

Pietilä, Reima Frans Ilmari, finn. Architekt, *Turku 25. 8. 1923, †Helsinki 26. 8. 1993; gründete 1960 ein Büro in Helsinki, das er mit seiner Frau RAILI INKERI MARJATTA PAATELAINEN leitete. P. war 1973–79 Prof. an der Architekturhochschule in Oulu. Er gestaltete seine Bauten unter Berücksichti-

Reima Pietilä und **Raili Paatelainen:** Kaleva-Kirche in Tampere (1964–66)

gung der landschaftl. Gegebenheiten und in Anlehnung an die traditionelle Architektur.

Werke: Kaleva-Kirche in Tampere (1964–66); Studentenhaus Dipoli in Otaniemi (1964–67); Siedlung Suvikumpu in Tapiola (1966–69); Kultur- und Freizeitzentrum in Hervanta bei Tampere (1975–79); Gemeindezentrum in Tampere (1983); Mantyniemi, Sitz des finn. Staatspräs. in Helsinki (1993).

Pietismus [zu lat. pietas ›Frömmigkeit‹] *der,* -, im 17. Jh. einsetzende Bewegung innerhalb des Protestantismus, die eine geistl. Erneuerung der Kirche zum Ziel hatte. Entstanden als Gegenströmung zur luther. →Orthodoxie, deren streng rationale Denkformen und nach wiss. Formalkriterien formulierten Glaubensaussagen weithin die kirchl. Verkündigung prägten, betonte der P. das Ideal eines an der Bibel orientierten prakt. Christentums, das sich in lebendiger (Christus-)Frömmigkeit und tätiger Nächstenliebe – der ›praxis pietatis‹ – äußert und seine Grundlagen im regelmäßigen Bibelstudium und der vom einzelnen Christen bewusst erlebten geistl. ›Wiedergeburt‹ (→Bekehrung) hat. In seinen Wurzeln bereits ins 16. Jh. zurückreichend (J. ARND, J. V. ANDREÄ, J. BÖHME), erlebte der P. Ende des 17. bis Mitte des 18. Jh. seine Blütezeit, fand im 19. Jh. seine Fortsetzung in den →Erweckungsbewegungen und wird in seinen wesentl. Traditionen heute bes. durch die →Gemeinschaftsbewegung repräsentiert.

Die Wurzeln des *ref. P.* liegen im engl. →Puritanismus, der auch auf die Niederlande wirkte, von wo er, Ethik und Mystik verbindend (z. B. G. VOETIUS; JODOCUS VAN LODENSTEIN, * 1620, † 1677; JOHANNES TEELLINCK, * 1614, † 1674), auch Eingang in das angrenzende West-Dtl. (v. a. den Niederrhein, G. TERSTEEGEN) fand.

Der *dt. luther. P.* erfuhr seine maßgebl. Prägung durch P. J. →SPENER. Mit seiner Schrift ›Pia desideria‹ (1675) schuf er das Programm des P., mit den von ihm ins Leben gerufenen ›Collegia pietatis‹ (zuerst 1670 in Frankfurt am Main) die für den P. charakterist. Versammlungsform. Die urspr. zur Predigtbesprechung und Vertiefung der Frömmigkeit veranstalteten privaten Versammlungen wurden seitens der kirchl. Behörden als ›Konventikeltum‹ argwöhnisch beobachtet und, nachdem sie z. T. in den Sog separatistischer, auf Trennung von der Kirche gerichteter Bestrebungen geraten waren, vonseiten der luther. Orthodoxie scharf angegriffen. Ihre Mitgl. wurden von der Umwelt spöttisch **Pietisten** (Frömmler) genannt.

Eine auf die christl. Praxis ausgerichtete Akzentuierung erfuhr der P. durch A. H. FRANCKE in Halle (Saale). Die den ›Halleschen Anstalten‹ (→Franckesche Stiftungen) angeschlossenen Schulen übten eine besondere Anziehungskraft auf den ev. Adel aus. Auch der Begründer der Herrnhuter →Brüdergemeine, N. L. Graf VON ZINZENDORF, eine der prägenden Persönlichkeiten des P. im 18. Jh., erhielt seine Schulbildung in Halle (Saale).

Eine von Anfang an enge Verbindung zur Kirche kennzeichnet den *württemberg. P.* Herausragende Repräsentanten waren F. C. OETINGER und v. a. J. A. BENGEL, der den für den württemberg. P. charakterist. →Biblizismus mit seiner wiss. Arbeit verband.

Neben dem innerkirchl. P., dessen Selbstverständnis die Formel ›ecclesiola in ecclesia‹ (›die kleine [bewusste] Kirche in der großen [allgemeinen] Kirche‹) stand, entwickelte sich der *radikale P.*, der v. a. von der Mystik und dem →Spiritualismus beeinflusst wurde und aus der Kirche hinausstrebte. Bekannteste Vertreter sind G. ARNOLD, J. K. DIPPEL, FRIEDRICH BRECKLING (* 1629, † 1711) und J. W. PETERSEN mit seiner Frau JOHANNA ELEONORE VON MERLAU (* 1644, † 1724). Frauen spielten im radikalen P. eine besondere Rolle (z. B. EVA MARGARETHA VON →BUTTLAR).

Der P. hat neben den Anstößen für Bibelwissenschaft und Kirchengeschichte (v. a. durch ARNOLD) entscheidende Wirkungen im Bereich des kirchl. Lebens entfaltet. Er förderte Bibelstunden, Katechismusunterricht und Konfirmation, erreichte eine Belebung von Gottesdienst und Predigt und brachte eine Vielzahl von neuen Kirchenliedern (ZINZENDORF, TERSTEEGEN, J. NEANDER) hervor. Seine Verdienste um Text und Verbreitung der Bibel sind grundlegend. Entscheidendes leistete der P. für die Armenfürsorge, die innere und äußere Mission und die Annäherung der Konfessionen.

Der P. prägte nachhaltig die geistesgeschichtl., gesellschaftl., polit. und pädagog. Entwicklung im Dtl. des 18. Jh. Das Wirken von FRANCKE und seinem Schüler J. J. HECKER hatte starke Auswirkungen auf das Schulwesen. Auch die direkte (S. G. LANGE, I. J. PYRA; →Hallescher Dichterkreis) und indirekte Wirkung des P. auf die dt. Literatur und Sprache war bedeutend. G. E. LESSING, I. KANT, SCHILLER, J. H. JUNG-STILLING u. a. wurden pietistisch erzogen, Prägungen und Einflüsse finden sich aber auch bei GOETHE, J. G. HAMANN, J. G. HERDER, F. HÖLDERLIN, F. G. KLOPSTOCK, J. K. LAVATER, K. P. MORITZ und F. D. E. SCHLEIERMACHER. Die Entwicklung psycholog., Individualität und Subjektivismus betonender literar. Formen wie Bildungsroman, Tagebuch und Autobiographie empfingen wichtige Anregungen durch die Darstellungen christl. Lebens und Wirkens, denen der P. große Bedeutung in der Frömmigkeitspraxis zumaß. Entscheidende Impulse gingen von der religiösen Erlebniswelt des P. v. a. auf die →Empfindsamkeit (Freundschaftsbünde, Naturgefühl) und auf die weltl. Erlebnis- und Bekenntnisdichtung aus.

A. RITSCHL: Gesch. des P., 3 Bde. (1880–86, Nachdr. 1966); K. DEPPERMANN: Der hallesche P. u. der Preuß. Staat unter Friedrich III. (1961); E. HIRSCH: Gesch. der neuern ev. Theologie, Bd. 2 (³1964, Nachdr. 1984); F. E. STOEFFLER: The rise of evangelical pietism (Leiden 1965, Nachdr. ebd. 1971); G. KAISER: P. u. Patriotismus im literar. Dtl. (²1973); P. u. Neuzeit. Ein Jb. zur Gesch. des neueren Protestantismus (1974 ff.); H. LEUBE: Orthodoxie u. P. (1975); Gestalten der Kirchengesch., hg. v. M. GRESCHAT, Bd. 7: Orthodoxie u. P. (1982); W. MARTENS: Lit. u. Frömmigkeit in der Zeit der frühen Aufklärung (1989); H.-G. KEMPER: Dt. Lyrik der frühen Neuzeit, Bd. 5,1: Aufklärung u. P. (1991); Gesch. des P., hg. v. M. BRECHT u. a., auf 4 Bde. ber. (1993 ff.); B. HOFFMANN: Radikal-P. um 1700. Der Streit um das Recht auf eine neue Gesellschaft (1996); U. WITT: Bekehrung, Bildung u. Biogr. Frauen im Umkreis des Halleschen P. (1996).

Pietra dura [ital. ›harter Stein‹] *die,* - -, das →Florentiner Mosaik.

Pietra Ligure, Badeort in der Prov. Savona, Ligurien, Italien, 3 m ü. M., an der Riviera di Ponente, 9 600 Einwohner.

Pietraß, Richard, Schriftsteller, * Lichtenstein/Sa. 11. 6. 1946; 1968–72 Studium der klin. Psychologie, dann Lektor und Redakteur, seit 1979 als freischaffender Autor in (Ost-)Berlin. P. ist v. a. Lyriker; er beherrscht traditionelle Formen ebenso wie die der konkreten Poesie. Seine Verse nutzen Sprachspiel und -kritik, um mit viel Witz überkommene Denkmuster infrage zu stellen.

Werke: *Lyrik:* Notausgang (1980); Freiheitsmuseum (1982); Spielball (1987); Ostkreuz (1990).

Pietro, P. da Cortona, eigtl. **P. Berrettini,** ital. Maler und Baumeister, * Cortona 1. 11. 1596, † Rom 16. 5. 1669; tätig in Rom und Florenz, Vertreter des röm. Hochbarock. Seine illusionist. Wand- und Deckenmalerei setzt den Raum nach Art CORREGGIOS scheinbar ins Unbegrenzte fort. Mit der Saaldecke im Palazzo Barberini in Rom (Allegorie auf das Pontifikat URBANS VIII.; 1633–39) leitete er die Verschmelzung von Architektur und Malerei zum Gesamtkunstwerk ein, die seine Schüler BACICCIO und A. POZZO fortführten. 1640–47 in Florenz, malte er im Palazzo Pitti versch.

Säle aus, wieder in Rom Santa Maria in Vallicella (auch ›Chiesa Nuova‹; 1647–60), den Palazzo Pamphili (1651–55), die Kapelle URBANS VIII. im Vatikan. Auch Altarbilder und mytholog. Gemälde. – Seine architekton. Werke zeichnen sich durch plast. Verwendung von Säulenstellungen und bewegte Fassaden aus: Kirchen Santi Luca e Martina (Vorentwurf 1623, Bau 1634–50), Santa Maria della Pace (Fassade 1656–57) und Santa Maria in Via Lata (Fassade 1658–62; alle in Rom) mit von A. PALLADIO beeinflusstem Säulenportikus und Loggia. Zeichnungen und Entwürfe (u. a. 1664 für den Louvre in Paris); Traktate.

L. KUGLER: Studien zur Malerei u. Architektur von P. Berrettini da Cortona (1985).

Pi|etroasa, Petrossa, Petreossa, rumän. Dorf (heute zu Pietroasele) im Kr. Buzău, in dessen Nähe 1837 ein ungewöhnlich reicher Schatzfund von Goldschmiedearbeiten aus Gold und Silber geborgen wurde (heute Bukarest, Museum für die Geschichte Rumäniens); er bestand aus 22 Stücken, von denen heute noch zwölf (zus. 18,8 kg) erhalten sind: Kannen, Trinkschalen, ›Körbchen‹, Fibeln mit Granaten u. a. Edelsteinen, Halsringe, Gürtelschnallen. Die Fundstücke sind z. T. spätantiker, z. T. german. Herkunft, charakteristisch sind griechisch-sarmat. und sassanid. Einflüsse. Der Fund wurde als Schatz des Gotenfürsten ATHANARICH gedeutet; in neuerer Zeit wurde er in die Mitte des 5. Jh. datiert und allg. mit Ostgermanen in Verbindung gebracht.

E. DUNĂREANU-VULPE: Der Schatz von Petrossa (Bukarest 1967).

Pietroasa: Goldene Henkelschale (Bukarest, Museum für die Geschichte Rumäniens)

Pietryga, Stefan, Holzbildhauer, *Ibbenbüren 26. 10. 1954; setzt sich seit den frühen 1980er-Jahren mit den Grundlagen skulpturaler Zeichen in urbanen und natürl. Zusammenhängen auseinander. Bei seinen Visualisierungen bezieht er sich sowohl auf barocke stadtplaner. Gesamtkunstwerke als auch auf romantisch-idealist. Traditionen.

Stefan Pietryga: 8 Pappeln; 1995 (Göppingen, Städtische Galerie)

Pietro da Cortona: ›Allegorie auf das Pontifikat Urbans VIII.‹, Deckenfresko des Salone im Palazzo Barberini in Rom; 1633–39

Pieyre de Mandiargues [pjɛːr də mɑ̃ˈdjarg], André, frz. Schriftsteller, *Paris 14. 3. 1909, †ebd. 13. 12. 1991; war mit A. BRETON befreundet. Seine fantastisch-absurden, provokativen, um die Themen Eros und Tod kreisenden Romane (u. a. ›La marge‹, 1967) und Erzählungen (u. a. ›Le lis de mer‹, 1956; dt. ›Lilie des Meeres‹) wie seine Lyrik zeigen Einflüsse des Surrealismus und der dt. Romantik. In Essays zu Literatur und Kunst entwickelte er eine Ästhetik des Schocks (›Belvédère‹, 3 Bde., 1958–71).

Weitere Werke: *Romane:* La motocyclette (1963; dt. Das Motorrad); Tout disparaîtra (1987). – *Erzählungen:* Dans les années sordides (1943); Le musée noir (1946); Soleil des loups (1951); Marbre (1953); Feu de braise (1959; dt. Schwelende Glut); Le deuil des roses (1983; dt. Die Trauer der Rosen). – *Lyrik:* Les incongruités monumentales (1948); Astyanax (1957); Ruisseau des solitudes (1968); L'ivre œil (1979); Gris de perle (hg. 1993). – *Essays:* Les monstres de Bomarzo (1957; dt. Die Monstren von Bomarzo). – *Dramen:* Isabella Morra (1973); La nuit séculaire (1979); Arsène et Cléopâtre (1981).

pi|ezo... [zu griech. piézein ›drücken‹, ›Druck ausnützen‹], Wortbildungselement mit der Bedeutung: Druck, z. B. Piezoelektrizität, Piezometer.

Pi|ezodiode, eine Halbleiterdiode (→Diode), bei der die Druckabhängigkeit des p-n-Übergangs ausgenutzt wird (Beweglichkeit, Eigenleitungsdichte, Breite der verbotenen Zone; →Bändermodell). Mithilfe von P. können mechan. Signale direkt in elektr. Signale umgesetzt werden.

Pi|ezo|elektrizität, Pi|ezo|effekt, pi|ezo-elektrischer Effekt, von P. J. und P. CURIE 1880 entdeckte Erscheinung, dass sich Quarzkristalle bei Deformation unter mechan. Beanspruchungen (Druck, Zug, Torsion) auf Prismenflächen (d. h. senkrecht zu polaren Achsen) elektrisch positiv bzw. negativ aufladen. P. wird in Isolatorkristallen ohne Symmetriezentrum beobachtet, deren Struktur durch eine oder mehrere (polare) Achsen gekennzeichnet ist. Die positiven und negativen Gitterbausteine werden durch die Deformation so verschoben, dass ein elektr. Dipolmoment entsteht, was sich im Auftreten von (scheinbaren) Ladungen an der Oberfläche des nach außen neutralen Kristalls äußert. Von den 32 Kristallklassen zeigen 20 P., zehn davon zusätzlich →Pyroelektrizität. Außer den natürlichen piezoelektr. Kristallen, wie Quarz, Rochelle-Salz, Ammoniumdihydrogenphosphat, $(NH_4)H_2PO_4$ (ADP), Lithiumtantalat, $LiTaO_3$, und Lithiumniobat, $LiNbO_3$, haben bestimmte keram. Materialien, so genannte **Piezokeramiken** (z. B. Titanate, Niobate) gute piezoelektr. Eigenschaften, die eine techn. Anwendung zulassen (u. a. als Sensoren, in Feuerzeugen als **Piezozünder**). Infolge ihrer polykristallinen Struktur zeigen Piezokeramiken im Ggs. zu den Kristallen Isotropie in ihren Eigenschaften. Auch Kunststoffe, z. B. Polyvinylidenfluorid (PVDF), können P. zeigen (Verwendung u. a. als Drucksensoren, Infrarotdetektoren oder Lautsprechermembranen). – Durch elektr. Wechselfelder können umgekehrt an piezoelektr. Kristallen mechan. Schwingungen erzeugt werden. Dieser **reziproke (umgekehrte) piezoelektrische Effekt,** die →Elektrostriktion, wird z. B. in der Hochfrequenztechnik (Hochfrequenzfilter, Quarzuhren; →Schwingquarz) und zur Ultraschallerzeugung ausgenutzt.

pi|ezokeramischer Lautsprecher, *Elektroakustik:* ein Lautsprecher (meist Hochtonlautsprecher), der zur Schallerzeugung den umgekehrten piezoelektr. Effekt (→Piezoelektrizität) ausnutzt. Neben Kristallplättchen und metallbeschichtetem Polyvinylidenfluorid werden heute vermehrt Konstruktionen aus keram. Material als schallerzeugende Elemente verwendet. Zwei kreisförmige Blei-Zirkonat-Titanat-Plättchen werden am Rande elastisch eingespannt und in der Mitte mit der Lautsprechermembran verklebt. Beim Anlegen einer Spannung wird eine Wölbung der Scheiben hervorgerufen und dadurch die Membran in Schwingung versetzt.

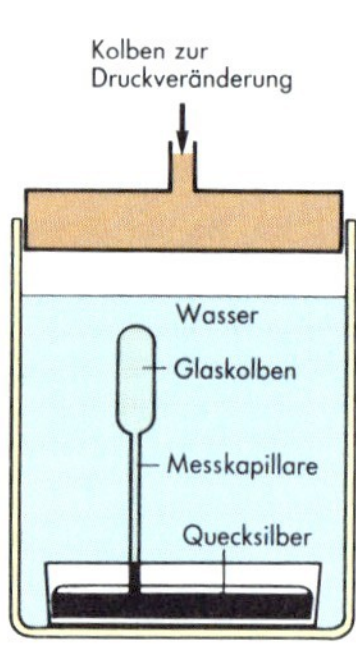

Piezometer

Pi|ezometer *das, -s/-,* Gerät zum Messen der Kompressibilität fester oder flüssiger Körper in Hochdruckgefäßen. Feste Körper werden meist in Stabform in dickwandige Stahlzylinder eingebracht, die mit durchsichtigem Öl o. Ä. gefüllt sind, das unter Druck gesetzt werden kann; die durch den Druck bedingte Längenänderung des Stabs wird durch Fenster mittels zweier Messmikroskope beobachtet. An flüssigen Körpern erfolgt die Messung meist durch Vergleich von deren Kompressibilität mit einer bekannten Kompressibilität, z. B. der von Wasser oder Quecksilber. Beim P. nach H. C. ØRSTED befindet sich die zu untersuchende Flüssigkeit in einem in eine Kapillare auslaufenden Glaskolben. Die Kapillare taucht in eine mit der Probe nicht mischbare Sperrflüssigkeit (z. B. Quecksilber), durch die die Probe abgeschlossen wird. Die ganze Anordnung steht in einem z. B. mit Wasser gefüllten Gefäß, das unter Druck gesetzt werden kann. Über die Sperrflüssigkeit steht der Glaskolben innen unter dem gleichen Druck wie außen, und die Kompressibilität der Probeflüssigkeit wird am Stand der Sperrflüssigkeit in der Kapillare abgelesen.

pi|ezoresistiver Effekt, Änderung des elektr. Widerstandes durch Druck (Materialspannung); bei bestimmten Materialien (Halbleiter) bes. ausgeprägt.

Pi|ezotransistor, bipolarer Transistor aus einem Halbleitermaterial, dessen Bandstruktur und elektr. Eigenschaften stark druckabhängig sind (→Piezoelektrizität). Unter Ausnutzung dieses Effekts kann der Kollektorstrom durch eine auf das System einwirkende mechan. Kraft gesteuert werden. Kollektorstrom und damit die Stromverstärkung sinken bei festem Basisstrom mit steigender Druckbelastung. P. finden in der Mess- und Regeltechnik zur direkten Umwandlung mechan. Größen (Druck, Länge, Kraft, Geschwindigkeit u. a.) in elektr. Signale Anwendung.

Pi|ezowiderstand, Messwertaufnehmer, der bei Druck (oder Zug) seinen elektr. Widerstand ändert. Bes. geeignet sind bestimmte Halbleitermaterialien, bei denen sich der spezif. Widerstand unter mechan. Spannung stark ändert (Halbleiter-Dehnungsmess-

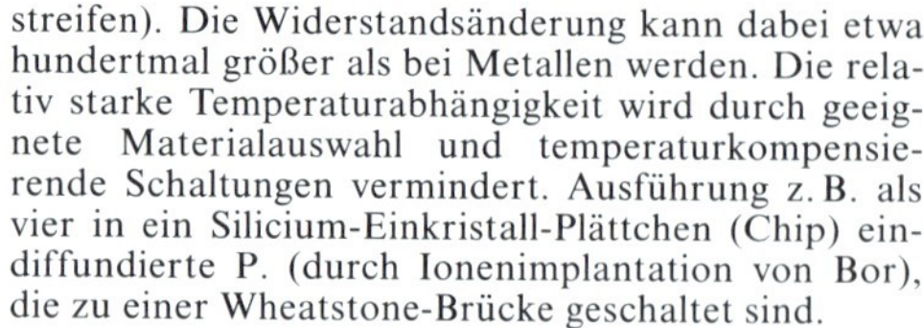

streifen). Die Widerstandsänderung kann dabei etwa hundertmal größer als bei Metallen werden. Die relativ starke Temperaturabhängigkeit wird durch geeignete Materialauswahl und temperaturkompensierende Schaltungen vermindert. Ausführung z. B. als vier in ein Silicium-Einkristall-Plättchen (Chip) eindiffundierte P. (durch Ionenimplantation von Bor), die zu einer Wheatstone-Brücke geschaltet sind.

Pi|ezozünder, Gerät zur Entzündung brennbarer Gas-Luft-Gemische mithilfe eines Hochspannungsfunkens. Das Zündelement besteht aus zwei aufeinander liegenden piezoelektr. Zylindern, die bei starker, durch einen Schlagbolzen ausgeübter Druckeinwirkung eine Hochspannung von 15 bis 20 kV liefern und in einer Funkenstrecke eine kurzzeitige Entladung zw. den Elektroden zünden. P. werden z. B. in Gasfeuerzeugen verwendet.

Piffero [ital.] *der, -s/...ri,* kleine ital. Diskantschalmei mit sieben Grifflöchern (und Oktavloch), die von den Pifferari (Hirten aus Kalabrien und den Abruzzen) zus. mit einer Sackpfeife geblasen wird.

Pigage [piˈgaːʒ], Nicolas de, frz. Architekt, * Lunéville 2. 8. 1723, † Mannheim 30. 7. 1796; Schüler von E. HÉRÉ und der Pariser Akademie; seit 1749 als ›Intendant der Gärten und Wasserkünste‹ in kurpfälz. Dienst, ab 1762 als Gartendirektor verantwortlich für die Anlage des Schwetzinger Schlossgartens (nach frz. Vorbildern des Barock und Rokoko gestaltet). Im Spätwerk näherte er sich dem Louis-seize. Weiteres BILD →Orangerie.

Werke: Kabinettsbibliothek des Mannheimer Schlosses (1755–57); Schloss Benrath (heute zu Düsseldorf; 1755–69); Bauten im Schwetzinger Schlosspark (1761–85); Karlstor in Heidelberg (1775–81).

W. HEBER: Die Arbeiten des N. de P. in den ehem. kurpfälz. Residenzen Mannheim u. Schwetzingen, 2 Tle. (1986); C. REISINGER: Der Schloßgarten zu Schwetzingen (1987); Schloß Benrath u. sein Baumeister N. de P., Beitrr. v. J. DE BÜRGER u. a., Ausst.-Kat. Stadtmuseum Düsseldorf u. a. (1996).

Pigalle [piˈgal], Jean-Baptiste, frz. Bildhauer, * Paris 26. 1. 1714, † ebd. 21. 8. 1785; Schüler von R. LE

Jean-Baptiste Pigalle: Merkur; Marmorstatuette, 1744 (Paris, Louvre)

Lorrain und J.-B. Lemoyne. 1736–39 hielt er sich in Rom auf. Sein Werk zeigt Spannungen zw. barocker, bis zur Hässlichkeit übersteigerter Naturtreue (Sitzstatue Voltaires, 1776; Paris, Institut de France) und klassizist. Tendenzen in der klaren Linienführung und Glätte der Oberflächenbehandlung (Statuette des Merkur, 1744, Paris, Louvre; Wiederholung in großem Maßstab, 1748, Berlin, Skulpturensammlung; Gegenstück: Sitzende Venus, ebd.). P. schuf ferner Denkmäler in pathet. Monumentalität (›Grabmal des Marschalls Moritz von Sachsen‹, 1753–76; Straßburg, Saint-Thomas) oder klassizist. Strenge (›Grabmal des Grafen d'Harcourt‹, 1769–76; Paris, Notre-Dame) sowie zahlr. realist. Porträtbüsten, Kleinplastiken und Medaillen.

J.-B. P., bearb. v. J.-P. Gaborit (Paris 1985).

Pigeonit [pɪdʒɔˈnɪt; nach Pigeon Point, Minnesota] *der, -s/-e,* Mineral, dem →Diopsid nahe stehender monokliner, brauner bis schwarzer Pyroxen; meist als Einsprengling in Basalten, auch in Meteoriten und Mondgesteinen.

Pigmentdruck, *Fotografie:* ein →Edeldruckverfahren.

Pigmente [lat. pigmentum ›Färbestoff‹], *Sg.* **Pigment** *das, -(e)s,* **1)** *Biologie:* i. w. S. Sammel-Bez. für alle in Pflanzen, Tieren und Menschen auftretenden farbgebenden Substanzen, i. e. S. Bez. für die in bestimmten Zellen (Zellbestandteilen) abgelagerten Farbkörperchen (→Färbung).

2) *Chemie* und *Technik:* im Anwendungsmedium unlösl. anorgan. oder organ. →Farbmittel. Durch Fällen von gelösten Farbstoffen mit Fällungsmitteln erzeugte P. werden als **Farblacke** bezeichnet. Bei anorgan. P. wird zw. Weiß-, Schwarz-, Bunt- und Spezial-P. unterschieden. Natürl. anorgan. P. (›Erdfarben‹) werden aus anorgan. Rohstoffen durch Mahlen, Schlämmen und Trocknen gewonnen (z. B. Ocker, Grünerde). Synthet. anorgan. P. (›Mineralfarben‹) werden durch chem. Umwandlungen erzeugt. Die opt. Wirkung von **Weiß-P.** beruht auf starker Lichtstreuung bei geringer Lichtabsorption. Die Lichtstreuung nimmt mit steigender Brechzahl n des P. zu. Stoffe mit niedriger Brechzahl (z. B. Bariumsulfat mit $n = 1{,}6$) werden als Füllstoffe (oder Verschnitt-P.) bezeichnet. Wegen seiner hohen Brechzahl ($n = 2{,}7$) sowie seiner chem. Beständigkeit und Ungiftigkeit ist Titandioxid heute das weitaus wichtigste Weiß-P. für Lacke (z. B. Dispersionsfarben), Druckfarben, Kunststoffe, Papier u. a. Zinkoxid (Zinkweiß) wird v. a. in der Gummiindustrie verwendet; das giftige und schwefelwasserstoffempfindl. Bleiweiß (bereits 550 v. Chr. angewandt) sowie Lithopone (Zinksulfid und Bariumsulfat) haben kaum noch Bedeutung. Ruß ist das wichtigste **Schwarz-P.** für Kunststoffe, Druckfarben, Kohlepapier und Lacke. Der optimale Teilchendurchmesser liegt bei 190 nm. Zu den **Bunt-P.** zählen die Eisenoxide, deren Farbtöne über die Teilchengröße von Gelb über Rot und Braun nach Schwarz eingestellt werden können; sie haben v. a. für Baumaterialien (z. B. Ziegel, Bodenplatten) Bedeutung. Chromoxid ist das wichtigste Grün-P. Die leuchtend gelben Cadmiumsulfid-P. verlieren aus Umweltschutzgründen zugunsten von Mischphasen-P. (z. B. Titandioxid mit Nickel- oder Chromionen) immer mehr an Bedeutung. **Glanz-P.** enthalten parallel zueinander ausgerichtete flächige Partikel, an denen gerichtete Lichtreflexion auftreten kann. Lichtundurchlässige Aluminium- und Goldbronzeblättchen geben Metalleffekte. Perlglanz-P. enthalten mit Metalloxiden (z. B. Titandioxid) umhüllte Glimmerblättchen, die z. T. transparent sind, sodass durch Interferenz irisierende Farbeffekte entstehen. Je nach Art und Dicke der Metalloxidschicht können unterschiedl. Farbtöne erreicht werden. **Leucht-P.** werden durch kurzwelliges Licht

Nicolas de Pigage: Gartenfront von Schloss Benrath in Düsseldorf; 1755–69

oder ultraviolette Strahlung zu Fluoreszenz oder Phosphoreszenz angeregt (z. B. mit Schwermetallionen dotiertes Zinksulfid). – Organ. P. unterscheiden sich von anorgan. Bunt-P. meist durch klarere Farben und größere Farbstärke. Bedeutung für Druckfarben, Lacke und Kunststoffe haben v. a. Azo-P. sowie die durch hervorragende Echtheit ausgezeichneten blauen oder grünen Phthalocyanine und gelben bis roten polyzykl. P. (z. B. Perylen-P., Flavanthron). – Als P. werden in der Technik häufig auch unlösl. feinteilige Stoffe bezeichnet, bei denen die Farbwirkung nicht vorrangig ist (z. B. Korrosionsschutz-P., Eisenoxid-P. für magnet. Informationsträger).

Pigmentfleck, *Zoologie:* der →Augenfleck.

Pigmentmal, *Medizin:* →Muttermal.

Pignole [pɪnˈjoːlə; ital., zu pino ›Pinie‹] *die, -/-n, österr.* **Pignolie,** der Same der →Pinie.

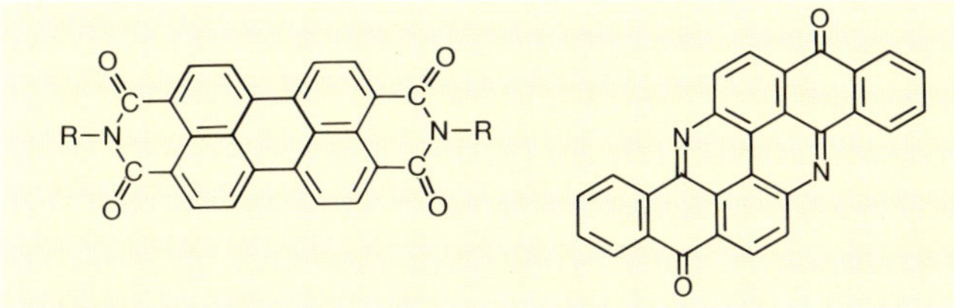

Pigmente 2): **links** Perylenpigment (rot), ein Diimid der 3,4,9,10-Perylentetracarbonsäure; **rechts** Indanthrengelb G

Pignon [piˈɲɔ̃], Édouard, frz. Maler und Grafiker, *Bully-les-Mines (Dép. Pas-de-Calais) 12. 2. 1905, †Couture-Boussey (Dép. Eure) 14. 5. 1993; Autodidakt. Er schloss sich früh dem Kubismus an und übertrug dessen stilist. Merkmale auf soziale Themen. Der Einfluss P. Picassos (ab 1937) führte zu einer auf graf. Impulsen basierenden vehementen Wiedergabe der Wirklichkeit. P. malte neben Figurenbildern (auch Akte: Serie der ›Nus rouges‹, 1971–73) v. a. Landschaften und Stillleben; auch Keramiken und Theaterdekorationen. (Bild S. 162)

Pigou [ˈpɪgəʊː], Arthur Cecil, brit. Volkswirtschaftler, *Ryde (Isle of Wight) 18. 11. 1877, †Cambridge 7. 3. 1959; als Nachfolger von A. Marshall 1908–43 Prof. in Cambridge und führender Vertreter der Cambridger Schule. P. lieferte u. a. grundlegende Beiträge zur Wohlfahrtsökonomik – z. B. Unterscheidung in private und soziale Kosten, Ausgleich externer Effekte **(P.-Steuer, P.-Subvention),** Einbeziehung von Grenznutzen- und Grenzproduktivitätstheorie sowie Aspekten der Einkommensverteilung in die Wohl-

Arthur Cecil Pigou

Willem Pijper

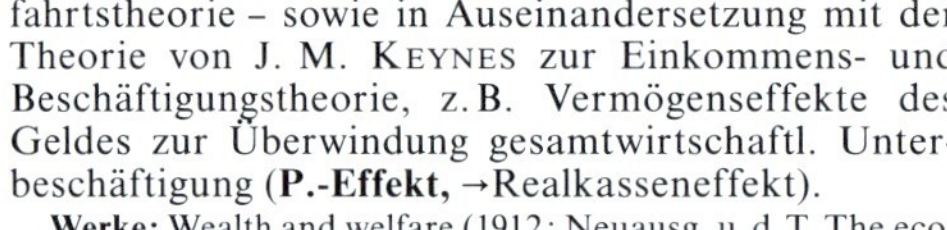

fahrtstheorie – sowie in Auseinandersetzung mit der Theorie von J. M. KEYNES zur Einkommens- und Beschäftigungstheorie, z. B. Vermögenseffekte des Geldes zur Überwindung gesamtwirtschaftl. Unterbeschäftigung (**P.-Effekt,** →Realkasseneffekt).

Werke: Wealth and welfare (1912; Neuausg. u. d. T. The economics of welfare, 1920); The theory of unemployment (1933); Employment and equilibrium (1941); Income (1946); Income revisited, being a sequel to income (1955).

Pịje, Piạnchi, ägypt. König (740–713 v. Chr.); entstammte einem in Napata (Nubien) regierenden Geschlecht, das die antiken Historiker als Äthiopen bezeichnen. P. eroberte um 722/721 v. Chr. Ober- und Mittelägypten und begründete die 25. Dynastie, die seit 712 v. Chr. (Eroberung Unterägyptens durch P.s Sohn und Nachfolger SCHABAKA) das wieder vereinigte Ägypten regierte. Den Siegeszug P.s schildert seine Triumphstele (im Ägypt. Museum in Kairo).

Pijnacker ['pɛjnɑkər], **Pynacker** ['pɛi̯nɑkər], Adam, niederländ. Maler, getauft Pijnacker (bei Delft) 13. 2. 1622, begraben ebd. 28. 3. 1673; malte, von J. BOTH und J. ASSELYN beeinflusst, ital. Landschaften (v. a. Küsten- und Hafenszenen) mit Staffage.

Pijnas ['pɛjnɑs], **Pynas** ['pɛi̯nɑs], Jan Simonsz., niederländ. Maler und Zeichner, * Haarlem um 1583, begraben Amsterdam 27. 12. 1631; gehörte um 1605 mit P. LASTMAN in Rom zum Kreis um A. ELSHEIMER. Er malte v. a. bibl. Themen in einem sich vom Manierismus lösenden schlichten Erzähl- und Darstellungsstil und gehört zu den wichtigsten Vorläufern REMBRANDTS.

Pijper ['pɛjpər], Willem Frederik Johannes, niederländ. Komponist, * Zeist 8. 9. 1894, † Leidschendam 18. 3. 1947; war 1925–30 Prof. am Konservatorium in Amsterdam, 1930–47 Direktor des Konservatoriums in Rotterdam. Sein Frühwerk stand unter dem Einfluss von G. MAHLER, nach 1920 wandte er sich C. DEBUSSY, A. SCHÖNBERG und I. STRAWINSKY zu, bis er seit 1932 einen eigenen Stil entwickelte, eine auf besonderen Skalen aufbauende Polytonalität. Er schrieb eine Oper, drei Sinfonien, Konzerte, Kammer- und Klaviermusik, Lieder und Chöre.

Pijụt [hebr.] *die, -/...'tim,* **Piụt,** die zum Vortrag in der Synagoge bestimmte Dichtung (die älteste aus Palästina, 6. Jh.). Die frühesten Verfasser waren JOSE BEN JOSE und JANNAJ. P. wurden auch in Babylonien, bes. aber bis ins 14. Jh. (Nachklänge noch im 18. Jh.) von den Juden in Dtl., Frankreich, Italien und Spanien gedichtet und stellten ein wichtiges literar. Zeugnis für ihre Hoffnungen und Schicksale dar.

L. ZUNZ: Die synagogale Poesie des MA., 2 Bde. (1-2 1859–1920, Nachdr. 1967); DERS.: Literaturgesch. der synagogalen Poesie (1865, Nachdr. 1966); I. ELBOGEN: Der jüd. Gottesdienst in seiner geschichtl. Entwicklung (3 1931, Nachdr. 1995).

Pịk [frz. pic, eigtl. ›Spitze‹], **1)** *der, -s/-e* und *-s, Geographie:* russ. Bez. für Berggipfel.

2) *das, -(s), Kartenspiel:* Farbzeichen der frz. Spielkarte, dt. Name **Schippen,** das eine stilisierte Stangenwaffenspitze in Schwarz darstellt. P. entspricht dem Grün des dt. Spiels.

Pikạrdisch, nordostfrz. Mundart (gesprochen in der Picardie, im Artois und im belg. Hennegau), die gegenüber der frz. Hochsprache folgende Charakteristika aufweist: 1) Bewahrung von lat. [k] vor [a], z. B. lat. castellum, pikardisch castiel, frz. château (›Burg‹); 2) Entwicklung von lat. [k] vor [e] und [i] zu [tʃ], heute [ʃ], frz. [ts], heute [s], z. B. vulgärlat. radicina, pikard. rachine, frz. racine (›Wurzel‹); 3) Entwicklung von [e] vor Nasal zu [ɛ̃], frz. [ã], z. B. lat.

1

2

3

4

5

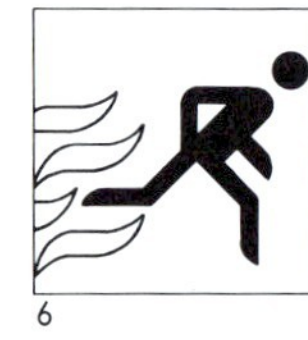

6

Piktogramm 1) (Auswahl) bei der Deutschen Bahn AG (1 Geldwechsel, 2 Nichtraucher, 3 Kein Trinkwasser) und auf dem Frankfurter Rhein-Main-Flughafen (4 Wartehalle, 5 Rolltreppe abwärts, 6 Fluchtweg)

Édouard Pignon: Viadukt; 1957 (Privatbesitz)

gens, pikard. gens [ʒɛ̃], frz. gens [ʒã] (›Volk‹). Zw. dem 12. und dem 14. Jh. bestand eine reiche Literatur in pikard. Sprache, darunter Heldenepen (→Huon de Bordeaux), die Novelle →Aucassin und Nicolette; im pikard. Sprachraum entstanden ferner die →Fabliaux und der Fuchsroman (→Roman de Renart) sowie die Werke von J. BODEL und ADAM DE LA HALLE.

pikarẹsker Roma̲n [zu span. pícaro ›Gauner‹, ›Schelm‹], **pika̲rischer Roma̲n, Pịcaroroman,** →Schelmenroman.

Pịkas [tungus.], *Sg.* **Pịka** *der, -(s),* die →Pfeifhasen.

Pịke [frz. pique, von piquer ›stechen‹] *die, -/-n,* im 16. und 17. Jh. verwendete Stangenwaffe, bestehend aus etwa 3 m (›halbe P.‹) oder 5 m (›ganze P.‹) langem Schaft und schmalem, rautenförmigem Stoßblatt. Im Verlauf des 16. Jh. wurden in der Bewaffnung des Fußvolks Hellebarde und Langspieß allmählich von der handlicheren P. abgelöst. Die mit dieser Waffe ausgerüsteten Söldner **(Pikeniere)** bildeten mit den Musketieren bis in die 2. Hälfte des 17. Jh. die Infanterie.

Pike [paɪk], Kenneth Lee, amerikan. Sprachwissenschaftler und Anthropologe, * Woodstock (Conn.) 9. 6. 1912; wurde 1948 Prof. an der University of Michigan in Ann Arbor. Seine Forschungen zu Sprachen der indian. Urbevölkerung Mittel- und Südamerikas sowie zu Eingeborenensprachen in Afrika, Australien und Neuguinea, auf Java und den Philippinen führten zur Einordnung menschl. Sprachverhaltens in ein behaviorist. Gesamtmodell. Mit seinem Werk ›Language in relation to a unified theory of the structure of human behavior‹ (3 Bde., 1954–60) gilt er als Hauptvertreter der →Tagmemik.

Pike̲e̲ *der,* österr. *das, -s/-s, Textiltechnik:* der →Piqué.

Pikes Peak ['paɪks 'pi:k], Berg in der Front Range der Rocky Mountains, USA, nahe Colorado Springs, 4 304 m ü. M.; Skigebiet.

Pikẹtt [frz.] *das, -(e)s/-e,* **1)** *Kartenspiel:* frz. **Piquet** [pi'ke], **Rummel-P., Rummelspiel, Feldwache,** Spiel für 2–4 Personen mit der frz. Karte zu 32 Blatt (P.-Karte) und drei verschiedenen Ansagearten: Rummel (Blatt), Folge (Sequenz) und Kunststück (Pasch).

2) *Militärwesen:* frühere Bez. für eine kleinere Abteilung meist berittener Soldaten; in der Schweiz Bez. für einsatzbereite Mannschaft im Heer und bei der Feuerwehr.

pikieren [von frz. piquer ›stechen‹], **1)** *Gartenbau:* zu dicht stehende junge Pflanzen ausziehen und in größerem Abstand verpflanzen.

2) *Textiltechnik:* zwei übereinander liegende Stoffteile so miteinander verbinden, dass auf der Oberseite kein Stich sichtbar ist (v. a. bei Einlagen in Kragen und Revers).

Pikkolo [ital., eigtl. ›klein‹], **Piccolo,** *Musik:* Zusatz-Bez. für den jeweils höchstliegenden Vertreter einer Instrumentenfamilie, z. B. Violino piccolo; auch Kurz-Bez. für die Pikkoloflöte (→Querflöte).

Piko [zu ital. piccolo ›klein‹], *Physik* und *Technik:* Vorsatz vor Einheiten mit der Bedeutung 10^{-12} (Billionstel), Vorsatzzeichen **p**, z. B. Pikofarad, 1 pF = 10^{-12} F.

Pikomplexe, π-Komplexe, i. e. S. bestimmte metallorgan. Koordinationsverbindungen, bei denen die Pielektronenpaare von organ. Molekülen (z. B. Olefinen, aromat. Verbindungen) Koordinationslücken am Metallatom (bes. bei Übergangsmetallen) besetzen. Bes. bekannte Beispiele aus dieser Gruppe von Verbindungen sind das Ferrocen und das Dibenzolchrom (→Sandwichverbindungen). I. w. S. versteht man unter P. Elektronen-Donator-Akzeptor-Komplexe (z. B. Chinhydron, Pikrate), bei deren Zusammenschluss Pielektronen reversibel von einem Donatormolekül zum Akzeptormolekül übergehen (meist mit charakterist. Färbung verbunden).

Pikrate [zu griech. pikrós ›bitter‹], *Sg.* **Pikrat** *das, -(e)s, Chemie:* 1) Salze der Pikrinsäure; meist gelbe, schlagempfindl. Substanzen; Bleipikrat ist z. B. ein Initialsprengstoff; 2) Molekülverbindungen der Pikrinsäure mit aromat. Kohlenwasserstoffen; sie eignen sich wegen ihrer charakterist. Färbung und ihrer genau bestimmbaren Schmelzpunkte zur Identifizierung aromat. Kohlenwasserstoffe.

Pikrinsäure [zu griech. pikrós ›bitter‹], **2,4,6-Trinitrophenol,** aus Phenol durch Nitrieren hergestellte Verbindung mit drei Nitrogruppen; gelbe, kristalline, stark saure Substanz, die leicht Salze und Molekülverbindungen (→Pikrate) bildet. P. wurde früher zum Färben von Seide, Wolle und Leder verwendet; da sie gegen Stoß, Schlag und Reibung empfindlich ist, wurde sie auch als Sprengstoff benutzt. In Lösung mit Zitronensäure diente sie als Reagenz bei der →Esbach-Eiweißuntersuchung.

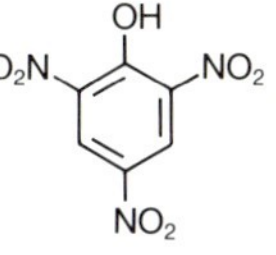

Pikrinsäure

Pikrit [zu griech. pikrós ›bitter‹] *der, -s/-e,* grünlichschwarzes bis schwarzes, körniges, ultrabas. Ergussgestein (vulkan. Äquivalent des Tiefengesteins Peridotit), bestehend aus Olivin (meist serpentinisiert), Pyroxen (Augit) sowie z. T. Hornblende und Biotit; überwiegend paläozoisch.

Pikromerit, das Mineral →Schönit.

Pikten, lat. **Picti,** röm. Name für die vorkelt. oder kelt. Stämme in N-Schottland nördlich des Antoninuswalls (zw. Forth- und Clydemündung), die wiederholt die Grenzen des röm. Britannien bedrängten. Sie wurden von den Römern 83 (oder 84) n. Chr. unter AGRICOLA am Mons Gropius (Lage unbekannt) besiegt. CASSIUS DIO nannte Ende des 2. Jh. Kaledonier (lat. Caledonii) und Maiaten (lat. Maeatae) als die führenden Stämme der P.; AMMIANUS MARCELLINUS erwähnte um 360 die Stämme der Dikalidonen (lat. Dicalidones) und Vekturionen (lat. Vecturiones). Der Name P. (lat. picti ›die Bemalten‹) steht vielleicht in Beziehung zu der Sitte des Tatauierens oder zu dem gall. Stammesnamen Pictones (Pictavi, →Piktonen). Zwei Wellen kelt. Einwanderer sind etwa für die Zeit des 1. Jh. v. Chr. archäologisch erkennbar. Ob die Kaledonier in den P. aufgingen oder ob Kaledonier und P. dasselbe Volk sind, ist umstritten. Weder indogermanisch noch keltisch ist die matrilineare Königsfolge bei den P., als sie um die Mitte des 6. Jh. mit ihrem König BRUIDE (auch BRUDE oder BRIDEI) MAC MAELCHON, der etwa 554–584 regierte, historisch fassbar werden. Dieser gestattete COLUMBAN D. Ä., von der Insel Iona (die zum Königreich →Dalriada gehörte) aus das P.-Reich zu missionieren. Der Skotenkönig KENNETH I. (KENNETH MACALPIN, † 858 oder 860) von Dalriada vereinigte schließlich um 850 sein Reich mit dem der P. zu einem schott. Großkönigreich (→Schottland, Geschichte). Unerklärt sind bis heute die Symbole auf pikt. Denkmälern.

Das (um 900 ausgestorbene) Piktische ist keine homogene →keltische Sprache. Neben dem piktisch-keltischen gallobritann. Dialekt ist bei den P. eine nichtindogerman. Sprache lebendig geblieben. Die pikt. Inschriften (5.–9. Jh.) sind meist in Oghamschrift abgefasst. Sie enthalten v. a. irische und britann. Elemente. Die pikt. Königsliste (Pictish chronicle), ein lat. Text aus dem 9./10. Jh., enthält auch nichtkelt. Namen.

The problem of the Picts, hg. v. F. T. WAINWRIGHT (Edinburgh 1955); I. HENDERSON: The Picts (London 1967); M. O. ANDERSON: Kings and kingship in early Scotland (Neuausg. Edinburgh 1980); The companion to Gaelic Scotland, hg. v. D. S. THOMSON (Neuausg. New York 1987).

Piktogramm [zu lat. pingere, pictum ›malen‹] *das, -s/-e,* **Bildsymbol, 1)** allgemein verständl., stilisierte bildl. Darstellung zur (von Schrift und Sprache unabhängigen) Informationsvermittlung, z. B. als Gefahrensymbol (→Gefahrstoffe) oder auf Flughäfen und Bahnhöfen.

2) *Datenverarbeitung:* **Icon** ['aɪkən, engl. ›Bild‹, ›Ikone‹], Symbol auf graf. →Benutzeroberflächen zur bildl. Darstellung von Objekten (z. B. Geräte, Dateien, Programme), Zuständen oder Aktionen. Um einen entsprechenden Befehl zu aktivieren, wird mithilfe eines Zeigegeräts (z. B. Maus oder Trackball) auf das zugehörige P. gezeigt und durch Tastendruck der Befehl gestartet.

Piktographie *die, -,* die →Bilderschrift.

Piktonen, lat. **Pictones, Pictavi,** kelt. Volksstamm in der heute nach ihm den Namen tragenden frz. Landschaft Poitou (Dép. Vienne, Deux-Sèvres, Vendée) in der röm. Provinz Aquitanien; Hauptort war Lemonum (Poitiers).

Piktoralismus [zu lat. pingere, pictum ›malen‹] *der, -,* Bez. für eine Richtung der künstler. Fotografie, die sich stilistisch und thematisch an Tendenzen der zeitgenöss. Malerei orientiert. Führende Vertreter dieser Richtung waren im 19. Jh. die brit. Fotografen O. G. REJLANDER, H. P. ROBINSON und PETER HENRY EMERSON (* 1856, † 1936), dessen Genre- und Landschaftsaufnahmen von Werken W. TURNERS, J. WHISTLERS und der frz. Impressionisten beeinflusst sind. 1902 gründete A. STIEGLITZ die **Photo-Secession,** der weitere bedeutende Anhänger des P. wie GERTRUDE KÄSEBIER, E. STEICHEN, A. L. COBURN und CLARENCE WHITE (* 1871, † 1925) beitraten. Ihr Organ war die Zeitschrift ›Camera work‹ (1903–17). Nach ihrer Auflösung (1910) gründeten COBURN, KÄSEBIER und WHITE 1915 die Vereinigung der ›Pictorial Photographers of America‹. Mitte der 20er-Jahre durch neue Strömungen verdrängt, gewann der P. in den 70er-Jahren wieder an Bedeutung.

Piła ['piu̯a], Stadt und Wwschaft in Polen, →Schneidemühl.

Pilanesberg, ringförmig angeordnete Hügelgruppe in der Prov. Nord-West, Rep. Südafrika, aus vulkan. Gestein, bis 1 682 m ü. M. Im **P.-Nationalpark**

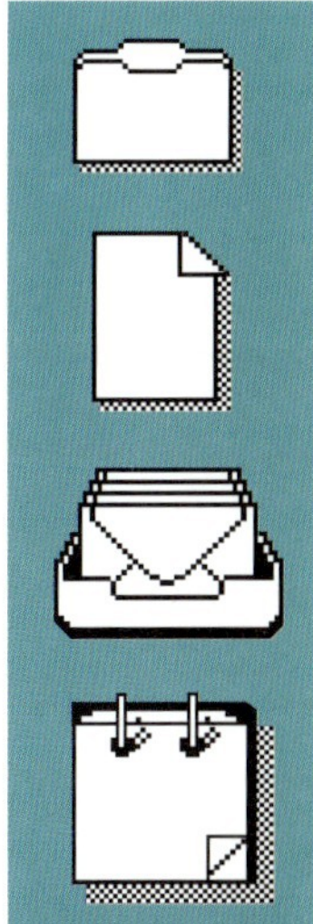
Piktogramm 2): Beispiele für Icons auf grafischen Benutzeroberflächen (von oben: Ordner, Dokument, Post, Terminkalender, Drucker)

Jean-François Pilâtre de Rozier (Ausschnitt aus einem zeitgenössischen Kupferstich)

(seit 1980; 55 000 ha) wurden v. a. heim. Tierarten wieder angesiedelt.

Pilaster [frz. pilastre, zu lat. pila ›Pfosten‹] *der, -s/-, Baukunst:* flacher, wenig vorspringender Wandpfeiler mit Basis, Schaft und Kapitell, der als Projektion der Säule auf die Wand die Säulenordnungen seit der Antike begleitet. Der P. tritt somit immer gleichzeitig mit klass. Strömungen in der Architektur auf und hat die Aufgabe, Wandflächen zu gliedern und zw. freien Stützenstellungen und der geschlossenen Wand zu vermitteln.

Pilâtre de Rozier [pi'latr də rɔ'zje], Jean-François, frz. Physiker, * Metz 30. 3. 1754, † Wimereux (Dép. Pas-de-Calais) 15. 6. 1785; unternahm am 15. 10. 1783 den ersten Aufstieg mit einer in 26 m Höhe angeleinten (gefesselten) Montgolfiere, am 21. 11. 1783 östlich von Paris den ersten freien Flug eines Luftfahrzeugs (12 km in 25 min); fand den Tod mit einem von ihm konstruierten Ballon, der oben mit Wasserstoff, unten mit Heißluft gefüllt war.

Pilatus *der,* mehrgipfliger Bergstock am N-Rand der Alpen, südlich von Luzern, Schweiz; über den Kamm verläuft die Grenze zw. den Kantonen Nidwalden (im N) und Obwalden; aus Kreide- und tertiären Kalken aufgebaut; einer der am meisten besuchten Aussichtsberge (u. a. Blick auf den Vierwaldstätter See) der Schweiz, Aussichtsgipfel (Esel) 2 120 m ü. M.; höchster Punkt des gesamten Massivs, das bis ins 17. Jh. **Frankmunt** (lat. fractus mons, ›zerbrochener Berg‹) hieß, ist das Tomlishorn (2 128 m ü. M.); von Kriens Schwebebahn in zwei Sektionen, von Alpnach (Alpnachstad) Zahnradbahn (steilste der Erde, bis 48% Steigung; 4,6 km lang) bis P.-Kulm (2 070 m ü. M.).

Pilatus, Pontius, fünfter röm. Statthalter in Judäa (Praefectus Judaeae, 26–36 n. Chr.), an der Hinrichtung JESU beteiligt. P. wird in außerbibl. Quellen (bes. JOSEPHUS FLAVIUS) aufgrund seiner antijüd. Haltung sehr negativ beurteilt. Seine durch Willkür und Grausamkeit geprägte Amtsführung führte zu seiner Absetzung. Nach einer christl. Überlieferung soll er im Jahr 39 Selbstmord begangen haben. Die eher positive Darstellung des P. in den Evangelien sowie die Legendenbildung führten im 6./7. Jh. zu seiner Verehrung in der kopt. Kirche. Ein 1961 in Caesarea Palaestinae (Israel) gefundenes Inschriftfragment trägt seinen Namen. – Innerhalb der apokryph. **P.-Literatur** (u. a. die →Pilatusakten) gibt es eine P.-Darstellung, nach der P. durch den Kaiser verurteilt worden ist, weil er sich zu JESUS CHRISTUS bekannt hatte.

Der Prozeß gegen Jesus, hg. v. K. KERTELGE (1988); Röm. Inschriften, hg. v. L. SCHUMACHER (1988); Von Pontius zu Pilatus. P. im Kreuzverhör, hg. v. R. NIEMANN (1996).

Pilatus|akten, lat. **Acta Pilati,** apokryphe Schrift, deren Grundschrift ins 2. Jh. reicht; Überarbeitungen im 3./4. Jh. (›Nikodemusevangelium‹; →Nikodemus). Die P. berichten über Prozess und Tod JESU sowie über die Rolle des PILATUS; angehängt ist eine ›Höllenfahrt Jesu‹.

Pilaw [türk.-pers.] *der, -s,* **Pilau,** Reisgericht mit Hammel- oder Hühnerfleisch.

Pilbara [pɪl'bɑːrə], Bergbauregion in Western Australia, zw. De Grey River im NO und Ashburton River im SW, rd. 500 000 km², 49 000 Ew. Das seit den 1860er-Jahren durch Rinder- und Schafhaltung genutzte Gebiet erlebte Ende des 19. Jh. sowie seit 1990 einen Goldboom und entwickelte sich seit den 1960er-Jahren zum wichtigsten Eisenerzrevier Australiens (1994: 120 Mio. t). Eisenerze aus der →Hamersley Range und der Ophtalmia Range sowie vom De Grey River und Robe River gelangen über vier Bergwerksbahnen (etwa 1 200 km) v. a. zu den Häfen →Port Hedland und →Dampier.

L. FEHLING: Die Eisenerzwirtschaft Australiens (1977).

Pilcher [engl. 'pɪltʃə], Rosamunde, geb. **Scott,** engl. Schriftstellerin, * Lelant (Cornwall) 22. 9. 1924; von ihren zum Trivialen neigenden, meist in Cornwall oder Schottland angesiedelten Erzählungen und v. a. Romanen über das beschaul. Leben der ländl. Mittelklasse wurden bes. ›The shell seekers‹ (1987; dt. ›Die Muschelsucher‹) und ›September‹ (1990; dt.) zu internat. (z. T. auch verfilmten) Bestsellern. Frühere Werke veröffentlichte sie auch unter dem Pseud. JANE FRASER.

Werke (Auswahl): *Romane:* April (1957); Sleeping tiger (1967; dt. Schlafender Tiger); Another view (1969; dt. Lichterspiele); Snow in April (1972; dt. Schneesturm im Frühling); The day of the storm (1975; dt. Stürmische Begegnung); Under Gemini (1976; dt. Wechselspiel der Liebe); Wild mountain thyme (1978; dt. Wilder Thymian); The carousel (1982; dt. Karussell des Lebens); Voices in summer (1984; dt. Wolken am Horizont); Coming home (1995; dt. Heimkehr). – *Erzählungen:* Flowers in the rain and other stories (1991; dt. Blumen im Regen).

Pilcomayo *der,* rechter Nebenfluss des Paraguay, 2 500 km lang, entspringt im Hochland von Bolivien in etwa 3 950 m ü. M., durchquert den Gran Chaco, mündet unterhalb von Asunción. Der Unterlauf, Teil der Grenze zw. Argentinien und Paraguay, überschwemmt bei Hochwasser weite Gebiete (v. a. im Sumpfgebiet der Esteros de Patiño). An der Mündung besteht auf argentin. Seite seit 1951 der **P.-Nationalpark** (285 000 ha).

Pilea [lat.], die Gattung →Kanonierblume.

Pileolus [lat.] *der,* →Kardinalshut, →Kalotte.

Piles [pil], Roger de, frz. Diplomat, Maler und Kunsttheoretiker, * Clamecy (Dép. Nièvre) 7. 10. 1635, † Paris 5. 4. 1709; trat nach dem Studium der Malerei in den diplomat. Dienst und bereiste Italien, Portugal, Schweden, die Niederlande und Spanien; Bewunderer der Kunst von P. P. RUBENS.

Werke: Conversations sur la connaissance de la peinture, et sur le jugement qu'on doit faire des tableaux (1677); Dissertation sur les ouvrages des plus fameux peintres (1681); Abrégé de la vie des peintres (1699); Cours de peinture par principes (1708; dt. Einl. in die Malerei nach Grundsätzen).

T. PUTTFARKEN: R. de P.' theory of art (New Haven, Conn., 1985).

Pilger [ahd. piligrim, von kirchenlat. pelegrinus, urspr. wohl ›der nach Rom wallfahrende Fremde‹, dissimiliert aus lat. peregrinus ›Fremdling‹], älter **Pilgrim,** urspr. der aus religiösen Motiven zeitweise oder dauernd heimatlos Wandernde. Die häufigste Form des Pilgerns ist die →Wallfahrt zu einer hl. Stätte; z. B. im Islam der →Hadjdj, im Christentum die P.-Reisen nach Rom, ins Heilige Land, auf dem →Jakobsweg nach Santiago de Compostela oder in der orth. Kirche auf den Athos. Eine Pilgerschaft kann auch von der Erfahrung der Unterdrückung und der Suche nach einem anderen (verheißenen) Land motiviert sein; z. B. der Auszug der Israeliten aus Ägypten, der Auszug der →Pilgerväter aus England, die Züge der südamerikan. →Guaraní nach dem ›Land ohne Übel‹. Pilgerschaft als dauernder Verzicht auf Sesshaftigkeit kann Bestandteil asket. Forderungen (z. B. im frühchristl. Mönchtum) oder eschatolog. Vorstellungen sein und mit missionar. Intentionen verbunden werden.

Wallfahrt kennt keine Grenzen, hg. v. L. KRISS-RETTENBECK u. a. (1984); Spiritualität des Pilgerns. Kontinuität u. Wandel, hg. v. K. HERBERS u. R. PLÖTZ (1993). – Weitere Literatur: →Jakobsweg, →Wallfahrt.

Pilgerkleidung, die vom MA. bis zur frühen Neuzeit beim Pilgern getragene Kleidung; das Pilgerkleid bestand in einer braunen oder grauen Kutte mit Kragen, der Pilgerhut hatte einen sehr breiten Rand und war i. d. R. mit Jakobsmuscheln verziert **(Muschelhut),** der Pilgerstab war ein langer, oben mit einem Knopf, unten mit einer Spitze, an der Seite mit einer Kugel versehener Stab, die Pilgerflasche ein ausgehöhlter Kürbis.

Pilgerlied, Prozessionslied, Gattung der mittelalterl. Lyrik, aufgrund ihrer ausschließlich spirituellen Intention vom →Kreuzlied abzugrenzen. Bedeutende, seit dem 13. Jh. belegte Beispiele sind etwa ›Helf uns das heilige grab‹ (der Liedanfang wurde zum Kampfruf der Kreuzfahrer) und ›In gotes namen varen wir‹.

Pilgermuschel, *Zoologie:* die →Jakobsmuschel.

Pilgerväter, engl. **Pilgrim Fathers** [ˈpɪlgrɪm ˈfɑːðəz], die ersten puritan. Ansiedler in Neuengland (v. a. separatist. Kongregationalisten), die mit anderen Siedlern 1620 auf der →Mayflower den Atlantik überquerten und die Kolonie Plymouth gründeten.

W. BRADFORD: Of Plymouth plantation, 1620–1647 ([8]1979).

Pilgerzeichen, Wallfahrtsandenken des Hoch- und Spät-MA. Man unterscheidet zwei Herstellungsverfahren: Modelguss (Speckstein-, Schiefermodel) aus einer Blei-Zinn-Legierung oder Silber (ergibt entweder eine kompakte Form oder eine durchbrochene Reliefdarstellung, den ›Gitterguss‹) und Prägetechnik (›Brakteat‹). P. wurden als Zeichen vollzogener Pilgerschaft auf Kleidung und Hüte aufgenäht und als Amulette benutzt. Sie dienten auch als Andachtsbilder und Grabbeigabe und wurden häufig im Abguss an Kirchenglocken angebracht. Sie kamen im Zusammenhang der Großwallfahrten im 13./14. Jh. auf und sind für zahlr. Orte Europas nachweisbar. Die Herstellung war meist ein Privileg des örtl. Klerus. Ab der 2. Hälfte des 15. Jh. wurden P. weitgehend durch kleinere Plaketten und Wallfahrtsmedaillen abgelöst.

Anton Pilgram: Selbstbildnis an der Kanzel in Sankt Stephan in Wien; vollendet 1515

Pilgram, Anton, Architekt und Bildhauer, * Brünn um 1460, † Wien 1515; arbeitete zunächst in Südwest-Dtl., ab 1495 in Brünn. 1512–15 Dombaumeister von St. Stephan in Wien, wo seine bedeutendsten plast. Werke entstanden: Orgelfuß mit Selbstbildnis (1513) und Kanzel mit Selbstbildnis und Büsten der vier Kirchenväter (1514–15). Sie sind gekennzeichnet vom Einfluss der oberrhein. Kunst (N. GERHAERT VON LEYDEN) und einem ausgeprägten Realismus.

Weitere Werke: Chor und Sakramentshaus der Kilianskirche in Heilbronn (1480–87, im Zweiten Weltkrieg zerstört); Kanzelträger aus Öhringen (um 1485–90; Berlin, Skulpturensammlung); Judentor in Brünn (1508 vollendet; 1835 abgerissen); Portal des nördl. Seitenschiffes der Jakobskirche, ebd. (1502–10); Jakobsschulstiege, ebd. (1510); Rathausportal, ebd. (um 1511).

Pili [lat. pilus ›Haar‹], *Sg.* **Pilus** *der,* -, fädige, im Zytoplasma verankerte Proteinanhänge an der Oberfläche von Bakterien (v. a. gramnegative Bakterien), die unterschiedl. Funktionen besitzen. Dünnere P. (**I-P.;** etwa 25 nm dick), die oft zu mehreren Tausend vorhanden sind, ermöglichen das Anheften an festen Oberflächen oder die Verbindung der Bakterienzellen untereinander (Hautbildung). Von den dickeren, röhrenförmigen **Sex-P. (F-P., Geschlechts-P.)** sind höchstens zwei vorhanden; sie ermöglichen bei der →Konjugation die Übertragung des genet. Materials.

Pilica [-tsa] *die,* linker Nebenfluss der Weichsel, Polen, 319 km lang, entspringt auf der Krakau-Tschenstochauer Höhe, mündet zw. Warschau und Dęblin; bei Sulejów oberhalb von Tomaszów Mazowiecki seit 1974 zum 15 km langen **Sulejówstausee** (24,5 km², Stauinhalt 84,2 Mio. m³) aufgestaut; nicht schiffbar.

Pilinszky [ˈpilinski], János, ungar. Schriftsteller, * Budapest 25. 11. 1921, † ebd. 27. 5. 1981; erlebte als Soldat das Ende des Zweiten Weltkriegs in Dtl.; der Schock, den der Anblick der Konzentrationslager bei ihm auslöste, wirkte sich auf sein gesamtes Werk aus. In seinen knappen, stark konzentrierten und von herber, surrealer Metaphorik beherrschten Gedichten artikuliert er ein resigniertes und düsteres, dem des Existenzialismus verwandtes Lebensgefühl, das aber, nicht zuletzt durch den Einfluss SIMONE WEILS, von Elementen des christl. Glaubens erhellt wird.

Werke (ungar.): *Lyrik:* Trapez u. Geländer (1946); Am dritten Tag (1959); Requiem (1964); Großstädtische Ikonen (1970; dt.); Splitter (1972). – *Essays:* Das Fest des Tiefpunktes, 2 Bde. (1984). – Lautlos gegen die Vernichtung (1989; dt. Ausw.).

Pilion, griech. Gebirge, →Pelion.

Pilipino, seit 1987 **Filipino,** Amtssprache der Philippinen, die jedoch nur von etwa 50 % der Bev. verstanden wird; sie gehört zu den westmalaiopolynes. Sprachen (→malaiopolynesische Sprachen) und ist eine standardisierte Form des →Tagalog.

Pilisgebirge [-ʃ-], ungar. **Pilis** [-ʃ], Bruchschollengebirge (allseitig von Grabensenken umgeben) in Ungarn, im Transdanub. Mittelgebirge, im Donauknie nordwestlich von Budapest, bis 757 m ü. M. (Pilisberg); besteht aus stark verkarstetem Kalkstein und Dolomit; in den höheren Lagen dank reichl. Niederschläge (bis 1 000 mm pro Jahr) mit dichtem Buchenwald bestanden; am NW-Rand (bei Dorog) Braunkohlenabbau. Das P. ist ein beliebtes Ausflugsgebiet.

Pillat, Ion, rumän. Lyriker, * Bukarest 12. 4. 1891, † ebd. 17. 4. 1945; studierte und lebte lange in Frankreich; erfolgreiche polit. und publizist. Tätigkeit. Formbewusster Verfasser idyll. und eleg. Lyrik sowie von traditionalistisch geprägten, mythisch verklärenden Gedichten über seine heimatl. Landschaft.

Werke: *Lyrik:* Pe Argeş in sus (1923); Caietul verde (1932); Scutul Minervei (1933); Împlinire (1942).

Ausgaben: Poezii, hg. v. D. PILLAT, 2 Bde. (1967). – Gedichte, übers. v. W. AICHELBURG (1976).

Pillau, seit 1946 russ. **Baltijsk,** Stadt im Gebiet Kaliningrad (Königsberg), Russland, im Samland, auf der S-Spitze der Samlandküste gegenüber dem N-Ende der Frischen Nehrung, von diesem durch das **Pillauer Seetief** (500 m breit, 15 m tief) getrennt, 30 800 Ew.; Flottenmuseum; Vorhafen von Königsberg (mit diesem durch den Königsberger Seekanal verbunden), bildet mit dem Königsberger Hafen einen der wichtigsten russ. Ostseehäfen; Stützpunkt der russ. Balt. Flotte, Fischerei-, Erdölhafen im Aufbau. – Das Rathaus (1745) wurde zu Beginn des 20. Jh. umgebaut; Gebäude des Oberfischamts (1726) mit einer Fassade des 19. Jh. Die Pfarrkirche in Alt-P. ist ein turmloser Fachwerkbau (1674/75). – Nach der Bildung eines ersten Seetiefs (um 1376) entstand an der Stelle einer früheren Befestigung (preuß. ›pillaw‹ oder ›pille‹) ein Zollhaus (›Pfundbude‹), um das sich die Siedlung Alt-P. entwickelte. Mit Ausprägung des heutigen Tiefs bildete sich 1497 ein dritter Siedlungskern der heutigen Stadt. Um 1550 wurde P. befestigt. 1680 wurde es brandenburg. Kriegshafen und Sitz des Admiralitätskollegiums. 1725 erhielt P. Stadtrecht. Mit dem nördl. Teil Ostpreußens kam P. 1945 an die Sowjetunion und gehört heute zu Russland. – P. war früher ein wichtiges Seebad in Ostpreußen.

Pillnitz: Bergpalais der Schlossanlage Pillnitz von Daniel Pöppelmann; 1723/24

Pille, lat. **Pilula,** früher in Apotheken übl. Arzneizubereitung in Kugelform von meist 0,1 g Gewicht. – *Umgangssprachlich* wird P. oft auf empfängnisverhütende Arzneimittel (Ovulationshemmer, →Empfängnisverhütung) eingeengt.

Pillecyn [pɪlə'sɛin], Filip de, fläm. Schriftsteller, *Hamme (bei Dendermonde) 25. 3. 1891, †Gent 7. 8.1962; Vertreter einer neuromantischen psycholog. Prosa, die v. a. die atmosphär. Beschreibung ihrer literar. Stoffe betont (›Monsieur Hawarden‹, 1934; dt.; 1968 verfilmt).

Weitere Werke: *Romane:* Blauwbaard (1931; dt. Blaubart in Flandern); De soldaat Johan (1939; dt. Der Soldat Johann).

Ausgabe: Verzameld werk. 4 Bde. (1959–60).

C. Coupé: F. de P. (Brügge [3]1973).

Pillendreher: Heiliger Pillendreher (Größe 20–30 mm)

Pillement [pij'mã], Jean, frz. Maler und Ornamentzeichner, *Lyon 24. 5. 1728, †ebd. 26. 4. 1808; einer der Hauptvertreter des ›Style chinois‹, des durch ostasiat. Elemente beeinflussten Rokokoornaments, tätig u. a. in Paris, Madrid, London, Wien und Warschau. 1778 wurde er Hofmaler von Marie Antoinette. Er malte Landschafts- und Genrebilder sowie Blumenstillleben.

Pillenbaum, die Pflanzengattung →Senfklapper.

Pillendreher, Scarabaeinae, Unterfamilie der Blatthornkäfer mit über 1 000 Arten, v. a. in wärmeren Gebieten; Vorderbeine meist als Grabbeine entwickelt. Die **Echten P.** (Gattungsgruppe Scarabaeini) formen aus dem Dung Pflanzen fressender Säugetiere große Kotpillen, die sie rückwärts laufend fortrollen und eingraben (als Futterpille oder als Brutpille für die Ernährung der Larven). Der mattschwarze **Heilige P.** (Scarabaeus sacer; Größe 20–30 mm) ist vom Mittelmeerraum bis Vorderasien verbreitet. Im alten Ägypten war er ein hl. Symbol (→Skarabäus).

Pillenfarn, Pilularia, Gattung der Kleefarngewächse mit nur wenigen Arten in den gemäßigten Gebieten der N- und S-Halbkugel; mit sehr dünnen, kriechenden Stängeln, Blätter aufrecht, binsenartig (auf den Blattstiel reduziert), in der Jugend bischofsstabartig eingerollt, und gestielten, kugeligen, an der Basis der Blätter stehenden Sporokarpien; in Sümpfen und in periodisch austrocknenden Tümpeln vorkommend. Heimisch, aber selten ist der an Teich- und Grabenrändern und auf Schlammböden wachsende **Kugel-P.** (Pilularia globulifera).

Pillenkäfer: Byrrhus pilula (Länge 9 mm); **unten** mit eingezogenen Beinen und Fühlern

Pillenkäfer, Byrrhidae, Familie der Käfer mit fast 800 Arten (in Mitteleuropa 30), 2–12 mm lang, stark gewölbt; P. stellen sich bei Störung mit angezogenen Beinen tot und sehen dann wie Pillen aus.

Pillenwerfer, die Pilzgattung →Pilobolus.

Pillenwespen, Gattung der →Lehmwespen.

Pillersdorf, Franz Xaver Freiherr von, österr. Staatsmann, *Brünn 1. 3. 1786, †Wien 22. 2. 1862; wurde als Gegner des metternichschen Systems im März 1848 Innen-Min. und war vom 4. 5. bis 8. 6. 1848 auch Min.-Präs. Mit Einführung der nach belg. Muster ausgearbeiteten Verf. für die nichtungar. Länder **(Pillersdorfsche Verfassung)** suchte er die wesentl. konstitutionellen Forderungen der Liberalen zu erfüllen, stieß dabei jedoch auf Kritik bei der Krone und bei den Liberalen, sodass die Verf. nach der Erhebung vom 15. 5. 1848 zurückgezogen wurde.

Pillieren, *Landwirtschaft* und *Gartenbau:* das Umhüllen von (kleinkörnigem) Samen (v. a. von Gemüsepflanzen, Zucker- und Runkelrüben) mithilfe einer Masse, die auch Nähr- und Schutzstoffe enthält, und Formen zu gleichmäßig großen Pillen.

Pilling [engl., zu pill ›Kügelchen‹] *das, -s, Textiltechnik:* meist aus kurzen Fasern bestehende Faserverwirrung, die sich durch Reibung aus dem Garnverband einer textilen Fläche (Web- oder Maschenware) löst und störende Faserknötchen ergibt; stellt bes. bei Strickwaren eine Qualitätsminderung dar.

Pillkallen [pɪl'kalən, 'pɪkalən], russ. **Dobrowolsk,** 1938–45 **Schloßberg (Ostpr.),** Ort im Gebiet Kaliningrad (Königsberg), Russland, nordöstlich von Gumbinnen, etwa 4 200 Ew. – Als Siedlung zuerst 1516 Schloßberg gen., wurde der Name nach der Einwanderung der Litauer in P. übersetzt. 1725 bis 1945 besaß P. Stadtrechte. Mit dem nördl. Teil Ostpreußens kam P. 1945 an die UdSSR, gehört heute zu Russland.

Pillnitz, Stadtteil im SO von Dresden; Schloss- und Parkanlage am rechten Elbufer, ehem. Sommerresidenz des sächs. Hofes, mit dem barocken Wasserpalais (1720/21) und dem als architekton. Wiederholung gegenüberliegenden Bergpalais (1723/24; beide in ›chin.‹ Stil) von M. D. Pöppelmann. Mit beiden Bauten ist das dreiflügelige Neue Palais (1818–26, in ›jap.‹ Stil, von C. F. Schuricht) durch Galerien verbunden. Orangerie hinter dem Bergpalais nach Plänen von Z. Longuelune (1730). Seit 1946 wird Schloss P. museal genutzt, seit 1963 beherbergt es das Museum für Kunsthandwerk.

Pillnitzer Konvention, Ergebnis einer Zusammenkunft im Schloss Pillnitz vom 25. bis 27. 8. 1791 zw. Kaiser Leopold II., König Friedrich Wilhelm II. von Preußen und Graf Artois, dem späteren König Karl X. von Frankreich. Mit der P. K. wurde die Grundlage für die erste europ. Fürstenkoalition gegen das revolutionäre Frankreich geschaffen.

Pillowlava ['pɪləʊ-; engl. pillow ›Kissen‹], die →Kissenlava.

Pilnjak, Boris Andrejewitsch, eigtl. **B. A. Wogau,** russ. Schriftsteller, *Moschajsk 11. 10. 1894, †(hingerichtet) Moskau 21. 4. 1938; Sohn eines wolgadt. Tierarztes; bereiste W-Europa, Amerika und Japan. P. setzte die Tradition N. S. Leskows, A. Belyjs und der ›ornamentalen Prosa‹ fort und schilderte in kurzen Szenen, die durch Refrain oder Variation verknüpft sind, das Revolutionsgeschehen als elementaren Aufruhr in einem noch weitgehend bäuerl. Russland (Roman ›Golyj god‹, 1921; dt. ›Das nackte Jahr‹). Diese Tendenz führte zum Konflikt mit dem offiziellen kulturpolit. Kurs. Obwohl P. sich in dem Industrieroman ›Vol'ga vpadaet v Kaspijskoe more‹ (1930; dt. ›Die Wolga fällt ins Kaspische Meer‹) der geforderten Sichtweise anzupassen suchte, wurde er interniert; nach neuen Erkenntnissen wurde P. am 28. 10. 1937 verhaftet, am 21. 4. 1938 zum Tode verurteilt und erschossen.

Weitere Werke: *Romane:* Mašiny i volki (1925; dt. Maschinen u. Wölfe); Soljanoj ambar (hg. 1964; dt. Der Salzspeicher). – *Erzählungen:* Byl'ë (1919); Povest' nepogašennoj luny

(1929; dt. Die Geschichte vom nichtausgelöschten Mond); Krasnoe derevo (1929; dt. Mahagoni).

Ausgaben: Sobranie sočinenij, 8 Bde. (1929–30); Izbrannye proizvedenija (1978). – B. P. ›... ehrlich sein mit mir u. Rußland‹. Briefe u. Dokumente, hg. v. D. KASSEK (1994). – Dt. Sammlungen (Erzählungen): Eisgang (1981); Mahagoni (1988); Die Geschichte vom nichtausgelöschten Mond 1915–1926, hg. v. B. CONRAD (1989); Die Stadt der Winde. Erzählungen 1926–1935 (1991).

A. SCHRAMM: Die frühen Romane B. A. P.s (1976); B. A. P. Issledovanija i materialy, hg. v. B. B. ANDRONIKAŠVILI-PIL'NJAK u. a., auf mehrere Bde. ber. (Kolomna 1991 ff.).

Pilo, Carl Gustav, auch **C. G. Pilou** [-lo], **C. G. Pilhou** [-lo], schwed. Maler, * Runtuna (bei Nyköping) 5. 3. 1711, † Stockholm 2. 3. 1793; bedeutendster skandinav. Maler des Rokoko. Er malte neben bibl. und histor. Themen v. a. Porträts von psycholog. Eindringlichkeit (›Krönung König Gustavs III.‹, 1782–93, unvollendet; Stockholm, Storkyrka). 1745 wurde er Hofmaler in Kopenhagen, 1780 Direktor der Stockholmer Akademie.

Pilobolus [griech.], **Pillenwerfer,** Gattung auf Mist versch. Pflanzenfresser lebender Jochpilze. Die unter hohem Druck stehenden, blasenartigen Sporangienträger sind sehr lichtempfindlich, stellen sich in die Lichtrichtung ein und ›schießen‹ ihre schwarzen Sporangien bis über einen Meter weit zur Lichtquelle hin.

Pilocarpin [zu Pilocarpus] *das, -s,* Alkaloid aus versch. Pilocarpus-Arten, das als →Parasympathomimetikum fast ausschließlich in der Augenheilkunde zur Behandlung des Glaukoms eingesetzt wird. Durch Verbesserung des Kammerwasserabflusses senkt es den Augeninnendruck. Nachteilig ist, dass es gleichzeitig die Pupille verengt und die Akkommodation beeinträchtigt.

Pilocarpus [wohl zu lat. pilus ›Haar‹ und griech. karpós ›Frucht‹], Gattung der Rautengewächse mit etwa 20 Arten in den neuweltl. Tropen. (→Pilocarpin)

Pilocereus [wohl zu lat. pilus ›Haar‹, vgl. Cereus], **Pilosocereus, Haarsäulenkaktus,** Gattung der Kakteen mit rd. 50 Arten, verbreitet von Mexiko bis Südamerika; gerippte, säulen- oder baumförmig verzweigte Pflanzen mit Wollhaaren an den blühenden Areolen; Blüten weiß oder rötlich, öffnen sich nachts.

Germain Pilon: Schmerzensmadonna; Terrakottaplastik, 1586 (Paris, Louvre)

Pilon [pi'lɔ̃], Germain, frz. Bildhauer und Medailleur, * Paris 1535, † ebd. 3. 2. 1590; neben J. GOUJON der wichtigste Bildhauer der frz. Renaissance. Er überwand die manierist. Tendenzen der Schule von Fontainebleau und F. PRIMATICCIOS (mit dem er am Doppelgrab für HEINRICH II. und KATHARINA VON MEDICI 1563–71 in der ehem. Abteikirche Saint-Denis zusammenarbeitete; BILD →französische Kunst) und gelangte, durch einfühlendes Naturstudium gefördert, zu plastisch geschlossener Klarheit der Form, in der sich bereits der Classicisme des 17. Jh. ankündigt (Grabmal der VALENTINE BALBIANI, um 1574, nur die Figur der Verstorbenen erhalten; Paris, Louvre). Seine Stein- und Bronzebildwerke, Münzen und Medaillen waren von maßgebendem Einfluss auf die Kunst seiner Zeit.

Weitere Werke: Drei Grazien für die Urne mit dem Herzen Heinrichs II. (1560–63; Paris, Louvre); Madonna auf dem Hochaltar der Église de la Couture, Le Mans (1570); Grabmal des Kardinals René de Birague (1584–85, nur Beterfigur des Kardinals erhalten; Paris, Louvre); Christus am Ölberg (Alabasterrelief, 1588 begonnen, unvollendet; ebd.).

Pilos [griech.] *der, -,* lat. **Pilleus,** in der griech. und röm. Antike halbkugelig oder spitz zulaufende Kopfbedeckung, mit oder ohne Krempe. Hauptsächlich Schutzkleidung der einfachen Bevölkerung, in Rom auch Zeichen Freigelassener.

Pilosocereus, die Kakteengattung →Pilocereus.

Pilot [frz. pilote, von ital. pilota, älter: pedotta ›Steuermann‹, zu griech. pēdón ›Steuerruder‹], **1)** *der, -en/-en, Luftfahrt:* der Flugzeugführer. Nach der VO über Luftfahrtpersonal (LuftPersV) vom 9. 1. 1976 i. d. F. v. 13. 2. 1984 unterscheidet man nach abgelegten Prüfungen und dadurch erworbenen Berechtigungen: Privatflugzeugführer, Berufsflugzeugführer, Verkehrsflugzeugführer, des Weiteren Privat-, Berufs- und Verkehrshubschrauberführer, Motorsegler- und Segelflugzeugführer, Luftsportgeräteführer, ferner Freiballon- sowie Luftschiffführer. Durch Eintragung in den Luftfahrerschein wird die Berechtigung für bestimmte Flugzeugmuster (Musterberechtigung) erteilt; weitere Berechtigungen sind z. B. die Instrumentenflugberechtigung, die Langstreckenflugberechtigung, Berechtigungen für den Kunstflug, den Schleppflug.

2) *der, -(s), Textiltechnik:* →Moleskin.

Pilotanlage, Versuchsanlage in der chem. Industrie, in der Maschinenbauindustrie u. a., in der Laborversuche in den halbtechn. Maßstab übertragen und vor Aufnahme der Großproduktion getestet werden.

Pilotballon [-balɔŋ, -balɔ̃], kleiner, unbemannter, wasserstoffgefüllter, frei fliegender Ballon, dessen Abdrift durch Radar-, Funk- oder opt. Peilung gemessen wird. Dadurch lassen sich bei bekannter Steiggeschwindigkeit Richtung und Geschwindigkeit des Windes in der Höhe berechnen. Außerdem wird die Wolkenuntergrenze gemessen. Größere P. sind die Träger von →Radiosonden.

Pilote [frz., von lat. pila ›Pfosten‹] *die, -/-n, Bauwesen:* Stütze, einzurammender Pfahl.

Pilotenfisch, der →Lotsenfisch.

Pilot Study ['paɪlət 'stʌdɪ, engl.], **Pilotstudie,** *empir. Sozialforschung:* die →Leitstudie.

Pilotton, Pilotsignal, *Elektroakustik* und *Nachrichtentechnik:* zusätzlich zum Nutzsignal übertragenes leistungsschwaches Referenzsignal zur Steuerung oder Regelung bestimmter Vorgänge am Empfangsort. Referenzgröße ist meist die Amplitude (z. B. zur Pegelregelung bei Trägerfrequenzsystemen) oder die Frequenz (**Pilotfrequenz,** z. B. zur Decodierung beim Pilottonverfahren, →Stereophonie). Mit P. können auch Schaltvorgänge in Nachrichtensystemen bewirkt werden (**Schaltpilot**).

Pilottonverfahren, *Elektroakustik:* Verfahren zur hochfrequenten Rundfunkübertragung stereophoner Signale auf derselben Trägerfrequenz (→Stereophonie); dem P. vergleichbar ist das bei der Fernsehtonübertragung angewendete FM-FM-Multiplexverfahren (→Zweitonverfahren).

Pilotwale, die →Grindwale.

Piloty [-ti], **1)** Ferdinand, d. J., Maler, * München 9. 10. 1828, † ebd. 21. 12. 1895, Bruder von 2); malte zunächst Genreszenen, später unter dem Einfluss sei-

Pilocereus: Pilocereus palmeri (Höhe bis 6 m)

Karl von Piloty: Seni vor der Leiche Wallensteins; 1855 (München, Neue Pinakothek)

nes Bruders histor. Themen und schuf Wandgemälde (u. a. im Bayer. Nationalmuseum, München) und Dekorationen in den Schlössern Neuschwanstein und Herrenchiemsee; auch Buchillustrationen.

2) Karl Theodor von (seit 1860), Maler, * München 1. 10. 1826, † Ambach (heute zu Münsing, Landkreis Bad Tölz-Wolfratshausen) 21. 7. 1886, Bruder von 1); Schüler von J. SCHNORR VON CAROLSFELD, ab 1856 Prof., ab 1874 Direktor der Münchner Akademie. P. entwickelte sich unter dem Einfluss von L. GALLAIT und P. DELAROCHE zum bedeutendsten Vertreter der realist. Historienmalerei in Dtl. Sein Kolorismus wurde richtungweisend für die Malerei der Gründerjahre. Zu seinen Schülern gehörten F. DEFREGGER, F. VON LENBACH, H. MAKART und G. MAX.

Werke: Stiftung der kath. Liga (1853; München, Neue Pinakothek); Seni vor der Leiche Wallensteins (1855; ebd.); Thusnelda im Triumphzug des Germanicus (1869–73; ebd.).

PIL-Röhre, Präzisions|inlineröhre [-ɪnlaɪn-], eine Farbfernsehbildröhre (→Inlineröhre), bei der Bildröhre, Strahlsystem (bestehend aus drei in einer Reihe liegenden Kathoden, die elektrisch miteinander verbunden sind oder über eine gemeinsame Steuerelektrode verfügen) und Ablenkeinheit ein selbstkonvergierendes System bilden, das bereits während der Herstellung so justiert wird, dass ausreichende Konvergenz, Farbreinheit und Rasterkorrektur erreicht werden.

Pilsen
Stadtwappen

Stadt in der Tschechischen Republik
·
320 m ü. M.
·
172 400 Ew.
·
Zentrum des Maschinen- und Fahrzeugbaus (Škodawerke) und der Brauindustrie (Pilsener Bier)
·
gotische Kirche St. Bartholomäus (1497 vollendet)
·
1633/34 Hauptquartier Wallensteins

Pilsen, tschech. **Plzeň** [ˈplzɛnj], Hauptstadt des Westböhm. Gebietes, Tschech. Rep., 320 m ü. M., am Zusammenfluss von Radbusa, Angel und Uslawa zur Mies (→Beraun), im Pilsener Becken, 172 400 Ew. (1930: 114 000 Ew.); Hochschule für Maschinenbau und Elektrotechnik, medizin. Hochschule, Westböhm. Galerie, Museum der Bierbrauerei, ethnograph. Museum u. a. Museen; Großes und Kleines Theater; Planetarium, zoolog. und botan. Garten; Zentrum des Schwermaschinen- und Fahrzeugbaus (Škodawerke) sowie der Brauindustrie (Pilsener Bier), außerdem chem., Glas- und Bekleidungsindustrie; Spielbank (eröffnet 1990); internat. Nahrungs- und Genussmittelmesse (›Ex Plzeň‹); Verkehrsknotenpunkt. – Der Stadtkern hat seinen mittelalterl. Grundriss bewahrt. Am Hauptplatz Häuser mit Fassaden versch. Stilepochen. In der dreischiffigen got. Kirche St. Bartholomäus (1497 vollendet) steht die Statue der ›Pilsener Madonna‹ (um 1390). Das Renaissancerathaus (1554–74) ist mit (1907–12 erneuerten) Sgraffiti geschmückt. Franziskanerkloster mit Kirche aus dem 14. Jh. (barock umgebaut); barocke ehem. Dominikanerkirche. – P., bereits im 10. Jh. ein Handelsplatz, wurde Ende des 13. Jh. von König WENZEL II. als befestigte Stadt angelegt. Seine geographisch günstige Lage am Handelsweg von Regensburg nach Sachsen ließ P. rasch aufblühen. 1633/34 hatte WALLENSTEIN sein Hauptquartier in P., wo er seinen Offizieren im **Pilsener Revers** (13. 1. 1634) eine Treueverpflichtung abnahm; in einem zweiten Revers (20. 2. 1634) verwahrte er sich unter Verzicht auf den geleisteten Treueid gegen kaiserl. Verratsvorwürfe.

Pilsener Becken, tschech. **Plzeňská kotlina** [ˈplzɛnjska: -], durch spättertiäre Absenkung entstandenes flaches Becken in Westböhmen, Tschech. Rep., um Pilsen, inmitten des 4 600 km² großen **Pilsener Hügellandes (Plzeňska pahorkatina)** zw. Tepler Hochland im NW, Oberpfälzer Wald im SW und Brdywald im O. Das P. B., 285 km² groß und 300–426 m ü. M. gelegen, ist dank fruchtbarer Böden v. a. Ackerbaugebiet. Neben Steinkohle, die die Entstehung der Schwerindustrie in Pilsen ermöglichte, auch Kaolinvorkommen.

Pilsener Bier, helles, untergäriges Bier mit starkem Hopfenaroma und bis 12,5 % Stammwürzegehalt. 1842 bildeten Brauer von Pilsen eine Genossenschaft und nannten ihr Bier **Pilsner Urquell** (geschützte Herkunftsangabe). P. B. wird seit 1295 in Pilsen gebraut.

Piłsudski [piu̯ˈsutski], Józef Klemens, poln. Politiker, Marschall von Polen (seit 1920), * Zułowo (heute Sulowo, bei Wilna) 5. 12. 1867, † Warschau 12. 5. 1935; entstammte einer urspr. litauisch-poln. Adelsfamilie. 1887 wurde er wegen konspirativer Tätigkeit für fünf Jahre nach Sibirien verbannt. 1893 war P. Mitbegründer der Poln. Sozialist. Partei (PPS), in der er eine führende Rolle spielte. 1900 in Lodz verhaftet, konnte er 1901 entfliehen. Seit 1902 wirkte er in Galizien. Programmatisch stellte er den Kampf um die Unabhängigkeit Polens vor die soziale Revolution. 1906 übernahm er die Führung der ›revolutionären Fraktion‹ der PPS. Seit 1908 bildete er zus. mit K. SOSNKOWSKI in Galizien bewaffnete Verbände aus, die 1910 als ›Schützenverband‹ offiziell anerkannt wurden. Als ›Kommandant‹ genoss P., ein militär. Autodidakt, bei den ›Schützen‹ uneingeschränkte Autorität und bereitete den Kampf um die Wiedererrichtung eines unabhängigen poln. Staates an der Seite der Mittelmächte vor. – Am 6. 8. 1914 stieß er nach Russisch-Polen vor, konnte aber den erhofften Aufstand nicht entfachen. Im Rahmen der mit Unterstützung Österreichs gebildeten poln. Legionen führte er 1914–16 die 1. Brigade, baute aber auch – zunächst geheim – die →Polnische Militärorganisation (POW) auf. Nach der Proklamation des Königreichs Polen durch die Mittelmächte (5. 11. 1916) wurde er Mitgl. des Staatsrats, aus dem er im Juli 1917 unter Protest austrat. Seit dem 22. 7. 1917 wegen seiner Forderung nach einer unabhängigen poln. Regierung in Magdeburg in Festungshaft, blieb er aufgrund seiner Kompromisslosigkeit eine polit. Autorität und wurde sofort nach seiner Rückkehr am 11. 11. 1918 vom Regentschaftsrat zum Oberbefehlshaber ernannt. In dieser Funktion fiel ihm kurz darauf als ›Staatschef‹ (Naczelnik) auch die polit. Gewalt zu, die das im Januar 1919 gewählte Parlament am 20. 2. 1919 bestätigte. Ohne eigene Parteibasis arbeitete er mit Koalitionsregierungen und versuchte, seinen Plan einer osteurop. Föderation unter poln. Führung durch militär. Vorstöße nach O zu verwirklichen. Dem Vormarsch bis Kiew (Mai 1920) folgte aber der bolschewist. Gegenschlag bis vor Warschau (Juli/August 1920). Als Oberbefehlshaber der poln. Streitkräfte konnte er dank seiner strateg. Fähigkeiten die drohende militär. Niederlage in einen Sieg wenden (›Wunder an der Weichsel‹) und im Frieden von Riga

Józef Klemens Piłsudski

(1921) die poln. Ostgrenze um etwa 250 km vorschieben. Er unterstützte – insgeheim – die Eroberung des Wilnagebietes (1920) durch die 10. poln. Division des Generals L. ZELIGOWSKI.

Enttäuscht von Parteien und Parlament kandidierte P. nicht für die Wahl zum Staatspräs. und legte 1923 auch das Amt des Generalstabschefs nieder. Seit Juli 1923 lebte P. als Privatmann in Sulejówek bei Warschau, behielt aber Einfluss auf das Heer. Im Mai 1926 führte er einen Staatsstreich durch und errichtete ein autoritäres System, in dem jedoch weder die Verf. aufgehoben noch das Parlament beseitigt wurde. Er begnügte sich meist mit dem Amt des Kriegs-Min. und des Generalinspekteurs und war nur von Oktober 1926 bis Juni 1928 und von August bis Dezember 1930 auch Min.-Präs. Er schreckte vor Verfassungsbrüchen und vor Gewalttaten gegenüber seinen parlamentar. Gegnern nicht zurück, stützte sich aber i. Allg. auf das Heer und seit 1928 auf einen ›Unparteiischen Block‹ im Parlament. Erst unmittelbar vor seinem Tode wurde die von ihm inspirierte autoritäre ›Aprilverfassung‹ verkündet. Außenpolitisch leitete P., der 1933 in Paris vergeblich wegen eines Präventivkriegs gegen Dtl. vorfühlen ließ, die Politik des Aufbaus Polens zur Führungsmacht in Ostmitteleuropa und der Annäherung an Dtl. ein, die durch das Nichtangriffsabkommen von 1934 besiegelt wurde.

W. JEDRZEJEWICZ: J. P. A life for Poland (New York 1982); A. GARLICKI: J. P. 1867–1935 (a. d. Poln., Aldershot 1995).

Piltdownmensch [ˈpɪltdaʊn-], **Eoanthropus dawsoni,** Bez. für einen 1910–15 in Piltdown (Cty. East Sussex) gemachten ›Schädelfund‹, der zunächst als frühmenschlich gedeutet wurde (1938 wurde ihm als ›ältestem Engländer‹ an der Fundstelle ein Denkstein geweiht), sich aber 1955 durch Fluoranalyse als raffinierte Fälschung erwies. Eine Mitwirkung des Schriftstellers C. DOYLE an der Fälschung gilt als wahrscheinlich.

Pilularia [lat.], die Pflanzengattung →Pillenfarn.

Pilum [lat.] *das, -s/...li,* etwa 1,6–2 m langer Wurfspeer der röm. Legionäre, eingeführt im Zuge des Übergangs zur Manipulartaktik; bestand jeweils zur Hälfte aus hölzernem Schaft und eiserner Spitze.

Pilzdecke, *Bautechnik:* kreuzweise bewehrte, mit den Stahlbetonstützen biegefest verbundene, ebene Stahlbetondecke ohne Unterzüge und Balken.

Pilze [ahd. buliz, von lat. boletus ›Pilz‹ (bes. Champignon), von gleichbedeutend griech. bōlítēs], **Mycophyta,** Gruppe des Pflanzenreichs mit mehr als 100 000 bis heute bekannten Arten, die zu den Thallophyten zählen. Alle P. haben einen echten Zellkern und sind somit Eukaryonten. Da ihnen Chlorophyll fehlt, sind die P. heterotrophe Parasiten bei Pflanzen, Tieren und Menschen oder Saprophyten auf toten Organismen (Tiere und Pflanzen) bzw. auf zersetzter organ. Substanz. Als Reservestoffe speichern sie Glykogen und Fett, als Zellwandsubstanz herrscht Chitin vor, nur bei wenigen Arten (z. B. Oomycetes und Schleim-P.) ist auch Cellulose nachgewiesen. – Die Echten P. (mit den Algen-P., Ständer-P. und Schlauch-P.) umfassen 99 % aller P.-Arten. Die Bedeutung der Schleim-P. und der Ur-P. ist gering. – Die Vegetationskörper der P. bestehen i. d. R. aus Hyphen, die zu einem Myzel verflochten sind; echte Gewebe fehlen völlig. Algen-P. und Joch-P. (›niedere P.‹) leben im Wasser oder zumindest in feuchter Umgebung. Zahlr. Arten sind Erreger von Pflanzenkrankheiten.

Die bekanntesten Echten P. bilden charakterist. Fruchtkörper, z. B. Ständer-P. (Blätter-P., Leisten-P., Stachel-P., Röhrlinge), Bauch-P., Becher-P., sowie Fruchtkörper vom Morcheltyp (Lorchel, Morchel). Unter den Echten P. gibt es zahlr. essbare Arten, man schätzt sie wegen ihrer Geschmacks- und Aromastoffe (z. B. Champignon, Steinpilz, Trüffel). Der Vitamin-

Pilsen: Josef-Kajetán-Tyl-Theater (Großes Theater)

und Mineralstoffgehalt entspricht etwa dem der übrigen pflanzl. Nahrungsmittel. Wild wachsende P. sollten jedoch nicht zu oft gegessen werden, da sich in ihnen Schwermetalle stark anreichern können: Cadmium in versch. Champignonarten, Quecksilber in Stein-P., Mai-P., Parasol-P., Perl-P. und Champignonarten. Die radioaktive Belastung der P. mit Cäsium 137 (^{137}Cs) hat sich auch Jahre nach der Reaktorkatastrophe von Tschernobyl kaum verringert; die P. nehmen das radioaktive Isotop mit ihrem Myzel aus den obersten Bodenschichten auf. Manche Arten (z. B. Champignon, Schiitake-P.) werden heute gezüchtet; die Schwermetallgehalte von Kultur-P. sind relativ gering.

Unter den Echten P. gibt es viele Arten, die mit dem Wurzelsystem versch. Waldbäume (→Mykorrhiza) oder mit Algen (→Flechten) in Symbiose leben. Eine negative wirtschaftl. Bedeutung kommt den →Rostpilzen und →Brandpilzen zu, denen jährlich ein erhebl. Teil der Weltgetreideernte zum Opfer fällt, außerdem den Erregern von Pflanzenkrankheiten in Wein- und Obstkulturen und den Schimmel-P., die Lebensmittel, Holz, Textilien u. a. verderben bzw. zerstören. – Die Hefen spielen bei der Wein- und Bierbereitung sowie im Bäckereigewerbe eine große Rolle. Andere Schlauch-P. werden industriell in großem Maßstab gezüchtet und zur Gewinnung von Antibiotika, organ. Säuren, Gibberellinen und Enzymen verwendet. Der Mutterkorn-P. liefert die Mutterkornalkaloide. – Neben den Bakterien sind die P. die bedeutendsten Destruenten, die durch ihre Tätigkeit beim Abbau organ. Substanzen den Stoffkreislauf in der Natur aufrechterhalten.

Als **Gift-P.** bezeichnet man die Fruchtkörper derjenigen höheren P., die bestimmte Substanzen als Stoffwechselbestandteile in so hohen Anteilen enthalten, dass nach ihrem Genuss bei Mensch und Tier Vergiftungserscheinungen hervorgerufen werden. Von den etwa 200 Giftpilzarten der nördl. gemäßigten Zone sind 40 gefährlich, 10 sind tödlich giftig. Auch nach dem Verzehr zu alter, durch Frost, unsachgemäße Lagerung oder Zubereitung verdorbener Speise-P. können Vergiftungserscheinungen auftreten. Nach der Wirkung der Gifte auf den Organismus sind drei Gruppen der Gift-P. zu unterscheiden: 1) Gift-P. mit Protoplasmagiften (Amatoxine), die schwere, lebensgefährl. Vergiftungen hervorrufen; Wirkung erst nach 6–24 Stunden; Tod durch Kollaps, Herzlähmung oder Leberversagen (z. B. Knollenblätter-P.); 2) Gift-P. mit Nervengiften (Muskarin, Muskimol), die schwere Vergiftungen, jedoch selten mit tödl. Ausgang, bewir-

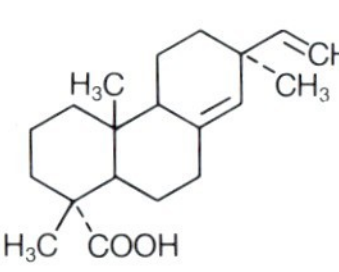

Pimarsäure

Pimen

Pimpernuss: Blühender Zweig und Früchte der Gefiederten Pimpernuss

Pimpinelle: Pimpinella saxifraga (Höhe bis 60 cm)

ken; Wirkung nach 10 Minuten bis 2 Stunden (z. B. Fliegen-P., Ziegelroter Riss-P.); 3) Gift-P. mit lokal wirkenden Giften; rufen weniger starke Vergiftungen hervor, sind selten tödlich (z. B. Giftreizker, einige Täublinge).

P. Mitteleuropas, bearb. v. H. HAAS u. a. (Neuausg. 1982); Hb. für P.-Freunde, begr. v. E. MICHAEL, hg. v. H. KREISEL, 6 Bde. ([2–5]1983–88); M. BON: Pareys Buch der P. (a. d. Engl., 1988); A. BRESINSKY u. H. BESL: Gift-P. (Neuausg. 1989); M. FLÜCK: Welcher P. ist das? (1995).

Pilzerkrankungen, *Medizin:* die →Mykosen.

Pilzfelsen, *Geomorphologie:* pilzförmiger Einzelfelsen; entsteht in aridem Klima durch bodennahen Windschliff, im humiden Bereich durch Verwitterung, wenn die unteren den Felsen aufbauenden Gesteinsschichten weniger widerstandsfähig sind als die überlagernden, sowie an der Küste durch eine allseitig wirkende Brandung an einem Felspfeiler.

Pilzgärten, in besonderen Kammern (Pilzkammern) der Erdnester von trop. Blattschneiderameisen auf einem Brei aus zerkauten Blättern angelegte, mit den Exkrementen der Tiere gedüngte Pilzzuchten (mit versch. Schlauchpilzen und Arten der Deuteromycetes). Die (nur bei Einwirkung der Ameisen auf das Pilzmyzel sich ausbildenden) kugeligen bis keulenartigen Anschwellungen des Luftmyzels (**Kohlrabikörperchen, Ameisenbrötchen,** Bromatien, Gongylidien) dienen den Ameisen als eiweißreiche Nahrung (**Ambrosia**). – P. sind auch von Termiten bekannt.

Pilzgifte, die →Mykotoxine.

Pilzkäfer, Endomychidae, Käferfamilie mit über 1 000 meist trop. Arten (in Mitteleuropa 20), 1–13 mm lang, dunkel gefärbt, manche Arten auch schwarz und rot. Käfer und Larven leben von Pilzmyzelien unter Rinden oder in an Bäumen wachsenden Pilzen. Es sind 20 fossile Arten bekannt.

Pilzkorallen, Fungia, einzeln lebende, nicht festgewachsene →Steinkorallen in wärmeren Meeren mit großen Polypen, die einem umgekehrten Hutpilz ähneln; z. B. die **Pilzkoralle** (Fungia fungites) mit 25 cm Durchmesser.

Pilzkörper, die →Corpora pedunculata.

Pilzkunde, die →Mykologie.

Pilzmalz, Bez. für die aus den Nährsubstraten von Schimmelpilzen (v. a. Aspergillusarten) gewonnenen Amylasepräparate, die u. a. in der Gärungsindustrie (z. B. bei der Herstellung von Branntwein) anstelle von Malz zum Stärkeabbau verwendet werden.

Pilzmücken, Fungivoridae, Mycetophilidae, Familie der Mücken mit rd. 2 000 Arten, 2–16 mm lang; P. bevorzugen feucht-kühle Standorte; ihre spinnfähigen Larven leben meist von Pilzen unter Rinde oder in Falllaub; einige Arten können schwach leuchten.

Pilzvergiftung, Myzetismus, Vergiftung durch den Genuss von Giftpilzen, i. w. S. auch von verdorbenen Speisepilzen (Lebensmittelvergiftung), →Pilze. Bei Verdacht auf eine P. oder bei bereits aufgetretenen Symptomen ist rasche ärztl. Hilfe erforderlich.

Pima, Eigen-Bez. **Akimel O'odhem,** indian. Volk mit utoaztekischer Sprache (→Südwest-Indianer). Die etwa 14 400 P. leben v. a. auf zwei Reservationen (Gila River, Salt River) bei Phoenix in Arizona, USA. Die 720 nahe verwandten **P. Bajo** in Zentral-Sonora und in angrenzenden Gebieten von Chihuahua (Mexiko) sind bereits stark mexikanisiert; etwa 2 000 leben noch in ihrer traditionellen Kultur.

Pimarsäure [Kw.], wichtige, in versch. Koniferenharzen enthaltene Harzsäure (ein trizykl. Diterpen). P. ist eine farblose, kristalline Substanz; durch Hitze oder Säure wird P. in →Abietinsäure umgewandelt.

Pimen, eigtl. **Sergej Michajlowitsch Iswekow** [iz-], Patriarch von Moskau und der ganzen Rus (1971–90), *Bogorodsk (heute Noginsk) 23. 7. 1910, †Moskau

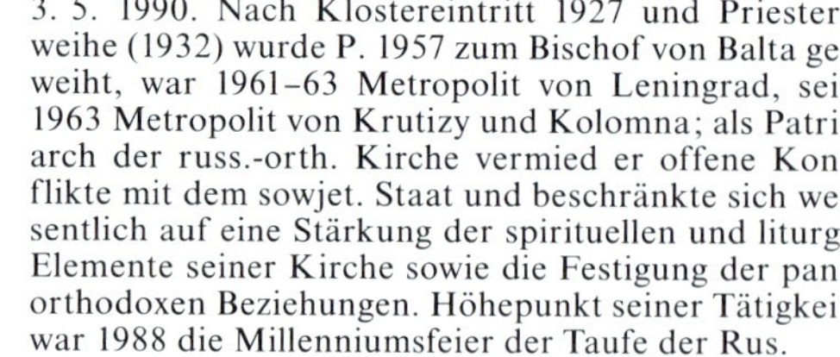
3. 5. 1990. Nach Klostereintritt 1927 und Priesterweihe (1932) wurde P. 1957 zum Bischof von Balta geweiht, war 1961–63 Metropolit von Leningrad, seit 1963 Metropolit von Krutizy und Kolomna; als Patriarch der russ.-orth. Kirche vermied er offene Konflikte mit dem sowjet. Staat und beschränkte sich wesentlich auf eine Stärkung der spirituellen und liturg. Elemente seiner Kirche sowie die Festigung der panorthodoxen Beziehungen. Höhepunkt seiner Tätigkeit war 1988 die Millenniumsfeier der Taufe der Rus.

P. Zur Situation des Glaubens in Rußland (1988; Interview durch A. SANTINI).

Piment [mhd. pîment(e), durch roman. Vermittlung von lat. pigmentum ›Färbestoff‹] *der* oder *das, -(e)s/-e,* **Nelkenpfeffer, englisches Gewürz, Neugewürz,** vor der Reife gepflückte und getrocknete Beeren des Pimentbaumes, die als Gewürz ähnlich wie getrocknete Pfefferkörner verwendet werden.

Pimentbaum, Nelkenpfefferbaum, Pimenta dioica, zu den Myrtengewächsen gehörender, auf den Westind. Inseln beheimateter kleiner, immergrüner Baum mit ovalen, ledrigen Blättern und zahlr. kleinen Blüten in achselständigen Trugdolden. Die kugeligen, braunroten Beerenfrüchte enthalten im Fruchtfleisch und v. a. im Samen äther. Öle und bilden den Grundstoff für den Piment. Der P. wird bes. auf Jamaica, in Mexiko und Zentral- und Südamerika angebaut.

Pimpernuss [zu pimpern ›klimpern‹, ›klappern‹], **Klappernuss, Staphylea,** Gattung der Familie P.-Gewächse (Staphyleaceae; etwa 25 Arten in fünf Gattungen; Gehölze in Nordamerika, Eurasien bis nach Indomalesien) mit elf Arten in der nördl. gemäßigten Zone (eine Art in Europa); Sträucher oder kleine Bäume mit gegenständigen, gefiederten Blättern, weißen oder rötl. Blüten und blasig aufgetriebenen, pergamenthäutigen Kapselfrüchten mit zwei bis drei erbsengroßen, glatten, glänzenden, beim Schütteln der Frucht klappernden Samen. Mehrere Arten werden als Ziersträucher angepflanzt.

Pimpf [zu älter Pumpf, eigtl. ›(kleiner) Furz‹], Bez. für Mitgl. des natsoz. Dt. Jungvolkes, einer Untergliederung der Hitler-Jugend.

Pimpinelle [spätlat.] *die, -/-n,* **Pimpernelle, Bibernelle, Pimpinella,** Gattung der Doldenblütler mit etwa 150 Arten in Eurasien und Afrika, einige auch in Südamerika; Kräuter oder Stauden mit meist einfach gefiederten Blättern und zusammengesetzten Dolden aus Zwitterblüten; in Mitteleuropa kommen, neben dem angebauten →Anis, zwei bis 60 cm bzw. 1 m hohe, weiß bis dunkelrosa blühende Arten vor.

PIMS-Projekt [PIMS Abk. für engl. **p**rofit **i**mpact of **m**arket **s**trategies], vom Marketing Science Institute der Harvard Business School initiiertes empir. Forschungsprojekt im Bereich der strateg. Analyse und Planung; seit 1975 beim Strategic Planning Institut, Cambridge, angesiedelt. Gegenstand der branchenübergreifenden Untersuchung ist es, Faktoren herauszufinden, die den an der Kapitalrentabilität (Return on Investment, ROI) und am Wachstum gemessenen Unternehmenserfolg beeinflussen. Derzeit werden mehr als 200 quantitative Daten (z. B. Marktanteil, Produktqualität, Gewinn, Cashflow) von etwa 600 Unternehmen mit mehr als 2 000 →strategischen Geschäftseinheiten analysiert. Nach den bisherigen Forschungsergebnissen lassen sich etwa 80 % der Streuung des ROI durch 40 Erfolgsfaktoren erklären, die zu Erfolgskategorien wie Marktattraktivität, relative Wettbewerbsposition, Investitionsattraktivität sowie Kostenattraktivität verdichtet werden können.

R. D. BUZZELL u. B. T. GALE: Das PIMS-Programm. Strategien u. Unternehmererfolg (a. d. Engl., 1989).

PIN, Abk. für →**p**ersönliche **I**dentifikations**n**ummer.

Pinaceae [zu lat. pinus ›Kiefer‹], wiss. Name der →Kieferngewächse.

Pinakoid [zu griech. pínax, pínakos ›Tafel‹ und -oeidḗs ›ähnlich‹] *das, -(e)s/-e,* zweiflächige, aus Fläche und Gegenfläche bestehende offene →Kristallform. Seine beiden Flächen sind mindestens inversionssymmetrisch zueinander. Das P. ist die allgemeine Form der triklin-pinakoidalen Kristallklasse (→Kristall, ÜBERSICHT).

Pinakothek [griech.] *die, -/-en,* in röm. Zeit Bez. für einen für Tafelbilder bestimmten Raum (→Pinax), in der Neuzeit Bez. für einen vermutlich für Tafelbilder verwendeten Raum der Propyläen auf der Athener Akropolis, für den in der Antike die Bez. P. aber nicht überliefert ist. Seit der Renaissance werden, v. a. in Italien, Gemäldegalerien als ›Pinacoteca‹ bezeichnet. LUDWIG I. von Bayern führte für die 1826–36 von L. VON KLENZE erbaute Galerie die Bez. ›Alte P.‹ ein, deren Grundstock die kurbayr. Sammlung, die kurpfälz. Galerien in Düsseldorf und Mannheim mit Werken der niederländ., dt. und frz. Malerei und die aus der Sammlung Boisserée erworbenen altdt. und niederländ. Gemälde waren. Unter LUDWIG I. wurde die Sammlung um bedeutende Werke der ital. Malerei (u. a. GIOTTO, S. BOTTICELLI, RAFFAEL) erweitert. Nach Errichtung der **Neuen P.,** 1846–53 für die zeitgenöss. Gemälde des 19. Jh. erhielt im Unterschied dazu die P. die Bez. ›Ältere P.‹, dann die Bez. **Alte P.** in den 1930er-Jahren. Die Neue P. musste nach den Zerstörungen im Zweiten Weltkrieg abgetragen werden. Der Neubau von A. VON BRANCA wurde 1981 eröffnet. 1996 wurde der Grundstein für die dritte P., die **P. der Moderne** (Entwurf: STEPHAN BRAUNFELS), gelegt. Sie soll die Sammlungen der Staatsgalerie Moderner Kunst (Malerei und Plastik des 20. Jh.), der ›Neuen Sammlung‹ (modernes Design), der Staatl. Graph. Sammlung (Grafik seit dem 15. Jh.) und des Architekturmuseums der TU München beherbergen.

Pinang, früher **Penang,** Gliedstaat West-Malaysias, umfasst die der W-Küste der Malaiischen Halbinsel vorgelagerte Insel P. und die auf dem gegenüberliegenden Festland gelegene Province Wellesley (seit 1985 durch eine 13,5 km lange Brücke verbunden), zus. 1 031 km², (1993) 1,14 Mio. Ew., Hauptort George Town (auch P. genannt). Die aus Granit aufgebaute Insel P. (285 km²) hat an der W- und O-Küste größere Schwemmlandebenen; nur im N blieb der trop. Regenwald erhalten. Die Insel ist überwiegend von Chinesen bewohnt (Einwanderung ab 1820), die Malaien kamen wohl schon seit dem 16./17. Jh. Sie betreiben v. a. den Nassreisanbau, Gemüse- und Obstbau, kleine Kautschukbaumpflanzungen und Fischerei. Außerdem werden hier, v. a. von den Chinesen, u. a. Gewürznelken und Muskatnuss angebaut, Geflügel und Schweine gehalten; Kokos- und Betelnusspalmen. Auf dem Festland leben v. a. Malaien (Reisanbau, Kautschukbaumkulturen, Fischerei). Die Hauptorte sind hier Perai, Butterworth und Bukit Mertajam. In George Town und Butterworth sind Industrieparks gegründet worden; auf P. Zinnerzverhüttung und Ausländertourismus. – Das Gebiet wurde 1826 mit Malakka (heute Melaka) und Singapur zu den Straits Settlements zusammengeschlossen (ab 1867 Kronkolonie), 1848 wurde es Teil der Malayan Union (Malaiische Union), 1963 Teil Malaysias.

Pinar del Río, Prov.-Hauptstadt in W-Kuba, 55 m ü. M., am Südfuß der Sierra de los Órganos, 128 600 Ew.; kath. Bischofssitz; naturhistor. Museum; Handelszentrum für ein großes landwirtschaftl. Hinterland (wichtigstes Tabakbaugebiet Kubas; ferner Zuckerrohr, Reis u. a.); Tabak-, Möbelindustrie.

Pinasse [frz.-niederländ., eigtl. ›Boot aus Kiefernholz‹, zu lat. pinus ›Kiefer‹] *die, -/-n,* Beiboot eines Kriegsschiffes.

Pinatubo, Mount P. [maʊnt-], Vulkan im N der Insel Luzon, Philippinen, 1 475 m ü. M.; brach nach 611-jähriger Ruhe im Juni 1991 erneut aus, mit 20 km hoher Rauchsäule. Lawinen aus heißer Asche, Schutt oder Schlamm, verstärkt durch intensive Regenfälle, wirkten sich im Umkreis von 300 km aus, Aschenregen weit darüber hinaus.

Pinax [griech.] *der, -/...kes,* im antiken Griechenland Tafel aus Holz, Ton, Marmor, Bronze, z. T. beschriftet, z. B. als Bürgerlisten; andere dienten als Ausweis für die Volksversammlung oder die Heliaia. Bemalte oder reliefierte P. dienten als Weihgeschenke, auch als Schmuckplatten oder -teller; P. bezeichnete auch das Tafelbild.

Pinay [piˈnɛ], Antoine, frz. Politiker, * Saint-Symphorien-sur-Coise (Dép. Rhône) 30. 12. 1891, † Saint-Chamond (Dép. Loire) 13. 12. 1994; Industrieller; 1929–77 Bürgermeister von Saint-Chamond, war 1936–38 Abg. (Fraktion der Unabhängigen Radikalen), 1938–40 Senator, unterstützte P. PÉTAIN; 1946–58 Abg. der Unabhängigen Republikaner. Als Min.-Präs. und Finanz-Min. (März–Dezember 1952) führte er erfolgreich antiinflationäre Maßnahmen durch. Durch die Verschlechterung der Situation in Indochina und Nordafrika und wegen des Widerstandes gegen sein Steuerreformprogramm geschwächt, musste er aufgrund seiner ablehnenden Haltung in der Debatte um den EVG-Vertrag zurücktreten. 1955–56 war P. Außen-Min. im Kabinett Faure; er förderte den Prozess der Entkolonialisierung in Tunesien und Marokko. Mai 1958 unterstützte er die Berufung C. DE GAULLES zum Min.-Präs. Als Finanz- und Wirtschafts-Min. (1958–60) war P. maßgeblich an der Reform des frz. Währungssystems (Einführung des ›Nouveau Franc‹) beteiligt, trat 1960 wegen Differenzen über die Wirtschafts- und Bündnispolitik DE GAULLES zurück.

Antoine Pinay

Pincevent [pɛ̃sˈvɑ̃], Jagdlager des Magdalénien am linken Ufer der Seine bei Montereau, Dép. Seine-et-Marne, Frankreich. Seit 1964 mithilfe einer neu entwickelten Ausgrabungstechnik durchgeführte Untersuchungen erbrachten bahnbrechende Erkenntnisse zum altsteinzeitl. Siedlungswesen.

Pincheffekt [ˈpɪntʃ-; zu engl. to pinch ›kneifen‹], das Zusammenziehen eines von genügend großen elektr. Strömen durchflossenen →Plasmas durch das Magnetfeld der Ströme. Der P. wurde früher zur Aufheizung und Begrenzung eines Plasmas für extrem hohe Temperaturen, wie sie bei der →Kernfusion benötigt werden, genutzt. Die Lebensdauer von Pinchplasmen beträgt nur Bruchteile von Sekunden. Für die Entwicklung eines Fusionsreaktors sind die P. dabei weltweit in den Hintergrund getreten.

Pincherle [ˈpiŋkerle], Alberto, ital. Schriftsteller, →Moravia, Alberto.

Pincio, Monte P. [ˈpintʃo], lat. **Pincius mons,** Hügel im N Roms, nach der in spätantiker Zeit dort begüterten Familie der Pincier benannt. Auf dem P. hatten LUCULLUS (63 v. Chr.) und SALLUST ihre Villen mit großen Gärten; AGRIPPA legte hier 19 v. Chr. eine unterird. Wasserleitung (Aqua virgo), die dann als Bogenaquädukt weiterführte, den CLAUDIUS erneuerte, als er den P. in den Stadtbereich (49 n. Chr.) einbezog; im 2. Jh. war der P. dicht bebaut (Via Lata); HADRIAN ließ hier 138 n. Chr. das Grabmal des ANTINOOS errichten. – Auf dem P. steht die Villa Borghese.

Pincus [ˈpɪŋkəs], Gregory, amerikan. Physiologe, * Woodbine (N. J.) 9. 4. 1903, † Boston (Mass.) 22. 8. 1967; 1951–67 Prof. für biolog. Forschung in Boston. Ausgehend von seiner Entdeckung, dass die vermehrte Erzeugung von Progesteron während der Schwangerschaft den Eisprung verhindert, entwickelte er die hormonalen Ovulationshemmer (›Antibabypille‹; →Empfängnisverhütung).

Pindal, Höhle bei Pimiango, nördlich von Colombres in der Prov. Oviedo, Spanien, in einem Felshang an

Wilhelm Pinder

der Küste. 1908 wurden hier altsteinzeitl. Felsbilder entdeckt. Außer dem Bild eines Elefanten und eines Bisons in verblichenem Rot enthält die Höhle die seltene Gravierung eines Thunfischs.

Pindar, griech. **Pindaros,** griech. Chorlyriker, *Kynoskephalai 522 oder 518 v. Chr., †Argos (?) nach 446 v. Chr.; wohl vornehmer Abstammung; wahrscheinlich zwischen 476 und 474 Aufenthalt bei HIERON I. von Syrakus und THERON von Akragas. Als später Vertreter der alten Adelsethik pries P. in seinen Epinikien (Siegesgesängen) die Sieger im sportl. Wettkampf, denen er so Unsterblichkeit zu verleihen suchte, und deren Heimat; er flocht Szenen aus dem Mythos sowie Sentenzen und andere persönl. Äußerungen ein. Seine Sprache, die dor. Kunstsprache (mit äol. Elementen), entbehrt der formalen Glätte und ist schwer verständlich; die komplizierten Metren lassen auf schwierige Tanzbewegungen der Chöre schließen; die Noten sind nicht erhalten. Von den 17 Büchern P.s (davon elf mit Kultliedern, darunter Päane, Prosodien, Dithyramben) sind die vier Bücher der Epinikien erhalten (von den alexandrin. Philologen nach den vier Hauptfesten in Olympien, Pythien, Nemeen und Isthmien aufgeteilt), der Rest ist nur fragmentarisch überliefert. P. galt in antiker Zeit als unerreichbarer Meister des erhabenen Stils, in der röm. Literatur war v. a. HORAZ von ihm beeinflusst. 1513 erstmals gedruckt, führte P.s Lyrik bes. in Italien zur Ausbildung freier Strophenformen. P. DE RONSARD u. a. ahmten ihn nach, GOETHE wurde durch ihn zu freien Rhythmen angeregt. Stark war seine Wirkung auf F. HÖLDERLIN, der ihn übersetzte.

Ausgaben: Carmina, hg. v. C. M. BOWRA (Neuausg. 1968); Carmina cum fragmentis, hg. v. H. MAEHLER, 2 Bde. ([4–7]1975–84, teilw. Nachdr. 1989). – P.s Siegesgesänge u. Fragmente, hg. v. O. WERNER (1967, griech. u. dt.); Die Isthm. Gedichte, hg. v. E. THUMMER, 2 Bde. (1968–69); P.s Oden, hg. v. E. DOENT (1986).

W. SCHADEWALDT: Der Aufbau des pindar. Epinikion (1928, Nachdr. 1966); C. M. BOWRA: P. (Oxford 1964, Nachdr. ebd. 1971); H. FRÄNKEL: Dichtung u. Philosophie des frühen Griechentums ([3]1969, Nachdr. 1976); W. J. SLATER: Lexicon to P. (Berlin 1969); A. SEIFERT: Unters. zu Hölderlins P.-Rezeption (1982); Pindare, hg. v. A. HURST (Genf 1984); G. W. MOST: The measures of praise (Göttingen 1985); E. L. BUNDY: Studia pindarica (Neuausg. Berkeley, Calif., 1986); T. SCHMITZ: P. in der frz. Renaissance (1993).

pindarische Ode, nach ihrem bedeutendsten antiken Vertreter PINDAR benannte Odenform mit dreigliedrigem Aufbau (Strophe, Antistrophe, Epode). Thematik (→Epinikion) und pathet. Feierlichkeit wurden in der röm. Literatur (HORAZ) und seit dem Humanismus (K. CELTIS) über die ital. Literatur (G. G. TRISSINO, L. ALAMANNI) und die Dichtung der frz. ›Pléiade‹ bis ins 19. Jh. (F. HÖLDERLIN) nachgeahmt.

Pindemonte, 1) Giovanni, ital. Schriftsteller, *Verona 4. 12. 1751, †ebd. 23. 1. 1812, Bruder von 2); war hoher Beamter des venezian. Staates; musste 1793 und wieder 1799 wegen seiner liberalen Ansichten nach Frankreich ins Exil gehen. In seinen zwölf Tragödien versuchte er die Grundsätze des klass. frz. Theaters mit dem Vorbild SHAKESPEARES zu verbinden. Theatergeschichtlich bedeutsam ist sein ›Discorso sul teatro italiano‹ (1804).

Ausgaben: Componimenti teatrali, 4 Bde. (1804–05); Poesie e lettere, hg. v. G. BIADEGO, 2 Bde. (1883).

M. PETRUCCIANI: G. P. nella crisi della tragedia (Florenz 1966).

Philippe Pinel

2) Ippolito, ital. Dichter, *Verona 13. 11. 1753, †ebd. 18. 11. 1828, Bruder von 1); wurde 1778 in Rom in die Accademia dell'Arcadia aufgenommen; von der in diesem Kreise wieder auflebenden Begeisterung für das Griechentum ergriffen, begann er seine Homerstudien, die in der noch heute weit verbreiteten Übersetzung der ›Odyssee‹ (begonnen 1805, veröffentlicht 1822 u. d. T. ›Odissea di Omero‹, 2 Bde., neu hg. v.

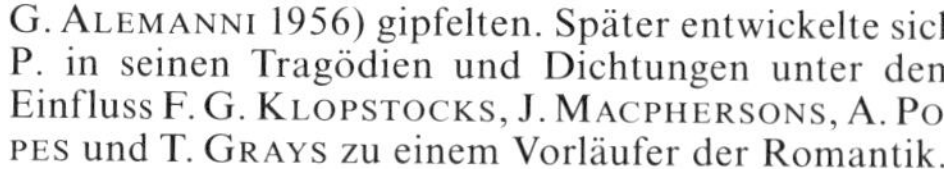

G. ALEMANNI 1956) gipfelten. Später entwickelte sich P. in seinen Tragödien und Dichtungen unter dem Einfluss F. G. KLOPSTOCKS, J. MACPHERSONS, A. POPES und T. GRAYS zu einem Vorläufer der Romantik.

Weitere Werke: *Lyrik:* Saggio di poesie campestri (1788); Le prose e poesie campestri (1795); Epistole in versi (1805); Il colpo di martello del campanile di San Marco in Venezia (1820). – *Prosa:* Novelle (1792); I sermoni (1812); Elogi di letterati italiani, 2 Bde. (1825–26). – *Tragödie:* Arminio (1804).

N. F. CIMMINO: I. P. e il suo tempo, 2 Bde. (Rom 1968).

Pinder, Wilhelm, Kunsthistoriker, *Kassel 25. 6. 1878, †Berlin 13. 5. 1947; war Prof. in Darmstadt (1910), Breslau (1917 und 1919), Straßburg (1918), Leipzig (1920) und München (1927). Ab 1936 lehrte er in Berlin. P. widmete seine Lebensarbeit der Deutung der dt. Kunst in der Auseinandersetzung mit der europäischen. P.s Werk wurde nach 1945 wegen seines Nationalismus, Biologismus und seiner Verblendung gegenüber dem Nationalsozialismus aus der kunstwissenschaftlichen Diskussion verdrängt, obwohl er sich als Hermeneutiker vielfach auch als ein glänzender Kunsthistoriker ausgewiesen hat.

Werke: Dt. Barock (1912); Die dt. Plastik vom ausgehenden MA. bis zum Ende der Renaissance, 2 Bde. (1914–28); Die dt. Plastik des 15. Jh. (1924); Die dt. Plastik des 14. Jh. (1925); Der Naumburger Dom u. seine Bildwerke (1925; mit W. HEGE); Das Problem der Generation in der Kunstgesch. Europas (1927); Der Bamberger Dom u. seine Bildwerke (1927, mit W. HEGE); Dt. Barockplastik (1933); Vom Wesen u. Werden dt. Formen, 4 Bde. (1937–51); Wesenszüge dt. Kunst (1940); Rembrandts Selbstbildnisse (1943); Sonderleistungen der dt. Kunst. Eine Einf. (1944); Von den Künsten u. der Kunst (1948).

R. SUCKALE: W. P. u. die dt. Kunstwiss. nach 1945, in: Krit. Berichte, Jg. 14 (1986), H. 4; M. HALBERTSMA: W. P. u. die dt. Kunstgesch. (1992).

PIN-Diode, p-i-n-Diode, pin-Diode, eine Halbleiterdiode (→Diode), die einen p-i-n-Übergang als wesentl. Struktur enthält. Dieser unterscheidet sich von dem →p-n-Übergang v. a. durch eine zw. dem p-leitenden Bereich und dem n-leitenden Bereich liegende eigenleitende (i für engl. intrinsic) Schicht, die weitgehend das Verhalten der PIN-D. bestimmt. Schon bei kleinen Sperrspannungen wird die i-Schicht von Ladungsträgern geräumt, weswegen die Sperrschichtkapazität der PIN-D. nahezu spannungsunabhängig ist. Bei Anliegen einer Vorwärtsspannung wird die i-Schicht aus den anliegenden p- bzw. n-leitenden Bereichen mit Defektelektronen bzw. Elektronen überschwemmt, mit der Folge einer intensiven Rekombination in dieser Schicht und eines daraus folgenden geringen Durchlasswiderstands. Die Kennlinie der PIN-D. unterscheidet sich daher nicht wesentlich von der einer Diode mit p-n-Übergang. PIN-D. haben aufgrund der besonderen Sperr- und Leitungsprozesse sehr gute Eigenschaften. Sie haben Durchbruchspannungen bis zu einigen Tausend Volt und werden deswegen verbreitet als Gleichrichterdioden für sehr große Sperrspannungen eingesetzt. Wegen ihrer kleinen Schaltzeiten, die in der Größenordnung der Ladungsträgerlaufzeiten durch die i-Schicht (etwa 10 ps bis 1 ns) liegen, eignen sie sich sehr gut für Anwendungen in der Mikrowellentechnik. Auch als Photodiode zeigt die PIN-D. günstiges Verhalten: große Photoempfindlichkeit, kurze Ansprechzeit, geringes Eigenrauschen und kleine Sperrspannung.

Pindos *der,* Gebirge in W-Griechenland, bis 2637 m ü. M. (Smolikas); trennt Thessalien von Epirus und Ätolien; über den Katarapass (1705 m ü. M.) führt die einzige bedeutende O-W-Straße. Nationalpark (126 km²) bei Konitsa.

Pinealorgan [zu lat. pinea ›Fichtenkerne‹], dorsale Ausstülpung des Zwischenhirns, die bei niederen Wirbeltieren wie das davor liegende **Parietalorgan,** ebenfalls eine Ausstülpung des Zwischenhirns, augenartige Strukturen **(Pinealauge)** entwickeln kann und bei höheren Wirbeltieren zur →Zirbeldrüse wird.

Pineapple [ˈpaɪnæpl, engl.] *der, -(s)/-s,* die →Ananas.

Pineau [piˈno], Christian, frz. Politiker, *Chaumont 14. 10. 1904, †Paris 5. 4. 1995; Jurist; im Zweiten Weltkrieg in der Résistance tätig, 1943–45 im KZ Buchenwald interniert; 1945–46 war P. Mitgl. beider Konstituanten, 1946–58 Abg. der (sozialist.) Section Française de l'Internationale Ouvrière (SFIO), mehrfach Min. (u.a. 1947–50 für öffentl. Arbeiten und Transport, 1956–58 Außen-Min.), später in der Wirtschaft tätig.

Pineau de la Loire [piˈno dla ˈlwa:r], Rebsorte, →Chenin blanc.

Pineau des Charentes [piˈno deʃaˈrãt], frz. Likörwein (17 Vol.-% Alkohol), bereitet aus dem Most bestimmter Traubensorten des Cognacgebietes; zwei Jahre Fassreifung.

Pinẹl, Philippe, frz. Arzt, *Roques (heute Gem. Jonquières, Dép. Tarn) 20. 4. 1745, †Paris 26. 10. 1826; Leiter berühmter Pariser Heilanstalten, ab 1792 des ›Hôpital de Bicêtre‹, ab 1795 des ›Hôpital de la Salpêtrière‹; ab 1795 Prof. für Hygiene, 1798–1822 für Pathologie und innere Medizin an der Pariser ›École de médecine‹. In der Psychiatrie beschrieb P. Ursachen und Symptome der Geisteskrankheiten, die er in Manie, Melancholie, Demenz und Idiotie einteilte. Grundlegend wie seine theoret. Arbeit ist seine Reform der prakt. Psychiatrie. Die Ideen der Aufklärung und der Frz. Revolution führten P. zu einem völlig neuartigen Umgang (›traitement moral‹) mit dem Geisteskranken, den er als grundsätzlich heilbar ansah. In der psychiatr. Behandlung setzte er 1789 die Abschaffung von Zwangsmaßnahmen durch.

R. DE SAUSSURE in: Große Nervenärzte, hg. v. K. KOLLE, Bd. 1 (²1970); P. P., hg. v. J. GARRUBÉ (Paris 1994).

Pinẹne [zu lat. pinus ›Fichte‹, ›Kiefer‹], *Sg.* **Pinẹn** *das, -s,* Bez. für drei isomere, ungesättigte bizykl. Terpenkohlenwasserstoffe **(α-, β- und δ-P.),** denen die Ringstruktur des (in der Natur nicht vorkommenden gesättigten) Terpenkohlenwasserstoffs **Pinan** zugrunde liegt. Bes. α- und β-P. kommen in äther. Ölen aus Nadelhölzern vor und können z.B. aus Terpentinölen durch Destillation gewonnen werden. Man verwendet sie als Lösungsmittel (MAK-Wert 560 mg/m³) sowie u.a. zur Herstellung von Kampfer und Riechstoffen.

Pine|öl [paɪn-; engl. pine ›Kiefer‹], als Nebenprodukt bei der Gewinnung von Wurzelterpentinöl aus nordamerikan. Kiefernarten gewonnenes äther. Öl, das als Lösungsmittel sowie als Schäumer bei der Erzflotation verwendet wird. P. enthält zahlr. Terpenverbindungen, v.a. ist es die Hauptquelle für →Terpineol.

Pine Point [ˈpaɪn ˈpɔɪnt], Ort in den Northwest Territories, Kanada, nahe dem S-Ufer des Großen Sklavensees, 1900 Ew.; Blei-Zink-Erzbergbau (seit 1965). – P. P. wurde ab 1962 errichtet.

Piñera [piˈɲera], Virgilio, kuban. Schriftsteller, *Cárdenas 4. 8. 1912, †Havanna 18. 10. 1979; rezipierte früh die europ. Literatur des Absurden; zeichnete die Gesellschaft pessimistisch und paradox (Drama ›Aire frío‹, 1959).

Weitere Werke: *Lyrik:* La vida entera (1969). – *Romane:* La carne de René (1952); Pequeñas maniobras (1963; dt. Kleine Manöver); Presiones y diamantes (1967). – *Erzählungen:* Cuentos fríos (1956). – *Theater:* Teatro completo (1960); Dos viejos pánicos (1968).

Pinero [pəˈnɪərəʊ], Sir (seit 1909) Arthur Wing, engl. Dramatiker, *London 24. 5. 1855, †ebd. 23. 11. 1934; schrieb zunächst Farcen, war dann (neben G. B. SHAW) mit seinen sozialen Problemstücken der wichtigste Erneuerer des realistischen engl. Dramas nach 1880. Seine Stücke über die Doppelmoral oder die Frau mit Vergangenheit blieben jedoch viktorian. Vorstellungen verhaftet (u.a. das Erfolgsstück ›The second Mrs. Tanqueray‹, Uraufführung 1893, gedr. 1894, das die Kritik SHAWS mit ›Mrs. Warren's profession‹ herausforderte).

Weitere Werke: The magistrate (UA 1885, gedruckt 1892); The profligate (UA 1889, gedr. 1891); The gay Lord Quex (1899).

Ausgabe: Plays, hg. v. G. ROWELL (1986).

P. GRIFFIN: A. W. P. and Henry Arthur Jones (New York 1991).

Pinerolo, Stadt in der Prov. Turin, Piemont, Italien, am Fuß der Alpen, 376 m ü. M., 35100 Ew.; Bischofssitz; Papier-, Textil-, elektrotechn., Nahrungsmittel-, chem. Industrie, Maschinenbau. – Dom (1044, im Wesentlichen 14. Jh.) mit Campanile (15. Jh.); San Maurizio (1078, erneuert 1470) mit Fürstengruft des Hauses Savoyen. Häuser aus dem 15. und 16. Jh. – P., erstmals 981 urkundlich erwähnt und seit dem 14. Jh. zur Festung ausgebaut, war 1295–1418 den Fürsten von Achaia unterstellt und fiel danach an die Herzöge von Savoyen. P. stand mehrfach unter frz. Besetzung (1536–44, 1631–96, als Folge des →Mantuanischen Erbfolgekriegs; 1801–14). Die Festung, nach Plänen des frz. Baumeisters VAUBAN ausgebaut, im 17. Jh. frz. Staatsgefängnis, wurde vor dem Abzug der frz. Truppen 1696 geschleift.

Pineytalg [ˈpaɪnɪ-, engl.], →Butterbohne.

Pinget [pɛ̃ˈʒɛ], Robert, frz.-schweizer. Schriftsteller, *Genf 19. 7. 1919, †Tours 25. 8. 1997; lebte seit 1946 in Paris, Freund und Übersetzer S. BECKETTS. Seine Werke gehören zum Nouveau Roman. Sie kreisen um die Sprache, die an die Stelle der Realität tritt und sich verselbstständigt (›L'inquisitoire‹, 1962; dt. ›Inquisitorium‹; ›Quelqu'un‹, 1965, dt. ›Augenblicke der Wahrheit‹, auch u. d. T. ›Jemand‹); zunehmend geben Manuskripte, Bücher, Briefe, Tagebücher die Struktur der Prosa vor: so in den späten Werken die Notizhefte des ›Monsieur Songe‹ (1982; dt. ›Monsieur Traum. Eine Zerstreuung‹), eines liebenswürdigen, naiven alten Mannes, der versucht, seine Memoiren zu schreiben (fortgesetzt u.a. mit ›Le harnais. Le testament de monsieur Songe‹, 1984). Die Theaterstücke und Hörspiele stehen in der Nachfolge BECKETTS.

Weitere Werke: *Romane:* Graal Flibuste (1956); Le fiston (1959; dt. Ohne Antwort); Le Libéra (1968; dt. Das Tumbagebet); Passacaille (1969; dt. Passacaglia); Apocryphe (1980; dt. Apokryph); L'ennemi (1987; dt. Der Feind); Théo ou le temps neuf (1991; dt. Theo, oder die neue Zeit). – *Stücke:* Lettre morte (1960; dt. Unzustellbar); Abel et Bela (1971; dt. Abel u. Bela); Paralchimie (1973).

M. PRAEGER: Les romans de R. P. Une écriture des possibles (Lexington, Ky., 1987); P. TAMINIAUX: R. P. (Paris 1994).

Pịngo [eskimoisch] *der, -(s)/-s,* **Hydrolakkolịth, Kryolakkolịth, Eisvulkan,** in Dauerfrostgebieten

α-Pinen

β-Pinen

δ-Pinen

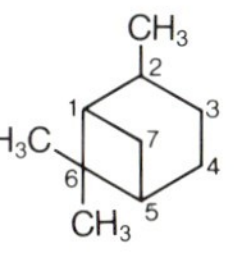

Pinan

Pinene

Robert Pinget

Pingo in der Tundra Kanadas, Northwest Territories

meist vergesellschaftet auftretende Bodenaufwölbung von bis zu 50 m Höhe und bis zu 200 m Durchmesser mit mächtigem, unter erhebl. hydrostat. Druck stehendem Eiskern, bei dessen Abschmelzen eine kraterähnl. Hohlform zurückbleibt.

O. R. WEISE: Das Periglazial. Geomorphologie u. Klima in gletscherfreien, kalten Regionen (1983).

Pinguicula [mlat., zu lat. pinguis ›fett‹], wiss. Name der Gattung →Fettkraut.

Pinguine [Herkunft unsicher], Sg. **Pinguin** *der, -s,* **Sphenisciformes,** Ordnung der Vögel mit 16 Arten, die von der Antarktis nordwärts bis Neuseeland, Südaustralien, bis zum südl. Afrika und bis nach Südamerika (nördlichstes Brutgebiet auf den Galápagosinseln) verbreitet sind. Die 40–122 cm großen P. sind flugunfähig und ausgezeichnet an das Leben im Wasser angepasst. Ihre Flügel sind zu Flossen umgebildet, die für den Antrieb beim Schwimmen und Tauchen sorgen. Die größeren Arten können unter Wasser kurzzeitig Geschwindigkeiten von über 50 km/h erreichen, Kaiser-P. tauchen bis 260 m tief. Fische, Kopffüßer und Krebstiere bilden die Hauptnahrung. An Land müssen die P. wegen der weit hinten ansetzenden Füße aufrecht gehen, sie können auf Schnee oder Eis auf dem Bauch ›rodeln‹, indem sie sich mit Flügeln und Füßen abstoßen. Sie brüten in oft großen Kolonien; das Nest aus Steinchen und Pflanzenteilen steht offen auf dem Boden, in Felsspalten oder in Erdhöhlen. Königs- und Kaiser-P. bauen kein Nest, sie halten das einzige Ei auf den Füßen und bedecken es mit einer Falte der Bauchhaut. Die Bebrütung dauert je nach Art 33–64 Tage, wobei sich die Eltern in einem Turnus von 1–2,5 Wochen ablösen. Nur beim Kaiser-P. brütet das Männchen allein, es verliert dabei etwa ein Drittel seines Gewichts.

Fossile P. sind seit dem Obereozän, seit rd. 55 Mio. Jahren, bekannt, darunter gab es Riesenformen von 1,5 m Standhöhe; alle stammen von der Südhalbkugel. Als urtümlichste unter den heutigen Arten wird oft der seltene, auf Neuseeland brütende **Gelbaugen-P.** (Megadyptes antipodes) angesehen. Die größten rezenten P. sind die **Groß-P.** (Aptenodytes) mit dem **Kaiser-P.** (Aptenodytes forsteri; Größe 115 cm) und dem **Königs-P.** (Aptenodytes patagonica; Größe 95 cm). Die **Schopf-P.** (Eudyptes) bilden mit fünf Arten die umfangreichste Gattung; sie zeichnen sich durch verlängerte gelbe Schmuckfedern an den Kopfseiten aus. Zur Gattung Pygoscelis gehört neben zwei weiteren Arten der →Adeliepinguin.

Pinguine: Kaiserpinguine mit Jungtieren

Pinheiro [pɪˈɲeːro, brasilian. piˈɲei̯ru], **Brasilianische Schmucktanne, Araucaria angustifolia,** 25–35 m hohe, im südl. Brasilien große Wälder bildende Araukarienart; fast waagerecht abstehende Äste mit kurzen, an den Enden der Äste gehäuften Zweigen; Nadeln lanzettlich, 3–6 cm lang, abstehend. Die kugeligen Zapfen (etwa 25 cm Durchmesser) enthalten rd. 800 essbare, nährstoffreiche Samen **(Pinhões).** Das Holz dient als Bau- und Möbelholz.

Pinheiro Chagas [piˈɲɛi̯ru ˈʃaɣaʃ], Manuel Joaquim, port. Dichter, Historiker, Journalist und Politiker, * Lissabon 13. 11. 1842, † (ermordet) ebd. 8. 4. 1895; war zeitweilig Marine-Min.; schrieb Gedichte, Romane (›A côrte de D. João V‹, 1867), Novellen (›Novellas históricas‹, 1869) und Dramen (›A morgadinha de Valflor‹, 1869) in spätromant. Manier; sein ›Poema da mocidade‹ (1865) löste mit die große literar. Kontroverse von Coimbra (›Questão Coimbrã‹) aus, die den Beginn des Realismus in Portugal markiert.

Pinien (Höhe 15–25 m)

Pini|e [lat.] *die, -/-n,* **Nusskiefer, Pinus pinea,** Kiefernart v. a. im Mittelmeergebiet, in S-England und S-Irland Zierbaum; in Mitteleuropa nur in den mildesten Gebieten winterhart; 15–25 m hoher Baum mit charakteristischer schirmähnl. Krone, 10–15 cm langen, leicht gedrehten paarigen Nadeln und meist einzelnen, endständigen, eiförmigen bis fast kugeligen, 8–15 cm großen, sehr harzreichen Zapfen. Die zimtbraunen, hartschaligen, ölhaltigen, mandelähnlich schmeckenden (aber schnell ranzig werdenden) Samen **(P.-Nüsse, P.-Kerne, Pineolen, Pignolen, Pinoli)** sind etwa 2 cm lang, mit schmalem, nur angedeutetem Flügel; die Kulturform ›fragilis‹ hat bes. dünnschalige Samen. Die P. beginnt erst nach etwa 15 Jahren mit der Fruchtbildung.

Kulturgeschichte: Die P., der neben der Zypresse charakterist. Baum des Mittelmeergebiets, findet erstmals bei HOMER Erwähnung. Bei den Isthm. Spielen war der Siegespreis ein P.-Kranz; P.-Zapfen spielten in der antiken Mythologie eine gewisse Rolle (Thyrsosstab des Dionysos). PLINIUS D. Ä., der vier Sorten von P.-Samen (pinea nux) unterschied, empfahl diese zum Durststillen, gegen zu viel Magensäure, Nierenleiden und gekocht gegen Blutspucken. Zur Herstellung von Terpentin bevorzugte man das duftende Harz der P.; ALBERTUS MAGNUS, der die P. auf seinen Romreisen kennen lernte, beschrieb sie unter dem Namen Pinus.

Pinios, Flüsse in Griechenland, →Peneios.

Pink [engl.], kräftiges, etwas grelles Rosa.

Pinka [ungar. ˈpiŋkɔ] *die,* linker Nebenfluss der Raab, v. a. in Österreich (Burgenland; Quelle am Wechsel, Steiermark), im Unterlauf streckenweise, kurz vor der Mündung gänzlich auf ungar. Gebiet; Weinbaugebiet Südburgenland mit der **Pinkataler Weinstraße** von Rechnitz nach Heiligenbrunn (mit gut erhaltenem Kellerviertel, heute Freilichtmuseum mit über 100 Gebäuden).

Pinkafeld, Stadt im Bez. Oberwart im südl. Burgenland, Österreich, 400 m ü. M., an der mittleren Pinka, 5 000 Ew.; höhere techn. Bundeslehranstalt; Stadtmuseum; Bekleidungs- und Metallindustrie. Nahebei SOS-Kinderdorf. – P., hervorgegangen aus einer 860 erwähnten karoling. Siedlung, erhielt 1937 Stadtrecht.

Pink Floyd [pɪnk flɔɪd; nach den amerikan. Bluessängern PINK ANDERSON, * 1900, † 1974, und FLOYD COUNCIL, * 1911, † 1976], 1965 in London gegründete Rockgruppe, mit dem Leadgitarristen und Sänger DAVID GILMOUR (* 1944; seit 1968 für SYD BARRETT, * 1946), dem Bassgitarristen und Sänger ROGER WATERS (* 1944), dem Keyboardspieler RICK WRIGHT (* 1945) und dem Schlagzeuger NICK MASON (* 1945). 1983 löste sich die Gruppe auf und kam 1987 als Trio ohne WATERS wieder zusammen. P. F. entwickelte mithilfe einer perfekt gesteuerten Raum-Klang-Elektronik einen differenzierten Rocksound mit orchestralem Klangcharakter. Musikalische Höhepunkte der Gruppe waren die Langspielplatten ›Ummagumma‹ (1969), ›Atom heart mother‹ (1970), ›Dark side of the moon‹ (1973) und ›Wish you were here‹ (1975) sowie die Rockopernshow ›The wall‹ (1979; als Film 1982; daraus ›Another brick in the wall‹).

Echoes. Die Gesch. hinter jedem P.-F.-Song. 1967–1995, bearb. v. C. JONES, hg. v. L. DICKEY (a. d. Engl., Hombrechtikon 1996).

Pinkiang, früherer Name der chin. Stadt →Harbin.

Pịnksalz, →Zinnverbindungen.

Pịnnae [lat.], *Zoologie:* die →Flossen.

Pinne [mnd., von altsächs. pinn ›Plock‹, ›Stift‹, ›Spitze‹], **1)** *Navigation:* **Kompass-P.,** der spitze Stift, auf dem die Magnetnadel oder die Rose des →Kompasses leicht drehbar ruht.

2) *Schifffahrt:* **Ruder-P.,** waagerechter Hebel zum Bedienen des Steuerruders auf Booten; oft aus Holz.

3) *Technik:* 1) **Finne,** keilförmige oder spitze Seite des Hammers; 2) kleiner Nagel, Reißzwecke; daher die Bez. **Pinnwand,** eine Tafel aus Kork o. Ä., an der Merkzettel ›angepinnt‹ werden.

Pịnneberg, 1) Kreisstadt in Schlesw.-Holst., an der Pinnau, im nordwestl. Vorortbereich von Hamburg, 39 100 Ew.; Mittelpunkt eines großen Baumschul- und Rosenzuchtgebietes; elektron. Industrie, Herstellung von Dachpappe, Fahrzeug- und Gerätebau. – Die ›Drostei‹, ein Backsteinbau (1765–67), ist heute Kulturzentrum. – P., in Verbindung mit einer Burg der Schauenburger Grafen von Holstein erstmals 1351 erwähnt, war lange Zeit Sitz der gräfl. Statthalter (Droste), die die Herrschaft P. verwalteten. 1568–1640 war P. gräfl. Residenz. 1826 wurde die Ortschaft Flecken und durch die Entwicklung zum Industrieort 1875 Stadt.

Pinneberg 1) Stadtwappen

2) Landkreis in Schlesw.-Holst. nordwestlich von Hamburg, 664 km², 284 900 Ew., reicht von der Elbe aus etwa 30 km landeinwärts. Das seit dem 12. Jh. durch Entwässerung und Eindeichungen erschlossene Marschland (Haseldorfer und Seestermüher Marsch) an der Unterelbe wird als Acker- und Grünland und bes. durch Obstbau genutzt; Uetersen ist Zentrum der Rosenzucht. Die mit einem Geländeanstieg anschließende Geest (in den Holmer Sandbergen durch Dünenaufwehung bis 23 m ü. M.) ist von moorigen Niederungen durchsetzt. Um Halstenbek erstreckt sich das größte Baumschulengebiet Europas. Stärkste Veränderungen hat die Industrialisierung bewirkt; Abwanderung von Bev. und Betrieben aus Hamburg hat zusammen mit der staatl. Planung (›Aufbauachsen‹ Hamburg–P.–Elmshorn und Hamburg–Kaltenkirchen, entsprechend den Autobahnstrecken) eine intensive Suburbanisierung des Umlandes bewirkt. – Zum Landkreis P. gehört Helgoland.

Pinnipedia [zu lat. pinnipes ›an den Füßen geflügelt‹], die →Robben.

Pinnock [ˈpɪnɔk], Trevor David, brit. Cembalist und Dirigent, * Canterbury 16. 12. 1946; studierte am Royal College of Music in London Orgel und Cembalo. 1973 gründete er das Ensemble ›The English Concert‹, das sich der Aufführung älterer Musik auf histor. Instrumenten widmet. Seit 1991 ist er künstler. Direktor und Chefdirigent des National Arts Centre Orchestra in Ottawa.

Pinocchio [piˈnɔkkjo], Name einer aus Holz geschnitzten Gliederpuppe, Hauptgestalt des verbreitetsten ital. Kinderbuches, ›Le avventure di P.‹ (1883) von C. COLLODI.

Pinochet Ugarte [pinoˈtʃɛt uˈɣarte], Augusto, chilen. General und Politiker, * Valparaíso 25. 11. 1915; seit 1969 Stabschef beim Oberbefehlshaber des Heeres, wurde im August 1973 von Präs. S. ALLENDE GOSSENS zum Oberbefehlshaber der Streitkräfte ernannt; leitete im September 1973 den Militärputsch, durch den die Reg. Allende gestürzt wurde. Im selben Jahr wurde P. U. Chef der Militärjunta, ab Dezember 1974 formell Staatspräs. Auf der Grundlage der seine Machtbefugnisse erweiternden autoritären Verf. von 1981 wurde er erneut Präs., Min.-Präs. und Oberbefehlshaber des Heeres. Die mehrfache Verhängung des Ausnahmezustands, Parteienverbot (1981), weitere repressive Maßnahmen (der Diktatur fielen mehr als 3 000 Menschen zum Opfer) und eine monetarist. Wirtschaftspolitik führten zu polit. und sozialen Spannungen. Ein Volksentscheid (1988) über eine Verlängerung seiner Amtszeit zwang ihn, sein Amt als Präs. im März 1990 aufzugeben. – Noch während seiner Amtszeit hatte sich P. U. weiteren polit. Einfluss gesichert; er blieb bis März 1998 Oberbefehlshaber des Heeres und wurde nach der Verabschiedung – trotz vielfältiger Proteste – zum Senator auf Lebenszeit ernannt.

A. SCHUBERT: Die Diktatur in Chile (1981); G. ARRIAGADA HERRERA: P. The politics of power (a. d. Span., Boston, Mass., 1988); M. H. SPOONER: Soldiers in a narrow land. The Pinochet regime in Chile (Berkeley, Calif., 1994).

Augusto Pinochet Ugarte

Pinole [ital., zu pigna ›Pinienzapfen‹] *die, -/-n,* ein in der Längsrichtung verschiebbares Maschinenteil von meist kreiszylindr. Form, z. B. im Reitstock einer Drehmaschine (→Drehen).

Pinolịt *der, -s/-e,* Mineral, →Magnesit.

Pinot [piˈno], Bestandteil der frz. (und ital.) Namen der Burgunderreben: P. blanc →Weißburgunder, P. gris →Ruländer, P. meunier →Müllerrebe, P. noir →Spätburgunder, P. noir précoce (Frühburgunder).

Pinotage [-ʒ; frz., Kw. aus **Pinot** noir und Hermi**tage**], früh reifende, anpassungsfähige Rotweinrebe mit hohen Mostgewichten, aber nur mittleren Erträgen; Neuzüchtung (1925) aus dem Kapland (Rep. Südafrika), Kreuzung aus Spätburgunder und Cinsault (hier Hermitage gen.); liefert samtige, aromaintensive Weine (seit 1960 für den Export wichtig); Rebfläche in der Rep. Südafrika rd. 5 000 ha, auch in Kalifornien und Neuseeland angepflanzt.

Pinozytose [zu griech. pínein ›trinken‹ und kýtos ›Höhlung‹, ›Zelle‹] *die, -/-n,* **Pinocytose,** Aufnahme von Flüssigkeit bzw. gelösten Molekülen in Zellen in Form kleiner Bläschen. Der P. geht häufig die Bindung von Molekülen an Rezeptoren der Zellmembran und deren Zusammenlagerung auf engem Raum sowie die Bildung einer Membraneinsenkung (›coated pit‹) voraus, aus der dann nach innen membranumgrenzte Vesikel abgegeben werden (›coated vesicles‹).

Pins, Île des P. [ildɛˈpɛ̃], **Kụnịle,** Insel im Pazifik, im frz. Überseeterritorium Neukaledonien, 153 km², 1 500 Ew.; besteht aus einem vulkan. Kern und ihn umgebenden Korallenkalken, bis 265 m ü. M.; im O trop. Regenwald; Anbau von Jamswurzel, Bananen, Taro und Zuckerrohr, ferner Holzgewinnung; Fischerei; Fremdenverkehr; größte Siedlung ist Vao.

Pinscher [Herkunft unsicher], Sammel-Bez. für eine Gruppe von Haushunderassen, zu denen →Affenpinscher, Deutscher P. und Zwerg-P. gehören. Der

Pinscher: Deutscher Pinscher (Widerristhöhe 40–48 cm)

Deutsche P. (Edel-P., Glatthaar-P.) ist wahrscheinlich aus einer Kreuzung zw. Mops und Dachshund hervorgegangen. Er ist ein schlanker, wendiger und lernfreudiger Haus- und Wachhund mit glatthaarigem, meist schwarz bis braunrot gefärbtem Fell mit rostroten Abzeichen (Widerristhöhe 40–48 cm). Wesentlich kleiner (25–30 cm Widerristhöhe) ist der **Zwerg-P.**, der gut geeignet ist als Familienhund. Die hirschrote Farbvarietät wird **Reh-P.** genannt.

Pinsel [mhd. pinsel, über altfrz.-vulgärlat. von lat. penicillus ›Pinsel‹], **1)** *Jägersprache:* Haarbüschel an der Vorhaut beim Schalenwild und am Ohr von Luchs und Eichhörnchen.

2) *Technik:* Handwerkszeug, das aus in einem Griff gefassten Borsten besteht, zum Auftragen von Flüssigkeiten oder zum Reinigen. Beim **Kluppen-P.** hat der Holzstiel eine Höhlung, in die die Besteckung eingeklebt wird; beim **Kapsel-P.** befinden sich die Borsten in einer runden oder ovalen Metallkapsel, beim **Flach-P.** in einem breiten, flachen Blech. Ein Ring nimmt beim **Ring-P.** die Borsten auf, die von innen her durch einen Korkkeil fest an den Ring gedrückt und eingeklebt werden; der dünne Stiel wird von unten hineingetrieben. Kluppen- und Ring-P. versieht man zum Halt außen mit einem ›Vorband‹ aus Schnur. Bei den **Bürsten** genannten P. werden die Borsten in Rillen des Holzkörpers gepresst und geklebt. – Für P. werden Tierhaare, pflanzl. und synthet. Fasern (→Borsten), oft vermischt, verwendet.

Pinselfüßer, Polyxenidae, Pselaphognatha, 2–5 mm lange, zu den Doppelfüßern gehörende Tausendfüßer (rd. 90 Arten) mit 13 Beinpaaren. An den Körperseiten und am Hinterende stehen Büschel von Borsten; z. B. der unter Baumrinde lebende P. (Polyxenus lagurus) mit Verbreitung in ganz Europa.

Pinselkäfer, Trichius, Gattung der Blatthornkäfer mit mehreren bis 14 mm langen Arten in Waldgebieten Europas und Sibiriens; Flügeldecken schwarzgelb bis schwarzorange gefärbt, leben bes. auf Blüten (Pollenfresser).

Pinselschimmel, Penicillium, Gattung der Schlauchpilze mit mehr als 200 weltweit verbreiteten, meist saprophytisch lebenden Arten; benannt nach der pinselförmigen Anordnung der Sporenträger, die an den Hyphenenden perlschnurartig angeordnete Exosporen (Konidien) tragen. P. bewächst und zersetzt organ. Materialien verschiedenster Art, auch Lebensmittel. Die Konidien sind grün bis grünblau gefärbt und verleihen den sich entwickelnden Pilzüberzügen eine charakterist. Färbung. Penicillium roqueforti ist für den typ. Geschmack von Roquefort-Käse verantwortlich. Penicillium notatum und Penicillium chrysogenum bilden das Antibiotikum Penicillin.

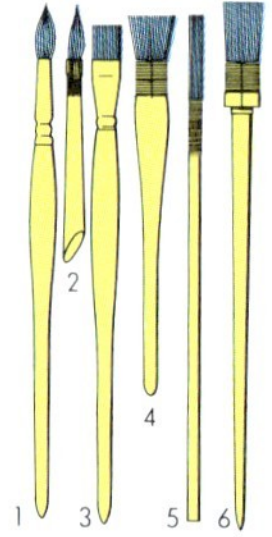
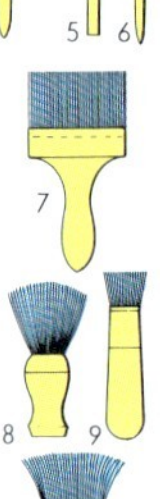
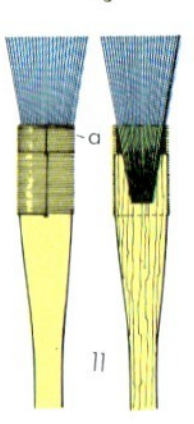
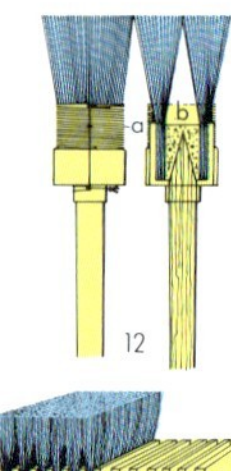
Pinsel 2): 1 Marderhaarpinsel; 2 Fischpinsel; 3 Flachpinsel (für Ölmalerei); 4 Kluppenpinsel; 5 Strichzieher (Schlepper); 6 Ringpinsel (abgebunden); 7 Flachpinsel; 8 Rasierpinsel; 9 Schablonenpinsel; 10 Staubpinsel; 11 Kluppenpinsel (a ablösbarer Schnurteil zur Verlängerung der Borsten); 12 Ringpinsel (a ablösbarer Schnurteil, b Hohlraum); 13 Weißbinderpinsel

Pinsk, Stadt im Gebiet Brest, Weißrussland, an der Mündung der Pina in den Pripjet, in Polesien, 124 800 Ew.; Forschungsinstitut für Melioration; Trikotagen-, Kunstleder-, Leinenfabrik, Holzverarbeitung, Nahrungsmittelindustrie, Schiffsreparatur; Binnenhafen. – P., 1097 erstmals erwähnt, seit dem Ende des 12. Jh. Hauptstadt des Fürstentums P., kam um 1318 unter litauische, 1521 unter poln. Herrschaft (1581 Magdeburger Stadtrecht) und 1793 an Russland. Seit 1921 wieder polnisch, wurde P. 1939 von der Roten Armee eingenommen.

Pint [paɪnt; engl., über (alt)frz. pinte von mlat. pin(c)ta, vgl. Pinta] *das, -s/-s,* alte engl. (0,5681) und amerikan. (0,4731) Volumeneinheit für Flüssigkeiten (liquid pint, Einheitenzeichen liq pt); in den USA auch als **dry pint** (Einheitenzeichen dry pt) für trockene Güter = 0,5506 l.

Pinta [ital.] *die, -/-s,* früheres ital. Hohlmaß, 1 P. = 2 Boccali = 1,5741 (Mailand); die P. wurde im 19. Jh. als neue P. mit dem Liter gleichgesetzt.

Pinta [span. ›Fleck‹, bezogen auf die typ. Hautsymptome] *die, -,* eine trop. →Treponematose.

Pinte [pɛ̃t; frz.] *die, -/-s,* frühere frz. Volumeneinheit für Flüssigkeiten; 1 P. (P. de Paris) = 2 Chopines = 0,931 l. Bis zum 1. 1. 1840 war die **P. usuelle** als Bez. für den Liter zugelassen. In den Niederlanden galt die **Pintje** = 0,606 l.

Pinter [ˈpɪntə], Harold, engl. Dramatiker, *London 10. 10. 1930; zunächst Schauspieler (auch unter dem Namen **David Baron** [ˈbærən]), begann seit 1950 Lyrik, Bühnenstücke sowie Drehbücher für Film und Fernsehen zu schreiben. Seine frühen, S. BECKETT und dem absurden Theater verpflichteten Dramen stellen häufig den Einbruch von Gewalt in Innenräume und die Verunsicherung ihrer Bewohner dar (›The room‹, Uraufführung 1957, gedruckt 1960, dt. ›Das Zimmer‹; ›The birthday party‹, Uraufführung 1958, gedruckt 1959, dt. ›Die Geburtstagsfeier‹; ›The dumb waiter‹, 1960, dt. ›Der stumme Diener‹). Moderne Erfahrungen wie Kommunikationsverlust und Identitätszerfall werden in seinen bekanntesten Stücken, ›The caretaker‹ (1960; dt. ›Der Hausmeister‹) und ›The homecoming‹ (1965; dt. ›Die Heimkehr‹), anhand unterschwelliger zwischenmenschl. Machtkämpfe nuanciert dargestellt. Spätere Stücke wie ›Old times‹ (1971; dt. ›Alte Zeiten‹), ›No man's land‹ (1975; dt. ›Niemandsland‹) und ›Betrayal‹ (1978; dt. ›Betrogen‹) konzentrieren sich verstärkt auf durch die Ununterscheidbarkeit von Realität und Fantasie und die Subjektivität von Wahrnehmung und Erinnerung brüchige zwischenmenschl. Beziehungen. Die suggestive Wirkung von P.s Stücken beruht auf effektvollen Dialogen, die voller Mehrdeutigkeiten sind und Unausgesprochenes anklingen lassen, sowie rätselhaften Situationen. Sein Werk vermittelt ein Grundgefühl der Bedrohtheit (›comedy of menace‹) und Existenzangst, dem die Figuren nur prekäre Sicherheiten entgegenzusetzen haben und das sie in Illusionen und Denkklischees flüchten lässt.

Weitere Werke: *Dramen:* Tea party (1965; dt. Teegesellschaft); Other places (1982; dt. An anderen Orten); One for the road (1984; dt. Einen für unterwegs); Mountain language (1988; dt. Berg-Sprache); Party time (UA 1991); Moonlight (1993; dt. Mondlicht); Ashes to ashes (1996; dt. Asche zu Asche). – *Roman:* The dwarfs (1990; dt. Die Zwerge). – *Gedichte und Prosa:* Poems and prose: 1949–1977 (1978). – *Drehbücher:* The French lieutenant's woman (1981); The remains of the day (1994).

Ausgaben: Plays, 4 Bde. (1976–81); Collected poems and prose (Neuausg. 1986). – Dramen, übers. v. W. H. THIEM u. a. (1970).

S. H. GALE: H. P. An annotated bibliography (Boston, Mass., 1978); H. P., hg. v. H. BLOOM (New York 1987); B. F.

Pinto: Tobiano

DUKORE: H. P. (London ²1988); P. at sixty, hg. v. K. H. BURKMAN u. a. (Bloomington, Ind., 1993); M. BILLINGTON: The life and work of H. P. (London 1996); D. K. PEACOCK: H. P. and the new English theatre (Westport, Conn., 1997).

Pinthus, Kurt, Schriftsteller, * Erfurt 29. 4. 1886, † Marbach am Neckar 11. 7. 1975; Theater-, Film- und Literaturkritiker; Verlagslektor in Leipzig. P., der 1914 in seinem ›Kinobuch‹ Filmskripte junger Schriftsteller veröffentlichte, etablierte sich, v. a. durch die Anthologie ›Menschheitsdämmerung. Symphonie jüngster Dichtung‹ (1920), als einer der bedeutendsten publizist. Vertreter des literar. Expressionismus. Er emigrierte 1937 in die USA, wo er v. a. als Theaterwissenschaftler wirkte; kehrte 1967 endgültig zurück.

Pinto ['pintu; port., verwandt mit Pinta] *der, -(s)/-s,* port. Goldmünze des 18./19. Jh., 1 P. = 480 Reis.

Pinto [engl., zu span. pinta ›Fleck‹] *der, -(s)/-s,* Sammel-Bez. für gescheckte Pferde unterschiedl. Rasse; nach Art der Fellzeichnung unterscheidet man **Tobiano** (weiße Abzeichen kreuzen die Rückenpartie des Tieres, stets weiße Beine) und **Overo** (weiße Färbung geht vom Bauch oder den Beinen aus, Rücken wird meist nicht gekreuzt). Erste Züchtervereinigungen entstanden in Nordamerika.

Pinturicchio: Bildnis eines Knaben; um 1485 (Dresden, Gemäldegalerie)

Pinto ['pintu], **1)** Fernão **Mendes** ['mendɪʃ], port. Schriftsteller, * Montemor-o-Velho (bei Coimbra) 1510(?), † Pragal (bei Almada) 8. 7. 1583; bereiste 1537–58 als Soldat, Pirat, Sklave, Kaufmann, zeitweise auch als Jesuit und in diplomat. Missionen den Nahen und Fernen Osten. Seine nach seiner Rückkehr niedergeschriebene ›Peregrinaçam‹ (entstanden 1570–78, hg. 1614; dt. ›Abentheuerl. Reisen‹, 2 Bde.), in der er, Fantasie und Wirklichkeit vermengend, von seinen Reisen erzählt, ist eines der besten Prosawerke der port. Literatur des 16. Jh. und nach MARCO POLO der erste europ. Versuch, die Kulturen des Fernen Ostens zu schildern.

Ausgaben: Peregrinaçao, hg. v. A. C. MONTEIRO (Neuausg. 1983). – Peregrinaçam oder Die seltsamen Abenteuer des F. M. P., frei bearb. u. übers. v. W. G. ARMANDO (1960); Merkwürdige Reisen im fernsten Asien: 1537–1558, Bearbeiter R. KROBOTH (Neuausgabe 1987).

2) Júlio Lourenço, port. Schriftsteller, * Porto 24. 5. 1842, † ebd. 6. 5. 1907; Vertreter des Naturalismus in Portugal; beeinflusst von J. M. EÇA DE QUEIRÓS und G. FLAUBERT; schrieb u. a. die Romane ›Margarida, scenas da vida contemporanea‹ (1879), ›Vida atribulada‹ (1880) und ›O senhor deputado‹ (1882), Erzählungen sowie theoret. Abhandlungen über den Naturalismus (›Esthética naturalista‹, 1884).

Pinturicchio [-'rikkjo], eigtl. **Bernardino di Bettodi Biagio** [-bi'a:dʒo], ital. Maler, * Perugia 1454(?), † Siena 11. 12. 1513; Schüler von PERUGINO, mit dem er 1481–83 in der Sixtin. Kapelle in Rom zusammenarbeitete. Schuf v. a. Freskenzyklen in erzählfreudigem Stil und lichterfüllter Farbigkeit.

Werke: Fresken in Santa Maria in Aracoeli und Santa Maria del Popolo in Rom; Ausmalung des Appartamento Borgia im Vatikan (1492–95); Freskenfolge aus dem Leben Pius' II. in der Bibliothek des Doms in Siena (1502–08).

Pin-up-Girl [pɪn'apgə:rl, engl. 'pɪnʌpgə:l; engl., zu to pin up ›anheften‹, ›anstecken‹], 1) Bild eines leicht bekleideten oder nackten Mädchens (das an die Wand geheftet werden kann), bes. in Illustrierten und Magazinen; 2) Modell für ein solches Bild.

Pinus [lat.], die Pflanzengattung →Kiefer.

pinxit [lat. ›hat (es) gemalt‹], Abk. **p., pinx.,** gemalt von ... (Vermerk auf Gemälden o. Ä. hinter der Signatur des Künstlers).

Pinyin ['pɪnjɪn, chin., eigtl. ›Laute zusammensetzen‹] *das, -,* das seit Anfang 1979 in der VR China (dagegen nicht in Taiwan) auch im Verkehr mit dem Ausland einheitlich verwendete Transkriptionssystem der chin. Begriffszeichen mit lat. Buchstaben, basierend auf der Aussprache des Pekingdialekts. Es wurde nach langen, z. T. bis in die 1920er-Jahre zurückreichenden Vorbereitungen 1956 beschlossen und Ende 1957 offiziell genehmigt, hat bisher jedoch die Zeichenschrift trotz einzelner Ausnahmen (z. B. in manchen Bereichen der Telegrafie) wegen der bei ihr unvermeidlich auftretenden, in der Sprache selbst (aufgrund der im Chinesischen häufigen Homonyme) begründeten Mehrdeutigkeiten nicht ersetzen können. Das P. hat gegenüber anderen, im Westen entwickelten Transkriptionssystemen (bes. auch gegenüber dem verbreitetsten engl. nach Wade-Giles) den Vorteil, ohne diakrit. Zeichen auszukommen. Dafür besitzen die Buchstaben gelegentlich unerwartete Lautwerte, z. B. steht x für [ç], q (ohne u) für [tʃ].

Pinza, Ezio, eigtl. **Fortunato P.,** ital. Sänger (Bass), * Rom 18. 5. 1892, † Stamford (Conn.) 9. 5. 1957; debütierte 1914, war 1921–24 Mitgl. der Mailänder Scala und als einer der bedeutendsten Bassisten seiner Zeit 1926–48 Mitgl. der Metropolitan Opera in New York. Er wurde v. a. mit Mozartpartien bekannt und machte sich nach 1948 auch am Broadway als Musicalsänger sowie durch Musikfilme einen Namen.

Schrift: E. P. An autobiography (1958).

Pinselkäfer: Trichius fasciatus (Länge 6 mm)

Harold Pinter

Pinzette [frz., Verkleinerung von pince ›Zange‹] *die, -/-n,* unterschiedlich geformtes zangenartiges Instrument mit endseitig verbundenen, teils abgewinkelten Armen (Branchen) zum Fassen und Halten von kleinen Gegenständen (v.a. in der Feinwerktechnik, Kosmetik). In der *Medizin* werden grundsätzlich stumpfe, im Greifbereich geriffelte **anatomische P.** und gezähnte oder mit Spitzen versehene **chirurgische P.** unterschieden; sie dienen zur Entfernung von Splittern, Gewebeteilen, Haaren, zum sterilen Verbandwechsel oder zur Entnahme asept. Gegenstände aus sterilen Behältern bei der Operation.

Pinzettfische: Chelmon rostratus (Länge 10–20 cm)

Pinzettfische, Gattungsgruppe der Borstenzähner; farbenprächtige Korallenfische im Indopazifik mit pinzettenförmigem Maul, das der Nahrungssuche in Korallenstöcken dient; beliebte Aquarienfische.

Pinzgau, Teil des Bundeslandes Salzburg, Österreich, entspricht dem Bez. Zell am See, 2641 km², 79200 Ew. Der P. umfasst die Talschaft der oberen Salzach oberhalb der Taxenbacher Enge (oberster Teil bis Kaprun Ober-P., anschließend Unter-P.) sowie die der oberen (österr.) Saalach (oberhalb des Steinpasses) und ihres Nebenflusses Leogangbach (Mitter-P.); beide Bereiche sind durch die Talwasserscheide mit dem Zeller See verbunden. Zentraler Ort ist Zell am See. Im südl. P., in dem weite Teile (u.a. um den Großvenediger) zum Nationalpark Hohe Tauern gehören, ist neben der Nutzung der Wasserkraft (Tauernkraftwerke Glockner-Kaprun, Bundesbahnkraftwerke im Stubachtal) der Fremdenverkehr bedeutend: Krimmler Wasserfälle, Hochtäler von Kaprun (Stauseen, Gletscherski) und Rauris (u.a. Kitzlochklamm), Skigebiet Saalbach-Hinterglemm, Zeller See mit Wandergebiet Schmittenhöhe. Durch das Tal der Fuscher Ache führt die Großglockner-Hochalpenstraße. Der Ober-P. (Zentrum Mittersill) ist über die Felber-Tauern-Straße mit Osttirol, über die Gerlosstraße mit dem Zillertal und über den Pass Thurn mit Kitzbühel verbunden. Im verkarsteten, weniger erschlossenen N (Loferer und Leoganger Steinberge, Steinernes Meer) verbinden Straßen über den Pass Strub und den Grießenpass den P. mit Sankt Johann in Tirol.

Pinzgauer, *Pferdezucht:* →Noriker.

Pinzgauer Rind, ein Rind von kastanienbrauner Farbe mit breiten weißen Rücken- und Bauchblessen; hervorgegangen aus dem schwarzbraunen Walliser Rind und dem rot gescheckten Tux-Zillertaler Rind.

pinzieren [von frz. pincer ›kneifen‹, ›zwicken‹], krautige Pflanzentriebe entspitzen; z.B. bei Tomaten zur Förderung des generativen Wachstums und bei Gehölzen zur Anregung der Blütenknospenbildung nahe den Hauptästen.

PIO [Abk. für engl. **p**arallel **i**nput-**o**utput device ›parallele Eingabe-Ausgabe-Einheit‹], *Datenverarbeitung:* ein →Schnittstellenbaustein für die parallele Dateneingabe und -ausgabe bei Computern. Sowohl für den Prozessor als auch für das entsprechende Peripheriegerät (z.B. Drucker) arbeitet ein PIO im Wesentlichen wie ein Register, das von beiden gelesen und/oder beschrieben werden kann.

Piombino, Hafenstadt in der Toskana, Prov. Livorno, Italien, gegenüber der Insel Elba, 35900 Ew.; Eisen- und Stahlwerke u.a. Industrie. Fährverbindung mit Elba. – Die got. Kirche Sant'Antimo e Lorenzo (1374) wurde wiederholt verändert. – Das Kastell von P. ist seit dem frühen 12. Jh. bezeugt. Zuerst in Abhängigkeit von Pisa, wurde P. 1399 mit Elba, Scarlino u.a. Orten in den Händen der Familie Appiano zur unabhängigen Herrschaft P. vereinigt, 1554 zum Fürstentum erhoben. Nach häufigen Besitzwechseln kam es 1801 zunächst an Frankreich, 1815 an das Großherzogtum Toskana. – Nahebei liegt →Populonia.

Piombo, Sebastiano del, ital. Maler, →Sebastiano, S. del Piombo.

Pioneer: Pioneer-Venus 2 mit den drei Kapselsonden und dem Eintauchkörper

Pioneer [paɪəˈnɪə, engl.], Name einer Serie unbemannter amerikan. Raumsonden zur Erforschung des interplanetaren Raums sowie einiger Planeten. **P. 1** wurde am 17. 8. 1958 gestartet; **P. 5** (Start 11. 3. 1960) gelangte bis fast zur Venusbahn. Die am 2. 3. 1972 gestartete Raumsonde **P. 10** flog im Dezember 1973 am Jupiter vorbei (Entfernung 131400 km), überquerte im Juni 1979 die Bahn des Uranus, im April 1983 die Bahn des Pluto und im Juni 1983 die Bahn des Neptun. Danach verließ P. 10 als erste Raumsonde den Einflussbereich der Sonne. Sie trägt für den Fall, dass sie von einer außerird. Zivilisation aufgespürt wird, eine Plakette, die u.a. Auskunft über ihre Herkunft sowie über die Größe und die Gestalt des Menschen gibt. **P. 11** (gestartet am 6. 4. 1973) hatte den Jupiter im Dezember 1974 passiert (Entfernung 42000 km) und erreichte im September 1979 den Saturn, dem sie sich bis auf 21400 km näherte. Beide Raumsonden lieferten vom Jupiter bzw. von Jupiter und Saturn zahlreiche neue Erkenntnisse. Am 20. 5. 1978 wurde im Rahmen des P.-Venus-Programms **P.-Venus 1** gestartet, die am 4. 12. 1978 in eine ellipt. Umlaufbahn um die Venus einschwenkte. Die Aufgaben dieses ›Orbiters‹ waren u.a. die Ermittlung der Struktur der oberen Venusatmosphäre, die Beobachtung der Wechselwirkung des Sonnenwindes mit der Ionosphäre des Planeten und die Fernerkundung von Atmosphäre und Oberfläche der Venus. Am 8. 8. 1978 (Start) folgte **P.-Venus 2** und erreichte am 9. 12. 1978 die Venus. Aufgabe dieser Sonde war es, die Venusatmosphäre mithilfe dreier kleiner Kapselsonden und eines großen, mit einem Fallschirmsystem ausgerüsteten Eintauchkörpers zu erforschen. Diese Einzelsonden drangen, vom Trägerfahrzeug (dem ›Bus‹) losgelöst, in 200 km Höhe in die Venusatmosphäre ein, durchquerten sie auf vorprogrammierten Bahnen und schlugen an verschiedenen, z.T. bis 10000 km auseinander liegenden Plätzen auf der Venusoberfläche auf, und zwar jeweils zwei Sonden auf der Tag- bzw. Nachtseite.

Pionen [griech.], *Sg.* **Pion** *das, -s,* **π-Mesonen, Pi-mesonen,** instabile, zu den leichten →Mesonen gehörende Elementarteilchen, π^-, π^0, π^+, ohne Spin und mit negativer Parität; sie bilden ein Isospintriplett (Isospin $I = 1$; I_3 entsprechend -1, 0 bzw. $+1$) und tragen deswegen die elektr. Ladungen -1, 0, $+1$ in Einheiten der elektr. Elementarladung. Die geladenen P. zerfallen zu nahezu 100% über die schwache Wechselwirkung in Myonen und Myonneutrinos: $\pi^+ \rightarrow \mu^+ + \nu_\mu$ (und den ladungskonjugierten Zerfall); das neutrale π^0 zerfällt zu 99% über die elektromagnet. Wechselwirkung gemäß $\pi^0 \rightarrow \gamma + \gamma$ in Photonen (etwa 99%) oder $\pi^0 \rightarrow \gamma + e^- + e^+$ (etwa 1%). Das Verhältnis der mittleren Lebensdauern entspricht etwa der relativen Stärke der Wechselwirkungen: $2{,}60 \cdot 10^{-8}$ s ($\pi^\pm$) und $0{,}87 \cdot 10^{-16}$ s (π^0). – Die P. wurden 1935 von H. JUKAWA vorausgesagt und erstmals 1947 in der kosm. Strahlung entdeckt, zu der ihre Zerfallsprodukte ebenfalls beitragen; im Labor werden sie meist durch hochenerget. Nukleonenstöße erzeugt.

Pionerskij, Stadt im russ. Gebiet Kaliningrad (Königsberg), →Neukuhren.

Pionier [frz. pionnier, zu pion ›Fußgänger‹, ›Fußsoldat‹] *der, -s/-,* **1)** *allg.:* Wegbereiter, Vorkämpfer.

2) *Geschichte:* engl. **Pioneer** [paɪəˈnɪə], in den USA Bez. für die Kolonisatoren, die die Grenzräume (→Frontier) der besiedelten Gebiete erschlossen.

3) *Militärwesen:* unterster Mannschaftsdienstgrad bei der P.-Truppe der Bundeswehr.

Pionier|arten, Bez. für Pflanzen- und Tierarten, die neu entstandene Lebensräume als erste besiedeln. P. können im Verlauf der →Sukzession durch konkurrierende Arten verdrängt werden.

Pionier|organisation ›Ernst Thälmann‹, Junge Pioniere, Abk. **JP,** in der DDR die staatl. Massenorganisation für Kinder (6–8 Jahre: **Jungpioniere;** 9–14 Jahre: **Thälmannpioniere;** 1988: 1,49 Mio. Mitgl.); gegr. am 13. 12. 1948 (Name seit 1952); orientiert am sowjet. Vorbild nach der urspr. KPD-Kinderorganisation. Von der FDJ geleitet, sollte sie die Kinder unter Nutzung altersspezif. Methoden zu ›jungen Sozialisten‹ im Sinne der SED erziehen; 1989 aufgelöst.

Pioniertruppe, in der Bundeswehr zu den Kampfunterstützungstruppen gehörende Truppengattung des Heeres; Aufgaben: Hemmen der Bewegungen des Gegners durch Anlegen von Sperren (heute v. a. in Form von Minensperren bes. gegen gepanzerte Kräfte) und Zerstören von Verkehrsknotenpunkten (z. B. Sprengen von Brücken); Fördern der Bewegungen eigener Kräfte beim Überwinden von Hindernissen (z. B. Gangbarmachen von Gelände; Brückenbau); Erhöhen der Überlebensfähigkeit der eigenen Truppe durch Unterstützung beim Bau von Feldbefestigungen und durch besondere Tarn- und Täuschmaßnahmen. Daneben wirkt die P. mit der bei Schadenbeseitigung sowie bei der logist. Unterstützung v. a. durch den Betrieb militär. Pipelinesysteme.

Pionium [lat.-griech.] *das, -s,* kurzlebiges →exotisches Atom, das aus einem Pion und einem entgegengesetzt geladenen Myon besteht, die sich umeinander bewegen. Die beiden Elementarteilchen entstehen beim Zerfall des langlebigen neutralen K-Mesons K^0_L; trägt dabei das ebenfalls gebildete Neutrino die gesamte freigesetzte Energie (einer von 10 Mio. Fällen), bleiben das Pion und das Myon in einem gebundenen Zustand als P. zurück. – Das P. wurde erstmals 1976 am Brookhaven National Laboratory (BNL) von M. SCHWARTZ nachgewiesen.

Piontek, Heinz, Schriftsteller, * Kreuzburg O. S. 15. 11. 1925; seit 1948 freier Schriftsteller. Sein vielseitiges Werk umfasst Romane, Erzählungen, Hörspiele, Essays; bekannt wurde er aber mit Lyrik, die thematisch und stilistisch in der Tradition W. LEHMANNS und K. KROLOWS steht (›Die Furt‹, 1952; ›Die Rauchfahne‹, 1953; ›Klartext‹, 1966; ›Helldunkel‹, 1987). Die Romane und Erzählungen sind meist vom eigenen Erleben geprägt, direkt die autobiograph. Romane ›Zeit meines Lebens‹ (1984) und ›Stunde der Überlebenden‹ (1989). Auch Übersetzer engl. Lyrik (u. a. J. KEATS). 1976 erhielt er den Georg-Büchner-Preis.

Weitere Werke: *Lyrik:* Tot oder lebendig (1971); Vorkriegszeit (1980); Morgenwache (1991). – *Romane:* Die mittleren Jahre (1967); Dichterleben (1976); Juttas Neffe (1979); Goethe unterwegs in Schlesien. Fast ein Roman (1993).

Ausgabe: Werke, 6 Bde. (1982–85).

Piophilidae [griech.], die →Käsefliegen.

Piotrków Trybunalski [ˈpjɔtrkuf tribuˈnalski], Stadt und Wwschaft in Polen, →Petrikau.

Piovene, Guido, ital. Journalist und Schriftsteller, * Vicenza 27. 7. 1907, † London 12. 11. 1974; Mitarbeiter an versch. Zeitschriften, 1935–52 Korrespondent des ›Corriere della Sera‹, danach der ›Stampa‹. In seinen realist. Romanen und Erzählungen setzt sich P. in der Nachfolge A. FOGAZZAROS psychologisch differenziert und ethisch rigoros mit der Herausforderung des Individuums auseinander, in einer sich auflösenden Ordnung der Welt die Entscheidung zw. Gut und Böse treffen zu müssen. P. war auch ein vielseitig gebildeter und einfühlsamer Verfasser von Essays u. a. über Amerika (›De America‹, 1953), Italien (›Viaggio in Italia‹, 1957; dt. ›Achtzehnmal Italien‹) und Frankreich (›Madame la France‹, 1966; dt.).

Weitere Werke: *Romane:* Lettere di una novizia (1941); La gazzetta nera (1943; dt. Mörder vor dem Anruf); Pietà contra pietà (1946; dt. Mitleid unerwünscht); Le stelle fredde (1970; dt. Kalte Sterne); Il nonno tigre (1972). – *Erzählungen:* La vedova allegra (1931); Le furie (1963); Inverno di un uomo felice (hg. 1977); Spettacolo di mezza notte (hg. 1984).

Pipa [span.] *die, -/-s,* frühere span. und port. Volumeneinheit für Flüssigkeiten; 1 P. Wein = 27 Cantaras = 435,5101, 1 P. Öl = 30 Almudas = 502,2301 (Lissabon).

Pipa [chin.] *die, -/-s,* birnenförmige Kurzhalslaute, die aus Zentralasien stammt, vor oder während der Nördl. Weidynastie (386–534) nach China gelangte, nach Korea kam und in Japan als →Biwa Verbreitung fand. Die chin. P., ein Hauptinstrument der gehobenen Musik, ist nach der Spieltechnik der rechten Hand benannt: Pi (hinspielen zur Linken des Instrumentalisten), Pa (zurückspielen zu seiner Rechten). Die Klangdecke der P. besteht aus Teakholz, die Bünde und die Wirbel sind aus Elfenbein, Horn oder ebenfalls Holz, die Bünde auf der Klangdecke aus Bambus. Die vier (später fünf) Saiten aus gedrehter Seide wurden zunächst mit einem Plektron und vom 7. Jh. an mit den Fingern angerissen.

Pipal, der heilige Feigenbaum der Inder (→Bodhibaum).

Pipe [paɪp; engl. ›Rohr‹], **1)** *das* oder *die, -/-s,* alte Volumeneinheit für Flüssigkeiten in England, den USA und den Niederlanden; in England galt 1 P. = $1^1/_2$ Puncheons = 572,4911 (Imperialpipe), in den USA 1 P. = 476,9401, in den Niederlanden 1 P. = 340 Mengelen = 412,3141 (Amsterdam, für Wein).

2) *die, -/-s, Geologie:* vulkan. →Durchschlagsröhre, →Kimberlit.

Pipe [port.] *die, -/-n, Weinbau:* in Portugal traditionelles Fass für die Lagerung und den Transport von Portwein, an den Enden stark verjüngt, fasst 5341; die kleinere Madeira-P. fasst 4181.

Heinz Piontek

Pipeline [ˈpaɪplaɪn; engl., zu pipe ›Rohr‹ und line ›Leitung‹] *die, -/-s,* über größere Strecken verlegte Rohrleitung zum Transport von Flüssigkeiten (v. a. Erdöl oder Erdölprodukte, aber auch Wasser, Sole oder Milch), Gasen (v. a. Erdgas, auch Wasserstoff, Äthylen u. a.) oder feinkörniger Feststoffe (Zement, Kohle, Erze, Schwefel u. a.), die in Wasser als Trägerflüssigkeit homogen suspendiert sind. Die Rohre bestehen aus Beton oder Stahl und weisen einen Durchmesser bis zu 1,20 m auf, sind teilweise kunststoffbeschichtet und mit Korrosionsschutzmitteln versehen. Je nach den klimat. und geograph. Verhältnissen werden sie ober- oder unterirdisch verlegt (auch auf dem Meeresboden). In Permafrostgebieten (z. B. Alaska) werden Teile von Erdöl-P. auch aufgeständert verlegt, da die Födertemperatur (um 60 °C) zum Einsinken und Brechen der Rohre führen kann; außerdem sind die Leitungen frostgeschützt. In erdbebengefährdeten

Pipeline: Die oberirdisch verlaufende Trans-Alaska-Pipeline

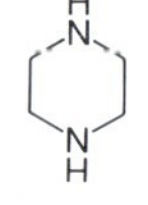

Piperazin

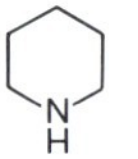

Piperidin

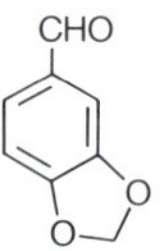

Piperonal

Gegenden sind P. zusätzlich beweglich gelagert und in einem Zickzackkurs geführt, sodass sie Horizontal- und Vertikalverschiebungen ohne Deformation der Leitungen ausgleichen können. Ventile gewährleisten, dass bei Bruch einer Erdöl-P. der Ölverlust begrenzt bleibt. In bestimmten Abständen in die P. eingebaute Pumpstationen (meist mit Kreiselpumpen arbeitend) sorgen für den zur Beförderung des Gutes notwendigen Druck. Manche Erdöl-P. sind innen mit wendelförmigen Windungen versehen, die der Ölströmung einen Drall erteilen, wodurch die Reibung verringert und die Durchflussmenge gesteigert werden kann.

Pipelineverarbeitung [ˈpaɪplaɪn-], engl. **Pipelining** [ˈpaɪplaɪnɪŋ], **Fließbandverarbeitung,** *Datenverarbeitung:* Verfahren der →Parallelverarbeitung, bei dem auf mindestens einer Verarbeitungsebene (z. B. Programmanweisungen, Maschinenbefehle) die jeweils durchzuführenden Operationen so unterteilt sind, dass sie in Folge durch unabhängige, spezialisierte Teilwerke (die Pipelines) taktsynchron verarbeitet werden können. Zur vollständigen Ausführung einer Operation werden alle Teilwerke sequenziell so durchlaufen, dass sich gleichzeitig mehrere Teiloperationen, zeitlich gegeneinander versetzt, in Bearbeitung befinden.

Piper [lat.], die Pflanzengattung →Pfeffer.

Piper [ˈpaɪpə], John, brit. Maler und Grafiker, * Epsom and Ewell 13. 12. 1903; malte ab 1934 abstrakte Bilder, in denen er Anregungen des Kubismus verarbeitete, und schuf zugleich Collagen. Nach 1937 entstanden romantisch-bewegte Landschafts- und Ruinenbilder, 1941 eine Folge von Aquarellen von Windsor Castle. Er trat auch als Bühnenbildner, Keramiker, Illustrator und Kunstschriftsteller hervor.

J. P., Ausst.-Kat. (London 1983).

Piperaceae [lat.], die →Pfeffergewächse.

John Piper: Dekorationsentwurf zu Benjamin Brittens Oper ›Gloriana‹; Uraufführung 1953

Piperazin [zu Piperidin gebildet] *das, -s,* **Hexahydropyrazin,** kristalline, basische heterozykl. Verbindung, die man z. B. durch katalyt. Hydrierung von Pyrazin erhält. P. wird u. a. zur Herstellung zahlr. Arzneimittel sowie in Form einiger Salze als Wurmmittel in der Tiermedizin verwendet.

Piper GmbH & Co. KG, R., von REINHARD PIPER (* 1879, † 1953) in München 1904 gegründeter Verlag; Sitz: München. Erlangte durch Publikationen auf den Gebieten der Belletristik, Kunst und Philosophie rasch Bedeutung. In Verbindung mit J. MEIER-GRAEFE wurde 1917 die ›Marées-Gesellschaft‹ gegründet, deren Faksimilereproduktionen 1923 zur Herausgabe der ›Piperdrucke‹ anregten. Heutige Verlagsgebiete: v. a. zeitgenöss. Literatur, wiss. Werke und Sachbücher. Seit 1982 auch eigener Taschenbuchverlag. 1995 erwarb die schwed. Bonniers Förlag AG die Anteilsmehrheit.

R. PIPER: Mein Leben als Verleger (1964); E. PIPER u. B. RAAB: 90 Jahre P. Die Gesch. des Verlages von der Gründung bis heute (1994).

Piperidin [zu lat. piper ›Pfeffer‹] *das, -s,* **Hexahydropyridin,** farblose, ammoniakartig riechende und basisch reagierende flüssige Substanz, die technisch durch katalyt. Hydrierung von Pyridin hergestellt und v. a. als Lösungsmittel sowie als Zwischenprodukt für Synthesen verwendet wird; in der Natur findet sich P. als Baustein zahlr. Alkaloide (z. B. im Piperin).

Piperin [zu lat. piper ›Pfeffer‹] *das, -s,* $C_{17}H_{19}O_3N$, Hauptalkaloid (und Geschmacksträger) des Pfeffers (chemisch das 1-Piperoylpiperidin); farblose, brennend scharf schmeckende Substanz; wird bei Hydrolyse mit Alkalien in Piperinsäure, $C_{12}H_{10}O_4$, und Piperidin gespalten.

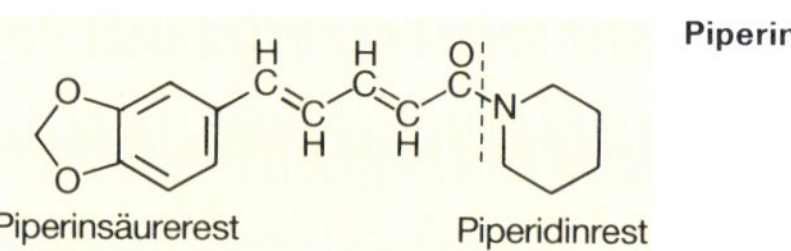

Piperin

Piperonal [zu lat. piper ›Pfeffer‹] *das, -s,* **Heliotropin,** farblose, süßlich vanilleartig riechende, kristalline Substanz, die in geringen Mengen in einigen Blütenölen vorkommt (chemisch der 3,4-Methylendioxybenzaldehyd). P. wird synthetisch aus Safrol (durch Isomerisieren zu Isosafrol und anschließende Oxidation) hergestellt und als Riechstoff verwendet.

Pipette [frz. ›Pfeifchen‹, ›Röhrchen‹] *die, -/-n,* Form des Stechhebers (→Heber), die v. a. in Laboratorien zum Entnehmen, Abmessen und Übertragen geringer Mengen (ungiftiger, nicht ätzender) Flüssigkeiten verwendet wird; meist eine dünne Glasröhre mit sich verengender Spitze und bauchiger oder zylindr. Erweiterung in der Mitte. **Voll-P.** sind mit einer den Volumeninhalt angebenden Eichmarke, **Mess-P.** mit einer volumenunterteilenden Graduierung versehen.

Pipil, im 14./15. Jh. aus dem Norden nach Guatemala, El Salvador und Honduras eingewanderte Indianer aus der Gruppe der Nahua. Die P. sind heute v. a. Kleinbauern und Landarbeiter und weitgehend in die übrige Bev. integriert; der Übergang zu den Mestizen (Ladinos) ist fließend. Ihre ursprüngl. Sprache (Nahuatl) wird nur noch von wenigen P. gesprochen. Ähnliche Gruppen existieren auch im übrigen Mittelamerika (Nicarao). – P. werden auch versch. präkolumb. Indianergruppen Mesoamerikas genannt.

Pipinsburg, vorgeschichtl. Befestigungsanlage bei Osterode am Harz, Ndsachs.; Fläche etwa 10,5 ha, drei Hauptwälle und Trockenmauer. Die ältesten Funde stammen aus der späten Jungsteinzeit. Eine dauerhafte Besiedlung (mit kelt. Einfluss) lässt sich erst für die Eisenzeit nachweisen, wobei zwei Siedlungsphasen (6./5. Jh. und 3./2. Jh. v. Chr.) zu unterscheiden sind. Auch Siedlungsspuren aus dem frühen Mittelalter.

M. CLAUS: Die P. bei Osterode am Harz, in: Führer zu vor- u. frühgeschichtl. Denkmälern, Bd. 17 (1970); W. SCHLÜTER: Die vorgeschichtl. Funde der P. bei Osterode (1975).

Pippau [von mnd. pippaw, aus dem Slaw.] *der, -(e)s,* **Feste, Crepis,** Gattung der Korbblütler mit rd. 200 Arten auf der Nordhalbkugel sowie im trop. Afrika; Milchsaft führende Kräuter mit grund- oder wechselständigen Blättern; Blütenköpfchen aus gelben oder roten, selten weißen Zungenblüten. In Dtl. kommen rd. 20 Arten mit löwenzahnähnl. Blütenköpfchen vor, u. a. häufig auf feuchten Wiesen und Flachlandmooren der **Sumpf-P.** (Crepis paludosa; die drei und mehr Blütenköpfchen nur mit gelben Zungenblüten), auf Fettwiesen der graugrüne **Wiesen-P.** (Crepis biennis; die eine Doldenrispe bildenden Blütenköpfchen nur mit gelben Zungenblüten; Hüllkelch zweireihig, grauflaumig) und in den Alpen der (auch als Steingartenpflanze kultivierte) schwach behaarte **Gold-P.** (**Rinderblume,** Crepis aurea; Blätter nur grundständig, Blütenköpfchen rot- bis gelborange, meist einzeln an langem, dünnem Stiel; Hüllblätter schwarz behaart).

Pippi Langstrumpf, schwed. ›Pippi Långstrump‹ (1945), Kinderbuchserie von A. LINDGREN (1945 ff.).

Pippin, Pipin, fränk. Hausmeier und Könige aus dem Haus der →Karolinger:

1) Pippin I., der Ältere, P. von Landen, austras. Hausmeier, † um 640, Großvater von 2); erhob sich mit ARNULF VON METZ als Anführer der austras. Adelsopposition gegen Königin BRUNHILDE (613), wurde von CHLOTHAR II. zum Hausmeier für Austrasien und Berater DAGOBERTS I. eingesetzt; durch die Ehe seiner Tochter BEGGA († 693?) mit ANSEGISEL, dem Sohn ARNULFS VON METZ, Ahnherr der Karolinger.

2) Pippin II., der Mittlere, P. von Herstal (Heristal), austras. Hausmeier, * um 635, † 714, Enkel von 1), Großvater von 3); erlangte als Hausmeier und ›Dux‹ von Austrasien 687 durch den Sieg über den neustr. Hausmeier BERCHAR († 688) bei Tertry die fakt. Herrschaft im gesamten Frankenreich, dessen polit. Schwerpunkt sich aus dem roman. Neustrien in das german. Austrasien verlagerte. P. verhinderte den weiteren Zerfall des Reiches und beseitigte das selbstständige Stammesherzogtum der Thüringer. Seine Nachfolge erkämpfte sich sein Sohn KARL MARTELL.

3) Pippin III., der Jüngere, später auch fälschlich ›der Kleine‹ (frz. le Bref, ›der Kurze‹), Hausmeier (seit 741) und König der Franken (seit 751), * um 715, † Saint-Denis 24. 9. 768, als Sohn KARL MARTELLS Enkel von 2); ⚭ mit BERTHA; erhielt beim Tod des Vaters 741 als Hausmeier Neustrien, Burgund und die Provence, sein älterer Bruder KARLMANN Austrasien, Alemannien und Thüringen. 743 setzten die Brüder den Merowinger CHILDERICH III. als König ein. Nach dem Rückzug KARLMANNS in ein Kloster (747) und der Absetzung CHILDERICHS (751) ließ sich P. Ende 751 in Soissons zum König wählen und durch die kirchl. Salbung legitimieren. 754 und 756 unterstützte er Papst STEPHAN III. gegen die Langobarden und begründete durch die →Pippinsche Schenkung an die Kirche den Kirchenstaat. In Bayern erhob P. den jungen TASSILO III. zum Herzog, der ihm als Vasall huldigte. Vor seinem Tod teilte P. das →Fränkische Reich unter seine Söhne KARLMANN und KARL (D. GR.).

Literatur →Karolinger.

4) Pippin, König des fränk. Unterkönigreichs Italien (seit 781), * 777, † 810; zweiter Sohn KARLS D. GR., von diesem eingesetzt, regierte nach Erreichen der Großjährigkeit für seinen Vater in der ehem. Langobardenhauptstadt Pavia; ihm folgte sein Sohn BERNHARD.

5) Pippin I., König des fränk. Unterkönigreichs Aquitanien (seit 814), * um 797, † 838, Vater von 6); Sohn LUDWIGS DES FROMMEN; unter ihm wurden Septimanien und Teile des späteren Katalonien mit Aquitanien vereinigt.

6) Pippin II., König des fränk. Unterkönigreichs Aquitanien (838–852/864), * um 823, † nach 864, Sohn von 5); leistete lange Zeit erfolgreich Widerstand gegen die Besitzergreifung Aquitaniens durch KARL DEN KAHLEN; 852 und endgültig 864 wurde er in einem Kloster gefangen gesetzt.

Pippinsche Schenkung, Pippinische Schenkung, lat. **Donatio Pippini,** im Zusammenhang mit dem fränkisch-päpstl. Bündnis und den Langobardenfeldzügen des fränk. Königs PIPPIN III., DES JÜNGEREN (754/756), erfolgte, als Restitution verstandene Schenkung bestimmter von den Langobarden besetzter, vorher römisch-byzantin. Gebiete an den Papst, die die Grundlage des →Kirchenstaates schuf. Da die ersten darüber ausgestellten Urkunden nicht erhalten sind, ist der territoriale Umfang der Schenkung nicht genau zu bestimmen. Nach der Einigung zw. KARL D. GR. und Papst HADRIAN I. (781/787) umfasste der Kirchenstaat den Dukat von Rom, das Exarchat Ravenna, die Pentapolis und die Emilia, die Sabina und das südl. Tuszien.

Quellen zur Entstehung des Kirchenstaates, hg. v. H. FUHRMANN (1968).

Pipras [griech.], **Pipridae,** die →Schnurrvögel.

Pips, volkstüml. Sammel-Bez. für Erkrankungen der Schnabelhöhlenschleimhaut bei Geflügel.

Piptadenia [zu griech. píptein ›(ab)fallen‹ und adēn ›Drüse‹], Gattung der Mimosengewächse mit der einzigen Art P. africana; bis 50 m hoher Baum der afrikan. Regenwälder; das graubraune bis gelblich braune, matt glänzende Holz (**Dahoma, Dabena**) wird wegen seiner hohen Festigkeit v. a. für Bauten und Boote verwendet.

Piqué [piˈke, frz.], **1)** *der, -s/-s, Billard:* Stoß, der einen schnellen Rückwärtseffet vermittelt, weil der Spielball hinter der Mittelsenkrechten getroffen wird; Ggs.: →Massé.

2) *der,* österr. *das, -s/-s, Textiltechnik:* **Pikee,** Gewebe mit erhabenen und vertieften Stellen; Vertiefungen im Muster werden durch eine straff gespannte Steppkette gebildet, die blasenartigen Erhöhungen durch einen Füllschuss aufgepolstert. Verwendung z. B. für Dekorationsstoffe; auch Bez. für Gewebe in Spezialbindung mit ähnl. Struktur wie →Drapé.

Pique Dame [pikˈdam, frz.], russ. ›Pikovaja dama‹, Oper von P. I. TSCHAIKOWSKY, Text nach A. S. PUSCHKIN; Uraufführung 19. 12. 1890 in Sankt Petersburg.

Piräas, Piräefs, neugriech. für →Piräus.

Piracicaba [pirasiˈkaba], Stadt im Bundesstaat São Paulo, Brasilien, 520 m ü. M., 150 km nordwestlich von São Paulo, 283 600 Ew.; kath. Bischofssitz; methodist. Univ., landwirtschaftl. Hochschule; Zentrum eines bedeutenden Zuckerrohranbaugebiets; Zucker-, Landmaschinenfabriken, Nahrungsmittelindustrie.

Piran, ital. **Pirano,** Stadt in Slowenien, auf einer Landzunge im NW Istriens, am Golf von Triest, 4 700 Ew.; Museum für Seewesen, Kunstgalerie; Fremdenverkehr. – Am Hauptplatz ein um 1450 in venezian. Gotik errichtetes Gebäude sowie das Rathaus von 1879; in beherrschender Lage der 1317 begonnene Dom (vollendet 1637) mit Campanile und Baptisterium. Erhalten sind auch stattl. Reste der Stadtmauer (14. Jh.) mit zinnengekrönten Türmen. – P., seit 1209 im Besitz der Patriarchen von Aquileja, seit dem Spät-MA. venezianisch (bedeutender Handelsplatz), kam 1797 an Österreich und gehörte 1919–47 zu Italien. (BILD S. 182)

Pirandello, Luigi, ital. Schriftsteller, * Agrigent 28. 6. 1867, † Rom 10. 12. 1936; war nach altphilolog.

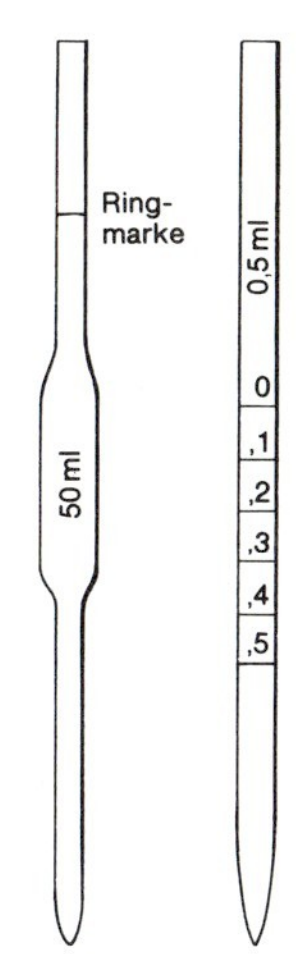

Pipette: Vollpipette (links) und Messpipette

Pippau: Wiesenpippau (Höhe bis 1,20 m)

Luigi Pirandello

Piran: Stadtansicht mit Dom (begonnen 1317) und Campanile

und romanist. Studien in Palermo, Rom und Bonn (hier 1891 Promotion) in Rom journalistisch tätig und lehrte dort 1897–1922 ital. Literatur am Istituto Superiore di Magistero. Nach ersten Bühnenerfolgen leitete er 1925–28 das von ihm begründete ›Teatro d'Arte‹, mit dessen Truppe er Gastspiele in Europa und Amerika gab. 1929 wurde P. Mitgl. der Accademia Reale d'Italia; 1934 erhielt er den Nobelpreis für Literatur. – P. ist einer der bedeutendsten Dramatiker und Erzähler des 20. Jh. Mit seinen Schauspielen erneuerte er das ital. Theater, das im 19. Jh. keine originären nat. Traditionen hervorgebracht hatte, darüber hinaus wirkte er bahnbrechend für neue, antiillusionist. Verfahrensweisen im modernen Welttheater. P.s Grundthema ist das unentwirrbare Beziehungsgeflecht zw. Schein und Sein, Wahn und Wirklichkeit, dem das Individuum isoliert gegenübersteht, dazu bestimmt, sich selbst zu betrügen. Das Theater erhält dabei eine zentrale Funktion: In seinem berühmtesten Stück, ›Sei personaggi in cerca d'autore‹ (1921; dt. ›Sechs Personen suchen einen Autor‹), wird die Unmöglichkeit demonstriert, authent. Wirklichkeit auf der Bühne darzustellen, in ›Enrico IV‹ (1922; dt. ›Heinrich IV.‹) bietet die Flucht in den Wahnsinn, der zugleich Theater ist, der Titelgestalt die Möglichkeit zum Überleben, in ›Così è (se vi pare)‹ (1918; dt. ›So ist es, wie es Ihnen scheint‹, auch u. d. T. ›So ist es – wie Sie meinen‹) wird die Suche nach der Wahrheit überhaupt ad absurdum geführt.

Das Thema der verlorenen Identität beherrscht auch die Novellen und Romane P.s, seit er mit dem Roman ›Il fu Mattia Pascal‹ (1904; dt. ›Mattia Pascal‹, auch u. d. T. ›Der gewesene Matthias Pascal‹) in Europa bekannt wurde; bis zur äußersten Konsequenz getrieben ist es in ›Uno, nessuno e centomila‹ (1926; dt. ›Einer, keiner, hunderttausend‹), wo der Persönlichkeitsverlust der Hauptfigur von der philosoph. Reflexion des Autors begleitet wird. Meisterwerke im Kontext der Erzähltraditionen der klass. Moderne sind P.s der gleichen Problematik geltenden rd. 240 Novellen (›Novelle per un anno‹, 15 Bde., 1922–37, dt. Auswahlen seit 1925 unter versch. Titeln, u. a. als ›Novellen für ein Jahr‹), die die narrativen Techniken des ital. Verismus durch die leidenschaftl. Strenge der psycholog. Fundierung weit hinter sich lassen. In seinem Essay ›L'umorismo‹ (1908; dt. ›Der Humor‹) legt P., Tendenzen der europ. Avantgardebewegungen vorwegnehmend, intellektuelles und poetolog. Zeugnis über sein literar. Schaffen ab.

Weitere Werke: *Dramen:* Il beretto a sonagli (UA 1917, erschienen 1925; dt. Die Paduaner Mütze, auch u. d. T. Die Narrenkappe); Liolà (1917, zuerst in sizilian. Dialekt, dann ital.; dt. Hahn im Korb, auch u. d. T. Liolà); Pensaci, Giacomino (1918; dt. Prof. Toti); Il piacere dell'onestà (1918; dt. Die Wollust der Anständigkeit, auch u. d. T. Das Vergnügen, anständig zu sein); Come prima, meglio di prima (1921; dt. Besser als früher, auch u. d. T. Wie damals, besser als damals); Vestire gli ignudi (1923; dt. Die Nackten kleiden); Ciascuno a suo modo (1924; dt. Jeder nach seiner Art, auch u. d. T. Jeder auf seine Weise); La vita che ti diedi (1924; dt. Das Leben, das ich dir gab); Come tu mi vuoi (1930; dt. Wie du mich willst); I giganti della montagna (1937; dt. Die Riesen vom Berge). – *Romane:* Le due maschere (1914); E domani lunedì (1917); I quaderni di Serafino Gubbio, operatore (1925; dt. Kurbeln! Aus den Tagebuchaufzeichnungen des Filmoperateurs Serafin Gubbio); La favola del figlio cambiato (1933; dt. Die Legende vom vertauschten Sohn).

Ausgaben: Maschere nude, 30 Bde. (1922–33); Opere, hg. v. C. ALVARO u. a., 6 Bde. ([1-12]1971–86); Tutte le poesie, Einf. v. F. NICOLOSI (1982); Tutti i romanzi, hg. v. G. MACCHIA u. a., 2 Bde. ([6]1984). – Dt. Gesamtausg., hg. v. H. FEIST, 3 Bde. (1925–26); Romane. Dt. Gesamtausg., hg. v. DEMS., 3 Bde. (1927); Dramen, 2 Bde. (1960–63); Novellen für ein Jahr, übers. v. L. RÜDIGER, 2 Bde. (1983); Caos. Gedanken – Skizzen – Überlegungen, übers. v. E. WENDT-KUMMER (1987); Ges. Werke, hg. v. M. RÖSSNER, auf 16 Bde. ber. (1997 ff.).

F. RAUHUT: Der junge P. oder das Werden eines existentiellen Geistes (1964); Der Dramatiker P. 22 Beitr., hg. v. F. N. MENNEMEIER (1965); A. BARBINA: Bibliografia della critica pirandelliana, 1889–1961 (Florenz 1967); M. MARTINI: P. ou Le philosophe de l'absolu (Genf 1969); R. MATTHAEI: L. P. ([2]1972); I. SCHENK: L. P. – Versuch einer Neuinterpretation (1983); P.-Studien. Akten des 1. Paderborner P.-Symposiums, hg. v. J. THOMAS (1984); P. u. die Naturalismus-Diskussion. Akten des 2. Paderborner P.-Symposiums, hg. v. DEMS. (1986); R. BARILLI: P., una rivoluzione culturale (Mailand 1986); P. AGOSTINI: Lo spazio della notte. P., le novelle, il simbolo (ebd. 1988); Theatralisierung der Wirklichkeit u. Wirklichkeit des Theaters. Akten des 3. P.-Kolloquiums in Wien, hg. v. M. RÖSSNER u. a. (1988); D. MACERI: Dalla novella alla commedia pirandelliana (New York 1991); R. ALONGE: L. P. (Rom 1997). – *Zeitschrift:* Pirandellian studies (Lincoln, Nebr., 1985 ff.).

Piranesi, Giovanni Battista, ital. Kupferstecher, Archäologe, Baumeister, * Mogliano Veneto (bei Treviso) 4. 10. 1720, † Rom 9. 11. 1778; kam 1740, endgültig 1745 nach Rom. Hier entstanden seine in einer Verbindung von Grabstichelarbeit und Radierung ge-

Giovanni Battista Piranesi: Trajanssäule; Radierung aus der Folge ›Vedute di Roma‹; 1748–74

schaffenen Ansichten antiker und barocker Baudenkmäler Roms in maler., durch scharfe Helldunkelgegensätze gesteigerter Monumentalität. Außer diesen ›Vedute di Roma‹ (1748–74) ließ er weitere Folgen erscheinen, v. a. eine Reihe düsterer, in Venedig entstandener Raumfantasien (›Carceri d'invenzione‹, 1745) und eine Sammlung von Aufnahmen röm. Altertümer (›Antichità romane‹, 4 Bde., 1756). Stilistisch gelangte P. vom Barock zum Klassizismus. Die Umgestaltung der Kirche Santa Maria del Priorato in Rom (1764–66) ist seine einzige authent. und zu Ende geführte Leistung als Architekt.

Sein Sohn FRANCESCO P. (* 1758 oder 1759, † 1810) setzte das graf. Unternehmen seines Vaters fort. Von ihm stammen dekorative Entwürfe (›Vasi‹, ›Candelabri‹, ›Cippi‹ u. a. Stichfolgen, ab 1768).

Le piccole vedute di Roma, bearb. v. C. PIETRANGELI (Mailand 1985); A. ROBISON: P. – early architectural fantasies. A catalogue raisonné of the etchings (Washington, D. C., 1986); J. WILTON-ELY: G. B. P. (a. d. Engl., [2]1988); A. KUPFER: P.s ›Carceri‹ (1992); N. WOLF: G. B. P. – Der Röm. Circus (1997).

Piranhas [-njas], *Zoologie:* die →Pirayas.

Pirat [über lat.-ital. von griech. peiratḗs] *der, -en/-en,* Seeräuber (→Piraterie).

Piratenbarsch (Länge bis 12 cm)

Piratenbarsch, Aphredoderus sayanus, im Süßwasser Nordamerikas lebende, einzige Art der Knochenfischfamilie Aphredoderidae; bis 12 cm lang, brutpflegend und nestbauend.

Piratenküste, Seeräuberküste, engl. **Pirate Coast** ['paɪrət kəʊst], Bez. für die Küstenlandschaften der Arab. Halbinsel im SO des Pers. Golfs. Viele geschützte Buchten dienten hier früher den Seeräubern als Schlupfwinkel. Heute gehören diese Gebiete zu den Vereinigten Arab. Emiraten.

Piratensender, außerhalb der Staatsgebiete betriebener (meist auf hoher See von Schiffen oder künstl. Inseln) Rundfunk- oder Fernsehsender. Die um 1958 in nordeurop. Gewässern auftauchenden P. wollten sich dem staatl. Rundfunkmonopol entziehen, um durch Werbung finanzierte Sendungen zu produzieren. Ein am 22. 1. 1965 von den Staaten des Europarates abgeschlossenes Abkommen beseitigte weitgehend die rechtl. Schwierigkeiten der Bekämpfung der P. Sie wurden, z. T. erst in den 70er-Jahren, meist durch Polizeiaktionen der Küstenstaaten, zur Aufgabe gezwungen.

Piraterie *die, -/...'ri|en,* Seeräuberei; nach der Seerechtskonvention vom 10. 12. 1982 (Art. 101 a) ›alle rechtswidrigen Gewalt- oder Behinderungsakte sowie alle Beraubungsakte, die zu privaten Zwecken von der Mannschaft oder den Passagieren eines privaten Schiffs oder Luftfahrzeugs ausgeübt werden und sich richten 1) auf der hohen See gegen ein anderes Schiff oder Luftfahrzeug oder an Bord eines solchen Schiffs oder Luftfahrzeugs befindl. Personen oder Eigentumsobjekte; 2) gegen ein Schiff, Luftfahrzeug, Personen oder Eigentumsobjekte an einem Ort, der außerhalb der Gebietshoheit eines jeden Staates liegt.‹ Die Seerechtskonvention verpflichtet ferner alle Staaten, nach Kräften zur Unterdrückung der P. auf der hohen See und an allen anderen Orten, die nicht unter der Gebietshoheit eines einzelnen Staates stehen, d. h. in sämtlichen völkerrechtl. Gemeinschaftsräumen, zusammenzuarbeiten. Denselben Regeln unterliegt die P. durch Kriegsschiffe oder Staatsluftfahrzeuge, deren Mannschaft gemeutert und sich in den Besitz des Schiffs bzw. Luftfahrzeugs gesetzt hat. Auf der hohen See und in völkerrechtl. Gemeinschaftsräumen kann jeder Staat ein Piratenschiff oder Piratenluftfahrzeug beschlagnahmen und die darauf befindl. Personen inhaftieren. Zu ihrer Bestrafung sind die Gerichte des beschlagnahmenden Staates befugt. Für Staaten, die noch nicht an die Seerechtskonvention von 1982 gebunden sind, gilt die Seerechtskonvention vom 29. 4. 1958 (Genfer Übereinkommen über die hohe See), die in Art. 14 ff. ähnliche Regeln enthält. (→Luftpiraterie)

Geschichte: In der Antike wurde P. von allen seefahrenden Völkern betrieben. Erst Rom gelang es im Zeichen der ›Pax Romana‹, die P. einzudämmen. Im MA. betrieben v. a. Wikinger in Nord- und Sarazenen in Südeuropa P. Im 15.–18. Jh. war die →Kaper als legale Form des Kriegseinsatzes privater Schiffe verbreitet, wobei die Grenzen zur P. oft fließend waren. Schwerpunkte dieser Aktivitäten waren der Indische Ozean und die Karibik. Im Persischen Golf und im Indischen Ozean waren auch zahlreiche einheim. Piraten tätig. Vom 16. bis 18. Jh. befuhren nordafrikan. Piraten das Mittelmeer; sie konnten im 19. Jh. durch europ. Mächte unterdrückt werden. Durch rechtl., militär. und administrative Maßnahmen ging die P. im 19. und 20. Jh. zwar stark zurück, ausgerottet konnte sie aber bis in die Gegenwart nicht werden.

Piräus, neugriech. **Piräefs, Piräas,** Hafenstadt und Hauptort des gleichnamigen Verw.-Bez. (Nomos), Griechenland, auf einer Landzunge am Saron. Golf, im Ballungsraum Groß-Athen, 182 700 Ew. (Verw.-Bez. 889 000 Ew.); griechisch-orth. Bischofssitz; Wirtschaftshochschule, Archäolog. und Schifffahrtsmuseum. P. ist der Haupthafen und wichtigster Industriestandort Griechenlands (u. a. Werften, Maschinenbau, Zement-, Nahrungsmittel-, Textil- und Zigarettenindustrie), Sitz vieler Handelsniederlassungen und Reedereien, Ausgangspunkt vieler Schifffahrts- und Fährlinien sowie der Schnellbahn P.–Athen–Kephissia. – Die drei antiken Häfen (Munichia- und Zeahafen als Kriegshäfen im O, Kantharos als Handelshafen im W) liegen um die Halbinsel mit dem ehem. Burgberg Munichia (erstmals 510 v. Chr. befestigt). In der antiken Lit. werden (für die Zeit von 330 bis 322 v. Chr.) 372 Schiffshäuser und -docks angegeben. Westlich des Zeahafens wurden kürzlich die Fundamente der Skeuothek (Arsenal für Schiffstakelagen, 130 × 17 m) des Architekten PHILON VON ELEUSIS entdeckt; da das Gebäude bei der um 480 v. Chr. von HIPPODAMOS im Rahmen seiner Stadtplanung entworfenen Agora lag, ist diese also ebenfalls westlich des Zeahafens zu suchen. – P., griech. **Peiraieus,** 493/492 v. Chr. von THEMISTOKLES zum Hafen von Athen ausgebaut (v. a. für die neue Flotte) und 461–456 durch die →Langen Mauern mit Athen verbunden, war in klass. Zeit der bedeutendste Warenumschlagplatz der griech. Welt; 86 v. Chr. von SULLAS Truppen zerstört. Erst nach 1835 gewann P. neue Bedeutung.

Pirayas: Serrasalmus piraya (Länge bis 35 cm)

Pirayas [port., aus Tupí], *Sg.* **Piraya** *der, -(s),* **Piranhas** [-njas], **Serrasalmus,** Gattung räuberisch lebender →Sägesalmler in Gewässern des trop. Südamerika. P. sind hochrückige, seitlich stark abgeflachte Schwarmfische mit sägeähnl. Bauchkiel; sie besitzen dreieckige, in Reihen angeordnete, sehr scharfe Zähne. P. jagen v. a. Fische, greifen, bes. bei dichter Besiedlung, aber auch größere Wirbeltiere, ggf. auch

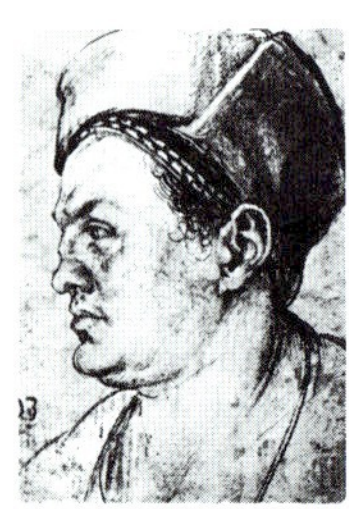

Willibald Pirckheimer (Kreidezeichnung von Albrecht Dürer; 1503, Berlin, Staatliche Museen)

Dominique Georges Pire

Pirmasens 1) Stadtwappen

Stadt in Rheinl.-Pf.
·
259–446 m ü. M.
·
zwischen Pfälzer Wald und Westrich
·
47 700 Ew.
·
Zentrum der deutschen Schuhindustrie
·
Schuhmuseum
·
860 erstmals erwähnt
·
1763 Stadtrecht

den Menschen an. Große Schwärme von P. können die Beute innerhalb von Minuten völlig skelettieren. Bekannteste Art ist der **Piraya** (Serrasalmus piraya; Länge bis 35 cm), der im Unterlauf des Amazonas lebt. Er ist silberglänzend, mit golden irisierenden Schuppen und leuchtend roter Bauchseite.

Pirchan, Emil, österr. Bühnenbildner, Maler und Schriftsteller, * Brünn 27. 5. 1884, † Wien 2. 12. 1957; in den 20er-Jahren führender expressionist. Bühnenbildner in Berlin, tätig am Staatl. Schauspielhaus für L. JESSNER (1919, 1921) und an der Staatsoper (1921–32). 1932–36 wirkte er am Dt. Theater in Prag, 1936–47 am Burgtheater in Wien, wo er zugleich an der Akademie lehrte.

Schriften: Hans Makart (1942); Bühnenmalerei (1946); 2000 Jahre Bühnenbild (1949); Kostüm-Kunde (1952).

E. SCHEPELMANN-RIEDER: E. P. u. das expressionist. Bühnenbild (Wien 1964); K. PIERWOSS: Der Szenen- u. Kostümbildner E. P. (Diss. ebd. 1970).

Pirckheimer, Pirkheimer, 1) Charitas, Klarissin, * Eichstätt 21. 3. 1467, † Nürnberg 19. 8. 1532, Schwester von 2); seit 1503 Äbtissin des Klarissenklosters Sankt Klara in Nürnberg; stand in Verbindung mit ERASMUS VON ROTTERDAM, G. SPALATIN, J. COCHLÄUS, K. CELTIS und A. DÜRER. Antiluther. Äußerungen in einem veröffentlichten Brief an H. EMSER waren Anlass für den Rat, die Aufhebung des Klosters einzuleiten, was P. jedoch durch Vermittlung P. MELANCHTHONS verhindern konnte.

Caritas-P.-Quellen-Slg., 4 Bde. (1961–66); Caritas P. Ordensfrau u. Humanistin, hg. v. G. DEICHSTETTER (1982); Caritas P. 1467–1532, bearb. v. L. KURRAS u. a., Ausst.-Kat. (1982).

2) Willibald, Humanist, * Eichstätt 5. 12. 1470, † Nürnberg 22. 12. 1530, Bruder von 1); lebte nach Studien in Pavia und Padua seit 1495 in Nürnberg; war 1496–1523 dort Ratsherr und stand daneben als kaiserl. Rat in den Diensten MAXIMILIANS I. und später KARLS V.; Freund J. REUCHLINS und A. DÜRERS. Seine in Latein abgefassten Schriften (Satiren), mehr aber noch seine Übertragungen der Schriften PLUTARCHS, LUKIANS und anderer griech. Schriftsteller ins Lateinische verschafften ihm weithin Anerkennung. Unter dem Einfluss der Historikerschule des L. BRUNI schrieb P. eine Geschichte des Schweizerkriegs MAXIMILIANS von 1499, in der er eigenes Erleben (er hatte das Nürnberger Hilfstruppenkontingent befehligt) mit krit. Quellenauswertung verband. Sein anfängl. Interesse an der Reformation hielt jedoch nicht an.

K. HAGEN: Dtl.s literar. u. religiöse Verhältnisse im Reformationszeitalter mit besonderer Rücksicht auf W. P., 3 Bde. ([2]1868, Nachdr. 1966); N. HOLZBERG: W. P. Griech. Humanismus in Dtl. (1981).

Pire [pi:r], Dominique Georges, belg. kath. Theologe, * Dinant 10. 2. 1910, † Löwen 30. 1. 1969; seit 1928 Dominikaner in La Sarte (Gem. Huy), lehrte an der dortigen Ordenshochschule in den 40er-Jahren Moralphilosophie und Soziologie; gründete zahlr. soziale Einrichtungen für Alte, Bedürftige und heimatlose Ausländer (Aufbau von →Europadörfern) sowie versch. Projekte, die bes. der Völkerverständigung dienen sollten; erhielt 1958 den Friedensnobelpreis.

PI-Regler, *Regeltechnik:* häufigster Typ eines Reglers, gebildet durch Parallelschalten von →P-Regler und →I-Regler. Durch diese Kombination werden die Vorzüge des P-Reglers (rasches Ausregeln) und des I-Reglers (Beseitigung der bleibenden Regelabweichung) zusammengefasst. Er ist geeignet zur Regelung von Strecken mit Ausgleich und mit Totzeitverhalten (→Totzeitsystem).

Pirelli S. p. A., größter ital. und einer der führenden europ. Reifenhersteller, gegr. 1872 als G. B. Pirelli e. C., seit 1942 jetziger Name, Sitz: Mailand. Das Produktionsprogramm umfasst je zur Hälfte Reifen (Pirelli, Metzeler, Armstrong, Ceat) und Kabel (v. a. für Telekommunikation); Umsatz (1996): 10,2 Billionen Lire, Beschäftigte: rd. 36 500.

Pirenne [pi'rɛn], Henri, belg. Historiker, * Verviers 23. 12. 1862, † Uccle 24. 10. 1935; war 1886–1930 Prof. in Gent; bahnbrechende Arbeiten zur Wirtschafts- und Sozialgeschichte sowie zur belg. Geschichte. P. untersuchte v. a. die Bedeutung des islam. Einbruchs in die Mittelmeerwelt für die Geschichte Europas.

Werke: Histoire de Belgique, 7 Bde. (1900–32; dt. Gesch. Belgiens, 4 Bde., nur bis 1648 reichend); La civilisation occidentale au moyen âge (1933; dt. Sozial- u. Wirtschaftsgesch. Europas im MA.); Mahomet et Charlemagne (hg. 1937; dt. Geburt des Abendlandes, später u. d. T. Mohammed u. Karl der Große).

R. HODGES u. D. WHITEHOUSE: Mohammed, Charlemagne and the origins of Europe. Archaeology and the P. thesis (London 1983).

Pires ['piriʃ], **1)** José Cardoso, port. Schriftsteller und Übersetzer, →Cardoso Pires, José.

2) Maria João, port. Pianistin, * Lissabon 23. 7. 1944; studierte u. a. bei ROSEL SCHMIDT in München und K. ENGEL in Hannover; seit den 70er-Jahren Konzerttourneen durch die ganze Welt; bekannt v. a. als Interpretin der Klavierwerke von W. A. MOZART, L. VAN BEETHOVEN und F. CHOPIN; auch Kammermusikerin (v. a. mit dem Violinisten A. DURNAY).

Pirgos, Stadt in Griechenland, →Pyrgos.

Pirin|gebirge, bulgar. **Pirin,** waldreiches, alpin geprägtes Hochgebirge in SW-Bulgarien, zw. Struma im W, Mesta im O und Predelpass im N, im Wichren 2 915 m ü. M. Das 80 km lange und 40 km breite, in NW-SO-Richtung streichende P. ist aus Graniten, metamorphen Schiefern und Marmor aufgebaut und bildet mit Rhodope- und Rilagebirge die Thrak. Masse, die Kammfläche liegt 2 400–2 600 m ü. M. (16 Gipfel sind höher als 2 800 m). Charakteristisch ist ein großer glazialer Formenschatz in der Hochregion, u. a. mehr als 160 seenerfüllte Kare, Trogtäler; der 265 km² große **Nationalpark Pirin** (seit 1962) östlich der Struma wurde von der UNESCO in die Liste des Welterbes aufgenommen. Das P. ist insgesamt nur schwach besiedelt (v. a. von Makedoniern).

Pirk, Talsperre an der Weißen Elster, im Vogtland, nahe dem zu Burgstein (1 900 Ew.) im Vogtlandkreis gehörenden Ortsteil Pirk, 4 km lang, Fläche 1,56 km², Inhalt 9,5 Mio. m³; 1938 vor einer 24,5 m hohen Staumauer entstanden; Erholungsgebiet. Bei P. die 654 m lange und bis 60,6 m hohe **Elstertalbrücke** (Granitbogenbrücke, gebaut 1937–40 und 1991–92), über die die Autobahn von Plauen nach Hof führt.

Pirmasens, 1) kreisfreie Stadt und Verw.-Sitz des Landkreises Südwestpfalz in Rheinl.-Pf., 259–446 m ü. M., zw. Pfälzer Wald und Westrich, 47 700 Ew.; Prüf- und Forschungsinstitut für die Schuhherstellung, Fachbereich Polymertechnologie der FH Kaiserslautern, Dt. Schuhfachschule, Schuhmuseum und Heimatmuseum. P. ist das wichtigste Zentrum der dt. Schuhindustrie mit internat. Messen (Internat. Messe für Schuhfabrikation, Pirmasenser Lederwoche International, Pirmasenser Schuhmusterung); außerdem Investitionsgüterindustrie, Maschinenbau, chem. Industrie. – P. erlitt im Zweiten Weltkrieg starke Zerstörungen, wiederhergestellt u. a. die Lutherkirche (Untere ev. Pfarrkirche, 1757/58) und das Alte Rathaus (um 1770; 1959 um ein Geschoss erhöht). In der Stadt noch einige eingeschossige ehem. Soldatenhäuser (Grenadierhäuser). Neugestaltung des Exerzierplatzes durch den ital. Architekten P. PORTOGHESI (1994). – Das 860 als Gründung des Klosters Hornbach erstmals erwähnte P. stand 1182–1570 im Besitz der Grafen von Zweibrücken und kam danach über die Grafen von Hanau-Lichtenberg 1763 an die Landgrafen von Hessen-Darmstadt, die P. 1763 zur Stadt erhoben und diese zur Garnison ausbauten. 1741–90 war P. zugleich landgräfl. Residenz. 1816 fiel die Stadt an Bayern.

2) ehem. Landkreis in Rheinl.-Pf., →Südwestpfalz.

Pirmin, Pirminius, Mönchsbischof und Wanderprediger, † Hornbach 3. 11. 753; wohl westgot. Herkunft. P. gründete zahlr. Klöster (Reichenau, Murbach, Hornbach) und wirkte als Reformer auf Grundlage der Benediktregel. Sein Missionsbüchlein (›Dicta Pirminii‹) mit Mahnungen an die neu Bekehrten ist wertvoll für die Kenntnis des Christentums im 8. Jh. – Heiliger; Patron der Insel Reichenau (Tag: 3. 11.).

A. ANGENENDT: Monachi peregrini. Studien zu P. u. den monast. Vorstellungen des frühen MA (1972).

Pirna, Kreisstadt des Landkreises Sächs. Schweiz, Sa., 120 m ü. M., am Austritt der Elbe aus dem Elbsandsteingebirge in die Dresdner Elbtalweitung, Große Kreisstadt, 38 000 Ew.; Hotelfachschule, Philharmonie; Sandsteingewinnung und -verarbeitung, chem. Industrie, Fahrzeugteileherstellung, Fleischverarbeitung und Baugewerbe. Das umweltschädigende Zellstoffwerk (1885 gegr.) wurde 1991 geschlossen; Fremdenverkehr. Bei P. neue Elbbrücke (1997–98 gebaut). – Spätgot. Marienkirche (1502–46), eine dreischiffige Hallenkirche mit Gewölbemalereien (1544–46), Renaissance-Sandsteinaltar (1611) und Epitaphien; in der Kirche St. Heinrich (14. Jh.) des ehem. Dominikanerklosters Reste der mittelalterl. Ausmalung, im spätgot. Kapitelsaal heute Stadtmuseum; Rathaus (16. Jh., Umbau 19. Jh.), zahlr. Bürgerhäuser des 16. und 17. Jh.; Festung Sonnenstein (v. a. 16. Jh.). – P. entstand gegen 1200 im Schutz einer 1269 erstmals erwähnten Burg; um 1233 als Stadt bezeichnet. Seit dem MA. war sie ein wichtiger Handelsplatz zw. Sachsen und Böhmen. Neben Kaufleuten prägten bes. Tuchmacher und Eisengießer das Wirtschaftsleben der Stadt, die im 16. Jh. eine Blütezeit erlebte. Im 17. Jh. kam die Strumpfwirkerei auf.

Pirna
Stadtwappen

Piroge [span., aus karibisch pirawa] *die, -/-n,* **Plankenboot,** ein indian. Einbaum, dessen Bordwände zum Wellenschutz durch Aufsetzen von Planken erhöht sind. P. wurden in Westindien, auf den Kleinen Antillen und in Guayana benutzt. In ähnl. Bauweise sind sie auch in Zentralamerika, an der NW-Küste Amerikas, bei den Feuerländern, in Sibirien (Ostjaken und Samojeden), bei den Ainu und in der südasiatisch-ozean. Inselwelt bekannt.

Pirogge [russ.] *die, -/-n,* mit Fleisch, Fisch, Kohl, Pilzen, Eiern u. a. gefüllte Hefeteigpasteten; meist als Suppenbeilage oder als Vorspeise serviert.

Pirol [lautmalend], **Oriolus oriolus,** etwa amselgroßer Singvogel in Au- und Laubwäldern der gemäßigten und südl. Regionen Eurasiens; das Männchen ist leuchtend gelb mit schwarzen Flügeln und schwarzen Schwanzfedern sowie rötl. Schnabel, das Weibchen unscheinbar gefärbt. Der P. ist ein Zugvogel, der nach Mitteleuropa erst gegen Ende des Frühjahrs zurückkehrt (›Pfingstvogel‹) und Dtl. schon wieder im August verlässt, um im trop. Afrika zu überwintern.

Pirol
(Männchen; Größe 24 cm)

Piron [piˈrɔ̃], Alexis, frz. Schriftsteller, * Dijon 9. 7. 1689, † Paris 21. 1. 1773; verfasste geistreiche Epigramme, satir. Gedichte sowie Dramen (so die Tragödie ›Gustave-Wasa‹, 1733). Bekannt wurde v. a. seine Ein-Mann-Komödie ›Arlequin-Deucalion‹ (1722); sie entstand aus Protest gegen eine von der Comédie-Française erwirkte Verordnung, derzufolge Wanderbühnen nur Stücke mit einem Darsteller spielen durften.

Piroplasmen [zu lat. pirum ›Birne‹ und vgl. Plasma], in roten Blutkörperchen parasitierende Protozoen aus der Ordnung Hämosporidia mit den Gattungen Babesia und Theileria; verursachen die Piroplasmosen bei den Haustieren.

Piroplasmosen [zu lat. pirum ›Birne‹ und griech. plássein ›bilden‹, ›formen‹], *Sg.* **Piroplasmose** *die, -,* durch Infektion mit Piroplasmen hervorgerufene, durch Zecken übertragene Tierkrankheiten v. a. bei Haustieren. Hierzu gehören die Babesiosen (→Babesia) und Theileriosen, z. B. das in Afrika verbreitete, meist tödlich verlaufende →Küstenfieber.

Pirouette [piruˈɛtə, frz.] *die, -/-n,* **1)** *Ballett:* schnelle Drehung des Körpers auf halber oder ganzer Fußspitze.

2) *Musik:* bei älteren Doppelrohrblattinstrumenten (z. B. Schalmei) ein trichter- oder kreiselförmiger Aufsatz am oberen Röhrenende, der als Lippenstütze dient und in dessen Mitte das in die Mundhöhle ragende Doppelrohrblatt frei schwingt.

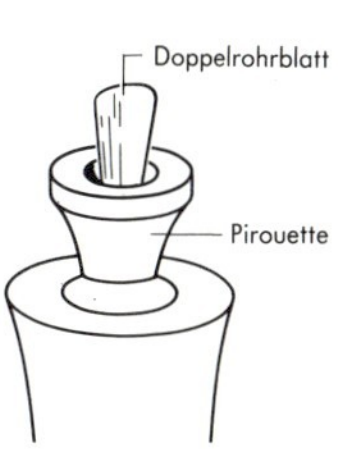

Pirouette 2)

3) *Sport:* 1) Eis- und Rollkunstlauf: Figur in der Kür, schnelle Drehungen auf dem Standbein um die eigene Achse als Stand-, Sitz- oder Waage-P.; nur im Rollkunstlauf: ›Hacken-P.‹ (Waage-P. auf zwei Rollen [unter der Ferse]), Höchstschwierigkeit; 2) Kunstflug: Figur, bei der sich die Maschine im Steig- oder Sturzflug korkenzieherartig um die Längsachse dreht; 3) Pferdesport: Figur im Dressurreiten, Wendung des Pferdes um 360 Grad in versammeltem Galopp; 4) Turnen: ganze Drehung um die Längsachse des im Sprung oder Flug befindl. Körpers.

Pir Panjal Range [ˈpɪə pənˈdʒɑːl ˈreɪndʒ], teilweise vergletscherte Gebirgskette des Vorderhimalaja in Kaschmir, begrenzt das Hochbecken von Kaschmir im S; über den westl. Teil der Kette verläuft die Waffenstillstandslinie zw. Indien und Pakistan, die Kaschmir aufteilt. Über den →Banihal führt die einzige Straße von Indien nach Kaschmir.

Pirqe Abot, hebr. Spruchsammlung, →Aboth.

Pirquet [pirˈkɛ], Clemens Freiherr von, österr. Kinderarzt, * Hirschstetten (heute zu Wien) 12. 5. 1874, † Wien 28. 2. 1929; wurde 1909 Prof. in Baltimore (Md.), 1910 in Breslau, 1911 in Wien. Mit BELA SCHICK (* 1877, † 1967) prägte P. die Begriffe Serumkrankheit (1905) und Allergie (1906). 1907 entwickelte er die Kutanreaktion mit Tuberkulin. Außerdem befasste er sich mit der Ernährung im Kindesalter.

pirschen [mhd. birsen, von altfrz. berser ›jagen‹], **birschen, pürschen,** das Jagdrevier vorsichtig begehen, um nahe an Wild zu kommen.

Pisa, 1) [ˈpiː-], Hauptstadt der Prov. P., in der Toskana, Italien, 4 m ü. M., am Arno, 12 km oberhalb seiner Mündung, 95 400 Ew.; kath. Erzbischofssitz; Univ. (gegr. 1343), PH, Ingenieurschule, landwirtschaftl. und tierärztl. Inst., Theater, Museen, Bibliotheken; Mittelpunkt eines fruchtbaren Agrargebiets; Fahrzeug-, Textil-, Glas-, pharmazeut., chem. Industrie, Spiegelfabrik; Fremdenverkehr (u. a. Badebetrieb in Marina di P. und Tirrenia); internat. Flughafen.

Pisa 1)
Stadtwappen

Stadt in der Toskana, am Arno
·
95 400 Ew.
·
Universität (1343 gegr.)
·
vielseitige Industrie, Fremdenverkehr
·
Dom, Baptisterium und Campanile (›Schiefer Turm‹)
·
Renaissancepaläste
·
Camposanto
·
im MA. bedeutende Seemacht

Stadtbild: Im NW der Altstadt liegt die Piazza del Duomo mit Dom Santa Maria Assunta, Campanile, Baptisterium und dem →Camposanto; das Ensemble gehört zum UNESCO-Weltkulturerbe. Der Dom wurde 1118 geweiht, Ende des 12. Jh. nach W erweitert und mit einer von Blendarkaden und vier Reihen von Säulengalerien gegliederten Fassade abgeschlossen; am südl. Querschiff Bronzetür (1180) von BONANUS VON PISA (BILD →Bonanus); im Inneren von Säulen getragene Kanzel von G. PISANO (1302–12; BILD →Kanzel), Apsismosaik von CIMABUE (1301–02), Grabmal HEINRICHS VII. († 1313) von TINO DA CAMAINO (1315); Dommuseum. Der runde, 55 m hohe Campanile (›Schiefer Turm‹, 1173 begonnen) mit sechs übereinander liegenden Säulengalerien hat eine Neigung nach SO, die schon während der Bauzeit durch Bodensenkung entstanden ist und wegen deren Zunahme umfangreiche Sicherungsmaßnahmen vorgenommen wurden (seit 1992 Stabilisierung u. a. durch Blei-Gegengewichte, Stahlbänder und Betonring um den Turmsockel). Das Baptisterium, ein Rundbau, 1152 begonnen, erhielt im 13. und 14. Jh. Säulengalerien und got. Ziergiebel (Wimperge); im

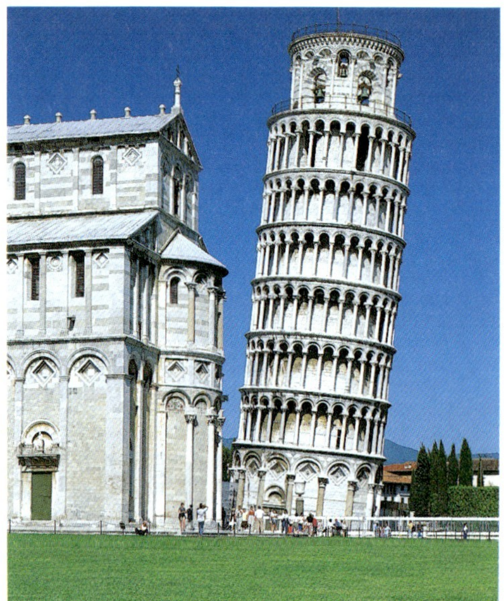

Pisa 1): Zum Ensemble der Piazza del Duomo gehört der 55 m hohe Campanile (›Schiefer Turm von Pisa‹; 1173 begonnen)

Innern achteckiges Taufbecken (1246) und Kanzel von NICOLÒ PISANO (1260). Weitere Kirchen und Paläste des MA. und der Renaissance, u. a. Santo Stefano dei Cavalieri (Entwurf von G. VASARI, 1565–69), Palazzo della Gherardesca und Palazzo dei Cavalieri an der Piazza dei Cavalieri; San Michele in Borgo (im 10. Jh. gegr., 1044 geweiht, später erneuert); auf dem linken Arno-Ufer San Paolo a Ripa d'Arno (11./12. Jh.) und die got. Kirche Santa Maria della Spina (14. Jh., unter Verwendung einer Vorgängerhalle), hinter dem Altar mehrere Figuren von ANDREA PISANO. Im ehem. Kloster San Matteo befindet sich das Museo Nazionale di San Matteo mit Werken toskan. Künstler. – 6 km südlich liegt die Kirche von San Piero a Grado (im 11. Jh. über einer frühchristl. Anlage erbaut; Ausmalung um 1300).

Geschichte: P., das antike **Pisae,** im Altertum nicht weit vom Meer gelegen, seit dem 5. Jh. v. Chr. etruskisch und im 3./2. Jh. röm. Stützpunkt, wurde 89 v. Chr. röm. Munizipium. Sarazeneneinfälle veranlassten den Ausbau der Flotte im 9. Jh.; Expeditionen ins östl. Mittelmeer, zum Balkan und an die afrikan. Küste lösten den Konkurrenzkampf mit Venedig und Genua aus. Später waren Lucca und Florenz die Gegner. Im 11. Jh. kamen Sardinien und Korsika in den Besitz P.s. Auf den Ausbau der Kommunal-Verf. und die Organisierung der Zünfte folgten im 13. Jh. soziale Spannungen zw. Adel, Patriziern und Popolanen, die zus. mit dem Seesieg der Genuesen über P. bei Meloria (6. 8. 1284) den wirtschaftl. und polit. Abstieg der Stadt bedeuteten, die in der Folge ihre Besitzungen verlor; 1406 wurde P. von Florenz erobert. Durch das Anwachsen des Arnodeltas trat Livorno als Seehafen an die Stelle P.s, blieb aber mit diesem durch den 1543 ausgebauten Kanal in Verbindung.

2) ['pi:-], Prov. in der Region Toskana, Italien, 2 448 km², 384 600 Einwohner.

3) ['pi-], Fluss in Polen, →Pissek.

Pisa, Konzile von, zwei in Pisa abgehaltene Konzile; von der kath. Kirche nicht zu den ökumen. Konzilen gezählt.

Das **1. Konzil** (1409) wurde zur Beendigung des →Abendländischen Schismas (zw. BENEDIKT XIII. in Avignon und GREGOR XII. in Rom) von den Kardinälen beider Anhängerschaften einberufen, gegen den Willen beider Päpste, die ihrerseits Synoden in Perpignan bzw. Cividale (Friaul) versammelten. Das Konzil setzte beide Päpste ab und wählte ALEXANDER V. zum Papst.

Das **2. Konzil** (1511/12) wurde gegen JULIUS II. von neun Kardinälen mit Unterstützung von Kaiser MAXIMILIAN I. und LUDWIG XII. von Frankreich einberufen, dann nach Mailand, Assisi und Lyon verlegt. Es erklärte JULIUS II. für abgesetzt, der als Reaktion darauf das 5. Laterankonzil einberief.

Quellen zur Kirchenreform im Zeitalter der großen Konzilien des 15. Jh., hg. v. J. MIETHKE u. L. WEINRICH, Tl. 1: Die Konzilien von Pisa 1409 u. Konstanz 1414–1418 (1995).

Pisac [pi'sak], Festungsanlage der Inka, die strategisch günstig auf dem Berg Pisac im Urubambatal (Peru) liegt, mit Tempelbauten, Vorratshäusern, Terrassenanlagen und gemauerten Wasserleitungen.

V. A. VARGAS: P'isaq, metropoli inka (Lima 1970).

Pisan [pi'zã], Christine de, frz. Dichterin, →Christine de Pisan.

Pisanello, eigtl. **Antonio Pisano,** ital. Maler, Zeichner und Medailleur, * Pisa vor dem 22. 11. 1395, † Rom (?) vermutlich Oktober 1455; tätig in Pavia, Venedig, Mantua, Verona, Rom, Ferrara, Rimini, Neapel. P. gelangte, ausgehend vom weichen Stil der Gotik, zu immer schärferer Erfassung der Wirklichkeit. In seinen Gemälden und Handzeichnungen verbindet sich feinster ornamentaler Sinn mit oft überraschender Naturtreue, die v. a. seine Tierdarstellungen auszeichnet. Mit seinen Porträts und Bildnismedaillen (→Medaille), die die Dargestellten in strenger Profilansicht zeigen, wurde er zum Bahnbrecher der ital. Porträtkunst. Von seinen Bronzemedaillen sind über 30 erhalten (BILD →Johannes VIII. Palaiologos), sie datieren ab 1438; auf der Vorderseite das realistisch und zugleich monumental gestaltete Profilbildnis, auf der Rückseite ein sinnbildl. Relief oder ein Tier.

Pisanello: Jagdleopard; um 1440/50 (Paris, Louvre)

Werke: *Fresken:* Verkündigung Mariä (1422–26; Verona, San Fermo); Aufbruch des hl. Georg zum Drachenkampf (um 1433–38; ebd., Sant'Anastasia). – *Tafelbilder:* Vision des hl. Eustachius (vor 1450; London, National Gallery); Maria erscheint den Hl. Antonius und Georg (ebd.); Porträts des Lionello d'Este (Bergamo, Akademie) und einer Prinzessin von Este (Paris, Louvre). – *Zeichnungen* im Codex Vallardi (Paris, Louvre; Sammelband mit Musterzeichnungen).

P. L'opera completa, hg. v. G. A. DELL'ACQUA (Mailand 1972); P. u. Bono da Ferrara, bearb. v. B. DEGENHART u. a. (1995); P., hg. v. P. MARINI, Ausst.-Kat. Museo di Castelvecchio, Verona (Mailand 1996).

Pisangfresser [malaiisch], Vogelart, →Turakos.

Pisani, Vittore, ital. Sprachwissenschaftler, * Rom 23. 2. 1899, † Como 22. 12. 1990; wurde 1938 Prof. in

Mailand und trat bes. als Indogermanist mit Arbeiten zum Sanskrit (›Grammatica dell'antico indiano‹, 3 Tle., 1930–33) und v. a. mit Studien zur Sprachgeschichte des Griechischen und Lateinischen hervor; Forschungsschwerpunkte waren dabei Etymologie und Wortkunde, Religionsgeschichte sowie Fragen der indogerman. Sprachgeographie.

Weitere Werke: L'etimologia (1947; dt. Die Etymologie); Manuale storico della lingua latina, 4 Bde. (1948–62); Lingue e culture (1969); Mantissa (1978).

Pisani Dossi, Carlo Alberto, ital. Schriftsteller, →Dossi, Carlo.

Andrea Pisano: Überführung des Leichnams Johannes' des Täufers; Relief am Südportal des Baptisteriums in Florenz; 1330–36

Pisano, 1) Andrea, ital. Goldschmied, Bildhauer und Baumeister, * Pontedera zw. 1290 und 1295, † Orvieto zw. 26. 8. 1348 und 19. 7. 1349, Vater von 5). Sein einziges gesichertes Werk ist die älteste Bronzetür des Florentiner Baptisteriums mit Darstellungen aus dem Leben JOHANNES' DES TÄUFERS sowie (in der unteren Reihe) acht thronenden Tugenden (1330–36), ein Höhepunkt der Florentiner Skulptur im Trecento. In seinem Reliefstil verbinden sich sienes., vielleicht auch frz. Einflüsse mit den Ausstrahlungen GIOTTOS, dessen Nachfolger als Dombaumeister er 1337–43 war; die sechseckigen Marmorreliefs am Untergeschoss des Campanile werden ihm zugeschrieben (wohl ab 1334 in Arbeit; Originale heute im Dommuseum); um 1347 als Dombaumeister in Orvieto nachweisbar. Zugeschrieben werden ihm heute von den lange zw. ihm und seinem Sohn NINO umstrittenen Marmorbildwerken v. a. die Marmorhalbfigur der Madonna del Latte (nach 1340) für Santa Maria della Spina in Pisa (heute im Museo Nazionale di San Matteo) und weitere Figuren der Kirche. Weiteres BILD →Campanile.

G. KREYTENBERG: A. P. u. die toskan. Skulptur des 14. Jh. (1984); A. F. MOSKOWITZ: The sculpture of A. and Nino P. (Cambridge 1986).

2) Antonio, ital. Maler und Medailleur, →Pisanello.

3) Giovanni, ital. Bildhauer und Baumeister, * Pisa (?) zw. 1245 und 1250, † Siena (?) bald nach 1314, Sohn von 4); Schüler seines Vaters, an dessen Kanzel in Siena er mitarbeitete. Reisen nach Reims und Paris sind anzunehmen (zw. 1270/80), da er offenbar von frz. Bauplastik beeinflusst war (Elfenbeinmadonna, 1299; Pisa, Museo Nazionale di San Matteo). Ein gemeinsames Werk von Vater und Sohn ist der Brunnen (Fontana Maggiore, 1277/78) in Perugia. Seit 1284 war P. an der Fassade des Sieneser Domes tätig, wurde dort Dombaumeister und siedelte 1297 in gleicher Funktion nach Pisa über. Seine Statuen für die Sieneser Fassade (heute Dommuseum, BILD →italienische Kunst) gehören ebenso wie die beiden anschließend für Sant'Andrea, Pistoia (1301 vollendet) und den Pisaner Dom (1302–12) geschaffenen Kanzeln mit ihren Reliefs zu den Hauptwerken mittelalterl. Skulptur (BILD →Kanzel). Er entwickelte einen individuellen Reliefstil, in dem die dreidimensional greifbare Erscheinung der Figur einem erregten Linienrhythmus untergeordnet wird. Seine Portalstatuen entfalten sich frei im Raum stehend, bewegt und erfüllt von intensiver Ausdrucks- und Gefühlskraft. P. schuf auch eine Reihe marmorner Madonnen in Pisa, Padua (Arenakapelle) und Prato (Madonna della Cintola, die als sein letztes Werk gilt).

M. AYRTON: G. P. Bildhauer (a. d. Engl., 1970); G. L. MELLINI: G. P. (Mailand 1970); E. CARLI: G. P. (Pisa 1977); DERS.: G. P. Il pulpito di Pistoia (Mailand 1986).

Giovanni Pisano: Madonnenstatue; 1305–06 (Padua, Arenakapelle)

4) Niccolò (Nicola), ital. Bildhauer, * in Apulien (?) um 1225, † Pisa (?) bald nach 1278, Vater von 3); einer der bedeutendsten europ. Bildhauer des MA., kam wohl im Umkreis des Stauferkaisers FRIEDRICH II. mit Werken der Antike in Berührung; tätig in der Toskana, dort seit 1258 nachweisbar. Seine Kanzel im Pisaner Baptisterium (1260 signiert) verbindet über die Zisterzienser vermittelte got. Formen (es erscheinen erstmals in Italien im got. Sinn gestaltete Gewandfiguren) und das Bildprogramm der frz. Gotik mit Vorbildern antiker Sarkophagreliefs. Das Bild des Menschen und seiner ird. Umgebung wird für P. in einem dem MA. sonst unbekannten Maß darstellungswürdig. In der Sieneser Domkanzel (1265–67) wandelt sich sein Reliefstil zu erzähler. Reichtum und dramat. Zuspitzung der Szenen und wird zum Ausgangspunkt für seinen Sohn GIOVANNI, der ebenso wie ARNOLFO DI CAMBIO an ihr beteiligt war. Waren die Pisaner Reliefs klar begrenzt, ziehen sie sich jetzt wie ein einziger Fries um die Brüstung der Kanzel. Seit 1265 war P. an dem Statuenschmuck des Pisaner Baptisteriums tätig. Aus seiner Werkstatt stammt die Arca (Grabmal) di San Domenico (1264–67; Bologna, San Domenico; mit Bekrönung von NICCOLÒ DELL'ARCA).

J. POESCHKE: Die Sieneser Domkanzel des Nicola P. (1973).

Niccolò Pisano: Das Jüngste Gericht; Relief an der Kanzel des Baptisteriums in Pisa, 1260 signiert

5) Nino, ital. Bildhauer, * Pisa (?) um 1315, † ebd. (?) vor dem 8. 12. 1368, Sohn und Schüler von 1); seit 1349 Nachfolger seines Vaters als Dombaumeister in Orvieto. Nur drei Werke sind gesichert: Madonna in Santa Maria Novella, Florenz; Bischofsstatue in San Francesco in Oristano; Madonna über dem Wandgrabmal des Dogen MARCO CORNARO in Santi Giovanni e Paolo, Venedig. Andere Arbeiten waren oder sind zw. ihm und seinem Vater umstritten; zugeschrieben werden ihm heute die Verkündigungsgruppe (um 1360) für San Zeno (seit 1480 in Santa Caterina, Pisa), das Grabmal des Erzbischofs SIMONE SALTARELLI († 1342) in Santa Caterina, Pisa, und das Grabmal des Erzbischofs GIOVANNI SCARLATTI († 1362) auf dem Camposanto Monumentale von Pisa. Sein got. Werk hat nachhaltig auf die oberital., speziell venezian. Skulptur des späten Trecento eingewirkt.

Literatur →Pisano 1).

Pisarev, Dmitrij Ivanovič, russ. Literaturkritiker, →Pissarew, Dmitrij Iwanowitsch.

Pisauridae [nach Pisaurum, dem lat. Namen der ital. Stadt Pesaro], die →Raubspinnen.

Erwin Piscator

Piscator, 1) Erwin, Regisseur und Theaterleiter, *Ulm (heute zu Greifenstein, Lahn-Dill-Kreis) 17. 12. 1893, †Starnberg 30. 3. 1966; stellte soziales und polit. Engagement in den Vordergrund seiner Arbeit; gründete u. a. in Berlin das Proletar. Theater (1920/21). Als Regisseur an der Berliner Volksbühne (1924–27) gelangen P. die ersten Aufsehen erregenden Inszenierungen, u. a. ›Fahnen‹ (von A. PAQUET, 1924), ›Sturmflut‹ (von PAQUET, 1926). Seine Interpretation von SCHILLERS ›Räubern‹ (1926) als Revolutionsstück, seine Agitation für die Russ. Revolution in E. WELKS ›Gewitter über Gotland‹ (1927) führten zu seiner Entlassung. P. gründete am Nollendorfplatz die erste **P.-Bühne** (1927/28). Mit TRAUGOTT MÜLLER entwickelte er ein Bühnensystem (mehrgeschossige Spielflächen) und einen Inszenierungsstil (Simultanszenen, Foto- und Filmprojektionen, intensiver Einsatz der Bühnenmaschinerie usw.), der zur Dynamisierung und Emotionalisierung der polit. Agitationsstücke beitragen sollte. 1931–36 lebte P. in der UdSSR, 1936–39 in Paris, 1939 emigrierte er in die USA; 1951 Rückkehr in die BRD; leitete 1962–66 die Freie Volksbühne Berlin, wo er u. a. Uraufführungen von R. HOCHHUTH, H. KIPPHARDT und P. WEISS herausbrachte. Er schrieb ›Das polit. Theater‹ (1929).

Ausgaben: Schriften, hg. v. L. HOFFMANN, 2 Bde. (1968); Briefe aus Dtl. 1951–1966 an Maria Ley-P., hg. v. H. MARX (1983); Zeittheater, hg. v. M. BRAUNECK u. a., 2 Bde. (1986).

M. LEY-PISCATOR: The P. experiment (New York 1967, Nachdr. Carbondale, Ill., 1970); E. P., hg. v. K. BOESER u. a., 2 Bde. (1986); ›Leben – ist immer ein Anfang!‹, E. P. 1893–1966. Der Regisseur des polit. Theaters, hg. v. U. AMLUNG (1993); H. GOERTZ: E. P. (17.–18. Tsd. 1995).

2) Johannes, eigtl. **J. Fischer,** ref. Theologe, *Straßburg 27. 3. 1546, †Herborn 26. 7. 1625; als Kalvinist aus Straßburg (1574) und Heidelberg (1576) vertrieben, 1584 Prof. in Herborn; wirkte v. a. durch seine Bibelübersetzung, die in Bern 1684–1824 amtl. Geltung hatte.

Pisces [lat.], 1) *Astronomie:* wiss. Bez. des Sternbilds →Fische.

2) *Zoologie:* wiss. Name der →Fische.

Pi-Schaltung, Π-Schaltung, nach der Darstellung im Schaltbild (Ähnlichkeit mit dem griech. Buchstaben Π) benannte elektr. Vierpolschaltung mit je einer Querimpedanz parallel zum Eingangs- und zum Ausgangsklemmenpaar und einer Längsimpedanz (BILD →Bandpass). Die Pi-S. entspricht der Dreieckschaltung; sie ist dual zur T-Schaltung.

Pischpek, bis 1926 Name der kirgis. Hauptstadt →Bischkek.

Piscina [lat.] *die, -/...nen,* in der röm. Antike ein Wasserbecken in Gärten (Fischteich), in Thermenanlagen das Schwimmbecken, in der frühchristl. Kirche das Taufbecken; im MA. ein Becken in der Chorsüdwand, in dem der Priester Hände und Kelch wusch.

Piscis Austrinus [lat.], das Sternbild →Südlicher Fisch.

Piscis Volans [lat.], das Sternbild →Fliegender Fisch.

Pisco [Quechua] *der, -,* Tresterbranntwein aus Peru und Chile, meist gekühlt mit Zitronensaft (P. sour) als Aperitif getrunken.

Pisco, Hafenstadt in SW-Peru, Zentrum eines Bewässerungsgebietes rd. 200 km südlich von Lima, an der Mündung des P., 76 000 Ew.; Anbau von Baumwolle, Reis, Zitrusfrüchten; Weinbau; Branntweinbrennereien (›Pisco‹), Fischmehlfabriken. Südwestlich von P. die Halbinsel →Paracas.

Pisculescu [piʃ-], Grigore, rumän. Schriftsteller, →Galaction, Gala.

Pisek [-sɛk], tschech. **Písek,** Stadt im Südböhm. Gebiet, Tschech. Rep., 378 m ü. M., an der Wottawa, 29 800 Ew.; Elektrogeräte- und Werkzeugmaschinenbau, Lebensmittel-, Textil-, Holzindustrie. – Got. Burg des 13. Jh., später mehrfach umgebaut; im Palas (2. Hälfte 13. Jh.) got. Wandmalereien. Über die Wottawa führt eine mittelalterl. Steinbrücke (›Hirschbrücke‹, Mitte 13. Jh.) mit barocken Statuen. Die urspr. got. Stadtkirche Mariä Geburt (13. Jh.) nach Brand im Renaissancestil umgebaut und im 19. Jh. regotisiert; im Innern got. Wandmalereien (Kreuzabnahme, um 1310) und Taufbecken von 1587. – Um 1240 wurde P. als Stadt nach dt. Recht neben einer Burg angelegt. Im MA. bestimmte die Goldwäscherei an der Wottawa weitgehend das Wirtschaftsleben.

Pisemskij, Aleksej Feofilaktovič, russ. Schriftsteller, →Pissemskij, Aleksej Feofilaktowitsch.

Pisendel, Johann Georg, Violinist und Komponist, *Cadolzburg 26. 12. 1687, †Dresden 25. 11. 1755; studierte bei G. TORELLI und A. VIVALDI, wurde 1712 Violinist in der Dresdner Hofkapelle und 1728 Konzertmeister ebd. Er gilt als bedeutendster Violinvirtuose der Bach-Zeit; komponierte u. a. Violinkonzerte und Concerti grossi.

Pisides, Georgios, byzantin. Dichter, →Georgios, G. Pisides.

Pisidi|en, griech. **Pisidia,** in der Antike Name der Gebirgslandschaft im südl. Kleinasien, im Westtaurus, Türkei, die sich landeinwärts (in nördl. Richtung) an die Küstenebene von Antalya (Pamphylien) anschloss und bis in das Gebiet um die Seen bei Burdur reichte. Die alteingesessenen kleinasiat. Stämme der krieger. **Pisidier (Pisider)** konnten in ihren Bergfestungen weder von den Persern noch von ALEXANDER D. GR. völlig bezwungen werden; seit etwa 100 v. Chr. unter röm. Herrschaft.

Die pisid. Sprache gehört vermutlich zur →anatolischen Sprachgruppe innerhalb der indogerman. Sprachen. Erhalten sind 17 kurze Grabinschriften (v. a. Namen) der röm. Kaiserzeit in griech. Schrift aus dem Quellgebiet des Eurymedon, dem Siedlungsgebiet der Pisidier in SW-Kleinasien; die sprachl. Deutung der Texte ist schwierig.

J. FRIEDRICH: Kleinasiat. Sprachdenkmäler (1932); X. DE PLANHOL: De la plaine pamphylienne aux lacs pisidiens, nomadisme et vie paysanne (Paris 1958); L. ZGUSTA in: Archiv orientální, Jg. 31 (Prag 1963); C. BRIXHE u. a. in: Kadmos, Jg. 26 (1987).

Pisidium [zu lat. pisum ›Erbse‹], wiss. Name der →Erbsenmuscheln.

Pisis, Filippo De, ital. Maler, →De Pisis, Filippo.

Piso, wichtigster Zweig des röm. plebejischen Geschlechts der Calpurnier; ihm entstammte u. a. CALPURNIA, die dritte Gemahlin CAESARS. – Bekannt v. a.:

1) Gaius **Calpurnius P.,** Konsul (wohl 41 n. Chr.), †(Selbstmord) 19. 4. 65 n. Chr.; war 65 Mittelpunkt der nach ihm benannten **Pisonischen Verschwörung** gegen NERO.

2) Gnaeus **Calpurnius P.,** Konsul (7 v. Chr.), †(Selbstmord) 20 n. Chr.; wurde 17 n. Chr. Legat von Syrien; aufgrund seiner Spannungen zu GERMANICUS wurde er wegen dessen angebl. Vergiftung (19 n. Chr.) im Jahr 20 in Rom angeklagt.

3) Lucius **Calpurnius P. Frugi,** Geschichtsschreiber und Politiker (Volkstribun 149 v. Chr., Konsul 133 v. Chr.); verfasste sieben Bücher ›Annales‹ von den Anfängen Roms bis in seine Zeit. Als Konsul war er Gegner des TIBERIUS SEMPRONIUS GRACCHUS.

Pisolith [lat. pisum ›Erbse‹ und griech. líthos ›Stein‹] *der, -s* und *-en/-e(n),* Mineral, →Aragonit.

Pispers, Volker, Kabarettist, *Mönchengladbach 18. 1. 1958; spielte u. a. Studententheater in Münster; tritt seit 1983 in Soloprogrammen auf (›Kabarette sich, wer kann‹, 1983; ›Frisch gestrichen‹, 1994, u. a.);

1990 Ensemble-Mitgl. beim ›Düsseldorfer Kom(m)ödchen‹. Erhielt 1995 den Dt. Kleinkunstpreis.

Pissarew, Pisarev, Dmitrij Iwanowitsch, russ. Literaturkritiker und Philosoph, *Snamenskoje (Gebiet Orel), 14. 10. 1840, †Dubulti (heute zu Jūrmala) 16. 7. 1868; wegen staatsfeindl. Tätigkeit 1862–66 in Festungshaft; führender Vertreter des russ. Nihilismus (Aufsatz ›Bazarov‹, 1862) und einer der wichtigsten Förderer und Theoretiker der gesellschaftskrit. Richtung innerhalb des russ. Realismus. Er forderte philosophisch einen radikalen Utilitarismus sowie eine Literatur und Literaturkritik, die Widerspiegelung und Kritik gesellschaftl. Wirklichkeit zum Zweck ihrer progressiven Veränderung sein müssten.

J. N. KOROTKOV: P. (Moskau 1976); F. F. KUZNECOV: Nigilisty? D. I. Pisarev i žurnal ›Russkoe slovo‹ (ebd. 1983).

Camille Pissarro: Die roten Dächer; 1877 (Paris, Musée d'Orsay)

Pissarro, Camille, frz. Maler und Grafiker, *Charlotte Amalie (Saint Thomas) 10. 7. 1830, †Paris 13. 11. 1903; Sohn einer jüd. Kaufmannsfamilie, ließ sich 1855 in Frankreich nieder. Beeinflusst von C. COROT, malte er zunächst stimmungsvolle Landschaftsbilder, oft mit menschl. Gestalten. Ab 1859 freundete er sich mit C. MONET an und entwickelte sich im folgenden Jahrzehnt zu einem bedeutenden Vertreter des Impressionismus. 1874 beteiligte er sich an der 1. Ausstellung der Impressionisten und nahm auch an allen weiteren teil. Ab 1885 malte er, angeregt von G. SEURAT, fünf Jahre pointillistisch, kehrte dann jedoch zur impressionist. Malweise zurück. Neben Landschaftsbildern schuf P. auch einige Stillleben und Porträts, ab Anfang der 1890er-Jahre auch Großstadtszenen. P. schuf ferner Zeichnungen sowie über 200 Radierungen, Lithographien und Monotypien.

K. ADLER: C. P. A biography (Neuausg. London 1978); R. E. SHIKES u. P. HARPER: P. Der Vater des Impressionismus (a. d. Engl., 1981); C. P. Radierungen, Lithographien, Monotypien ..., Ausst.-Kat. (1990); A. RITTMANN: Die Druckgraphik C. P.s (1991); J. PISSARRO: C. P. (a. d. Engl., 1993).

Pissek *der,* poln. **Pisa,** 1936–45 dt. **Galinde,** rechter Nebenfluss des Narew, Polen, 80 km lang, kommt aus dem 19 km² großen Roschsee (poln. Jezioro Roś), auch Warschausee gen., einem der Masur. Seen.

Pissemskij, Pisemskij, Aleksej Feofilaktowitsch, russ. Schriftsteller, *Ramenje (Gebiet Kostroma) 23. 3. 1821, †Moskau 2. 2. 1881; begann als Anhänger der →natürlichen Schule mit Skizzen über das Leben der einfachen Leute, schrieb dann Romane und Dramen, in denen er v. a. soziale Probleme behandelte. Der Roman ›Tysjača duš‹ (1858; dt. ›Tausend Seelen‹) wurde als Entlarvungsliteratur verstanden, weil der Held die Schwächen der bestehenden Ordnung bloßlegt. ›Gor'kaja sud'bina‹ (1860; dt. u. a. als ›Das bittere Los‹) schildert ein Bauernleben, dessen Tragik durch die Leibeigenschaft mitbedingt ist. Obwohl er in ›V vodovorote‹ (1871; dt. ›Im Strudel‹) eine junge Frau mit radikalen Ansichten positiv schilderte, konnte P. bei der zeitgenöss. Kritik keine Anerkennung mehr erringen.

Ausgaben: Sobranie sočinenij, 9 Bde. (1959); Sobranie sočinenij, 5 Bde. (Neuausg. 1982–84).

C. MOSER: Pisemsky. A provincial realist (Cambridge, Mass., 1969); M. M. L. PEARSON: A comparative study of the art of A. F. Pisemskij (Diss. Los Angeles, Calif., 1974).

Pistazie: Echte Pistazie (Höhe bis 10 m)

Pistazie [über spätlat. pistacia, griech. pistákē von pers. pista[h] ›Pistazie‹] *die, -/-n,* **Pistacia,** Gattung der Sumachgewächse mit etwa zehn Arten, v. a. im Mittelmeerraum, aber auch in Asien, Indomalesien, in den südl. USA und in Zentralamerika; harzreiche kleine Bäume oder Sträucher mit meist gefiederten Blättern und kleinen eingeschlechtigen, zweihäusig verteilten Blüten in zusammengesetzten Rispen. Mehrere Arten finden als Nutzpflanzen Verwendung, v. a. die im gesamten Mittelmeerraum kultivierte **Echte P. (Grüne Mandel,** Pistacia vera); bis 10 m hoher Baum. Die mandelförmigen Steinfrüchte enthalten im Steinkern einen grünl. (den Embryo mit bereits ergrünenden Keimblättern) ölhaltigen, aromatisch schmeckenden Samen **(Pistazie, Grüne Mandel, Alepponuss),** der gesalzen gegessen wird oder als würzige Zutat (Wurst, Eiscreme) Verwendung findet. Ebenfalls im Mittelmeerraum heimisch ist die **Terpentin-P. (Terebinthe,** Pistacia terebinthus); 2–5 m hoher, Laub abwerfender Strauch oder Baum mit duftenden Zweigen und bräunlich gelben Blüten, deren Griffel und Staubbeutel rot sind; die rötl. Rinde liefert ein wohlriechendes Terpentin. Ein wesentl. Bestandteil der Macchie des Mittelmeergebiets ist der →Mastixstrauch 1).

Pistazie: Steinfrüchte der Echten Pistazie

Kulturgeschichte: Die Echte P. ist im südl. Kaukasus, Mesopotamien und Syrien heimisch. In Palästina ist sie schon z. Z. der Erzväter bezeugt. Die Griechen lernten den Baum durch die Feldzüge ALEXANDERS D. GR. kennen. Um 30 n. Chr. soll der Baum durch die Römer nach Italien und von da nach Spanien gelangt sein (nach PLINIUS D. Ä.). Der P.-Anbau ging mit der Völkerwanderung stark zurück und wurde erst wieder durch die Araber im Mittelmeergebiet verbreitet.

Pistazit *der, -s/-e,* Mineral, der →Epidot.

Piste [frz., von ital. pesta ›gestampfter Weg‹] *die, -/-n,* **1)** *allg.:* Verkehrsweg ohne feste Fahrbahndecke.

2) *Luftfahrt:* Start- und Landebahn auf Flughäfen.

3) *Sport:* Skirennstrecke bei alpinen Wettbewerben; Bob- und Rodelbahn (›Eis-P.‹); Rennbahn im Rad- und Motorsport; i. w. S. jede abgesteckte Strecke für Wettläufe und -rennen.

4) *Zirkus:* die Umrandung der Manege.

Pistengolf, *Sport:* schweizer. Bez. für →Bahnengolf.

Pistill [lat. pistillum, zu pinsare ›stampfen‹] *das, -s/-e,* keulenförmiger Stößel zum Zerreiben von Substanzen im Mörser oder in einer Reibschale.

Pistillum [lat.], *Botanik:* →Stempel.

Pistis Sophia [griech. ›Glaube Weisheit‹], urspr. griechisch verfasstes, in einer kopt. Übersetzung erhaltenes vierteiliges Werk, dessen erste drei Teile, verfasst zw. 250 und 300 n. Chr., die ursprüngl. P. S. darstellen, während der vierte, früher (1. Hälfte des 3. Jh.) entstandene Teil selbstständig war. Der Titel ist ein Eigenname der personifizierten Weisheit. Die Übersetzung enthält eine gnostisch geprägte esoter. Belehrung des auferstandenen JESUS an seine Jünger.

Ausgaben: P. S., hg. v. CARL SCHMIDT (1978); Koptisch-gnost. Schr., hg. v. DEMS., Bd. 1: Die P. S. ([4]1981).

Pistoia, 1) Hauptstadt der Prov. P., in der Toskana, Italien, 65 m ü. M., am NW-Ende des Beckens von Florenz, 86 600 Ew.; Ausgangspunkt einer Passstraße über den Apennin (nach Bologna); Bischofssitz; Gartenbaufachschule, Museen; Metall-, chem., Leder-,

Pistoia 1): Silberaltar (13.–15. Jh.); Ausschnitt mit der Darstellung der Geschichte vom ungläubigen Thomas

Schuh- und Textilindustrie. – An der Piazza del Duomo liegen der Dom (12./13. Jh., spätere Veränderungen; mit Silberaltar toskan. Meister, 13.–15. Jh.) sowie Baptisterium (nach Plänen von A. PISANO 1338–59 erbaut) und die Palazzi Pretorio (14. Jh.) und del Comune (ab 1294; Museum mit Werken in P. tätiger Künstler vom 13. bis 18. Jh.). In der Kirche Sant'Andrea (12. Jh.) eine Kanzel von G. PISANO (1301); roman. Kirchen San Giovanni Fuorcivitas (12. und 14. Jh.) und San Bartolomeo in Pantano (1159 ff.). Gotisch sind San Paolo, San Domenico, San Francesco. Aus der Renaissance stammen die Kirche Madonna dell'Umiltà und die Arkadenfront des 1277 gegründeten Ospedale del Ceppo mit Terrakottafries aus der Werkstatt der Della Robbia. – P., das röm. **Pistoria (Pistoriae, Pistorium),** war in langobard. Zeit ein wichtiges Militär- und Verwaltungszentrum; 1115 wurde es freie Kommune und nahm bes. im 13. Jh. eine führende Stellung im Bankwesen ein. Nach der Herrschaft CASTRUCCIO CASTRACANIS geriet P. 1329 und endgültig 1401 unter die Herrschaft von Florenz.

2) Prov. in der Region Toskana, Italien, 965 km², 265 700 Einwohner.

Pistoia, il, eigtl. **Antonio Cammelli,** ital. Dichter, * Pistoia 1436, † Ferrara 29. 4. 1502; stand im Dienst der Este in Ferrara; gehört zu den wichtigen Vertretern der in der ital. Renaissance gepflegten komisch-burlesken Dichtung; äußerte sich in seinen über 500 ›Sonetti faceti‹ satirisch u.a. zu Alltagskalamitäten, zum Hof- und Stadtleben oder zu bestimmten Zeitgenossen, auch zu polit. Ereignissen. Seine Tragödie ›Filostrato e Panfila‹ (Uraufführung 1499, gedruckt 1508) ist von einer Novelle G. BOCCACCIOS (›Il Decamerone‹, IV, 1) angeregt.

Pistole (Hannover, 1805; Durchmesser 23 mm)

Vorderseite

Rückseite

Pistole [frz., von ital. piastola, Verkleinerung von piastra ›Metallplättchen‹] *die, -/-n, Münzwesen:* dt. Bez. für den seit 1537 ausgeprägten span. Doppelescudo, der zum Vorbild für den frz. →Louisdor wurde. In den dt. Staaten wurden im 18./19. Jh. die nach dem Vorbild des Louisdors geprägten 5-Taler-Stücke als P. bezeichnet.

Pistole: 1 und 2 Steinschlosspistolen; 3 Selbstladepistole Walther PP, Kaliber 7,65 mm

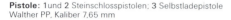

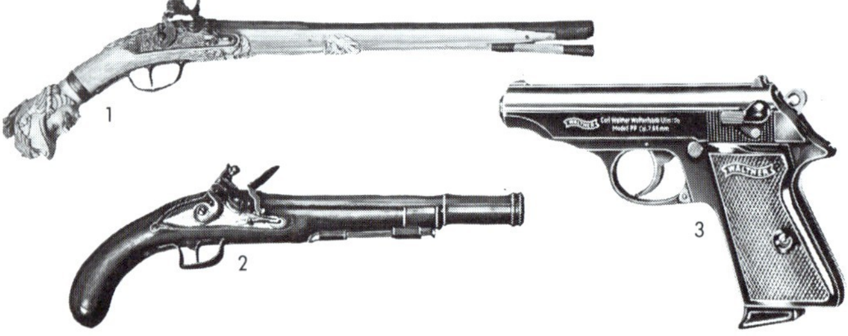

Pistole [von tschech. pišťala, eigtl. ›Pfeife‹, ›Rohr‹] *die, -/-n, Waffenwesen:* kurzläufige, mit einer Hand zu bedienende Handfeuerwaffe (Faustfeuerwaffe) für Selbstverteidigung und Nahkampf sowie für sportl. Zwecke (i.d.R. Luft-P. und Kleinkaliber-P.). Die seit Ende des 19. Jh. gebräuchl. **Selbstlade-P.** haben ein im Griff untergebrachtes Stangenmagazin für 6–10 Patronen, v.a. hierdurch unterscheiden sie sich von den Revolvern mit drehbarem Trommelmagazin. Selbstlade-P. verfügen entweder über einen fest stehenden Lauf mit Federverschluss (das beim Schuss zurückgleitende Verschlussstück wird durch eine Feder wieder nach vorn geführt) oder über einen bewegl. Lauf, der zus. mit dem Verschluss (verriegelter Verschluss) zurückgleitet. Durch Zurückziehen des Verschlussstücks samt Lauf wird das Schloss gespannt und eine Patrone in das Patronenlager eingeführt. Nach dem Abfeuern wirkt ein Teil der Pulvergase auf die Patronenhülse und treibt sie gegen das Verschlussstück, das dadurch samt Hülse zurückgleitet. Auf diese Weise wird das Schloss selbsttätig wieder gespannt, die abgeschossene Hülse ausgeworfen und beim Vorgleiten eine neue Patrone in den Lauf eingeführt. P. sind nur auf geringe Entfernungen (25–50 m) treffsicher. Die heute in Gebrauch befindl. Armee-P. haben ein Gewicht von etwa 1 kg, das gebräuchlichste Kaliber beträgt 9 mm, die Mündungsgeschwindigkeit je nach Lauflänge 320–360 m/s.

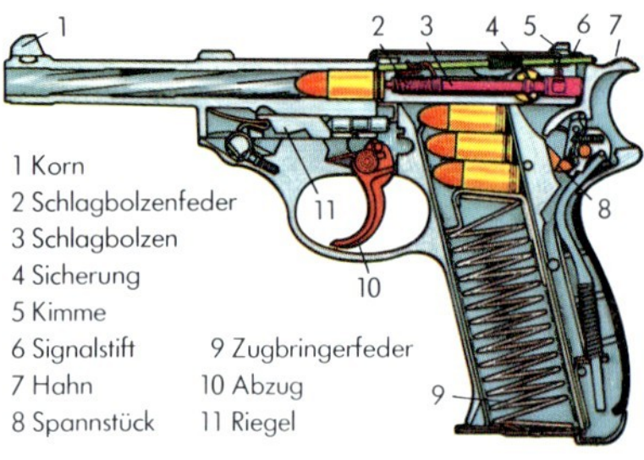

Pistole: Schnittzeichnung der Selbstladepistole Walther P 38, Kaliber 9 mm

Geschichte: Als Urform der P. kann das Mitte des 14. Jh. auftretende, einen im Verhältnis zu anderen Handfeuerwaffen kürzeren Schaft besitzende Faustrohr angesehen werden. Mit der Einführung des Luntenschlosses Mitte des 15. Jh. entwickelte sich die P. zu einer vom →Gewehr abgrenzbaren eigenständigen Waffenart. Eine entscheidende Verbesserung der **Vorderlader-P.** brachte die Erfindung des Radschlosses Anfang des 16. Jh., die P. (z.T. auch doppelläufig) wurde hierdurch ab etwa 1550 neben Degen und Säbel zur Hauptwaffe des Kavalleristen. Im 17. Jh. wurde die Radschloss-P. durch die Steinschloss-P. abgelöst. Die Erfindung des Perkussionsschlosses (um 1830) führte zur Entwicklung der Sonderform Revolver, die erste einsatzfähige **Hinterlader-P.** (mit Nadelzündung) baute 1845 der Franzose CASIMIR LEFAUCHEUX (* 1802, † 1852). Anfang des 20. Jh. konnte sich die um die Jahrhundertwende entwickelte Selbstlade-P. gegenüber dem in der 2. Hälfte des 19. Jh. dominierenden Revolver durchsetzen, die erste derartige Waffe war die 1893 konstruierte ›C 93‹, Vorläufer der →Parabellum.

F. WILKINSON: The illustrated book of pistols (London 1979); I. V. HOGG u. J. WEEKS: P. aus aller Welt. Enzykl. der P. u. Revolver seit 1870 (a.d. Engl., 1988); G. BOCK u.a.: Hb. der Faustfeuerwaffen ([8]1989).

Pistoletto, Michelangelo, ital. Maler, Aktionskünstler, * Biella 25. 6. 1933; begann nach Aktionen und Happenings in Rom, Mailand und Turin unter dem Einfluss der Pop-Art 1962 mit Spiegelbildern (polierter Stahl) zu arbeiten. Er verwendete hierbei lebensgroße Fotografien szenisch gruppierter Figuren, die gespiegelten Betrachter werden in diese einbezogen. P. schuf mit ähnl. Intentionen auch Skulpturen aus Schaumstoff.

P. – le porte di Palazzo Fabroni, hg. v. B. CORÀ, Ausst.-Kat. Palazzo Fabroni, Pistoia (Mailand 1995); M. P. – Memoria, Intelligentia, Praevidentia, bearb. v. H. FRIEDEL, Ausst.-Kat. Städt. Galerie im Lenbachhaus, München (1995).

Pistomesit [griech.] *der, -s/-e,* ein Mineral, →Magnesit.

Piston [pɪsˈtɔ̃:; frz., von ital. pistone ›Kolben‹, ›Stampfer‹] *das, -s/-s,* Bez. für das Pumpenventil bei Blechblasinstrumenten; auch Kurz-Bez. für das Cornet à Pistons (→Kornett).

Piston [pɪstn], Walter Hamor, amerikan. Komponist, * Rockland (Me.) 20. 1. 1894, † Belmont (Mass.) 12. 11. 1976; studierte in Cambridge (Mass.) und bei NADIA BOULANGER in Paris und lehrte seit 1926 (1944 Prof.) an der Harvard University in Cambridge (Schüler u. a. L. BERNSTEIN). Seine am Neoklassizismus orientierten Werke, darunter das Ballett ›The incredible flutist‹ (1938), acht Sinfonien, Konzerte und fünf Streichquartette, zeigen eine große Beherrschung verschiedenartiger kompositor. Techniken.

Pistorius, 1) Johann, d. Ä., gen. **Niddanus,** Reformator, * Nidda 1503, † ebd. 25. 1. 1583, Vater von 2); 1526–80 erster ev. Pfarrer seiner Heimatstadt; zeitweise Superintendent dort und in Alsfeld. Er wirkte an der Durchführung der Reformation in Hessen mit und nahm an den Religionsgesprächen seiner Zeit in Worms (1540, 1557) und Regensburg (1541) teil.

H.-J. GÜNTHER: Die Reformation u. ihre Kinder, dargestellt an: Vater u. Sohn Johannes Pistorius Niddanus (1994).

2) Johann, d. J., ev., später kath. Theologe, * Nidda 4. 2. 1546, † Freiburg im Breisgau 18. 7. 1608, Sohn von 1); Theologie-, Rechts- und Medizinstudium in Wittenberg; war ab 1575 Leibarzt und Hofhistoriograph in Durlach, ab 1584 Geheimer Rat in Emmendingen. 1588 konvertierte er zum Katholizismus. 1591–94 Generalvikar in Konstanz, anschließend österr. und bayer., danach kaiserl. Rat in Freiburg im Breisgau. Ab 1601 Beichtvater Kaiser RUDOLFS II. Sein literar. Werk umfasst histor. Schriften (›Polonicae historiae corpus‹, 1582; ›Rerum Germanicarum scriptores ...‹, 3 Bde., 1583–1607) und polem. Schriften gegen LUTHER und den Protestantismus wie die ›Anatomiae Lutheri‹ (2 Bde., 1595–98) und den ›Wegweisser vor alle verführte Christen‹ (1599).

Pistoxenosmaler, attischer Schalenmaler des strengen Stils, um 485–465 v. Chr. tätig. Er bemalte v. a. weißgrundige Schalen mit großen rotfigurigen Innenbildern (Tod des Orpheus, Aphrodite auf dem Phallusvogel).

I. WEHGARTNER: Att. weißgrundige Keramik (1983).

Pistyan [ˈpɪstjan], slowak. **Piešťany** [ˈpiɛʃtjani], Stadt im Westslowak. Gebiet, Slowak. Rep., 162 m ü. M., am Slňavastausee (4 km²) der Waag, 32 900 Ew.; Heilbad (Thermen bis 69 °C und schwefelhaltigem Thermalschlamm), Forschungsinstitut für Rheumakrankheiten; ferner feinwerktechn. und Nahrungsmittelindustrie.

Pisuerga *die,* größter (rechter) Nebenfluss des Duero in N-Spanien, auf der Meseta von Altkastilien, 275 km lang, entspringt im Kantabr. Gebirge (Peña Labra), ist im Oberlauf gestaut (Stauseen Requejada, Aguilar), wird im Mittel- und Unterlauf (von Alar del Rey bis Valladolid) von dem aus ihm gespeisten Canal de Castilla begleitet und mündet bei Valladolid.

Pisum [lat.], wiss. Name der Gattung →Erbse.

Michelangelo Pistoletto: Disegnatrice; Siebdruck auf rostfreiem, poliertem Edelstahl, 1976–79 (Eindhoven, Van Abbemuseum)

Pisz [piʃ], Stadt in Polen, →Johannisburg.

Pitafasern [span. pita ›Sisalhanf‹], Blattfasern, die von Arten der Gattungen Bromelie und Aechmea v. a. in Mittel- und Südamerika gewonnen und zur Herstellung von Säcken und Stricken verwendet werden.

Pitalkhora, Ort im Bundesstaat Maharashtra, W-Indien, etwa 70 km nordwestlich von Elura mit einer Gruppe von 13 aus dem Fels herausgehauenen buddhist. Höhlentempeln (eine Caityahalle und zahlr. Viharas) v. a. aus der frühen Satavahanazeit (1. Jh. v. Chr.); Wächterfiguren und Fassadenreliefs sowie ein rundplast. Yaksha in feinem Skulpturenstil.

Pitarra [piˈtarrə], Serafí, Pseud. des katalan. Dramatikers Frederic →Soler.

Pitaval, François Gayot de, frz. Rechtsgelehrter, * Lyon 1673, † ebd. 1743; gab ›Causes célèbres et intéressantes‹ heraus (20 Bde., 1734–43). Für die von F. NIETHAMMER 1792–95 in 4 Bänden herausgegebene Übersetzung (›Berühmte und interessante Rechtsfälle‹) hat SCHILLER ein Vorwort verfasst. Der Name P. stand später allg. für Sammlungen von Strafrechtsfällen. Bes. bekannt: ›Der neue P.‹, hg. v. J. E. HITZIG u. a. (60 Bde., 1842–90).

Pitcairn [ˈpɪtkeən], brit. Insel vulkan. Ursprungs im südl. Pazifik, 4,5 km², bis 300 m ü. M. Die 55 Ew., Nachkommen von 1790 nach P. gekommenen Bounty-Meuterern und Tahitiern, treiben Viehzucht, Gartenbau und Fischfang; einzige Einnahmequelle ist der Verkauf von Briefmarken an Sammler, einzige Siedlung Adamstown. Die Insel hat Spuren früherer polynes. Besiedlung (Grabfunde, Kultstätten). Die 1767 entdeckte Insel ist seit 1898 brit. Kolonie, seit 1938 einschließlich der umgebenden unbewohnten Atolle Ducie und Oeno und der Insel Henderson (UNESCO-Weltnaturerbe); sie wurde wegen Übervölkerung zweimal von der Bev. verlassen (1831, 1856).

Pitcairnie: Pitcairnia nigra

Pitcairnie [pɪtˈkɛrniə; wohl nach dem schott. Arzt ARCHIBALD PITCAIRNE, * 1652, † 1713], **Pitcairnia,** Gattung der Ananasgewächse mit über 250 Arten in Mittel- und Südamerika, eine Art in Westafrika (Guinea); stammlose Rosettenpflanzen im Boden oder an Fels und Geröll, selten Epiphyten; mit starren und stachelig gesägten, schmalen, lineal. oder schwertförmigen Blättern; Blüten in lockeren oder dicht walzenförmigen Blütenständen; einige Arten als Zimmerpflanzen.

Pitcher [ˈpɪtʃə, engl.] *der, -s/-,* Werfer im →Baseball.

Pitch Lake [ˈpɪtʃ leɪk; engl. ›Asphaltsee‹], Asphaltvorkommen auf der Insel Trinidad, →La Brea 1).

Pitchpine [-paɪn; engl., aus pitch ›Harz‹ und pine ›Kiefer‹] *die, -/-s,* **Parkettkiefer, Pechkiefer,** harzreiches Kernholz versch., v. a. zentralamerikan. Kiefernarten (aus den USA bes. Sumpfkiefer); bevorzugt im Schiff- und Brückenbau verwendet, auch für den Hausbau (Fußböden, Fenster).

Piteå [ˈpiːtəoː], Hafenstadt am Bottn. Meerbusen, Schweden, 40 900 Ew.; südwestlich von Luleå an der Mündung des **Piteälv** (370 km lang), in Norrbotten gelegen; Sägewerke, Zellstofffabriken.

Pitești [piˈteʃtj], Hauptstadt des Kr. Argeș, im S Rumäniens, 287 m ü. M. im südl. Vorland des Fogarascher Gebirges (Südkarpaten), im Tal des oberen Argeș, 185 600 Ew.; Univ., Geschichts-, Kunstmuseum, Theater; Zentrum der rumän. Chemieindustrie mit Erdölraffinerie (um P. Erdölförderung), petrochem. Werk und Kautschukfabrik, Automobilbau (in Colibași), außerdem Holz- (bes. Möbelherstellung), Nahrungsmittel-, Textil- und Schuhindustrie, Maschinen- und Stahlbau; Verkehrsknotenpunkt, Autobahn nach Bukarest (die einzige rumän. Autobahn). – Georgskirche (›Fürstenkirche‹, 1656 erbaut); in der Dreifaltigkeitskirche (17. Jh.) Fresken von 1731. – P., auf dem Boden einer röm. Siedlung entstanden, wurde 1388 erstmals erwähnt und erhielt bereits 1481 Stadtrecht.

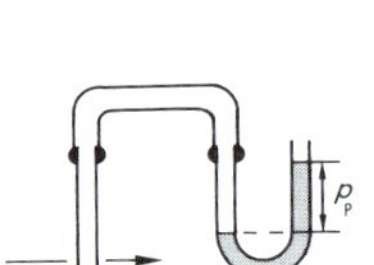

Pitot-Rohr zur Messung des Gesamtdrucks p_P

Pitha [Sanskrit] *die, -/-s,* in der ind. Architektur Bez. für die stets horizontal gegliederte und meist verzierte Basis eines Tempels, in der ind. Skulptur Bez. für den Untersatz eines Götterbildes (v. a. in der mittelalterlichen ind. Kunst meist ein Lotussockel) oder des shivait. →Linga.

Pithecanthropus [zu griech. píthekos ›Affe‹ und ánthrōpos ›Mensch‹] *der, -/...pi, Anthropologie:* →Homo erectus.

pithekoid [griech.], **pithecoid,** affenähnlich.

Pithom, ägypt. **Per-Atum** [›Haus des Gottes Atum‹], im Altertum Hauptstadt des achten unterägypt. Gaues im östl. Delta. Nach bibl. Überlieferung (2. Mos. 1, 11) leisteten die Juden bei ihrem Bau Frondienste; wahrscheinlich identisch mit Tell el-Maschuta im Wadi Tumilat (südwestlich von Ismailia).

Pithos [griech.] *der, -/...thoi,* großes, tönernes Vorratsgefäß des Altertums (z. T. übermannshoch), u. a. im ägäischen Kulturraum vorkommend; P. wurden auch für Bestattungen verwendet.

Pitigrilli, eigtl. **Dino Segre,** ital. Schriftsteller, * Turin 9. 5. 1893, † ebd. 8. 5. 1975; nach dem Ersten Weltkrieg viel gelesener Unterhaltungsautor, dessen Werk in den 80er-Jahren in Dtl. auf neue Aufmerksamkeit stieß. In seinen erot. und witzig-zyn. Romanen entlarvt er die bürgerl. Moral seiner Zeit.

Werke: *Romane:* Mammiferi di lusso (1920; dt. Luxusweibchen); La cintura di castità (1922; dt. Der Keuschheitsgürtel, auch u. d. T. Betrüge mich gut); Cocaina (1922; dt. Kokain); La vergine a 18 carati (1924; dt. Die Jungfrau von 18 Karat); Dolicocefala bionda (1936); Sette delitti (1971).

Pitiscus, Bartholomeo, Mathematiker und Theologe, * Grünberg i. Schlesien 24. 8. 1561, † Heidelberg 2. 7. 1613; wirkte als Hofkaplan (1594 Oberhofprediger) in Heidelberg. P. wurde mit seinem einflussreichen Werk ›Trigonometria: sive de solutione triangulorum tractatus brevis et perspicuus‹ (1595) zum Begründer der systemat. ebenen Trigonometrie. Der ›Thesaurus mathematicus‹ (1613) verbesserte die trigonometr. Tafeln des G. J. RHETICUS.

William Pitt d. Ä. (Ausschnitt aus einem Gemälde von Richard Brompton)

Pitjantjatjara, Gruppe der Aborigines im NW des Bundesstaates South Australia, in der Großen Victoriawüste. Die 3 500 P. leben v. a. in der North West Aboriginal Reserve, die von weißen Siedlern bisher weitgehend unberührt blieb. Typisch für die P. sind bei den Kindern helle Haare (über 50 % Blonde). Im Gebiet der P. finden sich Felsmalereien, die ihre Glaubensvorstellungen und Bräuche widerspiegeln.

Pitoëff [pitɔˈɛf], Georges, eigtl. **Georgij Pitojew** [-ˈjɛf], frz. Schauspieler, Regisseur und Theaterleiter russ. Herkunft, * Tiflis 4. 9. 1884, † Genf 17. 9. 1939; zunächst in Sankt Petersburg; gründete mit seiner Frau LUDMILLA (Ljudmila), geb. SMANOWA (* 1895, † 1951), eine Schauspieltruppe in Genf (1915); 1919–22 Gastspiele, ab 1922 in Paris, ab 1934 am Théâtre des Mathurins. P.s internat. Spielplan (A. P. TSCHECHOW, P. CLAUDEL, J. ANOUILH, J. COCTEAU, G. B. SHAW, L. PIRANDELLO), seine szenisch einfachen Inszenierungen und sein sensibler Spielstil (Glanzrolle: Hamlet) hatten wesentl. Einfluss auf das moderne frz. Theater. Nach P.s Tod übernahm seine Frau die Leitung der Truppe. Sein Sohn SACHA (* 1920, † 1990; auch Schauspieler und Theaterleiter) wiederholte z. T. P.s Inszenierungen.

A. FRANK: G. P. (Paris 1958).

Piton [piˈtɔ̃], frz. Bez. für Einzelberge mit spitzer Form, z. B. auf →Réunion.

Pitot-Rohr [piˈto-; nach dem frz. Physiker und Techniker HENRI PITOT, * 1695, † 1771], Sonde zur Messung des Gesamtdrucks (→Druck) eines mit Unterschallgeschwindigkeit strömenden Mediums (Fluids). Sie besteht aus einem um 90° abgewinkelten Rohr, dessen einer Schenkel parallel zur Strömungsrichtung und mit der Öffnung gegen diese weisend in dem strömenden Medium liegt, während die Öffnung des anderen Schenkels aus dem strömenden Medium herausragt. Der an dieser Öffnung gemessene Druck ist der Gesamtdruck des strömenden Mediums an dieser Stelle. (→Staurohr)

Pithos: Spätminoisches Vorratsgefäß aus dem Palast von Mallia; zw. dem 14. und 12. Jh. v. Chr.

Pit-River-Indianer [ˈpɪtrɪvə-], zusammenfassende Bez. für die (etwa 1 200) Indianer am oberen Pit River, NO-Kalifornien, zu denen u. a. die Achumawi und Atsugewi zählen. Sie gehören zur Hoka-Sprachgruppe.

Pitt, 1) Thomas, gen. **Diamanten-P.** (engl. ›Diamond Pitt‹), brit. Kaufmann, * Blandford Saint Mary (Cty. Dorset) 5. 7. 1653, † Swallowfield (Cty. Berkshire) 28. 4. 1726, Großvater von 2); war in der engl. Ostind. Kompanie tätig, 1697–1709 Gouv. von Madras. Einen Teil seines Reichtums bildete der Diamant ›Pitt‹ (auch ›Regent‹), den er 1717 dem frz. Regenten Herzog PHILIPP II. VON ORLÉANS verkaufte; heute wird der Diamant im Louvre aufbewahrt.

2) William, d. Ä., 1. Earl **of Chatham** [əv ˈtʃætəm] (seit 1766), brit. Politiker, * London 15. 11. 1708, † Hayes (heute zu London) 11. 5. 1778, Enkel von 1), Vater von 3); seit 1735 im Unterhaus, wo er mit redner. Schwung bes. den Premier-Min. R. WALPOLE und die Verbindung der brit. Politik mit den Hannoveraner Interessen GEORGS II. bekämpfte. 1746–55 war P. Kriegszahlmeister, 1756–57 und nach kurzer Unterbrechung 1757–61 leitender Min. Im See- und Kolonialkrieg mit Frankreich (→Siebenjähriger Krieg), in dem er als Bundesgenosse Preußens auftrat, führte seine Politik zur Zerschlagung der frz. Macht auf den Meeren und in Übersee. Nach dem Reg.-Antritt GEORGS III. (1760), der den Krieg möglichst rasch abbrechen wollte, musste P. 1761 zurücktreten; der Frieden von Paris (10. 2. 1763) wurde entgegen seinen Wünschen abgeschlossen. 1766–68 war er wieder leitender Min., ohne jedoch die polit. Führung behalten zu können. Die Erhebung zum Peer schadete seiner Volkstümlichkeit, die er als Führer des Unterhauses (›Great Commoner‹) erworben hatte. 1774 trat P. für eine versöhnl. Haltung gegenüber den nordamerikan. Kolonien ein, wandte sich aber entschieden gegen Unabhängigkeitsforderungen.

Ausgaben: Anecdotes of the life of the Right Hon. W. P., ... with his speeches in Parliament ..., hg. v. J. Almon, 3 Bde. ([7]1810); Correspondence, hg. v. W. S. Taylor u.a., 4 Bde. (1838–40).

O. A. Sherrard: Lord Chatham, 3 Bde. (London 1952–58, Bd. 2 Nachdr., Westport, Conn., 1975); S. Ayling: The elder P., Earl of Chatham (London 1976).

3) William, d. J., brit. Politiker, * Hayes (heute zu London) 28. 5. 1759, † Putney (heute zu London) 23. 1. 1806, Sohn von 2); Anwalt; wurde bereits 1781 Mitgl. des Unterhauses, wo er sich durch sein Redetalent und sein finanzpolit. Wissen auszeichnete; 1782–83 war er Schatzkanzler. Im Dezember 1783 von König Georg III. gegen die Parlamentsmehrheit zum Premier-Min. ernannt, konnte er schon 1784 einen hohen Wahlsieg erringen. Nun auf eine Parlamentsmehrheit der Tories gestützt, baute er eine wirksame Kabinettsorganisation auf mit dem Premier-Min. als dem verantwortl. Leiter der Politik. P.s Reg. bedeutete damit einen Wendepunkt in der brit. Verf.-Entwicklung, da erstmals ein Dreiecksverhältnis von Reg., Parlament und Wählerschaft erreicht wurde, ohne die königl. Prärogative formell zu beschneiden. Bis 1793 galt P.s Wirken hauptsächlich der inneren Konsolidierung, dem Aufbau einer sparsamen Verwaltung sowie Reformen wie der des Wahlrechts. Der Eintritt Großbritanniens in die europ. Koalition gegen das revolutionäre Frankreich 1793 brachte auch im Innern eine veränderte Politik, die von der Unterdrückung aller Reformkräfte durch die Reg. geprägt war (→Großbritannien und Nordirland, Geschichte). Den Krieg gegen Frankreich führte P. mit dem Ziel, das europ. Gleichgewicht wiederherzustellen und den brit. Besitzstand in Übersee gegenüber Frankreich auszubauen. Der Aufstand in Irland wurde 1798 mit Härte niedergeschlagen. P. erreichte daraufhin 1800 vom irischen Parlament die Zustimmung zur Union mit dem brit. Parlament. Der von P. erstrebten – und den kath. Iren versprochenen – vollen bürgerl. Gleichberechtigung der Katholiken versagte Georg III. seine Zustimmung; P. trat deshalb 1801 zurück. 1804–06 stand er erneut an der Spitze der Regierung.

Giovanni Battista Pittoni: Geburt Christi mit Gottvater und dem Heiligen Geist; um 1740 (London, National Gallery)

Palazzo Pitti: Spätrenaissancehof (›Cortile‹) von Bartolomeo Ammanati; 1560 ff.

Ausgabe: The speeches of the Right Honourable W. P., in the House of Commons, hg. v. W. S. Hathaway, 3 Bde. ([3]1817, Nachdr. 1972).

J. H. Rose: Der jüngere P. (a. d. Engl., [2]1948); J. Ehrman: The younger P., 2 Bde. (London 1969–83); D. Jarrett: P. the Younger (ebd. 1974); R. Reilly: P. the Younger (ebd. 1978).

William Pitt d. J. (Ausschnitt aus einem Gemälde von John Hoppner)

Pittakos, griech. **Pittakos,** griech. Staatsmann in Mytilene auf Lesbos, lebte um 600 v. Chr. (Chronologie sehr umstritten); befreite seine Vaterstadt Mytilene von den Wirren der Tyrannis und Adelsherrschaft und schuf als Aisymnet (→Aisymneten) eine vortreffl. Gesetzgebung; nach deren Einführung legte er freiwillig die ihm übertragene Gewalt nieder. P. wird zu den →sieben Weisen gerechnet.

Pittas [dravid.], *Sg.* **Pitta** *die,* -, **Pittidae,** Familie drossel- bis dohlengroßer, sehr kurzschwänziger Sperlingsvögel mit etwa 25 Arten in trop. Wäldern der Alten Welt. Die meisten Arten sind sehr farbenprächtig. P. sind Bodenvögel, die kugelige Nester mit seitl. Eingang auf dem Boden oder in Büschen und Bäumen bauen. Versch. Wirbellose bilden die Hauptnahrung.

Pittas: Blaupitta (Größe 29 cm)

Pitten, Markt-Gem. im Bez. Neunkirchen, Niederösterreich, 376 m ü. M., 2 500 Ew.; an der **Pitten** (Quellfluss der Leitha, Hauptfluss der Buckligen Welt) gelegen; Papierfabrik. – P., 869 erstmals genannt, war Mittelpunkt der gleichnamigen Grafschaft, die 1160 mit der Steiermark vereinigt wurde.

Pittermann, Bruno, österr. Politiker, * Wien 3. 9. 1905, † ebd. 19. 9. 1983; Lehrer, in der NS-Zeit Berufsverbot; war 1957–67 Vors. der SPÖ, 1957–66 Vizekanzler (1959–66 in der Reg. zugleich mit der Leitung der verstaatlichten Betriebe beauftragt), 1964–76 Präs. der Sozialist. Internationale und 1966–71 Obmann des SPÖ-Parlamentsklubs.

Pitti, Palazzo P., für den Kaufmann Luca Pitti (* 1394, † 1472) errichteter Palast (1457–66) auf dem linken Ufer des Arno in Florenz, 1560 ff. von B. Ammanati zum Sitz der Herzöge von Toskana ausgebaut und durch einen gedeckten Gang über den Ponte Vecchio mit den Uffizien verbunden; im Lauf des 17. Jh. erweitert und als Gemäldegalerie der Medici eingerichtet (→Galleria Palatina); 1865–70 Residenz des Königs von Italien. Der P. P. beherbergt heute auch die Galleria d'Arte Moderna (ital. Malerei des 19. und 20. Jh.), Antikengalerie und Silberkammer. Hinter dem P. P. liegt der Boboligarten.

Pittidae, *Zoologie:* die →Pittas.

Pittoni, Giovanni Battista, ital. Maler, * Venedig 1687, † ebd. 17. 11. 1767; von G. B. Piazzetta und G. B. Tiepolo beeinflusst, dessen Nachfolger als

Pittsburgh: Zusammenfluss (Golden Triangle) von Allegheny River und Monongahela River zum Ohio

Präs. der Akademie von Venedig er 1758 wurde. P. war als Vertreter des venezian. Rokoko für viele europ. Höfe tätig; schuf Gemälde, auch Zeichnungen (v. a. histor. und mytholog. Motive) sowie das Deckenfresko im Palazzo Pesaro, Venedig (um 1740).

Weitere Werke: *Gemälde:* Tod Senecas, Tod der Agrippina (beide vor 1722; Dresden, Gemäldegalerie); Tod der Sofonisbe (Moskau, Puschkinmuseum); Wunderbare Brotvermehrung (um 1730; Venedig, Galleria dell'Accademia); Die Enthaltsamkeit Scipios, Das Opfer Polixenas (beide um 1735; Paris, Louvre); Die Ermordung des Königs Kandaules, Dido gründet Karthago (beide Sankt Petersburg, Eremitage); Semiramis (1989 wieder entdeckt, im Kunsthandel).

I disegni di Giambattista P., hg. v. A. BINION (Florenz 1983); Venedig. Malerei des 18. Jh., hg. v. E. STEINGRÄBER, Ausst.-Kat. (1987).

pittoresk [frz.-ital., zu lat. pingere, pictum ›malen‹], *bildungssprachlich* für: malerisch.

Pittosporaceae [zu griech. pítta ›Harz‹ und sporá ›Same‹], wiss. Name der →Klebsamengewächse.

Pittsburgh
Stadtwappen

Stadt in Pennsylvania, USA
·
am Zusammenfluss von Allegheny River und Monongahela River zum Ohio
·
366 900 Ew., als Agglomeration 2,24 Mio.
·
Point State Park am Golden Triangle
·
1759 als Fort Pitt gegründet

Pittsburgh [ˈpɪtsbəːg], Stadt in SW-Pennsylvania, USA, auf dem Alleghenyplateau am Zusammenfluss von Allegheny River und Monongahela River zum Ohio, (1992) 366 900 Ew. (1950: 676 800 Ew.); die Metrop. Area hat (1990) 2,24 Mio. Ew. Die Stadt ist Sitz von Bischöfen der römisch-kath. und der ruthen. Kirche, der prot. Episkopal- und der ›Vereinigten Methodist. Kirche‹. Zu den Bildungs- und kulturellen Einrichtungen gehören University of P. (gegr. 1787), Duquesne University (gegr. 1878), Carnegie-Mellon University (gegr. 1900) mit dem Carnegie Institute of Technology und dem Mellon College of Science, Bibliotheken (u. a. Carnegie Library of P.) und Museen. Der Raum P. entwickelte sich dank Steinkohlen- und Eisenerzvorkommen zu einem der größten Schwerindustriebezirke der Erde (in einem Radius von 80 km um den Stadtkern). 1957 wurde in P. das erste Kernkraftwerk der USA in Betrieb genommen. Seit den 1950er-Jahren Strukturwandel von der Stahlindustrie zu Hochtechnologiebranchen, Leichtindustriezweigen und zum Dienstleistungszentrum, verbunden mit beträchtl. Stadtsanierungen; wichtiger Binnenhafen, seit 1992 Großflughafen.

Stadtbild: Im Point State Park am Zusammenfluss von Allegheny River und Monongahela River steht das ›Blockhaus‹, ein Ziegelbau, der zum ehem. Fort Pitt gehörte. Ende des 19. Jh. entstanden u. a. das Allegheny-Bezirksgericht und Gefängnis (1884–88) von HENRY HOBSON RICHARDSON in neuroman. Stil sowie die Bahnhofshalle der Pennsylvania-Eisenbahn (1898–1903 nach Plänen von D. H. BURNHAM), 1914 der klassizist. Freimaurertempel. 1905 wurde mit der Gestaltung des Campus des Carnegie Institute of Technology begonnen (Maschinenhalle 1912/13; Museum und Bibliothek 1904–07). Neben dem Hochhaus (164 m) der University of P. liegt die neugot. Heinz-Kapelle (1926–37). Der klassizist. Formensprache verpflichtet ist das Mellon-Institut für Industrieforschung (1931–37). Gegenüber von Point State Park, am N-Ufer des Allegheny, liegt das Three Rivers Stadium (1971). Die Skyline wird u. a. von Gebäuden wie dem CNG Tower, dem One Mellon Bank Center (218 m) und dem USX Tower (256 m) geprägt. Den postmodernen Gebäudekomplex PPG Place entwarf P. JOHNSON. 1994 wurde in einem restaurierten ehem. Lagerhaus das Andy-Warhol-Museum eröffnet.

Geschichte: Das 1754 errichtete frz. **Fort Duquesne** wurde 1758 zerstört und geräumt und von den Engländern 1759–61 als **Fort Pitt** (nach W. PITT D. Ä.) neu aufgebaut. Der seit 1764 unter dem Namen P. um das Fort entstehende Handelsposten erhielt 1816 Stadtrecht. Seit Ende des 18. Jh. bedeutende Glaswarenherstellung. Der Ausbau der Verkehrswege und die Verwendung neuer Schmelzverfahren durch Industrielle wie A. CARNEGIE förderten im 19. Jh. P.s Entwicklung zum Zentrum der amerikan. Stahlerzeugung.

P. The story of an American city, hg. v. S. LORANT (Garden City, N. Y., 1964).

Pittsburgh Symphony Orchestra [ˈpɪtsbəːg ˈsɪmfənɪ ˈɔːkɪstrə], 1895 gegründetes Orchester (seit 1926 als P. S. O.), Musikdirektor: MARISS JANSONS (* 1943). Frühere bedeutende Dirigenten waren u. a. O. KLEMPERER, W. STEINBERG, A. PREVIN und L. MAAZEL.

Pittura metafisica [ital. ›metaphys. Malerei‹], eine Richtung der modernen ital. Malerei. Die Bez. wurde zuerst von G. DE CHIRICO und C. CARRÀ für ihre 1917 in Ferrara entstandenen Bilder verwendet, die im Ggs. zum Futurismus stehen und ein neues Verhältnis zur Dingwelt ausdrücken. In ihren plastisch gestalteten Bildern stellten sie eine Kulissenwelt dar, die durch ungewohnte Verbindungen, bes. Gliederpuppen, fremd und rätselhaft erscheint (bis 1920). Weiteres BILD →Carrà, Carlo

Pityriasis [zu griech. pítyron ›Kleie‹] *die, -/...riˈasen,* Sammel-Bez. für unterschiedl., mit kleieförmiger Schuppung verbundene Hautkrankheiten oder -veränderungen. Die **P. rosea** oder **Kleienflechte** ist ein schubweise auftretender, manchmal mit Juckreiz verbundener, hellroter, kleinfleckiger Ausschlag, der von einem Primärfleck ausgeht und auf Rumpf und Gliedmaßen übergreift; die Ursache ist möglicherweise eine Virusinfektion; die bis markstückgroßen Flecken hellen sich mit Abschilferung in der Mitte auf und sind von einer Schuppenkrause umgeben. Meist spontane Abheilung nach mehreren Wochen. Die Krankheit tritt als Bauchflechte der Schweine (Ferkel) auch bei Tieren auf. Die **P. simplex (P. alba)** bei Kindern betrifft v.a. das Gesicht und wird auf einen Streptokokkeninfekt oder ein seborrhoisches Ekzem zurückgeführt. Die **P. versicolor** oder **Kleienpilzflechte** ist eine v.a. auf Rücken und Brust auftretende Hautpilzkrankheit (Erreger Malassezia furfur), die stecknadelkopf- bis linsengroße, teils zusammenfließende Flecke wechselnder Farbe verursacht, die bei Sonnenbräunung der Haut hell bleiben und beim Darüberstreichen zur Abschuppung neigen (Hobelspanphänomen).

Pityrogramma [zu griech. pítyron ›Kleie‹ und grammḗ ›Schrift‹, ›Linie‹], die Pflanzengattung →Goldfarn.

Pityus, antike Stadt am Schwarzen Meer, →Pizunda.

Pityusen, span. Inselgruppe, Teil der Balearen, umfasst die Inseln →Ibiza und →Formentera sowie einige kleinere Inseln.

Pitztal, rechtes Seitental des Oberinntales in Tirol, Österreich, in den Ötztaler Alpen, zw. Ötz- und Kaunertal, 40 km lang, vom Pitzbach durchflossen, der gegenüber von Imst mündet. Hauptort ist Wenns im breiten unteren Tal (über die Pillerhöhe Verbindung ins Kaunertal); das Inner-P. (25 km) ist dagegen sehr schmal; insgesamt 5300 Bewohner; Fremdenverkehr. Vom Talende (Straßenende) Tunnelbahn (Schrägstollenbahn) ›Pitzexpress‹ im Mittagskogel bis 2860 m ü.M. zum Ganzjahresskigebiet um den Mittelbergferner im Gebiet der Wildspitze (3768 m ü.M.); hier u.a. Gondelbahn (Pitzpanoramabahn) auf den Hinteren Brunnenkogel (3440 m ü.M.).

più [pi'u:; ital. ›mehr‹], Abk. **p.,** *Musik:* Teil von Vortrags-Bez., z.B. **p. forte (pf),** stärker; **p. piano,** schwächer; **p. allegro,** schneller.

Piura, Hauptstadt des Dep. P., NW-Peru, in der Küstenwüste, 277900 Ew.; Erzbischofssitz; TU (gegr. 1962), private Univ. (gegr. 1967); Baumwollanbau, -handel und -verarbeitung. – 1532 als erste span. Stadt in Peru von F. PIZARRO unter dem Namen **San Miguel de P.** nahe dem heutigen Ort gegr., 1534 und 1585 verlegt. 1912 durch ein Erdbeben großenteils zerstört.

Pius, Päpste:

1) Pius I. (140–154/155?); nach dem Murator. Fragment ein Bruder des HERMAS. Während seines Pontifikats wirkten in Rom der Theologe MARCION, der Philosoph JUSTIN und der Gnostiker VALENTIN (* um 100, † um 160). – Heiliger (Tag: 11. 7.).

Pittura metafisica: Carlo Carrà, ›Das Oval der Erscheinungen‹; 1918 (Rom, Galleria Nazionale d'Arte Moderna)

2) Pius II. (1458–64), früher **Enea Silvio Piccolomini,** latinisiert **Aeneas Silvius,** * Corsignano (heute Pienza) 18. 10. 1405, † Ancona 14. 8. 1464, Onkel von 3); nach jurist. Studien 1432 Sekretär des Kardinals DOMENICO CAPRANICA (* 1400, † 1458) beim Basler Konzil (1431–49), wo er gegen EUGEN IV. die konziliare Idee verfocht; 1439 Sekretär des Konzilspapstes FELIX V. (1439). Als Kanzleisekretär König FRIEDRICHS III. (ab 1442 in Wien) bewirkte er die Aufhebung der Neutralität der Kurfürsten, bereitete das →Wiener Konkordat (1448) und 1451/52 FRIEDRICHS III. Kaiserkrönung vor. Um 1445 wandelte sich P.' persönl. und kirchenpolit. Einstellung; er empfing 1447 die Priesterweihe, wurde Gegner des Konziliarismus und Anhänger EUGENS IV. 1447 wurde er Bischof von Triest, 1450 von Siena, 1456 Kardinal und am 19. 8. 1458 zum Papst gewählt. 1460 verbot er gegen den Papst gerichtete Appellationen an ein Konzil, 1463 verteidigte er in der ›Retraktationsbulle‹ seinen Positionswandel. 1459 rief P. auf dem Fürstenkongress von Mantua das Abendland zum gemeinsamen Kampf gegen die Türken auf, forderte 1461 Sultan MEHMED II. in einem Schreiben (einer ›Widerlegung‹ des Koran und Darstellung der christl. Glaubenslehre) auf, das Christentum anzunehmen und setzte sich 1464 an die Spitze des in Mantua beschlossenen Türkenkreuzzugs. Während der Sammlung des Heeres starb er jedoch, womit auch das Kreuzzugsunternehmen aufgegeben wurde.

Größten Einfluss übte P. als begabter Redner und Schriftsteller aus. Er war Schüler F. FILELFOS in Florenz; wurde in Dtl. zum eigentl. Anreger und Förderer des Humanismus. Beim Reichstag in Frankfurt am Main 1442, an dem P. als Gesandter FELIX' V. teilnahm, krönte ihn FRIEDRICH III. zum Dichter. Aus seinem literarisch vielfältigen Werk ragen die Liebeskomödie ›Chrysis‹ (1444), die weit verbreitete Novelle von den zwei Liebenden ›Euryalus et Lucretia‹ (1444) und die essayist. Briefe über Bildungsfragen an habsburg. Fürsten (1443 und 1450) sowie die Kritik am Hofleben (›De curalium miseriis‹, 1444) heraus. Neue Maßstäbe setzte er auch mit Geschichtswerken, die Biographie, Ethnographie, Geographie und Politik einbeziehen, z.B. mit der ›Germania‹ (1457–58), der ›Historia Austrialis‹ (Geschichte Österreichs, 1453–58 für FRIEDRICH III.) und v.a. mit den ›Commentarii rerum memorabilium‹ (13 Bücher, 1463), den Memoiren über sein Pontifikat.

Ausgaben: Opera quae extant omnia, 2 Bde. (1551–71, Bd. 1 Nachdr. 1967); Commentarii rerum memorabilium que temporibus suis contigerunt, hg. v. A. VAN HECK, 2 Bde. (1984). – Die Gesch. Kaiser Friedrichs III., 2 Bde. (1889–90).

Die dt. Lit. des MA. Verfasser-Lex., begr. v. W. STAMMLER, hg. v. K. RUH u.a., Bd. 7 (^{2}1989).

3) Pius III. (1503), früher **Francesco de' Piccolomini Todeschini** [todɛsk-], * Siena 1439, † Rom 18. 10. 1503, Neffe von 2); wurde 1460 von seinem Onkel zum Erzbischof von Siena und zum Kardinal ernannt und war vorwiegend als Diplomat tätig. P. war ein entschiedener Gegner des Nepotismus ALEXANDERS VI., konnte jedoch als dessen Nachfolger seine Reformvorstellungen angesichts eines nur 26-tägigen Pontifikats nicht verwirklichen.

Papst Pius IV.

4) Pius IV. (1559–65), früher **Giovanni Angelo Medici** ['me:ditʃi], * Mailand 31. 3. 1499, † Rom 9. 12. 1565; war u.a. Kommissar der päpstl. Truppen gegen die Türken und im Schmalkald. Krieg, wurde 1545 Erzbischof von Ragusa, 1549 Kardinal. Als Papst vollzog der in der Renaissance verwurzelte P. die Abkehr von der Kirchenpolitik seines Vorgängers PAUL IV. und milderte dessen Reformdekrete, den Index und

Papst Pius VII.

die Inquisition. Die Bedeutung seines Pontifikats liegt in der Wiedereinberufung und Beendigung des Konzils von Trient (1562–63) sowie in der Durchführung von dessen Beschlüssen. 1564 erließ P. einen neuen Index sowie das →Tridentinische Glaubensbekenntnis. Unterstützt wurde P. durch seinen Neffen K. BORROMÄUS.

5) Pius V. (1566–72), früher **Michele Ghislieri** [gis-], *Bosco Marengo (bei Alessandria) 17. 1. 1504, †Rom 1. 5. 1572; Dominikaner (seit 1518); wurde 1556 Bischof von Sutri und Nepi (Prov. Viterbo), 1557 Kardinal, 1558 Großinquisitor; seine Papstwahl wurde durch K. BORROMÄUS unterstützt. Hauptanliegen des asketisch lebenden P. war die kath. Reform nach den Beschlüssen des Konzils von Trient. Er gründete neue Kardinalskongregationen, drang auf Einhaltung der Reformdekrete und veröffentlichte 1566 den ›Catechismus Romanus‹, 1568 das ›Breviarium Romanum‹ und 1570 das ›Missale Romanum‹. 1567 verurteilte er 76 Sätze des M. BAJUS und erhob THOMAS VON AQUINO zum Kirchenlehrer. Er war ein harter Verfechter der Inquisition und des Kampfes gegen die Hugenotten. Seine gegen die Juden gerichtete Bulle ›Hebraeorum gens‹ (1569) hatte die Ausweisung der Juden aus dem Kirchenstaat (mit Ausnahme Roms und Anconas) zur Folge. Die Bannbulle gegen ELISABETH I. von England (1570) löste in England die Verfolgung der Katholiken aus. P.' größter polit. Erfolg war der Seesieg der Hl. Allianz über die Türken bei Lepanto (1571). – Heiliger (Tag: 30. 4.).

6) Pius VI. (1775–99), früher **Giovanni Angelo Braschi** [-ski], *Cesena 25. 12. 1717, †Valence 29. 8. 1799; nach langer Tätigkeit in der Verwaltung des Kirchenstaates seit 1773 Kardinal. Sein Pontifikat war gekennzeichnet durch staatskirchlich motivierte Auseinandersetzungen. P. bekämpfte Josephinismus, Jansenismus (Verurteilung der Synode von Pistoia) und Febronianismus und verurteilte die →Emser Punktation (1786). In der Auseinandersetzung mit der →Französischen Revolution verurteilte P. die Erklärung der Menschen- und Bürgerrechte – dabei ausdrücklich die Religionsfreiheit – und die Zivil-Verf. des Klerus. Im Mai 1791 erfolgte der Abbruch der diplomat. Beziehungen zw. Frankreich und dem Hl. Stuhl; am 25. 2. 1798 wurde nach dem Einmarsch frz. Truppen in Rom die Röm. Republik proklamiert und der Papst für abgesetzt erklärt und gegen seinen Willen nach Frankreich gebracht.

Papst Pius IX.

7) Pius VII. (1800–23), früher **Luigi Barnaba Chiaramonti** [kjara-], *Cesena 14. 8. 1742, †Rom 20. 8. 1823; Benediktiner (seit 1758); wurde 1782 Bischof, 1785 Kardinal. Unterstützt durch E. CONSALVI reorganisierte er den teilweise restituierten Kirchenstaat und erreichte durch Kompromissbereitschaft gegenüber den kirchenpolit. Forderungen NAPOLEONS I. (Konkordat von 1801) den Wiederaufbau der frz. Kirche. Nach der Kaiserkrönung in Paris (1804), an der P. mitwirkte, verschärften sich die Spannungen zw. ihm und NAPOLEON, der nach der Besetzung Roms (1808) den Kirchenstaat mit Frankreich vereinigte (1809; daraufhin von P. exkommuniziert) und P. gefangen setzte (Grenoble, Savona und Fontainebleau, 1809–14). Erst nach dem Sturz NAPOLEONS konnte P. zurückkehren. Hauptereignisse seines späteren Pontifikats waren die Wiederherstellung des Jesuitenordens (1814), die Rückgabe und Neubegründung des Kirchenstaates (Wiener Kongress 1815) sowie der Versuch einer Neuordnung der kirchl. Verhältnisse fast aller Länder Europas (u. a. Bayern 1817, Preußen 1821). P. förderte wiss. und künstler. Einrichtungen (bes. die Vatikan. Bibliothek) und die Mission.

Papst Pius X.

8) Pius VIII. (1829–30), früher **Francesco Saverio Castiglioni** [kastiʎ'ʎo:ni], *Cingoli 20. 11. 1761, †Rom 30. 11. 1830; wurde 1800 Bischof, 1816 Kardinal. In

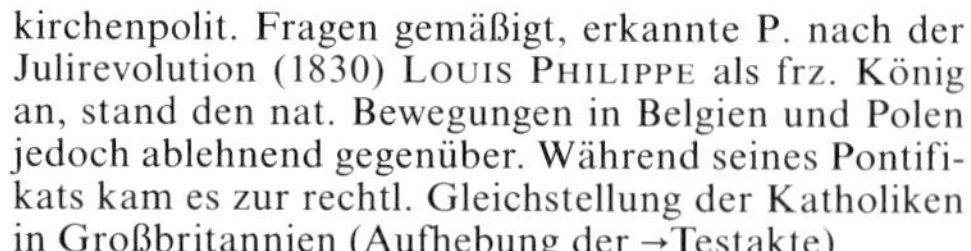
kirchenpolit. Fragen gemäßigt, erkannte P. nach der Julirevolution (1830) LOUIS PHILIPPE als frz. König an, stand den nat. Bewegungen in Belgien und Polen jedoch ablehnend gegenüber. Während seines Pontifikats kam es zur rechtl. Gleichstellung der Katholiken in Großbritannien (Aufhebung der →Testakte).

9) Pius IX. (1846–78), früher Graf **Giovanni Maria Mastai-Ferretti,** *Senigallia 13. 5. 1792, †Rom 7. 2. 1878; wurde 1827 Erzbischof von Spoleto, 1832 Bischof von Imola, 1840 Kardinal, am 16. 6. 1846 zum Papst gewählt. Politisch war sein Pontifikat – das bisher längste in der Geschichte des Papsttums – geprägt von der →Römischen Frage und dem Untergang des →Kirchenstaates. Die anfängl. Reformbereitschaft P.' wich nach der Revolution von 1848 und unter dem Druck der ital. Einigungsbestrebungen (→Risorgimento) einer restriktiven Regierung (maßgeblich bestimmt durch seinen Staatssekretär G. ANTONELLI). Kirchenpolitisch wurde das Pontifikat P. durch den →Ultramontanismus geprägt. 1854 dogmatisierte P. die →Unbefleckte Empfängnis MARIAS. Auf Empörung stieß in liberalen Kreisen die Veröffentlichung des →Syllabus zus. mit der Enzyklika ›Quanta cura‹ (1864), einer Zusammenstellung der vermeintl. Irrtümer der modernen Zeit in Politik, Kultur und Wissenschaft. Nicht weniger umstritten war die Verkündung des Dogmas von der päpstl. →Unfehlbarkeit 1870 auf dem 1. Vatikan. Konzil, auf die die nichtkath. Welt mit heftiger Kritik und Unverständnis und eine Minderheit der Katholiken mit Widerstand (→Altkatholiken) reagierte. In den Auseinandersetzungen um die (Neu-)Bestimmung des Verhältnisses von Staat und kath. Kirche im 1871 gegründeten Dt. Reich war P. der Hauptgegner BISMARCKS in der ersten Phase des →Kulturkampfs. Ungeachtet der auch in anderen Ländern von vielen gegenüber der kath. Kirche vertretenen ablehnenden Haltung trugen der von P. geförderte päpstl. Zentralismus (verbunden mit einer stärkeren emotionalen Bindung der Katholiken an Rom und den Hl. Stuhl), die Errichtung neuer Bistümer (bes. in den angelsächs. Ländern und den Kolonien), die Betonung gefühlsmäßiger Frömmigkeit, die Durchsetzung der Neuscholastik und die Verwerfung von aufklärerisch geprägten Theologien (Güntherianismus; A →GÜNTHER) wesentlich dazu bei, dass nach dem steten Machtverfall der kath. Kirche seit den Umwälzungen der Frz. Revolution weiten Teilen des Katholizismus ein neues Selbstbewusstsein erwuchs.

P. FERNESSOLE: Pie IX, pape, 1792–1878, 2 Bde. (Paris 1960–63); G. MARTINA: Pio IX., 2 Bde. (Rom 1974–86); R. AUBERT: Il pontificato di Pio IX., 2 Bde. (a. d. Frz., Turin ²1976); A. B. HASLER: P. IX. (1846–1878). Päpstl. Unfehlbarkeit u. 1. Vatikan. Konzil. Dogmatisierung u. Durchsetzung einer Ideologie, 2 Bde. (1977); C. WEBER: Kardinäle u. Prälaten in den letzten Jahrzehnten des Kirchenstaates. Elite-Rekrutierung, Karriere-Muster u. soziale Zusammensetzung der kurialen Führungsschicht zur Zeit P.' IX. 1846–1878, 2 Bde. (1978).

10) Pius X. (1903–14), früher **Giuseppe Sarto,** *Riese (bei Treviso) 2. 6. 1835, †Rom 20. 8. 1914; wurde 1884 Bischof von Mantua, 1893 Patriarch von Venedig und Kardinal; gegen M. RAMPOLLA zum Papst gewählt. Kirchenpolitisch wandte sich P. vom Kurs seines Vorgängers LEO XIII. (→Ralliement) ab, was u. a. zum Abbruch der politisch-diplomat. Verbindungen mit Frankreich führte. Seine Ablehnung jeglicher demokratisch-parlamentar. Tendenzen wurde deutlich in seiner Kritik am polit. Katholizismus, in der Verurteilung R. MURRIS und in der Parteinahme zugunsten der ›Berliner Richtung‹ im dt. →Gewerkschaftsstreit. In der Theologie verurteilte P. den →Modernismus, womit innerkirchlich eine förml. Hetzjagd ausgelöst wurde, der zahlreiche liberal- oder reformkath. Theologen durch Indizierung oder Suspendierung zum Opfer fielen, darunter in Dtl. A. EHRHARD, H. SCHELL und JOSEF SCHNITZER (*1859, †1940).

1910 wurde der →Antimodernisteneid vorgeschrieben. Kennzeichnend für das Pontifikat P.' waren andererseits die Bemühungen dieses persönlich bescheidenen und tieffrommen ›konservativen Reformpapstes‹ um die religiöse Hebung der Kirche (Neuorganisation der Kurie, Förderung des Bibelstudiums, Verbesserung der Priesterausbildung, Reform in Liturgie und Kirchenmusik, Beginn der Arbeiten am →Codex Iuris Canonici). – 1954 sprach PIUS XII. P. heilig (Tag: 21. 8.).

Ausgabe: Lettere, hg. v. N. VIAN (1954).

P. FERNESSOLE: Pie X. Essai historique, 2 Bde. (Paris 1952–53); G. DAL-GAL: Der hl. Papst P. X. (a. d. Ital., Freiburg im Üechtland [2]1954); R. MERRY DEL VAL: P. X. Erinnerungen u. Eindrücke (a. d. Ital., Basel [4]1954); G. PAROLIN: San Pio X. (Mailand 1968); E. WEINZIERL: P. X., in: Gestalten der Kirchengesch., hg. v. M. GRESCHAT, Bd. 12 (1985).

11) Pius XI. (1922–39), früher **Achille Ratti,** * Desio 31. 5. 1857, † Rom 10. 2. 1939; wurde 1882 Prof. am Mailänder Priesterseminar, 1888 Bibliothekar an der Ambrosiana, 1907 an der Vatikan. Bibliothek; war ab 1918 Apostol. Visitator und Nuntius in Polen. 1921 wurde P. Erzbischof von Mailand und Kardinal. Als Papst propagierte er die ›Ausbreitung des Gottesreiches‹, zu der die →Katholische Aktion beitragen sollte, ebenso die Errichtung neuer Bistümer, die Förderung des einheim. Klerus in den Missionsgebieten sowie die Lösung der →Römischen Frage durch die →Lateranverträge (1929). Während seines Pontifikats zahlr. →Konkordate (wesentlich konzipiert von seinen Staatssekretären P. GASPARRI und E. PACELLI [PIUS XII.]). Umstritten ist bis heute das →Reichskonkordat (1933), das einen großen Prestigegewinn für das natsoz. Regime bedeutete. Mit der Enzyklika →Mit brennender Sorge (1937) wandte sich P. noch einmal den dt. Verhältnissen zu und verurteilte die natsoz. Lehre und Kirchenpolitik und die mit ihnen einhergehenden Konkordatsverletzungen. Im gleichen Jahr verurteilte er den Kommunismus in der Enzyklika →Divini redemptoris. Zu grundlegenden Fragen der kath. Soziallehre nahm P. in der Enzyklika →Quadragesimo anno (1931) Stellung.

M. BIERBAUM: Das Papsttum. Leben u. Werk P.' XI. (1937); C. CONFALONIERI: P. XI., aus der Nähe gesehen (a. d. Ital., 1962); Actes et documents du Saint-Siège relatifs à la seconde guerre mondiale, hg. v. P. BLET u. a., auf mehrere Bde. ber. (Rom 1965 ff.); Der Notenwechsel zw. dem Hl. Stuhl u. der Dt. Reichsregierung, hg. v. D. ALBRECHT, 3 Bde. (1965–80); Kath. Kirche im Dritten Reich, hg. v. DEMS. (1976).

12) Pius XII. (1939–58), früher **Eugenio Pacelli** [pa'tʃɛlli], * Rom 2. 3. 1876, † Castel Gandolfo 9. 10. 1958; trat nach seiner Priesterweihe 1899 in den Dienst der Kurie; wurde 1917 Titularerzbischof und Nuntius für Bayern (bis 1925); 1920–29 Nuntius für das Dt. Reich. 1929 wurde P. Kardinal, 1930 Staatssekretär PIUS' XI. Die zw. 1924 und 1933 mit Dtl. abgeschlossenen Konkordate (Bayern, Preußen, Baden, →Reichskonkordat) waren hauptsächlich sein Werk.

Die ersten Monate seines Pontifikats im Frühjahr 1939 standen unter dem Eindruck mehrerer vergebl. Friedensinitiativen. Auch während des Krieges und in der Nachkriegszeit bemühte er sich um humanitäre Hilfsprogramme. Untrennbar verbunden ist sein Name mit der Frage, ob das päpstl. Schweigen gegenüber dem Holocaust diesen nicht gefördert, wenn nicht gar erst ermöglicht habe und ob ein massiver Protest seitens des Hl. Stuhls den Völkermord hätte verhindern können. Der über die Gräueltaten genau informierte Papst war der Überzeugung, dass ein Eingreifen seinerseits die Situation nur noch verschlimmert hätte, hat jedoch durch von ihm direkt initiierte geheime Hilfsaktionen (Asylgewährung im Vatikan und in kirchl. Gebäuden Italiens) und seine weltweiten diplomat. Möglichkeiten maßgeblich dazu beigetragen, dass Tausende Juden vor Deportation und Ermordung bewahrt werden konnten. Politisch blieb P. dem von seinen Vorgängern vorgezeichneten Grundsatz der strikten Neutralität treu, wobei er im Vergleich zum Kommunismus die Diktaturen in Dtl. und Italien als die ›kleineren Übel‹ betrachtete. – Theologisch und kirchenpolitisch äußerte sich P. zu fast allen grundsätzl. Fragen der Kirche und der Gesellschaft; seine Enzykliken (z. B. →Humani generis), seine Bemühungen um die Liturgie (→Mediator Dei), die Dogmatisierung der →Himmelfahrt Marias (1950) und die Heiligsprechung PIUS' X. (1954) dokumentieren dabei, wie sehr P. in der röm. Tradition verwurzelt war. In seiner Person erreichte der ›absolutist. Pontifikatsstil‹ – seit 1944 regierte P. ohne Staatssekretär – seinen Höhepunkt und sein Ende.

Papst Pius XI.

Kriegskorrespondenz zw. Präs. Roosevelt u. Papst P. XII., Einf. v. M. C. TAYLOR (a. d. Engl., 1947); D. TARDINI: P. XII. (a. d. Ital., [3]1963); B. SCHNEIDER: P. XII. (1968); Kath. Kirche im Dritten Reich, hg. v. D. ALBRECHT (1976); KONSTANTIN PRINZ VON BAYERN: Papst P. Ein Lebensbild (38.–42. Tsd. 1980); G. SCHWAIGER: P. XII., in: Gestalten der Kirchengesch., hg. v. M. GRESCHAT, Bd. 12 (1985).

Pius|orden, päpstl. Verdienstorden, 1847 von PIUS IX. gestiftet, 1957 von PIUS XII. reformiert; vier Klassen. Die goldene Kette des P. ist gemäß Motuproprio von 1966 Staatsoberhäuptern vorbehalten.

Pius-Stiftung für Papst|urkunden- und für mittelalterliche Geschichtsforschung, 1931 von P. KEHR mit Zustimmung Papst PIUS' XI. und mit den vom Papst ihm zur Verfügung gestellten Mitteln in Zürich errichtet, um die von ihm 1895 begonnenen Forschungen zur Sammlung und Herausgabe der älteren Papsturkunden (bis 1198) fortzuführen. Sie ist der Aufsicht des schweizer. Bundesrates unterstellt und wird wissenschaftlich betreut von einer Kommission, die der Vorsitzende der Philologisch-histor. Klasse der Göttinger Akademie der Wissenschaften leitet. Berichte über die Tätigkeit erschienen im ›Dt. Archiv für Geschichte des MA.‹ (1937–44), danach im ›Dt. Archiv für Erforschung des MA.‹ (1950 ff.).

Papst Pius XII.

Piusvereine, nach Papst PIUS IX. benannte, im Zusammenhang mit den liberalen Errungenschaften der Märzrevolution von 1848/49 entstandene kath. Vereine, v. a. in Dtl. und Österreich. Im September 1848 fand in Mainz das erste Treffen der P. statt, auf dem die ›Generalversammlung der kath. Vereine Dtl.s‹ (1. Katholikentag) konstituiert wurde. Gemeinsames Ziel war das Eintreten für kirchl. Freiheit und Unabhängigkeit. Zahlr. P. forderten darüber hinaus ein allgemein polit. Engagement, doch konnte sich diese Richtung letztlich nicht durchsetzen. Die meisten P. lösten sich im Laufe der 1850er-Jahre aufgrund der veränderten polit. Situation wieder auf. – Der 1857 in der Schweiz gegründete P. benannte sich 1899 in ›Schweizer. Katholikenverein‹ um und ging 1900 im ›Schweizer. Kath. Volksverein‹ auf. Der 1905 in Österreich gegründete ›P. zur Förderung der kath. Presse‹ verschmolz 1919 mit dem ›Volksbund der Katholiken Österreichs‹.

E. HEINEN: Das kath. Vereinswesen in der Rheinprovinz u. in Westfalen 1848–1855. Kirchenpolitik oder Christl. Demokratie?, in: Christl. Demokratie in Europa, hg. v. W. BECKER u. a. (1988).

Piut, jüd. religiöse Dichtung, →Pijut.

Piva [ital.] *die, -/...ven, Musik:* 1) ital. Bez. für Schalmei oder Dudelsack; 2) nach ital. Tanzbüchern des 15. Jh. die schnellste Schrittfolge der Zeit (doppelt so rasch wie die →Basse Danse). Im 16. Jh. war die P. ein sehr schneller Tanz im $^{12}/_{8}$-Takt, der oft als Abschluss der Folge Pavane – Saltarello – P. begegnet.

Piva *die,* linker Quellfluss der →Drina, Jugoslawien.

Pivalinsäure, 2,2-Dimethylpropionsäure, tertiäre Carbonsäure, die aus Isobuten, Kohlenoxid und Wasser in Gegenwart saurer Katalysatoren hergestellt wird (Koch-Synthese). **P.-Ester** sind sehr hydrolyse-

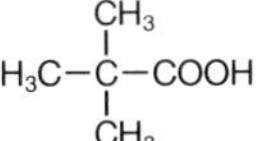

Pivalinsäure

stabil und werden deshalb zur Herstellung hitzebeständiger Schmiermittel und witterungsbeständiger Lacke (Polyvinylester) verwendet.

Pivot [pi'vo, frz.] *der* oder *das, -s/-s,* bei Geschützlafetten der Zapfen, um den das ganze Geschütz geschwenkt werden kann, auch die Drehsäule von Kranen. (→Lafette)

Piwitt, Hermann Peter, Schriftsteller, *Hamburg 28. 1. 1935. Präzise Beobachtungsgabe und sensible Wahrnehmung der bundesrepublikan. Gesellschaft in der Phase ihres Aufbaus bis zur Wohlstandsgesellschaft kennzeichnen sein Werk. P.s Sprache ist dabei amüsant-ironisch, vital wie auch empfindsam und durchsetzt mit zahlr. Wortspielen, so auch in dem Roman ›Der Granatapfel‹ (1986).

Weitere Werke: *Romane:* Rothschilds (1972); Die Gärten im März (1979); Die Passionsfrucht (1993). – *Essays:* Das Bein des Bergmanns Wu (1971); Boccherini u. andere Bürgerpflichten (1976). – *Prosa:* Herdenreiche Landschaften (1965).

Pixel [Akronym aus engl. picture element ›Bildelement‹] *das, -(s)/-, Elektronik* und *Datenverarbeitung:* bei der gerasterten, digitalisierten Bilddarstellung (z. B. Fernseher, Bildschirm eines Sichtgeräts, Matrix- oder Grafikdrucker) das kleinste darstellbare und adressierbare Element eines Bildes (Bildpunkt), dem genau ein Grauwert oder eine Farbe zugeordnet ist; in der Technik hochintegrierter Schaltungen und Halbleiterbildsensoren die kleinste Fläche, die in einem Lithographieprozess oder Ätzschritt noch aufgelöst werden kann (bei hoch entwickelten Fertigungsprozessen unter einem μ^2). Durch die Zerlegung eines Bildes nach Zeilen und Spalten in P. wird die digitale Bildverarbeitung möglich. Bei hochauflösenden Bildschirmen liegt der Standard heute bei 1 280 × 1 024 Bildpunkten.

Francisco Pizarro

Pixérécourt [piksere'ku:r], René Charles **Guilbert de** [gil'bɛ:r də], frz. Dramatiker, *Nancy 22. 1. 1773, †ebd. 27. 7. 1844; schrieb neben Lustspielen und Operettenlibretti v. a. Texte zu Melodramen, deren Stoffe er beliebten Unterhaltungsromanen entnahm.

Werke: *Dramen:* Victor, ou L'enfant de la forêt (1798); Coelina, ou L'enfant du mystère (1800); Robinson Crusoé (1805); Latude, ou Trentecinq ans de captivité (1834).

Piz [pɪts; ladin. Herkunft unsicher] *der,* Berggipfel, z. B. Piz Buin und Piz Linard in der Silvretta.

Ildebrando Pizzetti

Pizarro [pi'θarrɔ], **1)** Francisco, span. Konquistador, Eroberer Perus, *Trujillo 1478, †(ermordet) Ciudad de Los Reyes (heute Lima) 26. 6. 1541, Halbbruder von 2) und 3); ging 1502 nach Westindien und nahm 1510 an einer Fahrt A. DE HOJEDAS nach Urabá und 1513 an dem Zug V. NÚÑEZ DE BALBOAS über die Landenge von Panama teil. Mit D. DE ALMAGRO und dem Pater HERNANDO DE LUQUE († 1532) verband er sich zur Eroberung Perus und unternahm von Panama aus zunächst Erkundungsfahrten (1524/25, 1526), wobei er die Küste von Peru bei Tumbes erreichte. 1529 ließ er sich in Spanien von Kaiser KARL V. zum Statthalter und Generalkapitän von Peru ernennen; 1531 trat er mit drei Schiffen, 183 Mann und 37 Pferden die Fahrt nach Peru an. Von Tumbes aus drang er 1532 über die Anden ins Innere vor. Durch eine List kam der Inkaherrscher ATAHUALPA in Cajamarca in span. Gefangenschaft; P. ließ ihn trotz eines hohen Lösegelds hinrichten (1533). Nach einem langen Marsch zog P. in der Hauptstadt Cuzco ein und hob unter dem Protektorat des Königs von Spanien den Inka MANCO CAPAC II. auf den Thron. 1535 gründete er Lima. Unter der Führung MANCO CAPACS erhoben sich die Indianer und belagerten 1536 Cuzco, das von den Halbbrüdern P.s verteidigt wurde. Nachdem der aus Chile zurückgekehrte ALMAGRO 1537 die Stadt entsetzt hatte, kam es zum Krieg zw. ALMAGRO, der Cuzco für sich beanspruchte, und P.; ALMAGRO wurde von HERNANDO P. in der Schlacht von Salinas (26. 4.

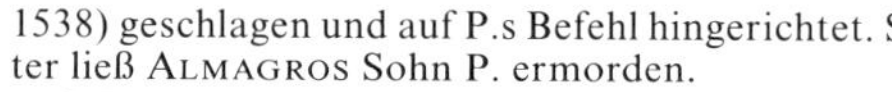
1538) geschlagen und auf P.s Befehl hingerichtet. Später ließ ALMAGROS Sohn P. ermorden.

C. HOWARD: P. u. die Eroberung von Peru (a. d. Engl., 1970); S. HUBER: P. (Neuausg. 1981); L. VÁZQUEZ FERNÁNDEZ: Tirso y los P. Aspectos histórico-documentales (Kassel 1993).

2) Gonzalo, span. Konquistador, *Trujillo 1502 oder 1511/13, †(hingerichtet) Cuzco 10. 4. 1548, Halbbruder von 1); bei der Eroberung Perus von FRANCISCO P. in seine Dienste genommen; um 1539 zum Statthalter von Quito ernannt, von wo aus er auf der Suche nach →Eldorado 1541–42 weit in die Regenwälder des Amazonastieflandes vordrang; sein Unterführer F. DE ORELLANA erreichte 1542 die Mündung des Amazonas. P. erhob sich 1546 gegen den span. Vizekönig BLASCO NÚÑEZ DE VELA (*um 1490, † 1546), wurde 1548 aber besiegt und enthauptet.

3) Hernando, span. Konquistador, *Trujillo 1504 (?), †ebd. 1578 (?), Halbbruder von 1); nahm an der Eroberung Perus teil; er kehrte 1539 nach Spanien zurück, um sich wegen der Hinrichtung ALMAGROS vor KARL V. zu rechtfertigen; 1540–60 gefangen gehalten.

Pizunda, Picunda [-ts-], Seebad und klimat. Kurort in der Teilrepublik Abchasien innerhalb Georgiens, auf einer Landzunge an der kaukas. Schwarzmeerküste, an den Hängen des Kaukasus nordwestlich von Suchumi, etwa 10 700 Ew.; mit Wald (200 ha) langnadeliger Kiefern (Relikt einer pont. Flora aus dem Tertiär), Teil des 3 761 ha großen P.-Mjusserskij-Naturschutzgebietes. – Seit 1952 Ausgrabungen der antiken Stadt **Pityus,** von der Türme, Wohnhäuser, Handwerksstätten und ein dreiflügeliger Tempelbau mit Mosaikfußboden freigelegt wurden. – P. wurde 1993 im Bürgerkrieg zw. Abchasiern und Georgiern stark zerstört.

Pizza [ital.] *die, -/-s* und *...zen,* ursprünglich ital., warm zu verzehrende Feinbackware aus dünn ausgerolltem Hefeteig, belegt mit versch. Kombinationen von pikanten Zutaten wie Käse, Tomaten, Paprikaschoten, Schinken, Salami, Thunfisch, Muscheln, Sardellen, gewürzt meist mit Oregano.

Pizzetti, Ildebrando, ital. Komponist, *Parma 20. 9. 1880, †Rom 13. 2. 1968; lehrte Komposition an den Konservatorien in Florenz (seit 1908, seit 1917 Direktor), Mailand (seit 1924) und an der Accademia Nazionale di Santa Cecilia in Rom (1936–58). P. schrieb Musik zu Schauspielen von G. D'ANNUNZIO, Instrumentalwerke in z. T. neoklassizist. Stil und strebte im Operngenre eine Erneuerung des ital. Musiktheaters an.

Werke: *Opern:* Fedra (1915); Debora e Jaele (1922); Fra Gherardo (1928); Lo straniero (1930); Ifigenia (1951); L'assassinio nella cattedrale (1958, nach T. S. ELIOT); Clitennestra (1965). – *Orchesterwerke:* Sinfonie A-Dur (1940); Konzerte für Klavier (1931), Violoncello (1943), Violine (1945) und Harfe (1960).

Pizzi, Pier Luigi, ital. Regisseur und Bühnenbildner, *Mailand 15. 6. 1930; seit 1952 als Bühnenbildner tätig, ab 1975 oft in Zusammenarbeit mit L. RONCONI; gab 1977 sein Regiedebüt und trat v. a. als Regisseur von Barockopern und von Werken G. ROSSINIS (u. a. in München und Chicago, Ill.) hervor; mit seiner Inszenierung von H. BERLIOZ' ›Les Troyens‹ wurde 1990 die Pariser Opéra de la Bastille eröffnet. 1995 war er als Repräsentant Italiens mit einer Installation auf der Biennale von Venedig vertreten.

pizzicato [ital. ›gezupft‹], Abk. **pizz.,** erstmals bei C. MONTEVERDI vorgeschriebene Spielweise bei Streichinstrumenten, die Saiten mit den Fingern zu zupfen; aufgehoben durch →coll'arco. Das P. der linken Hand bei gleichzeitigem Streichen wurde von N. PAGANINI eingeführt. – Im Jazz ist das P. die gängige Spielweise auf dem Kontrabass.

Pjandsch *der,* **Pjandž** [-dʃ], linker Quellfluss des Amudarja, auch als dessen Oberlauf angesehen,

1 125 km lang, entsteht durch den Zusammenfluss der im S-Pamir entspringenden Flüsse Pamir (Quelle ist der Sorkulsee) und Wachandarja (aus Afghanistan); bildet einschließlich seines rechten Quellflusses Pamir, abgesehen von einem etwa 50 km oberhalb der Mündung des Kysylsu verlaufenden Teilstücks durch Afghanistan die Grenze zw. Afghanistan und Tadschikistan, durchfließt in einem engen, schluchtenreichen Tal den Pamir, danach das südtadschik. Bergland; vereinigt sich unterhalb der Stadt Pjandsch mit dem Wachsch zum Amudarja. Der wasserreiche P. wird zur Bewässerung genutzt.

Pjanyj-Bor-Kultur, vorgeschichtl. Kulturgruppe (3. Jh. v. Chr.–5. Jh. n. Chr.) im Bereich des Urals und der Kama, Russland; benannt nach Pjanyj Bor, jetzt Krasnyj Bor an der Kama, Rayon Jelabuga, Tatarstan. Gekennzeichnet ist die Eisen und bis zum 1. Jh. n. Chr. auch Bronze verwendende P.-B.-K., Nachfolgerin der →Ananinokultur, bes. durch kunstvoll verzierte Tonware und Bronzeschmuck (u. a. Halsringe, Armreifen; Grabfunde). Stilisierte Metallanhänger stellen v. a. Tiere, Reiter und fantast. Wesen dar. Die Träger der P.-B.-K. betrieben Ackerbau, Viehzucht, Fischfang und Pelztierjagd. Funde von röm. Bronzegeschirr, Münzen aus Mittelasien und skyth. Waffen belegen weit reichende Handelsbeziehungen.

Pjarnu, russ. Name der estn. Stadt →Pärnu.

Pjassina *die,* **Pjasina,** Fluss in Russland, in Mittelsibirien, 818 km lang, entströmt dem **Pjassinosee** (735 km², bis 10 m tief) nördlich von Norilsk, durchfließt das Nordsibir. Tiefland und mündet in die 170 km lange, meist eisbedeckte P.-Bucht der Karasee.

Pjatak [russ., zu pjat' ›fünf‹] *der,* volkstüml. Name des russ. 5-Kopeken-Stücks.

Pjatigorsk, Stadt in der Region Stawropol, Russland, am Podkumok (Nebenfluss der Kuma), in einem geschützten Kessel am N-Fuß des Großen Kaukasus, 129 700 Ew.; Fremdsprachen- und pharmazeut. Hochschule, Lermontowmuseum; dank der etwa 40, z. T. radonhaltigen, bis 60 °C warmen Mineralquellen ältester und größter der kaukas. Kurorte (Trink-, Bäderkuren, Schlammpackungen); elektrotechn., Metall-, Textil-, Schuh-, Möbel-, Nahrungsmittelindustrie.

Pjezuch, P'ecuch [ˈpjɛtsʊx], Wjatscheslaw Aleksejewitsch, russ. Schriftsteller, *Moskau 18. 11. 1946; behandelt in seiner an absurden Situationen, aber auch an Anspielungen auf die russ. Geschichte und Literatur reichen Prosa die Probleme einer orientierungslosen Generation, die jegl. Sicherheiten verloren hat (Roman ›Novaja moskovskaja filosofija‹, 1989; dt. ›Die neue Moskauer Philosophie‹).

Weitere Werke: *Roman:* Istorija goroda Glupova v novye i novejšie vremena (1989). – *Erzählungen:* Alfavit (1983); Bilet (1987; dt. Das Los, in: Die Sintflut, hg. v. A. Kasakewitsch); Veselye vremena (1988). – *Prosa:* Ja i pročee (1990).

Pjöngjang, P'yŏngyang, Hauptstadt von Nord-Korea, am Taedonggang, 50 km oberhalb seiner Mündung ins Gelbe Meer, Stadt-Prov. mit 1 800 km² und 2,64 Mio. Ew.; Verw.-Sitz der Prov. P'yŏngyannam-do; Univ. (gegr. 1946), wiss. Akademie, Fachhochschulen, Parteihochschule, Museen, Bibliotheken. Auf der Basis der in der Umgebung abgebauten Anthrazit-, Braunkohle-, Eisen- und Kupfererzvorkommen wurde P. ein Zentrum der Schwerindustrie mit Stahlwerk, Maschinen- und Fahrzeugbau (u. a. Lokomotiven), Aluminiumgewinnung, Textil-, Gummi-, Elektro-, chem. Industrie, Zuckerraffinerie; U-Bahn, internat. Flughafen; nächster Hafen ist →Namp'o.

Stadtbild: Das heutige Stadtbild ist bestimmt von Handels- und Industriebauten. Im Koreakrieg erlitt die von einer Mauer umgebene Stadt starke Zerstörungen durch Luftangriffe. An die histor. Bedeutung von P. erinnern die am Berg Taesong gelegenen Gräber der Herrscher von Koguryŏ mit ihren gut erhaltenen Wandmalereien. 8 km von P. entfernt wurde eine Nekropole mit Funden der Hanzeit ausgegraben (u. a. zw. 85 v. Chr. und 102 n. Chr. datierte Lackarbeiten).

Pjöngjang: Das Große Theater

Geschichte: P., eine der ältesten Städte Koreas, wurde der Legende nach von dem um 1050 (nach der traditionellen Zeitrechnung 1122) v. Chr. aus China geflohenen ›Kulturträger‹ Kija (→Korea, Geschichte) gegründet. In der Gegend des heutigen P. lag schon das Zentrum des um 400 v. Chr. entstandenen ersten korean. Reiches →Alt-Chosŏn. 427 n. Chr. wurde P. Hauptstadt des nordkorean. Königreiches →Koguryŏ. Seit der ersten Einigung Koreas durch das Königreich Silla im 7. Jh. war P. nur noch regionales Verwaltungszentrum des NW. Unter der jap. Herrschaft (1910–45) entwickelte es sich zur Industriestadt. 1948 wurde es Hauptstadt von Nord-Korea.

Pjöngjang

Hauptstadt von Nord-Korea
·
2,64 Mio. Ew.
·
Universität
·
Industriezentrum
·
U-Bahn
·
eine der ältesten Städte Koreas
·
ab 427 Hauptstadt des Königreiches Koguryŏ
·
Gräber der Herrscher
·
ab 1948 Hauptstadt von Nord-Korea

PK, Nationalitätszeichen für Pakistan.

Pkm, Abk. für **P**ersonen**k**ilo**m**eter, das Produkt aus zurückgelegter Strecke und Anzahl der beförderten Personen.

PK-Test [PK Abk. von **P**sycho**k**inese], Bez. der Parapsychologie für experimentelle Testverfahren zur Feststellung, ob Versuchspersonen in der Lage sind, unter Laborbedingungen Zufallsereignisse durch ›Wünschen‹ oder ›Wollen‹ zu beeinflussen. Zielobjekte von PK-T. sind z. B. die Beeinflussung des Falls von Würfeln, des radioaktiven Zerfalls oder von biolog. Systemen (Pflanzenwachstum). Meta-Analysen von PK-T. sprechen für einen beobachterabhängigen Effekt auf quantenphysikal. Systeme. (→Psychokinese)

PKU, *Medizin:* Abk. für →**P**henyl**k**eton**u**rie.

Pkw, Abk. für **P**ersonen**k**raft**w**agen (→Kraftwagen).

pK-Wert [Analogiebildung zu pH-Wert], *Chemie:* der negative dekad. Logarithmus der Gleichgewichtskonstanten K_c (→Massenwirkungsgesetz) einer chem. Reaktion; dient meist zur Kennzeichnung der Stärke schwacher Basen und Säuren. Bei der elektrolyt. Dissoziation ist allg. der pK-Wert umso höher, je schwächer der Elektrolyt ist.

Pl, Abk. für die afghan. Währungseinheit **Pul**.

PL, Nationalitätszeichen für Polen.

PL/1 [Abk. für **p**rogramming **l**anguage No. **1**], imperative, für wiss. und kommerzielle Anwendungen und zur Systemprogrammierung geeignete Programmiersprache. Sie vereinigt in sich Konzepte der älteren Programmiersprachen ALGOL 60, COBOL und FORTRAN, wodurch sie sehr umfangreich und nur schwer überschaubar ist. Die Verbreitung von PL/1 ist stark rückläufig.

Pla, eigtl. **Pla i Casadevall** [ˈpla i kəzəðəˈβaʎ], Josep, katalan. Schriftsteller, *Palafrugell (Prov. Gerona) 8. 3. 1897, †Llofríu (heute zu Palafrugell) 23. 4. 1981; Journalist. Sein umfangreiches, viel gelesenes Werk (in katalan. und span. Sprache) umfasst Autobiographisches (›El quadern gris‹, 1966), zahlr. Reiseberichte (›Coses vistes, 1920–25‹, 1925; ›Rússia‹, 1925; ›Week-end (d'estiu) a New York‹, 1955), Historisch-Politisches (›Historia de la Segunda República Española‹, 4 Bde., 1940–41), Romane (›El carrer estret‹, 1951; ›Nocturn de primavera‹, 1953; ›L'herència‹, 1972), Erzählungen und Biographien, v. a. eine Serie über berühmte Katalanen (›Homenots‹, 9 Bde., 1958–62).

Ausgabe: Obra completa, 47 Bde. ($^{1-2}$1969–92).

J. M. CASTELLET: J. P. o la razón narrativa (a. d. Katalan., Barcelona 1982).

PLA, *Elektronik:* →PLD.

Plaatje ['plaikji:], Sol Thsekisho, eigtl. **Solomon T. P.,** südafrikan. Schriftsteller und Politiker, * Boshof Farm (bei Kimberley) 9. 10. 1876, † Nancefield 19. 6. 1932; von luther. Missionaren erzogen; Mitgl. des South African Native Congress und 1912 Mitbegründer und erster Gen.-Sekr. des →African National Congress, als dessen Delegierter er sich in London für die Abschaffung des ›Land Act‹ (1913) einsetzte, der die Mehrheit des südafrikan. Gebietes den Weißen zusprach. Seine Argumente legte er in ›Native life in South Africa‹ (1916) dar. Durch sein Bemühen um die orale afrikan. Kultur (bes. der Tswana) leistete P. auch als Schriftsteller Pionierarbeit. Sein in Englisch geschriebener, in viele Sprachen übersetzter Roman ›Mhudi‹ (1930) schildert die Vernichtung des Stammes der Rolong (P.s Vorfahren) durch die Ndebele und schlägt eine erste Brücke zw. mündl. und schriftl. Erzähltradition Südafrikas.

Placebo [lat. ›ich werde gefallen‹], **Plazebo,** *das, -s/-s,* Scheinmedikament, das wie ein echtes Arzneimittel hergestellt wird, von diesem äußerlich nicht zu unterscheiden ist, aber keine Wirkstoffe enthält. Scheinmedikamente werden bei der klin. Prüfung neuer Arzneimittel, insbesondere bei Doppelblindversuchen (→Blindversuch) eingesetzt, um wirkstoffbedingte pharmakolog. Wirkungen von suggestiven unterscheiden zu können. P. werden außerdem bei Patienten verwendet, bei denen ein wirksames Medikament nicht angezeigt ist, sich aber eine Arzneimittelgabe aus psycholog. Gründen nicht vermeiden lässt.

Das P.-Problem, hg. v. H. HIPPIUS (1986).

Placenta [lat., eigtl. ›Kuchen‹] *die, -/...tae,* **Plazenta,** der →Mutterkuchen.

Placentalia, die →Plazentatiere.

Placet, *Kirchenrecht:* →Plazet.

Placodermi [zu griech. pláx, plakós ›Platte‹, ›Fläche‹ und dérma ›Haut‹], die →Panzerfische.

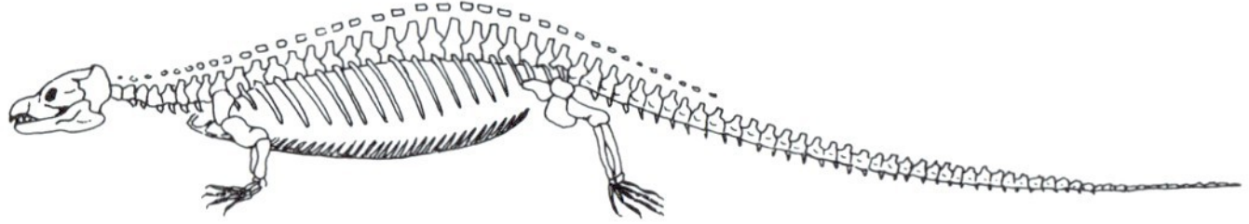

Placodus: Rekonstruktion des Skeletts (Länge bis 3 m)

Placodus [zu griech. pláx, plakós ›Platte‹, ›Fläche‹ und odoús ›Zahn‹], **Pflasterzahnsauri|er,** ausgestorbene, nur aus der Trias Europas (in Dtl. bes. um Bayreuth) bekannte Gattung meerbewohnender bis amphib. Saurier **(Placodontia);** Körper molchartig, mit gezacktem, knöchernem Rückenkamm, bis 3 m lang, kurze Beine mit Schwimmhäuten zw. den Zehen. P. ernährte sich vorwiegend von Schalenweichtieren, die er mit den stiftförmigen vorderen Greifzähnen packte und mit den hinteren ›Pflasterzähnen‹ (vier im Ober-, drei im Unterkiefer) knackte. Zur Eiablage ging er vermutlich an Land.

Placophora [zu griech. pláx, plakós ›Platte‹, ›Fläche‹ und phoreîn ›tragen‹], die →Käferschnecken.

Plädoyer [plɛdwa'je:, frz.] *das, -s/-s,* der zusammenfassende Vortrag vor Gericht, bes. die Schlussausführungen von (in dieser Reihenfolge) Staatsanwalt und Verteidiger im Strafprozess (§ 258 StPO).

Plakat: El Lissitzky, ›Schlagt die Weißen mit dem roten Keil‹; 1919/20

Plafond [pla'fɔ̃; frz., aus plat fond ›platter Boden‹] *der, -s/-s,* **1)** *Baukunst:* flache Decke; die Bez. wird häufig für mit Stuck und Malerei verzierte Flachdecken verwendet.

2) *Finanzwissenschaft:* eine absolut oder prozentual definierte Obergrenze (Höchstbetragsregelung) für Steuerbelastungen oder für die öffentl. Schuldenaufnahme. 1) Bei der *Besteuerung* bestehen in einer Reihe von Ländern (u. a. Dänemark, Niederlande, Spanien sowie in etlichen schweizer. Kantonen) P.-Regelungen, die die Gesamtbelastung des Einkommens natürl. Personen durch Einkommen- und Vermögensteuer auf einen bestimmten Prozentsatz begrenzen. Eine analoge Regelung stellt die dt. Kirchensteuerkappung dar. 2) Die Möglichkeit eines P. für die *Schuldenaufnahme* der öffentl. Verbände ist in § 19 Stabilitäts-Ges. vorgesehen (→Schuldendeckel); der frühere P. gemäß § 20 Bundesbank-Ges. für Kredite der Bundesbank ist mit dem Wegfall von Kassenkrediten der Zentralbank hinfällig geworden (→Kassenverstärkungskredit).

plagal [mlat., von griech. plágios ›schief‹, ›schräg‹], *Musik:* p. werden seit dem 9. Jh. die ›abgeleiteten‹ Tonarten des 2., 4., 6. und 8. Kirchentons im Ggs. zu den authent. →Kirchentonarten genannt.

Plaggen|esch, Plaggenboden, Eschboden, anthropogener Bodentyp v. a. in den Geestgebieten Nordwest-Dtl.s und der östl. Niederlande, entstanden durch die hier seit dem frühen MA., z. T. auch seit vorchristl. Zeit, bis ins 19. Jh. ausgeübte Plaggenwirtschaft. Bei dieser wurden die in 4–6 cm Tiefe abgeschälten **Plaggen** (Narbe von Heide- oder Grasflächen) als Stallstreu verwendet, kompostiert und als Dünger den Geestböden (Podsole, Braunerden) zugeführt. Dadurch wurden die Böden im Lauf der Jahrhunderte um 50–120 cm (Humusschicht) erhöht.

Plagiat [frz., von lat. plagium ›Menschenraub‹] *das, -(e)s/-e,* geistiger Diebstahl, also vollständige oder teilweise Übernahme eines fremden literar., musikal. oder bildner. Werkes in unveränderter oder nur unwesentlich geänderter Fassung unter Vorgabe eigener Urheberschaft. Das P. kann den Tatbestand der Verletzung eines Urheberrechts erfüllen und somit Unterlassungs- und Schadensersatzansprüche auslösen; es kann sich jedoch auch lediglich als bloße Unterlassung der Herkunftsangabe beim Zitieren eines fremden Werkes im Rahmen der →freien Benutzung darstellen, also als Verstoß gegen das Gebot zur Quellenangabe bzw. als Verstoß gegen die Grundsätze wiss. oder künstler. Redlichkeit.

Plagieder [zu griech. plágios ›schief‹, ›schräg‹ und hédra ›Fläche‹, ›Basis‹] *das, -s/-,* ältere Bez. für einen von sechs Trapezoiden begrenzten Körper (Querflach), auch für das Pentagonikositetraeder (→Ikositetraeder).

Plagioklase [zu griech. plágios ›schief‹, ›schräg‹ und klásis ›Bruch‹], *Sg.* **Plagioklas** *der, -es,* **Kalknatronfeldspäte,** wichtigste Gruppe der triklinen →Feldspäte und häufigste gesteinsbildende Minerale.

Plagionit [zu griech. plágios ›schief‹, ›schräg‹] *der, -s/-e,* zu den Bleispießglanzen gehörendes, schwärzlich bleigraues, monoklines Mineral der chem. Zusammensetzung $5 PbS \cdot 4 Sb_2S_3$; Härte nach MOHS 2,5, Dichte 5,5–5,6 g/cm^3; derbe, traubige oder körnige Aggregate.

Plaid [ple:t, engl. pleɪd; schott.-engl.] *das,* älter *der, -s/-s,* urspr. die als Kilt getragene wollene Decke mit Tartanmusterung; heute Bez. für eine Reisedecke.

Plaidy [ˈpleɪdɪ], Jean, Pseud. der engl. Schriftstellerin Eleanor →Hibbert.

Plains-Indianer [ˈpleɪnz-], die (ehemals) im Bereich der Great Plains lebenden Indianer, →Prärie- und Plains-Indianer.

Plainte [plɛ̃t; frz. ›Klage‹] *die, -/-s, Musik:* im 17./18. Jh. Bez. für Stücke von verhalten klagendem Charakter, v. a. in der Klavier- und Kammermusik frz. und dt. Komponisten (F. COUPERIN, J. J. FROBERGER). →Lamento.

Plakat [aus niederländ. plakkaat, von gleichbedeutend frz. placard, zu plaquer ›verkleiden‹, ›überziehen‹] *das, -(e)s/-e,* öffentl. Anschlag behördl., kulturellen oder kommerziellen Charakters; angebracht an Mauern, Hauswänden, Zäunen, Anschlagtafeln oder -säulen (Litfaßsäulen) mit dem Zweck, die Aufmerksamkeit einer möglichst breiten Öffentlichkeit zu erregen. P. müssen daher auffällig, aus der Entfernung erkennbar und ihrem Inhalt nach schnell erfassbar sein.

Das P. entwickelte sich seit der 2. Hälfte des 15. Jh. aus Anzeigen, Flugblättern und Handzetteln. Nur zögernd setzte die Illustration ein. Die P.-Produktion des 16.–18. Jh. wurde hauptsächlich vom Schausteller-P. bestritten. Erste P. für Produkte, Dienstleistungen, Handel und Ausstellungen entstanden gegen Ende des 17. Jh., doch erst im 19. Jh. wurde das Bild-P. zum wesentl. Werbemittel für die beginnende Markenartikelindustrie. Mit der Erfindung der Lithographie durch A. SENEFELDER (1798) konnte das P. in großem Format und in hoher Auflage produziert werden. Die P.-Kunst erlebte in den 1890er-Jahren in Frankreich ihren ersten Höhepunkt. Es wurde bereits im letzten Jahrzehnt des 19. Jh. auf vielen Ausstellungen präsentiert und zu einem begehrten Sammelobjekt.

Plakat: Herbert Bayer, ›section allemande‹; Plakat für die Ausstellung des Deutschen Werkbundes in Paris; 1930

Plakat: Tadeusz Trepkowski, ›Nie!‹; Beitrag zu einem Plakatwettbewerb anlässlich des Völkerkongresses für den Frieden in Wien; 1952

Als Begründer des modernen, illustrativen Bild-P. in Frankreich gilt J. CHÉRET, als ›TIEPOLO der Straße‹ hinterließ er ein Œuvre von rd. 1 200 gedruckten P. (BILD →Chéret, Jules). Zeitgenossen, die der P.-Gestaltung wesentl. Impulse gaben, waren P. BONNARD, T. A. STEINLEN u. a.; H. DE TOULOUSE-LAUTREC entwickelte, angeregt durch den jap. Holzschnitt, eine neue Form der P.-Gestaltung, indem er Schrift und Bild zu einer Einheit verband, Linie und Fläche stark kontrastierte. Diese Reduzierung auf wenige Bildelemente führte in Paris L. CAPPIELLO in seinen wegweisenden heiteren P. weiter. In Großbritannien sind DUDLEY HARDY (* 1866, † 1922), die ›Beggarstaff Brothers‹ (Pseudonym für JAMES PRYDE, * 1866, † 1941, und WILLIAM NICHOLSON, * 1872, † 1949), C. R. MACKINTOSH und A. V. BEARDSLEY Pioniere der P.-Kunst, in den USA sind es LOUIS JOHN RHEAD (* 1857, † 1926), EDWARD PENFIELD (* 1866, † 1926) und WILLIAM H. BRADLEY (* 1868, † 1962).

Um die Jahrhundertwende haben die Jugendstilkünstler EUGÈNE GRASSET (* 1845, † 1917) und A. MUCHA (BILD →Jugendstil) einen spezif. P.-Stil mit fließenden, ornamentalen Linien und neuen Schriftformen geschaffen, der in Europa großen Einfluss hatte. In München vertraten diese Richtung u. a. T. T. HEINE, B. PAUL und LUDWIG HOHLWEIN (* 1874, † 1949), in Berlin wurde LUCIAN BERNHARD (* 1883, † 1972) Schöpfer einer neuen P.-Form, des ›Berliner Sachplakats‹. Er reduzierte die Bildelemente auf eine

Plakat: Filmplakat zu ›Metropolis‹ von Fritz Lang; 1985

grafisch vereinfachte Produktabbildung und den Firmenschriftzug; dazu benutzte er intensive Farben. Mit dieser Vereinfachung des Bildaufbaus sollte die Wahrnehmung der P. im Stadtbild verstärkt und der wachsenden Verkehrsdichte Rechnung getragen werden. Weitere ›Säulenheilige‹ vor dem Ersten Weltkrieg in Dtl. waren u.a. Edmund Edel (* 1863, † 1933), Hans Rudy Erdt (* 1883, † 1918), Ernst Deutsch (* 1883, † 1938), P. Scheurich. 1905 gründete der Zahnarzt Hans J. Sachs (* 1881, † 1974) mit anderen den ›Verein der P.-Freunde‹ (VdP) in Berlin, um ›den Geschmack am künstler. P. zu wecken und zu kultivieren‹. Seit 1913 veröffentlichte der VdP die Zeitschrift ›Das Plakat‹, die rasch internat. Anerkennung fand. Ebenfalls auf Initiative des VdP wurde 1919 in Berlin der ›Bund Dt. Gebrauchsgraphiker‹ (BDG) gegründet, die Berufsorganisation der P.-Gestalter und Grafikdesigner (heute Bund Dt. Grafik-Designer e.V.). 1922 musste ›Das Plakat‹ sein Erscheinen einstellen und wurde 1924 als ›Gebrauchsgraphik‹ fortgesetzt (ab 1972 u.d.T. ›Novum. Gebrauchsgraphik‹). Bei seiner Emigration in die USA 1938 hinterließ Sachs die größte P.-Sammlung der Erde mit 12 000 P. und weiteren 18 000 kleineren Objekten (heute: Dt. Histor. Museum, Zeughaus, in Berlin). Nach dem Ersten Weltkrieg hatte der Expressionismus Einfluss auf die P.-Kunst (M. Pechstein, César Klein, * 1876, † 1954, W. Jaeckel). Hervorzuheben sind die Film-P. von Josef Fenneker (* 1885, † 1956).

Kubist. Tendenzen spiegelten sich in der P.-Kunst Frankreichs wider, z.B. A. M. Cassandre. Die künstler. Avantgarde in Europa zw. den beiden Weltkriegen entwickelte eine revolutionäre Formensprache in der P.-Gestaltung, durch die kompromisslose Anwendung von Groteskschriften und die Ablösung der Illustration durch Fotografie. In Dtl. war der Dadaist K. Schwitters ein Befreier von histor. typograph. Ordnungen; J. Heartfield nutzte die Fotomontage für P. zur polit. Agitation. Pionier der Foto-P. war auch J. Tschichold mit seinen Film-P. für den Münchener Phoebus-Palast. Er setzte sich auch als Erster mit avantgardist. Tendenzen der ›funktionalen Gestaltung‹ theoretisch auseinander.

Am Bauhaus in Weimar und Dessau entwickelten L. Moholy-Nagy, H. Bayer, Joost Schmidt (* 1893, † 1948) u.a. neue Darstellungsmittel der Werbegestaltung, bei denen die Fotografie und die Illustration (z.T. beeinflusst vom Surrealismus) gleichrangig vertreten waren. Einen eigenwilligen Stil der P.-Kunst schufen in den Niederlanden die Nachfolger der ›Stijl‹-Bewegung, u.a. Piet Zwart (* 1885, † 1977) für die Niederländ. Post (PTT) u.a. Auftraggeber, sowie Paul Schuitema (* 1897, † 1973) und Jakob (Jac.) Jongert (* 1883, † 1942).

Auch in Osteuropa gab es eine intensive Avantgarde, deren P. signifikante Zeichen setzten. In der UdSSR entstanden in der revolutionären Phase 1919–25 wichtige didaktisch-polit. P., u.a. von W. W. Majakowskij. Wegweisende P. schufen u.a. A. M. Rodtschenko, Gustav Klucis (* 1895, † 1944), El Lissitzky; einen spezif. neuen P.-Stil für den jungen sowjet. Film entwarfen die Brüder Wladimir (* 1899, † 1982) und Georgij Stenberg (* 1900, † 1933). Die russ. Künstler benutzten für ihre P. die Fotografie und Fotomontage als Gestaltungsgrundlage. In Polen waren es v.a. Mieczysław Szczuka (* 1898, † 1927) und H. Berlewi, die sich der konstruktivist. Avantgarde anschlossen. Berlewi versuchte mit seiner Theorie der ›Mechano-Faktur‹ P.- u. Werbegestaltung zu systematisieren. Die führenden P.-Gestalter in Ungarn waren Róbert Berény (* 1887, † 1953) und der vom Bauhaus Weimar geprägte S. Bortnyik. Auch in der Tschechoslowakei schloss man sich der Avantgarde an und führte sie bis zum Beginn des Zweiten Weltkriegs konsequent fort. Als P.-Gestalter traten v.a. K. Teige, Ladislav Sutnar (* 1897, † 1976) und Zdeněk Rossmann (* 1905, † 1986) hervor.

Nach dem Zweiten Weltkrieg beeinflusste die Avantgarde anfangs die Entwicklung der P.-Kunst, bis sich rasch eigene stilist. Prägungen durchsetzten. Zu den Ländern, die für ihr eigenständiges P.-Schaffen bekannt geworden sind und Schule machten, zählen Frankreich, Polen, Japan und die BRD (u.a. K. Staeck). Auch in der DDR hatte sich ein selbstständiger und unverwechselbarer P.-Stil entwickelt (u.a. Klaus Wittkugel, * 1910, † 1985). Bemerkenswerte und richtungweisende Tendenzen entstanden auch in der Schweiz, den Niederlanden, Italien, Israel und den USA. Ein Zentrum, das die künstler. Erneuerung der internat. P.-Kunst widerspiegelt, ist das P.-Museum Warschau. Die dort seit 1966 veranstalteten ›Internat.

Plakat: Klaus Staeck, ›Nord-Süd-Gefälle‹; 1991

P.-Biennalen‹ haben in der Öffentlichkeit zur Anerkennung des P. als künstler. Medium der modernen Kommunikationsgesellschaft wesentlich beigetragen. (→Poster)

H. SCHINDLER: Monografie des P. Entwicklung, Stil, Design (1972); Das frühe P. in Europa u. den USA. Ein Bestands-Kat., hg. v. K. POPITZ u. a., 4 Tle. (1973–80); F. KÄMPFER: ›Der rote Keil‹. Das polit. P. (1986); F. AHRLÉ: Galerie der Straße. Die großen Meister der Plakatkunst (1990); Theaterplakate. Ein internat. histor. Überblick, bearb. v. H. RADEMACHER (Neuausg. Leipzig 1990); Künstlerplakate, bearb. v. H. WICHMANN u. F. HUFNAGL (Basel 1991); Schweizer Plakatkunst aus Fünf Jahrzehnten, bearb. v. U. WALLENBURG, Ausst.-Kat. Brandenburg. Kunstsammlungen Cottbus (1991); Russ. Konstruktivismus, Plakatkunst, bearb. v. J. BARCHATOWA (a. d. Russ. u. Frz., 1992); Österr. Plakatkunst 1898–1938, bearb. v. B. DENSCHER (Wien 1992); Plakatkunst von Toulouse-Lautrec bis Benetton, hg. v. J. DÖRING, Ausst.-Kat. Museum für Kunst u. Gewerbe Hamburg (1994); M. HENATSCH: Die Entstehung des P. (1994); Plakatkunst 1880–1935, bearb. v. C. FRIESE (1994); Histor. Plakate 1890–1914, hg. v. S. ANNA, Ausst.-Kat. Städt. Kunstsammlungen Chemnitz (1995).

Plakẹtte [frz., Verkleinerung von plaque ›Platte‹] *die, -/-n,* **1)** *allg.:* kleines flaches Schildchen zum Anstecken oder Ankleben.

2) *Kunst:* kleine, meist rechteckige, geprägte oder gegossene Tafel aus Bronze, Silber, Zinn oder Blei mit einer Reliefdarstellung. P. wurden an Möbeln und Geräten angebracht, dienten als Schmuck und kamen selbstständig vor, bes. auch in kirchl. Gebrauch **(Paxtafeln).** Die Blütezeit der P. war die ital. und dt. Renaissance; als Darstellungen bevorzugte man religiöse, mytholog., allegor. Figuren und Szenen sowie Porträts. Auch Gedenkmedaillen wurden P. genannt.

Plakodẹrmen [vgl. Placodermi], die →Panzerfische.

Plakoịdschuppe [zu griech. pláx, plakós ›Platte‹, ›Fläche‹], *Zoologie:* der →Hautzahn.

Pla̲mann, Johann Ernst, Pädagoge, * Repzin (heute zu Herzfeld, Landkreis Parchim) 22. 6. 1771, † Berlin 3. 9. 1834; gründete als Anhänger J. H. PESTALOZZIS in Berlin die Pestalozz. Knabenschule, später **Plamannsches Institut** gen. (Lehrer u. a. C. W. HARNISCH, K. F. FRIESEN, F. L. JAHN, F. W. A. FRÖBEL).

Werk: Einzige Grundregeln der Unterrichtskunst nach Pestalozzis Methode (1805).

Pla̲n, 1) *allg.:* das (schriftlich-bildlich festgehaltene) Ergebnis eines mehr oder weniger intensiven, systematisch-kognitiven Prozesses. P. können mittels besonderer Planungsverfahren (→Planung) erstellt werden und enthalten Anweisungen für künftiges Handeln. Sie können von Unternehmen (z. B. Produktions-, Absatz-, Finanzierungs-P.; →Unternehmensplanung), von Bund, Ländern und Gemeinden (z. B. Haushalts-, Bildungs-, Finanz-, Verkehrs-, Umwelt-P.) sowie von privaten Haushalten aufgestellt werden. Häufig werden P. staatl. Organe nach einem gesetzlich geregelten Verfahren (z. B. P.-Feststellung, Landesplanung) erstellt; in einigen Fällen haben sie auch für den privaten Bereich verbindl. Charakter (z. B. Flächennutzungs-P.).

2) *Kartographie:* 1) die kartograph. Darstellung eines angestrebten Zustandes, oft in Verbindung mit einem Textteil (z. B. Regional-P., Bebauungs-P.); 2) eine geometrisch exakte, aber kartographisch einfache Darstellung in sehr großen Maßstäben (z. B. Kataster-P. 1 : 1 000); 3) eine Karte, die vorwiegend der Übersicht dient und daher geometrisch und inhaltlich stärker vereinfacht ist (z. B. Stadt-P.); 4) eine Karte, die nur einen Teil der endgültigen Darstellung enthält (z. B. Lage-P.).

Plana̲lto *der,* Bez. für Hochfläche im Brasilian. Bergland.

Plana̲ri|en [zu lat. planarius ›flach‹], *Sg.* **Plana̲ri|e** *die, -,* **Tricla̲dida,** 0,2–60 cm lange, zu den Strudelwürmern gestellte frei lebende →Plattwürmer mit dreischenkligem Darm; z. B. **Dugesia gonocephala,** bis 2,5 cm, in Bächen.

Plana̲rtechnik, Verfahren in der Halbleitertechnologie und Mikroelektronik zur Herstellung von Halbleiterbauelementen und Chips; dabei wird das Halbleitermaterial, meist ein Siliciumsubstrat, mittels Diffusion an ausgewählten Bereichen der Oberfläche dotiert (→Dotierung), sodass planare, d. h. flache, der Oberfläche parallele Strukturen entstehen (→integrierte Schaltung). Das Substrat wird zunächst durch einen für die Dotierungsstoffe undurchlässigen Film (Siliciumdioxid, SiO_2) geschützt, in den dann ›Fenster‹ geätzt werden, durch die die Dotierung erfolgen kann. Die Diffusion der Dotierungsatome (bei Temperaturen von etwa 1 200 °C) ins Substrat hinein erzeugt dort p- oder n-leitende Zonen, je nach Art des Dotierungsstoffes (Akzeptor, z. B. Bor, oder Donator, z. B. Phosphor). Die Fenster können anschließend wieder mit einem Schutzfilm verschlossen werden, wodurch wiederholtes Ätzen zum Einbringen weiterer Dotierungszonen oder das Aufdampfen metall. Kontaktstellen ermöglicht wird. Mit der P. lassen sich mehrere Tausend Bauelemente gleichzeitig auf einer Halbleiterkristallscheibe herstellen. Der Schutzfilm schützt hierbei die Oberfläche vor chem. Umwandlung und Umwelteinflüssen und erhöht die Zuverlässigkeit des Bauelements.

Planche [plãʃ; frz., eigtl. ›Brett‹] *die, -/-n,* Fechtbahn (→Fechten).

Planchette [plãˈʃɛt, frz.] *die, -, Parapsychologie:* Gerät zur unbewussten Hervorbringung von schriftl. Äußerungen (›automat. Schreiben‹), die vom Spiritismus als übersinnl. Botschaften gedeutet werden: kleines, mit zwei gleitenden Füßen und einem Bleistift als drittem Fuß versehenes Brett.

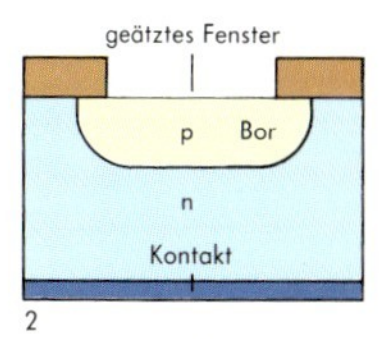

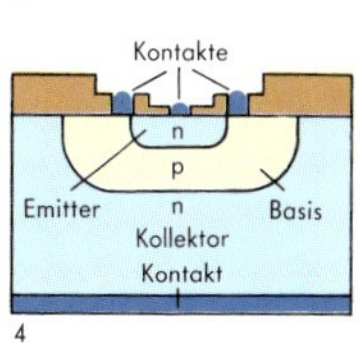

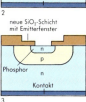

Planartechnik: Fertigung eines npn-Planartransistors; **1** Überzug n-leitenden Siliciums mit Siliciumdioxid; **2** Einätzung eines Fensters und Eindiffundieren von Boratomen; **3** Einätzung eines weiteren Fensters (Emitterfenster), in das Phosphoratome eindiffundieren; **4** Aufbau des fertigen Planartransistors mit aufgedampften metallischen Kontakten

Planchon [plãˈʃɔ̃], Roger, frz. Schauspieler, Regisseur, Theaterleiter und Dramatiker, * Saint-Chamond (Dép. Loire) 12. 9. 1931; Gründer (1952) des Théâtre de la Comédie in Lyon, ab 1957 Direktor des Théâtre de la Cité in Villeurbanne (bei Lyon), seit 1972 Kodirektor des Théâtre National Populaire ebd. Dem epischen Theater B. BRECHTS, dem elisabethan. Drama, der span. Bühnendichtung des ›goldenen Zeitalters‹ und E. PISCATOR verpflichtet, stellt P. in seinen Inszenierungen v. a. gesellschaftspolit. Bezüge heraus. In eigenen Stücken versucht er häufig, histor. Analyse mit größtmögl. Theaterwirksamkeit zu verbinden.

E. COPFERMANN: R. P. (Lausanne 1969); DERS.: Théâtres de R. P. (Paris 1977); Itinéraire de R. P. 1953–1964, bearb. v. J. DUVIGNAUD u. a. (ebd. 1970).

Max Planck

Plạnck, 1) Gottlieb, Jurist und nationalliberaler Politiker, * Göttingen 24. 6. 1824, † ebd. 20. 5. 1910; seit 1867 Abg. in Preußen und im Norddt. Bund, 1889 Honorar-Prof. in Göttingen. P. arbeitete 1871/72 am Entwurf der ZPO mit und war ab 1873 maßgeblich an der Schaffung des BGB beteiligt.

2) Max Karl Ernst Ludwig, Physiker, * Kiel 23. 4. 1858, † Göttingen 4. 10. 1947; promovierte im Alter von 21 Jahren in Berlin (›Ueber den 2. Hauptsatz der mechan. Wärmetheorie‹, 1879); 1885 wurde er Prof. in Kiel, 1888 in Berlin (ab 1892 Ordinarius).

Im Lauf seiner Studien über die Entropie wandte sich P. um 1894 der Wärmestrahlung zu. Dabei entdeckte er 1899 (noch in der Meinung, dass die wiensche Strahlungsformel zutreffend sei) eine neue Naturkonstante, das nach ihm benannte →plancksche Wirkungsquantum. 1900 leitete er durch eine geniale Interpolation das richtige Gesetz der schwarzen Wärmestrahlung ab (→plancksches Strahlungsgesetz). Der Entwicklung der Quantenmechanik durch W. HEISENBERG, E. SCHRÖDINGER u.a. stand P., v.a. hinsichtlich ihrer erkenntnistheoret. Folgerungen (Kopenhagener Deutung), eher zurückhaltend gegenüber. Insbesondere hielt P. an der klass. Vorstellung von Kausalität fest. Daneben bemühte er sich, seine religiösen Ansichten mit seinen physikalischen in Einklang zu bringen (›Religion und Naturwissenschaft‹, 1938). Während P. gegenüber der einsteinschen Lichtquantenhypothese lange skeptisch blieb, erkannte er sofort die Tragweite der 1905 begründeten speziellen Relativitätstheorie, deren rasche Durchsetzung in Dtl. v.a. sein Verdienst war. – 1918 erhielt P. für seine Leistungen in der Entwicklung der Quantentheorie den Nobelpreis für Physik.

P. lenkte als einer der vier ständigen Sekretäre (ab 1912) mehr als 25 Jahre die Geschicke der Preuß. Akad. der Wiss., viele Jahre war er Vors. der Dt. Physikal. Gesellschaft und Mitherausgeber der ›Annalen der Physik‹. Die Dt. Physikal. Gesellschaft stiftete zu seinem 70. Geburtstag die →Max-Planck-Medaille, deren erster Preisträger P. selbst war. 1948 wurde die Kaiser-Wilhelm-Gesellschaft zur Förderung der Wiss., deren Präsident P. 1930–37 und 1945/46 gewesen war, in →Max-Planck-Gesellschaft zur Förderung der Wissenschaften e.V. umbenannt.

Ausgabe: Physikal. Abhh. u. Vorträge, 3 Bde. (1958).

H. HARTMANN: M. P. als Mensch u. Denker (Basel [3]1953); H. KRETZSCHMAR: M. P. als Philosoph (1967); A. HERMANN: M. P. (28.–29. Tsd. 1995).

Planck-Fokker-Gleichung, Fokker-Planck-Gleichung [nach M. PLANCK und dem niederländ. Physiker ADRIAAN DANIËL FOKKER, *1887, †1972], *statist. Mechanik:* eine kinet. Gleichung zur Beschreibung irreversibler Prozesse (Transporterscheinungen), v.a. in Gasen und Plasmen. Sie lässt sich aus der →Liouville-Gleichung für Medien herleiten, deren Teilchen langreichweitigen Wechselwirkungskräften unterliegen, sodass ein beliebiges Teilchen in einem vorgegebenen Zeitintervall zwar mit vielen anderen Teilchen wechselwirkt, dabei aber seine Driftgeschwindigkeit nur wenig ändert. Die P.-F.-G. lautet:

$$\frac{\partial f}{\partial t} + \boldsymbol{v}\,\mathrm{grad}_{\boldsymbol{r}} f + \frac{\boldsymbol{F}}{m}\,\mathrm{grad}_{\boldsymbol{v}} f = -\mathrm{div}_{\boldsymbol{v}}(\boldsymbol{\beta} f) + \frac{1}{2}\sum_{i,j=1}^{3}\frac{\partial^2}{\partial v_i \partial v_j}(\gamma_{ij} f).$$

Dabei ist $f(t, \boldsymbol{r}, \boldsymbol{v})$ die Verteilungsfunktion in Abhängigkeit von der Zeit t, dem Ort $\boldsymbol{r}$ und der Geschwindigkeit $\boldsymbol{v}$, $\boldsymbol{F}$ die auf die Teilchen einwirkende Summe der äußeren Kräfte und m die Masse eines Teilchens. $\boldsymbol{\beta}$ ist der vektorielle dynam. Reibungskoeffizient, der die Geschwindigkeitsänderung eines Teilchens infolge der Wechselwirkung angibt und γ_{ij} der Diffusions- oder Dispersionstensor im Geschwindigkeitsraum. Die P.-F.-G. war in der theoret. Diskussion der brownschen Bewegung von Bedeutung; sie hat einen breiteren Gültigkeitsbereich als die →Boltzmann-Gleichung. – Ein Spezialfall der P.-F.-G. für elektrisch geladene Teilchen, die coulombsche Wechselwirkung aufweisen, ist die **Landau-Gleichung (Landau-Wlassow-Gleichung),** die in der kinet. Theorie von Plasmen eine Rolle spielt. Sie ist eine nichtlineare Integrodifferenzialgleichung zur Berechnung der Elektronenverteilungsfunktion, von der der Reibungskoeffizient und der Diffusionstensor hier abhängen (→Wlassow-Gleichung).

Planck-Konstante [nach M. PLANCK], das →plancksche Wirkungsquantum.

Planck-Länge [nach M. PLANCK], das Produkt aus →Planck-Zeit und Lichtgeschwindigkeit im Vakuum, $l_{Pl} \approx 10^{-35}$ m, die charakterist. lineare Ausdehnung für Quanteneffekte der Gravitation.

Planck-Masse [nach M. PLANCK], die Masse $m_{Pl} = \sqrt{hc/G} \approx 2{,}18 \cdot 10^{-5}$ g, etwa das 10^{19}fache der Protonenmasse. Darin ist $\hbar = h/2\pi$ (h plancksches Wirkungsquantum), c die Lichtgeschwindigkeit im Vakuum und G die Gravitationskonstante. Bei Energien $m_{Pl}c^2$, die der P.-M. entsprechen, wird die Gravitation mit den anderen Wechselwirkungen vergleichbar. Die in den →Großen Vereinheitlichten Theorien vorkommenden Teilchenmassen liegen unterhalb der Planck-Masse.

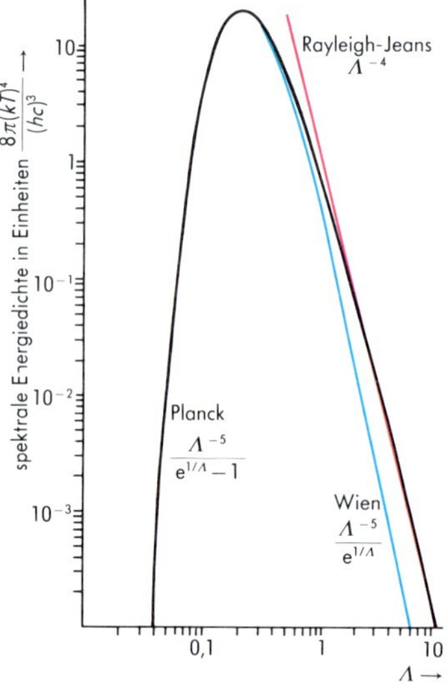

plancksches Strahlungsgesetz: Spektrale Energiedichte der Hohlraumstrahlung nach dem planckschen, dem rayleigh-jeansschen und dem wienschen Strahlungsgesetz in Abhängigkeit von dem dimensionslosen Parameter $\Lambda = \lambda \cdot kT/hc$ (doppeltlogarithmische Darstellung). λ Wellenlänge, k Boltzmann-Konstante, T Temperatur, h plancksches Wirkungsquantum, c Vakuumlichtgeschwindigkeit

plancksches Strahlungsgesetz, die 1900 von M. PLANCK theoretisch begründete Abhängigkeit der spektralen Dichte versch. →Strahlungsgrößen von der Wellenlänge λ (bzw. der Frequenz ν) der elektromagnet. Strahlung und von der Temperatur T beim →schwarzen Strahler. Bei der Ableitung dieses Gesetzes postulierte PLANCK die Wärmestrahlung in einen Hohlraum als ein System von linearen harmon. Oszillatoren, deren Energien nur diskrete (gequantelte) Werte $h\nu$ (h plancksches Wirkungsquantum) annehmen können. Für die spektrale →spezifische Ausstrahlung lautet das p. S.:

$$M_{e\lambda,S}(\lambda, T) = c_1 \cdot \lambda^{-5} \cdot \frac{1}{(e^{c_2/\lambda T} - 1)},$$

wobei $c_1 = 2\pi hc^2$ die **1. plancksche Strahlungskonstante,** $c_2 = hc/k$ die **2. plancksche Strahlungskonstante,** c die Lichtgeschwindigkeit und k die Boltzmann-Konstante sind; der Index S steht für ›schwarzer Strahler‹. Durch Multiplikation der spektralen spezif. Ausstrahlung mit dem Faktor $4/c$ erhält man die der physikal. Theorie näher stehende spektrale (auf die Volumeneinheit bezogene) Energiedichte des schwarzen Strahlers, d.h. der Hohlraumstrahlung; bezieht man die spektrale Dichte auf die Frequenz, erhält man die Formel

$$w_{e\nu,S}(\nu, T) = \frac{8\pi\,\nu^2}{c^3}\,\frac{h\nu}{e^{h\nu/kT} - 1}.$$

Für den Fall genügend großer Werte von λT erhält man aus dem p. S. als Näherungsformel das →rayleighjeanssche Strahlungsgesetz, für den entgegengesetzten Fall das →wiensche Strahlungsgesetz.

plancksches Wirkungsquantum, Planck-Konstante, Formelzeichen h, von M. PLANCK im Zusammenhang mit der Untersuchung der Hohlraumstrahlung entdeckte universelle Konstante mit der Dimension einer Wirkung (Energie×Zeit); sie tritt in den Gesetzen der Atom-, Kern- und Elementarteilchenphysik auf, insbesondere als Proportionalitätsfaktor in der Beziehung zw. der Energie E eines Strahlungsquants (Photon) und der Frequenz ν der entsprechenden elektromagnet. Strahlung: $E = h \cdot \nu$ (→einsteinsches Gesetz); $h \approx 6{,}626 \cdot 10^{-34}$ Js (→Naturkonstanten, ÜBERSICHT). Häufig wird auch die Größe $\hbar = h/2\pi$ (gesprochen ›h quer‹) verwendet. – Die Existenz des p. W. führt zur Quantelung vieler physikal. Größen, die dann nur noch diskrete Werte annehmen können (→Quantentheorie). Für den Grenzfall $h \to 0$ gehen quantenmechan. Gesetze in die entsprechenden Gesetze der klass. Physik über.

Planck-Zeit [nach M. PLANCK], die Zeitspanne von $t_{Pl} = \sqrt{G\hbar/c^5} \approx 10^{-43}$ s nach dem Urknall, innerhalb derer die bekannten physikal. Gesetze keine Gültigkeit haben (G Gravitationskonstante, $\hbar = h/2\pi$, h plancksches Wirkungsquantum, c Lichtgeschwindigkeit im Vakuum). Für Aussagen über den Zustand des Weltalls während dieser Zeitspanne bedarf es einer Quantentheorie der Gravitation. (→Kosmologie)

Pläner [entstellt aus Plauener, nach der Stadt Plauen] *der, -s,* Bez. für helle, dünnbankige Kalke, Mergel oder weichere Sandsteine der Oberkreide am N-Rand der dt. Mittelgebirgsschwelle, im Ggs. zu den dickbankigen, steil geklüfteten Quadersandsteinen.

Plan|erfüllungsprinzip, als Verpflichtung zur Einhaltung des Plans Formalziel ökonom. Handelns der Unternehmen in einem System der Planwirtschaft. Der betriebl. Erfolg wird am Erfüllungsgrad bestimmter vorgegebener Zielgrößen (Plankennziffern) gemessen, die sich u.a. auf Art, Umfang und Qualität der Produktion, auf Arbeitsproduktivität und Betriebsgewinn beziehen. Vom Grad der Planerfüllung hängen auch die einem Betrieb zugestandenen Prämien ab. Ggs.: Gewinnprinzip, Einkommensprinzip.

Planet, 1) *Astronomie:* →Planeten.

2) Name dt. *Forschungsschiffe:* 1) Vermessungsschiff der dt. Reichsmarine 1906–14 (800 BRT), arbeitete im Atlant., Ind. und Pazif. Ozean und führte Tiefenmessungen (→Planettiefe) durch; 2) Forschungsschiff der Bundeswehr, 1967 in Dienst gestellt: 80 m lang, 12,6 m breit, Wasserverdrängung 1943 t, Reisegeschwindigkeit 12 Knoten, bietet Platz für 38 Besatzungs-Mitgl. und 20 wiss. Fahrtteilnehmer.

planetar, planetarisch, die Planeten betreffend.

planetarischer Nebel, relativ regelmäßig geformter expandierender Gasnebel, der infolge des Abstoßens von Materie durch einen Stern entsteht und durch diesen zum Leuchten angeregt wird. Die Bez. geht auf visuelle Fernrohrbeobachtungen zurück, bei denen manche p. N. wie Planetenscheibchen erscheinen. Bekannte p. N. sind der →Ringnebel und der →Hantelnebel. Die Winkeldurchmesser reichen bis zu etwa 15′, die linearen Durchmesser liegen in der Größenordnung von 0,1–0,5 pc, die Expansionsgeschwindigkeiten zw. etwa 10 und 25 km/s. Im Nebelzentrum befindet sich ein im sichtbaren Spektralbereich meist unauffälliger Zentralstern hoher Leuchtkraft und hoher Oberflächentemperatur (etwa 30000–250000 K), dessen Strahlungsmaximum im unsichtbaren ultravioletten Spektralbereich liegt. Durch die Ultraviolettstrahlung wird das Nebelgas z.T. ionisiert und zum Leuchten angeregt. Das Nebelspektrum ist im Wesentlichen ein Emissionslinienspektrum und durch die Balmer-Linien des Wasserstoffs sowie viele ›verbotene‹ Linien gekennzeichnet. Eine bes. starke, im grünen Spektralbereich liegende dieser Linien stammt vom zweifach ionisierten Sauerstoff; sie gibt den p. N. bei visuellen Beobachtungen das grünl. Aussehen. Das Nebelgas hat eine kinet. Temperatur von etwa 8000–12000 K. Die p. N. entstehen um Sterne mit einer Masse von etwa vier bis fünf Sonnenmassen nach der Beendigung des zentralen Heliumbrennens beim Übergang zu einem Weißen Zwerg (→Sternentwicklung). Man kennt im Milchstraßensystem etwa 1600 p. N., ihre Gesamtzahl dürfte etwa 10000 bis 50000 betragen.

Planetarium: Das Zeiss-Planetarium in Jena

planetarische Winde, →Zirkulation der Atmosphäre.

Planetarium *das, -s/...ri|en,* Vorrichtung zur anschaul. Darstellung des Sternhimmels, der scheinbaren Bahnen von Sonne, Mond und Planeten, der Stellung dieser Objekte für beliebige Erdorte in Vergangenheit und Zukunft, auch zur Vorführung vieler Vorgänge aus Astronomie, Raumfahrt u.a. Frühe P. waren rein mechan. Konstruktionen. Heutige P. sind **Projektions-P.,** die durch opt. Projektion an die Innenfläche einer Projektionskuppel das Bild und die Bewegungen des Sternhimmels wiedergeben. Mo-

Planetarium: So genanntes Orrery; die Ringe auf der runden Platte, die ihre Bewegung durch ein Räderwerk erhält, stellen die Planetenbahnen dar; um 1770 (Brüssel, Musées Royaux d'Art et d'Histoire)

derne P. verfügen über programmierbare Steuerungen oder projizieren durch Computergrafik erstellte Bilder des Sternhimmels an die Kuppel. Auf diese Weise können z. B. auch Flüge durch Sternfelder oder Planetensysteme simuliert oder die Eigenbewegungen von Sternen über Millionen Jahre hinweg veranschaulicht werden.

Im deutschsprachigen Raum gibt es Groß-P. (mit Kuppeln ab 8 m Durchmesser) u. a. in Augsburg, Berlin, Bochum, Erkrath, Freiburg im Breisgau, Hamburg, Jena, Klagenfurt, Luzern, Mannheim, München, Münster, Nürnberg, Osnabrück, Recklinghausen, Stuttgart, Wien und Wolfsburg.

Das erste bezeugte mechan. P. baute ARCHIMEDES (um 220 v. Chr.). Seit dem Spät-MA. errichtete man in Verbindung mit großen astronom. Uhren zuweilen auch mechan. P.; 1715 baute G. GRAHAM das erste der später Orrery genannten P. Das erste Projektions-P., entwickelt von W. BAUERSFELD, wurde 1923 in Jena aufgestellt. (→Armillarsphäre)

Planeten [von griech. plánētes ›die Umherschweifenden‹], *Sg.* **Planet** *der, -en,* historisch **Wandelsterne,** im reflektierten Sonnenlicht leuchtende große Himmelskörper des P.-Systems; i. w. S. auch nicht selbstleuchtende große Himmelskörper, die einen Stern umlaufen. Im Sonnensystem gibt es – nach wachsender Entfernung von der Sonne geordnet – die neun P.: →Merkur, →Venus, →Erde, →Mars, →Jupiter, →Saturn, →Uranus, →Neptun und →Pluto. Die drei äußersten P. sind mit bloßem Auge nicht sichtbar. Die P. Merkur und Venus, deren Bahnen innerhalb der Erdbahn liegen, bezeichnet man als **innere** oder **untere P.,** die P. jenseits der Erdbahn als **äußere** oder **obere Planeten.** Alle P. bewegen sich nach den →keplerschen Gesetzen auf Ellipsenbahnen, deren Exzentrizität nur bei Merkur und Pluto den Wert 0,1 übertrifft, →rechtläufig um die Sonne. Die Bahnebenen fallen mit der Ebene der Erdbahn nahe zusammen, allein die Plutobahn ist 17,1° gegen diese geneigt. Die Bahnhalbachsen folgen recht genau einer exponentiellen Abstandsregel, der →Titius-Bode-Reihe, eine Ausnahme bilden Neptun und Pluto. Bezüglich Durchmesser und mittlerer Dichte lassen sich die P. in die Gruppe der **erdartigen P.** (Merkur, Venus, Erde, Mars) und die der **jupiterartigen** oder **Riesen-P.** (Jupiter, Saturn, Uranus, Neptun) einteilen; Pluto gehört zu den **eisartigen planetaren Himmelskörpern.** Alle P., ausgenommen Venus, Uranus und Pluto, rotieren rechtläufig; bei Uranus und Pluto liegt die Rotationsachse fast in der Bahnebene, die Venusrotation ist rückläufig. Alle P. außer Merkur und Venus werden von mindestens einem →Satelliten (›Mond‹) umlaufen. Die Teilchen der die Riesen-P. umgebenden Ringstrukturen stellen Minisatelliten dar.

Planeten: Größenverhältnisse der Planeten im Vergleich zur Sonne

Die scheinbaren Bahnen der P. an der Himmelskugel sind kompliziert, da sie Projektionen der wahren Bahnen von der sich bewegenden Erde aus darstellen. Auch die scheinbaren Bewegungen der P. sind i. Allg. rechtläufig (von West nach Ost). Bei den inneren P., die sich nur bis zu einem bestimmten Winkelabstand (ihrer größten Elongation) von der Sonne entfernen, tritt Rückläufigkeit ein, wenn sie in unterer Konjunktion nahe an der Erde vorbeieilen, bei den äußeren, wenn diese in Oppositionsstellung von der Erde überholt werden. Bei den inneren P. ist ein deutl. Phasenwechsel beobachtbar, bei unterer Kulmination ist die sichtbare P.-Scheibe von der Sonne sogar unbeleuchtet. Die äußeren P. haben praktisch keinen Phasenwechsel.

Außerhalb des Sonnensystems hat man bisher (1997) bei acht Sternen Begleiter entdeckt, die ihrer Masse nach zu den P. zu rechnen sind.

Astronomie, Bd. 1: Die Sonne u. ihre P., bearb. v. F. GONDOLATSCH u. a. ([3]1981); B. STANEK: P.-Lex. (Bern [4]1982); L. W. KSANFOMALITI: P. Neues aus unserem Sonnensystem (a. d. Russ., Neuausg. 1986); M. J. MAROW: Die P. des Sonnensystems (a. d. Russ., Neuausg. 1987); W. ENGELHARDT: P., Monde u. Kometen (1990); R. U. SCHNEIDER: Planetenjäger. Die aufregende Entdeckung fremder Welten (Basel 1997). – Weitere Literatur →Astronomie.

Planetenentstehung, die Bildung von Planeten, i. w. S. des gesamten Sonnensystems, aus diffus verteilter interstellarer Materie. Eine allg. akzeptierte Theorie der Entstehung des Sonnensystems **(Kosmogonie des Sonnensystems)** stößt auf große Schwierigkeiten, weil in ihm eine Vielzahl unterschiedlicher Himmelskörper vorhanden ist: ein Zentralstern (die Sonne), kalte massereiche und größtenteils gasförmige Körper (die jupiterartigen Planeten), große feste Körper (erdartige Planeten, Planetoiden, einige Satelliten) sowie eisartige Körper (einige Satelliten, Kometenkerne). Einige Planeten mit ihren Satelliten bilden zudem kleinere Untersysteme. Obwohl nur unser ›eigenes‹ Sonnensystem für Untersuchungen zur Verfügung steht, geht man gegenwärtig davon aus, dass die Entstehung eines Planetensystems kein einmaliger, nur auf die Sonne beschränkter Vorgang war, sondern häufig auftrat (bzw. auftritt). Man weiß jedoch nicht, welche Eigenschaften des Sonnensystems spezifisch und welche von allgemeiner Bedeutung sind.

Von der Theorie sind speziell folgende Beobachtungen zu deuten: 1) Die Planeten umlaufen die Sonne nahezu in Kreisbahnen, die annähernd in der gleichen Ebene liegen. 2) Dieser Umlauf, die Rotation der Sonne und der Planeten sowie der Umlauf der Satelliten erfolgen mit wenigen Ausnahmen im selben Sinn. 3) Die Masse der Sonne ist rd. 750-mal größer als die des Restsystems, sie trägt aber nur $^{1}/_{200}$ des Drehimpulses, der Hauptteil ist in der Umlaufbewegung der Planeten enthalten. 4) Die der Sonne am nächsten stehenden Planeten (Merkur, Venus, Erde, Mars) sind feste Körper mit kleinerer Masse, aber höherer Dichte als die weiter außen befindlichen, hauptsächlich gasförmigen Planeten (Jupiter, Saturn, Uranus, Neptun); Pluto nimmt insgesamt eine Sonderstellung ein. 5) Im Frühzustand des Systems gab es eine große Zahl Körper von Meter- bis Kilometergröße, wie die Einschlagkrater auf den erdartigen Körpern zeigen. 6) Die Kleinkörper haben sich aus festen, mehr oder minder

Planeten

Planet	Masse (Erde = 1)	mittlere Dichte (g/cm³)	Äquatordurchmesser (km)	Rotationsperiode	mittlerer Sonnenabstand (AE)	siderische Umlaufzeit (Jahre)	Erdabstand (AE) kleinster	Erdabstand (AE) größter
Merkur	0,055	5,43	4876	58 d 15 h 30 min	0,39	0,24	0,5	1,5
Venus	0,815	5,24	12104	243 d 0 h 14 min	0,72	0,62	0,3	1,7
Erde	1,000	5,52	12756	23 h 56 min 4,1 s	1,00	1,00	–	–
Mars	0,107	3,94	6794	24 h 37 min 22,6 s	1,52	1,88	0,4	2,7
Jupiter	317,8	1,33	142984	9 h 50 min 30 s	5,20	11,86	4,0	6,4
Saturn	95,2	0,70	120536	10 h 14 min	9,54	29,42	8,0	11,1
Uranus	14,5	1,30	51120	16 h 50 min	19,27	83,75	17,3	21,0
Neptun	17,2	1,76	49530	17 h 50 min	30,21	163,7	28,7	31,4
Pluto	0,002	1,7	2390	6 d 9 h 17 min	39,84	248,0	28,7	51,0

großen Staubteilchen gebildet, wie sich aus Untersuchungen von Meteoriten ergibt.

Allg. wird angenommen, dass sich das Planetensystem mit der Sonne als Zentralkörper vor 4,6 Mrd. Jahren aus einer gravitativ instabilen interstellaren Wolke, dem **Sonnennebel,** mit einer chem. Zusammensetzung annähernd gleich der gegenwärtigen mittleren kosm. Häufigkeit der Elemente und einem geringen Drehimpuls bildete. Bei der Kontraktion des Sonnennebels blieb der Drehimpuls erhalten, wodurch die Rotationsgeschwindigkeit anstieg und der Nebel sich zu einer flachen, rotationssymmetr. Konfiguration umformte. In der Nebelmaterie, die in Kepler-Bahnen das Zentrum umlief, bewirkten Reibungseffekte, dass weiter außen befindl. Materie beschleunigt, weiter innen laufende abgebremst wurde, was zu einem Drehimpulstransport von innen nach außen und zu einer zentralen Masseansammlung (der späteren Sonne) führte. An den im Nebel vorhandenen interstellaren Staubteilchen lagerten sich kondensierbare Elemente und Verbindungen an, in den inneren, wärmeren Regionen v.a. gesteinsbildende Stoffe mit hoher Kondensationstemperatur, in den äußeren, kühleren Regionen auch leichtflüchtige, Eis bildende Substanzen geringer Dichte. Teilchenzusammenstöße sorgten für ein relativ rasches Wachstum bis hin zu **Protoplaneten** von 100 bis 1000 km Durchmesser, aus denen durch weitere Anlagerungen in den inneren Regionen die erdartigen Planeten entstanden. In den äußeren Regionen lagerten sich an die festen Protoplaneten größere Mengen eisartiger Körper sowie große Gasmengen an, was die Zusammensetzung der jupiterartigen Planeten erklärt. Im äußersten Bereich des Systems blieb eine riesige Menge rein eisartiger Körper erhalten, die heutigen Kometenkerne der →Oortschen Wolke.

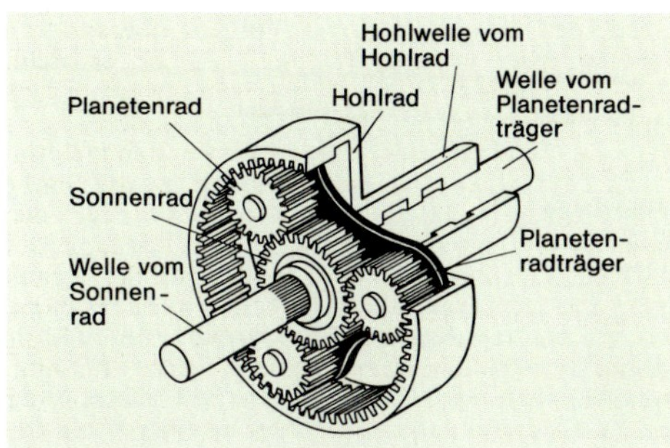

Planetengetriebe (Schnittzeichnung)

Planetengetriebe, Umlaufgetriebe, ein Zahnradgetriebe mit mindestens drei **(Planetensatz)** in Wirkungsrichtung hintereinander angeordneten Zahnrädern (Zentralrad, Hohlrad, Planetenrad), wobei die Achsen des Zentralrades (Sonnenrad) und des Hohlrades koaxial eingebaut sind und das auf einem drehbaren Steg gelagerte Planetenrad (oder die Planetenräder) mit dem Steg um die koaxiale Radachse umläuft. Zentralrad, Hohlrad und Steg können Antrieb oder Abtrieb sein oder festgehalten werden; daher bestehen breite Variationsmöglichkeiten hinsichtlich der Übersetzung. – Das P. wird u.a. als (v.a. automat.) Kraftwagengetriebe eingesetzt.

Planetensystem, die Gesamtheit der die Sonne umlaufenden Himmelskörper (Planeten, Planetoiden, Kometen), i.w.S. einschließlich der interplanetaren Materie und der Sonne, also das gesamte →Sonnensystem; auch die einen anderen Stern umlaufenden, nicht selbstleuchtenden Himmelskörper.

Planetentafeln, Tafeln, in denen die vorausberechneten Örter von Mond und Planeten angegeben werden. Histor. Bedeutung haben v.a. die →Alfonsinischen Tafeln und die →Rudolfinischen Tafeln. Heute werden die P. in den astronom. →Jahrbüchern angegeben. (→Ephemeriden)

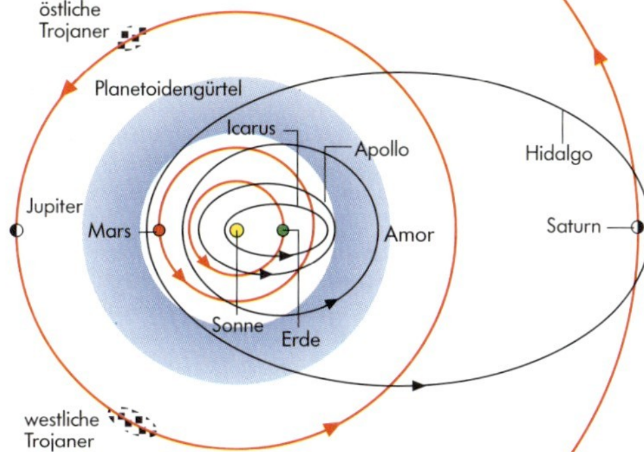

Planetoiden: Planetoidengürtel zwischen Mars und Jupiter sowie einige Planetoidenbahnen mit großer Exzentrizität

Planetoiden [zu Planet und griech. -oeidḗs ›ähnlich‹], *Sg.* **Planetoid** *der, -en,* **Asteroiden, Kleinplaneten, kleine Planeten,** die Sonne umlaufende Himmelskörper mit einem Durchmesser zw. einigen wenigen Metern und rd. 1000 km, die im Wesentlichen aus Gesteinsmaterial bestehen und keine Aktivitätserscheinungen zeigen (im Ggs. zu den →Kometen). Kleinere Körper, zu denen es hinsichtlich der Größe keine scharfe Grenze gibt, bezeichnet man als →Meteoroiden.

Bahnen: Die meisten der P. bewegen sich im Abstandsbereich von 2,2 bis 3,2 AE (zw. Mars- und Jupiterbahn), dem **P.-Gürtel,** rechtläufig um die Sonne. Die Umlaufzeiten dieser Gürtel-P. liegen zw. 3,2 und 5,8 Jahren, ihre Bahnebenen sind selten stärker als 20° gegen die Erdbahnebene geneigt. Im P.-Gürtel sind die P. nicht gleichmäßig verteilt. Relativ wenige haben Umlaufzeiten, die kommensurabel zur Umlaufzeit des Jupiters sind. P. in diesen Kommensurabilitätslücken **(Kirkwood-Lücken)** bewegen sich in Resonanz zu Jupiter, sodass dessen Störungen periodisch in gleicher Weise wirken, was zu großen Bahnänderungen führt. Außerhalb des P.-Gürtels gibt es an einigen Resonanzstellen P.-Anhäufungen, z.B. haben die →Trojaner die gleiche Umlaufzeit (1:1-Resonanz) wie Jupiter. Einige P. bewegen sich weit außerhalb des P.-Gürtels. Bei 17 der bisher bekannten mehr als 6000 P. liegt das Aphel jenseits der Plutobahn. Bei →Phaethon, der die größte bekannte Bahnexzentrizität (0,89) hat, liegt das Perihel bei etwa einem Drittel der Merkurentfernung, das Aphel aber weit jenseits der Marsbahn. P., die die Marsbahn kreuzen, aber nicht bis zur Erdbahn gelangen, bilden die **Amor-Gruppe** (nach dem P. Amor), diejenigen, die von außen kommend die Erdbahn kreuzen, die **Apollo-Gruppe** und jene, die sich v.a. innerhalb der Erdbahn bewegen, aber diese nach außen überschreiten, die **Aten-Gruppe** (→Apollo-Objekte); von ihnen kam der P. 1994 XM der Erde bis auf 105000 km (0,273 Mondentfernung) nahe. Die Mitglieder von P.-Familien haben nahezu gleiche Bahnhalbachsen und Bahnexzentrizitäten; wahrscheinlich sind sie die Trümmer eines großen Ausgangskörpers.

Physikalische Beschaffenheit: Die größten Durchmesser haben die vier zuerst entdeckten P. →Ceres, →Pallas, Juno (rd. 210 km) und →Vesta. Auf sie entfällt wahrscheinlich mehr als die Hälfte der Gesamtmasse aller P., die auf rd. 0,05% der Erdmasse geschätzt wird. Die mittlere Dichte, soweit sie zuverlässig bestimmt werden kann, liegt bei etwa 2,5 bis 3,5 g/cm³.

Die P. dürften danach v.a. aus Gestein bestehen; die genaue Zusammensetzung ist aber unbekannt. Die Oberflächenbeschaffenheit der P. Gaspra und Ida konnte mithilfe der Raumsonde →Galileo untersucht werden. Beide weisen zahlr. Einschlagkrater auf. Bei Ida wurde erstmals ein Begleiter eines P. definitiv nachgewiesen (Abstand rd. 85 km); er misst etwa 1,5 km und wurde Dactyl benannt. Bei einigen P. ergeben sich aufgrund des Vergleichs photometrischer, polarimetr. und spektroskop. Eigenschaften mit denen von Meteoriten Hinweise auf die Materialbeschaffenheit. P. vom Typ C (**C-P.**) haben eine sehr geringe →Albedo und zeigen eine Verwandschaft zu den kohligen Chondriten, die vom Typ S (**S-P.**) zu den Steinmeteoriten (Chondriten). Möglicherweise sind einige als P. klassifizierte Himmelskörper entgaste und jetzt weitgehend inaktive Kometenkerne, z.B. →Chiron.

Planigloben

Planetltiefe, Name für Meerestiefen, die vom dt. Vermessungsschiff →Planet erlotet wurden: 1) die tiefste Stelle des Ind. Ozeans im Sundagraben 7455 m, 2) die Meerestiefe von 9787 m im Philippinengraben des Pazif. Ozeans, zur Zeit der Vermessung (1912) die größte bekannte Tiefe des Weltmeeres. (→Meer)

Planfeststellung, förml. Verwaltungsverfahren (P.-Verfahren), in dem der (Bau-)Plan für ein konkretes Vorhaben (z.B. Autobahn, Abfallbeseitigungsanlage, Talsperre) allgemein verbindlich festgelegt wird. Der Ablauf des Verfahrens ist in den Fachplanungsgesetzen (z.B. Bundesfernstraßengesetz) und allg. in den Verwaltungsverfahrensgesetzen des Bundes oder der Länder (für deren Vorhaben) geregelt. Das Verfahren beginnt mit der Vorlage des Planentwurfs durch den Träger des Vorhabens. Es folgt ein Anhörungsverfahren, in dem Stellungnahmen der durch das Vorhaben berührten Behörden eingeholt werden und in dem der Plan i.d.R. einen Monat zur Einsicht in den Gemeinden ausgelegt wird, in denen sich das Vorhaben voraussichtlich auswirkt. Jeder, dessen Belange durch das Vorhaben berührt werden (z.B. durch Lärm), kann Einwendungen gegen den Plan erheben, die zu erörtern sind. Nach Abwägung aller Belange durch die P.-Behörde wird das Verfahren mit dem **P.-Beschluss** abgeschlossen. Dieser Beschluss, der öffentlich bekannt gemacht wird, stellt die Zulässigkeit des Vorhabens gegenüber jedermann rechtswirksam fest und ersetzt alle erforderl. sonstigen Genehmigungen (Konzentrationswirkung). Er bindet den Träger des Vorhabens, der v.a. verpflichtet ist, die festgesetzten Auflagen (z.B. Lärmschutzwälle) zu erstellen. Der Beschluss bindet auch die Gemeinden in ihrer kommunalen Planung und die betroffenen Bürger. Der Beschluss ist Grundlage und Voraussetzung für spätere Enteignungsverfahren. Er kann vor den Verwaltungsgerichten (→Verwaltungsgerichtsbarkeit) angegriffen und auf Rechtsfehler hin überprüft werden.

Planfläche, *Optik:* ebene Begrenzungsfläche bei Prismen, Linsen und Spiegeln.

Planlgewährleistung, im öffentl. Recht der Anspruch auf Durchführung beschlossener fachplaner. Maßnahmen, mit dem im Einzelfall der Anspruch auf Entschädigung für nicht durchgeführte beschlossene Maßnahmen korrespondiert. Insbesondere räumt das Baugesetzbuch (§ 39) dem Eigentümer oder Nutzungsberechtigten das Recht auf angemessene Entschädigung ein, der im Vertrauen auf den Bestand eines rechtsverbindl. Bebauungsplanes im Hinblick auf die sich aus ihm ergebenden Nutzungsmöglichkeiten Aufwendungen gemacht hat, soweit diese durch spätere Veränderungen des Bebauungsplanes an Wert verlieren.

Planica [-tsa], Hochtal der Julischen Alpen in Slowenien, von einem Quellfluss (parallel zur ital. Grenze südlich von Rateče) der Wurzener Save durchflossen; Wintersportgebiet (Skiflugschanze).

Planification [planifikaˈsjɔ̃; frz., zu planifier ›planmäßig lenken‹] *die,* -, nach 1945 in Frankreich angewandte Form einer integrierten Global- und Struktursteuerung der Wirtschaft. Anhand dieses bes. von J. MONNET entwickelten Konzepts sollte mithilfe eines gesamtwirtschaftl., nach Branchen aufgegliederten Plans die Entwicklung der Wirtschaftsstruktur koordiniert und gesteuert werden. Zentraler Bestandteil der P. war die Mitarbeit der gesellschaftl. Gruppen (v.a. der Unternehmerverbände und Gewerkschaften) in Gremien, die das Plankommissariat und die Reg. berieten (Action concertée, Économie concertée). Neben dem 1958 geschaffenen Wirtschafts- und Sozialrat (Conseil Économique et Social) als Beratungsorgan der Reg. waren für den Prozess der ›kooperativen Planung‹ die Modernisierungskommissionen für die einzelnen Produktionsbereiche wichtig. Die im Volkswirtschaftsplan und den Branchenplänen formulierten Ziele waren nur für die staatl. Organe und die öffentl. Unternehmen, nicht für die privaten Unternehmen bindend (indikativer Plan). – Die P. hat heute praktisch keine Bedeutung mehr.

Planigloben [zu lat. planus ›flach‹, ›eben‹ und Globus], *Sg* **Planiglob** *das, s,* kartograph. Abbildungen der Erdoberfläche in zwei Kreisflächen (Erdhalbkugelkarten), meist durch transversale echte oder unechte azimutale Kartennetzentwürfe.

Planigraphie [zu lat. planus ›flach‹, ›eben‹] *die, -/...ˈphilen,* Verfahren der →Röntgenuntersuchung.

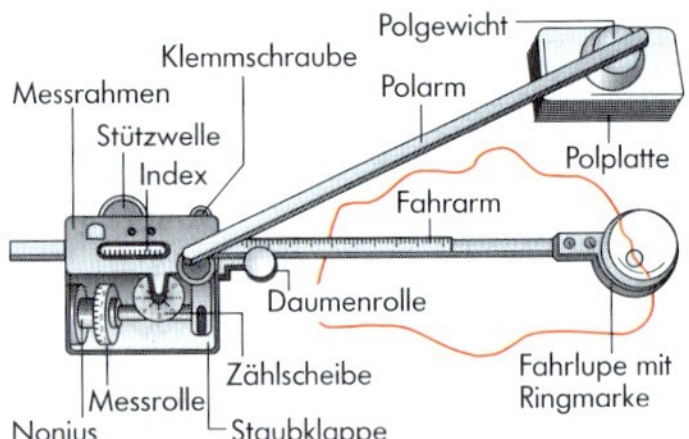

Planimeter: Polarplanimeter

Planimeter [zu lat. planus ›flach‹, ›eben‹] *das, -s/-,* Gerät zur mechan. Ausmessung krummlinig begrenzter ebener Flächen, insofern ein spezielles →Integriergerät. Die gebräuchlichste Form ist das **Polar-P.:** Durch Umfahren der Fläche (längs der Umrandungslinie) mit einem am freien Ende des Fahrarms befestigten Fahrstift oder einer Fahrlupe mit Markierung wird eine Messrolle so bewegt, dass an einer Skala der Zahlenwert des Flächeninhalts abgelesen werden kann (bzw. sich aus diesem Wert nach Multiplikation mit einer Instrumentenkonstante ergibt). Der Fahrarm ist am Leitpunkt über ein Gelenk mit dem Polarm verbunden, an dessen anderem Ende ein schweres Metallstück als ruhender Pol dient. Der Leitpunkt bewegt sich also beim Umfahren der Fläche auf einem Kreis um den Pol – im Ggs. zum **Linear-P.,** bei dem er durch einen Mechanismus auf einer Geraden geführt wird (an die Stelle des Polarms tritt hier ein Polwagen). – Beim **Schneiden-** oder **Beil-P.** liefert der Abstand der Stellungen einer Schneide oder scharfkantigen Rolle vor und nach Umlaufen der Fläche mit dem Fahrstift ein Maß für den Flächeninhalt.

Planimetrie *die,* -, die Elementargeometrie der Ebene, insbesondere die Flächeninhaltsbestimmung ebener Figuren. (→Geometrie)

Planipennia [zu lat. planus ›flach‹, ›eben‹ und penna ›Flügel‹, ›Feder‹], Ordnung der →Netzflügler.

Planisphäre [zu lat. planus ›flach‹, ›eben‹], **1)** *Astronomie:* →Astrolabium.

2) *Kartographie:* Abbildung der gesamten Erdoberfläche, meist mit ellipt. Umriss. Der Äquator und der Mittelmeridian werden geradlinig und längentreu wiedergegeben; je nach dem Kartennetzentwurf können die Pole als Punkte oder Linien erscheinen.

Planitia [lat. ›Fläche‹, ›Ebene‹] *die*, -, in der Planetennomenklatur Bez. für ebene Oberflächenformationen, z. B. das Marsbecken Chryse Planitia.

Plan|kennziffern, im Planungssystem der Zentralverwaltungswirtschaften vom Staat den Wirtschaftsbereichen, Territorien, Betrieben u. a. vorgegebene Zielvorgaben, i. d. R. in Form eines Fünfjahresplans, die nach Beratung und weiterer Differenzierung verbindl. Grundlage der gesamten Wirtschaftstätigkeit sind. P. wurden z. B. in der UdSSR vom staatl. Plankomitee GOSPLAN aufgestellt; in der DDR war die Staatl. Plankommission zuständig. (→Planerfüllungsprinzip)

plan|konkav, auf einer Seite eben (plan), auf der anderen nach innen gewölbt; bei **plankonvex** entsprechend nach außen (z. B. bei Linsen).

Plan|kostenrechnung, Bez. für versch. Systeme der Kosten- und Leistungsrechnung, denen gemeinsam ist, dass den für die einzelnen Kostenstellen und Kostenträger geplanten Kosten **(Plankosten)** einer Betrachtungsperiode nach deren Ablauf die effektiv angefallenen Kosten **(Istkosten)** gegenübergestellt, Abweichungen errechnet und Abweichungsursachen ermittelt werden. Die P. ist ein wichtiges Instrument zur Steuerung des Unternehmensprozesses. In Systemen der Vollkostenrechnung werden alle Kosten auf die Kostenträger verrechnet, in Teilkostenrechnungssystemen nur die beschäftigungsunabhängigen (variablen) Kosten **(Grenz-P.)** oder die den Leistungen unmittelbar zurechenbaren Kosten **(Einzelkostenrechnung),** während die übrigen Kosten direkt das Betriebsergebnis mindern. In beiden Fällen kann es sich bei den geplanten Kosten entweder um die effektiv erwarteten Kosten handeln (Prognosekostenrechnung) oder um bei wirtschaftl. Verhalten angemessene Kosten (Standard-, Normalkostenrechnung). Die →Abweichungsanalyse liefert Ansatzpunkte zur Steigerung der Wirtschaftlichkeit. Systeme, in denen mehrere Abweichungsursachen transparent gemacht werden können (z. B. Preis-, Beschäftigungs- oder Programmabweichung, Verbrauchsabweichung), werden im Ggs. zur **starren P.** als **flexible P.** bezeichnet. Unabhängig vom Verfahren ist jede P. durch eine **Planerlösrechnung** sowie als Zusammenfassung beider durch eine **Planerfolgsrechnung** zu ergänzen.

P. als Instrument moderner Unternehmungsführung, hg. v. E. KOSIOL ([3]1975); L. HABERSTOCK: Kostenrechnung, Bd. 2: (Grenz-)P. mit Fragen, Aufgaben u. Lösungen ([7]1986, Nachdr. 1997); W. KILGER: Flexible P. u. Deckungsbeitragsrechnung, bearb. v. K. VIKAS ([10]1993); M. SCHWEITZER u. H.-U. KÜPPER: Systeme der Kosten- u. Erlösrechnung ([6]1995); HEINRICH MÜLLER: Prozeßkonforme Grenzplankostenrechnung ([2]1996).

Plankstadt, Gem. im Rhein-Neckar-Kreis, Bad.-Württ., 106 m ü. M., östl. Nachbarort von Schwetzingen, 9 800 Ew.; pharmazeut. Werk, Brauerei; Tabak-, Zuckerrüben- und Spargelanbau.

Plankton [griech. ›Umhertreibendes‹] *das, -s,* Gesamtheit der im Wasser schwebenden tier. und pflanzl. Lebewesen **(Planktonten, Plankter),** die, im Ggs. zum →Nekton, keine oder nur eine geringe Eigenbewegung haben, sodass Ortsveränderungen (v. a. in horizontaler Richtung) ausschließlich oder überwiegend durch Wasserströmungen erfolgen. In der Vertikalrichtung führen auch viele Planktonten ausgeprägte, von der Lichtintensität, der Temperatur und den chem. Gegebenheiten (z. B. Sauerstoffgehalt) abhängige, tages- und jahresrhythm., aktive Ortsbewegungen (Vertikalwanderungen) durch. – Kennzeichnend für P.-Organismen sind Sonderbildungen, die das Schweben im Wasser erleichtern, indem sie die Absinkgeschwindigkeit verringern, z. B. lange Körperfortsätze, Ölkugeln oder Gasblasen im Körper oder bei Einzellern auch Kettenbildung. Häufig sind

Planisphäre 2) mit punktförmigem (links) und mit linienförmigem Pol (rechts)

die Körper transparent, was als Schutztracht angesehen wird. Viele Planktonten haben Leuchtvermögen.

Zum P. zählen neben überwiegend einzelligen Algen v. a. viele Hohltiere (bes. Quallen), Kleinkrebse, Räder- und Manteltiere, Flügelschnecken sowie die Larvenstadien z. B. von Schwämmen, Schnurwürmern, Weichtieren, Ringelwürmern, Moostierchen, Stachelhäutern und von Höheren Krebsen. Planktonten, die zeitlebens zum P. gehören, werden insgesamt als **Holo-P.,** solche, die nur im Jugendstadium planktisch leben, als **Mero-P.** bezeichnet.

Pflanzl. Lebewesen werden als **Phyto-P.** dem tier. **Zoo-P.** gegenübergestellt. Das P. des Süßwassers wird als **Limno-P.,** das des Salzwassers als **Hali-P.** und das des Brackwassers als **Hyphalmiro-P.** bezeichnet. Beim Meeres-P. wird auch zw. **neritischem** (küstennahem) und **Hochsee-P.** sowie zw. **Epi-P.** der oberen und **Bathy-P.** der tiefen Wasserschichten unterschieden.

Alle Planktonten sind wichtige Glieder der Nahrungsketten, das Phyto-P., das überdies auch eine große Rolle als Sauerstofflieferant spielt, als Primärproduzent und das Zoo-P. als Konsument und Sekundärproduzent. Viele Fische und die Bartenwale ernähren sich ausschließlich von P. Ein großer Teil der Tiefseetiere ist auf den dauernden Nahrungs-›Regen‹ von abgestorbenen Planktonten angewiesen. – Die Verschmutzung sowohl der Meere als auch der Süßgewässer bedeutet eine große Gefahr für das P. So verringern bereits niedrige Ölkonzentrationen das Wachstum und die Photosyntheseleistung pflanzl. P., was sich u. a. auf die Sauerstoffproduktion auswirkt. Die Verstärkung der natürl. Trübung durch Abwässer in Flussläufen kann den Lichteinfall so beeinträchtigen, dass sogar dicht unter der Wasseroberfläche lebenden P.-Arten die Existenzgrundlage entzogen wird, manche Flussläufe sind stellenweise praktisch frei von P. Chlorkohlenwasserstoffe sind zumindest für einige P.-Arten akut giftig.

Å. SANDHALL u. H. BERGGREN: P.-Kunde. Bilder aus der Mikrowelt von Teich u. See (a. d. Schwed., 1985); F. STEINECKE: Das P. des Süßwassers ([4]1985); U. SOMMER: Planktologie (1994).

Planning-Programming-Budgeting-System [ˈplænɪŋ ˈprəʊgræmɪŋ ˈbʌdʒɪtɪŋ-, engl.], Abk. **PPBS, Programmbudget** [-bydʒe], theoret. Konzept zur Umsetzung polit. Zielvorstellungen in konkrete Haushaltsansätze eines Jahresbudgets. In der Planungsphase sind die nat. Ziele in Form eines längerfristigen Planes festzulegen. In der Programmierungsphase werden für diese Ziele alternative Realisierungsmöglichkeiten zusammengestellt und in Form zeitlich und sachlich strukturierter Projekte konkretisiert. Bei der Auswahl zw. alternativen Projekten zur Erreichung bestimmter Ziele spielt die Kosten-Nutzen-Analyse eine wesentl. Rolle. In der Budgetierungsphase werden die einzelnen Projekte des Programms zu Haushaltsansätzen ausformuliert.

Das PPBS soll durch die Verbindung von Aufgaben- und Ausgabenplanung den polit. und administrativen Entscheidungsprozess verbessern und die Starrheiten der traditionellen Methode der auf den Bedarfsanmeldungen der einzelnen Verwaltungsstellen beruhenden Budgetaufstellung ›von unten nach oben‹ überwinden.

An die Stelle der Fortschreibung des Vorjahreshaushalts soll ein von den Aufgaben ausgehendes Programmbudget (›von oben nach unten‹) treten. Die in den 1960er-Jahren in den USA unternommenen Versuche mit dem PPBS wurden auf Bundesebene 1971 wieder eingestellt. Inzwischen werden Programmbudgets der zweiten Generation (→Zero-Base-Budgeting) und Verfahren der zeitl. Begrenzung von Maßnahmen und Programmen (Sunset-Legislation) erprobt. Im Zusammenhang mit dem Controlling wurde das Konzept von Programmbudgets auch auf den Unternehmensbereich übertragen.

Planobogen [zu lat. planus ›flach‹, ›eben‹], flach liegende ungefalzte Papier- oder Druckbogen in beliebiger Größe; **Planodruck,** Einzelbogendruck im Ggs. zum Rotationsdruck von der Rolle.

Planogameten [zu griech. plános ›umherschweifend‹], begeißelte, bewegl. Gameten niederer Pflanzen (Algen, Pilze); dienen der geschlechtl. Fortpflanzung.

Planorbidae [lat.], die →Tellerschnecken.

Planosporen [zu griech. plános ›umherschweifend‹], **Schwärmsporen,** begeißelte, bewegl. Sporen niederer Pflanzen (Algen, Pilze), die der ungeschlechtl. Fortpflanzung dienen.

Planozygote [zu griech. plános ›umherschweifend‹], Zygote bei niederen Pflanzen (Algen, Pilze), die sich noch einige Zeit mit Geißeln aktiv schwimmend fortbewegt.

planparallel [zu lat. planus ›flach‹, ›eben‹], von zwei parallelen Ebenen begrenzt; z. B. bei einer planparallelen (Glas-)Platte für opt. Zwecke.

Planquadrat, *Kartographie:* eine Fläche, die in topograph. Karten durch zwei jeweils benachbarte waagerechte und senkrechte Gitterlinien begrenzt wird. (→Planzeiger, →Gitter)

Christophe Plantin

Plansee, Gebirgssee östlich von Reutte, Tirol, Österreich, 976 m ü. M., 3 km², bis 76 m tief; Zufluss vom benachbarten Heiterwanger See, Abfluss durch den Archbach zum Lech.

Plansichter, zum Trennen von feinkörnigem Gut eingesetzte Siebmaschine mit einem Satz übereinander angeordneter, meist mit Gewebe unterschiedl. Maschenweite bespannter Siebe, die durch Kurbel- oder Exzenterantrieb in eine rotierende bzw. hin- und hergehende Bewegung versetzt werden.

Planspiele, →Unternehmensplanspiele.

Plansprachen, die →Welthilfssprachen.

Planta, schweizer. Adelsgeschlecht aus Graubünden mit Stammsitz Zuoz (Engadin), gehörte urspr. zu den Ministerialen des Bischofs von Chur, nahm im Freistaat der drei Bünde (→Graubünden) leitende Stellen ein; seit 1500 in fünf Linien verzweigt (u. a. P.-Wildenberg). In den Bündner Wirren des 17. Jh. führten die P. die kath. (österreichisch-span.) Partei an. Die Brüder RUDOLF (* 1569, † [Selbstmord] 1638), 1601 Landeshauptmann im Veltlin, dann öfter Gesandter, und v. a. POMPEJUS VON P.-WILDENBERG (* 1570, † 1621) wurden 1618 von ihren polit. Gegnern, der frz.-venezian. Partei, im inszenierten ›Strafgericht von Thusis‹ für vogelfrei erklärt und POMPEJUS 1621 unter Führung von G. JENATSCH auf Schloss Rietberg ermordet. Sein Sohn RUDOLF VON P.-WILDENBERG (* 1603, † 1641) war 1639 an der Ermordung von JENATSCH beteiligt, wurde aber bald selbst ermordet. – GAUDENZ VON P. (* 1757, † 1834) wurde 1789 Statthalter des Veltlins, das er 1796/97 gegen Frankreich nicht behaupten konnte. Dem neu gebildeten Kanton Rätien gab er als Präfekt (1800–03) eine Verf. – PETER CONRADIN VON P. (* 1815, † 1902) wirkte als Politiker (1852–72 mehrfach Eidgenöss. Rat), Jurist (maßgebl. Mitarbeit am Bündner. Zivilgesetzbuch), Historiker (›Gesch. von Graubünden‹, 1892) und Dichter.

Christophe Plantin: Druckerzeichen

Plantage [plan'ta:ʒə; frz., zu planter, lat. plantare ›pflanzen‹] *die, -/-n,* landwirtschaftl. Großbetrieb v. a. in den Tropen und Subtropen, der auf den Anbau von mehrjährigen Nutzpflanzen oder Dauerkulturen zur Erzeugung von hochwertigen Produkten für den Export (Tee, Kaffee, Kakao, Sisal, Öl, Kautschuk, Bananen, Zucker u. Ä.) spezialisiert ist (z. T. Monokultur). Charakteristisch sind rationelle Betriebsführung mit einer industriellen Großbetrieben ähnl. Arbeitsorganisation (Management und Lohnarbeiter), umfangreiche techn. Einrichtungen (innerbetriebl. Verkehrsnetz, Aufbereitungsanlagen) und eine tragfähige Kapitalgrundlage. Urspr. waren P. stets im Besitz von Europäern (im Zuge der Entstehung von Kolonialreichen), heute sind sie oft in Staatsbesitz.

Plantagenet [plæn'tædʒɪnɪt], **Anjou-P.** [ã'ʒu-], engl. Königshaus, das 1154–1399 in direkter Linie und 1399–1485 in den Linien Lancaster und York regierte. Der Name stammt vom Ginsterbusch (lat. planta genista), den GOTTFRIED V. (frz. GEOFFROY, GEOFFROI, engl. GEOFFREY), Graf von Anjou (* 1113, † 1151), gen. GOTTFRIED P., als Helmzier trug. Sein Sohn HEINRICH aus der Ehe mit MATHILDE, der Tochter HEINRICHS I. von England und Witwe Kaiser HEINRICHS V., bestieg 1154 als HEINRICH II. den engl. Thron und begründete die Dynastie P.; diese erlosch 1499 mit EDWARD, Earl of WARWICK.

J. HARVEY: P. (London [4]1976).

Plantagenetstil [plæn'tædʒɪnɪt-], frühgot. Baustil in SW-Frankreich (Anjou, Poitou, Touraine) zw. 1150 und 1250, der engl. Einflüsse aufnahm, benannt nach der zu jener Zeit dort herrschenden engl. Dynastie. Charakteristisch sind die Bevorzugung von Hallen- und Saalkirchen, Domikalgewölben (kuppelartig überhöhte Gewölbe mit Diagonal- und Scheitelrippen) und Chorfigurenzyklen. Ein bedeutendes Beispiel ist die Kathedrale in Poitiers (etwa 1170–1290).

Plantaginaceae, die →Wegerichgewächse.

Plantago [lat.], die Pflanzengattung →Wegerich.

Plantarflexion [spätlat.], Beugung zur Fußsohle hin.

Plantationsongs [plæn'teɪʃnsɔŋz, amerikan.], umfassende Bez. für die (weltl.) Arbeitslieder, wie sie seit Anfang des 19. Jh. von den afrikan. Sklaven auf den Baumwollplantagen in den Südstaaten der USA gesungen wurden. Sie waren das Vorbild für die Coonsongs der Negrominstrelsy (→Minstrel) und bereiteten als Worksongs den Blues vor.

Plantin [plã'tɛ̃], Christophe, frz. Buchdrucker und Verleger, * Saint-Avertin (bei Tours) um 1520, † Antwerpen 1. 7. 1589; ab 1549 Buchbinder in Antwerpen, wo er 1555 eine Druckerei und Verlagsbuchhandlung eröffnete. 1570 erhielt er von PHILIPP II. von Spanien sowie vom Papst Privilegien für die Herstellung aller liturg. Bücher für Spanien und die Niederlande. 1576 wurde er Drucker der Generalstaaten. Zu seinen rd. 16 000 typographisch wertvollen, z. T. mit Kupferstichen illustrierten Drucken (v. a. wiss. Werke) zählt eine achtbändige Bibelausgabe in vier Sprachen (›Antwerpener Polyglotte‹, 1569–72). Nachfolger in der Leitung seiner Offizin wurde sein Schwiegersohn JAN MORETUS (* 1543, † 1610). 1876 wurde der Betrieb von der Stadt Antwerpen gekauft und als Buchmuseum eingerichtet **(Museum Plantin-Moretus).**

Planudes, Maximos, byzantin. Gelehrter und Dichter, →Maximos, M. Planudes.

Planula [zu lat. planus ›eben‹, ›flach‹] *die, -/...len* und *...lae,* **Planula|larve,** die aus einer Blastula durch Entodermbildung entstehende länglich ovale, bewimperte, urdarm- und mundlose Larvenform der Nesseltiere, die frei umherschwimmt oder sofort zu Boden sinkt und dort umherkriecht. Aus der P. entsteht nach etwa 12–24 Stunden (nach dem Sichfestsetzen) meist ein Polyp.

Planum [lat. ›Fläche‹] *das, -s, Eisenbahn-, Erd-* und *Straßenbau:* die verdichtete Oberfläche des Erdkör-

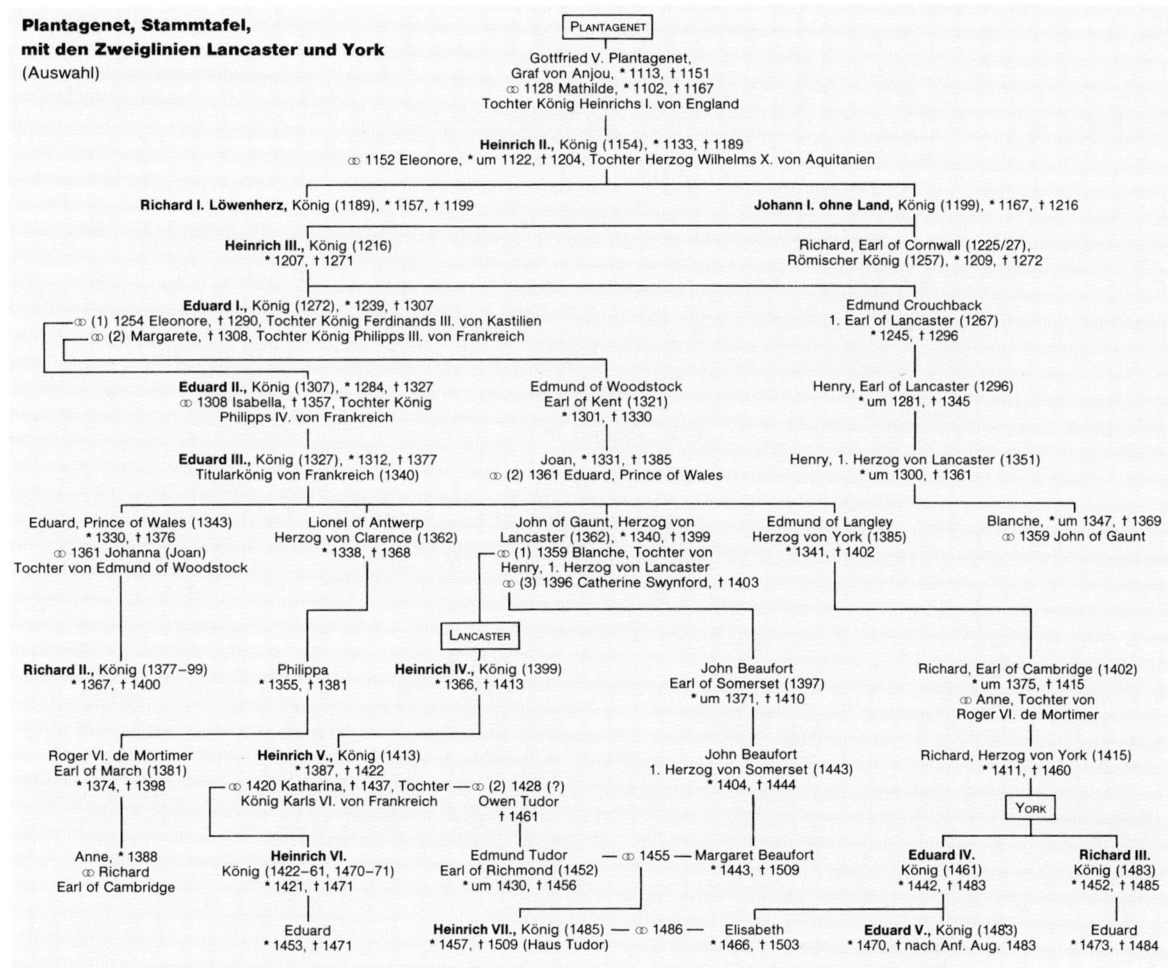

Plantagenet, Stammtafel, mit den Zweiglinien Lancaster und York (Auswahl)

Halbfett gesetzt sind die Namen der Könige von England

pers zur Aufnahme des Straßenunterbaus oder Eisenbahnoberbaus (→Bahnkörper).

Planung, der geistige, auch organisatorisch und institutionell ausgeformte Vorgang, durch Abschätzungen, Entwürfe und Entscheidungen festzulegen, auf welchen Wegen, mit welchen Schritten, in welcher zeitl. und organisator. Abfolge, unter welchen Rahmenbedingungen und schließlich mit welchen Kosten und Folgen ein bestimmtes Ziel erreichbar erscheint. Anthropologisch gesehen ist P. der Versuch, die Zufälligkeit der Welt, die Vielfalt mögl. Alternativen und die Zukunftsunsicherheit, auch das Nichtwissen über mögl. Nebenfolgen bzw. Rückkopplungseffekte von Handlungen so zu reduzieren, dass Risikominimierung und zieladäquate Handlungsauswahl möglich werden. P. stellt einen Bestandteil und eine Funktion des menschl. Denkvermögens dar und ist so, was die Bestimmtheit und Verlässlichkeit von Annahmen und Aussagen angeht, beschränkt.

Im Selbstverständnis moderner Gesellschaften ist P. zu einer zentralen Kategorie geworden, an der sich sowohl die Erwartungen als auch die Grenzen rationaler Lebensführung in komplexen gesellschaftl. Zusammenhängen ablesen lassen. Zum einen bringt die zunehmende funktionale Differenzierung moderner Industriegesellschaften eine wachsende Vielfalt unterschiedl. Lebensmöglichkeiten, Rollenanforderungen und -verpflichtungen, also die ›Pluralisierung der Lebenswelten‹ (A. SCHÜTZ) und die ›Individualisierung‹ (U. BECK) von Lebensplänen mit sich. Andererseits werden immer weitere Bereiche der menschl. Existenz und des Zusammenlebens dem strukturierenden Zugriff der Individuen entzogen. Andere verlieren ihre vordem als selbstverständlich angenommene Unbeeinflussbarkeit und werden so zum Objekt der Einflussnahme und P. durch komplexe soziale Prozesse und Institutionen (Bildungssysteme, Arbeitsvermittlung und -beschaffung, Gesundheitsvorsorge, Risikoversicherungen, Umwelt-P.) bzw. fordern diese zur Ausbildung entsprechender Strukturen heraus. Dies gilt sowohl für die eigentl. P.-Bereiche wie Hauswirtschaft, kommunale, betriebl. und volkswirtschaftl. P. als auch für polit. Handlungsfelder wie Innen-, Außen- und Militärpolitik, die Wissenschaftsförderung und Bildungs-P., Raumordnung und Verwaltungs-P., nicht zuletzt für das Planen von P. (›Meta-P.‹) und schließlich für die P. individueller Entscheidungen.

Phasen der Planung

Im wirtschaftl. Bereich wird P. i. Allg. in vier Schritte gegliedert: Zielbestimmung, Informationsbeschaffung, Alternativenaufstellung und Entscheidung sowie schließlich Implementation, Kontrolle und Auswertung der Ergebnisse, woraus sich wiederum Konsequenzen für die weitere P. (›revolvierende P.‹, ›rollende P.‹) ergeben. Diese Konzeption von P. spielt als zentrale Aufgabe innerhalb eines handlungsorientierten Managementkonzepts eine wichtige Rolle. Die Inhaltsbereiche von P. lassen sich in fünf Feldern fassen: 1) Bestimmung des P.-Objekts mithilfe der Festlegung der P.-Ebenen (strateg., takt., operative P.) und der P.-Bereiche (Forschung, Beschaffung, Produktion usw.); 2) die Bestimmung der P.-Organisation, wobei Aufbau- und Ablauforganisation unterschieden werden und deren Verhältnis zur jeweiligen betriebl. Grundorganisation zu klären ist. Es folgen 3) die Bestimmung des P.-Instrumentariums, das sich nach Daten (Informationen), Methoden (z. B. der Erkenntnisgewinnung) und technolog. Mitteln ordnen lässt, und 4) die Bestimmung von P.-Prozess und P.-System. ›Geht man von der Interpretation des P.-Prozesses als Informationsprozess aus, dann können in logisch-genet. Betrachtung die Phasen der Zielbildung, Problemerkenntnis, Alternativensuche, Prognose und Bewertung unterschieden werden. Demgegenüber bezeichnet ein P.-System die geordnete und integrativ verknüpfte Gesamtheit von P.-Objekten (P.-Ebenen und P.-Bereichen und insbesondere der jeweiligen Ziele), die Angabe der planenden Organisationseinheiten, der zeitl. und räuml. Bedingungen, des einzusetzenden P.-Instrumentariums und der erwarteten Ergebnisse‹ (CLAUS STEINLE [* 1946]). Schließlich gehört hierzu 5) das Befassen mit der Einführung von P.-Systemen in eine entsprechende Praxis (Implementation von P.). Hinter Konzeptionen dieser Art steht die Erwartung, die Vielfalt mögl. Anforderungen und Entscheidungen so zu ordnen, dass deren strukturierte Bearbeitung möglich wird und entsprechende Folgen und Ergebnisse an entsprechende Einflussfaktoren rückgekoppelt werden können.

Arten der Planung

Anhand unterschiedl. Kriterien kann man P. begrifflich differenzieren: 1) Nach dem Zeitraum lassen sich kurz-, mittel- und langfristige P. unterscheiden; 2) entsprechend der Priorität wird von Primär-, Sekundär- und Tertiär-P. gesprochen; 3) nach eng oder weit gefassten Zielvorgaben wird zw. Global- und Detail-P. differenziert. Nehmen die Zielvorgaben und Durchführungsbestimmungen normativen Charakter an, lässt sich 4) von einer Vorgabe-, Norm- oder Standard-P. sprechen, während dort, wo die zu berücksichtigenden Faktoren außerhalb des Einflussbereichs normativer Vorgaben liegen, es sich 5) lediglich um eine Prognose- oder Vorschau-P. handelt. Nach dem Grad der Verbindlichkeit der in einer P. festgelegten Maßnahmen lassen sich 6) imperative, indirekte oder indikative sowie orientierende oder persuasive P. unterscheiden. Während bei der **imperativen P.** die P.-Vorgaben durch direkte Befehle, Anweisungen oder Verbote erzielt werden sollen (z. B. das Verbot verbleiten Benzins), werden bei der **indikativen P.** indirekte Impulse gesetzt (z. B. Steuerbegünstigung für bleifreies Benzin). **Persuasive P.** beschränkt sich darauf, durch Argumente, Werbung oder Kooperationsangebote zielorientiertes Verhalten zu bewirken.

Die für P. notwendigen Informationen über Veränderungen und Status in gesellschaftl. Teilbereichen werden von der amtl. Statistik (Volkszählung, Mikrozensus) und anderen staatl. (Forschungs-)Institutionen sowie v. a. von den öffentl. oder privaten wirtschafts- und sozialwiss. Organisationen gesammelt und publiziert. Bedeutsam sind dabei die Wirtschaftsforschungs-, Marktforschungs- und Meinungsforschungsinstitute sowie die Wohlfahrtssurveys. Die gewonnenen Daten bilden die Grundlage einer gezielten Vorbereitung und Durchführung notwendiger Entscheidungen, z. B. im Bereich der Infrastruktur-P., des Marketings, der Umwelt- und Sozial-P. Letztere kann als Synonym für gesellschaftl. P. verstanden werden, bedeutet darüber hinaus aber sowohl die Gestaltung sozialer Institutionen (z. B. in der Alten- und Gesundheitspflege) als auch die Durchführung sozial relevanter Maßnahmen auf der Basis polit. Entscheidungen (z. B. Renten- und Gesundheitsreform). Für die Markt- und Produktentscheidungen der Unternehmen haben entsprechende Daten (›Rohstoff Information‹) einen immer größeren Stellenwert erhalten.

Geschichte

Ansätze sozialer und polit. P. im Rahmen der ökonom. Organisation (z. B. von Bewässerungssystemen) und im Zusammenhang mit Machtkämpfen und Herrschaftsausübung finden sich schon in den frühen, städtisch zentrierten Hochkulturen. Die v. a. militärstrategisch und wirtschaftlich ausgerichtete P. war i. d. R. verbunden mit der Existenz von bei den religiösen und/oder militär. Führungen angesiedelten P.-Eliten. Die für die europ. Neuzeit charakterist. Ausdehnung der P. auf Gesellschaft, Politik und Individuen bahnte sich seit dem Spät-MA. mit Fernhandel, Geldwirtschaft, Schrift, Ausdehnung zentralist. Machtstrukturen und verstärkter sozialer und ökonom. Verflechtung an. Dies erforderte beim Individuum die Ausbildung einer ›Langsicht‹, d. h. ›die Notwendigkeit einer Abstimmung des Verhaltens von Menschen über weite Räume hin und eine Voraussicht über so weite Handlungsketten wie noch nie zuvor‹ (N. ELIAS). In der europ. Neuzeit schwankt P.-Verhalten zw. ›pragmat.‹ und ›utop.‹ P. bzw. utop. Entwürfen, zw. fortschrittl. und restaurativen P.-Ideologien. Im Zuge der Ausbildung absolutist. Staatskonzeptionen nach zentralist. Prinzipien wurde P. auf Heeresverfassung, Steuerwesen, Wirtschaftsordnung (Merkantilismus), aber auch bereits auf die Bereiche Raumordnung, Verkehrs- und Städte-P. bis hin zum Gartenbau und zur Landschaftsgestaltung ausgedehnt. Die Aufklärer brachten erste Ansätze gesellschaftl. P. ins Spiel, deren Diskussion aber, z. T. entgegen den eigenen Erwartungen, zeigte, dass die entstehende bürgerl. Gesellschaft keineswegs mehr von P. im Sinne der Anwendung eines einheitl. Prinzips bestimmt werden konnte, sondern vielmehr eine ›Pluralität der Planungen‹ (F. H. TENBRUCK) mit sich brachte, die bis heute die Bedeutung, aber auch die Grenzen gesellschaftl. P.-Vorhaben kennzeichnet. Indem die Aufklärer die Legitimität der P. innerhalb eines als rational angenommenen Diskurses gleichberechtigter Bürger ansiedelten, stellten sie in Konkurrenz zu der mit der absolutist. Verwaltung auftretenden Vorstellung der Handhabbarkeit und Machbarkeit ein zweites Kriterium für die Legitimierung von P. auf: den Anspruch auf die Realisierung menschenwürdiger Verhältnisse als Ergebnis eines reflektierten Lern-, Selbststeuerungs- und Selbstbegrenzungsprozesses. Hierzu gehörten im 18. Jh. zunächst die Bereiche der individuellen Lebensführung, namentlich die innere Selbstdisziplinierung im Sinne der P. einer sittl. Lebensführung, die P. von Aufklärungsgesellschaften, Erziehungseinrichtungen und wiss. Institutionen sowie im Umkreis der →Enzyklopädisten bereits industrielle, betriebl. und gesamtgesellschaftl. P.-Vorstellungen. Daran knüpften die P.-Vorhaben der Saint-Simonisten an, die einerseits über A. COMTE zur Ausbildung einer spezifisch sozialwiss. P.-Vorstellung gelangten, andererseits über den Einfluss dieses Kreises auf Sozialtechniker und Ingenieure (z. B. F. DE LESSEPS) die Ausbildung technokrat. P.-Erwartungen beförderten. Auch J. G. FICHTE und K. MARX wiesen auf die Wichtigkeit von P. im Sinne einer vernünftigen Gesellschaft hin. Mit dem Trend zur Massenfertigung entwickelte sich in der zweiten Hälfte des 19. Jh. die Idee, eine Fabrik wie eine einzige große Maschine zu gestalten. F. W. TAYLOR erarbeitete die Grundlagen einer wiss. Betriebsführung, in deren Gesamtrahmen P. als Teil einer umfassenden Organisation konzipiert wurde. In Reaktion auf die mit der industriellen Revolution in Gang gesetzten Prozesse der Ausbildung unterschiedl. Branchen, der sozialen Differenzierung, der Ausdifferenzierung unterschiedlicher Wert- und Rationalitätssphären (M. WEBER), insbesondere der Ausbildung rationaler Verwaltungsstrukturen, und nicht zuletzt unter dem Einfluss der Verwissenschaftlichung polit., wirtschaftl., sozialer und auch lebensweltl. Entscheidungsstrukturen nahmen Ausmaß und Bedarf an P. ständig zu (Städte- und Raum-P., Infrastruktur- und Gesundheits-P., P. der Sozialversicherung und der Bildungssysteme sowie rationellerer Produktionsverfahren). Durch konzentrierten Mitteleinsatz wurden komplexe P.-Methoden und P.-Verfahren häufig für großtechn. Systeme (Waffensysteme, Kernenergie, Raumfahrt) gezielt entwickelt.

Probleme von Planung

Die Ausdehnung von P. auf immer weitere Teilbereiche des sozialen Lebens bringt keineswegs größere Stabilität bzw. Sicherheit hervor, sondern ruft vielfach aufgrund unerfasster Nebenfolgen oder einander widerstreitender Interessen neuen P.-Bedarf bzw. neue Kontingenzerfahrungen hervor. So haben einerseits die seit dem 18. Jh. wichtig gewordenen demograph. und statist. Verfahren zur Ausbildung neuer Formen sozialer Sicherheit, v. a. der Sozialversicherungen, beigetragen. Andererseits erschweren die mit diesen P.-Vorgaben in Erscheinung getretenen Organisations- und P.-Verfahren die Wahrnehmung neuer gesellschaftl. Entwicklungen, also z. B. die Möglichkeit, Veränderungen in den Beschäftigungsverhältnissen (Teilzeitarbeit, Unterbeschäftigung, Schattenwirtschaft) im Rahmen bestehender P.-Vorgaben unterzubringen. Das Festhalten an der Vorstellung von Planbarkeit bei Tatbeständen, deren Folgen sich menschenmögl. P. weitgehend entziehen (Kernenergie, Umweltzerstörungen), hat zu jener Form ›organisierter Unverantwortlichkeit‹ (BECK) geführt, die heute einerseits das Vertrauen in P. erschüttert, andererseits aber auch Ansprüche auf Kontrolle, Kritik und bessere P. verstärkt hat. Angesichts der globalen und historisch langfristigen Dimensionen heutiger P.-Vorhaben, gerade im Hinblick auf die Gefahren der Großtechnologie, und angesichts der Macht einzelner Wirtschaftsakteure, z. B. multinationaler Konzerne, die mit ihrer P. Kompetenz und Macht staatl. Strukturen im Einzelfall überfordern bzw. übertreffen können, bleibt fraglich, ob eine solche am Pragmatismus individueller Zweckmäßigkeit orientierte Betrachtung noch zutrifft.

Schließlich spielt auch die Verbindung von P. mit Herrschaft eine zentrale Rolle. Zunächst brachten die ökonom. und polit. P.-Vorhaben der nachrevolutionären UdSSR diesen Aspekt in den Blick; aber auch in den USA und in der Folge in anderen kapitalist. Staaten spielen seit der Zeit nach dem Ersten Weltkrieg polit. P.-Vorhaben (z. B. Haushalts-P. in den USA seit 1921) zunehmend eine Rolle. Die Versuche vollständiger P. gesamtgesellschaftl. Prozesse durch Stalinismus und Nationalsozialismus wurden insbesondere durch den dort planmäßig realisierten Terror diskreditiert. In demokratisch verfassten Staaten wird eine längerfristige Perspektive polit. P. und deren Kontrolle dadurch erschwert, dass P.-Phasen häufig über eine Legislaturperiode hinausreichen und durch einen Regierungswechsel unterbrochen werden oder ggf. auch dann fortgesetzt werden müssen, wenn sie nicht mehr dem polit. Willen der neu gewählten Mandatsträger entsprechen.

Trotz anspruchsvoller wiss. Methoden bleibt bei aller P. das Risiko einer Fehlentscheidung, worüber die Angabe einer statistisch ermittelten Irrtumswahrscheinlichkeit nicht hinwegtäuschen darf. Außerdem stellt sich häufig das Problem, dass die Emotionslosigkeit und Rationalität einer P.-Methode auf das Menschenbild der Planer zurückwirkt. Wie der →Homo oeconomicus viele wirtschaftswiss. Modelle prägt, kann P. insofern unzutreffend sein, als sie einen rein rational handelnden Menschen unterstellt. So kommt es vor, dass diejenigen, für die doch der Fortschritt geplant werden soll, sich (scheinbar) irrational dagegen wehren. Solchen Akzeptanzproblemen sucht die verhaltenswiss. orientierte P. zu begegnen. In der Stadt- und Regional-P. wurden Partizipationsmodelle (→Partizipation) entwickelt (Bürgerinitiativen), deren Einfluss auf planer. Entscheidungen jedoch nicht überbewertet werden darf. Bezogen auf staatl. Handeln gingen die Erwartungen z. T. so weit, dass statt der Plan- und Steuerbarkeit der gesellschaftl. Systeme deren Unregierbarkeit prognostiziert wurde. Dabei wurde jedoch die gesellschaftl. Bedeutung von Minderheiten überschätzt. Die Einstellung der Bürger ist gekennzeichnet durch eine hohe Verantwortungszuschreibung an den Staat und ein hohes Sicherheitsbedürfnis bei einem gleichzeitig zu beobachtenden Trend zur Individualisierung von Lebensstilen. Auch deshalb wird P. umso schwieriger, je heterogener der Adressatenkreis, je spezifischer das Ziel und je langfristiger die Perspektive ist. Insoweit führt P. tendenziell zur Einschränkung von Partizipationsmöglichkeiten, die sie andererseits z. B. in Form von Bürgerbeteiligung gerade dann braucht, wenn sie nicht nur die Ziele bestimmter Macht- und Interessengruppen verwirklichen, sondern gesamtgesellschaftl. Organisationsaufgaben lösen will.

⇨ *Entscheidungstheorie · Haushaltsplan · Management · Planwirtschaft · Prognose · Raumordnung · Risikogesellschaft · Technikfolgenabschätzung · Umweltverträglichkeitsprüfung · Unternehmensplanung*

F. H. TENBRUCK: Zur Kritik der planenden Vernunft (1972); Gesellschaftl. P., hg. v. B. SCHÄFERS (1973); Polit. P.-Systeme, hg. v. F. NASCHOLD u. a. (1973); Anwendungsprobleme moderner P.- u. Entscheidungstechniken, hg. v. H.-C. PFOHL (1978); Polit. P. in Theorie u. Praxis, hg. v. M. LENDI u. a. (Bern 1979); C. OFFE: Strukturprobleme des kapitalist. Staates ([5]1980); H. FREYER: Herrschaft, P. u. Technik (1987); J. HABERMAS: Theorie u. Praxis. Sozialphilosoph. Studien ([5]1988); C. STEINLE u. a.: P., in: Staatslex., hg. v. der Görres-Gesellschaft, Bd. 4 ([7]1988); Hwb. der P., hg. v. N. SZYPERSKI (1989); U. BECK: Politik in der Risikogesellschaft (1991); C. SCHNEEWEISS: P., Bd. 1: Systemanalyt. u. entscheidungstheoret. Grundlagen (1991); Loyalität u. P., bearb. v. H. KIEFFER (1994); N. LUHMANN: Polit. P. ([4]1994); H.-C. PFOHL u. W. STÖLZLE: P. u. Kontrolle ([2]1997).

Planungs|atlas, *Kartographie:* Atlas mit themat. Karten (Bestands- und Planungsdarstellungen) für die Belange von Raumordnung und Landesplanung eines Gebiets, z. B. ›Dt. P.‹ (für die einzelnen alten Bundesländer). Liegen nur Bestandskarten vor, spricht man von einem **Planungsgrundlagenatlas.**

Planungshoheit, als Bestandteil ihres Selbstverwaltungsrechts die Befugnis der Gemeinden (Kommunen), über die baul. Gestaltung des Gemeindegebiets zu bestimmen, d. h. sie durch Flächennutzungspläne vorzubereiten und durch Bebauungspläne zu leiten. Diese Befugnis folgt aus den Rechten, die Art. 28 Abs. 2 GG den Gemeinden garantiert; sie wird durch § 1 Abs. 3 Baugesetzbuch (BauGB) unterstrichen. Allerdings kann die aus der gemeindl. P. erwachsene Vorstellung mit den Zielen der überörtl. Raumplanung und Landesplanung kollidieren, denen sie sich grundsätzlich anzupassen hat, aber ohne dass daraus eine Aushöhlung der P. folgen darf.

Planungsraum, das räuml. Objekt der Stadt-, Regional- und Landesplanung sowie der Raumordnung. Ein P. ist gekennzeichnet durch die Zusammenhänge zw. den räuml. Gegebenheiten und der vorhandenen oder erstrebten Wirtschafts- und Sozialstruktur. P. sind Bezugsräume bestimmter Tätigkeiten, sowohl auf einzelne Tätigkeiten als auch auf ein Bündel von geplanten Maßnahmen bezogen. Bei der Abgrenzung von P. wird häufig auf Verwaltungs- oder Staatsgrenzen zurückgegriffen. Abgrenzungskriterien können aber auch natürl. Gegebenheiten, Verkehrsverflechtungen, wirtschaftl. und soziale Strukturen sein; dann liegen funktionale Raumeinheiten dem P. zugrunde. Typische P. sind etwa Teilgebiete einer Stadt (Sanierungsgebiete, City u. a.), eine ganze Gemeinde und ihr Umland, Regionen (z. B. die Gliederung des Bundesgebietes in Raumordnungsregionen) und ihre Teile, das gesamte Staatsgebiet oder staatsgrenzenübergreifende Interessengemeinschaften (z. B. die Euregios) und ihre Teile oder das gesamte Staatsgebiet.

Planungswertausgleich, *Bodenrecht:* →Bodenwertzuwachssteuer.

Planwirtschaft, Wirtschaftsordnung, in der alle Wirtschaftsprozesse (Produktion, Investitionen, Allokation und Konsumtion) eines Landes von einer zentralen Instanz entsprechend allg. Zielvorgaben der staatl. Führung mithilfe gesamtwirtschaftl. Pläne gesteuert und überwacht werden. Der Marktmechanismus als wichtiges Steuerungsinstrument einer Verkehrswirtschaft (Marktwirtschaft) wird dabei weitgehend durch einen hierarchisch gegliederten, bürokrat. Lenkungsapparat ersetzt, der seine Entscheidungen mittels verbindl. Direktiven durchsetzt. Die mittelfristige Wirtschaftsplanung (meist fünf Jahre) ist i. d. R. als Ausführung einer längerfristigen Perspektivplanung (über 10 Jahre) konzipiert, die umfassendere gesellschaftl. Ziele setzt. Strikt zentralist. P. sind vom freien Weltmarkt durch staatl. Außenhandelsmonopole (Staatshandelsländer) abgeschottet, d. h., auch die Außenwirtschaftsbeziehungen unterstehen der vollständigen Leitung der zentralen Planungsbehörde. P. gilt als Gegenmodell zur Marktwirtschaft, schließt aber marktwirtschaftl. Steuerungsmechanismen keineswegs aus, außer im Extremfall der totalen P., d. h. der vollständigen Wirtschaftslenkung, die (nach W. EUCKEN) als **Zentralverwaltungswirtschaft,** als zentral geleitete Wirtschaft oder abwertend als Zwangs- bzw. Kommandowirtschaft bezeichnet wird. Elemente der P. finden sich auch in Marktwirtschaften, insbesondere im Bereich des staatl. Handelns (→Interventionismus). Beim Konzept der →Planification sollte auch der Privatsektor durch indikative Planung einbezogen werden; in Japan übt der Staat durch Koordination sowie Kredit- und Subventionsgewährung starken Einfluss aus. In der Realität finden sich mithin unterschiedl. Kombinationen von markt- und planwirtschaftl. Elementen, sodass im konkreten Fall die eindeutige Zuordnung zur P. oder Marktwirtschaft nur nach Maßgabe des jeweiligen Übergewichts einer Ordnungskomponente möglich ist. P. impliziert keine bestimmte Eigentumsverfassung, wenngleich die systemadäquate Verbindung mit Staatseigentum an den Produktionsmitteln in den ehemals kommunist. Staaten zu ausgeprägt zentralist. P. führte.

Die theoret. Begründung von P. wird von drei Ansätzen her versucht: 1) das Koordinationsargument legt Wert auf die Vorauskoordination einzelwirtschaftl. Entscheidungen und Handlungen, weil das Risiko von Disproportionen, Überinvestitionen und Arbeitslosigkeit geringer sei als bei einer spontanen, nachträgl. Anpassungsreaktion durch den Marktmechanismus; 2) P. garantiere durch Konzentration auf gesamtwirtschaftl. Prioritäten, (Entwicklungs-)Ziele rascher und effizienter zu realisieren und insbesondere in volkswirtschaftl. Notlagen (Kriegs-, Entwicklungswirtschaften) die Minimalversorgung der Gesamtbevölkerung sicherer zu gewährleisten und das verfügbare Mehrprodukt rationaler zu verwenden; 3) P. sei erforderlich, um einer Gesellschaft die Instrumente zur selbst bestimmten, demokrat. Entwicklung verfügbar zu machen.

Die theoriegeschichtl. Grundlagen der P. umfassen sowohl die sozialist. Schulen – angefangen beim dt. Staatssozialismus (J. G. FICHTE, K. RODBERTUS, F. LASSALLE) über den Saint-Simonismus und den Marxismus bis zur leninschen Marxinterpretation und deren stalinist. Deformation – als auch die außerhalb des Sozialismus geführte krisentheoret. Auseinandersetzung mit der kapitalist. Marktwirtschaft und deren theoret. Deutungen durch die klass. und neoklass. Ökonomie. Die wirtschafts- und gesellschaftspolit. Konsequenzen der beiden krit. Gegenpositionen lassen sich thesenhaft so voneinander abgrenzen, dass die marxistisch inspirierten Sozialismen auf Überwindung der kapitalist. Marktwirtschaft gerichtet sind, und P. als radikales Gegenmodell propagiert wird, während die anderen zur kapitalist. Marktwirtschaft kritisch eingestellten Schulen auf interventionist. Reformen zielen und P. als notwendige Ergänzung, aber nicht als prinzipielle Alternative zum Marktsystem begreifen (→Konvergenztheorie). In diesem Sinn argumentierten etwa die Befürworter der P. in der dt. P.-Debatte nach dem Ersten Weltkrieg (W. RATHENAU u. a.).

Der Haupteinwand der neoliberalen Gegner der P. bzw. der Wirtschaftslenkung (L. VON MISES, F. A. VON HAYEK, Ordoliberalismus) betrifft v. a. die Unmöglichkeit, in einer zentralist. P. ein knappheitspreisbezogenes Rechnungssystem und damit die unabdingbare Voraussetzung für effizienten Faktoreinsatz zu gewährleisten. Das Modell des Konkurrenzsozialismus (→sozialistische Marktwirtschaft) suchte diese Kritik zu widerlegen.

Geschichte: Der realgeschichtl. Hintergrund der P. reicht weit in die vorindustrielle Epoche zurück. P. existierten u. a. in den antiken Bewässerungsreichen (Mesopotamien, Ägypten, China) und im Inkareich. In Europa wurden Elemente einer P. vom Merkantilismus seit dem 16. Jh. eingesetzt, und die erste umfassende P., die wesentl. Merkmale der P. unseres Jahrhunderts vorwegnahm, entstand 1793/94 während der frz. Revolutionskriege. Die erste P. einer industrialisierten Volkswirtschaft des 20. Jh. wurde während des Ersten Weltkrieges im Dt. Reich geschaffen, und kriegswirtschaftl. Zwänge (→Kriegswirtschaft) waren auch während des Zweiten Weltkrieges für den Übergang zur P. in Dtl., aber auch in Großbritannien und den USA bestimmend. Die Verbindung von P. und Abschaffung des Privateigentums an Produktionsmitteln, also die sozialist. P., wurde mit dem Aufbau der P. in der UdSSR nach 1917 und der zwangsweisen Einführung des sowjet. P.-Modells in den osteurop. Ländern zum Prototyp der P.

Als entscheidender Nachteil der P. hat sich in der Praxis herausgestellt, dass eine zentrale Planungsbehörde mit der Koordination und Lenkung der ökonom. Aktivitäten überfordert ist, dass die Betriebe keinen (oder nur geringen) Anreiz haben, ihre Produktionskapazitäten zu offenbaren, Innovationen vorzunehmen und Strukturen zu verändern und dass es i. d. R. zur Ausdehnung einer unproduktiven Bürokratie kommt, die nur schwer auf veränderte Marktbedingungen reagieren kann. Dazu trägt häufig die Reformfeindlichkeit eines undemokratischen polit. Systems bei. Unzureichende Konsumgüterversorgung und daraus resultierende Kaufkraftüberhänge führen in P. vielfach zu zurückgestauter Inflation. Zwar ist P. nicht notwendigerweise mit Demokratie unvereinbar, die histor. Erfahrung spricht jedoch gegen eine prakt. Vereinbarkeit.

Nach dem Zusammenbruch der sozialist. P. in Mittel- und Osteuropa erfolgt dort in Transformationsgesellschaften ein Übergang zu marktwirtschaftlichen Strukturen. Dieser erfordert vielfältige und durchgreifende Reformen, die sich im Wesentlichen auf vier Hauptbereiche erstrecken: 1) makroökonom. Stabilisierung (Haushaltssanierung, Inflationsbekämpfung, Beschäftigungssicherung), 2) Preis- und Marktreform, 3) Privatisierung und Abbau staatl. Monopole, 4) Neubestimmung der Staatsaufgaben.

⇨ *Eigentum · Marktwirtschaft · Planung · Sozialismus · Wirtschaftsordnung*

K. P. HENSEL: Einf. in die Theorie der Zentralverwaltungswirtschaft ([3]1979); Lenkungsprobleme u. Inflation in Planwirtschaften, hg. v. K.-E. SCHENK (1980); A. DREXLER: P. in Westdtl. 1945–1948 (1985); M. BARDMANN: Grundlagen einer Theorie ökonom. Leitung u. Planung (1988); H. LEIPOLD: Wirtschafts- u. Gesellschaftssysteme im Vergleich ([5]1988); Soziale Marktwirtschaft – sozialist. P. Ein Vergleich Bundesrep. Dtl. – DDR, hg. v. H. HAMEL ([5]1989); Von der P. zur Marktwirtschaft – Chancen u. Risiken für Ost u. West, hg. v. K. H. OPPENLÄNDER u. a. (1990); Wirtschaftssysteme im Umbruch, hg. v. D. CASSEL (1990); J. DRZYMALLA: Planung im sowjet. Wirtschaftssystem (1991); Markt, Staat, Planung, hg. v. S. POLLARD u. D. ZIEGLER (1992); P. am Ende – Marktwirtschaft in der Krise?, hg. v. W. GERKE (1994).

Plan|zeiger, *Kartographie:* techn. Hilfsmittel zur Koordinatenbestimmung in topograph. Karten anhand des Gitternetzes (→Gitter) des Gauß-Krüger-Koordinatensystems. Der P. ist ein Messgerät, bei dem zwei Linearmaßstäbe im rechten Winkel zueinander stehen, deren Einteilungen dem jeweiligen Kartenmaßstab entsprechen. Auf dt. amtlichen topograph. Karten ist meist ein P. am Kartenrand zum Ausschneiden aufgedruckt. In Ländern mit anderen Gitternetzsystemen kommen zur Bestimmung von Koordinaten Meldegitter ähnl. Art zur Anwendung.

Plaosan, Candi P. [tç-], buddhist. Tempelkomplex in Zentraljava aus dem 9. Jh., als architekton. Mandala nach W ausgerichtet, mit zwei gleichartigen Hauptheiligtümern, umgeben von einer Reihe kleinerer Tempel und zwei Reihen niedriger Stupas.

Plappart *der, -s/-e,* 1) →Blaffert. 2) Silbermünze des 15./16. Jh. in S- und SW-Dtl. sowie der Schweiz. Im Rappenmünzbund wurde der P. 1425 mit 6 Rappen(pfennigen) festgelegt; in Bern galt er ab 1421 15 Haller (→Heller). Der Schwäb. Münzbund fixierte ihn 1501 mit 21 Heller.

Plaque [plak; frz. ›Fleck‹] *die, -/-s,* **1)** *Medizin:* 1) fleckenartige, teils auch erhabene Veränderungen der Haut oder Schleimhaut, z. B. als Schleimhautpapeln im Sekundärstadium der Syphilis **(Plaques muqueuses);** 2) abgegrenzte (›beetförmige‹) Gefäßschäden, z. B. bei der Arteriosklerose; 3) fest haftender bakterieller Zahnbelag; 4) Ablagerungen von Beta-A4-Protein bei der Alzheimer-Krankheit.

2) *Mikrobiologie:* das durch die Auflösung (Lyse) einer Gruppe benachbarter Bakterienzellen in einem sonst homogen mit Bakterien bewachsenen Nähragar gebildete runde Loch (je nach Phagentyp 0,5–5 mm Durchmesser). Eine P. nimmt ihren Ausgang von einem einzigen Bakteriophagen. Durch Auszählung der P. lässt sich exakt feststellen, wie viele Phagenpartikel sich in der eingesetzten Probe urspr. befanden.

Plasencia [-θi̯a], Stadt in der Prov. Cáceres, Extremadura, Spanien, 355 m ü. M., am Austritt des Jertetals (Staudamm) aus dem Kastil. Scheidegebirge (Montes de Tras la Sierra), 37 000 Ew.; Bischofssitz; Marktzentrum eines Agrargebietes; Fremdenverkehr; Straßen- und Eisenbahnknotenpunkt. – Maler. Altstadt, z. T. umgeben von der doppelten Stadtmauer aus dem 12. Jh. Die Kathedrale wurde in zwei Bauabschnitten errichtet: zunächst im 13./14. Jh. die roman. Catedral Vieja (heute Pfarrkirche Santa María) und 1498 die im got. Stil begonnene dreischiffige Catedral Nueva, die bis ins 16. Jh. im Platereskenstil weitergeführt wurde, jedoch unvollendet blieb. Got. Kirche San Nicolás (13. Jh.); roman. Kirche San Pedro (13. Jh.); Kloster San Vicente (1474 gegr.); ferner Adelspaläste, u. a. der klassizist. Palacio de los Marqueses de Mirabel (14. Jh.) mit archäolog. und Jagdmuseum, Casa del Doctor Trujillo (11. Jh., ehem. arab. Palast), Casa de los Torres (13. Jh.); röm. Aquädukt (53 Bogen). 46 km im NO liegt das 1404 gegründete Kloster San Jerónimo de Yuste, letzter Aufenthalts- (1556–58) und Sterbeort Kaiser KARLS V. (Museum). – P., die urspr. röm Stadt **Dulcis Placida,** blühte in der Araberzeit (712–1180) durch Anlage einer Vega als **Blasantija** auf und wurde stark befestigt. Nach der mit erhebl. Zerstörungen verbundenen Rückeroberung (1178–80) durch ALFONS VIII. wurde sie wieder aufgebaut und 1190 Bischofsstadt.

...plasie [zu griech. plássein ›bilden‹, ›formen‹], Wortbildungselement mit der Bedeutung: Bildung, Ausbildung, z. B. Hyperplasie. – Zum gleichen Stamm: **...plast,** mit der Bedeutung: Gebilde, Organelle, z. B. Kinetoplast, Tonoplast.

Plaskovitis, Spyros, neugriech. Schriftsteller, * auf Korfu 14. 6. 1917; war Mitgl. des Obersten Gerichtshofs in Athen. 1967 opponierte er gegen die Militärjunta und wurde zu fünf Jahren Zuchthaus verurteilt, die er zum großen Teil verbüßte. In seiner Prosa schildert er soziale und seel. Konfliktsituationen in dichter. Sprache und realistisch-symbolist. Stil.

Werke (neugriech.): *Romane:* Die Sperrmauer (1960); Der Stacheldraht (1974); Die Stadt (1979); Die Dame des Schaufensters (1990). – *Erzählungen:* Der nackte Baum (1952); Der Sturm u. die Laterne (1955); Die Gebrochenen (1964); Der verrückte Zwischenfall (1984).

Plasma [griech. ›Geformtes‹, ›Gebilde‹] *das, -s/...men,* **1)** *Biologie, Physiologie:* lebende Substanz (Zyto-P.); flüssiger (zellfreier) Anteil des Blutes (Blut-P., →Blut).

2) *Mineralogie:* dunkel- bis lauchgrüner, durch Chlorit gefärbter →Jaspis; lange Zeit nur als Material ägypt. Skarabäen und antiker, in röm. Ruinen gefundener Gemmen bekannt. Fundgebiet: der Dekhan.

3) *Physik:* ionisiertes heißes Gas aus Ionen, Elektronen und neutralen Teilchen, die sich durch die ständige Wechselwirkung untereinander und mit Photonen in versch. Energie- bzw. Anregungszuständen befinden. Dieser **P.-Zustand** wird auch als **4. Aggregatzustand** bezeichnet. Ein P. ist **quasineutral,** d. h., es hat im Mittel die gleiche Anzahl von positiven und negativen Ladungen. Es hat eine große elektr. Leitfähigkeit und ist diamagnetisch. Die →Plasmadynamik beschreibt die Bewegungs-, Transport- und Nichtgleichgewichtseigenschaften eines P.-Zustandes. Die Verknüpfung von Dichte, Temperatur, Druck, Geschwindigkeit und Strom mit den elektromagnet. Feldgrößen liefert magnetohydrodynam. Gleichungen, deren Lösungen →Plasmaschwingungen darstellen. Im Labor wird P. durch starke →Gasentladungen in zylinder- oder ringförmigen Röhren erzeugt. Bei Temperaturen von mehreren Mio. °C verdampfen alle Stoffe, und aus den neutralen Atomen oder Molekülen entstehen durch Ionisation freie Elektronen und Ionen. – Eine Klassifizierung von P. nach ihren inneren Eigenschaften kann unter versch. Aspekten erfolgen. So unterscheidet man z. B. im Vergleich zum Atmosphärendruck Hoch- und Niederdruck-P., nach der Elektronenkonzentration n_e dünne ($n_e < 10^2\,m^{-3}$) und dichte P. ($n_e > 10^8\,m^{-3}$) sowie nach der Temperatur T kalte ($T < 10^5\,K$) und heiße P. ($T > 10^6\,K$), wobei ein Fusions-P. $T > 10^8\,K$ voraussetzt. Ein **stationäres P.** befindet sich über einen hinreichend langen Zeitraum im gleichen (stabilen) Zustand, ein **homogenes P.** besitzt über größere Volumenbereiche eine nahezu konstante Ladungsträgerkonzentration; ein P., in dem praktisch keine neutralen Teilchen mehr existieren, heißt **vollständig ionisiertes Plasma.**

In der Natur findet man P. in den höchsten Atmosphärenschichten, im Weltraum (interstellares Gas), in den Sternatmosphären und im Inneren der Sterne. P. treten auch in Büschel- oder Koronaentladungen, ferner bei elektr. Durchschlägen, Blitzen oder in Flammen auf. – Es gibt zahlr. Methoden der P.-Erzeugung, wie z. B. die ohmsche Heizung im Tokamak sowie Hochfrequenzmethoden (→Kernfusion). Im Rahmen internat. Forschungsprogramme (→ITER) werden große Anstrengungen unternommen, um ein P. aus Deuterium oder Tritium von so hoher Temperatur und Dichte zu erzeugen, dass eine kontrollierte Kernfusion stattfinden kann; ein Fusionsreaktor soll die dabei frei werdende Energie in technisch nutzbare Energie umwandeln.

K.-H. SPATSCHEK: Theoret. Plasmaphysik (1990); Waves and instabilities in plasmas, hg. v. F. CAP (Wien 1994); DERS.: Lb. der Plasmaphysik u. Magnetohydrodynamik (ebd. 1994).

Plasma|anzeige, Plasmadisplay [-dɪsˈpleɪ], auf der Leuchtwirkung ionisierten Gases (→Plasma) beruhende Anzeigevorrichtung. Sie besteht im Wesentlichen aus zwei in geringem Abstand angeordneten Glasplatten, die auf den Innenseiten gleichabständige horizontale bzw. vertikale Leiterbahnen tragen. Der Raum zw. den Platten ist abgedichtet und mit Edelgas gefüllt. Die Kreuzungspunkte der Leiterbahnen ergeben ein Raster auf der Fläche der P. Durch Anlegen einer Spannung an je eine horizontale und vertikale Leiterbahn wird im Kreuzungspunkt eine Licht emittierende Entladung gezündet (Elektrolumineszenz); durch Ansteuern mehrerer Kreuzungspunkte entsteht ein Punktmuster. P. mit entsprechend großer Anzahl von Bildpunkten werden bes. als flache Bildschirme **(Plasmabildschirm)** verwendet.

Plasma|ätzen, Abk. **PE** [zu engl. **p**lasma **e**tching], *Halbleitertechnik:* ein →Trockenätzverfahren für die Strukturübertragung auf Halbleiterbauelemente, bei dem ein ›Parallelplattenreaktor‹ als Rezipient verwendet wird. Die Elektroden, die die zu ätzenden Halbleiterscheiben (Wafer) tragen, liegen beim P., anders als beim →reaktiven Ionenätzen, zusammen mit dem Rezipienten auf Erdpotenzial. Die hierauf beruhende Feldasymmetrie bewirkt, dass die Ionen aus der Gasentladung mit geringerer kinet. Energie auf die Halbleiterscheiben auftreffen als beim reaktiven Ionenätzen (Energien unterhalb etwa 100 eV, bei typ. Drücken von etwa 15 Pa bis 1 500 Pa).

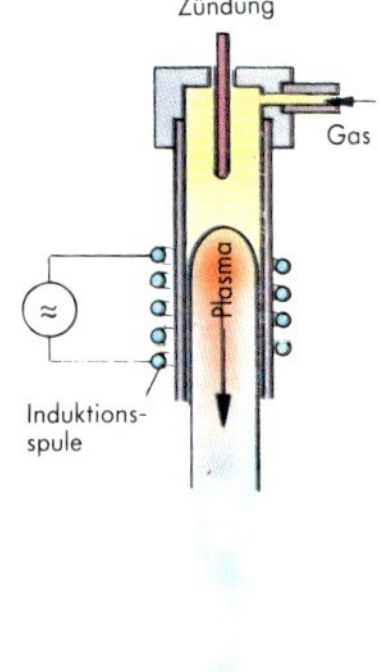

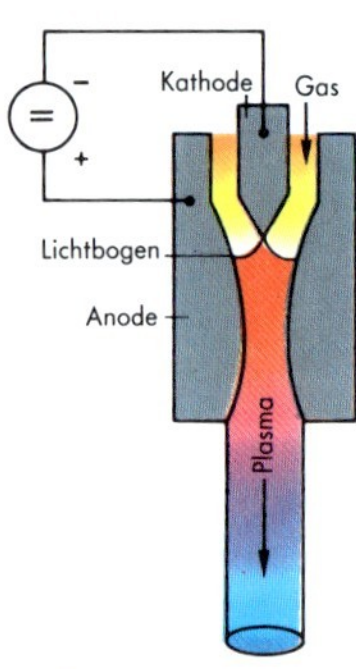

Plasmabrenner: oben Hochfrequenzplasmabrenner; unten Lichtbogenplasmabrenner

Plasmabrenner, Gerät zum Schmelzen, Verdampfen oder Verspritzen v. a. von schwer schmelzbaren Stoffen sowie zum Schweißen und Schneiden von Werkstoffen. Beim **Lichtbogen-P.** wird ein strömendes Gas (v. a. Argon, Stickstoff oder Gemische dieser Gase mit Wasserstoff; auch Helium oder Druckluft) von einem Lichtbogen ionisiert und auf Temperaturen von 10 000 bis 20 000 K aufgeheizt. Beim **indirekten P.** (z. B. bei der **Plasmapistole**) brennt der Lichtbogen in einem Druckgefäß zw. einer stabförmigen Wolframkathode und einer als Düse ausgebildeten, wassergekühlten Ringanode (aus Kupfer). Der aus der Düse herausgedrückte Plasmastrahl eignet sich zum Plasmastrahlschneiden v. a. nichtmetall. Werkstoffe, zum Plasmaspritzen oder zum Auftrag- und Verbindungsschweißen (Plasmastrahlschweißen) metall. Werkstoffe. Beim **direkten P.** brennt der Lichtbogen zw. der Wolframkathode und dem als Anode geschalteten, elektrisch leitenden Werkstück (metall. Werkstoff), wobei das Lichtbogenplasma durch eine wassergekühlte Düse eingeschnürt wird; hiermit ist bes. ein Brennschneiden von hochlegierten Stählen und NE-Metallen sowie ein Plasma-Lichtbogenschweißen möglich. – Beim **Hochfrequenz-P.** wird das strömende Gas durch ein hochfrequentes elektromagnet. Feld (Frequenzen von etwa 20 MHz) ionisiert; der Gasstrahl wird durch ein Quarzrohr zusammengehalten, aus dessen Mündung die Plasmaflamme austritt.

Plasmachemie, Forschungsrichtung der Chemie, die sich mit den unter Bedingungen eines Plasmas (z. B. bei hohen Temperaturen oder in elektr. Entladungen) ablaufenden Reaktionen befasst. Reaktionen der P. sind z. B. die Bildung von Acetylen durch therm. Cracken von Methan oder die Synthese von Stickstoffmonoxid aus Luft im Lichtbogen.

Plasmadynamik, Teilgebiet der Plasmaphysik, das sich mit der Beschreibung der Bewegungs- und Nichtgleichgewichtsvorgänge in Plasmen unter der Einwirkung innerer und äußerer Kräfte befasst. Dabei sind neben den Transporterscheinungen, wie sie auch in Gasen (Diffusion, innere Reibung, Wärmeleitung) und in elektr. Leitern (elektr. Leitung) auftreten, ähnlich wie in Elektrolyten zusätzlich charakterist. Erscheinungen (z. B. die →ambipolare Diffusion) zu behandeln, die auf der Wirkung innerer und äußerer elektromagnet. Felder beruhen. Außerdem wird durch das Zusammenwirken der bis auf Stöße weitgehend frei bewegl. Ladungsträger eine Abschirmung der →Coulomb-Wechselwirkung zw. ihnen hervorgerufen sowie das Auftreten von →Plasmaschwingungen bewirkt.

Wegen der ungeheuren Vielzahl der Plasmateilchen erfordert die theoret. Beschreibung eines Plasmas die Heranziehung von Methoden der →statistischen Mechanik bzw. →kinetischen Gastheorie **(kinetische Plasmatheorie).** Insbesondere ist zu berücksichtigen, dass sich die Massen der Ladungsträger (Elektronen und Ionen) um mehr als den Faktor 1 000 unterscheiden und deshalb die leichten Elektronen wesentlich ›beweglicher‹ auf alle an den Ladungen angreifenden Felder und Kräfte reagieren. Die elektr. Ströme wie auch die elektr. Leitfähigkeit im Plasma werden daher fast vollständig durch die Elektronengesamtheit bestimmt. Andererseits wird aber z. B. die Bewegung eines Plasmavolumens als Ganzes durch die träge Masse seiner Ionen festgelegt. Die resultierenden Gleichungen sind die magnetohydrodynam. Gleichungen des Plasmas (→Magnetohydrodynamik), die die makroskop. Kenngrößen wie Dichte, Massengeschwindigkeit, Stromdichte, Temperatur und Druck mit den Größen des elektromagnet. Feldes verknüpfen; durch ihre Lösungen werden Erscheinungen wie die magnetohydrodynam. Wellen oder der →Pincheffekt beschrieben.

Plasma|expander, Plasma|ersatzmittel, *Medizin:* wässrige Infusionslösungen, die zum Flüssigkeitsersatz bei (größeren) Blut- oder Plasmaverlusten dienen. Neben Präparaten mit körpereigenen Verbindungen (Humanalbumin-, Plasmaproteinlösungen) werden als körperfremde, kolloidale Lösungen Dextran-, Hydroxyäthylstärke- und (abgewandelte) Gelatinepräparate eingesetzt. Die Verweildauer im Gefäß beträgt, abhängig von der verwendeten Substanz, mehrere Stunden bis Tage.

Plasmafrequenz, diejenige Frequenz einer elektromagnet. Welle, für die die Brechzahl eines verlustlosen Plasmas null wird. Sie ist proportional der Wurzel aus der Konzentration der freien Elektronen. Nur elektromagnet. Wellen mit Frequenzen, die höher sind als die P., können sich in einem ionisierten Medium ausbreiten. Nimmt in einem Medium die Elektronenkonzentration örtlich allmählich zu, so werden Radiowellen an der Stelle total reflektiert, an der ihre Frequenz gleich der P. ist. Dies spielt bei der Untersuchung der Ionosphäre mit der Ionosonde eine wichtige Rolle. (→Plasmaschwingungen)

Plasmakonserven, durch Abtrennung der Blutkörperchen gewonnene →Blutkonserven.

Plasmalautsprecher, Sonderbauart eines Lautsprechers, dessen Schallabstrahlung durch ein mit dem Tonsignal moduliertes, ionisiertes Plasma hervorgerufen wird. Da mechanisch schwingende Teile (wie eine Membran) fehlen, erfolgt ab Frequenzen um 3 kHz eine absolut signalgetreue Schallwandlung. Der P. besteht aus einer von einem kugelförmigen Drahtnetz als Gegenelektrode umgebenen Nadelelektrode, an der infolge einer angelegten hohen Frequenz eine Koronaentladung auftritt. Deren Hitzezone pulsiert im Takt des zugeführten Tonsignals und erzeugt dabei entsprechende Druck- bzw. Schallwellen.

Plasmalemma [griech. lémma ›Rinde‹, ›Schale‹], äußere Plasmahaut, die der pflanzl. Zellwand anliegt. (→Zelle)

Plasmalogene [Kw.], zu den Phosphatiden zählende Substanzen, die bei histochem. Reaktionen Aldehyde abspalten; sie sind ähnlich wie die Lecithine und Kephaline aufgebaut, enthalten aber in 1-Stellung des Glycerins anstelle der Fettsäure einen höheren Aldehyd (in Enolform veräthert).

Plasmanitrieren, Ionitrieren, Verfahren zum Oberflächenhärten von Stahl (→Nitrierhärten).

Plasma|pherese [zu griech. phérein ›tragen‹] *die, -/-n,* medizin. Verfahren, bei dem eine Teilblutmenge dem Körper entnommen und nach Austausch des Blutplasmas (Abtrennung mittels eines Zellseparators) gegen eine entsprechende Menge physiolog. Kochsalzlösung mit den körpereigenen Blutzellen reinfundiert wird. Die P. wird als therapeut. Maßnahme bei Vergiftungen, Leberkoma, Immunopathien, Makroglobulinämie, Dysproteinämie und Fettstoffwechselstörungen (Hypercholesterinämie) angewendet; als Sonderform der Blutspende dient sie der Gewinnung von Plasmakonserven.

Plasmaphysik, Teilgebiet der Physik, befasst sich mit der Untersuchung der Eigenschaften von Plasmen (→Plasma).

Plasmaschwingungen, Schwingungen in einem →Plasma. Örtl. Störungen in einem Plasma verursachen Bewegungen der Elektronen und Ionen, wodurch ein rücktreibendes elektr. Feld entsteht, sodass die Teilchen mit einer für die Teilchensorte charakterist. Plasmafrequenz (Elektronen- und Ionenfrequenz) schwingen. Infolge der hohen Drücke und der therm. Bewegung können sich P. auch als **Plasmawellen** ausbreiten. Bei longitudinalen Wellen schwingen die Teilchen parallel zum Magnetfeld, ohne von ihm beeinflusst zu werden. Bei transversalen Wellen laufen die Teilchen infolge der Lorentz-Kraft in Spiralen um die Feldlinien. (→Alfvén-Wellen)

Plasma|skimming [zu engl. to skim ›abschöpfen‹] *das, -s,* Trennung von Plasma und Blutkörperchen im strömenden Blut bei Zirkulationsstörungen im Kapillarbereich (z. B. bei Schock) mit nachfolgender mangelhafter Sauerstoffversorgung des Gewebes.

Plasmaspritzen, therm. Spritzverfahren zum Beschichten eines metall. Werkstücks mit einem fest haftenden Überzug aus Kunststoff oder Metall. Beim P. wird das aufzutragende, pulverförmige Material mithilfe eines Fördergases in den Plasmastrahl einer Plasmapistole (→Plasmabrenner) eingebracht, erhitzt, geschmolzen und mit hoher Geschwindigkeit auf die Werkstückoberfläche gespritzt.

Plasmaströmung, Fließbewegung des Protoplasmas in der Zelle, die in vielen pflanzl. und tier. Zellen zu beobachten ist. P. wird in Pflanzenzellen meist durch Wechselwirkung von Actin und Myosin ähnl. Eiweißkomponenten bewirkt; in Amöben ist sie mit deren Bewegung gekoppelt, die ebenfalls auf der Kontraktion eines Actomyosinfasernetzes beruht. In vielen tier. Zellen erfolgt der Transport von →Organellen u. a. Plasmabestandteilen entlang von →Mikrotubuli unter Mitwirkung spezieller Proteine (z. B. Dynein).

Plasmatron [Kurzbildung aus Plasma und Elektron] *das, -s/...'ronen,* **Duoplasmatron,** auf M. VON ARDENNE zurückgehende Weiterentwicklung der Bogenionenquelle (→Ionenquelle); die zw. der Glühkathode und der Anode gezündete Bogenentladung wird durch eine rotationssymmetr. Zwischenelektrode und ein starkes, inhomogenes Magnetfeld zw. dieser und der Anode eingeschnürt und auf ein sehr kleines Volumen konzentriert, in dem eine intensive Ionisation des Gases stattfindet (Dichte des Plasmas bis $10^9 \mathrm{m}^{-3}$). Durch ein oder mehrere Löcher in der Anode fließen dann Ionenströme mit Stromstärken bis zu mehreren Ampere ab.

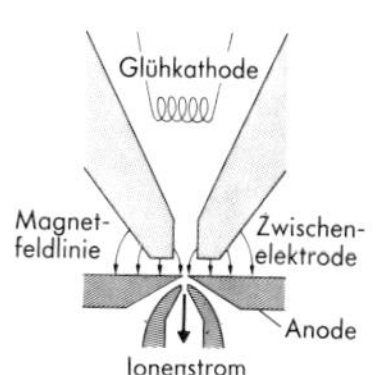

Plasmatron:
Funktionsschema

Plasmavererbung, plasmatische Vererbung, zytoplasmatische Vererbung, *Genetik:* Bez. für Vererbungsvorgänge, bei denen reziproke Kreuzungen unterschiedl. Phänotypen ergeben, die stets mütterlich bestimmt sind (mütterl. bzw. matrokline Vererbung). Die P. ist überwiegend oder ausschließlich auf extrachromosomale DNA zurückzuführen. Die P. folgt daher nicht den mendelschen Gesetzen. Extrachromosomale DNA findet sich in einigen Zellorganellen (z. B. Mitochondrien und Plastiden, →Nukleinsäuren) sowie in Form der Plasmide in Bakterien und Pilzen und ggf. frei im Zytoplasma vorkommender Viren. Die Gesamtheit des zytoplasmatischen genet. Materials wird als **Plasmon** bezeichnet, davon wird das **Plastom** (Plastidom), das Genom der Plastiden, unterschieden.

Plasmazellen, Zellen des lymphat. Gewebes (Knochenmark, Milz, Lymphknoten), deren Lebensdauer beim Menschen etwa 4 Tage beträgt. P. sind gekennzeichnet durch einen exzentrisch liegenden, radspeichenförmigen Kern, ein stark ausgebildetes endoplasmat. Retikulum und Ribosomen. Ihre Funktion ist die Bildung antigenspezif. Antikörper (Immunglobuline). P. im Blut finden sich u. a. bei einigen Infektionskrankheiten (z. B. Masern, Röteln).

Plasmide, von J. LEDERBERG (1952) geprägter Begriff für extrachromosomale, d. h. frei im Zytoplasma vorkommende Erbträger in Bakterien. P. sind kleine ringförmige, doppelsträngige DNA-Moleküle mit nur wenigen Genen, die autonom repliziert werden können. Sind P. zu einer Integration in das bakterielle Chromosom befähigt, werden sie **Episomen** genannt. P. können für F-Pili (→Pili), Bakteriozine und auch für die Ausbildung von Resistenzen (z. B. gegen Antibiotika oder Umweltfaktoren) kodieren. Da sich P. durch Transformation leicht in Zellen einschleusen lassen, werden sie in der →Gentechnologie als Vektoren benutzt.

Plasmodesmen [zu Plasma und griech. desmós ›Band‹], plasmat. Verbindungen (Minimaldurchmesser rd. 60 nm) zw. benachbarten Pflanzenzellen durch die Zellwand hindurch. P. entstehen während der Zellteilung bei der Bildung der Zellplatten als Aussparungen und bleiben auch beim Dickenwachstum der Zellwand erhalten. Sie dienen wahrscheinlich als Transportbahnen und Reizleitungssystem. (→Ektodesmen)

Plasmodium [zu Plasma und griech. -oeidēs ›ähnlich‹] *das, -s/...di|en, Biologie:* 1) vielkernige, v. a. bei Schleimpilzen vorkommende Protoplasmamasse, die sich amöboid bewegt und ernährt. P. entstehen entweder durch zahlr. Kernteilungen ohne nachfolgende Zellteilung oder auch zunächst durch Fusion zahlr. amöboider Zellen und daran anschließende synchrone Kernteilungen ohne Zellteilung. 2) Gattung der Hämosporidia, die in Blutzellen von Wirbeltieren schmarotzen, z. B. die Erreger der Malaria.

Plasmolyse [zu Plasma und griech. lýsis ›(Auf)lösung‹] *die, -,* die Ablösung des Protoplasten lebender Pflanzenzellen von der Zellwand unter der Einwirkung einer hyperton. Lösung **(Plasmolytikum).** Dabei wird der Zelle aus der Vakuole Wasser entzogen. Wird die hyperton. Lösung durch Wasser ersetzt, ist der Vorgang reversibel **(Deplasmolyse),** es wird so lange Wasser in die Vakuole aufgenommen, bis die osmot. Druckdifferenz zw. der Zelle und der Umgebung (z. B. Wasser) gleich groß ist wie der durch die Zellwand entgegengesetzte Wanddruck. Hierdurch wird das Gewebe fest (→Turgor). Der osmot. Druck einer Lösung, bei der 50% der Zellen eines Gewebes gerade mit der P. beginnen, heißt **Grenz-P.** Vermag das Plasmolytikum die Zellmembran zu durchdringen, nicht jedoch den →Tonoplasten, tritt Tonoplasten-P. ein.

Plasmon *das, -s,* **1)** *Genetik:* →Plasmavererbung.

2) *Physik:* Schwingungsquant der bei kollektiven Anregungen von Elektronen in Festkörpern auftretenden Plasmawellen; ein →Quasiteilchen mit (näherungsweise) der Energie $\hbar\omega_p$ ($\hbar = h/2\pi$, h plancksches Wirkungsquantum, ω_p Plasmafrequenz). P. können v. a. in Metallen, aber auch in Halbleitern mit hoher Leitungselektronendichte durch Beschuss mit schnellen Elektronen oder durch Einstrahlung von Photonen angeregt werden. Da ihre Energie ziemlich hoch ist (sie beträgt in Metallen mehrere Elektronenvolt), ist eine therm. Anregung nicht möglich.

Plasmopara [zu Plasma und lat. parere ›gebären‹], Gattung der Falschen Mehltaupilze mit 15 bis 20 Arten; die bekannteste Art ist der Falsche Rebenmehltau (→Mehltau).

Plasmotyp, Kennzeichnung der durch zytoplasmat. Vererbung bestimmten Eigenschaften eines Organismus. (→Plasmavererbung)

Plasmozytom [zu Plasma und griech. kýtos ›Höhlung‹, ›Wölbung‹] *das, -s/-e,* **Kahler-Krankheit, multiples Myelom,** von einem Zellklon ausgehende Vermehrung der Plasmazellen, die sich meist vom Knochenmark her ausbreitet und als Systemerkrankung herdförmig große Teile des Skeletts (v. a. Wirbel, Rippen, Brustbein, Schädeldach) durchsetzt. Das P. führt in der Folge zur Zerstörung (Osteolyse) des Knochengewebes. Die erhöhte Anzahl der Plasmazellen bewirkt eine patholog. Steigerung der Immunglobulinbildung (→Paraproteinämie) ohne Antikörperfunktion, bei einem Teil der Fälle auch eine Bildung von →Bence-Jones-Eiweißkörpern. Durch Ablagerung kommt es zu Organschädigungen, die sich v. a. in einer frühzeitigen Niereninsuffizienz äußern können. Bei fortschreitender Verdrängung des Knochenmarks treten Anämie und Leukopenie auf. Der Häufigkeitsgipfel des P. liegt zw. dem 60. und 70. Lebensjahr; Männer sind seltener betroffen.

Die *Symptome* bestehen bei schleichendem Beginn in belastungsabhängigen Knochenschmerzen und späterer Neigung zu Spontanbrüchen sowie Schwäche, Gewichtsabnahme und Blässe. Die *Diagnose* stützt sich auf den Nachweis der Paraproteine im Serum durch Immunelektrophorese, der Knochendefekte durch Röntgenuntersuchung und der erhöhten Zahl monoklonaler Plasmazellen im Knochenmark durch Biopsie. Die Blutkörperchensenkungsgeschwindigkeit ist aufgrund der Hyperglobulinämie meist extrem erhöht (›Sturzsenkung‹); bei der Harnuntersuchung sind eine Proteinurie, ggf. auch Bence-Jones-Eiweißkörper nachweisbar. Eine ursächl. *Behandlung* ist nicht möglich; durch Kombination von zytostat. Mitteln und Corticosteroiden ist ein zeitlich begrenzter Stillstand erzielbar. Die Lebenserwartung (im Mittel 3–4 Jahre) hängt häufig vom Ausmaß der Nierenschädigungen ab.

Plassenburg, die Burg über →Kulmbach.

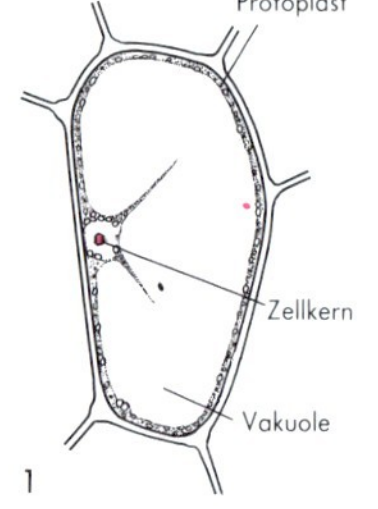

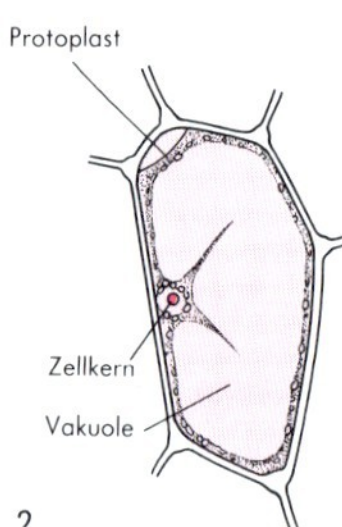

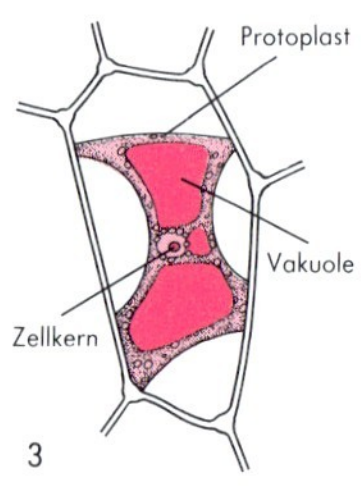

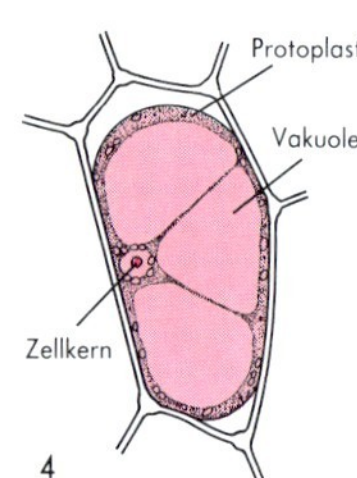

Plasmolyse (schematische Darstellung): **1** Epidermiszelle in Wasser; **2** Epidermiszelle in Kaliumnitratlösung, Volumenabnahme unter Kontraktion der Zellwand, oben links beginnende Plasmolyse; **3** Nach längerer Einwirkung der Kaliumnitratlösung vollendete Plasmolyse, Zellsaft stark konzentriert; **4** Deplasmolyse nach Übertragung in Wasser

Plasson [plaˈsõ], Michel Jacques, frz. Dirigent, *Paris 2. 10. 1933; studierte bei E. Leinsdorf, P. Monteux und L. Stokowski; war 1966–68 Generaldirektor der Oper von Metz, wurde 1968 zum Chefdirigenten der Oper und des Orchestre National du Capitol de Toulouse ernannt und ist seit 1994 auch Chefdirigent der Dresdner Philharmonie; Gastdirigate an den bedeutenden Bühnen Europas und der USA.

...plast, Wortbildungselement, →...plasie.

Plastiden [zu griech. plastós ›gebildet‹, ›geformt‹], *Sg.* **Plastide** *die, -,* Organellen, die in fast allen Pflanzenzellen vorkommen (Ausnahme: Pilze, einige Algen sowie hoch spezialisierte Zellen höherer Pflanzen) und die (wie die Mitochondrien) eine eigene, doppelsträngige DNA besitzen; diese kodiert jedoch nur für einen Teil der P.-Proteine, der größere Teil wird von der DNA des Zellkerns kodiert. P. entstehen entweder aus kleinen, farblosen Vorstufen, den **Proplastiden,** oder durch Zweiteilung reifer P. Sie sind von einer äußeren und einer inneren Membran (P.-Hülle) umgeben. Die innere Membran schließt das **Plastoplasma** (P.-Stroma) ein. Im Stroma können Lipidtropfen und Stärkekörner **(Plastoglobuli)** eingelagert sein. In Chloroplasten findet sich ein ausgedehntes inneres Membransystem, die Thylakoide, das die Photosynthesepigmente trägt. Photosynthetisch aktiv und chlorophyllhaltig sind die grünen →Chloroplasten (z. B. bei Grünalgen und allen höheren Pflanzen), die rot-violetten →Rhodoplasten (bei Rotalgen), die bräunl. →Phaeoplasten (bei Braunalgen). Photosynthetisch nicht aktiv sind die →Chromoplasten von Blütenblättern und Früchten und die farblosen →Leukoplasten. Die versch. P.-Typen können sich prinzipiell ineinander umwandeln; dies kommt jedoch unter normalen Bedingungen kaum vor. Folgende Synthesen laufen in P. ab: Nitritreduktion, Fettsäure- und Lipidsynthese sowie die Synthese von Phospholipiden, Galaktolipiden, Carotinoiden, Chlorophyll.

plastifizieren, einen elast. Werkstoff, z. B. Holz, Kunststoff, durch besondere mechan., therm. und/oder chem. Behandlung plastisch machen.

Plastik [engl. plastic(s), zu plastic ›weich‹, ›knetbar‹, ›verformbar‹] *das, -s* (meist ohne Artikel), allgemeinsprachliche Bez. für Kunststoff.

Plastik [frz. plastique, über lat. plastice von griech. plastikḗ (téchnē) ›Kunst des Gestaltens‹] *die, -/-en,* **1)** *Kunst:* die →Bildhauerkunst; auch das einzelne Werk dieser Kunst.

2) *Medizin:* operative Wiederherstellung oder Korrektur von Organen und Gewebeteilen durch Maßnahmen der plast. Chirurgie.

Plastinationsverfahren [zu griech. plássein ›bilden‹, ›formen‹], ein Konservierungsverfahren, hauptsächlich für biolog. und medizin. Präparate, bei dem entsprechend vorbehandelte Gewebe mit einer Kunststofflösung durchtränkt und danach gehärtet werden. Mit diesen Präparaten kann anschließend ohne Zerstörungsrisiko gearbeitet werden.

Plastiras, Nikolaos, griech. General und Politiker, *Karditsa 1884, †Athen 26. 7. 1953; setzte 1922 als einer der führenden Republikaner mit einem Militärputsch die Abdankung König Konstantins I. durch. Ein Putschversuch 1933 scheiterte. P. lebte lange Zeit im Exil, 1945, 1950 und 1951–52 war er Ministerpräsident.

plastisch [frz. plastique, über lat. plasticus von griech. plastikós ›zum Bilden, Formen gehörig‹, zu plássein ›bilden‹, ›formen‹], 1) bildhauerisch; 2) Plastizität aufweisend, formbar, modellierfähig; 3) körperhaft, räumlich, nicht flächenhaft (wirkend); 4) anschaulich, bildhaft, einprägsam.

plastische Chirurgie, Fachgebiet, das sich mit der operativen Wiederherstellung von Gewebedefekten einschließlich der Nachbildung verloren gegangener, unheilbar geschädigter oder unentwickelter Körperteile sowie der Korrektur angeborener oder erworbener (auch vermeintl.) Verunstaltungen beschäftigt. Die p. C. wird im Wesentlichen in die rekonstruktive oder Wiederherstellungschirurgie und in die korrektive und →kosmetische Chirurgie, in die Verbrennungs- und in die Handchirurgie unterteilt. Hauptverfahrensweisen sind die Deckung von Defekten durch Lappenplastiken, freie Gewebetransplantation (Haut, Fettgewebe, Muskulatur, Faszie, Knochen, Knorpel, Sehne, Nerv) oder der Ersatz durch Implantate aus gewebefreundl. fremdem Material. Entsprechend der Herkunft wird hierbei zw. Autoplastik (körpereigenes Gewebe), Homöoplastik (Spendermaterial) und Alloplastik (körperfremde Stoffe) unterschieden. Anlass für plastisch-chirurg. Eingriffe sind v. a. Verletzungen, angeborene Fehlbildungen (z. B. Gaumenspalten), bösartige Tumoren, Erkrankungen und Verletzungen an der Hand (→Arthroplastik). Viele Eingriffe fallen in den Bereich der →Gesichtsplastik; eine wichtige Maßnahme v. a. bei Verbrennungen ist die →Hautplastik. Der Rekonstruktion der weibl. Brust nach Amputation oder Resektion bei der Krebsbehandlung oder kosmet. Zielen dient die →Mammaplastik. – Eine wesentl. Voraussetzung für die Erfolge der p. C. war die Entwicklung der Mikrochirurgie und die Einführung gewebefreundl. Materialien als Volumenträger sowie als Knochen- und Gelenkersatz.

I. A. McGregor: P. C. (a. d. Engl., [2]1992); J. Holle: P. C. (1994).

plastische Deformation, plastische Verformung, →Plastizität.

plastisches Sehen, räuml. Sehen durch dreidimensionale visuelle Wahrnehmung von Objekten aufgrund des binokularen Sehens (→Sehen), das unterstützt bzw. auf größere Entfernungen substituiert wird durch die Wahrnehmung der Verteilung von Licht und Schatten, durch die perspektiv. Verkürzung und die Farbenperspektive.

Plastisol [zu Plastik und Sol gebildet] *das, -s/-e,* Dispersion von Kunststoffpulvern (v. a. Polyvinylchlorid) in Weichmachern (20–50 %) zur Herstellung gummielast. Produkte wie Folien, Kunstleder, Fußbodenbeläge, Beschichtungen, Spielzeug.

Plastizität, 1) *Biologie:* die Eigenschaft von Organismen, physiolog., morpholog., etholog. und ökolog. Merkmale unter Umwelteinflüssen so zu verändern, dass eine bessere Anpassung an diese erreicht wird.

2) *Psychologie:* die Anpassungsfähigkeit und Formbarkeit des menschl. Verhaltens; sie besteht u. a. in der (begrenzten) Möglichkeit einer Umstellung auf veränderte Umweltsituationen und der Kompensation von Organschädigungen oder -ausfällen durch verbliebene Organe. Die Verhaltensanpassung bei Lernvorgängen wird z. T. auch als Intelligenzfaktor betrachtet.

3) *Werkstoffkunde:* Verformbarkeit von Werkstoffen durch äußere Kräfte, die eine nach Aufhören der Beanspruchung fortdauernde Verformung **(plastische Deformation)** ergibt (Ggs. →Elastizität). Bei Metallen und spröden Werkstoffen (z. B. Marmor, Glas, Kristalle) tritt P. bei Belastung über die Fließgrenze (deren Höhe von der Temperatur abhängt) hinaus auf. Die P. wird zur spanlosen Formung angewendet. Bei Bauteilen aus Metallen tritt ggf. eine plast. Formänderung nur in begrenzten Bereichen auf. Dies wird in der **P.-Theorie,** einem Teilgebiet der Festigkeitslehre, behandelt. P. und Rekristallisationseigenschaften der Kristalle spielen in der Natur bei der tekton. Verformung der Gesteine eine große Rolle.

Plastochinon, in Chloroplasten enthaltene Chinonverbindung, die bei der →Photosynthese als reversibles Redoxsubstrat fungiert.

Plastocyanin, in Chloroplasten enthaltenes Pigment, das als Redoxsystem der Photosynthese fungiert; chemisch ein Protein (Molekülmasse 21 000), das zwei Atome Kupfer pro Molekül enthält.

Plastom *das, -s,* **Plastidom,** *Genetik:* →Plasmavererbung.

Plastoponik [zu Plastik und lat. ponere ›setzen‹, ›stellen‹, ›legen‹] *die, -,* Pflanzenanzucht und Pflanzenbau unter Verwendung von Nährsalze und Spurenelemente tragenden Schaumstoffen mit hohem Wasserspeichervermögen; sie werden als Flocken, Matten oder geschlossene Flächen auf oder in den Boden gebracht; Anwendung des Verfahrens z. B. zur Verbesserung gärtner. Erden, bei der Anlage von Dachgärten und zur Kultivierung von ertragsarmen (versteppten) Böden und Wüstenböden.

Plastosol [zu griech. plastós ›gebildet‹, ›geformt‹ und lat. solum ›Boden‹] *der, -s, Bodenkunde:* Bodentyp des trop. und subtrop. Klimabereichs, entsteht auf Silikatgesteinen unter weniger intensiven Verwitterungsbedingungen als der →Latosol; die Siliciumverbindungen werden nicht völlig ausgespült, sodass Kaolinit gebildet werden kann; dieser Tonanteil bewirkt den lehmigen und plast. Charakter dieser Böden. Nach der Färbung – verursacht durch unterschiedlich fortgeschrittene Entwicklung – wird der P. unterteilt in: **Rotlehm** (voll entwickelter P.; tropisch; hoher Eisengehalt), **Braunlehm** (überwiegend subtropisch) und **Grau-** oder **Weißlehm** (unter Staunässeeinfluss; meist sehr geringer Eisengehalt). In Mitteleuropa sind P. nur als Verwitterungsreste aus trop. Warmzeiten vorhanden.

Plastron [plasˈtrɔ̃; frz., eigtl. ›Brustharnisch‹, von ital. piastrone, zu piastra ›Metallplatte‹] *der* oder *das, -s/-s,* **1)** *Kleidung:* urspr. der stählerne Brustpanzer der Rüstung, davon abgeleitet Bez. für 1) verschiedene, die Brust bedeckende oder zierende Kleidungsstücke und Accessoires, so die um 1860 aufkommende Form der Halsbinde (→Krawatte), deren breite, vorn unter dem Knoten übereinander gelegte Enden mit einer Nadel gehalten wurden (wird heute noch teilweise zum Cutaway getragen); in Volkstrachten für Stecker, Brusttuch; Brusteinsatz aus Weißzeug für Kleider und Blusen; 2) Brustschutz beim Fechtsport.

2) [ˈplas-], *Zoologie:* 1) ventraler, abgeplatteter Teil des Panzers der Schildkröten, der aus mehreren hintereinander gelegenen Plattenpaaren und einer unpaaren medianen Platte besteht; 2) der dünne Gasfilm, der z. T. die fein behaarte Körperoberfläche von Wasserinsekten (z. B. Hakenkäfer) überzieht, mit dem Tracheensystem in Verbindung steht und als physikal. Kieme dem Gasaustausch dient.

Nikolaos Plastiras

Plat̤äa, griech. **Plataiai,** lat. **Plataeae,** antike Stadt in Südböotien, beim heutigen Ort Plataia (bis 1920 Kokla), Griechenland. Wegen stetiger Rivalität zu Theben seit dem späten 6. Jh. v. Chr. mit Athen verbunden, 427 durch Theben und Sparta, 374 erneut durch Theben zerstört; nochmalige Blüte in röm. Zeit. Bei P. siegten 479 v. Chr. die Griechen unter Pausanias über die Perser unter Mardonios (→Perserkriege). – Reste des über 3 km langen Mauerrings (Ende des 4. Jh.) und des kleinen Mauerrings (6. Jh. n. Chr.).

Platanaceae [griech.], wiss. Name der Platanengewächse (→Platane).

Platane [lat.-griech., zu griech. platýs ›platt‹ (wohl nach dem breiten Wuchs)] *die, -/-n,* **Platanus,** einzige Gattung der **P.-Gewächse (Platanaceae)** mit sechs oder sieben Arten, verbreitet von Nordamerika bis Mexiko, in SO-Europa sowie in Asien bis Indien und zum Himalaja; 30–40 m hohe, sommergrüne Bäume mit in Platten sich ablösender Borke, ahornähnl. Blättern und unscheinbaren, einhäusigen Blüten in kugeligen Köpfchen. Die Früchte hängen einzeln oder zu mehreren an einem langen Stiel herab. Als Park- und Alleebäume werden in Mitteleuropa neben der **Ameri-**

Platane: Ahornblättrige Platane (Höhe bis 30 m)

kanischen P. (Platanus occidentalis; aus Nordamerika; mit meist kleinschuppiger Borke und dreilappigen Blättern) v.a. die **Morgenländische P.** (Platanus orientalis; aus SO-Europa bis Kleinasien; mit großschuppig sich ablösender Borke und fünf- bis siebenlappigen Blättern) sowie (am häufigsten) die Kreuzung beider Arten, die auch im Großstadtklima gedeihende **Ahornblättrige P.** (Platanus acerifolia × hybrida; mit drei- bis fünflappigen Blättern und großflächig sich ablösender Rinde), kultiviert.

Das Holz der versch. P.-Arten dient als Werkholz und zur Papierherstellung, Rinde und Blätter werden für blutstillende Mittel verwendet.

Krankheiten und *Schädlinge:* Verbreitet ist Pilzbefall, der zu auffälligem Laubabwurf führt; die Blätter weisen längs der Adern verlaufende Nekrosen auf, junge Triebe vertrocknen (Zweigdürre). Saugschäden an Blättern verursacht die Platanennetzwanze.

Platanistidae [griech.], die →Flussdelphine.

Platanthera [griech.], wiss. Name der Orchideengattung →Waldhyazinthe.

Platanus [lat.], die Pflanzengattung →Platane.

Plateau [pla'to; frz., zu plat ›flach‹] *das, -s/-s, Geographie:* Hochebene, Tafelland; allg. jede (nicht immer ebene) Fläche auf Gebirgen oder Einzelbergen, die nach allen Seiten abfällt; kann vom Schichtenbau unabhängig sein. **P.-Gebirge** sind Gebirge mit vorherrschenden Hochflächen ohne ausgeprägte Gipfelregion. Der bes. auf ausgedehnten Hochflächen verbreitete Gletschertyp heißt **P.-Gletscher;** wegen seines geringen Gefälles strömt er in steilen kurzen Gletscherzungen randlich ab; nach seiner Verbreitung v.a. auf den norweg. Fjells auch ›norweg. Gletschertyp‹ genannt.

Plateau [plæ'təʊ, engl.], Bundesstaat von →Nigeria.

Plateaubasalt [pla'to-], *Petrologie:* der →Flutbasalt.

Plateau-Indianer [pla'to-], die versch. Sprachgruppen angehörende indian. Bev. des Columbia- und des Fraser-Plateaus im NW der USA und in SW-Kanada. Im N leben Salish (Shuswap, Okanagon, Spokan, Flathead u.a.), im S Sahaptin (Nez Percé, Yakima, Modoc u.a.), im NO die Kutenai. In voreurop. Zeit waren Fischfang (Lachse), Jagd und Sammeln von Wildpflanzen die Grundlage ihrer Existenz. Die P.-I. lebten in festen Dörfern; Anführer waren erbl. Häuptlinge (dazu im Sommer ›Lachshäuptlinge‹). Im Zentrum der religiösen Vorstellungen stand der Glaube an Schutzgeister; Riten (z.B. die Zeremonie des ersten Lachses) wurden von Schamanen oder Medizinmännern geleitet. Einflüsse von der NW-Küste (Plankenhäuser, Holzschnitzkunst) und im 18. Jh. aus den Great Plains (Pferdehaltung, Tipis, Lederkleidung) verbreiteten sich schnell. Einige Riten und alte Fischfangpraktiken sind bis heute lebendig. – Die P.-I. wurden ab 1780 durch eingeschleppte Infektionskrankheiten, ab 1850 durch die verstärkte Landnahme der Siedler dezimiert und verdrängt; Widerstand leisteten v.a. die →Nez Percé unter Häuptling JOSEPH (1877). In den 1980er-Jahren bemühten sich die P.-I. verstärkt um die alten Fischereirechte, die jetzt auch gerichtlich durchgesetzt werden.

D. TREIDE: Die Organisierung des indian. Lachsfangs im westl. Nordamerika (Berlin-Ost 1965); D. E. WALKER: Conflict and schism in Nez Percé acculturation (Pullman, Wash., 1968); J. FAHEY: The Flathead Indians (Norman, Okla., 1974); E. S. HUNN u. J. SELAM: Nch'i-wána, ›the big river‹. Mid-Columbia Indians and their land (Seattle, Wash., 1990).

August Graf von Platen-Hallermünde

Plateauphase [pla'to-], →sexueller Reaktionszyklus.

Platen, Karl August Georg Maximilian Graf von **P.-Hallermünde,** Dichter, *Ansbach 24. 10. 1796, †Syrakus 5. 12. 1835; aus verarmter Adelsfamilie; war zunächst Offizier (Teilnahme am Frankreichfeldzug 1815), ließ sich beurlauben und studierte 1818–26 Jura, Philosophie und Naturwissenschaften; Bekanntschaft mit F. W. J. VON SCHELLING, JEAN PAUL und F. RÜCKERT u.a.; 1824 erste Italienreise; ab 1826 ständig in Italien. P. erlangte v.a. als Lyriker Bedeutung, seine epischen (›Die Abbassiden‹, 1835) und dramat. Werke (z.B. die aristophan. Komödien ›Die verhängnisvolle Gabel‹, 1826; ›Der romant. Oedipus‹, 1829) waren weniger erfolgreich. Sprachl. Schönheit nach antikem Maßstab war ihm das höchste Ziel, virtuos handhabte er die klass. und roman. Formen (Ode, Elegie, Romanze, Sonett) und ahmte die orientalischen kongenial nach (Ghasel). Dies brachte ihm den Vorwurf des Epigonentums ein (Literaturfehde mit H. HEINE und K. IMMERMANN). Mit seinen polit. Gedichten (z.B. die ›Polenlieder‹, 1831/32 entst., 1844 hg.), die eine radikal-freiheitl. Gesinnung dokumentieren, wirkte er stark auf Zeitgenossen wie G. HERWEGH und F. FREILIGRATH. Sein Ästhetizismus erfuhr neue Wertschätzung vom Münchner Dichterkreis und vom George-Kreis, auch bei A. HOLZ, D. LILIENCRON und T. MANN lässt sich sein Einfluss nachweisen. Der Grundton von P.s Lyrik ist häufig schwermütiges Pathos; trotz aller Formstrenge wird die persönl. Tragik des lebenslang unter seiner Homosexualität leidenden Dichters deutlich, wovon auch seine Tagebücher Zeugnis ablegen. Bis heute populär blieben P.s vom Italienerlebnis bestimmte Gedichte, v.a. die ›Sonette aus Venedig‹ (1825) und die Ballade ›Das Grab im Busento‹ (1820).

Ausgaben: Tagebücher, hg. v. G. VON LAUBMANN u.a., 2 Bde. (1896–1900, Nachdr. 1969); Sämtl. Werke. Histor.-krit. Ausg., hg. v. M. KOCH u.a., 12 Tle. (1910; Nachdr. 1969, 6 Bde.); Werke, hg. v. J. LINK, Bd. 1 (1982, m.n.e.); Tagebücher, hg. v. R. GÖRNER (1990).

F. REDENBACHER: P.-Bibliogr. (Neuausg. 1972); H.-J. TEUCHERT: A. Graf v. P. in Dtl. Zur Rezeption eines umstrittenen Autors (1980); P. H. BUMM: A. Graf v. P. Eine Biogr. (1990).

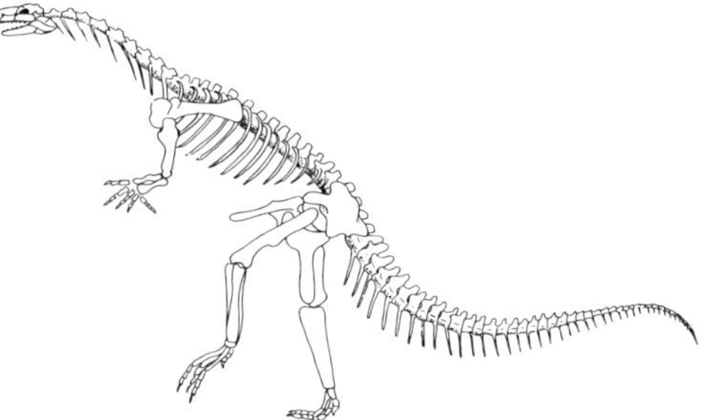

Plateosaurus: Rekonstruktion des Skeletts (Länge bis 10 m)

Plateosaurus [zu griech. plátē ›Platte‹, ›breite Oberfläche eines Körpers‹] *der, -/...ri|er,* zu den Prosauropoda gehörende Gattung der →Dinosaurier aus dem oberen Keuper, v.a. in Mitteleuropa (›Schwäb. Lindwurm‹). Die bis 10 m langen und über 5 m hohen Tiere bewegten sich aufrecht gehend auf den Hinterfüßen; langer Hals (mit kleinem Schädel) und Schwanz; gleichförmig bezahnt (Allesfresser).

Platereskenstil [span. plateresco ›silberschmiedeartig‹, zu platería ›Silber-, Goldschmiedearbeit‹], span. **Estilo Plateresco,** Ende des 15. Jh. etwa gleichzeitig mit dem spätgotisch geprägten →isabellinischen Stil aufkommender span. Baustil, der bis zur Mitte des 16. Jh. vorherrschte, bes. in Fassadendekorationen. Der P. verschmolz spätgot. und maur. Elemente des Mudéjarstils mit dem bestimmenden Einfluss der ital. Frührenaissance. Der in ein strenges System von Vertikalen und Horizontalen gegliederte Fassadenschmuck mit reich skulptierten Medaillons,

Platereskenstil: Detail der Fassade der Universität von Salamanca; um 1525

Wappen, versch. Säulen- und Bogenformen sowie Balustraden wirkt filigranhaft. Prächtige Beispiele sind die Neue Kathedrale von Plasencia (1498 ff.), das Klosterportal von Santa Engracia in Saragossa (1512), Kirche und Kloster von San Esteban in Salamanca von J. DE ÁLAVA (1524 ff.), die Fassade der Univ. von Salamanca (um 1525) und die Hauptfassade der Univ. von Alcalá de Henares (von R. GIL DE HONTAÑÓN, 1541–53).

Platerspiel [von mhd. blatere ›Blase‹], **Platerpfeife,** ein Doppelrohrblattinstrument mit einem Windmagazin aus einer Tierblase und einer geraden oder unten umgebogenen Spielpfeife (auch gedoppelt) mit sechs Grifflöchern (Tonumfang c–d[1]). Das P. ist in Europa vom MA. bis Anfang des 17. Jh. belegt und wird als Kinderinstrument noch heute in Ost- und Südosteuropa gespielt.

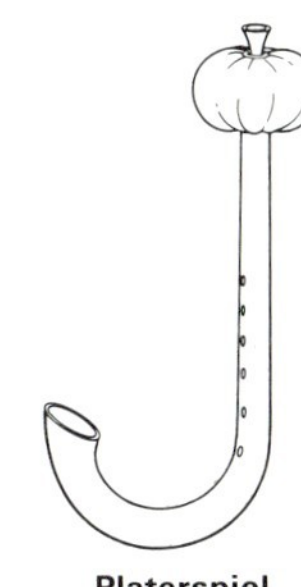

Platerspiel

Platformat, *Chemotechnik:* →Reformat.

Platforming [ˈplætfɔːmɪŋ; Kw. aus engl. **plat**inum re**forming** process] *das, -s,* das →Reformieren.

Plath [plæθ], Sylvia, amerikan. Schriftstellerin, * Boston (Mass.) 27. 10. 1932, † (Selbstmord) London 11. 2. 1963; Studium am Smith College (Mass.) und in Oxford; ab 1956 ⚭ mit dem Lyriker T. HUGHES, lebte ab 1959 endgültig in England. Sie schrieb bekenntnishafte Lyrik, die die private Problematik ihrer Vater- und Mutterbeziehungen, ihre labilen, von Angst und selbstzerstörer. Tendenzen geprägten Stimmungslagen sowie Probleme des schöpfer. Prozesses verarbeitet. Ihre Gedichte setzen sich in kühner, bilderreicher, subtil nuancierter Sprache auch mit den Schwierigkeiten weibl. Identitätssuche, mit polit. Themen wie Macht und Unterdrückung sowie mit zeitlosen Erfahrungen wie Liebe und Tod auseinander. In ihrem autobiograph. Roman ›The bell jar‹ (hg. 1963, unter dem Pseud. VICTORIA LUCAS; dt. ›Die Glasglocke‹) schildert sie die Auswirkungen eines Nervenzusammenbruchs und den Beginn ihrer schriftsteller. Karriere.

Weitere Werke: *Lyrik:* The colossus (1960); Ariel (hg. 1965; dt.); Uncollected poems (hg. 1965); Crossing the water (hg. 1971); Winter trees (hg. 1971). – *Hörspiel:* Three women. A monologue for three voices (hg. 1968). – *Kinderbuch:* The it-doesn't-mather-suit (hg. 1996; dt. Max Nix).

Ausgaben: Letters home. Correspondence 1950–1963, hg. v. A. SCHOBER PLATH (Neuausg. 1992); Journals, hg. v. T. HUGHES u. a. (1982); The collected poems, hg. v. DEMS. (Neuausg. 1997). – Die Bibel der Träume. Erzählungen (1987); Zungen aus Stein. Erzählungen (1989); Die Tagebücher, hg. v. F. MACCULLOUGH (a. d. Engl., 1997).

E. BUTSCHER: S. P., method and madness (New York 1976); M. L. BROE: Protean poetic. The poetry of S. P. (Columbia, Miss., 1980); L. K. BUNDTZEN: P.'s incarnations: women and the creative process (Ann Arbor, Mich., 1983); L. WAGNER-MARTIN: S. P. A biography (New York 1987); S. P., the critical heritage, hg. v. L. WAGNER-MARTIN (ebd. 1988); A. STEVENSON: S. P. Eine Biogr. (a. d. Engl., Neuausg. 1994); J. MALCOLM: Die schweigende Frau. Die Biographien der S. P. (a. d. Amerikan., 1994); M. STEINERT: Mythos in den Gedichten S. P.s (1995).

Plathelminthes [griech.], die →Plattwürmer.

Platin [von älter span. platina, Verkleinerung von plata (de argento) ›(Silber)platte‹] *das, -s,* chem. Symbol **Pt,** ein chem. Element aus der achten Gruppe des Periodensystems der chem. Elemente, Hauptvertreter der →Platinmetalle. P. ist ein grauweißes, silbrig glänzendes Edelmetall, das an der Luft und gegen nicht oxidierende Säuren beständig ist. Es ist löslich in Königswasser und wird von geschmolzenen Alkalien in Gegenwart von Sauerstoff angegriffen. Auch mit einigen Elementen wie Silicium, Phosphor, Arsen, Antimon, Schwefel, Selen, Blei (u. a. Schwermetallen) reagiert P. bei höherer Temperatur. Beim Erhitzen an der Luft bildet es in geringer Menge P.-Dioxid, PtO_2, das sich bei 1 200 °C wieder zersetzt. Ähnlich wie Palladium absorbiert P. große Mengen an Wasserstoff.

P. kommt in der Natur fast nur gediegen und meist zus. mit den übrigen P.-Metallen vor. In Meteoriten ist es in Mengen von durchschnittlich 20 g/t enthalten; ähnl. Werte werden auch für den Erdkern angenommen. In der oberen Erdkruste ist der P.-Gehalt mit 0,005 g/t wesentlich geringer. In abbauwürdigen Lagerstätten muss P. auf ein Vielfaches dieses Wertes angereichert sein. Gediegenes P. findet sich v. a. in Form des Minerals **P. (Polyxen;** weiß bis grauschwarz, kubisch, Härte nach MOHS 4–4,5, Dichte 21,5, meist 15–19 g/cm³; immer mit merkl. Gehalten an anderen P.-Metallen sowie Eisen); gebunden kommt es in Form der Minerale →Cooperit und →Sperrylith mit anderen Sulfiden zus. mit einigen primären Chromeisenerzen und Magnetkiesen vor (Kanada, Rep. Südafrika). Das primär in ultrabas. Gesteinen gediegen enthaltene P. wird nach Verwitterung und Einwirkung von fließenden Wässern sekundär in Seifenlagerstätten angereichert (Russland, Kolumbien).

Platin

chem. Symbol:	Ordnungszahl	78
	relative Atommasse	195,08
	Häufigkeit in der Erdrinde	$5 \cdot 10^{-7}$ %
Pt	natürliche Isotope (mit Anteil in %)	^{190}Pt (0,01), ^{192}Pt (0,79), ^{194}Pt (32,9), ^{195}Pt (33,8), ^{196}Pt (25,3), ^{198}Pt (7,2)
	insgesamt bekannte Isotope	^{168}Pt bis ^{201}Pt
	längste Halbwertszeit (^{193}Pt)	60 Jahre
	Dichte (bei 20 °C)	21,45 g/cm³
	Schmelzpunkt	1 768,4 °C
	Siedepunkt	3 825 °C
	spezifische Wärmekapazität (bei 25 °C)	0,133 J/(g · K)
	elektrische Leitfähigkeit (bei 20 °C)	$9,43 \cdot 10^6$ S/m
	Wärmeleitfähigkeit (bei 27 °C)	71,6 W/(m · K)

Zur Gewinnung werden die P.-Metalle zunächst aus den Erzen durch Flotation angereichert. Aus den Konzentraten werden dann die unedlen Begleitmetalle (Nickel, Kupfer) entfernt; anschließend zerlegt man das Gemisch der P.-Metalle durch geeignete Methoden (über Entfernen von Ruthenium und Osmium als Tetroxide; Kristallisation der übrigen Metalle als Komplexsalze, Trennung durch Flüssig-Flüssig-Extraktion). Dabei wird P. als Ammoniumhexachloroplatinat ausgefällt und thermisch in das Metall überführt, durch weitere Raffination wird ein Reinheitsgrad von 99,999 % erreicht.

Verwendet wird P. (auch in Form von Legierungen) in der Medizintechnik, Luft- und Raumfahrtindustrie, für elektr. Schaltkontakte, Thermometer, Elektroden,

Laborgeräte, korrosionsbeständige Apparateteile (z. B. Spinndüsen), Schmuckwaren u. a. Große Bedeutung hat es als Katalysator, wobei es fein verteilt auf Trägermaterialien (z. B. Drahtnetze) aufgebracht oder als fein verteilte poröse Masse (P.-Schwamm), als bes. fein verteiltes schwarzes Pulver (P.-Mohr) oder kolloidal verteilt (P.-Sol) verwendet wird. Technisch wichtige Reaktionen, die durch P. katalysiert werden, sind u. a. die Verbrennung von Ammoniak zu Stickoxiden (bei der Herstellung von Salpetersäure) und die Oxidation von Schwefeldioxid zu Schwefeltrioxid (bei der Herstellung von Schwefelsäure); in der Petrochemie werden P.-Katalysatoren für zahlreiche Hydrierungs-, Dehydrierungs-, Isomerisierungs-, Oxidationsreaktionen usw. verwendet. Auch die der Reinigung von Autoabgasen dienenden Vorrichtungen (→Katalysator) enthalten in den katalytisch wirksamen Schichten P. und Rhodium (oder andere P.-Metalle).

Wirtschaft: In der Produktion von P.-Metallen spielen die größte Rolle die Rep. Südafrika (mit dem Merensky Reef im Buschveld-Komplex) mit (1995) 104,8 t, Russland (Norilsk) mit 18 t und Kanada (Sudbury) mit 6,4 t. Wichtigster P.-Lieferant ist die Rep. Südafrika, die auch über 90% der Weltvorrate verfügt; Hauptverbraucher ist Japan mit fast der Hälfte der Weltproduktion. Zunehmend wird die Gewinnung durch Recycling von Katalysatoren erhöht. Sie erreicht derzeit schon gut 10% des Verbrauchs.

Geschichte: P. wurde erstmals 1557 von J. C. SCALIGER beschrieben. 1750 wurde es durch die brit. Naturforscher und Ärzte WILLIAM WATSON (* 1715, † 1787) und WILLIAM BROWNRIGG (* 1711, † 1800) eingehend charakterisiert.

D. MACDONALD: A history of platinum and its allied metals (Neuausg. London 1982).

Platine [frz., zu plat ›flach‹] *die, -/-n,* **1)** *Elektronik:* →gedruckte Schaltung.

2) *Fertigungstechnik:* ein Blechzuschnitt als ebene Ausgangsform in der spanlosen Fertigung, z. B. zum Drücken oder Tiefziehen. Die runde P. heißt auch **Ronde** (→Münztechnik).

3) *Hüttentechnik:* nur auf zwei Flächen gewalztes Walzerzeugnis (Halbzeug) von 6 bis 50 mm Dicke und 150 bis 500 mm Breite.

4) *Textiltechnik:* in seiner Gestalt der Maschenbildung angepasstes Stahlplättchen, das während des Maschenbildungsprozesses versch. Funktionen übernehmen kann, z. B. Legen des Fadens in Schleifenform (Kulieren), Einschließen der fertigen, alten Maschen. – In der Weberei hakenförmiges Huborgan an der Schaft- und Jacquardmaschine sowie an Schützenwechselvorrichtungen.

Platon (römische Kopie, Marmor, 370/360 v. Chr.)

Platinfuchs, Farbvariante des →Silberfuchses.

Platinlegierungen, Legierungen von Platin mit anderen Metallen. Eine Legierung aus 96% Platin und 4% Kupfer oder 90% Platin und 10% Palladium ist **Juwelierplatin.** Chem. Geräte werden aus **Geräteplatin** mit 99,5% Platin und 0,5% Ruthenium, Rhodium und Palladium oder einer P. mit 5 bis 30% Iridium, Rhodium und Ruthenium hergestellt. P. für Thermoelemente enthalten 2–40% Rhodium.

Platinmetalle, zusammenfassende Bez. für die chemisch nah miteinander verwandten, in der achten Gruppe des Periodensystems der chem. Elemente stehenden Metalle Ruthenium, Rhodium, Palladium, Osmium, Iridium und Platin (Ordnungszahlen 44 bis 46 und 76 bis 78). Sie treten als **Platinerze** in der Natur fast nur gediegen auf, meist in der Form platinreicher Legierungen. Außerdem sind sie in den Rückständen (z. B. den Anodenschlämmen) enthalten, die bei der Verarbeitung edelmetallhaltiger Erze anfallen. Diese Rückstände und die Platinerze werden zu Rohplatin verarbeitet, in dem Platin stets der Hauptbestandteil ist, während die Gehalte der anderen P. unter 10% liegen. Die weitere Trennung der P. voneinander erfordert zahlreiche aufeinander folgende Arbeitsstufen.

Platinschwamm, poröse, grauweiße Masse aus sehr fein verteiltem Platin, die Wasserstoff und Sauerstoff aktiviert und daher als Katalysator für Hydrierungs- und Oxidationsprozesse verwendet wird.

Platinverbindungen. Platin liegt in seinen Verbindungen in den Oxidationsstufen 0 bis +6 vor; am beständigsten sind die P. mit den Oxidationsstufen +2 und +4.

Die wichtigste P. ist die **Hexachloroplatin(IV)-säure, Platinchlorwasserstoffsäure,** $H_2[PtCl_6]$, die beim Lösen von Platin in Königswasser entsteht und in Form gelber Kristalle als Hexahydrat, $H_2[PtCl_6] \cdot 6\,H_2O$, auskristallisiert. Diese – kurz **Platinchlorid** genannte – Verbindung wird in der Technik z. B. bei der galvan. Platinierung gebraucht. Das gelb gefärbte Kaliumsalz, $K_2[PtCl_6]$, ist schwer löslich, ebenso das Ammoniumsalz $(NH_4)_2[PtCl_6]$ (›Platinsalmiak‹). Aus dem Ammoniumsalz entsteht beim Erhitzen reines Platin in fein verteilter Form (Platinschwamm). Aus Lösungen der Hexachloroplatin(IV)-säure entsteht mit Lauge die gelbweiße **Hexahydroxoplatin(IV)-säure,** $H_2[Pt(OH)_6]$, die leicht in dunkelbraunes bis schwarzes **Platindioxid, Platin(IV)-oxid,** PtO_2, übergeht. Beim Erhitzen von H_2PtCl_6 bildet sich schwarzrotes, wasserunlösl. **Platin(II)-chlorid,** $PtCl_2$. In Salzsäure löst es sich unter Bildung der dunkelroten **Tetrachloroplatin(II)-säure,** $H_2[PtCl_4]$. Tiefrotes **Platinhexafluorid,** PtF_6, Siedepunkt 69,1 °C, ist eines der stärksten Oxidationsmittel. **Platin(II)-cyanid,** $Pt(CN)_2$, ein gelbes Pulver, löst sich in Alkalicyaniden unter Bildung von Cyanoplatinaten. Platin bildet leicht Koordinationsverbindungen, z. B. das **Bariumtetracyanoplatinat(II),** $Ba[Pt(CN)_4] \cdot 4\,H_2O$. Mit Ammoniak bilden lösl. P. zahlreiche komplexe Salze (›Platinammine‹); einige von ihnen werden mit dem Namen ihres Entdeckers bezeichnet, z. B. das **Magnus-Salz,** $[Pt(NH_3)_4][PtCl_4]$ (Tetramminplatin(II)-tetrachloroplatinat), eine grüne kristalline Substanz.

Plåtmynt ['plo:t-; schwed. ›Plattengeld‹] *das, -(s),* in Schweden zw. 1644 und 1776 als Kurantgeld (→Kurant) verwendete Kupferplatten in den Wertstufen von ½ bis zu 10 Dalern (Taler). Schweden konnte damit sowohl seine Silberknappheit kompensieren als auch den Exportpreis des Kupfers stabilisieren (P. hatte eine Doppelfunktion als Ware und Geld). Da das P. den Gegenwert in Silber repräsentieren musste, war es als Geld sehr unhandlich (die ersten 10-Daler-Platten wogen je 19,7 kg). Für den Transport von P. benutzte man den Plåtdrog (P.-Schlitten). Der teure Transport führte 1657 mit den ›Werttransportzetteln‹ zur Frühform des europ. Papiergelds. Insgesamt wurden in Schweden etwa 44 241 t Kupfer zu P. vermünzt. Nachahmungsversuche gab es 1714/15 in Dänemark, 1715 als Notgeld in Wismar und 1725/26 in Russland.

B. TINGSTRÖM: Plate money: the world's largest currency (Stockholm 1986).

Platon, lat. **Plato,** griech. Philosoph, * Athen 427 v. Chr., † ebd. 348/347 v. Chr.; aus adligem Geschlecht, Sohn des ARISTON und der PERIKTIONE. Der junge P. beabsichtigte, die polit. Laufbahn einzuschlagen, wurde davon jedoch durch die polit. Wirren in Athen abgehalten. Durch SOKRATES wurde er zum philosoph. Fragen nach den sittl. Werten (›Tugenden‹) und nach dem einen göttl. Guten geführt und nachhaltig beeinflusst. Das Gedächtnis an seinen Lehrer bewahrte er in seinen Schriften. Nach dessen Tod (399) soll P. mit anderen Schülern zu EUKLID VON MEGARA, später von Athen aus nach Kyrene und Ägypten gereist sein. Von großer Bedeutung u. a. für die Nachwirkung seiner eigenen Philosophie war die Gründung einer Schule in Athen, der Akademie (zw. 387 und 385). Als bedeutendster Schüler ist daraus

ARISTOTELES hervorgegangen. Nachfolger P.s nach seinem Tod wurde sein Neffe SPEUSIPPOS. P. reiste dreimal nach Sizilien (etwa 388/387; 366/365; 361/360), trat bei seiner ersten Reise mit den Pythagoreern in Unteritalien, bes. ARCHYTAS VON TARENT, in Verbindung und hat in Syrakus vergeblich versucht, zuerst DIONYSIOS I., später (zus. mit dessen Schwager DION) DIONYSIOS II. für das Ideal eines Staates nach philosophisch-sittlichen Grundsätzen zu gewinnen (›7. Brief‹). Die letzten Lebensjahre verbrachte P. in Athen in ununterbrochener Lehrtätigkeit im Kreise seiner Schüler.

P.s umfangreiches erhaltenes Werk – in der Antike in neun Tetralogien (einschließlich unechter Schriften) geordnet, in dieser Form von THRASYLLOS VON MENDES (36 n. Chr.) herausgegeben – besteht, abgesehen von der ›Apologie‹ und den Briefen Nr. 6 und 7 (die Briefe 1–5, 8–13 gelten als unecht), aus Dialogen; von einem Vortrag ›Über das Gute‹ sind nur Fragmente erhalten. Chronologisch werden die (sicher echten) Schriften nach inhaltl. und stilist. Kriterien meist eingeteilt in: 1) frühe Periode: ›Apologie‹, ›Kriton‹, ›Ion‹, ›Laches‹, ›Lysis‹, ›Charmides‹, ›Euthyphron‹, ›Protagoras‹, ›Politeia I‹; 2) mittlere Periode: ›Gorgias‹, ›Menon‹, ›Euthydemos‹, ›Kratylos‹, ›Hippias I‹ (›Hippias maior‹), ›Hippias II‹ (›Hippias minor‹), ›Menexenos‹, ›Symposion‹ (Das Gastmahl), ›Phaidon‹, ›Politeia‹ II–X, ›Phaidros‹; 3) späte Periode: ›Theaitetos‹, ›Parmenides‹, ›Sophistes‹, ›Politikos‹ (Der Staatsmann), ›Philebos‹, ›Timaios‹, ›Kritias‹, ›Nomoi‹ (Die Gesetze). Die ›Epinomis‹ gilt als Werk des PHILIPPOS VON OPUS. P.s Werke werden i. d. R. nach der Ausgabe von 1578 zitiert. Seine philosoph. Leistung war von größter Auswirkung auf die abendländ. Philosophie (→Platonismus). P.s Philosophie behandelt erkenntnistheoret. und metaphysisch-ontolog. ebenso wie kosmolog., psycholog., eth. und staatstheoret., weiterhin sprachphilosoph. und auch kunsttheoret. und pädagog. Fragen. In fruchtbarer Auseinandersetzung mit der Sophistik überwand er deren Sensualismus und Relativismus hinsichtlich der Realitätserkenntnis und des sittlich Guten. Unter dem Einfluss von PARMENIDES' Lehre von dem einen wahrhaft Seienden und von SOKRATES' Fragen nach dem Wesen des ›Allgemeinen‹, das den vielen konkreten Fällen eine einheitl. Bedeutung verleihe, begründete P. mit seiner Ideenlehre die (erst später so bezeichnete) Metaphysik. Die Lehre vom göttl. Guten, Schönen, Einen verbindet sich bei ihm mit einer religiös getönten Erfahrung der ›Schau‹ der Ideen, auf die er in seiner philosoph. Argumentation hinweist.

Ungeachtet der literar. Meisterschaft der eigenen Dialoge hat P. den Wert der Schrift als eines Mediums der Erkenntnisvermittlung gering veranschlagt (›Phaidros‹ 274 b–278 e, 7. Brief 341 b ff.). Für den Philosophen ist Schreiben ›Spiel‹, seinen ›Ernst‹ entfaltet er im Bereich des Mündlichen. In der Tat weisen die Dialoge (als eine Art Methode der Reflexion) inhaltlich über sich selbst hinaus. Zudem spricht ARISTOTELES einmal von ›ungeschriebenen Ansichten‹ (›agrapha dogmata‹) P.s (Phys. 209 b 14) und referiert v. a. in der ›Metaphysik‹ Theoreme und Begriffe P.s, die sich in den Dialogen nicht finden. Um die Rekonstruktion von P.s mündl. Prinzipienlehre aus der indirekten Überlieferung bemühte sich (nach wichtigen Vorarbeiten bei L. ROBIN u. a.) die Tübinger Schule (H. J. KRÄMER, K. GAISER, H. HAPP).

Metaphysik und Erkenntnistheorie

P.s Philosophie geht von dem Gegensatz der werdenden, vergehenden und sich niemals gleich bleibenden Welt der Erscheinungen (hiervon sprach HERAKLIT, später KRATYLOS) und dem sich gleich bleibenden, wahrhaft Seienden aus. Jene ist sinnlich wahrnehmbar, dieses nur durch die Vernunft erkennbar. Das wahrhaft Seiende bestimmt P. als ›das, *was* etwas – z. B. das Gerechte – ist‹, und fasst dieses als das Allgemeine im Gegensatz zum empir. Einzelnen und als dessen Form- bzw. Wesens- und Zweckursache – z. B. bezogen auf die vielfältigen Erscheinungsformen des Gerechten – auf. P. sieht die Ursachen der Erfahrungsdinge nicht mehr wie viele Vorsokratiker in einem (quasi-)materiellen Substrat, sondern in ihrem intelligiblen Urbild (paradeigma), das er Idee (idea, eidos) nennt. Gelegentlich spricht er so, als wären die Ideen, durch eine Kluft (chorismos) getrennt, ›jenseits‹ der Erscheinungswelt. Die Erfahrungsdinge als Abbilder stehen zu den Ideen als Urbildern im Verhältnis der Teilhabe (methexis) und nachstrebenden Nachahmung (mimesis). An mehreren Stellen seines Werkes versucht P., den versch. Gegenstandsbereichen entsprechende Erkenntnisstufen zuzuordnen. Dabei unterscheidet er die den Erfahrungsdingen entsprechende (unsichere) Meinung (doxa) von dem die Ideen erfassenden (sicheren) Wissen (episteme); Philosophie versteht er dann als Ideendenken oder Dialektik, deren letztes Ziel die Erkenntnis der Idee des Guten als des obersten Prinzips (arche) bildet (›Politeia‹ 503 e–541 b).

Menschl. Erkennen schreitet, ausgehend von Sinneserfahrung und Vorstellung, zur Wiss. fort. Dieses Fortschreiten fasst P. – so in der ›Politeia‹ – als einen allmähl. Bildungsprozess und zugleich als einen Läuterungsweg der menschl. Seele von den Täuschungen zur Wahrheit auf. Diesen Erkenntnisweg verdeutlicht er u. a. in seinem Liniengleichnis (›Politeia‹ VI, 509 c–511 e): Eine gedachte Linie wird in zwei Abschnitte, die Bereiche des ›Sichtbaren‹ und des ›Denkbaren‹, unterteilt, die ihrerseits in die Abschnitte der Schatten und der Tiere, Pflanzen, Artefakte einerseits sowie der Voraussetzungen (hypothesis) und Ideen andererseits untergliedert werden. Dem ersten Teil ordnet P. die Erkenntnisweisen des Vermutens und Glaubens (der Meinung) zu, dem zweiten die Tätigkeiten des Verstandes (dianoia) und der Vernunft (noesis).

In den Dialogen führt SOKRATES seine Gesprächspartner durch die Methode von Frage und Antwort und durch seine intellektuelle ›Hebammenkunst‹ (Maieutik) bis an den Punkt der Ausweglosigkeit (Aporie), an dem der Übergang vom nur empir. Wissen zur Wesenserkenntnis notwendig wird. Den Erkenntnisprozess von der sinnl. zur Wesenserkenntnis erklärt P. als Wiedererinnerung (anamnesis; ›Menon‹ 80 d ff., ›Phaidon‹ 72 e ff.) an von der Seele einstmals Gewusstes, weil die Seele aus den sinnl. Gegebenheiten als solchen keine Wesenserkenntnis schöpfen könne, das Wesen aber bei den Sinneswahrnehmungen immer schon miterfasse. Die Spätdialoge entwickeln Ansätze zu einer Definitionstheorie (›Theaitetos‹) und die dialekt. Methode der richtigen Begriffseinteilung durch Zusammenschau (synagoge) und Zergliederung (diairesis; in: ›Sophistes‹ 253 b–e, ›Politikos‹ 285 a–b, ›Phaidros‹ 265 d–266 c, ›Philebos‹ 16 c–17 a). Über die Wiss., die im ›Theaitetos‹ als durch Vernunft begründete Erkenntnis definiert wird, stellt P. als höchste Erkenntnisweise eine intuitive Vernunfteinsicht (noesis), die die höchste (göttl.) Ursache ›berührt‹.

In den frühen Dialogen diskutiert P. Ideen nur von ethischen und Relationsbegriffen (Idee des Guten, Gerechten, Gleichen). In der ›Politeia‹ scheint es Ideen von geradezu allen Dingen zu geben (596 a), im Spätwerk (›Parmenides‹ 130 c–d) wird der Umfang des Ideenreiches problematisiert.

Ein wichtiges Kriterium für die Annahme einer Idee ist, dass ein Allgemeines erkannt werden kann, wobei das ›vielseitig Zerstreute zusammenschauend auf eine Idee zurückgeführt‹ wird. Aufgabe der Philosophie oder Dialektik (›Politeia‹ VI, 511 a ff.) ist es, die Ideen als Hypothesen für jeden Wissensbereich zu ermitteln. Der Philosoph muss insbesondere zum Ersten, Voraussetzungslosen (anhypotheton), zur Idee des Guten (idea tou agathou) ›hinaufsteigen‹ und dann wieder zum Spezielleren und Einzelnen ›hinabsteigen‹, um dieses aus dem Höchsten und Ersten in seiner wahren Natur erkennen und begründen zu können. Zu dieser Aufgabe gehört auch, die (analog der Erscheinungswelt bestehende) ›Ideengemeinschaft‹ (›Sophistes‹ 253 b–e) zu untersuchen, d. h., in welchen Beziehungen die Ideen zueinander stehen und miteinander verflochten sind, was sich in bejahenden und verneinenden Aussagen darstellt. P. nennt im ›Sophistes‹ (254 d ff.) fünf oberste Ideengattungen: Seiendes, Identisches, Anderes (Verschiedenes), Bewegung und Ruhe, an denen alle anderen Ideen teilhaben. Über diesen fünf Gattungen steht im ›Parmenides‹ schließlich das Eine (im ›Symposion‹ das göttlich Schöne, in der ›Politeia‹ die Idee des Guten), das einmal als mit allen Ideen verbunden, zum anderen als getrennt und ›jenseits des Seienden‹ aufgefasst wird. Das Nichtseiende legt P. als das Andere aus. P. hat die Bedeutung jenes höchsten Seienden im Sonnengleichnis (›Politeia‹ VI, 508 a ff.) beschrieben: Darin stellt er die Idee des Guten in Analogie zur Sonne dar. Wie das Sonnenlicht Ursache für das Sehen des Auges und für das Gesehenwerden wie auch für Werden, Wachstum und Nahrung der sichtbaren Dinge ist, ist in analoger Weise die Idee des Guten Ursache für das Sein und die Erkennbarkeit der Ideen wie für das Erkennen der (als ›Auge der Seele‹ bezeichneten) Vernunft. Eine Zwischenstellung zw. der sinnl. Welt und den Ideen nahmen in P.s mündl. Prinzipientheorie die mathemat. Gegenstände ein. Nach dem Zeugnis der indirekten Überlieferung versuchte P., die Ideen auf höhere und einfachere Prinzipien, so genannte Ideenzahlen, zurückzuführen (die nicht mit den Zahlen im Zwischenbereich zu verwechseln sind). Die zwei umfassendsten Prinzipien alles Wirklichen sind demnach ein materiales, die ›unbestimmte Zweiheit‹ (Unbegrenztes, ›Apeiron‹), und ein formales, das erste Eine (identisch mit dem Guten).

Psychologie

P.s Psychologie steht unter dem Einfluss seiner Ideenlehre sowie seiner religiösen Überzeugungen, u. a. der orph. Seelenwanderungslehre (›Phaidon‹, ›Politeia‹). Im ›Phaidon‹ führt P. Beweise für die Unsterblichkeit der menschl. Seele u. a. aus ihrer immateriellen Natur, die wiederum aus ihrem immateriellen Erkenntnisobjekt, den Ideen, erschlossen wird (78 c ff.). Für die Zeit des Lebens ist die Seele mit dem Leib vereinigt, dessen Bedürfnisse und Begierden das Streben der Seele nach wahrer Erkenntnis hindern. ›Philosophieren‹ bedeutet daher Streben nach dem Tod, d. h. einer Befreiung von den Affekten des Leibes durch die Hinwendung zum reinen Denken. Im ›Phaidros‹ (245 c–e) definiert P. die (Welt-)Seele als immaterielle Bewegungsursache, die nicht mehr (wie das Materielle) von anderem bewegt wird, sondern ›sich selbst bewegt‹, den Kosmos in Gang hält und durchwaltet und – als Individualseele – auch Lebensprinzip des Leibes ist. P. unterscheidet drei Seelen-›teile‹ oder -vermögen (›Politeia‹ IV, 438 d ff.), das ›Begehrliche‹, das ›Muthafte‹ und das ›Vernünftige‹, und vergleicht die Seele im ›Phaidros‹ (246 a–247 c) einem geflügelten Wagen mit einem edlen und einem unedlen Pferd und einem Wagenlenker, der zum Ziel des Rennens, dem ›überhimml. Ort‹ der Ideen, hinstrebt. Das Gefieder symbolisiert die aufwärts strebende Kraft des Eros. Der Dialog ›Symposion‹ schildert den Eros als jene geistige Kraft der Seele, die als ein Mittleres zw. der Sinnenwelt und den Ideen das göttl. Schöne sucht (›Symposion‹ 199 c ff.), zunächst aber auf die sinnl. Erscheinungsformen des Schönen ausgerichtet ist. Deren geistiges Urbild vermag sie nach einem aufsteigenden Läuterungsprozess (auf höchster Stufe in der ›plötzl.‹ Schau der Idee des Schönen) zu erreichen. Die Seelen gehören zwar nicht dem Ideenreich an, werden aber als Bewegungsursachen angesehen, die die idealen Formen in das sinnl. Materiale übertragen.

Eine Argumentation in ›Nomoi‹ X, die von dem durch die Seele bewegten Materiellen aus die Existenz der Gestirnseelen (Götter) als immaterielle (sich selbst bewegende) Bewegungsprinzipien erschließt, ist später in der Scholastik in den Gottesbeweis aus der Bewegung eingegangen.

Ethik

In einem frühen Stadium setzt sich P. (noch unter sokrat. Einfluss) mit dem sophist. Relativismus auseinander und sucht nach allgemein verbindlichen definitor. Bestimmungen der Tugend (arete), z. B. der Tapferkeit (›Laches‹), der Gerechtigkeit (›Gorgias‹, ›Politeia‹ I), der Besonnenheit (›Charmides‹), der Frömmigkeit (›Euthyphron‹). Gegen radikale Sophisten, die das geltende Recht (das den Schwachen vor Unterdrückung schützt) für bloße Konvention erklären und das natürl. Recht in der phys., triebhaften Natur (als Recht des Stärkeren) begründen, greift P. die an sich wichtige Unterscheidung von positivem und natürl. Recht auf, begründet aber Letzteres aus der Vernunftnatur des Menschen. Hiernach ist z. B. das Unrecht leiden besser als das Unrecht tun (›Gorgias‹ 469 c). Unrecht ist stets die Folge von Unwissenheit: Niemand tut freiwillig Unrecht (intellektuelle Ethik). Das Gemeinsame aller Tugenden, das sie allgemein verbindlich macht, bestimmt P. als prakt. Vernunfterkenntnis. Das gute Leben und die Glückseligkeit (eudaimonia) als Ziel jedes Menschen haben ihre Erfüllung und geistige Voraussetzung in der Erkenntnis der Ideen und der Idee des Guten. Seinen eth. Intellektualismus mildert P. u. a. im ›Philebos‹ ab, in dem er das gute Leben als eine ›Mischung‹ aus Vernunfterkenntnis und (geistiger) Lust ansieht (60 d ff.).

Staatstheorie

In seinem staatstheoret. Hauptwerk ›Politeia‹ (Der Staat) entwickelt P. einen Idealstaat, den er aus natürl. Anlagen der Menschen zu versch. Tätigkeiten und zur Arbeitsteilung und durch Vertrag entstehen lässt. Es bilden sich drei Stände, die der Regierenden, der Krieger sowie der Bauern und Handwerker. Sie entsprechen den drei Seelenvermögen des Vernünftigen, des Muthaften und des Begehrlichen im Einzelmenschen und zeichnen sich in den gemäßigten Tugenden der Weisheit, der Tapferkeit bzw. der Besonnenheit aus. Die Gerechtigkeit im Staat und Einzelmenschen ergibt sich aus dem harmon. Zusammenwirken der drei Tugenden, d. h. der drei Seelenvermögen im Einzelmenschen ebenso wie der drei Stände im Staat. Gerechtigkeit besteht darin, dass jeder Teil seine spezif. Aufgabe erfüllt, d. h. ›das Seinige tut‹. – Entscheidend für den idealen Staat ist die Ausrichtung der Regierenden, der weisen Philosophenkönige (V, 473 c–d), an der Idee des Guten. Diesem Zweck dient ihr enzyklopäd. Ausbildungsweg, der mit dem Studium der Philosophie und der Betrachtung der Ideen abschließt. Dabei geht es um eine ›Umwendung‹ (periagoge, gleichsam um eine Revolutionierung) des Lebens von einer materiellen zu einer ideellen, von einer triebhaften zu einer vernunftbestimmten Denk- und Lebensweise. Das →Höhlengleichnis (›Politeia‹ VII, 514 a ff.) schildert dieses staatl. Erziehungsideal am Beispiel von Gefangenen in einer Höhle, aus der sie stufenweise zum Tageslicht (der Erkenntnis) umgewendet und hinaufgeführt werden. Der Idealstaat zeichnet sich auch durch die Aufhebung des Privateigentums und durch Frauen- und Kindergemeinschaft bei den Kriegern und den Regierenden aus. – Einen wichtigen Teil der ›Politeia‹ bildet die Lehre von den Verfassungen und den Ursachen, aus denen die guten in schlechte entarten – von der Monarchie bzw. Aristokratie über Timokratie, Oligarchie, Demokratie bis hin zur Tyrannis (›Politeia‹ VIII, 543 a–576 b).

Kunsttheorie

P. schätzt die charakterformende Kraft von Gesang, Instrumentenspiel und Tanz sowie der Dichtung in ihren versch. Formen hoch ein. Die Dichtung versteht er als ›nachahmende‹ Kunst, die – da sie nur die Sinnenwelt nachzuahmen vermag – hinter der Wahrheit der Ideenwelt, die die Philosophie erfasst, weit zurückbleibt. In der ›Politeia‹ lässt er keine Nachahmung sittlich schlechter Handlungen in Theaterstücken zu und übt Kritik an Epen und Mythen von unsittl. Inhalt. – Die sophist. Redekunst verwirft er als machtpolit. Mittel, insofern sie nur einen Schein von Wahrheit (›Scheinwissen‹) erzeugt und den Hörern schmeicheln will. Demgegenüber erwägt er (u. a. im ›Phaidros‹) die Möglichkeit einer philosophisch (psychologisch) begründeten dialekt. Rhetorik.

Kosmologie

Der Dialog ›Timaios‹ erklärt die Entstehung des sichtbaren Kosmos aus zwei Hauptprinzipien, aus dem zweckhaften Guten und dem stoffl. Notwendigen. Die erste gestaltende Ursache – in myth. Rede: der göttlich gute Demiurg (Werkmeister) – bringt den sichtbaren Kosmos als ein Lebewesen mit Kosmosvernunft und -seele (Weltseele) aus dem schon bereitliegenden Stoff nach einem ebenfalls schon bestehenden Vorbild des Kosmos (Ideenwelt) hervor, das P. als vollendetstes Lebewesen bezeichnet, d. h. als Inbegriff geistigen Lebens. Eine mögl. Interpretation ist die Gleichsetzung von Vorbild und Demiurg mit der Idee des Guten als oberster Zweckursache. Eine wichtige Rolle spielt die Analogie zw. dem Menschen als Mikrokosmos und der Welt als Makrokosmos; in der ursächl. Erklärung der entstehenden Dinge bezeichnet P. den Stoff als das ›aufnehmende‹ Prinzip (chora, ›Raum‹), vergleichbar einer ›Amme‹ und ›Mutter‹. Die ersten geformten Stoffelemente fasst er als stereometr. Körper auf, die aus regelmäßigen Vielecken gebildet sind: Das Feuer als das beweglichste Element besteht aus Tetraedern, die Erde als das schwerstbewegliche aus Würfeln, der Luft wird das Oktaeder, dem Wasser das Ikosaeder zugewiesen. Der zweite Teil des Dialogs enthält sinnesphysiolog. Erklärungen zum menschl. Leib und seinen Organen.

Ausgaben: Platonis opera quae extant omnia, 3 Bde., hg. v. H. STEPHANUS (1578); Plato, hg. v. H. N. FOWLER u. a., 12 Bde. (1914–55, Nachdr. 1975–87); Œuvres complètes, hg. v. M. CROISET u. a., 14 Bde. ([1–12]1969–89); Sämtl. Werke, Einf. v. O. GIGON, 8 Bde. (Neuausg. 1974); Sämtl. Werke, übers. v. F. SCHLEIERMACHER, hg. v. W. F. OTTO u. a., 6 Bde. (Neuausg. 1981–82); Opera, hg. v. J. BURNET, 5 Bde. (Neuausg. 1984–85); Werke, hg. v. G. EIGLER u. a., 8 Bde. (1990); Werke. Übers. u. Komm., hg. v. E. HEITSCH u. CARL WERNER MÜLLER, auf zahlr. Bde. ber. ([1–2]1993 ff.).

Bibliographien: O. GIGON: P. (Bern 1950); W. TOTOK: Hb. der Gesch. der Philosophie, Bd. 1 (1964); Grundr. der Gesch. der Philosophie, begr. v. F. UEBERWEG, Bd. 1: Die Philosophie des Altertums (Neuausg. Basel 1967).

Nachschlagewerke: F. AST: Lexicon Platonicum sive vocum Platonicorum index, 3 Bde. (1835–38, Nachdr. 1956); H. PERLS: Lex. der platon. Begriffe (1973); O. GIGON u. L. ZIMMERMANN: P. Lex. der Namen u. Begriffe (Zürich 1975); L. BRANDWOOD: A word index to Plato (Leeds 1976).

A. E. TAYLOR: Plato. The man and his work (London [3]1929, Nachdr. ebd. 1978); U. VON WILAMOWITZ-MOELLENDORFF: P., 2 Bde. ([4–5]1959–69); P. FRIEDLÄNDER: P., 3 Bde. ([3]1964–75); E. HOFFMANN: P. (Neuausg. Zürich 1967); L. ROBIN: P. (Neuausg. Paris 1968); J. DERBOLAV: Von den Bedingungen gerechter Herrschaft. Studien zu P. u. Aristoteles (1980); J. N. FINDLAY: Plato u. der Platonismus (a. d. Amerikan., 1981); H. THESLEFF: Studies in Platonic chronology (Helsinki 1982); H.-G. GADAMER: P.s dialekt. Ethik (Neuausg. 1983); T. A. SZLEZÁK: P. u. die Schriftlichkeit der Philosophie (1985); K. BORMANN: P. ([2]1987); E. HEITSCH: Wege zu P. Beitrr. zum Verständnis seines Argumentierens (1992); G. REALE: Zu einer neuen Interpretation P.s (a. d. Ital., 1993); B. ZEHNPFENNIG: P. zur Einf. (1997).

Platon, griech. Dichter des 5./4. Jh. v. Chr.; Vertreter der att. Komödie, übte in vielen seiner Stücke (30 Titel bekannt, davon wohl zwei unecht) direkte Kritik an den polit. Ereignissen seiner Zeit.

Die platonischen Körper

	Tetraeder	Würfel	Oktaeder	Dodekaeder	Ikosaeder
Einzelflächen	Dreiecke	Quadrate	Dreiecke	Fünfecke	Dreiecke
Anzahl der Ecken	4	8	6	20	12
Anzahl der Kanten	6	12	12	30	30
Anzahl der Flächen	4	6	8	12	20

platonische Körper, Sammel-Bez. für die fünf **regulären Körper (regelmäßige Polyeder)** Tetraeder, Würfel, Oktaeder, Dodekaeder und Ikosaeder, d. h. für die Körper, die aus kongruenten regelmäßigen Vielecken bestehen und in deren Ecken immer gleich viele Flächen gleichartig zusammentreffen. Bereits bei EUKLID findet sich der Beweis, dass es nur fünf p. K. gibt. PLATON benutzte die nach ihm benannten Körper im ›Timaios‹ zur Interpretation der Elemente und ihrer Eigenschaften. Später (1597) hat J. KEPLER die p. K. herangezogen, um den Aufbau des heliozentrisch vorgestellten Planetensystems zu erklären.

Zw. den p. K. herrscht eine bemerkenswerte Dualität: Verbindet man die Schwerpunkte der Seiten eines p. K. durch Kanten miteinander, so entsteht ein neuer p. K., der duale Körper. Bei diesem Übergang wird die Anzahl der Flächen zur Anzahl der Ecken und umgekehrt (die Anzahl der Kanten bleibt erhalten). Dual zueinander sind Würfel und Oktaeder sowie Dodekaeder und Ikosaeder; das Tetraeder ist selbstdual.

P. ADAM u. A. WYSS: Platon. u. archimed. Körper, ihre Sternformen u. polaren Gebilde (Bern [2]1994).

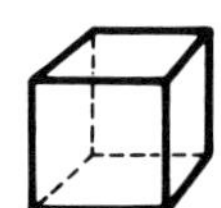

platonische Körper: Von oben Tetraeder, Würfel, Oktaeder, Dodekaeder, Ikosaeder

platonische Liebe, 1) *allg.:* Bez. der nichtsinnl., auf psychisch-geistige Kommunikation gegründeten Liebe.

2) *Philosophie:* die Liebe (griech. eros) in der metaphys. Deutung PLATONS als nach philosoph. Erkenntnis strebende Kraft der Seele (im ›Symposion‹).

platonisches Jahr, die Zeitspanne, in der die Rotationsachse der Erde und damit der Himmelspol, durch die v. a. von Sonne und Mond verursachte →Präzession bedingt, den Pol der Ekliptik einmal umläuft: etwa 25 850 Jahre.

Platonismus *der, -,* **1)** *Philosophie der Mathematik:* eine von P. BERNAYS im Anschluss an A. A. FRAENKEL geprägte Bez. für eine Auffassung, die davon ausgeht, dass die Gegenstände der Mathematik unabhängig vom sie denkenden Subjekt existieren (z. B. im Sinne von PLATONS Ideenbegriff). Andere Positionen über die Grundlagen der Mathematik stellen der →Intuitionismus und der →Konstruktivismus dar.

2) *Philosophiegeschichte:* die Nachwirkung von PLATONS Lehre, die zunächst in der →Akademie weiterentwickelt wurde. Charakteristisch für den P. war in allen Epochen (außer in der ›skept. Akademie‹) die Betonung der Transzendenz des Ursprungs (i. d. R. aufgefasst als die Idee des Guten oder als das Gute, identisch mit dem Einen) und der Abhängigkeit der Sinnenwelt von der intelligiblen Welt, folglich eine geringere Wertung der Empirie im Vergleich mit der Metaphysik; ferner der Gedanke des (erot.) Aufschwungs der unsterbl. Seele zum intelligiblen Bereich, die Annäherung von Ethik und Metaphysik (Tugend ist letztlich Ideenerkenntnis), der Glaube an das Gutsein des Weltschöpfers (des Demiurgos) und an die Vernünftigkeit der Welt. – Die früheste und zugleich exemplarische krit. Reaktion auf den P. stellt die Philosophie des Aristoteles dar, der in der ›Metaphysik‹ die ontolog. Trennung (chorismos) von Ideen- und Sinnenwelt tadelte und Platons Prinzipienlehre scharf ablehnte, in der ›Nikomach. Ethik‹ und der ›Politik‹ die Grundgedanken der platon. Tugendlehre und Staatstheorie teils verwarf, teils modifizierte im Sinne einer größeren Realitätsnähe. – In der älteren Akademie, deren erste und bedeutendste Leiter Speusippos und Xenokrates waren, verstärkten sich die pythagoreischen Neigungen der Altersphilosophie Platons. Das Verhältnis von Ideen und Zahlen stand im Mittelpunkt des Interesses, bald verbanden sich damit mytholog. Elemente. Demgegenüber wollten die führenden Männer der mittleren Akademie, Arkesilaos und Karneades von Kyrene, die kritisch-wiss. Haltung Platons wieder zur Geltung bringen, gelangten aber so zu einem, wenn auch gemäßigten Skeptizismus, der nur wahrscheinl. Erkenntnis für möglich hielt. Die jüngere Akademie (Philon von Larissa, 1. Jh. v. Chr.; Antiochos von Askalon, * um 120 v. Chr., † 68 v. Chr.) schätzte die Kraft der Vernunft wieder positiver ein und verband in eklekt. Weise Elemente versch. Systeme, namentlich platon. und stoische Gedanken. Den P. der drei Akademien fasst man als älteren P. zusammen. Den Übergang von diesem zum →Neuplatonismus bildet der mittlere P., dessen Hauptvertreter Plutarch einen religiösen P. mit starker Betonung der absoluten Transzendenz Gottes und Annahme einer Stufenreihe von Mittelwesen zw. Gott und Welt lehrte.

Andrej Platonowitsch Platonow

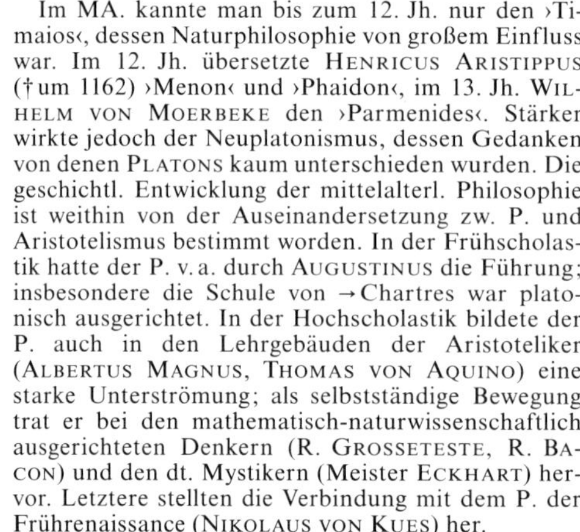

Im MA. kannte man bis zum 12. Jh. nur den ›Timaios‹, dessen Naturphilosophie von großem Einfluss war. Im 12. Jh. übersetzte Henricus Aristippus († um 1162) ›Menon‹ und ›Phaidon‹, im 13. Jh. Wilhelm von Moerbeke den ›Parmenides‹. Stärker wirkte jedoch der Neuplatonismus, dessen Gedanken von denen Platons kaum unterschieden wurden. Die geschichtl. Entwicklung der mittelalterl. Philosophie ist weithin von der Auseinandersetzung zw. P. und Aristotelismus bestimmt worden. In der Frühscholastik hatte der P. v. a. durch Augustinus die Führung; insbesondere die Schule von →Chartres war platonisch ausgerichtet. In der Hochscholastik bildete der P. auch in den Lehrgebäuden der Aristoteliker (Albertus Magnus, Thomas von Aquino) eine starke Unterströmung; als selbstständige Bewegung trat er bei den mathematisch-naturwissenschaftlich ausgerichteten Denkern (R. Grosseteste, R. Bacon) und den dt. Mystikern (Meister Eckhart) hervor. Letztere stellten die Verbindung mit dem P. der Frührenaissance (Nikolaus von Kues) her.

Der Beginn des modernen P. fällt in die ital. Renaissance. Giovanni Aurispa (* um 1369, † 1459) brachte 1428 den vollständigen griech. Text der Werke Platons aus Konstantinopel nach Venedig. Bald entstanden lat. Übersetzungen; die bedeutendste stammt von M. Ficino; sie erschien 1483/84 in Florenz. Platoniker sind auch L. Bruni und der ältere G. Pico della Mirandola, ferner Byzantiner wie M. Chrysoloras, G. G. Plethon und Bessarion. Mittelpunkt war die 1459 von Cosimo de' Medici gegründete und von Ficino geleitete platon. Akademie in Florenz. Von ihr aus verbreitete sich der P. über ganz Europa. Eine eigentliche platon. Schule entstand nur in England (→Cambridger Schule). Doch auch in den rationalist. Systemen von R. Descartes, B. de Spinoza und G. W. Leibniz wirkten Gedanken Platons nach. N. Malebranche wurde geradezu der ›christl. Platon‹ genannt. Eine Neubelebung der platon. Denkrichtung brachte im 19. Jh. der dt. Idealismus. G. W. F. Hegel griff allerdings nicht nur auf Platon, sondern mehr noch auf Plotin und den Neuplatonismus zurück. Das Werk A. Schopenhauers setzt sich u. a. aus einer Verknüpfung platon. Ideen mit buddhist. Gedankengut zuammen. Von nachhaltigem Einfluss waren die Platonübersetzung F. Schleiermachers (1804 ff.) und die in der Einleitung dazu geäußerten Gedanken zu einer neuen Hermeneutik der platon. Dialoge. Im 20. Jh. zeigte sich ein tief greifender Einfluss Platons in der Phänomenologie E. Husserls und in der Wertphilosophie. M. Heidegger und K. R. Popper betrachteten die platon. Grundentscheidungen in Metaphysik bzw. Staatstheorie als grundlegend für die gesamte abendländ. Philosophie und erachteten daher deren nachträgl. Korrektur als vordringl. Anliegen. In H.-G. Gadamers Werk spielt der P. und seine exemplar. Kritik durch Aristoteles eine zentrale Rolle. A. N. Whitehead bekannte sich ausdrücklich zum P.; wenn seine Formulierung, fast die gesamte europ. Philosophie bestehe nur aus Fußnoten zu Platon, auch überspitzt ist, so weist sie doch mit Recht auf die gewaltige, alle Jahrhunderte der abendländ. Philosophie durchdringende Fortwirkung des Geistes von Platon hin. Noch beherrschender ist sein Einfluss in der Philosophie und Theologie des christl. Ostens, in denen die platon. Tradition des Origenes und der griech. Kirchenväter weiterlebt (W. S. Solowjow, N. A. Berdjajew).

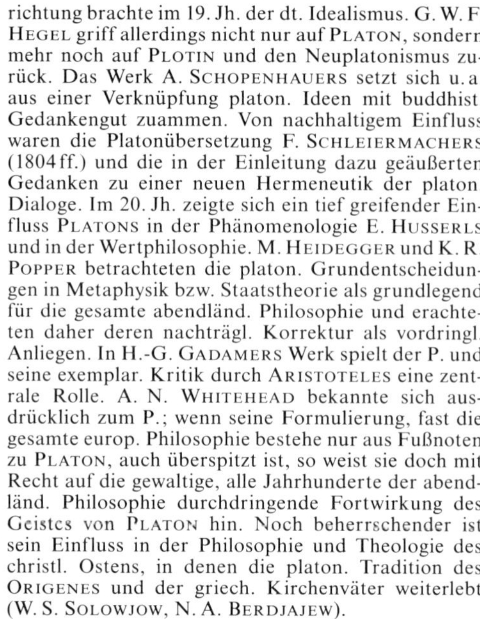

H. von Stein: Sieben Bücher zur Gesch. des P., 3 Tle. (1862–75, Nachdr. 1965); B. Kieszkowski: Studi sul platonismo del rinascimento in Italia (Florenz 1936); P. Shorey: Platonism, ancient and modern (Berkeley, Calif., 1938); R. Klibansky: The continuity of the Platonic tradition during the Middle Ages (London 1939, Nachdr. München 1981); E. Hoffmann: P. u. christl. Philosophie (Zürich 1960); P. in der Philosophie des MA., hg. v. W. Beierwaltes (1969); M. Baltes: Die Weltentstehung des platon. Timaios nach den antiken Interpreten, 2 Bde. (Leiden 1976–78); Der Mittel-P., hg. v. C. Zintzen (1981); W. Deuse: Unterss. zur mittelplaton. u. neuplaton. Seelenlehre (1983); Der P. in der Antike, begr. v. H. Dörrie, fortgef. v. M. Baltes, auf 12 Bde. ber. (1987 ff.).

Platọnow, 1) Andrej Platonowitsch, eigtl. **A. P. Klimẹntow,** russ. Schriftsteller, * Woronesch 1. 9. 1899, † Moskau 5. 1. 1951; urspr. Ingenieur, für kurze Zeit Mitgl. der Gruppe ›Perewal‹; schrieb neben Lyrik (›Golubaja glubina‹, 1922) v. a. psychologisch motivierte, irrational verfremdete naturalist. Erzählungen, bes. aus der Revolutionszeit. Nach 1930 scharf kritisiert, konnten bis zur Tauwetterperiode nur wenige seiner Werke erscheinen.

Weitere Werke: *Erzählungen:* Epifanskie šljuzy (1927; dt. Die Epiphaner Schleusen); Džan (hg. 1964; dt. Dshan); V prekrasnom i jarostnom mire (hg. 1965; dt. In der schönen u. grimmigen Welt); Jamskaja sloboda (hg. 1968; dt. Die Kutschervorstadt); Kotlovan (hg. 1969; dt. Die Baugrube). – *Romane:* Čevengur (hg. 1972; dt. Unterwegs nach Tschevengur); Juvenil'noe more (hg. Paris 1979; dt. Das Meer der Jugend). – Gedanken eines Lesers: Aufsätze u. Essays (1979, dt. Ausw.).

Ausgaben: Sobranie sočinenij, 3 Bde. (1984–85); Starik i starucha. Poterjannaja proza (1984). – Erzählungen, hg. v. L. Debüser, 2 Bde. (1987–88). Sammelausg. in Einzelbänden, 6 Bde. (1987–93); Die Tragödie der 14 roten Hütten. Stücke, Prosa, Briefe, Notizen, hg. v. L. Debüser (1992).

M. Jordan: Andrei Platonov (Letchworth 1973); M. Geller: Andrei Platonov v poiskach sčast'ja (Paris 1982).

2) Sergej Fjodorowitsch, russischer Historiker, * Tschernigow 28. 6. 1860, † Samara 10. 1. 1933; seit 1899 Prof. in Sankt Petersburg, 1918–29 Vors. der Archäograph. Kommission, 1925–29 Direktor des ›Puschkinskij dom‹ (Institut der russ. Literatur) und 1925–28 der Bibliothek der Akad. der Wiss.; 1930 unter der Anklage sowjetfeindl. Propaganda verbannt.

Werke: Stat'i po russkoj istorii (1912); Boris Godunov (1921); Ivan Groznyj (1923); Petr Velikij (1926).

Platoonplan [plə'tu:n-, zu engl. platoon ›Gruppe‹], **Gary-System** ['gerı-], ein erstmals 1907 von Wil-

LIAM ALBERT WIRT (* 1874, † 1938) in der Stadt Gary (Ind.) verwendeter Unterrichtsplan an Schulen in den USA; beruht auf der Einteilung der Schulräume in Heim-, Fach- und Gemeinschaftsräume, zw. denen die Gruppen wechseln. Arbeit, Unterricht und Spiel wird Raum gegeben; Grundlage ist die Selbsttätigkeit der Schüler in der Gemeinschaft.

Platschek, Hans, Maler und Kunstschriftsteller, * Berlin 12. 4. 1923; emigrierte 1938 nach Südamerika und kehrte 1953 nach Europa zurück. Ausgehend vom Surrealismus, entwickelte sich P. zu einem Vertreter der informellen Malerei, bevor er sich Mitte der 60er-Jahre dem krit. Realismus zuwandte.

Schriften: Neue Figuration (1959); Bilder als Fragezeichen (1962); Über die Dummheit in der Malerei (1984).

H. P. Bilder 1949–1988, Ausst.-Kat. (1989).

Platt Amendment [plæt əˈmendmənt], Zusatz zum Armeehaushaltsgesetz der USA von 1901 zur Regelung der amerikanisch-kuban. Beziehungen nach dem Spanisch-Amerikan. Krieg, vorgeschlagen von Senator ORVILLE H. PLATT (* 1827, † 1905). Das P. A., das in die kuban. Verf. eingefügt wurde, sah wesentl. Einschränkungen der Souveränität Kubas vor und schrieb das amerikan. Recht zur militär. und administrativen Intervention in Kuba fest; 1934 im Zuge der ›Politik der guten Nachbarschaft‹ von den USA wieder zurückgenommen.

Plattbauchspinnen, Gnaphosidae, etwa 2000 Arten (davon 84 in Mitteleuropa) umfassende Gruppe (teils einer, teils zwei Familien zugeordnet) bräunlicher bis schwarzer, bodenlebender, nachtaktiver Jagdspinnen, die keine Fangnetze bauen.

Plättchen-Seeschlange, Pelamis platurus, kleinste Art (Länge bis 1 m) der →Seeschlangen im Ind. und Pazif. Ozean von der Ostküste Afrikas bis zur Westküste Amerikas. Der Körper ist mit sechseckigen oder rautenförmigen, nicht überlappenden Schuppen bedeckt.

Plattdeutsch, urspr. niederländ. Bez. für ungekünstelte, allgemein verständl., heim. Sprache, dann übertragen auf die norddt. Volkssprache im Unterschied zur hochdt. Bildungssprache; heute gleichbedeutend mit ›niederdt. Mundart‹ (→deutsche Mundarten) verwendet.

Platte [spätahd. platta, über mlat. zu griech. platýs ›eben‹, ›platt‹], **1)** *Bautechnik:* von zwei parallelen Ebenen begrenzter Körper. Der Abstand dieser Ebenen (die Dicke der P.) ist klein im Vergleich zu den anderen Maßen, jedoch ausreichend zur Erhaltung der Biegesteifigkeit.

2) *Geomorphologie:* eine ebene Landoberfläche. In Niederungs- oder Seengebieten wird auch eine flache Erhebung im Bett von Strommündungen als P. bezeichnet; in Grundmoränengebieten ist sie oft mit Seen erfüllt (Mecklenburgische Seen-P.). Liegt die P. in Hebungsgebieten, so wird sie – vielfach in sich selbst noch zertalt – von Tälern begrenzt (Alpenvorland: Iller-Lech-P., Traun-Enns-P.). Bei stärkerer Heraushebung unter Erhaltung ausgedehnter Hochflächen entstehen Plateaus oder Plateaulandschaften.

Platte, Rudolf Antonius Heinrich, Schauspieler, * Hörde (heute zu Dortmund) 12. 2. 1904, † Berlin (West) 18. 12. 1984; zunächst Charakterdarsteller an Provinztheatern und in Berlin. Durch zahlreiche Filme wurde P. einer der bekanntesten dt. Komiker; auch am Theater und im Fernsehen in Charakterrollen (›Der Hauptmann von Köpenick‹) erfolgreich.

Plattenbalken, *Bautechnik:* Balkenform des Stahlbetonbaus; die Druckplatte ist mit dem Balken (oder der Rippe) durch Bewehrung schubfest so verbunden, dass ein T-förmiger Verbundkörper entsteht, oft verstärkt durch →Vouten, wobei bei Biegung des Balkens ein Teil der Platte als Druckgurt statisch mitverwendet wird.

Plattenbauweise: Sanierte Wohnungsbaukomplexe in Berlin-Marzahn

Plattenbauweise, serienmäßige Herstellung von Gebäuden aus großformatigen Wand-, Decken-, Treppen- und Dachteilen.

In der DDR war die P. eine praktizierte Montagebauweise für den 5- bis 16-geschossigen Wohnungsbau und für gesellschaftl. Einrichtungen (Schulen, Kindergärten u. a.) auf der Grundlage raumwandgroßer Wandelemente. Verwendet wurden oberflächenfertige, komplettierte und bewehrte Wandelemente (z. B. WBS 70 = Wohnungsbausystem 1970). Die Außenwände wurden ein- oder mehrschichtig mit Wetterschale ausgebildet, die Innenwände für die Querwandbauweise bestehen aus Schwerbeton. Die P. war für die DDR die wirtschaftlichste Bauweise mit der höchsten Arbeitsproduktivität. Größere Plattenbausiedlungen entstanden u. a. in Jena-Lobeda (1967 bis 1974), Leipzig-Grünau (1976–90), Berlin-Marzahn (1977–89) und Berlin-Hellersdorf (1980–89). – Zum Zeitpunkt der dt. Wiedervereinigung zählte der Bestand 225 700 Gebäude, die knapp ein Drittel aller Wohnungen in den neuen Ländern und Berlin (Ost) umfassten. Etwa zwei Drittel dieses Bestandes müssen einer grundlegenden Sanierung unterzogen werden, um eine längerfristige Bewohnbarkeit sicherzustellen. Die Standfestigkeit der Gebäude erwies sich als nicht gefährdet, jedoch erfordern Flachdächer, Fassaden und unverbundene Fugen zw. den Gebäudeplatten umfangreiche Reparaturmaßnahmen. Die Wärme- und Lärmdämmung der Wohnungen entspricht nicht westdt. Standards. Die Größe und Eintönigkeit der Großsiedlungen in P. sowie ihre Lage an der Stadtperipherie ohne hinreichende Infrastruktur stellen ein Kernproblem der Stadtsanierung in den neuen Bundesländern dar.

Plattenburg, Wasserburg bei Kletzke, 15 km südöstlich von Perleberg, Bbg., in der Prignitz; im 14.–16. Jh. zeitweise Residenz der Bischöfe von Havelberg; unregelmäßige Vierflügelanlage, großenteils spätgotisch.

Plattendruckversuch, *Erdbau:* Prüfverfahren, mit dem die Tragfähigkeit und Verformbarkeit eines Bodens festgestellt werden kann, um z. B. Grundlagen für die Bemessung von Straßen- und Flugplatzbefestigungen sowie von Fundamenten zu gewinnen. Dazu wird der Boden mit einer kreisförmigen Stahlplatte wiederholt stufenweise be- und entlastet; die dabei unter der Platte auftretenden mittleren Normalspannungen und die zugehörigen Setzungen werden in einem Diagramm als Drucksetzungslinie dargestellt.

Platten|epithelkarzinom, das →Spinaliom.

Plattenheizkörper, Form der →Heizkörper.

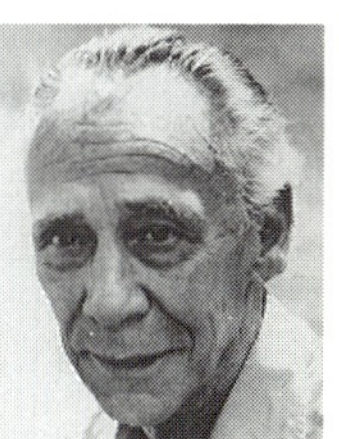

Rudolf Platte

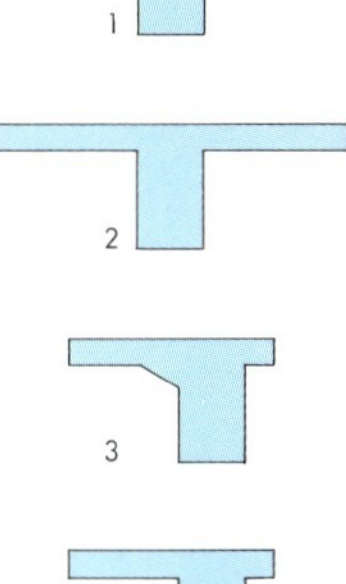

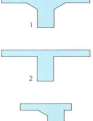

Plattenbalken mit beidseitigen Vouten (1), ohne Vouten (2); einseitiger Plattenbalken mit (3) und ohne Voute (4)

Plattensee: Weinbaugebiet am Plattensee

Plattenkalk, dichter Kalkstein mit plattiger Absonderung, z. B. im Muschelkalk, bes. im Malm (Solnhofener P.) und im Miozän. P. lässt sich sehr gut schneiden, schleifen und polieren; verwendet zur Herstellung von lithograph. Druckplatten, ferner u. a. von Gedenktafeln, Grabsteinen, Fußboden-, Wand- und Tischplatten, Treppenstufen.

Plattenkammer, eine →Nebelkammer, in deren Expansionsteil Platten aus Aluminium, Blei u. a. eingebaut sind.

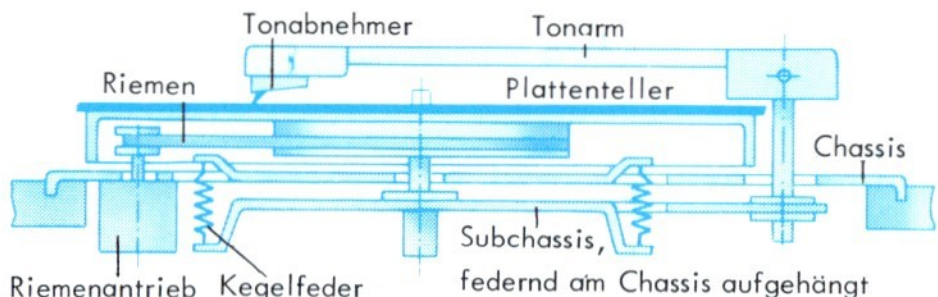

Plattenspieler: Schematischer Aufbau eines Plattenspielers mit Subchassis und Riemenantrieb; der Tonarm und der Plattenteller sind mit dem Chassis federnd verbunden

Plattensee, ungar. **Balaton** [ˈbɔlɔton], größter See Mitteleuropas, in W-Ungarn, zw. Transdanub. Hügelland und Bakonywald; sehr flacher (durchschnittlich 3 m, max. 11 m tiefer) Steppensee, 591 km², 78 km lang, bis 15 km breit, durch die Halbinsel von Tihany hier auf nur 1,5 km Breite eingeschnürt und dadurch in zwei Teile gegliedert. Seit die Regulierung seines Abflusses Sió (im NO; Nebenfluss der Donau) die früher beträchtl. Wasserstandsschwankungen verminderte, liegt der Wasserspiegel bei etwa 106 m ü. M.; Hauptzufluss (im SW) ist die Zala. Der P. entstand im Holozän in einem seit der Riß-Eiszeit abgesunkenen tekton. Becken mit flachem SO- und meist steilem NW-Rand (mehrstufige Abrasionsterrasse, die ›Balatonriviera‹). Der P. und seine Umgebung bilden ein wichtiges Fremdenverkehrsgebiet mit zahlr. Badeorten (dank kontinentalem Klima sommerl. Erwärmung des Wassers bis auf 28 °C), am SO-Ufer 70 km langer und 500–1 000 m breiter Sandstrand; zw. den Orten Schiffsverkehr. Die an den tekton. Brüchen des Beckenrandes austretenden Mineralquellen ermöglichen Kurbetrieb (Balatonfüred, Hévíz). Das Sumpfgebiet an der Mündung der Zala, der **Kis-Balaton,** ist Naturschutzgebiet (40 km², davon 16 km² Wasserfläche; v. a. für Wasservögel); in Keszthely befindet sich ein P.-Museum. Am NW-Ufer des P.s erstreckt sich das älteste Weinbaugebiet Ungarns (heute drei Gebiete mit zus. 7 900 ha Rebland), in dem v. a. goldfarbene Weine mit viel Rebsüße und Honigaroma sowie der trockene Kéknyelű (Blaustängler) erzeugt werden.

Plattenspieler, elektroakust. Gerät zur Wiedergabe von Musik und/oder Sprache, die auf Schallplatten gespeichert ist. Der P. besteht aus Antriebsaggregat mit Plattenteller und schwenkbarem Tonarm, der am vorderen Ende das Abtastsystem trägt. Die Abtastspitze (Saphir oder Diamant) wird in der spiralförmigen Schallplattenrille geführt und folgt den rasch schwankenden Rillenauslenkungen, die in elektr. Wechselspannungen umgewandelt werden; Einrichtungen zum Aufsetzen und Abheben des Abtastsystems; ggf. Niederfrequenzverstärker und Lautsprecherboxen, soweit der P. nicht an solche Geräte angeschlossen wird. P. werden nur noch als Stereogeräte gebaut, die aber auch für monophone Mikrorillenplatten geeignet sind. Die Nenndrehzahlen des Plattentellers betragen 33 und 45 Umdrehungen je Minute. Beim **Tangential-P.** wird das Abtastsystem auf einem radial zum Plattenmittelpunkt bewegten Schlitten geführt (›Tangentialtonarm‹); dadurch entfällt der tangentiale Spurfehlwinkel. Diese Tonarme finden v. a. für sehr hochwertige Geräte (z. B. Studioanlagen) Anwendung. Als **Plattenwechsler** werden solche P. bezeichnet, die für das Nacheinanderabspielen und selbsttätige Wechseln mehrerer (meist 8 bis 10) Schallplatten eingerichtet sind. **Digital-P.** arbeiten nach demselben Prinzip wie Bild-P. (→Bildplatte).

Geschichtliches: T. A. EDISON konstruierte den →Phonographen (1878 patentiert); 1887 entwickelte E. BERLINER einen Apparat für Schallschwingungen in Flachschrift (Berliner-Schrift, Seitenschrift mit Ausschlägen nach links und rechts) und schlug die flache, runde Platte vor. Die Dt. Grammophon-Gesellschaft brachte diesen Apparat als **Grammophon®** auf den Markt. Als Antrieb der frühen Geräte diente ein Federwerk; die seitl. Auslenkungen der Abtastnadel wurden in einer Schalldose durch Hebel direkt auf eine Membran übertragen. Zur besseren Schallabstrahlung war oft ein Trichter angeschlossen.

Plattentektonik, engl. **Plate-Tectonics** [pleɪt tekˈtɔnɪks], geotekton. Theorie (eingeführt 1970) zur Erklärung von Aufbau und Entwicklung der Erde, die v. a. auf geophysikal., petrolog. und geolog. Untersuchungen im ozean. Bereich beruht (einschließlich Tiefbohrungen und Tauchbooten). Danach besteht die die Erdkruste und den obersten Teil des Erdmantels umfassende Lithosphäre (→Erde) aus einer Reihe mehr oder weniger starrer, 70–100 km dicker Tafeln oder Platten, die auf der fließfähigen, bis zu 300 km Tiefe reichenden Unterlage des oberen Erdmantels, der Asthenosphäre (Low-Velocity-Zone, wegen der geringen Fortpflanzungsgeschwindigkeit der P-Wellen), bewegt werden. Neben sechs großen (Afrikan., Amerikan., Antarkt., Eurasiat., Indisch-Austral. und Pazif. Platte; die Amerikan. Platte wird oft in die Nordamerikan. und die Südamerikan. Platte geteilt) werden zahlreiche kleinere Platten (z. B. Ägäische Platte, Arab. Platte) unterschieden, deren Benennung und Abgrenzung nicht immer einheitlich sind. Die Verschiebung der Platten und die damit im Zusammenhang stehende Entstehung und Veränderung der Ozeane werden v. a. auf Dehnungsvorgänge am Mittelozean. Rücken zurückgeführt (→Sea-Floor-Spreading). Dieser ist von einer Zentralspalte durchzogen und von Querstörungen (→Transformstörungen) durchsetzt, die Horizontalverschiebungen bis zu mehreren 100 km, aber auch große vertikale Sprunghöhen aufweisen. Die Zentralspalte zeichnet sich durch intensiven Vulkanismus (einschließlich der →Schwarzen Raucher) und bes. starke Wärmestrahlung aus. Durch das hier infolge der Dehnung aufsteigende und am Meeresboden austretende basalt. Schmelzflussmaterial der Asthenosphäre (überwiegend in Form von →Kissenlava) wird ständig neue ozean. Erdkruste gebildet. Sie breitet sich symmetrisch beiderseits des Mittelozean. Rückens aus, wobei die mit der ozean. Kruste verbundenen kontinentalen Platten aus granit. Gesteinen einschließlich der auflagernden Sedimente mitverfrachtet werden. Über 80 Vol.-% der magmat. Gesteine werden am Mittelozean. Rücken gebildet.

Grundlegend für diese Vorstellungen waren erdmagnet. Messungen auf den Ozeanen: Man entdeckte parallel zum Mittelozean. Rücken verlaufende Erdkrustenstreifen mit wechselnder, normaler oder umgekehrter Magnetisierungsrichtung, bedingt durch mehrfache Umpolungen des erdmagnet. Feldes (→Paläomagnetismus). Wie radiometr. Datierungen von Bohrproben ergaben, werden diese Streifen mit zunehmender Entfernung vom Rücken immer älter, müssen also von diesem fortbewegt worden sein. Dem entspricht auch das Alter der auflagernden geringmächtigen Meeresablagerungen (höchstens 100 m dick): Die ältesten sind im Jura, vor etwa 200 Mio. Jahren, entstanden, die Hälfte des Ozeanbodens (d. h. ein Drittel der heutigen Erdoberfläche) sogar erst vor 65 Mio. Jahren. Insgesamt werden jährlich mindestens 2,5 km^3 ozean. Kruste neu gebildet. Da sich der Umfang der Erde nicht vergrößert, muss ein Ausgleich für den Zuwachs an anderer Stelle erfolgen. Wird eine ozeanische auf eine kontinentale Platte zubewegt, so taucht die ozeanische an schräg geneigten Flächen (→Benioff-Zonen) unter die andere in den Untergrund ab. Durch diese Verschluckung oder **Subduktion** wird das Erdkrustenmaterial wieder der Tiefe zugeführt (Bewegung bis über 10 cm pro Jahr) und aufgeschmolzen. An diesen Plattengrenzen vollzieht sich die Gebirgsbildung über →Geosynklinale, →Orogenese und Heraushebung. Hier treten auch bas. und ultrabas. Gesteine zutage (Obduktion), die der ozean. Kruste (Ophiolithe) oder dem Erdmantel (Peridotite, Serpentinite) zugerechnet werden.

Andere Dehnungsstrukturen der Erdkruste sind innerhalb der Kontinente ausgebildet **(Intra-P.):** riesige, lang gestreckte Grabensysteme (Rifts, →Graben) wie das Ostafrikan. Grabensystem oder die Mittelmeer-Mjösen-Zone. Sie sind mit Aufwölbung und Aufreißen der Erdkruste und explosiv-effusivem Vulkanismus (v. a. Basalte) verbunden. Durch Vertiefung des Grabens kann es zur Zerspaltung einer Kontinentmasse kommen, und das Meerwasser kann eindringen, wie im Roten Meer, wo bereits eine Zentralspalte ausgebildet ist. Bei weitergehender Entwicklung kann hier ein mittelozean. Rücken entstehen und sich ein Ozean öffnen, wie der Atlantik seit dem Jura.

Plattentektonik: Die plattentektonische Struktur der Erde; die Pfeile geben die relativen Bewegungsrichtungen und -geschwindigkeiten (in cm pro Jahr) an den Plattengrenzen an; einfache Pfeile: Bewegungen an Subduktionszonen; Doppelpfeile: Bewegungen am Mittelozeanischen Rücken (Sea-Floor-Spreading)

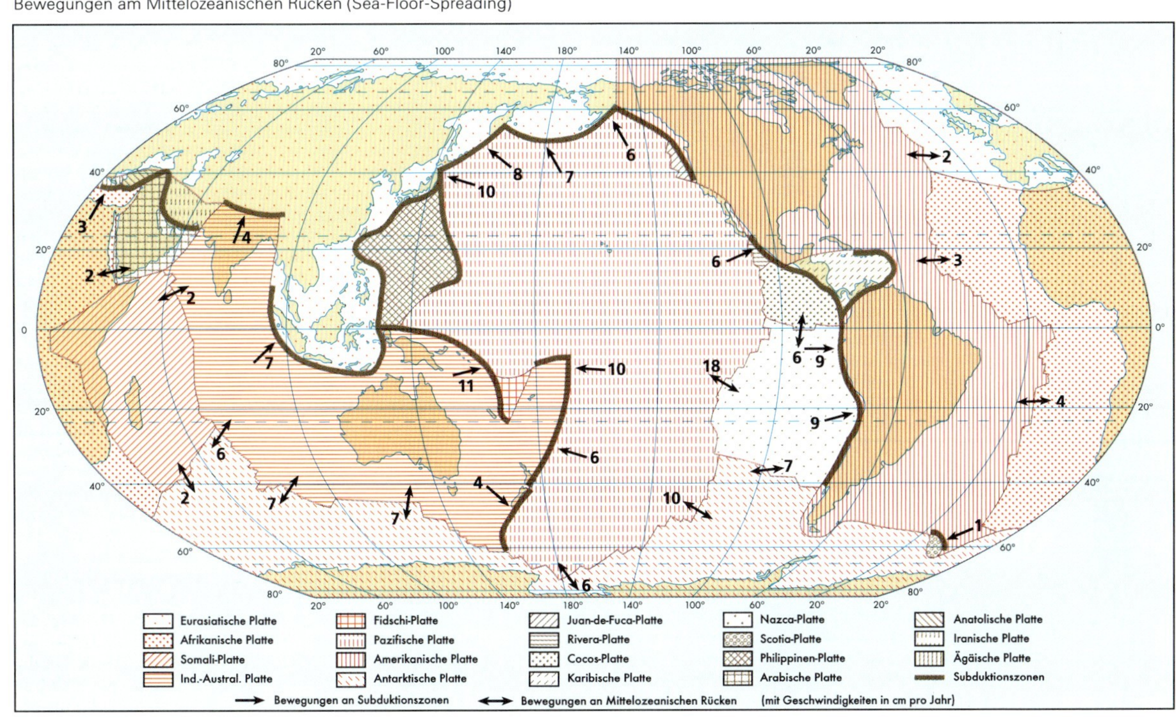

Plattentektonik: Zusammenhang mit den Bewegungen im Erdinneren; Aufstieg der Gesteine in flüssiger, Subduktion in erst fester, dann säkularflüssiger Form bis zur Auflösung im Erdmantel

Weitere vulkan. Tätigkeit wird durch schlotartig aus dem Erdmantel aufsteigendes Magma gespeist (→Hot Spot, →Manteldiapir).

Daneben gibt es kleinere, isolierte Restschollen kontinentaler Erdkruste wie die →Terrane, die von ihrem Bildungsraum über weite Entfernungen verfrachtet und anderen Kontinenten angegliedert wurden (z. B. an der W-Küste Nordamerikas). Andere bilden Inseln aus kontinentalem Gestein (Granit) mitten in den Ozeanen, z. B. Rockall, Seychellen, Kanar. Inseln und Sokotra.

Statt des früher angenommenen Ablaufs der Gebirgsbildung (Orogenese) erfolgt diese entsprechend der P. in erster Linie an den Plattengrenzen: 1) Eine ozean. Platte taucht unter eine kontinentale ab, z. B. die Ostpazif. Platte unter die Amerikan. Platte vor der W-Küste Südamerikas, die Pazif. Platte und die Philippinenplatte unter die Eurasiat. Platte vor den Inselbogen am W- und N-Rand des Pazifiks (pazif. oder destruktiver Plattenrand, Kordilleren- oder Andentyp). Die Absenkung ist durch lang gestreckte Tiefseegräben, Vulkanismus und Erdbeben markiert. Auch beim Zusammenstoß von zwei kontinentalen Platten (Kollisionstyp) kommt es zur Subduktion und Gebirgsbildung (z. B. Alpen, Himalaja); durch Einengung wurde das urspr. 300–600 km breite Alpenorogen auf 150 km verschmälert. 2) Bei den am Mittelozean. Rücken durch Neubildung von Ozeankruste auseinander strebenden Platten spricht man vom atlant. oder konstruktiven Typ. 3) An den Transformstörungen horizontal aneinander vorbeigleitende Plattengrenzen werden als Scherungs- oder konservativer Typ bezeichnet (z. B. San Andreas Fault). – Bei den Kontinentalrändern unterscheidet man den aktiven (Subduktion) vom passiven Typ (mit der ozean. Kruste fest verbundene Kontinente, wie rings um den Atlantik).

Die Bewegung der Platten beträgt weltweit jährlich durchschnittlich 5 cm bei ozean. und 1,5 cm bei kontinentalen Platten. Als Bewegungsursache werden v. a. Konvektionsströmungen im Erdmantel angenommen, die letztlich auf radioaktive Prozesse zurückgehen.

Mit der Theorie der P. kann die Erdgeschichte bes. seit dem Perm dargestellt werden, als noch ein einheitl. Weltmeer und eine einheitl. Landmasse bestanden; die Landmasse teilte sich von einem Mittelmeer (Tethys) aus in zwei riesige Kontinente (Laurasia, Gondwana, →Kontinentalverschiebung). Innerkontinentale Brüche, alte Schwächezonen, erweiterten sich seit dem Perm, bes. seit der Wende Trias/Jura, zu ausgedehnten Großgrabenzonen, aus denen sich mittelozean. Rücken mit Zentralspalten entwickelten. Darauf zerfielen die Landmassen, und es entstanden neue Ozeane. Den Zerrungsvorgängen entsprachen an anderer Stelle, wie im Mittelmeer, die Einengungszonen der Orogene. Für die vorperm. Zeit glaubt man, aus den von den alten Orogenen (Kaledon., Varisk. Gebirge) erhaltenen Resten alter ozean. Kruste ähnl. Bildungsvorgänge erschließen zu können. Es scheint danach, als hätten sich der Atlantik (ein Vorläufer war →Iapetus) u. a. Ozeane im Lauf der Erdgeschichte mehrfach gebildet und wieder geschlossen.

Die P. stellt eine Weiterentwicklung von A. WEGENERS Kontinentalverschiebungstheorie dar. Aufgrund meereskundl. Forschungen entstanden, begegnete sie erhebl., aber i. Allg. nicht grundsätzl. Einwänden aus der Sicht der kontinentalen Geologie.

R. HOHL: Wandernde Kontinente (Leipzig 1985); Ozeane u. Kontinente. Ihre Herkunft, ihre Gesch. u. Struktur, Beitrr. v. P. GIESE (³1987); Geodynamik u. P., Beitrr. v. DEMS. (1995); Die Dynamik der Erde, hg. v. R. KRAATZ (1987, Nachdr. 1988); K. STROBACH: Unser Planet Erde. Ursprung u. Dynamik (1991); HUBERT MILLER: Abriß der P. (1992); W. FRISCH u. J. LOESCHKE: P. (³1993).

Plattenzähler, Parallelplattenzähler, gasgefülltes Nachweisgerät für geladene Teilchen (Zählrohr) mit zwei Elektroden aus planparallelen Metallplatten, die sich in geringem Abstand gegenüberstehen.

Platter, 1) Felix, schweizer. Mediziner und Schriftsteller, * Basel 28. 10. 1536, † ebd. 28. 7. 1614, Sohn von 2); war seit 1571 Stadtarzt und Prof. in Basel. Er teilte Krankheiten nach ihren Symptomen ein. Als Anhänger von A. VESAL führte P. in Basel die Sektion in den medizin. Unterricht ein und bekämpfte erfolgreich die Pest in seiner Heimatstadt (1564–1610). Er verfocht eine humane Behandlung der seelisch Kranken. Als Schriftsteller trat er bes. mit Reiseberichten hervor.

Ausgabe: Tagebuchblätter aus dem Jugendleben eines dt. Arztes des 16. Jh., hg. v. H. KOHL (1913).

2) Thomas, schweizer. Humanist, * Grächen (Kt. Wallis) 10. 2. 1499, † bei Basel 26. 1. 1582, Vater von 1); zuerst Ziegenhirt, dann Seilergeselle, der, wenn er ›dem Handwerk nachging, den Homerum mit sich trug‹, später einer der Buchdrucker J. CALVINS, 1544–78 Schul- und Internatsleiter der lat. Stadtschule in Basel. Seine Autobiographie, eine der bedeutendsten des 16. Jh., ist von hohem kulturhistor. Wert. Die halb deutsch, halb lateinisch geschriebenen Briefe an seinen Sohn FELIX sind ein bedeutendes Dokument der dt. Briefliteratur.

Ausgabe: Lebenserinnerungen (Neuausg. 1977).

Platterbse: Wiesenplatterbse (Höhe 30–100 cm)

Platt|erbse, Lathyrus, Gattung der Schmetterlingsblütler mit mehr als 150 Arten in der nördl. gemäßigten Zone und den Subtropen sowie in den trop. Gebirgen; ein- oder mehrjährige Kräuter mit paarig gefiederten Blättern, oft mit Blattranken. In Dtl. kommen etwa 15 Arten vor, u. a. die im April und Mai in Laubwäldern blühende **Frühlings-P.** (**Frühlingswicke,** Lathyrus vernus); bis 40 cm hohe Staude mit vierkantigen Stängeln und rotvioletten Blüten in vier- bis sechsblütigen Trauben; Blätter rankenlos, mit 2–4 Paaren breit eiförmiger Fiederblätter; die Hülsenfrüchte in zwei sich schraubig verdrehenden Klappen aufspringend. – Die **Wald-P.** (Lathyrus sylvestris) mit 1–2 m langen, niederliegenden oder kletternden Stängeln, einpaarig gefiederten, mit Ranken versehenen Blättern, geflügelten Blattstielen und blassroten, in Trauben stehenden Blüten mit purpurroten Flügeln ist in Gebüsch und in lichten Laubwäldern verbreitet. – Auf feuchten Wiesen und in lichten Wäldern wächst die **Wiesen-P.** (Lathyrus pratensis), eine 30–100 cm hohe Staude mit vierkantigen Stängeln; Blätter einpaarig gefiedert, mit Ranke; Blüten gelb, in lang gestielter Traube. – Nur kultiviert bekannt ist die einjährige, bis 1 m hohe →Saatplatterbse.

Versch. Arten dienen als Zierpflanzen; als beliebte Schnittblume und Kletterpflanze v. a. die 1–2 m oder auch nur 25–50 cm hohe, einjährige **Wohlriechende P.** (**Wohlriechende Wicke, Edelwicke, Duftwicke,** Lathyrus odoratus); in S-Italien heimisch; mit kantigen, geflügelten Stängeln, meist nur einpaarig gefiederten, behaarten Blättern und mehr oder weniger wohlriechenden, vielfarbigen, langstieligen Blüten (zu mehreren am Stängel).

Zur *Vergiftung* durch P. →Lathyrismus.

Platte River ['plæt 'rɪvə], rechter Nebenfluss des Missouri in Nebraska, USA, 500 km lang; entsteht durch die Vereinigung des 1 094 km langen **North P. R.** und des 711 km langen **South P. R.,** die aus den Rocky Mountains kommen. Der P. R. fließt durch die Great Plains und mündet südlich von Omaha.

Plattfische, Flachfische, Pleuronectiformes, Heterosomata, Ordnung der Knochenfische mit rd. 520 Arten. Als Larven sind die P. noch symmetrisch gebaut, erst im Verlauf der Metamorphose wird der Körper asymmetrisch. Das Auge der späteren Unterseite wandert zur Gegenseite; auch die Schädelknochen verschieben sich zu dieser Seite hin. Die sich zur Oberseite entwickelnde Flankenhälfte nimmt eine dunkle Färbung an, während die Gegenseite hell bleibt. Im ausgewachsenen Zustand fehlt fast immer die Schwimmblase. Während die Larven eine frei schwimmende Lebensweise führen, ruhen die halbwachsenen und ausgewachsenen Tiere meist am sandigen oder schlammigen Grund der Küstengewässer; sie können auch in der Tiefsee vorkommen. Die meisten P. passen sich der Färbung des Untergrundes an.

Von den Familien der P. sind am ursprünglichsten und barschähnlichsten die **Ebarmen** (Psettodidae); mit Stachelstrahlen an der Rücken- und Afterflosse. Sie leben mit zwei Arten im Indopazifik und an der W-Küste Afrikas. – Die **Butte** (Bothidae) sind mit zahlr. Arten weltweit verbreitet. Sie haben die Augen auf der linken Körperseite. Zu ihnen gehören die →Steinbutte. – Bei den →Schollen befinden sich die Augen i. d. R. auf der rechten Seite. Hierzu gehören **Doggerscharbe** und die bis 50 cm lange **Flunder** (**Graubutt,** Platichthys flesus). Sie kommt in den europ. Küstengewässern von N-Norwegen bis zum Schwarzen Meer vor; dringt auch häufig in Brack- und Süßwasser vor, z. B. in die Elbe und den Rhein; gelbbraun mit blassgelben Flecken; beliebter Speisefisch. – Die →Seezungen haben normalerweise die Augen auf der rechten Seite des meist ziemlich schlanken Körpers. – Die →Hundszungen fehlen im europ. Raum.

Plattform, 1) *allg.:* an einem erhöhten Ort geschaffene ebene Fläche, z. B. Aussichts-P., Lade-P.; in der →Offshoretechnik (Öl-P.) ein schwimmfähiges oder festes Deck.

2) *Politik:* engl. **Platform** ['plætfɔːm], Bez. für die seit den 1830er-Jahren in den USA übl. Form eines lockeren Wahlprogramms, das meist nur für die Dauer einer Wahlperiode konkrete polit. Ziele einer Partei enthält; seit Beginn des 20. Jh. fast ausschließlich für die Präsidentschaftswahlen verwendet. – In dieser Bedeutung wurde P. allgemeine Bez. für Basis, Standpunkt, von dem bei Überlegungen bzw. Handlungen ausgegangen wird.

Plattfuß, *Medizin:* →Fußdeformitäten.

Plattieren, 1) *Metallbearbeitung:* das Aufbringen einer Metallschicht (nicht rostender Stahl, Kupfer, Nickel) auf ein anderes Metall, um eine an Korrosionsfestigkeit, Aussehen oder Gebrauchseigenschaften höherwertige Oberfläche zu erzielen. P. erfolgt durch Auftragschweißen (Schweiß-P.), Walz-P., Spreng-P. oder mit den Verfahren der Galvanotechnik (Elektro-P.). P. mit Gold ergibt Dublee.

2) *Textiltechnik:* Überdecken eines minderwertigeren Fadenmaterials durch ein an der Warenoberfläche erscheinendes wertvolleres, um den Eindruck einer insgesamt anspruchsvolleren Maschenware zu erzielen. Durch diese Technik lassen sich auch farblich unterschiedl. Vorder- und Rückseiten sowie jacquardähnl. Musterungsbilder erzielen.

Plattitüde [frz., zu plat ›flach‹] *die, -/-n,* Plattheit, nichts sagende Redewendung, Gemeinplatz.

Plattkäfer, Cucujidae, Familie der Käfer mit rd. 1 200 Arten (in Mitteleuropa 50), 2–35 mm lang mit stark abgeflachtem Körper; P. leben v. a. unter Rinden, z. T. als Kosmopoliten in Getreidevorräten.

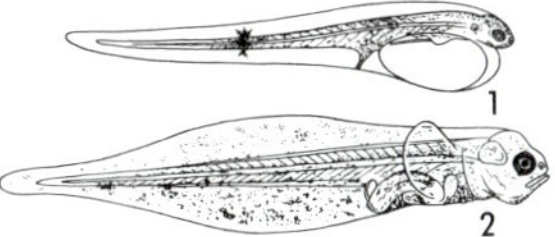

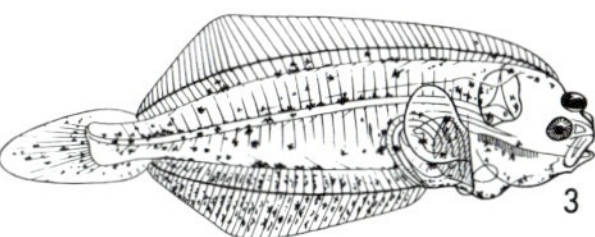

Plattfische: 1 Larve aus einem 2 Tage alten Ei (3,1 mm lang); 2 Larve kurz vor Beginn der Flossenstrahlbildung (7,2 mm lang); 3 Larve in Umwandlung mit dem Auge auf der Körperkante (10,2 mm lang)

Plattkarte, *Kartographie:* ein zylindr. Kartennetzentwurf, bei dem in normaler Lage die Meridiane längentreu sind. Ist auch der Äquator längentreu, so liegt die **quadratische P.** vor; sind dagegen zwei zum Äquator gleichabständige Breitenkreise längentreu, so entsteht die **rechteckige Plattkarte.**

Plattköpfe, Flachköpfe, Platycephalidae, Fischfamilie der Panzerwangen in Küstengewässern des Indopazifiks; bodenbewohnende Raubfische mit zylinderförmigem Körper und abgeplattetem Kopf mit stacheligen Knochenplatten.

Plattling, Stadt im Landkreis Deggendorf, Niederbayern, 324 m ü. M., im fruchtbaren Dungau an der Isar, 12 300 Ew.; Zucker-, Fleischwaren-, Papierfabrik, Orgelbau, Maschinenbau. – Friedhofskirche St. Jakob (13. Jh.) mit Wand- und Gewölbemalereien des frühen 17. Jh.; kath. Pfarrkirche St. Magdalena (1760 geweiht) mit Rokokoausstattung. – P., 868 erstmals erwähnt, nahm durch einen 1080 angelegten und mit einer Zollstation verbundenen Isarübergang wirtschaftl. Aufschwung. 1317 erhielt der Ort Marktrecht. Wegen der bei Hochwasser ständig drohenden Überflutungsgefahr wurde P. 1379 vom rechten auf das höhere linke Isarufer verlegt; seit 1888 Stadt.

Plattmuscheln: Baltische Plattmuschel (Größe bis 3 cm)

Plattmuscheln, Tellmuscheln, Tellinidae, Familie z. T. prächtig gefärbter Muscheln im Pazifik und Atlantik. Die **Pazifische P.** (Macoma nasuta) wurde von den Indianern Nordamerikas als Zahlungsmittel benutzt. Im Ostatlantik bis zum Mittelmeer verbreitet ist die bis 22 cm lange **Gerippte Tellmuschel** (Angulus fabula). Eine der häufigsten Muscheln der Dt. Bucht, die **Baltische P.** (**Rote Bohne,** Macoma baltica), lebt auf sandigen Böden der Nord- und Ostseeküste.

Plattner, andere Bez. für den Harnischschmied; abgeleitet von den geschmiedeten Eisenplatten, die seit Anfang des 14. Jh. dem Panzer (Ringelpanzer, Kettenhemd) an bes. gefährdeten Stellen aufgelegt wurden und die sich gegen Ende des 14. Jh. zum Harnisch entwickelten. Die Blütezeit des P.-Handwerks lag im 15./erste Hälfte des 16. Jahrhunderts.

Plattschmerlen, Homalopteridae, Familie der Karpfenartigen Fische mit 87 Arten in schnell fließenden Gebirgsgewässern SO-Asiens und des Indoaustral. Archipels. Die kleinen, schmerlenartigen P. ernähren sich vom Bewuchs auf Steinen. Bei der Gattung **Flossensauger** (Gastromyzon) sind die Brust-

und Bauchflossen als Saugscheibe ausgebildet (Schutz vor Drift).

Plattschwänze, Gattung der →Seeschlangen.

Plattschweifsittiche, Bez. für eine Gruppe austral. Papageiengattungen, die auch als Unterfamilie oder Tribus angesehen wird. Bekannteste Art ist der →Wellensittich.

Plattstich, eine schon in frühen Kulturen verbreitete Stichart für Nadelarbeiten, die das Muster aus parallel zueinander liegenden Fäden bildet und unabhängig vom Stickgrund ist.

Plattwanzen: Bettwanze (Weibchen bis 8,5 mm lang)

Plattwanzen, Cimicidae, Familie Blut saugender Wanzen mit rd. 20 Arten (in Mitteleuropa vier), braun, abgeplattet, 3–9 mm lang, Flügel zurückgebildet; P. kommen bei Vögeln und Säugetieren vor, seltener bei Kriechtieren. Die bekannteste Gattung ist **Cimex,** zu der u. a. die →Bettwanze gehört.

Plattwürmer, Plathelminthes, Gruppe der Würmer mit 16 000 Arten, weltweit im Meer, Süßwasser, an Land oder parasitisch lebend; 0,5 mm–25 m lang, mit platt gedrücktem Körper. Die Körperhöhle zw. dem Hautmuskelschlauch und dem afterlosen Darm ist von lockerem Gewebe (Parenchym) erfüllt. Blutgefäße und Atmungsorgane fehlen. Die Geschlechtsorgane der meist zwittrigen P. sind kompliziert gebaut. Knapp ein Viertel der Arten lebt teils im Wasser oder im feuchten Erdreich und wird in künstl. Systemen als →Strudelwürmer zusammengefasst. Natürl. Verwandtschaftsgruppen bilden dagegen die parasit. →Saugwürmer und →Bandwürmer. Die in der Systematik bislang als eigener Stamm angesehenen P. werden in der phylogenet. Systematik (nach W. HENNIG) mit den Kiefermündchen zu den Plathelminthomorpha zusammengefasst.

Platy: Zuchtformen des Platy (Männchen, Größe 4 cm)

Platy [zu griech. platýs ›platt‹, ›breit‹], **Xiphophorus maculatus,** Art der Lebendgebärenden Zahnkarpfen aus Mexiko und Guatemala; friedl. Aquarienfisch mit vielen, leicht zu haltenden Zuchtformen.

Platycerium [griech.], die Pflanzengattung →Geweihfarn.

Platykladium [zu griech. kládos ›Zweig‹] *das, -s/...di|en, Botanik:* der →Flachspross.

Platyrrhini [zu griech. rhís, rhinós ›Nase‹], die Neuweltaffen (→Affen).

Platysomus [zu griech. sõma ›Körper‹], fossile Gattung der Strahlenflosser (Knochenfische), vom Unterkarbon bis Oberperm (Zechstein); 15–25 cm lang, hochrückig, seitlich abgeflacht, dreieckige Rücken- und Afterflosse. P.-Arten lebten in den küstennahen Riffen.

Platytera [mittelgriech.], Darstellungstypus der MARIA, →Marienbild.

Platz [mhd. pla(t)z, über (alt)frz. place von lat. platea ›Straße‹], von Bebauung umschlossene, öffentl. Zwecken dienende Fläche in Siedlungen. Die P.-Anlagen der Antike, die →Agora in Griechenland und das →Forum im Röm. Reich, waren Orte des kulturellen und polit. Lebens. P. des MA. entstanden urspr. als Markt-P. und waren von Kaufmannshäusern und öffentl. Gebäuden wie Kirche und Rathaus sowie Gasthaus umgeben. In der Stadtbaukunst der Renaissance und des Barock war der P. im Zusammenhang mit Kirchen- und Schlossbauten ein wichtiges Ausdrucksmittel polit. Repräsentation. Im 19. Jh. entstanden Neuanlagen von Plätzen im Zuge von Stadterweiterungen; Plätze bekamen dabei in Verbindung mit Grünanlagen dekorative Funktion oder wurden betonte Schnittpunkte groß angelegter Straßenachsen.

M. WEBB: Die Mitte der Stadt. Städt. Plätze von der Antike bis heute (a. d. Engl., 1990); Plätze in der Stadt, hg. v. H.-J. AMINDE (1994).

Platz|angst, die →Agoraphobie.

Platzdorf, ländl. Siedlung, bei der sich die Gebäude um einen Platz anordnen. Diese bereits bei Wildbeutern bezeugte Siedlungsform kommt auch im Rahmen der Pflugkultur vor, z. B. im Bereich der dt. Ostsiedlung. Ein Typ des P. ist das →Angerdorf.

Platzer, Plazer, Johann Georg, österr. Maler, *Sankt Pauls (Gem. Eppan an der Weinstraße) 24. 6. 1704, †Sankt Michael (Gem. Eppan an der Weinstraße) 10. 12. 1761; v. a. in Wien tätig, wo er sehr erfolgreich war mit Gesellschaftsstücken und Bildern mit histor., bibl. und mytholog. Szenen in miniaturhafter Technik und hellfarbigem Kolorit (›Atelier eines Malers‹ und ›Atelier eines Bildhauers‹, beide um 1750; Wien, Kunsthistor. Museum).

Platzgeschäft, Platzkauf, →Distanzgeschäft.

Platzhalter, *Informatik* und *Mathematik:* elementarisierende Bez. für Variable.

Platzhirsch, der den Brunftplatz beherrschende Hirsch.

Platzierung, *Börsenwesen:* →Emission.

Platzkostenrechnung, Kostenplatzrechnung, verfeinerte Form der Kostenstellenrechnung (→Kostenrechnung), bei der die Kostenstellen in einzelne Kostenplätze (z. B. bestimmte Produktionsanlagen, Arbeitsplatzbereiche, Arbeitsplätze) untergliedert werden. Für diese Kostenplätze werden Zuschlagssätze (Arbeitsplatz- oder Maschinenstundensätze) gesondert kalkuliert, ermittelt und weiterverrechnet. Sind Kosten und Leistungen platzspezifisch erfassbar, so ergeben sich genauere Zuschlagssätze als in der Kostenstellenzuschlagsrechnung. In der Praxis werden z. T. den geplanten Platzkosten (Sollkosten) die tatsächl. Kosten für die Kostenstelle (Istkosten eines Verantwortungsbereichs) gegenübergestellt.

Platzpatrone, Manövermunition für Handfeuerwaffen, die bei der Gefechtsausbildung Mündungsfeuer und -rauch sowie den Abschussknall eines scharfen Schusses simuliert, ohne dass harte Teile das Rohr verlassen. Die Treibladung ist von einer Plastikhülle umgeben, die beim Abfeuern an der Spitze aufreißt.

Platzrunde, *Luftfahrt:* ein festgelegter Flugweg, den Luftfahrzeuge beim Umfliegen eines Flugplatzes oder Flughafens einhalten müssen; hat besondere Bedeutung für Übungsflüge. Zur Landung (auf kleineren Flugplätzen) anfliegende Flugzeuge haben sich in die P. einzureihen.

Platzverweis, 1) *Recht:* nach den Polizeigesetzen der Länder die polizeil. Befugnis, Personen, die eine konkrete Gefahr verursachen (könnten), von einem bestimmten Ort zu verweisen oder am Betreten des Orts zu hindern. Dies gilt auch gegenüber Personen, die den Einsatz von Rettungsdiensten behindern.

2) *Sport:* der →Feldverweis.

Platzwechsel, *Wechselrecht:* ein Wechsel, bei dem Ausstellungs- und Zahlungsort übereinstimmen; Ggs.: Distanzwechsel.

Platzwette, *Pferdesport:* Form der Wette, bei der gewonnen wird, wenn sich das Pferd, auf das gesetzt wurde, platziert, d. h., wenn es bei vier bis sechs teilnehmenden Pferden unter den ersten zwei, bei sieben und mehr Startern unter den ersten drei im Ziel ist. P. bedeuten das geringste Wettrisiko und bringen daher die niedrigsten Quoten bei →Rennwetten.

Platzziffer, *Sport:* Form der Wertung in Sportarten mit nicht messbarer Leistung (z. B. Bodybuilding, Eiskunstlauf und Tanzsport): der von jedem Kampfrichter unabhängig von den anderen jedem einzelnen Wettkampfteilnehmer zugeordnete Rang (Platz).

Plau am See, Stadt im Landkreis Parchim, Meckl.-Vorp., 70 m ü. M., am Ausfluss der Elde aus dem Plauer See, 6 200 Ew.; Wandschneider-(Kunst-)Museum; Erholungs- und Kurort (Rehakliniken); Zentrum eines Landwirtschaftsgebietes; Möbelherstellung, Ziegelwerk; Pelztierfarm; Agrar-, Fischereibetriebe, Kleingewerbe. – In der Stadtkirche (Baubeginn 1225, 1878–79 verändert) lüb. Schnitzaltar (um

1500) und bronzenes Taufbecken (1570). Von der 1287 erwähnten Burg, 1448/49 ausgebaut und 1538–50 zur Festung umgestaltet, sind nur der Bergfried (heute stadtgeschichtl. Ausstellungen) und Wallanlagen erhalten. – Das 1225 in regelmäßiger Anlage gegründete P. erhielt 1235 Stadtrecht.

Plaue, Stadt im Ilmkreis, Thür., 330 m ü. M., nahe dem Thüringer Wald, 1 900 Ew.; Erholungsort; Porzellanmanufaktur, Kofferherstellung. – Die Liebfrauenkirche, ein roman. Backsteinbau des 13. Jh., wurde um 1700 erneuert. Ruine Ehrenburg (14. Jh.). – P., 1222 erstmals belegt, im 14. Jh. als Stadt in der Nachfolge eines slaw. Dorfes planmäßig angelegt, wurde 1346 erstmals als Stadt bezeichnet.

plauen, e. o., Pseudonym des Zeichners und Illustrators Erich →Ohser.

Plauen, kreisfreie Stadt und Kreisstadt des Vogtlandkreises, Sa., 320–525 m ü. M., in einer Talweitung der Weißen Elster, größte Stadt des Vogtlands, 67 800 Ew.; Vogtlandmuseum (in drei klassizist. Patrizierhäusern von 1787–99), Vogtland-Theater und Stadtpark (mit Parktheater), daran angrenzend das Landschaftsschutzgebiet ›Syratal‹ (100 ha). Wichtigste Wirtschaftszweige sind Maschinen-, Fahrzeug- (bes. Autobusse), Stahl- und Metallbau, elektrotechn., Druckerei- und Textilindustrie (Gardinen, Plauener Spitzen, Stickereien; alljährlich im Juni Spitzenfest). – Wahrzeichen der Stadt ist das Alte Rathaus (1508 auf Vorgängerbau des 14. Jh.; mit Museum Plauener Spitzen) mit Renaissancegiebel und Kunstuhr (1548) sowie Sonnenuhr (1784). In der spätgot. Johanniskirche (13./14. Jh., nach Brand 1548 als Hallenkirche erneuert) spätgot. Schnitzaltar (16. Jh.); Alte Elsterbrücke (1244 erwähnt), barocke Lutherkirche (1693–1722) mit spätgotischem Flügelaltar (1490–95), Malzhaus (1727–30 auf den Resten einer Burg errichtet). Vom 1945 zerstörten Schloss der Vögte wurde der Bergfried (›Roter Turm‹) wiederhergestellt. – Die gegen 1220 mit gitterförmigem Grundriss bei einer 1222 erstmals bezeugten Burg errichtete Stadt P. wurde zw. 1224 und 1244 gegründet und nach 1244 um eine Neustadt erweitert. 1466 fiel P. an die Wettiner. Im 15. Jh. bestimmten Tuchmacherei, im 16. und 17. Jh. Zeugherstellung und Baumwollweberei das Wirtschaftsleben. Anfang des 19. Jh. wurde die Handplattstichstickerei eingeführt, die 1880 zur Entdeckung der Tüllstickerei und 1883 zur Entwicklung der Ätzspitze führte. Daraus entwickelte sich die Produktion der ›Plauener Spitze‹, die der Stadt Weltruf brachte.

Plauer See, 1) drittgrößter See von Meckl.-Vorp., 62 m ü. M., 37,8 km², bis 24 m tief; von der Elde durchflossen; Erholungsgebiet.

2) seenartige Erweiterung der Havel westlich von Brandenburg an der Havel, in die hier der Elbe-Havel-Kanal mündet; 17 km²; Erholungsgebiet. Am westl. N-Ufer liegt **Plaue** (seit 1411 Stadt; mit der bereits 1216 erwähnten Burg Plaue), das 1952 nach Brandenburg an der Havel eingemeindet wurde.

Plautus, Titus **Maccius,** lat. Komödiendichter, * Sarsina (bei Cesena) um 250 v. Chr., † Rom um 184 v. Chr. Nach der (anekdotenhaften) Überlieferung soll er u. a. Bühnenarbeiter, Kaufmann und Müllersknecht gewesen sein. P. ist der erste röm. Schriftsteller, von dem vollständige Werke erhalten sind: 21 Komödien, die von den Philologen des 1. Jh. v. Chr. für echt bezeugt wurden. P. bearbeitete Stücke der ›neuen Komödie‹, d. h. des zeitgenöss. griech. Theaterrepertoires, für die röm. Bühne und bemühte sich dabei um themat. Vielseitigkeit: Die Skala reicht von der Mythentravestie (›Amphitruo‹) bis zur derben Farce, von der turbulenten Verwechslungskomödie (›Menaechmi‹) bis zum Charakterstück (›Aulularia‹, ›Miles gloriosus‹) und zum ruhigen oder sentimentalen Lustspiel. Als Übersetzer hat P. durch seine Sprache und

Plauen: Altes Rathaus (1508) mit Renaissancegiebel (1548)

Verskunst zur Entwicklung der röm. Literatur beigetragen. Da seine Vorlagen nicht erhalten sind, kann die selbstständige Leistung nur schwer beurteilt werden. Offenbar hat er reine Sprechdramen bearbeitet, die er wegen der Bühnenwirksamkeit erweiterte oder kürzte, die kom. Effekte betonte und Gesangsnummern einfügte. Das griech. Milieu wurde beibehalten, jedoch wurden Hinweise auf röm. Verhältnisse eingeflochten. Häufig wiederkehrende Typen sind der gerissene Sklave, der verliebte Alte, der Kuppler und der Parasit. Die vielfältigen Ausdrucksmittel reichen von Zoten und Schimpfkanonaden bis zu trag. Pathos.

Im MA. galt TERENZ als der bedeutendere röm. Komödiendichter. Das Interesse an P. erwachte, als 1429 NIKOLAUS VON KUES 12 verschollene Stücke entdeckte; seit dem 16. Jh. beeinflussten Stoffe und Aufbau der Komödien des P. wesentlich die Entwicklung des europ. Lustspiels. Neubearbeitungen stammen u. a. von L. ARIOSTO, P. ARETINO, L. F. DE VEGA CARPIO, P. CALDERÓN DE LA BARCA, TIRSO DE MOLINA, SHAKESPEARE, MOLIÈRE, L. HOLBERG, H. SACHS, H. VON KLEIST.

Plauen Stadtwappen

Ausgaben: Comoediae, hg. v. F. LEO, 2 Bde. (1895–96, Nachdr. 1958); Comoediae, hg. v. W. M. LINDSAY, 2 Bde. (Neuausg. 1968–84). – Antike Komödien, Bd. 2 u. 3: P. (Neuausg. 1982).

F. LEO: Die plautin. Cantica u. die hellenist. Lyrik (1897, Nachdr. Nendeln 1970); DERS.: Plautin. Forsch. (²1912, Nachdr. 1966); H. MARTI: Unterss. zur dramat. Technik bei P. u. Terenz (Winterthur 1959); E. PARATORE: Plauto (Florenz 1961); Die röm. Komödie: P. u. Terenz, hg. v. E. LEFÈVRE (1973); N. W. SLATER: P. in performance (Princeton, N. J., 1985); O. ZWIERLEIN: Zur Kritik u. Exegese des P., 4 Bde. (1990–92); Bibliogr. zu P. 1976–1989, hg. v. F. BUBEL (1992).

Plaut-Vincent-Angina [-vɛ̃ˈsã-; nach dem Bakteriologen HUGO CARL PLAUT, * 1858, † 1928, und dem frz. Epidemiologen HYACINTHE VINCENT, * 1862, † 1950], meist einseitige Mandelentzündung, die mit tiefer Geschwürbildung, schmierigem, graugrünl. Belag und starkem Mundgeruch bei wenig beeinträchtigtem Allgemeinbefinden verbunden ist. Erreger sind das Fusobacterium fusiforme in Symbiose mit Borrelia vincenti, die zur normalen Mundflora gehören. Die *Behandlung* erfolgt mit Penicillin und lokal angewendeten antisept. Mitteln (z. B. Wasserstoffperoxid).

Playa [ˈplaja], eine →Salztonebene in den USA und in Mexiko.

Play-back-Verfahren [ˈpleɪbæk-; engl. play-back ›Wiedergabe‹], Kurz-Bez. **Play-back,** *Tontechnik:*

1) tontechn. Verfahren bei Film- und Fernsehaufnahmen, bei dem störungsfrei im Tonstudio aufgenommene Musik- und Sprachaufzeichnungen während der Bildaufzeichnung über Lautsprecher wiedergegeben (›zugespielt‹) werden; die Schauspieler richten sich bei der Darstellung (synchrone Mundbewegungen bei Sprache bzw. Gesang) nach der Lautsprecherwiedergabe; 2) bei Musikaufzeichnungen angewendetes Verfahren, bei dem z. B. Orchester und Solisten oder einzelne Instrumental- und Gesangspartien getrennt auf Tonbänder aufgenommen und anschließend auf ein dann die Gesamtdarbietung enthaltendes Tonband überspielt werden.

Playboy [ˈpleɪbɔɪ], amerikan. Männerzeitschrift, 1953 gegr. von HUGH MARSTON HEFNER (* 1926); u. a. amerikan., dt. (seit 1972 in der Heinrich Bauer Verlag KG; Auflage 215 000), ital. und jap. Ausgaben.

Play-off [ˈpleɪɔf, engl.] *das, -/-, Sport:* 1) beim Golf: Bez. für ein Entscheidungsspiel oder Stechen; 2) in versch. Mannschaftssportarten (z. B. Eishockey) die nach dem K.-o.-System durchgeführte Entscheidungsrunde (P.-o.-Runde). Dabei werden nach Abschluss der Spielsaison Meister, Auf- und Absteiger ermittelt. Beim P.-o. um die Meisterschaft spielen zumeist die acht bestplatzierten Mannschaften gegeneinander, wobei i. d. R. der erst- auf den achtplatzierten, der zweit- auf den siebtplatzierten usw. trifft. Die nächste Runde erreicht jeweils derjenige, der zuerst zwei (›best-of-three‹) oder drei (›best-of-five‹) Siege errungen hat.

Plaza Huincul [ˈplasa uiŋˈkul], Ort in der Prov. Neuquén, Argentinien, am Fuß der Anden; Erdöl- und Erdgasfeld, 1918 erschlossen, Erdölraffinerie (seit 1919); Pipelines nach Puerto Rosales, Bahía Blanca und Buenos Aires.

Plazenta [lat. placenta, eigtl. ›Kuchen‹] *die, -/-s* und *...ten,* **1)** *Anatomie:* der →Mutterkuchen.

2) *Botanik:* Bildungsgewebe für die Samenanlagen auf den Samenleisten der Fruchtblätter im Fruchtknoten (→Blüte).

Plazentatiere, Plazentali|er, höhere Säugetiere, Eutheria, Placentalia, Monodelphia, seit der Oberkreide, seit rd. 100 Mio. Jahren belegte, heute mit über 4 000 Arten weltweit verbreitete Unterklasse der Säugetiere, bei denen die Embryonen in der Gebärmutter des mütterl. Körpers über eine Plazenta (→Mutterkuchen) ernährt werden. Die Jungen werden i. d. R. in weit entwickeltem Zustand geboren. Das Urogenitalsystem und der Darm münden stets getrennt voneinander (es ist keine Kloake ausgebildet), die Scheide ist nicht zweigeteilt. Beutel und Beutelknochen fehlen stets. Das Gehirn erfährt eine starke Steigerung seiner Leistungsfähigkeit. Die Fähigkeit zur Regulation der Körpertemperatur ist sehr ausgeprägt. – Drei der 17 Ordnungen der P. haben sich extrem an das Leben im Wasser angepasst (Wale, Seekühe, Robben), eine andere Ordnung (Flattertiere) hat vollkommene Flugfähigkeit entwickelt. – Zu den P. zählen alle Säugetiere (einschließlich Mensch) mit Ausnahme der Kloaken- und Beuteltiere.

Plazet [lat. placet ›es gefällt‹] *das, -s/-s,* **1)** *bildungssprachlich:* Zustimmung, Einwilligung.

2) *Kirchenrecht:* **Placet,** Zustimmungsformel, bes. bei Konzilen.

3) *Staatskirchenrecht:* **landesherrliches P.,** lat. **Placetum regium, Exequatur,** das aus eigener Macht beanspruchte Recht des Staates, kirchl. Erlasse vor ihrer Veröffentlichung zu prüfen und zu genehmigen. Das P. kam im Spät-MA. auf und wurde in der Folgezeit (u. a. durch Reformation, Gallikanismus) zum Bestandteil des Staatskirchenrechts. Im 19. Jh. verschwand es allmählich (in Dtl. endgültig durch die Weimarer Reichs-Verf.). Die kath. Kirche hat stets gegen das P. protestiert.

plc, PLC [ˈpiːelsiː; Abk. für engl. **p**ublic **l**imited **c**ompany], Aktiengesellschaft.

PLD [Abk. von engl. **p**rogrammable **l**ogic **d**evice, ›programmierbare Logikschaltung‹], i. w. S. zusammenfassende Bez. für digitale Schaltungen, deren log. Funktion durch den Anwender bestimmt wird; dabei können entweder Verknüpfungen log. Strukturen verändert werden oder diese Strukturen selbst. Insbesondere log. Schaltungen hohen Integrationsgrads mit einer matrixartigen Gatteranordnung werden in diesem Sinn als PLD bezeichnet; zu diesen zählen programmierbare Speicher (→PROM), programmierbare spezielle Funktionseinheiten wie Frequenzdekoder oder Diodenmatrizen sowie PLD i. e. S., darunter **PAL** (Abk. von engl. **p**rogrammable **a**rray **l**ogic) und **PLA** (Abk. von engl. **p**rogrammable **l**ogic **a**rray), die sich dadurch unterscheiden, dass bei den PAL sowohl eine UND- als auch eine ODER-Matrix programmierbar sind, beim PLA dagegen nur eine ODER-Matrix.

Pleasant Island [ˈpleznt ˈaɪlənd], von 1798 bis 1888 Name der Insel Nauru.

Plebejer [lat.] *der, -s/-,* Angehöriger der →Plebs.

Plebejer proben den Aufstand, Die, Schauspiel von G. GRASS, Uraufführung 1966 am Schillertheater Berlin.

Plebiszit [lat., zu Plebs und scitum ›Beschluss‹] *das, -(e)s/-e,* **1)** im *antiken Rom* der in den Versammlungen der →Plebs gefasste, urspr. nur für die Plebejer verbindl. Beschluss. Nachdem das P. 287 v. Chr. durch die ›Lex Hortensia‹ des QUINTUS →HORTENSIUS die gleiche Geltung erreichte wie ein vom Gesamtvolk (populus) erlassenes Gesetz, erfolgte die Gesetzgebung der röm. Rep. zunehmend in Form von P.

2) *Staatsrecht:* **Volksabstimmung,** die Abstimmung der stimmberechtigten Bürger über eine Sachfrage (im Unterschied zur Wahl, die sich auf eine Personalentscheidung bezieht). Die Entscheidung des Volkes über Sachfragen ist ein Element der unmittelbaren Demokratie. Das P. kann den Erlass eines Gesetzes (z. B. über die Zulässigkeit von Kernkraftwerken) oder eine Einzelfallentscheidung (z. B. über den Standort eines geplanten Kernkraftwerks) zum Inhalt haben. Häufig hat dem Volksentscheid ein →Volksbegehren voranzugehen, mit dem eine bestimmte Mindestzahl (Quorum) von Stimmberechtigten die Durchführung eines Volksentscheids erzwingen kann. (→Referendum)

Das GG kennt auf Bundesebene nur die Abstimmung in den beteiligten Ländern bei Neugliederung des Bundesgebiets (Art. 29 GG). In den Landes-Verf. sind z. T. P. über Fragen der Landesgesetzgebung vorgesehen, ebenso in den Gemeindeordnungen Abstimmungen auf Gemeindeebene über lokale Vorhaben. Die Zurückhaltung des GG gegenüber P. ist als Reaktion auf Erfahrungen während der Weimarer Rep. zu sehen, die heute allerdings unterschiedlich eingeschätzt werden. Ausländ. Verfassungen sehen häufiger P. vor. Die Einführung plebiszitärer Elemente in das GG wird seit längerem, angestoßen auch durch die Bürgerinitiativbewegung, kontrovers diskutiert.

In *Österreich* gibt es auf Bundes- und auf Länderebene die →Volksbefragung und das →Volksbegehren. Auch im Gemeindebereich sind Volksbegehren, Volksbefragungen und Volksabstimmungen sowie Gemeinde-(Bürger-)Versammlungen vorgesehen.

In der *Schweiz* sind P. sehr häufig (→Gesetzgebungsverfahren, →Volksinitiative).

3) *Völkerrecht:* eine Abstimmung, bei der die stimmberechtigte Bev. eines bestimmten Gebietes darüber entscheidet, ob sie im bisherigen Staatsverbund verbleiben oder ihn wechseln will, z. B. bei Annexion, Gebietsabtretung. Neben dem P. wird häufig die →Option gewährt.

Plebs [lat.] **1)** *der, -es,* österr. *die, -, allg.* abwertend für: niederes, gemeines Volk, Pöbel.

Jože Plečnik: Fassade des Zacherlhauses in Wien; 1903–05

2) *die, -, Geschichte:* im antiken Rom urspr. die große Masse der Bürger, die nicht zu den altadligen Familien der Patrizier gehörten; in der späteren Rep. die unteren (v. a. ärmeren) Schichten im Ggs. zu den →Nobiles und den Rittern (→Equites), in der Kaiserzeit nur noch der unruhige Pöbel.

Die Entstehung des Standes der **Plebejer** (lat. plebeii) ist ungeklärt. Wahrscheinlich handelte es sich um sozial heterogene Schichten, Angehörige des bäuerl. Mittelstandes, Handwerker, Händler und umgesiedelte Bewohner eroberter Latinerstädte. In den ›Ständekämpfen‹ (5. bis Anfang des 3. Jh. v. Chr.) erzwang die P., die in die Wehrordnung integriert und für die Kriegführung unentbehrlich war, die Beteiligung an der staatl. Machtausübung (v. a. durch die Secessio Plebis, den Auszug der P. aus Rom, eine Art Wehrstreik). Während die bäuerl. Schichten bes. eine Besserung der wirtschaftl. Lage, Anteile am eroberten Land und Rechtssicherheit erstrebten, forderten die führenden Plebejerfamilien, die zu Wohlstand gekommen und nach patriz. Vorbild plebej. Gentes (→Gens) gebildet hatten, die Vorrechte des stadtröm. Adels, Conubium mit den Patriziern, Zugang zu allen Ämtern und Priesterkollegien. In diesen Kämpfen gab sich die P. eine eigene polit. Organisation mit besonderen Versammlungen (→Concilia Plebis), besonderen Beamten (den plebej. →Ädilen und den Volkstribunen, →Tribun), deren Unverletzlichkeit garantiert war. Kult. Mittelpunkt war der Tempel (Aedes) der Ceres auf dem Aventin, nach dem die Ädilen benannt waren. Die volle polit. Gleichberechtigung war hergestellt, als 287 v. Chr. die Beschlüsse ihrer Versammlungen (→Plebiszit) allgemein bindende Gesetze wurden. Da jedoch die führenden Familien der P. in die Nobilität aufstiegen, blieb der aristokrat. Charakter der röm. Gesellschaft gewahrt.

Z. YAVETZ: P. and princeps (Oxford 1969, Nachdr. New Brunswick, N. J., 1988); ERNST MEYER: Röm. Staat u. Staatsgedanke (Zürich [4]1975).

Plechanow, Georgij Walentinowitsch, russ. Revolutionär, *Gudalowka (Gebiet Lipezk) 11. 12. 1856, †Terijoki (heute Selenogorsk) 30. 5. 1918, Sohn eines adligen Grundbesitzers; schloss sich als Student den ›Narodniki‹ an, nach deren Spaltung 1877 einer der Führer der gemäßigten Gruppe der ›Schwarzen Umverteilung‹; emigrierte 1880 und gründete 1883 in Genf den marxist. Bund ›Oswoboschdenije truda‹ (›Befreiung der Arbeit‹), eine Keimzelle der Sozialdemokrat. Arbeiterpartei Russlands. P., der durch seine einprägsamen, systematisierenden Formulierungen eines an F. ENGELS orientierten Materialismus und determinist. Geschichtsschemas zum wirkungsvollsten Theoretiker der russ. Marxisten wurde, war 1889 russ. Delegierter der Zweiten Internationale und bis 1904 Mitgl. ihrer Exekutive. Gegen den reformer. Ökonomismus gründete er mit L. MARTOW und LENIN 1900 in Leipzig die Zeitschrift ›Iskra‹. Auf dem 2. Parteitag der russ. Sozialdemokratie in Brüssel und London (1903), der zur Spaltung der Partei in Bolschewiki und Menschewiki führte, stand er zunächst an der Seite LENINS, schloss sich dann den Menschewiki an. 1917 kehrte er nach Russland zurück und wandte sich mit der sozialdemokrat. Gruppe um die Zeitschrift ›Jedinstwo‹ (Einheit) gegen die Aprilthesen LENINS und den Revolutionskurs der Bolschewiki.

Ausgaben: Sočinenija, 24 Bde. (1923–27); Literaturnoe nasledie G. V. P., 8 Bde. (1934–40); Izbrannye filosofskie proizvedenija, 5 Bde. (1956–58).

J. C. TRAUT: Plechanov u. das russ. Volkstümlertum (1983); D. JENA: Georgi W. P. Historisch-polit. Biogr. (Berlin-Ost 1989); S. H. BARON: Plekhanov in Russian history and Soviet historiography (Pittsburgh, Pa., 1995).

Plechý [ˈplɛxiː], Berg im Böhmerwald, →Plöckenstein.

Plečnik [ˈpleːtʃnik], Jože (Josef), slowen. Architekt, *Ljubljana 23. 1. 1872, †ebd. 6. 1. 1957; studierte bei O. WAGNER und erwies sich bereits mit seinen Frühwerken, dem Zacherlhaus (1903–05) und der Hl.-Geist-Kirche (1910–13) in Wien, als Pionier der modernen Architektur. 1911 wurde er Prof. an der Kunstgewerbeschule in Prag und leitete 1921–35 den Umbau des Hradschin. 1921–56 lehrte er an der Architekturabteilung der Univ. in Ljubljana, wo er zugleich als Architekt und Stadtplaner tätig war.

Weitere Werke: Herz-Jesu-Kirche in Prag (1928–32); National- u. Univ.-Bibliothek in Ljubljana (1936–40); Friedhof Žale, ebd. (1939–41).

D. PRELOVŠEK: J. P. 1872–1957. Architectura perennis (a. d. Slowen., Salzburg 1992); Architekten – J. P., bearb. v. T. N. DAHLE ([2]1993); P. KREČIČ: P. The complete works (London 1993).

Plecoptera [griech.], die →Steinfliegen.

Plectranthus [griech.], die Pflanzengattung →Harfenstrauch.

Pléiade [pleˈjadə, frz. pleˈjad], nach dem alexandrin. Dichterkreis, der →Pleias, benannte Dichterschule der frz. Renaissance, der – in wechselnder Zusammensetzung – jeweils sieben Dichter angehörten, darunter P. DE RONSARD, J. DU BELLAY, J. DORAT, J. A. DE BAÏF, É. JODELLE, R. BELLEAU, P. DE TYARD und J. PELETIER. Das sprachtheoret. und poetolog. Programm der P. wurde v. a. von DU BELLAY in ›La defense et illustration de la langue française‹ (1549) entwickelt, in der sich die Bewunderung für die als modellhaft empfundene antike und ital. Dichtung mit ihren Gattungen und Formen (Epos, Tragödie, Komödie, Ode, Elegie, Epigramm, Sonett u. a.) spiegelt. Die P. wollte die frz. Sprache zu einem dem Griechischen und Lateinischen ebenbürtigen Ausdrucksinstrument entwickeln (u. a. durch Bereicherung des Wortschatzes: Neologismen, Archaismen, Übernahme dialektaler und fachsprachl. Ausdrücke, Lehnwörter aus dem Lateinischen und Griechischen) und die frz. Literatur zu einer der antiken vergleichbaren Poesie erheben. Diesem Ziel entsprach eine Abkehr von mittelalterl. Traditionen ebenso wie eine neue Konzeption von der Rolle des Dichters (dem damit auch eine ›nationale‹ Aufgabe zugewiesen wurde).

Georgij Walentinowitsch Plechanow

H. CHAMARD: Histoire de la P., 4 Bde. (Neuausg. Paris 1961–63); H. W. WITTSCHIER: Die Lyrik der P. (1971); Y. BELLENGER: La P. (Neuausg. Paris 1988); F. JOUKOVSKY: Le bel objet. Les paradis artificiels de la P. (ebd. 1991).

Pleiaden, *griech. Mythos:* die →Plejaden.

Pleias [nach den Plejaden], griech. **Pleias,** Bez. für den Kreis der sieben erfolgreichsten Tragiker am Hof PTOLEMAIOS' II. (285–246 v. Chr.) in Alexandria: LY-

KOPHRON, ALEXANDER AITOLOS, HOMER VON BYZANZ, SOSITHEOS, PHILIKOS, DIONYSIADES und SOSIPHANES (nach der Namensliste der Suda; die versch. Namenslisten decken sich nicht vollständig).

Pleione: Pleione formosana (Blüte bis 10 cm breit)

Pleier, der P., mhd. Dichter; Ministeriale aus dem bairisch-österr. Sprachraum; schrieb zw. etwa 1250/60 und 1280 drei längere Versromane in der Tradition der Artusdichtung: ›Garel von dem blühenden Tal‹, ›Meleranz‹, mit einer märchenhaften Liebeshandlung, und ›Tandareis und Flordibel‹, der dem Typus des spätgriech. Liebesromans folgt.

Pleinairmalerei [plɛˈnɛːr-, frz.], die →Freilichtmalerei.

Plein Jeu [plɛ̃ ʒø, frz.], Spielanweisung bei der Orgel, →Organo pleno.

Pleinze, ein Fisch, die →Zope.

Pleiochasium [zu griech. pleĩon ›mehr‹ und chásis ›Spalt‹] *das, -s/...si|en, Botanik:* ein →Blütenstand.

Pleione [nach der gleichnamigen Mutter der Plejaden], Gattung terrestr. Orchideen mit 17 Arten, die von Zentralnepal bis nach Taiwan, von Zentralchina bis nach Thailand, Laos und Birma in Höhenlagen zw. 1 000 und 4 000 m ü. M. in niederschlagsreichen Wäldern verbreitet sind; Pflanzen mit Bulben und großen, zarten Blüten; einige Arten und Hybriden werden im Kalthaus oder im Freien kultiviert.

Pleiotropie [zu griech. pleĩon ›mehr‹ und tropḗ ›(Hin)wendung‹] *die, -/...ˈpi|en,* **Polyphänie,** *Genetik:* das Eingreifen eines einzigen Gens in mehrere Reaktionsketten oder Entwicklungsvorgänge, z. B. in die Ausbildung der Fellfarbe und in das Knochenwachstum der Maus, wodurch mehrere phänotyp. Effekte entstehen.

Maia Taygete Pleione Alkyone Elektra Atlas Merope

Plejaden

pleiozyklische Pflanzen [zu griech. pleĩon ›mehr‹], **plurienne Pflanzen,** Pflanzen, die nur einmal, und zwar am Ende ihres mehrjährigen Wachstums, blühen und dann absterben; z. B. die Arten der Agave (nach 10–100 Jahren).

Pleiße *die,* rechter Nebenfluss der Weißen Elster, 111 km lang, davon 75 km in Sa. und 36 km in Thür.; mehrfach gestaut (bei Windischleuba, Regitz-Serbitz, Borna, Stöhna), ebenso der Zufluss Wyhra. Südlich von Leipzig wurde ihr Lauf wegen des vorrückenden Braunkohlentagebaus in den 1970er-Jahren verlegt.

Pleißenland, mlat. **Terra Plisnensis, Provincia Plisnensis,** im MA. Bez. für das Gebiet beiderseits der Pleiße um Altenburg, Chemnitz und Zwickau. Das P. war ab 1158 Reichsgutsbezirk und ab 1308/11 (anerkannt 1329) der Landesherrschaft der Wettiner eingegliedert (Markgrafschaft Meißen).

pleistoseist [zu griech. pleĩstos ›am meisten‹ und seismós ›(Erd)erschütterung‹], gesagt von einem bei →Erdbeben im Epizentrum gelegenen, am stärksten erschütterten Gebiet.

Pleistozän [zu griech. pleĩstos ›am meisten‹ und kainós ›neu‹] *das, -s,* früher **Diluvium,** die ältere Abteilung des Quartärs, im Wesentlichen das quartäre →Eiszeitalter. – **pleistozän,** auf das P. bezogen, in ihm entstanden.

Pleite [jidd. plejte ›Flucht (vor Gläubigern)‹, von hebr. pĕletạ̄ ›Flucht‹], *umgangssprachlich* für: 1) Bankrott; 2) Fehlschlag, Reinfall.

p-Leitfähigkeit, die auf den elektrisch positiv geladenen Defektelektronen beruhende elektr. Leitfähigkeit. (→Halbleiter)

Plejade, Puschkinsche P., literaturwissenschaftlich nicht haltbare Bez. für die russ. Dichter um 1820, die in regem Austausch miteinander standen, nicht aber von A. S. PUSCHKIN angeführt wurden. Zwar waren sie z. T. Freunde aus PUSCHKINS Lyzeumszeit (A. A. DELWIG, W. K. KJUCHELBEKER) oder waren mit PUSCHKIN durch literar. Salons in Sankt Petersburg, durch die gemeinsame Arbeit an Zeitschriften und Almanachen (P. A. WJASEMSKIJ, J. A. BARATYNSKIJ, P. A. PLETNJOW) verbunden, jedoch hat erst nachträglich die Bedeutung PUSCHKINS zu der in Literatur und Literaturkritik tradierten Bez. geführt.

A. ENGEL-BRAUNSCHMIDT: ›Puškinskaja plejada‹ oder über die Brauchbarkeit eines literarhistor. Terminus, in: Slav. Spektrum. Festschr. für Maximilian Braun ..., hg. v. R. LAUER u. a. (1983).

Plejaden

Plejaden, Siebengestirn, mit bloßem Auge sichtbarer offener Sternhaufen (M 45) im Sternbild Stier, von dem rd. 300 Mitgliedssterne bekannt sind. Der Name Siebengestirn ist irreführend, weil mit bloßem Auge nur sechs Sterne heller als 5^{m}, aber neun Sterne heller als 6^{m} gesehen werden. Die P. zählen zu den Bewegungssternhaufen, der hellste Stern ist Alkyone. Die meisten Sterne der P. sind auf ein Gebiet mit 2° Durchmesser am Himmel verteilt. Der wahre Durchmesser des Sternhaufens beträgt etwa 10 pc, seine Entfernung von der Erde etwa 130 pc. Die P.-Sterne sind in interstellare Staubmaterie eingebettet, die im Licht der Sterne leuchtet und auf fotograf. Aufnahmen als **P.-Nebel** erkennbar ist (ein Reflexionsnebel).

Plejaden, Pleiaden, griech. **Pleiades,** *griech. Mythos:* die sieben Töchter des Atlas und der Pleione: Alkyone, Sterope, Elektra, Kelaino, Maia, Merope und Taygete. Als sich der Jäger Orion ihnen und ihrer Mutter in ungebührl. Verlangen näherte, wurden sie von Zeus als Siebengestirn an den Himmel versetzt; schon früh dienten sie Bauern und Schiffern zur zeitl. und örtl. Orientierung.

Plektenchym [zu griech. plektós ›geflochten‹ und énchyma ›das Eingegossene‹, ›Aufguss‹] *das, -s/-e,* **Flechtgewebe, Scheingewebe, Pseudoparenchym,** gewebeähnl. pflanzl. Zellverbände aus dicht verflochtenen Massen verzweigter Zellfäden (Hyphen), die nachträglich durch Membranverquellung oder Verwachsung verfestigt sind; z. B. der Thallus versch. Algen (v. a. Rotalgen) und der Fruchtkörper vieler Pilze.

Plektron [griech. ›Werkzeug zum Schlagen‹] *das, -s/...ren* und *...ra,* **Plektrum** [lat.], Plättchen oder Stäbchen aus Holz, Schildpatt, Federkiel, Horn, Elfenbein, Metall oder Kunststoff zum Anreißen oder Schlagen der Saiten von Zupfinstrumenten, z. B. Leier, Kithara, Zither. Bei Balalaika, Banjo, Mandoline und (elektr.) Schlaggitarre besteht das P. i. d. R. aus einem länglich ovalen oder dreieckigen Plättchen. – Im MA. auch Bez. für die Tangenten der Drehleier und die Klöppel des Hackbretts.

Plemochoe [griech.] *die, -/-n,* in der griech. Antike Bez. für ein Opfergefäß; in der archäolog. Fachsprache Bez. für ein griech. Parfümgefäß auf hohem Fuß mit einem ins Gefäßinnere umgebogenen Mündungsrand.

Plenarium [lat. ›vollständig‹] *das, -s/...ri|en,* im Sprachgebrauch des MA. ein liturg. Buch mit den Texten und (erläuterten) Rubriken und Formularen der Messfeier.

Pleneschreibung [zu lat. plenus ›voll‹], volle Vokalschreibung bei Schriften, in denen i. d. R. nur Konsonantenzeichen verwendet werden. P. begegnet z. B. bei der arab. Schrift im Koran, in der hebr. Schrift in der Bibel, in beiden Schriften bes. dort, wo eine korrekte Lesung sichergestellt werden soll.

Plenge, Johann, Soziologe, *Bremen 7. 7. 1874, †Münster 11. 9. 1963; war 1910–13 Prof. in Leipzig, ab 1913 in Münster, ab 1928 Direktor des Forschungsinstituts für Organisationslehre und Soziologie bei der Univ. Münster; bei dessen Auflösung 1935 wurde P. zwangsemeritiert. P. gehört zu den Klassikern der Beziehungs- und Organisationslehre. Als Grundlage aller Wissenschaften vom Menschen formulierte er eine ›Lehre vom Wir‹ (›Cogito ergo *sumus*‹, lat. ›Ich denke, also sind *wir*‹; →Gemeinschaft) und plädierte aus einer sozialist. Grundeinstellung für eine philosophische, von ihm als ›Ontologie der Beziehung‹ beschriebene Durchdringung der Soziologie.

Werke: Marx u. Hegel (1911); Die Revolutionierung der Revolutionäre (1918); Drei Vorlesungen über die allgemeine Organisationslehre (1919); Zur Ontologie der Beziehung (1930). – Cogito ergo sumus (hg. 1964; Ausw.).

Soziologie u. Sozialismus, Organisation u. Propaganda, hg. v. B. SCHÄFERS (1967).

Plenterbetrieb, *Forstwirtschaft:* der →Femelbetrieb.

Plenterwald, →Femelbetrieb.

Plenum [lat. ›voll‹], **1)** *Musik:* Spielanweisung bei der Orgel, →Organo pleno.

2) *das, -s/...nen, Recht:* die Vollversammlung eines Kollegiums **(Plenarsitzung).** Sie hat bei Volksvertretungen die Entscheidung, während die Ausschüsse die endgültigen Entscheidungen nur vorbereiten. Bei den Gerichten entscheiden i. d. R. die einzelnen Abteilungen (Kammern, Senate) selbstständig; die früher bei den obersten Gerichten dem P. vorbehaltenen Aufgaben **(Plenarentscheidungen)** sind heute den ›Großen Senaten‹ übertragen. Nur beim Bundesverfassungsgericht entscheidet noch das P., wenn ein Senat von der Auffassung des anderen Senats abweichen will. Beim Bundesgerichtshof wird die Geschäftsordnung durch Plenarbeschluss festgelegt.

Plenzdorf, Ulrich, Schriftsteller, *Berlin 26. 10. 1934; 1959–63 Studium an der Filmhochschule in Potsdam-Babelsberg, danach v. a. Drehbuchautor für die DEFA. Einen spektakulären Erfolg hatte er mit dem Stück ›Die neuen Leiden des jungen W.‹ (Uraufführung 1972, als Erzählung 1973), das – anknüpfend an GOETHES ›Werther‹ – Sprache und Lebensgefühl der DDR-Jugend in den 70er-Jahren spiegelt. In dem Filmszenarium ›Die Legende von Paul und Paula‹ (1973; gedr. 1974), das in kunstvoller Mischung von Traum und Wirklichkeit die Geschichte einer großen Liebe erzählt, schuf er ein poet. Gegenbild zum sozialist. Alltag. Mit der Erzählung ›Kein runter, kein fern‹ (1978) gelang ihm das beklemmende Psychogramm eines verhaltensgestörten Jugendlichen vor dem Hintergrund der dt. Teilung. Erfolgreich war P. auch mit den Bühnenfassungen zweier Romane von T. AJTMATOW: ›Ein Tag, länger als ein Leben‹ und ›Zeit der Wölfe‹ (zusammen gedr. 1991). Als Drehbuchautor war er an der Fernsehserie ›Liebling-Kreuzberg‹ beteiligt (Buchausg. ›Liebling, Prenzlauer Berg‹, 1998).

Weitere Werke: *Roman:* Legende vom Glück ohne Ende (1979). – *Stücke:* Buridans Esel (UA 1976, gedr. 1986; nach G. DE BRUYN); Freiheitsberaubung (UA 1988, gedr. 1990); Vater Mutter Mörderkind (1994). – *Drehbücher:* Der König u. sein Narr (1981, nach M. STADE); Insel der Schwäne (1983, nach B. PLUDRA); Ein fliehendes Pferd (1985, nach M. WALSER).

Ausgabe: Filme (1990).

S. MEWS: U. P. (1984).

Pleochroismus [zu griech. pléōn ›mehr‹ und chrṓs ›Farbe‹] *der, -, Kristalloptik:* Eigenschaft farbiger, anisotroper (d. h. doppelbrechender) Kristalle, Licht versch. Wellenlängen in Abhängigkeit von der Schwingungs- und Ausbreitungsrichtung, bezogen auf die kristallograph. Hauptachsen, verschieden stark zu absorbieren. Dadurch tritt, je nach Durchstrahlungs- und Beobachtungsrichtung, eine mithilfe eines Polarisators (Dichroskop) oder bei sehr starkem P. auch mit bloßem Auge erkennbare Farbänderung auf. Optisch einachsige Kristalle (→Kristalloptik) können zwei (**Dichroismus,** z. B. bei Turmalin), optisch zweiachsige Kristalle drei Hauptfarben zeigen (**Trichroismus,** z. B. bei Cordierit).

pleochroitische Höfe, die →radioaktiven Höfe.

pleomorph [zu griech. pléōn ›mehr‹ und morphḗ ›Form‹, ›Gestalt‹], verschiedengestaltig, mehrgestaltig; von Bakterien mit variabler Zellform gesagt.

Pleon, der Hinterleib (→Abdomen) der Krebse.

Pleonasmus [griech.-spätlat., eigtl. ›Überfluss‹, ›Übermaß‹] *der, -/...men,* gedanklich überflüssige Häufung sinngleicher oder sinnähnl. (nach der Wortart verschiedener) Ausdrücke, z. B. ›nochmals wiederholen‹; als rhetor. Figur verwendet, kann der P. der nachdrückl. Veranschaulichung dienen.

Pleonast [zu griech. pleonázein ›im Überfluss vorhanden sein‹] *der, -s/-e,* Mineral, eisenreicher, dunkelgrüner bis schwarzer →Spinell; in sehr bas. Magmatiten sowie in Gneisen. Als Edelstein Handelsname **Ceylanit, Ceylonit** (nach dem Vorkommen).

Plerem [zu griech. plērēs ›voll‹, ›angefüllt‹] *das, -s/-e, Sprachwissenschaft:* in der →Glossematik kleinste sprachl. Einheit auf inhaltl. Ebene.

Plerematik *die, -,* **Pleremik,** Teilgebiet der Sprachwissenschaft, beschäftigt sich mit den Inhaltsformen, mit der Bildung der Sprachzeichen als Basis für Wort-, Satz- und Textbildung einer Sprache.

Ulrich Plenzdorf

Plerotismus [griech.] *der, -,* eine philosoph. Lehre, nach der im Ggs. zum Atomismus die Materie eine zusammenhängende, das Weltall füllende, unendlich teilbare kontinuumbildende Masse darstellt. Der gnost. Begriff des ›pleroma‹ bezeichnet die aus dem Urgrund durch Emanation hervorgegangene Fülle des Seins, im Ggs. zum ›kenoma‹ der stoffl. Leere oder dem Chaos (VALENTIN, *um 100, †um 160).

Pleschtschejew, Pleščeev [-ˈʃtʃejef], Aleksej Nikolajewitsch, russ. Dichter, *Kostroma 4. 12. 1825, †Paris 8. 10. 1893; Journalist und Literaturkritiker, gehörte zum Kreis um den Revolutionär M. W. PETRASCHEWSKIJ, 1849–58 nach Sibirien verbannt. P. schrieb sozial engagierte, später eleg. Lyrik sowie Erzählprosa und Bühnenstücke mit Themen aus dem Alltag, auch Gedichte für Kinder; Übersetzer.

Ausgabe: Polnoe sobranie stichotvorenij (1964).

Plesiadapiformes [griech.-lat.], ausgestorbene Primatengruppe, von der Oberkreide bis zum Eozän aus Europa und Nordamerika. Die durch einzelne Zähne und Kieferbruchstücke überlieferte Gattung **Purgatorius** (Nordamerika) ist der älteste bekannte Vertreter der Primaten. Die P. lebten von Insekten und Früchten.

Plesiosauri|er [zu griech. plēsíos ›nahe‹], **Schwanenhals|echsen, Plesiosauria,** ausgestorbene, von der Mittleren Trias bis zur Oberkreide bekannte Unterordnung bis 14 m langer Reptilien (aus der Ordnung Sauropterygier), die küstennahe Meeresregionen bewohnten; räuberisch lebende Tiere mit sehr langem Hals (bis 76 Halswirbel), kleinem Schädel, kurzem Schwanz und zu kräftigen (der Fortbewegung im Wasser dienenden) Ruderflossen umgestalte-

Plesiosaurier: Plesiosaurus brachypterygius, Länge 2,8 m; Versteinerung aus Holzmaden (Holzmaden, Museum Hauff)

ten Extremitäten. Die P. ernährten sich v. a. von Flugsauriern, Fischen und Kopffüßern. Die bekanntesten Gattungen sind →Elasmosaurus und **Plesiosaurus** (bis 5 m lang, 30–40 Halswirbel; bes. aus dem Lias ε von Holzmaden bekannt).

Pleskau, russ. **Pskow,** Gebietshauptstadt in Russland, an der Welikaja, oberhalb ihrer Mündung in den Pleskauer See, 207 000 Ew.; russ.-orth. Bischofssitz; Geschichts- und Architekturmuseum, Theater; Maschinenbau, Elektro- und Nahrungsmittelindustrie, Flachsverarbeitung; Verkehrsknotenpunkt. – In P. entstand im 13.–15. Jh. ein eigener Baustil, der Bauformen aus Nowgorod und Wladimir vereinfachte; bedeutend sind u. a. die Dreifaltigkeitskathedrale (spätes 12. Jh., Neubauten im 14. und 17. Jh.) im Kreml (12.–16. Jh.), die Kathedralen im Johanneskloster (um 1240), im Miroschskijkloster (1156 vollendet; Fresken Mitte 12. Jh.), im Iwanowskijkloster (12. und 13. Jh.) und im Snetogorskloster (1310/11; Fresken frühes 14. Jh.). Im 15. Jh. entwickelte sich P. zu einem Zentrum der Ikonenmalerei. – P., als eine der ältesten russ. Städte 903 erstmals erwähnt, gehörte seit dem 12. Jh. zu Nowgorod. Seit 1348 selbstständig, übernahm es dessen polit. Strukturen. Es führte regen Handel mit dem Baltikum. 1510 kam P. zum Moskauer Staat; seit 1589 ist es Bischofssitz, 1777 wurde es Gouvernementshauptstadt.

Pleskauer See, Pskower See, russisch **Pskowskoje osero** [-z-], estn. **Pihkva järv,** See in Russland, der äußerste W-Teil in Estland, etwa 45 km lang, bis 20 km breit, 710 km², durchschnittlich 6–8 m, max. 12 m tief; durch den **Warmen See** (25 km lang, 2–4 km breit) mit dem Peipussee verbunden; wichtigster Zufluss ist die Welikaja; fischreich.

Pleß, poln. **Pszczyna** [ˈpʃtʃina], Stadt in der Wwschaft Katowice (Kattowitz), Polen, 250 m ü. M., an der Plesse (poln. Pszczynka), südlich des Oberschles. Industriegebiets, 34 000 Ew.; Freilichtmuseum; Herstellung von Elektrofiltern und Entstaubungsanlagen. – Spätbarockes Schloss (1743–67, 1870–74 umgebaut; heute Museum für Innenarchitektur) mit barocken Torwachen (um 1687), engl. Landschaftspark (18.–19. Jh.) und klassizist. Herrenhof (um 1800). – P. wurde neben einer Burg angelegt und erhielt in der ersten Hälfte des 12. Jh. Stadtrecht. 1922 kam die Stadt an Polen.

Elisabeth Plessen

Helmuth Plessner

Plessen, Elisabeth, eigtl. **Charlotte Auguste Marguerite Gräfin von P.,** Schriftstellerin, * Neustadt in Holstein 15. 3. 1944; 1974 Mitherausgeberin der Memoiren von KATIA MANN; wurde bekannt durch den krit., autobiographisch gefärbten Roman ›Mitteilung an den Adel‹ (1976), in dem sie sich mit ihrer adligen Herkunft und der großbürgerl. Familientradition auseinander setzt und den schmerzhaften Ablösungsprozess von ihrem Vater beschreibt. Fantasie und die Lust zum Fabulieren bestimmen die Prosastücke in ›Zu ma-

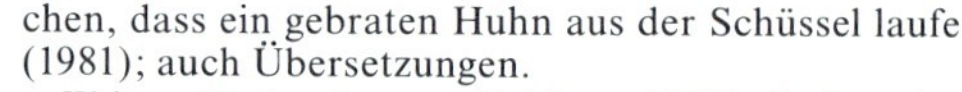

chen, dass ein gebraten Huhn aus der Schüssel laufe‹ (1981); auch Übersetzungen.

Weitere Werke: *Romane:* Kohlhaas (1979); Stella polare (1984); Der Knick (1997). – *Erzählungen:* Lady Spaghetti (1992).

Plessezk, städt. Siedlung im Gebiet Archangelsk, Russland, etwa 15 000 Ew.; Kosmodrom (seit 1960); Holz-, Fleischverarbeitung.

Plessi, Fabrizio, ital. Medienkünstler, * Reggio nell'Emilia 3. 4. 1940; seit 1990 Prof. an der Kölner Hochschule für Medien. Urspr. Maler, konzentriert sich P. seit Mitte der 70er-Jahre auf die Arbeit mit Videoinstallationen. P. beschäftigt sich weniger mit medienimmanenten Problemen, sondern nutzt die moderne Technik, um humanist. und romant. Vorstellungen zu aktualisieren. In den immer ortsbezogenen Videoarbeiten visualisiert er ohne nostalg. Verklärung allgemein menschl. Sehnsüchte.

F. P. Rovina elettronica, Ausst.-Kat. Ursula-Blickle-Stiftung (1995).

Plessner, Helmuth, Philosoph, * Wiesbaden 4. 9. 1892, † Göttingen 12. 6. 1985; war Prof. in Köln, nach Emigration (1933) in Groningen und ab 1951 in Göttingen, lebte ab 1962 bei Zürich. P. gilt neben M. SCHELER als Begründer der philosoph. Anthropologie i. e. S. Der Beginn dieser philosoph. Disziplin wird mit SCHELERS Buch ›Die Stellung des Menschen im Kosmos‹ und P.s Schrift ›Die Stufen des Organischen und der Mensch‹ (beide 1928) angesetzt. Unter Einbeziehung der empir. Wiss. vom Menschen, bes. der Humanbiologie, der Psychologie und der Soziologie, arbeitete P. eine philosoph. Anthropologie aus, die die offene, exzentr. Positionalität des Menschen von der geschlossenen, zentr. Positionalität des Tieres abhebt. Gegenüber der Umweltfixiertheit des Tieres zeichnet sich der Mensch durch die Einheit von Weltgebundenheit und Weltoffenheit aus. Er muss als das ›leere Hindurch der Vermittlung‹ sein Leben führen und sich zu dem bestimmen, was er ist.

Weitere Werke: Die Einheit der Sinne (1923); Macht u. menschl. Natur (1931); Lachen u. Weinen (1941); Zw. Philosophie u. Gesellschaft (1953); Conditio humana (1964); Diesseits der Utopie (1966); Philosoph. Anthropologie (1970).

Ausgabe: Ges. Schr., hg. v. G. DUX u. a., 10 Bde. (1980–85).

F. HAMMER: Die exzentr. Position des Menschen (1967); K.-S. REHBERG: Das Werk H. P.s, in: Kölner Ztschr. für Soziologie u. Sozialpsychologie, Jg. 36 (1984); S. PIETROWICZ: H. P. Genese u. System seines philosophisch-anthropolog. Denkens (1992).

Plessur, 1) Bez. im Kt. Graubünden, Schweiz, 267 km², 37 400 Ew.; umfasst Chur, das Schanfigg und das Tal von Churwalden.

2) *die,* rechter Nebenfluss des Rheins im Kt. Graubünden, Schweiz, durchfließt das →Schanfigg, mündet bei Chur. Die sie umgebenden Gebirgsgruppen zw. Rhein, Albula, Landwasser und Landquart (Prättigau) werden als **P.-Alpen** bezeichnet; bis 2 980 m ü. M. (Aroser Rothorn).

Plethodontidae [griech.], die →Lungenlosen Molche.

Plethon, Georgios Gemistos, byzantin. Philosoph, * Konstantinopel um 1355, † Mistra 1452; nahm 1438/39 am Unionskonzil von Ferrara-Florenz teil; er lebte seit 1393 in dem bedeutenden Kulturzentrum Mistra und trat durch Vermittlung und Förderung der Philosophie PLATONS hervor. Nach M. FICINO gab er den Anstoß zur Gründung der platon. Akademie in Florenz. In der byzantinisch-griech. Bildungstradition stehend, vertrat er einen von PLOTIN und AUGUSTINUS beeinflussten christl. Platonismus, den er in seinem Werk ›Vergleich der Philosophie des Platon und des Aristoteles‹ gegen die Philosophie des ARISTOTELES verteidigt. Er neigte einem griech. Polytheismus zu. Durch die Übermittlung hellenist. und älteren Gedankenguts hatte er großen Einfluss auf das humanist. Denken (u. a. Lehrer von BESSARION).

F. MASAI: P. et le platonisme de Mistra (Paris 1956); FRITZ SCHULTZE: G. G. P. u. seine reformator. Bestrebungen (Neuausg. Leipzig 1975).

Fabrizio Plessi: ›Canal d'Oro‹, Installation im Museo Correr in Venedig; 1988

Plethron [griech. ›Furche‹] *das, -s/...ren,* antike griech. Einheit, als Längeneinheit = $^1/_6$ Stadion = 30,83 m; als Flächeneinheit = 10 000 Quadratfuß ≈ 950 m^2.

Plethysmographie [zu griech. plethysmós ›Vermehrung‹, ›Vergrößerung‹] *die, -/...'phi|en,* Verfahren zur fortlaufenden Messung und Aufzeichnung **(Plethysmogramm)** der durchblutungsabhängigen Volumenänderung von Gliedmaßen, Körperabschnitten oder Organen zur Feststellung von Gefäßkrankheiten und Verschlüssen, als **Ganzkörper-P.** zur Lungenfunktionsprüfung (Ermittlung des bronchialen Strömungswiderstands und des funktionellen Residualvolumens).

Pleticha, Heinrich, Schriftsteller, *Warnsdorf (Nordböhm. Gebiet) 9. 9. 1924; v. a. Verfasser und Herausgeber erfolgreicher Jugendsachbücher, in denen es ihm gelingt, Geschichte spannend und informativ zugleich zu vermitteln. Herausgeber einer ›Dt. Geschichte‹ (12 Bde., 1981–84), auch Autor von zahlreichen Fachbeiträgen zur Kinder- und Jugendliteratur.

Pletnjow, Pletnev [-'njɔf], Pjotr Aleksandrowitsch, russ. Lyriker und Literaturkritiker, *Twer 21. 8. 1792, †Paris 10. 1. 1865; beeinflusste als Prof. für russ. Literatur an der Univ. Sankt Petersburg (seit 1832; 1840–61 Rektor), als Journalist und Herausgeber (1838–46) der Zeitschrift ›Sovremennik‹ (Der Zeitgenosse) wesentlich die Entfaltung der russ. Romantik; mit A. S. PUSCHKIN befreundet, Förderer N. W. GOGOLS.

Ausgabe: Sočinenija i perepiska, 3 Bde. (1885).

Plettenberg, 1) Stadt im Märk. Kreis, NRW, 220 m ü. M., nördlich des Naturparks Ebbegebirge, im Sauerland, 30 000 Ew. Aus dem ehem. Erzbergbau (17. Jh. bis 1850) gingen zahlr. Eisen verarbeitende Betriebe hervor; heute werden v. a. Schmiedeteile, Autozubehör und Aluminiumverpackungen hergestellt. – Ev. Pfarrkirche, eine Hallenkirche des 13. Jh. mit mächtigem W-Turm, Tympanonrelief am S-Portal und Fresken am Chorgewölbe (2. Hälfte 15. Jh.). – Ruine Schwarzenberg auf einer Kuppe über der Lenne. Die ev. Pfarrkirche in Ohle ist eine Chorturmanlage aus dem 14. Jh. (älteste Bauteile vom Vorgängerbau des 11. Jh.). – P., in der 2. Hälfte des 11. Jh. erstmals urkundlich erwähnt, wurde 1397 Stadt.

2) Zeugenberg im Trauf der Schwäb. Alb, südwestlich von Balingen, Bad.-Württ., 1 005 m ü. M.; mächtiger Bergsturz 1851; heute Steinbruch.

Plettenberg, Wolter von, livländ. Deutschordensmeister, *Meyerich (heute zu Welver) um 1450, †Ordensburg Wenden (Livland) 28. 2. 1535; war seit 1489 Landmarschall des livländ. Zweigs des Dt. Ordens, zu dessen Ordensmeister er 1494 gewählt wurde. In einem Präventivfeldzug (1502 Sieg über ein russ. Heer am See Smolina bei Pleskau) erzwang er einen lang währenden Frieden mit dem russ. Reich. P. duldete zwar die Reformation, blieb jedoch beim kath. Glauben und wandelte sein Ordensland nicht in ein weltl. Fürstentum um. 1526 wurde er zum Reichsfürsten erhoben.

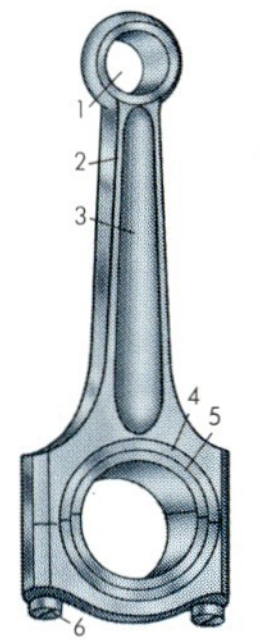

Pleuelstange eines Verbrennungsmotors; 1 Kolbenbolzenauge, 2 Schaft, 3 Steg, 4 Pleuellager, 5 Lagerschalen, 6 Pleuelschrauben

Pleuelstange, Kurbelstange, Schubstange, Treibstange, *Verbrennungskraftmaschinen:* Maschinenelement, das in einem →Kurbelgetriebe die Verbindung zw. Kurbelwelle und Kreuzkopf bzw. Kolben herstellt und die hin- und hergehende Bewegung des Kolbens in eine Drehbewegung der Kurbelwelle umwandelt. An beiden Enden der P. befindet sich ein Kopf, der das Lager für den Kurbelzapfen bzw. den Kolbenbolzen oder Kreuzkopfzapfen enthält. Bei kleinen und mittelgroßen Motoren ist nur das Kurbelzapfenlager geteilt. Bei Maschinen mit →Kreuzkopf (Großmotoren, Pumpen, Kompressoren) wird das kreuzkopfseitige Ende der P. gabelförmig ausgebildet. Es enthält dann zwei geteilte Lager.

Pleura [griech. ›Seite des menschl. Körpers‹; ›Rippen‹] *die, -/...ren* und *...rae,* das →Brustfell.

Pleura|empyem, Brustfell|empyem, Eiteransammlung in der Pleurahöhle (Spalt zw. Brust- und Lungenfell), Form des →Pleuraergusses; entsteht v. a. bei bakterieller Lungenentzündung und als Folge perforierender Brustkorbverletzungen.

Pleura|erguss, früher **Brustwassersucht,** Flüssigkeitsansammlung in der Pleurahöhle (Spalt zw. Brust- und Rippenfell) durch Austritt von Blutplasma; je nach Proteinkonzentration wird zw. Exsudat und Transsudat unterschieden; zu den Ursachen gehören u. a. feuchte Rippenfellentzündung, bakterielle Lungeninfekte (v. a. Tuberkulose), Herzinsuffizienz, Erkrankungen des rheumat. Formenkreises, Tumoren oder Verletzungen. Bei ausgedehntem P. ist eine Entlastung durch Pleurapunktion erforderlich.

Pleuralganglilen, im Nervensystem der Weichtiere im vorderen Körperabschnitt seitlich an den Körperseiten gelegene Nervenknoten.

Pleurant [plø'rã; frz. ›weinend‹] *der, -/-s, Kunst:* stehende, trauernde Figur an Grabmälern, meist das Gesicht hinter erhobenen Händen in den Falten des Trauergewandes verbergend; v. a. im 13.–15. Jh. in Frankreich. Die männl. Figur wird auch **Pleureur,** die weibl. **Pleureuse** genannt.

Pleurapunktion, Bruststich, unter örtl. Betäubung durchgeführte Punktion der Pleurahöhle (Spalt zw. Brust- und Rippenfell) zu diagnost. (serolog., bakteriolog., zytolog. Untersuchung) oder therapeut. Zwecken als entlastende Flüssigkeitsabsaugung bei Pleuraerguss.

Pleureuse [plø'røːzə; frz., zu pleurer ›weinen‹] *die, -/-n, Mode:* 1) im 17. und 18. Jh. zur männl. Trauerkleidung gehörende weiße Leinenbinde um die Ärmelaufschläge, im 19. Jh. schwarze Trauerbinde an Oberarm oder Hut; 2) große Straußenfeder als mod. Frauenhutschmuck um 1910.

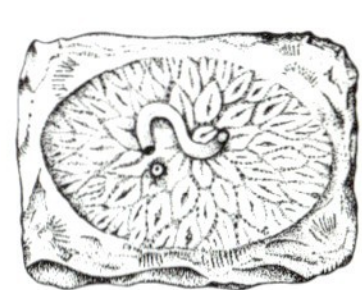

Pleurodictyum: Pleurodictyum problematicum mit Hicetes

Pleuritis [zu Pleura] *die, -/...'tiden,* die →Rippenfellentzündung.

Pleurodictyum [griech.] *das, -s/...tyen,* in unterdevon. Sandsteinen häufige Reste scheibenförmiger

Stöcke von Bödenkorallen, vom Silur bis zum Unterkarbon belegt. Die kurzen Röhren liegen oft um einen Fremdkörper, meist um einen Wurm (Hicetes).

Pleurokokken [zu Pleura], **Pleurococcus,** heterogene Grünalgengattung mit nur wenigen Arten; aus den runden Einzelzellen Pakete bildend, die häufig an den Wetterseiten der Baumstämme als grüne Streifen sichtbar sind; einzige einheim. echte Luftalgen.

Pleuromeia: Pleuromeia sternbergi aus dem Buntsandstein

Pleuromeia [griech.], fossile Gattung der Bärlappgewächse aus dem mittleren Buntsandstein; Pflanzen mit bis zu 10 cm dicken und 2 m hohen, unverzweigten Stämmen, die einen Schopf langer, einfacher Blätter trugen; an der Spitze ein langer Zapfen (Sporophyll); die Gewebe dienten der Wasserspeicherung (Blatt- und Stammsukkulenz). P. wuchs an feuchten Standorten der Trockengebiete. Sie ist ein entwicklungsgeschichtl. Bindeglied zw. den baumförmigen →Sigillaria des Karbons und den Vorläufern der heutigen Brachsenkräuter (→Nathorstiana).

Pleuronectidae [griech.], die →Schollen.

Pleuronectiformes [griech.-lat.], die →Plattfische.

Pleuro|pneumonie, **1)** *Medizin:* Lungenentzündung mit begleitender Rippenfellentzündung.

2) *Tiermedizin:* die →Lungenseuche.

Pleurospermum, die Pflanzengattung →Rippensame.

Pleuston [zu griech. pleīn ›segeln‹] *das, -s,* Lebensgemeinschaft der (gegenüber denen des →Neustons) größeren Pflanzen- und Tierarten, die auf und in der Oberfläche von Süß- oder Salzgewässern leben. Zum P. zählen z. B. die Schwimmpflanzenarten des Algenfarns, Schwimmfarns, Wasserschlauchs, der Wasserlinse und Wasserhyazinthe sowie die (v. a. räuberisch lebenden) Tiere, die an der Wasseroberfläche laufen, kriechen oder schwimmen, z. B. Wasserläufer, Taumelkäfer sowie einige Arten der Springschwänze.

René Pleven

Pleven [plə'vɛn], René, frz. Politiker, * Rennes 15. 4. 1901, † Paris 13. 1. 1993; Jurist, bis 1939 in der Industrie tätig, schloss sich 1940 nach der Niederlage Frankreichs C. DE GAULLE an, arbeitete ab 1941 im ›Nationalkomitee Freies Frankreich‹, ab 1943 im ›Frz. Komitee für nat. Befreiung‹ mit. In der provisor. Reg. DE GAULLES war P. Kolonial-, Finanz- und Wirtschafts-Min.; 1945 Mitbegründer und 1946–53 Vors. der Union Démocratique et Socialiste de la Résistance (UDSR), 1945–73 Abg. in der Nationalversammlung. P. leitete versch. Ministerien (u. a. 1945–46 Finanzen, 1949–50 und 1952–54 Verteidigung, 1969–73 Justiz) und war Juli 1950 bis Februar 1951, August 1951 bis Januar 1952 Min.-Präs. Im Oktober 1950 schlug er die Bildung einer →Europäischen Verteidigungsgemeinschaft vor **(P.-Plan).** 1958–69 war er Abg. im Europ. Parlament (Vors. der liberalen Fraktion), 1974–76 Präs. des breton. Regionalrats.

Plewen, Pleven, Stadt in der Region Lowetsch, im N Bulgariens, 105 m ü. M., inmitten eines Agrargebietes des Donauhügellands, 130 400 Ew.; orth. Metropolitensitz; medizin. Hochschule, Weinbauinstitut, mehrere Museen; Weinkellereien, Tabakverarbeitung, Nahrungsmittel-, Textil-, Glas-, chem., Keramikindustrie, Maschinenbau. Westlich von P. Erdölförderung (bei Dolni Dabnik; größte bulgar. Lagerstätte) und -verarbeitung (in Jassen). – P. wurde im 6. Jh. durch Kaiser JUSTINIAN I. als **Storgosia** an der Stelle einer von den Hunnen zerstörten thrak. Siedlung gegründet. Seit Ende des 14. Jh. türk. Festungsstadt; im 19. Jh. entwickelte es sich zu einem bedeutenden Handelszentrum. Bis 1988 war P. Bezirkshauptstadt.

Plexiglas® [zu lat. plexus ›geflochten‹, ›verflochten‹ (nach der polymeren Struktur)], Handelsname für einen aus →Polymethacrylaten bestehenden, glasartig durchsichtigen Kunststoff, leicht verarbeitbar, nicht splitternd, korrosions- und witterungsbeständig.

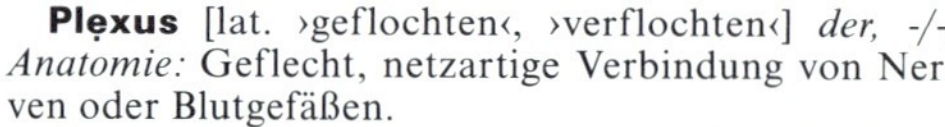

Plexus [lat. ›geflochten‹, ›verflochten‹] *der, -/-, Anatomie:* Geflecht, netzartige Verbindung von Nerven oder Blutgefäßen.

Plexus chorio|ide|us, *Anatomie:* in die Hirnkammern **(Ventrikel)** hineinragendes, zottenreiches Gefäßgeflecht, das der Bildung der →Gehirn-Rückenmark-Flüssigkeit dient.

Plexuslähmung, Lähmungserscheinungen bes. an den Gliedmaßen bei Funktionsausfall des zugehörigen Nervengeflechts infolge Verletzung oder Schädigung.

Hans Pleydenwurff: Auferstehung Christi; Flügel des Hofer Altars, 1465 (München, Alte Pinakothek)

Pleydenwurff, Pleidenwurff, Hans, Maler, * Bamberg um 1420, begraben Nürnberg 9. 1. 1472; übersiedelte 1457 mit seiner Werkstatt nach Nürnberg. Er vermittelte der Nürnberger Malerei Einflüsse der niederländ. Kunst (R. VAN DER WEYDEN, D. BOUTS). Bezeichnend ist v. a. ein neuer Wirklichkeitssinn. Zu seinen Schülern gehörte M. WOLGEMUT.

Werke: Diptychon (wohl 1456): Christus als Schmerzensmann (Basel, Kunstmuseum), Bildnis des Domherrn Georg Graf von Löwenstein (Nürnberg, German. Nationalmuseum); Die Abnahme Christi vom Kreuz, Teil des Passionsaltars für die Elisabethkirche in Breslau (1462; ebd.); Flügel des Hofer Altars (1465; München, Alte Pinakothek); Kalvarienberg (um 1470; ebd.).

Pleyel [frz. plɛ'jɛl], Ignaz Joseph, österr. Komponist, * Ruppersthal (heute zu Großweikersdorf, NÖ) 18. 6. 1757, † bei Paris 14. 11. 1831; studierte u. a. bei J. HAYDN, wurde 1777 Kapellmeister beim Grafen ERDŐDY, 1783 am Straßburger Münster, war 1791–92 Leiter der ›Professional Concerts‹ in London. 1795 übersiedelte er nach Paris, wo er eine Musikalienhandlung und 1807 eine Klavierfabrik gründete. Er komponierte rd. 60 Sinfonien, rd. 60 Streichquartette, zwei Opern und gab eine Klavierschule heraus (1797). Sein Sohn CAMILLE P. (* 1788, † 1855) führte, gefördert u. a. von F. CHOPIN, die Klavierfabrik zu großer Blüte und eröffnete 1838 in Paris den Konzertsaal ›Salle P.‹. – Seit 1971 wird der Klaviermarkenname P. von der Firma Schimmel in Braunschweig vertreten.

Pleysier ['plɛiziːr], Leo Jozef Theresia, fläm. Schriftsteller, * Rijkevorsel (Prov. Antwerpen) 28. 5. 1945; bekannt wurde P. v. a. durch die autobiographisch geprägte Romantrilogie ›Waar was ik weer?‹ (Bd. 1: ›De razernij der winderige dagens‹, 1978, auch u. d. T. ›Het jaar van het dorp‹; Bd. 2: ›De weg naar Kralingen‹, 1981; Bd. 3: ›Kop in Kas‹, 1983).

Weitere Werke: *Romane:* Wit is altijd schoon (1989); De kast (1991); De Gele Rivier is bevrozen (1993; dt. Der gelbe Fluß ist gefroren).

Pleystein, Stadt im Landkreis Neustadt a. d. Waldnaab, Bayern, 549 m ü. M. im Oberpfälzer Wald, 2 800 Ew.; Fremdenverkehr. – Seit 1331 Stadtrecht.

PLI, Abk. für →**P**artito **L**iberale **I**taliano.

Plica [lat.] *die, -/...cae,* **Falte,** *Anatomie:* faltenartige Bildungen, z. B. die Schleimhautfalten des Dünndarms (Kerckring-Falten).

Plicht [ahd. plihta ›Ruderbank vorn im Schiff‹] *die, -/-en,* **Cockpit,** auf Segel- oder Motorbooten der offene, tief gelegene Sitzraum für Besatzung und Rudergänger.

Pliensbach [nach Pliensbach, heute zu Zell unterm Aichelberg] *das, -(s),* **Pliensbachium, Pliensbachien** [-ˈxjɛ̃], *Geologie:* Stufe des →Jura.

Plievier [pliviˈeː], Theodor, urspr. (bis 1933) **T. Plivier,** Schriftsteller, * Berlin 12. 2. 1892, † Avegno (Kt. Tessin) 12. 3. 1955; stammte aus einer Arbeiterfamilie, führte ein abenteuerl. Leben, nahm 1918 am Matrosenaufstand in Wilhelmshaven teil; wurde Journalist, Übersetzer und freier Schriftsteller. 1933–45 war P. im Exil, zuletzt in der UdSSR; stand bis nach dem Zweiten Weltkrieg dem Kommunismus nahe. Seine Tatsachenromane aus dokumentar. Material und selbst Erlebtem zeigen ein starkes sozialkrit. Engagement, wobei schon das Frühwerk, z. B. der Roman ›Des Kaisers Kulis‹ (1929), durch die konsequente Ablehnung jegl. Art von Autorität gekennzeichnet ist. Am bekanntesten wurde seine Romantrilogie über den dt. Russlandfeldzug, die zugleich auch eine realist. Chronik des dt. Zusammenbruchs ist (›Stalingrad‹, 1945; ›Moskau‹, 1952; ›Berlin‹, 1954).

Weitere Werke: *Romane:* Der Kaiser ging, die Generäle blieben (1932); Das große Abenteuer (1936). – *Novellen:* Zwölf Mann u. ein Kapitän (1929). – *Erzählungen:* Das gefrorene Herz (1948).

HANS-HARALD MÜLLER u. W. SCHERNUS: T. P. Eine Bibliogr. (1987).

Plimsollmarke [ˈplɪmsəl-; nach dem brit. Kaufmann und Politiker S. PLIMSOLL, * 1824, † 1898, der die P. 1876 in England durchsetzte], die Freibordmarke eines Schiffes (→Freibord).

Plinius, 1) P. der Ältere, Gaius **P. Secundus,** röm. Schriftsteller, * Comum (heute Como) 23 oder 24 n. Chr., † Stabiae (heute Castellammare di Stabia) 79 beim Ausbruch des Vesuvs, Onkel und Adoptivvater von 2); lernte als Offizier u. a. Gallien, Germanien, Spanien und Afrika kennen und stand zu VESPASIAN und TITUS in engen Beziehungen. Zuletzt war er Befehlshaber der kaiserl. Flotte in Misenum.

P.' kriegswiss., biograph., histor., rhetor. und grammat. Schriften sind bis auf geringfügige Reste verloren gegangen. Erhalten ist seine Naturgeschichte (›Naturalis historia‹) in 37 Büchern, in der er als Erster in enzyklopäd. Kompilation alle Erscheinungen der Natur dargestellt hat: Kosmologie (Buch 2), Geographie, Ethnographie (3–6), Anthropologie (7), Zoologie (8–11), Botanik (12–19), pflanzl. und tier. Heilmittel (20–32), Mineralogie, Verwendung der Metalle und Steine, bes. in der Kunst (33–37; wichtige Quelle der modernen Archäologie). Das erste Buch enthält Inhalts- und Quellenverzeichnisse der einzelnen Bücher. Das Werk hatte im Altertum und MA. eine starke Nachwirkung.

Ausgaben: Naturalis historia, hg. v. D. DETLEFSEN, 6 Bde. (1866–82); Naturalis historiae, hg. v. C. MAYHOFF, 6 Bde. (Neuausg. 1892–1909, Nachdr. 1967–70). – Die Naturgesch., hg. v. G. C. WITTSTEIN, 6 Bde. (1881–82); Naturkunde, hg. v. R. KÖNIG u. a., auf zahlr. Bde. ber. (1973 ff.).

K. G. SALLMANN: Die Geographie des älteren P. in ihrem Verhältnis zu Varro (1971); T. KÖVES-ZULAUF: Reden u. Schweigen. Röm. Religion bei P. Maior (1972); Pline l'ancien, témoin de son temps, hg. v. J. PIGEAUD u. a. (Salamanca 1987).

2) P. der Jüngere, Gaius **P. Caecilius Secundus,** röm. Redner und Schriftsteller, * Comum (heute Como) 61 oder 62, † um 113, Neffe und Adoptivsohn von 1); wurde in Rom von QUINTILIAN als Redner ausgebildet, war als Anwalt tätig, begann unter DOMITIAN die Ämterlaufbahn und war 100 unter TRAJAN Konsul; gegen Ende seines Lebens war er Statthalter von Bithynien. P. war als Politiker hoch geachtet und als Schriftsteller gefeiert; er stand in engem Kontakt u. a. mit TACITUS, SUETON, MARTIAL, SILIUS ITALICUS. Seine in neun Büchern veröffentlichten Briefe (97–109) geben ein anschaul. Bild der zeitgenöss. röm. Gesellschaft. Gesondert überliefert ist sein Schriftwechsel mit TRAJAN, wichtig für die Kenntnis der Provinzialverwaltung und der Persönlichkeit des Kaisers (bes. das Briefpaar 96 und 97 über die Frage der Strafverfolgung der bithyn. Christengemeinde). Von den Reden P.' ist lediglich die ›gratiarum actio‹, die Dankrede vor TRAJAN für die Erteilung des Konsulats, erhalten.

Theodor Plievier

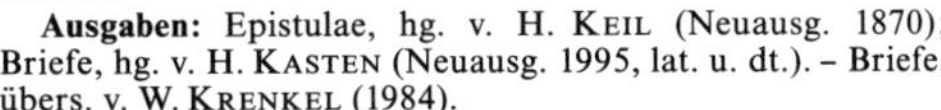

Ausgaben: Epistulae, hg. v. H. KEIL (Neuausg. 1870); Briefe, hg. v. H. KASTEN (Neuausg. 1995, lat. u. dt.). – Briefe, übers. v. W. KRENKEL (1984).

A. N. SHERWIN-WHITE: The letters of Pliny. A historical and social commentary ... (Neuausg. Oxford 1985).

Plinse [aus dem Slaw.], Hefeteigpfannkuchen (mit Kompott o. Ä. gefüllt).

Plinthe [lat.-griech.] *die, -/-n,* quadrat. oder rechteckige Platte, auf der die Basis von Säule, Pfeiler oder einer Statue ruht.

Plinthit, der →Laterit.

Pliohippus [griech.], ausgestorbene Gattung etwa zebragroßer einzehiger Pferdevorfahren aus dem Pliozän Nordamerikas, gilt als unmittelbare Stammform der heutigen Pferde.

Pliopithecus [griech.], ausgestorbene Gattung der Hominoiden aus dem Miozän und frühen Pliozän Europas und Afrikas; mit flachem, menschenaffenartigem Gesicht, fünfhöckerigen Zähnen, frei schwingenden Armen und halb aufrechter Körperhaltung. P. wird vielfach als Vorläufer der Gibbons angesehen; er hatte im Ggs. zu diesen einen Schwanz.

Pliosaurier, zu den →Plesiosauriern gestellte Gruppe mariner Reptilien, bekannt von der Oberen Trias bis zur Oberkreide, u. a. aus dem Posidonienschiefer von Holzmaden. Die P. hatten einen kurzen Hals (mit 13 Halswirbeln) und Schwanz, einen großen Kopf (bis 3,70 m lang) mit dolchförmigen Zähnen und mächtige, paddelförmige Rudergliedmaßen; bis 14 m lang. Zu den 13 Gattungen der P. gehören der Thaumatosaurus (aus dem Oberen Lias von England und Indien) und der Pliosaurus (aus dem Malm von Europa).

Pliozän [zu griech. pleĩos ›mehr‹ und kainós ›neu‹] *das, -s, Geologie:* Serie des →Tertiärs.

Pliska, bis 1925 **Aboda,** Dorf in Bulgarien, 24 km nordöstlich von Schumen. 3 km nördlich liegen die Ruinen der gleichnamigen Hauptstadt (681–893) des Ersten Bulgar. Reiches, die im 10. Jh. mehrmals zerstört und seit dem 14. Jh. nicht mehr besiedelt wurde. Ausgrabungen (seit 1899) haben ein von Befestigungsanlagen (Erdwälle, Gräben, Festungsmauern und -türme) umzogenes Stadtzentrum des 8./9. Jh. mit zweistöckigem Großem Palast, Hofkirche, Kleinem Palast und Wohnungen freigelegt sowie ein äußeres Stadtgebiet mit Klöstern, Kirchen (Große Basilika), Wohnhütten, Werkstätten, Kasernen u. a. Im Zentrum der Ruinenstadt befindet sich ein Museum mit Sammlungen spätantiker und frühmittelalterl. Plastik sowie Kunsthandwerk aus P.

Maja Michajlowna Plissetzkaja

Plisnier [plisˈnje], Charles, belg. Schriftsteller frz. Sprache, *Ghlin (bei Mons) 13. 12. 1896, †Brüssel 17. 7. 1952; wurde 1919 Kommunist, 1928 als Trotzkist aus der belg. KP ausgeschlossen, wandte sich 1939 dem Katholizismus zu; er trat mit krass realist., psychoanalyt., meist sozialkrit. Romanen hervor.

Werke: *Romane:* Mariages (1936; dt. Menschen); Meurtres, 5 Bde. (1939–41; daraus dt. Die Familie Annequin, Schlummernde Glut, Der letzte Tag); Mères, 3 Bde. (1946–49; dt. Du sollst nicht begehren). – *Erzählungen:* Faux passeports (1937; dt. Falsche Pässe). – *Lyrik:* Ave Genitrix (1943).

Plissee [frz.] *das, -s/-s,* **Plissé,** Gewebe oder Maschenwaren mit schmalen Falten, die durch Pressen **(Plissieren),** Kreppgarne, geschrumpfte und ungeschrumpfte synthet. Chemiefäden, besondere Webtechnik (z. B. Hohlschussbindung), besondere Wirkbindungen oder durch örtl. Bedrucken einer Baumwollware mit Natronlauge (Kräuselkrepp) entstehen.

Plissetzkaja, Plisezkaja, Maja Michajlowna, russ. Tänzerin und Choreographin, *Moskau 20. 11. 1925; war 1943–88 Mitgl. des Moskauer Bolschoi-Balletts (seit 1962 Primaballerina) und zeitweise Ballettdirektorin in Rom (1984) und Madrid (seit 1987). Tanzte die großen klass. Ballerinenrollen sowie Partien in modernen Balletten (u. a. schrieb M. Béjart für sie die Choreographie ›Kuruzuka‹, 1995). Als Choreographin debütierte sie 1972 mit ›Anna Karenina‹ (Titelrolle für sich selbst), nach der Musik ihres Mannes Rodion Konstantinowitsch Schtschedrin (*1932). Erinnerungen: ›Ja, Maja Pliseckaja‹ (1994; dt. Ich, Maija).

Plitvicer Seen [-vɪtsər-], kroat. **Plitvička jezera** [ˈplitvitʃka: jɛˈzɛra], Seenkette am NO-Fuß der Kleinen Kapela, rd. 100 km südwestlich von Zagreb, Kroatien; 16 Seen reihen sich über 7,2 km treppenförmig untereinander, durch Kalktuffdämme aufgestaut und voneinander getrennt; über diese fließt das Wasser bzw. stürzt es in Wasserfällen (Fallhöhen 2–49 m) in den nächsttiefer gelegenen See. Die Seengruppe gliedert sich in die 12 oberen Seen in 639–534 m ü. M., unter denen der Kozjaksee (Jezero Kozjak) der größte ist (2 km lang, 49 m tief), und die vier wesentlich kleineren, in einer Schlucht liegenden unteren Seen in 526–503 m ü. M.; aus dem letzten See stürzt das Wasser 20 m tief in die Schlucht und bildet die Korana. Beim letzten See mündet von links die **Plitvica** mit einem Hängetal in die Koranaschlucht und bildet dadurch den 78 m hohen Plitvica-Wasserfall. Die Seen und ihre Umgebung (ausgedehnte Buchenwälder um die oberen, Baum- und Strauchvegetation um die unteren Seen) bilden seit 1949 den 33 000 ha großen Nationalpark P. S. (seit 1979 UNESCO-Weltnaturerbe).

Plitvicer Seen: Die beiden untersten Seen mit den Sastavcifällen

PLL [Abk. für engl. **p**hase-**l**ocked **l**oop, ›phasenverriegelte Schleife‹], *Elektronik:* eine Regelschaltung zum Ausregeln der Phasendifferenz zw. einem spannungsgesteuerten Oszillator (VCO, Abk. für engl. **v**oltage-**c**ontrolled **o**scillator) und einer Bezugsschwingung. Durch diese **Nachlaufsynchronisation** werden Frequenzgleichheit mit einem Bezugssignal (Sollfrequenz; ggf. auch mit einer Oberschwingung) und Konstanz der Phasendifferenz erreicht; soll Letztere darüber hinaus einen bestimmten Wert annehmen, so bedarf es einer entsprechenden Führungsgröße. Die wesentl. Komponenten eines PLL sind neben dem Oszillator ein Phasendiskriminator, der eine zum Unterschied des Phasenwinkels proportionale Regelspannung liefert, und ein Regler mit Tiefpass (zum Unterdrücken von Signalresten). PLL werden u. a. verwendet zur Demodulation frequenzmodulierter Signale (wobei die Regelspannung gleich der Modulationsspannung ist), zur Synchronisierung des Zeilenfrequenzoszillators beim Fernsehempfänger und zur elektron. Abstimmung.

PLO, Abk. für **P**alestine **L**iberation **O**rganization, →Palästinensische Befreiungsorganisation.

Ploceidae [griech.], die →Webervögel.

Plochingen, Stadt im Landkreis Esslingen, Bad.-Württ., 276 m ü. M., am Fuß des Schurwalds und an der Mündung der Fils in den Neckar, der ab P. kanalisiert ist, 13 600 Ew.; keram., elektrotechn. und Kunststoffindustrie, Werkzeugmaschinenbau; Verkehrsknotenpunkt; der Hafen P. ist Endpunkt der Neckarschifffahrt. – Spätgot. Stadtkirche (15. Jh.); Ottilienkapelle (1328); Marktplatz mit histor. Fachwerkgebäuden und Glockenspiel; Anlage ›Wohnen unter'm Regenturm‹ (1994) von F. Hundertwasser. – P., hervorgegangen aus einer alemann. Siedlung, entwickelte sich im 13./14. Jh. aufgrund seiner verkehrsgünstigen Lage zu einem regional bedeutenden Marktort. 1948 wurde P. Stadt.

Płock [puɔtsk], dt. **Plozk, 1)** Hauptstadt der Wwschaft P., Polen, 45 m ü. M., auf dem rechten Hochufer der Weichsel, am SO-Ende des Weichselstausees von Włocławek, 125 900 Ew.; kath. Bischofssitz; Abteilung der TH Warschau, Höheres Priesterseminar, Diözesan-, Masowienmuseum, Zoo. Petrochem. Werk (an der Erdölleitung →Freundschaft), Landmaschinenbau, Nahrungsmittel-, Holz- und Textilindustrie; Flusshafen mit großer Werft. – Reste der im 14. Jh. von Kasimir d. Gr. gegründeten Burg (Uhr- und Adelsturm erhalten). Der Dom (Kathedrale; 1126–41, später verändert) wurde nach Kriegsschäden (1939) wiederhergestellt; spätgot. Bartholomäuskirche (urspr. 1356); Rathaus (1826–27); klassizist. Bürgerhäuser (18.–19. Jh.). – P., seit dem 11. Jh. Hauptort Masowiens, seit 1075 Bischofssitz und seit 1138 Sitz der masow. Herzöge, erhielt 1237 dt. Recht. Seit 1495 bei Polen, hatte die Stadt im 14.–16. Jh. durch den Weichselhandel eine wirtschaftl. Blüte. 1793–1807 preußisch, danach beim Herzogtum Warschau, fiel 1815 an Kongresspolen.

2) Wwschaft im mittleren Teil Polens, 5 117 km², 521 500 Einwohner.

Plöckenpass, ital. **Passo di Monte Croce** [-ˈkroːtʃe], Pass in den Karn. Alpen, über den die österreichisch-ital. Grenze verläuft, 1357 m ü. M.; die Straße über den P. verbindet das Gailtal bei Kötschach-Mauthen mit dem Tagliamentotal bei Tolmezzo; unter dem P. Stollen der transalpinen Erdölleitung Triest–Ingolstadt.

Plöckenstein, tschech. **Plechý** ['plɛxiː], Berg im Böhmerwald, am Dreiländereck; über den Hauptgipfel (1379 m ü. M.) verläuft die österreichisch-tschech. Grenze, über den Bayer. P. (1363 m ü. M.) die Grenze zw. Dtl. und der Tschech. Republik. Stifter-Denkmal am P.-See, einem Karsee.

Ploetz [pløːts], Karl, Schulbuchautor, * Berlin 8. 7. 1819, † Görlitz 6. 2. 1881; 1842–60 Gymnasiallehrer in Berlin; verfasste weit verbreitete Werke für den Französischunterricht, daneben histor. Nachschlagewerke, die z. T. bis heute (neu bearbeitet) erscheinen, so bes. ›Auszug der alten, mittleren und neueren Geschichte ...‹ (1863; ab [3]1869 u. d. T. ›Hauptdaten der Weltgeschichte‹, neu bearb. u. d. T. ›Der große Ploetz – Auszug aus der Geschichte‹, [31]1991). Im **A. G. Ploetz Verlag,** 1880 in Berlin von seinem Sohn ALFRED GEORG P. (* 1852, † 1893) gegr., ab 1954 Sitz in Würzburg (heute als **A. G. Ploetz GmbH & Co. KG Verlag** beim Verlag Herder GmbH & Co. KG, Freiburg im Breisgau), entstanden v. a. seit den 1950er-Jahren weitere histor. Nachschlagewerke, außerdem Schulbücher sowie didakt. Literatur.

Karl Ploetz

Ploiești [plo'i̯eʃtj], Hauptstadt des Kreises Prahova, in S-Rumänien, 150 m ü. M., im Vorland der Südkarpaten, inmitten eines Erdölgebiets, 254 400 Ew.; Univ., Erdöl-, Kunstmuseum, Uhrensammlung, Theater; ältestes und wichtigstes rumän. Zentrum der Erdölförderung und -verarbeitung (Raffinerien und petrochem. Werke); außerdem Maschinenbau (bes. für die Erdölwirtschaft), Möbel-, Textil-, Glas-, Schuh- und Nahrungsmittelindustrie; Verkehrsknotenpunkt. – Hagi-Prodan-Haus (1785), I.-L.-Caragiale-Gedenkhaus. – 1580 erstmals als Dorf erwähnt; 1856 Bau der ersten Erdölraffinerie.

Plombe [rückgebildet aus plombieren, dies von frz. plomber ›mit einer Metallfüllung versehen‹, zu plomb, lat. plumbum ›Blei‹], **1)** Metallstück, das die Enden von Schnüren oder Drähten miteinander verbindet, sodass die Verschnürung nur durch Beschädigung (Trennung der Verplombung) geöffnet werden kann; dient v. a. als Sicherungssiegel, z. B. im Zollverkehr zur →Nämlichkeitssicherung von Waren.

2) *Medizin:* laienhaft für eine →Zahnfüllung.

Plombières-les-Bains [plõbjɛrle'bɛ̃], Heilbad im Dép. Vosges, Frankreich, 450 m ü. M., im SW der Vogesen, 2100 Ew. Die 27 schon in röm. Zeit bekannten Heilquellen (12–81 °C) werden bes. bei Verdauungsstörungen angewendet. 1750–1870 viel besuchtes Modebad. – Am 21./22. 7. 1858 wurde in P.-l.-B. in einer Begegnung zw. NAPOLEON III. und C. CAVOUR die Abtretung Nizzas und Savoyens an Frankreich als Bedingung für die frz. Unterstützung der ital. Einigung vereinbart.

Plomer ['plʌmə], William Charles Franklyn, Pseud. **William d'Arfey** ['dɑːfɪ], engl. Schriftsteller südafrikan. Herkunft, * Pietersburg (Nord-Provinz) 10. 2. 1903, † London 21. 9. 1973; Lehrer in Japan, lebte ab 1929 in London. Sein Roman ›Turbott Wolfe‹ (1925) ist eine selbstkrit. Darstellung rassist. Unterdrückung in Südafrika. Seine Erzählungen ›Paper houses‹ (1929) und der Roman ›Sado‹ (1931) dokumentieren den Aufenthalt in Japan, die Romane ›The case is altered‹ (1932) und ›Museum pieces‹ (1952) sein Leben in England. P. verfasste Gedichte (›Collected poems‹, 1973), eine Biographie CECIL RHODES' (1933) und Libretti für Werke B. BRITTENS (u. a. für ›Gloriana‹, 1953).

Weitere Werke: *Autobiographien:* Double lives (1943; dt. Zweierlei Leben); At home (1958).

Ausgaben: The autobiography of W. P. (1975; umfasst beide Werke); Selected stories (1984); Selected poems (1985).

P. F. ALEXANDER: W. P. A biography (Neuausg. Oxford 1990).

Plön, 1) Kreisstadt in Schlesw.-Holst., in der Holstein. Schweiz, 13 000 Ew.; zw. **Großem Plöner See** (29 km², 60 m tief), **Kleinem Plöner See** (3,5 km²), Trammer See, Schöhsee, Behler und Suhrer See gelegen (das Stadtgebiet umfasst 36 km², davon 28 km² Gewässer); Bundesforstamt, Max-Planck-Institut für Limnologie, Kreismuseum; zentraler Ort der ländl. Umgebung, Fremdenverkehrs- und Luftkurort; Bundeswehrstandort. – Die ev. Nikolaikirche (1689–91) wurde nach Brand 1866–68 romanisierend erneuert; Fachwerksaalbau der ev. Johanneskirche von 1685. Über der Stadt dreiflügeliges Barockschloss (1633 bis 1636; heute Schule); Prinzenhaus (1745–47), im Festsaal Rokokostuckaturen (1747–51). Das ehem. Rathaus ist ein klassizist. Bau von C. F. HANSEN (1816–18). – Die auf der Insel Olsborg im Großen Plöner See gelegene Wasserburg Plune, im 11. Jh. slaw. Fürstensitz, wurde 1139 zerstört. Die danach am N-Ufer des Sees in planmäßiger Anlage seit 1156 errichtete Kaufmannssiedlung unterhalb einer Burg der Grafen von Holstein erhielt 1236 lüb. Stadtrecht, 1623–1761 war P. Residenz des Herzogtums Schleswig-Holstein-Sonderburg-P., das, nachdem Herzog KARL FRIEDRICH (* 1729, † 1761) ohne ebenbürtigen Erben gestorben war, an Dänemark fiel. Nach dem Deutsch-Dän. Krieg von 1864 nach Preußen eingegliedert, gewann P. als Kreisstadt des neu gebildeten gleichnamigen Kreises neue Bedeutung.

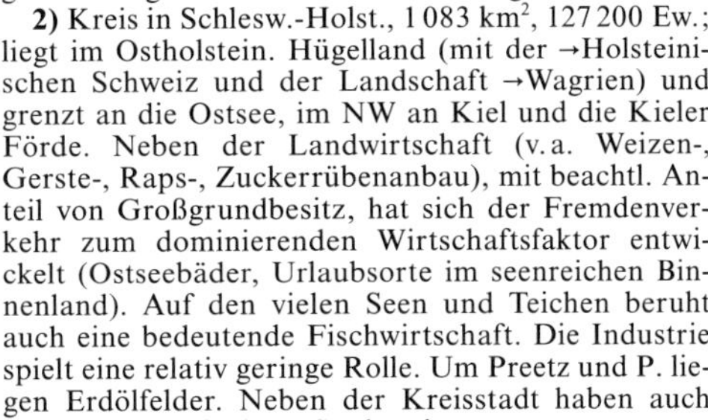

2) Kreis in Schlesw.-Holst., 1083 km², 127 200 Ew.; liegt im Ostholstein. Hügelland (mit der →Holsteinischen Schweiz und der Landschaft →Wagrien) und grenzt an die Ostsee, im NW an Kiel und die Kieler Förde. Neben der Landwirtschaft (v. a. Weizen-, Gerste-, Raps-, Zuckerrübenanbau), mit beachtl. Anteil von Großgrundbesitz, hat sich der Fremdenverkehr zum dominierenden Wirtschaftsfaktor entwickelt (Ostseebäder, Urlaubsorte im seenreichen Binnenland). Auf den vielen Seen und Teichen beruht auch eine bedeutende Fischwirtschaft. Die Industrie spielt eine relativ geringe Rolle. Um Preetz und P. liegen Erdölfelder. Neben der Kreisstadt haben auch Preetz und Lütjenburg Stadtrecht.

Plot [engl.] **1)** *der,* auch *das, -s/-s, Literaturwissenschaft:* das einem epischen oder dramat. Werk zugrunde liegende Handlungsgerüst. Im Unterschied zu dem vergleichbaren allgemeineren Begriff →Fabel jedoch primär auf die logische, v. a. kausale Verknüpfung der Handlung und Charaktere bezogen (z. B. der P. eines Kriminalromans).

2) *die, -/-s, Schiffsnavigation:* →Plotter.

Plotin, griech. **Plotinos,** griech. Philosoph, * Lykonpolis (heute Assiut) um 205, † Minturnae (Kampanien) 270; studierte in Alexandria unter AMMONIOS SAKKAS und trat in seinem 40. Lebensjahr in Rom als Lehrer der Philosophie auf. Sein Leben ist von seinem Schüler PORPHYRIOS VON TYROS beschrieben worden. Dieser ordnete auch seine 54 Schulvorträge in sechs Enneaden (Gruppen von je neun Abhandlungen). P.s Philosophie ist eine selbstständige Erweiterung der platon. Philosophie, in die aristotel., stoische und gnost. Gedanken aufgenommen sind. In ihr wird die Weltordnung als ein dynam. Stufenbau dargestellt, in dem das Eine, der Geist (Weltvernunft) und die Seele die drei Hypostasen (Seinsstufen) der vollkommenen Wirklichkeit bilden. Alles Seiende geht durch →Emanation aus dem Einen wie aus der Licht ausstrahlenden Sonne hervor; das Eine steht als erste (und höchste) Hypostase noch über der Weltvernunft. Diese als der Ort der Ideen und zweite Hypostase und die Weltseele als die dritte Hypostase bilden mit dem

Einen die vollkommene Wirklichkeit. Darunter beginnt das Niedere und Schlechte, das dadurch ist, dass sich das vom Einen Ausstrahlende gleichsam im Nichtseienden, der Materie, spiegelt. Die dadurch entstehende Körperwelt ist die vierte und die Materie die fünfte Hypostase. Die Emanation bedeutet keine Minderung des Einen, sodass auch die Hypostasen das Eine nicht zerreißen, sondern es selbst, nur auf andere Weise, immer noch sind. Im Rahmen dieser fünfstufigen Welt bewegt sich die Einzelseele, die, in die Körperwelt gefallen, vor der Entscheidung steht, der Körperlichkeit und dem Schlechten zu verfallen oder sich zurückzuwenden (griech. ›epistrophe‹) und nach oben bis zum Einen aufzusteigen. Die höchste Form des Aufstiegs ist die Ekstase, in der das Einzelne sich im Einen verliert und sich so, aus der Entfremdung heimkehrend, in seinem eigentl. Selbst wieder findet.

P. hat die Metaphysik, Psychologie, Ästhetik, Religionsphilosophie und Theologie der ihm nachfolgenden Zeit stark beeinflusst, oft jedoch nur mittelbar über den von ihm geformten →Neuplatonismus. Sein Fortwirken ist bei den Kirchenvätern (etwa AUGUSTINUS) spürbar. P.s Lehre vom Einen nahm maßgebl. Einfluss auf die scholast. Ontologie. M. FICINO vollendete 1486 die Übersetzung der ›Enneaden‹ ins Lateinische. Damit setzten wiederum meist anonyme Nachwirkungen P.s ein, die sich v. a. auf Italien und England, weniger auf Dtl. erstreckten. Zum Ende des 18. Jh. beginnt die wiss. Erforschung P.s durch niederländ. und engl. Philologen, schon vorher wird der Einfluss der Philosophie P.s in Dtl. sichtbar: zunächst bei J. G. HERDER, F. H. JACOBI, F. HEMSTERHUIS und dem Philosophiehistoriker DIETRICH TIEDEMANN (* 1748, † 1803), später bei GOETHE, NOVALIS, F. W. J. SCHELLING und G. W. F. HEGEL, in der neueren Zeit bei E. VON HARTMANN.

Ausgaben: Schr., hg. v. R. HARDER u. a., 12 Tle. (1956–71); Ennéades, hg. u. übers. v. É. BRÉHIER, 7 Tle. (Neuausg. 1960–67, griech. u. frz.); Opera, hg. v. P. HENRY u. a., 3 Bde. (1964–82, Bd. 1 u. 3, Nachdr. 1987); Opera, übers. v. A. H. ARMSTRONG, 7 Bde. (1966–88, griech. u. engl.).

K. H. KIRCHNER: Die Philosophie des P. (1854, Nachdr. 1978); E. FRÜCHTEL: Weltentwurf u. Logos. Zur Metaphysik P.s (1970); V. SCHUBERT: P. (1973); K. WURM: Substanz u. Qualität (1973); H. BENZ: ›Materie‹ u. Wahrnehmung in der Philosophie P.s (1990); G. SIEGMANN: P.s Philosophie des Guten (1990); C. HORN: P. über Sein, Zahl u. Einheit (1995).

Plotter [engl. ›Planzeichner‹] *der, -s/-,* **Kurvenschreiber,** Gerät zur automat. Erstellung von ein- oder mehrdimensionalen Konstruktionszeichnungen, Grafiken, Diagrammen, Karten, Netzplänen, Plakaten u. Ä. auf Papier oder anderen visuell lesbaren Medien. Bei den P. mit mechan. Aufzeichnungsverfahren unterscheidet man im Wesentlichen **Flachbett-** und **Trommel-P.** Das Trägermaterial (Papier, Folie u. a.) ist bei den Flachbett-P. auf einer waagerechten Ebene aufgespannt, während es beim Trommel-P. über eine rotierende Trommel bewegt wird. Bei beiden P. wird das Bild mittels eines Zeichenwerkzeugs (z. B. Kugel- oder Faserschreiber) strichweise in einem *x-y*-Koordinatensystem der Zeichenfläche aufgezeichnet. Deshalb werden sie auch als **Vektor-P.** bezeichnet. – Bei den **Drucker-P.** erfolgt die Aufzeichnung nichtmechanisch mit hoher Geschwindigkeit nach dem Punktrasterprinzip (jedes Zeichen wird aus einer Matrix von Punkten aufgebaut). Je nach Aufzeichnungsverfahren kommen dabei Laser-, Tintenstrahl- oder Thermotransfer-P. sowie P. mit monochromer bzw. Farbaufzeichnung zum Einsatz. – In den vergangenen Jahren wurden P. in den Formaten bis DIN A3 zunehmend durch Laser- und Tintenstrahldrucker ersetzt. Für größere Formate, v. a. im CAD-Bereich, spielen sie jedoch weiterhin eine gewisse Rolle.

In der *Schiffsnavigation* dient der P. der Darstellung der Eigenbewegung aus Werten von Kurs und Fahrt und der Gegenbewegung aus Werten von Ortungsgeräten nach Peilung und Abstand. **Plot** ist die Bez. für eine Auswertezeichnung bei Radarbeobachtungen zum Ableiten der bewegten Ziele. **Relative Plot** ist die Zeichnung mit dem eigenen Schiff als Bezugspunkt (Erkennung von Kollisionsgefahren).

Plötze [aus dem Slaw.], ein Karpfenfisch (→Rotaugen).

Plötzensee, kleiner See im südl. Teil des Volksparkes Rehberge im Verw.-Bez. Wedding von Berlin. Benachbart im Verw.-Bez. Charlottenburg liegt die Strafanstalt P. Hier wurden während der natsoz. Herrschaft 1933–45 über 2 000 Widerstandskämpfer, u. a. die Mitgl. der Roten Kapelle und die Männer des 20. Juli 1944, hingerichtet. Als Gegner der natsoz. Herrschaft wirkte der Gefängnispfarrer von P., HARALD POELCHAU (* 1903, † 1972; Mitgl. des Kreisauer Kreises). – Zu Ehren der Opfer der natsoz. Diktatur wurden 1953 vom Land Berlin die Gedenkstätte P. und nahebei die kath. Kirche Maria Regina Martyrum errichtet.

plötzlicher Kindstod, Sudden infant death syndrome [sʌdn ˈɪnfənt deθ sɪnˈdrəʊm], Abk. **SIDS, Säuglingstod, Krippentod,** unerwarteter, plötzl. Eintritt des Todes bei Säuglingen aus anscheinend völliger Gesundheit heraus, bei dem überwiegend (auch bei Obduktion) keine eindeutige Klärung der Todesursache möglich ist. In Dtl. sterben jährlich etwa 1 000 Säuglinge am p. K., meist zw. dem zweiten und vierten Lebensmonat. Es kommt zu einem Atemstillstand meist im Schlaf (Schlafapnoe), der auf eine Unterfunktion der zentralen Atemregulation zurückgeführt wird, wobei Infektionskrankheiten eine verstärkende Wirkung haben können. Bei einem Teil der Fälle wurden Immun- oder Stoffwechseldefekte festgestellt; Rauchen während der Schwangerschaft scheint das Risiko zu erhöhen; möglicherweise kann es durch Bauch- oder Rückenlage zum Abknicken der Hirnarterien und somit zu einer nicht mehr ausreichenden Sauerstoffversorgung kommen. Die Säuglinge sollen zum Schlafen auf die Seite gebettet werden. Zur Vorbeugung werden elektron. Geräte eingesetzt, die die Atmung überwachen und beim Aussetzen eine Warn- und Weckfunktion erfüllen.

Plowdiw, Plovdiv [-dif], türk. **Filibe** [ˈfilibɛ], früher dt. **Philippopel,** zweitgrößte Stadt Bulgariens, auf sieben Hügeln an der oberen Maritza, 160 m ü. M., 345 200 Ew.; Verw.-Sitz der Region P. (13 628 km², 1,22 Mio. Ew.); Sitz eines orth. Metropoliten; Univ. (1972 gegr.), Hochschulen (für Landwirtschaft, Medizin, Lebensmittel, Pädagogik), mehrere Forschungsinstitute, ethnograph., archäolog. Museum und antikes Theater. Mittelpunkt des zweitgrößten bulgar. Wirtschaftsgebietes mit Blei- und Zinkhütte, Maschinen- und Fahrzeugbau, Textil-, Glas-, Schuh- und Tabakindustrie; internat. Messe; internat. Flughafen. – Aus der Zeit des Thrakerreiches stammt ein thrak. Kuppelgrab (4. Jh. v. Chr.), aus röm. Zeit stammen Reste eines Aquädukts, eines Tempels, eines Theaters und eines Stadions, aus türk. Zeit zwei große Moscheen, die Ulu-Moschee (heute Dschumaja-Moschee) vom Ende des 14. Jh. und die Imaret-Moschee, ein Zentralbau mit Kuppel von 1444/45, sowie das türk. Bad Tschifte-Banja (Mitte 16. Jh.). Der Uhrturm vom Anfang des 17. Jh. ist der älteste seiner Art in Bulgarien. – P., als **Pulpudeva** ein wichtiger Ort des Thrakerreiches, wurde 341 v. Chr. von PHILIPP II. von Makedonien erobert, befestigt und in **Philippopolis** umbenannt. In röm. Zeit war es Hauptstadt der Prov. Thrakien und wurde, 46 n. Chr. in **Trimontium** umbenannt, unter MARK AUREL neu befestigt. 250 wurde P. von den Goten erobert, unter JUSTINIAN I. wiederum befestigt. Im MA. stand P. abwechselnd unter bulgar. (erstmals 820 erobert) und byzantin. Herrschaft, bis es 1364 von den Osmanen besetzt wurde und danach seine Bedeutung verlor. 1878 wurde P. Hauptstadt der türk. Prov. Ostrumelien und kam nach einer Erhebung (1885) an das Fürstentum Bulgarien.

Plowright ['plaʊraɪt], Joan Anne, brit. Schauspielerin, * Scunthorpe 28. 10. 1929; ab 1961 ⚭ mit L. OLIVIER; steht seit 1951 auf der Bühne; bes. erfolgreich in avantgardist. Stücken, z. B. von E. IONESCO (1957/58, 1960), und als Titelheldin in G. B. SHAWS ›Die hl. Johanna‹ (1963), auch in Film- und Fernsehrollen.

Filme: Der Komödiant (The Entertainer, 1960, mit L. OLIVIER, nach dem Stück von J. OSBORNE); Equus – Blinde Pferde (1977); Britannia Hospital (1982); Verschwörung der Frauen (Drowning by numbers, 1988); Ich liebe dich zu Tode (1990); Avalon (1990); Die Witwen von Widows Peak (1994); Jane Eyre (1996); 101 Dalmatiner (1996).

Płozk, Stadt und Wwschaft in Polen, →Płock.

PLS, →Pferdeleistungsschau.

Plücker, Julius, Mathematiker und Physiker, * Elberfeld (heute zu Wuppertal) 16. 7. 1801, † Bonn 22. 5. 1868; wurde 1828 Prof. in Bonn, 1832 in Berlin, 1834 in Halle (Saale); wirkte ab 1836 wieder in Bonn, wo er die Mathematik und ab 1847 auch die Physik vertrat. P.s mathemat. Arbeiten betrafen die Geometrie, wo er mit A. F. MÖBIUS und H. GRASSMANN der analyt. Behandlungsweise zum Durchbruch verhalf. Er führte u. a. die homogenen Koordinaten in die projektive Geometrie ein (→Linienkoordinaten) und entwickelte die Liniengeometrie, die mit den herkömmlichen geometr. Vorstellungen brach. Weitere wichtige Untersuchungen galten den Singularitäten algebraischer Kurven. – In der Physik beschäftigte sich P. mit elektr. Entladungen in verdünnten Gasen (Zusammenarbeit mit dem Mechaniker H. GEISSLER), weshalb er mit seinem Schüler J. W. HITTORF als Entdecker der Kathodenstrahlen gilt. Durch seine Erkenntnis, dass jedes Gas ein charakterist. Spektrum emittiert, wurde P. zum Wegbereiter der Spektralanalyse.

Werk: Neue Geometrie des Raumes ..., 2 Bde. (1868–69).

Ausgabe: Ges. wiss. Abh., hg. v. A. SCHOENFLIES, 2 Bde. (1895–96).

Pluderhose, knie- bis wadenlange Männerhose des 16. Jh., deren meist seidenes Unterfutter in voluminösen Auszügen zw. dem zu Längsbändern aufgelösten Oberstoff hervortritt (›pludert‹). Seit den 1540er-Jahren auf Adelsporträts belegt, in der 2. Jahrhunderthälfte auch beim Bürgertum sowie als Kleidung der Landsknechte verbreitet.

Pludra, Benno, Schriftsteller, * Mückenberg (heute zu Lauchhammer) 1. 10. 1925; seit 1952 freischaffend. Nach affirmativ-optimist. Erzählungen über das Leben der Jugend in der DDR gewannen die Kinder- und Jugendbücher P.s seit ›Lütt Matten und die weiße Muschel‹ (1963) an psycholog. Glaubwürdigkeit. Die poet. Geschichten schildern – frei von ideolog. Bevormundung – Träume und Wünsche junger Menschen. 1992 erhielt er den Dt. Jugendliteraturpreis.

Weitere Werke: *Kinder- und Jugendbücher:* Bootsmann auf der Scholle (1959); Die Reise nach Sundevit (1965); Insel der Schwäne (1980); Das Herz des Piraten (1985); Siebenstorch (1991). – *Autobiograph. Roman:* Aloa-hé (1989).

Pluhar, Erika, österr. Schauspielerin und Sängerin, * Wien 28. 2. 1939; seit 1959 im Ensemble des Wiener Burgtheaters; gestaltete auch Film- (›Liebe ist kein Argument‹, 1984) und Fernsehrollen; seit 1972/74 machte sie sich als Chansonsängerin einen Namen; P. veröffentlichte 1991 ihren ersten Roman ›Als gehörte eins zum anderen – eine Geschichte‹.

Weitere Werke: Zwischen die Horizonte geschrieben. Lieder, Lyrik, kleine Prosa (1992); Marisa. Rückblenden auf eine Freundschaft (1996).

Pluhař ['pluharʃ], Zdeněk, tschech. Schriftsteller, * Brünn 16. 5. 1913, † Prag 18. 6. 1991; widmete sich v. a. dem Problem der moral. Verantwortlichkeit des Menschen.

Plowdiw: Altstadtansicht

Werke: *Romane:* Opustíš-li mne (1957; dt. Wenn du mich verläßt); Konečná stanice (1971; dt. Endstation); Jeden stříbrný (1974); Bar U ztracené kotvy (1979).

Plumbaginaceae [lat.], die →Bleiwurzgewächse.

Plumbago [lat.], die Pflanzengattung →Bleiwurz.

Plumbate [zu lat. plumbum ›Blei‹], *Sg.* **Plumbat** *das, -(e)s,* →Bleiverbindungen.

Plumbatekeramik, die →Bleiglanzkeramik.

Plumbikon [Kw.] *das, -s/...'kone,* auch *-s,* **Plumicon,** →Bildspeicherröhre.

Plumbum *das, -s,* lat. Bez. für →Blei.

Plumcake ['plʌmkeɪk, engl., ›Rosinenkuchen‹] *der, -(s)/-s,* schwerer Kuchen mit viel Sultaninen, Rosinen u. a. Früchten, Gewürzen und Rum.

Plume [plu:m, engl.], *Petrologie:* →Manteldiapir.

Plumeau [ply'mo:; frz., zu plume, lat. pluma ›Feder‹] *das, -s/-s,* halblanges, dickeres Federbett.

Plumeria [nach dem frz. Botaniker CHARLES PLUMIER, * 1646, † 1706], Gattung der Hundsgiftgewächse mit nur wenigen Arten in Amerika; Bäume oder Sträucher mit wechselständigen, oft lang gestielten Blättern; Blüten groß, weiß, gelblich oder rosafarben in endständigen Trugdolden. Die bekannteste Art ist →Frangipani.

Benno Pludra

Plumet [ply'mɛ], Charles, frz. Architekt, * Cirey-sur-Vezouze (Dép. Meurthe-et-Moselle) 17. 5. 1861, † Paris 15. 4. 1928; entwarf Häuser mit Fassaden im Stil der Art nouveau, auch Inneneinrichtungen und Möbel. Er war Chefarchitekt der Pariser Weltausstellung 1900 und der Pariser Internat. Kunstgewerbeausstellung 1925.

Plummer ['plʌmə], Christopher, eigtl. **Arthur C. Orme P.,** kanad. Schauspieler, * Toronto 13. 12. 1929; bes. bekannt als Interpret klass. Bühnenrollen (SHAKESPEARE); auch Filmdarsteller.

Filme: Spion zw. zwei Fronten (1966); Mord an der Themse (1978); Prototyp (1983); Die Zeit der bunten Vögel (1990); 12 Monkeys (1995).

Plumosit [zu lat. plumosus ›mit Flaum bedeckt‹] *der, -s/-e,* Mineral, →Boulangerit.

Plumpbeutler, die →Wombats.

Plumplori, Art der →Loris (Halbaffen).

Plumpudding ['plʌm-; engl. plum ›Rosine‹] *der, -s/-s,* in England als Weihnachtsspeise beliebte kuchenartige Süßspeise aus Mehl und Weißbrot, mit Rosinen, Eiern, Weinbrand, Schmalz, Zitronat, Gewürzen, die nach dem Garen im Wasserbad mit Würfelzucker belegt, mit Weinbrand übergossen und angezündet wird.

Plumula [lat., eigtl. ›kleine Flaumfeder‹] *die, -/...lae, Botanik:* die →Sprossknospe.

Plunderteig, wie Blätterteig zubereiteter Hefeteig. Zur Erzielung der blätterteigartigen Konsistenz wird ausgerollter Hefeteig mit Butter belegt, eingeschlagen, ausgerollt, zusammengelegt und gekühlt; dieser Vorgang wird mehrfach wiederholt.

Plünderung, nach dem *Völkerrecht* jede Wegnahme privaten Eigentums in Zusammenhang mit Kriegshandlungen oder einer krieger. Besetzung, sofern sie nicht als →Requisition kriegsrechtlich erlaubt ist. Das P.-Verbot hat sich bereits im klass. Völkerrecht herausgebildet und galt gewohnheitsrechtlich ohne Einschränkungen seit dem Beginn des 19. Jh. Im geltenden Völkerrecht ist die P. ein Kriegsverbrechen; sie gilt als schwere Verletzung der IV. Genfer Konvention vom 12. 8. 1949. Alle Vertragsstaaten der Konvention sind verpflichtet, Plünderer ungeachtet ihrer Nationalität entweder vor ihre eigenen Gerichte zu stellen oder einer anderen an der gerichtl. Verfolgung interessierten Vertragspartei zur Aburteilung zu übergeben. Ein Beuterecht gibt es bezüglich privater Eigentumsobjekte seit Beginn des 19. Jh. nicht mehr. Aber auch bezüglich des Staatseigentums ist die Verfügungsgewalt der Besatzungsmacht begrenzt. An unbewegl. Sachen hat die Besatzungsmacht lediglich das Recht der Verwaltung und Nutznießung (Art. 55 Haager Landkriegsordnung). Bewegl. Staatseigentum des Feindes, das militär. Zwecken zu dienen geeignet ist, darf sich die Besatzungsmacht aneignen. Wichtige Sonderbestimmungen enthält ferner die Haager Konvention zum Schutz der →Kulturgüter vom 14. 5. 1954.

Nach *allgemeinem Strafrecht* wird P. (als rechtswidrige Wegnahme oder Abnötigung von Sachen unter Ausnutzung der durch →Landfriedensbruch hervorgerufenen Störung der öffentl. Ordnung) als ein bes. schwerer Fall des Landfriedensbruchs bestraft (§ 125 a StGB; § 274 *österr.* StGB). Nach Art. 258 *schweizer.* StGB wird bestraft, wer die Bev. durch Drohung mit einer P. in Schrecken versetzt.

Die *Umgangssprache* wendet den Begriff der P. auf Fälle rechtswidriger, oft gewaltsamer Aneignung fremden Vermögens anlässlich von Katastrophen oder gestörter innerstaatl. Ordnung an. Soweit derartige Handlungen durch die genannten Tatbestände nicht erfasst sind, sind sie nach allgemeinen Kriterien (als Diebstahl, Raub u. Ä.) zu klassifizieren.

Plunkett ['plʌŋkɪt], Edward, irischer Schriftsteller, →Dunsany, Edward John Moreton Drax Plunkett.

Plural [lat. (numerus) pluralis ›in der Mehrzahl stehend‹, zu plures ›mehrere‹] *der, -s/-e,* **Pluralis, Mehrzahl,** *Sprachwissenschaft:* 1) ein →Numerus bei den flektierenden Wortarten. Als besondere Verwendungsweisen des P. unterscheidet man u. a. **Pluralis Majestatis,** die (in hellenist. Zeit entstandene) Bez. der eigenen Person durch den P. zu deren Hervorhebung (z. B. bei regierenden Fürsten: ›Wir, Wilhelm, von Gottes Gnaden dt. Kaiser‹); **Pluralis Modestiae** (›P. der Bescheidenheit‹, auch **Pluralis Auctoris** gen.), Bez. der eigenen Person (z. B. eines Autors) durch den P., um diese nicht in den Vordergrund treten zu lassen (z. B. ›Wir kommen damit zum Schluss der Ausführungen‹); **Pluralis Reverentiae** (Höflichkeits-P.) zur Bez. des Angeredeten, **kollektiven** und **distributiven P.** (z. B. ›Worte‹, ›zusammenhängende Einheit von Wörtern‹ gegenüber ›Wörter‹ in der Bedeutung ›einzelne Wörter‹), **generellen P.** zur Bez. einer Personengruppe mit gemeinsamen Merkmalen (z. B. ›Scipio‹ als Beiname einer röm. Patrizierfamilie) und **elliptischen P.,** der von mehreren Gemeinten nur eines nennt und die Übrigen durch die P.-Form miteinschließt (z. B. lat. ›patres‹ im Sinne von ›Vater und Mutter‹, ›Eltern‹). Im Deutschen wird der P. durch Suffix (Auge – Augen) oder Suffix + Umlaut (Gans – Gänse) oder durch Umlaut allein (Vater – Väter) ausgedrückt; gelegentlich bleibt er beim Substantiv unbezeichnet (Teufel). Ein nur im P. vorkommendes Wort heißt **Pluraletantum** (z. B. ›Ferien‹). Bei einzelnen Fremdwörtern ist ein Doppel-P. entstanden (z. B. Keks – Keks und Kekse). – In außereurop. Sprachen sind eigene Pronomina zum Ausdruck der Beteiligung oder des Ausschlusses des Angesprochenen ausgebildet (**inklusiver** und **exklusiver P.**). – 2) Wort, das im P. steht.

Pluralismus *der, -,* Begriff zur Bez. vielgliedriger Ordnungen und Anschauungen bes. in der Philosophie, der Soziologie und der Politikwissenschaft.

In der *Philosophie* bezeichnet P. die Annahme mehrerer voneinander unterschiedener und selbstständig bestehender Prinzipien der Wirklichkeit, die nicht voneinander, von einem einzigen Prinzip oder von zwei entgegengesetzten Prinzipien ableitbar sind, im Unterschied zum →Monismus oder →Dualismus; auch die gleichberechtigte Geltung mehrerer voneinander unterschiedener Standpunkte oder Normensysteme im Rahmen menschl. Gemeinschaft. Der P. stützt sich in metaphys., ontolog. und log. Hinsicht auf die Mannigfaltigkeit des Wirklichen, die eine Mehrheit oberster Grundbestimmungen und die Annahme unterschiedl. Seinselemente oder log. Kategorien erfordert. Der Begriff geht auf C. WOLFF zurück. Allg. methodologisch bedeutet P. ein wiss. Verfahren (Methoden-P.), das sich einer Vielzahl von Methoden bedient, die dem jeweiligen Gegenstand der Untersuchung angepasst sind.

In der philosoph. Tradition überwiegt bis zur Neuzeit die monist. oder dualist. Denkweise. P. findet sich jedoch bereits in der Antike, in der Welterklärung aus Elementen und Urkräften bei EMPEDOKLES oder aus Atomen bei den Atomisten (DEMOKRIT, EPIKUR), im 17. Jh. u. a. im Ordnungssystem der Monadenlehre bei G. W. LEIBNIZ. Eine zentrale Bedeutung erhält der P. im Pragmatismus (W. JAMES), dem zufolge die Welt nicht in abgeschlossener, in ein monist. Prinzip integrierbarer Form gegeben ist, sondern sich dem menschl. Erkennen und Handeln offen und werdend darbietet. – In der neueren Wissenschaftstheorie tritt H. ALBERT, anknüpfend an K. R. POPPER und P. K. FEYERABEND, für einen theoret. P. ein, womit er, gegen die monist. Dogmatik von einzelnen Lehrgebäuden, die konstruktive Funktion hervorhebt, die alternativen wiss. Konzeptionen für die Entwicklung neuer Problemlösungen und für den allgemeinen Erkenntnisfortschritt zukommt. Der eth. P. (die pluralist. Ethik) geht, anders als universalist. Ethiken, davon aus, dass das menschl. Handeln von unterschiedl., voneinander unabhängigen Moralsystemen oder Prinzipien bestimmt ist (u. a. vertreten von F. NIETZSCHE, M. WEBER und A. GEHLEN).

In *Politikwissenschaft* und *Soziologie* wird P. als normativer (Sollzustände angebender) oder empir. (Istzustände bezeichnender) Begriff für vielgliedrige polit. Ordnungen verwendet, in denen polit. Macht durch Recht und institutionelle ›checks and balances‹ gezähmt ist, die einzelnen Bürgern oder Interessenverbänden ein hohes Maß an Autonomie und polit. Beteiligung gewähren und offen für Konflikte und Konsensbildung zw. den Interessen und Ideen sind. Die pluralist. Gesellschaft ist gekennzeichnet durch die Vielgestaltigkeit und Komplexität ihres gesellschaftl. und polit. Lebens. Der Einzelne gewinnt Entscheidungs- und Gestaltungsspielräume, da er nicht einem einheitl. Willen unterworfen ist, auf der anderen Seite ist er zur Angleichung, zur Konformität, zur sozialen Standardisierung gedrängt, da er in ein vielseitiges Geflecht von sozialen Beziehungen einbezogen ist.

Die frühe P.-Theorie wendet sich bes. gegen die Souveränitätsansprüche des Staates. So geht H. LASKI in seiner frühen Forschungstätigkeit von der Pluralität der Souveränitäten in der Gesellschaft aus: Beeinflusst von der philosoph. P.-Lehre, von der Genossenschaftslehre O. VON GIERKES und vom brit. Gildensozialismus billigt er dem Staat nur die Rolle eines Verbandes unter Verbänden zu. P.-Theorien grenzen sich auch von der klassisch-liberalen Auffassung ab, dass dem Staat eine Gesellschaft gegenübersteht, die nur aus allein für sich existierenden Individuen besteht: Demgegenüber betonen sie die eigenständige Bedeutung ›intermediärer‹, d. h. im Zwischenbereich von Einzelmensch und Staat existierender und handelnder Gruppen. Die P.-Theorie wendet sich auch gegen monist. polit. Ordnungen. Sie bezieht eine Frontstellung gegen die Klassenkampftheorie des Marxismus ebenso wie gegen die Ideologie und totalitäre Praxis faschist. oder kommunist. Regierungssysteme.

In der modernen Politikwissenschaft wird P. vorrangig als empir. Begriff gebraucht. In der Staatsformenlehre dient er zur Kennzeichnung von Strukturmerkmalen polit. Systeme (Demokratie im Ggs. zu Diktatur) und in der neueren Verbände- und Policy-Forschung (Analyse von Staatstätigkeit) zur Kennzeichnung bilateraler, gering zentralisierter und transsektoral (bereichsübergreifend) gering koordinierter Interessenvermittlung zw. Staat und Verbänden. Am häufigsten findet der P.-Begriff Verwendung zur Charakterisierung einer bestimmten Form der polit. Willensbildung und eines bestimmten Typus von Demokratie. Hierbei bezeichnet P. – so die angloamerikan. Schule des Gruppen-P. – die Prozesse der Interessenartikulation, Interessenbündelung und Entscheidungsfindung, die von einem allgegenwärtigen Kräftemessen und dem relativen Gleichgewicht organisierter Interessen (›countervailing powers‹) sowie der Organisierbarkeit prinzipiell aller Interessen beherrscht sind. Im Unterschied zum gruppenpluralist. Ansatz stellen neuere P.-Theorien Machtkonzentrationen im Verbände- und Parteiwesen sowie in den Beziehungen zw. Verbänden, Parteien und Staat fest.

Die P.-Theorien sind einflussreich, aber auch umstritten. Konservativen Kritikern zufolge unterminiert der P. die Handlungs- und Entscheidungsfähigkeit des Staates, macht den Staat zum Beuteobjekt partikularer Interessen, erzeugt Unregierbarkeit und macht eine auf Gemeinwohl gerichtete Politik unmöglich. Marxist. Kritiker werfen dem pluralist. Gesellschaftsentwurf die Unterschätzung von Machtasymmetrien zw. ökonomisch herrschenden und wirtschaftlich abhängigen Klassen vor – so Vertreter der krit. Theorie (z. B. C. OFFE). Anhänger der ›Neuen polit. Ökonomie‹ (M. OLSON) weisen auf die Vernachlässigung von Asymmetrien zw. spezialisierten, gut organisierbaren und konfliktfähigen Interessen und allg. schwer organisierbaren und kaum konfliktfähigen Interessen hin. Auch die in der neueren Verbände- und Policy-Forschung vertretene Auffassung, dass pluralist. Systeme der Interessenvermittlung für Sozialintegration sorgten, jedoch erhebl. sachl. Problemlösungsdefizite aufwiesen, vermindert die Durchschlagskraft der normativen P.-Theorien.

Neue Entwicklungen der P.-Theorie (z. B. W. A. KELSO) haben der Kritik durch Differenzierungen von drei P.-Begriffen und P.-Theorien Rechnung zu tragen versucht: 1) die Theorie des Laissez-faire-P. (die im Bannkreis des vielfach kritisierten Gruppen-P.-Modells bleibt), 2) die Theorie des ›korporativen P.‹ (die Oligopol- und Monopolbildungen kennt) und 3) die Theorie des ›gesteuerten sozialen P.‹, die dem Staat eine aktive, dem Gesamtwohl förderl. Rolle als Wächter, Vermittler und Prioritätensetzer im Interessenkonflikt beimisst. Darüber hinaus haben sich pluralist. Willensbildungsprozesse – entgegen Erwartungen ihrer Kritiker – durch eine bemerkenswerte Offenheit und Anpassungselastizität gegenüber neuen und allgemeinen Interessen ausgezeichnet.

D. B. TRUMAN: The governmental process. Political interests and public opinion (New York [2]1971); C. OFFE: Polit. Herrschaft u. Klassenstrukturen, in: Politikwissenschaft, hg. v. G. KRESS u. a. (Neuausg. [3]1975); H. H. VON ARNIM: Gemeinwohl u. Gruppeninteressen (1977); A. GEHRING: Freiheit u. P. (1977); W. A. KELSO: American democratic theory. Pluralism and its critics (Westport, Conn., 1978); A. SCHWAN: Grundwerte der Demokratie. Orientierungsversuche im P. (1978); W. STEFFANI: Pluralist. Demokratie (1980); Patterns of corporatist policy-making, hg. v. G. LEHMBRUCH u. a. (London 1982); M. OLSON: Die Logik des kollektiven Handelns (a. d. Engl., [2]1985); P. L. BERGER u. T. LUCKMANN: Modernität, P. u. Sinnkrise. Die Orientierung des modernen Menschen (1995).

Pluralität, *bildungssprachlich* für: vielfältiges Nebeneinanderbestehen, Vielzahl.

Pluralwahlrecht, Mehrstimmenwahlrecht, Wahlrechtsregelung, bei der einem Teil der Wähler eine mehrfache Stimme zusteht (z. B. wegen höheren Lebensalters oder höherer Schulbildung, für Familienväter, für Eigentümer oder Steuerzahler ab einer bestimmten Grenze, für Inhaber öffentl. Ämter). Verdecktes P. besteht, wenn die Mehrstimmen sich aus mehrfachen Wohnsitzen (so früher in Großbritannien) oder aus der Zugehörigkeit zu versch. Wählerklassen ergeben (so in der österr. Monarchie). In Dtl. bestand bis 1918 in einigen Ländern ein P.; das →Dreiklassenwahlrecht in Preußen war kein P., sondern verlieh den Stimmen der Wähler je nach ihrer Steuerleistung unterschiedl. Gewicht.

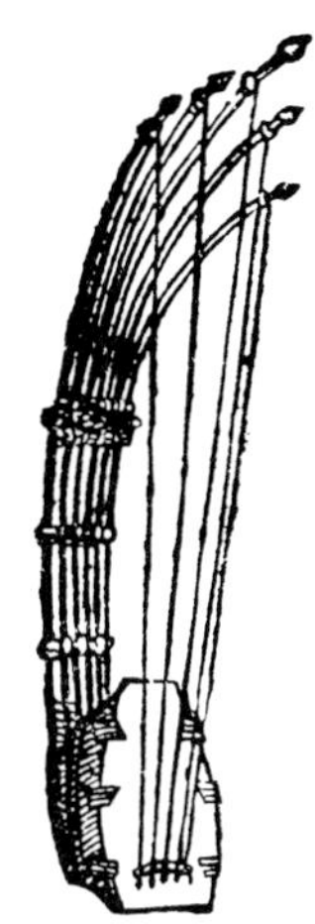

Pluriarc
nach Michael Praetorius

Pluriarc [plyri'ark] *der, -/-s,* frz. Bez. für eine nur in West-, Südwest- und Zentralafrika vorkommende Bogenlaute mit zwei bis neun Saiten; in Europa seit dem 16. Jh. u. a. durch Reiseberichte bekannt.

pluriennn [zu lat. plus, pluris ›mehr‹ und annus ›Jahr‹], **polyzyklisch, mehrjährig,** eine Lebensdauer von mehr oder weniger vielen Jahren aufweisend; auf Samenpflanzen bezogen, die erst nach einigen Jahren zu einmaliger Blüte und Fruchtreife gelangen und danach absterben, z. B. Agaven, Bananen, versch. Palmenarten. (→annuell, →bienn, →ausdauernd)

Pluripara [zu lat. plus, pluris ›mehr‹ und parere ›gebären‹] *die, -/...'paren,* **Multipara,** Mehrgebärende, Vielgebärende; Frau, die bereits mehrmals geboren hat, speziell mehr als 5 Kinder.

pluripotent [lat. plus, pluris ›mehr‹], *Biologie:* viele Potenzen, viele Entwicklungsmöglichkeiten in sich bergend; von noch nicht ausdifferenziertem Gewebe gesagt.

plus [lat. ›mehr‹], zuzüglich, und; Ggs.: minus.

Plus *das, -,* 1) Mehrbetrag, Überschuss; 2) Vorteil.

Plus|ankündigung, *Börsenwesen:* durch ein Pluszeichen verdeutlichter Kurszusatz an der Kurstafel, wenn der Makler aufgrund der ihm vorliegenden Aufträge eine erhebl. Kurssteigerung bei einem Wertpapier (5–10% bei Aktien, 1–2% bei Anleihen) erwartet; ein doppeltes Pluszeichen signalisiert Kurssteigerungen von mehr als 10% bei Aktien und mehr als 2% bei festverzinsl. Werten. – Ggs.: Minusankündigung.

Plüsch [von frz. pluche, peluche, letztlich zu lat. pilus ›Haar‹], *Textiltechnik:* 1) ein →Florgewebe für Möbelbezüge, Vorhänge, Spieltiere, Oberbekleidung. Die Schlingen oder Noppen des Flors werden von einer besonderen Polkette gebildet, die einen Schussfaden v-förmig oder drei Schussfäden w-förmig umschlingt. – Bei der Herstellung von Doppel-P. wird in der Webmaschine gleichzeitig eine Ober- und eine Unterware im Abstand der doppelten Polhöhe gewebt. Ein zw. den beiden Geweben bewegl. Messer zerschneidet die verbindende Polkette; 2) eine Kulierwirk- oder Strickware, deren P.-Decke durch einen besonderen P.-Faden mit längeren Platinenmaschen gebildet wird. Diese bleiben als Henkel (Henkel-P.) bestehen oder werden nachträglich aufgeschnitten und geschoren (Schneid-P.). Verwendung für Unterwäsche, Morgenröcke, Bademäntel, Decken u. Ä.

Plusquamperfekt [spätlat., eigtl. ›mehr als vollendet‹] *das, -s/-e,* **vollendete Vergangenheit,** *Sprachwissenschaft:* Zeitstufe des Verbs. In einfachen Sätzen bezeichnet das P. den Endpunkt eines in der Vergangenheit liegenden Geschehens (z. B. ›er war aus den USA heimgekehrt‹); in komplexen Sätzen dient das P. zur Bez. eines Seins oder Geschehens, das aus der Sicht des Sprechers als vorzeitig (im Verhältnis zu etwas Vergangenem) charakterisiert wird (z. B. ›er war gerade zurückgekommen, als er vom Tod seines Freundes erfuhr‹). Im Deutschen wird das P. mit war/hatte + Partizip Perfekt gebildet.

Plussparen, Abschöpfungssparen, Überschusssparen, Vereinbarung eines Kunden mit seiner Bank, dass diese jeweils zum Monatsende das Restguthaben auf seinem Girokonto (Gehaltskonto) auf ein Sparkonto umbucht (Abschöpfungsdauerauftrag). Dabei kann ein Höchst- oder ein Mindestbetrag für die umzubuchende Summe oder ein Mindestbetrag für das auf dem Girokonto verbleibende Guthaben festgelegt werden.

Plus Warenhandelsgesellschaft mbH & Co. OHG, Einzelhandelskette, gegr. 1972; Sitz: Mülheim a. d. Ruhr; Gesellschafter: Tengelmann-Gruppe; Umsatz (1995/96): 8,74 Mrd. DM, Beschäftigte: rd. 20 500.

Pluszeichen, *Mathematik:* Formelzeichen +, Vorzeichen und Operationszeichen für die Addition (z. B. 7 + 5); als Vorzeichen gibt es an, dass die entsprechende ganze, rationale oder reelle Zahl positiv ist (z. B. +7 im Unterschied zu −7).

Plutarch, griech. **Plutarchos,** griech. philosoph. Schriftsteller, *Chaironeia um 46 n. Chr., †um 120. Aus angesehener Familie stammend, schloss sich P. in Athen der platon. Akad. an, wurde jedoch auch von Stoa und Peripatos beeinflusst. Er unternahm zahlr. Reisen in Griechenland, nach Kleinasien, Ägypten, Italien und Rom, z. T. im polit. Auftrag seiner Heimatstadt, in der er an der kommunalen Politik teilnahm. Zu seinem ausgedehnten Freundeskreis zählten die Römer M. MESTRIUS FLORUS, von dem er als röm. Bürger den Namen Mestrius **(Mestrius Plutarchus)** annahm, und Q. SOSIUS SENECIO, ein Vertrauter TRAJANS. Um 95 wurde er Priester Apolls in Delphi.

P.s etwa zur Hälfte erhaltenes Werk wird in zwei Gruppen gegliedert: Die ›Moralia‹ umfassen rhetor., literarhistor., naturwiss. (z. B. über die Beschaffenheit des Mondes; über das Wesen der Kälte), theolog. und religionsphilosoph. (z. B. über das ›E‹ am Eingang des delph. Tempels; über den ägypt. Osirismythos), biograph., wissenschaftlich- und popularphilosoph., erzieherisch-eth. Schriften zu allgemeinen Lebensfragen. P.s großer Belesenheit sind wertvolle Zitate aus verlorenen Werken der griech. Literatur zu verdanken. In der zweiten Gruppe, den Parallelbiographien (›Bioi paralleloi‹), werden in 23 Beispielen (22 erhalten) je ein berühmter Grieche und Römer gegenübergestellt, z. B. Theseus – Romulus, DEMOSTHENES – CICERO, ALEXANDER – CAESAR, und in ihrem Wert als Vorbilder sittl. Lebensführung verglichen. P. schrieb auch Biographien röm. Kaiser (erhalten sind die über GALBA und OTHO) u. a. Einzelbiographien (erhalten sind die über ARATOS VON SIKYON und ARTAXERXES II.). Sprachlich und stilistisch sind P.s Werke vom Attizismus geprägt.

Ausgaben: Moralia, hg. v. C. HUBERT u. a., 12 Bde. ([1-2]1959–78); Vitae parallelae, hg. v. C. LINDSKOG u. a., 6 Bde. u. Index-Bd. ([2-4]1964–80); De la vertu éthique, hg. v. D. BABUT (1969); Große Griechen u. Römer, hg. v. K. ZIEGLER u. a., 6 Bde. (Neuausg. 1979–80).

D. A. WYTTENBACH: Lexicon Plutarcheum, 2 Bde. (Oxford 1830, Nachdr. Hildesheim 1962); R. HIRZEL: P. (1912); C. THEANDER: P. u. die Gesch. (Lund 1951); K. ZIEGLER: Plutarchos von Chaironeia ([2]1964); R. H. BARROW: P. and his times (Bloomington, Ind., 1967, Nachdr. New York 1979); D. A. RUSSELL: P. (London 1973); C. SCHOPPE: P.s Interpretation der Ideenlehre Platons (1994).

Pluteus [lat. ›Gerüst‹, ›Schirmdach‹] *der, -,* frei schwimmender, etwa trichterförmiger, mit einem Innengerüst aus Kalkstäbchen versehener Larventyp der Seeigel (**Echino-P.;** mit kurzen Fortsätzen) und Schlangensterne (**Ophio-P.;** mit sehr langen, dünnen Fortsätzen). Nach mehreren Wochen setzt sich der P. fest und wandelt sich zu einem Seeigel bzw. Schlangenstern um.

Pluto, *griech. Mythos:* →Pluton.

Pluto [nach dem griech. Gott Pluton] *der, -,* Zeichen ♇, der von der Sonne aus gezählt neunte und äußerste der bekannten →Planeten im Sonnensystem. P. bewegt sich in rd. 248 Jahren auf einer stark ellipt. Bahn (die die größte Exzentrizität unter den Planetenbahnen aufweist) mit einer mittleren Entfernung von 5,9 Mrd. km oder 39,8 AE um die Sonne. Nahe seines Perihels befindet sich P. innerhalb der Neptunbahn, was zw. 1979 und 1999 der Fall ist (gegenwärtig ist Neptun der sonnenfernste Planet). Die P.-Bahn ist um mehr als 17° zur Ekliptik geneigt und weist damit die größte Bahnneigung unter den Planetenbahnen auf.

P. besitzt einen Satelliten, **Charon** (Durchmesser rd. 1 172 km), der ihn in 6,387 Tagen in einer Entfernung von 19 460 km umkreist. Als Folge ihrer gegenseitigen Gezeitenkräfte haben P. und Charon eine ›doppelt gebundene‹ Rotation, ihre Rotationsperioden sind gleich ihrer Umlaufzeit um den gemeinsamen Schwerpunkt. P. ist damit der einzige Planet im Sonnensystem, der eine an den Umlauf eines Satelliten gebundene Rotation besitzt. Die Äquatorebene des P. steht fast senkrecht auf seiner Bahnebene, die Neigung beträgt etwa 94°. P. besitzt eine hauptsächlich aus Stickstoff und geringen Mengen von Methan bestehende Atmosphäre, deren Bodendruck nur rd. 1/100 000 des Bodendrucks der Erdatmosphäre erreicht. Die P.-Oberfläche ist möglicherweise zum größten Teil mit gefrorenem Stickstoff, z. T. mit gefrorenem Methan bedeckt. Die Eisbedeckung erklärt die relativ hohe mittlere Albedo von 0,62. – P. wurde am 18. 2. 1930 von C. W. TOMBAUGH entdeckt.

Plutokratie [griech., zu ploũtos ›Reichtum‹ und krateĩn ›herrschen‹] *die, -/...'tien,* eine Herrschaftsform, bei der Besitz und Vermögen die Teilhabe an der Ausübung der polit. Macht im Staat begründen und sichern (›Geldherrschaft‹). Staatstheoretiker der Antike, bes. ARISTOTELES, sahen in der P. eine Form der Oligarchie, zugleich eine Verformung der Aristokratie. Polit. Systeme des 19. Jh. entwickelten v. a. auf der Grundlage des Zensuswahlrechts ›plutokrat.‹ Züge,

Astronomische und physikalische Daten des Pluto
(gerundete Vielfache der entsprechenden Erdgrößen in Klammern)

Bahn	
größte Entfernung von der Sonne	$7{,}48 \cdot 10^9$ km (50,0)
kleinste Entfernung von der Sonne	$4{,}44 \cdot 10^9$ km (29,7)
Umfang der Bahn	$37 \cdot 10^9$ km (39,4)
numerische Exzentrizität	0,255 (15,8)
Bahnneigung gegen die Ekliptik	17,1°
siderische Periode	248,0 a
synodische Periode	366,7 d
Planet	
Äquatorradius	1 195 km (0,19)
Masse	$1{,}24 \cdot 10^{22}$ kg (0,002)
mittlere Dichte	1,7 g/cm³ (0,30)
Rotationsperiode	6,387 d
scheinbarer mittlerer Winkeldurchmesser	0,9″
scheinbare maximale visuelle Helligkeit	$14^{m}{,}9$

indem sie polit. Rechte an Besitz und Vermögen ausrichteten. Die Staatenentwicklung seit dem 19. Jh. zeigt, dass auch bei formeller Rechtsgleichheit aller Bürger die Reichen oft über faktisch größeren polit. Einfluss verfügen. In seiner antiparlamentar. und antidemokrat. Agitation stellt der Faschismus die Demokratie als Herrschaft der ›Plutokraten‹ dar. Der Marxismus, v. a. in der Gestalt des Marxismus-Leninismus, charakterisiert die parlamentar. Demokratie als Ausdrucksform der Herrschaft des Kapitals.

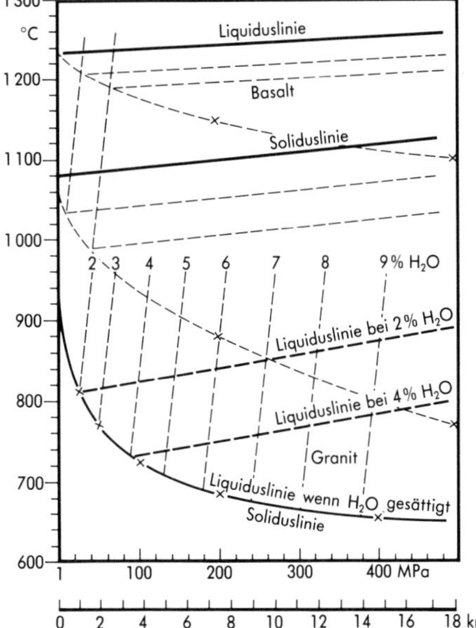

Plutonismus 1): Schmelzkurven (Liquiduslinie: untere Begrenzung des vollständig geschmolzenen Zustands; Soliduslinie: obere Grenze des festen Zustands, Beginn der Schmelze) für basaltische und granitische Gesteine mit unterschiedlichem Wassergehalt in Abhängigkeit von Temperatur (links) und Druck (unten; obere Skala in Megapascal, untere Skala in km Deckgebirgslast)

Pluton, lat. **Pluto,** *griech. Mythos:* Gott der Unterwelt, als Weiterbildung des Namens →Plutos seit dem 5. Jh. v. Chr. nachweisbar. Als Gott des Reichtums, der aus der Erde kommt, war P. wohl urspr. Gatte der →Persephone. Erst nach der Identifizierung mit →Hades wurde er zum Herrscher über die Unterwelt. P. wurde meist mit Demeter und Persephone und z. T. unter anderem Namen (›Eubuleus‹, ›der Wohlratende‹, ›Chthonios‹, ›der unterird. Zeus‹) auch im Kult verehrt. Die Römer nannten ihn auch **Dis** und **Orcus.**

Plutone [nach dem griech. Gott Pluton], *Sg.* **Pluton** *der, -s,* Bez. für große, an die mobilen Zonen der Erdkruste (Orogene) gebundene Tiefengesteinskörper unterschiedl. Gestalt. Von ihnen geht meist ein dichtes System von Gängen aus, deren Gesteine oft reiche Erzvorkommen enthalten. Vorherrschend sind saure, meist granit. P. Sie bestehen i. d. R. aus großräumigen, sich nach unten verbreiternden Komplexen (Batholithe); durch mehrfache, aufeinander folgende Intrusionen können ringförmige Strukturen von uneinheitl. Zusammensetzung entstehen. Die bas. P. haben meist geringeres Ausmaß; sie bilden v. a. rundl. bis linsenförmige Komplexe (Stöcke), konkordante (der Lagerung des Nebengesteins angepasste) Lagergänge (Sills), trichter-, schüssel- bis wannenförmige, oft geschichtete Körper (Lopolithe) oder pilzförmige Gebilde (Lakkolithe). Die innere Struktur der P. zeigt vielfach Fließ- und Kluftgefüge, die mit der dom- oder bogenförmigen Aufwölbung in Zusammenhang stehen. Einschlüsse von aufgeschmolzenem Nebengestein sind in einer bestimmten Richtung eingeordnet. Im oberen Stockwerk der P. sind Bruchstrukturen entwickelt. P. reichen in unterschiedl. Tiefe hinab, von wenigen Kilometern unter der Erdoberfläche bis zu 20 km. Durch Hebung und Abtragung können sie freigelegt werden und an der Oberfläche anstehen, die unteren Stockwerke v. a. in den alten Schilden und in den Antiklinalen der Faltengebirge.

Plutonismus [nach dem griech. Gott Pluton] *der, -,* **1)** *Geologie:* zusammenfassende Bez. für die magmat. Tätigkeit im Erdinnern, v. a. für die Entstehung, Veränderung, Wanderung und Platznahme natürl. Gesteinsschmelzen innerhalb der Erdkruste. Das Erdinnere ist bis in 2 900 km Tiefe normalerweise in festem, d. h. nicht schmelzflüssigem Zustand. Gesteinsschmelzen entstehen entweder durch →Differenziation des aus größerer Tiefe (untere Erdkruste, oberer Erdmantel) in Spalten und tekton. Schwächezonen aufsteigenden verflüssigten Magmas oder durch teilweises Aufschmelzen (Anatexis) bereits fester Gesteine (Granitisierung, →Granit). Hierzu sind in Abhängigkeit von der Gesteinszusammensetzung, dem Wassergehalt und der Tiefenlage unterschiedl. Temperaturen erforderlich. Durch tekton. Versenkung von Gesteinen der Oberkruste in größere Tiefe oder durch Verstärkung des Wärmeflusses aus dem Erdinnern kann örtlich der Schmelzpunkt überschritten werden; dabei wird i. d. R. nicht das gesamte Gestein auf einmal aufgeschmolzen, sondern jeweils nur der am leichtesten schmelzbare Anteil der Mineralgemengteile. Leicht schmelzfähige Komponenten sind die an Siliciumdioxid (SiO_2) reichen, spezifisch leichten, hellen (mafischen) Gemengteile wie Quarz, Kalifeldspat, Plagioklas; Wassergehalt des Ausgangsgesteins (als Porenwasser, als Kristallwasser oder in Form von Hydroxylgruppen in Mineralen) setzt den Schmelzpunkt erheblich herab. Vulkanismus wird dagegen von wasserarmen bis -freien Schmelzen beliefert. Die generelle Anreicherung spezifisch leichter Komponenten in der Schmelze bewirkt ihre Aufstiegstendenz (Intrusion). Begünstigt wird diese durch tekton. Vorgänge wie Druckzunahme in Faltungszonen, Druckentlastung in Dehnungszonen der Erdkruste (Orogenese) und durch Aufreißen von Förderspalten (Bruch- und Grabentektonik). Durch die Erkenntnisse der Plattentektonik hat der P. neue Deutung bekommen. Bei der Abkühlung kristallisiert die Schmelze i. d. R. voll aus, die entstehenden Tiefengesteine sind arm an Porenräumen und frei von Glas.

Die Bildung großer P. dauert etwa 10–15 Mio. Jahre, die der kleinen weniger als 1 Mio. Jahre. Durch das Eindringen der Magmaschmelze kommt es im Nebengestein zu →Kontaktmetamorphose. Über den Subvulkanismus vollzieht sich ein Übergang zum Vulkanismus. (→Magma)

2) *Geologiegeschichte:* die von J. HUTTON begründete Anschauung, dass die wesentl. Gestaltungskräfte der Erde aus dem Erdinnern (›Zentralfeuer‹) kämen. Durch dieses würden die Vorgänge der Gesteins- und Gebirgsbildung sowie das Aufdringen schmelzflüssigen Magmas (Vulkanismus) erklärt. – Ggs.: Neptunismus. (→Geologie, Geschichte)

Plutonite [nach Pluton], *Sg.* **Plutonit** *der, -s,* **plutonische Gesteine,** innerhalb der Erdkruste erstarrte magmat. Gesteine (z. B. Granit), →Tiefengesteine.

Plutonium [nach dem Planeten Pluto] *das, -s,* chem. Symbol **Pu,** radioaktives →chemisches Element aus der Reihe der →Actinoide im Periodensystem der chem. Elemente, eines der →Transurane. P. ist ein unedles, silberweißes Schwermetall, das v. a. künstlich in Kernreaktoren hergestellt wird und in der Natur nur

Plutonium		
chem.	Ordnungszahl	94
Symbol:	bisher bekannte Isotope (alle radioaktiv)	^{232}Pu bis ^{246}Pu
	beständigstes Isotop	^{244}Pu
Pu	Halbwertszeit des ^{244}Pu	$8{,}2 \cdot 10^7$ Jahre
	relative Nuklidmasse	244.064
	wichtigstes Isotop	^{239}Pu
	Halbwertszeit des ^{239}Pu	24 110 Jahre
	relative Nuklidmasse	239.052
	Dichte (bei 25 °C)	19,7 g/cm^3
	Schmelzpunkt	640 °C
	Siedepunkt	3228 °C

Plymouth 1)
Stadtwappen

Stadt in England
·
am Ärmelkanal
·
257 000 Ew.
·
Stützpunkt der Kriegsmarine
·
Handelshafen und Industriestandort
·
1620 segelten von hier die Pilgerväter mit der Mayflower nach Neuengland

in sehr geringen Mengen in Uranmineralen vorkommt (eine erhöhte Konzentration an P. wurde in Gabun in den Oklo-Uranminen gefunden, →Oklo-Reaktor). Das technisch wichtigste P.-Isotop ^{239}Pu, ein Alphastrahler mit einer Halbwertszeit von 24 110 Jahren, wird in größeren Mengen im Brutreaktor erzeugt (→Brüten). ^{239}Pu kann, ähnlich wie ^{235}U, durch Einfangen therm. Neutronen zur Kernspaltung veranlasst werden; zur krit. Masse angehäuft, kann dabei eine kernphysikal. Kettenreaktion ausgelöst werden. ^{239}Pu wird deshalb als →Spaltstoff (Kernbrennstoff) für bestimmte Kernreaktoren und für Kernwaffen verwendet. Außerdem dient ^{239}Pu als Ausgangsstoff für die Herstellung schwerer Transurane, z. B. von Curium und Americium. Das P.-Isotop ^{238}Pu wird als Energiequelle für Satelliten und Raumstationen verwendet. Das P.-Isotop ^{241}Pu ist die Muttersubstanz der Neptunium-Zerfallsreihe (→Radioaktivität, ÜBERSICHT). – In seinen Verbindungen tritt P. mit den Oxidationszahlen + 2 bis + 7 auf, von denen + 3 und + 4 bevorzugt sind. In seinem chem. Verhalten ähnelt P. dem Uran; es bildet entsprechend Plutonylverbindungen mit dem Kation $(PuO_2)^{2+}$, z. B. das Nitrat $PuO_2(NO_3)_2 \cdot H_2O$.

Wegen seiner hohen Alphastrahlungsaktivität und seiner starken Neigung zur Ablagerung in den Knochen und der Leber gehört P. zu den gefährlichsten unter den bekannten giftigen Stoffen; es kann in Laboratorien nur unter entsprechenden Schutzmaßnahmen gehandhabt werden. Einatmung von P.-Staub kann Lungenkrebs hervorrufen, Ablagerungen im Knochen wirken radioaktiv auf den gesamten Organismus; schon die Einwirkung weniger Mikrogramm P. führt zu tödl. Strahlungsschäden.

Das P.-Isotop ^{238}Pu wurde 1940 als zweites Transuran nach Vorarbeiten von E. M. MCMILLAN, G. T. SEABORG und Mitarbeitern durch Deuteronenbeschuss des Uranisotops ^{238}U (als Betazerfallsprodukt des sich dabei bildenden Neptuniumisotops ^{238}Np) erzeugt. Natürl. P. wurde erstmals 1951 aus kongoles. Pechblendekonzentraten isoliert.

P. handbook, hg. v. O. J. WICK, 2 Bde. (New York 1967, Nachdr. La Grange Park, Ill., 1980 in 1 Bd.); M. TAUBE: P. A general survey (Weinheim 1974); B. SPLIETH: P. Der giftigste Stoff der Welt (1987); Strahlenexposition u. Strahlengefährdung durch P., hg. v. D. GUMPRECHT u. a. (1989).

Plutos, altgriech. Gott des Getreidevorrats, dann des Reichtums, Sohn des Iasion und der Demeter. Der urspr. selbstständige Gott begegnet in klass. Zeit auch unter der Namensform →Pluton. P. wurde als Kind mit dem Füllhorn auf dem Arm der Friedensgöttin Eirene dargestellt; die wesentlich ältere Zuordnung zu Demeter zeigt eine als Demeter und Kore (Persephone) gedeutete myken. Zweiergruppe mit dem P.-Knaben (Athen, Archäolog. Nationalmuseum).

Pluvial [lat. pluvialis ›zum Regen gehörig‹, zu pluvia ›Regen‹] *das, -s,* **Pluvialzeit,** *Geowissenschaften:* Epoche höherer Niederschläge, bes. während des quartären Eiszeitalters und des Holozäns.

Pluviale [mlat. (pallium) pluviale ›Regenmantel‹] *das, -s/-(s),* liturg. Obergewand, ein aus der Cappa entstandener, vorn offener, ärmelloser Mantel, in der kath. Kirche vom Priester u. a. bei der feierl. Vesper, die durch Beräucherung gekennzeichnet ist (daher auch **Rauchmantel**), getragen.

Pluvialis [lat. ›Regen spendend‹], Beiname des →Jupiter.

Pluviometer [zu lat. pluvia ›Regen‹] *das, -s/-,* der →Niederschlagsmesser.

Plymouth ['plɪməθ], **1)** Hafenstadt in der Cty. Devon, S-England, an der Küste des Ärmelkanals zw. Plym und Tamar, die in den gebuchteten P. Sound münden, 257 000 Ew.; kath. Bischofssitz; Univ. (gegr. 1992), Meereslaboratorium (Umweltforschungsinstitut), Sitz der Marine Biological Association of the United Kingdom; Stadtmuseum mit Kunstgalerie. Stützpunkt der Kriegsmarine, Handels- und Jachthafen, Industriestandort mit Bau von Werkzeugmaschinen und Präzisionsinstrumenten, elektrotechn., chem. und vielseitige Leichtindustrie; Fremdenverkehr. – Im nahe gelegenen Hoe Park an der Hafenbucht die Drake-Statue (1884), der alte hierher versetzte Leuchtturm (18. Jh.) Smeaton's Tower und das Marinemuseum; östlich schließt die im 17. Jh. erbaute Royal Citadel an. An der alleeartigen Hauptstraße liegen die Guildhall (19. Jh.) sowie das 14-stöckige Civic Centre (1958–62) von J. F. STIRLING. In der Altstadt noch zahlr. Bürgerhäuser im Georgian Style und im Regency-Style sowie Saint Andrew's Church (15. Jh., nach Kriegszerstörungen restauriert) mit dem Prysten House (1490). – P., 1086 im Domesday Book als **Sudtone** erstmals gen., nahm im 14. Jh. durch den Verkehr mit Frankreich einen wirtschaftl. Aufschwung. Im 16. Jh. war P. Ausgangshafen engl. Entdecker und Abenteurer wie Sir W. RALEIGH und Sir F. DRAKE; von hier segelte die brit. Flotte gegen die span. Armada (1588). 1620 brachen von P. die Pilgerväter mit der Mayflower nach Neuengland auf. 1690 wurde der Kriegshafen gebaut, bei dem der Stadtteil Plymouth Dock (1924 in Devonport umbenannt) entstand.

2) Stadt an der Küste von Massachusetts, USA, an der Cape Cod Bay, 45 600 Ew.; Fremdenverkehr, Fischereihafen; Preiselbeerkulturen. – P. Rock ist der histor. Landeplatz der Mayflower am Hafen; die ›Mayflower II‹ ist eine Nachbildung. 3 km südlich liegt P. Plantation, die rekonstruierte ›Pilgrim Village‹ mit Häusern des 17.–19. Jh. – P., als erste permanente europ. Siedlung in Neuengland am 21. 12. 1620 von den →Pilgervätern nach Abschluss des Mayflower-Compact (→Mayflower) gegr., war Hauptort der Kolonie New Plymouth bis zu deren Anschluss (1691) an Massachusetts.

G. D. LANGDON: Pilgrim colony. A history of New P., 1620–1691 (London [4]1974).

3) Hauptstadt der Antilleninsel →Montserrat, vor dem Vulkanausbruch 1995 noch 5 000 Ew. und Abteilung der University of the West Indies, Lehrerseminar, Rundfunksender; histor. Museum und einziger Hafen der Insel (seit 1978 Tiefwasserhafen). – Seit 1996 von der Bev. verlassen, 1997 durch Lavaströme weitgehend abgebrannt.

Plymouth-Brüder ['plɪməθ-], die →Darbysten.

Ply-Rating-Zahl ['plaɪ 'reɪtɪŋ-, engl.], →PR-Zahl.

Plzeň ['plzɛnj], Stadt in der Tschech. Rep., →Pilsen.

p. m., Abk. für: **1)** →**p**ro **m**ille.

2) →**p**ro **m**emoria.

3) →**p**ost **m**ortem.

4) [pi:'em], **p**ost **m**eridiem [lat.], im angelsächs. Sprachbereich bei Zeitangaben: nach Mittag, die Zeit zw. zwölf Uhr mittags und null Uhr. (→a. m.)

Pm, chem. Symbol für das Element →Promethium.

PMOS-Technik [PMOS: Abk. für engl. **p**-channel **m**etal **o**xide **s**emiconductor, ›p-Kanal-Metalloxid-Halbleiter‹], *Halbleitertechnik:* →MOS-Technik.

PMR-Spektroskopie [PMR Abk. für engl. **p**roton **m**agnetic **r**esonance], →NMR-Spektroskopie.

Pnar, Volksstamm in Indien, →Sinteng.

Pneu *der, -s/-s,* **1)** *Medizin:* Kurz-Bez. für →Pneumothorax.

2) *Technik:* Kurz-Bez. für Luftreifen.

Pneuma [griech., eigtl. ›Hauch‹, ›Luft‹, ›Atem‹; ›Geist‹] *das, -s,* im *griech. Denken* und bes. in der *griech. Medizin* eine stets materiell gedachte Lebenskraft, die Atem und Puls reguliert. Die Stoa, die das P. z. T. als äther. Feuer ansah, hielt auch dann an seiner materiellen Erscheinungsform fest, wenn sie es als allgemeines, alldurchdringendes Prinzip der Natur verstand. Erst PHILON VON ALEXANDRIA vollzog eine Spiritualisierung. Die Gnosis unterschied i. Allg. ein rein geistiges P. sowohl von der grobstoffl. Materie (›hyle‹ oder ›sarx‹, d. h. ›Fleisch‹) als auch von der Seele (›psyche‹), die sowohl der geistigen wie der materiellen Welt zugerechnet wird. (→Geist)

Bibl. Vorstellungen: In der Septuaginta ist P. die Übersetzung von hebr. ›ruach‹, urspr. die elementare Natur- und Lebenskraft, dann im Sinn einer kosmisch-universalen Kraftsubstanz. Auch von der ›ruach‹ Gottes, als Ausdruck von Gottes wirkender Kraft verstanden, wird urspr. im Sinne einer Lebenskraft gesprochen; erst in nachexil. Zeit findet sich im Judentum die Vorstellung vom Hl. Geist, oft in Verbindung mit Weisheitsspekulationen. Einzelne Geistbegabte sind im A. T. Richter, Propheten und Könige Israels; als P.-Träger werden der endzeitl. Messias (Jes. 11, 2) wie auch das endzeitl. Heilsvolk (Joel 3, 1 f.) vorgestellt. – Im N. T. ist P. ein theologisch zentrales Phänomen: die von Gott geschenkte, zw. ihm und dem Menschen vermittelnde und Leben wirkende Größe. P.-Träger ist v. a. JESUS CHRISTUS selbst (z. B. Mk. 1, 9 ff.). Durch die Taufe gewinnt und erfährt der Christ das P. in seinem Leben (Röm. 8). Das Erlebnis des P. in den Charismen (→Charisma) gehört für die (frühe) Christenheit zum elementaren Glaubensleben und zum Kirche-Sein (1. Kor. 12–14). Im Johannesevangelium erscheint das P. als →Paraklet. In Apg. 2 wird – anknüpfend an die Vorstellungen des A. T. – aus dem Pfingsterlebnis das geistl. Selbstverständnis der christl. Gemeinde als endzeitl. ›Volk Gottes‹ abgeleitet. – Unter dem Einfluss des Hellenismus hat die christl. Theologie die Lehre vom →Heiligen Geist entwickelt.

Pneumarthrose, Anwesenheit von Luft oder Gas in einem Gelenk als Folge einer offenen Verletzung oder einer Infektion mit Gas bildenden Erregern.

Pneumatik *die, -,* Teilgebiet der Technik, das sich allg. mit dem Verhalten der Gase, i. e. S. mit der Anwendung von Druck- und Saugluft als Energieträger für Arbeitsprozesse, Steuerungen und Regelungen befasst. **Pneumatische Einrichtungen** (oft kurz P. gen.) dienen als Antriebe v. a. von hin- und hergehenden Bewegungen (z. B. bei Werkzeugmaschinen), als Bremsanlagen (Druckluftbremse), als Förderanlagen bei der pneumat. Förderung von Schütt- und Stückgütern in Rohren (z. B. Rohrpost), als Druckluftwerkzeuge u. a., zur Steuerung und/oder Regelung von Arbeitsabläufen sowie auch zur Durchführung log. Schaltfunktionen. Sie sind meist unkompliziert aufgebaut, einfach regelbar (durch Drosseln und Druckventile), wirtschaftlich und betriebssicher. **Pneumatische Bauelemente** sind u. a.: Drucklufterzeuger (meist Kolbenverdichter) und -speicher, Druckregler und -wächter, Druckbegrenzungs- und Reduzierventile, Regelventile und Drosseln. Wegeventile zur Steuerung (z. B. als $^4/_3$-Wegeventil mit vier Wegen und drei Schaltstellungen) sowie einfach oder doppelt wirkende Arbeitszylinder (mit Kolben oder Membran). Mithilfe dieser Bauelemente lassen sich die verschiedensten Arbeits- und Steuerfunktionen ausführen. Beim Aufbau log. Netze verwendet man anstelle der umfangreicheren pneumat. Wegeventile meist die als **Fluidics** bezeichneten strömungsmechan. Bauelemente (→Fluidik).

Pneumatiker, 1) Ärzteschule des 1. Jh. n. Chr.; entstand unter dem Einfluss der stoischen Philosophie; sah das in der Atemluft gegebene Prinzip als Träger des Lebens und sein Versagen als Wesen der Krankheit an.

2) Menschen, die durch den Besitz des →Pneumas zur höchsten Erkenntnis (Gnosis) und somit als wahre Gnostiker zur Erlösung fähig sind.

3) im N. T. Bez. für die Christen als Träger der vom Hl. Geist (griech. ›Hagion pneuma‹) verliehenen Gaben (→Charisma).

Pneumatisation *die, -/-en, Anatomie:* die Ausbildung lufthaltiger und mit Schleimhaut ausgefüllter Hohlräume im Bereich einiger Schädelknochen; sie stehen mit der Nasen- oder der Paukenhöhle in Verbindung.

pneumatisch, 1) *Philosophie* und *Religion:* das Pneuma betreffend.

2) *Physiologie:* mit Luft gefüllt (Knochen); auf Luft oder Atmung bezogen.

3) *Technik:* mit Luftdruck betrieben.

pneumatische Förderung, Beförderung von Schütt- und Stückgütern mittels eines strömenden Gases, z. B. Luft in einer Röhre (→Rohrpost).

pneumatische Konstruktionen, *Bautechnik:* die →Tragluftkonstruktionen.

pneumato... [zu griech. pneũma, pneúmatos ›Hauch‹, ›Luft‹, ›Atem‹; ›Geist‹], vor Vokalen und h verkürzt zu **pneumat...,** Wortbildungselement mit den Bedeutungen: 1) Luft, Gas, z. B. Pneumatolyse, Pneumatose; 2) Geist, z. B. Pneumatiker. (→pneumo...)

Pneumatologie *die, -,* allg. die Lehre vom Geist; i. e. S. 1) die Pneumatheorie der griech. Philosophie (ARISTOTELES, Stoa); 2) die Lehre der Pneumatiker; 3) die gnost. Vorstellungen von den Geistwesen und -kräften (Geister, Engel, Dämonen); 4) die metaphys. Lehre von der Seele als geistiger Substanz; 5) die christl. Lehre vom Pneuma als göttl. Substanz und Hypostase.

Pneumatolyse [zu griech. lýsis ›(Auf)lösung‹] *die, -/-n,* Vorgang der magmat. Mineralbildung. Am Ende der Kristallisation eines →Magmas (Tiefengesteinskörper, →Plutone; meist aus Granit) sind in der Restschmelze überkrit. Dämpfe so stark angereichert, dass es bei Überschreitung des Außendrucks der auflastenden Gesteine zum Absieden einer aus leichtflüchtigen Schwermetallverbindungen bestehenden Gasphase kommt (pneumatolyt. Phase der Differenziation). Diese kann sowohl auf die bereits erstarrte Schmelze als auch auf das Nebengestein einwirken **(Kontakt-P.),** wobei durch Umwandlung, Imprägnation und Verdrängung wichtige Erzlagerstätten (z. B. Zinnstein, Wolframit, Molybdänglanz) und Edelsteinvorkommen (z. B. Topas, Turmalin) entstehen, verbunden mit der Bildung von viel Quarz. Man kann zwei Haupttypen unterscheiden, Gang- und Verdrängungslagerstätten. Die Letzteren bestehen aus Silikatgesteinsverdrängungen (Zwitter und Greise) oder Karbonatgesteinsverdrängungen (kontaktmetasomat. Skarne). Die Minerale der Gänge sind im Wesentlichen dieselben, aber viel feinkörniger. (→Metasomatose)

Pneumatomachen [zu griech. máchē ›Schlacht‹, ›Gefecht‹], nach ihrem angebl. Führer MAKEDONIOS VON KONSTANTINOPEL († vor 364) auch **Makedonianer,** Theologen des 4. Jh., die in der Auseinandersetzung um das rechte Verständnis der Trinität das nicän. ›homousios‹ (wesensgleich) nur auf den Sohn, nicht auf den Hl. Geist angewendet sehen wollten; sie verstanden den Geist folgerichtig als Geschöpf des Sohnes. Ihre Lehre wurde auf dem 1. Konzil von Konstantinopel (381) verurteilt.

Pneumatophoren [zu griech. phoreĩn ›(in sich) tragen‹], *Sg.* **Pneumatophor** *das, -s, Botanik:* die →Atemwurzeln.

Pneumektomie, Pneumonektomie, operative Entfernung eines Lungenflügels.

Pneumenzephalographie, Röntgenuntersuchung der Hirnkammern mit lumbal oder subokzipital eingebrachter Luft als negativem Kontrastmittel. Aus Formabweichungen können Rückschlüsse, z. B. auf Tumoren, gezogen werden; inzwischen weitgehend durch Computertomographie ersetzt.

pneumo..., **1)** [griech. pneũma ›Hauch‹, ›Luft‹, ›Atem‹], vor Vokalen meist verkürzt zu **pneum...,** Wortbildungselement mit der Bedeutung: Luft, Gas, z. B. Pneumothorax.

2) [griech. pneúmōn, pneúmonos ›Lunge‹], vor Vokalen meist verkürzt zu **pneum...,** in der Vollform **pneumon...,** Wortbildungselement mit der Bedeutung: Lunge, z. B. Pneumonie.

Pneumocystis carinii [lat.-griech.] *die, - -/...tes -,* meist zu den Protozoen (Klasse der Sporentierchen) gerechneter, weit verbreiteter parasit. Einzeller, der v. a. den Alveolarraum der Lunge von Mensch und Säugetieren besiedelt und bei Schwächung des Immunsystems als opportunist. Erreger eine in akuter Form häufig tödl. Lungenentzündung hervorruft. Bei den meisten Menschen sind bereits in früher Kindheit Antikörper nachweisbar. Die Übertragung vollzieht sich vermutlich durch Einatmen der Erreger.

Pneumocystis-carinii-Pneumonie, Abk. **PcP,** durch Pneumocystis carinii verursachte Lungenentzündung. Sie tritt bevorzugt bei angeborenen und erworbenen Immundefekten, insbesondere bei Aids, bei chron. Infektionskrankheiten, nach längerer immunsuppressiver oder zytostat. Behandlung oder bei ausgeprägter Mangelernährung auf. PcP zeigt ein schweres Krankheitsbild mit hoher Sterblichkeit, bei Aids die häufigste lebensbedrohl. Infektion.

Pneumogaster, der →Kiemendarm.

Pneumographie, die →Pneumoradiographie.

Pneumokokken, zu den →Streptokokken gehörende Bakterien (Streptococcus pneumoniae), die im Nasen-Rachen-Raum bei fast allen Erwachsenen symptomlos vorkommen, bei geschwächten Patienten aber auch Krankheiten verursachen können, u. a. Lungenentzündung, Mittelohrentzündung, Gehirnhautentzündung. Die Bakterien treten meist paarweise auf (Diplokokken). Nur die Schleimkapseln bildenden P. sind krankheitserregend.

Pneumokoniosen [zu griech. kónis ›Staub‹], *Sg.* **Pneumokoniose** *die, -,* durch Speicherung von anorgan. oder organ. Stäuben im Lungengewebe (z. B. Kohlenstaub bei Anthrakose; ohne patholog. Bedeutung) entstehende →Staubinhalationskrankheiten.

Pneumologie *die, -,* **Pneumonologie, Pulmologie,** Wiss. und Lehre von der Lunge und den Lungenkrankheiten.

pneumon..., Wortbildungselement, →pneumo....

Pneumonektomie, die →Pneumektomie.

Pneumonie [griech. pneumonía ›Lungensucht‹] *die, -/...'ni|en,* die →Lungenentzündung.

Pneumonitis *die, -/...'tiden,* zusammenfassende Bez. für entzündl. Prozesse des Lungenzwischengewebes (Interstitium), einschließlich der durch ionisierende Strahlen hervorgerufenen Veränderungen (Strahlenfibrose).

Pneumonomykosen, die →Lungenmykosen.

Pneumoperitoneum, Ansammlung von Luft oder Gasen in der Bauchhöhle; tritt spontan als Folge von Magen- oder Darmwandzerreißungen auf. Diagnost. Zwecken dient das künstlich angelegte P. zur Vorbereitung einer Laparo- und Pelviskopie.

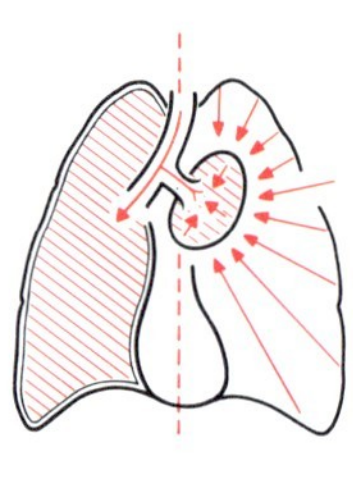

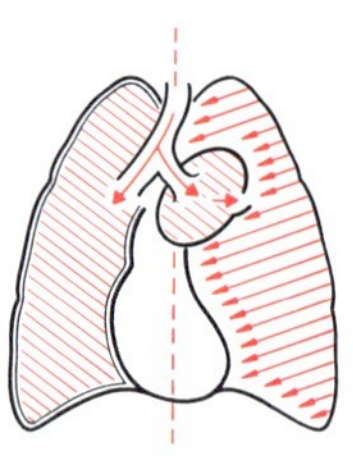

Pneumothorax: oben Äußerer offener Pneumothorax: Mittelfellflattern, Pendelluft und paradoxe Atmung der linken Lunge bei Einatmung; **unten** Spannungspneumothorax links: Druckanstieg, Rechtsverdrängung des Mittelfellraums durch Ventilwirkung der Öffnung bei Ein- und Ausatmung

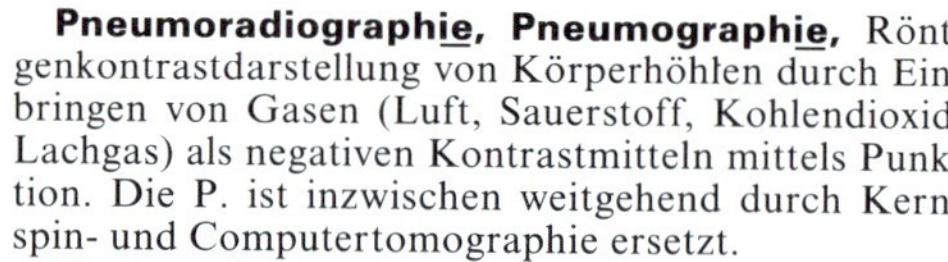

Pneumoradiographie, Pneumographie, Röntgenkontrastdarstellung von Körperhöhlen durch Einbringen von Gasen (Luft, Sauerstoff, Kohlendioxid, Lachgas) als negativen Kontrastmitteln mittels Punktion. Die P. ist inzwischen weitgehend durch Kernspin- und Computertomographie ersetzt.

Pneumorickettsiose, das →Q-Fieber.

Pneumotachographie, Verfahren der Lungenfunktionsprüfung; die graf. Aufzeichnung **(Pneumotachogramm)** der Strömungsgeschwindigkeit der Atemluft erfolgt mit dem **Pneumotachographen,** einem System parallel geschalteter Röhren mit einem elektr. Differenzialmanometer.

Pneumothorax, Kurz-Bez. **Pneu,** Ansammlung von Luft oder Gas im Pleuraraum (Spalt zw. Rippen- und Lungenfell), in dem normalerweise ein Unterdruck besteht, mit der Folge eines partiellen oder vollständigen →Lungenkollapses. Ursache eines **Spontan-P.** (häufigste Form) ist das Einreißen einer Emphysemblase nahe der Lungenoberfläche oder ein Durchbruch von Lungen- oder Bronchialfisteln (z. B. im Zusammenhang mit Gewebe zerstörenden entzündl. Prozessen). Die Symptome bestehen in plötzl., heftigen Brustschmerzen mit Atemnot und Angstgefühlen. Die Behandlung erfolgt durch Luftabsaugung oder operativ. Der **posttraumatische P.** entsteht durch offene Brustkorbverletzungen mit Eindringen von Außenluft, bei gleichzeitiger Lungenverletzung als kombinierter **Hämato-P.** mit verdrängender Blutansammlung. Zu einem **Spannungs-** oder **Ventil-P.** kommt es, wenn die offene Wunde wie ein Ventil wirkt (Lufteinlass beim Einatmen, Verschluss durch Zusammenpressen der Wundränder beim Ausatmen). Hierdurch entsteht ein wachsender, lebensbedrohl. Überdruck im Brustraum mit Verdrängung des Herzens und der großen Gefäße, der eine sofortige Entlastung durch Punktion erforderlich macht.

Der **künstliche P.** war bis zur Einführung der Chemotherapie ein wichtiges Behandlungsverfahren (Kollapstherapie) bei Lungentuberkulose und diente der Ruhigstellung erkrankter Lungenteile. Zu diagnost. Zwecken wird er (unter Verwendung von Kohlendioxid oder Lachgas) noch in Verbindung mit der →Thorakoskopie eingesetzt.

Pnong [kambodschanisch ›Bergbewohner‹], **Phnong,** amtl. **Khmer-Loeu,** Sammel-Bez. für kleine austroasiat. Völker in den Bergen Kambodschas.

pnp-Transistor, einer der beiden Grundtypen des bipolaren →Transistors, mit p-leitender Emitterzone, n-leitender Basiszone und p-leitender Kollektorzone.

p-n-Übergang, *Halbleitertechnik:* das Übergangsgebiet oder die Grenzschicht zw. einem p-leitenden und einem n-leitenden Bereich in einem →Halbleiter. Das starke Konzentrationsgefälle der Ladungsträger an der Grenze bewirkt, dass einige Löcher in den n-leitenden und einige Elektronen in den p-leitenden Bereich diffundieren und dort mit den Majoritätsladungsträgern rekombinieren. Da die Akzeptoren und Donatoren, die die Ladung der Elektronen und Löcher kompensieren, ortsfest eingebaut sind, führt das wechselseitige Eindringen von Elektronen und Löchern in das andere Gebiet zu einer elektr. Aufladung des p-n-Ü.: Die Donatoren führen zu einer positiven Aufladung des n-Gebiets, die Akzeptoren zu einer negativen Aufladung des p-Gebiets. Da das elektr. Feld dieser Raumladungen der Diffusion entgegenwirkt, bildet sich ein Gleichgewichtszustand aus, der durch Anlegen einer äußeren elektr. Spannung beeinflusst werden kann. Liegt der Pluspol der Spannungsquelle an der n-leitenden, der Minuspol an der p-leitenden Seite, hat das elektr. Feld die gleiche Richtung wie das Raumladungsfeld und verstärkt dessen Wirkung (Sperrfall), d. h., es kann kein Strom durch den p-n-Ü. fließen. Ein geringer Sperrstrom fließt jedoch auch im

Sperrfall, weil durch therm. Energie in der Raumladungszone ständig Elektron-Loch-Paare gebildet werden, die vom Raumladungsfeld getrennt werden. Bei Umkehrung der Polung (Pluspol an der p-Seite, Minuspol an der n-Seite; Durchlassrichtung) wird das Raumladungsfeld reduziert, sodass laufend neue Ladungsträger über die Grenze fließen und einen Strom aufrechterhalten, der steil mit der angelegten Spannung anwächst (Flussfall). Die Eigenschaften des p-n-Ü. werden in Halbleiterdioden und Transistoren zur Steuerung elektr. Ströme ausgenutzt. Eine weitere wichtige Anwendung finden sie bei Halbleiterdioden, die als Laser betrieben werden. Die für den Laserbetrieb notwendige Besetzungsinversion wird dabei durch eine hohe Dotierung des Ausgangsmaterials und Injektion von Minoritätsträgern in den p-n-Ü. mithilfe des in Vorwärtsrichtung fließenden Stroms erreicht.

Po, chem. Symbol für das Element →Polonium.

Po [ital. pɔ] *der,* lat. **Padus,** Strom in Norditalien, mit 652 km Länge und 75 000 km² Einzugsgebiet der größte Fluss Italiens; entspringt 2 020 m ü. M. in den Cott. Alpen und erreicht nach 35 km bei Saluzzo die →Poebene; er mündet in das Adriat. Meer. Die wasserreichen Alpenzuflüsse (u. a. Dora Riparia, Dora Baltea, Tessin, Adda, Oglio, Mincio) lagern z. T. ihre Schuttfracht in den Alpenrandseen ab, während aus dem Apennin geschiebereiche Flüsse mit stark schwankender Wasserführung kommen, v. a. Tanaro, Trebbia, Taro, Secchia. Im Spätherbst und im Frühjahr führt der Po Hochwasser, das bes. im Unterlauf gefürchtet wird. Dämme engen das über der Ebene liegende Strombett ein. Der Po liefert Wasser zur Bewässerung, u. a. durch den neuen Emilio-Romagnolo-Kanal, für 150 000 ha. Die Schifffahrt (ab der Tessinmündung) ist unbedeutend, Kanäle verbinden den Po mit Chioggia und Venedig. – Im alten Podelta, der inneren Polesine, trennen fünf Arme Sandebenen und ehem. Sümpfe voneinander. Jenseits des Strandwallbereiches wuchs das junge Delta in 100 Jahren um 450 m, seit dem MA. um 7 km. Durch die Absackung der Sedimente sank die Geländeoberfläche 1940–60 stellenweise um 3 m. Seit 1990 ist das Mündungsgebiet des P. Nationalpark.

Poa [griech.], die Gattung →Rispengras.

Poaceae, wiss. Name der Süßgräser (→Gräser).

Poás *der,* tätiger Vulkan in der Cordillera Central in Costa Rica, 2 722 m ü. M.

Pobeda [russ. ›Sieg‹], **Pik P.,** höchster Berg des Tienschan in der Kokschaaltau-Kette, auf der Grenze zw. Kirgistan und China, 7 439 m ü. M.; stark vergletschert; 1938 erstmals bestiegen.

Pobedonoszew, Pobedonoscev [-tsɛf], Konstantin Petrowitsch, russ. Politiker, *Moskau 2. 6. 1827, †Sankt Petersburg 23. 3. 1907; Jurist, an der Ausarbeitung der Justizreform von 1864 beteiligt; 1860–65 Prof. in Moskau, seit 1868 Senator, seit 1872 Mitgl. des Reichsrats, 1880–1905 Oberprokurator des Hl. Synods; Verfechter der Autokratie gegen liberale und revolutionäre Bewegungen.

Franz Graf von Pocci: Der Antiquar; aquarellierte Federzeichnung, um 1850 (Privatbesitz)

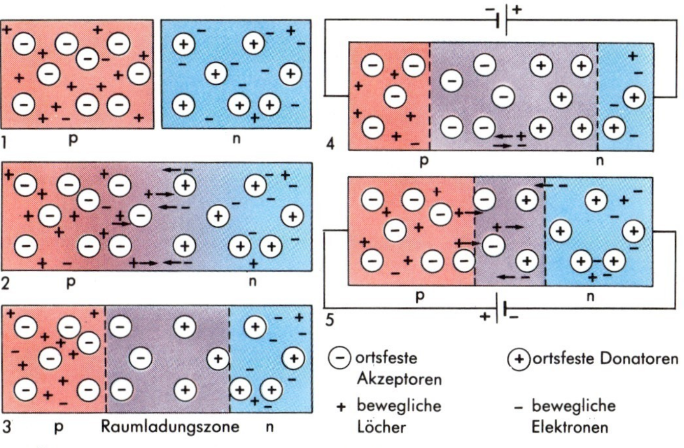

p-n-Übergang (schematische Darstellung): 1 p-Material und n-Material sind noch getrennt; 2 Die Zusammenfügung von p- und n-Material bewirkt, dass die beweglichen Elektronen und Löcher ins jeweilige benachbarte Gebiet diffundieren; 3 Nach einiger Zeit bildet sich ein Gleichgewichtszustand, da die entstehende Raumladungszone einer weiteren Diffusion entgegenwirkt; 4 Die angelegte Gleichspannung verbreitert die Raumladungszone (Sperrfall); 5 Die angelegte Gleichspannung reduziert die Raumladungszone (Flussfall)

Pöbel [mhd. bovel ›Volk‹, ›Leute‹, von lat. populus ›Volk(smenge)‹], Menschen von niedriger Denk- und Handlungsweise, von denen der Einzelne nicht aus eigenem Antrieb handelt, sondern sich mit Gleichgesinnten zusammenrottet und in der Masse randaliert und gewalttätig wird; Mob.

Poblet, Monasterio Santa María de P. [-- ma'ria --], Zisterzienserkloster (UNESCO-Weltkulturerbe) in der Prov. Tarragona, Spanien, 42 km nordwestlich von Tarragona, bedeutendstes Königskloster Kataloniens, 1151 von RAMÓN BERENGUER IV. gegr., 1152 Baubeginn im roman. Stil, Weiterführung im got. Stil bis Ende des 14. Jh., im 19. Jh. z. T. zerstört, seit 1940 wieder von Zisterziensern bewohnt. Der Komplex wird von einer 2 km langen, turmbewehrten Mauer umschlossen. Roman. Klosterkirche Santa Catalina (urspr. Santa María; 12.–14. Jh.) mit roman. Narthex, Barockfassade (um 1670), Alabasterhochaltar (1526–31, BILD →FORMENT, DAMIÁN) und got. Pantheon der Könige von Aragón; mehrere Kreuzgänge; got. Palast von MARTIN I. (1392; unvollendet); Bibliothek; Klostermuseum; Klostergebäude.

Pocahontas, Tochter des Indianerhäuptlings POWHATAN, *um 1595, †England 1617; vermittelte im heutigen Virginia, USA, Frieden zw. Indianern und engl. Siedlern.

Poccetti [pɔt'tʃetti], Bernardino, eigtl. **B. Barbatelli,** ital. Maler, *Florenz 1542 oder 1548, †ebd. 10. 11. 1612; 1579–80 in Rom bezeugt; schuf fast ausschließlich Fresken im Stil der Übergangszeit vom Spätmanierismus zum Barock.

Pocci ['pɔtʃi], Franz Graf von, Schriftsteller, Zeichner und Komponist, *München 7. 3. 1807, †ebd. 7. 5. 1876; studierte Jura; wurde 1830 Zeremonienmeister, 1847 Hofmusikintendant LUDWIGS I., 1864 Oberstkämmerer am Hof LUDWIGS II. von Bayern. P. wurde berühmt durch seine selbst illustrierten Kinderbücher, Marionetten- und Schattenspiele sowie seine Kasperlkomödien, in denen er gleichermaßen Unterhaltung der Kinder wie satir. Kommentierung zeitgenöss. Erscheinungen zu verwirklichen suchte. Daneben schrieb er Singspiele, Dramen und Märchen; P. komponierte auch Kinderlieder und kleinere Klavierstücke.

Ausgaben: Sämtl. Kasperl-Komödien, 3 Bde. (Neuausg. 1910); Kasperls Heldentaten, hg. v. M. NÖBEL (Neuausg. 1984).

Das Werk des Künstlers F. P. Ein Verz. seiner Schr., Kompositionen u. graph. Arbeiten (1926); Die gesamte Druckgraphik, hg. v. M. BERNHARD (1974).

Poche [-x-], Klaus, Pseudonyme **Nikolaus Lennert, Georg Nikolaus,** Schriftsteller, * Halle (Saale) 18. 11. 1927; seit 1950 journalist. (auch zeichner.) Arbeit in (Ost-)Berlin, schreibt seit den 60er-Jahren auch Szenarien für Film und Fernsehen. Sein erzähler. Talent zeigte sich in dem Roman ›Der Zug hält nicht im Wartesaal‹ (1965). Durch den autobiograph. Roman ›Atemnot‹ (1978), der in der DDR nicht erscheinen durfte, und durch den Fernsehfilm ›Geschlossene Gesellschaft‹ (1978) geriet er mit dem Machtapparat in Konflikt und übersiedelte 1980 nach Köln. Arbeitet seitdem vorwiegend für das Fernsehen.

Pochen: Pochbrett

Pochen [pochen in der veralteten Bedeutung ›prahlen‹ im Sinne von ›wetten‹], **Poch,** Karten-Brett-Spiel mit 32 dt. Karten (bei 3–5 Spielern) oder 52 frz. Karten (bei 6 Spielern und mehr). Trumpf ist die Farbe der zuletzt ausgegebenen Karte. Die Spieler ›pochen‹, d. h. wetten, den höchsten ›Poch‹ oder das höchste ›Kunststück‹ (Reihe gleichwertiger Karten oder Kartenkombinationen) zu besitzen. Das runde Pochbrett hat eine Vertiefung (Teller) in der Mitte (Pochkasse) und acht kreisförmig angeordnete Teller, in die die Spieler je eine Spielmarke einlegen. Soweit sie Karten bzw. Kartenverbindungen in der Trumpffarbe besitzen, kassieren sie die in den betreffenden Tellern liegenden Spielmarken.

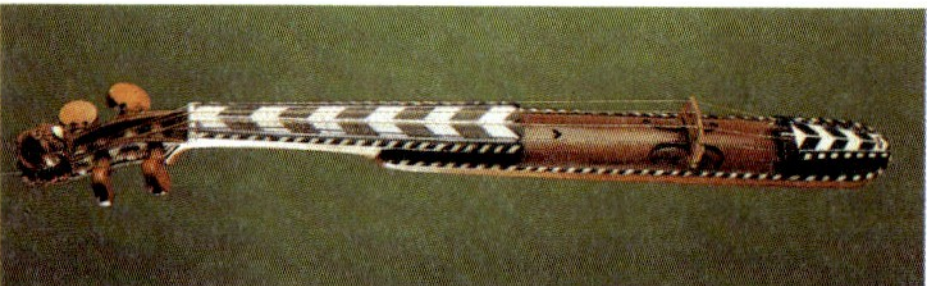

Pochette

Pochette [pɔˈʃɛt; frz., eigtl. ›Täschchen‹] *die, -/-n,* **Taschengeige, Tanzmeistergeige,** im 16. Jh. aus dem →Rebec entstandenes drei- bis viersaitiges kleines Streichinstrument mit keulenförmigem oder violinähnl. Korpus. Die P. war anfangs höchstes Instrument im Streicherensemble, wurde aber bald Soloinstrument der Tanzmeister und erhielt deshalb, um in der Rocktasche getragen werden zu können, eine längl. Form.

pochieren [-ʃ-; frz. pocher, zu poche ›Tasche‹ (weil das Eiweiß das Eigelb wie eine Tasche umschließt)], in siedender Flüssigkeit (Brühe, Milch, Essig- oder Salzwasser) garen, z. B. Eier.

Pochkäfer, die →Klopfkäfer.

Pöchlarn, Stadt im Bez. Melk, Niederösterreich, 216 m ü. M., am rechten Ufer der Donau, an der Mündung der Erlauf, 4 000 Ew.; Heimatmuseum im Welserturm, Oskar-Kokoschka-Archiv (in seinem Geburtshaus); Landesberufsschule der Tischler und Zimmerer; Möbel-, Fenster- und Türen-, Glasfabrik, Baustoffindustrie; Fremdenverkehr. – Die kath. Pfarrkirche Mariä Himmelfahrt (1389–1429) wurde nach Brand 1766 teilweise barockisiert; die Johanneskapelle (1. Hälfte 15. Jh.) diente urspr. als Karner; das Schloss, eine Wasserburg des 16. Jh., wurde im 18. und 19. Jh. umgebaut. – Das auf kelt. und röm. Ursprung zurückreichende P., vermutlich das Bechelaren des Nibelungenliedes, kam 832 an das Bistum Regensburg, bei dem es bis 1803 verblieb. 1267 wurde P. als Stadt bezeichnet.

Pochoir [pɔʃˈwaːr, frz.], Verfahren zum schnellen Kolorieren von Grafiken mittels einer Schablone aus Pappe oder Kunststoff. Die Schablone wird so ausgeschnitten, dass die Leerflächen den Flächen der Grafik entsprechen, die Farbe annehmen sollen. Um Vielfarbigkeit zu erzielen, werden mehrere Schablonen benötigt. Das Verfahren wurde u. a. bei Grafiken von P. PICASSO, J. MIRÓ, M. ERNST und S. DALÍ angewandt.

Po Chü-i [-dzy-], chin. Dichter, →Bo Juyi.

Pochwerk, *Bergbau:* histor. Maschine der Aufbereitungstechnik zur mechan. Zerkleinerung harter Stoffe, v. a. von Erzen. Das in die Pochsohle eingebrachte Haufwerk wurde durch die bis 1 000 kg schweren, herabfallenden Pochstempel zertrümmert. Außer im Goldbergbau sind P. heute weitgehend durch →Brecher verdrängt.

Pockels-Effekt [nach dem Physiker FRIEDRICH POCKELS, * 1865, † 1913], **linearer elektrooptischer Effekt,** die zur elektr. Feldstärke eines konstanten oder langsam veränderl. äußeren elektr. Feldes proportionale, anisotrope Änderung der opt. Brechzahlen und damit der Phasengeschwindigkeit des Lichts in Kristallen. Man unterscheidet zw. dem **longitudinalen P.-E.,** bei dem das äußere Feld parallel zur Ausbreitungsrichtung des Lichts orientiert ist, und dem **transversalen P.-E.,** bei dem es senkrecht dazu steht. Der Zusammenhang zw. der äußeren elektr. Feldstärke und den Brechzahlen wird durch einen Tensor beschrieben. Durch das Einprägen eines longitudinalen elektr. Feldes parallel zur opt. Achse eines Kristalls wird dieser optisch anisotrop und dreht die Polarisationsebene von hindurchtretendem Licht. – Da die elektr. Polarisation bei starken elektr. Feldstärken vom Produkt der äußeren elektr. Feldstärke und der elektr. Feldstärke der Lichtwelle abhängt, ist der P.-E. ein Effekt (2. Ordnung) der →nichtlinearen Optik.

Pockels-Zelle [nach dem Physiker FRIEDRICH POCKELS, * 1865, † 1913], *Optoelektronik:* die Kombination eines elektroopt. Kristalls mit den zur Erzeugung des Pockels-Effekts erforderl. Elektroden. P.-Z. werden zur linearen elektroopt. Beeinflussung von Lichtwellen (v. a. Laserlicht) verwendet. Beispiele sind Lichtmodulatoren zur Phasen-, Polarisations- oder Intensitätsmodulation bei der opt. Signalübertragung, Lichtschalter (auch Schaltmatrizen) und Polarisationskonverter oder Lyot-Filter (u. a. zur Frequenzselektion bei Farbstofflasern).

Pocken, Variola, volkstüml. Bez. **Blattern,** hochansteckende, akute, meldepflichtige Infektionskrankheit, die seit 1977 als weltweit ausgerottet gilt; Erreger ist das zur Familie der Poxviridae gehörende Variolavirus. Die Übertragung vollzieht sich durch Tröpfcheninfektion, seltener durch Schmier- und Staubinfektion über Kleider und Gebrauchsgegenstände von Erkrankten; Inkubationszeit 7–11 Tage.

Die **echten P.** (Variola major, Variola vera) werden durch Orthopoxvirus variola hervorgerufen; nach einem Initialstadium von 2 bis 4 Tagen mit hohem Fieber, Kopf-, Kreuz- und Gliederschmerzen, Entzündung der oberen Luftwege und einem vorübergehenden Ausschlag (Initialexanthem) kommt es unter kurzzeitigem Fieberabfall im anschließenden Eruptionsstadium zur charakterist. Ausbildung von blassroten, juckenden Flecken, die sich zu Knötchen, Bläschen und Pusteln entwickeln (makulopapulöses Exanthem). Sie breiten sich i. d. R. vom Kopf her über den ganzen Körper aus und trocknen unter Borken- und Schorfbildung nach einigen Wochen ein. Nach Abstoßung der (infektiösen) Krusten unter starkem Juckreiz bleiben v. a. im Gesicht die **P.-Narben** zurück. Diese Krankheitsphase ist von hohem Fieber mit Delirien begleitet und verläuft in 20–50 % der Fälle tödlich. Komplikationen stellen die nach verkürzter

Inkubationszeit in der ersten Krankheitsphase mit schweren Haut-, Schleimhaut- und Organblutungen verbundenen **schwarzen Blattern** (Variola haemorrhagica) dar, die meist in der ersten Woche zum Tod führen, sowie der Befall innerer Organe (Hepatitis, Enzephalitis, Myokarditis).

Das Überstehen der Krankheit verleiht lebenslange Immunität. Bei unvollständiger Immunität kommt es zu einem in der zweiten Phase stark abgemilderten Verlauf **(Variolois).** Eine leichtere Krankheitsform mit einer Letalität von 1 bis 5% sind die **weißen P.** oder **Milch-P.** (Variola minor oder Alastrim), die durch Orthopoxvirus alastrim verursacht werden; sie hinterlassen keine Immunität gegenüber den echten P. Die →Windpocken stellen eine andersartig verursachte, harmlose Infektionskrankheit dar, deren Symptome Ähnlichkeit mit dem P.-Exanthem aufweisen.

Eine ursächl. *Behandlung* der P. ist nicht möglich; die Hauptmaßnahmen bestehen in einer strengen Isolierung der Kranken bis zur Ausheilung sowie des Pflegepersonals und aller Kontaktpersonen und in der Desinfektion von Wohnräumen und Gebrauchsgegenständen der Betroffenen; wichtigste Vorbeugungsmaßnahme ist die Schutzimpfung. Sie wird (bei Erstimpfung) mit einem vermehrungsfähigen, in seiner natürl. Aktivität erhaltenen Vacciniavirus, einem in der Natur nicht vorkommenden Stamm mit geringer Pathogenität für den Menschen, durchgeführt (1.–2. Lebensjahr, Wiederholung im 12. Lebensjahr). Die allgemeine Impfpflicht gemäß Reichsimpfgesetz vom 8. 4. 1874 wurde durch Ges. vom 18. 5. 1976 aufgehoben, da aufgrund eines seit 1967 von der Weltgesundheitsorganisation durchgeführten Bekämpfungsprogramms zur Sanierung der letzten Endemiegebiete kein Erkrankungsrisiko für die Allgemeinheit mehr besteht.

Geschichte: Die P. sind als endem. Krankheit oder mit schneller, seuchenartiger Ausbreitung auftretende Epidemien mit hoher Sterblichkeitsrate schon seit etwa 1000 v. Chr. in China, Indien und Arabien bekannt; in Europa kam es im 6. Jh. zur ersten sicher belegten Epidemie, ihr folgten weitere im 13. Jh. in England und Ende des 15. Jh. in Dtl. Zu dieser Zeit wurde das P.-Virus durch die Truppen der Konquistadoren in Amerika eingeschleppt und hatte entscheidenden Anteil am Untergang der Reiche der Inkas und Azteken. Noch im 19. Jh. waren die P. in Europa endemisch verbreitet; 1871–73 wurden in Dtl. 175 000 Fälle mit mehr als 100 000 Todesopfern registriert.

Anfang des 18. Jh. wurde die Übertragung von Pustelinhalt leicht Erkrankter (Variolation) von engl. Ärzten übernommen, wegen hierbei aufgetretener Todesfälle jedoch wieder verboten. E. JENNER ersetzte diese Methoden 1796 durch die Vakzination mit Rinderpockenlymphe und schuf hiermit die Grundlage für die in Verbindung mit den späteren Impfgesetzen erfolgreiche Bekämpfung.

A. HERRLICH: Die P. ([2]1967); A. J. H. RAINS: Edward Jenner and vaccination (London 1974); D. R. HOPKINS: Princes and peasants. Smallpox in history (Chicago, Ill., 1983).

Pockendiphtherie, die Geflügelpocken (→Geflügelkrankheiten).

Pockenschildläuse, Pockenläuse, Asterolecaniidae, den Schildläusen zuzurechnende Familie bis 3 mm großer Insekten v. a. in wärmeren Ländern; die Weibchen scheiden um sich einen Schild aus Drüsensekret und Kot ab. Eine einheim. Art ist die **Eichen-P.** (Asterolecanium variolosum): gelbgrün bis braun; ruft durch Saugen an jungen Eichenästen Rindenwucherungen hervor.

Pockenviren, Poxviridae, Familie menschen- und tierpathogener Viren, die sich v. a. auf Haut und Schleimhaut manifestieren. P. sind die größten und am komplexesten aufgebauten Tierviren. Ihre Form ist oval bis quaderförmig, mit Abmessungen von 300 zu 200 zu 100 nm; sie sind unter Umständen lichtmikroskopisch erkennbar. Das Virion enthält lineare doppelsträngige DNA, die in einem von einer proteinreichen Membran umschlossenen Innenkörper liegt. Dieser ist von unregelmäßig angeordneten Kapsomeren umgeben, das ganze Virion von einer relativ resistenten Hülle. Die P. werden unterteilt in die Gattungen **Orthopoxvirus** (mit dem Variolavirus [→Pocken], dem Kuhpockenvirus, dem Vacciniavirus u. a.), **Parapoxvirus** (mit dem Pseudokuhpockenvirus), **Avipoxvirus** (mit den Pockenviren des Geflügels), **Suipoxvirus** (mit den Pockenviren der Schweine) sowie einige weitere tier- und humanpathogene Gattungen. Vacciniaviren werden heute in der Gentechnologie als Vektoren zur Expression von Fremdgenen eingesetzt.

Pocketbook [ˈpɔkɪtbʊk, engl.] *das, -s/-s,* in Großbritannien um 1935, in den USA um 1939 entstandene Form des billigen →Taschenbuches.

Pocketkamera: Kodak Instamatic 100

Pocketkamera [engl., eigtl. ›Taschenkamera‹], fotograf. Kleinstbildkamera für 16-mm-Kassettenfilme mit einem Aufnahmeformat von 13 × 17 mm; kann wegen der geringen Abmessungen in der Tasche der Kleidung mitgeführt werden.

Pockholz, das Guajakholz (→Guajakbaum).

poco [-k-, ital.], wenig, ein wenig, etwas, in der Musik als Teil von Vortrags-Bez., z. B. **p. forte,** etwas stark; **p. piano,** etwas leise; **p. allegro,** etwas schnell; **p. a p.,** nach und nach, allmählich; **p. più,** etwas mehr.

Poços de Caldas [ˈpɔsuz di-; port. ›Warmbrunnen‹], Stadt in Minas Gerais, Brasilien, rd. 1 200 m ü. M., im Brasilian. Bergland, 120 000 Ew.; Heilbad mit Schwefelthermen (42–46 °C); Bauxit- und Uranerzabbau und -aufbereitung; Urankonzentratanlage; Flugplatz.

Pocradec [pɔtsraˈdets], alban. Stadt, →Pogradec.

pod..., Wortbildungselement, →podo...

Podagra [auch pɔˈdagra; zu griech. poús, podós ›Fuß‹ und ágra ›das Fangen‹, auch ›Zange‹, ›Gicht‹] *das, -s,* Gichtanfall im Grundgelenk der großen Zehe (→Gicht).

Poděbrady [ˈpɔdjɛbradi], früher dt. **Podiebrad** [ˈpɔdjɛbrat], Stadt und Kurort im Mittelböhm. Gebiet, Tschech. Rep., 188 m ü. M., an der Elbe, 13 500 Ew.; 13 Mineralquellen (11–13 °C; alkal. und Eisensäuerlinge); Kristallglasherstellung. – Das Schloss auf dem Marktplatz (im Kern got. Burg) wurde in späteren Jahrhunderten vielfach umgestaltet. – P. erwuchs um die 1284 erstmals erwähnte Burg; 1908 wurde P. als Heilbad anerkannt.

...poden, Wortbildungselement, →podo...

Podersdorf am See, Markt-Gem. im Seewinkel, Burgenland, Österreich, 121 m ü. M., am Ufer des Neusiedler Sees, 2 100 Ew.; bedeutender sommerl. Fremdenverkehr; Weinbau.

Podest [wohl Neubildung (19. Jh.) zu griech. poús, podós ›Fuß‹, unter Einfluss von lat. podium ›Erhöhung‹] *das,* auch *der, -(e)s/-e,* 1) niedriges kleines Podium; 2) *landschaftlich* für: Treppenabsatz.

Podestà [ital., zu lat. potestas ›Herrschaft‹] *der, -(s)/-s,* der von den Staufern in kaisertreuen Städten in Italien eingesetzte kaiserl. Vogt; seit dem Ende des 12. Jh./Anfang des 13. Jh. Titel eines Adligen, der für ein halbes oder ein Jahr zur unparteiischen Verw.

Podgorica: Georgskirche; 10. Jh., mehrfach umgebaut

einer Stadt von auswärts berufen wurde. Ihm unterstanden Verw., Rechtsprechung und Heerwesen. – 1815–1918 hießen die Bürgermeister österr. Städte mit italienischsprachiger Bev. P., 1926–45 die von der faschist. Reg. ernannten Bürgermeister der ital. Städte.

Podetium [griech., zu poús, podós ›Fuß‹] *das, -s/...tilen,* bei versch. Flechten (v.a. Becherflechten) auftretender säulen-, becher- oder strauchförmiger Fruchtstiel (sekundärer Thallus), der aus dem krusten- oder blattförmigen (primären) Thallus emporwächst und die Fruchtkörper trägt.

Podgorica ['pɔdgɔritsa], 1946–92 **Titograd,** Hauptstadt von Montenegro, Jugoslawien, 56 m ü. M., in der Zetaebene nördlich des Skutarisees, an der Morača, 117 900 Ew.; Univ. (1974 gegr.), Montenegrin. Akad. der Wissenschaften und der Kunst, Museum, Theater; Aluminiumwerk (bei P. Bauxitabbau), Baumaschinen-, Möbel-, Textil-, chem. Industrie und Tabakverarbeitung; Verkehrsknotenpunkt an der 1976 eröffneten Eisenbahnlinie Bar–Belgrad (Abzweigung nach Shkodër in Albanien); internat. Flughafen. – Georgskirche (10. Jh., mehrfach umgebaut) mit Freskenresten aus dem 14.–17. Jh.; Uhrturm, alte Brücke, zwei Moscheen und Zitadelle aus osman. Zeit. – Das auf eine illyrisch-röm. Siedlung zurückgehende P., 1326 erstmals erwähnt, stand im MA. unter serb. und venezian., 1474–1878 unter osman. Herrschaft; zentraler Handelsplatz für Montenegro und seit 1956 dessen Hauptstadt.

Nikolaj Wiktorowitsch Podgornyj

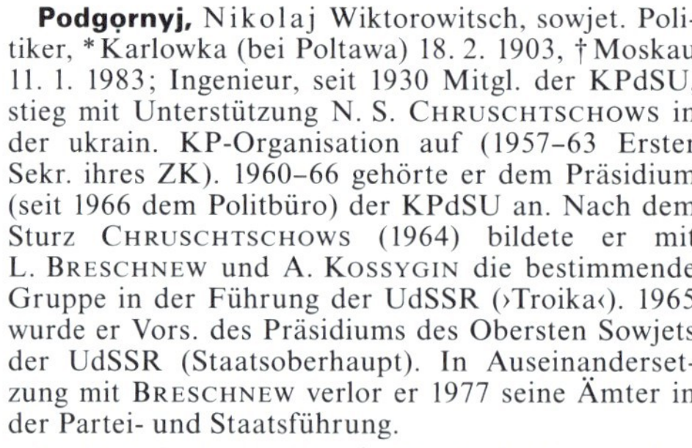

Podgornyj, Nikolaj Wiktorowitsch, sowjet. Politiker, * Karlowka (bei Poltawa) 18. 2. 1903, † Moskau 11. 1. 1983; Ingenieur, seit 1930 Mitgl. der KPdSU, stieg mit Unterstützung N. S. CHRUSCHTSCHOWS in der ukrain. KP-Organisation auf (1957–63 Erster Sekr. ihres ZK). 1960–66 gehörte er dem Präsidium (seit 1966 dem Politbüro) der KPdSU an. Nach dem Sturz CHRUSCHTSCHOWS (1964) bildete er mit L. BRESCHNEW und A. KOSSYGIN die bestimmende Gruppe in der Führung der UdSSR (›Troika‹). 1965 wurde er Vors. des Präsidiums des Obersten Sowjets der UdSSR (Staatsoberhaupt). In Auseinandersetzung mit BRESCHNEW verlor er 1977 seine Ämter in der Partei- und Staatsführung.

Podhale [pɔt'xalɛ], hügelige Landschaft in S-Polen, in einem Hochbecken (700–1 000 m ü. M.) der Westkarpaten, zw. den Beskiden im N, der Hohen Tatra im S und den Pieninen im O, 57 km W-O-Erstreckung (bei 26 km Breite), vom Dunajec entwässert; Erholungs-, Kur- und Wintersportgebiet; Almwirtschaft; Siedlungsraum der zu den Goralen gehörenden **Podhalen.** Hauptorte sind Neumarkt und Zakopane.

Podhoraken, Volksgruppe der →Tschechen.

Podicipedidae [lat.], die →Lappentaucher.

...podie, Wortbildungselement, →podo...

Podiebrad und Kunštát ['pɔdjɛbrat - 'kunʃta:t], Georg von, König von Böhmen (1458–71), →Georg (Herrscher, Böhmen).

Podium [lat., von griech. pódion, eigtl. ›kleiner Fuß‹] *das, -s/...dilen,* **1)** *allg.:* trittartige Erhöhung (für Dirigenten, Redner); erhöhte Plattform, Bühne für nicht im Theater stattfindende Veranstaltungen.

2) *Architektur:* erhöhter Unterbau für ein Bauwerk.

3) *Zoologie:* Bez. für →Fuß bei den meisten Weichtieren.

Podiumtempel, eine Form des Tempels urspr. der etrusk. Baukunst, bei dem sich eine dreiteilige Cella mit einer vorgelegten Säulenhalle auf einem hohen sockelartigen Podium mit frontseitiger Freitreppe erhebt; von den Römern übernommen.

Podjatschew, Pod'jačev [-tʃef], Semjon Pawlowitsch, russ. Schriftsteller, * Oboljanowo (heute Podjatschewo, Gebiet Moskau) 8. 2. 1866, † ebd. 17. 2. 1934; Bauernsohn, von M. GORKIJ gefördert; beschrieb in Skizzen, Erzählungen und Romanen das trostlose Leben der unteren Schichten auf dem Land.

Ausgabe: Polnoe sobranie sočinenij, 11 Bde. (1927–30).

Podkowiński [-'viĩski], Władysław, poln. Maler, * Warschau 4. 2. 1866, † ebd. 5. 1. 1895; Schüler von W. GERSON. 1889 reiste er nach Paris, wo die Werke C. MONETS für ihn richtungweisend wurden. Mit seinen Porträts, Landschafts- und Genrebildern gilt er als Pionier der poln. impressionist. Malerei.

Podlachilen, poln. **Podlasie** [pɔt'lazjə], histor. Landschaft in Polen, beiderseits des mittleren Bug. Der Norden P.s war von den Jadwingern bewohnt, der Süden gehörte zum altruss. Fürstentum Galitsch-Wladimir. In der 1. Hälfte des 14. Jh. von Litauen erobert, wurde P. auch vom angrenzenden Masowien beansprucht, das seine Rechte 1443 an Litauen verkaufte. 1520 wurde eine litauische Wwschaft P. gebildet, die 1569 an Polen überging. 1795 kam der größere Teil nördlich des Bug an Preußen, der kleinere südlich des Bug an Österreich. Durch den Frieden von Tilsit (1807) fiel der Nordteil mit Białystok an Russland. Seit 1918 ist P. Teil der poln. Wwschaft Białystok.

podo... [griech poús, podós ›Fuß‹], vor Vokalen verkürzt zu **pod...,** Wortbildungselement mit der Bedeutung: Fuß, fußähnl. Gebilde, Fortbewegungsorgan, z. B. Podophyllum, Podagra. – Als letzter Wortbestandteil: 1) **...poden,** mit den Bedeutungen: a) -füßer (Tiere mit bestimmten Fortbewegungsorganen), z. B. Gastropoda; b) Fortbewegungsorgane, z. B. Gonopoden; 2) **...podie,** mit der Bedeutung: -füßigkeit, z. B. Monopodie.

Podocarpaceae [griechisch], die →Steineibengewächse.

Podolilen, histor. Landschaft in der Ukraine, östlich der Karpaten, zw. Dnjestr und dem Oberlauf des Südl. Bug; ein von Tälern zerschnittenes hügeliges, fruchtbares Tafelland zw. 200 und 500 m ü. M.; von Owrags tief zerschnitten. Nach dem Zerfall des Kiewer Reiches stand P. zunächst unter lockerer tatar. Oberhoheit. 1366 kam der westl. Teil zu Polen, während der östl. von den litauischen Fürsten KORIATOWICZ beherrscht wurde. Nach Abschluss der polnisch-litauischen Personalunion (1385) und nach Teilungsvereinbarungen (1396) wurde P. in West-P., auf das Polen Anspruch erhob, und Ost-P., das Litauen angegliedert wurde, geteilt. West-P. kam 1430 an Polen, blieb aber Streitobjekt mit Litauen; Ost-P. wurde nach der Union von Lublin 1569 als Wwschaft Bracław ebenfalls Polen angegliedert. Im Türkenkrieg Polens 1672–78 ging fast ganz P. an das Osman. Reich verloren und kam erst im Frieden von Karlowitz (1699) endgültig an Polen zurück. Bei den Poln. Teilungen fiel das Gebiet um Tarnopol 1772 an Österreich, der Hauptteil 1773 an Russland. Der W gehörte zw. den beiden Weltkriegen zu Polen.

Podolsk, Stadt im Gebiet Moskau, Russland, südlich von Moskau, am Moskwazufluss Pachra, 204 000 Ew.; Maschinen-, Dampfkesselbau, elektrotechn. Industrie (v. a. Kabelherstellung), Buntmetallerzverhüttung, Baustoffindustrie. – P., im 18. Jh. entstanden, wurde 1781 Kreisstadt.

Podophyllum [griech.], **Fußblatt, Maiapfel,** Gattung der Sauerdorngewächse mit acht Arten in O-Asien und Nordamerika; kleine Stauden mit großen, handförmigen Blättern, weißen bis rötl. Blüten und essbaren, großen Beeren. Einige Arten, wie **P. peltatum** (mit schildförmigen Blättern; der Wurzelstock enthält das giftige, bitter schmeckende, früher als Abführmittel verwendete **Podophyllin**), werden als Zierpflanzen in schattigen Parkanlagen und Steingärten angepflanzt.

Podosphaera [griech.], Gattung der Mehltaupilze mit nur wenigen Arten, deren Fruchtkörper hakenförmige Anhängsel und nur je einen Sporenbehälter haben; ein gefährlicher Schädling ist der Apfelmehltau (→Mehltau).

Podotrochlose, die →Fußrollenentzündung.

Podravina *die,* Teil der Drauniederung im N von Kroatien, 3 400 km²; mit Auwäldern, Sümpfen und Wiesen, auf höher liegenden Terrassen (z. T. mit Lössböden) Mais- und Weizenanbau sowie Weinbau; Zentren sind Varaždin und Osijek.

Podsol [russ. podzol, zu pod ›unter‹ und zola ›Asche‹] *der, -s,* **Aschenboden, Bleicherde,** Bodentyp des kühlgemäßigten humiden Klimabereichs; überwiegend unter Nadelwäldern mit Zwergsträuchern und aus an Siliciumdioxid (SiO_2) reichen, calcium- und magnesiumarmen, wasserdurchlässigen Gesteinen entstanden; wegen intensiver Verwitterungs-, Auswaschungs- und Verlagerungsvorgänge **(Podsolierung)** stark sauer und nährstoffarm. Unter einer Rohhumusauflage (O-Horizont) und einem geringmächtigen, dunklen, humusreichen A_h-Horizont folgt der gebleichte, aschgraue Eluvialhorizont (A_e), dann der mit organ. Substanz und Eisen- und Aluminiumoxiden angereicherte, braunschwarze bis rotbraune Illuvial- oder B-Horizont, der zu →Ortstein verhärtet sein kann und in das Ausgangsgestein (C-Horizont) übergeht. In Nordwest-Dtl. sind die P.-Böden z. T. durch die Vernichtung der ursprüngl. Wälder durch den Menschen bedingt, wie in der Lüneburger Heide **(Heideboden).** P.-Böden werden v. a. forstwirtschaftlich genutzt.

Poe [pəʊ], Edgar Allan, amerikan. Schriftsteller, *Boston (Mass.) 19. 1. 1809, †Baltimore (Md.) 7. 10. 1849; wuchs nach dem Tod seiner Eltern (1810/11), die Schauspieler waren, im Haus des Kaufmanns JOHN ALLAN († 1834) in Richmond (Va.) auf; 1815–20 mit seinen Pflegeeltern in Großbritannien, studierte 1826 an der University of Virginia in Charlottesville. Nach dem Bruch mit ALLAN mittellos, trat er 1827 in die Armee ein; ab 1830 Ausbildung an der Militärakademie West Point, 1831 wegen Aufsässigkeit entlassen. Danach wagte P. als einer der Ersten in den USA eine Existenz als freier Schriftsteller und arbeitete als Journalist sowie zeitweise als Redakteur für versch. Zeitschriften, lebte jedoch, v. a. wegen seines period. Alkoholismus und häufiger Konflikte mit seinen Arbeitgebern, meist in ärml. Verhältnissen. 1836 heiratete er seine 13-jährige Cousine VIRGINIA CLEMM († 1847). – P., einer der wichtigsten Schriftsteller der 1. Hälfte des 19. Jh., wurde zuerst in Europa anerkannt, u. a. durch C. BAUDELAIRE. Beeinflusst von der Romantik (S. T. COLERIDGE, Lord BYRON) sowie vom Rationalismus des 18. Jh., ist er ebenso bedeutend als Lyriker und Erzähler wie als Literaturtheoretiker (›The poetic principle‹, hg. 1850; dt. ›Das poet. Prinzip‹) und Kritiker. Seine Klang und Stimmung betonenden, oft um Liebessehnsucht und Vergänglichkeit kreisenden Gedichte (›Tamerlane‹, 1827; ›Al Aaraaf‹, 1829; ›The raven‹, 1845, dt. ›Der Rabe‹; ›Ulalume‹, 1847) beeinflussten die frz. Symbolisten. Als Meister der →Shortstory begründete P. deren Theorie und verband in seinen Erzählungen in einfallsreichen, suggestiven Variationen des Unheimlichen, Übersinnlichen, Grauenvollen und Makabren, in der psycholog. Auslotung archaischer Ängste und der dunklen Seiten des menschl. Wesens Scharfsinn und Fantastik (›Ligea‹, 1838, dt. ›Ligeia‹; ›The mask of the red death‹, 1842, dt. ›Die Maske des roten Todes‹; ›The pit and the pendulum‹, 1842, dt. ›Grube und Pendel‹). Einige seiner Shortstorys entwickeln den Typus der romant. Schauergeschichte weiter (›The fall of the house of Usher‹, 1839; dt. ›Der Untergang des Hauses Usher‹), andere den der Abenteuererzählung (›The gold bug‹, 1843; dt. ›Der Goldkäfer‹). Mit Erzählungen wie ›The murders in the Rue Morgue‹ (1841; dt. ›Der Doppelmord in der Rue Morgue‹) und ›The purloined letter‹ (1845; dt. ›Der entwendete Brief‹) begründete P. die Gattung der modernen, die analytisch präzise Verbrechensaufklärung in den Mittelpunkt stellenden Detektivgeschichte. Der fragmentar. Roman ›The narrative of Arthur Gordon Pym‹ (1838; dt. ›Die denkwürdigen Erlebnisse des Arthur Gordon Pym‹) greift die beliebte Thematik des Seeabenteuers auf und beeinflusste in der Verknüpfung von naturwiss. Spekulation und fantast. Erfindung die weitere Entwicklung der →Sciencefiction (J. VERNE). ›Eureka‹ (1848; dt. ›Heureka‹) stellt den Versuch einer Kosmogonietheorie dar. – P., dessen ästhet. Brillanz und innovative Kraft zu seinen Lebzeiten kaum wahrgenommen wurden, gilt seither als einer der bedeutendsten Wegbereiter der von der Romantik ausgehenden Literatur des 19. Jh. und der Moderne.

Ausgaben: The complete works, hg. v. J. A. HARRISON, 17 Bde. (1902, Nachdr. 1979); Collected works, hg. v. T. O. MABBOTT, 3 Bde. ([2]1979); The collected writings, hg. v. B. R. POLLIN, auf mehrere Bde. ber. (1981 ff.). – Das gesamte Werk in 10 Bden., hg. v. K. SCHUMANN u. a. (Neuausg. 1979); Ausgew. Werke, in 3 Bden., hg. v. G. GENTSCH (1989).

F. H. LINK: E. A. P. (1968); E. H. DAVIDSON: P. A critical study (Cambridge, Mass., [7]1980); E. A. P., hg. v. H. BLOOM (New York 1985); J. G. KENNEDY: P., death, and the life of writing (New Haven, Conn., 1987); The purloined P., hg. v. JOHN P. MULLER u. a. (Baltimore, Md., 1988); F. T. ZUMBACH: E. A. P. (Neuausg. 1989); L. WEISSBERG: E. A. P. (1991).

Poebene, ital. **Pianura Padana, Padania,** das vom Po und seinen Nebenflüssen durchströmte Tiefland N-Italiens, eine rd. 50 000 km² große, 500 km lange und 50–120 km breite, meist fruchtbare, von vielen Kanälen, Bahnlinien und Straßen durchzogene Ebene, aus der sich das Hügelland von Monferrato östlich von Turin, die Monti Berici und die Euganeen inselartig erheben. Die südl., abgesunkene Vortiefe der Alpen ist mit einige tausend Meter mächtigen tertiären und quartären Sedimenten erfüllt. Am Alpenrand, schmaler am Fuß des Apennins, liegen Schotter- und Sandterrassen **(Alta Pianura).** In der Quellenzone **(Fontanili)** gehen sie in die feuchte innere Schwemmlandzone **(Bassa Pianura)** über. Klimatisch bildet die P. einen Übergang vom mitteleurop. zum mediterranen Klima S-Europas (warme Sommer, Hauptniederschläge im Frühjahr und Herbst, kalte und nebelreiche Winter). Rodung, röm. Flureinteilung, Entwässerung und Kanalbauten bestimmen Landwirtschafts- und Siedlungsbild. Auf den Feuchtböden der Schwemmlandzone wird Reis angebaut; ferner Wiesenwirtschaft (intensive Viehzucht); Weizen-, Zuckerrübenanbau. Gräben und Baumreihen (Pappeln, Maulbeerbäume) umrahmen die Felder; ausgedehnte Obstkulturen in der Emilia-Romagna. An Bodenschätzen sind

Podophyllum: Podophyllum peltatum (Höhe bis 30 cm)

Edgar Allan Poe

die Erdöl- und Erdgaslager von Bedeutung. Größtes Industriezentrum ist der Ballungsraum Mailand.

H. UPMEIER: Der Agrarwirtschaftsraum der P. (1981).

Poel [pø:l], Ostseeinsel in der Wismarbucht, Meckl.-Vorp., 37 km², 2850 Ew.; von fruchtbaren Geschiebemergelböden bedeckt, waldlos, flachwellig (bis 27 m ü. M.), mit Steilküsten im N und W und vorgelagerten flachen Badestränden (Am Schwarzen Busch, Timmendorfer Strand); im S die weit eingreifende Bucht Kirchsee; Fremdenverkehr, Landwirtschaft und Fischerei; in Malchow Saatzucht, im zentralen Ort Kirchdorf (Fischerei- und Sportboothafen) Forellenzucht. Im SO ist P. durch Damm und Brücke (über den 1 km breiten Breitling) mit dem Festland verbunden.

Poel ['poʊl], William, eigtl. **W. Pole** [poʊl], engl. Schauspieler, Regisseur und Theaterleiter, * London 22. 7. 1852, † ebd. 13. 12. 1934; gründete die Elizabethan Stage Society (1894–1905); versuchte eine Rekonstruktion der Shakespearebühne, auf der er originalgetreue Inszenierungen von Shakespeare- u. a. elisabethan. Dramen anstrebte.

R. SPEAIGHT: W. P. and the Elizabethan revival (London 1954).

Poelaert ['pula:rt], Joseph (Jozef), belg. Architekt, * Brüssel 21. 3. 1817, † ebd. 3. 11. 1879; Hauptvertreter des Historismus in Belgien, ausgebildet in Paris. P. war v. a. in Brüssel tätig, wo 1866–83 nach seinen Plänen der Justizpalast entstand (BILD →belgische Kunst).

P. et son temps, hg. v. R. VANDENDAELE, Ausst.-Kat. (Brüssel 1980).

Poelenburgh ['pulənbyrx], Cornelis van, niederländ. Maler, * Utrecht um 1593, begraben ebd. 12. 8. 1667; malte, von A. ELSHEIMER und seinem Kreis beeinflusst, kleine, zartfarbige arkad. Landschaften mit Nymphen und Hirten. P. war in Italien, London und Utrecht tätig. P. gehört zur ersten Generation der italianisierenden niederländ. Landschaftsmaler.

Hans Poelzig: Großes Schauspielhaus in Berlin (nach Umbau 1918–19)

Poelzig [-œ-], **1)** Hans, Architekt, * Berlin 30. 4. 1869, † ebd. 14. 6. 1936, Vater von 2); lehrte in Breslau, Dresden, 1920–35 in Berlin. Er war Mitgl. der Novembergruppe und 1919–21 Vors. des Dt. Werkbundes. P. gehörte zu den Hauptvertretern der expressionist. Architektur. Er suchte in seinem Werk stets die Synthese zw. Zweck- und Kunstform. Mit seinen späten Bauten näherte er sich dem →internationalen Stil. P. betätigte sich auch als Maler und entwarf Theater- und Filmkulissen.

Werke: Geschäftshaus in Breslau (1911); Wasserturm in Posen (1911, z. T. zerstört); Haus der Freundschaft in Istanbul (1916); Umbau des Großen Schauspielhauses in Berlin (1918–19, nicht erhalten); Verwaltungsgebäude der IG Farben in Frankfurt am Main (1928–31); Haus des Rundfunks in Berlin (1929–31).

H. P. Der dramat. Raum, Malerei, Theater, Film, Ausst.-Kat. (1986); H. P. Die Pläne u. Zeichnungen aus dem ehem. Verkehrs- u. Baumuseum in Berlin, hg. v. M. SCHIRREN (1989); M. BIRAGHI: H. P. Architektur 1869–1936 (a. d. Ital., 1993); H. P. Sein Leben, sein Werk, bearb. v. J. POSENER (a. d. Amerikan., 1994); Architekten – H. P., bearb. v. U. STARK (1996; Bibliogr.).

2) Hans Peter, Architekt, * Breslau 6. 8. 1906, † Duisburg 26. 1. 1981, Sohn von 1); ab 1954 Prof. an der TU Berlin, wo er richtungweisend auf dem Gebiet des Krankenhausbaus wirkte. Neben zahlr. Krankenhäusern (u. a. Univ.-Klinik in Köln, 1963) entwarf er auch Siedlungsbauten (u. a. Wohnquartier im Hansaviertel in Berlin, 1957).

Poem [griech.-lat.] *das, -s/-e,* unspezif. Bez. für ein (längeres) Gedicht; oft mit ausgeprägt epischen Zügen (auch zyklisch); bezeichnet auch die Großformen der Versdichtung in der russ. Literatur (z. B. bei A. S. PUSCHKIN).

Poeschel Verlag [-œ-], **C. E. Poeschel Verlag,** Buchverlag, 1902 in Leipzig gegr.; Sitz: Stuttgart. 1919 von der Metzlerschen Verlagsbuchhandlung erworben und 1948–91 mit dem **Verlag J. B. Metzler** zu einer Firma zusammengeschlossen, ist der P. V. seit 1991 eine 100%ige Tochter der Verlagsgruppe Georg von Holtzbrinck. Verlagsgebiete u. a. Fach-, Lehr- und Sachbücher zur Betriebswirtschaftslehre, Fachzeitschriften, Veröffentlichungen des Statist. Bundesamtes und des Kraftfahrzeug-Bundesamtes.

Poesia fidenziana, Poesia pedantesca, →pedanteske Dichtung.

Poesie [frz. poésie, über lat. poesis von griech. poíēsis ›das Dichten‹, ›Dichtkunst‹] *die, -,* Bez. für →Dichtung, bes. für Versdichtung in Unterscheidung zur Prosa.

Poésie pure [pøe'zi py:r; frz. ›reine Dichtung‹] *die, - -,* **absolute Dichtung,** Bez. für diejenige Literatur, die sich (im Unterschied zur →Littérature engagée) als Selbstzweck und damit frei von außerkünstler. (z. B. ideolog.) Zielsetzungen versteht; im Extremfall treten in ihr die Inhalte völlig zurück, sodass sich der poet. Akt als solcher manifestiert. Eine P. p. wurde von Vertretern des →L'art pour l'art und dieser Kunsttheorie nahe stehenden Autoren (z. B. den Symbolisten) programmatisch gefordert und künstlerisch umgesetzt.

Poet [lat. poeta, von griech. poiētés ›Dichter‹, ›schöpfer. Mensch‹] *der, -en/-en, bildungssprachlich veraltend,* sonst *scherzhaft* für: Dichter, Lyriker.

Poeta doctus [lat. ›gelehrter Dichter‹] *der, - -/...tae ...ti,* der bewusst mit Elementen literar. und gelehrter Überlieferung arbeitende Dichter, als Idealtyp des Dichters zuerst in hellenist. Zeit (KALLIMACHOS), dann bei den →Neoterikern, in Humanismus und Renaissance sowie im Barock angestrebt. In der Moderne nahmen z. B. E. POUND und T. S. ELIOT diese Tradition auf.

Poeta laureatus [lat. ›mit Lorbeer bekränzter Dichter‹] *der, - -/...tae ...ti,* in der Antike und seit dem späten MA. Bez. eines Dichters, der als Würdigung hoher dichter. Leistungen durch eine →Dichterkrönung zum P. l. erhoben wurde; in England als →Poet laureate institutionalisiert.

Poeta Saxo [›sächs. Dichter‹], anonymer Dichter sächs. Herkunft, der um 890 (im Kloster Corvey?), vielleicht für König ARNULF von Kärnten, ein formgewandtes mittellat. Epos in fünf Büchern (2963 Verse) über KARL D. GR. schrieb. Die hexametrisch verfassten vier ersten Bücher beruhen im Wesentlichen auf den Nachrichten der ›Einhardsannalen‹, während das in Distichen gehaltene fünfte Buch über KARLS Leben und Tod nach EINHARDS ›Vita Karoli Magni‹ gestaltet ist und mit einer eschatolog. Vision endet. Der P. S. feiert KARL D. GR. als Bekehrer der Sachsen und als Vollender der fränk. Reichseinheit, deren Wiederherstellung er sich von ARNULF erhoffte.

H. BEUMANN: P. S., in: Die dt. Lit. des MA. Verfasserlex., begr. v. W. STAMMLER, hg. v. K. RUH u. a., Bd. 7 ([2]1989).

Poètes maudits [pɔˈɛːt moˈdi; frz. ›verfemte Dichter‹], von A. DE VIGNY geschaffene Bez. (›Stello‹, 1832), die durch P. VERLAINES Schrift ›Les p. m.‹ (1884; erweitert 1888) berühmt wurde. Sie gilt als Symbol des einsamen, von der Gesellschaft unverstandenen Dichters, der die Gesellschaft seinerseits verachtet. Für VERLAINE gehörten dazu: T. CORBIÈRE, A. RIMBAUD, S. MALLARMÉ, MARCELINE DESBORDES-VALMORE, A. VILLIERS DE L'ISLE-ADAM und VIGNY; ihre Verse drücken formvollendet das trag. Lebensgefühl des Individuums an der Epochenschwelle zur Moderne aus.

Poethen [-øː-], Johannes, Schriftsteller, * Wickrath (heute zu Mönchengladbach) 13. 9. 1928; Journalist und Rundfunkredakteur; unternahm zahlr. Reisen in den Mittelmeerraum. Seine formenreiche Lyrik war anfangs vom mythologisch überhöhten Erlebnis Griechenlands bestimmt (›Gedichte 1946–1971‹, 1973), danach wandte er sich zeitkrit. Fragen zu (›Rattenfest im Jammertal. Gedichte 1972–1975‹, 1976); zuletzt Abkehr von der pessimist. Weltsicht und Wiederaufnahme der mythisch-religiösen Komponente (›Wer hält mir die Himmelsleiter? Gedichte 1981–1987‹, 1988; ›Auf der Suche nach Apollon. Sieben griech. Götter in ihrer Landschaft‹, 1992).

Poetik [lat. poetica, von griech. poiētikḗ (téchnē) ›Dichtkunst‹] *die, -,* die Lehre von der Dichtkunst, ihrem Wesen und ihrer Wirkung, ihren Erscheinungsweisen, ihren Form- und Gestaltungsgesetzen und ihren Gestaltungsmitteln. Als Theorie der Poesie gehört sie in den Bereich der Literaturwiss., als Reflexion über den Charakter von Kunstwerken ist sie Teil der Ästhetik, während sie sich in der Untersuchung der Darstellungsmittel der Dichtung vielfach mit Stilistik und Rhetorik berührt. Soweit die P. normativen Anspruch erhebt, liefert sie einerseits Anweisungen zum ›richtigen‹ Dichten und andererseits Maßstäbe für die krit. Beurteilung der Werke.

Geschichte

Antike: Am Beginn der europ. P. steht, neben den krit. Äußerungen PLATONS zum Wahrheitsgehalt der Dichtung (›Politeia‹, 10. Buch), die im Wesentlichen als Gattungs-P. angelegte und für die weitere Gesch. der P. nachhaltig wirksame, jedoch nur fragmentarisch überlieferte P. des ARISTOTELES (›Peri poietikes‹, Über die Dichtkunst). Hierin definierte ARISTOTELES Kunst als ›mimesis‹ (→Mimesis) von ›praxis‹, eine Formulierung, die, als ›Nachahmung von Handlung‹ übersetzt, in der Folgezeit immer wieder irreführende Deutungen begünstigte. Am folgenreichsten für die Gesch. der P. war der von ARISTOTELES postulierte wirkungsästhet. Aspekt der Tragödie, die durch Erregung von ›phobos‹ (Schauder) und ›eleos‹ (Jammer) die →Katharsis (Reinigung) dieser Affekte bewirke. Die sich häufig auf ARISTOTELES berufende Lehre von den drei →Einheiten (Ort, Zeit, Handlung) geht allerdings nicht auf diesen zurück, sondern wurde erst von dem Renaissancedramatiker L. CASTELVETRO formuliert. ARISTOTELES selbst forderte nur die Einheit der Handlung. – In der nacharistotel. Zeit nahm der Einfluss der Rhetorik auf die P. zu. So wurde etwa THEOPHRASTS Forderung nach Stilqualität des ›prepon‹ (lat. aptum, das Angemessene) nachhaltig für die röm. P. wirksam, v. a. in der häufig als ›Ars poetica‹ zitierten ›Epistula ad Pisones‹ des HORAZ. Die ›Angemessenheit‹ wurde bei HORAZ zum dominierenden Prinzip, das Stimmigkeit und Harmonie eines Kunstwerkes ermöglichen und die geforderte Wahrscheinlichkeit ebenso wie die gewünschte Freiheit der Fiktion garantieren sollte. Wirkungsgeschichtlich von besonderer Bedeutung war HORAZ' Definition von ›delectare et prodesse‹ (Vergnügen bereiten und nützen) als Aufgabe der Dichtung. – Die weiterhin wichtigste poetolog. Schrift der röm. Antike ist die Abhandlung ›De sublimate‹ (Vom Erhabenen) des PSEUDO-LONGINUS (1. Jh. n. Chr.). Dieses Werk operiert mit rhetor. Begrifflichkeit, hat aber selbst eine deutlich antirhetor. Tendenz. Gegen den hellenist. Dichter KALLIMACHOS, der für klassizist. Formstrenge plädiert hatte, votierte der Verfasser dieser erst im 18. Jh. wieder zu Bedeutung gelangten Schrift für das Wunderbare, Ungewöhnliche und Staunen Erweckende. Daneben wirkten auf die spätere Entwicklung der P. die rhetor. Lehrbücher der Antike ein, u. a. CICERO (›De inventione‹), DIONYSIOS VON HALIKARNASSOS, die ›Rhetorica ad Herennium‹ (1. Jh. v. Chr.) und QUINTILIAN (›Institutio oratoria‹). – Seit der Spätantike verschob sich das Interesse von Grundsatzfragen auf Fragen des Stils, hin zu einem normativen Regelkanon. Dichtkunst wurde zu einer erlernbaren ›Kunstfertigkeit‹.

Mittelalter: Im MA. war die P. des ARISTOTELES weitgehend unbekannt. Rezipiert wurden u. a. PLATON, CICERO, die ›Rhetorica ad Herennium‹, HORAZ, QUINTILIAN und DIONYSIOS. Die mittelalterl. P. sind Verslehren nach rhetor. Regeln und als solche z. B. in der ›Ars versificatoria‹ des MATTHEUS VON VENDÔME, dem ›Laborintus‹ (vor 1250) EBERHARDS DES DEUTSCHEN und der ›Poetria Parisiana‹ des JOHANNES DE GARLANDIA Regelanweisungen für Stil und Redeschmuck. – Den Übergang vom MA. zu Humanismus und Renaissance markieren die Werke von DANTE ALIGHIERI, F. PETRARCA, A. MUSSATO und G. BOCCACCIO. Erst bei ihnen gelang die Herauslösung der P. aus dem System der Artes liberales. Zentrales Anliegen war ihnen der ›poeta eruditus‹, der gelehrte Dichter, sowie die Etablierung der (volkssprachl.) Dichtkunst als eigenständige Lehre (doctrina).

Renaissance, Humanismus und *Barock:* Bedeutendste Vertreter der von der Wiederentdeckung und Übersetzung der P. des ARISTOTELES beeinflussten ital. Renaissance-P. sind J. C. SCALIGER (›Poetices libri septem‹, hg. 1561) und ANTONIO MINTURNO (* 1500?, † 1574; ›De poeta‹, 1559; ›L'arte poetica‹, 1563). Zu den wesentl. Charakteristika dieser Werke gehören das normative Regelsystem und die Orientierung an der Rhetorik. Ende des 16. Jh. entstand in Italien als Gegenbewegung die den Übergang zum Barock kennzeichnende P. des Manierismus. Hauptvertreter waren v. a. G. MARINO, PIETRO SFORZA PALLAVICINO (* 1607, † 1677) und EMANUELE TESAURO (* 1591, † 1675; ›Il cannocchiale Aristotelico‹, 1654). – Ähnlich verlief die Entwicklung in Frankreich, wo im 16. Jh. die bewusste Orientierung an der Formensprache der Antike einherging mit der Besinnung auf die Nationalsprache, v. a. durch die Dichterschule der Pléiade (J. DU BELLAY, ›Défense et illustration de la langue française‹, 1549). Im 17. Jh. erreichte, nach den Vorleistungen von F. DE MALHERBE (›Commentaire sur Desportes‹, 1625), die klassizist. Dichtungstheorie durch N. BOILEAU-DESPRÉAUX (›L'art poétique‹, 1674) ihren Höhepunkt. Gefordert wurde eine vom Geist der Ordnung und der Vernunft geleitete Dichtung, d. h. bes. techn. Können, Einfachheit und Klarheit des Ausdrucks sowie strenge Beachtung von Regeln der Vers- und Reimtechnik. Nach diesen Prinzipien waren die Tragödien von P. CORNEILLE und

J. RACINE gebaut; die P. des BOILEAU-DESPRÉAUX kodifizierte danach die Regeln für die klassizist. Tragödie, die bis weit ins 18. Jh. modellhaft für Europa war. Die Gegenbewegung wurde durch C. PERRAULT ausgelöst (›Parallèle des anciens et des modernes‹, 4 Bde., 1688–97), der den idealtyp. Charakter der antiken Muster bestritt (→Querelle des anciens et des modernes). – Von der ital. und frz. Renaissance, von den humanist. P. u. a. der Niederländer D. HEINSIUS und G. J. VOSSIUS kamen die Anregungen für die Ausbildung der dt. Barock-P.: An ihrem Beginn steht M. OPITZ' ›Buch von der dt. Poeterey‹ (1624), das eine klassizistisch-höf. Position vertritt. In seiner Nachfolge sind u. a. P. VON ZESEN, C. WEISE, A. TSCHERNING, J. KLAJ und P. HARSDÖRFFER zu nennen. – Auch in Spanien etablierte sich im 17. Jh. die manierist. P. (B. GRACIÁN Y MORALES, ›Arte de ingenio‹, 1642, erweitert 1648 u. d. T. ›Agudeza y arte de ingenio‹). In der engl. P. des 16. und 17. Jh. vermochte sich der klassizist. (›aristotelische‹) Standpunkt (Hauptvertreter P. SIDNEY, ›The defence of poesie‹, 1595) angesichts des shakespeareschen Dramas der offenen Form nie ganz durchzusetzen. Es entstand vielmehr eine P., die zw. dem klassizist. Regelkanon und der These von der Einmaligkeit und Individualität jedes Kunstwerks einen vermittelnden Standpunkt bezog (J. DRYDEN, ›Of dramatic poesy. An essay‹, 1668; A. POPE, ›An essay on criticism‹, 1711).

Aufklärung: In den Mittelpunkt der Diskussion des 18. Jh. trat das Problem des Geschmacks: ›Bon goût‹ und ›bel esprit‹ wurden zu Maßstäben der Poesie. Bedeutend für die frz. P. wurden JEAN-BAPTISTE DUBOS (* 1670, † 1742; ›Réflexions critiques sur la poésie et sur la peinture‹, 2 Bde., 1719) und C. BATTEUX (›Traité sur les beaux-arts reduits à un même principe‹, 1746), der die Vernunft (›raison‹) als oberstes Kriterium postulierte. Ein früher Vertreter einer am Geschmacksurteil orientierten dt. P. war C. THOMASIUS (›Welcher Gestalt man denen Franzosen im allgemeinen Leben und Wandel nachahmen soll‹, 1687). Der Gegensatz zw. vernunft- und gefühlsbezogener P. brach auf im Literaturstreit zw. J. C. GOTTSCHED (›Versuch einer Critischen Dichtkunst vor die Deutschen‹, 1730) und den Zürchern J. J. BODMER und J. J. BREITINGER (›Critische Dichtkunst‹, 1740): GOTTSCHED war der letzte große Vertreter einer normativen und klassizist. P., die den gesamten Bereich der Poesie von der Vernunft her zu regeln suchte. BODMER und BREITINGER erweiterten, unter dem Einfluss des engl. Sensualismus (J. ADDISON, S. JOHNSON), diesen Ansatz um den Aspekt des Wunderbaren. Auch die Brüder J. E. und J. A. SCHLEGEL wandten sich vom strengen klassizist. Standpunkt ihres Lehrers GOTTSCHED ab. Der entscheidende Anstoß für die antiklassizist. P. in der dt. Literatur kam jedoch von G. E. LESSING: Er stellte im berühmten ›17. Literaturbrief‹ der ›Hamburgischen Dramaturgie‹ (1767) der Regelakribie des (frz.) Klassizismus eine neue Aristotelesrezeption sowie die Vorbildhaftigkeit der shakespeareschen Dramen entgegen. Er belebte Katharsis- und Affektenlehre neu und rückte vom rationalist. Mimesisbegriff ab. Diese Überlegungen griffen dann die Vertreter des Sturm und Drang auf und radikalisierten sie im Leitbegriff des Geniegedankens.

Vom Sturm und Drang bis zur Gegenwart: Der erwachende Subjektivismus der Spätaufklärung (in Dtl. des Sturm und Drang) leiteten eine grundsätzl. Wende in der Gesch. der Dichtungstheorie ein. Es vollzog sich die endgültige Absage an das poetolog. System und die Hinwendung zu dichter. Subjektivität, die sich in Empfindung, Begeisterung und Inspiration sowie individueller und nat. Originalität ausdrücken sollte. Poetische Vorbilder waren v. a. SHAKESPEARE und J. MACPHERSONS ›Ossian‹. Diese neue P. wurde in Dtl. von J. G. HERDER, H. W. GERSTENBERG (›Briefe über Merkwürdigkeiten der Litteratur‹, 3 Bde., 1766–70), dem jungen GOETHE (›Zum Schäkespears Tag‹, entstanden 1771, hg. 1854) und J. M. R. LENZ (›Anmerkungen übers Theater‹, 1774) begründet. – Nach der Abkehr von einem poetolog. System folgten einerseits praxisorientierte Stellungnahmen (Essays, Aphorismen) der Schriftsteller zu Fragen ihrer Kunst oder andererseits abstrakt-theoret. Entwürfe im Rahmen der allgemeinen →Ästhetik (z. B. SCHILLER, F. W. SCHELLING, R. SOLGER, G. W. F. HEGEL, JEAN PAUL, W. DILTHEY). Hinzu kam, seit der akadem. Etablierung der Philologien im 19. Jh., mit zunehmendem Gewicht die literaturwiss. Forschung (K. LACHMANN, W. SCHERER u. a.). Konservative und progressive Richtungen der verschiedensten Art setzten dabei auf internat. Ebene die seit dem ital. Manierismus aktuelle Kontroverse in der P. fort. So wurde die Auffassung der Manieristen, Sprache sei nicht als Abbildung von Wirklichkeit zu verstehen, durch die P. der Romantik (F. VON SCHLEGEL, NOVALIS, Theorie von der ›progressiven Universalpoesie‹, S. T. COLERIDGE, W. WORDSWORTH) und der frühen Moderne (E. A. POE, P. VERLAINE) erneut vertreten. Entgegengesetzte Strömungen repräsentieren v. a. Realismus und Naturalismus (A. HOLZ, ›Die Kunst, ihr Wesen und ihre Gesetze‹, 2 Bde., 1891–92).

Zu den i. e. S. poetolog. Problemen, mit denen sich die P. seit Ende des 18. Jh. beschäftigt, gehört als zentrales Thema die Gattungstheorie, um die sich v. a. die P. der Weimarer Klassik bemühte. Die in GOETHES Lehre von den Naturformen der Dichtung erstmals festgehaltene Gattungstrias (Epik, Lyrik, Dramatik) wurde dabei bis in die Gegenwart häufig diskutiert (E. STAIGER, ›Grundbegriffe der P.‹, 1946; KÄTHE HAMBURGER, ›Die Logik der Dichtung‹, 1957).

Für die Autoren des 20. Jh. hat P. im Sinne einer allgemeinen normativen Ordnung jede Bedeutung verloren; die Schreibkonzeption äußert sich in Individualpoetiken, die durch die Werke, in denen sie praktiziert werden, weiterwirken und nachgeahmt werden (z. B. die poetolog. Manifeste des Surrealismus, das epische Theater B. BRECHTS oder die konkrete Poesie). Als literaturwiss. Disziplin erhielt sie neue Impulse durch den sprachtheoret. Strukturalismus, durch die Text- und Kommunikationstheorie und die Hermeneutik.

B. MARKWARDT: Gesch. der dt. P., 5 Bde. ([1-3]1959–71); A. NIVELLE: Kunst- u. Dichtungstheorien zw. Aufklärung u. Klassik (a. d. Frz., [2]1971); Dichtungslehren der Romania aus der Zeit der Renaissance u. des Barock, hg. v. A. BUCK u. a. (1972); H. WIEGMANN: Gesch. der P. (1977); P. KLOPSCH: Einf. in die Dichtungslehren des lat. MA. (1980); Texte zur Gesch. der P. in Dtl., hg. v. H. G. RÖTZER (1982); H. R. JAUSS: Ästhet. Erfahrung u. literar. Hermeneutik (Neuausg. 1991); M. FUHRMANN: Die Dichtungstheorie der Antike ([2]1992); W. JUNG: Kleine Gesch. der P. (1997).

Poetismus *der, -,* tschech. Kunstströmung, zeitlich etwa parallel mit dem frz. Surrealismus und ihm in manchem verwandt. Der P. entwickelte sich in Berührung und Austausch mit internat. experimentellen Kunstströmungen der Zeit. – Zentrum war die Künstlergruppe ›Devětsil‹ (Neunkraft), gegr. am 5. 10. 1920 in Prag, ein Zusammenschluss marxistisch orientierter junger Künstler, die – zumindest in den ersten Jahren – in der Nähe zum Proletkult (J. WOLKER, K. TEIGE) standen. 1924 gab TEIGE ein erstes ›Manifest des P.‹ heraus. Die Jahre 1926–28 waren die ertragreichsten: Ab 1927 erschien die Zeitschrift ›RED‹, wurden die wichtigen Stellungnahmen und Manifeste u. a. von V. NEZVAL und TEIGE veröffentlicht, erschienen die zentralen Werke des P., v. a. von NEZVAL, K. BIEBL, E. F. BURIAN, ADOLF HOFFMEISTER (* 1902, † 1973) und J. SEIFERT. Der P. geriet bereits in den 30er-Jahren sowohl in ideolog. wie auch in polit. Fragen in Ggs. zur kommunist. Parteilinie und wurde zw. 1950 und 1958 als Formalismus von der KP bekämpft. Erst im Prager Frühling entdeckte man für kurze Zeit wieder seine Leistung und Bedeutung.

K. TEIGE: Liquidierung der Kunst. Analysen, Manifeste (a. d. Tschech., 1968); M. BROUSEK: Der P. Die Lehrjahre der tschech. Avantgarde u. ihrer marxist. Kritiker (1975); VLADIMIR MÜLLER: Der P. Das Programm u. die Hauptverfahren der tschech. literar. Avantgarde der Zwanziger Jahre (1978).

Poet laureate [ˈpoʊɪt ˈlɔːrɪət, engl.; vgl. Poeta laureatus], in England inoffiziell zuerst an B. JONSON, offiziell zuerst an J. DRYDEN verliehenes, honoriertes Hofamt, früher mit der Verpflichtung verbunden, zu feierl. Anlässen Gedichte zu verfassen. Hofdichter waren u. a. W. WORDSWORTH, A. LORD TENNYSON, J. MASEFIELD, C. DAY-LEWIS; seit 1984 hat T. HUGHES das Amt inne.

E. K. BROEDUS: The laureateship (Oxford 1921, Nachdr. Freeport, N. Y., 1969).

Poetry. A magazine of verse [ˈpoʊɪtri ə mægəˈziːn əv ˈvəːs], 1912 von HARRIET MONROE in Chicago (Ill.) gegründete und bis zu ihrem Tod (1936) auch von ihr herausgegebene, monatlich erscheinende Lyrikzeitschrift, die die meisten bedeutenden amerikan. und viele ausländ. Dichter der Moderne publizierte.

Pogesanilen, poln. **Pogezania** [-ˈzanja], histor. Landschaft in Polen, umfasst das Gebiet zw. Ermland und Barten im N und Pomesanien und Sassen im S.

Pöggeler, Franz, Erziehungswissenschaftler, *Letmathe (heute zu Iserlohn) 23. 12. 1926; ab 1957 Prof. in Trier, 1962–92 in Aachen; befasste sich bes. mit Fragen der Erwachsenenbildung, auch ihrer histor. Entwicklung, sowie mit den Heranwachsenden.

Werke: Einf. in die Andragogik (1957); Der Mensch in Mündigkeit u. Reife (1964); Jugend u. Zukunft (1984); Bildungsunion im vereinten Dtl. (1992); Die Erziehungsfunktion der Familie (1994). – **Hg.:** Hb. der Erwachsenenbildung, 8 Bde. (1973–85); Bild u. Bildung. Beitrr. zur Grundlegung einer pädagog. Ikonologie u. Ikonographie (1992).

Poggendorff, Johann Christian, Physiker, *Hamburg 29. 12. 1796, †Berlin 24. 1. 1877; ab 1830 nach Tätigkeit als Apotheker und Studium Prof. in Berlin; arbeitete bes. über Elektrizitätslehre, Magnetismus und Gesch. der Physik, war an der Entwicklung des Galvanometers u. a. Messinstrumente beteiligt. 1858–63 gab P. die beiden ersten Bände des ›Biographisch-literar. Handwörterbuchs zur Gesch. der exacten Wiss.‹ heraus, das bis heute weitergeführt wird.

Johann Christian Poggendorff

poggendorffsches Kompensationsverfahren, von J. C. POGGENDORFF 1841 erstmals angewendete →Kompensationsmethode, nach der elektr. Spannungen, Ströme und Widerstände u. a. für Eichzwecke in zweifachem Abgleich ausgemessen werden können.

poggendorffsche Täuschung [nach J. C. POGGENDORFF], geometrisch-opt. Täuschung: Wird eine Gerade von einem Parallelenband oder mehreren in einem schrägen Winkel gekreuzt und dadurch unterbrochen, so scheinen die Teile der Geraden gegeneinander versetzt zu verlaufen.

poggendorffsche Täuschung

Poggi [ˈpɔddʒi], Pino, ital. Künstler, *Genua 4. 3. 1939; lebt seit 1967 in der BRD. Schwerpunkt seiner Arbeit bilden sozial- und umweltpolit. Probleme, mit denen er sich in Skulpturen, Designentwürfen, Architekturutopien, Aktionen, symbol. Aktionsmodellen und Environments sowie in ›Konzeptbüchern‹ und in seiner kunstpädagog. Arbeit auseinander setzt.

P. P. Arte Utile, Konzepte, Bücher, Environments, Aktionen, Modelle, hg. v. H. SCHNEIDER (1986).

Poggio Bracciolini [ˈpɔddʒo brattʃoˈliːni], Gian Francesco, ital. Humanist, *Terranuova (bei Arezzo) 11. 2. 1380, †Florenz 30. 10. 1459; seit 1403 in Rom, zunächst Schreiber, dann Sekr. der päpstl. Kurie, blieb in diesem Amt (abgesehen von einem Englandaufenthalt 1418–23) bis 1453 tätig und wirkte schließlich als Kanzler in Florenz. Im Gefolge mehrerer Päpste nahm er an den Konzilen von Konstanz und Basel teil. Von dort aus besuchte er versch. Klosterbibliotheken in Dtl., der Schweiz und Frankreich, wo er neben einem vollständigen Exemplar der ›Institutio oratoria‹ QUINTILIANS Handschriften mit verschollenen Werken antiker Autoren entdeckte (u. a. von PLAUTUS, CICERO, LUKREZ und TACITUS).

P. B.s Werke umfassen die polem. ›Invectivae‹ gegen versch. Zeitgenossen (F. FILELFO, L. VALLA) und die gegen das Mönchtum gerichtete Schrift ›Contra hypocritas‹, ferner die ›Facetiae‹, eine Sammlung burlesk-erot. Erzählungen in volkstüml. Stil, sowie mehrere Abhandlungen über traditionelle popularphilosoph. Themen. Von größter Bedeutung sind seine zahlr. Briefe, die wertvolle kulturgeschichtl. Einsichten vermitteln und die Begeisterung der Humanisten für die klass. Antike widerspiegeln.

Ausgaben: Opera omnia, hg. v. T. TONELLI, 4 Bde. (Neuausg. 1964–82); Facezie, hg. v. M. CICCUTO (1983; lat. u. ital.); Lettere, hg. v. H. HARTH, 3 Bde. (1984–87). – Two Renaissance book hunters. The letters of P. B. to Nicolaus de Niccolis, hg. v. P. W. G. GORDAN (1974).

Poggius Florentinus. Leben u. Werke, hg. v. E. WALSER (1914, Nachdr. 1974); E. FLORES: Le scoperte di P. e il testo di Lucrezio (Neapel 1980); P. B.: 1380–1980. Nel VI centenario della nascita (Florenz 1982).

Pogodin, 1) Michail Petrowitsch, russ. Historiker und Publizist, *Moskau 23. 11. 1800, †ebd. 20. 12. 1875; war 1826–44 Prof. in Moskau. Von der romant. Geschichtsauffassung ausgehend, stand er den Slawophilen nahe und war seit den 1830er-Jahren ein Wortführer des Panslawismus; Arbeiten zur russ. Geschichte; Herausgeber altruss. Quellen.

U. PICHT: M. P. P. u. die slav. Frage (1969).

2) Nikolaj Fjodorowitsch, eigtl. **N. F. Stukalow,** russ. Dramatiker, *Staniza Gundorowskaja (heute Gebiet Donezk) 16. 11. 1900, †Moskau 19. 9. 1962; führender Vertreter des ›dokumentar. Naturalismus‹; schrieb neben Aufbau- und Kriegsstücken v. a. Bühnenwerke über aktuelle Probleme sowie die Lenin-Trilogie ›Čelovek s ruž'em‹ (1938; dt. ›Der Mann mit der Flinte‹), ›Kremlëvskie kuranty‹ (1940; dt. ›Das Glockenspiel des Kreml‹), ›Tret'ja patetičeskaja‹ (1959; dt. ›Schlußakkord‹).

Weitere Werke: *Dramen:* Aristokraty (1935; dt. Aristokraten); Sonet Petrarki (1957; dt. Das Sonett Petrarcas). – *Roman:* Jantarnoe ožerel'e (1960; dt. Die Bernsteinkette).

Ausgabe: Sobranie sočinenij, 4 Bde. (1972–73).

Pogonophora [griech.], die →Bartwürmer.

Pogorelić [-lɪtç], Ivo, kroat. Pianist, *Belgrad 20. 10. 1958; gilt v. a. als hervorragender Interpret der Werke F. CHOPINS; daneben gehören zu seinem Repertoire u. a. auch Klavierwerke von J. BRAHMS, F. LISZT, A. SKRJABIN und M. MUSSORGSKIJ.

Ivo Pogorelić

Pogostemon [griech.], Gattung der Lippenblütler mit etwa 30 Arten im wärmeren Asien; Kräuter oder Halbsträucher mit gegenständigen oder zu dritt stehenden, meist gestielten, gezähnten oder gekerbten Blättern; Blüten in Scheinwirteln. Die bekannteste Art ist die →Patschulipflanze.

Pogradec [pograˈdets], **Pocradec** [pɔtsgraˈdets], Bezirkshauptstadt im östl. Albanien, am S-Ufer des Ohridsees, 20 100 Ew.; Kur- und Badeort. In der Nähe Anreicherungswerk für Eisennickelerze, Braunkohlenbergbau.

Pogrom [russ., eigtl. ›Verwüstung‹, ›Unwetter‹] *der,* auch *das, -s/-e,* Bez. für mit Plünderungen und Gewalttaten verbundene Ausschreitungen gegen Juden, im MA. von Kirche und Staat toleriert oder angestiftet, auch später meist vom Staat gebilligt oder initiiert, so im zarist. Russland seit den 1880er-Jahren (v. a. in der Ukraine) und im natsoz. Deutschland (›Reichspogromnacht‹, 9./10. 11. 1938); i. w. S. (im 20. Jh.) jede Ausschreitung gegen Angehörige nat., religiöser oder rass. Minderheiten (→Antisemitismus, →Judenverfolgung, →Holocaust, →Rassismus).

Pogson ['pɔgsən], Norman Robert, engl. Astronom, *Nottingham 23. 7. 1829, †Madras 23. 6. 1891; Direktor der Sternwarte in Madras. Nach P. ist die von ihm vorgeschlagene und noch benutzte Skala der Sternhelligkeiten benannt (→Helligkeit).

P'ohang [phohaŋ], Hafenstadt an der Ostküste von Süd-Korea, 317 800 Ew.; Eisen- und Stahlwerk, Schiffbau; Fischereihafen, Fischkonservenherstellung; Flugplatz.

Alain Poher

Poher [pɔ'ɛ:r], Alain, frz. Politiker, *Ablon-sur-Seine (Dép. Val-de-Marne) 17. 4. 1909, †Paris 9. 12. 1996; Jurist und Ingenieur, 1945–77 Bürgermeister seiner Heimatstadt. Als Senator (1946–48 und seit 1952) gehörte er erst den Volksrepublikanern (Mouvement Républicain Populaire) an, seit 1968 der Fraktion der Zentristen (Union Centriste des Démocrates de Progrès). P. war mehrfach Staatssekretär, führte 1950–52 den Vorsitz der Ruhrbehörde, 1952–58 war er frz. Vertreter bei der Montanunion, 1955–57 Präs. der EWG-Kommission, 1958–69 Abg. im Europ. Parlament, 1966–69 dessen Präs. Als Senats-Präs. (1968–92) wandte er sich gegen den im Rahmen des Partizipationsprogramms Präs. C. DE GAULLES vorgelegten Entwurf zur Regionalisierung Frankreichs und zur Reform des Senats, die diesem u. a. seine legislative Kompetenz nehmen sollte. Als DE GAULLE infolge der Ablehnung der Reformpläne durch ein Referendum zurücktrat (28. 4. 1969), übernahm P. verfassungsgemäß das Amt des Staatspräs., kandidierte bei der Neuwahl des Staatsoberhauptes, unterlag jedoch G. POMPIDOU (15. 6. 1969). 1984 widersetzte er sich erfolgreich dem Plan Präs. F. MITTERRANDS, erweiterte Anwendungsmöglichkeiten für Volksbefragungen in die Verfassung aufzunehmen.

Pohjanmaa ['pɔhjamma:], Landschaft in Finnland, →Österbotten.

Pohjois-Karjala ['pɔh-], **Nordkarelien,** östlichste Prov. von Finnland, 21 585 km², 177 900 Ew.; umfasst das Wald- und Seengebiet im Nahbereich der russ. Grenze; Hauptstadt ist Joensuu.

Robert Pohl

Pohl, 1) Gerhart, Pseud. **Silesius Alter,** Schriftsteller, *Trachenberg (bei Breslau) 9. 7. 1902, †Berlin 15. 8. 1966; gab in Berlin 1922–29 die einflussreiche kulturpolit. Zeitschrift ›Die neue Bücherschau‹ heraus; befreundet mit G. HAUPTMANN; während der Zeit des Nationalsozialismus hatte er zeitweise Schreibverbot. 1946–50 Lektor in Berlin (Ost), danach freier Schriftsteller in Berlin (West). Schrieb Romane (›Die Brüder Wagemann‹, 1936; ›Fluchtburg‹, 1955), Erzählungen, Dramen, Hörspiele sowie sozial- und kulturkrit. Essays. Sein erfolgreichstes Werk war der Roman ›Der verrückte Ferdinand‹ (1939).

2) Robert Wichard, Physiker, *Hamburg 10. 8. 1884, †Göttingen 5. 6. 1976; Prof. in Göttingen, arbeitete über Röntgenstrahlen, lichtelektr. Effekt, Leitfähigkeit in Festkörpern, opt. und elektr. Eigenschaften von Kristallen. P. legte damit die Grundlagen für die moderne Festkörperphysik. Außerdem setzte er mit seiner ›Einführung in die Physik‹ (3 Bde., 1927–40) neue Maßstäbe in der Didaktik der Physik.

3) Rüdiger, Volkswirtschaftler, *Jüterbog 18. 2. 1945; Prof. an der Fernuniversität Hagen (1977–93) und an der Martin-Luther-Univ. Halle-Wittenberg (seit 1993); Mitgl. des Sachverständigenrats zur Begutachtung der gesamtwirtschaftl. Entwicklung (1986–94); seit 1994 Präs. des Inst. für Wirtschaftsforschung Halle; Hauptforschungsgebiete: Geld und Währung, Konjunkturanalyse, Makroökonomik.

Werke: Geldkreislauf u. Einkommenskreislauf (1976); Geld u. Währung (1993). – **Hg.:** Aspekte der Geldpolitik in offenen Volkswirtschaften (1987, mit C. KÖHLER).

Pöhl, Karl Otto, Volkswirtschaftler, *Hannover 1. 12. 1929; urspr. Journalist, 1968–70 Mitgl. der Geschäftsführung des Bundesverbandes dt. Banken,

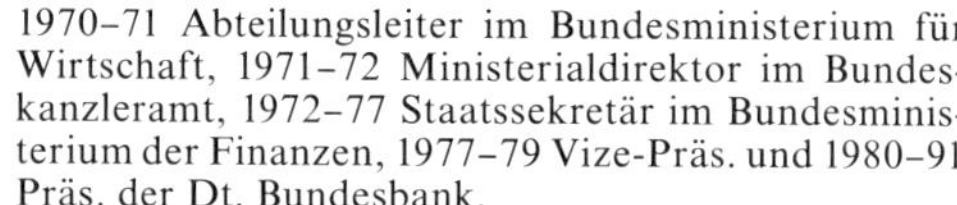

1970–71 Abteilungsleiter im Bundesministerium für Wirtschaft, 1971–72 Ministerialdirektor im Bundeskanzleramt, 1972–77 Staatssekretär im Bundesministerium der Finanzen, 1977–79 Vize-Präs. und 1980–91 Präs. der Dt. Bundesbank.

Pohlenz, Max, klass. Philologe, *Hänchen (heute zu Kolkwitz, Landkreis Spree-Neiße) 30. 7. 1872, †Göttingen 5. 1. 1962; wurde 1906 Prof. in Göttingen und beschäftigte sich bes. mit griech. Philosophie und Philosophiegeschichte.

Werke: De Ciceronis Tusculanis disputationibus (1909); Die Stoa, 2 Bde. (1948–49).

Ausgabe: Kleine Schr., hg. v. H. DÖRRIE, 2 Bde. (1965).

Pohlheim, Stadt im Landkreis Gießen, Hessen, 201 m ü. M., zw. Gießen und Lich, 17 600 Ew.; Büromöbelfabrik. – In Garbenteich kleine roman. Kirche (12. Jh.); in Grüningen Reste des röm. Limes, frühgot. Pfarrkirche (mit Flachdecke von 1669); in Holzheim barocke Saalkirche von 1631–32. – P. entstand zum 1. 1. 1971 durch Zusammenschluss von sechs Gemeinden. Namengebend war das 793 erstmals urkundlich erwähnte Dorf Alt-P. 1974 erhielt P. Stadtrecht.

Pöhltalsperre, Wasserspeicher im Vogtland, Sa., an der Trieb (rechter Nebenfluss der Weißen Elster), nordöstlich von Plauen; vor einer 57 m hohen Sperrmauer ein 7 km langer, 3,87 km² großer Stausee mit einem Stauinhalt von 62 Mio. m³; 1958–64 mit den Vorsperren Thoßfell und Neuensalz entstanden; Erholungsgebiet. In der Nähe bei Jocketa (Gem.-Teil von Pöhl) die 1846–51 aus Ziegelsteinen erbaute **Elstertalbrücke** (279 m lang und bis 68 m hoch) über die Weiße Elster.

Pohnpei, früher **Ponape** ['pɔnəpeɪ, 'pəʊnɑ:peɪ], größte Insel der Ostkarolinen, im westl. Pazifik, 334 km², 30 000 Ew.; Hauptinsel des ›Staates‹ P. von →Mikronesien. An der N-Küste liegt Palikir (früher Kolonia, 6 300 Ew.), die Hauptstadt von Mikronesien. Die Insel ist vulkan. Ursprungs, bis 791 m ü. M., nur an den Küsten besiedelt; Anbau von Taro, Jamswurzel, Maniok, Zuckerrohr, Kokospalmen- und Brotfruchtbaumkulturen; Fischerei; unter jap. Herrschaft Bauxitabbau. An der NO-Küste liegt die bedeutende archäolog. Stätte →Nan Madol.

Pohorje, slowen. Name für das →Bachergebirge.

Poiana Ruscăi [-kəj], ungar. **Pojána Ruszka** ['poja:nɔ 'ruskɔ], Gebirgsgruppe in den nordwestl. Südkarpaten, Rumänien, zw. der Hunedoarasenke (im O) und der Temesch, im Podeș bis 1 374 m ü. M.; Eisenerzabbau (bei Ghelari und Vadu Dobrii), Marmorbrüche (bei Ruschița), Forstwirtschaft.

Poikile, Stoa P. [griech. ›bunte Halle‹], antike Halle an der N-Seite der Agora in Athen aus der 1. Hälfte des 5. Jh. v. Chr., so genannt nach den Wandgemälden von POLYGNOT, MYKON und PANAINOS mit Darstellungen aus der Geschichte Attikas und dem Mythos. Durch Ausgrabungen (ab 1980) wurden Fundamente der bisher nur aus Beschreibungen bekannten lang gestreckten Halle aufgedeckt und die P. rekonstruiert.

poikilitisch [zu griech. poikílos ›verschiedenartig‹; ›veränderlich‹], Eigenschafts-Bez. für einen Gefügetyp magmat. Gesteine, in denen große Mineralkörner zahlr. kleine, artfremde, früher auskristallisierte Körner umschließen.

poikiloblastisch, Eigenschafts-Bez. für einen Gefügetyp metamorpher Gesteine, in denen relativ große Mineralkörner zahlr. andere Minerale einschließen.

poikilotherm, bezeichnet Tiere, die nicht oder nur in begrenztem Maß in der Lage sind, ihre Körpertemperatur konstant zu halten, da sie den größten Teil der von ihnen benötigten Wärmeenergie aus der Umgebung beziehen müssen (alle Tiere mit Ausnahme der Vögel und Säugetiere). Sind poikilotherme Tiere (wechselwarme Tiere, Kaltblüter) in der Lage, durch

Erzeugung von Stoffwechselwärme zumindest partiell homöotherm zu werden, bezeichnet man sie auch als **heterotherm.**

Poilu [poa'ly:; frz. ›behaart‹] *der, -(s)/-s,* Spitzname für den frz. Soldaten (im Ersten Weltkrieg).

Poincaré [pwɛ̃ka're], **1)** Jules Henri, frz. Mathematiker, Physiker und Philosoph, * Nancy 29. 4. 1854, † Paris 17. 7. 1912, Vetter von 2); promovierte nach Studium in Paris mit einer bahnbrechenden Arbeit über partielle Differenzialgleichungen, 1879 Prof. für Analysis in Caen, 1881 Prof. an der Sorbonne in Paris. Bereits 1887 Mitgl. der Académie des sciences, wurde er 1909 auch in die Académie française aufgenommen. – Die frühen mathemat. Arbeiten P.s galten v. a. den automorphen Funktionen; 1881 entdeckte P. ein Modell für die hyperbol. (nichteuklid.) Geometrie (die ›poincarésche Halbebene‹). Zum Studium gewöhnl. und partieller Differenzialgleichungen benutzte P. als Erster qualitative Methoden (1880–83), wodurch er zum Wegbereiter moderner Theorien, wie etwa der topolog. Dynamik, wurde. In zahlr. Arbeiten (1892–1904) zur ›Analysis situs‹, wie P. die Topologie noch nannte, begründete er die algebraische Topologie. Man verdankt ihm v. a. die Definition der Fundamentalgruppe, die simplizialen Komplexe, den Dualitätssatz und die →Poincaré-Vermutung. – Auf dem Gebiet der Himmelsmechanik kam P. im Zusammenhang mit dem Dreikörperproblem zu wichtigen Erkenntnissen, die er in dem Werk ›Les méthodes nouvelles de la mécanique céleste‹ (3 Bde., 1892–99) darlegte. – Bereits 1904 forderte P., dass alle Naturgesetze unter →Lorentz-Transformationen (deren Gruppeneigenschaften er 1905 erkannte) invariant sein müssten. Damit nahm er einen zentralen Gedanken (Relativitätsprinzip) der speziellen Relativitätstheorie von A. EINSTEIN (1905) vorweg.

P. hat sich in einer großen Zahl von Aufsätzen zu philosoph. und wissenschaftstheoret. Problemen sowie zu didakt. und Grundlagenfragen der Mathematik geäußert. Dabei ist P. als Begründer des →Konventionalismus (der bei ihm auf die Geometrie beschränkt blieb) bekannt geblieben. In der Philosophie der Mathematik bekämpfte er den Logizismus. Ausführl. Untersuchungen widmete P. den Dimensionen des Raumes, für die er im Anschluss an H. VON HELMHOLTZ eine sinnesphysiolog. Lösung anbot.

Ausgabe: Œuvres, hg. v. P. APELL, 11 Bde. (1950–65; teilweise Neuausg.).

The mathematical heritage of H. P., hg. v. F. E. BROWDER, 2 Bde. (Providence, R. I., 1983); G. HEINZMANN: Entre intuition et analyse. P. et le concept de prédicativité (Paris 1985); H. P. Science et philosophie, hg. v. J. L. GREFFE u. a. (Berlin 1996).

2) Raymond, frz. Politiker, * Bar-le-Duc 20. 8. 1860, † Paris 15. 10. 1934, Vetter von 1); Rechtsanwalt, 1887–1903 progressiv-republikan. Abg., 1895–98 Vize-Präs. der Kammer, ab 1903 Senator; 1893 und 1895 Unterrichts-, 1894 und 1906 Finanz-Min. Angesichts der militär. Stärke Dtl.s überzeugt, dass nur eine starke Allianz Sicherheit biete, pflegte P. als Min.-Präs. und Außen-Min. (1912–13) intensiv die frz.-brit. und frz.-russ. Beziehungen, unterstützte Russland auf dem Balkan, suchte Armee und Marine zu stärken (Einführung der dreijährigen Dienstpflicht) und war gegenüber Dtl. kompromisslos. Als Präs. (1913–20) bemühte er sich während des Ersten Weltkrieges um eine ›Union sacrée‹ aller Parteien zur Verteidigung der Rep. und plädierte für eine Annexion des Rheinlandes und der Saar; Februar bis Mai 1920 Vors. der Reparationskommission, trat für die extensive Auslegung des Versailler Vertrages ein. 1922 provozierte er den Sturz von Min.-Präs. A. BRIAND, dessen konziliante Haltung gegenüber Dtl. er ablehnte. 1922–24 erneut Min.-Präs. und Außen-Min., verweigerte P. jedes Zugeständnis in der Reparations- und Abrüstungsfrage, ließ im Januar 1923 wegen des Verzuges der dt. Lieferungen das Ruhrgebiet besetzen und unterstützte den rhein. Separatismus. P.s Erwartungen, aus einer Position der Stärke mit Großbritannien und den USA eine definitive Regelung des Reparations- und Schuldenproblems im Interesse Frankreichs zu treffen, wurden jedoch nicht erfüllt (→Dawesplan). Nach dem Wahlsieg des ›Linkskartells‹ trat P. am 1. 6. 1924 zurück, wurde 1926, gestützt auf das Parteienbündnis der ›Union nationale‹, wiederum Min.-Präs. und zugleich Finanz-Min.; es gelang ihm, die frz. Finanzkrise durch Stabilisierung des Franc zu bewältigen. Am 27. 7. 1929 zog er sich aus Gesundheitsgründen aus der aktiven Politik zurück.

Henri Poincaré

Werke: Messages ..., 3 Bde. (1919–21; dt. Ausgew. Reden 1914–19); Histoire politique, chroniques de quinzaine, 4 Bde. (1920–22); La victoire et la paix (1921); Au service de la France, 10 Bde. (1926–33, Bd. 11 hg. 1974; dt. Memoiren).

G. WORMSER: Le septennat de P. (Paris 1977); P. MIQUEL: P. (Neuausg. ebd. 1984); J. F. V. KEIGER: P. R. (Cambridge 1997).

Poincaré-Gruppe [pwɛ̃ka're-; nach J. H. POINCARÉ], **1)** *Mathematik:* die →Fundamentalgruppe.

2) *Relativitätstheorie:* →Lorentz-Transformation.

Poincaré-Vermutung [pwɛ̃ka're-;], eine der wichtigsten Vermutungen der Mathematik. In ihrer ursprüngl. Form besagt sie, dass jede dreidimensionale Mannigfaltigkeit, die einfach →zusammenhängend ist und deren Homologiegruppen (→Homologietheorie) mit denen der dreidimensionalen Sphäre übereinstimmen, homöomorph zu dieser ist. Die P.-V., die von J. H. POINCARÉ 1904 als Frage formuliert wurde, ist bis heute unbewiesen.

Poinsettie [nach dem amerikan. Diplomaten und Botaniker JOEL ROBERTO POINSETT, * 1779, † 1851] *die, -/-n,* der →Weihnachtsstern.

Poinsot [pwɛ̃'so], Louis, frz. Mathematiker und Physiker, * Paris 3. 1. 1777, † ebd. 5. 12. 1859; Studium (1794–97) und später Prof. (ab 1809) an der École Polytechnique in Paris. P. hat v. a. die geometr. Statik weiterentwickelt und zur Theorie der Kreiselbewegung gearbeitet; er führte 1804 den Begriff des Kräftepaars und 1834 das Drehmoment und das Trägheitsellipsoid ein. Andere Arbeiten betrafen den eulerschen Polyedersatz (Entdeckung eines neuen Sternpolyeders mit zwölf sich durchdringenden Fünfecken, 1810) und die Zahlentheorie.

Raymond Poincaré

poinsotsche Konstruktion [pwɛ̃'so-], von L. POINSOT gegebene geometr. Beschreibung der Bewegung eines kräftefreien →Kreisels. Danach lässt sich diese Bewegung durch das schlupffreie Abrollen des zu dem Kreisel gehörenden Trägheitsellipsoids (beim symmetr. Kreisel ein Rotationsellipsoid) auf der zu der Drehimpulsachse senkrechten ›invariablen (Tangential-)Ebene‹ darstellen, wobei der Abstand des Mittelpunkts des Trägheitsellipsoids von der Ebene immer gleich bleibt. Die Verbindungsgerade dieses Mittelpunkts mit dem Berührungspunkt zw. Trägheitsellipsoid und Ebene ist die augenblickl. Drehachse des Kreisels; die durch den Berührungspunkt auf dem Trägheitsellipsoid beschriebene Kurve wird als Polhodie bezeichnet, die auf der Ebene beschriebene als Herpolhodie. Beim symmetr. Kreisel ist die Polhodie ein Kreis um die Symmetrieachse des Trägheitsellipsoids.

Point [poɛ̃:; frz. ›Punkt‹] *der, -s/-s,* 1) Stich (bei Kartenspielen); 2) Auge (bei Würfelspielen).

Pointe ['poɛ̃:tə; frz., eigtl. ›Spitze‹] *die, -/-n,* geistreicher, überraschender Schlusseffekt, Höhepunkt, v. a. eines Witzes, einer Erzählung.

Pointe-à-Pitre [pwɛ̃ta'pitr, frz.], wichtigste Stadt, Haupthafen und Handelszentrum der Antilleninsel Guadeloupe, an der SW-Küste von Grande-Terre,

Anne und Patrick Poirier: Die Geburt des Pegasus; 1985 (Privatbesitz)

26 000 Ew.; Nahrungsmittelindustrie; internat. Flughafen. – Gegr. Mitte des 17. Jahrhunderts.

Pointe-Noire [pwɛ̃tˈnwa:r], Hafen- und Industriestadt in der Rep. Kongo (Brazzaville), am Atlantik, 576 200 Ew.; kath. Bischofssitz; Regionsverwaltung. P.-N. ist bedeutendes Industriezentrum mit Fischkonservenfabrik, Werft, Palmölraffinerie, Holz verarbeitenden Betrieben, Herstellung von Haushaltsgeräten, Metallwaren, Waffen sowie Bohrplattformen und -ausrüstungen; Erdölhafen und -raffinerie in Djeno. P.-N., durch Eisenbahn (515 km) mit Brazzaville (mit Abzweigung nach Mbinda an der Grenze zu Gabun) verbunden, ist der einzige Überseehafen des Landes; über ihn werden auch der Manganerzexport aus Gabun sowie ein großer Teil der Exporte der Zentralafrikan. Rep. und des Tschad abgewickelt; internat. Flughafen. Vor der Küste bedeutende Erdölförderung. – P.-N. war 1950–58 Hauptstadt des frz. Überseeterritoriums Kongo.

Pointer [engl., zu to point ›zeigen‹] *der, -s/-,* **1)** *Informatik:* →Zeiger.

2) *Zoologie:* engl. Jagdhunderasse (Vorsteh- und Stöberhunde), deren Zucht auf span. Hochwindbracken unter Einkreuzung von Foxhounds zurückgeht. Das kurze, glatte Fell ist weiß mit zitronengelben, orangefarbenen, rotbraunen oder schwarzen Flecken, ein- bis dreifarbig. Schulterhöhe 54–62 cm.

Pointillismus [pwɛ̃tiˈjɪs-; frz., zu pointiller ›mit Punkten darstellen‹] *der, -,* der →Neoimpressionismus.

Point of Sale [pɔɪnt əv ˈseɪl, engl.] *der, -(s) - -/ -s - -,* Abk. **POS, Point of Purchase** [-ˈpə:tʃəs, engl.], Abk. **POP,** der Ort, an dem ein Verkauf bzw. ein Kauf getätigt wird. In der *Werbung* Bez. für den Standort des Warenangebots. Durch besondere Maßnahmen der Verkaufsförderung (z. B. Displaymaterial, untermalende Musik mit eingeblendeten Werbeaussagen) an und in den Verkaufsräumen, bei Konsumgütern häufig Orte des Kaufentschlusses, sollen die Käufer beeinflusst werden **(POP-Werbung).** In *Handel* und *Bankwesen* wird mit POS auch der Zahlungsort bezeichnet, an dem neue elektron. Zahlungssysteme eingesetzt werden (→POS-Systeme).

Denis Poisson

Points secrets [pwɛ̃səˈkrɛ; frz. ›geheime Punkte‹], spezielle Zeichen (Punkte, Ringel, Dreiecke) unter den Buchstaben mittelalterl. frz. Münzen. Mit diesen Zeichen war die Zuordnung jeder Münze an eine Münzstätte möglich (wichtig bei der Verfolgung von Unregelmäßigkeiten), weil jede Münzstätte ihr Zeichen unter einen bestimmten Buchstaben der Umschrift setzen musste.

Poiret [pwaˈrɛ], Paul, frz. Modeschöpfer und Zeichner, *Paris 20. 4. 1879, †ebd. 28. 4. 1944; begann als Modellist u. a. bei J. P. WORTH, hatte seit 1904 einen eigenen Salon. Seine Modelle in den leuchtenden Farben der modernen Malerei, die die Modelinie des Empire mit den Ideen der Reformkleidung verbanden, ließ er in Aquarellen von Malern nachgestalten. Sie führten u. a. zum Hosenrock (1912).

Poirier [pwaˈrje], **1)** Anne, frz. Künstlerin, *Marseille 31. 3. 1942; gehört mit ihrem Mann PATRICK (*1942), mit dem sie seit 1970 zusammenarbeitet, zu den Vertretern der →Spurensicherung und der →individuellen Mythologie. Im Mittelpunkt ihrer Arbeiten stehen die antike Mythologie und antike Stätten, die sie in kleinteiligen Modellen rekonstruieren oder arrangieren; hinzu kommen große mytholog. Installationen in der Landschaft, wobei sie u. a. Skulpturen (Abgüsse), Marmorbruchstücke u. a. verwenden.

A. & P. P., Ausst.-Kat. (1987).

2) Louis, frz. Schriftsteller, →Gracq, Julien.

Poirot-Delpech [pwaˈrodɛlˈpɛʃ], Bertrand, frz. Schriftsteller und Kritiker, *Paris 10. 2. 1929; wurde 1972 Literaturkritiker von ›Le Monde‹ und schildert in seinen psycholog. Romanen und politisch-zeitkrit. Essays die zeitgenöss. Gesellschaft.

Werke: *Romane:* Le grand dadais (1958; dt. Die Zeit der Kirschen ist vorbei); L'envers de l'eau (1963); La légende du siècle (1981); L'été 36 (1984); Le golfe de Gascogne (1989); L'amour de l'humanité (1994). – *Essays:* Les grands de ce monde (1976); Feuilletons (1982).

Poirters [ˈpo:rtərs], Adrianus, eigtl. **Adriaan P.,** niederländ. Schriftsteller, *Oisterwijk 2. 11. 1605, †Mecheln 4. 7. 1674; Jesuit; Prof. für klass. Philologie, Prediger. Verfasser von derb-realist. und humorvollen Gedichten didakt. Inhalts und Autor des Prosa und emblemat. Gedichte umfassenden Werkes ›Het masker van de wereldt afgetrocken‹ (1646).

Pointer 2) (Schulterhöhe 54–62 cm)

Poise [pọˈa:zə; nach J.-L. M. POISEUILLE] *das, -/-,* Einheitenzeichen **P,** nichtgesetzl. Einheit der dynam. Viskosität im CGS-System: $1\,P = 1\,g \cdot cm^{-1} \cdot s^{-1} = 0{,}1\,Pa \cdot s$. Verwendet wurde meist die Einheit **Zenti-P.:** $1\,cP = 1\,mPa \cdot s$.

Poiseuille [pwaˈzœj], Jean-Louis Marie, frz. Arzt und Physiologe, *Paris 22. 4. 1799, †ebd. 25. 12. 1869; erforschte bes. die Blutströmung und im Zusammenhang damit die Strömung von Flüssigkeiten in Röhren von sehr engem Querschnitt. Seine Arbeit wurde von G. H. HAGEN weitergeführt und 1839 veröffentlicht (→Hagen-Poiseuille-Gesetz).

Poiseuille-Hartmann-Strömung [pwaˈzœj-], die →Hartmann-Strömung.

Poisha [-ʃa], Abk. **ps.,** kleine Währungseinheit in Bangladesh, 100 P. = 1 Taka (Tk.).

Poisson [pwaˈsɔ̃], Siméon Denis, frz. Mathematiker und Physiker, *Pithiviers (Dép. Loiret) 21. 6. 1781, †Paris 25. 4. 1840; ab 1800 an der École Polytechnique (1806 Prof.). P. stellte eine von der laplaceschen abweichende Theorie der Kapillarität auf und trug

Poitiers: Das Filmtheater ›Kinémax‹ in Form eines großen Kristalls im Technologie- und Freizeitpark ›Futuroscope‹

wesentlich zum Ausbau der Potenzialtheorie bei, die er bei der Lösung elektrostat. und magnet. Probleme anwandte (→Poisson-Gleichung). Er beschäftigte sich auch mit der Wärmeleitung (Beiträge zur Theorie der Fourier-Reihen), mit der Wahrscheinlichkeitstheorie (→Poisson-Verteilung) und mit Differenzialgleichungen (Variation der Konstanten, P.-Klammern). Sein ›Traité de mécanique‹ (2 Bde., 1811) wurde zu einem Standardwerk.

Poisson-Gleichung [pwaˈsɔ̃-; nach S. D. POISSON], **1)** *Elektrostatik:* Bestimmungsgleichung für das skalare elektr. Potenzial $\varphi(\boldsymbol{r})$, das durch eine gegebene Raumladungsdichte $\varrho(\boldsymbol{r})$ erzeugt wird ($\boldsymbol{r}$ Ortsvektor). Sie lautet: $\Delta\varphi = -\varrho/\varepsilon_0$ (Δ →Laplace-Operator, ε_0 elektr. Feldkonstante); die homogene P.-G. ($\varrho = 0$) ist die →Laplace-Gleichung.

2) *Thermodynamik:* →Adiabate.

Poisson-Klammer [pwaˈsɔ̃-; nach S. D. POISSON], *Mathematik* und *Physik:* Sind $f = f(q_k, p_k)$ und $g = g(q_k, p_k)$ differenzierbare Funktionen von q_k und p_k, so heißt

$$\sum_k \frac{\partial f}{\partial q_k}\frac{\partial g}{\partial p_k} - \frac{\partial g}{\partial q_k}\frac{\partial f}{\partial p_k} = [f, g]$$

die P.-K. von f und g. Es gelten die Beziehungen $[f,g] = -[g,f]$ sowie

$$\frac{\partial f}{\partial q_k} = [f, p_k] \text{ und } \frac{\partial f}{\partial p_k} = -[f, q_k].$$

Poisson-Prozess [pwaˈsɔ̃-; nach S. D. POISSON], punktueller →stochastischer Prozess, bei dem die Wahrscheinlichkeit eines Ereignisses innerhalb eines beliebigen Zeitintervalls durch die →Poisson-Verteilung gegeben ist; die Wahrscheinlichkeiten in nicht überlappenden Intervallen sind dabei unabhängig voneinander. Der P.-P. findet insbesondere im Operations-Research Anwendung, v. a. bei der Untersuchung und Simulation von Warteschlangen- sowie bei Zuverlässigkeits- und Instandhaltungsproblemen.

Poisson-Verteilung [pwaˈsɔ̃-; nach S. D. POISSON], Grenzfall der →Binomialverteilung $B(n,p)$, bei der die Wahrscheinlichkeit p eines bestimmten Ereignisses sehr klein, die Anzahl n der unabhängigen Wiederholungen aber sehr groß ist (›Gesetz der seltenen Ereignisse‹). Die P.-V. hat die diskrete Dichte

$$P_k = \frac{\lambda^k e^{-\lambda}}{k!} \; (k = 0, 1, 2, \ldots),$$

λ ist der **Poisson-Parameter,** er ist gleich dem Erwartungswert und der Varianz der P.-V. P_k ist die Wahrscheinlichkeit dafür, dass bei einem Poisson-Prozess in einer gegebenen Zeit T genau k Punktereignisse eintreten; es ist dann $\lambda = c \cdot T$, wobei c die durchschnittl. Ereignisrate des Poisson-Prozesses ist.

Poisson-Zahl [pwaˈsɔ̃-; nach S. D. POISSON], →Dehnung.

Poissy [pwaˈsi], Stadt im Dép. Yvelines, Frankreich, im westl. Vorortbereich von Paris, links der Seine und am Rande des Waldes von Saint-Germain, 36 700 Ew.; Spielzeugmuseum; Kfz-Bau u. a. Industrie. – Kirche Notre-Dame (Mitte 12. Jh., mehrfach umgebaut) mit zwei Glockentürmen und Taufbecken (13. Jh.). Im Park des Lyzeums die Villa Savoye von LE CORBUSIER (1929–34).

Sidney Poitier

Poitier [ˈpwɑːtiːeɪ], Sidney, amerikan. Schauspieler, * Miami (Fla.) 20. 2. 1924; zunächst am American Negro Theatre (New York), debütierte 1946 am Broadway; seit 1949/50 beim Film. P. ist der erste schwarze Darsteller, dem der Durchbruch gelang; seit 1971 auch Filmregisseur.

Filme: Flucht in Ketten (1958); Lilien auf dem Felde (1962; Oscar, der erstmals an einen farbigen Hauptdarsteller ging); In der Hitze der Nacht (1966); Rat mal, wer zum Essen kommt (1967); Der Weg der Verdammten (1971; auch Regie); Hanky Panky (1982; nur Regie); Little Nikita (1987); Mörderischer Vorsprung (Shoot to kill, 1988); Sneakers – Die Lautlosen (1992); Children of the Dust (1995, Fernsehfilm).

A. H. MARILL: The films of S. P. (Secaucus, N. J., 1978).

Poitiers
Stadtwappen

Stadt in W-Frankreich · Hauptstadt von Poitou-Charentes · 116 m ü. M. · 78 900 Ew. · Universität (1432 gegründet) · Baptisterium Saint-Jean mit merowingischen Sarkophagen · bedeutende romanische Kirchen und Kathedrale · Technologie- und Freizeitpark ›Futuroscope‹ mit Kongresszentrum · in gallorömischer Zeit Hauptort der keltischen Piktonen · seit dem 4. Jh. Bischofssitz · seit dem 8. Jh. Hauptort des Poitou, im Spätmittelalter auch Aquitaniens · 732 Schlacht bei Poitiers

Poitiers [pwaˈtje], Hauptstadt der Region Poitou-Charentes, W-Frankreich, Mittelpunkt des Poitou und Verw.-Sitz des Dép. Vienne, 116 m ü. M., auf einem vom Clain und seinem Nebenfluss Boivre umgrenzten Plateau, 78 900 Ew.; kath. Bischofssitz; Univ. (gegr. 1432), Handelshochschule; archäolog. Museen, Kunstmuseum; Metall verarbeitende, elektrotechn., chem., Holz-, Textil-, Leder- u. a. Industrie; Flugplatz. – Im Baptisterium Saint-Jean (urspr. 4. Jh., Umbau in merowing. Zeit, Narthex um 1000) merowingische Sarkophage und Fresken des 12./13. Jh.; weitere bedeutende Kirchen: Saint-Hilaire-le-Grand (11./12. Jh., siebenschiffig, mit drei Kuppeln über dem Mittelschiff), Notre-Dame-la-Grande (11./12. Jh.; Stufenhallenkirche mit reich gestalteter Doppelturmfassade), Sainte-Radegonde (11., 13. und 15. Jh., urspr. um 560 gegründete Abteikirche der Schutzpatronin der Stadt) und die zweitürmige Kathedrale Saint-Pierre (12.–15. Jh.; dreischiffige Hallenkirche im Plantagenetstil mit reich skulptierten Portalen, Glasmalereien und Chorgestühl des 13. Jh.). In den Justizpalast sind Teile des ehem. Herzogspalastes integriert (Donjon, 1386–95; Großer Saal, 12./13. Jh., Ende des 14. Jh. verändert). 10 km nördlich des Stadtzentrums entstand Ende der 1980er-Jahre das ›Futuroscope‹, ein 120 ha großes Areal, u. a. mit dem ›Parc d'Attractions‹ (wiss. Museum), Filmtheater ›Kinémax‹ sowie einem Ausstellungs- und Kongresszentrum. – P., das röm. **Lemọnum (Limọnum),** später **Cịvitas Pictọnum,** war Hauptort der kelt. Piktonen und wichtiger Straßenknotenpunkt. Um 350 wurde es Bischofssitz und im 6. Jh., als die hl. RADEGUND und der Dichter VENANTIUS FORTUNATUS hier wirkten, kultureller Mittelpunkt. Seit Ende des 8. Jh. war es Hauptort der Grafschaft Poitou, im Spät-MA. auch des Herzogtums Aquitanien; 1423–36 Residenz KARLS VII. – Historisch bedeutend sind zwei **Schlachten bei P.:** 1) Am 17. 10. 732 schlug KARL MARTELL die Araber. Dieser Sieg trug dazu bei, die arab. Invasionen ins Fränk. Reich zu beenden. 2) Bei dem Weiler **Maupertuis** fand am 19. 9. 1356 eine der wichtigsten Schlachten des →Hundertjährigen Kriegs statt. In ihr unterlag JOHANN II. von Frankreich dem engl. Thronfolger, dem ›Schwarzen Prinzen‹ EDUARD, und geriet in engl. Gefangenschaft (erst nach Abschluss des Friedensvertrages von Brétigny 1360 freigelassen).

Poitiers [pwaˈtje], **1)** Diane de, Mätresse HEINRICHS II. von Frankreich, →Diane de Poitiers.

2) Wilhelm IX., Graf **von P.,** Herzog **von Aquitanien,** provenzal. Troubadour, →Wilhelm (Herrscher, Aquitanien).

Poitou [pwa'tu] *das,* histor. Provinz in W-Frankreich, umfasst das fruchtbare, etwa 150 m ü. M. hohe Plateau aus Juragesteinen zw. dem Armorikan. und dem Zentralmassiv, das das Pariser und das Aquitan. Becken voneinander trennt **(Schwelle von P.),** sowie das nordwestlich anschließende Küstengebiet **Marais poitevin** (die poitevin. Marsch); gliedert sich in die Dép. Vienne, Deux-Sèvres, Vendée. – Der galloröm. **Pictavus pagus,** das Gebiet der kelt. Piktonen, wurde 418 westgotisch, 507 fränkisch. Die Grafen von P. wurden im 10. Jh. zugleich Herzöge von Aquitanien. Die Heirat der Herzogin ELEONORE VON AQUITANIEN (1152) mit HEINRICH PLANTAGENET, Graf von Anjou, der 1154 als HEINRICH II. König von England wurde, brachte das P. in die direkte Einflusszone der engl. Monarchie. Das P. wurde 1224 vom frz. König LUDWIG VIII. eingezogen und wiederholt an Königssöhne als Apanage vergeben. 1360–71 nochmals englisch, fiel es 1416 endgültig an die frz. Krone.

J. M. TYRRELL: A history of the estates of P. (Den Haag 1968); R. CROZET: Histoire du P. (Paris [2]1970).

Poitou-Charentes [pwatuʃa'rãt], Region in W-Frankreich; umfasst die Dép. Deux-Sèvres, Vienne, Charente und Charente-Maritime, 25 809 km², 1,609 Mio. Ew.; Hauptstadt ist Poitiers. In der Region P.-C. berühren sich Zentralmassiv, Armorikan. Massiv, Pariser und Aquitan. Becken. Kernlandschaft ist die sich zw. Vendée und Limousin erstreckende Schwelle von Poitou sowie deren südwestl. Fortsetzung, das Gebiet der Charentes. Im O tragen die schlechten Böden vielfach Wald. Im W liegen Marschen (Marais poitevin), in denen v. a. Milchwirtschaft und Rindermast betrieben werden. Auch im übrigen P.-C., das zu den westfrz. Heckenlandschaften und Grünlandgebieten gehört, sind Milch- und Fleischrinderzucht sowie Schweinemast bedeutend; auf ärmeren Weideländereien Schaf- und Ziegenhaltung. Angebaut wird v. a. Getreide; außerdem gehört die Region zu den Weinbaugebieten Frankreichs (Gebiet der unteren Charente mit dem Zentrum Cognac; an das Loiregebiet grenzende Teile von Vienne und Deux-Sèvres). Bedeutender als die Fischerei (Haupthafen La Rochelle) ist heute die Austernzucht.

Die Region ist relativ schwach industrialisiert. Basierend auf regionalen Agrarerzeugnissen, besitzt v. a. die Nahrungsmittelindustrie größere Verbreitung. Daneben bestehen Textil-, Gerberei-, Holzindustrie und Landmaschinenbau. Auf importierte Rohstoffe angewiesen sind chem. (bes. Düngemittel-), Gummiindustrie und Leichtmaschinenbau. Zw. Poitiers und Châtellerault erstreckt sich längs der Täler von Clain und Vienne eine Industriezone, desgleichen im Tal der Sèvre Niortaise. Zentren des Fremdenverkehrs sind der Badeort Royan sowie Poitiers und La Rochelle.

Poitou-Riesenesel [pwa'tu-], →Esel.

Pokal [ital. boccale, über spätlat. baucalis von griech. baúkalis ›enghalsiges Gefäß‹] *der, -s/-e,* **1)** *allg.:* aus Fuß, Schaft (Nodus) und Schale (Kuppa) bestehendes, meist mit einem Deckel versehenes Trinkgefäß aus Glas, Bergkristall, edlen und unedlen Metallen. In der Renaissance und im Barock waren **Prunk-P.** aus Gold, Silber und Glas sehr beliebt für profane und kirchl. Zwecke. Weiteres BILD →Glas

2) *Sport:* →Cup.

Pökeln, →Konservierung.

Poker [engl., wohl verwandt mit Pochen] *das* und *der, -s,* Kartenspiel mit 52 frz. Blatt für mindestens

Pokal 1): **oben** Deckelpokal aus Glas von Antonio Montano; Höhe 34 cm, nach 1582; **unten** Straußeneipokal von Clement Kicklinger; Höhe 57 cm, um 1570 (beide Wien, Kunsthistorisches Museum)

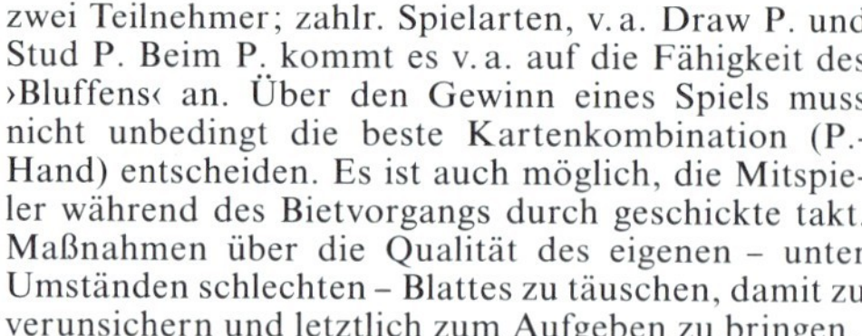

zwei Teilnehmer; zahlr. Spielarten, v. a. Draw P. und Stud P. Beim P. kommt es v. a. auf die Fähigkeit des ›Bluffens‹ an. Über den Gewinn eines Spiels muss nicht unbedingt die beste Kartenkombination (P.-Hand) entscheiden. Es ist auch möglich, die Mitspieler während des Bietvorgangs durch geschickte takt. Maßnahmen über die Qualität des eigenen – unter Umständen schlechten – Blattes zu täuschen, damit zu verunsichern und letztlich zum Aufgeben zu bringen.

Jeder Teilnehmer erhält fünf Karten, der Rest wird verdeckt als Talon aufgelegt. Das Spiel beginnt, indem der Vorhandspieler einen Einsatz in die Kasse, den ›Pott‹, legt. Danach müssen die anderen Teilnehmer nacheinander entscheiden, ob sie mitspielen oder ›passen‹ wollen. Wer mitspielt, legt den gleichen Einsatz wie die Vorhand in den Pott. Nun können von jedem noch verbleibenden Spieler gegen einen Kaufpreis einmalig bis zu drei Karten erworben und gegen schlechtere Karten ausgetauscht werden. Es folgt die eigentl. Bietrunde, die wiederum von Vorhand mit einem Einsatz eingeleitet wird. Die Mitspieler können den Einsatz ›halten‹, indem sie den gleichen Betrag in die Kasse legen, aber auch ›erhöhen‹. Die Bietrunde wird von demjenigen gewonnen, der so lange erhöht (pokt), bis alle anderen passen. Oder sie endet damit, dass einige gehalten haben, aber niemand mehr erhöht. In diesem Fall müssen alle noch am Spiel Beteiligten ihr Blatt offen auf den Tisch legen, es entscheidet die beste **P.-Hand.** In aufsteigender Reihenfolge wird sie wie folgt bewertet: 1. *One Pair* (Pärchen): zwei gleichwertige Karten; 2. *Four Flush:* vier gleichfarbige Karten; 3. *Two Pairs* (zwei Pärchen): zweimal zwei gleichwertige Karten; 4. *Blaze:* fünf Bildkarten beliebiger Farbe; 5. *Triplet* (Dreierpasch): drei gleichwertige Karten; 6. *Round the corner straight* (Eckfolge): Folge von fünf Karten beliebiger Farbe; 7. *Skip-Straight* (Sprungfolge): wie bei 6, doch wird jeweils eine Karte übersprungen; 8. *Straight:* wie bei 6, aber ohne Ass in der Mitte; 9. *Flush:* fünf beliebige gleichfarbige Karten; 10. *Fullhand* oder *Fullhouse:* ein Dreierpasch und ein Paar; 11. *Four of a kind* (Viererpasch): vier gleichwertige Karten; 12. *Straight-Flush:* fünf gleichfarbige Karten in ununterbrochener Folge; 13. *Royal Flush:* fünf gleichfarbige Karten, wenn die Sequenz mit Ass abschließt.

C. D. GRUPP: Alles über Pokern. Regeln u. Tricks (Neuausg. 1994); A. B. SZANTO: P. (Wien [12]1994).

Pokhara, Touristenort in Zentralnepal, 48 500 Ew.; im See von P. spiegelt sich der Machha Puchharé (6 997 m ü. M.), ein in Nepal als heilig geltender zweigipfeliger Himalajaberg. Die Straße nach Katmandu (im O) wurde 1969 eröffnet; Flugplatz.

Pokój ['pɔkuj], Ort in Polen, →Carlsruhe.

Pokorny [-ni], Julius, österr. Sprachwissenschaftler und Keltologe, * Prag 12. 6. 1887, † Zürich 8. 4. 1970; Prof. in Berlin, Bern, Zürich und München. Besondere Schwerpunkte seines Schaffens beziehen sich auf das frühgeschichtl. Europa: in der Nachfolge von J. MORRIS-JONES bemühte er sich, unter Einbeziehung der neukelt. Sprachen strukturelle Eigenarten des Inselkeltischen durch den Einfluss vorindogerman. sowie semitisch-hamit. Substrate zu erklären. In seiner Illyrertheorie systematisierte er die sprachl. Materialgrundlage für vorkeltische indogerman. Wanderungen in Mitteleuropa.

Werke: Irland (1916); Altir. Gramm. (1925); Vergleichendes Wb. der indogerman. Sprachen, 3 Bde. (1927–32, mit A. WALDE); Zur Urgesch. der Kelten u. Illyrier, Tl. 1 (1938), Tl. 2 u. 3 in: Ztschr. für celt. Philologie, Bd. 16 (1936) u. Bd. 20 (1940); Keltologie, in: V. PISANI: Allg. u. vergleichende Sprachwiss. (1953); Indogerman. etymolog. Wb., 2 Bde. (1959–69). – **Hg.:** Ztschr. für celt. Philologie (1921–67).

Pokrowsk, Stadt in Russland, →Engels.

Pokrowskij, Michail Nikolajewitsch, russ. Historiker, * Moskau 29. 8. 1868, † ebd. 10. 4. 1932; war seit

1905 Mitgl. der Bolschewiki, seit 1918 stellv. Volkskommissar für Volksbildung und seit 1922 Leiter des staatl. Zentralarchivs in Moskau. P. übte maßgebl. Einfluss auf die sowjetruss. Geschichtsforschung und den Geschichtsunterricht im Sinne eines auf die Geschichte angewandten marxist. Klassenkampfdenkens aus.

Werke: Russkaja istorija s drevnejšich vremen, 5 Bde. (1909–13), daraus Kurzfassung: Russkaja istorija v samom sžatom očerke, 3 Bde. (1920–23; dt. Kurzer Abriß der russ. Gesch.); Istoričeskaja nauka i bor'ba klassov, 2 Bde. (hg. 1933).

G. M. ENTEEN: The Soviet scholar-bureaucrat M. N. Pokrovskii and the Society of Marxist Historians (University Park, Pa., 1978); H. HECKER: Russ. Universalgeschichtsschreibung (1983).

Pol [lat. polus, von griech. pólos, zu pélein ›sich drehen‹] *der, -s/-e,* **1)** *Astronomie* und *Geographie:* Bez. für die Durchstoßpunkte der Rotationsachse (Figurenachse) eines sich um sich selbst drehenden Körpers durch dessen Oberfläche. Bei Himmelskörpern, bes. der Erde, werden →Nordpol und →Südpol unterschieden. Die **Himmels-P.** sind die Durchstoßpunkte der Rotationsachse der Erde durch die →Himmelskugel.

2) *elektr. Maschinen:* Bez. für die beiden Bauteile innerhalb elektr. Maschinen, zw. denen ein magnet. Feld besteht; sie setzen sich zus. aus dem **P.-Kern** (Eisen), der die meist mit Gleichstrom erregte **P.-Wicklung** trägt, und dem **P.-Schuh,** dem verbreiterten Ende des P., wo der magnet. Fluss über den Luftspalt zum anderen Maschinenteil übertritt. Die Breite des P.-Schuhs längs des Umfangs ist der **P.-Bogen.** Der auf einen P. entfallende Teil des Umfangs ist die **P.-Teilung.** Befinden sich die P. im Läufer (Innenpolmaschine), so bezeichnet man diesen als **P.-Rad.**

3) *Elektrotechnik:* Bez. für die Anschlussstellen einer Gleichspannungs- oder Gleichstromquelle. Der P. mit Elektronenmangel wird **Plus-P.**, der mit Elektronenüberschuss **Minus-P.** genannt.

4) *Mathematik:* 1) →Koordinaten; 2) die →Polstelle; 3) →Polare; 4) in der Kugelgeometrie Punkt, in dem eine Kugelachse die Kugeloberfläche durchstößt.

5) *Physik:* →Dipol, →Magnet, →Multipol.

6) *Textiltechnik:* durch Noppen oder Schlingen (geschlossen oder aufgeschnitten) charakterisierte Schauseite von Samt-, Frottier-, Teppichgeweben oder -gewirken u. a. Das P.-Material bilden oft füllige Garne. In der Webmaschine wird das Material für die P.-Bildung von einem gesonderten P.-Kettenbaum oder von P.-Spulen direkt zugeliefert.

Pol, Wincenty, poln. Dichter, *Lublin 20. 4. oder 7. 5. 1807, †Krakau 2. 12. 1872; schrieb, u. a. von A. MICKIEWICZ beeinflusst, volkstümlich-schlichte Verserzählungen mit Themen aus der poln. Geschichte und dem Milieu des poln. Kleinadels. Eine ›poet. Geographie‹ mit einigen gesellschaftskrit. Akzenten ist ›Pieśń o ziemi naszej‹ (1843; dt. ›Das Lied von unserem Lande‹); auch Naturbeschreibungen.

Weitere Werke: *Gedichte:* Pieśni Janusza (1835). – *Verserzählungen:* Pamiętniki J. P. Benedykta Winnickiego (1854); Mohort (1855); Wit Stwosz (1857).

J. ROSNOWSKA: Dzieje poety. Opowieść o Wincentym Polu (Warschau [2]1973).

Pola, ital. Name der kroat. Stadt →Pula.

Polaben [zu altslaw. Laba ›Elbe‹], ehem. westslaw. Stamm im Stammesverband der →Abodriten, beiderseits der Elbe zw. der Trave und Ratzeburg sowie im Gau Drawehn (Drawänopolaben).

polabische Sprache, heute meist **Drawänopolabisch,** von den Slawen (Polaben, Wenden) im Gebiet des Hannoverschen Wendlandes (Lüchow-Dannenberg) bis Mitte des 18. Jh. gesprochen. Die p. S. gehört zur lech. Gruppe der westslaw. Sprachen (→slawische Sprachen) und ist durch den Erhalt der Nasalvokale, den teilweisen Erhalt des Duals bei Nomen (z. B. ramimai ›die [beiden] Schultern‹), Pronomen und Verb, durch das Aspektsystem beim Verb, das -l-Präteritum (z. B. krodål ›er hat gestohlen‹) sowie Reste des Imperfekts und Aorists gekennzeichnet. – Aufzeichnungen der p. S. – meist von Nichtslawen – finden sich seit der 2. Hälfte des 17. Jh., u. a. das ›Vocabularium Venedicum‹ von C. H. VON JESSEN (neu hg. von R. OLESCH, 1959), die Chronik des JOHANNES P. SCHULTZE (mit anderen Quellen in: R. OLESCH, ›Fontes linguae Dravaeno-Polabicae minores‹, 1967) und die erste Kompilation des polab. Sprachgutes, J. H. JUGLERS ›Lüneburgisch-Wendisches Wörterbuch‹ (beendet 1809; Nachdr., bearb. v. R. OLESCH, 1962).

A. SCHLEICHER: Laut- u. Formenlehre der p. S. (Petersburg 1871, Nachdr. 1967); T. LEHR-SPŁAWIŃSKI: Gramatyka połabska (Lemberg 1929); DERS. u. K. POLAŃSKI: Słownik etymologiczny języka Drzewian połabskich, 4 Bde. (Breslau 1962–76); N. S. TRUBEZKOY: Polab. Studien (Wien 1929); R. OLESCH: Bibliogr. zum Dravänopolab. (1968), Forts. in: Ztschr. für slav. Philologie, Jg. 38 (1975); DERS.: Thesaurus linguae Dravaenopolabicae, 4 Bde. (1983–87); A. E. SUPRUN: Polabskij jazyk (Minsk 1987).

Polacca *die, -/-s,* ital. Bez. für die →Polonaise.

Poláček ['pɔla:tʃɛk], Karel, tschech. Schriftsteller, *Reichenau an der Kněžna 22. 3. 1892, †KZ Auschwitz 19. 10. 1944; Sohn eines jüd. Kaufmanns; schilderte v. a. das Milieu und die Psychologie der tschech. und jüd. Kleinbürger, wobei er durch meisterhafte Beherrschung der Sprache starke kom. und satir. Wirkungen erzielte. Erschütternd ist sein Tagebuch aus dem Jahre 1943 ›Se žlutou hvezdou‹ (hg. 1961).

Weitere Werke: *Romane:* Dům na předměstí (1928; dt. Das Haus in der Vorstadt); Muži v offsidu (1930; dt. Abseits); Okresní město (1936; dt. Die Bezirksstadt); Hrdinové táhnou do boje (1937); Podzemní město (1937); Vyprodáno (1939); Bylo nás pět (hg. 1946).

Jan Polack: Gnadenstuhl; Mitteltafel des Hochaltars in der Schlosskapelle Blutenburg in München; 1491

Polack, Pollack, Polegkh, Polonus, Jan, Maler, *vermutlich Krakau um 1435, †München 1519; seit 1482 in München nachweisbar; er war hier der führende Maler der ausgehenden Spätgotik. Seine Werke zeigen neben poln. Einflüssen Elemente des Stils von V. STOSS und H. PLEYDENWURFF.

Werke: Weihenstephaner Hochaltar (1483–85; München, Alte Pinakothek u. Freising, Diözesanmuseum); Christus am Ölberg (um 1490; Nürnberg, German. Nationalmuseum); Peter-und-Pauls-Altar (um 1490; München, St. Peter u. Bayer. Nationalmuseum); Gnadenstuhl (1491; München, Schlosskapelle Blutenburg); Passionsaltar (1492; München, Bayer. Nationalmuseum).

Polacolorverfahren, *Farbfotografie:* →Polaroid-Land-Verfahren.

Poladakultur [nach dem Fundort Polada bei Desenzano del Garda], älteste bronzezeitl. Kultur in N-Italien; gekennzeichnet v. a. durch Keramik, die die Tradition der →Lagozzakultur im Wesentlichen fortsetzt. Neben einfachen Bronzegeräten blieben Steinwerkzeuge in Gebrauch.

Polak, *Pl.* **Polący** [-tsi], polnisch für Pole.

Polak, Frederik Lodewijk, niederländ. Soziologe und Zukunftsforscher, *Amsterdam 21. 5. 1907; 1949 bis 1960 Prof. für Soziologie in Rotterdam. P. regte eine Diskussion über die Wertfreiheit in der sozialwiss. Forschung an. Seit den 1960er-Jahren bilden kultursoziolog. Studien und Futurologie (Einführung des Zukunftsbildes als kultursoziolog. Kategorie) seine Hauptarbeitsgebiete.

Werke: Kennen en keuren in de sociale wetenschappen (1948); De toekomst is verleden tijd, 2 Bde. (1955); Prognostica, 2 Bde. (1968); Morgen is anders (1985).

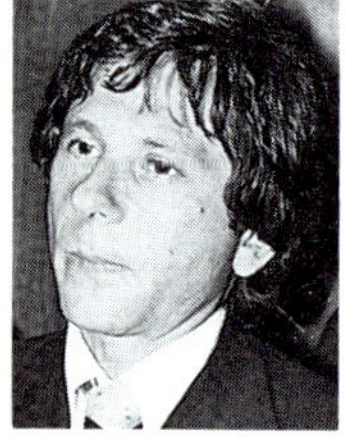
Roman Polanski

Polanen [zu slaw. pole ›Feld‹], **1)** russ. **Poljane,** ostslaw. Stammesverband, der im 9. und 10. Jh. am mittleren Dnjepr siedelte und den Kern des Kiewer Reiches bildete.

2) westslaw. Stamm, der im 9. und 10. Jh. an der Warthe siedelte; an der Bildung des poln. Staates beteiligt, der nach ihm seinen Namen erhielt.

Polangen, Stadt in Litauen, →Palanga.

Polanica Zdrój [pɔla'nitsa 'zdruj], Stadt und Kurort in Polen, →Altheide.

John Polanyi

Polanski, Polański [pɔ'laiski], Roman, polnisch-frz. Filmregisseur und -schauspieler, *Paris 18. 8. 1933; kam 1936 mit seinen Eltern nach Krakau, wo er nach Kriegsbeginn ins Getto umziehen musste; hatte bereits mit seinem ersten langen Spielfilm ›Das Messer im Wasser‹ (1962) internat. Erfolg; drehte danach v. a. in Großbritannien und (bis 1974) in den USA; 1976 wurde er frz. Staatsbürger; auch Theater- und Opernregisseur und Theaterschauspieler; schrieb die Autobiographie ›Roman‹ (1984; dt. ›R. P.‹).

Weitere Filme: Ekel (1965); Wenn Katelbach kommt (Cul-de-sac, 1966); Tanz der Vampire (1966; als Musical 1997); Rosemaries Baby (1968); Macbeth (1971); Was? (1972); Chinatown (1974); Der Mieter (1976); Tess (1979); Piraten (1985); Frantic (1987); Bitter Moon (1992); Der Tod u. das Mädchen (1994).

R. P., hg. v. P. W. JANSEN u. a. (1986); J. PARKER: P. (London 1993).

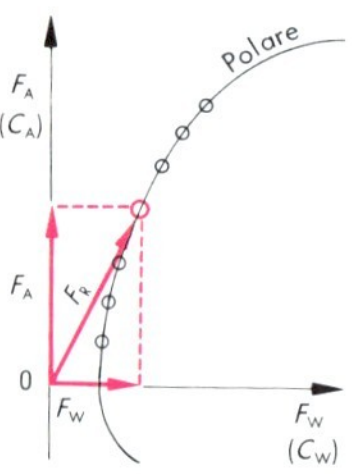

Polardiagramm 2)

Polanyi ['pɔlənjɪ], John Charles, kanad. Chemiker und Physiker, *Berlin 23. 1. 1929; 1962 Prof. für Chemie, seit 1974 auch für Physik an der Univ. von Toronto. P. arbeitet v. a. über chem. Elementarreaktionen und Reaktionskinetik; er entwickelte die Untersuchung von Infrarot-Chemilumineszenz zu einer Methode zur Erforschung der Reaktionsdynamik bei Elementarreaktionen; dafür erhielt er 1986 (mit D. R. HERSCHBACH und Y. T. LEE) den Nobelpreis für Chemie.

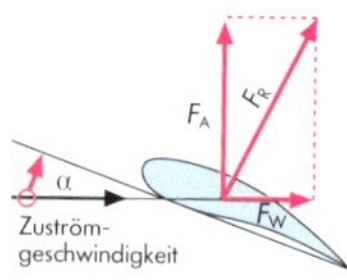

Polardiagramm 2): Zu einem Punkt des Polardiagramms gehörender Kräfteplan

Polarbanden, in parallelen Streifen angeordnete hohe Wogenwolken der Gattung Cirrus, die scheinbar an zwei gegenüberliegenden Horizontpunkten zusammenlaufen. In Mitteleuropa sind sie erste Vorboten einer von W nahenden Störung (Warmfront).

Polarbirkenzeisig, Art der →Hänflinge.

Polardiagramm, 1) *allg.:* eine graf. Darstellung räumlich nicht isotrop verteilter (winkelabhängiger) Größen in einem ebenen Polarkoordinatensystem (→Koordinaten). Dabei gibt die Länge des Radiusvektors bis zu einem Punkt des eingezeichneten Kurvenzugs den (meist auf einen Maximalwert bezogenen) Betrag der jeweiligen Größe an, der Winkel zw. ihm und einer Bezugsrichtung die Richtung, in der die Größe diesen Wert hat. P. werden u. a. zur Darstellung von →Richtcharakteristiken (z. B. bei Antennen) verwendet.

2) *Aerodynamik:* von O. LILIENTHAL eingeführte graf. Darstellung der aerodynam. Eigenschaften eines Tragflügels oder Flugzeugs in einem rechtwinkligen Koordinatensystem durch einen als **Polare** bezeichneten Kurvenzug. Jeder Punkt dieser Kurve beschreibt für einen zugehörigen Anstellwinkel α Größe und Richtung der resultierenden Luftkraft F_R durch deren Komponenten Widerstandskraft F_W (in Zuströmrichtung) und Auftriebskraft F_A (senkrecht dazu). Anstelle dieser Kraftkomponenten können auch deren dimensionslose Beiwerte (Widerstandsbeiwert C_W und Auftriebsbeiwert C_A) aufgetragen werden.

Polare *die, -/-n,* **1)** *Aerodynamik:* →Polardiagramm.

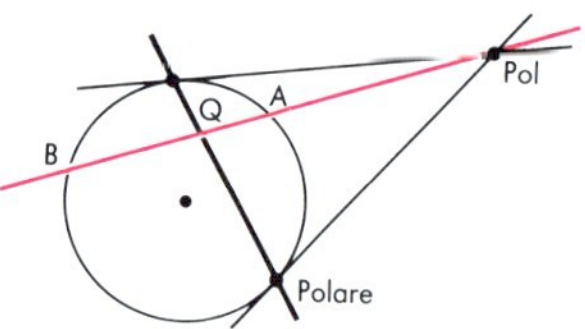

Polare 2): Pol und Polare beim Kreis; bei diesem fällt die Polare mit den Berührungssekanten zu den beiden Tangenten von P an den Kreis zusammen

2) *Geometrie:* Ist P ein Punkt der Ebene eines Kegelschnittes, so schneidet jede Gerade durch P den Kegelschnitt in höchstens zwei Punkten A und B. Dann ist der Punkt Q, der zu A, B und P harmonisch liegt (d. h., dass das Doppelverhältnis von A, B, P und Q gleich -1 ist), ein Punkt der P. zu P. Die P. ist diejenige Gerade, auf der alle derartigen Punkte Q (bezüglich des Geradenbüschels zu P) liegen. P heißt **Pol** (seiner P.). Lautet die Gleichung des Kegelschnittes in homogenen Koordinaten

$$\sum_{i,k=1}^{3} a_{ik} x_i x_k = 0, \quad \text{so ist} \quad \sum_{i,k=1}^{3} a_{ik} x_i y_k = 0$$

die Gleichung der zu dem Punkt (y_1, y_2, y_3) gehörigen Polare.

polare Achsen, *Kristallographie:* Bez. für Symmetrieachsen bei Kristallformen, die kein Inversionszentrum besitzen; auch als **einseitige (Symmetrie-)Achsen** bezeichnet. Längs p. A. sind Richtung und Gegenrichtung nicht gleichwertig. Die entsprechenden Kristallformen werden auch als Hemimorphien bezeichnet.

polare Atombindung, →chemische Bindung.

Polarforschung, die Erforschung der Polargebiete zur wiss. Erkenntnis und zur Erkundung der natürl. Ressourcen, auch für neue Wirtschafts- und Verkehrsmöglichkeiten.

Gegenstand der P. sind u. a. die topograph. Verhältnisse, der geolog. und tekton. Bau und seine Entwicklung, die Reliefformen und ihre Bildung, die Bodenbildungsprozesse, der Permafrostboden und sein Verhalten, das Inland- und Gletschereis und sein Massenhaushalt, die Meeresverhältnisse mit dem submarinen Relief, den physikal. und chem. Eigenschaften und der Eisbedeckung des Meerwassers, das Wetter und Klima einschließlich der Physik der höheren Atmosphäre, die Pflanzen- und Tierwelt sowie die einheim. (Polarvölker) und zugewanderten Bewohner (Verhalten, Akklimatisation, Wirtschaft, Verkehr, polit. Verhältnisse).

Wegen ihrer globalen Bedeutung für den Energie- und Wasserhaushalt bildet die Erforschung der klimat., glazialen und marinen Verhältnisse einen Schwerpunkt der modernen P. An ihr beteiligt sind u.a. Geographie, Kartographie, Geologie, Mineralogie, Geophysik, Geodäsie, Ozeanographie, Meteorologie, Biologie, Geoökologie, Anthropologie, Ethnologie und Medizin, auch Physik und techn. Wissenschaften.

In der Entwicklung der P. verbinden sich Entdeckungs- und Forschungsgeschichte (→Arktis, ÜBERSICHT; →Antarktis, ÜBERSICHT). Die frühesten Fahrten in die Polargebiete galten der Suche nach Lebensraum (Wikinger, Iren, Polynesier). In der frühen Neuzeit folgten Fahrten von westeurop. Ländern aus in die Arktis zur Ausnutzung von Naturschätzen (Robben, Wale, Vögel). Wirkliche P. begann erst ab dem 18. Jh. mit Unternehmen, die auf die Entdeckung von Land und Meer sowie von Wirtschaftsmöglichkeiten und Handelswegen (Nordwest- und Nordostpassage im Nordpolarmeer) abzielten. Ab dem 19. Jh. führte das wiss. Interesse zu großen Polarexpeditionen.

Die P. wird zu Wasser, zu Land und aus der Luft betrieben. Für Expeditionen auf dem Land und dem Inlandeis sind an die Stelle der Hundeschlitten meist Motorschlitten und starke Kettenfahrzeuge getreten. Für Aufklärungs- und Kartierungsarbeiten, als Messträger und als Transportmittel werden Flugzeug und Hubschrauber eingesetzt. Während früher die P. hauptsächlich von oft gegen die Eispressung bes. verstärkten Expeditionsschiffen aus betrieben wurde, haben in der Gegenwart feste, modern ausgerüstete Landstationen mit Überwinterungsmöglichkeit besondere Bedeutung erlangt. Für die dt. P. wurden in der Antarktis 1981 die →Georg-von-Neumayer-Station und 1991 in der Arktis (Spitzbergen) die Carl-Koldewey-Station errichtet. Die Georg-von-Neumayer-Station wurde 1992 von der →Neumayer-Station abgelöst. Sie ist nur zehn Kilometer vom urspr. Standort entfernt. Eisbewegung und Schneelast machten einen Neubau des Stationsgebäudes notwendig. Das dt. Forschungsschiff →Polarstern ist seit 1982 in Betrieb. Zu den Methoden der modernen P. gehören der Einsatz von Satelliten wie auch der Einsatz automat. Messstationen und die Datenauswertung mit Computer.

Organisationen: Der P. dienen neben nat. und internat. Organisationen auch internat. Gemeinschaftsunternehmen mit vereinbarten Programmen (Internat. →Polarjahr). Zur friedl. internat. Zusammenarbeit und Forschung in der Antarktis sind inzwischen 38 Staaten einem 1959 von zwölf Staaten geschlossenen Antarktisvertrag beigetreten (1979 die BRD). Organisator. Zentrum der dt. P. ist das 1980 gegründete Alfred-Wegener-Institut für Polar- und Meeresforschung in Bremerhaven.

H.-P. KOSACK: Die P. (1967); G. STÄBLEIN: Traditionen u. aktuelle Aufgaben der P., in: Die Erde, Jg. 109 (1978). – *Zeitschrift:* P., hg. v. der Dt. Gesellschaft für P. (1931 ff.); 125 Jahre dt. P., hg. v. Alfred-Wegener-Inst. für Polar- u. Meeresforschung ([2]1994).

Polarfront, 1) *Meereskunde:* Grenze zw. kalten polaren und wärmeren subpolaren Wassermassen. Auf der Nordhalbkugel begrenzt die P. das Wasser, das aus dem Nordpolarmeer ausströmt, nach S. Auf der Südhalbkugel wird die P.-Zone nach S durch die P., nach N durch die Subpolarfront eingeschlossen. Die P. stellt die nördl. Grenze der Meereisbedeckung dar. – Früher wurde die Übergangszone zw. Kalt- und Warmwassersphäre als P. bezeichnet, heute als **Sub-P.,** da sie subpolare von subtrop. Wassermassen trennt. P. und Sub-P. können zusammenfallen, z.B. im nordnordwestl. Atlantik.

2) *Meteorologie:* Grenzfläche zw. polarer Kaltluft und gemäßigter oder subtrop. Warmluft, die im Mittel zonal verläuft (im Winter bei 40–50° Breite, im Sommer in 60–70° Breite): ostwestl. Strömung der Kaltluft, westöstl. Bewegung der Warmluft. I. Allg. umschließt die P. das Polargebiet jedoch nicht gleichmäßig; an einigen Stellen stößt polare Kaltluft weit nach S in das Warmluftgebiet vor, während gleichzeitig an anderen Stellen Warmluft nach N transportiert wird. Der ständige Wechsel von kalten und warmen Luftströmungen verursacht v.a. die veränderl. Witterung in den mittleren Breiten. In der vertikalen Struktur entspricht die P. nach der Modellvorstellung weitgehend einer Aufgleitfront (→Front).

Nach der von V. BJERKNES entwickelten **P.-Theorie** entstehen an der P. die Tiefdruckgebiete der mittleren Breiten: Aus einer wellenförmigen Deformation der P. entwickeln sich Wirbel (Zyklonen) mit einem gut ausgebildeten Warmluftsektor, der später von der nachfolgenden Kaltluft immer weiter eingeengt wird, bis die Warmluft vom Boden abgehoben wird (→Okklusion). Am Ende des Prozesses steht eine vollständige Verwirbelung der Luftmassen; anschließend stellt sich langsam wieder die zonale Strömung ein.

Polarfuchs (Körperlänge etwa 45–70 cm)

Polarfuchs, Eisfuchs, Alopex lagopus, in der Arktis verbreiteter, etwa 45–70 cm körperlanger, graubrauner Fuchs mit kleinen, abgerundeten Ohren. Je nach Färbung des Winterfells unterscheidet man zwei Farbvarianten: **Blaufuchs** (meist blaugrau) und **Weißfuchs** (rein weiß); vom Rauchwarenhandel sehr begehrte Pelztiere, die auch in Farmen gezüchtet werden; die Felle werden zu Besätzen, Kragen, Mänteln und Jacken verarbeitet.

Polargebiete, die um die geograph. Pole der Erde gelegenen Land- und Meeresgebiete: die →Arktis (um den Nordpol) und die →Antarktis (um den Südpol).

Polargrenze, durch klimat. Faktoren bestimmter Grenzsaum, in dem polwärts die Verbreitung von bestimmten Pflanzen und Tieren, von Besiedlung u.a. endet. Da für jede Gegebenheit andere klimat. Faktoren lebensentscheidend sind, hat auch jede ihre eigene, für sie spezif. Polargrenze.

Polarhoch, Bez. für die i.d.R. über den Polargebieten vorhandenen kalten Hochdruckgebiete, die meist nur eine Mächtigkeit von 1–2 km erreichen und in der Höhe von tiefem Druck überlagert werden. Am Rand des P. befindet sich in hohen Breiten die Zone der polaren Ostwinde.

Polarimeter *das, -s/-,* Gerät zum Messen der Drehung der Polarisationsebene (→Polarisation) von

Polarimeter (schematische Darstellung): a Lichteintrittsöffnung, b Sammellinse, c fester Polarisator, d kleines Nicol-Prisma zur Halbierung des Gesichtsfeldes, e Probe, f drehbarer Analysator, g und h Teilkreis mit Ablesevorrichtung, k Blende, m–o Fernglas mit Objektiv (m), Blende (n) und Okular (o)

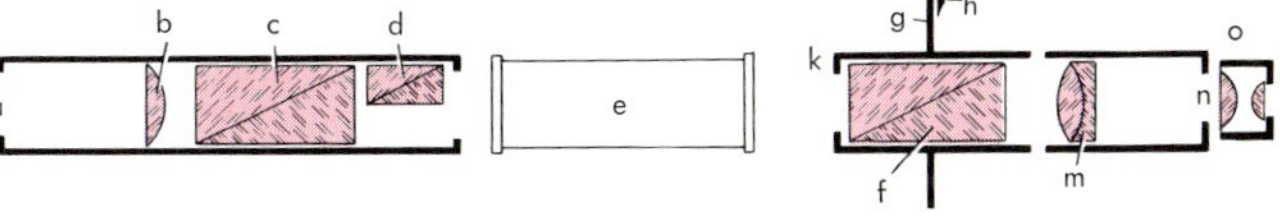

Licht durch optisch aktive Substanzen (→optische Aktivität); besteht in der einfachsten Ausführung aus Lichtquelle, Polarisator, Analysator und Detektor. P. werden v. a. zur Bestimmung der Konzentration von optisch aktiven Stoffen in Lösungen benutzt, z. B. dienen Saccharimeter zur Bestimmung des Zuckergehalts wässriger Lösungen. Ein spezielles P. ist der →Halbschattenapparat.

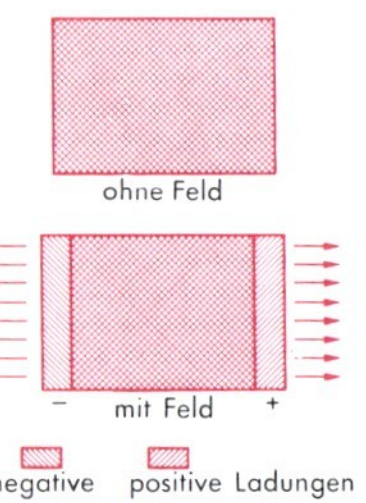

Polarisation 1): Dielektrische Polarisation

Polaris, 1) *Astronomie:* der →Polarstern.

2) *Militärwesen:* Mitte der 1960er-Jahre zunächst in den USA, dann auch in Großbritannien eingeführte U-Boot-gestützte nukleare Mittelstreckenrakete; in den USA bis 1982 außer Dienst gestellt, in Großbritannien bis Ende der 1990er-Jahre noch im Einsatz und durch die Trident-Raketen ersetzt.

Polarisation *die, -/-en,* **1)** *Elektrizitätslehre* und *Magnetismus:* 1) **di|elektrische P.,** durch ein äußeres elektr. Feld hervorgerufene Verschiebung der zuvor zusammenfallenden Schwerpunkte der negativen und positiven elektr. Ladungen (d. h. die Erzeugung elektr. Dipolmomente in einer dielektr. Substanz) durch Deformation der Elektronenhüllen oder Verschiebung geladener Atome oder Atomgruppen in Kristallen (temperaturunabhängige **Elektronen-P.** bzw. **Atom-P.**); 2) **par|elektrische P.,** die Verstärkung und Ausrichtung vorhandener permanenter elektr. Dipolmomente in parelektr. Substanzen (wodurch ein makroskopisches elektr. Dipolmoment entsteht) durch Vergrößerung des Abstands der Ladungsschwerpunkte polarer Moleküle (temperaturunabhängige **Atom-P.**) oder Ausrichtung der vorher regellos orientierten Dipolmomente (temperaturabhängige **Orientierungs-P.**); als quantitatives Maß für die Erscheinungen der dielektr. und der parelektr. P. wird die →elektrische Polarisation verwendet; 3) **magnetische P.,** →Magnetisierung.

2) *Elektrochemie:* **elektrochemische P., galvanische P., elektrolytische P.** Stört man das Gleichgewicht eines elektrochem. Elements, indem man es Arbeit leisten lässt oder ihm solche zuführt, so müssen zur Aufrechterhaltung des elektr. Stroms an den Elektroden chem. Reaktionen ablaufen. Ist dieser Stoffumsatz zu langsam im Vergleich zur Belastung der Zelle, kommt es zu Veränderungen gegenüber dem Gleichgewichtspotenzial, die man P. nennt. Sie entsteht durch chem. Veränderungen an den Elektroden während des Stromflusses und die dadurch bedingten →Überspannungen oder durch die bei der Elektrolyse erzwungenen Konzentrationsänderungen im Elektrolyten.

3) *Elektrodynamik* und *Optik:* Eigenschaft aller elektromagnet. Strahlung, bes. des Lichts **(P. des Lichts),** unter bestimmten Bedingungen eine innere Ausrichtung senkrecht zur Ausbreitungsrichtung zu zeigen. Sie erklärt sich aus dem transversalen Charakter der elektromagnet. Wellen: In einer ebenen Welle schwingen die elektr. und die magnet. Feldstärke senkrecht zueinander und senkrecht zur Ausbreitungsrichtung. Dabei definiert man die durch den elektr. Vektor der Lichtwelle und die Ausbreitungsrichtung aufgespannte Ebene als **Schwingungsebene,** die zu ihr senkrechte Ebene, in der die magnet. Feldstärke schwingt, als **P.-Ebene.** In natürl. Licht kommen im zeitl. Mittel alle Schwingungsrichtungen senkrecht zum Strahl gleich häufig vor; alle Lichtquellen mit Ausnahme des Lasers emittieren aufgrund der statist. Natur des Emissionsprozesses unpolarisiertes Licht. – Beim Durchgang des Lichts durch eine besondere opt. Vorrichtung, den **Polarisator,** werden jedoch nur noch bestimmte Richtungen als Schwingungsrichtungen zugelassen. Bei **linearer P.** bleibt die Schwingungsrichtung zeitlich konstant; bei **zirkularer P.** läuft der Endpunkt des elektr. Vektors mit bestimmter Geschwindigkeit auf einem Kreis um, bei **elliptischer P.** auf einer Ellipse. Man unterscheidet links- und rechtszirkular (bzw. links- und rechtselliptisch) polarisiertes Licht, je nachdem, ob der Vektor der elektr. Feldstärke links- oder rechtsherum läuft, wenn man gegen die Ausbreitungsrichtung blickt. Das aus dem Polarisator kommende Licht wird von einer zweiten Vorrichtung der gleichen Art, dem **Analysator,** nur dann voll durchgelassen, wenn deren Vorzugsrichtung zur ersten parallel steht **(Parallelstellung).** Im anderen Fall wird es je nach dem Winkel der Verdrehung des Analysators gegen den Polarisator geschwächt und in der 90°-Stellung ausgelöscht **(gekreuzte Stellung).** Mit dem Analysator kann man daher die P. nachweisen und die P.-Richtung ermitteln. Natürl. Licht kann in zwei senkrecht zueinander linear polarisierte Wellen zerlegt werden. Der **P.-Grad** P ist ein Maß für den linear polarisierten Anteil an der Gesamtintensität einer Strahlung. Sind $I_{\perp}$ und $I_{\parallel}$ die Intensitäten in zwei zueinander senkrechten P.-Richtungen, so gilt $P = (I_{\perp} - I_{\parallel}) / (I_{\perp} + I_{\parallel})$.

Zur *Erzeugung von polarisiertem Licht* aus natürl. Licht gibt es versch. Möglichkeiten. Die einfachste P.-Vorrichtung erhält man durch Reflexions-P.: Fällt natürl. Licht unter dem **P.-** oder **Brewster-Winkel** α_p (→brewstersches Gesetz) auf eine ebene Glasplatte (für das übl. Kronglas mit der Brechzahl $n = 1{,}53$ ist das ein Einfallswinkel von $\alpha_p \approx 57°$), so ist das reflektierte Licht vollständig linear polarisiert, wobei der elektr. Vektor senkrecht zur Einfallsebene schwingt. Das durchgehende Licht besteht aus einem Gemisch von natürl. und (senkrecht zum reflektierten Licht) linear polarisiertem Licht. Weitere Methoden zur Er-

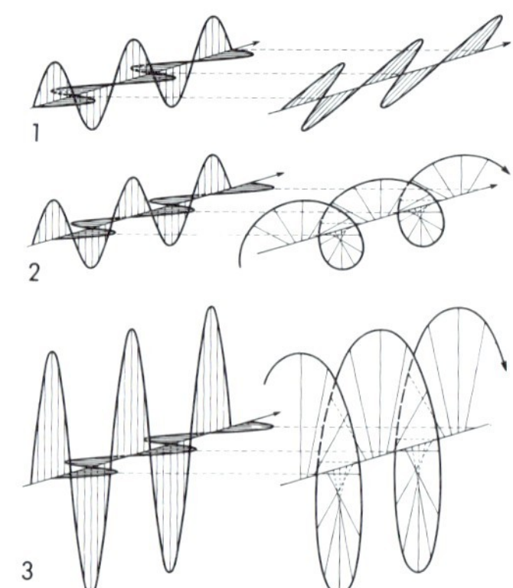

Polarisation 3): Zusammensetzung zweier senkrecht zueinander linear polarisierter Wellen durch Addition zusammengehörender Schwingungsvektoren; 1 bei Amplituden- und Phasengleichheit entsteht eine linear polarisierte Welle, deren Schwingungsebene um 45° gegen die Vertikale geneigt ist; 2 bei Amplitudengleichheit und um 90° verschiedenen Phasen entsteht eine zirkular polarisierte Welle; 3 bei verschiedenen Amplituden und verschiedenen Phasen entsteht eine elliptisch polarisierte Welle

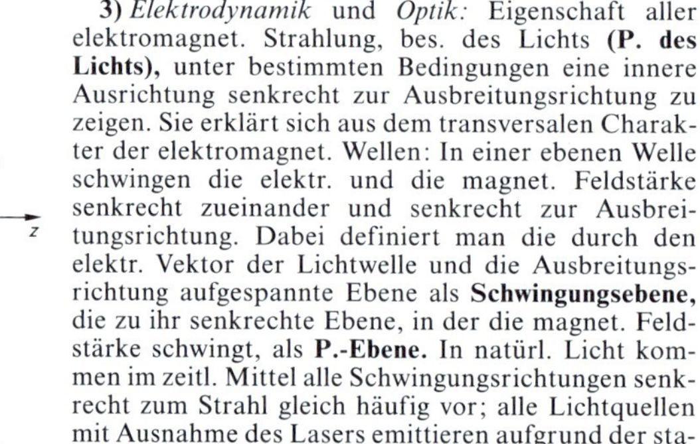

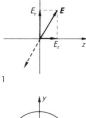

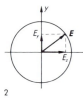

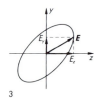

Polarisation 3): Verhalten des elektrischen Feldstärkevektors E bei linearer (1), zirkularer (2) und elliptischer Polarisation (3); Ausbreitung der Welle in x-Richtung, das heißt senkrecht zur y-z-Ebene

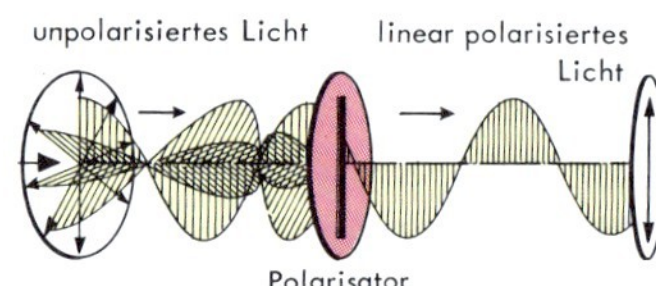

Polarisation 3): Aus einem Lichtbündel wird durch Polarisation Licht herausgefiltert, das nur in einer Ebene schwingt

zeugung polarisierten Lichts nutzen die →Doppelbrechung (u.a. beim →Polarisationsprisma) oder die versch. Absorbierbarkeit der beiden senkrecht zueinander linear polarisierten Anteile des natürl. Lichtes in gefärbten doppelbrechenden Kristallen (→Pleochroismus) wie Turmalin aus. Einige durchsichtige polymere Kunststoffe werden, etwa durch Strecken in einer Richtung, dichroitisch; solche **P.-Filter** oder **P.-Folien** (Polaroidfolien) werden zunehmend angewendet. Durch Reflexion an Metallschichten entsteht elliptisch polarisiertes Licht, bei Beugung teilweise polarisiertes Licht. Auch bei der Streuung an Teilchen, die klein gegenüber der Wellenlänge sind (→Rayleigh-Streuung), wird das gestreute Licht teilweise polarisiert (→Himmelsstrahlung). Eine Drehung der P.-Richtung um die Fortpflanzungsrichtung als Achse bewirken Stoffe, die eine schraubenartige Struktur haben, wie Kristalle (Quarz), Moleküle und Lösungen (Zucker). Je nach dem Drehsinn dieses **optischen Drehvermögens** unterscheidet man links- und rechtsdrehende Stoffe, z.B. Links- und Rechtsquarz (→optische Aktivität).

Künstlich erzeugte elektromagnet. Wellen (Radio-, Funkwellen) sind immer linear polarisiert. Die P.-Richtung ist vertikal bei Lang-, Mittel- und Kurzwellen und horizontal bei den Ultrakurzwellen des Funkverkehrs (wegen geringen Störungseinflusses). – Die P. des Lichts wurde 1808 durch E. L. MALUS entdeckt.

4) *Quantenelektrodynamik:* **P. des Vakuums, Vakuum-P.**, eine der dielektr. P. der Materie analoge Eigenschaft des Vakuums; sie beruht auf der vorübergehenden virtuellen, d.h. nicht direkt beobachtbaren Erzeugung von Elektron-Positron-Paaren (→virtueller Zustand) durch ein elektromagnet. Feld (v.a. in starken Feldern in der Nähe von Ladungen). Die P. des Vakuums bewirkt u.a. eine geringfügige Abschirmung eines Elektrons und hat zur Folge, dass die elektr. Feldstärke und die elektr. Flussdichte auch im Vakuum voneinander abweichen, sodass die maxwellschen Gleichungen nur näherungsweise gelten. Sie liefert ferner einen Beitrag zur →Lamb-Shift und führt zur →Renormierung der elektr. Ladung.

5) *Quantenmechanik:* Materiewellen (Teilchenstrahlen) werden als polarisiert bezeichnet, wenn die Spins der Elementarteilchen, z.B. Elektronen und Protonen, parallel ausgerichtet sind. In einem unpolarisierten Strahl von Teilchen mit Spin S sind die $2S+1$ möglichen Spinzustände gleichmäßig besetzt. Durch Anlegen eines Magnetfeldes, Einstrahlung polarisierten Lichts oder durch Streuung an polarisierter Materie wird eine Vorzugsrichtung im Raum festgelegt, in der der Teilchenstrahl polarisiert wird. Die der Vorzugsrichtung entsprechende Spineinstellung ist dann vorwiegend (teilweise P.) oder ausschließlich besetzt (vollständige P.). Bei Teilchen mit Spin $^1/_2$ können im polarisierten Strahl die Spins parallel zur Vorzugsrichtung (Teilchenanzahl N_+) oder antiparallel dazu stehen (Teilchenanzahl N_-). Der P.-Grad P eines solchen Strahls lässt sich über $P = (N_+ - N_-)/(N_+ + N_-)$ definieren. – Die P. des Spins eines einzelnen Teilchens bezüglich seiner Bewegungsrichtung ist die →Helizität. In diesem Sinne versteht sich die P. von Licht als P. der Photonen (Spin 1), deren Helizitätswerte $+1$ und -1 rechts- bzw. linkszirkular polarisiertem Licht entsprechen.

Polarisationsfilter, *Fotografie:* →Filter.

Polarisationsgrad, quantitatives Maß für die Polarisation von elektromagnet. Strahlung (→Polarisation 3) und Teilchenstrahlung (→Polarisation 5).

Polarisationsmikroskop, ein →Mikroskop zur Untersuchung optisch anisotroper Objekte (z.B. Kristalle, Minerale und Gesteine, →Kristalloptik). Das zur Beleuchtung dienende Licht wird mit einem Polarisator linear polarisiert und nach Durchtritt durch das

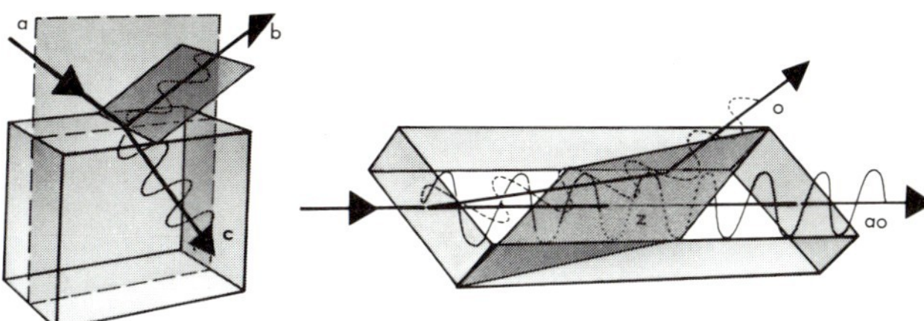

Polarisation 3): links Polarisation durch Reflexion an einem dichteren Medium (umrahmt); a einfallender, b reflektierter, c gebrochener Lichtstrahl; die den drei Strahlen gemeinsame Ebene ist gestrichelt dargestellt; **rechts** Polarisation des Lichts beim Durchgang durch ein Nicol-Prisma; der außerordentliche Strahl ao wird durchgelassen, der ordentliche Strahl o gebrochen und an der Zwischenschicht z total reflektiert, die Schwingungsebenen der Strahlen sind jeweils durch Sinuswellen gekennzeichnet

Objekt mithilfe des im Tubus des P. hinter dem Objektiv angeordneten Analysators untersucht. Beide Prismen sind um die Tubusachse drehbar, werden aber meist mit orthogonal stehenden Polarisationsebenen benutzt.

Polarisationsmikroskopie, die Untersuchung kleiner optisch anisotroper Präparate mithilfe eines Polarisationsmikroskops. Bei der direkten oder orthoskop. Beobachtung **(Orthoskopie)** wird das Präparat wie bei der gewöhnl. Mikroskopie abgebildet, hier jedoch mit linear polarisiertem Licht. Dabei werden im Zwischenbild Farben sichtbar, die der Präparatestruktur entsprechen und anhand deren sich Eigenschaften wie Lichtbrechung, Auslöschungsstellungen und Gangunterschiede bestimmen lassen. Bei der indirekten oder konoskop. Beobachtung **(Konoskopie)** werden die in der bildseitigen Brennebene des Mikroskopobjektivs entstehenden Interferenzfiguren mithilfe einer im Strahlengang hinter dem Analysator angeordneten Linse (Amici-Bertrand-Linse) in die Zwischenbildebene abgebildet. Das entstehende Bild gibt Auskunft über die Richtungsabhängigkeit der Doppelbrechung im Präparat. Zu den bei der P. verwendeten Hilfsmitteln gehören →Kompensatoren, die zw. Objektiv und Analysator eingeschoben werden können.

Polarisations|prisma, Anordnung zur Herstellung und Analyse von linear polarisiertem Licht (→Polarisation), die i.Allg. aus zwei oder mehreren zusammengesetzten Teilprismen besteht, von denen mindestens eines →Doppelbrechung zeigt. Dadurch wird das Licht in zwei linear polarisierte Komponenten zerlegt, von denen eine ausgesondert wird. Das bekannteste P. ist das →Nicol-Prisma.

Polarisationswinkel, *Optik:* der Brewster-Winkel (→brewstersches Gesetz).

Polarisator *der, -s/...'toren,* Bez. für Bauteile oder Geräte, mit deren Hilfe aus einfallender unpolarisierter elektromagnet. Strahlung, insbesondere Licht, bestimmte Polarisationszustände ausgewählt werden können. (→Polarisation 3)

Polarisierbarkeit, 1) **elektrische P.,** Formelzeichen α, der Quotient aus dem induzierten elektr. Dipolmoment und der induzierenden elektr. Feldstärke; SI-Einheit ist $C \cdot m^2/V$. Die P. eines Atoms oder Moleküls heißt atomare oder molekulare P.; sie ist für die Atome (Moleküle) eines unpolaren Dielektrikums durch die **Clausius-Mossotti-Gleichung** gegeben:

$$\alpha = \frac{3\varepsilon_0}{N_V}\,\frac{\varepsilon_r - 1}{\varepsilon_r + 2}$$

(ε_0 elektr. Feldkonstante, ε_r Dielektrizitätszahl, N_V Atome (Moleküle)/Volumeneinheit). In Gasen, bei denen die Wechselwirkung zw. den Atomen (Molekülen) vernachlässigt werden kann, lautet die Bezie-

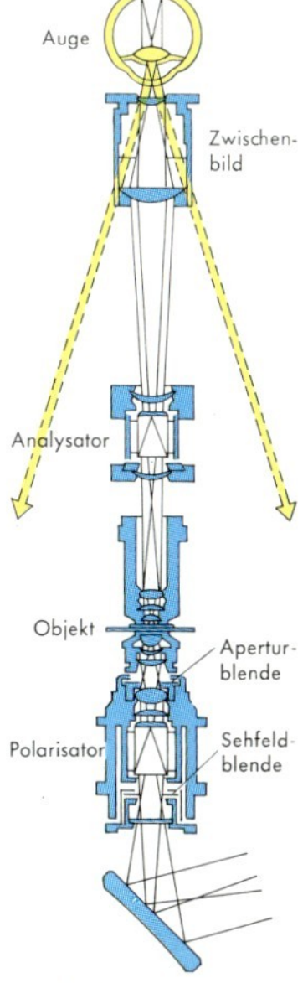

Polarisationsmikroskop: Orthoskopischer Strahlengang

hung $\alpha = \varepsilon_0(\varepsilon_r - 1)/N_V$. 2) Analog zur elektr. P. lässt sich auch eine molekulare **magnetische P.** $\beta = \mu_0(\mu_r - 1)/N_V$ definieren (μ_0 magnet. Feldkonstante, μ_r Permeabilitätszahl).

Polarität, 1) *bildungssprachlich* für: Gegensätzlichkeit bei wesenhafter Zusammengehörigkeit.

2) *Biologie:* die Ungleichwertigkeit einander entlang von Körperachsen gegenüberliegender Enden (Pole) in lebenden Systemen (Zelle, Organ, Organismus). Beispiele sind u. a. Wurzel- und Sprosspol bei Sprosspflanzen, bei Tieren Vorder- und Hinterende, bei Eiern animaler und vegetativer Pol, Rechts-links-P. bei vielen Tieren. Über die Entstehung von P. ist bislang nur wenig bekannt. P. wird häufig durch einen äußeren Reiz induziert, bes. durch Licht und Schwerkraft oder auch durch mechan. Reize (z. B. das Eindringen des Spermiums in das Ei). Einseitige Beleuchtung induziert z. B. bei der Zygote des braunen Blasentangs (Fucus) einen Strom von Calciumionen zw. den somit festgelegten Polen. Bei Pflanzen ist an der Ausbildung von P. oft das Phytochromsystem beteiligt. Neben einer Ungleichverteilung von Ionenkanälen bewirken z. B. auch Gradienten von Hormonen und anderen induzierenden oder hemmenden Stoffen die Ausbildung und Aufrechterhaltung polarer Strukturen.

3) *Philosophie:* In der antiken Naturphilosophie verstand HERAKLIT die P. als ontolog. Struktur einer in sich gegensätzl. Wirklichkeit, der das einende Prinzip des Logos zugrunde liegt. Die P. als Struktur- und Entwicklungsprinzip der Welt (›Urphänomen‹) wurde insbesondere vertreten von GOETHE, der die Natur von den Phänomenen der P. und Steigerung, Entzweiung und Einheit bestimmt sah, und von den Romantikern, wie F. W. J. SCHELLING. Von hier aus bestehen auch Zusammenhänge mit dem Ansatz der dialekt. Betrachtungen bei G. W. F. HEGEL und K. MARX.

4) *Psychologie:* paariges Gliederungsprinzip von Eigenschaften und Persönlichkeitsdimensionen (z. B. Introversion–Extraversion), v. a. in charakterolog. Typenlehren (u. a. A. WELLEK).

Polaritätsprofil, semantisches Differenzial, Eindrucksdifferenzial, von dem amerikan. Ethnologen CORNELIUS E. OSGOOD entwickeltes Messverfahren der empir. Sozialforschung zur Bestimmung der Bedeutung bzw. der affektiven (emotionalen) Qualität von Objekten für befragte Personen. Der Befragte gibt dabei für Wortsymbole (z. B. Mutter, Held, alter Mann) entsprechend den Assoziationen, die der Befragte mit dem jeweiligen Wortsymbol verbindet, den Stellenwert im Kontinuum zw. den Extremwerten von versch. Eigenschafts-Gegensatzpaaren (›Polaritäten‹) an, wie heiter–traurig, interessant–langweilig, keusch–triebhaft. Diese Angaben werden auf Polaritätsskalen eingetragen und entweder grafisch oder mittels einer Faktorenanalyse statistisch ausgewertet. Das P. wird u. a. zur Erforschung individueller Einstellungen und Motive (→Motivation) und der affektiven Wirkung von Werbung (→Image) eingesetzt.

Polariton *das, -s/...'tonen,* ein →Quasiteilchen in einem Festkörper, das bei starker Wechselwirkung von Photonen (Licht) mit nicht lokalisierten Anregungszuständen eines Kristalls erzeugt wird. Entsprechend stark können Photonen mit den opt. Phononen der Gitterschwingungen oder mit Exzitonen (Exziton-P.) gekoppelt sein. P. können als Zustände aufgefasst werden, bei denen die (konstante) Anregungsenergie zeitlich zw. der Anregung des Kristalls und der elektromagnet. Energie des Photons oszilliert. Die Eigenschaften von P. spielen bei opt. Untersuchungen von Festkörpern eine wichtige Rolle.

Polarjahr, Internationales P., Bez. für die internat. Unternehmungen zur geograph., geolog. und geophysikal. Erforschung der Polargebiete nach vereinbarten Programmen und Terminen. Am ersten P. 1882/83, angeregt durch K. WEYPRECHT, waren zehn Länder, am zweiten P. 1932/33 bereits 48 Länder mit Forschungsvorhaben beteiligt. Während des →Internationalen Geophysikalischen Jahres 1957–59 war die Antarktis räuml. Schwerpunkt. (→Polarforschung)

Polarkappen|absorption, Zunahme der Absorption von Radiowellen innerhalb der von der Polarlichtzone eingeschlossenen Kalotte. Die P. wird hervorgerufen durch Protonen mit etwa $^1/_{10}$ Lichtgeschwindigkeit, die bei starken chromosphär. Eruptionen der Sonne emittiert und in Erdnähe durch das ird. Magnetfeld zu den magnet. Polen abgebremst werden. Der Effekt dauert 1–10 Tage und ist wegen der zusätzl. Ionisierung der Hochatmosphäre durch Sonnenlicht bei Tag stärker als nachts. Er ist fast immer Vorläufer eines Ionosphärensturms.

Polarklima, das Klima der Polargebiete, →Arktis, →Antarktis. (→Klimazonen)

Polarko|ordinatensystem, *Mathematik* und *Physik:* →Koordinaten.

Polarko|ordinatenverfahren, Verfahren der Flugnavigation, bei denen Entfernung (Rho) und Azimut (Theta) bezüglich einer Bodenstation gemessen und zur Positionsbestimmung verwendet werden (Rho-Theta-Verfahren; →VOR, →DME, →TACAN).

Polarkreise, die Breitenkreise in 66° 33′ nördlicher **(nördlicher P.)** und südlicher **(südlicher P.)** Breite, d. h. um 23° 27′ von den beiden Erdpolen entfernt. Sie trennen (im mathemat. Sinn) die Polarzonen der Erde von den gemäßigten Zonen. In den Polarzonen tritt das Phänomen von Polarnacht und -tag auf.

Polarlicht: Aufnahme vom 24. März 1991 bei Lübeck

Polarlicht, nachts sichtbare, in den Polargebieten der nördlichen (**Nordlicht,** lat. **Aurora borealis**) und südl. Erdhalbkugel (**Südlicht,** lat. **Aurora australis**) zu beobachtende Leuchterscheinung der hohen Atmosphäre zw. etwa 70 und 1 000 km Höhe (Maximum bei 100 km). Das P. wird durch eine solare Korpuskularstrahlung (bes. nach starker Sonnenfleckentätigkeit) ausgelöst (→Ionosphäre). Die elektrisch geladenen Teilchen können wegen des Magnetfeldes der Erde nur in den Zonen um die magnet. Pole in die Atmosphäre eindringen und dort durch Stoß Atome und Moleküle ionisieren und zum Leuchten anregen; bei starken Störungen des erdmagnet. Feldes können Nordlichter bis in den Mittelmeerraum auftreten. Das Gebiet größter P.-Häufigkeit erstreckt sich auf der Nordhalbkugel etwa über die nördlichsten Teile Sibiriens, Alaskas und Kanadas, die S-Spitze Grönlands, die S-Küste Islands und das Nordkap (Norwegen). Nördlich und bes. südlich dieser Zone nimmt die P.-Häufigkeit rasch ab; in ihrem zeitl. Auftreten folgt sie langfristig der etwa elfjährigen Periode im Sonnenfleckenzyklus und ist im jahreszeitl. Rhythmus in den Monaten Februar/März sowie von Mitte August bis Anfang Oktober bes. groß. Im P.-Spektrum dominieren die ›verbotenen‹ Linien des atomaren Sauerstoffs (Grün und Rot) und die Linien des molekularen Stickstoffs (Blauviolett). Intensität, Farbe und Struktur (Bänder, Draperien, Kronen, diffuse Erhellungen) variieren zeitlich und örtlich in schneller Folge, was sich in Flackern und unregelmäßiger Bewegung der Erscheinungen bemerkbar macht.

Polarluft, kalte, dem Nordpolargebiet entstammende →Luftmasse, die auf der Rückseite von Tiefdruckgebieten als **maritime P.** vom NO-Atlantik, als **kontinentale P.** mit einer NO-Strömung aus Russland nach Mitteleuropa gelangt. **Arktische P. (frische P.)** ist eine für die Jahreszeit extrem kalte Luftmasse. Von **gealterter P. (rückkehrender, erwärmter P.)** spricht man, wenn die P. bereits weit nach S gelangt ist und durch den Einfluss der Erdoberfläche oder Wärme zuführende bzw. abführende Prozesse weitgehend umgewandelt wurde.

Abweichend vom umfassenderen Begriff P. wird der Ausdruck **Sub-P.** für eine Luftmasse verwendet, die nicht dem inneren Polargebiet, sondern dem Raum Island–Grönland (maritim) oder Nordost- und Osteuropa (kontinental) entstammt.

Polarmeere, das →Nordpolarmeer und die antarkt. Randmeere (→Südpolarmeer).

Polarmöwe, Larus glaucoides, etwa silbermöwengroße Art der Möwen, die auf Grönland und Baffin Island brütet.

Polarnacht, Bez. für die Zeitdauer, während der an einem Ort der Polarzonen die Sonne für 24 Stunden oder länger nicht über dem Horizont erscheint. Ihre Dauer beträgt an den Polarkreisen zur Zeit der jeweiligen Wintersonnenwende 24 Stunden und nimmt zu den Polen hin zu, wo sie theoretisch ein halbes Jahr beträgt, durch die Refraktion des Lichts in der Erdatmosphäre jedoch verkürzt wird. Der Erscheinung der P. im Winter der einen Erdhalbkugel entspricht im gleichzeitigen Sommer auf der anderen Halbkugel ein **Polartag** (bei gleicher, aber entgegengesetzter geograph. Breite von gleicher Dauer wie die P.). →Mitternachtssonne.

Polarographie *die, -/...'phi|en,* von J. HEYROVSKÝ um 1925 entwickeltes chem. Analyseverfahren zur qualitativen und quantitativen Bestimmung von gelösten Stoffen aufgrund elektrochem. Vorgänge; Methode der Voltametrie. Grundlage des Verfahrens ist die für jeden elektrolytisch abzuscheidenden Stoff notwendige Mindestspannung (das Abscheidungspotenzial, →Zersetzungsspannung). Unterhalb dieser Spannung fließt nur ein sehr geringer Strom, der bei Erreichen der Mindestspannung sprungartig ansteigt. Da dieser Sprung eine für jeden Stoff kennzeichnende Größe ist, lassen sich Art und Menge des Stoffes aus der Strom-Spannungs-Kurve bestimmen. Als Anode dient zur Bestimmung von Metallen in der Untersuchungslösung befindl. Quecksilber oder eine geeignete Bezugselektrode, als Kathode eine Quecksilbertropfelektrode. Die (bei der Gleichstrom-P.) stufenförmigen Kurvenbilder **(Polarogramme)** werden von **Polarographen** registriert. Aus der Höhe der Stufe lässt sich die Menge, aus der Lage der Halbstufenpotenziale die Art des Stoffes bestimmen. Andere polarograph. Verfahren arbeiten mit zusätzlich überlagerten Wechselspannungen (Wechselstrom-P.), Rechteckspannungsimpulsen (Puls-P.) oder mit vorausgehender elektrolyt. Anreicherung (inverse P.).

Polaroid-Land-Verfahren [-'lænd-; nach E. H. LAND], Verfahren der Sofortbildfotografie, bei denen nach der Belichtung des Films in der Kamera durch Weiterziehen des Streifens die Entwicklung der übereinander liegenden Negativ- und Positivemulsionen mittels einer Entwicklerpaste in Gang gesetzt wird. Im Schwarzweißverfahren erhält man das Positiv durch Diffusion und Entwicklung der nicht belichteten Silbersalze in die Papierschicht. Das Farbverfahren, ein subtraktives Dreifarbenverfahren **(Polacolorverfahren),** verwendet wie das herkömml. Farbverfahren (→Farbfotografie) drei farbempfindl. Negativschichten, deren Farbkomponenten sich jedoch in einer jeweils benachbarten Farbstoffschicht befinden. Von hier aus diffundieren sie in die Positiv- und Negativemulsionen, in denen komplementäre Farbbilder erzeugt werden. Die Bildentstehung dauert im Schwarzweißprozess etwa 10–15 Sekunden, im Farbprozess 50–60 Sekunden.

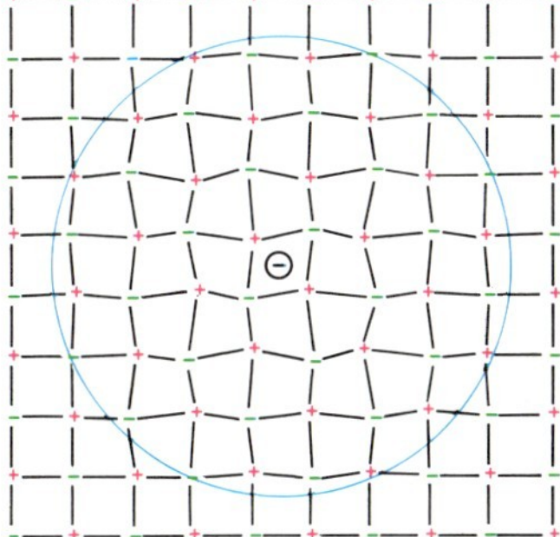

Polaron: In einem Ionenkristall polarisiert ein Elektron seine Umgebung; das Elektron und die sich mit ihm fortpflanzende Gitterdeformation werden als Quasiteilchen Polaron zusammengefasst

Polaron [Analogiebildung zu Elektron] *das, -s/...'ronen,* ein →Quasiteilchen in einem Festkörper, das aus einem freien Ladungsträger und einem durch diesen polarisierten und deformierten lokalen Gitterbereich besteht, typischerweise aus einem Elektron oder Defektelektron (Loch-P.) in einem Ionenkristall oder einem polaren Halbleiter. Die Polarisationswolke bewegt sich mit dem Ladungsträger durch den Festkörper, was sich u.a. in einer effektiven Masse und veränderten Beweglichkeit bemerkbar macht. Formal ergibt sich das P. als eine →Elementaranregung des Festkörpers bei der Wechselwirkung der Ladungsträger mit longitudinalen →Phononen, die auch die Bildung von →Cooper-Paaren in Supraleitern bewirkt.

Polarprojektion, *Kartographie:* →Kartennetzentwürfe.

Polar|route [-ru:-], **Polroute,** Flugroute über das Nordpolargebiet: kürzester Weg von Europa zur Westküste Nordamerikas bzw. (über Alaska) nach Ostasien. Die P. wurde im planmäßigen Linienverkehr erstmals 1954 beflogen.

Polarschnee, aus wolkenlosem Himmel fallender Schnee. Bei großer Kälte kommt es in einer mit Wasserdampf übersättigten Luft nicht zur Wolkenbildung, sondern zur Auskristallisation feinster Eisteilchen (Diamantschnee).

Polarstern, 1) *Astronomie:* **Nordstern, (Stella) Polaris,** der hellste Stern im Sternbild Kleiner Bär (α UMi) mit einer mittleren scheinbaren visuellen Helligkeit von 2ᵐ,02, ein Pulsationsveränderlicher mit sehr kleiner Helligkeitsschwankung (0,01 mag) und einer Periode von 3,97 Tagen. Der P. ist die Hauptkomponente eines spektroskop. Doppelsterns (Umlaufzeit 29,6 Jahre), der in einem Abstand von 18,3″ eine 9ᵐ,0 helle weitere Komponente besitzt. Die Entfernung des P. von der Sonne beträgt etwa 460 Lichtjahre. Er ist zz. weniger als 1° vom nördl. Himmelspol entfernt und daher zum Auffinden der Himmelsrichtungen nützlich (→Alignement). Infolge der Präzession der Erde wird sich der Himmelspol bis zum Jahr 2100 bis auf etwa 28′ dem P. nähern und danach wieder entfernen.

2) *Polarforschung:* dt. Forschungs- und Versorgungsschiff (Eigentümer: Bundesministerium für Bildung, Wiss., Forschung und Technologie, Betreiber: →Alfred-Wegener-Institut für Polar- und Meeresforschung), 1982 in Dienst gestellt: 118 m lang, 25 m breit, Tiefgang 11,20 m, Wasserverdrängung 17 300 t, Motorenleistung mit vier Maschinen 14 000 kW (20 000 PS), Höchstgeschwindigkeit 16 Knoten, bietet Platz für 44 Besatzungs-Mitgl. und 56 wiss. Fahrtteilnehmer. Die P., ein doppelwandiger Eisbrecher, wird in der Arktis und Antarktis (Forschungsschwerpunkt Weddellmeer) eingesetzt. (BILD →Forschungsschiff)

Polartag, →Polarnacht.

Polartief, Polarwirbel, Polarzyklone, das im Durchschnitt in der mittleren und oberen Troposphäre großräumig über den Polargebieten vorhandene kalte Tiefdruckgebiet, das sich im Winter auf der Nordhalbkugel aufgrund der Ausstrahlung und Abkühlung über dem Festland in zwei Kerne über NO-Kanada und NO-Sibirien aufspaltet. – Als P. werden auch →Kaltlufttropfen mit zyklonaler Bewegung über relativ warmen Meeren bezeichnet, die zu plötzlich aufkommenden Schneestürmen führen können.

Polarzonen, die beiden von den →Polarkreisen begrenzten Kugelkappen (Polkappen) der Erde.

Polazk, Stadt in Weißrussland, →Polozk.

Polbewegung, Pol|schwankung, durch ständige Verlagerung der Rotationsachse der Erde bedingte, teils period., teils irreguläre Wanderung der Erdpole. Mit der P. verbunden ist eine ständige Veränderung der geograph. Länge und Breite **(Breitenschwankung)** sowie der Grundebene des Äquatorsystems (→astronomische Koordinaten). Ursachen sind u. a. jahreszeitl. Massenverlagerungen auf der Erdoberfläche und Resonanzeffekte sowie Verlagerungen im Erdkörper (durch Erdbeben und Vulkanausbrüche). Die wesentl. Komponenten der P. sind zwei Oszillationen mit Perioden von 14 Monaten (→Chandler-Periode) und 12 Monaten, deren Addition dazu führt, dass sich die Pole spiralig von einer mittleren Position entfernen, diese umrunden (der Nordpol gegen den Uhrzeigersinn) und sich ihr wieder nähern, mit einer Gesamtperiode von etwa 6,5 Jahren. Der größte, 1952 registrierte Abstand zw. mittlerer Position und aktuellem Pol betrug 12 Meter (0,37″); der größte mittlere Abstand während der 6,5-jährigen Perioden beträgt etwa 8 Meter (0,25″). Die der Weltzeit (UT) zugrunde liegenden astronom. Beobachtungen müssen auf die P. korrigiert werden.

Die P. wurde 1765 von L. EULER (eulersche Periode) postuliert und 1884/85 von K. F. KÜSTNER anhand der Polhöhenschwankung (→Polhöhe) entdeckt. C. S. CHANDLER fand durch Analyse der Daten die beiden Perioden. Seit der Jahrhundertwende wird die P. von fünf genau auf 39°8′ n. Br. liegenden Observatorien aus verfolgt (IPMS, Abk. für International Polar Motion Service, Internat. Polschwankungsdienst, bis 1962 ›Internat. Breitendienst‹). – Von der P. zu unterscheiden ist die →Polwanderung. (→Zenitteleskop)

Polch, Stadt im Landkreis Mayen-Koblenz, Rheinl.-Pf., 210 m ü. M., im Maifeld, 5 900 Ew.; Gebäckfabrik, Herstellung von Wohnmobilen. – Seit 1987 besitzt P. Stadtrecht.

Poleiminze (Höhe 10–30 cm)

Połčnica [pɔu̯tʃˈnitsa], sorb. Name von →Pulsnitz.

Połczyn Zdrój [ˈpɔu̯tʃin ˈzdruj], Stadt in Polen, →Polzin.

Polder *der,* →Groden.

Polderboden, →Marsch.

Pol der relativen Unzugänglichkeit, Bez. für den am relativ schwersten zu erreichenden Punkt in den Polargebieten: 1) Auf dem antarkt. Kontinent liegt er in der Ostantarktis, bei 82° 06′ s. Br. und 54° 58′ ö. L., 3 719 m ü. M. (Mächtigkeit des Inlandeises 2 980 m), 1 350 km von allen Küsten der Antarktis entfernt; 1958–59 war hier eine sowjet. Forschungsstation. 2) In der Arktis liegt der abgelegenste Punkt im Nordpolarmeer, im Bereich des Ameras. Beckens, bei 83° 40′ n. Br. und 170° w. L.; wurde erstmals 1927 von G. H. WILKINS mit dem Flugzeug angeflogen.

Poldi-Härte, →Härteprüfung.

Pol|distanz, Polardistanz, *Astronomie:* Winkelabstand eines Gestirns vom Nordpol der Sphäre, gemessen von 0° über 90° (Äquator) bis 180° (Südpol).

Pole [pəʊl; engl., aus altengl. pāl ›Pfahl‹, von gleichbedeutend lat. palus] *das, -(s)/-s,* **Lug** [lʌg], **Perch** [pəːtʃ], **Rod,** frühere engl. Längeneinheit (Rute), 1 P. = 5$^1/_2$ Yards = 5,03 m, 1 Woodland-P. = 6 Yards = 5,49 m, 1 Plantation-P. = 7 Yards = 6,40 m, 1 Chesire-P. = 8 Yards = 7,32 m.

Pole [pəʊl, puːl], Reginald, engl. Kardinal, * Stourton Castle (Cty. Staffordshire) 3. 3. 1500, † London 17. 11. 1558; verwandt mit dem engl. Königshaus; erhielt seine Ausbildung in Oxford, Padua und Venedig, war humanistisch gebildet und reformerisch gesinnt. Nach anfänglich gutem Verhältnis zu seinem Vetter König HEINRICH VIII. von England lehnte P. ab 1530–31 dessen Anspruch auf die Führung der Kirche von England ab und orientierte sich ganz nach Rom. PAUL III. ernannte P. zum Kardinal (1536) und berief ihn in die Reformkommission. Unter der Reg. seiner Cousine MARIA I., DER KATHOLISCHEN, wurde P. als päpstl. Legat nach England gesandt, um die Rückkehr der Kirche von England unter die päpstl. Jurisdiktion zu organisieren (1554). Als Erzbischof von Canterbury setzte er sich ab 1555 für die Restauration der kath. Kirche in England ein.

P. SIMONCELLI: Il caso R. P. (Rom 1977).

Pol-e Chomri [-xɔm-], Stadt in Afghanistan, →Pul-e Khumri.

Pol|effekt, der →Breiteneffekt.

Poleiminze, Mentha pulegium, 10–30 cm hohe Art der Gattung Minze auf feuchten Wiesen im Mittelmeergebiet, in N-Persien und in Mittel- sowie im südl. Nordeuropa; Staude mit ober- und unterird. Ausläufern, niederliegend-aufsteigenden Stängeln und schwach gezähnten, eiförmigen bis ellipt. Blättern; Blüten blauviolett bis lilafarben, in dichten, kugeligen, blattachselständigen Scheinquirlen. Die P. wurde früher wegen des im Kraut vorkommenden Poleiöls zur Mentholgewinnung angebaut.

Polemik [frz. polémique, eigtl. ›streitbar‹, von griech. polemikós ›kriegerisch‹, zu pólemos ›Krieg‹] *die, -/-en,* **1)** *allg.:* scharfer, oft persönl. Angriff ohne sachl. Argumente; scharfe Auseinandersetzung.

2) innerhalb der luther. *Theologie* des 17. Jh. die kontroverstheolog., sich sowohl gegenüber der kath. Kirche und Theologie (z. B. J. GERHARD) als auch gegenüber dem Kalvinismus (z. B. L. HÜTTER) abgrenzende Richtung (luther. →Orthodoxie). – Ggs.: Irenik.

Polemon, griech. Sophist aus Laodikeia; hielt 131 n. Chr. unter HADRIAN die Festrede zur Einweihung des Olympieion in Athen. Er war Lehrer des HERODES ATTICUS und des AELIUS ARISTIDES und verfasste neben Reden und Briefen auch eine Physiognomik, die in arab. Übersetzung erhalten ist.

Polemoniaceae [griech.], die →Sperrkrautgewächse.

Polemonium [griech.], die Gattung →Sperrkraut.

Polen, *Metallurgie:* Raffinationsverfahren für schmelzflüssige Metalle (Kupfer, auch Blei), bei dem durch mechan. Aufwirbeln und chem. Behandlung Oxidationsprodukte entfernt und gelöste Gase ausgetrieben werden. Durch Einführen von grünen Baumstämmen, neuerdings auch durch das Einblasen von Erdgas **(Gas-P.)** in das Metallbad entwickeln sich ›Polgase‹, die eine gute Spülwirkung haben und die gelösten Gase austreiben.

Polen, poln. **Polacy** [-tsi], ältere Bez. **Lachen, Lechen, Ljachen,** das Staatsvolk Polens; größere Gruppen auch in den USA (6–10 Mio.), Dtl. (1,5 Mio.), Brasilien und Frankreich (je 0,8–1 Mio.), Kanada (0,6 Mio.), Weißrussland (0,4–1 Mio.), der Ukraine (0,3–0,5 Mio.), in Litauen (0,25–0,30 Mio.), ferner in Großbritannien, Australien, Argentinien, Russland, der Tschech. Rep. u. a. Ländern. – Die P. entstanden aus den im Flussgebiet der Warthe und Weichsel ansässigen westslaw. Stämmen unter Führung der Polanen. Die Siedlungsgebiete dieser Stämme bildeten seit dem 9./10. Jh. die Kernräume der polit. Landschaften Polens (bis zum Ende des 18. Jh. erkennbar). Die Gebiete der Polanen, Goplanen und Lendizi bildeten ›Großpolen‹, während ›Kleinpolen‹ zunächst nur das Stammesgebiet der Wislanen umfasste.

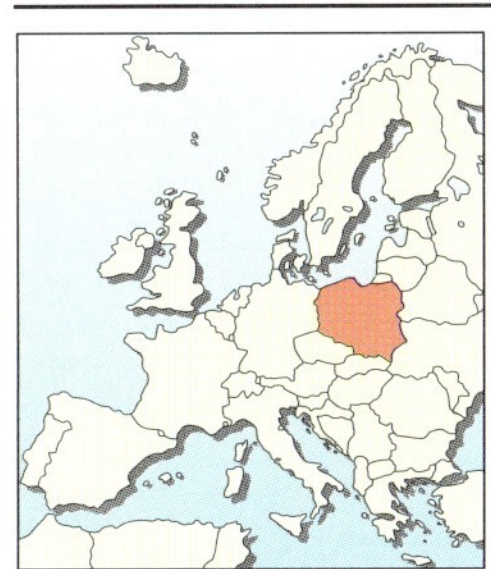

Polen

Fläche 312 685 km²
Einwohner (1996) 38,639 Mio.
Hauptstadt Warschau
Amtssprache Polnisch
Nationalfeiertag 3. 5.
Währung 1 Złoty (Zł) = 100 Groszy (Gr, gr)
Zeitzone MEZ

Polen, amtlich polnisch **Rzeczpospolita Polska** [ʒɛtʃpɔsˈpɔlita -], **Republik P.,** Staat in Mitteleuropa, grenzt im W an Dtl., im N an die Ostsee, im NO an das Gebiet Kaliningrad (Russland) und an Litauen, im O an Weißrussland und die Ukraine und im S an die Slowak. Republik und die Tschech. Republik. Mit 312 685 km² Fläche (einschließlich Binnengewässer, jedoch ohne den Staatsanteil an der Ostsee) ist P. um etwa ein Zehntel kleiner als Dtl.; das Land hat (1996) 38,639 Mio. Ew.; Hauptstadt ist Warschau. Amtssprache ist Polnisch. Währung: 1 Złoty (Zł) = 100 Groszy (Gr, gr). Zeitzone: MEZ.

STAAT · RECHT

Verfassung: Die am 25. 5. 1997 durch Referendum gebilligte neue Verf. (in Kraft seit 16. 10. 1997) bezeichnet P. als demokrat. Rechtsstaat; die soziale Marktwirtschaft ist verfassungsrechtlich gewährleistet. Der Grundrechtskatalog, der auch einen Minderheitenschutz beinhaltet, entspricht dem internat. Menschenrechtsstandard. Über die Verwirklichung der Grundrechte wacht seit Anfang 1988 ein Bürgerrechtsbeauftragter (vom Parlament für vier Jahre gewählt).

Gemäß Verf. ist P. eine Rep. mit parlamentar. Reg.-System, in dem der Staatspräs. allerdings eine starke Stellung einnimmt. Die Legislative liegt beim Zweikammerparlament (vierjährige Legislaturperiode), bestehend aus dem Sejm und dem Senat, die in besonderen Ausnahmefällen als ›Nationalversammlung‹ zu einer gemeinsamen Sitzung zusammentreten können. Von den 460 Abg. des Sejm werden 391 Abg. nach den Grundsätzen der personalisierten Verhältniswahl gewählt (auf Landesebene besteht eine Sperrklausel von 5 %, für Listenverbindungen von 8 %); 69 Sitze werden als Ausgleichsmandate nach landesweiten Ergänzungslisten an die Parteien vergeben, die eine Sperrklausel von 7 % überwunden haben. Für Parteien der nat. Minderheiten bestehen Vergünstigungen. Die 100 Mitgl. des Senats werden in den Wwschaften nach dem System der Mehrheitswahl gewählt (zwei Senatoren pro Wwschaft und drei Senatoren für Warschau und Kattowitz). Der Senat kann Gesetzesbeschlüsse des Sejm zurückweisen oder Änderungen beschließen. Ein Senatsbeschluss wird wirksam, wenn er vom Sejm nicht mit absoluter Mehrheit der Anwesenden zurückgewiesen wird. Der Sejm kann sich mit Zweidrittelmehrheit selbst auflösen oder vom Präs. unter bestimmten Voraussetzungen (z. B. gescheiterte Reg.-Bildung) aufgelöst werden. Dies hat auch die automat. Auflösung des Senats zur Folge.

Staatsoberhaupt ist der direkt auf fünf Jahre gewählte Präs. der Rep. (einmalige Wiederwahl möglich). Im ersten Wahlgang ist die absolute Mehrheit der abgegebenen gültigen Stimmen erforderlich, während der zweite Wahlgang als Stichwahl stattfindet. Obwohl seine Befugnisse durch die neue Verf. eingeschränkt worden sind, verfügt der Präs. namentlich im Bereich Außen- und Sicherheitspolitik sowie beim Staatsnotstand, über eine beachtl. Position. Er hat das Recht der Gesetzesinitiative und kann gegen Gesetzesbeschlüsse des Parlaments entweder den Verf.-Gerichtshof im Wege der präventiven Normenkontrolle anrufen oder sein Veto einlegen, das vom Sejm nur mit $^3/_5$-Mehrheit der Anwesenden zurückgewiesen werden kann. Durchführungs-VO kann der Präs. nur aufgrund einer besonderen gesetzl. Ermächtigung erlassen. Die Akte des Präs. sind – von Ausnahmen abgesehen – grundsätzlich gegenzeichnungsbedürftig. Wegen Verfassungs- und Gesetzesverletzungen sowie Straftaten kann der Präs. vor dem Staatsgerichtshof zur Verantwortung gezogen werden; eine Präsidentenanklage wird von der Nationalversammlung mit Zweidrittelmehrheit erhoben.

Die Exekutivgewalt wird schwerpunktmäßig vom Ministerrat unter Vorsitz des Min.-Präs. ausgeübt. Der vom Präs. einberufbare und unter seinem Vorsitz tagende ›Kabinettsrat‹ hat nur beratende Funktion. Das Verfahren der Reg.-Bildung, an dem sowohl der Präs. als auch der Sejm beteiligt sind, ist äußerst kompliziert. I. d. R. werden der Min.-Präs. und auf dessen Vorschlag die Min. vom Staatspräs. ernannt. Der Reg.-Chef präsentiert binnen 14 Tagen dem Sejm sein Programm und stellt die Vertrauensfrage, für deren Bejahung die absolute Mehrheit der anwesenden Abg. erforderlich ist. Wird diese Mehrheit nicht erreicht, so geht die Initiative zur Reg.-Bildung auf den Sejm über. Der Sejm kann mit absoluter Mehrheit der gesetzl. Mitgliederzahl ein konstruktives Misstrauensvotum beschließen und so eine neue Reg. bilden. Gegen einzelne Min. ist das destruktive Misstrauensvotum sowie eine Ministeranklage vor dem Staatsgerichtshof zulässig. – Die Rechtsstellung des seit 1985 tätigen Verfassungsgerichtshofs wurde durch die neue Verf. gestärkt. Er besteht aus 15 Richtern (vom Sejm auf neun Jahre gewählt; Wiederwahl ausgeschlossen). Neben Normenkontrolle und Organstreitigkeiten ist er auch für ›Verf.-Klagen‹ von Bürgern zuständig.

Parteien: Seit der demokrat. Umgestaltung P.s und der Auflösung der bis dahin staatstragenden kommunist. Poln. Vereinigten Arbeiterpartei (PZPR) im Januar 1990 bildete sich ein breites Spektrum polit. Parteien, Gruppierungen und Bündnisse heraus. Zu den einflussreichsten zählen die Wahlaktion der Solidarność (AWS, ein Bündnis von rd. 30 Parteien und Gruppen), das v. a. von der Sozialdemokratie der Rep.

Polen

Staatswappen

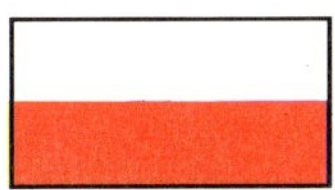

Staatsflagge

Internationales Kfz-Kennzeichen

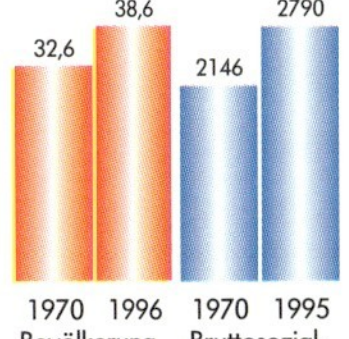

Bevölkerung (in Mio.)

Bruttosozialprodukt je Ew. (in US-$)

Stadt
Land

65%
35%

Bevölkerungsverteilung 1996

Industrie
Landwirtschaft
Dienstleistung

Bruttoinlandsprodukt 1996

Größe und Bevölkerung (1997)

Woiwodschaft	Fläche in km²	Ew. in 1 000	Ew. je km²
Biala Podlaska	5 348	309,1	58
Białystok	10 055	701,3	70
Bielsko	3 704	922,4	249
Bydgoszcz (Bromberg)	10 349	1 134,5	110
Chełm (Cholm)	3 866	249,5	65
Ciechanów	6 362	436,5	69
Częstochowa (Tschenstochau)	6 182	780,6	126
Elbląg (Elbing)	6 103	493,6	81
Gdańsk (Danzig)	7 394	1 463,4	198
Gorzów (Landsberg)	8 484	512,5	60
Jelenia Góra (Hirschberg)	4 379	524,4	120
Kalisz (Kalisch)	6 512	723,1	111
Katowice (Kattowitz)	6 650	3 915,1	589
Kielce	9 211	1 134,4	123
Konin	5 139	480,3	93
Koszalin (Köslin)	8 470	524,6	62
Kraków (Krakau)*)	3 254	1 239,9	381
Krosno	5 702	509,2	89
Legnica (Liegnitz)	4 037	525,0	130
Leszno (Lissa)	4 154	398,3	96
Łódź (Lodz)*)	1 523	1 108,5	728
Łomża	6 684	353,5	53
Lublin	6 792	1 027,9	151
Nowy Sącz (Neusandez)	5 576	740,5	133
Olsztyn (Allenstein)	12 327	775,4	63
Opole (Oppeln)	8 535	1 024,2	120
Ostrołęka	6 498	410,5	63
Piła (Schneidemühl)	8 205	496,6	61
Piotrków Trybunalski (Petrikau)	6 266	643,3	103
Płock	5 117	521,5	102
Poznań (Posen)	8 151	1 358,3	167
Przemyśl	4 437	415,8	94
Radom	7 294	764,1	105
Rzeszów	4 397	749,9	171
Siedlce	8 499	661,8	78
Sieradz	4 869	412,7	85
Skierniewice	3 960	423,8	107
Słupsk (Stolp)	7 453	428,0	57
Suwałki	10 490	488,1	47
Szczecin (Stettin)	9 982	993,8	100
Tarnobrzeg	6 283	610,2	97
Tarnów	4 151	697,7	168
Toruń (Thorn)	5 348	673,2	126
Wałbrzych (Waldenburg)	4 168	736,3	177
Warszawa (Warschau)*)	3 788	2 415,2	638
Włocławek	4 402	435,0	99
Wrocław (Breslau)	6 287	1 137,7	181
Zamość	6 980	491,5	70
Zielona Góra (Grünberg)	8 868	677,2	76
Polen	312 685	38 649,9	124

*) Stadtwoiwodschaft

P. (SRP, Nachfolgeorganisation der PZPR) getragene Bündnis der Demokrat. Linken (SLD) sowie die liberale Freiheitsunion (UW; 1990 als Abspaltung von der Solidarność entstanden, hieß bis zum Zusammenschluss mit dem Liberal-Demokrat. Kongress [KLD, gegr. 1988] 1994 Demokrat. Union [UD]), die Poln. Bauernpartei (PSL, gegr. 1989) und die nationalkonservative Bewegung für den Wiederaufbau P.s (ROP).

Gewerkschaften: Neben der →Solidarność existiert eine Vielzahl ungebundener Verbände sowie als gesamtpoln. Dachorganisation weitgehend autonomer Branchen- und Betriebsorganisationen die OPZZ (Ogólnopolskie Porozumienie Zwiazków Zawodowych, gegr. 1984) mit (1991) rd. 4,5 Mio. Mitgl.

Wappen: Das Wappen zeigt auf rotem Schild einen golden bekrönten weißen Adler mit goldenem Schnabel und goldenen Krallen. Zurückführen lässt sich das poln. Wappentier bis ins 13. Jh., als es Wappenfigur zahlr. Angehöriger der Dynastie der Piasten war.

Nationalfeiertag: Seit 1990 ist es (wie 1918–39) der 3. 5., zur Erinnerung an die erste Verf. (1791).

Verwaltung: Nach der Verw.-Reform von 1990 existiert ein dreigliedriger Verw.-Aufbau mit 49 Wwschaften, an deren Spitze der vom Reg.-Chef ernannte Woiwode als Vertreter der Reg. steht. Die 267 Rayons (rejon) sind Landkreisen vergleichbar. Die Leiter der Rayonämter werden vom zuständigen Woiwoden berufen. Eine Strukturreform der territorialen Selbstverwaltung zur zahlenmäßigen Verringerung der Wwschaften wird vorbereitet. Träger der kommunalen Selbstverwaltung sind die (1996) 2 483 Gemeinden, die auch staatl. Aufgaben wahrnehmen. Sie sind nach dem Muster der Magistrats-Verf. organisiert. Die Gemeinderäte werden von der Bev. für vier Jahre gewählt. Vollzugsorgan ist der vom Gemeinderat gewählte Vorstand unter Vorsitz des Gemeindevorstehers (in Städten der Bürgermeister oder Stadt-Präs.). Die Gemeinden können sich in Bezirke untergliedern und zu Kommunalverbänden zusammenschließen.

Recht: Die Justiz ist insbesondere 1990 grundlegend reformiert worden. Auf der untersten Stufe des Gerichtsaufbaus stehen die Kreisgerichte, die für die meisten Straftaten und für Zivilsachen mit geringem Streitwert zuständig sind. Ihre Urteile können bei den Wwschaftsgerichten angefochten werden, die in erster Instanz u.a. auch für schwerwiegende Straftaten und Zivilsachen mit hohem Streitwert zuständig sind. Die erstinstanzl. Urteile dieser Gerichte können bei den Berufungsgerichten angefochten werden. Die Funktion des Obersten Gerichts ist mit der Errichtung der Appellationsgerichte 1990 stark reduziert und auf die Wahrung der Einheitlichkeit der Rechtsprechung konzentriert worden. Neben den ordentl. Gerichten stehen der Hohe Verwaltungsgerichtshof, bei dem Verwaltungsakte angefochten werden können, und das Verf.-Gericht. Die Militärgerichtsbarkeit besteht aus Garnisons- und Bezirksmilitärgerichten.

Die Richter sind unabhängig und dürfen keiner polit. Partei angehören. Sie werden vom Staatspräs. auf Vorschlag des Landesjustizrates auf Lebenszeit ernannt. Der Landesjustizrat besteht aus Repräsentanten der Richterschaft sowie Vertretern des Parlaments und des Staatspräs. Die Staatsanwaltschaft, seit 1989 dem Justiz-Min. unterstellt, der auch die Aufgaben des Generalstaatsanwalts wahrnimmt, ist im Wesentlichen eine Strafverfolgungs- und Anklagebehörde.

Streitkräfte: Die Gesamtstärke der Wehrpflichtarmee (Dienstzeit 18 Monate) beträgt rd. 249 000 Mann. Geplant ist eine Reduzierung der Dienstzeit auf 12 Monate bis 1999, der Truppenstärke auf 180 000 Mann bis 2004 sowie bis etwa 2012 eine grundlegende Umstrukturierung und Modernisierung der Streitkräfte (u.a. Aufbau von schnellen Reaktionsstreitkräften, Reform der Luftabwehr). Das Heer (zz. rd. 179 000 Soldaten) verfügt an Großverbänden v.a. über neun mechanisierte Divisionen. Die Luftwaffe hat rd. 52 000, die Marine etwa 18 000 Mann. Die Ausrüstung der auf vier Militärbezirke verteilten Streitmacht besteht im Wesentlichen aus rd. 1 700 Kampfpanzern (T-54/-55, T-72), etwa 350 Kampfflugzeugen (MiG-21/-23/-29, Su-20/-22), einem Zerstörer, einer Fregatte, vier Korvetten, rd. 20 Kleinen Kampfschiffen sowie drei U-Booten. Die etwa 150 Kampfflugzeuge MiG-21/-23 sollen schrittweise außer Dienst gestellt und durch 250 moderne Typen ersetzt werden. – P. ist seit 1994 assoziierter Partner der WEU und unterzeichnete 1994 die ›Partnerschaft für den Frieden‹ der NATO; der NATO-Beitritt soll im April 1999 vollzogen werden.

LANDESNATUR · BEVÖLKERUNG

P. liegt im O Mitteleuropas. Vorherrschend ist eiszeitlich geformtes Tiefland; 75% der Oberfläche liegen unter 200 m ü. M., 22% 200–500 m ü. M. und nur 3% über 500 m ü. M. Das Land wird in westöstlich verlaufende Landschaftsräume untergliedert. Von N nach S sind dies: 1) die Küstenniederungen an der 524 km

Polen: **links** Weichsellandschaft bei Tczew; **rechts** Karsee Fischsee (Morskie Oko = Meerauge) am Fuß der Meeraugspitze in der Hohen Tatra

langen Ostseeküste mit der Halbinsel Hela und dem Frischen Haff (nur W-Teil zu P.), mit ausgedehnten Schwemmlandebenen im Weichseldelta und im Mündungsgebiet der Oder, die in das Stettiner Haff mündet, dem die Inseln Usedom (nur O-Teil zu P.) und Wollin vorgelagert sind; 2) die Jungmoränenlandschaft des Balt. Landrückens mit dem Pommerschen Höhenrücken westlich und dem Masur. Höhenrücken östlich der Weichsel, wo die Mehrzahl der etwa 10 000 Seen P.s (am größten Spirding- und Mauersee) liegen; 3) das schwachwellige Altmoränenland im Einzugsbereich der Saale-Eiszeit, eine von Urstromtälern durchzogene Niederung, die nahezu 50 % der Fläche P.s einnimmt; 4) die vielfach lössbedeckten Hügel- und abgeflachten Bergländer im zentralen SO des Landes: das Lubliner Hügelland und das Roztocze (bis 390 m ü. M.) östlich sowie das Kleinpoln. Berg- und Hügelland westlich der Weichsel. Letzteres umfasst das Kielcer Bergland (in der Łysica der Łysogóry 612 m ü. M.), das Krakau-Tschenstochauer Hügelland (Krakauer Jura, Poln. Jura), das mit den Tarnowitzer Höhen (bis 357 m ü. M.) in die Oberschles. Platte mit dem Oberschles. Höhenrücken (Chełm; im Annaberg 385 m ü. M.) übergeht und 5) die Gebirgsumrandung P.s im S; hierzu gehören die Sudeten, über die die Grenze zur Tschech. Rep. verläuft, sowie der poln. Anteil an den (nördl.) West- und den (westl.) Waldkarpaten mit Hoher Tatra (einziges poln. Hochgebirge; Meeraugspitze, poln. Rysy, höchste Erhebung P.s mit 2 499 m ü. M.) und die nördlich vorgelagerte hügelige Beckenlandschaft Podhale, die Ost- und Westbeskiden (1 725 m ü. M.) und das nördl. Karpatenvorland (bis 500 m ü. M.). Den Westbeskiden ist nördlich die geolog. Mulde des Oberschles. Beckens mit ihren Steinkohlenvorkommen vorgelagert, im äußersten SO des Landes bildet das von der Weichsel und dem San durchflossene Becken von Sandomierz (mit der anschließenden Krakauer Pforte und dem Becken von Auschwitz) eine Vortiefe der Karpaten. Nahezu ganz P. wird von der Oder (mit ihrem Hauptzufluss Warthe) und der Weichsel (mit Bug) entwässert.

Klima: P. bildet ein Übergangsgebiet, in dem die Kontinentalität des Klimas von dem durch atlant. Einflüsse am meisten beherrschten NW nach O und SO hin zunimmt. Die höchsten Temperaturen treten im Juli auf und erreichen im Flachland 18,8–19,5 °C, die niedrigsten im Januar mit –2 und –5,6 °C. Das Niederschlagsmaximum liegt in den Sommermonaten. Die jährl. Niederschlagsmenge erreicht im Gebiet der Urstromtäler um 500 mm, in den östl. Mittelgebirgen bis 700 mm und in den Karpaten 1 500 mm; sie hängt jedoch stark vom Relief ab.

In P. gibt es (Ende 1996) 22 Nationalparks (davon sechs in den Beskiden, einer im Riesengebirge und einer, der gemeinsam mit Dtl. verwaltet wird, an der unteren Oder; der Bialowiezer Nationalpark gehört zum UNESCO-Welterbe) mit einer Gesamtfläche von 301 056 ha, außerdem 107 Landschaftsparks, 369 Landschaftsschutz- und 1 183 Naturschutzgebiete. Starke Umweltbelastungen gehen von den veralteten Industrieanlagen im Oberschles. Industriegebiet und im Danziger Raum und von den Braunkohlenkraftwerken aus.

Vegetation: Die Pflanzenwelt gehört zur mitteleurop. Prov. der Laub- und Mischwälder und umfasst über 2 300 Arten von Gefäßpflanzen, von denen die Mehrheit dem holarkt. Bereich zugehört. Die ehem. dominierenden Wälder sind heute auf 28 % der Landesfläche zurückgedrängt. Vorherrschend sind Nadel- und Mischwälder. In günstigen Lagen treten Eichen-Hainbuchen-Wälder sowie reine Buchenwälder auf; in Sumpfgebieten dominieren Erlenwälder sowie von Weiden und Pappeln durchsetztes natürl. Grasland. In den Karpaten (v. a. in der Hohen Tatra), z. T. auch im Riesengebirge, tritt Hochgebirgsflora auf; im N P.s sind Moore verbreitet.

Bevölkerung: 1939 lebten innerhalb des poln. Staatsgebietes (389 720 km²) 35,09 Mio. Menschen, von ihnen waren (1931) nur 69 % Polen, 31 % gehörten

Klimadaten von Warschau (107 m ü. M.)

Monat	Mittleres tägl. Temperaturmaximum in °C	Mittlere Niederschlagsmenge in mm	Mittlere Anzahl der Tage mit Niederschlag	Mittlere tägl. Sonnenscheindauer in Stunden	Relative Luftfeuchtigkeit nachmittags in %
I	–0,4	23	14	0,7	86
II	0,3	26	14	1,8	85
III	5,6	24	9	4,2	77
IV	11,8	36	11	4,6	73
V	19,6	44	11	6,2	68
VI	22,6	62	12	6,6	69
VII	24,1	79	14	6,6	74
VIII	22,9	65	12	6,7	74
IX	19,0	41	12	5,7	77
X	12,9	35	10	3,4	82
XI	5,6	37	13	1,2	86
XII	1,9	30	15	0,3	88
I–XII	12,2	502	147	4,0	78

Minderheiten an (rd. 14% der Bev. waren Ukrainer, 8,6% Juden, 3,1% Weißrussen, 2,3% Deutsche). Nach dem Zweiten Weltkrieg hatte P. in den heutigen Grenzen 23,6 Mio. Ew., die Verluste durch den Krieg werden auf 6 Mio. Menschen geschätzt. Die Abtretung Ost-P.s an die UdSSR und die Übernahme der dt. Ostgebiete löste große Umsiedlungen und Binnenwanderungen aus. Der größte Teil der Deutschen floh oder wurde vertrieben (1945–50 etwa 7 Mio.), in den ehem. dt. Gebieten wurden Polen, teilweise aus Ost-P., angesiedelt. Nach poln. Angaben waren 1996 von der Gesamt-Bev. 98,7% Polen und 1,3% Angehörige nat. Minderheiten (nach dt. Schätzungen liegt der Anteil der nat. Minderheiten bei 2,9%). Die nach dem Krieg in P. (Oberschlesien, Niederschlesien, Pommern, Danzig, südl. Ostpreußen) verbliebenen Deutschen bilden mit etwa 0,5–0,8 Mio. (Schätzung 1994) die größte nat. Minderheit (→Polendeutsche). Weitere nat. Minderheiten sind Ukrainer (300 000), Weißrussen (200 000), ferner Slowaken, Russen, Sinti und Roma sowie Litauer (je zw. 20 000 und 10 000).

Größte Städte (Ew. 1995)

Stadt	Ew.	Stadt	Ew.
Warschau	1 638 300	Białystok	277 800
Lodz	825 600	Tschenstochau	259 500
Krakau	745 400	Gdingen	251 400
Breslau	642 700	Sosnowiec	249 000
Posen	581 800	Radom	232 300
Danzig	462 800	Beuthen	227 600
Stettin	419 300	Gleiwitz	214 000
Bromberg	385 800	Kielce	213 700
Kattowitz	354 200	Thorn	204 300
Lublin	353 300	Zabrze	201 600

1985–95 lag der durchschnittl. jährl. Bev.-Zuwachs bei 0,4%; die Geburtenrate betrug 1,3%, die Sterberate 1,1%. Die mittlere Lebenserwartung erreichte 1995 bei Männern 68 und bei Frauen 76 Jahre. 1996 waren 22,1% der Ew. unter 15 Jahre, 61,9% 15–60 Jahre und 16,0% über 60 Jahre alt. Der Anteil der Stadt-Bev. (1994: 853 Städte) liegt (1996) bei 65%. Mit einer durchschnittl. Bev.-Dichte von 124 Ew./km^2 gehört P. zu den dichter besiedelten Gebieten Europas. Am stärksten sind das Hauptstadtgebiet, Oberschlesien sowie die Gebiete um Krakau, Lodz und Danzig, am schwächsten der NO, Hinterpommern sowie das Tiefland östlich von Oder und Neiße bevölkert. Zahlreiche →Polen leben im Ausland.

Religion: Die Verf. garantiert die Religionsfreiheit. Alle staatlich registrierten Religionsgemeinschaften sind rechtlich gleichgestellt. Grundlage der Beziehungen zw. dem Staat und der kath. Kirche ist das 1993 abgeschlossene und 1998 in Kraft gesetzte →Konkordat. Für die Beziehungen mit der orth. Kirche besteht seit 1991 ein vergleichbares Gesetz. – Rd. 97% der Bev. sind Christen: über 94% gehören der kath. Kirche an (darunter rd. 120 000 Katholiken des byzantinisch-ukrain. Ritus), rd. 3% anderen christl. Kirchen (Orthodoxe, Altkatholiken, Lutheraner, Adventisten, Pfingstler, Baptisten, Methodisten, Reformierte u.a.). Die zweitgrößte Religionsgemeinschaft ist die ›Polnisch-Autokephale Orth. Kirche‹ (rd. 900 000 Mitgl.). Sie gehört dem ›Poln. Ökumen. Rat‹ an, zus. mit sechs weiteren Minderheitskirchen: der luther. ›Ev.-Augsburgischen Kirche in der Rep. P.‹ (rd. 80 000 Mitgl., überwiegend im Gebiet um Teschen), der altkath. ›Polnisch-Kath. Kirche in P.‹ (rd. 52 000), der altkath. Kirche der →Mariawiten, der ›Poln. Baptisten-Union‹ (rd. 6 200), der ›Ev.-Methodist. Kirche‹ (rd. 4 300) und der ›Ev.-Ref. Kirche‹ (rd. 4 000). Daneben gibt es rd. 30 000 Altgläubige (priesterlose Pomorzy), rd. 18 000 Pfingstler und rd. 10 000 Adventisten. – Innerhalb der jüd. Gemeinschaft (6 000–10 000 Juden; 1946: über 200 000) gehören rd. 2 000 jüd. Kultusgemeinden an. Die seit der Zeit der Goldenen Horde in P. ansässigen Muslime (heute rd. 4 000; bes. um Białystok) sind Nachkommen der Tataren. Eine weitere nichtchristl. Minderheit sind die rd. 200 →Karäer. – Die Zeugen Jehovas (über 100 000 Mitgl.) sind seit 1989 offiziell als Religionsgemeinschaft anerkannt.

Bildungswesen: Auf die gut ausgebauten Vorschuleinrichtungen bauen achtjährige Primarschulen auf; an sie schließen sich zwei weitere Primarschuljahre an; sowohl nach acht als auch nach zehn Schuljahren kann der Übertritt in versch. zwei- bis dreijährige Berufsgrundbildungseinrichtungen erfolgen, nach zehnjähriger Primarschule auch in vier- bis fünfjährige Fachmittelschulen (Berufstechnika und -lyzeen) oder in vierjährige allgemein bildende Mittelschulen (Lyzeen); beide Formen der Sekundarstufe vermitteln Hochschulreife. Zu den Berufslyzeen zählen u.a. die fünfjährigen pädagog. Lyzeen. Erwachsenen- bzw. Weiterbildung erfolgt in Abteilungen der Primar- und Mittelschulen als Abend- und Fernunterricht. P. hat 11 Univ. sowie zahlr. weitere Hochschuleinrichtungen.

Publizistik: Seit 1990 wurde die Presse privatisiert und international tätige Medienkonzerne traten auf den Markt. Die wichtigsten Zeitungen sind: ›Gazeta Wyborcza‹ (gegr. 1989, einst Sprachrohr der Solidarność, jetzt unabhängig, mit einer landesweiten und 18 Regionalausgaben, Auflage 460 000 werktags bzw. 770 000 samstags), ›Rzeczpospolita‹ (Die Republik; 1982, 280 000), ›Zycie Warszawy‹ (1944, unabhängig, 250 000) und die sozialdemokratische →Trybuna (150 000). – Wichtigste *Nachrichtenagentur* ist die ›Polska Agencja Prasowa‹ (→PAP). – *Rundfunk:* Das staatl. Rundfunkmonopol wurde 1992 aufgehoben, 1993 wurde als Aufsichtsbehörde ein nat. Rundfunkrat eingesetzt. Die öffentlich-rechtl. Rundfunkanstalt ›Polskie Radio i Telewizja‹ (gegr. 1926, neu gegr. 1944) strahlt landesweit vier Hörfunk- und zwei Fernsehprogramme aus, ferner den Satellitenkanal ›TV Polonia‹. Daneben existieren zahlr. lokale und regionale Hörfunkprogramme, außerdem ein nat. privater Fernsehsender (über Antenne) sowie die privaten Satellitenkanäle ›PolSat‹ (seit 1994) und ›TVN‹ (seit 1997), ferner der frz. Pay-TV-Sender ›Canal plus‹ und die regionalen Kommerzsender ›TV Wisła‹ und ›RTL 7‹.

WIRTSCHAFT · VERKEHR

P. entwickelte sich seit Beginn der 1950-er Jahre aus einem Agrarstaat zu einem Industrie-Agrar-Staat. Die mit dem Aufbau des Sozialismus forcierte Industrialisierung ging mit einer tief greifenden Veränderung der Wirtschafts- und Sozialstruktur einher; die nach sowjet. Vorbild organisierte staatl. Planwirtschaft führte das Land trotz großer Aufbauleistungen und der seit Anfang der 1980er-Jahre unternommenen Reformversuche in eine schwere wirtschaftl. Krise, die 1981–83 zu großen sozialen Unruhen führte (→Solidarność). Im Oktober 1989 wurde ein Reformprogramm mit schrittweiser Privatisierung der staatl. Unternehmen und Übergang zur Marktwirtschaft eingeleitet, die entsprechenden Gesetze wurden 1990 verabschiedet. Der Übergang zur Marktwirtschaft wurde durch Maßnahmen wie die Freigabe der Preise und Abschaffung staatl. Subventionen für Unternehmen und landwirtschaftl. Produkte flankiert. Damit wurde der wirtschaftl. Niedergang gestoppt und die Wirtschaft stabilisiert. Die Schuldenlastquote (1990: 79,3%; 1994: 44,4%) konnte kontinuierlich verringert, die Inflationsrate 1991–96 von 59,4% auf 19,8% gesenkt werden. Die Auslandsverschuldung lag im Dezember 1996 bei 40,7 Mrd. US-$, was 31,4% des Bruttoinlandsprodukts (BIP) entsprach. Seit 1992 gibt es ein reales Wachstum des BIP (1996 um 6,1%), das 1996 bei 133,8 Mio. US-$ lag (hinsichtlich des Pro-

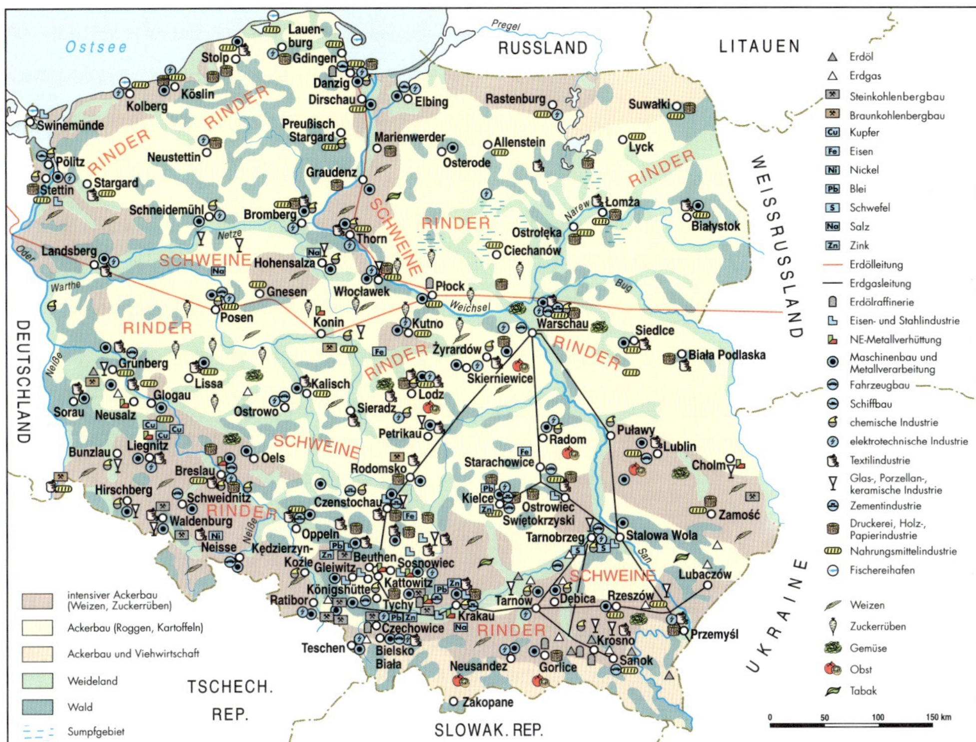

Polen: Wirtschaft

Kopf-Wertes von 3463 US-$ etwa 31% des EU-Durchschnitts). Das Wirtschaftswachstum P.s, das alle Wirtschaftsbereiche erfasst hat, beruht auf dem privaten Sektor; es liegt in Europa mit an vorderster Stelle. Der Anteil des Privatsektors erreichte 1996 60%, in ihm waren über 60% der Erwerbstätigen beschäftigt. Größere staatseigene Unternehmen sollen durch eine Privatisierungsinitiative der Reg. von 1996 entstaatlicht werden. Das Haushaltsdefizit konnte bis 1996 auf unter 3% abgesenkt werden. Nach anfänglich starkem Rückgang zu Beginn des Transformationsprozesses stiegen inländ. Verbrauch und privater Konsum wieder an. Die steigenden Investitionen, auch aus dem Ausland (Gestattung von Landkauf, außer landwirtschaftl. Nutzflächen, und Immobilienerwerb auch für Ausländer), die 1990–96 etwa 14 Mrd. US-$ (kumuliert) erreichten, begünstigen die weitere dynam. Entwicklung der Wirtschaft. Die Hauptinvestoren kommen aus den USA, Dtl. und Frankreich. Besondere Investitionsanreize geben Steuererleichterungen, bes. in den Sonderwirtschaftszonen.

Landwirtschaft: Kennzeichnend ist eine kleinbäuerl. Struktur (1996 etwa 2 Mio. Wirtschaften mit einer Durchschnittsgröße von knapp 8 ha; 55% haben weniger als 5 ha) als Ergebnis der 1950 abgeschlossenen Bodenreform, in deren Verlauf alle Großgrundbesitzflächen über 50 ha enteignet wurden. Bes. in den ehem. dt. Gebieten entstanden Staatsgüter. Im Ggs. zu anderen sozialist. Staaten war seit Mitte der 1950er-Jahre der Austritt aus landwirtschaftl. Genossenschaften möglich. Am Ende der kommunist. Herrschaft (1988) wurden 76% der landwirtschaftl. Nutzfläche privat bewirtschaftet (1996: 82%); 19% gehörten Staatsgütern (1996: 7%), 5% freiwilligen genossenschaftl. Zusammenschlüssen (1996: 11%). Die Entwicklung der Landwirtschaft wurde 1945–90 stark vernachlässigt. Obwohl in ihr heute 28% aller Beschäftigten tätig sind, trägt sie nur mit etwa 6% zum BIP bei. Die geringe Produktivität ist durch kleine Betriebsgrößen und unzureichende techn. Ausstattung bedingt. Strukturwandel und Modernisierung, die auch im Hinblick auf den angestrebten EU-Beitritt notwendig sind, verlaufen schleppend. Die landwirtschaftl. Nutzfläche von (1996) 18,5 Mio. ha (59,1% der Gesamtfläche) setzt sich aus 14,1 Mio. ha Ackerland, 4,1 Mio. ha Wiesen und Weiden und 260 000 ha Obstkulturen zusammen. Wichtigste Anbaukulturen sind Roggen (1996: 5,4 Mio. t) und Kartoffeln (1996: 27,2 Mio. t), die in ganz P. angebaut werden. Die Hauptanbaugebiete für Weizen und Zuckerrüben liegen in den klimabegünstigten, jedoch von Umweltschäden teilweise stark betroffenen Lössgebieten in den südl., südöstl. und westl. Landesteilen. In Schlesien ist der Rapsanbau stark verbreitet, im Umland großer Städte und im SO der Obst- und Gemüsebau gut entwickelt. Etwa ein Sechstel der Anbaufläche wird mit Futterpflanzen bestellt. Grünlandnutzung ist v. a. in den Flussauen von Weichsel, Warthe und Netze anzutreffen. Sie bildet mit die Grundlage für die Haltung von Rindern (1996: 7,1 Mio., davon 3,5 Mio. Milchkühe), die wie die Zucht von Schweinen (1996: 18,0 Mio.) Hauptbedeutung für die Viehwirtschaft hat. Wegen des niedrigen Mechanisierungsgrades der landwirtschaftl. Betriebe ist der Bestand an Pferden sehr hoch (1996: 0,57 Mio.). Bedeutsam ist auch die Geflügel-, v. a. die Gänsehaltung für den Export.

Forstwirtschaft: Die Staatswälder, die (1996) 82% der gesamten Waldfläche umfassen, werden zunehmend privat bewirtschaftet. Durch Rauchgasemission entstanden in den Waldungen der westl. und südwestl. Landesteile beträchtl. Schäden. Der Holzeinschlag belief sich 1996 auf 20,65 Mio. m^3.

Fischerei: Die mit Verarbeitungsschiffen ausgerüstete Hochseefischerei wird bes. an den Küsten Südamerikas, um Alaska, vor der afrikan. W-Küste und an der O-Küste Nordamerikas betrieben. Die Binnenfischerei hat v.a. in den Seengebieten im N und NO ihre Schwerpunkte, jedoch sind durch Wasserverschmutzung die Erträge stark zurückgegangen; zunehmende Bedeutung gewinnt die Teichwirtschaft. Von der gesamten Fischfangmenge (1996: 358 200 t) entstammen 89,4% der Hochseefischerei.

Bodenschätze: P. besitzt mannigfaltige Lagerstätten bes. in Süd- und Mittel-P. Weltbedeutung haben die Steinkohlen-, Schwefel- und Kupfererzfunde. Etwa 97% der Steinkohle wurden 1995 in Oberschlesien (u.a. Kokskohle bei Rybnik), knapp 3% östlich von Lublin und weniger als 1% im Waldenburger Gebiet in Niederschlesien gefördert. Der Steinkohlenbergbau kam durch niedrige Weltmarktpreise, veraltete Technik und mangelhaftes Management in eine schwere Krise, die Förderung ging 1988–96 von 193 Mio. auf 137 Mio. t zurück (bes. in Niederschlesien). Große Bedeutung haben die Braunkohlenvorkommen, bes. bei Bełchatów südlich von Lodz, bei Reichenau (Türchau) an der Grenze zu Dtl. bei Zittau sowie in Mittel-P. bei Konin und Turek. Erdöl wird in kleinen Mengen im Karpatenvorland und nordöstlich von Stettin (Kammin) gefördert, Erdgas im Karpatenvorland und nördlich von Breslau gewonnen; die Fördermengen müssen durch Einfuhren (aus Russland) ergänzt werden. Die 1953 entdeckten Schwefellagerstätten bei Tarnobrzeg und bei Grzybów südöstlich von Kielce gehören zu den größten Europas. Zink- und Bleierze mit Beimengungen von Silber, Cadmium und Thallium lagern am NW- und NO-Rand des Oberschles. Kohlenreviers; Kupfererze mit Beimengungen von Silber u.a. Metallen sind bei Lüben und Glogau in Niederschlesien, Nickelerze im Gebiet von Frankenstein in Schlesien vorhanden. Reiche Steinsalzlager befinden sich im Karpatenvorland (Wieliczka, Bochnia) sowie bei Wapno nahe Posen, bei Hohensalza und Kłodawa (hier auch Kalisalze).

Energiewirtschaft: Die Elektrizitätserzeugung erfolgt nahezu vollständig durch Wärmekraftwerke (auf Braunkohlen- und Steinkohlenbasis). Etwa ein Fünftel der Elektroenergie wird im Braunkohlengebiet von →Bełchatów gewonnen. Nur 2,7% des erzeugten Stromes entstammen Wasserkraftwerken.

Industrie: Neben den traditionellen Industriestandorten Warschau, Lodz, dem Oberschles. Industriegebiet (um Kattowitz), Danzig (neues Erdölverarbeitungswerk) und Stettin entstanden nach 1945 Industriezentren in Nowa Huta (zu Krakau) und Tschenstochau (Eisenhüttenindustrie), Płock (Hauptzentrum der Erdölverarbeitung an der aus Almetjewsk im Wolga-Ural-Erdölgebiet kommenden Erdölleitung →Freundschaft), Puławy, Włocławek und Thorn (Chemiewerke), Konin (Aluminiumhütte), Liegnitz, Glogau (Kupferhütten) sowie Tarnobrzeg (Schwefelverarbeitung). Wichtige Industriezweige sind Maschinenbau und Metallverarbeitung, Fahrzeug- (Automobile, Lokomotiven, Waggons) und Schiffbau (Stettin, Gdingen), Nahrungsmittel-, Baustoff-, Holz- und Papier-, chem. sowie Textil- und Bekleidungs- (Zentrum Lodz) und Lederindustrie. Schnelle Zuwachsraten hat die Produktion von Computern und Büromaschinen, Transportfahrzeugen und -geräten sowie Radio-, Fernseh- und Telekommunikationsgeräten.

Tourismus: Hauptanziehungspunkte des Fremdenverkehrs sind Hohe Tatra, Beskiden und Sudeten (bes. Riesengebirge), die Ostseeküste (Badebetrieb wiederholt durch Meeresverschmutzung, bes. in der Danziger Bucht, beeinträchtigt) und die Masur. Seen (bes. Wassersport) sowie Warschau, Krakau, Danzig, Breslau u.a. Städte. Wichtigster Wallfahrtsort ist Tschenstochau. Heilquellen führten zur Entstehung von Kurorten in den Sudeten (Bad Kudowa, Bad Altheide, Bad Reinerz) und den Beskiden (Rabka, Krynica). 1996 reisten 87 Mio. Ausländer nach P., davon 47 Mio. aus Deutschland.

Außenwirtschaft: Die Außenhandelsbilanz ist durch lebhafte Binnennachfrage seit längerer Zeit negativ (Handelsbilanzdefizit 1996: 8,15 Mrd. US-$). Die wichtigsten Handelsgüter (1996, wertmäßige Anteile in %) sind beim Import: Maschinen und Transportmittel (29,9), Konsumgüter, bes. Textilien und Bekleidung (21,6), chem. Erzeugnisse (15,0), Erdöl und Schmierstoffe (9,8), Lebensmittel und Lebendvieh (8,0) sowie Rohstoffe (5,4); beim Export: Konsumgüter (27,5), Maschinen und Transportmittel, v.a. Schiffe (21,2), Lebensmittel und Lebendvieh (9,2), Steinkohle und Koks (8,4), Chemierohstoffe und -erzeugnisse, bes. Schwefel (7,7) sowie sonstige Rohstoffe, bes. Kupfer (4,5). Haupthandelspartner sind (1995) Dtl. (29,5% des Außenhandelsumsatzes), Italien, Russland, Großbritannien, Frankreich, die USA und die Niederlande.

Verkehr: P. ist ein wichtiges Transitland für die Güterströme zw. West- und Osteuropa. Wichtigster Träger des Güterverkehrs ist die poln. Staatsbahn, deren Streckennetz (1996: 22 285 km, davon 52,2% elektrifiziert) und Wagenpark modernisiert wird. Das Straßennetz hat (1995) eine Länge von etwa 370 000 km, davon sind 239 000 km mit fester Decke. Der Bestand an Pkw ist 1990–96 um etwa die Hälfte auf 8,1 Mio. angestiegen. Die Binnenschifffahrt auf Oder (durch den Gleiwitzkanal mit dem Oberschles. Industriegebiet verbunden), Weichsel, Warthe u.a. Wasserstraßen (Länge 1996 insgesamt 3 812 km) spielt eine untergeordnete Rolle. Dem Transport von Erdöl, -produkten und Erdgas dienen (1996) etwa 2 300 km Rohrleitungen, neben der Erdölleitung ›Freundschaft‹ führt die im Bau befindl. Erdgastrasse von der Halbinsel Jamal (Russland) nach Westeuropa durch P. Die Handelsflotte umfasst (1996) 162 Schiffe mit zus. 3,33 Mio. tdw. Die wichtigsten Häfen sind die von Stettin (mit Außenhafen in Swinemünde), Danzig und Gdingen. Nat. Luftfahrtgesellschaft ist Polskie Linie Lotnicze (LOT). Internat. Flughäfen liegen bei Warschau, Krakau, Danzig, Posen und Breslau; daneben sechs weitere Flughäfen für den Binnenflugverkehr.

GESCHICHTE

Zur *Vorgeschichte* →Mitteleuropa, →Osteuropa.

Die Anfänge des piastischen Staatswesens

Die Existenz eines mächtigen Staates der Wislanen im 9. Jh. im Gebiet des oberen Weichseltals ist ebenso umstritten wie die einer straff verwalteten Herrschaft der historisch nicht fassbaren Gnesener Fürsten Siemowit, Leszek und Siemomysł bis zur mittleren Weichsel und der Pilica.

Ausgehend vom Stammesgebiet der Polanen an der mittleren Warthe konnte Herzog MIESZKO I. (um 960 bis 992) aus dem Herrschergeschlecht der →Piasten auch das Land der Goplanen und den Goplosee sowie die östlich davon siedelnden Lendizi und Masowier unterwerfen; 963 unterband Markgraf GERO einen ersten Versuch, westlich der Oder Fuß zu fassen. Nach Annahme des lat. Christentums 966/967 wurde Großpolen (Polonia Maior) der nordöstlichste Vorposten der abendländ. Staatengemeinschaft und erhielt 968 in Posen ein selbstständiges Missionsbistum. BOLESŁAW I. CHROBRY (992–1025) konnte Kleinpolen (Polonia Minor, um Krakau), Pommern, Schlesien, Mähren, die Westslowakei und die Lausitz seinem Reich einverleiben und kurzzeitig auch Prag (1003/04) und Kiew (1018) besetzen. Das gute Einvernehmen mit Kaiser OTTO III., der im Jahr 1000 Gnesen besucht und dort der Errichtung einer Erzdiözese zugestimmt hatte, wurde unter Kaiser HEINRICH II. durch die erst 1018 im Frieden von Bautzen beigelegten Kämpfe um die Mark Meißen und die Lausitz abgelöst. Trotz einer seit 986 bestehenden lockeren Vasallität zum Reich erwarb BOLESŁAW I. 1025 mit päpstl. Billigung die Königswürde, auf die sein Sohn MIESZKO II. LAMBERT (1025–34) allerdings 1033 wieder verzichten musste. KASIMIR I. ODNOWICIEL (1034/39–58) konnte nach schwierigen Anfängen, in denen die östl. und westl. Grenzprovinzen verloren gingen, die Herrschaft wieder konsolidieren; seinem Sohn BOLESŁAW II. ŚMIAŁY (1058–79) gelang es angesichts des Zerfalls der Reichsgewalt unter HEINRICH IV. 1076 das Königtum zu erneuern. Familienstreitigkeiten unter WLADISLAW I. HERMAN (1079–1102) und seinen Söhnen ZBIGNIEW (1102–07) und BOLESŁAW III. KRZYWOUSTY (1102/07–38) suchte Kaiser HEINRICH V. erfolglos zur Wiederherstellung der Lehnspflicht zu nutzen. Trotz der zeitweiligen Rückeroberung Pommerns (1102–22) und des erneuten Versuchs, die teilfürstl. Zersplitterung der Kiewer Rus zu Gebietsgewinnen im Osten zu nutzen, gehörten nur Groß- und Kleinpolen, Masowien und Schlesien dauerhaft zum poln. Staatsgebiet.

Die Zeit der Teilfürstentümer (1138–1320)

Das Anliegen BOLESŁAWS III., durch die Aufteilung des Landes unter seine Söhne und die Einführung einer geregelten Erbfolge, die dem ältesten Mitgl. des Piastenhauses als Großfürst eine gewisse Oberherrschaft (Seniorat) einräumte, die Nachfolgekämpfe zu unterbinden, scheiterte. Kaiser FRIEDRICH I. konnte daher von BOLESŁAW IV. KĘDZIERZAWY (1146–73) die Respektierung des Lehnsverhältnisses erzwingen. Die weitgehend getrennt verlaufende Entwicklung der vier Teilgebiete – Großpolen, Kleinpolen, Masowien, Schlesien – bedingte 1181 den endgültigen Verlust Pommerns. Die schles. Piasten, die sich im 13. Jh. in mehrere Linien verzweigten, suchten enge Anlehnung an das Reich bzw. Böhmen. Die ständigen Kämpfe um das Seniorat und weitere Teilungen schwächten das gesamtstaatl. Verantwortungsgefühl, was auch die Mongolenabwehr (Niederlage auf der Wahlstatt bei Liegnitz 1241) erschwerte. Der Versuch PRZEMYSŁS II., des Herzogs von Großpolen (1279–96), durch die Erneuerung der Königswürde 1295 die Wiedervereinigung des Landes zu erreichen, endete mit seiner Ermordung. Auch das Ausgreifen König WENZELS II. von Böhmen nach Klein- und Großpolen blieb Episode, da sein Sohn WENZEL III. 1306 ebenfalls ermordet wurde. Der Luxemburger JOHANN DER BLINDE und sein Sohn KARL IV. konnten 1339/48 den Anschluss Schlesiens an Böhmen sicherstellen. Nach harten Kämpfen, unterstützt vom Klerus und einigen Kleinfürsten, gelang dann WLADISLAW I. ŁOKIETEK (1306/20–33) der Zusammenschluss von Großpolen, Kleinpolen und Kujawien sowie 1320 die dauerhafte Erhebung P.s zum Königreich.

Der von KONRAD I. von Masowien (1229–32, 1241–43) zur Prußenabwehr in das Culmer Land gerufene Dt. Orden nahm 1230 von Thorn aus seine Missions- und Kolonisationstätigkeit wahr. Die vertragswidrige Besetzung Pommerellens mit Danzig durch den Dt. Orden (1308) war bis 1525 ständiger Anlass für Kämpfe der poln. Krone gegen die Ordensritter. Durch die Ansiedlung dt. Bauern und Handwerker verfolgte der Orden die Eindeutschung seines Herrschaftsgebiets (→deutsche Ostsiedlung).

Das Königreich Polen (1320–1795)

Piasten/Anjou: Die von WLADISLAW I. eingeleitete Konsolidierungspolitik wurde durch seinen Sohn KASIMIR III., D. GR. (1333–70), erfolgreich fortgesetzt, wobei dem Landesausbau und der Errichtung einer funktionierenden Verwaltung die Hauptsorge galt. Seine großzügige Politik den Juden gegenüber förderte deren Einwanderung. Im schwelenden Konflikt mit Böhmen um Schlesien und mit dem Ordensstaat um Pommerellen (Frieden von Kalisch, 1343) lenkte er ein, um die masow. Teilfürstentümer in Lehnsabhängigkeit zu bringen, mit ungar. Unterstützung 1349/52 die Prov. Rotreußen zu erobern und eine Ausdehnung seines auf 240 000 km² angewachsenen Reiches nach SO einzuleiten. Da er in vier Ehen ohne männl. Erben geblieben war, traf er mit dem in Ungarn regierenden Haus Anjou eine Erbverbrüderung, die seinem Neffen LUDWIG die Nachfolge sichern sollte. Da auch LUDWIG I., D. GR. (1370–82), keine Söhne hatte, musste die Zustimmung des poln. Adels (Schlachta) zur Nachfolge der Töchter mit weit reichenden Konzessionen (Privilegien von Buda 1355 und Kaschau 1373/74) erkauft werden, die eine weitgehende Steuerfreiheit, den polit. Alleinvertretungsanspruch und die Mitwirkung an der Königswahl beinhalteten. Auch durften allein aus dem im Verlauf des 15. Jh. zu einer homogenen Schicht verschmelzenden Adel die Kron- und Landesbeamten sowie die meisten Bischöfe ernannt werden.

Jagiellonen: Durch die Ehe (1386) der Tochter LUDWIGS, HEDWIG (JADWIGA), mit dem Großfürsten von Litauen, JAGIEŁŁO, wurde eine – mehrfach unterbrochene (1440–47, 1492–1501) – polnisch-litauische Personalunion begründet, die erst 1569 in Lublin in eine Realunion umgewandelt wurde. JAGIEŁŁO, als König von Polen WLADISLAW II. (1386–1434), der mit der heidn. Mehrheit seines Volkes zum lat. Christentum übergetreten war, leitete – zeitweise in Rivalität zu seinem Vetter WITOLD (VYTAUTAS) – eine nach O und SO ausgerichtete Politik ein, die bereits 1387 zur Lehnsabhängigkeit des Fürstentums Moldau führte.

Im Konflikt mit dem Dt. Orden wurde der Sieg von Tannenberg 1410 im 1. Thorner Frieden (1411) nicht genutzt, sodass es 1419–22, 1431–35 und v. a. 1454–66 zu weiteren Kriegen kam. Im 2. Thorner Frieden (1466) musste der Orden auf Pommerellen mit Danzig, das Culmer und Michelauer Land, auf Elbing und die Marienburg verzichten; das östl. Preußen mit Königsberg verblieb den Ordensrittern als poln. Lehen. Nach erneuten Kämpfen zu Beginn des 16. Jh. nahm Hochmeister ALBRECHT von Brandenburg-Ansbach 1525 das säkularisierte, von der Reformation erfasste ›Preußen herzogl. Anteils‹ als Lehen. Durch die 1568 erfolgte Mitbelehnung der kurfürstlich-brandenburg. Linie fiel das Herzogtum Preußen 1618 an Brandenburg und musste 1657 im Vertrag von Wehlau von P. ganz aufgegeben werden.

Die 1420 eingeleiteten Initiativen, dem jagiellon. Haus die böhmische Krone zu sichern, konnten erst unter KASIMIR IV. ANDREAS, DEM JAGIELLONEN (1447–92), konkretisiert werden, dessen ältester Sohn, WLADISLAW (LADISLAUS), 1469/71 von den böhm. Ständen berufen wurde. Dieser erlangte 1490 auch die Herrschaft über Ungarn, die sein Onkel WLADISLAW III. (1434–44) bereits seit 1440 innehatte. Zw. 1490 und 1526 kontrollierten die Jagiellonen somit den von Ostsee und Böhmerwald bis zum Schwarzen Meer reichenden ostmitteleurop. Staatengürtel, waren aber der Bedrohung durch das Großfürstentum Moskau und die Osmanen ausgesetzt. Das Erbe LUDWIGS II. von Böhmen und Ungarn traten 1526 die Habsburger an.

Die mit wenigen Unterbrechungen von 1478 bis 1533 dauernden Kämpfe gegen die von den Türken unterstützten Krimtataren führten zum Verlust der Schwarzmeerküste und zur Entlassung der Moldau aus poln. Vasallität. Das von dem Moskauer Großfürsten IWAN III. betriebene ›Sammeln des russ. Landes‹, durch Übertritte litauisch-orth. Untertanen be-

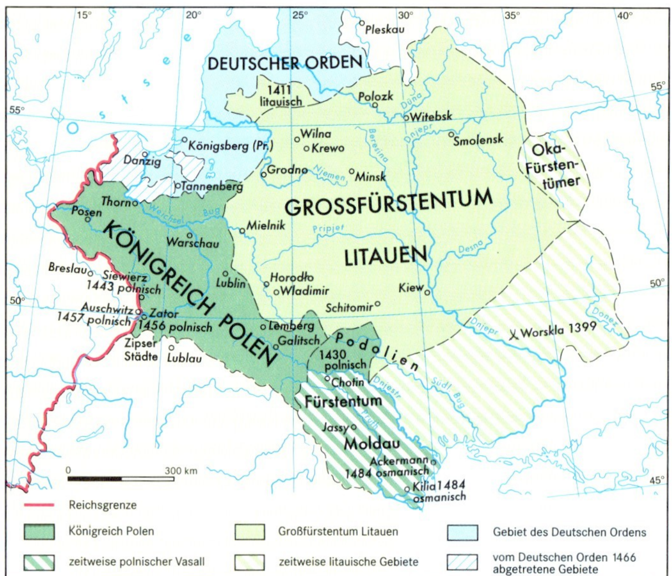

Polen und Litauen im 15. Jahrhundert

günstigt, setzte auch sein Nachfolger WASSILIJ III. konsequent fort; in den fünf Kriegen zw. 1486 und 1533 büßte Litauen u. a. Sewerien und Smolensk ein.

Die häufigen außenpolit. Verwicklungen nutzte der zu einer Einheit zusammenwachsende polnisch-litauische Adel dazu, dem jeweiligen Herrscher weiter gehende Rechte abzuringen. Nach einer Habeas-Corpus-Akte (1430/33) wurde dem regionalen Kleinadel 1454 eine Mitwirkung an der Landes-Reg. zugestanden, die 1493 zur Einrichtung eines Zweikammersystems (Senat und Landbotenstube) führte. Nach 1505 musste der König den von gewählten Landboten gebildeten Reichstag im Zweijahresturnus einberufen und seine Beschlüsse ausführen. Das 1538 verschärfte Monopol des adligen Grundbesitzes und die privilegierte soziale und polit. Stellung der Schlachta ebneten den Weg zum Niedergang der Städte und zur Entrechtung und Ausbeutung der Bauern.

Unter den letzten Jagiellonen SIGISMUND I. (1506–48) und SIGISMUND II. AUGUST (1548–72) erlebte P. sowohl auf staatsrechtlich-polit. wie auch auf literarisch-künstler. Gebiet sein ›goldenes Zeitalter‹. Die städt. Bev. wurde früh von der lutherisch, Teile des Adels nach 1540 von der kalvinistisch geprägten Reformation erfasst. Nach der Union von Brest 1595/96 unterstellten sich viele Orthodoxe der geistl. Autorität des Papstes. Seit der Warschauer Konföderation von 1573 herrschte trotz der Erfolge der kath. Gegenreformation für zwei Generationen eine beispielhafte religiöse Toleranz. Trotz weiterer Verluste in Kämpfen gegen Moskau konnte 1561 der Anschluss Kurlands und Livlands sichergestellt werden. Durch die Union von Lublin 1569 mit der Angliederung Wolhyniens und weiter Teile der Ukraine umfasste P. nun 815 000 km² mit etwa 7,5 Mio. Einwohnern.

Wahlkönigtum: Die Entscheidung, nach dem Aussterben der Jagiellonen im Mannesstamm (1572) eine Wahlmonarchie einzurichten und den gesamten Adel zur Wahl zuzulassen, beschleunigte die Ausprägung einer extrem adelsrepublikan. Staatsform. Das seit 1652 respektierte Recht jedes Landboten, mit seinem Einspruch (Liberum veto) den Reichstag beschlussunfähig zu machen, erleichterte den an einer Schwächung P.s interessierten Nachbarmächten die Intervention. Weder STEPHAN IV. BÁTHORY (1575/76–86) noch die drei Könige aus dem schwed. Hause Wasa (SIGISMUND III., 1587–1632; WLADISLAW IV., 1632–48; JOHANN II. KASIMIR, 1648–68) und der ›Türkensieger‹ JOHANN III. SOBIESKI (1674–96) konnten dieser verhängnisvollen Entwicklung Einhalt gebieten, die unter den Wettinern (AUGUST II., DER STARKE, 1697–1706, 1709–33; AUGUST III., 1733–63) zur weitgehenden Lähmung der Staatsführung beitrug. Während Moskau gegenüber bis 1619 einige Gebietsgewinne erzielt werden konnten und 1610–12 sogar die Übernahme des Zarenthrons möglich schien, leitete der Anschluss des von B. CHMELNIZKIJ gegründeten Kosakenstaats an Russland (1654) den Verlust der Ukraine links des Dnjepr mit Kiew und von Smolensk (Waffenstillstand von Andrussowo 1667) ein. Der aus dynast. Gründen seit 1601 geführte verlustreiche Krieg gegen Schweden kulminierte 1655 im Ersten Nord. Krieg, der im Frieden von Oliva (1660) mit dem endgültigen Verzicht auf Livland beendet wurde. In den häufigen Kämpfen mit der Türkei konnte bis 1699 wenigstens der Besitzstand gewahrt werden. Der Zweite Nord. Krieg (1700–21) bot Zar PETER I. die Gelegenheit, den russ. Einfluss auf das erneut schwer betroffene P. zu erweitern, das zum Spielball der Politik der Großmächte herabsank.

Die Erkenntnis von der Unaufschiebbarkeit grundlegender Reformen löste nach der Wahl STANISŁAUS' II. AUGUST PONIATOWSKI (1764–95) erste Verbesserungsmaßnahmen aus, die von den von Russland und Preußen unterstützten Gegnern in der Konföderation von Bar (1768–72) bekämpft wurden. Dieser Bürgerkrieg bot Anlass, 1772 durch die 1. Poln. Teilung die Abtretung von rd. 203 000 km² mit 4,5 Mio. Einwohnern zu erzwingen (→Polnische Teilungen). Mit dem ›Immerwährenden Rat‹ (1775) und der ›Nat. Erziehungskommission‹ (1773) erhielt P. beispielhafte Verwaltungs- und Bildungseinrichtungen, wenn es auch nicht gelang, die Verteidigungsfähigkeit zu steigern, die Mitwirkung des besitzlosen Adels am polit. Entscheidungsprozess zugunsten der Stadtbürger zurückzudrängen und die Lage der Bauern zu verbessern. Ein ›Vierjähriger Reichstag‹ verabschiedete am 3. 5. 1791 immerhin die erste geschriebene Verfassung Europas, die mit der Abschaffung der freien Königswahl und des Liberum veto dem Grund besitzenden Adel und – beschränkt auf ihre Angelegenheiten – den Städtern die polit. Mitwirkungsrechte übertrug. KATHARINA II. von Russland unterstützte die Adelsreaktion, die sich 1792 in der Konföderation von Targowica zusammenschloss und mit russ. Waffenhilfe die Reformpartei zur Zurücknahme der Mai-Verf. zwang; Russland und Preußen ließen sich ihre Unterstützung 1793 in der 2. Poln. Teilung honorieren, die nach Abtretung von rd. 286 000 km² mit 3,5 Mio. Einwohnern einen nicht mehr lebensfähigen Reststaat von 240 000 km² und 3,5 Mio. Bürgern übrig ließ. Ein von T. KOŚCIUSZKO geführter Aufstand brach nach der Niederlage von Maciejowice im Oktober 1794 zusammen. Mit der 3. Poln. Teilung 1795 verschwand P. von der polit. Landkarte Europas; die →polnische Frage manifestierte sich aber in der Folgezeit als europ. Problem.

Nation ohne Staat – das geteilte Polen (1795–1918)

Die Teilungsmächte waren bestrebt, ihre erworbenen Gebiete rasch zu konsolidieren und den in ihren Staaten herrschenden Zuständen anzupassen. Die Hoffnung, durch den Einsatz einer von J. H. DĄBROWSKI in Italien aufgestellten Legion NAPOLEON I. zur Wiederherstellung der Eigenstaatlichkeit bewegen zu können, erfüllte sich erst nach der preuß. Niederlage 1806. Das im Sommer 1807 aus preuß. Teilungsgewinnen und dem an Russland gefallenen Bezirk Białystok gebildete Herzogtum Warschau unter FRIEDRICH AUGUST von Sachsen mit 102 700 km² und 2,6 Mio. Ew. erhielt eine von NAPOLEON entworfene Verf. und eine Verw. nach frz. Vorbild. 1809 um den österr. Anteil aus der 3. Teilung auf 147 000 km² mit 4,3 Mio. Ew. vergrößert, musste das Herzogtum Warschau im Russ. Feldzug von 1812 schwere Opfer bringen.

Auf dem Wiener Kongress 1814/15 wurden die ursprüngl. Teilungsgrenzen bedeutsam abgeändert. Während Österreich den Großteil seiner Erwerbungen in Galizien verteidigen konnte, musste Preußen auf den Gewinn aus der 3. Teilung verzichten und dem bis zur Prosna reichenden Großherzogtum Posen einen Sonderstatus einräumen. Krakau wurde ›Freie Stadt‹ (bis 1846). Ein aus den poln. Zentralgebieten gebildetes ›Königreich P.‹ (Kongresspolen) mit 127 000 km² und 3,3 Mio. Ew., dem neben einer eigenen Verf. und Verw. auch eine kleine Armee zugestanden wurde, kam in Personalunion zu Russland. Das Versprechen der Teilungsmächte, die Einheit der Nation durch die Aufrechterhaltung wirtschaftl. Bindungen und die Förderung der poln. Sprache wahren zu wollen, kam dem bes. im Adel und der kath. Geistlichkeit lebendigen Nationalbewusstsein entgegen.

Die von Kaiser NIKOLAUS I. verfolgte repressive Politik löste in Kongresspolen den ›Novemberaufstand‹ von 1830/31 aus, der militärisch ebenso brutal niedergeschlagen wurde wie kleinere Erhebungen in Galizien 1846 und Posen 1848 sowie der Januaraufstand 1863/64. Den Abbau der Sonderrechte begleiteten Entnationalisierungsmaßnahmen und Wirtschaftssanktionen. Der sich anschließenden ›Großen Emigration‹ gelang es nicht, die europ. Mächte zu einer Intervention zugunsten der Wiedererrichtung eines poln. Staates zu veranlassen. Nach 1864 stand in dem zu ›Weichselgouvernements‹ herabgestuften Kongresspolen die Abwehr der Russifizierungsversuche und der wirtschaftl. Aufschwung im Mittelpunkt der immer stärker vom Bürgertum getragenen ›organ. Arbeit‹. Nach der Gründung des Dt. Reiches 1871 bewirkten der Kulturkampf und die Zurückdrängung des poln. Anteils in der ›Provinz Posen‹ die Entwicklung eines alle Bev.-Kreise erfassenden Gemeinschaftsbewusstseins. Im wirtschaftlich zurückgebliebenen Galizien, dem 1868 die Selbstverwaltung gewährt wurde, fanden sich die Ruthenen mit einem noch stark vom Adel geprägten poln. Nationalismus konfrontiert, der auch auf das russ. und preuß. Teilungsgebiet einwirkte. Seit der Jahrhundertwende setzte bes. in dem von der Industrialisierung erfassten russ. Teil (mit den Zentren Warschau, Lodz, Białystok, Dąbrowabecken) die Diskussion um den künftigen polit. Kurs ein. Während die überwiegend bürgerl. Nationaldemokraten unter R. DMOWSKI für eine Zusammenarbeit unter panslawist. Vorzeichen mit dem zarist. Russland plädierten und die von ROSA LUXEMBURG und JULIAN MARCHLEWSKI (* 1866, † 1929) geführten Sozialdemokraten der sozialen Revolution Priorität einräumten, traten die von J. PIŁSUDSKI gegründeten Sozialisten zuerst für die Wiedererrichtung der Eigenstaatlichkeit und danach für eine grundlegende soziale Umgestaltung ein.

Das bei Ausbruch des Ersten Weltkriegs 1914 abgegebene russ. Versprechen, nach einem Sieg die Wiedervereinigung eines ›in Glauben, Sprache und Selbstverwaltung‹ freien P. zu ermöglichen, wurde zunächst nur von der Nationaldemokratie begrüßt; die von den Poln. Legionen unterstützten Mittelmächte proklamierten am 5. 11. 1916 die Wiederherstellung P.s als konstitutionelle Erbmonarchie. Aber die Forderung nach Abtretung eines von Ostpreußen bis Schlesien reichenden breiten Grenzstreifens an das Dt. Reich, die geringen Rechte für die poln. Selbstverwaltungsorgane, die Anerkennung des Rechts auf Eigenstaatlichkeit durch die russ. Provisor. Reg. im März 1917 sowie die Bereitschaft der von einem in Paris tätigen Nationalkomitee (DMOWSKI, I. J. PADEREWSKI) beeinflussten Alliierten und bes. des amerikan. Präs. W. WILSON, die Wiedererrichtung eines souveränen P. zu fördern, führten einen Stimmungsumschwung gegen die dt.-österr. Konzeption herbei. Nach der Kapitulation der Mittelmächte übernahm am 11. 11. 1918 der aus Magdeburger Festungshaft zurückgekehrte PIŁSUDSKI die militär. Befehlsgewalt und baute als ›Vorläufiger Staatschef‹ (seit 14. 11. 1918) mit diktator. Vollmachten P. als Republik auf.

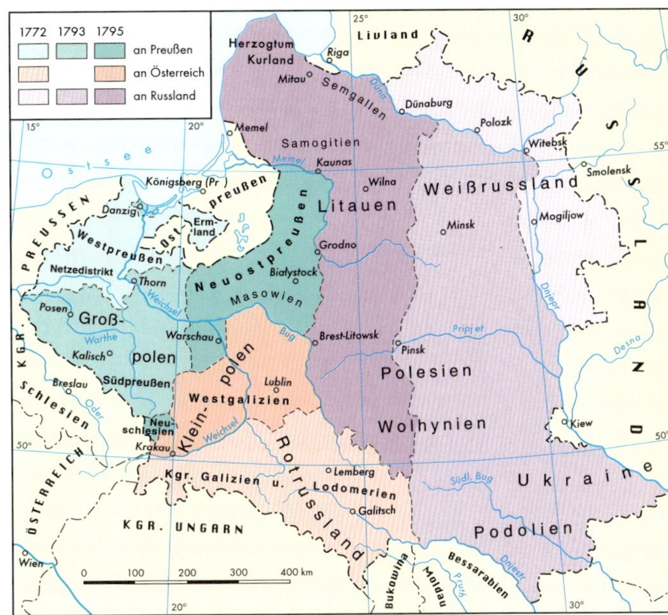

Polen: Die Polnischen Teilungen

Polen zwischen den Weltkriegen (1918–39)

Nach Kongresspolen und Westgalizien konnten im Januar 1919 der Großteil der Prov. Posen sowie im Frühjahr auch Ostgalizien und die nordöstl. Distrikte bis Wilna militärisch besetzt werden. Dem Wirken des Min.-Präs. PADEREWSKI und DMOWSKIS war es zu danken, dass P. im Versailler Vertrag fast ganz Posen und weite Teile Westpreußens links der Weichsel (→Polnischer Korridor) zugesprochen erhielt und Plebiszite in den strittigen Gebieten um Allenstein, Marienwerder und in Oberschlesien abgehalten werden sollten. Während P. bei den Abstimmungen im südl. Ostpreußen und in Westpreußen rechts der Weichsel nur wenige Stimmen (2,2% bzw. 7,6%) bekam, votierten am 20. 3. 1921 in Oberschlesien 40,4% für den Anschluss an P. Auch der Letzte der drei poln. Aufstände im Mai 1921 konnte die Aufteilung Oberschlesiens durch den Völkerbundrat nicht verhindern, wobei P. den kohle- und industriereichen kleineren Ostteil mit Kattowitz und Königshütte erhielt. Die Erhebung Danzigs zur Freien Stadt belastete das dt.-poln. Verhältnis. Im Streit mit der Tschechoslowakei wurde der Distr. Teschen entlang der Olsa geteilt. Nachdem PIŁSUDSKI die →Curzon-Linie als poln. Ostgrenze abgelehnt hatte, löste er mit der poln. Offensive (April 1920) den →Polnisch-Sowjetischen Krieg aus. Im Frieden von Riga (18. 3. 1921) verständigten sich die Kriegsgegner auf eine polnisch-russ. Grenze rd. 150 km östlich der Curzon-Linie. Mit einer Militäraktion (1920) brachte General Ł. ŻELIGOWSKI das Wilnagebiet unter poln. Hoheit. P. umfasste nunmehr ein Gebiet von rd. 388 000 km² mit über 27 Mio. Ew. (jedoch nur knapp 19 Mio. poln. Volkszugehörigkeit).

Die Aufgabe, vier unterschiedl. Verwaltungs-, Rechts-, Finanz-, Verkehrs- und Bildungssysteme zu koordinieren, die sozialen und wirtschaftl. Unausgewogenheiten zu beseitigen und die ethn. Minderheiten zu integrieren, überforderte die häufig wechselnden Reg. P.s. Die am 17. 3. 1921 verabschiedete Verf. sah in Anlehnung an das frz. Vorbild ein Zweikammerparlament, den 444 Abg. zählenden Sejm und einen auf 111 Mitgl. begrenzten Senat, vor. Da dem Staatspräs. wenige Rechte verblieben und die Wahlen im November 1922 keine eindeutigen Mehrheiten erbrachten, kandidierte PIŁSUDSKI nicht für dieses Amt, das nach der Ermordung von G. NARUTOWICZ (16. 12. 1922) der Sozialist S. WOJZIECHOWSKI einnahm. Mit der Einführung des Złoty wurde die Währung konsolidiert; 1925 lief eine Agrarreform auf Kosten des Großgrundbesitzes an. Vor dem Hintergrund von Missernten, gravierender Arbeitslosigkeit, Korruption, Streit um Ämter, v. a. aber angesichts einer Verschlechterung der außenpolit. Lage führte PIŁSUDSKI am 12. 5. 1926 einen Staatsstreich durch. Unter formaler Beibehaltung der Verf. und des demokrat. Staatsaufbaus, gestützt auf seine außerordentlich große Autorität bei der Bev. und auf die Loyalität der Streitkräfte, begann er seine ›moral. Diktatur‹.

Die anfängliche Bereitschaft der Linken zur Zusammenarbeit schlug in Feindschaft um, als sich PIŁSUDSKI der Herrenschicht aus den nat. gemischten Ostgebieten annäherte und ein von seinem Vertrauten W. SŁAWEK gegründeter Block der Zusammenarbeit mit der Reg. (BBWR) das bisherige Parteienspektrum aufzubrechen begann. Unter Rechtsbrüchen und nach Verhaftungen wurde im Herbst 1930 die in der Zentrumslinken (Centrolew) zusammengeschlossene Opposition zerschlagen, ihre Führer wurden in die Emigration gezwungen. Mithilfe eines Ermächtigungsgesetzes (23. 3. 1933) konnte am 23. 4. 1935 eine auf PIŁSUDSKI zugeschnittene autoritative Verf. verabschiedet werden. Doch mit seinem Tod am 12. 5. 1935 verfiel wegen der Mittelmäßigkeit der sich bald in Diadochenkämpfen paralysierenden Nachfolger – Staatspräs. I. MOŚCICKI, Oberbefehlshaber E. RYDZ-ŚMIGŁY, Außen-Min. J. BECK – das bisher von PIŁSUDSKIS persönl. Prestige geprägte System.

Infolge der umstrittenen Grenzziehung war P. mit Ausnahme Rumäniens und Lettlands mit allen anderen Nachbarn verfeindet. Das Bündnis mit Frankreich vom 19. 2. 1921 machte P. zum wichtigsten Eckpfeiler im →Cordon sanitaire. Der Auftrag jedoch, sowohl Sowjetrussland als auch das Dt. Reich zu neutralisieren, musste die Kräfte P.s überfordern, zumal sich die Weimarer Rep. einer von PIŁSUDSKI gewünschten Normalisierung versagte und die dt. Forderungen nach Grenzrevision und militär. Gleichberechtigung den Status quo infrage stellten. Die Nichtangriffsverträge mit der UdSSR (25. 7. 1932) und dem Dt. Reich (26. 1. 1934) wurden von den Partnern nur als nützl. Waffenstillstand gewertet. L. BECK hoffte, mit HITLERS Billigung P. zur Führungsmacht in einem von der Ostsee bis zur Adria reichenden ›Dritten Europa‹ machen zu können.

Die poln. Beteiligung an der Liquidation der Tschechoslowakei nach dem Münchener Abkommen 1938 verschlechterte die polit. und strateg. Ausgangslage, zumal HITLER danach auf eine Regelung der Danzig- und der Korridorfrage drängte. Die Zurückweisung der dt. Angebote am 26. 3. und die brit. Garantieerklärung am 31. 3. 1939 nahm HITLER zum Anlass, am 3. 4. den Befehl zur Vorbereitung eines Angriffs zu geben und am 28. 4. das Nichtangriffsabkommen aufzukündigen. Ein am 23. 8. unterzeichneter dt.-sowjet. Nichtangriffsvertrag (→Hitler-Stalin-Pakt) sah in einem geheimen Zusatzprotokoll die Aufteilung P.s vor. Mit dem Überfall auf P. am 1. 9. 1939 löste HITLER den Zweiten Weltkrieg aus.

Polen im Zweiten Weltkrieg

Die zahlenmäßige und waffentechn. Unterlegenheit sowie das Eingreifen der Roten Armee am 17. 9. bedingten die rasche Kapitulation der poln. Streitkräfte. Ein Grenz- und Freundschaftsvertrag legte am 28. 9. die dt.-sowjet. Demarkationslinie entlang dem Bug fest. Unter den rd. 13 Mio. Ew. in den von der UdSSR annektierten und am 1./2. 11. 1939 der Weißruss. und der Ukrain. Sowjetrepublik eingegliederten ostpoln. Gebieten befanden sich 5,275 Mio. Menschen mit poln. Muttersprache, die sogleich Entnationalisierungsmaßnahmen unterworfen wurden. Die von April 1940 bis Juni 1941 in fünf Wellen vorgenommenen Deportationen erfassten v. a. die staatl., religiösen und kulturellen Repräsentanten des Polentums; von den rd. 300 000 Kriegsgefangenen überlebten nur 82 000.

Die Westdistrikte P.s mit den wichtigsten Industriezentren, rd. 90 000 km² mit 10 Mio. Ew., wurden am 8. 10. 1939 direkt dem Dt. Reich angeschlossen, den 98 000 km² großen Rest mit 10,6 Mio. überwiegend poln. Ew. fasste man in einem →Generalgouvernement unter Reichs-Min. H. FRANK zusammen. Dieses ›Nebenland des Reiches‹ wurde rücksichtslos ausgebeutet und seine Bev. unter Verfolgung seiner Intelligenzschicht unterdrückt. Auch in den ›eingegliederten Ostgebieten‹ unterband die dt. Besatzungsmacht durch Enteignung, Deportation und gezielte Ausrottung jede nat. Bewegung und verfolgte eine konsequente Germanisierungspolitik. In den Konzentrationslagern wurden fast 3 Mio. poln. Juden ermordet.

Unter W. RACZKIEWICZ (als Staatspräs.) und W. SIKORSKI (als Min.-Präs.) bildete sich 1939/40 – zunächst in Paris, dann in London – eine Exilregierung. Nach dem dt. Angriff auf die UdSSR stellte General W. ANDERS auf der Grundlage eines sowjetisch-poln. Vertrages (30. 7. 1941) aus poln. Kriegsgefangenen in der UdSSR eine Exilarmee auf, die die Exil-Reg. jedoch 1942 unter dem Eindruck zunehmender Spannungen mit STALIN nach Iran verlegte.

Die beharrliche poln. Forderung nach einer Erklärung für die am 13. 4. 1943 bekannt gewordenen Leichenfunde von →Katyn veranlasste STALIN am 25. 4. zum Abbruch der diplomat. Beziehungen mit der Exil-Reg. und zur einseitigen Unterstützung der kommunistisch-linkssozialist. Kräfte. Außerdem weigerte sich die Exil-Reg. unter den Min.-Präs. S. MIKOŁAJCZYK (1943–44) und T. ARCISZEWSKI (1944–47), dem Verlust der Gebiete östlich des Bug und einer Westverschiebung P.s zuzustimmen.

Die brutale dt. Besatzungspolitik löste eine immer weitere Bev.-Kreise erfassende Bereitschaft zum Widerstand im Untergrundkampf aus. Es bildete sich einerseits die in Verbindung mit der Exil-Reg. operierende →Armia Krajowa (AK), die Ende 1943 über rd. 300 000 Mann verfügte, andererseits entstand die sich auf die Poln. Arbeiterpartei (PPR, wieder gegr. 1942) stützende kommunist. Volksgarde (Gwardia Ludowa), deren militär. Bedeutung jedoch erst nach ihrer Umwandlung in die →Armia Ludowa (AL) Anfang 1944 größer wurde. 1943 schlug die dt. Besatzungsmacht den Aufstand im Warschauer Getto, der den Abtransport der Juden in die Vernichtungslager aufhalten sollte, blutig nieder (→Warschauer Aufstand). Als im Juli 1944 die Rote Armee den Bug überschritt und das von moskautreuen Kräften gebildete →Lubliner Komitee (›Poln. Komitee der Nat. Befreiung‹) eine kommunistisch orientierte Verw. aufbaute, löste die AK am 1. 8. 1944 einen Aufstand aus, den die dt. Wehrmacht jedoch bis zum 2. 10. 1944 unterdrückte (→War-

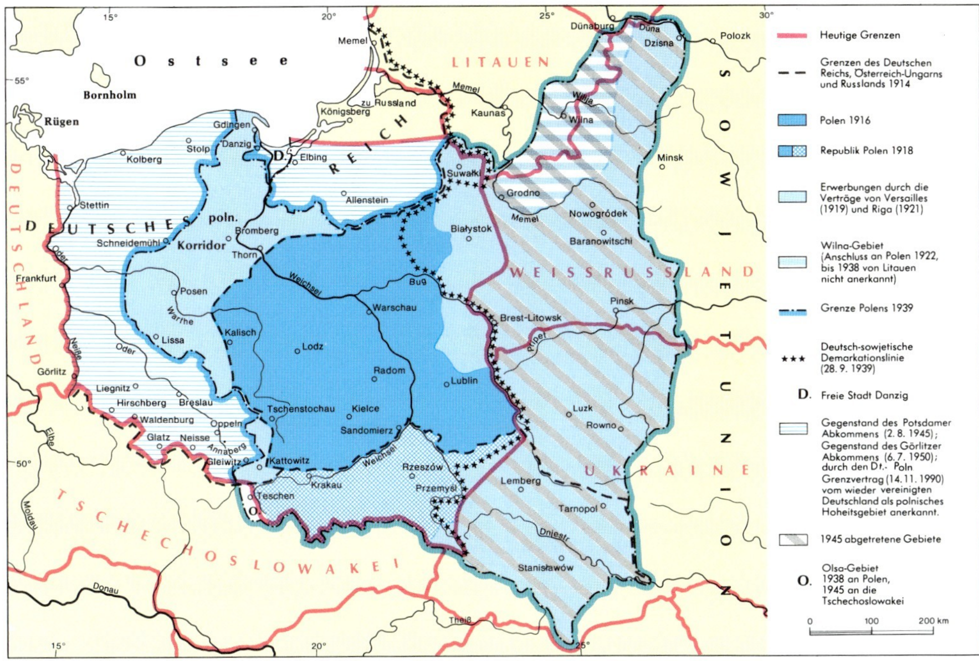

Polen im 20. Jahrhundert

schauer Aufstand 2). Im Rahmen der am 12. 1. 1945 eingeleiteten sowjet. Winteroffensive wurden die dt. Streitkräfte zurückgedrängt. Nach der Befreiung P.s übernahm das ›Lubliner Komitee‹, am 1. 1. 1945 in ›Provisor. Reg.‹ umbenannt, die Herrschaft in P., zugleich die Verw. im südl. Ostpreußen, in Danzig, Pommern, Schlesien und im östl. Brandenburg. Die bereits auf der Konferenz von Teheran (November/Dezember 1943) erörterte Abtretung Ost-P.s und Entschädigung durch dt. Ostgebiete löste Spannungen zw. der Exil-Reg. und den Westalliierten aus; trotzdem wurde auf der Jalta-Konferenz (Februar 1945) die leicht modifizierte Curzon-Linie als poln. Ostgrenze festgelegt und P. ›ein beträchtl. Gebietszuwachs im Westen und Norden‹ in Aussicht gestellt. Die Weigerung der Provisor. Reg., Exilpolitiker und Vertreter des bürgerlich-demokrat. Lagers in angemessener Zahl aufzunehmen, verzögerte bis zum 28. 6. 1945 die Bildung einer ›Reg. der Nat. Einheit‹. Daraufhin unterstellte die Potsdamer Konferenz (17. 7.–2. 8. 1945) die ehemals ostdt. Gebiete bis zur Oder und der Lausitzer Neiße sowie das südl. Ostpreußen und Danzig (103 000 km^2) vorläufig poln. Verwaltung. Dafür hatte P. östlich der Curzon-Linie rd. 180 000 km^2 mit 12 Mio. Ew. zugunsten der UdSSR aufzugeben. Mit der Vertreibung der meisten Deutschen und der Zwangsumsiedlung der Polen aus den poln. Ostgebieten wurde eine gewaltige Bev.-Verschiebung vorgenommen. P. umfasste nur noch 312 730 km^2 mit knapp 24 Mio. Einwohnern.

Polen als Volksdemokratie

Unter stalinist. Herrschaft 1945–56: Der Zweite Weltkrieg hatte P. rd. 6 Mio. Tote – darunter über 85 % des jüd. Bev.-Anteils – und rd. 38 % des Volksvermögens gekostet. Die bereits vom Lubliner Komitee am 15. 8. 1944 vorgenommenen wirtschaftspolit. Weichenstellungen beinhalteten die Enteignung des Großgrundbesitzes zugunsten der Kleinbauern und die Verstaatlichung von Industrie und Banken. In der 1945–47 von dem Sozialisten E. OSÓBKA-MORAWSKI geführten Reg. nahm die kommunist. PPR unter W. GOMUŁKA die Schlüsselpositionen ein; allein die vom Exil-Min.-Präs. MIKOŁAJCZYK gegründete Poln. Bauernpartei (PSL) mit 600 000 Mitgl. stellte sich ihr entgegen. Widerstandsgruppen im Untergrund konnten erst 1947 ausgeschaltet werden. Der Auflage, baldige Wahlen durchzuführen, kam die Reg. erst am 19. 1. 1947 nach; aufgrund massiver Manipulationen gewann der kommunistisch dominierte Demokrat. Block 394, die PSL nur 27 der 444 Sejmsitze. Nach der Wahl B. BIERUTS zum Staatspräs. (1947–52), der Ernennung J. CYRANKIEWICZS zum Min.-Präs. (1947–52, erneut 1954–70) und dem In-Kraft-Setzen der ›Kleinen Verf.‹ am 19. 2. 1947 begann die Verdrängung und Verfolgung missliebiger Politiker; MIKOŁAJCZYK ging im Oktober erneut ins Exil. Die wachsende Abhängigkeit von der UdSSR trat bei der Einführung der Planwirtschaft, der Übernahme sowjet. Einrichtungen, der Ablehnung des Marshallplans und der zwangsweisen Verschmelzung der traditionsreichen Sozialist. Partei (PPS) mit der PPR zur Poln. Vereinigten Arbeiterpartei (PVAP, poln. Abk.: PZPR) im Dezember 1948 zutage. Die PZPR eignete sich das Führungsmonopol in Staat und Gesellschaft an.

Nach der Ausschaltung der als ›bourgeoise Nationalisten‹ gebrandmarkten Gruppe um GOMUŁKA innerhalb der PZPR 1949 setzte die einseitige Industrialisierung unter Bevorzugung der Schwerindustrie und die zwangsweise Kollektivierung der Landwirtschaft ein, überwacht von dem zum Verteidigungs-Min. und Politbüro-Mitgl. aufgestiegenen Sowjetmarschall K. ROKOSSOWSKIJ und zahlr. Sowjetspezialisten. Mit der volksdemokrat. Verf. vom 22. 7. 1952 nahm das Land offiziell die Bez. ›Volksrepublik P.‹ an. Das Amt des Staatspräs. wurde durch den kollektiven Staatsrat ersetzt, dessen Vors. als nominelles Staatsoberhaupt fungierte. Da etwa 95 % der Ew. der kath. Kirche angehörten, intensivierte man trotz der Unterzeichnung eines Modus-Vivendi-Abkommens am 14. 4. 1950 die Maßnahmen zur Zurückdrängung des kirchl. Einflusses; sie erreichten mit der Verhaftung vieler Priester und des Primas der kath. Kirche, S. Wyszyński, im September 1953 ihren Höhepunkt.

Seit dem Abschluss eines Freundschafts- und Beistandsvertrags am 21. 4. 1945 hatte die UdSSR ein Netz von Verträgen, Wirtschaftsabkommen und Vereinbarungen über P. gelegt, das 1949 Gründungs-Mitgl. des Rates für gegenseitige Wirtschaftshilfe (RGW) und 1955 des Warschauer Paktes war. – Mit dem Görlitzer Abkommen (6. 7. 1950) verzichtete die DDR auf die dt. Gebiete jenseits der Oder-Neiße-Linie.

Der XX. Parteitag der KPdSU im Februar und der Tod Bieruts im März 1956 setzten auch in P. erste Entstalinisierungsmaßnahmen in Gang. Trotz der Freilassung polit. Häftlinge und der Lockerung der Zensur erreichte die Unzufriedenheit der Bev., v. a. wegen der schlechten Versorgungslage und der allgegenwärtigen sowjet. Präsenz, im Posener Aufstand (Juni 1956) einen Höhepunkt. Weitere Demonstrationen und der Autoritätsverfall der PZPR brachten am 19. 10. 1956 den rehabilitierten Gomułka an die Spitze der Partei, der unter Respektierung der sowjet. Dominanz einen eigenen poln. Weg zum Sozialismus einzuschlagen versprach.

Die Ära Gomułka (1956–70): Die Abkehr von der Zwangskollektivierung, eine großzügigere Kirchenpolitik, die Reorganisation der Verw. und des Planungssystems unter stärkerer Berücksichtigung der Konsumbedürfnisse, eine begrenzte Liberalisierung auf kulturellem Sektor sowie die Berücksichtigung parteipolitisch ungebundener Kandidaten bei den Sejmwahlen vom 20. 1. 1957 trugen Gomułka einen großen Vertrauensbonus ein. Außenpolit. und blockinterne Rücksichtnahmen zwangen ihn aber bereits zu Beginn der 1960er-Jahre, einen schärferen innenpolit. Kurs zu steuern, der zu einer Einschränkung der kirchl. Wirkungsmöglichkeiten und der geistigen Freiheiten führte und dem nationalistisch-neostalinist. Flügel um Innen-Min. und ZK-Sekr. Mieczysław Moczar (* 1913, † 1986) Auftrieb verlieh. Angesichts der wegen latenter Versorgungsmängel und einer großen Wohnungsnot verbreiteten Unzufriedenheit wurde der israelisch-arab. Sechstagekrieg 1967 zum Vorwand genommen, gegen missliebige Intellektuelle vorzugehen und die meisten der verbliebenen Juden zur Emigration zu veranlassen. Nach einem Studentenstreik in Warschau im März 1968 wurde die reformfreudige parteiinterne Opposition ausgeschaltet. Preiserhöhungen am 12. 12. 1970 lösten v. a. in den Hafenstädten schwere Unruhen mit mindestens 45 Toten aus. Gomułka und Cyrankiewicz verloren ihre Ämter.

Die im Herbst 1957 von Außen-Min. A. Rapacki gestartete Initiative, eine kernwaffenfreie Zone in Mitteleuropa einzurichten (→Rapacki-Plan), fand bei der NATO keine Resonanz. Wegen der offenen Grenzfrage, der Hallsteindoktrin und dem Beharren der dt. Vertriebenenverbände auf dem Heimat- und Rückkehrrecht konnte erst am 7. 3. 1963 eine Vereinbarung über die Einrichtung von Handelsmissionen mit der BRD getroffen werden. Die Beteiligung poln. Truppen bei der Niederwerfung des ›Prager Früh-

Die polnischen Staatsoberhäupter

Piasten	
Mieszko I.	um 960–992
Bolesław I. Chrobry (›der Tapfere‹)	992–1025
Mieszko II. Lambert	1025–1034
Kasimir I. Odnowiciel (›der Erneuerer‹)	1034/39–1058
Bolesław II. Smiały (›der Kühne‹) oder Szczodry (›der Freigebige‹)	1058–1079
Wladislaw I. Herman	1079–1102
Zbigniew und Bolesław III. Krzywousty (›Schiefmaul‹)	1102–1107
Bolesław III. Krzywousty	1107–1138
Regierende Fürsten von Krakau (Senioren) während der Zeit der Teilfürstentümer	
Wladislaw II. Wygnaniec (›der Vertriebene‹)	1138–1146
Bolesław IV. Kędzierzawy (›Kraushaar‹)	1146–1173
Mieszko III. Stary (›der Alte‹)	1173–1177
Kasimir II. Sprawiedliwy (›der Gerechte‹)	1177–1194
Mieszko III. Stary	1198–1202
Wladislaw Laskonogi (›Steifbein‹)	1202
Leszek Biały (›der Weiße‹)	1202–1210
Mieszko Plątonogi (›Schlenkerbein‹)	1210–1211
Leszek Biały	1211–1227
Wladislaw Laskonogi	1227–1229
Konrad I. von Masowien	1229–1232
Heinrich I. Brodaty (›der Bärtige‹)	1232–1238
Heinrich Pobożny (›der Fromme‹)	1238–1241
Konrad I. von Masowien	1241–1243
Bolesław V. Wstydliwy (›der Keusche‹)	1243–1279
Leszek Czarny (›der Schwarze‹)	1279–1288
Heinrich Probus	1288–1290
Przemysł II. (1295/96 poln. König)	1290–1291
Wenzel II. von Böhmen (aus der Dynastie der Přemysliden, ab 1300 poln. König)	1291–1305
Wenzel III. von Böhmen	1305–1306
Vereinigtes Königreich Polen	
Wladislaw I. Łokietek (›Ellenlang‹) (König ab 1320)	1306–1333
Kasimir III. Wielki (›der Große‹)	1333–1370
Anjou	
Ludwig I., der Große	1370–1382
Hedwig (Jadwiga)	1382–1386/99
Jagiellonen	
Wladislaw II. (Jagiello)	1386–1434
Wladislaw III.	1434–1444
Kasimir IV. Andreas	1447–1492
Johann I. Albrecht	1492–1501
Alexander	1501–1506
Sigismund I., der Alte oder der Große	1506–1548
Sigismund II. August	1548–1572
Wahlkönige	
Heinrich III. (von Frankreich)	1573–1574/75
Stephan IV. Báthory	1575/76–1586
Sigismund III. Wasa	1587–1632
Wladislaw IV. Wasa	1632–1648
Johann II. Kasimir Wasa	1648–1668
Michael Korybut Wiśniowiecki	1669–1673
Johann III. Sobieski	1674–1696
August II., der Starke	1697–1706
Stanislaus I. Leszczyński	1704/06–1709
August II., der Starke	1709–1733
Stanislaus I. Leszczyński	1733–1736
August III.	1733–1763
Stanislaus II. August Poniatowski	1764–1795
Präsidenten der Republik Polen	
J. Piłsudski (›Staatschef‹)	1918–1922
G. Narutowicz	1922
S. Wojciechowski	1922–1926
I. Mościcki	1926–1939
W. Raczkiewicz (im Exil)	1939–1947
Vorsitzender des Landesnationalrates	
B. Bierut	1944–1947
Präsident der (volksdemokratischen) Republik Polen	
B. Bierut	1947–1952
Vorsitzende des Staatsrates der Volksrepublik Polen	
A. Zawadzki	1952–1964
E. Ochab	1964–1968
M. Spychalski	1968–1970
J. Cyrankiewicz	1970–1972
H. Jabłonski	1972–1985
W. Jaruzelski	1985–1989
Präsidenten der Republik Polen	
W. Jaruzelski	1989–1990
L. Wałęsa	1990–1995
A. Kwaśniewski	seit 1995

lings‹ im August 1968 schadete dem internat. Prestige P.s. Die von GOMUŁKA im Mai 1969 angebotene, von der sozialliberalen Koalition in Bonn aufgegriffene Bereitschaft, im Rahmen einer Gewaltverzichtserklärung unter Offenhaltung der Grenzfrage eine ›volle Normalisierung und umfassende Entwicklung der beiderseitigen Beziehungen‹ herbeizuführen, mündete nach schwierigen Verhandlungen am 7. 12. 1970 in der Unterzeichnung des →Warschauer Vertrags. 1972 nahmen beide Staaten diplomat. Beziehungen auf.

Erfolg und Scheitern Giereks (1970–80): Mit einschneidenden personellen Veränderungen in der Partei sowie der Reg., die 1970–80 PIOTR JAROSZEWICZ (* 1909, † 1992) als Vors. des Ministerrats führte, und dank großzügiger sowjet. Wirtschaftshilfe konnte der neue, am 20. 10. 1970 berufene Parteichef E. GIEREK rasch die Ruhe wiederherstellen. Sein Kurs, durch Aufnahme von Anleihen im Ausland den materiellen Wünschen der Bev. zu genügen und die Industrialisierung voranzutreiben, fand die volle Unterstützung des Westens. Die Lockerung der Zensur, Reiseerleichterungen, Einkommensverbesserungen sowie eine großzügigere Kirchen- und Kulturpolitik mit nationalpatriot. Komponente begleiteten die wirtschaftl. Anfangserfolge. Doch wachsende soziale Spannungen, eine unzureichende Verf.-Reform am 10. 2. 1976 und Preiserhöhungen entluden sich im Juni desselben Jahres in Streiks und Aufruhr, die von der Reg. brutal unterdrückt wurden. Das zur Verteidigung der betroffenen Arbeiter im September1976 gegründete Komitee KOR ermutigte das Entstehen weiterer regimekrit. Vereinigungen und eines Untergrundverlagswesens. Die mit der Wahl des Krakauer Kardinals K. WOJTYŁA zum Papst (16. 10. 1978) einsetzende religiöse Erneuerungsbewegung unterstützte die Forderung nach tief greifenden Reformen. Als im Frühsommer 1980 eine neue Preis- und Inflationswelle bei unzulängl. Warenangebot P. überrollte, kam es zu landesweiten Streiks, die von der Reg. nur durch zahlr. Zugeständnisse (Vereinbarungen von Danzig, Stettin und Jastrzębie 31. 8./2. 9.) und die Zulassung unabhängiger Gewerkschaften (am 17. 9. 1980 Gründung und am 10. 11. 1980 gerichtl. Bestätigung der →Solidarność) beendet werden konnten. GIEREK musste am 6. 9. 1980 S. KANIA als Erstem Sekr. der PZPR weichen.

Krise und Zerfall des volksdemokrat. Systems unter Jaruzelski (1981–89): Die fortbestehende Wirtschaftsmisere und Flügelkämpfe innerhalb der auf 10 Mio. Mitgl. angewachsenen Solidarność verhinderten ebenso eine Konsolidierung P.s wie der Widerstand der orthodox-kommunist. Kader in der PZPR und das wachsende Misstrauen der UdSSR. Im Februar 1981 übernahm der Verteidigungs-Min. General W. JARUZELSKI das Amt des Vors. des Ministerrats, im Oktober 1981 auch das des Parteichefs. Weit gespannte Diskussionen um die polit. Rolle der neuen Gewerkschaft unter der charismat. Führung von L. WAŁĘSA, häufige Streiks und eine Lähmung der Gesamtwirtschaft sowie die sich abzeichnende Möglichkeit einer sowjet. Intervention veranlassten JARUZELSKI, am 13. 12. 1981 das Kriegsrecht auszurufen. Ein ›Militärrat der Nat. Rettung‹ (WRON) unter seinem Vorsitz übernahm die Macht. Streiks wurden untersagt, Tausende interniert. Anfängl. Widerstand in den Betrieben wurde gewaltsam unterdrückt, die Solidarność im Oktober 1982 aufgelöst. Nach Aufhebung des Kriegsrechts (22. 7. 1983), das bereits mit Wirkung vom 31. 12. 1982 ausgesetzt worden war, kamen zwar in der Folgezeit fast alle Internierten frei, doch blieben zahlr. Beschränkungen (einschließlich des Verbots der Solidarność) aufrechterhalten. Die Entführung und Ermordung des Warschauer Priesters J. POPIEŁUSZKO durch Mitarbeiter des poln. Staatssicherheitsdienstes am 19. 10. 1984 löste neue Massendemonstrationen und Spannungen aus. Zur Überwindung wirtschaftl. Schwierigkeiten legte die Reg. ein Reformprogramm vor, das in einem Referendum im November 1987 abgelehnt wurde. Der Reg. unter Z. MESSNER (1985–88) gelang es nicht, die innenpolit. Krise zu überwinden; im August 1988 ausgebrochene landesweite Streiks konnten erst nach einem Aufruf WAŁĘSAS beendet werden, dem die Möglichkeit der Wiederzulassung der Solidarność signalisiert worden war. Unter der Reg. von M. RAKOWSKI (1988–89) fanden von Februar bis April 1989 Gespräche mit der Opposition am ›Runden Tisch‹ statt; Ergebnisse waren u. a. die Legalisierung von Solidarność und die Einrichtung einer zweiten Parlamentskammer. Die Parlamentswahlen im Juni 1989 brachten einen überwältigenden Sieg der Opposition; das Bürgerkomitee ›Solidarność‹ erhielt im Sejm alle 161 der Opposition zugestandenen Sitze, in der zweiten Kammer 99 von 100 Sitzen. Der seit 1985 als Vors. des Staatsrats amtierende JARUZELSKI wurde am 19. 7. 1989 zum Staatspräs. gewählt (im Amt bis Dezember 1990). Am 24. 8. 1989 wurde der Oppositionspolitiker T. MAZOWIECKI Min.-Präs. (bis Dezember 1990).

Die Republik Polen (seit 1989)

Im Rahmen der im Dezember 1989 verabschiedeten Verf.-Änderungen wurde die Staats-Bez. ›Republik P.‹ wieder eingeführt. Im Januar 1990 löste sich die kommunist. PZPR auf, ein Teil ihrer Mitgl. gründete die ›Sozialdemokratie der Rep. P.‹ (SRP). Im Dezember 1990 wurde WAŁĘSA zum Staatspräs. gewählt. Min.-Präs. J. K. BIELECKI (Januar–Dezember 1991) setzte den marktwirtschaftlich orientierten Reformkurs fort. Mit den wachsenden wirtschaftlich-sozialen Problemen bei der Umsetzung der Reg.-Politik büßte auch die Solidarność-Bewegung, die seit ihrer Einbindung in die Reg.-Verantwortung politisch zersplitterte (Herausbildung mehrerer Parteien), an Popularität und Einfluss ein. Die Parlamentswahlen im Oktober 1991 erbrachten keine klare Mehrheit (Einzug von 29 Parteien und polit. Gruppierungen in den Sejm); Min.-Präs. einer Mehrparteienkoalition wurde im Dezember 1991 J. OLSZEWSKI, der das Tempo der marktwirtschaftl. Reformen zu drosseln suchte. Nach seiner Abberufung (Juni 1992) wurde HANNA SUCHOCKA (Demokrat. Union) im Juli 1992 Ministerpräsidentin einer Koalitions-Reg. von 7 aus der Gewerkschaft Solidarność hervorgegangenen Parteien. Ein Reg.-Programm zur ›Allg. Privatisierung‹ (Privatisierung von rd. 600 Staatsbetrieben, Ausgabe von Volksaktien) wurde Ende April 1993 vom Sejm gebilligt. Nach einem erfolgreichen Misstrauensantrag der Solidarność-Fraktion im Sejm gegen die Reg. Suchocka erklärte diese Ende Mai 1993 ihren Rücktritt (noch im Amt bis Oktober). Die Parlamentswahlen im September 1993 gewannen das Linksbündnis SLD und die Poln. Bauernpartei (PSL); Ende Oktober 1993 wurde W. PAWLAK (PSL) Min.-Präs. einer Koalitions-Reg., musste aber aufgrund von Differenzen mit Staatspräs. WAŁĘSA und einem am 1. 3. 1995 von der SLD im Sejm eingebrachten Misstrauensvotum zurücktreten; sein Nachfolger J. OLEKSY (SRP) gab bereits im Januar 1996 das Amt des Reg.-Chefs auf, nachdem gegen ihn eine Untersuchung wegen des Verdachts auf Spionage für den sowjet. Geheimdienst eingeleitet worden war. Von Februar 1996 bis Oktober 1997 war W. CIMOSZEWICZ Min.-Präs. eines Koalitionskabinetts von SLD und PSL.

Bei den Präsidentenwahlen im November 1995 setzte sich der Kandidat der Linksallianz A. KWAŚNIEWSKI gegen den amtierenden Präs. WAŁĘSA durch, sah sich jedoch im Ergebnis der Parlamentswahlen vom 21. 9. 1997 im Sejm einer konservativ-liberalen

Mehrheit gegenüber. Die als Gewinnerin aus den Wahlen hervorgegangene Wahlaktion der Solidarność (AWS) bildete im Oktober 1997 eine Koalitions-Reg. mit der Freiheitsunion unter Min.-Präs. J. BUZEK.

Außenpolitisch folgte dem im November 1990 unterzeichneten →Deutsch-Polnischen Grenzvertrag (Festlegung der Oder-Neiße-Linie als endgültige dt.-poln. Grenze) im Juni 1991 ein Nachbarschaftsvertrag mit Dtl. Das Bemühen um eine aktive Nachbarschaftspolitik führte u.a. 1991 zur Beteiligung an der Visegrád-Allianz (→Visegrád). Das nach Mitgliedschaft in der NATO und in der EU strebende P. wurde im November 1991 Voll-Mitgl. des Europarates und schloss im Dezember 1991 mit der EG ein Assoziierungsabkommen (am 1. 2. 1994 In-Kraft-Treten dieses ›Europa-Vertrags‹); am 8. 4. 1994 stellte P. offiziell den Antrag auf Aufnahme in die EU.

Allgemeines: U. SCHEIDEGGER: Industrialisierung u. sozialer Wandel in P. (Bern 1977); E. BUCHHOFER: P. Raumstrukturen–Raumprobleme (1981); K. ECKART: P. Regionale u. strukturelle Entwicklungsprobleme eines sozialist. Landes (1983); A. KAPALA: P. (1988); J. KĘBŁOWSKI u. E. MAZUR-KĘBŁOWSKA: P. Kunst- u. Reiseführer mit Landeskunde (1989); R. W. FUHRMANN: P. Hb. Gesch., Politik, Wirtschaft (Neuausg. 1990); F. PELZER: P. Eine geograph. Landeskunde (1991); A. KRZEMINSKI: P. im 20. Jh. (1993); B. SCHAFFER u.a.: Landwirtschaft u. Umwelt in P. (Wien 1995); G. VIERTEL: Evangelisch in P. Staat, Kirche u. Diakonie 1945–1995 (1997).

Geschichte: *Bibliographien:* Bibliografia historii polskiej, hg. v. J. BAUMGART u.a., auf zahlr. Bde. ber. (Krakau 1948 ff.); Bibliografia historii Polski, hg. v. H. MADUROWICZ-URBAŃSKA, 6 Bde. (Warschau 1965–78); N. DAVIES: Poland. Past and present (Newtonville, Mass., 1977). – *Gesamtdarstellungen:* The Cambridge history of Poland, hg. v. W. F. REDDAWAY u.a., 2 Bde. (Cambridge 1941–50); Tausend Jahre P., bearb. v. A. GIEYSZTOR u.a. (a.d. Poln., Warschau 1976); G. RHODE: Gesch. P.s (³1980); O. HALECKI: A history of Poland (Neuausg. London 1983); N. DAVIES: God's playground. A history of Poland, 2 Bde. (Neuausg. New York 1984); M. HELLMANN: Daten der poln. Gesch. (1985); M. TYMOWSKI u.a.: Historia Polski (Paris ²1987); J. K. HOENSCH: Gesch. P.s (²1990); ENNO MEYER: Grundzüge der Gesch. P.s (³1990); H. VON ZITZEWITZ: Das dt. Polenbild in der Gesch. Entstehung – Einflüsse – Auswirkungen (²1992); K. ZERNACK: P. u. Rußland. Zwei Wege in der europ. Gesch. (1994). – *Bis 1572:* Historia Polski. Do roku 1466, bearb. v. J. BARDACH (Warschau ⁴1960); W. HENSEL: La naissance de la Pologne (Breslau 1966); O. KOSSMANN: P. im MA., 2 Bde. (1971–85); P. W. KNOLL: The rise of the Polish monarchy (Chicago, Ill., 1972); P. JASIENICA: Polska Jagiellonów (Warschau ⁷1985). – *Bis 1795:* Polska w epoce odrozenia, hg. v. A. WYCZAŃSKI (Warschau 1970); J. K. HOENSCH: Sozial-Verf. u. polit. Reform. P. im vorrevolutionären Zeitalter (1973); A republic of nobles. Studies in Polish history to 1864, hg. v. J. K. FEDOROWICZ (a.d. Poln., Cambridge 1982); MICHAEL G. MÜLLER: P. zw. Preußen u. Rußland. Souveränitätskrise u. Reformpolitik 1736–1752 (1983). – *Bis 1918:* P. S. WANDYCZ: The lands of the partitioned Poland: 1795–1918 (Seattle, Wash., 1974); The history of Poland since 1863, hg. v. R. F. LESLIE (Cambridge 1980); S. KIENIEWICZ: Historia Polski: 1795–1918 (Warschau ⁶1983). – *Ab 1918:* R. DEBICKI: Foreign policy of Poland, 1919–39, from the rebirth of the Polish Republic to World War II (New York 1962); M. BROSZAT: Natsoz. P.-Politik 1939–1945 (Neuausg. 1965); A. POLONSKY: Politics in independent Poland, 1921–1939 (Oxford 1972); M. TOMALA: P. nach 1945 (1973); J. K. HOENSCH u. G. NASARSKI: P. 30 Jahre Volksdemokratie (1975); R. M. WATT: Bitter glory. Poland and his fate, 1918 to 1939 (New York 1979); H. ZIELIŃSKI: Historia Polski 1914–1939 (Breslau ²1985); H. ROOS: Gesch. der poln. Nation 1918–1985 (⁴1986); Die faschist. Okkupationspolitik in P. 1939–1945, hg. v. W. RÖHR (Neuausg. 1989); A. PRADETTO: Techno-bürokrat. Sozialismus. P. in der Ära Gierek. 1970–1980 (1991); P. im Übergang zu den 90er Jahren, hg. v. S. BASKE (1992); L. LUKS: Katholizismus u. polit. Macht im kommunist. P. 1945–1989 (1993); P. nach dem Kommunismus, hg. v. E. OBERLÄNDER (1993); H. BURMEISTER: Polit. Partizipation als Element der Transformationsprozesse in P. 1989–91 (1995); M. RAKOWSKI: Es begann in P. Der Anfang vom Ende des Ostblocks (a. d. Poln., 1995); A. SCHMIDT-RÖSLER: P. Vom MA. bis zur Gegenwart (1996); J. SIEDLARZ: Kirche u. Staat im kommunist. Polen 1945–1989 (1996); D. BINGEN: Die Rep. P. Eine kleine polit. Landeskunde (1997); P. u. die böhm. Länder im 19. u. 20. Jh., hg. v. P. HEUMOS (1997).

Wassilij Dmitrijewitsch Polenow: Moskauer Hof; 1877 (Moskau, Tretjakow-Galerie)

Polendeutsche, dt. Minderheit in Polen, v.a. in Oberschlesien (Zentrum: Oppeln), Ermland und Masuren; ihre Zahl wird auf bis zu 1 Mio. geschätzt.

Geschichte: Bis 1944/45: →Deutsche. – Mit dem im Potsdamer Abkommen (2. 8. 1945) festgeschriebenen Verlust der dt. Ostgebiete östlich der →Oder-Neiße-Linie war auch die zwangsweise Aussiedlung der dt. Bev. (etwa 6,9 Mio. →Vertriebene) verbunden; nur eine Minderheit der Pommern und Schlesier verblieb in ihrer alten Heimat (1950: etwa 1,1 Mio.). Die bei der →Vertreibung begangenen Verbrechen (in über 1 000 poln. Lagern und über 200 Polizeigefängnissen, z.B. in Lamsdorf [Lambinowice], 35 km südwestlich von Oppeln, 1945–46 über 1 000 Todesopfer) wurden bis 1989/90 offiziell geleugnet. Die P. blieben politisch ignoriert und kulturell isoliert; viele bemühten sich um eine Auswanderung nach Dtl. (→Aussiedler).

Nach der Verhängung des Kriegsrechts in Polen (13. 12. 1981) begannen sich P. illegal zu organisieren; die Zulassung eines ›Verbandes der Deutschen‹ wurde 1983 abgelehnt. Ab Mitte der 1980er-Jahre wuchsen die Aktivitäten zur Bildung ›Dt. Freundschaftskreise‹, zunächst v.a. in Oberschlesien (Bürgerbewegung); bis 1990/91 gewannen sie an Breite (zusammengefasst im ›Verband der Dt. Gesellschaften in der Rep. Polen‹, Abk. VDG). Nach deutl. Verbesserung der Lage der P. ab 1989/90 (1990 Wahl von P. in oberschles. Kommunalvertretungen, Übernahme von Bürgermeisterfunktionen), wurde ihnen erst mit dem Dt.-Poln. Nachbarschaftsvertrag vom 17. 6. 1991 die sprachl., kulturelle und religiöse Identität nach KSZE-Norm zugesichert. – Seit der Neuregelung des Aussiedlerstatus (ab 1993) wird den P. das Recht auf eine zusätzl. dt. Staatsbürgerschaft gewährt. – Seit 1991 sind zwei Parteien der P. in Nieder- und Oberschlesien im Sejm vertreten.

Aktuelle rechtl. u. prakt. Fragen des Volksgruppen- u. Minderheitenschutzrechts, hg. v. D. BLUMENWITZ u. D. MURSWIEK (1994); T. URBAN: Deutsche in Polen. Gesch. u. Gegenwart einer Minderheit (²1994).

Polenow, Wassilij Dmitrijewitsch, russ. Maler, *Sankt Petersburg 1. 6. 1844, †Gut Borok (heute Polenowo, Gebiet Tula) 18. 7. 1927; Mitgl. der Peredwischniki; v.a. Landschaftsmaler, widmete sich aber auch histor. Themen, bibl. Darstellungen sowie der Genre- und Porträtmalerei; als Lehrer an der Moskauer Kunstschule (1882–95) beeinflusste er die jüngere Malergeneration (I. I. LEWITAN, K. A. KOROWIN).

Polenta [ital., eigtl. ›Gerstengraupen‹] *die, -/-s* und *...ten,* dicker Brei aus Maismehl oder -grieß, der erkaltet in Scheiben geschnitten und, mit Parmesankäse paniert, gebraten wird.

Polenz, 1) Georg von, auch **G. von Polentz,** Reformator, * im Meißnischen um 1478, † Balga 28. 4. 1550; zunächst Jurist im Dienst Kaiser MAXIMILIANS I. und Papst JULIUS' II.; trat mit ALBRECHT D. Ä. 1511 in den Dt. Orden ein; 1516 Komtur von Königsberg (heute Kaliningrad), 1519 Bischof von Samland. Als solcher und als Regent des Ordenslandes Ostpreußen (1522–25) führte er hier die Reformation ein; er errichtete eine straffe kirchl. Organisation und förderte die Errichtung der Univ. Königsberg. 1525 trat er die weltl. Rechte seines Bistums an das im selben Jahr säkularisierte Herzogtum Preußen ab.

W. HUBATSCH: Gesch. der ev. Kirche Ostpreußens, 3 Bde. (1968).

2) Peter von, Sprachwissenschaftler, * Bautzen 1. 3. 1928; wurde 1961 Prof. in Heidelberg, 1975 in Trier; beschäftigt sich v. a. mit Problemen der dt. Grammatik, mit Wortbildung, Sprachnormung und -kritik sowie der Geschichte der dt. Sprache.

Werke: Die Altenburg. Sprachlandschaft (1954); Landschafts- u. Bezirksnamen im frühmittelalterl. Dtl. (1961); Funktionsverben im heutigen Deutsch (1963); Gesch. der dt. Sprache (1970; 1991–94 u. d. T. Dt. Sprachgesch. vom Spätmittelalter bis zur Gegenwart, 2 Bde.); Dt. Satzsemantik (1985).

3) Wilhelm von, Schriftsteller, * Schloss Obercunewalde (heute zu Cunewalde, Kr. Bautzen) 14. 1. 1861, † Bautzen 13. 11. 1903; schrieb vom Naturalismus beeinflusste sozial- und kulturkrit. Romane und Novellen aus dem Bauern- und Adelsmilieu. Über die zeitgenöss. Heimatkunst geht P. durch Psychologisierung und die Realitätsnähe in der Behandlung sozialer Probleme hinaus. Sein bedeutendstes Werk, ›Der Büttnerbauer‹ (1895), steht unter dem Einfluss É. ZOLAS und L. N. TOLSTOJS.

Ausgabe: Ges. Werke, 10 Bde. ([1-11]1909).

M. SALYÁMOSY: W. v. P. Prosawerke eines Naturalisten (Budapest 1985).

Pole Poppenspäler, Novelle von T. STORM, 1874.

Poleposition [pəʊlpəˈzɪʃn; zu engl. pole ›äußerste Spitze‹ und position] *die, -, Automobilsport:* z. B. beim Formel-1-Rennen der erste Startplatz (innen in der ersten Reihe), ermittelt im Qualifikationstraining durch die beste Qualifikationszeit.

Poleschajew, Poležaev [-ˈʒajef], Aleksandr Iwanowitsch, russ. Dichter, * Pokryschkino (Mordwinien) 11. 9. 1804 (1805?), † Moskau 28. 1. 1838; wurde wegen der sehr freien satir. Verserzählung ›Saška‹ (entst. 1825, hg. 1861) zum Militärdienst verurteilt und zu den Kämpfen im Kaukasus abkommandiert. Viele seiner Soldatenlieder und Romanzen wurden vertont, z. B. ›Sarafan‹.

Ausgabe: Stichotvorenija i poėmy (1957).

Polesilen, Polesje *die* oder *das,* **Polessje,** russ. **Polesskaja nismennost,** früher **Pripjetsümpfe, Rokitnosümpfe,** ausgedehnte Flussniederung im S Weißrusslands, im NW der Ukraine und im W von Russland, im Einzugsgebiet von Pripjet, Dnjepr und Desna, 100–230 m ü. M. (max. 316 m ü. M.), 270 000 km². Das bes. aus Sandablagerungen bestehende Flachland wird von Wäldern (ein Drittel der Fläche; v. a. Kiefern), Seen, Sümpfen, Flachmooren und Wiesen eingenommen. P. ist schwach besiedelt (nur auf höher gelegenen Sandinseln). Durch Entwässerung (etwa 1 Mio. ha) wurde Ackerland für den Flachs-, Kartoffel- und Roggenanbau gewonnen. Wirtschaftl. Bedeutung haben auch Milchviehhaltung, Holzwirtschaft sowie die Nutzung der Torf-, Kalisalz- (bei Soligorsk und Starobin), Braunkohle- und Erdölvorkommen. Am Oberlauf des Ubort Naturschutzgebiet (20 097 ha).

Geschichte: Als Stammesgebiet der →Dregowitschen Teil des Kiewer Reiches (Fürstentum Turow), wurde P. zu Beginn des 14. Jh. dem litauischen Herrschaftsbereich eingegliedert. Nach der Union von Lublin (1569) gehörte der S (Wwschaft Wolhynien) zum poln., der N (Wwschaft Brest-Litowsk) zum litauischen Reichsteil. Mit der 3. Poln. Teilung 1795 kam ganz P. an Russland, mit dem Frieden von Riga (1921) wieder an Polen (eigene Wwschaft P., Hauptstadt: Brest-Litowsk). 1939 wurde P. von der UdSSR besetzt.

Polesine *der,* fruchtbare Landschaft der östl. Poebene, zw. unterer Etsch und Reno, N-Italien. Im westl., trockeneren Teil werden Getreide, Obst und Wein angebaut. Der östl., bis 4 m u. M. liegende Teil mit Küstensümpfen wurde, nach Anfängen seit 1850, nach dem Ersten Weltkrieg trockengelegt; vorwiegend Zuckerrübenanbau, ferner Weizen, Luzerne, Reis. Die Erdgasgewinnung musste wegen Landsenkung eingestellt werden. Gefürchtet sind die Herbsthochwasser, die Dammbrüche zur Folge haben und große Flächen im Deltagebiet überfluten können.

Boris Nikolajewitsch Polewoj (Karikatur der Kukryniksy, 1969)

Polessk, Stadt im Gebiet Kaliningrad (Königsberg), Russland, →Labiau.

Polewoj, Polevoj, 1) Boris Nikolajewitsch, eigtl. **B. N. Kampow,** russ. Schriftsteller, * Moskau 17. 3. 1908, † ebd. 12. 7. 1981; Journalist, Kriegsberichterstatter im Zweiten Weltkrieg, Beobachter beim Nürnberger Prozess (›V konce koncov. Njurnbergskij dnevnik‹, 1969; dt. ›Nürnberger Tagebuch‹); Vertreter des sozialist. Realismus und der ›dokumentar. Literatur‹. In seinem Hauptwerk, dem Roman ›Povest' o nastojaščem čeloveke‹ (1947; dt. ›Der wahre Mensch‹), schildert er einen idealen sowjet. Kriegshelden; ferner Reportagen und Reiseskizzen.

Weitere Werke: *Romane:* Gorjačij cech (1939; dt. Der Querkopf); My – sovetskie ljudi (1948; dt. u. a. als: Frontlinie Eisenstraße); Zoloto (1950; dt. Gold); Na dikom brege (1962; dt. Am wilden Ufer); Doktor Vera (1966; dt.); Do Berlina 896 km (1973; dt. Berlin 896 km). – *Erzählung:* Sovremenniki (1952; dt. Zeitgenossen).

Ausgabe: Sobranie sočinenij, 9 Bde. (1981–86).

2) Nikolaj Aleksejewitsch, russ. Schriftsteller und Historiker, * Irkutsk 3. 7. 1796, † Sankt Petersburg 6. 3. 1846; trat als Herausgeber (1825–34) der literar. Zeitschrift ›Moskovskij telegraf‹ für die Romantik sowie die Kenntnis westl. Philosophie und Wiss. ein; als Historiker mit seiner ›Istorija russkogo naroda‹ (6 Bde., 1830–33, unvollendet) Gegner N. M. KARAMSINS.

Polflucht, langsames Verschieben der Kontinente in Richtung auf den Äquator infolge der durch Erdrotation und Schwereverteilung bedingten **P.-Kraft;** damit im Zusammenhang steht die →Abplattung der Erde. Nach A. WEGENER ist die P. eine der Ursachen der Kontinentalverschiebung.

Alfred Polgar

Polgar, Alfred, urspr. (bis 1914) **A. Polak,** österr. Schriftsteller und Kritiker, * Wien 17. 10. 1873, † Zürich 24. 4. 1955; war Theaterkritiker in Wien, seit 1925 in Berlin (›Weltbühne‹, ›Tagebuch‹), lebte 1933–38 in Wien, von wo er über die Schweiz und Paris 1940 in die USA emigrierte; nach dem Zweiten Weltkrieg Rückkehr nach Europa. P. war, neben S. JACOBSOHN, A. KERR und H. IHERING, einer der herausragenden Theaterkritiker seiner Zeit. Als Meister der geschliffenen kleinen Prosa und feinsinniger Beobachter schrieb er Glossen, Essays, Novellen sowie (oft gemeinsam mit E. FRIEDELL) Sketche und Parodien mit der geistvoll-iron. Skepsis der Wiener Tradition.

Werke: *Kritiken und Essays:* Kleine Zeit (1919); An den Rand geschrieben (1926); Ja u. nein. Schr. des Kritikers, 4 Bde. (1926–27); Ich bin Zeuge (1928); Hinterland (1929); Schwarz auf Weiß (1929); Ansichten (1933); In der Zwischenzeit (1935); Sekundenzeiger (1936); Hb. des Kritikers (1938); Im

Polianthes: Tuberose (Höhe 90–120 cm)

Vorübergehen (1947); Standpunkte (1953). – *Erzählungen:* Der Quell des Übels u.a. Geschichten (1908); Bewegung ist alles (1909); Geschichten ohne Moral (1943); Anderseits (1948); Begegnung im Zwielicht (1951); Im Lauf der Zeit (1954). – *Komödie:* Die Defraudanten (1931).

Ausgabe: Kleine Schr., hg. v. M. REICH-RANICKI, 6 Bde. (1982–86).

U. WEINZIERL: A. P. Eine Biogr. (Wien 1985).

Polhodiekegel [ˈpo:lhodi:-], *Physik:* →Kreisel.

Polhöhe, die Höhe (Winkelabstand) des nördl. oder südl. Himmelspols über dem Nordpunkt bzw. Südpunkt des Horizonts; sie ist gleich der geograph. Breite des Beobachtungsorts. Wegen der →Polbewegung ist die P. nicht konstant, sondern in gewissen Grenzen veränderlich **(P.-Schwankung).**

Poli, Umberto, ital. Lyriker, →Saba, Umberto.

Poliakoff, Serge, eigtl. **Sergej Poljakow,** frz. Maler und Grafiker russ. Herkunft, *Moskau 8. 1. 1906, †Paris 12. 10. 1969; verließ 1919 Russland und lebte ab 1923 in Paris. In London (1935–37) besuchte er die Slade School of Art. Nach seiner Rückkehr nach Paris wurde die Begegnung mit W. KANDINSKY, R. DELAUNAY und O. FREUNDLICH bedeutsam für sein weiteres Schaffen. 1938 entstanden seine ersten abstrakten Bilder. P. entwickelte einen sehr persönl. Stil: wenige, streng gegliederte und verzahnte Formen von meist kräftiger Farbigkeit beschränkt.

G. MARCHIORI: S. P. Témoignages et textes critiques (Paris 1976); Die russ. Avantgarde u. die Bühne 1890–1930, hg. v. H. SPIELMANN, Ausst.-Kat. Schleswig-Holsteinisches Landesmuseum Schloss Gottorf (1991).

Serge Poliakoff: Abstrakte Komposition; 1951 (Privatbesitz)

Poliander, Johannes, eigtl. **J. Gramann,** Reformator, *Neustadt a.d. Aisch 1487, †Königsberg (heute Kaliningrad) 29. 4. 1541; Rektor der Thomasschule in Leipzig. P. war Sekretär J. ECKS bei der →Leipziger Disputation (1519), wandte sich nach ihr, von M. LUTHER beeindruckt, der Reformation zu und studierte in Wittenberg Theologie. Nach reformator. Wirken in Leipzig (1520), Würzburg (1522) sowie Nürnberg und Mansfeld (1524) wurde er auf Empfehlung LUTHERS 1525 Pfarrer in Königsberg. Dort trug er maßgeblich (bes. durch den Aufbau des Schulwesens) zur Reformation Ostpreußens bei.

Polianit [zu griech. poliós ›grau‹] *der, -s/-e,* Bez. für die Kristalle des Minerals →Pyrolusit.

Polianthes [griech., zu pólion, dem Namen eines stark riechenden Krauts, und ánthos ›Blume‹], Gattung der Agavengewächse mit 13 Arten in Mexiko; ausdauernde Kräuter mit fleischiger Knolle, grasähnl. Blättern und meist weißen, oft an Lilien erinnernden Blüten in Ähren oder Trauben. Als Zierpflanze bekannt ist die **Tuberose** (P. tuberosa), vermutlich in Mexiko heimisch, in Mitteleuropa v.a. in Schausammlungen; mit bandartigen Blättern und stark duftenden, wachsweißen, 4–6 cm langen, meist gefüllten Blüten in lockerer Ähre an bis 1 m hohem Stängel; die Blütenstängel kommen meist als Schnittblumen aus den Mittelmeerländern in den Handel.

Polias [griech. ›Stadtbeschützerin‹], Beiname der Göttin →Athene.

Police [pɔˈli:sə; frz., über ital. polizza und mlat. apodixa von griech. apódeixis ›Nachweis‹] *die, -/-n,* Versicherungsschein, die vom Versicherer ausgestellte und unterzeichnete Beweisurkunde über den Versicherungsvertrag. In der Lebensversicherung kann der Verfügungsberechtigte (z.B. der Versicherungsnehmer) die rückkaufsfähige P. beim Versicherer bis zur Höhe des Rückkaufswertes, d.h. des Wertes, der vom Versicherer bei vorzeitiger Kündigung zurückgezahlt würde, beleihen **(P.-Darlehen).**

Police [-tsɛ], Stadt in Polen, →Pölitz.

Policy-Mix [ˈpɔləsi-; engl. ›Mischung der Vorgehensweise‹] *das, -/-,* abgestimmte Maßnahmen aus versch. wirtschaftspolit. Bereichen (u.a. Geld-, Fiskal-, Lohnpolitik), um vorgegebene gesamtwirtschaftl. Ziele (z.B. Vollbeschäftigung, Preisniveaustabilität) zu erreichen. Dabei muss die Konsistenz der Maßnahmen hergestellt werden. (→Wirtschaftspolitik)

Polidoro da Caravaggio [-karaˈvaddʒo], eigtl. **P. Caldara,** ital. Maler, *Caravaggio (bei Bergamo) um 1500, †Messina 1543; Schüler RAFFAELS in Rom. Seine gemeinsam mit dem Florentiner MATURINO (†um 1528) in Rom ausgeführten manierist. Fassadendekorationen in Sgraffitotechnik sind überwiegend in Stichen und Zeichnungen überliefert. Seine Fresken in San Silvestro al Quirinale zeigen ungewöhnl., weite Landschaften; auch Tafelbilder.

P. Caldara da C., hg. v. L. RAVELLI, 2 Bde. (Bergamo 1978).

Polier [unter dem Einfluss von polieren umgedeutet aus spätmhd. parlier(er), zu frz. parler ›sprechen‹, also eigtl. ›Sprecher‹, ›Wortführer‹], Bauführer, Geselle bzw. Facharbeiter, der die Verantwortung für die sachgemäße Baudurchführung hat.

Polieren, *Fertigungstechnik:* das Herstellen hochglänzender glatter Oberflächen mithilfe mechan. Verfahren. Auf Holz und Holzwerkstoffen werden durch P. hoch oder matt glänzende, geschlossenporige Oberflächen erzeugt (→Oberflächenbehandlung). Natur- und Kunststeine werden mit pulverig feinen Schleifmitteln poliert. Metalle werden maschinell poliert in rotierenden Trommeln (Trommel-P.) oder auf rotierenden Scheiben mit einem weichen Tuch oder Leder, mit gröberem, dann feinerem, mit Öl oder Alkohol versetztem Pulver wie Eisenoxid (Polierrot), Aluminiumoxid (Tonerde), Chromoxid (Poliergrün), Calcium- und Magnesiumoxid (Wiener Kalk) u.a. (Glanzschleifen), harte Metalle auch mit Polierstahl, weiche Metalle mit Achat (Polierstein). Beim elektrolyt. P. (Elektro-P.) wird das zu polierende Metall in dem Stromkreis als Anode geschaltet, der Elektrolyt (Säure) beseitigt Unebenheiten durch örtl. Anlösen. Glas wird glatt geschliffen, dann unter Zugabe von Wasser mit Eisenoxid, Mischungen von feinstkörnigen Oxiden oder Kieselgur poliert. Kunststoffe werden von Hand, mit Schwabbelscheiben, Kleinteile auch in umlaufenden Trommeln poliert, oft unter Zugabe spezieller Poliermittel; Thermoplaste werden zur Beseitigung kleinerer Oberflächenfehler durch Flamm-P. nachbehandelt.

Polierschiefer, →Kieselgur.

Polignac [pɔliˈɲak], frz. Adelsgeschlecht, aus der Landschaft Velay stammend. 1780 wurde der Familie der Herzogstitel verliehen. – Bedeutend v. a.:

Jules Auguste Armand Marie, Fürst von P. (seit 1820), frz. Politiker, * Versailles 14. 5. 1780, † Paris 29. 3. 1847; beteiligte sich an dem geplanten Anschlag G. CADOUDALS gegen NAPOLÉON BONAPARTE und gehörte nach 1815 zu den Ultrareaktionären. Für sein Bemühen um die Stärkung des Katholizismus in Frankreich erhob ihn der Papst 1820 zum röm. Fürsten. 1823–29 war P. Botschafter in London, 1829 wurde er Min.-Präs. und Außen-Min. Als solcher plante er den Erwerb Belgiens und leitete die Eroberung Algeriens ein. Er unterzeichnete die Ordonnanzen vom 25. 7. 1830, die zum Ausbruch der Julirevolution führten. Danach von der Pairskammer zu lebensängl. Gefängnis verurteilt (1836 amnestiert).

Poliklinik [zu griech. pólis ›Stadt‹, also eigtl. ›Stadtkrankenhaus‹], einer (Universitäts-)Klinik angeschlossene Abteilung zur ambulanten Untersuchung und Behandlung von Patienten.

Polimentvergoldung [lat.-frz., zu lat. polire ›glänzend machen‹], auf Bolusgrund (→Bolus) aufgetragene, polierbare Blattvergoldung; v. a. für die Hintergründe mittelalterl. Tafelbilder verwendet.

Polinik *der,* **1)** höchster Gipfel der Kreuzeckgruppe (zw. Möll- und Drautal) der Ostalpen, in Kärnten, Österreich, 2 784 m ü. M.

2) Gipfel der Karn. Alpen, in Kärnten, Österreich, nordöstlich des Plöckenpasses, 2 331 m ü. M.

Poliomyelitis [zu griech. poliós ›grau‹ und myelós ›Mark‹] *die, -/...ˈtiden,* die spinale →Kinderlähmung.

Polioviren, Poliomyelitisviren, zu den Enteroviren gehörende Picornaviren; P. sind die Erreger der →Kinderlähmung und kommen in drei Serotypen (Poliotyp 1 bis 3) vor. Sie sind nur für Menschen und Affen pathogen.

Polis *die, -/...leis,* im antiken Griechenland der Stadtstaat; urspr., nach myken. Zeugnissen, die ›Burg‹ und die damit verbundene Siedlung. In archaischer Zeit Bez. der Siedlung, die den polit. Mittelpunkt des umliegenden Gebietes bildete (Sitz der Beamten, Tagungsort von Rat und Volksversammlung), schließlich Bez. für das Siedlung und Umland umfassende Gemeinwesen, den Stadtstaat, im Ggs. zu den ländl. Stammesstaaten (→Koinon).

Die P. verstand sich als Gemeinschaft der Bürger (**Politen,** griech. **Politai,** *Sg.* **Polites**), auf deren urspr. stammesmäßigen kultisch-sozialen Verbänden (Phylen, Phratrien) sie sich aufbaute. Sie war gekennzeichnet durch Selbstverwaltung, in deren Rahmen der Einzelne polit. Rechte und Pflichten hatte, die durch die **Politeia** (›polit. Ordnung‹, ›Verfassung‹) festgelegt waren. Die Verf. konnte, nachdem das Königtum schon früh zurückgedrängt war, oligarchisch oder demokratisch sein, je nachdem, ob nur die Grundbesitzer und die Vermögenden oder alle Bürger an den polit. Rechten vollen Anteil hatten. Neben den politisch vollberechtigten Bürgern, meist nur einigen Tausend, spielten die minderberechtigten ortsansässigen Fremden (→Metöken) bes. wirtschaftlich eine bedeutende Rolle. Die Vollbürger, die sich in Krieg und Frieden der P. zur Verfügung zu stellen hatten, traten im städt. Mittelpunkt (Agora) regelmäßig zur Volksversammlung (→Ekklesia) zusammen und konnten in den dort tagenden Rat (→Bule) gewählt oder durch Losung aufgenommen werden. Mitgl. des Rates sowie gewählte oder erloste Amtsträger leisteten ihre Arbeit ehrenamtlich meist für die Dauer eines Jahres. Als polit. und soziale Einheit verfocht die P. das Recht, nach eigenen Gesetzen zu leben (Autonomie), und strebte nach wirtschaftl. Unabhängigkeit (Autarkie). ›Homonoia‹ (Eintracht) aller Bürger war politisch-eth. Postulat. Dennoch kamen gewaltsame Änderungen des inneren Aufbaus der P. häufig vor.

Die Blütezeit der P. fällt ins 6.–4. Jh. v. Chr. Die flächenmäßig größten P. waren Sparta und Athen. Die P. war noch in hellenist. Zeit Vorbild für die kommunale Verf. der vielen neuen griech. Siedlungen in Asien. Trotz Minderung ihrer Selbstständigkeit unter den hellenist. Königen und später im Röm. Reich vermochte sie ihre Eigenart zu behaupten, blieb zumindest kulturelles und geistiges Zentrum. Als Idee hat die P. v. a. durch die Staatslehren von PLATON und ARISTOTELES durch die Jahrtausende fortgewirkt.

V. EHRENBERG: Der Staat der Griechen (Zürich [2]1965); Zur griech. Staatskunde, hg. v. F. GSCHNITZER (1969); Hellen. Poleis. Krise, Wandlung, Wirkung, hg. v. E. C. WELSKOPF, 4 Bde. (Berlin-Ost 1974); W. GAWANTKA: Die sogenannte P. Entstehung, Gesch. u. Kritik der modernen althistor. Grundbegriffe der griech. Staat, die griech. Staatsidee, die P. (1985); H. KNELL: Mythos u. P. Bildprogramme griech. Bauskulptur (1990); Die griech. P. Architektur u. Politik, hg. v. W. HOEPFNER u. G. ZIMMER (1993).

Polisario, Befreiungsbewegung, →Frente Polisario.

Politbüro, Kw. für **Politisches Büro,** Führungsgremium kommunist. Parteien (KP); vom Zentralkomitee (ZK) auf der Grundlage des ›demokrat. Zentralismus‹ gewählt, zusammengesetzt aus stimmberechtigten Voll-Mitgl. und nicht stimmberechtigten Kandidaten. Dem P. als beschließendem Organ ist das Sekretariat des ZK als ausführendes Organ zur Seite gestellt; Leitung beider Parteigremien durch den Gen.-Sekr. (zeitweilig: Erster Sekretär).

Geschichte: 1917 als Parteiorgan der russ. Bolschewiki entstanden und 1919 als ständiges Leitungsorgan der russ. KP zw. den Plenartagungen des ZK eingerichtet, wurde das P. in der Folgezeit von den Organisationsstatuten aller KPs übernommen. Bes. unter J. W. STALIN entwickelte sich das P. zu einem Gremium, das in fakt. Umkehrung seines Auftrags die Politik der Partei und ihrer Organe (einschließlich des ZK) bindend festlegte. In der UdSSR (→Kommunistische Partei der Sowjetunion) bestimmte das (1952–66 dort durch ein Präsidium ersetzte) P. ebenso wie in den übrigen kommunist. Ländern auch die Maßnahmen der Staatsverwaltung. Nach dem Zusammenbruch der kommunist. Herrschaftssysteme in Ost- und Mitteleuropa (1989–91), dem damit verbundenen Verlust des Machtmonopols der dortigen KPs und deren polit. Neuausrichtung, die sich auch in anderen KPs vollzog (z. T. formale Umwandlung in sozialistisch bzw. sozialdemokratisch orientierte Parteien), schwand auch die Einrichtung des P., das lediglich in einigen – von kommunist. Staatsparteien regierten – asiat. Ländern (VR China, Nord-Korea, Laos, Vietnam) und Kuba eine zentrale polit. Rolle behielt. – Wegen der Todesfälle an der →innerdeutschen Grenze mussten sich ehem. Mitgl. des P. der SED, u. a. E. KRENZ, juristisch verantworten (**P.-Prozess,** Beginn am 13. 11. 1995, Urteilsverkündung am 25. 8. 1997; strafrechtl. Relevanz am 12. 11. 1996 durch das Bundesverfassungsgericht bestätigt).

Political Correctness [pəˈlɪtɪkl kəˈrektnɪs, engl. ›polit. Korrektheit‹] *die, - -,* Anfang der 1990er-Jahre in den USA geprägter, umstrittener Begriff für eine ›richtige‹ Einstellung, die alle Handlungen und Ausdrucksweisen ablehnt, die Personen aufgrund ihrer Rasse, ihres Geschlechts, ihrer Zugehörigkeit zu einer bestimmten sozialen Schicht, ihrer körperl. sowie geistigen Behinderung oder sexueller Neigung diskriminieren. Anhänger der P. C. verstehen sich dabei vielfach als *die* Vertreter eines ›politisch korrekten‹ Sprachgebrauchs, was oft mit einer intoleranten Haltung gegenüber anderen in Politik, Medien, Kunst und öffentl. Leben gebrauchten Sprach- und Bildmustern (z. B. ›Neger‹) verbunden ist. – Bes. wegen seiner begriffl. Unschärfe wird P. C. von Kritikern als Mittel gesellschaftl. Zensur z.T. scharf abgelehnt, als deren Folge sie eine fortschreitende Einschränkung der Meinungsfreiheit befürchten.

V. SCHENZ: P. C. Eine Bewegung erobert Amerika (1994); M. BEHRENS u. R. VON RIMSCHA: ›Polit. Korrektheit‹ in Dtl. Eine Gefahr für die Demokratie (1995); R. HUGHES: P.c. oder die Kunst, sich selbst das Denken zu verbieten (a.d. Amerikan., Neuausg. 1995).

Politik [frz. politique, von griech. politikḗ (téchnē) ›Kunst der Staatsverwaltung‹] *die, -/-en (Pl. selten),* vielschichtiger Begriff, umfasst allg. die Gesamtheit der Verfahren und Handlungen von Einzelnen, Institutionen und Organisationen, die öffentl. Belange durch Entscheidungen regeln. In der Politikwiss. wird – in inhaltl. Anlehnung an die Dreifachgliederung des P.-Begriffs im Englischen – zw. Form (engl. ›polity‹), Prozess (engl. ›politics‹) und Inhalt (engl. ›policy‹) von P. unterschieden. Auf dieser Grundlage wird P. definiert als die Gesamtheit der die öffentl. Belange betreffenden institutionellen, prozessualen und entscheidungsinhaltl. Dimensionen des ›Strebens nach Macht oder nach Beeinflussung der Machtverteilung‹ (M. WEBER), der Herrschaftsordung und der auf verbindl. Regelung gesellschaftl. Konflikte um begehrte Güter gerichteten Bestrebungen.

Definitionsansätze

Sowohl im Alltagsverständnis als auch in der Politikwiss. finden wert- oder zweckrationale P.-Begriffe Verwendung. Im wertrationalen Verständnis, das sich an Denkansätzen des ARISTOTELES orientiert, wird die Vermehrung von Wissen über das, was ist, unmittelbar mit dem verknüpft, was sein soll, bes. mit Anweisungen zum Handeln v.a. für die Regierenden. Je nach handlungsleitender Norm geht es dabei um die Herbeiführung einer ›guten‹ polit. Ordnung, Wahrung des Gemeinwohls, Sicherung des Friedens und andere übergeordnete Ziele zur Sicherung eines geordneten Zusammenlebens der Bürger eines Staates. Im Unterschied dazu stellt das P.-Verständnis der Neuzeit, bes. in der auf N. MACHIAVELLI zurückführenden Lehre der ›klugen‹ Ausübung von Herrschaft und der ›schlauen‹ Planung der Mittel zum Zweck des Machterwerbs und Machterhalts, auf ein nicht notwendigerweise am Gemeinwohl orientiertes Zweck-Mittel-Erfolg-Denken ab. In einer dritten Perspektive gilt P. als Vorgang der gesellschaftl. Veränderung und als diejenige Art von Tätigkeit, die diesen Vorgang auslöst, fördert und antreibt (D. STERNBERGER). Dieses P.-Verständnis wurzelt in polit. Ideologien und – im Extremfall – in Heilslehren ›vom Ende des alten Bestehenden und vom Aufgang des neuen Zukünftigen‹ (STERNBERGER). In der neueren Politikwiss. tritt ein problembezogenes P.-Verständnis hinzu: Ihm gilt P. als Handeln, das auf die Bewältigung fundamentaler Ordnungs- und Koordinationsprobleme innerhalb oder zw. komplexen Gesellschaftssystemen zielt: bei nicht vorauszusetzendem Konsens (so bes. die neuere politikwiss. Staats- und Verbändetheorie), bei Konflikten zw. einer Vielzahl von Interessen (so bes. die Theorien zum →Pluralismus), bei der Spaltung der Gesellschaft in antagonist. (d.h. nicht überbrückbare) Klassengegensätze (so bes. die marxist. Kapitalismusanalyse) und bei Freund-Feind-Differenzierungen (so der Begriff des Politischen bei C. SCHMITT).

Kulturelle Aspekte

Das Verständnis von P. variiert von Kultur zu Kultur. Im antiken Griechenland bezog sich der P.-Begriff auf einen eng begrenzten Bereich öffentl. Angelegenheiten, und zwar auf den der freien, waffenfähigen Bürger der Polis. Mit zunehmender wirtschaftl. Entwicklung, sozialer Differenzierung, polit. Mobilisierung und staatl. Daseinsvorsorge wurde in der Neuzeit der öffentl. Bereich in sachl. und sozialer Hinsicht viel breiter definiert. In den modernen Industrieländern umfasst der Begriff des Politischen nunmehr die polit. Ordnung i.e.S. sowie deren mannigfaltige Verflechtungen mit der Gesellschaft und der Ökonomie. Kulturspezifisch sind auch die Inhalte des P.-Begriffs: In Dtl. dominiert ein Verständnis von P., das vorrangig auf den Staat, auf Sachrationalität und systemat. Produktion, auf Allokation (Zuweisung) und Verteilung von öffentl. Gütern bezogen ist. In der angloamerikan. Tradition hingegen ist ein P.-Verständnis verbreitet, das die ›soziale Rationalität‹ stärker betont und P. bes. prozessual als Feld von Macht- und Interessenkämpfen individueller und kollektiver Akteure begreift. Kulturhistorisch gesehen veränderte sich auch die Rechtfertigung polit. Handelns und polit. Herrschaft. Bis zur Schwelle des Zeitalters der Aufklärung stand die theolog. Legitimierung polit. Handelns im Vordergrund (z.B. in der Lehre vom Gottesgnadentum). Mit den neuzeitl. Vertragstheorien und Lehren von der Volkssouveränität setzten sich allmählich rationale, weltimmanente Begründungen durch. Bes. in den modernen Verfassungsstaaten findet P. ihre Legitimation – über inhaltl. Begründungen hinaus – auch im Prozessualen, d.h. in ihrer Bindung an demokrat. Organisationsstrukturen und Spielregeln.

Institutionelle Formen

Nach institutioneller Form und Art des polit. Prozesses, dem Inhalt polit. Entscheidungen und der Reichweite des Politischen lassen sich Gesellschaftssysteme und damit auch polit. Systeme voneinander unterscheiden. Schon ARISTOTELES unterschied nach der Zahl der Machtträger und der Qualität der Herrschaftspraxis, d.h. der P.: im positiven Sinne zw. Monarchie, Aristokratie und Demokratie, im negativen Sinne zw. Tyrannis, Oligarchie und Ochlokratie. Seinen Schülern und dann v.a. POLYBIOS erschien die ›gemischte Verfassung‹, die monarch., aristokrat. und demokrat. Elemente miteinander verbindet, als die beste. Moderne Typologien polit. Systeme basieren demgegenüber bes. auf dem Ausmaß polit. Beteiligung der Bürger, Chancen für die Opposition, Modus der Wahl und Abwahl von Regierenden, Art der Ausübung von Staatsmacht sowie Stärke der Gegengewichte und institutionellen Kontrollen der staatl. Gewalt. Hierin wurzeln z.B. die Unterscheidungen zw. autokrat. und konstitutionellen Reg.-Systemen oder zw. totalitären, autoritären und demokratischen polit. Systemen. In Weiterführung soziolog., kulturanthropolog. und systemtheoret. Analysen entwickelten Politikwissenschaftler in strukturfunktionalen Untersuchungen neue komplexe Typologien; es wurden z.B. polit. Systeme nach dem Grad struktureller Differenzierung, kultureller Säkularisierung und der Autonomie von Subsystemen klassifiziert und in drei Oberklassen unterschieden: primitive, traditionale und moderne Systeme. Weiterentwicklungen der Typologie setzten bes. bei der Unterscheidung zw. ökonomisch entwickelten und vorindustriellen Staaten, zw. autoritärer und demokrat. Mobilisierung an.

Die Reichweite des Politischen in sachlicher (nach Zahl und Wichtigkeit von Regelungsbereichen) und gesellschaftl. Hinsicht (nach Bev.-Anteilen gerechnet) hängt z.T. mit dem Niveau wirtschaftl. Entwicklung, aber mehr noch mit der Beschaffenheit polit. Ordnungen zusammen. Eine agrarisch geprägte Gesellschaft mit dezentralisierter polit. Struktur und schwachem Staat ist durch ein niedriges, eine entwickelte Industrie- und Dienstleistungsgesellschaft mit ausgebautem Wohlfahrtsstaat hingegen durch ein relativ hohes Politisierungsniveau charakterisiert. Das Höchstmaß der Durchdringung von Gesellschaft und Wirtschaft durch P. und das geringste Ausmaß an individueller

Freiheit und Privatheit kennzeichnen totalitäre Systeme (→Totalitarismus).

K. ROHE: P.: Begriffe u. Wirklichkeiten (1978); V. SELLIN: P., in: Geschichtl. Grundbegriffe, hg. v. O. BRUNNER u.a., Bd. 4 (1978); D. STERNBERGER: Drei Wurzeln der P. (Neuausg. 1984); Pipers Hb. der polit. Ideen, hg. v. I. FETSCHER u.a., 5 Bde. (1985–93); A. J. HEIDENHEIMER: Politics, policy and police as concepts in English and continental languages, in: Review of politics, Jg. 48 (Notre Dame, Ind., 1986); HANS MAIER: Der Begriff der P., in: Ztschr. für P., Jg. 34 (1987); Comparative politics today, hg. v. G. A. ALMOND u.a. (Glenview, Ill., [4]1988); P.-Lex., hg. v. E. HOLTMANN (1991).

Politika, jugoslaw. Tageszeitung mit nat. Verbreitung; nicht parteigebunden; erscheint seit 1904 (mit Unterbrechungen 1915–19 und 1941–44) in Belgrad; Auflage (1997): 200 000 Exemplare.

Politikberatung, die Einbringung von ›Sachverstand‹ in den polit. Willensbildungsprozess, bes. durch in der Forschung tätige Wissenschaftler. Die Anforderungen, die die polit. Praxis an die Wiss. gestellt hat, führten zur Intensivierung der Grundlagenforschung und zur Vermehrung praktisch verwertbarer Informationen. In der Wiss. entbrannte daraufhin eine Diskussion über die grundsätzl. Funktion, die Wissenschaftler bei der Gestaltung der gesellschaftspolit. Praxis haben sollten. Nach J. HABERMAS und K. LOMPE unterscheidet man drei Beratungsmodelle: Beim ›technokrat. Modell‹ kommt es zu einer Überordnung von Technik und Wiss. über die Politik, die sich in ›Sachzwänge‹ auflöst. Die wiss. Entwicklung schreibt dabei quasi den besten Weg polit. Entscheidungen vor, die Politik verliert letztlich ihre Eigenständigkeit. Dagegen setzt das ›dezisionist. Modell‹ eine klare Abgrenzbarkeit der beiden Bereiche voraus. Die Wiss. liefert der Politik die ›wertfreie‹ Information, der Politiker fällt daraufhin die Entscheidungen. Eine solche Funktionstrennung kann dazu führen, dass die Wiss. zum ›Dienstleistungsgewerbe‹ einer wie auch immer gearteten Politik wird. In demokrat. Systemen muss die Entscheidung beim Politiker bleiben; der Beratungsprozess ist aber in der Realität eine Gemeinschaftsaufgabe, bei der auch der Wissenschaftler Entscheidungen (Wertungen) trifft, bevor er Handlungsmöglichkeiten formuliert. Angesichts der wechselseitigen Abhängigkeit beider Funktionen und deren nur partieller Trennbarkeit steht im ›pragmatist. Modell‹ daher die permanente Kooperation und Kommunikation unter Einbeziehung der Öffentlichkeit im Vordergrund. In der Praxis ist die Kooperation zw. Wiss. und Politik allerdings nicht ohne Probleme (Nichtbeachtung oder Alibifunktion von Ergebnissen der wiss. P.; Ausgeliefertsein der Politik an die Fachleute bes. im Bereich großtechn. Entwicklungen).

Wie in anderen Ländern besteht auch in Dtl. ein weitläufiges Netz von Kooperationsbeziehungen zw. polit. Stellen und einzelnen Wissenschaftlern, Beratergruppen oder Institutionen. Dies gilt sowohl für die Ebene des Bundes und der Länder als auch für die Kommunen. Neben der Einzelberatung, der Beratung durch ständige oder Ad-hoc-Ausschüsse, Enquetekommissionen sowie wiss. Beiräte und Institute spielt auch die Auftragsforschung eine wichtige Rolle. Beratungsinstrumente des Parlaments sind neben den persönl. Assistenten, den wiss. Referenten der Arbeitskreise der Fraktionen und der Abteilung ›Wiss. Dienste‹ beim Bundestag v.a. Hearings und Enquetekommissionen. Eine besondere Rolle spielt in Dtl. der ›Sachverständigenrat zur Begutachtung der gesamtwirtschaftl. Entwicklung‹ (→Sachverständigenrat).

K. LOMPE: Wiss. Beratung der Politik ([2]1972); DERS.: Enquête-Kommissionen u. Royal Commissions, Beispiele wiss. P. in der Bundesrep. Dtl. u. in Großbritannien (1981); G. T. W. DIETZEL: Wiss. u. staatl. Entscheidungsplanung (1978); W. BRUDER: Sozialwiss.en u. P. (1980); Regieren u. P., hg. v. A. MURSWIECK (1994); K. VON WULFFEN: P. in der Demokratie (1996).

Politik des billigen Geldes, →billiges Geld.

Politikwissenschaft, politische Wissenschaft, Politologie, die Wiss. von den institutionellen Formen, Prozessen, Inhalten und normativen Grundlagen der →Politik. Zu ihren wichtigsten Untersuchungsbereichen zählen 1) die Geschichte der polit. Ideen und der modernen Politiktheorien, 2) die internat. Beziehungen der Staaten und 3) die Struktur und Dynamik polit. Systeme, einschließlich des histor. und interkulturellen Vergleichs. Die P. gehört zu den →Sozialwissenschaften, übernahm jedoch aus älteren ideengeschichtl. Wurzeln die Frage nach der ›guten‹ polit. Ordnung und die Frage nach den Bedingungen und Folgen von Machterwerb und Machterhaltungsstreben. Die Politik in vorindustriellen und industriellen Ländern hat darüber hinaus ihre Aufmerksamkeit v.a. auf Analysen der Struktur und Dynamik von Herrschaftsordnungen, polit. Kultur, polit. Beteiligung, Parteienwettbewerb und Wahlverhalten, polit. Organisierung und Interessenvermittlung gelenkt. Bes. die neuere Forschung zur Staatstätigkeit (unter dem Begriff ›Policy-Forschung‹, ›Politikfeldanalyse‹) thematisiert den Zusammenhang von institutionellen Bedingungen und polit. Prozess einerseits und Inhalt und Folgen staatlich-polit. Entscheidungen andererseits. ›Schulen‹ der P. sind: 1) die traditionelle, die sich auf normative und institutionelle Fragen im Sinne klassisch-antiker polit. Theorie konzentriert; 2) die empirisch-analyt., die – an naturwiss. Methoden orientiert – polit. Einstellungen, Verhalten, Strukturen und Prozesse beschreibt und erklärt; 3) die krit., die in Weiterführung gesellschaftskrit. Traditionen bes. die sozialen und ökonom. Rahmenbedingungen von Politik thematisiert. (→politische Soziologie)

Pipers Wb. zur Politik, hg. v. D. NOHLEN, 7 Tle. ([1-2]1983–87); Wb. Staat u. Politik, hg. v. DEMS. (1991); Political science. The state of the discipline, hg. v. A. W. FINIFTER (Washington, D. C., 1983); Pipers Hb. der polit. Ideen, hg. v. I. FETSCHER u.a., 5 Bde. (1985–93); P. in der Bundesrep. Dtl. Entwicklungsprobleme einer Disziplin, hg. v. K. VON BEYME (1986); P., hg. v. DEMS. u.a., 3 Bde. (Neuausg. 1987); C. BÖHRET u.a.: Innenpolitik u. polit. Theorie ([3]1988); Einf. in die internat. Politik, hg. v. M. KNAPP u.a. (1989); MANFRED G. SCHMIDT: Wb. zur Politik (1995).

politisch [von griech. politikós ›die Bürgerschaft, Staatsverwaltung betreffend‹], 1) die Politik betreffend; 2) klug, auf ein Ziel gerichtet.

politische Arithmetik, eine wiss. Bewegung, bes. in England, den Niederlanden, Frankreich und Belgien, zw. 1662 und dem Ende des 18. Jh.; Zielsetzungen waren die Erkenntnis gesellschaftl. und ökonom. Gesetze und deren Anwendung auf polit. Probleme. Der bevölkerungswiss. Zweig wurde von J. GRAUNT, der wirtschaftswiss. von W. PETTY begründet. Im 19. Jh. verschmolz das Gedankengut der p. A. mit der Statistik und der Wahrscheinlichkeitsrechnung.

politische Beamte, Lebenszeitbeamte, die ein Amt bekleiden, bei dessen Ausübung sie in fortdauernder Übereinstimmung mit den grundsätzlichen polit. Ansichten und Zielen der Reg. stehen müssen (§ 31 Beamtenrechtsrahmen-Ges.). Welche Beamten hierzu gehören, bestimmen die Beamtengesetze des Bundes und der Länder (z.B. Staatssekretäre, Ministerialdirektoren). Sie können jederzeit in den einstweiligen Ruhestand versetzt, aber auch erneut berufen werden; sie sind unter bestimmten Voraussetzungen verpflichtet, der erneuten Berufung Folge zu leisten.

politische Bildung, i.w.S. alle Bildungsprozesse, in denen Heranwachsende und Erwachsene Spielregeln und Wertvorstellungen demokrat. Gesellschaften übernehmen, i.e.S. der Teil der polit. Sozialisation, der im Rahmen gesellschaftl. Institutionen (Schulen, Hochschulen, Parteien, Gewerkschaften, Kirchen, Jugendverbände u.a.) vermittelt wird mit dem Ziel, die Voraussetzungen für Verständnis und aktive polit.

Teilnahme am gesellschaftlich-polit. Leben der Demokratie zu schaffen. Bei totalitären Staaten spricht man von polit. Schulung, die Instrument systemkonformer Erziehung ist. – Die Institutionalisierung von p. B. steht im Zusammenhang mit der Modernisierung und Demokratisierung der Industriegesellschaften, in Dtl. war sie erstmals in der Weimarer Rep. ein eigenständiger Lehrbereich. Nach dem Zweiten Weltkrieg kamen starke Anstöße zur p. B. durch die westl. Demokratien (→Reeducation).

Das Schulfach zur p. B. trägt heute in den einzelnen Bundesländern sehr unterschiedl. Bez.: Gemeinschaftskunde, Sozialkunde, Gesellschaftslehre, Politik, Wirtschaft/Politik, Politikunterricht (in der gymnasialen Oberstufe ist p. B. Teil des gesellschaftswiss. Aufgabenbereichs), in der Schweiz wird der früher auch in Dtl. übliche Begriff Staatsbürgerkunde verwendet, auch in Österreich, wo daneben p. B. ein Wahlfach der Oberstufen ist. Innerhalb der Vorgaben von Grundgesetz und Länderverfassungen ist die Diskussion um eine angemessene didakt. Konzeption der p. B. und ihrer Ziele breit und kontrovers geführt worden und zeigt auch heute ein z. T. polarisiertes Nebeneinander. Wegweisend war das von H. GIESECKE 1965 in die theoret. Begründung der p. B. eingeführte ›Konfliktmodell‹ einer freien öffentl. Auseinandersetzung zw. den versch. Gruppierungen der pluralist. Gesellschaft. Dabei geht er von der Annahme eines harmon. Interessenausgleiches aus, weshalb er als Ziel p. B. die Befähigung zur Parteinahme in den (nicht von vornherein entschiedenen) Prozessen polit. Willensbildung ansieht. Stärker an der krit. Theorie der Frankfurter Schule orientiert sind Konzepte der p. B., bei denen im Hinblick auf freiheitl. Veränderungen die ideologiekrit. Analyse von Manipulationsmechanismen und Herrschaftsstrukturen, die Erhellung des ursächl. Zusammenhanges zw. privaten Problemen und gesellschaftl. Widersprüchen sowie emanzipator. Lernziele wie die Befähigung zur Artikulation der eigenen Interessen im Vordergrund stehen. Andere Stimmen setzen den Schwerpunkt p. B. auf die Informationen über den demokrat. Staat, seine Ordnung und Grundwerte. – Die Effektivität von p. B. in der Schule in Anbetracht starker außerschul. Einflüsse ist umstritten. Didakt. Konsequenzen sind schülerzentriertes und situationsorientiertes, pädagogisch behutsames Aufdecken eigener subjektiver Betroffenheit von Politik, Rollen- und Planspiele, Projekte und Aktionsgruppen (›forschendes Lernen‹), internat. Begegnungen.

B. CLAUSSEN: Didaktik u. Sozialwiss. Beitr. zur p. B. (1987); Hb. zur p. B., hg. v. W. D. MICKEL u. a. (1988); Hb. zur polit. Erwachsenenbildung, hg. v. A. KAISER (1989); C. SOLZBACHER: P. B. im pluralist. Rechtsstaat (1994).

politische Dichtung, politische Literatur, unscharfer Sammelbegriff für literar. Werke, die polit. Ideen, Themen oder Ereignisse behandeln, um so auf Meinungsbildung und Vorgänge in Staat und Gesellschaft einzuwirken. Der Begriff ist Ausdruck einer Literaturauffassung, die Literatur in erster Linie unter dem Aspekt ihrer gesellschaftskrit. (→Gesellschaftskritik) oder sozialen Wirkung betrachtet, unabhängig von der Intention des Autors. I. e. S. bezeichnet p. D. Werke, die unmittelbar im Dienst der Politik stehen, oft als Gebrauchsliteratur (charakteristisch z. B. für die →Arbeiterliteratur, die →Blut-und-Boden-Dichtung, die Schriften des →Jungen Deutschland, die Werke des →sozialistischen Realismus), wobei die Skala von Bejahung und Verherrlichung der bestehenden Verhältnisse bis zu scharfer Kritik, die auf Veränderung zielt, reicht.

P. D. kann sich aller literar. Gattungen bedienen, bevorzugt jedoch wegen der z. T. ausgeprägten Orientierung auf Pointen und Affekte v. a. die Kleinformen der Lyrik (Epigramm, Lied, Chanson, Song), Epik (Anekdote, Fabel, Kurzgeschichte) und des Dramas (Einakter, Sketch, Hörspiel, Lehrstück), daneben kurze Prosaformen wie Flugblatt, Traktat, Pamphlet, Dialog, Reportage. Charakteristisch ist hierbei oft die Bindung an bestimmte Aufführungsformen wie Arbeitertheater, Straßentheater, Kabarett, Kundgebungen und Festivals.

Häufig benutzte Verfahren der p. D. sind Satire, Parodie, Travestie und Kontrafakturen bekannter Texte. Solche Verkehrungen gültiger, oft kanonisierter Muster, ferner Zeitbezug und polit. Ausrichtung machen die Wertung der p. D. problematisch: Gemessen am Ideal des autonomen, zweckfreien Kunstwerks gelten Tendenz und Funktionalität als Mängel; die unvermeidl. Parteilichkeit der p. D. erschwert ebenfalls eine distanzierte Bewertung. Andererseits zeugen Reaktionen auf p. D. und ihre Verfasser wie Verfolgung, Verbot, Zensur, Prozesse und Skandale bis in die Gegenwart von ihrer über das rein Literarische hinausweisenden Bedeutung und Wirkkraft.

W. JENS: Lit. u. Politik (1963); P. STEIN: Polit. Bewußtsein u. künstler. Gestaltungswille in der polit. Lyrik, 1780–1848 (1971); U. JAEGGI: Lit. u. Politik (1972); ULRICH MÜLLER: Unters. zur polit. Lyrik des dt. MA. (1974); Gesch. der polit. Lyrik in Dtl., hg. v. W. HINDERER (1978); F. RUDORF: Poetolog. Lyrik u. p. D. (1988).

politische Ethik, Teilgebiet der Ethik. Ihr Gegenstandsbereich ist zum einen die Frage nach den Bedingungen der Legitimität und der Legitimation der Ausübung von polit. Macht sowohl seitens der Staatsorgane als auch durch die (gewählten) Politiker und die Staatsbürger, zum anderen die Entwicklung und Rekonstruktion von Normensystemen und Normen für eth. Handeln in der Politik zur am Gemeinwohl orientierten Verwirklichung von Freiheit, Gerechtigkeit, Frieden, der Menschen- und Bürgerrechte. Dabei werden die Normen entweder aus theolog. Prämissen (Offenbarung, Zweireichelehre) hergeleitet, auf das (säkularisierte) Naturrecht oder auf Prinzipien der Vernunft gegründet, oder sie basieren auf empirisch gewonnenen Erkenntnissen, z. B. der Soziologie, Sozialpsychologie und Anthropologie, über das Zusammenleben der Menschen. Klass. Probleme der p. E. sind Begründung und Umfang des Widerstandsrechts sowie Legitimität und Legitimierung von Krieg.

politische Gefangene, i. w. S. Menschen, die aus weltanschaulichen, rass., ethn. oder polit. Gründen, i. e. S. aufgrund vermeintlicher oder tatsächl., friedl. oder gewalttätiger Opposition gegen ihre Reg. oder gegen das politisch-soziale System, in dem sie leben, in Haft sind. – In freiheitlichen, rechtsstaatlich verfassten Demokratien reklamieren inhaftierte Gewalttäter, die polit. Motive geltend machen, oft den Status von p. G. In vielen Diktaturen werden p. G. auch gefoltert. (→Amnesty International, →Häftlingshilfe)

politische Geographie, Staatengeographie, der Zweig der Geographie, der die Wechselbeziehungen zw. den geograph. Gegebenheiten und den polit. Zuständen, Vorgängen und Entwicklungen erforscht und lehrt. Die p. G. wurde von F. RATZEL begründet, der mit seinen Theorien eine biologistisch-determinist. Betrachtungsweise begünstigte. Später wurde die p. G. vielfach mit der →Geopolitik vermischt und geriet in Dtl. in den Sog des Nationalsozialismus. Nach dem Zweiten Weltkrieg erlosch durch die Ächtung der Geopolitik in Dtl. das Interesse an der p. G., die aber seit 1960 wieder gelehrt wird. Große Beachtung findet die p. G. im angloamerikan. Sprachbereich.

P. G., hg. v. J. MATZNETTER (1977); U. ANTE: P. G. (1981); K.-A. BOESLER: P. G. (1983).

politische Klausel, im Staatskirchenrecht die Vorschrift, dass der Hl. Stuhl einen Diözesanbischof erst ernennt, nachdem durch Anfrage bei der betreffenden Staatsregierung festgestellt worden ist, dass seiner Ernennung keine allgemein polit. Bedenken entgegenstehen. Ein staatl. Vetorecht wird damit aber nicht begründet. Die p. K. ist in den neueren Konkordaten an die Stelle weiter gehender früherer Regelungen getreten.

politische Kultur, nach 1945 in die amerikan. Sozialwiss. eingeführter (engl. ›political culture‹) und von der dt. Politikwiss. übernommener Begriff, der im wertneutralen Sinne (im Ggs. zur teilweise normativen alltagssprachl. Verwendung des Begriffs) den Zusammenhang zw. polit. Institutionen und dem Bewusstsein der Bev., d. h. zw. objektiven polit. Strukturen und ihrer subjektiven Verarbeitung beschreibt.

Grundfragen und Methoden der politischen Kulturforschung

Fragen der Legitimation polit. Systeme und Herrschaftsträger, der Beteiligung der Bürger, der polit. Bedeutung und Bedingtheit von Rechts-, Verwaltungs-, Bildungssystemen u. a. sind seit dem Altertum erörtert worden. Die Etablierung der polit. Kulturforschung als einer sozialwiss. Disziplin im 20. Jh. erhielt wesentl. Impulse einerseits durch die Emanzipation junger Staaten von der Kolonialherrschaft, die tief greifende Modernisierungsprozesse in Gang setzte, und andererseits durch die polit. Erfahrungen mit dem natsoz. Regime, die die Frage nach den ursächl. Faktoren für den Rückfall eines hoch zivilisierten Landes in die Barbarei provozierten. Nach dem Zweiten Weltkrieg wurde p. K. unter dem Einfluss des Behaviorismus und einer sich in den Sozialwissenschaften durchsetzenden empir. Orientierung zu einem eigenen Forschungsfeld mit dem Anspruch theoriegeleiteter und methodisch abgesicherter Erkenntnis. Den Beginn bezeichnete das bis heute als Standardwerk geltende Buch von GABRIEL A. ALMOND und SIDNEY VERBA ›The civic culture. Political attitudes and democracy in five nations‹ (1963). Das darin angewandte Forschungskonzept sieht p. K. als ›Muster der Verteilung individueller Orientierungen auf polit. Objekte unter den Mitgliedern eines Kollektivs‹. Dabei meint Orientierung polit. Einstellungen und Werthaltungen. Dem Konzept liegt die Hypothese einer Korrespondenz zw. objektiven Strukturen und realem polit. Geschehen auf der einen Seite und ihrer subjektiven Verarbeitung im Bewusstsein der Bev. auf der anderen Seite zugrunde. Diese Hypothese entbehrt jedoch bisher eines empir. Beweises. Ein breiter angelegtes Verständnis von p. K., u. a. vertreten von KARL ROHE, geht dagegen aus von den für ein polit. Kollektiv maßgebenden grundlegenden Vorstellungen darüber, was Politik eigentlich ist, sein kann und sein soll. Diese Grundannahmen stellen so etwas wie Maßstäbe dar, anhand deren Politik wahrgenommen, interpretiert und beurteilt wird. ROHE spricht von einer Art polit. Partitur, einem Weltbild von Gruppen, die denselben polit. Code und in der Folge vielleicht auch dasselbe Verhaltensmuster teilen. Notwendig scheint eine Verbindung beider Ansätze und der jeweils verwendeten Forschungsmethoden, im letzteren Fall eine eher histor. und phänomenolog., im anderen Fall die Umfrageforschung. Darüber hinaus erfordern Aussagen über das Verhältnis von Bürger und polit. System die Einbeziehung des prakt. Verhaltens in polit. Kulturdiagnosen.

Hinsichtlich der Forschungsgegenstände haben sich empirisch orientierte Forscher auf Kernbereiche geeinigt, die der Umfrageforschung zugänglich sind. Man kann im Anschluss an DAVID EASTON und DIRK BERG-SCHLOSSER folgende Dimensionen der p. K. unterscheiden: 1) Orientierungen gegenüber dem System als Ganzem (Einstellungen zur institutionellen Ordnung und zur polit. Gemeinschaft), 2) gegenüber seinen ›Output-Strukturen‹ (Einstellungen zum polit. Geschehen, zu Institutionen und Akteuren), 3) gegenüber seinen ›Input-Strukturen‹ (Forderungen und Unterstützungen der Bev.) und 4) gegenüber dem Selbst (Ego) als Teilhaber des polit. Systems (Selbstwertgefühl, Bewusstsein polit. Kompetenz).

Schlüsselbegriff

Seit der Antike kennt die europ. Geschichte der polit. Theorie eine Fülle von Typologien für die legitimator. Verbindung von p. K. und polit. System. In neuerer Zeit entwickelte ROHE die Unterscheidung von ›Staatskulturen‹ und ›Gesellschafts-‹ bzw. ›Zivilkulturen‹, die sich in ihrem Ansatz zur Lösung polit. Grundprobleme unterscheiden. Die für die Entwicklung der polit. Kulturforschung nach 1945 folgenreichste Typologie stammt von ALMOND und VERBA. Sie unterscheidet drei reine Typen: 1) die ›parochiale Kultur‹ mit schwach ausgebildeter polit. Orientierung; 2) die ›Untertanenkultur‹ mit voll ausdifferenziertem politisch-administrativem System, dessen Bürger sich als Objekt staatl. Handelns verstehen; 3) die ›partizipative Kultur‹ mit voll ausdifferenzierter polit. Orientierung und Partizipationsmöglichkeiten der Bürger. Mit dieser Typologie kann man kulturellen Wandel und in der Folge polit. Entwicklungen sichtbar machen und vergleichen, und sie erlaubt die Bildung von Mischtypen. Unter diesen vermag die ›civic culture‹, eine Bürgerkultur, die unterschiedl. Elemente aus allen drei reinen Typen enthält, am ehesten gegenwärtige demokrat. Gesellschaften des europäisch-nordamerikan. Typs zu beschreiben und zu vergleichen.

Die Traditionen der politischen Kultur Deutschlands

Polit. Kulturen sind nicht zu verstehen ohne den Rekurs auf Traditionen, d. h. Inhalte des Kollektivbewusstseins, die für die Gegenwart nachhaltige Bedeutung haben und für die Zukunft als wegweisend gelten. Geschichte ergibt sich freilich nicht von selbst, sondern sie ist das Produkt von Deutungen und Selektionen. In dem Maße, in dem das Geschichtsbewusstsein von Gruppen auch an der Lebensgeschichte ihrer Mitglieder festgemacht ist, verändert es sich, wenn neue Gruppen polit. Geschichte an ihre Lebensgeschichte binden. Daraus resultiert die Bedeutung von Generationen – im Sinne von Altersgruppen, die jeweils durch dieselben historisch-polit. Erfahrungen geprägt sind – für die Entwicklung des Geschichtsbewusstseins von Individuen wie sozialen Gruppen. In West-Dtl. gab es nach dem Zweiten Weltkrieg mehr solcher Generationen als in anderen europ. Ländern, weil Veränderungen der p. K. sich deutlicher und rascher vollzogen als anderswo. Die Entwicklung in der DDR brachte infolge des Systemwechsels zum Kommunismus noch einmal ganz anders gelagerte Generationen hervor und mit ihnen histor. Bewusstseinsformationen, die mit denen West-Dtl.s nicht vergleichbar und nach der Wiedervereinigung ungemein schwierig zu vereinbaren sind.

Schon das bis 1945 ungeteilte Dtl. begegnete großen Schwierigkeiten auf der Suche nach Identitätsangeboten aus seiner Politikgeschichte. Keine der drei staatl. Ordnungen, die einander seit 1871 ablösten – das Bismarckreich, die Weimarer Republik als gescheiterte ›Demokratie ohne Demokraten‹, das ›Dritte Reich‹ –, liefert dem heutigen Deutschen Identifikation. Jedes polit. System war der Feind des anderen und zog wesentl. Kräfte aus dem Kampf gegen das vorhergehende. H. PLESSNER hat

Dtl. das exemplar. Land moderner Traditionslosigkeit genannt und ihm darin eine Vorreiterrolle für andere Nationen zugesprochen.

Die dt. Politikgeschichte ist ferner gekennzeichnet durch ihre obrigkeitsstaatl. Tradition. Dazu gehörte 1) die prinzipielle Unterscheidung von Staat und Gesellschaft, d.h. die Alleinzuständigkeit staatl. Institutionen für die Politik und die Politikferne aller gesellschaftl. Bereiche; 2) die herrschende Vorstellung von der Interessenneutralität des nur dem Gemeinwohl verpflichteten Obrigkeitsstaats; 3) die Unabhängigkeit des nur dem Staat verpflichteten Beamtentums gegenüber wirtschaftl. Machtgruppen (wobei jedoch die Abhängigkeit des staatl. Machtapparats von Einflussgruppen verschleiert wurde); 4) der Rang, der dem Staat als selbstständiger Substanz mit eigenem Recht, eigener Würde und Autorität eingeräumt wurde; 5) die polit. Apathie des ›Untertanen‹, seine absolute Folgebereitschaft gegenüber staatl. Autorität; 6) die volle emotionale Identifikation des Bürgers mit dem Staat und seinen Symbolen. Das dt. Bürgertum reagierte auf die ihm auferlegte polit. Ohnmacht in zweifacher Weise: durch Rückzug in ›Innerlichkeit‹ und durch die Anbetung polit. Macht; beides hängt eng zusammen.

Die obrigkeitsstaatl. Tradition hat einen eigenen, dt. Politikstil geprägt: Die Bundesrepublik Dtl. kennzeichnet ein hohes Maß an Interventionsstaatlichkeit; die dt. Politik neigt stark zu legalist. Lösungen; ›Sachkompetenz‹ genießt in Dtl. höhere Wertschätzung als in anderen Ländern Europas; der polit. Prozess ist bürokratisch-formalistisch geprägt und setzt kaum auf partizipative Methoden. Dennoch haben die polit. Institutionen der Bundesrepublik Dtl. die Entwicklung zu einer modernen Demokratie nicht behindert.

Gegenwärtig erhält das obrigkeitl. Staatsverständnis allerdings neue Nahrung: Auf fast allen Politikfeldern erwarten die Bürger vom Staat Aktivitäten und Hilfen, auch dort, wo er objektiv keine Einflusschance hat. Bes. ausgeprägt ist der Wunsch nach einem ›starken Staat‹ in den neuen Bundesländern, sei es auf dem Gebiet von Polizei und Justiz oder der Außen- oder Wirtschaftspolitik. Aber es wächst nicht nur das Gefühl der Angewiesenheit auf den Staat, sondern es fehlt den Bürgern die klass. Untertanenmentalität: Wirtschaftswunder und Wertewandel haben zugleich anspruchsvolle und krit. Bürger hervorgebracht.

Zu den dt. Politiktraditionen gehört auch die Rechtsstaatlichkeit. Der dt. Rechtsstaat hat sich im 18. Jh. als eine Form des aufgeklärten Obrigkeitsstaates entwickelt. Idealist. Philosophie und preuß. Verwaltung verbanden sich zu einem Politikverständnis, das den Untertanen zwar keine demokrat. Mitwirkungsrechte, aber verlässl. Leitlinien gab, innerhalb deren der Bürger sich, von staatl. Willkür frei, bewegen konnte. Diese Freiheitssphäre galt als vom Staat geschaffen und gewährleistet, nicht als ein Raum ›vorstaatl.‹ Menschenrechte, wie es die Theorie der Demokratie in Amerika und Frankreich verstand. Erst die Weimarer Reichsverfassung hat 1919 den demokrat. Rechtsstaat in Dtl. geschaffen. Dasselbe geschah noch einmal 1949 bei der Gründung der Bundesrepublik Dtl. Aufgrund der Erfahrungen mit dem Nationalsozialismus, aber auch mit dem Weimarer Staat versuchten die Schöpfer des Grundgesetzes der Gefahr der ›Staatsvergottung‹ zu entgehen. Dabei trat allerdings an die Stelle des unangreifbaren Staates die unangreifbare Verfassung. Polit. Fragen werden so zu Rechtsfragen; bes. das Bundesverfassungsgericht wird zum ›Übergesetzgeber‹, während das Parlament an nachgeordnete Stelle polit. Macht gerät. Das angelsächs. Verständnis der Verfassung ist dagegen das eines Forums für polit. Auseinandersetzungen; sie gilt als sachlich und zeitlich offen und setzt gesellschaftl. Wandel, auch den Wandel von Wertvorstellungen, als normal voraus.

Der Wandel zur Demokratie in Westdeutschland nach 1945

In den 1950er-Jahren hatten ALMOND und VERBA in der Bundesrepublik Dtl. eine ›Untertanenkultur‹ festgestellt. Innerhalb eines Vierteljahrhunderts fand jedoch eine ›dramat. Transformation‹ zur demokrat. Bürgerkultur statt. Dieser Wandel vollzog sich v.a. auf folgenden Feldern: 1) polit. Interesse, verstanden als Beobachtung des polit. Geschehens, verbunden mit dem Wunsch nach einer mindestens distanzierten Teilnahme; 2) soziales Vertrauen, d.h. eine Öffnung für andere Menschen als eine wichtige Voraussetzung für demokrat. Engagement; 3) Selbstvertrauen und Selbstachtung, die positiv mit der Akzeptanz demokrat. und rechtsstaatl. Verfahrensweisen, mit polit. Toleranz, sozialem Vertrauen und dem Glauben an polit. Freiheit und Gleichheit korrelieren; 4) Glaube an den eigenen Einfluss oder ›polit. Effektivität‹ (engl. political efficacy); 5) Demokratiezufriedenheit; 6) Form und Grad der polit. Partizipation, wobei die Bereitschaft zum Engagement innerhalb neuer, (noch) nicht institutionalisierter Aktivitätsformen (z.B. Bürgerinitiativen, aber auch illegale, aber subjektiv für gerechtfertigt gehaltene Aktionen wie Hausbesetzungen) stark gestiegen ist. Die obrigkeitl. Tradition wirkt jedoch immer noch nach, nicht zuletzt in dem mangelnden Sinn für Opposition (verhältnismäßig geringe Konfliktfähigkeit, Geringschätzung des Kompromisses) und der Missachtung von Minderheiten.

Als Faktoren, die den schnellen Wandel der westdt. p. K. ermöglichten, werden genannt: der Schock des verlorenen Krieges und des totalen staatl. Zusammenbruchs 1945; die Neuorientierung der alten Eliten nach dem westlich-demokrat. Staatsmodell; die der polit. Mentalität der Deutschen angepasste Verfassungsgebung, die auf starke Führung, Kontinuität, Harmonie und Stabilität zielte und dabei entscheidend gestützt wurde durch den wirtschaftl. Aufschwung. Die allgemeine Wohlfahrtssteigerung führte trotz eher zunehmender Ungleichheit von Vermögen und Einkommen zum Abklingen von Klassenspannungen, zur Entstehung einer neuen Mittelklasse und zur Verbreitung von Bildung und Freizeit – Faktoren, die alle in Richtung Demokratisierung wirkten. Begleitet wurden diese Entwicklungen von einem tief greifenden Wertewandel, der teils als Verlust gemeinschaftsorientierter Werte interpretiert wird, in der Forschung aber vorwiegend als vielschichtiger Prozess gesehen wird, in dem sich die Elemente traditioneller und neuer, ›postmaterialist.‹ Werte (z.B. Selbstbestimmung, Eigenverantwortlichkeit) zu unterschiedl. Werttypen mischen. Dabei lassen sich viele der postmaterialist. Werte und Verhaltensformen (z.B. autoritätskrit. Haltung) entweder als ›Demokratiepotenzial‹ oder als ›Anomiepotenzial‹ deuten.

Eine Nation – zwei politische Kulturen?

Als Ende 1989 in Berlin die Mauer fiel, sahen nur wenige die Schwierigkeiten voraus, welche die Wiedervereinigung so lange getrennter p. K. mit sich bringen würde. Dabei handelt es sich um Probleme unterschiedlichster Natur. Die Forschungssituation wird jedoch durch eine Reihe von Faktoren erschwert. Abgesehen von der unzulängl. Datenlage für die Gebiete der ehem. DDR sind Urteile, Einschätzungen und Prognosen deshalb schwierig und in manchen Fällen unmöglich, weil die Kategorien westl. Forschung nicht ohne weiteres anwendbar sind. Außerdem befinden sich beide Gesellschaften in rascher Entwicklung, Maßstäbe sind deshalb unsicher. Prognosen sind häufig durch Hoffnung oder Skepsis eingefärbt.

Was die manifesten Unterschiede zw. beiden p. K. angeht, so liegt die größte Schwierigkeit für eine rasche Angleichung in der großen Kluft zw. einer hedonist. ›Spätkultur‹ mit postmaterialist. Lebensstilen und einer Mangelgesellschaft mit materialist. Lebenseinstellung. Die polit. Kulturforschung kann über eine Analyse dieser Differenzen hinaus helfen herauszufinden, welche Einstellungen sich rasch ändern lassen, welche Werthaltungen vermutlich nachhaltiger sind und welche Verhaltensweisen zu ihrer Veränderung einen Generationswechsel voraussetzen.

Eine große Rolle spielen für die p. K. die Unterschiede der sozialen Schichtung. Die subjektive Schichteinstufung entspricht für die Bev. der alten Bundesländer der typ. Zwiebelform einer Mittelschichtsgesellschaft und für die neuen Bundesländer der pyramidenförmigen Schichtstruktur einer Arbeitergesellschaft. Im Hinblick auf die objektive soziale Schicht liegt die ostdt. Bev., die bis 1990 extrem geringe Einkommensunterschiede kannte, insgesamt dichter beisammen als die westdeutsche. Allerdings erhöht sich die Einkommensdisparität in Ost-Dtl. von Jahr zu Jahr. Unterschiede sozialer Schichtung haben Unterschiede von Lebenszufriedenheit zur Folge: Während in West-Dtl. die ›allgemeine Lebenszufriedenheit‹ als wichtigstes Element der privaten Dimension erscheint, ist der bedeutendste Faktor bei den Ostdeutschen durch Fragen der Existenzsicherung bestimmt. Dabei besteht ein Zusammenhang zw. bedrohter wirtschaftl. Lage und der Zunahme von Ängsten (bes. vor Kriminalität, Arbeitslosigkeit).

Hinsichtlich der für die gemeinsame politikgeschichtl. Tradition charakterist. Einstellungen und Werthaltungen zeigt sich in Meinungsumfragen, dass das autoritäre Politikmodell und das Gemeinschaftsideal sich in Ost-Dtl. länger gehalten haben, was auch die Erfahrungen der DDR widerspiegelt, z. B. hinsichtlich der Forderung nach staatl. Einfluss auf das Wirtschaftsleben oder hinsichtlich der nachträgl. Einschätzung der Arbeitswelt als Raum der Gemeinschaft und Geborgenheit trotz staatl. Überwachung. Ein weiteres Relikt dt. Politikgeschichte, das Probleme für eine zukünftige gemeinsame Kultur schaffen kann, ist das dezisionist. Schwarzweißdenken, das in West-Dtl. nur langsam durch eine stärkere ›Ambiguitätstoleranz‹ (d. h. die für eine pluralist. Demokratie wichtige Fähigkeit, Gegensätze auszuhalten und Konflikte durch Diskurs und Kompromiss zu lösen) abgelöst wurde.

Zu den bekannten Unterschieden im Einstellungsbereich kommen gegenwärtig neue Differenzen, welche die Chancen einer ›inneren Einheit‹ verschlechtern. Sie betreffen eine sich wandelnde Einschätzung West-Dtl.s, in Verbindung mit einer Revision des Bildes der ostdt. Vergangenheit im Sinne eines wachsenden Selbstbewusstseins der Ostdeutschen, das einer ›nachgeholten Identität‹ dienen kann; diese Entwicklung ist auch unter Jugendlichen anzutreffen. Umgekehrt sinkt unter den Westdeutschen das Verständnis für die Notwendigkeit eines finanziellen West-Ost-Ausgleichs. In Ost-Dtl. ist angesichts der hohen Arbeitslosigkeit die Reserviertheit v. a. gegenüber marktwirtschaftl. Prinzipien stark gewachsen, was sich wiederum negativ auf die Demokratiezufriedenheit auswirkt. Die wirtschaftl. Stabilität ist – mehr noch als die mit hohen Erwartungen an den Staat verbundene soziale Sicherheit – ein entscheidender Faktor der polit. Legitimität des Gesamtsystems. Ein Integrationshindernis ist auch die v. a. durch das weitgehende Fehlen von DDR-Gegeneliten bedingte westdt. Dominanz, die mit ostdt. Deklassierungserfahrungen wirtschaftl., sozialer, kultureller und polit. Art korrespondiert. Hierbei muss das unterschiedl. Maß an Betroffenheit durch die Vereinigung und das ungleiche Zahlenverhältnis der beiden Bevölkerungsteile in Betracht gezogen werden. ›Ob in Dtl. in absehbarer Zeit eine die polit. Strukturen tragende p. K. entstehen oder ob die ehem. Grenze zw. der Bundesrepublik Dtl. und der DDR auf längere Sicht eine kulturelle Trennlinie bleiben wird, ist ungewiss. ... Derzeit werden drei alternative Entwicklungspfade diskutiert: die Anpassung der polit. Orientierungen der Ostdeutschen an das in West-Dtl. vorherrschende Muster, die Verschmelzung zweier divergierender p. K. zu einer neuen, und schließlich der dauerhafte Fortbestand der ‚Mauer in den Köpfen', d. h. die Ausdifferenzierung zweier gegensätzlicher Teilkulturen in einer Nation‹ (OSCAR W. GABRIEL).

⇨ *Demokratie · deutsche Einheit · Geschichtsbewusstsein · Nation · öffentliche Meinung · Partizipation · Pluralismus · Politik · politische Willensbildung · Tradition · Wertewandel*

D. EASTON: A systems analysis of political life (Chicago, Ill., [2]1979); Hwb. zur p. K. der Bundesrep. Dtl., hg. v. M. u. S. GREIFFENHAGEN u. R. PRÄTORIUS (1981); O. W. GABRIEL: P. K., Postmaterialismus u. Materialismus in der Bundesrep. Dtl. (1986); P. K. in Dtl. Bilanz u. Perspektiven der Forschung, hg. v. D. BERG-SCHLOSSER u. J. SCHISSLER (1987); G. A. ALMOND u. S. VERBA: The civic culture. Political attitudes and democracy in five nations (Neuausg. Newbury Park, Calif., 1989); K. ROHE: P. K. u. ihre Analyse. Probleme u. Perspektiven der polit. Kulturforschung, in: Histor. Ztschr., Bd. 250, H. 2 (1990); W. WEIDENFELD u. K.-R. KORTE: Die Deutschen. Profil einer Nation ([2]1992); Dtl., eine Nation – doppelte Gesch. Materialien zum dt. Selbstverständnis, hg. v. W. WEIDENFELD (1993); M. u. S. GREIFFENHAGEN: Ein schwieriges Vaterland. Zur p. K. im vereinigten Dtl. (1993); The civic culture revisited, hg. v. G. A. ALMOND u. a. (Neudr. Newbury Park, Calif., 1994); P. K. in Ost- u. West-Dtl., hg. v. O. NIEDERMAYER u. K. VON BEYME (1994, Nachdr. 1996).

politische Literatur, die →politische Dichtung.

politische Ökonomie, urspr. eine im außerdt. Sprachraum (v. a. in England, Frankreich und Italien) übliche Bez. für die Volkswirtschaftslehre (insbesondere die Lehre von der Wirtschaftspolitik). Der Begriff kommt erstmals bei A. DE MONTCHRÉTIEN (›Traité de l'œconomie politique‹, 1615) vor, um in Abgrenzung zu der aristotel. Ökonomie, der Lehre von der richtigen Hauswirtschaft i. w. S., die im Verlauf der merkantilist. Wirtschaftspolitik neu entstehende Lehre von der Wirtschaft des gesamten Staates zu bezeichnen. Im 18. und 19. Jh. wird der Begriff auch Synonym für die klass. Nationalökonomie, wobei das Wort ›politisch‹ nur darauf verweist, dass die Nationalökonomie auch Empfehlungen für das wirtschaftspolit. Verhalten des Staates enthält. In ihrem Mittelpunkt stehen die vom Eigennutz gesteuerten Handlungen der Individuen und deren Zusammenwirken. Nicht zuletzt deshalb lautet auch der Untertitel zu ›Das Kapital‹ von K. MARX ›Kritik der polit. Ökonomie‹. Von den Marxisten wird p. Ö. **(Politökonomie)** als Gegenbegriff zu der ›unpolit.‹ Betrachtungsweise der späteren (neoklass.) Nationalökonomie verwendet, weil in der marxist. Theorie die Interessen der (wirtschaftlich und politisch im Ggs. zueinander stehenden) Klassen der Kapitalisten und Arbeiter und deren Verhalten als Gruppe eine entscheidende Rolle spielen, in der Neoklassik dagegen das einzelne, unabhängig entscheidende Individuum. Nachdem u.a. A. MARSHALL (1879) nur noch von ›Economics‹ als Fach-Bez. spricht, wird p. Ö. aus dem Vokabular der nichtmarxist. Literatur mehr und mehr eliminiert und bis in die 2. Hälfte des 20. Jh. vorwiegend mit dem marxschen Konzept einer Kritik der p. Ö. identifiziert.

Zentrales Anliegen der in den 1960er-Jahren entstandenen **neuen p.Ö. (ökonomische Theorie der Politik)** ist die Anwendung der Methoden und Instrumente der ökonom. Analyse auf polit. (nichtmarktmäßige) Entscheidungsprozesse, wobei zwei Grundgedanken Vorrang haben: 1) Während in der traditionellen Theorie der Wirtschaftspolitik der Einfluss wirtschaftspolit. Maßnahmen auf die Wirtschaft im Vordergrund steht, will die ökonom. Theorie der Politik die wechselseitige Abhängigkeit des polit. und ökonom. Handelns analysieren, also auch den Einfluss ökonom. Größen (z.B. der konjunkturellen Situation) auf das Verhalten der polit. Akteure (z.B. Wähler, Interessenverbände, Parteien, Reg.). 2) Die polit. Instanzen werden nicht mehr als ›neutrale‹, über den egoist. Interessen der Bürger stehende Institutionen behandelt, die ihr Handeln an ideellen Werten wie dem Gemeinwohl und anderen wirtschaftspolit. Zielen ausrichten, sondern das Verhalten der polit. Akteure wird wie das Verhalten von Produzenten und Konsumenten durch die individuellen ökonom. Ziele der beteiligten Menschen erklärt, die individuelle Vorteile anstreben und sich für diese Ziele polit. Institutionen und Instrumente nutzbar machen. Die Ursprünge derartiger Fragestellungen reichen von K. WICKSELL, E. R. LINDAHL und J. SCHUMPETER bis zu den Arbeiten von K.J. ARROW (1951). Die neue p.Ö. greift insbesondere zurück auf Veröffentlichungen von A. DOWNS (1957) zur ökonom. Theorie der Demokratie, von M. OLSON (1965) zur Theorie der Interessengruppen und von WILLIAM ARTHUR NISKANEN (* 1933) zur Theorie der Bürokratie (1971) sowie auf die seit den 60er-Jahren von J. M. BUCHANAN und GORDON TULLOCK (* 1922) entwickelten Ideen zur ökonom. Analyse nichtmarktmäßiger Entscheidungen, für die sich die Bez. **Public-Choice-Theorie** eingebürgert hat.

Nach der neuen p. Ö. konkurrieren in einer Demokratie die Parteien mit ihren Programmen wie die Anbieter von Produkten um die Stimmen der Bürger. Kommt eine Partei an die Reg., so verfolgen ihre (führenden) Mitgl. ihre eigenen Interessen mittelfristig durch eine Politik, die ihre Wiederwahl ermöglicht, kurzfristig durch die Einnahme von Positionen, die ihnen Macht, Prestige und Einkommen sichern. Um die Wiederwahlchancen zu erhöhen, werden z.B. Ausgabenprogramme beschlossen, ohne das gesamtwirtschaftl. Umfeld hinreichend zu berücksichtigen (Modell polit. Konjunkturzyklen, polit. Theorie der Inflation). Auch die Probleme nichtstaatl. Kollektive, z.B. von Verbänden, werden von der neuen p. Ö. auf das Eigeninteresse der Mitgl. zurückgeführt. Ein Grundproblem solcher Kollektive besteht darin, dass ihre Mitgl. zwar ein Interesse daran haben, an den Leistungen des Kollektivs teilzuhaben, dass sie aber ihre Beteiligung an den Kosten der Leistungserstellung möglichst gering halten möchten. Sie werden daher die Beteiligung dann zu vermeiden trachten, wenn ihnen die Leistung auch ohne Kostenbeitrag zufällt (›Trittbrettfahrer‹). Wenn ihr Beitrag feststeht, werden sie versuchen, möglichst viele Leistungen ›herauszuholen‹ (Beispiel: private Versicherungen).

A. DOWNS: Ökonom. Theorie der Demokratie, hg. v. R. WILDENMANN (a.d. Amerikan., 1968); Gesch. der p.Ö., hg. v. H. C. RECKTENWALD (1971); Jb. für neue p.Ö., hg. v. P. HERDER-DORNREICH u.a. (1982ff.); K. G. ZINN: P.Ö. (1987); M. OLSON: Die Logik des kollektiven Handelns (a.d. Engl., [3]1992); P. BERNHOLZ u. F. BREYER: Grundlagen der p.Ö., 2Bde. ([3]1993–94); G. KIRSCH: Neue p.Ö. ([3]1993); M. FLUHRER: Ansätze einer ökonom. Theorie der Wahlen (1994); B. S. FREY u. G. KIRCHGÄSSNER: Demokrat. Wirtschaftspolitik ([2]1994); T. PETERSEN: Individuelle Freiheit u. allg. Wille. Buchanans p.Ö. u. die polit. Philosophie (1996). – *Zeitschrift:* European journal of political economy (1985ff., früher u.d.T. Europ. Ztschr. für p.Ö.).

politische Polizei, Bez. für besondere Polizeiorgane (z.T. auch **Geheimpolizei** gen.), deren Aufgabenfeld die polit. Strafsachen sind. Die p. P. bildete sich in der absolutist. Monarchie aus, spielte eine wichtige Rolle in der Frz. Revolution und in der napoleon. Ära, wurde systematisch von K. W. VON METTERNICH und im zarist. Russland (Ochrana) ausgebaut und hat in allen modernen Diktaturen, Einparteienstaaten und totalitären Systemen eine wesentl. Funktion als Instrument der Herrschaftssicherung (z.B. GPU, Gestapo), wobei rechtswidrige Willkür bis hin zu systemat. Terror konstitutive Tätigkeitsmerkmale darstellen. – In der Bundesrepublik Dtl. gibt es keine p. P. im eigtl. (histor.) Sinne. Den Verfassungsschutzämtern des Bundes und der Länder stehen polizeil. Befugnisse nicht zu; vielmehr obliegt die präventive und repressive Bekämpfung verfassungsfeindl. Bestrebungen den ordentl. Polizeibehörden. Bei den Behörden der Kriminalpolizei sind z.T. besondere Kommissariate oder Abteilungen zur Aufklärung und Verfolgung von Staatsschutzdelikten gebildet worden (→Staatsschutz, →Verfassungsschutz). In der DDR war der Schutz der SED-Diktatur Aufgabe des Min. für Staatssicherheit (→Staatssicherheitsdienst).

In *Österreich* ist p. P. die ältere Bez. (auch: ›höhere Polizei‹) für jene staatspolitisch wichtigen Polizeiagenden, für deren Besorgung in den Ländern besondere Polizeibehörden des Bundes, die Sicherheitsdirektionen, eingerichtet sind. Besondere staatspolizeil. Abteilungen dienen (auch bei der Generaldirektion für die öffentl. Sicherheit, einer Sektion des Bundesministeriums für Inneres als oberster Behörde) dem Schutz der verfassungsrechtl. Einrichtungen der Republik. – In der *Schweiz* heißt eine Amtsstelle innerhalb der Bundesanwaltschaft, deren Aufgabe die Beobachtung und Verhütung von Handlungen ist, die geeignet sind, die innere und äußere Sicherheit der Schweiz zu gefährden, p. P. Ihre Tätigkeit wurde 1989 von einer parlamentar. Untersuchungskommission durchleuchtet (so genannter Fichenskandal), wobei die bis dahin ungenügende rechtl. Grundlage für die p. P. kritisiert wurde. Dieser Mangel soll durch ein neues Ges. zur Wahrung der inneren Sicherheit vom 21. 3. 1997 behoben werden.

politischer Katholizismus, im 19. Jh. entstandene Bez. für das Auftreten der Katholiken als polit. Kraft in modernen Staats- und Gesellschaftssystemen; häufig abschätzig gebraucht als Inbegriff einseitig klerikaler, päpstl. und kirchenorientierter Sonderinteressen, aber auch als Ausdruck für eine kirchlich geprägte Politik mit dem Ziel der Unabhängigkeit von staatl. Bevormundung. Träger des p. K. waren und sind die Vertreter der kirchl. Hierarchie (›Amtskirche‹), aber auch Laien, oft innerhalb und außerhalb der Kirche organisiert in Vereinen, Verbänden, Parteien. Die Entstehung des p.K. in West- und Mitteleuropa geht zurück auf die polit. Umwälzungen um die Wende zum 19. Jh., wobei der Kampf gegen den als übermächtig kritisierten Staat, speziell gegen kirchen- und kulturpolit. Modernisierungen, eine Hauptrolle spielte und häufig eine Erneuerung der mittelalterl. Ständegesellschaft angestrebt wurde. Die herausragende parteipolit. Vertretung des Katholizismus war in Dtl. bis 1933 die Zentrumspartei. Nach dem Zweiten Weltkrieg setzte sich in der BRD die konfessionsübergreifende Formierung in CDU/CSU durch.

Die Zielsetzungen des p. K. bis heute sind sehr vielgestaltig, da die Frage der Staatsform traditionell gegenüber der Sicherung kirchl. Einflusses zurücktritt und die Ziele der →katholischen Soziallehre unterschiedl. Interpretationen zulassen. (→Staat und Kirche)

Der soziale u. p. K. Entwicklungslinien in Dtl. 1803–1963, hg. v. A. RAUSCHER, 2 Bde. (1981–82); K.-E. LÖNNE: P. K. im 19. u. 20. Jh. (1986).

politischer Kommissar, in kommunist. Staaten Funktionär der KP, in den Streitkräften dem Truppenkommandeur zur Seite gestellt. Die p. K. wurden 1918 von L. D. TROTZKIJ beim Aufbau der Roten Armee eingeführt und später von STALIN unter der Bez. ›Politruk‹ (Kw. für ›polititscheskij rukowoditel‹, dt. ›polit. Leiter‹) zu einem weit verzweigten Instrument der Partei ausgebaut. In der Nationalen Volksarmee der DDR entsprachen den p. K. die Politoffiziere.

politischer Protestantismus, →Kirchenkampf, →Kulturprotestantismus, →Neuprotestantismus.

politisches Lied, Sammel-Bez. für Lieder, die bestimmte, für ihre Zeit aktuelle gesellschaftl. Fragen oder polit. Ereignisse kritisch, mitunter auch patriotisch aufgreifen und meist mit dem Ziel einer allgemeinen Solidarisierung oder Agitation verfasst und vorgetragen werden. Dabei beschränken sich p. L. aufgrund ihres v. a. operativen Charakters in der Wahl der musikal. Mittel i. d. R. auf einfachere melod. und harmon. Strukturen. P. L. entstehen meist in Umbruchzeiten, bes. jedoch in der Auseinandersetzung zw. Herrschenden und Beherrschten, so zur Zeit der Bauernkriege (1524/25), in der Frz. Revolution (1789/90), während des Weberaufstandes (1844) und der Revolution 1848/49. Seit dem 19. Jh. entstanden Lieder gegen kapitalist. Ausbeutung und Imperialismus (→Arbeiterlieder), im 20. Jh. auch gegen Faschismus (v. a. im Span. Bürgerkrieg), Rassendiskriminierung (bes. in den USA und der Rep. Südafrika) und politisch-kulturelle Unterdrückung (Mittel- und Südamerika). Während bis in die 1950er-Jahre unter p. L. noch weitgehend der Typ des kämpfer. Massenliedes in der Tradition z. B. H. EISLERS verstanden wurde, reicht die Spannweite des politisch engagierten Liedes seit dem Aufkommen der Rockmusik in den 60er-Jahren vom gitarrebegleiteten Protestsong der Liedermacher sowie dem Folklore und soziales Engagement verbindenden Folksong und Folkrock über die Aussteigerthemen der Neuen dt. Welle (→New Wave) und dem Rock-Kabarett (Floh de Cologne, Erste Allg. Verunsicherung) bis zum aggressiv agierenden **Politrock.**

Lieder gegen den Tritt. Polit. Lieder aus fünf Jh., hg. v. A. STERN ([4]1978); Thema Rock gegen Rechts. Musik als polit. Instrument, hg. v. B. LEUKERT (1980); U. OTTO: Die historisch-polit. Lieder u. Karikaturen des Vormärz u. der Revolution von 1848, 1849 (1982); K. ADAMEK: P. L. heute (1987); F. WIMMER: Das historisch-polit. Lied im Geschichtsunterricht (1994).

politische Soziologie, zw. Soziologie und Politikwiss. angesiedeltes Forschungsfeld, dessen Gegenstand die Untersuchung der wechselseitigen Einflüsse und Abhängigkeiten von Politik und Gesellschaft, von polit. und gesellschaftl. Erscheinungen und Zusammenhängen ist. Dabei wird p. S. teilweise im Sinne einer speziellen Soziologie verstanden, die spezifisch soziolog. Fragestellungen auf den Bereich der Politik bezieht (z. B. die Folgen sozialen Wandels oder von Veränderungen in der Sozialstruktur für polit. Partizipation und Repräsentation). P. S. kann aber auch als eigenständiges Themenfeld im Rahmen einer als Integrationswiss. verstandenen Politikwiss. aufgefasst werden und fragt dann beispielsweise nach den gesellschaftl. Voraussetzungen und Auswirkungen polit. Handelns und polit. Institutionen.

Mit Fragestellungen der p. S. beschäftigt haben sich so bereits ARISTOTELES, AUGUSTINUS, IBN CHALDUN, N. MACHIAVELLI, T. HOBBES. Als unmittelbare Vorläufer der heutigen p. S. können die Begleiter und Kritiker des im 18. Jh. einsetzenden bürgerl. Emanzipationsprozesses und der liberalen und sozialist. Gesellschaftsentwürfe des 19. Jh. angesehen werden (MONTESQUIEU, A. FERGUSON, A. DE TOCQUEVILLE, K. MARX). Die für die p. S. grundlegenden Kategorien zur Beschreibung und Analyse moderner Gesellschaften (soziales Handeln, Macht, Herrschaft, Bürokratie, Verbände u. a.) gehen auf M. WEBER zurück. Wichtig für die Ausbildung der p. S. im heutigen Sinn wurden bes. Arbeiten K. MANNHEIMS.

Seit 1945 bestimmen die p. S. Untersuchungen über Wählerverhalten, gesellschaftl. Partizipationsmöglichkeiten, polit. Sozialisation, polit. Einflussstrukturen (Parteien, Institutionen, Interessenverbände, Verw.) und die Funktion von Eliten in der Gesellschaft. Daneben sind bes. unter dem Eindruck der gesellschaftl. und wirtschaftl. Veränderungen nach dem Ende des Ost-West-Konfikts sowie einer durch die Prozesse der wirtschaftl. →Globalisierung und gesellschaftl. →Individualisierung hervorgerufenen Krise des nationalstaatl. Politikmodells neue Fragestellungen getreten: nach einer möglicherweise wachsenden Distanz von Bürgern und Politik, nach neuen polit. Organisationsformen, den durch techn. Entwicklungen gesteigerten Problemen polit. Kontrolle (Gentechnik. neue Medien) sowie den gesellschaftl. Transformationsprozessen in Osteuropa.

I. L. HOROWITZ: Grundlagen der p. S., 5 Bde. (a. d. Amerikan., 1975–76); P. S., hg. v. E. M. WALLNER u. a. (1980); R. EBBIGHAUSEN: P. S. Zur Gesch. u. Ortsbestimmung (1981); K. LENK: P. S. Strukturen u. Integrationsformen der Gesellschaft (1982); R. MÜNCH: Basale Soziologie. Soziologie der Politik (1982); Konfliktpotentiale u. Konsensstrategien. Beitrr. zur p. S. der Bundesrep., hg. v. D. HERZOG u. B. WESSELS (1989); S. BREUER: Bürokratie u. Charisma. Zur p. S. Max Webers (1994); Die Eigenart der Institutionen. Zum Profil polit. Institutionentheorie, hg. v. G. GÖHLER (1994); Polit. Theorien in der Ära der Transformation, hg. v. K. VON BEYME u. C. OFFE (1995); Bundesrep. Dtl.: Auf dem Weg von der Konsens- zur Konfliktgesellschaft, hg. v. W. HEITMEYER, 2 Bde. (1997). – Weitere Literatur →Bürokratie

politisches Testament, seit dem 16. Jh. übl. Vermächtnis eines Fürsten oder Staatsmanns an seinen Nachfolger. Seit dem 17. Jh. setzten sich Darstellungen zu polit. Anschauungen und Regierungsgrundsätzen des Verfassers durch. Bedeutende p. T. hinterließen u. a. Kaiser KARL V., Kardinal RICHELIEU, FRIEDRICH WILHELM, DER GROSSE KURFÜRST von Brandenburg, König FRIEDRICH II., D. GR., von Preußen und Kaiser FRANZ I. von Österreich.

politisches Theater, Theater, dessen Aufgabe vornehmlich polit. Agitation ist, demgegenüber die künstler. Mittel eher dienende Funktion haben. Dramen mit polit. Thematik gibt es schon seit der antiken griech. Tragödie und Komödie. P. T. im eigentl. Sinn beginnt jedoch erst mit dem russ. Revolutionstheater, bei E. PISCATOR, auf dessen Buch ›Das p. T.‹ (1929) die Bez. zurückzuführen ist, mit dem Agitproptheater (→Arbeitertheater) und dem Zeitstück gegen Ende der 1920er-Jahre. P. T. sind die →Lehrstücke B. BRECHTS (1929–30) und in Frankreich die Dramen J.-P. SARTRES und A. CAMUS'. Das →Dokumentartheater, das schon mit E. PISCATOR einen Höhepunkt erreichte, erlebte in der BRD der 1960er-Jahre einen neuen Aufschwung (u. a. R. HOCHHUTH, P. WEISS, H. KIPPHARDT, G. GRASS). Ende der 60er-Jahre diente auch das Straßentheater der polit. Agitation. In den USA gab es daneben p. T. im Rahmen der Black-Power-Bewegung. In der Gegenwart bekennen sich neben einzelnen Ensembles (Théâtre du Soleil, Paris, La commune, Mailand u. a.) auch Theater in Afrika (Arabien, Schwarzafrika), Asien und Lateinamerika zur Tradition des polit. Theaters.

S. MELCHINGER: Gesch. des p. T., 2 Bde. (Neuausg. 1974); G. BURGER: Agitation u. Argumentation im p. T. Die San Francisco Mime Troupe u. Peter Schumanns Bread-and-Puppet-Theater als zwei komplementäre Modelle aufklärer. Theaters (1993).

politische Straftaten, alle gegen Bestand oder Sicherheit des Staates, gegen die obersten Staatsorgane oder gegen die polit. Rechte der Bürger gerichteten Straftaten (bes. Hoch- und Landesverrat, Rechtsstaatsgefährdung) im Unterschied zu den ›gemeinen Verbrechen‹. Unabhängig hiervon hat der Begriff der p. S. besondere Bedeutung bei politisch motivierten Straftaten, die im Ausland begangen wurden und die den angegriffenen Staat veranlassen, den Aufenthaltsstaat des Täters um seine Auslieferung zu ersuchen. § 6 des Ges. über die internat. Rechtshilfe in Strafsachen v. 23. 12. 1982 i. d. F. v. 27. 6. 1994 enthält keine Definition von p. S., sondern überlässt den Definitionsbereich v. a. der Rechtsprechung. Das Gesetz bestimmt, dass eine Auslieferung wegen einer p. S. nicht zulässig ist, ausgenommen dem Täter werden schwere Tötungsdelikte zur Last gelegt.

politische Theologie, allg. jede Theologie, insofern sie gesellschaftl. Auswirkungen zeigt oder zur Legitimation gesellschaftlicher und polit. (Herrschafts-)Strukturen eingesetzt wird; i. e. S. das von J. B. METZ entwickelte theolog. Konzept, die eschatolog. Inhalte des christl. Glaubens als krit. Korrektiv innerhalb gesamtgesellschaftl. Entwicklung zu interpretieren und so zur Überwindung ungerechter (gesellschaftl.) Strukturen beizutragen. Aus der Verkündigung des Evangeliums müsse eine eindeutige Parteinahme und ein konkretes Engagement für die durch diese Strukturen Bedrohten, Benachteiligten und Diskriminierten folgen. Die p. T. ist damit eng verwandt mit →Befreiungstheologie, ›schwarzer Theologie‹ und →feministischer Theologie. Hauptvertreter sind neben METZ u. a. DOROTHEE SÖLLE und J. MOLTMANN.

Diskussion zur p. T., hg. v. H. PEUKERT (1969); J. B. METZ: Zur Theologie der Welt ([4]1979); DERS.: Glaube in Gesch. u. Gesellschaft ([3]1980); DERS.: Zum Begriff der neuen p. T. 1967–1997 (1997); D. SÖLLE: P. T. ([2]1982); J. MOLTMANN: P. T. – polit. Ethik (1984); N. GREINACHER u. C. BOFF: Umkehr u. Neubeginn. Der Nord-Süd-Konflikt als Herausforderung an die Theologie u. die Kirche Europas (Freiburg 1986); Auf der Seite der Unterdrückten?, hg. v. P. EICHER u. N. METTE (1989).

Schlüsselbegriff

politische Willensbildung, der Ideengeschichte, dem Staatsrecht und der polit. Analyse entstammender Begriff, bezeichnet zum einen (normativ) einen Sollzustand und zum anderen (empirisch) einen Istzustand. In normativer Hinsicht spielt das Konzept eines allgemeinen Volkswillens – im Sinne einer legitimierbaren Soll- und Zielgröße polit. Handelns – eine bedeutende Rolle in der polit. Theorie (z. B. die Volonté générale bei J.-J. ROUSSEAU) und in der polit. Praxis (z. B. die verfassungsrechtl. Verpflichtung der Politik und des Eigentums auf das Gemeinwohl). In empir. Hinsicht bezeichnet p. W. die Formung des fakt. (tatsächlich gegebenen) ›Volkswillens‹ – so der Sprachgebrauch der älteren Lehre (Volonté de tous bei ROUSSEAU) –, den institutionellen Rahmen und den Prozess der Artikulation, Selektion (Auswahl) und Bündelung von Interessen zu entscheidungsfähigen Alternativen – so die Terminologie erfahrungswiss. Politologie. In der älteren polit. Theorie und v. a. im Staatsrecht wird oft unterstellt, die Willensbildung erzeuge einen homogenen ›Volkswillen‹ oder zumindest einen homogenen Willen der Mehrheit. Dagegen geht die moderne Politologie von der Vorstellung einer Vielzahl auseinander strebender Interessen mit unterschiedl. Artikulations- und Durchsetzungschancen aus, deren Auswahl und Aggregierung (Zusammenstellung) zu entscheidungsfähigen Vorlagen schwierig, lückenhaft und von Machtbeziehungen durchsetzt ist, auf zeitweiligen Mehrheiten beruht und je nach institutionellen Spielregeln (z. B. Mehrheitsgegen Verhältniswahlrecht) unterschiedl. Resultate erzeugt. Überdies wird p. W. heute auch als Oberbegriff für nicht verfassungsrechtlich definierte und kanalisierte, ›unverfasste‹ Institutionen und Prozesse der Artikulation, Auswahl und Bündelung von Interessen verwendet.

Formen der politischen Willensbildung in demokratischen Systemen

Die p. W. in Dtl. gehört nach Verfassungsrecht und Verfassungswirklichkeit zum Typus ›pluralist. Demokratie‹; p. W. erfolgt hier im Rahmen einer vielgliedrigen, demokrat. polit. Ordnung, die den Bürgern Grundrechte, autonome Interessenorganisation und Beteiligung bei der Wahl und Abwahl des polit. Führungspersonals garantiert und deren Staatsmacht durch Recht und institutionelle Sicherungen (›checks and balances‹) beschränkt ist.

In der verfassten p. W. Dtl.s kommt – auf der Basis freier, gleicher, allgemeiner und geheimer Wahlen – dem Parlament, den Parteien (›Parteienstaat‹), den bundesstaatl. Institutionen und den Kommunen als Organen und Ebenen der Selbstverwaltung zentrale Bedeutung zu. Die für moderne parlamentar. Demokratien charakterist. zentrale Rolle von Parteien in der p. W. und im Prozess der Rekrutierung und Auswahl des polit. Führungspersonals wurde von den Verfassungsgebern eher unterschätzt als überschätzt, doch immerhin werden die Parteien im Grundgesetz – im Ggs. zur Weimarer Reichs-Verf. – als legitimierte Organe der Interessenartikulation und -aggregierung sowie der Entscheidungsfällung benannt (Art. 21 Abs. 1 GG).

In der verfassten p. W. Dtl.s dominiert das repräsentativdemokrat. Prinzip. Direktdemokrat. Instanzen spielen – im Unterschied zur Weimarer Republik und zu pluralist. Demokratien der Gegenwart – im Grundgesetz nur eine untergeordnete Rolle. Dem vorherrschenden Repräsentationsgedanken entsprechend werden Abgeordnete im Verfassungs- und Staatsrecht primär als nicht weisungsgebundene, dem Gesamtwohl verpflichtete ›Treuhänder des Volkswillens‹ (im Sinne der Volonté générale) angesehen und vom Typus des ›Delegierten der Wähler‹ abgegrenzt. In der Verfassungswirklichkeit der parlamentar. Demokratie und des ›Parteienstaates‹ erweist sich jedoch die Vorstellung eines ›Treuhänders des Volkswillens‹ als Fiktion. Tatsächlich wird der ›Volkswille‹ erst im Prozess der p. W. ermittelt; ferner gehört zu den tatsächl. Strukturmerkmalen einer parlamentar. Demokratie, dass die Abgeordneten an die Parteidisziplin oder an die Disziplin der im Parlament organisierten Fraktionen gebunden sind.

Im Unterschied zum brit. Modell der parlamentar. Repräsentativdemokratie, in dem Wettbewerb und Mehrheitsregel die dominierenden Konfliktregelungsprinzipien sind, ist die p. W. in Dtl. durch ein komplexes Nebeneinander von Konkurrenz- und Konkordanzdemokratie charakterisiert: Konfliktregelung erfolgt nach der Mehrheitsregel (bes. bei Abstimmungen im Bundestag und im Bundesrat) sowie nach Prinzipien des Aushandelns und gütl. Einvernehmens (meist verbunden mit Einstimmigkeitsprinzip oder zumindest gesicherten Vetorechten der Minorität) und mithin durch ›konkordanzdemokrat.‹ Techniken der Kompromissbildung (bes. im Verhältnis von Bundesregierung und Bundestag auf der einen und Bundesrat auf der anderen

Seite sowie in den Planungs- und Entscheidungsgremien des ›kooperativen Bundesstaates‹ und im Bereich der Selbstkoordination der Länder). In Perioden, in denen die Bundestagsmehrheit und die von ihr gestützte Bundesregierung auf die Kooperation eines von der Oppositionspartei dominierten Bundesrates angewiesen ist, umfasst der Prozess der p. W. in Dtl. – trotz aller parteienwettbewerbl. Rhetorik – faktisch sogar die Mitregierung der Opposition.

Noch größer wird die Kluft zw. tatsächl. und verfassungsrechtlich definierter p. W., wenn auch die nicht verfassten, primär außerparlamentar. Prozesse der Artikulation, Auswahl und Bündelung von Interessen berücksichtigt werden. Hierbei spielen traditionell die Verbände eine herausragende Rolle, die u. a. auch in Anhörungen zu Gesetzgebungsvorhaben zum Ausdruck kommt. Die starke Stellung der Verbände gab wiederholt Anlass zu Warnungen vor der ›Herrschaft der Verbände‹, dem ›Verbändestaat‹, und der – dem Gemeinwohl bes. abträglichen – Maximierung von Sonderinteressen (›Verteilungskoalitionen‹). Die neuere Verbändeforschung betont demgegenüber, dass hochgradig organisierte und langfristig kalkulierende Verbände auch erhebl. Fähigkeiten zur Eingliederung von Sonderinteressen und zur kooperativen Problemlösung zus. mit Staat und Gegnerverbänden haben können, beispielsweise mittels Kooperation in ›konzertierter‹ (abgestimmter) Wirtschaftspolitik. Seit Ende der 60er-Jahre spielen auch dezentralisierte, geringer organisierte soziale und polit. Bewegungen, bes. die Bürgerinitiativen und Protestbewegungen wie die Antiatomkraftbewegung der 70er-Jahre, die Friedensbewegung zu Beginn der 80er-Jahre und die Ökologiebewegung, eine bedeutende Rolle bei der p. W.; sie wurde durch Berichterstattung in den Massenmedien und durch massenhafte Inanspruchnahme rechtl. Institutionen (z. B. Einsprüche gegen Planung und Bau umstrittener technolog. Großprojekte) erheblich gestärkt.

Im Ggs. zu Dtl. kommt der Direktdemokratie in der verfassten p. W. in der Schweiz – und abgeschwächt auch in den USA – eine zentrale Rolle zu. Direktdemokrat. Verfahren sind Referenden auf Bundesebene – das obligator. Verfassungsreferendum, die →Volksinitiative, Volksabstimmungen über wichtige außenpolit. Gesetze sowie über Gesetzesbeschlüsse des Parlaments – bis zu Abstimmungen über die Kredit-, Finanz-, Bildungs- und Kulturpolitik in den Kantonen und Gemeinden. Eine ähnlich zentrale Bedeutung für die p. W. kommt dem Föderalismus und der Konkordanzdemokratie zu, mittels deren Spannungen zw. Sozialgruppen, Sprachgruppen, Konfessionen und Kantonen nach dem Prinzip des gütl. Einvernehmens geregelt werden. Die Parteien spielen eine viel geringere Rolle als in den repräsentativdemokrat. ›parteienstaatl.‹ Ländern Westeuropas. Erheblich größer ist demgegenüber das Gewicht der Kantone und Kommunen sowie das der Verbände. Die bedeutende Rolle des Verbandswesens spiegelt sich in weit reichenden Anhörungsrechten der Verbände bei Gesetzesvorhaben (›Vernehmlassung‹) und in der weit verbreiteten Delegation von Staatsfunktionen an Assoziationen. Darüber hinaus wirkt die Direktdemokratie auf Initiativbewegungen mobilisierend. Nach verfasster und nicht verfasster p. W. zu urteilen, ist die Eidgenossenschaft demnach durch das Modell der ›partizipator. Demokratie‹, aber auch durch das Modell der ›elitenzentrierten Konkordanzdemokratie‹ charakterisiert.

In präsidentiellen Regierungssystemen wie den USA ist die p. W. gekennzeichnet durch die stärkere Orientierung der Wähler, der Medien und der verfassten Organe der Willensbildung auf den Präsidenten als ›leader‹ der Exekutive, durch die schwächere Rolle der Parteien (und ihre entsprechend geringere Bindungskraft gegenüber Wählern) und ein größeres Gewicht von Aushandlungsprozessen zw. Präsident und wechselnden Mehrheiten im Parlament. Nach Konfliktregelungstechniken zu urteilen, kommen in den USA die Mehrheitsregel und in abgeschwächtem Maße auch gütl. Einvernehmen (oder Entscheidungsvertagung bzw. -blockade aufgrund starker oder übermächtiger Vetopositionen) zum Zuge. Doch im Unterschied zu den konkordanzdemokratischen Kompromisstechniken der Schweiz, Österreichs und Dtl.s sind die Techniken des gütl. Einvernehmens in den USA auf wechselnde, meist instabile Koalitionen gebaut. Hieraus ergibt sich die Vernachlässigung von stetiger oder langfristig konzipierter Politik; angesichts der Weltmachtrolle der USA betrachten Kritiker dies als einen schwerwiegenden Institutionendefekt.

Politische Willensbildung in autoritären und totalitären Systemen

Die p. W. in autoritären Regierungssystemen unterscheidet sich von derjenigen in demokrat. Ländern bes. durch 1) einen scharf eingegrenzten Pluralismus, der üblicherweise vom Staat, vom Militär oder der ›Staatspartei‹ definiert und überwacht wird; 2) verkrüppelte Formen polit. Beteiligung bei hochgradiger Reglementierung der zur Beteiligung freigegebenen Verfahren und Themen; 3) Verpflichtung der Bürger auf Akklamation und aktive Befolgung von meist diffusen Zielvorgaben (z. B. ›nationaler Weg‹, ›Antiimperialismus‹ oder ›heiliger Krieg‹) und 4) die Schwäche rechtsstaatl. Sicherungen gegenüber der Staatsgewalt. Polit. Konflikte werden i. d. R. hierarchisch, durch Befehl von oben, geregelt. Die p. W. autoritär regierter Länder bes. im Nahen Osten zeigt auffällige Übereinstimmungen mit dem Modell der patrimonialen Herrschaft (M. WEBER), insofern der Herrscher und der ihm persönlich zugeordnete Verwaltungs- und Beraterstab die zentralen Instanzen der Willensbildung, Entscheidungsfällung und des Vollzugs dieser Entscheidungen sind. Prinzipien des gütl. Einvernehmens kommen in der Innenpolitik i. d. R. nur gegenüber wirtschaftlich oder politisch mächtigen Gruppen zum Zuge. Zu Mehrheitsentscheiden wird meist nur bei Abstimmungen gegriffen, die zugleich zur Legitimierung als unerlässlich gelten und mit hoher Wahrscheinlichkeit zugunsten des Regimes entschieden werden oder ggf. regimekonform manipuliert werden können.

Je nach Typus des autoritären Regimes variiert das Ausmaß der Einschränkung des Pluralismus, der Reglementierung der Partizipation und der Verpflichtung der Bürger auf Zielvorgaben. Den demokrat. Systemen relativ am nächsten kommt ein ›bürokratisch-autoritäres Regime‹ (J. LINZ; Beispiel: Brasilien in den 1970er- und 80er-Jahren). Der autoritäre Korporativismus, der z. B. den ›Estado Novo‹ (neuer Staat) in Portugal unter A. DE OLIVEIRA SALAZAR charakterisierte, beinhaltete ein viel stärkeres Ausmaß ideolog. Mobilisierung, während ›autoritäre Mobilisierungsregime‹ mehr Wert auf plebiszitäre Beteiligung und Unterstützung vonseiten der Bevölkerungsmehrheit oder strategisch bes. wichtiger Gruppen legen. Ethnisch-selektive autoritäre Regime hingegen differenzieren die Chancen der Teilhabe an der p. W. scharf nach Volksgruppen- oder Rassenzugehörigkeit (Apartheidregime in der Rep. Südafrika 1948–93). ›Posttotalitäre Regime‹, v. a. die nachstalinist. Reg.-Systeme im Osteuropa der 1960er- bis 80er-Jahre, trugen noch die Spuren totalitär verfasster Willensbildung, doch andererseits haben sie die p. W. nicht mehr gänzlich unterbunden. Die DDR galt seit etwa Mitte der 60er-Jahre in der Sozialismusforschung als Beispiel für ein poststalinist. Regime mit ›konsultativ-autoritären‹ Mustern p. W. (P. C. LUDZ).

Während der autoritäre Staat i. d. R. weit reichende Folgebereitschaft seiner Bürger in allen Bereichen des öffentl. Lebens beansprucht, aber die Privatsphäre weitgehend unangetastet lässt – nicht zufällig sprach man von der Gesellschaft der DDR als einer ›Nischengesellschaft‹ –, akzeptiert der totalitäre Staat die Grenze zw. öffentl. und privatem Bereich nicht. In seinem Geltungsbereich ist prinzipiell alles politisch. Hiermit ist der Rahmen für p. W. extrem eng gezogen. In autoritären Staaten ist die Freiheit bei der p. W. stark eingeschränkt, in totalitären Staaten abgeschafft.

Hierin liegt jedoch das fundamentale Defizit der totalitären Regime; sie verzichten auf offene Artikulation, Auswahl und Bündelung von Interessen zu entscheidungsfähigen Alternativen und sperren ihre hochgradig zentralisierte Staatsstruktur gegen die Berücksichtigung neuer, von unten kommender Themen und Forderungen sowie gegen alternative Experimentier- und Problemlösungsmöglichkeiten. In Ersetzung polit. Willensbildungsprozesse messen sie sich vorausschauende Problemwahrnehmung und Interessenberücksichtigung zu; eine Selbsteinschätzung, die als widerlegt gelten muss, wie Studien über systemat. Informationsdefizite, Kompetenzkonflikte, Planungs- und Koordinierungsmängel, Überzentralisierung, Vollzugsdefizite und Fehlqualifikation von Inhabern leitender und nachgeordneter Positionen belegen.

Probleme der politischen Willensbildung

Totalitäre Systeme sind kurz- und mittelfristig mächtig, doch stellen sie aufgrund ihrer Abschottung und der damit verbundenen Lernunfähigkeit zumindest langfristig ihre ökonom., soziale und polit. Überlebensfähigkeit infrage. In etwas abgeschwächter Form gilt dies auch für autoritäre Systeme. Doch auch in demokrat. Ordnungen können polit. Willensbildungsprozesse unter bestimmten Bedingungen selbstzerstörer. und systemzerstörer. Qualität annehmen. Selbst im Rahmen funktionierender Willensbildungsprozesse sind ernsthafte Komplikationen, Asymmetrien und Pathologien nicht ausgeschlossen. Die p. W. in westl. Demokratien beispielsweise begünstigt diejenigen Interessen, die ebenso organisations- wie konfliktfähig sind. Organisationsfähigkeit bemisst sich nach der Kapazität, für ein Anliegen eine Interessenvertretung aufzubauen und aufrechtzuerhalten, die schlagkräftig und stabil ist und tendenziell alle Anliegen gleicher und verwandter Art organisiert. Konfliktfähigkeit bemisst sich nach der Fähigkeit, systemrelevante Leistungen zu verweigern. Organisations- und Konfliktfähigkeit sind jedoch hochgradig ungleich verteilt. Die Interessen wirtschaftlich mächtiger Gruppen z. B. sind ungleich besser organisierbar und konfliktfähiger als die Interessen von Arbeitslosen oder Interessen ökolog. Art. Es gibt sogar Grund zu der Annahme, dass hoch spezialisierte Interessen kleiner Gruppen wesentlich besser organisierbar und durchsetzbar sind als allgemeine, dem Gemeinwohl förderl. Interessen. Ferner verdeutlicht die Kritik der Mehrheitsdemokratie, bes. die These der potenziellen ›Tyrannei der Mehrheit‹, dass auch die p. W. demokrat. Systeme problematisch sein kann. Gegen die ›Tyrannei der Mehrheit‹ können konkordanzdemokrat. Konfliktregelungen helfen. Doch die Konsensbildung erfordert viel Zeit, und sie mindert die Fähigkeit zu raschen Reaktionen auf neue Problemlagen und zu größeren Kurskorrekturen. Das verweist auf einen Lehrsatz der neueren politolog. Forschung zur Staatstätigkeit (M. G. SCHMIDT): Die Qualität und Quantität von Staatstätigkeit hängt zu einem erhebl. Teil ab von der Beschaffenheit der polit. Institutionen, der kulturellen Traditionen und der Machtverteilung sowie von der Art des polit. Willensbildungsprozesses.

⇨ *Bürgerinitiative · Demokratie · demokratischer Zentralismus · Föderalismus · Führerprinzip · Kommunalpolitik · Konfliktregelung · Lobbyismus · Massenmedien · Parlamentarismus · Partei · Partizipation · Pluralismus · politische Kultur · Präsidialsystem · Verband*

G. LEHMBRUCH: Proporzdemokratie (1967); DERS.: Parteienwettbewerb im Bundesstaat (1976); M. OLSON: Die Logik des kollektiven Handelns (a. d. Engl., 1968); DERS.: Aufstieg u. Niedergang von Nationen (a. d. Engl., 1985); P. C. LUDZ: Parteielite im Wandel ([3]1970); DERS.: Entwurf einer soziolog. Theorie totalitär verfaßter Gesellschaft, in: Wege der Totalitarismusforschung, hg. v. B. SEIDEL u. a. (1974); K. W. DEUTSCH: Polit. Kybernetik (a. d. Amerikan., [3]1973); DERS.: Staat, Reg., Politik (a. d. Amerikan., 1976); C. OFFE: Polit. Herrschaft u. Klassenstrukturen, in: Politikwiss., hg. v. G. KRESS u. a. (Neuausg. 38.–42. Tsd. 1975); R. A. DAHL: Polyarchy (New Haven, Conn., [5]1978); G. A. O'DONNELL: Modernization and bureaucratic authoritarianism (Neuausg. Berkeley, Calif., 1979); Patterns of corporatist policymaking, hg. v. G. LEHMBRUCH u. a. (London 1982); An den Grenzen der Mehrheitsdemokratie, hg. v. B. GUGGENBERGER (1984); J. A. BILL u. C. LEIDEN: Politics in the Middle East (Boston, Mass., [2]1984); A. LIJPHART: Democracies (New Haven, Conn., 1984); Modern political systems, hg. v. R. MACRIDIS (London [6]1987); Die Schweiz, Beitrr. v. H. ELSASSER u. a. (1988); Staatstätigkeit, hg. v. MANFRED G. SCHMIDT (1988); GORDON R. SMITH: Politics in Western Europe (New York [5]1989); RÜDIGER SCHMITT: Die Friedensbewegung in der Bundesrep. Dtl. (1990); J. J. HESSE u. T. ELLWEIN: Das Regierungssystem der Bundesrep. Dtl., 2 Bde. ([8]1997).

politische Wissenschaft, die →Politikwissenschaft.

politische Zeitschriften, Publikationen, die sich mit Angelegenheiten des polit. Systems, insbesondere dem Staat, der Reg., dem Parlament, oder mit allgemeinen polit. Fragen und Ideen in Wirtschaft, Gesellschaft und Kultur auseinander setzen. Zu den p. Z. gehören v. a. 1) die polit. Wochenschriften, 2) die Zeitschriften der polit. Organisationen (Parteien, Gruppen) und Gewerkschaften, 3) die politikwiss. und zeitgeschichtl. Zeitschriften, 4) die satir. Zeitschriften. Definition und Typisierung der p. Z. sind nicht einheitlich, ebenso wenig die Abgrenzung zu →Literaturzeitschriften und →Kulturzeitschriften.

Die polit. Wochenschriften, deren polit. Engagement sich oft im Namen widerspiegelt, sind im frühen 18. Jh. entstanden. Als erste dieser Zeitschriften gilt die von PHILIPP BALTHASAR SINOLD VON SCHÜTZ (* 1657, † 1742) in Leipzig herausgegebene ›Europ. Fama‹ (1702–35, 1735–56 u. d. T. ›Neue Europ. Fama‹, 1760–65 u. d. T. ›Die neueste Europ. Fama‹). Wichtig sind ferner der von C. M. WIELAND herausgegebene ›Teutsche Merkur‹ (1773–89), der von J. J. VON GÖRRES herausgegebene ›Rhein. Merkur‹ (1814–16), die ›Historisch-polit. Zeitschrift‹ von L. VON RANKE (1832–36), die von J. F. COTTA herausgegebene ›Dt. Vierteljahrs-Schrift‹ (1838 ff.) und die ersten satir. Zeitschriften. Eine wichtige Rolle spielten (trotz Zensur) die p. Z. im Zusammenhang mit der Revolution von 1848; bedeutsam waren u. a. die von A. RUGE und K. MARX herausgegebenen ›Dt.-Frz. Jahrbücher‹ (2 Bde., 1844).

Für die wilhelmin. Zeit sind zu nennen ›Im neuen Reich‹ (1871–81) und die von K. KAUTSKY herausgegebene ›Neue Zeit‹ (1883–1922/23), die sozialistische anstelle von nationalist. Ideen verfocht. Die von S. JACOBSOHN und C. VON OSSIETZKY herausgegebene →Weltbühne (1918–33) wurde wie viele p. Z. 1933 verboten. Danach vermochten die weiter erscheinenden bürgerl. p. Z. der überwältigenden Anzahl und Auflage der NS-Periodika, z. B. ›Natsoz. Monatshefte‹ (1930–44), ›Das Reich‹ (1940–45), keinen Widerstand entgegenzusetzen. Einige p. Z. wurden in der Emigration fortgesetzt (→Exilpublizistik).

Nach dem Krieg neu gegründete p. Z. wie ›Christ und Welt‹ (1948–71; Forts. u. d. T. ›Dt. Zeitung – Christ und Welt‹, 1980 fusioniert mit dem ›Rhein. Merkur‹), ›Bayern-Kurier‹ (1950 ff.), ›Dt. Allg. Sonntagsblatt‹ (1948–95; Forts. u. d. T. ›Sonntagsblatt‹), ›Welt am Sonntag‹ (1948 ff.) und ›Vorwärts‹ (1946–89), aber auch ›Frankfurter Hefte‹ (1946 ff.) und ›Gewerkschaftl. Monatshefte‹ (1950 ff.) konnten sich nicht bzw. nur als Subventionspublikationen halten oder mussten fusionieren. ›Die Zeit‹ (1946 ff.) und ›Der Spiegel‹ (1947 ff.) führen die unabhängige Tradition der polit. Wochenschriften fort; Neugründungen 1993: ›Focus‹ und ›Die Woche‹. Sowohl die Zahl der wiss. Zeitschriften zur Politik, v. a. ›Zeitschrift für Politik‹ (gegr. 1907, neu gegr. 1954), ›Das Parlament‹ (1951 ff.), ›Vierteljahrshefte für Zeitgesch.‹ (1953 ff.), ›Polit. Vierteljahresschrift‹ (1960 ff.), ›Leviathan‹ (1973 ff.), als auch die Zahl der Rezensionszeitschriften hat sich vermehrt. (→Nachrichtenmagazin)

W. HAACKE: Die p. Z., 2 Bde. (1968–82); S. OBENAUS: Literar. u. p. Z. 1830–1848 (1986); DIES.: Literar. u. p. Z. 1848–1880 (1987); A. HUSS-MICHEL: Literar. u. p. Z. des Exils 1933–1945 (1987); I. LAURIEN: Politisch-kulturelle Zeitschriften in den Westzonen 1945–1949 (1991).

Politologie *die, -,* die →Politikwissenschaft.

Politrock, →politisches Lied.

Pölitz, poln. **Police** [-tsɛ], Stadt in der Wwschaft Szczecin (Stettin), Polen, nördlich von Stettin am linken Ufer der Oder, 34 300 Ew.; Chemiewerk (bes. Düngemittelherstellung); Binnenhafen. – P. kam 1945 unter poln. Verwaltung, die Zugehörigkeit zu Polen wurde durch den Dt.-Poln. Grenzvertrag vom 14. 11. 1990 (in Kraft seit 16. 1. 1992) anerkannt.

Politzer, Heinz, Literaturhistoriker, * Wien 31. 12. 1910, † Berkeley (Calif.) 30. 7. 1978; emigrierte 1938 nach Palästina; ab 1947 in den USA; seit 1960 Prof. an der University of California in Berkeley; mit M. BROD Herausgeber einer Ausgabe der Werke F. KAFKAS (›Ges. Schr.‹, 6 Bde., 1935–37); neben den Arbeiten zu KAFKA (›Franz Kafka, parable and paradox‹, 1962, erw. dt. Ausg. u. d. T. ›Franz Kafka, der Künstler‹, 1965) v. a. Studien zu F. GRILLPARZER sowie zu Psychoanalyse und Literatur.

Politzer-Verfahren [nach dem österr. Ohrenarzt ADAM POLITZER, * 1835, † 1920], Methode der →Ohrluftdusche, bei der mittels eines Gummiballons durch eine Nasenöffnung (unter Verschluss der anderen) Luft eingeblasen wird, die bei gleichzeitiger Anhebung des Gaumensegels durch Schluckbewegungen oder Artikulierung von Wörtern mit K-Lauten (›Kuckuck‹) vom Nasen-Rachen-Raum aus durch die Ohrtrompete dringt.

Polizei [mlat. policia, von griech. politeía ›Staatsverwaltung‹], bezeichnet sowohl die P.-Gewalt als auch die P.-Behörden und P.-Beamten.

Begriffsentwicklung

Seit Aufkommen des Begriffs im 15. Jh. verstand man unter P. einen die gesamte Verw. umfassenden, geordneten Zustand des weltl. Gemeinwesens. Im Absolutismus auf die innere Staatsverwaltung beschränkt, bezog sich P. im 18. Jh. sowohl auf die Gewährleistung der Staatssicherheit als auch auf die Förderung der Wohlfahrt, die dem Untertanen zwangsweise verordnet werden konnte. Im 19. Jh. setzte sich der bereits im Preuß. Allgemeinen Landrecht von 1794 enthaltene, auf die Gefahrenabwehr begrenzte P.-Begriff durch (materieller P.-Begriff), der auch im § 14 des Preuß. P.-Verwaltungs-Ges. von 1931 seinen Ausdruck fand.

Da nach 1945 im Zuge der ›Entpolizeilichung‹ in einigen Besatzungszonen und später in zahlr. Bundesländern ein großer Teil der Gefahrenabwehraufgabe den allgemeinen, nicht ›Polizei‹ genannten Verwaltungsbehörden übertragen und nur ein Kern der Gefahrenabwehrtätigkeit (v. a. Kriminalitätsbekämpfung und Verhütung sonstiger unmittelbar drohender Gefahren im P.-Vollzugsdienst) der meist uniformierten ›Polizei‹ vorbehalten blieb, muss zw. dem materiellen, aufgabenbezogenen und dem formellen, behördenbezogenen P.-Begriff unterschieden werden. P. im **materiellen Sinn** ist danach die staatl. Aufgabe der Abwehr von Gefahren für die öffentl. Sicherheit oder Ordnung, d. h. der Schutz aller Rechtsgüter und der Rechtsordnung insgesamt; P. im **formellen Sinn** sind die gesetzlich so bezeichneten P.-Behörden. Die meisten Bundesländer unterscheiden zw. der allgemeinen **Ordnungsverwaltung** (samt Sonderordnungsbehörden), der auch zahlr. Aufgaben der Gefahrenabwehr (z. B. Bauüberwachung, Gewässerschutz) übertragen sind, und den **P.-Behörden,** die bes. den P.-Vollzugsdienst mit der Schutz-P. und der Kriminal-P. umfassen. Nur Bad.-Württ., Bremen, Saarland und Sa. halten in unterschiedl. Ausmaß an der Einheit von formellem und materiellem P.-Begriff fest, unterscheiden allerdings zw. P.-Behörden und **P.-Vollzugsdienst.**

Polizeirecht und Organisation

In Dtl. ist die P. im Prinzip Angelegenheit der Bundesländer (P.-Hoheit der Länder). Sie regeln die P.-Organisation und erlassen allgemeine P.-Gesetze. Während das Organisationsrecht größere Verschiedenheiten aufweist, stimmt das Recht des polizeil. Handelns in den Ländern weitgehend überein. Vorbild für eine Novellierung des P.-Rechts war der 1975 von der Innenministerkonferenz verabschiedete (erste) Musterentwurf eines einheitl. P.-Gesetzes.

Nach der bundesstaatl. Ordnung des GG steht die Kompetenz zur Regelung des allgemeinen Gefahrenabwehrrechts den Ländern zu; der Bund hat die Gesetzgebungsbefugnis nur auf den ihm speziell übertragenen Gebieten (z. B. Art. 74 Nr. 4a, Waffenrecht; Art. 73 Nr. 10, Zusammenarbeit von Bund und Ländern in der Kriminal-P.). Entsprechend hat der Bund nur begrenzte P.-Gewalt im Rahmen der bundeseigenen Verwaltung. So besteht z. B. das Bundeskriminalamt, der Bundesgrenzschutz, die Strom- und Schifffahrts-P. für die Bundeswasserstraßen (im Unterschied zur Wasserschutz-P. der Länder), das Luftfahrtbundesamt sowie der Zollgrenzschutz und Zollfahndungsdienst; aufgrund eines Gesetzes von 1992 werden die Aufgaben der früheren Bahn-P. vom Bundesgrenzschutz wahrgenommen (§ 3 Bundesgrenzschutz-Ges.). Außerdem übt der Präs. des Dt. Bundestages als ordentl. P.-Behörde gemäß Art. 40 Abs. 2 GG im Gebäude des Bundestages nicht nur das Hausrecht, sondern auch die ausschließl. P.-Gewalt aus. Eine P.-Gewalt eigener Art ist die gerichtl. Sitzungs-P.

In den Ländern, die zw. der (allgemeinen) Sicherheits- und Ordnungsverwaltung und speziellen P.-Behörden unterscheiden, folgt die Gliederung der **Sicherheits-** oder **Ordnungsbehörden** der allgemeinen Verwaltungsgliederung. In NRW sind z. B. die Gemeinden die örtl. Ordnungsbehörden, die Kreise und kreisfreien Städte Kreisordnungsbehörden und die Bezirksregierungen (Regierungspräsidenten) Landesordnungsbehörden. Untere **P.-Behörde** sind hingegen

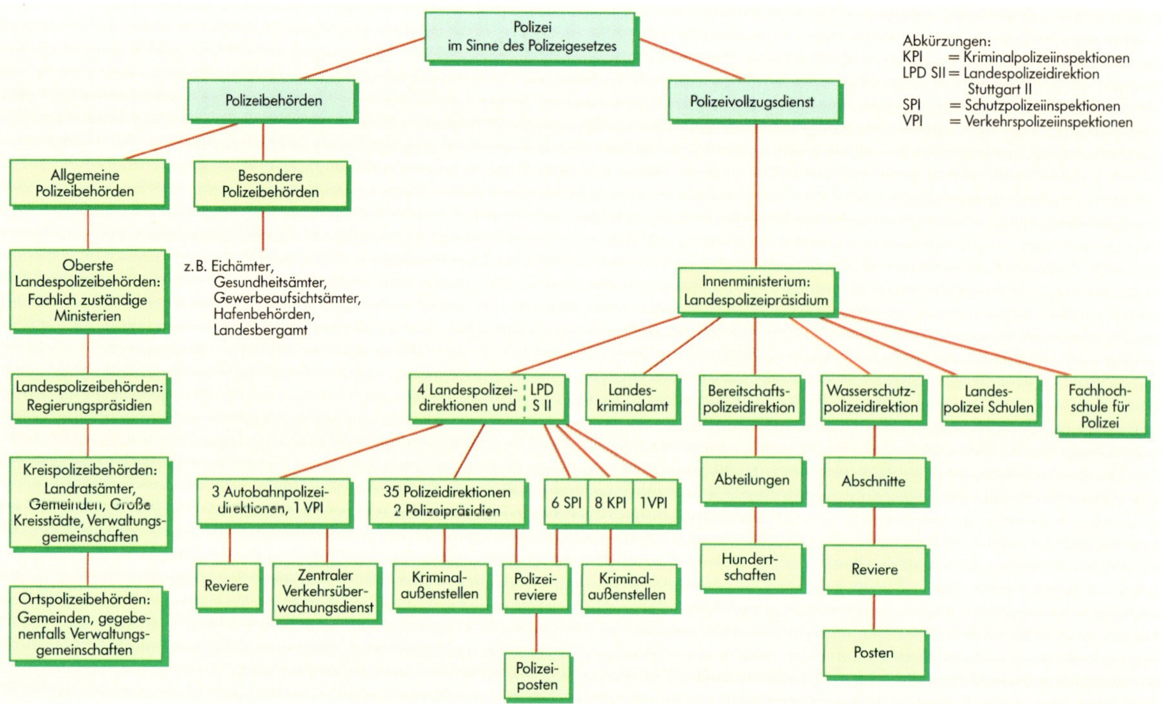

Polizei: Organisation der Polizei am Beispiel des Landes Baden-Württemberg

die Landräte als untere staatl. Verwaltungsbehörde und in den kreisfreien Städten die P.-Präsidenten; höhere P.-Behörden sind die Bezirksregierungen (Regierungspräsidenten) und das Landeskriminalamt; daneben besteht die Bereitschafts-P. Der **P.-Vollzugsdienst** ist überall (außer in Bremerhaven) entkommunalisiert, d.h. er wird vom Land, nicht von den Gemeinden wahrgenommen.

In den Ländern, die P.-Behörden und allgemeine Ordnungsverwaltung nicht trennen, sind die allgemeinen Verwaltungsbehörden P.-Behörden. So ist etwa in Bad.-Württ. die Gemeinde mit dem Bürgermeister Ortspolizeibehörde und das Landratsamt als untere staatl. Verwaltungsbehörde Kreispolizeibehörde; der organisatorisch hiervon getrennte P.-Vollzugsdienst ist ebenfalls ›entkommunalisiert‹. Als Dienststellen der Vollzugs-P. (P.-Beamte der uniformierten Schutz-P. und der Kriminal-P.) unterhalten die Länder die Landes-P. (Land-P.), ein Landeskriminalamt, die Bereitschafts-P. sowie in Bayern die Bayer. Grenz-P. Innerhalb der Landes-P. können besondere Dienststellen für bestimmte sachl. Dienstbereiche gebildet werden (neben Schutz- und Kriminal-P. z.B. Verkehrs-P., Autobahn-P., Wasserschutz-P). Die Vollzugs-P. wird tätig, soweit die Gefahrenabwehr durch andere Behörden (bes. Ordnungsverwaltung) nicht oder nicht rechtzeitig möglich erscheint (unaufschiebbare Maßnahmen). In anderen Fällen, z.B. bei Anwendung unmittelbaren Zwangs, ist sie ihnen zur Vollzugshilfe verpflichtet.

Mit der dt. Vereinigung ist die zentralistisch aufgebaute und dem Min. des Innern unterstellte Dt. Volks-P. der DDR in Landes-P. der fünf neuen Länder überführt worden. Die P. des Landes Berlin ist unter Ausdehnung des Geltungsbereichs der Westberliner P.-Gesetze auf den Ostteil der Stadt vereint worden. Zunächst galt im Beitrittsgebiet noch das von der Volkskammer beschlossene Ges. über die Aufgaben und Befugnisse der P. vom 13. 9. 1990; es ist inzwischen durch eigene, im Wesentlichen an den Gesetzen der alten Länder orientierte P.-Gesetze der neuen Länder ersetzt worden.

Polizeiliche Aufgaben und Befugnisse

Hauptaufgabe der P. ist die Gefahrenabwehr. Dem P.-Vollzugsdienst ist darüber hinaus die Mitwirkung bei der Verfolgung strafbarer Handlungen und Ordnungswidrigkeiten übertragen; sie beruht v.a. auf den Vorschriften der StPO (§ 163 u.a.) und dem Ges. über die Ordnungswidrigkeiten. Ein bestimmter Kreis von P.-Beamten hat als Hilfsbeamte der Staatsanwaltschaft (§ 152 Gerichtsverfassungs-Ges.) besondere Befugnisse.

Bei der Gefahrenabwehr ist die Vollzugs-P. grundsätzlich nur insoweit (sachlich) zuständig, als die allgemeinen Ordnungsbehörden oder die Sonderordnungsbehörden nicht oder nicht rechtzeitig handeln können. In ähnl. Weise obliegt der (Vollzugs-)P. der Schutz von privaten Interessen und Rechten nur dann, wenn gerichtl. Schutz nicht rechtzeitig zu erlangen ist und wenn ohne polizeiliche Hilfe die Gefahr besteht, dass die Verwirklichung des privaten Rechts vereitelt oder wesentlich erschwert wird.

Ermächtigungsgrundlage für das Handeln der Ordnungs- oder P.-Behörden und der Vollzugs-P. ist die so genannte polizeil. (ordnungsrechtl.) **Generalklausel,** sofern nicht spezielle gesetzl. Ermächtigungen (z.B. durch die Gewerbeordnung oder die Immissionsschutz-Ges.) in Betracht kommen. Die Generalklausel gibt den Ordnungsbehörden oder der P. die Befugnis, nach pflichtgemäßem Ermessen die notwendigen Maßnahmen zur Abwehr oder Beseitigung einer Gefahr für die →öffentliche Sicherheit und Ordnung zu treffen. Eine Gefahr besteht bei hinreichender Wahrscheinlichkeit eines Schadenseintritts. Ein Einschreiten erfolgt nach pflichtgemäßem Ermessen (→Opportunitätsprinzip), der Einzelne hat keinen Anspruch auf Einschreiten, es sei denn, er wird in hochrangigen Rechtsgütern (Leben, Gesundheit) unmittelbar gefährdet. Die Maßnahmen unterliegen dem Grundsatz der Verhältnismäßigkeit, d.h., sie müssen zur Gefahrenabwehr geeignet sein; unter mehreren Maßnahmen ist diejenige anzuwenden, die die Allgemeinheit oder den Einzelnen am wenigsten beeinträchtigt, und schließlich darf der zu erwartende Schaden nicht in offenbarem Missverhältnis zum beabsichtigten Erfolg stehen. Eine Reihe häufig vorkommender polizeil. Maßnahmen, die stärker in Grundrechte eingreifen, sind in den P.- und Ordnungs-Ges. speziell geregelt. Zu diesen so genannten **Standardmaßnahmen** gehören Identitätsfeststellung von Personen, Mitnahme zur Dienststelle (Sistierung), erkennungsdienstl. Maßnahmen, Vorladung und Vorführung, Ingewahrsamnahme, Durchsuchung von Personen und Wohnungen, Beschlagnahme und Sicherstellung.

Grundsätzlich sind Maßnahmen der Gefahrenabwehr gegen den so genannten **Störer** (P.-Pflichtigen, Verantwortlichen) zu richten. Störer ist, wer durch sein Verhalten (oder das Verhalten von ihm beaufsichtigter Personen) die Gefahr verursacht (Verhaltensstörer), aber auch derjenige, der Eigentümer einer Sache ist, von der die Gefahr ausgeht, oder der die tatsächl. Gewalt über diese Sache ausübt (Zustandsstörer). Auf Verschulden kommt es nicht an. Allerdings wird die reine Kausalverantwortlichkeit durch Gesichtspunkte der Risikozurechnung und der Verhaltenspflichten eingeschränkt. Unbeteiligte Dritte (so genannte **Nichtstörer**) dürfen nur in Anspruch genommen werden, wenn eine gegenwärtige Gefahr nicht anders abgewehrt werden kann (polizeil. Notstand); sie sind für Nachteile zu entschädigen.

Den Ordnungs- und P.-Behörden ist gesetzlich außerdem die Befugnis verliehen, VO zur vorausschauenden Abwehr künftiger Gefahren zu erlassen (z.B. VO über Leinenzwang für Hunde in öffentl. Anlagen). Ordnungs- und polizeibehördl. Gebote und Verbote können notfalls mit den Mitteln des Verwaltungszwangs durchgesetzt werden.

Zwang kann auch ohne vorausgehende Verfügung angewendet werden, wenn dies zur Gefahrenabwehr notwendig ist. **Zwangsmittel** sind die Ausführung einer gebotenen Handlung auf Kosten des Pflichtigen durch die Behörde selbst oder einen von ihr beauftragten Dritten (Ersatzvornahme), die Festsetzung eines Zwangsgeldes und die Einwirkung auf Personen oder Sachen durch körperl. Gewalt und durch Waffen (unmittelbarer Zwang). Der Waffeneinsatz ist in den P.-Gesetzen ausführlicher geregelt; einige P.-Gesetze gestatten unter engen Voraussetzungen auch den gezielten tödl. Schuss (finaler Rettungsschuss). Die polizeil. Strafverfügung ist nach 1945 abgeschafft worden (→Polizeistrafrecht). Bei →Ordnungswidrigkeiten ist unter bestimmten Voraussetzungen neben gebührenfreier die gebührenpflichtige Verwarnung zulässig. P.- und Ordnungsbehörden können auch Bußgelder verhängen (→Buße).

Rechtsschutz im Polizei- und Ordnungsrecht

Für den Rechtsschutz gegen Maßnahmen der P.- und Ordnungsbehörden gelten keine Besonderheiten. Verwaltungsakte sind durch Widerspruch und Anfechtungsklage, Realakte durch allgemeine Leistungsklage angreifbar. Hat sich ein Verwaltungsakt (z.B. ein Demonstrationsverbot) schon erledigt, steht die Fortsetzungsfeststellungsklage offen, wenn wegen Wiederholungsgefahr, im Interesse der Rehabilitierung oder zur Vorbereitung eines Schadensersatzprozesses hierfür ein Rechtsschutzinteresse besteht. Polizeil. Maßnahmen im Rahmen der Strafverfolgung sind grundsätzlich mit den Rechtsmitteln der StPO oder als so genannte Justizverwaltungsakte angreifbar.

Österreich

Dem Inhalt der Tätigkeit nach unterscheidet man in Österreich Sicherheits-P. (allgemeine und örtl. Sicherheits-P.) und Verwaltungs-P. Die allgemeine Sicherheits-P. besteht aus der Aufrechterhaltung der öffentl. Ruhe, Ordnung und Sicherheit, ausgenommen die örtl. Sicherheits-P., und der ersten allgemeinen Hilfeleistungspflicht (§ 3 Sicherheitspolizei-Ges. 1991). Zur örtl. Sicherheits-P., die Aufgabe der Gemeinden ist, gehören z.B. die Wahrung des öffentl. Anstandes oder die Abwehr von ungebührlich störendem Lärm. Verwaltungs-P. umfasst die Abwehr von bereichstyp. Gefahren und den Schutz von materienspezif. Ordnungsinteressen. Die Aufgaben der Verwaltungs-P. übernehmen i.d.R. die jeweiligen Vollzugsbehörden (z.B. wird die Gewerbe-P. von den Bezirksverwaltungsbehörden als Gewerbebehörden ausgeübt). Durch das Sicherheitspolizei-Ges. 1991 bes. geregelt ist das öffentl. Sicherheitswesen, also die allgemeine Sicherheits-P., die in Unterordnung unter die Generaldirektion für die öffentl. Sicherheit, die beim Bundes-Min. für Inneres eingerichtet ist, für jedes Land von einer Sicherheitsdirektion (des Bundes) und für die Verwaltungsbezirke von den Bezirkshauptmannschaften bzw. in den Städten mit eigenem Statut im Regelfall von eigenen Bundespolizeidirektionen wahrgenommen wird.

Bei der Aufgabenerfüllung stehen den P.-Behörden Exekutivorgane in Gestalt bewaffneter und uniformierter Wachkörper zur Verfügung, deren Organisationsstrukturen sehr unterschiedlich sind. Mit Aufgaben der allgemeinen und örtl. Sicherheits-P. betraut sind die Bundesgendarmerie (außerhalb der Statutarstädte), die Bundessicherheitswachen als Wachkörper der Bundespolizeibehörden sowie die in einzelnen Gemeinden bestehenden Gemeindesicherheitswachen. Die genannten Exekutivorgane fungieren jeweils als ›verlängerter Arm‹ der P.-Behörden, indem sie kontrollieren, beraten, allenfalls Anzeige erstatten und nötigenfalls befehlend oder zwangssetzend eingreifen, um Rechtsverletzungen oder andere Störungen der öffentl. Ordnung vorbeugend oder abwehrend zu bekämpfen.

Schweiz

In der Schweiz sind primär die Kantone zuständig für den Erlass polizeil. Vorschriften. Sie verfügen über stehende P.-Truppen und andere Kontrollorgane. Die kantonale P.-Hoheit erstreckt sich nur auf das Gebiet des betreffenden Kantons, doch sind die Kantone bes. auf dem Gebiet der Strafverfolgung zu gegenseitiger Rechtshilfe verpflichtet. Der Bund hat hier nur eine beschränkte Gesetzgebungskompetenz auf dem Gebiet der Gewerbe-P., des Straßenverkehrs und des Gesundheitsschutzes. Der Vollzug der bundesrechtl. Erlasse geschieht weitgehend durch die Kantone, da der Bund über keine dezentralisierte Verwaltung verfügt. Als bundesrechtl. Organ ist die Bundesanwaltschaft und die ihr zugeordnete gerichtl. P. zuständig für strafrechtl. Ermittlungen bei einer Reihe von Delikten, die vom Bundesstrafgericht beurteilt werden. Zum Schutz der öffentl. Ordnung vor unmittelbarer Gefahr können die kantonalen Regierungen sowie der Bundesrat ohne entsprechende gesetzl. Grundlage VO oder Einzelverfügungen erlassen.

R. HARNISCHMACHER u. A. F. SEMERAK: Dt. P.-Gesch. (1986); H. SCHOLLER u. B. SCHLOER: Grundzüge des P.- u. Ordnungsrechts in der Bundesrep. Dtl. ([4]1993); Sicherheitspolizeigesetz (SPG), hg. v. H. FUCHS u.a. (Wien [2]1993); V. GÖTZ: Allg. P.- u. Ordnungsrecht ([12]1995); Hb. des P.-Rechts, hg. v. H. LISKEN u. E. DENNINGER ([2]1996).

Polizeiaufsicht, früher eine im Strafurteil ausgesprochene Freiheitsbeschränkung (mit reinem Sicherungscharakter); seit 1. 1. 1975 durch die →Führungsaufsicht (mit unterstützenden Maßnahmen) ersetzt.

polizeiliches Führungszeugnis, das →Führungszeugnis.

Polizeirecht, die Summe aller Rechtsnormen, die Aufgaben, Befugnisse, Verfahren, Organisation und Zuständigkeit der →Polizei regeln.

Polizeirufanlage, fernmeldetechn. Einrichtung zum Alarmieren der Polizei in Notfällen. Öffentl. P. sind das Fernsprechnetz (→Notruf) und die →Fernsprechnotrufsäulen. Daneben gibt es nichtöffentl. P. zum Schutz von Banken, Geschäften u. a., die von Hand ausgelöst werden oder automatisch als Raumschutzanlagen arbeiten.

Angelo Poliziano (Porträt auf einer Medaille; um 1494)

Polizeisoziologie, seit den 1960er-Jahren verstärkt in den westl. Industriestaaten berücksichtigtes Feld soziolog. Forschung über die Polizei und deren sozialwiss. Beratung. Krit. Bestandsaufnahmen der polit. und sozialen Folgen polizeil. Handelns (›Ordnungs-‹, ›Herrschaftssicherung‹) stehen in der P. neben Analysen etwa der sozialen Herkunft von Polizeibeamten und deren sozialen Vorstellungen (›Gesellschaftsbilder‹) und Bemühungen, soziolog. Wissen für die Ausbildung von Polizeibeamten und die Verbesserung des sozialen Ansehens der Polizei bzw. für die Steigerung der Effektivität polizeil. Einsätze und Strategien zu nutzen. Hinzu kommen Studien über den histor. Funktionswandel der Polizei.

Die Polizei. Soziolog. Studien u. Forschungsberichte, hg. v. J. FEEST u. a. (1971); G. ENDRUWEIT: Struktur u. Wandel der Polizei (1979); Die Polizei in der Bundesrep., Beitrr. v. H. BUSCH u. a. (1988).

Polizeisport, organisierte sportl. Aktivitäten zur Aufrechterhaltung der Dienstfähigkeit und zur Gesunderhaltung der Polizeivollzugsbeamten in Bund und Ländern. Außer nat. Titelkämpfen werden in Disziplinen polizeirelevanter Sportarten (Selbstverteidigung, Schwimmen, Retten) Europa- und Weltmeisterschaften ausgetragen. Der P. wird in Dtl. vom Dt. P.-Kuratorium (DPSK; gegr. 1949, Sitz: Hamburg) organisiert. In Österreich besteht der Österr. P.-Verband (ÖPSV; gegr. 1951, Sitz: Wien). Weltdachverband ist die Union Sportive Internationale des Polices (USIP; gegr. 1990, Sitz: Lognes [Dép. Seine-et-Marne]), europ. Dachverband die Union Sportive des Polices d'Europe (USPE; gegr. 1950, Sitz: Neumünster).

Polizeistaat, im gegenwartsbezogenen Sinn die krit. Bez. für ein Staatswesen, das nicht den heutigen Vorstellungen eines Rechtsstaates mit →Gewaltenteilung und rechtlich gebundenem staatl. Handeln entspricht, sondern das durch eine starke und wenig kontrollierte Stellung der Sicherheitsorgane charakterisiert ist. Totalitäre Staaten sind typischerweise P. – Als P. wird in histor. Sinn der absolute Staat des 16.–18. Jh. bezeichnet, in dem der Landesherr die ›Polizeigewalt‹ (ius politiae) als wichtigsten Teil der inneren Staatsgewalt ausübte. Sie erstreckte sich weit über die heutige Polizeitätigkeit hinaus auf die Regelung der inneren Ordnung im Gemeinwesen und erfasste auch die ›Wohlfahrtspolizei‹. Der P. in diesem Sinne ist insbesondere durch die Weite und Fülle der Staatszwecke gekennzeichnet. Zugleich war der Landesherr je nach Stärke seiner Stellung auch wenig durch Verf. oder entgegenstehende Rechte behindert. Im 19. Jh. setzte der liberale Gedanke dem alten P. den Rechtsstaat als Postulat entgegen, in dem sich der Staat in erster Linie auf die Aufrechterhaltung der öffentl. Sicherheit und Ordnung beschränken und seine Ziele in den Bahnen geschriebenen Rechts (der Verf. und der Gesetze) verfolgen sollte.

Walerij Wladimirowitsch Poljakow

Polizeistrafrecht, früher der Teil des Polizeirechts, der für die Verletzung bestimmter polizeil. Gebots- und Verbotsvorschriften Kriminalstrafen vorsah. Heute wird die Verletzung derartiger Bestimmungen mit Geldbußen nach dem Ordnungswidrigkeitenrecht geahndet. Die der Gefahrenabwehr dienenden Übertretungstatbestände des StGB sind seit 1. 1. 1975 aufgehoben.

Polizeistunde, Sperrstunde, Sperrzeit, nach § 18 Gaststätten-Ges. der Zeitpunkt, zu dem Schank- oder Speisewirtschaften und öffentl. Vergnügungsstätten schließen müssen, ferner die Zeitspanne, in der keine Betriebsleistungen erfolgen dürfen und Gästen das Verweilen in den Betriebsräumen nicht gestattet ist. Die P. wird durch Rechts-VO der Länder festgelegt, ihr Beginn ist daher unterschiedlich (meist 1 Uhr). Bei Vorliegen eines öffentl. Bedürfnisses oder besonderer örtl. Verhältnisse kann die P. allg. oder für einzelne Betriebe verlängert, verkürzt oder aufgehoben werden. Verstöße gegen die P.-Regelung werden gegenüber Gast und Gastwirt als Ordnungswidrigkeiten geahndet (§ 28 Abs. 1 Gaststätten-Ges.).

In *Österreich* wird die P. durch VO des Landeshauptmanns aufgrund der Gewerbeordnung (GewO) festgesetzt; abweichende Regelungen sind zulässig (§ 152 GewO 1994). In der *Schweiz* ordnen i. d. R. die Gemeinden aufgrund kantonaler Gesetze die P. an.

Poliziano, Angelo, eigtl. **Angiolo Ambrogini** [-ˈdʒiːni], ital. Humanist und Dichter, * Montepulciano 14. 7. 1454, † Florenz 29. 9. 1494; Kanzler LORENZOS DE' MEDICI und 1475–79 Erzieher von dessen Söhnen PIERO und GIOVANNI (später Papst LEO X.); ab 1480 Prof. für griech. und lat. Literatur an der Univ. Florenz. Von P.s Werken in ital. Sprache sind hervorzuheben die unvollendeten ›Stanze per la giostra‹ (entst. 1475–78, gedr. 1494; dt. ›Der Triumph Cupidos‹) auf den Sieg von LORENZOS jüngerem Bruder, GIULIANO DE' MEDICI, in einem 1475 veranstalteten Turnier und das Schauspiel ›Fabula di Orpheo‹ (entst. wahrscheinlich 1478, gedr. 1494; dt. ›Orpheus‹, auch u. d. T. ›Die Tragödie des Orpheus‹), das erste weltl. Drama der ital. Literatur. Als einer der bedeutendsten Philologen und Kritiker seiner Zeit war P. auch einer der wenigen Humanisten, die dem Latein den Charakter einer lebendigen Sprache zu geben wussten. Er schrieb u. a. lat. und griech. Epigramme, lat. Oden und Elegien in der Art des HORAZ. In vier Lehrgedichten, den ›Sylvae‹ (entst. 1482–86, gedr. 1518), gab er eine Anleitung zum Lesen klass. Autoren; auf philolog. Gebiet führte er die Textkritik ein (›Miscellaneorum centuria‹, Tl. 1 1489, Tl. 2 hg. 1972); er übersetzte auch 1470–75 die Bücher 2–5 der ›Ilias‹ ins Lateinische. Sein Bericht über die Verschwörung der Pazzi gegen die Medici (›Pactianae coniurationis commentarium‹, 1478) ist ein hervorragendes Beispiel humanist. Geschichtsschreibung.

Ausgaben: Epigrammi greci, hg. v. A. ARDIZZONI (1951); Stanze cominciate per la giostra di Giuliano de' Medici, krit. hg. v. V. PERNICONE (1954); Opera omnia, hg. v. IDA MAÏER, 3 Bde. (1970–71); Stanze, Orfeo, rime, hg. v. S. MARCONI (1981); Poesie italiane, hg. v. S. ORLANDO (^{2}1985). – Der Triumph Cupidos, übers. v. E. STAIGER (1974; dt. u. ital.).

IDA MAÏER: Ange Politien. La formation d'un poète humaniste, 1469–1480 (Genf 1966); A. WASCHBUESCH: Polizian. Ein Beitr. zur Philosophie des Humanismus (1972); A. TISSONI BENVENUTI: L'Orfeo del P. Con il testo critico dell'originale e delle successive forme teatrali (Padua 1986); T. LENKER: A. P. Dichter, Redner, Stratege (1997).

Poljakow, Walerij Wladimirowitsch, russ. Arzt und Kosmonaut, * Tula 27. 4. 1942; ab 1971 am Inst. für medizinisch-biolog. Probleme (IMBP) in Moskau tätig, ab 1972 Ausbildung zum Kosmonauten, seit 1992 stellv. Direktor des IMBP. Er absolvierte 1988/89 einen 241 Tage langen Aufenthalt an Bord der Raumstation Mir; erreichte vom 8. 1. 1994 bis 22. 3. 1995 mit 438 Tagen die bisher längste Aufenthaltsdauer eines Menschen im Weltraum.

Polje [russ. pole ›Feld‹, ›Acker‹] *die, -/-n,* auch *das, -(s)/-n,* großes, wannenförmiges Becken von wenigen bis zu mehreren Hundert Quadratkilometern Größe, zum Formenschatz des →Karstes gehörend. Typisch ist der ebene, randlich scharf abgesetzte P.-Boden, der oft mit fruchtbarem Verwitterungsmaterial bedeckt ist; dieses wurde eingeschwemmt von Bächen, die aus randl. Karstquellen ins P. einströmen und durch ebenfalls randl. Flussschwinden (→Ponor) wieder versickern. Durch Verschlammung der Flussschwinden können die P. zeitweise überflutet werden. P. können tektonisch oder durch seitlich wirkende Korrosion aus verkarsteten Talböden, die durch eingeschwemmten Ton abgedichtet wurden, entstehen.

Polk [pəʊk], James Knox, 11. Präs. der USA (1845–49), *Mecklenburg County (N. C.) 2. 11. 1795, †Nashville (Tenn.) 15. 6. 1849; Jurist, war 1825–39 demokrat. Abg. im Kongress (seit 1835 Speaker), 1839–41 Gouv. von Tennessee; gewann die Präsidentschaftswahlen 1844 als überzeugter Anhänger A. JACKSONS gegen H. CLAY. P. verfolgte eine expansionist. Außenpolitik (→Manifest Destiny), die den USA einen gewaltigen Gebietszuwachs brachte (britisch-amerikan. Vertrag über die Festlegung der Nordgrenze Oregons auf den 49. Breitengrad, 15. 6. 1846; Mexikan. Krieg, 1846–48).

C. G. SELLERS: J. K. P., Jacksonian, 1795–1849 (Princeton, N. J., 1957); P. H. BERGERON: The presidency of J. K. P. (Lawrence, Kans., 1987).

Polka [tschech., eigtl. ›Polin‹] *die, -/-s,* ein um 1830 in Böhmen aufgekommener Paartanz in lebhaftem $^2/_4$-Takt:

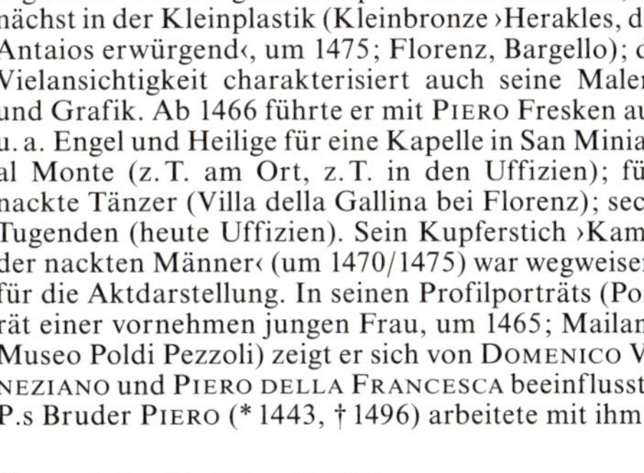

Die P. ähnelt dem Krakowiak und Galopp sowie dem schott. Schritt der Écossaise (daher auch ›Schottisch‹ genannt). Neben dem Walzer wurde sie bald zum beliebtesten Gesellschaftstanz des 19. und beginnenden 20. Jh. Es bildeten sich mehrere mod. Sonderformen heraus, u. a. die Kreuz-P. und die P.-Mazurka im $^3/_4$-Takt. P. schrieben u. a. J. STRAUSS Vater und Sohn (z. B. ›Annen-P.‹, ›Pizzikato-P.‹); in der Kunstmusik wurden der Tanz sowie sein rhythm. Muster v. a. von tschech. Komponisten verwendet, so von Z. FIBICH, B. SMETANA (u. a. in ›Die verkaufte Braut‹, 1866) und A. DVOŘÁK.

Pol|kappen, 1) *Botanik:* bei den meisten Samenpflanzen anstelle der Zentriolen vorkommende kappenartige Plasmadifferenzierung an den beiden Zellpolen während der Zellteilung. Von den P. geht die Bildung der Kernspindel aus.

2) *Geographie:* zusammenfassende Bez. für die →Nordkalotte und die →Südkalotte der Erde.

Polke, Sigmar, Künstler, *Oels 13. 2. 1941; seit 1989 Prof. an der Hochschule für bildende Künste in Hamburg. Seine großformatigen ›Rasterbilder‹ haben die unpersönl. Reproduktionstechnik der Massenmedien zum Thema, seine Stoffbilder auf gemusterten Dekorationsstoffen ironisieren triviale Kunsterwartungen. P. gestaltete 1986 den dt. Pavillon (›Athanor‹) auf der Biennale in Venedig. Seine geistvoll-iron. Bildsprache gewann starken Einfluss auf die dt. Malerei seit Ende der 1970er-Jahre. P. arbeitet auch als Fotograf. Er erhielt 1994 den Erasmuspreis.

S. P. Zeichnungen, Aquarelle, Skizzenbücher 1962–1988, bearb. v. G. FLEISCHMANN u. a., Ausst.-Kat. (1988); S. P. Fotografien, hg. v. J. POETTER, Ausst.-Kat. (1990); S. P. Neue Bilder 1992, bearb. v. D. STEMMLER, Ausst.-Kat. Städt. Museum Abteiberg Mönchengladbach (1992); S. P. – Die Drei Lügen der Malerei, bearb. v. M. HENTSCHEL u. a., Ausst.-Kat. Kunst- u. Ausstellungshalle Bonn (1997).

Pol|körper, *Biologie:* die Richtungskörper (→Oogenese).

Poll [pəʊl, engl.] *der, -s/-s,* urspr. der Stimmzettel, in den USA bes. die Wählerliste; allg. die Stimmabgabe, übertragen auch die Meinungsumfrage (Opinion-P.).

Pollack [engl.] *der, -s/-s,* Art der →Dorsche.

Pollack [ˈpɔlæk], Sydney, amerikan. Filmregisseur, *Lafayette (Ind.) 1. 7. 1934; dreht seit 1965 Spielfilme, die bei Kritik und Publikum erfolgreich waren.

Filme: Dieses Mädchen ist für alle (1965); Das Schloß in den Ardennen (1968); Nur Pferden gibt man den Gnadenschuß (1969); Jeremiah Johnson (1971); So wie wir waren (Cherie Bitter, 1973, auch u. d. T. Jene Jahre in Hollywood); Die drei Tage des Condors (1974); Yakuza (1974); Bobby Deerfield (1977); Der elektr. Reiter (1978); Die Sensationsreporterin (1981); Tootsie (1982); Jenseits von Afrika (1985); Havanna (1989); Die Firma (1993); Sabrina (1995).

W. R. TAYLOR: S. P. (Boston, Mass., 1981).

Pollaiuolo, 1) Antonio del, eigtl. **A. di Jacopo d'Antonio Benci** [ˈbentʃi], ital. Bronzebildner, Goldschmied, Gießer, Maler und Stecher, *Florenz 17. 1. 1432, †Rom 4. 2. 1498; war zunächst als Goldschmied tätig (nach Lehre in der väterl. Werkstatt), ab etwa 1460 auch als Maler. Vielleicht Schüler von ANDREA DEL CASTAGNO; 1469 Reise nach Spoleto und Rom. Der gebrochene scharfe Faltenstil P.s und seines Bruders PIERO steht im Rahmen der Florentiner Stilentwicklung in der Malerei des späteren 15. Jh. und hat Parallelen nördlich der Alpen (M. SCHONGAUER). Die Darstellung der im Raum bewegten, vielansichtigen Figur ist P.s Beitrag zur Skulptur der Renaissance, zunächst in der Kleinplastik (Kleinbronze ›Herakles, den Antaios erwürgend‹, um 1475; Florenz, Bargello); die Vielansichtigkeit charakterisiert auch seine Malerei und Grafik. Ab 1466 führte er mit PIERO Fresken aus, u. a. Engel und Heilige für eine Kapelle in San Miniato al Monte (z. T. am Ort, z. T. in den Uffizien); fünf nackte Tänzer (Villa della Gallina bei Florenz); sechs Tugenden (heute Uffizien). Sein Kupferstich ›Kampf der nackten Männer‹ (um 1470/1475) war wegweisend für die Aktdarstellung. In seinen Profilporträts (Porträt einer vornehmen jungen Frau, um 1465; Mailand, Museo Poldi Pezzoli) zeigt er sich von DOMENICO VENEZIANO und PIERO DELLA FRANCESCA beeinflusst. – P.s Bruder PIERO (*1443, †1496) arbeitete mit ihm in

James K. Polk

Sydney Pollack

Sigmar Polke: Wachtturm III; 1985 (Stuttgart, Staatsgalerie)

Werkstattgemeinschaft als Maler; eigenständig die Marienkrönung in Sant'Agostino in San Gimignano (1483) und die Prudentia unter den sechs Tugenden.

Weitere Werke: Grabmäler für Sixtus IV. (1489–93; Vatikan. Grotten) u. Innozenz VIII. (1493–97; Rom, St. Peter). – *Tafelbilder:* Tobias u. der Engel (Turin, Pinacoteca Nazionale); Martyrium des hl. Sebastian (1475; London, National Gallery); Raub der Deianeira (New Haven, Conn., Yale University Art Gallery).

L. D. ETTLINGER: A. u. Piero P. (Oxford 1978).

2) Simone del, ital. Baumeister, →Cronaca, il.

Pollak, Oscar, Pseudonyme **O. Paul, Austriacus,** österr. Publizist, *Wien 7. 10. 1893, †Hinterstoder (Oberösterreich) 28. 8. 1963; war 1931–34 und 1945 bis 1961 Chefredakteur der Wiener ›Arbeiter-Zeitung‹, 1936–45 im Exil (Brüssel, Paris, London).

pollakanthe Pflanzen [zu griech. pollákis ›oft‹ und ánthos ›Blüte‹], Pflanzen, die ihr individuelles Leben nicht nach einer Blüh- und Fruchtphase abschließen, sondern nach dem Erreichen der Blühfähigkeit Jahr für Jahr blühen (z. B. Stauden und die meisten Bäume und Sträucher); Ggs.: →hapaxanthe Pflanzen.

Pollakis|urie [zu griech. pollákis ›oft‹ und oũron ›Harn‹] *die, -/...'ri|en,* häufiger Harndrang mit (meist schmerzhafter) Entleerung geringer Mengen; Symptom u. a. bei Harnblasenentzündung, Prostataadenom.

Pollen [lat. ›Mehlstaub‹], **Blütenpollen, Blütenstaub,** Gesamtheit der →Pollenkörner einer Pflanze, die sich in den P.-Säcken der Staubblätter bilden.

Pollen|allergie, der →Heuschnupfen.

Pollen|analyse, Methode der Paläobotanik zur Bestimmung der Flora der erdgeschichtlich jüngeren Vegetationsperioden aus Pollenkörnern (v. a. aus Torfmooren). Aufgrund ihrer wachsartigen Außenschicht widerstehen Pollen und Sporen lange der Zerstörung und sind mikroskopisch nach ihren Pflanzenarten bestimmbar. Die prozentualen Anteile der Pollen einzelner Pflanzenarten werden in **Pollendiagrammen** zusammengefasst. Diese sind für jeden erdgeschichtl. Zeitabschnitt spezifisch ausgebildet und können daher zur Charakterisierung der damaligen Pflanzendecken und zur zeitl. Einordnung bestimmter Schichten und zugehöriger Bodenfunde dienen. Pollen sind seit dem Paläozoikum bekannt. Mithilfe der P. konnte die postglaziale Waldgeschichte Mittel- und Nordeuropas ermittelt werden.

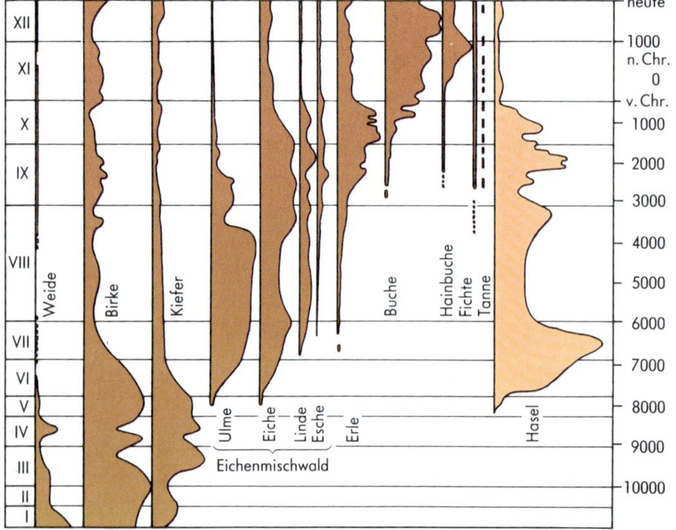

Pollenanalyse: Pollendiagramm der Nacheiszeit (Holozän) vom Cuttensee (östlich von Göttingen); Anteile der Baum- (dunkel) und Haselpollen (hell); I–XII Waldzeiten nach Franz Overbeck: I Tundrenzeit, II Ältere Parktundrenzeit, III Ältere Birken-Kiefern-Zeit, IV Jüngere Parktundrenzeit, V Jüngere Birken-Kiefern-Zeit, VI Kiefern-Hasel-Zeit, VII Haselzeit, VIII Linden-Ulmen-Phase der Eichenmischwald-Hasel-Zeit, IX Eichenphase der Eichenmischwald-Hasel-Zeit, X Eichenmischwald-Buchen-Zeit, XI Buchen-Hainbuchen-Zeit, XII starke Waldnutzung

Antonio del Pollaiuolo: Herakles, den Antaios erwürgend; um 1475 (Florenz, Bargello)

F. FIRBAS: Spät- u. nacheiszeitl. Waldgesch. Mitteleuropas nördlich der Alpen, 2 Bde. (Jena 1949–52); K. FAEGRI u. J. IVERSEN: Textbook of pollen analysis (Oxford [3]1975); H. STRAKA: Pollen- u. Sporenkunde (1975); P. D. MOORE u. J. A. WEBB: An illustrated guide to pollen analysis (London 1978, Nachdr. ebd. 1983).

Pollenflug, die zur Blütezeit der Pflanzen einsetzende Verbreitung von Blüten- und Gräserpollen. Da der Blühbeginn der Pflanzen in Mitteleuropa witterungsbedingt um bis zu sechs Wochen schwankt, ist eine gezielte Prophylaxe für Pollenallergiker schwierig. Mit der Einrichtung von **P.-Vorhersagen** zu Beginn der 80er-Jahre wurde eine gezielte und sparsamere Medikamenteneinnahme möglich. Die zwei- bis dreitägigen Vorhersagen (nach Auswertung von in versch. Höhenlagen aufgestellten Pollenfallen) werden in den Medien veröffentlicht.

Pollenforschung, die →Palynologie.

Pollenkeimung, das nach der Bestäubung erfolgende Auswachsen des Pollenkorns (i. d. R. auf der Narbe bei den Bedecktsamern oder in der Pollenkammer bei Nacktsamern) unter Bildung des Pollenschlauchs (→Pollenkörner).

Pollenkörbchen, *Botanik:* das →Pollinium.

Pollenkörner, Mikrosporen der Samenpflanzen, die in Pollensäcken der Staubblätter gebildet werden. Bei vielen Samenpflanzen enthält das Staubblatt vier Pollensäcke in zwei Fächern (Theken). In diesen entwickeln sich die P. aus einem besonderen zentralen Bildungsgewebe, dem Archespor, über die Pollenmutterzellen. Diese durchlaufen die Reduktionsteilung und erzeugen jeweils vier haploide, zunächst einkernige P., die das väterl. Erbgut enthalten. Noch in den Pollensäcken entstehen innerhalb des Pollenkorns nach Teilungen wenige weitere Zellen, und es bildet sich so ein stark reduzierter männl. Vorkeim. In dieser Form werden die P. im Rahmen der Blütenbestäubung verbreitet. Eine dieser Zellen bildet dann im Verlauf der →Pollenkeimung den Pollenschlauch, eine andere über Zwischenstufen zwei generative Zellen, die entweder als begeißelte →Spermatozoiden (Cycadeen, Ginkgo) oder bei allen übrigen Samenpflanzen als unbegeißelte männl. Geschlechtszellen fungieren. Der

→Pollenschlauch dient bei den Nacktsamern in erster Linie zur Festheftung, bei den Bedecktsamern dem Transport der Spermazellen zu den Samenanlagen, wo sich die Befruchtung vollzieht. Bei großer Entfernung zw. Narbe und Samenanlage kann er sehr lang werden (z. B. beim Mais etwa 30 cm). Das einzelne Pollenkorn hat einen Durchmesser von 0,0025–0,25 mm. Der Inhalt wird durch eine zweischichtige Wand geschützt. Die innere Schicht (Intine) ist zart und besteht aus Cellulose und Pektinen. Die äußere Schicht (Exine) besteht aus Sporopolleninen, die zu den chemisch widerstandsfähigsten Stoffen des ganzen Pflanzenreichs zählen. Sie weist Aussparungen bzw. Dünnstellen (Keimporen, Aperturen) auf, durch die der Pollenschlauch auswachsen kann. Darüber hinaus kann sie stark mit Leisten, Bälkchen, Stacheln oder Warzen skulpturiert sein. Diese Strukturen sind häufig sehr spezifisch, sodass sich P. oftmals sicher einzelnen Gattungen und auch Arten zuweisen lassen (→Pollenanalyse, →Pollenmorphologie). P. sind für die Phase der Pollenkeimung reich mit Nährstoffreserven und versch. Vitaminen ausgestattet und daher als Nahrung sowohl für Insekten als auch für Menschen (Blütenhonig) geeignet. Je nach Art der Bestäubung ist die Konsistenz des Pollens sehr unterschiedlich: Bei Windblütigkeit verstäubt er sehr leicht; oft besitzen die einzelnen P. Luftsäcke zur Verminderung des spezif. Gewichts (z. B. bei der Kiefer). Bei der Insektenblütigkeit, bei der offensichtlich Pollen als ursprüngl. Lockmittel fungierte, können die P. klebrig sein, um eine bessere Anheftung zu gewährleisten. Oftmals kommen keine einzelnen P. zur Verbreitung, sondern Einheiten von mehreren bis hin zum gesamten Inhalt eines Staubbeutelfaches (→Pollinium). Dies ist häufig bei Pflanzen mit sehr vielen Samenanlagen pro Blüte zu beobachten und scheint hier den Befruchtungserfolg zu vergrößern.

Pollenmorphologie, Lehre von der äußeren Gestalt des Pollens. Die Pollenkörner weisen unterschiedl. Gestalt auf, die von systemat. und pflanzengeschichtl. Bedeutung ist. Mit dem NPC-System, das auf Anzahl (Numerus), Lage (Positio) und Art (Charakter) der Keimporen beruht, lässt sich ein künstl. System zur Erkennung der Pflanzenarten aufbauen, das u. a. bei fossilen Pollen für die →Pollenanalyse wichtig ist.

Pollensa [poˈʎensa], katalan. **Pollença** [puˈʎensə], Ort an der Nordspitze Mallorcas, auf der Halbinsel Formentor, 12 800 Ew.; Kunstmuseum; Musikfestspiele; Tourismus (Puerto de P., San Vicente), Land- und Viehwirtschaft. – Castillo del Rey, Kloster Puig de Maria.

Pollensammel|organe, dem Sammeln von Pollen dienende Einrichtungen bei den Weibchen v. a. bei Bienen. Die z. T. sehr kompliziert gebauten P. befinden sich meist an den Beinen. Die **Pollenhöschen** der Honigbienen sind aus Haaren oder Borsten gebildete Körbchen an den Hinterbeinen. Sie werden durch Putzbewegungen der Beine mit Pollen gefüllt, der zuvor mit den Vorderbeinen von der Behaarung des Körpers abgebürstet wurde. Bei den Holzbienen ist das P. ein Teil des Kropfes.

Pollenschlauch, Zellschlauch, der bei Samenpflanzen nach der Bestäubung auf der Narbe einer Blüte aus der inneren Wand des Pollenkorns auskeimt, chemotaktisch (meist) durch den Griffel hindurch zur Samenanlage wächst und durch die Entlassung der beiden Spermazellen des Pollenkorns in den Eiapparat des Embryosacks die Befruchtung einleitet.

Pollenvorreife, *Botanik:* →Protandrie.

Poller [niederdt.], niedrige Säule aus Gusseisen (GG), Stahl, Holz oder Stahlbeton mit oben verbreitertem oder hakenförmigem Kopf zum Festmachen (Belegen) von Schiffen mit Trossen oder Tauen, z. B. an Kais, Landebrücken und Schleusen. **Nischen-P.** sind in den Wänden von Schleusenkammern angeordnete, lotrecht übereinander liegende P.; **Schwimm-P.** sind in einer vertikalen Schleusenwandnische geführte, auf einen Schwimmkörper montierte P., die beim Schleusungsvorgang die Wasserspiegelbewegung mitmachen. Sonderformen sind Kreuz-, Rollen- und Doppelpoller.

Pollex [lat.] *der, -/...lices,* der →Daumen.

Pollinarium [zu lat. pollen, pollinis ›Mehlstaub‹] *das, -s/...ri|en,* mit einem Stielchen und Klebkörper versehenes →Pollinium einiger Orchideenarten.

Pollination [zu lat. pollen, pollinis ›Mehlstaub‹] *die, -/-en,* andere Bez. für die →Blütenbestäubung.

Polling [ˈpəʊlɪŋ, engl.] *das, -(s),* **Sende|aufruf,** *Datenverarbeitung:* bei Datennetzen und ähnl. Kommunikationsstrukturen (z. B. Zentralrechner und untergeordnete Rechner oder Peripheriegeräte) die zykl. Abfrage durch eine Zentralstelle an die angeschlossenen Geräte, ob Daten gesendet werden können oder sollen. Das P. stellt eine Alternative zum Interruptverfahren dar (→Interrupt).

Polling, Gem. im Landkreis Weilheim-Schongau, Bayern, an der Ammer, 3 200 Ew. – Die ehem. Stiftskirche (heute kath. Pfarrkirche) brannte 1414 nieder, der Neubau wurde 1420 geweiht, 1621–28 in frühbarockem Stil durch H. KRUMPPER umgestaltet; Hochaltar (1623–29); Renaissanceturm (1605–11).

Pollini, Maurizio, ital. Pianist, *Mailand 5. 1. 1942; studierte u. a. bei A. BENEDETTI MICHELANGELI, zählt mit seiner subtilen Anschlagstechnik zu den führenden Pianisten der Gegenwart. Er wurde bes. durch seine Interpretation von Werken L. VAN BEETHOVENS, F. SCHUBERTS und F. CHOPINS bekannt, auch mit Klaviermusik des 20. Jh. (A. SCHÖNBERG, P. BOULEZ, L. NONO, K. STOCKHAUSEN). P. tritt gelegentlich auch als Dirigent auf.

Pollinium [zu lat. pollen, pollinis ›Mehlstaub‹] *das, -s/...ni|en,* **Pollenkörbchen,** zusammenhängende Pollenmasse einer Staubbeutelhälfte (Theka) bei versch. Blütenpflanzen, die geschlossen von Blüten besuchenden Insekten verschleppt wird (z. B. bei der Schwalbenwurz und bei Orchideen).

Pollinosis [zu lat. pollen, pollinis ›Mehlstaub‹], der →Heuschnupfen.

Pollio, Gaius Asinius, röm. Staatsmann und Schriftsteller, →Asinius Pollio, Gaius.

Pollock, 1) Friedrich, Wirtschaftswissenschaftler und Soziologe, *Freiburg im Breisgau 22. 5. 1894, †Montagnola (Kt. Tessin) 16. 12. 1970; seit 1923 Mitarbeiter, dann administrativer Leiter des Inst. für Sozialforschung in Frankfurt am Main (→Frankfurter

Dattelpalme

Eiche

Kiefer

Rainfarn

Schwingel

Wilde Malve

Pollenkörner verschiedener Pflanzen

Jackson Pollock: Nummer 32; 1950 (Düsseldorf, Kunstsammlung Nordrhein-Westfalen)

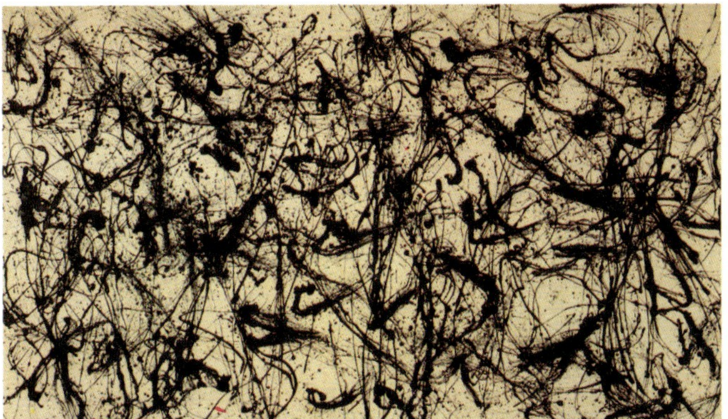

polnische Kunst: **links** Prokopkirche in Strzelno (dt. Strelno, südlich von Hohensalza), eine romanische Rundkirche; um 1160; **rechts** Holzkirche Sankt Johannes der Täufer in Orawka, westlich von Neumarkt (Nowy Targ); um 1650

Schule). 1930 in Paris, 1934 nach New York emigriert, seit 1951 erneut Prof. in Frankfurt. Neben Ansätzen zur Weiterführung der marxschen polit. Ökonomie Arbeiten zu Grenzgebieten zw. Soziologie und Wirtschaftswiss.en, insbesondere zur sozialökonom. Planung und zur Automation.

Werke: Sombarts ›Widerlegung‹ des Marxismus (1926); Die planwirtschaftl. Versuche in der Sowjetunion 1917–1927 (1929); Gruppenexperiment. Ein Studienbericht (1955, Mitarb.); Automation (1956); Stadien des Kapitalismus (hg. 1975).

2) ['pɔlək], Jackson, amerikan. Maler, *Cody (Wyo.) 28. 1. 1912, †East Hampton (N. Y.) 11. 8. 1956; gilt als der bedeutendste Vertreter des amerikan. Actionpainting. In den 1930er-Jahren stand er unter dem Einfluss des Muralismo, dessen expressiven Realismus er in ein heftig bewegtes, nahezu abstraktes Bildornament verwandelte. Anfang der 1940er-Jahre verstärkte sich (u. a. durch die Anregung MATTAS und der Surrealisten, aber auch durch die Schriften von C. G. JUNG) das automat., aus dem Unbewussten schöpfende Element seiner Malerei. Weitere Anregungen erhielt er von den totemist. Zeichen indian. Mythologien. 1946/47 setzten die großen, von Rand zu Rand mit Farbspuren bedeckten ›Overall Paintings‹ ein, in denen P. das spontane ›Dripping‹ (engl. ›Tröpfeln‹), z. T. mithilfe farbgefüllter durchlöcherter Büchsen, zur Methode machte. So entstanden labyrinthisch verschlungene Farbnetzstrukturen. In den letzten Bildern konzentrierte sich P. auf Schwarzweißkompositionen. (BILD S. 309) Weiteres BILD →Actionpainting

J. P. A catalogue raisonné of paintings, hg. v. F. V. O'CONNOR u. a., 4 Bde. (New Haven, Conn., 1978); E. FRANK: J. P. (a. d. Engl., 1984); E. G. LANDAU: J. P. (London 1989); S. NAIFEH u. G. W. SMITH: J. P. An American saga (Neuausg. ebd. 1990); T. J. CLARK: J. P. (a. d. Amerikan., 1994); Siqueiros – P., P. – Siqueiros, hg. v. K. THOMAS, Ausst.-Kat. Kunsthalle Düsseldorf (1995); R. PRANGE: J. P. Number 32, 1950. Die Malerei als Gegenwart (1996).

polnische Kunst: **links** Pietà; um 1440–50; **rechts** Porträt Hetman Gosiewski; um 1645–50 (beide Warschau, Muzeum Narodowe)

Pollucit [nach Pollux, einem der Dioskuren] *der, -s/-e,* **Pollux,** farbloses bis weißes, durchsichtiges bis trübes, kub. Mineral der chem. Zusammensetzung $(Cs,Na)[AlSi_2O_6] \cdot \frac{1}{2}\ H_2O$; ein Feldspatvertreter; Härte nach MOHS 6,5, Dichte 2,86–2,90 g/cm³; körnige oder derbe, grob- bis feinkristalline Massen; wichtigstes Mineral für die Gewinnung von Cäsium; Vorkommen in Granitpegmatiten.

Pollution [spätlat. pollutio ›Besudelung‹] *die, -/-en,* spontaner, meist nächtl. Samenerguss (→Ejakulation), oft mit sexuellen Träumen verknüpft, häufig in der Pubertät.

Pollux, Stern 1. Größe (scheinbare Helligkeit $1^m_,1$), hellster Stern im Sternbild Zwillinge (β Geminorum); gehört zum →Wintersechseck. P. ist mit einer Entfernung von rd. 35 Lichtjahren der dem Sonnensystem nächste Riesenstern.

Pollux, *griech. Mythos:* einer der →Dioskuren.

Pollux, Iulios, griech. Grammatiker des 2. Jh. n. Chr. aus Naukratis in Ägypten; Rhetoriklehrer in Athen, verfasste ein nach Sachen geordnetes Wörterbuch vorbildl. attischer Ausdrucksweisen in zehn Büchern.

Ausgabe: Onomasticon ..., hg. v. E. BETHE, 3 Bde. (1900–37, Nachdr. 1967).

polnische Frage, Bez. für die Probleme, die die Versuche einer Wiedererrichtung poln. Eigenstaatlichkeit nach den Poln. Teilungen (1772, 1793 und 1795) mit sich brachten. Bereits auf dem Wiener Kongress (1814–15) wurden die Hoffnungen der poln. Patrioten enttäuscht, als anstelle des von NAPOLEON I. 1807 errichteten Herzogtums Warschau nicht ein souveräner poln. Nationalstaat proklamiert, sondern 1815 die Bildung eines in Personalunion mit Russland verbundenen Königreichs Polen (Kongresspolen) beschlossen wurde. Durch die großen Aufstände (Novemberaufstand 1830–31, Galiz. Aufstand 1846, Posener Aufstand 1848 und Januaraufstand 1863–64), die polit. Aktionen der konservativen Emigranten, literar. Agitation u. a. blieb die p. F. im Bewusstsein der westeurop. Liberalen lange lebendig; in den einzelnen Landesteilen Polens entwickelte sich ein alle Bev.-Schichten erfassendes Nationalgefühl. Die Proklamierung eines Königreichs Polen durch die Mittelmächte im Verlauf des Ersten Weltkrieges (November 1916) und die Restitution eines unabhängigen poln. Staates (Oktober/November 1918, Entstehung der Rep. Polen) schienen die p. F. zu lösen; die territoriale Expansion Polens bis 1921 (→Polnisch-Sowjetischer Krieg) häufte jedoch zugleich neuen Zündstoff an. Nach der erneuten Teilung Polens in eine dt. und eine sowjet. Interessensphäre (→Hitler-Stalin-Pakt, 1939) und der Zerschlagung Polens zu Beginn des Zweiten Weltkriegs erfolgte 1945 die Wiederherstellung des poln. Staates; dabei wurden die territorialen Verluste Polens im O (zugunsten der UdSSR) durch dt. Gebiete im W bis zur →Oder-Neiße-Linie ausgeglichen.

polnische Kunst. Seit den Anfängen im 10. Jh. stand die Kunst Polens unter wechselnden Einflüssen

polnische Kunst: Rathaus (1639–51) und Bürgerhäuser in Zamość

aus Mitteleuropa und Italien. Sie entwickelte erstmals im 14. Jh. eigenständige Stilvarianten und nahm um 1800 betont nat. Charakter an.

Mittelalter: Die ersten mittelalterl. Bauten sind Rundkapellen wie die der Heiligen Felix und Adaukt (Ende des 10. Jh.) auf dem Krakauer Burgberg. Von der roman. Architektur, die in Polen die Zeit von 1050 bis 1250 beherrscht, sind die Andreaskapelle (Anfang des 12. Jh.) in Krakau sowie die Kollegiatskirchen in Opatów (11. Jh.) und Tum bei Łęczyca (12. Jh.) am besten erhalten. Die Plastik der Zeit wird v. a. durch die von einem Vorgängerbau stammende Bronzetür des Gnesener Doms (um 1170) und die Reliefsäulen der Dreifaltigkeitskirche in Strzelno (12. Jh.) repräsentiert. Mit der Gotik, die im 13. Jh. von den Mönchsorden ins Land gebracht wurde und die v. a. zahlr. Zisterzienserbauten prägte, bildeten sich spezif. poln. Bautypen heraus, wie der Dom in Krakau (1320–64) und eine Reihe zweischiffiger Kirchen nach dem Vorbild der Kollegiatskirche in Wiślica (nach 1350–88). Vom 14. bis ins 18. Jh. reicht die Tradition der hölzernen Kirchen in der Tatra und den Karpaten. Seit etwa der Mitte des 14. Jh. entstanden Backsteinbauten unter dt. Einfluss (Dom in Gnesen, 1342–1415); außer der Architektur im Gebiet des Dt. Ordens zählen dazu auch die Burg Niedzica in der Hohen Tatra (14.–15. Jh.) und die Jagiellon. Bibliothek in Krakau (Teil des Collegium Maius, um 1500). In der got. Malerei rivalisierten westl., v. a. böhm. Einflüsse mit solchen östlich-byzantin. Prägung. Die Plastik, zunächst fast ausschließlich durch die Königsgräber im Krakauer Dom (14. und 15. Jh.) vertreten, wurde von V. STOSS (1477–96 in Krakau) auf einen Höhepunkt geführt. Hauptwerk ist der Marienaltar (1477–89), den er für die Marienkirche schnitzte; von ihm stammt auch das Grabmal König KASIMIRS IV. (1492) im Dom. Nach STOSS waren noch mehrere Nürnberger Künstler in Krakau tätig, unter ihnen H. VON KULMBACH und H. DÜRER. Parallel dazu bildete sich die ›Krakauer Schule‹, die westl. Einflüsse mit der lokalen Tradition vermischte (Marientodaltar, Triptychon in der ehem. Kollegiatskirche von Bodzentyn, 1508).

Renaissance: Sie fand unter SIGISMUND I. (⚭ in 2. Ehe mit der aus Mailand gebürtigen BONA SFORZA, * 1494, † 1557) Eingang in Polen (›Goldenes Zeitalter‹). Er berief ital. Baumeister nach Polen, die die königl. Residenz auf dem Burgberg in Krakau (1502–36) und die Sigismundkapelle am Dom (1517–33) errichteten. Ihr Stil wurde in die profane Feudalarchitektur übernommen: Schlösser in Baranów Sandomierski (1579–1605) und Krasiczyn (1580–1614). Reiche Bürger adaptierten die Renaissance überwiegend als ein dem Bau vorgeblendetes Dekorationssystem (›poln. Attika‹). Ital. Maler kamen erst am Ende des 16. Jh. nach Polen. In der Spätrenaissance wurden auch die nördl. und östl. Gebiete Polens stärker in die Kunstentwicklung einbezogen. Es entstand ein nat. Sonderstil (z. B. die Stadt Zamość, 1580 gegr.). Bis zum Ende des 18. Jh. hielt sich, v. a. in der Porträtmalerei, eine teils konservative, teils orientalisierende Tendenz, die mit naiver Prachtentfaltung dem Geschmack ihrer adeligen Auftraggeber entgegenkam (›sarmat. Stil‹).

Barock und Klassizismus: Die Barockarchitektur wurde als ›Jesuitenbarock‹ zunächst vom Vorbild Il Gesù in Rom geprägt, v. a. die Jesuitenkirche St. Peter und Paul in Krakau (1596–1619). In der neuen Hauptstadt Warschau wirkte der Niederländer TYLMAN VAN GAMEREN (* um 1632, † 1706), der u. a. das Palais Krasiński mit Garten (1677–vor 1699) und einige Kirchen erbaute, z. B. die Kapuzinerkirche (1683–92); von ihm stammt auch der Entwurf für die Kollegiatskirche St. Anna in Krakau (1689–1703). VAN GAMEREN vertrat die strengere norddt. Richtung des Barock. Mehrfach arbeitete er mit A. SCHLÜTER zusammen. Zum Zentrum des künstler. Lebens wurde der von AUGUSTIN VINCENTI LOCCI (* um 1650, † um 1730) 1677–96 zum Schloss umgebaute Landsitz Wilanów bei Warschau. Im 18. Jh. sammelte sich um den Hof in Warschau ein kosmopolit. Künstlerkreis (u. a. B. BELLOTTO, J.-P. NORBLIN DE LA GOURDAINE). Neben ital. wurden zunehmend auch frz. Einflüsse wirksam. Das Jahrhundert endete, etwa mit den Bauten DOMENICO MERLINIS (* 1731, † 1797), in einer Synthese von Barock und Klassizismus (›Stanislaus-August-Klassizismus‹).

19. und 20. Jahrhundert: Im 19. Jh. knüpfte der Historismus in der Architektur (›Großes Theater‹ in Warschau) bevorzugt an klassizist. Vorbilder an. In der Malerei zeichnete sich stärker als in der Architektur eine nat. Entwicklung ab. Hauptmeister der Romantik war P. MICHAŁOWSKI; J. MATEJKO hatte mit seinen

polnische Kunst: Pjotr Michałowski, ›Seńko‹; 1845–55 (Krakau, Muzeum Narodowe)

polnische Kunst: Stanisław Wyspiański, ›Selbstporträt‹; 1902 (Warschau, Muzeum Narodowe)

monumentalen Historienbildern große Bedeutung für das polnische Geschichtsbewusstsein. J. KOSSAK, J. CHEŁMOŃSKI, A. und M. GIERYMSKI stellten Landschaft und Volksleben Polens dar. H. RODAKOWSKI gehörte zu den besten Porträtisten seiner Zeit. Für den Impressionismus nach frz. Vorbild traten W. PODKOWIŃSKI und J. FAŁAT ein. Daneben entfaltete sich eine reiche Volkskunst, die bis ins 20. Jh. (NIKIFOR) lebendig blieb. Um die Jahrhundertwende wurden symbolist. und dekorative Tendenzen im Sinne des Jugendstils wirksam (Bewegung ›Junges Polen‹: J. MALCZEWSKI, J. MEHOFFER, S. WYSPIAŃSKI). Sie bildeten auch den Ausgangspunkt für X. DUNIKOWSKI, den bedeutendsten poln. Bildhauer der 1. Hälfte des 20. Jh., und S. I. WITKIEWICZ, in dessen Malerei dann auch Elemente des Expressionismus und des Surrealismus einflossen. Die poln. Avantgarde, als deren Bahnbrecher T. CZYŻEWSKI hervortrat, organisierte sich in den 1920er-Jahren unter der Führung von W. STRZEMIŃSKI in den Gruppen ›Blok‹ und ›a. r.‹. Sie öffnete sich insbesondere dem (russ.) Konstruktivismus (KATARZYNA KOBRO; H. BERLEWI; HENRYK STAŻEWSKI, * 1894, † 1988). Das Werk von L. MARCOUSSIS entwickelte sich im Bannkreis des Kubismus. Seit 1918 entstanden monumentale neoklassizist. Repräsentationsbauten wie das Nationalmuseum in Krakau. Stilrichtungen der modernen Architektur kamen vornehmlich bei Privatbauten zur Anwendung. Nach 1945 stellte der Wiederaufbau der zerstörten Städte eine Hauptaufgabe dar (v. a. intensiver Wohnungs- und Industriebau). Während sich die poln. Architektur zunächst an der der UdSSR orientierte (bei gleichzeitiger Besinnung auf nat. Formen), begann sich seit etwa Mitte der 50er-Jahre das moderne industrielle Bauen durchzusetzen. Beispielhaft gelang die Rekonstruktion histor. Gebäude und ganzer Stadtzentren (z. B. in Breslau, Danzig, Krakau, Warschau). In der modernen Architektur der 90er-Jahre zeigt sich z. T. eine Rückbesinnung auf expressive, sachl. Stilelemente der Architektur der 20er-Jahre (z. B. Orientierung an B. TAUT).

polnische Kunst: Tadeusz Kantor, ›Urgent‹; 1965 (Privatbesitz)

Die Malerei und Plastik nach 1945 zeigte sich offen gegenüber neuen westl. Strömungen (T. KANTOR; T. BRZOZOWSKI; W. HASIOR; MAGDALENA ABAKANOWICZ; R. OPAŁKA; ZDZISŁAW JURKIEWICZ, * 1931; ZBIGNIEW GOSTOMSKI, * 1932). In Gemälden, Skulpturen und Installationsarbeiten setzen sich Künstler wie MIROSŁAW BAŁKA (* 1958), LUKAS KOROKIEWICZ (* 1948), JAROSŁAW MODZELEWSKI (* 1955), EDWARD DWUMIK (* 1943) und ANNA BELLER (* 1960) mit der Realität angesichts sozialer Desorientierung auseinander. Auf einer eher symbol. Ebene arbeiten Künstler wie TOMASZ CIECIERSKI (* 1945), ANDRZEJ SZEWCZYK (* 1950), HANNA LUCZAK (* 1959), PIOTR KURKA (* 1958) und KOLO KLIPSA (* 1960). Die konstruktivist. Tradition, die in Polen Ende der 1960er- und in den 70er-Jahren in Form von serieller Kunst verstärkt in Erscheinung trat (u. a. H. STAŻEWSKI), ist noch immer sehr lebendig und wird von Künstlern wie LEON TARASEWICZ (* 1957), MAREK CHLANDA (* 1954) und ZUZANNA BARANOWSKA (* 1961) fortgeführt. Die Grafik erlangte internat. Ansehen, v. a. mit Plakaten (R. CIEŚLEWICZ; J. LENICA; FRANCISZEK STAROWIEYSKI, * 1930; WALDEMAR ŚWIERZY, * 1931; HENRYK TOMASZEWSKI, * 1940; TADEUSZ TREPKOWSKI, * 1914; MACIEJ URBANIEC, * 1925).

Poln. Malerei von 1830 bis 1914, hg. v. J. C. JENSEN (1978); Das poln. Plakat von 1892 bis heute, hg. v. A. RUTKIEWICZ, Ausst.-Kat. (1980); Kunstdenkmäler in Polen, hg. v. R. HOOTZ, auf 3 Bde. ber. (1984 ff.); Polish realities. New art from Poland, hg. v. C. CARRELL u. a., Ausst.-Kat. (Glasgow 1988); J. K. OSTROWSKI: Die poln. Malerei. Vom Ende des 18. Jh. bis zum Beginn der Moderne (1989); Junges Polen. Poln. Kunst um 1900, bearb. v. C. STERNBERG u. C. ZANGS, Ausst.-Kat. Städt. Museum Schloss Rheydt, Mönchengladbach (1991); Baustelle Polen. Aktuelle Tendenzen poln. Architektur, hg. v. M. KRAUS u. a., Ausst.-Kat. Akademie der Künste, Berlin (1994); Kunst in Polen – Poln. Kunst 966–1990. Eine Einf., bearb. v. S. MUTHESIUS (1994); Widerstand u. Aufbruch, hg. v. M. KRAMER u. F.-W. SCHMIDT, Ausst.-Kat. Arbeitsstelle für Erwachsenenbildung der Diözese Rottenburg-Stuttgart (1994); Zeitgenöss. p. K., hg. v. S. BERG, Ausst.-Kat. Kunstverein Freiburg (1994); Mittelalterl. Backsteinarchitektur von Lübeck bis Marienburg, bearb. v. W. SCHÄFKE (1995).

Polnische Legionen, **1)** die 1797 von dem poln. General J. H. DĄBROWSKI in Oberitalien aufgestellten poln. Freiwilligentruppen, die im Heer NAPOLEON BONAPARTES für die Wiederherstellung des poln. Staates kämpften.

2) zu Beginn des Ersten Weltkriegs 1914 von J. PIŁSUDSKI gebildete militär. Formationen, die innerhalb der österr.-ungar. Armee gegen Russland kämpften; sie sollten der Kern eines im Verband mit den Mittelmächten (Österreich-Ungarn, Dtl.) kämpfenden poln. Heeres sein.

polnische Literatur. Die frühesten, in lat. Sprache verfassten Zeugnisse stammen aus dem 12. Jh.; poln.

Sprachdenkmäler sind erst aus dem 14. Jh. bekannt. Die p. L. wird in zwei Hauptströmungen unterteilt: die altpoln. Epoche (12. bis Mitte 18. Jh.), die MA., Renaissance und Barock umfasst, und die neuere p. L., die mit der Aufklärung beginnt.

Mittelalter (12.–15. Jh.)

Die Christianisierung (966/967), die Polen im Unterschied zu den östlichen slaw. Nachbarn dem westl. Kulturbereich erschloss, führte bereits im 11. und 12. Jh. zu religiösen und historiograph. Prosawerken. Wegen der kulturellen Vormachtstellung der Kirche wurden diese frühesten Zeugnisse der p. L. in lat. Sprache geschrieben. Die Geschichtsschreibung begann mit der Chronik des GALLUS ANONYMUS (12. Jh.), wurde im 13. und 14. Jh. u.a. durch die didaktisch-moralische ›Chronica Polonorum‹ von W. KADŁUBEK fortgeführt und fand ihren Höhepunkt in den ›Historiae Polonicae libri XII‹ (entst. 1455–80, hg. 1711) des J. DŁUGOSZ. Das religiöse Schrifttum in lat. Sprache ist durch Heiligenviten (ADALBERT VON PRAG, HEDWIG u.a.), Lieder und Gebete vertreten. Die ältesten Denkmäler in poln. Sprache umfassen Bibelübersetzungen, u.a. den Psalter von St. Florian (›Psałterz floriański‹, 15. Jh.) und die Sophienbibel (›Biblia królowej Zofii‹, 15. Jh.), für die Sprachentwicklung bedeutende Predigten (›Kazania świętokrzyskie‹; ›Kazania gnieźnieńskie‹, beide 14. Jh.) sowie als ersten poet. Text das Marienlied ›Bogurodzica‹ (im 14. Jh. entst., erste Aufzeichnung aus dem 15. Jh.). Daneben sind Legenden und Apokryphen sowie die poln. Übersetzung des mittelalterlichen weltl. Erzählguts (u.a. ›Alexandreis‹) zu erwähnen; dramat. Texte sind vereinzelt in liturg. Feiern enthalten; Epen und Heldenlieder fehlen ganz.

Renaissance (1500–1620)

In dem mächtig aufstrebenden poln. Adelsstaat bildete die 2. Hälfte des 16. Jh. das ›goldene Zeitalter‹, das den Anschluss an die westeurop. Lit. schuf und die Grundlagen für die Aneignung und Entwicklung neuer literar. Erscheinungen legte. Es wurde vorbereitet durch ital. und dt. Humanisten, u.a. K. CELTIS, der 1489–91 an der Krakauer Univ. lehrte, und eingeleitet in der Reg.-Zeit SIGISMUNDS I. (1506–48), der mit der Italienerin BONA SFORZA (* 1494, † 1557) verheiratet war. Der in den ersten Jahrzehnten noch überwiegend lat. Dichtung (v.a. K. JANICKI) folgten bald – verbreitet durch das aufblühende Druckwesen – polnischsprachige Werke, zunächst Übersetzungen, dann poln. Originalprosa: M. RÉJ (›Żywot człowieka poczciwego‹, 1568) und Ł. GÓRNICKI (›Dworzanin polski‹, 1566) entwarfen ein Idealbild des humanistisch gebildeten poln. Adligen. Die moralisch-didakt. und publizist. Prosa fand Ausdruck in den polit. Traktaten von A. FRYCZ MODRZEWSKI und seines Gegners S. ORZECHOWSKI, in den historiograph. Werken von M. BIELSKI, MACIEJ Z MIECHOWITA (* 1457, † 1523) und B. PAPROCKI sowie in den Sejmpredigten (1597) des Jesuiten P. SKARGA. Höhepunkt dieser Epoche ist die Lyrik J. KOCHANOWSKIS, die bis zur Romantik verpflichtendes Vorbild blieb. Mit den epigrammat. ›Fraszki‹ (1584), den heiteren ›Pieśni‹ (1584) und den melancholisch-philosoph. ›Treny‹ (1586) führte er antike und humanist. Formen ein. In seinem Schatten standen die Idyllen von S. SZYMONOWIC, die Versepik von S. F. KLONOWIC und die Sonette von M. SĘP SZARZYŃSKI; in ihnen kündigt sich bereits der Barock an, ebenso in KOCHANOWSKIS Tasso- und Ariosto-Übersetzungen. Erwähnung verdient auch KOCHANOWSKIS Renaissancedrama ›Odprawa posłów greckich‹ (1578).

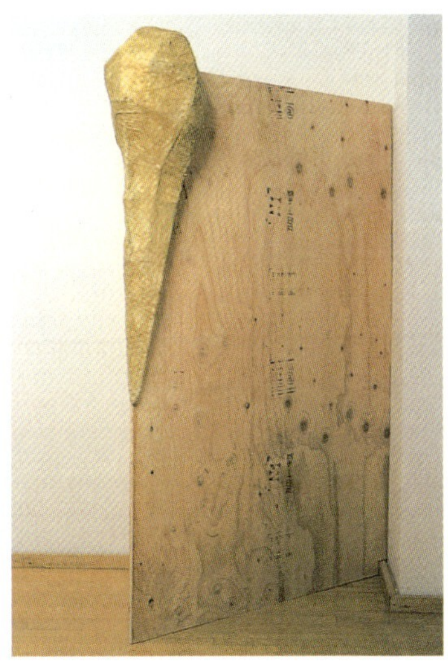

polnische Kunst: Marek Chlanda, ›Zeremoniell Nr. 1‹; 1994 (Privatbesitz)

polnische Kunst: Mirosław Bałka, ›Schäferin‹; Installation 1990

Barock (1620–1764)

Die wechselvollen Ereignisse dieser Zeit (Kriege, Kosakenaufstände) spiegeln sich in der Lit. wider. Histor. Epen (W. POTOCKI, ›Transakcja wojny chocimskiej‹, entst. 1670, hg. 1850), histor. Gesänge (W. KOCHOWSKI, ›Psalmodia polska‹, 1695) und Reimchroniken (S. TWARDOWSKI, ›Wojna domowa‹, 1681) beschreiben Schlachten und Feldzüge, Memoiren (J. C. PASEK, ›Pamiętniki‹, entst. 1690–95, hg. 1836) schildern Kriegserlebnisse, und Epigramme, moral. Gedichte sowie Satiren (POTOCKI, ›Moralia‹, entst. 1688 bis 1696, hg. 1915–16; K. OPALIŃSKI, ›Satyry‹, 1650) zeichnen ein krit. Bild dieser Zeit. Die Lyrik erlebte einen Aufschwung durch den ›christl. Horaz‹, M. K. SARBIEWSKI (›Lyricorum libri tres‹, 1625), und v.a. durch J. A. MORSZTYN (›Kanikuła albo Psia gwiazda‹, entst. 1647, hg. 1844; ›Lutnia‹, entst. 1638–60, hg. 1874), der den span. Konzeptionismus und den ital. Marinismus übernahm. Um die Mitte des 18. Jh. schrieben W. RZEWUSKI und URSZULA RADZIWIŁŁOWA an frz. Vorbildern ausgerichtete Stücke.

Aufklärung (1764–95)

Sie fällt mit der Reg.-Zeit des letzten poln. Königs STANISŁAW II. AUGUST zusammen und steht trotz des Zusammenbruchs des poln. Staates (Poln. Teilungen

1772, 1793, 1795) im Zeichen einer geistigen Erneuerung. Die Lit. griff die drängenden Fragen nach Staatsbürgertum und Nationbegriff auf, kritisierte Missstände und lieferte Vorschläge zu ihrer Beseitigung u.a. in Zeitschriften (›Monitor‹, 1765–85, hg. von I. Krasicki und F. Bohomolec), Satiren (A. Naruszewicz, Krasicki) sowie Pamphleten und Flugschriften. Auch Fabeln (Krasicki, F. D. Kniaźnin, S. Trembecki), kom. Poeme und Komödien (F. Zabłocki, J. U. Niemcewicz) stellten dem altväterl. Polen den reformfreudigen Patrioten gegenüber. Den modernen poln. Roman begründete Krasicki mit ›Mikołaja Doświadczyńskiego przypadki‹ (1776). Die Lyrik war durch die empfindsamen, das Landleben preisenden Gedichte F. Karpińskis sowie die Liebesverse und patriot. Lieder Kniaźnins bestimmt. Komödien schrieben u.a. A. Zabłocki und Bohomolec; W. Bogusławski, der Autor des Librettos für die erste poln. kom. Oper, ›Cud mniemany, czyli Krakowiacy i górale‹ (1794), gilt als Schöpfer des poln. Nationaltheaters.

Klassizismus, Empfindsamkeit und Beginn der Romantik (1795–1831)

Nach der 3. Poln. Teilung (1795) setzte der ›Warschauer Klassizismus‹ durch die Erschließung und Pflege kultureller Traditionen (Geschichtsquellen, Volkskunst), durch Sprachpflege und die Übersetzung europ. Klassiker die aufklärer. Traditionen fort. Es entstanden histor. Gesänge (›Śpiewy historyczne‹, 1816) von J. Niemcewicz; Tragödie (A. Feliński, ›Barbara Radziwiłłówna‹, Uraufführung 1812, ersch. 1820), Ode (K. Koźmian) und Satire (S. K. Graf Potocki) wurden ausgebildet. Gleichzeitig erschienen empfindsame Werke wie die Balladen (›Dumy‹) von Niemcewicz, die Idylle ›Wiesław‹ (1820) von K. Brodziński und der Roman ›Malwina‹ (1816) von Maria Wirtemberska. Brodziński machte die poln. Öffentlichkeit durch seine Abhandlung ›O klasyczności i romantyczności‹ (1818) mit der Romantik bekannt. Das Interesse für Geschichte, Folklore und Gefühl begünstigte die Entstehung der Romantik, die durch ›Ballady i romanse‹ (1822) sowie ›Grażyna‹ (1823) und ›Dziady‹ (Tl. 2 und 4, 1823) von A. Mickiewicz zum Durchbruch kam. Weitere romant. Werke erschienen, wie die Verserzählung ›Maria‹ (1825) von A. Malczewski und ›Zamek kaniowski‹ (1828) von S. Goszczyński, doch wurde der Streit zw. Klassizisten und Romantikern, bei dem neben ästhet. Einstellungen auch polit. Haltungen (Loyalität oder Revolution) thematisiert wurden, erst durch den Novemberaufstand 1830–31 zugunsten der Romantiker entschieden.

Romantik (1831–63)

Die Lit. der Romantik übernahm die Aufgabe, die nat. Einheit zu wahren und die staatl. Wiedergeburt vorzubereiten. In diesem Zeichen stand das Werk der drei großen Romantiker Mickiewicz, J. Słowacki und Z. Krasiński, die im poet. Drama eine dafür geeignete künstler. Form fanden. In ›Dziady‹, Tl. 3 (1832) von Mickiewicz wird der Dichter zum Führer und Diener seines Volkes, in ›Kordian‹ (1834) von Słowacki scheitert der revoltierende romant. Held, in ›Nie-Boska komedia‹ (1835) und ›Irydion‹ (1836) thematisiert Krasiński die geschichtsphilosoph. Implikationen von Revolutionen. Die von Mickiewicz formulierte messianistische Ideologie von Polen als dem Erretter der Völker (v.a. in ›Księgi narodu polskiego i pielgrzymstwa polskiego‹, 1832) wurde im dramat. Schaffen Słowackis (›Ksiądz Marek‹, 1843; ›Sen srebrny Salomei‹, 1844) philosophisch überhöht und machte dann der myst. Vorstellung von einer ›Revolution aus dem Geist‹ Platz (Poem ›Genezis z ducha‹, 1844; Epopöe ›Król-Duch‹, 1847). Die zeitgenöss. Bühne wurde von histor. Dramen und Komödien (A. Graf Fredro, ›Zemsta‹, 1834, u.a. seiner Stücke) beherrscht. Die Lyrik besaß zwar bedeutende Dichter (neben Mickiewicz und Słowacki u.a. T. Lenartowicz, K. Ujejski), doch lag das Gewicht neben dem Drama auf der Versepik, die in dem poln. Nationalepos ›Pan Tadeusz‹ (1834) von Mickiewicz und in ›Beniowski‹ (1841) von Słowacki ihre wichtigsten Werke besitzt. – Die große Prosaform wurde entscheidend durch die histor. Romane J. I. Kraszewskis und fiktive Memoiren (H. Rzewuski, ›Pamiątki JPana Seweryna Soplicy‹, 1839) gefördert.

Positivismus (1864–90)

Nach dem Scheitern des Aufstands von 1863 wurde der polit. Widerstand zugunsten einer wirtschaftl. und kulturellen ›Arbeit an der Basis‹ aufgegeben. Die Lit. unterstützte dies durch Tendenzprosa. Unter dem Einfluss engl. und russ. Vorbilder setzte sich dann in Roman und Erzählung ein Realismus durch, dessen Werke durch ihre gekonnte Gestaltung die sozialen Probleme schärfer fassten (H. Sienkiewicz, ›Szkice węglem‹, 1880; Eliza Orzeszkowa, ›Nad Niemnem‹, 1887; B. Prus, ›Lalka‹, 1890). Noch heftiger wurde die Kritik an der bürgerl. Mentalität in Werken von Autoren, die dem frz. Naturalismus nahe standen, u.a. A. Dygasiński, Antoni Sygietyński (* 1850, † 1923) und Gabriela Zapolska. Daneben entstanden histor. Romane, die den Patriotismus förderten (Kraszewski, Sienkiewicz) oder aktuelle Probleme verschlüsselten (Sienkiewicz, ›Quo vadis‹, 1896, Nobelpreis 1905; B. Prus, ›Faraon‹, 1897). In der Lyrik wurde die romant. Tradition meist epigonenhaft fortgesetzt, von C. K. Norwid (›Poezje‹, 1863) jedoch entscheidend weiterentwickelt. A. Asnyk schrieb philosophische, Maria Konopnicka gesellschaftskrit. Gedichte. In der Dramatik ragten die Tragödien und Komödien Norwids hervor, auf der Bühne wurden jedoch die Gesellschaftskomödien Fredros und Michał Bałuckis (* 1837, † 1901) sowie Tendenzdramen A. Świętochowskis gespielt.

Modernismus (1890–1918)

In dieser auch ›Junges Polen‹ (›Młoda Polska‹) genannten Epoche nahm die Lyrik, von westeurop. Symbolisten beeinflusst, neuen Aufschwung mit der emotionalen Natur- und Liebeslyrik von K. Tetmajer Przerwa (›Poezje‹, 1891), der ›L'art-pour-l'art‹-Dichtung S. Przybyszewskis, den hymn. Liedern von J. Kasprowicz (›Hymny‹, 1899–1901) und der Reflexionslyrik L. Staffs (›Sny o potędze‹, 1901).

Auch das Drama war reich an neuen Formen, alle überragend die Bühnenwerke von S. Wyspiański (›Wesele‹, 1901; histor. Dramen), der am deutlichsten auf romant. Traditionen zurückgriff (daher auch die Bez. ›Neoromantik‹ für diese Epoche). Beachtlich sind auch die gesellschaftskrit. Komödien Gabriela Zapolskas (›Moralność pani Dulskiej‹, 1907) und T. Rittners, die histor. Tragödien K. H. Rostworowskis und die expressionist. Dramen T. Micińskis.

Im Roman wurden die positivist. Tendenzen zunächst fortgesetzt, so bei W. S. Reymont, der in ›Chłopi‹ (4 Bde., 1904–09, Nobelpreis 1924) den Naturalismus mit lyr. und symbolist. Verfahren durchsetzte. S. Żeromski behandelte gesellschaftl. und geschichtl. Themen (›Ludzie bezdomni‹, 1900, und ›Popioły‹, 1904). W. Berent setzte sich in ›Próchno‹ (1903) mit jungpoln. Konzeptionen auseinander, ebenso, nur rigoroser, K. Irzykowski in ›Pałuba‹ (1903).

Sehr wichtig war die Literaturkritik, bes. in Zeitschriften, wie ›Życie‹ (Warschau 1887–91, hg. v. Z. Miriam-Przesmycki u.a.), ›Życie‹ (Krakau 1897 bis 1900, hg. v. S. Przybyszewski u.a.) und ›Chimera‹ (Warschau 1901 ff.), in denen die neue literar. Bewegung durch Übersetzungen und theoret. Arbeiten gefördert wurde. Die Kritiker S. BRZOZOWSKI und IRZYKOWSKI trugen wesentlich zur Überwindung der jungpoln. Ästhetik bei.

Zwischenkriegszeit (1918–39)

Nach Erlangung der Staatlichkeit traten weltanschaul. und künstler. Gegensätze in literar. Gruppierungen deutlicher hervor und wurden in der Lit. schärfer ausgetragen, wobei ästhet. Fragen vorherrschten.

Neben den älteren Lyrikern B. LEŚMIAN, L. STAFF bildeten sich um Zeitschriften neue Dichtergruppen: so um ›Skamander‹ (1920 ff.), die für alltägl. Sprache und Inhalte in der Poesie eintrat, sonst aber das ›Programm der Programmlosigkeit‹ verkündete und so verschiedenartige Lyriker vereinigte wie J. TUWIM, A. SŁONIMSKI, J. LECHOŃ, K. WIERZYŃSKI, J. IWASZKIEWICZ, denen die beiden Dichterinnen MARIA PAWLIKOWSKA-JASNORZEWSKA und KAZIMIERA IŁŁAKOWICZÓWNA nahe standen. Um ›Zdrój‹ (1917–22) gruppierten sich die Expressionisten J. und WITOLD HULEWICZ (* 1895, † 1941), E. ZEGADŁOWICZ und J. WITTLIN; entscheidende Impulse kamen von den Futuristen T. CZYŻEWSKI, B. JASIEŃSKI, A. STERN und A. WAT; die ›Krakauer Avantgarde‹ scharte sich um T. PEIPER und die Zeitschrift ›Zwrotnica‹ (1922–27), deren Konzeptionen in ›Linia‹ (1931–33) von J. PRZYBOŚ, JAN BRZĘKOWSKI (* 1903, † 1983), JALU KUREK (* 1904) und A. WAŻYK praktisch und theoretisch weiterentwickelt wurden. Revolutionäre Lyrik schrieben JASIEŃSKI, STANISŁAW RYSZARD STANDE (* 1897, † um 1939), W. WANDURSKI und W. BRONIEWSKI, den Katastrophismus repräsentierten M. JASTRUN, JÓZEF CZECHOWICZ (* 1903, † 1939), C. MIŁOSZ und K. I. GAŁCZYŃSKI, der sich in die Groteske und Fantastik flüchtete.

Die Prosa beschäftigte sich hauptsächlich mit dem Weltkrieg und dem polit. und wirtschaftl. Wiederaufbau des Staates. Dazu gehören S. ŻEROMSKIS ›Przedwiośnie‹ (1925), A. STRUGS ›Pokolenie Marka Świdry‹ (1925), J. KADEN-BANDROWSKIS pamphletartige Romane sowie die Werke der eher konservativ-nachsichtigen Schriftsteller J. WEYSSENHOF und MARIA RODZIEWICZÓWNA (* 1863, † 1944). Nach 1930 erlebte die Romanliteratur neue Höhepunkte: MARIA DĄBROWSKAS Familiensaga ›Noce i dnie‹ (1932–34), ZOFIA NAŁKOWSKAS psycholog. Gesellschaftsanalyse ›Granica‹ (1935), die psycholog. Romane M. CHOROMAŃSKIS und MARIA KUNCEWICZOWAS, der proletar. Roman WANDA WASILEWSKAS, die histor. Romane von ZOFIA KOSSAK-SZCZUCKA, IWASZKIEWICZ und L. KRUCZKOWSKI sowie die antirealist., grotesken Romane von S. I. WITKIEWICZ (›Nienasycenie‹, 1930), B. SCHULZ (›Sklepy cynamonowe‹, 1934) und W. GOMBROWICZ (›Ferdydurke‹, 1938). – In der Dramatik wurde zunächst die jungpoln. und expressionist. Tradition fortgesetzt (WŁODZIMIERZ PERZYŃSKI, * 1877, † 1930, K. H. ROSTWOROWSKI). Komödien schrieb J. SZANIAWSKI, psycholog. Dramen ZOFIA NAŁKOWSKA; sozialkritisch ist ›Uciekła mi przepióreczka‹ (1924) von ŻEROMSKI. Alle überragte S. I. WITKIEWICZ, der mit grotesk-absurden Dramen das ›Theater der reinen Form‹ schaffen wollte.

Nachkriegszeit

Der Zweite Weltkrieg und die Zeit der dt. Okkupation forderten auch unter den Schriftstellern zahlr. Opfer; viele Repräsentanten des geistigen Lebens emigrierten. – Nach 1945 setzte in den literar. Zeitschriften – der marxist. ›Kuźnica‹, dem kath. ›Tygodnik Powszechny‹ und dem liberalen ›Odrodzenie‹ – die Diskussion um Sinn und Aufgabe der Lit. und um die Art des Realismus ein. Die Prosa beschäftigte sich mit dem Krieg (ZOFIA NAŁKOWSKA, ›Medaliony‹, 1946), KZ-Erlebnissen (T. BOROWSKI, ›Pożegnanie z Marią‹, 1948) und den Wirren der Nachkriegszeit (J. ANDRZEJEWSKI, ›Popiół i diament‹, 1948), aber auch mit aktualisierten histor. Stoffen. In der Lyrik spiegelte sich der Krieg in den Gedichten von T. RÓŻEWICZ wider; daneben waren auch die älteren Lyriker wie STAFF, TUWIM, BRONIEWSKI, PRZYBOŚ, MIŁOSZ und GAŁCZYŃSKI weiter tätig. Bedeutende Dramen schrieben KRUCZKOWSKI (›Niemcy‹, 1949) und J. SZANIAWSKI (›Dwa teatry‹, 1946). Der im Januar 1949 auf dem Stettiner Schriftstellerkongress beschlossene sozialist. Realismus führte zum Verlust der künstler. Vielfalt, die erst 1954 durch STAFFS Gedichtband ›Wiklina‹ wieder in Erinnerung gerufen wurde.

1955 begann die Kritik an der staatl. Kulturpolitik, und das einsetzende ›Tauwetter‹ erhielt in WAŻYKS ›Poemat dla dorosłych‹ (1955) seinen programmat. Text. Es folgte eine Welle der ›Abrechnungs-Lit.‹, in der der stalinist. Machtmissbrauch bloßgestellt wurde (ANDRZEJEWSKI, K. BRANDYS). Es entstanden große Romane (IWASZKIEWICZ, ›Sława i chwała‹, 1956–62), histor. Erzählwerke (T. PARNICKI) und Sciencefiction-Lit. (S. LEM). Die kleine Erzählprosa bevorzugte die Darstellung des sozialist. Alltags in der Stadt (M. HŁASKO) und auf dem Land (E. BRYLL); groteske Gestaltung fand Eingang bei S. MROŻEK und S. ZIELIŃSKI, Parabeln schrieb L. KOŁAKOWSKI, Essays Z. HERBERT. Die Lyrik zeichnete sich bes. durch formale Experimente aus. Zu den bereits bekannten Dichtern (RÓŻEWICZ, W. WIRPSZA, HERBERT) trat die neue ›Generation von 1956‹ (S. GROCHOWIAK, J. HARASYMOWICZ, WISŁAWA SZYMBORSKA, Nobelpreis 1996), die durch künstler. Raffinement und iron. Haltung gekennzeichnet ist. In den 60er-Jahren entstand um die Zeitschrift ›Orientacja‹ eine dagegen opponierende Gruppe von Lyrikern, die neoklassizist., neosymbolist. und neoexpressionist. Gedichte schrieben. In der Dramatik traten die absurden Stücke von MROŻEK in den Vordergrund.

Ein neuer Abschnitt des literar. Lebens begann Anfang 1968 mit einer aus polit. Gründen abgesetzten Aufführung von MIECKIEWICZS ›Dziady‹. Die folgenden Märzunruhen der Studenten veranlassten eine Reihe von Schriftstellern (u. a. KOŁAKOWSKI) zur Solidarisierung; den Einmarsch von Truppen des Warschauer Pakts in die Tschechoslowakei verurteilten ANDRZEJEWSKI (zwei Jahre Publikationsverbot) und MROŻEK (danach im Ausland). Die antisemit. Kampagne (seit 1967) zwang einige Autoren zum Verlassen Polens. Die Lyrik reagierte darauf mit der sprach- und gesellschaftskritisch eingestellten Generation der ›Neuen Welle‹ (S. BARAŃCZAK, R. KRYNICKI, J. KORNHAUSER, A. ZAGAJEWSKI); KORNHAUSER und ZAGAJEWSKI veröffentlichten 1974 die programmat. Essaysammlung ›Świat nie przedstawiony‹, worin sie u. a. zur Demokratisierung des Sozialismus mahnten. Die folgenden Jahre brachten eine zunehmende Konfrontation zw. Staat und Lit. (Publikationsverbot für BARAŃCZAK, T. KONWICKI, W. WOROSZYLSKI). Einige Autoren wichen der Zensur durch Publikationen im Ausland oder im sich ausbildenden illegalen Verlagswesen (›zweiter Umlauf‹) aus.

In der Prosa profilierte sich die Dorfthematik (neben J. KAWALEC, T. NOWAK und EDWARD REDLIŃSKI, * 1940, v. a. W. MYŚLIWSKI mit ›Kamień na kamieniu‹, 1984). P. WOJCIECHOWSKIS Romane gestalten die Bedrohung des Individuums durch eine feindl. Umwelt. Ferner machte sich in der Prosa eine Hinwendung zum sprachl. Experiment bemerkbar. Die Verleihung des Nobelpreises an MIŁOSZ (1980) hat das öffentl., verleger. und wiss. Interesse an der bis dahin staatlich nicht akzeptierten Emigranten-Lit. vergrößert. Zu einer bis Ende der 80er-Jahre andauernden Polarisierung führte das im Dezember 1981 verhängte Kriegsrecht, das die Auflösung, Suspendierung oder linientreue Neugründung von Kulturverbänden zur Folge hatte. Die polit. Ereignisse dieser Zeit fanden ein vielfältiges Echo in der Lit., die im Untergrund oder im Ausland gedruckt wurde: u.a. in den Erzählungen von M. NOWAKOWSKI, ›Raport o stanie wojennym‹ (1982), in dem Roman ›Moc truchleje‹ (1982) von J. GŁOWACKI, in den Tagebuchaufzeichnungen ›Miesiące‹ (1981–82) von BRANDYS oder im Lyrikband ›Raport z oblężonego miasta‹ (1983) von HERBERT. Daneben ist jedoch nach 1985 eine Tendenz zur apolit., individualist., sprachlich-ästhetisch ausgerichteten Lyrik und Prosa festzustellen.

Die Ablösung des kommunist. Regimes (1989) und die Einführung von polit. Pluralismus und Marktwirtschaft führten zu einer Krise des literar. Lebens und zur Verminderung der literar. Produktion. Einen themat. Schwerpunkt bildeten in den letzten Jahren Prosawerke, die das komplizierte polnisch-jüd. Verhältnis und die geschichtlich belasteten dt.-poln. Beziehungen gestalten. Neben den bereits zuvor erfolgreichen Autoren MARIA NUROWSKA und A. SZCZYPIORSKI sind P. HUELLE, J. RYMKIEWICZ und PIOTR SZEWC (* 1961) zu nennen.

Gesamtdarstellungen und Nachschlagewerke: A. BRÜCKNER: Gesch. der p. L. (1901); J. KLEINER: Die p. L. (1930); Słownik współczesnych pisarzy polskich, Seria I, hg. v. E. KORZENIEWSKIEJ, 4 Bde. (Warschau 1963–66), dass., Seria II, hg. v. J. CZACHOWSKIEJ, 3 Bde. (ebd. 1977–80); M. KRIDL: A survey of Polish literature and culture (a.d. Poln., Den Haag [2]1967); C. MIŁOSZ: Gesch. der p. L. (a.d. Engl. u. Poln., 1981); J. KRZYŻANOWSKI: Dzieje literatury polskiej (Warschau [4]1982); Literatura polska. Przewodnik encyklopedyczny, hg. v. DEMS. u.a., 2 Bde. (ebd. 1984–85, Nachdr. ebd. 1990); K. DEDECIUS: Von Polens Poeten (1988); BI-Lex. Literaturen Ost- u. Südosteuropas. Ein Sach-Wb., hg. v. L. RICHTER u.a. (Leipzig 1990); Słownik literatury staropolskiej, bearb. v. T. MICHAŁOWSKA (Breslau 1990); K. DEDECIUS: Poetik der Polen (1992); Słownik literatury polskiej XIX wieku, bearb. v. J. BACHÓRZA u.a. (Breslau [2]1994); Słownik literatury polskiej XX wieku, bearb. v. A. BRODZKA u.a. (Breslau [2]1995); Dictionary of Polish literature, hg. v. E. J. CZERWINSKI (Westport, Conn., 1997).

Bibliographien: Bibliografia literatury polskiej. ›Nowy Korbut‹, hg. v. K. BUDZYK u.a., auf zahlr. Bde. ber. (Warschau 1963 ff.); K. A. KUCZYŃSKI: P. L. in dt. Übers. Von den Anfängen bis 1985. Eine Bibliogr. (1987); I. KUHNKE: Poln. schöne Lit. in dt. Übers. 1900–1992/93. Bibliogr. ([2]1995).

Mittelalter, Renaissance, Barock, Aufklärung: J. ZIOMEK: Renesans (Warschau [4]1980); DERS.: Literatura odrodzenia (ebd. [2]1989); M. KLIMOWICZ: Literatura oświecenie (ebd. [2]1990); B. MIĄZEK: P. L. des MA. u. der Renaissance (1993); C. HERNAS: Literatura baroku (Warschau [3]1995); T. MICHAŁOWSKA: Średniowiecze (ebd. 1995).

19. und 20. Jh.: Obraz literatury polskiej XIX i XX wieku, hg. v. K. WYKA u.a., auf zahlr. Bde. ber. (Warschau 1965 ff.); W. MACIĄG: Die poln. Gegenwarts-Lit., 1939–1976 (1979); H. OLSCHOWSKY: Lyrik in Polen. Strukturen u. Traditionen im 20. Jh. (Berlin-Ost 1979); B. CARPENTER: The poetic avant-garde in Poland, 1918–1939 (Seattle, Wash., 1983); B. MIĄZEK: P. L. 1863–1914 (Wien 1984); M. FLEISCHER: Die poln. Lyrik von 1945 bis 1985 (1986); DERS.: Strömungen der poln. Gegenwarts-Lit. (1989); D. SCHOLZE: Zw. Vergnügen u. Schock. Poln. Dramatik im 20. Jh. (Berlin-Ost 1989); G. RITZ: Die poln. Prosa 1956–1976 (Bern 1990); Lit. Polens. 1944 bis 1985, hg. v. A. LAM (Berlin-Ost 1990); Literatura polska 1918–1975, hg. v. A. BRODZKA u.a., 4 Bde. (Warschau [1-2]1991–96); M. FLEISCHER: Overground. Die Lit. der poln. alternativen Subkulturen der 80er u. 90er Jahre (1994); L. M. BARTELSKI: Polscy pisarze współcześni (Warschau 1995); H. KNEIP: Regulative Prinzipien u. formulierte Poetik des sozialist. Realismus (1995); B. MIĄZEK: Studien zur p. L. (1995); Panorama der p. L. des 20. Jh., hg. v. K. DEDECIUS, 2 Bde. (1996–97).

Polnische Militärorganisation, polnisch **Polska Organizacja Wojskowa** [-ˈzatsja -], Abk. **POW,** von J. PIŁSUDSKI in ihren Anfängen (1914) aufgebaute, seitdem im Geheimen operierende, zunehmend gegen die Mittelmächte gerichtete Militärorganisation; organisierte im Dezember 1918 den Aufstand in Posen.

polnische Musik. Älteste Musiküberlieferung findet sich im bis heute lebendigen Volkslied, zu dessen Eigenheiten fünfstufige Tonleitern (Pentatonik), Kirchentonarten, asymmetr. Rhythmen und kurzmelod. Bildungen gehören. Schon um 1100 ist das Tanzlied bezeugt, das bis in die Neuzeit die vorrangige Liedgattung blieb. Volkstänze wie Polonaise, Mazurka und Krakowiak zeigen in ihrer charakterist. Rhythmik nat. Eigenart.

Mit der Christianisierung Polens im 10. Jh. kam der gregorian. Gesang ins Land, doch datieren erhaltene Quellen erst aus der Zeit ab 1100. Die zuerst im 14. Jh. auftretenden Denkmäler poln. Kunstmusik (Organum, zweistimmige Motetten) spiegeln die Entwicklung der Mehrstimmigkeit im zentraleurop. Raum wider. Eine eigene Bedeutung muss dabei der poln. Orgelmusik beigemessen werden (erste Nachweise des Instruments im 12. Jh.), für die die Tabulatur des JOHANNES VON LUBLIN aus der 1. Hälfte des 16. Jh. die wichtigste Quelle darstellt. Sie enthält auch Werke von NIKOLAUS VON KRAKAU (1. Hälfte des 16. Jh.), der mit mehrstimmigen Messen, Motetten und Tänzen unter den frühen Vertretern p. M. bes. hervortritt.

Außer vom mehrstimmigen dt. Lied (H. FINCK in Krakau, 1491–1506) wurde die p. M. im ausgehenden 16. Jh. von ital. Komponisten, die sich am poln. Hof aufhielten, beeinflusst (L. MARENZIO, TARQUINIO MERULA, * um 1595, † 1665). Vertreter des zeitgenöss. polyphonen Stils waren u.a. MARCIN LEOPOLITA († 1589), MIKOŁAJ GOMÓŁKA (* um 1535, † nach 1591) und der dem venezian. konzertierenden Stil verpflichtete MIKOŁAJ ZIELEŃSKI (nachgewiesen 1611). Mit der Entwicklung der Instrumentalmusik im 17. Jh. (ADAM JARZĘBSKI, † 1648 oder 1649, MARCIN MIELCZEWSKI, † 1651) setzte ein Stilwandel ein, der in der 1. Hälfte des 18. Jh. zu einem Rückgang des ital. zugunsten des Wiener Einflusses führte und in dessen Gefolge zunehmend auch nationalpoln. Tendenzen zum Zuge kamen. Verstärkt wurden diese im 19. Jh. v.a. durch J. ELSNER, den Lehrer F. CHOPINS; er vermittelte den Übergang von der Klassik zur Romantik, in der u.a. S. MONIUSZKO, der Schöpfer der poln. Nationaloper, Bedeutung erlangte, während CHOPIN die Impulse der nat. poln. Musik mit den charakterist. Neuerungen der europ. Romantik zu einem persönl. Stil verschmolz.

Durch die Verarbeitung von internat. Moderne und poln. Volksmusik war K. SZYMANOWSKI von besonderer Bedeutung für die p. M. nach 1900. JÓZEF KOFFLER (* 1896, † 1944) übernahm etwa 1928 die Zwölftontechnik. In den 50er-Jahren stehen für die Zwölftonmusik Namen wie A. PANUFNIK und ROMAN PALESTER (* 1907, † 1989). Ab 1956, dem Jahr der ersten poln. Festspiele für moderne Musik (›Warschauer Herbst‹), ist mehr als in den anderen mittel- und osteurop. Ländern z.Z. des Sozialismus eine fruchtbare Auseinandersetzung mit den Techniken der seriellen, aleator. und experimentellen Musik festzustellen. Seit etwa 1960 prägten die führenden poln. Komponisten mit eigenständigen Gestaltungen des Klanges (→Sonoristik) die europ. Musikentwicklung. Internat. Geltung erlangten u.a. W. LUTOSŁAWSKI, K. PENDERECKI, K. SEROCKI, T. BAIRD, B. SCHÄFFER. Weitere bedeutende poln. Komponisten der Gegenwart sind u.a. WOJCIECH KILAR (* 1932), H. M. GÓRECKI, ZBIGNIEW PENHERSKI (* 1935), TOMASZ SIKORSKI (* 1939, † 1988), ZBIGNIEW RUDZIŃSKI (* 1935), Z. KRAUZE, der in Köln tätige KRZYSZTOF MEYER und ALEKSANDER LASOŃ (* 1951).

Z. JACHIMECKI: Muzyka polska w rozwoju historycznym (Krakau 1948); Slownik muzyków polskich, hg. v. J. M. CHOMIŃSKI (Krakau 1964); Polish music, hg. v. S. JAROCIŃSKI (Warschau 1965); Gesch. der p. M., hg. v. T. OCHLEWSKI u.a. (ebd. 1988).

polnische Notation, Präfixnotation, von J. ŁUKASIEWICZ eingeführte Schreibweise von Formeln, in der bei binären Verknüpfungen (z. B. der Größen *A* und *B*) das Verknüpfungszeichen (z. B. j) vorangestellt wird, also j*AB*, statt zw. die beiden Größen wie in der gewöhnl. Infixnotation (*A* j *B*). Durch die p. N. werden Klammern entbehrlich.

polnische Philosophie. Die Anfänge der p. P. liegen im 14.–15. Jh.: Gründung der Univ. Krakau (1364), Anschluss an die europ. Scholastik, reger Ideenaustausch und rasche Entwicklung der Wiss.en wie Astronomie (heliozentr. Weltbild des KOPERNIKUS), Medizin und Naturphilosophie. Bis zum 18. Jh. war die kath. Philosophie, lange Zeit durch den einflussreichen Jesuitenorden gefördert, in Gestalt von Scholastik und Neuscholastik bestimmend, im 16.–17. Jh. daneben auch eine aristotelisch-stoisch geprägte Renaissancephilosophie und das humanitäre Reformdenken (u. a. Eintreten für Toleranz) der kalvinistisch orientierten Bewegung der Poln. Brüder (→Sozinianer). Einflüsse der frz. Aufklärung kamen in der 2. Hälfte des 18. Jh. zur Geltung: ANTONI WIŚNIEWSKI (* 1718, † 1774), JAN ŚNIADECKI (* 1756, † 1830); H. KOŁŁĄTAJ und S. STASZIC leiteten umfassende Schulreformen ein; JÓZEF KALASANTY SZANIAWSKI (* 1764, † 1843) verbreitete die Philosophie I. KANTS. Die Folgezeit war, u. a. unter dem Einfluss der histor. Entwicklung Polens, stark von einer romantisch-idealist. Strömung bestimmt (M. MOCHNACKI). Starke Wirkung übte dabei die religiös-nat. Bewegung des poln. Messianismus aus, der in einer mystisch-spiritualist. Philosophie der Gemeinschaft seine Ausprägung fand (v. a. J. M. HOENE-WROŃSKI, auch der Schellingschüler J. GOŁUCHOWSKI); im späten 19. Jh. wurde er in einer konservativ bis revolutionär orientierten ›Philosophie der Tat‹ weiterentwickelt, v. a. bei A. CIESZKOWSKI, BRONISŁAW FERDINAND TRENTOWSKI (* 1808, † 1869), KAROL LIBELT (* 1807, † 1875), JÓZEF KREMER (* 1806, † 1875), HENRYK KAMIEŃSKI (* 1813, † 1865) und EDWARD DEMBOWSKI (* 1822, † 1846). Im 20. Jh. vertrat W. LUTOSŁAWSKI einen spiritualist. Messianismus. Von der frz. Philosophie (A. COMTE) beeinflusst, entwickelte sich die v. a. szientistisch und sozial geprägte Richtung des poln. Positivismus, die auch literar. Ausprägung fand (JULIAN OCHOROWICZ, * 1850, † 1917; A. ŚWIĘTOCHOWSKI). Von der dt. Philosophie wirkte v. a. F. BRENTANO auf seinen Schüler K. TWARDOWSKI. Dieser wurde zu einem Reformer der p. P.; auf seine an der Methode der Naturwiss.en orientierte Schule geht nahezu der gesamte, für die p. P. des 20. Jh. bezeichnende, teils vom Neopositivismus beeinflusste Antiirrationalismus zurück. Eine herausragende Stellung gewann in diesem Zusammenhang die →Warschauer Schule der Logik. Gegen die vorherrschende positivistisch-analyt. Wissenschaftstheorie polemisierte nachhaltig LUDWIK FLECK (* 1896, † 1961). Neben der analyt. Richtung der Philosophie und der von R. INGARDEN vertretenen Phänomenologie wurde nach dem Zweiten Weltkrieg v. a. die marxist. Philosophie bestimmend. Zu ihren Hauptvertretern rechnen A. SCHAFF (Marxismus als radikaler Humanismus) und L. KOŁAKOWSKI (skeptisch-krit., antidogmat. Philosophie).

T. KOTARBIŃSKI: Grundlinien u. Tendenzen der Philosophie in Polen, in: Slav. Rundschau, Jg. 5 (Prag 1933); W. LUTOSŁAWSKI: Der poln. Messianismus, in: Ztschr. für philosoph. Forschung, Jg. 4 (1949); W. TATARKIEWICZ: Historia filozofii, 3 Bde. (Warschau 1958); The Journal of philosophy, Bd. 57 (Lancaster, Pa., 1960); K. SZANIAWSKI: Poland, in: Handbook of world philosophy. Contemporary developments since 1945, hg. v. J. BURR (London 1981); Z. KUDEROWICZ: Das philosoph. Ideengut Polens (1988).

Polnischer Aufstand, Januaraufstand, der am 22. 1. 1863 begonnene Versuch (der letzte im 19. Jh.), die poln. Eigenstaatlichkeit wiederherzustellen. Von den sozialrevolutionären ›Roten‹ im Königreich Polen (Kongresspolen) ausgelöst, konnten sich die rd. 30 000 Aufständischen auch nach dem Beitritt der monarchist. ›Weißen‹ (ab März 1863) nicht gegen die überlegene russ. Armee (etwa 300 000 Mann) durchsetzen, da sie weder über ausgebildete Verbände noch über genügend Waffen oder eine militär. Führung verfügten und die erhoffte diplomat. Intervention Großbritanniens und Frankreichs ausblieb. Der Aufstand brach endgültig im April 1864 zusammen; Hunderte von Teilnehmern wurden hingerichtet, Tausende deportiert oder zur Zwangsarbeit verurteilt.

Polnischer Erbfolgekrieg, der →Polnische Thronfolgekrieg.

Polnischer Korridor, Danziger Korridor, Weichselkorridor, 30–90 km breiter Landstreifen zw. Pommern im W sowie dem Unterlauf der Weichsel im O, den das Dt. Reich im Versailler Vertrag (1919) an Polen abtreten musste. Mit 15 865 km² und rd. 330 000 Ew. umfasste er den größten Teil der früheren preuß. Prov. Westpreußen sowie Teile der Kreise Lauenburg, Bütow und Stolp. Er trennte die Freie Stadt Danzig und das weiterhin zum Dt. Reich gehörige Ostpreußen vom dt. Reichsgebiet. Mit dem P. K. erhielt Polen einen Zugang zum Meer. Aufgrund des Versailler Vertrags musste Polen den ungehinderten Bahn-, Schiffs-, Post-, Telefon- und Telegrafenverkehr sicherstellen. Seit Oktober 1938 forderte A. HITLER – vielfach in ultimativer Form – die Rückgliederung Danzigs an das Dt. Reich und den Bau einer exterritorialen Straßen- und Bahnverbindung durch den P. K. (gegen eine formale Grenzgarantie und einen auf 25 Jahre gültigen Nichtangriffspakt). 1939 nahm er die dt.-poln. Differenzen in der Korridor- und Danzigfrage zum Anlass seines Angriffs auf Polen und löste damit den Zweiten Weltkrieg aus.

Polnischer Thronfolgekrieg, Polnischer Erbfolgekrieg, der europ. Krieg 1733–35/38 um die Thronfolge in Polen nach dem Tod AUGUSTS II., DES STARKEN. Russland und Österreich unterstützten die Kandidatur seines Sohnes, des sächs. Kurfürsten FRIEDRICH AUGUST II., Frankreich trat für den Schwiegervater LUDWIGS XV., den ehem. poln. König STANISLAUS I. LESZCZYŃSKI, ein. Im September 1733 wurde dieser von einer Mehrheit des poln. Adels gewählt. Nach der Besetzung Warschaus und der Einnahme Danzigs durch russ. Truppen (1734) wurde jedoch FRIEDRICH AUGUST II. im Wiener Präliminarfrieden (1735) als König AUGUST III. von Polen anerkannt. Frankreich setzte mit Spanien und Sardinien den Koalitionskrieg gegen Österreich in Italien und am Rhein erfolgreich fort. Im Wiener Frieden (1738) wurde STANISLAUS (wie schon im Präliminarfrieden von 1735 festgelegt) mit den Herzogtümern Bar und Lothringen entschädigt.

Polnischer Weizen, der →Gommer.

Polnisches Komitee der Nationalen Befreiung, das →Lubliner Komitee.

Polnische Sozialistische Partei, poln. **Polska Partia Socjalistyczna** [-ˈtitʃna], Abk. **PPS,** 1892 in Paris auf Initiative von BOLESŁAW LIMANOWSKI (* 1835, † 1935) und STANISŁAW MENDELSON (* 1857, † 1913) durch versch. sozialist. Gruppierungen gegründete Partei, seit 1893 unter der Führung von J. PIŁSUDSKI in Polen im Untergrund, beteiligte sich führend an der Errichtung eines unabhängigen Polen. 1918 ging die ›PPS-Lewika‹ (›PPS-Linke‹) in der kommunist. Bewegung auf. Zw. 1918 und 1926 beteiligte sich die PPS mehrfach an der Regierung. 1926 unterstützte sie den Staatsstreich PIŁSUDSKIS, ging jedoch später in Opposition zu ihm. Nach der Niederlage Polens im Zweiten Weltkrieg (1939) schloss sich die PPS der Exil-Reg. an; eine linke Gruppe um E. OSÓBKA-

Morawski arbeitete mit den Kommunisten zusammen (v. a. im Lubliner Komitee).

Im Dezember 1945 schlossen sich versch. selbstständige Strömungen der älteren PPS zur Vereinigten PPS zusammen. Nach dem Austritt rechtssozialist. Kräfte um Z. Żuławski (1946) und innerparteil. Säuberungen geriet die PPS (Gen.-Sekr. J. Cyrankiewicz) in immer größere Abhängigkeit von den Kommunisten und schloss sich mit diesen im Dezember 1948 zur ›Vereinigten Poln. Arbeiterpartei‹ (poln. Abk. PZPR) zusammen.

polnische Sprache. Die p. S. gehört mit dem Tschechischen, dem Slowakischen und dem Ober- und Niedersorbischen zu den westslaw. Sprachen (→slawische Sprachen). Innerhalb dieser bildet sie mit der im 18. Jh. erloschenen →polabischen Sprache und der →kaschubischen Sprache die lechische Gruppe. – Die p. S. wird heute von etwa 37 Mio. Menschen in Polen und etwa 10 Mio. im Ausland (Litauen, Weißrussland, Ukraine, USA, Kanada, Frankreich, Dtl. u. a.) gesprochen.

Das poln. Lautsystem ist gekennzeichnet durch die aus urslaw. Zeit erhaltenen Nasalvokale ą [ɔ̃] und ę [ɛ̃], die jedoch nur vor Frikativen als solche ausgesprochen werden, z. B. mąż [mɔ̃ʃ] ›Mann‹, męża [mɛ̃ʒa] ›des Mannes‹, aber ząb [zɔmp] ›Zahn‹, zęba [zɛmba] ›des Zahnes‹. Der Status der Nasale als Phoneme ist daher umstritten, ebenso wie der von y [i̠, zw. i und u, ohne Lippenrundung ausgesprochen], das als Allophon von i gesehen wird. Somit verfügt die p. S. über fünf Vokalphoneme (a, e, i, o, u), die alle kurz und offen gesprochen werden. Ihnen stehen 35 Konsonantenphoneme gegenüber. Durch diese relativ große Zahl von Konsonanten, darunter viele Zischlaute, und durch Konsonantenhäufungen erhält die p. S. einen deutlich ›konsonant.‹ Charakter. Auch die Konsonanten sind kurz und werden nur äußerst selten (Doppelschreibung) gelängt. Der Wortakzent ruht, mit wenigen Ausnahmen (meist Lehnwörter), stets auf der vorletzten Silbe. Unbetonte Vokale werden nicht reduziert. Da urslaw. ě und e in der p. S. vor harten Dentalen (t, d, n, l, s, z, r) als a (ia) bzw. o (io) erscheinen, vor weichen und sonstigen Konsonanten als e (ie), sind Alternationen von e-a bzw. e-o in der Flexion und im Derivationssystem häufig, z. B. las ›Wald‹, w lesie ›im Wald‹; niosę ›ich trage‹, niesiesz ›du trägst‹; biały ›weiß‹, bielić ›weißen‹. Entsprechende Alternationen bewirkt der Reflex der urslaw. reduzierten Vokale (ь, ъ) als e (ie) und - (Ausfall in schwacher Position), z. B. mech ›Moos‹, Genitiv mchu, dzień ›Tag‹, Genitiv dnia. Ähnlich wie im Russischen aber wurden in der p. S. die Konsonanten vor vorderen Vokalen palatalisiert, anders als im Russischen aber wurden t', d', s', z' im 13. Jh. noch weiter zu ć, dź, ś, ź erweicht; r' hat [ʒ], grafisch rz, ergeben; die histor. Palatale (c, dz, sz, cz, ż) hingegen sind verhärtet. Hartes l (grafisch: ł) wird heute als [u̯] gesprochen.

Zur Schreibung bedient sich die p. S. des lat. Alphabets. Die Wiedergabe einiger spezif. Laute wird durch ein System von diakrit. Zeichen sowie Buchstabenkombinationen gewährleistet, die z. T. aus der von J. Hus reformierten tschech. Orthographie stammen, z. B. für Vokale: ą [ɔ̃], ę [ɛ̃], ó [u], y [i̠]; für Konsonanten: c [ts], cz [tʃ], ć [tɕ], dź [dʑ], dż [dʒ], h [x], ł [u̯], ń [ɲ], rz [ʒ], sz [ʃ], ś [ɕ], z [z], ź [ʑ], ż [ʒ]. In der Kombination mit folgendem i werden statt ć, dź, ń, ź immer ci, dzi, ni, si, zi geschrieben; ck wird immer [tsk] gesprochen.

Die p. S. verfügt über ein reiches Formensystem. So hat das Substantiv sieben Kasus und zwei Numeri (Sg. und Pl.), im Sg. drei Genera (Maskulinum, Femininum, Neutrum). Das Maskulinum unterscheidet im Sg. außerdem das Subgenus Belebtheit und im Pl. ein auf männl. Personen beschränktes Genus virile, dem alles sonstige Belebte und Unbelebte gegenübergestellt wird. Das Verb zeichnet sich durch ein differenziertes Aspektsystem aus, dem ein relativ geringer Formenbestand des Tempussystems gegenübersteht.

Die poln. Dialekte werden in masurierende und nicht masurierende eingeteilt. Erstere haben den Gegensatz s:sz, z:ż, c:cz, dz:dż i. d. R. zugunsten von s, z, c, dz aufgehoben, während Letztere ihn aufrechterhalten. Zu den masurierenden Dialekten gehören das Kleinpolnische (SO-Polen mit Krakau) und das Masowische (NO-Polen mit Warschau), zu den nicht masurierenden das Großpolnische (mit dem Zentrum Posen), das Schlesische (SW-Polen mit Kattowitz) und das Kaschubische (im N, westlich von Danzig), sofern man dieses nicht als eigene Sprache betrachtet.

Poln. Orts- und Personennamen sind bereits in lat. Chroniken des 10. und 11. Jh. belegt, jedoch in der Gnesener Bulle des Papstes Innozenz II. von 1136 erstmals in größerer Zahl überliefert. Die ersten literar. poln. Sprachdenkmäler (liturg. und kirchl. Handschriften) stammen aus dem 14. Jh. Im 16. Jh. brachten Buchdruck, Renaissance und Humanismus, Reformation und Gegenreformation sowie bedeutende Schriftsteller wie J. Kochanowski, P. Skarga und M. Bielski die poln. Literatursprache zu voller Entfaltung. Die Einführung der p. S. als Schulsprache in der 2. Hälfte des 18. Jh. trug wesentlich zur Verankerung der Literatursprache im Volk bei.

Bibliographien: K. Handke u. E. Rzetelska-Feleszko: Przewodnik po językoznawstwie polskim (Breslau 1977); Encyklopedia wiedzy o języku polskim, hg. v. S. Urbańczyk (ebd. 1978).

Wörterbücher: J. Karłowicz u. a.: Słownik języka polskiego, 8 Bde. (Warschau 1900–27, Nachdr. ebd. 1952–53); M. S. B. Linde: Słownik języka polskiego, 6 Bde. u. Index-Bd. (ebd. [1-3]1951–65); Słownik staropolski, hg. v. S. Urbańczyk u. a., auf zahlr. Bde. ber. (ebd. 1953 ff.); Słownik języka polskiego, hg. v. W. Doroszewski, 11 Bde. (ebd. 1958–69); Słownik polszczyzny XVI wieku, bearb. v. M. R. Mayenowa u. a., auf zahlr. Bde. ber. (Breslau 1966 ff.); Nowa księga przysłów i wyrażeń przysłowiowych polskich, hg. v. J. Krzyżanowski, 4 Bde. (Warschau 1969–78); Słownik języka polskiego, hg. v. M. Szymczak, 3 Bde. (ebd. 1978–81); S. Skorupka: Słownik frazeologiczny języka polskiego, 2 Bde. (ebd. [5]1987); A. Brückner: Słownik etymologiczy języka polskiego (Neuausg. ebd. 1993); F. Sławski: Słownik etymologiczy języka polskiego, 7 Tle. (Neausg. ebd. 1994–95); J. Piprek u. J. Ippoldt: Wielki słownik niemiecko-polski, 2 Bde. (Neuausg. ebd. [13]1995); dies.: Wielki słownik polsko-niemiecki, 2 Bde. (ebd. [12]1995–96).

Grammatiken: S. Szober: Gramatyka języka polskiego (Warschau [12]1971); J. Kotyczka: Kurze poln. Sprachlehre (Berlin-Ost 1976); R. Laskowski: Poln. Gramm. (a. d. Poln., Warschau [2]1979); Gramatyka wsółczesnego języka polskiego, hg. v. S. Urbańczyk, 2 Bde. (Warschau 1984); Dietrich Müller u. a.: Lb. der p. S. (Leipzig 1989).

Sprachgeschichte, historische Grammatiken: S. Rospond: Gramatyka historyczna języka polskiego (Warschau [3]1979); W. Kuraszkiewicz: Histor. Gramm. der p. S. (a. d. Poln., 1981); Z. Klemensiewicz: Historia języka polskiego, 3 Bde. (Warschau [6]1985); J. Mazur: Gesch. der p. S. (1993).

Dialektologie: Mały atlas gwar polskich, hg. v. K. Nitsch, 25 Tle. (Breslau 1957–70); K. Nitsch: Dialekty języka polskiego (Krakau 1957); S. Urbańczyk: Zarys dialektologii polskiej (Warschau [4]1972); K. Dejna: Dialekty polskie (Breslau 1973).

Polnische Teilungen, die drei (1772, 1793, 1795) durch Russland, Preußen und Österreich erzwungenen Gebietsabtretungen Polens. Der wachsende Einfluss Russlands in Polen und sein erfolgreiches Vorgehen im Türkenkrieg 1768–74 sowie die Aussichten auf territoriale Kompensationen veranlassten Preußen und Österreich, sich an der **1. P. T.** (Vertrag vom 5. 8. 1772) zu beteiligen. Nach dieser Teilung, durch die Österreich weite Teile Rotreußens und Kleinpolens, Preußen das Ermland, das ›Preußen königlichen poln. Anteils‹ und den Netzedistrikt und Russland den NO bis zu Düna und Dnjepr gewann, blieb Polen-Litauen noch ein lebensfähiger Staat.

Als Reaktion auf die in der poln. Verfassung von 1791 eingeleiteten Staatsreformen intervenierten Russland und Preußen militärisch und schlossen am 23. 1. 1793 einen 2. Teilungsvertrag **(2. P. T.),** durch den das Gebiet östlich der Linie Dünaburg–Chocim an Russland und ganz Großpolen bis zur Pilica sowie Danzig und Thorn an Preußen fielen. Das verbleibende Staatsgebiet, ohne natürl. Grenzen und heterogen zusammengesetzt, konnte trotz seines noch großen Umfanges nicht mehr als Staat betrachtet werden.

Die Niederschlagung eines von T. KOŚCIUSZKO geführten Aufstandes wurde mit der **3. P. T.** (Verträge vom 3. 1. und 24. 10. 1795) beendet, durch die Österreich das Land zw. Pilica und Bug (›Westgalizien‹), Preußen ›Neuschlesien‹ an der oberen Warthe sowie ›Neuostpreußen‹ und Russland das Gebiet bis an Bug und Memel erhielt. Damit hatte Russland rd. 475 000 km^2, Österreich rd. 150 000 km^2 und Preußen rd. 140 000 km^2 erworben, und Polen war von der polit. Landkarte Europas getilgt.

Die durch den Wiener Kongress 1815 vollzogene Teilung des 1807 gebildeten Herzogtums Warschau wird gelegentlich als 4. P. T., die Aufteilung Polens in Interessengebiete durch den Hitler-Stalin-Pakt (1939) als 5. P. T. bezeichnet.

MICHAEL G. MÜLLER: Die Teilungen Polens, 1772, 1793, 1795 (1984).

Polnisch-Piekar, Teil der poln. Stadt →Piekary Śląskie.

Polnisch-Sowjetischer Krieg, 1920–21 zw. Polen, das mit der ›Ukrain. Volksrepublik‹ unter dem Ataman S. PETLJURA verbündet war, und Russland geführter Krieg um die Grenzziehung zw. beiden Staaten. Nachdem poln. Truppen bereits im April 1919 in die kurz zuvor proklamierte Litauisch-Weißruss. Sowjetrepublik einmarschiert waren (Eroberung Wilnas) und im Juni 1919 das ukrain. Ostgalizien besetzt hatten, kam es im Januar 1920 zu Verhandlungen Polens mit Sowjetrussland; Polen schloss aber im April 1920 einen Offensivpakt mit dem ukrain. Direktorium. Am 26. 4. 1920 begann ein polnisch-ukrain. Vorstoß gegen Kiew (Einnahme am 7. 5. 1920). Als bolschewist. Gegenoffensiven bes. unter dem General M. N. TUCHATSCHEWSKIJ die poln. Truppen bis vor Warschau zurückdrängten, wandte sich die poln. Reg. an die Ententemächte um Hilfe, die im Juli 1920 die Curzon-Linie als Waffenstillstandslinie vorschlugen. Mit ihrem Sieg bei Warschau (›Wunder an der Weichsel‹, 16. 8. 1920) konnten poln. Truppen unter Marschall J. PIŁSUDSKI die bolschewist. Kräfte zum Rückzug zwingen. Im Frieden von Riga (18. 3. 1921) setzte die poln. Reg. eine Grenzlinie durch, die rd. 150 km östlich der Curzon-Linie lag.

Polo [engl., eigtl. ›Ball‹, aus einer nordind. Sprache] *das, -s,* **Pferdepolo,** reiterl., aus Mittelasien stammendes Torspiel mit zwei Männermannschaften von je vier Spielern. Auf an den Beinen bandagierten Reitpferden versuchen die Akteure, mit hammerartigen Schlägern einen Hartball ins gegner. Tor (zwei Stangen im Abstand von 7,30 m) zu schlagen. Das Spielfeld misst rd. 270 × 180 m (300 × 200 yd). Ein Spiel ist in mindestens vier und höchstens acht Spielabschnitte (›Chukkers‹) von je $7^1/_2$ Minuten effektive Spielzeit eingeteilt. Jeder Spieler wird nach seiner Leistungsstärke, seinem Handikap, eingestuft. Zur Kennzeichnung dienen Zahlen zw. −2 und +10; je besser ein Spieler, desto höher seine Handikapzahl.

1900, 1908, 1920, 1924 und 1936 stand die Sportart auf dem olymp. Programm. – In Dtl. sind die Reiter im Dt. P. Verband e. V. (DPV; gegr. 1972, Sitz: Nürnberg) organisiert und in der Schweiz in der Swiss P. Association (SPA; gegr. 1985, Sitz: Zürich). Internat. Dachverband ist die Federación International de P. (FIP; gegr. 1983, Sitz: Buenos Aires).

Polo [span.] *der, -s/-s, Musik:* andalus. Tanzlied in Moll und in mäßig schnellem $^3/_8$-Takt, begleitet von Kastagnetten, Händeklatschen und Schuhklappern. Einem Gitarrenvorspiel (›Solida‹) folgt der Gesangsteil, der von ›ay‹- und ›olé‹-Rufen unterbrochen wird. V. a. bei den Roma verbreitet, fand der P. auch Eingang in die Kunstmusik (u. a. bei M. DE FALLA).

Polo, 1) [ˈpɔlo], Gaspar **Gil** [xil], span. Schriftsteller, →Gil Polo, Gaspar.

2) [ˈpoːlo], Marco, venezian. Asienreisender und Kaufmann, *Venedig (?) 1254, †ebd. 8. 1. 1324; begleitete nach eigener Darstellung seinen Vater NICCOLÒ und dessen Bruder MAFFEO 1271–75 auf einer Reise nach China, die zunächst von Palästina über Täbris nach Hormus am Pers. Golf, dann über O-Persien und Pakistan durch den Pamir, die Wüste Takla-Makan entlang dem Lop Nur nach Kathei (N-China) an den Hof des Mongolenherrschers KUBILAI führte. P., in der Gunst des Großkhans stehend, soll von diesem 1275–92 zu versch. Missionen eingesetzt worden sein. Laut den Berichten P.s erhielten er und seine Verwandten 1292 vom Großkhan die Erlaubnis, nach Europa zurückzukehren, und fuhren über See nach Hormus, von wo aus sie die Reise über Persien, Armenien und Trapezunt nach Konstantinopel fortsetzten und von dort mit einem Schiff nach Venedig gelangten (1295). Den Bericht über seine Reisen diktierte P. als genues. Gefangener (September 1298 bis Juli 1299) seinem Mitgefangenen RUSTICHELLO DA PISA; er wurde bald in versch. Sprachen übersetzt. P. hatte großen Einfluss auf die geograph. Vorstellungen des 14./15. Jahrhunderts. Die Authentizität seines schon zu Lebzeiten angezweifelten Berichtes über seine Reise nach China wurde in der Gegenwart wieder von Forschern (u. a. von der Sinologin FRANCES WOOD) in Zweifel gezogen, da P. vieles, was die Kultur Chinas wohl unübersehbar prägte (u. a. die Große Mauer), nie erwähnte und weil bisher für seinen Aufenthalt dort keine hinreichenden schriftl. chin. Belege gefunden wurden.

Marco Polo

Ausgaben: Il milione. Die Wunder der Welt, übers. v. E. GUIGNARD ([4]1986); Von Venedig nach China. Die größte Reise des 13. Jh., hg. v. A. KNUST ([9]1986).

H. BECK: Große Reisende (1971); A. ZORZI: M. P. (1983).

Polock [-tsk], Stadt in Weißrussland, →Polozk.

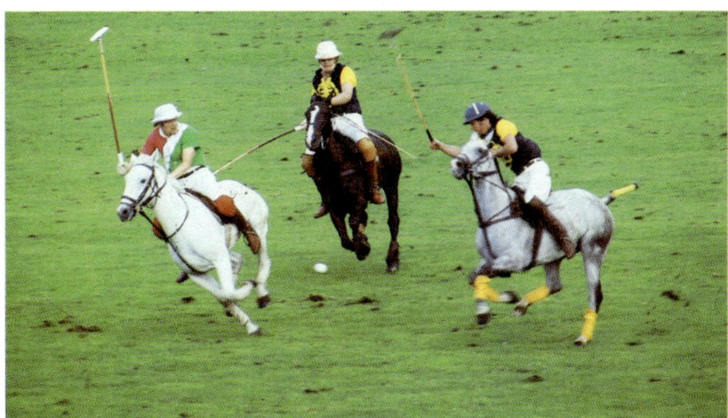

Polo: Spielszene

Polohemd, Sport- und Freizeithemd mit kurzer vorderer Knopfleiste, offenem Kragen und kurzen Ärmeln, meist aus Trikot; zum Beginn des 20. Jh. in Indien zum Polospiel aufgekommen.

Polonaise [poloˈnɛːzə; frz., eigtl. ›poln. Tanz‹] *die, -/-n,* ital. **Polacca,** ruhiger, paarweise geschrittener Tanz (vorwiegend) im $^3/_4$-Takt, bei dem sich rechter und linker Fuß in der Betonung abwechseln. Die P. entstand als Volkstanz im 16. Jh. in Polen, wurde bald

Polonnaruwa: Tempel Lankatilaka und Kiri Dagoba; 12. Jh.

Hof- und Gesellschaftstanz und war auch in anderen Ländern beliebt, oft als ein den Tanzplatz umschreitender Eröffnungstanz von Bällen oder (bes. in Dtl.) als ausgelassene Tanzkette, die, von Marschmusik und Liedern begleitet, durch das ganze Haus zieht.

Als vom Schreittanz abgeleitetes, nicht getanztes Instrumentalstück steht die P. anfangs meist in geradem Takt. Der später daran angeschlossene dreizeitige Nachtanz verselbstständigte sich Anfang des 18. Jh. zur eigentl. P. in mäßigem Tempo, $^3/_4$-Takt und dem charakterist. Rhythmus:

Diese instrumentale P. entwickelte sich außerhalb Polens in Frankreich, Schweden und Dtl. und kehrte im 18. Jh. wieder nach Polen zurück. Sie war im Barock beliebt (F. COUPERIN, G. F. HÄNDEL, G. P. TELEMANN), erreichte Ende des 18. Jh. eine Blüte und wurde von F. CHOPIN zu einem Höhepunkt geführt. Die Polenbegeisterung nach dem Aufstand von 1830/31 förderte ihre Verbreitung im 19. Jh. (R. SCHUMANN, F. LISZT, J. WIENIAWSKI, I. J. PADEREWSKI); noch im beginnenden 20. Jh. war sie eine beliebte Form der Salonmusik.

Polonium

chem. Symbol:	Ordnungszahl	84
	bisher bekannte Isotope (alle radioaktiv)	^{192}Po bis ^{218}Po
	beständigstes Isotop	^{209}Po
Po	Halbwertszeit des ^{209}Po	102 Jahre
	relative Nuklidmasse	208,9824
	Dichte	(α-Polonium) 9,32 g/cm³, (β-Polonium) 9,4 g/cm³
	Schmelzpunkt	254 °C
	Siedepunkt	962 °C

Polonium [nach der poln. Heimat (nlat. Polonia) von MARIE CURIE] *das, -s,* chem. Symbol **Po,** radioaktives →chemisches Element aus der sechsten Hauptgruppe des Periodensystems der chem. Elemente. Von den zahlr. Isotopen des P. kommen einige als Glieder radioaktiver Zerfallsreihen vor (→Radioaktivität, ÜBERSICHT), z. B. ^{210}Po (histor. Bez. ›Radium F‹), ^{218}Po (›Radium A‹) und ^{216}Po (›Thorium A‹). In sehr geringen Mengen ist P. in Uranmineralen enthalten, z. B. in der Pechblende, in der es 1898 durch P. und MARIE CURIE entdeckt wurde. Künstlich hergestellt wird P. in Kernreaktoren durch Neutroneneinfang aus dem Wismutisotop ^{209}Bi. P. ist ein silberhelles, in zwei Modifikationen unterschiedl. Dichte auftretendes Schwermetall. Infolge seiner Radioaktivität regt es im Dunkeln die umgebende Luft zu hellblauem Leuchten an. Verwendet wird P. als Strahlungs- und Ionisationsquelle. In seinen chem. Eigenschaften liegt P. zw. Tellur und Wismut; in seinen Verbindungen tritt es v. a. in den Oxidationsstufen + 2, + 4 und + 6 auf. **P.-Wasserstoff,** PoH_2, ist flüchtig und wenig beständig. Vom **P.-Dioxid,** PoO_2, sind eine gelbe und eine rote Form bekannt. Mit Schwefelwasserstoff fällt aus Lösungen schwarzes **P.-Sulfid,** PoS_2, aus. Es sind zahlr. verschiedenfarbige Halogenide bekannt.

Polonnaruwa, die zweitwichtigste Stadt in der älteren Gesch. Ceylons, im NO der Insel, heute nur noch archäolog. Stätte; 780–1290 königl. Residenz und buddhist. religiöses Zentrum. Von der kurzen Herrschaft der südind. Coladynastie im 11. Jh. zeugen zwei kleine steinerne Shivatempel im Dravidastil. V. a. im 12. Jh. entstanden unter den (in der ceylones. Mahvamsa-Chronik ausführlich gewürdigten) Königen PARAKRAMA BAHU und NISSANKAMALLA umfangreiche (oft aus Ziegeln errichtete) Palast- und Kultanlagen. Als Bauformen finden sich neben Stupas (Kiri Dagoba; Rankot Dagoba, 60 m hoch) auch Hallentempel mit Tonnengewölben, in deren Apsis riesige Buddhastatuen (bis 12 m) aufgestellt waren (Thuparama, Lankatilaka und Tivanka Pilimage mit Wandmalereien), sowie als Sonderform der aus sieben nach oben sich verjüngenden, würfelförmigen Geschossen errichtete Turm Satmahal Prassada und die säulenumgebenen Rondelle Vatadage und Potgul Vihare. Bei Letzterem befindet sich das 3,7 m hohe Felsrelief eines bärtigen Mannes, beim Höhlentempel Gal Vihare die 15 m lange liegende Figur des sterbenden BUDDHA, eine stehende Buddhafigur und der Jünger ANANDA. – Die Ruinenstadt wurde von der UNESCO zum Weltkulturerbe erklärt.

Polonskaja, Jelisaweta Grigorjewna, russ. Lyrikerin, * Warschau 26. 6. 1890, † Leningrad 11. 1. 1969; Ärztin, stand den Dichtern der Avantgarde (u. a. der Gruppe der Serapionsbrüder) nahe und schrieb in den 20er-Jahren Lyrik sowie Prosa für Kinder.

Ausgabe: Izbrannoe (1966).

Polonskij, Jakow Petrowitsch, russ. Dichter, * Rjasan 18. 12. 1819, † Petersburg 30. 10. 1898; Journalist, Vertreter des L'art pour l'art; schrieb lyr. und epische Gedichte, v. a. einfühlsame Liebeslyrik, auch erzählende Prosa. Viele seiner liedhaften Gedichte wurden vertont (u. a. von P. TSCHAIKOWSKY) oder sind zu viel gesungenen ›Volksliedern‹ geworden, u. a. ›Kolokol'čik‹ (›Das Glöcklein‹), ›Zimnij put'‹ (›Winterlicher Weg‹).

Ausgabe: Stichotvorenija (Neuausg. 1981).

Polos [griech., eigtl. ›Achse‹] *der, -,* zylindr. Kopfbedeckung des Altertums, seit dem 2. Jt. v. Chr. in Babylonien und Anatolien nachweisbar. Der P., oft verziert oder im Stil einer Federkrone, wird in bildl. Darstellungen meist von Göttinnen getragen, im 1. Jt. v. Chr. auch von Göttern (z. B. Marduk); er war aber auch im profanen Bereich üblich. Die griech. Göttinnen Demeter und Kore (Persephone) wurden mit hohem P. dargestellt; die geflochtene Graskrone der Hera wird als P. oder Pyleon (Torturm) bezeichnet.

Polotschanen, ostslaw. Stamm im Stammesverband der Kriwitschen. Sein Siedlungsgebiet an der Polota, einem Nebenfluss der Düna, bildete im 10. Jh. das Fürstentum →Polozk.

Polotsky [-ki], Hans Jakob, israel. Semitist und Ägyptologe, * Zürich 13. 9. 1905, † Jerusalem 10. 8. 1991; ab 1951 Prof. in Jerusalem; v. a. Arbeiten über die Syntax des Koptischen und des Altägyptischen.

Werke: Kephalaia (1940); Études de syntaxe copte (1944); Egyptian tenses (1965); Collected papers (1971); Grundl. des kopt. Satzbaus, 2 Bde. (1987–90).

Polowzer, Turkvolk, →Kumanen.

Polozk, Polock [-tsk], weißruss. **Polazk, Polack** [-tsk], Stadt im Gebiet Witebsk, Weißrussland, an der Düna, 84000 Ew.; Produktion von Glaswolle und Kunststofferzeugnissen, Baustoff- und Textilindustrie, Holzverarbeitung. - Auf einem Höhenrücken zw. Düna und Polota, im alten Stadtkern von P., liegt der Kreml mit der Sophienkathedrale (1044-66, zw. 1738 und 1750 im Rokokostil umgebaut); etwas außerhalb das Erlöser-Euphrosyne-Kloster (vor 1159 entstanden) mit Kathedrale (1128-56; im 19. Jh. umgebaut). - P., eine der ältesten russ. Städte, wurde 862 als Zentrum des Siedlungsgebietes der Polotschanen erwähnt. Schon im 10. Jh. Zentrum eines zum Kiewer Reich gehörenden Fürstentums, das im 11. Jh. in mehrere Teilfürstentümer zerfiel, war es im 12.-13. Jh. Hauptstadt des Fürstentums P. und ein bedeutender Mittelpunkt für den russ. Handel mit den Ostseeländern. Seit der 2. Hälfte des 13. Jh. beim Großfürstentum Litauen, wurde es 1563 von Zar IWAN IV. erobert, 1579 von STEPHAN BÁTHORY zurückgewonnen und kam mit der 1. Poln. Teilung (1772) zu Russland (seit 1777 Gouvernementshauptstadt).

Pol Pot, eigtl. **Saloth Sar,** kambodschan. Politiker, *Memot (Prov. Kompong Thom) 19. 5. 1928, †im Grenzgebiet zu Thailand 15. 4. 1998; arbeitete nach seinem Studium in Frankreich (1949-53) als Lehrer in Phnom Penh; beteiligte sich an der Gründung (1960) der KP Kambodschas, deren Leitung er 1963 als Sekr. des ZK übernahm. Gestützt auf die →Roten Khmer, kämpfte er 1970-75 gegen die ›Khmerrepublik‹ unter LON NOL; nach dem Sieg seiner Truppen (1975) errichtete er als Min.-Präs. (1976-79) ein Terrorregime, dem etwa 2 Mio. Kambodschaner zum Opfer fielen. 1979 wurde P. P. durch eine militär. Intervention Vietnams gestürzt und ging danach in den Untergrund. 1979 wegen Völkermordes in Abwesenheit zum Tode verurteilt, führte er von den Dschungelgebieten an der thailänd. Grenze aus einen Guerillakrieg gegen die von Vietnam unterstützte kambodschan. Reg. der ›VR Kampuchea‹. Obwohl er 1985 offiziell von der Spitze der Roten Khmer zurücktrat, bestimmte der inzwischen schwer erkrankte P. P. weiterhin deren Aktivitäten. Im Juni 1997 wurde er von rebellierenden Truppenteilen der Roten Khmer festgesetzt und im Juli 1997 in ihrem Stützpunkt Anlong Veng durch ein ›Volksgericht‹ (im Stil eines Schauprozesses) zu lebenslangem Arrest verurteilt, aber nicht an die kambodschan. Reg. ausgeliefert.

D. P. CHANDLER: Brother Number One. A political biography of P. P. (Boulder, Colo., 1992); B. KIERNAN: The P. P. regime (New Haven, Conn., 1996).

Polrad, früher **Induktor,** der rotierende Teil eines Synchrongenerators, der das Magnetfeld zur Induzierung der Spannung in der Ständerwicklung liefert.

Polreagenzpapier, mit Phenolphthalein und Kochsalz imprägniertes Reagenzpapier zum Feststellen der Polung einer Gleichstromquelle. Überbrückt man die Pole einer Gleichstromquelle mit angefeuchtetem P., so entsteht durch Elektrolyse am Minuspol Natronlauge (OH^--Ionen), die zur Rotfärbung des Phenolphthaleins führt.

Pol|schenkel, bei elektr. Maschinen die von Wicklungen umschlossenen weichmagnet. Teile mit ausgeprägten Polen; sie sind Teil des magnet. Kreises.

Pol|schuh, *Elektrotechnik:* →Pol.

Pol|schwankung, *Geophysik:* die →Polbewegung.

Pol|sequenz, internationale P., Nordpolarsequenz, Bez. für 329 in unmittelbarer Nachbarschaft des nördl. Himmelspols liegende Sterne der Größenklassen 2^m bis 17^m, deren scheinbare Helligkeiten fotografisch und fotovisuell mit größtmögl. Präzision vermessen wurden. Die Sterne der P. dienten (mit Ausnahme des Polarsterns) lange Zeit als Standardsystem für Sternhelligkeiten; heute stehen jedoch einige Hundert über den gesamten Himmel verteilte Standardsterne mit sehr genau bestimmten Helligkeiten zur Verfügung. (→Anschlussbeobachtung)

Polska [poln. ›die Polnische‹] *die, -/-s,* **Polske dans,** traditioneller schwed. Volkstanz mit Tanzlied im lebhaften $^3/_4$-Takt und einem der Mazurka ähnl. Rhythmus; wurde um 1600 aus der in ganz Europa verbreiteten Polonaise abgeleitet.

Polskie Linie Lotnicze [ˈpɔlskjɛ ˈlinjɛ lɔtˈnitʃɛ], poln. Luftverkehrsgesellschaft, →LOT.

pol|ständig, *Kartographie:* ein normaler →Kartennetzentwurf.

Pol|stärke, →magnetische Polstärke.

Pol|stelle, Pol, *Mathematik:* bei einer reellen oder komplexen Funktion eine Unendlichkeitsstelle, d.h. eine Stelle, an der die Funktion nicht definiert ist, in deren Umgebung aber die Funktion betragsmäßig beliebig große Werte annimmt; z. B. hat die Funktion

$$f(x) = \frac{1}{(x^2-1)(x+2)}$$

P. bei $x = -2$, $x = -1$ und $x = 1$. P. meromorpher Funktionen lassen sich mithilfe der →Laurent-Reihe charakterisieren.

Polster, Polsterung, 1) *Möbel:* elastisch nachgiebiges Element von Sitz-, Liegemöbeln **(P.-Möbel),** Autositzen u. a. Bei **Flach-P.** wird auf Gurten, Flachfedern und einer Leinwandunterlage eine Auflage aus einem elast. Füllstoff (P.-Wolle, Rosshaar, Watte, Seegras, Kapok u. a., Faservliese, Chemiefasern sowie Schaumstoffe) aufgebracht; darüber wird ein Bezug gespannt. - Bei **Hoch-P.** werden Kegelfedern oder Federkerne auf Gurten oder Stahlbändern befestigt und so miteinander verknüpft, dass sich eine leicht gewölbte Fläche ergibt; darüber wird kräftiges Leinen gespannt und wie beim Flach-P. überpolstert.

2) *Mode:* in der Kleidung unterschiedlich geformtes Stützkissen zur mod. Betonung einzelner Körperpartien: Schulter-P. (15./16. Jh.; 20. Jh.), Bauch-P. (16. Jh., →Gansbauch), Hüft-P. (16./17. Jh.), Gesäß-P. (17.-19. Jh., →Cul de Paris, →Turnüre).

Polstermilbe, die →Hausmilbe.

Polsterpflanzen, Gruppe immergrüner, krautiger oder holziger Pflanzen mit charakterist., an extreme klimat. Bedingungen angepasster Wuchsform **(Polsterwuchs):** flache oder halbkugelige, am Boden angepresste, feste Polster aus kurzer Hauptachse und zahlr. radial angeordneten, gestauchten, reich verzweigten Seitentrieben; verbreitet in polnahen Tundragebieten (Island, Spitzbergen, subantarkt. Inseln), in Schutt- und Felsfluren der alpinen und nivalen Stufe der Hochgebirge (z. B. Mannsschild-, Steinbrech- und Leimkrautarten in den Alpen, Azorellaarten in den Anden) sowie in Trockenvegetationsformationen des Mittelmeergebiets (Wolfsmilcharten) und in Wüsten. P. werden zum Bepflanzen von Trockenmauern, Steingärten und als Rasenersatz verwendet.

Pol|strahlen, *Zytologie:* von den Zentriolen ausgehende Spindelfasern bei der Kernteilung (→Zellteilung).

Polt, Gerhard, Kabarettist und Schauspieler, *München 7. 5. 1942; seit 1975 Auftritte als Kabarettist, 1979-83 in der Fernsehserie ›Fast wia im richtigen Leben‹. Ab 1981 Zusammenarbeit mit der satir. bayer. Volksmusikgruppe ›Biermösl' Blosn‹, auch Darsteller in satir. Filmen (›Kehraus‹, 1983; ›Man spricht deutsh‹, 1988). P. spielt in seinen Programmen meist den Kleinbürger, dessen Denken er durch satir. Überzeichnung entlarvt; erhielt 1980 den Dt. Kleinkunstpreis.

Werk: Menschenfresser u. andere Delikatessen (1997).

Poltawa, Gebietshauptstadt im NO der Ukraine, in der Dnjeprniederung, an der Worskla, 325000 Ew.; Bau-, zahnmedizin., Landwirtschaftshochschule u. a.

Poltura
(Ungarn, 1705; Durchmesser 36 mm)

Vorderseite

Rückseite

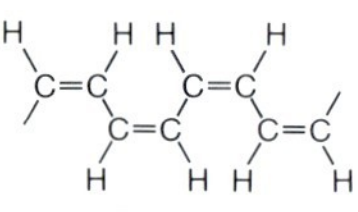

cis-Polyacetylen

Polyacetylen

$$\left[CH_2-\underset{\displaystyle CN}{\underset{|}{CH}} \right]_n$$

Polyacrylnitril

Hochschulen, Observatorium der Ukrain. Akad. der Wiss.en, Philharmonie, mehrere Museen; Maschinen-, Elektromotoren- und Gerätebau, Textil-, Nahrungsmittelindustrie, Leder- und Baustoffindustrie; Eisenbahnknoten, Flughafen. – Erstmals 1174 als **Ltawa** und 1430 als P. erwähnt, stand P. seit dem 14. Jh. unter litauischer Oberherrschaft und kam 1569 an Polen, 1667 an Russland. 1648–1775 war es ein Verwaltungszentrum der Kosaken, seit 1802 Gouvernementshauptstadt. – Bei P. errang PETER D. GR. am 8. 7. 1709 im Großen Nord. Krieg den entscheidenden Sieg über die Schweden unter KARL XII.

Polterabend, i. d. R. am Abend vor der Hochzeit stattfindende Vorfeier der Brautleute, v. a. mit Freunden und Bekannten. Das ›Poltern‹ ist seit dem frühen 16. Jh. nachweisbar (Beklopfen der Wände und Lärmen mit Hausgerät, um Geister zu vertreiben). Der Brauch, Geschirr laut (polternd) zu zerschlagen, das die Brautleute wegräumen müssen, wurde erst Ende des 19. Jh. populär und soll ihnen Glück bringen.

Poltergeister, umgangssprachl. Ausdruck für lärmende, Unordnung und Zerstörung bewirkende Spukerscheinungen. Da die unter der Bez. zusammengefassten Phänomene den Eindruck erwecken, als würden sie von einer infantil-schabernackartigen ›Intelligenz‹ gesteuert, deutet sie der Spiritismus als von Geistern verursacht, während sie von der Parapsychologie als ›spontane, wiederkehrende Psychokinese‹ untersucht werden, die zumeist von Jugendlichen ausgelöst wird. P.-Phänomene erscheinen in dieser Sicht als vorübergehende Krisensymptome der sozialen Gruppe (z. B. der Familie), zu der der Spukauslöser gehört, und lassen sich in ihren Motiven symbolisch verstehen. Eine klare Abgrenzung von Selbst- und Fremdtäuschung ist oft schwierig.

A. R. G. OWEN: Can wie explain the poltergeist? (New York 1964); W. G. ROLL: Der P. (a. d. Engl., 1976).

Poltermette, andere Bez. für →Pumpermette.

Poltern, *Psychologie:* →Sprachstörungen.

Poltorazk, 1919–27 Name der turkmen. Hauptstadt →Aschchabad.

Poltura [poln.] *der, -/-,* Billon- und Kupfermünze des 17./18. Jh. in Ungarn, Böhmen und Schlesien (dort letztmalig 1744 geprägt), 1 P. = $^1/_2$ Kreuzer.

Pol|umschaltung, Änderung der Polzahl einer elektr. Maschine (Synchronmaschine, Asynchronmaschine) zum Zweck einer stufenweisen Drehzahländerung mittels entsprechender Umschaltung der Wicklungen. Bei Asynchronmotoren mit Kurzschlussläufer wird nur die Ständerwicklung umgeschaltet.

Polwanderung, vermutete Verlagerung der Rotationspole der Erde relativ zur Erdoberfläche im Lauf der Erdgesch., im Ggs. zur period. →Polbewegung; wird aus geolog., paläogeograph., paläoklimatolog. und bes. paläomagnet. Beobachtungen gefolgert. Die aufgrund erdmagnet. Messungen ermittelten Pollagen in der geolog. Vergangenheit (→Paläomagnetismus) lassen sich nur zu **scheinbaren P.-Kurven** verbinden, da sie entsprechend der Kontinentalverschiebung (einschließlich Drehbewegungen der Kontinente) auf den einzelnen Kontinenten einen unterschiedl. Verlauf zeigen (Bewegung etwa 1,5 bis 2 cm/Jahr).

Ob es auch **wahre P.** gibt, durch die sich die Drehachse der Erde gegenüber der Materie des Erdinnern real verlagert, ist noch umstritten. Gegen plötzl. Änderungen spricht die Rotationsfigur der Erde (›Äquatorwulst‹ von 21 km Dicke).

K. STROBACH: Unser Planet Erde (1991).

poly... [griech. polýs ›viel‹, ›häufig‹], Wortbildungselement mit der Bedeutung: viel, mehr, verschieden, in der *Medizin* auch: abnorm viel, übermäßig, z. B. Polygamie, polyglott, Polydaktylie.

Pólya, Georg, amerikan. Mathematiker ungar. Herkunft, * Budapest 13. 12. 1887, † Palo Alto (Calif.) 7. 9. 1985; 1928–40 Prof. an der ETH Zürich, dann an versch. amerikan. Universitäten. P.s wichtigste Arbeitsgebiete waren die Analysis und die Funktionentheorie. Großen Einfluss, v. a. auch auf die Didaktik der Mathematik, hatten seine Untersuchungen zur mathemat. Denkweise.

Werke: Mathematics and plausible reasoning, 2 Bde. (1954; dt. Mathematik u. plausibles Schließen); Mathematical discovery, 2 Bde. (1962–65; dt. Vom Lösen mathemat. Aufgaben).

Poly|acetalharze, Acetalharze, frühere Bez. für die v. a. auf Basis von Formaldehyd hergestellten, heute allg. →Polyoxymethylene genannten Polymerisate und Copolymerisate.

Poly|acetylen, unlösl., nicht schmelzbares Polymer, das durch Polymerisation von Acetylen mit →Ziegler-Natta-Katalysatoren bei tiefen Temperaturen erhalten werden kann. Nach Oxidation (Dotierung) mit Jod, Arsenpentafluorid u. a. erhält P. metall. Leitfähigkeit. Nachteilig ist die geringe Beständigkeit von P. gegenüber Luftsauerstoff.

Poly|acrylate, *Sg.* **Polyacrylat** *das, -(e)s,* Polymere, die sich von Derivaten der Acrylsäure ableiten. Durch Emulsionspolymerisation von Acrylsäureestern (z. B. Butylacrylat) und Methacrylsäureestern hergestellte P. haben als Bindemittel für Dispersionsfarben Bedeutung. Acrylsäure-Acrylamid-Copolymere werden als Polyelektrolyte bei der Wasseraufbereitung (→Flockung) und Erdölgewinnung verwendet. (→Polymethacrylate)

Poly|acrylnitril, Abk. **PAN,** durch Polymerisation von Acrylnitril in wässriger Emulsion oder Dimethylformamidlösung hergestellter Thermoplast. Wegen der stark polaren CN-Gruppen sind die Anziehungskräfte zw. den Kettenmolekülen sehr groß, sodass P. nicht unzersetzt geschmolzen, sondern nur in stark polaren Lösungsmitteln gelöst werden kann. Bedeutung hat P. für die Herstellung von Polyacrylnitrilfasern und Kohlenstofffasern.

Poly|acrylnitrilfasern, Acrylfasern, Chemiefasern, die aus Lösungen von Polyacrylnitril in Dimethylformamid durch Nass- oder Trockenspinnverfahren hergestellt werden. Zur Verbesserung der Verstreckbarkeit und Anfärbbarkeit werden bei der Polymerisation 6–10% Comonomere (z. B. Vinylacetat, Vinylsulfonsäure) zugesetzt. P. zeichnen sich durch hohes Bauschvermögen und einen warmen, wolligen Griff aus. Sie werden vorzugsweise zur Herstellung von Strickwaren, Decken, Oberbekleidung sowie Deko- und Möbelstoffen verwendet (Handelsnamen sind u. a. Dralon®, Dolan® und Orlon®). P. mit saug-

Polwanderung: Scheinbare Polwanderungskurven im Verlauf der Erdgeschichte nach paläomagnetischen Messungen für verschiedene Kontinente; Pk Präkambrium, K Kambrium, O Ordovizium, S Silur, D Devon, C Karbon, P Perm, T Trias, J Jura, Kr Kreide, Ta Alttertiär, Tj Jungtertiär, Pl Pleistozän

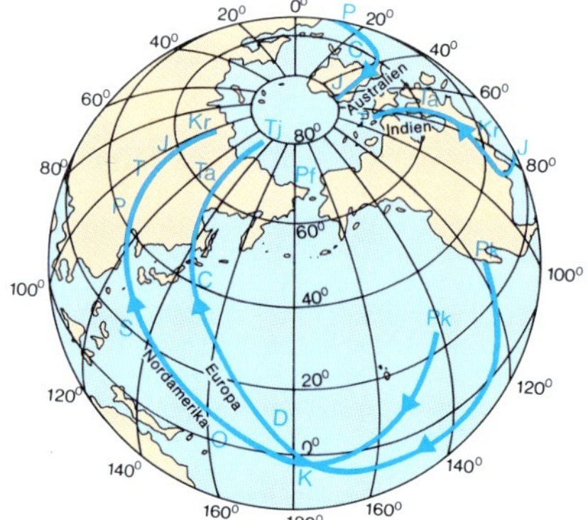

fähiger Kapillarstruktur (Dunova®) haben ein extrem hohes Wasserspeichervermögen und quellen im Ggs. zu Wolle und Baumwollfasern nicht, sodass die Luftdurchlässigkeit auch im feuchten Zustand erhalten bleibt. **Modacrylfasern** sind schwer entflammbare Mischpolymerisate aus Acrylnitril und 15-65% anderen Monomeren (z.B. Vinylchlorid). P. werden seit 1950 kommerziell hergestellt.

Poly|addition, Reaktion zur Herstellung von Polymeren, bei der reaktionsfähige Gruppen eines Monomeren (z.B. $-OH$) an Mehrfachbindungen (z.B. →Polyurethane) oder unter Öffnung ringförmiger Moleküle (z.B. →Epoxidharze) angelagert werden. Im Ggs. zur Polykondensation entstehen dabei keine niedermolekularen Nebenprodukte (z.B. Wasser). Die Produkte der P. werden als **Polyaddukte** bezeichnet.

Poly|alkylenglykole, Polyglykole, makromolekulare organ. Verbindungen, die durch Addition von Äthylen- oder Propylenoxid an Moleküle eines Starters (z.B. Propylenglykol) hergestellt werden. Je nach Kettenlänge sind P. Flüssigkeiten mit unterschiedl. Viskosität oder Feststoffe. Polyäthylenglykole sind besser wasserlöslich als Polypropylenglykole. P. haben große techn. Bedeutung für die Herstellung von Polyurethanen. Daneben werden sie als Hydraulikflüssigkeiten, Schmierstoffe, Tensidkomponenten und Hilfsmittel bei der Chemiefaserherstellung verwendet.

Poly|amide, Abk. **PA,** Polymere mit der wiederkehrenden Carbonsäureamidgruppe $-CO-NH-$.
Die Herstellung der P. kann durch Polykondensation von Diaminen mit Dicarbonsäuren erfolgen, z.B. indem das aus Hexamethylendiamin und Adipinsäure gebildete Salz (AH-Salz) unter Stickstoff auf 215-270°C erhitzt wird:

$$HOOC-(CH_2)_4-COOH + H_2N-(CH_2)_6-NH_2 \longrightarrow$$
$$HOOC-(CH_2)_4-CO-NH-(CH_2)_6-NH_2 + H_2O \text{ usw. zu PA 66}$$

Ein anderer Syntheseweg geht von Aminocarbonsäuren oder deren zykl. Säureamiden, den Lactamen, aus. Bei der ringöffnenden Polymerisation von Caprolactam bei 240-300°C in Gegenwart von etwas Wasser entsteht zunächst Aminocapronsäure, die unter Rückbildung des Wassers der Polykondensation unterliegt:

$$\underline{HN-(CH_2)_5-CO} + H_2O \rightarrow H_2N-(CH_2)_5-COOH$$
$$H_2N-(CH_2)_5-COOH + H_2N-(CH_2)_5-COOH \longrightarrow$$
$$H_2N-(CH_2)_5-CO-NH-(CH_2)_5-COOH + H_2O \text{ usw. zu PA 6}$$

P.-Typen werden nach der Anzahl der zusammenhängenden C-Atome bezeichnet. Beim Diamin-Dicarbonsäure-Typ wird zuerst die C-Zahl des Diamins, dann die C-Zahl der Dicarbonsäure angegeben, z.B. P. 66 (PA 66). Die größte techn. Bedeutung haben P. 6 (PA 6) und P. 66 (PA 66). P. sind teilkristalline Thermoplaste (→Kunststoffe) mit Schmelztemperaturen von 215-220°C (PA 6) bzw. 255-260°C (PA 66) und relativ hohem Wasseraufnahmevermögen (PA 6 bis etwa 10%). Bis Mitte der 1950er-Jahre nur zum Verspinnen von Polyamidfasern genutzt, haben P. seitdem als zähe und abriebfeste techn. Kunststoffe im Fahrzeugbau (z.B. Lenkräder, Gaspedale), in der Elektrotechnik oder für Folien zunehmende Bedeutung erlangt. Aromat. P. heißen →Aramide.

Poly|amidfasern, Chemiefasern, die (meist nach Zusatz von Titandioxid als Mattierungsmittel) nach dem Schmelzspinnverfahren aus Polyamiden hergestellt werden. P. zeichnen sich durch hohe Scheuerfestigkeit, Reißfestigkeit und Elastizität aus. Hauptverwendungszwecke für Fasern aus PA 6 und PA 66 sind Strumpf- und Miederwaren, Bade- und Sportbekleidung, Bodenbeläge und techn. Produkte (z.B. Sicherheitsgurte, Reifencord, Taue). Aus PA 11 werden Borsten hergestellt. - P. wurden zuerst von W. H. CAROTHERS (1934 PA 9, 1935 PA 66) unter der Bez. **Nylon®** (abgeleitet von no run = keine Laufmasche) hergestellt. Fasern aus PA 6 wurden 1938 unter der Bez. **Perlon®** erstmals von P. SCHLACK hergestellt.

Poly|andrie [griech. ›Vielmännerei‹] *die,* -, →Polygamie.

Poly|antharosen [zu griech. polyanthḗs ›vielblütig‹], kleinblütige Gartenrosen von meist niedrigem, buschigem Wuchs, deren wichtigste Stammarten die Chin. Rose und die Vielblütige Rose (Rosa multiflora, Rosa polyantha) sind. Durch Kreuzung mit →Teehybriden entstanden die Polyanthahybriden, die heute meist zu den auf die gleiche Art entstandenen neueren Floribundarosen (große, edelrosenähnl. Blätter) gestellt werden.

Poly|arthritis, akute oder chronisch-entzündl. Erkrankungen mehrerer Gelenke (→Gelenkkrankheiten).

Poly|arthrose, degenerative Erkrankung mehrerer Gelenke, v.a. in Form der →Heberden-Knoten der Fingerendgelenke.

Polyätherketon: $-C_6H_4-O-C_6H_4-CO-$

Polyäthersulfon: $-C_6H_4-O-C_6H_4-SO_2-$

Polyphenylenoxid (Polyphenylenäther): $-O-C_6H_2(CH_3)_2-O-C_6H_2(CH_3)_2-$

Polyäther

$H\!-\![O-CH_2-CH_2]_n\!-OH$

Polyäthylenglykol

$H\!-\![O-CH(CH_3)-CH_2]_n\!-OH$

Polypropylenglykol

Polyalkylenglykole

Poly|äther, Poly|ether, Polymere, bei denen Bausteine der Molekülkette durch Sauerstoffatome (Ätherbrücken) miteinander verknüpft sind (z.B. Polyacetale, Cellulose); i.e.S. aromat. P., die je nach Art weiterer Strukturelemente in **Polyäthersulfon,** Abk. PES, **Polyätherketon,** Abk. PEK, **Polyätherimid,** Abk. PEI, **Polyphenylenäther,** Abk. PPE, u.a. unterteilt werden. Aromat. P. sind thermoplast. Kunststoffe mit hoher Chemikalien- und Temperaturbeständigkeit (Dauerbetrieb z.T. bis 250°C). PEK wird u.a. für Zahnräder, Dichtungen und Prothesenimplantate, PES für Leiterplatten verwendet. Aus PPE, dessen Verarbeitbarkeit durch Zusatz von Polystyrol verbessert wird, werden Gehäuse für Fernsehgeräte und Büromaschinen hergestellt.

Poly|äthylen, Poly|ethylen, Abk. **PE,** durch Polymerisation von Äthylen hergestellter, teilkristalliner, thermoplast. Kunststoff. P. niedriger Dichte (**LDPE, PE-LD,** Abk. für **l**ow **d**ensity **p**oly**e**thylene) wird durch Polymerisation bei hohem Druck (meist 2000-2500 bar) und Temperaturen bis 200°C in Gegenwart von Sauerstoff oder Peroxiden als Radikalbildnern in Rührautoklaven oder Rohrreaktoren hergestellt. P. fällt dabei als geschmolzene Masse an, die in Extrudern zu Granulat verarbeitet wird. Die geringe Dichte (0,92-0,94 g/cm³) ist auf verzweigte und damit sperrige Molekülketten zurückzuführen. P. hoher Dichte (**HDPE, PE-HD,** Abk. für **h**igh **d**ensity **p**oly**e**thylene) wird in Westeuropa v.a. in Gegenwart von Ziegler-Natta-Katalysatoren bei niedrigem Druck und Tempe-

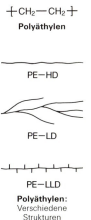

$-\![CH_2-CH_2]\!-$

Polyäthylen

PE-HD

PE-LD

PE-LLD

Polyäthylen: Verschiedene Strukturen

raturen unter 100 °C hergestellt. Das gebildete P. ist im Reaktionsmedium (Benzin, Hexan) unlöslich und fällt als Brei aus. Das gereinigte und getrocknete Produkt ist pulverförmig. PE-HD besteht überwiegend aus unverzweigten Molekülketten. Dadurch kommt es zu einem Zustand höherer Ordnung (bis 70% kristallin) und einer größeren Dichte (0,94–0,96 g/cm³). Wird die Polymerisation an Ziegler-Natta-Katalysatoren in Gegenwart von 1-Alkenen (z. B. 1-Buten, 1-Octen) durchgeführt, entstehen Molekülketten mit definierten kurzen Verzweigungen. Das Produkt wird als lineares P. niedriger Dichte (Abk. **PE-LLD**) bezeichnet.

P. besitzt im Vergleich zu anderen Kunststoffen niedrige Festigkeit und Härte, aber hohe Zähigkeit. Die maximalen Einsatztemperaturen liegen für PE-LD bei etwa 80 °C, für PE-HD bei etwa 100 °C. P. ist ein Massenkunststoff mit breitem Anwendungsspektrum. Aus PE-LD und PE-LLD werden überwiegend Folien (Tragetaschen, Säcke), aber auch Rohre und Kabelisolierungen (durch Vernetzung mit Peroxiden oder Silanen lässt sich die Schmelztemperatur erhöhen) hergestellt. Folien aus PE-LLD haben größere Dehnbarkeit und Reißfestigkeit. – PE-HD wird v. a. durch Blasformen (zu Flaschen für Reinigungsmittel, Benzinkanister u. a.) und Spritzgießen (zu Mülltonnen, Flaschenkästen u. a.), aber auch zu Folien (z. B. für Deponieabdichtungen) verarbeitet. Ultrahochmolekulares P. (Abk. **PE-UHMW**) wird z. B. für Gelenkprothesen verwendet oder zu Fasern mit extrem hoher Festigkeit (z. B. für Taue, Segel) versponnen.

Poly|äthylenglykole, →Polyalkylenglykole.

Poly|äthylenterephthalate, Poly|ethylenterephthalate, Abk. **PET,** zur Gruppe der Polyalkylenterephthalate gehörende Polyester, die v. a. durch Polykondensation von Äthylenglykol und Terephthalsäure hergestellt werden. P. sind sehr fest und beständig gegen Verschleiß und Chemikalien. Sie finden Einsatz für Formmassen, Hohlkörper (PET-Flaschen), Folien und Fasern.

Poly|basit [griech.] *der, -s/-e,* grauschwarzes, in feinen Bestandteilen rotes, monoklines Mineral der chem. Zusammensetzung $(Ag,Cu)_{16}Sb_2S_{11}$; ein Spießglanz; Härte nach MOHS 1,5–2, Dichte 6,27–6,33 g/cm³; plattige oder kurzprismat. Kristalle oder derbe Massen; Vorkommen in hydrothermalen Gängen.

Polybios, lat. **Polybius,** griech. Geschichtsschreiber, *Megalopolis um 200 v. Chr., †um 120 v. Chr.; Sohn des Strategen LYKORTAS, stand seinem Vater in polit. und militär. Funktionen im Achaiischen Bund (170/169 als Reiterführer) zur Seite. Nach der Niederlage der Griechen gegen die Römer bei Pydna (168 v. Chr.) wurde er als eine der tausend achaiischen Geiseln nach Italien gebracht. In Rom wurde er Freund des P. CORNELIUS SCIPIO AEMILIANUS (SCIPIO D. J.) und dessen militär. Berater im 3. Pun. Krieg. P.' Hauptwerk ist eine Universalgesch. in 40 Büchern über die Zeit von 264 bis 144 v. Chr., von der bis auf die Bücher I–V nur Fragmente erhalten sind. Kern des Werkes bilden die Schilderung der knapp 53 Jahre (220–168), in denen die Weltherrschaft von den Makedonen auf die Römer übergegangen sei, und die Darlegung der Ursachen für den Aufstieg Roms. P. erzählt im Stil eines Tatsachenberichts, auf Quellenstudien gestützt, doch sind eigene Reflexionen und Exkurse eingeschoben, so die Schilderung der röm. Verfassung in Buch VI, die er – als gemischte Verf. – für die bestmögliche hält. Auch Geschichtsphilosoph, hielt er seine ›pragmat. Geschichtsschreibung‹ für bes. nützlich für den künftigen Staatsmann. P. zählt zu den bedeutendsten Historikern des Altertums und hat auf die nachfolgende – röm. wie griech. – Geschichtsschreibung große Wirkung ausgeübt.

Ausgaben: Historiae, hg. v. L. DINDORF u. a., 5 Bde. ([1-2]1889–1905, Nachdr. 1962–63). – Gesch., übers. v. H. DREXLER, 2 Bde. ([1-2]1978–79); Historien. Ausw., hg. v. K. F. EISEN (Neuausg. 1990).

G. A. LEHMANN: Unters. zur histor. Glaubwürdigkeit des P. (1967); K. E. PETZOLD: Studien zur Methode des P. u. zu ihrer histor. Auswertung (1969); F. W. WALBANK: P. (Berkeley, Calif., 1972); K. MEISTER: Histor. Kritik bei P. (1975); TASSILO SCHMITT: Hannibals Siegeszug. Historiograph. u. histor. Studien v. a. zu P. u. Livius (1991); H. NOTTMEYER: P. u. das Ende des Achaierbundes (1995).

Polybutadien, →Synthesekautschuk.

Polybuten, Poly-1-buten, Abk. **PB,** durch Polymerisation von 1-Buten mit Ziegler-Natta-Katalysatoren hergestellter teilkristalliner thermoplast. Kunststoff mit einer Schmelztemperatur von 121 °C. P. neigt bei höherer Temperatur weniger zum Kriechen und hat eine höhere Spannungsrissbeständigkeit als andere Polyolefine. Es wird für Heißwasserleitungen und Folien verwendet.

Polycarbonate, Abk. **PC,** Polyester der Kohlensäure, die durch Polykondensation von Diphenolen (meist Bisphenol A) mit Phosgen oder Diphenylcarbonat (aus Phenol und Phosgen) zw. 180 und 300 °C erhalten werden. P. sind bes. schlagzähe, glasklare, schwer entflammbare Kunststoffe mit Dauereinsatztemperaturen bis etwa 135 °C. Sie werden, z. T. glasfaserverstärkt, in der Elektrotechnik (Schalter, Leiterplatten u. a.), im Bauwesen (Verglasungen, Schallschutzwände), im Fahrzeugbau, als Träger für Compactdiscs u. a. verwendet.

Polycarbonate

Polychaeta [griech.], die →Vielborster.

Polychlorbiphenyle, chlorierte Biphenyle, Abk. **PCB,** Chlorkohlenwasserstoffe, die durch Chlorierung von Biphenyl in Gegenwart von Eisenchloridkatalysatoren hergestellt werden. P. sind viskose Öle oder kristalline Stoffe (Handelsnamen u. a. Clophen®, Aroclor®), die sich wegen ihrer hohen therm. und chem. Stabilität und ihres hohen elektr. Widerstandes als Isolier-, Hydraulik- und Kühlflüssigkeiten eignen.

Wegen ihrer hohen Beständigkeit und Fettlöslichkeit besteht die Gefahr der Anreicherung über die Nahrungsketten. Chron. Vergiftungen mit P. äußern sich v. a. durch Chlorakne. Im Tierversuch konnten durch P. Leberschäden hervorgerufen werden, wobei unklar ist, ob die P. selbst oder Verunreinigungen für die Vergiftung verantwortlich sind. Dioxine können sich bei der Verbrennung von P. bilden. Ein Krebs erregendes Potenzial der P. ist erwiesen. Wegen toxikolog. Risiken ist die Anwendung von P. auf geschlossene Systeme beschränkt. In der BRD wurde die Produktion von P. 1983 eingestellt. Bis zum Jahr 2000 sollen z. B. die noch P. enthaltenden Transformatoren und Kondensatoren ausgetauscht und entsorgt sein.

Polychord [griech. ›Vielsaiter‹] *das, -(e)s/-e,* Saiteninstrument, →Monochord.

Polychromasie [zu griech. chrōma ›Farbe‹] *die, -/...'si|en, Histologie:* Anfärbbarkeit von Zellen und Geweben mit mehreren Farbstoffen, v. a. von krankhaft veränderten Erythrozyten (z. B. bei Anämie) oder deren kernhaltigen Jugendformen mit sauren und mit bas. Färbemitteln, wodurch eine Mischfarbe entsteht.

Polychromator, *Spektroskopie:* →optischer Vielkanalanalysator.

Polychromie [zu griech. chrōma ›Farbe‹] *die, -/...'mi|en,* Vielfarbigkeit; in Malerei, Plastik, Kunsthandwerk und Baukunst angewendete farbige Gestaltung mit meist übergangslos voneinander abgesetzten Flächen ohne ineinander übergehende, verfließende Tonwerte und ohne einen einheitl. Grundton. Polychrome Gestaltung findet sich in allen Epochen und Kulturbereichen. Für die Kulturen der Naturvölker und in der Volkskunst ist Buntheit charakteristisch.

P. REUTERSWÄRD: Studien zur P. der Plastik. Griechenland u. Rom (Stockholm 1960); T. BRACHERT: Die Techniken der polychromierten Holzskulptur (1975); U. SPINDLER-NIROS: Farbigkeit in bayer. Kirchenräumen des 18. Jh. (1981);

K. YFANTIDIS: Die P. der hellenist. Plastik (Diss. Mainz 1985); J. CRAMER: Farbigkeit im Fachwerkbau (1990).

Polydaktylie [zu griech. dáktylos ›Finger‹, ›Zehe‹] *die, -/...'li|en,* Mehr- oder Vielfingrigkeit, angeborene Fehlbildung mit überzähligen Fingern oder Zehen.

Polydämonismus *der, -, Religionswissenschaft:* der Glaube an eine Vielzahl numinoser (un- bzw. halbpersonaler) ›Kräfte‹, deren einzelne Gestalten meist wenig scharf umrissen sind, die vielmehr kollektiv als →Gespenster, Natur- und Totengeister, →Trolle, →Elfen, →Djinns oder in monströsen Mischformen auftreten. Für die Menschen sowohl hilfreiche (›gute‹) als auch bedrohl. (›böse‹) Aspekte verkörpernd, stehen sie ihnen einerseits bei (z. B. als Schutz- und Hausgeister), können sie aber auch verführen und ihnen Krankheit, Unheil und Tod bringen. – Umstritten ist die Auffassung, nach der sich aus dem P. der →Polytheismus als Glaube an eine Vielheit individuell stärker profilierter Gottheiten entwickelt habe.

K. GOLDAMMER: Die Formenwelt des Religiösen (1960).

Polydesmidae [zu griech. desmós ›Band‹], die Bandfüßer (→Tausendfüßer).

Polydeukes, *griech. Mythos:* einer der →Dioskuren.

Polydipsie [zu griech. dípsa ›Durst‹] *die, -/...'sien,* abnorm gesteigerte Durstempfindung mit entsprechend erhöhter Flüssigkeitsaufnahme; tritt v. a. bei Stoffwechselstörungen wie Diabetes mellitus, Diabetes insipidus und Hyperkalzämie auf; Ggs.: Oligodipsie. (→Durst)

Polydoros, *griech. Mythos:* einer der Söhne der trojan. Königin →Hekabe.

Polydoros, griech. Bildhauer wohl des 1. Jh. v. Chr.; einer der drei Schöpfer der Laokoongruppe (→Laokoon).

Poly|eder [zu griech. polýedros ›vielflächig‹] *das, -s/-,* **Vielflach, Vielflächner,** von endlich vielen ebenen Flächen begrenzter Körper. Die das P. begrenzenden Vielecke (Polygonbereiche) heißen **Seitenflächen;** die Strecken, in denen die Seitenflächen zusammenstoßen, sind die **Kanten,** ihre Endpunkte die **Ecken** des P. Die Gesamtheit aller Seitenflächen ist die Oberfläche des P. Ein P. ist konvex, wenn die Neigungswinkel benachbarter Begrenzungsflächen, im Inneren des Körpers gemessen, sämtlich kleiner als 180° sind. Bei konvexen P. lassen sich zwei beliebige Punkte des P. durch eine ganz im P. gelegene Gerade verbinden; für konvexe P. gilt der →eulersche Polyedersatz. Ein konvexes P., das von kongruenten, regelmäßigen Polygonbereichen begrenzt wird, bezeichnet man als reguläres P.; es gibt nur fünf reguläre P., die →platonischen Körper.

Poly|edergefüge, *Bodenkunde:* →Aggregatgefüge.

Poly|edergruppe, *Mathematik:* eine Gruppe, der die Menge aller räuml. Drehungen zugrunde liegt, die ein vorgegebenes Polyeder in sich überführen. Die **Dodekaedergruppe** ist z. B. die Gruppe, die die Menge der entsprechenden Drehungen eines Dodekaeders bildet, die **Hexaedergruppe** die eines regelmäßigen Hexaeders (Würfels). Zu jeder solchen Drehung gehört eine Permutation der Polyederecken, zu jeder solchen Gruppe daher eine isomorphe Permutationsgruppe; i. Allg. meint man diese Permutationsgruppe, wenn man von einer P. spricht.

Poly|elektrolyte, Polymere, an deren Molekülketten negativ (anion. P.) oder positiv (kation. P.) geladene Atomgruppen gebunden sind und die dadurch wasserlöslich sind. Techn. Bedeutung bei der →Flockung und beim Polymerfluten (→Erdöl) haben z. B. Copolymere aus Acrylamid und Acrylsäure.

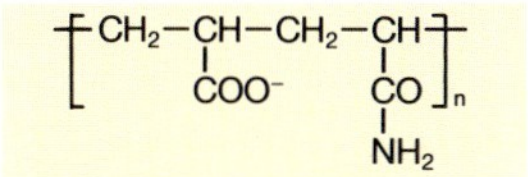

$$\left[-CH_2-\underset{COO^-}{CH}-CH_2-\underset{\underset{NH_2}{CO}}{CH}-\right]_n$$

Acrylsäure-Acrylamid-Copolymer

Polyelektrolyte: Anionischer Polyelektrolyt

Poly|embryonie, die Bildung mehrerer Embryonen: 1) bei *Pflanzen* aus einer einzigen Eizelle (**monozygotische P.;** z. B. bei manchen Nadelhölzern) oder aus mehreren befruchteten Eizellen pro Samenanlage (**polyzygotische P.;** meist bleibt zuletzt nur ein Embryo übrig) oder auch, z. B. bei Zitrusarten, aus somat. Zellen der Samenanlage durch Ausbildung von Adventivembryonen (→Apomixis); 2) bei *Tieren,* auch beim *Menschen,* durch Teilung der Embryoanlage, woraus eineiige Mehrlinge hervorgehen (bei Gürteltieren und manchen Schlupfwespen obligatorisch).

Poly|ene, organ. Verbindungen, die mehrere (konjugierte oder kumulierte) Kohlenstoffdoppelbindungen enthalten (Polyenkohlenwasserstoffe und von diesen abgeleitete Verbindungen). P. sind sehr reaktionsfähig. Besitzen sie mehr als vier konjugierte Doppelbindungen im Molekül, so sind sie farbig. In der Natur vorkommende P. sind z. B. die Carotinoide.

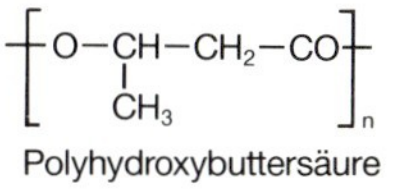

Poly|ester, Polymere mit der wiederkehrenden Estergruppe, $-CO-O-$, die durch Polykondensation von Dicarbonsäuren mit mehrwertigen Alkoholen hergestellt werden können. Gesättigte P. werden meist aus Terephthalsäure (oder ihrem Methylester) und Äthylenglykol **(Polyäthylenterephthalat,** Abk. **PET)** oder 1,4-Butandiol **(Polybutylenterephthalat,** Abk. **PBT)** hergestellt.

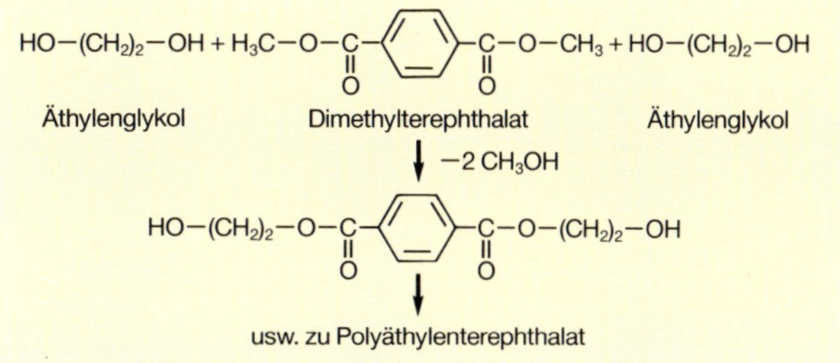

$$\left[-O-\underset{CH_3}{CH}-CH_2-CO-\right]_n$$

Polyhydroxybuttersäure

Polyester

$$HO-(CH_2)_2-OH + H_3C-O-\underset{\|}{\overset{}{C}}(=O)-C_6H_4-C(=O)-O-CH_3 + HO-(CH_2)_2-OH$$

Äthylenglykol — Dimethylterephthalat — Äthylenglykol

$$\downarrow -2\,CH_3OH$$

$$HO-(CH_2)_2-O-C(=O)-C_6H_4-C(=O)-O-(CH_2)_2-OH$$

$$\downarrow$$

usw. zu Polyäthylenterephthalat

Polyester: Herstellung von gesättigten Polyestern

Gesättigte P. sind amorphe oder teilkristalline Thermoplaste mit hoher Steifigkeit und Härte. Teilkristalline P. sind für Dauereinsatztemperaturen bis zu etwa 100 °C geeignet, sie werden aber von heißem Wasser bereits bei niedrigerer Temperatur angegriffen. PBT zeigt besseres Fließverhalten als PET und kann deshalb leichter durch Spritzgießen verarbeitet werden. PET wurde zunächst ausschließlich als Rohstoff für Polyesterfasern verwendet. Heute werden außerdem Folien (für Filme und Magnetbänder) und, wegen seiner geringen Durchlässigkeit für Kohlendioxid, Getränkeflaschen daraus gefertigt.

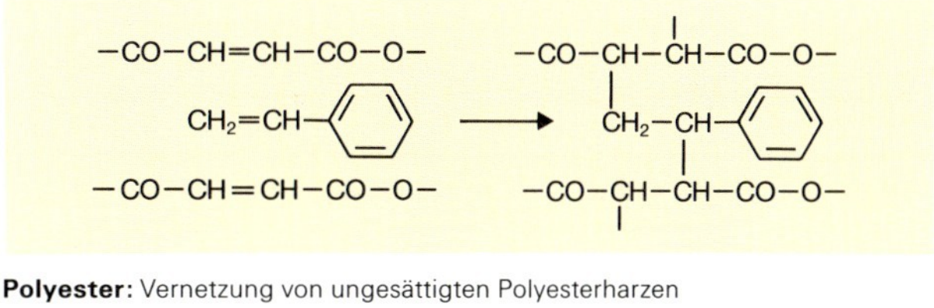

$$\begin{array}{ccc} -CO-CH=CH-CO-O- & & -CO-CH-CH-CO-O- \\ CH_2=CH-C_6H_5 & \longrightarrow & CH_2-CH-C_6H_5 \\ -CO-CH=CH-CO-O- & & -CO-CH-CH-CO-O- \end{array}$$

Polyester: Vernetzung von ungesättigten Polyesterharzen

Aliphat. P. wie **Polyhydroxybuttersäure** (Abk. **PHB)** sind Hauptbestandteile bestimmter phototropher Bakterienarten und können deshalb biotechnologisch aus Stärkehydrolysaten oder Zuckern hergestellt werden. PHB und Copolymere aus Hydroxybuttersäure und Hydroxyvaleriansäure sind als biologisch abbaubare Kunststoffe von Interesse.

Bei der Reaktion von Alkoholen mit ungesättigten Dicarbonsäuren (z. B. Maleinsäure) entstehen **ungesättigte P.** (Abk. **UP**), die, meist in Styrol gelöst, als flüssige Reaktionsharze in den Handel kommen. Die ungesättigten P. können mit Styrol nach Zugabe von Initiatoren (Härtern) in der Wärme (Warmhärtung) oder Initiatoren und Beschleunigern (z. B. Kobaltnaphthenat) bei Raumtemperatur (Kalthärtung) polymerisieren. Dabei vernetzen die P.-Moleküle über Styrolbrücken.

Ungesättigte P. werden ohne Zusätze als Gießharze sowie als Bindemittel in härtbaren Formmassen, Polymerbeton und Lacken verwendet. Durch schichtweisen Aufbau aus ungesättigten P. und Glasgeweben (Laminieren) werden z. B. Tanks, Schwimmbecken, Bootskörper u. a. hergestellt; Formmassen und Laminate können bis zu Dauertemperaturen von etwa 160 °C eingesetzt werden.

Polygonzug 1)

Poly|esterfasern, Abk. **PES,** Chemiefasern, die durch Schmelzspinnverfahren überwiegend aus Polyäthylenterephthalat (→Polyester) hergestellt werden (Handelsnamen sind u. a. Diolen®, Trevira®, Dacron®). P. werden wegen ihrer Formstabilität und Knitterfestigkeit bevorzugt für Bekleidungs- und Heimtextilien verwendet.

Poly|esterharz-Formmassen, Alkydharzpressmassen, härtbare Formmassen mit ungesättigten Polyesterharzen (UP, →Polyester) als Bindemittel und meist anorgan. Harzträgern. I. w. S. zählt man zu den P. auch Harzmatten (→glasfaserverstärkte Kunststoffe) aus UP oder Epoxidharzen.

Polyeuktos, athen. Bildhauer des 3. Jh. v. Chr. Von seiner 280 v. Chr. auf dem Markt von Athen aufgestellten frühhellenist. Bronzestatue des DEMOSTHENES sind römisch-kaiserzeitliche Repliken erhalten.

Polyfructosane, andere Bez. für →Fructosane.

Polygala [griech. gála ›Milch‹], wiss. Name der Gattung →Kreuzblume.

Polygamie [zu griech. gámos ›Ehe‹] *die, -,* **1)** *Biologie:* Bez. für geschlechtl. Verbindungen mit mehreren Partnern bei Tieren. Polyandrie (Paarung eines weibl. Tiers mit mehreren Männchen) ist selten, z. B. bei der Goldschnepfe. Bei Pflanzen spricht man von P., wenn sie außer Zwitterblüten männl. und/oder weibl. Blüten tragen.

2) *Völkerkunde* und *Recht:* Form der Ehe, bei der ein Partner ständig mit mehreren Partnern des anderen Geschlechts zusammenlebt. P. als Institution kommt gehäuft bei Ackerbauern und Hirten, seltener bei Jägern und Sammlern und in Hochkulturen (jedoch im Islam) vor. **Polyandrie,** die ehel. Verbindung einer Frau mit mehreren Männern, ist selten (z. B. Tibet, SW-Indien, Marquesasinseln). Sie hängt zumeist mit Armut zusammen: Zwei oder mehr Brüder bewirtschaften einen Besitz, der zur Aufteilung zu klein ist, mit ihrer gemeinsamen Frau (›fraternale Polyandrie‹). Einer der Männer fungiert oft als ›sozialer Vater‹ der Kinder der Frau. Die viel häufigere **Polygynie,** die ehel. Verbindung eines Mannes mit mehreren Frauen, bei der ›sororalen Polygynie‹ mit zwei oder mehreren Schwestern, hängt dagegen eher mit Reichtum und Macht zusammen: Sie wird in den betreffenden Gesellschaften zwar von den meisten Männern erstrebt, aber meist nur von einer Status- oder Leistungselite verwirklicht. Die P. wirkt sich ebenso im sexuellen wie im wirtschaftl. und polit. Bereich aus. Mit einem großen, arbeitsteiligen Haushalt lässt sich leichter ein Mehrprodukt erwirtschaften, das sich in Macht umsetzen lässt. Meist ist eine ›Hauptfrau‹ hervorgehoben; ihre ›Mitfrauen‹ haben je eigene Koch- und Schlafstellen, und ihre Kinder bilden separate ›Häuser‹ in der Gesamtnachkommenschaft. Die Geburtenhäufigkeit der einzelnen Frau ist in polygynen Ehen geringer als in monogamen. (→Ehe)

In den meisten Staaten ist P. verboten und strafbar (→Bigamie). Bis 1890 bestand sie bei den Mormonen in Utah; in der Türkei wurde sie durch KEMAL ATATÜRK abgeschafft.

H. R. H. PRINCE: Peter of Greece and Denmark. A study of polyandry (Den Haag 1963); C. MEILLASSOUX: ›Die wilden Früchte der Frau‹. Über häusl. Produktion u. kapitalist. Wirtschaft (a. d. Frz., 1984). – Weitere Literatur →Ehe.

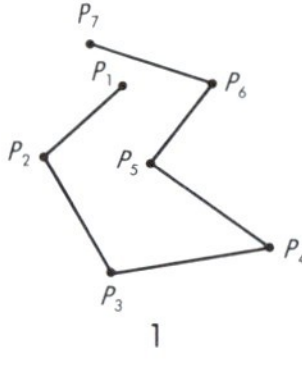

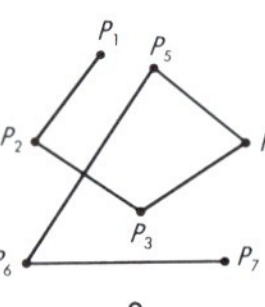

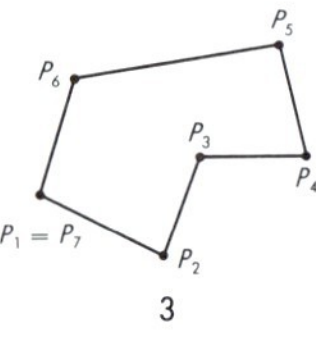

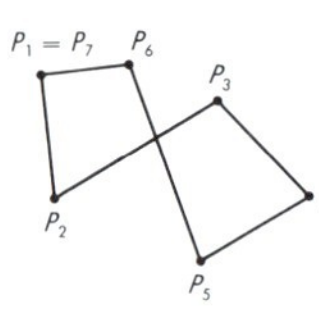

Polygonzug 2): Ebener, einfacher, nicht geschlossener (1), ebener, nicht einfacher, nicht geschlossener (2), ebener, einfacher, geschlossener (3) und ebener, nicht einfacher, geschlossener Polygonzug (4)

Polygenie [zu griech. -genḗs ›hervorbringend‹] *die, -/...'ni|en, Genetik:* das Zusammenwirken mehrerer Gene bei der Ausbildung eines Merkmals.

Polyglobulie [zu lat. globulus ›Kügelchen‹] *die, -/...'li|en,* **Hyperglobulie, Erythrozytose,** abnorme Steigerung der Erythrozytenzahl im peripheren Blut (überhöhter Hämatokrit- und Hämoglobinwert); tritt auf bei Polyzythämie, erhöhter Ausschüttung von Erythropoietin (Nierenerkrankungen), reaktiv bei Sauerstoffmangelzuständen (Herzfehler, Lungenkrankheiten mit Ventilationsstörungen), auch bei Aufenthalt in größeren Höhen (Höhenadaptation).

polyglott [griech. polýglōttos, zu glōtta, glōssa ›Zunge‹, ›Sprache‹], 1) in mehreren Sprachen abgefasst (von Buchausgaben), vielsprachig; 2) mehrere Sprachen beherrschend.

Polyglotte *die, -/-n,* mehrsprachige Textausgabe, bes. der Bibel, in der dem hebr. bzw. griech. Urtext mehrere Übersetzungen, meist in Parallelkolumnen, beigefügt werden. Wichtige P. sind die ›Complutenser P.‹ (1514–17, 1520 publiziert) auf Initiative von F. JIMÉNEZ DE CISNEROS, die ›Antwerpener P.‹ (auch ›Plantiniana‹, 1569–72), die ›Pariser P.‹ (1629–45) und die ›Londoner P.‹ (auch ›Waltonsche Biblia Polyglotta‹, 1653–57, 2 Supplement-Bde. 1669). Sie sind meist in Teilen von älteren P. abhängig.

The Cambridge history of the Bible, Bd. 3, hg. v. S. L. GREENSLADE (Neuausg. Cambridge 1988).

Polyglucosane, Glucane, zusammenfassende Bez. für die aus Glucoseeinheiten aufgebauten geradkettigen oder verzweigten Polysaccharide (z. B. Cellulose, Amylose, Amylopektin, Glykogen).

Polygnot, griech. **Polygnotos,** griech. Maler aus Thasos, tätig etwa 480–440 v. Chr.; schuf nach den Perserkriegen aus Beschreibungen des PAUSANIAS bekannte Gemälde (auf Holztafeln), so den ›Freiermord des Odysseus‹ (Athenetempel von Plataä, nach 478), ›Das eroberte Troja‹ und wohl auch die ›Schlacht bei Marathon‹ (Stoa Poikile, Athen, um 460) und eine Folge mit ›Odysseus in der Unterwelt‹ und ›Troja am Morgen nach der Zerstörung‹ (Lesche der Knidier, Delphi, um 450). P. wandte als einer der Ersten Schattierung (Skiagraphie) und perspektiv. Mittel (Überschneidungen) an, ergänzte die übl. Farben Rot, Blau (Schwarz), Weiß durch Ockergelb und verzichtete, nach der Vasenmalerei zu urteilen (NIOBIDENMALER), auf Standlinien zugunsten einer mittels Geländelinien gestaffelten Anordnung auf der Bildfläche.

R. B. KEBRIC: The paintings in the Cnidian Lesche at Delphi and their historical context (Leiden 1983).

Polygnotos, att. Vasenmaler, führender Meister zw. 440 und 420 v. Chr.; bevorzugte große Gefäße, die er mit großen Figurenbildern im rotfigurigen Stil bemalte (u. a. signierter Stamnos in London, Brit. Museum), wobei er Anregungen aus der zeitgenöss. Malerei und Bildhauerei (PHIDIAS) aufgriff. Zuweisung der Bemalung von rd. 60 Vasen.

Polygon [zu griech. polýgōnos ›vielwinkelig‹] *das, -s/-e, Mathematik:* das →Vieleck.

Polygonalzahlen, die →figurierten Zahlen.

Polygonatum [zu griech. polygónaton ›vielknotig‹], die Pflanzengattung →Salomonsiegel.

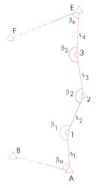

Polygonboden, in Periglazialgebieten auftretender Frostmusterboden (→Frostboden), der durch polygonale, meist sechseckige, aber auch viereckige oder unregelmäßige Spaltensysteme gekennzeichnet ist. Der Durchmesser der Polygone beträgt bis mehrere Meter. Das Innere ist von Feinerde, der polygonartige Rahmen von gröberem, steinigem Material erfüllt. Die netzartig geschlossenen Bodenrisse und -spalten entstehen durch Kontraktion des Frostbodens, während die Materialsortierung durch die Frosthebung der Steine und ihr seitl. Abwandern erfolgt. P. sind im arkt. und subarkt. Bereich, in allen Hochgebirgen und auch in höheren Mittelgebirgen der gemäßigten Breiten weit verbreitet.

Polygonum [zu griech. polýgonos ›vielsamig‹], die Pflanzengattung →Knöterich.

Polygonzug, 1) *Geodäsie:* gebrochener Streckenzug zw. zwei Festpunkten (*A, E*), der zur Koordinatenbestimmung der Brechpunkte dient (P.-Punkte 1, 2 ...). Hierzu sind die Winkel β und die Strecken s zu messen, i. Allg. werden auch die Winkel β_a, β_e zu den Anschlussfestpunkten B und F beobachtet. P. werden in großem Umfang von Lagefestpunkten angelegt.

2) *Geometrie:* System von Strecken $\overline{P_1P_2}$, $\overline{P_2P_3}$, ..., $\overline{P_{n-1}P_n}$ in einem euklid. Raum, das n Punkte $P_1, P_2, ..., P_n$ des Raums verbindet. Fallen die Punkte P_1 und P_n zus., so spricht man von einem **geschlossenen P.**; liegen alle Punkte P_i in einer Ebene, so liegt ein **ebener P.** vor. Ein **einfacher P.** ist gegeben, wenn jeder innere Punkt einer Strecke $\overline{P_iP_{i+1}}$ zu genau einer Strecke und jeder Randpunkt P_i zu höchstens zwei Strecken gehört. Geschlossene, ebene P. bezeichnet man als Polygone (→Vieleck).

PolyGram N. V., ein Ton- bzw. Ton- und Bildträger herstellendes und vertreibendes internat. Unternehmen (gegr. 1972, Sitz: Baarn), dessen Großaktionär der →Philips Electronics N. V. ist. Umsatz (1996): 9,488 Mrd. hfl, Beschäftigte: rd. 12 500. – Die dt. Tochtergesellschaft **PolyGram Holding GmbH** (Sitz: Hamburg) umfasst u. a. folgende Firmen und traditionsreiche (Schallplatten-)Labels: Dt. Grammophon Gesellschaft mbH (gegr. 1898 in Hannover, ab 1900 in Berlin, seit 1956 Hamburg), Decca (gegr. 1929), Polydor GmbH (gegr. 1972), Mercury Records GmbH (früher Phonogram GmbH, gegr. 1972), Philips Classics (gegr. 1973), Karussell Musik & Video GmbH (gegr. 1988), Polymedia Marketing Group (gegr. 1991), Motor Music GmbH (gegr. 1994), PolyGram Film Entertainment GmbH (gegr. 1996).

Polygraph [zu griech. polygráphein ›viel schreiben‹] *der, -en/-en,* Gerät zur gleichzeitigen Registrierung mehrerer Vorgänge (Elektrokardiogramm und -enzephalogramm, Blutdruck, Puls- und Atemfrequenz, Hautwiderstand und -temperatur, Motorik u. a.); in der Medizin und psychophysiolog. Forschung (z. B. Schlaf- und Traumforschung, Sexualforschung) sowie als →Lügendetektor verwendet.

polygraphische Technik, regionale Bez. für →grafische Technik.

polygyn [griech. polygýnaios ›viele Frauen habend‹], *Biologie:* mehrere fortpflanzungsfähige Weibchen (Königinnen) aufweisend; von Staaten sozialer Insekten (z. B. bei Ameisen) gesagt; Ggs.: monogyn.

Polygynie *die, -,* →Polygamie.

Polygyros, in der Antike **Apollonia,** Hauptort des Verw.-Bez. (Nomos) Chalkidike in Makedonien, Griechenland, im Inneren der Halbinsel Chalkidike, 530 m ü. M., 4 500 Ew.; griechisch-orth. Bischofssitz; archäolog. Museum.

Polyhalit [zu griech. háls, halós ›Salz‹] *der, -s/-e,* weißes, graues, rotes, auch gelbl., triklines Mineral; chem. Zusammensetzung $K_2MgCa_2[SO_4]_4 \cdot 2\,H_2O$; Härte nach MOHS 3–3,5, Dichte 2,77 g/cm³; Kristalle klein, meist derbe oder faserig-blättrige Aggregate. P. kommt in großen Mengen in Kalisalzlagern vor (P.-Region).

Polyhistor [griech., zu polyhístōr ›viel wissend‹] *der, -s/...'toren,* Gelehrter, der über das Gesamtwissen seiner Zeit verfügt; bedeutende P. waren z. B. ARISTOTELES, MAIMONIDES, ALBERTUS MAGNUS und G. W. LEIBNIZ.

polyhybrid, Genotyp von Organismen, die in mehr als zwei Allelenpaaren ungleiche Allele aufweisen.

Polyhymnia [griech. ›die Hymnenreiche‹], *griech. Mythos:* eine der →Musen.

Poly|ide|ismus [griech., zu Idee] *der, -,* Fülle der Gedanken, Gesamtheit der psych. Tätigkeit, Breite des Bewusstseins; Ggs.: Monoideismus (→Monomanie).

Poly|imide, Abk. **PI,** hochtemperaturbeständige Kunststoffe, die als charakterist. Strukturelement eine sich wiederholende Dicarbonsäureimidgruppierung enthalten. P. gehören zwar zu den Thermoplasten, sind aber meist unlöslich und nicht schmelzbar, sodass sie nur durch Sintern verarbeitet werden können. Sie zeichnen sich durch hohe Festigkeiten zw. – 240 und + 350 °C aus und werden in der Elektrotechnik und Luftfahrtindustrie (z. B. bei Strahltriebwerken) sowie zur Herstellung nichtbrennbarer Fasern, Folien und Schaumstoffe verwendet.

Dicarbonsäureimidgruppierung der Polyimide

Polyimide

Poly|isobuten, Abk. **PIB,** durch kation. Lösungspolymerisation von Isobuten in Gegenwart von Aluminiumchlorid oder Bortrifluorid hergestellter thermoplast. Kunststoff. Je nach Polymerisationsbedingungen werden Produkte mit unterschiedl. molarer Masse (*M*) erhalten. – Niedermolekulares P. (*M* = 330–1 600 g/mol) ist ein viskoses Öl, das als Klebrigmacher in Klebstoffen und Dichtungsmassen sowie als Isolieröl dient. Mittelmolekulares P. (*M* = 20 000–100 000 g/mol) ist klebrig-plastisch. Es wird als Bestandteil von Klebstoffen und Dichtungsmassen sowie als Verbesserer des →Viskositätsindex verwendet. Hochmolekulares P. (*M* > 1 Mio.) ist gummiartig, wenig fest und neigt zur Kriechverformung. Es wird in Form von Folien für Behälterauskleidungen, Abdichtungen u. a. verwendet.

$[-CH_2-C(CH_3)_2-]_n$

Polyisobuten

Poly|isopren, durch Polymerisation von Isopren entstehender makromolekularer Stoff. P. kommt in der Natur in der cis-Form im →Kautschuk und in der trans-Form in →Guttapercha und in →Balata vor. Synthetisch hergestelltes P. findet als Synthesekautschuk Verwendung.

$[-CH_2-C(CH_3)=CH-CH_2-]_n$

Polyisopren

Polykarp, Bischof von Smyrna, † um 158 oder 168/169; Apostelschüler (wohl v. a. des JOHANNES) und mit IGNATIUS VON ANTIOCHIA bekannt; war Sprecher der Christen Kleinasiens in Rom, wo er im Osterfeststreit (→Ostern) keine Einigung zugunsten der Quartodezimaner herbeiführen konnte. Der Bericht über sein im hohen Alter erlittenes Martyrium (›Martyrium Polycarpi‹) ist eine der ältesten christl. Märtyrerakten. Der in Übersetzung erhaltene Brief des P. an die Philipper zeugt von der frühesten Sammlung der Ignatiusbriefe und ist durch seine neutestamentl. Bezüge bes. für die Kanongesch. von Bedeutung. – Heiliger (Tag in der kath. und orth. Kirche: 23. 2.; in der armen. Kirche 11. 12.).

G. BUSCHMANN: Martyrium Polycarpi. Eine formkrit. Studie (1994); J. B. BAUER: Die Polykarpbriefe (1995).

Polyklet, griech. **Polykleitos,** Name von drei griech. Bildhauern, vielleicht Mitgl. einer Familie:

1) Polyklet, griech. Erzbildner aus Argos (nach PLINIUS D. Ä. aus Sikyon), neben PHIDIAS der bedeutendste griech. Bildhauer, tätig etwa 450–410 v. Chr.; ausgebildet bei HAGELADAS in Argos. Seine in zahlr. röm. Marmorkopien erhaltenen Bronzestatuen sind Hauptwerke der klass. Epoche der griech. Kunst. Am bekanntesten ist sein →Doryphoros; er gilt als Muster-

Polyklet: Amazone Sciarra; auf eine Skulptur von Polyklet zurückgehende römische Kopie (Berlin, Antikensammlung)

beispiel der von P. in seiner (verlorenen) Schrift ›Kanon‹ erörterten Maßverhältnisse (Proportionen) des menschl. Körpers (→Kanon), zugleich auch für die Ponderation des P., der seine stehenden Figuren auf einem Standbein (immer dem rechten) ruhen lässt, infolgedessen sich zum Ausgleich die Hüfte verschiebt (zum Spielbein, dessen Fuß nur noch auf Ballen oder Zehen steht), ebenso Oberkörper, Schultern und Kopf (der sich im klass. Kontrapost zum Standbein neigt). Auch die nachfolgenden Bronzen zeigen diesen Körperaufbau in einer rhythm. s-förmigen Kurve. Dem Doryphoros (um 440) voraus gehen, dem strengen Stil noch nahe, der Diskophoros (Diskuswerfer) und Hermes (von dem nur der Kopf des Originals in Kopien gesichert ist), auf den Doryphoros folgen ein Herakles (wichtigste Kopie in Rom, Thermenmuseum) und (um 430) →Diadumenos, die am stärksten in den Raum ausgreifende Figur des P. (wichtigste Kopien in Basel, Antikenmuseum, und Madrid, Prado); die Statue wird als Athlet oder als Apoll gedeutet, der Doryphoros z. T. als Achill. Von den nach antiker Überlieferung im Wettstreit zw. P., PHIDIAS, KRESILAS u. a. für das Artemision in Ephesos um 430 geschaffenen, in Kopien erhaltenen Statuen verwundeter Amazonen geht (nach A. FURTWÄNGLER und heute erneut vorgetragen) die Amazone Sciarra (Kopie in Kopenhagen, Ny Carlsberg Glyptotek; weitere Kopien in Oxford, Ashmolean Museum, und Berlin, Antikensammlung) auf P. zurück. Bei dieser Statue ist der klass. Kontrapost durchgeführt.

Zur unmittelbaren P.-Nachfolge zählen der Ephebe Westmacott (etwa 420–410; London, Brit. Museum), der Dresdner Knabe und der so genannte Narkissos (vielleicht Hyakinthos) im Louvre.

H. VON STEUBEN: Der Kanon des P., Doryphoros u. Amazone (1973); P. Der Bildhauer der griech. Klassik, hg. v. H. BECK u. a., Ausst.-Kat. Frankfurt am Main (1990); P.-Forschungen, hg. v. H. BECK u. P. C. BOL (1993); W. SONNTAGBAUER: Das Eigentliche ist unaussprechbar (1995).

2) Polyklet der Jüngere, P. II., aus Argos, von PAUSANIAS genannter, etwa 420/410–370/360 tätiger Bildhauer, Vertreter der peloponnes. P.-Schule von Argos, vielleicht Enkel von 1) und Bruder der Bildhauer NAUKYDES und DAIDALOS VON SIKYON. Das bei PLINIUS D. Ä. für P. (d. h. für P. 1) genannte Goldelfenbeinbild der Hera im Heraion von Argos wird heute diesem jüngeren P. zugeschrieben (um 405/400); sie ist u. a. auf argiv. Münzen wiedergegeben, im Museum of Fine Arts in Boston (Mass.) befindet sich eine Kopie dieses Sitzbildes. Angeschlossen werden u. a. so bedeutende Originale oder Kopien wie die Aphrodite von Epidauros (Athen, Nationalmuseum), die Hera Borghese (Kopenhagen, Ny Carlsberg Glyptotek), die so genannte Artemis von Aulis (Theben, Museum), die Hygieia Hope (Rom, Thermenmuseum), der Asklepios Doria (Florenz, Boboligarten) und die Aphrodite Fréjus (auch KALLIMACHOS zugeschrieben).

A. LINFERT: Von P. zu Lysipp (Diss. Freiburg 1965).

3) Polyklet der Jüngere, P. der Jüngste, P. III., aus Argos, um 370 bis gegen Ende des 4. Jh. tätiger Bildhauer, vielleicht Neffe von 2) und Sohn des Bildhauers NAUKYDES; soll mit LYSIPP zusammengearbeitet haben und war wohl auch am Hof ALEXANDERS D. GR. tätig; genannt werden u. a. ein Zeus und eine Agenorstatue für Olympia. P. ist möglicherweise identisch mit dem von PAUSANIAS als Baumeister des Tholos von Epidauros und des Theaters ebd. genannten P., das Theater ist allerdings wohl einem jüngeren Architekten hellenist. Zeit zuzuschreiben.

Polykondensation, Reaktion, bei der meist zwei versch., mit reaktionsfähigen Gruppen ausgestattete Monomere unter Abspaltung kleinerer Moleküle (z. B. Wasser, H_2O, Methanol, CH_3OH) zu Polymeren umgesetzt werden (z. B. Aminoplaste, Polyester). Bei der **Schmelz-P.** wird bei etwa 200–300 °C ohne Zusatz von Verdünnungsmitteln gearbeitet. Bei der **Lösungs-P.** werden die Monomere in einem, bei der **Grenzflächen-P.** in zwei nichtmischbaren Lösungsmitteln gelöst. Die Produkte der P. heißen **Polykondensate.**

Polykrates, griech. **Polykrates,** Tyrann von Samos (seit 538 v. Chr.), † Magnesia am Mäander 522 v. Chr.; beherrschte mit seiner Flotte weithin das Ägäische Meer und brachte zahlr. Nachbarinseln und kleinasiat. Küstenstädte in seinen Besitz. Er führte sein Land zu wirtschaftl. Blüte, entfaltete eine umfangreiche Bautätigkeit (Wasserleitung, Hafenmole, Heratempel) und zog Dichter und Künstler an seinen Hof. Nachdem er 524 eine Belagerung der Spartaner und Korinther abgewehrt hatte, wurde er durch den pers. Satrapen OROITES nach Magnesia in einen Hinterhalt gelockt und grausam hingerichtet. – SCHILLERS Ballade ›Der Ring des P.‹ (1797) beruht auf einer Erzählung HERODOTS.

H. BERVE: Die Tyrannis bei den Griechen, 2 Bde. (1967).

Polykratie [zu griech. kratein ›herrschen‹] *die, -/...'ti|en*, von der Zeitgeschichtsforschung geprägter Begriff zur Bez. der sich vielfach überschneidenden Kompetenzen im Herrschaftssystem des natsoz. Deutschland (→Nationalsozialismus).

Polykristall, der →Vielkristall.

Polykristallmethoden, die →Pulvermethoden.

Polymedes, mutmaßl. Name eines griech. Bildhauers von Argos. Schuf um 590 v. Chr. die erhaltene Marmorgruppe von →Kleobis und Biton in Delphi (heute Museum): am Sockel Rest der Signatur ...medes. Das ausgeglichene Verhältnis von Breiten- und Tiefenentfaltung der Statuen macht die beiden zu einem Hauptwerk hocharchaischer Plastik.

Polymelie [zu griech. mélos ›Glied‹] *die, -/...'li|en,* Ausbildung überzähliger Gliedmaßen als angeborene Überschussfehlbildung.

Polymerase-Kettenreaktion, engl. Abk. **PCR** [pi:si'ɑ:; von engl. **p**olymerase **c**hain **r**eaction], von dem amerikan. Chemiker K. B. MULLIS entwickelte molekulargenet. Methode zur Vervielfältigung von DNA-Abschnitten mit den entscheidenden Vorteilen, dass das zu vervielfältigende Stück DNA nicht in gereinigter Form vorliegen muss und dass kleinste DNA-Mengen genügen, um ausreichende Mengen eines zu untersuchenden Abschnitts zu erzeugen. Der PCR liegt ein sehr einfaches Prinzip zugrunde: In einem ersten Schritt wird die in Doppelsträngen vorliegende DNA durch Erwärmung in Einzelstränge zerlegt **(Denaturierung).** Nach Zugabe von synthetisch hergestellten, etwa 15 bis 20 Basenpaaren langen, einsträngigen Oligonukleotiden **(Primer)** wird die Temperatur auf einen Wert abgesenkt, der die Anlagerung der zugegebenen Oligonukleotide an die Enden der zu vervielfältigenden DNA erlaubt **(Annealing).** Die Spezifität der Reaktion wird dadurch erreicht, dass die Primer in ihrer Nukleotidsequenz komplementär zu den 3'-Enden der DNA, die vervielfältigt werden soll, sind. Nunmehr wird die Temperatur wieder auf 72 °C erhöht und eine ebenfalls im Reaktionsansatz befindl. thermostabile DNA-Polymerase verlängert die angefangenen DNA-Stücke durch den Einbau jeweils komplementärer Nukleotide. Am Ende dieser Synthese sind aus einem Doppelstrang DNA zwei ident. Doppelstränge geworden. Nun werden 30–40 dieser Zyklen (Denaturierung – Primer-Annealing – DNA-Synthese) aneinander gereiht, wobei es jedes Mal zu einer Verdopplung der durch die Primer selektierten DNA kommt, sodass eine millionenfache Anreicherung resultiert. Nachfolgend kann die DNA von den Primern getrennt und für Untersuchungen eingesetzt werden.

Die PCR-Methode ist als molekularbiolog. Methode für die verschiedensten Bereiche von großer Bedeutung, da nur geringste Probenmengen erforderlich sind. Sie wird in der vergleichenden Sequenzanalyse von Allelen angewendet, weiterhin in der Diagnose von Gendefekten (auch in der pränatalen Diagnostik), zur Erstellung von Genkarten z. B. in der Populationsgenetik, der Evolutionsbiologie und der Taxonomie. In der Medizin wird sie zur raschen Identifikation von Krankheitserregern genutzt; so gibt es mittlerweile PCR-Tests u. a. für HIV, Chlamydien oder das Hepatitis-C-Virus. Außerdem werden mithilfe der PCR-Analytik Aussagen über den Verlauf einer Virusinfektion und auch über den Therapieverlauf und -erfolg möglich. Weitere Anwendungsgebiete sind u. a. die forens. Medizin und die Archäologie.

Polymerasen, *Sg.* **Polymerase** *die, -,* zu den Transferasen gehörende Enzyme, die die Synthese von Nukleinsäuren aus Nukleotiden katalysieren. Die wichtigsten P. sind u. a. DNA- und RNA-P. sowie die reverse Transkriptase.

Polymerbeton, Beton, der als Bindemittel statt Zement Reaktionsharze (z. B. ungesättigte Polyester, Epoxidharze, Methylmethacrylatharze) enthält. P. zeichnet sich durch außerordentl. Festigkeit, geringe Wasseraufnahme und hohe Chemikalienbeständigkeit (z. B. gegenüber Streusalz) aus.

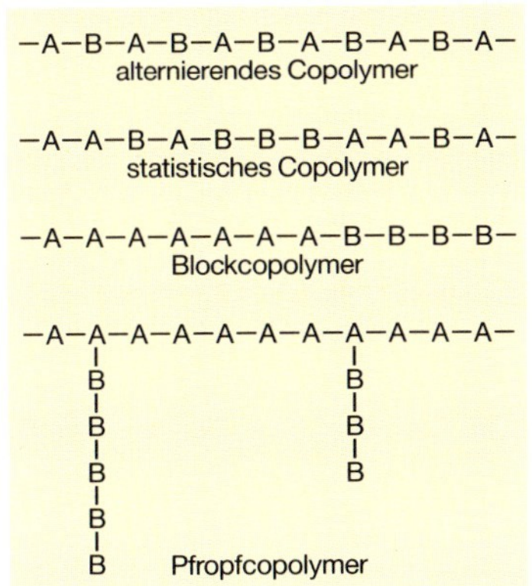

Polymere: Aufbau von Copolymeren aus den Struktureinheiten A und B

Polymere [zu griech. méros ›Teil‹], *Sg.* **Polymer** *das, -s,* überwiegend organ. Stoffe mit molaren Massen von über 10 000 g/mol, deren sehr große Moleküle (→Makromoleküle) nach einem relativ einfachen Bauprinzip aus ständig wiederkehrenden Struktureinheiten oder Bausteinen (den Monomeren) zusammengesetzt sind. Ist die molare Masse kleiner als 10 000 g/mol, spricht man von →Oligomeren. Außer durch die molare Masse kann die Molekülgröße von P. durch den →Polymerisationsgrad beschrieben werden. **Homo-P.** bestehen aus gleichen, **Co-P.** aus mindestens zwei versch. Struktureinheiten. Je nach Anordnung der Struktureinheiten innerhalb des Makromoleküls wird zw. alternierenden, statist., Block- und Pfropfcopolymeren unterschieden. – P. mit Seitengruppen an der Molekülkette können verschiedene räuml. Anordnungen haben **(Stereoregularität, Taktizität).** Die Seitengruppen sind bei **isotaktischen P.** alle auf der gleichen Seite, bei **syndiotaktischen P.** abwechselnd auf der einen und der anderen Seite der Hauptkette angeordnet (→Polypropylen). Isotakt. P. zeichnen sich durch hohe Kristallisationsfähigkeit aus. P. mit unregelmäßigem Wechsel der Seitenkette werden als **ataktische P.** bezeichnet. **Bio-P.** sind am Aufbau der belebten Natur beteiligt oder biotechnologisch herstellbar, z. B. Cellulose, Stärke, Nukleinsäuren, Polyhydroxybuttersäure. **Synthetische P.** werden durch ›Polyreaktionen‹ (Polymerisation, Polykondensation, Polyaddition) hergestellt. Sie haben als Kunststoffe, Synthesekautschuk und Chemiefasern Bedeutung.

Polymerholz, Verbundwerkstoff, der durch Behandlung von Holz mit Monomeren oder härtbaren Kunstharzen und anschließende Polymerisation hergestellt wird. P. hat höhere Festigkeit und geringeres Wasseraufnahmevermögen als Holz. Es wird für Parkett, Sportgeräte, Werkzeugstiele u. a. verwendet.

Polymerisation *die, -,* Reaktion zur Synthese von →Polymeren, bei der meist ungesättigte Monomere (z. B. Alkene, Acrylsäurederivate, Vinylverbindungen) an aktive Atomgruppen (Radikale, Ionen) angelagert werden. Die P. wird durch Energie (Wärme, Strahlung) und/oder Initiatoren eingeleitet und läuft als Kettenreaktion ab. Zum Start radikal. P. dienen Initiatoren (Dibenzoylperoxid u. a.), die beim Erwärmen in Radikale (I ·) zerfallen, welche mit dem ungesättigten Monomer (z. B. Äthylen, $CH_2=CH_2$) reagieren: $CH_2-CH_2 + I\cdot \rightarrow I-CH_2-CH_2\cdot$. Die bei diesem Kettenstart gebildeten Radikale können in der Sekunde 2 000–20 000 Monomermoleküle nacheinander addieren (Kettenwachstum), z. B.

$$I-CH_2-CH_2\cdot + CH_2=CH_2 \rightarrow$$
$$I-CH_2-CH_2-CH_2-CH_2\cdot$$

usw. Der Kettenabbruch kann durch Reaktion zweier Radikalketten, durch Reaktion mit einem Initiatorradikal, durch Disproportionierung (eine von zwei Ketten erhält eine Doppelbindung) oder meist gezielt durch ›Regler‹ erfolgen. Durch Comonomere mit bestimmten Kohlenwasserstoffketten oder funktionellen Gruppen lassen sich der Polymerkette definierte Verzweigungen aufpfropfen, über die z. B. unterschiedl. Phasen in Polymerblends (→Kunststoffe) miteinander verknüpft werden können. P. lassen sich auch durch Ionen (z. B. aus Bortrifluorid oder Aluminiumchlorid gebildet) starten oder durch Metallverbindungen katalysieren (→Ziegler-Natta-Katalysatoren). Die ringöffnende P. wird durch hydrolyt. Spaltung von Molekülringen eingeleitet (z. B. bei Caprolactam; →Polyamide). Die Produkte der P. werden **Polymerisate** genannt.

Technisch werden P.-Reaktionen diskontinuierlich oder kontinuierlich meist in Rührkesseln oder Turmreaktoren durchgeführt. Bei der **Substanz-P.** (früher **Block-P.**) wird ohne Verdünnungsmittel gearbeitet (z. B. bei Polystyrol, Hochdruckpolyäthylen). Das entstehende Polymer löst sich im Monomer, sodass sich die Viskosität des Reaktionsgemisches mit fortschreitender P. stark erhöht. Das erschwert u. a. die Abführung der bei der P. auftretenden Reaktionswärme (z. B. durch Kühlmäntel oder Kühlschlangen). Bei der **Lösungs-P.** wird mit einem Lösungsmittel gearbeitet (z. B. Äthylbenzol bei Polystyrol, Wasser bei Polyacrylsäure). Durch Verdampfung des Lösungsmittels und Rückführung des Kondensats (Rückflusskühlung) kann die Reaktionswärme abgeführt werden. Bei der **Fällungs-P.** ist das Polymer im Monomer (oder in einem Lösungsmittel) unlöslich (z. B. bei Niederdruckpolyäthylen), sodass es in fester Form ausfällt. Bei der **Suspensions-P.** wird das Monomer durch Rühren und unter Verwendung von Dispergatoren (Schutzkolloide wie Alginate, Carboxymethylcellulose u. a. oder pulverförmige Stoffe wie Bariumsulfat, Talkum u. a.) in Wasser emulgiert. Ist das Polymer im Monomer löslich, wandeln sich die Emulsionstropfen mit fortschreitender P. in feste Kügelchen um (**Perl-P.** z. B. bei Polyvinylchlorid). Im Monomer unlösl. Polymere fallen als Pulver aus. Bei der **Emulsions-P.** wird das Monomer in Gegenwart eines Emulgators und eines wasserlösl. Initiators zu sehr feinen Tröpfchen (50–300 nm) in Wasser emulgiert. Das Polymer (z. B. Styrol-Butadien-Kautschuk) fällt in diesem Fall als fein verteilte Dispersion (synthet. Latex) an. – Zur stereospezif. P. →Polypropylen.

Polymerisationsgrad, Anzahl der Struktureinheiten im Makromolekül eines Polymers. Den durchschnittl. P. (DP-Grad) erhält man, indem man die molare Masse des Polymers durch die molare Masse der Struktureinheit teilt. Mit steigendem P. nehmen Viskosität bzw. Festigkeit eines Polymers zu.

Polymerlegierungen, →Kunststoffe.

Polymeth|acrylate, thermoplast. Kunststoffe, die durch radikal. Polymerisation von Methacrylsäureestern hergestellt werden. Besondere Bedeutung hat das **Polymethylmethacrylat** (Abk. **PMMA**), das sich durch opt. Klarheit und Witterungsbeständigkeit auszeichnet und eine etwa sechsmal höhere Schlagzähigkeit als Glas hat; nachteilig ist seine Brennbarkeit. Es wird als **Acrylglas** (›organ. Glas‹) für Verglasungen (z.B. Duschkabinen, Uhrgläser), Zeichengeräte, Einbettungen empfindl. Präparate u.a. verwendet. PMMA-Formteile (→Formmassen) werden u.a. für Signalleuchten und im Sanitärbereich (Waschbecken, Badewannen) eingesetzt. Durch Beschichtung mit Siliconharzlacken wird die Kratzfestigkeit verbessert.

$$\left[-CH_2-\underset{\underset{OCH_3}{|}}{\underset{CO}{\underset{|}{\overset{CH_3}{\overset{|}{C}}}}}-\right]_n$$

Polymethylmethacrylat

Polymethacrylate

Polymetrie [griech.] *die, -/...ˈri|en, Metrik:* Verwendung versch. Versmaße in einer Dichtung.

Polymetrik [zu griech. polymetría ›Vielheit des Maßes‹], in der mehrstimmigen Musik das gleichzeitige Gegeneinanderstellen versch. metr. Bildungen innerhalb eines Stückes, z.B. einer Dreitaktgruppe gegen eine Viertaktgruppe, oder das gleichzeitige Vorkommen versch. Betonungsgliederungen, wobei es allerdings meist in regelmäßigen Abständen zu einer Übereinstimmung in der Betonungsabfolge kommt. P. findet sich schon in der Renaissancemusik, dann in der Wiener Klassik und bes. häufig in der Neuen Musik (I. STRAWINSKY). Sie kann nicht immer eindeutig von →Polyrhythmik unterschieden werden.

Polymorphie [zu griech. polýmorphos ›vielgestaltig‹] *die, -,* **1)** *Kristallographie:* nach E. A. MITSCHERLICH Bez. für das Auftreten von zwei oder mehr kristallinen Phasen (Modifikationen) und entsprechenden Kristallformen bei gleicher chem. Zusammensetzung; bei zwei oder drei Modifikationen auch als Dimorphie bzw. Trimorphie bezeichnet. Beispiele sind Diamant und Graphit, α- und β-Kobalt, α-, γ- und δ-Eisen, α-, β-, γ- und ε-Schwefel. Das Auftreten zweier spiegelbildlich gleicher Modifikationen wird als **Enantiomorphie** bezeichnet.

2) *Sprachwissenschaft:* Repräsentation einer grammat. Kategorie durch mehrere Formen. Im Deutschen kann z.B. die Kategorie ›Plural‹ beim Substantiv u.a. durch die Endungen -en (Frauen) und -er (Kinder), durch Umlaut (Mütter) oder durch Kombination von Pluralendung und Umlaut (Götter) ausgedrückt werden. Die Pluralmarkierung kann auch ganz fehlen (Tanker).

Polymorphismus *der, -,* **Polymorphie, Heteromorphie,** *Biologie:* das regelmäßige Vorkommen unterschiedlich gestalteter Individuen, auch verschieden ausgebildeter einzelner Organe bei den Individuen einer Art. Der einfachste P. ist der →Dimorphismus. Bei den versch. Kasten der sozialen Insekten in den Tierstaaten spricht man von **sozialem P.** – Das Vorkommen verschieden gestalteter Laubblätter bei Pflanzen wird als →Heterophyllie bezeichnet.

Polymyositis, entzündl. Erkrankung mehrerer Muskeln oder Muskelgruppen; i.e.S. eine zu den Autoimmunkrankheiten gerechnete, oft mit Hautveränderungen (**Dermatomyositis**) und versch. Kollagenkrankheiten verbundene, entzündlich-degenerative Erkrankung, die mit einem Häufigkeitsgipfel um das 50. Lebensjahr und doppelt so oft bei Frauen wie bei Männern auftritt. Bei akutem Verlauf kommt es zu Myoglobinurie mit Gefahr des Nierenversagens. Die *Behandlung* erfolgt mit hoch dosierten Corticosteroidgaben, mitunter auch mit Immunsuppressa.

Polymyxine [zu griech. mýxa ›Schleim‹], *Sg.* **Polymyxin** *das, -s,* zu den Peptidantibiotika zählende bas., schwer lösl. Antibiotika (u.a. Polymyxin B, ein zykl. Decapeptid). Das Wirkungsspektrum der P. beschränkt sich auf gramnegative Bakterien (Pseudomonas, Salmonellen). P. haben starke nephro- und neurotox. Nebenwirkungen; sie sollten deshalb nur noch lokal angewendet werden.

Polyneikes, *griech. Mythos:* Sohn des Ödipus und der Iokaste, Bruder des →Eteokles.

Polynemidae [griech.], die Fädlerfische (→Federflosser).

Polyneside, typolog. Kategorie für indigene Bevölkerungen in Polynesien und Mikronesien. Charakterist. Merkmale sollen sein: hoher und kräftiger Wuchs, mäßig breites und mittelhohes, leicht eckiges Gesicht, mäßig breite, vielfach scharfrückige bis hakenförmige Nase, große Lidspalte, dunkelbraune Augen, schwarzes und welliges Haar, lichtbraune Haut.

Polynesi|en [griech. ›Vielinselwelt‹], zusammenfassende Bez. für die Inseln im zentralen Pazifik, auf denen Polynesier leben oder urspr. lebten. P. erstreckt sich von den Hawaiiinseln bis Neuseeland und von den Elliceinseln bis zur Osterinsel. Im Grenzbereich zu Melanesien liegt →Fidschi. Neben den selbstständigen Staaten Kiribati (Phoenix-, Linieninseln), Neuseeland, Tonga, Tuvalu (Elliceinseln) und Westsamoa umfasst P. folgende nichtselbstständige Inseln und Inselgruppen: Amerikanisch-Samoa, Cookinseln, Frz.-P., Hawaiiinseln, Niue, Pitcairn, Tokelau, Wallis und Futuna sowie zahlr. einzelne kleine Inseln, die anderen Staaten direkt zugeordnet sind. Die Inseln P.s, die über ein Meeresgebiet von rd. 50 Mio. km² verstreut liegen, haben zus. eine Landfläche von rd. 294 000 km² (ohne Fidschi; ohne Neuseeland rd. 26 000 km²) und eine Gesamt-Bev. von rd. 5 Mio. Ew. (ohne Neuseeland 1,7 Mio. Ew.); die zugehörige Seefläche umfasst 21,6 Mio. km². Der äußerste W (Neuseeland bis Fidschi) gehört der kontinentalen Indisch-Austral. Platte an (›kontinentale Inseln‹). Die anschließende Inselkette von den Kermadecinseln über Tonga bis Westsamoa liegt ebenfalls noch westlich der Andesitlinie (→Andesit), der Grenze zum inneren Pazifik, weist aber einen stärker explosiven Vulkanismus auf. Der innere Pazifik ist Teil der Pazif. Platte. Die Inseln sind hier teils durch Vulkantätigkeit (Basalte), teils durch Korallenbauten entstanden. Klimatisch zählt P. größtenteils zum tropisch-maritimen, unter dem Einfluss des Nordost- oder Südostpassats stehenden Bereich. Auf den höheren Vulkaninseln zeigt sich im Niederschlag und in der Vegetation ein deutlicher Unterschied zw. Luv- und Leeseite. Neuseeland gehört bereits der außertrop. Westwindzone an.

Die Besiedlung des westl. P. war mit der Entstehung und Ausbreitung der Lapitakultur verbunden (→Ozeanien). Ihre Träger, die zu den Austronesiern zählenden Vorfahren der Polynesier, gelangten im 16. Jh. v. Chr. nach Fidschi, im 14. Jh. nach Tonga und im 11. Jh. nach Samoa. Von hier begann die weitere Erschließung der Inselwelt: um 200 v. Chr. die Marquesasinseln, um 400 n. Chr. die Osterinsel, um 500 Tahiti und die Cookinseln, um 800 die Hawaiiinseln und um 900 Neuseeland. Auf ihren wagemutigen Seereisen führten die Polynesier Kulturpflanzen (Taro, Jamswurzel, Kokosnüsse, Brotfrüchte, Bataten u.a.) und Haustiere (Schweine, Hühner, Hunde) mit sich. Ähnlich wie in Mikronesien boten nur die vulkan. Inseln günstige Voraussetzungen für landwirtschaftl. Nutzung. So hatten Fischfang und das Sammeln von Schnecken, Muscheln u.a. Meerestieren große Bedeutung. In Neuseeland dagegen stand die Jagd auf →Moas u.a. Vögel an erster Stelle. Nach der ersten Durchquerung des Pazifiks durch F. DE MAGALHÃES und den Entdeckungsfahrten v.a. von J. COOK wurde

P. bes. im 19. Jh. durch Europäer und Amerikaner in Besitz genommen. Ihre wirtschaftl. Interessen galten zunächst der Gewinnung von Kopra und dem Abbau von Guano und Phosphaten. Während sie anfangs noch weitgehend privaten Unternehmern überlassen blieben, steckten dann die konkurrierenden Kolonialstaaten rasch ihre Machtsphären ab. Bald folgte – bes. auf den Hawaiiinseln und in Neuseeland – die Einwanderung fremder Bev.-Gruppen, der die traditionellen Kulturen P.s weitgehend erlagen.

P. BELLWOOD: Man's conquest of the Pacific (New York 1979); The prehistory of Polynesia, hg. v. J. JENNINGS (Cambridge, Mass., 1979); R. FEINBERG: Polynesian seafaring and navigation (Kent, Oh., 1988); K. M. SCHELLHORN: Polit. Entwicklungen im Südpazifik (1988); W. KREISEL: Die pazif. Inselwelt (1991); R. D. CRAIG: Historical dictionary of Polynesia (Metuchen, N. J., 1993); B. R. FINNEY: Voyage of rediscovery. A cultural odyssey through Polynesia (Berkeley, Calif., 1994).

Polynesiler, die einheim. Bewohner von Polynesien, eng mit den Mikronesiern verwandt; etwa 1,1 Mio. Charakteristisch sind im Vergleich zu den anderen Ozeaniern eine hellere Hautfarbe, glatte Haare und größere Gestalt. Einer ersten Besiedlung Zentralpolynesiens (Tonga, Samoa) um 1200 v. Chr. folgten Ausbreitungen zu allen bewohnbaren Inseln. Trotz der großen Entfernungen zw. den Inselgruppen zeigen die P. Gemeinsamkeiten: Polytheismus, Priester als Verbindung zu den Gottheiten (höchster Gott ist der Weltschöpfer Tangaroa), eine soziale Schichtung in Adlige, Freie und z. T. auch Sklaven sowie – anders als in den anderen Kulturen Ozeaniens – eine Berufsgruppe von Handwerkern und Künstlern, die urspr. sogar einen eigenen Gott hatte. Aus Holz, seltener aus Stein (→Osterinsel) gefertigte figurale Götterdarstellungen haben bes. auf Hawaii (hier neben vorzügl. Federarbeiten, →Hawaiianer), den →Marquesasinseln, Neuseeland (→Maori) und auf →Nukuoro ein hohes Maß an künstler. Entfaltung erreicht. Die Figuren haben gerundete Köpfe, die Gesichter ovale, stark betonte Augen, gerade, flache Nase und großen Mund; Arme und Beine sind im Ggs. zu Bauch und Penis nicht betont. Die Stabgötter sind dagegen flache Schnitzereien, bei denen unter einem auf Profilwirkung gearbeiteten Kopf (Augen und Mund typisch geformt) anstelle des Körpers kleine Figuren zu einem Band zusammengefasst sind. Wie bei vielen Kultfiguren der P. blieb auch hier die künstler. Arbeit i. d. R. unter einer Umhüllung aus →Tapa verborgen. Bemerkenswert sind ferner figürl. (meist weibl.) Elfenbeinschnitzereien (Walzahn) der West-P. (Tonga, Fidschi), die, materialgerecht, gerundete Formen zeigen. Eine bedeutende Rolle spielt die ornamentale Oberflächengestaltung, die sich an die Tatauierung menschl. Gesichter anlehnt. Hoch entwickelt waren Bootsbau und Navigation. Wesentl. Vorstellungen der P. waren Mana (die überaus wirkungsvolle Kraft) und Tapu, eingedeutscht Tabu (der Inbegriff des zu Meidenden).

M. STINGL: Kunst der Südsee (1985). – Weitere Literatur →Ozeanien.

polynesische Religionen. Vor der christl. Missionierung waren die religiösen Gemeinschaften identisch mit Verwandtschaftsgruppen. Deshalb unterscheiden sich die religiösen Traditionen Polynesiens sogar auf größeren Inseln. Wesentl. Elemente der p. R. waren Plätze im Freien (Marae) als rituelle Zentren und die Ahnenverehrung. Männl. und weibl. Priester (Tohunga) waren spezialisiert auf rituelles Handeln, Heilen, Weissagen, Totenbeschwörung, Zauber und Gegenzauber. Die religiösen Lehren handeln von den Atua genannten Göttern oder Herrschern über die Lebensbereiche der Menschen, z. B. vom Schöpfergott (Tangaroa), vom Gott des Waldes (Tane), des Wetters (Tawhirimatea), des Krieges (Tu), des Friedens und der Landwirtschaft (Rongo); auch menschl. Erstgeborene (Rangatira, mit ›Adel‹ ungenau übersetzt) heißen Atua. Eine wichtige Rolle spielt die Vorstellung von der als numinose Macht erfahrenen Kraft →Mana. Religiöses Handeln sollte u. a. Mana erhalten und stärken. Das Handeln des Einzelnen betraf immer auch die Gemeinschaft. Deshalb war das Leben durch →Tabu oder Tapu (ein sakraler Meidungsbegriff) genau geregelt. Ein spezielles Tabu befähigte zeitweilig zu besonderen Aufgaben (Feldbestellung, Totenbestattung u. a.). Danach wurde es durch die Gegenkraft →Noa wieder aufgehoben. – Außer den bis heute wirksamen alten Stammesreligionen und dem Christentum, dem inzwischen die Mehrzahl der polynes. Bevölkerung zugehört, gibt es zahlr. neue Religionen, z. B. die Hapu-Religion und die Kaoni-Bewegung auf Hawaii, die Ivi-Atua-Religion auf der Osterinsel, die Pai-Marire (Hau-Hau-Bewegung) auf Neuseeland, in denen in Auseinandersetzung mit der europ. Zivilisation und dem Christentum die alten Traditionen neu belebt werden.

Die Religionen der Südsee u. Australiens, bearb. v. H. NEVERMANN u. a. (1968).

polynesische Sprachen, zur ozean. Gruppe der austrones. Sprachen gehörende Sprachen. Sie werden (von insgesamt weniger als 1 Mio. Menschen) auf den meisten Inseln östlich von Fidschi (einschließlich Hawaiis und der Osterinsel) sowie in Neuseeland (Maori) und im melanes. Raum (v. a. Neuguinea, Ontong Java) gesprochen. Im Lautbestand, der durch die geringe Zahl von Konsonanten (zw. acht und dreizehn) auffällt, sowie im Wortschatz und in ihrer Struktur sind sie bemerkenswert uniform. Hauptkennzeichen sind: vokal. Auslaut aller Wörter; Artikel vor dem Substantiv (der im Plural wegfällt); beim Personalpronomen Unterscheidung von Singular, Dual und Plural (der eigtl. ein Trial ist); beim Possessivpronomen, das dem Nomen vorangestellt wird, Unterscheidung zw. dominantem (durch -a- markiertem) und untergeordnetem (durch -o- markiertem) Besitzverhältnis; erstarrtes Possessivsuffix bei einigen Verwandtschafts-Bez.; erstarrte Verbalpräfixe und -suffixe; Bez. von Aspekt und Modus beim Verb durch besondere Partikeln; Verbindung von Verben mit (nachgestellten) richtungangebenden Verben; Prädikat vor Subjekt in der Satzstellung; Dezimalsystem bei den Zahlen.

A. PAWLEY: On the internal relationship of Eastern Oceanic languages, in: Studies in Oceanic culture history, hg. v. R. C. GREEN u. a., Bd. 3 (Honolulu 1972); A. PAWLEY u. R. C. GREEN: Dating the dispersal of the Oceanic languages, in: Papers of the first international conference on comparative Austronesian linguistics, Bd. 1: Oceanic (ebd. 1973); V. KRUPA: The Polynesian languages. A guide (a. d. Russ., London 1982).

Polyneuritis, *Medizin:* →Nervenentzündung.

Polyneuropathie, Sammel-Bez. für durch tox. Allgemeinschädigungen (z. B. bei Diabetes mellitus, Arteriosklerose, Alkoholkrankheit, Blei-, Thallium-, Arsenvergiftung) bedingte Erkrankungen des peripheren Nervensystems, die mit motor., sensiblen und/oder vegetativen Funktionsausfällen verbunden sind.

Polynja [russ., zu polyj ›offen‹] *die, -/-s,* Bez. für eine bis mehrere Tausend Quadratkilometer große offene Wasserfläche in den eisbedeckten Polarmeeren. Unterschieden werden winderzeugte und thermisch bedingte P. Erstere entstehen an Küsten und durch ablandige Winde, die das Meereis wegtreiben. In den thermisch bedingten P., die auch im offenen Ozean vorkommen, wird das Meereis durch aufquellendes wärmeres Tiefenwasser geschmolzen. Häufig sind beide Entstehungsmechanismen beteiligt. P. sind für den Wärmeaustausch der Polarmeere mit der Atmosphäre von großer Bedeutung, da die Meereisdecke einen guten Isolator darstellt. Sie werden im Rahmen der Klimaforschung intensiv untersucht.

Polynom [zu lat. nomen ›Name‹] *das, -s/-e, Mathematik:* allg. ein aus (reellen oder komplexen) Konstan-

polynesische Religionen: Darstellung des Gottes Tangaroa bei der Erschaffung der Götter und Menschen; Holzfigur von der Insel Rurutu (London, Britisches Museum) ten $a_{ij\ldots r}$, den **Koeffizienten** des P., und Variablen $x_1, x_2, \ldots, x_l$ gebildeter Ausdruck

$$\sum_{i=0}^{n}\sum_{j=0}^{n}\cdots\sum_{r=0}^{n} a_{ij\ldots r}\, x_1^i x_2^j \ldots x_l^r;$$

hierin ist $i+j+\ldots+r$ der Grad des Gliedes $a_{ij\ldots r}x_1^i x_2^j \ldots x_l^r$; der größte dieser Grade wird als **Grad** des P. bezeichnet. Ist für alle auftretenden Glieder $i+j+\ldots+r = N =$ const., so spricht man von einem **homogenen P.** oder einer **Form** vom Grad N, speziell im Fall $N = 1$ von einer **Linearform** ($a_1x_1 + a_2x_2 + \ldots + a_nx_n$), im Fall $N = 2$ von einer **quadratischen Form,** im Fall $N = 3$ von einer **kubischen Form.** Ein P. vom Grad n in einer Variablen x hat die Gestalt

$$P(x) = a_n x^n + a_{n-1}x^{n-1} + \ldots + a_1 x + a_0$$

mit $a_n \neq 0$; sind die Koeffizienten ganze Zahlen, so spricht man von einem ganzzahligen P.; a_0 wird auch **absolutes Glied** genannt. Ein P. in einer oder mehreren Unbestimmten lässt sich stets als Funktion der entsprechenden Anzahl von Variablen auffassen; deshalb spricht man auch von **(P.-Funktionen)**.

$-\!\!\left[CH_2-O \right]\!\!-_n$

Polyoxymethylene

Ein P. in einer Variablen mit reellen oder komplexen Koeffizienten a_i besitzt nach dem Fundamentalsatz der Algebra genau n (nicht notwendig versch.) komplexe Nullstellen α_ν ($\nu = 1, 2, \ldots, n$); es lässt sich in der Gestalt

$$P(x) = a_n(x-\alpha_1)(x-\alpha_2)\ldots(x-\alpha_{n-1})(x-\alpha_n)$$

darstellen (Zerlegung in Linearfaktoren). – Als zulässige Koeffizienten kann man die Elemente versch. Körper vereinbaren (z. B. den Körper der rationalen Zahlen). Man spricht dann z. B. von einem über einem Körper **reduziblen (zerlegbaren) P.,** wenn sich das fragl. P. in ein Produkt aus P. niedrigeren Grades mit Koeffizienten aus demselben Körper zerlegen lässt; im anderen Fall spricht man von einem **irreduziblen (unzerlegbaren) P.** Die P. über einem Körper bilden einen →Polynomring.

Polynomialverteilung, *Wahrscheinlichkeitstheorie:* die →Multinomialverteilung.

polynomischer Lehrsatz, Erweiterung des →binomischen Lehrsatzes auf Ausdrücke der Form $(a_1 + a_2 + \ldots + a_p)^n$, wobei p und n natürl. Zahlen sind. Es gilt

$$(a_1 + a_2 + \ldots + a_p)^n = \sum \frac{n!}{\alpha_1!\,\alpha_2!\ldots\alpha_p!}\, a_1^{\alpha_1} a_2^{\alpha_2}\ldots a_p^{\alpha_p};$$

hierin durchlaufen die p Größen $\alpha_1, \alpha_2, \ldots, \alpha_p$ alle natürl. Zahlen zw. 0 und n; ihre Summe hat dabei stets den Wert $\alpha_1 + \alpha_2 + \ldots + \alpha_p = n$; das Summenzeichen $\sum$ steht für die Addition aller mögl. Potenzprodukte, die die Exponentensumme $\alpha_1 + \alpha_2 + \ldots + \alpha_p = n$ haben.

Polynomring, der →Ring, den die Menge der Polynome (in einer Unbestimmten) über einem Körper K bildet, wenn man Summe und Produkt zweier Polynome

$$f(x) = a_n x^n + a_{n-1}x^{n-1} + \ldots + a_0 \text{ und}$$

$$g(x) = b_n x^n + b_{n-1}x^{n-1} + \ldots + b_0$$

wie folgt definiert:

$$s(x) = f(x) + g(x) = \sum_{\nu=0}^{n}(a_\nu + b_\nu)x^\nu = \sum_{\nu=0}^{n} s_\nu x^\nu,$$

$$p(x) = f(x)\cdot g(x) = \sum_{\nu=0}^{2n}\Big(\sum_{\sigma+\tau=\nu} a_\sigma b_\tau\Big)x^\nu = \sum_{\nu=0}^{2n} p_\nu x^\nu.$$

Man bezeichnet den bezüglich dieser Verknüpfungen gebildeten P. mit $K[x]$. Der Begriff des P. lässt sich auf Polynome mit mehreren Unbestimmten übertragen.

Polynukleotide, Polynucleotide, *Biochemie:* aus Nukleotiden, die in 3′- bzw. 5′-Stellung ihrer Zuckerbestandteile über Phosphatreste miteinander verbunden sind, bestehende höhermolekulare Verbindungen; i. e. S. die →Nukleinsäuren.

Poly|ole, Poly|alkohole, allg. zwei- oder mehrwertige →Alkohole, i. e. S. die →Zuckeralkohole.

Poly|olefine, durch Polymerisation von Alkenen (Olefinen) hergestellte Kunststoffe wie →Polyäthylen, →Polypropylen, →Polybuten und →Polyisobuten.

Polyomavirus, eine Gattung der →Papovaviren, deren Name Polyoma sich von der Eigenschaft, bei der Übertragung auf Versuchstiere in vielen versch. Organen Tumoren erzeugen zu können, ableitet. In ihren natürl. Wirten (Mensch, Affe, Nagetiere u. a.) verursachen P. meist unauffällige, latente Infektionen und sind nicht onkogen. P. des Menschen sind das BK-Virus und das JC-Virus.

Poly|opie [zu griech. óps, opós ›Auge‹, ›Gesicht‹] *die, -/...'pi|en,* Sehstörung, bei der ein Gegenstand mit einem Auge mehrfach gesehen wird; tritt auf bei beginnender Katarakt, Hornhautnarben, irregulärem Astigmatismus.

Poly|osen, die →Hemicellulosen.

Poly|oxymethylene, Abk. **POM, Poly|acetale,** techn. Kunststoffe, die durch Polymerisation von Formaldehyd oder Copolymerisation von Trioxan mit Äthylenoxid hergestellt werden. Formaldehyd-Homopolymere tragen endständige Halbacetalgruppen, $-CH_2-O-CH_2-OH$, die die Umkehrung der Polymerisation (Depolymerisation) bei höherer Temperatur begünstigen und die deshalb durch Veresterung (z. B. mit Essigsäureanhydrid) blockiert werden müssen. Die wichtigsten Eigenschaften der P. sind hohe Härte und Steifheit, gutes Gleit- und Abriebverhalten sowie gute Zähigkeit (bis – 40 °C), Maßhaltigkeit und Wärmeformbeständigkeit (bis etwa 100 °C). P. werden nach Zusatz von Stabilisatoren (z. B. Phenole) bes. für Präzisionsteile in der Feinwerktechnik (z. B. Zahnräder, Ventile, Autotürverriegelungen) sowie für Lager und Gleitelemente verwendet.

Polyp [griech. polýpous, eigtl. ›vielfüßig‹] *der, -en/-en, Zoologie:* 1) fälschlich für Kraken (→Kraken); 2) die fest sitzende, z. T. koloniebildende Habitusform der →Nesseltiere. (→Medusen)

Polypen, *Sg.* **Polyp** *der, -en,* gutartige Tumoren der Schleimhäute, die meist gestielt, aber auch mit breiter Basis dem Untergrund aufsitzen; sie treten v. a. in Hohlorganen (→Darmpolyp, →Magenpolyp) auf und bilden dabei auch die Mehrzahl gutartiger Harnblasentumoren, des Weiteren in der Nase (→Nasenpolypen) oder im Kehlkopf. Allgemeinsprachlich werden auch die adenoiden Wucherungen der Rachenmandel als P. bezeichnet.

Die **Gebärmutter-P.** gehen entweder von der Schleimhaut des Gebärmutterkörpers **(Korpus-P.)** oder des Halskanals **(Zervix-P.)** aus und bestehen aus wucherndem Drüsengewebe und faserreichem Bindegewebe (Stroma). Die Symptome bestehen in blutigem oder eitrigem Ausfluss, beim Korpus-P. auch in wehenartigen Schmerzen. Sie werden durch Ausschabung entfernt und auf eine mögl. Entartung histologisch untersucht. – Das gehäufte Vorkommen von P., v. a. im Magen-Darm-Kanal, wird als **Polyposis intestinalis** bezeichnet.

polyphag [zu griech. phageĩn ›essen‹, ›fressen‹], **multivor,** bezeichnet Tiere, die sich von vielen unterschiedlichen Pflanzen- und/oder Tierarten ernähren. (→monophag, →oligophag, →stenophag)

Polyphagie *die, -/...'gi|en,* abnorm gesteigerte Nahrungsaufnahme aufgrund einer Störung des Sättigungsgefühls, Symptom bei hirnorgan. Erkrankungen.

Polyphänie [zu griech. polyphanés ›vielfach erscheinend‹] *die, -/...'ni|en, Genetik:* die →Pleiotropie.

Polyphem, griech. **Polyphemos,** *griech. Mythos:* einer der Kyklopen, ein einäugiger Sohn des Poseidon; Odysseus wurde von ihm auf seiner Irrfahrt mit zwölf Gefährten gefangen gehalten. Als P. schon sechs Gefährten verzehrt hatte, machte ihn Odysseus betrunken und brannte ihm mit einem glühenden Pfahl das Auge aus. Nachdem er mit den übrigen Gefährten entkommen war, schleuderte ihm der rasende blinde P. einen Felsblock ins Meer nach. Da er Odysseus nicht erreichen konnte, bat er Poseidon um Rache (›Odyssee‹, Buch IX). Komödie und Satyrspiel (EURIPIDES, ›Kyklops‹) wandten den Stoff ins Komische; PHILOXENOS (um 400 v. Chr.) führte das Motiv des Liebesschmachtens des P. für die Nereide →Galatea ein, das in hellenist. Zeit mit der Gesch. des Nebenbuhlers Akis verbunden wurde. – P.s Blendung ist ein häufiges Motiv der griech. Kunst: so in der Vasenmalerei schon im 7. Jh. v. Chr. (Amphora, Eleusis, Museum; Kanne, Ägina, Museum), auf Bronzereliefs (frühes 6. Jh.; Olympia, Museum), später auch freiplastisch (Sperlonga). Der Hellenismus bevorzugte die Darstellung der Werbung um Galatea.

B. FELLMANN: Die antiken Darst. des P.-Abenteuers (1972).

Polyphonie [griech. polyphōnía ›Vielstimmigkeit‹] *die, -,* **1)** *Musik:* mehrstimmige Kompositionsweise, die im Ggs. zur →Homophonie durch weitgehende Selbstständigkeit und linearen (kontrapunkt.) Verlauf der Stimmen gekennzeichnet ist. Der melod. Eigenwert der Stimmen (selbstständiger melod. Sinn, eigene Rhythmusbildung) hat dabei den Vorrang vor der harmon. Bindung, die in tonaler Musik jedoch durchgängig erhalten bleibt. P. in diesem Sinne ist am reinsten ausgeprägt in den Vokalwerken der frankofläm. Schule mit dem Höhepunkt im 16. Jh. bei O. DI LASSO und G. PALESTRINA. Polyphones Denken (→Kontrapunkt) setzt jedoch weitaus früher ein. Es beherrscht das Werden abendländ. Mehrstimmigkeit von der Frühzeit an und verwirklicht sich deutlich bereits im Organum der Notre-Dame-Epoche sowie in den (isorhythm.) Motetten der Ars nova (GUILLAUME DE MACHAULT). Auch nach 1600 blieb das Ideal der P. neben der vom Generalbass beherrschten Setzweise erhalten und tritt in den Werken J. S. BACHS noch einmal in Vollendung hervor. Die hieran orientierte polyphone Setzweise bestimmt teilweise noch das obligate Akkompagnement der Wiener Klassik, die kontrapunktisch bestimmte Richtung der Hoch- und Spätromantik (J. BRAHMS, M. REGER) sowie die atonale P. der Wiener Schule (A. SCHÖNBERG, A. BERG). Die Musik des 20. Jh. ist z. T. betont polyphon orientiert (P. HINDEMITH, H. DISTLER, E. PEPPING, O. MESSIAEN, K. PENDERECKI), insgesamt verliert der traditionelle Ggs. zw. P. und Homophonie in der Moderne nach 1950 allerdings an Bedeutung zugunsten einer Durchdringung beider Setzweisen.

W. APEL: Die Notation der polyphonen Musik, 900–1600 (Leipzig [3]1981); M. F. BUKOFZER: Music in the Baroque era (Neudr. London 1983); I. BOSSUYT: Die Kunst der P. Die fläm. Musik von Guillaume Dufay bis Orlando di Lasso (Zürich 1997).

2) *Schriftgeschichte:* die Erscheinung, dass viele Zeichen ursprünglicher Bilderschriften mehrere Lautwerte besitzen, da sie für mehrere Begriffe stehen konnten (z. B. die Sonnenscheibe im Altägyptischen, die auch den Tag bezeichnet). Semantisch eindeutig wurden die Zeichen durch lautl. Komplemente (einlautige Zeichen mit Hinweisfunktion auf einen bestimmten Laut) oder durch sinndeutende Zeichen (→Determinativ).

polyphyletisch [griech. polýphylos ›von vielen Stämmen‹], *Biologie:* bezeichnet systemat. Gruppen, in denen Arten zusammengefasst werden, die nicht auf eine gemeinsame Stammart zurückgehen, sondern (fälschlich) aufgrund von →Konvergenzen als verwandt betrachtet werden.

Polyphyllie [griech., zu phýllon ›Blatt‹] *die, -,* **Vielblättrigkeit,** abnorme Vermehrung der Blätter eines Blattwirtels (z. B. bei der Einbeere) oder der Blättchen zusammengesetzter Blätter (z. B. Kleeblätter).

Polypid [griech.] *das, -s/-e,* der Vorderkörper der →Moostierchen.

Polyplacophora [griech. ›Vielplattenträger‹], die →Käferschnecken.

Polyplo|idie [nach Haploidie gebildet] *die, -, Genetik:* das Vorhandensein von mehr als zwei Chromosomensätzen in Zellen, wobei je nach der Anzahl der Chromosomensätze triploide, tetraploide usw. Zellen unterschieden werden. P. entsteht spontan durch Genommutation oder experimentell durch chem. Verbindungen, wie z. B. das Mitosegift Colchicin, oder auch durch →Endomitose **(Endo-P.);** Zellen mit Riesenchromosomen sind ein Sonderfall der Endo-P., bei dem die homologen Chromosomen der einzelnen Chromosomensätze nicht einzeln, sondern gebündelt sind. Je nachdem, ob eine Vervielfachung des arteigenen Chromosomensatzes oder der Chromosomensätze versch. Arten vorliegt, unterscheidet man →Autoploidie oder →Alloploidie. – P. kommt bei Tieren selten vor; bei Pflanzen hingegen ist sie relativ häufig und trägt hier zur Artbildung bei; sie wird auch für die Züchtung von Kulturpflanzen genutzt. Die heute gebräuchl. Weizensorten sind fast alle hexaploide Formen, die urspr. in Babylonien durch Polyploidisierung gezüchtet wurden.

polypod [griech. polýpous ›vielfüßig‹], bezeichnet Insektenlarven, die die volle Zahl an Segmenten und Extremitätenpaaren besitzen.

Polypodiaceae [griech.], die →Tüpfelfarngewächse.

Polypodium [griech.], die Pflanzengattung →Tüpfelfarn.

Polypol [Analogiebildung zu Monopol] *das, -s/-e,* Marktform, bei der vielen kleinen Anbietern (Polypolisten) viele kleine Nachfrager gegenüberstehen **(bilaterales** oder **beiderseitiges P.).** Ein P. auf einem vollkommenen →Markt wird als vollkommene, vollständige oder atomist. Konkurrenz bezeichnet: Der Preis bildet sich als Wettbewerbspreis aus der aggregierten Angebots- und der aggregierten Nachfragefunktion, grafisch im Schnittpunkt von Angebots- und Nachfragekurve. Für den einzelnen Anbieter wie für den einzelnen Nachfrager ist der Marktpreis eine gegebene Größe (Datum), die er mit seiner Angebots- oder Nachfragemenge nicht beeinflussen kann. Er verhält sich daher als Mengenanpasser. Auf unvollkommenen Märkten spricht man von monopolist. Konkurrenz (→Monopol).

Polyposis [zu Polyp] *die, -/-ses, Medizin:* das Vorkommen zahlr. Polypen in einem Hohlorgan.

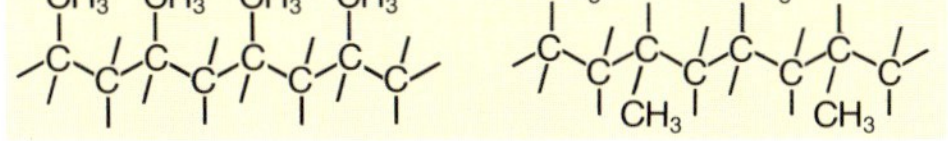

Polypropylen: Konfigurationen von Polypropylen (die H-Atome sind nicht dargestellt); isotaktische (links) und syndiotaktische (rechts) Anordnung der Seitengruppen; bei ataktischer Anordnung liegt ein unregelmäßiger Wechsel der Seitenketten vor

Polypropylen, Abk. **PP,** durch Polymerisation von Propylen hergestellter thermoplast. Kunststoff. Bei 30–80 °C, niedrigem Druck (1–5 bar) und in Gegenwart von →Ziegler-Natta-Katalysatoren wird durch stereospezif. (eine bestimmte Stereoregularität bewirkende) Polymerisation überwiegend das isotakt. Polymer (→Polymere) gebildet. **Isotaktisches P.** ist teilkristallin und hat höhere Festigkeit und eine höhere Erweichungstemperatur (maximale Einsatztemperatur etwa 150 °C) als Polyäthylen. Es wird u. a. durch Spritzguss zu Teilen für die Elektrotechnik, den Automobilbau und Haushaltsgeräte sowie durch Extrudieren zu Fasern und Folien verarbeitet. P.-Schaumstoffe finden wegen ihrer hohen Energieabsorption und Temperaturbeständigkeit zunehmend im Automobilbau (z. B. Stoßfängerkerne) Verwendung. **Ataktisches P.** ist klebrig weich bis gummiartig. – P. wurde 1954 von G. NATTA erstmals hergestellt.

$$\left[\!-CH_2-CH\!-\right]_n \text{ (mit Phenylring an CH)}$$

Polystyrol

Polypteriformes [griech.], die →Flösselhechte.

Polyptoton [griech., zu polýptotos ›in vielen Kasus‹] *das, -s/...ta, Rhetorik* und *Stilistik:* Figur, bei der das gleiche Wort in mehreren Kasus erscheint, z. B. lat. ›homo homini lupus‹ (›der Mensch [ist] dem Menschen ein Wolf‹, d. h. ›jeder Mensch ist des anderen Menschen Feind‹).

Polyptychon [zu griech. polýptychos ›(vielfach) zusammengefaltet‹] *das, -s/...chen* und *...cha,* **1)** antike Form einer zusammenklappbaren Schreibtafel aus mehr als drei Schreibtafeln. (→Diptychon)

2) mehrteiliges Altarwerk, entweder Flügelaltar mit mehr als zwei bewegl. Flügeln um eine feste Mitteltafel oder ein Retabel mit fest aneinander gefügten Tafelbildern. (→Triptychon)

Polyrhythmik, das gleichzeitige Auftreten versch. gegeneinander gestellter Rhythmen innerhalb eines mehrstimmigen Satzes. Man unterscheidet Komplementärrhythmen, bei denen sich mehrere rhythm. Abfolgen zu einem Gesamtrhythmus ergänzen (z. B. verteilt auf die Instrumente einer Rhythmusgruppe), und Konfliktrhythmen, z. B. Triolen gegen Viertel, Quartolen gegen Triolen. P. findet sich seit der Spätromantik (J. BRAHMS, G. MAHLER, C. DEBUSSY, M. RAVEL) und als ein wichtiges Stilmittel in der Neuen Musik, ferner vielfältig ausgeprägt in der außereurop. Musik, im Jazz und der populären Musik (z. B. lateinamerikan. Tänze).

Polyribosom, das →Polysom.

Polysaccharide, Glykane, hochpolymere Kohlenhydrate, in denen Monosaccharide oder ihre Derivate durch glykosid. Bindungen miteinander verknüpft sind. **Homo-P. (Homoglykane)** enthalten nur ein Monosaccharid als Baustein (z. B. Cellulose, Stärke, Glykogen), **Hetero-P. (Heteroglykane)** sind aus versch. Monosacchariden zusammengesetzt (z. B. Pektin, Alginate, Hyaluronsäure) und in der Natur meist an Proteine oder Lipide gebunden.

Polysäuren, *Chemie:* 1) polymere anorgan. Säuren, die durch Wasserabspaltung aus einfachen anorgan. Säuren entstehen. Bei den **Iso-P.** ist am Aufbau der P. nur ein Säure bildendes Element beteiligt, z. B. bei den Polywolframsäuren oder den Kieselsäuren. Bei den **Hetero-P.** liegen zwei versch. Säure bildende Elemente vor, z. B. bei der 12-Molybdophosphorsäure, $H_3[P(Mo_{12}O_{40})]$; 2) säuregruppenhaltige polymere organ. Verbindungen, z. B. die Polyacrylsäure.

Polysemie [zu griech. polýsēmos ›vieles bezeichnend‹] *die, -/...'mi|en, Sprachwissenschaft:* Mehrdeutigkeit eines sprachl. Zeichens, z. B. eines Wortes (z. B. ›Atlas‹ in der Bedeutung ›Gewebe‹, ›Gebirge in Afrika‹, ›Sammlung geograph. Karten‹, ›Gestalt der griech. Mythologie‹), eines →Syntagmas oder eines Satzes (z. B. ›er tötete den Mann mit der Pistole‹, d. h. ›den Mann, der eine Pistole bei sich trug‹ oder ›durch einen Pistolenschuss‹). Die Grenzen zur →Homonymie sind fließend.

Polysom [zu griech. sōma ›Leib‹, ›Körper‹] *das, -s/-en,* **Polyribosom,** *Biochemie:* Aufreihung mehrerer →Ribosomen an einem mRNA-Strang während der →Proteinbiosynthese. Die Größe der P. ist ein Maß für die Größe des gebildeten Proteins (Mittelpunktabstand der einzelnen Ribosomen rd. 100 Nukleotide). Frei im Zytoplasma liegende P. sind schraubenförmig, an Membranen gebundene zweidimensional spiralig angeordnet.

Polysomie *die, -,* eine Form der →Chromosomenanomalien.

Polyspermie [griech. polyspermía ›Überfluss an Samen‹] *die, -/...'mi|en,* das Eindringen mehrerer Spermien in ein Ei. P. kommt als normaler Vorgang v. a. bei dotterreichen Eizellen vor und findet sich bei manchen Insekten sowie bei Knorpelfischen, Schwanzlurchen, Reptilien und Vögeln. Befruchtet wird die Eizelle jedoch nur durch ein Spermium.

Polysphärit [zu griech. sphaîra ›Kugel‹ (wegen der Abscheidung kugeliger Aggregate)] *der, -s/-e,* Mineral, ein calciumhaltiger →Pyromorphit.

Polystichum [griech.], die Gattung →Schildfarn.

Polystyrol, Abk. **PS,** durch Polymerisation von Styrol hergestellter amorpher, thermoplast. Kunststoff. Bedeutung für die techn. Herstellung haben v. a. die radikal. Block- und Suspensionspolymerisation. P. ist glasklar, hat mittlere Festigkeit und Härte sowie geringe Schlagzähigkeit. Die maximale Dauereinsatztemperatur liegt bei etwa 50 °C. P. ist ein billiger Massenkunststoff, der durch Extrudieren, Spritzgießen u. a. Verfahren zu Bauteilen für Radio- und Fernsehgeräte, Einwegverpackungen für Lebensmittel, Textilien und Spielzeug, Tablettenröhrchen u. a. verarbeitet wird. **Schlagfestes P.** ist ein Zweiphasensystem aus hartem P. und eingelagerten feinen Kautschukpartikeln (Styrol-Butadien-Copolymerisate), die dem Werkstoff höhere Zähigkeit verleihen. Es wird für Maschinenverkleidungen, Gehäuse von Elektrogeräten, Kühlschrankinnenteile und Sanitärartikel verwendet. **Expandierbares P.,** Abk. **EPS,** enthält leicht verdampfbare Treibmittel (z. B. Pentan) und bläht sich beim Wiedererwärmen auf (→Schaumstoffe).

Polysulfide, →Schwefelverbindungen.

Polysulfone, Abk. **PSU,** hochtemperaturbeständige Kunststoffe mit folgender Struktureinheit:

$$\left[-O-C_6H_4-C(CH_3)_2-C_6H_4-O-C_6H_4-SO_2-C_6H_4-\right]_n$$

P. werden aus Dichlordiphenylsulfon und Bisphenol A hergestellt und können Dauertemperaturen von 150–170 °C ausgesetzt werden. Sie sind im Unterschied zu Polyimiden thermoplastisch verarbeitbar. Typ. Anwendungen für die transparenten, physiologisch unbedenkl. P. liegen in der Medizintechnik (heißsterilisierbare Teile), Elektrotechnik (thermisch belastete Isolierteile) und bei Haushaltsartikeln (z. B. Kochgeschirre für Mikrowellenherde). Polyäthersulfone (→Polyäther) haben noch bessere Eigenschaften, sind aber auch teurer.

Polysyndeton [griech., eigtl. ›das vielfach Verbundene‹] *das, -s/...ta,* die Anreihung gleichgeordneter Sätze durch dieselbe Konjunktion (**Satz-P.,** z. B. ›und es wallet und siedet und brauset und zischt‹) oder Satzglieder (**Wort-, Wortgruppen-P.**); Ggs.: →Asyndeton.

polysynthetische Sprachen, inkorporierende Sprachen, holophrastische Sprachen, einverleibende Sprachen, *Sprachwissenschaft:* Sprachen, in denen alle bedeutungstragenden Elemente versch. syntakt. Funktionen (z. B. Objekte, Adverbialia) einem Satzglied (meist dem Prädikat) entweder selbst einverleibt werden oder durch auf sie hinweisende Formelemente zum Ausdruck kommen. Im ersteren Fall besteht der Satz formal nur aus einem komplexen Wort wie etwa bei einigen Indianersprachen (z. B. den Irokesensprachen).

Polytänchromosomen, die →Riesenchromosomen.

Polytechnikum [zu griech. polýtechnos ›sich auf viele Künste verstehend‹] *das, -s/...ka,* auch *...ken,* Bez. für techn. Lehranstalten unterschiedl. Art; im frz. (École polytechnique) und brit. (Polytechnic School) techn. Bildungswesen geläufige Bez.; die

École Polytechnique in Paris gehört zu den elitären frz. Grandes Écoles, die École polytechnique fédérale de Lausanne ist eine der →eidgenössischen technischen Hochschulen. P. war im 19. Jh. allg. Bez. der techn. Lehranstalt, 1889 wurden einige zu techn. Hochschulen erhoben, die anderen als höhere techn. Lehranstalten eingestuft. Während diese Bez. in Österreich (→höhere Lehranstalt) und der Schweiz (→höhere Fachschule) fortbesteht, wurden die P. in der BRD in die →Ingenieurschulen und diese ab 1968 in die →Fachhochschulen überführt. – In einigen europ. kommunist. Ländern wurden die techn. Fachschulen als P. bezeichnet.

polytechnische Bildung, urspr. als Begriff der sozialist. Pädagogik die technisch-wirtschaftl. Grundbildung, verstanden als Teil der Allgemeinbildung. Bestandteil des Unterrichts der allgemein bildenden Schulen – d. h. v. a. der acht- bis zehnklassigen Einheitsschulen – bes. in den osteurop. Staaten, z. B. ab 1959 in der DDR der zehnklassigen allgemein bildenden polytechn. →Oberschule; sie ist nach den jeweiligen polit. Veränderungen fast überall in einer Umstrukturierung begriffen.

Eine polytechn. Grundbildung ist auch ein Ziel des Schulwesens bürgerlich-demokrat. Systeme. In Dtl. wird polytechn. Grundbildung an Hauptschulen, Realschulen und Gesamtschulen unter versch. Bez. wie Arbeitslehre, Arbeit/Beruf, Arbeitslehre/Polytechnik, techn. Werken, Wirtschafts-, Haushaltslehre, textiles Werken als Orientierung über Wirtschaft und Arbeitswelt angeboten. Die unterschiedl. didakt. Konzepte betonen den wirtschaftl., gesellschaftl. oder techn. Bereich. Einer berufl. Orientierung soll das Berufsgrundbildungsjahr dienen (→Berufsgrundbildung).

polytechnische Schule, bis 1996 **polytechnischer Lehrgang,** in *Österreich* für Hauptschüler im letzten (neunten) Pflichtschuljahr zu besuchende Bildungseinrichtung, insofern sie danach keine weiterführende (allgemein bildende oder berufsbildende) Schule absolvieren; dient der Festigung der Grundbildung in Hinblick auf das prakt. Leben und die künftige Berufswelt sowie einer Berufsorientierung.

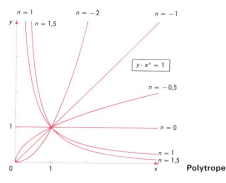

Polytetrafluor|äthylen, Polytetrafluor|ethylen, Abk. **PTFE,** techn. Kunststoff, der durch Suspensions- oder Emulsionspolymerisation von Tetrafluoräthylen hergestellt wird (Handelsname u. a. Teflon®); hochmolekularer, kristalliner Thermoplast, der wegen seiner hohen Schmelztemperatur (320–345 °C) nur durch Pressen und Sintern verarbeitet werden kann. Herausragende Eigenschaften sind Beständigkeit gegenüber fast allen Chemikalien, Temperaturbeständigkeit (max. Dauertemperatur: 250 °C), geringe Benetzbarkeit und gute Gleiteigenschaften. P. wird zum Beschichten von Bratpfannen, v. a. aber für den Korrosionsschutz im chem. Apparatebau verwendet.

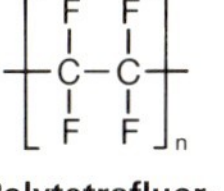

Polytetrafluoräthylen

Polytetrafluor|äthylenfasern, auch **Fluorfasern,** meist bandförmige textile Fasern aus Polytetrafluoräthylen (PTFE), die wegen ihrer chem. Beständigkeit zur Herstellung von Dichtungen und Filtermedien für aggressive Flüssigkeiten verwendet werden. Da PTFE weder schmelzbar noch löslich ist, erfolgt die Herstellung durch Verspinnen aus Suspensionen und anschließendes Sintern.

Polytheismus [zu griech. polytheótes ›Vielgötterei‹, zu theós ›Gott‹] *der, -,* Bez. für den Glauben an mehrere oder viele Gottheiten, die meist nach Art menschl. Personen vorgestellt werden; sie werden im Kult mittels eines mehr oder weniger differenzierten Priestertums verehrt und in der Vorstellung von einem Pantheon zu einer gewissen Einheit zusammengefasst. P. findet sich erst in den frühen Hochkulturen (ab 3000 v. Chr.). Bis zum Ende des Neolithikums wurden sachhafte, unpersönl. Kräfte, v. a. der weiblich vorgestellten Natur oder Vegetation, verehrt. Erst gegen Ende dieser Periode vollzog sich eine religiöse Umorientierung, die in einer neuen Blickrichtung von den chthon. Kräften – die jetzt als bedrohlich und chaotisch empfunden wurden – zu einer himml. Götter- und Lichtwelt sichtbar wird. Ursache war ein neues Welt- und Selbstverständnis der entstehenden Hochkulturen, die sich in differenziertem Ackerbau, Handwerk, urbanem Leben zunehmend als Beherrscher der Natur erfahren konnten, indem sie diese, wenngleich immer neu von Chaosmächten bedroht, durch Gestaltungen prägten. Die personalen Gottheiten entsprachen der neuen Fragestellung des Menschen, der sich auf ein göttl. Du bezog.

Der Opferkult gewinnt Züge personaler Unterwerfung oder Hingabe des Menschen an die Person des Gottes, erste Formen des Bitt- und Lobgebets sind bezeugt, Götter können auch zu eth. Instanzen werden. Die persönl. Eigenart der Gottheiten ist – je nach Entwicklungsstand einer Kultur – durch eine mehr oder weniger differenzierte Fülle von Mythen dokumentiert, die ihr Handeln und spezif. Zuständigkeitsbereiche, ihre Rolle bei der Schöpfung, für die Erhaltung der Welt und das Ende erklären (kosmogon., kosmolog. und eschatolog. Mythen) und weitere spezif. Geschichten berichten. Meist sind die Gottheiten genealogisch miteinander verbunden, wobei oft Elternpaare oder Schöpfungsgottheiten an der Spitze des Pantheons stehen; bisweilen ziehen sich Schöpfergötter nach Vollendung ihres Werks zurück und werden zu ›dei otiosi‹, die nicht mehr ins Weltgeschehen eingreifen. Allen polytheist. Religionen gemeinsam ist die Überzeugung, dass die Götter trotz aller Macht unter einem nichtpersönl. Gesetz stehen und selbst aus Zeugungsprozessen der Natur entstanden sind.

Polythionsäuren, →Schwefelverbindungen.

Polytomie [zu griech. tomḗ ›das Schneiden‹] *die, -,* in der traditionellen *Logik* die Bestimmung eines Begriffs (z. B. Gattungsbegriff) durch zahlr. Unterbegriffe (Artbegriffe); im Unterschied zur Dichotomie.

Polytonalität [analog zu Polyphonie gebildet], die gleichzeitige Verwendung mehrerer, meist zweier (→Bitonalität) Tonarten. P. ist ein häufig gebrauchtes Kompositionsprinzip in der Musik des 20. Jh. (R. STRAUSS, C. DEBUSSY, M. RAVEL, D. MILHAUD).

Polytonie *die, -, Sprachwissenschaft:* das Vorkommen mehrerer bedeutungsunterscheidender Silbentöne in den Tonsprachen.

Polytrauma, Mehrfachverletzungen von mindestens zwei Körperregionen oder Organsystemen, deren Schweregrad aufgrund einer gravierenden Einzelverletzung oder durch das Zusammenwirken mehrerer Schädigungen lebensbedrohlich ist. Häufigste Ursache von P. sind Verkehrsunfälle; hierbei überwiegen Schädel- und Hirn-, Brust- und Bauchverletzungen. P. erfordern sofortige intensivmedizin. Behandlung.

Polytrope [griech.] *die, -/-n,* eine Kurve mit bestimmtem n aus der durch die Gleichung $y \cdot x^n = c$ be-

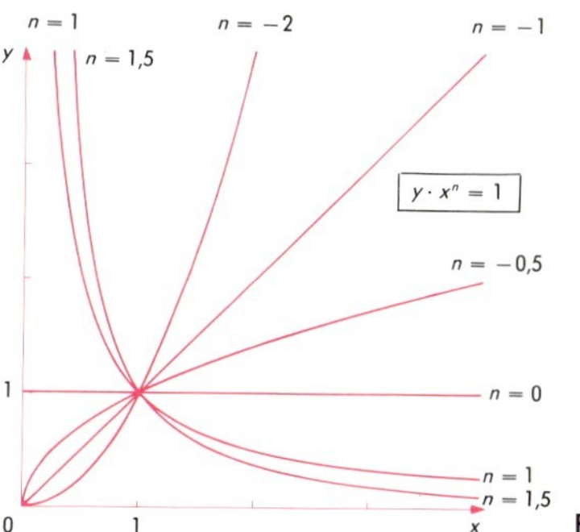

Polytrope

schriebenen Kurvenschar. Die reelle Zahl n, der **P.-Exponent,** legt den Charakter der Kurve fest. Nach geeigneter Wahl von n und c dienen P. zur Darstellung zahlr. Gesetze (techn. Kreisprozesse, Zustandsänderungen von Gasen u. a.); mit $n = 1$ erhält die Gleichung z. B. die Form des →Boyle-Mariotte-Gesetzes.

Poly|urethane, Abk. **PUR,** Polymere, die durch Polyaddition aus mehrwertigen Alkoholen (Polyole, z. B. 1,4-Butandiol, Polyalkylenglykole) und mehrwertigen Isocyanaten (z. B. Toluylendiisocyanat) hergestellt werden:

HO–▭–OH + OCN–▭–NCO + HO–▭–OH

Polyol Diisocyanat Polyol

↓

- - - -O–▭–O–C(=O)–N(H)–▭–N(H)–C(=O)–O–▭–O- - - -

Bei Zusatz von etwas Wasser reagiert ein Teil der Isocyanatgruppen unter Abspaltung von Kohlendioxid (CO_2), das als chem. Treibmittel das Polyaddukt zum Aufschäumen bringt:

- - -–▭–NCO + H_2O + OCN–▭–- - -

↓

- - -–▭–N(H)–C(=O)–N(H)–▭ - - - + CO_2

Polyole mit durchschnittlich 2,5 bis 3 Hydroxylgruppen je Molekül führen zu Weichschäumen, stark verzweigte Polyolmoleküle mit 3 bis 7 Hydroxylgruppen ergeben Hartschäume. P.-Schaumstoffe werden nach direktem Vermischen der Reaktionskomponenten (unter Zusatz von Wasser, Aktivatoren, Emulgatoren u. a.) als Blöcke oder durch direktes Ausschäumen von Hohlräumen (z. B. Kühlmöbel, Schuhsohlen) hergestellt. Zweikomponentenlacke mit P. als Bindemittel **(DD-Lacke)** geben je nach Art der Polyole elast. oder harte Beschichtungen. Sie haben als Anstriche für Schiffe, Kraftfahrzeuge, Holz, Beton und als Elektroisolierlack große Bedeutung. Die erforderl. Lichtechtheit wird mit der Reaktionskomponente Hexamethylendiisocyanat erreicht. – Die P. wurden 1937 von dem Chemiker OTTO BAYER (* 1902, † 1982) entdeckt.

$[–CH_2–CH(OH)–]_n$

Polyvinylalkohol

$[–CH_2–CH(Cl)–]_n$

Polyvinylchlorid

$[–CH_2–CH(O–CO–CH_3)–]_n$

Polyvinylacetat

Polyvinylester

$[–CH_2–CH(N<(CO–CH_2–CH_2–CH_2))–]_n$

Polyvinylpyrrolidon

Poly|urethanfasern, Textilfasern, die durch Polyaddition von Diisocyanaten mit langkettigen Diolen (→Polyurethane) überwiegend nach dem Trockenspinnverfahren hergestellt werden. Durch die langen, bewegl. Kettensegmente entstehen hochelast. Fasern (Bez. **Elastan**) mit Reißdehnungen von über 500 %. Verwendung für Stretchartikel, Badebekleidung u. a.

Poly|urie [zu griech. oũron ›Harn‹] *die, -/...'ri|en,* **Harnflut,** Ausscheidung abnorm erhöhter Harnmengen (bis zu 10–20 Liter/Tag); tritt als vorübergehende Erscheinung ohne Krankheitswert nach Aufnahme großer Flüssigkeitsmengen auf, als Krankheitssymptom v. a. bei Diabetes mellitus und Diabetes insipidus, beginnender Niereninsuffizienz oder v. a. nachts (Nykturie) bei Herzinsuffizienz, anfallsweise nach längerer Tachykardie.

Polyvinyl|acetat, →Polyvinylester.

Polyvinyl|alkohol, kristallines, wasserlösl. Polymer des in freier Form nicht existierenden Vinylalkohols, das durch Umesterung von Polyvinylacetat (→Polyvinylester) mit Methanol hergestellt wird. P. wird als Schutzkolloid bei der Herstellung von Kunststoffdispersionen (z. B. für Holz- und Papierleime, Anstrichfarben) und als Verdickungsmittel in Wasch- und Reinigungsmitteln sowie Pflanzenschutzmitteln verwendet. P. wurde erstmals 1924 durch Verseifung von Polyvinylacetat mit Natronlauge hergestellt.

Polyvinylchlorid, Abk. **PVC,** wichtiger Standardkunststoff (→Kunststoffe), der durch Polymerisation von Vinylchlorid hergestellt wird. Das bevorzugte Verfahren ist die Suspensionspolymerisation, bei der unter Druck verflüssigtes Vinylchlorid mithilfe von Dispergiermitteln (z. B. Celluloseäther) in Wasser emulgiert und nach Zusatz von organ. Perverbindungen als Initiator zur Reaktion gebracht wird. **Suspensions-P.** wird für Rohre (Entwässerung, Wasser- und Gasversorgung, Schutzrohre für elektr. Installationen), Fensterprofile, Fußbodenbeläge und – in Copolymerisation mit Vinylacetat – Schallplattenmassen und Folien verwendet. Beim Mikrosuspensionsverfahren werden in Gegenwart eines Emulgators durch Homogenisatoren sehr feine Vinylchloridtröpfchen in Wasser erzeugt (1–2 µm). Der auspolymerisierte Latex wird für Plastisole (z. B. als Unterbodenschutz) verwendet. Die größte Reinheit hat **Masse-P.,** das ohne Verdünnungsmittel hergestellt und vorzugsweise zu transparenten Platten und Hohlkörpern verarbeitet wird. – Bei sämtl. Polymerisaten wird der Vinylchloridgehalt durch eine Nachbehandlung auf Werte unterhalb des →TRK-Wertes gebracht. P. ist empfindlich gegenüber Wärme und Licht und muss deshalb vor der Verarbeitung mit Stabilisatoren versetzt werden (z. B. Bleiverbindungen, organ. Zinnverbindungen; für Lebensmittelverpackungen Calcium-Zink-Salze höherer Carbonsäuren). **Hart-P.** enthält keine Weichmacher. Es zeichnet sich durch hohe Steifigkeit, Härte, Säure- und Basenbeständigkeit aus und kann bei Dauertemperaturen bis zu etwa 65 °C eingesetzt werden. Durch Modifizierung mit weichelast. Polymeren (z. B. chlorierte Polyäthylene, ABS-Copolymerisate) wird bes. schlagfestes P. **(HIPVC)** erhalten. Chloriertes P. **(PVCC),** das durch Einleiten von Chlor in P.-Suspensionen hergestellt wird, zeichnet sich u. a. durch höhere Wärmebeständigkeit aus. **Weich-P.** wird aus den Polymerisaten durch Einarbeitung von Weichmachern gewonnen. Es ist meist weichgummibis lederähnlich und wird für Kabelisolierungen, Fußbodenbeläge, Folien, Kunstleder u. a. verwendet. – Die Entstehung von P. wurde erstmals 1838 von H. V. REGNAULT beschrieben. Seit 1938 wird P. industriell hergestellt. – Zur ökolog. Problematik →Kunststoffe.

Polyvinyl|ester, durch Polymerisation von Vinylestern hergestellte Polymere. Das **Polyvinylacetat,** Abk. **PVAC,** der wichtigste P., zeichnet sich durch hohe Licht- und Wetterbeständigkeit aus. Es wird v. a. durch Emulsionspolymerisation hergestellt und als Bindemittel für Dispersionsfarben und in Klebstoffen verwendet. Durch Lösungspolymerisation gewonnenes Polyvinylacetat dient zur Herstellung von Polyvinylalkohol. Durch Polymerisation mit Comonomeren (z. B. Äthylen) können weichere, hydrolysestabilere Produkte erhalten werden.

Polyvinylpyrrolidon, Abk. **PVP,** in Wasser und organ. Lösungsmitteln lösl. Polymer, das als Schutzkolloid und Dispergator Bedeutung hat und, da es physiologisch gut verträglich und ungiftig ist, in der Pharmazie und Kosmetik zahlr. Anwendungen findet (z. B. als Filmbildner in Haarfestigern, Bindemittel in Cremes, Zahnpasten und Arzneimitteln). Vernetztes P. quillt bei Wasseraufnahme sehr schnell und ist deshalb als Sprengmittel für Tabletten geeignet.

Polyxen [zu griech. xénos ›Gast‹; ›fremd‹] *der, -s/-e,* Mineral, gediegen vorkommendes →Platin.

Polyxena, griech. **Polyxene,** *griech. Mythos:* Tochter des Priamos und der Hekabe, die von Neoptolemos auf dem Grab des Achill (wie dieser in einer Erscheinung gefordert hatte) geopfert wurde.

Polyxenidae [griech.], die Pinselfüßer (→Doppelfüßer).

Polyzentrismus *der, -,* von P. TOGLIATTI geprägter Begriff zur Kennzeichnung der an die konkreten histor. Bedingungen in den versch. Ländern angepassten Arbeitsbedingungen der einzelnen kommunist. Parteien. Historisch wandte sich dieser Begriff gegen die frühere völlige Unterordnung der kommunist. Parteien unter die Hegemonie der UdSSR und unter die Interessen der KPdSU. Mit der Auflösung der kommunist. Herrschaftssysteme in Mittel- und Osteuropa seit 1989/90 und den Wandlungsbemühungen früherer kommunist. Parteien trat der Begriff P. im polit. Sprachgebrauch in den Hintergrund.

polyzyklisch, *Botanik:* →plurienn.

polyzyklische Aromaten, polyzyklische aromatische Kohlenwasserstoffe, Abk. **PAK,** aus mehreren kondensierten (anellierten) Benzolringen bestehende Kohlenwasserstoffe, die bei der Pyrolyse (Verkokung, Verschwelung, Verkohlung) organ. Substanzen entstehen und sich in geringen Mengen in Teer, Pech, Bitumen, Ruß, Räucherrauch u. a. finden. Polyzykl. aromatische Kohlenwasserstoffe mit vier bis sechs Benzolringen gehören zu den Krebs erzeugenden Stoffen, v. a. das →Benzopyren.

Polyzythämie [zu griech. kýtos ›Höhlung‹, ›Zelle‹ und haĩma ›Blut‹] *die, -/...'mi|en,* Blutkrankheit, die in einer abnormen Erhöhung der Anzahl der Erythrozyten (Polyglobulie), Granulozyten und Thrombozyten im peripheren Blut und damit des Blutvolumens besteht; die Ursache der durch eine Wucherung der Blut bildenden Zellen im Knochenmark hervorgerufenen Blutbildungsstörung ist unbekannt. Sie tritt meist zw. dem 4. und 7. Lebensjahrzehnt auf und verläuft chronisch. Manche Formen sind mit einer bes. starken Erhöhung der Erythrozyten und des Hämoglobingehalts verbunden **(Polycythaemia rubra vera).** Hauptsymptome sind Kopfdruck, Hitzegefühl, Schwindelanfälle, Hautjucken, Hör-, Seh- und Empfindungsstörungen, Atemnot; Haut und Schleimhäute weisen eine rötlich blaue Verfärbung auf, meist sind Milz- und Leberschwellungen und eine Neigung zu Gicht, Magen- und Darmgeschwüren vorhanden. Komplikationen, die zum plötzl. Tod führen können, entstehen durch Bluthochdruck und Herzüberlastung mit Ausbildung einer Herzinsuffizienz infolge der gesteigerten Blutviskosität und v. a. durch Blutungs- und Thromboseneigung (hämorrhag. Diathese, Schlaganfall, Herzinfarkt). – Die *Behandlung* besteht in wiederholten Aderlässen und Anwendung von Radiophosphor und zytostat. Mitteln.

Pol|zellen, zu Beginn der Embryonalentwicklung von Insekten am Hinterpol des Eies abgeschnürte Zellen, aus denen die Geschlechtszellen hervorgehen.

Polzin, Bad P., poln. **Połczyn Zdrój** ['pɔu̯tʃin 'zdruj], Stadt in der Wwschaft Koszalin (Köslin), Polen, 85 m ü. M., auf dem Pommerschen Höhenrücken, 9 500 Ew.; Heilbad mit jod- und bromhaltigen Solen und Eisensäuerlingen sowie Moorvorkommen, Kurpark mit Rosarium; Tafelwasserabfüllung, Brauerei. – Das 1231 erstmals genannte P. wurde vor 1337 Stadt. Nach Entdeckung der Mineralquelle (1688) begann zunächst zögernd deren Nutzung. P. kam 1945 unter poln. Verwaltung, die Zugehörigkeit zu Polen wurde durch den Dt.-Poln. Grenzvertrag vom 14. 11. 1990 (in Kraft seit 16. 1. 1992) anerkannt.

Pomacentridae [griech.], die →Korallenbarsche.

Pomade [frz., von ital. pomata, zu pomo ›Apfel‹] *die, -/-n,* →Brillantine.

Poma de Ayala, Felipe Guamán, indian. Chronist, * etwa 1550, † 1615; durch seine Mutter mit der vorspan. Herrscherfamilie der Inka verwandt; verfasste zw. 1580 und 1615 die ›Nueva crónica y buen gobierno‹, die einzige gut erhaltene, über tausendseitige Handschrift mit Bildern über das Leben der Inka in präkolumb. Zeit. Die Illustrationen und die Aussagen über das tägl. Leben und die Religion der Inka gelten als zuverlässige Quellen, weniger die Angaben zu histor. Ereignissen.

J. VARALLANOS: G. P. de A. (Lima 1979); R. ADORNO: G. P. Writing and resistance in colonial Peru (Austin, Tex., 1986); M. STEINER: G. P. de A. u. die Eroberer Perus (1992).

Pomaken, bulgar. **Pomazi, Pomaci** [-tsi], die im 16.–18. Jh. zum Islam übergetretenen Bulgaren, bei der Befreiung Bulgariens von der osman. Herrschaft (1878) etwa 500 000, heute wohl zw. 200 000 und 300 000 Menschen; leben v. a. in den Tälern des Rhodopegebirges und des mittleren Balkans.

Sebastião José de Carvalho e Mello, Graf von Oeyras, Marquis von Pombal

Pombal, Sebastião José **de Carvalho e Mello** [- kar'vaʎu ɛ 'mɛlu], Graf **von Oeyras** [o'ɛjraʃ] (seit 1755), Marquis **von P.** (seit 1770), port. Staatsmann, * Soure (bei Coimbra) 13. 5. 1699, † Pombal (bei Leiria) 8. 5. 1782; zunächst Diplomat, wurde 1750 von König JOSEPH I. zum Außen-Min., 1756 zum Premier-Min. berufen. P.s Arbeit galt der Neuordnung von Schule, Finanzen, Rechtspflege und Heerwesen sowie dem Wiederaufbau Lissabons nach dem Erdbeben von 1755. Seine vom Geist eines laizist. aufgeklärten Absolutismus geleitete Politik schränkte die Rechte von Adel und Kirche zugunsten der zentralist. Staatsgewalt ein. 1759 wurden die Jesuiten wegen ihres Widerstands aus Portugal und dessen Kolonien vertrieben (1773 wurde der Orden auf P.s Betreiben von Papst KLEMENS XIV. aufgelöst). P. suchte Portugal aus der Abhängigkeit vom brit. Handel zu befreien und förderte bes. den Handel mit Brasilien. 1773 schaffte er die Sklaverei in Portugal ab und gab den Indianern Brasiliens nominell gleiche Rechte wie den Portugiesen. Unter dem Einfluss der Gegner P.s entließ JOSEPHS I. Nachfolgerin MARIA I. 1777 den Min. auf dessen eigenen Wunsch. – P.s Reformwerk, wegen seiner z. T. rigiden Methoden bis heute umstritten, wurde unter MARIA weitgehend aufgehoben. Dennoch hat P., der hervorragendste Vertreter des aufgeklärten Absolutismus in Portugal, die Gesch. seines Landes in der 2. Hälfte des 18. Jh. nachhaltig geprägt.

Pombo, Rafael, kolumbian. Dichter und Diplomat, * Bogotá 7. 11. 1833, † ebd. 5. 5. 1912; Universalgelehrter und wichtigster Romantiker Kolumbiens; schrieb philosoph. Lyrik, Kinderliteratur, Opernlibretti und über 200 Fabeln, beeinflusst u. a. von HORAZ, J. ZORRILLA Y MORAL, H. W. LONGFELLOW.

Ausgabe: Poesías completas, hg. v. E. CARRANZA (1957).

H. H. ORJUELA: Biografía y bibliografía de R. P. (Bogotá 1965).

Pomellen, Autobahngrenzübergang im Landkreis Uecker-Randow, Meckl.-Vorp., an der dt.-poln. Grenze nahe dem zu Nadrensee (470 Ew.) gehörenden Gemeindeteil P. nordöstlich von Penkun.

Pomelos [engl.], *Sg.* **Pomelo** *die, -,* die Pampelmusen (→Pampelmusenbaum).

Pomerania, Euroregion (→Euregio) beiderseits der dt.-poln. Grenze, umfasst in Meckl.-Vorp. die Landkreise Uecker-Randow, Prenzlau und Ostvorpommern, die kreisfreien Städte Greifswald und Stralsund sowie auf poln. Seite die Stadt und einen großen Teil der Wwschaft Stettin.

Pomeranze: Zweig mit Blüte und Frucht

Pomeranus, Beiname des Reformators Johannes →Bugenhagen.

Pomeranze [aus älter ital. pommerancia, zu pomo ›Apfel‹ und arancia ›Apfelsine‹] *die, -/-n,* **Bitterorange** [-orã:ʒə], **Citrus aurantium ssp. aurantium,** wild wachsende Unterart der Gattung Citrus am S-Abfall des Himalaja, angebaut in Indien und im Mittelmeergebiet; kleiner Baum mit länglich ovalen, schwach gekerbten Blättern und weißen, stark duftenden Blüten. Die kugelförmigen, orangefarbenen Früchte **(Pomeranzen)** haben saures Fruchtfleisch und eine sehr dicke, bitter schmeckende Fruchtschale. Das kandierte Mesokarp (mittlerer Teil der Fruchtschale) wird als Backzutat (Orangeat) verwendet. Die Früchte sind Grundstoff der bes. in England beliebten Orangenmarmelade; dazu werden Früchte in Streifen geschnitten und mit Zucker eingekocht. Die Blätter werden zu Petitgrainöl (→Agrumenöle), die Schalen der unreifen Früchte zu **P.-Öl,** einem äther. Öl mit starkem Orangengeruch, verarbeitet.

Pomeranzew, Pomerancev [-tsef], Wladimir Michajlowitsch, russ. Schriftsteller, *Irkutsk 22. 7. 1907, †Moskau 26. 3. 1971; Jurist, war Mitarbeiter der ›Tägl. Rundschau‹, der sowjet. Zeitung in der Sowjet. Besatzungszone, und behandelte diese Zeit in seinem Roman ›Doč' bukinista‹ (1951; dt. ›Die Tochter des Antiquars‹). Sein Aufsatz ›Ob iskrennosti v literature‹ (1953; dt. ›Über die Aufrichtigkeit in der Literatur‹) fand als einer der wichtigsten Beiträge zur ›Tauwetter‹-Diskussion große Beachtung.

Pomerellen, →Pommerellen.

Pomerol, Weinbaubereich (Appellation contrôlée) im Bordelais, Frankreich, bei Libourne, 800 ha Rebland (v. a. Merlotreben); erzeugt hervorragende Rotweine; nördlich anschließendes **Lalande-de-P.** (1 000 ha) mit ähnl. Weinen.

Pomesanien, altpreuß. Landschaft in Polen östlich von Nogat und Weichsel (zw. Elbing und Graudenz) bis zur Drewenz. – Das im 6.–8. Jh. von Prußen besiedelte Gebiet wurde zw. 1233 und 1236 vom Dt. Orden erobert. Nach 1283 setzte die planmäßige Dorfsiedlung des Dt. Ordens ein. 1243 wurde das Bistum P. als eines der vier Bistümer des Deutschordensstaates gegründet; es umfasste in etwa die alten Prußengaue P., Pogesanien und das Marienburger Werder. Sitz des Bischofs, dessen weltl. Herrschaftsgebiet etwa ein Drittel der Diözese umfasste, war Riesenburg, Sitz des Domkapitels, seit 1285 dem Dt. Orden inkorporiert und etwa ein Drittel des bischöfl. Territoriums beherrschend, war Marienwerder. Mit Einführung der Reformation verzichtete 1525 der letzte kath. Bischof unter Übertritt zum Luthertum auf die weltl. Herrschaft und unterstellte die pruß. Gebiete P.s dem neu entstandenen Herzogtum Preußen. Die katholisch gebliebenen Teile des Bistums fielen an das Bistum Culm, 1821 kamen sie an das Bistum Ermland.

Pomeschtschiki [russ., zu pomest'e ›Dienstgut‹], *Sg.* **Pomeschtschik** *der, -(s),* **Pomeščiki** [-ʃtʃ-], in Russland die dem niederen Adel angehörenden Inhaber von Dienstgütern (→Dworjane); bis zum Beginn des 20. Jh. auch allg. Bezeichnung für die adligen Grundherren.

Pomfrets [engl.], *Sg.* **Pomfret** *der, -s,* **Bramidae,** Familie der Barschartigen Fische mit 18 meerbewohnenden Arten in Atlantik, Pazifik und Ind. Ozean; bis 85 cm lang, mit seitlich abgeplattetem Körper.

Pomigliano d'Arco [pomiˈʎaːno-], Stadt in Kampanien, Prov. Neapel, Italien, 36 m ü. M. am Nordfuß des Vesuvs, 42 600 Ew.; Flugzeug- und Eisenbahnindustrie, Alfa-Romeo-Werke.

Pommard [pɔˈmaːr], Weinbau-Gem. in Burgund, Dép. Côte-d'Or, Frankreich, unmittelbar südlich von Beaune, 550 Ew., mit rd. 340 ha Rebland, die jährlich etwa 12 000 hl roten Burgunder liefern.

Pommer, Bomhart, Pumhart, Bombarde, um 1400 aus der →Schalmei hervorgegangene Familie von Holzblasinstrumenten mit doppeltem Rohrblatt und kon. Bohrung, 6–7 Grifflöchern und 1–4 Klappen, die von einer Schutzkapsel (Fontanelle) umgeben sind, in den Lagen Klein Alt (g–d²), Nicolo (Groß Alt, c–g¹), Tenor (G–g¹), Bass (C–h) und Groß Bass (₁F–e); der Diskant (d¹–a²) und der Klein Diskant (a¹–e³) behielten den Namen Schalmei bei. Die P. waren bis ins 17. Jh. wegen ihres starken und scharfen Tons ein bevorzugtes Freiluftinstrument der Hofmusiker und Stadtpfeifer; danach von Oboe und Fagott abgelöst.

Pommer, Erich (Eric), deutsch-amerikan. Filmproduzent, *Hildesheim 20. 7. 1889, †Los Angeles (Calif.) 8. 5. 1966; 1915 Mitbegründer der Decla-Film AG (später Decla-Bioscop), ab 1921 Vorstands-Mitgl. sowie Herstellungsleiter der Ufa. P. zählt zu den wichtigsten Produzenten des frühen dt. Films. Nach seiner Emigration 1933 arbeitete er in Frankreich, Großbritannien und in den USA; gründete 1950 in der Bundesrepublik Dtl. die Intercontinental Film GmbH; kehrte 1956 in die USA zurück.

W. JACOBSEN: E. P. Ein Produzent macht Filmgesch. (1989).

Pommerellen, Pomerellen, östl. Teil des Pommerschen Höhenrückens, Polen, hügelige, seenreiche Landschaft westlich des Weichselunterlaufs und nördlich der Netze. – *Geschichte:* Nach dem Abzug der Ostgermanen von der unteren Weichsel während der Völkerwanderungszeit wanderte der westslaw. Stamm der Pomoranen ein. Zu Beginn des 11. Jh. und wieder nach einem erbitterten Abwehrkampf (1102–22) kam das Gebiet unter poln. Herrschaft; es wurde gleichzeitig mit Pommern christianisiert. Nach der Aufteilung Polens in mehrere Herzogtümer lockerte sich das Herrschaftsverhältnis, und P. bildete seit Ende des 12. Jh. ein eigenes, auch den NO des späteren Pommern umfassendes Herzogtum mit dem Hauptort Danzig unter der Herrschaft der Samboriden. Im 13. Jh. drangen dt. Siedler v. a. in die Städte (Danzig, Dirschau) vor. Das Herzogshaus der Samboriden starb mit Herzog MESTWIN (MŚCIWÓJ) II. 1294 aus. Polen, Brandenburg und der Dt. Orden erhoben daraufhin aufgrund von Verträgen Ansprüche auf P., was zu wechselvollen Kämpfen führte. 1308 besetzte der vom poln. König WLADISLAW II. um Hilfe gebetene Dt. Orden das Land und kaufte Brandenburg im Vertrag von Soldin (1309) dessen Ansprüche ab. Polen fand sich erst nach schweren krieger. Auseinandersetzungen und mehreren Prozessen vor dem päpstl. Tribunal im Frieden von Kalisch (1343) mit dem Verlust ab. Im 2. Thorner Frieden (1466) konnte Polen jedoch seinen Anspruch durchsetzen und die Wwschaft P. mit Marienburg, dem Culmer Land und Ermland zum ›Preußen königl. Anteils‹ zusammenfassen, das vorerst nicht in Polen inkorporiert wurde. Diese Sonderstellung ging in der Union von Lublin (1569) durch Inkorporation weitgehend verloren. Die dt. Siedlung des 14.–16. Jh. erfasste v. a. die Weichselniederung und das Weichseldelta sowie die Ostseeküste, während sie sich kaum in das kaschub. Kernland, die Tucheler Heide, erstreckte. Mit der 1. Poln. Teilung (1772) fiel P. an Preußen (Danzig erst 1793) und bildete bis 1918 den Hauptteil der Prov. Westpreußen. Danach war es als Wwschaft P. im Wesentlichen mit dem Poln. Korridor identisch. 1939–45 gehörte P. zum Reichsgau Danzig-Westpreußen, heute ist es unter die Wwschaften Danzig und Bromberg aufgeteilt.

Historia Pomorza, hg. v. G. LABUDA, 3 Bde. (Posen [1-2]1972–84); B. SCHUMACHER: Gesch. Ost- u. Westpreußens ([7]1987).

Pommern, dt. Neustamm an der südl. Ostseeküste zw. Rügen und der Danziger Bucht, seit dem 12. Jh. (dt. Ostsiedlung) entstanden aus einer Mischung von westslaw. Ur-Bev. sowie niederdt., holländ. und wenigen schwed. Kolonisten. Die östlich der Oder lebenden P. wurden 1945 ausgewiesen bzw. vertrieben. In Sprache und Kultur überwogen in Vorpommern und an der Küste niedersächs., zw. Zarow und Rega niederfränk. und in Ostpommern mitteldt. Einschlag.

Pommern, poln. **Pomorze** [pɔˈmɔʒɛ], Großlandschaft südlich der Ostsee von der Darßer Nehrung im W bis zum Zarnowitzer See im O. Historisch trennt die untere Oder – bis auf ein kleines poln. Gebiet westlich und nordwestlich von Stettin – **Vor-P.,** das in Dtl. (Meckl.-Vorp.) gelegene kleinere West-P., von **Hinter-P.,** das in Polen gelegene Ost-P. Die ehem. **preußische Provinz P.** (1815–1945) umfasste seit der Neuordnung (1938) 38 401 km² und (1939) 2,39 Mio. Ew.; Hauptstadt war Stettin. – P.s Landschaft wird durch Ablagerungen der letzten Eiszeit geformt, die den vorpleistozänen Untergrund, der in den Kreidefelsen auf

Rügen (Stubbenkammer) und an wenigen anderen Stellen zutage tritt, bedecken. Die Küste des westl. P. ist durch Bodden und Haffs stark gegliedert, ihr sind die Inseln Rügen, Hiddensee, Vilm, Usedom, Wollin u. a. vorgelagert. Hinter der Küste breiten sich fruchtbare Grundmoränen, südlich des Stettiner Haffs wenig fruchtbare bewaldete Sandablagerungen aus (Ueckermünder Heide westlich und Gollnower Heide östlich der Oder). Östlich der Oder erstreckt sich eine flache Ausgleichsküste mit Strandseen (Lebasee, Garder See, Jamunder See, Buckower See u. a.) und Mooren. An den Küstenstreifen schließen sich lehmige Grundmoränenflächen und waldreiche Sandablagerungen im Bereich ehem. Urstromtäler an sowie der Pommersche Höhenrücken (vielfach bewaldete Endmoränenzüge), der bis über 200 m ü. M. ansteigt (Schimmritzberg, poln. Siemierzycka Góra, südwestlich von Bütow 256 m ü. M.). Das zw. den Endmoränenzügen gelegene hügelige Grundmoränenland birgt in seinen Mulden und Rinnen neben zahlr. Mooren etwa 1 800 Seen, u. a. Dratzigsee (Jezioro Drawsko), Vilmsee (Jezioro Wielimie), Großer Böthinsee (Jezioro Bytyńskie), weshalb man auch von der **Pommerschen Seenplatte** (poln. Pojezierze Pomorskie) spricht. Insgesamt bedecken sandige Lehm- und lehmige Sandböden etwa die Hälfte, reine Sandböden etwa ein Drittel der Fläche Pommerns.

Geschichte

Im 2. Jh. v. Chr. durchzogen german. Stämme P. Ihnen folgten von O her Slawen, die bis zum 6.–7. Jh. die Gebiete an der unteren Oder um Pyritz und Stargard sowie um Cammin, Kolberg und Belgard besiedelten und das Land Pomorje (›Küstenland‹) nannten. Im 10.–11. Jh. behaupteten sie sich gegen die nach P. drängenden Deutschen, Polen und Dänen; es entstanden das slaw. Herzogtum der Samboriden mit Sitz in Danzig (das spätere Pommerellen), westlich davon das Herrschaftsgebiet des slaw. Fürstenhauses der Greifen, deren Stammburg Stettin war. Um 1120 gelang König BOLESŁAW III. von Polen die Eroberung P.s bis über die Peene; er leitete die Christianisierung ein (OTTO VON BAMBERG; 1124–28); 1140 wurde das Bistum Wollin gegründet und 1176 nach Cammin verlegt. Die in der 2. Hälfte des 12. Jh. gegründeten Klöster zogen dt. Siedler nach sich (dt. Ostsiedlung). Die von ihnen gegründeten Städte erhielten zumeist Magdeburger Recht, während die im Küstenbereich liegenden über lüb. Recht verfügten. In Lübeck erkannte Kaiser FRIEDRICH I. BARBAROSSA 1181 BOGISLAW I. (1156–87) als Herzog von P. (vermutlich auch als Reichsfürsten) an und belehnte ihn mit P., wodurch die seit etwa 1000 ständig erneuerte Oberherrschaft von Polen beendet wurde. Nach seiner Lehnsunterwerfung unter König KNUT VI. beherrschte Dänemark 1185–1227 **Vor-P.**; spätere dynast. Teilungen festigten die Scheidung in Hinter-P. und Vor-P. (ab 1532).

Mit der Preisgabe der Uckermark an die brandenburg. Askanier sicherte Herzog BARNIM I. (1220–78) im Vertrag von Hohen Landin (1250) die Belehnung P.s durch Brandenburg. Ende November 1317 fielen die Länder Schlawe und Stolp, Ende 1325 das Fürstentum Rügen an P., das durch Teilungen wieder geschwächt wurde. Die erste, 1295 in die Herzogtümer **P.-Stettin** und **P.-Wolgast**, folgte der Scheidelinie zw. Magdeburger und lüb. Stadtrecht. Am 12. 6. 1348 erkannte Kaiser KARL IV. die umstrittene Reichsunmittelbarkeit P.s an (Belehnung zur Gesamthand). Um 1400 bestanden vorübergehend fünf Teilherrschaften; die überwiegend der Hanse angehörenden Küstenstädte, v. a. Stralsund und Greifswald, wurden selbst politisch aktiv. Ende 1478 vereinigte Herzog BOGISLAW X. (1474–1523) das Land in seiner Hand und festigte es durch eine geordnete Verwaltung. Er erreichte die Aufhebung des Lehnsverhältnisses zu Brandenburg, musste diesem aber ein Erbrecht einräumen (Pyritz, 1493); 1521 erhielt er gegen den Einspruch Brandenburgs den kaiserl. Lehnsbrief. Sein Sohn GEORG I. (1523–31) sicherte im Grimnitzer Vertrag mit Kurfürst JOACHIM I. NESTOR von Brandenburg (26. 8./25. 10. 1529; ergänzt durch einen Erbvertrag, 23. 12.) P. die Reichsunmittelbarkeit. 1532, endgültig 1541 und wiederum 1569 wurde P. geteilt; unter Herzog BARNIM IX., D. Ä., von P.-Stettin (1523–73) hatte 1534 die Reformation Eingang gefunden.

Als Herzog BOGISLAW XIV. (seit 1606; seit 1625 von ganz P.) 1637 ohne Erben verstarb, trat der Erbvertrag mit Brandenburg in Kraft, doch konnte dieses seine Ansprüche in dem seit 1638 von Schweden wie eine eigene Prov. verwalteten P. nicht durchsetzen. Im Westfäl. Frieden (1648) erreichte es lediglich die Herausgabe der Gebiete östlich der Oder **(Hinter-P.)**, während Vor-P. mit Stettin bei Schweden ebenso verblieb wie das nahezu unabhängige Stralsund (›Schwedisch-P.‹). Im Stettiner Grenzrezess (4. 5. 1653) wurden die Grenzen von Vor- und Hinter-P. neu festgelegt; seit 1817 gilt die untere Oder als Grenze.

Im 1. Nord. Krieg 1658 erlangte Brandenburg-Preußen Lauenburg, Bütow und Draheim (Kr. Neustettin), im 2. Nord. Krieg 1720 Stettin, Usedom, Wollin und das Gebiet Vor-P.s bis zur Peene. Mit dem Erwerb ›Schwedisch-P.s‹ (›Schwedisch-Vorpommern‹) von Dänemark (Frieden von Kiel, 1814; formelle Übergabe 1815, fortan ›Neu-Vorpommern‹) konnte Preußen das gesamte frühere Herzogtum P. seinem Staat eingliedern. Die preuß. **Provinz P.** (Hauptstadt: Stettin), 1815 gebildet, wurde in die Reg.-Bez. Stralsund (1932 aufgehoben), Stettin und Köslin eingeteilt. 1938 wurde der nördl. Hauptteil der ›Grenzmark Posen-Westpreußen‹ als Reg.-Bez. Schneidmühl an P. angeschlossen. Ab 1./3. 3. 1945 hart umkämpft (v. a. Kolberg, Stettin), war ganz P. ab 5. 5. 1945 von sowjet. Truppen besetzt. Nach dem Potsdamer Abkommen vom 2. 8. 1945 kamen Hinter-P., Stettin und Swinemünde unter poln. Verw. (Vertreibung der dt. Bev.; →Oder-Neiße-Linie); seit dem Dt.-Poln. Grenzvertrag 1990 (in Kraft seit 1992) gehören diese Gebiete völkerrechtlich anerkannt zu Polen. – Vor-P. kam 1945 innerhalb der SBZ an das Land Mecklenburg(-Vorpommern) und gehörte ab 1952 zu den DDR-Bezirken Rostock und Neubrandenburg, die 1990 im Bundesland Meckl.-Vorp. aufgingen.

Histor. Atlas von P., auf zahlr. Bde. ber. (1959 ff.); O. EGGERT: Gesch. P.s (1974); K. ŚLASKI: Beitrr. zur Gesch. P.s u. Pommerellens (1987); F. R. BARRAN: Städte-Atlas P. (1989); H. FENSKE: Die Verwaltung P.s 1815–1945 (1993); Land am Meer. P. im Spiegel seiner Gesch., hg. v. W. BUCHHOLZ u. G. MANGELSDORF (1995).

Pommersche Bucht, Bucht der Ostsee zw. den Inseln Usedom und Wollin und dem anschließenden Festland, vor der Odermündung; durch sie verläuft die Staatsgrenze zw. Dtl. und Polen (0,6 km westlich der Achse der für Schiffe mit größerem Tiefgang wichtigen ›Nordansteuerung‹ zu dem poln. Seehafen Stettin und seinem Vorhafen Swinemünde).

Pommersche Evangelische Kirche, unierte Kirche, Gliedkirche der EKU und seit 1991 auch wieder der EKD; von 1968 bis November 1990 **Evangelische Landeskirche Greifswald**; umfasst den nordöstl. (vorpommerschen) Teil des Landes Meckl.-Vorp. und ein kleines Randgebiet im NO Brandenburgs. Sitz des Konsistoriums und des Bischofs ist Greifswald; Bischof ist seit 1991 EDUARD BERGER (* 1944). →Evangelische Kirche in Deutschland, ÜBERSICHT.

Pommerscher Höhenrücken, Teil des →Baltischen Landrückens. (→Pommern)

Pommerscher Kunstschrank, in Augsburg um 1615–17 für Herzog PHILIPP II. von Pommern (* 1573,

† 1618) hergestellter Kabinettschrank aus Ebenholz, der als ein Hauptwerk dieser Art gilt (1945 zerstört). Erhalten ist der Inhalt (u. a. Gerätschaften aus Silber u. a. Materialien, eine Hausapotheke, mathemat. und physikal. Instrumente; Berlin, Kunstgewerbemuseum).

Pommersches Haff, das →Stettiner Haff.

pommersche Tracht, ländl. Kleidung, die bis ins 20. Jh. in den Trachtengebieten Weizacker und Mönchgut getragen wurde.

Bei der **Weizäcker Tracht** aus dem Raum Pyritz und Greifenhagen besteht die Männertracht aus gelben Wildlederkniehosen, einer blauen Tuchweste mit roter Paspelung und dem langen, dunkelblauen oder grünen Schoßrock, der rot gefüttert ist. Zum Kirchgang gehört ein hoher, schwarzer Zylinder, zur Arbeitskleidung eine Pelzmütze mit Goldquaste. Die üppige weibl. Festtracht zeigt mehrere dicht gefältelte, dunkle Röcke, die unten mit grünem oder blauem Band besetzt sind; darüber eine bunte Seidenschürze. Die roten oder blauen Strümpfe sind mit breiten Plattstichstickereien verziert; um die Schultern werden mehrere farbige Seidentücher gelegt. Über dem weißen Halskragen trägt man eine zweireihige Bernsteinkette; von der dunklen Haube mit Backenbändern fallen Bandschleifen. Im Sommer wird eine Strohschute auf die Haube gesetzt. Der Pelzmuff mit Bandschmuck gehört zur weibl. Kirchentracht.

Die **Mönchguter Tracht** wurde v. a. von Fischern auf der südöstl. Halbinsel von Rügen getragen: die weite, bis zur Wade reichende weiße Leinenhose, dazu die kurze, doppelreihig geknöpfte Jacke, eine gestreifte Weste und ein perlenbestickter Brustlatz. Die einfache Frauentracht besteht aus einem langen schwarzen Rock mit hellblauem Saum, einer weißen Schürze sowie einem schwarzen Mieder mit perlenbesticktem Brustlatz und Bandhaube.

Pommersche Volkstrachten, bearb. v. H. HAENEL u. a. (1995).

Pommersfelden: Schloss Weißenstein; erbaut von Johann Dientzenhofer und Lucas von Hildebrandt (Grundsteinlegung 1711)

Pommersfelden, Gem. im Landkreis Bamberg, Bayern, 2 600 Ew. – Das Barockschloss Weißenstein (1711–18), Sommersitz des Mainzer Kurfürsten und Bamberger Fürstbischofs LOTHAR FRANZ VON SCHÖNBORN, wurde von J. DIENTZENHOFER und J. L. VON HILDEBRANDT erbaut, eine Dreiflügelanlage mit säulengeschmücktem Mittelrisalit, vorbildlich für den dt. Schlossbau des 18. Jh. Innenausstattung von J. M. ROTTMAYR u. a., Sala terrena, Marmorsaal, Spiegelkabinett, Kapelle; schönbornsche Kunstsammlung (Gemälde des späten 16. bis 18. Jh.). Halbkreisförmiges Marstallgebäude (1714–17 von M. VON WELSCH) mit ausgemalter Sattelkammer.

Pommerscher Kunstschrank: Von einem Greifen getragene Tischuhr aus dem Inventar des Kabinettschranks; Höhe 18 cm, hergestellt von Georg Schmidt zwischen 1611 und 1616 (Berlin, Kunstgewerbemuseum)

Pommes frites [pɔmˈfrit, frz.] *Pl.,* roh in Fett gebackene Kartoffelstäbchen.

Pomo, Gruppe der →Kalifornischen Indianer. Die meisten der etwa 3 000 P. leben noch in ihren traditionellen Wohngebieten an der Küste und im Küstengebirge nördlich von San Francisco, z. T. als Landwirte oder Landarbeiter auf Reservationen (Rancherias), z. T. in den Städten. Nur noch wenige sprechen ihre Hokansprachen (→Hoka-Sioux). Ihre alte Kultur war gekennzeichnet durch autonome Dörfer mit grasbedeckten Kuppelhütten und einem eingetieften Tanzhaus, durch Schamanismus und hoch entwickelte Korbflechtkunst.

Pomodoro, 1) Arnaldo, ital. Bildhauer, * Morciano di Romagna (bei Pesaro) 23. 6. 1926, Bruder von 2); schuf seit den 1960er-Jahren Metallplastiken (v. a. Kugeln und Zylinderformen), deren gefräste Aushöhlungen komplizierte perforierte Innenstrukturen zeigen (›Grande Disco‹, 1965–68; Darmstadt, am Theater).

2) Giò, ital. Bildhauer, * Orciano di Pesaro (bei Fano) 17. 11. 1930, Bruder von 1); schuf seit 1955 abstrakte Plastiken aus Metall und Stein, häufig mit weich fließender, polierter Oberfläche, die die Wirkung des Lichts auf die Form betonen.

Pomologie [zu lat. pomum ›Baumfrucht‹] *die, -,* **Obstkunde,** die Beschreibung, Bestimmung und systemat. Einteilung der Obstsorten; heute auch umfassender als Bez. für die Lehre von den Obstsorten und vom Obstbau gebraucht.

Pomona [pəˈməʊnə], Stadt in Kalifornien, USA, im östl. Vorortbereich von Los Angeles, 131 700 Ew.; Obst- und Weinbau, Flugzeugzubehörindustrie.

Pomoranen [slaw. ›Küstenbewohner‹], alte ostseeslaw. Stammesgruppen zw. unterer Oder, Weichselmündung und Netze, zu denen v. a. die Kaschuben gehörten.

Pomorie [poˈmɔriɛ], bis 1934 **Anchialo, Anhialo** [aŋxiˈalo], türk. **Ahyolo** [ˈahjɔlu], Stadt in der Region Burgas, Bulgarien, auf einer Felsenhalbinsel am Schwarzen Meer, etwa 10 000 Ew.; Seebad und Kurort (Heilschlammpackungen); Fischereihafen mit Fischverarbeitung; Weinkellereien (in der Umgebung Weinbau), Brennereien. Nahebei der **P.-See** (6,5 km²), aus dem Meersalz und Heilschlamm gewonnen werden. – P., das antike **Anchialos,** war im 4. Jh. eine blühende Hafen- und Handelsstadt. 812 erstmals von den Bulgaren eingenommen, war es bis ins 13. Jh. abwechselnd in byzantin. und bulgar. Hand. 1453 kam es unter türk. Herrschaft.

Pomorze [pɔˈmɔʒɛ], poln. Name für →Pommern.

Pompadour [ˈpɔmpaduːr, frz. pɔ̃paˈduːr; nach der Marquise DE POMPADOUR] *der, -s/-e* und *-s,* in der 2. Hälfte des 18. Jh. aufgekommene und erneut im späten 19. Jh. mod. Beuteltasche; urspr. aus mit Blumenmuster bedrucktem Seidenstoff.

Pompadour [pɔ̃paˈduːr], Jeanne Antoinette **Poisson** [pwaˈsɔ̃], Marquise **de P.** (seit 1745), gen. **Madame de P.,** Mätresse LUDWIGS XV. von Frankreich, *Paris 29. 12. 1721, †Versailles 15. 4. 1764; von bürgerlicher Herkunft, heiratete 1741 den Unterfinanzpächter CHARLES GUILLAUME LE NORMANT Seigneur D'ÉTIOLLES († 1790), von dem sie sich im Juni 1745 offiziell trennte, nachdem sie im Februar 1745 Favoritin des Königs geworden war. Ihre Stellung bei Hof war von Anfang an bedeutend; sie förderte Künstler und Literaten und veranlasste die Errichtung der Porzellanmanufaktur in Sèvres. Ihr polit. Einfluss war geringer, als lange angenommen wurde. An den Bündnisverhandlungen Frankreichs mit Österreich 1756 wirkte sie mit, während des folgenden Siebenjährigen Krieges nahm sie auch auf die Ernennung von Heerführern Einfluss.

N. MITFORD: Madame de P.: Geliebte des Königs (a. d. Engl., 1982).

Pompadourfische [ˈpɔmpaduːr-], die →Diskusfische.

Pompeckjsche Schwelle [pɔmˈpɛtskɪʃə-; nach dem Geologen JOSEF FELIX POMPECKJ, *1867, †1930], tekton. Hochscholle in NW-Deutschland, trennte das oberjurassisch-unterkretazeische Sedimentationsbecken in Ndsachs. von dem des dänisch-ostdt.-poln. Raumes.

Arnaldo Pomodoro: Grande Disco; 1965–68 (Darmstadt, am Theater)

Pompeius, Name eines altröm. plebej. Geschlechts, das im 2. und 1. Jh. v. Chr. hervortrat. – Bedeutende Vertreter:

1) Gnaeus **P. Magnus,** Feldherr und Politiker, *29. 9. 106 v. Chr., †in Ägypten 28. 9. 48 v. Chr., Vater von 2) und 3); leistete unter seinem Vater GNAEUS P. STRABO (Konsul 89 v. Chr., †87 v. Chr.) Kriegsdienst und griff 83 mit einer selbstständig ausgehobenen Legion aufseiten SULLAS gegen die Anhänger des MARIUS ein. Trotz seiner Jugend und mangelnder Qualifikation (er hatte die übl. Ämterlaufbahn nicht beschritten, gehörte dem Ritterstand an), wurde er von SULLA als ›Imperator‹ begrüßt und erzwang 79 nach Erfolgen in Afrika einen Triumph. 76–72 besiegte er SERTORIUS und seine Anhänger in Spanien und vernichtete 71 – bei seiner Rückkehr nach Italien – die Reste der aufständ. Sklaven. 70 v. Chr. mit MARCUS LICINIUS CRASSUS zum Konsul gewählt, stellte er die von SULLA eingeengten Befugnisse der Volkstribunen wieder her.

67 und 66 v. Chr. erhielt P. gegen den Widerstand der Optimaten vom Volk außerordentl. Vollmachten für den Kampf gegen die Seeräuber und gegen MITHRIDATES VI. Eupator. Mit beispielhafter militär. Organisation befreite er das Mittelmeer von den Seeräubern, die er u. a. in Kleinasien (Kilikien) ansiedelte. Er besiegte MITHRIDATES sowie TIGRANES von Armenien, erschien in Syrien und belagerte 63 Jerusalem. Bei der Neuordnung des Ostens richtete er die Prov. Syrien ein. Als er nach der Rückkehr loyal seine Truppen entlassen hatte, erhielt er zwar den Triumph (61) und den Beinamen Magnus (›der Große‹), doch verweigerte ihm der Senat die Bestätigung seiner Maßnahmen im Osten und die Versorgung seiner Veteranen. P. verbündete sich daher mit CRASSUS und CAESAR (erstes Triumvirat, 60 v. Chr.). Die Erneuerung dieses Abkommens (56) sicherte P. das Konsulat für 55 und die Verwaltung Spaniens auf fünf Jahre.

Nach dem Tod seiner vierten Gattin, CAESARS Tochter JULIA (54), und nach dem Ende des CRASSUS (53) verschlechterte sich das Verhältnis zu CAESAR. Bes. seit 52, als er zunächst allein Konsul war, näherte sich P. den Optimaten, die hofften, mit seiner Hilfe CAESAR entmachten zu können. CAESAR eröffnete daraufhin 49 den Bürgerkrieg und schlug P. 48 bei Pharsalos. P. suchte in Ägypten Zuflucht, wurde aber bei der Landung ermordet.

EDUARD MEYER: Caesars Monarchie u. das Principat des Pompejus ([3]1922, Nachdr. 1984); M. GELZER: P. (Neuausg. 1973, Nachdr. 1984).

Jeanne Antoinette Poisson, Marquise de Pompadour (Ausschnitt aus einem Gemälde von François Boucher; 1758)

2) Gnaeus **P. Magnus,** Feldherr, *um 78 v. Chr., †45 v. Chr., Sohn von 1), Bruder von 3); wurde im Kampf gegen CAESAR bei Munda in Spanien geschlagen (17. 3. 45) und auf der Flucht getötet.

3) Sextus **P. Magnus,** Flottenkommandant, *um 68 v. Chr., †(hingerichtet) Milet 35 v. Chr., Sohn von 1), Bruder von 2); führte den Kampf seines Vaters gegen CAESAR fort; kämpfte ab 43 gegen OCTAVIAN (den späteren Kaiser AUGUSTUS), ANTONIUS und LEPIDUS von Sizilien aus zur See und gefährdete die Versorgung Roms; wurde 36 von MARCUS VIPSANIUS AGRIPPA in den Seeschlachten von Mylai (heute Milazzo) und Naulochos (zw. Mylai und Messene) geschlagen; als Flüchtling wurde er in der Prov. Asia getötet.

Pompeius Trogus, röm. Geschichtsschreiber des 1. Jh. v. Chr./1. Jh. n. Chr.; schrieb eine Universalgesch. (›Historiae Philippicae‹) in 44 Büchern, die von den Assyrern bis zur Zeit des P. T. reichte. Erhalten sind nur Inhaltsangaben und ein Auszug des 3. Jahrhunderts.

Pompejanisch|rot, andere Bez. für Venezianischrot (→Caput mortuum).

Pompeji, ital. **Pompei,** bis 1928 **Valle di Pompei,** Stadt in Kampanien, Prov. Neapel, Italien, 13 m ü. M., südöstlich des Vesuvs, 26 100 Ew.; Bischofssitz, Wallfahrtsort; geophysikal. Observatorium mit Vesuvmuseum; Marktort.

Die antike Stadt **Pompeii,** nacheinander von Oskern, Etruskern und Samniten bewohnt, wurde unter SULLA röm. Kolonie, in deren Umgebung sich vornehme Römer großzügige Landsitze bauten. Durch ein Erdbeben am 5. 2. 62 (oder 63) n. Chr. schwer beschädigt und erst z. T. wieder aufgebaut, wurde die Stadt, wie das benachbarte →Herculaneum, durch den Vesuvausbruch vom 24. 8. (oder November?) 79 völlig verschüttet (Bericht von PLINIUS D. J.). Sie hatte zu diesem Zeitpunkt etwa 12 000–15 000 Ew. – 1594–1600 wurden erste Spuren der antiken Stadt, 1748 weitere Reste gefunden. 1860 begannen systemat. Ausgrabungen. Gegenwärtig ist man bemüht, die antike Ausgrabungsstätte, deren Ruinenmauern infolge des Erdbebens von 1980 und der Zerstörungen durch den Tourismus z. T. stark einsturzgefährdet sind, vor dem Verfall zu bewahren (Weltkulturerbe der UNESCO).

Die wenigen z. T. gut erhaltenen Häuser, gepflasterten Straßen und Plätze sowie die offiziellen Bauten

Gnaeus Pompeius Magnus, †48 v. Chr. (Marmorkopf, um 50 v. Chr.; Kopenhagen, Ny Carlsberg Glyptotek)

Pompeji: Überreste der das Forum umgebenden Portikus, im Hintergrund Fragmente der großen Basilika (Handelsborse); 2. Hälfte des 2. Jh. v. Chr.

des alten P. bieten ein anschaul. Bild einer antiken Stadt, deren Anlage in den versch. Planungsphasen gut rekonstruierbar ist. Die osk. Siedlung von 9,3 ha auf einem Lavasporn mit steilem Südhang besaß nur im N und O Befestigungen. Gegen Ende des 5. Jh. v. Chr. versah man ein Stadtgebiet von rd. 65 ha mit einem Mauerring aus Tuffstein, der mehrfach erneuert wurde (Kalksteine) und kurz nach 100 v. Chr. v. a. im N Türme erhielt. Die Neustadt wurde durch die Via dell' Abondanza erschlossen, die zur östl. Porta Sarno führte. Die Bebauung der in Insulae eingeteilten Neustadt kam erst seit Mitte des 2. Jh. v. Chr. und unter den Römern voran. Ab Mitte des 2. Jh. erhielt auch das Forum im SW im Altstadtkern zweigeschossige umlaufende Säulenhallen (Portikus), einen Podiumtempel für die Kapitolin. Trias (›Jupitertempel‹), eine große Basilika (Handelsbörse) und in der Zeit der röm. Colonia weitere Tempel, Amtsgebäude und große Markthallen sowie die Forumsthermen (80 v. Chr. anstelle eines alten, urspr. vor den Toren des osk. P. gelegenen Marktes). Die im 4. Jh. v. Chr. begonnenen Stabianer Thermen erneuerte man bereits im 2. Jh. v. Chr. Der ältere Apollontempel wurde bei der Umgestaltung des Forums von diesem abgetrennt, die Umgebung des archaischen dor. Tempels (6. Jh. v. Chr.) auf einem südöstl. Hügelsporn ebenfalls umgestaltet: Es entstanden das Forum Triangolare, Gymnasion und Theater, neben dem die Römer etwa 80–70 v. Chr. ein Odeon errichteten und dann das Theater ab etwa 70 völlig umbauten. Ebenfalls um 70 wurden das röm. Amphitheater und die Palästra im äußersten O begonnen. Vornehme Stadthäuser (›Haus des Sallust‹, um 200 v. Chr.) und vor den Toren Villen (›Villa des Cicero‹ mit Bodenmosaiken, BILD →DIOSKURIDES von Samos; ›Villa des Diomedes‹; ›Mysterienvilla‹, deren Wandmalereien, 80–30 v. Chr., Kopien hellenist. Vorbilder des 4./3. Jh. v. Chr. sind und vielleicht Initiationsriten der Eleusin. Mysterien darstellen) zeugen bzw. zeugten vom Wohlstand der Oberschicht, ebenso Villen der weiteren Umgebung (→Boscoreale, →Torre Annunziata). Das sehr alte ›Haus des Chirurgen‹ (4. Jh. v. Chr.) wurde als Atriumhaus begonnen, dessen Atrium erst im 2. Jh. v. Chr. ein Impluvium erhielt. Im 1. Jh. v. Chr. wurden viele Häuser um einen Gartenhof (Peristyl) erweitert und/oder das Atrium zu einem Pseudoperistyl mit Säulenstellungen umgebaut. Wegen der Wandmalereien und übrigen Ausstattung bes. bekannt sind das ›Haus des Fauns‹ (benannt nach einer Bronzeplastik) aus dem 3. und 2. Jh. v. Chr., Fundort des →Alexandermosaiks, und aus der Spätzeit das im 1. Jh. wieder aufgebaute Haus der Vettier (heute restauriert, wieder überdacht, das Peristyl bepflanzt; weiteres BILD →Ädikula) wie auch das Haus des PANSA (bis ins 2. Jh. v. Chr. zurückreichend). Bes. aufwendig auch das Haus der Dioskuren (um 100 v. Chr.), das der vergoldeten Amoretten (vor 50 n. Chr.), der silbernen Hochzeit (2. Jh. v. Chr., mehrfach erweitert), des EPIDUS RUFUS (größtes Atrium mit korinth. Säulen), des trag. Dichters (berühmt durch den Roman ›Die letzten Tage von P.‹ von E. BULWER-LYTTON; BILD →Iphigenie), das des M. FABIUS RUFUS (Bauphasen vom 3. Jh. v. Chr. bis Ende des 1. Jh. n. Chr.) oder des MENANDER (Mitte des 3. Jh. v. Chr. und 1. Jh. v. Chr.; mit Silberschatz). Bei der seit dem 2. Jh. v. Chr. blühenden pompejan. Wandmalerei werden vier Stile unterschieden (→römische Kunst). Wandinschriften geben Auskunft über Begebenheiten des tägl. Lebens: Geschäftsanzeigen, Wahlagitationen, Liebesgeständnisse, pornograph. Darstellungen u. a. Auch die vielen kleinen Straßen mit Läden, Handwerksstätten, Herbergen u. a. tragen zum Bild der rührigen Handwerker- und Kaufmannsstadt bei.

P. Leben u. Kunst in den Vesuvstädten, Ausst.-Kat. (1973); Pompei e gli architetti francesi dell'Ottocento, Ausst.-Kat. (Rom 1981); Häuser in P., hg. v. V. M. STROCKA, auf mehrere Bde. ber. (1984 ff.); M. GRANT: P., Herculaneum. Untergang u. Auferstehung der Städte am Vesuv (Neuausg. 1988); Pompei. Pitture e mosaici, hg. vom Istituto della Enciclopedia Italiana, auf 10 Bde. ber. (Rom 1990 ff.); Pompejan. Wandmalerei, hg. v. G. CERULLI IRELLI u. a. (1990); P. Archäolog. Führer. Beitrr. v. E. LA ROCCA u. a., hg. v. F. COARELLI (1990); R. ÉTIENNE: P. Das Leben in einer antiken Stadt (a. d. Frz., [4]1991); P. ZANKER: P. Stadtbild u. Wohngeschmack (1995); B. GESEMANN: Die Straßen der antiken Stadt P. (1996).

Pompeji: Lageplan

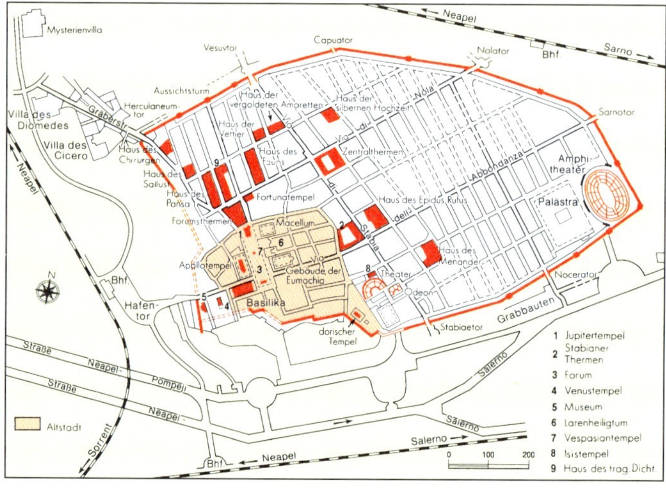

Pompidou [pɔ̃pi'du], Georges, frz. Politiker, *Montboudif (Dép. Cantal) 5. 7. 1911, †Paris 2. 4. 1974; Gymnasiallehrer; 1944 von General C. DE GAULLE in dessen persönl. Stab berufen. 1946–54 bekleidete er versch. Ämter im Staatsrat. 1956–62 war P. Generaldirektor der Rothschild-Bank; 1958/59 Kabinettsdirektor DE GAULLES; 1959–62 Mitgl. des Verf.-Rates, 1961/62 maßgeblich am Zustandekommen des Vertrages von Évian-les-Bains über die Zukunft Algeriens beteiligt. Am 15. 4. 1962 wurde P. von DE GAULLE zum Premier-Min. berufen. Trotz innenpolit. Schwierigkeiten (Widerstände gegen die Direktwahl des Staatspräs., soziale Unruhen) konnte er sich bis 10. 7. 1968 in diesem Amt behaupten. Seine entschiedene und taktisch geschickte Politik zur Aufrechterhaltung der staatl. Autorität während der Maiunruhen 1968 trug bei den Wahlen im Juni 1968 wesentlich zum Gewinn der absoluten Mehrheit der Gaullisten (UDR) bei. Als Gründe für seine überraschende Ablösung im Juli 1968 werden seine in den Augen DE GAULLES zu große Popularität und seine Skepsis gegenüber den Partizipationsplänen des Staatspräs. genannt. Nach dessen Rücktritt setzte sich P. bei den Präsidentschaftswahlen im Juni 1969 im zweiten Wahlgang gegen A. POHER durch (57,5% der Stimmen). Gestützt auf die Reg. unter den Premier-Min. J. CHABAN-DELMAS (1969–72) und P. MESSMER (1972–74), trieb er die wirtschaftl. Modernisierung voran (z. B. durch Förderung von Großprojekten wie dem Bau der ›Concorde‹); soziale Reformen beschränkte er dagegen. In der Außenpolitik stimmte er – im Ggs. zur bisherigen Haltung der frz. Reg. – dem EG-Beitritt Großbritanniens und anderer Staaten zu und befürwortete die polit. Einigung Europas. P. trat für eine Festschreibung der amerikan. Truppenpräsenz in Europa ein, bemühte sich aber gleichzeitig um Fortführung der Entspannungspolitik DE GAULLES.

Schrift: Pour rétablir une vérité (hg. 1982).

P. ROUANET: P. (Paris 1969); C. DEBBASCH: La France de P. (ebd. 1974); E. ROUSSEL: G. P. (Neuausg. ebd. 1994).

Pompilidae [griech.], die →Wegwespen.

Pompilj, Vittoria **Aganoor,** ital. Schriftstellerin, →Aganoor Pompilj, Vittoria.

Pompon [pɔ̃ˈpɔ̃, pɔmˈpɔ̃; frz., zu mittelfrz. pompe ›Prunk‹] *der, -s/-s,* aus Textilfäden gearbeitetes Bällchen, oft als Abschluss einer Schnur.

Pomponazzi, Pietro, latinisiert **Petrus Pomponatius,** gen. **Perretto,** ital. Philosoph, *Mantua 16. 9. 1462, †Bologna 18. 5. 1525; lehrte ab 1488 als Prof. in Padua, ab 1510 in Ferrara und ab 1516 in Bologna. Gegenüber der in Padua traditionellen Aristoteles-Interpretation nach AVERROES (IBN RUSCHD), der zufolge der Geist ein einziges, von den (sterbl.) Einzelseelen getrenntes, unsterbl. Wesen ist, folgte P. im ›Tractatus de immortalitate animae‹ (1516) der Auffassung ALEXANDERS VON APHRODISIAS, nach der der Geist mit den Einzelseelen identisch ist und mit diesen stirbt. Diese Theorie wurde von der Kirche heftig bekämpft, der Tractatus wurde öffentlich verbrannt, und P. konnte schließlich nur durch die Unterscheidung von philosoph. und theolog. Wahrheit sowie durch die Retraktation seiner Schriften der Verurteilung entgehen. Er starb freiwillig den Hungertod.

Ausgaben: De naturalium effectuum causis sive de Incantationibus (1567, Nachdr. 1970); Libri quinque de fato, de libero arbitrio et de praedestinatione, hg. v. R. LEMAY (1957); Corsi inediti dell' insegnamento padovano, 2 Bde. (1966–70); Tractatus de immortalitate animae. Abh. über die Unsterblichkeit der Seele, hg. v. B. MOJSISCH (1990).

A. POPPI: Saggi sul pensiero inedito di P. P. (Padua 1970); M. C. PINE: P. P. Radical philosopher of the Renaissance (ebd. 1986); J. WONDE: Subjekt u. Unsterblichkeit bei P. P. (1994).

Pomponette [Kw., zu Pompon] *die, -/-n,* Zuchtform des →Gänseblümchens.

Pomponius Atticus, Titus, röm. Ritter und Geschäftsmann, →Atticus, Titus Pomponius.

Pomponius Laetus, Julius, ital. **Giulio Pomponio Leto,** ital. Humanist, *Diano (heute Teggiano, Prov. Salerno) 1428, †Rom 21. 5. 1497 (oder 9. 6. 1498); studierte ab 1450 bei L. VALLA in Rom, wurde dort 1465 Lehrer der Rhetorik und Mittelpunkt eines für das antike Rom begeisterten Freundeskreises, 1468 der Teilnahme an der Verschwörung gegen Papst PAUL II. sowie der Häresie bezichtigt und u. a. mit B. SACCHI für ein Jahr auf der Engelsburg inhaftiert. 1471 von SIXTUS IV. rehabilitiert, prägte P. L. als Philologe (›Grammaticae compendium‹, gedruckt Venedig 1484; kommentierte Ausgaben antiker Autoren), Historiker (›De Caesaribus‹, hg. Rom 1499), Archäologe (›De antiquitatibus urbis Romae‹, hg. Rom 1510), v. a. aber als Haupt der ›Röm. Akademie‹ (Erstaufführung von Plautus- und Terenzkomödien) viele jüngere Humanisten, u. a. K. CELTIS und H. VON DEM BUSCHE.

J. RUYSSCHAERT: Les manuels de grammaire latine composés par P. L., in: Scriptorium, Jg. 8 (Anvers 1954); Contemporaries of Erasmus, hg. v. P. G. BIETENHOLZ u. a., Bd. 3 (Toronto 1987).

Georges Pompidou

Pomponne [pɔ̃ˈpɔn], Simon **Arnauld** [arˈno], Marquis de, frz. Außen-Min., *Paris 1618, †Fontainebleau 26. 9. 1699; Neffe der Jansenisten ANTOINE und ANGÉLIQUE ARNAULD. Ab 1665 Botschafter in Stockholm und in Den Haag, wurde P. 1671 von LUDWIG XIV. als Nachfolger H. DE LIONNES zum Leiter der Außenpolitik berufen. Er leitete die frz. Diplomatie während des →Holländischen Krieges (1672–79) und führte die Friedensverhandlungen in Nimwegen. Von Kriegs-Min. LOUVOIS wegen seiner maßvollen Haltung angegriffen sowie jansenist. Neigungen verdächtigt, wurde P. 1679 vom König entlassen. 1696–99 leitete er noch einmal die frz. Außenpolitik.

Pomposa, Benediktinerabtei im Mündungsgebiet des Po, in der ital. Gem. Codigoro, Prov. Ferrara; gegr. im 7. Jh., bedeutendes geistiges Zentrum im 11./12. Jh.; 1496 wegen Malaria verlassen; Abteikirche Santa Maria aus dem 8./9. Jh. mit Campanile aus dem 11. Jh. und roman. Atrium (11./12. Jh.); Kircheninneres mit Fresken aus der Mitte des 14. Jh. (Apsisfresken von VITALE DA BOLOGNA); Kapitelsaal und Refektorium in got. Stil.

Pomtan, *Sg.* **Pomdo** *der, -(s),* kleine Specksteinfiguren der →Kissi in Westafrika; ähneln den →Nomoli, wurden aber im Ggs. zu diesen bis in die jüngste Vergangenheit hergestellt.

Ponape [ˈpɔnəpeɪ, ˈpəʊnɑːpeɪ], größte Insel der Ostkarolinen, Mikronesien, →Pohnpei.

Ponce [-sɛ], zweitgrößte Stadt auf Puerto Rico, an der Südküste, 187 800 Ew.; kath. Bischofssitz; kath. Univ.; Zentrum eines Zuckerrohranbaugebiets, mit Zuckerfabriken u. a. Konsumgüterindustrie; Hafen, Flughafen. – Die Stadt hat viel von ihrem kolonialzeitl. Charakter bewahrt. Die Kathedrale (im 17. Jh. gegr.) ist v. a. durch klassizist. Stilelemente gekennzeichnet.

Ponce [-sɛ], Aníbal Norberto, argentin. Schriftsteller und Soziologe, *Buenos Aires 6. 6. 1898, †Mexiko 1938; gab mit seinem Lehrer, dem Schriftsteller und Philosophen JOSÉ INGENIEROS (*1877, †1925), die ›Revista Filosofia‹ heraus und begründete die Zeitschrift ›Dialética‹. Als einer der bekanntesten Vertreter des Marxismus in Lateinamerika wurde er seiner akadem. Funktionen enthoben und lehrte danach im Exil in Mexiko.

Werke: La gramática de los sentimientos (1929); Sarmiento, constructor de la nueva Argentina (1932); Educación y lucha de clases (1936).

Jean Victor Poncelet

Ponce de León [ˈpɔnθe ðe leˈɔn], Juan, span. Konquistador, *Tierra de Campos (Prov. Palencia) um 1460, †auf Kuba Juni 1521; begleitete C. KOLUMBUS auf dessen dritter Reise; 1509 eroberte er Puerto Rico. Auf der Suche nach einem sagenhaften Jungbrunnen auf den Biminiinseln entdeckte er am 27. 3. 1513 Florida, das er für eine Insel hielt.

Poncelet [pɔ̃sˈlɛ], Jean Victor, frz. Mathematiker und Physiker, *Metz 1. 7. 1788, †Paris 22. 12. 1867; entwickelte die Grundzüge der projektiven Geometrie, die er in seinem Werk ›Traité des propriétés projectives des figures‹ (1822) niederlegte. In der Folgezeit wurde P. zu einem der wichtigsten Vertreter der projektiven Geometrie und zugleich zu einem der heftigsten Gegner der analyt. Geometrie (u. a. Auseinandersetzung mit A. L. CAUCHY über das ›Kontinuitätsprinzip‹). P. war später an einer Militärschule in Metz tätig, 1848 wurde er Leiter der École Polytechnique in Paris. Er führte grundlegende Untersuchungen über Hydraulik und Festigkeitslehre durch und war erfolgreich um die Einführung des Begriffs der mechan. Arbeit in Physik und Technik bemüht.

Poncho eines Häuptlings der Guaraní in Paraguay

Francis Ponge

Ponchielli [pɔŋˈkjɛlli], Amilcare, ital. Komponist, * Paderno Ossolaro (heute Paderno Ponchielli, bei Cremona) 31. 8. 1834, † Mailand 16. 1. 1886; wirkte u. a. als Kapellmeister in Cremona und als Prof. am Mailänder Konservatorium. Seine Opern (bes. ›La Gioconda‹, 1876) sind durch die musikal. Gestaltung dramat. Kontraste gekennzeichnet und lassen den Einfluss G. MEYERBEERS und G. VERDIS erkennen.

Poncho [ˈpɔntʃo; span.-indian.] *der, -s/-s,* von den Indianern Mittel- und Südamerikas traditionell getragene Oberbekleidung: eine rechteckige Decke unterschiedl. Länge mit längs gerichtetem Kopfschlitz. – Der P. ist für mehrere frühe Kulturen belegt.

Pond [von lat. pondus ›Gewicht‹] *das, -s/-,* Einheitenzeichen **p,** nichtgesetzl. Einheit der Kraft im techn. Maßsystem. Das P. wurde für die Norm-Gewichtskraft der Masse eines Gramms (Masse mal Normfallbeschleunigung) 1939 zunächst intern bei der Physikalisch-Techn. Reichsanstalt eingeführt und 1955 in die DIN-Normen übernommen, um deutlich zw. der Masse eines Gramms und dessen Gewichtskraft – die früher beide gleich mit g bezeichnet wurden – unterscheiden zu können: 1 p = 9,80665 mN. 1 Kilopond = 1 kp = 10^3 p = 1 000 p. 1 Megapond = 1 Mp = 10^6 p = 1 000 kp.

Ponderation [lat. ›das Abwägen‹] *die, -, Bildhauerkunst:* der Ausgleich der Gewichtsverhältnisse des Körpers; bekannteste Art ist der →Kontrapost.

Pondicherry [pɔndɪˈtʃerɪ], frz. **Pondichéry** [pɔ̃diʃeˈri], **1)** Hauptstadt des Unionsterritoriums Pondicherry, Indien, an der Koromandelküste, 203 100 Ew.; kath. Erzbischofssitz; Univ. (gegr. 1985); Baumwollindustrie; Hafen.

2) Unionsterritorium in S-Indien, 492 km², (1994) 890 000 Ew., Hauptstadt ist Pondicherry. Das Unionsterritorium besteht aus vier Gebietsteilen: An der Küste des Bundesstaates Tamil Nadu liegen P. (293 km², 607 600 Ew.) und Karikal (160 km², 145 700 Ew.), an der Küste von Kerala liegt Mahe (9 km², 33 400 Ew.), an der Küste von Andhra Pradesh liegt Yanam (30 km², 20 300 Ew.). Sprachen sind Tamil, Telegu, Malayalam, Französisch und Englisch. Die Landwirtschaft erzeugt Reis, Baumwolle und Zuckerrohr; Konsumgüterindustrie. In P. liegt Auroville, die 1968 unter Beteiligung der UNESCO angelegte Stadt, in der die Menschen nach den Ideen von Sri →Aurobindo zusammenleben können. – Das Gebiet von P. wurde Ende des 17. Jh. von der frz. Ostind. Kompanie erworben. Durch einen frz.-ind. Vertrag (1. 11. 1954) kamen P., Karikal, Yanam und Mahe, bis dahin Teil Französisch-Indiens, zur Ind. Union und wurden am 28. 5. 1956 zu einem Territorium zusammengefasst; seit 16. 8. 1962 Unionsterritorium.

Ponferrada [pɔnfɛˈrraða], Industriestadt in der Prov. León, Spanien, 543 m ü. M., am Zusammenfluss von Sil und Boeza (jeweils Staudämme mit Wasserkraftwerken), 61 000 Ew.; Eisen- und Stahlerzeugung, chem. Industrie, Kohlekraftwerk; Straßenknotenpunkt, Bahnstation. – 1178 gründeten die Templer das Castillo de Templarios mit Vorburg (heute restauriert), in der sie bis zur Ordensauflösung (1312) residierten; Hospital de la Reina (1498 von ISABELLA DER KATHOLISCHEN gegr.; mehrfach umgebaut), Wallfahrtsbasilika Santa María de la Encina (1577, im 17. Jh. verändert); Konzeptionistenkloster (1542); Rathaus (17. Jh.) mit zwei Türmen. Außerhalb liegen die mozarab. Kirchen Santo Tomás de las Ollas (10. Jh.; maur. Hufeisenbögen und westgot. Stilelemente) und 19 km im S Peñalba de Santiago (931 geweiht; maur. Hufeisenbögen). – P. entwickelte sich an der Stelle des ehem. Römerortes **Interamnium Flavium** zu einer bedeutenden Stadt am Jakobsweg, nachdem der Bischof von Astorga Ende des 11. Jh. die namengebende eisenverstärkte Granitquaderbrücke (›Pons ferrata‹) über den Sil hatte bauen lassen.

Pongau, Talschaft der mittleren Salzach im Bundesland Salzburg, Österreich, zw. der Taxenbacher Enge und Pass Lueg und ihrer Nebentäler, v. a. das der Gasteiner Ache, des Großarlbachs, des Wagrainer Bachs und des Fritzbachs, sowie des obersten Ennstals (bis zum Mandlingpass), das über die Talwasserscheiden der Wagrainer Höhe und von Eben im P. mit den letztgenannten Seitentälern in Verbindung steht; entspricht dem Bez. Sankt Johann im P. (1 755 km²; 74 600 Ew.), der im S bis zum Tauernhauptkamm reicht. Der P. ist v. a. ein Durchgangsland, seinen Tälern folgen die Tauernbahn, die Bahnlinie Graz–Innsbruck, die Tauernautobahn und die alte Passstraße über die Tauernpasshöhe sowie die Ennstalstraße in die Obersteiermark; Mittelpunkt ist Bischofshofen, ein wichtiger Industriestandort; wichtige Wirtschaftszweige sind ferner Land- und Forstwirtschaft sowie Fremdenverkehr (Gasteiner Tal, Radstädter Tauern, Eishöhle bei Werfen u. a.).

Ponge [pɔ̃ʒ], Francis, frz. Schriftsteller, * Montpellier 27. 3. 1899, † Le Bar-sur-Loup (Dép. Alpes-Maritimes) 6. 8. 1988; seit 1922 Mitarbeiter der ›Nouvelle Revue Française‹, 1933–37 im Verlag Hachette. Erste Buchveröffentlichung war ›Le parti pris des choses‹ (1942, korrigierte Neuausg. 1949; dt. ›Einführung in den Kieselstein u. a. Texte‹), seitdem gilt er als ›Dichter der Dinge‹, der in Textstillleben Objekte des Alltags porträtiert. In P.s Sicht offenbart sich deren Wesen durch die Sprache, die der Autor als Weltvergewisserung verstand; so wird Kunst gleichsam zur Therapie gegen das metaphys. Vakuum einer vom Existenzialismus geprägten Zeit. P., der in radikalisierter Form den Sprachskeptizismus der Moderne (S. MALLARMÉ) fortführt, demonstriert diesen in permanenter Reflexion über den Akt des Schreibens (›Le carnet du bois de pins‹, 1947; dt. ›Das Notizbuch vom Kiefernwald‹). Trotz seines Außenseiterstatus wirkte P.s Werk wegweisend; es wurde von J.-P. SARTRE (›L'homme et les choses‹, 1944; dt. ›Der Mensch und die Dinge‹) philosophisch-phänomenologisch rezipiert und prägte wesentlich die Poetologie von Nouveau Roman und Tel Quel. P. war auch als Kunstkritiker tätig und arbeitete eng mit den Malern des Kubismus zusammen (J. GRIS, G. BRAQUE).

Weitere Werke: *Theoret. Schriften:* Dix cours sur la méthode (1946); Pour un Malherbe (1965); L'atelier contemporain (1967; dt. Texte zur Kunst); Pratiques d'écritures ou l'inachèvement perpétuel (1984; dt. Schreibpraktiken oder die stetige Unfertigkeit). – *Prosadichtung:* Le savon (1967; dt. Die Seife); La fabrique du pré (1971); Comment une figue de paroles et pourquoi (1977); Nioque de l'avant-printemps (1983); Petite suite vivaraise (1983; dt. Kleine Suite des Vivarais).

Ausgaben: Le grand recueil, 3 Bde. (Neuausg. 1977–88); Nouveau recueil (Neuausg. 1989). – Ausgew. Werke, 2 Bde. (1965–68).

D. BOLTE: Wortkult u. Fragment. Die poetolog. Poesie F. P.s, ein postmodernes Experiment (1989); M. COLLOT: F. P. Entre mots et choses (Seyssel 1991); J. PIERROT: F. P. (Paris 1993).

Pongidae [afrikan.-nlat.], die →Menschenaffen.

Pongola [afrikaans pɔŋˈgoːla, port. poŋˈgɔla] *die,* Fluss im O des südl. Afrika, 550 km lang, entspringt im NW von Kwazulu/Natal, Rep. Südafrika, mündet als Maputo in die Delagoa-Bai in S-Moçambique. Er ist im Durchbruch durch die Lebombokette gestaut (Pongolapoort Dam).

Pongs, Hermann, Germanist, *Odenkirchen (heute zu Mönchengladbach) 23. 3. 1889, †Gerlingen 3. 3. 1979; war 1929–42 Prof. in Stuttgart, ab 1942 in Göttingen. Der Schwerpunkt seiner Arbeiten lag im Bereich der Symbolforschung (›Das Bild in der Dichtung‹, 4 Bde., 1927–73). P., dessen literar. Wertungen weithin konform gingen mit den Nationalsozialisten, war 1934–39 und 1941–44 Mitherausgeber der Zeitschrift ›Dichtung und Volkstum‹.

Weitere Werke: Das kleine Lex. der Weltlit. (1954, [6]1976 u. d. T. Lex. der Weltlit.); Franz Kafka. Dichter des Labyrinths (1960); Symbol als Mitte (1978).

Poniatowska, Elena, mexikan. Schriftstellerin, *Paris 19. 5. 1933; mütterlicherseits mexikan., väterlicherseits poln. Abstammung; lebt seit 1942 in Mexiko; Journalistin; veröffentlichte mehrere ›Reportageromane‹, die wegen ihrer polit. Brisanz – wie ›La noche de Tlatelolco‹ (1971) über das Studentenmassaker von 1968 – und stilist. Qualitäten herausragen.

Weitere Werke: *Romane:* Lilus Kikus (1954); Hasta no verte, Jesús mío (1969; dt. Allem zum Trotz ... Das Leben der Jesusa); Querido Diego, te abraza Quiela (1978; dt. Lieber Diego); La ›flor de lis‹ (1988); Tinísima (1992; dt. Tinissima). – *Reportagen:* Fuerte es el silencio (1987; dt. Stark ist das Schweigen).

Poniatowski, poln., bes. im 17. und 18. Jh. einflussreiche Magnatenfamilie; sie existiert noch in einer fürstl. Nebenlinie in Frankreich. – Bedeutende Vertreter:

1) Józef Fürst, poln. General und napoleon. Marschall, *Wien 7. 5. 1763, †bei Leipzig 19. 10. 1813, Enkel von 3); zunächst österr. Offizier. 1789 zum poln. Generalmajor ernannt, begann er den organisator. Aufbau der poln. Armee und war 1791/92 vorübergehend ihr Oberbefehlshaber. 1794 nahm er als Divisionskommandeur am Aufstand T. Kościuszkos teil, nach dessen Niederschlagung und der 3. Poln. Teilung er sich ins Privatleben zurückzog. Nach dem Einmarsch der Franzosen in Warschau (1806) Oberbefehlshaber und seit 1807 Kriegs-Min. im Herzogtum Warschau, führte er 1809 den Feldzug gegen Österreich in Galizien. Im Russ. Feldzug von 1812 kommandierte er das V. Armeekorps. Nach der Rückkehr nach Warschau lehnte er den Übertritt auf die russ. Seite ab, unterstützte Napoleon I. bei Lützen und deckte dessen Rückzug bei Leipzig (auf dem Schlachtfeld zum Marschall von Frankreich ernannt); schwer verwundet, ertrank er in der Elster.

2) Michel Casimir Fürst, frz. Politiker, *Paris 16. 5. 1922; Jurist, ab 1955 in versch. Reg. der Vierten Rep. tätig, seit 1959 enger Mitarbeiter des späteren Staatspräs. V. Giscard d'Estaing (in dessen Amtszeit 1977–81 Persönl. Botschafter); 1967–73 Abg. der Unabhängigen Republikaner in der Nationalversammlung; 1967–73 Gen.-Sekr., 1975 Präs. dieser Partei, die er neu organisierte. 1979–89 MdEP, seit 1989 Senator. P. schrieb u. a. mehrere Werke über C. M. de Talleyrand (u. a. ›Talleyrand 1789–1799‹, 1989).

3) Stanisław Graf, poln. Offizier und Politiker, *15. 9. 1676, †Ryki (bei Dęblin) 3. 8. 1762, Großvater von 1); war österr. Offizier, dann Adjutant des schwed. Königs Karl XII., dem er bei Poltawa (1709) das Leben rettete und den er ins Exil begleitete. Als Gesandter in Konstantinopel erreichte er 1710 die Kriegserklärung der Türkei an Russland. Durch seine Heirat (1720) mit Konstanze Czartoryska war er mit der ›Familie‹ Czartoryski verbunden. Im Poln. Thronfolgekrieg unterstützte er Stanislaus I. Leszczyński, war aber nach 1738 Parteigänger Augusts III. In seiner Broschüre ›List ziemianina do pewnego przyjaciela ...‹ (1744; dt. ›Briefe eines Landmannes an seinen Freund‹) entwickelte P. ein Reformprogramm.

4) Stanisław August, König von Polen, →Stanislaus (Herrscher, Polen).

Poničan [ˈpɔnjitʃan], Ján, slowak. Schriftsteller und Literaturtheoretiker, *Očová (Mittelslowak. Gebiet) 15. 6. 1902, †Preßburg 25. 2. 1978; Jurist, Vertreter der proletar. Literatur, schrieb v. a. Lyrik, aber auch Dramen (›Čistá hra‹, 1949) und Romane (›Stroje sa pohly‹, 1935); bedeutender Übersetzer (u. a. Schiller, H. von Kleist, A. A. Blok, Molière).

Weitere Werke: *Lyrik:* Demontáž (1929); Večerné svetlá (1932); Divný Janko (1941); Povstanie (1946). – *Erinnerungen:* Búrlivá mladosť (1975).

J. P., 1902–1977, hg. v. K. Rosenbaum (Martin 1977).

Pönitent [mlat., zu lat. poena ›Strafe‹] *der, -en/-en, kath. Kirche, veraltend:* Büßender, Beichtender. – **Pönitenz** *die, -/-en,* in der Beichte auferlegte Buße.

Pönitentialien, *Sg.* **Pönitentiale** *das, -s,* die →Bußbücher.

Pönitentialsummen, lat. **Summae de poenitentia,** den →Bußbüchern vergleichbare Handbücher des spätmittelalterl. Klerus, in denen zuerst in systemat., später in alphabet. Anordnung moraltheolog., dogmat. und kirchenrechtl. Fragen für den Gebrauch in der Beicht- und Bußpraxis zusammengestellt wurden.

Pönitentiar [mlat.] *der, -s/-e,* Beichtvater, bes. (früher) der Bußkanoniker als Bevollmächtigter des Bischofs für die diesem vorbehaltenen Fälle von Absolution. Für dem Papst reservierte Fälle ist die →Apostolische Paenitentiarie zuständig.

Józef Fürst Poniatowski

Ponnelle [pɔˈnɛl], Jean-Pierre, frz. Bühnenausstatter, Theater- und Opernregisseur, *Paris 19. 2. 1932, †München 11. 8. 1988; Studium in Paris, Malunterricht bei F. Léger; ersten großen Erfolg als Ausstatter hatte er 1952 mit der Uraufführung von H. W. Henzes ›Boulevard Solitude‹ in Hannover; weitere Stationen waren u. a. Düsseldorf (bei K. Stroux), wo er 1961 als Regisseur begann (u. a. R. Wagners ›Tristan und Isolde‹, 1962; Neuinszenierung 1981 in Bayreuth), die Salzburger Festspiele, Köln, Zürich und München.

Imre Fabian im Gespräch mit J.-P. P. (Zürich 1983).

Ponor [serbokroat. ›Abgrund‹] *der, -s/...ˈnore,* **Katavothre, Flussschwinde, Schlundloch,** in Karstgebieten eine Stelle, wo Wasser ganz oder teilweise in den Untergrund verschwindet. (→Karst)

Pons [lat.] *der, -/ˈPontes, Anatomie:* die Brücke (→Gehirn).

Pons [pɔ̃s], Jean-Louis, frz. Astronom, *Peyre (Dauphiné) 24. 12. 1761, †Florenz 14. 10. 1831; Direktor der Sternwarte in Florenz; entdeckte 37 Kometen, darunter den nach J. F. Encke benannten mit einer Umlaufzeit um die Sonne von 3,3 Jahren.

Ponselle [pɔnˈsel], Rosa, eigtl. **R. Ponzillo,** amerikan. Sängerin (Sopran) ital. Herkunft, *Meriden (Conn.) 22. 1. 1897, †Baltimore (Md.) 25. 5. 1981; debütierte 1918, war 1918–37 als Primadonna mit perfekter Koloraturtechnik Mitgl. der Metropolitan Opera in New York und leitete ab 1954 die Civic Opera in Baltimore.

Pont [nach Pontos Euxeinos, dem griech. Namen des Schwarzen Meeres] *das, -s,* **Pontien** [pɔ̃ˈtjɛ̃], **Pontium,** *Geologie:* Regionalstufe des oberen Miozäns bis frühen Pliozäns (→Tertiär) im südöstl. Mitteleuropa und südl. Osteuropa; Ablagerungen in Restmeeren (Paratethys) der Tethys.

Ponta Delgada, größte Stadt der Azoren, Hauptstadt der port. Autonomen Region Azoren, auf der Insel São Miguel an einer Bucht der S-Küste, 21 100 Ew.; Univ. der Azoren (1980 gegr.), Lehrerseminar, Wetterwarte. P. ist wichtigster Hafen (Export von Südfrüchten, Tee, Milcherzeugnissen, Schlachtvieh und Agar-Agar) und Flughafen des Archipels. Die Industrie ist nur gering entwickelt (Nahrungs- und Genussmittel, Gummi, Bekleidung u. a.; Zementwerk). – Im Stadtbild zahlr. Kirchen und Klöster des 16. und 17. Jh. sowie Häuser und Paläste des 18. Jh.; Kirche

Schule von Pont-Aven: Émile Bernard, ›Madelaine im Bois d'Amour‹; 1888 (Paris, Musée d'Orsay)

São José (15. und 18. Jh.; Azulejosausstattung); São Sebastião (16.–17. Jh.), von barocken Formen bestimmt, mit Portal im Emanuelstil; ehem. Jesuitenkirche Igreja do Colégio (1592 begonnen) mit Barockfassade; im Kloster São André (im 16. Jh. gegr.) das Museu de Carlos Machado (u. a. volks- und naturkundl. Sammlung zur Gesch. der Azoren).

Ponta Grossa, Stadt im Bundesstaat Paraná, Brasilien, 970 m ü. M., 243 000 Ew.; Bischofssitz; Univ., landwirtschaftl. Versuchsanstalt; Kaffee- und Mateaufbereitung; Holz-, Papier-, Leder- u. a. Industrie.

Pont-à-Mousson [pɔ̃tamuˈsɔ̃], Stadt im Dép. Meurthe-et-Moselle, Lothringen, Frankreich, 180 m ü. M., beiderseits der (kanalisierten) Mosel, 14 600 Ew.; Eisenerzverhüttung, Gießereien, Röhrenwerk, Ölmühle, Bekleidungs- und Papierindustrie. – Kirche Saint-Martin (1335 geweiht) mit mächtiger Doppelturmfassade, im S-Schiff figurenreiche spätgot. Grablegung CHRISTI; ehem. Prämonstratenserabtei mit 1616 geweihter Kirche Sainte-Marie-Majeure.

Pontano, Giovanni, latinisiert **Johannes Iovianus Pontanus,** ital. Humanist, * Cerreto di Spoleto (Prov. Perugia) 7. 5. 1429 (1426?), † Neapel September 1503; trat 1447 in die Kanzlei König ALFONS' I. von Neapel und Sizilien ein und stieg im Hofdienst vom Prinzenerzieher und Diplomaten (beteiligt an den Friedensschlüssen 1484 mit Venedig, 1486 mit Papst INNOZENZ VIII.) 1487 zum Staatskanzler auf, bis er 1496 wegen der Übergabe Neapels an König KARL VIII. von Frankreich (1495) zurücktreten musste. P. blieb aber der einflussreiche Leiter (seit 1471 in der Nachfolge seines Mentors A. PANORMITA) der ›Neapolitan. Akademie‹, deren geistige Welt er in fünf Dialogen widerspiegelte. Aus den histor., eth. und philolog. Schriften ragen ›De sermone‹ (eine Theorie des Witzes) und der Fürstenspiegel ›De principe‹ für den jungen ALFONS II. heraus. Bes. bekannt wurde P. durch seine Poesie: Lehrdichtungen zur Astronomie (›Urania‹) und zum Gartenbau (›De hortis Hesperidum‹) sowie insgesamt neun Gedichtzyklen, darunter die eleg. über Liebe und Ehe (›Parthenopeus‹, ›De amore coniugali‹) und die lyr. über das Landleben am Po bzw. um Neapel (›Eridanus‹, ›Baiae‹).

Ausgaben: Dialoge, übers. v. H. KIEFER u. a. (1984; lat. u. dt.).

Contemporaries of Erasmus, hg. v. P. G. BIETENHOLZ u. a., Bd. 3 (Toronto 1987); L. MONTI SABIA: P. e la storia (Rom 1995).

Carlo Ponti

Pont-Aven, Schule von [-pɔ̃taˈvã], Gruppe von Malern, die sich ab 1886 für einige Jahre in dem Hafenort P.-A. in der Bretagne (Dép. Finistère) und im benachbarten Le Pouldu um P. GAUGUIN und É. BERNARD scharten. Sie nahmen Einflüsse der Volkskunst und des jap. Holzschnitts auf; Linie, Form und Farbe wurden als einfache, elementare Ausdrucksträger aufgefasst (→Cloisonismus). Die S. v. P.-A. wirkte auf die Nabis, auf Fauvismus und Expressionismus.

P. TUARZE: P.-A., arts et artistes (Paris 1973); Mémoire de P.-A., 1860–1940, bearb. v. R. LE BIHAN u. a. (Pont-Aven 1986); Die Künstler von P.-A. u. Le Pouldu, hg. v. K. VON DÜRING, Ausst.-Kat. Worpswede (1990).

Pontchartrain, Lake P. [leɪk pɔntʃəˈtreɪn], Strandsee in S-Louisiana, USA, 1 619 km², 64 km lang, bis 40 km breit, 3–5 m tief, durch Kanäle mit dem Mississippi in New Orleans und mit dem Golf von Mexiko verbunden; wird von zwei Straßenbrücken überquert.

Pont du Gard [pɔ̃dyˈgaːr], röm. Aquädukt über den →Gard.

Ponte, 1) Jacopo dal, ital. Maler, →Bassano, Jacopo.

2) Lorenzo Da, ital. Librettist, →Da Ponte, Lorenzo.

Pontederiengewächse [nach dem ital. Botaniker GIULIO PONTEDERA, * 1688, † 1757], **Pontederiaceae,** Familie der einkeimblättrigen Pflanzen mit etwa 30 Arten in sieben Gattungen in den trop. und warmen Gebieten bes. der Neuen Welt (nur wenige in die temperierten Gebiete vordringend); meist Wasserpflanzen mit zweigeschlechtigen Blüten. Eine bekannte Gattung ist die →Wasserhyazinthe.

Pontevedra [pɔnteˈβeðra], **1)** Provinzhauptstadt in Galicien, an der NW-Küste Spaniens, an der Mündung des Lérez in die 30 km ins Land eingreifende Ria von P., 75 300 Ew.; Museen; Seebad, Fremdenverkehr; Sardinenfischerei; Holz-, Papierindustrie; Maschinenbau; Seehafen ist **Marín** (Marinebasis, Handel), 9 km südwestlich an der südl. Riaküste gelegen; Straßenknotenpunkt an der Autobahn Vigo–La Coruña, Bahnstation. – Altstadthäuser mit großen verglasten Hausfronten; got. Basilika Santa María la Mayor (16. Jh.) mit reich skulptierter Fassade (1545); got. Klosterkirche San Francisco (14. Jh.) mit roman. Portal (13. Jh.); Kapelle La Peregrina (1776–78), ein Rundbau mit konvexer Doppelturmfassade; die Ruinen der Kirche Santo Domingo (13./14. Jh.) gehören mit röm., westgot. und mittelalterl. Steinmetzarbeiten zum archäolog. Lapidarium des Provinzmuseums (u. a. prähistor. Funde, keltiber. Goldschatz, Gemälde und Skulpturen v. a. span. Künstler). – P. war im MA. als befestigter Hafenplatz **Pontis Veteris** (›Alte Brücke‹) bekannt. Wegen der im 18. Jh. beginnenden Verlandung übernahm Vigo die Hafenfunktionen; dafür erhob ISABELLA II. P. 1835 zum Provinzhauptort.

2) Prov. in SW-Galicien, Spanien, 4 495 km², 937 800 Ew.; erstreckt sich von der durch Rias stark gegliederten Küste (bedeutender Fischfang, innerspan. Fremdenverkehr) landeinwärts über flachwellige Rumpfflächen bis zu Mittelgebirgsformen (500–1 100 m ü. M.). Mildes ozean. Klima (bis 2 000 mm Niederschläge). Wichtigste Hafen- und Industriestadt ist Vigo. Abbau von Wolfram- und Zinnerzen um Silleda. In der Landwirtschaft dominieren Viehhaltung und Anbau von Mais, Roggen, Kartoffeln.

Ponthieu [pɔ̃ˈtjø], **Le P.,** histor. Gebiet in der Picardie, Frankreich, im NW des Dép. Somme, ein Kreideplateau zw. den Tälern von Authie und Somme; Grünlandwirtschaft (Rinderzucht). – P. war seit dem 11. Jh. Grafschaft (Hauptort Abbeville), die 1279–1345 und 1361–65 zu England, 1435–63 und 1469–77 zum Herzogtum Burgund, seitdem zur frz. Krone gehörte.

Ponti, 1) Carlo, ital. Filmproduzent, * Mailand 11. 12. 1913 (1910?); seit 1965 frz. Staatsbürger; seit

1940 Filmproduzent; nach 1955 arbeitete er häufig mit SOPHIA LOREN, seiner späteren Frau. P.s großer Erfolg beruht gleichermaßen auf ital. Produktionen und internat. Koproduktionen.

2) Gio (Giovanni), ital. Architekt und Designer, * Mailand 18. 11. 1891, † ebd. 16. 9. 1979; baute zunächst in neoklassizist. Formen, gründete 1928 die Zeitschrift ›Domus‹, 1945 ›Stile industria‹, organisierte mehrfach die Mailänder Triennale (erstmals 1933); nahm in den 1930er-Jahren Elemente des →internationalen Stils, des ital. →Gruppo 7, nach 1945 der rationalen Architektur auf. Seine unter Verwendung neuer Materialien in Skelettbauweise erstellten Bauten zeichnen sich durch freie Plastizität auf z. T. komplizierten Grundrissen, oft abgestufte Höhen und schmale Fenster oder Fassadenelemente aus. Als Industriedesigner entwarf P., neben der kompletten Schiffseinrichtung für die ›Andrea Doria‹, u. a. Beleuchtungskörper, Haushaltsgeräte, Möbel, Keramik und Porzellan.

Werke: Banca Unione in Mailand (1926); Mathemat. Institut der Univ. Rom (1934); Verwaltungsgebäude der Firma Montecatini, Mailand (1936 und 1951); Pirelli-Hochhaus, ebd. (1955–59, mit P. L. NERVI); Kaufhaus De Bijenkorf, Eindhoven (1967–69); Concattedrale, Tarent (1971 ff.); Denver Art Museum, Denver, Colo. (1971 ff.).

G. P., ceramica e architettura, hg. v. G. C. BOJANI u. a. (Florenz 1987); G. P., hg. v. U. LA PIETRA (Mailand 1988); F. IRACE: G. P. (ebd. 1988); G. P. designer. Padova 1936–1941, bearb. v. M. UNIVERSO u. a. (Bari 1989); L. L. PONTI: G. P. The complete work 1923–1978 (a. d. Ital., Cambridge, Mass., 1990).

Gio Ponti: Pirelli-Hochhaus in Mailand; 1955–59 (mit Pier Luigi Nervi)

Pontiac [ˈpɔntɪæk], Stadt in Michigan, USA, 71 100 Ew.; gehört zur Metrop. Area von Detroit; Standort von Werken der General Motors Corporation. – P. wurde 1818 gegründet.

Pontiac [ˈpɔntɪæk], Häuptling (seit 1755) der Ottawa-Indianer, * am Maumee River (Ohio) um 1720, † (ermordet) Cahokia (Ill.) 20. 4. 1769; vereinigte nach dem Sieg der Engländer über die Franzosen 1763 zahlr. Indianerstämme zum Kampf gegen die Engländer im größten und erfolgreichsten Indianerkrieg des 18. Jh. **(Pontiac's War),** der 1766 mit einem Friedensvertrag beendet wurde.

Pontianak, Provinzhauptstadt und Hafen auf W-Borneo, Indonesien, 387 100 Ew. (viele Chinesen); kath. Erzbischofssitz; Univ.; Ausfuhr trop. Produkte (bes. Kautschuk); Papierfabrik, Werft. – Bis zur Gründung Indonesiens war P. Sitz eines Sultans.

Pontianus, Papst (230–235), † auf Sardinien nach dem 28. 9. 235; Römer; bestätigte auf einer röm. Synode den Ausschluss des ORIGENES aus der alexandrin. Kirche. P. wurde von Kaiser MAXIMINUS THRAX mit dem Gegenpapst HIPPOLYT als Zwangsarbeiter nach Sardinien verbannt, wo er am 28. 9. 235 auf sein Amt verzichtete und bald an den Folgen der Arbeit im Bergwerk starb. – Heiliger (Tag: 13. 8.).

Ponticello [pɔntiˈtʃɛlo; ital., eigtl. ›Brückchen‹] *der, -s/-s* und *...li,* der Steg bei Streichinstrumenten; mit der Vortrags-Bez. **sul p.** wird das Streichen nahe am Steg verlangt, das einen harten Ton ergibt.

Pontifex [lat., eigtl. ›Brückenmacher‹] *der, -/...ˈtifizes,* im alten Rom Mitgl. des höchsten Priesterkollegiums. Die P. waren die Haupterben der sakralen Macht der Könige; ihnen oblag, soweit nicht besondere Priestertümer eingesetzt waren, die Ordnung des gesamten Kultus des röm. Staates. Sie waren maßgebende Autorität in allen Fragen des Sakralrechts und schufen durch fortlaufende Entscheidungen und Anpassung der alten Normen an die jeweiligen Lebensbedingungen neues Recht. Das Kollegium der P. zählte urspr. drei, dann sechs, später neun Mitglieder. SULLA erhöhte ihre Zahl auf 15, CAESAR auf 16. An ihrer Spitze stand der **P. maximus;** in der Kaiserzeit war dieses Amt mit der Person des Herrschers verbunden. Zum Kollegium der P. gehörten ferner die Flamines (→Flamen), die →Vestalinnen und der →Rex Sacrorum. Die P. bestanden bis Ende des 4. Jh. n. Chr.

G. WISSOWA: Religion u. Kultus der Römer ([2]1912, Nachdr. 1971); K. LATTE: Röm. Religionsgesch. ([2]1967, Nachdr. 1992).

Pontifex maximus [lat., eigtl. ›größter Brückenmacher‹] *der, - -/...ˈtifizes ...mi,* **1)** *altröm. Religion:* →Pontifex.

2) *kath. Kirche:* Abk. **PM,** ital. **Sommo Pontefice** [-tʃe], eine offizielle Titulatur des Papstes, die zuerst von LEO I. (440–461) angenommen und seit dem 14. Jh. allg. dem Papst vorbehalten wurde.

Pontificia Accademia delle Scienze [-tʃa - delle ˈʃɛntse], eine der →Päpstlichen Akademien.

Pontificia Accademia Ecclesiastica, eine der →Päpstlichen Akademien.

Pontifikal|amt, lat. **Missa pontificalis,** in der *kath. Kirche* Messe unter Leitung des Diözesanbischofs, wobei die anwesenden Priester konzelebrieren. In Vertretung des Bischofs kann das P. unter Leitung eines dazu berechtigten Prälaten gefeiert werden.

Pontifikale [zu lat. pontificalis ›oberpriesterlich‹] *das, -(s)/...li|en,* **Pontificale,** *röm. Liturgie:* ein Buch, das die Texte und Rubriken der vom Bischof zu spendenden Sakramente, Weihen und Segnungen sowie Amtshandlungen enthält. Ein P. wurde erstmalig aus Teiltextsammlungen Mitte des 10. Jh. in Mainz zu einem Werk zusammengefasst, von G. DURANTIS Ende des 13. Jh. überarbeitet und ergänzt und 1596 als **Pontificale Romanum** offiziell vorgeschrieben. Seit 1961 werden seine einzelnen Teile reformiert.

Pontifikali|en [kirchenlat., zu Pontifikale] *Pl., kath. Kirche:* 1) die den Bischöfen und Prälaten (seit 1968: mit wirkl. Jurisdiktion) vorbehaltenen Insignien, z. B. Pallium, Mitra und Stab, Ring und Brustkreuz, Pileolus; 2) Handlungen, bei denen nach liturg. Vorschrift der Bischof Mitra und Stab benutzt.

Pontifikat [lat. pontificatus ›Amt und Würde eines Oberpriesters‹] *das* oder *der, -(e)s/-e,* Amtszeit, Amtsdauer, Reg. eines Papstes oder Bischofs.

Pontigny [põtiˈɲi], Gem. im Dép. Yonne, Burgund, Frankreich, 730 Ew.; 1114–1792 Sitz einer Zisterzienserabtei. Die Abteikirche (Mitte 12. Jh.) zählt wegen der Einheitlichkeit des Stils und der Proportionen zu den schönsten Bauten zisterziens. Frühgotik.

Pontinische Inseln, →Ponzainseln.

Pontinische Sümpfe, ital. **Agro Pontino,** Landschaft an der tyrrhen. Küste, Italien, rd. 40 km südöst-

Erich Ponto

Henrik Pontoppidan

lich von Rom, am Fuß der Monti Lepini, nördlich vom Monte Circeo, rd. 800 km^2. Die ehem. Lagune, durch die Etrusker trockengelegt, versumpfte im 4. Jh. v. Chr. Seit 1899 wieder trockengelegt (1928 abgeschlossen), werden die P. S. landwirtschaftlich genutzt.

pontisch [nach Pontos Euxeinos, dem griech. Namen des Schwarzen Meeres], *Biogeographie:* **Pontische Florenelemente** sind Pflanzen der südost- und osteurop. Steppenzone, z. T. bis nach Mitteleuropa; **pontische Faunenelemente** sind Tiere, die während des Würmglazials auf Teile der Balkanhalbinsel und Vorderasiens (bis zum Libanon) beschränkt waren, von wo aus sie sich im Postglazial wieder ausbreiteten.

Pontisches Gebirge, Nordlanatolisches Randgebirge, türk. **Kuzey Anadolu Dağları** [kuˈzɛj - daːlaˈrə], über 1 000 km langes, bis 200 km breites alpid. Gebirgssystem in der Türkei, zw. der Halbinsel im Raum İzmit (Bithyn. Halbinsel) im W und dem Kleinen Kaukasus im O; verzahnt sich bei Erzincan (Ostanatolien) mit dem Inneren Osttaurus. Das P. G. bildet die Klimascheide zw. dem trockenen Inneranatolien und dem feuchten Schwarzmeerbereich. Teils parallele Ketten, teils hochflächenartige Regionen aufweisend, hat es eine durchschnittl. Höhe im W von 1 000 m ü. M., im O von mehr als 2 000 m ü. M. Hochalpiner Charakter findet sich nur in Sonderfällen (Kaçkar Dağı im Hinterland von Rize 3 937 m ü. M.). Die N-Ketten mit ganzjährig ausreichend Niederschlag (800 bis über 2 000 mm im Jahr) tragen dichte Wälder mit Buchen, Rhododendron und Tannen, die S-Ketten dagegen lichte Trockenwälder mit Kiefern, Eichen und Wacholder. Besiedelt sind hauptsächlich die Talbereiche und hochflächenartigen Regionen des westl. und mittleren P. G.s, bes. dicht die N-Abdachung und die Küstenstreifen mit intensiver Landwirtschaft (Haselnüsse, Tee, Tabak, Mais, Obst, Viehwirtschaft) sowie die intramontanen Becken (v. a. entlang der nordanatol. Hauptverwerfung mit hohem Erdbebenrisiko, zahlr. Thermalquellen). Große Städte sind selten (Erzurum, Samsun, Adapazarı, Trabzon, Zonguldak). Die v. a. von der Landwirtschaft lebende Bev. neigt zur Abwanderung in die Industriezentren der W-Türkei. Bedeutend sind die Steinkohlenlagerstätten bei Ereğli und Zonguldak. Die Kupfer-, Blei- und Zinkerzvorkommen im O werden nur in geringem Maße abgebaut. Zahlr. Talsperren auf der S-Abdachung des Gebirges dienen der Versorgung der Städte (u. a. Ankara) und Bewässerungsareale des trockenen Inneranatolien. Die Verkehrserschließung des P. G.s – erschwert durch die Gebirgsstruktur – erfolgte meist entlang den von W nach O gerichteten Talfurchen.

Pontisches Reich, →Pontos.

pontische Vasen, Gattung etrusk. schwarzfiguriger Vasen, meist Amphoren; im dritten Viertel des 6. Jh. v. Chr. wohl in Vulci hergestellt, die Mitarbeit griech. Einwanderer ist denkbar. Die Forschung nahm früher eine Herkunft von Pontos an.

Pontius, Paulus, auch **Paul P.,** fläm. Kupferstecher, *Antwerpen 27. 5. 1603, †ebd. 16. 1. 1658; Schüler von L. VORSTERMANN, einer der besten unter den von P. P. RUBENS für die Vervielfältigung seiner Gemälde ausgebildeten Stechern (→Rubensstecher). Er stach auch nach A. VAN DYCK (v. a. 30 Blätter der ›Ikonographie‹).

Pontius Pilatus, röm. Statthalter in Judäa, →Pilatus, Pontius.

Pontivy [pɔ̃tiˈvi], Stadt in der Bretagne, Dép. Morbihan, Frankreich, 13 100 Ew. – Spätgot. Kirche Notre-Dame-de-la-Joie (16. Jh.); am Hang das Château Rohan (Ende 15. Jh.). – P. war im 17. und 18. Jh. Hauptort des Herzogtums Rohan. NAPOLEON I. plante, aus P. ein Zentrum der Bretagne zu machen und begann 1805 eine Neuanlage der Stadt, die 1805–14 und 1848–71 **Napoléonville** hieß.

Ponto, 1) Erich, Schauspieler, *Lübeck 14. 12. 1884, †Stuttgart 4. 2. 1957; 1914–47 am Sächs. Hoftheater (später Staatstheater) in Dresden (ab 1945 als Intendant). Der künstler. Durchbruch gelang P. 1928 als Peachum in B. BRECHTS ›Dreigroschenoper‹. 1947–57 war er am Stuttgarter Staatstheater, 1950–53 gleichzeitig in Göttingen. Spielte auch in vielen Filmen.

E. P. in Stuttgart, 1947–1957, hg. v. H. W. RÜCKLE (1957).

2) Jürgen, Bankfachmann, *Bad Nauheim 17. 12. 1923, †(von einem RAF-Kommando ermordet) Oberursel 30. 7. 1977; Jurist; war seit 1964 im Vorstand der Dresdner Bank, ab 1969 Vorstandssprecher.

Pontoise [pɔ̃ˈtwaːz], Teil der Neuen Stadt →Cergy-Pontoise.

Ponton [pɔ̃ˈtɔ̃; frz., von lat. ponto, pontonis ›Brücke‹] *der, -s/-s,* urspr. Bez. für einen flachen, offenen, kastenförmigen Kahn; über Seite an Seite aneinander gereihte Kähne können Platten gelegt werden, sodass eine **P.-Brücke** entsteht. Moderne P.- oder Schwimmbrücken werden i. d. R. mithilfe faltbarer Hohlkörper oder großer Hohlplatten errichtet. P.-Stege dienen – beweglich verankert für veränderl. Wasserstände – als Anleger. P. versch. Bauart sind Ausrüstungsbestandteil jeder Pioniertruppe der Streitkräfte eines Landes.

Pontonier, *Militärwesen:* schweizer. Bez. für einen Soldaten einer Spezial-(Pionier-)Truppe, deren Aufgabe das Übersetzen über Flüsse und Seen mit Booten und Fähren sowie der Bau von festen und schwimmenden militär. Brücken ist. – Der Schweizer. P.-Sportverband ist Mitgl. des →Schweizerischen Olympischen Verbandes.

Pontoppidan, 1) Erik, dän. Theologe, *Århus 24. 8. 1698, †Kopenhagen 20. 12. 1764; wurde 1735 Hofprediger in Kopenhagen, 1738 Prof. ebd., 1747–55 war er Bischof von Bergen, 1755 wurde er Prokanzler der Universität Kopenhagen. Seine Erklärung zu M. LUTHERS ›Kleinem Katechismus‹ (1737) und ein von ihm herausgegebenes Gesangbuch trugen wesentlich zur Verbreitung des Pietismus in Dänemark bei. Als Bischof bemühte er sich im Sinne A. H. FRANCKES bes. um das Schulwesen.

2) Henrik, dän. Schriftsteller, *Fredericia 24. 7. 1857, †Kopenhagen 21. 8. 1943; aus pietist. Pfarrhaus; bedeutender Vertreter des Naturalismus in Dänemark. Klare und engagierte Darstellungen, v. a. Milieustudien sowie zeit- und kulturkrit. Schilderungen Dänemarks Ende des 19. und zu Beginn des 20. Jh., kennzeichnen sein Werk ebenso wie sein soziales Mitempfinden und seine jenseits falscher Idealisierungen gegründete Sympathie für das einfache bäuerl. Leben, so z. B. in der Erzählung ›Sandinge menighed‹ (1883; dt. ›Die Sandinger Gemeinde‹) und in dem Roman ›Isbjørnen‹ (1887; dt. ›Der Eisbär‹). Aus P.s umfangreichem Werk, zu dem v. a. neben einigen Gedichten auch (z. T. iron.) Fabeln und Märchen (›Krøniker‹, 1890) sowie seine 1943 u. d. T. ›Undervejs til mig selv‹ zusammengefassten Erinnerungen (›Drengeåard‹, 1933; ›Hamskifte‹, 1936; ›Arv og gæld‹, 1938; ›Familjeliv‹, 1940) zählen, ragen drei Romanzyklen hervor: ›Det forjættede land‹ (3 Bde., 1892; dt. ›Das gelobte Land‹), ›Lykke-Per‹ (8 Bde., 1898–1904; dt. ›Hans im Glück‹) und ›De dødes rige‹ (5 Bde., 1912–16; dt. ›Das Totenreich‹). – P. erhielt 1917 zus. mit K. A. GJELLERUP den Nobelpreis für Literatur.

Ausgabe: Noveller og skitser, 3 Bde. (1922–30).

C. M. WOEL: H. P., 2 Bde. (Kopenhagen 1945); A. JOLIVET: Les romans de H. P. (Paris 1960); E. BREDSDORFF: H. P. og Georg Brandes, 2 Bde. (Kopenhagen 1964).

Pontormo, Jacopo da P., eigtl. **Jacopo Carrucci** [karˈruttʃi], ital. Maler, *Pontormo (heute Pontorme, bei Empoli) 24. 5. 1494, begraben Florenz 2. 1. 1557. Als Schüler von A. DEL SARTO verarbeitete er Anregungen von A. DÜRER und LUCAS VAN LEYDEN, ab etwa 1530 zunehmend auch von MICHELANGELO zu einem antiklass. Ausdrucksstil. Seine komplizierten, ornamental verschlungenen Kompositionen gewinnen durch schattenlose, unstofflich transparente Farbigkeit eine ekstat. geistige Intensität und machen ihn zu einem der eigenwilligsten Manieristen. Er schuf v.a. religiöse Fresken und Altarbilder, aber auch bedeutende Porträts. Seine Ausschmückungen von Medici-Villen sind wie viele andere Werke von P. zerstört, Entwurfszeichnungen sind z.T. erhalten.

Werke: Heimsuchung (1514–16; Vorhof von Santissima Annunziata, Florenz); Passionszyklus (1523–25; Certosa del Galluzzo bei Florenz); Verkündigungsfresko (1525) und Altarbild mit Kreuzabnahme Christi (1526–28; Florenz, Santa Felicità); Heimsuchung (um 1528–30; Carmignano, Chiesa Parrocchiale); Bildnis einer Dame in rotem Kleid (um 1533; Frankfurt am Main, Städelsches Kunstinstitut); Ugolino Martelli (um 1540; Washington, D.C., National Gallery of Art).

L'opera completa del P., hg. v. L. BERTI (Mailand 1973); J. COX-REARICK: The drawings of P., 2 Bde. (Neuausg. New York 1981); P. BECKERS: Die Passionsfresken P.s für die Certosa del Galluzzo, 2 Bde. (Salzburg 1985); J. BOUSQUET: Malerei des Manierismus, bearb. v. C. GRÜTZMACHER ([3]1985); L'officina della maniera, hg. v. A. CECCHI u.a., Ausst.-Kat. Galleria degli Uffizi, Florenz (Venedig 1996).

Pontormo: Heimsuchung; um 1528–30 (Carmignano, Chiesa Parrocchiale)

Pontos [griech. ›Meer‹, bes. ›Schwarzes Meer‹] lat. **Pontus,** die nordöstl. Küstenlandschaft des antiken Kleinasien (Pont. Kappadokien). MITHRIDATES I. (* um 338 v. Chr., † 266 v. Chr.) gründete hier nach der Schlacht bei Ipsos (301 v. Chr.) eine selbstständige Herrschaft (zunächst wohl unter der Oberhoheit des LYSIMACHOS) und schuf so das Reich **Pontos (Pontisches Reich),** das MITHRIDATES VI. EUPATOR bis zur O- und N-Küste des Schwarzen Meeres ausdehnte (KARTEN →hellenistische Staatenwelt). Hauptstadt war zuerst Amaseia (heute Amasya), dann Sinope (Sinop), Zweitresidenz war Amisos. Nach dem Sieg des POMPEIUS über MITHRIDATES VI. (63 v. Chr.) wurde der westl. Teil von P. mit der röm. Prov. Bithynien vereinigt. 40 v. Chr. bis 64 n. Chr. nochmals Königreich, kam P. danach endgültig unter röm. Herrschaft (zunächst mit Galatien, dann wieder mit Bithynien vereinigt).

Studia pontica, 3 Bde. (Brüssel 1903–10).

Pontos Euxeinos, Kurz-Bez. **Pontos,** in der Antike griech. Name des Schwarzen Meeres.

Pontresina, bündnerroman. **Puntraschigna** [-ɲa], Gem. im Oberengadin, Kt. Graubünden, Schweiz, 1774 m ü. M. oberhalb der Straße und Bahnlinie über den Berninapass gelegen, 1900 Ew.; bedeutender Fremdenverkehr (Sommerfrische und Wintersport). – Die Kirche Santa Maria (simultan), um 1300 erbaut (mit älterem Campanile), ist innen vollständig ausgemalt (1977 freigelegt); spätgot. Flachdecke. Der Burgturm Spaniola, ein fünfeckiger Wohnturm, wurde im 12. Jh. erbaut. – Als Schenkung an den Churer Bischof wird der Ort **ad Pontem Sarassinam** (später ital. **Ponte Saraceno**) 1137 erstmals genannt; seit 1549 protestantisch; um 1860 wurden die ersten Hotels gebaut.

Pontus, antike Landschaft, →Pontos.

Pontus de Tyard [pɔ̃tysdəˈtjaːr], frz. Dichter, →Tyard, Pontus de.

Pontus Euxinus, lat. Name des Schwarzen Meeres.

Ponty [pɔ̃ˈti], Jean-Luc, frz. Jazzmusiker (Violine), * Avranches 29. 9. 1942; nach Mitwirkung im Orchester der ›Association des Concerts Lamoureux‹ in Paris Ende der 1950er-Jahre arbeitete P. in versch. Jazzformationen, u.a. bei W. DAUNER, und wandte sich in den 70er-Jahren in der Zusammenarbeit u.a. mit F. ZAPPA und J. MCLAUGHLIN dem Rockjazz zu. P., der die elektrisch verstärkte Violine bevorzugt, trug mit seiner brillanten Technik entscheidend zur Popularisierung seines Instrumentes im modernen Jazz bei.

Pontypool [pɔntɪˈpuːl], Industriestadt im Verw.-Distrikt Torfaen, S-Wales, 35600 Ew.; Chemiefaser-, Glas-, Leichtindustrie.

Pontypridd [pɔntɪˈpriːð], Industriestadt im Verw.-Distrikt Rhondda Cynon Taff, S-Wales, 28500 Ew.; Univ.; Metall-, Leichtindustrie.

Ponys [ˈpɔniːs; engl.], Rassen relativ kleiner Hauspferde; typ. P.-Kennzeichen der Ursprungsrassen sind üppiger Schweif und Mähne, leicht gespaltene Kruppe und üppiger Kötenbehang; meist robust, genügsam und arbeitswillig. Die heute in Dtl. gezüchteten P.-Rassen stammen überwiegend aus dem britisch-skandinav. Raum, daneben werden auch P. aus ost- und südosteurop. Ländern gehalten. Die Einteilung der P.-Rassen erfolgt nach Größe und Verwendungszweck. Die kleinste P.-Rasse mit einem Stockmaß bis 1,07 m ist das Shetlandpony. Zu den wichtigsten Reitponyrassen (in Dtl. alle Pferde mit max. 1,48 m Stockmaß) zählen die brit. P.-Rassen Dartmoor-P., Exmoor-P, New Forest-P., Welsh-Mountain-P., Connemara-P. sowie von der Größe her das skandinav. Islandpferd.

Das **Deutsche Reit-P.** entwickelte sich durch Anpaarung von Exemplaren der reinen brit. P.-Rassen mit Arabern und Engl. Vollblütern. Es ist heute ein Jugend- und Kinderreitpferd, das vorwiegend für den Einsatz im Pferdesport gezüchtet wurde; es kommt in allen Farben vor und erinnert in Typ und Aussehen an einen kleinen Warm- oder Vollblüter. Man unterscheidet bei den Dt. Reit-P. (willkürlich) drei Größenklassen: K (klein) bis 1,27 m, M (mittel) bis 1,37 m und G (groß) bis 1,48 m Stockmaß.

Neben den P.-Rassen gibt es in Dtl. versch. bodenständige Kleinpferderassen, zu denen die Wildbahnpferde (Dülmener und Nordkirchner), die Haflinger und die Fjordpferde gehören.

Ponz [pɔnθ], Antonio, span. Aufklärer, * Bechí (Valencia) 28. 6. 1725, † Madrid 4. 12. 1792; 1751–65 künstler. Schulung als Maler in Italien; unternahm nach seiner Rückkehr Reisen durch Spanien, in deren Verlauf er erstmals Malerei, Bildhauerei und Architektur des Landes systematisch inventarisierte und in den 18 Bänden seiner ›Viage de España‹ (1772–94; dt. Ausw. in 2 Tlen. u.d.T. ›Reise durch Spanien‹) beschrieb. Seine ›Viage fuera de España‹ (2 Bde., 1785) verteidigt das Land gegen Angriffe v. a. der frz. Aufklärer.

Ponza|inseln, Pontinische Inseln, ital. **Arcipelago Ponziano** [artʃi-] oder **Isole Ponziane,** zwei vulkan. Inselgruppen vor der W-Küste Italiens, Prov. Latina. Die größte der überwiegend kahlen Inseln ist Ponza im NW (7,3 km²) mit dem gleichnamigen Ort und Hafen, 3 300 Ew.; bedeutend kleiner sind Palmarola, Zannone u. a. in derselben Gruppe sowie im SO Ventotene und Santo Stefano, zus. 11,4 km² mit 700 Ew.; Fischfang, etwas Wein-, Obst- und Gemüsebau, Kaolin-, Bentonitabbau; Fremdenverkehr auf Ponza und Ventotene; Meerwasserentsalzungsanlagen.

Pool [pu:l; engl. ›gemeinsame Kasse‹] *der, -s/-s, Wirtschaft:* ein Zusammenschluss zur Verfolgung gemeinsamer Interessen, insbesondere von Unternehmen zu einer Gewinngemeinschaft **(Gewinn-P.),** bei der die Gewinne in einen gemeinsamen Fonds (Pool) eingezahlt und nach einem vorher festgelegten Schlüssel verteilt werden, sowie von Aktionären als Zusammenfassung ihrer Beteiligungen **(Aktien-P.),** um ihre Stimmrechte einheitlich geltend machen zu können. Dem P. liegt i. d. R. ein Vertrag zugrunde **(P.-Vertrag).** Die Gewinngemeinschaft wird wettbewerbs- und aktienrechtlich als besondere Form eines Unternehmenzusammenschlusses (verbundenes Unternehmen) angesehen und unterliegt dem Kartellrecht.

Im Konkurs schließen häufig Lieferanten des Gemeinschuldners, die gleichartige Waren an den Gemeinschuldner geliefert haben, einen P.-Vertrag, um die gelieferten Sachen gemeinsam auszusondern, zu verwerten und den Erlös gemäß ihren Forderungen zu verteilen. Auch sonstige Gläubiger, die gleichartige Gegenstände als Sicherheit erhalten haben (z. B. Banken), beteiligen sich an derartigen Pools.

Im Versicherungswesen als **Versicherungs-P.** der Zusammenschluss mehrerer Versicherungsunternehmen zur gemeinschaftl. Deckung großer und schwerer Risiken, wobei sich jedes P.-Mitglied entsprechend einer vertraglich festgelegten Quote an den Erträgen und Aufwendungen des P.-Geschäfts beteiligt; z. B. Dt. Luftpool, Dt. Kernreaktor-Versicherungsgemeinschaft, Pharma-Rückversicherungsgemeinschaft.

Poolbillard [ˈpu:lˈbɪljart] *das, -s/-e,* in den USA entstandene Spielform des →Billards. Der Spieltisch (kleiner als beim →Snooker) hat eine von Banden umgebene rechteckige Spielfläche, an deren vier Ecken und in der Mitte beider Längsseiten sich →Taschen befinden. Beim **8er-Ball** sind neben dem weißen Spielball alle 15 farbigen Bälle auf dem Tisch (1–7 voll-, 9–15 halbfarbig). Jeder Spieler spielt eine Ballserie (voll- oder halbfarbig). Wer diese in die Taschen versenkt hat und danach die schwarze 8 in eine Tasche spielt, hat gewonnen. Beim **9er-Ball** werden nur die farbigen Bälle 1–9 aufgesetzt. Gewonnen hat der Spieler, der die 9 zuerst in eine Tasche versenkt. I. d. R. hat

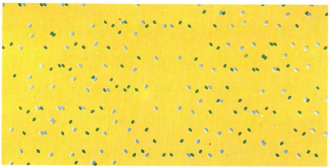

Larry Poons: Han-San-Kadenz; 1963 (Privatbesitz)

Pop-Art: Richard Hamilton ›Just what is it that makes today's home so different, so appealing?‹; Collage, 1956 (Tübingen, Kunsthalle)

der Spieler die Bälle in der Nummernfolge 1–9 zu versenken (Ausnahme: vorzeitiges indirektes Versenken der 9). Beim **14/1-endlos** wird auf eine vorgegebene Distanz (der Leistungsklasse entsprechend) gespielt. Der Spieler muss mit dem Spielball 14 von den 15 farbigen Bällen in die Taschen versenken. Der verbliebene 15. farbige Ball bleibt auf seiner Position liegen. Die anderen Bälle werden wieder aufgesetzt und das Spiel ›endlos‹ (bis zum Distanzende) fortgeführt.

Im P. werden u. a. Welt- und Europameisterschaften ausgetragen. – In Dtl., Österreich und der Schweiz ist P. in den nat. Billardverbänden organisiert. Weltdachverband ist die World P. Association (WPA; gegr. 1988, Sitz: Klagenfurt), europ. Dachverband die European Pocket Billard Federation (EPBF; gegr. 1978, Sitz: Elsdorf).

M. BACH u. K.-W. KÜHN: Pool-Billard (Neuausg. 1996).

Poole [pu:l], Hafen- und Industriestadt in der Cty. Dorset, S-England, an der verzweigten, durch zwei Landzungen fast gänzlich umschlossenen P. Bay, 138 500 Ew.; baulich mit dem benachbarten Bournemouth zusammengewachsen; Schifffahrtsmuseum; Jacht- und Handelshafen (P. Harbour); elektrotechn. und chem. Industrie, Maschinen- und Bootsbau, Töpfereien. – Zahlreiche mittelalterl. Häuser, u. a. Old Town House und Woolhouse, sowie Bauten aus der 1. Hälfte des 18. Jh. sind erhalten.

Poona [ˈpu:nə], Stadt in Indien, →Pune.

Poons [pu:nz], Larry, eigtl. **Lawrence P.,** amerikan. Maler, *Tokio 1. 10. 1937; lebt seit 1938 in den USA. Seine Malerei bewegt sich zw. abstraktem Expressionismus und Color-Field-Painting. Er schuf (beeinflusst vom Spätwerk P. MONDRIANS) Kompositionen mit farbigen Punktsystemen, danach bediente er sich frei ausfließender vertikaler Farbschlieren, die sich zu einem schillernden Farbgewebe verdichten.

Poop [pu:p, engl.] *die, -/-s,* früher **Hütte,** hinterer, von Bord zu Bord gehender Aufbau eines Schiffes.

Po|opó, Lago de P., Lago Aullagas [-auˈlaɣas], See in Bolivien, 3 690 m ü. M., 2 600 km² groß, bis 3 m tief, mit stark salzhaltigem Wasser. Einziger wichtiger Zufluss ist der →Desaguadero, Abfluss durch den Lacajahuira (120 km lang) in den westlich gelegenen Salar von Coipasa.

Poot, Marcel, belg. Komponist, *Vilvoorde 7. 5. 1901, † Brüssel 12. 6. 1988; war Lehrer für Harmonielehre und Kontrapunkt am Konservatorium in Brüssel (1949–66 Direktor) und 1925 Mitgründer der Komponistengruppe der ›Synthétistes‹. Sein tonal gebundenes musikal. Werk, darunter Ballette, Orchesterwerke (sechs Sinfonien, 1929–78), Kammermusik und Vokalwerke, ist stark rhythmisch konzipiert und wirkt durch seine Spontaneität.

Popa, 1) Ştefan, rumän. Schriftsteller, →Doinaş, Augustin Ştefan.

2) Vasko, serb. Lyriker, * Grebenas (bei Vršac) 29. 6. 1922, † Belgrad 5. 1. 1991; einer der bedeutendsten Vertreter der serb. Avantgarde. Vom Surrealismus, v. a. aber von den Traditionen der Volksdichtung ausgehend, setzte er sich in seiner an Bildern, Zeichen und myth. Symbolen reichen Dichtung mit der Wirklichkeit auseinander.

Werke: *Lyrik:* Kora (1953); Sporedno nebo (1968; dt. Nebenhimmel); Živo meso (1975); Vučja so (1975; dt. Wolfserde). – *Auswahlen:* Gedichte, übers. v. K. DEDECIUS (1961); Die Botschaft der Amsel, hg. v. B. ANTKOWIAK (1989).

A. LEKIĆ: The quest for roots. The poetry of V. P. (New York 1993).

Pop-Art ['pɔpɑ:t; engl., gekürzt aus popular art ›volkstüml. Kunst‹] *die, -,* Strömung der zeitgenöss. Kunst, die v. a. in Großbritannien und in den USA seit Mitte der 50er-Jahre und in den 60er-Jahren die Kunstszene beherrschte. Der Begriff soll von dem Kritiker LAWRENCE ALLOWAY (* 1926) 1954 geprägt worden sein.

Die P.-A. entdeckte die bunte Welt der Unterhaltungsindustrie und der Werbung als eigene ästhet. Wirklichkeit. Banale Objekte des Massenkonsums wurden durch Isolierung, Ausschnitt, Vergrößerung, Reihung entweder der Objekte selbst (die als vorfabrizierte Elemente benutzt werden) oder durch Imitationen verfremdet und parodiert. Als gegenständl., um eine unmittelbare Aussage bemühte Kunst stand die P.-A. in programmat. Gegensatz zur →informellen Kunst. Die P.-A. entstand in zwei voneinander unabhängigen Richtungen in London (hervorgegangen aus der 1952 gegründeten ›Independent Group‹) und in den USA. Sie wollte die Kunst aus ihrer Isolation herausführen und mit moderner Lebenswirklichkeit verbinden. Sie manifestierte sich in der Fotomontage, im Environment, im Happening, künstler. Ausdrucksformen, die meist schon vor der eigentl. P.-A.-Bewegung aufgekommen waren. Grelle Farbzusammenstellungen und große Formate wurden bes. in der amerikan. P.-A. (›Popfarben‹) bevorzugt.

Der rasche Erfolg amerikan. Künstler wie R. RAUSCHENBERG, J. JOHNS, J. DINE, R. LICHTENSTEIN, C. OLDENBURG, J. ROSENQUIST, G. SEGAL, A. WARHOL, T. WESSELMANN, R. INDIANA und E. KIENHOLZ hing auch mit der Neubewertung der Volkskunst in den USA zusammen. In Großbritannien (R. HAMILTON, P. BLAKE, D. HOCKNEY, A. JONES, R. B. KITAJ, P. PHILLIPS, J. TILSON, P. CAULFIELD) erhielt die P.-A. wichtige Impulse von E. PAOLOZZI und F. BACON. Einige P.-A.-Künstler anderer europ. Länder schlossen sich dem →Nouveau Réalisme an.

L. ALLOWAY: American pop art (New York 1974); S. WILSON: P. A. (a. d. Engl., 1975); J. PIERRE: Du Mont's kleines Lex. der P.-a. (a. d. Frz., 1978); T. OSTERWOLD: Pop art (1989); P.-a., hg. v. M. LIVINGSTONE, Ausst.-Kat. Museum Ludwig, Köln (a. d. Engl., [3]1994); A. C. DANTO: Kunst nach dem Ende der Kunst (a. d. Engl., 1996).

Popayán, Hauptstadt des Dep. Cauca, SW-Kolumbien, am Oberlauf des Río Cauca, 1 760 m ü. M. am Fuß des Vulkans Puracé (4 756 m), 175 000 Ew.; Erzbischofssitz; traditionelles Kulturzentrum mit Univ. (gegr. 1827); Textil-, Nahrungsmittel-, Schuhindustrie. – Die Klosterkirche San Francisco wurde Anfang des 18. Jh. begonnen; Kirchen Santo Domingo mit barockem Hauptportal (1736–50) und San José (18. Jh.). – P. wurde 1536 von S. DE BENALCÁZAR gegründet. Die z. T. erhaltenen Bauten der Kolonialzeit wurden durch das Erdbeben am 31. 3. 1983 stark beschädigt (die Stadt wurde damals zu 60 % zerstört).

Popcorn ['pɔpkɔ:n; engl., eigtl. ›Knallmais‹] *das, -s,* aus Puffmais (→Mais) gewonnenes Produkt. P. wird durch Erhitzen auf über 200 °C bei Überdruck (1 MPa) und anschließende plötzl. Druckreduktion hergestellt. Unter erhebl. Volumenzunahme entstehen flockige Körner, die leicht gezuckert oder gesalzen gegessen werden.

Pop-Art: Andy Warhol, ›Marilyn Monroe‹; Siebdruckserie, 1967 (Hamburg, Kunsthalle)

Pope [russ. pop, von griech. pappás] *der, -n/-n,* im Kirchenslawischen Bez. für einen orth. Priester; seit dem 17. Jh. in Russland und in Serbien – ähnlich wie das etymologisch verwandte →Pfaffe – zunehmend im verächtl. Sinne gebraucht, wobei sich die Bedeutungsverschlechterung wohl aufgrund der gesellschaftlich unterprivilegierten Stellung der Weltgeistlichen ergab.

Pope [pəʊp], **1)** Alexander, engl. Dichter, * London 21. 5. 1688, † Twickenham (heute zu London) 30. 5. 1744; Sohn eines Tuchhändlers, wurde als Katholik nicht zu öffentl. höheren Schulen zugelassen; neigte, u. a. wegen körperl. Missbildung und Kränklichkeit, zunehmend zu Misstrauen und Menschenscheu, in seinem Werk zu Satire und aggressivem Spott. P. begann früh zu dichten, gewann bald Ansehen und Ruhm, schuf sich jedoch durch seine höhn. Angriffe viele Feinde. Seine Dichtung, von rationaler Klarheit, harmon., oft witziger Eleganz des Ausdrucks und in strengen, epigrammatisch zugespitzten Reimpaaren (Heroic Couplets), bildet den Höhepunkt des engl. Klassizismus. Mit den ›Pastorals‹ (1709), Schäferdichtungen in der Tradition VERGILS, hatte er ersten Erfolg. Die beschreibende und meditative Dichtung ›Windsor Forest‹ (1713), die im Konkreten der Natur den allgemeinen Plan ausweist, preist die gesellschaftl. Ordnung zur Zeit der Königin ANNA. P.s Ansehen festigte sich mit dem rokokohaft verspielten kom. Epos ›The rape of the lock‹ (1712; dt. ›Der Raub der Locke‹, auch u. d. T. ›Der Lockenraub‹), das ein Bild der Londoner Gesellschaft der Zeit zeichnet. Zu einem Manifest klassizistisch-rationalist. Dichtungsauffassung wurde die gereimte Abhandlung ›An essay on criticism‹ (1711; dt. ›Versuch über die Kritik‹). Die moralphilosoph. Lehrdichtung ›An essay on man‹ (4 Bde., 1732–34; dt. ›Versuch vom Menschen‹) entfaltete eine deist. Theodizee und bestätigte P.s Rang als poet. Vertreter der Aufklärung. Großen Erfolg hatte P. auch mit seinen Homerübersetzungen (›Iliad‹, 6 Bde., 1715–20; ›Odyssey‹, 5 Bde., 1725–26), deren

Alexander Pope

Gewinn seinen Lebensunterhalt sicherte. Die (nicht unberechtigte) Kritik an den Schwächen seiner klassizist. Shakespeareausgabe (1725), v.a. durch seinen Herausgeberkonkurrenten LEWIS THEOBALD (* 1688, † 1744), und auch die Entrüstung wegen der u.a. als ›Miscellanies‹ (2 Bde., 1727; mit J. SWIFT) veröffentlichten Satiren veranlassten P., schließlich mit ›The Dunciad‹ (1728, verändert und erw. bis 1748; dt. 1747 ›Duncias, ein Heldengedicht‹), der brillantesten seiner literar. Satiren, zu antworten. In den freien Horaznachahmungen ›Imitations of Horace‹ (1733–37) verbindet sich Satire mit Selbstrechtfertigung. – Von VOLTAIRE und G. E. LESSING geschätzt, wurde P.s Dichtung von den Romantikern (mit Ausnahme Lord BYRONS) als künstlich abgelehnt. Erst im 20. Jh. hat sie wieder größere Beachtung gefunden.

Ausgaben: The correspondence, hg. v. G. SHERBURN, 5 Bde. (1956); Poems, hg. v. J. BUTT u.a., 11 Bde. (u. Register-Bd. [1–3]1961–70); Poetical works, hg. v. H. DAVIS (1966, Nachdr. 1978). – Sämmtl. Werke, 12 Bde. (1778–80).

A. P., hg. v. P. DIXON (London 1972); P. ROGERS: An introduction to P. (ebd. 1975); W. KOWALK: A. P. An annotated bibliography (Frankfurt am Main 1981); M. MACK: A. P. A life (New Haven, Conn., 1985); B. S. HAMMOND: P. (Atlantic Highlands, N. J., 1986); R. QUINTERO: Literate culture. P.'s rhetorical art (Newark, Del., 1992).

2) Arthur Upham, amerikan. Iranist und Kunsthistoriker, * Phenix (R. I.) 7. 2. 1881, † Schiras 3. 9. 1969; Herausgeber der umfassenden Übersicht über die pers. Kunst ›Survey of Persian art‹ (6 Bde., 1938–39).

3) Sir (seit 1919) William Jackson, brit. Chemiker, * London 31. 3. 1870, † Cambridge 17. 10. 1939; war 1901–08 Prof. in Manchester, danach in Cambridge. P. arbeitete v.a. auf dem Gebiet der Stereochemie; er stellte u.a. optisch aktive Moleküle mit Stickstoff, Schwefel, Zinn und Selen als Asymmetriezentren dar.

Pope-Hennessy [ˈpəʊp ˈhenɪsɪ], Sir John Wyndham, brit. Kunsthistoriker, * London 13. 12. 1913, † Florenz 31. 10. 1994; war 1967–74 Direktor des Victoria and Albert Museum in London, danach u.a. am Metropolitan Museum in New York tätig; Prof. am Institute of Fine Arts der New York University. P.-H. wurde bekannt v.a. durch seine Forschungen zur Renaissancekunst in Florenz; Schwerpunkt bildete die Bildhauerei. Er veröffentlichte zahlr. Monographien.

Werke: Sienese quattrocento painting (1947; dt. Quattrocento-Malerei in Siena); Fra Angelico (1952); An introduction to Italian sculpture, 5 Tle. (1955–63); The portrait in the Renaissance (1966); Raphael (1970); Luca della Robbia (1980); Cellini (1985); Donatello Sculptor (1993). – *Autobiographie:* Learning to look (1991).

Johannes Popitz

Popeline [frz.] *der, -s/-,* auch *die, -/-,* feinrippiger, leinwandbindiger Oberhemden-, Kleider- und Mantelstoff. Die Kette ist etwa doppelt so dicht eingestellt wie der Schuss.

Poperinge [ˈpo:pərɪŋə], Stadt in der Prov. Westflandern, Belgien, zw. Ypern und der frz. Grenze, 19 200 Ew.; Hopfen-Nationalmuseum; Nahrungsmittel-, Bekleidungs-, Elektro- und Papier verarbeitende Industrie. – Der um 1147 mit Marktrecht versehene Ort war während des MA. ein Zentrum der Tuchindustrie. Mit deren Rückgang im 17. Jh. entwickelte sich P. zum Mittelpunkt des flandr. Hopfenanbaus.

Popescu, Dumitru Radu, rumän. Schriftsteller, * Păuşa (Kr. Bihor) 19. 8. 1935; sein thematisch und stilistisch abwechslungsreiches Prosawerk entwirft das Bild einer abnormen, von sonderbaren Widersprüchen beherrschten Welt. Der Stoff wird häufig in der Form der Kriminalgeschichte und durch Einbeziehung mytholog. Grundmuster gestaltet.

Werke: *Erzählungen:* Fuga (1957); Fata de la miazăzi (1964); Duios Anastasia trecea (1967). – *Romane:* Vara oltenilor (1964); F (1969); Cei doi din dreptul Ţebei (1973; dt. Die beiden vor dem Berg, auch u.d.T. Der Narr mit der Blätterkrone); Vînătoarea regală (1973; dt. Königl. Jagd); Ploile de dincolo de vreme (1976); Iepurile şchiop (1980); Oraşul îngeritor (1985). – *Stücke:* Teatru (1974). – *Essays:* Virgule (1978).

Popeye [ˈpɔpeɪ], Comicfigur, die der amerikan. Texter und Zeichner E. C. SEGAR am 17. 1. 1929 in seine seit dem 27. 12. 1919 im ›New York Journal‹ erscheinende Comicserie ›Thimble Theatre‹ einführte. Der Matrose P., dem der Verzehr von Dosenspinat gewaltige Kräfte verleiht, begann sehr schnell die Serie zu prägen und trug wesentlich zu ihrem Erfolg (seit 1932 auch Verfilmungen) bei. Nach SEGARS Tod 1938 wurde P. von versch. Künstlern weitergeführt.

Popham [ˈpɔpəm], Arthur Ewart Hugh, brit. Kunsthistoriker, * Plymouth 22. 3. 1889, † ebd. 8. 12. 1970; tätig am British Museum (1945–54 Leiter der graf. Sammlung). P. gilt als der bedeutendste Kenner alter Handzeichnungen, v.a. ital. Künstler der Spätrenaissance. Herausgeber von ›Old Master Drawings‹ (14 Jg., 1926–40).

Werke: Drawings of the early Flemish school (1926); The Italian drawings of the XV and XVI centuries ... at Windsor Castle (1949, mit J. WILDE); Correggio's drawings (1957); Catalogue of the drawings of Parmigianino, 3 Bde. (hg. 1971).

Popiełuszko [pɔpjɛˈuʃkɔ], Jerzy, poln. kath. Theologe, * Okopy (Wwschaft Białystok) 23. 9. 1947, † (ermordet) bei Włocławek 19. 10. 1984, wurde 1980 Vikar der Stanisław-Kostka-Gemeinde in Warschau. P. verurteilte in vielen Predigten die Ausrufung des Ausnahmezustands (Dezember 1981) und das Verbot der Gewerkschaft Solidarność. Die Entführung und Ermordung P.s durch den poln. Sicherheitsdienst löste machtvolle Kundgebungen in Polen aus, durch die eine gerichtliche Verurteilung der Täter erzwungen wurde. Der Prozess gegen die politisch verantwortl. Generäle des Geheimdienstes wurde 1997 in zweiter Instanz wieder aufgenommen. Die kath. Kirche leitete 1997 das Seligsprechungsverfahren für P. ein.

Popitz, 1) Heinrich, Soziologe, * Berlin 14. 5. 1925; studierte Philosophie (bei N. HARTMANN und K. JASPERS), Geschichte und Wirtschaftswiss.; wurde 1959 Prof. in Basel und ist seit 1964 Prof. in Freiburg im Breisgau. Schwerpunkte seiner Arbeiten sind neben empirisch ausgerichteten Forschungen zur Industriesoziologie anthropolog. und begriffsgeschichtl. Fragestellungen sowie solche der polit. Soziologie.

Werke: Der entfremdete Mensch (1953); Der Begriff der sozialen Rolle als Element der soziolog. Theorie (1967); Die normative Konstruktion von Gesellschaft (1980); Phänomene der Macht. Autorität, Herrschaft, Gewalt, Technik (1986); Der Aufbruch zur artifiziellen Gesellschaft. Zur Anthropologie der Technik (1995).

2) Johannes, Finanzpolitiker, * Leipzig 2. 12. 1884, † (hingerichtet) Berlin-Plötzensee 2. 2. 1945; Jurist; ab 1919 im Reichsfinanzministerium tätig (1925–29 Staats-Sekr.), seit 1922 Prof. in Berlin. P. hatte maßgebl. Einfluss auf die Ausgestaltung der 1918 eingeführten Umsatzsteuer, auf die Steuerreform von 1925 (**popitz-schliebensche Finanzreform,** nach dem damaligen Reichsfinanz-Min. OTTO VON SCHLIEBEN, * 1875, † 1932) sowie auf Theorie und Praxis des →Finanzausgleichs in Dtl. Die von ihm 1927 formulierte These der ›Anziehungskraft des zentralen Etats‹ (**popitzsches Gesetz**) unterstellt, dass in föderativen Staaten bei der Verteilung der Aufgaben unter den Gebietskörperschaften eine Tendenz zur Zentralisation zulasten der nachgeordneten Ebene(n) bestehe. Gemessen an den Ausgaben hat sich dies für die Mehrzahl der föderativen Staaten jedoch nicht bestätigt. Vom 1. 11. 1932 bis 30. 1. 1933 unter K. VON SCHLEICHER Reichs-Min. ohne Geschäftsbereich und kommissar. Leiter des preuß. Finanzministeriums sowie von April 1933 bis Juli 1944 preuß. Finanz-Min., entwickelte sich P. immer stärker zum NS-Gegner. Er stand der Widerstandsbewegung um L. BECK und C. F. GOERDELER nahe (›Mittwochsgesellschaft‹), die ihn nach HITLERS Sturz als Kultus-Min. vorgesehen hatten. Nach dem Attentat auf HITLER am 20. 7. 1944 wurde P. am 3. 10. 1944 zum Tode verurteilt.

Werke: Komm. zum Umsatzsteuergesetze vom 26. Juli 1918 (1918); Der künftige Finanzausgleich zw. Reich, Ländern u. Gemeinden (1932).

L.-A. BENTIN: J. P. u. Carl Schmitt. Zur wirtschaftl. Theorie des totalen Staates in Dtl. (1972); Die Mittwochsgesellschaft. Protokolle aus dem geistigen Dtl. 1932–1944, hg. v. K. SCHOLDER ([2]1984).

Popiwanow, Nikolaj Michajlow, bulgar. Schriftsteller, →Liliew, Nikolaj.

Popliteratur, an Pop-Art angelehnter Begriff der zeitgenöss. Literatur, bei dem zu unterscheiden ist zw. einer populären Unterhaltungsliteratur (Kommerzpop), wie sie versch. Zeitschriften anbieten, und einer P., die mit provokanter Exzentrik, Monomanie und Primitivität ebenso gegen eine derartige Unterhaltungsliteratur gerichtet ist wie gegen eine Elitekunst und gegen etablierte ästhet. Normen. Die P. arbeitet, vergleichbar mit den Techniken der amerikan. Pop-Art, mit Elementen, Techniken und Mustern trivialer Literaturgenres wie Krimi, Western, Sciencefiction, mit Comicstrips, Reklametexten, Film und Fernsehen und überhaupt mit allen Objekten des Massenkonsums. Je nach dem Maß des verwendeten Materials und seiner Verarbeitung lässt sich eine rigorose P. von einer Literatur unterscheiden, die sich lediglich Popelemente für ästhet. Zwecke nutzbar macht (z. B. E. JANDL, ›sprechblasen‹, 1966), obwohl eine Grenze zw. beiden nicht immer leicht zu ziehen ist (z. B. bei P. O. CHOTJEWITZ). Rigorose P. begegnet in Dtl. seit dem Ende der 1960er-Jahre in nahezu allen Gattungen: im Roman (H. VON CRAMER, H. FICHTE, ELFRIEDE JELINEK), in der Lyrik (R. D. BRINKMANN, W. WONDRATSCHEK) und im Drama (W. BAUER) sowie im Hörspiel (F. KRIWET) sowie in den Grenzbereichen zw. Literatur, bildender Kunst und Musik.

Popmusik, Sammel-Bez. für zahlr. Erscheinungsformen populärer Musik, die sich speziell im 20. Jh. in den westl. Industriegesellschaften als Bereich zw. ursprüngl. Volksmusik und Kunstmusik entfaltet haben. I. w. S. gehören hierzu z. B. die Unterhaltungs-, Song- und Schlagermusik, weite Teile der Filmmusik und des Musicals, aber auch folklorenahe Formen wie Country and Western oder Popadaptionen aus Klassik und Jazz. Kennzeichnend für die P. als soziokulturelles Phänomen ist ihre massenhafte Verbreitung und ihre feste Verankerung im Alltagsleben, die auf einer engen Wechselbeziehung zw. ihrer Vermarktung und den Möglichkeiten, die die techn. Medien hierzu bieten, beruht, musikalisch die Rückführbarkeit ihrer Ausdrucksmittel auf Elemente der afroamerikan. Musik, bes. in ihren rhythmisch-metr. Grundstrukturen. Letzteres unterscheidet die P. neben Fragen der Überlieferung, Verbreitung und Funktionalität auch von der herkömml. Volksmusik.

Hinsichtlich der Entstehung wie des allg. sehr unscharfen Gebrauchs des Begriffs P. lassen sich mehrere Bedeutungsstränge unterscheiden: 1) **Popular Music (Popmusic),** eine in den 1950er-Jahren von der amerikan. Schallplattenindustrie für ihre Hitlisten (Charts) gewählte Bez. für sentimental arrangierte Schlager im Swingstil. Zu den typ. Vertretern dieser P. zählt z. B. F. SINATRA. 2) In den 1960er-Jahren v. a. in Dtl. und Großbritannien vorherrschende Bez. für die von den Beatles und den Rolling Stones ausgelöste so genannte Beatwelle. Ob die in diesem Zusammenhang immer wieder begründete Herkunft des Wortes P. (von engl. pop ›Stoß‹, ›Knall‹) ebenso wie das etwa zeitgleiche Auftreten der Pop-Art in der darstellenden Kunst etwas mit der Bildung des Begriffs P. zu tun hat, ist nicht gesichert. In den USA immer schon ›Rock‹ genannt, wird die frühe Beatmusik auch im dt. Sprachgebrauch seit Mitte der 1970er-Jahre zur →Rockmusik gerechnet. 3) Hiervon abgeleitet versteht man unter P. heute v. a. diejenige Musik, die Stilmittel und Soundformen der Rockmusik übernimmt, bis zur Unverbindlichkeit umarrangiert und glättet und mit der Marktgängigkeit des Schlagers verbindet. Als Prototypen dieser P. im eigentl. Sinne gelten z. B. die Popgruppen ABBA, Carpenters sowie alle Diskomusik.

R. FLENDER u. H. RAUHE: P. Aspekte ihrer Gesch., Funktionen, Wirkung u. Ästhetik (1989); W. ZIEGENRÜCKER u. P. WICKE: Sachlex. Popularmusik (7.–11. Tsd. 1989); B. BRUCKMOSER u. P. WULFF: Ein umfassendes Lex. der Pop- & Rock-Musik (1996).

Popocatépetl [Nahuatl ›rauchender Berg‹] *der,* Vulkan am Rand des Hochlands von Mexiko, in der Sierra Nevada der Cordillera Neovolcánica, 70 km südöstlich der Stadt Mexiko, mit 5452 m ü. M. der zweithöchste Berg des Landes; ein Stratovulkan; Krater 480 m tief; Baumgrenze 3900–4000 m ü. M.; oberhalb von etwa 4800 m auf der N- und NW-Flanke vergletschert; durch breiten Rücken mit dem Nachbarvulkan Iztaccíhuatl verbunden. Beginn der Lavaausbrüche im Jungtertiär; letzte Ausbrüche 1919 und 1921, später nur Fumarolen- und Solfatarentätigkeit; seit 1993 zunehmende Aktivität, 1997 verstärkt Eruptionen.

Popolanen [zu lat. populus ›Volk‹], ital. **Popolani,** in den nord- und mittelital. Städten seit Ende des 12. Jh. bestehende Organisationen des Mittelstandes (mit militär., administrativen und Recht sprechenden Funktionen) zur Beschränkung der polit. Macht des Adels. Die Führung der P. übernahm im 13. Jh. (erstmals 1244 in Parma) der Capitano del popolo.

Popol Vuh [-ˈvux], Mythen- und Legendensammlung in der Sprache der Quiché-Indianer aus dem Hochland von Guatemala, enthält Traditionen der →Quiché kurz vor der span. Eroberung. Der Text berichtet über die Erschaffung der Welt, enthält Wandersagen der Quiché sowie eine Aufzählung histor. Stammesgruppen und Könige. Das P. V., das etwa 1554–58 entstand und dessen früheste erhaltene schriftl. Fassung (um 1700) von dem Dominikanermissionar FRANCISCO XIMÉNEZ stammt, gilt als eines der Meisterwerke indian. Literatur.

P. V. Das Heilige Buch der Quiché-Indianer von Guatemala, übers. v. L. SCHULTZE JENA, hg. v. G. KUTSCHER ([2]1972); P. V. Das Buch des Rates. Mythos u. Gesch. der Maya, übers. v. W. CORDAN ([9]1995).

Popović [ˈpɔpɔvitɕ], **1)** Bogdan, serb. Literaturwissenschaftler und -kritiker, *Belgrad 20. 12. 1863, †ebd. 7. 11. 1944; war 1905–29 Prof. in Belgrad, Gründer der literar. Zeitschrift ›Srpski književni glasnik‹ (1901–41); führte unter frz. Einfluss die ästhet. Literaturkritik bei den Serben ein und prägte ein halbes Jahrhundert das serb. Literaturleben.

Werk: Ogledi iz književnosti i umetnosti, 2 Bde. (1914–27).
Ausgabe: Estetički spisi (1963).

2) Jovan Sterija, serb. Schriftsteller, *Vršac 1. 1. 1806, †ebd. 26. 2. 1856; verdient um den Aufbau des Schulwesens im Fürstentum Serbien; begann mit klassizist. Lyrik sowie empfindsamen Romanen mit Themen aus der Geschichte, schrieb später histor. Tragödien (›Smrt Stefana Dečanskog‹, 1849) und v. a. Charakter- und Sittenkomödien.

Ausgaben: Celokupna dela, 5 Bde. (1928–31); Izbrana dela (1966).

3) Koča, jugoslaw. Generaloberst und Politiker, *Belgrad 14. 3. 1908; Journalist, seit 1933 Mitgl. der KP, nahm am Span. Bürgerkrieg, 1941–45 in Jugoslawien am Partisanenkrieg gegen die dt. und ital. Besatzungsmacht teil. 1945–53 war er Generalstabschef der jugoslaw. Volksarmee. 1948 wurde er Mitgl. des ZK des Bundes der Kommunisten. Als Außen-Min. (1953–65) vertrat P. v. a. die Politik der Blockfreiheit.

Popow, Popov, 1) Aleksandr Serafimowitsch, russ. Schriftsteller, →Serafimowitsch, Aleksandr.

Oleg Konstantinowitsch Popow

2) Aleksandr Stepanowitsch, russ. Physiker, *Turinskije Rudniki (heute Krasnoturinsk, Gebiet Swerdlowsk) 16. 3. 1859, †Sankt Petersburg 13. 1. 1906; ab 1901 Prof. in Sankt Petersburg, ab 1905 Direktor des dortigen elektrotechn. Instituts. P. befasste sich mit den Versuchen von H. HERTZ und untersuchte die Ausbreitung, Polarisation, Reflexion und Brechung der elektromagnet. Wellen. Er benutzte erstmals eine Antenne und verbesserte den (damals verwendeten) Kohärer so weit, dass die drahtlose Übertragung von Telegrammen möglich wurde.

3) Jewgenij Anatoljewitsch, russ. Schriftsteller, *Krasnojarsk 5. 1. 1946; urspr. Geologe; begann mit Erzählungen, die wegen Beteiligung an dem Samisdat-Almanach ›Metropol‹ kaum veröffentlicht wurden (1979 Publikationsverbot). P. thematisiert den russ. Alltag, v. a. in der Provinz, wobei er das Sujet ins Groteske wendet. In seinem bekanntesten Werk ›Prekrasnost' žizni‹ (1990; dt. ›Die Wunderschönheit des Lebens. Kapitel aus einem Roman mit Zeitung, der niemals begonnen wurde und niemals beendet wird‹) sind Autobiographisches, Anekdotisches und Zeitgeschichtlich-Politisches miteinander verbunden.

Weitere Werke: *Romane:* Duša patriota (1989; dt. Das Herz des Patrioten oder Diverse Sendschreiben an Ferfitschkin); Restoran ›Berezka‹ (1991); Nakanune nakanune (1993; dt. Vorabend ohne Ende).

Ausgabe: Wie es mit mir bergab ging. Erzählungen, übers. v. R. TIETZE (1997).

4) Oleg Konstantinowitsch, russ. Clown, *Wyrubowo (Gebiet Moskau) 31. 7. 1930; lebt in Dtl.; absolvierte eine Ausbildung als Seiltänzer und Jongleur. Seit 1955 ist P. internat. bekannter Clown des Moskauer Staatszirkus. In seinem Programm verbindet P. verhaltene Tragikomik (angelehnt an C. CHAPLIN) mit der Unbekümmertheit der russ. Märchengestalt ›Iwanuschka‹ (ähnlich dem ›Hans im Glück‹).

Lucia Popp

Popowa, Popova, Ljubow Sergejewna, russ. Malerin und Grafikerin, *bei Moskau 6. 5. 1889, †Moskau 25. 5. 1924; hielt sich 1912–13 und 1914 in Paris auf, wo sie sich dem Kubismus zuwandte. 1915/16 Mitglied der Künstlervereinigung Karo-Bube. Unter dem Einfluss von K. MALEWITSCH und W. TATLIN setzte sie sich ab 1916 mit Suprematismus und Konstruktivismus auseinander. Ab 1921 widmete sie sich v. a. der Textilkunst, entwarf Bühnendekoration und Kostüme sowie Plakate und Typographien.

Poppaea Sabina (zeitgenössische Marmorbüste; Rom, Kapitolinisches Museum)

Popowzy [-tsi; russ. ›Priesterliche‹, zu Pope], **Popovcy** [-tsi], eine Richtung der russ. Altgläubigen (→Raskolniki), die an der Bedeutung des priesterl. Amtes für die Gültigkeit der Sakramente festhält. Da es nach der Kirchenspaltung von 1666/67 keinen altgläubigen Bischof gab, der eigene Weihen hätte spenden können, mussten sich die P. für zwei Jahrhunderte mit übergetretenen Priestern der Staatskirche begnügen, was ihnen den Spottnamen ›Beglopopowzy‹ (›die mit den entlaufenen Priestern‹) eintrug. 1847 wurde für einen Teil der P. von einem suspendierten griech. Metropoliten ein eigener Bischof geweiht und damit die Hierarchie wiederhergestellt. Neben dieser, nach ihrem Gründungsort in der Bukowina benannten **Hierarchie von Belaja Krinica** besteht seit den 1920er-Jahren eine zweite altgläubige Hierarchie. Formell 1929 von zwei russisch-orth. Bischöfen errichtet, trägt sie seit 1963 nach ihrem Zentrum Nowosybkow (Gebiet Brjansk) den Namen **Hierarchie von Nowosybkow.** Ihr gehören (1997) etwa 25 Gemeinden und rd. 400 000 Gläubige (Eigenangaben) in Russland an. Die weit größere Hierarchie von Belaja Kriniza nahm 1988 den Namen **Russische Orth. Kirche des Alten Ritus** an und umfasst die ›Metropolie von Moskau und der ganzen Rus‹ (5 Bistümer, rd. 2 Mio. Gläubige in Russland, Moldawien und in der Ukraine) und die rumän. ›Metropolie Belaja Krinica‹ (Sitz: Brăila; 3 Bistümer, rd. 70 000 Gläubige), der auch die Altgläubigen in der Diaspora (v. a. in Nordamerika, Australien) unterstehen.

Popp, 1) Augustin, österr. Schriftsteller, →Waldeck, Heinrich Suso.

2) Lucia, österr. Sängerin (Koloratursopran), *Ungeraiden (bei Preßburg) 12. 11. 1939, †München 16. 11. 1993; debütierte 1963 in Preßburg und wurde im selben Jahr Mitgl. der Wiener Staatsoper. Sie sang auch bei Festspielen (Salzburg) und wurde bes. mit ihrer Debütrolle als Königin der Nacht in ›Die Zauberflöte‹ von W. A. MOZART sowie als Strauss-Interpretin bekannt; auch gefeierte Konzert- und Liedsängerin.

Poppaea Sabina, röm. Kaiserin, *um 31 n. Chr., †65 n. Chr.; wurde im Jahr ihrer Eheschließung mit dem späteren Kaiser OTHO (58) die Geliebte NEROS, den sie 62 nach seiner Scheidung von OCTAVIA heiratete. Ein Fußtritt NEROS verursachte ihren Tod.

Ljubow Sergejewna Popowa: Architektonische Malerei; 1917 (New York, Museum of Modern Art)

Pöppelmann, Matthäus Daniel, Baumeister, *Herford 3. (?) 5. 1662, †Dresden 17. 1. 1736; trat 1686 in den Dienst des kursächs. Oberbauamtes. Studienreisen im Auftrag des Kurfürsten AUGUST DES STARKEN führten ihn 1710 über Prag nach Wien und Rom, 1715 nach Paris. 1718 wurde er zum Oberlandbaumeister ernannt. Seine Entwürfe für Schlösser in Dresden (1705 ff.) und Warschau (1713) blieben Projekte. P.s Hauptwerk ist der 1711–28 ausgeführte Zwinger in Dresden, der zum Rokoko überleitet. Die Anlage besteht aus zweigeschossigen Pavillons, die durch niedrige Galerien mit stark akzentuierten Torbauten verbunden sind. Das Elbschloss Pillnitz (1720–24), ebenfalls ein Pavillonbau mit Galerien (Wasser- und Bergpalais), zeigt den Einfluss ostasiat. Kunst (BILD →Pillnitz)

Weitere Werke: Taschenbergpalais in Dresden (1707–11, Mittelpavillon 1712; 1945 ausgebrannt, 1992–95 als Hotel wieder aufgebaut); Weinbergkirche in Dresden-Pillnitz (1723–27); Umbau des Jagdschlosses Moritzburg (1723–36, mit LONGUELUNE u. a.; BILD →Moritzburg); Augustusbrücke in Dresden (1727–31; 1907 abgebrochen, heutiger Bau von WILHELM KREIS); Erweiterung des Jap. Palais (1727 ff., mit Z. LONGUELUNE u. a.).

H. HECKMANN: M. D. P. u. die Barockbaukunst in Dresden (1986); M. D. P. 1662–1736. Ein Architekt des Barocks in Dresden, Ausst.-Kat. (Dresden 1987); M. D. P., hg. v. H. MARX, Ausst.-Kat. (1990); M. D. P. 1662–1736 u. die Architektur der Zeit Augusts des Starken, hg. v. K. MILDE (1991).

Poppelsdorf, Stadtteil von Bonn.

Popper *der,* Nebenfluss des Dunajec, →Poprad.

Popper, 1) Josef, Pseud. **Lynkeus,** österr. Ingenieur und Sozialreformer, *Kolin 21. 2. 1838, †Wien 21. 12. 1921; zunächst Eisenbahnbeamter und Hauslehrer, widmete sich ab 1867 seinen techn. Erfindungen und der Schriftstellerei. Er formulierte als Erster den Gedanken der elektr. Kraftübertragung (›Die physikal. Grundsätze der elektr. Kraftübertragung‹, 1862, erschienen 1884), trat für soziale Reformen ein und versuchte nachzuweisen, dass der Staat eine ›allgemeine Nährpflicht‹ habe.

2) Sir (seit 1964) Karl R. (Raimund), brit. Philosoph und Wissenschaftstheoretiker österr. Herkunft, * Wien 28. 7. 1902, † London 17. 9. 1994; ab 1922 Studium der Mathematik und Physik in Wien, dann Tischlerlehre. P. war anschließend als Lehrer tätig, 1937–45 in Neuseeland, 1946 wurde er Prof. für Logik und Wissenschaftstheorie an der London School of Economics, die unter seiner Leitung zu einem Zentrum der Wissenschaftstheorie von Weltgeltung wurde.

P. gilt als Begründer des →kritischen Rationalismus: Gegen zentrale Positionen des log. Empirismus stellt er in ›Logik der Forschung‹ (1935) gegenüber der induktionslog. Grundlegung der Wiss. eine sich partiell an I. KANT anschließende, auf der Festsetzung methodolog. Regeln nach Zweckmäßigkeitserwägungen beruhende, deduktionslog. Theorie der Erfahrung, v. a. in der Auseinandersetzung mit dem →Wiener Kreis. Die aus der ursprüngl. Fassung des empirist. Sinnkriteriums abgeleitete Forderung, nur solche Sätze als wiss. legitim zuzulassen, die sich auf elementare Erfahrungssätze logisch zurückführen lassen, scheitert am Induktionsproblem. Da jeder Versuch, den Schluss von besonderen Sätzen auf allgemeine Sätze (mangels eines Induktionsprinzips) selbst noch durch Erfahrung zu rechtfertigen, in einen infiniten Regress führe, müssten die Naturgesetze als sinnlose Sätze betrachtet werden. Unter Verzicht auf die Entscheidbarkeit der Wahrheit empir. Aussagen schlug P. als Ausweg eine auf der Asymmetrie zw. Verifizierbarkeit und Falsifizierbarkeit basierende deduktive Methodik vor. Danach soll ein allgemeiner Satz als falsifiziert aus dem System vorläufig bestätigter wiss. Sätze gestrichen werden, wenn ihm ein Beobachtungssatz besonderer Art widerspricht. – Moralphilosophisch kritisiert P. am Beispiel von PLATON, G. W. F. HEGEL und K. MARX den naturalist. Determinismus des ›Historizismus‹. Die zukünftige gesellschaftl. Entwicklung sei nicht durch Gesetze erklärbar noch voraussagbar, da sie entscheidend durch den Umfang des nicht voraussagbaren wiss. Wissens beeinflusst werde. Gesellschaftl. Veränderung ist für P. die punktuelle Reform sozialer Missstände. – In seinem Werk ›The open society and its enemies‹ (1945; dt. ›Die offene Gesellschaft und ihre Feinde‹) kritisierte P. unter dem Eindruck des Einmarschs der Nationalsozialisten in Österreich autoritäre Theorien der polit. Herrschaft, wie er sie u. a. bei PLATON (›Politeia‹) und bei MARX zu finden glaubte. Die Stellungnahme P.s zugunsten liberaler Prinzipien führte zu heftiger Kritik durch die Studentenbewegung der 1960er-Jahre. – Das mit dem Neurophysiologen J. C. ECCLES verfasste Buch ›The self and its brain‹ (1977; dt. ›Das Ich und sein Gehirn‹) enthält Anklänge an die →evolutionäre Erkenntnistheorie (›Objective knowledge‹, 1972; dt. ›Objektive Erkenntnis‹) und betont erneut den hypothet. Charakter der ›objektiven Erkenntnis‹. – P.s krit. Rationalismus blieb bis zum Aufkommen der Ideen T. S. KUHNS die dominierende Strömung in der westl. Wissenschaftstheorie.

Weitere Werke: The poverty of historicism (1957; dt. Das Elend des Historizismus); Conjectures and refutations (1963; dt. Vermutungen u. Widerlegungen, 2 Bde.).

H. OETJENS: Sprache, Logik, Wirklichkeit: der Zusammenhang von Theorie u. Erfahrung in K. R. P.s Logik der Forschung (1975); E. DÖRING: K. R. P. Einf. in Leben u. Werk (1987); M. GEIER: K. P. (9.–14. Tsd. 1994); L. SCHÄFER: K. R. P. (³1996).

Poppo, P. von Stablo, Benediktiner, * Deinze (bei Gent) 978, † Marchienne (bei Douai) 25. 1. 1048; wurde um 1005 Mönch in Reims, um 1008 in Saint-Vanne (Verdun). Mit seinem Lehrer RICHARD VON SAINT-VANNE († 1046) war P. führend in der von Cluny und GERHARD VON BROGNE beeinflussten lothring. Klosterreform. HEINRICH II. erhob ihn 1020 zum Abt von Stablo-Malmedy und beauftragte ihn mit der Reform meist reichsunmittelbarer Abteien (u. a. St. Maximin in Trier, Echternach, Hersfeld, Weißenburg, St. Gallen). Bes. zur Zeit KONRADS II. besaß P. auch erhebl. polit. Einfluss. – Heiliger (Tag: 25.1.).

Sir Karl Popper

Popponen, anderer Name für die älteren →Babenberger.

Poprad, 1) früher dt. **Deutschendorf,** Stadt in der Zips im Ostslowak. Gebiet, Slowak. Rep., 675 m ü. M., am Fuß der Hohen Tatra, am Fluss Poprad, 54 800 Ew.; Tatramuseum; Maschinen- und Waggonbau, Nahrungsmittel-, Holzindustrie; Fremdenverkehr; Schmalspurbahn in die Hohe Tatra nach Starý Smokovec. – Frühgot. Aegidiuskirche (Ende 13. Jh.; Langhaus Mitte 15. Jh.) mit Glockenturm von 1658. Im Ortsteil Spišská Sobota (dt. Georgenberg; seit 1954 unter Denkmalschutz) sind zahlr. Bürgerhäuser des 16.–19. Jh. sowie die Georgskirche (13. Jh., 1460–64 umgebaut) mit got. Flügelaltar erhalten. – P. wurde im 12./13. Jh. von dt. Siedlern gegründet.

2) *der,* ungar. **Poprád** ['popra:d], dt. **Popper,** rechter Nebenfluss des Dunajec, entspringt in der Hohen Tatra im **Poppersee** (Karsee, 6,3 ha, 1 513 m ü. M.) unterhalb der Meeraugspitze, Slowak. Rep., bildet streckenweise die slowakisch-poln. Grenze, mündet oberhalb von Neusandez; 174 km lang, 144 km in Polen.

Popularen [lat. populares ›Volksmänner‹, zu populus ›Volk‹], im antiken Rom mit der Reformbewegung der Gracchen (→Gracchus) im ausgehenden 2. Jh. v. Chr. aufkommende polit. Kampf-Bez. der →Optimaten für diejenigen Mitgl. der Nobilität, die ihre tatsächlich oder scheinbar volksfreundl. Ziele unter Umgehung des Senats allein mithilfe der zur Gesetzgebung befugten Komitien durchzusetzen versuchten. Führende P. waren die beiden Gracchen, MARIUS und seine Anhänger sowie CAESAR.

Popularklage, Popularbeschwerde, Rechtsbehelf, den jeder bei Gericht erheben kann, ohne in seinen eigenen Rechten betroffen zu sein. Nach dt. Recht ist die P. i. d. R. unzulässig; klagen kann i. d. R. nur, wer sein eigenes (subjektives) Recht durchsetzen will. Ausnahmsweise ist die P. im allgemeinen Interesse bei der Nichtigkeitsklage im Patentrecht sowie der Löschungsklage im Markenrecht zugelassen. Ferner gibt es vereinzelt die P. gegen Landesrecht wegen Verletzung von Grundrechtsvorschriften der Landes-Verf. (so in der bayer. Verf.). Von der P. zu unterscheiden ist die ihr angenäherte →Verbandsklage. – Auch in *Österreich* sind P. vor den Gerichtshöfen öffentl. Rechts unzulässig. Die *Schweiz* kennt die Verbandsbeschwerde.

Popularphilosophie, allg. Bez. für Versuche, in philosoph. Schulzusammenhängen entstandene Lehren von prakt. Relevanz einem breiten Publikum in vereinfachter Form darzustellen; philosophiehistorisch ist P. die philosoph. Richtung der dt. Aufklärung des 18. Jh., die deren Emanzipationsideal gemäß eine allg. verständl. Verbreitung aufklärer. Ideen v. a. über Wiss., Moralität und Freiheit erstrebte; sie war häufig an die von Bildungsprozessen weitgehend ausgeschlossenen Frauen gerichtet. Hauptvertreter: T. ABBT, J. B. BASEDOW, M. MENDELSSOHN, C. F. NICOLAI.

Popular Sovereignty ['pɔpjʊlə 'sɔvrəntɪ, engl.], in der Vorgeschichte des amerikan. Sezessionskrieges die bes. von Senator S. A. DOUGLAS im ›Kansas-Nebraska-Act‹ (1854; →Kansas, Geschichte) vertretene Formel, nach der die Bev. eines Territoriums, das als Staat in die Union aufgenommen werden wollte, über Ausschluss oder Zulassung der Sklaverei selbst entscheiden sollte.

E. CORDER: Prelude to Civil War. Kansas-Missouri, 1854–61 (New York 1970).

Population: Sternpopulationen

	Halopopulation (extreme Population II)	intermediäre (Zwischen-)Population II	Scheibenpopulation		intermediäre (ältere) Population I	Spiralarmpopulation (extreme Population I)
wichtigste Mitglieder	Unterzwerge, Kugelhaufen, RR-Lyrae-Sterne (Perioden > 0,4 d)	Schnellläufer mit Geschwindigkeitskomponenten > 30 km/s senkrecht zur galaktischen Ebene, langperiodische Veränderliche (Perioden < 250 d, Spektralklasse früher M 5)	Zentralsterne, planetarische Nebel, Novae, Sterne des galaktischen Zentralgebiets	Sterne mit schwachen Metalllinien im Spektrum	Sterne mit starken Metalllinien, A-Sterne	interstellares Gas, OB-Sterne, Überriesen, Delta-Cephei-Sterne, T-Tauri-Sterne, junge galaktische Sternhaufen
mittlerer Betrag der Abstände von der galaktischen Ebene (in pc)	2000	700		400	150	70
Konzentration zum Zentrum	stark	stark	stark	–	gering	keine
Alter (in 10^9 Jahren)	13–18	10–15		2–10	0,5–5	<0,5

Population [spätlat.] *die, -/-en,* **1)** *allg.:* veraltete Bez. für: Bevölkerung.

2) *Astronomie:* **Stern-P.,** eine auf W. BAADE (1944) zurückgehende Klassifikation von Objekten nach ihrem Alter und ihrer Lage im Milchstraßensystem (Galaxis). Nach ihr werden zwei Haupt-P. (I und II) unterschieden, gelegentlich auch noch eine hypothet. dritte (III), die räumlich am ausgedehntesten ist und die ältesten Sterne des Milchstraßensystems umfasst. Zur **P. I** gehören relativ junge Objekte in der galakt. Scheibe, speziell in den Spiralarmen, zur **P. II** relativ alte, über die Galaxis verteilte, vornehmlich aber in ihrem Zentrum und dem äußeren Halo anzutreffende Objekte. Zur **Scheiben-P.,** deren Mitglieder ein mittleres Alter haben, gehören die weitaus meisten Sterne des Milchstraßensystems, die die galakt. Scheibe bilden und die Hauptmenge der Sterne des galakt. Zentralgebiets stellen.

3) *Biologie:* die Gesamtheit der Individuen einer Organismenart in einem umgrenzten Gebiet oder, als **Mendel-P.,** eine Gemeinschaft sich sexuell fortpflanzender Individuen, die einen gemeinsamen Bestand von Erbfaktoren (Genpool) besitzen und zw. denen regelmäßig Kreuzungen auftreten.

4) *Statistik:* die →Grundgesamtheit.

Population-Momentum [pɔpjʊˈleɪʃn məʊˈmentəm, engl.], **Trägheitsfaktor,** *Bevölkerungswissenschaft:* Maß für die Trägheit von Bev.-Wachstum und Bev.-Schrumpfung. In den Entwicklungsländern wuchs die Zahl der Lebendgeborenen in den vergangenen Jahrzehnten von Jahr zu Jahr. In vielen Ländern ist die Zahl der Kinder desto größer, je jünger die Kinder sind. Diese Länder haben eine junge Altersstruktur, die Basis der Bev.-Pyramide ist breit. Als Folge wird sich die Zahl derer, die in das Alter der Fortpflanzungsfähigkeit eintreten, in Zukunft automatisch erhöhen. Wegen der dadurch wachsenden Zahl an potenziellen Müttern und Vätern erhöhen sich die absolute Geburtenzahl und die absolute Bev.-Zahl in diesen Ländern auch dann, wenn die Kinderzahl je Frau auch in der Zukunft weiter sinkt. Unter der Annahme, dass die Kinderzahl je Frau innerhalb eines einzigen Jahres auf die für die langfristige Konstanz der Bev. ausreichende Kinderzahl von 2,1 je Frau sinkt, lässt sich mit Simulationsmodellen die daraus resultierende Bev.-Zahl in der Zukunft errechnen. Das Verhältnis dieser hypothet. zur gegenwärtigen Bev.-Zahl wird als P.-M. bezeichnet. Der Trägheitsfaktor betrug bei der Welt-Bev. Anfang der 90er-Jahre 1,4, d. h. die Welt-Bev. wächst auch unter dieser Voraussetzung um 40% weiter. Die Kinderzahl je Frau betrug 1992 im Weltdurchschnitt 3,2, Ende der 90er-Jahre 2,8. Sie wird, wie Experten annehmen, frühestens bis 2020, wahrscheinlich erst bis 2050 auf 2,1 sinken. Das bedeutet, dass das Wachstum der →Weltbevölkerung entsprechend größer sein wird als 40%. In Analogie zur Trägheit des Bev.-Wachstums aufgrund der jungen Altersstruktur steht die Trägheit der Bev.-Schrumpfung infolge einer demographisch alten Bevölkerung.

The sex and age distribution of the world populations (New York 1993 ff., früher u. a. T.); H. BIRG: World population projections for the 21st century (Frankfurt am Main 1995).

Populationsdichte, *Biologie:* →Abundanz.

Populationsgenetik, Teilgebiet der Genetik, das die durch Mutation und Selektion verursachten Veränderungen von Genhäufigkeiten (zahlenmäßige Verhältnisse der jeweiligen Allele eines jeden Allelenpaars) einer Population im Genpool und somit (als **Evolutionsgenetik**) die die Evolution innerhalb bestimmter, genügend lange gegeneinander isolierter Individuengruppen einer Art bewirkenden Evolutionsmechanismen untersucht. Die Individuen einer solchen Gruppe stehen miteinander in (sexuellem) Genaustausch. Zur Beschreibung dieser Vorgänge wendet die P. v. a. mathematisch-statist. Methoden an, u. a. die →Hardy-Weinberg-Formel, aus der sich unter bestimmten Bedingungen (u. a. Fehlen von Evolutionsfaktoren) nach einigen Generationen ein konstantes Verhältnis der versch. Genotypen ergibt.

Populismus [zu lat. populus ›Volk‹] *der, -,* **1)** *allg.:* opportunist., oft demagog. Politik, die darauf gerichtet ist, durch Dramatisierung der polit. Lage die Zustimmung der Massen zu gewinnen.

2) *Literatur:* **Populisme** [popyˈlisme], Strömung der frz. Literatur, die, in Anknüpfung an die russ. Populisten (→Narodniki), 1929 von LÉON LEMONNIER (* 1890, † 1953) und A. THÉRIVE mit dem Ziel initiiert wurde, v. a. im Roman realistisch das Leben des einfachen Volkes zu schildern. Der P. wandte sich sowohl gegen den Psychologismus der als realitätsfern gewerteten bürgerl. Literatur als auch gegen den Determinismus und die sozialrevolutionären Tendenzen des Naturalismus. Hauptvertreter sind, neben LEMONNIER und THÉRIVE, E. DABIT und J. PRÉVOST.

3) *Politologie:* gegen Ende des 19. Jh. aufgekommene Bez. für soziale und polit. Bewegungen, die – oft stark personengebunden – auf die Mobilisierung breiter, v. a. unterprivilegierter sozialer Schichten zielen. Die Entstehung populist. Bewegungen wird durch gesellschaftl. Wandel mit sich auflösenden traditionellen Herrschaftsstrukturen begünstigt. Ideologisch kann der P. agrarisch-dörflich orientiert sein (russ. Narodniki nach 1870), die Kritik an der Industriegesellschaft mit der Forderung nach mehr sozialer Gerechtigkeit verbinden (Populist Party in den USA) oder, wie in Lateinamerika nach 1929 im Zusammenhang mit Weltwirtschaftskrise und Industrialisierungsprozess, nationalistisch geprägt sein und die wirtschaftl. Entwicklung in den Vordergrund stellen. Bes. in Argentinien unter J. D. PERÓN und in Brasilien unter G. D. VARGAS war der P. deutlich ausgeprägt.

Populist Party [ˈpɔpjʊlɪst ˈpɑːti], eigtl. **People's Party** [ˈpiːplz ˈpɑːti], 1892 gegründete amerikan. Partei, mit der die vornehmlich agrar. und radikaldemokrat. Protestbewegung des Westens und Südens versuchte, Einfluss auf die Bundespolitik zu nehmen. Hauptforderungen waren: Antimonopolismus, Verstaatlichung der Eisenbahnen und Telegrafengesellschaften, eine progressive Einkommensteuer sowie eine inflationist. Kredit- und Währungspolitik mit unbeschränkter Silberprägung (›free silver‹). Der Präsidentschaftskandidat der P. P., General JAMES BAIRD WEAVER (* 1833, † 1912), gewann 1892 rd. 1 Mio. Wählerstimmen. Bei der Präsidentschaftswahl 1896 übernahm die Demokrat. Partei die Forderung nach unbeschränkter Silberprägung, unterlag aber trotz der Unterstützung durch die P. P., die damit und dann im Zeichen des Wirtschaftsaufschwungs an Bedeutung verlor. V. a. der Antimonopolismus ging in das →Progressive Movement ein.

L. GOODWYN: Democratic promise (New York 1976).

Populonia, etrusk. **Pupluna, Fufluna,** etrusk. Hafenstadt, 8 km nördlich von Piombino (Italien), gegenüber von Elba am Meer gelegen. In P., einem bedeutenden metallurg. Zentrum der Antike, wurde seit dem 5. Jh. v. Chr. das aus den Colline Metalliferi und später das auf Elba gewonnene Erz verhüttet. Ausgegraben wurden unter Schlackenhalden ältere Nekropolen mit Steintumuli und Kammergräbern mit reichen Beigaben aus der Villanovazeit und der frühetrusk. Zeit (7.–6. Jh.) sowie Ädikulagräber des 5. Jh. v. Chr. (mit Terrakottaschmuck); am Rand der Nekropole gut erhaltene Schmelzöfen. Freigelegt wurden auch Teile der Stadtmauer.

Populorum progressio [lat. ›der Fortschritt der Völker‹], Sozialenzyklika Papst PAULS VI. vom 26. 3. 1967; behandelt auf der Grundlage der →katholischen Soziallehre umfassend Fragen der Entwicklungspolitik und des Verhältnisses von Industrieländern und Dritter Welt.

Populus [lat.] *der, -,* urspr. im italischen Bereich die Stadt als polit. Gebilde, v. a. der **P. Romanus,** der röm. Staat als Personenverband, als in den →Komitien konstituierte patrizisch-plebej. Wehrgemeinschaft.

Populus [lat.], die Pflanzengattung →Pappel.

Poquelin [pɔˈklɛ̃], Jean-Baptiste, frz. Dichter, Schauspieler und Theaterleiter, →Molière.

Porbandar [ˈpɔːbəndə], Hafenstadt im Bundesstaat Gujarat, Indien, am Arab. Meer auf der Halbinsel Kathiawar, 116 700 Ew.; Zementindustrie. – P. war 1785–1948 Hauptstadt des gleichnamigen hinduist. Fürstenstaates.

Porcel [purˈsɛl], Baltasar, katalan. Schriftsteller und Journalist, * Andraitx (bei Palma de Mallorca) 17. 3. 1937; war u. a. 1975–77 Herausgeber der Zeitschrift ›Destino‹; verfasste zunächst Theaterstücke im Sinne des Existenzialismus und des absurden Theaters (›Els condemnats‹, 1959; ›Història d'una guerra‹, 1963), schrieb dann v. a. Romane (›Els escorpins‹, 1965; ›Els argonautes‹, 1968; ›Cavalls cap a la fosca‹, 1975; ›Primaveres i tardors‹, 1986; ›El divorci de Berta Barca‹, 1989), in denen ein ins Mythische gesteigertes Mallorca und die Kindheit des Autors dargestellt werden. P. verfasste auch anspruchsvolle Reiseführer (›Camins i ombres‹, 1977).

Porcelaine [pɔrsˈlɛːn, frz.] *die, -/-s,* Haushunderasse aus Frankreich und der Schweiz; Spürhund für Niederwild; kurze, glänzende Behaarung, überwiegend weiß mit orangefarbenen Flecken, bes. an den Ohren. Widerristhöhe: 53–58 cm.

Populonia: Blick auf die etruskische Nekropole

Porcellis [porˈsɛlis], Jan, niederländ. Maler, * Gent (?) um 1584, † Zoeterwoude (bei Leiden) 29. 1. 1632; malte Seestücke mit von der Harmonie grauer Töne getragener atmosphär. Stimmung und bewegtem Wellengang.

Porcupine [ˈpɔːkjʊpaɪn], Goldbergbaugebiet (seit 1907) im O der Prov. Ontario, Kanada; Hauptort ist →Timmins.

Porcupineholz [ˈpɔːkjʊpaɪn-], das →Palmholz.

Pordenone, 1) Hauptstadt der Prov. P., Friaul-Julisch Venetien, Italien, 124 m ü. M., 49 400 Ew.; Industriezentrum von Friaul mit Baumwoll- und Rohseideverarbeitung, Herstellung von Fahrrädern, keram. und elektrotechn. Industrie, Maschinenbau. – Die Altstadt ist geprägt von Häusern und Palästen aus Gotik, Renaissance und Barock mit Laubengängen und Fassadenmalereien (z. T. verwittert). Dom San Marco (1468 geweiht, mehrfach verändert; Renaissanceportal, 1511); Campanile (13./14. Jh., 76 m hoch); got. Palazzo Comunale (1291–1365). – Vermutlich bestand schon in röm. Zeit ein Handelsplatz **(Portus Naonis).** Seit dem 13. Jh. gehörte P. (›Portenau‹) zu Österreich, 1508 kam es an Venedig.

2) Prov. in der Region Friaul-Julisch Venetien, Italien, 2 273 km², 276 000 Einwohner.

Pordenone, eigtl. **Giovanni Antonio de' Sacchis** [-ˈsakkis], genannt **il P.,** ital. Maler, * Pordenone 1483/84, begraben Ferrara 14. 1. 1539. Geschult an GIORGIONE und Werken des jungen TIZIAN, gewann sein Stil nach einer Romreise (vermutlich 1516) an Monumentalität und Kraft. Dank seiner effektvollen Perspektiven, Verkürzungen und Untersichten war er zeitweise ein erfolgreicher Konkurrent TIZIANS.

Werke: Fresken im Dom von Treviso (1517–20) u. im Dom von Cremona (1520–21). – *Gemälde:* Die Heiligen Martin u. Christophorus (Venedig, San Rocco); Der hl. Lorenzo Giustiniani (1532; Venedig, Galleria dell'Accademia).

C. FURLAN: Il P. (Mailand 1988).

Pordoijoch, ital. **Passo Pordoi,** 2 239 m hoher Pass der Dolomitenstraße in Italien, zw. Sella- und Marmoladagruppe; Seilbahn zum Sasso Pordoi (2 950 m ü. M.). Die Straße über das P. verbindet das Fassatal mit dem Tal des Cordevole und damit Bozen mit Cortina d'Ampezzo.

Pore [über spätlat. porus von griech. póros ›Durchgang‹, ›Öffnung‹] *die, -/-n,* **Porus,** *Biologie:* kleines Loch, feine Öffnung, z. B. in der tier. und menschl. Haut (v. a. als Ausmündung der Schweißdrüsen), im Außenskelett und in den Schalen und Gehäusen von

Poreč: Altarraum der Basilika Euphrasiana mit Goldmosaiken; 540

Tieren, in Kapselfrüchten (P.-Kapsel), in der Kern- und Zellmembran.

Poreč [-tʃ], ital. **Parenzo,** Stadt in Kroatien, auf einer Halbinsel an der W-Küste Istriens, 7 500 Ew.; kath. Bischofssitz; Stadtmuseum; Fischereihafen; Fremdenverkehr (Hotelsiedlungen an benachbarten Buchten). – Bedeutendster Bau ist die byzantin. Basilika Euphrasiana, 535–550 auf Fundamenten eines älteren Baus errichtet (Sakristei, Glockenturm u. a. kamen später hinzu), nach 1945 restauriert; Goldmosaiken (540). Außerdem sind röm. Ruinen, Wohnhäuser aus dem MA. (Domherrenhaus 1251) und ein got. Palast (15. Jh.) erhalten. – P. entstand aus dem an der Stelle einer illyr. Siedlung im 2. Jh. v. Chr. angelegten röm. Heerlager **Colonia Iulia Parentium.** Es kam 538 mit Istrien an Byzanz, 788 an das Fränk. Reich und 1267 an Venedig. 1354 von den Genuesen zerstört und erst seit dem 17. Jh. wieder besiedelt, teilt es seit 1797 das polit. Schicksal Istriens (1861–1919 Sitz des Landtags von Istrien).

M. PRELOG: Die Euphrasius-Basilika von P. (a. d. Serbokroat., Zagreb 1986).

Porenbeton [-betɔŋ, -betɔ̃], ein Leichtbeton, z. B. →Gasbeton, →Schaumbeton.

Porenflechte, Pertusaria pertusa, Krustenflechte auf Rinde und Steinen; die Poren sind eingesenkte Fruchtkörper.

Porenhaus|schwamm, Weißer Kellerschwamm, Weißer Porenschwamm, Lohschwamm, Poria vaillanti|i, häufig vorkommender, durch Oberflächenfäule Holz zerstörender Porling auf feuchtem lagerndem oder verbautem Nadelholz. Der Befall ist an dem weißen bis weißlich grauen, filzigen Oberflächenmyzel zu erkennen.

Porenraum, Porenvolumen, die Gesamtheit der mit Gasen (v. a. Luft) und Flüssigkeiten (v. a. Wasser) erfüllten Hohlräume von Gesteinen (einschließlich der Klüfte) und Böden. Der Porenanteil von Sedimenten ist von der mineral. Zusammensetzung und den Ablagerungsbedingungen abhängig und nimmt im Verlauf der diagenet. Verfestigung (→Diagenese) durch Überlagerungsdruck, Lösungsvorgänge, Ausscheidung von →Bindemitteln u. a. stark ab: In frisch sedimentierten Sanden beträgt der Porenanteil z. B. 40–50 %, in Tonen 70–90 %. Durch die Tiefbohrung auf der Halbinsel Kola konnten noch in 8–10 km Tiefe Flüssigkeitseinschlüsse festgestellt werden. Der nutzbare P. (effektive oder Nutzporosität, d. h. ohne die allseitig geschlossenen Hohlräume) und die →Permeabilität sind für die Gewinnung und Speicherung von Grundwasser, Erdöl und Erdgas von entscheidender Bedeutung. Der P. der Böden (Porenanteil in Mineralböden durchschnittlich 45–60 %) dient der Aufnahme und dem Austausch von Wasser, Luft und Kohlendioxid und ermöglicht sowohl Pflanzenwurzeln als auch Bodentieren das Eindringen in den Boden.

Porète [pɔˈrɛːt], Marguerite, Begine und Mystikerin aus dem Hennegau, † (verbrannt) Paris 1. 6. 1310; schrieb ihre myst. Erfahrungen in dem Buch ›Le mirouer des simples ames anienties‹ nieder, das wegen vermeintlich libertinist. Züge in Valenciennes öffentlich verbrannt wurde (vor 1306). Wegen der verbotenen Weiterverbreitung ihres Buches wurde P. 1307 in Paris angeklagt und, als sie ihre Lehre nicht widerrief, 1310 wegen Häresie zum Tode verurteilt.

Ausgabe: Der Spiegel der einfachen Seelen, hg. v. L. GNÄDINGER (1987).

U. HEID: Studien zu M. P., in: Religiöse Frauenbewegung u. myst. Frömmigkeit im MA., hg. v. P. DINZELBACHER (1988).

Porgy and Bess [ˈpɔːgɪ ənd ˈbes], Oper von G. GERSHWIN, Text von DUBOSE HEYWARD und IRA GERSHWIN; Uraufführung am 30. 9. 1935 in Boston, Mass. (New Yorker Premiere am 10. 10. 1935; verfilmt 1959).

Pori, schwed. **Björneborg** [-ˈbɔrj], Stadt in SW-Finnland, am Kokemäenjoki (Kumoälv) nahe seiner Mündung in den Bottn. Meerbusen, 76 600 Ew.; Kunst-, Regionalmuseum; Buntmetallhütte (verarbeitet Pyrit und Kupferkies aus Outokumpu und Nickelerz aus Kotalahti), Zellstoff-, Papier-, Textil- u. a. Industrie. – Die Außenhäfen Mäntyluoto und Reposaari sind von Januar bis April durch Eis blockiert. – P. erhielt nach einem Brand (1640) einen modernen Schachbrettgrundriss; das Alte Rathaus wurde 1839–41 nach Plänen von J. C. L. ENGEL erbaut; das Stadthaus (ehem. Palais Junnelius) wurde 1893–94 errichtet. – 1558 gegr., erhielt 1564 Stadtrecht.

Porifera [zu griech. póros ›Öffnung‹ und lat. ferre ›tragen‹], die →Schwämme.

Porine [zu griech. póros ›Durchgang‹, ›Öffnung‹], *Sg.* **Porin** *das, -s,* kanalbildende Proteine in der Außenmembran von Bakterien, Mitochondrien und Plastiden.

Porirua [engl. pɔrɪˈrʊə], Stadt auf der Nordinsel Neuseelands, am P. Harbour, einer Bucht an der W-Küste nördlich von Wellington, 46 600 Ew.; v. a. Wohnort für Pendler von Wellington und Lower Hutt; Fahrzeugmontage, chem. u. a. Industrie.

Porjus [ˈpɔrjʊs], Siedlung am Ausfluss des →Luleälv aus dem See Lulevatten, N-Schweden; Talsperre mit unterird. Kraftwerk.

Porkkala, schwed. **Porkala,** Halbinsel am Finn. Meerbusen, Finnland, südwestlich von Helsinki, war aufgrund des finnisch-sowjet. Waffenstillstandsabkommens (1944) und Friedensvertrags (1947) 1944–56 an die Sowjetunion verpachtet (Marinestützpunkt).

Porlinge, Löcherpilze, Sammelbegriff für meist konsolenförmig an totem oder lebendem Holz wachsende Pilze. Der Name bezieht sich auf die meist röhren- oder porenförmige Sporen bildende Schicht; heute in mehrere nicht näher verwandte Gruppen unterteilt.

Schlüsselbegriff

Pornographie [zu griech. pórnē ›Hure‹ oder pórnos ›Hurer‹ und gráphein ›schreiben‹, ›zeichnen‹] *die, -,* urspr. die Beschreibung von Leben und Sitten der Prostituierten und ihrer Kunden, im Laufe der Jahrhunderte zum Begriff für die Darstellung sexueller Akte überhaupt verallgemeinert. Obwohl die Fantasien, die in P. erscheinen, überwiegend zeitloser Natur sind, gewann P. als sexuelles Phänomen und soziales Problem erst im Kontext der modernen, westl. Gesellschaft Bedeutung. Im

Unterschied zu explizit sexuellen Darstellungen früherer Epochen und anderer Kulturen steht bei P. die Intention der sexuellen Reizwirkung im Vordergrund. Während sexualbezogene Darstellungen früherer Zeiten individuelle Werke einzelner Künstler und i. d. R. nur den jeweiligen Oberschichten zugänglich waren, hat sich P. seit dem 19. Jh. zu einer Massenware entwickelt, die in der modernen Konsumgesellschaft zu einem Bestandteil der allgemeinen Freizeit- und Unterhaltungskultur geworden ist. Die Wirkung von P., die Methoden ihrer Herstellung und Verbreitung wie die Art ihres Konsums wurden maßgeblich durch die Entwicklung der modernen Informationssysteme und Reproduktionstechniken bestimmt. Durch die zunehmende Verlagerung des Konsums auf visuelle Massenmedien ist medial vermittelte P. in nahezu allen westl. Industrienationen zu einem signifikanten Phänomen des gesellschaftl. Austauschs über Sexualität geworden.

Die Tatsache, dass P. mit wachsender Verbreitung zum Gegenstand sexualpolit. Debatten, wiss. Kontroversen, öffentl. Kampagnen und zivil- wie strafrechtl. Sanktionen wurde, verweist auf das grundlegende Problem, dass P. häufig das Bild einer mit voyeurist., exhibitionist. und aggressiven Elementen durchsetzten ›unfriedl. Sexualität‹ (G. SCHMIDT) vermittelt und gegen die geltenden ethischen und ästhet. Normen verstößt, zugleich aber, wie ihr massenhafter Konsum zeigt, Bedürfnisse breiter Bevölkerungsschichten anspricht und damit etwas über die tatsächl. sexuellen Verhältnisse und Vorstellungsmuster in der Gesellschaft aussagt.

Rechtliches

Das Verbreiten, Abbilden oder Darstellen von P. (in Schriften, mittels Bild- und Tonträgern, in Abbildungen und anderen Darstellungen) sowie das öffentl. Ankündigen, die Ein- und Ausfuhr zu verbotenen Zwecken u. Ä. kann in bestimmten Fällen nach § 184 StGB bestraft werden (Freiheitsstrafe bis zu einem Jahr oder Geldstrafe). Das Ges. schützt generell Jugendliche unter 18 Jahren, zu deren Gunsten außerdem das weiter gehende Ges. gegen →jugendgefährdende Schriften gilt. Erwachsene sollen nicht gegen ihren Willen von P.-Darstellungen Kenntnis nehmen müssen (eine Straftat begeht u. a., wer pornograph. Werke an einen anderen gelangen lässt, ohne hierzu aufgefordert worden zu sein; strafbar ist auch die Vorführung pornograph. Darstellungen in öffentl. Filmvorführungen gegen ein Entgelt, das ganz oder überwiegend für die Vorführung verlangt wird). Die Darstellungsträger der P. (Schriften, Tonträger u. Ä.) unterliegen ggf. der Einziehung und Unbrauchbarmachung.

Durch Gesetze vom 23. 7. 1993, 28. 10. 1994 und 26. 1. 1998 sind die Strafvorschriften über die P. verschärft worden. Die **Kinder-P.** (pornograph. Schriften u. a., die den sexuellen Missbrauch von Kindern zum Gegenstand haben) wird nunmehr mit Freiheitsstrafe von drei Monaten bis zu fünf Jahren bestraft; wird ein tatsächl. Geschehen wiedergegeben und liegt gewerbs- oder bandenmäßige Begehung vor, ist Freiheitsstrafe von sechs Monaten bis zu zehn Jahren vorgesehen. Darüber hinaus wird die dt. Strafgewalt auch für die Taten begründet, die im Ausland begangen wurden und die § 184 Abs. 3 und 4 StGB verletzen (§ 6 Nr. 6 StGB).

Das Ges. definiert den Begriff des Pornographischen selbst nicht; vielmehr ergibt sich die Einordnung bestimmter Erscheinungsformen des Anstößigen als P. aus den Erkenntnissen der Rechtswissenschaft und Rechtsprechung. Eine verbreitete Definition fasst unter dem Begriff der (›einfachen‹) P. ›eine grobe Darstellung des Sexuellen, die in einer den Sexualtrieb aufstachelnden Weise den Menschen zum bloßen (auswechselbaren) Objekt geschlechtl. Begierde degradiert‹, wobei das Kriterium der ›aufdringlich vergröbernden, anreißer., verzerrenden, unrealist. Darstellung, die ohne Sinnzusammenhang mit anderen Lebensäußerungen bleibt‹, von Bedeutung ist. Als extreme Form der P. erfasst das Strafrecht auch die ›harte‹ P. als sexuelle Darstellung, die Gewalttätigkeiten, den sexuellen Missbrauch von Kindern oder sexuelle Handlungen von Menschen mit Tieren zum Gegenstand hat.

In *Österreich* ist die Strafbarkeit der P. im P.-Ges. vom 31. 3. 1950 i. d. F. v. 1988 geregelt. Strafbar ist bes. das Herstellen, Verlegen, Anbieten und Verbreiten von unzüchtigen Schriften, Abbildungen und unzüchtigen Gegenständen in gewinnsüchtiger Absicht oder das wissentl. Zugänglichmachen einer unzüchtigen Darbietung für Personen unter 16 Jahren. Die Bezirksverwaltungsbehörde kann von Amts wegen oder auf Antrag die Verbreitung von jugendgefährdenden Werken beschränken oder überhaupt untersagen. – Das *schweizer.* StGB (Art. 197) schützt Personen unter 16 Jahren vor jeder Form der P., Erwachsene vor so genannter harter P. (u. a. sexuelle Handlungen mit Kindern oder Tieren) und vor ungewollter Konfrontation mit weicher P. Ein schutzwürdiger kultureller oder wiss. Wert schließt P. aus.

Kulturhistorische Aspekte

Entstehung und Entfaltung des Phänomens P. sind in umfassende gesellschaftl. Prozesse eingebunden, die den Beginn der Moderne bestimmten und zu einem tief greifenden Wandel des Sexualverhaltens in der westl. Zivilisation führten. Hauptmerkmal dieser Transformation war der ständig wachsende Druck, Sexualität von aller übrigen Erfahrung abzutrennen, durch Isolierung, Distanzierung, Internalisierung und Verdrängung (N. ELIAS). Der Verschärfung der Anstandsregeln, der Zensierung erot. Vokabulars und der Heraufsetzung der Schamschwellen entsprach im Gegenzug eine Vervielfachung und Intensivierung der skandalösen Literatur, deren philosoph. und gesellschaftskrit. Implikationen in den libertinist. Romanen der frz. Aufklärung entfaltet wurden.

Inhaltlicher wie formaler Kristallisationspunkt pornograph. Literatur wurde die in der Renaissance wieder belebte Gattung der antiken Hetärengespräche. Stilbildend für die Herausbildung des neuzeitl. P.-Genres wirkte das Werk P. ARETINOS aus der 1. Hälfte des 16. Jh. Sowohl seine ›Sonetti lussoriosi‹ (›wollüstige Sonette‹), die er zu zeitgenöss. Stichen von sexuellen Stellungen schrieb, wie seine ›Ragionamenti‹ (1533–36), nach dem Vorbild von LUKIANS ›Hetärengesprächen‹ auch ›Kurtisanengespräche‹ gen., wurden in viele europ. Sprachen übertragen und fanden im 17. Jh. zahlr. Fortsetzungen und Bearbeitungen, v. a. die beliebten ›Hurenspiegel‹.

Zu den etwa 300 Werken der lasziven Literatur Frankreichs zählen auch etwa 50 pornograph. ›Romans libertins‹, die zum größten Teil anonym oder unter Pseudonym erschienen, meist mit erot. Kupferstichen versehen waren und weit über Frankreichs Grenzen hinaus bis in das 19. Jh. ihr Publikum fanden. Den Anfang dieses Schrifttums markiert der in viele Sprachen übersetzte und in zahllosen Nachdrucken verbreitete Roman ›L'Académie des Dames‹ (1680), der bereits das gesamte Spektrum sexueller Libertinage vereint: Entlarvung der gesellschaftl. Scheinmoral, Propagierung eines hedonist. Trieboptimismus, in dessen Namen alle Varianten der Sexualität von Sodomie bis zum Flagellantismus praktiziert werden. Der bekannteste engl. libertinist. Roman war JOHN CLELANDS ›Memoirs of a woman of pleasure‹ (1748–49), der unter dem Titel ›Fanny Hill‹ weltweit übersetzt und imitiert wurde und bis heute aufgelegt wird.

Der pornograph. ›Roman libertin‹ ist Ausdruck der Aufklärung. Säkularhistor. Hintergrund ist der von Philosophen wie J. O. DE LA METTRIE vertretene radikale Sensualismus und der von der Aufklärung erhobene egalitäre Anspruch auf innerweltl. Glück. Als extreme Ausprägung dieser Idee vertrat die erot. Libertinage, in polem. Frontstellung zu den Kirchen, die Befreiung der Sinne aus den Banden der christl. Sexualethik und die Emanzipation der Lust von den Regulativen der Moral. Die Umsetzung dieser Theorie in die Praxis zeigte die für die weitere Entwicklung der P. charakterist. Tendenz, Liebe und Lust zu trennen, Erotik zu einer perfekten Sexualtechnik zu versachlichen, das Individuum auf seine Sexualorgane zu reduzieren und den Geschlechtspartner zum bloßen Mittel der eigenen Lust zu machen, im Extremfall (wie bei D. A. F. Marquis DE SADE) bis zu dessen phys. Vernichtung.

Mit der Ausweitung des P.-Marktes im 19. Jh. löste sich die Gattung von ihrem literar. und ideolog. Bezugsrahmen und konstituierte sich als subliterar. Genre mit spezif., extrem konventionalisierten Ausdrucksmustern; bis in die Gegenwart zirkulieren Texte, die literar. Formtraditionen imitieren, sowie pornograph. ›Klassiker‹.

Produziert wurden Texte und bildl. Darstellungen für sexuelle Vorlieben aller Art. Im viktorian. England wurde bes. sadomasochist. Literatur, v. a. über passiven Flagellantismus, massenhaft verbreitet. Ein einzigartiges Dokument sexueller Gegenkultur, die in abweichenden Praktiken und ausschweifenden Fantasien ihren Ausdruck suchte, stellten die um 1890 anonym erschienenen Memoiren ›My secret life‹ eines viktorian. Gentleman dar. Neben den meist unter fingierten Verfassernamen und Verlagsangaben illegal angebotenen, aber relativ leicht zugängl. Schriften wurde die Fotografie als neues Bildmedium rasch für pornograph. Zwecke in Dienst genommen. Die exzessive und zwanghafte Thematisierung des Sexuellen und seiner abweichenden Erscheinungsformen in der pornograph. Subkultur erwies sich als Kehrseite einer offiziellen Sexualmoral, die bes. in den puritanisch geprägten angelsächs. Ländern darauf angelegt war, Sexualität aus der Sprache und dem öffentl. Bewusstsein fernzuhalten und sexuelle Triebkräfte durch rationale Steuerung und rigide Reglementierung zu bändigen. Ähnlich wie Alkoholismus und Prostitution galt P. bei den politisch und gesellschaftlich bestimmenden Kreisen als eine die Volksgesundheit und -moral bedrohende Gefahr. Allerdings beschränkten sich die behördl. Maßnahmen und öffentl. Initiativen nicht auf die Kontrolle und Unterdrückung von P.; die umstrittensten Obszönitätsprozesse des 19. und dann v. a. des 20. Jh. betrafen Autoren, deren Veröffentlichungen heute als literar. Kunstwerke allg. anerkannt sind, da sie als künstler. Ausdruck eines tabuisierten Teils menschl. Lebenserfahrung gelten (z. B. C. BAUDELAIRE, ›Les fleurs du mal‹, 1857; D. H. LAWRENCE, ›Lady Chatterley's lover‹, 1928; V. NABOKOV, ›Lolita‹, 1955).

Eine maßgebl. Rolle bei der Bekämpfung von P. und so genannter unzüchtiger Literatur spielten bis in das 20. Jh. hinein die Sittlichkeitsligen, ›Anti-Laster‹-Gesellschaften und Wachsamkeitsvereine. Von staatl. Seite wurde seit Mitte des 19. Jh. verschärft durch behördl. Maßnahmen, Indizierungen und Strafprozesse gegen Schriften und Darstellungen vorgegangen, die den (rechtlich unklaren) Tatbestand der Obszönität, der Unzüchtigkeit oder des Verstoßes gegen die guten Sitten erfüllten. Die meisten Obszönitätsgesetze aus dem 19. Jh. blieben mit nur unwesentl. Modifizierungen bis in die 1950er-Jahre in Kraft.

Die Entwicklung in Deutschland

In Dtl. setzte eine Verschärfung der staatl. P.-Kontrolle erst in der wilhelmin. Ära ein. Für umfassendere Verbots- und Kontrollmaßnahmen engagierten sich zu Beginn des 20. Jh. v. a. die bürgerl. Jugendschutz- und Volksbildungsbewegung wie auch versch. Sittlichkeitsvereine, so der 1898 gegründete ›Kölner Männerverein zur Bekämpfung der öffentl. Unsittlichkeit‹ (seit 1926 ›Volkswartbund‹) und der 1901 gegründete ›Volksbund zur Bekämpfung des Schmutzes in Wort und Bild‹. Ausgeweitet und intensiviert wurden die Kampagnen gegen ›Schund und Schmutz‹, als sich der Film auszubreiten begann, neben den traditionellen ›Unzuchtsromanen‹ und unsittl. Bildern illustrierte Zeitschriften und Bildpostkarten in Umlauf kamen und sich als neue Vertriebsform für massenhafte Unterhaltung das Lieferungs- und Romanheft durchsetzte, wodurch Kinder und Jugendliche selbst ihre Lektüre auswählen und kaufen konnten. Daher stand nach 1900 der Jugendschutz im Vordergrund der staatl. P.-Kontrolle. Die durch versch. Gesetze bezweckte Ausschließung der Jugend vom P.-Konsum hatte aber zugleich die Nebenwirkung, den gesamten Markt der als unzüchtig verstandenen Schriften einzuschränken. Darüber hinaus konnten aufgrund dieser Bestimmungen Kunstwerke, die, wie etwa A. SCHNITZLERS ›Reigen‹ oder Zeichnungen und Gemälde (u. a. von L. CORINTH, K. ARNOLD, O. DIX, G. GROSZ, F. MASEREEL), Sexualität in nicht erwünschter Weise oder Deutlichkeit thematisierten, verboten werden. Diese Gesetze (v. a. § 184 StGB) lieferten zus. mit der Gewerbeordnung und der Postvertriebsordnung bis Anfang der 70er-Jahre die Rechtsgrundlage für strafrechtl. Verfolgung und Indizierung unzüchtiger Materialien. Spezielle Bestimmungen im Bereich des Jugendmedienschutzes wurden erst 1953 durch das ›Ges. über die Verbreitung jugendgefährdender Schriften‹ (GjS) eingeführt. Wesentl. gesellschaftl. Auseinandersetzungen um die staatl. Reglementierung sexualbezogener Materialien gab es erst ab Mitte der 60er-Jahre im Zusammenhang mit der Frage nach einer Gesamtreform des Sexualstrafrechts, durch welche der allgemeinen Liberalisierung des Sexuallebens und der gewandelten gesellschaftl. Einstellung zur Sexualität (›sexuelle Revolution‹) Rechnung getragen werden sollte. Angesichts der Expansion der P.-Branche und der wachsenden Präsenz erot. und sexueller Darstellungen in den Print- und Bildmedien hatten Dänemark, Schweden, die Niederlande und z. T. auch die USA bereits Mitte der 60er-Jahre begonnen, die Anti-P.-Gesetze zu entschärfen. In der BRD waren die Änderungen der Strafvorschriften zur P. zunächst umstritten und zw. 1970 und 1973 Gegenstand heftiger polit. Debatten. Durch das 4. Strafreformgesetz 1975 wurden schließlich eine Differenzierung in ›einfache‹ und ›harte‹ P. und die begrenzte Freigabe der einfachen P. für Erwachsene beschlossen.

Die von ALICE SCHWARZER initiierte ›PorNo‹-Kampagne sowie der von der Redaktion der Zeitschrift ›Emma‹ erarbeitete Gesetzentwurf, Frauen ein individuelles Klagerecht und Frauenverbänden das Recht auf Verbandsklage einzuräumen, haben in der Öffentlichkeit heftige publizist. Debatten und auch innerhalb feminist. Kreise scharfe Kontroversen ausgelöst. Kritiker bezweifeln nicht nur die Praktikabilität eines individuellen Klagerechts gegen P., sondern die Wirksamkeit weiterer, über § 131 (Gewaltverherrlichung) und § 184 StGB hinausgehender Gesetze, die möglicherweise die Darstellungen, nicht aber die ihnen zugrunde liegenden Fantasien und das allgemeine Gewaltniveau in der Gesellschaft beseitigen können.

Nach neueren Schätzungen gibt es in Dtl. zurzeit 150 Produktionsfirmen, die Erotika und P. herstellen. Speziell für den Vertrieb von P. gibt es etwa 850 Pornoshops, ungefähr 5 900 Videotheken, 2 000 andere Videoverleiher (und Hotel-Videos), etwa 50 Versandhäuser, dazu Computerprogramme sowie Mailboxen und das Internet. Pro Jahr werden 5 700 Videofilme pornograph. Inhalts mit etwa 4,6 Mio. legal hergestellten Vervielfältigungsstücken auf dem Markt angeboten. Schätzungen des Gesamtumsatzes der P.-Branche schwanken zw. 750 Mio. und 1,2 Mrd. DM, die Gesamtzahl der Beschäftigten wird mit 20 000 bis 25 000 beziffert.

Deutungsmuster

P. hat in versch. Epochen Bedeutungen und Funktionen, die nicht zu trennen sind von der Geschichte der Sexualität und der das Sexualleben regulierenden sozialen Verhaltensnormen, moral. Leitlinien und gesetzl. Regelungen. Bis in die Mitte des 20. Jh. wurde P. überwiegend als sittl. Normverletzung definiert und mit Obszönität oder Unzucht gleichgesetzt. Auch heute wird der Begriff häufig in negativer, abwertender Bedeutung verwendet. Im herkömml. Sprachgebrauch gilt als pornographisch, was schamverletzend ist und sexuelle Erregung zu stiften beabsichtigt. Allerdings enthält diese Definition keine objektivierbaren Kriterien, da sowohl Schamgrenzen als auch Reizwirkung je nach Individuum, Gesellschaft und Epoche variieren. Von feminist. Seite wird v.a. der sexist. und Frauen entwürdigende Charakter von P. hervorgehoben. Überaus kontrovers wird in der gegenwärtigen wiss. und öffentl. Diskussion die Frage nach den mögl. negativen Auswirkungen von P. beurteilt.

Obwohl in der pluralist. Gesellschaft ein Konsens über die Abgrenzung und die Funktionen von P. nicht gegeben ist, lassen sich aus der Inhaltsanalyse pornograph. Medien typ. Grundmuster erschließen, die den spezif. Sexualbezug charakterisieren. Zu den Merkmalen der P. zählen: extreme Kontextreduzierung, d.h. die Einschränkung aller Erfahrung auf sexuelle Erfahrung; hoher Explizitheitsgrad der Darstellung (im Ggs. zur Indirektheitsnorm der erotisch-sexuellen Signalsprache); Instrumentalisierung der Darstellungsform als Mittel zur Intensivierung und Vervielfachung sexueller Lust; Ausrichtung der Sexualität an der Häufigkeit ihres Vollzugs; Entindividualisierung und Austauschbarkeit der beteiligten Menschen. Die Standardformen von P. werden von charakterist. sexuellen Mythen und Fiktionen bestimmt wie: sexuelle Grandiosität und Heroisierung (v.a. des Mannes); sexuelle Fiktionen von Macht, Dominanz und Kontrolle sowie von Kontrollverlust (v.a. der Frau); extreme Vereinfachung sexuellen Erlebens durch die Ausgrenzung von Schwierigkeiten und negativen Konsequenzen; Anonymität der sexuellen Kontakte und Fehlen von Gefühlen für den Partner; problemlose gleichzeitige sexuelle Motivation sämtl. Sexualpartner und garantierter sexueller ›Erfolg‹.

Im Ggs. zur Standard-P. stehen bei der ›harten‹ P. folgende Merkmale im Vordergrund: sexuelle Konventionsverletzung, Perversion, Aggression und Gewalt, Sexismus in manifester Form, Missbrauch von Kindern, sexuelle Diskriminierung sozialer, ethn., religiöser oder polit. Gruppen.

Das Thema P. im Zusammenhang mit der Erniedrigung von Frauen, von Gewalt gegen Frauen und Kindesmissbrauch wurde in den 80er-Jahren v.a. von feminist. Autorinnen (CATHARINE MCKINNON, ANDREA DWORKIN) und Sprecherinnen der Frauenbewegung zunächst in den USA und seit Ende 1987 in der BRD in die öffentl. Diskussion eingebracht. Nach feminist. Annahme ist ›P. die Theorie, Vergewaltigung die Praxis‹ (SUSAN BROWNMILLER), ›P. die Kriegserklärung gegen Frauen‹ (ALICE SCHWARZER) oder eine primäre Ursache oder zumindest eine wichtige Voraussetzung sexueller Gewalt, Nötigung und extremer Frauenfeindlichkeit sowie Indiz einer ›Pornographisierung der gesamten Geschlechterverhältnisse‹ (SCHWARZER).

Im Ggs. zu dieser These, P. sei ein objektives und reales Abbild der Geschlechterverhältnisse in unserer Gesellschaft, heben psychoanalytisch wie sexual- und sozialwiss. orientierte Forschungsansätze hervor, dass gerade die Standard-P. in verschlüsselter Form weit verbreitete sexuelle Fantasien von Männern enthält, die von dem tatsächlich praktizierten Sexualverhalten der Konsumenten weit entfernt sind. Nach repräsentativen Umfragen zum Konsum von Erotika und P. in Dtl. nimmt nur eine Minderheit von P.-Konsumenten pornograph. Abbildungen als Realitätsausschnitt wahr und verwendet sie als direkte Handlungsanweisung (H. ERTEL).

Obwohl der P. von verschiedenster Seite vielfältige negative Auswirkungen wie die Zunahme von sexueller Gewalt und Aggression, Frauenfeindlichkeit oder Anstöße zu perversen und risikoreichen Sexualpraktiken zugeschrieben werden, lässt sich ein direkter Kausalzusammenhang zw. sexueller und nonsexueller Aggression von Männern und ihrem P.-Konsum bisher nicht nachweisen. Wie die These einer Konditionierung zur Gewalt durch Desensibilisierung ist auch die gegenteilige Annahme, der zufolge P. die Umsetzung gefährl. sexueller Impulse in Handeln vermeiden hilft (Katharsisthese), bis heute weder empirisch zu belegen noch wiss. zu begründen. Jüngste Forschungsergebnisse zeigen, dass gewaltdurchsetzte sexuelle Stimuli nur auf jene Männer einen besonderen Reiz ausüben, die bereits ein sexist., feindseliges Frauenbild haben und eine generelle Tendenz zur sozialen Aggression aufweisen. Nicht auszuschließen ist, dass ein fortgesetzter Konsum aggressiver P. zur Verfestigung von bereits ausgeprägten frauenfeindl. Einstellungen oder sexuell aggressiven Dispositionen beitragen kann. Auch innerhalb der Frauenbewegung wird das Phänomen der P. sehr unterschiedlich bewertet. Zahlr. Wissenschaftlerinnen und Publizistinnen attestieren den Vertreterinnen der Bewegung ›Frauen gegen P.‹ eine verengte Sicht weiblicher wie männl. Sexualität bzw. eine biologist. Deutung der Geschlechtsunterschiede im Sinne eines Täter-Opfer-Schemas. Andere Kritikerinnen sehen in einer von und für Frauen produzierten P. eine Entfaltungschance eigener Art. Nach sexual- wie sozialwiss. Deutungen ist P. nicht als Ursache, sondern als Symptom bestehender sexueller Deformationen und geschlechtsspezif. Rollenmuster sowie als Merkmal der allgemeinen Zunahme von Gewalt und Aggression in der sozialen Realität wie in den Massenmedien zu bewerten.

⇨ *Erotik · erotische Kunst · erotische Literatur · obszön · Prostitution · Sexismus · Sexualität*

G. ZEISING: Die Bekämpfung unzüchtiger Gedankenäußerungen seit der Aufklärung (Diss. 1967); S. SONTAG: Die pornograph. Phantasie, in: Akzente, Jg. 15 (1968), H. 1–2; K. HEITMANN: Der Immoralismus-Prozeß gegen die frz. Lit. im 19. Jh. (1970); E. MERTNER u. H. MAINUSCH: Pornotopia. Das Obszöne u. die P. in der literar. Landschaft

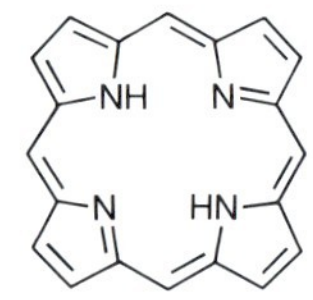

Porphin

(1970); Der P.-Report. Unters. der ›Kommission für Obszönität u. P.‹ des amerikan. Kongresses, hg. v. ADOLF-E. MEYER (a. d. Amerikan., 1971); HANS MAYER: Obszönität u. P. in Film u. Theater, in: Akzente, Jg. 21 (1974), H. 4; S. BROWNMILLER: Gegen unseren Willen. Vergewaltigung u. Männerherrschaft (a. d. Amerikan., 1978); S. MARCUS: Umkehrung der Moral. Sexualität u. P. im viktorian. England (a. d. Amerikan., 1979); R. STOLLER: Perversion (a. d. Amerikan., 1979); T. MCCORMACK: Feminism, censorship, and sadomasochistic pornography, in: Studies on Communications, Bd. 1 (Greenwich, Conn., 1980); A. M. RABENALT: Die perforierte Unzucht (1982); J. BRÜCKNER: Sexualität als Arbeit im Pornofilm, in: Das Argument, Jg. 25 (1983), Nr. 141; Die Politik des Begehrens. Sexualität, P. u. neuer Puritanismus in den USA, hg. v. A. SNITOW (a. d. Amerikan., 1985); P. GAY: Erziehung der Sinne (a. d. Engl., 1986); H. SELG: P. (Bern 1986); Die alltägl. Wut. Gewalt, P., Feminismus, hg. v. H. BENDKOWSKI u. a. (1987); E. DONNERSTEIN u. a.: The question of pornography (New York 1987); Frauen & P., hg. v. C. GEHRKE (1988); S. KAPPELER: P. – die Macht der Darst. (a. d. Amerikan., 1988); Pornost, hg. v. B. CLASSEN (1988); GUNTER SCHMIDT: Das große Der Die Das. Über das Sexuelle (Neuausg. 1988); Pornography, hg. v. D. ZILLMANN u. a. (Hillsdale, N. J., 1989); A. DWORKIN: P. Männer beherrschen Frauen (a. d. Amerikan., Neuausg. 1990); H. ERTEL: Erotika u. P. Repräsentative Umfrage u. psychophysiolog. Langzeitstudie zu Konsum u. Wirkung (1990); Frauen & Männer u. P., hg. v. E. DANE u. a. (1990); M.-F. HANS u. G. LAPOUGE: Die Frauen – P. u. Erotik (a. d. Frz., [2]1990); R. LAUTMANN u. M. SCHETSCHE: Das pornograph. Begehren (1990); P. PRANGE: Das Paradies im Boudoir. Glanz u. Elend der erot. Libertinage im Zeitalter der Aufklärung (1990); G. SEESSLEN: Der pornograph. Film (1990); A. STORA-LAMARRE: L' enfer de la IIIe République. Censeurs et pornographes, 1881–1914 (Paris 1990); J. M. GOULEMOT: Gefährl. Bücher. Erot. Lit., P., Leser u. Zensur im 18. Jh. (a. d. Frz., 1993); J. WILLIAMS: hard core. Macht, Lust u. die Traditionen des pornograph. Films (a. d. Amerikan., Basel 1995); Die nackte Wahrheit. Zur P. u. zur Rolle des Obszönen in der Gegenwart, hg. v. B. VINCKEN (1997).

Poro, Purrah, über weite Teile Westafrikas (bes. Sierra Leone, Liberia, Guinea) verbreiteter Geheimbund der Männer; hat neben religiösen und erzieher. auch polit. und soziale Aufgaben.

Porogamie [zu griech. póros ›Durchgang‹, ›Öffnung‹ und gamós ›Befruchtung‹] *die, -,* pflanzl. Befruchtungsweise bei Blütenpflanzen; der Pollenschlauch dringt direkt durch die Mikropyle in den Embryosack ein. Bei der **Chalazogamie** dagegen erreicht der Pollenschlauch die Samenanlage statt über die Mikropyle auf dem Umweg über den Nabelfleck (Chalaza), z. B. bei Walnussarten.

Pororoca *die,* Gezeitenwelle im Amazonas, →Bore.

Poros, Insel im Saron. Golf, Griechenland, zum Verw.-Bez. (Nomos) Piräus gehörend, 23 km², 3 600 Ew.; felsig, schütter bewaldet; von der Peloponnes durch einen schmalen, seichten Sund getrennt; der Hafenort P. war im 18.–19. Jh. Kriegshafen. – Die Besiedlung der Insel, die im Altertum **Kalaureia (Kalauria)** genannt wurde, geht bis in myken. Zeit zurück. Die antike Stadt lag im Innern der Insel. Sie besaß ein bedeutendes Poseidonheiligtum (dor. Peripteros, Ende des 6. Jh. v. Chr., Aus- und Umbauten 5. und 4. Jh. v. Chr.). DEMOSTHENES wurde das Asylrecht, das mit dem Tempel verbunden war, nicht zugestanden, weshalb er 322 im Heiligtum Selbstmord beging und auf P. begraben wurde.

Porpezit [nach dem Fundort Porpez in Brasilien] *der, -s/-e,* eine natürl. Gold-Palladium-Legierung.

Porphin [zu Porphyr] *das, -s,* **Porphyrin,** dunkelrote, kristalline Substanz; chemisch ein makrozykl., mesomeriestabilisiertes Ringsystem, das in den P.-Farbstoffen als Chromophor enthalten ist; es besteht aus vier Pyrrolmolekülen, die durch vier Methingruppen, $-CH=$, miteinander verbunden sind.

Porphinfarbstoffe, wichtige Naturfarbstoffe, die das Ringsystem des Porphins enthalten. Metallfreie P. werden als →Porphyrine bezeichnet. P. mit eingelagerten Metallatomen sind z. B. der Blutfarbstoff Häm und der Blattfarbstoff Chlorophyll.

Porphyr [zu griech. porphýreos ›purpurfarbig‹] *der, -s/...'phyre,* Sammel-Bez. für vulkan. und subvulkan. Gesteine mit groben Einsprenglingen (meist Alkalifeldspäte und/oder Quarz) in einer feinkörnigen bis dichten Grundmasse (porphyr. Gefüge). Der Name bezog sich früher nur auf quarzfreie Gesteine, wird aber heute nur noch in Zusammensetzungen gebraucht, z. B. Quarz-, Granit-P. (→Ganggesteine)

Porphyra [griech. ›Purpurfarbe‹], Gattung der Rotalgen mit rd. 25 Arten im oberen Gezeitengürtel der Meeresküsten. In Asien kommen P.-Arten getrocknet als ›Nori‹ auf den Markt.

Porphyrie [zu Porphyrin] *die, -/...'ri|en,* Bez. für eine Gruppe von Stoffwechselkrankheiten, die durch eine autosomal vererbte oder erworbene Störung bei der Bildung des roten Blutfarbstoffs (Biosynthese des Häm) als Folge von Enzymdefekten bedingt sind; sie führen zu einer vermehrten Bildung, Ansammlung und Ausscheidung von Porphyrinen mit unterschiedl. Krankheitssymptomen, die aufgrund einer photosensibilisierenden Wirkung der Porphyrine mit Lichtdermatosen verbunden sind. – Die **hepatische P.** geht von einer Stoffwechselstörung der Leber aus; sie äußert sich bei der akuten intermittierenden P. in anfallartigen Bauchkoliken, Polyneuropathien mit Sensibilitäts- und Bewusstseinsstörungen, Lähmungen, teils auch psychiatr. Symptomen. Bei der chron. hepat. P., die teilweise im Zusammenhang mit Lebererkrankungen auftritt, stehen die Hauterscheinungen im Vordergrund. In beiden Fällen können Arzneimittel, Alkoholgenuss und Infektionskrankheiten auslösend wirken. – Die seltene **erythropoetische P.** geht von den Blut bildenden Zellen des Knochenmarks aus, tritt bereits in der frühen Kindheit auf und ist durch bes. starke Hautschäden (Blasen- und Geschwürbildungen mit Narben und Verstümmelungen) unter Lichteinfluss, teils auch durch eine hämolyt. Anämie gekennzeichnet. Daneben bestehen Mischformen.

Die *Behandlung* besteht in der Vermeidung der auslösenden Einflüsse, Anwendung von Lichtschutzsalben, bei der akuten hepat. P. in zusätzl. Glucose- und Häm-Infusionen, einer Erhöhung der Harnausscheidung und der Gabe von Schmerzmitteln.

Porphyrine [zu griech. porphýra ›Purpurschnecke‹, ›Purpurfarbe‹], *Sg.* **Porphyrin** *das, -s,* Naturfarbstoffe, die sich vom Porphin durch Substitution der Wasserstoffatome in den Methingruppen der Pyrrolkerne durch Methyl-, Vinyl-, Essigsäure- und Propionsäurereste ableiten. Die P. sind meist rot oder braunrot gefärbte Verbindungen, die frei oder gebunden vorkommen. **Proto-P.** liegt z. B. im Häm vor und kann aus Hämin durch Abspalten des komplex gebundenen Eisens mit Ameisensäure gewonnen werden. **Hämato-P.** entsteht analog durch Abspalten des Eisens mit Bromwasserstoff. **Kopro-P.** und **Uro-P.** treten v. a. als patholog. Stoffwechselprodukte in Harn und Kot von an Porphyrinurie erkrankten Personen auf.

Porphyrine

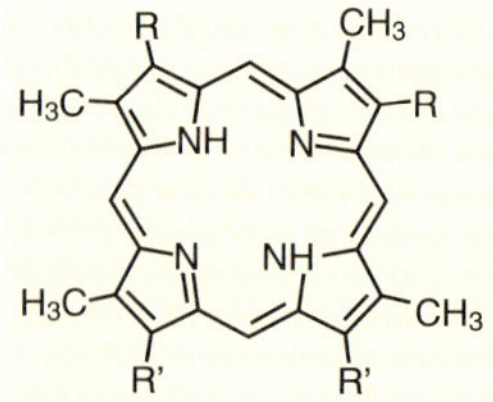

Protoporphyrin	R: $-CH=CH_2$, R': $-CH_2-CH_2-COOH$
Hämatoporphyrin	R: $-CHOH-CH_3$, R': $-CH_2-CH_2-COOH$
Koproporphyrin	R, R': $-COOH$
Uroporphyrin	R, R': $-COOH$ und anstelle von $-CH_3$ ebenfalls $-COOH$

Porphyrin|urie *die, -/...'ri|en,* vermehrte Ausscheidung von Porphyrinen im Harn als Symptom einer →Porphyrie; sie äußert sich in einer Rot- oder Braunverfärbung des Harns.

Porphyrios, P. von Tyros, eigtl. **Malkos** oder **Malchos** [syr. ›König‹], griech. Philosoph, Neuplatoniker, *Tyros um 234, †Rom um 304; Schüler des LONGINOS in Athen, 263–268 (?) PLOTINS in Rom, wo er, mit Ausnahme eines Aufenthaltes in Sizilien, blieb und nach PLOTINS Tod dessen Schule weiterführte. P. ist Herausgeber der Werke PLOTINS (mit einem Abriss seiner Lehre und einer Biographie). Seine immer wieder übersetzte und kommentierte Einleitung (›Eisagoge‹) in die ›Kategorien‹ des ARISTOTELES fand (bes. in der Übersetzung und dem Kommentar des BOETHIUS) wie auch ein Kommentar zum gleichen Werk bis ins MA. hohe Beachtung in der aristotel. Überlieferung. Seine zahlr. Schriften behandeln Probleme der Religion und des Kultus, der Harmonik, Mathematik, Astronomie, Gesch. der Philosophie und Grammatik und umfassen Kommentare u. a. zu Werken von PLATON, ARISTOTELES und PLOTIN. Sie sind nur in Fragmenten erhalten. In seinen 15 Büchern ›Gegen die Christen‹ (448 von THEODOSIUS II. verbrannt) bekämpfte P. v. a. die christl. Lehren von der Schöpfung und von der Gottheit JESU CHRISTI. Einfluss hatte er v. a. auf AUGUSTINUS und BOETHIUS.

porphyrisch, Gefüge-Bez. magmat. Gesteine; große Kristalle sind als Einsprenglinge in einer feinkörnigen oder glasigen Grundmasse enthalten.

Porphyrit: Dioritporphyrit, ein Ganggestein mit Einsprenglingen von Hornblenden und Plagioklas in einer Grundmasse aus Felsspäten und Quarz (Dünnschliff-Mikroskopaufnahme; Originalbreite 1 mm)

Porphyrit *der, -s/-e,* dem Andesit nahe stehendes vulkan. oder subvulkan. Gestein (Ganggestein) mit porphyr. Gefüge; Einsprenglinge von Plagioklas und Biotit, Hornblende oder Pyroxen. **Quarz-P.** enthält mehr als 10% Quarz, z. B. der schon im Altertum in Oberägypten abgebaute, durch roten Manganepidot (→Piemontit) gefärbte ›Porfido rosso antico‹ oder der durch Chlorit und Eisenepidot grüne ›Porfido verde antico‹ Griechenlands.

porphyroblastisch [zu griech. blastós ›Spross‹, ›Trieb‹], Gefüge-Bez. metamorpher Gesteine; die dichte bis feinkörnige Grundmasse ist von bei der Metamorphose neu gebildeten großen Kristallen **(Porphyroblasten)** durchsetzt.

Porphyroid [zu griech. ...oeidḗs ›ähnlich‹] *der, -(e)s/-e,* bei der Regionalmetamorphose aus Quarzporphyren, Quarzkeratophyren und ähnl. sauren vulkan. Gesteinen entstandenes gneisähnl. Gestein, bei dem die Quarz- und Feldspateinsprenglinge nur deformiert, aber nicht umgewandelt sind.

Porphyry copper ores ['pɔ:fɪrɪ 'kɔpə ɔ:z, engl.], **Disseminated copper ores** [dɪ'semɪneɪtɪd - -], als hydrothermale Gang- und v. a. Imprägnationslagerstätten auftretende Kupfererze (Kupferglanz, Kupferkies, Enargit u. a.). Die Erzvorkommen sind v. a. an die mesozoisch-tertiären Orogene gebunden und stehen im Zusammenhang mit dem Aufdringen von silikat., z. T. porphyr. Plutonen (Granodiorite, Monzonite) und Subvulkanen (Andesite, Rhyolithe), meist oberhalb von aktiven Subduktionszonen (→Plattentektonik). Die P. c. o. stellen über 50% der bekannten Kupfererzreserven und der Kupfererzförderung der Erde, obwohl sie i. Allg. weniger als 1% Kupfer enthalten; sie bilden aber sehr große Erzkörper. Die größten Lagerstätten liegen im Kordilleren-Anden-Raum (USA, Kanada, Chile, Peru), sie enthalten oft Molybdän. Die Vorkommen in den westpazif. Inselbögen (Papua-Neuguinea, Salomoninseln, Sabah, Philippinen) sind dagegen oft von Gold begleitet. In Eurasien sind sie von Jugoslawien (Serbien) über die Türkei und den Kaukasus bis Iran verbreitet.

Nicola Porpora

Porpora, Nicola Antonio Giacinto, ital. Komponist, *Neapel 17. 8. 1686, †ebd. 3. 3. 1768; wirkte 1733–36 in London als Komponist der Opera of the Nobility und war damit wichtigster Repräsentant der mit G. F. HÄNDEL konkurrierenden Partei. 1748 wurde P. (neben J. A. HASSE) Hofkapellmeister in Dresden, 1752 ging er nach Wien, wo J. HAYDN sein Schüler war; 1760 kehrte er nach Neapel zurück. P. gehörte der Neapolitan. Schule an. Seine Tonsprache ist durch virtuoses Belcanto gekennzeichnet (etwa 50 Opern sowie Oratorien, Solokantaten, Kammersinfonien, Violinkonzerte, Kirchenmusik).

Porquerolles [porkə'rɔl], eine der Hyèrischen Inseln (→Hyères), S-Frankreich, 12,5 km².

Porr, Volk in Kambodscha, →Pear.

Porree [frz.] *der, -s/-s,* →Lauch.

Porrentruy [pɔrã'trɥi], dt. **Pruntrut, 1)** Bezirkshauptort im Kt. Jura, Schweiz, 427 m ü. M., an der Allaine, 7 100 Ew.; Bibliothek des kantonalen Lyzeums (mit Inkunabeln und Manuskripten); Uhrmacher- und Kunstgewerbeschule; Uhren-, Strumpf- und Schuhindustrie. – Das Schloss (mittelalterl. Rundturm, Umbau mit Renaissancefassade 16. Jh.) diente als Residenz der Bischöfe; unterhalb des Schlosses die Porte de France (1764) zw. zwei Rundtürmen (1563). Pfarrkirche Saint-Pierre (14. Jh.), Jesuitenkolleg (1579–1604) und Jesuitenkirche (1591–1604), von einem Wessobrunner Meister mit Stuckaturen (Marienleben) ausgestattet. Profanbauten des 18. Jh. sind Rathaus, Spital, Hôtel des Halles und Hôtel de Gleresse. – Das im 11. Jh. erstmals erwähnte P. wurde 1283 Stadt. Es war seit dem 13. Jh. im Besitz der Bischöfe von Basel, deren Residenz es 1527 bis 1792 war. 1793–1814 frz., kam es 1815 an den Kt. Bern.

2) Bez. im Kt. Jura, Schweiz, 317 km², 24 800 Ew., umfasst den →Elsgau.

Porridge ['pɔrɪtʃ, engl. 'pɔrɪdʒ] *der,* auch *das, -s,* bes. in den angelsächs. Ländern dicker Haferbrei (zum Frühstück).

Porsangerfjord [norweg. -fju:r], 10–20 km breiter Fjord in N-Norwegen, östlich der Insel Magerøy (Nordkap) und der **Porsangerhalbinsel,** greift 125 km tief ins Land, im inneren Teil bis 109 m, im äußeren bis 280 m u. M.; im S zahlreiche Inseln.

Ferdinand Porsche

Porsche, Ferdinand, Kraftwagenkonstrukteur, *Maffersdorf (bei Reichenberg) 3. 9. 1875, †Stuttgart 30. 1. 1951. P. begann 1897 mit der Konstruktion eines Radnabenmotors (1900 auf der Pariser Weltausstellung im Lohner-P.-Elektromobil vorgestellt), wurde 1916 Generaldirektor der ›Austro-Daimler‹, Wiener Neustadt, sowie 1923 Techn. Direktor und Vorstands-Mitgl. der Daimler-Motoren AG, Stuttgart. 1931 gründete er ein eigenes Konstruktionsbüro, die heutige Dr. Ing. h. c. F. →Porsche AG. Seit 1934 konstruierte P. im Auftrag des Reichsverbandes der Dt. Automobilindustrie den Volkswagen, war mit der Gesamtplanung des Volkswagenwerks betraut und leitete dieses bis 1945. Vor und während des Krieges entwickelte P.s Konstruktionsbüro u. a. Auto- und Flugmotoren, den Auto-Union-Rennwagen, Windkraftanlagen, Traktoren und Wehrtechnik (z. B. Panzer). Sein Sohn FERDINAND (FERRY) ANTON ERNST P. (* 1909, † 1998) übernahm nach dem Krieg die Leitung des Konstruktionsbüros und baute es zum Produktionsbetrieb für Sportwagen aus.

Porsche AG, Dr. Ing. h. c. F., Kraftfahrzeugunternehmen, gegr. 1931 von F. PORSCHE als Konstruktionsbüro, AG seit 1972; Sitz: Stuttgart. Tätigkeiten: Bau von Sportwagen, Engagement im Motorsport, Durchführung von Forschungs- und Entwicklungsaufträgen. Der erste Porsche-Sportwagen (Typ 356) wurde 1948 in Gmünd (Kärnten), wohin das Konstruktionsbüro 1944 verlegt worden war, konstruiert. 1950 erfolgte die Rückkehr nach Stuttgart mit anschließender Sportwagenproduktion (seit 1963 Typ 911). Die stimmberechtigten Aktien sind im Besitz der Familie Porsche und der mit ihr verschwägerten Familie Piëch. Umsatz (1996/97): 4,1 Mrd. DM, Beschäftigte: rd. 7 900.

Porsenna, etrusk. König von Clusium (heute Chiusi) um 500 v. Chr. (oder um 550 v. Chr.); belagerte und eroberte nach der Vertreibung der Tarquinier aus Rom die Stadt.

Porsgrunn, Hafenstadt in Telemark, Norwegen, an einer Bucht der Skagerrakküste, 31 800 Ew.; Porzellanfabrik, chem. Industrie (Düngemittel, Kunststoffe u. a.), Werft. – Kirchen in Østre P. und Vestre P. aus dem 18. Jh.; alte Seemannshäuser.

Porson ['pɔ:sn], Richard, brit. klass. Philologe, * East Ruston (Cty. Norfolk) 25. 12. 1759, † London 25. 9. 1808; 1792 Prof. in Cambridge, 1806 Bibliothekar der Royal Institution of Great Britain in London. P. war nach R. BENTLEY der hervorragendste Textkritiker Englands. Nach ihm benannt ist das von ihm entdeckte **porsonsche Gesetz:** Im jamb. Trimeter der griech. Tragödie darf bei langer viertletzter Silbe mit dieser kein mehrsilbiges Wort aufhören.

Werke: Adversaria (hg. 1812); Tracts and miscellaneous criticisms (hg. 1815). – **Hg.:** Euripidis Hecuba (1800).

Porst, Ledum, Gattung der Heidekrautgewächse mit nur wenigen Arten in den kühlen Gebieten Eurasiens und Nordamerikas; immergrüne Sträucher mit unterseits filzigen oder drüsigen, stark aromat. Blättern, deren Rand sich bei Lufttrockenheit einrollt, was die Verdunstung einschränkt; Blüten klein, weiß bis rötlich, mit fünfteiliger Krone. In Torfmooren des Norddt. Tieflandes kommt der unter Naturschutz stehende **Sumpf-P. (Wilder Rosmarin, Mottenkraut,** Ledum palustre) vor; 50–150 cm hoher Halbstrauch mit ledrigen, lineal. Blättern und weißen oder rosafarbenen Blüten in Doldentrauben.

Porst AG, →Photo Porst AG.

Port [engl. pɔ:t; engl. ›Pforte‹] *der, -(s)/-s, Datenverarbeitung:* bei einem Mikroprozessor oder Mikroprozessorsystem die Schnittstellenschaltung (Interface) zw. dem internen Mikroprozessorbus (→Bus) und einem äußeren Bussystem oder den Schnittstellen zum Anschluss von Peripheriegeräten. P. können unidirektional oder bidirektional ausgelegt sein und speichernd oder nicht speichernd.

Porta [lat. ›Tor‹, ›Eingang‹] *die, -/...tae, Anatomie:* Stelle an einem Organ, an der v. a. Gefäße ein- bzw. austreten; z. B. **P. hepatis** (Leberpforte), quer verlaufende Grube in der Mitte der oberen Leberfläche zw. rechtem und linkem Leberlappen, an der die meisten Blutgefäße der Leber, auch die Nerven, eintreten.

Porta, 1) Carlo, ital. Mundartdichter, * Mailand 15. 6. 1775, † ebd. 5. 1. 1821; gehörte zum Kreis der mailänd. Romantik um A. MANZONI und T. GROSSI. P. schildert mit sozialem Empfinden und Mitgefühl in Mailänder Mundart Menschen aus dem Volk, Arme und Benachteiligte (›Desgrazzi de Giovannin Bongee‹, 1812; ›Ninetta del Verzee‹, 1814). Als Kenner der literar. und geistesgeschichtl. Traditionen seines Landes wandte er sich in seinen vielfach satirisch-polem. Texten auch gegen einen übertriebenen Sprachpurismus (→Questione della Lingua).

Ausgaben: Poesie, hg. v. D. ISELLA ([3]1982); Poesie. Lettere. Itinerario antologico del ›poetta ambrosian‹, hg. v. C. BERETTA (1988).

2) Giacomo Della, ital. Baumeister, →Della Porta, Giacomo.

3) Guglielmo Della, ital. Bildhauer, →Della Porta, Guglielmo.

Portaas ['purto:s], Herman, norweg. Schriftsteller, →Wildenvey, Herman.

Portabilität, *Informatik:* die Übertragbarkeit von Software, insbesondere von Programmen zw. Rechenanlagen unterschiedl. Bauart. Software, die ohne oder mit nur geringen Veränderungen übertragbar ist, wird als **portabel (portierbar)** bezeichnet. Mittel zur Erreichung der P. sind u. a. die Verwendung standardisierter Betriebssysteme und Programmiersprachen oder die Unterteilung von Programmen in einen möglichst großen maschinenunabhängigen und einen möglichst kleinen maschinenabhängigen Teil.

Portable ['pɔ:təbl; engl. ›tragbar‹] *der,* auch *das, -s/-s,* tragbares Gerät, v. a. Fernsehgerät (mit Tragegriff und Teleskopantenne).

Port Adelaide [pɔ:t 'ædəlɪd], Stadt in der Metrop. Area von Adelaide, South Australia, an einer Nebenbucht des Saint-Vincent-Golfs, 37 500 Ew.; wichtigster und größter Hafen von South Australia.

Portadown [pɔ:tə'daʊn], Hauptstadt des Distr. Craigavon, Nordirland, am Bann, 21 300 Ew.; Leinen-, Möbel-, Bekleidungs-, Konservenindustrie.

Portaels [pɔr'ta:ls], Jan Frans, belg. Maler und Radierer, * Vilvoorde 1. 5. 1818, † Schaerbeek 8. 2. 1895; Schüler seines Schwiegervaters F.-J. NAVEZ und von P. DELAROCHE in Paris. Er malte v. a. Bilder mit religiöser Thematik, aber auch Genrebilder, bibl. und oriental. Szenen sowie Porträts. 1878 wurde er Direktor der Akademie in Brüssel.

Porta Hungarica, die →Hainburger Pforte.

Portal [mlat. portale ›Vorhalle‹, zu lat. porta ›Tor‹] *das, -s/-e,* die oft beträchtl. Ausmaße annehmende Außentür eines Baues. Die Haupttypen sind: **Sturzpfosten-P.:** zwei in die rechteckige Wandöffnung eingeschobene Pfosten tragen einen horizontalen Sturz, zu dessen Entlastung ein Bogen oder (seltener) ein Giebel in die Obermauer eingezogen sein kann; bereits in der ägypt. Baukunst ausgebildet. **Rahmen-P.:** ein Sturzpfosten-P. mit rahmenförmiger Ausgestaltung von Pfosten und Sturz, der Gebälkcharakter erhalten kann; charakteristisch für die griechisch-röm. Sakralarchitektur. **Rundbogen-P.:** Anstelle des waagerechten Sturzes erscheint ein Rundbogen (Archivolte); bereits in der babylon. Baukunst. **Nischen-P.:** Die Türöffnung erscheint in der Tiefe einer rundbogigen Nische; v. a. in der spätröm. und frühmittelalterl. Baukunst. Das **Stufen- und Säulen-P.** zeigt die Verräumlichung des P. noch stärker und zugleich gegliederter als das Nischen-P. Die Gliederung des Gewändes entspricht den rund- oder spitzbogigen Archivolten darüber, die sich von außen nach innen konzentrisch verkleinern; wichtigster P.-Typ der Romanik und Gotik. Das vom innersten Bogen umschlossene Feld bildet das Tympanon, das oft ein Relief enthält. Auch die Archivolten und die Gewände wurden mit Figuren geschmückt **(Figuren-P.).** Weiteres BILD →Dettelbach

I. TETZLAFF: Roman. P.e in Frankreich ([5]1988); G. FISCHER: Figurenportale in Dtl. 1350–1530 (1989); M. LEYER: Die Portalanlage als architekton. Bauglied westfäl. Schlösser, Herrensitze u. Adelshöfe von 1660 bis 1770 (1993).

1
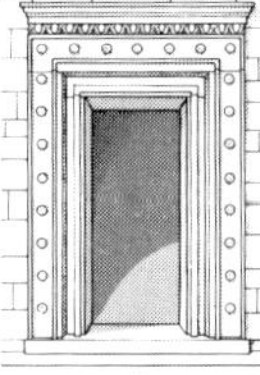
2

3

4

5

6

Portal: 1 Sturzpfostenportal; 2 Rahmenportal; 3 Rundbogenportal; 4 Nischenportal; 5 Romanisches Stufen- und Säulenportal; 6 Gotisches Stufen- und Säulenportal

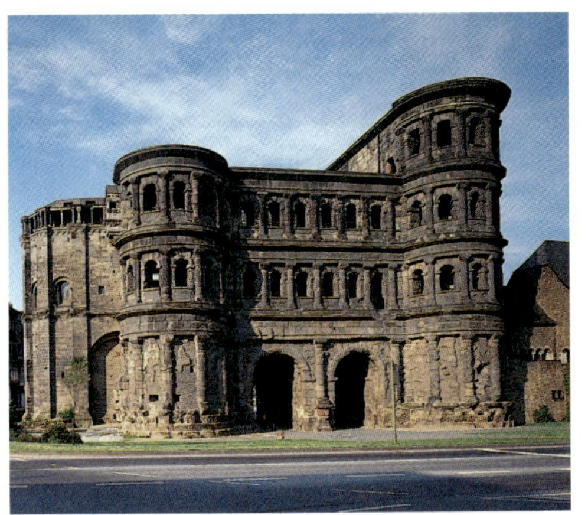

Porta Nigra in Trier; Ende des 2. Jh. n. Chr.

Portalegre [purtaˈlɛɣrə], **1)** Distrikthauptort in Portugal, Alto Alentejo, 480 m ü. M., am SW-Hang der Serra de São Mamede, nahe der span. Grenze, 15 200 Ew.; kath. Bischofssitz; städt. Museum (Keramiksammlung), Museo Casa de José Regio (sakrale Kunst); Kunststoff-, Kork-, Textil- (u. a. Bildteppichweberei) und Nahrungsmittelindustrie, Herstellung von Kunstfasern. – Zahlr. barocke Adelspaläste und Häuser des 17./18. Jh. nahe der Kathedrale (16. Jh., Fassade 18. Jh.) prägen das Stadtbild. – Gegr. 1259.

2) Distrikt in SO-Portugal, 6 065 km², 132 900 Einwohner.

Portạles, Diego, chilen. Politiker, * Santiago 26. 6. 1793, † bei Valparaíso 6. 6. 1837; mehrfach leitender Min. (1830–32 und seit 1835), Führer der Konservativen, entwarf die Verf. von 1833, durch die er eine starke Staatsgewalt zu begründen und die innere Ordnung gegen Anarchie und Putsche zu sichern suchte. 1837 eröffnete P. den Krieg gegen den bolivianisch-peruan. Diktator A. DE SANTA CRUZ, wurde aber von meuternden Truppen erschossen.

Portamẹnto [ital., zu ergänzen: di voce ›das Tragen des Tons, der Stimme‹] *das, -s/-s* und *...ti,* im musikal. Vortrag beim Gesang, Streich- und Blasinstrumentenspiel (bes. Posaune) das ausdrucksvolle Hinüberschleifen von einem Ton zum anderen, oft fälschlich als Glissando bezeichnet. P. wird verwendet im neueren Melodrama (A. SCHÖNBERG, A. BERG), im Jazz (→Tailgate), in der europ. Volks- und Unterhaltungsmusik (z. B. Schrammelmusik), in außereurop. Musik (z. B. im Sologesang des Vorderen Orients).

Portativ: Musizierender Engel mit Portativ; Ausschnitt vom Orgelflügel aus Nájera von Hans Memling; um 1485 (Antwerpen, Koninklijk Museum voor Schone Kunsten)

Pọrta Nịgra [lat. ›schwarzes Tor‹], seit dem 12. Jh. bezeugter Name des nördl. röm. Stadttores in Trier, erbaut gegen Ende des 2. Jh. n. Chr. Die Anlage (zwei rechteckige, zur ›Feldseite‹ halbrund vortretende, urspr. viergeschossige Türme und zwei dreigeschossige Tortrakte mit zweibogigem Durchgang umschließen einen Hof) ist eines der besterhaltenen röm. Bauwerke in Dtl. Im MA. lebte im N-Turm der hl. SIMEON († 1035), nach dessen Tod die P. N. in eine Doppelkirche umgewandelt wurde; nach Aufhebung des Stifts (1802) entfernte man die Einbauten auf Befehl NAPOLEONS I. (1803), nur der O-Chor wurde belassen; 1966–73 wurde die P. N. restauriert.

Porst: Sumpfporst (Höhe 50–150 cm)

Port Arthur [pɔːt ˈɑːθə], **1)** ehem. selbstständige Stadt in Kanada, seit 1970 Teil von →Thunder Bay.

2) Stadt in Texas, USA, 58 600 Ew.; bedeutender Tiefwasserhafen am Golfküstenkanal (→Intracoastal Waterway); Erdölraffinerien, petrochem. Industrie.

3) früherer Name von Lüshun, das heute Teil von →Dalian ist.

Pọrta Sạncta, Heilige Pforte, Jubeltor, eine vermauerte Tür in vier Patriarchalbasiliken Roms (Peterskirche, Lateranbasilika, Santa Maria Maggiore, San Paolo fuori le mura), die nur während eines →heiligen Jahres geöffnet wird; in der Peterskirche vom Papst selbst, in den anderen Kirchen von Kardinälen.

Portatile [mlat., zu lat. portare ›tragen‹] *das, -(s)/...ˈtili|en,* tragbare Altarplatte, →Tragaltar.

Portativ [mlat., zu lat. portare ›tragen‹] *das, -s/-e,* kleine tragbare Orgel ohne Pedal. Die Klaviatur wird mit der rechten Hand gespielt, während die linke den Balg auf der Rückseite bedient. Das P. enthält 6 bis 28 Labialpfeifen gleicher Mensur, die meist in zwei Reihen der Größe nach angeordnet sind. Bilddarstellungen vom 12. bis 15. Jh. belegen die weite Verbreitung des P. als Ensembleinstrument.

portato [ital.], musikal. Vortrags-Bez.: getragen, breit, aber nicht gebunden (zw. legato und staccato); notiert oder .

Port Augusta [pɔːt ɔːˈgʌstə], Hafenstadt am nördl. Ende des Spencergolfes, South Australia, 14 600 Ew.; wichtiger Verkehrsknoten an der Transkontinentalbahn; Salzgewinnung und -aufbereitung; größtes Wärmekraftwerk Südaustraliens. Stützpunkt des Royal Flying Doctor Service.

Port-au-Prince Stadtwappen

Port-au-Prince [pɔrtoˈprɛ̃s], Hauptstadt der Rep. Haiti, an der W-Küste der Insel Hispaniola, im Innern des Golfs von Gonaïves, am Fuß des Massif de la Selle, (1995) 846 200 Ew. (städt. Agglomeration 1,43 Mio. Ew.); Kulturzentrum mit Sitz eines kath. Erzbischofs und eines anglikan. Bischofs, Univ., Bibliotheken und Museen; wichtigster Hafen und Wirtschaftszentrum des Landes, u. a. mit elektrotechn., Textil-, Bekleidungs- und Nahrungsmittelindustrie (durch Verlagerung lohnintensiver Fertigungen aus den USA in den letzten Jahren verstärkte Industrialisierung); internat. Flughafen. – Von den Geschäftsvierteln der heißen Unterstadt ziehen sich die Wohnviertel an den luftigeren Hängen empor. Eine Autostraße verbindet P.-au-P. mit dem Wohnvorort und Fremdenverkehrszentrum Pétionville (300–400 m ü. M.) und dem Höhenkurort Kenscoff (1 400–1 500 m ü. M.). – In der Apsis der Kathedrale Sainte-Trinité (1. Hälfte 18. Jh.) sind Wandmalereien und Altarbild eindrucksvolle Beispiele der naiven Malerei Haitis; weitere Beispiele im Centre d'Art. Der Nationalpalast wurde 1918 nach dem Vorbild des Kapitols in Washington erbaut. – Gegr. 1749, mehrfach durch Hurrikans, Feuer und Erdbeben zerstört. (BILD S. 366)

Port-au-Prince

Porta Westfalica, 1) Stadt im Kr. Minden-Lübbecke, NRW, 70 m ü. M., an der Weser, 38 000 Ew.; Eisenerzbergbau (1996: 150 000 t), Besucherbergwerk und Museum; Kiesgruben, Möbel-, Elektro-, Kunststoff-, Metallindustrie und Maschinenbau; Ausflugsverkehr. Der Verw.-Sitz Hausberge ist Kneippkurort. – In Barkhausen auf dem Wittekindsberg die Margaretenkapelle (frühes 13. Jh.) und das 1896 eingeweihte Kaiser-Wilhelm-Denkmal von B. SCHMITZ (Statue von K. ZUMBUSCH); in Eisbergen roman. ev. Pfarrkirche (1662 erweitert). – P. W. wurde zum 1. 1. 1973 aus 15 Ortschaften gebildet.

Henny Porten

2) Westfälische Pforte, antezedentes Durchbruchstal der Weser durch den N-Rand des Weserberglandes südlich von Minden; trennt das Wiehengebirge (im W) vom Wesergebirge (im O); wichtige Verkehrsleitlinie.

Port Blair [pɔːt ˈbleə], Hauptstadt des Unionsterritoriums Andamanen und Nikobaren, Indien, auf der Insel Südandaman, 75 000 Ew.; Seehafen.

Port-Bou [pɔrˈβou̯], katalan. **Portbou,** Ort in der Prov. Gerona, Spanien, an der Costa Brava, 1 900 Ew.; Grenzbahnhof für die Eisenbahnverbindung nach Frankreich, Fischereihafen. – Gedenkstätte für W. BENJAMIN von D. →KARAVAN.

Port-Bouët [pɔrˈbwɛ], Ort in der Rep. Elfenbeinküste, im südöstl. Vorortbereich von Abidjan, auf der Nehrung der Lagune Ébrié mit offener Reede (bis 1950 Haupthafen des Landes); Forschungsinstitut für Kokospalmen; Fischerei, Badestrand. Bei P.-B. befindet sich der internat. Flughafen des Landes.

Port Chalmers [pɔːt ˈtʃɑːməz], Hafenort auf der Südinsel Neuseelands, an der Otagobucht, 2 900 Ew.; Werft; Vorhafen von →Dunedin.

Port-Cros [pɔrˈkro], eine der Hyèrischen Inseln (→Hyères), S-Frankreich, 6,4 km².

Cole Porter

Port-de-Bouc [pɔrdəˈbuk], Hafenstadt im Dép. Bouches-du-Rhône, Frankreich, am Golf von Fos und an der Einfahrt zum Étang de Berre, 18 800 Ew.; bildet mit dem gegenüberliegenden Lavéra einen modernen Hafenkomplex für Erdölimporte und petrochem. Industrie.

Port-de-Paix [pɔrdəˈpɛ; frz. ›Friedenshafen‹], Hafen- und Dép.-Hauptstadt in der Rep. Haiti, an der N-Küste, 17 600 Ew.; kath. Bischofssitz.

Port Dickson [pɔːt ˈdɪksn], Hafenstadt und Seebad in Negri Sembilan, West-Malaysia, an der Malakkastraße, 24 400 Ew.; techn. Fachhochschule; zwei Erdölraffinerien.

Portefeuille [pɔrtˈføːj, frz.] *das, -s/-s,* **1)** *allg.:* veraltete Bez. für: Brieftasche, Aktenmappe.

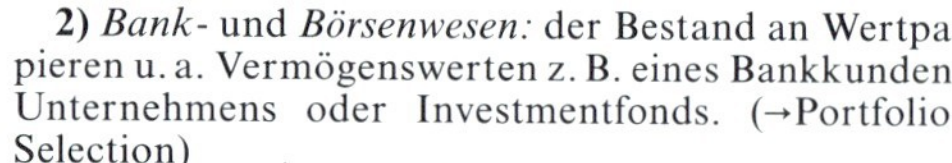

2) *Bank-* und *Börsenwesen:* der Bestand an Wertpapieren u. a. Vermögenswerten z. B. eines Bankkunden, Unternehmens oder Investmentfonds. (→Portfolio-Selection)

3) *Politik:* Geschäftsbereich eines Ministers. – **Minister ohne P.,** Minister ohne eigenen Geschäftsbereich, aber mit vollem Stimmrecht im Kabinett; wird z. B. eingerichtet, um bei Koalitionen den Partnern eine ihrer Stärke entsprechende Vertretung im Kabinett zu gewährleisten.

Port Elizabeth [pɔːt ɪˈlɪzəbəθ], Hafenstadt im SW der Prov. Ost-Kap, Rep. Südafrika, an der Algoabai, 1,1 Mio. Ew.; Univ. (zweisprachig), Ozeanarium mit Schlangenpark. Die Handels- und Industriestadt ist eines der Zentren der Autoindustrie des Landes. Über den Hafen v. a. Export von Erzen und Wolle; internat. Flughafen. – Das Stadtzentrum wird durch viktorian. und edwardian. Architektur der Jahrhundertwende geprägt. – Die Bucht wurde 1488 von B. DIAZ erstmals besucht. 1799 errichteten hier die Briten als ältestes brit. Bauwerk im südl. Afrika Fort Frederick, bei dem 1820 die Stadt gegründet wurde.

Porten, Henny, Filmschauspielerin, * Magdeburg 7. 1. 1890, † Berlin (West) 15. 10. 1960; entwickelte sich rasch (erster Film 1906) zu einem der gefeiertsten Stars des frühen dt. Films. 1921 gründete sie die H. P.-Film GmbH; schrieb ›Wie ich wurde‹ (1919), ›Vom ‚Kintopp' zum Tonfilm‹ (1932).

Filme: Kohlhiesels Töchter (1920, Remake 1930); Anna Boleyn (1920); Hintertreppe (1921); 24 Stunden aus dem Leben einer Frau (1931); Familie Buchholz (1944).

H. P. Der erste dt. Filmstar, hg. v. H. BELACH (1986).

Porteños [pɔrˈteɲos; span. ›Hafenstadtbewohner‹], Bez. der Einwohner von Buenos Aires.

Portepee [frz. porte-épée ›Degenträger‹, ›Degengehenk‹] *das, -s/-s,* in Dtl. seit Anfang des 18. Jh. Bez. für den um Griff und Bügel von Seitenwaffen geschlungenen Lederriemen (auch Tuchband oder Kordel) mit Quaste, heute nur noch in einigen Streitkräften Standesabzeichen der Offiziere und höheren Unteroffiziere. – Das P. entwickelte sich aus dem **Faustriemen,** mit dem Säbel oder Degen am Handgelenk befestigt wurden. Mit der Zeit wurde der Faustriemen zu einem Schmuck. In der Form der von Mannschaften und Unteroffizieren getragenen wollenen Säbel- oder Seitengewehrtroddel diente er zur Kennzeichnung von Waffengattungen und Truppenformationen, in der aufwendiger gearbeiteten, schließlich P. genannten Form wurde er zum wichtigsten Erkennungszeichen für Offiziere vor Einführung der Dienstgradabzeichen in der 2. Hälfte des 18. Jh. Seit 1789 führten in der preuß. Armee auch die Feldwebel das Offizier-P. am Säbel, dementsprechend werden sie bis heute in Dtl. als ›Unteroffiziere mit P.‹ bezeichnet.

Porter [engl., wohl gekürzt aus porter's beer, eigtl. ›Dienstmannsbier‹] *der,* auch (bes. österr.) *das, -s,* ein engl., dunkelbraunes obergäriges Bier mit 12% Stammwürzegehalt. **Deutscher P.** hat einen Stammwürzegehalt von 18%, er entspicht dem engl. Stout.

Porter [ˈpɔːtə], **1)** Cole, amerikan. Komponist, * Peru (Ind.) 9. 6. 1891, † Santa Monica (Calif.) 15. 10. 1964; studierte u. a. bei V. D'INDY in Paris. P., der auch seine Texte selbst verfasste, gilt neben I. BERLIN und G. GERSHWIN als einer der bedeutendsten Musicalkomponisten Amerikas (u. a. ›Paris‹, 1928; ›Jubilee‹, 1935; ›Let's face it‹, 1941; ›Kiss me, Kate‹, 1948, nach SHAKESPEARES ›Der Widerspenstigen Zähmung‹; ›Can-Can‹, 1953). Viele seiner Songs (›Night and day‹, ›Begin the beguine‹, ›I get a kick out of you‹, ›I've got you under my skin‹) sind Evergreens geworden und gehören zum Grundrepertoire des Jazz.

2) Sir (seit 1972) George, brit. Chemiker, * Stainforth (Metrop. Cty. South Yorkshire) 6. 12. 1920; ab 1955 Prof. in Sheffield, seit 1966 Prof. und Direktor

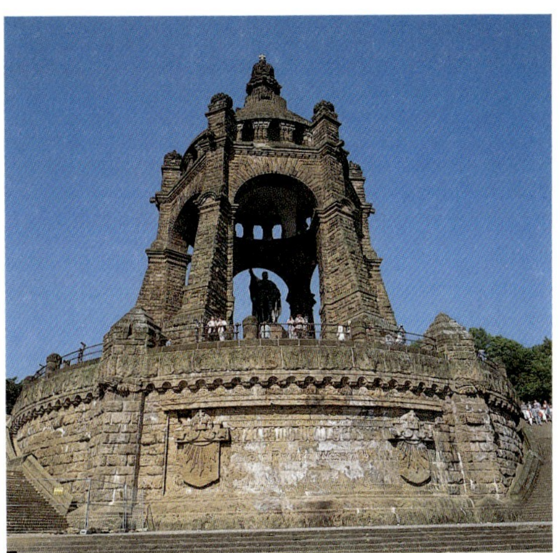

Porta Westfalica 1): Kaiser-Wilhelm-Denkmal auf dem Wittekindsberg von Bruno Schmitz; 1896

der Royal Institution in London. Arbeitete v.a. über Reaktionskinetik, Photochemie und freie Radikale; er entwickelte mit R. G. W. NORRISH spektroskop. Verfahren zur Untersuchung schnell ablaufender chem. und biochem. Reaktionen. Hierfür erhielt er mit NORRISH und M. EIGEN 1967 den Nobelpreis für Chemie.

3) Hal, austral. Schriftsteller, *Melbourne 16. 2. 1911, †ebd. 29. 9. 1984. Seine Kurzgeschichten gelten als Meisterwerke des geschliffenen literar. Stils und wenden sich oft dem Leben im ländl. Australien zu, das er mit atmosphär. Dichte schildert; sie behandeln jedoch auch kosmopolit. Themen. Seine dreibändige Autobiographie gewinnt in der Reflexion über Zufall, Zeit, Erinnerung und Wahrheit eine philosoph. Dimension (›The watcher on the cast-iron balcony‹, 1963; ›The paper chase‹, 1966; ›The extra‹, 1975).

Weitere Werke: *Romane:* A handful of pennies (1958); The tilted cross (1961); The right thing (1971). – *Kurzgeschichten:* A bachelor's children (1962); The cats of Venice (1965); Mr. Butterfry and other tales of New Japan (1970); Fredo Fuss love life (1974); The clairvoyant goat and other stories (1981).

4) Katherine Anne, amerikan. Schriftstellerin, *Indian Creek (Tex.) 15. 5. 1890, †Silver Spring (Md.) 18. 9. 1980; nach längeren Aufenthalten in Mexiko und Europa Dozentin an versch. Universitäten. Ihre Kurzgeschichten spielen oft im texanisch-mexikan. Grenzgebiet, reflektieren eigene Erfahrungen und zeichnen sich durch genaue psycholog. Charakterisierung und geschliffene Prosa aus. Ihr bekanntestes Werk, der Roman ›Ship of fools‹ (1962; dt. ›Das Narrenschiff‹; verfilmt), entwirft anhand einer Schiffsreise von Veracruz nach Bremerhaven im Jahre 1931 ein ironisierendes und allegorisierendes Bild menschl. Beziehungen vor dem Hintergrund der Verhältnisse in Deutschland.

Weitere Werke: *Kurzgeschichten:* Flowering Judas (1930; dt. Unter heißem Himmel; auch u.d.T. Blühender Judasbaum); Pale horse, pale rider (1939; dt. Fahles Pferd u. fahler Reiter; auch u.d.T. Das dunkle Lied); The leaning tower (1944; dt. Der schiefe Turm; auch u.d.T. Das letzte Blatt). – *Essays:* The days before (1952; dt. Was vorher war).

Ausgaben: The collected essays and occasional writings (Neuausg. 1970); Collected stories (Neuausg. 1985).

K. A. P. A collection of critical essays, hg. v. R. P. WARREN (Englewood Cliffs, N. J., 1979); J. GIVNER: K. A. P.: A life (Neuausg. London 1983); K. A. P., hg. v. H. BLOOM (New York 1986); W. u. G. HENDRICK: K. A. P. (Neuausg. Boston, Mass., 1988); D. H. UNRUE: Understanding K. A. P. (Columbia, S. C., 1988).

5) Peter Neville Frederick, engl. Lyriker austral. Herkunft, *Brisbane 16. 2. 1929; schrieb zunächst sozialsatir., später formal komprimierte und intellektuell-reflexive Gedichte, die u.a. die Verantwortung des Dichters gegenüber der Kunst und der Gesellschaft behandeln. Die Sammlung ›The cost of seriousness‹ (1978) ist eine Auseinandersetzung mit dem Tod.

Weitere Werke: *Lyrik:* Once bitten, twice bitten (1961); Poems, ancient and modern (1964); The last of England (1970); Living in a calm country (1975); English subtitles (1981); Collected poems (1983); The automatic oracle (1987); Possible words (1989); The chair of Babel (1992); Millennial fables (1994).

Ausgabe: A Porter selected. Poems 1959–1989 (1989).

B. BENNETT: Spirit in exile. P. P. and his poetry (Oxford 1991).

6) Rodney Robert, brit. Biochemiker, *Newton-le-Willows (Cty. Lancashire) 8. 10. 1917, †Winchester 7. 9. 1985; 1960–67 Prof. an der Saint Mary's Hospital Medical School der Londoner Univ., danach in Oxford. P. befasste sich bes. mit der Strukturanalyse der an der Immunabwehr beteiligten Antikörper. Unabhängig von G. M. EDELMAN, mit dem er 1972 den Nobelpreis für Physiologie oder Medizin erhielt, wies P. nach, dass das Molekül eines Antikörpers aus zwei Kettenpaaren aufgebaut ist.

7) William Sidney, eigentl. Name des amerikan. Schriftstellers O. →Henry.

Sir George Porter

Rodney Porter

Portes du Soleil [pɔrtdysɔ'lɛj, frz.] *Pl.,* Wintersportgebiet südlich des Genfer Sees, nördl. der Dents du Midi und Dents Blanches in den nördl. Savoyer Alpen; umfasst 13 Gem. beiderseits der frz.-schweizer. Grenze, Zentren sind Morgins und das Val d'Illiez mit Champéry auf Walliser Seite sowie Morzine mit der Hotelsiedlung Avoriaz und die Touristensiedlung Châtel am Pass von Morgins (1 369 m ü. M.) im Dép. Haute-Savoie. Der Skizirkus (seit den 1970er-Jahren) umfasst rd. 700 km Pisten, erschlossen durch 14 Kabinen- und 60 Sesselbahnen sowie 140 Skilifte.

Port-Étienne [pɔre'tjɛn], bis 1969 Name der mauretan. Stadt →Nouadhibou.

Portfolio|investition [ital. portafoglio ›Portefeuille‹], **Portefeuille|investition** [pɔrt'fø:j-], **indirekte Investition,** Kauf ausländ. Wertpapiere durch Inländer (oder inländ. Wertpapiere durch Ausländer) als ausschließlich ertrags- und risikoorientierte Kapitalanlage ohne Beteiligungsmotiv, d.h., ohne dass damit eine Einflussnahme auf das die Wertpapiere emittierende Unternehmen beabsichtigt ist. Den Ggs. zur P. bildet die →Direktinvestition. Bei der P. werden Aktien, Investmentzertifikate und festverzinsl. Wertpapiere an ausländ. Finanzmärkten gekauft, um möglichst hohe Renditen zu erzielen (z.B. Ausnutzung internat. Zinsdifferenzen) und/oder das Risiko der Kapitalanlage geographisch und politisch zu streuen.

Portfoliomanagement [-mænɪdʒmənt], **1)** *Bankwesen:* Verwaltung eines Bestandes an Vermögenswerten unter Ertrags- und Risikoaspekten (→Portfolio-Selection).

2) *Betriebswirtschaftslehre:* konzeptioneller Ansatz der strateg. Unternehmensplanung, der Portfolio-Selection nachempfunden, indem das Unternehmen als Konglomerat von Investitionen betrachtet wird. Das P. stützt sich auf die Portfolio-Analysetechnik, mit deren Hilfe →Produkt-Markt-Strategien entwickelt werden. Die Varianten der Portfolio-Analysetechnik gehen auf das am meisten verbreitete Marktanteils-Marktwachstums-Portfolio zurück. In ihm wird die Positionierung von →strategischen Geschäftseinheiten eines Unternehmens in Abhängigkeit vom Marktwachstum der betreffenden Branche und vom relativen Marktanteil der Geschäftseinheit im Vergleich zur Konkurrenz festgestellt; daraus werden grobe Normstrategieempfehlungen abgeleitet. Bezogen auf die graf. Darstellung ergeben sich vier Fälle:

1) Geschäftseinheiten, die im linken oberen Quadranten positioniert sind, werden ›Fragezeichen‹ ge-

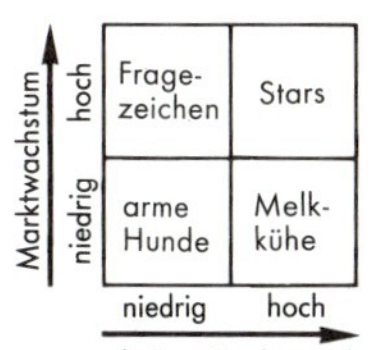

Portfoliomanagement 2): Die vier grundlegenden Möglichkeiten in der Darstellung des Marktanteils-Marktwachstums-Portfolios

Portimão: Fischerhafen

nannt. Für diese empfiehlt sich die (selektive) Strategie, sie entweder rasch vom Markt zu nehmen oder erheblich in sie zu investieren. 2) Die ›Star‹-Geschäftseinheiten im rechten oberen Feld stellen die künftigen wesentl. Umsatzträger dar, sodass es sinnvoll ist, in sie kräftig zu investieren. 3) Bei den ›Melkkühen‹ (engl. cash cows), die in einem durch Stagnation charakterisierten Markt angeboten werden (das rechte untere Feld), bietet sich eine Abschöpfungsstrategie an mit nur noch begrenzten Investitionen. 4) Geschäftseinheiten vom Typ ›arme Hunde‹ (engl. poor dogs) lassen keine Finanzmittelrückflüsse erwarten; daher empfiehlt es sich, jegl. Investition einzustellen.

Portfolio-Selection [pɔːtˈfəʊljəʊsɪˈlekʃn, engl.], **Portefeuille|auswahl** [pɔrtˈføːj-], die Verteilung eines gegebenen Vermögensbestandes auf unterschiedl. Vermögensobjekte, i. d. R. nach Finanzanlagen (z. B. Kasse, Einlagen, festverzinsl. Wertpapiere) und Realanlagen (z. B. Aktien, Sachwerte wie Grundstücke oder Kunstgegenstände) unterteilt. Die einzelnen Vermögensobjekte unterscheiden sich nach erwartetem Ertrag oder Wertentwicklung (Performance) und Risikograd. Dabei kann erfahrungsgemäß ein höherer Ertrag aus einem gegebenen Vermögen nur mit gesteigertem Risiko erzielt werden. Das Risiko eines Portefeuilles (des Bestandes an Finanz- und Realanlagen) wird i. d. R. desto geringer, je breiter das Vermögen auf versch. Anlageobjekte verteilt wird (Diversifikation).

Die wiss. Grundlage für eine optimale P.-S. legte H. M. MARKOWITZ (1952). In seiner **mikroökonomischen Portfoliotheorie** wies er für Anleger, die höhere Risiken nur bei höherer Ertragserwartung eingehen, eine Nutzensteigerung durch Diversifikation nach. Je unterschiedlicher die einzelnen Anlageobjekte auf zukünftige unsichere Ereignisse reagieren, desto größer ist die risikomindernde Wirkung durch Diversifikation. Das optimale Portefeuille wird neben den Erwartungen des Anlegers von der Risikoeinstellung bestimmt, wobei MARKOWITZ für beides anwendbare Maßgrößen angibt. Der von ihm entwickelte Lösungsansatz zur optimalen P.-S. bietet eine wichtige Hilfe für die Anlagepraxis und das Management von Wertpapierdepots, Investmentfonds und größeren Vermögen (**Portfoliomanagement**); außerdem bildet er die Grundlage für die neuere Kapitalmarkttheorie zur Erklärung der Preisbildung auf gleichgewichtigen Kapitalmärkten (Kapitalmarktmodell bzw. Capital asset pricing model, Abk. CAPM) sowie zur Ableitung von Kapitalkostensätzen und Kalkulationszinsfüßen (Finanzierungsmodell unter Unsicherheit).

Alvaro del Portillo

Der Gedanke der P.-S. spielt auch eine große Rolle in der Geldnachfragetheorie. Der portfoliotheoret. Ansatz einer optimalen Vermögenshaltung im Rahmen der postkeynesian. Geldtheorie wurde bes. von J. TOBIN entwickelt **(makroökonomische Portfoliotheorie)**, im Rahmen des Monetarismus bes. von K. BRUNNER.

H. M. MARKOWITZ: P. s. (Cambridge, Mass., [2]1991 Nachdr. ebd. 1993); H.-J. JARCHOW: Theorie u. Politik des Geldes, Bd. 1: Geldtheorie ([9]1993); W. F. SHARPE u. a.: Investments (Englewood Cliffs, N. J., [5]1995); L. PERRIDON u. M. STEINER: Finanzwirtschaft der Unternehmung ([9]1997).

Port-Francqui [pɔrfrɑ̃ˈki], früherer Name der Stadt →Ilebo, Demokrat. Rep. Kongo.

Port-Gentil [pɔrʒɑ̃ˈti], Provinzhauptstadt und Wirtschaftszentrum Gabuns, auf der westlichsten Insel des Ogowedeltas, mit 164 000 Ew. zweitgrößte Stadt des Landes; Sperrholzfabrik (eine der größten der Erde), Furnierwerk, Sägewerke, Erdölraffinerie, Zementfabrik, Nahrungsmittel-, Textil-, chem. Industrie; Tiefwasserhafen, internat. Flughafen. – In der Umgebung (Schelf und Festland) bedeutende Erdölförderung. – P.-G., 1885 als Zollposten gegr. und ab 1932 zur Stadt ausgebaut, verdankt seinen wirtschaftl. Aufschwung den 1955 entdeckten Ölfeldern.

Port-Grimaud [pɔrgriˈmo], Seebad in S-Frankreich, →Grimaud.

Port Harcourt [pɔːt ˈhɑːkət], Hafenstadt in Nigeria, Hauptstadt des Bundesstaates Rivers, am O-Rand des Nigerdeltas, 371 000 Ew.; kath. Bischofssitz; zwei Univ. (gegr. 1975 und 1980); Lkw- und Fahrradmontagewerk, Aluminiumwalzwerk, Metall verarbeitende, Reifen-, chem., Zigaretten-, Schuh-, Zement-, Glasindustrie, Öl-, Weizenmühle; nahebei Erdölraffinerien. P. H. ist einer der wichtigsten Häfen Nigerias (für Hochseeschiffe erreichbar), Eisenbahnendpunkt, internat. Flughafen. – 1912 gegründet.

Port Hedland [pɔːt ˈhedlənd], wichtigster Hafen im NW von Western Australia, 11 000 Ew.; Verschiffung der Eisenerze des Pilbaradistrikts (Eisenbahnverbindungen), mit Kaianlagen für 100 000-t-Frachter; Salzgewinnung (Export).

Pọrtheim-Stiftung, Josefi̱ne und E̱duard von P.-S. für Wissenschaft und Kunst, von dem Mineralogen V. M. GOLDSCHMIDT und seiner Frau LEONTINE, geb. VON PORTHEIM (* 1863, † 1942) 1919 errichtete Stiftung zur Förderung von Wiss. und Kunst mit dem besonderen Stiftungszweck der Erhaltung und Erweiterung ihrer völkerkundl. Sammlung (seit 1921 Museum). Sitz: Heidelberg.

Pọrtia, ein Mond des Planeten →Uranus.

Pọrtici [-tʃi], Hafenstadt und Seebad in der Prov. Neapel, Kampanien, Italien, 26 m ü. M. am W-Fuß des Vesuvs, 65 300 Ew.; landwirtschaftl. Fakultät der Univ. Neapel; chem., Textil-, Nahrungsmittel- u. a. Industrie. 1839 wurde zw. P. und Neapel die erste Eisenbahnlinie Italiens eröffnet. – 728 erstmals erwähnt.

Pọrtikus [lat., zu portus ›Eingang‹] *der,* fachsprachlich auch *die, -/-* und *...ken,* Säulenhalle (seltener Pfeilerhalle) mit geschlossener Rückwand (im Ggs. zur offenen →Kolonnade). Der P. ist meist Teil eines Baukomplexes (Vorbau an der Haupteingangsseite eines Gebäudes), seltener selbstständiger Bau, abgesehen von der röm. Architektur; er ist der griech. Stoa vergleichbar. Renaissance, Barock und Klassizismus nahmen den P. als säulentragenden Vorbau wieder auf. – Ein **Krypto-P.** ist eine unterird. Halle.

Portillo [pɔrˈtiʎo], Alvaro del, span. kath. Theologe * Madrid 11. 3. 1914, † Rom 23. 3. 1994; Titularbischof von Vita (seit 1991); urspr. Ingenieur; trat 1935 dem →Opus Dei bei. 1944 zum Priester geweiht, stand er als Prälat seit 1982 an der Spitze von Opus Dei.

Portimão [purtiˈmɑ̃u̯], Handelsstadt an der S-Küste der Algarve, Distr. Faro, Portugal, 34 200 Ew.

Ein südl. Vorort von P. ist der Badeort **Praia da Rocha,** bekannt durch die aus dem Meer und am Strand aufragenden Kalksteinfelsen.

Portinari, Cândido, brasilian. Maler ital. Abkunft, * Brodósqui (São Paulo) 29. 12. 1903, † Rio de Janeiro 7. 2. 1962; wandte sich nach einem Europaaufenthalt (1928–30) unter dem Einfluss des Muralismo einer sozialkritisch engagierten, expressiven figurativen Malerei zu, die sich v. a. in großformatigen Wandgestaltungen ausprägte (›Krieg und Frieden‹, 1952–56; New York, UNO-Gebäude).

Portinari-Altar, Hauptwerk des Hugo van der →Goes.

Portio [lat. ›Abteilung‹, ›(An)teil‹] *die, -/...ti'ones, Anatomie:* **P. vaginalis,** Teil des Gebärmutterhalses, der in die Scheide ragt (→Gebärmutter).

Portiokappe, Mittel der mechan. →Empfängnisverhütung.

Portiokarzinom, Form des →Gebärmutterkrebses.

Portiuncula, Santa Maria degli Angeli [-'deʎʎi 'andʒeli], Marienkapelle bei Assisi, Lieblingskirche des FRANZ VON ASSISI, seit dem 16./17. Jh. von einer dreischiffigen Basilika umschlossen. Mit der Kapelle ist seit dem 13. Jh. der **P.-Ablass** verbunden, der v. a. am 2. 8. als vollkommener Ablass gewonnen werden kann und seit Ende des 15. Jh. auch auf andere Kirchen übertragen wurde.

Portlandvase: Höhe 25 cm, 1. Jh. v. Chr. (London, Britisches Museum)

Port Jackson [pɔ:t 'dʒæksn], die fjordartige Bucht in Australien, an der Sydney liegt, die ertrunkene Mündung des Parramatta.

Port Kembla [pɔ:t 'kemblə], Industriegebiet und Hafen von →Wollongong, Australien.

Port Láirge [port 'la:rgi], irischer Name von →Waterford.

Portland ['pɔ:tlənd], Name von geographischen Objekten:

1) Portland, größte Stadt des Bundesstaates Maine, USA, am Atlantik, 64 400 Ew.; anglikan. und kath. Bischofssitz; University of Southern Maine (gegr. 1878), Kunstmuseum; Seehafen, Fischwirtschaft, Holzverarbeitung (Zellstoff, Papier). – Unter den erhaltenen Häusern des 18. Jh. ist v. a. das Wadsworth-Longfellow House hervorzuheben. – P., 1631 als Falmouth gegr. und 1786 nach wechselvoller Geschichte in P. umbenannt.

2) Portland, größte Stadt des Bundesstaates Oregon, USA, an der Mündung des Willamette River in den Columbia River, 180 km vom Pazifik entfernt, 437 300 Ew.; die Metrop. Area hat 577 600 Ew.; Sitz eines kath. Erzbischofs und eines methodist. Bischofs; University of P. (gegr. 1901), P. State University (gegr. 1946), außerdem Colleges mit Univ.-Rang. Wichtige Handels- und Industriestadt im W der USA; Schiffbau, Aluminium-, Textil-, Holz verarbeitende, Nahrungsmittelindustrie; Tiefwasserhafen. – P. wurde 1844/45 gegründet.

3) Portland, Hafenstadt an der P.-Bucht, Australien, 10 100 Ew.; die älteste Siedlung (gegr. 1834) im Staat Victoria. P. wurde seit 1950 stark ausgebaut, bes. für die Verschiffung von Weizen, Fleisch und Wolle aus der Wimmera.

4) Isle of Portland [aɪl əv -], kliffreiche Halbinsel am Ärmelkanal, in der Cty. Dorset, England, 6 km lang, bis 3 km breit, bis 149 m ü. M., endet im Bill of P. (Leuchtturm und Vogelwarte), mit dem Festland durch eine schmale Landzunge verbunden. Der Kalkstein aus den Steinbrüchen der Isle of P. wurde für viele Londoner Bauwerke verwendet. Die Ortschaften auf der Halbinsel bilden die Gem. Portland (12 000 Ew.). Im N der Kriegshafen P. Harbour.

Portland ['pɔ:tlənd], engl. Adelstitel, als Grafentitel 1633–88 in der Familie Weston, seit 1689 in der Familie Bentinck, die 1716 die Herzogswürde erhielt.

Portlandvase ['pɔ:tlənd-], **Barberinivase,** antikes Glasgefäß des 1. Jh. v. Chr., wohl ein Werk der augusteischen Hofkunst, mit aufgelegter Reliefdarstellung in weißem Glasfluss auf dunkelblauem Grund (1945 vom Brit. Museum erworben, vorher u. a. im Besitz der röm. Familie Barberini und der Herzöge von Portland). Die Vase wurde von J. WEDGWOOD in schwarzer Jasperware nachgeahmt, neuerdings (1980) in blauer Jasperware.

Glas der Caesaren, hg. v. D. B. HARDEN u. a., Ausst.-Kat. (Mailand 1988).

Portlaoise [pɔ:t'li:ʃi], **Portlaoighise** [pɔ:t'leɪʃ], irisch **Port Laoise** [port 'li:ʃi], Hauptstadt der Cty. Laoise, Rep. Irland, in der histor. Prov. Leinster, 8 400 Ew.; Gewerbeparks mit Leichtindustrie.

Port Lincoln [pɔ:t 'lɪŋkən], Hafenstadt mit Naturhafen im SO der Eyrehalbinsel am westl. Eingang zum Spencergolf, South Australia, 11 300 Ew.; wichtiger Ausfuhrhafen für Weizen, Wolle, Schafe.

Port Louis [frz. pɔr'lwi, engl. 'pɔ:t 'lʊis], Hauptstadt von Mauritius, an der NW-Küste der Insel, mit Vororten (1995) 145 600 Ew.; kath. Bischofssitz, Forschungsinstitute, naturhistor. Museum, Theater; Zuckerfabrik, Brauerei, Glas-, Düngemittel- und Zigarettenfabrik; in einer Industriefreizone Textil-, Elektronik- und Möbelindustrie; Fischerei. P. L. ist der einzige Überseehafen des Landes. – Auf einem Hügel über der Stadt liegt die Zitadelle (1838). Government House (18. Jh.); anglikan. und kath. Kathedrale. – 1736 ließ der frz. Gouverneur MAHÉ DE LA BOURDONNAIS den Hafen ausbauen und eine Werft anlegen. In den Kämpfen gegen Großbritannien im 18. Jh. spielte P. L. als Basis der frz. Kriegsflotte eine Rolle. (BILD S. 370)

Port-Lyautey [pɔrljo'tɛ], 1932–56 Name der marokkan. Hafenstadt →Kénitra.

Portman ['pɔ:tmən], John Calvin, jr., amerikan. Architekt, * Walhalla (S. C.) 4. 12. 1924; errichtete zahlr. Geschäfts- und Hotelbauten, alle um riesige, überdachte Wandelhallen gruppiert. Seine luxuriösen Bauten leiten sich aus der europ. Hallen- und Passagenarchitektur des 19. Jh. ab. BILD →Detroit

Werke: Peachtree Center in Atlanta, Ga. (1961–85); Renaissance Center in Detroit, Mich. (1971–77); mehrere Hotels der Hyatt Regency-Kette, u. a. in San Francisco, Calif. (1974); Bonaventura-Hotel, Los Angeles, Calif. (1976).

Schrift: The architect as developer (1976, mit J. BARNETT).

Adolf Portmann

Portmann, Adolf, schweizer. Biologe, * Basel 27. 5. 1897, † Binningen 28. 6. 1982; ab 1931 Prof. in Basel; Arbeiten u. a. zur vergleichenden Morphologie, zur allgemeinen Biologie und zur Entwicklungsgesch.; war um die Zusammenarbeit von Ökologie, Verhaltensforschung, Soziologie und Philosophie bemüht. In seinen anthropolog. Studien (›Biolog. Fragmente zu einer Lehre vom Menschen‹, 1944) befasst sich P. mit der biolog. Sonderstellung des Menschen. Er hebt bes. hervor, dass der Mensch die zweite Hälfte seiner eigentl. Embryonalzeit als ›extrauterines Erstjahr‹ außerhalb des Mutterleibs verbringt.

Weitere Werke: Einf. in die vergleichende Morphologie der Wirbeltiere (1948); Das Tier als soziales Wesen (1953); Biologie u. Geist (1956); Entläßt die Natur den Menschen? (1970); Vom Lebendigen (1973); An den Grenzen des Wissens (1974).

Port Moresby [pɔːt ˈmɔːzbɪ], Hauptstadt von Papua-Neuguinea, an der steilen Südküste Neuguineas, am Papuagolf, (1990) 193 200 Ew.; Sitz eines kath. Erzbischofs und eines anglikan. Bischofs; Univ. (in Waigani; gegr. 1965), pädagog. Akademie, medizin. Institut, Nationalmuseum, Radio- und Fernsehstation, botan. Garten, Ozeanarium; Verarbeitung landwirtschaftl. Produkte, Maschinenbau; Hafen, internat. Flughafen.

Port Natal [pɔːt ˈnaːtal, engl. pɔːt nəˈtæl], früherer Name von →Durban, Rep. Südafrika.

Pörtner, 1) Paul, Schriftsteller, * Elberfeld (heute zu Wuppertal) 25. 1. 1925, † München 16. 11. 1984; war Regieassistent in Wuppertal und Theaterleiter in Remscheid, seit 1958 freier Schriftsteller und Regisseur. P. begann mit Lyrik (›Lebenszeichen‹, 1956), schrieb dann v. a. Theaterstücke, die das Publikum zum Mitspielen und die Schauspieler zum Improvisieren auffordern (›Scherenschnitt‹, 1964), hintergründig-humorvolle Prosa wie den Roman ›Gestern‹ (1965) und die Erzählungen ›Einkreisung eines dicken Mannes‹ (1968) sowie experimentelle Hörspiele, Essays und Übersetzungen.

2) Rudolf, Sachbuchautor, * Bad Oeynhausen 30. 4. 1912; Journalist; schrieb erfolgreiche, spannend-informative Sachbücher, v. a. über die römisch-german. Vorzeit in Dtl. (›Mit dem Fahrstuhl in die Römerzeit‹, 1959). Auch als Herausgeber tätig (›Die großen Abenteuer der Archäologie‹, a. d. Ital., 10 Bde. 1981–87, mit H. G. NIEMEYER).

Port Nicholson [pɔːt ˈnikəlsn], **Wellington Harbour** [ˈwelɪŋtən ˈhɑːbə], Bucht am Südende der Nordinsel Neuseelands, Hafen von Wellington.

Porto [ital. ›Transport(kosten)‹, eigtl. ›das Tragen‹] *das, -s/-s* und *...ti,* frühere Bez. für →Postentgelte.

Porto 1)

Hafen- und Industriestadt in N-Portugal

zweitgrößte Stadt des Landes

am Douro nahe dem Atlantik

309 500 Ew.

Universität (gegr. 1911)

Portweinkellereien

Kathedrale mit Silberaltar (1632–1732) und gotischem Kreuzgang

São Pedro dos Clérigos (1732–50) mit Glockenturm

Brücke ›Maria Pia‹ (1877–78) von A. G. Eiffel

seit dem 1. Jh. v. Chr. als Portus Cale in römischem Besitz

540 von den Westgoten erobert

716–997 unter arabischer Herrschaft

ab dem 11. Jh. Hauptstadt

Porto [ˈpɔrto, port. ˈportu], **1)** früher **Oporto,** [uˈpɔrtu], Hafenstadt in N-Portugal, am rechten Ufer des cañonartig eingeschnittenen Douro, 5 km oberhalb seiner Mündung in den Atlantik, mit 309 500 Ew. zweitgrößte Stadt des Landes; Verw.-Sitz des Distrikts P. und Zentrum der Planungsregion Nord; kath. Bischofssitz; Univ. (gegr. 1911), Kunstakademie, dt. und frz. Kulturinstitut, Portweininstitut; Museen; Theater, Oper. P. ist die einzige port. Stadt mit größerer industrieller Tradition; die vielseitige Industrie konzentriert sich im N und W der Stadt, v. a. entlang der Straße zum internat. Flughafen: Erdölraffinerie, Metall-, chem., Textil-, Leder- (u. a. Schuhe), Gummi-, keram., Tabak-, Nahrungsmittel- und Genussmittelindustrie; Fremdenverkehr. Nördlich bei →Matosinhos der 1884–92 angelegte Hafen **Leixões (Porto de Leixões).** Eine 1881–85 erbaute zweistöckige Straßenbrücke (Ponte Dom Luís I.) verbindet das am linken

Port Louis: Blick auf den Hafen

Douroufer gelegene Vila Nova de Gaia (Sitz der Portweinkellereien) mit der Altstadt.

Stadtbild: In der engen Altstadt (UNESCO-Weltkulturerbe), in steilen Terrassen aufsteigend, liegen die Kathedrale (Sé, urspr. romanisch, im 17./18. Jh. erneuert) mit Silberaltar (1632–1732) in der Capela-mór sowie got. Kreuzgang (mit Azulejos des 18. Jh.), der Bischofspalast (18. Jh.), die Jesuitenkirche der Grilos (von B. ÁLVARES, 1614–22 vollendet; Fassade mit dreifachem Giebel) und die ehem. Klosterkirche Santa Clara (1416 ff.; Innendekoration des 18. Jh.). Westlich davon die Kirche São Francisco (urspr. gotisch, im 17./18. Jh. stark barockisiert), daneben die 1842 anstelle des abgebrannten Klosters errichtete Börse (Palácio da Bolsa), weiter nördlich die Kirche São Pedro dos Clérigos (1732–50; frei stehender, 75 m hoher Glockenturm, das Wahrzeichen der Stadt) und der ehem. königl. Palast (1795, heute Museu Nacional de Soares dos Reis mit Gemälde- und Skulpturensammlung). Links des Douro die ehem. Klosterkirche Nossa Senhora do Pilar (1540–1602) mit großer Rotunde. A. SIZA VIEIRA schuf neben Univ.-Gebäuden (1988 ff.) v. a. Wohnquartiere (Bouça, 1973–77; São Victor, 1974–77) und erarbeitete die Entwürfe für das Museum für Gegenwartskunst (1997 im Bau). 500 m oberhalb des Ponte Dom Luís I. (1881–85) die 1877/78 von A. G. EIFFEL errichtete Eisenbahnbrücke ›Maria Pia‹. Nordwestlich liegt die roman. Kirche de Cedofeita (gegr. 559, wohl Neubau des 12. Jh.).

Geschichte: Seit dem 1. Jh. v. Chr. war die Stadt in röm. Besitz und hieß **Portus Cale (Portucale).** Von dieser Form leitet sich der Name des Landes Portugal ab. 540 wurde P. von den Westgoten erobert, 716–997 stand es unter arab. Herrschaft, im 11. Jh. wurde es Hauptstadt der Grafschaft Portucalia (Portugal), Residenz blieb es bis 1260. V. a. während der span. Besetzung (1580–1640) war P. mehrfach Schauplatz von Aufständen; 1805–09 war es von Franzosen besetzt; 1832/33 wurde es von den Anhängern MICHAELS I. (Dom MIGUELS) belagert und teilweise zerstört.

2) Distr. im NW Portugals, umfasst den größten Teil der histor. Provinz →Douro Litoral, 2 395 km², 1,65 Mio. Einwohner.

Pôrto Alegre [ˈpɔrtu aˈlɛgri; port. ›fröhl. Hafen‹], Hauptstadt und Hafen des Bundesstaates Rio Grande do Sul, Brasilien, am Rio Guaíba, der hier in den NW-Zipfel der Lagoa dos Patos mündet, 1,28 Mio. Ew., als Agglomeration 3,026 Mio. Ew. P. A. ist Kulturzentrum (Sitz der Univ. von Rio Grande do Sul, einer kath. Univ. und zahlr. wiss. Einrichtungen, Museen); kath. Erzbischofssitz; Wirtschaftszentrum des Staates und S-Brasiliens; die Industrie verarbeitet Erzeugnisse des stark von dt.-stämmigen Siedlern geprägten landwirtschaftl. Umlands (im Bergland nördlich von P. A. konzentrieren sich in zehn Dörfern 90% des brasilian. Weinbaus) sowie Holz; ferner Textil-, Metall- und chem. Industrie, Erdölraffinerie, Schiffbau. Die städt. Agglomeration umfasst fünf weitere Großstädte (Canoas, Gravataí, Novo Hamburgo, São Leopoldo, Viamão), die durch U-Bahn-Linien (z.T. im Bau) mit P. A. verbunden sind. – P. A. wurde 1742 durch Einwanderer von den Azoren gegründet.

Porto Amelia ['portu-], Hafenstadt in NO-Moçambique, →Pemba.

Portobelo, früherer Name der Stadt →Puerto Bello, Panama.

Porto Empedocle [-kle], Hafen von →Agrigent, Italien.

Portoferraio, Hauptstadt und -hafen an der N-Küste der ital. Insel Elba, Prov. Livorno, 11800 Ew.; Handelsplatz, Seebad; früher Erzausfuhrhafen. – P. kam unter Großherzog COSIMO I. 1548 in toskan. Besitz und wurde befestigt. Seit 1751 war die Stadt Flottenstützpunkt.

Portofino, kleiner Hafen und Rivieraseebad in der Prov. Genua, Ligurien, Italien, am bewaldeten Vorgebirge von P. (610 m ü. M.), das den Golf von Rapallo umschließt, 610 Ew.; Fremdenverkehr; Fischerei.

Port of Spain [engl. 'pɔːt əv 'speɪn], Hauptstadt und Haupthafen von Trinidad und Tobago, auf Trinidad, am Golf von Paria, (1995) 45300 Ew.; Sitz eines kath. Erzbischofs und eines anglikan. Bischofs; Nationalmuseum und -archiv, Kunstgalerie, Radio- und Fernsehsender, botan. und zoolog. Garten. Die Industrie umfasst u.a. Montage von Autos, Rundfunk- und Fernsehgeräten, Herstellung von Textilien, Rum, Obstsäften, Metallwaren und Kühlschränken; internat. Flughafen (Piarco). – Die Festung San Andrés (1787) ist das älteste erhaltene Bauwerk der Stadt; kath. Kathedrale (1815–32); anglikan. Kathedrale (1816–26). – P. of S. entstand im 18. Jh. an der Stelle eines indian. Dorfes.

Portoghesi [porto'geːsi], Paolo, ital. Architekt und Architekturschriftsteller, *Rom 2. 11. 1931; 1962–66 Prof. an der Univ. in Rom, seit 1981 am Polytechnikum in Mailand. Unter dem Einfluss von Barockarchitektur, Jugendstil und LE CORBUSIER gelangte P. zu einer eigenwilligen Formensprache, die er mittels gegeneinander schwingender Krümmungen gewinnt. P. zählt zu den frühesten Vertretern postmodernen Bauens; schrieb u.a.: ›Dopo l'architettura moderna‹ (1980; dt. ›Ausklang der modernen Architektur‹) und ›Barocco e liberty‹ (1986, mit L. QUATTROCCHI und F. QUILICI; dt. ›Arte floreale. Elemente der Schönheit in Barock und Jugendstil‹).

Werke: Casa Baldi bei Rom (1959–61, mit V. GIGLIOTTI); Kirche Sacra Famiglia, Salerno (1968–74); Islam. Zentrum u. Moschee in Rom (1976–78, mit GIGLIOTTI u. S. MOUSAWI); Banca Popolare del Molise, Campobasso (1984); Stadtvilla am Tegeler Hafen in Berlin (1984–88); Gestaltung des Stadtzentrums in der sizilian. Stadt Poggioreale (1986–91); Ital. Generalkonsulat (Berlin; im Rahmen der Internat. Bauausstellung 1987); Wohn- u. Geschäftshäuser in Rimini (1992); Neugestaltung des Exerzierplatzes in Pirmasens (1994).

P. P. Progetti e disegni, 1949–1979, hg. v. F. MOSCHINI (Florenz 1979).

Portographie *die, -/...'phi|en,* Form der Angiographie, Röntgenkontrastdarstellung der Pfortader (Vena portae) und ihrer Verzweigungen in der Leber, meist unter Einbeziehung der Milzvenen **(Spleno-P.)** und nachfolgender Leberdarstellung **(Hepatographie)** durch Injektion eines wasserlösl. Kontrastmittels.

Portolane [ital.], *Sg.* **Portolan** *der, -s,* **Portulane,** bis ins 16. Jh. verwendete mittelalterl. Navigationsanleitungen für Seefahrer (Küstenbeschreibungen des Mittelmeerraumes in fortlaufender Folge; →Periplus); zuerst von Italienern gefertigt. Auf den beigefügten Karten, **Portolankarten** (auch **Rumbenkarten, Windstrahlenkarten**), sind zahlr. Windrosen eingetragen, deren sich netzartig überschneidende Windstrahlen (Rumben, Rhomben) die Navigation ermöglichten. Die P. sind meist auf gegerbte Felle gezeichnet, genordet und weisen einen Maßstab, aber kein Kartennetz auf. Die insgesamt aus dem 14. und 15. Jh. erhaltenen 130 P. (ältestes bekanntes Original ist die Pisaner Karte, um 1300) sind im Wesentlichen ital. und (jüngerer) katalan. Herkunft; Letztere stellen nicht nur den Mittelmeerraum und Westeuropa, sondern oft auch Nordeuropa und Asien dar. Die Entwicklung der P. ist unbekannt; z.T. werden sie auf eine nicht überlieferte antike, v.a. auf terrestr. Vermessung beruhende Kartentradition zurückgeführt.

P., bearb. v. M. DE LA RONCIÈRE u.a. (a.d. Frz., 1984).

Porto 1): Doppelstöckige Dourobrücke Ponte Dom Luís I.; 1881–85

Porto Marghera [-'gera], die Hafenanlage von →Marghera (Venedig), Italien.

Porto Novo ['pɔrto 'nɔvo], Hauptstadt der Rep. Benin, an der Lagune Lac Nocoué, (1992) 177700 Ew.; kath. Bischofssitz; Nationalmuseum (traditionelle afrikan. Kunst); Nahrungsmittelindustrie, Seifenfabrik, Lagunenfischerei und -schifffahrt; Eisenbahnstation. – Um 1700 entstand das Stadtkönigtum Adjatché, dem die Portugiesen 1752 den Namen P. N. gaben. Es verdankte seinen wirtschaftl. Aufschwung dem Sklavenhandel mit den Portugiesen. 1863 stellte sich der König von P. N. zum Schutz gegen die brit. Kolonie Lagos unter frz. Protektorat, das 1882 erneuert wurde. Nach der Eroberung des Hinterlandes wurde P. N. 1904 Verw.-Sitz der frz. Kolonie Dahomey.

Porto Rico, Portoriko, Staat, →Puerto Rico.

Porto Santo ['pɔrtu 'sãntu], port. Insel im Atlantik, 41 km nordöstlich von Madeira, 42,5 km². Die Insel, bis 517 m ü. M., ist vulkan. Ursprungs (Aschen, Tuffe über einem Trachyt- und Basaltkern). Dauernd Wasser führende Flüsse fehlen. Die Landwirtschaft gründet sich auf Weizenanbau und Weinbau. Weilerartige Siedlungen verteilen sich über die Inselmitte und an der S-Küste, wo auch der kleine Hauptort und Hafen Porto Santo liegt. Mineralquellen.

Porto Torres, Hafenstadt und Industriezentrum im N Sardiniens, Prov. Sassari, Italien, am Golf von Asinara, 17 m ü. M., 21300 Ew.; petrochem. Werk, Erdölraffinerie, Baustoffindustrie; Meerwasserentsalzungsanlage; Fischerei; Fährverbindungen mit Genua und Livorno.

Pôrto Velho ['portu 'vɛʎu], Hauptstadt des Bundesstaates Rondônia, Brasilien, im Amazonastief-

Pôrto Alegre

Hauptstadt von Rio Grande do Sul, Brasilien

am Rio Guaíba

1,28 Mio. Ew.

Kulturzentrum mit zwei Universitäten

Wirtschaftszentrum von S-Brasilien

Hafen mit Erdölraffinerie und Industrie

1742 durch Einwanderer von den Azoren gegründet

Porträt 2): Frauenkopf aus Uruk; Marmor, frühes 3. Jt. v. Chr. (Bagdad, Irak-Museum)

Porträt 2): Kopfporträt des Philetairos von Pergamon auf einem Tetradrachmon, geprägt unter Eumenes I. zwischen 263 und 241 v. Chr.

land, 297 000 Ew.; Hafen am rechten Ufer des Rio Madeira, dessen flussaufwärts gelegene Stromschnellen hier früher durch eine Eisenbahnlinie, heute durch eine Straße zum Río Mamoré, NO-Bolivien, umgangen werden; Flugplatz. Nahebei Zinnerzabbau.

Portoviejo [pɔrtoˈβjɛxo], Prov.-Hauptstadt im Küstentiefland Ecuadors, 132 900 Ew.; Bischofssitz; TU; Textil-, Holz-, Lederindustrie; Flugplatz.

Port Phillip Bay [pɔːt ˈfɪlɪp beɪ], große Bucht an der S-Küste Victorias, Australien. An ihr liegen Melbourne und Geelong.

Port Pirie [pɔːt ˈpɪrɪ], Hafenstadt am Spencer-Golf, South Australia, 14 100 Ew.; kath. Bischofssitz; Blei- und Zink-Schmelze, Silber- und Goldraffinerie, Gewinnung von Seltenerdmetallen, Schwefelsäureherstellung; Endpunkt der Bahnlinie von Broken Hill.

Port Raschid [pɔːt-], moderner Überseehafen des Scheichtums Dubai (VAE), Tiefwasserhafen mit 35 Anlegeplätzen (8 km Kailänge) und bedeutendem Güterumschlag. Der Containerterminal ist einer der größten Vorderasiens (1972 eröffnet); großes Trockendock.

Porträt [-ˈtrɛː, auch -ˈtrɛːt, frz.] *das, -s/-s,* auch (bei dt. Aussprache) *-(e)s/-e,* **Portrait** [-ˈtrɛː], **1)** *allg.:* bildl. Darstellung, Bildnis eines Menschen, auch fotograf. Aufnahme; Charakterstudie.

2) *bildende Kunst:* **Bildnis,** künstler. Darstellung eines Menschen. Je nach dem Menschenbild einer Epoche ist das Bildnis zw. überindividueller, sozialer, individuell-physiognom. und psycholog. Wiedergabe angesiedelt. Man unterscheidet Einzel-, Doppel- und Gruppenporträt. Weiterhin ergibt sich eine Einteilung der P.-Typen in Ganzfigur, Halbfigur (bis zur Taille), Kniestück (stehende oder sitzende Figur bis zu den Knien), Brust- und Kopfbild. Bei Letzteren ist die Konzentration auf die individuellen Gesichtszüge am stärksten, wobei durch frontale Vorderansicht (en face) oder Seitenansicht (Viertel-, Halb- oder Dreiviertelprofil) unterschiedl. Ausdrucksgrade der Persönlichkeitsdarstellung erreicht werden können. Beim Reihenporträt sind mehrere Einzel-P. nebeneinander auf gleicher Höhe dargestellt. Neben der Einteilung des P. nach diesen versch. Bildtypen ist die Unterscheidung nach Alter, sozialer und gesellschaftl. Stellung gebräuchlich (Kinder-, Jünglings-, Greisen-, Männer-, Frauen-P.; Familien-, Verlöbnis-, Ehepaar-, Freundschafts-P.; Herrscher-, Gelehrten-, Professoren-, Künstler-, Bürger-P.). – In der Bildhauerkunst unterscheidet man Büsten bis zur Schulter oder als Halbfigur, Köpfe und Ganzfiguren sowie in der Antike Hermen. (→Selbstporträt)

Altertum und Antike

Alter Orient: Die Geschichte des mesopotam. P. beginnt, abgesehen von einer Beterstatuette vermutlich

Porträt 2): Porträtbüste einer römischen Frau; Marmor, Höhe 78 cm; letztes Viertel des 4. Jh. n. Chr. (Rom, Konservatorenpalast)

eines Ensi (Priesterfürsten) von Uruk, mit dem marmornen Frauenkopf vermutlich einer Priesterin aus Uruk (frühes 3. Jt. v. Chr.; Djemdet-Nasr-Zeit) und setzt sich in dem etwa 600 Jahre jüngeren Königskopf der Dynastie von Akkad (wohl NARAMSIN, BILD →Bronzekunst) eindrucksvoll fort, ist aber nur fragmentarisch belegt. Es handelt sich v. a. um Beter- und Herrscherstatuetten, wobei die Übergänge nicht immer deutlich sind. In Eschnunna wurden zwölf Beterstatuetten mit typisch geweiteten Augen gefunden, in Mari über 100 (BILD →Mari); sie zeigen keine individuellen Züge, auch GUDEA aus Lagasch ist wesentlich der Betende. Eine Ausnahme bildet der so genannte Hammurapikopf aus Susa (vielleicht urspr. aus Eschnunna), der mit hoch entwickelten Ausdrucksmitteln einen gereiften Herrscher wiedergibt. Das Herrscherbild war einer der Hauptträger der P.-Entwicklung. Reliefdarstellungen aus altbabylonischer (Hammurapistele; London, Brit. Museum) und neubabylon. Zeit (Kudurru des MARDUK-APLA-IDDINA II., um 700 v. Chr.) sind wie die der achaimenid. Herrscher (5. und 4. Jh. v. Chr., Persepolis) stark formalisiert. Daneben sind die lebendigen Münz-P. zu nennen (→Dareikos), eine Tradition, die in der parth. und v. a. sassanid. Kunst fortgeführt wurde.

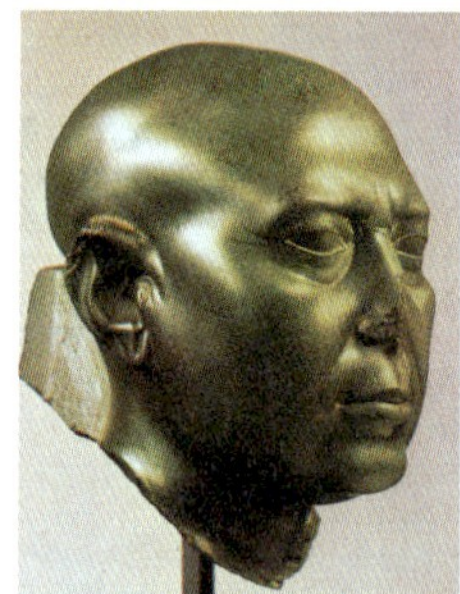

Porträt 2): links Porträtplastik der ägyptischen Königin Teje, aus Faijum (?); Eibenholz, Höhe 9,5 cm; um 1365 v. Chr.; **rechts** Porträtplastik eines ägyptischen Mannes, so genannter ›Grüner Kopf‹; Hartstein, Höhe 21,5 cm; um 300 v. Chr. (beide Berlin, Ägyptisches Museum)

Die *ägypt. Kunst* stellte den Menschen in seiner sozialen Funktion, unabhängig von Lebensalter und allen Zufälligkeiten des Augenblicks dar; Altersbildnisse fehlen deshalb, Kinder erscheinen als kleine Erwachsene. War die Menschendarstellung im Alten Reich Grabplastik oder -malerei, so entstanden in der 12. Dynastie Herrscherbildnisse für den Tempel; selbst diese tragisch-heroischen Herrscherbildnisse der 12. Dynastie (SESOSTRIS III., AMENEMHET III.) kann man trotz großer Lebensnähe und Ausdruckskraft noch nicht als eigentl. P. ansprechen. Die 18. Dynastie gelangte im Herrscher-P. wie im Privatbild zu einer eleganten und höf. Auffassung, die auch feine psycholog. Züge einschloss (BILD →Hatschepsut); bes. die Bildniskunst aus der Zeit der Könige THUTMOSIS III. und AMENOPHIS III. setzten diese Linie fort, auch, nach anfängl. Bruch mit der verfeinerten Gefühlswelt der vorangehenden Epoche, unter Betonung individueller physiognom. Züge die Amarnakunst (BILDER →Amenophis IV., →Nofretete). Unter RAMSES II. gewinnt das Herrscherbild wieder Majestät und Würde, seine Menschlichkeit verlor sich später in leeren Pathosformeln. In der ägypt. Spätzeit kommt es seit der 26. Dynastie erneut zu einer echten P.-Kunst, v. a. im realist. P. des reifen oder auch nur gealterten Mannes. Diese P.-Tradition nahm auch hellenist. und röm. Elemente auf. Offenbar dank Berührung mit der röm. P.-Kunst finden sich seit dem frühen 1. Jh. n. Chr. im Faijum die individuellen →Mumienporträts auf Holz, in Mittel- und Oberägypten die bemalten, z. T. realist. Stuckmasken, die den gewickelten Mumien aufgesetzt wurden.

Für die *Griechen* war der vorbildl. Mensch der Polis abzubilden: nicht ein zufälliges Individuum, sondern der Idealtypus. Aus der Fantasie entstandene P. großer Persönlichkeiten der Vergangenheit (HOMER) wurden schon seit dem 5. Jh. v. Chr. neben den Bildnissen jüngst Verstorbener oder noch Lebender geschaffen. Dabei bediente man sich auch vorgefundener Formen wie der Maske (die beiden Sokratestypen entstanden aus der Satyrmaske) oder versch. Göttertypen (Perikleskopf des KRESILAS). Es entstanden Ideal-P. des Strategen, des Dichters (ARISTOPHANES, SOPHOKLES), des olymp. Siegers, des Redners, weiterer Philosophen (PLATON, ARISTOTELES). Das reine Kopf-P. spielte nur auf Münzen eine Rolle. Das hellenist. Bildnis des 3. Jh. v. Chr. steigerte im Herrscher-P. die menschl. Erscheinung ins Heroisch-Pathetische; die bewegte pathet. Formensprache wurde seit dem 2. Jh. v. Chr. wieder gedämpft und in neuer Weise der konkrete Einzelmensch erfasst. Die freieste Entfaltung fand das hellenist. Individual-P. auf Münzen der seleukid. Könige von Pontos, Kappadokien und des Hellenobaktr. Reiches.

Bei den *Römern* erschien das P. von Anfang an v. a. als Büste oder Herme. Seine Ursprünge hängen mit dem Ahnenkult zusammen (→Imagines maiorum). Das röm. P. erhöht, heroisiert, verschönt nur, wo es unter dem Einfluss des griechisch-hellenist. P. steht, v. a. im Herrscherbild (BILD →Augustus); seine eigentl. Stärke ist die Nüchternheit gegenüber der Wirklichkeit. Die bedeutendsten Beispiele gehören dem 1. Jh. v. Chr. an (BILDER →Cicero, →Caesar). Die Zahl der Honoratioren-P. auf den Foren wuchs in spätrepublikan. Zeit beträchtlich an, in Grabmonumenten konnten auch Freigelassene ihr P. als Büste oder Relief aufstellen. Die zahllosen Kopien nach griech. P.-Statuen beschränkten sich auf die Büste. Eine Linie röm. P.-Kunst führt auch zur etrusk. Grabplastik zurück, die, wie auch Grabmalereien, den Verstorbenen individuell wiedergibt. Röm. P.-Statuen betonten Funktionen (Reiterdenkmal, Panzerfigur des Herrschers) oder hatten symbol. Charakter (Darstellung als Herkules oder Mars, bei Frauen Venus). Die Auflösung des röm. Wirklichkeitssinns war ein langer, seit dem ausgehenden 3. Jh. n. Chr. in Erscheinung tretender Vorgang: Die Gesichter verloren die Formenfülle, sie wurden flach, die Augen übergroß, die Haltung wurde starr, auch im Kaiserbild, u. a. erhalten ein Kolossalkopf (BILD →Konstantin I., der Große, um 330 n. Chr.) und das Kaiserstandbild in Barletta (5. Jh. n. Chr.). Auch in der parth. Kunst zeigen sich diese Züge seit dem 3. Jh. n. Chr., zuerst in der Wandmalerei von Dura-Europos; sie charakterisieren auch die Menschendarstellung der frühchristl. Kunst.

Porträt 2): Tizian, ›Franz I.‹; 1538 (Paris, Louvre)

Porträt 2): **links** Thomas Gainsborough, ›Die Töchter des Malers mit Katze‹; um 1759 (London, National Gallery); **rechts** Oskar Kokoschka, ›Professor Forel‹; 1910 (Mannheim, Städtische Kunsthalle)

Europäisches Mittelalter und Neuzeit

Die Auffassung des frühen und hohen MA. mit der auf das Jenseits ausgerichteten christl. Religion widersprach der Darstellung des ird. Menschen und verdrängte das eigentl. P. Stattdessen entstanden typisierte Idealbildnisse, die auf Ähnlichkeit verzichteten und den Dargestellten durch Wappen, Insignien u. Ä. kennzeichneten (Autoren- und Dedikationsbilder in der Buchmalerei, Grabfiguren). Für die Entwicklung des neuzeitl. P. sind die Stifter-P. bedeutsam. Seit dem späten 14. Jh. wurde die individuelle Ähnlichkeit wieder als künstler. Gestaltungsprinzip vorrangig, bes. in der franko-fläm. Buchmalerei (P. JOHANNES' II., DES GUTEN, um 1360; Paris, Bibliothèque Nationale de France) und in Böhmen (Erzherzog RUDOLF IV. von Habsburg, um 1365; Wien, Erzbischöfl. Diözesanmuseum). Unter den Bildhauern waren P. PARLER und seine Werkstatt sowie C. SLUTER wegweisend. Im 15. Jh. nahm die P.-Malerei einen immer breiteren Raum ein, Zentren wurden Italien und die Niederlande (J. VAN EYCK, R. VAN DER WEYDEN, D. BOUTS, H. VAN DER GOES, H. MEMLING). In der ital. Frührenaissance bevorzugte man zunächst noch das strenge Profil-P. im Rückgriff auf die antike P.-Büste und P.-Medaille (PISANELLO, PIERO DELLA FRANCESCA). P. von ANDREA DEL CASTAGNO, GIOVANNI BELLINI, S. BOTTICELLI und D. GHIRLANDAIO zeigen das Antlitz des Dargestellten. Das durch Humanismus und Renaissance geweckte Selbstbewusstsein und Interesse für das Individuum entwickelte eine breiter werdende Typenvielfalt. LEONARDO DA VINCI und RAFFAEL gaben dem Brust- und Halbfiguren-P. die klass. Form, TIZIAN dem Reiter-P. Weitere Höhepunkte erreichte das P. bei A. DÜRER, L. CRANACH D. Ä., J. und F. CLOUET, L. LOTTO, J. DA PONTORMO, BRONZINO und A. MOR. Das Repräsentationsbedürf-

Porträt 2): Porträtherme des Griechen Moiragenes; Marmor, Höhe 1,52 m; um 120–130 n. Chr. (Athen, Agora-Museum)

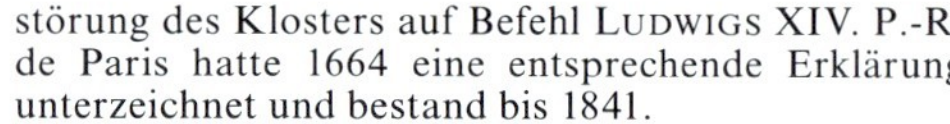

nis des Barock hatte einen erneuten Aufschwung der P.-Kunst zur Folge, wobei pathet. Haltung, prunkvolle Gewänder und pompöse Draperien die Darstellungen bestimmten (P. P. RUBENS, A. VAN DYCK). F. HALS und REMBRANDT schufen dagegen schlichtere, psychologisch ausdrucksvolle P., bes. in ihren Gruppen- und Selbst-P. In der Bildhauerkunst ragen G. L. BERNINI, J.-A. HOUDON, F. X. MESSERSCHMIDT heraus. Im 17. und 18. Jh. war das Porträtieren die vornehml. Aufgabe der Maler am Hof und für private Auftraggeber (Frankreich: P. DE CHAMPAIGNE, N. DE LARGILLIÈRE, H. RIGAUD, J.-M. NATTIER; Italien: G. GHISLANDI, P. BATONI; Spanien: D. VELÁZQUEZ, J. B. MAZO; England: J. REYNOLDS, T. GAINSBOROUGH; Dtl.: A. PESNE, A. GRAFF). ROSALBA CARRIERA und M. Q. DE LA TOUR schufen hervorragende Pastell-P. Einen späten Höhepunkt stellen die P. von F. DE GOYA um 1800 dar. Die Freundschaftsbildnisse der Romantik (P. O. RUNGE), die P. der frz. Klassizisten und Impressionisten und die ausdrucksstarken P. von M. LIEBERMANN, L. CORINTH, M. SLEVOGT, M. BECKMANN, O. KOKOSCHKA u. a. im 20. Jh. zeigen trotz der Fotografie, die zunehmend die Aufgaben der P.-Malerei übernahm, eine kontinuierliche künstler. Auseinandersetzung mit dem Porträt.

Portsmouth 1) Stadtwappen

W. VON SYDOW: Zur Kunstgesch. des spätantiken P. im 4. Jh. n. Chr. (1969); H. KELLER: Das Nachleben des antiken Bildnisses. Von der Karolingerzeit bis zur Gegenwart (Neuausg. Birsfelden 1977); A. REINLE: Das stellvertretende Bildnis. Plastiken u. Gemälde von der Antike bis ins 19. Jh. (Zürich 1984); G. BOEHM: Bildnis u. Individuum. Über den Ursprung der P.-Malerei in der ital. Renaissance (1985); L. GIULIANI: Bildnis u. Botschaft. Hermeneut. Unterss. zur Bildniskunst der röm. Rep. (1986); L. CAMPBELL: Renaissance portraits. European portrait-painting in the 14th, 15th and 16th centuries (New Haven, Conn., 1990); E. CASTELNUOVO: Das künstler. Portrait in der Gesellschaft. Das Bildnis u. seine Gesch. in Italien von 1300 bis heute (a. d. Ital., Neuausg. 1993); U. MERKEL: Das plast. P. im 19. u. frühen 20. Jh. Ein Beitr. zur Gesch. der Bildhauerei in Frankreich u. Dtl. (1995); S. KERN: Eyes of Love. The Gaze in English and French paintings and novels 1840–1900 (London 1996).

Porträt des Künstlers als junger Mann, Ein, [pɔrˈtrɛ:-], engl. ›A portrait of the artist as a young man‹, dt. auch u. d. T. ›Jugendbildnis des Dichters‹, Roman von J. JOYCE; engl. 1916.

Port Royal [pɔ:t ˈrɔɪəl], Ort in Jamaika, auf einer der durch eine Nehrung verbundenen Inseln vor der Hafenbucht von Kingston. Fort Charles (begonnen 1662, 1699 wieder errichtet) und Saint Peter's Church (1725/26) befinden sich an der Stelle der um 1665 angelegten, einst blühenden Stadt, dem Stützpunkt der engl. Seeräuber, die 1692 durch ein Erdbeben und eine nachfolgende Flutwelle fast völlig zerstört wurde. – Ausgrabungen.

Port-Royal [pɔrrwaˈjal], Name von geographischen Objekten:

1) Port-Royal, Vorgängersiedlung der kanad. Stadt →Annapolis Royal.

2) Port-Royal des Champs [-dɛ ˈʃɑ̃], Zisterzienserinnenkloster bei Paris, 1204 in der Nähe von Versailles gegr.; Beiname ›des Champs‹ seit Gründung einer Zweigniederlassung in Paris 1625 **(P.-R. de Paris).** Unter der Leitung von ANGÉLIQUE ARNAULD wurde das Kloster seit 1608 im Sinne strenger Bußdisziplin reformiert und seit 1635/36 zum wichtigsten Zentrum des →Jansenismus. Zum Kreis der dort in Einsiedlerzellen lebenden ›Solitaires‹ und deren Schulen gehörten u. a. A. ARNAULD, P. NICOLE, B. PASCAL und (als Schüler) J. RACINE. P.-R. war jahrzehntelang einflussreiches kulturelles und wiss. Zentrum, auch Sammelpunkt antiabsolutist. Kräfte. Die konsequente Weigerung der Nonnen von P.-R., sich durch Unterzeichnung einer Erklärung vom Jansenismus zu distanzieren, endete nach jahrzehntelanger Duldung dieses Verhaltens 1709/10 mit der Aufhebung und Zerstörung des Klosters auf Befehl LUDWIGS XIV. P.-R. de Paris hatte 1664 eine entsprechende Erklärung unterzeichnet und bestand bis 1841.

J. BESOIGNE: Histoire de l'abbaye de P.-R., 6 Bde. (Köln 1752, Nachdr. Genf 1970, 2 Bde.); M. KRÜGER: Die Entwicklung u. Bedeutung des Nonnenklosters P.-R. im 17. Jh. (1936); C.-A. SAINTE-BEUVE: P.-R., 3 Bde. (Neuausg. Paris 1971–84).

Pọrt Safa̱ga, Bụr Safa̱ga, Hafenstadt in Ägypten, →Safaga.

Pọrt Said [-ˈzaɪt], arab. **Bụr Said,** Hafenstadt in Unterägypten, am N-Ende des Suezkanals auf einer schmalen Nehrung zw. Mittelmeer und Mansalasee, 467 000 Ew. Die Stadt bildet ein 72 km² großes Stadtgovernorat. Der Hafen ist nach Alexandria der zweitgrößte Ägyptens; chem., Textil-, Tabak- und Nahrungsmittelindustrie, Maschinenbau, Erdölraffinerie; Salzgewinnung. Ein Schifffahrtskanal verbindet P. S. mit Damiette; Eisenbahnendpunkt; Flughafen. – Die regelmäßig angelegte Stadt wurde 1859 in Verbindung mit dem Bau des Suezkanals gegründet und entwickelte sich als Sitz der Suezkanalgesellschaft rasch (1883: 1 700, 1917: 75 000 Ew.). Während der Suezkrise wurde die Stadt durch Luftangriffe z. T. zerstört.

Pọ̈rtschach am Wọ̈rther Se̱e, Fremdenverkehrsort am N-Ufer des Wörther Sees, Kärnten, Österreich, 446 m ü. M., 2 700 Ew. – Die kath. Pfarrkirche St. Johann der Täufer wurde 1787 errichtet (und im frühen 20. Jh. verändert), ev. Heilandskirche (1969). Schloss Leonstein ist ein im Kern aus dem 16. Jh. stammender Bau (heute Hotel).

Portsmouth [ˈpɔ:tsməθ], **1)** Stadt in der Cty. Hampshire, England, am Ärmelkanal, nördlich der Insel Wight, 174 700 Ew.; anglikan. und kath. Bischofssitz; Univ. (gegr. 1992), Flottenmuseum, D-Day-Museum, Stadtmuseum mit Kunstgalerie, Charles-Dickens-Museum (Geburtshaus); Kriegsmarine- und Handelshafen, Fährlinien zur Insel Wight und nach Frankreich. Schiff-, Flugzeugbau, vielseitige Konsumgüterindustrie. Der Stadtteil **Southsea** ist Seebad. – Kapelle Saint Thomas (1180; im 17. Jh. verändert), heute Chor der Kathedrale (1953 ff.); Southsea Castle (1. Hälfte des 16. Jh.). – Im Hafen liegt Lord NELSONS Flaggschiff ›Victory‹, auf dem er in der Schlacht von Trafalgar fiel. – P., im 12. Jh. entstanden, 1194 mit Marktrecht ausgestattet, wurde bald Flottenstützpunkt und entwickelte sich nach dem Bau des Arsenals (1496) zum größten engl. Kriegshafen.

2) Hafenstadt in New Hampshire, USA, an der Mündung des Piscataqua River in eine tiefe Atlantikbucht, 25 300 Ew.; Schiffbau. – Mehrere z. T. restaurierte Gebäude aus dem 17. (Jackson House) und 18. Jh. (Warner House). – P. wurde 1623 als älteste europ. Niederlassung in New Hampshire gegründet und erhielt 1653 den Namen P. Bis zum Unabhängigkeitskrieg Hauptstadt der Kolonie New Hampshire, entwickelte es sich schon im 18. Jh. zu einem bedeutenden Schiffbauzentrum. – Am 5. 9. 1905 wurde hier zw. Russland und Japan der **Frieden von P.** geschlossen, der den Russisch-Jap. Krieg beendete.

3) Hafenstadt in Virginia, USA, am S-Ufer der →Hampton Roads, 103 900 Ew.; Marinewerft und Marinestützpunkt; chem., Nahrungsmittel- und Holzindustrie. – P. wurde 1752 gegründet.

Port Stanley [pɔ:t ˈstænlɪ], Hauptort der Falklandinseln, →Stanley.

Pọrt Suda̱n, arab. **Bụr Suda̱n,** wichtigste Hafenstadt der Rep. Sudan, am Roten Meer, 305 400 Ew.; Erdölraffinerie, Baumwollentkernung, Meersalz- und Pflanzenölgewinnung; Fischerei. Über den Hafen (Eisenbahnanschluss ins Landesinnere) geht der Außenhandel des Landes; Flughafen. – P. S. wurde 1906 als Hafen gegründet.

Port Swettenham [engl. pɔ:t ˈswetnəm], früherer Name des Hafens der malays. Stadt →Kelang.

Port Talbot [ˈpɔːt ˈtɔːlbət], Stadt im Verw.-Distrikt Neath Port Talbot, S-Wales, an der Swansea Bay, 37 600 Ew.; Stahl-, chem. Industrie; Tiefwasserhafen.

Portugal

Fläche 92 389 km²
Einwohner (1996) 9,808 Mio.
Hauptstadt Lissabon
Amtssprache Portugiesisch
Nationalfeiertag 10. 6.
Währung 1 Escudo (Esc) = 100 Centavos (c, ctvs)
Uhrzeit 12⁰⁰ Lissabon = 13⁰⁰ MEZ

Portugal, amtlich port. **República Portuguesa** [-ˈgesa], Staat im SW Europas, umfasst den W-Teil der Iber. Halbinsel, die Azoren und Madeira, insgesamt 92 389 km², (1996) 9,808 Mio. Ew.; Hauptstadt ist Lissabon, Amtssprache Portugiesisch. Währung: 1 Escudo (Esc) = 100 Centavos (c, ctvs). Zeitzone: Westeurop. Zeit (12⁰⁰ Lissabon = 13⁰⁰ MEZ). Zu P. gehört (bis 1999) die überseeische Besitzung Macao.

Portugal: Übersichtskarte

STAAT · RECHT

Verfassung: Nach der am 25. 4. 1976 in Kraft getretenen Verf. (mit Revisionen von 1982, 1989, 1992 und 1997) ist P. eine demokrat. Republik. Staatsoberhaupt, Oberbefehlshaber der Streitkräfte und Vors. des Obersten Rats der nat. Verteidigung (Aufsicht über die Militärgesetzgebung) ist der vom Volk auf fünf Jahre gewählte Präs. der Rep. (einmalige Wiederwahl möglich). Ihm steht als Beratungsorgan der Staatsrat (10 Mitgl.) zur Seite. Die Gesetzgebung liegt bei der Versammlung der Rep. (Assembleia da República), deren 230 Abg. für vier Jahre im Verhältniswahlsystem gewählt werden. Die jüngste Verf.-Änderung sieht vor, die Zahl der Abg. auf 180 zu reduzieren. Auch wurde ein Stimmrecht für im Ausland lebende Emigranten bei der Direktwahl des Staatsoberhaupts eingeführt. Der Präs. verfügt über ein begrenztes Vetorecht. Die Reg. besteht aus dem vom Präs. ernannten Min.-Präs. sowie aus Min. und Staatssekretären, wobei der Ministerrat (Min.-Präs. und Min.) die wesentl. Reg.-Aufgaben wahrnimmt. Die Reg. ist sowohl dem Parlament als auch dem Staatsoberhaupt gegenüber verantwortlich. Seit 1982 besteht ein Verf.-Gericht (13 Richter), das über die Zivilgesetzgebung wacht.

Parteien: Einflussreichste Parteien sind der Partido Socialista (PS, dt. Sozialist. Partei, gegr. 1973), der rechtsliberale Partido Social Democrata (PSD, dt. Sozialdemokrat. Partei; gegr. 1974 als Partido Popular Democrático [PPD, dt. Demokrat. Volkspartei]), der konservativ nationalist. Partido Popular (PP, dt. Volkspartei, gegr. 1974 als Partido do Centro Democrático Social [CDS, dt. Demokratisch-Soziales Zentrum]) und der Partido Comunista Português (PCP, dt. Kommunist. Partei P.s, gegr. 1921), der das aus mehreren Linksgruppen bestehende Wahlbündnis Coligação Democrática Unitária (CDU, dt. Demokrat. Einheitskoalition) dominiert.

Gewerkschaften: Die Gewerkschaftsbewegung ist in zwei konkurrierenden Dachverbänden organisiert. Der Confederação Geral dos Trabalhadores Portugueses – Intersindical Nacional (CGTP-IN; gegr. 1970, 1974 reorganisiert) gehören 220 Einzelgewerkschaften mit rd. 877 000 Mitgl. an; sie steht unter dem Einfluss des PCP. Die sozialistisch orientierte União Geral dos Trabalhadores de Portugal (UGTP, gegr. 1978) umfasst 50 Einzelgewerkschaften mit rd. 942 300 Mitgliedern.

Wappen: Das Wappen zeigt in der Mitte einen weißen Schild, der kreuzweise mit fünf kleinen Schilden belegt ist. Diese ihrerseits sind mit je fünf Scheibchen in Form eines Diagonalkreuzes besetzt. Der Überlieferung nach symbolisieren die Scheibchen die fünf Wundmale CHRISTI, in dessen Namen ALFONS HEINRICH (ALFONS I.) gegen die Mauren zu Felde zog. Sie stehen der Legende nach aber auch für den Sieg über die Mauren 1139, wobei ALFONS HEINRICH fünf maur. Prinzen besiegt haben soll. Umzogen ist der Schild von einem breiten roten Schildrand. Auf diesem befinden sich sieben goldene Kastelle. Der Gesamtschild wurde 1910 mit einer goldenen Armillarsphäre unterlegt, die an HEINRICH DEN SEEFAHRER und die Entdeckungen der port. Seefahrer erinnern soll.

Nationalfeiertag: 10. 6., mit dem man des Todes des Dichters LUÍS VAZ DE CAMÕES gedenkt.

Verwaltung: P. ist in 18 Verw.-Distrikte (Festland) und zwei Autonome Regionen (Azoren und Madeira) mit eigenen Regionalversammlungen gegliedert; wei-

Portugal

Staatswappen

Staatsflagge

Internationales Kfz-Kennzeichen

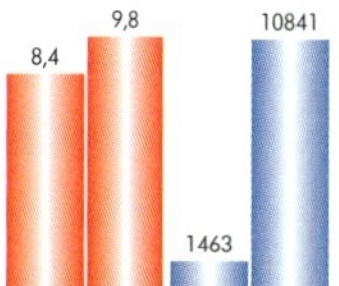

1970 1996 Bevölkerung (in Mio.)

1970 1996 Bruttosozialprodukt je Ew. (in US-$)

Bevölkerungsverteilung 1995

Industrie
Landwirtschaft
Dienstleistung

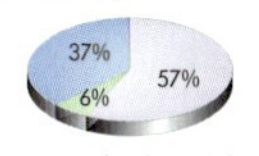

Bruttoinlandsprodukt 1994

Größe und Bevölkerung (1992)

Distrikt	Verwaltungssitz	Fläche[1] in km²	Ew. in 1 000	Ew. je km²
Aveiro	Aveiro	2 808	657,2	234
Beja	Beja	10 225	167,2	16
Braga	Braga	2 673	752,6	282
Bragança	Bragança	6 608	155,4	24
Castelo Branco	Castelo Branco	6 675	212,6	32
Coimbra	Coimbra	3 947	426,0	108
Évora	Évora	7 393	172,7	23
Faro	Faro	4 960	342,0	69
Guarda	Guarda	5 518	186,1	34
Leiria	Leiria	3 515	426,1	121
Lissabon	Lissabon	2 761	2 047,6	742
Portalegre	Portalegre	6 065	132,9	22
Porto	Porto	2 395	1 648,5	688
Santarém	Santarém	6 747	442,6	66
Setúbal	Setúbal	5 064	715,2	141
Viana do Castelo	Viana do Castelo	2 255	248,7	110
Vila Real	Vila Real	4 328	233,8	54
Viseu	Viseu	5 007	399,4	80
Festland		88 944	9 366,3	105
Azoren[2]	Ponta Delgada	2 247	239,9[3]	107
Madeira[2]	Funchal	794	256,0[3]	322
Portugal gesamt	Lissabon	91 985	9 861,7	107

[1] Landfläche. – [2] autonome Region. – [3] Schätzung 1994.

tere Unterteilung in 305 Kreise (›conselhos‹ oder ›municipios‹) und 4 050 Gemeinden (›freguesias‹).

Recht: Das frz. und italienisch beeinflusste Zivilrecht (1867) wurde 1966 reformiert und neu kodifiziert. Im Familienrecht ist das Scheidungsverbot für kanonisch geschlossene Ehen seit 1976 aufgehoben. Der Gerichtsaufbau ist dreistufig mit dem ›Supremo Tribunal‹ in Lissabon an der Spitze; ferner gibt es Militär- und Verw.-Gerichte sowie ein Verf.-Gericht. Das Staatsgebiet ist in Gerichts-Bez. (›comarcas‹) für die Zivil- und Strafgerichtsbarkeit gegliedert. Das Richteramt ist unabhängig und gilt auf Lebenszeit.

Streitkräfte: Die Gesamtstärke der Wehrpflichtarmee (Dienstzeit 4–12 Monate) beträgt etwa 50 000 Mann, die der paramilitär. Kräfte (Nationalgarde, Sicherheitspolizei, Grenzschutz) rd. 50 000 Mann. Das Heer (etwa 30 000 Soldaten) ist hauptsächlich gegliedert in die ›1. unabhängige gemischte Brigade‹ (vergleichbar einer dt. Panzergrenadierbrigade; kann der NATO direkt unterstellt werden) sowie in drei Infanteriebrigaden, eine Luftlandebrigade und eine leichte Brigade. Die Marine hat etwa 13 000, die Luftwaffe rd. 7 000 Mann. Die Ausrüstung besteht im Wesentlichen aus etwa 90 Kampfpanzern, etwa 50 Kampfflugzeugen, sieben Fregatten, 10 Korvetten, drei U-Booten sowie 30 Kleinen Kampfschiffen. – P. ist Gründungs-Mitgl. der NATO sowie seit 1988 (faktisch seit 1990) Mitgl. der WEU und verwendet etwa 4% der Staatsausgaben für die Verteidigung (ohne paramilitär. Kräfte). Ziel einer längerfristigen Reform ist eine größere Professionalisierung der Streitkräfte (u. a. Abschaffung der Wehrpflicht vorgesehen) bei gleichzeitiger Reduzierung der Gesamtstärke (etwa 40 000 Mann geplant).

LANDESNATUR · BEVÖLKERUNG

P. umfasst etwa ein Sechstel der Fläche der Iber. Halbinsel. Es erstreckt sich bei einer Breite von etwa 150 km über 550 km von N nach S. Der S-Rand des Port. Scheidegebirges bildet zus. mit dem Tejo die Grenze zw. dem gebirgigen atlant. Nord-P. und dem flachen mediterranen Süd-P. Der N besteht aus dem Küstentiefland der Beira Litoral und Estremaduras, dem Port. Scheidegebirge sowie dem nördlich und östlich angrenzenden Hoch-P.; Süd-P. ist untergliedert in die Landschaftsräume Alentejo und Algarve. Die bis 1 991 m ü. M. herausgehobene Scholle der Serra da Estrêla im Port. Scheidegebirge bildet die höchste Erhebung von Festland-P. Weite, unterschiedlich hohe Rumpfflächen, in die sich die Flüsse eingeschnitten haben, bestimmen das Landschaftsbild Hoch-P.s (400–800 m ü. M.) und des Alentejo (unter 400 m). Häufige Erdbeben zeugen von der Fortdauer tekton. Vorgänge im Bereich der Tejosenke und der Algarve. Die Küste besitzt wenige natürl. Hafenplätze; das Land grenzt entweder in geradlinigen Steilküsten oder seichten Anschwemmungsküsten ans Meer. Hauptflüsse sind (die Unterläufe von) Minho, Douro, Tejo, Guadiana; Sado und Mondego sind ausschließlich port. Wasserläufe. Die jahreszeitl. und episod. Schwankungen in der Wasserführung dieser Flüsse zählen zu den höchsten der Erde.

Klima: Das Klima ist durch seinen von N nach S zunehmenden mediterranen Charakter sowie durch die von W nach O zunehmende Kontinentalität gekennzeichnet. Das im Sommer weit nach N vorgeschobene Azorenhoch schützt vor Zyklonen, die erst im Winter, wenn P. in den Bereich der Westwindzone gerät, wetterwirksam werden. Der luvseitige, bergige NW erhält Steigungsregen von 1 500 bis über 3 000 mm pro Jahr, der im Regenschatten liegende O nur 500–1 000 mm Jahresniederschlag; im S sinkt der Niederschlag unter 400 mm. In den höheren Gebirgen bleibt im Winter der Schnee mehrere Wochen liegen. Die gesamte W-Küste ist im Sommer verhältnismäßig kühl (Julimittel 17–20 °C), da sie dann dem kräftigen NW-Wind ausgesetzt ist. Die Temperaturen steigen gegen das Landesinnere (Julimittel 24–28 °C).

Vegetation: P. gehört zur natürl. Waldregion. Laub werfende (bes. Eichenarten) im NW und immergrüne Arten (darunter Korkeichen) kennzeichneten die natürl. Waldvegetation. Die heutigen Wälder beschränken sich – mit Ausnahme des nordwestl. Alentejo – im Wesentlichen auf die atlantisch beeinflussten Küsten- und Bergländer in der NW-Hälfte des Landes und werden durch Kiefern und Eukalypten geprägt. Die südport. Haine aus weitständigen, immergrünen Stein- und Korkeichen (Montados) dienen der Viehweide und gelegentlich dem Feldbau. Die durch Degradation entstandenen Buschformationen enthalten im feuchten NW Stech- und Besenginster, Glockenheide und andere Heidekrautgewächse, im S und O Sträucher und aromat. Kräuter (Zistrosen, Erdbeerbusch, Kermeseiche; Thymian, Lavendel u. a.).

Bevölkerung: Das port. Volk ist heute ethnisch sehr einheitlich (→Portugiesen). Außerhalb der Verdichtungsräume von Lissabon und Porto, auf die in jüngerer Zeit die Landflucht bes. stark gerichtet war und die bereits mehr als 35% der Gesamt-Bev. beherbergen, sind der W Nord-P.s und ein Teil der Algarve so-

Klimadaten von Lissabon (77 m ü. M.)

Monat	Mittleres tägl. Temperaturmaximum in °C	Mittlere Niederschlagsmenge in mm	Mittlere Anzahl der Tage mit Niederschlag	Mittlere tägl. Sonnenscheindauer in Stunden	Relative Luftfeuchtigkeit nachmittags in %
I	13,9	111	15	4,7	71
II	15,2	76	12	5,9	64
III	17,3	109	14	6,0	64
IV	19,6	54	10	8,3	56
V	21,4	44	10	9,1	57
VI	24,8	16	5	10,6	54
VII	27,4	3	2	11,4	48
VIII	27,7	4	2	10,7	49
IX	25,9	33	6	8,4	54
X	22,3	62	9	6,7	59
XI	17,2	93	13	5,2	68
XII	14,5	103	15	4,6	72
I–XII	20,6	708	113	7,6	60

Portugal: Küstenlandschaft bei Lagos

wie die Insel Madeira mit über 200 Ew. je km² am dichtesten besiedelt. Im O und S bleiben die Werte unter 50 Ew. je km². Mehr als ein Drittel der Bev. (1995: 36%) lebt in Städten. Bis 1985 stieg die Gesamt-Bev. auf 10,01 Mio., dann sank sie auf 9,86 Mio. (1992); seitdem nimmt sie wieder leicht zu (1992–94: 1,6‰ jährlich). 1974–76 kamen über 600 000 Rückwanderer aus den ehem. afrikan. Besitzungen ins Land.

Wichtigste Städte (Ew. 1991)

Lissabon	681 100	Almada	153 200
Porto	309 500	Coimbra	147 700
Vila Nova de Gaia	247 500	Braga	144 300
		Funchal	126 900
Amadora	176 100	Seixal	115 200
Cascais	155 400	Setúbal	103 200

Religion: Es besteht Religionsfreiheit. Staat und Kirche sind seit 1911 gesetzlich getrennt. Alle Religionsgemeinschaften sind rechtlich gleichgestellt. Die in der Verf. von 1933 de facto gegebene Stellung der kath. Kirche als Staatskirche wurde durch die Verf. von 1976 aufgehoben. – Über 95% der Bev. sind Christen: Rd. 94% gehören der kath. Kirche an, etwa 1% anderen christl. Kirchen (Pfingstler, Adventisten, Baptisten, Methodisten, Presbyterianer, Anglikaner u. a.). – Die kath. Kirche umfasst das Patriarchat Lissabon und die Erzbistümer Braga und Évora mit siebzehn Suffraganbistümern. Die einzige prot. Kirche rein port. Tradition ist die 1880 gegründete ›Lusitanische Kath. Apostolische Ev. Kirche‹ (rd. 5000 Mitgl.); sie gehört seit 1980 als Überseediözese unter der Oberhoheit des Erzbischofs von Canterbury der Anglikan. Kirchengemeinschaft an. – Zentren der rd. 15 000 Muslime (Araber und afrikan. Übersiedler aus Guinea-Bissau und Moçambique) sind die Moschee und das Kulturzentrum der 1968 gegründeten ›Islam. Gemeinde‹ in Lissabon. Die Juden wurden nach ihrer Vertreibung aus P. (1496) erst 1892 wieder offiziell als Religionsgemeinschaft anerkannt. Heute bestehen jüd. Gemeinden in Lissabon und Porto; ihnen gehört die Mehrheit der rd. 1 000 port. Juden an. – Weitere Religionsgemeinschaften sind die Zeugen Jehovas (rd. 40 000) und die Mormonen (rd. 11 000).

Bildungswesen: Es besteht allgemeine achtjährige Schulpflicht vom 7. bis 14. Lebensjahr bei unentgeltl. Unterricht. Daran kann sich ein dreijähriger Besuch einer höheren Schule anschließen, der i. d. R. nicht kostenfrei ist. Diese Schulen sind differenziert in versch. Zweige, die teils auf einen Hochschulbesuch und teils auf den Eintritt ins Berufsleben vorbereiten. Private Schulen unterstehen der Staatsaufsicht und werden z. T. mit öffentl. Mitteln unterstützt. Die Analphabetenquote beträgt etwa 10%. Es gibt 16 Univ. und weitere Hochschuleinrichtungen.

Publizistik: Die Pressefreiheit ist seit 1976 garantiert; 1988–91 fand die Reprivatisierung der sich in Staatsbesitz befindl. Presse statt. 1993 erschienen in P. 23 Tageszeitungen, darunter in Porto das ›Jornal de Notícias‹ (gegr. 1888, Auflage 90 000), in Lissabon ›Correio de Manha‹ (1979, 85 000), ›Publico‹ (1990, 75 000) sowie die Sportzeitung ›A Bola‹ (1945, 180 000). – *Nachrichtenagentur:* Aus der Fusion der 1975 gegründeten staatl. ›Agência Noticiosa Portuguesa‹ (ANOP) und der ›Notícias de Portugal‹ (NP) entstand 1987 die ›Agência Lusa de Informação‹ (LUSA). – *Rundfunk:* Der 1976 gegründete öffentlichrechtl. Sender ›Radiodifusão Portuguesa‹ (RDP) sendet drei nat. und fünf regionale Inlandsprogramme und unterhält den Auslandssender ›RDP/Radio Portugal International‹; daneben bestehen sieben private Hörfunksender und über 100 Lokalsender. Die 1956 gegründete, 1975 verstaatlichte Fernsehanstalt ›Radiotelevisão Portuguesa‹ (RTP) strahlt zwei Programme aus, daneben existieren zwei private Fernsehsender und Kabelfernsehen.

WIRTSCHAFT · VERKEHR

Mit einem Bruttoinlandsprodukt (BIP) je Ew. von (1996) 10 841 US-$ gehört P. zu den Mitgl.-Ländern der EG und der OECD mit einem niedrigen Entwicklungsniveau. Von der Weltbank wird P. zu den Ländern mit mittlerem Einkommen, von der OECD zu den europ. Entwicklungsländern gezählt. Der Internat. Währungsfonds nahm P. 1989 in die Gruppe der Industrieländer auf.

Die Verf. von 1976 propagierte mit weitgehenden Verstaatlichungsgeboten den Weg zum Sozialismus. 1989 wurde mit einer Verf.-Reform die Grundlage für eine Liberalisierung und Modernisierung gelegt, die nach dem EG-Beitritt (1986) den Aufholprozess des teilindustrialisierten Landes in Gang setzten. Wirtschaftspolitisch bes. wichtig ist die weitere Privatisierung öffentl. Unternehmen (v. a. große Industrieunternehmen, Banken). Trotz der Anpassungshilfen der EU liegt das reale Wirtschaftswachstum mit (1995) 2,3% unter dem EU-Durchschnitt (3,0%); die Arbeitslosenquote ging von (1985) 8,5% auf (1996) 7,3% zurück. Die Inflationsrate konnte von Werten

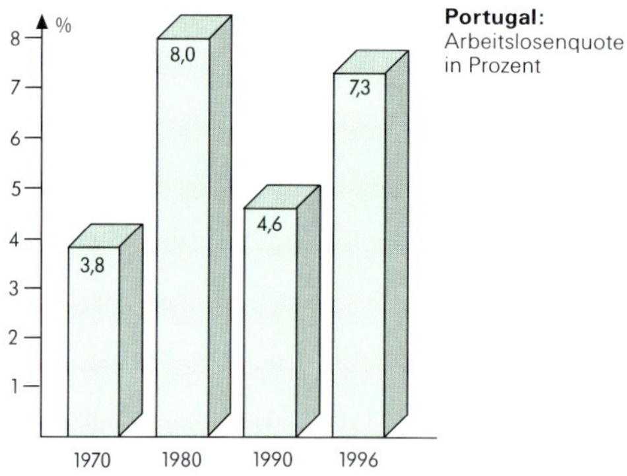

Portugal: Arbeitslosenquote in Prozent

um (1975–85) jährlich 20% auf (1995) 4,1% gedrückt werden (EU-Durchschnitt: 3,0%). Niedrige Löhne sind ein Standortvorteil P.s im internat. Wettbewerb. Dies führte u.a. zu ausländ. Direktinvestitionen im Gesamtwert von rd. 20 Mrd. US-$ zw. 1991 und 1996. Trotz negativer Handelsbilanz führten Überschüsse aus der Dienstleistungsbilanz (z.B. aus dem Reiseverkehr) und aus der Übertragungsbilanz (z.B. EG-Hilfen) in den letzten Jahren zu einem positiven Saldo in der Leistungsbilanz. Der Schuldendienst für die (1988) 14,0 Mrd. US-$ öffentl. Auslandsschulden (1970: 485 Mio. US-$) beansprucht 29,3% der Exporterlöse (1970: 6,8%).

Landwirtschaft: In der Landwirtschaft sind (1994) 11,6% aller Beschäftigten tätig (1980: 27,3%); ihr Beitrag zur Entstehung des BIP liegt bei 6,1% (1980: 10,3%). Da der Agrarsektor als relativ rückständig gilt, endete der Übergangsprozess zur vollen EU-Mitgliedschaft erst 1996. Schlechte Bodenqualität, niedrige Ernteerträge, geringe Betriebsgrößen (78% der Betriebe bewirtschafteten 1993 weniger als 5 ha) und veraltete Bearbeitungsmethoden sind die wesentl. Ursachen dafür, dass P. rd. die Hälfte seines Bedarfs an Nahrungsmitteln importieren muss (Selbstversorgungsgrad bei Getreide z.B. 44%). Lediglich bei Wein, Olivenöl, Gemüse, Schweine-, Geflügel- und Schaffleisch sowie Butter, Käse und Milch ist das Land Selbstversorger. Ein spezielles Entwicklungsprogramm der EG soll die Eigentümer von Kleinstanbauflächen dazu bewegen, durch Zusammenlegung der Parzellen zu rentablen Bewirtschaftungsflächen überzugehen und die Verpachtung von Genossenschaftsland an Privatbauern ermöglichen. Daneben besteht in Süd-P. weiterhin der Großgrundbesitz (insgesamt bewirtschaften 1,9% der Betriebe über 50 ha 44,5% der landwirtschaftl. Nutzfläche). Die landwirtschaftl. Nutzfläche von (1995) 3,981 Mio. ha setzt sich zusammen aus 2,3 Mio. ha Ackerland, 772000 ha Dauerkulturen (v.a. Wein, Öl- und Obstbäume) und 862000 ha Dauergrünland. Bewässerungsfähige Anbaugebiete liegen in küstennahen Senken, an Flüssen und Stauseen Süd-P.s. Im nordwestl. Küstenbereich und im Gebiet des oberen Douro befinden sich auch die wichtigsten Weinbaugebiete (→portugiesische Weine). Außerdem gedeihen hier Südfrüchte, Feigen, Pfirsiche und Mandeln. Weitere wichtige landwirtschaftl. Produkte sind Frischgemüse (v.a. Tomaten und Kohl), Kartoffeln, Mais, Weizen und Reis. Viehzucht (Bestand 1994: 4,2 Mio. Schafe und Ziegen, 2,4 Mio. Schweine, 1,3 Mio. Rinder) herrscht in den gebirgigen nördl. und den trockenen östl. Landesteilen vor.

Forstwirtschaft: Die Waldfläche umfasst (1995) rd. 3,1 Mio. ha (das entspricht 34% der Landfläche). Gewonnen werden überwiegend weniger wertvolle Holzarten für Papierindustrie und Bauwirtschaft (Holzeinschlag 1993: 11,58 Mio. m³) sowie Harz. Aufgrund des reichen Bestandes an Korkeichen ist P. der weltweit größte Produzent von Kork (1992: 28000 t).

Fischerei: Die Fischereizone wurde 1977 auf 200 Seemeilen ausgedehnt. Förderprogramme der EG sehen eine Erneuerung der Flotte, die Verlagerung der Fangtätigkeit aus Küstenzonen in tiefe Gewässer und die Errichtung moderner Kühl- und Gefrieranlagen vor, um die Strukturkrise der traditionsreichen Seefischerei zu überwinden. Ein Viertel der jährl. nat. Fangmengen von 250000 bis 400000 t sind Sardinen.

Bodenschätze: P. verfügt über nur wenige bedeutende Bodenschätze. Die Lagerstätten (z.B. von Eisen-, Kupfer-, Zinn-, Blei-, Mangan- und Zinkerz) sind meist klein und von geringem Ertrag. Lediglich in der Wolframproduktion (1993: 1280 t) nimmt P. neben Österreich eine Spitzenstellung in Europa ein. P. besitzt große Uranerzvorkommen (geschätzte sichere Reserven: 8700 t Konzentrat, Gewinnung 1993: 38 t Uran). Weiterhin wichtig ist der Abbau von Marmor und Granit sowie von Pyrit.

Energiewirtschaft: Zur Deckung des Energiebedarfs ist P. weitgehend auf Importe angewiesen. Der Primärenergieverbrauch wird zu (1994) 65,4% durch importiertes Erdöl abgedeckt, zu 17,1% durch Steinkohle sowie durch Wasserkraft und Sonnenenergie. Aus Wasserkraftwerken (Stauseen am Cávado, Minho, Zêzere sowie am Douro) stammen (1994) 34% der elektr. Energie, 66% aus Wärmekraftwerken, Erdwärme und Sonnenenergieanlagen.

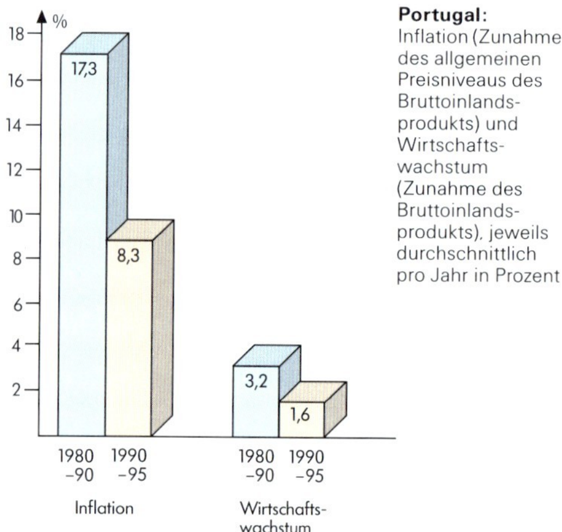

Portugal: Inflation (Zunahme des allgemeinen Preisniveaus des Bruttoinlandsprodukts) und Wirtschaftswachstum (Zunahme des Bruttoinlandsprodukts), jeweils durchschnittlich pro Jahr in Prozent

Industrie: Im sekundären Sektor (einschließlich Bergbau, Energie- und Bauwirtschaft) erwirtschaften (1994) 32,8% der Erwerbstätigen 36,9% des BIP (1980: 36,6% bzw. 40,2%). Die verarbeitende Industrie ist vorwiegend in Nord- und Mittel-P. angesiedelt. Kleinindustrielle Betriebe und Handwerksbetriebe dominieren im Bereich der Textil- und Bekleidungsindustrie, der Lederverarbeitung, in der Schuhproduktion sowie in der Kork- und Keramikerzeugung. Großbetriebe überwiegen im Bereich des Schiff- und Maschinenbaus, in der Pkw-Montage und in der chem. Industrie. Wichtigster Industriezweig ist die Textil- und Bekleidungsindustrie, die bes. auf die Distrikte Braga und Porto konzentriert ist, gefolgt von der Nahrungsmittel- und Getränkeindustrie (v.a. Herstellung von Fischkonserven, Gewinnung von Olivenöl, Erzeugung von Weinen und Spirituosen). Die Korkindustrie ist v.a. in Süd-P. beheimatet. Nach der Errichtung von Erdölraffinerien bei Lissabon und Porto entwickelte sich auch die petrochem. Industrie (Zentrum ist Sines). Wichtig sind ferner Zellstofferzeugung, Schiffbau, Maschinen- und Dieselmotorenbau, Kraftfahrzeugmontage, Baustoff-, Elektro- und Lederindustrie. Mithilfe europ. Förderprogramme soll v.a. eine Diversifizierung der industriellen Fertigung zum Aufbau eines leistungsfähigen Exportsektors erreicht werden.

Dienstleistungssektor: Im Dienstleistungssektor sind (1994) 55,6% aller Beschäftigten tätig (1980: 36,1%); sein Beitrag zum BIP erreicht 57,0% (1980: 49,5%).

Tourismus: Der Tourismus hat sich zu einem bedeutenden Wachstumsfaktor entwickelt; seine Deviseneinnahmen haben sich seit 1980 mehr als verdoppelt. Die (1995) 23,07 Mio. Auslandsgäste kommen überwiegend aus Spanien (76,5%, v.a. als Kurzurlauber). Der Fremdenverkehr konzentriert sich auf die Küste der Algarve, den Raum Lissabon mit den Badeorten Cascais und Estoril sowie auf Madeira.

Außenwirtschaft: P.s Außenhandel ist durch chron. Einfuhrüberschüsse gekennzeichnet; das jährl. Defizit im Warenhandel erreicht Größen bis zu 9 Mrd. US-$ (Exportwert 1993: 15,4 Mrd. US-$, Importwert: 24,1 Mrd. US-$). Eingeführt werden v.a. Erzeugnisse des Maschinenbaus, der Elektrotechnik, Kraftfahrzeuge, mineral. Brennstoffe und Nahrungsmittel. Bei Ausfuhren dominieren Produkte aus der Textil- und Bekleidungsindustrie, Papierhalbstoffe, Lederwaren, Maschinenbauerzeugnisse, elektrotechn. Erzeugnisse, Fahrzeuge sowie Wein, Korkwaren und Keramikprodukte. Nach dem Beitritt zur EG nahm der Außenhandel mit deren Mitgl.-Ländern sprunghaft zu. Zwei Drittel der Importe und über 70% der Exporte entfallen auf EG-Länder. Bei den Importen dominiert Dtl., bei den Exporten steht Frankreich an erster Stelle. Wichtig für den Ausgleich der Leistungsbilanz sind die Einnahmen aus dem Tourismus (1995: 23,07 Mio. Auslandsgäste; 4,86 Mrd. US-$) und die Überweisungen port. Arbeitnehmer im Ausland.

Verkehr: Die Verkehrsinfrastruktur ist weitgehend auf die Küste orientiert und weist bis heute deutl. Lücken auf. Das Straßennetz umfasst rd. 56000 km, davon 587 km Autobahn (1994). Wichtigste Verbindung ist die N-S-Autobahn von der span. Grenze über Porto nach Lissabon. Die Hauptstrecke der Eisenbahn führt von Porto nach Lissabon. Sie ist als einzige zweigleisig und durchgehend elektrifiziert. In Nord-P. sind 765 km Schmalspurstrecken in Betrieb; sonst besitzen alle Strecken die span. Breitspur (Streckenlänge 1994 insgesamt 3070 km, davon 15% elektrifiziert).

Die Binnenschifffahrt auf den Unterläufen der großen Flüsse und die Küstenschifffahrt sind wenig entwickelt. Auch die Hochseeflotte hat viel von ihrer traditionellen Bedeutung eingebüßt (1993: 337 Einheiten mit einer Gesamttonnage von 1,004 Mio. BRT). Wichtigste Häfen sind Lissabon, Leixões (Porto), Setúbal, Aveiro und Sines. Dank umfangreicher Investitionshilfen der EG wird Sines zu einem modernen Tiefwasserhafen ausgebaut.

Lissabon wird von mehr als 20 ausländ. Fluggesellschaften angeflogen. Der Flughafen von Faro hat erhebl. Bedeutung für den Tourismus an der Algarve. Weitere internat. Flughäfen sind Porto, Funchal (Madeira) und Santa Maria (Azoren). Die nat. Fluggesellschaft TAP – Air Portugal soll schrittweise in eine AG umgewandelt werden.

GESCHICHTE

Zu *Vorgeschichte, Altertum* und *Frühmittelalter* →Iberische Halbinsel.

Die Anfänge bis zur Errichtung des Königtums

Nach der röm. Herrschaft (→Lusitania) gehörte der nördl. Teil des heutigen P. zum Königreich der Sweben (Hauptstadt: das heutige Braga), der S war Teil des span. Reiches der Westgoten, die 585 auch das sweb. Gebiet eroberten. Nach der Zerstörung des westgot. Reiches durch die arab. und berber. Muslime unter TARIK fiel das Gebiet des heutigen P. in den Besitz des arab. Emirats (später Kalifats) von Córdoba.

Portugal: Kulturen im Hinterland der Algarveküste

Im Kampf gegen die arab. Herrschaft nahm FERDINAND I. von Kastilien-León um die Mitte des 11. Jh. das heutige Nord-P. in Besitz. Bereits im 9. Jh. fanden sich auf Dokumenten die Namen Portugalensis Provincia und Portucale (nach dem Namen des heutigen Porto) für das Land zw. Douro und Minho. ALFONS VI. erhob das Gebiet 1095 zur Grafschaft (Portucalia, Portucale) und gab es seinem Schwiegersohn HEINRICH von Burgund (* um 1069, † 1112) zu Lehen. HEINRICH betrieb eine Politik der Unabhängigkeit gegenüber Kastilien-León, die seine Frau TERESA nach seinem Tod als Regentin für den minderjährigen Sohn ALFONS HEINRICH fortsetzte. Sie musste sich jedoch 1127 wieder Kastilien unterwerfen. Dies nahm ALFONS HEINRICH zum Anlass, die Herrschaft an sich zu reißen (1128). Nach seinem Sieg über die Mauren bei Ourique (bei Beja) 1139 (1140?) nahm er als ALFONS I. von P. den Königstitel an.

Das Haus Burgund

1143 erkannte ALFONS VII. von Kastilien-León die Unabhängigkeit P.s unter der burgund. Dynastie an, die sich der Lehnshoheit des Papstes unterstellte. ALFONS I. erreichte die Befreiung des SW von der maur. Herrschaft (Einnahme von Lissabon mithilfe dt., engl., fläm. und frz. Kreuzfahrer, 1147). Aber erst ein Jahrhundert später, mit der Rückgewinnung der Algarve und dem kastil. Verzicht auf diese Provinz (1267, endgültige, bis heute geltende Grenzfestlegung mit Kastilien-León im Vertrag von Badajoz), konnte die territoriale Einheit P.s vollendet werden, dessen Hauptstadt Lissabon wurde.

Wichtigste Aufgabe war die Wiederbesiedlung des Landes. Während im N bäuerl. Kleinbesitz vorherrschte (noch auf die Aufteilung des Landes unter den Sweben zurückgehend), wurde im entvölkerten S durch die Übertragung großer Landstriche an den Adel, an weltl. und geistl. Ritterorden und Klöster der Großgrundbesitz bestimmend. Das Königreich P. kannte keine strikte Feudalordnung. Der König herrschte unmittelbar. Seine Macht war begrenzt durch die Stände (→Cortes), in denen auch bürgerl. Vertreter der Städte zunehmend Sitz und Stimme erhielten. Es gab ein freies Bauerntum, daneben jedoch auch Leibeigenschaft.

Das 13. Jh. war – neben der Eroberung der letzten maur. Gebiete – gekennzeichnet durch Versuche der Könige, die Suprematie der Krone zu sichern und die Privilegien von Adel und Kirche einzuschränken. Das gelang unter heftigen Konflikten beim Adel, jedoch nicht bei der Kirche, die 1245 die Absetzung SANCHOS II. durch Papst INNOZENZ IV. erreichte.

Eine der glanzvollsten Epochen der Geschichte P.s war die Reg.-Zeit von König DINIS (1279–1325). Durch ein Konkordat mit Papst NIKOLAUS IV. entschärfte er 1289 den Streit mit der Kirche. Er ließ eine Handels- und Kriegsmarine aufbauen und förderte den Binnen- und Außenhandel mit Italien, Frankreich, Flandern und England; die engen Beziehungen zu England wurden 1308 durch einen Freundschaftsvertrag betont. 1290 wurde in Lissabon die erste port. Universität gegründet. ALFONS IV. (1325–57) schlug im Bündnis mit Kastilien 1340 am Salado de Morón den letzten maur. Invasionsversuch zurück. Sein Sohn PETER I. (1357–67) setzte die königl. Gerichtsbarkeit gegen private und regionale Rechtsprechung durch, sorgte für eine gestufte Gerichtsbarkeit mit Appellationsgerichten, trennte Straf- und Zivilrecht. Mit FERDINAND I. (1367–83) starb das Haus Burgund in männl. Linie aus. Durch sein Eingreifen in die kastil. Thronwirren kam es in drei Kriegen zur Verwüstung P.s; andererseits wurde 1373 durch einen Vertrag das Bündnis mit England bekräftigt, das die Geschichte P.s für Jahrhunderte entscheidend mitbestimmte. Bei FERDINANDS Tod (1383) machte der Gemahl seiner einzigen Tochter BEATRIX (* 1372, † nach 1409), JOHANN I. von Kastilien, seine Ansprüche auf P. geltend und überschritt die Grenzen. Er wurde dabei vom port. Hochadel unterstützt, der seine Privilegien auf Kosten der Krone wiedergewinnen und erweitern wollte. Stadtbürger und Land-Bev. unterstützten dagegen den illegitimen Sohn PETERS I., JOHANN, den Großmeister des Avisordens, der am 6. 4. 1385 von den Cortes als JOHANN I. zum König proklamiert wurde. Er begründete die Dynastie Avis.

Das Haus Avis

JOHANN I. (1385–1433) errang den entscheidenden Sieg gegen Kastilien am 14. 8. 1385 bei Aljubarrota (bei →Batalha) mit engl. Unterstützung. Das Bündnis mit England wurde 1386 durch den so genannten Windsorvertrag bekräftigt. Güter und Titel der nach der Schlacht geflüchteten Adligen wurden nach Verdienst an eine neu entstehende Adelsschicht bürgerl. Ursprungs verteilt; sie durften nur an den ältesten legitimen Sohn vererbt werden und mussten jeweils bei Reg.-Antritt eines neuen Königs bestätigt werden. Das Bürgertum wurde stärker an der Verwaltung des Staates und der größten Städte beteiligt. Unter JOHANN I. wurde die Vereinfachung, Vereinheitlichung und Veröffentlichung aller geltenden Gesetze begonnen, die als ›Ordenações Alfonsinas‹ erschienen. Verbunden mit dem erneuten Ausbau der Handelsflotte war Lissabons Aufstieg zu einem der bedeutendsten Handelszentren Europas. 1415 wurde durch die Eroberung des reichen marokkan. Handelsplatzes und Piratenstützpunktes Ceuta der Weg für afrikanische Küstenfahrten frei und damit der Grundstein für die außereurop. Expansion P.s gelegt.

Nach der Eroberung von Ceuta baute JOHANNS jüngster Sohn, HEINRICH DER SEEFAHRER, mit den Mitteln des Christusordens eine Flotte auf, heuerte ital. und port. Seefahrer an, ließ bei Sagres Geographen, Kartographen, Astronomen und Mathematiker die Berichte port. Seefahrer und arab. Informanten systematisch auswerten und veranlasste auf dieser Grundlage regelmäßige Erkundungsfahrten in den Atlantik und entlang der afrikan. Küste. Zw. 1419 und 1457 wurden Madeira, die Azoren und die Kapverd. Inseln entdeckt. Mit dem Tod HEINRICHS verstärkte sich noch einmal das Engagement ALFONS' V. in Marokko: 1471 eroberte er Tanger. JOHANN II. (1481–95) griff energisch gegen die Verschwörung des wieder erstarkten Adels durch und ließ Herzog FERDINAND II. von Bragança 1483 enthaupten. Planvoller noch als HEINRICH DER SEEFAHRER förderte er die Entdeckungsfahrten mit dem Ziel, den Seeweg nach Indien zu finden. 1488 umsegelte B. DIAZ als Erster die S-Spitze Afrikas. Die Entdeckungen wurden für den Handel genutzt. Das 1482 von D. CÃO errichtete Fort Elmina an der Küste Guineas gab den Portugiesen den Zugriff auf das Gold der sudanes. Minen frei. In diese Zeit reichen auch die Anfänge des port.-afrikan. Sklavenhandels zurück, der erst 1850 abgeschafft wurde. In den Verträgen von Tordesillas (1494) und Saragossa (1529) einigten sich P. und Kastilien auf die Aufteilung der Welt in eine port. und eine kastil. (span.) Interessensphäre. Während der Reg. EMANUELS I. (1495–1521) gelang es VASCO DA GAMA 1498 als Erstem, Indien auf dem Seeweg zu erreichen. In rascher Folge errichteten nun die zu Vizekönigen in Indien ernannten Eroberer F. DE ALMEIDA und A. DE ALBUQUERQUE Handelsniederlassungen und besetzten strategisch wichtige Plätze. So kam der Gewinn bringende Gewürzhandel unter port. Kontrolle. 1507 wurde die Insel Sokotra eingenommen, die den Ausgang des Roten Meeres beherrschte. 1510 fiel Goa in Indien, 1511 Malakka, das den Weg zu den Molukken, den Gewürzinseln, öffnete. Mitte des 16. Jh. gründeten Portugiesen in Macao die erste europ. Niederlassung in China. Den W und O Afrikas kontrollierte P. durch Stützpunkte (Luanda, Moçambique, Mombasa). 1500 hatte überdies P. Á. CABRAL Brasilien entdeckt, das 70 Jahre später, als der port. Ostasienhandel zurückging, durch die Zuckerrohrverarbeitung zu der bedeutendsten Besitzung P.s wurde. Die überseeischen Besitzungen waren Krongut und der Handel mit ihnen königl. Monopol. So flossen der Krone sehr große Reichtümer zu. Nicht alle Eroberungen konnte P., dessen Bev. im Lauf dieser Anstrengungen von 2 Mio. auf 1 Mio. zurückgegangen war, gegen die Konkurrenz von Spaniern, Niederländern, Engländern und Franzosen behaupten. Das Zeitalter der Entdeckungen war im Innern begleitet von einer künstler. und literar. Blüte, in der sich die port. Besonderheiten mit den Einflüssen des europ. Humanismus und der Reformation mischten. Durch die Einführung der Inquisition 1536 und die Gründung der Jesuiten-Univ. Évora 1558 (bestand bis 1759) errang die Gegenreformation jedoch einen schnellen Sieg.

Unter König SEBASTIAN (1557–78) scheiterten die Eroberungspläne in Marokko, die er, ermutigt durch den Papst, wieder aufgenommen hatte: Als es am 4. 8. 1578 zum Kampf gegen die Muslime unter Sultan ABD EL-MALIK (1576–78) bei →Ksar el-Kebir kam, erlitten der König und der port. Adel eine vernichtende Niederlage. Der Tod des Königs in der Schlacht wurde vom Volk nicht geglaubt, seine Wiederkehr war lange Zeit Gegenstand von Legenden. Nach dem Tod seines Nachfolgers, Kardinal HEINRICHS (König 1578–80), besetzte PHILIPP II. von Spanien, durch seine Mutter ein Enkel EMANUELS I., in einem kurzen Feldzug ganz P.; 1581 riefen die Cortes ihn als PHILIPP I. zum König von P. aus.

Die Personalunion mit Spanien

Auch während der Personalunion mit Spanien bestand die port. Eigenständigkeit fort. Portugiesisch blieb Amtssprache, unter Vizekönigen behielten P. und die Kolonien eine eigene Verwaltung, Staatsstellen waren Portugiesen vorbehalten. Bestehende Gesetze wurden geachtet, eine neue Gesetzessammlung, die ›Ordenações Filipineas‹, wurde veröffentlicht, die später JOHANN IV. bestätigte. Durch die Bindung an Spanien wurde P. jedoch auch in die span. Kriege hineingezogen. Die Folge war der Verlust der Molukken (1607), Malakkas (1641), Ceylons (1656). Nur der NO Brasiliens wurde nach niederländ. Besetzung 1654 zurückgewonnen. Der hohe Steuerdruck zur Finanzierung der Kriegslasten, die Assimilierungspolitik des span. Ministers Graf VON OLIVARES, die Agitationsarbeit frz. Agenten, die im Auftrag Kardinal RICHELIEUS die Portugiesen gegen die span. Habsburger unterstützen sollten, führten im Dezember 1640 zu einer erfolgreichen Revolte. Ihr Führer, JOHANN II., Herzog von Bragança, wurde am 15. 12. 1640 als JOHANN IV. zum König gekrönt.

Das Haus Bragança

JOHANN IV. (1640–56), Gründer der Dynastie Bragança, sicherte die Unabhängigkeit P.s durch Verträge mit Frankreich, den Niederlanden und England, durch den Aufbau der Armee, der Flotte, den Ausbau der Festungen. Die von F. Graf VON SCHOMBERG reformierte Armee musste mit engl. und frz. Unterstützung noch bis 1668 kämpfen, ehe Spanien im Frieden von Lissabon die Unabhängigkeit P.s anerkannte. PETER II. (1683–1706, seit 1667 Regent) versuchte, mithilfe einer merkantilist. Wirtschaftspolitik Manufakturen aufzubauen und P. von Einfuhren unabhängiger zu machen. Der aus außenpolit. Rücksichten 1703 geschlossene Methuenvertrag revidierte diese Politik, er sah die Einfuhr engl. Textilien im Austausch gegen port. Wein nach England vor.

Die Reg.-Zeit JOHANNS V. (1706–50) gilt als eine der glänzendsten in der port. Geschichte. Die aus Brasilien einströmenden riesigen Goldmengen erlaubten eine aufwendige Unabhängigkeits- und Neutralitätspolitik, die Forcierung des monarch. Absolutismus, die Förderung von Kunst, Literatur und Wiss. Der Geldüberfluss zerstörte jedoch zugleich die Ansätze für den Aufbau einer eigenständigen gewerbl. Produktion. Mit der Bestellung des Marquis VON POMBAL zum Ersten Min. erreichte in der Reg.-Zeit JOSEPHS I. (1750–77) der aufgeklärte Absolutismus in P. seinen Höhepunkt. POMBAL schränkte die Macht der Kirche ein, vertrieb die Jesuiten aus Brasilien und P., sorgte für die Einrichtung moderner Ausbildungsgänge in Schulen und Universitäten, baute das 1755 von einem Erdbeben zerstörte Lissabon wieder auf und versuchte, durch Handels- und Produktionsgesellschaften der Wirtschaft eine gesunde Selbstständigkeit zu verschaffen. Trotz der angestrebten Neutralitätspolitik wurde P. in den Siebenjährigen Krieg hineingezogen. Eine nach preuß. Muster modernisierte Armee konnte die span. Invasion jedoch 1762 zurückschlagen. Nach dem Reg.-Antritt Königin MARIAS I. (1777–1816) wurde POMBAL ins Exil geschickt. 1792 übernahm JOHANN VI. (1816–26) für seine geisteskranke Mutter die Regentschaft.

P. blieb während der Frz. Revolution und der napoleon. Herrschaft im Bündnis mit Großbritannien. Nach der Weigerung, sich der Kontinentalsperre anzuschließen, besetzte ein frz. Heer im Oktober 1807 P.; unter dem Schutz der brit. Flotte flüchtete der port. Hof nach Brasilien und blieb auch noch dort, als ein brit. Heer P. 1811 befreit hatte. JOHANN kehrte erst nach der Revolution von 1820 nach Europa zurück. Der Thronfolger Dom PEDRO (später Kaiser PETER I. von Brasilien) blieb als Regent in dem seit 1815 gleichberechtigten Königreich Brasilien und rief dort im September 1822 die Unabhängigkeit aus.

Die konstitutionelle Monarchie: Am 1. 10. 1822 schwor JOHANN VI. auf die von den außerordentl. Cortes ausgearbeitete Verf. Sie garantierte bürgerl. Freiheiten und räumte den Cortes weitgehende Rechte gegenüber dem König ein. Bei JOHANNS Tod 1826 trat sein ältester Sohn, PETER I. von Brasilien, das Erbrecht an seine älteste Tochter MARIA II. DA GLÓRIA ab und erließ eine neue, weniger demokrat. Verf., die dem König gegenüber dem Zweikammerparlament weiter gehende Rechte einräumte und, nach Unterbrechungen, 1842–1910 in Kraft blieb. Auf Druck der Hl. Allianz musste er 1827 seinen jüngeren Bruder Dom MIGUEL als Regenten einsetzen, der sich an der Spitze einer reaktionären Konterrevolution 1828 als MICHAEL I. zum König ausrufen ließ. 1831 verzichtete PETER auf den brasilian. Thron. 1834 besiegte er MICHAEL mit brit. Unterstützung. In der Reg.-Zeit von MARIA II. DA GLÓRIA (1826/34–53) ließen ständige innere Wirren das Land nicht zur Ruhe kommen. Cartisten (nach der Verf. von 1826) und Setembristen (nach der Verf. von 1822) kämpften um die Macht. 1833–35 wurde der geistl. Grundbesitz säkularisiert, jedoch nicht dazu benutzt, eine ländl. Mittelschicht zu schaffen, sondern als Großgrundbesitz zugunsten der Staatskasse an Adel und reiches Großbürgertum verkauft. Die Niederschlagung des Volksaufstandes von 1846/47 mit Unterstützung Großbritanniens und Spaniens und die Militärrevolte von 1851 leiteten die Zeit der ›Regeneration‹ ein. Die drei Parteien, die konservative Regenerationspartei, die Histor. Partei und die Progressive Partei, wechselten einander in der Reg. ab. Unter PETER V. (1853–61), LUDWIG I. (1861–89) und KARL I. (1889–1908) wurde das Straßen- und Eisenbahnnetz ausgebaut. 1867 trat das bürgerl. Gesetzbuch in Kraft, das u. a. die Zivilehe einführte und die Majorate abschaffte. Der Kolonialbesitz in Afrika wurde ausgedehnt. Wirtschaftlich aber blieb P. ein rückständiges Agrarland und musste 1892 sogar den Staatsbankrott anmelden.

Republikaner und Sozialisten konnten sich von den 1870er-Jahren an mit geringen Beschränkungen organisieren. Mit dem Erstarken der Republikaner zerfielen die traditionellen Parteien. Am 1. 2. 1908 fielen der König und der Thronfolger einem Attentat zum Opfer. Der zweite Sohn KARLS I., EMANUEL II. (1908–10), wurde durch die Ausrufung der Rep. am 5. 10. 1910 entthront; erster Präs. wurde J. T. FERNANDES BRAGA. Am 11. 6. 1911 verkündeten die Cortes formell die Abschaffung der Monarchie.

Die Republik

Im April 1911 vollzog die neue Rep. die Trennung von Staat und Kirche. Am 31. 8. trat die republikan. Verf. in Kraft. Der Zerfall der Republikaner in drei rivalisierende Parteien und soziale Unruhen ließen keine Stabilisierung zu, die Lage der Wirtschaft blieb wegen einer Finanzkrise prekär. Die Beteiligung P.s am Ersten Weltkrieg auf der Seite der Ententemächte (seit 1916) belastete das Land zusätzlich. Zw. 1911 und 1926 gab es in P. 44 Reg. unter acht Präsidenten. Die letzte parlamentar. Reg. wurde am 28. 5. 1926 durch den Militärputsch des Generals MANUEL DE OLIVEIRA GOMES DA COSTA (*1863, †1929) aus dem Amt vertrieben, die Verf. wurde aufgehoben und das Parlament aufgelöst. Im Juli 1926 folgte General O. A. DE FRAGOSO CARMONA (Staatspräs. 1928–51); einen Aufstand, der 1927 das parlamentar. System wiederherstellen wollte, schlug er nieder.

Die Ära Salazar: CARMONA berief 1928 A. DE OLIVEIRA SALAZAR zum Finanz-Min. und 1932 zum Min.-Präs. Dieser schuf durch die Verf. von 1933 einen ständisch-autoritären Staat (Estado Novo). Mit dem Statut der Nat. Arbeit (1933) wurden v. a. Arbeitgeber und Arbeitnehmer auf korporativer Basis in ein staatlich kontrolliertes, hierarch. Zwangssystem eingebunden. Die von SALAZAR 1930 gegründete Nat. Union stellte ab 1934 alle Abg. in der Nationalversammlung. Nach 1945 lockerte SALAZAR das Einparteiensystem ein wenig. 1968 wurde M. J. DAS NEVES ALVES CAETANO Nachfolger des erkrankten SALAZAR; er bemühte sich um eine gewisse Liberalisierung, u. a. durch Lockerung der Pressezensur.

Gestützt auf das Bündnis mit Großbritannien sowie den Freundschafts- und Nichtangriffspakt mit Spa-

Portugal, Staatsoberhäupter

Könige	
Haus Burgund	
Alfons I., der Eroberer (König seit 1139)	1128–1185
Sancho I.	1185–1211
Alfons II.	1211–1223
Sancho II.	1223–1245
Alfons III.	1245–1279
Dinis (Dionysius)	1279–1325
Alfons IV.	1325–1357
Peter I.	1357–1367
Ferdinand I., der Schöne	1367–1383
Haus Avis	
Johann I.	1385–1433
Eduard (Duarte)	1433–1438
Alfons V., der Afrikaner	1438–1481
Johann II.	1481–1495
Emanuel I. (Manuel I.)	1495–1521
Johann III.	1521–1557
Sebastian	1557–1578
Heinrich	1578–1580
spanische Könige (Habsburger)	
Philipp I. (II.)	1580–1598
Philipp II. (III.)	1598–1621
Philipp III. (IV.)	1621–1640
Haus Bragança	
Johann IV.	1640–1656
Alfons VI.	1656–1667 (1683)
Peter II.	(1667) 1683–1706
Johann V.	1706–1750
Joseph I.	1750–1777
Maria I.	1777–1816
Johann VI.	1816–1826
Peter IV.	1826–1828
Michael I. (Dom Miguel)	1828–1834
Maria II. da Glória (ab 1837 mit Ferdinand II.)	1826/34–1853
Peter V.	1853–1861
Ludwig I.	1861–1889
Karl I.	1889–1908
Emanuel II. (Manuel II.)	1908–1910
Präsidenten der Republik	
1. Republik	
J. T. Fernandes Braga	1910–1911
M. de Arriaga	1911–1915
J. T. Fernandes Braga	1915
B. L. Machado Guimarães	1915–1917
S. B. Cardoso da Silva Pais	1917–1918
J. do Canto e Castro	1918–1919
A. J. de Almeida	1919–1923
M. Teixeira Gomes	1923–1925
B. L. Machado Guimarães	1925–1926
2. Republik	
O. A. de Fragoso Carmona	1928–1951
F. H. Craveiro Lopes	1951–1958
A. D. Rodrigues Tomás	1958–1974
3. Republik	
A. S. Ribeiro de Spínola	1974
F. da Costa Gomes	1974–1976
A. dos Santos Ramalho Eanes	1976–1986
M. Soares	1986–1996
J. Sampaio	seit 1996

nien (März 1939), blieb P. im Zweiten Weltkrieg neutral. 1949 trat es der NATO bei und räumte 1951 den USA Stützpunkte auf den Azoren ein. 1955 wurde P. Mitgl. der UNO, 1960 der OECD und der EFTA. Obwohl die Kolonien 1951 zu Übersee-Prov. erklärt wurden, setzten dort energ. Unabhängigkeitsbestrebungen ein (→portugiesische Kolonien); der Kolonialkrieg, mit dem die Gebiete gehalten werden sollten, belastete die innenpolit. Entwicklung stark.

P. seit der Revolution von 1974: Am 25. 4. 1974 erfolgte durch die oppositionelle Offiziersgruppe Bewegung der Streitkräfte (Movimento das Forças Armadas, MFA) ein unblutiger Staatsstreich, der zum Sturz des Regimes führte (›Nelkenrevolution‹). Unter General A. S. RIBEIRO DE SPÍNOLA formierte sich eine siebenköpfige Militärjunta, deren Ziel die Schaffung einer pluralist. Demokratie und die Entkolonialisierung war. Polit. Gefangene wurden freigelassen, die geheime Staatspolizei aufgelöst, die Neugründung von Parteien gefördert. Exilpolitiker kehrten zurück, so u. a. M. SOARES und A. BARREINRINHAS CUNHAL. Die Überseeterritorien (außer Macao) wurden 1974–75 überstürzt in die Unabhängigkeit entlassen.

Unter dem prokommunistisch orientierten Min.-Präs. V. DOS SANTOS GONÇALVES (seit Juli 1974) wurden Bahnen und Großbetriebe verstaatlicht, auch Großgrundbesitz enteignet. Der seit Mai 1974 als Staatspräs. amtierende Juntaführer SPÍNOLA trat deshalb Ende September 1974 zurück, sein Nachfolger wurde F. DA COSTA GOMES. Im März 1975 scheiterte ein Putschversuch der gemäßigten Kräfte um General SPÍNOLA, der daraufhin ins Exil ging. Als Reaktion auf den Putschversuch wurde als institutionalisiertes Exekutivorgan des eigtl. regierenden MFA ein ›Revolutionsrat‹ installiert. Am 25. 4. 1975 fanden Wahlen für die Verfassunggebende Versammlung statt, genau ein Jahr später trat die Verf. in Kraft. Nachdem die Gefahr einer kommunist. Machtübernahme in Armee und Staat immer größer geworden war, setzten sich im September 1975 im Revolutionsrat die Gemäßigten durch; GONÇALVES wurde abgesetzt, neuer Reg.-Chef wurde JOSÉ BAPTISTA PINHEIRO DE AZEVEDO (* 1917, † 1983). Ein von extrem linken Gruppen im November 1975 unternommener Umsturzversuch schlug fehl. Bei den ersten Wahlen zur Nationalversammlung 1976 siegte der ›Partido Socialista‹ (PS); Min.-Präs. wurde SOARES, dessen Minderheits-Reg. sich aber nur bis Juli 1978 halten konnte. Der 1976 direkt gewählte Staatspräs. A. DOS SANTOS RAMALHO EANES ernannte eine nicht parteigebundene Reg., die jedoch bereits im September 1978 gestürzt wurde und der zwei ebenso kurzlebige Reg. folgten. Bei den vorgezogenen Parlamentswahlen im Dezember 1979 erlitten die Sozialisten eine schwere Niederlage. Min.-Präs. wurde Anfang Januar 1980 FRANCISCO SÁ CARNEIRO (* 1934, † 1980 bei einem Flugzeugabsturz), Vors. des ›Partido Popular Democrático‹ (PPD).

Im August 1980 wurde das vom Parlament verabschiedete Autonomiestatut für Madeira von Verf.-Kommission und Revolutionsrat abgelehnt, dasjenige für die Azoren trat jedoch in Kraft. Die trotz der Wahlen von 1979 verfassungsgemäß notwendigen Neuwahlen vom Oktober 1980 bestätigten die Reg.-Koalition, Min.-Präs. wurde F. PINTO BALSEMÃO. Mit einer Verf.-Revision vom 12. 8. 1982 wurde der Revolutionsrat abgeschafft, Verstaatlichungen und Enteignungen wurden rückgängig gemacht. Nach den Wahlen im April 1983 bildete die stärkste parlamentar. Kraft, der PS, mit dem PSD (vormals PPD) eine Koalition unter Führung von SOARES. Am 12. 6. 1985 wurde das Abkommen über den Beitritt P.s zur EG unterzeichnet. Aus den dadurch notwendig gewordenen Parlamentsneuwahlen im Oktober 1985 ging der PSD als Sieger hervor, er stellte mit A. CAVACO SILVA den Min.-Präs. einer (Minderheits-)Koalition. Anfang 1986 wurde SOARES zum Staatspräs. gewählt (Wiederwahl Januar 1991). Die Parlamentsneuwahlen nach einem Misstrauensvotum (1987) bestätigten die Politik CAVACO SILVAS. Mit einer weiteren Verf.-Revision (1989) wurden den Kernbestimmungen der revolutionären Verf. von 1976 gestrichen. Auch das Reprivatisierungsprogramm wurde weiter verfolgt. Am 14. 11. 1988 wurde P. Mitgl. der WEU. Bei den Parlamentswahlen 1991 konnte der PSD seine absolute Mehrheit auf 50,4%

der Stimmen ausbauen. Das Parlament billigte im Dezember 1992 das Vertragswerk von Maastricht. 1995 musste der PSD die Reg.-Verantwortung wieder an den PS abgeben, Min.-Präs. (einer Minderheits-Reg.) wurde deren Vors. A. M. OLIVEIRA GUTERRES. Bei den Präsidentschaftswahlen 1996 siegte der Sozialist J. F. BRANCO DE SAMPAIO (gegen CAVACO SILVA). – In einer weiteren Revision wurde die Verf. im September 1997 modernisiert und den aktuellen polit. Bedingungen angepasst.

Landeskunde: P. WEBER: P. Räuml. Dimension u. Abhängigkeit (1980); B. FREUND: P. ([2]1981); M. KUDER: P. Reiseführer mit Landeskunde ([2]1986); P. heute. Politik, Wirtschaft, Kultur, hg. v. D. BRIESEMEISTER u. A. SCHÖNBERGER (1997).

Geschichte: E. G. JACOB: Grundzüge der Gesch. P.s u. seiner Übersee-Provinzen (1969); G. THOMAS: Lit.-Bericht über die Gesch. P.s, in: Histor. Ztschr., Sonderheft 3 (1969); H. V. LIVERMORE: The origins of Spain and P. (London 1971); DERS.: A new history of P. (Cambridge [2]1976); A. H. DE OLIVEIRA MARQUES: Daily life in P. in the Late Middle Ages (a. d. Port., Madison, Wisc., 1971); DERS.: History of P., 2 Bde. (a. d. Port., New York [1-2]1972); A. DE FIGUEIREDO: P. Fifty years of dictatorship (Harmondsworth 1975); R. M. FIELDS: The Portuguese revolution and the Armed Forces Movement (New York 1976); B. W. DIFFIE u. G. D. WINIUS: Foundations of the Portuguese empire, 1415–1580 (Minneapolis, Minn., 1977); F. SALENTINY: Aufstieg u. Fall des port. Imperiums (1977); Dicionário de história de P., hg. v. J. SERRÃO, 6 Bde. (Neuausg. Porto 1985); U. SPERLING: P. – von Salazar zu Soares (1987); Spanien-Ploetz. Die Gesch. Spaniens u. P.s zum Nachschlagen, hg. v. K.-J. RUHL u. a. ([3]1993, Nachdr. 1996); G. KOLLERT: Der Gesang des Meeres. Die port. Entdeckungen als Mythos der Neuzeit (1997).

Portugalete, einer der Außenhäfen von →Bilbao, Spanien; entwickelte sich vom Fischerdorf zum Industriezentrum; Brückenschwebebahn über die Mündung des Nervión.

Portugiesische Galeere (Größe der Gasblase bis 30 cm)

Portugalöser, Portugaleser, zeitgenöss. dt. Name für die port. Goldmünze →Portuguez. Da in Dtl. im 16./17. Jh. diese Goldmünze als 10-, 5- und $2^1/_2$-Dukaten-Stücke nachgeprägt wurden, bezeichnete man mit P. v. a. diese dt. Münzen. Am bekanntesten und in höheren Stückzahlen ausgegeben waren die Hamburger P. (Bank-P.), die ab 1560 entstanden und als medaillenartige Prägungen bis ins 19. Jh. geschlagen wurden. I. w. S. werden auch die Goldabschläge von Talerstempeln als P. bezeichnet.

Portugiesen, Staatsvolk Portugals; roman. Volk, mit den nördlich benachbarten Galiciern nahe verwandt; außerhalb Portugals v. a. in den ehem. port. Besitzungen und in den USA vertreten; wichtigstes weißes Kolonisationsvolk in Brasilien. Die P. sind eine ethn. Mischung aus ligur. Ur-Bev. im S, Iberern in der Mitte und Kelten im N; in der Zeit der Völkerwanderung kamen german. Elemente hinzu. Der S wurde früh und intensiv romanisiert und durch die arabisch-berber. Einwanderung stark beeinflusst.

Portugieser, Blauer P., mittelfrüh reifende, ertragreiche (90 bis 110 hl/ha) Rotweinrebsorte; Herkunft ungeklärt, vermutlich über Portugal oder Spanien nach Österreich und später nach Dtl. gelangt; liefert hellrote, etwas säurebetonte und gerbstoffmilde Weine, häufig zu Roséwein bzw. Weißherbst gekeltert. Der P. ist mit etwa 4 552 ha die zweitwichtigste Rotweinrebsorte Dtl.s und mit knapp 3 000 ha die drittwichtigste Österreichs (Anteil an der Rebfläche 4,5 % bzw. 5,3 %); Hauptanbaugebiete sind Pfalz (10,22 %), Rheinhessen (6,08 %), Württemberg (3,37 %), Nahe (2,31 %) und Ahr (16,08 %) sowie in Niederösterreich (Anteil 8,6 %, das sind 95 % der P.-Reben Österreichs) das Weinviertel (10 %), v. a. im westl. Teil um Haugsdorf (Anteil hier über 60 %), Retz, Pulkau, und die Thermenregion (20 %), v. a. um Bad Vöslau (40 %).

Portugiesische Galeere, Seeblase, Physalia physalis, eine Staatsqualle, deren Tierstöcke mit ihren bis 30 (meist 10–12) cm langen, bunt schimmernden Gasblasen in riesigen Schwärmen von vielen Tausend Stöcken an der Oberfläche der trop. Meere treiben. Die Gasblase trägt auf der Oberseite einen aufrichtbaren Kamm, der als Segel dient. Die bis zu 50 m in die Tiefe reichenden Fangtentakeln wirken ebenfalls als Treibanker. Das sehr starke Gift ihrer Nesselkapseln kann auch dem Menschen gefährlich werden.

portugiesische Kolonien, die ehem. überseeischen Besitzungen Portugals. Die Besetzung afrikan. Küstengebiete, Madeiras, der Azoren sowie der Kapverd. Inseln ab Anfang des 15. Jh. war zunächst als Sicherung von Stützpunkten für weitere Entdeckungsfahrten und für den Handel gedacht, doch begann bald die Kolonisation. Nachdem 1498 durch V. DA GAMA der Seeweg nach Indien gefunden worden war, brachten die Portugiesen in O-Indien die wichtigsten Hafenplätze in ihre Gewalt und beherrschten so den Gewürzhandel. Im 16. Jh. errichteten sie auf den Molukken Handelsniederlassungen, während sie in Amerika Brasilien schon 1500 in Besitz genommen hatten. Nach dem Verlust zahlr. Besitzungen v. a. in Asien an die Niederlande und an England seit Anfang des 17. Jh. besaß Portugal von seinem großen Kolonialreich schließlich nur noch Goa, Daman und Diu (Portugiesisch-Indien) in Vorderindien, Macao und einen Teil der Insel Timor in Ostasien, in Afrika Portugiesisch-Guinea, Portugiesisch-Westafrika (Angola), Portugiesisch-Ostafrika (Moçambique) und einzelne Inseln (São Tomé und Príncipe, Kapverd. Inseln) sowie die Azoren und Madeira. Brasilien erlangte 1822 seine Unabhängigkeit.

In den 1870er-Jahren begann Portugal eine neue, aktive Kolonialpolitik in Afrika: Die noch selbstständigen Stämme in Angola und Moçambique wurden unterworfen, doch die Gründung eines geschlossenen Afrikareiches scheiterte am Widerstand Großbritanniens, das Portugal durch Kriegsdrohung 1890 zum Zurückweichen zwang. Als letztes europ. Land suchte Portugal mit aller Entschiedenheit seine Kolonien zu halten, u. a. dadurch, dass diese 1951 als Überseeprovinzen zum integralen Bestandteil des Mutterlandes erklärt wurden. Im Dezember 1961 wurde Portugiesisch-Indien (Goa, Daman und Diu) von Indien erobert. In den afrikan. Besitzungen erstarkten die Befreiungsbewegungen und verwickelten die port. Armee in aufwendige Guerillakämpfe. Nach der Revolution von 1974 in Portugal wurden die Überseeprovinzen in die Unabhängigkeit entlassen: 1974 Portugiesisch-Guinea (Guinea-Bissau), 1975 Moçambique, die Kapverd. Inseln (Kap Verde), São Tomé und Príncipe

portugiesische Kunst: Blick in einen der Kreuzgänge (15. Jh.) des Christusritterklosters in Tomar, im Hintergrund die Templerkirche (12. Jh.)

sowie Angola; die Überseeprovinz Portugiesisch-Timor wurde 1976 an Indonesien angeschlossen; Macao wurde 1976 autonomes (chin.) Territorium unter port. Verwaltung und soll 1999 ganz an die VR China fallen.

portugiesische Kunst, die Kunst Portugals; in der wiss. Literatur lange als span. Nebenentwicklung aufgefasst. Seit den Kunstäußerungen der röm. Provinz Lusitania sind jedoch eigenständige Züge v. a. in der Baukunst (Baudekoration) festzustellen. Diese traten v. a. in der 1. Hälfte des 16. Jh. z. Z. der Entdeckungen und in der 1. Hälfte des 18. Jh., als Gold und Diamanten in Brasilien gefunden wurden, hervor.

Antike, frühes MA. und Romanik

Wichtigster Fundort der Römerzeit ist das 468 zerstörte Conimbriga bei Coimbra (Reste von Villen, Thermen, Mosaiken). Aus vorromanisch-westgot. Zeit sind kleinere Oratorien (Santo Amaro in Beja, um 600; São Pedro bei Peso da Régua, 7. Jh.; São Frutuoso bei Braga, zw. 650 und 660) erhalten. Mit der 1. Dynastie aus dem Hause Burgund in der Zeit der Reconquista beginnt die Gesch. der mittelalterl. port. Baukunst. Frz. Einfluss (Burgund, Poitou) wird deutlich (São Martinho de Cedofeita in Porto, 12. Jh.; Benediktinerklosterkirche São Salvador in Travanca, 12. Jh.). Bei den zw. 1140 und 1170 errichteten Kathedralen in Braga, Coimbra, Lissabon und Porto mit Kapellenkranz und Chorumgang dienten die Pilgerkirchen von Santiago de Compostela oder Saint-Sernin in Toulouse als Vorbild. Viele Kirchen dieser Zeit haben den Charakter von Wehrkirchen. Eine Sonderstellung nimmt der romanisch-frühgot. Zentralbau der Templerkirche (12. Jh.) des Klosters in Tomar ein. Von der gleichzeitigen Profanarchitektur sind die Burgen von Guimarães (10.–12. Jh.) und Bragança (12./13. Jh.) sowie weitere Burgen des 12. und 13. Jh. (u. a. Leiria, Almourol) zu erwähnen. Die Skulptur ist stark von span. und frz. Vorbildern abhängig. Von der Malerei dieser Zeit ist wenig erhalten.

Gotik

Wie in anderen europ. Ländern wurde auch in Portugal die Ausbreitung des got. Stils durch die Zisterzienser vorangetrieben (Zisterzienserklosterkirche in Alcobaça, 1178 ff.). Seine Entwicklung förderten die Könige des Hauses Avis. Der Sieg über die Kastilier bei Aljubarrota (1385) veranlasste JOHANN I. zur Gründung des Klosters Santa Maria da Vitória in →Batalha (1388 ff.). An diesem Bauwerk lässt sich die Entwicklung von der Hochgotik bis zum voll ausgebildeten Emanuelstil verfolgen. Weitere Höhepunkte des Emanuelstils sind das Hieronymitenkloster (um 1502–72) und der Wachturm in Belém (1515–21).

Plastik: Eine rege Bildhauertätigkeit entwickelte sich im 14. Jh. in Lissabon und ab 1520 in Coimbra. Hauptauftragsgebiet war die Grabmalkunst: Grabmal des Erzbischofs GONÇALVES PEREIRA († 1336) in der Kathedrale in Braga, Grabmäler von König PETER I. († 1367) und INÊS DE CASTRO († 1355) in Alcobaça. Zur Zeit des Emanuelstils gewann die Bauplastik besondere Bedeutung (u. a. Fenster des Kapitelsaals des Christusritterklosters in Tomar).

Malerei: Von der got. Wandmalerei ist kaum etwas erhalten. Die Tafelmalerei des 15. Jh. zeigt deutlich eine Abhängigkeit von der niederländ. Malerei. Einer der wichtigsten Maler ist N. GONÇALVES (›Vinzenzaltar‹, zw. 1465 und 1467; Lissabon, Museu Nacional de Arte Antiga). Unter EMANUEL I. bildeten sich Künstlergemeinschaften (›oficinas‹) mit Zentren in Lissabon, Évora und Coimbra; namentlich bekannt sind u. a. V. FERNANDES sowie J. AFONSO und C. DE FIGUEIREDO, Hofmaler EMANUELS I., und der vermutlich aus den Niederlanden stammende Miniaturmaler ANTÓNIO DE HOLANDA (* um 1490, † nach 1553).

portugiesische Kunst: Sarkophag König Peters I. in der Klosterkirche der ehemaligen Zisterzienserabtei in Alcobaça; um 1370

Renaissance und Barock

Wichtige Bauten der Renaissance sind die Kathedrale in Leiria (um 1550–71), der Chor der Hieronymitenklosterkirche in Belém (1571), der ›Claustro dos Filipes‹ (1557 bis um 1580) von D. DE TORRALVA und F. TERZI, der auch San Vincente de Fora in Lissabon (1590 ff.) erbaute. 1622 wurde der Bau der 1498 begonnenen Wasserleitung von Amoreira bei Elvas vollendet, einer der größten erhaltenen Aquädukte. Die typisch port. Barockbaukunst beginnt mit den Königen des Hauses Bragança. Neben eindrucksvollen Kirchenbauten wie der Neuen Kathedrale in Coimbra (1598 ff.) von B. ÁLVARES, Santa Engrácia in Lissabon (Pantheon, um 1680 ff.), São Pedro dos Clérigos von NICOLÓ NAZONI (* 1691, † 1773) in Porto (1732–50), Nossa Senhora dos Remédios in Lamego (1750–61), der Memoria-Kirche in Belém (1760, nach Plänen von G. BIBIENA) und der Wallfahrtskirche Bom Jesús do Monte bei Braga (1784–1811) mit Kalvarienberg gewinnt die Profanarchitektur europ. Rang. Dt. Klosteranlagen vergleichbar sind Palast, Kloster und Kirche von Mafra, die unter der Leitung des Deutschen JOHANN FRIEDRICH LUDWIG (gen. JOÃO FREDERICO LUDOVICE, * 1670, † 1752) 1717–30 errichtet wurden. Die Univ.-Bibliothek von Coimbra (1717–23) ahmt die Wiener Hofbibliothek nach. Nach frz. Vorbild ent-

portugiesische Kunst: Tafel des Vinzenzaltars von Nuno Gonçalves; zwischen 1465 und 1467 (Lissabon, Museu Nacional de Arte Antiga) stand Schloss →Queluz. Die wichtigste städtebaul. Leistung stellt der planmäßige Wiederaufbau Lissabons nach dem Erdbeben von 1755 unter der Leitung von S. J. POMBAL (›pombalin. Stil‹) dar. Charakteristisch für die port. Baukunst der Zeit vom 16. bis 18. Jh. ist die Ausgestaltung ganzer Kirchenräume mit vergoldetem Schnitzwerk (Talha Dourada), so in Porto Santa Clara (1593) und São Bento da Vitória (1597–1646), in Lissabon São Miguel (frühes 18. Jahrhundert), in Lagos São António (1769). Als eines der prachtvollsten Zeugnisse des durch die brasilian. Besitzungen gewonnenen Reichtums gilt die Kirche São Roque in Lissabon (1566–96). Oft sind die unteren Zonen, aber auch Innen- und Außenmauern der Kirchen mit Azulejos überzogen (Santo Ildefonso in Porto, um 1730).

Plastik: Zur Zeit EMANUELS I. setzte sich die Tradition der got. Grabdenkmäler fort. In dieser Zeit entstanden auch großartige Altäre (Altar der Kapelle des Palácio de Pena bei Sintra von N. CHANTEREINE, 1532). Die Entwicklung zu einem Manierismus frz.-ital. Prägung lässt sich u. a. an der plast. Ausgestaltung des Hieronymitenklosters und am Chorgestühl (1560) der Klosterkirche in Belém erkennen. Zentren der großen Holzaltäre der Barockzeit sind Coimbra (Altäre der Neuen Kathedrale), Lissabon (Hochaltar in Santa Catarina) und Évora (Univ.-Kirche Nossa Senhora da Conceiçoã). Ihre Schöpfer orientierten sich an span. Vorbildern. Einen Höhepunkt bildet die skulpturale Ausstattung der Klosterkirche von Mafra durch ALESSANDRO GIUSTI (* 1715, † 1799) und JOAQUIM MACHADO DE CASTRO (* um 1730, † 1822), der auch das Reiterdenkmal König JOSEPHS I. (1775) auf der Praça do Comércio in Lissabon schuf.

Malerei: Von der Auseinandersetzung mit der ital. Renaissance und dem Manierismus zeugen der Altar der Kirche in Feirreirim bei Lamego (1533–36) von C. DE FIGUEIREDO und seinen Mitarbeitern sowie die Werke von V. FERNANDES, FREI CARLOS und FRANCISCO DE HOLANDA (* um 1516, † 1572), der auch als Kunsttheoretiker arbeitete. Die Generation des Barock schuf, span. Anregungen aufgreifend, neben religiösen Darstellungen v. a. Porträts (JOSÉ DE AVELAR REBELO, tätig 1639–56; DOMINGOS FRANCISCO VIEIRA, * um 1600, † 1678; JOSEFA DE ÓBIDOS, * 1634, † 1684). Im 18. Jh. verstärkte sich wieder der frz. Einfluss (PIERRE ANTOINE QUILLARD, * 1701, † 1733; FRANCISCO VIEIRA DE MATOS, gen. VIEIRA LUSITANO, * 1699, † 1783).

19. und 20. Jahrhundert

Die Architektur des 19. Jh. steht auch in Portugal im Zeichen des Historismus. Charakterist. Beispiele sind u. a. der im mittelalterl. Burgenstil errichtete Palácio da Pena in Sintra (1840–50) und die Börse in Porto (1842) sowie der Kuppelbau des Rathauses in Lissabon (1865–75) von DOMINGOS PARENTE DA SILVA (* 1836, † 1901). Unter den techn. Bauten ragt v. a. die doppelstöckige Brücke ›Dom Luís I.‹ (1881–85) über den Douro in Porto heraus. Die moderne Architektur des 20. Jh. wird maßgebend vertreten durch die ›Schule von Lissabon‹ und v. a. die ›Schule von Porto‹ unter der Führung von A. SIZA VIEIRA.

Plastik: Hier dominieren im 19. Jh. VÍCTOR BASTOS (* 1832, † 1894) und ANTÓNIO SOARES DOS REIS (* 1847, † 1889). In der 1. Hälfte des 20. Jh. traten v. a. die Bildhauer ANTÓNIO TEIXEIRA LOPES (* 1866, † 1942), FRANCISCO FRANCO (* 1885, † 1955), DIOGO DE MACEDO (* 1889, † 1959) und LEOPOLDO DE ALMEIDA (* 1898, † 1975) hervor. Namhafte Bildhauer der Nachkriegszeit sind VIRGILIO DOMINGOS (* 1932), JOSÉ RODRIGUES (* 1936), ALBERTO CARNEIRO (* 1937) und ZULMIRO DE CARVALHO (* 1932).

portugiesische Kunst: Palast in Queluz (ehemalige königliche Sommerresidenz) von Mateus Vicente de Oliveira und Jean-Baptiste Robillon; 1747 ff.)

Malerei: Im 19. Jh. erreichte D. A. DE SEQUEIRA mit religiösen Darstellungen europ. Rang. TOMÁS JOSÉ DA ANUNCIAÇOÃ (* 1818, † 1879) trat mit Landschaftsbildern hervor, FRANCISCO METRASS (* 1825, † 1861) mit Historienbildern, LUIZ DE MIRANDA PEREIRA Visconde DE MENEZES (* 1817, † 1878) und MIGUEL ANGELO LUPI (* 1826, † 1883) widmeten sich der Porträtmalerei. Die Malerei der 2. Hälfte des 19. Jh. zeugt von frz. Einfluss, wobei sich v. a. realist. Tendenzen durchsetzten (JOÃ MARQUEZ DE OLIVEIRA, * 1853, † 1927; JOSÉ MALHÕA, * 1855, † 1933; COLUMBANO BORDALO PINHEIRO, gen. COLUMBANO, * 1857, † 1929; HENRIQUE POUSÃO, * 1859, † 1884; CARLOS REIS, * 1863, † 1940). Bedeutendster Vertreter des Symbolismus ist ANTÓNIO CARNEIRO (* 1872, † 1930). AMADEO DE SOUZA-CARDOSO

portugiesische Kunst: Bauplastik am Fenster des Kapitelsaals des Christusritterklosters in Tomar; 16. Jh.

portugiesische Kunst: Joaquim Machado de Castro, Reiterstandbild König Josephs I. auf der Praça do Comércio in Lissabon; 1775

(* 1887, † 1918) und EDUARDO VIANA (* 1885, † 1967) führten die erste Generation der modernen Malerei in Portugal an. Ihnen folgen JOSÉ DE ALMADA-NEGREIROS (* 1893, † 1970), ANTÓNIO SOARES (* 1894, † 1979), CARLOS BOTELHO (* 1899, † 1982), MARIO ELOY (* 1900, † 1951) und MARIA ELENA VIEIRA DA SILVA, die sich 1947 in Paris niederließ. Auch nach 1945 fand Portugal Anschluss an aktuelle Kunstströmungen mit Künstlern wie NADIR AFONSO (* 1920), ROLANDO SÁ-NOGUEIRAS (* 1921), FERNANDO LANHAS (* 1923), CARLOS CALVET (* 1928), JOÃ VIEIRA (* 1934) und ÁNGELO DE SOUSA (* 1938).

G. KUBLER u. M. S. SORIA: Art and architecture in Spain and Portugal and their American dominions, 1500 to 1800 (Harmondsworth 1959, Nachdr. ebd. 1969); ROBERT C. SMITH: The art of Portugal 1500–1800 (London 1968); Dicionário de arte barroca em Portugal, hg. v. J. F. PEREIRA (Lissabon 1989); 80 artistas em Portugal, bearb. v. M. BOTELHO (ebd. 1991); Roman. Portugal, bearb. v. G. N. GRAF u. a. (1991); Pintura portuguesa, bearb. v. J. L. PORFÍRIO, Ausst.-Kat. Museu Nacional de Arte Antiga, Lissabon (Lissabon 1991); Arte Portuguesa 1992, bearb. v. R.-M. GONÇALVES, Ausst.-Kat. Kulturgeschichtl. Museum Osnabrück, u. a. (1992, dt. u. port.); Alvaro Siza, bearb. v. P. TESTA (Basel 1996, dt. u. engl.).

portugiesische Literatur, die Literatur port. Sprache, deren Entwicklung mit der Abspaltung Portugals von Kastilien-León (1139/40) ihren Ausgang nahm. Sie ist stark geprägt durch die geograph. Lage des Landes. Bevorzugte Gattung war jahrhundertelang die Lyrik, die bis in die Gegenwart beim port. Publikum einen ungewöhnlich hohen Stellenwert hat.

portugiesische Kunst: Maria Elena Vieira da Silva, ›Die Hochbahn‹; 1955 (Düsseldorf, Kunstsammlung Nordrhein-Westfalen)

Mittelalter

Da sie sich, im Verhältnis zu den anderen roman. Literaturen, erst spät herausbildete, kennt die p. L. kein Heldenepos in der Art der frz. Chansons de Geste und des span. ›Cid‹. Sie erlebte ihre erste Blüte zw. dem 12. und 14. Jh. mit der von frz.-provenzal. Vorbildern angeregten und von provenzal. Dichtern beeinflussten galicisch-port. Lyrik (→galicische Sprache und Literatur), die in den →Cancioneiros mit etwa 3 000 Liedern erhalten ist. Könige und Ritter, aber auch Spielleute und Bürger waren die Dichter, etwa 200 Namen sind überliefert. Einer der ältesten Dichter ist König SANCHO I. (* 1154, † 1211), zu den besten gehören JOÃO GARCIA DE GUILHADE (1. Hälfte des 13. Jh.) und König DINIS. Man unterscheidet drei Hauptgattungen in der galicisch-port. Lyrik: formelhafte, sich eng provenzal. Vorbildern anschließende ›Cantigas de amor‹ (Liebeslieder, in denen der Dichter um seine Dame wirbt), ›Cantigas d'escarnho e de mal dizer‹ (satirisch-burleske Spott- und Rügelieder) und ›Cantigas de amigo‹ (Freundeslieder), die wahrscheinlich eine bodenständige volkstüml. Tradition fortsetzten; ihr Thema ist die Klage der Frau um den fernen oder untreuen Freund. In formaler Hinsicht bemerkenswert sind Refrain und Strophenparallelismus. – Stolz auf die krieger. Leistungen, erste Entdeckerfahrten und die beginnende Konsolidierung des Nationalbewusstseins brachten um die Mitte des 14. Jh. erste historiograph. Werke in Prosa hervor, zuerst genealog. Adelsregister (›Livros de linhagens‹, etwa 1270) und Chroniken (u. a. ›Crónica geral de Espanha de 1344‹); umfangreicher sind die nach dem Sieg über die Kastilier in Aljubarrota (Estremadura) 1385 verfassten Chroniken. Einen hohen literar. Rang weisen die Königschroniken des Hofhistoriographen F. LOPES auf. Daneben entstanden u. a. Heiligenviten, Beispielsammlungen (›Orto do esposo‹), asket. und religiös-belehrende Schriften, ein Troja- und ein Gralsroman, die auf frz. Quellen zurückgehen. Der wahrscheinlich vor 1325 in Portugal entstandene fantast. Ritterroman ›Amadís de Gaula‹ ist nur in der span. Fassung von 1508 überliefert (→Amadis von Gaula). – Nachdem die galicisch-port. Lyrik aus der Mode gekommen war, pflegte man seit etwa 1450 eine Formenspielereien zugeneigte höf. Gelegenheitsdichtung nach span. Vorbild, die auch ital. Einflüsse (DANTE, F. PETRARCA) vermittelte. Eine Sammlung dieser vielgestaltigen Dichtung von 1450 bis 1510 stellte G. DE RESENDE in seinem ›Cancioneiro geral‹ (1516) zusammen.

16. Jahrhundert

Renaissance und *Humanismus:* Die Zeit größter polit. Machtentfaltung unter EMANUEL I. bis zur Niederlage von Ksar el-Kebir (1578), der die Personalunion mit Spanien (1580–1640) folgte, war zugleich die Epoche höchster literar. Kreativität. Als Begründer des port. Dramas gilt GIL VICENTE, dessen Bühnenwerk Religiosität mit populären Elementen verbindet. Seine Mysterienspiele und Moralitäten weisen über ihre span. Vorbilder hinaus und beeinflussten ihrerseits die Entwicklung des span. Auto sacramental. J. FERREIRA DE VASCONCELOS löste sich mit seiner von der span. ›Celestina‹ angeregten Prosakomödie ›Eufrósina‹ (1555) vollständig vom mittelalterl. Theater. Die entscheidende Hinwendung zum Humanismus erfolgte um die Mitte des 16. Jh. durch F. DE SÁ DE MIRANDA, Verfasser der ersten klass. Komödie (›Os estrengeiros‹, hg. 1559), sowie durch A. FERREIRA, der die erste klass. Tragödie schrieb (›Tragédia muy sentida e elegante de Dona Inês de Castro‹, entst. um 1558, hg. 1587). – SÁ DE MIRANDA erneuerte auch die Lyrik: er führte den ›Estilo novo‹, d.h. neue, aus Italien stammende Formen (u. a. Sonett, Oktave, Kanzone) ein, ohne dabei die alten port. und span. Formen zu vernachlässigen. – I. SANNAZAROS Schäferroman ›Arcadia‹ (1504) ahmte J. DE MONTEMAYOR (port. MONTEMOR) in span. Sprache nach (›Los siete libros de la Diana‹, 1559, unvollendet); eine originelle psychologisierende Variante des Schäferromans schuf B. RIBEIRO mit ›Hystoria de menina e moca‹ (hg. 1554). Der ›Palmeirim de Inglaterra‹ (1544?; erste erhaltene port. Fassung 1567) von F. DE MORAIS stellt eine Nachahmung des Amadisromans dar. – Seefahrten und Eroberungen führten zu einer Blüte der Historiographie (J. DE BARROS, ›Décadas‹, erschienen ist nur der Teil ›Ásia‹, 1552–63, 3 Bde., Bd. 4 hg. 1615). Die Eroberung Indiens schilderten GASPAR CORREIA (* 1495?, † 1565?), FERNÃO LOPES DE CASTANHEDA (* 1500?, † 1559) und D. DE GÓIS. Aus zahlr. Landesbeschreibungen, Tagebüchern usw. ragt literarisch der Wahrheit und Erfindung vermischende erstaunl. Lebensbericht des Abenteurers F. MENDES PINTO hervor (›Peregrinaçam‹, entst. 1570–78, hg. 1614). Die überragende Gestalt der p. L. des 16. Jh. war L. VAZ DE CAMÕES, dessen histor. Epos ›Os Lusíadas‹ (1572) über die port. Geschichte von den myth. Ursprüngen bis zu den Fahrten VASCO DA GAMAS beredter Ausdruck des port. Nationalgefühls ist. Von CAMÕES stammen auch einige der schönsten petrarkist. Sonette der Weltliteratur.

17. und 18. Jahrhundert

Barock, Aufklärung, Klassizismus: Durch die engen Beziehungen zu Spanien gefördert, wurde in allen Gattungen der barocke Stil nachgeahmt, wie er v. a. durch den Spanier L. DE GÓNGORA Y ARGOTE und den Italiener G. MARINO vorbildhaft geworden war. Unter den Lyrikern ragten hervor F. RODRIGUES LOBO, der die span. Kunstromanze einführte, und v. a. F. M. DE MELO. Sein ›Auto do fidalgo aprentiz‹ (ersch. 1665) setzte die Komödie G. VICENTES fort. MELO war auch als Historiker von Bedeutung. In der Historiographie sind ferner die Namen von Frei L. DE SOUSA und Frei ANTÓNIO BRANDÃO (* 1584, † 1637) hervorzuheben: Letzterer verfasste die zuverlässigsten Teile des von den Mönchen von Alcobaça herausgegebenen monumentalen Geschichtswerkes ›Monarquia lusitana‹ (1597–1727). In der Tradition der Seefahrtbücher steht die ›História trágico-marítima‹ des BERNARDO GOMES DE BRITO (* 1688, † nach 1759), eine Sammlung von Berichten über Schiffskatastrophen. Eine Blüte erlebte die religiöse moralisch-didakt. Prosa mit den Briefen und Predigten des Jesuiten A. VIEIRA und der Sentenzensammlung von MANUEL BERNARDES (* 1644, † 1710).

Gegen die nun überlebte Barockmode wurde 1756 die ›Arcádia Lusitana‹ (oder ›Arcádia Ulissiponense‹) gegründet, die zum Sammelpunkt neoklassizist. Strömungen wurde. Man orientierte sich an den frz. Aufklärern und den engl. Philosophen: LUÍS ANTONIO VERNEY (* 1713, † 1792) verfasste Schriften über die ›Methode des Lernens‹ (dabei forderte er auch die Ausbildung der Frauen), JOSÉ ANASTÁCIO DA CUNHA (* 1744, † 1787) übersetzte A. POPE und VOLTAIRE, die Marquesa DE ALORNA (ALCIPE) u. a. C. M. WIELAND, J. THOMSON, T. GRAY. In zahlreichen didakt. Dichtungen spiegelte sich die Begeisterung für die Naturwissenschaften. Der als Sonettendichter gefeierte M. M. BARBOSA DU BOCAGE kündigte mit seiner subjektiv-weltschmerzl. Lyrik bereits die Romantik an. Eine Reform des Theaters nach den Prinzipien der ›Arcádia Lusitana‹ versuchten M. DE FIGUEIREDO und D. DOS REIS QUITA. Die Prosa im 18. Jh. beschränkte sich auf Wiss. und Kritik.

19. Jahrhundert

Die *Romantik* setzte in Portugal relativ spät ein. Hauptgattungen wurden neben der Lyrik der histor. Roman und das histor. Drama nach dem Vorbild von W. SCOTT und V. HUGO. Ihren Auftakt bildete das Epos ›Camões‹ (1825) des J. B. DA SILVA LEITÃO DE ALMEIDA GARRETT, auch Begründer des port. Nationaltheaters. Sein Drama ›Frei Luís de Sousa‹ (1844) gilt als einer der Höhepunkte des europ. romant. Theaters, mit seinem Werk ›Viagens na minha terra‹ (1846), in dem er autobiograph., essayist. und fiktionale Elemente verbindet, markierte er den Beginn der modernen Prosa in Portugal. Mit der Gedichtsammlung ›A voz do propheta‹ (1836) des auch als Historiker wichtigen A. HERCULANO DE CARVALHO E ARAÚJO setzte sich die romant. Kunstauffassung endgültig durch. Mit den Romanen von C. CASTELO BRANCO und J. DINIS erreichte die p. L. auch hier den Anschluss an die europ. Entwicklung. Als Lyriker und Übersetzer (u. a. SHAKESPEARE, MOLIÈRE, GOETHE) hatte A. F. DE CASTILHO erhebl. Einfluss auf das literar. Leben. Dagegen erhob sich eine neue Autorengeneration: die antiklerikale und antiromant. ›Generation von 1870‹, die sich in Coimbra sammelte und unter Führung von A. T. DE QUENTAL, J. M. EÇA DE QUEIRÓS und J. T. FERNANDES BRAGA positivist. und realist. Positionen vertrat. Als ihr Manifest gilt der offene Brief ›Bom-senso e bom-gusto‹ (1865) von QUENTAL an CASTILHO. Vorbilder wurden nun H. DE BALZAC, G. FLAUBERT, auch É. ZOLA. Endgültig setzte sich der *Realismus* mit den Romanen ›O crime do Padre Amaro‹ (1876) und ›O primo Basílio‹ (1878) des bedeutendsten port. Romanciers des Jh., EÇA DE QUEIRÓS, durch. – Eine Erneuerung der Lyrik brachte die spiritualist., spekulative Dichtung von QUENTAL. Der antiklerikal und zugleich metaphysisch engagierte, von nat. Pathos erfüllte satir. Dichter und Naturlyriker A. M. DE GUERRA JUNQUEIRO regte den Traditionalismus der p. L. im 20. Jh. an.

20. Jahrhundert

Von 1890 an wurden die literar. Beziehungen zum Ausland, bes. zu Frankreich, enger; die literar. Richtungen lösten einander schneller ab. Tendenzen der Dichtung des *Fin de Siècle* finden sich in Portugal bei A. NOBRE, des *Symbolismus* bei EUGENIO DE CASTRO (* 1869, † 1944), C. DE ALMEIDA PESSANHA, M. DE SÁ-CARNEIRO und R. G. BRANDÃO. – Die Ausrufung der Republik (1910) und Portugals Eintritt in den Ersten Weltkrieg begünstigten das Entstehen des von der Zeitschrift ›A Águia‹ (1910–32) ausgehenden neoromant. →Saudosismo, eines auf die nat. Werte sich besinnenden messian. Symbolismus port. Prägung, der v. a. in der pantheist. Lyrik von TEIXEIRA DE PASCOAIS und ALFONSO LOPES VIEIRA (* 1878, † 1946) seinen Ausdruck findet. Um die Zeitschrift ›Orpheu‹ sammelte sich ab 1915 eine Gruppe von Lyrikern, die die modernist. Konzepte in der schwermütigen Haltung des Saudosismo umsetzten. Europ. Rang erlangte F. A. PESSOA, dessen Werk bis heute die p. L. stark beeinflusst. In das modernist. Umfeld gehören auch J. REGIO und FLORBELA ESPANCA (* 1894, † 1930), die erste bedeutende Autorin der p. L. überhaupt. Auf der Bühne waren in den ersten Jahrzehnten des 20. Jh. J. DANTAS und A. CORTÊS erfolgreich.

Das geistige Klima unter dem Salazar-Regime beeinflusste die literar. Entwicklung maßgeblich. Am wenigsten von der Zensur betroffen war die Lyrik, die die nat. Traditionen mit internat. Anregungen verband; so wurde die modernist. Entwicklungslinie u. a. von V. NEMESIO fortgeführt, der nächsten Autorengeneration gelang die originelle Verarbeitung surrealist. Impulse (MARIO CESARINY DE VASCONCELOS, * 1923; ALEXANDRE O'NEILL, * 1924, † 1986; HERBERTO HELDER, * 1930). Existenzielle Themen in üppigen, raffinierten sprachl. Bildern gestalteten RAÚL MARIA DE CARVALHO (* 1920, † 1984) und EUGENIO

DE ANDRADE (* 1923), formvollendete erot. Lyrik schrieb D. MOURÃO-FERREIRA. ANTÓNIO VÍTOR RAMOS ROSA (* 1924) und ANTÓNIO OSÓRIO (* 1933) nutzten die Möglichkeiten der konkreten Poesie.

Eine entscheidende Rolle spielte in der p. L. der *Neorealismus.* Die Verweigerung gegenüber gesellschaftl. Problemen wurde seit Mitte der 1930er-Jahre aufgebrochen durch das Konzept der ›Presença‹ (›Gegenwart‹); seit dem Roman ›Gaibéus‹ (1939) von A. A. REDOL, der auf den individuellen Helden verzichtet, suchten die Autoren in allen Gattungen durch neorealist. Detailtreue, z. T. verschlüsselt wegen der Zensur, Einfluss auf die gesellschaftl. Entwicklung zu nehmen (so MANUEL DA FONSECA, * 1911, mit ›Seara do vento‹, 1958). Weniger vordergründige neorealist. Romane schrieben F. NAMORA, A. RIBEIRO, J. M. FERREIRA DE CASTRO, V. FERREIRA sowie C. DE OLIVEIRA. Bei den beiden Letztgenannten wird die port. Variante bes. deutlich: Die exakte Beschreibung des Alltags der unteren Schichten ist angereichert mit philosoph. Reflexion v. a. über den Vorgang des Schreibens. Hier, wie auch in den distanziert erzählten Novellen und Romanen von J. CARDOSO PIRES, die eng an das nat. Umfeld gebunden sind, deutet sich ein verändertes künstler. Konzept an, das vom frz. Nouveau Roman und vom Existenzialismus beeinflusst ist und später das Werk von ÁLVARO GUERRA (* 1936) und BENIGNO JOSÉ DE ALMEIDA FARIA (* 1943) prägte. Ein Panorama der port. Realität erschließt sich im Werk von M. TORGA, der überwiegend traditionelle Erzähltechniken nutzte, während J. DE SENA surrealist. Gestaltung mit neorealist. Elementen verbindet. Sehr erfolgreich bei den Lesern sind seit den 1950er-Jahren die Romane von AGUSTINA BESSA-LUÍS, die meist auf die port. Geschichte zurückgreifen.

Öffentl. Theateraufführungen unter dem Salazar-Regime unterlagen der Zensur. Die Dramatiker suchten durch Verfremdungen oder Satire gesellschaftlich relevante Probleme auf die Bühne zu bringen (J. RÉGIO; JOAQUÍM PAÇO D'ARCOS, * 1908, † 1979), die Psychodramen von B. SANTARENO konnten zum größten Teil erst nach dem Ende der Diktatur aufgeführt werden. Eine offene Konfrontation mit der Staatsmacht riskierten 1972 MARIA ISABEL BARRENO (*1939), MARIA VELHO DA COSTA (*1938) und MARIA TERESA HORTA (* 1937) mit den ›Novas cartas portuguesas‹ (dt. ›Neue port. Briefe ...‹), die in bis dahin unbekannter Offenheit soziale und persönl. Probleme der port. Gesellschaft aus weibl. Sicht benennen. Der gegen die Autorinnen angestrengte Prozess wurde erst durch die ›Nelkenrevolution‹ 1974 niedergeschlagen.

Die Veränderungen des literar. Lebens in der Folge der Beendigung der Diktatur äußerten sich zunächst in tagespolitisch engagierten Werken (u. a. Theaterstücke von SANTARENO; FRANCISCO REBELLO, * 1924). In der erzählenden Literatur begann die Auseinandersetzung mit Diktatur und Kolonialkrieg, die bis in die Gegenwart anhält. Die Werke beziehen ihre Originalität aus der ungewöhnl. Erzählweise: Gesprochene Sprache wird in gehobene literar. Prosa eingeflochten, die Texte enthalten zahlr. Bezüge zur älteren Geschichte und Literatur Portugals, die Grenzen zur satir. Überzeichnung sind nicht immer durchschaubar, Frauenproblematik erhält zunehmend Gewicht (J. SARAMAGO; A. LOBO ANTUNES; TEOLÍNDA GERSÃO; LÍDIA JORGE; HELENA MARQUES, * 1935; MARIO CLAUDIO, * 1941; MARIO DE CARVALHO, * 1944; LUÍS FILIPE CASTRO MENDES, * 1950).

In der Dramatik finden sich ähnl. Grundkonstellationen, z. T. werden volkstüml. Elemente (ANTÓNIO PIRES CABRAL, * 1941) oder solche des absurden Theaters verarbeitet (ANTÓNIO MANUEL DE SOUSA ARAGÃO, * 1924). Die literaturkrit. Essayistik zeichnet sich methodologisch durch Offenheit des deutenden Vorgehens aus, die die Gesamtheit der Humanwissenschaften einbezieht und immer wieder neue Leseweisen der Großen der p. L., v. a. von CAMÕES und PESSOA, erprobt (EDUARDO LOURENÇO, * 1923; EDUARDO DO PRADO COELHO, * 1944).

Die p. L. ist seit den 80er-Jahren ungewöhnlich vielfältig und wird immer mehr auch internat. bekannt, v. a. durch die etablierten Autoren der älteren Generation, M. TORGA und J. CARDOSO PIRES, auch durch den Welterfolg des späten Erstlingswerks von SARAMAGO, ›Memorial do Convento‹ (1982). Aus der jüngeren Generation sind zu nennen: LUISA COSTA GOMES (* 1954) und CLARA PINTO CORREIA (* 1960), beide mit einem thematisch und stilistisch sehr vielseitigen Werk, JOSÉ RIÇO DIREITINHO (* 1965), der mit seinen Romanen und Erzählungen bereits auf internat. Interesse stieß und der Lyriker FERNANDO PINTO DO AMARAL (* 1960). Eine besondere Stellung nimmt JOÃO DE MELO (* 1949) von den Azoren ein, der in seinen Romanen über das Leben auf den Inseln Realistisches mit Fantastischem mischt.

Bibliographien und Nachschlagewerke: Boletim internacional de bibliografia luso brasileira, Jg. 1–14 (Lissabon 1960–73); V. BRINCHES: Dicionário bio-bibliográfico luso-brasileiro (Rio de Janeiro 1965); Grande dicionário da literatura portuguesa e de teoria literaria, hg. v. J. J. COCHOFEL, auf mehrere Bde. ber. (Lissabon 1977 ff.); J. CORREIA DO SOUTO: Dicionário da literatura portuguesa, 4 Bde. (Porto 1983); Dicionário de literatura. Literatura portuguesa, literatura brasileira, literatura galega, estilística literária, hg. v. J. DO PRADO COELHO, 5 Bde. (Figueirinhas [4]1992).

Literaturgeschichtl. Darstellungen: A. F. G. BELL: Portuguese literature (London 1922, Nachdr. Oxford 1970); J. G. SIMÕES: História da poesía portuguesa das origens aos nossos dias, 3 Bde. (Lissabon 1953–58); DERS.: História do movimento da ›Presença‹ (Coimbra 1958); F. RAMOS: Estudos de história literária do século XX (Lissabon 1958); G. C. ROSSI: Gesch. der p. L. (a. d. Ital., 1964); L. STEGAGNO PICCHIO: Storia del teatro portoghese (Rom 1964); F. DE SOUSA FIGUEIREDO: História literária de Portugal (São Paulo [3]1966); M. FRANZBACH: Abriß der span. u. port. Literaturgesch. in Tabellen (1968); M. MOISÉS: Literatura portuguesa moderna. Guia biográfico, crítico e bibliográfico (São Paulo 1973); DERS.: A literatura portuguesa (ebd. [28]1995); J. RÉGIO: Pequena história da moderna poesia portuguesa (Porto [4]1976); A. CASAIS MONTEIRO: A poesia portuguesa contemporânea (Lissabon 1977); R. HESS: Die Anfänge der modernen Lyrik in Portugal: 1865–1890 (1978); W. KREUTZER: Stile der port. Lyrik im 20. Jh. (1980); J. MENDES: Literatura portuguesa, 4 Bde. (Lissabon [2]1981–83); L. F. REBELLO: Histoire du théâtre portugais (a. d. Port., Löwen 1985); G. HASEBRINK: Wege der Erneuerung. Port. Romane nach der ›Nelkenrevolution‹ (1993); Die Schwestern der Mariana Alcoforado. Port. Schriftstellerinnen der Gegenwart, hg. v. E. ENGELMAYER u. R. HESS (1993); G. LEGENTIL u. R. BRÉCHON: La littérature portugaise (Neuausg. Paris 1995); H. SIEPMANN: P. L. des 19. u. 20. Jh. in Grundzügen ([2]1995); A. J. SARAIVA u. Ó. LOPES: História da literatura portuguesa (Porto [17]1996).

portugiesische Musik. Die port. Volksmusik bewahrt in ihrer Melismatik und z. T. ungebundenen Rhythmik maur. Elemente, harmonisch überwiegen Kirchentonarten. Im →Fado verbindet sich Folkloristisches mit städtisch-zivilisator. Musiksprache. Im 12. Jh. traten v. a. die Klöster (u. a. Braga, Coimbra) als musikal. Zentren hervor. Von der im 13./14. Jh. blühenden Troubadourkunst sind keine Melodien bekannt. Die Polyphonie des 15./16. Jh. stand unter niederländ. Einfluss, so bei DAMIÃO DE GÓIS (* 1502, † 1574). Einen Höhepunkt erreichte die p. M. an der Kathedrale von Évora unter ihrem Kapellmeister MANUEL MENDES (* um 1547, † 1605); bedeutsam daneben die Schule von Vila Viçosa, u. a. mit König JOHANN IV. und JOÃO LOURENÇO REBELLO (* 1610, † 1661). MANUEL RODRIGUES COELHO (* um 1555, † um 1635), Organist am Lissaboner Hof, pflegte die Musik für Tasteninstrumente (›Flores de musica‹, 1620). Mit der Vorliebe König JOHANNS V. (* 1689,

† 1750) für die ital. Oper trat diese seit Anfang des 18. Jh. in den Vordergrund. Wichtige Repräsentanten des ital. Stils waren FRANCISCO ANTÓNIO DE ALMEIDA (* um 1702, † 1755), JOÃO DE SOUSA CARVALHO (* 1745, † 1798) sowie sein zu Berühmtheit gelangter Schüler MARCOS ANTÔNIO DA FONSECA PORTUGAL (* 1762, † 1830). Von JOÃO DOMINGOS BOMTEMPO (* 1775, † 1842), dem ersten Direktor des 1835 in Lissabon gegründeten Konservatoriums, gingen zunehmend nat. Tendenzen aus, am stärksten wirksam bei dem Lisztschüler JOSÉ VIANNA DA MOTTA (* 1868, † 1948). Im 20. Jh. folgten der allgemeinen europ. Entwicklung u. a. R. COELHO und FERNANDO LOPES-GRAÇA (* 1906, † 1994). Zu den Repräsentanten der port. Avantgarde zählen u. a. der auch in Südamerika einflussreiche JORGE ROSADO PEIXINHO (* 1940, † 1995), LUÍS FILIPE PIRES (* 1934) und der u. a. in Dtl. tätige E. NUNES.

J. DE FREITAS BRANCO: História da música portuguesa (Lissabon 1959); DERS.: Alguns aspectos da música portuguesa contemporânea (ebd. 1960); G. DODERER: Orgelmusik u. Orgelbau im Portugal des 17. Jh. (1978).

portugiesische Philosophie, die in Portugal entstandenen philosoph. Gedanken und Systeme, von größerer Wirksamkeit seit der Hochscholastik (PETRUS HISPANUS) und Spätscholastik (Verbreitung der Kommentare zu den Schriften des ARISTOTELES aus Coimbra noch im 17. Jh.; PEDRO DA →FONSECA). Außerhalb der Scholastik haben König EDUARD und sein Bruder PETER, Infant von Portugal, politisch-eth. Zeitfragen behandelt. LEO HEBRAEUS beeinflusste durch seine (neuplatonisch inspirierten) ›Dialoghi d'amore‹ B. SPINOZA. FRANCISCO SANCHES (* 1562, † 1632) schuf die gedankl. Voraussetzungen, an die später R. DESCARTES anknüpfen konnte. Das umfassende Lebenswerk S. P. FERREIRAS (* 1769, † 1846) steht unter dem Einfluss von G. W. LEIBNIZ und des dt. Idealismus.

Dem Positivismus von J. T. F. BRAGA begegnen gegen Ende des 19. Jh. der vornehmlich als Dichter bekannte A. T. DE QUENTAL, SAMPAIO BRUNO (* 1857, † 1915) und F. DEUSDADO (* 1860, † 1918). Unter den neueren port. Philosophen versuchte TEIXEIRA DE PASCOAIS eine Interpretation der typ. Grundstimmung der Portugiesen, der ›Saudade‹, eines sehnsüchtig-nostalg. Denkens an die Ursprünge. Diesem ›Saudosismo‹ fehlt allerdings bisher eine adäquate begriffl. Fassung. Systematisch geschlossener ist der spiritualistische, von H. BERGSON beeinflusste ›Creacionismo‹ von LEONARDO JOSÉ COIMBRA (* 1883, † 1936), durch den auch D. SANTOS, A. RIBEIRO und JOSÉ MARINHO beeinflusst wurden. Auf dem Gebiet der Rechtsphilosophie wurde v. a. LUÍS CABRAL DE MONCADA wirksam. Von philosoph. Bedeutung ist auch das dichter. Werk von F. PESSOA. Starke geistige Impulse gehen von der ›Revista Portuguesa de Filosofia‹ aus, die seit 1945 von Philosophen der Univ. Braga herausgegeben wird.

L. THOMAS: Gesch. der Philosophie in Portugal (1944); P. GOMES: Introdução à história da filosofia portuguesa (Braga 1967).

portugiesische Sprache, eine der roman. Sprachen, die in Portugal (einschließlich der autonomen Regionen Madeira und Azoren), in den ehem. port. Kolonien und in Brasilien gesprochen wird; Muttersprache von rd. 140 Mio. Menschen. Amtssprache ist das Portugiesische, außer in Portugal und Brasilien, auch in Angola, Kap Verde, Guinea-Bissau, Moçambique, São Tomé und Príncipe sowie in Macao. Die p. S. ist eng mit dem im NW der Iber. Halbinsel gesprochenen Galicisch (→galicische Sprache und Literatur) verwandt. Durch die Wiedereroberung der seit dem 8. Jh. von den Arabern beherrschten Landesteile breitete sich das Galicisch-Portugiesische im 12./13. Jh. nach S aus. Mit der Gründung des Königreiches Portugal (1139) erfolgte die polit. Trennung von Galicien. Damit wurde die Entwicklung der p. S. eingeleitet. Zu unterscheiden sind Altportugiesisch (12. bis Mitte des 16. Jh.) und Neuportugiesisch. Die ältesten port. Schriftdenkmäler stammen vom Ende des 12. Jh. Die Schriftsprache und maßgebende Aussprache beruhen auf der Sprache von Lissabon und Coimbra. Das Portugiesische ist entwicklungsgeschichtlich altertümlicher als das Spanische, von dem es sich erheblich unterscheidet. Der melod. und weiche Charakter der Sprache ist bedingt durch die schwach nasalierten Vokale (fünf Nasalvokale: [ĩ], [ẽ], [ã], [ɔ̃], [ũ]), die vielen Diphthonge (zwölf fallende Diphthonge mit [i̯] oder [u̯] als zweitem Bestandteil, die auch nasaliert auftreten; auch Triphthonge mit nasaliertem Element kommen vor), durch Klangnuancierung der oralen Vokale (alle Vokale außerhalb der Tonsilbe sind stark reduziert oder ganz verschwunden, Auslautvokale werden gehaucht), die stimmhafte Aussprache des auslautenden -s vor vokalisch anlautendem Wort als [z] (as escolas [az ɪʃˈkɔlaʃ] ›die Schulen‹), vor stimmhaften Konsonanten als [ʒ] (os livros [uʒ ˈlivruʃ] ›die Bücher‹) und als [ʃ] vor stimmlosen Konsonanten im Wortinnern und im Wortauslaut vor einem mit stimmlosen Konsonanten beginnenden Wort (os pais [uʃ ˈpaiʃ] ›die Eltern‹). Charakteristisch für das Portugiesische ist ferner die Palatalisierung von lat. pl-, fl-, cl- zu ch [ʃ]. – In der Formenlehre zeigen sich konservative Züge u. a. in der Bewahrung der lat. Plusquamperfektformen und des lat. Futurum exactum, aus dem sich der für das Portugiesische charakterist. persönl. Infinitiv entwickelt hat. – Im Wortschatz bewahrt das Portugiesische viele lat. Wörter, die im Spanischen untergegangen sind; zahlr. Wörter wurden aus dem Spanischen, Arabischen, Französischen und Italienischen entlehnt.

Das *brasilian. Portugiesisch* weicht vom europ. Portugiesisch erheblich ab, doch nicht so weit, dass eine Verständigung zw. Brasilianern und Portugiesen stark behindert wäre. So bleiben u. a. im Brasilianischen die Vokale der unbetonten Silben erhalten, s bleibt meist stimmhaftes oder stimmloses s ([z] oder [s]). Bemerkenswert ist die Voranstellung des unbetonten Personalpronomens, wo es im europ. Portugiesisch nachgestellt wird. Der Wortschatz ist mit indian. und afrikan. Elementen durchsetzt.

Die *mundartl. Unterschiede* in der Aussprache des Portugiesischen sind geringer als die des Spanischen. Trotz der größeren Einheitlichkeit bieten sie jedoch für den Ausländer weit mehr Schwierigkeiten. Man spricht im Portugiesischen eher von Varietäten oder ›falares‹ als von Dialekten. Unterschieden werden die ›falares‹ des Minho, von Trás-os-Montes, der Beira, des Alentejo, der Estremadura, der Algarve, Madeiras und der Azoren. Die Unterschiede betreffen, abgesehen vom Wortschatz, v. a. die Vokale und Diphthonge (auch Eintritt oder Fehlen der Diphthongierung) sowie die dentalen und palatalen Reibelaute. Die nördlichsten ›falares‹ sind am archaischsten. – Die mundartl. Gliederung Brasiliens ist noch nicht genügend erforscht; am besten bekannt sind die Mundarten des SO und des NO, bes. die Pernambucos. Neben lautl. Unterschieden sind hier die lexikolog. bedeutend (u. a. indian. und afrikan. Elemente).

Die Kultus-Min. der Länder, in denen Portugiesisch Amtssprache ist, unterzeichneten 1990 die ›Orthograph. Vereinbarung über die p. S.‹, die eine Anpassung der port. an die brasilian. Rechtschreibung vorsieht. Der Pflege der p. S. widmet sich u. a. die →Gemeinschaft der Länder portugiesischer Sprache.

Bibliographie und Allgemeines: Bibliografia filológica portuguesa, auf zahlr. Bde. ber. (Lissabon 1935 ff.); G. R. LIND: Weltsprache Portugiesisch, 2 Tle. ([7]1982–89); C. DE AZEVEDO

MAIA: História do galego-português (Coimbra 1986); H. ROSTOCK: Lb. der port. Sprache ([4]1994).

Wörterbücher: Grande dicionário da língua portuguesa, begr. v. A. DE MORAIS SILVA, bearb. v. A. MORENO, 12 Bde. (Lissabon [10]1949–59); Langenscheidts Taschenwb. der port. u. dt. Sprache, bearb. v. F. IRMEN u. A. E. BEAU, 2 Tle. ([13-24]1995); J. P. MACHADO: Dicionário etimológico da língua portuguesa, 5 Bde. (Lissabon [7]1995); Dicionário da língua portuguesa, bearb. v. J. ALMEIDA COSTA u. A. SAMPAIO E MELO (Neuausg. Porto [7]1996).

Sprachgeschichte und Grammatik: J. HUBER: Altport. Elementarbuch (1933); J. J. NUNES: Compêndio de gramática histórica portuguesa (Lissabon [8]1975); B. TEYSSIER: Histoire de la langue portugaise (Paris 1980); P. VAZQUEZ CUESTA u. M. A. MENDES DA LUZ: Gramática da língua portuguesa (a. d. Span., Neuausg. São Paulo 1980); M.-T. HUNDERTMARK-SANTOS MARTINS: Port. Gramm. (1982); F. V. F. BRAUER u. U. BRAUER: Langenscheidts prakt. Lb. Portugiesisch. Mit Berücksichtigung der brasilian. Besonderheiten. 2 Tle. ([13-15]1994–95); C. F. DA CUNHA u. L. F. L. CINTRA: Nova gramática do português contemporâneo (Lissabon [11]1995).

Mundarten: J. L. DE VASCONCELLOS: Esquisse d'une dialectologie portugaise, hg. v. M. A. V. CINTRA (Lissabon [3]1987).

Brasilianisches Portugiesisch: S. DA SILVA NETO: A língua portuguesa no Brasil (Rio de Janeiro 1960); DERS.: Introdução ao estudo da língua portuguesa no Brasil (ebd. [5]1986); F. FERNANDES: Dicionário brasileiro contemporâneo (Pôrto Alegre [4]1975); W. DIETRICH: Bibliografia da língua portuguesa do Brasil (Tübingen 1980); G. C. DE MELO: A língua do Brasil (Rio de Janeiro [4]1981); E. ENGLER: Lb. des brasilian. Portugiesisch ([4]1996).

portugiesische Weine. Mit einer Rebfläche von rd. 400 000 ha und einer durchschnittl. Jahresproduktion von 9,5 Mio. hl Wein hat Portugal unter den mittleren Weinländern eine führende Position; zwei seiner (gespriteten) Weine sind weltweit von Bedeutung, der →Madeira und v. a. der →Portwein. Unter den Weinen der insgesamt elf genau abgegrenzten Herkunftsgebiete (Regiões Demarcadas), die zus. nur 20% der Rebflächen umfassen, sind außerdem die frischen →Vinhos verdes, die des →Dão und der Moscatel de Setúbal, ein alkoholreicher, süßer Likörwein mit feinem Aroma, wichtig. Für den Export spielen auch Roséweine, die in einer Art Bocksbeutel abgefüllt werden (Mateus, Trovador), eine Rolle.

Portugiesisch-Guinea [-gi'ne:a], 1879–1973 Name des heutigen →Guinea-Bissau.

Portugiesisch-Indilen, die ehemaligen port. Besitzungen in Indien: →Goa, →Daman und →Diu.

Portugiesisch-Timor, ehemalige port. Überseeprovinz im Malaiischen Archipel, →Timor.

Portuguesa [pɔrtu'ɣesa], westl. Bundesstaat Venezuelas, in der Cordillera de Mérida und in den Llanos, 15 200 km², (1990) 625 600 Ew.; Hauptstadt ist Guanare. Kaffee- und Kakaoanbau, Viehzucht.

Portuguez [portu'geʃ] *der,* größte port. Goldmünze (39,9 g) im Wert von 10 Cruzados, die seit den letzten Regierungsjahren König MANUELS I. bis 1557 geprägt wurde. Nach ihrem Vorbild wurden die dt. →Portugalöser geschlagen.

Portulak: Portulakröschen

Portulak [lat., wohl zu portula ›kleine Tür‹ (nach den Deckeln der Samenkapseln)] *der, -s/-e* und *-s,* **Portulaca,** Gattung der P.-Gewächse mit über 100 Arten in den wärmeren Gebieten der Erde; Kräuter mit wechsel- oder fast gegenständigen Blättern und kleinen gelben Blüten, meist zu mehreren in köpfchenartigen Blütenständen. Bekannte Arten: **Garten-P.** (Gemüse-P., Portulaca oleracea var. sativa), aus W-Asien; bis 25 cm hoch, einjährig; Blüten gelb, einzeln oder gehäuft in den Achseln der fleischigen Blätter; wurde früher als Salat- und Gemüsepflanze angebaut; heute verwildert; **P.-Röschen** (Portulaca grandiflora), aus dem nördl. Südamerika; mit stielrunden, fleischigen Blättern und 2–4 cm großen, häufig roten Blüten; Sommerblume für trockene und sonnige Standorte.

Portulakgewächse, Portulacaceae, Pflanzenfamilie aus dem Umkreis der Nelkengewächse mit etwa 400 Arten in 22 Gattungen; weltweit verbreitet mit dem Schwerpunkt im westl. Amerika und in den Anden; meist einjährige oder auch ausdauernde Kräuter, selten Sträucher, mit spiralig angeordneten, schmalen, ungeteilten, teilweise sukkulenten Blättern; Blüten unscheinbar, meist zu mehreren in köpfchenartigen Blütenständen. Bekannte Gattungen: **Claytonie** (Claytonia) mit etwa 20 Arten; kahle, fleischige Stauden mit lang gestielten, grundständigen Blättern; Blüten meist klein, weiß oder rosarot, in Wickeln, die meist mit einem Vorblattpaar beginnen. Als Zierpflanze wird v. a. Claytonia virginica mit dunkelrot geaderten Blüten kultiviert. **Lewisie** (Lewisia) mit rd. 20 Arten; stängellose Stauden mit dickem Wurzelstock und fleischigen Blättern; Blütenhüllblätter meist rosa oder weiß. Einige Arten werden als nicht winterharte Steingartenzierpflanzen kultiviert.

Portulak|röschen, Art der Gattung →Portulak.

Portulane, →Portolane.

Portunus [zu lat. porta ›Tür‹], altröm. Gott der Eingangstüren und bes. des Hafens, wie Janus mit einem Schlüssel dargestellt. Am 17. 8. ehrte man ihn mit den Portunalia, an denen man die Schlüssel ins Feuer warf, um sie von schädl. Elementen zu reinigen.

Portwein [nach der port. Stadt Porto], alkoholreicher roter oder weißer Likörwein aus Portugal, der aus mehreren Rebsorten aus der bereits 1759 abgegrenzten Region →Alto Douro unter Zusatz von jährlich frischem Most und Alkohol bereitet wird; es werden also Weine mehrerer Jahrgänge miteinander verschnitten. Es gibt aber auch P. aus nur einem (guten) Jahr, den **Vintage Port;** er lagert 2–3 Jahre in Fässern (danach auf der Flasche), Late Bottled Vintage sogar 4–6 Jahre. Die P.-Bereitung erfolgt in den Kellereien von Vila Nova de Gaia nahe der Mündung des Douro gegenüber von Porto (von wo aus der Wein exportiert wurde und dadurch seinen Namen erhielt). P. werden in den Geschmacksrichtungen von extra trocken (extra dry) bis sehr süß (very sweet) hergestellt. Da P. mit dem Alter seine Farbe ändert, ist diese auch ein Qualitätsmerkmal: Roter P. wird mit dem Alter heller (von Full über Red und Ruby bis Tawny und Light

Christian de Portzamparc: Empfangsbereich in der ›Cité de la Musique‹ in La Villette in Paris; 1986–90 und 1990–94

Porvoo: Über der Altstadt der Dom (1458 vollendet) mit seinem mit Backsteinornamenten verzierten Giebel

Tawny; die Tawnys lagern 5–50 Jahre in Fässern), weißer P. wird dunkler (Pale white, Straw coloured, Golden white). Roter P. hat 20–25 Vol.-% Alkohol und bis zu 150 g/l Zucker, weißer P. 17–20 Vol.-% Alkohol und merklich weniger Zucker.

H. DOHM: Port en vogue (München 1988); K. RUDOLF: P. (1988).

Portzamparc [pɔrzã'park], Christian de, frz. Architekt, * Casablanca 9. 5. 1944; gehört zu den Vertretern der frz. Postmoderne. Er pflegt eine lebendige, die Gebäudefunktion in der Oberflächengestaltung reflektierende Formensprache bei klaren Farb- und Formharmonien und einer gelegentlich prätentiösen Gestaltung der Innenräume, u. a. mit variablem farbigem Licht. Der Durchbruch gelang ihm mit der →Cité de la Musique in Paris (1986–90 und 1990–94). 1997 gewann er die Architekturwettbewerbe für den Neubau der Philharmonie in Luxemburg sowie für den Bau der neuen frz. Botschaft in Berlin.

Weitere Werke: Tanzschule der Pariser Oper in Nanterre (1983–87); Umgestaltung des Café Beaubourg in Paris (1988); Apartmenthaus in Fukuoka (1991); Erweiterungsbau für das Musée Bourdelle in Paris (1992).

Port Zayed [-z-], **Mina Z.,** Überseehafen des Scheichtums Abu Dhabi (VAE), unmittelbar nordöstlich der Stadt Abu Dhabi, mit Trockendocks und Containerterminal; 4,3 km Kailänge, 21 Anlegeplätze.

Poruks, Jānis, lett. Schriftsteller, * Druvienas Prēdeļi (Livland) 13. 10. 1871, † Dorpat 25. 6. 1911; schrieb ausdrucksstarke Natur- und Liebeslyrik in spätromantisch-symbolist. Stil sowie stilistisch vollendete, von einer tiefen Religiosität durchdrungene Erzählungen, die z. T. noch dem Realismus, z. T. aber schon dem Symbolismus zuzurechnen sind.

Porus [von griech. póros ›Durchgang‹, ›Ausgang‹, ›Öffnung‹] *der, -/...ri, Biologie:* →Pore.

Porvoo, schwed. **Borgå** ['bɔrgo:], Handelsstadt in der Prov. Uusimaa, Finnland, am Finn. Meerbusen, 21 000 Ew. (7 400 schwedischsprachig); Sitz des Bischofs (seit 1727) der schwed. Kirchengemeinden in Finnland; Museen; Holz verarbeitende und Druckindustrie, Maschinenbau, Erdölraffinerie. Auf dem hohen linken Ufer des für die heutige Schifffahrt unbedeutenden **Porvoonjoki (Borgåå)** liegt die alte Stadt. – In der Altstadt stattl. Bürgerhäuser (v. a. 18. Jh.) und der got. Dom (1458 vollendet) mit frei stehendem Glockenturm; daneben eine kleine Holzkirche (1740). Im Alten Rathaus (1764) das Stadtmuseum. Am Flussufer Speicher aus der 2. Hälfte des 18. Jahrhunderts.

Porvoo-Erklärung, eine von den Bischöfen der anglikan. Kirchen Großbritanniens und Irlands und der luther. Kirchen Estlands, Finnlands, Islands, Litauens, Norwegens und Schwedens am 28. 11. 1996 in der Westminster Abbey unterzeichnete Übereinkunft, in der die beteiligten Kirchen gegenseitig Taufe, Abendmahl und das geistl. Amt anerkennen. Die P.-E. ist nach der Stadt Porvoo benannt, wo Vertreter der 10 beteiligten Kirchen nach Abschluss der Gespräche (1989–92) gemeinsam die Eucharistie gefeiert hatten.

Porz, rechtsrhein. Stadtteil (seit 1975) von Köln mit dem Flughafen für Köln und Bonn, der Dt. Forschungsanstalt für Luft- und Raumfahrt, Fahrzeugbau, Glas- und elektrotechn. Industrie.

Porzellan [ital. porcellana, urspr. Name einer Meeresschnecke mit weiß glänzender, porzellanartiger Schale] *das, -s/-e,* aus Gemischen von Kaolin, Feldspat und Quarz durch Brennen hergestelltes feinkeram. Erzeugnis mit weißem, dichtem (porenfreiem), in dünnen Schichten transparentem Scherben, glasiert oder unglasiert zur Herstellung von Gebrauchsgegenständen, techn. Erzeugnissen und für künstler. Zwecke verwendet. Man unterscheidet bei höheren Temperaturen gebranntes, gegen Temperaturschwankungen unempfindlicheres **Hart-P.** aus 50% Kaolin, 25% Feldspat und 25% Quarz und bei niedrigeren Temperaturen hergestelltes, gegen Temperaturschwankungen empfindlicheres **Weich-P.** aus 25% Kaolin, 45% Quarz und 30% Feldspat (durchschnittl. Werte; durch Ändern der Rohstoffanteile lassen sich die Eigenschaften des P. in weiten Grenzen variieren). Der Bestandteil Quarz übt einen merkl. Einfluss auf die Festigkeit von P. aus; bei einem Quarzgehalt von 25% nimmt die Festigkeit von P. einen bes. niedrigen Wert an, höhere Gehalte bewirken einen Festigkeitsanstieg, erfordern aber höhere Brenntemperaturen. In der Praxis wird daher Quarz vielfach durch Aluminiumoxid (Al_2O_3) ersetzt (z. B. für Hochspannungsisolatoren bis zu 30% Al_2O_3). Spezielle P.-Sorten sind **Dental-P.** (80% Feldspat, bis 5% Kaolin, hohe Transparenz) und **Knochen-P.** (50% Knochenasche, hohe Transparenz, strahlend weiß, hohe Festigkeit).

Zur *Herstellung* von P. eignen sich nur sorgfältig ausgewählte Stoffe, die eine weiße Brennfarbe besitzen und frei von Eisenverbindungen sind. Das Kaolin wird zunächst mehrmals geschlämmt und sehr fein gesiebt. Quarz und Feldspat werden in Nasstrommelmühlen auf Korngrößen unter 0,06 mm zerkleinert. Danach werden die Rohstoffaufschlämmungen durchmischt und über Filterpressen entwässert. Bei einem Gehalt von 26 bis 35% Wasser (und unter Zusatz geringer Mengen von Elektrolyten, z. B. 0,5% Soda) erhält man eine noch vergießbare P.-Masse **(Schlicker),** die in poröse Gipsformen eingegossen wird, wodurch eine beschränkte Trocknung eintritt. Zur Bereitung von plastisch verformbarer P.-Masse entwässert man auf 20 bis 30% Wassergehalt (ungleichmäßige Wasserverteilung wird durch einen Maukprozess ausgeglichen, bei dem die P.-Masse durch feuchte Lagerung formbarer wird); danach wird die Masse mit einer Vakuumstrangpresse homogenisiert und entlüftet. Die plast. P.-Massen werden durch Eindrehen in Gipsformen (mit einer Stahlschablone; z. B. für Tassen) oder durch Überdrehen auf eine Gipsform (bei Flachware; z. B. Teller) geformt. Nach kurzem Trocknen der ›Rohlinge‹ folgen weitere Arbeitsgänge, so das Verputzen und Angarnieren von Henkeln. P.-Massen für techn. Massenartikel werden auf Wassergehalte von 4 bis 14% entwässert und auf Pressen verformt.

Porzellan: Porzellanmarken (Auswahl): **1** Meißen (nach 1722–63, 1815–1924 und ab 1934, ab 1972 mit Schriftzug ›Meissen‹); **2** Wien (unterglasurblau ab 1749); **3** Nymphenburg (1754 bis um 1800); **4** Ludwigsburg (um 1758–93); **5** Capodimonte (bis 1759); **6** Frankenthal (1762–98); **7** Fürstenberg (18./19. Jh.); **8** Berlin, Königliche Manufaktur (1763–1837); **9** Höchst (um 1765–78); **10** Sèvres (1793–1800); **11** Kopenhagen, Königliche Manufaktur (seit 1885); **12** Rosenthal (zurzeit)

1

2

3

4

5

Porzellan: 1 Eingießen flüssiger Porzellanmasse in eine Gipsform; links eine geöffnete Form mit Formling; 2 Halbautomatische Tellerüberformmaschine; 3 Glasieren des Porzellans im Glasurbad; 4 Aufspritzen eines Volldekors mit einem Spritzgerät; 5 Keramischer Zierdruck, von Hand aufgelegt, später bei etwa 830 °C eingebrannt

Porzellan: Bonbonnière; Capodimonte um 1745 (New York, Metropolitan Museum)

Vor dem *Brennen* (in Kammer-, Ring- oder Tunnelöfen) werden die Rohlinge getrocknet. Die Brennvorgänge richten sich nach der Art des P.: Weich-P. wird i. Allg. nur einmal auf 1 200–1 300 °C erhitzt. Hart-P. wird im **Glüh-** oder **Biskuitbrand** auf 1 000 °C erhitzt; danach wird die aus Quarz, Marmor, Feldspat und Kaolin zusammengesetzte fein gemahlene Glasur aufgetragen und im anschließenden **Gar-** oder **Glattbrand** bei 1 380–1 450 °C 24 Stunden gebrannt, wobei die Glasur zu einer Glasschicht ausfließt. Für künstler. Zwecke verwendetes unglasiertes **Biskuit-P. (Statuen-P., Parian)** wird 24 Stunden lang bei 1 410–1 480 °C gebrannt. – Zur *Bemalung* des P. trägt man →keramische Farben vor oder nach dem Glasieren auf.

Geschichte: Das Ursprungsland des P. ist China. Hier vollzog sich die schrittweise Entwicklung von der Keramik zum kaolinhaltigen P., wobei in China der Unterscheidung weniger Bedeutung beigemessen wurde als im Westen. Bereits die unter der Tangdynastie (618–907) produzierte weiße Ware kann als erstes chin. P. angesehen werden. Qualitative Fortschritte zeigt die unter der Songdynastie (960–1279) hergestellte bläulich weiße Ware (Qing-bai-yao, Ying-qing-yao) und die elfenbeinfarbige Ware (Ding-yao) aus den Prov. Jiangxi und Hebei. Sie bilden die Vorformen des in Jingdezhen (Prov. Jiangxi) hergestellten offiziellen P. der Mongolenherrscher (Shufu-Ware, d. h. für den kaiserl. Bedarf hergestellt), das bereits Vorformen der Kobaltblau-Unterglasurmalerei zeigt. Mit dem Ausbau der kaiserl. P.-Manufakturen zu Beginn der Mingzeit (1368–1644) in und um Jingdezhen verbesserte sich die Technik, und die Produktion des →Blauweißporzellans stieg an. In der 1. Hälfte des 15. Jh. gelangte auch die Technik der roten Kupferoxid-Unterglasurmalerei zur Perfektion. Daneben entstanden seit Beginn der Mingzeit rein weißes P. z. T. mit unter der Glasur angebrachtem Dekor sowie mehrfarbiges P. in Cloisonnétechnik. Seit Ende der Mingzeit wurde →Blanc de Chine hergestellt. Die monochromen Glasuren erlebten ihre Blütezeit in der Qingdynastie im 18. Jh. (→Sang-de-Bœuf), auch der Emailfarbendekor erscheint oft mit Unterglasurmalerei (→Famille jaune).

In Japan wurde nach der Entdeckung reicher Kaolinvorkommen auf Kyūshū 1616 in Arita das erste P. hergestellt, zunächst nach kontinentalem Vorbild: weiß mit unter der Glasur liegendem blauem Dekor. Ab Mitte des 17. Jh. produzierte man auch für den Export. Um 1640 wurde in Arita Kakiemon, ein bunter Emailfarbendekor, entwickelt, dessen Stil in Meißen kopiert wurde. Das →Hiradoporzellan gilt als das erlesenste P. Japans.

Seit Ende des 13. Jh. kamen Einzelstücke von chin. P. nach Europa. Im 17. Jh. betrieben die Niederländer über ihre Ostind. Kompanie einen regelrechten Einfuhrhandel. Versuche, P. nachzuahmen, gab es bereits um 1500 in Venedig und in der 2. Hälfte des 16. Jh. an mehreren ital. Höfen (→Mediciporzellan), im 17. Jh. erreichten die →Delfter Fayencen ihre Blüte.

In Dtl. machte seit 1693/94 E. W. Graf VON TSCHIRNHAUS keram. Schmelzversuche mit großen Brennlinsen. Um 1708/09 gelang es, weißes Hart-P. im Brennofen herzustellen (J. F. BÖTTGER). 1710 wurde die P.-Manufaktur Meißen gegründet (→Meißner Porzellan®). Neben rotem Steinzeug begann man weißes P. herzustellen, das anfangs noch an ostasiat. Vorbildern orientiert war. Seit den 20er-Jahren des 18. Jh. wurden die Gefäßkeramik, ihre Bemalung und Vergoldung sowie die dekorative Klein- und Großbildnerei v. a. unter J. G. HÖROLDT und J. J. KÄNDLER ausgebildet. Das P. erwies sich als ein dem Formgefühl des Rokoko bes. entsprechender Werkstoff; Meißen (Vieux Saxe) behauptete jahrzehntelang seine führende Stellung, auch als andere Manufakturen in Dtl. und im Ausland P. herstellten: Wien seit 1717, Höchst seit 1750, Berlin seit 1751, Fürstenberg, Nymphenburg, Frankenthal und Ludwigsburg in den nachfolgenden Jahren. Kleinere Manufakturen arbeiteten u. a. in Ansbach, Fulda, Gotha, Kassel, Kloster Veilsdorf (heute zu Veilsdorf, Landkreis Hildburghausen) und Volkstedt (heute zu Rudolstadt).

In Frankreich stellte man ein künstlerisch hochwertiges Weich-P. her; führend war die Königl. Manufaktur in Sèvres; gegen Ende des 18. Jh. brachten mehrere Privatmanufakturen in Paris und Umgebung gute Leistungen hervor. In England kamen v. a. die Manufakturen von Worcester (gegr. 1751), Chelsea (gegr. 1745) und Derby (gegr. um 1750) zu Ansehen. In Italien wurde bereits 1720 P. in Venedig hergestellt, später in Doccia bei Florenz und bes. in der Manufaktur von Capodimonte (gegr. 1743), die 1759 nach Buen

Porzellan: links Muschelschale; Meißen, um 1730 (München, Bayerisches Nationalmuseum); **rechts** Teller mit unterglasurblauem Dekor und Seladonglasur für die Fürsten Nabeshima; Japan, Ende des 17. Jh. (Berlin, Museum für Ostasiatische Kunst)

Retiro bei Madrid verlegt wurde. Zu hoher Bedeutung gelangte das →Kopenhagener Porzellan. In Sankt Petersburg bestand seit 1744 eine Manufaktur, die ihre Blütezeit unter KATHARINA II. erlebte.

Die europ. P.-Kunst des 18. Jh. stand in engstem Zusammenhang mit der verfeinerten Kultur der Fürstenhöfe. Von hervorragender Qualität waren ihre Erzeugnisse in der veredelten Gefäßkeramik und in der figürl. Darstellung (KÄNDLER, F. A. BUSTELLI, J. P. MELCHIOR), nicht selten wechselten Handwerker und Künstler die Manufakturen und prägten die Erzeugnisse nach ihren individuellen Formvorstellungen. Neben der plast. Verzierung spielte die Bemalung eine wichtige Rolle, die auch von →Hausmalern ausgeführt wurde. Das 19. Jh. brachte einen künstler. Abstieg. Die großen Fabriken hielten an den überlieferten Formen und Zierweisen fest und strebten v. a. nach techn. Verfeinerungen. Eine Neubelebung ging Ende des 19. Jh. von Kopenhagen aus. Sie führte im 20. Jh. zu einem neuen künstler. Aufschwung.

Über die Herkunft der P.-Stücke gibt die **P.-Marke** Auskunft. Da sie sich meist im Lauf der Zeit veränderte, dient sie auch als Datierungshilfe.

⇨ *Berliner Porzellan · Derbyporzellan · Docciaporzellan · Frankenthaler Porzellan · Fürstenberger Porzellan · Haager Porzellan · Höchster Porzellan · Ludwigsburger Porzellan · Meißner Porzellan® · Nymphenburger Porzellan · Rozenburger Porzellan · Wiener Porzellan · Worcesterporzellan · Züricher Porzellan*

L. SCHNORR VON CAROLSFELD: P. der europ. Fabriken, 2 Bde. (^{6}1974); M. NEWMAN: Die dt. P.-Manufakturen im 18. Jh., 2 Bde. (1977); F. H. HOFMANN: Das P. der europ. Manufakturen (Neuausg. 1980); P. W. MEISTER u. H. REBER: Europ. P. (1980); L. DANCKERT: Hb. des europ. P. (Neuausg. 1992); E. POCHE: P.-Marken aus aller Welt (a. d. Tschech., ^{9}1992); D. ZÜHLSDORFF: Keramik-Marken-Lex., (^{2}1994); P., bearb. v. G. EHRET (^{7}1994).

Porzellanblümchen, Art der Pflanzengattung →Steinbrech.

Porzellanblume, →Wachsblume.

Porzellan|erde, das →Kaolin.

Porzellanjaspis, Porzellanit, hartes, dichtes, splittrig brechendes metamorphes Gestein, entstanden aus Ton durch Hitzeeinwirkung glutheißer Lava.

Porzellankrabben, Porcellanidae, nicht zu den Echten Krabben gehörende →Ritterkrebse, die krabbenähnlich den Hinterleib unter das Kopfbruststück schlagen und seitwärts laufen; z. B. die 6–10 mm lange **Porzellankrabbe** (Porcellana longicornis) in der Gezeitenzone der Dt. Bucht.

Porzellanmünzen, dt. Notgeld aus den Jahren 1920–22, das vorwiegend aus braunem Böttgersteinzeug oder weißem Biskuitporzellan hergestellt wurde. Der größte Teil der P. wurde in der Porzellanmanufaktur Meißen angefertigt. P. waren (und sind) Sammelobjekte und spielten im Geldumlauf keine Rolle.

K. SCHEUCH: Münzen aus Porzellan u. Ton (Biebertal ^{4}1978).

Porzellanschnecken, Cypraeoidea, zu den →Vorderkiemern gestellte Familie trop. Meeresschnecken, 1–20 cm lang. Der Mantel kann die rundlich eiförmige Schale ganz oder überwiegend bedecken und überzieht sie mit einer porzellanartig glänzenden Schmelzschicht. Ihr Gewinde wird von der letzten Windung völlig umschlossen. – Zu den P. gehören neben den →Kaurischnecken u. a. die **Pantherschnecke** (Cypraea pantherina) und die **Tigerschnecke** (Cypraea tigris; bis 15 cm lang) im Indopazifik. Die Schalen der P. haben v. a. als Zahlungsmittel (Kaurigeld), aber auch als Schmuck und Fruchtbarkeitssymbol große kulturgeschichtl. Bedeutung.

Porzellansternchen, Engels|auge, Houstonia [hʊs-], Gattung der Rötegewächse mit über 30 Arten in Nordamerika einschließlich Mexiko; aufrecht stehende oder niederliegende Kräuter mit gegenständigen, oft bewimperten Blättern und blauen oder weißen Blüten. Einige Arten sind beliebte Steingartenpflanzen, die aber nur auf kalkfreiem Boden gedeihen.

Porzig, Walter, Sprachwissenschaftler, *Ronneburg (bei Gera) 30. 4. 1895, †Mainz 14. 10. 1961; nach 1925 Prof. in Bern, Jena und Straßburg, 1951 in Mainz; trat mit Arbeiten zur Indogermanistik (›Die Gliederung des indogerman. Sprachgebiets‹, 1954), darunter mit Studien zum Altindoarischen, Griechischen und Lateinischen, hervor. Als sein Hauptwerk gilt ›Das Wunder der Sprache‹ (1950).

POS, 1) Abk. für →**P**oint **o**f **S**ale (→POS-Systeme).

2) Abk. für allgemein bildende **p**olytechn. **O**berschule (→Gymnasium, Geschichte).

Posada, José Guadalupe, mexikan. Grafiker und Illustrator, *Aguascalientes 2. 2. 1851, †Mexiko 20. 1. 1913; Wegbereiter der modernen mexikan. Grafik. Er war tätig als Lithograph und für die oppositionelle Presse als Illustrator. Seine gesellschaftskrit. Metallgravuren und Holzschnitte mit Szenen aus dem Alltagsleben knüpfen an die volkstüml. Votivmalerei an.

Posadas, Hauptstadt der Prov. Misiones, Argentinien, 210 800 Ew.; kath. Bischofssitz; Univ.; Verarbeitung von Holz und landwirtschaftl. Produkten (u. a. Tee); Flusshafen am Paraná, Eisenbahnendpunkt, Fährverbindungen nach Encarnación (Paraguay); Flugplatz.

Posadowsky-Wehner, Arthur Graf von, Freiherr **von Postelwitz,** Politiker, *Glogau 3. 6. 1845, †Naumburg/Saale 23. 10. 1932; 1897–1907 Staatssekretär des Reichsamts des Innern, zugleich Vizekanzler und preuß. Staats-Min. ohne Geschäftsbereich, führte wichtige sozialpolit. Reformen durch (u. a. Regelung der Arbeitszeit, Kinderschutzgesetz, Verbesserung des Mutterschutzes); 1912–18 MdR (fraktionslos), 1919/20 Mitglied der Nationalversammlung (DNVP).

Posamenten [mnd. pasement, von frz. passement ›Borte‹], *Sg.* **Posament** *das, -(e)s,* textile Besatzartikel wie Borte (gemustertes Besatzband, z. B. an Kleidern), Schnur, Quaste, Franse (an Kleidung, Fensterdekorationen u. Ä.).

Posas [span.], *Sg.* **Posa** *die, -,* kleine pavillonartige Kapellen, im 16. Jh. im spanisch-amerikan. Kolonialreich an den vier Ecken eines ummauerten Klosterhofs (Atrium) als Prozessionsstationen errichtet.

Posaune [mhd. busūne, busīne, über altfrz. buisine von lat. bucina ›Jagdhorn‹, ›Signalhorn‹] *die, -/-n,* **1)** ein *Blechblasinstrument* mit Kesselmundstück, bestehend aus einem u-förmig gebogenen Hauptrohr, das auf der einen Seite in die Stürze mündet, auf der anderen Seite seine Fortsetzung in einem Innenzug genannten geraden Rohr findet, einem zweiten Innenzug, der zu dem ersten parallel verläuft, das Mundstück trägt und durch eine Querstange (Brücke) am Hauptrohr befestigt ist, und einem gleichfalls u-förmigen (Außen-)Zug, der über die offenen Rohrenden der beiden Innenzüge (Leitspindel) gesteckt wird und an der Krümmung mit einer Wasserklappe versehen ist. Der stufenlos bewegl. Außenzug ermöglicht dem Spieler eine kontinuierl. Verlängerung bzw. Verkürzung der Rohrlänge (Luftsäule) der P. und damit eine gleitende Veränderung der Tonhöhe (glissando, Portamento). Das Hinausschieben des Zuges ergibt eine

Posaune 1): Tenor-Zugposaune

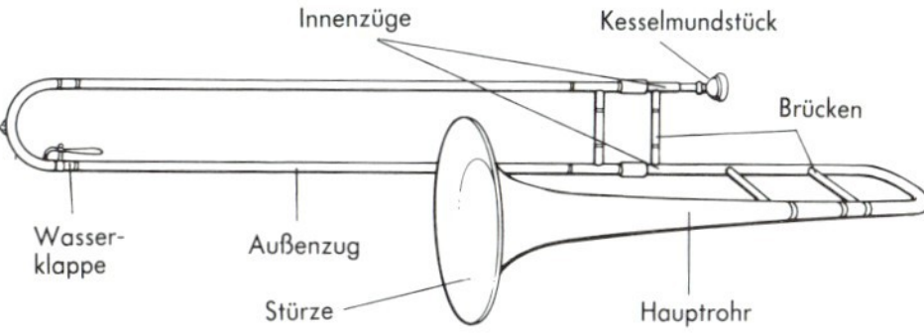

Porzellan: Vase; Kopenhagen, um 1900 (Karlsruhe, Badisches Landesmuseum)

Porzellan: Kelch mit unterglasurblauem Dekor, roter und schwarzer Bemalung und Vergoldung; China, Mingdynastie (Berlin, Museum für Ostasiatische Kunst)

Porzellanschnecken: Pantherschnecke (Länge 5–8 cm); Dorsalseite (oben), Ventralseite (unten)

Vertiefung um sechs Halbtöne (sechs ›Positionen‹ des Zuges). Zur Vermeidung von Geräuschen trifft der Zug bei völligem Zurückziehen auf Federn.

Die seit dem 19. Jh. praktisch zum Alleinvertreter gewordene **Tenor-P.** ergibt bei eingeschobenem Zug B (2. Naturton) als Tiefton, der bis E abgesenkt werden kann (Umfang E–d^2; hinzu kommen schwerer ansprechende Pedaltöne $_{1}$E–$_{1}$B). Die Basspartie wird heute zumeist auf einer Tenor-P. mit Quartventil, erweiterter Mensur und größerem Schalltrichter ausgeführt (**Tenorbass-P.;** $_{1}$H–f^1). Relativ selten kommen **Alt-P.** (A–es^2) und **Kontrabass-P.** ($_{1}$E–d^1) vor. Weniger gebräuchlich ist auch die um 1835 entwickelte **Ventil-P.** mit drei oder vier Spielventilen (Zylindermaschine, Périnetmaschine) anstelle des Zuges (in B: E–e^2/f^2, Pedaltöne $_{1}$E–$_{1}$B; in F: $_{1}$H–g^1/c^2, Pedaltöne $_{1}$Des–$_{1}$F).

Die Zug-P. ist das einzige Blasinstrument, das seit seiner Erfindung kaum techn. Veränderungen unterworfen war. Sie entstand vermutlich um 1450 in Burgund aus der →Zugtrompete als Konsequenz einer Ausdehnung des Tonbereichs in die Tiefe. Im 16. Jh. baute man die P. in fünf Stimmlagen, vom Diskant bis zum Kontrabass. Da sich die Diskant-P. klanglich nicht bewährte, trat an ihre Stelle schon bald der →Zink bzw. die →Trompete. Seit dem Ende des 18. Jh. ist im Orchester das P.-Trio (bestehend aus Alt-, Tenor- und Bass-P., wobei die Alt-P. durch eine weitere Tenor-P. ersetzt werden kann) die Norm. Im Jazz war die P. zunächst ein Bassinstrument, danach wies man ihr Gegenmelodien zu Klarinette und Trompete zu. Relativ spät erst wurde sie als Soloinstrument (A. MANGELSDORFF) entdeckt. In der Bigband ist eine P.-Gruppe vertreten.

2) in der *Orgel* ein Zungenregister (Lingualpfeife) im Pedal, meist in 16-, selten in 8-Fußtonlage.

Posavina *die,* Landschaft in der Saveniederung, eine Aufschüttungsebene, überwiegend zu Kroatien gehörend, die im N von den Kroatisch-Slawon. Inselgebirgen, im S von den nördl. Randgebirgen Bosniens begrenzt wird. Die Flussaue der Save ist wegen des geringen Gefälles (129–71 m ü. M. auf über 500 km) bes. breit entwickelt, hier finden sich Altwässer, Sumpfland und ausgedehnte Auwälder; durch dieses breite kulturfeindl. Gebiet verlief einst die →Militärgrenze. Die höher gelegenen trockenen Terrassen werden teils von Wald und Weideland, überwiegend aber von Feldern mit Mais, Weizen, Hirse und Zuckerrüben eingenommen. Am Gebirgsrand spielen Pflaumenkulturen eine Rolle. Die historisch-geographisch bedingte Zweiteilung der P. kommt heute noch in der Kulturlandschaft, die nördlich der Save österr., südlich von ihr oriental. Gepräge hat, zum Ausdruck. Den Schwarmsiedlungen Bosniens stehen in Kroatien die geschlossenen Straßendörfer am Gebirgsrand und vereinzelt auch in der Auwaldzone gegenüber.

POS-Banking [ˈpɔs bæŋkɪŋ], *Bankwesen* und *Handel:* →POS-Systeme.

Poseidonios (zeitgenössische römische Marmorbüste; Neapel, Museo Nazionale)

Posch, Leonhard, Bildhauer und Medailleur, * Finsing (heute zu Uderns, Zillertal, Tirol) 7. 11. 1750, † Berlin 1. 7. 1831; Schüler von J. HAGENAUER, arbeitete mit ihm in Wien (seit 1774) an den Gartenfiguren für Schönbrunn. In Berlin (ab 1804) war er für den preuß. Hof und als Modelleur für die Königl. Porzellan-Manufaktur und die Eisengießerei tätig. 1810–14 hielt er sich in Paris auf. Zu seinen insgesamt 800 Bildnisplaketten (Modelle in Wachs, Abgüsse in Gips und Metall) gehören Porträts von W. A. MOZART (1788, 1789), Prinz LOUIS FERDINAND (1806), SCHILLER (1809), A. W. IFFLAND (1809), Königin LUISE (1810), GOETHE (1827) und A. VON HUMBOLDT (1828).

Poscharskij, Požarskij [-ʒ-], Dmitrij Michajlowitsch Fürst, russ. Heerführer und Staatsmann, * 1. 11. 1578, † Moskau 30. 4. 1642; wurde 1602 Stolnik (Truchsess) am Hof BORIS GODUNOWS, 1610 Woje-

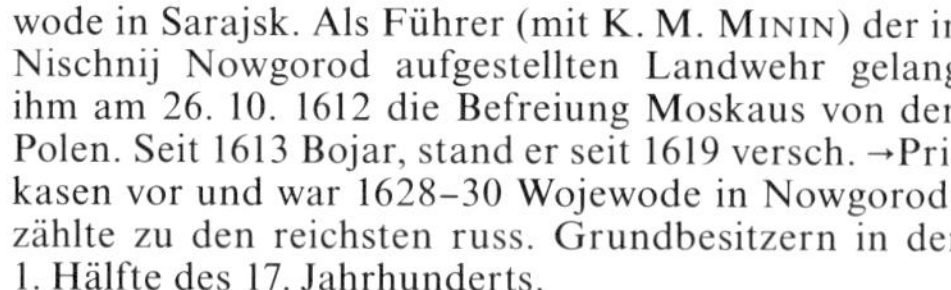

wode in Sarajsk. Als Führer (mit K. M. MININ) der in Nischnij Nowgorod aufgestellten Landwehr gelang ihm am 26. 10. 1612 die Befreiung Moskaus von den Polen. Seit 1613 Bojar, stand er seit 1619 versch. →Prikasen vor und war 1628–30 Wojewode in Nowgorod; zählte zu den reichsten russ. Grundbesitzern in der 1. Hälfte des 17. Jahrhunderts.

Poschiavo, Val P. [- posˈkiaːvo], Talschaft im Kt. Graubünden, Schweiz, →Puschlav.

Pöschl, Viktor, klass. Philologe, * Graz 28. 1. 1910, † Heidelberg 1. 2. 1997; wurde 1940 Dozent in München und Prag, 1950 Prof. in Heidelberg, arbeitete unter geistesgeschichtl. Fragestellung in vielen Bereichen Charakteristika des Römischen heraus.

Werke (Auswahl): Röm. Staat u. griech. Staatsdenken bei Cicero (1936); Grundwerte röm. Staatsgesinnung in den Geschichtswerken des Sallust (1940); Die Dichtkunst Virgils (1949); Horaz. Lyrik (1970); Kleine Schr., 2 Bde. (1979–83); Der Begriff der Würde im antiken Rom u. später (1990).

Pose [frz., zu poser ›hinstellen‹] *die, -/-n,* Körperhaltung (die den Eindruck des Gewollten macht), gekünstelte Stellung. – **posieren,** eine P. einnehmen.

Poseidon, Name dt. *Forschungsschiffe:* 1) das Forschungsschiff der Dt. Wiss. Kommission für Meeresforschung (DWKfM) und des Dt. Seefischerei-Vereins 1902–14, später (1919–39) Reichsforschungsdampfer der DWKfM und des Dt. Reiches, fiel 1945 als Kriegsbeute an die UdSSR; 2) das Forschungsschiff des Landes Schlesw.-Holst., Betreiber ist das Inst. für Meereskunde an der Univ. Kiel, 1976 in Dienst gestellt: 60,8 m lang, 11,4 m breit, Wasserverdrängung 1 509 t, Reisegeschwindigkeit 12,5 Knoten, bietet Platz für 18 Besatzungsmitglieder und 12 wiss. Fahrtteilnehmer; ausgestattet für multidisziplinäre Forschungen in Nord- und Ostsee sowie im Nordatlantik. Ab 1980 verstärkt Einsatz im Rahmen internat. Großprojekte und für regionale Forschungsprogramme von Spitzbergen bis zu den Kanarischen Inseln und von den Bermudainseln bis ins Mittelmeer (seit Indienststellung bis 1997: 235 Expeditionen).

Poseidon setzt zum Wurf mit seinem Dreizack an; Silbermünze aus Poseidonia, 540 v. Chr.

Poseidon, griech. **Poseidon,** *griech. Mythos:* der mächtige, oft grollende Gott des Meeres. Sein schon aus myken. Zeit überlieferter Name ist nicht endgültig gedeutet. Im Mythos ist P. Sohn des Kronos und der Rhea, Bruder des Zeus und des Hades. Als die Brüder die Welt unter sich aufteilten, fiel P. das Meer zu. Dort wohnte er mit seiner Gemahlin Amphitrite und den Meergöttern. Im Streit mit Athene um den Besitz Attikas schenkte er dem Land Pferde (oder ließ eine Quelle entspringen), verlor aber gegen die Göttin, die den Ölbaum wachsen ließ. P. hatte zahlr. Kulte an den Küsten des Ägäischen Meeres und auf den Inseln; ein Hauptheiligtum war das Panionion südlich von Ephesos. Im Binnenland (Böotien, Arkadien) wurde er als Gott des Pferdes und der Erdbeben hoch verehrt (bei HOMER ›Ennosigaios‹, ›Erderschütterer‹); im Mythos trat er auch zuweilen in Gestalt eines Pferdes auf. Ihm zu Ehren wurden die Isthm. Spiele veranstaltet. Von den Römern wurde er dem →Neptun gleichgesetzt. – In der *Kunst* wurde P. ehrwürdig und bärtig, urspr. langgewandet, mit Dreizack (eigtl. eine Harpune), auch mit Fisch und Delphin dargestellt. Er erscheint allein, im Götterverband, im Gigantenkampf, im Wettstreit mit Athene, in Herakles- und Theseusmythen. Archaische korinth. (von Töpfern geweihte) Tontäfelchen zeigen ihn stehend, thronend, auf dem Wagen fahrend oder reitend; zu Pferde oder auf dem ihm seit frühester Zeit zugeordneten Stier reitend, gibt ihn auch die att. Vasenmalerei wieder. Auf dem Ostfries des Parthenon sitzt er neben Apoll und Artemis (Athen, Akropolismuseum), der Westgiebel zeigt ihn im Streit mit Athene (London, Brit. Museum). Freiplast. Darstellungen des den Dreizack schwingenden unbekleideten P. sind bereits für das 6. Jh. v. Chr. anzunehmen (Wiedergabe auf Münzen); erhalten sind z. B. hellenist. Marmorstatuen aus Pergamon (2. Jh. v. Chr.; Berlin, Antikensammlung) und Melos (1. Jh. v. Chr.; Athen, Archäolog. Nationalmuseum); die berühmte Bronzeplastik →Gott aus dem Meer gilt heute als Darstellung des Zeus. Die Kunst der Neuzeit wählte u. a. die Motive der Besänftigung des Sturmes (DIDO-MEISTER, PIETRO DA CORTONA, P. P. RUBENS), des Triumphs mit Amphitrite (RUBENS, N. POUSSIN) oder den Streit mit Athene (IL GAROFALO, L. BLONDEEL). Beliebt war P. bzw. Neptun als Brunnenfigur.

E. SIMON: Die Götter der Griechen ([3]1985).

Poseidonia, griech. Name des antiken →Paestum.

Poseidonios, griech. Philosoph, *Apameia am Orontes um 135 v. Chr., †Rom um 51 v. Chr.; Schüler des PANAITIOS, Vertreter der mittleren Stoa; gründete in Rhodos eine eigene Schule, Lehrer des POMPEIUS und des CICERO. P. war universaler Gelehrter, u. a. Geograph, Historiker, Ethnologe, versuchte das Wissen der unterschiedl. Gebiete zu verbinden, unter Einbeziehung der philosoph. Tradition; seine zahlr. Werke sind nicht erhalten. Charakteristisch ist seine Lehre des Logos (Vernunft) als Leben und Leben spendende Kraft sowie der Gedanke der Einheit des vom Logos durchwirkten Makro- und Mikrokosmos. In seiner Ethik empfiehlt P., der Vernunft (dem vernünftigen Seelenteil) gegen die irrationalen Affekte zu folgen. Daneben stehen bei P. myst. Neigungen und der Versuch einer Begründung der Mantik, die v. a. der Astrologie eine folgenreiche Geltung verschaffte.

Ausgabe: Die Fragmente, hg. v. W. THEILER, 2 Bde. (1982).

I. HEINEMANN: P.' metaphys. Schr., 2 Bde. (1921–28, Nachdr. 1968); K. REINHARDT: P., 2 Bde. (1921–26, Nachdr. 1976); M. LAFFRANQUE: P. d'Apamée (Paris 1964); KATHARINA SCHMIDT: Kosmolog. Aspekte im Geschichtswerk des P. (1980); J. MALITZ: Die Historien des P. (1983).

Posen, poln. **Poznań** [ˈpɔznaiɲ], **1)** Hauptstadt der gleichnamigen Wwschaft in Polen, 52 m bis 104 m ü. M., an der Warthe, 582 800 Ew.; kath. Erzbischofssitz; kultureller und wirtschaftl. Mittelpunkt Großpolens mit Adam-Mickiewic-Univ. (gegr. 1919), fünf Akad. (für Medizin, Wirtschaft, Landwirtschaft, Musik, Sport), TH, Hochschule für angewandte Kunst, mehreren Forschungsinstituten der Poln. Akad. der Wiss.en, Westinstitut (für dt.-poln. Beziehungen), National-, völkerkundl., Stadtmuseum u. a. Museen, mehreren Theatern, Philharmonie (mit berühmtem Knaben- und Männerchor), botan. und zoolog. Garten sowie Großpoln. Zoolog. Park. In P. finden alljährlich mehrere Musikfestivals statt. Die Stadt ist ein wichtiges Industrie- und Handelszentrum (mit internat. Messen). Die bedeutendsten Industriezweige sind Metallverarbeitung, Maschinen- und Transportmittelbau, elektrotechn., Bekleidungs- und Lebensmittelindustrie. P. ist ein Hauptverkehrsknotenpunkt und hat einen Flughafen (Ławica).

Posen 1): Marktplatz mit Rathaus (ursprünglich 13./14. Jh., 1550–60 im Renaissancestil umgebaut)

Stadtbild: Im ältesten Stadtteil auf der Dominsel (Ostrów-Tumski), am rechten Ufer der Warthe, entstand nach 968 eine vorroman. Basilika aus Stein mit quadrat. Chor. Nach deren Zerstörung (1038) wurde im 14./15. Jh. auf dem alten Plan eine got. Backsteinbasilika mit zweitürmiger Fassade gebaut (16. und 18. Jh. umgebaut, nach 1945 rekonstruiert im Zustand des 14./15. Jh.). Unweit des Doms die got. Marienkirche (1442–48), die spätgot. Gesangsschule ›Psałteria‹ (1512), das Museum der Erzdiözese (1518) und die roman. Johanneskirche (Ende 12. Jh., im 16. Jh. erweitert). Mittelpunkt der Altstadt am linken Ufer der Warthe ist der Marktplatz, umgeben von Häusern aus dem 15.–17. Jh. (nach 1945 rekonstruiert) und Palästen; u. a. Działyńskipalast mit barock-klassizist. Fassade (1773–81); klassizist. Hauptwache (1787). Inmitten des Marktplatzes das Rathaus (heute Stadtmuseum), urspr. gotisch (13./14. Jh.), 1550–60 im Renaissancestil umgebaut (Arkaden, Attika, Loggia). Neben dem Rathaus ehem. Krämerhäuser mit Laubengängen und Bürgerhäuser (15.–17. Jh.). Unweit des Altstadtmarktes das Kunstgewerbemuseum (13. Jh., im 18. Jh. umgebaut; 1963 rekonstruiert), das Archäolog. Museum im ehem. Górkapalast (16. Jh.; 1945 zerstört, 1960–67 wiederhergestellt) und der klassizist. Bau der Raczyńskibibliothek (1829). Der Barockbau der Pfarrkirche, ehem. Jesuitenkirche, wurde 1711 vollendet, neben der Kirche das ehem. Jesuitenkloster. Die ehem. got. Dominikanerkirche (13. Jh.) wurde barock umgebaut. Die Kirche des Karmeliterklosters ist eine spätgot. Hallenkirche (1465–70) mit barocker Muttergotteskapelle (1726) und barockem Altar; barocke Franziskanerkirche (1665–1728) mit Stuckarbeiten (17./18. Jh.) und Fresken (um 1720). Von den Bauten des 20. Jh. sind erwähnenswert Theatergebäude, Univ.-Bibliothek, neoklassizist. Oper, Collegium Minus der Univ., ehem. Kaiserschloss.

Geschichte: Um eine frühslaw. Burg des 8./9. Jh. entstanden, war P. im 10. Jh. Hauptsitz der poln. Herzöge, seit 968 Sitz des ersten poln. Bischofs und seit 1138 Residenz der Herzöge von Großpolen. 1253 legten dt. Kaufleute eine neue Siedlung nach Magdeburger Recht an. Im 15. Jh. verlor das dt. Element in der Bürgerschaft das Übergewicht (bis 1501 war das Deutsche in schles. Prägung Urkundensprache). Im 16. Jh. erlebte die Stadt, die 1394 das Stapelrecht erworben

Posen 1)
Stadtwappen

Woiwodschaftsstadt im W Polens, an der Warthe
·
582 800 Ew.
·
kath. Erzbischofssitz
·
kulturelles und wirtschaftl. Zentrum Großpolens
·
Univ. (gegr. 1919) sowie mehrere Akademien, Hochschulen und Forschungsinstitute
·
bedeutende Museen und Theater
·
Poznaner Knaben- und Männerchor
·
Industriezentrum
·
internat. Messen
·
1253 nach Magdeburger Recht neu gegründet

hatte, eine wirtschaftl. und kulturelle Blüte. 1793 kam P. an Preußen, war 1807–15 Teil des Herzogtums Warschau und wurde 1815 Hauptstadt des ›Großherzogtums‹ (preuß. Prov.) P. sowie Sitz des Erzbistums Posen-Gnesen. 1848 war es Zentrum der poln. Nationalbewegung in Preußen. Durch den Aufstand vom 27. 12. 1918 fiel P. an Polen. Im Zweiten Weltkrieg (1939–45) wieder in dt. Hand, war es Hauptort des Reichsgaues Wartheland. – Der **Posener Aufstand** (Juni 1956) führte im Oktober 1956 zur Umbesetzung der Partei- und Staatsämter (→Polen, Geschichte).

2) Wwschaft im W Polens, 8 151 km^2, 1,36 Mio. Einwohner.

Julius Posener

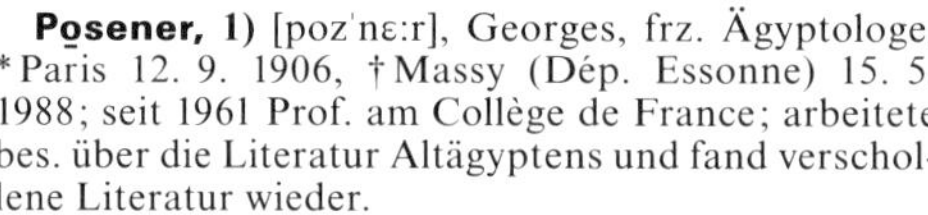

Posener, 1) [poz'nɛ:r], Georges, frz. Ägyptologe, *Paris 12. 9. 1906, †Massy (Dép. Essonne) 15. 5. 1988; seit 1961 Prof. am Collège de France; arbeitete bes. über die Literatur Altägyptens und fand verschollene Literatur wieder.

Werke: Catalogue des ostraca hiératiques littéraires de Deir el-Médineh, 3 Bde. (1934–81); La première domination perse en Égypte (1936); Princes et pays d'Asie et de Nubie (1940); Littérature et politique dans l'Égypte de la XIIe dynastie (1956); De la divinité du Pharaon (1960); Le Papyrus Vandier (1985).

2) Julius, Architekt, Architekturhistoriker und -kritiker, *Berlin 4. 11. 1904, †ebd. 29. 1. 1996; studierte bei H. Poelzig. 1934 emigrierte er nach Frankreich; Assistent von E. Mendelsohn in Jerusalem, lehrte 1947–56 an der Brixton School of Building in London, 1956–61 am Technical College in Kuala Lumpur, danach an der Hochschule der Bildenden Künste in Berlin. 1972–76 war er Vors. des Dt. Werkbundes. P. war als Wissenschaftler, Forscher und Lehrer gleichermaßen einflussreich. Er setzte sich insbesondere kritisch mit der Berliner Architektur auseinander.

Werke: Anfänge des Funktionalismus (1964); From Schinkel to the Bauhaus (1972); Berlin auf dem Wege zu einer neuen Architektur. Das Zeitalter Wilhelms II. (1979); Villen u. Landhäuser in Berlin (1989); Fast so alt wie das Jh. (1990); Hans Poelzig. Sein Leben, sein Werk (1994). – **Hg.:** Hans Poelzig. Ges. Schriften u. Werke (1970).

Posen-Westpreußen, →Grenzmark Posen-Westpreußen.

Poshan [-ʃ-], Stadt in China, →Zibo.

Posidonia [nach dem griech. Meergott Poseidon], Gattung der Laichkrautgewächse mit drei Arten, davon zwei an den austral. Küsten; im Mittelmeer und an den atlant. Küsten von Spanien und Portugal kommt **P. oceanica** vor; bis in etwa 40 m Tiefe lebende grasähnl. Pflanzen mit langen, bandförmigen Blättern und kriechenden Rhizomen. Abgestorbene Blätter und Rhizomteile bilden die ›Meerbälle‹ der Mittelmeerküsten.

Posidonienschiefer, dunkle, dünnplattige, bituminöse Tonmergel (Erdölmuttergestein) des Lias in SW- und NW-Dtl., benannt nach der Muschel Steinmannia (früher Posidonia) bronni. Der P. entstand in mangelhaft durchlüftetem Wasser (Gyttja), er ist reich an Fossilien, bes. bei Holzmaden: v. a. Reptilien (Ichthyosaurier, Plesiosaurier, Thaumatosaurus), Fische, Ammoniten, Seelilien. Früher wurde der P. örtlich zur Ölgewinnung genutzt. Heute werden noch harte, kalkreiche Schichten (›Fleins‹) zur Herstellung von Steinplatten (Werksteine) abgebaut. – Ähnl., nach der Muschel Posidonomya becheri benannte Ablagerungen des Unterkarbons finden sich im O des Rhein. Schiefergebirges.

Position [lat. ›Stellung‹, ›Lage‹, zu ponere, positum ›setzen‹, ›stellen‹, ›legen‹] *die, -/-en,* **1)** *allg.:* 1) berufl. Stellung; 2) Lage, Situation; 3) Standpunkt, Einstellung; 4) bestimmte räuml. Stellung, Haltung; 5) Standort.

2) *Astronomie:* **P. eines Gestirns,** der →astronomische Ort.

3) *Ballett:* die Grundstellung der Füße (als Grundlage der klass. Balletttechnik); man unterscheidet fünf P., die von P. Beauchamps erstmals im 17. Jh. festgelegt wurden.

4) *Sozialwissenschaften:* **soziale P.,** die Stellung eines Individuums im Gefüge der sozialen Beziehungsstrukturen einer Gesellschaft. P. sind einerseits Resultate von Rollenvorschriften, in denen sich Verhaltenserwartungen an die Träger von P., z. B. Inhaber eines bestimmten Berufs, niederschlagen, andererseits dauerhafte Bestandteile sozialer Strukturen, die nicht an die Existenz bestimmter Personen gebunden sind. (→Rolle, →Status)

5) *Sport:* 1) Platz eines Spielers in der Mannschaftsaufstellung (z. B. im Fußball die P. des Liberos); 2) Rang, den eine Mannschaft oder ein Einzelsportler während eines Wettkampfes (z. B. bei Laufwettbewerben) oder in einem Klassement (z. B. in der Tabelle einer Liga) einnimmt.

Positionsastronomie, die →Astrometrie.

Positionseffekt, *Genetik:* Einfluss auf die Wirkung eines Gens durch eine Veränderung seiner Position innerhalb des Genoms; ein P. ist z. B. die Aktivierung eines Onkogens nach Translokation. Lageveränderungen von Genen u. a. durch Crossing-over oder durch Chromosomenmutationen möglich.

Positionskatalog, *Astronomie:* →Sternkatalog.

Positionslänge, *antike Metrik:* Länge einer Silbe, die entsteht, wenn auf einen kurzen Vokal zwei oder mehr Konsonanten (oder ein zusammengesetzter Konsonant, z. B. x) folgen.

Positionslichter, Positionslaternen, Leuchten zur Kennzeichnung von Wasser- und Luftfahrzeugen, →Lichterführung.

Positionssystem, das →Stellenwertsystem.

Positionsvariante, stellungsbedingter Ausspracheunterschied eines Lauts, z. B. des ›d‹ im Auslaut: ›Kleid‹ [-t] und im Inlaut: ›Kleider‹ [-d-].

Positionsverben, *Sprachwissenschaft:* Verben zur Bez. einer Lagebefindlichkeit (z. B. ›sitzen‹, ›stehen‹, ›liegen‹).

positiv [lat. ›gesetzt‹, ›gegeben‹], **1)** *allg.:* 1) bejahend, zustimmend, Ggs.: negativ; 2) günstig, vorteilhaft, ein Ergebnis bringend; 3) wirklich, konkret (gegeben).

2) *Mathematik:* 1) Bez. für Zahlen, die größer als null sind (→Pluszeichen). – Allg. lässt sich eine →Anordnung durch die Existenz eines **Positivitätsbereiches** charakterisieren: Ein Ring R besitzt den Positivitätsbereich $P \subset R$, wenn gilt: Sind a und b aus P, so auch $a + b$ und $a \cdot b$. Für jedes $a \in R$ gilt genau eine der drei Aussagen: $a = 0$, $a \in P$, $-a \in P$. Die Elemente aus P heißen dann positiv. 2) Eine Drehung heißt p., wenn sie der Drehung des Uhrzeigers entgegengesetzt ist.

3) *Medizin:* Befund, der Hinweise auf das Bestehen einer Krankheit enthält.

Positiv [mlat. positivum (organum), eigtl. ›hingestelltes (Instrument)‹] *das, -s/-e,* **1)** *Musikinstrument:* urspr. eine kleine, transportable Orgel mit nur einem Manual und ohne Pedal. Das P. hat nur wenige Register (i. d. R. Labialpfeifen), die aus Platzgründen v. a. in der Acht- und Vierfußlage oft gedackt sind. Das vom 15. bis zur Mitte des 18. Jh. häufig gebaute P. diente zur Ausführung des Generalbasses sowie als kammermusikal. Soloinstrument; auch Bez. für kleinere Teilwerke in größeren Orgeln, z. B. Rück-P., Brustpositiv.

2) *Fotografie:* das tonwert- (und seiten)richtige, als **Farb-P.** auch farbrichtige Bild als Endprodukt fotograf. Prozesse (auf transparentem Träger →Diapositiv).

3) *Sprachwissenschaft:* Grundstufe der Steigerungsform des Adjektivs (→Komparation).

positive Logik, *Digitaltechnik:* →Logikpegel.

positive Philosophie, nach F. W. J. Schelling die das Irrationale einbeziehende Philosophie der Mythologie und Offenbarung, wie er sie in seiner

Spätphase vertrat; bei A. COMTE die Philosophie des →Positivismus.

positiver Held, Bez. für den vom →sozialistischen Realismus postulierten vorbildl. und der spätbürgerl. ›Selbstzergliederung‹ gegenübergestellten Charakter, der gekennzeichnet ist durch Klassenbewusstsein, Treue zur Partei und unbedingten Kampf für die sozialist. Ordnung ohne Rücksicht auf individuelle Interessen. Muster des p. H. ist die Figur des Pawel Kortschagin in N. A. OSTROWSKIJS Roman ›Wie der Stahl gehärtet wurde‹ (1932–34).

positives Denken, auf prakt. ›Lebenshilfe‹ zielende religiös-esoter. Richtung, die sich aus älteren Traditionen nordamerikan. Herkunft speist. Unmittelbarer Vorläufer war die →Neugeistbewegung. Einer der Väter dieses ›New Thought‹, der Swedenborgianer WARREN FELT EVANS (*1817, †1866), soll die Bez. ›positive thinking‹ geprägt haben. Auch heute viel gelesene Autoren des p. D. waren ›minister‹ (ordinierte Amtsträger) amerikan. ›New-Thought‹-Kirchen, so JOSEPH MURPHY (*1895, †1981) ›minister‹ der ›Church of Divine Science‹ (Sitz: Los Angeles, Calif.). In den Lehren MURPHYS und anderer (z. B. DALE CARNEGIE, *1888, †1955; NORMAN VINCENT PEALE, *1898, †1994; ERHARD F. FREITAG, *1940) werden christl. Grundvorstellungen von Glaube, Gebet, Heilung u. a. in ›Erfolgs‹-Methoden pervertiert, die heute auf dem esoter. Buchmarkt oder in der gehobenen Managerausbildung als p. D. vermarktet werden.

M. A. LARSON: New thought or a modern religious approach. The philosophy of health, happiness, and prosperity (New York 1985); J. MURPHY: Die Macht Ihres Unterbewußtseins (a. d. Amerikan., Genf [55]1995); G. SCHEICH: ›P. D.‹ macht krank. Vom Schwindel mit gefährl. Erfolgsversprechen (1997).

Positiv 1): Orgelpositiv aus dem 16. Jh. (Basel, Historisches Museum)

positive Vertragsverletzung, Abk. **pVV, positive Forderungsverletzung,** innerhalb eines Schuldverhältnisses jede schuldhafte, nicht unerhebl. Pflichtverletzung im Sinne einer Schlechterfüllung, die nicht in Schuldnerverzug oder Unmöglichkeit besteht. Die pVV ist im BGB nicht ausdrücklich geregelt, aber gewohnheitsrechtlich anerkannt. Die Haftung aus pVV dient im Wesentlichen dem Zweck, Regelungslücken zu schließen, die trotz Anwendung gesetzl. Gewährleistungsvorschriften verbleiben. Als pVV kommt jede Handlung oder Unterlassung in Betracht, die zu mangelhafter Erfüllung einer vertragl. Pflicht (auch von Nebenpflichten, z. B. Beratungspflichten) führt, z. B. Lieferung eines kranken Tieres, das andere Tiere des Gläubigers ansteckt. Rechtsfolgen sind Rücktrittsrecht oder Schadensersatz (analog §§ 280, 286, 325 f. BGB) sowie bei Dauerschuldverhältnissen auch das Recht zu außerordentl. Kündigung. Im Prozess hat der Schuldner sein Unverschulden zu beweisen (analog § 282 BGB). – Im *österr.* und *schweizer.* Recht gilt im Wesentlichen Entsprechendes.

Positivgravur, *Kartographie:* →Schichtgravur.

Positivismus *der,* -, 1) ein an den exakten Naturwiss.en orientiertes philosophisch-wiss. Methodenideal; 2) eine Richtung der Philosophie und Wissenschaftstheorie im 20. Jh.; 3) eine Bewertungskategorie in der neueren wissenschafts- und zeitkrit. Diskussion. Der P. beschränkt die Gültigkeit menschl. Erkenntnis grundsätzlich auf ›Tatsachen‹, die durch objektive Erfahrung gegeben und als solche auch verifizierbar sind (das ›Positive‹). Abgelehnt werden alle spekulativen Erkenntnisbereiche und -methoden jenseits positiv gegebener Erfahrungsinhalte. Dieser Tatsachenstandpunkt des P. ist z. T. ›realistisch‹ auf das empirisch Gegebene oder ›bewusstseinsidealistisch‹ auf die vermittelnde Empfindung gerichtet.

Als Ideal der Erkenntnis gilt die in den exakten Naturwiss.en erstrebte und großenteils erreichte, auf dem Experiment beruhende Feststellung von Gesetzmäßigkeiten in mathemat. Form; dieser Typus des Denkens sollte nach Möglichkeit auch in den Geisteswiss.en verwirklicht werden, die erst dadurch ›zu Wiss.en erhoben‹ würden (so H. T. BUCKLE in Bezug auf die Geschichtswiss.). Metaphysik und Theologie gelten dem P. als Begriffspoesie oder bloße Vorstufen der Wissenschaft. Alle Fragen nach dem ›Wesen‹ der Dinge und dem ›Sinn‹ des Wirklichen, nach Substanzen, wirkenden Kräften und realen Ursachen werden als vorwiss. Fragestellungen abgelehnt, alle normativen und teleolog. Denkweisen verworfen, weil sie in Kontroversen hineinführen, die mit empir. Mitteln nicht entscheidbar sind. I. w. S. hat diese Auffassung in der allgemeinen Tendenz Ausdruck gefunden, nur das wiss. Gesicherte gelten zu lassen. I. e. S. ist der P. hauptsächlich eine wissenschaftstheoret. Position, die im Anschluss an methodolog. Erwägungen erkenntniskritisch-sozialanthropologisch begründet worden ist. Sie wirkte sich innerhalb der Philosophie auf die Ethik (Utilitarismus) und die Erkenntnistheorie (Fiktionalismus) aus. Darüber hinaus schlug sie sich in Form bestimmter Richtungen in anderen Bereichen nieder: in der Geschichtsschreibung, in der ev. Theologie, in den Sozialwiss.en, in der Pädagogik, in der Psychologie, in Literatur- und Sprachwiss. (u. a. →Junggrammatiker, amerikan. →Deskriptivismus) sowie in der Rechtstheorie der histor. Rechtsschule, die die Bedeutung von Rechtsgewohnheiten und Gewohnheitsrecht hervorhebt, und dem →Rechtspositivismus.

Entwicklung des P.: Ansätze zu positivist. Denken finden sich im Altertum bei einigen Sophisten, in der Neuzeit bei einigen Vorläufern naturwiss. Forschung (R. BACON), in den empirist. Systemen (D. HUME, É. B. DE CONDILLAC), bes. in der engl. Assoziationspsychologie (D. HARTLEY, J. PRIESTLEY) und bei den aufklärer. Gesellschaftskritikern (A. R. J. TURGOT, M. J. A. DE CONDORCET) sowie einigen anthropologisch-psychologisch orientierten Geisteswissenschaftlern (z. B. die ›Ideologen‹ P. J. G. CABANIS, A. L. C. Graf DESTUTT DE TRACY).

Von den frz. Enzyklopädisten wurde die Lehre, dass die Wiss. nichts anderes anstreben dürfe als die gesetzl. Verknüpfung beobachtbarer Fakten, mit dem Gedanken verbunden, dass in der Stufenfolge der positiven Wiss.en, die von abstrakten zu immer konkreteren Begriffsbildungen führt, die gesamte Wirklichkeit erkennbar werde. Mit dem ›Dreistadiengesetz‹ (TURGOT, A. COMTE), das die Entwicklungsgeschichte der menschl. Erkenntnis von der Theologie über die Metaphysik zur am Methodenideal der Naturwiss.en orientierten ›positiven Philosophie‹ behauptet und damit den Aufklärungsoptimismus spiegelt, wird der P. in die menschl. Denkgeschichte – als deren Ziel – eingeordnet und begründet. Dieser Fortschritt verläuft in den einzelnen Wiss.en jedoch nicht synchron. COMTE sah im Dreistadiengesetz den Schlüssel zur geistigen und gesellschaftl. Entwicklung der Menschheit und erhob den P. zu dem Wissenschaftsideal, das seit etwa 1850 mehrere Jahrzehnte beherrschend wurde. Von ihm aus, bes. durch H. SPENCER, H. TAINE, BUCKLE, K. E. DÜHRING u. a., wurde der P. mit seiner Ablehnung von Sinn- und Wertfragen auch in den Geisteswiss.en zur Norm. Radikalisiert wurde der positivist. Ansatz im →Neopositivismus des Wiener Kreises (M. SCHLICK, O. NEURATH, R. CARNAP u. a.). Philosophie ist hier Methodenlehre der Wiss.en, wobei bes. der Physik und ihren Begriffssystemen der Vorzug gegeben wird, weil nur diese eine intersubjektiv verständl. und zugleich auf jeden beliebigen Sachverhalt anwendbare Wissenschaftssprache liefern können. Aus diesen Gründen werden auch die im 19. und 20. Jh. ausgebildete symbol. Logik oder Logistik (C. S. PEIRCE, E. SCHRÖDER, G. FREGE, A. WHITEHEAD, B. RUSSELL, J. ŁUKASIEWICZ, D. HILBERT), die Grundlagenforschung der Mathematik und die Sprachanalyse (G. E. MOORE, L. WITTGENSTEIN) herangezogen. Bezüglich Letzterer hat sich von der semant. Richtung, der es um die Verifizierbarkeit oder die Übereinstimmung mit den empir. Daten geht, der radikale Physikalismus (NEURATH, zeitweise auch CARNAP) abgehoben, der nur aus der Art der Sprachverwendung resultierende Probleme kennt und allein auf die innere Kohärenz von Denken und Sprache achtet. Mit der Rückkehr zu semant. Problemen (C. W. MORRIS, auch CARNAP) ist die Ausbildung einer gegen alle Standpunkte neutralen Semantik im Gange. Der durch W. STEGMÜLLER in Europa während der 1960er-Jahre wieder einflussreich gewordene Neo-P. zeigte seine Wirkung vornehmlich in den Geistes- und Sozialwiss.en (E. TOPITSCH, H. ALBERT), aber ebenso in dem früher verbreiteten, nun neu belebten Rechts-P. (H. KELSEN).

Insbesondere die *Sozialwiss.en* waren durch COMTE, den Begründer einer eigenständigen Soziologie, schon von ihrer Entstehung her eng mit dem P. verbunden; leitend wurden dabei ein Wissenschaftsverständnis und die damit verbundene Forschungsprogrammatik, denen zufolge sich eine als Wiss. legitimierte Sozialforschung lediglich an die in der Erfahrung fassbare Wirklichkeit und die an Fakten ablesbaren Gesetzmäßigkeiten zu halten habe. Im Anschluss an die theoret. und geschichtsphilosoph. Darstellung des P. bei COMTE wurde er bei É. DURKHEIM zum Impuls, Sozialwiss.en auf die Erkenntnis der in der sozialen Realität jeweils vorfindl. Gegebenheiten einzustellen. P. dient seitdem zur Kennzeichnung einer Haltung, die sich um eine möglichst vorurteilsfreie, auf die Feststellung sozialer Fakten und ihrer Zusammenhänge gerichtete und in ihren Folgerungen praxisorientierte, aber wertungsfreie Sozialforschung, v. a. auch im Bereich der Prognose, bemüht. Der P. hat dadurch v. a. im Rahmen einer auf Sozialberatung ausgerichteten anwendungsbezogenen Sozialforschung (›Social Engineering‹, Sozialtechnologie) und in der Auseinandersetzung z. B. mit marxist. Soziologie in den westl. Industrieländern nach 1945 den Charakter einer Leitvorstellung angenommen, doch wurde sein vorgeblich interesseloses Wissenschaftsverständnis auch der Kritik unterzogen (→Positivismusstreit).

Seit dem 19. Jh. bis heute wird gegen den P. eingewendet, sein Grundprinzip der Beschränkung auf das Wahrnehmbare und des Ausschließens aller Metaphysik durch den P. allein sei nicht zu rechtfertigen. Außerdem macht man gegen den P. geltend, dass sein Exaktheitsbegriff mit einer Verengung oder Verarmung im Gegenständlichen erkauft werde, dass die Gleichsetzung des ›Wissenschaftlichen‹ mit dem Wahrnehmbaren willkürlich und selbst metaphysisch bestimmt sei und dass insbesondere die Eigengesetzlichkeit der geisteswiss. Erkenntnis durch die Übertragung naturwiss. Denkformen auf sie verkannt werde.

P. im 19. Jh. Beitrr. zu seiner geschichtl. u. systemat. Bedeutung, hg. v. J. BLÜHDORN u. a. (1971); R. KAMITZ: P. (1973); G. KISS: P., in: DERS.: Einf. in die soziolog. Theorien, Bd. 1 ([3]1977); L. KOŁAKOWSKI: Die Philosophie des P. (a. d. Poln., [2]1977); W. ERTELT: Die Erkenntniskritik des P. u. die Möglichkeit der Metaphysik (Amsterdam 1979); A. MÖBIUS: Der P. in der Lit. des Naturalismus (1980); C. G. A. BRYANT: Positivism in social theory and research (New York 1985); M. SOMMER: Husserl u. der frühe P. (1985); H.-H. GANDER: P. als Metaphysik (1988); P. HALFPENNY: Positivism and sociology (Neudr. London 1992); A. COMTE: Rede über den Geist des P. (a. d. Frz., Neuausg. 1994); J. HABERMAS: Erkenntnis u. Interesse ([11]1994); B. PLÉ: Die ›Welt‹ aus den Wiss.en. Der P. in Frankreich, England u. Italien von 1848 bis ins zweite Jahrzehnt des 20. Jh. (1996).

Positivismusstreit, sozialwiss. Kontroverse, die im Anschluss an die Referate K. R. POPPERS und T. W. ADORNOS auf einer Tagung der Dt. Gesellschaft für Soziologie im Oktober 1961 in Tübingen ausbrach und für den ›krit. Rationalismus‹ v. a. von H. ALBERT, für die Vertreter der ›krit. Theorie‹ v. a. von J. HABERMAS weitergeführt wurde. Der P. bestimmte Ende der 60er-Jahre und in der Folgezeit die Debatte um die Grundlagen, die Zielsetzung und die Abhängigkeit sozialwiss. Methoden und Ergebnisse von gesamtgesellschaftl. Rahmenbedingungen und Interessenlagen. Während der krit. Rationalismus auf einer an der Falsifizierbarkeit und Prüfbarkeit orientierten Arbeit mit Hypothesen, auf der Leitidee einer wertfreien Wiss. und auf der sozialtechnolog. Anwendbarkeit der Ergebnisse bestand, sah die Gegenseite hierin eine unzulässige Abkoppelung der wiss. Erkenntnisse von gesamtgesellschaftl. Problemlagen, eine Zurichtung der jeweiligen Forschungsergebnisse auf rein instrumentelle Fragestellungen und letztlich den Verzicht auf die Anschließbarkeit sozialwiss. Forschens an das Programm einer gesellschaftl. Emanzipation, eine Zielvorstellung, die den krit. Rationalisten wiederum als Einführung eines wiss. unzulässigen ›aprior.‹ Maßstabes erschien; letztlich ging es um die Auseinandersetzung zw. Vertretern einer ›großen Theorie‹ und den Vertretern eines bescheideneren, anwendungsorientierten Forschungsansatzes für bestimmte Handlungsfelder, eine Fragestellung, die auch noch die Sozialforschung der Gegenwart betrifft.

Theorie u. Realität, hg. v. H. ALBERT ([2]1972); J. HABERMAS: Zur Logik der Sozialwiss.en (Neuausg. 1985); Der P. in der dt. Soziologie, Beitrr. v. T. W. ADORNO u. a. (Neuausg. 1993); R. WIGGERSHAUS: Die Frankfurter Schule. Gesch., theoret. Entwicklung, polit. Bedeutung ([4]1993); H.-J. DAHMS: P. (1994).

Positivmodulation, *Fernmeldetechnik:* ein Übertragungsverfahren, bei dem das Bildsignal der Trägerschwingung so aufmoduliert wird, dass die großen Amplituden des modulierten Trägers den hellen Bildpartien entsprechen und die kleinen den dunklen.

Positiv-Positiv-Verfahren, *Fotografie:* →Kopierverfahren.

Positron [Kw. aus **posi**tiv und Elek**tron**] *das, -s/...'ronen,* physikal. Symbol $\mathbf{e}^+$, ein →Elementarteilchen aus der Gruppe der Leptonen mit gleicher Masse und dem Betrag nach gleicher elektr. Ladung wie das →Elektron, jedoch mit positivem Vorzeichen der Ladung. Als →Antiteilchen des Elektrons **(Antielektron)** hat das P. analoge physikal. Eigenschaften. Die Existenz des P. wurde 1928 von P. A. M. DIRAC aufgrund seiner relativist. Quantenmechanik des Elektrons postuliert (→Löchertheorie), 1932 wurde es von C. D. ANDERSON in der kosm. Strahlung nachgewiesen. P. entstehen u.a. beim Zerfall bestimmter radioaktiver Atomkerne (→Betazerfall), durch →Paarbildung und beim Zerfall positiv geladener Myonen. Sie können mit Elektronen unter Entstehung von Gammaquanten zerstrahlen.

Positronen|emission, Positronen|zerfall, *Physik:* →Betazerfall.

Positronen|emissions|tomographie, Abk. **PET,** computergestütztes Schichtaufnahmeverfahren der Nuklearmedizin, das die Sichtbarmachung physiolog. und biochem. Funktionen auf zellulärer Ebene ermöglicht. Es verwendet mit Radionukliden von kurzer Halbwertszeit markierte stoffwechselaktive Substanzen, die dem Körper zugeführt werden (Injektion, Inhalation) und beim Zerfall Positronen ausstrahlen. Diese reagieren mit den Elektronen des untersuchten Gewebes unter Aussendung energiereicher Gammastrahlung; ihre je nach örtl. Anreicherung unterschiedl. Intensitätsverteilung wird von mehreren Tausend Kristalldetektoren ermittelt, die den Patienten ringförmig umgeben. Wie bei den übrigen Tomographieverfahren (Computertomographie u.a.) verarbeitet ein Computer die Signale zu einem Schichtbild.

Die PET ermöglicht z.B. durch Darstellung des Glucosemetabolismus der Gehirnzellen diagnost. Aussagen bei Durchblutungsstörungen noch vor Eintritt irreversibler organ. Veränderungen, degenerativer Demenz, Alzheimer-Krankheit, Epilepsie und Tumorerkrankungen; von anderen Stoffwechseluntersuchungen des Gehirns werden auch Erkenntnisse über die Ursachen psychiatr. Erkankungen erwartet. Neben der allgemeinen Tumordiagnostik bieten die Darstellung von Durchblutung und Sauerstoffverbrauch im Gewebe (Erkennung von Infarktschäden) und des Übergangs von Arzneimitteln und Giften in den Stoffwechsel (gezielte Krebsbehandlung mit zytostat. Mitteln, Erprobung optimal wirksamer Arzneimittel) weitere Anwendungsmöglichkeiten. – Das in seinen Grundzügen bereits 1913 von G. K. VON HEVESY als äußere Messung der Aktivität von in den Körper gebrachten Radionukliden erprobte Verfahren wurde erst seit Anfang der 80er-Jahre für den Einsatz in der medizin. Diagnostik entwickelt. Die P. ist bautechnisch sehr aufwendig und kostenintensiv, da zur Herstellung der Positronenstrahler ein Linearbeschleuniger notwendig ist.

Positronium *das, -s,* kurzlebiges →exotisches Atom, das beim Einschuss niederenerget. Positronen in Materie aus einem Positron (e^+) und einem Elektron (e^-) entstehen kann (erstmals 1951 nachgewiesen). Dabei bilden Positron und Elektron ein gebundenes, wasserstoffähnl. System, in dem sie sich um ihren gemeinsamen Schwerpunkt bewegen. Bei antiparalleler Ausrichtung der Spins der beiden Teilchen liegt ein Singulettzustand vor **(Para-P.),** bei paralleler Ausrichtung ein Triplettzustand **(Ortho-P.).** Para- und Ortho-P. zerstrahlen nach Lebensdauern von etwa 10^{-10}s bzw. 10^{-7}s in zwei bzw. drei Gammaquanten. Mithilfe der Hochfrequenzspektroskopie konnten am P. durch Messung der Hyperfeinstruktur und des Zeeman-Effektes Vorhersagen der Quantenelektrodynamik bestätigt werden.

POSS [Abk. für **P**alomar **O**bservatory **S**ky **S**urvey], →Sternkarten.

Possart, Ernst Ritter von (seit 1897), Schauspieler, Regisseur und Theaterleiter, * Berlin 11.5. 1841, † ebd. 8.4. 1921; kam 1864 an das Münchner Hoftheater, wo er 1893–1905 Generaldirektor, später Intendant war. Als Schauspieler vereinigte er wirklichkeitsnahe Charakteristik mit rhetorisch-pathet. Vortrag (u.a. Jago, Richard III.). P.s Schiller- und Shakespeareinszenierungen galten als stilbildend wie auch die Inszenierungen von Wagner- und Mozartopern (ab 1901 an dem von ihm gegründeten Prinzregententheater).

Posse, Bez. für versch. Formen des volkstüml. kom. Theaters in der neuzeitl. Literatur; heute z.T. gleichbedeutend mit Farce verwendet. Kennzeichnend sind einfaches Handlungsgefüge, Situations- oder Charakterkomik und der Verzicht auf Belehrung; im Mittelpunkt steht meist die →komische Person in ihren verschiedensten histor. und lokalen Ausprägungen. Die als P. bezeichneten Stücke stehen in der Tradition des Mimus, des Fastnachtsspiels und der Commedia dell'Arte. Die Gattungsbezeichnung ›P.‹ begegnet zuerst im 17. Jh. für die kurzen, derbkom. Nachspiele der Wanderbühnen (ältester Beleg ist das Stückeverzeichnis der veltenschen Truppe, das für 1679 die Aufführung der ›P. von Münch und Pickelhäring‹ festhält). Mit J. C. GOTTSCHEDS Theaterreform wurde die kom. Person 1737 exemplarisch von der Bühne verbannt (in Österreich v.a. in den 1770er-Jahren durch J. VON SONNENFELS) und der P. die →sächsische Komödie als aufklärer. Typendrama entgegengesetzt. Als P. werden die danach aus dem Französischen übersetzten kom. Einakter bezeichnet. In deren Tradition stehen einzelne dt. Produktionen der Zeit um 1800 (A. VON KOTZEBUE) und der 1. Hälfte des 19. Jh. (E. RAUPACH, H. LAUBE). Eine bedeutende Stellung nimmt das Volkstheater ein, das aufgrund lokaler Traditionen (→Lokalstück) bis weit ins 19. Jh. an der kom. Person festhielt. Im volkstüml. Rahmen entwickelte sich auch, innerhalb des Wiener Volkstheaters, seit Anfang des 18. Jh. die von J. A. STRANITZKYS ›Hans Wurst‹ (→Hanswurst) eingeleitete **Wiener Lokal-P.** (u.a. A. BÄUERLE, ANTON HASENHUTH, * 1760, † 1841, J. J. LAROCHE, E. SCHIKANEDER, MATTHIAS STEGMAYER, * 1771, † 1820). Einen Höhepunkt stellen hier die P. von J. N. NESTROY dar. Zur Wiener Lokal-P. gehört auch die **Zauber-P.,** die durch das Eingreifen guter und böser Feen und Geister in die Handlung charakterisiert ist, wie z.B. in NESTROYS ›Der böse Geist Lumpazivagabundus‹ (1835).

Possession, Île de la P. [ildlapɔsɛˈsjɔ̃], die größte der frz. →Crozetinseln im S des Ind. Ozeans, 30 km lang, bis 1 500 m ü.M.

possessiv [lat., zu possidere, possessum ›besitzen‹], **1)** *bildungssprachlich* für: besitzergreifend, an sich bindend.

2) *Sprachwissenschaft:* besitzanzeigend.

Possessivpronomen, →Pronomen.

possessorisch, *Recht:* den Besitz betreffend.

Possevino, Antonio, Jesuit (seit 1559), päpstl. Diplomat und Unionstheologe, * Mantua 10. 7. 1533, † Ferrara 26. 2. 1611; missionierte im Auftrag GREGORS XIII. in Schweden (1577; 1579/80) und wurde 1582 nach Moskau entsandt, wo er zw. STEPHAN IV. BÁTHORY von Polen und dem Zaren IWAN IV. den Waffenstillstand von Jam Zapolski vermittelte. Seine anschließenden Unionsgespräche mit der russisch-orth. Kirche blieben erfolglos. Von seinem umfangreichen literar. Werk sind bes. bedeutend: die Beschreibung seiner Moskaureise (›Moscovia‹, 1586), seine Wissenschaftslehre ›Biblioteca selecta‹ (3 Bde., 1593) und der ›Apparatus sacer‹ (3 Bde., 1603–06), die damals mit 8 000 behandelten Schriftstellern größte theolog. Bibliographie.

Nuntiatur des Germanico Malaspina, Sendung des A. P. 1580–1582, bearb. v. J. RAINER (Wien 1973).

Ernst Ritter von Possart

Possibilisten [zu frz. possible ›möglich‹], reformist. Richtung der frz. sozialist. Bewegung, die das ›Mögliche‹, das praktisch Erreichbare an Reformen auf lokaler Ebene durchsetzen wollte. 1882 entstanden, erlebten die P. mehrere Spaltungen, u.a. 1890 in ›Broussisten‹ (nach PAUL BROUSSE, * 1844, † 1912) und die stärker revolutionär ausgerichteten ›Allemanisten‹ (nach JEAN ALLEMANE, * 1843, † 1935). Die P.

vereinigten sich 1901 mit anderen im ›Parti Socialiste Français‹, der 1905 in der ›Section Française de l'Internationale Ouvrière‹ (SFIO) aufging.

Pößneck, Stadt im Saale-Orla-Kreis, Thür., 220 m ü. M., in der Orlasenke, 15 100 Ew.; Großdruckerei, Brauerei, Schokoladen-, Leuchten-, Maschinenfabrik, Kunststoffverarbeitung, Herstellung von Verpackungsfolien. Südlich von P., bei Moxa, seismolog. Station. – Spätgot. Stadtkirche (Turm um 1290, Kirchenschiff um 1400, Chor 1474); Rathaus (1478–85) mit Treppengiebel und Freitreppe (1530–31); Weißer Turm (1453; einst Teil der Stadtbefestigung). – P. wurde bereits bei der ersten urkundl. Erwähnung 1324 als Stadt bezeichnet; 1952–94 war P. Kreisstadt.

Poßruck, slowen. **Kozjak** [kɔz-], Teil des Steir. Randgebirges, schließt nördlich der Drau nach O an die südl. Koralpe an (östlich des Radlpasses, bis Maribor), über den Kamm (außer im O) verläuft seit 1919 die Grenze zw. Österreich (Steiermark) und Slowenien; im Radlberg 1 052 m ü. M, im Kapuner Kogel (slowen. Kapunar) bis 1 049 m ü. M., Land- und Forstwirtschaft.

POS-Systeme [POS Abk. für **P**oint **o**f **S**ale], **POS-Banking** [ˈpɔs bæŋkɪŋ, engl.], elektron. Zahlungssysteme v. a. im Groß- und Einzelhandel, bei denen Kunden mithilfe von Plastikkarten (ec-, Kunden- oder Kreditkarten) am Verkaufsort (Point of Sale) bezahlen können. Ausgangspunkt ist ein Datenerfassungsgerät (POS-Terminal) im Kassenbereich. Diese dienten zunächst zur Erfassung der ausgehenden Waren und der Veränderung der Lagerbestände im Rahmen von Warenwirtschaftssystemen, wurden dann aber um die Abwicklung bargeldloser Zahlungen auf elektron. Weg (Computergeld) erweitert.

Das von der dt. Kreditwirtschaft 1990 eingeführte **Electronic-Cash-System** ist ein Online-POS-S., bei dem sich der Kunde unter Verwendung einer ec- oder Kundenkarte durch Eingabe seiner persönl. Identifikationsnummer (PIN) gegenüber dem System legitimiert und den Rechnungsbetrag bestätigt. Die vom Kartenleser aus dem Magnetstreifen (bzw. dem Chip) gelesenen Daten werden direkt verschlüsselt an ein Autorisierungssystem der Kreditwirtschaft zu Prüfungszwecken (Legitimation, Sperrvermerk, Zahlungsfähigkeit) übertragen. Bei positivem Ergebnis garantiert das Kreditgewerbe dem Händler die Zahlung des Betrages, der dann vom Bankkonto des Kunden abgebucht und dem des Händlers gutgeschrieben wird. Aufgrund der Onlineprüfung und der Zahlungsgarantie ist dieses System für den Händler relativ teuer. Als alternatives System wurde daher das **elektron. Lastschriftverfahren (ELV)** mittels ec-Karte und Prüfung der Unterschrift entwickelt, bei dem jedoch keine Echtheits-, Sperren- oder Zahlungsprüfung sowie keine Zahlungsgarantie erfolgt. Die Händler sparen damit zwar Kosten, übernehmen aber das Zahlungsrisiko. Als weiteres Offline-POS-S. wurde 1993 das **POZ-Verfahren** (POS ohne Zahlungsgarantie) eingeführt. Hier zahlt der Kunde ebenfalls mit ec- oder Kundenkarte und per Unterschrift. Bei Überschreitung eines bestimmten Betrages erfolgt lediglich eine Sperrdateiabfrage (keine Zahlungsprüfung). Mangels Zahlungsgarantie des Kreditgewerbes trägt auch hier der Händler das volle Risiko. – Schließlich besteht noch die Möglichkeit, offline mittels Chipkarte zu bezahlen. Der darauf befindliche Mikroprozessor ermöglicht eine verschlüsselte Speicherung von Daten, darunter ggf. den eingeräumten Kreditrahmen oder ein (Rest-)Guthaben. Da die PIN- und Bonitätsprüfung im Chip stattfindet, kann eine Verbindung zum Rechenzentrum entfallen. Bedeutung hat auch die →elektronische Geldbörse.

Insgesamt ist eine zunehmende Verbreitung von POS-S. zu beobachten, seit 1994 unter der Bez. **European debit card** (Abk. **edc**) auch europaweit. Aus Sicht des Handels sind die Vorteile (z. B. Risiko- und Kostensenkung durch geringere Bargeldhaltung, schnellere Wertstellung der Guthaben) mit den Investitionskosten, den laufenden Datenübertragungs- und ggf. Autorisierungsgebühren bzw. Provisionen des Bankgewerbes abzuwägen. Aus Kundensicht stehen den Vorteilen einer bequemeren Zahlungsabwicklung eventuelle Datenschutzbedenken gegenüber.

post... [lat. post ›hinten‹; ›nach‹, ›hinter‹], Präfix mit den Bedeutungen: 1) hinter, nach (räumlich), z. B. Postposition; 2) nach (zeitlich), z. B. postmortal.

Post [ital. posta ›Poststation‹, eigtl. ›festgesetzter Aufenthaltsort (an dem Pferde und Bote gewechselt wurden)‹], Kurz-Bez. für →Deutsche Post AG.

Post, 1) Frans Jansz., niederländ. Maler, * Leiden 1612, † Haarlem 16. 2. 1680, Bruder von 4); reiste 1637 mit seinem Bruder im Gefolge des Prinzen JOHANN MORITZ von Nassau nach Brasilien, wo er zahlr. topograph. Zeichnungen anfertigte. Seine Eindrücke verarbeitete er auch in Landschaftsbildern mit kleinfigurigen Genreszenen, die z. T. erst nach seiner Rückkehr (1644) in Haarlem entstanden.

F. P., bearb. v. T. KELLEIN, Ausst.-Kat. (Basel 1990).

HOTEL DU PARC
VICTORIA REGIA
Letzte Nachrichten

Herbert Post: Druckschriften; von **oben** Post-Antiqua, 1932; Post-Mediaeval, 1944–47; Dynamik, 1952

2) Herbert, Schriftkünstler und Buchgestalter, * Mannheim 13. 1. 1903, † Bayersoien (Kr. Garmisch-Partenkirchen) 9. 7. 1978; Schüler von RUDOLF KOCH, war 1956–67 Direktor der Akad. für das Graph. Gewerbe in München. Seine aus der Schreibschrift entwickelten Druckschriften fanden weite Verbreitung: ›P.-Antiqua‹ (1932), ›P.-Fraktur‹ (1934), ›P.-Mediaeval‹ (1944–47), ›P.-Schmuck‹ (1949), ›Dynamik‹ (1952). – P. gründete 1953 in Offenbach am Main die **Herbert-Post-Presse** (seit 1956 in München).

3) Sir (seit 1981) Laurens Jan van der, südafrikan. Schriftsteller und Forschungsreisender, * Philippolis (Oranjefreistaat) 13. 12. 1906, † London 15. 12. 1996; verließ Südafrika 1927 und ging nach England, diente in der brit. Afrika- und Ostasienarmee (1939–45). Nach 1949 unternahm er im Auftrag der brit. Reg. Exkursionen im südl. Afrika, u. a. zur Erforschung des Lebens der Buschmänner; P., der mit dem Psychoanalytiker C. G. JUNG eng befreundet war, verfasste ethnolog. Studien, Reiseberichte und autobiograph. Aufzeichnungen sowie spannende Romane, die meist in mehrere Sprachen übersetzt und z. T. verfilmt wurden.

Werke: *Reportagen, Studien:* Venture to the interior (1936; dt. Vorstoß ins Innere. Afrika u. die Seele des 20. Jh.); The lost world of the Kalahari (1958; dt. Die verlorene Welt der Kalahari); The heart of the hunter (1961; dt. Das Herz des kleinen Jägers); First catch your land. A taste of Africa (1977; dt. Wie Afrika ißt); Testament to the Bushmen (1984); The admiral's baby (1996). – *Romane:* The hunter and the whale (1967; dt. Der Jäger und der Wal); A story like the wind (1972; dt. Wenn Stern auf Stern aus der Milchstraße fällt). – *Anthologie:* Feather fall (1994).

4) Pieter Jansz., niederländ. Baumeister, getauft Haarlem 1. 5. 1608, † Den Haag 8. 5. 1669, Bruder von 1); Hauptmeister des niederländ. Palladianismus neben J. VAN CAMPEN, mit dem er wiederholt zusammenarbeitete. Als Maler schuf er v. a. Schlachtenbilder.

Werke: Schloss Huis ten Bosch in Den Haag (1645–51); Stadtwaage in Leiden (1657–59); Rathaus in Maastricht (1659–64); Stadtwaage in Gouda (1668).

Postament [wohl zu ital. postare ›hinstellen‹] *das, -(e)s/-e,* Unterbau, Sockel (v.a. einer Säule oder Statue).

Post|anweisung, Zahlungsauftrag an die Post, einen bar eingezahlten Geldbetrag bis höchstens 3000 DM an den Empfänger auszuzahlen. Gegen besonderes Entgelt wird die P. telegrafisch übermittelt.

Post|auftrag, →Postzustellungsauftrag, →Postprotestauftrag.

Postbank, Kurz-Bez. für →Deutsche Postbank AG.

post Christum [lat.], Abk. **p. Chr.,** nach Christus. – **post Christum natum,** Abk. **p. Chr. n.,** nach Christi Geburt.

Postdental, *Phonetik:* ein →Laut.

Postdormitium [zu lat. dormire ›schlafen‹] *das, -s/...tilen,* Übergangsphase zw. →Schlaf und Wachsein.

Postel, Christian Heinrich, Dichter, * Freiburg/Elbe (bei Stade) 11. 10. 1658, † Hamburg 22. 3. 1705; Jurist, führender Vertreter der Hamburger Operndichtung; befreundet mit G. SCHOTT. Seine Libretti (u.a. ›Die Schöne und Getreue Ariadne‹, 1691; ›Medea‹, 1695) zeichnen sich durch knappe Dialogführung und zügigen Versrhythmus aus.

S. OLSEN: C. H. P.s Beitr. zur dt. Lit. (Amsterdam 1973); DERS.: C. H. P. 1658–1705. Bibliogr. (ebd. 1974).

Post|empfangsbeauftragter, Person, die berechtigt ist, Postsendungen in Empfang zu nehmen, die an Empfänger in Gemeinschaftsunterkünften (z.B. Kasernen, Krankenhäusern, Strafanstalten), Behörden oder Firmen gerichtet sind. Der P. ist per Formblatt beim Zustellpostamt zu benennen.

Posten [ital. posto, von lat. positus (locus), eigtl. ›festgelegter (Ort)‹], *der, -s/-,* 1) Stelle, die jemandem (bes. einer Wache) zugewiesen wurde und die er für eine bestimmte Zeit nicht verlassen darf; Wachdienst; 2) Amt, Position, Stellung.

Posten [ital. posta, von lat. posita (summa) ›festgesetzte (Summe)‹] *der, -s/-,* im Handel der einzelne Bestandteil einer Rechnung oder eines Kontos.

Post|entgelte, früher **Postgebühren, Porto,** die Entgelte im Brief-, Päckchen-, Paket- und Postauftragsdienst. Sie sind in den Anlagen zu den ›Allgemeinen Geschäftsbedingungen der Dt. Post AG für den Briefdienst Inland‹ festgelegt.

Poster [engl. ˈpəʊstə; engl. ›Plakat‹] *das* oder *der, -s/-* und (bei engl. Aussprache) *-s,* Variante des →Plakats ohne direkte Information; Druck (mit Motiven aus Kunst oder Fotografie), vorwiegend als Dekorationselement für Innenräume bestimmt, auch als Anschlag, wobei das P. dem Werbeplakat ähnlich sein kann. Das P. kam in den 1960er-Jahren v.a. als Pop-P. aus den USA nach Europa und nahm seitdem eine Vielfalt von Motiven auf.

J. BARNICOAT: Das P. (a.d.Engl., 1972); GÜNTER SCHMIDT: Posters (1993, dt. u. engl.).

poste restante [ˈpɔst rɛsˈtãt], frz. Bez. für →postlagernd.

posterior [lat.], **1)** *Medizin:* Lagebezeichnung im Körper: hinten, weiter hinten als andere Teile; Ggs.: anterior.

2) *Phonetik:* andere Bez. für nicht anterior, →anterior.

Postfach, Postschließfach, verschließbares Fach, über das Postsendungen innerhalb von sieben Werktagen beim Zustellpostamt auch außerhalb der Schalterstunden abgeholt werden können.

post festum [lat. ›nach dem Fest‹], *bildungssprachlich* für: hinterher, im Nachhinein (wenn es eigtl. zu spät ist).

Postfixnotation, *Informatik:* die →UPN.

Postflagge, Dienstflagge der Postbehörden; in der Bundesrepublik Dtl. durch Anordnung über die dt. Flaggen vom 7. 6. 1950 eingeführt.

Postgastrektomiesyndrom, das →agastrische Syndrom.

Postgeheimnis, Element des →Brief-, Post- und Fernmeldegeheimnisses.

Postgirodienst [-ʒiːro-], eine von der Dt. Postbank AG betriebene Finanzdienstleistung mit Überweisungen von Konto zu Konto, Bareinzahlungen auf Postgiro- u.a. Konten, Barauszahlungen aufgrund vorgelegter Postschecks, Eurocheques und durch Geldautomaten, Geldübermittlung durch Zahlkarten und -scheine sowie elektron. Kontoführung. Die Postbank-Girokonten der Postgiroteilnehmer werden von den Postgiroämtern als unteren Bundesbehörden geführt. – Der P. wurde nach österr. Vorbild (seit 1883) in Dtl. 1909 eingeführt. Durch Einschalten von Korrespondenzbanken wurde der Zahlungsverkehr 1977 verbessert; 1978 wurde das Sortengeschäft eingeführt.

Postglazial [zu lat. glacialis ›eisig‹, ›voll Eis‹] *das, -s,* das →Holozän.

Postglossatoren, Kommentatoren, überwiegend ital. Schriftsteller des gelehrten römisch-kanon. Rechts von 1250 bis 1500 (bes. BARTOLUS DE SASSOFERRATO und BALDUS DE UBALDIS), die die Glossatoren (→Glosse) ablösten. Verfasser zahlr. Kommentare zum Corpus Iuris Civilis. Im Umgang mit den Quellen des röm. Rechts waren sie freier als ihre Vorgänger und dadurch lebensnäher. Begründer der modernen europ. Rechtswiss.; die Aufnahme des röm. Rechts in Dtl. (→Rezeption) erfolgte in der Form, die es durch die P. erfahren hatte.

Postgraduate Study [pəʊstˈgrædjʊeɪt ˈstʌdɪ, engl.], im angelsächs. Bildungswesen Bez. für nach einem ersten Abschluss weitergeführtes Studium; in Dtl. wird ein Aufbaustudium nach vollem akadem. Abschluss auch als Graduiertenstudium bezeichnet. Als Modell eines künftigen Graduiertenstudiums hat sich das →Graduiertenkolleg bewährt.

Postgut, →Paket.

Pos|thitis [zu griech. pósthion ›Vorhaut‹] *die, -/...thiˈtiden,* die →Vorhautentzündung.

Post|horn, kleines, meist kreisrund gewundenes ventilloses Horn mit weiter Stürze; seit dem 17. Jh. Signalinstrument der Postillione. Durch Anpassung an die äußere Form der Trompete und Hinzufügen von Ventilen entstand um 1830 hieraus das →Kornett.

Post|hörnchen, 1) Spirula spirula, zu den Tintenfischen i.e.S. gehörender 6 cm langer Kopffüßer, der in Schwärmen in der Tiefsee trop. Meere lebt; mit vielkammeriger, spiralig gewundener Schale von bis zu 3,5 cm Durchmesser und einem gelbgrünen Leuchtorgan am Hinterende.

Posthörnchen 1): Spirula spirula (Größe 6 cm); **oben** Die im hinteren Teil des Tieres befindliche, einem Posthorn gleichende Schale, die der Regulierung des Auftriebs dient

2) ein Schmetterling, →Postillion.

Post|hörnchenwürmer, Spirorbis, 2–6,5 mm lange, zu den Vielborstern gehörende Gliederwürmer mit kalkiger, spiralig links- oder rechtsgewundener Röhre; häufig auf Steinen, Großalgen und Weichtierschalen der Nord- und Ostsee.

Post|hornschnecke, Planorbarius corne|us, zu den →Tellerschnecken gehörende Art mit bis 13 mm hoher und 33 mm Durchmesser aufweisender, linksgewundener, scheibenförmiger Schale in ruhigen, pflanzenreichen Gewässern Europas und W-Asiens.

Posthornschnecke (Schale bis 13 mm hoch, Durchmesser 33 mm)

posthum, volksetymolog. Schreibung von →postum.

post|hypnotische Phänomene, Bez. für im Anschluss und als Folge einer Hypnose auftretende Erscheinungen; z.B. Ausführung von unter Hypnose erhaltenen Aufträgen **(posthypnotische Suggestion)** oder Ausfall der Erinnerung für Erlebnisse unter der

Hypnose auf Anweisung des Hypnotiseurs **(posthypnotische Amnesie).**

Postille [mlat., von lat. post illa (verba sacrae scripturae) ›nach jenen (Worten der Heiligen Schrift)‹, Formel zur Ankündigung der Predigt nach Lesung des Predigttextes] *die, -/-n,* Schriftauslegung als Erklärung einzelner Texte (Perikopen) oder bibl. Bücher in Form eines Kommentarwerkes oder in der Predigt. Der Begriff findet sich erstmals bei dem frz. Theologen HUGO VON SAINT-CHER (* 1200?, † 1263). Die P. des NIKOLAUS VON LYRA ist die wichtigste des MA. (über 100 Druckausgaben zw. 1471/72 und 1520) und beeinflusste auch M. LUTHER. Der familiären Erbauung dienten die bis ins 19. Jh. wirksamen P. im Anschluss an LUTHERS Kirchen-P. (1527) auf ev. Seite und die Haus-P. L. GOFFINÉS (1690) auf kath. Seite. – B. BRECHTS Gedichtsammlung aus den Jahren 1906–26 trägt den Titel ›Haus-P.‹ (1927).

Postillion [frz.] *der, -s/-e,* **1)** *allg.:* früher der Kutscher einer Postkutsche.

Postillion 2): oben Schmetterling (Spannweite etwa 5 cm); unten Raupe

2) *Biologie:* **Post|hörnchen, Wandergelbling, Colias croceus,** zu den →Gelblingen gehörender, etwa 5 cm spannender Schmetterling in Mittel- und Südeuropa, Nordafrika und Westasien.

post|industrielle Gesellschaft, nach|industrielle Gesellschaft, gesellschaftstheoret. Bez. für den Übergang der →Industriegesellschaft in andere Gesellschaftsformen, die z. B. gekennzeichnet sind durch die Verschiebung der Produktions- und Erwerbsstruktur hin zu Dienstleistungen (→Dienstleistungsgesellschaft) oder die zunehmende Bedeutung von Information und Kommunikation (→Informationsgesellschaft). Die p. G. unterliegt zunehmend Einflüssen von Verwissenschaftlichung, Technisierung und Informationstechnologie, lässt aber neben der fortschreitenden →Globalisierung auch das Bedürfnis nach Selbstverwirklichung in den Vordergrund treten. Der Begriff ›p. G.‹ wurde durch die Sozialwiss. geprägt und hat seit den 1970er-Jahren über sie hinaus in der öffentlichen und polit. Diskussion wachsende Bedeutung gewonnen, wenn es darum geht, die Gesellschaftsform der Industriegesellschaft von ihrem mögl. Ende her oder vom Übergang zu einer nachfolgenden Gesellschaftsform zu beschreiben. In diesem Rahmen wird die p. G. heute einerseits unter dem Gesichtspunkt der durch sie eröffneten Chancen für viele Menschen (z. B. neue Berufsbilder, erweiterte Bildungsmöglichkeiten, wachsende Möglichkeiten gesellschaftl. Partizipation), auf der anderen Seite zunehmend jedoch auch als eine →Risikogesellschaft und unter dem Gesichtspunkt der wachsenden →Individualisierung diskutiert.

A. TOURAINE: Die p. G. (a. d. Frz., 1972); A. TOFFLER: Die dritte Welle – Zukunftschance. Perspektiven für die Gesellschaft des 21. Jh. (a. d. Amerikan., Neuausg. 1987); M. J. PIORE u. C. F. SABEL: Das Ende der Massenproduktion (a. d. Engl., Neuausg. 1989); R. INGLEHART: Kultureller Umbruch (a. d. Engl., Neuausg. 1995); D. BELL: Die nachindustrielle Gesellschaft (a. d. Engl., Neuausg. 1996).

Postmeilensäulen: Distanzsäule in Zwönitz, aufgestellt 1727; die Entfernungsangaben erfolgen in ›St‹ (Stunden), wobei die Stunde gleichzeitig Zeit- und Streckenmaß war (1 St = $^1/_2$ sächsische Meile = 4,531 km)

Postkarte, einteilige Sendung in Kartenform aus Papier oder Karton in Standardbriefgröße (235 × 125 mm) mit aufgeklebtem oder eingedrucktem Postwertzeichen. Die ersten P. wurden in Österreich ausgegeben, wo am 1. 10. 1869 die erste ›Correspondenz-Karte‹ verschickt wurde.

Postkeynesianismus [-keɪnz-], **Neokeynesianismus,** volkswirtschaftl. Denkrichtung in der Tradition von J. M. KEYNES (Hauptvertreter u. a. J. K. GALBRAITH, M. KALECKI, J. V. ROBINSON, N. KALDOR). Im Mittelpunkt steht die Ablehnung des neoklass. Gleichgewichtsdenkens. Während der Gleichgewichtsansatz unterstellt, dass die Ergebnisse alternativer wirtschaftl. Entscheidungen bekannt sind, ist die reale Welt durch erhebl. Unsicherheit über diese Ergebnisse geprägt. Der ökonom. Prozess vollzieht sich im histor. Zeitablauf, wobei Erwartungen über zukünftige Entwicklungen v. a. die Investitionstätigkeit und den wirtschaftl. Entwicklungsprozess prägen. Im makroökonomisch orientierten P. stehen daher die Probleme des Wirtschaftswachstums im Vordergrund, wobei eine enge Beziehung zw. dem Wachstum und der Einkommensverteilung hergestellt wird. Die im Lichte der Erwartungen getätigten Investitionen bestimmen die Gewinnquote. Damit werden die Investitionen zu einer Schlüsselgröße zugleich für Wachstum und Verteilung. Ist die Investitionsdynamik zu gering, kann Arbeitslosigkeit im Wachstumsprozess dauerhaft bestehen bleiben. Ein Vollbeschäftigungsmechanismus (Arbeitslosigkeit führt zu sinkenden Reallöhnen und auf diesem Weg zu mehr Beschäftigung) existiert nicht. Nominallohnänderungen führen auf oligopolist. Märkten über Aufschlagskalkulation der Unternehmen im Wesentlichen zu Preisänderungen, nicht aber zu Reallohnänderungen. Inflation ist damit eine Auswirkung von Erhöhungen der Löhne und der Gewinnaufschläge. Geldmengenänderungen werden als endogen betrachtet. Sie sind Reflex der Kreditschöpfung, die mit der Investitionstätigkeit verbunden ist. Der Versuch einer Geldmengenreduktion durch die Zentralbank senkt nicht die Inflationsrate, sondern vornehmlich das reale Produktionsniveau. (→Ungleichgewichtstheorie)

Über Keynes hinaus. Eine Einf. in die postkeynesian. Ökonomie, hg. v. A. S. EICHNER (a. d. Amerikan., 1982); P., Beitrr. v. K. DIETRICH u. a. (1987); Keynes aus nachkeynesscher Sicht. Zum 50. Erscheinungsjahr der ›Allg. Theorie‹ von John Maynard Keynes, hg. v. K. G. ZINN (1988).

postkommotionelles Syndrom, Hirnleistungsschwäche nach →Gehirnerschütterung.

Postkurierdienst, Beförderungsdienst der Dt. Post Express GmbH (Tochtergesellschaft der Dt. Post AG) mit lokal-regionalem, nat. und internat. Geschäftsbereich für verpacktes Nachrichten- und Kleingut bis 31,5 kg Eigengewicht.

Postl, Karl Anton, österr. Schriftsteller, →Sealsfield, Charles.

postlagernd, frz. **poste restante** [pɔstrɛsˈtɑ̃t], engl. **to be called for** [tʊ biː ˈkɔːld fɔː], Vermerk für Postsendungen, die nicht zugestellt, sondern bei der Postfiliale (Briefe 14 Tage, Nachnahmesendungen 7 Tage) zur Abholung bereitgehalten werden sollen. Gewöhnl. Briefsendungen werden jedem Abholer, eingeschriebene Sendungen, Wertbriefe und Postanweisungen nur dem Empfänger oder einem Bevollmächtigten gegen Ausweis ausgeliefert.

Postleitzahl, mehrstelliger Zahlenzusatz zur Ortsbezeichnung bei Postsendungen zur Beschleunigung und Vereinfachung des Postverkehrs. Im Rahmen der Neuregelung des P.-Systems seit 1. 7. 1993 wurde Dtl. in 83 Briefregionen aufgeteilt; diese Leitregionen sind durch die beiden ersten Ziffern der neuen fünfstelligen

P. gekennzeichnet. Die Benennung einzelner Stadtteile durch Ziffern entfiel. Statt dessen erhielten 209 Orte mehr als eine P. Insgesamt wurden 26 400 neue Zahlen vergeben, davon 8 200 für die Hausadressen, 16 500 für rd. 800 000 Postfachkunden und 1 700 für Großkunden, die mehr als 2 000 Sendungen pro Tag erhalten. Bei Auslandssendungen wird vielfach das Nationalitätszeichen für Kfz der P. vorangesetzt.

Postludium [lat. ›Nachspiel‹] *das, -s/...di|en,* in der ev. Kirchenmusik Bez. für das Orgelstück zum Beschluss des Gottesdienstes.

Postmasburg [afrikaans ˈpɔstmasbœrx], Stadt im NO der Prov. Nord-Kap, Rep. Südafrika, 1 310 m ü. M., 16 500 Ew.; in der Umgebung bedeutender Bergbau (Abbau von Manganerz, Diamanten).

Postmeile, bis in die 2. Hälfte des 19. Jh. europ. Längenmaß, nach dem die Postverwaltungen ihre Gebühren berechneten, wobei P. und die jeweilige Landesmeile nicht übereinstimmen mussten. Die Entfernungsangaben auf den Postmeilensäulen wurden in P. oder Stunden angegeben. In Frankreich war 1 P. = 3,898 km, in Österreich 7,586 km, in Kursachsen galt 1 P. = 2 000 Ruten = 9,062 km (1722–1840), 1840–75 war die P. mit 7,5 km festgelegt.

Postmeilensäulen, in Kursachsen während der Regierungszeit AUGUSTS DES STARKEN aufgestellte Meilensteine an den kursächs. Poststraßen (Viertelmeilensteine, Halbmeilensäulen, Ganzmeilensäulen) und in den Städten auf dem Marktplatz oder am Stadttor (Distanzsäulen). Diese **Distanzsäulen** sind steinerne Obelisken (etwa 4,5 m hoch), mit Sockel, Schriftteil, Wappenverzierung sowie den Initialen AR (Augustus Rex). Die Aufstellung der Säulen erfolgte auf der Basis der sächs. Landesvermessung, die ADAM FRIEDRICH ZÜRNER (* 1679, † 1742) vorgenommen hatte. Die P. werden, ab 1964 von der ›Forschungsgruppe Kursächs. Postmeilensäulen‹ erfasst und denkmalpflegerisch betreut.

Lex. Kursächs. P., Beitrr. v. J. FRANKE u. a. (Berlin-Ost 1989).

post meridi|em [lat.], →p. m.

Postmoderne [lat. post ›nach‹], zentraler Begriff der Kulturtheorie, der der Annahme Ausdruck verleiht, die als ›modern‹ bezeichnete Periode sei abgelaufen, müsse überwunden werden oder enthalte selbst schon Elemente ihrer Aufhebung. Der in der Moderne erreichte Zustand wird von manchen Theoretikern der P. als Krise verstanden, andere sehen die P. als Verwirklichung uneingelöster Chancen der Moderne. Phänomene und Erfahrungen, die von modernem Denken negativ bewertet werden (wie ›Unbestimmtheit‹, ›Pluralität‹, ›Spontaneität‹, ›Beliebigkeit‹, ›Synkretismus‹, ›Trivialität‹), erfahren in der Theorie der P. Anerkennung als menschl. Schlüsselerfahrungen und soziale wie ästhet. Grundphänomene. In den kulturwiss. Einzeldisziplinen wird der Terminus extrem variantenreich und auch widersprüchlich benutzt. Seine modisch-inflationäre Verwendung droht, ihn zum sinnentleerten ›Passepartoutbegriff‹ (U. ECO) zu machen. Der Ausdruck ›Postmodernismus‹ wird indifferent auf unterschiedl. Bewegungen v. a. der angelsächsisch-lateinamerikan. Kultur bezogen, die Einzelaspekten der P. Ausdruck verleihen.

Begriff und Geschichte

Der bisher früheste Nachweis des Wortes ›postmodern‹ findet sich bei R. PANNWITZ (›Die Krisis der europ. Kultur‹, 1917). Er sprach vom ›postmodernen Menschen‹ mit Bezug auf NIETZSCHES Diagnose der Moderne unter dem Eindruck von Décadence und Nihilismus sowie auf sein Programm der Überwindung dieser Moderne im Zeichen des ›Übermenschen‹. NIETZSCHE, der immer wieder als Vater der P. ausgerufen und kritisiert wird, hat also mittelbar diese Wortschöpfung inspiriert. Sie blieb

Postmoderne: Ricardo Bofill, ›Le Théâtre‹ innerhalb der Anlage ›Les Espaces d'Abraxas‹ in Marne-la-Vallée, bei Paris; 1978–83

allerdings in ihrer pannwitzschen Prägung unbeachtet und folgenlos. Die Wortbildung ›Postmodernismo‹ ist in der lateinamerikan. Literaturgeschichte seit 1934 nachweisbar; sie steht dort für eine kurze, 1905 einsetzende Phase der Kritik am hispan. ›Modernismo‹. In den USA taucht der Begriff ›Postmodernism‹ seit den frühen 40er-Jahren in literaturtheoret. Zusammenhang auf. Der brit. Historiker A. TOYNBEE bezeichnet in seinem universalhistor. Hauptwerk ›A study of history‹ in der Fassung von 1947 als ›post-modern‹ die zeitgenöss. Epoche der abendländ. Kultur seit dem Übergang von der nationalstaatl. zur globalen Politik, dessen Beginn er in den 70er-Jahren des 19. Jh. ansetzt. Nach TOYNBEE löst die P. die mit der Moderne gleichgesetzte Neuzeit, die mit der Renaissance beginnende abendländ. Ära, ab.

Schlüsselbegriff

Durch die amerikan. Kritiker IRVING HOWE (* 1920, † 1993) und HARRY LEVIN (* 1912) wurde der Begriff ›Postmodernism‹ Ende der 50er-Jahre ganz auf die Literatur dieser Zeit bezogen, hier jedoch, im Rückblick auf die innovator. Meisterwerke der ästhet. Moderne (z. B. von T. S. ELIOT, E. POUND, J. JOYCE), als lediglich negative Bestimmung. Es wurde ein Erschöpfungszustand diagnostiziert, der nur noch ein imitator. Spiel mit den überlieferten Formen zulasse (J. BARTH). Die allmähl. Umwertung des Begriffs folgte der von dem Kunsthistoriker E. GOMBRICH aufgestellten Regel, dass neue Kunstbegriffe, die sich auf Erscheinungen beziehen, die den bisherigen ästhet. Horizont durchbrechen, oft aus abfälligen Etiketten entstehen, die dann zu deskriptiven Kategorien weiterentwickelt werden. Demgemäß zeichnete sich in den späten 60er-Jahren eine positive Tendenzwende in der Bewertung des ›Postmodernism‹ ab, die mit den Namen L. FIEDLER, SUSAN SONTAG und IHAB HABIB HASSAN (* 1925) verbunden ist. Das Gefühl der Erschöpfung der innovator. Potenz, das sich im literaturkrit. Gebrauch des Wortes ausdrückte, wurde nun verdrängt durch eine neue Aufbruchsstimmung, eine ›futurist. Revolte‹ (FIEDLER).

Diese antizipator. P. steht zu der in den 70er-Jahren bes. in der Architektur um sich greifenden rekursiven, historisierend-eklektizist. P. in größtem Gegensatz. Was das antizipator. und das rekursive Konzept der P. jedoch verbindet, ist die selbstbewusste Stellung gegenüber der in den Anfängen der P.-Diskussion noch verklärten Moderne, hinter die nun zurück- oder über die hinausgegriffen wird, und die positive Bestimmung dessen, was von den ersten Kritikern der P. noch als Erschöpfungszustand angesehen wurde. Die P. wendet das pessimist. Fazit in ein optimistisches; sie ist eine ›Moderne ohne Trauer‹ (A. WELLMER, 1985).

Die futurist. P., wie sie von FIEDLER propagiert wird, nimmt vielfach die ikonoklast. Elemente der histor. Avantgarde in sich auf. Sie richtet sich gegen die werkzentrierte und elitäre klass. Moderne, die auf der Kunstautonomie insistiert. FIEDLERS Essay ›Cross the border – close the gap‹ (1969) enthält den zentralen Appell der postmodern-populist. Ästhetik: Die Grenze, die überschritten werden soll, ist die, die den Künstler von der Massengesellschaft trennt; die zu schließende Kluft ist diejenige zwischen Elite- und Massenkultur. Pop-Art, Happening, Performance u. a. Formen der Aktionskunst, die die Grenze zw. Kunst und Leben aufheben wollen und das dauerhafte, hermetisch-geschlossene Kunstwerk negieren, sind die maßgebenden ästhet. Phänomene dieser Richtung der Postmoderne.

Postmoderne Architektur und Kunst

Im Unterschied zur literarisch-philosoph. P. hat der Begriff in der Architektur die Bedeutung eines Epochenbegriffs angenommen. Die Architekturdiskussion griff bald auf die anderen Künste, aber auch auf andere Kulturbereiche über und wurde zu einem allgemein krit. Begriff der Kulturanalyse der 1970er- und 80er-Jahre.

Die Wurzeln der *Architektur-P.* reichen zurück bis in die 1960er-Jahre. Die Schriften von R. C. VENTURI ›Complexity and contradiction in architecture‹ (1966; dt. Komplexität und Widerspruch in der Architektur) und A. ROSSI ›L'architettura della città‹ (1966; dt. Die Architektur der Stadt) sind die ersten Programmerklärungen der neuen Tendenzen (›nuove tendenze‹), die sich gegen einen ›Vulgär-Funktionalismus‹ (ADOLF MAX VOGT) richteten. Die erste Publikation zur Architektur der amerikan. P. waren die Architekteninterviews: ›Conversations with architects‹ (1973; dt. Architektur im Widerspruch) von HEINRICH KLOTZ und JOHN W. COOK. Früheste öffentl. Bekundungen der P.-Diskussion waren die Symposien des Internat. Design-Zentrums Berlin ›Das Pathos des Funktionalismus‹ (1975) mit VENTURI, ROSSI und DENISE SCOTT BROWN. Im Zusammenhang mit diesen Symposien wurden erstmals die Begriffe ›klassische Moderne‹ in Unterscheidung zu einem Kontinuitätsanspruch der Moderne gebraucht wie auch ›Nachfunktionalismus‹ (KLOTZ). Das Denkmalschutzjahr 1975 erbrachte entgegen den Vorstellungen einer ›autonomen Moderne‹ die Programmatik des ›integrierenden Bauens‹, womit auch die histor. Bezüge der Architektur wieder in den Blick kamen (Begründung des Programms der IBA, Internat. Bauausstellung Berlin). Mit der Schrift ›The language of post-modern architecture‹ (1977; dt. Die Sprache der postmodernen Architektur) führte CHARLES JENCKS (* 1939) den zuvor in der literarisch-philosoph. Diskussion vorgeprägten Begriff in die Architekturtheorie ein. Wie auch schon bei VENTURI und ROSSI wendet sich die von JENCKS unter dem Begriff P. vorgetragene Kritik gegen die Entwicklungen einer kommerzialisierten, modernen Architektur (›Spätmoderne‹).

Mit den großen Architekturausstellungen ›Die Zukunft der Vergangenheit‹ in Venedig (P. PORTOGHESI) 1980 und der Eröffnungsausstellung des Dt. Architekturmuseums Frankfurt am Main ›Revision der Moderne‹ (1984) wurden die Architekturprojekte der P. der Öffentlichkeit zugänglich gemacht. Die Ausstellung des Dt. Architekturmuseums entfaltete als Wanderausstellung internat. Wirkung.

Die postmoderne Architektur, als deren Hauptvertreter u. a. H. HOLLEIN, ISOZAKI ARATA, C. W. MOORE, ROSSI, R. STERN, J. STIRLING, VENTURI und O. M. UNGERS gelten, die aber ebenso im Werk zahlr. anderer Architekten (u. a. R. BOFILL) ihren Stellenwert erhält, wendet sich gegen die Folgen der modernen Architektur, wie sie von LE CORBUSIER, W. GROPIUS, L. MIES VAN DER ROHE, F. L. WRIGHT u. a. begründet wurde. Sie wendet sich gegen Purismus und Monofunktionalisierung, die Abwendung von der Geschichte, den Internationalismus (→internationaler Stil) und die Vernachlässigung lokaler und regionaler Identität.

Gegenüber dem funktionalist. Purismus kehrt die Architektur der P. äußerlich zum histor. Eklektizismus zurück und kann insofern als rekursive P. bezeichnet werden. Anders als im 19. Jh. vollzieht sich die Verwendung eines histor. Formenvokabulars und des von der Ästhetik des Neuen Bauens disqualifizierten Ornaments freilich in ironisch-parodist. oder schockierender Weise, als Collage versch. Stile. Ziel der postmodernen Architekten ist ein ›kontextuelles‹ Bauen, das einen Bezug zur regionalen Umgebung, zum gewachsenen urbanen Gefüge hat und mit den divergierenden Geschmackskulturen seiner Bewohner vermittelt ist. JENCKS spricht in seinen Schriften von einer ›Mehrfachkodierung‹, die es der Architektur in einer pluralist. Gesellschaft, die kein allgemein gültiges Signifikationssystem mehr kennt, ermöglichen soll sowohl mit der ›Öffentlichkeit und andererseits mit einer engagierten Minderheit, meist Architekten, zu kommunizieren‹.

Wurde durch das Neue Bauen (mit der Ablehnung der afunktionalen Würde und Schmuckformen) die Architektur entsemantisiert, d. h. funktional und ohne histor. Sinnzusammenhang gesehen, zielt die P. auf eine neue Rhetorik und Semantik (›Fiktionalität‹) der Bauformen. Die postmodernen Architekten entwickeln für Fassaden und Innenräume ihrer Bauten buchstäblich erzähler. Programme – entsprechend dem Spiel mit narrativen Strukturen in der postmodernen Erzählprosa.

Eine unterschiedl. Deutung erfuhr die postmoderne Architektur durch KLOTZ, der nicht, wie JENCKS, ein ›Ende der Moderne‹ voraussetzte, sondern die P. als eine ›Revision der Moderne‹ verstand und damit die Anregungen von CHRISTIAN NORBERG-SCHULZ (›Intentions in architecture‹ [1963; dt. Logik der Baukunst]) weiterentwickelte. Dieser hatte bereits im Ggs. zum internat. Stil die Identität des Ortes, d. h. regionalist. Charakteristika, hervorgehoben, Kriterien, die auch JENCKS in seinen Schriften aufgriff. Für KLOTZ wurde der Begriff ›Fiktionalität‹ bedeutsam, womit gesagt war, dass ein Bau sich nicht in der bloßen Darstellung seiner konstruktiven Bedingungen erschöpfte, sondern dass er auch als Medium für die Darstellung anderer Inhalte dienen konnte (›nicht nur Funktion, sondern auch Fiktion‹). Von hier ließ sich eine Verbindung zu den bildenden Künsten herstellen. Darstellung und Fiktionalität in der Malerei bedeutet Erhaltung des Scheincharakters des Kunstwerks im Ggs. zur Avantgarde, die die Entgrenzung des Kunstwerks in das Leben hinein angestrebt hatte: Kunst ist Leben, Leben ist Kunst.

Demzufolge wurden bestimmte Tendenzen in der *bildenden Kunst* der 1980er-Jahre, die über die Feststellung eines Endes der Avantgarde (vgl. PETER

BÜRGER: Theorie der Avantgarde, 1974) hinausgingen und mit einer so genannten Refiguration eine neue Fiktionalität behaupteten, mit dem Begriff der P. verbunden. Als ein ästhet. ›Trotzdem‹ wurde der Scheincharakter des Kunstwerks gegen die Gleichsetzung von Kunst und Leben erneut behauptet (Neue Wilde, Arte cifra, auch das Werk u.a. von J. KOONS, A. KIEFER und [partiell] das Werk von M. LÜPERTZ).

Postmodernes Denken

Neuer Pluralismus: Im Vergleich zur Architekturtheorie bleibt die Anwendung des Terminus P. auf die anderen Disziplinen unverbindlicher, da der Begriff des Modernen in ihnen viel offener ist. Als allgemeinste postmoderne Tendenz kann man die ›Repluralisierung‹ der Gestaltungsmittel bezeichnen, wobei die Vorsilbe ›re‹ zum Ausdruck bringt, dass die ästhet. Moderne um die Jahrhundertwende bereits den Stilpluralismus praktiziert hatte. Der restriktive Modernismus der letzten Jahrzehnte, das Dogma vom irreversiblen Fortschritt der künstler. Mittel führten jedoch zu deren immer rigoroser werdender Reduzierung und Minimalisierung in den 50er- und frühen 60er-Jahren. Der aus dem Fortschritt des ästhet. ›Materials‹ resultierende ›Kanon des Verbotenen‹, den T. W. ADORNO etwa in seiner ›Philosophie der neuen Musik‹ (1949) aufgestellt hat, wurde zunehmend erweitert: Verbot der Gegenständlichkeit in der Malerei, der Tonalität in der Musik, des unbefangenen Erzählens in der Literatur. Die ›avantgardist.‹ Forderung nach beständiger Transgression und die dadurch bedingte Einschränkung der Möglichkeiten brachte die entsprechende Literatur an den Rand des Verstummens. Dabei werden unter dem Begriff der P. ganz unterschiedl., teilweise spieler., teilweise bewusst naive, teilweise reflexiv-konstruktivist. Texte und Schreibweisen gefasst. Zu ihnen mag bereits die verzwickte Zitations- und Konstruktionstechnik der Essays G. BENNS gehören; ebenso die Mischung aus Reflexion und Erzählung in R. MUSILS ›Mann ohne Eigenschaften‹ (1930–43). Für die neuere dt. Gegenwartsliteratur spielen Remythisierungstendenzen in den dramat. Werken P. HANDKES und B. STRAUSS' eine wichtige Rolle; es wird versucht, durch gleichsam künstl. Naivität der Literatur erneut Aura und Geltung zu verleihen. Bedeutung haben ferner der bewusste Ausgriff auf triviale Strukturen, z.B. in einigen Texten R. D. BRINKMANNS, und das Spiel mit Anachronismen in C. RANSMAYRS Roman ›Die letzte Welt‹ (1988) sowie die Vertauschung von Roman und histor. Biographie in W. HILDESHEIMERS ›Marbot‹ (1981). Die amerikan. Literaturkritik bezieht die Bez. ›Postmodernism‹ insbesondere auf eine Gruppe von Autoren, die im Realität und Fantasie verwischenden, innovativen Vexierspiel mit dem formalen und motiv. Inventar die Hinwendung zu einer das Subjekt dekonstruierenden, Handlungslogik negierenden Kulturauffassung vollziehen (u.a. J. BARTH, D. BARTHELME, R. COOVER, W. GADDIS, J. HAWKES, T. PYNCHON). In Lateinamerika steht J. L. BORGES mit intertextuell-dekonstruierenden Erzählungen (u.a. ›Ficciones‹, 1944) am Beginn einer als postmodern einzuschätzenden Richtung. Für diese charakteristisch ist eine Mischung aus Kalkül und Fantastik, Eklektizismus und historisch-psycholog. Reflexion, wie sie u.a. in J. CORTÁZARS Roman ›Rayuela‹ (1963) herrscht. Als weitere Erscheinungsformen der P. im lateinamerikan. Gegenwartsroman gelten der Verzicht auf Teleologie in der Geschichtsfiktion (A. ROA BASTOS, M. VARGAS LLOSA, G. GARCÍA MÁRQUEZ) und die Verwendung von Elementen der Massenkultur, bes. der visuellen Medien Kino und Fernsehen (M. PUIG, VARGAS LLOSA). Im Theater ist eine Hinwendung zum Rituellen, Gestischen und Mythischen zu beobachten.

Die moderne Ästhetik hat sich selbst immer wieder unter einen revolutionären Innovationszwang gesetzt. Von diesem, von der ›Ideologie der Dauerüberholung‹ (W. WELSCH), sucht sich die postmoderne Ästhetik zu befreien. Sie will deshalb auch nicht ihrerseits gegenüber der Moderne ›innovatorisch‹ auftreten, die Selbstüberbietungsrituale der Avantgarden also nicht durch ein neues Ritual fortsetzen. ›Unsere postmoderne Moderne‹ heißt bezeichnenderweise ein Buch des Philosophen WELSCH (1987), das sich auf eine strikte Opposition von Moderne und P. nicht einlassen will. Damit wird die zumal von J. HABERMAS vorgetragene Kritik der P. unterlaufen, die ihr Verrat am ›Projekt der Moderne‹ und dessen aufklärer. Implikationen vorwirft. Mit HABERMAS sehen die Kritiker im postmodernen Denken einen totalen, vergangenheitsbezogenen oder selektiven Antimodernismus, der die Position des gesellschaftl. Aussteigers, die Rückkehr zu bereits vor der Moderne vertretenen Denkrichtungen (etwa auf Ganzheitlichkeit gerichtetes Denken, z.B. in der New-Age-Bewegung) oder eine neokonservative Grundhaltung mit den Forderungen Fortschritt ohne Preis, Chance ohne Risiko u.Ä. stützt. Den neuen Pluralismus bewerten Vertreter der P. als den der gesellschaftl. Grundverfassung (die von P. FEYERABEND mit ›anything goes‹ charakterisiert wird) entsprechenden Zustand der Beliebigkeit. Kritiker verweisen auf den mit der radikalen Pluralität verbundenen Verlust der Werteskala, indem das vielfältige Neue seine Verbindlichkeit verloren hat. Dagegen betont WELSCH, P. sei keine Anti-Moderne, sondern löse nur die Versprechen der Moderne radikal ein. In diesem Sinne sind also die mit der Bez. P. belegten Kulturphänomene ihrerseits Teil der Moderne. ›Die P. situiert sich weder nach der Moderne noch gegen sie. Sie war in ihr schon eingeschlossen, nur verborgen‹ (J.-F. LYOTARD, 1986). Die Kritik der postmodernen Architekturtheorie am technokrat. Modernismus kann danach auch ›im Sinne einer immanenten Kritik an einer hinter ihren eigenen Begriff zurückgefallenen Moderne verstanden werden‹ (A. WELLMER) – als Korrektiv innerhalb der aufklärer. Tradition. Obwohl neokonservative Tendenzen in versch. Richtungen der P. nicht zu verkennen sind, lässt sich ihr pluralist. Tenor, ihre Ablehnung von Einheitsimaginationen und monist. Utopien auch als Forderung eines radikalen Demokratismus verstehen, der sich dann nicht pauschal als ideolog. oder ästhet. ›Rollback‹ (Rückwende) interpretieren lässt.

In einer spezif. Weise bestimmt JENCKS die Beziehung der P. zur Moderne. In Opposition gegen die Vorstellung von einem irreversiblen Fortschritt der Geschichte bezeichnet er die westl. Kultur der Gegenwart als ›reversibles histor. Kontinuum‹, in dem ›die Vergangenheit ihre Forderungen an die Gegenwart stellt‹. Er spricht von der ›Revolution‹ der P., die sowohl eine Rückkehr zum Vergangenen als auch eine Vorwärtsbewegung ist.

Die Zustimmung zur Pluralität und die Verabschiedung restriktiver Einheitsperspektiven – Inklusivität statt Exklusivität – ist weit über den ästhet. Bereich hinaus zu einer Grundtendenz zeitgenöss. Philosophie geworden. LYOTARD, der prominenteste Vertreter einer sich postmodern nennenden Philosophie, hat diese als Absage an die ›Meta-Erzählungen‹, an die einheitsstiftenden Leitideen oder allg. an Glaubensüberzeugungen definiert, durch die sich das Denken der Neuzeit auszeichnete.

J. DERRIDA hat in diesem Sinne der Erzählung vom Turmbau zu Babel einen neuen Sinn unterlegt: Im Turmbau will die Moderne sich im Geiste einer alles beherrschenden Einheitssprache verewigen. Doch der Bau ist an seiner Vermessenheit und Überspitzung gescheitert. Die Einheitssprache zerfällt in eine Fülle von Sprachen, die alle das gleiche Recht beanspruchen dürfen. Das ist die ›polyglotte‹ Signatur der Postmoderne.

Simultaneität und Simulation: Die simultane Verfügbarkeit der Traditionsbestände in der Kunst der P. führt zur Wiederkehr des Gegenstandes, zur Neubewertung des Sinnlich-Gestischen, des Interesses am Mythos in der Malerei, zur Wiederaufnahme der Schmuck- und Redeformen in der Architektur, tonaler Mittel in der Musik, des auf Spannung bedachten Erzählens, der Lust am Narrativen in der Literatur (und sogar in der Architektur). Hat die Avantgarde lange die Tradition diskreditiert, so wird nun ›die Tradition zur Avantgarde‹ (C. NEWMAN). JENCKS spricht sogar von einem ›Schock des Alten‹, der an die Stelle des von der Avantgarde ritualisierten Schocks des Neuen getreten sei.

Langst für überlebt gehaltene Formen und ästhet. Kategorien erfahren durch die P. ihre Wiederbelebung. Das gilt etwa für die →Allegorie und die Ästhetik des Erhabenen. Beide werden (namentlich von LYOTARD) als spezifisch postmoderne Kategorien restauriert, da sie im Unterschied zum Symbol und zum Schönen Sinnliches und Bedeutung nicht als Einheit, sondern distinkt setzen. Nach P. BÜRGER wird die P. freilich zu einer ›Allegorie ohne Verweisung‹ – andere sprechen von ›Mimikry ohne Original‹ – entsprechend der zentralen postmodernen These von der Dominanz des ›Simulacrums‹, der Vernichtung der Wirklichkeit durch die Simulation der Zeichen (u.a. in J. BAUDRILLARDS ›La précision des simulacres‹, 1978). Die Signatur unserer Gesellschaft besteht nach BÜRGER darin, dass ›die Zeichen nicht mehr auf ein Bezeichnetes verweisen, sondern immer nur auf andere Zeichen, dass wir mit unserer Rede so etwas wie Bedeutung gar nicht mehr treffen, sondern uns nur in einer endlosen Signifikantenkette bewegen‹. Dem entsprechen in der der P. zugeordneten literar. Produktion die Befunde der →Intertextualität (die in der fast durchgängigen Thematisierung des Schreibaktes ihren Ausdruck findet) und der Verweigerung histor. Teleologie wie polit. Stellungnahme (wodurch ein scharfer Ggs. zum literar. →Engagement entsteht).

Hier wie an der Kommerzialisierungstendenz der auf das Autonomiepostulat verzichtenden postmodernen Kunst setzen v.a. die aufklärerisch und die marxistisch orientierte Kritik an der P. an, indem sie sie eine Philosophie des ›Subjekts ohne Objekt‹ (G. IRRLITZ) nennen, die den Menschen an die totale Simulierung seiner selbst ausliefere und ihn aus dem Spiegelkabinett einer von den Massenmedien beherrschten Wirklichkeit nicht mehr herauskommen lasse. In dieser Sicht könnte auf die P. trotz ihrer affirmativen Bekundung von Heiterkeit, ihrer Überzeugung, dass sie die Trauerarbeit der Moderne abgeschlossen hat, der melanchol. Schatten eines neuen Fatalismus fallen.

⇨ *Dekonstruktion · Interpretation · Lyrik · Moderne · moderne Architektur · moderne Kunst · Mythos · New Age · Strukturalismus*

A. ROSSI: Architektur der Stadt (a.d.Ital., 1973); M. KÖHLER: ›Postmodernismus‹: Ein begriffsgeschichtl. Überblick, in: Amerikastudien, Jg. 22 (1977); J. BAUDRILLARD: Agonie des Realen (a.d.Frz., 1978); R. VENTURI: Komplexität u. Widerspruch in der Architektur (a.d.Amerikan., 1978, Nachdr. 1993); C. NORBERG-SCHULZ: Logik der Baukunst (Neudr. 1980); H. KLOTZ u. J. COOK: Architektur im Widerspruch (a.d.Engl., Zürich [2]1981); J. BARTH: The literature of exhaustion and the literature of replenishment (Northridge, Calif., 1982); I. H. HASSAN: The dismemberment of Orpheus. Toward a postmodern literature (Madison, Wis., [2]1982); DERS.: The postmodern turn. Essays in postmodern theory and culture (Columbus, Oh., 1987); Revision der Moderne. Postmoderne Architektur 1960–1980, hg. v. H. KLOTZ (1984); DERS.: Moderne u. P. Architektur der Gegenwart 1960–1980 ([3]1987); Moderne oder P.? Zur Signatur des gegenwärtigen Zeitalters, hg. v. P. KOSLOWSKI u.a. (1986); DERS.: Die Prüfungen der Neuzeit. Über Postmodernität, Philosophie der Gesch., Metaphysik, Gnosis (Wien 1989); U. ECO: Nachschrift zum ›Namen der Rose‹ (a.d.Ital., [8]1987); C. JENCKS: Die P. Der neue Klassizismus in Kunst u. Architektur (a.d.Engl., [2]1988); DERS.: Die Sprache der postmodernen Architektur (a.d.Engl., [3]1988); Postmodern fiction in Europe and the Americas, hg. v. T. D'HAEN u.a. (Amsterdam 1988); D. BORCHMEYER: Die P. – Realität oder Chimäre?, in: Lit. u. Gesch. 1788–1988, hg. v. GERHARD SCHULZ u.a. (1990); F. FECHNER: Politik u. P. Postmodernisierung als Demokratisierung? (Wien 1990); G. IRRLITZ: Subjekt ohne Objekt. Philosophie postmodernen Bewußtseins, in: Sinn u. Form, Jg. 42 (1990); ›P.‹ oder der Kampf um die Zukunft, hg. v. P. KEMPER (Neuausg. 8.–9. Tsd. 1991); Technolog. Zeitalter oder P.?, hg. v W. C. ZIMMERLI ([2]1991); P.: Alltag, Allegorie u. Avantgarde, hg. v. C. u. P. BÜRGER ([4]1992); A. WELLMER: Zur Dialektik von Moderne u. P. Vernunftkritik nach Adorno ([5]1993); J.-F. LYOTARD: Das postmoderne Wissen (a.d.Frz., Wien [3]1994); BURGHART SCHMIDT: P. – Strategien des Vergessens ([4]1994); Wege aus der Moderne. Schlüsseltexte der P.-Diskussion, hg. v. W. WELSCH ([2]1994); DERS.: Unsere postmoderne Moderne ([5]1997); J. HABERMAS: Die neue Unübersichtlichkeit (Neuausg. 1996); DERS.: Der philosoph. Diskurs der Moderne (Neuausg. [5]1996); B. MCHALE: Postmodernist fiction (Neudr. New York 1996); P. K. FEYERABEND: Wider den Methodenzwang (a.d.Engl., (Neuausg. [6]1997); P. Zeichen eines kulturellen Wandels, hg. v. A. HUYSSEN u.a. ([5]1997).

postmortal [lat. mortalis ›den Tod betreffend‹], *Medizin:* nach dem Tod (auftretend), z.B. auf Körperveränderungen bezogen (→Leiche).

post mortem [lat.], Abk. **p.m.,** *bildungssprachlich* für: nach dem Tod.

postnatal [lat. natalis ›zur Geburt gehörend‹], *Medizin:* (kurz) nach der Geburt auftretend (z.B. Schädigungen bei Mutter und Kind).

Postnova, *Astronomie:* →Nova.

postnumerando [lat.], nachträglich zahlbar (oder gezahlt); Ggs.: pränumerando.

Postojna [pɔs'to:jna], dt. **Adelsberg,** Stadt in Slowenien, 550 m ü.M., auf einer Karsthochfläche, süd-

Postojna: Tropfsteingruppe in den Adelsberger Grotten

westlich von Ljubljana, 8200 Ew.; Fremdenverkehrsort dank der 4 km nordwestlich gelegenen **Adelsberger Grotten (Postojnska jama),** die zu den bedeutendsten Tropfsteinhöhlen der Erde gehören. Sie entstanden u. a. durch unterird. Erosion des Flusses Pivka, der sie eine Strecke weit durchfließt und dann in benachbarte Höhlen (Pivkahöhle, Schwarze Höhle u. a.) eintritt. Von dem weit verzweigten Höhlensystem sind bisher rd. 22 km erforscht; 4,3 km sind für Touristen erschlossen, davon 2,5 km durch eine elektr. Höhlenbahn.

Post painterly abstraction [pəʊst ˈpeɪntəlɪ æbˈstrækʃn], **Neue Abstraktion,** von dem Kunstkritiker CLEMENT GREENBERG (* 1909) geprägte Bez. für Richtungen der zeitgenöss. Malerei, die sich (im Ggs. zum Actionpainting) auf die Ausdruckskraft der reinen Farbe konzentrieren (Color-Field-Painting, Hard-Edge-Painting).

Postposition, *Sprachwissenschaft:* Partikel, die ihrem Bezugswort folgt, z. B. ›hinauf‹ in ›den Berg hinauf‹.

Postprädikamente, in der scholast. Philosophie Bez. für die den zehn Prädikamenten (→Kategorie) des ARISTOTELES hinzugefügten Begriffe: ›Gegensatz‹, ›Früher‹, ›Zugleich‹, ›Bewegung‹ und ›Haben‹.

Postprotestauftrag, der von einem Postbeamten förmlich erhobene Protest, wenn ein durch die Post zur Zahlung vorgelegter Wechsel nicht bezahlt wurde (§ 79 Wechsel-Ges. alter Fassung); seit 1. 1. 1995 nicht mehr vorgesehen.

Postreform, seit 1989 schrittweise erfolgende Neuordnung des dt. Post- und Fernmeldewesens. Die mit dem Poststruktur-Ges. vom 8. 6. 1989 zum 1. 7. 1989 in Kraft getretene **Postreform I** umfasste im organisator. Bereich die Trennung der politisch-hoheitl. Aufgaben von den betrieblich-unternehmer. Funktionen und im ordnungspolit. Bereich die Öffnung des Telekommunikationssektors für den Wettbewerb unter Aufhebung des Fernmeldemonopols bis auf ein eingeschränktes Netzmonopol und das Sprachtelefonmonopol. Die früher von der Dt. Bundespost (DBP) wahrgenommenen unternehmer. Aufgaben wurden auf die drei als Gesellschaften neu gegründeten öffentl. Unternehmen DBP Postdienst, DBP Postbank und DBP Telekom übertragen; die Hoheitsaufgaben, wie Regulierung und Wahrnehmung der Eigentümerrechte und -pflichten, verblieben weiterhin beim Bundesministerium für Post und Telekommunikation (BMPT). Das Leitmotiv der P. I, Wettbewerb als die Regel und staatl. Monopol als die zu begründende Ausnahme, steht im Einklang mit der von der EU verfochtenen Liberalisierung des Telekommunikationssektors. In der Folge erwies sich die Weiterführung der drei Postunternehmen in der Rechtsform der bundeseigenen Verwaltung sowie die Bindung an verwaltungsrechtl. und dienstrechtl. Grundsätze als Hemmnis für marktorientiertes unternehmer. Handeln. Mit der dt. Einheit musste die DBP Telekom zusätzlich beträchtl. Mittel in die ostdt. Infrastruktur investieren, wodurch ihre Eigenkapitalquote auf etwa 20% absank. Die für ein wettbewerbsfähiges Unternehmen nötige Aufstockung auf etwa 40% konnte vom Eigentümer Bund jedoch nicht geleistet werden.

Mit der im Postneuordnungs-Ges. vom 14. 9. 1994 geregelten und zum 1. 1. 1995 in Kraft getretenen **Postreform II** erhielten die drei Postunternehmen deshalb die Rechtsform einer AG. So können sie sich durch die Privatisierung über den Aktienverkauf an der Börse Eigenkapital beschaffen. Seit der Einführung des Art. 87 f. GG ist das Anbieten postal. und telekommunikativer Dienstleistungen keine öffentl. Aufgabe mehr, sondern eine ausschließlich privatwirtschaftl. Tätigkeit, die von der →Deutschen Post AG, der →Deutschen Postbank AG, der →Deutschen Telekom AG und durch andere private Anbieter wahrgenommen wird. Mit staatl. Regulierungsmaßnahmen, die als hoheitl. Aufgabe des Bundes der 1998 neu eingerichteten →Regulierungsbehörde für Telekommunikation und Post (Reg TP) unterliegen, soll ein flächendeckendes Dienstleistungsangebot sichergestellt werden. Das 1990 geschaffene →Bundesamt für Post und Telekommunikation (BAPT) wurde in die Regulierungsbehörde integriert.

Aufgrund der Ausgestaltung von Brief-, Netz- und Sprachmonopol als Zeit-Ges. war zum 1. 1. 1998 eine Neuregelung erforderlich. Durch gesetzl. Anschlussregelungen zur Liberalisierung des Post- und Telekommunikationsmarktes wurde die Reformierung der Post- und Telekommunikationsmärkte konsequent fortgesetzt und der grundgesetzl. Festlegung entsprochen, dass künftig jedes private Unternehmen Zugang zu diesen Märkten haben muss. Mit dem Telekommunikations-Ges., am 1. 8. 1996 in Kraft getreten, wurde für den Telekomsektor eine entsprechende Neuregelung vorgelegt. Danach wurde der Telekommunikationsmarkt ab 1. 1. 1998 als Wettbewerbsmarkt ausgestaltet. Gegen den Erwerb einer Lizenz können nun private Unternehmen in Konkurrenz zur Dt. Telekom AG Telefondienste für die Öffentlichkeit anbieten. Damit wurde zugleich europarechtl. Forderungen nach einer vollständigen Liberalisierung des Telekommunikationsmarktes zum 1. 1. 1998 entsprochen.

Auch der Postmarkt wurde durch das neue Post-Ges. am 1. 1. 1998 in einem weiteren Schritt dem Wettbewerb geöffnet. Eine Lizenz benötigt nach dem neuen Post-Ges., wer Briefsendungen bis zu 1000 g gewerbsmäßig für andere befördert. Für Briefsendungen und adressierte Kataloge bis 200 g besitzt die Dt. Post AG für einen Zeitraum von fünf Jahren grundsätzlich eine gesetzl. Exklusivlizenz; ausgenommen hiervon sind u. a. inhaltsgleiche Briefsendungen mit einem Gewicht von mehr als 50 g, von denen der Absender mindestens 50 Stück einliefert.

Postreklame, Deutsche P. GmbH, Tochtergesellschaft der Dt. Telekom AG, die als Werbemittler exklusiv die Werbemöglichkeiten im Bereich der Post anbietet; gegr. 1924, Sitz: Frankfurt am Main.

Postsendungen, →Briefsendungen, →Paket.

Postskript [zu lat. postscribere, postscriptum ›nachträglich dazuschreiben‹] *das, -(e)s/-e,* **Postskriptum** *das, -s/...ta,* Abk. **PS,** Nachschrift, Nachsatz (bei Briefen u. Ä.).

Postsparkasse, Einrichtung zur Anlage von Spargeldern. Die erste P. wurde durch Ges. vom 17. 5. 1861 in Großbritannien errichtet. In Dtl. wurde das P.-Wesen 1939 nach österr. (seit 1862) Vorbild eingeführt (heute Finanzdienstleistung der Dt. Postbank AG). Inhaber eines Sparbuchs der Postbank können auf allen Postämtern Geldeinzahlungen und -abhebungen vornehmen. In 19 europ. Ländern sind Rückzahlungen aus P.-Guthaben in Dtl. möglich.

Post-Spar- und Darlehnsvereine, Abk. **PSD,** Vereine bürgerl. Rechts kraft staatl. Verleihung (§ 22 BGB) als Selbsthilfeeinrichtungen des Postpersonals mit dem Recht der Satzungsautonomie. Die PSD sind Kreditanstalten im Sinne des Gesetzes über das Kreditwesen; die Mitgl. besitzen die Geschäftsanteile.

Poststraße, *Bürotechnik:* ablaufgerechte Zusammenfassung von Büromaschinen, die der Postbearbeitung dienen: Maschinen zum Adressieren, Falzen, Kuvertieren, Verschließen, Frankieren. Auch die Weiterverarbeitung von Endlosformularen (z. B. automat. Reißen) zu postfertigen Briefen ist möglich.

Poststrukturalismus, Bez. für eine durch ihre krit. Haltung, methodisch vom Ansatz des →Dekonstruktivismus gekennzeichnete geistes- und sozialwiss. Forschungsrichtung, die sich Ende der 1960er-Jahre vom traditionellen →Strukturalismus abspaltete.

Post- und Fernmeldewesen: Ein Postreiter trägt die Kunde vom Westfälischen Frieden 1648 durch Europa; zeitgenössischer Holzschnitt

post|traumatisch, nach einer Verletzung (auftretend), z. B. auf Folgeschäden bezogen.

post|traumatische Belastungsstörung, →psychisches Trauma.

Postulat [lat. ›Forderung‹] *das, -(e)s/-e,* **1)** *bildungssprachlich* für: unbedingte Forderung.

2) *kath. Ordensrecht:* die in einigen Orden übliche, dem Noviziat vorausgehende Probezeit.

3) *Politik:* im Sprachgebrauch des schweizer. Parlaments (selbstständiger) Antrag, der sich auf einen vorliegenden Verhandlungsgegenstand bezieht und die Reg. auffordert, Bericht zu erstatten oder Anträge zu stellen.

4) *Wissenschaftstheorie* und *prakt. Philosophie:* in der antiken Disputationstechnik ein Satz, den einer der Gesprächspartner einer Erörterung zugrunde legt, ohne dass die anderen ihm beipflichten. In den ›Elementen‹ EUKLIDS sind P. Sätze, in denen im Wesentlichen die Möglichkeit der Ausführung geometr. Grundkonstruktionen (z. B. Verbindungsstrecke zweier Punkte) und die Existenz von geometr. Objekten, v. a. von Geraden, Schnittpunkten, Kreisen, gefordert werden. I. KANT spricht vom ›P. des empir. Denkens‹ im Sinne unmittelbar einleuchtender technisch-prakt. Grundsätze als Modalitätsbestimmungen empir. Aussagen (empir. Gebrauch der Begriffe ›möglich‹, ›wirklich‹, ›notwendig‹). KANTS ›P. der prakt. Vernunft‹ (›Freiheit des Willens‹, ›Unsterblichkeit der Seele‹, ›Existenz Gottes‹) lassen sich theoretisch nicht beweisen, haben jedoch prakt. Geltung, da ohne sie sittl. Handeln nicht zu begründen sei. – In der mathemat. Logik wird P. synonym zu Axiom verwendet.

Postulationsfähigkeit, *Prozessrecht:* die Fähigkeit, vor oder gegenüber dem Gericht Prozesshandlungen selbst vorzunehmen. Sie fehlt der anwaltlich nicht vertretenen Partei im Anwaltsprozess (→Anwaltszwang) mit der Folge, dass von ihr vorgenommene Prozesshandlungen unwirksam sind. Ihr Fehlen führt zur Abweisung einer Klage oder Zurückweisung eines Rechtsmittels als unzulässig.

postum [lat. postumus ›nachgeboren‹, eigtl. ›letzter‹, ›jüngster‹], volksetymolog. Schreibung **posthum** [lat. posthumus, zu humare ›beerdigen‹], *bildungssprachlich* für: 1) nachgeboren, nach dem Tod des Vaters geboren; 2) nach jemandes Tod erfolgend; 3) zum Nachlass gehörend, nach dem Tod veröffentlicht.

Postumus, Marcus **Cassianius Latinius,** röm. Gegenkaiser (seit 260), †(ermordet) bei Mogontiacum (heute Mainz) Mai/Juni 269; General unter Kaiser GALLIENUS und vielleicht Statthalter einer german. Prov.; warf sich gegen GALLIENUS zum Kaiser auf und schuf ein gall. Sonderreich, dem sich Britannien und Teile Spaniens anschlossen und das unter seinen Nachfolgern noch bis 273 bestand.

Post- und Fernmeldewesen, die Gesamtheit der Einrichtungen zur Übermittlung von Gegenständen und Nachrichten sowie zur Abwicklung von Zahlungs- und Geldverkehr. Das P.- u. F. kann auch die Personenbeförderung (Postbus) umfassen; in der BRD wurde diese Aufgabe ab 1982 der Dt. Bundesbahn übertragen. Das Fernmeldewesen wird in Europa überwiegend staatlich verwaltet; in Übersee, z. B. den USA, oft unter staatl. Aufsicht von Privatgesellschaften betrieben. Die internat. Postsprache ist Französisch (→Weltpostverein). – Das dt. P.- u. F. wurde mit

Post- und Fernmeldewesen: **links oben** Diligence (Eilpostwagen) zwischen Lübeck und Hamburg, 1841; **links unten** Erster Kraftomnibus der Königlich Württembergischen Post, 1898/99; **Mitte** Standbriefkasten der Reichspost, um 1900 (alle Frankfurt am Main, Bundespostmuseum); **rechts** Fernsprechvermittlungsschrank der ersten bayerischen ›Umschaltstelle‹ in Ludwigshafen am Rhein, 1882 (Nürnberg, Verkehrsmuseum)

dem am 1. 7. 1989 in Kraft getretenen Poststruktur-Ges. grundlegend neu geregelt (→Postreform).

Geschichte: Vorläufer des Postwesens gab es bereits in altägypt. Zeit und unter dem Perserkönig KYROS II., D. GR. Nach dem Untergang des Röm. Reiches mit seinem relativ gut entwickelten Post- und Botenwesen waren in Mitteleuropa geregelte Verkehrs- und Nachrichtenverbindungen nicht mehr vorhanden. Seit dem 12. Jh. bildete sich ein ausgedehntes Botenwesen heraus. Die Familie Taxis, später Thurn und Taxis, übernahm in der Folgezeit die Trägerschaft des Nachrichtenwesens in weiten Teilen Dtl.s und Mitteleuropas. FRANZ VON TAXIS (* 1459, † 1517) richtete im Auftrag Kaiser MAXIMILIANS I. 1490 die erste durch Dtl. führende Postlinie von Innsbruck nach Mecheln ein. Privatbriefe wurden allerdings frühestens nach 1516 befördert. Kaiser RUDOLF II. erklärte 1597 die Post zu einem kaiserl. Regal. Da viele Reichsstände damit nicht einverstanden waren, kam es zu lange währenden Streitigkeiten. Nach dem Span. Erbfolgekrieg verlor das Haus Thurn und Taxis seine Posteinrichtungen in den Span. Niederlanden und verlegte die Zentralverwaltung von Brüssel nach Frankfurt am Main. Mit der Abdankung Kaiser FRANZ' II. 1806 verlor das Postunternehmen von Thurn und Taxis seinen Charakter als kaiserl. Reichspost und büßte den größten Teil seines bisherigen Tätigkeitsgebietes ein. Nach dem Dt. Krieg von 1866 übernahm Preußen am 1. 7. 1867 gegen eine Entschädigung von 3 Mio. Talern die Postverwaltung von Thurn und Taxis.

Die unter NAPOLEON I. in Dtl. angelegten Straßen dienten als Vorbild für den Ausbau der Verkehrswege, wodurch eine wesentl. Beschleunigung des Postverkehrs erzielt wurde. 1819 begann Preußen mit der Einrichtung von Schnellposten; 1824 nahmen auf der Ostsee Postdampfschiffe ihren Dienst auf, im gleichen Jahr wurden in größeren Orten die ersten Briefkästen angebracht. Als erstes Glied des Postbankdienstes wurde 1848 das Bareinzahlungsverfahren eingeführt, abgelöst 1865 von der Postanweisung. Erste dt. Postwertzeichen gab Bayern 1849 heraus.

Nachrichtenübermittlung durch Telegrafie wurde in größerem Maß seit dem 19. Jh. praktiziert. In Preußen bestand 1833–49 eine opt. Telegrafenlinie von Berlin nach Koblenz, die überwiegend militär. Zwecken diente. Nach Eröffnung der elektr. Telegrafenlinien von Berlin nach Frankfurt am Main und nach Köln 1848/49 kamen bald internat. Verträge über die Nutzung der Telegrafenlinien zustande, die 1865 zur Gründung des Vorläufers der Internat. Fernmelde-Union führten. Auch der Postverkehr wurde mehr und mehr zw. den versch. Verwaltungen geregelt. Erste Zusammenschlüsse in großem Rahmen waren der Deutsch-Österr. Postverein (1850–66) und der Deutsch-Österr. Telegraphenverein (1850–65). 1874 wurde die Vorgängerorganisation des Weltpostvereins gegründet. Der Norddt. Bund unterhielt als Verkehrsanstalt die norddt. Bundespost; die nach der Reichsgründung 1871 entstandene Dt. Reichspost umfasste auch Elsass-Lothringen und Baden, während Bayern und Württemberg ihre eigenen Postverwaltungen bis 1920 behielten. Post und Telegrafie wurden 1876 zur Reichs-Post- und Telegraphenverwaltung unter dem Generalpostmeister H. STEPHAN (geadelt 1885) zusammengefasst. 1880 erhielt die oberste Behörde die Bez. Reichspostamt und wurde vom Staatssekretär des Reichspostamtes (STEPHAN) geleitet. Auf Initiative STEPHANS wurden u. a. der Fernsprechapparat eingeführt (1877) und das erste Fernsprechamt gegründet (1881 in Berlin). Mit dem techn. Aufschwung im 20. Jh. entstanden u. a. 1905 Kraftpostlinien zur Personenbeförderung, 1908 das Wählfernsprechamt Hildesheim, 1909 der Postscheckdienst, 1919 die planmäßige Luftpostbeförderung, 1923 Rundfunk sowie Fernwahl in der Netzgruppe Weilheim, 1927/28 Überseesprechfunk, 1933 der öffentl. Fernschreibdienst (Telex), 1935 das Fernsehen, 1936 der Fernsehsprechdienst, 1939 der Postsparkassendienst.

Nach dem Zweiten Weltkrieg begannen in den vier Besatzungszonen Dtl.s eigene Postverwaltungen zu arbeiten, woraus in der BRD 1950 die →Deutsche Bundespost (DBP) entstand, aus der am 1. 1. 1995 in Dtl. die Dt. Post AG hervorging. In der DDR entwickelte sich 1949 aus der Zentralverwaltung für das P.- u. F. in der SBZ die Dt. Post (DP), die durch den Min. für Post- und Fernmeldewesen geleitet wurde und in 19 dem Ministerium direkt unterstellte zentrale Einrichtungen und 15 Bezirksdirektionen gegliedert war (in den Bezirkshauptstädten und Berlin-Ost). Nach der dt. Einheit erfolgte seit Ende 1990 die Fusion der DBP Postdienst mit der Dt. Post, und die Postsysteme in Ost und West wurden vereinheitlicht.

Gesch. der Dt. Post, hg. u. bearb. v. K. SAUTTER u. a., 4 Bde. (1928–79); W. BEHRINGER: Thurn u. Taxis. Die Gesch. ihrer Post u. ihrer Unternehmen (1990); H. IHLEFELD u. W. LOTZ: Bilder aus der Postgesch. (1990); Die Post in ihrer Zeit. Eine Kulturgesch. menschl. Kommunikation, bearb. v. H. GLASER u. a. (1990).

Post & Telekom Austria AG

Post & Telekom Austria AG, Abk. **PTA,** aus der **Österreichischen Post- und Telegraphenverwaltung (ÖPTV)** hervorgegangenes und im Mai 1996 in eine Aktiengesellschaft umgewandeltes Unternehmen für Post und Telekommunikation. Kapitaleigentümerin ist zu 100% die Post- und Beteiligungsverwaltungs GmbH (PTBG). Die PTA ist ein Schwesterunternehmen der →Österreichischen Postsparkasse AG und umfasst die drei Unternehmensbereiche gelbe Post, Postauto und Telekom. Zur **gelben Post** gehören der Briefdienst, Massensendungen, Medienpost (v. a. Zeitungen), Pakete, Kuriersendungen und Schalterdienste. Die Dienste **Postauto** sind nicht nur eine tragende Säule des öffentl. Verkehrsnetzes, sondern sie erbringen auch sämtl. Fuhrparks- und Transportleistungen für den Post- und Fernmeldedienst. Bei der **Telekom** wird durch umfangreiche Investitionen in die Netzinfrastruktur ein flexibles Diensteangebot für die Wirtschaft geschaffen. Der größte Teil der Investitionen fließt derzeit in den weiteren Ausbau der Ortsnetze und in die Digitalisierung der Vermittlungsstellen. Die Spezialaufgaben des Mobilfunkbereichs sowie der Daten- und Datenmehrwertdienste werden von den beiden PTA-Tochtergesellschaften **Mobilkom Austria AG** (Handynetze u. a.) und **Datakom Austria** ([internat.] Datennetze, Firmennetze u. a.) wahrgenommen. – Leistungsdaten (1996, jeweils gerundet): 550 Mio. Brief-, 105 Mio. Postkarten- und 1,78 Mrd. Massensendungen, 51 Mio. Paket- und 692 Mio. Zeitungszustellungen. Es wurden 140 Mio. Fahrgäste in 1 600 Omnibussen (76,9 Mio. Jahreskilometer) transportiert. Weiterhin: 3,779 Mio. Fernsprechhauptanschlüsse, 40 600 ISDN-Anschlüsse, 683 360 Mobilkom-Kunden, 44 500 Datendienste.

post urbem conditam [lat.], Abk. **p. u. c.,** nach Gründung der Stadt, d. h. Roms (→Ära).

Postverbale *das, -(s)/...lia, Sprachwissenschaft:* →Nomen.

Postvertriebsstück, →Pressepost.

postvulkanisch, Bez. für Nachwirkungen vulkan. Tätigkeiten, wie Dampf- oder Kohlendioxidexhalationen, Thermal- oder Mineralquellen (→Vulkanismus).

Postwert|sendungen, →Wertangabe.

Postwert|zeichen, vom Bundes-Min. der Finanzen herausgegebene, aufklebbare (bei Postkarten auch eingedruckte) Wertzeichen **(Briefmarken, Freimarken)** zum Freimachen von Postsendungen. Man unterscheidet Sonder-P. (z. B. Wohlfahrtsmarken) und Dauerserien. Nach dem 1. 1. 1969 ausgegebene P. sind in Dtl. ohne zeitl. Begrenzung gültig.

Recht: Fälschung und Verfälschung (Änderung der Wertziffer) gültiger P., wissentl. Gebrauch gefälschter P. sowie vorsätzl. Verwendung von bereits gebrauchten P. sind in allen Ländern strafbar (Dtl. §§148 ff. StGB, 127 Ordnungswidrigkeits-Ges.; Österreich §§238 ff. StGB; Schweiz §§245, 327 f. StGB). Häufiger sind Fälschungen und Nachahmungen von Sammlermarken; sie sind als Betrug strafbar (§263 StGB).

Geschichte: Als ältestes P. kann ein vom Pächter der Pariser Stadtpost 1653 herausgegebener Papierstreifen (›Billet de post payé‹), der am Brief befestigt wurde, angesehen werden. Die ersten aufklebbaren P. wurden in Großbritannien nach Vorschlägen des späteren Generalpostmeisters Sir ROWLAND HILL (* 1795, † 1879) am 6. 5. 1840 ausgegeben. Die auf Papierbögen gedruckten Briefmarken wurden urspr. auseinander geschnitten, die engl. P. waren 1854 die ersten, die gezähnt (perforiert) hergestellt wurden. In Dtl. führte Bayern am 1. 11. 1849 die ersten P. ein. Am 1. 1. 1872 erschienen die ersten Marken der ›Dt. Reichspost‹; Inschrift seit 1875 ›Reichspost‹, seit 1902 mit Einführung der Reichspostmarken in Württemberg ›Dt. Reich‹. Bayern behielt eigene Marken bis zum Aufgehen der bayer. Postverwaltung in der Dt. Reichspost (1. 4. 1920). Nach 1945 erschienen zahlr. Einzelausgaben von Städten, Gemeinden und Ländern. Erste westdt. Neuausgabe war die ›Ziffernserie 1951‹ der Dt. Bundespost. In der *Schweiz* werden seit dem 28. 2. 1843, in *Österreich* seit dem 31. 5. 1850 P. ausgegeben, in Liechtenstein erst seit dem 29. 1. 1912. (→Philatelie)

1

2

3

4

5

6

Postwertzeichen: 1 Großbritannien 1840, 1 Penny, erste Briefmarke der Welt; 2 Bayern 1849, 1 Kreuzer, erste Briefmarke Deutschlands; 3 Preußen 1850, Silbergroschen; 4 Österreich 1856, 6 Kreuzer zinnober, Zeitungsmarke; 5 Schweiz, Basel 1845, 2½ Rappen ›Baseler Täubchen‹; 6 Mauritius 1847, 2 Pence dunkelblau, ›blaue Mauritius‹

Postwesen, Kurz-Bez. für das →Post- und Fernmeldewesen.

Postwurfsendung, →Wurfsendung.

Post|zustellungsauftrag, Auftrag an die Post, Schriftstücke, deren förml. Zustellung gesetzlich vorgesehen, gerichtlich oder behördlich angeordnet ist, nach der ZPO zuzustellen. Den P. (gewöhnl. Brief in einem Umschlag nach amtl. Muster) können nur ›aktenzeichenführende‹ Stellen (Gerichte, Notare, Behörden) verwenden. Über die Zustellung ist von dem Postbediensteten eine **Postzustellungsurkunde** aufzunehmen.

Post|zwang, die histor., dem königl. Postregal des MA. entsprechende Befugnis des Staates, die entgeltl. Beförderung von Nachrichtensendungen bei der Post zu monopolisieren. Dem P. entsprechen eine grundsätzlich uneingeschränkte Zulassungspflicht der Post und ein Anspruch auf Benutzung der postal. Einrichtungen durch jeden, der die Benutzungsbedingungen erfüllt. Das bis 31. 12. 1997 gültige Post-Ges. regelte einen mit dem P. nicht mehr vergleichbaren **Beförderungsvorbehalt** nur für eine Beförderung von Sendungen mit schriftl. Mitteilungen (Monopoldienstleistung). Im Zuge der →Postreform wird eine weiter gehende Marktöffnung verwirklicht.

Potamal [zu griech. potamós ›Fluss‹] *das, -s,* Lebensraum der unteren Regionen eines Fließgewässers (→Flussregionen).

Potamogeton [griech.], die Pflanzengattung →Laichkraut.

Potamogetonaceae, die →Laichkrautgewächse.

Potamon [zu griech. potamós ›Fluss‹] *das, -s,* Lebensgemeinschaft der unteren Regionen eines Fließgewässers (→Flussregionen).

Potaufeu [pɔtoˈfø; frz. pot au feu ›Topf auf dem Feuer‹] *der* oder *das, (s)/-s,* frz. Gericht aus in Bouillon gegartem Fleisch sowie Gemüsen. Die Bouillon wird meist mit gerösteten Weißbrotscheiben als Vorspeise gereicht.

Potbellies [ˈpɔtbelɪz; engl., eigtl. ›Dickbäuche‹], massive Steinskulpturen, die im südl. Mesoamerika (Abaj Takalik, Kaminaljuyú, Izapa, Monte Alto, Copán) gefunden wurden. Nach neuen Funden aus Santa Leticia, El Salvador, sind sie in die späte vorklass. Epoche einzuordnen (etwa 500 v. Chr. bis 100 n. Chr.).

Potchefstroom [ˈpɔtʃɛf-], Stadt in der Prov. Nord-West, Rep. Südafrika, 1 340 m ü. M., am Mooi River, 97 000 Ew.; Kultur- und Forschungszentrum mit Univ. (1869 gegr.; eigener Univ.-Status seit 1951); Malzfabriken, Salzgewinnung, Kreide- und Bleistiftfabrik. – P. wurde 1838 von den Voortrekkern als erste Stadt nördlich des Vaal gegründet und war bis 1860 Hauptstadt der Rep. Transvaal.

Potebnja, Aleksandr Afanasjewitsch, russ. Sprachwissenschaftler und Philologe (Slawist), * Gawrilowka (Gebiet Poltawa) 22. 9. 1835, † Charkow 11. 12. 1891; seit 1875 Prof. in Charkow, begründete mit ›Mysl' i jazyk‹ (1862) die psycholinguist. Forschungstradition in Russland; seine die Zusammenhänge zw. Sprache und Denken, Linguistik und Poetik berührenden Ideen wurden im russ. Symbolismus und Formalismus fortgeführt.

Potechin, Aleksej Antipowitsch, russ. Schriftsteller, * Kineschma (Gebiet Kostroma) 13. 7. 1829, † Sankt Petersburg 29. 10. 1908; entstammte einer mittellosen Adelsfamilie, Provinzbeamter; schilderte in Dramen, Romanen und Erzählungen sozialkritisch Lebensweise und Brauchtum der bäuerl. und adligen Bev. in der russ. Provinz.

Ausgabe: Sočinenija, 12 Bde. (1903–08).

Potée [frz.] *die, -,* geschlämmtes Eisenoxidrot zum Polieren von u. a. Glas, Metall, Stein.

Poteidaia, Potidäa, im Altertum korinth. Kolonie auf der Halbinsel Pallene (heute Kassandra) der Chalkidike, Griechenland, gegr. Ende des 7./Anfang des 6. Jh. v. Chr. Die Stadt war Mitgl. des 1. Att. Seebundes, blieb jedoch in enger Verbindung zur Mutterstadt Korinth. Der Abfall P.s von Athen (432 v. Chr.) war eine der Ursachen für den Ausbruch des Peloponnes. Krieges. Die 429 v. Chr. von den Athenern eroberte Stadt wurde 356 v. Chr. durch PHILIPP II. von Makedonien zerstört, aber von KASSANDER als **Kassandreia** wiederhergestellt; unter AUGUSTUS röm. Kolonie. 539/540 durch die Slawen zerstört.

Potemkin [-ˈtjɔm-], Grigorij Aleksandrowitsch Fürst, russ. Generalfeldmarschall, Diplomat und Politiker, →Potjomkin, Grigorij Aleksandrowitsch.

potent [lat. potens, potentis ›stark‹, ›mächtig‹], **1)** *bildungssprachlich* für: 1) stark, einflussreich, mächtig; 2) finanzstark, zahlungskräftig; 3) leistungsfähig, tüchtig.

2) *Medizin:* 1) fähig, den Geschlechtsakt zu vollziehen (vom Mann); 2) zeugungsfähig.

Potentat [zu lat. potentatus ›Macht‹] *der, -en/-en, bildungssprachlich* für: Machthaber, Herrscher.

potential..., Schreibvariante für potenzial...

potentiell..., Schreibvariante für potenziell...

Potentilla [zu lat. potentia ›Macht‹], die Pflanzengattung →Fingerkraut.

Potenz [lat. potentia ›Macht‹, ›Vermögen‹, ›Fähigkeit‹] *die, -/-en,* **1)** *allg.:* Leistungsfähigkeit, Stärke.

2) *Arithmetik:* für reelle Zahlen a und eine natürl. Zahl n das n-fache Produkt von a mit sich selbst $a \cdot ... \cdot a = a^n$; die abkürzende Darstellung a^n (gesprochen ›a hoch n‹) ist die n-te P. von a, z. B. $2^3 = 2 \cdot 2 \cdot 2$. a heißt **Basis** (oder **Grundzahl**), n **Exponent** (oder **Hochzahl**). Die P. a^2 heißt auch Quadrat oder Quadratzahl, a^3 Kubus oder Kubikzahl. Speziell gilt z. B. $1^n = 1$ und $0^n = 0$. Für $a \neq 0$ wird $a^0 = 1$ definiert. Für positive Basen und beliebige natürl. Zahlen n und m gilt allgemeiner

$$a^{-n} = \frac{1}{a^n} = \left(\frac{1}{a}\right)^n \text{ und } a^{m/n} = \left(\sqrt[n]{a}\right)^m = \sqrt[n]{a^m}$$

(speziell $a^{1/n} = \sqrt[n]{a}$). Durch die zweite Vorschrift lässt sich der P.-Begriff auf (positive und negative) rationale Exponenten anwenden. Ausgehend hiervon lassen sich durch geeignete Verfahren (z. B. Intervallschachtelung oder Grenzwertbildung) P. für beliebige reelle Exponenten einführen. Es gelten folgende **P.-Gesetze:**

$$a^r \cdot b^r = (a \cdot b)^r$$
$$a^r \cdot a^s = a^{r+s}$$
$$(a^r)^s = a^{r \cdot s} \text{ und entsprechend}$$
$$\frac{a^r}{a^s} = a^{r-s}\ (a \neq 0) \text{ und } \frac{a^r}{b^r} = \left(\frac{a}{b}\right)^r (b \neq 0).$$

Die Umkehrungenen des Potenzierens sind a) das Wurzelziehen (zu gegebener P. und gegebenem Exponenten wird eine zugehörige Basis bestimmt; →Wurzel) und b) das Logarithmieren (zu gegebener P. und gegebener Basis wird ein zugehöriger Exponent bestimmt; →Logarithmus). – Das Wurzelziehen liefert nicht immer ein eindeutig bestimmtes Ergebnis, denn es ist z. B. $(-3)^2 = 3^2$; bei negativem P.-Wert ist es im Bereich der reellen Zahlen ggf. unmöglich. Erst im Bereich der komplexen Zahlen wird das Bestimmen der Wurzel immer möglich, liefert aber i. Allg. kein eindeutiges Resultat.

3) *Biologie:* die Fähigkeit einer Zelle, eines Keimes oder eines Gewebes zu Entwicklungsleistungen. Die prospektive P. umfasst die Gesamtheit der Entwicklungsmöglichkeiten einer Zelle, im Unterschied zur prospektiven Bedeutung, die der unter ungestörtem Entwicklungsverlauf verwirklichten Differenzierung entspricht. **Omnipotenz (Totipotenz)** liegt vor, wenn eine Zelle oder ein Blastem die Fähigkeit zur Bildung jedes fehlenden Teils des zugehörigen Lebewesens besitzt. Totipotenz eines Zellkerns bezeichnet den Besitz der gesamten für die Bildung eines Organismus notwendigen Erbinformation. **Unipotente** Zellen und Gewebe vermögen nur eine Differenzierungsleistung zu vollbringen, Gewebe gleichartiger Fähigkeiten sind **isopotent**.

4) *Geometrie:* eine Kennzeichnung der Lage eines Punktes bezüglich eines Kreises oder einer Kugel. Liegen ein Kreis k und ein Punkt A in einer Ebene (mit $A \notin k$) und bezeichnet man mit B und C die beiden Schnittpunkte der durch A gehenden Sekanten (Sehnen) an k, so ist das Produkt $\overline{AB} \cdot \overline{AC}$ für alle Lagen der Sekanten (Sehnen) gleich. Dieser konstante Wert heißt P. von A bezüglich k. Die P. ist auch gleich dem Quadrat der Länge des Tangentenabschnitts zw. A und k. – Der geometr. Ort aller Punkte gleicher P. bezüglich zweier Kreise ist die **P.-Linie** oder →Chordale.

5) *Pharmazie:* →Homöopathie.

6) *Philosophie:* Möglichkeit, Vermögen, innewohnende Kraft, in der aristotelisch-mittelalterl. Tradition im Ggs. zu →Akt und Actus purus; in der romant. Philosophie (F. W. J. SCHELLING) eine metaphys., formgestaltende Entwicklungsstufe des Absoluten.

7) *Sexualwissenschaft:* die Zeugungsfähigkeit (**Potentia generandi;** →Fruchtbarkeit) oder das Vermögen des Mannes, den Geschlechtsverkehr auszuüben (**Potentia coeundi;** v. a. die Fähigkeit zur Peniserektion, **Potentia erigendi);** auch die Fähigkeit, zum Orgasmus zu gelangen. – Die Empfängnisfähigkeit (Konzeptionsfähigkeit) der Frau wird als **Potentia concipiendi** bezeichnet. (→Impotenz)

Potẹnza, 1) Hauptstadt der Prov. P. und der Region Basilicata, Italien, 823 m ü. M., auf schmalem Höhenrücken und an dessen Hängen gelegen, 65 900 Ew.; kath. Erzbischofssitz; Handels-, Verwaltungs- und Schulstadt; Univ. (gegr. 1981); Museum; Verkehrsknotenpunkt. – Dom (18. Jh.) mit Bauresten des Vorgängerbaus aus dem 12. Jh. sowie die Kirchen San Michele (11. und 12. Jh., restauriert) und San Francesco (1274).

2) Prov. in der Region Basilicata, S-Italien, 6 545 km², 405 500 Einwohner.

Potẹnzfunktion, eine Funktion $f(x) = x^n$ der unabhängigen Veränderlichen x, wobei der Exponent n eine ganze Zahl ist. Ist n positiv, so ist die Funktion **ganzrational,** hat n einen negativen Wert, so ist sie **gebrochenrational.** Spezielle ganz- bzw. gebrochenrationale P. sind Parabeln und Hyperbeln.

Potenzịal [zu spätlat. potentialis ›nach Vermögen‹] *das, -s/-e,* **1)** *bildungssprachlich* für: Gesamtheit aller verfügbaren Mittel, Energien; Leistungsfähigkeit.

2) *Physik:* i. e. S. eine skalare, nur vom Ortsvektor $\boldsymbol{r}(x, y, z)$ abhängende Funktion $V = V(\boldsymbol{r})$, aus der sich durch Gradientenbildung andere physikal. Größen ableiten lassen, wenn diese durch ein wirbelfreies →Vektorfeld gegeben sind **(lokales P.).** Beispiele sind das Gravitations-P., das elektr. P., das Geschwindigkeits- bzw. Strömungs-P. (→Potenzialströmung) für die auf beliebige Massenpunkte wirkenden Kräfte oder Feldstärken. Für ein Kraftfeld $\boldsymbol{F}(\boldsymbol{r}) = \operatorname{grad} V(\boldsymbol{r})$ ist das zugehörige P. $V(\boldsymbol{r})$ die →potenzielle Energie (auch kurz als P. bezeichnet). Die **P.-Differenz** $V(\boldsymbol{r}_2) - V(\boldsymbol{r}_1)$ ist ein Maß für die Arbeit, die verrichtet werden muss, um einen Massenpunkt längs eines beliebigen Weges von $\boldsymbol{r}_1$ nach $\boldsymbol{r}_2$ zu bringen. Beim **elektr. P.** φ ergibt dessen negativer Gradient die elektr. Feldstärke $\boldsymbol{E} = -\operatorname{grad}\varphi$. Das elektr. P. ist bis auf einen konstanten Faktor gleich der potenziellen Energie einer Einheitsladung am entsprechenden Punkt des elektr. Feldes; die P.-Differenz zw. zwei Feldpunkten wird als elektr. Spannung bezeichnet. – Ein P. kann nicht absolut gemessen werden, sondern nur bezüglich eines Punktes, für den das P. willkürlich festgelegt wurde, z. B. $V(0) = 0$. Flächen und Kurven, auf denen ein P. überall den gleichen Wert hat, werden als **Äquipotenzialflächen** bzw. **-kurven** bezeichnet. In bestimmten Fällen können versch. lokale P. zu einem →Vektorpotenzial (oder einem **Tensor-P.**) zusammengefasst werden. Grundsätzlich lassen sich quellenfreie Wirbelfelder durch Rotationsbildung aus einem Vektor-P. ableiten; beispielsweise ergibt sich in der Magnetostatik die magnet. Induktion $\boldsymbol{B} = \operatorname{rot}\boldsymbol{A}$ aus dem (magnet.) Vektor-P. $\boldsymbol{A}(\boldsymbol{r})$. In der Elektrodynamik lassen sich für schnell bewegte Ladungen elektr. und magnet. P. nicht unabhängig einführen: sie können aber zum zeitabhängigen **Vierer-P.** $A_\mu(\boldsymbol{r}, t) = (\boldsymbol{A}, c\varphi)$ zusammengefasst werden (c Lichtgeschwindigkeit). Wegen der endl. Ausbreitungsgeschwindigkeit physikal. Wirkungen ist der Einfluss der das P. erzeugenden elektr. Ladungen (am Ort r' zur Zeit t') zeitlich verzögert und es werden mit $t = t' + |\boldsymbol{r} - \boldsymbol{r}'|/c$ **retardierte P.** eingeführt (→Retardierung).

I. w. S. wird als P. eine von bestimmten physikal. Größen (z. B. Ortskoordinaten oder Volumen eines thermodynam. Systems) abhängende Funktion, die →Potenzialfunktion, bezeichnet, aus der sich durch partielle Differenziation andere physikal. Größen (z. B. Kraft, elektr. Feldstärke) ableiten lassen. So können aus **thermodynamischen P.** (wie innere Energie, Enthalpie) die wichtigsten Zustandsgrößen des Systems (wie Druck, Volumen) abgeleitet werden. Bei Stoffgemischen werden als weitere Größen das **chemische P.** und, wenn geladene Teilchen vorliegen, das **elektrochemische P.** eingeführt. (→Yukawa-Potenzial)

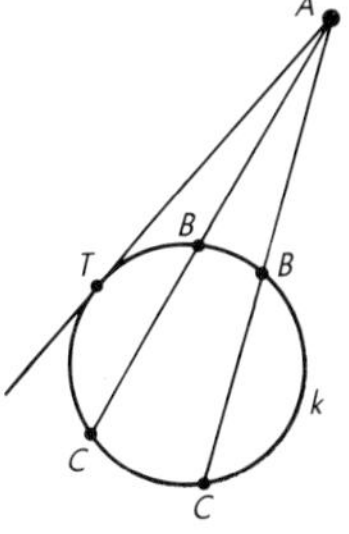

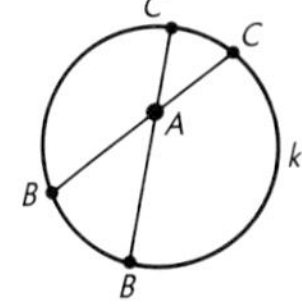

Potenz 4): Potenz bei einem Punkt A außerhalb des Kreises k (oben) und bei einem Punkt A innerhalb des Kreises k (unten); es ist immer $\overline{AB} \cdot \overline{AC}$ = konstant; weiter gilt (oben) $\overline{AB} \cdot \overline{AC} = (AT)^2$

Potenzialausgleich, *Installationstechnik:* elektr. Verbindung, die die Körper versch. elektr. Betriebsmittel und fremde leitfähige Bauteile auf ein (annähernd) gleiches elektr. Potenzial bringt. Bei jedem Hausanschluss muss ein **Haupt-P.** stattfinden, bei dem Blitzschutzerder, Hauptschutzleiter, Haupterdungsleiter, Hauptwasserrohre und Hauptgasrohre u. a. metallene Teile (Rohrsysteme, Konstruktionselemente) sowie Antennengestänge, Fernmeldeanlagen u. Ä. verbunden werden; i. d. R. dient hierzu eine **P.-Schiene,** meist ein verzinntes Kupferband oder ein verzinkter Bandstahl.

Potenzialdifferenz, *Elektrodynamik* und *Elektrotechnik:* die elektr. →Spannung. (→Potenzial)

Potenzialfaktoren, →Produktionsfaktoren.

Potenzialfunktion, harmonische Funktion, eine Funktion (von n reellen Variablen $x_1, \ldots, x_n$), die der →Laplace-Gleichung $\Delta V = 0$ genügt, wobei der Laplace-Operator Δ für eine im Definitionsgebiet $G \subset \mathbb{R}^n$ reellwertige, zweimal partiell differenzierbare Funktion f durch

$$\Delta f = \frac{\partial^2 f}{\partial x_1^2} + \frac{\partial^2 f}{\partial x_2^2} + \ldots + \frac{\partial^2 f}{\partial x_n^2}$$

definiert ist. Im Falle zweier reeller Variablen x und y und bestimmter Stetigkeitsvoraussetzungen für die erste und zweite Ableitung in der Umgebung eines Punktes (x_0, y_0) ist $f(x, y)$ der Realteil einer bei $z_0 = x_0 + \mathrm{i}y_0$ regulären Funktion der komplexen Variablen $z = x + \mathrm{i}y$ (→Funktionentheorie).

Die Werte einer harmon. Funktion f auf dem Rand von G bestimmen – unter gewissen Voraussetzungen über die Randkurve bzw. bei drei (und mehr) Variablen über die berandende (Hyper-)Fläche – ihre Werte im Innern des Gebietes. 1) Zu einer auf dem Rand von G definierten und dort stetigen Funktion w gibt es genau eine im Innern von G harmon. Funktion f, die auf dem Rand mit der Funktion w übereinstimmt (→dirichletsches Problem). 2) Ist das Gebiet G ein Kreis oder eine Kugel, kann für f ein Integralausdruck angegeben werden, der von w abhängt. 3) Eine in einem beschränkten Gebiet G harmon. Funktion, die dort keine Konstante und auf dem Rand von G noch stetig ist, nimmt das Maximum und das Minimum ihrer Funktionswerte nur auf dem Rand von G an. (→Potenzialtheorie)

Potenzialis *der, -s/...les, Sprachwissenschaft:* Modus des Verbs zur Bezeichnung der Möglichkeit. In einigen nichtindogerman. Sprachen (z. B. den kaukas. Sprachen) besitzt der P. ein eigenes Formparadigma, in den indogerman. Sprachen wird er durch →Konjunktiv und →Optativ ausgedrückt. (→Irrealis)

Potenzialkräfte, die →konservativen Kräfte.

Potenzialorientierung, Bez. für die Abkehr der Wirtschaftspolitik von der Orientierung an der kurzfristigen Entwicklung des Sozialprodukts zugunsten einer mittelfristigen Ausrichtung am gesamtwirtschaftl. Produktionspotenzial, das sich mit relativ konstanten Zuwachsraten entwickelt. Die P. wird v. a. für die Geldpolitik im Sinne einer potenzialorientierten Geldmengensteuerung (→Geld) sowie für die Finanzpolitik des Staates im Rahmen der →angebotsorientierten Wirtschaftspolitik und der öffentl. Ausgaben (→konjunkturneutraler Haushalt) propagiert.

Potenzialsondenverfahren, Verfahren der zerstörungsfreien Werkstoffprüfung (als Gleich- und Wechselstrom-P.) zum Auffinden und zur Tiefenmessung von Oberflächenrissen in elektrisch leitfähigen Werkstoffen. Dabei wird das Prüfobjekt von einem Strom durchflossen und mittels einer Potenzialsonde die Potenzialdifferenz zw. zwei eng benachbarten Messstellen registriert. Befindet sich zw. diesen Messstellen ein Riss, so tritt eine erhöhte Potenzialdifferenz auf. Nach entsprechender Kalibrierung kann die Risslänge bestimmt werden. Dieses Verfahren findet in der Bruchmechanik zur Rissausbreitungsmessung Anwendung. Wird die Potenzialsonde über die Oberfläche bewegt, können auch Bauteile nach Oberflächenrissen abgesucht werden.

Potenzialwall: Potenzialmulde, die aus der Zusammensetzung eines abstoßenden und eines anziehenden Potenzials (obere und untere gestrichelte Kurve) entsteht; r Ortskoordinate, $V(r)$ Potenzial

Potenzialstreuung, *Quantenmechanik:* →Streutheorie.

Potenzialströmung, eine bis auf isolierte Singularitäten wirbelfreie, isentrope (ohne Änderung der Entropie verlaufende) Strömung; ihr Geschwindigkeitsfeld $\boldsymbol{v}$ erfüllt die Bedingung $\operatorname{rot} \boldsymbol{v} = 0$, lässt sich daher gemäß $\boldsymbol{v} = \operatorname{grad} \varphi$ aus einem Potenzial φ, dem **Strömungs-** oder **Geschwindigkeitspotenzial,** herleiten. Nicht zu den P. zählen Strömungen, in denen Reibungskräfte wirksam sind oder die durch Temperaturunterschiede entstehen. – I. e. S. werden als P. die wirbel- und quellenfreien Strömungen inkompressibler Medien bezeichnet, deren Potenzial wegen der dann zusätzlich geltenden Bedingungen $\operatorname{div} \boldsymbol{v} = 0$ die Potenzialgleichung $\Delta\varphi = 0$ erfüllt. Die prakt. Bedeutung der P. für die Aerodynamik beruht darauf, dass die Strömungen um Flugkörper, abgesehen von den sehr dünnen Grenzschichten in unmittelbarer Nähe der Körperwände, in sehr guter Näherung P. sind.

Potenzialtheorie, *Mathematik* und *Physik:* die Lehre von den →Potenzialfunktionen $V(x, y, z)$, die der →Laplace-Gleichung in drei Dimensionen genügen:

$$\frac{\partial^2 V}{\partial x^2} + \frac{\partial^2 V}{\partial y^2} + \frac{\partial^2 V}{\partial z^2} = 0.$$

Aufgabe der P. ist es, zu vorgegebenen Funktionswerten (oder Werten der ersten Ableitung der gesuchten Funktion) auf dem Rand eines Volumens $G \subset \mathbb{R}^3$ eine Funktion zu finden, die diese Werte auf ganz G fortsetzt und der Laplace-Gleichung genügt (erstes bzw. zweites Randwertproblem der P.). Eine Verallgemeinerung der Laplace-Gleichung ist die →Poisson-Gleichung, bei der an die Stelle der Null auf der rechten Seite eine der Massen- oder Ladungsverteilung proportionale Größe tritt. Die durch eine Massenverteilung erzeugte Feldstärke der Gravitation ist im Vakuum der Gradient einer Potenzialfunktion. Entsprechendes gilt für die Elektrostatik. Für das analoge Problem in der Ebene besteht ein enger Zusammenhang mit der →Funktionentheorie.

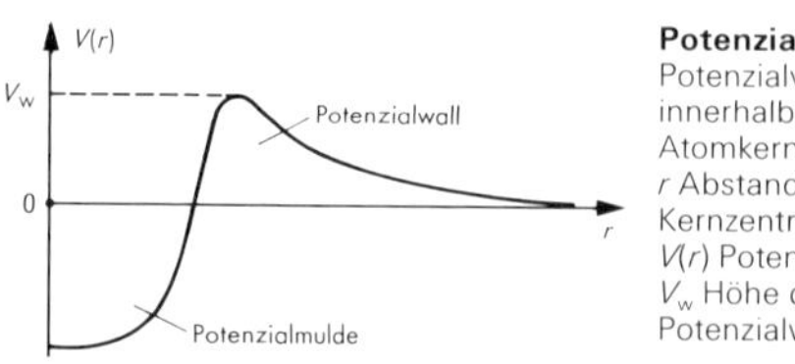

Potenzialwall: Potenzialverlauf innerhalb eines Atomkerns; r Abstand vom Kernzentrum, $V(r)$ Potenzial, V_w Höhe des Potenzialwalls

Potenzialwall, Potenzialbarriere, Bez. für eine Form des Verlaufs einer Funktion, mit der die potenzielle Energie (Potenzial) eines Systems oder eines Teilchens (als Ordinate) in Abhängigkeit von der monotonen Änderung einer Ortskoordinate (als Abszisse) beschrieben wird. Dabei steigt das Potenzial von null oder einem endl. positiven Wert auf einen größeren Wert an, von dem es wieder auf den Anfangswert abfällt. Die Spiegelung eines P. an der Abszisse ergibt eine **Potenzialmulde.** Ein Verlauf, bei dem das Potenzial auf dem größeren Wert verharrt, wird als **Potenzialstufe** bezeichnet, bes. wenn der Verlauf eine Sprungfunktion darstellt (unendlich steiler Anstieg). Die Rotationsfigur einer Potenzialstufe mit unendlich steilem Anstieg (um eine zur Ordinate parallele Achse, die vor dem Anstieg liegt) ist ein **Potenzialtopf.** – Der Verlauf vieler gemessener oder theoretisch angenommener Potenziale entspricht einer Zusammensetzung mehrerer der beschriebenen Figuren. Solche Potenziale beschreiben z. B. die Energie eines Atomelektrons in der Nähe seines Atomkerns, die Energie zweier Atome in Abhängigkeit von ihrem Abstand (die ggf. ein Molekül bilden können) oder die Energie eines Nukleons im Kern oder in dessen Nähe. (→Tunneleffekt)

potenziell, *bildungssprachlich* für: möglich (im Ggs. zu wirklich), denkbar.

potenzielle Energie, die mechan. →Energie, die ein Körper (idealerweise eine Punktmasse) aufgrund seiner Lage besitzt oder ein mechan. System aufgrund der relativen Lage seiner Bestandteile (z. B. eine gespannte oder gestauchte Feder). Lässt sich die am Ort $\boldsymbol{r}$ auf einen Körper wirkende Kraft $\boldsymbol{F}(\boldsymbol{r})$ als Gradient eines →Potenzials $V(\boldsymbol{r})$, d. h. $\boldsymbol{F}(\boldsymbol{r}) = -\operatorname{grad} V(\boldsymbol{r})$ darstellen, ist dieses Potenzial die p. E. des Körpers, die auch kurz als **Potenzial** bezeichnet wird. Da zu einem Potenzial ein beliebiger räumlich konstanter Term addiert werden kann, ohne dass sich die wirkende Kraft verändert, ist der Nullpunkt der p. E. i. Allg. beliebig und ihr Wert nur in Bezug auf eine andere Lage bedeutsam.

potenzieren, 1) *allg.:* verstärken, steigern.

2) *Mathematik:* eine Zahl in eine Potenz erheben.

Potenziometer [zu Potenzial] *das, -s/-,* Kurz-Bez. **Poti,** stetig regelbarer elektr. Widerstand (→ohmsches Gesetz) mit einem Schleifkontakt zum Abgreifen von Teilwiderständen; ausgeführt als Schiebe- oder Drehwiderstand. Die Widerstandsbahn besteht aus einem auf einen Keramikkörper aufgewickelten Widerstandsdraht oder für P. kleinerer Leistung aus einer (möglichst abriebfesten) Widerstandsschicht. Als Werkstoffe werden Kohle, Kohlegemische oder Cermets verwendet, die auf einen nicht leitenden Träger aufgebracht sind. Der Widerstandsverlauf auf der vom Schleifer abgefahrenen Bahn kann linear, aber auch positiv logarithmisch oder negativ logarithmisch sein. P. mit positiv logarithm. Kennlinie werden bes. zur Lautstärkeeinstellung bei Rundfunk- und Fernsehgeräten eingesetzt. Bei der Verwendung als Spannungsteiler (P.-Schaltung) liegt eine feste Spannung an den Enden der Widerstandsbahn, und mit dem Schleifkontakt wird eine Teilspannung abgegriffen, deren Größe dem abgegriffenen Bruchteil des Gesamtwiderstands proportional ist. P. sind Bauelemente v. a. in der Nachrichtentechnik, z. B. als Lautstärkeregler bei Verstärkern sowie in der Mess- und Regeltechnik, z. B. zur Fernanzeige von Winkelstellungen. Für bes. große Einstellgenauigkeit werden mehrgängige P. verwendet **(Wendel-P., Helipot).** Bei diesen ist ein aus Draht gewickelter Widerstand wendelförmig im Innern eines Zylinders angeordnet.

Potenziometrie *die, -,* elektrochem. Verfahren der Maßanalyse, bei dem der Endpunkt einer Titration aus der Änderung des elektr. Potenzials zw. zwei in die Elektrolytlösung eintauchenden Elektroden (z. B. einer Wasserstoff-, Glas- oder Metallelektrode als Indikatorelektrode und einer Kalomelelektrode als Bezugselektrode) bestimmt wird. Bei Zugabe der Reagenzlösung steigt das Potenzial zunächst langsam, in der Nähe des Äquivalenzpunkts rasch (Potenzialsprung) und danach wieder langsam an; in der graf. Darstellung ergibt sich der Äquivalenzpunkt aus dem Wendepunkt der Kurve. Die P. ist bei Neutralisations-, Komplexbildungs-, Redox- und Fällungstitrationen anwendbar.

Potenzlini|e, *Geometrie:* die →Chordale.

Potenzmenge, *Mengenlehre:* die Menge aller Teilmengen einer vorgegebenen Menge M, meist mit $\mathcal{P}(M)$ bezeichnet. Die Mächtigkeit der P. ist stets größer als die der Ausgangsmenge, was die große Bedeutung der P.-Bildung in der Mengenlehre erklärt. In der axiomat. Mengenlehre wird die Existenz der P. durch ein **P.-Axiom** gesichert.

Potenzreihe, *Mathematik:* eine unendl. Reihe der Form

$$\sum_{n=0}^{\infty} a_n z^n \quad \text{bzw.} \quad \sum_{n=0}^{\infty} a_n (z-z_0)^n.$$

Die fest vorgegebenen, i. Allg. komplexen Zahlen a_n sind die Koeffizienten der P. (P. mit endlich vielen Gliedern nennt man →Polynome); z_0 ist eine komplexe Konstante, sie stellt den Entwicklungs(mittel)punkt der P. dar. Die P. ist nach dem →abelschen Satz konvergent im **Konvergenzkreis** $|z| < r$ bzw. $|z - z_0| < r$ mit dem Mittelpunkt 0 bzw. z_0 und dem **Konvergenzradius**

$$r = 1 \Big/ \left(\limsup_{n \to \infty} \sqrt[n]{|a_n|} \right);$$

bei reellen P. entspricht dem Konvergenzkreis ein Intervall der reellen Achse. Im Bereich $|z - z_0| < r$ ist die P. sogar absolut konvergent, in jedem kleineren Kreis darüber hinaus gleichmäßig konvergent. Außerhalb von $|z - z_0| \leqq r$ divergiert die P.; auf dem Rand des Konvergenzkreises kann sie sowohl konvergieren als auch divergieren. Ist $r = 0$, so sagt man, die Reihe sei nirgends konvergent; für $r = \infty$ ist sie in der komplexen Ebene überall oder beständig konvergent.

P. sind in ihrem Konvergenzbereich gliedweise differenzierbar, die abgeleitete Reihe besitzt denselben Konvergenzradius; Entsprechendes gilt auch für die Integration. Die P. stellt somit eine im Innern des Konvergenzkreises holomorphe Funktion dar, die ggf. über ihren Konvergenzkreis hinaus analytisch fortgesetzt werden kann. Ist $f(z)$ umgekehrt eine in einem Gebiet G der z-Ebene holomorphe Funktion, so gibt es zu jedem $z_0 \in G$ nach der →cauchyschen Integralformel genau eine P. mit dem Entwicklungsmittelpunkt z_0, die →taylorsche Reihe von $f(z)$ um z_0, die für eine gewisse Umgebung von z_0 konvergiert und dort die Funktion $f(z)$ darstellt. Sind zwei P. für $|z - z_0| < r$ konvergent und liefern sie in unendlich vielen versch., sich in $z = z_0$ häufenden Punkten dieselben Funktionswerte, so sind diese P. identisch (Eindeutigkeits- und Identitätssatz). – Die Entwicklung von Funktionen in P. spielt sowohl in der Analysis als auch in der Funktionentheorie eine wichtige Rolle. J. L. DE LAGRANGE machte die P. zur Grundlage seiner Analysis (›Théorie des fonctions analytiques‹, 1797), womit er Ideen von L. EULER (›Introductio in analysin infinitorum‹, 2 Bde., 1748) wieder aufgriff.

Poterne [frz.] *die, -/-n,* im Befestigungswesen ein Gang, der unter der Stadt- oder Burgmauer nach außen führte und bei der Belagerung einen Ausfall ermöglichte. P. wurden z. B. schon in der hethit. Befestigungsarchitektur angelegt.

Potgieter [ˈpɔtxi:tər], Everhardus Johannes, niederländ. Schriftsteller und Kritiker, *Zwolle 27. 6. 1808, †Amsterdam 3. 2. 1875; gründete 1837 die Monatsschrift ›De Gids‹, die zum führenden Organ der krit. Richtung der nat. Bewegung in der niederländ. Literatur wurde. In Kritiken setzte sich P. für die Erneuerung der niederländ. Literatur ein. Sein episches Gedicht ›Florence‹ (1868) ist DANTE gewidmet. In dem Prosawerk ›Jan, Jannetje en hun jongste kind‹ (1842) hob er die Vorbildhaftigkeit der kulturellen und polit. Tradition seines Landes im 17. Jh. hervor.

Poth, Chlodwig, Karikaturist und Publizist, *Wuppertal 4. 4. 1930; Mitbegründer der satir. Zeitschriften ›Pardon‹ und ›Titanic‹; textet und zeichnet Bildergeschichten mit gesellschaftskrit. Tendenz (›Mein

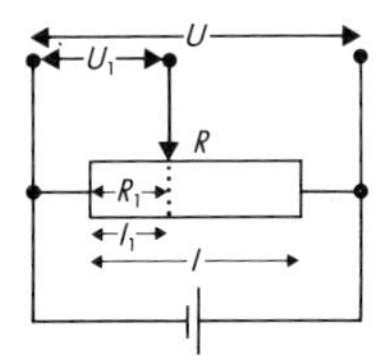

Potenziometer: Spannungsteilerschaltung an einem Schiebewiderstand; Gesamtspannung U, Gesamtwiderstand R und Gesamtlänge l stehen im gleichen Verhältnis wie die entsprechenden Teilgrößen U_1, R_1 und l_1

Chlodwig Poth: Illustration aus ›50 Jahre Überfluß‹, 1990

progressiver Alltag‹, 1975; ›50 Jahre Überfluß‹, 1990); auch Erzähler und Jugendbuchautor.

Pọti, Stadt in Georgien, an der O-Küste des Schwarzen Meeres, an der Mündung des Rioni, 51 100 Ew.; kulturelles und wirtschaftl. Zentrum der Kolchis; Maschinenbau, elektrotechn., Nahrungsmittelindustrie; Reparaturwerft; Fischerei-, Handels- (auch Transitgüter für Iran) und Fährhafen (nach Burgas, Bulgarien). Bei P. Ölterminal Supsa (Erdölleitung von Baku in Aserbaidschan). – P., um die 1578 errichtete türk. Festung Kale-Fasch entstanden, wurde 1809 erstmals von russ. Truppen erobert und kam 1828 endgültig zum Russ. Reich.

Potidạ̈a, antike Stadt, →Poteidaia.

Pọtiphar, ägypt. **Petepre** [›der, den Rê gegeben hat‹], in der Vulgata **Pụtiphar,** nach 1. Mos. 37, 36 und 39, 1 Name des ägypt. Kämmerers und Befehlshabers der pharaon. Leibwache, an den JOSEPH verkauft wurde und dessen Frau versuchte, JOSEPH zu verführen (1. Mos. 39, 7 ff.).

Potjọmkin, Potemkin [-ˈtjɔm-], nach G. A. Fürst POTJOMKIN benannter Panzerkreuzer der russ. Schwarzmeerflotte, dessen Mannschaft im Juni 1905 bei Odessa meuterte und die revolutionären Arbeiter der Stadt unterstützte. Nachdem die Lage der Matrosen aussichtslos geworden war, brachten diese das Schiff in den rumän. Hafen Konstanza und blieben mehrheitlich bis 1917 in der Emigration. – S. M. EISENSTEIN drehte über diese Ereignisse den Film ›Panzerkreuzer Potemkin‹ (1925).

Grigorij Aleksandrowitsch Fürst Potjomkin

Potjọmkin, Potemkin [-ˈtjɔm-], Grigorij Aleksandrowitsch Fürst, Reichsfürst (seit 1776), Fürst **Tawrịtscheskij** (seit 1783), russ. Generalfeldmarschall (seit 1784), Diplomat und Politiker, *Tschischowo (Gebiet Smolensk) 24. 9. 1739, † bei Jassy 16. 10. 1791; war an der Palastrevolution 1762 beteiligt, zeichnete sich im Türkenkrieg 1768–74 aus; seit 1774 Günstling und enger polit. Ratgeber KATHARINAS II.; wurde 1776 General-Gouv. der südl. Provinzen (Noworossija [Neurussland], Asow, Astrachan). 1783 annektierte er die Krim und leitete den Aufbau der Schwarzmeerflotte; 1784 Präs. des Kriegskollegiums; 1787–91 Oberkommandierender des Heeres und der Flotte im Krieg gegen die Türkei. P.s Bedeutung liegt in seiner Kolonisationspolitik in vom Zarenreich neu erworbenen Gebieten an der nördl. Schwarzmeerküste (Neurussland), wo neben der ländl. Kolonisation auch zahlr. Städtegründungen (Cherson, Sewastopol, Jekaterinoslaw) auf ihn zurückgehen. Seine z. T. fantast. Projekte wurden allerdings nur teilweise realisiert. – Anlässlich der Reise KATHARINAS II. auf die Krim (1787) soll P. (was von der histor. Forschung inzwischen als erfundene Legende angesehen wird) Dorfattrappen errichtet haben lassen, die der Kaiserin den Wohlstand des Gebietes vortäuschen sollten. Die Bez. **potemkinsche Dörfer** wird heute sprichwörtlich im Sinne von Blendwerk, Trugbild, Vorspiegelung falscher Tatsachen verwendet.

T. ADAMCZYK: Fürst G. A. Potemkin. Unterss. zu seiner Lebensgesch. (1936, Nachdr. 1966).

Potlatch [ˈpɔtlætʃ; engl., von Chinook, eigtl. ›geben‹] *der, -/-es,* **Pọtlatsch,** Geschenkverteilungsfest der Nordwestküstenindianer Nordamerikas mit Ähnlichkeiten zu den Verdienstfesten Polynesiens und Melanesiens. Die stark formalisierten P. fanden an der NW-Küste im Zusammenhang mit der Übertragung von Rechten und Titeln bei Namengebung, Heirat, Amtseinführung u. a. statt. Der Festgeber bekräftigte durch Verteilung von Geschenken seinen Rangtitel. Zugleich war der P. Teil eines Systems des wechselseitigen Austauschs, durch das Abstammungsgruppen Allianzen festigten. Im 19. Jh. kam es zur Entwicklung von Kampf-P., in denen Prätendenten sich durch Geschenkverteilung und -vernichtung gegenseitig zu überbieten trachteten. Der P. wurde zw. 1884 und 1951 von der kanad. Regierung wegen des Aspekts der Verschwendung verboten, wird aber in jüngerer Zeit in teilweise modifizierter Form wieder durchgeführt.

P. DRUCKER u. R. F. HEIZER: To make my name good (Berkeley, Calif., 1967); A. ROSMAN u. P. G. RUBEL: Feasting with mine enemy (New York 1971); J. W. ADAMS: The Gitksan potlatch (Toronto 1973); I. SCHULTE-TENCKHOFF: P. – conquête et invention (Lausanne 1986).

Potocki [pɔˈtɔtski], vom 16. bis 20. Jh. einflussreiches poln. Magnatengeschlecht mit großem Grundbesitz in Kleinpolen, in der südl. Ukraine und im südl. Großpolen. – Bedeutende Vertreter:

1) Ignacy Graf, Politiker, *Podhajce 28. 2. 1750, † Wien 30. 8. 1809; Bruder von 3); war ab 1783 Hofmarschall und 1791–94 Großmarschall von Litauen; als Vertreter einer ›patriot.‹ Politik Mitautor der Verf. von 1791 und Teilnehmer am Aufstand T. KOŚCIUSZKOS (1794).

2) Jan Graf, Schriftsteller, Geschichts- und Altertumsforscher, *Pików (Podolien) 8. 3. 1761, † Uładówka (Ukraine) 2. 12. 1815; schrieb – in frz. Sprache – literar. Berichte über seine Reisen in Europa, Afrika und Asien und untersuchte in histor. und archäolog. Arbeiten die Vorgeschichte der Slawen (›Histoire primitive des peuples de la Russie‹, 1802). Reich an fantast. Abenteuern ist sein Roman ›Manuscrit trouvé à Saragosse‹ (entstanden 1803–15, in Auszügen erschienen, 3 Bde., 1805–14; dt. ›Die Handschrift von Saragossa‹); der frz. Aufklärung verpflichtet, ist er nach dem Vorbild von ›1 001 Nacht‹ als zykl. Rahmenerzählung angelegt und verbindet in stilistisch bestechender Weise viele Erzählarten.

J. P. et ›Le manuscrit trouvé à Saragosse‹ (Warschau 1981).

3) Stanisław Kostka Graf, Politiker, *Lublin 1755, † Wilanów 14. 9. 1821; Bruder von 1); als Vertreter einer ›patriot.‹ Politik an der Vorbereitung der Verf. von 1791 beteiligt; seit 1809 Vors. des Staatsrats und 1807–13 Leiter der Erziehungskommission im Herzogtum Warschau; wurde 1812 Großmeister der poln. Freimaurer. Als Min. für Bildung und Konfession (1815–21) im Königreich Polen förderte er das Elementarschulwesen; war auch schriftstellerisch tätig.

Potocki, Wacław, poln. Dichter, *Wola Łużańska (bei Gorlice) 1621, † Łużna (bei Gorlice) Anfang Juli 1696; verfasste neben religiösen Werken und Romanübersetzungen zahlr. Epigramme sowie moral. und satir. Gedichte, die erst in zwei postumen Ausgaben (›Ogród fraszek‹, 2 Bde., 1907; ›Moralia‹, 3 Bde., 1915–18) veröffentlicht wurden. Sie geben in bilderreichem, volkstüml. Stil ein oft gesellschaftskritisch und antiklerikal gefärbtes Bild ihrer Zeit; bedeutend ist das histor. Versepos über den Sieg über die Türken bei Chotin (›Transakcja wojny chocimskiej‹, entst.

1670, hg. 1850 u. d. T. ›Wojna chocimska‹) mit Kampf- und Sittenschilderungen sowie lehrhaften Passagen.

Ausgaben: Pisma wybrane, 2 Bde. (1953); Dzieła, 3 Bde. (1987).

J. MALICKI: Słowa i rzeczy. Twórczość W. P. wobec polskiej tradycji literackiej (Kattowitz 1980).

Potok ['pəʊtɔk], Chaim, amerikan. Schriftsteller, * New York 17. 2. 1929; 1954 Ordination zum Rabbiner. In seinen meist in den jüd. Gemeinden der USA spielenden Romanen und Kurzgeschichten stellt er das Zusammentreffen osteurop. Judentums mit dem modernen Amerika dar.

Werke: *Romane:* The chosen (1967; dt. Die Erwählten); The promise (1969; dt. Das Versprechen); My name is Asher Lev (1972; dt. Mein Name ist Ascher Lev); The gift of Asher Lev (1990); The tree of here (1993).

Potomac River [pə'təʊmæk 'rɪvə], Fluss im O der USA, 462 km lang, entsteht (zwei Quellflüsse) in den Appalachen (West Virginia), mündet in die Chesapeakebai. Der P. R. ist schiffbar ab Washington, D. C., das am linken Ufer liegt.

Potometer [zu griech. potón ›Trank‹] *das, -s/-,* **Potetometer,** zur Feststellung (Grobmessung) der pflanzlichen Transpiration benutztes wassergefülltes Gefäß, in dessen Hals der zu prüfende, frische Spross luftdicht eingelassen wird. Die vom Spross aufgenommene Wassermenge wird an einem horizontal angesetzten, mit Skale versehenen Kapillarröhrchen durch eine im Wasser wandernde Luftblase angezeigt.

Potosí, Hauptstadt des Dep. P., Bolivien, 3 976 m ü. M., in öder Umgebung am Fuß des Cerro P. (›Cerro Rico‹, 4 829 m ü. M.), 112 300 Ew.; Bischofssitz; Univ. (gegr. 1892); Bergbau (bes. Zinn, auch Zink und Blei; Silber heute nur noch Nebenprodukt). – Aus der Kolonialzeit sind zahlr. Kirchen erhalten, die bes. durch indian. Einflüsse geprägt sind. In der Kirche Copacabana (17. Jh.) Dekorationen im Mudéjarstil. Im Kirchenschiff von San Lorenzo (1548 gegr., heutiger Bau 18. Jh.) fantasievolle indian. Steinmetzarbeiten. Das Portal der Kirche San Francisco (1726 geweiht) ist im Stil eines indianisierten Barock gestaltet. Die Kathedrale (heutiger Bau 1809–33) in klassizist. Stil ist dreischiffig mit oktogonaler Kuppel. Die Casa Real de la Moneda (königl. Münze, 1572 gegr., heutiger Bau 1759–73) ist heute Museum (Kolonialkunst, Münzen u. a.). Die Stadt und die Silberminen wurden von der UNESCO zum Weltkulturerbe erklärt. – Nach der Entdeckung der Silbervorkommen wurde P. als **Villa Imperial de P.** ['bija-] 1545 gegründet; fast zwei Drittel des im 17. Jh. geförderten Silbers (Hauptquelle des span. Silberreichtums) stammten aus P. Die Arbeitskräfte wurden durch das System der →Mita gestellt. Bis zur Erschöpfung der Silbervorkommen im 18. Jh. war P. eine blühende Stadt (zw. 120 000 und 160 000 Ew.). Nach 1900 kam es mit dem Beginn des Zinnerzbergbaus zu einem erneuten Aufschwung.

B. ARZÁNS DE ORSÚA Y VELA: Historia de la villa imperial de P., hg. v. L. HANKE, 3 Bde. (Providence, R. I., 1965); I. WOLFF: Reg. u. Verwaltung der kolonialspan. Städte in Hochperu. 1538–1650 (1970).

Potpourri ['pɔtpʊri; frz., eigtl. ›Eintopf (aus allerlei Zutaten)‹] *das, -s/-s,* in der Musik ein aus einer bunten Folge von urspr. nicht zusammengehörigen Melodien oder Melodiefragmenten zusammengesetztes Stück, z. T. mit modulator. Überleitungspassagen. Das P. entstand im 18. Jh. in Frankreich. Bes. beliebt waren seit dem frühen 19. Jh. u. a. als Tanzmusik arrangierte Opern-, Operetten-, Walzer- und Marsch-P., v. a. für Blasorchester. (→Medley)

Potpourrivase ['pɔtpʊri-], reich dekorierte Fayence- oder Porzellanvase des 18. Jh. mit durchbrochener Gefäßwand, Hals oder Deckel zur Aufbewahrung von duftenden Blättern und Blüten. (BILD →Fürstenberger Porzellan)

Potsdam: Blick auf die Nikolaikirche (1830–37) von Karl Friedrich Schinkel, rechts davon das Rathaus (1753–55)

Potrerillos [-'rijɔs], Kupferhütte in der Prov. Atacama, Chile, 3 000 m ü. M., verarbeitet nach Erschöpfung der hier seit 1916 im Tagebau abgebauten Lagerstätte die Erze aus dem nahe gelegenen, 1959 in Betrieb genommenen Bergwerk **El Salvador.** Straßen- und Bahnverbindung zum Exporthafen Chañaral.

Pötschenhöhe, Pass im Salzkammergut, Österreich, zw. Hohem Sarstein und Sandling, 993 m ü. M. Über die P. führt die Bundesstraße zw. Bad Ischl (OÖ) und Bad Aussee (Steiermark). Die Salzkammergutbahn umgeht die P. durch die Koppenschlucht der Traun.

Potsdam 1)
Stadtwappen

Hauptstadt von Brandenburg
·
an der seenreichen Havel
·
134 600 Ew.
·
Universität
·
Astrophysikalisches Institut mit Einsteinturm
·
wiss. Institute und Filmerlebnispark im Stadtteil Babelsberg
·
umgeben von einer klassizistisch gestalteten Parklandschaft
·
Schloss Sanssouci
·
Schloss Cecilienhof

Potsdam, 1) Hauptstadt des Landes Bbg., kreisfreie Stadt, 36 m ü. M., am S-Rand des Havellands, an der hier seenartig erweiterten Havel, grenzt im NO an Berlin, 134 600 Ew.; mehrere wiss. Institute (bes. im Wiss.-Park auf dem Telegraphenberg und im Stadtteil →Babelsberg), darunter Univ. und FH P., Hochschule für Film und Fernsehen ›Konrad Wolf‹, wiss. Institute, Astrophysikal. Inst. mit →Einsteinturm, Geoforschungszentrum, Zweigstelle des A.-Wegener-Inst. für Polar- und Meeresforschung und Niederlassung des Dt. Wetterdienstes, Inst. für Klimafolgenforschung, Max-Planck- und Fraunhofer Inst., Brandenburg. Landeshauptarchiv, Armee-, Filmmuseum u. a. Museen; Filmerlebnispark Babelsberg. P. ist Filmstandort mit Tradition sowie wichtiger Medienstandort. Die Wirtschaftsstruktur der Stadt wird durch ihre Funktion als Landeshauptstadt, städt. Oberzentrum sowie durch den Dienstleistungssektor und den Fremdenverkehr bestimmt. Das Gewerbe (v. a. in Babelsberg und im SO der Stadt angesiedelt) ist mit Lebensmittel-, Baustoffindustrie, Sicherheitsglasherstellung und Orgelbau vertreten. S-Bahn-Verbindung nach Berlin.

Stadtbild: Der histor. Stadtkern mit seinen barocken und klassizist. Bauten wurde 1945 durch Bomben schwer beschädigt. Erhalten blieben u. a.: das Holländ. Viertel, die barocke Frz. Kirche (1751–53), das ehem. Ständehaus (1770, P.-Museum), das barocke ehem. Militärwaisenhaus (1771–78), die frühklassizist. ehem. Hauptwache (1795–97), das neugot. Nauener Tor (1754–55), das Brandenburger Tor (1770) und der Einsteinturm (1920/21) von E. MENDELSOHN. Wiederhergestellt sind u. a.: das barocke Rathaus mit thronendem Atlas auf der Turmkuppel (1753–55), die klassizist. Nikolaikirche (1830–37) von K. F. SCHINKEL mit der Kuppel von L. PERSIUS und E. A. STÜLER (1843–50) sowie der barocke Marstall (1685), von J. A. NERING als Orangerie gebaut, 1746 nach Plänen von KNOBELSDORFF umgestaltet. Zerstört wurde das Stadtschloss (1660–82), die Ruine 1959/60 abgetragen; auch die Garnisonkirche (1730–35 von P. GERLACH) ist 1945 ausgebrannt (Ruine 1968 gesprengt). Nördlich der Altstadt am Heiligen See liegen im Neuen Garten (1787–91 angelegt, von J. P. LENNÉ 1817–25 neu gestaltet) das Marmorpalais (1787–91 von K. GONTARD) und Schloss →Cecilienhof (1913–16). Ebenfalls im N befindet sich die ehem. Kolonie Alexandrowka, eine 1826 von P. J. LENNÉ für die damals in P. lebenden russ. Soldaten entworfene Blockhaussiedlung mit orth. Alexander-Newskij-Kirche (1826–29). Im W von P. liegen Schloss und Park →Sanssouci. Nach S schließen Park und Schloss Charlottenhof (1826–28) mit den Röm. Bädern (1829–36) an. Auf der Freundschaftsinsel (6 ha) in der Havel ein von dem Gartengestalter K. FOERSTER (* 1874, † 1970) angelegter Schau- und Lehrgarten. Im Stadtteil Babelsberg neugot. Schloss, 1835 von SCHINKEL begonnen. Schlösser und Gärten von P. und Berlin wurden 1991 von der UNESCO zum Welterbe erklärt. – Zu den zahlr. Neubauten gehört das im Bau befindl. Geschäfts- und Büroquartier ›P.-Center‹ am Bahnhof. Die modernen Bahnhofsbauten selbst (Architekturbüro: Gerkan, Marg & Partner) sollen bis 1999 fertig gestellt sein.

Geschichte: Urspr. slaw. Siedlung neben einer slaw. Burg (9./10. Jh.), erstmals 993 als **Poztupimi** erwähnt; nach 1150 dt. Neugründung unter Markgraf ALBRECHT DEM BÄREN, wurde seit 1317 als Stadt bezeichnet (Ersterwähnung des Stadtrechts 1345). Seit 1416 im Besitz der Hohenzollern; seit 1660 (neben Berlin zweite) Residenz der Kurfürsten von Brandenburg, seit 1701 der Könige in (später von) Preußen, fortan rege Bautätigkeit (u. a. Stadtschloss anstelle der ehem. askan. Burg). König FRIEDRICH WILHELM I. ließ P. ab 1713 zur Garnisonstadt ausbauen; auch König FRIEDRICH II., D. GR., setzte den Ausbau fort (Anlage der Neustadt, 1722 und 1733, sowie des Holländ. Viertels, 1737–42; Ansiedlung von Manufakturen u. a. zur Versorgung der Gardetruppen und des Heeres), im 19. Jh. v. a. FRIEDRICH WILHELM IV. (bes. Parkanlagen). 1838 erfolgte die Eröffnung der ersten preuß. Eisenbahnlinie zw. P. und Berlin. Ab 1875 ließen sich wiss. Institutionen in P. nieder. – Seit 1939 (u. a. Eingemeindung von Babelsberg) Großstadt, war P. 1942–52 Hauptstadt des Landes Brandenburg, 1952–90 Hauptstadt des DDR-Bezirks Potsdam, seit 1990 ist es wieder Hauptstadt von Brandenburg.

Am 21. 3. 1933 suchte die NS-Führung anlässlich der Konstituierung des am 5. 3. gewählten Reichstags

Potsdam: Stadtplan (Namenregister)

Straßen und Plätze

Alleestraße D 2
Alt Nowawes F 4
Am alten Markt D 4
Am Grünen Gitter C 3
Am Kanal D 4–E 3
Am Neuen Garten DE 2–E 1
Am Neuen Markt D 4
Am Neuen Palais A 2–4
Am Pfingstberg DE 1
Am Schragen D 2
Amundsenstraße A 2–B 1
Am Wildpark A 4
Apfelweg C 1
Auf dem Kiewitt C 4
Babelsberger Straße D–F 4
Bassinplatz D 3
Behlertstraße DE 3
Berliner Straße E 3–F 2
Bertha-von-Suttner-Straße D 3–2
Birnenweg C 1
Böcklinstraße F 2
Bornstedter Straße B 2–C 3
Brandenburger Straße D 3
Breite Straße CD 4
Brentanoweg C 2–D 3
Charlottenstraße CD 3
Dortustraße D 3–4
Eichenallee AB 2
Eisenhartstraße D 3–2
Feuerbachstraße C 3–4
Forststraße A 4
Friedrich-Ebert-Straße D 2–4
Friedrich-Engels-Straße EF 4
Garnstraße F 4
Geschwister-Scholl-Straße A–C 4
Glienicker Brücke F 2
Gregor-Mendel-Straße CD 3
Große Weinmeisterstraße D 2–E 1
Gutenbergstraße DE 3
Hans-Marchwitza-Ring EF 4
Hans-Thoma-Straße E 3
Hebbelstraße D 2–3
Hegelallee CD 3
Humboldtbrücke E 3
Humboldtring E 4
Jägerallee D 2–3
Jägerstraße D 3
Johannsenstraße F 4
Kantstraße B 4
Karl-Liebknecht-Straße F 4
Kastanienallee B 4
Katharinenholzstraße B 2
Kiezstraße CD 4
Kirschallee B 2–C 1
Kurfürstenstraße DE 3
Lange Brücke D 4
Langhansstraße E 1
Leiblstraße DE 3
Leipziger Straße D 4
Leistikowstraße E 1
Lennéstraße C 3
Lindenavenue A 3–4
Lindenstraße D 3–4
Lindstedter Chaussee A 1–2
Lotte-Pulewka-Straße EF 4
Ludwig-Richter-Straße EF 2
Luisenplatz C 3
Mangerstraße E 3–2
Maulbeerallee A 2–B 3
Meistersingerstraße BC 4
Menzelstraße F 2
Mühlenstraße F 4
Nedlitzer Straße D 1–2
Neuen Markt, Am D 4
Pappelallee B–D 2
Potsdamer Straße A 1–B 2
Puschkinallee D 1–2
Rembrandtstraße F 2
Ribbeckstraße B 2
Rubensstraße E 2
Rudolf-Breitscheid-Straße F 4
Ruinenbergstraße C 2
Schillerplatz C 4
Schlegelstraße C 2–3
Schopenhauerstraße C 3–4
Schragen, Am D 2
Schwanenallee F 1–2
Seestraße E 2
Sellostraße C 4–3
Tizianstraße EF 2
Voltaireweg C 3–D 2
Weinbergstraße CD 3
Weinmeisterstraße, Große D 2–E 1
Werderscher Damm A 3–4
Werderscher Weg AB 4
Wielandstraße C 4
Wiesenstraße EF 4
Wildpark, Am A 4
Yorckstraße D 4
Zeppelinstraße B 4–C 3

Gebäude, Anlagen u. a.

Alexandrowka, Russische Kolonie D 2
Alte Fahrt DE 4
Antikentempel A 3
Ausstellungspavillon D 4
Bahnhof E 4
Berliner Vorstadt EF 2
Bildergalerie C 3
Bornstedt B 1
Bornstedter Feld C 1
Bornstedter See B 2
Botanischer Garten B 3
Botanisches Institut B 3
Brandenburger Tor C 3
Brandenburger Vorstadt BC 3–4
Brandenburgisches Landeshauptarchiv B 3
Braunes Haus E 2
Bundesarchiv F 2
Cecilienhof, Schloss E 1
Chinesisches Teehaus B 3
Communs A 3
Drachenberg AB 2
Drachenhaus B 2
Eichamt F 2
Eiche A 2–3
Erlöserkirche C 4
Evangelisches Krankenhaus C 3
Fasanerie A 4
Filmmuseum D 4
Flatowturm F 3
Französische Kirche D 3
Freundschaftstempel A 3
Friedenskirche C 3
Friedrich II., Standbild B 3
Gericht D 3
Gerichtsmedizinisches Institut A 2
große Schragen, Der D 1–2
Grünes Gitter C 3
Grünes Haus E 1
Hans-Otto-Theater C 3
– (Provisorium am Alten Markt) D 4
Hasengraben E 2–F 1
Haus der Jugend EF 2
Heiliger See E 2
Hinzenberg D 4
Hippodrom B 4
Holländischer Garten C 3
Holländisches Viertel D 3
Jägertor D 3
Jägervorstadt CD 2
Jungfernsee E 1
Kapellenberg D 2
Katharinenholz A 1
Kiewitt C 4
Kindermannsee F 3
Klinikum ›Ernst von Bergmann‹ E 3
Kulturhaus D 4
Kulturzentrum E 2
Küssel C 4
Landesregierung E 4
Landratsamt D 3
Lichtenau, Palais E 3
Lustgarten BC 3
Magistrat D 3
Markthalle C 4
Marlygarten C 3
Marmorpalais E 2
Nauener Tor D 3
Nauener Vorstadt DE 1
Neue Fahrt DE 4
Neue Kammern C 3
Neuer Garten E 1–2
Neues Palais A 3
Neustädter Havelbucht C 4
Nikolaikirche D 4
Nuthe E 4
Obelisk C 3
Oberlin-Krankenhaus F 4
Obere Planitz CD 4
Orangerie B 3 und E 2
Palais Lichtenau E 3
Park Babelsberg F 3
Park Charlottenhof AB 4
Park Sanssouci AB 3
Peter-und-Paul-Kirche D 3
Pfingstberg D 1
Pfingstkirche D 2
Planetarium E 2
Planitz, Obere CD 4
Planitz, Untere C 4
Polizeipräsidium D 4
Ponomatempel D 1
Postdirektion Potsdam D 3
Potsdam-Museum D 4
Quapphorn EF 1
Rehgarten B 3
Römische Bäder B 3–4
Rotes Haus E 1
Ruinenberg C 2
Russische Kolonie Alexandrowka D 2
Russisch-Orthodoxe Kirche D 2
Schloss Cecilienhof E 1
Schloss Charlottenhof B 4
Schloss Lindstedt A 2
Schloss Sanssouci C 3
Sizilianischer Garten B 3
Stadt- und Landesbibliothek D 4
Tiefer See EF 2–3
Tornow C 4
Universität A 3
Untere Planitz C 4
Wasserwerk C 4
Weberviertel F 4
Weinberg AB 2
Weißes Haus E 2
Zentrum Ost E 4

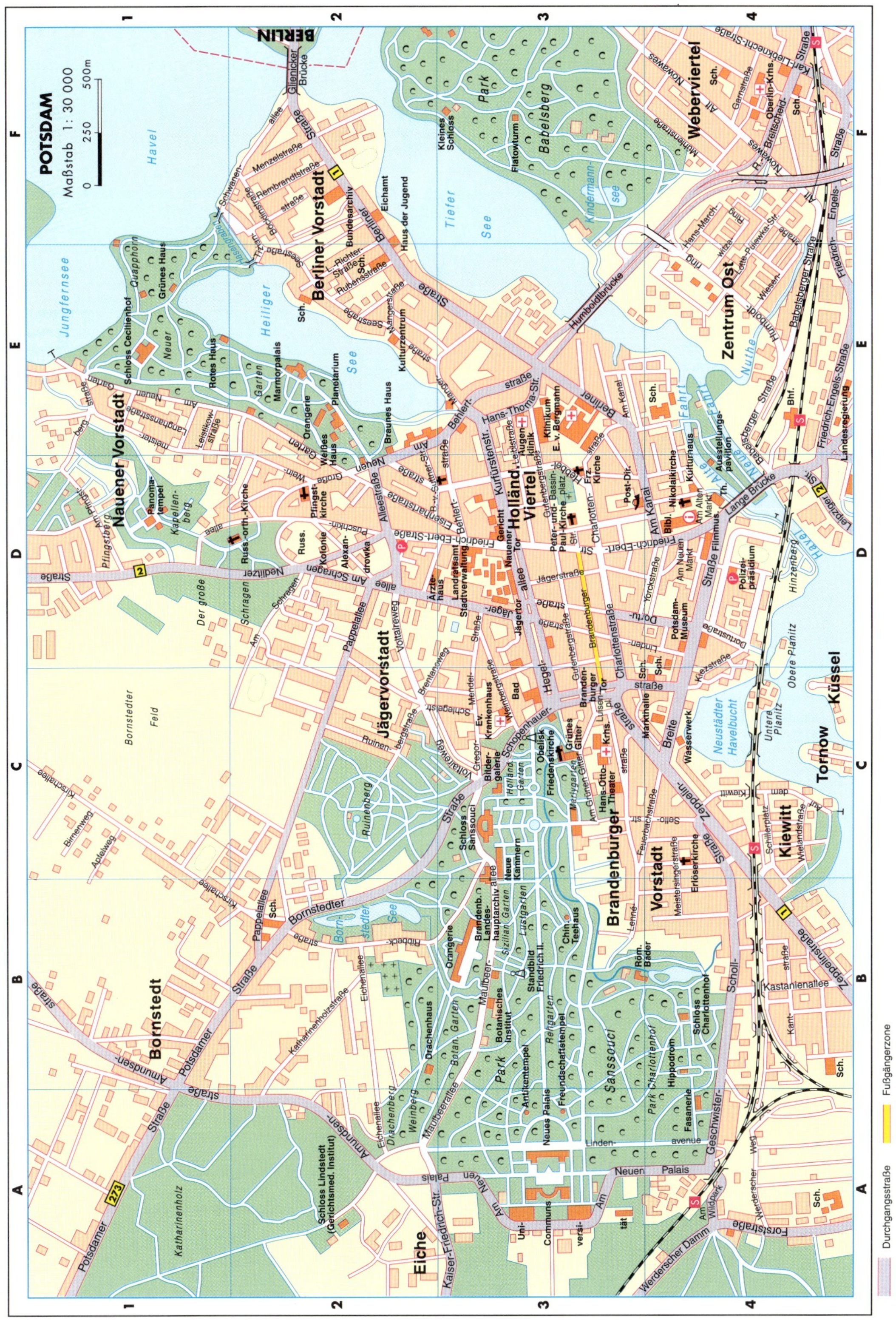
POTSDAM
Maßstab 1 : 30 000
0
250
500m
BERLIN
Glienicker Brücke
Jungfernsee
Havel
Heiliger See
Tiefer See
Park Babelsberg
Kindermann-see
Flatowturm
Kleines Schloss
Berliner Vorstadt
Neuer Garten
Schloss Cecilienhof
Marmorpalais
Nauener Vorstadt
Jägervorstadt
Holländ. Viertel
Weberviertel
Zentrum Ost
Humboldtbrücke
Lange Brücke
Nikolaikirche
Brandenburger Tor
Brandenburger Vorstadt
Bornstedt
Bornstedter Feld
Schloss Sanssouci
Park Sanssouci
Neues Palais
Schloss Charlottenhof
Chin. Teehaus
Friedenskirche
Orangerie
Ruinenberg
Katharinenholz
Schloss Lindstedt (Gerichtsmed. Institut)
Eiche
Kiewitt
Tornow
Küssel
Neustädter Havelbucht
Untere Planitz
Obere Planitz
Durchgangsstraße
Fußgängerzone

mit einem Festakt in der Garnisonkirche **(Tag von Potsdam)** ihre Verbundenheit mit dem preuß. Staatsgedanken herauszustellen. – Nach dem Zweiten Weltkrieg wurde am 2. 8. 1945 im Schloss Cecilienhof das →Potsdamer Abkommen über das besiegte Deutschland verabschiedet.

P. u. seine Umgebung. Ergebnisse der heimatkundl. Bestandsaufnahme, bearb. v. G. ENGELMANN u. a. (Berlin-Ost 1969); F. MIELKE: Potsdamer Baukunst. Das klass. P. ([2]1991); 1000 Jahre P. Das Buch zum Stadtjubiläum mit dem Festprogramm, hg. v. S. GRABNER u. K. KIESANT (1992); Potsdamer Schlösser u. Gärten. Bau- u. Gartenkunst vom 17. bis 20. Jh., bearb. v. M. HASSELS, Ausst.-Kat. Stiftung Schlösser u. Gärten P.-Sanssouci (1993); P., bearb. v. W. VOLK ([2]1993); P. u. Sanssouci, bearb. v. G. VON BASSEWITZ u. I. MAISCH (1995); P. Märk. Kleinstadt – europ. Residenz. Reminiszenzen einer eintausendjährigen Gesch., hg. v. P.-M. HAHN u. a. (1995); P. u. sein Weltkulturerbe, hg. v. A. GEISS (1995).

2) von 1952 bis 1990 Bezirk der DDR, ging 1990 im Bundesland Bbg. auf. →Deutsche Demokratische Republik (TABELLE).

Potsdam, Edikt von, am 8. 11. 1685 erlassenes Edikt von Kurfürst FRIEDRICH WILHELM von Brandenburg, mit dem er den in Frankreich verfolgten →Hugenotten in Brandenburg und Preußen Niederlassungsfreiheit, Glaubensfreiheit und wirtschaftl. Privilegien gewährte. Daraufhin wanderten etwa 20000 Hugenotten nach Brandenburg-Preußen ein.

Potsdamer Abkommen, ungenaue, aber im Sprachgebrauch etablierte Bez. für das am 2. 8. 1945 zw. H. S. TRUMAN, STALIN und C. ATTLEE, der ab 28. 7. als brit. Premier an die Stelle W. CHURCHILLS getreten war, zum Abschluss der →Potsdamer Konferenz verabschiedete Kommuniqué, das einen Minimalkonsens über Dtl.s Stellung im Nachkriegseuropa fand. Es wurde kurz nach der Konferenz im ›Amtsblatt des Kontrollrats in Dtl.‹ veröffentlicht, wichtige Punkte wurden jedoch erst in der amerikan. Publikation 1947 bekannt. – Das nicht eingeladene Frankreich stimmte der Deklaration am 7. 8. unter Vorbehalten (u. a. bezüglich der Errichtung gesamtdt. Zentralverwaltungen, die dadurch nicht zustande kamen) zu.

Inhalt: Das wesentl. Interesse der Alliierten galt der Errichtung eines Provisoriums, das die Frage der dt. Einheit noch offen hielt, jedoch die Verantwortung der Deutschen als Gesamtheit für die natsoz. Verbrechen betonte. Das P. A. präzisierte so in seinem Artikel III (Dtl.) die Übereinkünfte der →Jalta-Konferenz: gänzl. Entmilitarisierung Dtl.s sowie dessen militär. Besetzung, Errichtung eines Alliierten Kontrollrats in Berlin, der aber den einzelnen Militärgouverneuren die faktische polit. Macht gab (entsprechend der ›Berliner Viermächteerklärung‹ vom 5. 6.), Vernichtung des Nationalsozialismus. In folgenden polit. und wirtschaftl. Grundsätzen konnte diesbezüglich Einigung erzielt werden: Ent- bzw. Denazifizierung (Auflösung der NSDAP und Aufhebung aller natsoz. Gesetze, Verhaftung der NSDAP-Führung und Entlassung aller Partei-Mitgl., die mehr als nominell aktiv gewesen waren, aus öffentl. und halböffentl. Ämtern; Bestrafung der Kriegsverbrecher), Demokratisierung (Gewährleistung von Rede-, Presse- und Religionsfreiheit sowie Bildung freier Gewerkschaften und demokrat. Parteien; Erneuerung des Erziehungs- und Gerichtswesens), Dezentralisierung der dt. Wirtschaft (v. a. Dekartellisierung der Großindustrie und Banken; →Entflechtung) und Verwaltung (Neugliederung von oben nach unten nach dem Prinzip der Selbstverwaltung; Errichtung einiger gesamtzonaler Zentralverwaltungen).

Als eine der wichtigsten besatzungspolit. Bestimmungen wurde festgelegt, die alliierter Kontrolle unterworfene dt. Wirtschaft als Einheit zu betrachten und zu fördern (Artikel III, 14 und 15). Dem stand allerdings das im Artikel IV vereinbarte Prinzip der Reparationsentnahme aus der jeweiligen Besatzungszone entgegen. Die – im Ggs. zu Jalta – nicht fixierte Reparationssumme ging zu 50% an die UdSSR und wurde lediglich auf industrielle Ausrüstung und das dt. Auslandsguthaben (durch den Allierten Kontrollrat übernommen) beschränkt. Neben das Verbot dt. Kriegsproduktion trat die Demontage der für Reparationszwecke entbehrl. Produktionskapazität der ›dt. Friedenswirtschaft‹.

Zwar wurden – vorbehaltlich einer endgültigen friedensvertragl. Regelung – im Artikel VI und IX die Stadt Königsberg und der N-Teil Ostpreußens unter sowjet., die übrigen dt. Gebiete östlich der →Oder-Neiße-Linie unter poln. ›Verwaltung‹ gestellt, was für Dtl. den Verlust von einem Viertel der gesamtwirtschaftl. Nutzfläche zur Folge hatte, die Festlegung der W- und N-Grenze Polens wurde aber insofern präjudiziert, als unter Druck der UdSSR die ehem. dt. Ostgebiete als Basis für poln. Reparationsentnahmen bestimmt wurden. Im Artikel XIII war die ›geordnete Überführung‹ der zurückgebliebenen dt. Bev. im nunmehrigen Polen, in der Tschechoslowakei und in Ungarn nach Dtl. verfügt worden (→Vertreibung).

Bedeutung: Da sich die USA wegen des noch andauernden Pazifikkrieges auf STALIN angewiesen glaubten, konnte wegen der unterschiedlichen polit. und wirtschaftl. Interessen nur ein unpräziser Kompromiss erzielt werden; die meisten strittigen Fragen wurden an den Rat der Außenminister verwiesen (Einrichtung in Artikel II beschlossen). Der Wert des Abkommens liegt wesentlich darin, eine gemeinsame Verantwortung der Alliierten für Dtl. als Ganzes festgestellt und damit das Fortbestehen der Antihitlerkoalition über das Kriegsende hinaus bestätigt zu haben. Das P. A. bestimmte die alliierte Dtl.-Politik nach 1945 zunächst entscheidend; einige der kodifizierten Kompromissformeln wurden ab 1947 zu den wichtigsten Konfliktlinien des Kalten Krieges.

Potsdam 1945. Quellen zur Konferenz der ›Großen Drei‹, hg. v. E. DEUERLEIN (1963); Das P. A. u. die Europ. Sicherheit (1970); Das P. A. u. die Deutschlandfrage, hg. v. F. KLEIN u. a., 2 Bde. (Wien 1977–87); Teheran, Jalta, Potsdam. Die sowjet. Protokolle von den Kriegskonferenzen der ›Großen Drei‹, hg. v. A. FISCHER ([3]1985); W. JAKSCH: Europas Weg nach Potsdam ([4]1990); E. KRAUS: Ministerien für das ganze Dtl.? Der Alliierte Kontrollrat u. die Frage gesamtdeutscher Zentralverwaltungen (1990); W. BENZ: Potsdam 1945. Besatzungsherrschaft u. Neuaufbau im Vier-Zonen-Dtl. ([3]1994); Das P. A., hg. v. D. BLUMENWITZ u. a., Tl. 3: Rückblick nach 50 Jahren, hg. v. B. MEISSNER u. a. (Wien 1996).

Potsdamer Konferenz, Zusammenkunft (17. 7. bis 2. 8. 1945) in Potsdam (Schloss Cecilienhof) zw. H. S. TRUMAN (USA), STALIN (UdSSR) und W. CHURCHILL (Großbritannien), an dessen Stelle am 28. 7. C. ATTLEE trat. Die Konferenz beschloss die **Potsdamer Deklaration** (26. 7.; ultimative Aufforderung an Japan zur bedingungslosen Kapitulation) und das →Potsdamer Abkommen (2. 8.). In einer Geheimabsprache erklärte sich die UdSSR bereit, dem Krieg gegen Japan beizutreten, falls dieses die Potsdamer Deklaration ablehnen würde.

Potsdam-Mittelmark, Landkreis in Bbg., grenzt im W und S an Sa.-Anh., im NO an Berlin und umschließt die beiden kreisfreien Städte Potsdam (außer im O) und Brandenburg an der Havel (außer im NW), 2683 km², 175800 Ew.; Kreisstadt ist Belzig. Der Kr. umfasst zw. Potsdam und Brandenburg an der Havel das Havelseengebiet mit zahlr. Wasserläufen und Seen (größter ist der Schwielowsee). Nach S schließen sich bewaldete Moränenhügel an, vom Nuthetal getrennt sind die flachwellige Teltowplatte im O und die Hochfläche der Zauche, ein Kiefernwaldgebiet mit eingestreuten Heideflächen, im W. Zw. diese Moränenlandschaft und den südlich anschließenden Fläming (Hagelberg, 201 m ü. M.) schiebt sich mit dem Fiener

Bruch und den Belziger Landschaftswiesen ein Teil des Baruther Urstromtales. Wirtschaftl. Schwerpunktraum ist das havelländ. Obstanbaugebiet mit Gewächshäusern; auf feuchteren Standorten wird Viehzucht betrieben, im Fläming werden Kartoffeln und Roggen angebaut. Industriestandorte sind die Städte Teltow, Beelitz, Treuenbrietzen und das Obstbauzentrum Werder (Havel). – Der Landkreis P.-M. wurde am 6. 12. 1993 aus den Landkreisen Belzig, Brandenburg, Potsdam und sieben Gemeinden des Landkreises Jüterbog gebildet.

Pott [niederdt. ›Topf‹], **1)** *Kartenspiel:* **Topf,** der Einsatz beim Kartenspiel.

2) *Metrologie:* **Pot,** alte europ. Volumeneinheit für Flüssigkeiten; in Schleswig-Holstein war 1 P. 0,972 l, in Mecklenburg 0,905 l, in Belgien, Frankreich und der Schweiz zw. 0,8 l und 1,902 l.

Pott, August Friedrich, Sprachwissenschaftler, * Nettelrede (heute zu Bad Münder am Deister) 14. 11. 1802, † Halle (Saale) 5. 7. 1887; wurde 1833 Prof. in Halle (Saale). Mit seinen ›Etymolog. Forschungen auf dem Gebiete der Indo-German. Sprachen‹ (2 Bde., 1833–36) wurde er zum Begründer der modernen wiss. Etymologie durch Vergleichung des Wortschatzes der indogerman. Sprachen, zugleich zum Begründer der vergleichenden indogerman. Lautlehre.

Weitere Werke: Die Zigeuner in Europa u. Asien, 2 Tle. (1844–45); Die Personennamen, insbesondere die Familiennamen u. ihre Entstehungsarten (1853); Die Sprachverschiedenheit in Europa an den Zahlwörtern nachgewiesen ... (1868).

Pottlasche, *Chemie:* →Kaliumverbindungen.

Pottendorf, Markt-Gem. im Bez. Baden, Niederösterreich, im südl. Wiener Becken, 218 m ü. M., 5 700 Ew.; Teppichfabrik, Herstellung von Kunststoffprodukten. – Ehemaliges Wasserschloss (15. und 17. Jh.).

Pottenstein, Stadt und Luftkurort (Ortsteil Tüchersfeld) im Landkreis Bayreuth, Bayern, 368 m ü. M. im Felsental der Püttlach in der Fränk. Schweiz, 5 600 Ew.; Fränkische-Schweiz-Museum, Burgmuseum; Fremdenverkehr. Die Umgebung ist reich an Tropfsteinhöhlen, bes. die 1 km entfernte **Teufelshöhle** (urgeschichtl. Funde im Museum). – Die kath. Pfarrkirche St. Bartholomäus ist ein spätgot. Bau (13.–15. Jh.) mit Rokokodekor; Neubau des Elisabethspitals (1750), daneben liegt die kath. Spital- und Friedhofskirche (1775/76). – P. entstand um eine bereits im 12. Jh. als bischöflich-bambergisch bezeichnete Burg des 11. Jh. (u. a. im späten 19. Jh. erneuert).

Potter, 1) ['pɔtə], Helen Beatrix, engl. Schriftstellerin, * Kensington (heute zu London) 28. 7. 1866, † Sawrey (Cty. Cumbria) 22. 12. 1943; begann 1893 Tiererzählungen zu schreiben, die sie ab 1901 mit eigenen Illustrationen veröffentlichte (›The tale of Peter Rabbit‹, 1901, dt. ›Die Geschichte von Peterchen Hase‹; ›The tale of squirrel Nutkin‹, 1903, dt. ›Die Geschichte von Eichhörnchen Nusper‹) und die zu Klassikern der Kinderliteratur wurden. BILD →Kinder- und Jugendliteratur

Ausgaben: Die gesammelten Abenteuer von Peter Hase (1988); Das Journal der B. P.: 1881–1897, hg. v. G. CAVALIERO (1990).

M. LANE: The tale of B. P. A biography (London [12]1979).

2) Paulus, niederländ. Maler, getauft Enkhuizen 20. 11. 1625, begraben Amsterdam 17. 1. 1654; Schüler seines Vaters PIETER SYMONSZ. P. (* um 1597, † 1652); stellte in meist kleinformatigen helltonigen Bildern Weiden mit Vieh in sonniger Beleuchtung dar. P. führte die Gattung der Tierdarstellung zu höchster Vollendung.

3) ['pɔtə], Philip Alford, westind. methodist. Theologe, * Roseau (auf Dominica) 19. 8. 1921; war 1960–68 Vors. des Christl. Studentenweltbunds und seit 1967 im Ökumen. Rat der Kirchen tätig, 1972–84 dessen Gen.-Sekr. P. verstand sich in seinen ökumen. Ämtern immer auch als Repräsentant der Kirchen der Dritten Welt und gilt als eine der großen Persönlichkeiten der ökumen. Bewegung, deren theologisch-gesellschaftspolit. Profilierung er v. a. im Rahmen des →Antirassismusprogramms und des von ihm miteingeleiteten ›Konziliaren Prozesses für Gerechtigkeit, Frieden und die Bewahrung der Schöpfung‹ maßgeblich mitbestimmt hat.

Potteries, The P. [ðə 'pɔtərɪz], **Pottery District** ['pɔtərɪ 'dɪstrɪkt], Industriegebiet in der Cty. Staffordshire, England, im Tal des oberen Trent; Hauptstandort der engl. Steingut- und Porzellanindustrie (seit 1769), ferner Ziegeleien, Metallindustrie; Mittelpunkt ist Stoke-on-Trent.

Potthast [zu niederdt. pot ›Topf‹ und mnd. harst ›Bratfleisch‹] *der, -(e)s/-e,* **Pfefferpotthast,** westfäl. Eintopfspezialität, mit Zwiebeln, Suppengrün, Lorbeerblatt, Nelken, Salz und Pfeffer, geschmortem Rindfleisch, Schmorflüssigkeit mit Krumen von hellem Roggenbrot gebunden, mit Kapern, geriebener Zitronenschale gewürzt und mit Pfeffer scharf abgeschmeckt.

Paulus Potter: Der Stier; 1647 (Den Haag, Mauritshuis)

Potthast, August, Historiker, * Höxter 13. 8. 1824, † Leobschütz 13. 2. 1898; 1874–94 Bibliothekar des Reichstags; Verfasser der ›Bibliotheca historica medii aevi. Wegweiser durch die Geschichtswerke des europ. MA. von 375 bis 1500‹ (3 Tle., 1862, Suppl.-Bd. 1868, Neubearbeitung unter dem Titel ›Repertorium fontium historiae medii aevi‹, 1962 ff.) und Herausgeber der ›Regesta pontificum Romanorum inde ab anno post Christum natum 1198 ad annum 1304‹ (2 Bde., 1874–75).

Pottmoose, Pottiaceae, Familie der Laubmoose mit über 1 500 Arten in 85 Gattungen, bes. in den gemäßigten Zonen; meist Rasen bildende kleinere Moose auf dem Erdboden und auf Felsen.

Potto [afrikan.] *der, -(s)/-s,* ein Halbaffe (→Loris).

Pottwale [aus älter niederländ. potswal, nach dem Vergleich des Kopfes mit einem Topf (niederdt. pot)], **Physeteridae,** weltweit verbreitete, zu den →Zahnwalen (wird durch jüngste molekulargenet. Untersuchungen infrage gestellt) gehörende Familie großer, schwärzlich gefärbter Meeressäugetiere, die sich vorwiegend von Tintenfischen ernähren. – Man unterscheidet drei Arten, deren bekannteste der **Pottwal** (**Spermwal,** Physeter catodon) ist. Er wird etwa 11 m (Weibchen) bis 20 m (Männchen) lang und kann ein Gewicht bis etwa 40 t erreichen; der riesige, fast vierkantige Kopf, der v. a. aus Bindegewebe und einer öli-

Philip Alford Potter

Pottwale: Spermwal (Länge bis 20 m)

gen Substanz (→Walrat) besteht, nimmt etwa ein Drittel der Gesamtlänge ein, wobei der Unterkiefer lang und schmal ist und allein die etwa 40–50 kegelförmigen, bis etwa kuhhorngroßen Zähne trägt. P. leben gesellig und verständigen sich durch knarrende Laute. Sie vermögen bis in etwa 3 000 m Tiefe zu tauchen (Tauchdauer bis 20 Minuten, bei Gefahr bis 80 Minuten). Hauptnahrung des P. sind kleine bis mittelgroße Kraken und Fische, jedoch auch die bis über 20 m langen Riesenkalmare der Gattung Architheutis. Zur Fortpflanzungszeit scharen die Männchen einen Harem von Weibchen um sich. Jedes vierte Jahr wird nach einer Tragzeit von etwa 16 Monaten ein 4 m langes, bis 1 300 kg schweres Junges geboren, das 22 Monate gesäugt wird. Neben Walrat liefert der P. auch →Ambra. Wegen starker Bejagung ist er in seinen Beständen bedroht. – Die beiden anderen Arten der P. sind der etwa 3 m lange, kurzköpfige **Zwergpottwal** (Kogia breviceps) und der etwas kleinere **Kleinpottwal** (Kogia simus; Länge 2,70 m).

Potwar Plateau [ˈpəʊtvɑ: ˈplætəʊ], hügelige Landschaft in N-Pakistan, östlich des Indus, zw. der Salt Range und den Siwalikketten des Himalaja, 300–600 m ü. M.; im N Regenfeldbau (Weizen, Gerste), im trockeneren S Tabakbau; Erdölförderung; wichtigste Städte sind Rawalpindi und Islamabad.

Pougny [puˈɲi], Jean, eigtl. **Iwan Albertowitsch Pụni,** auch **I. A. Pụnji,** frz. Maler russisch-ital. Herkunft, * Kuokkala (heute Repino, Gebiet Leningrad) 20. 2. 1892, † Paris 28. 12. 1956; studierte in Paris und Italien. 1916 gehörte er zu den Unterzeichnern des ›Suprematist. Manifests‹ (→Suprematismus). Er organisierte Avantgardeausstellungen und lehrte an der Sankt Petersburger Kunstakademie. 1919 emigrierte er nach Berlin und ließ sich 1923 in Paris nieder. Bis etwa 1924 blieb sein Werk (Gemälde und Montagen) konstruktivistisch, danach war er mit preziösen, kleinformatigen Bildern in der Nachfolge É. VUILLARDS und P. BONNARDS erfolgreich.

Pouillet [puˈjɛ], Claude-Servais-Mathias, frz. Physiker, * Cusance (Dép. Doubs) 16. 2. 1790, † Paris 13. 6. 1868; Prof. in Paris; erfand 1837 die Tangentenbussole zur Strommessung sowie ein Pyrheliometer und ein Aktinometer zur Messung der Sonnenstrahlung.

Pouilly-Fuissé [pujifɥiˈse], trockener weißer Burgunder aus dem Hügelland (bis 400 m ü. M.) um den gleichnamigen Ort und drei Nachbargemeinden am Solutré westlich von Mâcon, Frankreich. Der weiche, volle Wein ohne betonte Säure wird ausschließlich aus Chardonnaytrauben bereitet (Appellation contrôlée 700 ha), Jahresproduktion etwa 40 000 hl.

Pouilly-Fumé [pujifyˈme], frischer und fruchtiger weißer Loirewein aus der Umgebung von Pouilly-sur-Loire, Frankreich, Rebfläche rd. 900 ha. P.-F. wird reinsortig aus Sauvignontrauben bereitet.

Poujade [puˈʒad], Pierre, frz. Politiker, * Saint-Céré (Dép. Lot) 1. 12. 1920; Papierwaren- und Buchhändler; nach einer von ihm initiierten Steuerverweigerungskampagne gründete P. 1954 die Union de Défense des Commerçants et Artisans (UDCA) und stieg zum Wortführer einer breiten Protestbewegung von Bauern, Handwerkern und Händlern der Provinz auf, die mit der Steuerpolitik und dem Modernisierungsprogramm der Pariser Zentrale unzufrieden waren. P. wandte sich, kleinbürgerl. und antisemit. Ressenti-

Francis Poulenc

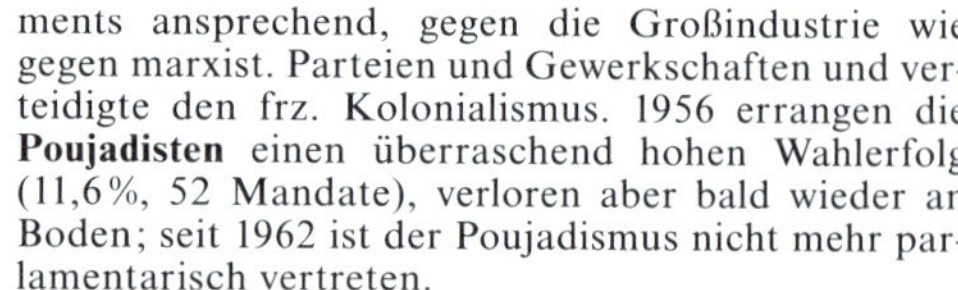

ments ansprechend, gegen die Großindustrie wie gegen marxist. Parteien und Gewerkschaften und verteidigte den frz. Kolonialismus. 1956 errangen die **Poujadisten** einen überraschend hohen Wahlerfolg (11,6%, 52 Mandate), verloren aber bald wieder an Boden; seit 1962 ist der Poujadismus nicht mehr parlamentarisch vertreten.

S. HOFFMANN: Le mouvement P. (Paris 1956); D. BORNE: Petits bourgeois en révolte? Le mouvement P. (ebd. 1977).

Poulạd Schạr, bis 1980 **Aryạshar** [-ʃ-], Satellitenstadt von Isfahan, Iran, für die Beschäftigten des Stahlwerks Aryamehr.

Poulaille [puˈlɑ:j], Henry, frz. Schriftsteller, * Paris 5. 12. 1896, † Cachan (Dép. Val-de-Marne) 2. 4. 1980; war zunächst Anhänger des →Populismus, lehnte diesen aber später als zu bürgerlich und intellektualistisch ab. Mit seinen krass realist., proletar. und Antikriegsromanen wurde er zu einem Hauptvertreter der ›Littérature prolétarienne‹, einer literar. Richtung, die die authent. Darstellung proletar. Lebens propagierte. Sein Programm entwickelte er in der Schrift ›Nouvel âge littéraire‹ (1930).

Weitere Werke: *Romane:* Ils étaient quatre (1925); L'enfantement de la paix (1926; dt. Die Geburtsstunde des Friedens); Le pain quotidien (1931; dt. Das tägl. Brot); Les damnés de la terre (1935); Pain de soldat (1937); Les rescapés (1938).

Jean Pougny: Skulptur; 1914 (Privatbesitz)

Poulạrde [pu-; frz., zu poule ›Huhn‹] *die, -/-n,* junges, noch nicht geschlechtsreifes Masthuhn oder -hähnchen; ihr bes. zartes Fleisch wird durch entsprechende Haltung und Fütterung (bei dadurch gleichzeitig verzögerter Geschlechtsreife) erzielt; früher auch Bez. für →Kapaun.

Poule [pu:l; frz., eigtl. ›Huhn‹] *die, -/-n,* 1) Einsatz beim Spiel, bei einer Wette; 2) bestimmtes Spiel beim Billard oder Kegeln.

Poulenc [puˈlɛ̃:k], Francis, frz. Komponist, * Paris 7. 1. 1899, † ebd. 30. 1. 1963; studierte bei C. KOECHLIN, gehörte der →Groupe des Six an. Seine Kompositionen standen urspr. dem Impressionismus nahe und waren später vom Neoklassizismus beeinflusst. Charakteristisch für sein Werk ist die Prägnanz der melod. Linie, bes. in seinem Vokalschaffen.

Werke: *Opern:* Les mamelles de Tirésias (1947, Text von G. APOLLINAIRE); Les dialogues des Carmélites (1957, Text von G. BERNANOS). – *Ballette:* Les biches (1923); Les animaux modèles (1942). – *Orchesterwerke:* Deux marches et un intermède (1937, für Kammerorchester); Sinfonietta (1947). – *Konzerte:* Concert champêtre (1928, für Cembalo oder Klavier u. Orchester); Konzert für zwei Klaviere u. Orchester d-Moll (1932). – *Klaviermusik:* Préludes (1916); 6 Impromptus (1920); Valse-improvisation sur le nom de BACH (1932). – *Vokalwerke:* Lieder u. Liederzyklen, A-cappella-Chöre, Messe G-Dur (1937); Stabat mater (1950). – *Bühnen- u. Filmmusik:* K. W. DANIEL: F. P., his artistic development and musical style (Ann Arbor, Mich., 1982).

Poulet [pu'lɛ; frz., Verkleinerung von poule ›Huhn‹] *das, -s/-s,* sehr junges (8–12 Wochen altes) Masthuhn oder -hähnchen im Gewicht bis zu 1 kg.

Poulet [pu'lɛ], Georges, belg. Literaturkritiker und Essayist frz. Sprache, *Chênée (bei Lüttich) 29. 11. 1902, †Waterloo 31. 12. 1991; wurde 1952 Prof. in Baltimore (Md.), 1957 in Zürich. Ausgehend von phänomenolog. Ansätzen, entwickelte er eine Interpretationsmethode, in der Dichtung als Realisierung individuellen Denkens begriffen wird; der Leseakt wird als Interaktion des individuellen Bewusstseins des Autors mit dem des Lesers verstanden. P. gehörte zu den Hauptvertretern strukturalist. Literaturkritik.

Werke: Études sur le temps humain, 4 Bde. (1949–68); La distance intérieure (1952); Les métamorphoses du cercle (1961; dt. Metamorphosen des Kreises in der Dichtung); L'espace proustien (1963; dt. Marcel Proust. Zeit u. Raum); La conscience critique (1971); La pensée indéterminée, 2 Bde. (1985–87).

Poulo Condore [pu'lo kɔ̃'dɔːr; frz.], Stadt und Inselgruppe Vietnams, →Con Dao.

Poulsen ['pɔu̯lsən], **1)** Frederik, dän. Archäologe, *Dalsgård (bei Grenå) 17. 3. 1876, †Kopenhagen 8. 11. 1950; war 1926–43 Direktor der Ny Carlsberg Glyptotek in Kopenhagen.

Werke: Die Dipylongräber u. die Dipylonvasen (1905); Der Orient u. die frühgriech. Kunst (1912); Das Heroon von Kalydon (1934, mit E. DYGGVE u. K. RHOMAIOS); Probleme der röm. Ikonographie (1937); Röm. Privatporträts u. Prinzenbildnisse (1939); Ny Carlsberg Glyptotek, Katalog over antike skulpturer (1940).

2) Valdemar, dän. Radiotechniker, *Kopenhagen 23. 11. 1869, †Gentofte 23. 7. 1942; erfand 1898 die Fixierung von Tönen auf einem Stahldraht, der an den Polen eines Elektromagneten vorbeigeführt und entsprechend den Tonwerten magnetisiert wird (Telegraphon), und 1903 den **P.-Generator,** einen Sender zur Erzeugung ungedämpfter elektr. Schwingungen (Lichtbogensender).

Poulsson ['pɔu̯lsən], Magnus, norweg. Architekt, *Drammen 14. 7. 1881, †Bærum (bei Oslo) 18. 3. 1958. Ausgehend von der altnorweg. Architektur und unter Verwendung moderner Stilelemente gestaltete er Bauten (Rathäuser, Kirchen, Herrenhäuser) von individuellem Charakter.

Werke: Rathaus von Sandvika (heute zu Bærum, 1928); Rathaus in Oslo (1931–50, mit A. R. ARNEBERG); Dorfkirche in Gravberget (1957).

Pound ['paʊnd; engl., von lat. pondo ›(ein Pfund) an Gewicht‹] *das, -/-s,* Einheitenzeichen **lb** (von der röm. ›libra‹), in Großbritannien und den USA verwendete Masseneinheit im Avoirdupois- und Troy-System, 1 lb (avdp) = 453,59243 g (Handelsgewicht), 1 lb tr = 373,24177 g (für Edelsteine und -metalle sowie im Apothecaries-System für Drogen).

Pound [paʊnd], Ezra Loomis, amerikan. Schriftsteller, *Hailey (Id.) 30. 10. 1885, †Venedig 1. 11. 1972; studierte in Philadelphia (Pa.) roman. Sprachen; lebte ab 1909 in Europa, bis 1920 in London, 1920–24 in Paris, 1924–45 in Rapallo; sympathisierte mit dem ital. Faschismus und wurde wegen antiamerikan. Propagandareden, die er während des Zweiten Weltkriegs über Radio Rom gehalten hatte, 1945 in Pisa in einem amerikan. Militärlager interniert. Die Anklage wegen Hochverrats führte nicht zur Verurteilung, sondern zur Einweisung in die Nervenheilanstalt Saint Elizabeth's in Washington (D. C.). Nach der Entlassung 1958 lebte er wieder in Italien. – P. wurde bereits mit seinen frühen Gedichtbänden (›Exultations‹ und ›Personae‹, beide 1909) bekannt. In Europa widmete er sich zahlr. literar. Aktivitäten: Er arbeitete für die Zeitschriften ›Poetry‹ (1912–18) und ›The Little Review‹ (1917–19), trat als Übersetzer altengl., frz., ital., jap. und chin. Literatur hervor, stand in enger Beziehung zu zahlr. Schriftstellerkollegen (W. B. YEATS, J. JOYCE, T. S. ELIOT, E. HEMINGWAY u. a.) und war Begründer der literar. Bewegungen des →Imagismus und des →Vortizismus. 1920 erschien sein Gedicht ›Hugh Selwyn Mauberley‹, in dem er den Verfall der Kultur beklagt und die Rolle des Dichters zu klären versucht. P.s Hauptwerk, die seit 1915 entstandenen 117 ›Cantos‹ (Gesänge), erschien im Lauf der nächsten Jahrzehnte in versch. Teilsammlungen (darunter die ›Pisan cantos‹, 1948, dt. ›Die Pisaner Gesänge‹, auch u. d. T. ›Pisaner Cantos‹; weitere dt. Teilsammlungen 1964, 1975 und 1985) und wurde schließlich 1970 u. d. T. ›The cantos of E. P.‹ gesammelt herausgegeben. Der epische Gedichtzyklus der ›Cantos‹ verarbeitet einen immensen Reichtum literar. Quellen aus versch. Kulturen und Epochen, v. a. Elemente der antiken, der chin. wie der roman. Tradition und der amerikan. Alltagserfahrung. Der themat. Vielfalt entsprechen die vielfältigen Stil-, Vers- und Sprachformen, Zitate und Anspielungen. Das Werk stellt der entwerteten kommerziell-kapitalist. Welt eine humanist. Utopie gegenüber, die sich auf Kulturtraditionen der Antike, des frühen Abendlandes und des alten China beruft, und sucht die moderne Erfahrung der Zersplitterung des Wissens und der Wahrnehmung in seiner poet. Verschmelzung disparater kultureller Kräfte aufzulösen. – P. gilt als einer der führenden Vertreter des Avantgardismus des frühen 20. Jh. und als einer der wichtigsten Lyriker und Anreger der literar. Moderne.

Valdemar Poulsen

Weitere Werke: *Lyrik:* A lume spento (1908); Provença (1910); Canzoni (1911); Ripostes (1912); Lustra (1916); Quia pauper amavi (1919); Personae: The collected poems (1926; engl. u. dt. u. d. T. Personae. Masken). – *Essays:* The spirit of romance (1910); Instigations (1920); How to read (1931; dt. Wie lesen); Make it new (1934); Jefferson and/or Mussolini (1935); Guide to Kulchur (1938); What is money for? (1939); Confucius (1947); Patria mia (1950; dt.); Literary essays (1954); Pavannes and divagations (1958).

Ausgaben: The letters, 1907–41, hg. v. D. D. PAIGE (1951, Nachdr. 1974); Selected prose: 1909–1965, hg. v. W. COCKSON (Neuausg. 1978); The cantos (Neuausg. 1981); Collected early poems, hg. v. M. KING (Neuausg. 1982); Literary essays, hg. v. T. S. ELIOT (Neuausg. 1985). – Lesebuch, hg. v. E. HESSE (1985); Personae. Gedichte, bearb. v. DERS. (Neuausg. 1992).

H. KENNER: The poetry of E. P. (Norfolk, Conn., 1951, Nachdr. New York 1974); An annotated index to The cantos of E. P., bearb. v. J. H. EDWARDS (Neuausg. Berkeley, Calif., 1959); G. S. FRASER: E. P. (Neuausg. Edinburgh 1966); R. BUSH: The genesis of E. P.'s cantos (Princeton, N. J., 1976); E. HESSE: E. P. (1978); M. HANSEN: E. P.s frühe Poetik u. Kulturkritik zw. Aufklärung u. Avantgarde (1979); N. STOCK: The life of E. P. (Neuausg. San Francisco, Calif., 1982); F. LINK: E. P. Eine Einf. (1984); M. A. KAYMAN: The modernism of E. P. (New York 1986); I. TYTELL: E. P. (London 1987); H. CARPENTER: A serious character. The life of E. P. (ebd. 1988); W. S. FLORY: The American E. P. (New Haven, Conn. 1989); F. HETMANN: E. P. (1992); A. VON COSSART: E. P. Scholar der Avantgarde (1994).

Ezra L. Pound

Poundal [paʊndl, engl.] *das, -/-s,* Einheitenzeichen **pdl,** Einheit der Kraft in Großbritannien außerhalb des Internat. Einheitensystems (SI), 1 pdl = 0,138 N.

Pound-Force ['paʊndfɔːs], Einheitenzeichen **lbf,** Einheit der Kraft in Großbritannien, definiert als die Kraft, die einem Körper mit der Masse 1 Pound (lb) die Normalfallbeschleunigung erteilt, 1 lbf = 4,4482216 Newton.

Pound Sterling [paʊnd ˈstəːlɪŋ, engl.], Währungseinheit, →Pfund.

Pountney [ˈpaʊntnɪ], David Willoughby, brit. Opernregisseur, * Oxford 10. 9. 1947; studierte in Cambridge, war 1975–80 Chefregisseur der Scottish Opera in Glasgow und 1982–93 an der English National Opera in London; internat. trat er zunächst mit Inszenierungen zeitgenöss. Werke hervor, darunter die Uraufführungen ›The Voyage‹ von P. GLASS 1992 an der Metropolitan Opera in New York und ›Playing away‹ von BENEDIKT MASON (* 1954) 1994 im Rahmen der Münchner Biennale, ferner mit Inszenierungen von Opern L. JANÁČEKS und G. VERDIS.

Pourbus [ˈpuːrbys], fläm. Malerfamilie, tätig im 16. und 17. Jh., v. a. in Antwerpen und Brügge. Bedeutende Vertreter:

1) Frans, d. Ä., * Brügge 1545, † Antwerpen 19. 9. 1581, Sohn von 3), Vater von 2); Schüler seines Vaters und von F. FLORIS, dessen Einfluss bestimmend wurde für seine Altarbilder und Porträts.

2) Frans, d. J., * Antwerpen 1569, begraben Paris 19. 2. 1622, Sohn von 1); geschätzter Porträtmaler, tätig in Brüssel (1600), ab 1604 in Mantua (Bildnisse für die herzogl. Galerie schöner Frauen), ab 1609 in Paris Hofmaler von MARIA DE' MEDICI, dann LUDWIGS XIII. Er malte auch Miniaturen.

3) Pieter Jansz., * Gouda 1523, † Brügge 30. 1. 1584, Vater von 1). P. war v. a. in seinen Bildern mit bibl. Szenen vom ital. Manierismus beeinflusst. Seine Porträts sind noch der altniederländ. Tradition verhaftet. P. war auch als Kartenzeichner für KARL V. und für die Stadtverwaltung von Brügge tätig.

Pour le Mérite 1)

Pour le Mérite [pur lə meˈrit; frz. ›für das Verdienst‹] *der*, - - -, **1)** höchster preuß. Verdienstorden, gestiftet 1740 von König FRIEDRICH II., D. GR., durch Umwandlung des 1667 von Kurfürst FRIEDRICH WILHELM geschaffenen kurbrandenburg. ›Ordre de la Générosité‹; seit 1810 als höchste preußisch-dt. Kriegsauszeichnung nur an Offiziere verliehen (letztmalig 1918; danach erloschen).

Pour le Mérite 2)

2) P. le M. für Wissenschaften und Künste, Friedensklasse des Ordens P. le M., als höchste Auszeichnung für wiss. und künstler. Verdienste am 31. 5. 1842 von König FRIEDRICH WILHELM IV. von Preußen auf Veranlassung von A. VON HUMBOLDT (erster Ordenskanzler) gestiftet; 1922 (bzw. 1924) in eine freie, sich selbst ergänzende Gemeinschaft hervorragender Gelehrter und Künstler umgewandelt, 1952 in der Bundesrepublik Dtl. als Orden erneuert. Ihm gehören 30 dt. Mitgl. sowie höchstens 30 ausländ. Mitgl. (nicht stimmberechtigt) an; Zuwahl ist nur durch das Ordenskapitel nach Tod eines Ordensträgers möglich. Seine Mitgl. erhalten das Ordenszeichen auf Seidenband in den preuß. Farben (Schwarzweiß).

Orden p. le M. für Wiss. u. Künste. Die Mitglieder des Ordens, 2 Bde. (1975–78).

Pourpoint [pʊrˈpwɛ̃, frz.] *der*, *-s/-s*, →Wams.

Pourpoint [ˈpɔːpɔɪnt; engl. ›Fließpunkt‹] *der*, -, international angewandtes Maß für das Kälteverhalten von Erdöl und Erdölprodukten. Zur Bestimmung des P. wird das Öl unter genormten Bedingungen abgekühlt, bis es als Folge von Viskositätserhöhung oder Paraffinausscheidung gerade nicht mehr fließfähig ist. Die so ermittelte Temperatur, erhöht um 3 K, ergibt den P. Rohöle unterscheiden sich sehr stark in ihrem P., z. B. Rohöl von Tia Juana (Venezuela) unter − 56 °C, Forties (Nordsee) 0 °C, Libyen (Exportmischung) + 24 °C.

Henri Pousseur

Pourrat [puˈra], Henri, frz. Schriftsteller, * Ambert (Dép. Puy-de-Dôme) 7. 5. 1887, † ebd. 17. 7. 1959; regionalist. Autor der Auvergne; im Mittelpunkt seiner Romane steht die geheimnisvolle Macht der mythisch überhöht dargestellten Natur. Er sammelte auch Fabeln, Legenden und mündl. Überlieferungen aus der Auvergne (›Le trésor des contes‹, 13 Bde., 1948–62).

Weitere Werke: *Romane:* Les vaillances, farces et gentillesses de Gaspard des montagnes, 4 Bde. (1922–31); L'homme à la bêche, histoire du paysan (1940); Le chasseur de la nuit (1951); Le temps qu'il fait, almanach (hg. 1960).

Pourtalès [purtaˈlɛs], Guy de, schweizer. Schriftsteller frz. Sprache, * Berlin 4. 8. 1881, † Lausanne 12. 6. 1941; entstammte einer hugenott. Aristokratenfamilie, nahm 1914 die frz. Staatsbürgerschaft an. Als umfassend gebildeter Kosmopolit beschäftigte er sich v. a. mit der europ. Romantik und schrieb Monographien über einige ihrer Vertreter. Seine Romane haben Schicksale des europ. Bürgertums der Kriegsgeneration zum Thema. Hauptwerk ist der Bildungsroman ›La pêche miraculeuse‹ (1937; dt. ›Der wunderbare Fischzug‹).

Weitere Werke: *Romane:* Montclar (1926); Chopin ou le poète (1927; dt. Der blaue Klang); Louis II de Bavière ou Hamlet-Roi (1928; dt. König Hamlet, Ludwig II. von Bayern); Wagner, histoire d'un artiste (1932; dt. Richard Wagner. Mensch u. Meister); Berlioz ou l'Europe romantique (1939; dt. Phantast. Symphonie. Hector Berlioz u. das romant. Europa). – *Autobiographie:* Marins d'eau douce (1919).

Pousseur [puˈsœːr], Henri, belg. Komponist und Musikschriftsteller, * Malmedy 23. 6. 1929; studierte in Lüttich und Brüssel, gründete 1958 in Brüssel das Studio de musique électronique APELAC, lehrte in Darmstadt (1957–67), Basel (1963/64), Köln (1963–68) und Buffalo, N. Y. (1966–68). 1970 wurde P. Dozent an der Univ. in Lüttich, 1975 ebd. Direktor der Musikhochschule, 1983–87 war er am Institut de pédagogie musicale in Paris tätig. Angeregt von den Werken A. WEBERNS, P. BOULEZ', K. STOCKHAUSENS und L. BERIOS, trat P. anfangs mit serieller und elektron. Musik hervor und entwickelte dann eine multimediale Kompositionsweise, in der Zitate und rational gesteuerte Aleatorik einen breiten Raum einnehmen.

Werke: *Bühnenwerke:* Votre Faust (1969, Text von M. BUTOR); Die Erprobung des Petrus Hebraicus (1974, musikal. Kammertheater); Leçons d'enfer (1991, für Musiktheater). – *Orchesterwerke:* Couleurs croisées (1967); L'effacement du Prince Igor (1971); Nacht der Nächte oder die sehende Schlaflosigkeit des Herrn Goldberg (1985). – *Werke für Kammerensemble:* Symphonies à quinze solistes (1955); Quintette à la mémoire d' A. Webern (1955, für Klarinette, Bassklarinette, Violine, Violoncello u. Klavier); Crosses of crossed colors (1970, für Frauenstimme, zwei bis fünf Klaviere, je zwei Radios, Tonbandgeräte u. Plattenspieler); L'école d'Orphée (1989, für Sprechstimme, Orgel u. Liveelektronik); Dichterliebesreigen (1993, für zwei Klaviere, Sopran, Bariton, Kammerchor u. Kammerorchester, nach H. HEINE); Caprices de Saxicare (1994, für Altsaxophon, Streichorchester u. Schlagzeug).

H. P., hg. v. H.-K. METZGER u. a. (1990).

Poussin [puˈsɛ̃], **1)** Gaspard, frz. Maler, →Dughet, Gaspard.

2) Nicolas, frz. Maler, * Villers-en-Vexin (bei Les Andelys) 15. 6. 1594, † Rom 19. 11. 1665; reiste 1624 über Venedig nach Rom, wo er nachhaltige Eindrücke von den Werken DOMENICHINOS und ANNIBALE CARRACCIS empfing. Ende 1640 folgte er einem Ruf LUDWIGS XIII. nach Paris, kehrte jedoch 1642 endgültig nach Rom zurück. Eingehendes Studium der Antike, wovon zahlr. Zeichnungen nach Reliefs und Skulpturen zeugen, und die Bemühungen um eine regelhaft begründete Kunstlehre vermittelten seinen Werken jene Klarheit und Gesetzmäßigkeit, die als vollendeter Ausdruck klass. Gesinnung v. a. in Frankreich als vorbildlich galten. Seine Landschaften der reifen Zeit und die Schauplätze seiner Figurenkompositionen sind aus wohl durchdachten Architektur- und groß gesehenen Naturformen in übersichtl. Ordnung aufgebaut; seine Gestalten zeichnen sich durch edle Haltung und natürl. Anmut aus. P. gilt als Schöpfer der ins Ideale und Erhabene gesteigerten heroischen Landschaft. Sein in den Werken der frühen und mittleren Zeit noch warmes, von TIZIAN beeinflusstes Kolorit wurde später kühler und trat in seiner Bedeutung für das Bild hinter der durch die Zeichnung bestimmten Form zurück. Neben religiösen Stoffen malte er Themen der antiken Gesch. und Mythologie. Die Werke von P. sind vollkommener Ausdruck des frz. Classicisme des 17. Jh. in der Malerei.

Werke: Tod des Germanicus (1626–28; Minneapolis, Minn. Institute of Arts); Inspiration des Dichters (um 1628/29; Paris, Louvre); Das Reich der Flora (1631; Dresden, Staatl. Kunstsammlungen); Bacchanal (um 1630–40; London, National Gallery); Landschaft mit dem hl. Matthäus u. dem Engel (um 1644; Berlin, Gemäldegalerie); Sieben Sakramente (2. Serie, 1644–48; Edinburgh, National Gallery of Scotland, Privatsammlung); Landschaft mit Orpheus u. Eurydike (um 1650; Paris, Louvre); Selbstporträt (1650; ebd.); Et Arcadia ego (nach 1655; ebd.; BILD →Idylle); Gewitterlandschaft mit Pyramus u. Thisbe (1651; Frankfurt am Main, Städelsches Kunstinstitut); Vier Jahreszeiten (vier Landschaftsbilder, 1660–64; Paris, Louvre).

D. WILD: N. P., 2 Bde. (Zürich 1980); O. BÄTSCHMANN: Dialektik der Malerei von N. P. (ebd. 1982); J. THUILLIER: N. P. (Paris 1988); G. FISCHER: Figuren- u. Farbkomposition in ausgew. Werken des N. P. (1992); A. GREPMAIR-MÜLLER: Landschaftskompositionen von N. P. (1992); W. SCHLINK: Ein Bild ist kein Tatsachenbericht. Le Bruns Akademierede von 1667 über P.s ›Mannawunder‹ (1996).

Nicolas Poussin: Das Reich der Flora; 1631 (Dresden, Staatliche Kunstsammlungen)

Poussinisten [pu-], Gruppe frz. Kunsttheoretiker und Maler des Classicisme, die im Ggs. zu den **Rubenisten** den Vorrang der Kontur vor der Farbe proklamierten und sich dabei auf N. POUSSIN beriefen. Der Kunststreit schwelte ab 1671 und wurde angeführt von C. LE BRUN. Die gegner. Seite, an deren Spitze R. DE PILES stand, ebnete seit dem ausgehenden 17. Jh. einer Anerkennung des Kolorismus den Weg, die Debatte wurde aber bis weit in das 19. Jh. weitergeführt und verlor erst mit dem Aufkommen der abstrakten Malerei an Bedeutung.

Poverty-Point-Kultur [ˈpɔvətɪ ˈpɔɪnt -], prähistor. indian. Kultur (etwa 1200–500 v. Chr.) im unteren Mississippital mit vielen kleinen Siedlungen. Der namengebende Fundort am Bayou Macon nördlich Monroe (La.) weist Siedlungsreste, einen 23 m hohen Erdhügel (Durchmesser 200 m) sowie ein teilweise zerstörtes Achteck von 1 200 m Durchmesser auf, dessen Seiten aus je sechs Reihen niedriger Erdwälle bestehen; älteste Erdwallanlage in Nordamerika.

C. H. WEBB: The Poverty Point culture (Baton Rouge, La., ²1982).

Powell, Lake P. [ˈleɪk ˈpaʊəl], Stausee des →Glen Canyon Dam in Utah, USA.

Powell [ˈpaʊəl], **1)** Anthony Dymoke, engl. Schriftsteller, * London 21. 12. 1905; schrieb satir. Gesellschaftsromane (›Afternoon men‹, 1931, über das Umfeld der Bloomsbury group; ›Venusberg‹, 1932). 1951–75 erschien sein nach einem Gemälde von N. POUSSIN benannter zwölfteiliger Romanzyklus ›A dance to the music of time‹ (dt. Bd. 1–3 u. d. T. ›Tanz zur Zeitmusik‹, auch u. d. T. ›Ein Tanz zur Musik der Zeit‹, Bd. 4 u. d. T. ›Lady Mollys Menagerie‹), der ein breit gefächertes, realistisch humorvoll erzähltes Panorama der engl. Gesellschaft seit dem Ersten Weltkrieg bietet. Eine Parallele dazu bildet die vierbändige Autobiographie ›To keep the ball rolling‹ (1976–82).

Weitere Werke: *Romane:* O, how the wheel becomes it! (1983); The fisher king (1986). – *Essays:* Miscellaneous verdicts (1990); Under review (1991). – *Tagebücher:* Journals, auf mehrere Bde. ber. (1995 ff.).

H. SPURLING: Handbook to A. P.'s ›Music of time‹ (ebd. 1977); N. MCEWAN: A. P. (New York 1991).

2) Bud, eigtl. **Earl P.**, amerikan. Jazzmusiker (Pianist, Komponist), * New York 27. 9. 1924, † ebd. 1. 8. 1966; war Anfang der 40er-Jahre in den Sessions in New Yorks ›Minton's Playhouse‹ maßgeblich an der Ausprägung des Bebop beteiligt und spielte später v. a. in Gruppen um C. PARKER und in eigenen Trios. Nachdem er sich ab 1947 wegen eines Nervenleidens wiederholt von der Jazzszene zurückgezogen hatte, wirkte er seit 1959 v. a. in Frankreich, u. a. zus. mit K. CLARKE und C. MINGUS. P. gilt mit seiner außergewöhnl. Technik und seinem Improvisationsreichtum als der bedeutendste Pianist des Bebop.

3) Cecil Frank, brit. Physiker, * Tonbridge (Cty. Kent) 5. 12. 1903, † bei Belluno 9. 8. 1969; arbeitete bei C. T. R. WILSON, E. RUTHERFORD und A. M. TYNDALL; ab 1948 Prof. in Bristol. Mit W. HEITLER und G. FERTEL verwendete er (ab 1938) Fotoplatten, um die Bahnspuren von Teilchen zu registrieren (Kernspurplatten). P. entdeckte mit GIUSEPPE PAOLO STANISLAO OCCHIALINI (* 1907) 1947 die 1935 von H. JUKAWA vorhergesagten Pionen (π-Mesonen) und wies 1949 mit seinen Mitarbeitern deren Zerfall (in Myon und Neutrino) nach. Er entdeckte ebenfalls 1949 in der kosm. Strahlung das K^+-Meson und klärte die Zerfallsarten der K-Mesonen (Kaonen) auf. 1950 erhielt P. den Nobelpreis für Physik.

Cecil Frank Powell

4) Colin Luther, amerikan. General, * New York 5. 4. 1937; als erster schwarzer Amerikaner 1987–89 National Security Adviser (Sicherheitsberater des Präs.) und 1989–93 Vors. der Vereinigten Stabschefs (damit ranghöchster Offizier) der US-Streitkräfte.

5) Michael, brit. Filmregisssseur, * Bekesbourne (Cty. Kent) 30. 9. 1905, † Avening (Cty. Gloucestershire) 20. 2. 1990; arbeitete 1939–56 mit EMERIC PRESSBURGER (* 1902, † 1988) zusammen, mit dem er Drehbücher schrieb, inszenierte und produzierte (Satiren, Melodramen, Tanz- und Operettenfilme).

Filme: Leben und Sterben des Colonel Blimp (1943); Die roten Schuhe (1948); Hoffmanns Erzählungen (1950); Fledermaus 1955 (1955; alleiniger Regisseur); Peeping Tom (1959); Ein Junge sieht gelb (1982).

Powellit [nach dem amerikan. Geologen und Ethnologen JOHN WESLEY POWELL, * 1834, † 1902] *der, -s/-e,* blassgelbes bis gelblich grünes, tetragonales Mineral der chem. Zusammensetzung $Ca[MoO_4]$; Härte nach MOHS 3,5, Dichte 4,3 g/cm³; kommt in der Oxidationszone von Molybdänglanzlagerstätten vor, so bei Azegour (Marokko).

Powerplay [ˈpaʊəpleɪ; engl., eigtl. ›Kraftspiel‹] *das, -(s), Eishockey:* das druckvolle Spiel der angreifenden Mannschaft in der Angriffszone; bes. bei zahlenmäßiger Überlegenheit demonstriert.

Powers [ˈpaʊəz], **1)** Hiram, amerikan. Bildhauer, * Woodstock (Vt.) 29. 7. 1805, † Florenz 27. 6. 1873;

Vertreter des Neoklassizismus, lebte ab 1837 in Italien. Er war bes. erfolgreich mit Porträtbüsten (›Andrew Jackson‹, 1837; New York, Metropolitan Museum). Sein Ruhm wurde begründet durch die Statue ›Griech. Sklavin‹ (1843; Washington, D. C., Corcoran Gallery of Art).

D. M. REYNOLDS: H. P. and his ideal sculpture (New York 1977).

2) James Farl, amerikan. Schriftsteller, *Jacksonville (Ill.) 18. 7. 1917; kontrastiert in seinen ironisch-satir. Werken traditionelle religiöse Werte, meist von kath. Priestern vertreten, mit der Macht des modernen Materialismus. Sein Roman ›Morte d'Urban‹ (1962; dt. ›Gottes Schrift ist schwer zu lesen‹) zeigt den Siegeszug der Kommerzialisierung auch innerhalb der Kirche.

Weitere Werke: *Erzählungen:* Prince of darkness (1947; dt. Fürst der Finsternis); He don't plant cotton (1958; dt. Ol' man river); A valiant woman (1958; dt. Die Streitaxt); Look how the fish live (1975); Wheat that springeth green (1988). – Am späten Abend (1959; dt. Ausw.); Der Teufel u. der Pfarrvikar (1961; dt. Ausw.); Ges. Erz.n (1968; dt. Ausw.).

J. F. P., hg. v. F. EVANS (Saint Louis, Mo., 1968); J. V. HAGOPIAN: J. F. P. (New York 1968).

Powersharing [ˈpaʊəˈʃeərɪŋ; zu engl. power ›Macht‹ und to share ›teilen‹] *das, -s,* **Power-Sharing,** politikwiss. Begriff für die Teilung der Macht zw. mehreren Interessengruppen; bes. benutzt für die Suche nach einem polit. Kompromiss zur Befriedung des Konflikts zw. Katholiken und Protestanten in →Nordirland (u. a. durch die Bildung einer gemischtkonfessionellen Regierung).

Powerslide [ˈpaʊəslaɪd; engl., zu power ›Kraft‹ und slide ›das Rutschen‹] *das, -(s), Automobilsport:* Kurventechnik, bei der man den Wagen mit hoher Geschwindigkeit seitlich in die Kurve rutschen lässt und ihn dann mit Vollgas herausfährt.

Powertests [ˈpaʊə-; engl. power ›Macht‹], **Leveltests** [ˈlevl-], **Niveautests** [niˈvo:-], psychodiagnost. Untersuchungsverfahren zur Prüfung der Leistungsfähigkeit von Individuen. Die P. enthalten meist Aufgaben, die nach ansteigender Schwierigkeit geordnet sind. Entscheidend ist i. d. R. die Güte der Leistung (im Unterschied zu →Speedtests).

Po̩west [russ. ›Erzählung‹, ›Geschichte‹] *die, -/-i,* **Po̩vest',** Bez. für eine mittlere Prosaerzählung in der russ. Literatur. In der altruss. Literatur des 11.–17. Jh. steht die P. allg. für eine erzähler. Darstellung von (meist histor.) Ereignissen und Personen, in die auch fiktive Elemente eingingen, seit dem 17. Jh. nahm die P. auch sittlich-belehrende, sozialkrit. und abenteuerl. Stoffe auf. Unter dem Einfluss der modernen Genre wie Novelle und Roman ab dem 19. Jh. kann sie sowohl eine eposhafte wie eine novellist. oder romanhafte Ausprägung erhalten.

Powhatan [paʊəˈtæn], Häuptlingstum in Virginia, USA, das im späten 16. Jh. durch Unterwerfung anderer Algonkinstämme von seinem Häuptling P. (* um 1550, † 1618, Vater der POCAHONTAS) begründet worden war und das 1622 und 1644 zwei blutige Aufstände gegen die engl. Siedler unternahm.

Po̩widl [tschech.] *der, -s, österr.* für Pflaumenmus.

Powwow [ˈpaʊwaʊ, Algonkin] *das, -(s)/-s,* urspr. Bez. für Schamane oder Priester, dann von den Weißen allg. für indian. Versammlungen verwendet. Heute versteht man unter P. weit verbreitete intertribale Tanzveranstaltungen nordamerikan. Indianer. Dabei werden profanisierte ehem. Zeremonialtänze meist aus den Kulturen der Prärie- und Plains-Indianer in Form eines Wettbewerbs durchgeführt.

Powys [ˈpəʊɪs], Verw.-Distr. in Wales, 5 196 km², 122 300 Ew., Verw.-Sitz ist Llandrindod Wells. P. erstreckt sich in den Cambrian Mountains, die im S der County den →Brecon Beacons National Park bilden. Im O stellen fruchtbare Täler (oberer Severn, oberer Wye) die Verbindung zu England her. Die Rauweiden des Berglands dienen der Schafhaltung. In →Newtown wurde ab 1967 Industrie angesiedelt. Ein Wirtschaftsfaktor ist außerdem der Fremdenverkehr.

Powys [ˈpəʊɪs], **1)** John Cowper, engl. Schriftsteller, *Shirley (Cty. Derbyshire) 8. 10. 1872, †Blaenau Ffestiniog (südwestlich Caernarvon) 17. 6. 1963, Bruder von 2) sowie des Schriftstellers LLEWELYN P. (* 1884, † 1939); schrieb neben Gedichten und literar. wie kulturphilosoph. Studien (›The meaning of culture‹, 1929, dt. ›Kultur als Lebenskunst‹; ›The pleasures of literature‹, 1938) an T. HARDY erinnernde, alte Mythen und Legenden aufgreifende Wessex-Romane (›Wolf Solent‹, 1929, dt.; ›A Glastonbury romance‹, 1932) sowie histor. Erzählungen, die in Wales (›Owen Glendower‹, 2 Bde., 1940; ›Porius‹, 1951) bzw. im antiken Griechenland spielen (›Atlantis‹, 1954).

Weitere Werke: Confessions of two brothers (1916, mit LLEWELYN P.); Autobiography (1934).

The P. family, hg. v. K. CARTER (Dorchester ²1975); D. THOMAS: A bibliography of the writings of J. C. P. 1872–1963 (Mamaroneck, N. Y., 1975); E. SCHENKEL: Natur u. Subjekt im Werk von J. C. P. (1983).

2) T. F (Theodore Francis), engl. Schriftsteller, *Shirley (Cty. Derbyshire) 20. 12. 1875, †Sturminster Newton (Cty. Dorset) 27. 11. 1953, Bruder von 1); verfasste Romane und Kurzgeschichten um skurrile und exzentr. Figuren vor dem Hintergrund des Dorfes, in dem er lebte.

Werke: *Romane:* Mr. Tasker's gods (1925); Mr. Weston's good wine (1927; dt. Mr. Westons guter Wein). – *Kurzgeschichten:* Fables (1929); Bottle's path (1946).

M. BUNING: T. F. P. A modern allegorist (Amsterdam 1986).

Poxvi̩ridae, die →Pockenviren.

Poyang Hu [pɔi̯aŋxu], **Poyanghu,** seichter See in der Prov. Jiangxi, China, 21 m ü. M., vom Gan Jiang durchflossen; dient während der Hochwasserführung des Jangtsekiang als natürl. Rückhaltebecken, wodurch sich seine Fläche stark verändert (zw. 2 700 km² und 5 070 km²); bei Hochwasser bis 16 m tief. Durch Verlandung und Eindeichung (Ackerlandgewinnung) verkleinert sich der See ständig; an seinem NW-Ufer liegt der unvermittelt aus der Ebene bis 1 474 m ü. M. aufsteigende Lu Shan.

Poynings' Law [ˈpɔɪnɪŋz lɔ:], auf Sir EDWARD POYNINGS (* 1459, † 1521), Statthalter HEINRICHS VII. in Irland, zurückgehendes Ges. von 1494; es machte Zusammentritt und Tagesordnung des irischen Parlaments von der vorherigen Zustimmung des engl. Königs abhängig; seit 1782 nicht mehr angewendet.

Poynting-Vektor [ˈpɔɪntɪŋ-; nach dem brit. Physiker JOHN HENRY POYNTING, * 1852, † 1914], beschreibt die Stärke der Energieströmung eines elektromagnet. Feldes je Zeiteinheit durch eine zur Strömungsrichtung senkrechte Flächeneinheit. Der P.-V. $\boldsymbol{S}$ ist das Vektorprodukt aus elektr. Feldstärke $\boldsymbol{E}$ und magnet. Feldstärke $\boldsymbol{H}$, d. h. $\boldsymbol{S} = \boldsymbol{E} \times \boldsymbol{H}$. SI-Einheit ist W/m². Der Betrag des P.-V. ist die Energiestromdichte (elektromagnet. Leistungsdichte).

Poysdorf [ˈpɔis-], Stadt im Bez. Mistelbach, Niederösterreich, 225 m ü. M. im nordöstl. Weinviertel, umfasst 97 km², 5 300 Ew.; Bezirksgericht; Heimatmuseum (im ehem. Bürgerspital) mit Freilichtmuseum (v. a. Weinbau). – P., 1194 erstmals erwähnt, erhielt 1582 Marktrecht und wurde 1923 Stadt.

Požarevac [ˈpɔʒarɛvats], früher dt. **Passa̱rowitz,** Stadt in Serbien, Jugoslawien, 89 m ü. M., südöstlich von Belgrad, auf einer breiten Flussterrasse der Morava, 43 900 Ew.; serbisch-orth. Bischofssitz, Museum; landwirtschaftl. Handelszentrum, Weinkellereien; nahebei Erdölvorkommen. – 1718 wurde hier der Frieden von →Passarowitz geschlossen.

Poza Rica [ˈposa ˈrrika], amtlich **P. R. de Hidalgo** [-ðe iˈðalɣo], Stadt im Bundesstaat Veracruz, Mexiko,

151 700 Ew.; Zentrum eines Erdöl- und Erdgasfeldes der nördl., feuchtheißen Golfküstenebene, Standort der petrochem. Industrie mit Erdölraffinerie.

Poznań ['pɔznain], Stadt und Wwschaft in Polen, →Posen.

Pozoblanco [poθo'βlaŋko], Stadt in der Prov. Córdoba, Spanien, 664 m ü. M., auf der felsigen Bergfußebene Los Pedroches am N-Hang der Sierra Morena, 15 600 Ew.; Landwirtschaftszentrum; Wollwebereien; Abbau (rückläufig) von Blei, Zink und Steinkohle. – P. ist eine der im 18. Jh. unter KARL III. angelegten ›Nuevas Poblaciones‹ (wie →La Carolina).

Pozsgay ['poʒgai], Imre, ungar. Politiker, * Kónyi 26. 11. 1933; seit 1950 Mitgl. der KP (seit 1956 Ungar. Sozialist. Arbeiterpartei, USAP; Austritt 1990), 1980–89 Mitgl. ihres ZK; hatte 1976–90 versch. Ministerämter inne. Der Reformkommunist P. trat als Mitgl. des Politbüros der USAP und Staats-Min. (1988/89) führend für die Neuordnung Ungarns auf demokrat. Basis ein; wurde 1990 fraktionsloser Abg., ab 1991 Prof. für polit. Wiss. in Debrecen.

Pozsony ['poʒonj], ungar. Name für →Preßburg.

Pozzo, Andrea, ital. Maler, Bildhauer und Baumeister, * Trient 30. 11. 1642, † Wien 31. 8. 1709; 1681–1702 in Rom, dann in Wien tätig, führte mit überlegener Beherrschung der Perspektive die scheinräuml. Wand- und Deckenmalerei zur Vollendung und verband sie mit Bildnerei und Architektur zu einem dekorativ durchgestalteten Gesamtkunstwerk. Verfasste ›Perspectiva pictorum et architectorum‹ (2 Tle., 1693–1700); schuf Altarbilder und Fresken.

Werke: Ausgestaltung von Sant'Ignazio in Rom mit Scheinkuppel u. a. Fresken sowie Altären und Plastiken (1684–94); innerer Umbau und Ausmalung der Jesuitenkirche in Wien (1703 ff.); Deckengemälde im Festsaal des Gartenpalais Liechtenstein, Wien (1704–08).

Pozzolane, Pozzolanerde, die →Puzzolane.

Pozzuoli, Hafenstadt in der Prov. Neapel, Kampanien, Italien, 39 m ü. M., am Golf von Neapel, 79 200 Ew.; Hauptort der Phlegräischen Felder; kath. Bischofssitz; Maschinen-, Apparatebau, elektrotechn., Gummi-, Textil-, Nahrungsmittelindustrie; Fremdenverkehr; Bade- und Kurort. – Der Dom San Proculo wurde im 11. Jh. in die Ruinen eines Augustustempels eingebaut und 1634 erneuert; nach Brand (1964) restauriert; Grabungen stießen auf Fundamente eines samnit. (3.–2. Jh. v. Chr.) und eines älteren Kultbaus. Freigelegt wurde das ›Serapeion‹, eine prachtvolle Marktanlage (Macellum). Die augusteische Mole wurde im frühen 20. Jh. überbaut. In der Oberstadt das große antike Amphitheater (1. Jh. n. Chr.; für bis zu 40 000 Zuschauer). – P., im späten 6. Jh. v. Chr. von griech. Kolonisten aus Samos als **Dikaiarcheia** gegr., wurde 194 v. Chr. unter dem Namen **Puteoli** röm. Bürgerkolonie. Als Mittelpunkt des röm. Orienthandels stieg es zum wichtigsten Hafen Roms auf, seit dem 2. Jh. n. Chr. zunehmend von Ostia überflügelt.

pp, *Musik:* Abk. für pianissimo, →piano.

pp., Abk. für: **1) p**erge, **p**erge, →et cetera.
2) per **p**rocura, aufgrund erteilter Prokura.

PP, Abk. für →**P**oly**p**ropylen.

P. P., Abk. für **P**raemissis **P**raemittendis (lat. ›mit Vorausschickung des Vorauszuschickenden‹), Formel, die in Rundschreiben die Anredeformel, auf Briefschriften den Titel ersetzt.

ppa., Abk. für **p**er **p**rocur**a,** aufgrund erteilter Prokura.

pp-Einheiten, für die Angabe sehr kleiner Konzentrationen (z. B. in der Chemie) übliche Einheiten: **parts per million,** Einheitenzeichen **ppm,** 1 Teil auf 1 Mio. Teile; **parts per billion,** Einheitenzeichen **ppb,** 1 Teil auf 1 Mrd. Teile; **parts per trillion,** Einheitenzeichen **ppt,** 1 Teil auf 1 Billion Teile. Die pp-E. entsprechen nicht dem SI-System. Korrekt muss es heißen

Pozzuoli: Im Vordergrund die Überreste des so genannten Serapeions, die sich heute weitgehend im Wasser befinden

1 g/t anstelle 1 ppm, 1 mg/t anstelle 1 ppb und 1 µg/t anstelle 1 ppt.

PP-Faktor, das →Nikotinsäureamid.

ppp, *Musik:* Abk. für pianissimo piano, →piano.

pR, Abk. für die Pakistan. →Rupie.

Pr, chem. Symbol für das Element →Praseodym.

PR, Abk. für **P**ublic **R**elations (→Öffentlichkeitsarbeit).

prä... [lat. prae ›vor‹, ›vorher‹], **prae...,** Präfix mit den Bedeutungen 1) vor, vorn (räumlich, übertragen), z. B. Präposition, Praenomen; 2) vor, voraus, voran (zeitlich), z. B. Präboreal, Praeambulum.

Präadamiten, nach I. DE LA PEYRÈRES Analyse von 1. Mos. 1–3 Menschen, die vor Adam lebten. Der von ihm vertretene **Präadamitismus** ging in Interpretation von 1. Mos. 2, 7 ff. davon aus, dass Adam nur Stammvater der Juden sei, die Menschheit selbst jedoch nach 1. Mos. 1, 26 f. präadamit. Ursprungs sei.

Präadaptation, die Fähigkeit eines Genotyps, sich veränderten Umweltbedingungen anpassen zu können.

Präambel [mlat., zu praeambulus ›vorangehend‹] *die, -/-n,* **1)** *allg.:* feierl. Erklärung als Einleitung einer Urkunde, eines Vertrages o. Ä.

2) *ev. Kirchenrecht:* die den Bekenntnisstand einer Kirche festlegende Eingangsformel. Erstmals 1922 der ›Verfassungsurkunde für die ev. Kirche der altpreuß. Union‹ vorangestellt, bildete sie nach 1945 als Grundartikel den Vorspruch zu kirchl. Verfassungsurkunden. Von besonderer Bedeutung ist die P. der Grundordnung der Ev. Kirche in Dtl., die das in allen Gliedkirchen geltende reformator. Schriftprinzip (→sola scriptura) als gemeinsamen Ausgangspunkt voraussetzt und mit der Anerkennung der →ökumenischen Glaubensbekenntnisse die Verbundenheit mit den anderen christl. Kirchen bekundet.

3) *Musik:* **Praeambulum,** →Präludium.

4) *Recht:* Vorspruch, Eingang, z. B. bei Verträgen und anderen offiziellen Urkunden, bes. in Staatsverträgen und Verfassungsurkunden, gelegentlich auch in wichtigen Gesetzen. Die P. ist dem eigentl. Text vorangestellt und enthält Hinweise auf Motive und Ziele sowie den histor. Hintergrund des Vertrages oder Gesetzes. Sie kann insoweit zur Textauslegung herangezogen werden, hat aber i. d. R. nicht selbst den Charakter einer rechtlich bindenden Norm. Ausnahmsweise kann die P. rechtlich verbindl. Aussagen enthal-

Prachtkäfer: Buchenprachtkäfer (Länge bis 9 mm)

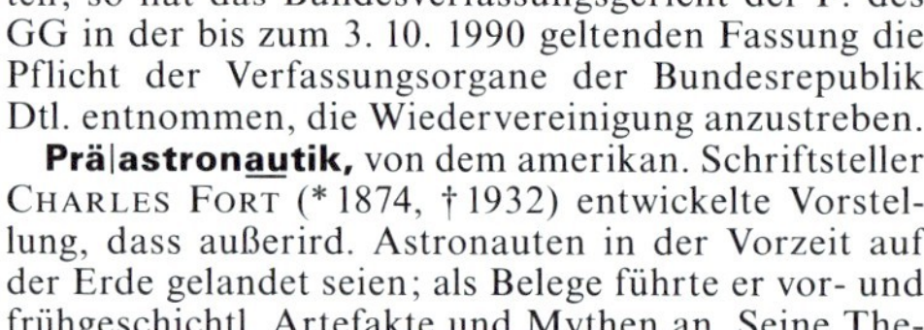

ten; so hat das Bundesverfassungsgericht der P. des GG in der bis zum 3. 10. 1990 geltenden Fassung die Pflicht der Verfassungsorgane der Bundesrepublik Dtl. entnommen, die Wiedervereinigung anzustreben.

Prä|astronautik, von dem amerikan. Schriftsteller CHARLES FORT (* 1874, † 1932) entwickelte Vorstellung, dass außerird. Astronauten in der Vorzeit auf der Erde gelandet seien; als Belege führte er vor- und frühgeschichtl. Artefakte und Mythen an. Seine Thesen wurden zuerst von H. P. LOVECRAFT aufgegriffen und beeinflussten dann die Deutung von UFOs als außerird. Raumschiffe. E. VON DÄNIKEN popularisierte die P. seit Ende der 60er-Jahre.

Präbende [spätlat. praebenda ›vom Staat zu zahlende Beihilfe‹] *die, -/-n,* erstmals in Quellen des 8. Jh. nachweisbare Bez. für die Einkünfte von Kanonikern; im Dekretalenrecht (→Dekretalen) gleichgesetzt mit dem →kirchlichen Benefizium (Pfründe).

Präbichl *der,* Pass bei Eisenerz, Steiermark, Österreich, zw. Eisenerzer Alpen und Hochschwab, 1 227 m ü. M.; Straße und Bahnlinie (Tunnel) über den P. verbinden das Ennstal (bei Hieflau) mit dem Murtal (bei Leoben).

Prachtlein (Höhe bis 40 cm)

Präboreal, Zeitabschnitt der Nacheiszeit, →Holozän, ÜBERSICHT.

Prabuty [-ti], Stadt in Polen, →Riesenburg.

Prachatitz, tschech. **Prachatice** [-tjitsɛ], Stadt im Südböhm. Gebiet, Tschech. Rep., 11 700 Ew. – Älteste Bauwerke sind die Jakobskirche (14. Jh. über Vorgängerbau, im 15. und 16. Jh. erweitert), die alte Schreibschule (14. Jh., 1540–57 umgebaut; mit Sgraffiti nach H. S. BEHAM dekoriert), das ehem. Sytra-Haus (1604; heute Museum) und das ›Alte Rathaus‹ von 1571 (mit Sgraffitoschmuck). – P. wurde um 1310 als Stadt am ›Goldenen Steig‹, der Salzstraße von Bayern nach Böhmen, gegründet.

Prachensky, Markus, österr. Maler, * Innsbruck 21. 3. 1932; Vertreter einer informellen, auf Rottöne konzentrierten, expressiv-kalligraph. Malerei; seit 1975 verwertet er Eindrücke, die er von ital. Landschaften empfing (Serien ›Puglia Marina‹, ›Umbria Quartetto‹).

Prachtbarsche, Pelmatochromis, Gattung 7–10 cm langer, bunt gefärbter westafrikan. Buntbarsche; z. T. aggressive Fische, von denen viele Arten ein Biotop mit dichtem Pflanzenwuchs benötigen. P. sind entweder Maulbrüter oder Höhlenbrüter; viele Arten sind Warmwasseraquarienfische.

Prachtbienen, Goldbienen, Euglossa, Gattung bis hummelgroßer, bunter Bienen in trop. Regenwäldern Südamerikas; solitär lebende Insekten, die aus Harz, Rinde und Erde bis zu 200 Zellen große Nester im Boden und in hohlen Baumstämmen bauen.

Prachtorchis: Euanthe sanderiana (Höhe bis 60 cm)

Prachtfinken, Estrildidae, Familie bis meisengroßer Singvögel mit kegelförmigem Körnerfresserschnabel und meist buntem Gefieder, mit rd. 130 Arten in den altweltl. Tropen und Australien verbreitet. P. bauen geschlossene Nester mit seitl. Eingang auf Bäumen und Sträuchern, teilweise in Höhlen. Sie unterscheiden sich von anderen ›Körnerfressern‹ v. a. durch Merkmale des Verhaltens; so spielt z. B. der Gesang nur bei der Balz, aber nicht bei der Revierverteidigung oder der Abwehr von Nebenbuhlern eine Rolle. Viele Arten sind beliebte Käfigvögel, allen voran der Zebrafink, aber auch →Diamantfink, →Orangebäckchen, →Goldbrüstchen sowie folgende zu der Gattungsgruppe Amadinen gehörende Arten: die mit einer Kombination von Rot, Blau, Grün, Gelb und Violett bes. prächtig gefärbte, in N-Australien beheimatete **Gouldamadine** (Chloebis gouldiae; Größe etwa 10 cm) sowie der afrikan. **Bandfink** (Amadina fasciata; Größe etwa 12 cm) mit überwiegend braunem Gefieder und leuchtend rotem Kehlband am weißl. Kopf. Zur Gattung →Nonnen gehört der Muskatfink.

Prachtkäfer, Buprestidae, Käferfamilie mit rd. 16 000 v. a. in den Tropen lebenden Arten (in Mitteleuropa 90), 2–80 mm lang, oft schlank, häufig mit Metallglanz; viele P. sind schnelle, geschickte Flieger. Sie leben auf Baumstämmen, Blättern und Blüten, sind Wärme liebend. Larven weiß, abgeflacht, Brustabschnitt oft verbreitert, ohne Augen und ohne Beine; entwickeln sich meist im Holz oder unter Rinde, andere bohren in Stängeln, einige minieren in Blättern; die Larvengänge sind oft geschlängelt; P. verursachen Schäden an Forst-, Nutz- und Ziergehölzen.

Prachtkärpflinge, Aphyosemion, afrikan. Gattung der Eierlegenden Zahnkarpfen, die nur während der Regenzeit leben; die anschließende Trockenzeit überdauern ihre Eier im Mulm. P. sind Warmwasseraquarienfische, u. a.: **Arnolds P.** (Aphyosemion arnoldi), 6 cm lang; mit roten Punkten auf dem graugrünen Körper und roten Strichzeichnungen auf den verlängerten unpaaren Flossen; **Gebänderter P.** (Aphyosemion bivittatum), bis 6 cm lang; die Männchen sind überwiegend gelb, mit rot gesäumten Schuppen, braunem Band längs der Körperseiten und roten Zeichnungen auf den verlängerten Flossen; **Blauer P.** (Aphyosemion sjoestedti), bis 12 cm lang.

Prachtkärpflinge: Blauer Prachtkärpfling (Männchen, Länge bis 12 cm)

Prachtkerze, Gaura, Gattung der Nachtkerzengewächse mit etwa 20 Arten im wärmeren Nordamerika; Kräuter oder seltener Halbsträucher mit wechselständigen, ungeteilten Blättern und rosaweißen Blüten in ährenförmigen oder kopfigen Blütenständen; Zierpflanzen für Sommerblumenbeete.

Prachtkleid, *Biologie:* das →Hochzeitskleid.

Prachtlein, Linum grandiflorum, nordafrikan. Leingewächs; einjährige, bis 40 cm hohe, verzweigte Pflanze mit graugrünen, wechselständigen, lanzettl. Blättern und roten Blüten in Doldenrispen; Gartenformen mit rosafarbenen oder blauvioletten Blüten.

Prachtlibellen, Familie der →Kleinlibellen. (→Seejungfern)

Prachtlili|e, *Botanik:* 1) die Pflanzengattung →Ruhmeskrone; 2) Art der Gattung →Lilie.

Pracht|orchis, Euanthe, Orchideengattung mit der einzigen auf den Philippinen heim., epiphyt. Art Euanthe sanderiana (Vanda sanderiana); mit bis 60 cm hohem Stamm und riemenförmigen, ledrigen, vorn schief gestutzten Blättern; der aufrechte, bis 30 cm lange Blütenstand trägt fünf bis zehn flach (bis 10 cm) ausgebreitete, hellrosafarbene, blutrot geaderte Blüten; eine der schönsten kultivierten Orchideen.

Prachtscharte, Liatris, Gattung der Korbblütler mit rd. 30 Arten in Nordamerika; Stauden mit wechselständigen, schmalen Blättern und purpurfarbenen, selten weißen Blüten in Köpfchen. Die Arten Liatris elegans und Liatris spicata werden als anspruchslose Gartenstauden kultiviert.

Prachtstrauch, Feuerstrauch, Embothrium coccine|um [-kɔkts-], Art der Silberbaumgewächse in den südl. außertrop. (in den subantarkt.) Anden; bis 10 m hoher immergrüner Baum mit wechselständigen, dunkelgrünen Blättern und roten, in Trauben stehenden Blüten, die von Kolibris bestäubt werden; in Mitteleuropa sommerblühender Zierstrauch.

Prachtstücke, Prunkstücke, Wappenteile außerhalb des eigentl. Wappens (→Heraldik).

Pradakshinapatha [-ʃina-; Sanskrit ›Weg nach rechts‹], nach außen hin abgegrenzter Wandelgang um ein ind. Heiligtum (den buddhist. Stupa oder die Cella des hinduist. Tempels), gedacht für die in fast allen ind. Kulten übl. rituelle Umwandlung des Heiligen im Uhrzeigersinn.

Prada Oropeza ['praða oro'pesa], Renato, bolivian. Schriftsteller, *Potosí 17. 10. 1937; lebt in Mexiko; schreibt formal experimentelle Romane und Erzählungen, die Existenzkrisen spiegeln.

Werke: *Erzählungen:* Argal (1967); Al borde del silencio (1969); Ya nadie espera al hombre (1969). – *Romane:* Los fundadores del alba (1969); El último filo (1975); Larga hora, la vigilia (1979).

Prädestination [lat. ›Vorherbestimmung‹] *die, -,* **1)** *bildungssprachlich* für: das Geeignetsein für ein bestimmtes Lebensziel (Beruf o. Ä.) aufgrund gewisser Anlagen, Fähigkeiten.

2) *Theologie* und *Religionswiss.:* die aus dem Glauben an die absolute Souveränität Gottes resultierende und daher von einer anonymen Schicksalsbestimmung zu unterscheidende →Erwählung oder Verwerfung (→Verdammnis) des Menschen. Beide entspringen allein dem persönl. Willen Gottes und betreffen vornehmlich das jenseitige Geschick des Menschen.

In der *Bibel* findet sich im A. T. die Vorstellung des →auserwählten Volkes, nicht aber die der P.; dagegen gibt es im N. T., bes. in den paulin. Schriften, Aussagen, die in Betonung der absoluten Souveränität Gottes seine Freiheit, Menschen zu erwählen oder zu verdammen, sowie die Unwiderstehlichkeit seines Willens hervorheben (bes. Röm. 8, 28–30; 9–11; Eph. 1, 3–14). Die in der *frühen Kirche* darauf aufbauende Lehrauffassung, dass Gott seine Wahl auf die Voraussicht der auf freiem Willen beruhenden menschl. Taten stützt, wurde zur Grundaussage der **P.-Lehre** in der ostkirchl. Theologie. Im Westen hat AUGUSTINUS die P.-Lehre gegenüber dem Glauben an einen allgemeinen Heilswillen Gottes in den Vordergrund gerückt und sie in der Auseinandersetzung mit dem →Pelagianismus systematisch entwickelt. Das theolog. Problem lag dabei in der Fragestellung, inwieweit die P. als ›Ratschluss Gottes‹ von Ewigkeit her feststeht und ob bzw. inwieweit der Mensch kraft seines (freien) Willens den Glauben wählen und durch sein Handeln an seinem Heil mitwirken kann, was AUGUSTINUS so beantwortete, dass aus der durch die Erbsünde verlorenen Masse der Sünder (›massa damnata‹) nur wenige Auserwählte gerettet und zum ewigen Leben bestimmt werden **(Gnadenwahl)**; ihnen wird die Gnade, die untrüglich (›irresistibel‹) wirkt, ohne Vorleistungen (›Verdienste‹) zuteil. LUCIDUS († nach 474) und GOTTSCHALK VON ORBAIS entwickelten die augustin. Lehre weiter zu der einer **doppelten P.** (der Erwählten zum ewigen Leben, der anderen zur Verdammnis). Im P.-Streit zw. GOTTSCHALK und seinen Gegnern HINKMAR VON REIMS sowie JOHANNES SCOTUS ERIUGENA wurde die augustin. Position im Sinne einer einzigen P., nämlich der zum Heil, präzisiert. Die *Reformatoren* nahmen den Gedanken einer doppelten P. im Kontext der Verborgenheit Gottes und der Unerforschlichkeit seines Willens erneut auf und modifizierten ihn. Bei J. CALVIN wurde die P. zur zentralen Wahrheit, die als unwiderstehlich und teilweise auch als aus dem Lebenserfolg erfahrbar galt. In der kath. Kirche lebte die Diskussion um die P. v. a. im →Gnadenstreit und in den Auseinandersetzungen um den Jansenismus wieder auf.

Im Sinne der Auffassung, dass das Schicksal des Menschen unter dem ausschließl. Willen eines allmächtigen Gottes steht und der Mensch das von Gott für ihn bestimmte Leben in der gläubigen Unterordnung unter dessen Willen aufgrund von Willensentscheidungen, die er subjektiv als die seinen empfindet, auch führen kann, wird die P. vom *Islam* vertreten (z. B. Sure 6, 125), wobei sie im Volksislam eher fatalistisch betrachtet wird (→Kismet). – Das *rabbin. Judentum* betonte im Zusammenhang mit der Vorsehung und Allwissenheit Gottes, dass ›alles in Gottes Hand steht, ausgenommen die Gottesfurcht‹ (Rabbi CHANINA, 3. Jh.). Diese ist göttl. Forderung, ihre Erfüllung hängt jedoch von der eigenverantworteten Entscheidung des Menschen ab. (→Gnade, →Rechtfertigung)

Erwählung, in: TRE, Bd. 10 (1982); M. LÖHRER: P./Erwählung, in: Neues Hb. theolog. Grundbegriffe, hg. v. P. EICHER, Bd. 3 (1985).

Pradier [pra'dje], James, eigtl. **Jean-Jacques P.,** frz. Bildhauer schweizer. Herkunft, *Genf 23. 5. 1790, † Bougival (bei Paris) 4. 6. 1852; hielt sich 1813–19 in Rom auf. 1827 wurde er Mitgl. der Académie des Beaux-Arts in Paris. Er vertrat einen geschmeidigen Klassizismus mit zunehmend romant. Zügen. Neben Porträts schuf er Figuren und Gruppen mit religiöser, mytholog. und allegor. Thematik sowie Grabmäler; bedeutend sind v. a. seine Terrakottabozzettos.

J. P., Ausst.-Kat. (Genf 1985).

Prädikabilien [zu lat. praedicabilis ›ruhmwürdig‹, ›preiswürdig‹] *Pl.,* griech. **Kategorumena,** *Philosophie:* in der Scholastik Bez. für die fünf aristotel. logischen Allgemeinbegriffe: Gattung (lat. ›genus‹), Art (›species‹), Unterschied (›differentia‹), kennzeichnendes (›proprium‹) und zufälliges Merkmal (›accidens‹); bei I. KANT die aus den Kategorien abgeleiteten reinen Verstandesbegriffe (z. B. die der Kategorie der Kausalität untergeordneten P. der Kraft, der Handlung und des Leidens).

Prädikament [spätlat. praedicamentum ›im Voraus erfolgende Hinweisung‹] *das, -(e)s/-e, Philosophie:* →Kategorie.

Prädikantenorden [zu lat. praedicare ›predigen‹], **Predigerorden,** aus dem amtl. lat. Ordensnamen abgeleitete Bez. für den Orden der →Dominikaner.

Prädikat [lat. praedicare, praedicatum ›ausrufen‹, ›aussagen‹] *das, -(e)s/-e,* **1)** *allg.:* auszeichnende Bewertung einer Leistung, eines Werks, Erzeugnisses.

2) *Logik:* Der log. Prädikatenbegriff unterscheidet sich vom sprachwiss.-grammatikal. dadurch, dass jeder Ausdruck, den man aus einem Satz erhält, indem man einen oder mehrere Eigennamen herausstreicht, als ein (ein- oder mehrstelliges) P. erster Stufe angesehen wird. Unterschieden werden ein-, zwei- oder mehrstellige (*n*-stellige) P. erster, zweiter Stufe usw. *Ein*stellige P. sind z. B. ›— ist rot‹, ›— ist ein Löwe‹, ›— tanzt‹, *zwei*stellige P. (oft Relationen genannt) sind ›— ist größer als —‹, ›— liebt —‹; *n*-stellige P. *erster* Stufe bezeichnen *n*-stellige Begriffe. P. *zweiter* Stufe sind P., die sich auf P. beziehen. Man erhält sie, wenn man in einem Satz Namen für Begriffe erster Stufe herausstreicht. So ist z. B. ›— ist ein zahlentheoret. Begriff‹ ein einstelliges P. zweiter Stufe.

In der traditionellen aristotel. Logik betrachtet man nur Sätze der Gestalt ›Alle (Einige) *S* sind (nicht) *P*‹ (einstellige P.) und bezeichnet *P* als P.-Begriff. Mehrstellige P. sind erst in der modernen →mathematischen Logik systematisch berücksichtigt und als nicht reduzierbar auf einstellige P. erkannt worden. Der sprachl. Ausdruck eines P. wird **Prädikator** genannt. Die **Prädikation,** das Zu- oder Absprechen eines P. zu gewissen Gegenständen, ist eine grundlegende Handlung, insofern sie die unterscheidende Bezugnahme auf die Realität erlaubt. P. besitzen eine →Extension und eine →Intension; vermöge der Ersteren dienen sie zur Definition von Mengen (→Komprehension).

3) *Sprachwissenschaft:* **Satzaussage,** Satzteil zur Bez. einer auf das Subjekt bezogenen Aussage: Handlung, Vorgang oder Zustand werden jeweils vom Subjekt ausgesagt. Das P. besteht i. d. R. aus einem einfachen oder zusammengesetzten Verb (z. B. er ›liest‹, er ›will kommen‹) einschließlich seiner Objekte (z. B. er ›liest ein Buch‹) oder aus einer →Kopula mit Prädikatsnomen oder verbunden mit einem Prädikativsatz. In reinen Nominalsätzen wird das P. durch ein Nomen bezeichnet (z. B. lat. quot homines tot sententiae, ›so viele Menschen, so viele Meinungen‹). In den flektierenden Sprachen besteht →Kongruenz zw. Subjekt und Prädikat.

Prädikatenlogik, das Teilgebiet der →Logik, das sich mit den Aussagen beschäftigt, die mithilfe von Prädikaten und Quantoren gebildet werden.

Prädikation [lat. ›das Verkünden‹] *die, -/-en, Logik:* das Zu- oder Absprechen eines →Prädikats bezüglich eines Gegenstandes oder, sprachphilosophisch, das Zu- oder Absprechen eines Prädikators bezüglich eines Nominators. Die P. gilt in der modernen Sprachphilosophie als die fundamentale Sprachhandlung überhaupt, sie erlaubt es, sprachlich Objekte zu konstituieren, indem über diese Aussagen gemacht werden. Die P. wird im Rahmen der log. Propädeutik untersucht.

Prädikativ *das, -s/-e, Sprachwissenschaft:* auf Subjekt oder Objekt bezogener Teil der Satzaussage (z. B. Karl ist ›Lehrer‹, er ist ›krank‹, ich nenne ihn ›meinen Freund‹).

Prädikativsatz, Nebensatz, der die Stelle eines Prädikativs einnimmt (z. B. er bleibt, ›was er immer war‹).

Prädikator [lat., eigtl. ›Verkündiger‹] *der, -s/...'toren, Logik:* der sprachl. Ausdruck eines →Prädikats.

Prädikatsnomen, *Sprachwissenschaft:* ein Prädikativ, das aus einem Nomen besteht; 1) zum Ausdruck der Gleichsetzung oder Zuordnung einer Person oder Sache mit bzw. zu dem Subjekt eines Satzes bei Verben bzw. Hilfsverben wie sein, werden, heißen (z. B. er wird ›Arzt‹); 2) zum Ausdruck einer Artangabe zu Subjekt (z. B. das Kleid ist ›neu‹) oder Objekt (z. B. ich nenne Hans ›fleißig‹).

Prädikatsweine, in Dtl. übliche Bez. für **Qualitätsweine mit Prädikat** in den Prädikatsstufen Kabinett, Spätlese, Auslese, Beerenauslese, Trockenbeerenauslese und Eiswein. Wesentl. Voraussetzungen für die Anerkennung ist das nach Rebsorte und Anbaugebiet festgelegte Mindestmostgewicht, die Erzeugung aus Trauben eines einzigen Bereiches (Herkunftsbegrenzung) und der Verzicht auf Anreicherung des Mostes mit Zucker zur Erhöhung des Alkoholgehaltes. In Österreich Bez. für **Qualitätsweine besonderer Reife und Leseart** mit ähnl. Qualitätsnormen. Prädikatsstufen sind hier Spätlese, Auslese, Beerenauslese, Ausbruch, Trockenbeerenauslese und Eiswein. Neben der Anreicherung ist auch die Süßung des Weines mit unvergorenem Traubenmost (Süßreserve) verboten.

Pradilla y Ortiz [pra'ðiʎa i ɔr'tiθ], Francisco, span. Maler, * Villanueva de Gállego (bei Saragossa) 24. 7. 1848, † Madrid 1. 11. 1921; Vertreter des span. Neubarock; v. a. Historienmaler; auch Landschafts- und Genrebilder.

Werke: Johanna die Wahnsinnige am Sarg ihres Gatten (1878; Madrid, Museo Nacional de Arte Moderno); Die Übergabe von Granada (1882; Deckenmalereien im Palacio del Senado, Madrid).

Prädisposition, erblich vorgegebene Tendenz (Veranlagung) zur Entwicklung in eine bestimmte Richtung oder zur Ausprägung bestimmter Merkmale; auch die innere Bereitschaft, sich bestimmten Überzeugungen anzuschließen, bestimmte Handlungsweisen zu übernehmen.

Prado, Museo del P. [- ðel 'praðo], Nationalmuseum in Madrid, Spanien, benannt nach dem Park P. de San Jerónimo, in dem der Bau 1785 von J. DE VILLANUEVA begonnen wurde; 1819 als königl. Museum für Malerei und Bildhauerkunst eröffnet, seit 1868 Nationalmuseum. Seine Bestände an alter Malerei gehören zu den bedeutendsten der Erde (GIORGIONE, G. B. TIEPOLO, TIZIAN, P. P. RUBENS, A. VAN DYCK, EL GRECO, D. VELÁZQUEZ, B. E. MURILLO, F. GOYA u. a.).

Prado Calvo ['praðo 'kalβo], Pedro, chilen. Schriftsteller, * Santiago 8. 10. 1886, † Viña del Mar 1. 3. 1952; Architekt; war u. a. Museumsdirektor und Diplomat. Gründete 1915 die Dichtergruppe ›Los diez‹, schrieb eigenwillige Gedankenlyrik; deutete in dem Roman ›Alsino‹ (1920) den Ikarus-Mythos als Allegorie für Chile; fantast. und realist. Elemente verbindet auch sein Roman ›La reina de Rapa Nui‹ (1914).

Weitere Werke: *Lyrik:* Flores de cardo (1908); Kerez-i-Roshan (1923); Camino de las horas (1934); Otoño en las dunas (1940); Esta bella ciudad envenenada (1945); No más que una rosa (1946).

R. SILVA CASTRO: P. P., 1886–1952 (Santiago de Chile 1965).

Prädormitium [lat. dormitio ›das Schlafen‹] *das, -s/...tilen,* die Übergangsphase vom Wachen zum Schlafzustand (→Schlaf).

prae..., Präfix, →prä...

Praeambulum [zu lat. praeambulus ›vorangehend‹] *das, -s/...la, Musik:* →Präludium.

Praeceptor Germaniae [lat.], Lehrer, Lehrmeister Deutschlands, Beiname bedeutender Gelehrter, z. B. von HRABANUS MAURUS und P. MELANCHTHON.

praecox [lat.], *Medizin:* vorzeitig, frühzeitig, zu früh auftretend.

Praed [preɪd], Rosa Caroline, Pseud. **Mrs. Campbell P.,** austral. Schriftstellerin, * Bromelton (Queensland) 27. 3. 1851, † Torquay (heute zu Torbay, England) 10. 4. 1935; lebte ab 1876 in England; verfasste über 40 Romane, von denen etwa 20 in Australien spielen und treffende Darstellungen typ. Australier der Pionierzeit und der polit. und gesellschaftl. Verhältnisse um die Jahrhundertwende geben.

Werke: *Romane:* An Australian heroine, 3 Bde. (1880); Policy and passion, 3 Bde. (1881); The head station, 3 Bde. (1885); The romance of a station, 2 Bde. (1891); Outlaw and lawmaker, 3 Bde. (1893). – *Autobiographie:* My Australian girlhood (1902).

C. A. RODERICK: In mortal bondage. The strange life of R. P. (Sydney 1948).

Praeferendum [zu lat. praeferre ›den Vorzug geben‹, ›vorziehen‹] *das, -s/...da,* **Behaglichkeitszone,** *Ökologie:* bevorzugter Aufenthaltsbereich von Tieren aufgrund optimaler Umweltbedingungen (z. B. Temperatur, Licht, Feuchtigkeit).

Präeklampsie, durch Schwangerschaft bedingte Krankheitszustände im letzten Schwangerschaftsdrittel (→Gestosen), charakterisiert durch Hochdruck, Proteinurie und häufig auch starke Ödeme, u. U. können auch Krampfanfälle auftreten.

Praemium Erasmianum, von der 1958 gegründeten Fondation Européenne de la Culture, Den Haag, jährlich (meist in Amsterdam) verliehener Preis (in Dtl. **Erasmuspreis** gen.) für besondere Verdienste um die europ. Kultur und das europ. Bewusstsein.

Praemotio physica [lat. ›phys. Vorherbewegung‹] *die, - -,* im *Thomismus* das dem Handeln des Geschöpfes vorangehende und es bestimmende Mitwirken Gottes als der alles umfassenden Ursache, das als Antrieb verstanden wird. (→Concursus divinus)

Praeneste, antiker Name der Stadt →Palestrina.

Praenomen, im lat. Namenssystem der an erster Stelle, vor dem →Gentilnamen und dem →Cognomen stehende Name, z. B. ›Marcus‹ bei MARCUS TULLIUS CICERO.

Praenova, *Astronomie:* →Nova.

Praepupa [lat. pupa ›Mädchen‹, ›Puppe‹], bei manchen Insekten (z. B. beim Prunkkäfer Lebia scapularis) ein der eigentl. Puppe vorausgehendes puppenähnl. Larvenstadium, bei dem bereits äußere Flügelanlagen angelegt sind.

Praesepe [lat. praesaepium ›Krippe‹] *die, -,* **Krippe,** ein mit bloßem Auge sichtbarer offener Sternhaufen (NGC 2632) im Sternbild Krebs; als kleiner Lichtfleck bereits HIPPARCH bekannt (2. Jh. v. Chr.), von G. GALILEI mithilfe des Fernrohrs erstmals in einzelne Sterne aufgelöst. P. ist ein Bewegungssternhaufen mit einem scheinbaren Durchmesser von etwa 1,5° (Entfernung rd. 520 Lj) und enthält etwa 100 Sterne (Helligkeiten etwa von 6^m bis 17^m); das Alter wird auf rd. 650 Mio. Jahre geschätzt.

Praesumptio [lat.] *die, -/...ti'ones, Recht:* lat. Bez. für die →Vermutung.

Praetexta [lat. ›die vorn Verbrämte‹] *die, -/...tae,* die mit einem Purpurstreifen entlang dem Rand verbrämte Toga der altröm. Oberbeamten; danach das ernste Nationaldrama der Römer (Fabula praetexta oder praetextata); in ihm trug der Held die purpurgesäumte Amtstoga. Bedeutende Vertreter waren NAEVIUS, ENNIUS, PACUVIUS und ACCIUS. Die einzige vollständig erhaltene P. ist die unter SENECAS D. J. Namen überlieferte, von einem unbekannten Verfasser stammende Tragödie ›Octavia‹.

Praetor, →Prätor.

Praetorius, **1)** Franz, Semitist, *Berlin 22. 12. 1847, †Breslau 21. 1. 1927; war 1875–80 Prof. in Berlin, 1880–93 in Breslau, 1893–1909 in Halle (Saale) und seit 1909 wieder in Berlin; wichtige Werke v. a. zur Äthiopistik.

Werke: Gramm. der Tigriñasprache in Abessinien ..., 2 Tle. (1871–72); Die amhar. Sprache, 2 Tle. (1878–79); Äthiop. Gramm. mit Paradigmen, Litteratur, Chrestomathie u. Glossar (1886); Zur Gramm. der Gallasprache (1893). – **Hg.:** Das Targum zu Josua in jemen. Überlieferung (1899); Das Targum zum Buch der Richter in jemen. Überlieferung (1900).

2) Hieronymus, d. Ä., eigtl. **H. Schultz** oder **Schultze,** Organist, *Hamburg 10. 8. 1560, †ebd. 27. 1. 1629, Sohn von 3), Vater von 4); studierte bei seinem Vater und wirkte als Organist in Erfurt und an St. Jacobi in Hamburg. Er zählt zu den Komponisten, die den mehrchörigen Stil der Venezian. Schule in Dtl. einführten. Eine Ausgabe seiner Werke (mit 102 Motetten, sechs Messen und neun Magnificats) erschien 1616–25 in Hamburg.

3) Jacob, d. Ä., eigtl. **J. Schultz** oder **Schultze,** Organist, *Magdeburg um 1530, †Hamburg 1586, Vater von 2); studierte vermutlich bei M. AGRICOLA und war seit 1558 Kirchenschreiber und Organist an St. Jacobi in Hamburg. Von seinen Kompositionen ist das ›Opus musicum excellens et novum‹ (1566) mit 204 4- bis 8-stimmigen liturg. Werken überliefert.

4) Jacob, d. J., eigtl. **J. Schultz** oder **Schultze,** Organist, *Hamburg 8. 2. 1586, †ebd. 21. oder 22. 10. 1651, Sohn von 2); Schüler von J. P. SWEELINCK, ab 1603 Organist an St. Petri in Hamburg; schrieb Choralsätze und Orgelwerke.

5) Michael, eigtl. **M. Schultheiß,** Komponist, *Creuzburg 15. 2. 1571 (oder 1572), †Wolfenbüttel 15. 2. 1621; war seit 1595 Organist im Dienst des Herzogs HEINRICH JULIUS von Braunschweig und Lüneburg und folgte ihm 1604 nach Wolfenbüttel, wo er Kammerorganist und schließlich Hofkapellmeister wurde. 1613–16 wirkte er am Dresdner Hof. Im Mittelpunkt seines musikal. Werkes steht die Choralbearbeitung des gesamten Bestandes an lat. und dt. liturg. Gesängen des luther. Gottesdienstes, die maßgebend für die ev. Kirchenmusik des 17. Jh. wurde. Sie umfasst v. a. Lieder, Motetten und Konzerte in den verschiedensten Besetzungen (›Musae Sioniae‹, 9 Tle., 1605–10). Das Orgelwerk umfasst drei Fantasien über dt. Psalmlieder M. LUTHERS, zwei Variationen über ›Nun lob mein Seel den Herren‹ und sechs Hymnenvariationen. Das einzige weltl. Werk ist ›Terpsichore‹ (1612), eine Sammlung von 312 4- bis 6-stimmigen Tänzen Pariser Tanzmeister. Zwei Sammelwerke (›Polyhymnia caduceatrix et panegyrica‹, 1619, und ›Polyhymnia exercitatrix‹, 1620) sind dem großen theoret. Werk des P. zugeordnet, dem ›Syntagma musicum‹ (3 Tle., 1615–20), einem umfassenden Zeugnis der damaligen Musikpraxis und Instrumentenkunde.

Ausgaben: Gesamtausg. der musikal. Werke, hg. v. F. BLUME u. a., 21 Bde. (Neuausg. 1928–60); Syntagma musicum, hg. v. W. GURLITT, 3 Bde. ($^{3-5}$1978–86).

W. GURLITT: M. P. (1915, Nachdruck 1968); L. U. ABRAHAM: Der Generalbaß im Schaffen des M. P. u. seine harmon. Voraussetzungen (1961); M. P. Creuzbergensis, bearb. v. K. GUDEWILL u. a. (1971); S. VOGELSÄNGER: M. P. beim Wort genommen. Zur Entstehungsgesch. seiner Werke (1987); DERS. M. P. – Diener vieler Herren (1991).

Präexistenz, die Vorstellung, dass diese Welt, wichtige normative Größen (z. B. hl. Schriften), alle oder besondere Menschen ›schon immer‹ oder ›vor aller Zeit‹ existent waren. In monist. Religionen und Denkweisen gründet alle plurale Weltwirklichkeit in einem ewigen Prinzip oder Sein (das ›Gott‹ entspricht), sodass sie in ihren Ursachen präexistiert (so in den fernöstl. Weltreligionen, in der griech. Philosophie seit HERAKLIT und PARMENIDES, im späteren Hellenismus und in hellenistisch beeinflusster christl. Theologie). In diesem Zusammenhang wird auch für die Menschen eine geistige (so z. B. in der griech. und hellenist. Philosophie für den vernünftigen Teil der menschl. Seele) oder auch individuell-geschichtl. P. (z. B. ›Kreislauf der Existenzen‹ in Hinduismus, Buddhismus, modifiziert auch z. B. in der kelt. Religion; →Karma, →Seelenwanderung) angenommen. In Religionen, die sich um geschichtl. Phänomene oder Personen gebildet haben (v. a. die monotheist. Religionen), kann diesen P. zugeschrieben werden, selbst wenn ansonsten vergleichbare Vorstellungen fehlen. So wird in bestimmten Strömungen des Judentums die Weisheit Gottes (→Sophia) oder die Thora als präexistent aufgefasst, im Islam der Koran, das hellenist. Christentum bildete schon in neutestamentl. Zeit im Kontext der Gottesaussage für JESUS CHRISTUS auch die Vorstellung von seiner P. aus (nach dem Prolog des Johannesevangeliums Joh. 1, 1–18 als des Fleisch gewordenen ewigen →Logos).

Präfation [lat. praefatio ›Vorrede‹, ›Vorspruch‹] *die, -/-en,* **1)** *altröm. Kult:* ein feierl. Vorspruch oder die Anrufung einer Gottheit, häufig begleitet von einem Voropfer (praefatio sacrorum).

2) *christl. Liturgien:* urspr. das eucharist. Hochgebet (→Kanon); heute in den Kirchen abendländ. Tradition dessen erster veränderl. Teil. Die P. wird durch den Dialog zw. Priester und Gemeinde eingeleitet und mündet in den Lobruf der Gemeinde (→Sanctus) ein. Die P. ist Lobpreisung Gottes für die (jeweils gemäß der Zeit oder dem Anlass konkretisierten) Heilstaten Gottes (in CHRISTUS). Literarisch und inhaltlich sind mit ihr verwandt die zentralen Gebete bei Weihen und Segnungen. Die luther. Liturgien des 16. Jh. behielten die P. lateinisch oder deutsch bei; später wurde sie vielfach durch die →offene Schuld ersetzt. Die ref. Ordnungen ersetzten die P. durch Ermahnungen.

Michael Praetorius

Präfekt [lat. ›Vorgesetzter‹] *der, -en/-en,* **1)** *Geschichte:* lat. **Praefectus,** im antiken Rom in republikan. Zeit der Vertreter eines Magistrats; in der Kaiserzeit häufiger Amtstitel in Verwaltung und Heerwesen, für versch. Ränge verwendet.

2) *kath. Kirche:* Bez. für bestimmte leitende Geistliche, bes. in Missionsgebieten (→Apostolischer Präfekt); an der Kurie Amtsbezeichnung der die Kurienkongregationen, die Apostol. Signatur und die ›Präfektur für wirtschaftl. Angelegenheiten des Hl. Stuhls‹ leitenden Kardinäle (Kardinal-P.).

3) *Verwaltungsrecht:* frz. **Préfet** [pre'fɛ], in Frankreich bis 1982 der vom Staatspräs. ernannte höchste Verwaltungsbeamte eines Départements, dem u. a. die Unter-P. als Vorsteher der Arrondissements zur Seite standen. (→Frankreich, Staat und Recht)

Präfektur *die, -/-en,* **1)** *allg.:* Amt, Amtsbezirk eines Präfekten.

2) *Geschichte:* lat. **Praefectura,** in der spätröm. Kaiserzeit seit DIOKLETIAN und KONSTANTIN I. ein den Diözesen und Prov. übergeordneter Verw.-Bezirk. Um 400 gab es vier P.: Oriens, Illyricum, Italia (mit Afrika), Galliae (mit Britannien und Spanien); die Zivilverwaltung einer P. unterstand dem Prätorianerpräfekten (Praefectus praetorio).

Präferenten [zu lat. preferre ›den Vorzug geben‹, ›bevorzugen‹], **Zönophile,** *Ökologie:* Bez. für Tier- und Pflanzenarten, die ein bestimmtes Biotop bevorzugen, in dem sie sich optimal entwickeln.

Präferenz [frz., zu préférer, von lat. praeferre ›den Vorzug geben‹, ›vorziehen‹] *die, -/-en,* **1)** *bildungssprachlich* für: Bevorzugung, Vorrang, Vorzug (bestimmter Werte, Ziele).

2) *Wirtschaft:* Vorliebe eines Menschen gegenüber dem Nutzen aus versch. Gütern, sodass sich daraus für seine Entscheidungen eine Rangordnung der Wünschbarkeit von Gütern **(P.-Ordnung)** ergibt. Existenz und Bestimmbarkeit von P. gehören in der Preistheorie mit zum Modell vom rational entscheidenden und handelnden Wirtschaftssubjekt (→Indifferenzkurve). P. können sachlich (Markentreue), räumlich (Einkauf im nahe gelegenen Supermarkt), zeitlich (Mode) und persönlich (Bindung an ein bestimmtes Geschäft) begründet sein. Das Fehlen von P. ist eine der Voraussetzungen für einen vollkommenen Markt.

Die **P.-Politik** von Unternehmen umfasst alle Aktivitäten im Rahmen des Marketing, die darauf gerichtet sind, die Gunst potenzieller Abnehmer durch besondere Leistungen (im Vergleich zu anderen Wettbewerbern) zu gewinnen (Qualitätswettbewerb).

Präferenzsystem, die gegenseitige handelspolit. Vorzugsbehandlung für sämtl. oder ausgewählte Einfuhrwaren zw. zwei oder mehreren Ländern **(Präferenzzone),** meist durch Vorzugszölle **(Präferenzzölle),** die die Zölle für Waren aus anderen Ländern unterschreiten. Urspr. nur zw. Mutterland und Kolonie angewendet, wurden P. nach dem Ersten Weltkrieg auf ganze Regionen ausgedehnt (z. B. Empire-Präferenzen zw. Großbritannien und den Ländern des Commonwealth). Das P. verstößt zwar gegen den Grundsatz der Meistbegünstigung, wurde aber vom GATT (Art. 24) toleriert, wenn es sich um Zollunionen oder Freihandelszonen handelt (Erzielung handelschaffender Effekte). Im Zuge der Uruguay-Runde wurde Art. 24 dahingehend verschärft, dass eine ›angemessene Zeitspanne‹ (höchstens 10 Jahre) für die Realisierung einer Zollunion oder Freihandelszone festgesetzt wurde. – Das 1972 zw. EG und EFTA geschlossene **Präferenzabkommen** führte faktisch zu einer beide Ländergruppen umfassenden Freihandelszone, die 1994 zum Europ. Wirtschaftsraum weiterentwickelt wurde. Präferenzzölle gewährt die EG außerdem aufgrund von Assoziierungsabkommen (Türkei, Malta, Zypern), zu denen auch die ›Europaabkommen‹ (mit osteurop. Transformationsstaaten) zählen, Handels- und Kooperationsabkommen (z. B. Maghreb-Staaten), Partnerschafts- (z. B. GUS-Staaten) und Präferenzabkommen (z. B. Israel). Seit 1971 werden den Entwicklungsländern einseitige Zollpräferenzen für Ursprungserzeugnisse eingeräumt, die für gewerbl. Waren, Textil- oder Agrarerzeugnisse unterschiedlich sind. Das Allgemeine P. der EG wurde 1981 verlängert und ausgeweitet (Verbesserungen für die am wenigsten entwickelten Länder, Vergünstigungen für einzelne Entwicklungsländer je nach Grad ihrer Wettbewerbsfähigkeit); die zum 1. 1. 1995 in Kraft getretene Reform ersetzte Zollkontingente und -plafonds durch nach Sensibilität der Produkte gestaffelte Zollsätze. Importwaren werden nunmehr in vier Gruppen mit unterschiedl. Zollvergünstigungen eingeteilt, wobei sich die Höhe der Präferenzzölle nach den Sätzen des Gemeinsamen Zolltarifs der EG richtet. – Nach dem Vorbild der EG haben versch. westl. Industrieländer mit Entwicklungsländern Präferenzabkommen vereinbart, die auch im Rahmen der 1995 gegründeten WTO in Kraft blieben.

Präfix [lat. praefigere, praefixum ›vorn anheften‹] *das, -es/-e, Sprachwissenschaft:* gebundenes (als selbstständiges Wort nicht vorkommendes) Morphem, das vor ein Grundmorphem (oder eine Morphemkombination) tritt (z. B. ›Ver‹lust, ›ent‹scheiden). Bei P.-Verdopplung treten zwei P. vor ein Grundmorphem (z. B. ›Auf‹›er‹stehung).

Präfixnotation, die →polnische Notation.

Präfixoid *das, -s/-e,* präfixähnl. Wortbestandteil, der zwar noch als selbstständiges Wort auftreten kann, sich aber unabhängig davon zu einem Präfix mit neuen Bedeutungsinhalten entwickelt, z. B. ›Haupt‹ in Hauptstraße, Hauptstadt.

Präformationstheorie [zu lat. praeformare ›vorher bilden‹], **Präformation,** Vorstellung vom Verlauf der ontogenet. Entwicklung der Lebewesen, nach der sich der Embryo durch Entfaltung von im Keim vorgebildeten Teilchen entwickelt; das erste geschaffene Paar jeder Art habe bereits die Keime aller folgenden Generationen – einen jeweils im anderen ›eingeschachtelt‹ (Einschachtelungslehre) – enthalten. Die Lehre wurde v. a. im 17. und in der 1. Hälfte des 18. Jh. vertreten; ihre Anhänger sahen entweder in der Eizelle (›Ovulisten‹) oder in der Samenzelle (›Animalkulisten‹) den Träger vorgebildeter Strukturen; die P. wurde durch die →Epigenesistheorie abgelöst.

Prag, tschech. **Praha,** Hauptstadt der Tschech. Rep., 176–391 m ü. M., in einem weiten Talkessel (Prager Becken) beiderseits der Moldau, inmitten des Böhm. Massivs, 1,22 Mio. Ew.; bildet verwaltungsmäßig eine eigene Region (496 km^2) und ist zugleich Verw.-Sitz des Mittelböhm. Gebietes. Die Stadt breitet sich auf den Flussterrassen der Moldau, das äußere Stadtrandgebiet auch auf den angrenzenden Hochflächen aus, deren Sporne bis nahe ans linke Moldauufer reichen und dieses bis 140 m überragen. Auf einem dieser Hochflächenausläufer liegen die Burg und der Stadtteil Hradschin (Hradčany), während das zw. dem Vyšehradfelsen (bis 57 m über der Moldau) und dem Moldauknie gelegene histor. Stadtzentrum mit der Altstadt (Staré Město) und der Neustadt (Nové Město) rechts sowie die Kleinseite (Malá Strana) links der Moldau die untersten Flussterrassen einnehmen.

Administrative und kulturelle Einrichtungen: P. ist kath. Erzbischofssitz sowie Kultur- und Wirtschaftszentrum des Landes, mit der Tschech. Akad. der Wiss. und der Tschech. Akad. der Landwirtschaftswiss., der →Karls-Universität Prag, der Tschech. TH u. a. Hochschulen, der Akad. der Bildenden Künste, der Akad. für Musik sowie mehreren Forschungsinstituten, Bibliotheken, Museen (darunter Nationalmuseum, Museum der Hauptstadt P., Jüd. Staatsmuseum) und Gemäldegalerien; Goethe-Institut (seit 1990); Planetarium, botan. und zoolog. Garten, zwei Opernhäuser und 22 ständige Theater; im Stadtteil Barrandov Filmateliers.

Wirtschaft: P. ist das wichtigste Industriezentrum des Landes. Führend sind Maschinen- und Fahrzeugbau, gefolgt von der Nahrungs- und Genussmittel-, der chem., pharmazeut., elektrotechn. und elektron., feinmechan. und opt. Industrie, ferner von Textil- und Bekleidungs-, Schuh- und Papierindustrie sowie dem Verlags- und Druckereigewerbe. P. ist daher auch der wichtigste Verkehrsknotenpunkt mit internat. Flughafen (Ruzyně, im NW) und Flusshafen (Beginn der Moldauschifffahrt). Wichtigstes innerstädt. Verkehrsmittel ist (seit 1974) die U-Bahn.

Stadtbild: In der histor. Altstadt (UNESCO-Weltkulturerbe) sind Wohnbauten mit roman. Kellern, got.

Prag: Blick über die Moldau auf Karlsbrücke, Hradschin und Sankt-Veits-Dom

Überbauungen und barocken Fassaden zu finden. Der got. Pulverturm ist einer der 13 Türme der alten Stadtbefestigung. Das Altstädter Rathaus (urspr. 14. Jh., mehrmals erweitert, zuletzt 1878) besitzt eine berühmte astronom. Uhr (1410, 1490 von Meister HANUŠ Z RŮŽE verbessert; BILD →astronomische Uhr). Der Teynhof (Ungelt) diente Kaufleuten als Handels- und Lagerplatz; sein Granovskýhaus ist eines der besterhaltenen Häuser im Renaissancestil. Die Teynkirche (1135 gegr.) wurde seit 1365 in got. Stil neu erbaut (später z. T. umgestaltet). Etwa gleichzeitig entstanden die Heiliggeistkirche, das Agneskloster (1234 gegr.; heute Ausstellungsräume der Nationalgalerie) und die Ägidienkirche. Das Haus zur steinernen Glocke (frühgotisch, 1340 und im 17./18. Jh. umgebaut; in seiner urspr. got. Form restauriert). Ab 1357 ließ KARL IV. die Karlsbrücke über die Moldau errichten; der Altstädter Brückenturm entstand 1357 (BILD →Parler, Peter). Ab 1683 wurde die Brücke mit Heiligenstatuen geschmückt (älteste ist die des JOHANNES VON NEPOMUK). Zu den Barockbauten gehören u. a. die Kreuzherrenkirche (1679–88 von J.-B. MATHEY) und die Kirche St. Franziskus (17. Jh.), ferner die Jakobskirche (1232 gegr., barock umgebaut) sowie viele Adelspaläste (Palais Kinsky, heute Abteilung der Nationalgalerie; Clam-Gallas; Pachta u. a.). Aus jüngerer Zeit stammen das Ständetheater (1781–83), das Gerichtsgebäude am Obstmarkt, einst Teil des königlichen Münzhofs, und das Rudolfinum (Künstlerhaus, 1876–84; Sitz der Philharmonie und Galerie Rudolfinum). Das erste Hauptgebäude der Univ. ist das Carolinum, entstanden aus einem Wohnhaus (1370) mit got. Erker. Im Klementinum, ehem. Jesuitenkolleg, mit prächtigen Barocksälen, sind heute Bibliotheken untergebracht. Zu den ältesten Siedlungen im Prager Bereich gehört die Josefstadt (Name seit 1850), urspr. die Judenstadt, mit Altneusynagoge von 1270 (älteste Europas), Jüd. Rathaus mit Hoher oder Rathaussynagoge (1568 erbaut, später verändert; nach Restaurierung seit 1996 jüd. Studienzentrum), Pinkassynagoge (14. Jh., Umbauten 1536, 1625) mit dem Denkmal der Opfer des Nationalsozialismus sowie dem alten jüd. Friedhof mit fast 12 000 Grabsteinen (15.–18. Jahrhundert).

Zentren der Neustadt sind der Wenzelsplatz mit dem Reiterstandbild des hl. WENZEL von J. MYSLBEK (1922 vollendet) und dem ihn im SO abschließenden Nationalmuseum (Neurenaissance, 1885–90) sowie der Karlsplatz, der größte Platz der Stadt, mit dem Neustädter Rathaus (im Kern 14. und 15. Jh.). Ebenfalls aus dem 14. Jh. stammen die Kirchen Maria Schnee (1347, nach Einsturz 1611 erneuert), die Heinrichskirche (1348–51) und St. Wenzel am Zderas. In der Barockzeit entstanden viele Adelspaläste, u. a. die Palais Swerts-Spork, Schirnding (Kaňkahaus), Sylva-Taroucca und Losinthal, im 18. Jh. das Palais Mac Neven. Das Nationaltheater (am Moldauufer) wurde 1868–81 erbaut. Der Burgkomplex Vyšehrad, als zeitweiliger Fürstensitz die baul. Entsprechung zum Hradschin auf der anderen Moldauseite, entwickelte sich im 15. Jh. zur selbstständigen Siedlung, in der 2. Hälfte des 17. Jh. wurde er zur Festung mit barocken Torwerken ausgebaut. Die oft umgebaute Kollegiatkapitelskirche St. Peter und Paul und die roman. Martinsrotunde stammen aus dem 11. Jahrhundert.

Auf der Kleinseite entstanden in der Barockzeit fast 200 Adelspaläste (Auersperg, Buquoy, Fürstenberg, Kolowrat, Liechtenstein, Lobkowitz, Morzin, Nostitz, Rohan, Schönborn u. a.); das Waldstein-Palais mit Reithalle und Sala terrena wurde von ital. Baumeistern für A. V. E. VALDŠTEJN (→WALLENSTEIN, ALBRECHT WENZEL EUSEBIUS VON) errichtet. Die St.-Niklas-Kirche, ein Werk von C. und K. I. DIENTZENHOFER (1703–53), die Thomaskirche der Augustinereremiten (im Kern 13. Jh., später umgestaltet, 1725–31 von K. I. DIENTZENHOFER barockisiert) und die Wallfahrtskirche Maria de Victoria (urspr. 1611–13 für dt. Protestanten erbaut, 1624 den Karmelitern übergeben und umgebaut), wo seit 1628 das ›Prager Jesuskind‹ (BILD →Jesuskind) verehrt wird, sind die bedeutendsten Kirchen der Kleinseite.

Die Prager Burg auf dem **Hradschin** war seit dem frühen MA. Sitz der Přemyslidenfürsten, der Kaiser, Könige und Präsidenten. Reste der frühen Burg wurden bei Grabungen aufgedeckt (Holzbauten, Palast u. a.). Unter KARL IV. und WENZEL IV. entstanden got. Erweiterungsbauten. B. RIED schuf den Wladislawsaal (1486–1502), einen der bedeutendsten Räume des Königspalastes. Die heutige Gestalt der Burg geht auf den Umbau unter Kaiserin MARIA THERESIA zurück. Der St.-Veits-Dom wurde von Herzog WENZEL DEM HEILIGEN um 925 gestiftet. Die ursprüngl. Rundkirche ersetzte man im 11. Jh. durch eine roman. Basilika und später durch die got. Kathedrale der Meister MATTHIAS VON ARRAS und P. PARLER; erst 1929 kam der Dombau zum Abschluss. In der Wenzelskapelle befindet sich das Hochgrab des Heiligen, eine Nebenkammer birgt die Krönungsinsignien. Das königl. Oratorium, die erzbischöfl. oder Pernsteinkapelle, der Sarkophag des JOHANNES VON NEPOMUK (1733–36), das königl. Mausoleum und die Königskrypta unter dem Mausoleum gehören zu den wich-

Prag
Stadtwappen

Hauptstadt der Tschechischen Republik
·
beiderseits der Moldau
·
176 m–391 m ü. M.
·
1,22 Mio. Ew.
·
Karls-Universität (gegr. 1348)
·
Altstadt von der UNESCO zum Weltkulturerbe erklärt
·
Hradschin mit Prager Burg und St.-Veits-Dom
·
Karlsbrücke mit Brückentoren und Heiligenstatuen
·
Altstädter Ring mit Altstädter Rathaus und Jan-Hus-Denkmal
·
Teynkirche (14. Jh.)
·
Wenzelsplatz
·
zahlreiche barocke Adelspaläste und Jugendstilhäuser

Straßen und Plätze

Alšovo nábřeží D 2
Altstädter Ring (Staroměstské náměstí) D 2
Anenská CD 2
Anglická EF 4
Arbesovo náměstí B 4
Balbínova F 4
Bartolomějská D 3
Benediktská E 2
Betlémská CD 3
Bílkova D 1
Biskupská F 2
Břetislavova B 2
Budečská F 4
Čechův most D 1
Celetná E 2
Černá D 4
Černínská A 1
Chaloupeckého A 3
Charvátova D 3
Chotkova C 1
Cihelná C 2
Dittrichova C 4
Dlouhá E 2
Drtinova B 4
Dušní D 1
Dvořákovo nábřeží D 1
Edvarda Beneše, nábřeží C–E 1
Elišky Peškové B 4–3
Gorazdova C 4
Grafická A 4
Haštalské náměstí E 1
Havelská D 3–2
Hellichova B 2
Hladová zeď B 3
Hlávkův most F 1
Holečkova A 4–B 3
Hradčanské náměstí B 1
Hradební E 1
Husitská F 2
Husova D 3–2
Hybernská EF 2
I. P. Pavlova, náměstí E 4
Italská F 4–3
Janáčkovo nábřeží C 4–3
Jana Palacha, náměstí D 2
Ječná DE 4
Jelení AB 1
Jeruzalémská EF 3
Jezdecká A 3
Jilská D 2
Jindřišská E 3
Jiráskův most C 4
Jugoslávská E 4
Jungmannova D 4–3
Kanovnická A 1
kapitána Jaroše, nábřeží EF 1
Kaprova D 2
Kapucínská A 1
Karlova D 2
Karlsbrücke (Karlův most) C 2
Karlsplatz (Karlovo náměstí) D 4
Karmelitská B 2
Kartouzská AB 4
Ke Hradu B 1
Keplerova A 1
Ke Štvanici F 1–2
Kinských, náměstí B 3
Klárov C 1
Klášterská F 1
Klimentská EF 1
Kmochova A 4
Konviktská D 3
Kořenského BC 4
Kosárkovo nábřeží CD 1
Kozí E 1
Krakovská E 4
Křemencova D 3–4
Křižovnická D 2
Lazarská D 4
Legií, most C 3
Letenská C 2–1
Letenský-Tunnel E 1
Liliová D 3–2
Lípová D 4
listopadu, 17. D 2–1
Londýnská E 4
Loretánská A 1
Loretánské náměstí A 1
Ludvíka Svobody, nábřeží EF 1
Maislova D 2
Malá Štěpánská D 4
Malé náměstí D 2
Malostranské nábřeží C 3
Malostranské náměstí BC 2
Maltézské náměstí BC 2
Mánesova F 4
Mánesův most CD 2
Mariánské hradby BC 1
Masarykovo nábřeží C 4–3
Masná E 2
Matoušova B 4
Mezibranská E 4
Michalská D 3–2
Míru, náměstí F 4
Myslíkova CD 4
Na Florenci F 2
Na Františku DE 1
Na Hřebenkách A 4–3
Na Opyši C 1
Na poříčí EF 2
Na příkopě E 3–2
Náprstkova C 2–D 3
Národní D 3
Na Smetance F 4
Navrátilova D 4
Na Zderaze CD 4
Nebovidská C 2
Nekázanka E 2–3
Nerudova B 2
Nosticova C 2
Nové mlýny E 1
Nový Svět A 1
Olympijská A 3
Opatovická D 3
Opletalova EF 3
Ostrovní CD 3
Ovocný trh E 2
Panska E 3
Pařížská D 1
Petřínská BC 3
Petrské náměstí F 1–2
Plaská BC 3
Platnéřská D 2
Plzeňská A 4
Pohořelec A 2
Politických vězňů E 3
Polská F 4
Preslova B 4
Pštrossova CD 3–4
Rašínovo nábřeží C 4
Republiky, náměstí E 2
Resslova CD 4
Revoluční E 1–2
Řeznická D 4
října, 28. D 3
Římská EF 4
Rubešova E 4
Růžová E 3
Rybná E 1–2
Rytířská D 3
Salmovská D 4
Senovážné náměstí EF 2–3
Šermířská A 3
Školská D 3–4
Slezská F 4
Smetanovo nábřeží C 3–2
Sokolská E 4
Soukenická E 2–F 1
Spálená D 3–4
Španělská F 4–3
Staré zámecké schody C 1
Stárkova F 1
Staroměstské náměstí (Altstädter Ring) D 2
Štefánikova B 4
Štěpánská E 3–4
Strahovská A 2
Švédská A 4
Švermův most E 1
Těšnovský-Tunnel F 1
Thunovská B 1–2
Tomášská C 2–1
Trojanova CD 4
Truhlářská EF 2
Tržiště B 2
Týnská E 2
U Brusnice A 1
Uhelný trh D 3
Újezd B 3
U lužického semináře C 2
U milosrdných DE 1
U Nesypky A 4
U Prašného mostu B 1
Úvoz A 2
U železné lávky C 1
Václavská D 4
Václavské náměstí = Wenzelsplatz E 3–4
Valdštejnská C 1
V botanice B 4
Velkopřevorské náměstí C 2
Ve Smečkách E 3–4
Vinohradská F 4
Vítězná BC 3
V jámě E 3
V jirchářích D 3
Vladislavova D 3
Vlašská AB 2
Vodičkova D 4–3
Vodní B 3
Všehrdova BC 3
V tůních E 4
Vyhlídková cesta A 2
Washingtonova E 4–3
Wenzelsplatz (Václavské náměstí) E 3–4
Wilsonova F 3–1
Zámecké schody B 1
Zborovská BC 3–4
Železná D 2
Žitná DE 4
Zlatnická F 2
Zubatého B 4

Gebäude, Anlagen u. a.

ABC-Theater E 3
Agneskloster E 1
Altneusynagoge D 1–2
Altstadt DE 2
Altstädter Brückenturm C 2
Altstädter Rathaus D 2
Belvedere C 1
Bethlehemskapelle D 3
Burg B 1
Busbahnhof F 2
Carolinum DE 2
Chotkovy-Park C 1
Dětský ostrov C 3–4
Erzbischöfliches Palais B 1
Ethnographisches Museum AB 4
Fernsehturm A 2
Fußballstadion F 4
Hauptbahnhof F 3
Hauptpostamt E 3
Hohe Synagoge (im Jüdischen Rathaus) D 2
Hradschin B 1
Hungermauer B 3
Jan-Hus-Denkmal D 2
Josefstadt D 2
Jüdischer Friedhof D 1–2
Jüdisches Rathaus D 2
Juristische Fakultät D 1
Karlsbrücke C 2
Kinskýgarten B 3
Kleinseitener Brückentürme C 2
Klementinum D 2
Kunstgewerbemuseum D 2
Künstlerhaus D 1–2
Ledebur-Park C 1
Letná-Park D 1
Lobkowitzgarten AB 2
Loretoheiligtum A 1
Maria de Victoria (Marie Vítězné) B 2
Maria Schnee (Marie Sněžné) D 3
Masaryk-Bahnhof F 2
Museum der Hauptstadt Prag F 2
Museum für Nationales Schrifttum A 2
Náprstek-Museum D 3
Nationalgalerie B 1
Nationalmuseum E 4
Nationaltheater C 3
Neues Rathaus D 2
Neustadt D 4
Neustädter Rathaus D 4
Nová scéna C 3
Obecní dům = Repräsentationshaus E 2
Ostrov Štvanice F 1
Palais Černín A 1
Palais Clam-Gallas D 2
Palais Kinsky DE 2
Palais Lobkowitz B 2
Palais Schwarzenberg B 1
Palais Sternberg B 1
Palais Toskana AB 1
Palais Waldstein C 1
Parlament E 4
Petřín-Park B 3
Pinkassynagoge D 2
Polizeipräsidium D 3
Pulverturm E 2
Puppentheater F 4
Regierungsgebäude CD 1
Reitschule B 1
Repräsentationshaus (Obecní dům) E 2
Rieger-Park F 4
Sankt-Gallus-Kirche (Sv. Havela) D 2
Sankt-Heinrichs-Kirche (Sv. Jindřicha) E 3
Sankt-Ignatius-Kirche (Sv. Ignáce) D 4
Sankt-Jakobs-Kirche (Sv. Jakuba) E 2
Sankt-Laurentius-Kirche (Sv. Vavřince) A 2–3
Sankt-Niklas-Kirche (Sv. Mikuláše; Kleinseite) B 2
Sankt-Nikolaus-Kirche (Sv. Mikuláše; Altstadt) D 2
Sankt-Peters-Kirche (Sv. Petra) F 2
Sankt-Thomas-Kirche (Sv. Tomáše) C 2
Sankt-Veits-Dom (Sv. Víta) B 1
Schönborngarten B 2
Schwimmbad D 1
Seminargarten B 2–3
Slovanský ostrov C 3–4
Smetanamuseum CD 2
Smetanatheater EF 3–4
Spartakiade-Stadion A 2–3
Ständetheater (Tyl-Theater) E 2
Strahov, Kloster A 2
Strahovgarten A 2
Střelecký ostrov C 3
Teynhof E 2
Teynkirche (Týnsky chram) DE 2
Theater in Vinohrady F 4
Tyl-Theater = Ständetheater E 2
Tyršhaus-Museum BC 2
Vojanovy-Park C 2
Vrchlický-Park F 3
Vrtbovskágarten B 2
Wenzel-Denkmal (Reiterstandbild des hl. Wenzel) E 4

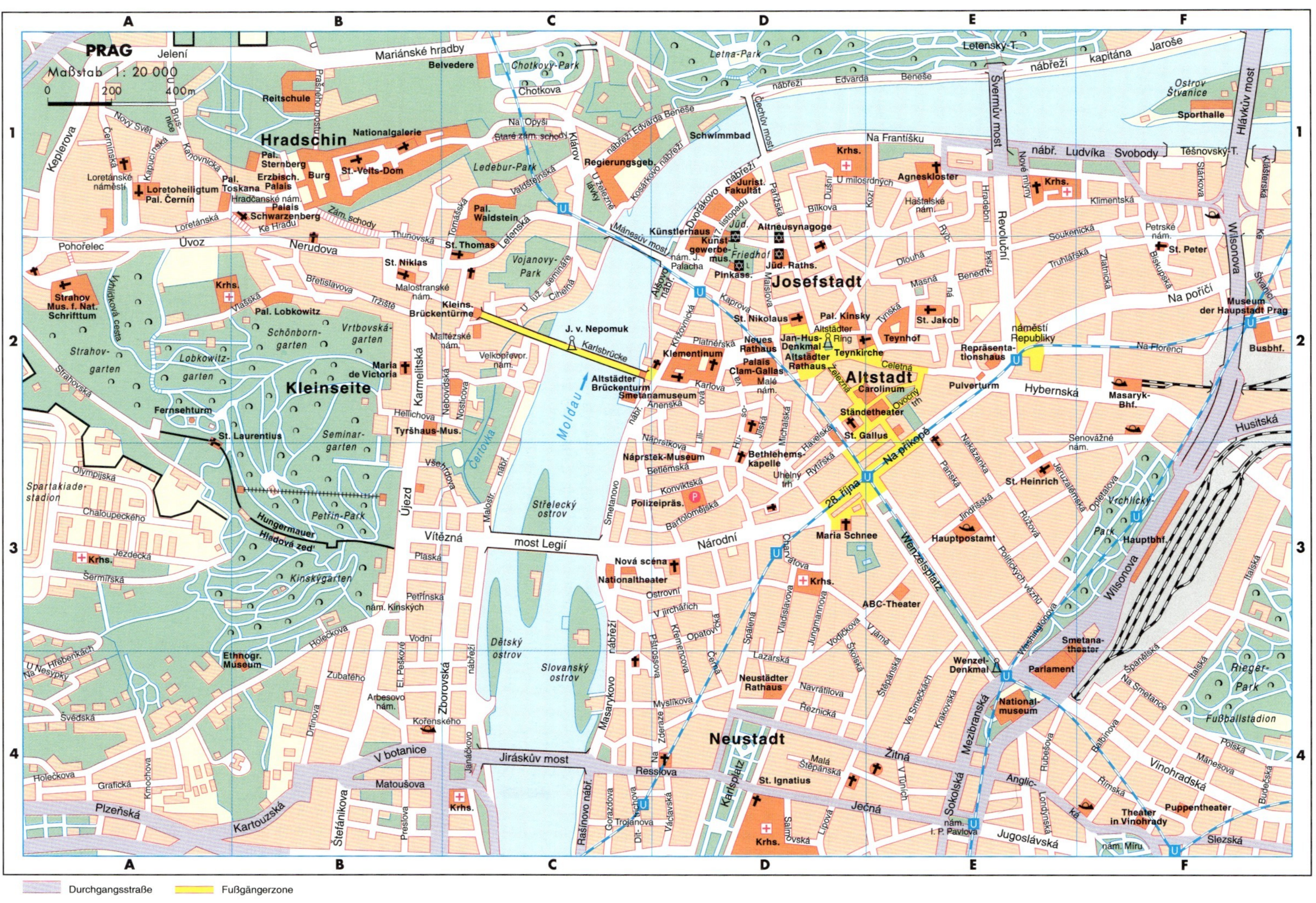
PRAG
Maßstab 1 : 20 000
0
200
400m
Durchgangsstraße
Fußgängerzone
Altstadt
Josefstadt
Neustadt
Kleinseite
Hradschin
Moldau
Hlávkův most
Švermův most
Čechův most
Mánesův most
Karlsbrücke
most Legií
Jiráskův most
Wenzelsplatz
Na příkopě
28. října
Národní
Revoluční
Wilsonova
Hybernská
Husitská
Vinohradská
Žitná
Ječná
Resslova
Karmelitská
Újezd
Nerudova
Úvoz
Vítězná
Zborovská
Mariánské hradby
Masarykovo nábřeží
Smetanovo nábřeží
nábř. Ludvíka Svobody
nábřeží kapitána Jaroše
Na poříčí
Na Florenci
Sokolská
Mezibranská
Jugoslávská
Plzeňská
Kartouzská
V botanice
Karlsplatz
Hauptbhf.
Masaryk-Bhf.
Busbhf.
Museum der Haupstadt Prag
Nationalmuseum
Parlament
Smetana-theater
Hauptpostamt
Pulverturm
Repräsentationshaus
náměstí Republiky
Ständetheater
Carolinum
St. Gallus
Teynkirche
Teynhof
St. Jakob
Pal. Kinsky
Jan-Hus-Denkmal
Altstädter Ring
Altstädter Rathaus
St. Nikolaus
Altneusynagoge
Jüd. Raths.
Jüd. Friedhof
Pinkass.
Kunstgewerbe-mus.
Künstlerhaus
Jurist. Fakultät
Agneskloster
Klementinum
Palais Clam-Gallas
Neues Rathaus
Smetanamuseum
Altstädter Brückenturm
Bethlehemskapelle
Náprstek-Museum
Polizeipräs.
Nová scéna
Nationaltheater
Maria Schnee
ABC-Theater
Neustädter Rathaus
St. Ignatius
Wenzel-Denkmal
St. Heinrich
St. Peter
Puppentheater
Theater in Vinohrady
Fußballstadion
Rieger-Park
Sporthalle
Ostrov Štvanice
Letna-Park
Chotkovy-Park
Belvedere
Nationalgalerie
St.-Veits-Dom
Burg
Reitschule
Pal. Sternberg
Erzbisch. Palais
Pal. Toskana
Palais Schwarzenberg
Loretoheiligtum
Pal. Černín
Strahov Mus. f. Nat. Schrifttum
Pal. Waldstein
Ledebur-Park
Vojanovy-Park
St. Thomas
St. Niklas
Pal. Lobkowitz
Maria de Victoria
Kleins. Brückentürme
J. v. Nepomuk
Tyršhaus-Mus.
Vrtbovská-garten
Schönborn-garten
Seminar-garten
Petřín-Park
Hungermauer Hladová zeď
St. Laurentius
Fernsehturm
Lobkowitz-garten
Strahov-garten
Kinskýgarten
Ethnogr. Museum
Spartakiade-stadion
Střelecký ostrov
Slovanský ostrov
Dětský ostrov
Schwimmbad
Regierungsgeb.
Krhs.

tigsten Gedenkstätten des Doms. Bei der roman. Georgskirche (um 925 geweiht) auf der Burg gründeten die Fürsten 973 das erste Frauenkloster Böhmens (Gebäude aus dem 12. Jh., beherbergen heute eine Abteilung der Nationalgalerie). In der Allerheiligenkirche (1370–87, Chor von P. PARLER) ist PROKOP VON SÁZAVA, ein Landespatron, bestattet. Das Lustschloss Belvedere der Königin ANNA, ein Renaissancebau (1536–63), befindet sich in den Gartenanlagen.

Neben der Burg stehen das Erzbischöfl. Palais (1561; 1675–79 von J.-B. MATHEY barockisiert) sowie zahlr. Domherrenhöfe und Adelspaläste (u. a. Palais Schwarzenberg mit Sgraffitoschmuck; Palais Sternberg, heute Haupthaus der Nationalgalerie). Vom Palais Toskana (von MATHEY) aus wurden die kaiserl. Privatgüter verwaltet. Das Loretoheiligtum mit der Casa Santa (seit 1626) mit dem Loretoschatz gehört zu den schönsten Barockdenkmälern der Stadt. Das Palais Černín (1669–97) ist heute Außenministerium der Tschech. Rep. Südwestlich der Burg liegt die ehem. Prämonstratenserabtei Strahov (im 12. Jh. gegr., barock umgebaut) mit kostbarer Kunstsammlung.

In P. sind auch viele Bauten des Jugendstils erhalten, darunter das prächtige Gemeindehaus (Obecní dům, 1906–11; heute Repräsentationshaus der Hauptstadt P., mit Konzertsaal, Salons u. a.) beim Pulverturm, das Grandhotel Europa (1906) am Wenzelsplatz und zahlr. Wohnhäuser, v. a. in der Pariser Straße (Pařížská), sowie Gebäude im Stil des tschech. Kubismus (u. a. Villa Vyšehrad von JOSEF CHOCHOL, 1913; Haus zur Schwarzen Muttergottes von JOSEF GOČÁR, 1911/12). Im Stil der klass. Moderne entstand 1930 die ›Villa Müller‹ im Stadtteil Střešovice (nach Restaurierung Nutzung als Museum vorgesehen).

Im Stadtteil Zbraslav (Königsaal), 1268 als königl. Jagdhof gegr., befindet sich Schloss Zbraslav, urspr. ein 1292 gestiftetes Zisterzienserkloster (1784 aufgehoben), dessen Gebäude um 1709 neu errichtet und Anfang des 20. Jh. zu einem Schloss umgestaltet wurden (seit 1976 beherbergt es die Sammlung tschech. Plastik des 19. und 20. Jh. der Nationalgalerie).

Neben Rekonstruktions- und Restaurierungsmaßnahmen an zahlr. Gebäuden tragen v. a. die neu entstandenen Hotels, Büro- und Geschäftsbauten zur Veränderung des Stadtbildes bei, u. a. IBC-Gebäude (International Business Center) von VÁCLAV KRÁLIČEK und MARTIN KOTÍK (1990–93), Office Centre im Stadtteil Vinohrady von A. D. N. S. – Architekten (1994), Bürohaus Rašín (›Ginger and Fred‹) von F. O. GEHRY und VLADIMIR MILUNIĆ (1994–96).

Geschichte: P., das im 9. Jh. aus 40 befestigten Höfen bestand, entwickelte sich aus mehreren Siedlungen zw. den beiden Burgen Vyšehrad und Hradschin; 973 wurde das Bistum P. gegründet. Seit Ende des 11. Jh. ist die jüd. Gemeinde in P. belegt, eine der bedeutendsten in Europa (Blüte: 16. und 17. Jh.). Durch intensive, auch deutsche Besiedlung, die von König OTTOKAR II. PŘEMYSL (1253–78) stark gefördert wurde, entstand die Kleinseite, die 1257 Stadtrechte erhielt; die Altstadt besaß Stadtrecht seit 1230. P. erlebte durch Kaiser KARL IV., unter dem 1344 das Bistum aus der Mainzer Metropolitangewalt gelöst und zum Erzbistum erhoben wurde und der die Stadt 1346 als Residenz gewählt hatte, seine erste Blütezeit. Mit dem Bau der Neustadt und der Gründung der (Karls-)Univ. (1348) wuchs die Bedeutung P.s. Von P. nahm die Bewegung des J. HUS mit dem 1. →Prager Fenstersturz (30. 7. 1419) ihren Ausgang, hier endeten die Hussitenkriege mit den Prager Kompaktaten von 1433. Der 2. Prager Fenstersturz (23. 5. 1618) löste den Böhm. Aufstand und letztlich den Dreißigjährigen Krieg aus. Unter Kaiser JOSEPH II. wurden 1784 die Magistrate der vier Prager Städte (Altstadt, Kleinseite, Neustadt, Hradschin) vereinigt. Nach dem Bau der Bahnlinie P.–

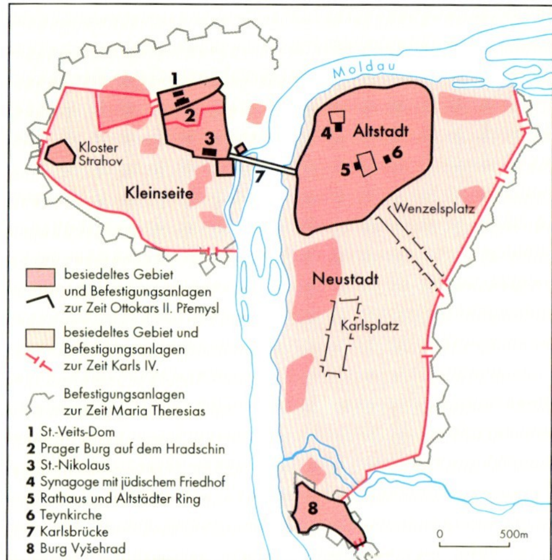

Prag: Stadtentwicklung

Wien (1845) setzte die Industrialisierung ein, die P. als wirtschaftl. Zentrum Böhmens stärkte. Im Juni 1848 war P. das Zentrum der fehlgeschlagenen national-tschech. Revolution (Slawenkongress, ›Prager Pfingstaufstand‹). Eine Änderung des Wahlmodus brachte der tschech. Bev.-Mehrheit 1861 erstmals auch die Mehrheit im Stadtparlament. – Im ersten Drittel des 20. Jh. war P. ein Zentrum dt.-jüd. Kultur (→Prager Kreis). – Von 1918 bis 1992 war P. (seit 1920 durch zahlr. Eingemeindungen ›Groß-P.‹) Hauptstadt der Tschechoslowakei. Nach der Besetzung P.s durch dt. Truppen (März 1939) wurde P. Hauptstadt des ›Protektorats Böhmen und Mähren‹ (bis zum Einmarsch sowjet. Truppen, 9. 5. 1945); der ›Prager Maiaufstand‹ (ab 5. 5.) mündete in die brutale Verfolgung der Sudetendeutschen. Im August 1968 wurde dem →Prager Frühling ein gewaltsames Ende gesetzt. Ab Januar 1989 wurde P. mit Protestkundgebungen zum Ausgangsort der ›sanften Revolution‹ (→Bürgerbewegung). Seit 1969 auch Hauptstadt der Tschech. Rep. (innerhalb der Föderation), wurde P. am 1. 1. 1993 Hauptstadt der unabhängigen Tschech. Republik.

Im Siebenjährigen Krieg besiegte König FRIEDRICH II., D. GR., von Preußen in der **Schlacht bei P.** am 6. 5. 1757 die Österreicher unter Prinz KARL ALEXANDER VON LOTHRINGEN, musste aber die Belagerung der Stadt nach der Niederlage bei Kolin (18. 6.) abbrechen. – Am 30. 9. 1989 verkündete H.-D. GENSCHER vom Balkon der dt. Botschaft im Palais Lobkowitz in P. die Öffnung der Grenze für etwa 7 000 Botschaftsflüchtlinge aus der DDR, die z. T. seit Anfang September ihre Ausreise in die Bundesrepublik Dtl. erwarteten (→deutsche Geschichte).

V. LORENC: Das P. Karls IV. (a. d. Tschech., 1982); J. JANÁČEK: Das alte P. (a. d. Tschech., Leipzig [2]1983); G. WACHMEIER: P. Ein Kunst- u. Reiseführer ([5]1990); J. HNÍZDO u. J. GRUŠA: Auf der Brücke zum Morgen. P., die goldene Stadt der hundert Türme (Neuausg. 1991); Unvergängl. P. Die Goldene Stadt in Gesch. u. Gegenwart, bearb. v. H. PLETICHA u. a. ([3]1991); P., hg. v. J. CHWASZCZA (Neuausg. 1994); Prager Palais, bearb. v. L. POŘIZKA u. a. (a. d. Tschech., 1994); Architekturführer P., bearb. v. R. SEDLÁKOVÁ (1997); L. VOREL: P. ([7]1997); Barockarchitektur in P., bearb. v. M. PAVLÍK u. V. UHER (Neuausg. Amsterdam 1998).

Prag, Friede von, 1) Friede vom 30. 5. 1635 zw. Kaiser FERDINAND II. und Kurfürst JOHANN GEORG I. von Sachsen mit dem Ziel, über alle polit. und konfessionellen Gegensätze hinweg die krieger. Auseinandersetzungen im Reich zu beenden und dessen Integrität gegenüber Frankreich und Schweden zu schützen. Für das Bündnis mit dem Kaiser erhielt Sachsen die Ober- und Niederlausitz sowie die böhm. Lehen. – Nahezu alle Reichsstände traten dem bilateralen Vertrag bei, dessen Kernstück staatsrechtlich neuartige Bestimmungen für eine Reichsarmee unter kaiserl. Oberkommando waren; er scheiterte jedoch.

2) auf der Basis des Vorfriedens von →Nikolsburg (26. 7.) am 23. 8. 1866 geschlossener Friede, der den Dt. Krieg von 1866 zw. Preußen und Österreich beendete und der Neugestaltung Dtl.s unter preuß. Vorherrschaft den Weg ebnete.

Praga, 1) Emilio, ital. Dichter, *Gorla (heute zu Mailand) 26. 12. 1839, †Mailand 26. 12. 1875, Vater von 2); gehörte der Mailänder →Scapigliatura an. In seiner auch sprachlich dem Realismus verhafteten Lyrik verbinden sich Sentimentalität und humanitäres Pathos unter dem Einfluss der frz. Romantik (V. HUGO, A. DE MUSSET) mit Ironie, antibürgerl. Haltung und Areligiosität. P. gilt als einer der Wegbereiter von Fin-de-Siècle-Dichtung, Futurismus und Poésie pure; er war auch Maler.

Werke: *Lyrik:* Tavolozza (1862); Penombre (1864); Trasparenze (hg. 1878).

Ausgabe: Poesie, hg. v. M. PETRUCCIANI (1969).

V. PALADINO: E. P. (Ravenna 1967).

2) Marco, ital. Schriftsteller, *Mailand 6. 11. 1862, †Varese 31. 1. 1929, Sohn von 1); war neben G. GIACOSA und G. ROVETTA einer der erfolgreichsten Dramatiker des Verismus; seine von É. ZOLA und HENRY BECQUE beeinflussten Bühnenstücke umkreisen zumeist ironisch das Thema der geheimen Wünsche des Bürgers, seine Heuchelei und seine eher zufälligen moral. Fehltritte mit allen sozialen Folgen.

Werke: *Dramen:* Le vergini (1890); La moglie ideale (1891); L'innamorata (1893); Il divorzio (1921). – *Roman:* La biondina (1893). – *Essays:* Cronache teatrali, 10 Bde. (1920–29).

G. PULLINI: M. P. (Bologna 1960).

Prägedruck, *graf. Technik:* →Prägen.

Prägekern, →Fossilisation.

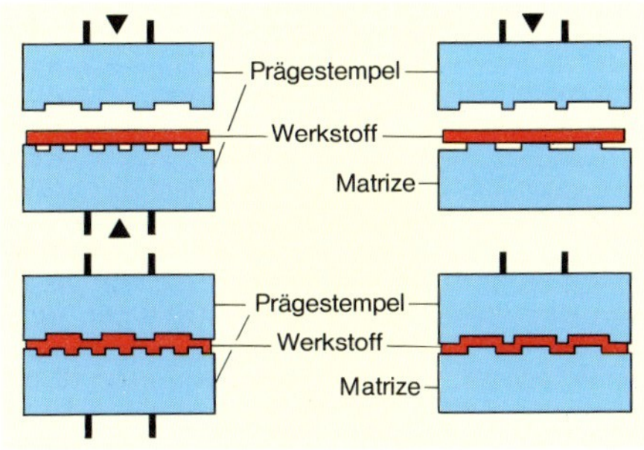

Prägen 1): Prinzip des Vollprägens (links) und des Hohlprägens

Prägen, 1) *Fertigungstechnik:* das Herstellen reliefartiger Oberflächen durch den Druck eines zweiteiligen, formgebenden Werkzeugs (→Gesenk) in mechan. oder hydraul. Pressen. Beim **Voll-P.** durch Stauchen können beide Seiten des Werkstücks unterschiedlich strukturiert werden, z. B. bei der Münzproduktion. Beim **Hohl-P.** werden Bleche ohne wesentl. Veränderung der Materialdicke geringfügig verformt. Die Kombination aus Spritzgieß- und Pressverfahren beim Formen von Kunststoffformmassen zu Formteilen bezeichnet man als **Spritzprägen.**

2) *graf. Technik:* 1) in der Stereotypie das Abformen einer Hochdruck-Druckform in eine aufgelegte Matrize zur Duplikatformenherstellung; 2) in der Galvanoplastik das Abformen von Druckformteilen des Hochdrucks in Weichblei, Kunststoff oder Wachs; 3) im Buchdruck das Aufbringen eines erhabenen oder vertieften Druckbildes **(Prägedruck)** ohne (Blinddruck) oder mit Farbübertragung auf Papier oder Karton, seltener Metallfolien; 4) in der allgemeinen Papierverarbeitung das Formen von Emblemen, Papptellern u. a. Hohlkörpern; 5) in der Buchbinderei das Verzieren von Buchdecken und Broschürenumschlägen. Durch das P. wird eine zweidimensionale (Voll-P. oder Plan-P.) oder dreidimensionale Verformung (Relief-P.) erzielt. Mit der Verformung kann gleichzeitig eine Farbübertragung vorgenommen werden. Dazu werden spezielle Prägefolien (beschichtete Kunststofffolien) eingesetzt. Unter Einwirkung von Druck und Temperatur löst sich die farbgebende Schicht an den erhabenen Stellen des Prägestempels und haftet auf dem Bedruckstoff. Das P. ohne Farbübertragung wird als Blind-P. bezeichnet.

3) *Münztechnik:* Umformen der bereits mit einer Randschrift (→Rändeln) versehenen Münzplatte (Ronde, Schrötling) zw. zwei Münzstempeln (Unter- und Oberstempel) und dem Prägering in einer Kniehebelpresse oder einem hydraulisch angetriebenen Münzprägeautomaten. Dabei wird mit hohen Druckkräften (bis über 100 MN) das Metall der Platte in die Oberfläche der Stempel (mit dem negativen Münzbild) gedrückt. Maschinen mit Mehrfachstempeln prägen bis zu 30 000 Stück pro Stunde.

Geschichtliches: Die älteste Form der Münzherstellung war die **Hammerprägung,** wobei die ersten Münztypen ein Münzbild nur durch den Unterstempel erhielten, vom Oberstempel wurde lediglich der urspr. unregelmäßig geformte Abdruck (→Quadratum incusum) übertragen. Erst seit dem 6. Jh. v. Chr. wurden beidseitig Münzbilder aufgeprägt. Am Prinzip der Hammerprägung änderte sich bis in das 16. Jh. nicht viel. Der Unterstempel **(Stock)** war in einen Amboss fest eingelassen, die Münzplatte wurde von Hand aufgelegt, mit dem Oberstempel **(Eisen)** wurde mehrere Male (nach Größe und Relief der Münze) kräftig zugeschlagen. Genauer konnte man die Stempel mit der Prägezange, später durch ein gestängegeführtes **Fallwerk (Klippwerk)** positionieren. Um 1550 wurde das **Walzwerk** entwickelt, bei dem Unter- und Oberstempel in paarweise zueinander gestellte Stahlwalzen geschnitten waren (die so geprägten Münzen sind daher etwas gebogen), angetrieben über ein Göpelwerk oder Wasserrad. Eine Variante des Walzwerks ist das **Taschenwerk,** bei dem die Stempel auswechselbar auf den Walzen angebracht waren. Etwa gleichzeitig entstand auch das **Spindelwerk (Balancier, Anwurf, Stoßwerk),** bei dem der Oberstempel am unteren Ende einer Gewindespindel saß. Damit konnten bis zu 30 Münzen pro Minute geprägt werden. Die **Ringprägung** mit Randschriften oder -verzierungen ist seit 1577 in Frankreich bekannt, für reguläre Umlaufmünzen wurde sie in England unter O. CROMWELL für die silberne Crown eingeführt (dadurch wurde das wertmindernde Befeilen oder Beschneiden der Edelmetallmünzen erschwert). 1817 erfand D. UHLHORN das **Kniehebelwerk.** Dieses arbeitet mit einem Kurbelantrieb, von dem die Kreisbewegung des Schwungrads über einen Kniehebel in eine vertikale Hubbewegung des Oberstempels umgesetzt wird. Dieses Prinzip wird auch in modernen Prägeautomaten angewendet.

R. WALTHER: Die Entwicklung der europ. Münzprägetechnik von den Karolingern bis zur Gegenwart, in: Dt. Jb. für Numismatik, Jg. 2 (1939); D. R. COOPER: The art and craft of coinmaking. A history of minting technology (London 1988).

prägenitale Phase, *Psychoanalyse:* nach S. FREUD Bez. für den der genitalen Phase vorangehenden Abschnitt der psychosexuellen Entwicklung, der sowohl die anale wie auch die orale und die phall. Phase umfasst und etwa bis zum 4.–5. Lebensjahr reicht.

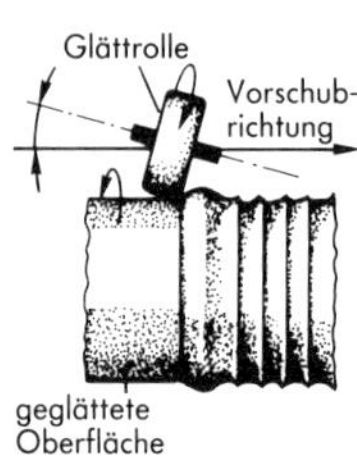

Prägepolieren

Prägepolieren, Glattwalzen, die Verringerung der Rautiefe der Oberfläche von Wellen, Achsschenkeln und Lagerzapfen. Dabei wird mit angedrückten gehärteten und polierten Glättrollen die Oberfläche des Werkstücks geglättet und verfestigt.

Prager, Heinz-Günter, Bildhauer, * Herne 19. 12. 1944; entwickelte Formsysteme aus wenigen Metallelementen (Zylinder, runde und rechteckige Platten, Stangen), die spezifisch plast. Themen wie Körperlichkeit, Körpermaß sowie das Verhältnis des Betrachters zur Plastik behandeln.

Prager Fenstersturz, 1) 1. P. F., Bez. für den sich aus einer Prozession entwickelnden Sturm auf das Neustädter Rathaus in Prag am 30. 7. 1419, bei dem ein tschech. Richter und 13 kath. Ratsherren aus den Fenstern geworfen und getötet wurden; er war die Folge der Ausweisung hussit. Priester durch König WENZEL IV. und leitete einen Aufstand der Hussiten (Prager Aufstand) sowie die Hussitenkriege ein.

2) 2. P. F., Bez. für den Auftakt zum Böhm. Aufstand, der den →Dreißigjährigen Krieg einleitete: An der Spitze einer Demonstration drangen am 23. 5. 1618 Vertreter der böhm. Stände unter H. M. Graf THURN in den Hradschin ein und warfen zwei kaiserl. Statthalter aus den Fenstern, die aber überlebten. Hierbei entlud sich der Widerstand der böhm. Protestanten gegen gegenreformator. Maßnahmen und der der Stände gegen die habsburg. Macht.

Prager Fenstersturz 2) am 23. Mai 1618; Holzschnitt auf einem Flugblatt, 1618

Prager Friede, →Prag, Friede von.

Prager Frühling, 1) *Musik:* seit 1946 jährlich im Mai/Juni in Prag stattfindende Musikfestspiele, die traditionsgemäß am Todestag B. SMETANAS (12. 5.) mit einer festl. Aufführung der sinfon. Dichtung ›Mein Vaterland‹ eröffnet werden. Schwerpunkte des Programms sind neben Aufführungen zeitgenöss. Musik Komponistenjubiläen u. a. Die Festspiele sind begleitet von Ausstellungen und Symposien.

2) *Zeitgeschichte:* Bez. für den Liberalisierungs- und Demokratisierungsprozess in der ČSSR von Januar bis August 1968, in dessen Verlauf die neue Parteiführung unter A. DUBČEK – vorbehaltlich der führenden Rolle der KP – einen ›Sozialismus mit menschl. Antlitz‹ zu verwirklichen suchte (→Tschechoslowakei, Geschichte). Das Experiment wurde durch die militär. Intervention der UdSSR und vier weiterer Staaten des Warschauer Paktes am 20./21. 8. 1968 gewaltsam unterbunden (94 Todesopfer, über 300 schwer Verletzte; pseudolegitimiert durch die →Breschnew-Doktrin; als treibende Kraft wirkte v. a. W. ULBRICHT). Die NVA war, wenn auch mit ihren Kampftruppen auf DDR-Territorium nur in Bereitschaft gehalten, umfassend in die Vorbereitung (u. a. Geheimtreffen der Gen.-Sekr. der KPdSU, der SED sowie der ungar., poln. und bulgar. KP am 18. 8.) sowie Planung der Aktionen integriert. Im ›Moskauer Protokoll‹ vom 26. 8. 1968 wurde das in die UdSSR verschleppte Politbüro der KPČ gezwungen, dem Abbau der Reformen zuzustimmen. Neuere Forschung (v. a. J. PAUER) lässt eine größere Verstrickung der reformkommunist. Führung als bisher erwartet vermuten. – Die Niederwerfung des P. F. brachte das Ende reformkommunist. Versuche; in der ČSSR entstanden informelle Gruppen, Repräsentanten des P. F. wurden zu Trägern der sich formierenden →Bürgerbewegung (u. a. →Charta 77).

H. HAEFS: Die Ereignisse in der Tschechoslowakei. Vom 27. 6. 1967 bis 18. 10. 1968. Ein dokumentar. Bericht (1969); Z. MLYNÁŘ: Nachtfrost. Das Ende des P. F. (a. d. Tschech., 1988); Zwanzig Jahre nach dem P. F., hg. v. G. BREUER (Wien 1989); J. VALENTA: Soviet intervention in Czechoslovakia, 1968 (Baltimore, Md., 1991); R. WENZKE: Die NVA u. der P. F. 1968. Die Rolle Ulbrichts u. der DDR-Streitkräfte bei der Niederschlagung der tschechoslowak. Reformbewegung (1995); J. PAUER: Prag 1968. Der Einmarsch des Warschauer Paktes. Hintergründe – Planung – Durchführung (1995); L. PRIESS u. a.: Die SED u. der ›P. F.‹ 1968. Politik gegen einen ›Sozialismus mit menschl. Antlitz‹ (1996).

Prager Kompaktaten, am 30. 11. 1433 zw. Vertretern des Basler Konzils und den gemäßigten →Hussiten (Utraquisten) geschlossene Vereinbarung. (→Hussitenkriege)

Prager Kreis, lockere und in ihrer Zusammensetzung ständig wechselnde Gruppe deutschjüd. Schriftsteller in Prag in den Jahren etwa zw. 1910 und 1938; zu unterscheiden ist zw. dem ›engeren P. K.‹ um M. BROD, dem F. KAFKA, FELIX WELTSCH (* 1884, † 1964), OSKAR BAUM (* 1883, † 1940) und LUDWIG WINDER angehörten, und einem ›weiteren P. K.‹, zu dem F. WERFEL, W. HAAS, P. LEPPIN, E. SOMMER, E. WEISS, P. KORNFELD, E. E. KISCH, J. URZIDIL u. a. zählten. Gemeinsames Merkmal der sehr inhomogenen Autorengruppe war die Verbundenheit mit Prag und die Offenheit gegenüber der tschech. Kultur. Das Erlebnis der antisemit. Ausschreitungen von 1897 und 1918, aber auch die Möglichkeit, der deutsch-tschech. Polarität durch die Option für die jüd. Identität zu entgehen, förderten die Renaissance eines jüd. Selbstbewusstseins und machten bei den Autoren des P. K. auch die Idee des Zionismus populär. Schließlich weisen auch die Werke der Autoren des P. K. – trotz unterschiedl. Stilrichtungen – gemeinsame Züge auf, nämlich einen dominanten ethisch-ideolog. Grundton, das Streben nach einem ›absoluten Realismus‹, der Göttliches, Humanes und Soziales umfasst (BROD), sowie ein immanentes Schuldgefühl, das die Protagonisten der Werke als ewige Sucher der Gerechtigkeit erscheinen lässt.

M. BROD: Der P. K. ([2]1984); J. SERKE: Böhm. Dörfer. Wanderungen durch eine verlassene literar. Landschaft (Wien 1987).

Prager Schule, funktionelle Linguistik, Funktionalismus, einflussreiche Richtung in versch. Bereichen der Geisteswissenschaften, auch **Prager Strukturalismus** (→Strukturalismus) gen., hervorgegangen aus dem ›Prager Linguistenkreis‹ (Cercle linguistique de Prague), der 1926 auf Initiative des Anglisten VILÉM MATHESIUS (* 1882, † 1945) gegründet worden war. Dieser knüpfte an die Auffassungen von F. DE SAUSSURE, K. BÜHLER und des russ. Formalismus an. Im Unterschied zu SAUSSURE wurde die Antinomie von →Langue und →Parole sowie von Diachronie und Synchronie abgelehnt. Die P. S., der v. a. R. O. JAKOBSON, N. S. TRUBEZKOJ und J. MUKAŘOVSKÝ angehörten, stellte den Begriff der Funktion und die funktionale Analyse des Sprachsystems (verstanden als System zielgerichteter, kommunikativen Zwecken dienender Ausdrucksmittel) und anderer Zeichensysteme in den Vordergrund. Eine erste Begründung erfuhr das Wirken des Prager Linguistenkreises in den 1929 zum I. Internat. Slawistenkongress herausgegebenen Thesen. 1929–39 erschienen acht Bände der Zeitschrift ›Traveaux du Cercle Linguistique de Prague‹; 1935 wurde die Zeitschrift ›Slovo a Slovestnost‹ Organ des Kreises. Bedeutung erlangten die Arbeiten der P. S. v. a. auf dem Gebiet der Phonologie und Morphologie, der →funktionalen Satzperspektive, ferner – aufgrund der Betonung der unlösl. Verbindung von Sprach- und Literaturwiss. – der Stilistik, der Ästhetik, der Literatursprache und -theorie sowie der allgemeinen Theorie der Zeichen, womit sie großen Einfluss auf die moderne Semiotik ausübten.

J. VACHEK u. J. DUBSKÝ: Dictionnaire de linguistique de l'École de Prague (Utrecht [3]1970); Grundlagen der Sprachkultur. Beitrr. der Prager Linguistik zur Sprachtheorie u. Sprachpflege, hg. v. J. SCHARNHORST u. a, 2 Bde. (1976–82); The Prague School. Selected writings, 1929–1946, hg. v. P. STEINER (Austin, Tex., 1982); The Prague school and its legacy in linguistics, literature, semiotics, folklore, and the arts, hg. v. Y. TOBIN (Amsterdam 1988); P. S. Kontinuität u. Wandel, hg. v. W. F. SCHWARZ u. a. (1997).

Prager Sinfonie, Bez. für die von W. A. MOZART 1786 in Wien komponierte Sinfonie in D-Dur KV 504, vermutlich für Prag bestimmt.

Prager Streichquartett, 1955 gegründetes tschech. Streichquartett, mit BŘETISLAV NOVOTNÝ (* 1924; 1. Violine), KAREL PŘIBYL (* 1931; 2. Violine), LUBOMÍR MALÝ (* 1938; Viola) und JAN ŠIRC (* 1934; Violoncello).

Prägestock, *Münztechnik:* svw. Stock (→Prägen).

präglazial, voreiszeitlich, unmittelbar vor Beginn des pleistozänen Eiszeitalters entstanden.

Pragmatik [pragmatikḗ (téchnē) ›Kunst, richtig zu handeln‹] *die, -/-en,* **1)** *ohne Pl., allg.:* Orientierung auf das Nützliche, Sinn für Tatsachen, Sachbezogenheit.

2) *Philosophie* und *Sprachwissenschaft:* die Lehre vom sprachl. Handeln. Als Teilgebiet der Sprachwissenschaft **(linguistische P., Pragmalinguistik)** ist die P. eine relativ junge Disziplin, deren Anfänge in die späten 1960er-Jahren zurückgehen; ihre theoret. Basis liegt in der Semiotik und in der sprachanalyt. Philosophie. – Die Zeichentheorie von C. W. MORRIS mit den Teildisziplinen Syntax, Semantik und P. fasst, wie der gesamte linguist. Strukturalismus, die Sprache als autonomes Zeichensystem auf, das man unabhängig vom Sprachgebrauch beschreiben kann. Während die Syntax die formale Relation der Zeichen zueinander und die Semantik die Beziehung zw. den Zeichen und den Gegenständen, auf die sie anwendbar sind, untersucht, behandelt die P. die Beziehung zw. Zeichen und Zeichenbenutzern. Sie untersucht, was psychologisch und soziologisch beim Auftreten von Zeichen geschieht, v. a. welche Interessen man mit dem Zeichengebrauch verfolgt und welche Wirkungen man erzielt. Nachdem man zunächst den einzelnen →Sprechakt analysiert und v. a. Regeln für illokutive Akte formuliert hat, die die kommunikative Funktion einer Äußerung (Behauptung, Bitte, Versprechen u. a.) festlegen, setzt sich die P. neuerdings das Ziel, die gesamte Grammatik als System von Regeln für den Gebrauch von sprachl. Ausdrücken in sozialen Interaktionen zu beschreiben. Im Unterschied zu N. CHOMSKY haben seine Schüler pragmat. Aspekte der Satzbildung in die Grammatik aufgenommen, z. B. die Sprechsituation bei deiktischen Ausdrücken wie ›ich‹, ›hier‹, ›jetzt‹ und die vom Sprecher und vom Hörer gesetzten Präsuppositionen (Voraussetzungen), deren Kenntnis für das Verstehen von Äußerungen notwendig ist. – Die sprachanalyt. Richtung der P., die auf L. WITTGENSTEINS ›Philosoph. Untersuchungen‹ (hg. 1953) und die Sprechakttheorie von J. L. AUSTIN und J. R. SEARLE zurückgeht, fasst Sprache als ›regelgeleitetes Verhalten‹ auf und beschreibt sie im Rahmen des übrigen sozialen Handelns des Menschen. Die P. ist somit Teil einer allgemeinen Handlungstheorie.

Einer mehr empirisch-beschreibend orientierten P. stellt K.-O. APEL seine transzendentale Sprach-P. und J. HABERMAS seinen Entwurf einer Universal-P. entgegen, worin die allen sprachl. Äußerungen zugrunde liegenden Bedingungen der Möglichkeit intersubjektiver Verständigung rekonstruiert werden sollen.

U. MAAS u. D. WUNDERLICH: P. u. sprachl. Handeln ([3]1974); P., hg. v. SIEGFRIED J. SCHMIDT, 2 Bde. (1974–76, teilw. engl.); H. HENNE: Sprach-P. (1975); J. L. AUSTIN: Zur Theorie der Sprechakte (a. d. Engl., [9]1979, Nachdr. 1994); B. SCHLIEBEN-LANGE: Linguist. P. ([2]1979); P. Hb. pragmat. Denkens, hg. v. H. STACHOWIAK, 5 Bde. (1986–95); B. STRECKER: Strategien des kommunikativen Handelns (1987); C. W. MORRIS: Grundl. der Zeichentheorie (a. d. Amerikan., Neuausg. 1988); Pragmatics, hg. v. S. DAVIS (New York 1991); J. L. MEY: Pragmatics (Oxford 1993, Nachdr. 1996); S. C. LEVINSON: P. (a. d. Engl., [2]1994); J. R. SEARLE: Sprechakte. Ein sprachphilosoph. Essay (a. d. Engl., Neuausg. [6]1994); G. N. LEECH: Principles of pragmatics (Neudr. London 1995); D. SPERBER u. D. WILSON: Relevance (Oxford [2]1995, Nachdr. 1996); G. M. GREEN: Pragmatics and natural language understanding (Hillsdale, N. J., [2]1996); J. THOMAS: Meaning in interaction (Neudr. London 1996). – *Zeitschrift:* Journal of Pragmatics (Amsterdam 1977 ff.).

3) *Recht:* **Dienst-P.,** das kodifizierte Dienstrecht der österr. (Bundes-)Beamten von 1914, durch das Beamten-Dienstrechtsgesetz (1979) abgelöst.

pragmatische Geschichtsschreibung, im Ggs. zur reinen Deskription die Darstellung geschichtl. Ereignisse in der Verknüpfung von Ursache und Wirkung, die einen entscheidenden Ansatz zur Verwissenschaftlichung der Geschichtsschreibung bietet. Die Vertreter der p. G. – THUKYDIDES, POLYBIOS, N. MACHIAVELLI und MONTESQUIEU – wollten aus den Kausalzusammenhängen der Geschichte Lehren für die zukünftige Entwicklung ziehen.

Pragmatische Sanktion, 1) P. S. von Bourges [-burʒ], der am 7. 7. 1438 durch KARL VII. von Frankreich in Bourges verkündete Erlass mit Gesetzeskraft, der den Einfluss des Papstes auf Stellenbesetzung und Gerichtsbarkeit in der frz. Kirche zugunsten des Königtums beschränkte und u. a. das Wahlrecht der Kapitel und Konvente wiederherstellte. Die P. S. von Bourges, die auf den von einer frz. Synode abgeänderten Reformdekreten des Basler Konzils beruhte, wurde 1461 und 1467 von LUDWIG XI. aufgehoben und 1516 durch ein dem Papst günstigeres Konkordat ersetzt; sie blieb aber Grundlage des →Gallikanismus.

N. VALOIS: Histoire de la Pragmatique sanction de Bourges sous Charles VII (Paris 1906).

2) von Kaiser KARL VI. in seiner Eigenschaft als Familienvorstand des Hauses Habsburg am 19. 4. 1713 verkündetes grundlegendes Hausgesetz, das die Unteilbarkeit des habsburg. Hausbesitzes bestimmte und die Erbfolge nach dem Erstgeburtsrecht im männl. und weibl. Stamm festlegte. Für den Fall des Aussterbens der männl. Linie sollten die Töchter KARLS VI. und nicht die seines Vorgängers JOSEPHS I. (verheiratet mit den Kurprinzen von Sachsen und Bayern) erbberechtigt sein. 1720–23 nahmen die Landstände der einzelnen Erbländer die P. S. an; der ungar. Reichsrat erkannte 1722 den künftigen Erben in Österreich als König in Ungarn an. 1724 wurde die P. S. zum Staatsgrundgesetz erhoben. Vorbehalte aufgrund eigener Erbmöglichkeiten erhoben Sachsen und Bayern. Die Zustimmung der europ. Mächte konnte KARL VI. nur mit Mühe und unter großen polit. Zugeständnissen gewinnen. Trotz des scheinbar allgemeinen Konsenses musste MARIA THERESIA ihr Erbe ab 1740 im Österr. Erbfolgekrieg verteidigen.

G. TURBA: Die Grundl. der P. S., 2 Bde. (1911–12); J. KUNISCH: Staatsverf. u. Mächtepolitik (1979); DERS.: Hausgesetzgebung u. Mächtesystem, in: Der dynast. Fürstenstaat, hg. v. DEMS. (1982).

3) das Gesetz zur Regelung der span. Thronfolge; bereits 1789 von den Cortes unter Aufhebung des 1713 von PHILIPP V. erlassenen Erbfolgegesetzes (sal. Erbfolge) beschlossen, aber erst 1830 von FERDINAND VII. verkündet, um die Thronbesteigung seiner

Tochter Isabella (II.) zu sichern. Die Nichtanerkennung der P. S. durch die →Karlisten führte zu den Karlistenkriegen.

Pragmatismus *der, -.* Im Unterschied zur Pragmatik als Lehre vom sprachl. Handeln stellt der P. eine auf C. S. Peirce zurückgehende method. Konsequenz aus der peirceschen Semiotik dar. Der P. drückt sich zunächst als ein erkenntnistheoret. Modell für das Verhältnis des Denkens zu Erfahrung und Wirklichkeit in der pragmat. Maxime aus: ›Überlege, welche Wirkungen, die begreiflicherweise prakt. Bezüge haben könnten, wir als diejenigen begreifen, die das Objekt unseres Begreifens haben muss. Dann ist unser Begreifen dieser Wirkungen das Ganze unseres Begreifens des Objektes‹. Hierin sah Peirce ein Instrument zur Erforschung, Erfassung und Anwendung der Wahrheit durch eine empirisch kontrollierte Methode der Begriffsbildung. Damit verbunden ist eine Art Konsensustheorie der Wahrheit, die, ausgehend von der prinzipiellen Irrtumsfähigkeit wiss. Erkenntnis, den Prozess von Zweifel und Überzeugung zu je neuer Hypothesenbildung unbegrenzt forttreiben muss. Wahrheit wird dadurch zwar zunächst zeitlich relativiert, ist aber zum einen für die jeweilig gegenwärtigen Umstände und zum anderen als schließl. Endresultat des allgemeinen Entwicklungsprozesses von Erkenntnis zu gewinnen. Auf keinen Fall jedoch ist Wahrheit hierbei reduziert mit einer endl. Menge einzelner prakt. Konsequenzen oder Verifikationsinstanzen identifizierbar. Die Bedeutung eines Begriffs ist demnach auch nicht mit der Summe der prakt. Konsequenzen eines Begriffs gleichzusetzen. Dies verweist auf die ontolog. oder metaphys. Voraussetzung einer solchen Erkenntnistheorie: die im Grunde platon. Vorstellung von der Einheit der Realität, die der menschl. Vernunft zugänglich ist. Diese Idee von der Wirklichkeit als etwas objektiv Allgemeinem und Kontinuierlichem nennt Peirce in seiner semiotisch konzipierten Kosmologie ›Synechismus‹.

In den USA entwickelte sich einerseits eine empirist. Variante des P., in der Wahrheit auf Nützlichkeit und prakt. Erfolg reduziert scheint (W. James), und andererseits eine behavioristisch-instrumentalist. Theorie, die unter dem Verzicht auf absolute Wahrheit eine demokratisch erziehende Lebensordnung entwickelt (J. Dewey) und erhebl. Einfluss auf die Pädagogik gewann. In Europa von F. C. S. Schiller, G. Papini und auch H. Bergson, G. Simmel und H. Vaihinger vertreten, wurde der P. vornehmlich zu einer philosoph. Richtung, die nur auf erfahrbare Lebens- und auch Forschungspraxis bezogene Begriffe und Sätze für wiss. sinnvoll hält. Von einem Biologismus beeinflusst sind mit ihrem Verständnis menschl. Denkens als Mittel im Dienst der Lebensbewältigung der P. von James und von Vaihinger. Von den versch. Entwicklungen des P. sich distanzierend, benannte Peirce seinen P. zeitweise in **Pragmatizismus** um.

P. P. Wiener: Evolution and the founders of pragmatism (Cambridge, Mass., 1949, Nachdr. New York 1965); A. J. Ayer: The origins of pragmatism (London 1968, Nachdr. ebd. 1990); C. S. Peirce: Lectures on pragmatism/Vorlesungen über P. (1973, engl. u. dt.); Ders.: Über die Klarheit unserer Gedanken ([3]1985, dt. u. engl.); Ders.: Schriften zum P. u. Pragmatizismus, hg. v. K.-O. Apel (a. d. Amerikan., Neuausg. [2]1991); K. Oehler: Sachen u. Zeichen. Zur Philosophie des P. (1995); F. Kuhn: Ein anderes Bild des P. Wahrscheinlichkeitstheorie u. Begründung der Induktion als maßgebl. Einflußgrößen in den ›Illustrations of the logic of science‹ von Charles Sanders Peirce (1996).

Praguerie [pragəˈriː; zu frz. Prague ›Prag‹, in Anspielung an den Prager Hussitenaufstand 1419], Bez. für die kurze Erhebung (1440) des frz. Hochadels und des Dauphins Ludwig (später Ludwig XI.) gegen die Heeres- und Steuerreform Karls VII. Nach dem schnellen Sieg der Krone wurden die Empörer amnestiert, der inzwischen 17-jährige Ludwig am 28. 7. 1440 in die Verwaltung der Dauphiné eingeführt.

Prägung, 1) *Münztechnik:* →Prägen.

2) *Psychologie:* Bez. für die Tatsache, dass sich bestimmte Einflüsse auf den Menschen (wie auch allg. auf Organismen) nachhaltig – gestaltend oder umgestaltend – auswirken (**soziokulturelle P.**; z. B. durch einen bestimmten Beruf, Lebensstandard oder durch eine bestimmte Erziehung).

3) *Verhaltensforschung:* Bez. für eine sehr schnell sich vollziehende Fixierung eines Lebewesens bzw. einer seiner Erbkoordinationen auf einen Auslöser. Charakteristisch für eine P. sind ihre Bindung an ein bestimmtes verhaltensphysiolog. Entwicklungsstadium (sensible Phase) in der Ontogenese eines Menschen oder Tieres und der Ausschluss des Umlernens oder Vergessens des einmal Geprägten (Irreversibilität der P.). Nach Abschluss der P.-Phase erlischt die Lernbereitschaft (auch dann, wenn kein Lernen stattgefunden hat). Als Merkmale des P.-Objekts werden nach der P. nur artkennzeichnende Merkmale herausgegriffen. Bekanntes Beispiel ist die **Nachfolge-P.** bei Gänsen und Enten, deren frisch geschlüpfte Küken dem ersten bewegten Gegenstand, der Töne von sich gibt, nachlaufen. Nach kurzer Zeit wird das Nachlaufen an weitere Merkmale des Objekts, das i. d. R. die Mutter ist, aber auch durch ein anderes Lebewesen oder eine Attrappe ersetzt werden kann, geknüpft. Bei Stockentenküken etwa erreicht die sensible Phase 13–16 Stunden nach dem Schlüpfen ihr Maximum; in den folgenden 20 Stunden sinkt die Prägbarkeit auf fast null herab.

Praha, Hauptstadt der Tschech. Rep., →Prag.

Prähistorie, die →Vorgeschichte. – **prähistorisch,** vorgeschichtlich.

Prahm [mhd. pram, aus dem Slaw.] *der, -(e)s/-e* und *Prähme,* kastenförmiger, offener Kahn mit flachem Boden zur Beförderung von Lasten (Kohlen-, Öl-, Wasser-P.), eingesetzt in der Schubschifffahrt.

Prahova *die,* linker Nebenfluss der Ialomiţa, im S Rumäniens, 183 km lang; entspringt im Bucegigebirge, durchfließt die Große Walachei; am Oberlauf mehrere Gebirgskurorte (bes. Sinaia, Predeal), das mittlere und untere P.-Tal ist stark industrialisiert.

Prai, Schwesterstadt von →Butterworth, Malaysia.

Praia, Hauptstadt der Rep. Kap Verde, an der SO-Küste der Insel São Tiago, (1990) 61 600 Ew.; kath. Bischofssitz; Hafen, Flughafen.

Praia da Rocha [-ˈrrɔʃa], Badeort an der S-Küste Portugals, bei →Portimão.

Prajapati [-dʒ-; Sanskrit ›Herr der Geschöpfe‹], ind. Gott; wird seit der Zeit des Rigveda als Weltschöpfer verehrt, erlangte jedoch erst in nachved. Zeit größere Bedeutung.

Prajna [-dʒ-; Sanskrit ›Weisheit‹, ›Einsicht‹] *die, -,* zentraler Begriff des Mahayana-Buddhismus; bezeichnet die nicht begrifflich-intellektuell, sondern intuitiv erlangte erlösende Erkenntnis der ›Leerheit‹ als Wesensnatur alles Seienden (→Shunyata).

Prajnaparamita [-dʒ-; altind. ›Vollkommenheit der Erkenntnis‹] *die, -,* Name der größten Textsammlung des frühen Mahayana-Buddhismus. Ihre zentrale Lehre ist die von der ›Leerheit‹ als der Wesensnatur alles Seienden (→Shunyata). Die P.-Texte, v. a. das ›Diamant-Sutra‹, erreichten in Tibet und O-Asien große Popularität.

E. Conze: The Prajñāpāramitā literature (Tokio [2]1978).

Präjudiz [lat., zu iudicium ›Urteil‹] *das, -es/-e* oder *...zi|en,* **1)** *allg.:* Entscheidung, die für zukünftige Fälle, Beschlüsse, Ereignisse maßgebend ist.

2) *Prozessrecht:* gerichtl. Entscheidung über eine Rechtsfrage, die sich in einem anderen (späteren) Verfahren erneut stellt. Im Ggs. zum angloamerikan. Recht (→Case-Law) binden nach dt. Recht frühere

Entscheidungen anderer, auch oberer Gerichte die zur Entscheidung berufenen Richter, gleich welcher Instanz, grundsätzlich nicht; als Leitbilder haben sie in der gerichtl. Praxis aber erhebl. Bedeutung. Eine gewisse Durchbrechung dieses Prinzips bilden die mietrechtl. Rechtsentscheide und das zur Wahrung der Einheit der Rechtsprechung in bestimmten Bereichen vorgesehene Verfahren bei der →Divergenz gerichtlicher Entscheidungen. Im Zivil-, Arbeits-, Verw.- und Sozialgerichtsprozess kann die Abweichung des Urteils der Berufungsinstanz von einer Entscheidung des übergeordneten Rechtsmittelgerichts mit der Revision gerügt werden. Im techn. Sinn bedeutet **Präjudizialität,** dass eine Entscheidung über ein Rechtsverhältnis von der Beurteilung eines anderen Rechtsverhältnisses rechtlich abhängig ist. Präjudizialität ist ein Grund zur Aussetzung eines Prozesses (§§ 148 ff. ZPO). Präjudizielle Rechtsverhältnisse (z. B. das Bestehen eines Vertrages) können durch →Zwischenfeststellungsklage in die Rechtskraft einbezogen werden.

Präkambrium, der erdgeschichtl. Zeitraum (Ära) vor dem Kambrium seit der Entstehung der Erdkruste (→Geologie, ÜBERSICHT), der 86% der gesamten Erdgeschichte umfasst. Unveränderte Reste der vor 4-5 Mrd. Jahren ausgebildeten ersten Erstarrungkruste der Erde sind durch die ständigen exogenen und endogenen Veränderungen nicht zu erwarten. Das älteste datierte Mineral, ein Zirkonkristall aus W-Australien, ist 4,3 Mrd. Jahre alt, das bisher älteste bekannte Sediment mit biogenem Kohlenstoff (Grönland) etwa 3,8 Mrd. Jahre. Die obere Grenze zum Kambrium ist etwas willkürlich festgelegt, gekennzeichnet durch Schichtlücken, Diskordanzen (assynt. Gebirgsbildung) und fossile Reste. Mangels brauchbarer biolog. Zeitmarken werden die großen tektonisch-magmat. Zyklen radiometrisch datiert (→Altersbestimmung). Die älteste Gebirgsbildung ist die **laurentische Tektogenese,** die Wende zum Mittel-P. kennzeichnet die **kenorische (algomische),** abgeschlossen wurde das P. durch die **assyntische (cadomische) Tektogenese.** Kristallines P. (metamorph veränderte Magmen und Sedimente) bildet auf allen Kontinenten das Grundgebirge; in Mitteleuropa sind wenige Reste aus dem P. in den Mittelgebirgen erhalten. Präkambr. Gesteine sind in den Zentralzonen der Faltengebirge (Massive) wie in den Urkratonen (→Kraton) weit verbreitet. Die Kontinentalkerne sind meist von Grünsteingürteln umgeben (→Grünstein), bestehen im Übrigen v. a. aus hochmetamorphen Gneisen mit granit. Zusammensetzung, Resten tieferer kontinentaler Kruste. Die paläogeograph. Lage der Kontinente war im P. vermutlich völlig anders als heute. Fünf große Festlandkerne sollen sich bis zum Ende des P. herausgebildet haben: →Kanadischer Schild, →Fennosarmatia, →Angaria, ein ostasiat. Kraton und ein Superkontinent →Gondwana. Sie waren von mobilen Randsenken umgeben, den →Geosynklinalen, in denen sich bes. die Sedimente anhäuften. Erst im Jung-P. entstand das System der lithosphär. Platten (→Plattentektonik). Von weit reichender Bedeutung war die Entwicklung der →Atmosphäre, bes. die von freiem Sauerstoff.

Chem. Verwitterung war daher in den ältesten Zeiten kaum wirksam, sodass unvollkommen aufbereitete, grauwackenartige Ablagerungen, Fanglomerate, Arkosen die Regel sind. Besser gesonderte klast. Gesteine wie Schiefertone und Quarzite erscheinen erst im Mittel-P. Karbonatgesteine treten ebenfalls erst später auf, Evaporite fehlen im P. fast ganz, Gips- und Steinsalzmetamorphosen gibt es gelegentlich im Jung-P. Die einzigen weit verbreiteten chem. Ausscheidungen sind Hornsteine und →Bändereisenerze. Für fehlenden freien Sauerstoff sprechen außerdem Transport von Fe^{2+}-Verbindungen, ferner Pyrit- und Uranitgerölle in den Konglomeraten von Witwatersrand und Kanada. Älteste festländ. Rotgesteine treten erstmals vor etwa 1,9 Mrd. Jahren auf und deuten auf größere Anteile freien Sauerstoffs. Sie kennzeichnen mit den weit verbreiteten Kalken aus →Stromatolithen das Mittel-P. Eine Vegetationsdecke fehlte. Das Klima war vermutlich über längere Zeiten kühlfeucht, erst gegen Ende des P. stärker differenziert: weit verbreitete Kalke in warmen Meeren, ausgedehnte Vereisungen.

Präkambrium		
Jungpräkambrium	Jungproterozoikum (Riphäikum)	0,59 bis 1,8 Mrd. Jahre vor heute
Mittelpräkambrium	Mittelproterozoikum	1,8 bis 2,6 Mrd. Jahre vor heute
	Altproterozoikum	
Altpräkambrium	Archaikum (Archäozoikum)	2,6 bis 4,0 Mrd. Jahre vor heute

Das P. ist reich an großen Erzlagerstätten, gebunden an granit. oder bas. Gesteine oder deren Abtragungsprodukte. In umgewandelten Sedimentgesteinen finden sich die größten Eisenerzlagerstätten der Erde (Oberer See, Labrador, Brasilien, Indien, S-Russland). Die Hälfte der Weltgoldproduktion stammt aus den metamorphen Konglomeraten (fossile Flusssseifen) des Witwatersrand (Rep. Südafrika). Die großen Kupfererzlagerstätten (Sambia, Shaba) sowie Uranerze sind an die alten Schilde gebunden, ebenso das größte Nickelmagnetkiesvorkommen (Sudbury, Kanada).

Die Entstehung des Lebens ist nicht überliefert. Als älteste Lebensspuren gelten kohlige Reste im 3,8 Mrd. Jahre alten Isuakonglomerat Grönlands, als älteste Fossilien 3,5-3,6 Mrd. Jahre alte kugelige oder fadenförmige organismenähnl. Gebilde aus dem südl. Afrika (→Chemofossil, →Onverwacht-Serie), körperl. Fossilien (Eobacterium isolatum) erst in der →Fig-Tree-Serie. Erste Blaualgen und Bakterien erscheinen vor etwa 2,8 Mrd. Jahren (erste Photosynthese). Bei vielen sedimentären Erzlagerstätten (v. a. Bändereisenerze) haben vermutlich Bakterien mitgewirkt. Kohlige Substanz in Geröllen der südafrikan. Witwatersrand-Serie (2,6 Mrd. Jahre) sowie ähnlich alte pyritisierte Mikrostrukturen Nordamerikas sind möglicherweise organ. Ursprungs. Kohlige Flöze gibt es im Bayer. Wald, in Nordamerika und bes. in Karelien (→Schungit), mit dem Fossil Corycium enigmaticum, einer Zusammenballung fadenförmiger Algen von wenigen Zentimetern Durchmesser.

Während alle organ. Reste älter als 2 Mrd. Jahre auf prokaryonte (zellkernlose) Organismen zurückgeführt werden, kennt man aus den jüngeren Ablagerungen (Gunflintserie, Kanada, 1,9 Mrd. Jahre; Kalifornien, 1,2-1,4 Mrd. Jahre; Bitter-Springs-Hornsteine, Australien, 900 Mio. Jahre) die vermutlich ältesten Eukaryonten (mit Zellkern). Reichhaltigere Mikroflora sowie tier. Lebewesen treten erst im jüngsten P. auf, darunter die ersten Metazoa (→Ediacara-Fauna). Im Ggs. zum P. steht der plötzlich einsetzende Fossilreichtum im Kambrium.

Hb. der stratigraph. Geologie, hg. v. F. LOTZE, Bd. 13: P. BANKWITZ u. a.: P., 2 Tle. (1966-68); A. KRÖNER: Krustenevolution im Archaikum, in: Natur u. Museum, Jg. 111 (1981); Earth's earliest biosphere, hg. v. J. W. SCHOPF (Princeton, N. J., 1983); Geological evolution of the earth during the Precambrian, hg. v. L. J. SALOP (a. d. Russ., Berlin 1983).

Präkanzerosen [zu lat. cancer ›Krebs‹], *Sg.* **Präkanzerose** *die, -,* Gewebeveränderungen, die meist durch Zell- und Zellkernatypien und Störungen im

Epithelaufbau (Dysplasie) gekennzeichnet sind und eine im Einzelnen unterschiedlich starke Tendenz zum Übergang in einen bösartigen Tumor aufweisen **(fakultative** oder **obligate P.).** P. bestehen häufig in Veränderungen der Haut und Schleimhaut, die durch eine chron. Reizschädigung hervorgerufen werden wie bei Leukoplakie, Röntgen-, (UV-)Licht-, Teer- oder Arsendermatose (→Hautkrebs), langfristiger Hauttuberkulose (Lupus vulgaris), chron. Entzündungen und Geschwüren (z. B. im Magen-Darm-Bereich), ausgedehnten Narben oder Gallensteinleiden; degenerative Prozesse in höherem Lebensalter liegen bei Kraurose, Hauthorn und Keratom zugrunde. Eine weitere Gruppe der P. bilden entartende primär gutartige Tumoren wie Magen- und Darmpolypen (Polyposis).

Präklusion [lat.] *die, -/-en, Recht:* die bei Versäumung einer fristbestimmten Rechtshandlung eintretende Rechtsverwirkung, wonach eine Person mit Ablauf eines bestimmten Zeitraums **(Präklusivfrist)** mit der Vornahme einer Rechtshandlung ausgeschlossen wird, bes. bei verzögertem tatsächl. Vorbringen, verzögerten Beweismitteln oder verzögerter Einlassung, zur Verhinderung von Prozessverschleppung (→Prozessbeschleunigung). Das Verfahren wird ohne Rücksicht auf die präkludierte Prozesshandlung fortgesetzt und/oder beendigt. Je nach Art der versäumten Prozesshandlung kann die P. noch durch Entschuldigung (z. B. § 296 ZPO) oder Wiedereinsetzung in den vorigen Stand vermieden werden.

Präkognition [spätlat. praecognitio ›das Vorhererkennen‹] *die, -, Parapsychologie:* eine Form der →außersinnlichen Wahrnehmung; sie besteht im Vorauswissen zukünftiger Vorgänge, für die keine zureichenden Gründe bekannt sind, die sie auf rational erschließbare Weise herbeiführen, und die auch nicht als Folge des Vorauswissens eintreten können. Dadurch soll P. von der →Selffulfilling Prophecy abgegrenzt werden. – Ggs.: Retrokognition.

präkolumbische Kulturen, die Kulturen in Amerika vor der europ. Entdeckung und Eroberung, →andine Hochkulturen, →mesoamerikanische Hochkulturen.

Präkonisation [zu lat. praeco ›Ausrufer‹, ›Herold‹] *die, -/-en, kath. Kirchenrecht:* die feierl. Bekanntgabe einer Bischofsernennung durch den Papst.

Prakrit [Sanskrit] *das, -(s)/-s,* Sammel-Bez. (oft im Plural gebraucht) für die mittelind. Sprachen, die spätestens seit BUDDHAS Zeit (5. Jh. v. Chr.) bis etwa 1000 n. Chr. neben der Hochsprache des Sanskrit gebraucht und inschriftlich und literarisch verwendet wurden. Die älteste Form der mittelind. Stufe der Sprachentwicklung vertritt das →Pali. In den klass. Dramen sprechen die Gebildeten Sanskrit, die meisten Frauen und die Personen niederer Kasten versch. P.-Dialekte. Die wichtigsten P.-Sprachen und ihre Heimatgebiete sind Maharashtri (Marathenland, W-Indien), Shauraseni (wohl Land der Shurasenas, bei Mathura), Magadhi (Magadha, heute Bihar; die Sprache des BUDDHA), Ardhamagadhi (Halbmagadhi; wohl ebenfalls Bihar; das ›Jaina-P.‹), Paishaci (›Sprache der Teufel‹, Heimatgebiet umstritten) und die von den übrigen mittelind. Sprachen deutlich abweichende Gandhari (NW-Indien, N-Pakistan). Den Übergang vom P. zu den neuind. Sprachen bildet das Apabhramsha (›abgeglittene Sprache‹, Blütezeit im 10.–12. Jh.). Kennzeichnend für die P.-Sprachen sind sprachl. Vereinfachungen gegenüber dem Sanskrit, dem sie sehr ähnlich sind, so z. B. im Lauf ihrer Entwicklung ein zunehmender Wegfall intervokal. einfacher Konsonanten.

Literatur: Die religiösen Schriften der →Jainas sind zum großen Teil in P. abgefasst, der Kanon der Shvetambaras in Ardhamagadhi, die Kommentare z. T. in Maharashtri, die Schriften der Digambaras in einem Dialekt, der z. T. der Shauraseni nahe steht. Auch die Buddhisten haben das P. verwendet, so in der Gandhari-Spruchsammlung ›Dhammapada‹; viele ihrer späteren Schriften sind in ›hybridem Sanskrit‹ abgefasst, einer Mischung von Sanskrit und P. Die Hindus, deren hl. Schriften in Sanskrit geschrieben sind, haben das P. wie Jainas und Buddhisten auch für weltl. Dichtungen verwendet. In Maharashtri abgefasst sind die lyr. ›Sattasai‹ (›700 Strophen‹) des HALA und das ›Vajjalagga‹ des JAYAVALLABHA, die Kunstepen ›Ravanavaha‹ (›Die Tötung des Ravana‹) oder ›Setubandha‹ (›Der Brückenbau‹; wohl nach 550 entstanden) und das ›Gaudavaha‹ des VAKPATIRAJA (8. Jh.). Ein ganz in P. geschriebenes Drama ist die ›Karpuramanjari‹ des RAJASHEKHARA (um 900). In Apabhramsha liegen mehrere von Jainas verfasste Epen vor.

R. PISCHEL: Gramm. der P.-Sprachen (Straßburg 1900, Nachdr. 1973); RICHARD SCHMIDT: Elementarbuch der Śaurasenī mit Vergleichung der Māhārāṣṭrī u. Māgadhī (1924, Nachdr. 1971); L. ALSDORF: Der Kumārapālapratibodha. Ein Beitr. zur Kenntnis des Apabhraṃśa u. der Erzählungslit. der Jainas (1928); DERS.: Apabhraṃśa-Studien (1937, Nachdr. Nendeln 1966); F. EDGERTON: Buddhist hybrid sanskrit, grammar and dictionary, 2 Bde. (New Haven, Conn., 1953; Nachdr. Delhi 1977); O. VON HINÜBER: Das ältere Mittelindisch im Überblick (Wien 1986); P. verses in Sanskrit works on poetics, hg. v. V. M. KULKARNI, auf mehrere Bde. ber. (Delhi 1988 ff.).

Praktik [spätlat. practice ›Ausübung‹, ›Vollendung‹, von griech. praktikḗ (téchnē) ›Lehre vom aktiven Handeln‹] *die, -/-en,* **1)** *allg.:* bestimmte Art der Ausübung, Handhabung, Verfahrensweise; nicht ganz korrekter Kunstgriff, Kniff.

2) Bez. für eine *volkstüml. Druckschrift,* die Wetter- und Himmelserscheinungen astrologisch deutete, Ernteaussichten und drohende Gefahren (Katastrophen, Seuchen, Kriege) ansagte. Die vom 15. bis 17. Jh. weit verbreiteten P. bringen Ängste und Hoffnungen ihrer Zeit zum Ausdruck. Wegen ihres fragwürdigen Inhalts wurden sie u. a. als heidnisch angesehen, angegriffen und parodiert, so von J. FISCHART in dem satir. Prosawerk ›Aller Practick Groszmutter‹ (1572). (→Bauernpraktik)

Praktikabel [frz.] *das, -s/-,* fest gebauter Teil der Bühnendekoration, der im Ggs. zu den markierten, gemalten Dekorationsteilen begehbar und bespielbar ist, z. B. Bühnengerüste, Felsen, Balkon.

Praktikum *das, -s/...ka,* im Rahmen einer (Fach-)Hochschulausbildung oder einer berufl. Ausbildung abzuleistende prakt. Tätigkeit, die einführenden oder übenden Charakter hat (techn., medizin., sozialpädagog., Schul-P.) bzw. der Vermittlung einschlägiger Kenntnisse und Erfahrungen dient. Sofern der **Praktikant** nicht ein Arbeitsverhältnis abgeschlossen hat, gelten für das Praktikantenverhältnis Bestimmungen des Berufsbildungsgesetzes.

praktisch [griech.], 1) auf die Wirklichkeit, Praxis bezogen; in der Wirklichkeit auftretend, tatsächlich; 2) zweckmäßig, gut handhabbar; 3) geschickt, findig.

praktische Philosophie, seit ARISTOTELES die philosoph. Disziplin, die sich mit dem menschl. Handeln in seinen subjektiven und intersubjektiven Bezügen beschäftigt, d. h. mit Blick auf die ethisch-moral., rechtlich-polit. und technisch-pragmat. Formen menschl. Lebensvollzugs. Allg. unterscheidet ARISTOTELES die p. P. von der theoretisch-betrachtenden und den poietisch-erzeugenden Wiss.en, woraus die traditionelle Entgegensetzung von theoret. und prakt. Wissen, Theorie und Praxis hervorgegangen ist, wobei sich diese heute i. d. R. wechselseitig durchdringen. Wie die Erkenntnis werden auch die Handlungen auf anthropolog. Vermögen (Wille, Triebe, Instinktdispositionen, fantasiegeleitete Antizipation, Denken, Gewissen) zurückgeführt und durch einzelne derselben oder ihr Zusammenwirken erklärt. Grundproblem der p. P. ist, ob und wie weit der Mensch überhaupt zu freien Handlungen fähig ist (Zurechnungsfähigkeit, Verantwortungsfähigkeit, personale Freiheit), was die meisten Theorien aus metaphys. Vorannahmen voraussetzen, oder ob sein Handeln überhaupt naturkausal bedingt ist, wie determinist. und naturalist. Theorien annehmen. Eine weitere zentrale Frage bildet das Verhältnis der handlungsleitenden Ideen (Intentionen) zu handlungstranszendenten Regeln, Normen und Werten oder auch Gütern und deren ontolog. Status. Die moderne p. P. sieht alles menschl. Handeln in den Rahmen einer sozialen Gemeinschaft eingebettet, in der das Individuum als ein leibl. und soziales Wesen handelt. Die p. P. liefert die philosoph. Grundlagen der einzelnen prakt. Disziplinen.

F. VON KUTSCHERA: Einf. in die Logik der Normen, Werte u. Entscheidungen (1973); F. KAULBACH: Einf. in die Philosophie des Handelns ([2]1986); K.-H. ILTING: Grundfragen der p. P. (1994).

praktische Psychologie, i. w. S. die →angewandte Psychologie; i. e. S. die gezielte Anwendung psycholog. Verfahren und prakt. Menschenkenntnis in den versch. Bereichen des alltägl. Lebens.

praktischer Arzt, früher übl. Bez. für den →Allgemeinarzt.

praktische Theologie, im kath. Sprachgebrauch auch **Pastoraltheologie,** seit F. D. E. SCHLEIERMACHER Bez. für diejenige theolog. Teildisziplin, deren Gegenstand die Vermittlung theolog. Erkenntnisse in die Praxis der christl. Gemeinde im Rahmen der verschiedenen kirchl. Handlungsfelder ist. Die traditionellen Hauptgebiete der p. T. sind: Liturgik (Gottesdienstlehre), Homiletik (Predigtlehre), Poimenik (Seelsorgelehre), Katechetik (Lehre vom kirchl. Unterricht), Religionspädagogik (Theorie der religiösen Lern- und Bildungsprozesse) und Diakonik (Lehre von der kirchl. Sozialarbeit); in der ev. Theologie zudem die Pastoraltheologie, die sich mit den Grundlagen des Pfarrerberufs befasst. Im Zentrum der Diskussion über die p. T. stehen heute die Frage nach ihrem wissenschaftstheoret. Status innerhalb der Theologie sowie das Problem ihrer Methoden bzw. die in ihr praktizierte Methodenvielfalt insgesamt.

Hb. der Pastoraltheologie, hg. v. F. X. ARNOLD u. a., 6 Bde. ([1-2]1969–72); Hb. der p. T., hg. v. P. C. BLOTH u. a., auf mehrere Bde. ber. (1981 ff.); Wege der Pastoraltheologie, hg. v. A. ZOTTL u. W. SCHNEIDER, 3 Bde. (1986–88); D. RÖSSLER: Grundr. der p. T. ([2]1994); S. KNOBLOCH: P. T. Ein Lb. für Studium u. Pastoral (1996); P. T., bearb. v. F. WINTZER ([5]1997).

Prälat [mlat., eigtl. ›der Vorgezogene‹] *der, -en/-en,* **1)** *ev. Kirchenrecht:* in den ev. Landeskirchen von Baden und Württemberg ein geistl. Amtsträger mit besonderen Aufgaben; in der Ev. Kirche von Kurhessen-Waldeck Titel des ständigen geistl. Stellvertreters des Landesbischofs.

2) *kath. Kirchenrecht:* im eigentl. Sinn der Träger ordentl. Jurisdiktion, also der Vorsteher einer →Teilkirche; auch Bez. für andere Ordinarien und hohe Amtsträger der röm. Kurie. Darüber hinaus gibt es die Bez. P. als geistl. Ehrentitel, wobei drei Grade unterschieden werden: Apostol. Protonotar, Ehren-P. Seiner Heiligkeit und Kaplan Seiner Heiligkeit.

Prälatenbank, Prälatenkuri|e, im Heiligen Röm. Reich bis 1806 die Vertretung der geistl. Fürsten, auch der Geistlichen ersten Standes sowohl im Reichstag als auch in den Landtagen. Mit der Fürstenbank bildete die Reichs-P. den Reichsfürstenrat.

Prälatenhut, Standeszeichen geistl. Würdenträger; als herald. Rangzeichen über dem Wappenschild angebracht. Anzahl der Quasten und Farbe des P. (z. B. Kardinäle: Rot; Erzbischöfe und Bischöfe: Grün) zeigen den Rang des Wappeninhabers.

Prälatur *die, -/-en, kath. Kirchenrecht:* ein vorläufiger kirchl. Jurisdiktionsbezirk; Vorform einer Diözese. Eine Sonderform bildet die →Personalprälatur.

Präliminarfrieden, Vorfrieden; im Völkerrecht bei Einstellung der Kampfhandlungen in Vorverhandlungen erreichte und festgelegte vorläufige Vereinbarungen, die wesentl. Bedingungen des (späteren) endgültigen Friedensvertrags bereits enthalten.

Präliminari|en [zu lat. liminaris ›zur Schwelle gehörend‹] *Pl.,* Vorbereitungen; diplomat. Vorverhandlungen.

Prallbrecher, Prallmühle, Maschine der Aufbereitungstechnik zum Zerkleinern grober bis mittelgrober stückiger Rohstoffe durch Schlagwirkung der Prallleisten, die auf rotierenden Prallwalzen befestigt sind, oder Aufschlagen auf Prallplatten.

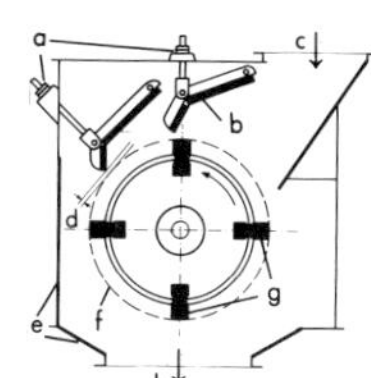

Prallbrecher: a Verstellspindeln, b Prallplatten, c Aufgabe, d Spaltweite, e Verschleißplatten, f Schlagkreis, g Prallleisten, h Austrag

Prallfläche, Baffle [bæfl, engl.], in Vakuumleitungen eingebautes, nach Bedarf gekühltes oder erwärmtes Flächenstück mit geringem Strömungswiderstand, das Fremdatome vom Hauptvakuum fern hält.

Prallhang, der dem flacheren Gleithang gegenüberliegende, steile Talhang an der Außenseite einer Talkrümmung; gegen ihn ist die Hauptströmung des Flusswassers gerichtet, und er wird deshalb dauernd von der Erosion angegriffen. (→Mäander)

Pralltriller, Schneller, ein aus dem einmaligen schnellen Wechsel zw. Hauptnote und (großer oder kleiner) Obersekunde bestehender kurzer Triller, angezeigt durch 𝆖 (auch 𝆖𝆖 für den doppelten P.); häufig verwechselt mit dem →Mordent, als dessen Umkehrung der P. aufgefasst werden kann.

Pralltriller mit Ausführung (rechts)

Präludium [lat. ›Vorspiel‹] *das, -s/...di|en,* **Praeludium,** frz. **Prélude** [preˈlyd], instrumentales Einleitungsstück, das dazu dient, auf andere Instrumentalstücke (Fuge) oder auf Vokalkompositionen (Lied, Choral, Oper) vorzubereiten bzw. diese einzuleiten (Suite). Im Gottesdienst begegnet das Orgel-P. als Eröffnungsstück und Choralvorspiel.

Das P. entstand im 15. Jh. **(Praeambulum, Präambel)** im Zusammenhang mit dem improvisator. Ausprobieren eines Instruments und der Ton- bzw. Tonartangabe des folgenden Stücks, namentlich für Laute und Tasteninstrumente. Ein fester Formtyp ist dabei nicht festzustellen, jedoch ist die spätere Anlage i. d. R. aus Akkorden bzw. Akkordzerlegungen, Laufwerk und imitator. Teilen zusammengesetzt, weshalb die Grenzen zur Fantasie und Toccata sowie zum frühen Ricercar fließend sind. J. S. BACH verband in seinen Orgelwerken und v. a. in seinem ›Wohltemperierten Klavier‹ (1722–44) konsequent das freie P. mit der streng gebauten Fuge. Im Rückgriff auf BACH erhielt das P. im 19. Jh., nun als selbstständiges, oft virtuoses Instrumentalstück, neue Bedeutung (F. CHOPIN, F. LISZT, C. DEBUSSY, A. N. SKRJABIN).

Prambanan, größte shivait. Tempelanlage (9. Jh.) auf Zentraljava, Indonesien, 20 km nordöstlich von Yogyakarta. Auf einer riesigen Terrasse eine Gruppe von acht Tempeln mit dem Haupttempel Lara Jonggrang (9./10. Jh.), südlich und nördlich daneben ein dem Gott Brahma und dem Gott Vishnu geweihter Tempel, jeweils gegenüber Tempel der Symboltiere. Diese Terrasse ist von einer niedrigeren umgeben, auf der 224 kleine Tempel in drei konzentr. Reihen stehen. Die Anlage wurde im 16. Jh. durch ein Erdbeben zerstört; seit 1918 Wiederaufbau- und Restaurierungsarbeiten (UNESCO-Weltkulturerbe). (BILD S. 442)

Prämedikation, Verabreichung von Medikamenten (v. a. Beruhigungs- und schmerzlindernde Mittel, Anticholinergika) zur Vorbereitung eines operativen Eingriffs mit den Zielen der allgemeinen Beruhigung, Dämpfung störender Reflexe, Herabsetzung der Speichel- und Bronchialsekretion und Minderung der Nebenwirkungen der Narkosemittel.

Prämi|e [von lat. praemium ›Preis‹, ›Vorteil‹, ›Gewinn‹] *die, -/-n,* **1)** *allg.:* zusätzl. Vergütung für eine bestimmte Leistung, Sondervergütung (z. B. →Prämienlohn); auch: zusätzl. Gewinn (im Lotto o. Ä.).

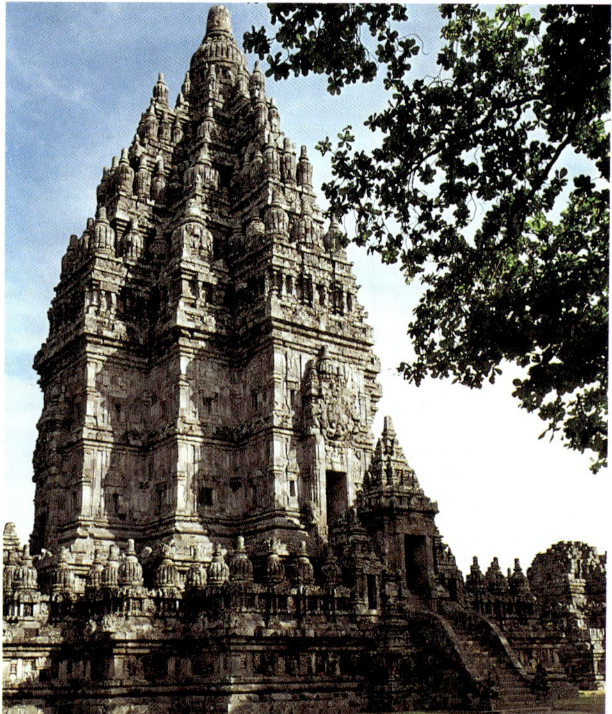

Prambanan: Haupttempel Lara Jonggrang; 9./10. Jh.

2) *Börsenwesen:* 1) das Reugeld beim P.-Geschäft (→Termingeschäfte); 2) der Optionspreis beim →Optionsgeschäft; 3) die Differenz zw. Substanz- und Kurswert beim →Optionsschein.

3) *Marketing:* Instrument der →Verkaufsförderung. Beim Kauf bestimmter Produkte erhält der Käufer vom Hersteller als P. ein Präsent oder einen Gutschein zum Erwerb eines anderen Erzeugnisses zu einem günstigeren Preis als beim Kauf im Einzelhandel.

4) *Versicherungswesen:* **Versicherungsbeitrag, Beitrag,** Preis für die Risikoübernahme (Gefahrtragung) durch den Versicherer. Zu diesem auch als Netto-P. bezeichneten Preis können noch Zuschläge kommen (Kosten der Geschäftsführung, Rücklagen, Gewinn), weshalb dann von Brutto-P. gesprochen wird. Man unterscheidet weiter **Einmal-P.,** d. h. die Abgeltung für die gesamte Laufzeit des Versicherungsvertrages und **laufende P.** (mit **Erst-** und **Folge-P.**). P. werden in der Privatversicherung i. d. R. auf Jahresbasis kalkuliert, gegen Zuschlag ist unterjährige Zahlweise möglich.

Prämi|en|anleihe, die →Losanleihe.

Prämi|engeschäft, bedingtes →Termingeschäft, bei dem ein Vertragspartner statt Erfüllung des Geschäftes gegen Zahlung einer Prämie (Reugeld) vom Vertrag zurücktreten kann.

Prämi|enlohn, eine Lohnform, die neben dem Grundlohn eine Prämie beinhaltet, die eine quantitativ und/oder qualitativ messbare Mehrleistung voraussetzt. Neben Mengen-, Qualitäts-, Ersparnis-, Termineinhaltungs- oder Nutzungsprämien sind auch Prämien auf den Markterfolg eines Produktes sowie auf Unterschreiten der Vorgabezeit möglich. Ist die Produktivität der Arbeit von mehreren Faktoren abhängig, kommt auch eine Kombination unterschiedl. P.-Formen infrage. Neben der Festlegung der Prämienbezugsgröße und des Grundlohns ist die Gestaltung des Prämienverlaufs (linear, progressiv, degressiv) von Bedeutung. Gemäß § 87 Betriebsverfassungs-Ges. unterliegt die Festsetzung der Prämiensätze und vergleichbarer leistungsbezogener Entgelte, sofern keine tarifl. Regelung besteht, der Mitbestimmung des Betriebsrats. (→Lohn)

Prämi|enrückgewähr, Beitragsrückgewähr, Beitragsrückerstattung, Prämi|enrückerstattung, Sammelbegriff für Rückzahlungen von Prämien in der Privatversicherung. Die Rückzahlung kann an die Entstehung eines Überschusses beim Versicherer gekoppelt sein (erfolgsabhängige P.) oder, unabhängig davon, bei Nichteintreten eines Versicherungsfalles in der Vertragsdauer gewährt werden (erfolgsunabhängige P.).

Prämi|ensparen, 1) Bez. für das vom Staat geförderte prämienbegünstigte Sparen (→Sparprämie, →Wohnungsbauprämie); 2) von Kreditinstituten angebotene Sondersparform, auch als Bonus- oder Zuschlagssparen bezeichnet (→Sparen); 3) ein seit 1950 von den Volksbanken und Raiffeisenbanken eingerichtetes Sparverfahren, bei dem die Prämiensparer innerhalb jeder Sparperiode einen bestimmten Sparbetrag sowie einen Auslosungsbeitrag einzahlen. Während der Sparbetrag dem Prämiensparer erhalten bleibt, fließen die Auslosungsbeiträge in einen Prämienfonds, dessen Gesamtbeitrag nach Abzug der Lotteriesteuer an ausgeloste Prämiensparer ausgeschüttet wird. Demzufolge wird diese Sondersparform auch als **Gewinnsparen** bezeichnet. Die Sparkassen veranstalten das P. (›PS‹) seit 1952. Seit 1959 läuft das Programm zur besseren Unterscheidung gegenüber dem im Sparprämiengesetz verwandten Begriff Prämie unter dem Motto ›PS-Sparen und Gewinnen‹.

Prämisse [lat. praemissa ›vorausgeschickter Satz‹] *die, -/-n,* **1)** *allg.:* Voraussetzung.

2) *Logik:* i. w. S. eine in einer Argumentation als wahr vorausgesetzte Aussage, i. e. S. der Vordersatz einer →Regel; auch die Vordersätze eines Schlusses, insbesondere eines Beweises (der Schlusssatz ist die Konklusion). Der klass. →Syllogismus besteht aus zwei P. (Ober- und Untersatz) und einer Konklusion (Schlusssatz).

Pramoedya Ananta Toer [pra'mu:dja, tu:r], indones. Schriftsteller, *in Mitteljava 6. 2. 1925; in der Phase der indones. Befreiung von der niederländ. Kolonialmacht inhaftiert (1947–49), zur Zeit A. SUKARNOS mehrjährige Gefängnisstrafe und Verbannung; seit seiner Entlassung lebt er isoliert und unter Stadtarrest in Jakarta; sein Werk, das in zahlr. Sprachen übersetzt wurde, ist in seiner Heimat fast ausnahmslos verboten. Die Werke der ersten Schaffensperiode behandeln Probleme der Humanität unter den Bedingungen von Krieg und Revolution, u. a. ›Spiel mit dem Leben‹ (1950; dt.), ›Das ungewollte Leben‹ (1952; dt.). Als sein Hauptwerk gilt die Romantetralogie über die Geschichte der indones. Gesellschaft seit der Jahrhundertwende: ›Garten der Menschheit‹ (1980; dt.), ›Kind aller Völker‹ (1980; dt.), ›Fußspuren‹ (1985, indones.), ›Das Glashaus‹ (1988, indones.).

Prämolaren, Praemolares, die vorderen Backenzähne (→Gebiss).

Prämonstratenser, lat. **Ordo Praemonstratensis,** Abk. **OPraem,** Orden von Regularkanonikern (→Chorherren). Gegründet 1120 von NORBERT VON XANTEN in Prémontré, breitete sich der Orden schnell aus; mit Magdeburg als wichtigstem Zentrum, wohin NORBERT (seit 1126 dort Erzbischof) die P. 1129 geholt hatte, kam ihm große Bedeutung bei der →deutschen Ostsiedlung und Ostmission zu. Durch Reformation und Säkularisation sehr geschwächt, gewannen die P. seit Mitte des 19. Jh. wieder an Bedeutung. Charakteristisch für die P. sind alle Formen der Seelsorge, in Dtl. (sieben Niederlassungen; jüngste Gründung 1996 in Magdeburg) und in Österreich (drei Niederlassungen) v. a. die Pfarrseelsorge. Die einzelnen

Klöster (Abteien, Stifte; in der Frühzeit Doppelklöster) sind voneinander unabhängig. Die Leitung des Gesamtordens (1997: 75 Niederlassungen in über 20 Ländern; rd. 1 330 Mitgl.) liegt beim Generalkapitel und beim Generalabt (Sitz: Rom). Grundlage der Ordensverfassung ist die Augustinusregel.

Der ebenfalls von NORBERT und von RICUERA VON CLASTRE († 1136) gegründete weibl. Zweig, die **Prämonstratenserinnen,** hatte im MA. über 150 Niederlassungen; v. a. in West-Dtl. gab es wesentlich mehr Frauen- als Männerklöster. Heute bestehen nur noch sechs Klöster mit rd. 120 Schwestern; darunter die Klöster der **Norbertusschwestern** in Dtl. (Rot an der Rot) und in der Schweiz (Kloster Berg Sion bei Gommiswald, Kanton St. Gallen).

prämortal [lat. mortalis ›den Tod betreffend‹], *Medizin:* dem Tod vorausgehend, (kurz) vor dem Tod auftretend.

Enrico Prampolino: Plastische Erscheinungen; 1953 (Privatbesitz)

Prampolino, Enrico, ital. Maler, * Modena 20. 4. 1894, † Rom 18. 6. 1956; vielseitig anregender Künstler, Mitgl. zahlr. Künstlervereinigungen (Dada, Novembergruppe, Cercle et Carré, Abstraction-Création); gab Zeitschriften und Manifeste heraus, malte futuristisch und abstrakt (›kosm. Idealismus‹).

Prana [Sanskrit ›Atem‹, ›Hauch‹] *der,* -, ind. Bez. für den Atem als Lebenskraft. Der P. gilt als die den Kosmos durchdringende feinstoffl. Energie (ähnlich dem griech. Pneuma), die auch als Lebenskraft des Individuums wirksam ist und sich v. a. im Atem manifestiert. Im Yoga, v. a. im Hatha-Yoga, ist die Beherrschung des Atems (Pranayama) Bestandteil des religiösen Schulungsweges.

pränatal [lat. natalis ›zur Geburt gehörend‹], *Medizin:* der Geburt vorausgehend (auf das Kind bezogen).

Pränataldiagnostik, auf die Früherkennung von Entwicklungsstörungen und genet. Schäden des ungeborenen Kindes sowie Schwangerschaftskomplikationen gerichtete Untersuchungen. Grundsätzlich wird unterschieden zw. invasiven und nichtinvasiven Techniken. In die letztgenannte Gruppe fallen die routinemäßig durchgeführten Ultraschalluntersuchungen zur Feststellung von Größe, Lage und von Anomalien des Fetus sowie zur Beurteilung des Mutterkuchens. Außerdem gibt es biochem. Untersuchungen des mütterl. Blutserums, z. B. die Bestimmung des →Alpha-Fetoproteins oder von drei Serummetaboliten (→Tripletest). Diese Analysen erlauben Wahrscheinlichkeitsangaben hinsichtlich bestimmter Entwicklungsstörungen oder bestimmter genet. Schäden des ungeborenen Kindes, können aber nicht wie die invasiven Techniken sichere Aussagen zum Ausschluss oder zum Vorliegen von Anomalien machen.

Zu den invasiven Techniken gehören die →Chorionzottenbiopsie (11.–12. Schwangerschaftswoche), die →Amniozentese (15.–16. Schwangerschaftswoche) und die Fetalblutentnahme. Die Punktion der Nabelschnur zur Fetalblutgewinnung bzw. zu therapeut. Maßnahmen kann erst ab etwa der 20. Schwangerschaftswoche erfolgen und wird daher für diagnost. Zwecke eher selten eingesetzt.

Die invasiven Verfahren werden erst bei Verdacht auf genetisch bedingte Schäden oder Krankheiten (→genetische Beratung) oder bei Bestehen eines erhöhten Risikos (Alter der Mutter über 35 Jahre) sowie zur Abklärung einer hämolyt. Neugeborenengelbsucht angewendet und ermöglichen auch eine Geschlechtsdiagnose. Am häufigsten werden Chromosomenanalysen an entnommenen Zellen bzw. Geweben durchgeführt. Daneben können auch molekulargenet. oder biochem. Untersuchungen gezielt eingesetzt werden, d. h. grundsätzlich nur bei begründetem Verdacht auf das Vorliegen bestimmter genet. Erkrankungen. Alle invasiven Techniken sind mit einem, wenn auch relativ geringen, Risiko für das Kind verbunden. In der Spätschwangerschaft und beim Geburtsverlauf geben →Kardiotokographie, →Amnioskopie und die Mikroblutuntersuchung am Fetus Hinweise auf Komplikationen. Bei drohender Frühgeburt ist die ebenfalls mit Fruchtwasserproben durchgeführte Lungenreifediagnostik (→Surfactant) von Bedeutung.

pränatale Psychologie, Zweig der Entwicklungspsychologie, der sich mit der Erforschung seel. Vorgänge, Reaktionen und Inhalte vor, während und unmittelbar nach der Geburt befasst. Die p. P. geht von der Annahme aus, dass seel. Leben nicht erst nach der Geburt beginnt, sondern dass bereits im Mutterleib eine Vielfalt von Erfahrungen und Prägungen auf das Verhalten und die weitere Entwicklung und Entfaltung der Persönlichkeit Einfluss nehmen. Sie bezieht deshalb die psych. und psychosomat. Einflüsse, die über die Mutter als primäre Umwelt auf die Frucht einwirken, in ihre Forschungen mit ein.

W. GROSS: Was erlebt ein Kind im Mutterleib? Ergebnisse u. Folgerungen der p. P. ([3]1997).

Prandtauer, Prandauer, Jakob, österr. Baumeister, getauft Stanz (bei Landeck, Tirol) 16. 7. 1660, † Sankt Pölten 16. 9. 1726. Beeinflusst v. a. von C. A. CARLONE und J. B. FISCHER VON ERLACH, wurde P., seit 1701 im Dienst des Abtes BERTHOLD DIETMAYR von Melk (* 1670, † 1739), der führende Klosterbaumeister Österreichs. Sein Hauptwerk ist die mächtige Baugruppe des Benediktinerstiftes →Melk. Unter meisterhafter Nutzung der Naturlage gliederte P. die breit gelagerten Blöcke seiner Bauten auf zusammenfassende Höhepunkte hin; ihre kraftvoll bewegte Oberfläche ist auf Fernwirkung berechnet.

Weitere Werke: Wallfahrtskirche Sonntagsberg bei Waidhofen an der Ybbs (1706 begonnen, 1718–28 von J. MUNGGENAST vollendet); Stift St. Florian bei Linz (als Nachfolger von CARLONE seit 1708); Kirche des Karmeliterinnenklosters Sankt Pölten (1708–12); Jagdschloss Hohenbrunn bei St. Florian (nach seinen Plänen 1725–29); Bischofshof in Linz (1721–26).

H. HANTSCH: J. P., der österr. Klosterbaumeister (Graz 1960).

Ludwig Prandtl

Prandtl, Ludwig, Physiker, * Freising 4. 2. 1875, † Göttingen 15. 8. 1953; ab 1901 Prof. in Hannover, 1904 in Göttingen, 1925 Direktor des dortigen Kaiser-Wilhelm-Instituts für Strömungsforschung. P. ist einer der Begründer der modernen Hydro- und Aerodynamik. Von ihm stammen u. a. die Anfänge der Grenzschichttheorie (1904), die Tragflügeltheorie (1918/19), wichtige Beiträge zur Untersuchung turbulenter Strömungen (1910, →Prandtl-Zahl), zur Theorie der Unterschall- (1922, →prandtlsche Regeln) und der Überschallströmung (1907). Die prakt. Strömungsforschung verdankt P. die Windkanäle Göttinger Bauart und das →Prandtl-Rohr.

Prandtl-Rohr [nach L. PRANDTL], **prandtlsches Staurohr,** schlanke, zylinderförmige Strömungssonde zur Messung des Gesamtdrucks p_{ges} und des stat. Drucks p eines strömenden Mediums. Das P.-R. ist im Prinzip eine Kombination von Pitot-Rohr und stat. Drucksonde und besitzt daher eine Öffnung an seiner Stirnseite (Staupunkt) und mindestens eine Öffnung am zylindr. Umfang seines Mantels. Aus der Differenz $p_{ges} - p$, dem →Staudruck, kann auf die Strömungsgeschwindigkeit geschlossen werden. Die Anzeige des Staudrucks kann daher in Geschwindigkeitseinheiten geeicht und das P.-R. als Fahrtmesser z. B. in Luftfahrzeugen verwendet werden. Das P.-R. besitzt nur eine geringe Richtungsempfindlichkeit, bes. für den Staudruck.

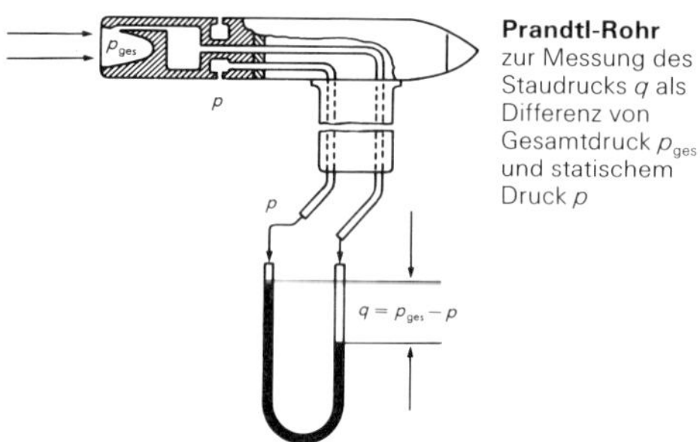

Prandtl-Rohr zur Messung des Staudrucks q als Differenz von Gesamtdruck p_{ges} und statischem Druck p

prandtlsche Regeln [nach L. PRANDTL], Ähnlichkeitsregeln, die einen Vergleich kompressibler, von einer Parallelströmung wenig abweichender Unterschallströmungen mit inkompressiblen Strömungen ermöglichen; z. B. können nach ihnen Unterschallströmungen um schlanke Körper (flache Tragflügel) aus bekannten inkompressiblen Strömungen berechnet werden.

Prandtl-Zahl [nach L. PRANDTL], Formelzeichen *Pr*, das Verhältnis von der in einer Strömung erzeugten Reibungswärme zur fortgeleiteten Wärme, $Pr = \nu / a = \eta c_p / \lambda$ ($\nu = \eta / \varrho$ kinemat. Viskosität, η dynam. Viskosität, ϱ Dichte, a Temperaturleitfähigkeit, λ Wärmeleitfähigkeit, c_p spezif. Wärmekapazität bei konstantem Druck p). Die P.-Z. ist gleich dem Quotienten aus Péclet-Zahl *Pe* und Reynolds-Zahl *Re*. Sie ist eine dimensionslose Größe, durch die die therm. Ähnlichkeit von Strömungen gekennzeichnet werden kann. Bei idealen Gasen ist sie unabhängig von Druck und Temperatur.

Präneandertaler, →Paläanthropinen.

Prang [thailänd. ›Heiligtum‹], in der Baukunst der Thai der Haupttempel, bei dem das Turmheiligtum der Khmer (bes. in der Form von Lop Buri) mit einer Vorhalle verbunden wurde; zum Heiligtum gehören ferner ein oder mehrere Stupas (Sukhothai, Ayutthaya, Bangkok).

Pranger, Schandpfahl, früher Wahrzeichen des Gerichts und Strafwerkzeug in unterschiedl. Formen: Halseisen, zum einmaligen Gebrauch aufgestellter Holzpfahl, Schandbühne und der auf Dauer als Holzpfahl oder Steinsäule errichtete Schandpfahl. Die P.-Strafe bewirkte Ehrlosigkeit. In Dtl. ist der P. als Strafe für geringere Delikte seit 1200 nachweisbar; 1848/49 wurde er weithin abgeschafft.

R. QUANTER: Die Schand- u. Ehrenstrafen in der dt. Rechtspflege (1901, Nachdr. 1971); R. VAN DÜLMEN: Theater des Schreckens. Gerichtspraxis u. Strafrituale in der frühen Neuzeit ([4]1995).

Pranke, die →Pfote großer Raubtiere.

Prantl, 1) Karl von (seit 1872), Philosoph, * Landsberg a. Lech 28. 1. 1820, † Oberstdorf 14. 9. 1888, Vater von 2); ab 1849 Prof. in München. Seine ›Geschichte der Logik im Abendlande‹ (4 Bde., 1855–70) ist der erste groß angelegte Versuch, mit bis dahin z. T. unbekanntem, heute noch nützl. Quellenmaterial einen Überblick über die Geschichte der Logik zu geben, um damit die Behauptung I. KANTS zu belegen, dass die Logik seit ARISTOTELES keine Fortschritte gemacht und so eigtl. keine Geschichte habe, wobei P. meist nach außerlog. Gesichtspunkten urteilt.

2) Karl, Botaniker, * München 10. 9. 1849, † Breslau 24. 2. 1893, Sohn von 1); ab 1889 Prof. in Breslau; Arbeiten bes. über Kryptogamen und zur Systematik der Pflanzen. Ab 1887 Mitarbeiter A. ENGLERS bei der Herausgabe des Standardwerkes ›Die natürl. Pflanzenfamilien‹.

3) Karl, österr. Bildhauer, * Pöttsching (Burgenland) 5. 11. 1923; entwickelte seit Mitte der 50er-Jahre v. a. im Kontakt mit der Natur und unter Einfluss von C. BRANCUSI und fernöstl. Philosophie seine ›Utopien in Stein‹ (Granit, Marmor, vulkan. Gestein). Charakteristisch ist die durch Einkerbungen und Mulden gestaltete Stele oder der Block (›Stein für Matthias Hauer‹, 1964–66; Sankt Margarethen im Burgenland, Steinbruch).

K. P., Plastiken 1950–1981, Ausst.-Kat. (1981).

pränumerando [zu lat. numerare ›zahlen‹], im Voraus zahlbar (oder gezahlt); Ggs.: postnumerando.

Präonen [Kw.], *Sg.* **Präon** *das, -s,* **Preonen,** Sammelbegriff für hypothet. Elementarteilchen, aus denen →Quarks und →Leptonen zusammengesetzt sein könnten; der Aufbau der gesamten Materie wäre dann auf wenige P. zurückzuführen. Verschiedene theoret. Ansätze verwenden auch Bez. wie ›Präquarks‹ oder ›Rishonen‹. P. stellen lediglich ein abstraktes Denkmodell dar und wären wie die Quarks nicht als freie Teilchen beobachtbar.

Präparate [lat. praeparatum ›das Zubereitete‹], *Sg.* **Präparat** *das, -(e)s,* **1)** *Biologie* und *Medizin:* aus Lebewesen hergestellte Demonstrationsobjekte für Forschung und Lehre, die in frisch präpariertem Zustand (→Frischpräparate) oder konserviert (→Dauerpräparate) Verwendung finden. **Makroskopische P.** können ohne opt. Hilfsmittel betrachtet werden. Als **Total-P. (Ganz-P.)** zeigen sie das unzerteilte Objekt. P. liegen als **Trocken-P.** (z. B. Herbarpflanzen, Insekten, Tierbälge, Skelette), als **Nass-P.** (in Konservierungsflüssigkeit wie Alkohol, Formol) oder als **Einschluss-P.** (in glasartigen, fest werdenden Kunststoffen) vor. – Ein Verfahren zur Konservierung v. a. medizin. P. ist die **Plastination;** dabei werden die P. (z. B. Gehirn, Herz) nach entsprechender Vorbehandlung mit einer Kunststofflösung durchtränkt und anschließend gehärtet. – **Mikroskopische P.** sind wegen ihrer Feinheit nur der Untersuchung mit dem Mikroskop zugänglich. Verwendung finden hier neben P. sehr kleiner ganzer Tiere und Pflanzen v. a. **histologische P.** als Quetsch-, Zupf-, Ausstrich-, Klatsch- oder Schnitt-P. Einer besonderen Vorbehandlung bedürfen P., die mit dem Elektronen- oder Rasterelektronenmikroskop untersucht werden sollen (→Elektronenmikroskop).

2) *Chemie* und *Pharmazie:* nach bestimmten Verfahren und Anweisungen der präparativen Chemie hergestellte Substanzen oder gebrauchsfertige Arzneimittel.

Präparation [lat., zu praeparare ›vorbereiten‹] *die, -/-en,* bei einem (toten) Organismus die sorgfältige Bloßlegung und Trennung der einzelnen Organe und Gewebe voneinander; Methode v. a. der deskriptiven und darstellenden (d. h. Lehrpräparate anfertigenden) Anatomie.

präparative Chemie, Teilgebiet der Chemie, das sich im Labormaßstab (Milligramm- bis Grammbereich) mit der Herstellung von definierten chem. Stoffen **(chemischen Präparaten)** durch Synthese, Isolierung aus Rohstoffen, Abfallprodukten u. a. oder durch Abwandlung vorhandener Stoffe beschäftigt. Die Herstellung von chem. Stoffen im Kilogramm- oder Tonnenmaßstab ist Aufgabe der techn. Chemie. In der chem. Forschung dient die p. C. zur Herstellung neuer Stoffe (z. B. Wirkstoffe für Arznei- oder Pflanzenschutzmittel) oder zur Herstellung von Stoffen, deren Eigenschaften erforscht werden sollen. Als Teil der chem. Ausbildung dient die p. C. zum Kennenlernen von Geräten (z. B. Schliffapparaturen) und Operationen (z. B. Vakuumdestillation, Kochen am Rückfluss), zur Vertiefung von Kenntnissen über chem. Stoffe und Reaktionen einschließlich der sicheren Handhabung von Gefahrstoffen.

präparieren [lat., zu parare ›bereiten‹], 1) (sich) vorbereiten; 2) als Präparat konservieren.

Präpariersalz, *Chemie:* →Zinnverbindungen.

Präposition [lat., eigtl. ›das Voranstellen‹] *die, -/-en,* **Verhältniswort,** *Sprachwissenschaft:* nichtflektierbare Wortart zum Ausdruck syntakt. (lokaler, temporaler, kausaler, modaler) Beziehungen (z. B. ›auf‹, ›während‹, ›wegen‹, ›einschließlich‹). Die P. waren urspr. selbstständige Adverbien, unterscheiden sich von diesen jedoch durch die Eigenschaft der Rektion (so steht z. B. ›auf‹ verbunden mit dem Dativ, ›während‹ mit dem Genitiv, ›für‹ mit dem Akkusativ).

Präpositional|objekt, *Sprachwissenschaft:* ein Objekt, das durch eine Präposition mit einem Verb verbunden ist, z. B. ›er trifft sich mit seiner Schwester‹ (statt ›er trifft seine Schwester‹).

Präpositionalphrase, *Sprachwissenschaft:* syntakt. Konstruktion, die aus einer Präposition und einer →Nominalphrase besteht (z. B. ›vor vielen Jahren‹). P. können durch entsprechende Adverbien ersetzt werden (z. B. ›vor vielen Jahren‹ durch das Temporaladverb ›früher‹).

Präputium [lat.] *das, -s/...tilen,* **Praeputium,** *Anatomie:* die Vorhaut des →Penis und der Clitoris (→Kitzler); **Präputialdrüsen,** Drüsen im inneren Blatt des P., die das Smegma absondern.

Präquarks, engl. **Prequarks** [ˈpriːkwɔːks], *Elementarteilchenphysik:* →Präonen.

Präriehunde: Schwarzschwanz-Präriehund (Körperlänge bis 35 cm)

Präraffa|eliten, engl. **The Pre-Raphaelite Brotherhood** [ðə priːˈræfeɪəlaɪt ˈbrʌðəhʊd], 1848 in London gegründete Künstlervereinigung; beteiligt waren zunächst W. H. HUNT, J. E. MILLAIS, D. G. ROSSETTI, JAMES COLLINSON (* 1825, † 1881), THOMAS WOOLNER (* 1825, † 1892), FREDERIC GEORGE STEPHENS (* 1828, † 1907) und WILLIAM MICHAEL ROSSETTI (* 1829, † 1919). F. M. BROWN, WILLIAM DYCE (* 1806, † 1864) und A. HUGHES standen ihnen nahe, später auch E. C. BURNE-JONES und W. MORRIS; J. RUSKIN unterstützte die Bewegung durch wohlwollende Kritiken. Die P. empfanden sich als Revolutionäre, standen in Opposition zur Royal Academy und nahmen sich die ital. Malerei vor RAFFAEL zum Vorbild. In ihren Auffassungen und den oft religiösen Themen ihrer Bilder erinnern sie an die →Nazarener.

Präraffaeliten: John Millais, ›Christus im Hause seiner Eltern‹; 1849–50 (London, Tate Gallery)

Verwandt sind auch stilist. Elemente wie die klare Linearität und die starke Farbigkeit, deren Wirkung sie durch das Malen auf weißem Kreidegrund noch erhöhten. Die naturalist. Darstellung und die genaue psycholog. Charakterisierung gehen jedoch auf die engl. Porträtkunst zurück.

G. METKEN: Die P. (1974); The Pre-Raphaelites, Ausst.-Kat. (London 1984); Die P., hg. v. G. HÖNNIGHAUSEN (1992); B. WESTENDORF: Engl. P. in dt. Augen (1992).

PRARE [Abk. für engl. **p**recise **r**ange **a**nd **r**ange **r**ate **e**quipment], satellitengetragenes Subsystem zur genauen Satellitenbahnbestimmung (etwa des Altimetrie-Satelliten ERS-2) mithilfe von Mikrowellen (Zweiwegverfahren), wobei die Distanz zw. dem Raumsegment und dem Bodensegment sowie die Doppler-Verschiebung gemessen werden.

Prärie [von frz. prairie ›Wiese‹] *die, -/...ˈrilen,* das natürl. Grasland im Innern Nordamerikas, in großen Teilen der Great Plains und des Zentralen Tieflands; umgeben im O und SO von der Laubwaldzone des Zentralen Tieflands, im SW von Dornstrauchsavannen, im W von den Rocky Mountains, im N von borealem Nadelwald.

Prärieboden, Brunisem, durch Auslaugungserscheinungen (→Lessivierung) gekennzeichneter, tschernosemartiger Bodentyp der feuchteren Prärie.

Präriehuhn, Art der →Raufußhühner.

Präriehunde, Cynomys, zu den Erdhörnchen (→Hörnchen) gestellte Gattung fahlbrauner Nagetiere mit fünf Arten, v. a. in den Prärien des westl. Nordamerika; bis 35 cm körperlange, kurzschwänzige, hundeartig bellende Tiere, die in Kolonien mit unterird. Gangsystemen leben; können in Kulturland schädlich werden; Winterschläfer.

Prärieprovinzen, die Prov. Manitoba, Saskatchewan und Alberta in Kanada; die P. liegen größtenteils im Bereich der Prärie, das natürl. Grasland ist weitgehend in Ackerland (v. a. Weizenanbau) umgewandelt.

Prärierose, Rosa setigera, Rosenart in Nordamerika; 1–2 m hoher, kletternder oder kriechender Strauch mit starken, wenig gekrümmten Stacheln; Blätter eiförmig, oberseits hellgrün, unterseits graugrün; Blüten 5–6 cm breit, dunkelrosa, in lockeren Doldentrauben. Die P. wurde zur Züchtung von Kletterrosen benutzt.

Prärie- und Plains-Indianer [-pleɪnz-], die auf den ausgedehnten Grasländern zw. Mississippi/Missouri und den Rocky Mountains lebenden, versch. Sprachgruppen angehörenden Indianer Nordamerikas; im populären Sprachgebrauch in Dtl. als Prärie-Indianer, in Nordamerika als Plains-Indianer bezeichnet. Die

Prärie, im O mit fruchtbaren Schwarzerdeböden, wurde v. a. in den Flusstälern von sesshaften Stämmen (Anbau von Mais, Bohnen, Kürbis) bewohnt: aus der Sioux-Sprachfamilie die Östl. (Santee) und Zentralen (Yankton, Yanktonai) Sioux, die Omaha, Ponca, Iowa, Mandan, Hidatsa, Osage, Missouri, Oto, Kansa, Quapaw; mit Caddo-Sprachen die Arikara, Pawnee, Wichita und Caddo. Die westlich gelegenen, nicht für den Feldbau geeigneten Great Plains wurden in größerem Umfang erst mit der Intensivierung der Bisonjagd besiedelt, die nach der Übernahme des Pferdes von den Spaniern möglich geworden war. Auch Stämme aus benachbarten Gebieten, z. B. dem intermontanen Bereich oder dem Mittelwesten, zogen nun in die Great Plains, wo sich im 18. Jh. die Kultur der Bisonjäger (Reiterkrieger) zu entfalten begann; Hauptgruppen sind die Westl. Sioux (Teton-Lakota), die Assiniboin, Crow, Blackfoot, Arapaho, Cheyenne, Comanchen, Wind River Shoshone, Sarsi, Kiowa und Kiowa-Apachen. Das neue, sehr dynam. Kulturmuster erfasste auch alle in der Prärie lebenden Feldbauern, sodass im 19. Jh. eine weitgehend homogene Kultur entstand. Zunehmend wurden auch Randgruppen in den östl. Rocky Mountains beeinflusst (Flathead, Kutenai, Nördl. Shoshone, Ute).

Die sesshaften Präriestämme wohnten in festen Häusern aus Balken mit Erd- und Grasbedeckung. Es gab ein erbl. Häuptlingstum, Medizinmannwesen mit Geheimbünden und Priesterschaft (v. a. bei den Pawnee). Die nichtsesshaften Bisonjäger der Great Plains lebten in Tipis; ihre lockere Stammesorganisation baute auf kleinen Jagdgruppen auf, daneben gab es oft Männer- und Frauenbünde sowie Altersklassen. Nahrung, Kleidung, Unterkunft und viele Werkzeuge lieferten Bisons u. a. Jagdtiere. Auf dem Höhepunkt ihrer Kulturentfaltung waren lederne Kleidung, Zelte, Hausrat und Waffen reich mit gefärbten Stachelschweinborsten (nach 1800 auch farbigen Glasperlen) verziert (BILD →Mokassin). Kopfschmuck aus Federn war Ausdruck von Kriegsleistungen und der Mitgliedschaft in Kriegerbünden, deren höchstes Rangabzeichen die Adlerfederhaube mit Rückenschleppe bildete. Waffen waren Keulen, Pfeil und Bogen sowie Lanzen, später auch Gewehre, Tomahawk und bemalter Rundschild. In der Religion hatten Visionen und Glaube an Schutzgeister große Bedeutung (Medizinbündel); zeremonielles Rauchen aus Tabakspfeifen mit steinernen Köpfen diente dem Umgang mit dem Übernatürlichen. Wichtigstes Ritual war der Sonnentanz. Individualismus, krieger. Verhalten und das Bewusstsein der Abhängigkeit von der beseelten Natur prägten das Persönlichkeitsbild des Plains-Indianers ebenso wie institutionalisierte Formen der Gastfreundschaft und Großzügigkeit.

Mit der Ausrottung der riesigen Bisonherden durch Jäger und Siedler in der 2. Hälfte des 19. Jh. brach die Plainskultur rasch zusammen. Eingeschleppte Krankheiten (Pocken, Masern) und harte Kämpfe gegen die vordringenden Weißen, v. a. unter Führern wie CRAZY HORSE, RED CLOUD und SITTING BULL (Niederlage einer Kavallerieeinheit am →Little Bighorn River 1876) bis zum Massaker von →Wounded Knee (1890; →Geistertanzbewegung), dezimierten die P.- u. P.-I. Landabtretungen reduzierten den Lebensraum auf Reservationen, die Stämme gerieten in die Abhängigkeit staatl. Fürsorge. Die Sinnkrise der traditionellen Religionen führte gegen Ende des 19. Jh. zur Verbreitung des →Peyotekults.

Rajendra Prasad

Seit den 1960er-Jahren ist ein Streben nach kultureller Erneuerung bemerkbar (Wiederaufleben des Sonnentanzes, Gründung neuer Schulformen mit auf die eigene Kultur bezogenen Inhalten sowie Forderungen nach Rückerstattung von Land, z. B. Black Hills in South Dakota).

H. HARTMANN: Die Plains- u. Prärieindianer Nordamerikas ([2]1979); Anthropology of the Great Plains, hg. v. W. R. WOOD u. a. (Lincoln, Nebr., 1980); The Plains Indians of the twentieth century, hg. v. P. IVERSON (Norman, Okla., 1985).

Präriewolf, Kojote, Koyote, Canis latrans, zu den →Hunden gestelltes, überwiegend nachtaktives Raubtier in Prärien und Wäldern Nord- und Mittelamerikas (Körperlänge bis 95 cm); mit buschig behaartem Schwanz und oberseits bräunlich- bis rötlich grau, unterseits weißlich gefärbtem Fell; Ohren, Nasenrücken und Beine sind rostfarben. Der Höhlen bewohnende, schnell laufende P. gibt kurze, hohe Heultöne von sich. Er ernährt sich überwiegend von Kleintieren und Aas und ist für den Menschen ungefährlich. Die Weibchen werden einmal im Jahr läufig und bringen nach etwa neun Wochen Tragzeit fünf bis sieben Junge zur Welt. Paarungen zw. Haushunden und P. sind häufig, die daraus entstehenden Bastarde **(Coydogs)** sehen kojotenähnlich aus, die Weibchen werden jedoch – wie beim Haushund – zweimal im Jahr läufig.

Präriewolf (Körperlänge bis 95 cm)

Prärogativ [lat., zu praerogare ›vorschlagen‹] *das, -s/-e,* **Prärogative** *die, -/-n,* **1)** *veraltet* für: Vorrecht, Vorzug.

2) *Recht:* früher im staatsrechtl. Sinn das dem Monarchen zustehende Vorrecht, das er unabhängig von der Mitwirkung einer Volksvertretung ausüben konnte. Zu den Sonderrechten des Staatsoberhauptes gehörten u. a. Oberbefehl über das Heer, Sanktion der Gesetze, Ministerernennung und Begnadigung. In der konstitutionellen Monarchie ist das P. durch die verfassungsrechtl. Bindung beschränkt. Im heutigen Verf.-Recht haben sich Reste von P.-Rechten beim Staatsoberhaupt erhalten. – Im Verw.-Recht bezeichnet P. auch einen Spielraum der Verw. bei Planungs- und Prognoseentscheidungen (z. B. ›Einschätzungs-P.‹).

Prasad, 1) Jayshankar, ind. Dichter, *Benares (heute Varanasi) 24. 1. 1889, †ebd. 15. 11. 1937; Vertreter der ›romant. Schule‹ der Hindiliteratur. Sein Epos ›Kamayani‹ (1935) gehört zu den klass. Werken der modernen ind. Literatur. P.s Werke, auch seine v. a. gegen die Kolonialherrschaft gerichteten Dramen, sind von einem modernen Shivaismus geprägt.

P. GAEFFKE: Grundbegriffe moderner ind. Erzählkunst. Aufgezeigt am Werke Jayásaṅkara Prasādas ... (Leiden 1970); DERS.: Hindi literature in the twentieth century (Wiesbaden 1978).

2) Rajendra, ind. Politiker, *Zeeradai (Bihar) 3. 12. 1884, †Sadaguat Ashram (bei Patna) 28. 2. 1963; Jurist, war Prof. in Kalkutta (1908) und Anwalt am Obersten Gerichtshof (1911–20). 1917 schloss er sich der Satyagraha-Bewegung (Protest gegen die Salzbesteuerung) M. K. GANDHIS in der Prov. Bihar an. Er war mehrmals (1934, 1939, 1947) Vors. des Ind. Nationalkongresses, wurde 1946 Vors. der Verfassunggebenden Versammlung und war 1946–47 Ernährungs- und Landwirtschafts-Min., 1950–62 Staatspräsident.

Prasada [Sanskrit], das ummauerte und übertürmte Allerheiligste ind. Tempel, bisweilen auch Bez. für den gesamten Tempel mit Vorhalle.

Präsapi|ensgruppe [zu lat. sapiens ›weise‹], Bez. für eine Gruppe von Funden des archaischen Homo sapiens, u. a. aus Fontéchevade, Swanscombe und Steinheim an der Murr; lebte während der vorletzten Zwischeneiszeit und Eiszeit Europas. Nach heute nicht mehr vertretener Annahme sollte die P. der direkte fossile Vorläufer des Homo sapiens sapiens gewesen sein.

Prasem [zu griech. práson ›Lauch‹] *der, -s,* **Smaragdquarz,** Mineral, durch eingelagerte Strahlsteinnadeln lauchgrün gefärbter Quarz; Schmuckstein.

Präsens [von lat. (tempus) praesens ›gegenwärtig(e Zeit)‹] *das, -/...'sentia* oder *...'senzi|en,* **Gegenwart,** *Sprachwissenschaft:* Verbform zur Bez. eines gegenwärtigen Zustandes oder einer in der Gegenwart ablaufenden Handlung ohne Bezugnahme auf deren Anfang und Ende. Man unterscheidet **aktuelles P.,** das auf den tatsächl. Zeitpunkt der Äußerung Bezug nimmt und nur diese aktuelle Gegenwart betrifft (z. B. ›ich lese‹ [jetzt gerade]), **generelles P.** zum Ausdruck der Allgemeingültigkeit unabhängig von zeitl. Einordnung (z. B. ›Kleider machen Leute‹), **historisches P.** zur Vergegenwärtigung vergangener Ereignisse (z. B. ›im Jahre 1806 kommt es zur Doppelschlacht von Jena und Auerstedt‹) und **zukünftiges P.** zur Bez. einer in der nahen Zukunft liegenden Verbalhandlung, wobei das Geschehen meist durch Angaben der Zeit verdeutlicht wird (z. B. ›ich fahre morgen‹).

Präsentation [frz., zu lat. praesentare ›zeigen‹] *die, -/-en,* **1)** *allg.:* (öffentl.) Darbietung, Vorstellung.

2) *Handelsrecht:* das Vorzeigen, Vorlegen, z. B. eines Wertpapiers zwecks Ausübung der Rechte aus dem Papier **(P.-Papier).** Im Wechselrecht unterscheidet man die **P. zur Annahme,** d. h. zur Erteilung des Akzepts, und die **P. zur Zahlung** bei dem Akzeptanten oder dessen Bürgen. Die Verweigerung der Annahme oder Zahlung führt zum →Protest 4).

Präsentationsgrafik, Geschäftsgrafik, engl. **Business-Graphics** ['bɪznɪz 'græfiks], frühere Bez. für die graf. Darstellung numer. Daten bzw. einfacher funktioneller Zusammenhänge im techn., kaufmänn. oder wiss. Bereich (heute als **Informationsgrafik** bezeichnet). Hierzu gehören Linien-, Balken-, Kreis- oder Tortendiagramme (→Diagramm) sowie Funktions- und Organisationsschemata. Gegenüber herkömml. Tabellen erreichen solche, durch Computergrafik hergestellte Informationen eine höhere Visualisierung.

präsentieren [frz., von lat. praesentare ›zeigen‹], 1) überreichen, darbieten; 2) vorweisen, vorlegen (z. B. einen Wechsel); 3) sich zeigen, vorstellen; 4) mit der Waffe eine militär. Ehrenbezeigung vornehmen.

Präsenz [frz. présence, von lat. praesentia ›Gegenwart‹] *die, -,* **1)** *allg.:* Gegenwärtigkeit, Anwesenheit.

2) *Elektroakustik:* das Hervorheben eines Frequenzbereichs, z. B. des bes. für eine deutl. Sprachwiedergabe wichtigen Frequenzintervalls. Technisch wird dies im Bereich von etwa 1 bis 5 kHz realisiert.

3) *Psychologie:* Zustand des Gegenwärtigseins von Wahrnehmungsinhalten im Bewusstsein. Den wenige Sekunden dauernden Zeitabschnitt, der als unmittelbare Gegenwart erlebt wird, bezeichnet man als **P.-Zeit (Gegenwartsdauer).**

Präsenzbibliothek, Bibliothek, deren Bestände nicht ausgeliehen, sondern nur innerhalb der bibliothekseigenen Räumlichkeiten benutzt werden können.

Präsenzzeichen, *Numismatik:* münzähnl. Marken, die Ratsmitglieder für die Teilnahme an städt. Ratsversammlungen erhielten, also eine Frühform der Abgeordnetendiäten. P. konnten in Geld oder Naturalien (Wein in der Ratsstube) eingewechselt werden. V. a. die P. aus Silber wurden im Geldumlauf der Städte auch häufig als Kurantmünzen akzeptiert.

Praseodym [zu spätgriech. praseĩos ›lauchgrün‹ und Didym gebildet] *das, -s,* chem. Symbol **Pr,** ein →chemisches Element aus der Reihe der →Lanthanoide im Periodensystem der chem. Elemente. P. ist ein silberweißes, an Schnittflächen gelblich anlaufendes, unedles Metall, das in zwei Modifikationen mit unterschiedl. Dichte auftritt. In seinen gelb- bis blaugrün gefärbten Verbindungen hat es die Oxidationsstufe +3, seltener +4. P. kommt stets vergesellschaftet mit den übrigen Seltenerdmetallen vor, v. a. in den Mineralen Cerit, Monazit und Orthit. Verwendung findet es als Bestandteil von Cermischmetall. – P.-Verbindungen, z. B. das grüne P.-Oxid, Pr_2O_3, werden zum Färben von Glas und Email verwendet. – P. wurde 1885 von C. AUER VON WELSBACH bei der Zerlegung von Didym entdeckt.

Praseodym		
chem. Symbol:	Ordnungszahl	59
	relative Atommasse	140,90765
	Häufigkeit in der Erdrinde	$5{,}2 \cdot 10^{-4}$ %
Pr	natürliche Isotope (stabil)	nur ^{141}Pr
	radioaktive Isotope	^{124}Pr bis ^{140}Pr, ^{142}Pr bis ^{154}Pr
	längste Halbwertszeit (^{143}Pr)	13,57 Tage
	Dichte (bei 25 °C)	6,77 g/cm^3
	Schmelzpunkt	931 °C
	Siedepunkt	3510 °C
	spezifische Wärmekapazität (bei 25 °C)	0,193 J/(g · K)
	elektrische Leitfähigkeit (bei 25 °C)	$1{,}47 \cdot 10^6$ S/m
	Wärmeleitfähigkeit (bei 27 °C)	12,5 W/(m · K)

Präservativ [frz. préservatif, zu préserver ›schützen‹, ›bewahren‹] *das, -s/-e,* das →Kondom.

Präserve [engl., zu to preserve ›schützen‹, ›bewahren‹] *die, -/-n,* nicht vollständig keimfreie Konserve, Halbkonserve.

Präses [lat., eigtl. ›vor etwas sitzend‹, zu praesidere ›vorsitzen‹, ›leiten‹] *der, -/...sides,* auch *...'siden,* **1)** *antikes Rom:* lat. **Praeses,** seit dem 2. Jh. n. Chr. Bez. für den Provinzstatthalter, seit den Reformen DIOKLETIANS und KONSTANTINS D. GR. Sondertitel der untersten Rangklasse der zivilen Statthalter (die höheren trugen die Titel ›corrector‹ und ›consularis‹).

2) *ev. Kirchen:* der gewählte Vors. einer Synode; in den ev. Landeskirchen des Rheinlands und von Westfalen und in der ›Ev.-ref. Kirche (Synode ev.-ref. Kirchen in Bayern und Nordwestdeutschland)‹ zugleich der Vors. der Kirchenleitung.

3) *kath. Kirche:* der geistl. Vorstand eines kath. kirchl. Vereins.

Präsident [frz., zu lat. praesidere ›vorsitzen‹, ›leiten‹] *der, -en/-en,* **1)** *allg.:* Vorsitzender, Leiter (einer Behörde, Organisation o. Ä.).

2) *Verwaltungswesen:* Vorsitzender, Amtstitel in staatl. Organen und Behörden, z. B. für das republikan. Staatsoberhaupt (Reichs-P., Bundes-P.), für den Regierungschef (Minister-P.), den Vors. von Parlamenten (Bundestags-P.), den Leiter von Gerichten (P. des BGH, des OLG, des Landgerichts), Verwaltungsbehörden (Regierungs-P., Polizei-P.) und Berufskammern (P. der Industrie- und Handelskammer), den Leiter von Hochschulen mit Präsidial-Verf. Der Stellvertreter eines P. heißt oft **Vizepräsident.**

Präsident Drouard [-dru'a:r], frz. Birnensorte; spät reifende, meist große, kelchbauchige Früchte mit zarter, grünlich gelber Schale; Fruchtfleisch gelblich weiß, sehr saftig, schmelzend, etwas würzig; Genussreife von Mitte November bis Mitte Dezember.

präsidial [spätlat. ›den Statthalter betreffend‹], *Politik:* vom Präsidenten oder Präsidium ausgehend, auf ihm beruhend.

Präsidialkabinett, Bez. für die Regierung im Präsidialsystem, in dem der Staatspräs. den Vorsitz und die Leitung des Kabinetts (der Regierung) innehat. – Häufig werden die von Reichspräsident P. von Hindenburg in der Endphase der Weimarer Republik (1931–33) ernannten Regierungen P. genannt. Die Regierungsbildung erfolgte auf der Grundlage einer Verbindung des Notverordnungsrechts des Reichspräsidenten (Art. 48 der Weimarer Reichs-Verf.) und seines Rechts zur Reichstagsauflösung.

Präsidialkanzlei, im Dt. Reich 1934–45 die aus dem Büro des Reichspräsidenten entwickelte Kanzleibehörde des Reichsoberhaupts (im Unterschied zur Reichskanzlei). Der Chef der P. (O. Meissner) stand seit 1937 im Rang eines Staatsministers.

Präsidialrat, Organ der Richtervertretung, das nach §§ 54 ff. des Dt. Richter-Ges. und Vorschriften der Landesrichtergesetze vor der Ernennung oder Wahl eines Richters oder einer Änderung seines Richterstatus zu beteiligen ist. Ein P. ist bei jedem obersten Gerichtshof des Bundes errichtet. Er besteht aus dem Präs. (Vors.) des Gerichts, seinem ständigen Vertreter und weiteren gewählten Mitgl. In den Bundesländern ist für jeden Gerichtszweig ein P. zu bilden. Die Befugnisse des P. sind im Einzelnen im Bund und in den Ländern unterschiedlich geregelt.

Präsidialsystem, präsidentielles System, Erscheinungsform der repräsentativen Demokratie, bei der im Ggs. zum parlamentar. Reg.-System (→Parlamentarismus) die Spitze der Exekutive (zugleich Staatsoberhaupt) nicht vom Parlament bestimmt wird und von diesem unabhängig ist. Das Modell des P. ist unter dem Einfluss der Gewaltenteilungslehre Montesquieus konzipiert worden, mit großer Konsequenz in der Verf. der USA. Sie hat bes. den Verf. der lateinamerikan. Republiken als Vorbild gedient, bildete jedoch dort seit dem 19. Jh. oft den Rahmen diktator. Reg.-Systeme (›Präsidialdiktatur‹). Im 20. Jh. bildeten sich z. B. in der →Weimarer Reichsverfassung und in der Verf. der Fünften Frz. Republik Mischformen zw. P. und parlamentar. Reg.-System heraus.

Kennzeichnend für das P. ist der vom Volk gewählte Präs., der die Funktionen des Staatsoberhaupts und des Reg.-Chefs vereinigt; er kann vom Parlament nicht abgewählt werden; ihm steht demgegenüber nicht das Recht zu, das Parlament aufzulösen. Seine Amtshandlungen bedürfen keiner Gegenzeichnung. Die Mitgl. des ›Kabinetts‹ sind seinen Anweisungen unterworfen. Der Präs. bedarf zwar zur Ernennung der Kabinetts-Mitgl. der Zustimmung einer Körperschaft der Legislative (in den USA des Senats), es steht ihm aber frei, Kabinetts-Mitgl. zu entlassen oder gegen den Widerspruch der gesetzgebenden Körperschaften in ihren Ämtern zu belassen. Parlamentar. Misstrauens- und Vertrauensvoten gibt es nicht, in den USA jedoch das →Impeachment. Der Präs. besitzt kein Recht zur Gesetzesinitiative, sondern nur ein suspensives →Veto gegenüber Gesetzesvorlagen des Parlaments. Kein Mitgl. der Exekutive darf zugleich der Legislative angehören (Inkompatibilität von Amt und Mandat); eine Ausnahme bildet in den USA der Vize-Präs., der Vors. des Senats ist, jedoch nur bei Stimmengleichheit mit Stimmrecht. – Das P. in den USA beruht auf dem Grundgedanken, dass die beim Präs. liegende Exekutivhoheit (›power of the sword‹) durch die beim Kongress liegende Finanzhoheit (›power of the purse‹) ausgeglichen wird (Prinzip der ›checks and balances‹).

K. von Beyme: Das präsidentielle Reg.-System der Vereinigten Staaten in der Lehre der Herrschaftsformen (1967); W. Steffani: Parlamentar. u. präsidentielle Demokratie. Strukturelle Aspekte westl. Demokratien (1979); E. Fraenkel: Das amerikan. Reg.-System (Neuausg. 1986).

Präsidium [lat. ›Vorsitz‹] *das, -s/...di|en,* **1)** *allg.:* 1) leitendes Gremium (einer Versammlung o. Ä.); 2) Vorsitz, Leitung (einer Konferenz o. Ä.); 3) Amtsgebäude eines (Polizei-, Regierungs-)Präsidenten.

2) *Recht:* das aus mehreren Personen bestehende, den Vorsitz innehabende Kollegialorgan. – Im Gerichtsverfassungsrecht ein unabhängiges gerichtl. Selbstverwaltungsorgan zur Geschäftsverteilung und Besetzung der Spruchkörper (Einzelrichter, Kammern, Senate). Es muss bei jedem Gericht gebildet werden (§§ 21 a ff. Gerichtsverfassungs-Ges.) und besteht aus einem Präs. sowie gewählten Richtern.

Prasinit [zu griech. prásinos ›lauchgrün‹] *der, -s/-e,* zu den Grünschiefern gehörendes metamorphes Gestein der Epizone, bestehend aus Albit, Aktinolith, Epidot, Hornblende, Quarz, z. T. auch Chlorit.

Prasiolith [zu griech. prásios, prásinos ›lauchgrün‹ und líthos ›Stein‹] *der, -s* und *-en/-e(n),* Mineral, Handelsname für durch Brennen grün gewordenen Amethyst, bes. von Montezuma (Minas Gerais, Brasilien), oder Citrin.

Prasopal [zu Prasem und Opal gebildet], Mineral, durch Nickel grün gefärbter Opal.

prästabilierte Harmonie [nach frz. harmonie préétablie ›vorherbestimmte Harmonie‹], von G. W. Leibniz 1696 eingeführtes Modell zur Lösung des →Leib-Seele-Problems der neuzeitl. Philosophie. Das Verhältnis von Leib und Seele sei demjenigen zweier Uhren vergleichbar, die in vollkommener Weise synchron laufen, obwohl sie weder einen wechselseitigen Einfluss aufeinander ausüben noch etwa durch Überprüfungen und Korrekturen immer wieder miteinander in Einklang gebracht werden. Leibniz hat dieses Prinzip auch in seiner Monadenlehre angewandt. Dort besagt es, dass sich alle Bestandteile der Welt in vollständiger Harmonie befinden.

Prästant [ital. prestante, zu lat. praestare ›voranstehen‹] *der, -en/-en,* im dt. Orgelbau Bez. für die vorn (im Orgelprospekt) stehenden größten bzw. tiefsten Orgelpfeifen eines Prinzipalregisters.

Prätegelen-Kaltzeiten [nach dem niederländ. Ort Tegelen], Bez. für die ältesten nachgewiesenen pleistozänen Kaltzeiten des norddeutsch-nordwesteurop. Vereisungsgebietes im niederrhein. Raum; sie entsprechen der Brüggen-Kaltzeit. (→Eiszeitalter, Übersicht)

Pratella, Francesco Balilla, ital. Komponist und Musikschriftsteller, *Lugo (bei Ravenna) 1. 2. 1880, †Ravenna 17. 5. 1955; Schüler von P. Mascagni in Pesaro; leitete 1927–45 das Liceo Musicale in Ravenna. P. war ein Vertreter des →Futurismus, dessen musikal. Grundsätze er in der Schrift ›Manifesto tecnico della musica futuristica‹ (1911) niederlegte. Er komponierte Opern, Kammermusik und Orchesterwerke, darunter als erstes Manifest seine ›Musica futuristica‹ (Inno alla vita) op. 30 (1912).

Prätendent [frz. prétendant, zu prétendre ›beanspruchen‹, von mlat. praetendere ›verlangen‹] *der, -en/-en,* jemand, der Anspruch auf ein Amt, eine Stellung, bes. auf einen Thron (Thronanwärter), erhebt.

Prätendentenstreit, Gläubigerstreit, *Zivilprozess:* der Streit um die Gläubigerschaft einer Forderung. Wird ein Schuldner auf Leistung verklagt und nimmt ein Dritter ebenfalls als Gläubiger die eingeklagte Leistung für sich in Anspruch, so kann der Schuldner diesem den Streit verkünden. Tritt der Dritte in den Streit ein, so ist der verklagte Schuldner auf seinen Antrag aus dem Prozess zu entlassen, wenn er den Betrag der Forderung zugunsten der streitenden Gläubiger unter Verzicht auf die Rücknahme hinterlegt. Der Prozess wird dann zw. den streitenden Gläubigern (Prätendenten) fortgesetzt (§ 75 ZPO).

Prater, Naherholungsgebiet (ehemalige Donauaue) im II. Wiener Bezirk (Leopoldstadt), Österreich, zw. Donaukanal und Donau, von der 5 km langen Hauptallee (angelegt 1537) durchzogen; mit dem Vergnü-

Prato 1): Außenkanzel (1434–38 von Michelozzo, Reliefs von Donatello) mit Baldachin (1438–41) am Dom Santo Stefano

gungspark **Wurstel-P.** (seit 1786 amtlich: Volks-P.) sowie Planetarium (mit P.-Museum) im NW-Teil (am P.-Stern). Den größten Teil bildet der **Grüne P.** mit Pferderennbahn, Stadion, Freibad, Golfplatz u. a. Sport- und Erholungsstätten. – Der P. war urspr. Tierpark und Jagdgebiet (seit 1560) des Hofes; 1766 öffnete ihn Kaiser JOSEPH II. der Öffentlichkeit.

Präteritopräsens, *Sprachwissenschaft:* in der Grammatik der indogerman. Sprachen Bez. für Vergangenheitsformen mit präsent. Bedeutung, z. B. ›ich weiß‹ (eigtl. ›ich habe gesehen‹, entsprechend griech. οἶδα, altindoarisch véda, got. wait). Das verloren gegangene Präteritum dieser urspr. starken, ablautenden Verben wird in den german. Sprachen analog zu schwachen Verben neu gebildet. Im Deutschen sind die P. im Unterschied zu den übrigen Präsensformen in der 3. Person Singular endungslos (z. B. ›er mag‹ gegenüber ›er macht‹). Im syntakt. Rahmen werden die P. als Modalverben verwendet.

Präteritum [lat. (tempus) praeteritum ›vorübergegangen(e Zeit)‹, zu praeterire ›vorübergehen‹] *das, -s/...ta, Sprachwissenschaft:* i. w. S. Sammel-Bez. für unterschiedl. Vergangenheitsformen des Verbs (Imperfekt, Perfekt, Plusquamperfekt, Aorist); i. e. S. Bez. für das Imperfekt. Als **episches P.** bezeichnet man die in den erzählenden Gattungen dominierende Tempusform, in der – auch fiktive – Ereignisse aus rückblickender Einstellung berichtet werden.

Prati, Giovanni, ital. Dichter, *Campomaggiore (Prov. Trient) 27. 1. 1814, †Rom 9. 5. 1884; wurde bei den Zeitgenossen populär mit der romant. Verserzählung ›Edmenegarda‹ (1841), galt 1848–66 als Dichter der ital. Einigungsbewegung (›Canti politici‹, 1852). Die späteren, unter dem Einfluss von G. BYRON und A. DE MUSSET entstandenen histor. Dichtungen haben epigonalen Charakter.

Ausgaben: Poesie varie, hg. v. O. MALAGODI, 2 Bde. ([2]1929–33); Scritti inediti e rari, hg. v. G. AMOROSO (1977).

Prätigau, Hochtal in der Schweiz, →Prättigau.

Prato, 1) Hauptstadt der Prov. Prato, in der Toskana, Italien, 63 m ü. M., am Bisenzio, 166 700 Ew.; Bischofssitz; Textilfachschule, Gemäldegalerie; bildet mit den Nachbarorten ein bedeutendes Zentrum der Textilindustrie (bes. Wolle) mit vielen Kleinbetrieben, Teppichfabrik; außerdem Leder- u. a. Industrie. – Roman. Dom Santo Stefano (frühes 13. Jh.) mit got. Chorkapellen und Mitte des 15. Jh. vollendeter Fassade aus weißen und grünen Steinbändern; Außenkanzel (1434–38 von MICHELOZZO, Reliefs von DONATELLO) mit Baldachin (1438–41); im Innern Fresken von FRA FILIPPO LIPPI u. a.; Madonna von G. PISANO (um 1310). Die Kirche Santa Maria delle Carceri (1484–95 von G. DA SANGALLO) ist ein Zentralbau; im Innern Terrakottaarbeiten von A. DELLA ROBBIA. Über dem ersten Mauerring liegt das Kastell Kaiser FRIEDRICHS II. (1237–48); an der Piazza del Comune der Palazzo Pretorio (13./14. Jh.) mit Gemäldegalerie. 1988 wurde der Neubau des Centro per l'Arte Contemporanea Luigi Pecci (v. a. Wechselausstellungen) eröffnet. – P. entwickelte sich seit dem 10. Jh. zur freien Kommune (für das 12. Jh. sind Konsuln bezeugt); 1351 kam es unter die Herrschaft von Florenz. 1653 wurde P. Stadt und Bischofssitz.

2) Prov. in der Toskana, Italien, 366 km², 218 900 Einwohner.

Vasco Pratolini

Pratolini, Vasco, ital. Schriftsteller, *Florenz 19. 10. 1913, †Rom 12. 1. 1991; Autodidakt; arbeitete in vielen Berufen, seit 1938 bei der Zeitschrift ›Letteratura‹; Mitgl. der antifaschist. Widerstandsbewegung in Rom. Von 1936 an erste erzähler. Arbeiten (veröffentlicht 1941 u. d. T. ›Il tappeto verde‹; dt. ›Der grüne Teppich‹). In den 40er-Jahren wandte sich P. dem Roman mit meist sozialer Thematik zu und entwickelte einen wirkungsvollen lyr. Realismus. Nach dem Zweiten Weltkrieg schrieb er zunächst nach neorealist. Konzept, löste sich aber davon in seiner viel diskutierten Romantrilogie ›Una storia italiana‹, in der er an einem Einzelschicksal die Entwicklung Italiens von 1875 bis 1945 schildert (›Metello‹, 1955, dt.; ›Lo scialo‹, 1960; ›Allegoria e derisione‹, 1966).

Weitere Werke: *Romane:* Il quartiere (1944; dt. Die aus Santa Croce, auch u. d. T. Das Quartier); Cronaca familiare (1947; dt. Geheimes Tagebuch, auch u. d. T. Chronik einer Familie); Cronache di poveri amanti (1947; dt. Chronik armer Liebesleute); Un eroe del nostro tempo (1949; dt. Schwarze Schatten); Le ragazze di Sanfrediano (1952; dt. Die Mädchen von Sanfrediano); La costanza della ragione (1963; dt. In den Straßen von Florenz). – *Erzählungen:* Il mio cuore a ponte Milvio (1954). – *Lyrik:* La città ha i miei trent'anni (1967); Calendario del '67 (1978); Il mannello di Natascia (1985).

F. LONGOBARDI: V. P. (Mailand [3]1974); F. P. MEMMO: V. P. (Florenz 1977); Il caso P., hg. v. M. BEVILACQUA (Bologna 1982); F. RUSSO: V. P. (Florenz 1989).

Prätor [lat., eigtl. ›der (dem Heer) Voranschreitende‹] *der, -s/...'toren,* lat. **Praetor,** im antiken Rom in der ausgehenden Königszeit der Heermeister des Königs, in der Frühzeit der Republik Amts-Bez. der obersten Magistrate (der späteren Konsuln). Seit 367/366 v. Chr. war der P. ein auf die Kompetenz der Rechtsprechung beschränkter Beamter (zur Entlastung der Konsuln), der etwa 241 v. Chr. einen gleichrangigen Kollegen erhielt. Von da an war der eine P. für Prozesse unter röm. Bürgern zuständig (**Praetor urbanus,** Stadt-P.), der andere für Prozesse zw. röm. Bürgern und Fremden (**Praetor peregrinus,** Fremden-P.). Auch für die Provinzen wurden P.-Stellen geschaffen; die Zahl der P. wechselte. Unter SULLA wurden die P. nach ihrem Amtsjahr als Proprätoren (→Prokonsul) Provinzstatthalter.

Prätorianer, Prätorianergarde, lat. **Praetoriani, Praetoriae cohortes,** seit dem 2. Jh. v. Chr. die Garde röm. Feldherren, seit AUGUSTUS die Leibwache der Kaiser, aus 9–16 Kohorten (Infanterie und Kavallerie) bestehend. Zuerst vom Kaiser selbst befehligt, unterstanden die P. seit 2 v. Chr. zwei **P.-Präfekten** (lat. **Praefecti praetorio**). Diese gehörten dem Ritterstand an und gewannen bald eine bedeutende Machtstellung nicht nur im militär. Bereich, sondern in der späteren Kaiserzeit auch immer stärker im zivilen Bereich (bes. Gerichtsbarkeit). Seit 23 n. Chr. waren die P. in Rom kaserniert. Sie griffen oft in die Politik ein, indem sie Kaiser ausriefen. 312 n. Chr. löste KONSTANTIN D. GR. die Garde auf und wandelte das Amt der P.-Präfekten zum obersten Zivilamt mit senator. Rang um.

Prätorium *das, -s/...ri|en,* lat. **Praetorium,** zunächst Amtssitz des röm. Prätors, später das Lagerquartier des Feldherrn im Unterschied zum Kommandogebäude (principia).

R. EGGER: Das P. als Amtssitz u. Quartier röm. Spitzenfunktionäre (Wien 1966); G. PRECHT: Baugeschichtl. Unters. zum röm. P. in Köln (1973).

Pratt, 1) [præt], E. J. (Edwin John), kanad. Schriftsteller, *Western Bay (Prov. Newfoundland) 4. 2. 1883, †Toronto 26. 4. 1964; Studium der Theologie, 1920–53 Dozent und Prof. am English Department der University of Toronto. P.s Lyrik markiert den Übergang von der kolonialen zu einer eigenständigen Literatur Kanadas und beschäftigt sich mit dem Verhältnis von Mensch und Natur sowie mit menschl. Grunderfahrungen. V. a. seine erzählenden Langgedichte, in denen er Natur und Geschichte des Landes in traditionellen Formen mythologisiert, sicherten ihm eine bedeutende Position in der kanad. Dichtung des 20. Jahrhunderts.

Werke: *Erzählende Dichtung:* The Roosevelt and the Antinoe (1930); The Titanic (1935); Brébeuf and his brethren (1940); Dunkirk (1941); Towards the last spike (1952).

J. SUTHERLAND: The poetry of E. J. P. (Toronto 1956); S. DJWA: E. J. P. The evolutionary vision (Vancouver 1974); The E. J. P. symposium, hg. v. G. CLEVER (Ottawa 1977); D. G. PITT: E. J. P., 2 Bde. (Toronto 1984–87).

2) [prat], Hugo, ital. Comic-Künstler, *Rimini 15. 7. 1928, †Lausanne 20. 8. 1995; gründete 1945 mit ALBERTO ONGARO (*1925) und DINO BATTAGLIA (*1923) die ›Gruppe Venedig‹, aus der mit ›Asso di Picche‹ die erste ital. Comic-Zeitschrift nach dem Zweiten Weltkrieg hervorging. P. ging dann nach Argentinien, wo er Serien wie ›El cacique blanco‹ (Text ONGARO, 1951) und ›El sargento Kirk‹ (1953, Text HECTOR OESTERHELD, *1922, seit 1977 verschollen) schuf. 1967 erschien in dem sich ausschließlich dem Werk P.s widmenden ital. Comic-Magazin ›Sgt. Kirk‹ der Comic-Roman ›Una ballata del mare salato‹ (dt. ›Südseeballade‹), woraus P. den Helden ›Corto Maltese‹ seiner gleichnamigen, seit 1970 fortgeführten bekanntesten Comic-Serie übernahm.

Pratteln, Stadt im Kt. Basel-Landschaft, Schweiz, östlich von Basel, 15 400 Ew. (davon 4 800 Ausländer); Waggon- und Maschinenbau, chem., Eisen verarbeitende u. a. Industrie (v. a. im Industriegebiet Schweizerhalle am Rhein).

Prättigau [›Wiesengau‹] *das,* auch *der,* bündnerroman. **Val Partens,** früher **Prätigau,** Talschaft der Landquart zw. Rätikon und Plessuralpen im N des Kt. Graubünden, Schweiz, durch den Engpass Chlus (östlich von Landquart) vom Rheintal abgeschlossen, durch zwei weitere Engpässe gegliedert und durch die Stützbachschlucht vom Hochtal von Davos getrennt, etwa 40 km lang, 13 000 Ew.; größte Orte sind Klosters im hinteren P. und Schiers im vorderen P., das bes. gewerblich-industriell geprägt ist; bei Grüsch das Skigebiet Danusa. Neben Land- und Forstwirtschaft sind v. a. Tourismus- und Dienstleistungsbereich bestimmend. Durch das P. führt die Strecke Landquart–Davos–Filisur (an der Albula) der Rhät. Bahn; von Klosters (bei Selfranga) ist eine Verbindung mit Untertunnelung der Silvretta (Vereinatunnel, 19 km lang, Scheitelpunkt 1 465 m ü. M.) ins Unterengadin (zw. Susch und Lavin) im Bau. Die Straße durch das P. ist als Zufahrtsstraße zum Flüela die am stärksten befahrene Hauptstraße Graubündens.

Prau [aus niederländ. prauw, über engl. proa von malaiisch perahu ›Boot‹] *die, -/-e,* malaiisches Boot, Doppelrumpfsegelboot.

Rosa von Praunheim

Praunheim, Rosa von, eigtl. **Holger Mischwitzky,** Filmemacher, *Riga 25. 11. 1942; dreht seit 1968 Filme, in denen Realität parodiert und übersteigert, aggressiv, aber mit Humor vorgeführt wird, oft über gesellschaftl. Außenseiter.

Werke: *Filme:* Die Bettwurst (1971); Nicht der Homosexuelle ist pervers, sondern die Situation, in der er lebt (1971); Underground and emigrants (1976); Ich bin ein Antistar (1976; mit u. über EVELYN KÜNNEKE); Der 24. Stock (1977); Tally

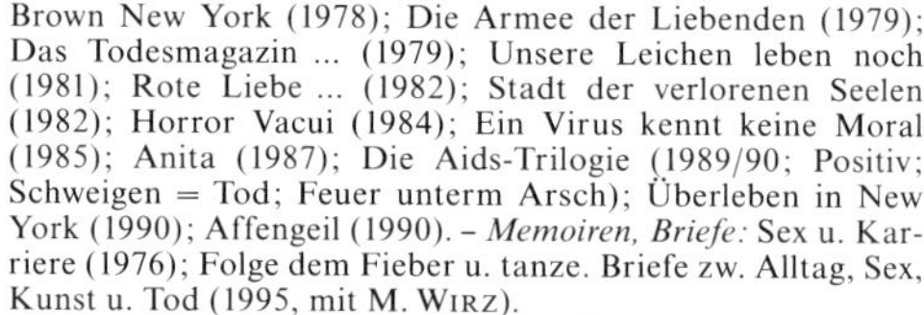

Brown New York (1978); Die Armee der Liebenden (1979); Das Todesmagazin ... (1979); Unsere Leichen leben noch (1981); Rote Liebe ... (1982); Stadt der verlorenen Seelen (1982); Horror Vacui (1984); Ein Virus kennt keine Moral (1985); Anita (1987); Die Aids-Trilogie (1989/90; Positiv; Schweigen = Tod; Feuer unterm Arsch); Überleben in New York (1990); Affengeil (1990). – *Memoiren, Briefe:* Sex u. Karriere (1976); Folge dem Fieber u. tanze. Briefe zw. Alltag, Sex, Kunst u. Tod (1995, mit M. WIRZ).

Prävarikation [lat., eigtl. ›Überschreitung der Pflicht‹] *die, -/-en, Recht:* der →Parteiverrat.

Pravda, František, eigtl. **Vojtěch Hlinka,** tschech. Schriftsteller, *Nekrasín (Südböhm. Gebiet) 17. 4. 1817, †Hrádek (bei Sušice, Westböhm. Gebiet) 8. 12. 1904; kath. Geistlicher; führte die realist. Dorfgeschichte (›Povídky z kraje‹, 5 Bde., 1851–53) in die tschech. Literatur ein.

Ausgabe: Sebrané povídky pro lid, 12 Bde. (1877–98).

Prävention [frz., zu lat. praevenire, praeventum ›zuvorkommen‹] *die, -/-en,* **1)** *allg.:* Vorbeugung, Verhütung.

2) *Medizin:* Gesamtheit der Maßnahmen zur →Gesundheitsvorsorge. Sie gehören als Früherkennungsuntersuchungen zum Leistungskatalog der Krankenversicherung; Maßnahme der Präventivmedizin.

3) *Strafrecht:* Vorbeugung gegen künftige Delikte. Nach den vorherrschenden Straftheorien wird der maßgebl. Zweck von Strafen gegen kriminelles Unrecht neben der (heute vielfach abgelehnten) Vergeltung in der P. gesehen. Man unterscheidet zw. der **General-P.** als der Einwirkung auf die Allgemeinheit und der **Spezial-P.** als der Einwirkung auf den individuellen Täter. Die Abschreckung der Allgemeinheit durch die Bestrafung des Delinquenten bezeichnet man als **negative General-P.** Die Stärkung des Vertrauens in die Durchsetzungskraft der Rechtsordnung, die durch die Strafjustiz in der Allgemeinheit bewirkt wird, nennt man **positive General-P.** Demgegenüber kann die Spezial-P. in dreifacher Weise erfolgen: indem man die Allgemeinheit vor dem Straftäter durch dessen Einsperrung sichert, indem man den Täter durch die Strafe von der Begehung weiterer Straftaten abschreckt und indem man ihn durch →Resozialisierung vor der Rückfälligkeit bewahrt. In der modernen kriminalpolit. Diskussion hat bis etwa 1975 der spezialpräventive Strafzweck der Resozialisierung im Vordergrund gestanden, während heute vielfach eine Gewichtsverschiebung zugunsten der positiven General-P. zu beobachten ist. Nach der Rechtsprechung soll die Strafe alle genannten Ziele nebeneinander verfolgen. Die →Maßregeln der Besserung und Sicherung dienen ausschließlich der Spezialprävention.

präventiv, einer ungewünschten Entwicklung zuvorkommend, vorbeugend, verhütend.

Präventivkrieg, ein der Diplomatensprache des 18. Jh. entnommener Begriff, bezeichnet jene Form des Krieges, den ein Staat auslöst, i. w. S. um dem befürchteten, i. e. S. um dem unmittelbar drohenden Angriff eines Gegners zuvorzukommen.

Präventivmedizin, Teilgebiet der Medizin, das sich im Rahmen der →Gesundheitsvorsorge mit der Verhütung von Krankheiten befasst.

Prawda [russ. ›Wahrheit‹], russ. Tageszeitung, erscheint seit 1918 in Moskau. Im Mai 1912 auf Anregung LENINS als Sprachrohr der Bolschewiki in Sankt Petersburg gegründet; 1914 verboten. Am 18. 3. 1917 wieder gegründet, entwickelte sie sich seit STALIN zur maßgebl. Zeitung der Sowjetunion; bis 1991 Organ des ZK der KPdSU, nach der polit. Wende 1993/94 unabhängig, linksorientiert; Auflage (1996): 210 000.

Prawdinsk, Stadt im russ. Gebiet Kaliningrad (Königsberg), →Friedland.

Praxedis, römisch-dt. Kaiserin, →Adelheid.

Praxis [griech.-lat. ›das Tun‹, ›Handlung(sweise)‹, zu griech. prássein ›tun‹, ›handeln‹] *die, -/...xen,*

1) *allg.:* 1) *ohne Pl.,* Anwendung von Vorstellungen, Theorien o. Ä. in der Wirklichkeit; 2) *ohne Pl.,* durch prakt. Tätigkeit gewonnene Erfahrung; 3) Tätigkeitsbereich z. B. eines Anwalts, Arztes; auch die Räumlichkeiten, in denen er seinen Beruf ausübt.

2) *Philosophie:* Analog zur Unterscheidung von Theorie und P. trennt man seit der Antike zw. theoretischer und →praktischer Philosophie. Maßgebl. Untersuchungen zur Bestimmung, Struktur und den Arten der P. finden sich bei ARISTOTELES. In der Ethik bestimmt er P. als eine spezifisch menschl. Grundkategorie, insofern allein der Mensch Urheber von Handlungen ist, die nicht auf einer Notwendigkeit, sondern auf freier Entscheidung beruhen. Aufgefasst im Sinne eines übergeordneten Daseinsvollzuges, der auf das Gute als ›Worumwillen‹ und Endzweck allen Handelns zielt, dient P. bei ARISTOTELES zugleich als Oberbegriff für die versch. Formen der menschl. Daseinsgestaltung: die theoret. Wiss., die hervorbringenden und herstellenden Künste (Poiesis) und das praktisch-polit. Handeln. – I. KANT verbindet den Begriff des Praktischen mit dem der menschl. Freiheit. Alles, was mit der freien Willkür zusammenhängt, der Kausalität des Willens die Regeln gibt, wird praktisch genannt. Die prakt. Vernunft ist somit Inbegriff der Prinzipien und Gesetze des Handelns. – Eine zentrale Rolle spielt der P.-Begriff im Marxismus (K. MARX, F. ENGELS) im Sinne gesellschaftl., auf die ›materielle Produktion‹ bezogener P., die auch Grundlage der bisherigen Geschichte der bürgerl. Gesellschaft sei. Die P. ist einerseits Prüfstein für die Theorie, deren höchste Form erreicht ist, wenn sie in ›revolutionärer P.‹ wirksam wird und den Umsturz der bürgerl. Gesellschaft herbeiführt. Andererseits werden im Marxismus Theorie und P. in versch. Form dialektisch aufeinander bezogen gedacht.

Praxiteles, griech. **Praxiteles,** Bildhauer des 4. Jh. v. Chr.; Schüler seines Vaters KEPHISODOT D. Ä., mit SKOPAS und LYSIPP der bedeutendste Bildhauer der spätklass. Epoche. Durch hohe Meisterschaft in der Oberflächenbehandlung und feinste Ausgewogenheit der Körperrhythmen gab er seinen Gestalten eine neuartige poet. Anmut. Die antiken Götter hat er in gelassener Haltung, liebenswürdig vermenschlicht wiedergegeben. Literarisch sind etwa 60 Werke bezeugt; P. unterhielt einen großen Werkstattbetrieb und arbeitete bevorzugt in Marmor (Bronzestatuen sind seltener bezeugt). Die zahlr. (bis zu 20) kaiserzeitl. Kopien einiger seiner Werke vermitteln eine Vorstellung von seiner Entwicklung. Der Frühzeit entstammen der ›Einschenkende Satyr‹ (um 370/360 v. Chr.; u. a. Dresden, Staatl. Kunstsammlungen) und die halb bekleidete ›Aphrodite von Arles‹ (um 360/350; Paris, Louvre). Die ›Artemis von Gabii‹ (um 345/340; ebd.) gibt vielleicht die literarisch überlieferte ›Artemis Brauronia‹ wieder. Der ›Angelehnte Satyr‹ (um 340; u. a. Rom, Kapitolin. Museum) zeigt die für P. charakterist. S-Linie des Körpers, ebenso der ›Apollon Sauroktonos‹ (›Eidechsentöter‹, um 340; u. a. Rom, Vatikan. Sammlungen), bei dem P. einen heroisch-myth. Vorgang in das spielerisch-graziöse Tun eines Knaben umwandelt. In seinem Hauptwerk, der ›Aphrodite von Knidos‹ (um 330; Vatikan. Sammlungen; weitere Kopie z. B. München, Glyptothek), wird erstmals in der griech. Kunst in einer Großplastik anstelle der Vollkommenheit der klass. männl. Gestalt die Schönheit des unbekleideten Frauenkörpers dargestellt (Bademotiv). Der im Heratempel von Olympia gefundene ›Hermes mit dem Dionysosknaben‹ wird (vereinzelt angezweifelt) als Originalwerk des P. (330–320 v. Chr.) angesehen (BILD →griechische Kunst). Die Reliefs der Musenbasis (BILD →Mantineia) verbindet man mit der Werkstatt des P. Sein Werk wirkte bes. nach in der hellenist. Bildhauerschule von Alexandria in Werken mit weichen Übergängen in der Modellierung (›Alexandriastil‹).

G. E. RIZZO: Prassitele (Mailand 1932); G. RODENWALDT: Theoi rheia zoontes (Berlin 1944); W. GEOMINY: Die Florentiner Niobiden (Diss. Bonn 1984).

Praz [prats], Mario, ital. Literaturwissenschaftler und Schriftsteller, * Rom 6. 9. 1896, † ebd. 23. 3. 1982; veröffentlichte v. a. Studien über den Einfluss der ital. Literatur und Kultur in Großbritannien. Bekannt wurde bes. sein Werk über Liebe und Erotik in der romant. und nachromant. Literatur ›La carne, la morte e il diavolo nella letteratura romantica‹ (1930; dt. ›Liebe, Tod und Teufel. Die schwarze Romantik‹).

Weitere Werke: Secentismo e marinismo in Inghilterra: John Donne – Richard Crashaw (1925); Studi sul concettismo (1934); La crisi dell'eroe nel romanzo vittoriano (1952).

Präzedenz [zu lat. praecedere ›vorangehen‹] *die, -/-en,* **1)** *bildungssprachlich* für: Vorrang, Vortritt.

2) *Verwaltungswesen:* **P.-Fall,** Musterfall, der späteren Sachverhalten als Vorbild dienen kann, z. B. in der polit. Verwaltung. An rechtswidrige P.-Entscheidungen ist die Verwaltung nicht gebunden; aus zulässigen Ermessensentscheidungen in gleich gelagerten Fällen kann sich dagegen eine Verwaltungsübung ergeben, von der die Verwaltung wegen des Gleichheitsgrundsatzes nicht ohne besondere Gründe abweichen darf. – Zu gerichtl. Entscheidungen in P.-Fällen →Präjudiz.

Präzeptor [zu lat. praecipere ›unterrichten‹] *der, -s/...'toren,* im MA. der Schulmeister, Hauslehrer; bis 1900 auch der Lehrer der Unterstufe höherer Schulen. (→Praeceptor Germaniae)

Präzession [spätlat. praecessio ›das Vorangehen‹, zu lat. praecedere ›vorangehen‹] *die, -/-en,* **1)** *Astronomie:* Verlagerung der Rotationsachse der Erde v. a. aufgrund des von Sonne und Mond auf den Äquatorwulst der abgeplatteten Erde ausgeübten Drehmoments **(Lunisolar-P.).** Entsprechend dem Kreiselverhalten (→Kreisel) bewegt sich dadurch die Erdachse auf einem Kegelmantel um den Pol der Ekliptik in rückläufiger Drehung, mit 50,40″ pro Jahr. Der halbe Öffnungswinkel des P.-Kegels ist gleich der Schiefe der Ekliptik (23° 27′). Ein voller Umlauf dauert etwa 25 850 Jahre (platon. Jahr). Der P. überlagert ist eine schwache Schwankung mit wesentlich kürzerer Periode, die →Nutation. Deswegen beschreibt die Rotationsachse der Erde keinen glatten, sondern einen gewellten P.-Kegel. Die Einwirkung der Planeten auf die Erde bewirkt die der Lunisolar-P. entgegengerichtete **Planeten-P.,** die zur Folge hat, dass sich die Schiefe der Ekliptik ändert und dadurch der Frühlingspunkt (→Äquinoktium) jährlich um 0,12″ in Richtung wachsender Rektaszension verschoben wird. Einen sehr kleinen Wert (0,02″ pro Jahr) hat die **geodätische P.,** ein relativist. Effekt; sie ist ebenfalls der Lunisolar-P. entgegengerichtet. Die Summe aller Beträge, die **allgemeine P.,** bewirkt, dass der Frühlingspunkt auf der Ekliptik jährlich um 50,26″ zurückläuft. – Durch die P. verschiebt sich auch die Lage der Himmelspole. Dadurch kann jeder Stern →Polarstern werden, der um den Betrag der Schiefe der Ekliptik von deren Pol entfernt ist. Die P. wurde um 150 v. Chr. von HIPPARCH entdeckt.

2) *Physik:* →Kreisel.

Präzipitat [zu lat. praecipitare ›jählings herabstürzen‹] *das, -(e)s/-e, Chemie:* 1) frühere Bez. für einen →Niederschlag; 2) veraltete Bez. für mehrere →Quecksilberverbindungen.

Präzipitation [lat. ›das Herabfallen‹] *die, -/-en,* Ausflockung, Ausfällung; in der Immunchemie die Entstehung unlösl. Immunkomplexe infolge einer →Antigen-Antikörper-Reaktion zw. körperfremden Antigenen (Präzipitinogene) und vom Organismus gebildeten Antikörpern (Präzipitine), die zu einem sichtbaren Niederschlag (Präzipitat) führt. – Als labordiag-

Praxiteles: Aphrodite von Knidos; Höhe 205 cm, um 330 v. Chr.; römische Marmorkopie (Rom, Vatikanische Sammlungen)

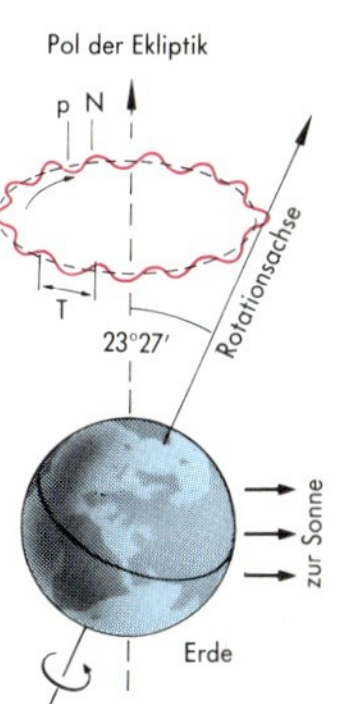

P = Präzession
N = Nutation
T = Nutationsperiode

Präzession 1) und Nutation der Erdrotationsachse (Nutationsperiode nicht maßstäblich eingezeichnet) nost. Verfahren dient die P. v. a. in Form der Immundiffusion, bei der beide Komponenten in gelochten Gelen unter Bildung einer P.-Linie im Bereich des optimalen Mengenverhältnisses miteinander reagieren, oder der Immunelektrophorese zur Unterscheidung von Krankheitserregern oder zur serolog. Bestimmung krankhafter (z. B. C-reaktives Protein) oder natürl. Eiweißkörper (Blut, Sperma, Fleisch, Milch) in der Rechtsmedizin und Nahrungsmittelchemie.

Präzisionismus *der, -,* Bez. für die Stilrichtung der amerikan. Malerei, die sich im Anschluss an die →Armory Show 1913 entwickelte. Unter dem Eindruck des Kubismus bemühten sich ihre Vertreter (u. a. C. DEMUTH, GEORGIA O'KEEFFE, C. SHEELER) um eine präzise Wiedergabe der Umwelt (v. a. Industriegelände, Stadtansichten, Landschaften) nach rein formalen Gesichtspunkten unter Betonung einfacher geometr. Formen.

Pré [engl. preɪ, frz. pre], Jacqueline du, brit. Violoncellistin, →du Pré, Jacqueline.

Prebisch, Raúl, argentin. Volkswirtschaftler und Politiker, *Tucumán 17. 4. 1901, †Santiago de Chile 29. 4. 1986; Prof. an der Univ. von Buenos Aires (1925–48), Politikberater und Generaldirektor der Notenbank Argentiniens (1935–43). P. ging nach Differenzen mit J. D. PERÓN nach Chile ins Exil, war 1950–63 Generaldirektor der UN-Wirtschaftskommission für Lateinamerika und 1964–69 Gen.-Sekr. der →UNCTAD, seit 1969 Generaldirektor des Lateinamerikan. Instituts für ökonom. und soziale Planung (wie schon 1962–67) und Berater des Gen.-Sekr. der UNO für Entwicklungsfragen.

Bes. bekannt sind seine Theorie des peripheren Kapitalismus (→Zentrum-Peripherie-Modell) und die zus. mit HANS W. SINGER entwickelte **P.-Singer-These** über die säkuläre Verschlechterung der →Terms of Trade zulasten der Entwicklungsländer.

Werke: The economic development of Latin America and its principal problems (1950); Hacia una dinámica del desarollo latino-americano (1963; dt. Einer dynam. Entwicklung Lateinamerikas entgegen). – Für eine bessere Zukunft der Entwicklungsländer. Ausgew. ökonom. Studien (1968, Slg.).

Preces [lat. ›Bitten‹] *Pl., christl. Liturgien:* formelhafte Gebete (Fürbitten, Kyrie) am Ende bestimmter Horen des Stundengebetes.

Prechtl, Michael Mathias, Maler, Zeichner und Grafiker, *Amberg 26. 4. 1926; entwickelt in Landschaften, Porträts u. a. einen z. T. iron., vieldeutigen realist. Stil. Seine Arbeiten sind oft von polit. und sozialem Engagement getragen (Entwürfe für die Ausmalung des Nürnberger Rathaussaales, 1987–88); auch Buchillustrationen und Keramiken.

M. M. P. – Bilder u. Zeichnungen 1956–1981, Ausst.-Kat. (1981).

Prechtler, Johann Otto, eigtl. **Johann Jakob P.,** österr. Schriftsteller, *Grieskirchen 21. 6. 1813, †Innsbruck 6. 8. 1881; Staatsbeamter, 1856 als Nachfolger F. GRILLPARZERS Archivdirektor im Finanzministerium. P. schrieb Epik und Lyrik in klassisch-romant. Tradition; auch epigonenhafte Dramen (›Die Kronenwächter‹, 1844) und Operntexte.

Précieuses [preˈsjøːz], →preziöse Literatur.

precipitando [-tʃi-, ital.], musikal. Vortrags-Bez.: beschleunigend, überstürzend; fordert eine plötzl., starke Beschleunigung des Tempos.

Preda, Marin, rumän. Schriftsteller, *Siliştea-Gumeşti (Kr. Teleorman) 5. 8. 1922, †Mogoşoaia 16. 5. 1980. Sein Roman ›Moromeţii‹ (2 Bde., 1955–67; Bd. 1 dt. u. d. T. ›Schatten über der Ebene‹) bildet mit seiner Kunst der psycholog. Zergliederung kleinbäuerl. Mentalität einen Epocheneinschnitt in der Tradition der dörfl. rumän. Erzählliteratur. In ›Cel mai iubit dintre pămînteni‹ (3 Bde., 1980), seinem letzten Roman, schildert P. die von tiefen Enttäuschungen gekennzeichnete Lebensgeschichte eines durch die Umwälzungen der nachstalinist. Zeit an den Rand der Gesellschaft gedrängten Intellektuellen.

Weitere Werke: *Romane:* Marele singuratic (1972; dt. Der Einsame); Delirul (1975; dt. Der große Wahnsinn).

Predeal *der,* Pass in den Karpaten, Rumänien, trennt die Ost- von den Südkarpaten (Bucegi), 1032 m ü. M.; über ihn führen Straße (1739 erstmals ausgebaut) und Bahnlinie (in zwei Tunneln in 1015 m ü. M., seit 1879) von Kronstadt nach Ploieşti; die nördl. Zufahrt erfolgt durch einen Engpass des Flusses Temesch, den **Tömöscher Pass** (rumän. Trecătoarea Timiş), weshalb der P. oft dessen Namen trägt. Auf dem Pass der Wintersportort P. (1020 m ü. M.; 7200 Ew.).

Predella [ital.] *die, -/-s* und *...len,* sockelartiger Unterbau eines Altarretabels mit gemalten oder geschnitzten Szenen oder (Halb-)Figuren; diente v. a. im Barock oft als Reliquienschrein.

Michael Mathias Prechtl: Franz Kafka; 3. Fassung 1977 (Privatbesitz)

Prediger [ahd. bredigāri, zu lat. praedicare ›öffentlich ausrufen‹, ›verkündigen‹], in den christl. Kirchen haupt- oder nebenamtl. Verkündiger des Evangeliums (durch Predigt); als Bez. für die Mitarbeiter im Verkündigungsdienst v. a. in ev. Freikirchen gebräuchlich. Die Ausbildung erfolgt entweder durch ein Theologiestudium an einer Univ. oder kirchl. Hochschule oder durch den Besuch einer P.-Schule oder anderen entsprechenden kirchl. Einrichtung. Die besondere Ausbildung entfällt in einzelnen christlich-religiösen Sondergemeinschaften, wenn das Predigen entweder für eine grundsätzl. Aufgabe und Befähigung jedes Gläubigen gehalten wird oder sich die entsprechende Person in besonderer Weise dazu berufen weiß.

Predigerkirchen, die →Bettelordenskirchen.

Prediger|orden, der Orden der →Dominikaner.

Prediger Salomo, im A. T. bibl. Buch; →Kohelet.

Predigerseminar, landeskircheneigene Ausbildungsstätte für ev. Theologen zur unmittelbaren Vorbereitung auf den kirchl. Dienst in der sich an das Theologiestudium anschließenden zweiten Ausbildungsphase des Vikariats.

Predigt [ahd. bredigа, zu lat. praedicare ›öffentlich ausrufen‹, ›verkündigen‹], in den christl. Kirchen die öffentl. Verkündigung der bibl. Botschaft (des →Wortes Gottes); i. e. S. die Kanzelrede während des Gottesdienstes. Sie ist i. d. R. an verbindlich vorgeschriebene Bibeltexte (Perikopen) gebunden und wird theologisch als ›Übersetzung‹ der bibl. Botschaft in den Sprach- und Lebenskontext der konkreten christl. Gemeinde verstanden. Ihre Ziele sind die Stärkung im bzw. die Einladung zum Glauben und die Vermittlung der christl. (kirchl.) Lehre.

Geschichte: Die Institutionalisierung des **P.-Amtes** durch die Kirche wurde zunächst durch die Frage nach der rechten Lehre (als Abgrenzung gegenüber Häresien) und der damit verbundenen eigenen Identitätsfindung der christl. Kirche hervorgerufen. Die häufig an das A. T. gebundenen Text-P. der frühen Christen sind geprägt von den Stilmitteln der hellenist. Rhetorik sowie von den Regeln und Formen der rabbinisch-synagogalen Schriftauslegung. Zu den großen Predigern der ersten Jahrhunderte zählen ORIGENES, JOHANNES I. CHRYSOSTOMOS und AUGUSTINUS. Zunehmende Bedeutung gewann die P. im Gefolge der karoling. Renaissance und durch die von Wanderpredigern und von Bettelorden verbreitete mittelalterl. Reformbewegung. Die P. war Instrument der Mission und Medium der öffentl. Kommunikation überhaupt.

Bis in die Zeit der Reformation stand die **Volks-P.** (J. GEILER VON KAYSERSBERG, später auch ABRAHAM A SANCTA CLARA) im Mittelpunkt der polit. und religiösen Bildung, da sie sich nicht mehr der lateinischen, sondern der Volkssprache bediente. M. LUTHER verstand die P. als die ›lebendige Stimme des Evangeliums‹ und daher als ›kein menschl. Werk‹. Die schriftgemäße P. wurde bei den Reformatoren zum Zentrum des ev. Gottesdienstes. Wachsende Bedeutung erlangte die P. auch in der kath. Kirche zur Zeit der Gegenreformation: Durch das Konzil von Trient wurden die Pfarrer verpflichtet, regelmäßig an Sonn- und Feiertagen die Schrift auszulegen.

Die neuzeitl. Gestalt der P. ist v. a. von Pietismus und Aufklärung geprägt. Der Pietismus betonte die persönl. Heilsaneignung und -gewissheit des Einzelnen und rief durch die P. zu engagiertem Glauben und demgemäßem Handeln und Leben auf. Die Aufklärung verband in der P. stärker rationale und allg. moral. Elemente mit der Forderung nach gelebtem Glauben zu erbaul. Reden mit pädagog. Tendenz. F. D. E. SCHLEIERMACHER betonte darüber hinaus die Einbindung der P. als ›religiöser Rede‹ in die Liturgie. Mit der liberalen Theologie flossen Ende des 19./Anfang des 20. Jh. neben einer Bejahung der historisch-krit. und religionswiss. Bibelbetrachtung auch Erkenntnisse der modernen Humanwissenschaften (Psychologie, Soziologie, Pädagogik) in das P.-Verständnis mit ein, seit den 1960er-Jahren zudem die Erkenntnisse der modernen Kommunikationsforschung. In der kath. Kirche erhielt die P. neue Impulse durch die Liturgiereform seit dem 2. Vatikan. Konzil. Im Gottesdienst der Ostkirchen tritt sie heute, ungeachtet bedeutender orth. Prediger der Neuzeit (DMITRIJ VON ROSTOW, TICHON VON SADONSK, JOHANN VON KRONSTADT), i. d. R. hinter die übrigen liturg. Vollzüge zurück.

P.-Studien, hg. v. E. LANGE u. a., Beiheft 1: Zur Theorie u. Praxis der P.-Arbeit (1968); K. C. FELMY: P. im orth. Rußland (1972); G. OTTO: P. als Rede (1976); P. Texte zum Verständnis u. zur Praxis der P. in der Neuzeit, hg. v. F. WINTZER (1989); H. W. DANNOWSKI: Kompendium der P.-Lehre ([2]1990); Die dt. P. im MA., hg. v. V. MERTENS u. H.-J. SCHIEWER (1992); R. BOHREN: P.-Lehre ([6]1993).

Predigtmärlein, Erzählung beliebigen Charakters (z. B. Exempel, Legende, Anekdote, Fabel), die zur Exemplifizierung der kirchl. Lehre in die Predigt des MA. und der Barockzeit, zuweilen auch späterer Epochen, eingeschaltet wurde. Das P. gilt der europ. Erzählforschung als bedeutendes Quellenmaterial.

Predil *der,* ital. **Passo del P.,** slowen. **Predel,** Pass in den Jul. Alpen, an der italienisch-slowen. Grenze, 1 156 m ü. M.; die Straße über den P. verbindet über das Tal der oberen Gailitz (Slizza) Tarvisio (Tarvis) mit der Trenta (oberes Isonzotal).

Predis, Ambrogio de, ital. Maler, *Mailand um 1455, dort tätig bis mindestens 1508; war Schüler, Mitarbeiter und Vertrauter LEONARDO DA VINCIS, malte vermutlich die Engelsflügel bei dessen zweiter Fassung der Felsgrottenmadonna (London, National Gallery). Schuf charaktervolle Porträts (›Kaiser Maximilian‹, 1502; Wien, Kunsthistor. Museum), auch Illustrationen (u. a. zu Werken von A. DONATUS).

Předmostí [ˈprʒɛdmɔstjiː], Stadtteil von Prerau im Nordmähr. Gebiet, Tschech. Rep. Hier wurden bei Ausgrabungen (seit 1880) einer altsteinzeitl. Freilandstation die Überreste von fast 1 000 Mammuten und ein Massengrab mit Skelettresten von 20 Individuen des Typus Homo sapiens sapiens gefunden; ferner Steinartefakte, bes. des Gravettien, Figuren aus Mammutknochen sowie das Fragment eines Mammutstoßzahnes, auf dem eine Frau eingraviert ist, deren Körper sich aus geometr. Elementen zusammensetzt. Die Funde gehören mehreren Kulturschichten an.

K. ABSOLON u. B. KLÍMA: P. Ein Mammutjägerplatz in Mähren (a. d. Tschech., Brünn 1977).

Prednison [Kw.] *das, -s,* synthet. Steroidhormon, →Glucocorticoide.

Preemphasis [zu Emphase] *die, -,* **Akzentuierung,** *Nachrichtentechnik:* die senderseitige Amplitudenanhebung bei den hohen Frequenzen eines Modulationssignals vor der Frequenzmodulation zur Gewährleistung eines etwa gleichen Phasenhubs und damit gleichen →Störabstands bei allen Modulationsfrequenzen. Man verwendet dazu eine Hochpassschaltung. Empfängerseitig muss die Anhebung mit einer Tiefpassschaltung gleicher Zeitkonstante wieder beseitigt werden **(Deemphasis).**

Preetorius, Emil, Illustrator, Grafiker und Bühnenbildner, *Mainz 21. 6. 1883, †München 27. 1. 1973; war bei seinen Buchillustrationen (u. a. zu ›Tartarin‹ von A. DAUDET, 1913), Buchschmuckgrafiken (Exlibris, Signete, Vignetten) und Plakaten vom jap. Holzschnitt beeinflusst. Als Bühnenbildner knüpfte er an den romant. Klassizismus an; ab 1923 war er für die Münchner Kammerspiele (Leitung O. FALCKENBERG) und für die Bayreuther Festspiele (Inszenierungen von H. TIETJEN, 1933–41) tätig. (BILD S. 454)

Schriften: Vom Bühnenbild bei Richard Wagner (1938); Wagner. Bild u. Vision (1942); Weltbild u. Weltgehalt (1947); Geheimnis des Sichtbaren. Ges. Aufsätze zur Kunst (1963).

R. ADOLPH: E. P. (1960); E. P., bearb. v. W. HEIST (1976).

Preetz, Stadt im Kr. Plön, Schlesw.-Holst., an der Schwentine, zw. Lanker See und Postsee, 15 250 Ew.; Zirkus-, Heimatmuseum; Erholungs- und Urlaubsort mit Gewerbebetrieben. – Das ehem. Benediktinerinnenkloster ist heute Damenstift; die Stiftskirche, ein got. Backsteinbau, wurde 1325–40 errichtet; die 1725–33 erneuerte Stadtkirche St. Lotharius bewahrt einen roman. Chor mit got. Kapellenkranz (um 1220). – Gegen 1260 wurde ein 1211 gegründetes Benediktinerinnenkloster an die Schwentine unterhalb des Kirchdorfs **Poreze** (slaw. ›am Fluss‹) verlegt. Unter der Obrigkeit des Klosters wuchs die Ortschaft zum Flecken, erhielt aber erst 1870 Stadtrecht.

Preferential Trade Area for Eastern and Southern Africa [prefəˈrenʃl treɪd ˈeərɪə fɔː ˈiːstən ənd ˈsʌðən ˈæfrɪkə, engl.], Abk. **PTA, Präferenzhan-**

Fritz Pregl

delszone für das östliche und südliche Afrika, die durch das am 21. 12. 1981 in Lusaka (Sambia) unterzeichnete, am 1. 1. 1983 in Kraft getretene Abkommen zw. Äthiopien, Djibouti, Kenia, den Komoren, Malawi, Mauritius, Sambia, Somalia und Uganda geschaffene Präferenzzone; weitere Mitgl. sind Angola, Botswana, Burundi, Lesotho, Moçambique, Namibia, Ruanda, Simbabwe, Sudan, Swasiland und Tansania. Wesentl. Ziele sind die schrittweise Reduzierung und Abschaffung von Zöllen für innerhalb der Ländergruppe produzierte Waren, Abbau aller sonstigen Handelshemmnisse, gegenseitige Einräumung der Meistbegünstigung sowie Schaffung geeigneter Finanzierungsmodalitäten zur Erleichterung des gegenseitigen Handels. Im November 1993 wurde der Vertrag über die Schaffung des **gemeinsamen Marktes für das östliche und südliche Afrika (Common Market of Eastern and Southern Africa,** Abk. **COMESA)** unterzeichnet, der v.a. folgende Integrationsmaßnahmen vorsieht: Abschaffung aller Handelshemmnisse bis zum Jahr 2000, Angleichung der Volkswirtschaften und der Geldpolitik, Harmonisierung der Strukturanpassungsprogramme, gemeinsame Strategie zur Bekämpfung der Auslandsverschuldung.

Prégardien [pregarˈdjɛ̃], Christoph, Sänger (Tenor), *Limburg a.d. Lahn 18. 1. 1956; studierte an der Frankfurter Musikhochschule; trat v.a. mit den lyr. Mozart-Partien an den Opernhäusern in Frankfurt am Main, Hamburg und Stuttgart auf, setzte aber bereits früh seinen Schwerpunkt auf den Lied- und Oratoriengesang; machte sich v.a. als Interpret barocker Vokalmusik und des dt. Liedrepertoires des 19. Jh. (bes. von F. SCHUBERT) einen Namen.

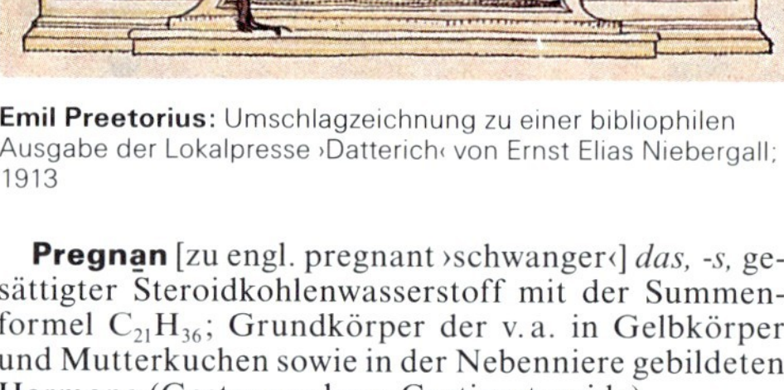
Pregnan

Pregarten, früher **Prägarten,** Markt-Gem. im Bez. Freistadt, OÖ, 425 m ü.M., nordöstlich von Linz an der Feldaist, 4600 Ew.; Bezirksgericht; Verkehrsknotenpunkt. – Seit dem 13. Jh. Markt.

Pregel *der,* russ. **Pregolja,** Fluss im russ. Gebiet Kaliningrad (Königsberg), im nördl. Teil des ehem. Ostpreußens, entsteht unterhalb von Insterburg aus dem Zusammenfluss von Angerapp und Inster, mündet westlich von Kaliningrad ins Frische Haff, 128 km lang; schiffbar, jedoch 95–132 Tage jährlich zugefroren; hat über die Deime Verbindung zum Kur. Haff.

Pregizerianer, pietist. Gemeinschaft in Württemberg und Baden, benannt nach CHRISTIAN GOTTLOB PREGIZER (*1751, †1824), einem von J. A. BENGEL und F. C. OETINGER beeinflussten ev. Theologen. Obwohl die Gemeinschaft der P. urspr. nicht auf PREGIZER zurückgeht, benannten sich die P. nach ihm, der sich ab 1795 als Pfarrer in Haiterbach der dort seit 1768 bestehenden pietistisch-separatist. Konventikel annahm und sie in der Kirche zu halten suchte. Die Lehre der nicht fest organisierten P. ist gekennzeichnet durch eine Betonung der objektiven Wirkung von Taufe und Abendmahl, die Freude an der Rechtfertigung allein aus Glauben (›Freudenchristentum‹), den Glauben an das Tausendjährige Reich (Chiliasmus) und die Wiederbringung Aller (Apokatastasis).

GOTTHOLD MÜLLER: Christian Gottlob Pregizer (1962).

Prehnit: Tafelige (oben) und gekrümmte Kristallform

Pregl, Fritz, österr. Chemiker, *Ljubljana 3. 9. 1869, †Graz 13. 12. 1930; 1910–13 Prof. in Innsbruck, danach in Graz. Arbeiten zur Biochemie führten P. zur Entwicklung der quantitativen Mikroanalyse organ. Verbindungen. P. erhielt 1923 den Nobelpreis für Chemie.

Prehnit: Kristallaggregat

P-Regler, Proportionalregler, ein stetiger, linearer Regler, bei dem im Proportionalbereich jedem Wert der Regelgröße ein entsprechender Wert der Stellgröße zugeordnet ist. Er bildet deshalb ein der Regelabweichung proportionales Stellsignal. Er ist nur wirksam, solange eine Regelabweichung vorhanden ist. Das schließt das exakte Erreichen des Sollwerts aus.

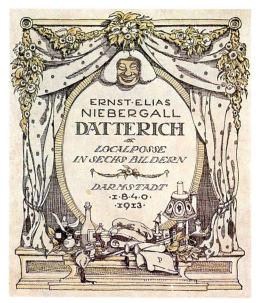

Emil Preetorius: Umschlagzeichnung zu einer bibliophilen Ausgabe der Lokalpresse ›Datterich‹ von Ernst Elias Niebergall; 1913

Pregnan [zu engl. pregnant ›schwanger‹] *das, -s,* gesättigter Steroidkohlenwasserstoff mit der Summenformel $C_{21}H_{36}$; Grundkörper der v.a. in Gelbkörper und Mutterkuchen sowie in der Nebenniere gebildeten Hormone (Gestagene bzw. Corticosteroide).

Pregolja, Fluss im russ. Gebiet Kaliningrad (Königsberg), →Pregel.

Prehauser, Gottfried, österr. Schauspieler, *Wien 8. 11. 1699, †ebd. 29. 1. 1769; war als Nachfolger von J. A. STRANITZKY der beliebteste Darsteller des Hanswurst im österr. Volkstheater seiner Zeit. BILD →Hanswurst

M. BAAR-DE ZWAAN: G. P. u. seine Zeit (Wien 1967).

Prehnit [nach dem niederländ. Obersten VAN PREHN, der ihn 1783 vom Kap der Guten Hoffnung mitbrachte] *der, -s/-e,* farbloses, gelbl. oder grünes tetragonales Mineral der chem. Zusammensetzung $Ca_2Al_2[(OH)_2|Si_3O_{10}]$; Härte nach MOHS 6–6,5, Dichte 2,8–3,0 g/cm^3; Kristalle tafelig, säulig, oft gekrümmt und zu strahlig blättrigen oder kugeligen Aggregaten vereinigt; häufig Pseudomorphosen bildend; kommt gesteinsbildend oder in Hohlräumen von bas. Magmatiten sowie in metamorphen Schiefern vor.

Preis [mhd. prīs, über altfrz. pris von lat. pretium ›Wert‹, ›Kauf(preis)‹; ›Lohn‹, ›Belohnung‹], **1)** *Auszeichnung,* die herausragende Leistungen würdigt, verliehen bes. auf kulturellem, humanitärem, wiss. oder polit. Gebiet und im Sport (einzelnen Personen oder Gruppen); i.d.R. in Form einer Urkunde, Plakette, Medaille, oft verbunden mit einem Geldbetrag. P. werden von Stiftungen, von Privatpersonen, gesellschaftl. Institutionen oder der öffentl. Hand, d.h. Staaten, Ländern (bei föderativer Struktur), Städten, Gemeinden, sowie Konzernen vergeben. Sie dienen häufig auch der Nachwuchsförderung in Wiss. und Kunst. Einige P. genießen hohes internat. Ansehen, z.B. der Nobelpreis und der Premio E. Balzan, andere spielen v.a. auf nat. Ebene eine bedeutende Rolle. – Im *Sport* bezeichnet P. (frz. prix) häufig auch die Veranstaltung selbst (z.B. Prix d'Amérique oder Preis der Nationen im Pferdesport). Viele Wettbewerbe tragen den Namen →Großer Preis.

⇨ *Europapreise · Friedenspreise · Kinder- und Jugendliteraturpreise · Kunstpreise · Literaturpreis · Wissenschaftspreise*

K. FOHRBECK u. A. J. WIESAND: Hb. der Kulturpreise u. der individuellen Künstlerförderung in der Bundesrep. Dtl. ..., 2 Bde. (1978–85); Hb. der Kulturpreise 1986–94. Preise, Ehrungen, Stipendien u. individuelle Projektförderungen für Künstler, Publizisten u. Kulturvermittler, hg. v. A. J. WIESAND (1994).

2) *Wirtschaft:* der Betrag, der beim Kauf einer Ware bezahlt werden muss und das Austauschverhältnis von Wirtschaftsgütern bezeichnet. Seit der Einführung des Geldes bedient man sich in Form der Geldeinheit einer einheitl. Bezugsgröße, in der der Tauschwert eines Gutes angegeben wird. Ein P. ist damit eine Geldmenge, die man pro Einheit eines Gutes oder eines Produktionsfaktors fordert bzw. zahlt **(absoluter P.).** Die Tauschrelationen in Einheiten anderer Güter werden auch als **relative P.** bezeichnet. Vom Standpunkt des Käufers aus gesehen sind die P. Kosten (der Produktion oder der Lebenshaltung), vom Standpunkt des Verkäufers aus gesehen Einkommen (Lohn, Zins, Grundrente, Unternehmergewinn).

P.-Theorien: Parallel zu den Werttheorien unterscheidet man **objektive** und **subjektive P.-Theorien.** Erstere beruhen auf der Arbeitswerttheorie. A. SMITH und D. RICARDO unterschieden zw. dem kurzfristigen **Markt-P.,** der um den langfristigen **natürlichen P. (Kosten-P.)** pendle. Die subjektive P.-Theorie stellt die subjektiven Wertschätzungen der Käufer und Verkäufer in den Vordergrund (→Nutzen). Die moderne P.-Theorie bezieht objektive und subjektive Elemente in ihre Analysen ein. Zu Ersteren gehören z. B. die Marktformen, die Produktionsbedingungen, zu den subjektiven die Bedürfnisse und Präferenzen, die Zielsetzungen (Nutzen- oder Gewinnmaximierung) und Verhaltensweisen der Wirtschaftssubjekte (z. B. private Haushalte und Unternehmen als Anbieter und Nachfrager). Die beiden wichtigsten method. Ansätze der modernen P.-Theorie sind 1) die Methode des partiellen Gleichgewichts, die u. a. auf A. A. COURNOT, v. a. aber auf A. MARSHALL, E. H. CHAMBERLIN und JOAN ROBINSON zurückgeht: Die P.-Bildung wird nur auf einem isolierten Markt betrachtet, ohne Berücksichtigung von Rückwirkungen auf oder Einflüsse von anderen Märkten (Ceteris-paribus-Klausel), und 2) die totale Gleichgewichtsanalyse, die von L. WALRAS und V. PARETO eingeführt wurde: ein mikroökonom. Modell der gesamten Volkswirtschaft, das simultan das Preissystem einer Volkswirtschaft bestimmt und dabei die Interdependenzen ökonom. Größen berücksichtigt.

P.-Bildung: P. sind das Ergebnis des Zusammentreffens von Nachfrage und Angebot auf einem Markt. Die nachgefragte Menge eines einzelnen Gutes ist i. d. R. desto größer, je niedriger der für eine Einheit dieses Gutes zu entrichtende P. ist. Demgegenüber ist die Angebotsmenge i. d. R. desto größer, je höher der für eine Einheit erzielbare P. ist. Die Reaktionen von Nachfragern und Anbietern auf alternative P. sind also gegenläufig. Stehen sich viele Anbieter und Nachfrager auf einem vollkommenen Markt gegenüber (homogenes Polypol), so bildet sich der Markt-P. in der Höhe, dass angebotene und nachgefragte Menge übereinstimmen (**Gleichgewichts-P.,** der den Markt ›räumt‹). Übersteigt die angebotene die nachgefragte Menge (Angebotsüberhang), wird der P. sinken, da sich die Anbieter gegenseitig unterbieten. Dadurch steigt i. d. R. die Nachfrage und sinkt das Angebot. Übersteigt andererseits die nachgefragte die angebotene Menge (Nachfrageüberhang), so wird der P. steigen, da sich nun die Nachfrager gegenseitig überbieten. Dabei sinkt i. d. R. die Nachfrage und steigt das Angebot. Sowohl beim Nachfrage- als auch beim Angebotsüberhang kommt die P.-Bewegung erst zum Stillstand, wenn der Gleichgewichts-P. erreicht ist. Diese automat. P.-Bildung **(P.-Mechanismus, Marktmechanismus)** vollzieht sich je nach der Art des Gutes in kürzerer oder längerer Zeit. Bei verzögerter Angebotsanpassung können sich zykl. P.- und Mengenbewegungen ergeben. Das Ausmaß, in dem der P. auf Änderungen des Angebots oder der Nachfrage reagiert, wird als **P.-Flexibilität** bezeichnet. Der reziproke Wert der P.-Flexibilität ergibt die **P.-Elastizität** (→Elastizität). Außer von Angebot und Nachfrage ist der P. eines Gutes auch abhängig von den P. möglicher Konkurrenzgüter (Substitutionsgüter). Im Unterschied zum Konkurrenz-P. wird der Monopol-P. (→Monopol) i. d. R. vom Monopolisten fixiert; die Nachfrager können dann nur die Gütermenge bestimmen, die sie zu diesem P. kaufen wollen. Die P.-Bildung beim →Oligopol ist von der angenommenen Verhaltensweise der Konkurrenten abhängig. Es kommt z. B. zur P.-Führerschaft oder zur Festsetzung privat administrierter Preise. In einer Planwirtschaft werden die P. behördlich festgesetzt. Der Ausgleich von Angebot und Nachfrage ergibt sich dabei nicht mehr automatisch, sondern wird zu einem selbstständigen Problem. Ähnl. Schwierigkeiten ergeben sich auch in Marktwirtschaften bei staatl. P.-Regulierung auf einzelnen Märkten.

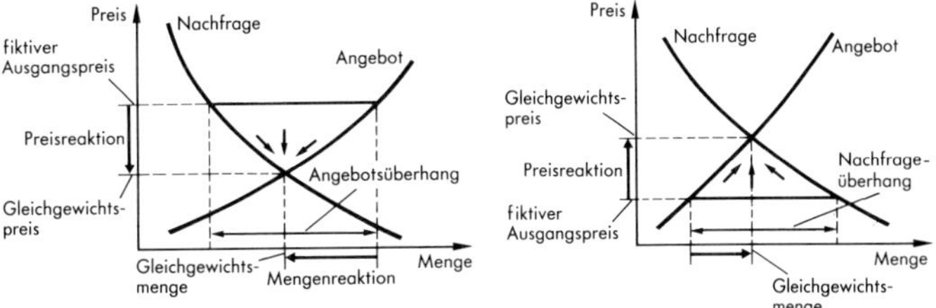

Preis 2): Die Bewegung vom Angebotsüberhang (links) bzw. vom Nachfrageüberhang (rechts) zum Marktgleichgewicht im Modell freier Preisbildung

P.-Funktionen: In einer Marktwirtschaft erfüllen P. wegen ihrer zentralen volkswirtschaftl. Bedeutung mehrere Funktionen. Sie bilden das zentrale Koordinierungsinstrument zw. den Wünschen der Nachfrager und den Produktionsplänen der Anbieter. Zum einen erfüllen die P. eine Informationsfunktion, weil ihre relative Höhe (im Vergleich zu anderen P.) von der relativen Knappheit der Güter (im Vergleich zu anderen Gütern) abhängt. V. a. zeigen P.-Änderungen sofort eine Veränderung der Knappheit eines Gutes an und ermöglichen damit Anbietern und Nachfragern eine schnellstmögl. Anpassung an die veränderte Situation. Deshalb wird die Informationsfunktion der P. auch als Orientierungs- oder Signalfunktion bezeichnet. Weiterhin bestimmen die P., bei welchen Angebots- und Nachfragemengen der Markt geräumt wird (Ausgleichsfunktion) und wie das knappe Güterangebot auf die Nachfrager aufgeteilt wird (Zuteilungs- oder Rationierungsfunktion). Bei der Zuteilung der Güter über den P. kommen jene Nachfrager zum Zuge, deren Nachfrage am drängendsten ist und die deshalb bereit sind, den der Knappheit des Gutes entsprechenden P. zu bezahlen. Somit werden mit den vorhandenen Mitteln die dringendsten Bedürfnisse erfüllt, sofern Kaufkraft hinter den Wünschen der Nachfrager steht. Über die Verteilung der Kaufkraft (Einkommensverteilung) wird ebenfalls mithilfe von P. entschieden; denn diese Verteilung richtet sich danach, wie das Eigentum an Produktionsfaktoren verteilt ist und welche P. für das gezahlt werden, was mithilfe dieser Faktoren erwirtschaftet wird.

Gegenüber Anbietern haben die P. eine Selektions- oder Auslesefunktion. Sie sorgen dafür, dass die bestehende Nachfrage durch jene Anbieter befriedigt wird, die am kostengünstigsten, d.h. mit der effizientesten Produktionstechnik produzieren. Anbieter, die weniger effiziente Produktionstechniken anwenden, werden bei funktionsfähigem Wettbewerb aus dem Markt gedrängt, da sie zur Kostendeckung höhere P. erzielen müssten. Auf diese Weise bewirkt die Selektionsfunktion der P., dass sich die jeweils kostengünstigste Produktionstechnik durchsetzt und dass Anbieter versuchen, ihre Marktstellung zu verbessern (Anreizfunktion). Schließlich erfüllen die P. eine Allokations- oder Lenkungsfunktion. Die Güter-P. lenken die knappen Produktionsfaktoren in jene Produktionsrichtungen, deren Erzeugnisse tatsächlich nachgefragt werden, und sorgen damit für die bestmögl. Versorgung der Verbraucher.

⇨ *Angebot · Markt · Marktformen · Marktwirtschaft · Nachfrage · Preispolitik · Wettbewerb*

W. KRELLE: Preistheorie, 2 Bde. ([2]1976); J. M. HENDERSON u. R. E. QUANDT: Mikroökonom. Theorie (a.d. Amerikan., [5]1983); U. FEHL u. P. OBERENDER: Grundlagen der Mikroökonomie ([6]1994); H. HERBERG: Preistheorie, 2 Bde. ([3]1994); U. BRÖSSE: Mikroökonom. Grundlagen der Preistheorie ([4]1995); H. DEMMLER: Einf. in die Volkswirtschaftslehre. Elementare Preistheorie, 2 Tle. ([3-6]1996–97); A. E. OTT: Grundzüge der P.-Theorie (Neudr. 1997).

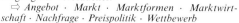

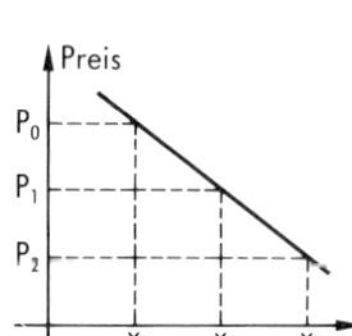

Preis
P_0
P_1
P_2
x_0 x_1 x_2
Menge

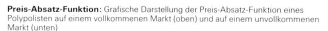

Preis-Absatz-Funktion: Grafische Darstellung der Preis-Absatz-Funktion eines Polypolisten auf einem vollkommenen Markt (oben) und auf einem unvollkommenen Markt (unten)

Preis-Absatz-Funktion, die für den einzelnen Anbieter bestehende funktionale Beziehung zw. dem Preis P und der zu diesem Preis absetzbaren Menge x eines Gutes. Sie beschreibt das Nachfrageverhalten des Konsumenten aus der Sicht des Anbieters und wird als **konjekturale P.-A.-F.** bezeichnet, wenn der Anbieter sie aus seinen Vorstellungen über die mutmaßl. (konjekturale) Absatzmenge bei versch. Preisen ableitet. Im Falle des Polypols auf vollkommenem Markt kann der Anbieter bei gegebenem, von ihm nicht beeinflussbarem Marktpreis beliebige Mengen absetzen. Polypolisten auf unvollkommenem Markt, Oligopolisten und Monopolisten orientieren sich dagegen an fallenden Preis-Absatz-Funktionen.

Preis|ausschreiben, das öffentl. Aussetzen (Auslobung) einer Belohnung für eine innerhalb einer bestimmten Frist zu erbringende Leistung; über die Zuerkennung des Preises entscheidet zumeist ein Preisgericht (§ 661 BGB). Bei bes. leichten P. zu Werbezwecken liegt oft ein verdeckter →Lotterievertrag vor. – Ähnliches gilt in *Österreich* (§§ 860, 860 b ABGB); in der *Schweiz* entspricht dem P. die Auslobung (Art. 8 OR).

Preis|auszeichnung, Preis|angabe, die Kenntlichmachung des geforderten Preises für Waren und/oder Dienstleistungen durch den Anbieter. Gemäß **Preisangabenverordnung** vom 14. 3. 1985 gelten die Grundsätze der Preiswahrheit und Preisklarheit. Demnach hat jeder, der Letztverbrauchern gewerbs- bzw. geschäftsmäßig oder regelmäßig Waren und Dienstleistungen anbietet oder für sie öffentlich wirbt, die Preise anzugeben, die einschließlich Umsatzsteuer und sonstiger Preisbestandteile unabhängig von einer Rabattgewährung zu zahlen sind (Endpreise). Soweit es der Verkehrsauffassung entspricht, sind auch die Verkaufseinheit und die Gütebezeichnung anzugeben, auf die sich die Preise beziehen. Auf die Verhandlungsbereitschaft über den Preis kann verwiesen werden. Preisangaben pro Mengen- oder Volumeneinheit (Unit-Pricing; z. B. Kilopreise, Literpreise) sind nur bei loser Ware und im Eichgesetz festgelegten Packungsgrößen erforderlich.

Im Handel müssen Waren, die in Schaufenstern oder in sonstiger Weise sichtbar ausgestellt sind, sowie Waren, die vom Verbraucher unmittelbar entnommen werden können, durch Beschriftung der Ware (Produkt-P.) oder durch Preisschilder (Regal-P.) ausgezeichnet werden **(P.-Pflicht).** Besondere Vorschriften gelten für Anbieter von Dienstleistungen (z. B. Aushang von Preisverzeichnissen), für das Gaststättengewerbe (z. B. Aufstellung und Auslage sowie Aushang von Preisverzeichnissen für Speisen und Getränke), für Tankstellen (z. B. für heranfahrende Kraftfahrer deutlich lesbare Angabe der Kraftstoffpreise) und Parkplätze sowie für Kreditinstitute (z. B. Angabe des anfängl. effektiven Jahreszinses bei Krediten). Ausnahmen von den Vorschriften der P. gelten u. a. für das Angebot von Waren und Leistungen an Letztverbraucher für berufl., gewerbl. oder behördl. Zwecke sowie für Antiquitäten und Kunstgegenstände.

preisbereinigt, erläuternder Zusatz bei Wertangaben, der zum Ausdruck bringen soll, dass die Preisentwicklung berücksichtigt wurde. P. werden z. B. Umsatzzahlen, um zu verdeutlichen, inwieweit die Umsatzsteigerung auf einer mengenmäßigen Absatzsteigerung oder auf Produktpreissteigerungen beruht. Eine Preisbereinigung erfolgt auch durch die →Deflationierung.

Preisbildung, *Wirtschaft:* →Preis.

Preisbindung, gesetzl. oder vertragl. Verpflichtung zur Einhaltung bestimmter Preise **(gebundene Preise)** beim Verkauf eines Produktes. Bei der vertragl. P. unterscheidet man die P. zw. Angehörigen derselben **(horizontale P.)** und versch. Absatzstufen **(vertikale P.).** Letztere wird auch als **P. der zweiten Hand** bezeichnet. Sie unterbindet den Preiswettbewerb zw. den Händlern und zählt wettbewerbsrechtlich zu den Abnehmerbindungen.

Verträge, durch die ein Hersteller seine Abnehmer verpflichtet, von ihm gelieferte Waren oder gewerbl. Leistungen nur zu einem von ihm festgesetzten Preis weiterzuverkaufen, sind gemäß § 15 Gesetz gegen Wettbewerbsbeschränkungen (GWB) i. d. F. v. 20. 2. 1990 nichtig. Das P.-Verbot soll die Möglichkeit zu selbstständiger Preiskalkulation im Handel sichern. Für Verlagserzeugnisse ist vertikale P. aus kulturpolit. Gründen zulässig (§ 16 GWB); sie unterliegt jedoch der Missbrauchsaufsicht durch die Kartellbehörde (§ 17 GWB). Der Buch- und Zeitschriftenhandel in Dtl. hat sich durch einen Sammelrevers genannten Kartellvertrag gegenüber den Verlagen verpflichtet, die festgesetzten Ladenpreise einzuhalten. Die Verlage ihrerseits geben keine Bücher direkt an Endverbraucher ab. Bestimmte Ausnahmen vom P.-Verbot gelten auch für die Land- und Forstwirtschaft, für Kreditinstitute und Versicherungsunternehmen, Verwertungsgesellschaften und öffentl. Versorgungsunternehmen (§§ 100, 102, 103 GWB). Nach europ. Kartellrecht (Art. 85 EG-Vertrag) ist vertikale P. verboten. (→Preisempfehlung)

In *Österreich* bedürfen entsprechende Vereinbarungen als Kartelle (§ 13 Kartell-Ges. 1988) der Eintragung ins Kartellregister. Das Kartellgericht kann vertikale P. verbieten, wenn sie volkswirtschaftlich nicht gerechtfertigt sind. P. des Letztverkäufers an den vom Verlag festgesetzten Preis im Buch- und Zeitungshandel sind vom Kartell-Ges. ausgenommen. Gemäß dem am 1. 7. 1996 in Kraft getretenen neuen *schweizer.* Kartell-Ges. sind vertikale P. dann unzulässig, wenn sie den Wettbewerb erheblich beeinträchtigen und sich nicht durch Gründe der wirtschaftl. Effizienz rechtfertigen lassen oder wenn sie den wirksamen Wettbewerb beseitigen (Art. 5 Abs. 1 KG). Horizontale P. sind grundsätzlich unzulässig, weil eine Beseitigung des wirksamen Wettbewerbs vermutet wird (Art. 5 Abs. 3 KG).

Preis der Nationen, *Reitsport:* Mannschaftswettbewerb im →Springreiten für Nationalmannschaften. Jede Mannschaft besteht aus drei oder vier Reitern, von denen nur die drei besten je Umlauf gewertet werden. Pro Reiter ist nur ein Pferd erlaubt. Geritten werden zwei Umläufe. Sieger ist die Mannschaft mit der geringsten Gesamtfehlerpunktzahl. – Bekannte internat. Parcours befinden sich u. a. in Aachen, Dublin, Hickstead (Großbritannien), Rom, Rotterdam und Spruce Meadows (Kanada).

Preisdifferenzierung, unterschiedl. Festlegung des Preises eines Gutes (Ware oder Dienstleistung) gegenüber versch. Käufern. P. ist eine Strategie der betriebl. →Preispolitik. Ziel der P. ist die Aufteilung des Gesamtmarktes in versch. (isolierte) Teilmärkte. Durch eine solche Marktsegmentierung wird versucht, die Absatzchancen eines Produktes zu erweitern und Käuferschichten zu erreichen, für die der ›Normalpreis‹ zu hoch oder auch zu niedrig ist. Preistheoretisch sollen die Gewinne erhöht werden, indem die Konsumentenrente (→Konsum) abgeschöpft und in Produzentenrente umgewandelt wird. Soweit P. nicht auf Diskriminierung beruht, ist sie wettbewerbsneutral. Oft wird sie mit Maßnahmen der Präferenzpolitik (→Präferenz) verknüpft. Formen der P. sind: **Personelle P.:** Persönl. Merkmale (z. B. Einkommen, Beruf, Alter) werden der Preisgestaltung zugrunde gelegt; **räumliche P.:** Preisunterschiede auf regionalen Märkten, die nicht allein auf den höheren Transportkosten beruhen dürfen (z. B. im Außenhandel das Dumping); **zeitliche P.:** Der Preis für das gleiche Gut ist zu versch. Zeitpunkten unterschiedlich hoch (z. B. Preise für die Haupt- und Nebensaison im Fremdenverkehr, Tag- und Nachttarife); **quantitative P.:** Die Preisforderung ist abhängig von der abgenommenen Menge (z. B. beim Mengenrabatt); **qualitative P.:** Der Preis ist abhängig von der Verwendung des Gutes (z. B. Preis für Heizöl oder für Dieselkraftstoff).

Preisdiskriminierung, i. e. S. willkürl. und sachlich nicht gerechtfertigte Benachteiligung von Abnehmern oder Lieferanten durch Vereinbarungen zu ungünstigeren Preisen, als sie für vergleichbare Vertragspartner gelten. P. ist als Form des Behinderungsmissbrauchs im amerikan. Antitrustgesetz und im Gesetz gegen Wettbewerbsbeschränkungen verboten (→Diskriminierungsverbot).

Preiselbeere, Grantl, Kronsbeere, Riffelbeere, Vaccinium vitis-idaea, Art der Gattung Heidelbeere im nördl. Europa, in Sibirien und Japan sowie im arkt. Nordamerika; Charakterart der sauren, humusreichen Sandböden; winterharter, immergrüner, kriechender, bis 15 cm hoher Halbstrauch mit oberseits glänzend grünen, unterseits matt bleichgrünen, mit schwärzl. Drüsenzotten versehenen Blättern und kleinen, weißen oder rötl. Blüten in Trauben. Die Früchte (Preiselbeeren) sind etwa erbsengroß, scharlachrot und schmecken herbsäuerlich. Sie werden meist zu Kompott und Marmelade verarbeitet sowie als Beilage zu Wildgerichten gereicht.

Preiselbeere mit Blüten und Früchten

Preis|empfehlung, vertikale P., Empfehlung des Herstellers oder Händlers an die Abnehmer seiner Waren, bei der Weiterveräußerung an Dritte bestimmte Preise (Ladenpreise) zu fordern oder anzubieten oder bestimmte Arten der Preisfestsetzung anzuwenden. Zu unterscheiden sind dabei die Händler-P. (Hersteller empfehlen meist in Preislisten den Wiederverkaufspreis) und die Verbraucher-P. (Hersteller empfehlen offen, i. d. R. durch Aufdruck auf die Verpackung, den Endverkaufspreis).

Die P. ist gemäß § 38 Abs. 1 Ges. gegen Wettbewerbsbeschränkungen (GWB) grundsätzlich unzulässig und stellt eine Ordnungswidrigkeit dar; davon gelten einige Ausnahmen. Vereinigungen kleiner oder mittlerer Unternehmen dürfen **unverbindliche P.** aussprechen zur Förderung der Leistungsfähigkeit gegenüber Großunternehmen und zur Verbesserung der Wettbewerbsbedingungen (§ 38 Abs. 2 GWB; Mittelstandsempfehlung). Erlaubt sind ferner unverbindl. P. von Beförderungs-, Kredit- und Versicherungsunternehmen (§§ 99, 102 GWB) sowie die unverbindl. P. eines Unternehmens für die Weiterveräußerung seiner Markenartikel, wenn diese mit gleichartigen Waren anderer Hersteller im Preiswettbewerb stehen, zur Durchsetzung der P. kein Druck ausgeübt wird und die P. in der Erwartung ausgesprochen werden, dass sie den voraussichtlich geforderten Preisen entsprechen (§ 38 a GWB). Die Kartellbehörde übt in beiden Fällen eine erweiterte Missbrauchsaufsicht aus. Ein Missbrauch liegt z. B. dann vor, wenn die P. geeignet ist, den Verbraucher über den mehrheitlich geforderten Preis zu täuschen (Mondpreis), oder wenn P. zur Umgehung des Verbots der →Preisbindung der zweiten Hand in Verbindung mit selektiven Vertriebssystemen angewendet wird.

Preisendanz, 1) Karl, klass. Philologe, Papyrologe, Paläograph und Bibliothekar, *Ellmendingen (heute zu Keltern, Enzkreis) 22. 7. 1883, †Heidelberg 26. 4. 1968; war 1935–51 Direktor der Heidelberger Universitätsbibliothek und wurde 1937 Honorar-Prof. in Heidelberg. Er trat mit Arbeiten zum Bibliotheks- und Buchwesen, zur lat. und griech. Paläographie sowie mit zahlreichen Übersetzungen hervor.

Werk: Papyrusfunde u. Papyrusforsch. (1933). – **Hg.:** Anthologia Palatina (1911); Papyri Graecae magicae. Die griech. Zauberpapyri, 2 Bde. (1928–31).

2) Wolfgang, Literaturwissenschaftler, *Pforzheim 28. 4. 1920; ab 1963 Prof. in Münster, ab 1966 in Konstanz; wichtige Arbeiten v. a. zum dt. poet. Realismus und zu H. HEINE.

Werke: Die Spruchform in der Lyrik des alten Goethe u. ihre Vorgesch. seit Opitz (1952); Humor als dichter. Einbildungskraft. Studien zur Erzählkunst des poet. Realismus (1963); Über den Witz (1970); Heinrich Heine. Werkstrukturen u. Epochenbezüge (1973); Wege des Realismus. Zur Poetik u. Erzählkunst im 19. Jh. (1977).

Erich Preiser

Preiser, Erich, Volkswirtschaftler, *Gera 29. 8. 1900, †München 16. 8. 1967; Prof. in Rostock (ab 1937), Jena (ab 1940), Heidelberg (ab 1947) und München (ab 1956); u. a. Mitgl. des Wiss. Beirats beim Bundeswirtschaftsministerium. P. lieferte v. a. Beiträge zur Preis-, Konjunktur- und Verteilungstheorie.

Werke: Grundzüge der Konjunkturtheorie (1933); Die Zukunft unserer Wirtschaftsordnung (1949); Bildung u. Verteilung des Volkseinkommens (1957); Nationalökonomie heute (1959); Wachstum u. Einkommensverteilung (1961); Wirtschaftspolitik heute (1967).

Preisfixierer, ein Marktteilnehmer (Monopolist), der den Absatz- oder Ankaufspreis festlegt, wobei es dann den Marktpartnern überlassen bleibt, ihre Nachfrage- bzw. Angebotsmengen darauf abzustimmen; Ggs.: Mengenanpasser.

Preis freibleibend, kaufrechtl. Klausel, die den Verkäufer berechtigt, den Kaufpreis bis zur Lieferung der Ware angemessen zu ändern; kann durch allgemeine Geschäftsbedingungen oder durch ein verbindl. Vertragsangebot beschränkt sein.

Preisführerschaft, Form der Marktpreisbildung, bei der sich die Anbieter v. a. hinsichtlich Umfang und Zeitpunkt von Preisänderungen aus Gründen der Wettbewerbsfähigkeit an einem bestimmten, meist marktstarken Wettbewerber orientieren. Handelt es sich bei diesem **Preisführer** um den einzigen überdurchschnittlich großen Anbieter am Markt, so liegt **dominante P.** vor. Bei der für Oligopole typ. **barometrischen P.** existiert dagegen eine Mehrzahl ähnlich starker Wettbewerber, die trotzdem entweder die Rolle eines Wettbewerbers als Preisführer anerkennen oder sich in der P. abwechseln (z. B. Mineralölgesellschaften bei ihrer Gestaltung der Benzinpreise).

Preisgedicht, oft allg. für Eloge, Enkomion, Hymne, Laudatio, Panegyrikus; die Bez. P. verweist dabei auf die gesellschaftl. Funktion der Texte als Lob von Personen (u. a. Gott oder Götter, Heilige, Fürsten), Städten und Ländern, Sachen (u. a. Wein, Natur, Jahreszeiten) und Idealen (u. a. Freundschaft, Freiheit). I. e. S. gleichbedeutend mit Preislied verwendet.

Preisgefahr, *Recht:* →Gefahr.

Preisgeld, *Sport:* →Startgeld.

Preisgleitklausel, bes. im Anlagengeschäft und bei langfristigen Lieferverträgen übl. Absicherung der Preiskalkulation im Hinblick auf Kostenveränderungen, bei der der zum Zahlungszeitpunkt gültige Preis ganz oder teilweise an einen entsprechenden Index (z. B. für Materialpreise oder Lohnkosten) gebunden wird. (→Wertsicherungsklausel)

Preis|index, Messziffer zur Erfassung der Preisentwicklung. Ein P. ist ein gewichtetes arithmet. Mittel, bei dem die jeweiligen Mengen als Gewichte dienen. Die wichtigsten Indextypen sind der →Laspeyres-Index und der →Paasche-Index. In der amtl. Statistik wird eine Vielzahl von P. ausgewiesen, v. a. die P. der Erzeugerpreise gewerbl. und landwirtschaftl. Produkte, der Einzelhandelspreise, der Großhandelspreise, der Ein- und Ausfuhrpreise, der Aktienkurse (Aktienindex), die P. des Bruttoinlandsprodukts und seiner Komponenten sowie die in wirtschafts- und tarifpolit. Diskussionen und im Zusammenhang mit Wertsicherungsfragen eine besondere Rolle spielenden P. der Lebenshaltung. Allgemein beschreibt ein **P. der Lebenshaltung** die durchschnittl. Entwicklung der Verbraucherpreise bei Gütern der Lebenshaltung privater Haushalte und dient insofern als Indikator für Veränderungen der Kaufkraft und des Lebensstandards. Derzeit errechnet das Statist. Bundesamt neben dem P. der Lebenshaltung aller privaten Haushalte für Dtl. jeweils getrennt für das frühere Bundesgebiet und die neuen Länder P. der Lebenshaltung aller privaten Haushalte sowie Indizes für drei verschiedene Haushaltstypen: Vierpersonenhaushalt von Arbeitern und Angestellten mit mittlerem Einkommen, Vierpersonenhaushalt von Angestellten und Beamten mit höherem Einkommen und Zweipersonenhaushalt von Rentnern und Sozialhilfeempfängern mit geringem Einkommen (→Haushalt). Bei der Ermittlung des P. der Lebenshaltung wird für das Basisjahr (derzeit 1991) ein bestimmtes Verbrauchsschema, der so genannte Warenkorb, zugrunde gelegt (gegenwärtig rd. 750 wesentl. Güterarten). Alle P. der Lebenshaltung beruhen auf dem gleichen Warenkorb, sie unterscheiden sich jedoch durch die Gewichtung der einzelnen Güter. Die verwendete Indexformel geht von der Annahme aus, dass sich die Verbrauchsstruktur seit dem Basisjahr nicht verändert hat (Laspeyres-Index). Da diese Annahme umso unrealistischer wird, je weiter das Berichts- vom Basisjahr entfernt ist, wird das Verbrauchsschema alle fünf Jahre neu berechnet (das aktuelle Basisjahr stellt eine einigungsbedingte Sonderregelung dar). Die typgebundenen Indizes sowie deren getrennte Ermittlung für die alten und die neuen Länder sollen Unterschieden im Einkommensniveau und in den Verbrauchsgewohnheiten Rechnung tragen. Während im Zeitablauf bei den P. für die einzelnen Haushaltstypen kaum nennenswerte Abweichungen zu erkennen sind, weisen die Entwicklungen in den alten und neuen Ländern erhebl. Unterschiede auf. Der P. der Lebenshaltung aller privaten Haushalte wird zur Messung der →Inflation herangezogen; die Inflationsrate entspricht der prozentualen Veränderung dieses P. zum Vorjahr. Die Exaktheit der Inflationsmessung ist jedoch eingeschränkt: Erstens lassen sich Qualitätsverbesserungen nur unvollständig erfassen und zweitens schränken Konsumenten i. d. R. den Verbrauch bei steigenden Preisen ein. Da dies aufgrund der festen Gewichtung nicht berücksichtigt wird, ist davon auszugehen, dass die durch den P. der Lebenshaltung gemessene Inflationsrate den tatsächl. Geldwertschwund um 1 bis 2% überzeichnet.

Jan Preisler: Liebespaar; 1906 (Privatbesitz)

Preiskonjunktur, Aufschwungphase im Konjunkturzyklus, die durch stark ansteigende Preise und damit rasch wachsende Unternehmensgewinne gekennzeichnet ist. Eine P. kann zu schwer kontrollierbaren inflator. Entwicklungen führen, darüber hinaus besteht die Gefahr von Fehlinvestitionen, da die überhöhten Preise falsche Knappheitssignale geben. Ggs.: Mengenkonjunktur.

Preisler, Jan, tschech. Maler, Grafiker und Illustrator, * Popovice (bei Beraun) 18. 2. 1872, † Prag 27. 4. 1918; entwickelte unter dem Einfluss von A. BÖCKLIN, H. VON MARÉES, P. PUVIS DE CHAVANNES und den Präraffaeliten eine symbolist. Malerei mit dekorativen Zügen. Er schuf auch Wandmalereien und gestaltete Buchausstattungen und Plakate.

Preislied, panegyrisch-episches Einzellied der german. Dichtung, das z. T. im Wechselgesang zweier Berufssänger an Fürstenhöfen vorgetragen wurde (→Skaldendichtung). Ob das ahd. →Ludwigslied in diesen Zusammenhang gehört, ist umstritten, da dieses erst in christl. Zeit entstanden ist. Die weltliche mittelalterl. Lyrik kennt vorwiegend den Fürstenpreis (z. B. WALTHER VON DER VOGELWEIDE) und den Frauenpreis des Minnesangs.

Preis-Lohn-Spirale, die →Lohn-Preis-Spirale.

Preisniveau [-ni'vo:], gewogener Durchschnitt aller wesentl. Preise einer Volkswirtschaft, gemessen durch umfassende Preisindizes (→Preisindex). Der reziproke Wert des P. entspricht der →Kaufkraft.

Preisnotierung, direkte Notierung, *Börsenwesen:* →Devisen, →Kurs.

Preispolitik, die Gesamtheit aller Maßnahmen zur Beeinflussung von Preisen. Die **betriebliche P. (Entgeltpolitik)** umfasst alle Entscheidungen zur Bestimmung und Durchsetzung von Beschaffungs- bzw. Absatzpreisen bestimmter Güter. Dazu zählen neben Maßnahmen der Marktforschung nicht nur die an den Kosten orientierte Preiskalkulation, sondern auch die Festlegung einer langfristigen Preisstrategie, die Preisdifferenzierung und -variation, die Abstimmung der Angebotspreise innerhalb des Sortiments (Preislinienpolitik) sowie Maßnahmen zur Preisdurchsetzung, die z.T. in andere Bereiche des Marketinginstrumentariums hineinreichen (z.B. Konditionenpolitik). Die P. kann nicht losgelöst von der Produktpolitik betrieben werden, da für den Markterfolg das Verhältnis zw. Entgelt und Leistung entscheidend ist.

Wichtige Determinanten der P. sind die Kosten- und Liquiditätssituation, die Attraktivität des eigenen Leistungsangebots sowie die Wettbewerbsbedingungen am Markt. Demzufolge vermischen sich in der Praxis kostenorientierte (progressive) Preisfindungsmethoden (z.B. Berechnung einer Preisuntergrenze) mit markt- und konkurrenzorientierten (retrograden) Preisfindungsmethoden (z.B. Berechnung administrierter Preise, Mischkalkulation). Die v.a. auf wettbewerbsintensiven Märkten hohe Reaktionsverbundenheit der eigenen Preise mit denen der Wettbewerber schafft für die P. hohe Risiken. Einen weiteren Unsicherheitsfaktor birgt das Preisverhalten der potenziellen Abnehmer (Preisbewusstsein).

Die **staatliche P. (staatliche Preisregulierung)** umfasst Eingriffe des Staates in die einzelwirtschaftl. Preisbildung zur Beeinflussung des Preisniveaus, bestimmter Preisrelationen oder einzelner Preise. Die direkte staatl. P. (Preislenkung) bedient sich der Preisüberwachung, örtl. Preiskontrollen und Preisfestlegungen (z.B. Höchst-, Mindest-, Richtpreis), gezielter Subventionen für bestimmte Produkte sowie der Vorschriften zur Preisermittlung bei öffentl. Aufträgen (→öffentliche Auftragsvergabe). Als indirekte staatl. P. wirken Maßhalteappelle, Orientierungsdaten sowie Maßnahmen der Antiinflations- und Wettbewerbspolitik. Auch die Öffnung der Grenzen für den Import hat große preispolit. Bedeutung, da sie die inländ. Anbieter zwingt, ihre Preise so zu setzen, dass sie im internat. Wettbewerb bestehen.

K. KLEPS u. G. BOMBACH: Staatl. P. (1984); H. DILLER: P. (²1991); H. SIMON: Preismanagement. Analyse, Strategie, Umsetzung (²1992); DERS.: Preismanagement kompakt. Probleme u. Methoden des modernen pricing (1995); H. SCHMALEN: P. (²1995).

Preisrecht, die Gesamtheit der Rechtsvorschriften über eine mögliche staatl. Preisregelung, deren Grundlage das **Preisgesetz** vom 10. 4. 1948 ist. Tatsächlich ist die staatl. Preisbewirtschaftung seither weitgehend beseitigt worden, v.a. durch die Preisfreigabeanordnung vom 25. 6. 1948 und später durch die Preisfreigabeverordnungen vom 12. 12. 1967 und 12. 5. 1982. In Sonderbereichen bestehen aber, auf den unterschiedlichsten Rechtsgrundlagen und mit unterschiedl. Zielsetzungen, auch heute noch Systeme staatl. Preislenkung, so z.B. für elektr. Energie, Arzneimittel, Architektenleistungen, öffentl. Aufträge, Verkehrsleistungen, Mieten für Wohnungen des sozialen Wohnungsbaus. Verträge, die Preisvorschriften verletzen, sind i.d.R. zu den gesetzl. Preisen rechtswirksam. Verstöße gegen das P. werden nach dem Wirtschaftsstrafgesetz i.d.F. v. 3. 6. 1975 geahndet.

Auch in *Österreich* ist die Preisfestsetzung grundsätzlich Gegenstand der im Wirtschaftsverkehr abgeschlossenen Verträge. Das Preis-Ges. 1992 ermächtigt den Bundes-Min. für wirtschaftl. Angelegenheiten auf Antrag oder von Amts wegen zur Preisbestimmung in Fällen einer drohenden oder bereits eingetretenen Versorgungsstörung bei einem Sachgut oder einer Leistung oder für Sachgüter, für die Lenkungs- oder Bewirtschaftungsmaßnahmen getroffen werden. Auch Arzneimittel und leitungsgebundene Energien können einer behördl. Preisfestsetzung unterliegen. § 7 enthält eine Verpflichtung zur Weitergabe von Abgabensenkungen, § 16 regelt die Strafbarkeit der Preistreiberei.

In der *Schweiz* unterliegt aufgrund der verfassungsmäßig garantierten Handels- und Gewerbefreiheit (Art. 31 Bundes-Verf.) die Preisgestaltung unter Vorbehalt privat- und strafrechtl. Bestimmungen über die Übervorteilung bzw. den Wucher (Art. 21 OR, Art. 157 StGB) dem Grundsatz nach keinen Beschränkungen. In Wirklichkeit bestehen aber in zahlreichen Bereichen der Wirtschaft staatl. Preisvorschriften oder behördlich genehmigte Tarife (z.B. im öffentl. Verkehrswesen, im Gesundheitsbereich, in der Landwirtschaft, im Privatversicherungsbereich) sowie preisl. Schutzvorschriften zugunsten bestimmter Personengruppen (so v.a. bei der Miete von Wohn- und Geschäftsräumen). Behördlich nicht festgesetzte Preise von Waren, Dienstleistungen und Krediten, die auf Wettbewerbsabreden beruhen oder durch marktmächtige Unternehmen bestimmt werden und nicht das Ergebnis wirksamen Wettbewerbs auf dem betreffenden Markt sind, unterliegen generell der Preisüberwachung (Preisüberwachungs-Ges. vom 20. 12. 1985, mehrfach geändert). Missbräuchl. Preiserhöhungen können vom Preisüberwacher untersagt werden; dieser kann ggf. auch Preissenkungen verfügen.

Preissová ['prajsɔva:], Gabriela, geb. **Sekerová** [-va:], tschech. Schriftstellerin, *Kuttenberg 23. 3. 1862, †Prag 27. 3. 1946; schilderte in realist. Erzählungen (›Obrázky ze Slovácka‹, 1886) und Dramen das Leben in den slowak. Dörfern SO-Mährens, wobei sie gesellschaftl. Vorurteile bekämpfte und für die Rechte der Frauen eintrat; auch Romane und Erzählungen aus dem Prager Milieu.

Weitere Werke: *Dramen:* Gazdina roba (1889); Její pastorkyňa (1891; dt. Jenufa).

Ausgabe: Spisy sebrané, 19 Bde. (1910–18).

Preis|stopp, Mittel der staatl. Preispolitik in Form von Höchst-, Fest- oder Mindestpreisen. Die durch einen P. erhoffte inflationseindämmende Wirkung von Höchst- und Festpreisen ist umstritten, weil sich bei längerfristigem P. Schwarzmärkte mit höheren Preisen bilden können oder die Inflation nur zeitweilig unterbrochen wird, da der aufgestaute Nachholbedarf bei Aufhebung des P. für einen neuerl. Preisauftrieb sorgt (zurückgestaute Inflation). Deshalb erscheint ein P. außer in Kriegszeiten nur als kurzfristige Maßnahme sinnvoll, um die Inflationserwartungen zu korrigieren.

Preis|tender, Form eines Pensionsgeschäfts mit Wertpapieren (→Tenderverfahren).

Preis|theori|en, →Preis.

Preis|treiberei, Preis|überhöhung, nach dem Wirtschaftsstraf-Ges. (WiStG) eine mit Geldbuße (bis zu 50000 DM) bedrohte Ordnungswidrigkeit, die begeht, wer vorsätzlich oder leichtfertig in befugter oder unbefugter Betätigung in einem Beruf oder Gewerbe für Gegenstände/Leistungen lebenswichtigen Bedarfs Entgelte fordert, verspricht, vereinbart, annimmt oder gewährt, die infolge einer Beschränkung des Wettbewerbs oder infolge der Ausnutzung einer wirtschaftl. Machtstellung oder einer Mangellage unangemessen hoch sind. Entsprechendes gilt für →Mietpreisüberhöhung (§ 5 WiStG, Geldbuße bis 100000 DM). Verstöße gegen das →Preisrecht werden nach § 3 WiStG geahndet.

Preis|untergrenze, *Betriebswirtschaftslehre:* ein Preis, den ein Anbieter mindestens erreichen will, bevor er sein Angebot zurückzieht. Unter Kostengesichtspunkten errechnet sich die P. kurzfristig aus der Deckung der variablen Stückkosten, langfristig wird die P. und damit die Angebotsmenge auch von der Einbeziehung der Fixkosten bestimmt (totale Durchschnittskosten). Im Rahmen der Mischkalkulation und im Fall von Liquiditätskrisen können aber auch Preise unterhalb dieser Kostenschwellen zweckmäßig sein. Der P. des Anbieters entspricht die **Preisobergrenze** für den Nachfrager.

Prellen 2): Darstellung des Prellens auf dem Gemälde ›El Pelele‹ von Francisco de Goya y Lucientes; 1791/92 (Ausschnitt; Madrid, Prado)

Prekativ [lat. precativus ›bittweise geschehend‹] *der, -/-e, Sprachwissenschaft:* Modus zum Ausdruck der Bitte (z. B. in den Turksprachen).

Prekmurje *das,* dt. **Übermurgebiet,** der nordöstlichste Teil Sloweniens, nördlich der Mur; überwiegend Landwirtschaftsgebiet; das bis zu 390 m ü. M. ansteigende Tertiärhügelland im N (Goričko) ist ein Weinbaugebiet mit Weilersiedlungen. Wichtigste Stadt ist Murska Sobota (13 800 Ew.); um Lendava ergiebige Erdölvorkommen. – Das P. gehörte bis 1918 zur ungar. Reichshälfte der Donaumonarchie und war in seinem Hauptteil von Slowenen, im westl. Grenzsaum bis 1945 von Deutschen bewohnt. Landschaft und Siedlungen zeigen deutl. Anklänge an Ungarn.

Vladimir Prelog

Preljocaj [-ˈtsaɪ], Angelin, frz. Tänzer, Ballettdirektor und Choreograph alban. Herkunft, * 19. 1. 1957; studierte klass. Ballett an der École Compagnie de Ballet de Paris und war dann Tänzer in versch. Kompanien. 1984 gründete er in Paris das Ballet P., das heute in Aix-en-Provence ansässig ist, und entwickelte mit seinem Ensemble eine energet. Bewegungssprache, die ihn rasch zu einem der gefragtesten Choreographen Frankreichs werden ließ.

Choreographien: Amer America (1990); Le Parc (1994); L'Anoure (1995); Feuervogel (1995).

Prellball, in der Halle ausgetragenes Rückschlagspiel für Männer und Frauen zw. zwei Vierermannschaften (2 × 10 min). Der Hohlball muss über einen Prellbock oder eine Leine von 35–40 cm Höhe (in der Mitte des 8 × 16 m großen Feldes) mit der Faust ins gegner. Feld geschlagen (geprellt) werden. Im eigenen Feld darf der Ball bis zu dreimal geschlagen werden. Die Regeln entsprechen denen des →Faustballs. Organisiert wird P. in Dtl. durch den Dt. Turner-Bund (→Turnen); in Österreich besteht als eigenständige Organisation der Österr. P.-Verband (ÖPV, Sitz: Wien).

Prellen, 1) *Elektronik:* unerwünschte Erscheinung bei Relais und anderen mechan. Schaltkontakten durch die Federwirkung der Schaltstücke. Durch sie kommt es beim Einschaltvorgang zu ein- oder mehrmaligem kurzzeitigem Öffnen und Schließen des Kontaktes, bevor der Stromkreis endgültig geschlossen ist. Das P. kann bei der Ansteuerung elektron. Schaltkreise (v. a. digitaler Baugruppen) zur Erzeugung ungewollter Impulse führen, und es verlängert die Schaltzeiten. Durch konstruktive Maßnahmen und/oder Nachschaltung von elektron. Schaltungen (z. B. Integriergliedern) kann das P. vermieden werden.

2) ein seit der Antike bezeugter *Volksbrauch,* bei dem ein Mensch, ein Tier oder eine Puppe auf einem Tuch oder einer Tierhaut in die Höhe geschnellt und wieder aufgefangen wird. Das P. ist als Schau-, Straf-, Initiations- und Jagdbrauch nachgewiesen. Beim Fuchs-P. wurden lebend gefangene Füchse oder Wölfe durch Aufprellen auf den Boden mithilfe eines Netzes zu Tode gequält. Seit dem MA. wurden im Zusammenhang mit der Gesellentaufe bei den Metzgern und Gerbern Neulinge auf einer Tierhaut geprellt. Heute lebt der Brauch z. B. in Mecheln in der Figur des ›Opsinjoorke‹ (Symbol des konkurrierenden Antwerpen) fort, der bei Umzügen mitgeführt wird.

Preller, Friedrich, d. Ä., Maler und Zeichner, * Eisenach 25. 4. 1804, † Weimar 23. 4. 1878; lehrte nach Studien in Weimar (Heinrich Meyer), Dresden und Antwerpen seit 1832 an der Zeichenschule in Weimar. Angeregt von J. A. Koch in Rom (1828–31), malte P. heroische Landschaften von klassizistisch-romant. Charakter, später bevorzugte er mytholog. Themen (Odysseefresken für das ›Röm. Haus‹ des Verlegers H. Härtel in Leipzig, 1832–34, 1904 in die Univ.-Bibliothek ebd. überführt; Kriegsverlust).

Prellerei, im Rechtssinn ein Unterfall des Betruges, bes. an Gastwirten, strafbar nach § 263 StGB; in *Österreich* nach § 146 StGB; das *schweizer.* StGB enthält in Art. 149 als besonderen Tatbestand die **Zechprellerei.**

Prellung, durch stumpfe Gewalteinwirkung (Schlag, Stoß, Fall) hervorgerufene leichte Gewebequetschung (Contusio). Am häufigsten treten P. der Gliedmaßen und des Oberkörpers auf, von denen Haut und Unterhautzellgewebe, Muskeln, Knochen und Knochenhaut betroffen sind. Sie sind oft mit starken Spannungsschmerzen verbunden und führen zu Blutergüssen.

Prelog, Vladimir, schweizer. Chemiker kroat. Herkunft, * Sarajevo 23. 7. 1906, † Zürich 7. 1. 1998; war 1940–42 Prof. in Zagreb, danach an der ETH in Zürich. P. arbeitete v. a. über die Stereochemie organ. Verbindungen und den Zusammenhang zw. dem Verlauf organ. Reaktionen und der geometr. Form der beteiligten Moleküle, wobei bes. die Untersuchungen der in zwei spiegelbildl. Formen vorkommenden chiralen Moleküle für das Verständnis biolog. Prozesse bedeutungsvoll sind. P. erhielt 1975 für diese Arbeiten (mit J. W. Cornforth) den Nobelpreis für Chemie.

Prélude à l'après-midi d'un faune [preˈlyd alaprɛmiˈdi dœ̃ fon], Orchesterwerk von C. Debussy (1892–94), nach der Dichtung ›L'après-midi d'un faune‹ von S. Mallarmé (1876).

préludes, Les [lɛpreˈlyd], sinfon. Dichtung von F. Liszt (1854), nach den Gedichten ›Nouvelles méditations poétiques‹ (1823) von A. de Lamartine.

Premiere [prəˈmjeːrə; frz., zu premier ›Erster‹] **1)** *die, -/-n,* Ur- oder Erstaufführung eines Bühnenstücks (auch einer Neuinszenierung), einer Oper oder eines Films.

2) 1991 gestarteter Pay-TV-Sender, Sitz: Hamburg. Ausgestrahlt wird über Kabel und Satellit ein werbefreies Programm mit den Schwerpunkten Spielfilme, Sport, Dokumentationen und Erotik. Gesellschafter sind (1997) die Bertelsmann-Tochter CLT-Ufa und die Kirch-Gruppe (je 50 %). 1996 hatte P. 1,5 Mio. Abonnenten; Umsatz: 579 Mio. DM, Mitarbeiter: 800. –

Um den Ausbau des digitalen Fernsehmarktes voranzutreiben, verständigten sich Kirch-Gruppe (Eigner des digitalen Pay-TV-Kanals DF 1; 40 000 Abonnenten) und Bertelsmann AG im Sommer 1997 auf einen einheitl. techn. Standard und die Fusion beider Sender unter dem Dach von Premiere. (→Pay-TV, →Privatfernsehen, ÜBERSICHT)

Premières Côtes de Bordeaux [prəˈmjɛ:r ko:t də bɔrˈdo], schmales Weinbaugebiet südöstlich von Bordeaux, Frankreich, erstreckt sich über 60 km am rechten Ufer der Garonne; erzeugt werden jährlich rd. 100 000 hl Wein, zu drei Vierteln trockene Rotweine; die Weißweine dieser Appellation (v. a. im S erzeugt) dürfen dagegen seit 1981 nicht mehr trocken sein.

Premier League [ˈprəmiə li:g, engl.], *Fußball:* höchste engl. Spielklasse; zählt zu den spielstärksten europ. Ligen.

Premierminister [prəˈmie-, frz.] *der, -s/-,* Kurz-Bez. **Premier,** erster Minister, Reg.-Chef (z. B. in Frankreich, Großbritannien).

Preminger, Otto Ludwig, amerikan. (seit 1943) Schauspieler, Regisseur und Filmproduzent österr. Herkunft, * Wien 5. 12. 1906, † New York 23. 4. 1986; Schauspieler und Assistent bei M. REINHARDT; übernahm vorübergehend die Leitung des Wiener Theaters in der Josefstadt; erste Filmregie 1931; emigrierte 1935 in die USA, arbeitete am Broadway, dann in Hollywood für 20th Century-Fox; ab den frühen 50er-Jahren unabhängiger Produzent.

Filme: Laura (1944); Amber, die große Kurtisane (1947); Carmen Jones (1954); Der Mann mit dem goldenen Arm (1955); Bonjour Tristesse (1957); Die hl. Johanna (1957); Anatomie eines Mordes (1959); Porgy und Bess (1959); Exodus (1960); Sturm über Washington (1961); Der Kardinal (1963); Unternehmen Rosebud (1974); The Human Factor (1979).

G. PRATLEY: The cinema of O. P. (London 1971); W. FRISCHAUER: Behind the scenes of O. P., an unauthorized biography (ebd. 1973).

Premio Bagutta, ältester der heute noch existierenden ital. Literaturpreise (begründet 1926), benannt nach einer Trattoria in Mailand, in der sich Künstler und Journalisten zu treffen pflegten; seit 1927 jährlich an einen zeitgenöss. ital. Autor verliehen.

Premio Campiello, 1963 von der Associazione degli Industriali del Veneto gestifteter Literaturpreis für erzählende Werke in ital. Sprache; wird seitdem jährlich an fünf Schriftsteller verliehen, von denen einer den ›Super-Campiello‹ erhält.

Premio E. Balzan [-ˈzan], **Balzan-Preis,** Preis, der jährlich auf i. d. R. drei (wechselnden) Gebieten im Bereich von Kultur und Wiss. und unregelmäßig für bes. verdienstvolle Leistungen für Frieden und Brüderlichkeit unter den Völkern abwechselnd in Italien und der Schweiz verliehen wird. Träger sind zwei Stiftungen, urspr. (1956) als Fondazione P. E. B. errichtet von ANGELA LINA DANIELI, geb. BALZAN († 1957), in Bern aus dem Vermögen ihres Vaters EUGENIO BALZAN (* 1874, † 1953), der als Mitinhaber des Mailänder ›Corriere della Sera‹ 1933 in die Schweiz emigriert war. Seit 1961 nach ital. und schweizer. Recht getrennt als Fondazione internazionale P. E. B., Fondo (Sitz: Zürich) und Premio (Sitz: Mailand). Die Höhe der jährlich (außer 1963–77) verliehenen, i. d. R. gleichmäßig aufgeteilten drei Preise beträgt (1996) je Einzelpreis 500 000 sfr (für den Friedenspreis 1 Mio. sfr).

Premio Miguel de Cervantes [miˈɣɛl de θɛrˈβantes], **Cervantes-Preis,** span. Nationalpreis für Literatur, der seit 1976 jährlich vom span. Kulturministerium an einen span. oder spanisch schreibenden lateinamerikan. Schriftsteller verliehen und am Todestag von M. DE CERVANTES SAAVEDRA (23. April) überreicht wird. Dotierung: 12 Mio. Peseten. Preisträger: J. GUILLÉN (1976), A. CARPENTIER (1977), D. ALONSO (1978), G. DIEGO CENDOYA und J. L. BORGES (1979), J. C. ONETTI (1980), O. PAZ (1981), L. ROSALES CAMACHO (1982), R. ALBERTI (1983), E. SÁBATO (1984), G. TORRENTE BALLESTER (1985), A. BUERO VALLEJO (1986), C. FUENTES (1987), MARÍA ZAMBRANO (1988), A. ROA BASTOS (1989), A. BIOY CASARES (1990), F. AYALA (1991), DULCE MARÍA LOYNAZ (1992), M. DELIBES (1993), M. VARGAS LLOSA (1994), C. J. CELA (1995), J. GARCÍA NIETO (1996), G. CABRERA INFANTE (1997).

Premio Nadal, span. Literaturpreis, gestiftet 1944 von der Wochenzeitschrift ›Destino‹ (Barcelona) zur Erinnerung an den Schriftsteller und Journalisten EUGENIO NADAL († 1944), wird jährlich (v. a. an Nachwuchsautoren) für den besten unveröffentlichten Roman in span. Sprache verliehen.

Otto L. Preminger

Premio Strega, ital. Literaturpreis, 1947 von dem Schriftstellerehepaar GOFFREDO (* 1882, † 1964) und MARIA BELLONCI (* 1902, † 1986) initiiert, benannt nach der von seinem Stifter, dem Spirituosenfabrikanten GUIDO ALBERTI (* 1909, † 1996), hergestellten Marke ›Strega‹; wird jährlich für Werke der erzählenden Literatur vergeben. Preisträger waren u. a. C. PAVESE (1950), G. BASSANI (1956), NATALIA GINZBURG (1963), F. TOMIZZA (1977), U. ECO (1981), P. VOLPONI (1991), D. REA (1993).

Premio Viareggio [- viaˈreddʒo], 1929 auf Veranlassung der Schriftsteller L. REPACI, CARLO SALSA (* 1893, † 1962) und ALBERTO COLANTUONI (* 1880, † 1966) gestifteter, seitdem jährlich (ausgenommen 1940–45) in Viareggio verliehener ital. Literaturpreis, urspr. (bis 1949) nur für erzählende Werke, heute auch für Lyrik, Dramen, Essays u. a. vergeben. Preisträger waren u. a. R. BACCHELLI (1936), A. PALAZZESCHI (1948), I. CALVINO (1957), P. LEVI (1982).

premium [engl. to be at premium ›hoch im Kurs stehen‹], *Wirtschaft:* Bez. für Produkte (und Dienstleistungen), die sich durch deutlich höhere Qualität (und höheren Preis), aber auch durch natürl. oder künstl. Knappheit von denen der Mitbewerber unterscheiden.

Premnitz, Stadt im Landkreis Havelland, Bbg., 31 m ü. M., an der unteren Havel, am W-Rand des Havellandes, 10 000 Ew.; Chemiefaserwerk. – P. wird 1375 erstmals genannt. 1915 wurde in P. eines der größten dt. Sprengstoffwerke angesiedelt; 1919 begann die Produktion von Kunstfasern. 1962 wurde P. zur Stadt erhoben.

Prémontré [premɔ̃ˈtre], das Stammkloster der nach P. benannten →Prämonstratenser, bei Laon gelegen; abgeleitet von lat. ›Pratum monstratum‹, nach der Legende eine (von Gott) ›gezeigte Wiese‹. Die Abtei P. wurde 1790 aufgehoben und bestand nach ihrer Wiedererrichtung 1856 noch einmal für zwei Jahre.

Přemysl [ˈprʃɛmisl], tschech. **P. Oráč** [- a:tʃ, ›P. der Pflüger‹], **Przemysl** [ˈpʃɛ-], **Primizl,** nach der Chronik des COSMAS VON PRAG (1119/21–25) ein böhm. Bauer, der als Gemahl der →LIBUSSA im ersten Viertel des 8. Jh. Stammvater der Dynastie der **Přemysliden (Przemysliden)** wurde, dem führenden Geschlecht Böhmens bis 1306. Historisch fassbar mit Herzog BOŘIWOJ (850–894), der den Stamm der Tschechen (Čechi) zu einen vermochte und sich Weihnachten 869 mit seiner Gemahlin LUDMILLA taufen ließ; die Přemysliden als Herzöge von Böhmen anerkannten 929 und 950 die Lehnshoheit der dt. (Röm.) Könige, sie erwarben 1198 mit OTTOKAR I. P. die (seit 1212) erbl. Königswürde, machten Böhmen zur Großmacht (König OTTOKAR II. P.) und starben 1306 mit König WENZEL III. im Mannesstamm aus.

Prenanthes [zu griech. prēnḗs ›vornüber geneigt‹ und ánthos ›Blüte‹], die Pflanzengattung →Hasenlattich.

Prendergast [ˈprendəgæst], Maurice Brazil, amerikan. Maler, * Saint John's (Kanada) 10. 10. 1859, † New York 1. 2. 1924; studierte 1891–94 in Paris, gehörte zur Künstlergruppe ›The Eight‹ (→Ashcan School). Er ist vom Neoimpressionismus beeinflusst, zeigt aber einen eigenen naiv-lyr. Stil. Er malte Parklandschaften, Picknick-, Strand- und Straßenszenen.

C. CLARK u. a.: M. B. P., Charles P. A catalogue raisonné (Williamstown, Mass., 1990); M. P., bearb. v. N. M. MATHEWS, Ausst.-Kat. (München 1990).

Maurice B. Prendergast: Central Park; Aquarell, 1901 (New York, Whitney Museum of American Art)

Prẹnsa, La P. [span. ›Die Presse‹], Titel mehrerer mittel- und südamerikan. Tageszeitungen; internat. Ansehen gewann das unabhängige argentin. Blatt ›La P.‹ (gegr. 1869). Es wurde 1951 zeitweilig eingestellt, dann bis 1956 vom peronist. Gewerkschaftsbund herausgegeben, seitdem wieder in Privatbesitz (Auflage 1997: 100 000 Exemplare).

Prenzlau Stadtwappen

Prẹnzlau, Kreisstadt des Landkreises Uckermark, Bbg., 30 m ü. M., am Austritt der Uecker aus dem Unterueckersee (11,6 km^2), 21 400 Ew.; kulturhistor. Museum, Sternwarte; Trockenmilchwerk, Herstellung von Speiseeis, Holz-, elektrotechn. Industrie, Armaturenbau; Eisenbahnknotenpunkt. – Trotz starker Kriegszerstörungen (1945) sind Reste der Stadtmauern (13. Jh.) mit Türmen und Wiekhäusern sowie die frühgot. Dreifaltigkeitskirche (ehem. Franziskanerkirche; Mitte 13. Jh.) und die Klostergebäude des ehem. Dominikanerklosters (Mitte 14. Jh.; heute Museum) erhalten; die zugehörige Kirche (heutige Nikolaikirche; 1275 begonnen) wurde wiederhergestellt, ebenso die got. Marienkirche (1325–40, auf Vorgängerbau des 13. Jh.) mit reich gegliedertem Ostgiebel. – 1187 erstmals urkundlich erwähnt, 1234 Stadtrecht durch Herzog BARNIM I. von Pommern, fiel 1250 an die Markgrafen von Brandenburg, wurde Ende des 17. Jh. Garnisonstadt.

Prẹnzlauer Berg, Verw.-Bez. von Berlin, 10,95 km^2, 138 700 Ew.; erstreckt sich um die Hauptmagistralen Schönhauser Allee, Prenzlauer Allee, Greifswalder Straße und Danziger Straße und besitzt nach Kreuzberg die größte Bev.-Dichte aller Berliner Verw.-Bez. Charakteristisch sind Mietskasernenviertel mit Hinterhöfen, die zu 70 % schon vor 1920 entstanden und heute stark sanierungsbedürftig sind. P. B. gehört zu den industriearmen Bez.; die Wirtschaftsstruktur wird vom Dienstleistungssektor geprägt. In den 70er-Jahren entwickelte sich der Bezirk zu einer Nische vielfältigen kulturellen Wirkens und wurde so zu einer Keimzelle der sich Ende der 80er-Jahre formierenden DDR-Opposition.

Preobraschẹnskaja, Olga, russisch-frz. Tänzerin, * Sankt Petersburg 21. 1. 1870, † Saint-Mande (Dép. Val-de-Marne) 27. 12. 1962; war 1879–89 Schülerin der kaiserl. Ballettschule in Sankt Petersburg, dann Mitgl. des dortigen Marientheaters, ab 1900 Primaballerina; tanzte alle klass. Rollen, v. a. in den Balletten von M. PETIPA; ließ sich 1923 in Paris nieder, wo sie bis 1960 als Pädagogin wirkte.

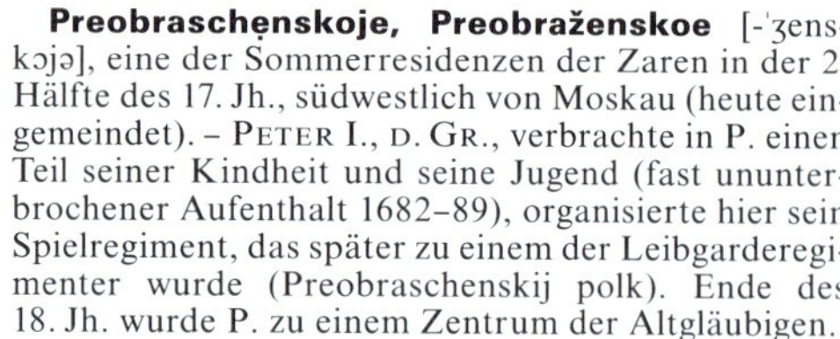

Preobraschẹnskoje, Preobraženskoe [-ˈʒenskɔjə], eine der Sommerresidenzen der Zaren in der 2. Hälfte des 17. Jh., südwestlich von Moskau (heute eingemeindet). – PETER I., D. GR., verbrachte in P. einen Teil seiner Kindheit und seine Jugend (fast ununterbrochener Aufenthalt 1682–89), organisierte hier sein Spielregiment, das später zu einem der Leibgarderegimenter wurde (Preobraschenskij polk). Ende des 18. Jh. wurde P. zu einem Zentrum der Altgläubigen.

Prepolymẹre, →Oligomere.

Prẹpreg [engl., verkürzt aus pre-impregnated ›vorimprägniert‹], →glasfaserverstärkte Kunststoffe.

Preradović, 1) [preˈraːdovɪtʃ], Paula, eigtl. **P. von P.,** verh. **Mọlden,** österr. Dichterin, * Wien 12. 10. 1887, † ebd. 25. 5. 1951, Enkelin von 2); Mutter des Verlegers FRITZ MOLDEN (* 1924). In der Zeit des Nationalsozialismus wurde sie mit ihrem Mann ERNST MOLDEN (* 1886, † 1953), dem Begründer der Zeitung ›Die Presse‹, wegen Teilnahme an der Widerstandsbewegung verfolgt. P. schrieb den Text der neuen österr. Bundeshymne.

2) [ˈprɛradɔvitɕ], Petar von (seit 1864), kroat. Dichter, * Grabovnica (Kroatien) 19. 3. 1818, † Fahrafeld (NÖ) 18. 8. 1872, Großvater von 1); Offizier in österr. Diensten, seit 1866 General; begann mit Lyrik unter dem Einfluss der dt. Romantik (vorwiegend in dt. Sprache) und wurde mit seinen patriot. Dichtungen neben I. MAZURANIĆ zum bedeutendsten Dichter des Illyrismus; auch Epiker und Dramatiker.

D. JANUS: Pervenci. Unters. zur Sprache der frühen Lyrik v. P. P. (1980).

Prẹrau, tschech. **Přerov** [ˈprʃɛrɔf], Stadt im Nordmähr. Gebiet, Tschech. Rep., 212 m ü. M., an der Bečva, 50 800 Ew.; Comeniusmuseum (im Schloss); Maschinenbau, Kunststoff- und Düngemittelherstellung, feinwerktechnisch-opt. und Nahrungsmittelindustrie; Eisenbahnknotenpunkt, Flugplatz. – Die Stadt wurde mehrfach zerstört. Verschont blieben die ehem. Burg, später zu einem Renaissanceschloss umgebaut, die roman. Georgskirche sowie die got. Laurentiuskirche. – Seit dem 11. Jh. ein Zentrum N-Mährens, wurde P. 1252 königl. Stadt. – In P. wirkte 1614–18 J. A. COMENIUS.

Prẹrow [-ro], **Ostseebad P.,** Gem. im Landkreis Nordvorpommern, Meckl.-Vorp., im N vom Darß, 1 900 Ew.; Darßmuseum, Natureum Darßer Ort (Außenstelle des Stralsunder Meeresmuseums). – Seemannskirche (1726–28), Kulturkaten ›Kiek In‹ (Kleinkunstbühne); Seebrücke (390 m lang).

Presanẹlla *die,* Massiv der →Adamellogruppe, Italien.

Presbyakụsis, die →Altersschwerhörigkeit.

Presbyopịe, die →Alterssichtigkeit.

Prẹsbyter [kirchenlat., von griech. presbýteros ›der Ältere‹] *der, -s/-,* **1)** *Christentum:* 1) Urkirche: bewährte christl. Gemeindeglieder mit kollegialer Leitungsfunktion; seit dem 2. Jh. n. Chr. mit einem Episkopos (Bischof) an der Spitze; 2) kath. Kirche: Bez. für den Priester; 3) ev. Kirchen: in einigen dt. Landeskirchen Bez. für die Mitgl. des →Gemeindekirchenrats.

2) *Judentum:* urspr. die Familien- oder Ortsoberhäupter, dann Mitgl. des Gemeindevorstandes. Im N. T. treten sie als Gruppe des Synedrions hervor (z. B. Mt. 27, 41; Apg. 22, 5).

Presbyterịalverfassung, dem ref. Kirchenverständnis entspringender Typ der →Kirchenverfassung, der die Kirchenleitung dem presbyterialen Kollegialorgan der Gemeinde übertrug; findet heute durch Beteiligung der versch. Kollegialorgane am gesamtkirchl. Handeln seinen Ausdruck.

Presbyterịaner, v. a. im angelsächs. Raum (bes. Schottland und USA) Bez. für die Mitgl. der →reformierten Kirchen. Ihre Kirchenordnungen beruhen auf

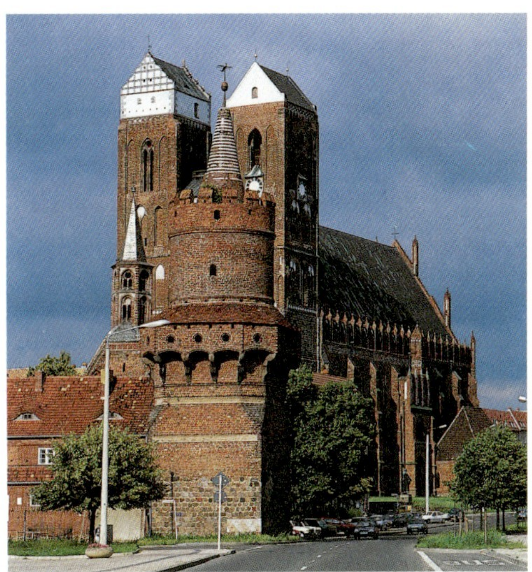

Prenzlau: Marienkirche (1325–40 auf Vorgängerbau des 13. Jh.), Ansicht von Südwesten; im Bildvordergrund Turm des Mitteltores der Stadtbefestigung (15. Jh.)

der Presbyterialverfassung und sehen nur ein Amt, das des gewählten Presbyters, vor. Die P. unterscheiden sich damit von den Kongregationalisten (→Kongregationalismus). Die ersten presbyterialen Kirchenordnungen entstanden auf der Grundlage der Theologie J. CALVINS in Frankreich (1559, Kirchenordnung der Hugenotten) und Schottland (1560). Die allen P. gemeinsame Bekenntnisgrundlage ist die 1647 auf der Synode von Westminster formulierte →Westminster Confession. 1875 gründeten presbyterian. Kirchen den →Reformierten Weltbund.

Presbyterium *das, -s/...ri|en,* **1)** *Baukunst:* der Hochaltarraum in der Apsis.

2) *ev. Kirchen:* der →Gemeindekirchenrat.

3) *kath. Kirche:* seit dem 2. Vatikan. Konzil (1962–65) die Gesamtheit der Priester einer Diözese. Sie wird als eine unter dem Bischof als ihrem Haupt stehende Gemeinschaft verstanden und wird bei ihm vertreten durch den →Priesterrat.

Preschau, Stadt in der Slowak. Rep., →Prešov.

Prescott ['preskət], William Hickling, amerikan. Historiker, *Salem (Mass.) 4. 5. 1796, †Boston (Mass.) 28. 1. 1859; ausgebildet an der Harvard University (1811–14), verlor früh fast seine gesamte Sehfähigkeit. P. war einer der Begründer der polit. Geschichtsschreibung in den USA vor der Übernahme historisch-krit. Methoden. Seine unter dem Einfluss von W. SCOTT in glänzendem Erzählstil verfassten Werke zur Geschichte Spaniens und dessen Eroberungen (›History of the conquest of Mexico‹, 3 Bde., 1843; ›History of the conquest of Peru‹, 2 Bde., 1847) sind geprägt von prot. bürgerlich-liberalem Denken, genießen aber wegen ihrer sorgfältigen Verarbeitung der Quellen bis heute wiss. Ansehen.

Ausgabe: The works, hg. v. W. H. MUNRO, 22 Bde. (1904, Nachdr. 1968).

C. H. GARDINER: W. H. P. (Austin, Tex., 1969).

William H. Prescott

Prešeren [prɛ'ʃe:rən], France, slowen. Dichter, *Vrba (bei Bled) 3. 12. 1800, †Kranj 8. 2. 1849; studierte Philosophie und Jura in Wien und wurde 1846 Rechtsanwalt in Kranj. P. gilt als größter Lyriker der Slowenen und einer der bedeutendsten Dichter der Südslawen. Durch seine Beherrschung der verschiedensten dichter. Formen und durch die Ausdrucksfähigkeit seiner Sprache wurde er zum Begründer der modernen slowen. Literatursprache. Sein Bekenntnis zum slowen. Volk und zur Sendung des Dichters trug erheblich zur Stärkung des Nationalgedankens bei. Neben Gedichten (v.a. ›Sonetni venez‹, 1834; dt. ›Sonettenkranz‹), die die slowen. Literatur der Folgezeit beeinflussten, verfasste er das große histor. Epos ›Krst pri Savici‹ (1836; dt. ›Die Taufe an der Savica‹).

Ausgaben: Zbrano delo, 2 Bde. (1965–66); Zbrano delo (1969).

A. SLODNJAK: Prešernovo življenje (Ljubljana [4]1974); B. PATERNU: F. P. Ein slowen. Dichter 1800–1849 (a.d. Slowen., 1994).

France Prešeren

Presidencia Roque Sáenz Peña [-θia 'rɔkə 'saɛnθ 'peɲa, span.], Stadt in der Prov. Chaco, N-Argentinien, 90 m ü. M., 127 600 Ew.; kath. Bischofssitz; zentraler Ort der Ackerbaukolonien im Gran Chaco mit Baumwoll-Entkernungsanlagen, Ölmühlen, Fleischverarbeitung.

Presidente Prudente [prezi'denti pru'denti], Stadt im Bundesstaat São Paulo, Brasilien, 127 900 Ew.; kath. Bischofssitz; Univ.; Nahrungsmittel-, Holzindustrie, Maschinenbau.

Presidente Vargas [prezi'denti -], früherer Name der Stadt →Itabira, Brasilien.

Preslaw, Stadt in der Region Warna, O-Bulgarien, etwa 13 000 Ew. – 3 km vom heutigen P. entfernt befinden sich die Ruinen des im 8. Jh. von Protobulgaren gegründeten alten P. **(Weliki P.),** das Zar SIMEON I., D. GR. 893 zur neuen Hauptstadt des Ersten Bulgar. Reiches gemacht hatte (Zentrum der altbulgar. Kultur; 919–980 Sitz eines Patriarchats); 968 von Kiew, 971 und 1001 von Byzanz erobert, seit 1185 beim Zweiten Bulgar. Reich, wurde die Stadt 1388 von den Türken erobert und zerstört. In der Nähe bescheiden wieder aufgebaut, hieß im 16.–19. Jh. **Eski-Stambul** (›Alte Hauptstadt‹). – Seit 1927 systemat. Ausgrabungen.

Presle [prɛl], Micheline, eigtl. **M. Chassagne** [ʃa'saɲ], frz. Schauspielerin, *Paris 22. 8. 1922; seit 1938 beim Film; auch Bühnen- und Fernsehdarstellerin.

Filme: Stürm. Jugend (Le diable au corps, 1947); Das Spiel ist aus (1947); Der Held von Mindanao (1952); Die tödl. Falle (1959); Trauen Sie Alfredo einen Mord zu? (1961); Besuch' Mama, Papa muß arbeiten (1977); I want to go home (1988); Algerien, Algerien! – Die Augen von Cécile (1992); Fanfan und Alexandre (1993).

Presley ['preslɪ], Elvis Aaron, amerikan. Rocksänger und Gitarrist, *East Tupelo (Miss.) 8. 1. 1935, †Memphis (Tenn.) 16. 8. 1977; stilprägender Interpret des Rock 'n' Roll, mit dem die Entwicklung der Rockmusik begann; sang auch gefühlvolle Balladen (›Heartbreak hotel‹, ›Love me tender‹, ›Don't be cruel‹, ›It's now or never‹, ›Return to sender‹); arbeitete zunächst als Lastwagenfahrer und begann 1953 als Country-and-Western-Sänger. Seine größten Erfolge als Rocksänger (und Filmstar) hatte er 1956–58 sowie nach einem eindrucksvollen Comeback 1969 (›In the ghetto‹, ›Don't cry daddy‹). P., der mit seiner weichen, vibratoreichen Stimme und einer sinnlich-lasziven Manier als Idol der damaligen Teenagergeneration über große Massensuggestion verfügte, gehörte zu den kommerziell erfolgreichsten amerikan. Show- und Plattenstars. Er wirkte in über 30 Filmen mit.

Filme: Pulverdampf u. heiße Lieder (Love me tender, 1956); Rhythmus hinter Gittern (Jailhouse rock, 1957); Mein Leben ist der Rhythmus (King Creole, 1958); Flammender Stern (1960); Kid Galahad (1962); Elvis – that's the way it is (1970; Dokumentarfilm).

E. P., hg. v. L. CARSON (a.d. Amerikan., 1988); E. P. u. seine Filme, bearb. v. B. SEIBEL u.a. (1988); W. TILGNER: E. P. (Berlin-Ost [3]1989); Elvis, der König des Rock' n' Roll (a.d. Amerikan., 1992); Stationen – E. P., bearb. v. D. JASPER (1994).

Elvis A. Presley

Prešov ['prɛʃɔu̯], dt. **Preschau,** auch **Eperi|es,** ungar. **Eperjes** [-jɛʃ], Stadt im Ostslowak. Gebiet, Slowak. Rep., 257 m ü. M., an der Torysa, nördlich von Kaschau, 93 100 Ew.; kulturelles Zentrum der ukrain.

Minderheit; griechisch-kath. Bischofssitz; griechisch-kath. theolog. Fakultät der Univ. von Kaschau und Orth. Theolog. Fakultät, mehrere Museen, Kunstgalerie; Elektrogeräte- und Präzisionsmaschinenbau, Bekleidungs-, Nahrungsmittel-, Baustoffindustrie und Druckereien; Flugplatz. – Die kath. Nikolauskirche von 1347 wurde im 15. Jh. mit reich figuriertem Gewölbe ausgebaut (1515 vollendet); Wandmalereien (15.–17. Jh.). Die ev. Kirche (16. Jh.) ist mit Rokokodekorationen ausgestattet. Am Hauptplatz das palastartige Rákoczy-Haus (heute Museum) u. a. Häuser im Renaissancestil. Die ehem. Salinenanlage in P.-Solivar (16.–18. Jh.) ist heute ein Freilichtmuseum. – P., um 1200 von dt. Siedlern an der Handelsstraße von Polen nach Ungarn gegründet (1247 erstmals urkundlich belegt, seit 1299 Stadtrecht), wurde 1374 königl. Freistadt und gehörte als Eperjes bis 1919 zu Ungarn. – Im Großen Türkenkrieg (1683–99) fand hier unter dem Vorsitz von A. CARAFA 1687 das **Eperieser Blutgericht** gegen Kuruzen u. a. Anhänger I. TÖKÖLYS statt.

Prespasee, makedon. **Prespa,** alban. **Liqeni i Prespës** [li'kjeni i 'prɛspəs], griech. **Megali Prespa,** zweitgrößter der Dessaret. Seen auf der Balkanhalbinsel, 285 km² (188 km² in der Rep. Makedonien, 49 km² in Albanien, 48 km² in Griechenland), 853 m ü. M., bis 54 m tief; allseitig von Gebirgen umgeben, die Ufer sind nur dünn mit Fischerdörfern und einigen Klöstern besiedelt. An das N-Ufer reicht die landwirtschaftlich intensiv genutzte Ackerbauebene (Tabakkulturen) um Resen in der Rep. Makedonien. Der Abfluss erfolgt unterirdisch zum Ohridsee. Terrassen in 20, 40 und 80 m über dem heutigen Seespiegel zeigen höhere Wasserstände in früheren Zeiten an. Im Frühjahr sind die Uferbereiche häufig überschwemmt. Seit der postglazialen Seespiegelsenkung ist der P. durch eine Sandbarre vom **Kleinen P.** (griech. **Mikra Prespa;** ca. 45 km², davon 43 km² auf griech., der Rest auf alban. Territorium) getrennt. Der griech. Teil des P.s und des Kleinen P.s steht unter Naturschutz (u. a. Pelikankolonie).

Pressbrokat, *Maltechnik:* in Modeln aus Farbteig hergestellte hauchdünne Applikationen auf mittelalterl. Tafelbildern und Skulpturen, die vergoldet und bemalt der spätgot. Materialillusion dienten.

Preßburg
Stadtwappen

Hauptstadt der Slowakischen Republik · an der Donau und am Fuß der Kleinen Karpaten · 130–180 m ü. M. · 452 300 Ew. · Comenius-Universität (gegr. 1919) · Slowakische Technische Universität (gegr. 1938) · Slowakisches Nationalmuseum und Slowakische Nationalgalerie · Industriezentrum und Messestadt · Donauhafen · im Kern mittelalterliche Burg · Domkirche St. Martin (1302–1452)

Preßburg, slowak. **Bratislava,** ungar. **Pozsony** ['poʒonj], Hauptstadt der Slowak. Rep., 130–180 m ü. M., zu Füßen der Kleinen Karpaten, überwiegend am linken Donauufer, am Ausgang der Hainburger Pforte, an der Grenze zu Österreich und nahe der Grenze zu Ungarn; bildet verwaltungsmäßig eine eigene Region von 368 km² und ist mit 452 300 Ew. die größte Stadt des Landes; Verw.-Sitz des Westslowak. Gebietes. P. ist das kulturelle und wirtschaftl. Zentrum der Slowak. Rep. mit bedeutenden wiss. und kulturellen Einrichtungen: Slowakische Akad. der Wiss.en, Univ. (gegr. 1919), Wirtschaftshochschule, TH, PH, Konservatorium, Theaterakademie, Kunsthochschule, Goethe-Institut (seit 1990), Slowak. Nationalgalerie, Slowak. Nationalmuseum, Stadtmuseum, mehrere Theater (u. a. Slowak. Nationaltheater) und Bibliotheken sowie botan. und zoolog. Garten. In P. ist etwa ein Siebtel der slowak. Industrie konzentriert, v. a. petrochem. Industrie (an der Erdölleitung ›Freundschaft‹ aus Russland), Werft, Maschinenbau und Kfz-Zulieferindustrie (u. a. Autoreifenherstellung), daneben Bekleidungs-, Leder-, Holz-, Glas-, Kosmetik- und Nahrungsmittelindustrie sowie Druckereien; im Umland intensiver Wein- und Gemüsebau. P. ist auch Messestadt und ein wichtiger Verkehrsknotenpunkt mit dem bedeutendsten slowak. Binnenhafen (an der Donau) und internat. Flughafen. – Auf einem Hügel an der Donau erhebt sich die im Kern mittelalterl. Burg (im 17./18. Jh. umgestaltet,

Preßburg: Domkirche Sankt Martin (1302–1452) in der Altstadt, im Hintergrund die Donau

1811 durch Brand zerstört, 1953 ff. rekonstruiert). Von der Stadtbefestigung aus dem 14. Jh. blieb das Michaelstor in später veränderter Form erhalten. Das Alte Rathaus entstand bis 1434 aus mehreren Gebäuden (später umgestaltet; beherbergt heute einen Teil des Stadtmuseums). Im Innern der Domkirche St. Martin (1302–1452 auf roman. Vorgängerbau; später erweitert) befindet sich die monumentale Statue des hl. Martin mit dem Bettler (1733–35) von G. R. DONNER. An die Franziskanerkirche (urspr. 13. Jh., im 17./18. Jh. barock verändert) schließt sich die St.-Johannes-Kapelle (1380) an, die wie die Kirche des Klarissenordens (13./14. Jh.; mehrfach umgebaut) deutl. Züge der linear betonten Gotik des Donaugebietes trägt. P. hat zahlr. Paläste, darunter das klassizist. Primatialpalais (1777–81; u. a. mit Gobelins aus dem 17. Jh.) sowie das Palais Mirbach (heute Städt. Galerie), ein Rokokobau von 1768–70. Das Nationaltheater wurde 1884–86 im Stil der Neurenaissance, die Kirche St. Elisabeth (1910–13) im Sezessionsstil erbaut. – Erstmals 907 als **Brezalauspurc** genannt, erhielt die um 1000 neu gegründete und von bayer. Einwanderern besiedelte Stadt 1217 Stadtrecht und wurde 1405 zur königlich-ungar. Freistadt erhoben. Die von MATTHIAS I. CORVINUS 1465 gegründete Academia Istropolitana (Univ.) erlosch nach 1492. Seit der Eroberung Budapests durch die Türken (1541) war sie Haupt- und Krönungsstadt (bis 1784) des habsburg. Ungarn. 1825–48 tagte hier der ungar. Landtag. 1919 kam P. an die Tschechoslowakei und war 1939–45 Hauptstadt der selbstständigen Slowakei (erneut seit 1993).

Im **Frieden von P.** am 7. 11. 1491 zw. MAXIMILIAN I. und König WLADISLAW II. von Böhmen wurde die habsburg. Anwartschaft auf die Kronen beider Länder begründet. – Am 26. 12. 1805 beendeten Frankreich und Österreich mit dem **Frieden von P.** den 3. Koalitionskrieg. Die von Frankreich diktierten Friedensbedingungen verlangten von Österreich die Abtretung Venetiens an Frankreich, das seine ital. Eroberungen behielt, sowie die Anerkennung eines mit dem frz. Kaisertum verbundenen Königtums in Italien. Daneben erhielt das neu geschaffene Königreich Bayern von Österreich Tirol, Vorarlberg, die Fürstbistümer Eichstätt, Brixen mit Trient und Passau. Vorderösterreich wurde unter dem neu geschaffenen Königreich Württemberg und dem zum Großherzogtum erhobenen Baden aufgeteilt. Als territoriellen Zugewinn verzeichnete Österreich Salzburg und Reichenhall, dessen vormaliger Besitzer mit dem bislang bayer. Würzburg entschädigt wurde.

R. VON OER: Der Friede von P. (1965); Bratislava – P. Stadt an der Donau. Ein illustriertes Reisebuch, bearb. v. S. HOLUBANSKA (1991).

Presse [ahd. pressa ›Obstpresse‹, ›Kelter‹, von mlat. pressa ›Druck‹, ›Zwang‹, zu lat. premere, pressum ›drücken‹, ›pressen‹], **1)** *Publizistik:* i. w. S. und v. a. bis Mitte des 19. Jh. Bez. für alle durch die Druckerpresse hergestellten Druckschriften (Buch, Flugblatt, Flugschrift, Plakat, Zeitschrift, Zeitung); heute (i. e. S.) häufig synonym gebrauchte Bez. für alle gedruckten Medien **(Printmedien),** v. a. für die periodisch erscheinenden Medien Zeitung und Zeitschrift. Die P. war das erste Medium, das Informationen, Meinungen, Belehrung und Unterhaltung an eine prinzipiell unbegrenzte Öffentlichkeit vermitteln konnte. Durch die P. bekam der Einfluss von Medien auf die öffentl. Meinung, auf die polit. Willensbildung, auf die Integration und das Selbstverständnis von Gruppen und Gesamtgesellschaft, auf die Verbreitung innovativer oder gar revolutionärer Ideen (z. B. vor, während und nach der Frz. Revolution) eine neue Qualität. Die P. als Mittel der Staatsräson und als Integrationsfaktor erwies sich als politisch und geistig unersetzbar. Deshalb konnte sie sich einerseits der obrigkeitl. Förderung erfreuen, jedoch mussten andererseits v. a. die Zeitungen i. d. R. der Vorzensur vorgelegt werden, während Zeitschriften und Bücher häufig zensurfrei blieben. Die Entwicklung der P. ist daher eng mit der Entfaltung der bürgerl. Freiheiten verknüpft (→Pressefreiheit).

Vorläufer der P. waren die noch nicht periodisch erscheinenden P.-Frühdrucke (Einblattdrucke) und die bereits periodisch erscheinenden Kaufmannsbriefe. 1609 erschienen gleichzeitig in Wolfenbüttel der ›Aviso‹ und in Straßburg die ›Meßrelationen‹, die als die ersten periodisch erscheinenden Zeitungen gelten. 1650 erschien in Leipzig die erste Tageszeitung als ›Einkommende Zeitungen‹, 1665 in Paris die erste wiss. ausgerichtete Zeitschrift, →Journal des Savants. Im 18. Jh. kam es zu einer fakt. und begriffl. Trennung von Zeitung und Zeitschrift.

Wirtschaftl. Gesichtspunkte: Infolge der durch Schulzwang allmählich verbreiteten Lesefähigkeit, die höhere Auflagen ermöglichte, nach Fortfall der Spezialsteuern, nach Aufhebung des Insertionszwangs (→Intelligenzblätter) und v. a. wegen der verbesserten Technik konnten die Periodika im letzten Drittel des 19. Jh. weit billiger als früher angeboten werden. Die Akquisition von Anzeigen (Anzeigengeschäft) bildete bereits seit dem 18. Jh. eine wesentl. Einnahmequelle für P.-Verlage. In Verbindung mit der Weiterentwicklung der Nachrichtenübermittlung (→Nachrichtenagentur) bildete sich so im zweiten Drittel des 19. Jh. – zuerst in den USA, in Frankreich und in Großbritannien, von den 1880er-Jahren an auch in Dtl. – die Massen-P. aus. Die Massenauflage begünstigte die Entstehung von publizist. Großunternehmen, die als Mehrzeitungsverlage oder P.-Gruppen P.-Konzerne bildeten (Mosse-Konzern, Scherl-Verlag, Ullstein-Verlag u. a.), neben denen allerdings stets die für Dtl. charakterist. Regional- und Lokal-P. existierte. Mit den P.-Konzernen breiteten sich die Generalanzeiger aus, ein P.-Typ, der als Vorläufer der unabhängigen und überparteil. Tageszeitung der Gegenwart gilt.

Die Verbreitung von Hörfunk und Fernsehen hat die Entwicklung der P. entgegen urspr. starken Befürchtungen nicht beeinträchtigt: P.-Erzeugnisse haben ihren festen Platz unter den Medien, v. a. wegen ihrer lokalen und regionalen Leserbindung. Trotz der →Pressekonzentration hat sich insbesondere die Zeitung behaupten können, und seit den 1980er-Jahren entstand eine Fülle von lokalen →Anzeigenblättern. Gleichzeitig nahm die Entwicklung zielgruppenorientierter Fachzeitschriften einen Aufschwung.

⇨ *evangelische Presse · Journalismus · katholische Presse · Kommunikation · Massenmedien · öffentliche Meinung · Zeitschrift · Zeitung · Zensur*

Stamm. Leitfaden durch P. u. Werbung, Ausg. 25 (1972 ff.; jährl.; früher u. a. T.); E. DOVIFAT: Zeitungslehre, 2 Bde. ([6]1976); H.-D. FISCHER: Hb. der polit. P. 1480–1980 (1981); H. BOHRMANN u. M. ENGLERT: Hb. der P.-Archive (1984); U. NUSSBERGER: Das P.-Wesen zw. Geist u. Kommerz (1984); G. HAGELWEIDE: Lit. zur dt.-sprachigen P. Eine Bibliogr., auf mehrere Bde. ber. (1985 ff.); Verz. der Alternativ-P., hg. v. A. DIEDERICH u. a. (1986); H. PÜRER u. J. RAABE: Medien in Dtl., Bd. 1: P. ([2]1996).

2) *Technik:* Vorrichtung (Maschine), die durch das Aufbringen von Druckkräften zum Umformen, Trennen, Fügen und Entwässern eingesetzt wird. In der Fertigungstechnik enthält ein Gestell den festen oder bewegl. Presstisch und den in Führungen bewegl. Pressschlitten (Stößel), die jeweils Ober- und Unterwerkzeug (Gesenk, Matrize) aufnehmen. P. werden als Ständer- oder Säulen-P. gebaut.

Mechan. P. übertragen die Antriebskraft über Schwungmasse und Getriebe. In **Kurbel-P.** ist der Stößel über einen Pleuel mit der Schwungmasse verbunden und muss immer seine Tiefstellung durchlaufen. Bei **Exzenter-P.** wird die Bewegung eines außermittig auf der Antriebswelle angebrachten Exzenterzapfens auf den P.-Stößel übertragen. **Kniehebel-P.** erzeugen die Presskraft mit einem mit dem Kurbeltrieb verbundenen Kniehebel. Er besteht aus zwei über ein Gelenk (Knie) verbundenen, leicht abgewinkelten Hebeln. Wirkt auf das Knie eine Kraft, wird es gestreckt und kann so hohe Presskräfte auf das Werkstück übertragen. Die Presskraft ist umso größer, je geringer die Hebel gegeneinander abgewinkelt sind. Bei der **Spindel-P.** sitzt der Stößel an einer senkrechten Spindel, die durch Drehen auf und ab bewegt wird (der Stößel dreht sich nicht). Bei **Reibspindel-P.** werden die steilgängige Spindel und der Stößel über ein Schwungrad mit angedrückter Reibscheibe angetrieben.

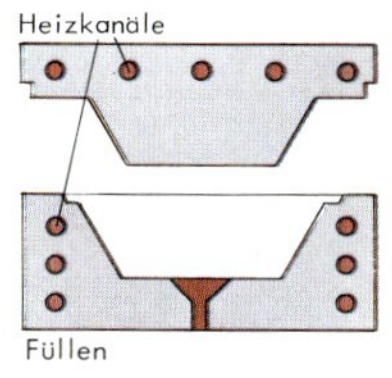

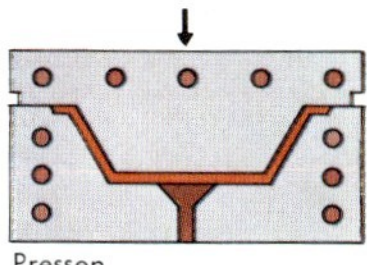

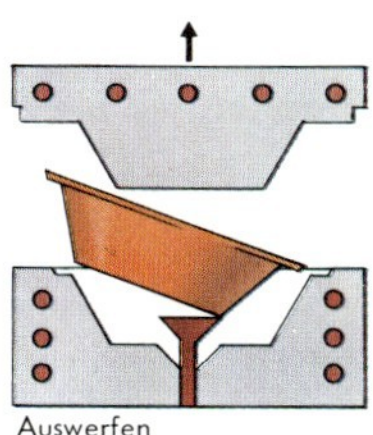

Presse 2): Pressen von Formteilen in der Kunststofftechnik

Kolben-P. arbeiten als hydraul., pneumat. oder Dampf-P. Am verbreitetsten sind die **hydraulischen P.** mit Öl, seltener mit Wasser als Druckmittel. Durch einen Pumpenkolben wird das Öl über ein Ventil angesaugt und durch das Druckventil in den Presszylinder gedrückt. Bei einer entsprechenden Ausführung der Kolbenfläche und -wege kann mit einer kleinen Ausgangskraft ein hoher Pressdruck erzeugt werden.

In der Kunststofftechnik dienen P. zum Herstellen von meist duroplast. Formteilen und Halbzeugen. Zum Pressen von Formteilen aus härtbaren Formmassen sind Stempel und Gesenk der Form beheizt und fest auf den Tischen der P. montiert. Schichtpressstofftafeln werden oft auf Etagen-P. (mit mehreren Pressplatten übereinander) hergestellt. Maschinentechnisch rechnet man auch Spritzgießmaschinen und Strang-P. (Extruder) zu den Pressen.

In der Holzverarbeitung verwendet man heizbare P. zur Formgebung von Sperrholzteilen u. a., Furnier-P. und Verleim-P. – Weitere P. dienen z. B. als Brikett-, Pack-, Schrott-, Buchbinder- und Fruchtpressen.

Im graf. Gewerbe werden Druckmaschinen häufig (aber unkorrekt) als P. bezeichnet, z. B. Schnell-, Tiegeldruckpresse. (BILD S. 466)

Presse, Die, österr. Tageszeitung, gegr. 1848 in Wien, wurde 1867 Regierungsorgan, 1896 eingestellt; ihre Tradition ging auf die ›Neue Freie Presse‹ (1864–1939) über. 1946 erfolgte die Neugründung als ›D. P.‹; Auflage (1996): montags bis mittwochs rd. 92 000, donnerstags bis samstags rd. 107 000.

Pressedienst, von privaten oder öffentl. Organisationen eingerichteter regelmäßiger Informationsdienst (Wort- und Bildmaterial) zur laufenden Infor-

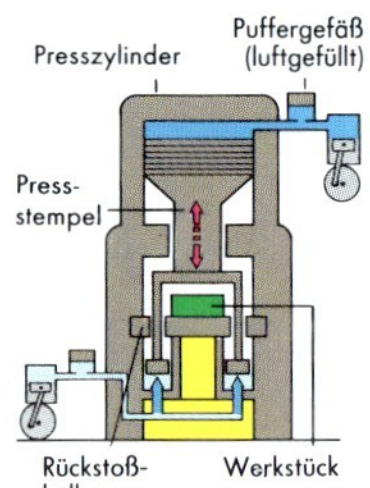

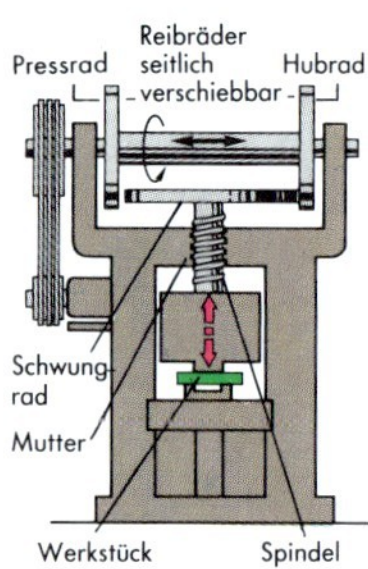

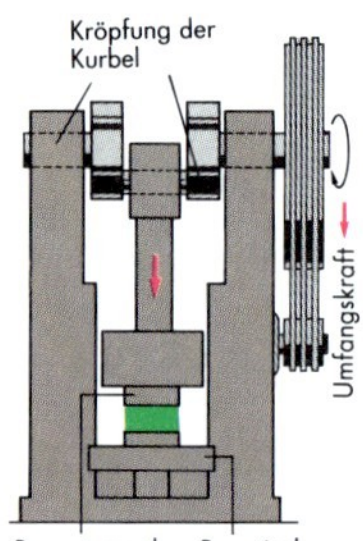

Presse 2): Von oben Hydraulische Presse; Spindelpresse; Kurbelpresse

mation von Zielgruppen oder ausgewählten Adressaten (Einzelpersonen, Organisationen oder Medien) über jeweils relevante Ereignisse. Kommerziell betriebene P. heißen →Nachrichtenagentur.

Pressefreiheit, die Freiheit, Tatsachen, Meinungen (Gedanken), Stellungnahmen und Wertungen durch jede Art von Druckerzeugnissen (z. B. Bücher, Zeitungen, Flugblätter) zu verbreiten. Die P. wird in Dtl. als besondere Ausprägung der →Meinungsfreiheit durch Art. 5 Abs. 1 Satz 2 GG zus. mit dem Recht der freien Berichterstattung durch Rundfunk und Film verfassungsrechtlich gewährleistet. Nach der Rechtsprechung des Bundesverfassungsgerichts ist für eine Beurteilung der inhaltl. Zulässigkeit von Äußerungen der Presse (z. B. scharfe Kritik an Missständen) ungeachtet der Verbreitung dieser Äußerung in Druckerzeugnissen, das allgemeine Grundrecht der Meinungsfreiheit maßgeblich. Die besondere Garantie der P. betrifft dagegen die Bedeutung der Presse für die freie, individuelle und öffentl. Meinungsbildung, die über die einzelne Meinungsäußerung hinausgeht. Die P. schützt damit bes. alle mit der Pressearbeit wesensmäßig zusammenhängenden Tätigkeiten der im Pressewesen tätigen Personen, von der Beschaffung der Informationen über die redaktionelle Meinungsbildung (samt Wahrung des Redaktionsgeheimnisses) bis zur Verbreitung des Presseerzeugnisses. Die P. enthält nach herrschender Meinung zugleich eine Garantie des Instituts ›freie Presse‹ als wesentl. Voraussetzung für eine freie polit. Willensbildung in einem demokrat. Staat. Sie wird auch durch das in Art. 5 Abs. 1 Satz 3 GG verankerte Zensurverbot gesichert (→Zensur). Die P. findet nach Art. 5 Abs. 2 GG ihre Schranken in den gesetzl. Bestimmungen zum Schutz der Jugend und des Rechts der persönl. Ehre und in den allgemeinen Gesetzen. ›Allgemein‹ in diesem Sinne sind Gesetze, die ein gegenüber der P. im jeweiligen Konfliktfall höherrangiges Rechtsgut schützen, also legitimerweise die P. begrenzen (z. B. das Gegendarstellungsrecht oder die Gesetze gegen den Landesverrat). Obwohl die P. in erster Linie Eingriffe des Staates abwehren soll, kommt ihr im Wege der so genannten mittelbaren Drittwirkung auch bei Auseinandersetzungen mit anderen Privatpersonen um Presseinhalte erhebl. Bedeutung zu, da die Gerichte bei der Auslegung und Anwendung der Gesetze den hohen Stellenwert der P. zu berücksichtigen haben.

Unter der **inneren P.** wird die Diskussion über eine Abgrenzung der Kompetenzen des Verlegers, Chefredakteurs und der redaktionellen Mitarbeiter zusammengefasst. Verbreitet wird angenommen, dass der Verleger/Herausgeber gegenüber den redaktionellen Mitarbeitern eine Grundsatzkompetenz, aber kein Einzelweisungsrecht besitzt. Nach anderer Auffassung wird das Direktionsrecht des Verlegers und des von ihm bestellten Chefredakteurs als wesentl. Element der P. im Sinne einer privatwirtschaftlich strukturierten Presse angesehen. – In der DDR sicherte Art. 27 Abs. 2 der Verf. vom 6. 4. 1968 die Gewährleistung der P. im Sinne einer institutionellen Garantie zu. Eine unabhängige Presse gab es gleichwohl nicht, da sämtl. – zudem in unmittelbarer oder mittelbarer SED-Regie stehenden – Massenmedien in ein staatlich gelenktes Kontroll- und Überwachungssystem eingebunden waren.

In *Österreich* ist die P. durch Art. 13 Abs. 2 des Staatsgrundgesetzes von 1867 und Ziffer 2 des Beschlusses der Provisor. Nationalversammlung vom 30. 10. 1918 sowie durch Art. 10 der Europ. Menschenrechtskonvention verfassungsrechtlich gewährleistet. Das Institut der P. garantiert v. a., dass Unternehmungen, deren Gegenstand die Herausgabe von Zeitungen und Zeitschriften ist, ohne behördl. Bewilligung begonnen und betrieben werden dürfen. Eine Vorzensur ist verboten. Auch administrative Postverbote (d. h. Beförderungsbeschränkungen) finden auf inländ. Druckwerke keine Anwendung. – Die P. ist seit 1848 für die ganze *Schweiz* in Art. 55 der Bundes-Verf. gewährleistet und wird durch Art. 10 der Europ. Menschenrechtskonvention zusätzlich gestützt. Sie umfasst das Recht des Einzelnen, seine Gedanken durch Presseerzeugnisse zu äußern und zu verbreiten, und die Freiheit, sich mithilfe von Presseerzeugnissen eine Meinung zu bilden; sie gilt ferner als Teilbereich einer umfassenden Meinungsäußerungsfreiheit, die ihrerseits ein ungeschriebenes Grundrecht der Bundes-Verf. ist.

Literatur →Presserecht.

Pressegeheimnis, Redaktionsgeheimnis, das Zeugnisverweigerungsrecht der Personen, die bei der Vorbereitung, Herstellung oder Verbreitung von period. Druckwerken oder Rundfunksendungen berufsmäßig mitwirken oder mitgewirkt haben, über die Person des Verfassers, Einsenders oder Gewährsmanns von Beiträgen und Unterlagen sowie über die ihnen im Hinblick auf ihre Tätigkeit gemachten Mitteilungen, soweit es sich um Beiträge, Unterlagen und Mitteilungen für den redaktionellen Teil handelt (§ 53 Abs. 1 Nr. 5 StPO). Die Beschlagnahme- und Durchsuchungsmöglichkeit ist nach §§ 97, 98, 111 m, 111 n StPO entsprechend eingeschränkt. – Die Buchpresse sowie das von der Presse selbst recherchierte Material sind dagegen nicht durch das P. geschützt. Gleiches gilt für das Chiffregeheimnis, da der Anzeigenteil einer Zeitung nicht zur öffentl. Meinungsbildung beiträgt, vielmehr i. d. R. finanziellen Interessen dient.

In *Österreich* ist das Redaktionsgeheimnis durch § 31 Bundesgesetz über die Presse und andere publizist. Medien (Medien-Ges.) mit ähnl. Wirkungen geschützt. – In der *Schweiz* gibt die Pressefreiheit den Pressemitarbeitern kein allgemeines Zeugnisverweigerungsrecht. Art. 27 StGB regelt die Verantwortlichkeit der Presse, wobei immerhin die Anwendung von prozessualen Zwangsmitteln gegenüber Pressemitarbeitern zur Ermittlung des Namens eines anonymen Autors verboten wird.

Literatur →Presserecht.

Pressekonferenz, von interessierten Personen (aus Politik, Wirtschaft, Kultur), Unternehmen oder Interessengruppen, häufig vertreten durch einen Pressesprecher, organisierte Veranstaltung mit dem Ziel, eingeladenen Journalisten über meist bereits vorformulierte Sachverhalte zu berichten, zu laufenden Angelegenheiten oder Plänen Erklärungen oder Stellungnahmen abzugeben oder Fragen zu beantworten.

Pressekonzentration, ein in Ländern mit freier Marktwirtschaft stattfindender Prozess, in dessen Verlauf die Zahl der **publizistischen Einheiten** (Vollredaktionen; Redaktionen, die den ›Mantel‹, d. h. den aktuellen polit. Teil einer Tageszeitung, selbst herstellen) durch Aufkäufe, Fusionen oder Beteiligungen kontinuierlich abnimmt. Die Gefahr der P. besteht in der Verringerung des wirtschaftl. Wettbewerbs und einer vergrößerten Marktmacht, die sich im publizist. Sektor als Meinungsmacht manifestiert. Folgen sind die Beeinträchtigung von Meinungsvielfalt und Pressefreiheit sowie die Erschwerung des Marktzutritts für neue oder kleinere Unternehmen. Die Vorteile der P. liegen in der Rationalisierung von Herstellung und Vertrieb sowie in der Qualitätsverbesserung der Produkte durch journalist. Leistungssteigerung. Von Einstellungen und Zusammenschlüssen sind im Konzentrationsprozess in erster Linie Zeitungen mit geringen Auflagen (unter 50 000) betroffen. Eine Konzentration zugunsten der größeren, i. d. R. qualitätvolleren Zeitung gilt im Hinblick auf die polit. Berichterstattung und Kommentierung als weniger bedrohlich, da hier Hörfunk, Fernsehen, Wochenzeitungen und Nachrichtenmagazine als publizist. Konkurrenz auftreten; hingegen führt P. im lokalen Bereich zu einem

Meinungs- und Informationsmonopol und zu **Ein-Zeitungs-Kreisen** (Landkreise und kreisfreie Städte, in denen nur noch eine Zeitung die lokale Berichterstattung wahrnimmt).

Das Problem der P. wurde in der BRD bereits in den 1960er-Jahren diskutiert, nicht zuletzt angeregt durch die Studentenunruhen (›Enteignet Springer‹). 1967 setzte die Bundes-Reg. die ›Günther-Kommission‹ zur Untersuchung der P. und ihrer Folgen für die Meinungsfreiheit ein. Die Kommission entwickelte quantitative Kriterien zur Beurteilung der P.: Eine ›Gefährdung der Pressefreiheit‹ sah sie als gegeben an, wenn ein Verlag einen Anteil von 20% und mehr am Gesamtmarkt der Zeitungen oder Zeitschriften hat; ein Anteil ab 40% wurde als ›Beeinträchtigung der Pressefreiheit‹ angesehen. 1976 wurden besondere Bestimmungen in das Kartell-Ges. aufgenommen, um die P. einzudämmen. Danach kann der Zusammenschluss von Presseunternehmen bereits untersagt werden, wenn sie zus. einen Umsatz von 25 Mio. DM erreichen und eine marktbeherrschende Stellung auf einem regionalen Markt innehaben.

Der Prozess der P. setzte sich jedoch fort. Während sich in der BRD die Zahl der Ein-Zeitungs-Kreise zw. 1954 (85) und 1989 (160) nahezu verdoppelte, ging die der publizist. Einheiten von 225 auf 119, die der Zeitungsverlage von 624 auf 358 zurück. Nach der dt. Vereinigung setzte in den neuen Ländern eine Welle von Zeitungsneugründungen ein; die Zahl der publizist. Einheiten in Dtl. stieg auf (1991) 157 an, sank aber bis 1995 auf 135. Die vorübergehende ostdt. Pressevielfalt wurde bald von einem verstärkten Konzentrationsprozess abgelöst, in dessen Verlauf die meisten regionalen Zeitungen der DDR-Blockparteien sowie die Neugründungen vom Markt verschwanden. Von den ehem. 37 publizist. Einheiten existierte 1997 nur noch die Hälfte, darunter alle 15 ehem. SED-Bezirkszeitungen, die, auf Initiative der Treuhandanstalt und durch Expansion westdt. Großverlage privatisiert, nun wiederum eine Monopolstellung einnehmen. (→Medienkonzentration, →Zeitung)

U. PÄTZOLD u. H. RÖPER: Medienkonzentration in Dtl. Medienverflechtungen u. Branchenvernetzungen (1993); W. SCHÜTZ: Dt. Tagespresse 1995. Ergebnisse der dritten gesamtdt. Zeitungsstatistik, in: Media Perspektiven, H. 6 (1996); H. RÖPER: Daten zur Konzentration der Tagespresse in der Bundesrep. Dtl. im 1. Quartal 1997, in: Media Perspektiven, H. 7 (1997).

Pressen, *Technik:* →Presse.

Pressepost, Geschäftsfeld der Dt. Post AG zur Beförderung von P.-Sendungen. Dabei unterscheidet man die Sendungen **Postvertriebsstücke,** die an Zustellstützpunkte zur Auslieferung an Einzelbezieher versandt werden, **Pressesendungen,** die an Sammelempfänger zur Weitervermittlung gerichtet sind, sowie **Streifbandzeitungen** und **Zeitungssendungen,** die beide an Einzelempfänger zugestellt werden.

Presserecht, die Gesamtheit der für die Presse geltenden Rechtsnormen. Das P. regelt die Befugnisse und Pflichten der Presse unter besonderer Berücksichtigung der →Pressefreiheit einerseits und des Schutzes der Persönlichkeitsrechte andererseits. Presserechtl. Bestimmungen sind in Dtl. v.a. in den **Landespressegesetzen** enthalten, die an die Stelle des Reichspresse-Ges. vom 7. 5. 1874 getreten sind.

Der Bund kann über die allgemeinen Rechtsverhältnisse der Presse Rahmenvorschriften erlassen (Art. 75 Nr. 2 GG). Bestimmte Angelegenheiten sind in allgemeinen Bundesgesetzen (z.B. im Ges. über die Verbreitung jugendgefährdender Schriften, Betriebsverfassungs-Ges., Ges. gegen Wettbewerbsbeschränkungen, Urheberrechts-Ges., StPO) geregelt.

Die Presse-Ges. der Länder gehen von einer öffentl. Aufgabe der Presse aus und verpflichten die Behörden zur Information der Pressevertreter (Reporter, Journalisten). Alle Nachrichten sind vor der Veröffentlichung mit der nach den Umständen gebotenen Sorgfalt auf Inhalt, Herkunft und Wahrheit zu prüfen. Nach der Rechtsprechung ist eine einseitige oder entstellende Darstellung, z.B. in einer Reportage, sowie das Eindringen in die Privatsphäre zur Befriedigung der Sensationsgier durch das Informationsrecht der Presse nicht gedeckt. Auf allen Druckwerken sind Name oder Firma und Anschrift des Druckers und des Verlegers zu nennen (Impressumspflicht). Bei period. Druckwerken sind auch Name und Anschrift des verantwortl. Redakteurs anzugeben. Dieser muss bestimmten persönl. Voraussetzungen genügen. Jeder, der durch eine in einem period. Druckwerk aufgestellte Tatsachenbehauptung betroffen ist, hat einen gegen den Redakteur und den Verleger gerichteten, gerichtlich durchsetzbaren Anspruch auf eine Gegendarstellung. Von jedem Druckwerk hat der Verleger bestimmten Stellen ein Exemplar abzuliefern (→Pflichtstücke). Die Beschlagnahme von Druckerzeugnissen ist insbesondere in den §§ 111 m, n StPO geregelt. Daneben enthalten die Presse-Ges. zahlreicher Bundesländer Bestimmungen zur Beschlagnahme. Sie darf nur unter bestimmten Umständen und grundsätzlich nur nach richterl. Anordnung erfolgen. In jedem Fall ist der Grundsatz der Verhältnismäßigkeit zu wahren. Die Verbreitung beschlagnahmter Druckwerke ist untersagt. Verstöße gegen das P. können strafrechtlich oder als Ordnungswidrigkeiten verfolgt werden.

In *Österreich* ist am 1. 1. 1982 das Bundes-Ges. vom 12. 6. 1981 über die Presse und andere publizist. Medien (Medien-Ges.) in Kraft getreten. Es hat das Preß-Ges. von 1922 abgelöst und regelt nicht nur den Bereich der Presse, sondern grundsätzlich alle Arten der Nachrichtenübermittlung in Wort, Schrift, Ton oder Bild. Es enthält v.a. Regelungen zum Schutz der journalist. Berufsausübung, zum Persönlichkeitsschutz Betroffener gegenüber Medienberichten sowie zur strafrechtl. Verantwortlichkeit von Medieninhabern und -mitarbeitern. – In der *Schweiz* sind verwaltungsrechtl. Vorschriften zum P. selten; Behörden und Gerichte sind aber zunehmend dazu übergegangen, Reglements oder Verordnungen über die Information der Presse (z.B. Gerichtsberichterstattung) zu erlassen. Nach bundesgerichtl. Rechtsprechung besteht dabei kein allgemeines und umfassendes Recht auf Information über Vorgänge in Verwaltung und Justiz; soweit eine Behörde aber die Presse orientiert, hat sie das Rechtsgleichheitsgebot und die Pressefreiheit zu beachten. Zivilrechtlich existiert das Recht auf Gegendarstellung. Wird eine strafbare Handlung ausschließlich durch das Mittel der Presse begangen, so ist der Verfasser allein dafür verantwortlich. Kann dieser nicht ermittelt werden, so ist bei Zeitungen und Zeitschriften der verantwortlich zeichnende Redakteur als Täter strafbar.

⇨ *Gegendarstellung · Medienrecht · Personen der Zeitgeschichte · Pressefreiheit · Pressegeheimnis · Tendenzbetriebe · Zensur*

R. HARTMANN u. S. RIEDER: Komm. zum Mediengesetz (Wien 1985); M. LÖFFLER u. R. RICKER: Hb. des P. ([3]1994); F. RIKLIN: Schweizer. P. (Bern 1996); P. Komm. zu den Landespressegesetzen der Bundesrep. Dtl., begr. v. M. LÖFFLER, fortgef. v. K. E. WENZEL u. K. SEDELMEIER ([4]1997).

Pressestatistik, Erfassung und Auswertung von Daten, die sich auf die Pressemedien beziehen (z.B. Anzahl, Verbreitung, Publikum von Zeitungen bzw. Zeitschriften). Den pressestatist. Erhebungen liegen v.a. zugrunde: Inaugenscheinnahme der Blätter, Auskünfte der Verlage, Umfragen unter der Leserschaft, Leseranalysen, wie sie v.a. von der →IVW erhoben werden. Eine amtl. P. wurde 1975 in der Bundesrepublik Dtl. eingeführt, die jährlich vom Statist. Bundesamt fortgeführt wird (seit 1991 gesamtdeutsch).

Pressestelle, Informationsabteilung, Einrichtung bei Behörden und Ämtern, Parteien, Verbänden, Vereinen und Unternehmen, die den publizist. Medien Nachrichten und Meinungen über Ereignisse und Entwicklungen ihrer Organisation, oft mit einem regelmäßigen Presse- oder Informationsdienst, zuleiten und gleichzeitig die Veröffentlichungen der Medien beobachten, auswerten und zusammenstellen, um sie in der eigenen Organisation, oft mit einem regelmäßigen Pressespiegel, in Umlauf zu setzen. Behördl. P. heißen Presseamt oder Informationsamt; sie sind in einigen Ländern als Informationsministerium organisiert.

Presses Universitaires de France [prɛszyniværsiterdə'frãs], bedeutende Verlags- und Buchhandelsgenossenschaft, gegr. 1921; Sitz: Paris; zu den Publikationen des Verlags zählt die bekannte Reihe ›Que sais-je?‹.

Presse- und Informationsamt der Bundesregierung, Kurz-Bez.: **Bundespresseamt,** Abk. **BPA,** eine dem Bundeskanzler unmittelbar unterstellte oberste Bundesbehörde, gegr. 1949; Sitz: Bonn (ab 1999 Berlin und Bonn). Aufgaben sind u. a. Unterrichtung des Bundes-Präs. und der Bundes-Reg. über die allgemeine Nachrichtenlage und die veröffentlichte Meinung, Koordinierung der Öffentlichkeitsarbeit der Bundes-Reg., Unterrichtung der Bürger und der Medien über die Politik der Bundes-Reg. mit den Mitteln der Presse- und Öffentlichkeitsarbeit, Vertretung der Bundes-Reg. auf den Pressekonferenzen, polit. Information des Auslandes im Zusammenwirken mit dem Auswärtigen Amt. Chef des BPA ist der Regierungssprecher. Er oder sein Stellvertreter sowie die Sprecher der Bundesministerien nehmen als Gäste an der →Bundes-Pressekonferenz e. V. teil.

W. KORDES u. H. POLLMANN: Das P.- u. I. d. B. ([10]1989); F. SCHÜRMANN: Öffentlichkeitsarbeit der Bundesreg. (1992).

Presseur [pre'sø:r; frz., zu presser ›pressen‹, ›drücken‹] *der, -s/-e,* Gegendruckzylinder in Tiefdruckmaschinen, der mit Hartgummi beschichtet ist und die Papierbahn an den Druckzylinder anpresst.

Presseverbände, zusammenfassende Bez. v. a. für die einschlägigen Arbeitgeber- und Arbeitnehmerorganisationen und die versch. Berufsorganisationen der Presse; meist unterteilt in Journalistenverbände (→Journalist) und →Verlegerverbände.

Pressform, in der Kunststofftechnik die Presswerkzeuge (Gesenk, Stempel), mit denen die polymeren →Formmassen zu Fertigpressteilen (Formteilen) ausgeformt werden. Bei **Abquetschformen** wird der vom Stempel auf die Formmasse im Gesenk ausgeübte Druck am Ende des Pressvorgangs von den Abquetschflächen aufgenommen. In **Füllformen** ist über dem Gesenk ein Füllraum zur Aufnahme unverdichteter Formmasse vorhanden.

Pressfutter, in der Tierernährung Oberbegriff für Presskuchen und Presslinge. **Presskuchen** sind harte, platten- oder brockenförmige Rückstände der Ölgewinnung aus ölhaltigen Samen; u. a. mit hohem Eiweißgehalt; Kraftfuttermittel v. a. für Rinder. **Presslinge** (Pellets, →Pelletieren) sind unterschiedl. Gemische von Futtermitteln pflanzl. und tier. Herkunft; sie enthalten unterschiedl. Mengen wertbestimmender Aminosäuren, Spurenelemente, Mineralstoffe u. a., zuweilen auch Sonderstoffe (z. B. Hormone, Drogen).

Presshefe, Handelsform der Backhefe (→Hefen).

Pressluft, frühere Bez. für →Druckluft.

Pressluftatmer, tragbare →Atemschutzgeräte, in denen der Luftvorrat in Behältern unter Druck gespeichert ist. Die Atemluft strömt über einen Druckminderer zum lungengesteuerten Ventil, das sich durch den beim Einatmen entstehenden Unterdruck öffnet. Die verbrauchte Luft entweicht über ein anderes Ventil der Atemmaske ins Freie. Übliche Zweiflaschengeräte mit einem Luftvorrat von 1 600 l haben 30 bis 45 min Gebrauchsdauer (abhängig von der zu leistenden Arbeit).

Presslufthammer, frühere Bez. für Drucklufthammer (→Druckluftwerkzeuge).

Pressmassen, frühere Bez. für härtbare →Formmassen.

Pressorezeptoren [lat.], **Blutdruckzügler,** Sinnesorgane in und an der Wandung der großen Schlagadern, die auf Dehnung ansprechen und der Bluthochdruckregulierung dienen.

Presspassen, ein Fügeverfahren zur Herstellung nicht lösbarer Reibschlussverbindungen. Ein Teil muss dabei ein geringes Übermaß aufweisen, und die Teile müssen mit einer entsprechenden Presskraft ineinander gefügt werden, wobei eine Materialdeformation an der Oberfläche auftritt.

Pressschweißen, Oberbegriff für das →Schweißen metall. Werkstoffe unter Druck und örtl. Erhitzung ohne Zusatzwerkstoffe.

Presssintern, Umformverfahren in der Kunststofftechnik und Pulvermetallurgie. Thermoplast. Kunststoffe, die nicht im Spritzguss verarbeitet werden können, werden aus Pulvern im Formgesenk einer Presse unter hohem Druck verdichtet, sodass ein Formkörper entsteht. Dieser wird dicht unter der Schmelztemperatur gesintert. Bei Metallpulvern werden durch eine Funkenentladung, die durch Pulver geleitet wird, die Luft zw. den Körnern und die Oberflächenschicht auf den Pulverkörnern beseitigt. Danach wird das Pulver erhitzt, wobei es versintert. Anschließend wird der Formkörper gepresst.

Pressuregroups ['prɛʃəgru:ps; engl. ›Druckgruppen‹] *Pl.,* aus dem Amerikanischen übernommene Bez. für Interessenverbände oder andere organisierte Interessengruppen, deren Ziel die Beeinflussung der öffentl. Meinung und die Einflussnahme auf polit. Entscheidungsträger auf versch. Ebenen des polit. Systems ist, um die Ziele der Gruppe oder des Verbandes durchzusetzen oder zu fördern. Für die Gesamtheit dieser Einwirkungsversuche wird mitunter der Begriff ›Pressuresystem‹ verwendet. Die von P. eingesetzten Mittel umfassen die unmittelbare Kontaktaufnahme mit Gesetzgebungs- und Verwaltungsorganen (→Lobbyismus), die Mobilisierung von Bev.-Gruppen und Massenmedien für gezielte Proteste, Sponsoring, verborgene Unterstützung sowie unterschiedl. Formen der Korruption (z. B. Bestechung). Die Funktion von P. in demokrat. Verfassungen ist umstritten. Ihrer Notwendigkeit als Verbindungsglied zw. Bev.-Interessen und Reg. wird die Gefahr einer zu starken Machtkonzentration (Verbändestaat) entgegengehalten.

Presswehen, →Wehen.

Prestel, Johann Gottlieb, Maler und Kupferstecher, * Grönenbach (Landkreis Unterallgäu) 18. 11. 1739, † Frankfurt am Main 5. 10. 1808; arbeitete nach Italienreisen ab 1769 in Nürnberg, seit 1783 in Frankfurt am Main. P. gab täuschend ähnl. Reproduktionen v. a. von Handzeichnungen heraus, für die er ein nach ihm benanntes Verfahren **(Prestelverfahren)** erfand.

Prestel-Verlag, aus der Frankfurter Kunstbuchhandlung F. A. C. Prestel, die seit 1912 die ›Veröffentlichungen der Prestel-Gesellschaft‹ herausgab, hervorgegangener Verlag, gegr. 1924 in Frankfurt am Main; Sitz: München (seit 1940). Weit verbreitet waren die ›Prestel-Bücher‹ (Handzeichnungspublikationen) seit 1934. Heutige Publikationen sind u. a. Faksimileausgaben, kunstwiss. Standardwerke, Kunstbildbände sowie Buchreihen (Reisebücher, Städte- und Museumsführer).

Prestige [prɛs'ti:ʒə; frz., eigtl. ›Blendwerk‹, von gleichbed. spätlat. praestigium] *das, -s,* seit den 1920er-Jahren in der Sozialforschung gebräuchl. Bez. für die Anerkennung und Wertschätzung einer Person, einer Gruppe oder einer Position in einem durch andere Gesellschafts-Mitgl. gebildeten Rahmen. P. hat so eine subjektive Komponente (die Bewertung einer Stelle in den Werteskalen der jeweiligen Gesellschafts-Mitgl.) und eine objektive (die Bedeutung, die eine Stelle dadurch für Inhaber und Zuschauer erlangen kann). Es gibt folglich für die Bewertung und Ausstattung einer Stelle mit P. keinen absoluten Maßstab; dieser hängt vielmehr von ökonom., histor. und kulturellen Rahmenbedingungen der jeweiligen Gesellschaft ab und unterliegt wie diese dem sozialen Wandel. Dabei gelten Beruf, Einkommen, Vermögen, Schulbildung und Entscheidungsbefugnisse als eher objektive Faktoren, während die personenorientierte Wertschätzung (›Vorbilder‹, ›Stars‹), kulturbedingte Achtung (z. B. vor dem Alter) oder die angenommene Bedeutung einer Stelle oder Person für die Realisierung polit. oder kultureller Normen und Ziele eher den subjektiven P.-Faktoren zugehören. Für moderne pluralist. Gesellschaften ist kennzeichnend, dass P. als Bündel oder Kombination aus unterschiedl. Faktoren in Erscheinung tritt und im Vergleich mit früheren Gesellschaften für weitaus größere Personengruppen (aufgrund von größerer →Chancengleichheit und sozialer →Mobilität) die Erlangung von P. über die Erlangung bestimmter beruflicher und gesellschaftl. Positionen für möglich gehalten wird.

H. KLUTH: Sozial-P. u. sozialer Status (1957); Soziologie der sozialen Ungleichheit, hg. v. B. GIESEN u. a. (1987); B. WEGENER: Kritik des P. (1988).

presto [ital. ›schnell‹], als Tempo-Bez. in der Musik ein sehr schnelles Zeitmaß; bis ins 18. Jh. ohne Unterschied zum allegro, danach schneller; **prestissimo,** äußerst schnell; begegnet auch in Zusammensetzungen: **p. ma non tanto** oder **p. ma non troppo,** nicht zu schnell; **p. assai** und **molto p.,** sehr schnell. Als charakterist. Satz-Bez. findet sich **Presto** seit Ende des 18. Jh. v. a. bei Schlusssätzen von Sinfonien.

Mattia Preti: Der heilige Sebastian; um 1657 (Neapel, Museo e Gallerie Nazionali di Capodimonte)

Preston ['prestən], Hauptstadt der Cty. Lancashire, NW-England, am Ribble nahe der Mündung in die Irische See, 177 700 Ew.; gehört zur Neuen Stadt (New Town) Central Lancashire; Univ. (gegr. 1992), College für Acker- und Gartenbau, Museum mit Kunstgalerie, Regimentsmuseum; chem. Industrie, Maschinen-, Fahrzeug- und Flugzeugbau; früher ein Zentrum der Baumwollindustrie; landwirtschaftl. Märkte (bes. Viehmarkt); Seehafen. – Saint John's Church (1855); das Rathaus, nach Plänen von G. G. SCOTT 1867 erbaut, wurde 1947 nach einem Brand wiederhergestellt. – P., 1086 erstmals erwähnt, war bereits im MA. Textilgewerbezentrum; 1777 wurde die erste maschinelle Baumwollspinnerei in Betrieb genommen.

Pretoria: Die Union Buildings (1910–13), der Sitz der Regierung von Südafrika

Preston ['prestən], Lewis Thomson, amerikan. Bankier, *New York 5. 8. 1926, †Washington (D. C.) 4. 5. 1995; seit 1951 bei der amerikan. Bank JP Morgan and Co. (1980–89 deren Präs.), 1991–95 Präs. der Weltbank.

Prestwick, Stadt im Verw.-Distr. South Ayrshire, SW-Schottland, am Firth of Clyde, 13 700 Ew.; Seebad, Segel- und Golfsportzentrum, Flugzeugindustrie; internat. Flughafen.

Prêt-à-porter [prɛtapɔr'te:; frz., eigtl. ›fertig zum Tragen‹] *das, -s/-s,* Konfektionskleid nach dem Entwurf eines Modeschöpfers.

Preti, Mattia, gen. **il Cavaliere Calabrese,** ital. Maler, *Taverna (bei Catanzaro) 24. 2. 1613, †Valletta (Malta) 3. 1. 1699; lebte seit 1661 als Malteserkomtur ebd. Bildete sich in Rom, Venedig und Neapel. In seinem von CARAVAGGIO und GUERCINO beeinflussten, auf starke Helldunkelwirkung angelegten Barockstil verbindet sich breite maler. Gestaltung mit kraftvollem Naturalismus. Er schuf auf Malta zahlr. Fresken (u. a. in der Johanneskathedrale von Valletta, 1661–66, und der Kathedrale von Mdina, 1698), Altarbilder und Gemälde. Aus der Zeit vor 1659 stammen u. a.: Gastmahl Belsazars (Neapel, Museo e Gallerie Nazionali di Capodimonte); Gastmahl Absaloms (ebd.); Rückkehr des verlorenen Sohnes (ebd.).

Pretoria, Hauptstadt und Regierungssitz der Rep. Südafrika, Prov. Gauteng, 1 370 m ü. M. Die flächenmäßig größte Stadt des Landes (632 km²) erstreckt sich am S-Fuß der Magalisberg-Kette und hat (1995) 1,2 Mio. Ew. (städt. Agglomeration); kath. Erzbischofs- und anglikan. Bischofssitz; Univ. von P. (gegr. 1930), Univ. von Südafrika (UNISA, gegr. 1951; eine der größten Fern-Univ. der Erde mit etwa 100 000 Studierenden), Hauptverwaltung der Vista-Univ. (1981), Südafrikan. Akad. für Wiss. und Kunst, Hauptinstitute des Rats für Wissenschaftl. und Industrielle Forschung (CSIR), tiermedizin. Forschungsstätte Onderstepoort (mit Weltruf); Staatsbibliothek, Staatstheater, Transvaal- (naturkundlich), Kunst- u. a. Museen; zoolog. und botan. Garten. – P. ist bedeutender Industriestandort (v. a. Eisen- und Stahl-, Kraftfahrzeug- sowie Zementindustrie; Eisenbahnwerkstätten); Bahn- und Straßenknotenpunkt.

Stadtbild: Die Stadt wurde mit schachbrettartigem Grundriss und breiten Straßen sowie vielen Grünanlagen angelegt. Das Zentrum bildet der Church Square mit dem Denkmal P. KRÜGERS, der Platz wird umrahmt von dem histor. Raadsaal, dem Justizpalast und der ehem. Südafrikan. Reservebank. Die Union Buildings (1910–13; Sitz der Regierung) baute der Architekt Sir HERBERT BAKER (*1862, †1946). Im SO der Stadt liegt das monumentale Voortrekker-Denkmal (1938–49 erbaut).

Pretoria
Stadtwappen

Hauptstadt der Republik Südafrika
·
1 370 m ü. M.
·
am Fuß der Magalisberg-Kette
·
1,2 Mio. Ew. (städt. Agglomeration)
·
Bildungs- und Wissenschaftszentrum
·
Gartenstadt
·
Union Buildings (1910–13 erbaut)
·
Voortrekker-Denkmal (1938–49 erbaut)
·
1855 gegründet
·
1860–1994 Hauptstadt von Transvaal
·
1910 Reg.-Sitz der Südafrikan. Union, seit 1961 der Rep. Südafrika

Geschichte: P. wurde 1855 durch einen Sohn des Burenführers ANDRIES PRETORIUS (* 1798, † 1853) gegründet und nach seinem Vater benannt; 1860–1994 Hauptstadt von Transvaal, wurde 1910 Regierungssitz der Südafrikan. Union (seit 1961 Rep. Südafrika).

Prêtre [prɛ:tr], Georges, frz. Dirigent, * Waziers (Dép. Nord) 14. 8. 1924; studierte u. a. bei A. CLUYTENS, dirigierte u. a. 1956–59 an der Pariser Opéra Comique, ab 1959 an der Opéra (1970/71 Musikdirektor) und war 1986–91 leitender Gastdirigent der Wiener Symphoniker; seit 1995 ist er künstler. Leiter des Radio-Sinfonieorchesters Stuttgart.

Prettin, Stadt im Landkreis Wittenberg, Sa.-Anh., 80 m ü. M., in der Elbniederung, 2 400 Ew.; Kies-, Beton-, Waschmittel-, Konservierungswerk. – Erstmals 965 urkundlich erwähnt, seit 1334 Stadtrecht.

Pretzsch (Elbe) [ˈpretʃ-], Stadt im Landkreis Wittenberg, Sa.-Anh., 85 m ü. M., 2 300 Ew.; Heimatmuseum; Agrargenossenschaft u. a. kleine und mittlere Wirtschaftsunternehmen. – Das Renaissanceschloss (1571–74; barocke Umbauten; Kavalierhäuser; Parkanlage) von M. D. PÖPPELMANN (Anfang 18. Jh.) mit Torbauten von B. PERMOSER dient heute als Kinderheim. Stadtkirche St. Nikolaus (1647–52) mit reicher Barockausstattung; spätbarocke Bürgerhäuser. – Im Anschluss an eine Burg (981 erwähnt) wuchs an einem Elbübergang die Siedlung P., die 1528 als Flecken und 1533 als Stadt genannt wurde.

Hugo Preuß

Preuß, 1) Hugo, Staats- und Verwaltungsrechtslehrer, * Berlin 28. 10. 1860, † ebd. 9. 10. 1925; 1906 Prof. an der Handelshochschule Berlin; als Schüler von O. VON GIERKE Anhänger von dessen Genossenschaftstheorie mit Betonung des Selbstverwaltungsgedankens, zugleich entschiedener Demokrat; verfasste Anfang 1919 den ersten Entwurf zur Weimarer Reichs-Verf.; November 1918 Staats-Sekr. des Innern, Februar bis Juni 1919 erster Reichsinnenminister.

Werke: Gemeinde, Staat, Reich als Gebietskörperschaften (1889); Die Entwicklung des dt. Städtewesens (1906).

Ausgabe: Staat, Recht u. Freiheit (1926, Nachdr. 1964).

Konrad Theodor Preuß

2) Konrad Theodor, Ethnologe, * Preußisch Eylau 2. 6. 1869, † Berlin 8. 6. 1938; nach Feldforschungen in Mexiko (1905–07) und Kolumbien (1913–19) ab 1920 Direktor am Museum für Völkerkunde und ab 1921 Prof. in Berlin. Im Mittelpunkt seines Werks stand die Religionsforschung, bes. Kultus und Mythos bei außereurop. Völkern. In Anlehnung an ROBERT RANULPH MARETTS (* 1866, † 1943) Theorie des Präanimismus (→Animismus) interpretierte er (im Ggs. zu WILHELM SCHMIDT) den archaischen Hochgottglauben als Ausdruck des ›Ganzheitsempfindens‹ des ›primitiven‹ Denkens.

Werke: Tod u. Unsterblichkeit im Glauben der Naturvölker (1930); Der religiöse Gehalt der Mythen (1933); Die mexikan. Bilderhandschrift (1937; mit E. MENGIN). – **Hg.:** Lb. der Völkerkunde (1937).

Preußen 2) Historisches Wappen

Preussag AG, internat. tätiger Konzern mit den Geschäftsfeldern Stahl- und NE-Metallerzeugung, Energie und Rohstoffe, Handel und Logistik, Anlagen- und Schiffbau sowie Gebäudetechnik und Komponenten; gegr. 1923 vom preuß. Staat zur Übernahme der staatseigenen Industriebeteiligungen, die Privatisierung wurde 1959 mit der Ausgabe von Volksaktien eingeleitet; Sitz: Hannover. Bedeutende Konzerngesellschaften sind u. a.: Preussag Stahl AG, Preussag Energie GmbH, Dt. Tiefbohr AG, Deilmann-Haniel GmbH, Preussag Handel GmbH, W. & O. Bergmann GmbH & Co. KG, Amalgamated Metal Corporation PLC, Preussag Noell GmbH, Howaldtswerke-Dt. Werft AG, Fels-Werke GmbH. 1997 wurde eine Mehrheitsbeteiligung an der Hapag-Lloyd AG erworben. Großaktionär ist die Westdt. Landesbank Girozentrale (rd. 30 %); Umsatz (1996/97): 26,66 Mrd. DM, Beschäftigte: rd. 63 000. 1998 wurde die **Preussag Stahl AG** (künftig Salzgitter AG – Stahl und Technologie) rückwirkend zum 1. 10. 1997 an das Land Ndsachs. und die Norddt. Landesbank Girozentrale veräußert, wobei 49 % der Stahlanteile bis Ende 1999 bei der P. AG verbleiben.

Preußen, Volksstamm, →Prußen.

Preußen, 1) ehem. Herzogtum, entstanden durch die im Krakauer Vertrag (8. 4. 1525) zw. König SIGISMUND I. von Polen und dem Hochmeister des →Deutschen Ordens, ALBRECHT D. Ä., Markgraf von Brandenburg-Ansbach, vereinbarte Umwandlung des Restes des Ordensstaates in ein weltliches prot. Herzogtum unter poln. Lehnshoheit. Es kam 1618 in Personalunion an die brandenburg. Linie der Hohenzollern, die bis 1660 (Frieden von Oliva) die Souveränität in P. erlangen konnten; 1701 (→Preußen 2) ging die Geschichte des Herzogtums endgültig in der des fortan P. genannten brandenburg. Gesamtstaats auf.

2) ehem. Königreich und 1871–1945 das größte Land des Dt. Reiches, 1939 mit 294 159 km² und 41,8 Mio. Ew. (1925: 291 700 km², 38,12 Mio. Ew.; 1910: 378 780 km², 40,17 Mio. Ew.). Zur *Geschichte* vor 1640 →Brandenburg.

Von Brandenburg zu Preußen: Aufstieg zur Großmacht 1640–1792

Als der brandenburg. Kurfürst FRIEDRICH WILHELM, der GROSSE KURFÜRST, 1640 die Reg. übernahm, waren seine verstreuten, durch den Dreißigjährigen Krieg schwer zerrütteten Länder fast selbstständige polit. Gebilde, deren adlig-bürgerl. Landstände dem Kurfürsten nach altem Herkommen nur dann zu huldigen bereit waren, wenn er ihre ständ. Privilegien anerkannte. FRIEDRICH WILHELM verfolgte das Ziel, seine Länder von den Kriegsfolgen zu befreien, ihre Einkünfte zu mehren und sie unter Zurückdrängung landständ. Rechte und Partizipation so umzugestalten, dass ein Gesamtstaat entstehen konnte, der durch ein stehendes Heer (seit 1643/44) geschützt und ein sitzendes (Beamtenschaft) verwaltet werden sollte. Zwar fühlte er sich als Fürst und einer der Reichsstände, aber er wusste, dass Brandenburg (seine Reichsterritorien und das nicht zum Heiligen Röm. Reich gehörende Herzogtum P.) in der Nachbarschaft Frankreichs, Schwedens und Polens auf Bündnispolitik angewiesen war, wenn es bestehen wollte; in P. blieb der Kurfürst von Brandenburg als Herzog noch bis 1660 (Friede von Oliva) unter poln. Lehnshoheit. Mit dem Anfall (1618) dieses Herzogtums an die brandenburg. Linie der Hohenzollern war P. in Personalunion mit Brandenburg verbunden worden. Trotz bestehender Erbverträge konnte aber Brandenburg 1648 im Westfäl. Frieden lediglich den östl. Teil Pommerns (Hinterpommern; mit Lauenburg, Bütow, Draheim) gewinnen; Vorpommern blieb bei Schweden (bis 1814/15). Dazu erhielt P. Magdeburg, Halberstadt und Minden sowie einen Teil des Saalekreises. – Seit 1660 war Potsdam (neben Berlin zweite) Residenz der Kurfürsten.

Voraussetzung für die Außenpolitik des GROSSEN KURFÜRSTEN war die Durchsetzung des absoluten Fürstenstaates im Innern. Die Landstände erkannten die Unterhaltung des stehenden Heeres sowie eine jährl. Steuer an und erhielten dafür rechtl. und ökonom. Garantien. Der Land besitzende Adel nahm eine privilegierte Stellung ein, wofür er zunehmend Staatsdienst leistete. Eine zentralisierte Regierungs- und Verwaltungsordnung stand erst in den Anfängen. Die Einheit des Staates wurde v. a. durch das in Festungsgarnisonen verteilte Heer als gesamtstaatl. Einrichtung und die auf das Heer bezogene Steuerverwaltung herbeigeführt (›Kriegskommissariat‹). Durch staatl. Wirtschaftspolitik wurden die ›Commercien‹ gehoben (Akzise für die Städte, Gründung von Manufakturen, Förderung des Handels, Bau des Friedrich-Wilhelm-

Kanals, Erwerbung von Groß-Friedrichsburg an der Goldküste); auch die Aufnahme hugenott. Flüchtlinge (Refugiés; Edikt von Potsdam, 1685) förderte die gewerblich-industrielle Entwicklung.

Am 18. 1. 1701 krönte sich sein Sohn, Kurfürst FRIEDRICH III. (seit 1688), in der alten Hochmeisterresidenz, im Schloss der Herzöge von P. zu Königsberg, mit Zustimmung Kaiser LEOPOLDS I. (›Krontraktat‹ vom 16. 11. 1700) als FRIEDRICH I. zum ›König in Preußen‹. Der Königstitel haftete jedoch zunächst nur an dem Land P. (der späteren Prov. Ost-P.), weil es nicht zum Heiligen Röm. Reich gehörte; in seinen übrigen Staaten blieb der König Kurfürst, Markgraf (von Brandenburg), Herzog (u. a. von Magdeburg, Kleve, Jülich, Pommern und Schlesien). Seit FRIEDRICH II. (1772) nannten sich die preuß. Herrscher ›Könige von Preußen‹. – FRIEDRICH I. (1701–13) brachte durch Überbetonung der höf. Repräsentation den Staat an den Rand des finanziellen Ruins. Große Aufwendungen ließ er der Pflege von Kunst (Prunkentfaltung im ›preuß. Barock‹ [A. SCHLÜTER]) und Wiss. zukommen. Die Gründungen der Univ. Halle, die mit C. THOMASIUS und A. H. FRANCKE bald zur führenden Hochschule Dtl.s wurde, der Akademie der Künste (1694; später Preuß. Akademie der Künste) in Berlin und der Kurfürstlich-Brandenburg. Societät der Wiss.en (1700), der späteren Preuß. Akademie der Wiss.en – unter maßgebl. Beteiligung der Königin SOPHIE CHARLOTTE und des mit ihr befreundeten G. W. LEIBNIZ – wurden wegweisend. – Außenpolitisch weniger glücklich, im Span. Erbfolgekrieg auf ausländ. Subsidien angewiesen und ohne Mittel, die mehrfache Verletzung der Neutralität seines Königreiches abzuwehren, gelang es König FRIEDRICH I. doch, aus der Erbschaft WILHELMS III. von Oranien die Grafschaften Lingen, Moers (1702) und das Fürstentum Neuenburg mit der Grafschaft Valengin (1707) sowie, durch Kauf von Sachsen, die Grafschaft Tecklenburg (1707/29) zu erwerben.

Der Umschwung, den sein Sohn und Nachfolger FRIEDRICH WILHELM I. (1713–40) herbeiführte, war schroff. Sparsamkeit und Pflichterfüllung wurden betont, kostspielige krieger. Unternehmungen und außenpolit. Wagnisse gemieden. König FRIEDRICH WILHELM I. realisierte lediglich alte Erbansprüche, als er durch zeitweise Teilnahme am 2. Nord. Krieg 1720 im Frieden von Stockholm gegen Zahlung von 2 Mio. Talern von Schweden Vorpommern bis zur Peene mit Stettin, Usedom, Wollin erwarb, nachdem ihn schon 1713 der Beitritt zum Utrechter Frieden von der Pflicht der weiteren Teilnahme am Span. Erbfolgekrieg befreit und ihm als Ersatz für Oranien den Besitz eines Teiles des Herzogtums Geldern verschafft hatte. In der Erkenntnis, dass eine selbstständige Politik für P. nur möglich sei, wenn es ein starkes, aus eigenen Mitteln unterhaltenes Heer habe, stellte der König, der sich als ›Amtmann Gottes‹ zum ›Soldatenkönig‹ berufen fühlte, alle Mittel des von ihm geschaffenen pietist. Militär- und Verwaltungsstaates in den Dienst der Armee (u. a. Vorliebe für die Garde der ›Langen Kerls‹). Den in den Heeresdienst gezwungenen Adel entschädigte FRIEDRICH WILHELM I. für den schlecht besoldeten Dienst durch seine Anerkennung als ersten Stand im Staat. Das Heer wurde durch den König als Exerziermeister selbst gedrillt, der Mannschaftsstand zunehmend nach dem Kantonsystem aus Landeskindern rekrutiert. Im Dienst der Heeresfinanzierung baute FRIEDRICH WILHELM I. eine umfassende Finanzverwaltung auf, an deren Spitze das Generaldirektorium die Finanzpolitik mit einer großzügigen Wirtschaftspolitik im Sinne des Kameralismus verband. Die Oberrechenkammer sorgte für Aufstellung und Einhaltung eines festen jährl. Staatshaushaltes; erstmals mussten sich die Ausgaben nach den Einnahmen richten. Das Bürgertum sollte durch wachsende Wirtschaftserträge den Unterhalt der Armee decken; es war dafür von der Rekrutengestellung befreit. Darüber hinaus stellte es das neue (v. a. untere und mittlere) Beamtentum, das sich FRIEDRICH WILHELM I. in den Zentral- wie in den Provinzialbehörden (Kriegs- und Domänenkammer) und in der Lokalverwaltung (Finanzämter der Städte und Landratsämter der Kreise) erzog. Äußerster Gehorsam und militär. Ordnungsdenken wurden auf das zivile Leben übertragen und hatten die Militarisierung des zivilen staatl. Lebens zur Folge; die Vorherrschaft des Militärischen vor dem Zivilen wurde seit FRIEDRICH WILHELM I. zum Charakteristikum P.s. Zu den größten innenpolit. Leistungen FRIEDRICH WILHELMS I. gehört der Wiederaufbau (›Rétablissement‹) des von Pest, Krieg und Hungersnot entvölkerten Ostpreußens mit der Ansiedlung von rd. 20 000 Salzburger Exulanten. – Als FRIEDRICH WILHELM I. starb, waren das Heer von 38 000 auf 83 000 Mann vergrößert, die jährl. Staatseinnahmen wesentlich gesteigert und ein barer Staatsschatz angesammelt.

Mit der relativ größten und schlagkräftigsten Armee Europas sowie einer gefüllten Staatskasse brach König FRIEDRICH II., D. GR., fünf Monate nach seinem Regierungsantritt (31. 5. 1740) zum ›Rendezvous des Ruhmes‹ auf, als der Tod Kaiser KARLS VI. (20. 10. 1740) eine günstige Gelegenheit zu territorialen Erwerbungen zu bieten schien, und fiel in Schlesien ein. Die Eroberung und Behauptung dieser österr. Prov. in den drei Schles. Kriegen (1740–42; 1744/45; 1756–63) stellte P. in die Reihe der Großmächte und begründete den österr.-preuß. Dualismus. Als Ergebnis des →Siebenjährigen Krieges (1756–63), in dem P. nach 15-jähriger Bundesgenossenschaft mit Frankreich und nach dem ›Umsturz der Bündnisse‹ in der Westminsterkonvention (1756) mit Großbritannien gegen eine Koalition aus Österreich, Frankreich, Russland, Schweden und dem Heiligen Röm. Reich um seine Existenz kämpfte, gewann Großbritannien – nach einem Wort von W. PITT D. Ä. – im Kampf gegen Frankreich sein Weltreich auf den Schlachtfeldern FRIEDRICHS D. GR. Durch den Erbanfall Ostfrieslands (1744) und den Erwerb Westpreußens, des Ermlands und des Netzedistrikts mit zusammen 35 000 km^2 und 600 000 Ew. in der 1. →Polnischen Teilung (1772) vergrößerte FRIEDRICH D. GR. das preuß. Staatsgebiet von 119 000 km^2 mit 2,25 Mio. Ew. (1740) auf 195 000 km^2 mit 3,5 Mio. Ew. (1786). Im Innern setzte FRIEDRICH das Werk seines Vaters im Sinne eines aufgeklärten Absolutismus fort: Das Heer wurde auf eine Friedensstärke von zuletzt 188 000 Mann (rd. 5,5% der Bev.) gebracht, der Wiederaufbau und Ausbau des in den Kriegen verwüsteten Landes agrarisch wie gewerblich verstärkt fortgesetzt, durch Urbarmachung des Oderbruchs ›eine Provinz im Frieden erobert‹, in Westpreußen v. a. durch Besiedlung ein umfassendes ›Rétablissement‹ eingeleitet, in Oberschlesien und im Ruhrgebiet der Steinkohlenbergbau gefördert; in der Wirtschaftspolitik, v. a. in der Getreidehandelspolitik, wurde der Merkantilismus streng durchgehalten, der die Belange der Machtpolitik mit einer Wohlfahrtspolitik verband. Maßnahmen zur Stärkung und Konservierung des Grund besitzenden Adels, der die Offiziere und leitenden Beamten stellte (Verbot bürgerl. Ankaufs von Rittergütern und der Vergrößerung der Staatsdomänen, Einrichtung von Fideikommissen und Majoraten), ergänzte FRIEDRICH D. GR. durch Bemühungen um die Erhaltung eines kräftigen Bauernstandes, der die Hälfte der Soldaten stellte und die Hauptlast der für den Unterhalt der Armee lebenswichtigen Kontributionen trug. Die schon in ihrer ersten Phase (1713–39) in den europ. Staaten Aufsehen erregende, von S. VON COCCEJI seit

Preußen 2) 1806–1866

1745 wieder aufgenommene Justizreform mit dem Ziel einer vereinfachten und einheitl. Gerichtsverfassung und Prozessordnung für die gesamte Monarchie und die bes. durch C. G. SVAREZ zum Abschluss gebrachte Kodifikation des →Preußischen Allgemeinen Landrechts von 1794 waren ein wichtiger Schritt P.s auf dem Weg vom fürstl. Patrimonialstaat zum überpersönl. Rechts- und Verfassungsstaat. Die volle Glaubens- und Gewissensfreiheit wurde verankert, die Trennung von Justiz und Verwaltung strenger durchgeführt und den Eingriffen des Herrschers in die Sphäre des Rechts weitgehend ein Ende bereitet. – FRIEDRICH sah sich als ›erster Diener‹ dieses in Europa viel bewunderten Obrigkeitsstaates, in dem auch die Künste und die schöngeistigen Wiss.en wieder eine Stätte fanden. Die Preuß. Akademie der Wiss.en wurde unter dem frz. Mathematiker P. L. M. DE MAUPERTUIS mit neuem Leben erfüllt, G. W. VON KNOBELSDORFF prägte das friderizian. Rokoko. Die Tafelrunde von Sanssouci und FRIEDRICHS Freundschaft mit VOLTAIRE machten P. zu einem Zentrum der dt. Aufklärung. – Der aufgeklärte Absolutismus entzog durch Modernisierung und zugleich Stabilisierung der sozialen Herrschaftsordnung in P. quasi als ›Teilrevolution von oben‹ einer Revolution nach Art der Frz. Revolution von 1789 den Boden. In der Ausrichtung des gesamten Staatswesens auf die Person des Herrschers und dessen persönl. Regieren aus dem Kabinett, das keinen Widerspruch duldete und jede Selbstständigkeit unterdrückte, lag jedoch die fundamentale Strukturschwäche dieses polit. Systems begründet, die unter den Nachfolgern offen zutage trat.

Zusammenbruch, Reform und Wiederaufstieg 1792–1815

Der Ausbruch der Frz. Revolution führte 1792 P. und Österreich unter maßgebl. Beteiligung König FRIEDRICH WILHELMS II. (1786–97) im Zeichen der monarch. Solidarität in den 1. Koalitionskrieg gegen das revolutionäre Frankreich (→Französische Revolutionskriege). Unter Überlassung des linken Rheinufers an die Franzosen zog sich P. im Basler Frieden (1795) vorzeitig zurück, da einerseits der Krieg im W, zum anderen die Vergrößerung seines Staatsgebietes in der 2. und 3. Poln. Teilung (1793, 1795) um Danzig, Thorn sowie Süd-P. und Neuostpreußen (105 000 km² und etwa 2,1 Mio. Ew.) zur finanziellen Erschöpfung geführt hatten. Im Reichsdeputationshauptschluss von 1803 konnte P., das schon 1791 durch Kauf die hohenzollernschen Markgrafschaften Ansbach und Bayreuth erworben hatte, bei der Säkularisation und Verteilung geistl. Herrschaften gegen Abtretung der linksrhein. Gebiete an Frankreich (etwa 2 391 km² und 127 000 Ew.) mit den Bistümern Hildesheim, Paderborn, eines Teiles des Bistums Münster, dem kurmainz. Eichsfeld und Erfurt, den Reichsabteien Herford, Essen und Quedlinburg sowie den Reichsstädten Mühlhausen, Nordhausen und Goslar beträchtl. Territorialgewinne verbuchen und 1805/06 gegen Abtretung Ansbachs und Kleves mit der Annexion Hannovers sogar kurzzeitig die getrennten preuß. Länder zu einem fast ganz Nord-Dtl. beherrschenden Staat vereinigen. P.s unter König FRIEDRICH WILHELM III. (1797–1840) fortgesetzte, territorial zunächst erfolgreiche Neutralitätspolitik gewährte Nord-Dtl. und den mitteldt. Staaten noch ein Jahrzehnt hoher kultureller Blüte. In der bildenden Kunst setzte sich mit C. G. LANGHANS und G. SCHADOW der dann von K. F. SCHINKEL und C. D. RAUCH auf seinen Gipfelpunkt geführte Klassizismus durch. Die Berliner Salons der RAHEL VARNHAGEN VON ENSE und HENRIETTE HERZ bildeten Brennpunkte bürgerl. und geistigen Lebens. Als aber nach dem Untergang des Heiligen Röm. Reiches (6. 8. 1806) die Auseinandersetzung mit

Frankreich unausweichlich wurde, musste P. den 4. Koalitionskrieg (→Napoleonische Kriege), infolge seiner Neutralität politisch isoliert, allein führen. In der Doppelschlacht von Jena und Auerstedt (14. 10. 1806) unterlag es NAPOLEON I. Im Frieden von Tilsit (7. 7. 1807) verlor P. über die Hälfte seines Territoriums und fast die Hälfte seiner Einwohner. Nur auf den Einspruch des Zaren hin vorläufig noch als Pufferstaat belassen, von den Truppen des Siegers besetzt und mit hohen Kontributionen belastet, wurde P. in das für die Wirtschaft des Landes ruinöse System der Kontinentalsperre gegen Großbritannien einbezogen.

Gerade der zerrüttete preuß. Staat zog Verwaltungsbeamte, Staatsmänner, Offiziere und Gelehrte an, viele von ihnen Nicht-Preußen wie H. F. K. Reichsfreiherr VOM UND ZUM STEIN, K. A. VON HARDENBERG und K. Freiherr VOM STEIN ZUM ALTENSTEIN, J. G. FICHTE und E. M. ARNDT, G. J. D. VON SCHARNHORST, A. W. A. NEIDHARDT VON GNEISENAU und B. G. NIEBUHR, daneben die Preußen W. VON HUMBOLDT, H. VON BOYEN, F. L. Reichsfreiherr VON SCHROETTER, T. VON SCHÖN und F. D. E. SCHLEIERMACHER. Sie begannen, geprägt vom erwachenden dt. Nationalgefühl, in Weiterentwicklung der Ideen der Frz. Revolution, des brit. Wirtschaftsliberalismus sowie der Königsberger Aufklärung I. KANTS, und lange geplant, die innere Erneuerung P.s, die den Übergang vom Absolutismus zum Verfassungsstaat des 19. Jh. brachte **(preußische** bzw. **stein-hardenbergsche Reformen):** Die obersten Staatsbehörden wurden neu organisiert; die Bauernbefreiung (1807, 1811, abgeschlossen erst 1850), die steinsche Städteordnung (1808), die Einführung der Gewerbefreiheit (1810/11) und die Judenemanzipation (1812) brachten das Gefüge des Ständestaates zum Wanken. Während die humboldt-süvernsche Bildungsreform neue geistige Kräfte wecken sollte, diente die Heeresreform (→SCHARNHORST) der Befreiung von der frz. Hegemonie (Gesetz zur allg. Wehrpflicht, 3. 9. 1814). – Doch erst der Untergang der Großen Armee NAPOLEONS I. in Russland (1812) und die von General H. D. L. YORCK VON WARTENBURG eigenmächtig geschlossene Neutralitätskonvention von Tauroggen (30. 12. 1812) ermöglichten es, FRIEDRICH WILHELM III. in den Befreiungskriegen 1813 zu einem Bündnis mit Russland und Österreich zu zwingen. Nach der Völkerschlacht bei Leipzig (16.–19. 10. 1813) und dem Sieg der preuß. und brit. Armeen unter G. L. Fürst BLÜCHER und A. W. WELLINGTON bei Waterloo (18. 6. 1815) konnte P. auf dem Wiener Kongress (1815) seine Großmachtstellung zurückgewinnen und sein Staatsgebiet auf 278 000 km^2 mit 10,4 Mio. Ew. vergrößern. Zu den alten →Provinzen Ost- und Westpreußen (P.), Pommern, Brandenburg und Schlesien traten die neu gebildeten Prov. Jülich-Kleve-Berg und Niederrhein (Rheinland), Westfalen, Sachsen und Posen. Mit allen Prov. (außer Posen, West- und Ostpreußen) trat P. dem →Deutschen Bund bei. – Damit hatte P. eine Position erreicht, die wesentl. Voraussetzungen für die spätere Reichsgründung enthielt; in den Befreiungskriegen hatten sich stärker als je zuvor preuß. Staat und dt. Nationalgefühl verbunden, durch die territorialen Veränderungen war P. in viel höherem Maß ein dt. Staat geworden als vor 1807, die für die Entwicklung zum Industriestaat wichtigsten dt. Gebiete waren jetzt preußisch, Agrar- und Städtereform begünstigten die wirtschaftl. Entwicklung.

Restauration, Revolution, Reichsgründung 1815–1871

Im 1815 geschaffenen europ. System restaurativer Ordnung stellte sich P. gegen jede auch nur andeutungsweise revolutionäre Änderung. Die hardenbergschen Reformen wurden immer mehr behindert, bis 1819 mit H. VON BOYEN, K. W. G. VON GROLMAN, W. VON HUMBOLDT und K. F. VON BEYME die letzten Reformminister zurücktraten. Auf die lokale Ebene (Selbstverwaltung v.a. der Städte) beschränkt, stagnierte die Verfassungsentwicklung, doch garantierte das überwiegend liberale Beamtentum neben Einheit und Kontinuität des Staates auch (in eingeschränktem Maß) den Fortbestand des reformer. Erbes.

Die Agrarreformen (→Bauernbefreiung), die in den 1820er-Jahren auf die westl. Provinzen übertragen wurden, wirkten sich dort förderlich aus. In den Ostprovinzen war aber mit der gutsherrlich-bäuerl. ›Regulierung‹ eine bäuerl. Landabgabe von jeweils einem Drittel oder der Hälfte der Fläche verbunden, wodurch die Rittergüter erheblich an Ausdehnung gewannen; auch war die Umstellung auf die neuen Verhältnisse, gesteigert durch eine Agrarkrise, zunächst schmerzhaft, aber infolge der Rationalisierung der Landwirtschaft nach den Separationen gewannen nicht nur die Gutsherren, sondern auch die Bauern. Benachteiligte der Agrarreformen waren die nicht regulierfähigen Kleinbauern und Häusler, die in Gefahr gerieten, zum ländl. Proletariat abzusinken. Verkehr (Chausseebau) und Gewerbe wurden gefördert, wenngleich die Industrialisierung der 30er- und 40er-Jahre noch mit Schwierigkeiten zu kämpfen hatte.

Wirtschaftspolitisch wurde eine liberale Linie durchgehalten. Das Zollgesetz von 1818 gab den Binnenmarkt endgültig frei. Die Gründung des →Deutschen Zollvereins (1828–34) bereitete auf wirtschaftl. Gebiet die dt. Einigung unter Führung P.s und unter Ausschluss Österreichs vor. Zum Philosophen des preuß. Staates wurde G. W. F. HEGEL. Nach R. COBDEN besaß P. (1838) ›gegenwärtig für die große Masse des Volkes die beste Regierung‹.

Doch verlor in der Zeit nach 1815, als die ständisch gebundene Gesellschaft – nicht zuletzt infolge der preuß. Reformen – sich auflöste und die polit. Forderungen des Liberalismus in der wachsenden bürgerl. Bewegung lebendig wurden, der Obrigkeitsstaat an Ansehen. Die Spannung zw. dem national und liberal gesinnten Bürgertum und der preuß. Monarchie nahm zu, je mehr sich P. den neuen Tendenzen verschloss und sie zu hemmen suchte. Pressezensur, Demagogenverfolgung (Karlsbader Beschlüsse), das Ersticken freiheitl. Regungen erzeugten Missstimmung. Dazu kam in den kath. Teilen der Monarchie, bes. im Westen, die Erregung infolge der →Kölner Wirren. Die Spannung verschärfte sich unter König FRIEDRICH WILHELM IV. (1840–61), da er gegen die liberale Bewegung das ›monarch. Prinzip‹ in einem romantisch-konservativen und kirchlich-orthodoxen Sinne (›Thron und Altar‹) durchzuhalten suchte. Als Zugeständnis berief er 1847 alle Provinzialstände (1823 errichtet) zum Vereinigten Landtag zusammen, der aber die versprochene Verf. nicht ersetzen konnte.

Nach dem Sturz des österr. Staatskanzlers K. W. Fürst VON METTERNICH in der Wiener →Märzrevolution (13. 3. 1848) suchte der politisch verunsicherte preuß. Monarch den sich anbahnenden revolutionären Ereignissen in P. die Spitze zu nehmen. Nach Barrikadenkämpfen in Berlin (→Märzgefallene) am 18. 3. gab er mit Patenten zur vorzeitigen Einberufung des Vereinigten Landtages (14./18. 3.), einem Gesetz zur Aufhebung der Pressezensur (17. 3.) und einer Proklamation zur nat. und konstitutionellen Umgestaltung des Dt. Bundes (21. 3.; ›P. geht fortan in Dtl. auf‹), bei der er sich den Berlinern mit den schwarzrotgoldenen (dt.) Farben zeigte, den revolutionären Forderungen nach. Ein liberales Ministerium unter L. CAMPHAUSEN wurde berufen (29. 3.), eine preuß. Nationalversammlung gewählt, in der im Unterschied zur Frankfurter Nationalversammlung die demokrat. Linke dominierte. Der sich zuspitzende Konflikt zw. der Reg.

und der am 22. 5. eröffneten Nationalversammlung bewog den König nach dem Sieg der auf Militär, staatstreues Beamtentum und eine konservative Gegenbewegung (→Junkerparlament) gestützten Krone, am 2. 11. 1848 ein konservatives Ministerium unter F. W. Graf VON BRANDENBURG (Min.-Präs. 1848–50) zu berufen, die Nationalversammlung auflösen zu lassen und eine Verf. zu oktroyieren (5. 12. 1848; →oktroyierte Verfassung). Der fortan konstitutionell beschränkte Monarch übte seine Rechte unter Mitwirkung verantwortl. Minister aus; die gesetzgebende Gewalt stand ihm und dem Landtag gemeinschaftlich zu, das Budgetrecht dem Landtag allein. Dieser bestand – entsprechend der revidierten Verf. von 1850, gültig bis 1918 – aus der ersten Kammer, dem Herrenhaus, mit erbl. oder vom König auf Lebenszeit ernannten Mitgl., und der zweiten Kammer, dem Abgeordnetenhaus, dessen Mitgl. nach dem →Dreiklassenwahlrecht gewählt wurden. Ab 1850 herrschte unter E. VON MANTEUFFEL eine hochkonservative ›Kamarilla‹. Die ›Neue Ära‹ unter König WILHELM I. (1861–88, ab 1858 zunächst Prinzregent) führte im ›preuß. →Verfassungskonflikt‹ um die Heeresverstärkung (1860–66) zum Machtkampf zw. Krone/Reg. und Parlament. Erst dem seit 24. 9. 1862 amtierenden Min.-Präs. O. VON BISMARCK (ab 8. 10. auch Außen-Min.) gelang es nach dem preuß. Sieg im Dt. Krieg 1866 durch Einbringen der Indemnitätsvorlage, den Verf.-Konflikt zu beenden, den größten Teil der liberalen Opposition auszusöhnen und für seine nat. Machtstaatspolitik zu gewinnen. Parlamentar. Regierungsformen konnten sich seitdem bis 1918 nicht durchsetzen. Das Königtum blieb die eigentl., bestimmende Gewalt. In der konstitutionellen Monarchie des preußisch-dt. Typs gelang es den vorindustriellen Machteliten – Königtum und Adel – allen im Zuge der Industrialisierung sich vollziehenden sozialen Veränderungen zum Trotz, ihre Herrschaft zu behaupten.

Trotz des Ausschlusses von der Regierungsverantwortung schuf das preuß. Bürgertum, unterstützt von einer liberalen Beamtenschaft im 19. Jh. den modernen Industriestaat. Grundvoraussetzung der Industrialisierung war ein einheitl. Wirtschaftsgebiet. Es wurde mit der Bildung eines Binnenmarktes durch die Neuordnung der Steuerverfassung (u. a. Ersetzung der an den Stadttoren erhobenen Akzise durch Verbrauch- und Luxussteuern) und das Handels- und Zollgesetz von 1818 geschaffen; alle Binnenzölle wurden aufgehoben, die Einfuhr von Industriewaren und Getreide wurde durch Zölle erschwert. Die Neugestaltung des Dt. Zollvereins (ab 1. 1. 1834) nach dem Dt. Krieg von 1866 beinhaltete die Errichtung eines Zollparlamentes und eines Zollbundesrates, womit der weitere polit. Zusammenschluss Dtl.s vorbereitet wurde. 1853 erwarb P. von Oldenburg ein kleines Gebiet am Jadebusen zur Anlage eines Kriegshafens an der Nordsee und schuf damit die Voraussetzungen für eine Kriegsflotte. Wilhelmshaven und Kiel wurden preuß. Kriegshäfen. Überraschend schnell entwickelten sich neben Straßenbau, Kanalbau und Flussregulierung Eisenbahnen, Post und Telegrafie. 1827 wurde der regelmäßige Dampfschiffverkehr auf dem Rhein eröffnet. Die ersten Eisenbahnstrecken in P., bis Ende der 1870er-Jahre privat betrieben, wurden 1838 zw. Berlin und Potsdam sowie zw. Düsseldorf und Erkrath eröffnet. In Oberschlesien, in und um Berlin, beiderseits des Rheins, an Saar und Ruhr entstanden, durch systemat. Verkehrsausbau verbunden, die großen Industriezentren, z. T. im Anschluss an ältere vorindustrielle Zentren. Die Industrialisierung führte mit dem Entstehen einer Arbeiterschaft, mit der Urbanisierung und mit der Proletarisierung weiter Bev.-Teile zu schweren sozialen Problemen. Die staatl. Sozialpolitik beschränkte sich, weil die Wehrtauglichkeit der Rekruten abnahm, zunächst auf den Schutz gegen Auswüchse der →Kinderarbeit (1839). Mit Vorläufern seit den 1840er-Jahren bildete sich in den 1860er-Jahren die Arbeiterbewegung heraus; der Aufhebung des Koalitionsverbotes in P. 1867 folgte ein Aufschwung der Gewerkschaftsbewegung.

Die seit den Befreiungskriegen gestellte Frage, ob ein geeinter dt. Nationalstaat mit oder ohne Einschluss Österreichs gebildet werden sollte, bestimmte während und noch nach der Revolution von 1848/49 die öffentl. Diskussion. Am 3. 4. 1849 lehnte König FRIEDRICH WILHELM IV. die ihm von der Frankfurter Nationalversammlung angetragene Kaiserkrone ab. Sein und seines Außenministers J. M. VON RADOWITZ Versuch, auf antirevolutionärem Weg eine kleindt. Union unter preuß. Führung zu schaffen, scheiterte am Widerstand Russlands. In der Olmützer Punktation musste P. 1850 auf die Unionspolitik verzichten und vor der österr. Politik kapitulieren. Erst BISMARCK gelang es, nach dem Dt.-Dän. Krieg von 1864, nach dem Ausschluss Österreichs aus der dt. Politik, nach dem Dt. Krieg von 1866 und der Annexion Hannovers, Schleswig-Holsteins, Nassaus, Kurhessens und Frankfurts sowie der Bildung des Norddeutschen Bundes 1867 im Dt.-Frz. Krieg 1870/71 die dt. Frage im kleindt. Sinne unter P.s Führung zu lösen. P. umfasste jetzt etwa zwei Drittel des Reichsgebiets und drei Fünftel der Reichs-Bev. Die wichtigsten Rohstoffgebiete und Industrien Dtl.s lagen in Preußen.

Preußen im Kaiserreich 1871–1918

Mit der Reichsgründung und der Proklamation des preuß. Königs zum Dt. Kaiser durch die versammelten dt. Fürsten am 18. 1. 1871 im Spiegelsaal des Schlosses zu Versailles ging die preuß. Geschichte in die dt. Geschichte über. P. war nun einer von 25 Gliedstaaten des Dt. Reiches. In der Reichs-Verf. von 1871 war die preuß. Hegemonie durch das Bundespräsidium des Königs von P., der den Kaisertitel führte und oberster Kriegsherr war, sowie durch die preuß. Sperrminorität im Bundesrat abgesichert. Diese Hegemonie wurde noch gestützt durch die fast durchgehend bestehende Personalunion zw. preuß. Min.-Präs., preuß. Außen-Min. und Reichskanzler sowie durch die enge personelle Verzahnung der preuß. Ministerien mit den entsprechenden Reichsämtern. Gleichzeitig betrafen Auseinandersetzungen in P. (→Kulturkampf, →Ostmarkenpolitik) das gesamte Reich; eine schwere Belastung stellte auch die Frage der poln. Minderheit dar. Unter Kaiser FRIEDRICH (1888) sowie unter Kaiser WILHELM II. (1888–1918) trat das preuß. Königtum mehr und mehr hinter dem neudt. Kaisertum zurück; der altpreuß. Adel allerdings stand der Reichsgründung lange misstrauisch gegenüber. Im preuß. Abgeordnetenhaus hatten seit 1879 die Konservativen die Vorherrschaft, die sie aufgrund des Dreiklassenwahlrechts auch weiterhin behaupten konnten. Die Tatsache, dass die Arbeiterschaft hier fast völlig ausgeschlossen blieb, während im Reichstag die Sozialdemokratie seit 1912 die stärkste Fraktion stellte, führte zu immer schärferen Auseinandersetzungen. Erst im Oktober 1918 wurde das gleiche Wahlrecht auch für P. proklamiert.

Die größte Leistung im Kaiserreich vollbrachte der preuß. Staat, federführend für ganz Dtl., auf dem Gebiet der Kulturpolitik, die nach der Reichs-Verf. Ländersache blieb. In Weiterführung der Reorganisation des preuß. Bildungswesens unter W. VON HUMBOLDT erfolgte v. a. unter F. ALTHOFF der Ausbau der Universitäten, die volle Anerkennung der techn. Hochschulen, die Einführung und Gründung von Handelshochschulen sowie die Errichtung reiner Forschungsinstitutionen wie der Physikalisch-Techn. Reichsanstalt (1887) und der Kaiser Wilhelm-Gesellschaft zur

Förderung der Wiss.en e.V. (1911). Neben das humanist. Gymnasium traten gleichberechtigt Oberrealschule (1890), Realgymnasium (1900) und Studienanstalt (1908; eine Form der höheren Mädchenschule). Die preuß. Museumspolitik galt als vorbildlich.

Preußen 1918–1947

Nach der Novemberrevolution 1918 übernahmen in P. (wie im Dt. Reich) SPD und USPD die Macht. Der durch den Versailler Vertrag (1919) am stärksten geschwächte Staat blieb als weitaus größtes Land des Dt. Reiches erhalten und wurde durch die Verf. vom 30. 11. 1920 wie die anderen dt. Länder ein demokratisch-parlamentar. Freistaat. Aber P. büßte seine Präsidialstellung im Dt. Reich ein; die Personalunion von Reichskanzler und preuß. Min.-Präs. wurde in der Weimarer Rep. aufgehoben. Neben der Abtrennung Danzigs und seiner Umgebung als ›Freie Stadt Danzig‹ verlor P. 1919/20 zahlr. Gebiete an Polen: den größten Teil der Prov. Posen, die pommerell. Kreise der Prov. Westpreußen, das ostpreuß. Gebiet Soldau und den Großteil des Oberschles. Industriegebiets. Die bei Dtl. verbleibenden westl. Teile der ehem. preuß. Prov. Posen und Westpreußen bildeten seitdem die Prov. →Grenzmark Posen-Westpreußen. Die Bev. im westpreuß. Teil östlich der Nogat und Weichsel sowie die Bev. in Masuren (→Ostpreußen) entschied sich 1920 mit großer Mehrheit für den Verbleib bei Dtl. Nach einer Abstimmung in →Oberschlesien (1921) wurde dieses Gebiet entsprechend den Teilergebnissen in den einzelnen Stimmkreisen geteilt. Das ostpreuß. Gebiet nördlich der Memel und des Ruß musste der Verwaltung der Siegermächte unterstellt werden (→Memelgebiet). Das Hultschiner Ländchen kam an die Tschechoslowakei, Nordschleswig an Dänemark sowie Eupen und Malmedy an Belgien. Für einen Zeitraum von 15 Jahren musste Dtl. das überwiegend in der preuß. Rhein-Prov. gelegene Saargebiet (→Saarland) an Frankreich abtreten.

In der Weimarer Rep. blieb die Regierungsbildung in P. relativ stabil. Min.-Präs. O. BRAUN (SPD) regierte 1920–32 (mit zwei kürzeren Unterbrechungen) auf der Basis der Weimarer Koalition (SPD, Zentrum, DDP); 1921–25 war die DVP in die Reg. einbezogen. Sie bemühte sich, das parlamentar. System zu sichern. Innen-Min. C. SEVERING baute in diesem Sinne eine neue Polizei auf. Es gelang der Reg. jedoch nicht, in der Beamtenschaft ein stärkeres und tiefer reichendes republikan. Bewusstsein zu verankern. In der Endphase der Weimarer Rep. unterstützte sie das Reichskabinett unter H. BRÜNING; 1929 schloss sie ein Konkordat mit der kath. Kirche. Bei den Landtagswahlen vom 24. 4. 1932 verlor sie ihre parlamentar. Mehrheit, blieb jedoch geschäftsführend im Amt. Am 20. 7. 1932 ließ Reichskanzler F. VON PAPEN aufgrund einer Notverordnung des Reichs-Präs. (P. VON HINDENBURG) die Reg. Braun absetzen und stellte P. unter Reichsverwaltung. Mit dieser staatsstreichartigen Aktion gegen die preuß. Landes-Reg. (›P.-Putsch‹ bzw. ›P.-Schlag‹) beseitigte PAPEN eine der letzten Barrieren auf Länderebene gegen den anwachsenden Nationalsozialismus in Dtl. Nach dem Regierungsantritt A. HITLERS (30. 1. 1933) ernannte dieser am 11. 4. H. GÖRING zum preuß. Min.-Präs. (1933–45). Dieser vollzog die Gleichschaltung P.s mit dem Reich. An P. kamen 1929 Waldeck (Prov. Hessen-Nassau), 1937 Lübeck (Prov. Schleswig-Holstein).

Im Mai 1945 wurde das durch die Grenzziehung an der →Oder-Neiße-Linie territorial stark reduzierte P. auf die Besatzungszonen aufgeteilt (SBZ: Brandenburg und Sa.-Anh., Gebiete an Sa. und Meckl.-Vorp.; brit. Zone: Schlesw.-Holst., Ndsachs., NRW; amerikan. Zone: Hessen-Nassau zu Hessen; frz. Zone: Rhein-Prov. zu Rheinl.-Pf.). Das Gesetz Nr. 46 des Alliierten Kontrollrats vom 25. 2. 1947 besiegelte die Auflösung P.s als Staat, weil er den Alliierten als ›Hort des dt. Militarismus‹ galt. Das preuß. Staatsvermögen ging in der Bundesrepublik Dtl. auf die Nachfolgeländer über; seit 1993 fordern die Länder Bbg. und Sa.-Anh. eine Beteiligung am ehem. preuß. Staatsbesitz. Die Kulturgüter des ehem. preuß. Staates in Dtl. sind in der →Stiftung Preußischer Kulturbesitz vereinigt. Bis 2001 soll in Potsdam ein Haus der brandenburgisch-preuß. Geschichte errichtet werden.

J. G. DROYSEN: Gesch. der preuß. Politik (bis 1756), 14Tle. ([1-2]1868–86); F. BRANDES: Gesch. der kirchl. Politik des Hauses Brandenburg, 2Bde. (1872–73); Publikationen aus den Preuß. Staatsarchiven, 94 Bde. (1878–1938); Acta Borussica. Denkmäler der preuß. Staatsverw. im 18. Jh., hg. v. der Königl. Akad. der Wiss.en, in mehreren Reihen auf zahlr. Bde. ber. (1892ff.); Die auswärtige Politik P.s 1858–1871, hg. v. E. BRANDENBURG u.a., 10 Tle. (1933–39); L. VON RANKE: Zwölf Bücher preuß. Gesch., 2Bde. (Neuausg. 1957); Grundr. zur dt. Verw.-Gesch. 1815–1945, hg. v. W. HUBATSCH, Reihe A, 12 Bde. u. Reg.-Bd. (1975–81); G. HEINRICH: Gesch. P.s. Staat u. Dynastie (1981); Moderne preuß. Gesch., hg. v. O. BÜSCH, 3Bde. (1981); H. MATZERATH: Urbanisierung in P. 1815–1914, 2Tle. (1985); P. Seine Wirkung auf die dt. Gesch., Vorlesungen v. K. D. ERDMANN u.a. (1985); I. MITTENZWEI u. E. HERZFELD: Brandenburg-P. 1648–1789 (Berlin-Ost 1987); P., Europa u. das Reich, hg. v. O. HAUSER (1987); P.-Ploetz. Preuß. Gesch. zum Nachschlagen, hg. v. M. SCHLENKE (1987); O. BÜSCH: Zur Rezeption u. Revision der preuß.-dt. Gesch. (1988); W. HUBATSCH: Grundlinien preuß. Gesch. Königtum u. Staatsgestaltung 1701–1871 ([3]1988); R. KOSELLECK: P. zw. Reform u. Revolution (Neuausg. 1989); Hb. der preuß. Gesch., hg. v. O. BÜSCH, auf 3Bde. ber. (1992ff.); H. KATHE: P. zw. Mars u. Musen. Eine Kulturgesch. von 1100 bis 1920 (1993); C. E. VEHSE: Die Höfe zu P., 3Bde. (1993); C. Graf VON KROCKOW: P. Eine Bilanz (Neuausg. 1994); S. SALMONOWICZ: P. Gesch. von Staat u. Gesellschaft (a.d. Poln., 1995); H. J. SCHOEPS: P. Gesch. eines Staates (Neuausg. 1995); J. WEISER: Das preuß. Schulwesen im 19. u. 20. Jh. (1996).

Zeitschriften und Sammelwerke: Preuß. Jb., 240 Bde. (1858–1935); Forsch. zur brandenburg. u. preuß. Gesch., 55Bde. (1888–1944); Hohenzollern-Jb., 20 Bde. (1897–1916); Studien zur Gesch. P.s, auf zahlr. Bde. ber. (1958ff.); Jb. Preuß. Kulturbesitz, auf mehrere Bde. ber. (1962ff.); Neue Forsch. zur Brandenburg-Preuß. Gesch., auf mehrere Bde. ber. (1979ff.).

PreussenElektra AG, Energieversorgungsunternehmen, gegr. 1927 als Preuß. Elektrizitäts-AG; Sitz Hannover. Als einer der größten dt. Stromerzeuger betreibt die P. AG Kraftwerke und ein umfangreiches Hochspannungsnetz; regionale Versorgungsschwerpunkte sind Schlesw.-Holst., Ndsachs., Teile von Hessen, NRW, Bbg., Meckl.-Vorp. und Sa.-Anh. Das Unternehmen, eine Tochtergesellschaft der VEBA AG, ist auch in den Bereichen Gas- und Fernwärmeversorgung, Abfallverwertung, Wasserwirtschaft und Ingenieurdienstleistungen tätig. Umsatz (1996): 15,39 Mrd. DM, Beschäftigte: rd. 22300.

Preußenfische, Dascyllus, zu den →Korallenbarschen gestellte Gattung kleiner Korallenfische; häufig weiß, mit breiten, schwarzen Querbinden; z.B. der etwa 8cm lange **Perl-P. (Philippinen-P.,** Dascyllus melanurus; in der austral. Region); P. leben oft in enger Lebensgemeinschaft mit Korallenstöcken, in denen sie sich bei Gefahr verstecken.

Preußische Akademie der Wissenschaften, →Akademien der Wissenschaften (ÜBERSICHT).

Preußische Jahrbücher, kulturpolit. Monatsschrift nationalliberaler Prägung, gegr. 1858 in Berlin von M. DUNCKER und R. HAYM, geleitet 1866–89 von H. VON TREITSCHKE, 1889–1919 von H. DELBRÜCK, 1935 erloschen.

Preußische Kappe, *Baukunst:* →Gewölbe.

Preußischer Bund, Zusammenschluss (1440) der Handelsstädte und der Ritterschaft des Weichsellandes zur Wahrung der stände. Rechte gegenüber dem Dt. Orden. Der P. B. nahm auch die Reste des Eidechsenbundes auf. Als der Hochmeister des Ordens eine

Preußisch Oldendorf: Haus Groß-Engershausen; um 1770

Beteiligung an der Reg. ablehnte, unterstellte sich der Bund der Landesherrschaft des poln. Königs (4. 2. 1454) und löste den Städtekrieg (1454–66) aus.

preußische Reformen, →Preußen 2).

Preußischer Kulturbesitz, →Stiftung Preußischer Kulturbesitz.

Preußischer Landrücken, Preußischer Höhenrücken, Teil des Balt. Landrückens zw. Weichsel- und Memeltal, größtenteils im südl. Ostpreußen (v. a. Masuren, Polen), die östl. Ausläufer in Litauen und Russland (Gebiet Kaliningrad); eine hügelige, waldreiche End- und Grundmoränenlandschaft mit zahlr. Seen **(Preußische Seenplatte),** deren höchste Erhebungen die Kernsdorfer Höhe (312 m ü. M.) im SW und Seesker Höhe (309 m ü. M.) im NO sind; vor den Endmoränen große Sanderflächen (Johannisburger Heide, Rominter Heide). Den Hauptteil bildet der Masur. Landrücken mit den →Masurischen Seen; im SW liegt das →Hockerland.

preußischer Verfassungskonflikt, →Verfassungskonflikt in Preußen.

Preußischer Volksverein, im September 1861 als Gegengewicht zum liberalen Dt. Nationalverein gegründete polit. Organisation der preuß. Konservativen. Wie auch der Nationalverein setzte er sich für die dt. Einigung unter preuß. Führung ein, lehnte dabei jedoch liberale Verfassungsänderungen sowie die Schaffung einer starken Zentral-Reg. ab. Während des Verfassungskonflikts in Preußen und im Dt.-Dän. Krieg von 1864 unterstütze der P. V. die preuß. Regierung. Danach einsetzende Zerfallserscheinungen führten im Sommer 1872 zur Auflösung.

Otfried Preußler

Preußisches Allgemeines Landrecht, Abk. **ALR,** eigtl. **Allgemeines Landrecht für die Preußischen Staaten,** Kodifikation großer Teile des in Preußen geltenden Rechts vom 1. 6. 1794, unter dem Großkanzler JOHANN HEINRICH CASIMIR Graf VON CARMER (* 1720, † 1801) von C. G. SVAREZ bearbeitet. Das nahezu 20 000 Paragraphen umfassende Werk ist als nie wiederholter Versuch anzusehen, die Gesamtheit der Rechtsordnung in einem einzigen Gesetzbuch zu kodifizieren. Der Kodifikationsgedanke war ebenso wie der Aufbau des ALR (vom Einzelnen über die Gemeinschaften bis zum Staat) naturrechtlich bestimmt. Der erste Teil behandelt bes. das Sachen-, Schuld- und Erbrecht, der zweite v. a. das Familien-, Stände-, Kirchen-, Schul- und Strafrecht. Seine Regelungsgenauigkeit auch im Detail weist es als Gesetz des aufgeklärten Absolutismus aus. Inhaltlich werden römisch-rechtl. Ansätze in deutschrechtl. Sinn fortgebildet. In gesellschaftl. Hinsicht konservierte das ALR den Ständestaat. Das Gesetz galt 1794 subsidiär in ganz Preußen; in den Neuerwerbungen wurde es nicht eingeführt. Im Lauf des 19. Jh. wurde es bis auf geringe Reste sukzessiv außer Kraft gesetzt.

200 Jahre Allg. Landrecht für die preuß. Staaten. Wirkungsgesch. u. internat. Kontext, hg. v. B. DÖLEMEYER u. H. MOHNHAUPT (1995). Allg. Landrecht für die preuß. Staaten von 1794, Einf. v. H. HATTENAUER ([3]1996).

Preußische Staatsbibliothek, →Staatsbibliothek zu Berlin – Preußischer Kulturbesitz.

Preußisch Eylau, russ. **Bagrationowsk,** Stadt im Gebiet Kaliningrad (Königsberg), Russland, an der Pasmar, 7 200 Ew.; Nahrungsmittelindustrie; Grenzübergang nach Polen. – Ehem. Burg des Dt. Ordens (erhalten ist das Haupthaus der Vorburg, um 1325–50); in der Pfarrkirche (um 1341; 1879 verändert) eine Triumphbogengruppe (um 1510). – Bei einer um 1325–30 errichteten Burg des Dt. Ordens entstand nach 1340 eine Siedlung, die 1585 Stadt wurde. Mit dem nördl. Teil Ostpreußens kam P. E. 1945 an die UdSSR und gehört heute zu Russland. – In der unentschieden endenden **Schlacht bei P. E.** (7.–8. 2. 1807) konnten sich napoleon. Truppen erstmals nicht gegen ein verbündetes preußisch-russ. Heer durchsetzen.

Preußisch Holland, poln. **Pasłęk** [ˈpasu̯ɛŋk], Stadt in der Wwschaft Elbląg (Elbing), Polen, im ehem. Ostpreußen, 40 m ü. M., an der Weeske (Zufluss des Drausensees), 12 000 Ew.; Nahrungsmittel-, Holz-, Textilindustrie. – Das von niederländ. Einwanderern gegründete P. H. erhielt 1297 Stadtrecht. Die Stadt und die Burg des Dt. Ordens bildeten eine starke Festung. 1945 kam P. H. unter poln. Verwaltung, die Zugehörigkeit zu Polen wurde durch den Dt.-Poln. Grenzvertrag vom 14. 11. 1990 anerkannt.

Preußisch Oldendorf, Stadt und Luftkurort im Kreis Minden-Lübbecke, NRW, 65 m ü. M., zw. Wiehengebirge und Mittellandkanal (Hafen), 13 000 Ew.; Textil-, Holz- und Möbelindustrie, Margarine-, Lack-, Fischfutterherstellung. – Ev. Pfarrkirche (1492–1510; Anbau 1905/06). In **Börninghausen** ev. Pfarrkirche (um 1050; erneuert 1463), mit Wand- und Gewölbemalereien (15.–17. Jh.). In **Engershausen** die Wasserburgen Haus Groß-Engershausen (um 1770) und Haus Klein-Engershausen (18. Jh.). In **Hedem** Wasserschloss Hollwinkel (v. a. 16.–19. Jh.). In **Holzhausen** Haus Crollage (im Kern 16. Jh.), heutiger Bau v. a. 19. Jh. In **Lashorst** Wasserschloss Hüffe (1775–84). – P. O., im 10. Jh. erstmals erwähnt, erhielt den heutigen Namen um 1800. Seit 1719 ist P. O. Stadt.

Preußisch Stargard, polnisch **Starogard Gdański** [-ˈgdai̯ski], Stadt in der Wwschaft Gdańsk (Danzig), Polen, am Weichselzufluss Ferse, 50 000 Ew.; Arzneimittelwerk, Nahrungsmittel-, elektrotechn. Industrie, Möbelfabrik, Glashütte; staatl. Gestüt. – P. S. lag an einer wichtigen Handelsstraße. 1348 erhielt es vom Dt. Orden Stadtrecht und teilte weiterhin die Geschicke Pommerellens. 1920 kam es von der Prov. Westpreußen an Polen.

Preußler, Otfried, Schriftsteller, * Reichenberg (Böhmen) 20. 10. 1923; urspr. Lehrer, seit 1970 freier Schriftsteller. P. zählt mit seinen vielfach übersetzten, auch verfilmten und für die Bühne bearbeiteten humor- und fantasievollen Büchern zu den beliebtesten Kinder- und Jugendbuchautoren dt. Sprache; Träger zahlreicher Literaturpreise, u. a. des ›Dt. Jugendliteraturpreises‹ (1972) für den spannend-märchenhaften Abenteuerroman ›Krabat‹ (1971).

Weitere Werke: Der kleine Wassermann (1956); Die kleine Hexe (1957); Der Räuber Hotzenplotz (1962); Neues vom Räuber Hotzenplotz (1969); Hotzenplotz 3 (1973); Die Glocke von grünem Erz (1976); Hörbe mit dem großen Hut (1981); Der Engel mit der Pudelmütze (1985); Zwölfe hat's geschlagen (1988); Mein Rübezahlbuch (1993).

O. P., Werk u. Wirkung, hg. v. H. PLETICHA (1983).

Préval [pre'val], René, haitian. Politiker, * Fond-des-Nègres 17. 1. 1943; emigrierte 1963 nach Belgien; 1975 Rückkehr nach Haiti, aktiv im Widerstand gegen das Duvalier-Regime im Umkreis von J.-B. ARISTIDE, unter dessen Präsidentschaft Premier-Min. Nach dem Putsch 1991 folgte P. ARISTIDE ins Exil und kehrte 1994 mit ihm zurück; als sein Nachfolger für das Parteienbündnis OPL im Dezember 1995 zum Präs. gewählt (Amtsantritt 7. 2. 1996).

Prevelakis, Pantelis, neugriech. Schriftsteller, * Rethymnon 18. 2. 1909, † Athen 13. 3. 1986; in seinem Werk reflektiert er in vielfältiger Weise Geschichte und Gegenwart seiner kret. Heimat.

Werke (neugriechisch): *Romane:* Der Kreter, 3 Bde. (1948–50); Die Sonne des Todes (1959; dt.); Das Haupt der Medusa (1963; dt.); Der Engel im Brunnen (1970; dt.); Countdown (1974). – *Lyrik:* Die nackte Dichtung (1939). – *Dramen:* Das heilige Schlachtopfer (1952); Die Hand des Ermordeten (1971).

Preventer [engl., zu to prevent ›verhindern‹] *der, -s/-, Bohrtechnik:* Sicherheitsarmatur an Bohrlochanlagen, um z. B. bei Eruptionen das Bohrloch gefahrlos verschließen zu können. Mit **Gestänge-P.** kann das Bohrloch nur geschlossen werden, solange sich das Bohrgestänge noch im Bohrloch befindet, **Vollabschluss-P.** dichten das Bohrloch bei entferntem Gestänge ab, und mit **Universal-P.** kann auch bei geschlossenem Bohrloch noch eine begrenzte Strecke weitergebohrt werden.

Prévert [pre'vɛːr], Jacques, frz. Schriftsteller, * Neuilly-sur-Seine 4. 2. 1900, † Omonville-la-Petite (Dép. Manche) 11. 4. 1977; gehörte in den 1920er-Jahren zum Kreis der Surrealisten; nach dem Bruch mit A. BRETON (1930) trug P. als Drehbuchautor, in Zusammenarbeit mit bekannten Regisseuren, wesentlich zur Entwicklung der frz. Filmkunst bei (J. RENOIR 1935: ›Le crime de Monsieur Lange‹; M. CARNÉ 1937: ›Drôle de drame‹, 1938: ›Quai des brumes‹, 1942: ›Les visiteurs du soir‹, 1943: ›Les enfants du paradis‹; dt.: ›Kinder des Olymp‹). Seit ›Paroles‹ (1945, erweiterte Neuauflage 1947; dt. ›Gedichte und Chansons‹) war er der populärste der zeitgenöss. Lyriker Frankreichs, der in der Tradition von F. VILLON die Lebenserfahrung der kleinen Leute in ebenso triviale wie treffende Worte kleidete (u. a. ›Histoires‹, 1946; ›Spectacle‹, 1949; ›Grand bal du printemps‹, 1951, dt. ›Wenn es Frühling wird in Paris‹; ›La pluie et le beau temps‹, 1955; ›Histoires et d'autres histoires‹, 1963; ›Choses et autres‹, 1972; ›Soleil de nuit‹, hg. 1980; ›La cinquième saison‹, hg. 1984). Seine teils zärtlich-sentimentalen, teils spöttisch-satir. Lieder, die u. a. von JULIETTE GRÉCO und Y. MONTAND gesungen wurden, seine Gedichte und Prosastücke kreisen um Lebenslust und -leid, ergreifen Partei für alle sozial Benachteiligten und enthalten eine satir. Kritik an allen Herrschaftsinstanzen. P. schrieb auch Sketche für das Arbeitertheater ›Le Groupe Octobre‹ (1932–36); auf die surrealist. Anfänge verweisen noch seine späten fantast. Text- und Bildcollagen (›Fatras‹, 1966; ›Imaginaires‹, 1970).

Ausgabe: Œuvres complètes, hg. v. D. GASIGLIA-LASTER u. a., auf mehrere Bde. ber. (1992 ff.). – Geräusche der Nacht (1985, Slg.).

M. ANDRY: J. P. (Paris 1994).

Prevesa ['prɛvɛza], Hauptstadt des Verw.-Bez. (Nomos) P. in Epirus, W-Griechenland, an der N-Seite des Eingangs zum Ambrak. Golf, 13 300 Ew.; orth. Bischofssitz; Hafen, Fährverkehr über die Meerenge (0,5 km) nach Aktium. – Zahlr. Ruinen mit Theater, Stadion (für die ›Aktia‹-Spiele), Siegesdenkmal, innerhalb der in 500 m Länge gut erhaltenen Stadtmauern JUSTINIANS I. drei frühchristl. Basiliken des 6. Jh. (Mosaikböden) sowie Museum, eine vierte Basilika der Zeit liegt südlich jenseits der Mauer, westlich das augusteische Odeion (restauriert) und das Große Tor der umfassenderen augusteischen Stadtmauer. – P., Anfang des 15. Jh. von Albanern gegründet, stand meist unter der wechselnden Herrschaft Venedigs und des Osman. Reiches; kam 1912 an Griechenland. – Etwa 6 km nördlich von P. lag das antike **Nikopolis** (lat. **Actia Nicopolis**), das von OCTAVIAN an der Stelle seines Truppenlagers vor der Schlacht von Aktium gegründet worden war.

Preview ['priːvjuː, engl.] *die, -/-s,* Testvorführung, in der Filme vor der Premiere auf ihre Publikumswirksamkeit geprüft werden; die Auswertung von Fragebogen kann z. B. Schnittänderungen oder das Neudrehen einzelner Szenen bewirken. (→Trailer)

Previn ['prevɪn], André George, eigtl. **Andreas Ludwig Prewin,** amerikan. Dirigent, Komponist und Pianist dt. Herkunft, * Berlin 6. 4. 1929; studierte Komposition u. a. bei M. CASTELNUOVO-TEDESCO, war 1948–60 als Arrangeur und Pianist in den MGM-Filmstudios tätig, daneben als Jazzpianist, u. a. mit SHORTY ROGERS und eigenem Trio. Studierte 1962 bei P. MONTEUX und wandte sich danach vorwiegend der ernsten Musik zu, ohne den Jazz gänzlich zu vernachlässigen. P. war 1968–79 Chefdirigent des London Symphony Orchestra und leitete 1976–84 auch das Pittsburgh Symphony Orchestra. 1985/86 war er Musikdirektor, 1987–91 Chefdirigent des Royal Philharmonic Orchestra in London und 1986–90 Musikdirektor des Los Angeles Philharmonic Orchestra.

Jacques Prévert

Prévost [pre'vo], **1)** Jean, frz. Schriftsteller, * Saint-Pierre-lès-Nemours (Dép. Seine-et-Marne) 13. 6. 1901, † (als Widerstandskämpfer gefallen) bei Sassenage (Dép. Isère) 1. 8. 1944; schrieb sozialkrit. Romane in der Art des →Populismus (›Les frères Bouquinquant‹, 1930) und verfasste daneben u. a. Essays (›Tentative de solitude‹, 1925, ›Plaisirs des sports‹, 1925), literaturkrit. Arbeiten (›La création chez Stendhal‹, 1942, ›Baudelaire‹, hg. 1953) und Erinnerungen (›Dixhuitième année‹, 1929).

André G. Previn

2) Marcel, eigtl. **Eugène Marcel** [mar'sɛl], frz. Schriftsteller, * Paris 1. 5. 1862, † Vianne (Dép. Lot-et-Garonne) 8. 4. 1941; schrieb zahlreiche psycholog. und moralist. Romane, die sich durch eindringl. Analyse weibl. Charaktere auszeichnen.

Werke: *Romane:* Lettres de femmes (1892; dt. Pariserinnen); Les demi-vierges (1894; dt. Halbe Unschuld); Les vierges fortes, 2 Bde. (1900; dt. Starke Frauen); L'heureux ménage (1901; dt. Eine Pariser Ehe); La princesse d' Erminge (1904; dt. Die Fürstin von Ermingen); Les Don Juanes (1922; dt. Vampir Weib); La mort des ormeaux (1937).

Prévost d'Exiles [prevodɛg'zil], Antoine François, gen. **Abbé Prévost** [a'be-], frz. Schriftsteller, * Hesdin (Dép. Pas-de-Calais) 1. 4. 1697, † Courteuil (bei Chantilly) 23. 11. 1763; war Jesuitennovize, dann Offizier, trat 1720 in die Benediktinerkongregation von Saint-Maur ein, floh 1728 aus dem Kloster, wurde nach Aufenthalten in den Niederlanden und England 1734 Sekretär des Prinzen CONTI in Paris und 1735 Weltgeistlicher. Er verfasste zahlreiche – meist in Memoirenform gehaltene – Sitten- und Liebesromane. Weltliterar. Geltung erlangte er mit dem 1731 als 7. Teil seiner ›Mémoires et aventures d'un homme de qualité‹ (7 Bde., 1728–31) erschienenen Roman ›Histoire du chevalier Des Grieux et de Manon Lescaut‹ (dt. ›Geschichte der Manon Lescaut und des Ritters Des Grieux‹; vertont von J. MASSENET 1884, G. PUCCINI 1893 u. a.), in dem er die ›amour passion‹ – die Liebe als Leidenschaft und Schicksal in ihrer Naturhaftigkeit – darstellt; er führte eine von der ›Princesse de Clèves‹ (1678) der MARIE-MADELEINE DE LA FAYETTE ausgehende Entwicklungslinie weiter und verweist auf die ›Julie, ou la Nouvelle Héloïse‹ (1761) J.-J. ROUSSEAUS sowie auf GOETHES ›Die Leiden des jungen Werthers‹ (1774). Durch seine Übersetzung von Romanen S. RICHARDSONS bereitete P. d'E. der engl. Literatur der Empfindsamkeit in Frankreich den Weg.

Antoine François Prévost d'Exiles

Weitere Werke: *Romane:* Le philosophe anglois, ou, Histoire de monsieur Cleveland, fils naturel de Cromwell, 8 Bde. (1731–39); Le doyen de Killerine, 3 Bde. (1735–39).

Ausgaben: Œuvres choisies, 16 Bde. (1823); Œuvres de Prévost, hg. v. J. SGARD u. a., 8 Bde. (1977–86). – Gesch. des Chevalier des Grieux u. der Manon Lescaut, übers. v. E. SANDER (Neuausg. 1977).

M. JOSEPHSON: Die Romane des Abbé Prévost als Spiegel des 18. Jh. (Winterthur 1966); A. BILLY: L'abbé Prévost (Paris 1969); J. R. MONTY: Les romans de Prévost. Procédés littéraires et pensée morale (Genf 1970); J.-L. JACCARD: Manon Lescaut. Le personnage romancier (Paris 1975); J. SGARD: Prévost romancier (ebd. [2]1989); E. LEBORGNE: P. d'E. (ebd. 1996).

Prévôt [pre'vo:; frz., zu lat. praepositus ›Vorsteher‹] *der, -/-s,* Bez. für versch. Amtsträger der frz. Monarchie: 1) der königl. Richter und Verwaltungsbeamte auf der lokalen Ebene; diese Funktion wurde im 18. Jh. von den Gerichten der Baillages und Sénéchaussées übernommen. 2) Der **Grand P. de France** oder **P. de l'Hôtel** war Inhaber der Gerichtsbarkeit im jeweiligen Aufenthaltsbereich des Hofes und über die Mitgl. des Hofstaats. 3) Der **P. des maréchaux** war Träger der Militärgerichtsbarkeit mit ausgedehnten Polizeibefugnissen. 4) **P. des marchands,** urspr. Vorsteher der Gilde der ›marchands de l'eau‹, war die Amts-Bez. der Bürgermeister von Paris und Lyon. 5) Der **P. de Paris** war der höchste Richter am Châtelet, dem Gericht für den Pariser Stadtbezirk (Vicomté de Paris).

Hermann Prey

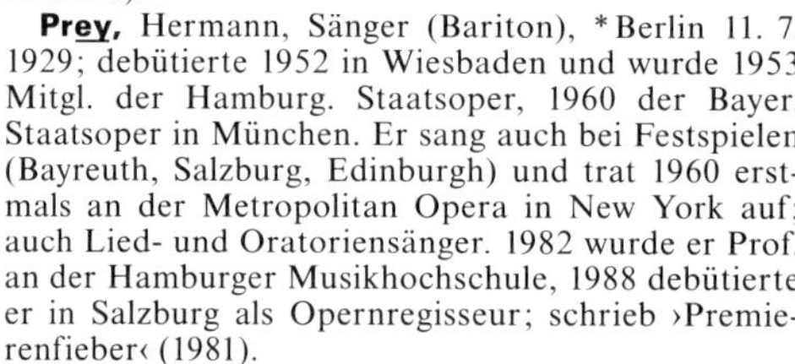

Prey, Hermann, Sänger (Bariton), * Berlin 11. 7. 1929; debütierte 1952 in Wiesbaden und wurde 1953 Mitgl. der Hamburg. Staatsoper, 1960 der Bayer. Staatsoper in München. Er sang auch bei Festspielen (Bayreuth, Salzburg, Edinburgh) und trat 1960 erstmals an der Metropolitan Opera in New York auf; auch Lied- und Oratoriensänger. 1982 wurde er Prof. an der Hamburger Musikhochschule, 1988 debütierte er in Salzburg als Opernregisseur; schrieb ›Premierenfieber‹ (1981).

Preyer, Johann Wilhelm, Maler, * Rheydt (heute zu Mönchengladbach) 19. 7. 1803, † Düsseldorf 20. 2. 1889; malte Landschaften und v. a. Früchtestillleben in kleinem Format, die in ihren dekorativen Arrangements und ihrer minutiösen Ausführung zu den besten der dt. Malerei des 19. Jh. gehören.

Preysing, Konrad Graf von **P.-Lichtenegg-Moos,** kath. Theologe, * Kronwinkl (heute zu Eching, Landkreis Landshut) 30. 8. 1880, † Berlin 21. 12. 1950; war Jurist, studierte ab 1908 Theologie und wurde 1912 zum Priester geweiht; war ab 1932 Bischof von Eichstätt, ab 1935 von Berlin; seit 1946 Kardinal. Während des →Kirchenkampfs war P. eine der führenden Persönlichkeiten des katholisch-kirchl. Widerstandes gegen die natsoz. Kirchenpolitik und unterhielt Verbindungen zum →Kreisauer Kreis. Nach 1945 war P. der maßgebl. Repräsentant der kath. Kirche in der SBZ und späteren DDR. (→Kirchen in der DDR)

W. ADOLPH: Kardinal P. u. zwei Diktaturen. Sein Widerstand gegen die totalitäre Macht (1971); K. HAUSBERGER: Bischof K. Graf von P., in: Gestalten der Kirchengesch., hg. v. M. GRESCHAT, Bd. 10, Tl. 1 (1985).

Prežihov Voranc [prɛ'ʒihɔu̯ 'vɔrants], eigtl. **Lovro Kuhar,** slowen. Schriftsteller, * Kotlje (bei Celje) 10. 8. 1893, † Maribor 18. 2. 1950; seit 1920 Mitgl. der KP, lebte als Revolutionär meist in der Emigration, 1943–45 im KZ; Vertreter des slowen. Realismus, schilderte in Erzählungen und Romanen in kraftvoller Sprache und mit guter Milieukenntnis u. a. die revolutionäre Zeit 1918–20 (›Požganica‹, 1939; dt. ›Die Brandalm‹), Ereignisse des Ersten Weltkrieges an der ital. Front (›Doberdob‹, 1940) sowie das Kärntner Dorf zw. den Kriegen (›Jamnica‹, 1945).

Weitere Werke: *Erzählungen:* Samorastniki (1940; dt. Wildwüchslinge); Solzice (1949; dt. Maiglöckchen. Elf Kindheitsgeschichten).

M. MESSNER: P. V. u. die Bauern (Klagenfurt 1980).

preziös [frz. précieux, eigtl. ›kostbar‹, ›wertvoll‹], *bildungssprachlich* für: geziert, gekünstelt.

preziöse Literatur, Preziosität, i. w. S. Terminus der Literaturkritik zur Bez. eines dem Manierismus verwandten Stilphänomens, das durch eine oft dunkle und verschlüsselte, gekünstelte und gesuchte, affekt- und effektbetonte, maximale Originalität anstrebende Ausdrucksweise gekennzeichnet ist; i. e. S. Bez. für die Literatur, in der die extreme Verfeinerung der Lebens-, Empfindungs- und Ausdrucksformen, die um die Mitte des 17. Jh. in den meist von adligen Damen (Marquise DE RAMBOUILLET, Marquise DE SÉVIGNÉ, Madame DE LA FAYETTE, Mademoiselle DE SCUDÉRY) begründeten schöngeistigen Pariser Zirkeln zur Herausbildung einer geselligen Salonkultur führte, ihren authent. Ausdruck fand – analog zu und unter dem Einfluss paralleler Tendenzen in Italien (Marinismus), Spanien (Gongorismus) und England (Euphuismus). Beispiele sind die galante Salonpoesie (I. DE BENSERADE, G. DE BALZAC) und der heroisch-galante Schäferroman (H. D'URFÉ, G. DE LA CALPRENÈDE, Mademoiselle DE SCUDÉRY). Während die übersteigerte Affektiertheit mancher Preziösen vielfach zu Spott und Polemik reizte (MOLIÈRE: ›Les précieuses ridicules‹, 1659), wurde das emanzipator. Potenzial der Bewegung lange verkannt. Im preziösen Salon, Refugium des zw. Absolutismus und Bourgeoisie zerriebenen alten Schwertadels, wurden nach dem Sittenverfall in den Religionskriegen kulturelle Werte wieder belebt, v. a. im Sinne einer Aufwertung alles Weiblichen. Zunächst in kunstvoll ritualisierten Konversationsspielen und kollektiver literar. Improvisation thematisiert, finden die Themen ihren Niederschlag in Genres wie Charakterporträt, Schlüsselerzählung und -roman, Epigramm, Maxime, Lehrgespräch und Brief. – Gedankengut und sprachl. Verfeinerungsstreben der Preziösen bereiteten die Hochklassik wie die Aufklärung vor; sie initiierten die frz. Gesprächskultur und gaben der Moralistik (F. DE LA ROCHEFOUCAULD, J. DE LA BRUYÈRE) wichtige Impulse.

Prezzolini, Giuseppe, ital. Schriftsteller, * Perugia 27. 1. 1882, † Lugano 14. 7. 1982; Mitbegründer und Herausgeber bedeutender literar. Zeitschriften wie ›Leonardo‹ (1903, mit G. PAPINI) und ›La Voce‹ (1908), seit 1914 Mitarbeiter am ›Popolo d'Italia‹; sympathisierte mit Vorstellungen des Faschismus (›B. Mussolini‹, 1925); von 1930 an Prof. an der Columbia University in New York und Leiter der dortigen Casa Italiana; kehrte 1962 nach Italien zurück. Philosophisch von H. BERGSON und in seiner Literaturkritik von B. CROCE beeinflusst, behandelte er temperamentvoll und polemisch, auch skeptisch und z. T. paradox kulturkrit. und kulturpolit. Themen. Er verfasste wichtige Monographien, u. a. ›Benedetto Croce‹ (1909), ›Discorso su Giovanni Papini‹ (1915) und ›Vita di Niccolò Machiavelli, fiorentino‹ (1927; dt. ›Das Leben Niccolò Machiavellis‹) und legte Textausgaben klass. Autoren sowie einen grundlegenden ›Repertorio bibliografico della storia e della critica della letteratura italiana‹ (4 Bde., 1937–48) vor.

Weitere Werke: La cultura italiana (1906, mit G. PAPINI); Tutta la guerra (1918); The legacy of Italy (1948; dt. Das Erbe der ital. Kultur); America in pantofole (1950); America con gli stivali (1954); Tutta l'America (1958); Il tempo della ›Voce‹ (1960); Dio è un rischio (1969); Cristo e/o Machiavelli (1971). – *Memoiren:* L'italiano inutile (1953).

S. SOLINAS: P., un testimone scomodo (Rom 1976); G. P. Ricordi, saggi e testimonianze, hg. v. M. MARCHIONE (Prato 1983); G. P. The American years 1929–1962, hg. v. S. BETOCCHI (New York 1994).

Priamel [spätmhd., entstellt aus preambel, zu spätlat. praeambulus ›vorangehend‹] *die, -/-n,* auch *das, -s/-,* einstrophiger, metrisch weitgehend freier, meist paarweise gereimter Spruch; dt. Sonderform der Gnomen. Die P. beginnt mit der Aufzählung von Dingen, Handlungen oder Geschehnissen, die miteinander nicht in unmittelbarer Beziehung stehen und mündet in eine pointierte Schlusswendung ein, in der eine überraschende Gemeinsamkeit aufgezeigt wird. Die P. war v. a. im 15. Jh. in Fastnachtsspiel und Spruchdichtung verbreitet (H. ROSENPLÜT, H. FOLZ u. a.) und bis in die Barockzeit beliebt.

Priamos, *griech. Mythos:* König von Troja, Gemahl der →Hekabe, Vater von 50 Söhnen (u. a. Hektor und Paris) und ebenso vielen Töchtern (u. a. Kassandra). Als Greis erlebte er den Trojan. Krieg; nachdem Hektor von Achill getötet worden war, bewog P. diesen, den Leichnam herauszugeben. Bei der Eroberung Trojas wurde er von Neoptolemos, Achills Sohn, am Zeusaltar des Palastes erschlagen. – Seine Begegnung mit Achill und seine Tötung wurden seit archaischer Zeit oft dargestellt (Amphora des LYDOS, 6. Jh. v. Chr., Berlin, Antikensammlung; Skyphos des BRYGOS-MALERS, 5. Jh. v. Chr., Wien, Kunsthistor. Museum).

priapeischer Vers [nach seiner Verwendung für Priapea, vgl. Priapus], **Priapeus,** *antike Metrik:* altgriech. Vers, eine Verbindung von →Glykoneus und →Pherekrateus mit fester Zäsur nach dem Glykoneus: –◡–◡◡–◡–|–◡–◡◡–◡.

Priapismus [nach Priapus] *der, -/...men,* stark schmerzhafte Dauererektion des Penis ohne sexuelle Erregung; zu den Ursachen gehören Beckenvenenthrombosen, Harnröhren- und Schwellkörperentzündungen, Rückenmarkschädigungen und -erkrankungen, Leukämie.

Priapswürmer [nach Priapus], **Priapulida,** meist zu den →Schlauchwürmern gestellte Gruppe im Sand- und Schlickboden der kälteren Meere grabender, räuber. Würmer, mit nur 12 Arten von 0,2 bis max. 20 cm Länge. Der Körper ist in den mit Haken besetzten, einstülpbaren Vorderkörper, den walzenförmigen Rumpf und den (bei zwei Arten fehlenden) Schwanzanhang gegliedert. Die Leibeshöhle ist von einer kernhaltigen Membran ausgekleidet. In heim. Gewässern leben: **Priapulus caudatus,** fleischrot, durchsichtig, 3–20 cm lang, in der Nord- und Ostsee, und **Halicryptus spinulosus,** fleischrot, 1,5–5 cm lang, im sauerstoffarmen Schlick der Kieler Bucht.

Priapus, griech. **Priapos,** *griech. Mythos:* Fruchtbarkeitsgott vorgriech. Herkunft, dessen urspr. im Hellespont (bes. in Lampsakos) heim. Kult sich seit dem 3. Jh. v. Chr. über die griech. und bald auch über die röm. Welt verbreitete. P. galt als Sohn des Dionysos und der Aphrodite. – Seine v. a. in Gärten errichteten, meist hölzernen Statuen (mit übergroßem Phallus) ähnelten primitiven Hermen; sie wurden häufig mit Aufschriften **(Priapea)** versehen.

Pribilof Islands [- ˈaɪləndz], **Pribylow|inseln,** Inselgruppe im Beringmeer, zu Alaska (USA) gehörend, rd. 450 km², von wenigen Aleuten bewohnt; Sommerplätze der Bärenrobben.

Příbram [ˈprʃiːbram], Stadt im Mittelböhm. Gebiet, Tschech. Rep., 509 m ü. M., am SO-Fuß des Brdywaldes, 36 900 Ew.; Bergbaumuseum; seit 1960 Zentrum des Uranerzbergbaus des Landes; außerdem elektrotechn., Spielwaren-, Textil- und Nahrungsmittelindustrie. – Auf dem Hauptplatz die Jakobskirche aus dem 13. Jh. (später umgestaltet). Das erzbischöfl. Schloss (14. Jh.) wurde im 18./19. Jh. stark verändert. Oberhalb von P. eine Wallfahrtskirche (14. Jh.). – Das im 13. Jh. gegründete P. wurde aufgrund seiner Silberminen im16. Jh. königl. Bergstadt. 1849–1939 bestand in P. eine Bergbauhochschule.

Price [praɪs], **1)** Edward Reynolds, amerikan. Schriftsteller, *Macon (N. C.) 1. 2. 1933; seit 1958 Prof. für Englisch an der Duke University in Durham (N. C.); die meist in P.s Heimatstaat North Carolina angesiedelten Erzählungen stellen das Landleben anhand von Familiensagen dar (Romane ›A long and happy life‹, 1962; dt. ›Ein langes, glückliches Leben‹, dramatisiert u. d. T. ›Early dark‹, 1977; ›A generous man‹, 1966; dt. ›Ein ganzer Mann‹), in die z. T. seine eigenen Erfahrungen mit einfließen (Romane ›The surface of earth‹, 1975; ›The source of light‹, 1981). Schreibt auch Dramen und Gedichte; seine literaturkrit. Studien befassen sich häufig mit Geschichten aus der Bibel, die er z. T. neu übersetzt hat.

Weitere Werke: *Romane:* Love and work (1968); Kate Vaiden (1986; dt.); Good hearts (1988); The tongues of angels (1990); An early Christmas (1992). – *Erzählungen:* The names and faces of heroes (1963; dt. Siegerehrung für Verlierer); Permanent errors (1970); A palpable God. Thirty stories translated from the Bible with an essay on the origins and life of narrative (1978). – *Essays:* Things themselves (1972); A common room. Essays 1954–1987 (1987). – *Lyrik:* Vital provisions (1982). – *Dramen:* Private contentment (1984); Full moon and other plays (1993). – *Autobiographie:* A whole new life (1994; dt. Ein zweites Leben. Die Überwindung der Krankheit).

Leontyne Price

2) Leontyne, amerikan. Sängerin (Sopran), *Laurel (Miss.) 10. 2. 1927; war urspr. Konzertsängerin, debütierte 1951 in New York als Opernsängerin und war 1961–85 Mitgl. der Metropolitan Opera in New York. Sie wurde bes. als Mozartsängerin und in Partien des ital. Repertoires (v. a. als Aida in G. VERDIS gleichnamiger Oper) sowie als Bess (in ›Porgy and Bess‹ von G. GERSHWIN) bekannt.

Margaret Price

3) Dame (seit 1993) Margaret Berenice, brit. Sängerin (Sopran), *Tredegar (Cty. Mid Glamorgan) 13. 4. 1941; debütierte 1962 bei der Welsh National Opera Company, sang u. a. an der Covent Garden Opera in London, der Bayer. Staatsoper in München, bei Festspielen (Glyndebourne) und machte sich bes. als Mozartinterpretin, später auch in Partien des ital. Repertoires sowie als Konzert- und Liedsängerin (G. MAHLER, A. BERG) einen Namen.

Price-Earnings-Ratio [ˈpraɪs ˈəːnɪŋz ˈreɪʃɪəʊ, engl.], →Kurs-Gewinn-Verhältnis.

Priceit, das Mineral →Pandermit.

Price-Mars [pris ˈmars], Jean, haitian. Ethnologe, Schriftsteller und Politiker, *Grande-Rivière-du-Nord (bei Cap-Haïtien) 15. 10. 1876, †Pétionville (bei Port-au-Prince) 1. 3. 1969; Studium der Medizin, Diplomat und Senator; Begründer des haitian. Indigenismus. Er widmete sich ab 1920 ethnolog. Studien und verstand Folklore als Quelle jeder lebendigen Kultur. In seinem Hauptwerk ›Ainsi parla l'oncle‹ (1928) setzt er der aus Frankreich übernommenen Kultur eine eigene haitian. kulturelle Identität entgegen, die sich aus dem Bekenntnis zu den afrikan. Wurzeln, zur bäuerl. Kultur Haitis, zum Wodukult und zur Kreolsprache speist. P.-M. galt später als Vorläufer der →Négritude.

R. DEPESTRE: La négritude de J. P.-M., in: DERS.: Bonjour et adieu à la négritude (Paris 1980).

Prichard [ˈprɪtʃəd], Katherine Susannah, austral. Schriftstellerin, *Levuka (Fidschiinseln) 4. 12. 1883, †Greenmount (bei Perth) 20. 10. 1969; Journalistin, 1908–16 in London, 1920 Gründungs-Mitgl. der KP Australiens. Die Romane ›Black opal‹ (1921; dt. ›Schwarzer Opal‹) und ›Working bullocks‹ (1926) stellen soziale Konflikte im austral. Outback dar; ›Coonardoo‹ (1929) ist der erste realist. Roman über das Schicksal einer Ureinwohnerin in der weißen Gesellschaft. P.s sozialer und psycholog. Realismus, der Gebrauch der Umgangssprache und die Darstellung der Härte des Buschlebens übten Einfluss auf die austral. Erzählkunst der 20er- und 30er-Jahre aus.

Weitere Werke: *Romane:* The roaring nineties (1946; dt. Goldrausch); Golden miles (1948; dt. Die goldene Meile); Winged seeds (1950). – *Autobiographie:* Child of hurricane, an autobiography (1963).

Ausgaben: Straight left: articles and addresses on politics, literature, and women's affairs over almost 60 years, from 1910–1968, hg. v. R. THROSSELL (1982).

J. BEASLEY: The rage for life. The work of K. S. P. (Sydney 1964); H. F. DRAKE-BROCKMAN: K. S. P. (Melbourne 1967).

Prichsenstadt, Stadt im Landkreis Kitzingen, Unterfranken, Bayern, am Fuß des Steigerwaldes, 3000 Ew.; Dauerbackwarenfabrik, Sägewerke. – Rathaus (spätes 16. Jh.); Stadtmauer (15./16. Jh.); ehem., mit kaiserl. Asylrecht ausgestatteter Freihof (1592); auf dem Friedhof eine frei stehende Predigtkanzel von 1605. – P., seit 1367 Stadt, kam über Böhmen, Nürnberg und Preußen 1810 an Bayern.

Pricken, 1) *Biologie:* die →Neunaugen.

2) *Schifffahrt:* dünne Bäume oder Äste (mit Zweigen), die als Schifffahrtszeichen in flachen Gewässern in den Grund gesteckt werden.

Priede [ˈpriɛdɛ], Gunārs, lett. Dramatiker, *Riga 17. 3. 1928; bedeutendster Vertreter des zeitgenöss. lett. Theaters; leitete durch sein Drama ›Jaunāka brāļa vasara‹ (1955) die ›Tauwetterperiode‹ im lett. Theater ein; weitere Stücke (›Normunda meitene‹, 1957; ›Vikas pirmā balle‹, 1960; ›Pa valzivju ceļu‹, 1965; ›Pie Daugavas‹, 1972; ›Žagatas dziesma‹, 1978) förderten aufgrund ihrer krit. Einstellung zum Sowjetregime maßgeblich die Heranbildung eines demokrat. Nationalbewusstseins. P. verbindet in seinem Werk Elemente des Theaters A. P. Tschechows mit solchen des ital. neorealist. Films und jap. Kunst.

Priego de Córdoba, Stadt in der Prov. Córdoba, Spanien, in Hochandalusien, 649 m ü. M., am NW-Fuß der Sierra de Albayate, 22100 Ew.; Landwirtschaftszentrum; Textilindustrie; Ölmühlen. – Maur. Altstadt (›Villa‹); mächtige arab. Festung; gut erhaltene arab. Stadtmauern; Kirche Santa María de la Asunción (spätgot. Bau des 16. Jh., 1771–86 barockisiert); Barock- und Rokokodekor haben auch die Kirchen San Francisco (16. Jh.), San Pedro (17. Jh.), de la Aurora (18. Jh.). Fuente de la Virgen de la Salud ist eine monumentale Brunnenanlage des 16. Jh. im ital. Renaissancestil; zahlr. Adelspaläste mit barocken Fassaden aus dem 18. Jh. In der Umgebung mehrere Höhlen, u. a. Los Mármoles (neolith. Keramikfunde), Murcielagina und Chalones (bronzezeitl. Funde). – P. de C., urspr. der Römerort **Bago,** blühte unter den Arabern (711–1370) als **Medina Baxo** auf, wurde erst 1370 endgültig zurückerobert und kam im 18. Jh. durch Ansiedlung katalan. Textilfachleute zu Reichtum.

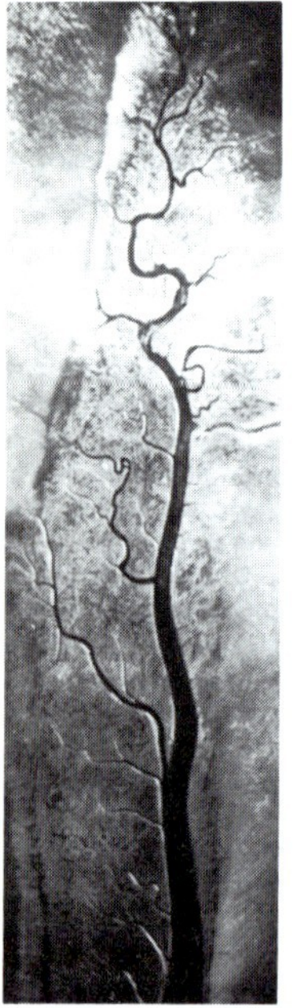

Priel: Luftaufnahme eines Priels bei Ebbe in der Nähe von Wangerooge

Priel [niederdt.], **Piep, Ley** [lai], Wasserrinne im Watt, verästelt sich landeinwärts. Die P. bilden die Hauptwege für das bei Flut und Ebbe ein- und ausströmende Meerwasser. Sie können auch bei Tideniedrigwasser noch wassererfüllt sein. Vor ihrer Mündung in das Meer liegt jeweils eine Sandbank. Zu stärkerer Ausfurchung der P. kommt es v. a. durch die Saugwirkung des Ebbestromes. Ein schiffbarer P. heißt **Balje (Balge, Wattstrom).** Die Balje führt als **Tief** entweder direkt oder zw. zwei Inseln durch ein **Seegat** in die offene See.

Priel, Großer P., Gipfel des →Toten Gebirges.

Priem [niederländ. pruim, eigtl. ›Pflaume‹ (wegen der Ähnlichkeit mit einer Backpflaume)], ein Stück Kautabak.

Prien a. Chiemsee [-ˈkiːm-], Markt im Landkreis Rosenheim, Oberbayern, 532 m ü. M., am Westufer des Chiemsees, 9600 Ew.; Heimatmuseum; Galerie im Alten Rathaus; viel besuchter Luft- und Kneippkurort; Ausgangspunkt der Chiemsee-Schifffahrt und Segelsportplatz. – Die kath. Pfarrkirche Mariä Himmelfahrt (1472) wurde 1735–38 umgebaut und von J. B. Zimmermann mit Stuck und Wandmalereien ausgestattet. – In **Urschalling** kath. Kirche St. Jakobus (12. Jh.) mit vollständiger Ausmalung aus der Erbauungszeit und dem 14. Jahrhundert.

Priene: Säulen des Tempels der Athene; 3. Viertel des 4. Jh. v. Chr.

Priene, antike Stadt an der kleinasiat. W-Küste nördlich von Milet, einst am Latmischen Meerbusen gelegen, später durch Schwemmland des Mäander vom Meer getrennt. P., urspr. eine ion. Gründung, wurde um die Mitte des 4. Jh. v. Chr. auf vier Terrassen über der Mäanderebene neu gegründet; bis ins MA. besiedelt. – Die fast völlig ausgegrabene Stadt gibt eine Vorstellung von einer hellenist. Landstadt, angelegt in rechtwinkligem Straßennetz (hippodam. System) mit Privathäusern und öffentl. Gebäuden. Wieder aufgerichtet wurden einige der Säulen des Tempels der Stadtgöttin Athene, der schon in der Antike als klass. ion. Tempel galt (Peripteros mit 6 × 11 Säulen, erbaut v. a. im 3. Viertel des 4. Jh. v. Chr. von dem Architekten Pytheos). Ebenfalls aus dem 4. Jh. v. Chr. stammen das Theater, das Demeterheiligtum und das obere Gymnasion, aus dem 3. Jh. v. Chr. die Agora mit Zeustempel, aus dem 2. Jh. v. Chr. die oberhalb der Agora liegende Hl. Halle und das Buleuterion sowie das untere Gymnasion und das Stadion.

J. C. Carter: The sculpture of the Sanctuary of Athena Polias at P. (London 1983); W. Koenigs: Der Athenatempel von P., in: Istanbuler Mitt., Jg. 33 (1983); J. Raeder: P. Funde aus einer griech. Stadt ... (Neuausg. 1984).

Vinzenz Prießnitz

Prießnitz, Vinzenz, Naturheilkundiger, *Gräfenberg (heute zu Freiwaldau) 4. 10. 1799, †ebd. 28. 11. 1851; begann um 1815, Kranke mit Waschungen, Umschlägen, Wassertrinkkuren und Diät zu behandeln. Die Erfolge ließen in Gräfenberg trotz ärztl. Anfeindungen bald einen umfangreichen Kurbetrieb entstehen (1831 Errichtung einer Badeanstalt). Die von P. zw. 1815 und 1835 entwickelte Behandlungsmethode (über die er nichts veröffentlichte) umfasste innere und äußere Anwendungen kalten und warmen Wassers, körperl. Bewegung, bes. im Freien, sowie eine einfache, gemischte Ernährung; sie zielte nicht auf die Beseitigung bestimmter Krankheitsursachen oder -symptome, sondern auf eine allgemeine Stärkung des Organismus, um dadurch die Krankheit zu überwinden. P. war einer der Wegbereiter moderner physikalisch-diätet. Therapie.

Priessnitz, Reinhard, österr. Schriftsteller, *Wien 27. 10 1945, †ebd. 5. 11. 1985; verfasste experimentelle Lyrik (›vierundvierzig gedichte‹, 1978) sowie Essays und literaturtheoret. Abhandlungen.

Ausgabe: Werkausg., hg. v. F. Schmatz, 4 Bde. (1987–90).

Prießnitz|umschlag [nach V. Priessnitz], *Medizin:* →Packung.

Priest [priːst], Christopher, engl. Schriftsteller, *Manchester 14. 7. 1943; geprägt von der Tradition der Sciencefiction; schreibt v. a. Romane, die den Bezug zu diesem Genre spielerisch reflektieren, z. B. ›The space machine‹ (1976; dt. ›Sir Williams Maschine‹).

Weitere Werke: *Romane:* Indoctrinaire (1970; dt. Zurück in die Zukunft); Inverted world (1972; dt. Schwarze Explosion); Fugue for a darkening island (1974; dt. Die Stadt, auch u.d.T. Der steile Horizont); A dream of Wessex (1977; dt. Ein Traum von Wessex); The affirmation (1981; dt. Der weiße Raum); The glamour (1984; dt. Der schöne Schein); The quiet woman (1990; dt. Die stille Frau); The prestige (1995; dt. Das Kabinett des Magiers).

Priester [ahd. prēstar, über kirchenlat. presbyter ›Gemeindeältester‹ von griech. presbýteros ›der (verehrte) Ältere‹], in der *Religionsgeschichte* ein →Mittler zw. der menschl. Gemeinschaft und der Welt des Göttlichen (→Numen), den Göttern oder Gott. Die vermittelnde Funktion wird v.a. im →Kult ausgeübt, kann sich aber auch in Orakelwesen und Ekstase vollziehen und ist oft mit einem bestimmten Heiligtum verbunden. Die dem P. zugeschriebene numinose Potenz oder Kraft verlangt von ihm das Einhalten von Taburegeln, z.B. kult. →Reinheit, eine asket. Lebensweise im Hinblick auf Ernährung und Sexualität (bis hin zur Forderung der Ehelosigkeit), das Tragen einer besonderen Kleidung (z.B. Amtstracht) und die Befolgung bestimmter Verhaltensvorschriften. Innerhalb der sozialen Gemeinschaft (Großfamilie, Stamm, Volk, Religionsgemeinschaft) ist die besondere Stellung des **P.-Amtes** i. Allg. mit zahlr. Vorrechten verbunden, z.B. einer exklusiven Ausbildung, der Befreiung von Erwerbsarbeit und dem Anspruch auf Unterhaltung durch die Gemeinschaft. Das **Priestertum** kann erblich sein. Zahlenmäßig dominierend sind in den Religionen männl. P.; **Priesterinnen** sind meist weibl. Gottheiten zugeordnet.

Als eigener Berufsstand finden sich P. erst in differenzierteren Gesellschafts- und Religionsformen (in Vorderasien seit der Jungsteinzeit; in den frühen Hochkulturen), die aufgrund immer komplexer werdender theolog. und kult. Anforderungen die Entstehung eines Spezialistentums notwendig machten. Der P. ist Kenner der Mythen und aufgrund seines ›Wissens‹ oder seiner ›Berufung‹ zum Umgang mit der Gottheit autorisiert; seine Aufgabe ist der Vollzug religiöser Riten und kult. Handlungen (in frühen Religionsformen v.a. des Opfers; im Christentum z.B. das Spenden der Sakramente); nicht selten umfasst seine Vermittlung des Numinosen auch prophet. Elemente. Zum Amt des P. kann es auch gehören, die Rechts- und Schrifttradition zu hüten (und sie durch Lehren weiterzugeben); häufig obliegen ihm dann auch richterl. Aufgaben. In vielen Kulturen nehmen P. auch wirtschaftl. Funktionen, z.B. aufgrund der häufig mit dem Tempeldienst verbundenen Einnahmen z.B. die →Tempelsteuer, und polit. Funktionen wahr.

Das Priestertum hat sich geschichtlich aus zwei Wurzeln entwickelt: In der Hauptsache ist es als die (beruflich spezialisierte) Weiterführung der jedem Erwachsenen bzw. dem Familienoberhaupt zustehenden oder obliegenden Kultausübung (z.B. bei den Jägern und Sammlern) anzusehen, wie sie im häusl. Kult in vielen späteren Religionen weiterlebt. Mit zunehmender gesellschaftl. Differenzierung und Herausbildung hierarch. Strukturen ging die kult. Kompetenz weitgehend auf die jeweiligen Führungspersönlichkeiten (Häuptlinge, Sippenführer, Könige) über. In den meisten Hochkulturen war der König auch oberster P. (z.B. sumerisch-babylon. P.-Könige, peruan. Inka), in dessen Namen eine oft zahlr. Priesterschaft den alltägl. Kult vollzog. In Ägypten handelte der P. im Auftrag des (göttl.) Pharaos. Eine zweite Wurzel ist in den noch in die prähistor. Zeit zurückreichenden ›inspirierten‹ Gestalten zu sehen, die aufgrund spezif. Begabung eine besondere Affinität zum Numinosen besaßen: Weibl. und männl. Zauberer, Schamanen, Medizinmänner nahmen durch rituelle Praktiken, Ekstase oder Trance Beziehungen zum Numinosen auf und versuchten so, Wetter, Ernte, Gesundheit des Einzelnen und Wohlergehen der Gemeinschaft zu beeinflussen. Die reichhaltigste Entfaltung des Priestertums findet sich in den frühen Hochreligionen, in denen sich meist **P.-Hierarchien** (mit einem Hohen Priester an der Spitze) und **P.-Kasten** mit Trägern zahlr. Hilfsfunktionen (Sänger, Tänzer u.a.) ausbildeten.

Das *Christentum* war urspr. eine Laienbewegung, in der sich neben anderen Dienstfunktionen (z.B. Diakonat) erst nach einigen Generationen ein zunächst kollegiales Presbyteramt und gegen Ende des 1. Jh. ein Bischofsamt (von griech. epískopos ›Aufseher‹) ausbildete. Diese Ämter der Gemeindeleitung werden im N.T. nicht mit den Begriffen eines sakralen Priestertums umschrieben; noch im späten Hebräerbrief wird ausschließlich JESUS CHRISTUS als P. bezeichnet. Die starke Orientierung der christl. Gemeinden am A.T. und ihre Prägung durch das Judentum, in dem sich ein hierarch. Priestertum für den Opferkult am Jerusalemer Tempel ausgebildet hatte, sowie die Übernahme sakraler Vorstellungen aus dem Hellenismus und der röm. Religion führten dazu, die Funktionen der Gemeindeleiter zunehmend zu sakralisieren und die Presbyter und Bischöfe als P. zu verstehen; ihr Priestertum wurde aber prinzipiell nicht als eigenständiges Mittleramt, sondern als Stellvertretung des ›einzigen und ewigen Hohepriesters‹ JESUS CHRISTUS (Hebr. 4–9) interpretiert. Als ein eigener geistl. Stand (→Klerus) nimmt das Priestertum in der kath. Kirche wie auch in den Ostkirchen seit dem MA. eine dominierende Stellung ein, dem in der kath. Kirche erst seit Ende des 19. Jh. mit der in ihrer kirchl. Bedeutung seither stetig wachsenden Laienbewegung (→Laie) ein wichtiges Element an die Seite getreten ist (z.B. in den →Pfarrgemeinderäten). In der kath. und in der orth. Kirche sind P. die Inhaber einer bestimmten Stufe des Weihesakraments und dadurch von →Bischöfen und →Diakonen unterschieden; in beiden Kirchen werden – im Unterschied zur altkath. Kirche und zur anglikan. Kirche – nur Männer zum P.-Amt zugelassen. (→Priestertum der Gläubigen)

E. O. JAMES: Das Priestertum. Wesen u. Funktion (a.d. Engl., Neuausg. 1968); G. GRESHAKE: Priestersein. Zur Theologie u. Spiritualität des priesterl. Amtes ([3]1983); J. BLANK u. B. SNELA: P./Bischof, in: Neues Hb. theolog. Grundbegriffe, hg. v. P. EICHER, Bd. 3 (1985); B. HÄRING: Heute P. sein. Eine krit. Ermutigung ([2]1996).

Priesterrat, *kath. Kirchenrecht:* das vom 2. Vatikan. Konzil gewünschte (1965) und im CIC von 1983 näher ausgestaltete Beratungsorgan des Diözesanbischofs (cc. 495–502). Die Mitgl. des P. werden überwiegend frei gewählt, teils vom Bischof berufen oder gehören ihm kraft Amtes an. Aus seiner Mitte wird das →Konsultorenkollegium gebildet.

Priesterschrift, Abk. **P.,** Bez. für die jüngste Quellenschrift des →Pentateuchs; entstanden im Babylon. Exil (6. Jh. v. Chr.). Die P. bietet in weniger anschaul. Gestaltung als die anderen Pentateuchquellen die Erzählungen der israelit. Heilsgeschichte (von der Schöpfung bis zur beginnenden Landnahme), dazu Listen, Genealogien und Gesetzestexte, die in den histor. Rahmen eingelagert werden. Das Hauptgewicht des Werkes liegt auf der Sinaioffenbarung, dem mit ihr verbundenen Stiftshüttenkult und den zugehörigen kult. Gesetzen (2. Mos. 25–4. Mos. 10). Das starke Interesse an kult. Fragen lässt auf Priester als Verfasser schließen. Die P. liegt v.a. den Büchern Genesis, Exodus und Levitikus (1.–3. Mos.) zugrunde.

Priestertum der Gläubigen, allgemeines Priestertum, in den *ev. Kirchen* ein von M. LUTHER formulierter, auf das N.T. zurückgeführter (z.B. 1. Petr. 2; Apk. 1,6 unter Bezug auf 2. Mos. 19,5f.) Grundsatz, der, ausgehend von der geistl. Gleichheit aller Kirchenglieder (aufgrund der Taufe), den Verkündigungs- und Seelsorgeauftrag aller Christen lehrt

(›Priestertum aller Gläubigen‹). Spannungsreich ist dabei das Verhältnis von P. d. G. und ›geistl. Amt‹ (→Kirchenamt), da das (i. d. R. Theologen vorbehaltene) ›Amt‹ des →Pfarrers auch in den ev. Kirchen mit geistl. Befugnissen verbunden ist, die kirchlich nicht besonders dazu beauftragte (ordinierte) Gemeindemitglieder außer in Notfällen (z. B. Nottaufe) nicht ausüben können. Unter dem Einfluss des Pietismus entwickelte sich ein Amtsverständnis in Richtung einer funktionalen Ämterpluralität, nach dem das Pfarramt eine von der Gemeinde delegierte Funktion unter anderen ist. Demgegenüber betont das konfessionelle Luthertum das der Gemeinde gegenüberstehende besondere, weil funktional unabhängige Amt der Kirche, das der Berufung (Ordination) bedarf.

J. B. Priestley

Die *kath. Kirche* spricht ebenfalls vom gemeinsamen Priestertum aller Gläubigen, unterscheidet jedoch zw. dem allgemeinen Sendungs- und Zeugnisamt der Laien (→Laienapostolat) und dem besonderen, in der Weihe verliehenen Priesteramt.

Ähnlich betont die *orth. Kirche,* dass der Dienst des Priesters dem P. d. G. entspringt und auf dieses hingeordnet ist.

Priesterweihe, in der kath. Kirche die sakramentale Übertragung des Priesteramtes (→Weihe).

Priestley [ˈpriːstlɪ], **1)** J. B. (John Boynton), engl. Schriftsteller, *Bradford (Metrop. Cty. West Yorkshire) 13. 9. 1894, †Stratford-upon-Avon 14. 8. 1984. P. war Journalist und Kritiker (›George Meredith‹, 1926; ›Thomas Love Peacock‹, 1927, Studien) und schrieb erfolgreiche, meist aktuelle soziale Probleme aufgreifende, realistisch-unterhaltsame Romane (›The good companions‹, 1929, dt. ›Die guten Gefährten‹; ›Angel pavement‹, 1930, dt. ›Engelgasse‹; ›Bright day‹, 1946, dt. ›Heller Tag‹, auch u. d. T. ›Zauber früher Jahre‹). Bekannt wurde P. auch durch Komödien und populäre Problemstücke, in denen er philosophisch die Relativität von Zeit thematisiert (›Time and the Conways‹, 1937; dt. ›Die Zeit und die Conways‹). Das Stück ›An inspector calls‹ (1945; dt. ›Ein Inspektor kommt‹) stellt sozialkritisch Selbstzufriedenheit und Schuld von Wohlstandsbürgern bloß.

Weitere Werke: English journey (1934; dt. Engl. Reise; Reportage). – *Autobiographisches:* Margin released (1962; dt. Ich hatte Zeit); Instead of the trees (1977).

Ausgaben: Plays, 3 Bde. (1948–50, Nachdr. 1962).

G. L. EVANS: J. B. P., the dramatist (London 1964); A. A. DEVITIS u. A. E. KALSON: J. B. P. (Boston, Mass., 1980); A. E. DAY: J. B. P., an annotated bibliography (New York 1980); J. A. ATKINS: J. B. P. The last of the sages (London 1981); H. M. KLEIN: J. B. P.'s plays (New York 1988).

Joseph Priestley

2) Joseph, brit. Naturforscher, Philosoph und Theologe, *Birstall Fieldhead (bei Leeds) 13. 3. 1733, †Northumberland (Pa.) 6. 2. 1804; zunächst Geistlicher, dann auch Lehrer für Fremdsprachen und Literatur. 1767 wurde er Pfarrer in Leeds, 1779 Pfarrer einer Dissentergemeinde in Birmingham. Sein Eintreten für die Ideale der Frz. Revolution, bes. für religiöse und gesellschaftl. Freiheit (des Volkes als polit. Machtträger), führte zu vehementen Auseinandersetzungen mit konservativen Kreisen. Nachdem am 14. 7. 1791 sein Haus zerstört worden war, zog er nach London und emigrierte 1794 in die USA. 1766 wurde P. Mitgl. der Royal Society, 1772 der Académie des sciences. – P. beschäftigte sich v. a. mit bildungs- und allgemeinpolit. Fragen (›The rudiments of English grammar‹, 1761; ›An essay on the first principles of government and on the nature of political, civil, and religious liberty‹, 1768) sowie mit philosoph., theolog. und naturwiss. Themen. Als Theologe vertrat er (im Ggs. zur herrschenden Lehre) arian., sodann unitar. Gedanken und lehnte die Trinitäts- und Versöhnungslehre ab. Die Kirchengeschichte galt ihm als Geschichte der Verfälschungen des Christentums. Philosophisch vertrat er eine Art Materialismus, wobei er v. a. versuchte, anknüpfend an D. HARTLEYS Assoziationslehre, Bewusstseinsprozesse physiologisch zu begründen (›Hartley's theory of the human mind on the principle of the association of ideas‹, 1775). P.s naturwiss. Arbeiten galten der Elektrizitätslehre und v. a. der pneumat. Untersuchung der Chemie der Gase (›Experiments and observations on different kinds of air‹, 6 Bde., 1774–86). P. erfand bzw. verbesserte eine Reihe von Geräten zum Auffangen und Untersuchen von Gasen und verwendete Quecksilber als Sperrflüssigkeit; auf diese Weise konnte er viele Gase untersuchen und darstellen, darunter Ammoniakgas, Schwefeldioxid, Chlorwasserstoffgas, Stickstoffoxide (u. a. Lachgas), Kohlenmonoxid. 1774 entdeckte P. unabhängig von C. W. SCHEELE den Sauerstoff. Außerdem beobachtete er, dass Kohlendioxid durch grüne Pflanzen bei Tageslicht in Sauerstoff verwandelt wird.

Ilya Prigogine

Weitere Werke: History and present state of discoveries relating to vision, light and colours (1772); Disquisitions relating to matter and spirit (1777); The doctrine of philosophical necessity (1777); A free discussion of the doctrines of materialism, and philosophical necessity (1778, mit R. PRICE); An history of the corruption of christianity, 2 Bde. (1782); Memoirs of Dr. J. P., written by himself, to the year 1795, 2 Bde. (hg. 1806–07).

Ausgaben: The theological and miscellaneous works, hg. v. J. T. RUTT, 25 Bde. (1817–31, Nachdr. 1972); Writings on philosophy, science and politics, hg. v. J. A. PASSMORE (1965).

J. T. RUTT: Life and correspondence of J. P., 2 Bde. (London 1831–32); G. LOCKEMANN: J. P., in: Das Buch der großen Chemiker, hg. v. G. BUGGE, Bd. 1 (1929, Nachdr. 1984); A. HOLT: A life of J. P. (London 1931, Nachdr. 1970); F. W. GIBBS: J. P. (London 1965); R. E. CROOK: A bibliography of J. P. 1733–1804 (London 1966); R. E. SCHOFIELD: The enlightenment of J. P. (University Park, Pa., 1997).

Prignitz, 1) *die,* Landschaft im NW von Bbg., ihr äußerster NW-Teil in Meckl.-Vorp., zw. Elde (im W), Elbe (im S), Dosse (im O) und Mecklenburg. Seenplatte im N, etwa 1 600 km²; flachwellige, waldarme Grundmoränen- und Sanderlandschaft, überragt von einzelnen Endmoränenkuppen (Prignitzer Hügelland) und -zügen. Auf sandigen Böden Anbau von Kartoffeln, Roggen, gebietsweise auch Spargel; im SO (auf Sanderflächen) bewaldet (Kiefernwälder). Vorherrschend sind Kleindörfer, zentrale Orte sind Perleberg, Kyritz und Wittenberge. – Das vermutlich schon im 10. Jh. von dt. Siedlern erschlossene Gebiet ging 983 an die Slawen verloren. Der Rückeroberung im Wendenkreuzzug von 1147 folgte eine Kolonisation im Rahmen der dt. Ostsiedlung.

2) Landkreis im äußersten NW von Bbg., grenzt im N an Meckl.-Vorp., im W an Ndsachs. und im S an Sachs.-Anh., 2 123 km², 100 400 Ew.; Kreisstadt ist Perleberg. Der Kreis umfasst den größeren W-Teil der Prignitz. Auf sandigen, nur von kleinen parkartigen Kiefernwäldern bestandenen Böden werden Kartoffeln, Roggen und in günstigen Lagen Spargel angebaut, auf guten Lehmböden gedeihen Zuckerrüben. Um die Stadt Perleberg gibt es zahlr. Saatzucht- und weiterverarbeitende Betriebe. Im S geht die unfruchtbare Perleberger Heide in die Auenlandschaft der Elbniederung über. Gewerbeschwerpunkte sind in Wittenberge, Pritzwalk, Putlitz, Karstädt und Bad Wilsnack (auch Eisenmoorbad und Luftkurort). – Der Landkreis P. wurde am 6. 12. 1993 aus den Landkreisen Kyritz (W-Teil), Perleberg und Pritzwalk (bis auf drei Gemeinden) gebildet.

Prigogine [prigɔˈʒiːn], Ilya, belg. Physikochemiker, *Moskau 25. 1. 1917; Prof. in Brüssel seit 1947, seit 1970 auch in Austin (Tex.); seine Hauptarbeitsgebiete sind Thermodynamik irreversibler Prozesse und ihre Anwendungen in Physik, Chemie, Biologie und Soziologie. P. lieferte wesentl. Beiträge zur Beschreibung von Nichtgleichgewichtszuständen und zur dynam. Erklärung der Irreversibilität und schuf mit seinen Untersuchungen die Grundlagen zur Behandlung von →dissipativen Strukturen. Seine Theorie führte zur Aufstellung eines universellen Evolutionskriteriums. Für diese Arbeiten erhielt er 1977 den Nobelpreis für Chemie.

Prigow, Dmitrij Aleksandrowitsch, russ. Lyriker, *Moskau 5. 11. 1940; studierte Bildhauerei in Moskau; begann Mitte der 50er-Jahre mit Lyrik; schloss sich Anfang der 70er-Jahre den Künstlern des Moskauer ›Underground‹ an und konnte bis 1989 in der Sowjetunion weder ausstellen noch veröffentlichen. 1986 wurde er in eine psychiatr. Klinik zwangseingewiesen, aber nach Protesten aus dem In- und Ausland wieder entlassen. P.s Lyrik ist intellektuell und prosanah und führt mit seriellen Wiederholungen polit. Propaganda ad absurdum.

Werke: Slezy geral'dičeskoj duši (1990); Fünfzig Blutströpfchen in einem absorbierenden Milieu (dt. 1993, a. d. Ms. übers. v. G. HIRT u. a.).

Ausgaben: Poet ohne Persönlichkeit, übers. v. P. URBAN (1991); Der Milizionär u. die Anderen. Gedichte u. Alphabete, hg. v. G. HIRT u. S. WONDERS (1992).

Příhoda ['prʃi:hɔda], Váša, tschech. Violinist, *Vodňany (bei Pisek) 22. 8. 1900, †Wien 26. 7. 1960; unterrichtete 1936–45 am Salzburger Mozarteum, ab 1951 an der Akad. für Musik in Wien. Seine subjektiv-romant. Art der Interpretation und exzellente Technik kamen v. a. in den Werken N. PAGANINIS zur Geltung.

Prijedor [pri'jɛdɔr], Stadt in Bosnien und Herzegowina (Serb. Rep.), 135 m ü. M., an der Sana, 34 600 Ew.; Zellstoff- und Papier- sowie keram. Industrie.

Prikas [russ., eigtl. ›Befehl‹, ›Auftrag‹, ›anbefohlenes Amt‹] *der, -(es)/-e,* vom 16. Jh. bis Anfang des 18. Jh. Behörde der Zentralverwaltung im Russ. Reich. Die zahlr., dem Zaren direkt unterstellten P., die von Bojaren oder Sekretären (Djaken) geleitet wurden, hatten unterschiedl., teilweise sich sachlich oder in der regionalen Zuständigkeit überschneidende Wirkungskreise in Justiz, Finanzen und Verwaltung. Sie wurden 1717/18–22 von PETER I., D. GR., durch die Kollegien (Fachministerien) ersetzt.

Prilep, Stadt in der Rep. Makedonien, 610 m ü. M., am Rand der Pelagonija, 68 100 Ew.; Handelszentrum; Tabakverarbeitung, keram. Industrie; nahebei Marmorbrüche. – In der orientalisch geprägten Altstadt kleine Kirchen im byzantin. Stil, u. a. die Nikolauskirche (12. Jh.) und die Demetriuskirche (2. Hälfte 13. Jh.; später umgebaut). Bei P. auf einem Berg Ruinen der Markoburg, unterhalb das Erzengelkloster (beide 14. Jh.). – P., 1014 erstmals erwähnt, war im 13. und 14. Jh. ein wichtiger Handelsplatz und zeitweilig Residenz der serb. Könige; 1395–1912 gehörte es als **Perlepe** zum Osman. Reich.

Prilly [pri'ji], Stadt im Kt. Waadt, Schweiz, 480 m ü. M., nordwestlich an Lausanne anschließend, 10 600 Ew.; Maschinenbau (v. a. Kartonagemaschinen), Holz- und Nahrungsmittelindustrie.

prim [rückgebildet aus Primzahl], *Mathematik:* →teilerfremd.

Prim [lat. prima ›die Erste‹] *die, -/-en,* **1)** *kath. Liturgie:* im monast. →Stundengebet die Gebetszeit zur ersten Tagesstunde (›prima hora‹, 6^{00} Uhr). Seit der Neuordnung des Stundengebets (1970/71) entfällt die P., da sie eine Verdoppelung des Morgenlobes (Laudes) darstellt. Bitten um die Heiligung des Tages sind Inhalt der Preces der Laudes.

2) *Musik:* →Prime.

Prima [nlat. prima (classis) ›erste (Klasse)‹] *die, -/...men,* 1) seit Beginn der Klasseneinteilung im 16. Jh. i. d. R. Bez. für die oberste Klasse einer Latein- oder Gelehrtenschule; 2) 1834–1964 traditionelle Bez. für die oberste Klasse innerhalb des neunjährigen humanist. Gymnasiums, dessen Klassenstufen von Schuleintritt bis zur obersten Klasse mit aufsteigendem Rang gezählt wurden. Die Klassenstufen Tertia, Sekunda und P. umfassten jeweils zwei Jahre und wurden mit der Vorsilbe Unter... bzw. Ober... benannt. Seit 1964 (→Hamburger Abkommen) werden die Klassen von der Grundschule bis zum Abitur von 1 bis 13 durchgezählt. Umgangssprachlich sind die alten Bez. noch geläufig, z. B. **Sexta:** früher Bez. für die erste Klasse eines Gymnasiums; entspricht heute der Klasse fünf. **Quinta:** früher Bez. für die zweite Klasse; entspricht heute der Klasse sechs. **Quarta:** früher Bez. für die dritte Klasse; entspricht heute der Klasse sieben. **Tertia:** früher Bez. für die vierte **(Untertertia)** und die fünfte Klasse **(Obertertia);** entspricht heute den Klassen acht und neun. **Sekunda:** früher Bez. für die sechste **(Untersekunda)** und die siebte Klasse **(Obersekunda);** entspricht heute den Klassen zehn und elf. **P.:** früher Bez. für die achte **(Unter-P.)** und die neunte Klasse **(Ober-P.);** entspricht heute den Klassen zwölf und dreizehn.

Váša Příhoda

Primaballerina, die erste Solotänzerin eines (klass.) Ballettensembles, die Tänzerin der Hauptrollen; der Tänzer der männl. Hauptrollen heißt **Primoballerino.** Der erstmals in Russland verliehene Titel **P. assoluta** (›absolute P.‹) ist inoffizielle Bez. der außer Konkurrenz stehenden Ballerina eines Ensembles.

Primadonna [ital., eigtl. ›erste Dame‹] *die, -/...nen,* im ital. Operntheater seit dem 17. Jh. Bez. für die erste Sängerin einer Truppe (meist eine Sopranistin), i. d. R. die Sängerin der weibl. Hauptrolle. Im 18. Jh. wurden bei zwei gleichrangigen Sängerinnen auch unterschieden zw. **P. assoluta** (›absolute P.‹) und **Seconda Donna** (auch **P. altra,** ›zweite P.‹). Das männl. Gegenstück ist der →Primo Uomo. – I. w. S. bedeutet P. berühmte Sängerin, Diva.

Prima-facie-Beweis [zu lat. facies ›Anblick‹, ›Anschein‹, ›Gesicht‹], der →Anscheinsbeweis.

Primakow, Jewgenij Maksimowitsch, russ. Politiker, *Kiew 29. 10. 1929; arbeitete u. a. als Korrespondent der ›Prawda‹ im Nahen und Mittleren Osten, leitete 1977–85 das Oriental. Inst. an der Akad. der Wiss.en und wurde 1985 Direktor des Inst. für Weltwirtschaft und Internat. Beziehungen. 1959–91 war P. Mitgl. der KPdSU und 1989–91 ihres ZK, 1989–90 Vors. des Obersten Sowjets der UdSSR; er wurde 1991 Chef des sowjet., dann des russ. Geheimdienstes für Auslandsaufklärung, 1992 Mitgl. des russ. Sicherheitsrates und 1996 Außenminister.

Jewgenij Maksimowitsch Primakow

Primamalerei, alla prima, Maltechnik, bei der das Bild in einem Farbauftrag ›nass in nass‹ ohne Untermalung oder Lasuren fertig gestellt wird.

Primanen [lat. primanus, eigtl. ›von der ersten Legion‹], *Botanik:* die Erstlinge der Leitbündel in noch wachsenden Sprossteilen von Pflanzen.

Primapapiere, Primadiskonten, die →Privatdiskonten.

Prima Porta, nördl. Stadtteil von Rom, Italien. Auf der Gartenterrasse der Villa ›ad gallinas albas‹ der röm. Kaiserin LIVIA wurde eine Marmorstatue des Kaisers AUGUSTUS (2,04 m Höhe; Vatikan. Sammlungen) gefunden, vermutlich eine nach dem Tod des Kaisers (14 n. Chr.) angefertigte Kopie eines zw. 20 und 17 v. Chr. entstandenen Originals aus Bronze oder Gold. Der Kaiser trägt einen Panzer mit Reliefs, die die Rückgabe der an die Parther verloren gegangenen röm. Feldzeichen sowie Götter und Personifikationen der unterworfenen Gebiete darstellen. Die Statue greift in der Haltung auf klass. (Doryphoros des POLYKLET) und spätklassische griech. Vorbilder (Rednergeste) zurück, ist jedoch typisch römisch in der porträthaften Anlage des idealen Herrscherbildnisses, der Durchführung als bekleidete Statue sowie dem polit. Konzept, das sich in den Panzerreliefs ausdrückt. (BILD S. 484)

primär [frz. primaire, von lat. primarius ›einer der Ersten‹], **1)** *allg.:* 1) zuerst vorhanden, ursprünglich; 2) vorrangig; grundlegend, wesentlich.

Prima Porta: Marmorstatue des Augustus; um 14 n. Chr.; vermutlich Kopie eines zwischen 20 und 17 v. Chr. entstandenen Originals aus Bronze oder Gold (Rom, Vatikanische Sammlungen)

2) *Chemie:* Abk. **prim.-**, zur Kennzeichnung von Verbindungen verwendetes Unterscheidungswort, das in mehrfacher Bedeutung gebraucht wird: **primäre Salze** sind Salze mehrbasiger Säuren, in denen nur ein Wasserstoffatom durch ein Metallatom ersetzt ist; als **primäre Kohlenstoff-** und **primäre Stickstoffatome** bezeichnet man C- bzw. N-Atome, die nur mit einem einzigen anderen Kohlenstoffatom verbunden sind. Bei **primären Alkoholen** und **primären Aminen** ist die Hydroxyl- bzw. Aminogruppe an ein primäres Kohlenstoffatom gebunden.

Primär *das, -s, Geologie:* alte Bez. für das →Paläozoikum.

Primär|affekt, Abk. **PA,** äußerlich sichtbarer Primärherd einer Infektionskrankheit.

Primärblätter, Erstlingsblätter, Jugendblätter, die auf die Keimblätter folgenden, meist einfacher als die Folgeblätter gebauten Laubblätter von Samenpflanzen; z. B. bei der Pferdebohne und dem Efeu. (BILD →Keimung)

Primär|elemente, die →galvanischen Elemente.

Primär|energie, →Energie.

primärer Sektor, einer der →Wirtschaftssektoren.

Primärfarben, die →Grundfarben.

Primärgruppe, *Soziologie:* von C. H. COOLEY eingeführter Begriff zur Kennzeichnung von relativ stabilen, kleinen Gruppen, die sich durch eine gegenseitige intime Kenntnis und ein starkes Gruppenbewusstsein auszeichnen und damit gegenseitige Beeinflussung und soziale Kontrolle in hohem Maß ermöglichen. Resultat dieser engen Bindung sind relativ ähnl. Einstellungen, Verhaltensweisen und Werthaltungen der Mitgl. Der zunächst zur Charakterisierung der Familie eingeführte Begriff meint darüber hinaus z. B. Freundeskreise, Spielgruppen, Nachbarschaften und kleinere Gemeinden. Alle übrigen Gruppen sind für COOLEY →Sekundärgruppen.

Primärhaar, das →Flaumhaar.

Primärharn, *Physiologie:* →Niere.

Primärheilung, eine Form der Wundheilung (→Wunde).

Primärherd, örtlich begrenzte Gewebeveränderung als Erstmanifestation einer Erkrankung, bei Infektionskrankheiten an der Eintrittspforte der Erreger in den Organismus (z. B. in der Lunge bei Lungentuberkulose).

Primär|insekten, *Forstwirtschaft:* Bez. für Insekten, die gesundes lebendes pflanzl. Gewebe befallen (z. B. Maikäfer); im Ggs. zu den **Sekundärinsekten,** die ›kränkelnde‹ oder tote pflanzl. Gewebe angreifen (z. B. Holzwespen, viele Borkenkäfer).

Primarius [lat. ›einer der Ersten‹] *der, -/...ri|en,* **1)** *Medizin:* in Österreich Bez. für Chefarzt, Oberarzt.

2) *Musik:* Primgeiger (→Primgeige).

Primärlarve, Junglarve, Ei|larve, Bez. für das erste, aus dem Ei hervorgehende Larvenstadium bei Insekten.

Primärliteratur, Bez. für dichter., philosoph. u. ä. Werke, die selbst Gegenstand einer wiss. Untersuchung sind (→Sekundärliteratur).

Primärmarkt, *Börsenwesen:* →Emission.

Primärmeristeme, *Botanik:* →Bildungsgewebe.

Primarschule, internat. verwendeter Begriff für die in vielen Staaten allen eingeschulten Schülern gemeinsame erste Stufe des Pflichtschulbereichs; als Bez. sind auch **Primarbereich, Primarstufe** üblich, bes. wenn der P. eine Vorschule, Vorklasse oder ein Schulkindergarten für noch nicht schulpflichtige oder für schulpflichtige, aber noch nicht schulreife Kinder angegliedert ist. In Dtl. heißt die P. →Grundschule. An die P. schließen die versch. Sekundarschulen an (→Sekundarstufe).

Primärspross, aus dem Spross des Keimlings hervorgehende Sprossachse bei einjährigen Pflanzen.

Primärstruktur, *Chemie:* die den Makromolekülen zugrunde liegende Sequenz der Monomeren, bes. die biologisch festgelegte Sequenz der Aminosäuren in Peptiden und Proteinen, durch die wahrscheinlich auch die räuml. Struktur und die biolog. Funktion geprägt werden.

Primärtektogenese, *Geologie:* →Oszillationstheorie.

Primärtriebe, Bez. für die beim Menschen phylogenetisch angelegten und damit ererbten psych. Antriebe, die den erlernten, kulturell geprägten (v. a. sozialeth. und ästhet.) **Sekundärtrieben** gegenüberstehen und, nach psychoanalyt. Auffassung, zur Vermeidung des neurotisierenden Triebkonflikts eine produktive Synthese mit diesen erfordern.

Primärvalenzen, *Farbvalenzmetrik:* jeweils drei linear unabhängige →Farbvalenzen, aus denen alle anderen Farbvalenzen durch additive Farbmischung erzeugt werden können. Die P. sind die Basisvektoren des →Farbenraums. In dem in der Praxis wichtigsten Farbsystem, dem Normvalenzsystem, werden die P. als →Normvalenzen bezeichnet. Es sind virtuelle (nicht darstellbare) Farben, die mit reellen P., z. B. denen des RGB-(Rot-Grün-Blau-)Systems, in linearer Beziehung stehen.

Primärvegetation, durch menschl. Beeinflussung unversehrte Vegetation, die sich im Gleichgewicht mit ihren gegenwärtig wirkenden Umweltfaktoren befindet und dem Standort entspricht (z. B. der ursprüngliche trop. Regenwald).

Primärverteilung, unmittelbare, sich aus dem Marktprozess ergebende →Einkommensverteilung.

Primärwald, Wald, der ohne menschl. Beeinflussung entstanden ist. (→Sekundärwald)

Primärwicklung, *Elektrotechnik:* in Transformatoren und Elektromotoren die Wicklung, die die elektr. Leistung aufnimmt (Eingangswicklung). Bei Transformatoren ist es die dem Netz oder Generator zugewandte Wicklung, bei Elektromotoren meist die Ständerwicklung. Analog wird die an dieser Wicklung anliegende Spannung als **Primärspannung,** der in ihr fließende Strom als **Primärstrom** bezeichnet.

Primary [ˈpraɪmərɪ, engl.] *die, -/...ries,* **Primary Election** [-ɪˈlekʃn], **Vorwahl,** das in den einzelnen

Bundesstaaten der USA vorgesehene Verfahren zur innerparteil. Wahl der Kandidaten einer Partei für öffentliche Ämter und Parlamentssitze. Die P. unterliegen der einschlägigen Gesetzgebung des jeweiligen Staates. In vielen Staaten werden auch die Delegierten zu den nat. Parteikonventen, denen die Nominierung des Präsidentschaftskandidaten obliegt, durch **Presidential Primaries** bestimmt. – Im Hinblick auf den Abstimmungsmodus gibt es zwei Grundtypen der P. mit vielen Variationen: Bei der **Open Primary** braucht der Abstimmende keine Parteizugehörigkeit nachzuweisen. Es kann sich jeder Wahlberechtigte an dieser P. jeder Partei beteiligen. An der **Closed Primary** dürfen sich nur erklärte Anhänger und Mitgl. der Partei beteiligen, die eine P. durchführt.

Primärzellen, die Primärelemente (→galvanische Elemente).

Primas [spätlat. ›der dem Rang nach Erste‹, zu lat. primus ›Erster‹, ›Vorderster‹], **1)** *der, -/-se* und ...'*maten, kath. Kirchenrecht:* erster Bischof eines Landes, ein Ehrentitel, falls nicht partikularrechtlich etwas anderes gilt. Rechtsgeschichtlich hat sich zuerst in der afrikan. Kirche im 4. Jh. (für den Erzbischof von Karthago), im MA. in mehreren Ländern das Amt des P. als eines Oberbischofs herausgebildet, da sich in der abendländ. Kirche neben dem Bischof von Rom als Patriarch des Abendlandes kein anderes Patriarchenamt ausbilden konnte. Traditionell ist das Amt des P. in Europa mit kirchengeschichtl. bedeutsamen Erzbischofssitzen verbunden: Armagh (Irland), Gnesen (Polen bzw. früher Polen und Litauen), Gran (Ungarn), Toledo (Spanien). Den Titel eines P. von Dtl. führt der Erzbischof von Salzburg.

2) [auch -ʃ] *der, -/-se, Musik:* der Vorgeiger einer Zigeunerkapelle.

Primat [lat. primatus ›erster Rang‹] *der* oder *das, -(e)s/-e,* Vorrang, Vormacht, Vorrecht.

Primat der Außenpolitik, ein erkenntnisleitendes Prinzip v. a. für die von L. VON RANKE beeinflusste Geschichtswissenschaft im 19. Jh., begreift den Staat in erster Linie als Macht unter Mächten und versteht dessen gesellschaftlich-polit. Struktur als das Ergebnis des ›Ringens der Großen Mächte‹ (RANKE). Heute gilt der P. d. A. als methodisch einseitig.

Primat des Papstes, in der *kath. Theologie* Bez. für die Funktion des obersten kirchl. Leitungsamtes und – damit verbunden – der Lehrkompetenz der röm. Bischöfe, die sich seit der Spätantike entwickelt haben und vom 1. Vatikan. Konzil 1870 erstmals formell als kath. Dogma – im Sinne eines obersten Bischofsamtes (Summepiskopat) und einer lehrmäßigen →Unfehlbarkeit (Infallibilität) – definiert wurden. Der P. d. P. wird legitimiert mit neutestamentl. Aussagen, die als Einsetzung des PETRUS zum Oberhaupt der Kirche gedeutet werden (v. a. Mt. 16, 17–19); diese Funktion sei nach dem Märtyrertod des PETRUS in Rom auf seine Nachfolger im röm. Bischofsamt übergegangen und in ununterbrochener Folge weitergegeben worden. Heute interpretiert allerdings auch die kath. Bibelwiss. die entsprechenden Texte nicht mehr als Begründung eines petrin. Primats. Ihre jurid. Deutung im Sinne eines Leitungsamtes des PETRUS erfolgte (vereinzelt) erstmals im 3. Jh. und erlangte seit dem 4. Jh. im Zusammenhang mit dem wachsenden kirchl. und polit. Einfluss des →Papsttums und dem damit verbundenen Anspruch der Päpste auf den Jurisdiktionsprimat über die gesamte Kirche kirchengeschichtl. Bedeutung. Der Anspruch auf die höchste apostol. Amtsgewalt eines ›Oberhauptes der universalen Kirche‹ wurde jedoch nur im Westteil der Kirche, im Bereich des röm. Patriarchats, anerkannt. Nach der Trennung von der griech. Kirche im Jahre 1054 und der Ablehnung des P. d. P. durch die Kirchen der Reformation wurde in der kath. Kirche der P. d. P. zum Gegenstand des Bekenntnisses. Aber erst nach der endgültigen Zurückdrängung der versch. nationalkirchl. Bestrebungen im 19. Jh. (→Nationalkirche) konnte das 1. Vatikan. Konzil den P. d. P. und die mit ihm verbundene Lehrkompetenz dogmatisieren. Das 2. Vatikan. Konzil (1962–65) versuchte den Papst wieder stärker in das Bischofskollegium einzubinden. Das *kath. Kirchenrecht* hebt allerdings ausdrücklich seine Stellung als ›Haupt‹ (lat. ›caput‹) des →Bischofskollegiums und des zur Einberufung eines allgemeinen →Konzils allein Berechtigten hervor (cc. 336–341 CIC), sodass der P. d. P., ungeachtet seiner heutigen krit. Betrachtung auch in der kath. Theologie, in der kath. Kirche nach wie vor uneingeschränkt gilt. – Im gegenwärtigen *ökumenischen theolog. Gespräch* wird der P. d. P. mit Blick auf das Ziel einer künftigen geeinten →Kirche diskutiert und unter dem Gesichtspunkt eines ›Petrusdienstes an der Einheit aller Getauften‹, verstanden als das sichtbarere Zeichen dieser Einheit und repräsentiert durch den Bischof von Rom als dem Ersten unter gleichen Bischöfen (Primus inter Pares), zunehmend für möglich angesehen.

I. RIEDEL-SPANGENBERGER: Im Wesentlichen einig? Die Primatsausübung des Papstes im ökumen. Gespräch, in: Herder-Korrespondenz, Jg. 49 (1995), H. 12.

Literatur →Papsttum.

Primaten [spätlat., zu Primas], *Sg.* **Primat** *der, -en,* **Primates,** die →Herrentiere.

Primaticcio [prima'tittʃo], Francesco, ital. Maler, Dekorateur und Baumeister, *Bologna 30. 4. 1504, †Paris 1570; Gehilfe des GIULIO ROMANO bei der Ausmalung des Palazzo del Tè in Mantua, 1532 von FRANZ I. nach Fontainebleau berufen, wurde er später Erster Hofmaler, auch Oberaufseher über die königl. Bauten. Neben ROSSO FIORENTINO war P. das Haupt der ersten (manierist.) Schule von Fontainebleau. Sein Dekorationssystem aus Stuck und Malerei wurde in Frankreich vorbildlich.

Werke: Stuckarbeiten u. Fresken in Fontainebleau (nur wenig erhalten; Galerie Heinrichs II.); Selbstbildnis (Florenz, Uffizien); Handzeichnungen (Paris, Louvre; Wien, Albertina).

Primatologie *die, -,* Wissenschaftszweig zur Erforschung der →Herrentiere.

Francesco Primaticcio: Odysseus und Penelope (Toledo, Oh., Museum of Art)

prima vista, *Musik:* →a prima vista.

prima volta [ital. ›das erste Mal‹], Abk. **I**^{ma} oder 1., in der Musik Spielanweisung am Schluss eines Kompositionsteiles, diesen zu wiederholen und dann die Stelle zu spielen, die mit **seconda volta,** Abk. **II**^{da} oder 2., gekennzeichnet ist.

Prime [lat. prima ›die Erste‹] *die, -/-n,* **1)** *graf. Technik:* die auf der ersten Seite eines Druckbogens im Fußsteg angebrachte →Bogensignatur. Sie besteht aus einer Zahl in arab. Ziffern, die die Reihenfolge des Bogens im Block angibt, dem Nachnamen des Autors und einem Stichwort des Titels bzw. der Bestellnummer des Werkes.

2) *Musik:* **Prim,** die erste Stufe, der Ausgangs- und Grundton einer Tonleiter oder eines Akkords. Bei der P. als Intervall unterscheidet man **reine P.** (Einklang, z. B. c-c), **übermäßige P.** (c-cis, c-ces) und **doppelt übermäßige P.** (c-cisis, c-ceses, cis-ces).

Primel [aus nlat. primula veris ›erste (Blume) des Frühlings‹], **Himmelsschlüssel, Schlüsselblume, Primula,** Gattung der P.-Gewächse mit über 400 Arten auf der Nordhalbkugel (in Europa rd. 30 Arten), in den Gebirgen des trop. Asien und Neuguineas und der Südspitze Südamerikas; meist ausdauernde Kräuter mit trichter- oder tellerförmiger Blütenkrone und röhren-, glocken- oder trichterförmigem Kelch. Bekannt sind v. a. →Frühlingsschlüsselblume, →Giftprimel und →Kugelprimel. Fast alle wild wachsenden heimischen P. sind geschützt, bes. die rot blühenden Arten. Zahlr. P. werden als Zierpflanzen kultiviert.

Prim|element, *Mathematik:* ein Element $p \neq 0$ eines Integritätsbereiches mit folgender Eigenschaft: Teilt p ein Produkt $a \cdot b$, so teilt es mindestens einen seiner Faktoren. Primzahlen sind in diesem Sinne P. im Ring der ganzen Zahlen.

Primelgewächse, Primulaceae, Familie der zweikeimblättrigen Pflanzen mit etwa 800 Arten in 22 Gattungen mit einem Verbreitungsschwerpunkt in den gemäßigten und wärmeren Gebieten der Nordhalbkugel; meist Kräuter, z. T. Rosettenstauden, Polster- oder Knollenpflanzen mit meist schraubig angeordneten Blättern; häufig mit Drüsenhaaren; Blüten einzeln oder in Dolden, Rispen und Trauben. Bekannte Gattungen sind →Alpenveilchen, →Gauchheil, →Gilbweiderich, →Mannsschild und →Primel.

Primer ['praɪmə, engl.] *der, -s/-,* **1)** *Anstrichmittel:* →Haftvermittler.

2) *Genetik:* **Starter-DNA,** Bez. für kurze einzelsträngige DNA-oder RNA-Sequenzen, die bei der DNA-Synthese als Startermoleküle wirken.

Primera División, *Fußball:* höchste span. Spielklasse; zählt zu den spielstärksten europ. Ligen.

Primerate ['praɪmreɪt, engl.] *die, - -,* **Prime Rate,** in den USA zum einen der Diskontsatz im Federal Reserve System, der für erste Adressen (Großbanken) gilt, zum anderen der Zinssatz, zu dem amerikan. Großbanken kurzfristige Kredite an erstklassige Kunden vergeben; hat Indikatorfunktion für die gesamte Zinsentwicklung (Leitzins).

Primeur [pri'mœ:r] *der, -(s)/-s,* in Frankreich Bez. für einen Wein des jüngsten Lesejahres, der dank besonderer Gärmethoden so früh wie möglich (gesetzlich erlaubt) in den Handel gebracht werden kann; bes. erfolgreich wird der →Beaujolais primeur vermarktet.

Primfaktorzerlegung, Primzahlzerlegung, die Zerlegung einer ganzen Zahl Z in ganzzahlige Faktoren $p_1, p_2, \ldots, p_n$, die **Primfaktoren,** also $Z = \pm p_1 \cdot p_2 \cdots p_n$, derart, dass alle p_i $(i = 1, 2, \ldots, n)$ Primzahlen sind. Die P. von $Z = 24$ lautet beispielsweise $24 = 2 \cdot 2 \cdot 2 \cdot 3 = 2^3 \cdot 3$ (→Faktorzerlegung). Die P. ist bis auf die Reihenfolge der Faktoren eindeutig. Jede natürl. Zahl $n > 1$ besitzt eine eindeutige P. (Fundamentalsatz der elementaren Zahlentheorie).

Primitivismus: Emil Nolde, ›Figur und Maske‹; 1911 (Basel, Kunstmuseum)

Die P. wird zum Aufsuchen des kleinsten gemeinsamen Vielfachen und des größten gemeinsamen Teilers von mehreren Zahlen angewandt. Gilt in einem Ring die zur P. analoge Eigenschaft, so spricht man von einem →ZPE-Ring.

Primgeige, im Streichquartett u. a. Kammermusikwerken die erste (führende) Geige; der Musiker, der die P. spielt, wird **Primgeiger** oder **Primarius** genannt.

Primipara [zu Primus und zu lat. parere ›gebären‹] *die, -/...'paren,* Erstgebärende, eine Frau vor und nach der Geburt ihres ersten Kindes.

primitiv [frz., von lat. primitivus ›der Erste in seiner Art‹], 1) in ursprünglichem, noch nicht hoch entwickeltem Zustand befindlich; auf niedriger Kultur-, Entwicklungsstufe stehend; ursprünglich, elementar, naiv; 2) sehr einfach; dürftig behelfsmäßig; 3) ungebildet, von geringem geistig-kulturellem Niveau.

Primitiv|anlagen, *Biologie:* in der Entwicklung eines Organismus die ersten Sonderungen von plasmat. oder zelligen Faktorenbereichen im Embryonalkörper, aus denen spezif. embryonale Differenzierungen hervorgehen. Soweit diesen Anlagen Organfunktion zukommt, kann man sie als **Primitivorgane** bezeichnen, z. B. die Keimblätter Entoderm und Ektoderm.

Eine besondere Form eines Primitivorgans, den **Primitivstreifen,** bilden Vögel, Säugetiere einschließlich Mensch in der embryonalen Keimscheibe aus. Er ist ein verdickter Zellstreifen in der Medianebene der oberen Schicht (Ektoderm) der Keimscheibe, der die erste Anlage aller Organe des embryonalen Körpers darstellt. Der Primitivstreifen geht am vorderen Ende in den **Primitivknoten** (hensenscher Knoten) über. An seiner Oberfläche trägt er eine Rinne **(Primitivrinne),** die seitlich von den **Primitiv-** oder **Medullarwülsten** begrenzt wird. Nach vorn kann sich die Primitivrinne zu einer kleinen **Primitivgrube** vertiefen. Die Primitivrinne vermittelt die Bildung des Mesoderms. Der Primitivknoten bildet den Ausgangspunkt für die von ihm sich ausbreitende Körpergrundgestalt (›Kopffortsatz‹), auf deren Kosten der Primitivstreifen von vorn nach hinten kürzer wird, bis er in den Endknoten des Embryonalkörpers aufgeht.

primitive Religionen, religionswissenschaftlich nicht korrekte, früher jedoch vielfach gebrauchte Bez. für die →Stammesreligionen.

Primitivgitter, *Kristallographie:* das →Bravais-Gitter.

Primitivismus *der,* -, Tendenz von Künstlern des 20. Jh., Anregungen der Kunst der Naturvölker in ihr Schaffen aufzunehmen. Sie zeigt sich z. B. in Werken der Expressionisten, Fauvisten, Kubisten und der Neuen Wilden sowie in der Land-Art und der individuellen Mythologie.

R. GOLDWATER: Primitivism in modern art (Neuausg. New York 1986); K. BILANG: Bild u. Gegenbild – Das Ursprüngliche in der Kunst des 20. Jh. (Neuausg. 1990); A. ZIESCHE: Der neue Mensch. Köpfe u. Büsten dt. Expressionisten (1993); P. in der Kunst des zwanzigsten Jh., hg. v. W. RUBIN (a. d. Amerikan., [3]1996).

Primitivität, *Kristallographie:* →Bravais-Gitter.

Primitiv|organe, *Biologie:* →Primitivanlagen.

Primitivrassen, Natur|rassen, Ur|rassen, Haustierrassen, die unmittelbar durch Domestikation aus Wildtieren hervorgegangen sind. P. bilden die Ausgangsbasis für Land- und Leistungsrassen.

Primitivreaktion, nach E. KRETSCHMER heftige emotionale Verhaltensweise, die sich von den normalen Persönlichkeitsreaktionen unterscheidet: Affekt- und Explosivreaktion, Kurzschlusshandlung, Panik- oder Schreckreaktion.

Primitivstreifen, *Biologie:* →Primitivanlagen.

Primiz [zu lat. primitiae ›das Erste‹, ›die Erstlinge‹] *die, -/-en, kath. Kirche:* die erste, meist feierl. Gemeindemesse eines Priesters nach seiner Weihe.

primo [ital. ›Erster‹], *Musik:* 1) bei mehreren gleichen Instrumenten das erste, führende Instrument, z. B. Violino p., beim vierhändigen Klavierspiel der Spieler des Diskantparts (der Spieler der Basshälfte wird **secondo** genannt); 2) **tempo p.,** Abk. **I^mo^**, Spielanweisung innerhalb eines Satzes, zum ersten Tempo (Anfangstempo) zurückzukehren.

Primo de Rivera y Orbaneja [- ðe rri'βera i ɔrβa'nɛxa], Miguel, Marqués **de Estella** [ðe es'teʎa], span. General und Politiker, * Jerez de la Frontera 8. 1. 1870, † Paris 16. 3. 1930, Vater von J. A. PRIMO DE RIVERA Y SAENZ DE HEREDIA; 1922–23 Generalkapitän von Katalonien; errichtete am 13. 9. 1923 im Einverständnis mit König ALFONS XIII. ein diktator. Reg.-System (u. a. Auflösung der Cortes, Aufhebung der Verfassungsgarantien). Als Reg.-Chef (1923–25 Leiter eines Militärdirektoriums, 1925–30 eines Zivilkabinetts) und Führer der Unión Patriótica suchte er Spanien unter der Devise ›Land, Religion, Monarchie‹ zu einen. Bei wachsender Unzufriedenheit mit seinem Reg.-System entließ ihn der König am 28. 1. 1930 unter dem Druck der öffentl. Meinung.

F. CAMBA: P. de R. (Neuausg. Madrid 1947).

Primo de Rivera y Saenz de Heredia [- ðe rri'βera i 'saenð ðe e'reðja], José Antonio, Marqués **de Estella** [ðe es'teʎa], span. Politiker, * Madrid 24. 4. 1903, † (hingerichtet) Alicante 20. 11. 1936, Sohn von M. PRIMO DE RIVERA Y ORBANEJA; gründete 1933 die →Falange. Im März 1936 von Organen der Republik verhaftet, wurde er nach Ausbruch des Bürgerkrieges (Juli 1936) zum Tod verurteilt.

Ausgabe: J. A. P. de R., der Troubadour der span. Falange. Ausw. u. Komm. seiner Reden u. Schriften, hg. v. B. NELLESSEN (1965).

J. M. A. JÚDICE: J. A. P. de R. (Coimbra 1972).

Primofilices [zu lat. primus ›Erster‹ und filix ›Farnkraut‹], Entwicklungsstufe der Farne; ausgestorbene urtüml. Farne, die ein Bindeglied zw. den Urfarnen und den Farnen darstellen. Kennzeichnend waren die endständigen Sporangien und die schrittweise Umbildung ganzer Zweigsysteme in Blattwedel. Die P. traten vom Mitteldevon bis Unterperm auf.

Primogenitur [mlat., zu lat. primus ›Erster‹ und genitus ›geboren‹] *die, -/-en,* Nachfolgeordnung nach dem Erstgeburtsrecht. Nach der seit dem 14. Jh. in den dt. Fürstenhäusern zur Vermeidung der Zersplitterung des Hausgutes gebildeten P.-Ordnung ist zur Thronfolge und zur Erbfolge in das Hausgut der Erst- oder Ältestgeborene des regierenden Hauses mit Ausschluss aller jüngeren Linien berufen. Die P. galt zuerst für die Kurfürsten durch die Goldene Bulle (1356).

primordial [lat. ›allererst‹, ›ursprünglich‹], von erster Ordnung, uranfänglich, ursprünglich seiend, das Ur-Ich betreffend; Ur...

Primordialkranium, die erste knorpelige Anlage des Wirbeltierschädels.

Primordi|en [lat. primordium ›der erste Anfang‹], *Biologie:* Bez. für wenig differenzierte erste Anlagen von Organen; Organvorstufen.

Primorje, russ. **Primorskij kraj,** Region in Russland, im Fernen Osten, zw. China (im W), Nord-Korea (im äußersten SW) und dem Jap. Meer (im O), 165 900 km², 2,23 Mio. Ew.; Verw.-Zentrum ist Wladiwostok. P. wird vom südl. Sichote-Alin (in P. bis 1 855 m ü. M.) eingenommen, der im O steil zum Jap. Meer abfällt und nur einer schmalen Küstenebene Raum lässt, sich nach W jedoch flacher zur Ussuri- und Chankaniederung mit dem Chankasee (N-Teil zu China) abdacht. Im S greift die Peter-der-Große-Bucht tief ins Land ein, die übrigen Küstenabschnitte sind buchtenarm. Wichtigste Wirtschaftszweige sind Holzeinschlag (70 % von P. sind bewaldet), Hochseefischerei, Kohlebergbau sowie Abbau und Verhüttung von Blei- und Zinkerzen in Chrustalnyj; durch jap., südkorean. und US-amerikan. Unternehmen Entwicklung des Erdöl- und Erdgassektors. Wladiwostok, Ussurijsk, Nachodka, Lessosawodsk und Iman sind die Hauptindustriestandorte (v. a. Maschinen- und Schiffbau sowie Fisch- und Holzverarbeitung). Die Landwirtschaft (Weizen-, Futterpflanzen-, Sojabohnen-, Reisanbau sowie Rinder- und Schweinezucht) ist nur im SW- und W-Teil, die Rentier- und Pelztierzucht auch in anderen Gebieten entwickelt. Wichtigste Verkehrsader ist die im W verlaufende Transsibir. Eisenbahn nach Wladiwostok (im S-Abschnitt mit mehreren Zweigbahnen), der auch die Straße Chabarowsk–Wladiwostok folgt. Haupthäfen sind Nachodka (mit dem Nachbarhafen Wostotschnyj) und Wladiwostok. P. ist eine Sonderwirtschaftszone.

Primorskijgebirge, russ. **Primorskij chrebet** [-x-], Gebirgszug in Baikalien, Russland, erstreckt sich 350 km am südl. W-Ufer des Baikalsees, bis 1 728 m ü. M. (Trjochgolowyj Golez); bewaldet, im N z. T. Bergsteppe; teilweise verkarstet.

Primo Uomo [ital., eigtl. ›erster Mann‹] *der, --/- ...mi, - ...mini,* im ital. Operntheater seit dem 17. Jh. der erste Sänger (Sänger der Hauptrollen) einer Bühne, stets Tenor (früher auch Kastrat).

Primrose ['prɪmrəʊz], Sir (seit 1953) William, brit. Bratschist, * Glasgow 23. 8. 1903, † Provo (Ut.) 1. 5. 1982; gehörte 1937–42 als 1. Bratschist dem NBC-Sinfonieorchester New York an. 1939 gründete er das W. P. Quartet. Auf seine Anregung entstand B. BARTÓKS Bratschenkonzert (1945), das P. 1949 erstmals aufführte. Seit 1956 war er Lehrer an amerikan. und jap. Hochschulen. Seine Lehrbücher für Viola (u. a. ›Technique is memory‹, 1960; ›Violin and viola‹, 1976, mit Y. MENUHIN, dt. ›Violine u. Viola‹) gelten als Standardwerke.

Primrose League ['prɪmrəʊz li:g; engl. ›Primelliga‹], 1883 von Lord R. CHURCHILL u. a. gegründete konservative Vereinigung in Großbritannien, die zur wichtigen Wählerorganisation der Konservativen Partei wurde; ben. nach dem Abzeichen des Vereins, der Primel (Lieblingsblume B. DISRAELIS).

Prims *die,* rechter Nebenfluss der Saar, 51 km lang, größtenteils im Saarland, Quelle im Schwarzwälder Hochwald (Hunsrück) in Rheinl.-Pf., Mündung in Dillingen/Saar.

Primula [lat. ›die Erste‹], die Gattung →Primel.

Primulaceae, die →Primelgewächse.

Primus [lat. ›Erster‹, ›Vorderster‹] *der, -/...mi* und *-se, veraltend* für: Klassenbester (in einer höheren Schule). – **P. inter Pares,** *bildungssprachlich* für: der Erste unter ranggleichen Personen.

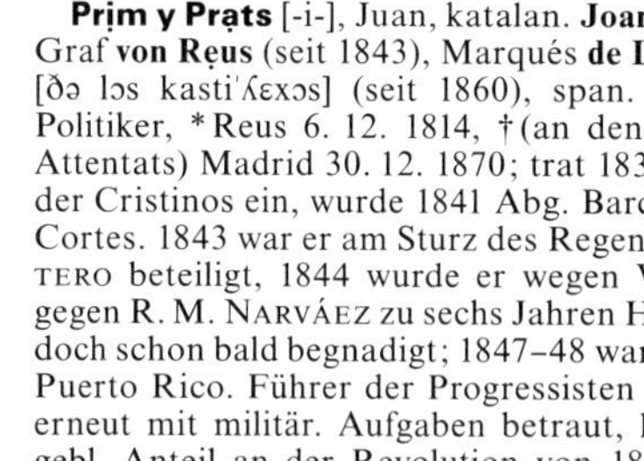

Prim y Prats [-i-], Juan, katalan. **Joan Prim i Prats,** Graf **von Reus** (seit 1843), Marqués **de Los Castillejos** [ðə lɔs kastiˈʎɛxɔs] (seit 1860), span. General und Politiker, *Reus 6. 12. 1814, †(an den Folgen eines Attentats) Madrid 30. 12. 1870; trat 1834 in das Heer der Cristinos ein, wurde 1841 Abg. Barcelonas in den Cortes. 1843 war er am Sturz des Regenten B. ESPARTERO beteiligt, 1844 wurde er wegen Verschwörung gegen R. M. NARVÁEZ zu sechs Jahren Haft verurteilt, doch schon bald begnadigt; 1847–48 war er Gouv. von Puerto Rico. Führer der Progressisten und zeitweise erneut mit militär. Aufgaben betraut, hatte er maßgebl. Anteil an der Revolution von 1868. Er wurde 1868 Kriegs-Min., 1869 Min.-Präs. Zunächst unterstützte er die span. Thronkandidatur des Erbprinzen LEOPOLD von Hohenzollern-Sigmaringen, dann die Wahl von AMADEUS, Herzog von Aosta.

Juan Prim y Prats

Primzahl, eine natürl. Zahl p, die größer als 1 ist und nur sich selbst und 1 als Teiler in der Menge der natürl. Zahlen besitzt, z. B. 2, 3, 5, 7, 11, 13, ...; eine P. $p > 1$ teilt ein Produkt zweier natürl. Zahlen nur dann, wenn p mindestens einen der beiden Faktoren teilt. Jede natürl. Zahl $n > 1$ lässt sich, bis auf die Reihenfolge der Faktoren, auf genau eine Weise als Produkt von Potenzen von voneinander versch. P. schreiben (→Primfaktorzerlegung).

Schon EUKLID hat bewiesen, dass es unendlich viele P. gibt. Ein einfaches Verfahren, die P. unter den natürl. Zahlen zu ermitteln, ist das →Sieb des Eratosthenes. Die größte bis 1996 ermittelte P. ist die mersennesche P. $2^{1257787} - 1$; sie hat in dezimaler Schreibweise 378 631 Stellen. Das Bestimmen bes. großer P. ist nicht nur Ausdruck der hohen Rechenkapazität moderner Computer, sondern auch in der →Kryptologie von besonderer Bedeutung. Jede P. lässt sich in der Form $p = 6k \pm 1$ (in der k natürl. Zahlen sind) darstellen, aber auch als Summe von höchstens vier Quadraten. Die P. der Form $2^k - 1$ sind die mersenneschen P. (→Mersenne-Zahlen), diejenigen der Form $2^{2^k} + 1$ die fermatschen P. (→fermatsche Zahlen). L. EULER hat gezeigt, dass die unendl. Reihe $\sum (1/p)$ der Reziproken der P. divergiert. Da jedoch die unendliche Reihe $\sum (1/n^2)$ der Reziproken der Quadratzahlen konvergiert, müssen die P. insgesamt dichter liegen als die Quadratzahlen.

Die Verteilung der P. in der Folge aller natürl. Zahlen ist sehr unregelmäßig: Einerseits gibt es zw. zwei aufeinander folgenden P. beliebig große Lücken, z. B. ist keine der $n - 1$ aufeinander folgenden Zahlen $n! + 2$, $n! + 3$, ..., $n! + n$ eine P., andererseits treten immer wieder →Primzahlzwillinge auf. Man kann jedoch die Anzahl $\pi(x)$ der P. kleiner oder gleich x asymptotisch immer genauer durch die Funktion $x/\ln x$ bestimmen (→Primzahlsatz).

In jeder arithmet. Folge (a, $a + k$, $a + 2k$, $a + 3k$...), für die a und k teilerfremd sind, gibt es nach P. G. DIRICHLET (1837) unendlich viele P. Schon 1742 stellte C. VON GOLDBACH die Vermutungen auf, dass jede gerade natürl. Zahl $N \geqq 6$ die Summe zweier ungerader P. sei; die Richtigkeit dieser →goldbachschen Vermutung ist bis heute noch nicht bewiesen. Eine Folgerung aus ihr ist es, dass jede ungerade natürl. Zahl $n > 6$ die Summe dreier ungerader P. sein müsste. Zu dieser Vermutung hat I. M. WINOGRADOW 1937 die Existenz einer Zahl r bewiesen mit der Eigenschaft, dass sich zumindest jede ungerade natürl. Zahl $n > r$ als Summe dreier P. darstellen lässt; es ist aber nur bekannt, dass $r \leqq 3^{3^{16038}}$ ist.

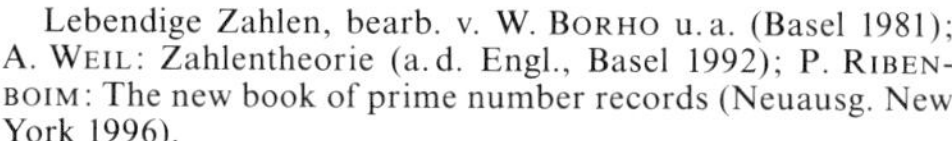

Lebendige Zahlen, bearb. v. W. BORHO u. a. (Basel 1981); A. WEIL: Zahlentheorie (a. d. Engl., Basel 1992); P. RIBENBOIM: The new book of prime number records (Neuausg. New York 1996).

Primzahlsatz, eine bereits von C. F. GAUSS und A.-M. LEGENDRE vermutete, aber erst von J. S. HADAMARD und C. DE LA VALLÉE-POUSSIN 1906 unabhängig voneinander bewiesene Aussage über die Verteilung der Primzahlen. Bezeichnet $\pi(x)$ die Anzahl der Primzahlen, die kleiner oder gleich der reellen Zahl x sind, so gilt, dass der Quotient von $\pi(x)$ und $x/\ln x$ gegen 1 konvergiert, wenn x gegen unendlich strebt: $\lim\limits_{x \to \infty} \frac{\pi(x) \cdot \ln x}{x} = 1$. Die Funktion $\pi(x)$ ist somit asymptotisch gleich der Funktion $x/\ln x$. Zu noch besseren Fehlerabschätzungen gelangt man, wenn man $\pi(x)$ durch den entsprechenden →Integrallogarithmus $\mathrm{li}(x)$ approximiert. In beiden Fällen gibt es jedoch keine exakte Gleichheit.

Primzahlzwillinge, zwei Primzahlen p und q, die sich nur um 2 unterscheiden; z. B. 3 und 5, 5 und 7, 11 und 13, 59 und 61. Es ist ungeklärt, ob es unendlich viele P.-Paare gibt.

Prince [engl. prɪns, frz. prɛ̃s; ›Fürst‹, ›Prinz‹, vgl. Prinz], Adelstitel, weibl. Form engl. **Princess** [prɪnˈses], frz. **Princesse** [prɛ̃ˈsɛs]; in *Großbritannien* seit 1917 beschränkt auf Kinder und Kindeskinder des Monarchen. Den Titel **P. Consort,** ›Prinzgemahl‹, verlieh Königin VIKTORIA 1857 ihrem Gatten ALBERT von Sachsen-Coburg-Gotha. In *Frankreich* trugen bis 1790 einige Hochadelsfamilien den Titel P.; die Angehörigen des Königshauses (in männl. Linie) wurden als ›Prinzen von Geblüt‹ (›Princes du sang‹) bezeichnet. In napoleon. Zeit wurde der Titel neu geschaffen.

Prince Charles Island [ˈprɪns ˈtʃɑːlz ˈaɪlənd], Insel im Kanadisch-Arkt. Archipel, im Foxebecken, bis 73 m ü. M., 9 521 km²; unbewohnt. 1948 entdeckt.

Prince Edward Island [ˈprɪns ˈedwəd ˈaɪlənd], Insel im S des Sankt-Lorenz-Golfs, bildet die kleinste und am dichtesten besiedelte Prov. Kanadas, 5 660 km², 136 100 Ew., Hauptstadt ist Charlottetown. Umgangssprache ist zu mehr als 95% Englisch. Die Insel (224 km lang, 4–60 km breit), durch die Northumberland Strait vom Festland getrennt, ist seit dem 1. 6. 1997 mit diesem durch eine 13 km lange Brücke ›Confederation Bridge‹ verbunden. Die durch die pleistozäne Vergletscherung geprägte Inseloberfläche ist vorwiegend eben, im Inneren wellig, bis 142 m ü. M. ansteigend. Wirtschaftlich bedeutend sind Ackerbau (Kartoffeln, überwiegend hochwertige Saatkartoffeln; Futterpflanzen, Tabak) und Viehzucht mit Milch- und Fleischproduktion; ferner Fischfang, bes. Hummer und Austern. Die Industrie beschränkt sich auf die Verarbeitung der Produkte aus Landwirtschaft und Fischerei. Zunehmender Fremdenverkehr an langen Sandstränden, allerdings kurze Saison (8–10 Wochen), bes. im Juli und August.

Geschichte: Vor der Ankunft der Europäer diente die Insel den Micmac-Indianern vom Festland als Platz zum Fischen und Jagen und für Anpflanzungen in der wärmeren Jahreszeit. 1534 wurde sie von J. CARTIER entdeckt, 1603 von S. DE CHAMPLAIN für Frankreich in Besitz genommen, auf seinen Karten als **Île Saint-Jean** verzeichnet; 1720 trafen die ersten 300 frz. Siedler ein. 1758 eroberten die Briten die Insel und nahmen sie 1763 offiziell in Besitz. 1799 erhielt ›Saint John's Island‹ den heutigen Namen (nach EDUARD, dem vierten Sohn König GEORGS III. von England, *1767, †1820). 1873 wurde die Insel kanad. Provinz.

Canada's smallest province. A history of P. E. I., hg. v. F. W. P. BOLGER (Charlottetown 1973, Nachdr. Halifax 1991); The garden transformed, P. E. I. 1945–1980, hg. v. V. SMITHERAM (Charlottetown 1982).

Prince Edward Islands [ˈprɪns ˈedwəd ˈaɪləndz], die unbesiedelten jungvulkan. Inseln Marion Island

(255 km²) und Prince Edward Island (55 km²) im südl. Ind. Ozean, zw. 39 und 50° s. Br., 1 600 km südwestlich der Küste Südafrikas, zu dem sie seit 1947 gehören. Auf Marion Island Wetterwarte sowie Stützpunkt der südafrikan. Antarktisforschung.

N. J. M. GREMMEN: The vegetation of the subantarctic islands, Marion and Prince Edward (Den Haag 1982).

Prince George ['prɪns 'dʒɔ:dʒ], Stadt in der Prov. British Columbia, Kanada, 69 700 Ew.; kath. Bischofssitz; Wirtschafts- und Verkehrszentrum für einen großen Bereich der Prov.; Holzwirtschaft, Zellstoff- und Papierherstellung, Sägewerke. – Gegr. 1807 als Pelzhandelsposten.

Prince of Wales ['prɪns əv 'weɪlz, engl. ›Fürst von Wales‹], Titel des walis. Fürsten LLYWELYN AP GRUFFYDD (* 1246, † 1282), der im Kampf gegen die Engländer fiel; 1301 vom engl. König EDUARD I. seinem Sohn EDUARD (II.) verliehen, um Wales fester an England zu binden. Seither führen ihn die meisten engl./brit. Thronfolger.

Prince of Wales Island ['prɪns əv 'weɪlz 'aɪlənd], Insel im Kanadisch-Arkt. Archipel, 33 338 km², unbewohnt; spärl. Vegetation (in Tälern dichter); verbreitet sind Moschusochse und Wildren.

Princeps [lat. ›der Erste‹] *der, -/...cipes,* **Prinzeps,** **1)** im *antiken Rom* Bez. für die führenden Adligen fremder Gemeinwesen wie des eigenen Staates (›principes civitatis‹). Der P. der republikan. Zeit besaß keine staatsrechtlich verankerte Stellung, sondern wurde aufgrund seiner vornehmen Abkunft und seines durch Leistung (›virtus‹) erworbenen Ansehens (›auctoritas‹) als solcher anerkannt. Der angesehenste Patrizier an der Spitze der Senatsliste war der **P. senatus.** AUGUSTUS wählte ›P.‹ als inoffiziellen Titel, um seine Stellung in der von ihm geschaffenen Staatsform (→Prinzipat) von Diktatur und Königtum abzuheben.

2) im *Mittelalter* der →Fürst.

Prince Rupert ['prɪns 'ru:pət], Hafenstadt im NW der Prov. British Columbia, Kanada, 18 500 Ew.; Endpunkt von Bahn und Highway, Fährverbindungen nach Alaska (USA) und Vancouver.

Princeton ['prɪnstən], Stadt in New Jersey, USA, nahe der Hauptstadt Trenton, 12 000 Ew.; Wissenschaftszentrum mit P. University, Institute for Advanced Study u. a. Forschungseinrichtungen. – Nassau Hall (1756), ältestes Univ.-Gebäude und Versammlungsort des Kontinentalkongresses 1783. YAMASAKI MINORU errichtete 1965 die Woodrow Wilson School für Politikwissenschaften. – P. wurde 1696 als **Stony Brook** ['stəʊnɪ brʊk] von engl. Quäkern gegründet (1724 in **Prince's Town** ['prɪnsɪz taʊn] umbenannt, seit 1813 heutiger Name). Bis zur Übersiedlung (1756) der späteren Univ. von Newark war P. nur eine kleine Raststation. – Am 3. 1. 1777 besiegten die Truppen G. WASHINGTONS in der Nähe von P. die brit. Streitkräfte. Vom 30. 6. bis zum 4. 11. 1783 tagte hier der Kontinentalkongress.

Princeton University ['prɪnstən ju:nɪ'və:sɪtɪ], Univ. im Staat New Jersey, USA; 1746 von Presbyterianern als College in der Stadt New Jersey gegr.; 1747 nach Newark (N. J.), 1756 nach Princeton verlegt, seit 1896 Universität. – Der P. U. ist seit 1910 der von CHARLES SCRIBNER (* 1854, † 1930) 1905 gegründete Verlag der **P. U. Press** angeschlossen. In ihm erscheinen v. a. wiss. Literatur, Schul- und Fachbücher.

Prince William Sound ['prɪns 'wɪljəm saʊnd], verzweigte Bucht an der S-Küste Alaskas, USA, östlich der Kenaihalbinsel; 160 km breit, 300–400 m tief; nährstoffreiches Wasser, artenreiche Tierwelt: Wale, Seelöwen, -otter, zahlr. Fisch- und Vogelarten. – Am 24. 3. 1989 fuhr der beladene Supertanker ›Exxon Valdez‹ südlich des eisfreien Hafens Valdez (Endpunkt der Trans-Alaska-Pipeline) auf ein Riff und löste damit eine der größten Umweltkatastrophen im marinen Bereich aus. Rd. 40 Mio. l Rohöl flossen aus; etwa 350 000 Seevögel und 10 000 Seeotter wurden tot geborgen, weitaus mehr Tiere kamen ums Leben.

Principal-Agent-Theorie ['prɪnsəpl'eɪdʒənt-], **Prinzipal-Agent-Theorie, Vertretungstheorie,** auf STEPHEN ROSS, ARMENT A. ALCHIAN (* 1914), HAROLD DEMSETZ (* 1930) und JOSEPH E. STIGLITZ (* 1943) zurückgehender Zweig der Wirtschaftstheorie, der die Kooperation zw. Wirtschaftssubjekten beim Vorliegen von Interessenkonflikten und Informationsasymmetrien zum Gegenstand hat. Ausgangspunkt ist die vertragl. Regelung der Beziehungen zw. Vertretenem (Prinzipal) und Vertreter (Agent). Diese Konstellation tritt in der Realität häufig auf, z. B. zw. Unternehmenseigentümer und angestelltem Manager. Der Prinzipal überträgt dem Agenten, der in seinem Auftrag agiert, Aufgaben und Kompetenzen. Da der Agent v. a. seinen eigenen Nutzen verfolgt, der mit dem des Prinzipals i. d. R. nicht identisch ist, wird er mit seinen Aktionen den Nutzen (bzw. Gewinn) des Prinzipals kaum maximieren. Der Prinzipal ist nicht in der Lage, den Agenten genau zu kontrollieren, da er dessen Verhalten nicht exakt beobachten kann, er nicht über die gleichen Informationen verfügt und in der Realität zw. den Handlungen des Agenten und dem beobachteten Ergebnis eine nicht determinist. Beziehung besteht. So kann z. B. ein Unternehmenseigentümer weder die Aktionen des Managements im Einzelnen verfolgen noch verfügt er über alle Detailinformationen. Zudem hängt der Gewinn des Unternehmens nicht nur von den Aktionen des Managements ab, sondern auch von externen Rahmenbedingungen. Die P.-A.-T. untersucht, wie unterschiedliche institutionelle Regelungen die Nutzensituation des Prinzipals beeinflussen und wie optimal gestaltete Vertragsbedingungen aussehen müssen.

principale [zu lat. principalis ›hauptsächlich‹], Abk. **princ., pr.,** in Orchesterwerken Bez. für die solistisch hervortretende Instrumentalstimme, z. B. Violino p., gleichbedeutend mit solo oder obligato.

Príncipe, port. **Ilha do P.** ['iʎa du 'prĩsipə, ›Prinzeninsel‹], vulkan. Insel im Golf von Guinea, 128 km²; Hauptort ist Santo António. Anbau von Zuckerrohr, Kokos- und Ölpalmenkulturen. P. ist Teil der Rep. →São Tomé und Príncipe.

Príncipe de Asturias [-θipe-; span. ›Prinz (Fürst) von Asturien‹], seit 1388 Titel der kastil., später der span. Thronfolger (bis heute).

Principium Contradictionis [lat. ›Prinzip vom (verbotenen) Widerspruch‹] *das, - -, Logik:* seit ARISTOTELES der log. Grundsatz, dass eine Eigenschaft einem Gegenstand nicht zugleich zugesprochen und abgesprochen werden kann, in formallog. Betrachtungsweise, dass nicht zugleich ›A‹ und ›nicht-A‹ gelten kann: $\neg(A \wedge \neg A)$.

Principium exclusi Tertii [lat.] *das, - - -,* **Prinzip vom ausgeschlossenen Dritten,** *Logik:* seit ARISTOTELES der Grundsatz, dass eine Eigenschaft einem Gegenstand stets entweder zugesprochen oder abgesprochen werden kann (›ein Drittes gibt es nicht‹, ›tertium non datur‹), Elementaraussagen stets entweder wahr oder falsch, also wertdefinit sind; formallogisch in der Form ›A oder nicht-A‹ formuliert ($A \vee \neg A$). Diese Annahme ist grundlegend für die klass. mathemat. Logik, die genau zwei Wahrheitswerte verwendet. Das P. e. T. ermöglicht u. a. indirekte Beweise in der Mathematik; vom Intuitionismus wird es kritisiert.

Principium Identitatis [lat. ›Identitätsprinzip‹] *das, - -, Logik:* der Satz von der →Identität ($A = A$), nach dem ein Gegenstand, Begriff oder Sachverhalt in allen Zusammenhängen und unabhängig von allen Denkoperationen immer derselbe ist; Grundlage der Begriffsbildung und des log. Schließens.

Principium Identitatis Indiscernibilium [lat. ›Prinzip von der Identität des Ununterscheidbaren‹] *das, - - -, Logik:* bei G. W. LEIBNIZ Formel für seine Auffassung von der Unterschiedenheit (Individualität) alles Wirklichen (→Identität).

Principium Individuationis [lat. ›Prinzip der Individuation‹] *das, - -, Logik:* das Prinzip, das zur Konstitution von Individuen führt. Als solches wurden u. a. genannt: die Materie (ARISTOTELES), die Haecceitas (›Diesheit‹; J. DUNS SCOTUS) sowie Raum und Zeit (Empirismus, I. KANT).

Pringsheim, 1) Alfred, Mathematiker, * Ohlau 2. 9. 1850, † Zürich 25. 6. 1941, Vater von 4); Schwiegervater von T. MANN; ab 1886 Prof. in München. P. trat in der Mathematik v. a. als Vertreter der weierstraßschen Strenge (bes. in der Analysis) auf. Seine eigenständigen Arbeiten betrafen v. a. die Analysis (bes. die Theorie der Potenzreihen) und die Gesch. der Mathematik.

2) Ernst, Physiker, * Breslau 11. 7. 1859, † ebd. 28. 6. 1917; Prof. in Berlin und Breslau. P. entwickelte 1881 das erste funktionsfähige Infrarotspektrometer, er bestätigte experimentell mit O. LUMMER das Stefan-Boltzmann-Gesetz und das wiensche Verschiebungsgesetz. 1900 wies er wesentl. Abweichungen von der wienschen Strahlungsformel nach, die für M. PLANCK Anlass zur Formulierung seines Strahlungsgesetzes waren.

3) Fritz, Jurist, * Hünern (Schlesien) 7. 10. 1882, † Freiburg im Breisgau 24. 4. 1967; 1929–35 Prof. in Freiburg (wegen jüd. Abstammung aus dem Amt getrieben), 1939 Emigration nach England (Dozent in Oxford), seit 1946 wieder Prof. in Freiburg; arbeitete auf dem Gebiet des antiken, v. a. des röm. Rechts.

Ausgabe: Ges. Abhh., 2 Bde. (1961).

4) Peter, Physiker, * München 19. 3. 1881, † Antwerpen 20. 11. 1963, Sohn von 1); Prof. in Berlin; emigrierte 1933 in die USA. P. gilt als Begründer der neueren Lumineszenzforschung, untersuchte u. a. Photoeffekte und Farbzentren in Alkalihalogeniden.

Prinias, Ort in Mittelkreta, südlich von Heraklion, in dessen Nähe auf der Akropolis des hoch gelegenen antiken Rhyzenia Reste zweier früharchaischer Tempel des 7. Jh. v. Chr. freigelegt wurden. Von einem der Tempel wurde ein Fries mit Pferden, Reitern und Löwen und die Sitzfigur einer Göttin im dädal. Stil gefunden (Heraklion, Archäolog. Museum). Die Reste der Festung stammen aus hellenist. Zeit.

I. BEYER: Die Tempel von Dreros u. Prinias A u. die Chronologie der kret. Kunst des 8. u. 7. Jh., 2 Tle. (1976).

Prinilen [javan.], **Prinia,** aus wenigen Arten bestehende Gattung kleiner und unscheinbar gefärbter Grasmücken, die in Afrika und Asien verbreitet ist. P. bauen kunstvolle Beutelnester, die sie z. T. auch an Blatträndern ›festnähen‹.

Prins, Arij, Pseud. **A. Cooplandt,** niederländ. Schriftsteller, * Schiedam 19. 3. 1860, † ebd. 3. 5. 1922; Mitarbeiter der Zeitschrift ›De Nieuwe Gids‹. P. begann als Naturalist, stand später unter dem Einfluss C. BAUDELAIRES und E. A. POES und wandte sich in seiner letzten Schaffensperiode mittelalterl. Stoffen zu. Sein bekanntestes Werk ist der Roman ›De heilige tocht‹ (1913).

Printer [engl.], *Datenverarbeitung:* →Drucker.

Prinz [mhd. prinze ›Fürst‹, ›Statthalter‹, von (alt)frz. prince ›Prinz‹, ›Fürst‹, vgl. Princeps], weibl. Form **Prinzessin,** häufig Titel der nicht regierenden Mitgl. souveräner Fürstenhäuser, in Dtl. auch aller Mitgl. standesherrl. Familien, die zur Zeit des Hl. Röm. Reiches (bis 1806) den Fürstentitel besaßen. Der Thronfolger wird **Erb-P.** (der erstgeborene P.) bzw. in königl. und kaiserl. Häusern **Kron-P.** gen.; **P.-Gemahl** bezeichnet allg. den Gemahl einer regierenden Fürstin. **P.-Regent** ist der bei Regierungsunfähigkeit eines Monarchen zur Regentschaft Berufene, z. B. in Preußen 1858–61 der spätere König WILHELM I., in Bayern 1886–1912 P.-Regent LUITPOLD und 1912–13 der spätere König LUDWIG III. (→Prince)

Prinz Eisenherz, dt. Titel der Ritter-Comicserie ›Prince Valiant‹ des kanad. Comic-Künstlers HAL (HAROLD RUDOLPH) FOSTER (* 1892, † 1982); sie ist im 5. Jh. angesiedelt und montiert Elemente der höf. Welt König Artus' und histor. Ereignisse zu einer abenteuerl. Handlung. P. E. erschien erstmals am 13. 2. 1937 im ›New York Journal‹ und wurde bis zum Erscheinen der Seiten vom 10. 2. 1980 von FOSTER getextet und gezeichnet bzw. seit der schrittweisen Übernahme der Serie (ab 1971) durch JOHN CULLEN MURPHY, (* 1919; Bilder) und dessen Sohn CULLEN MURPHY (Texte) betreut. Die Sage erscheint (1997) in 350 Tageszeitungen in 18 Ländern und erreicht rd. 50 Mio. Leser. In Dtl. erschien die Serie erstmals ab 1939 in 14 Folgen, wurde aber erst ab 1950 durch wöchentl. Abdruck in der ›Bad. Illustrierten‹ und die Herausgabe von Sammelbänden ab 1951 populär.

Prinz Eisenherz: Illustration aus der Comicserie von Hal Foster

Prinzen|apfel, 1) in Nord-Dtl. und Nordeuropa angebauter, gut lagerfähiger Tafelapfel; mittelgroße, etwas längl. Früchte mit duftender, glatter, weißlich gelber, rötlich gestreifter Schale und gelblich weißem, lockerem, saftigem Fruchtfleisch mit fein säuerl., würzigem Aroma; 2) **Finkenwerder P.,** v. a. in Nord-Dtl. angebaute Apfelsorte mit großen, konisch geformten Früchten; Schale gelb, sonnenseits rot gestreift; Fruchtfleisch gelblich weiß, süßsäuerlich und würzig.

Prinzen|inseln, türk. **Adalar, Kızıl Adalar** [kə'zəl -; ›rote Inseln‹, nach der Farbe des aus Quarzit und eisenhaltigen Tonschiefern bestehenden Gesteins], neun kleine Inseln im Marmarameer, Türkei, administrativ zur Stadt Istanbul gehörend, zus. 10 km² mit 15 000 Ew. Auf den vier größten Inseln – Büyük Ada (Große Insel, Prinkipo), Kınalı Ada (Proti), Burgaz Adası (Antigoni) und Heybeli Ada (Chalki) –, die mit Waldresten und Macchie bewachsen und gebirgig sind, liegen beliebte Bade- und Ausflugsorte. Die P. galten früher als bevorzugte Wohngebiete reicher Istanbuler Bürger. Der zunehmende Tourismus beschleunigt die Abwanderung (Bev.-Rückgang etwa 4 % jährlich). Durch fehlende Quellen ist die Wasserversorgung problematisch. Das Klima ist mild. – In der Antike **Demonnessoi,** im MA. **Papadonisia.** In byzantin. Zeit entstanden mehrere Klöster. Die P. dienten als Verbannungsort für byzantin. und osman. Prinzen (daher P. genannt).

Prinzeps, →Princeps.

Prinzesskleid, ein aus durchgehenden Bahnen gefertigtes, leicht tailliertes Kleid ohne Gürtel. 1864 von C. F. WORTH kreiert und von ihm nach ALEXANDRA, Prinzessin von Wales (* 1844, † 1925), benannt.

Prinz Friedrich von Homburg, Schauspiel von H. VON KLEIST, Uraufführung 1821 am Burgtheater Wien, gedruckt in den ›Hinterlassenen Schriften‹ (1821); Oper ›Der Prinz von Homburg‹ von H. W.

HENZE nach einem Libretto von INGEBORG BACHMANN (1960).

Prinzhorn, Hans, Psychiater, *Hemer 8. 6. 1886, †München 14. 6. 1933; ab 1924 Nervenarzt in Frankfurt am Main, Schüler von L. KLAGES. Sein Hauptinteresse galt der Psychotherapie und der Charakterologie. Bekannt wurde P. v. a. durch die ›Bildnerei der Geisteskranken‹ (1922), eine Arbeit über seine Sammlung zeichner., maler. und bildhauer. Werke von Behinderten **(P.-Sammlung)** in Heidelberg.

Die P.-Samml., hg. v. H. GERCKE u. a., Ausst.-Kat. (1980).

Prinzip [lat. principium ›Anfang‹, ›Ursprung‹, ›Grundlage‹] *das, -s/...pi|en,* selten auch *-e,* **1)** *allg.:* feste Regel, Grundsatz als Richtschnur des Handelns.

2) *Philosophie:* der Urstoff oder die Elemente, aus denen alles Seiende besteht, die Quelle des Seins (→Arche); philosoph. Terminus seit ARISTOTELES, der die Philosophie als eine theoret. Wiss. von den ersten Ursachen und ersten P. definiert hat. In der Philosophie ist das Wesen der P. als Seins-, Erkenntnis- oder Handlungs-P., in ihrem Verhältnis zu dem, was von ihnen abgeleitet oder regelhaft bestimmt wird, sowie zu den von ihnen abhängigen Gegenstandsbereichen (Allgemeinheit des P.) in vielfältiger Weise erörtert worden. Heute werden bewährte Sätze von großer Allgemeinheit, die sich als erste Sätze für den Aufbau eines Wissensgebietes eignen, als P. bezeichnet (etwa das P. der Energieerhaltung in der Physik). Neben diesen *inhaltl.* P. gibt es auch *method.* P. im Sinne von Regeln und der P. der Logik (z. B. das →Principium Contradictionis). In der Ethik treten P. als allgemein verbindl. Handlungsanweisungen auf. Die Frage nach dem Ursprung von P., ob sie nur aus dem Denken entspringen oder aus der Erfahrung gewonnen werden, wird von Rationalismus und Empirismus unterschiedlich beantwortet. (→Axiom, →Grund, →Ursache)

Prinzipal [lat. principalis ›Erster‹; ›Vornehmster‹], **1)** *der, -s/-e, veraltet* für: Lehrherr, Geschäftsinhaber.

2) *das, -s/-e, Musik:* 1) Hauptregister der Orgel, bestehend aus offenen Labialpfeifen mittelweiter Mensur mit zylindr. Rohrverlauf und kräftiger Intonation. Das P. kommt in allen Fußtonlagen vom 32- bis 1-Fuß vor. Zusammengefasst bilden alle Pfeifenreihen des P. das Plenum der Orgel, d. h. das volle Werk von strahlendem Glanz. Zusätzl. Bez. verweisen auf spezielle Mensuren (z. B. Weit-, Eng-, Flöten-, Geigen-P.) oder Materialien (Holz-, Kupfer-P.). Im Orgelprospekt stehende P. werden auch Prästant genannt; 2) in der Trompeterkunst des 17.–18. Jh. Bez. für die tiefe Trompete (Ggs. Clarino, hohe Trompete).

3) *der, -s/-e, Theater:* Leiter eines Theaters, einer Theatertruppe (häufig auch der Starschauspieler) mit kaufmänn. und künstler. Verantwortlichkeit.

Prinzipat [lat. principatus, zu Princeps] *das,* auch *der, -(e)s/-e,* im antiken Rom inoffizielle Bez. der von AUGUSTUS 27 v. Chr. geschaffenen neuen Staatsform der Herrschaft eines ersten Bürgers (Princeps), die v. a. auf der Häufung von verliehenen Amtsgewalten (›Imperium proconsulare maius‹, →Imperium; ›Tribunicia Potestas‹, →Tribun), dem Oberbefehl über das Heer und einem erhöhten Ansehen (›auctoritas‹) beruhte (→AUGUSTUS). Das P. war durch Weiterbestehen republikan. Einrichtungen gekennzeichnet, doch traten zunehmend monarch. Züge in den Vordergrund. Als Periodenbegriff der röm. Kaiserzeit wird das P. seit T. MOMMSEN von der mit DIOKLETIAN einsetzenden Zeit der absoluten Kaiserherrschaft, des Dominats, geschieden (Aufnahme der seit dem 1. Jh. gebräuchl. Anrede Dominus ›Herr‹ in die Kaisertitulatur, Einführung der Proskynese u. a.).

J. BLEICKEN: P. u. Dominat. Gedanken zur Periodisierung der röm. Kaiserzeit (1978).

Prinzip der geradesten Bahn, das →hertzsche Prinzip der geradesten Bahn.

Prinzip der kleinsten Verrückungen, Prinzip der kleinsten potenziellen Energie, Prinzip der virtuellen Verrückungen der Elastizitätstheorie, Extremalprinzip der Elastizitätstheorie, nach dem sich in einem elastisch deformierten Körper bei vorgegebenen Randbedingungen die miteinander gekoppelten Teilchen im Gleichgewicht so einstellen, dass für die wirklich eintretenden Verrückungen die potenzielle Energie ein Minimum annimmt.

Prinzip der kleinsten Wirkung, *Mechanik:* 1) **Euler-Maupertuis-Prinzip** [-mopɛrˈtɥi-], **Maupertuis-Prinzip,** ein Extremalprinzip, nach dem bei fester Gesamtenergie die wirkl. Bewegung gegenüber jedem anderen denkbaren Bewegungsablauf mit gleichem Anfangs- und Endzustand dadurch ausgezeichnet ist, dass für sie das Zeitintegral über die kinet. Energie, das die Dimension einer Wirkung hat, extremal wird. Durch Eliminierung der Zeit erhält man das jacobische Prinzip. – Das P. d. k. W. wurde 1707 von G. W. LEIBNIZ brieflich erwähnt, 1744 von L. EULER streng formuliert und 1747 von P. L. M. DE MAUPERTUIS verschwommen teleologisch aufgestellt. 2) Das →Hamilton-Prinzip bei Minimierung des Integrals der Wirkung.

Prinzip der virtuellen Arbeit, Prinzip der virtuellen Verrückungen, ein Extremalprinzip der Mechanik: Befindet sich ein mechan. System (bestehend aus vielen miteinander gekoppelten Punktmassen) im Gleichgewicht, so leisten die bei einer →virtuellen Verrückung angreifenden Kräfte keine Arbeit. – Diese Aussage ist eine direkte Folge des Postulats, dass es grundsätzlich kein Perpetuum mobile 1. Art geben kann. Eine Weiterentwicklung stellt das →alembertsche Prinzip dar, das durch Einführung der Trägheitskräfte das P. d. v. A. auf dynam. Probleme erweitert.

Prinzip des kleinsten Zwanges, 1) das →gaußsche Prinzip des kleinsten Zwanges; 2) das →Le-Chatelier-Braun-Prinzip.

Prinzip vom ausgeschlossenen Dritten, →Principium exclusi Tertii.

Prinz-Karl-Vorland, norweg. **Prins Karls forland** [-ˈfɔrlən], die westlichste Insel von →Spitzbergen.

Prinzregent-Luitpold-Land, Prinzregent-Luitpold-Küste, Teil der Inlandeisküste im SO des Weddellmeeres, Ostantarktis. 1912 von der dt. Südpolarexpedition unter W. FILCHNER entdeckt; von Großbritannien und Argentinien beansprucht.

PRIO [Abk. für engl. International **P**eace **R**esearch **I**nstitute **O**slo], 1959 von J. GALTUNG u. a. als Sektion des Instituts für Sozialforschung an der Univ. Oslo gegründetes Friedensforschungsinstitut, seit 1966 organisatorisch selbstständig, das älteste Institut in Europa, das sich ausschließlich der Friedensforschung widmet, dabei aber stets einen interdisziplinären Zugang zu den Problemen des Friedens und der Konfliktlösung sucht. Seit 1964 gibt das PRIO das ›Journal of Peace Research‹, seit 1970 zusätzlich das stärker praxisorientierte ›Bulletin of Peace Proposals‹ heraus. (→Friedensforschung)

Prionen [von engl. proteinaceous infectous particle], *Sg.* **Prion** *das, -s,* von S. B. PRUSINER 1982 geprägter Begriff für infektiöse proteinartige Erreger, die →Prionkrankheiten hervorrufen. P. enthalten keine Erbinformation in Form von Nukleinsäuren. Nach der Nur-Protein-Hypothese bestehen sie allein aus dem Prion-Protein, PrP^{Sc}, das eine abnorme Form des normal vorkommenden Proteins PrP^{C} darstellt und membrangebunden mit bisher nicht bekannter Funktion v. a. in den Nervenzellen des Gehirns gefunden wird. Nach Infektion vermehrt sich der Erreger in einem Organismus so, dass PrP^{Sc} bei Kontakt mit dem PrP^{C}-Protein diesem seine abnorme Konformation aufzwingt (und es damit stabil zu PrP^{Sc} macht). Dieses kann weitere Moleküle zur patholog. Form in einer Kettenreaktion umwandeln. Ab einer bestimmten

Konzentration von PrP^{Sc} in einer Nervenzelle geht diese zugrunde. Unter dem Mikroskop erscheint das befallene Gewebe regelrecht durchlöchert (spongiform). Die Primärstruktur (Aminosäuresequenz) der Prion-Proteine ist in versch. Tierspezies bzw. beim Menschen unterschiedlich, die Übertragung zw. versch. Tierarten erschwert, aber möglich, wahrscheinlich ist eine Übertragung auch auf den Menschen möglich. PrP^{C} kann seine Konformation als sehr seltenes Ereignis auch spontan zu PrP^{Sc} ändern. Dies könnte bei der Creutzfeldt-Jakob-Krankheit der Fall sein. Mutationen können die Häufigkeit dieses seltenen Ereignisses erhöhen, weshalb es auch erbl. Formen von Prionkrankheiten gibt. Das Prionmodell stellt ein fundamental neues Konzept für Infektionskrankheiten dar, das bisher auf der Vermehrung von Erregern mit Weitergabe der in Nukleinsäuren gespeicherten Erbinformationen beruhte.

Prionkrankheiten, Prionenerkrankungen, durch →Prionen hervorgerufene übertragbare Krankheiten des Zentralnervensystems bei Mensch und Tier. Die P. werden auch als spongiforme Enzephalopathien klassifiziert (früher auch als Slow-Virus-Infektionen). Zu den bisher bekannten P. gehören neben →Creutzfeldt-Jakob-Krankheit und →Kurukrankheit mittlerweile noch zwei weitere P. beim Menschen und sechs bei Tieren (→BSE, →Scrapie sowie die spongiforme Katzenenzephalopathie, die übertragbare Gehirnerkrankung der Nerze, die chron. Erkrankung des Zentralnervensystems bei Elchen und Rentieren und die Gehirnerkrankung exot. Huftiere wie Nyala oder Kudu).

Das **Gerstmann-Sträussler-Scheinker-Syndrom** ist wie fast alle P. durch den Verlust der Bewegungskoordination mit nachfolgender Demenz gekennzeichnet. Die Lebenserwartung liegt nach Ausbruch der Erkrankung bei 2–6 Jahren. Bei der **tödlichen familiären Schlaflosigkeit** kommt es am Anfang zu Schlafschwierigkeiten und Störungen des vegetativen Nervensystems mit nachfolgender Schlaflosigkeit und Demenz. Die Lebenserwartung liegt etwa bei einem Jahr.

Prior [mlat., eigtl. ›der dem Rang nach höher Stehende‹, zu lat. prior ›der Erstere, Vordere (von zweien)‹] *der, -s/...'oren, Ordensrecht:* 1) in der Benediktregel zunächst gleichbedeutend mit dem Oberen, d. h. mit dem Abt, später dann nur noch Bez. für dessen Stellvertreter in Abteien; 2) der Obere in einem selbstständigen Kloster, das nicht Abtei ist **(Priorat);** 3) der Obere eines Klosters in versch. Orden, z. B. bei Kartäusern und Dominikanern. – In den Frauenklöstern dieser Orden entspricht dem P. die **Priorin.**

Prior ['praɪə], Matthew, engl. Dichter, *Wimborne Minster (bei Bournemouth) 21. 7. 1664, †Wimpole (bei Cambridge) 18. 9. 1721; Diplomat in Holland, Unterhändler bei den Utrechter Friedensverhandlungen (1713); schrieb Satiren (›The hind and the panther transvers'd to the story of the country mouse and the city mouse‹, 1687, mit C. MONTAGU, eine Burleske auf J. DRYDENS philosoph. Gedicht), Oden, Spottgedichte auf philosoph. Systeme (›Alma, or the progress of the mind‹, 1718), geistreiche Epigramme sowie Verserzählungen und gilt mit seinen formvollendeten, die Tradition der anakreont. Kavalierslyrik aufgreifenden ›Poems on several occasions‹ (1707) als Wegbereiter der engl. Rokokodichtung.

Ausgabe: The literary works, hg. v. H. B. WRIGHT (u. a. [2]1971).

F. M. RIPPY: M. P. (Boston, Mass., 1986).

Priorität *die, -/-en,* **1)** *allg.:* 1) *ohne Pl.,* zeitl. Vorhergehen, zeitlich früheres Vorhandensein; 2) *ohne Pl.,* Vorrang; Vorrangigkeit, größere Bedeutung; 3) *nur Pl.,* Rangfolge, Stellenwert innerhalb einer Rangfolge.

2) *Informatik:* die Rangordnung, nach der Anforderungen bedient werden sollen. P. können nach versch. Kriterien gebildet werden, etwa Dringlichkeit (z. B. bei Realzeitverfahren, Netzausfall) oder Wirtschaftlichkeit (regelmäßige Auslastung, z. B. durch Mehrprogrammbetrieb oder Multitasking). Grundsätzlich werden zwei Arten von P. unterschieden, unterbrechende und nicht unterbrechende, je nachdem, ob eine Anforderung höherer P. einen gerade laufenden Prozess unterbrechen darf oder nicht. (→Interrupt)

3) *Recht:* 1) Vorrang des älteren Rechts vor dem jüngeren (lat. prior tempore potior iure, ›früher in der Zeit, stärker im Recht‹), z. B. bei mehreren Pfandrechten an einer Sache, bes. beim Pfändungspfandrecht gemäß § 804 Abs. 3 ZPO; z. T. anders beim →Rang von Grundstücksrechten. 2) die aus anderen Gründen gewährte Vorrangstellung (z. B. Art. 31 GG: ›Bundesrecht bricht Landesrecht‹; Art. 25 GG: Vorrang der allgemeinen Regeln des Völkerrechts vor einfachem Bundesrecht).

4) *nur Pl., Wirtschaft:* Vorzugsrecht bei bestimmten Aktien und Schuldverschreibungen.

Prioritäts|akti|en, die →Vorzugsaktien.

Prioritätsregel, *Biologie:* →Nomenklatur.

Prioritätsstreit, *Wissenschaftsgeschichte:* eine Auseinandersetzung um die Priorität hinsichtlich einer wiss. Entdeckung oder einer techn. Entwicklung. P. waren v. a. im 17. und 18. Jh. sehr häufig, was teilweise an den eingeschränkten und auch langsamen Publikationsmöglichkeiten jener Zeit lag, teilweise aber auch an der Art und Weise, wie man publizierte. Doch auch die moderne Wiss. kennt solche Auseinandersetzungen: Aufsehen erregte z. B. der P. zwischen R. C. GALLO und L. MONTAGNIER hinsichtlich der Entdeckung des Aidsvirus. – Der bekannteste P. überhaupt dürfte der zw. I. NEWTON und G. W. LEIBNIZ über die Entwicklung der Infinitesimalrechnung gewesen sein. Heute gilt als gesichert, dass beide Forscher unabhängig voneinander gearbeitet haben.

Priosjorsk, Priozersk [priɔ'zjɔrsk], finn. **Käkisalmi,** schwed. **Kexholm,** Stadt im Gebiet Leningrad, Russland, am W-Ufer des Ladogasees am nördl. Mündungsarm des Vuoksi, 20 200 Ew.; Museum (in der ehem. Festung); Zellstofffabrik, Sägewerk. – Als Teil der Adels-Rep. Nowgorod seit 1310 wichtige Festung und Handelsstadt. 1581–95 und 1611–1710 in schwed. Besitz, 1710 durch PETER D. GR. zurückerobert, 1917 fiel es an Finnland, 1947 an die Sowjetunion.

Pripjet *der,* russ. und ukrain. **Pripjat,** weißruss. **Prypjaz,** rechter, wasserreicher Nebenfluss des Dnjepr in Weißrussland und der Ukraine, 775 km lang; entspringt im NW der Ukraine, durchfließt das wald- und sumpfreiche Polesien und mündet in den Kiewer Stausee. Der P. ist von der Mündung an auf 500 km flussaufwärts schiffbar und über den Dnjepr-Bug-Kanal mit der Weichsel, über den Dnjepr-Memel-Kanal (außer Betrieb) mit der Schtschara (Memelzufluss) verbunden. – Die am P. ab 1970 für die Erbauer des Kernkraftwerks Tschernobyl errichtete Stadt **Pripjat** (Gebiet Kiew, Ukraine) hatte (1986) 50 000 Ew.; nach der Reaktorkatastrophe im April 1986 wurden die Bewohner evakuiert und 50 km entfernt in der neu erbauten Stadt **Slawutitsch** (Gebiet Tschernigow) angesiedelt.

Pripjetsümpfe, früherer Name für →Polesien.

Prischwin, Prišvin [-ʃ-], Michail Michajlowitsch, russ. Schriftsteller, *Gut Chruschtschowo (Gebiet Lipezk) 4. 2. 1873, †Moskau 16. 1. 1954; Agronom, war durch ausgedehnte Wanderungen mit Landschaft und Tierleben in N-Russland vertraut, verband in seinen thematisch und stilistisch an S. T. AKSAKOW anknüpfenden Naturschilderungen Wissensvermittlung mit einprägsamen Stimmungsbildern.

Werke: *Erzählungen:* V kraju nepuganych ptic (1907; dt. Der Friedhof der Vögel); Žen'-šen' (1934; dt. Ginseng); Kladovaja solnca (1945; dt. Der Sonnenspeicher). – *Romane:* Osudareva doroga (hg. 1958; dt. Der versunkene Weg); Kaščeeva cep' (hg. 1960, begonnen 1923; dt. Die Kette des Kastschej).

Ausgaben: Sobranie sočinenij, 6 Bde. (1956–57). – Der schwarze Araber (1984); Meistererzählungen (1988).

H. LAMPL: Das Frühwerk M. Prišvins (Wien 1967); A. L. KISELEV: Prišvin – chudožnik (Chabarowsk 1978).

Priscianus, Priscian, röm. Grammatiker des 5./6. Jh. aus Caesarea Mauretaniae (heute Cherchell); lehrte in Konstantinopel; seine Grammatik (›Institutiones grammaticae‹), wichtig v. a. durch die Zitate aus nicht überlieferten literar. Werken, war das maßgebende Lehrbuch der lat. Sprache im MA. Ferner verfasste er ein Lobgedicht auf Kaiser ANASTASIOS I. sowie Übersetzungen und Schriften zu Metrik und Rhetorik.

Ausgabe: Institutiones grammaticae, hg. v. M. HERTZ, 2 Bde. (1855–60, Nachdr. 1981).

Priscilla, Mitarbeiterin des Apostels PAULUS; →Aquila und Priscilla.

Priscillianismus *der, -,* eine von PRISCILLIANUS innerhalb der Kirche Spaniens begründete asketisch-rigorist. Bewegung, die die Kirche auf der Grundlage ihrer Unterordnung unter die nicht an kirchl. Ämter und Strukturen gebundene Leitung durch den Hl. Geist und einer vom Klerus und allen Christen geforderten asket. Lebensführung erneuern wollte. Der P. fand in N-Spanien und S-Gallien rasche Verbreitung, wurde jedoch unter den gegen PRISCILLIANUS vorgebrachten Vorwürfen der Magie und eines von ihm vertretenen gnost. Dualismus (Manichäismus) kirchlich verurteilt. Auf der Synode von Toledo (400) sagten sich eine Reihe priscillian. Bischöfe um der kirchl. Einheit willen vom P. los. Trotz des Eingreifens bedeutender Theologen (AUGUSTINUS, Papst LEO I.) konnte sich der P. bes. in Galicien bis ins 7. Jh. halten. Sein häret. Charakter ist bis heute umstritten.

Priscillianus, Bischof von Ávila, * um 340, † Trier 385; entstammte einer vornehmen span. Familie. P. begründete den →Priscillianismus. Mit dem weithin verweltlichten Klerus N-Spaniens und S-Galliens in Konflikt geraten, wurde er auf den Synoden von Saragossa (380) und Bordeaux (384/385) verurteilt und trotz Intervention führender Vertreter der Großkirche (MARTIN VON TOURS) auf Geheiß des Kaisers MAXIMUS aus polit. Erwägungen (als ›Magier‹) hingerichtet.

Prisco, Michele, ital. Schriftsteller, * Torre Annunziata 18. 1. 1920; zunächst Mitarbeiter versch. Zeitungen und Zeitschriften, dann Verfasser von Erzählungen und Romanen aus dem neapolitan. und südital. Milieu, einfühlsamer Chronist einer vergehenden Bürgerwelt, deren Protagonisten aus der Armut ihrer Gefühle heraus grelle Leidenschaften und melanchol. Visionen von Flucht und Scheitern entwickeln.

Werke: *Erzählungen:* La provincia addormentata (1949); Punto franco (1965). – *Romane:* Gli eredi del vento (1950; dt. Die Erben des Windes); Figli difficili (1954; dt. Gefährl. Liebe); La dama di piazza (1961; dt. Eine Dame der Gesellschaft); Una spirale di nebbia (1966; dt. Nebelspirale); I cieli della sera (1970); Il colore del cristallo (1977); Le parole del silenzio (1981); Lo specchio cieco (1984); La porta segreta (1986). – Das Pferd mit der Augenbinde (1973; dt. Auswahl).

Prise [frz. ›das Nehmen‹, ›das Genommene‹], *Völkerrecht:* das von einem Krieg führenden Staat nach Seekriegsrecht weggenommene feindl. oder neutrale Schiff oder Ladungsgut. Oberster Grundsatz des **P.-Rechts** ist, dass ein aufgebrachtes Schiff oder Ladungsgut nur aufgrund eines ordnungsmäßigen Verfahrens vor einem staatl. **P.-Gericht** des nehmenden Staates eingezogen werden darf, das nach der staatl. P.-Gesetzgebung und den Regeln des Völkerrechts entscheidet. Als **gute P.** verfallen der Einziehung (Kondemnation) feindl. Handels- und sonstige Privatschiffe mit der Ladung sowie neutrale Schiffe bei Blockadebruch, neutralitätswidrigen Diensten oder wenn sie nur oder überwiegend Banngut führen. Gegenüber feindl. Schiffen ist das P.-Recht die Ausübung des Seebeuterechts, gegenüber neutralen Schiffen handelt es sich um eine Maßnahme des Wirtschaftskrieges zur Schädigung des Gegners.

D. STEINICKE: Handelsschiffahrt u. P.-Recht (1973); H. DIETZ: Völkerrecht u. dt. P.-Rechtsprechung im Zweiten Weltkrieg (1979).

Prishtinë [priʃˈtinə], alban. Name für die Stadt →Priština in Serbien, Jugoslawien.

Priskos, P. von Panion, lat. **Priscus,** byzantin. Geschichtsschreiber, * Panion (Thrakien) um 415, † nach 472; verfasste neben rhetor. Schriften und Briefen die einzige zeitgenöss. byzantin. Geschichte seiner Zeit (›Historia Byzantiake‹), die mindestens den Zeitraum 433/434–471 umfasste. Fragmente wie die Beschreibung von ATTILAS Hof, wo P. sich 449 aufgehalten hatte (wichtig für die Geschichte der Hunnen), sind in der Exzerptensammlung Kaiser KONSTANTINS VII. enthalten.

Ausgaben: Excerpta de legationibus, hg. v. C. DE BOOR, Bd. 1 (1903). – Byzantin. Diplomaten u. östl. Barbaren, übers. v. E. DOBLHOFER ([2]1971).

Prisma [spätlat., von griech. prísma, eigtl. ›das Zersägte‹, ›das Zerschnittene‹] *das, -s/...men,* **1)** *Geometrie:* Körper, der von zwei kongruenten Vielecken, die in zwei parallelen Ebenen liegen (als Grundfläche und Deckfläche), und von Parallelogrammen (als Seitenflächen) begrenzt wird. Den Abstand von Grund- und Deckfläche nennt man die Höhe des P.; stehen die Seitenflächen senkrecht zur Grundfläche, so spricht man von einem **geraden,** andernfalls von einem **schiefen Prisma.** Ein gerades P., dessen Grundfläche ein regelmäßiges Vieleck ist, nennt man **regelmäßiges** oder **reguläres P.;** ein vierseitiges P., dessen Grundflächen Parallelogramme sind, heißt **Spat;** ein von sechs Rechtecken begrenztes P. ist ein Quader, speziell ein Würfel, wenn alle Rechtecke Quadrate sind. – Das Volumen V eines P. mit der Grundfläche G und der Höhe h ist $V = G \cdot h$.

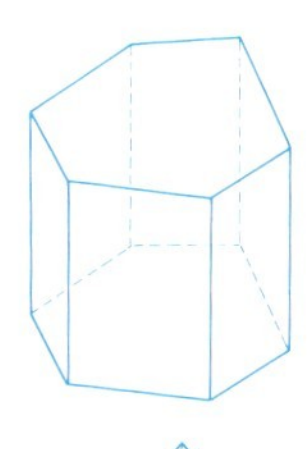

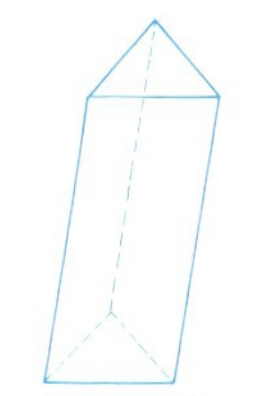

Prisma 2): Gerades sechsseitiges (oben) und schiefes dreiseitiges Prisma

2) *Kristallographie:* eine offene →Kristallform, die aus einer Anordnung gleichwertiger, sich in parallelen Kanten schneidender Flächen besteht. Ihr Querschnitt ist ein gleichseitiges Vieleck mit gleichen oder abwechselnd zwei versch. Winkeln. P. gehören als allgemeine Kristallform zur monoklin-prismat. Kristallklasse (4-seitig), als spezielle Kristallformen zum rhomb. (4-seitig), tetragonalen (4- oder 8-seitig) und hexagonalen Kristallsystem (3-, 6- oder 12-seitig).

3) *Optik:* ein von mindestens zwei sich schneidenden Ebenen begrenzter Körper aus durchsichtigem Stoff, der zur Beeinflussung von Lichtstrahlen durch →Brechung, →Dispersion oder →Reflexion dient. Die Schnittkante der sich schneidenden Flächen heißt **brechende Kante,** ein dazu senkrechter Schnitt **Hauptschnitt** des P.; bei einem **komplanaren P.** stehen alle begrenzenden Flächen senkrecht zum Hauptschnitt. Der im Hauptschnitt liegende Winkel γ an der brechenden Kante ist der **brechende Winkel (Prismenwinkel).** Ein unter einem Winkel α gegen das Einfallslot in der Hauptebene einfallender Strahl wird durch ein gewöhnl. komplanares P. i. Allg. um den Ablenkwinkel $\beta = \alpha + \alpha' - \gamma$ weg von der brechenden Kante aus seiner ursprüngl. Richtung abgelenkt; dabei ist α' der Austrittswinkel des Strahls gegen das Austrittslot, mit $\sin\alpha' = \sin\gamma\,\sqrt{n^2 - \sin^2\alpha} - \sin\alpha\cos\gamma$ und n als Brechzahl des Stoffes. Beim symmetr. Durchgang $(\alpha = \alpha')$ wird β minimal, und es gilt $\sin[(\beta + \gamma)/2] = n\sin(\gamma/2)$, für kleine α und γ in guter Näherung $\beta = \gamma(n-1)$. Aus der Abhängigkeit des Winkels β nicht nur von den Winkeln α und γ, sondern auch von der Brechzahl n, die ihrerseits von der Wellenlänge des Lichts abhängt, ergeben sich die Dispersionseigenschaften von P. Die Eigenschaften von P., die aus dop-

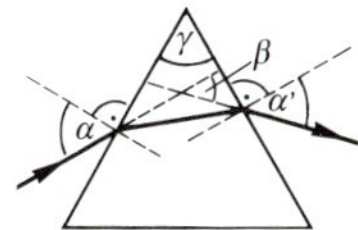

Prisma 3): Strahlengang in einem komplanaren Prisma; γ brechender Winkel, α Einfallswinkel, α' Austrittswinkel, β Ablenkwinkel

Priština: Universitätsbibliothek

pelbrechenden Stoffen bestehen (→Doppelbrechung), hängen darüber hinaus noch von der Schwingungsebene des elektr. Vektors der Lichtstrahlen ab. Trifft ein Lichtstrahl aus dem Inneren eines P. unter einem größeren Winkel als dem Grenzwinkel der →Totalreflexion auf eine Grenzfläche, so wird er total reflektiert, d. h. gespiegelt. Aus diesen Eigenschaften ergeben sich die versch. Anwendungen und Typen von Einzel-P. oder Gruppen aus solchen. Dabei wird im Wesentlichen unterschieden zw. →Dispersionsprismen, →Polarisationsprismen und →Reflexionsprismen. Als **Ablenk-P.** werden P. mit kleinem brechendem Winkel und entsprechend kleiner Strahlablenkung bezeichnet, die i. d. R. als Justierhilfsmittel oder zur Kompensation unvermeidl. Herstellungsfehler bei Präzisionsinstrumenten dienen, wobei sie häufig als veränderl. Keile ausgeführt sind.

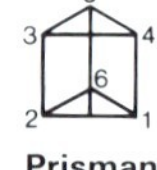

Prisman

Prisman [zu Prisma] *das, -s,* Bez. für ein Valenzisomeres des Benzols, dessen Strukturformel 1869 von A. LADENBURG für Benzol vorgeschlagen wurde. P. konnte erstmals 1973, ausgehend von Benzvalen, synthetisiert werden; es ist eine instabile Verbindung, die bei Temperaturerhöhung rasch in Benzol übergeht.

Prismatin *der, -s/-e,* das Mineral →Kornerupin.

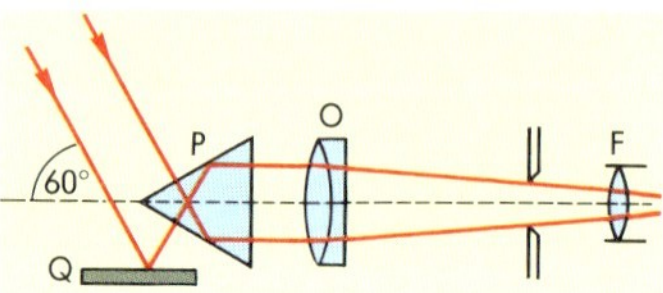

Prismenastrolabium mit Strahlengang bei Koinzidenz; F Fernrohr, O Objektiv, P Prisma, Q Quecksilberhorizont

Prịsmen|astrolabium, Prịsmen|astrolab, sehr genau arbeitendes Winkelmessinstrument zur Bestimmung von Sterndurchgängen durch einen bestimmten Höhenkreis (Azimutkreis). Das P. besteht aus einem waagerecht liegenden Fernrohr, vor dessen Objektiv sich ein gleichseitiges →Prisma 3) befindet, und einem davor aufgestellten Quecksilberhorizont. Durch das Prisma werden einerseits die direkt von einem Gestirn kommenden Lichtstrahlen und anderseits die am Quecksilberhorizont reflektierten so reflektiert, dass im Fernrohr i. Allg. zwei Bilder des Sterns entstehen. Die Koinzidenz beider Bilder bestimmt den Zeitpunkt, in dem die Höhe des Gestirns genau 60° ist. Das P. dient zur Bestimmung von Ortszeit, lokaler Sternzeit und geograph. Breite.

Prịsmenglas, *Optik:* →Fernrohr.

Prịsmen|instrumente, *Vermessungskunde:* einfache opt. Geräte zum Abstecken von Winkeln im Gelände, beruhen auf der mehrfachen Ablenkung des in ein Glasprisma einfallenden Lichtstrahls durch Brechung und Reflexion. Zum Absetzen rechter Winkel und Einrichten einer Gerade dient das Winkelprisma.

Prịsmenspektrograph, Prịsmenspektrometer, →Spektralapparate.

Pristạwkin, Anatolij Ignatjewitsch, russ. Schriftsteller, *Ljuberzy 17. 10. 1931; begann mit Schilderungen des Arbeitseinsatzes in Sibirien (›Na Angare‹, 1975). In seinen späteren Romanen stellte er häufig eth. Probleme in den Vordergrund und verband die Behandlung heikler Themen wie der Zwangsumsiedlung unter STALIN mit seinen eigenen Erlebnissen als Kriegswaise in Kinderheimen (›Nočevala tučka zolotaja‹, entst. 1979, gedr. 1988; dt. ›Über Nacht eine goldene Wolke‹, auch u. d. T. ›Schlief ein goldenes Wölkchen‹) oder den Widerspruch zw. sozialist. Propaganda und Realität mit seiner Bauarbeitertätigkeit am Staudamm von Bratsk (›Gorodok‹, 1985).

Weitere Werke: *Romane:* Soldat i mal'čik (1977; dt. Der Soldat und der Junge); Kukušata (1989; dt. Wir Kuckuckskinder). – *Tagebuch:* Tichaja Baltija(1991; dt. Stilles Baltikum).

Priština ['pri:ʃtina], alban. **Prishtinë** [priʃ'tinə], Hauptstadt der Prov. Kosovo in Serbien, Jugoslawien, 516 m ü. M., am Rand des Amselfeldes, 155 500 Ew.; Univ. (1971 gegr., gegenwärtig für Albaner geschlossen), Kulturzentrum der Albaner im Kosovo, Kosovo-Metohija-Museum; Textil-, Nahrungsmittel-, keram. Industrie, Herstellung von Elektrogeräten und Kunstdünger; Druckereien, Kunsthandwerksbetriebe, Kraftwerk; nördlich von P. Nickelhütte; Flughafen. – Zahlreiche Baudenkmäler aus türk. Zeit, u. a. Sultansmoschee (15. Jh.) und Hammam (15. Jh.); südöstlich von P. das Kloster Gračanica mit Kirche (14. Jh., kunstgeschichtlich bedeutende Fresken). – P., eine der Residenzen der Nemanjiden, dann der Branković, war unter türk. Herrschaft (1389–1912) Stapelplatz der Ragusaner Kaufleute und entwickelte sich im 19. Jh. dank der verkehrsgünstigen Lage zw. Sarajevo und Konstantinopel zu einem Handelsplatz.

Pristiophoridae [griech.], die →Sägehaie.

Pritchard ['prɪtʃəd], Sir (seit 1983) John Michael, brit. Dirigent, *London 5. 2. 1921, †Daly City (Calif.) 5. 12. 1989; war 1962–66 Chefdirigent des London Philharmonic Orchestra und wurde 1963 als Hauptdirigent an die Glyndebourne Festival Opera berufen, deren musikal. Direktor er 1969–77 war. 1978 wurde er Chefdirigent der Kölner Oper, 1981 Musikdirektor des Théâtre de la Monnaie in Brüssel und übernahm 1982 die musikal. Leitung des BBC Symphony Orchestra sowie 1986 der San Francisco Opera.

Pritchett ['prɪtʃɪt], Sir (seit 1975) V. S. (Victor Sawdon), engl. Schriftsteller und Journalist, *Ipswich 16. 12. 1900, †London 21. 3. 1997; Zeitungskorrespondent in Frankreich, Spanien und den USA; 1928–65 Literaturkritiker, 1946–78 Herausgeber des ›New Statesman‹. Er wurde bekannt durch Romane und insbesondere durch Kurzgeschichten, die wegen ihres knappen Stils, der präzisen Beobachtung grotesker Situationen und skurriler Charaktere sowie ihrer subtil-iron. Sicht zu den Meisterwerken der Gattung zählen. P. war 1974–76 Präs. des internat. P. E. N.

Werke: *Kurzgeschichten:* The Spanish virgin, and other stories (1930); When my girl comes home (1961; dt. Wenn mein Mädchen heimkommt); A careless widow and other stories (1989). – *Roman:* Mister Beluncle (1951). – *Autobiographisches:* A cab at the door (1968); Midnight oil (1971).

Ausgaben: Lasting impressions. Essays 1961–1987 (1990); The complete essays (1991); The complete short stories (1993). – Die Launen der Natur. Erzählungen, übers. v. P. MARGINTER (1987).

D. R. BALDWIN: V. S. P. (Boston, Mass., 1987).

Prithivị [Sanskrit], im ind. Mythos die Erde. In den ›Veden‹ wird P. als Gottheit und Mutter aller Wesen aufgefasst und zus. mit dem Himmel angerufen.

Pritsche, *Volkskunde:* leichtes, einen klatschenden Laut erzeugendes Schlag- und Neckgerät der Narrengestalten der Fastnacht und der kom. Figuren Hanswurst und Harlekin in den alten Volkskomödien.

Pritschmeisterdichtung, in der Tradition der →Heroldsdichtung stehende Gelegenheits- und Stegreifdichtung des 16. und 17. Jh.; die Pritschmeister hatten Feste, Turniere oder hoch gestellte Persönlichkeiten zu verherrlichen.

Pritzlerbe, Stadt im Landkreis Potsdam-Mittelmark, Bbg., 65 m ü. M., an der unteren Havel und dem Pritzerber See (52 ha), 1 200 Ew.; Holzverarbeitung, Baustoffindustrie, Landwirtschaft. – Neben einer 948 erwähnten Burg entstand die Siedlung P., die 1225 als Stadt bezeugt wurde.

Pritzker-Preis, wichtigster internat. Architekturpreis, seit 1979 von der von JAY A. PRITZKER (* 1922) eingerichteten amerikan. Hyatt-Stiftung jährlich verliehen (100 000 US-$). Bisherige Preisträger waren: P. C. JOHNSON (1979), E. K. ROCHE (1980), I. M. PEI (1981), R. A. MEIER (1982), LUIS BARRAGAN (1983), J. F. STIRLING (1984), H. HOLLEIN (1985), G. BÖHM (1986), TANGE KENZŌ (1987), G. BUNSHAFT (1988), F. O. GEHRY (1989), A. ROSSI (1990), R. C. VENTURI (1991), A. SIZA VIEIRA (1992), MAKI FUMIHIKO (1993), C. DE PORTZAMPARC (1994), ANDO TADAO (1995), J. R. MONEO (1996), SVERRE FEHN (1997) und R. PIANO (1998).

Pritzwalk, Stadt im Landkreis Prignitz, Bbg., 70 m ü. M., an der Dömnitz, im O der Landschaft Prignitz, 11 200 Ew.; Heimatmuseum; Zahnradwerk, Brauerei, landwirtschaftl. Betriebe; Eisenbahnknoten. – Spätgot. Stadtkirche St. Nikolai (15. Jh.) mit neugot. Turm (1882). – Die gegen 1200 entstandene Siedlung P. ging um die Mitte des 13. Jh. in die Herrschaft der Markgrafen von Brandenburg über, die ihr um 1256 städt. Rechte verliehen. Im 14. Jh. war P. kurzzeitig Mitgl. der Hanse. Nach 1839 entwickelte sich die Stadt zu einem Zentrum der Tuchindustrie. P. war 1952–93 Kreisstadt.

Privas [priˈva], Stadt in S-Frankreich, Verw.-Sitz des Dép. Ardèche, 294 m ü. M., an der Ouvèze, 10 100 Ew.; Metallverarbeitung, Lebensmittel- (glasierte Maronen), Textil-, pharmazeut. und keram. Industrie. – P., seit Ende des 12. Jh. als Stadt belegt, wurde als Hugenottenstützpunkt 1629 von LUDWIG XIII. zerstört.

privat [lat. ›gesondert‹; ›nicht öffentlich‹], persönlich; nicht offiziell, nicht amtlich; nicht für die Öffentlichkeit bestimmt.

Privatlautonomie, als wesentl. Merkmal des Privatrechts die dem Einzelnen von der Rechtsordnung eingeräumte Möglichkeit, seine Rechtsverhältnisse durch Rechtsgeschäfte nach eigenem Willen zu gestalten. Wichtigster Ausdruck der P. ist die →Vertragsfreiheit. Die P. ist gesetzlich durch Vorschriften eingeschränkt, die den Schutz des sozial Schwächeren bezwecken (z. B. Verbraucherschutzgesetze, bestimmte Vorschriften im Miet- und Arbeitsrecht) oder öffentl. Interessen dienen. Allgemeine Grenze der P. ist die anerkannte Sittenordnung (→Sittenwidrigkeit).

Privatbahnen, von unmittelbarem staatl. Einfluss weitgehend freie, im Regelfall (v. a. in den USA) privatwirtschaftlich geführte Eisenbahnen; in Dtl. häufig verwandtes Synonym für die Eisenbahnen, die sich nicht überwiegend in der Hand des Bundes oder eines mehrheitlich dem Bund gehörenden Unternehmens befinden (›nicht bundeseigene Eisenbahnen‹, Abk. NE). Unterschieden werden Eisenbahnen, die dem öffentl. Verkehr dienen – sie können von jedermann benutzt werden – und Eisenbahnen, die nicht dem öffentl. Verkehr dienen (z. B. Werks- und Industriebahnen). Die Betriebsstreckenlänge der öffentl. NE beträgt (1996) etwa 3 500 km. Die Eisenbahnen sind organisiert im Verband Dt. Verkehrsunternehmen e. V. (VDV), Sitz: Köln, bzw. im Verband Dt. Museums- und Touristikbahnen e. V. (VDMT), Sitz: Geretsried.

Privatbanken, i. w. S. alle privatrechtlich organisierten Kreditinstitute, i. e. S. Bez. für die Privatbankiers; Dachorganisation ist der Bundesverband dt. Banken e. V., Köln.

Privatbankiers [-baŋkje], allg. Inhaber und geschäftsführende Gesellschafter einer Privatbank. Gemäß der Bankenstatistik der Dt. Bundesbank Kreditinstitute in der Rechtsform des Einzelkaufmanns (Neuzulassungen in dieser Rechtsform seit 1976 nicht mehr möglich), der OHG oder der KG. P. entstanden im 18./19. Jh. oft aus Handelshäusern und Speditionen. Im 20. Jh. sanken Zahl (1892: über 2 000, 1997: 60) und Marktanteil (Mitte 1997: 0,6 % des Geschäftsvolumens aller Kreditinstitute) erheblich. P. sind Universalbanken, Geschäftsschwerpunkte liegen v. a. in den Bereichen Wertpapiergeschäft, Großfinanzierungen, Mergers & Acquisitions, Vermögensverwaltung, Finanzdienstleistungen. P. konzentrieren sich i. d. R. auf mittelständ. Unternehmen und vermögende Privatkundschaft; hohe Mindesteinlagen sind üblich.

Privatbeteiligter, *österr. Recht:* durch eine Straftat Geschädigter, der sich dem Strafverfahren zur Durchführung seiner privatrechtl. Ansprüche gegen den Täter anschließt (§§ 47 ff., 365 ff. StPO, ähnlich § 57 Verwaltungsstraf-Ges.). Der P. genießt eine dem Nebenkläger ähnl. Rechtsstellung. (→Subsidiaranklage)

Privatbibliothek, im Ggs. zur öffentl. Bibliothek eine Bibliothek in privatem Besitz. Als älteste systematisch angelegte P. gilt die des ARISTOTELES. Von den Griechen übernahmen die Römer mit dem Bildungsideal auch die Institution der P.; Kritik am Büchersammeln aus Prestigegründen übten bereits SENECA D. J., PETRONIUS und LUKIAN. Eine neue Blütezeit erlebte die P. im Spät-MA. (KARL V. von Frankreich, JEAN DE FRANCE, Herzog VON BERRY, R. DE BURY). Im 18. Jh. entwickelten sich umfangreiche Adelsbibliotheken.

G. BOGENG: Die großen Bibliophilen. Gesch. der Büchersammler u. ihrer Samml., 3 Bde. (1922).

Privatdiskonten, Primadiskonten, Primapapiere, von zum Privatdiskontmarkt zugelassenen Banken akzeptierte Wechsel, die von guten Industrie- oder Handelsunternehmen ausgestellt sind und der Finanzierung internat. Warengeschäfte dienen. Die P. sind eine Sonderform des →Akzeptkredits. Sie weisen eine Laufzeit von mindestens 10 und maximal 90 Tagen auf und müssen über mindestens 100 000 DM lauten, ohne aber 5 Mio. DM zu überschreiten, wobei die Wechselsumme durch 5 000 teilbar sein soll. Bis 1991 wurden sie von der **Privatdiskont AG** (gegr. 1959 vom dt. Kreditgewerbe, Sitz: Frankfurt am Main, Grundkapital: 10 Mio. DM) unter Abzug des **Privatdiskontsatzes (Privatsatzes),** der i. d. R. noch unter dem Diskontsatz der Dt. Bundesbank liegt, angekauft und verkauft. Seit 1992 ruht die Geschäftstätigkeit der Privatdiskont AG.

Privatdozent, Wissenschaftler mit Lehrbefugnis und -verpflichtung (→Dozent).

Privatdruck, Manuskriptdruck, auf Veranlassung und auf Kosten von Privatpersonen oder Institutionen hergestelltes Druckerzeugnis, das nicht im Buchhandel erhältlich und nur für einen kleinen Adressatenkreis bestimmt ist. Dabei handelt es sich zum einen um von Privatpersonen in Auftrag gegebene, oft bibliophil ausgestattete Schriften, zum anderen um von Firmen, staatl., kirchl., gesellschaftl. u. a. Einrichtungen getragene Publikationen in begrenzter Auflage für einen bestimmten Leserkreis.

private Arbeitslosenversicherung, erstmals 1996 in Dtl. angebotene private Versicherung gegen den Verdienstausfall bei Arbeitslosigkeit, bei der unter bestimmten Voraussetzungen das Arbeitslosengeld bis zu einem festgelegten Prozentsatz des Nettoarbeitsentgelts aufgestockt wird.

Privatleigentum, das in die persönl. Verfügungs-, Bestimmungs- und Nutzungsmacht des Einzelnen gestellte Eigentum im Unterschied zum Eigentum der öffentl. Hand (dem Verwaltungs- und Finanzvermögen) und v. a. zum →Gemeineigentum. Bereits in frühen Kulturen hat es mehr oder weniger stark ausgeprägte Formen des P. gegeben, insbesondere wurde früh die Vererbbarkeit des P. anerkannt. In der Agrarwirtschaft überwog zunächst das Gemeineigentum (→Allmende), später bildeten sich besondere Formen des gebundenen P. aus, bes. lehensrechtl. sowie familien- und erbrechtl. Art (Anerbenrecht, Höferecht, Fideikommiss). Im Zuge der Bauernbefreiung setzte sich in Dtl. dann allmählich das P. an Agrarland durch. In der Stadtwirtschaft entwickelte sich dagegen schon früh das freie P., das v. a. als Grundlage der im 19. Jh. entwickelten freien Marktwirtschaft angesehen wird. Während der radikale Liberalismus des 19. Jh. eine nahezu schrankenlose Benutzung und Ausweitung des P. befürwortete, betonen neuere Verfassungen auch die mit dem P. verbundenen Pflichten und sozialen Bindungen des Eigentümers. So heißt es in Art. 14 Abs. 2 GG: ›Eigentum verpflichtet. Sein Gebrauch soll zugleich dem Wohl der Allgemeinheit dienen‹. Diese **Sozialbindung** des Eigentums bedarf i. d. R. einer gesetzl. Konkretisierung.

Das P. ist eine elementare Einrichtung des Rechts- und Wirtschaftslebens demokrat. Staaten und hat wesentl. Bedeutung für das gesellschaftl., staatl. und kulturelle Leben. Es umfasst die Befugnis zum Erwerb, zur Nutzung und zur Veräußerung und wird als ein wesentl. Mittel der Existenzsicherung und zugleich als eine Voraussetzung für die Freiheit und Unabhängigkeit des Individuums betrachtet. Dementsprechend ist der moderne Sozialstaat bemüht, durch wirtschaftl., sozialrechtl. und steuerl. Maßnahmen eine breit gestreute Eigentumsverteilung zu ermöglichen, andererseits aber auch, z. B. durch die Vermögen- und Erbschaftsteuer, der Bildung großer Vermögensmassen in gewissem Umfang entgegenzuwirken (→Vermögen). Die Verfassungsgarantie des P. erstreckt sich aber i. d. R. auf jedes P. gleich welcher Größenordnung. So ist in freiheitl. Staaten nicht nur die Konzentration ausgedehnter Eigentumsmassen in privater Hand möglich, sondern auch die Bildung großer, mit erhebl. P. ausgestatteter Kapitalgesellschaften (AG, GmbH). Art. 15 GG gibt allerdings die Möglichkeit, bestimmte Produktionsmittel in Gemeineigentum zu überführen. In Dtl. verfügt auch der Staat über P., doch bedeutet die ausgedehnte erwerbswirtschaftl. Betätigung der öffentl. Hand in der Sache eine nicht unerhebl. Beschränkung des P. oder jedenfalls der Privatwirtschaft. Deshalb sind dem Staat gehörende Unternehmen in nennenswertem Umfang in P. überführt worden. Derartige Privatisierungen dienten teilweise zugleich der Beteiligung sozial schwächerer Schichten am Privateigentum.

Während die Anerkennung auch des wirtschaftl. P. Grundlage des Kapitalismus ist, beschränkten sozialistisch geprägte Staaten P. zumeist auf Güter des unmittelbaren persönl. Lebensbedarfs (zum P. in der DDR →Eigentum). Die Schaffung von P. an Produktionsmitteln durch →Privatisierung der umfangreichen Staatswirtschaft spielt in den früheren sozialist. Staaten eine besondere Rolle bei der Transformation der Wirtschaftsordnung von der Plan- zur Marktwirtschaft.

Auch in *Österreich* gehört das P. zu den verfassungsrechtlich garantierten Grundrechten (Art. 5 Staatsgrundgesetz, Art. 1 des 1. Zusatzprotokolls zur Europ. Menschenrechtskonvention). Umstritten ist, ob den vorgenannten Vorschriften bei sinngemäßer Auslegung eine Entschädigungspflicht für zulässige Enteignungen zu entnehmen ist. Während die Rechtslehre dies einhellig bejaht, wird die Frage vom Verfassungsgerichtshof verneint. – In der *Schweiz* galt die Garantie des P. auf Bundesebene lange Zeit als ungeschriebenes Grundrecht und fand nur in den einzelnen Kantons-Verf. Erwähnung. Erst 1969 wurde der grundrechtl. Schutz des P. in Art. 22ter der Bundes-Verf. aufgenommen und wird mit ähnl. Inhalt und Umfang wie in Dtl. gewährleistet. Die Sozialbindung des P. geht aber nach überwiegender Meinung weniger weit.

privater Verbrauch, *volkswirtschaftl. Gesamtrechnung:* Ausgaben der privaten Haushalte für Waren und Dienstleistungen, Teilbereich der Verwendung des Sozialprodukts. Der Anteil des p. V. am Bruttoinlandsprodukt beträgt in Dtl. (1996) 57,1 %.

Privatfernsehen, privatwirtschaftlich organisiertes Fernsehen, das sich in Dtl. durch Werbeeinnahmen oder Zuschauergebühren (→Pay-TV, →Premiere) finanziert. Das P., das 1981 durch das dritte ›Fernsehurteil‹ des Bundesverfassungsgerichts gesetzlich zugelassen wurde, hat sich in der Bundesrepublik Dtl. im Zuge der Kabelpilotprojekte seit 1984 fest etabliert. Die Bundesländer als Träger der Kulturhoheit erließen Landesgesetze und gründeten als Aufsichtsorgane Landesmedienanstalten, die sich aus bis zu 35 ehrenamtl. Vertretern gesellschaftlich relevanter Gruppen zusammensetzten. Nach dem In-Kraft-Treten des novellierten Rundfunkstaatsvertrags (1. 1. 1997), durch den die bisherigen Beschränkungen hinsichtlich der Gesellschafterstruktur entfallen sind, geht die Tendenz dahin, dass nur ein oder wenige Gesellschafter einen Privatsender kontrollieren, und es gibt Bestrebungen, ›Senderfamilien‹ zu bilden. In Dtl. strahlen (1997) 23 TV-Sender bundesweite, zumeist über Kabel oder Satellit zu empfangende Programme aus, darunter nur sechs Vollprogramme (RTL, RTL 2, SAT 1, Pro 7, Kabel 1, VOX), alle anderen sind Sparten- und Zielgruppenprogramme für Nachrichten (n-tv, Euronews, CNN), Wirtschaft (EBN), Sport (DSF, Eurosport), Musik (VH 1, Viva, Viva 2, Onyx), Unterhaltung (Super RTL, TM 3), Kinder (Nickelodeon) oder Ausländer (TRT); hinzu kommen die Pay-TV-Programme Premiere, DF 1 und MTV. ›Ballungsraumsender‹ strahlen in München, Hamburg und Berlin lokale und regionale Programme aus. Mit dem Zuwachs an techn. Reichweite (Lizenzen für terrestr. Frequenzen, zunehmende Verbreitung des Kabel- und Satellitendirektempfangs) und aufgrund struktureller (24-stündige Programmausstrahlung) und programml. Offensiven (Dominanz des Unterhaltungsangebots, neue inhaltl. Formen wie Gameshows, tägl. Talkshows, Reality-TV, Actionfilme, Erotikprogramme) gelang es den großen Privatsendern, ihre Marktanteile kontinuierlich zu steigern. – Kritisch bewertet werden von Medienwissenschaftlern und -pädagogen die starke Kommerzialisierung des P. und seine konsequente Anpassung an Zuschauerpräferenzen, die Programmverflachung und Zunahme (bei gleichzeitiger Verharmlosung) von Gewaltdarstellungen, die Veränderung des Zuschauerverhaltens und der Rezeptionssituation (u. a. geringere Aufmerksamkeit durch häufiges ›Zapping‹, Fragmentarisierung des Publikums aufgrund der großen Anzahl der Programme, Verlust der Integrationsfunktion des Fernsehens).

Medien-Jb., 3 Bde. (1989 ff.); M. Doh: 10 Jahre P. Gesellschaft, Fernsehlandschaft u. Medienpädagogik im Wandel (1994); Jb. der Landesmedienanstalten. Privater Rundfunk in Dtl., hg. v. der Arbeitsgemeinschaft der Landesmedienanstalten in der Bundesrep. Dtl. (1995 ff.).

Privatfunk, privatwirtschaftlich organisierter Rundfunk (Privatfernsehen und privater Hörfunk), in Dtl. im Ggs. zum öffentlich-rechtl. Rundfunk (duales Rundfunksystem). Da die Kulturhoheit Ländersache ist, ist die Struktur des P. länderunterschiedlich gere-

Privatfernsehen: Ausgewählte private deutsche Fernsehsender (Stand: August 1997)

Sender, Sitz	Gesellschafter	Sendestart	Marktanteil
DSF, Unterföhring	Fininvest-Gruppe 33,5%; Kirch-Gruppe 66,5%*)	1.1.1993	1,4%
Eurosport, Unterföhring	TF1 34%; Canal plus 33%; ESPN (Walt Disney Co.) 33%	5.2.1989	0,9%
Kabel 1, Unterföhring	Pro 7 Media AG 100%	29.2.1992	4,0%
Nickelodeon, Düsseldorf	Viacom International Inc. 90%; Ravensburger Film+TV GmbH 10%	13.7.1995	–
n-tv, Berlin	Time Warner Entertainment Germany GmbH/CNN 49,79%; Verlagsgruppe Handelsblatt (GWF – Gesellschaft für Wirtschaftsfernsehen mbH & Co.) 25%; Familie Nixdorf 16,98%; The East German Investment Trust 3,8%; Norman Rentrop 1,78%; Karl-Ulrich Kuhlo 1,49%; COM 2i et Compagnie SCA 0,69%; n-tv Nachrichtenfernsehen Beteiligungs GmbH & Co. Investitions KG 0,26%; DFA Deutsche Fernseh-Nachrichtenagentur 0,22%	30.11.1992	0,4%
Premiere, Hamburg	CLT-Ufa 50%; Kirch-Gruppe 50%*)	28.2.1991	–
Pro 7, Unterföhring	Aktiengesellschaft: Vorzugsaktien im Streubesitz 100%; Stammaktien: Thomas Kirch 60%; Rewe Zentral AG 40%	1.1.1989	9,2%
RTL, Köln	CLT-Ufa 89%; WAZ 11%	2.1.1984	16,9%
RTL 2, München	Heinrich Bauer Verlag KG 32,2%; Tele München 32,2%; CLT-Ufa 33,4%; FAZ 1,1%; Burda 1,1%	6.3.1993	4,1%
SAT 1, Berlin/Mainz	Kirch-Gruppe 58%*); Axel Springer Verlag 20%; Aktuell Presse Fernsehen (Springer Verlag) 20%; Neue Medien Ulm TV 1%; Ravensburger Film & TV GmbH 1%	1.1.1984	13,9%
Super RTL, Köln	CLT-Ufa 50%; Walt Disney Co. 50%	28.4.1995	2,2%
TM3, München	Tele München Fernseh GmbH & Co. Medienbeteiligungs-KG München 100%	25.8.1995	–
Viva, Köln	Warner Music Germany Entertainment GmbH 24,69%; Sony Medienbeteiligungsgesellschaft mbH 24,69%; Poly Gram Holding GmbH 24,69%; EMI Group Germany 24,69%; Musik im Fernsehen Kapitalbeteiligungsgesellschaft mbH 1,25%	24.12.1993	–
VOX, Köln	News International Corporation (R. Murdoch) 49,9%; CLT-Ufa 24,9%; Canal plus 24,9%; DCTP 0,3%	25.1.1993	3,0%

*) vorbehaltlich landesmedienanstaltlicher und kartellrechtlicher Zustimmung

gelt, v.a. in Bezug auf die regionale oder lokale Verbreitung der Programme und auf deren gesetzlich geforderte Garantie der Programmvielfalt. Gesellschafter der privaten Hörfunkanstalten sind regionale Wirtschaftsunternehmen, Presseverlage, Mediengesellschaften und Privatpersonen. – Tendenzen lokaler Pressekonzentration weiten sich aus zu einer intermedialen Konzentration, dadurch dass Presseverlage mit lokalem Monopol nun auch im Bereich der elektron. Funkmedien maßgebl. Einfluss ausüben.

Privathochschulen, v.a. im Ausland verbreitete Hochschuleinrichtungen, häufig in kirchl. Trägerschaft (→kirchliche Hochschulen) und auf der Grundlage von Stiftungen (Großbritannien, USA). In Dtl. bestehen nur einige kleine staatlich anerkannte P. spezieller Fachrichtungen, teils mit Univ.-Rang (Kath. Univ. von Eichstätt, →European Business School, private Univ. Witten-Herdecke), teils mit Fachhochschulrang.

Privation [lat. ›Beraubung‹, ›Ermangelung‹] *die, -/-en, Philosophie:* das Nicht-Vorhanden-Sein oder der Entzug eines Zustands oder einer Eigenschaft. Bei ARISTOTELES, der im Ggs. zu seinem Lehrer PLATON nicht das unveränderl. Sein, sondern das Werden und die Veränderung in der erfahrbaren Welt betrachtet, ist P. ein weiteres Prinzip des Werdens neben Form und Materie. Verändert sich ein Gegenstand, so wird etwas, was bisher nur als Möglichkeit in ihm vorhanden war, Wirklichkeit, und gleichzeitig hört das, was bisher Wirklichkeit war, zu existieren auf.

Privatisierung, i.w.S. die Verlagerung staatl. Aktivitäten in den privaten Wirtschaftsbereich, i.e.S. die Überführung von Staatseigentum (v.a. →öffentlicher Unternehmen) in Privateigentum **(P. des Eigentums am Kapital)** durch Verkauf von Beteiligungen über die Börse, durch Nichtbeteiligung des Staates an Kapitalerhöhungen oder durch direkte Eigentumsübertragung an einen privaten Erwerber. Im Falle der P. von einst durch →Verstaatlichung entstandenem öffentl. Eigentum spricht man von **Reprivatisierung.** Zuweilen wird unter P. auch die Übertragung von bisher durch den öffentl. Sektor erstellten Leistungen (z.B. Abfallbeseitigung, Krankenhäuser, Postdienste) oder von der öffentl. Verwaltung für den Eigenbedarf benötigten Hilfsdiensten (z.B. Gebäudereinigung, Instandhaltungsdienste) auf private Anbieter verstanden **(P. öffentlicher Dienstleistungen).** Die Umwandlung öffentl. Unternehmen von einer öffentlich-rechtl. in eine private Rechtsform ohne Änderung der Eigentumsverhältnisse stellt im Ggs. zur materiellen P. der Eigentumsrechte lediglich eine **formale P. (Organisations-P.)** dar. Ein solcher Rechtsformenwechsel kann eine P. vorbereiten.

Während die Jahre nach 1945 in Europa durch umfangreiche Verstaatlichungen von Unternehmen gekennzeichnet waren, liegt der Schwerpunkt seit Mitte der 70er-Jahre in der P. öffentl. Unternehmen und der Aufhebung staatl. Markteingriffe (Deregulierung). Impulse gingen von der in den USA durchgeführten Deregulierung sowie von den sich im Zuge von Branchenkrisen verstärkenden Defiziten zahlreicher öffentl. Unternehmen (z.B. in der Stahl- und der Werftindustrie) aus. Hinzu trat in den letzten Jahren angesichts wachsender struktureller Defizite der öffentl. Haushalte und im Vorfeld der Europ. Währungsunion das Streben nach zusätzl. Einnahmen. Eine P.-Aufgabe in bisher nicht bekannter Dimension – die P. nahezu des gesamten wirtschaftl. Potenzials – stand vor den Ländern Mittel- und Osteuropas beim Übergang von der Planwirtschaft zu marktwirtschaftl. Strukturen.

Schlüsselbegriff

Wirtschaftswissenschaftliche und politische Aspekte

P.- und Verstaatlichungsmaßnahmen werden nicht nur auf der Grundlage wirtschaftswiss. Analysen getroffen, sondern sind in hohem Maße durch Ideologien, budgetpolit. Notwendigkeiten und wahltakt. Überlegungen bestimmt. Die Ursachen für die Entstehung eines größeren Bereiches öffentl. Unternehmen in den meisten westl. Demokratien reichen von dem fiskal. Ziel der Mittelbeschaffung (→Finanzmonopol) über die bewusste staatl. Einflussnahme auch bei ›normalen‹ privaten Gütern aus verteidigungspolit. Gründen, zur Sicherung ›nat. Interessen‹ gegen unerwünschte ausländ. Einflüsse oder aus struktur- und regionalpolit. Gründen bis zu Fällen allokativen Marktversagens wie dem Auftreten →externer Effekte oder dem natürl. Monopol. Für Entwicklungsländer spielen beschäftigungs- und sozialpolit. Ziele und die Sicherung der nat. Unabhängigkeit eine besondere Rolle. Beim **natürlichen Monopol** (z. B. Wasser- und Elektrizitätsversorgung, Eisenbahn) bewirken sinkende Stückkosten (infolge hoher Fixkosten des Leitungs- oder Schienennetzes), dass die Produktion einer bestimmten Menge durch mehrere Unternehmen höhere Kosten verursachen würde als die Produktion durch ein Unternehmen; es wäre mithin ineffizient, wenn in einer Region zwei Anbieter nebeneinander operierten. Hohe Fix- und sinkende Stückkosten wirken zudem gegenüber potenziellen Wettbewerbern als Markteintrittsschranke und versetzen den natürl. Monopolisten, sofern er nicht in seiner Preispolitik reguliert wird, in die Lage, die Verbraucher auszubeuten. Andererseits würde der natürl. Monopolist ohne staatl. Subventionierung nicht zu (wohlfahrtsoptimalen) Grenzkosten anbieten können, da bei sinkenden Stückkosten für jede Ausbringungsmenge die Stückkosten höher als die Grenzkosten sind und Grenzkostenpreise dementsprechend Verluste brächten. Aus einem solchen Marktversagen folgt allerdings nicht zwingend die Notwendigkeit staatl. Produktion. Der Staat könnte auch die Produktion Privaten überlassen und auf staatl. Auflagen hinsichtlich Versorgungsgrad und -dichte, Qualität und Preisgestaltung sowie ggf. auf Subventionen (zur Abgeltung positiver externer Effekte und bei natürl. Monopolen zur Abdeckung der bei vorgeschriebenen Grenzkostenpreisen entstehenden Verluste) zurückgreifen. Hieraus folgt, dass unter bestimmten Bedingungen die reine P. eines öffentl. Unternehmens nicht ausreicht, sondern nur ein öffentliches durch ein privates Monopol ersetzen würde, und dass eine P. öffentl. Unternehmen in den ›klass.‹ Fällen des Marktversagens untrennbar mit einer anschließenden Regulierung der neuen privaten Anbieter (z. B. Netzbetreiber bei Eisenbahn oder Telekommunikation) verbunden sein kann. P. muss also nicht auf eine gleichzeitige Deregulierung des Marktes hinauslaufen, ebenso wenig wie wirtschaftspolit. Regulierung Hand in Hand gehen muss mit einem großen Bereich öffentl. Unternehmen. In den letzten Jahren wurden in zahlr. europ. Ländern z. B. bei Eisenbahn und Telekommunikation Schritte eingeleitetet, die auf eine Trennung der Bereitstellung/Unterhaltung des Netzes (natürl. Monopol) und seiner Nutzung durch mehrere Wettbewerber sowie auf eine Regulierung der Preise für den Netzzugang hinauslaufen.

Die Frage, ob privatisiert werden soll, ist in einer Marktwirtschaft im Wesentlichen eine normative Frage, deren Beantwortung abhängt von den angewandten Kriterien und dem entsprechenden Wirtschaftsbereich. Als Argumente zugunsten einer P. werden v. a. angeführt: 1) Verringerung des Staatseinflusses (›Rückzug der öffentl. Hand aus dem privatwirtschaftl. Bereich‹); 2) Steigerung der Produktionseffizienz durch Intensivierung des Wettbewerbs und Ausnutzung von Produktivitätsvorsprüngen privater Produzenten; 3) Entlastung des Staatshaushalts durch Kosteneinsparungen und Wegfall von Zuschüssen für defizitäre Staatsunternehmen; 4) Konsolidierung des öffentl. Haushalts und Senkung der öffentl. Schulden durch P.-Erlöse; 5) breitere Streuung des Eigentums am Produktivkapital durch Verbindung der P. mit vermögenspolit. Maßnahmen und Ausgabe von Belegschaftsaktien. Tatsächlich haben Fallstudien ergeben, dass auf funktionsfähigen Märkten private Unternehmen effizienter und kostengünstiger arbeiten als öffentl. Anbieter. Dies kann mit der Theorie des →Staatsversagens dadurch erklärt werden, dass die spezif. Verhaltensnormen, das System der Leistungsanreize u. a. ökonom. Bedingungen in öffentl. Unternehmen eine ineffiziente Produktion begünstigen.

Dem Argument der höheren Produktionseffizienz wird vielfach entgegengehalten, dass Kostenvorteilen privater Anbieter Qualitätseinbußen im Leistungsangebot gegenüberstehen könnten (z. B. Versorgungslücken im Bereich Infrastruktur). Widerstand gegen eine P. resultiert vielfach daraus, dass sie mit Entlassung von Arbeitnehmern verbunden ist. Die P. zum vorrangigen Zweck der Mittelbeschaffung wird zu Recht als kurzfristige Augenblickslösung kritisiert, wenn dauerhafte (strukturelle) Budgetdefizite vorliegen; die zur Haushaltsfinanzierung eingesetzten P.-Erlöse bewirken dann lediglich einen Aufschub der Budgetkonsolidierung und des Schuldenabbaus.

Steht der vermögenspolit. Aspekt bei einer P. im Vordergrund, so ergibt sich ein Dilemma bei der Festsetzung des Ausgabekurses für die Anteile an dem neuen privaten Unternehmen: Um möglichst viele neue Aktiensparer in den unteren Einkommensklassen zu gewinnen, wird der Ausgabekurs oft bewusst niedrig angesetzt. Der Staat verzichtet damit auf mögl. P.-Erlöse. Kommt es dann unmittelbar nach Aufnahme des Börsenhandels zu einem entsprechenden Kursanstieg, so übt dies einen starken Anreiz auf die Kleinaktionäre aus, ihre Anteile wieder zu verkaufen. Um durch die P. eine breit gestreute Beteiligung privater Haushalte am Produktivkapital zu erreichen, wird daher zuweilen versucht, einer schnellen Wiederveräußerung durch ›Treueprämien‹ entgegenzuwirken.

Unternehmensprivatisierung in Deutschland

In der BRD wurde die P. öffentl. Unternehmen v. a. vom Bund betrieben. Da nach 1945 eine umfassende Verstaatlichung stattgefunden hatte, war das P.-Potenzial vergleichsweise gering, und die P.-Maßnahmen verliefen unspektakulärer als in anderen Ländern. Während in der ersten P.-Periode des *Bundes* (1959–65) die vermögenspolit. Absicht im Vordergrund stand (Ausgabe von Volksaktien in kleiner Stückelung, Beschränkung des Ersterwerbs auf Bezieher kleiner Einkommen und Festsetzung eines ›sozialen‹ Ausgabekurses), wurde in der zweiten Phase (seit 1984) mehr der ordnungspolit. Aspekt (Rückzug des Staates, Wettbewerbsförderung) herausgestellt. Nach der Veräußerung der restl. Bundesanteile an den Industriekonzernen VEBA AG (1987), VIAG AG (1988), Volkswagen AG (1988), Salzgitter AG (1989) und Industrieverwaltungsgesellschaft (IVG; 1993) hält der Bund aus dem früheren industriellen Bundesvermögen nur noch die Saarbergwerke AG. Die Dt. Lufthansa AG wurde im Oktober 1997 durch Verkauf der verbliebenen Anteile des Bundes voll privatisiert. Eine (zunächst) lediglich formale P. der ehem. Sondervermögen Bahn und Post bedeutete die Schaffung der Dt. Bahn AG zum 1. 1. 1994 sowie der Dt. Post AG, der Dt. Telekom AG und der Dt. Postbank AG zum

1. 1. 1995. Die dem Umfang nach bisher größte P.-Maßnahme war der Börsengang der Dt. Telekom AG im November 1996; durch Kapitalerhöhung gelangten 26% des Aktienkapitals in private Hände, der Bundesanteil sank auf 74%. Insgesamt erzielte der Bund 1986–97 P.-Einnahmen in Höhe von 26,27 Mrd. DM, davon flossen 800 Mio. DM an die Volkswagenstiftung und 2,5 Mrd. DM an die Dt. Bundesstiftung Umwelt. Für die unmittelbare Zukunft geplant sind die Abgabe weiterer Telekom-Anteile im Wert von 25 Mrd. DM, die Veräußerung von Bundesanteilen an der Autobahn Tank & Rast AG und der DSL Bank Dt. Siedlungs- und Landesrentenbank, die Teil-P. von DEG – Dt. Investitions- und Entwicklungsgesellschaft mbH und Dt. Flugsicherung GmbH, der Rückzug des Bundes aus den Flughafengesellschaften Frankfurt am Main, München, Berlin-Brandenburg, Hamburg und Köln/Bonn sowie die P. der Postsparkasse. Anders als der Bund haben sich die *Länder und Gemeinden*, die nach wie vor über ein großes P.-Potenzial verfügen, im früheren Bundesgebiet weiter spürbar zurückgehalten. Bedeutendere P.-Maßnahmen der jüngsten Zeit waren der Verkauf von Landesanteilen an Stromversorgungsunternehmen (z. B. Berliner Kraft- und Licht-AG).

Die Reprivatisierung des Staatseigentums der DDR (›volkseigenes Vermögen‹) in den *neuen Bundesländern* war Kernaufgabe der →Treuhandanstalt. Besonders umstritten waren dabei die Regelungen zu den entschädigungslosen Enteignungen zw. 1945 und 1949 (→offene Vermögensfragen). In der Zeit ihres Bestehens (1990–94) privatisierte die Treuhandanstalt rd. 15 000 Unternehmen und Betriebsteile (darunter rd. 3 000 Verkäufe an Beschäftigte, →Management-Buy-out) sowie im Rahmen der ›kleinen P.‹ rd. 25 000 Handelsgeschäfte, Gaststätten, Hotels usw. Hinzu kamen rd. 4 300 Reprivatisierungen (Rückgabe von Unternehmen bzw. Betriebsteilen an Alteigentümer). Die Treuhand Liegenschafts GmbH verwertete 1991–96 mehr als 84 000 Immobilien (Verkauf oder Rückgabe an Alteigentümer); sie verfügte Ende 1996 noch über 60 000 Immobilien, darunter 26 000 Wohnungsobjekte mit mehr als 67 000 Einheiten. Bei der Regelung der →Altschulden wurde den kommunalen Wohnungsunternehmen und Wohnungsgenossenschaften ein Teil der Schulden unter der Bedingung erlassen, dass sie bis zum Jahr 2003 etwa 330 000 Wohnungen (rd. 15% ihres Bestandes) verkaufen. Bis Ende 1995 waren im Rahmen der Wohnungs-P. von rd. 120 000 verkauften Objekten rd. 35 000 Wohnungen an die Mieter gegangen.

Privatisierung der Infrastruktur

Vor dem Hintergrund knapper öffentl. Mittel verstärkten sich in den letzten Jahren Überlegungen, bei der notwendigen Erneuerung und dem Ausbau der Infrastruktur (auf kommunaler Ebene v. a. die Abwasserentsorgung, auf staatl. Ebene v. a. der Verkehrsbereich) staatliche durch private Aktivitäten zu ersetzen. Diskutiert werden im Wesentlichen drei Varianten einer P. der Verkehrsinfrastruktur: 1) Beim *Betreibermodell* erfolgen Erstellung, Finanzierung und Betrieb durch private Wirtschaftsobjekte, die ein Nutzungsentgelt für ›ihre‹ Straße (z. B. streckenbezogene Maut) erheben. Diese weitestgehende P.-Variante führt zu einer echten Entlastung der öffentl. Haushalte, wirft aber zugleich rechtl. Probleme auf, da eine gleichzeitige Erhebung von zeit- und streckenbezogenen Straßenbenutzungsentgelten nach EG-Recht nicht zulässig ist und der dt. Staat seit 1995 bereits eine zeitbezogene Fernstraßenbenutzungsgebühr für Lkw (›Euro-Vignette‹, →Straßenverkehrsabgaben) erhebt. Das Fernstraßenbauprivatfinanzierungs-Ges. vom 30. 8. 1994 ermöglicht die Anwendung des Betreibermodells in erster Linie für Brücken, Tunnel und Gebirgspässe im Zuge von Bundesautobahnen und -straßen. 2) Beim *Leasingmodell* finanziert und errichtet ein privates Konsortium das Infrastrukturprojekt. Es wird Eigentümer auf Zeit und vermietet die neue Einrichtung für diese Zeit an die öffentl. Hand (Leasingnehmer) gegen Zahlung einer festen jährl. Leasingrate. Diese P.-Variante bedeutet keine echte Haushaltsentlastung, sondern lediglich eine Vorfinanzierung. Umstritten ist, ob dies nicht als Kreditaufnahme (und insofern als Verstoß gegen die Haushaltsgrundsätze der Klarheit und Wahrheit) zu werten ist und ob es sich wirklich um eine günstigere Finanzierungsform als die Kreditaufnahme handelt. 3) Beim *Konzessionsmodell* liegen lediglich Erstellung und (Vor-)Finanzierung in privater Hand. Nach Fertigstellung geht das Objekt an den Staat über, der über einen vorab vereinbarten Zeitraum die Bau- und Finanzierungskosten ratenweise erstattet. Das Konzessionsmodell wird gegenwärtig (1997) bei zwölf Bundesfernstraßenprojekten, bei der neuen Hochgeschwindigkeitsschienenstrecke Nürnberg–Ingolstadt–München sowie beim Bau der vierten Elbtunnelröhre in Hamburg angewendet. Nach dem Betreibermodell soll z. B. die Warnow-Querung in Rostock (1999) erfolgen.

Privatisierung in anderen Ländern

In *Österreich* waren durch die Verstaatlichungs-Ges. vom 26. 7. 1946 und 26. 3. 1947 große Teile der In-

Privatisierung in der Bundesrepublik Deutschland 1959–1997[1]

Jahr	Unternehmen
1959	Preussag AG
1961	Volkswagen AG
1961	VTG Vereinigte Tanklager- und Transportmittel GmbH
1965	VEBA AG
1984–86	VEBA AG
1986	Vereinigte Industrieanlagen AG (VIAG)
1986	Volkswagen AG
1986	Industrieverwaltungs AG (IVG)
1987	VEBA AG
1987	Deutsche Lufthansa AG
1987	Treuarbeit AG
1988	Volkswagen AG
1988	Deutsche Verkehrs-Kredit-Bank AG
1988	VIAG AG
1989	Treuarbeit AG
1989	Schenker & Co. GmbH
1989	DSL-Bank Deutsche Siedlungs- und Landesrentenbank
1989	Salzgitter AG
1989	Deutsche Lufthansa AG
1989	Deutsche Industrieanlagen GmbH (DIAG)
1991	Prakla-Seismos AG
1991	DePfa-Bank Deutsche Pfandbrief- und Hypothekenbank AG
1991	Schenker & Co. GmbH
1992	Berliner Industriebank AG
1993	Industrieverwaltungsgesellschaft (IVG)
1993	C & L Treuarbeit Deutsche Revision AG
1994	Bayerischer Lloyd
1994	Deutsche Lufthansa AG
1995	Deutsche Kreditbank AG
1995	Rhein-Main-Donau AG
1996	Neckar AG
1996	Deutsche Telekom AG[2]
1997	Gemeinnützige Deutsche Wohnungsbaugesellschaft mbH (Deutschbau)
1997	DSK Deutsche Stadtentwicklungsgesellschaft mbH
1997	Deutsche Lufthansa AG[3]

[1] unmittelbare Unternehmensbeteiligungen des Bundes und seiner Sondervermögen. Die Mehrfachnennung von Unternehmen ergibt sich aus Teilprivatisierungen. – [2] durch Kapitalerhöhung Verminderung des Bundesanteils von 100% auf 74%. – [3] Vollprivatisierung durch Veräußerung der restlichen 37,5% (davon 35,68% bereits seit Ende 1996 bei der Kreditanstalt für Wiederaufbau ›geparkt‹).

dustrie sowie die drei größten Kreditinstitute und die Elektrizitätswirtschaft gegen spätere Entschädigung der bisherigen Eigentümer in Staatseigentum überführt worden. Die Anteilsrechte an den meisten verstaatlichten Industrieunternehmen liegen bei der →Österreichischen Industrieholding AG. Die Österr. Elektrizitätswirtschafts-AG (Verbundgesellschaft) verwaltet die Bundesbeteiligungen an der Elektrizitätswirtschaft. Im internat. Vergleich machte die P.-Tätigkeit in Österreich bisher nur geringe Fortschritte, zahlr. Vorhaben wurden mehrfach verschoben oder aufgehoben, z. T. gingen die staatl. Anteile durch Verkauf lediglich an andere Unternehmen der öffentl. Hand über. Bis in die jüngste Zeit fanden P.-Pläne und -Maßnahmen ihre Grenze an dem erklärten Prinzip, dass der Bund 51% der Anteile in seiner Hand behalten müsse. (Teil-)P. wurden seit 1987 durchgeführt bei der Österr. Mineralölverwaltung (ÖMV), der Österr. Elektrizitätswirtschafts-AG (Bundesanteil 1997: 51%), der Luftverkehrsgesellschaft Austrian Airlines (Bundesanteil 1997: rd. 52%) und der Flughafen Wien AG (Bundesanteil 1997: rd. 17%). Die seit sechs Jahren betriebene P. der Großbank Creditanstalt-Bankverein AG kam 1997 zum Abschluss; die →Bank Austria AG erwarb 69,45% der Stimmrechte und 48,61% des Kapitals. Der bei der Österr. Postsparkassen AG ›geparkte‹ Anteil des Bundes an der Bank Austria AG (1997: rd. 18%) soll über die Börse verkauft werden. Ob die 1996 beschlossene P. der →Post & Telekom Austria AG insgesamt oder nur für den Telekommunikationsbereich planmäßig 1999 stattfinden wird, ist noch offen.

In der *Schweiz* spielt die P. wegen des geringen Umfangs an staatl. Unternehmen nur eine untergeordnete Rolle. Ein 1996 eingebrachtes Ges. sieht die formale P. der Schweizer. Bundesbahnen (SBB) durch Umwandlung in eine AG für 1998 vor, eine materielle P. der SBB ist nicht geplant.

Die umfangreichsten P. öffentl. Unternehmen in Europa fanden in *Großbritannien* statt, wo nach den Verstaatlichungen der Nachkriegszeit ein entsprechend großes P.-Potenzial bestand. Seit Beginn der 80er-Jahre wurden mehr als 50 staatl. Unternehmen privatisiert, darunter British Petroleum Company p. l. c., British Gas, British Telecom, Rolls Royce Co., British Airways, British Aerospace PLC, die Wasser- und Stromversorgung sowie der umfangreiche Bestand an Sozialwohnungen. Eine der letzten Maßnahmen stellte die P. der Eisenbahn (British Rail) dar: Das rollende Material wurde von der neu geschaffenen privaten Rolling Stock Companies übernommen, die Wagen und Lokomotiven an vom Staat konzessionierte private Eisenbahnbetriebsgesellschaften vermietet. Der Schienenkörper gehört nun der neu gegründeten staatl. Gesellschaft Railtrack und wird den Konzessionären gegen Entgelt überlassen. Die geplante P. der Post wurde nach intensiven polit. Diskussionen ebenso wie die P. der Londoner U-Bahn 1997 zunächst zurückgestellt.

In *Frankreich* wurden vorgesehene P.-Maßnahmen in den letzten zehn Jahren wiederholt revidiert. Probleme bereitete v. a. die Unterkapitalisierung versch. P.-Kandidaten, die vor einer P. zunächst erhebliche staatl. Kapitalhilfen erfordert hätte. 1996 wurde die Teil-P. des Versicherungsunternehmens Assurances Générales de France (AGF) realisiert, der Plan einer P. der Air France wurde 1997 aufgegeben. Die bereits eingeleitete Teil-P. des staatl. Telekommunikationsunternehmes France-Télécom war im Juni 1997 zunächst abgebrochen worden, soll aber durchgeführt werden. Unter dem Druck der Haushaltsdefizite sind ferner geplant die P. des hoch subventionierten Versicherungsunternehmens Groupe des Assurances Nationales, der Bankengruppe Crédit Industriel et Commercial sowie eine Verringerung des Staatsanteils am Elektronikkonzern Thomson S. A.

Privatisierung und Systemwandel

Eine besondere Rolle spielt die P. im Rahmen der Transformation zur Marktwirtschaft in den ehem. Planwirtschaften Mittel- und Osteuropas. Während das freie Spiel von Angebot und Nachfrage auf Märkten durch Freigabe der Preisbildung relativ einfach sichergestellt werden kann, ist die Schaffung von Privateigentum an Produktionsmitteln durch P. der umfangreichen Staatswirtschaft weitaus schwieriger: 1) Es fehlen funktionsfähige Kapitalmärkte und ein differenziertes Bankensystem. 2) Die tatsächl. Verfügungsrechte an den Staatsbetrieben sind zum Teil umstritten, weil es (v. a. in Polen und Ungarn) nach dem Ende der zentralen Lenkung und Überwachung noch vor einer entsprechenden Gesetzgebung vielfach zu ›spontanen‹ P. durch die alten Unternehmensleitungen oder die Belegschaften gekommen war. 3) Die inländ. Ersparnisse sind für eine Finanzierung der Übernahme der zahlr. Staatsbetriebe zu gering, sodass man auf ausländ. Kapital angewiesen ist. Eine unmittelbare Übernahme durch ausländ. Erwerber könnte jedoch Widerstände der Bev. gegen einen ›Ausverkauf des Volksvermögens‹ hervorrufen. 4) Es besteht ein Defizit an qualifizierten Managern.

Zu den vielfältigen wirtschaftspolit. Zielen der P.-Bemühungen gehören nicht nur die rasche Wiederherstellung des Privateigentums (ordnungspolit. Ziel), die Verringerung der Haushaltsdefizite und eine gerechte Verteilung des Produktivvermögens (verteilungspolit. Ziel), sondern gleichzeitig auch eine schnelle Effizienzsteigerung der Wirtschaft und damit eine Verringerung des Wohlstandsgefälles gegenüber Westeuropa, die Sicherstellung der Investitionskraft der Wirtschaft durch Kapitalimport und Mobilisierung inländ. Ersparnisse sowie die Förderung des Imports neuer Technologien durch Engagement westl. Unternehmen und der Abbau der Auslandsschulden. Mit Rücksicht auf die spezif. Probleme der inländ. Spar- und Kapitallücke und der Akzeptanz in der Bev. wurde bei der P. des Industrievermögens neben dem betriebsinternen Verkauf (Belegschaftsaktien, Management-Buy-out) und der Veräußerung an In- und Ausländer in mehreren Staaten (z. B. Tschechoslowakei bzw. Tschech. Rep. [seit 1991], Rumänien und Russland [seit 1992], Polen [1994], Ukraine [1995], Bulgarien [1996]) auf das Verfahren der unentgeltl. oder stark verbilligten Vergabe mithilfe von P.-Gutscheinen (P.-Kupons, -Schecks, -Vouchers) zurückgegriffen. Danach erhalten die Bürger (gratis bzw. gegen geringe Gebühr) Gutscheine mit einem bestimmten Nennwert, die sie zum Erwerb von Anteilen an Unternehmen ihrer Wahl oder für indirekte Beteiligungen über den Erwerb von Anteilen an Investmentfonds verwenden können. Das Verfahren führt freilich zunächst kaum zum Zufluss neuen Kapitals in die Unternehmen, ermöglicht aber eine relativ schnelle P. im Sinne der Schaffung einer Eigentumsordnung.

⇨ *Eigentum · Enteignung · Finanzpolitik · Marktwirtschaft · Strukturpolitik · Vermögensbildung*

P. u. Deregulierung öffentl. Unternehmen in westeurop. Ländern, hg. v. F. SCHNEIDER u. a. (Wien 1990); A. WELLENSTEIN: Privatisierungspolitik in der Bundesrep. Dtl. (1992); U. SCHEELE: P. von Infrastruktur (1993); Privatisierungsstrategien im Systemvergleich, hg. v. H. J. THIEME (1993); Privatization and economic reform in Central Europe, hg. v. D. A. RONDINELLI (1994); H. REHM: Neue Wege zur Finanzierung öffentl. Investitionen (1994); Verkehrswegerecht im Wandel, hg. v. W. BLÜMEL (1994); FRANK O. SCHMIDT: Die Finanzierung der Verkehrsinfrastruktur vor dem Hintergrund der Wiedervereinigung (1994); S. SPELTHAHN: P. natürl. Monopole. Theorie u. internat. Praxis am Beispiel Wasser u. Abwasser (1994); A. BUCHER: P. von Bundesfernstraßen (1996); M. KOLODZIEJ: Die private Finanzierung von Infrastruktur (1996); P. auf kantonaler u. kommunaler Ebene. Fallbeispiele aus dem Kanton Bern, bearb. v. R. E. LEU u. a. (Bern [2]1997); S. MARTIN u. D. PARKER: The impact of privatization. Ownership and corporate performance in the UK (London 1997).

Privatissimum [lat.] *das, -s/...ma,* 1) Vorlesung, Übung für einen kleineren, ausgewählten Kreis von Teilnehmern; 2) persönliche, eindringl. Ermahnung.

Privativ [lat. privativus ›eine Beraubung anzeigend‹, zu privare ›rauben‹] *das, -s/-e,* **Privativum** *das, -s/...va, Sprachwissenschaft:* Verb, das inhaltlich ein Entfernen, Wegnehmen des im Grundwort Angesprochenen zum Ausdruck bringt (z. B. ›ausräumen‹, ›entkalken‹).

Privatklage, Privat|anklage, die Verfolgung strafbarer Handlungen durch den Verletzten statt durch die Staatsanwaltschaft. Insoweit unterscheidet sich die P. von der →Nebenklage, die die öffentl. Klage der Staatsanwaltschaft voraussetzt. Die StPO (§§ 374–394) kennt die P. nur als Ausnahme (häufig bei Antragsdelikten), z. B. bei Hausfriedensbruch, Beleidigung, Körperverletzung, Sachbeschädigung. Sie kann vom Verletzten oder seinem gesetzl. Vertreter ohne vorherige Anrufung des Staatsanwalts erhoben werden. Dieser erhebt bei Zulässigkeit der P. die öffentl. Klage (Anklage) nur dann, wenn dies im öffentl. Interesse liegt (Opportunitätsprinzip); auch nach erhobener P. kann er jederzeit bis zur Rechtskraft des Urteils die P. übernehmen. Die Erhebung der P. erfolgt zu Protokoll der Geschäftsstelle des Gerichts oder durch Einreichung der Anklageschrift beim Gericht. Die Klage wird dem Beschuldigten zur Erklärung mitgeteilt. Nach deren Eingang oder nach Ablauf der gestellten Frist sowie nach Zahlung des Gebührenvorschusses beschließt das Gericht über die Eröffnung des Hauptverfahrens. Der P. muss regelmäßig ein Sühneversuch (i. d. R. mittels eines Schiedsmanns) vorausgehen. Gegen Jugendliche ist eine P. nicht zulässig. Die P. führt nur selten zur Verurteilung.

Die *österr.* StPO unterscheidet zw. Delikten, die grundsätzlich nur durch öffentl. Anklage, und solchen, die ausschließlich durch P. verfolgt werden können (§§ 2 Abs. 2, 46). Die Einordnung als P.-Delikt sowie die Berechtigung zur P. sind im materiellen Recht (StGB) geregelt. Neben der P. kennt die österr. StPO die Subsidiaranklage durch den Privatbeteiligten. – Die *Schweiz* kennt die P. nur in einzelnen kantonalen Prozessordnungen.

Privatkonto, *Buchführung:* Zwischenkonto bei Einzelfirmen und Personengesellschaften, auf dem Einlagen und Entnahmen der Inhaber verbucht werden.

Privatnotenbank, früher Bez. für die neben der Reichsbank bestehenden privaten Geschäftsbanken mit Notenausgaberecht. Ihre Blütezeit hatten die P. in den 50er- und 60er-Jahren des 19. Jh., als sich in Dtl. die Banknote als Zahlungsmittel neben dem Münzgeld etablierte.

Privatpressen, Druckwerkstätten, deren Erzeugnisse nach bibliophilen Gesichtspunkten gestaltet sind. Die um 1900 nach engl. Vorbild in Dtl. gegründeten P. beeinflussten entscheidend die dt. Buchkunst.

Privatrecht, der Teil der Rechtsordnung, der die Rechtsbeziehungen der Bürger untereinander und der privatrechtl. Verbände sowie Gesellschaften auf der Grundlage der →Privatautonomie regelt. Die Abgrenzung zw. P. und →öffentlichem Recht kann im Einzelfall schwierig sein, ist aber von erheblicher prakt. Bedeutung, da davon die Feststellung sowohl der anzuwendenden materiellen Rechtsnormen als auch des zulässigen Rechtsweges abhängt. Zum **materiellen P.** gehören das bürgerl. Recht (allgemeines P. mit den Hauptgebieten Schuld-, Sachen-, Familien- und Erbrecht) sowie die Sonderprivatrechte (z. B. Handels- und Gesellschaftsrecht, Urheber-, Wettbewerbs- und Kartellrecht). Unter **formellem P.** fasst man die Normen zusammen, die der Durchsetzung der Ansprüche aus dem materiellen P. dienen, also bes. das Zivilprozessrecht, das allerdings wegen der Fähigkeit des Staates, die Parteien einem bestimmten Verfahren zu unterwerfen, z. T. dem öffentl. Recht zugeordnet wird.

Privatschiffer, der →Partikulier.

Privatschule, nichtöffentl. Schule, d. h. eine Schule, die nicht vom Staat oder von Gebietskörperschaften betrieben wird. Sie wird als ›Schule in freier Trägerschaft‹ (daher auch die Bez. ›freie Schule‹) unterhalten (z. T. mit öffentl. Zuschüssen). Träger können Privatpersonen, Stiftungen und Vereine oder Kirchen (z. B. →Ordensschulen) sein. P. arbeiten vielfach auf gemeinnütziger Grundlage.

Das Schulrecht unterscheidet P., die anstelle der öffentl. Schulen (Ersatzschulen; genehmigungspflichtig), und solche, die neben diesen oder zusätzlich (Ergänzungsschulen; anzeigepflichtig) besucht werden können (häufig berufl. Schulen). In Dtl. ist das Recht zur Errichtung von P. durch Art. 7 Abs. 4–6 GG gewährleistet. Die staatl. Schulaufsicht gilt eingeschränkt auch für sie. Ersatzschulen müssen den öffentl. Schulen in bestimmten Punkten gleichwertig sein und dürfen eine Sonderung der Schüler nach Besitzverhältnissen der Eltern nicht fördern. Bei anerkannten Ersatzschulen werden Zensuren, Zeugnisse und Abschlüsse nach den für öffentl. Schulen geltenden Bestimmungen erteilt. – Die P. wirken als Korrektiv eines staatl. Schulmonopols. Häufig ermöglichen sie die Erprobung pädagog. Ideen und Methoden (z. B. Waldorfschulen, Landerziehungsheime, Einrichtungen des Lette-Vereins); auch bei den konfessionell ausgerichteten P. gibt es sehr unterschiedliche pädagog. Konzepte. – In Dtl. stellten die P. (1990) rd. 6% der allgemeinen Schulen mit rd. 5% der Schüler, bei berufl. Schulen stellten die P. (1997) rd. 40% der Schulen mit rd. 20% der Schüler. – Fernlehrgänge haben seit 1981 privatschulrechtl. Charakter (→Fernunterricht), sonstige, weder als Ersatz- noch als Ergänzungsschulen eingestufte, meist erwerbswirtschaftl. Schulen unterstehen der Gewerbeaufsicht.

Die Arbeitsgemeinschaft Freier Schulen, Vereinigungen und Verbände gemeinnütziger Schulen in freier Trägerschaft (Abk. AGFS; Sitz: Berlin) zählt (1997) fünf Mitgl.: Arbeitsgemeinschaft Ev. Schulbünde e. V. (Sitz: Siegen), Arbeitskreis Kath. Schulen in freier Trägerschaft in der Bundesrepublik Dtl. (Sitz: Bonn), Bund der Freien Waldorfschulen e. V. (Sitz: Stuttgart), Bundesverband Dt. Privatschulen e. V. (Sitz: Frankfurt am Main), Vereinigung Dt. Landerziehungsheime (Sitz: Berlin). Ferner bestehen die Vereinigung dt. Ordensschulen und Internate (Sektion Schulen, Sitz: Bonn, Sektion Internate, Sitz: Vechta) und der Ev. Erziehungsverband e. V. als Bundesverband ev. Erziehungseinrichtungen (Sitz: Hannover).

Hb. Freie Schulen, bearb. v. WOLFGANG MÜLLER (Neuausg. 1993); J. P. VOGEL: Das Recht der Schulen u. Heime in freier Trägerschaft ([3]1997).

Privat|sphäre, *Recht:* →Persönlichkeitsrecht.

Privat|straßen, alle nicht dem öffentl. Verkehr gewidmeten Straßen, Wege und Plätze (z. B. private Wohnstraßen). Der Charakter einer P. geht nicht dadurch verloren, dass sie im Eigentum der öffentl. Hand steht (z. B. bei Forstwegen). Stehen P. in erkennbarer Weise der allgemeinen Benutzung offen, spricht man von tatsächlich-öffentl. Straßen, die den Regelungen des Straßenverkehrsrechts unterliegen. Ansonsten gelten für P. die Regeln des Privatrechts.

Privatunterricht, Einzelunterricht, außerhalb oder als Ersatz für den öffentl. Unterricht (Letzteres bei schwerwiegenden Gründen, z. B. Behinderungen, unter Aufsicht der zuständigen Schulbehörde). Unabhängig von der Schulpflicht gibt es P. als Nachhilfeunterricht.

Privatversicherung, die →Individualversicherung.

Privatwald, Wald im Eigentum natürl. oder jurist. Personen des Privatrechtes. Für gewöhnlich werden hierzu auch Genossenschaftswälder und Wälder von Religionsgemeinschaften gezählt. Der P. nimmt in Dtl. rd. 46% der Waldfläche ein, einschließlich rd. 600 000 ha Wald in den neuen Bundesländern, die noch zu privatisieren sind (Stand 1996). Die durchschnittl. Waldfläche je Eigentümer liegt bei 8 ha. Etwa 1 Mio. Eigentümer verfügen über eine Waldfläche von jeweils weniger als 1 ha; diese kleinflächigen Besitzstrukturen erschweren eine geregelte Bewirtschaftung. Die Bildung forstwirtschaftlicher Zusammenschlüsse nach dem Bundeswald-Ges. soll diesen Strukturnachteil überwinden helfen.

Privatwirtschaft, i. w. S. die auf Privateigentum an Produktionsmitteln beruhende Volkswirtschaft (kapitalist. Wirtschaftsordnung, Marktwirtschaft); i. e. S. die von privaten Unternehmen geprägten Wirtschaftszweige.

Privatwirtschaftslehre, früher übl. Bez. für die Betriebswirtschaftslehre, um sie gegenüber der Volkswirtschaftslehre abzugrenzen.

Privileg [mhd. privilegje, von lat. privilegium ›Vorrecht‹] *das, -(e)s/...gilen,* **1)** *allg.:* Sonderrecht.

2) *Diplomatik:* **Privilegium,** besondere Form der Urkunden der päpstl. Kanzlei, die vom 9. bis 14. Jh. für Rechtsvorgänge von Dauer bestimmt war und sich vom Brief (littera) durch die Ausstattung mit Scriptumformel und großer Datierung unterschied. Unter INNOZENZ II. (1130–43) kam es zu einer Aufspaltung in das feierliche (Privilegium maius) und das einfache P. (Privilegium minus), die sich in äußeren Merkmalen (Rota, Monogramm, Papstunterschrift und große Datierung fehlen dem Privilegium minus) unterscheiden. Nachdem bereits im 13. Jh. das Privilegium minus durch das →Breve abgelöst worden war, trat im 14. Jh. das Privilegium maius zugunsten der sich im 13. Jh. herausbildenden →Bulle 2) zurück.

Grundr. der Geschichtswiss., hg. v. A. MEISTER, Reihe 1, Abt. 2, Tl. 2: L. SCHMITZ-KALLENBERG: Papsturkunden ([2]1913); T. FRENZ: Papsturkunden des MA. u. der Neuzeit (1986).

3) *Recht:* von der allgemeinen Regelung (Gewohnheitsrecht, Gesetz) sich abhebende Sonderregelung von Rechtsverhältnissen zugunsten einer Person, einer Gruppe oder, als **Real-P.,** eines Grundstücks (z. B. Mühlengerechtigkeit). P. meint sowohl die Erteilung als einen begünstigenden Herrschaftsakt für einen Einzelempfänger **(P. im formellen Sinn)** als auch die sich aus der Erteilung für den Einzelnen ergebende Rechtsstellung **(P. im materiellen Sinn).** Es ist objektives Sonderrecht und zugleich subjektive Sonderberechtigung.

Im MA. war das Recht der P.-Erteilung urspr. Befugnis der Herrscher, bes. von Kaiser bzw. König und Papst. Schon bald wurde die Befugnis zur P.-Erteilung auf die Gesetzgebungsbefugnis zurückgeführt. Nur wer Gesetze erlassen durfte, konnte auch Ausnahmen davon zulassen. Bei der Unvollständigkeit der gesetzl. Regelungen auch noch im 18. Jh. waren P. ein übliches und flexibles Mittel zur individualisierenden Ergänzung des Rechts und zur rechtl. Ausgestaltung neuer regelungsbedürftiger Lebenssachverhalte. Im 19. Jh. wurde das P. zurückgedrängt. P. traten bes. in drei Bereichen auf: 1) als Schutzerteilungen für gesetzlich nicht geregelte Materien (Erfinder-, Autoren-P. usw.); 2) als Schutzverstärkung für gesetzlich oder gemeinrechtlich geregelte Sachverhalte; 3) als Sonderrechte ohne spezielle Privilegierungsurkunden kraft Gesetzes für bestimmte Personengruppen (z. B. Juden, Soldaten). Dem Gedanken der Gleichheit verpflichtete Verfassungen kennen keine P. (z. B. Art. 3 Abs. 3 GG). Der Tatbestand sozialer Ungleichheit wird heute oft pejorativ mit dem juristisch sinnentleerten Begriff P. belegt.

privilegiertes Delikt, wegen besonderer Verhältnisse milder bestrafte Tat, z. B. die Tötung eines nichtehel. Kindes bei oder gleich nach der Geburt durch die Mutter (§ 217 StGB) oder die Tötung auf Verlangen (§ 216) im Verhältnis zum Mord (§ 211).

Privilegium de non evocando [lat.], im Heiligen Röm. Reich das den Fürsten und Reichsstädten seit König RUDOLF I. VON HABSBURG (1273–91) gewährte Privileg, bei Rechtsstreitigkeiten keine Eingriffe der königl. Gerichtsgewalt erdulden zu müssen; meist verbunden mit dem Verbot der Anrufung der Reichsgerichte nach Abschluss des Verfahrens **(P. de n. e. et de non appellando).** Bedeutend für die Ausgestaltung der Landesherrschaft wurde das den Kurfürsten in der Goldenen Bulle (1356) verliehene Evokationsprivileg. Erste Privilegien dieser Art wurden seit 1274 den Reichsstädten gewährt.

Privilegium maius [lat.], von Herzog RUDOLF IV. von Österreich (1358–65) um 1358/59 in Auftrag gegebene und unter dem Datum des Privilegium minus abgefasste Fälschung, mit deren Hilfe die Habsburger im Heiligen Röm. Reich eine Angleichung der österr. Herrschaft an die Kurfürstentümer erreichen und sich eine nahezu reichsunabhängige Stellung verschaffen wollten. Die vom Kaiser verweigerte Anerkennung führte zur Aneignung versch. Titel, u. a. Pfalzerzherzog, und dem Führen einer königsähnl. Krone mit Bügel und Kreuz. Erst Kaiser FRIEDRICH III., selbst Habsburger, bestätigte 1442 und 1453 die aus dem P. m. hergeleiteten Ansprüche (→Erzherzog). Mitte des 19. Jh. wurde das P. m. als Fälschung entlarvt.

A. LHOTSKY: P. m. (1957).

Privilegium minus [lat.], in Verbindung mit der Erhebung Österreichs zum Herzogtum am 17. 9. 1156 von Kaiser FRIEDRICH I. BARBAROSSA erlassenes Privileg, das dem gemeinsam belehnten Herzogspaar HEINRICH II. JASOMIRGOTT und THEODORA KOMNENA († 1183) außerordentl. Rechte gewährte, u. a. Erbfolge in weibl. Linie, verbindl. Designationsrecht bei Kinderlosigkeit, volle Gerichtsbarkeit sowie Beschränkungen bei Hoffahrt und Heerfolge. Das P. m., das die Herzogsgewalt auf ein Gebiet und nicht mehr auf den Personenverband eines Stammes gründete, sie aber noch der königl. Gewalt unterwarf, gilt als ein wichtiges Dokument für die Ausbildung der unumschränkten Landesherrschaft.

H. APPELT: P. m. Das stauf. Kaisertum u. die Babenberger in Österreich (Wien 1973); K. LECHNER: Die Babenberger. Markgrafen u. Herzöge von Österreich 976–1246 (ebd. [6]1996).

Privilegium Paulinum [lat.], *kath. Kirchenrecht:* das nach dem Apostel PAULUS (1. Kor. 7, 12–15) benannte Ausnahmerecht von dem Grundsatz der Unauflöslichkeit einer vollzogenen Ehe. Es gibt im Falle einer Ehe zw. Ungetauften demjenigen, der nach einer nichtchristl. Eheschließung katholisch geworden ist, die Möglichkeit, ›zugunsten des Glaubens‹ eine neue, christl. Ehe einzugehen, wenn der Partner der ersten Ehe ungläubig bleibt oder nicht gewillt ist, die Glaubenspflichten des Partners zu dulden (cc. 1143–1150 CIC). Analog dem P. P. ist seit dem 16. Jh. die Lösung einer nicht sakramental geschlossenen Ehe durch päpstl. Auflösungsbescheid möglich, wenn die Trennung bzw. neue Eheschließung ›im Interesse des Seelenheils‹ des/der Betroffenen liegen (›Privilegium Petrinum‹).

Privy Council ['prɪvɪ kaʊnsl] *der,* - -, in Großbritannien der Geheime Staatsrat des Monarchen. Er hat seine Anfänge im 14. Jh.; größte Bedeutung erlangte er im MA. und in der Tudorzeit. Mitgl. (rd. 300) werden gegenwärtig alle Kabinetts-Min. und die Inhaber einer Reihe wichtiger polit. und kirchl. Ämter in Großbritannien u.a. Commonwealthländern. Hauptaufgabe eines kleineren Ausschusses (Monarch und Regierungs-Mitgl.) ist die förml. Verabschiedung von →Orders in Council. Der gesamte P. C. tritt nur noch selten zusammen. Das ›Judicial Committee‹ (Rechtsausschuss) des P. C. ist Revisionsinstanz für bestimmte Commonwealthländer und für die Kirchengerichte.

Prix [pri; frz., von lat. pretium, vgl. Preis] *der,* -/-, frz. Bez. für Preis.

Prix d'Amérique [pridame'rik, frz.], *Pferdesport:* internat. höchstdotiertes Trabrennen, das seit 1920 alljährlich Ende Januar in Vincennes über 2600 m gelaufen wird.

Prix de l'Arc de Triomphe [pridəlarkdətri'ɔ̃f, frz.], *Pferdesport:* →Longchamp.

Prix Femina [prifemi'na], 1904 von der Zeitschrift ›Femina‹ (damals als ›P.-F.-Vie heureuse‹) gestifteter frz. Romanpreis; jährlich (mit Ausnahme der Jahre 1914–16 und 1940–43) einige Tage vor dem Prix Goncourt von einer Jury von Schriftstellerinnen für ein Werk in frz. Sprache verliehen. Preisträger waren u.a. R. ROLLAND (1905), R. DORGELÈS (1919), J. DE LACRETELLE (1922), G. BERNANOS (1929), A. DE SAINT-EXUPÉRY (1931), FRANÇOISE MALLET-JORIS (1958), R. PINGET (1965), MARGUERITE YOURCENAR (1968), J. SEMPRUN (1969), F. NOURISSIER (1970), R. DEBRAY (1977), ANNE HÉBERT (1982), SYLVIE GERMAIN (1989). Seit 1985 wird daneben der **Prix fémina étranger** an einen ausländ. Autor verliehen: Preisträger u.a. A. OZ (1988) und J. MARÍAS (1996).

Prix Goncourt [prigɔ̃'ku:r], angesehenster frz. Literaturpreis, der seit 1903 jährlich in der ersten Dezemberwoche von der Académie Goncourt für ein während des Jahres erschienenes Werk der erzählenden Literatur in frz. Sprache vergeben wird. Preisträger waren u.a. H. BARBUSSE (1916), G. DUHAMEL (1918), M. PROUST (1919), A. MALRAUX (1933), SIMONE DE BEAUVOIR (1954), R. GARY (1956), A. PIEYRE DE MANDIARGUES (1967), M. TOURNIER (1970), MARGUERITE DURAS (1984), T. BEN JELLOUN (1987) und P. CHAMOISEAU (1992).

Prix Interallié [priɛ̃tɛral'jɛ], 1930 von Journalisten gestifteter frz. Literaturpreis für einen vorzugsweise von einem Journalisten verfassten Roman von internat. Interesse. Preisträger waren u.a. A. MALRAUX (1930), P. NIZAN (1938) und B.-H. LÉVY (1988).

Prix Médicis [primedi'sis], 1958 gestifteter frz. Literaturpreis für ein (in Ton und Stil) neuartiges Prosawerk. Preisträger waren u.a. C. OLLIER (1958), C. MAURIAC (1959), MONIQUE WITTIG (1964), C. SIMON (1967), MARIE-CLAIRE BLAIS (1966), D. FERNANDEZ (1974), G. PEREC (1978), B.-H. LÉVY (1984) und CHRISTIANE ROCHEFORT (1988). Seit 1970 wird der **Prix Médicis étranger** an einen ausländ. Autor vergeben (Preisträger u.a. T. BERNHARD, 1988).

Prix Renaudot [prirəno'do], **Prix Théophraste Renaudot** [-teo'frast-], nach dem frz. Journalisten und Arzt THEOPHRASTE RENAUDOT (*1586, †1653) benannter und seit 1926 jährlich am gleichen Tag wie der Prix Goncourt verliehener frz. Literaturpreis für den Autor eines Romans, eines Berichts oder einer Novellensammlung. Preisträger waren u.a. M. AYMÉ (1929), L.-F. CÉLINE (1932), L. ARAGON (1936), H. BOSCO (1945), M. BUTOR (1957), J.-M. LE CLÉZIO (1963), G. PEREC (1965), J.-M. ROBERTS (1979), F. BILLETDOUX (1985), FRANÇOIS WEYERGANS (1992).

Prizren: Sinan-Pascha-Moschee (1615 vollendet); im Vordergrund eine türkische Brücke (spätes 15. oder frühes 16. Jh.)

Prizren [serb. 'prizrɛn, alban. 'prizren], Stadt in der Prov. Kosovo, in Serbien, Jugoslawien, 420 m ü. M., in der Metohija, am N-Fuß der Šar planina, 92300 Ew.; Textil-, Nahrungsmittelindustrie, Lederverarbeitung, Arzneimittelherstellung; in der Altstadt Betriebe des Handwerks und Kunsthandwerks (Gold- und Silberschmiedearbeiten). – Das Stadtbild ist orientalisch geprägt; erhalten ist u.a. die Metropolitankirche Bogorodica Ljeviška, die Muttergotteskirche, eine auf älteren Fundamenten im 13. Jh. erbaute, 1306/07 erneuerte dreischiffige Basilika mit fünf Kuppeln; die in der Zeit der türk. Herrschaft übertünchten Fresken wurden nach 1945 freigelegt. Ein einschiffiger Kuppelbau ist die Erlöserkirche (14. Jh.). Die Sinan-Pascha-Moschee wurde 1615 vollendet. Über P. die Ruine der Festung. – P., seit 1019 Bischofssitz, war im 13./14. Jh. bevorzugte Residenz der Nemanjiden und bedeutendes Handels- und Handwerkerzentrum. Unter türk. Herrschaft (1455–1912) befand sich hier eine ragusan. Handelskolonie. – Die **Liga von P.,** am 10. 6. 1878 durch Abordnungen aus allen alban. Landesteilen unter Führung von A. FRASHËRI gegr., trat v.a. für alban. Autonomie und territoriale Integrität ein. Sie wurde im April 1881 durch die türk. Reg. zerschlagen.

Prjanischnikow, Prjanišnikov [-ʃ-], Illarion Michajlowitsch, russ. Maler, *Timaschowo (Gebiet Kaluga) 1. 4. 1840, †Moskau 24. 3. 1894; Mitgl. der Peredwischniki. Mitbegründer der realist. Genremalerei in Russland (›Die Heimfahrt‹, 1872; Moskau, Tretjakow-Galerie).

Prličev ['pərlitʃɛf], Grigor, bulgar. **G. Parlitschew,** makedon. Schriftsteller, *Ohrid 18. 1. 1830, †ebd. 25. 1. 1893; schrieb zunächst in griech. Sprache, u.a. das Epos ›Ho armatolos‹ (1860), für das er mit dem Ehrentitel ›Zweiter Homer‹ ausgezeichnet wurde. Später wandte er sich gegen die panhellenist. Kräfte seiner Heimat und übersetzte das Epos in eine makedonisch-kirchenslaw. Mischsprache.

pro... [lat. pro, griech. pró ›vor‹; ›für‹; ›anstelle von‹], Präfix mit den Bedeutungen: 1) vor (räumlich), vorspringend, z.B. Prognathie; 2) vor (zeitlich), vorausgehend; vorzeitig; Vorstufe, z.B. Progerie, Proenzym; 3) hervor, heraus, z.B. Produkt; 4) nach vorn, vorwärts, z.B. Projekt; 5) in die Zukunft gerichtet, z.B. Prognose; 6) gemäß, im Verhältnis zu, z.B. Prozent.

pro anno, Abk. **p. a.,** →per annum.

Proavis [lat. avis ›Vogel‹], nur durch wenige Fossilfunde (in Texas) belegter Vorläufer der Vögel aus der späten Trias, mit vielen reptilartigen Merkmalen (von den Pseudosuchiern abgeleitet), langen Vordergliedmaßen und langem Schwanz; Ausbildung eines Federkleids umstritten. P. war wahrscheinlich Baumbewohner, der zum Gleitflug fähig war.

Probabilismus [zu lat. probabilis ›wahrscheinlich‹] *der,* -, **1)** *Erkenntnistheorie* und *Wissenschaftstheorie:* die Auffassung, dass menschl. Erkenntnis keiner absoluten Gewissheit, sondern nur einer mehr oder weniger großen Wahrscheinlichkeit fähig ist; kennzeichnet gemäßigt skept. Positionen, z. B. einiger antiker Skeptiker. Ein P. prägt auch Lehren, die von einer gewissen Indeterminiertheit der Natur ausgehen (z. B. É. Boutroux, C. Renouvier) oder die wie C. S. Peirce in seiner Kosmologie ein Universum des absoluten Zufalls annehmen. Wissenschaftstheoretisch gelten empir. Theorien als ›probabilistisch‹, die sich auf wahrscheinlichkeitstheoret. oder statist. Grundlagen stützen.

2) *kath. Moraltheologie:* ein v. a. im 17./18. Jh. entwickeltes →Moralsystem, nach dem sich der Mensch gegen die Befolgung moral. Gesetze entscheiden kann, sofern seiner Entscheidung ›glaubwürdige‹ (›probabilis‹) Gewissensgründe zugrunde liegen. Der P. wurde bes. von den Jesuiten vertreten und v. a. von den Jansenisten heftig bekämpft.

Proband [lat. probandus ›ein zu Untersuchender‹] *der, -en/-en,* **1)** *allg.:* Versuchs-, Testperson (v. a. bei psycholog. Untersuchungen oder Tests von Arzneimitteln).

2) *Genealogie:* Bezugsperson, deren Vorfahren, Nachkommen, Verwandte u. a. erforscht und dargestellt werden (früher auch ›Ahnenträger‹ bzw. ›Zentralperson‹ gen.).

3) *Recht:* Verurteilter, dessen Strafe zur Bewährung ausgesetzt ist und der von einem Bewährungshelfer betreut wird.

Probe [mlat. proba ›Prüfung‹], **1)** *Mathematik:* Verfahren zum Nachweis der Wahrheit einer Aussage, eines Beweises, der Gültigkeit einer Rechnung (z. B. →Neunerprobe).

2) *Münzwesen:* **Probierung,** Überprüfung des Rau- und Feingewichts einer Münze (→Münzprobe). Sie erfolgte nach versch. Verfahren der →Probierkunst. Als P. werden auch →Probemünze, Münzprobe und der P.-Abschlag (Prägung in einem weichen Metall zu Prüfzwecken) bezeichnet.

3) *Naturwissenschaften* und *Technik:* eine i. Allg. kleine Teilmenge eines Materials oder Produkts, das auf bestimmte Eigenschaften untersucht werden soll.

4) *Recht:* →Kauf auf Probe.

5) *Theater, Film, Fernsehen, Konzert:* die Vorbereitung für die Aufführung. Beim Theater beginnen die P. mit **Lese-P.** (heute oft als Diskussionen geführt), denen die **Bau-P.** (in maßstabgetreu abgesteckten Dekorationsandeutungen), dann die **Arrangier-** oder **Stell-P.,** auch **Beleuchtungs-P.** folgen (Verständigung über Auftritte, Abgänge und Stellungen); beim Musiktheater und bei Konzerten kommen **Solisten-, Chor-** und **Orchester-P.** hinzu. Die **Stück-P.** enden mit der **Haupt-** und der **General-P.** Große Theater haben eigene P.-Bühnen, doch müssen die letzten P. auf der gebauten Bühne stattfinden. Die P.-Zeit im Theater hat sich im 20. Jh. immer mehr erweitert: von oft nur drei Tagen (noch um 1900 am Burgtheater) bis zu mehreren Monaten. – In Film und Fernsehen werden jeweils einzelne Szenen, aufgeteilt nach Kameraeinstellungen, direkt vor der Aufzeichnung geprobt.

Probe|arbeitsverhältnis, ein echtes, voll wirksames Arbeitsverhältnis, das unter dem Vorbehalt der Beendigung steht, wenn sich herausstellt, dass eine Zusammenarbeit auf Dauer nicht in Betracht kommt. Der Arbeitgeber will erproben, ob der Arbeitnehmer sich bewährt und den übertragenen Aufgaben gewachsen ist; der Arbeitnehmer soll prüfen, ob eine Zusammenarbeit im Betrieb möglich ist. Eine gesetzl. **Probezeit** ist nur in einem Berufsausbildungsverhältnis vorgesehen (§§ 13, 19 Berufsbildungs-Ges.). Das P. kommt in zwei Hauptformen vor. Es kann auflösend befristet sein; dann endet es ohne Ausspruch einer Kündigung mit Fristablauf, sofern sich die Parteien nicht auf die Weiterbeschäftigung verständigen. Die Probezeit kann aber auch einem Dauerarbeitsverhältnis vorgeschaltet sein. In diesem Fall bedarf es zu seiner Beendigung eines besonderen Beendigungstatbestandes, i. d. R. Kündigung. Die Probezeit kann ggf. auch als Mindestvertragszeit gewollt sein. Die Dauer der Probezeit richtet sich nach der vertragl. Vereinbarung (i. Allg. 3–6 Monate); sie kann durch tarifvertragl. Regelung oder Betriebsvereinbarung begrenzt sein. Ist zur Beendigung eines P. eine Kündigung erforderlich, gilt mangels besonderer Vereinbarung die kürzestmögl. Kündigungsfrist. Für die Kündigung greift aber schon der besondere Kündigungsschutz, z. B. bei Schwangeren. – 1997 wurde zur Verringerung der Arbeitslosigkeit ein **Eingliederungsvertrag** in das Arbeitsrecht eingeführt, der von der Bundesanstalt für Arbeit gefördert wird und dem Arbeitgeber die Möglichkeit geben soll, den Arbeitnehmer zu erproben (§§ 231 ff. SGB III). Er kann jederzeit aufgelöst werden.

Nach *österr.* Recht kann zu Beginn eines Arbeitsverhältnisses eine Probezeit von allg. einem Monat vereinbart werden, innerhalb derer das Arbeitsverhältnis von beiden Seiten ohne Angabe von Gründen frist- und terminfrei gelöst werden kann (§ 1 158 Abs. 2 ABGB, § 19 Abs. 2 Angestellten-Ges.). – In der *Schweiz* gilt der erste Monat eines Arbeitsverhältnisses als Probezeit. Diese kann durch schriftl. Abrede, Normalarbeitsvertrag oder Gesamtarbeitsvertrag auf höchstens drei Monate verlängert werden. Während der Probezeit beträgt die Kündigungsfrist sieben Tage (Art. 335 b OR).

Probebelastung, *Bautechnik:* experimentelle Untersuchung zur Tragfähigkeit des Baugrundes oder von Baukonstruktionen. Bei Pfahlgründungen wird über die P. eines Pfahles der Erdstoffwiderstand und damit die Pfahltragfähigkeit ermittelt. Bei Brücken misst man nach der Lastaufbringung die Einsenkungen an den exponiertesten Stellen, bei Bogenbrücken die Scheitel, bei Balkenbrücken die Feldmitten.

Probedruck, frz. **Épreuve d'État** [eˈprœːv deˈta], *graf. Technik:* Abdruck von einer genormten Druckform unter bestimmten Druckbedingungen auf ein einheitl. Papier zur Prüfung von Druckfarben oder mit einheitl. Druckfarbe zur Prüfung der Bedruckbarkeit eines Bedruckstoffs. Bei der Herstellung des P. muss eine festgelegte Farbmenge auf das Papier übertragen werden, die etwa der Menge entspricht, die beim Fortdruck mit einer Druckmaschine auf den Bedruckstoff gebracht wird. Infolge der einheitl., betrieblich festzulegenden Bedingungen (z. B. Druckgeschwindigkeit, -spannung) für den P. sind reproduzierbare Ergebnisse bei der Prüfung möglich. Der P. ermöglicht damit eine Kontrolle von Bildgestaltung und Farbgebung vor dem Auflagendruck.

Probekörper, 1) *Physik:* in ein →Feld eingebrachter Körper zur Bestimmung der jeweiligen Feldgröße am Ort des P. Der P. selbst soll möglichst eine vernachlässigbar kleine Wirkung auf das Feld haben; ein idealer P. sollte punktförmig sein, z. B. eine Punktladung zur Ausmessung des elektr. Feldes oder eine Punktmasse zur Ausmessung des Gravitationsfeldes.

2) *Werkstoffprüfung:* Prüfkörper, an dem nach versch. Verfahren Belastungsuntersuchungen durchgeführt werden, z. B. Zug-, Druck-, Biegeversuche.

Probemünze, Probe, Prägung, die in den Details der Ausführung (Münzbild), dem Münzmetall oder der Größe von der endgültigen späteren Fassung der Münze abweicht. Manchmal sind P. durch ein entsprechendes Wort, z. B. ›Essai‹ in Frankreich oder ›Proba‹ in Polen, gekennzeichnet.

Probenahme, die Entnahme kleiner Mengen aus einer Lagerstätte, einem Rohstofflager oder einer -lieferung. Im Bergbau werden v. a. versch. Formen der Bohrprobe angewendet, wobei die **Bohrkernprobe** am verbreitetsten ist. Dabei werden mit Hohlbohrern Bohrkerne gezogen, aus denen auf die Lagerstättenzusammensetzung, das Deckgebirge und – bei richtungsorientierter Niederbringung der Bohrung – auch auf das ›Einfallen‹ (räuml. Lage) der Lagerstätte geschlossen werden kann.

Probezeit, →Probearbeitsverhältnis.

Probiergewicht, *Münzwesen:* Gewichtseinheit, die bei der Feingehaltsermittlung von Edelmetalllegierungen benutzt wird. Die Größe der P. richtete sich nach der Menge, die für die Durchführung einer Probe benötigt wurde. Diese Menge wurde **Probiermark** oder **Probierzentner** genannt und war bis in das 19. Jh. weder nat. noch internat. vereinheitlicht. Das P. für Silber beträgt heute allg. 1 g und für Gold 0,5 g.

Probierglas, *Chemie:* das →Reagenzglas.

Probierkunst, Oberbegriff für alle einfachen Verfahren zur Bestimmung des Edelmetallanteils in Erzen, Edelmetallabfällen und →Pagament. Die P. umfasst trockene (Probeschmelzen), nasschem. (Maßanalyse, Kolorimetrie) und elektrolyt. Verfahren. Die →Strichprobe wurde bereits in der Antike zur Goldgehaltsbestimmung praktiziert.

Probierstein, schwarzer Kieselschiefer für die →Strichprobe.

Probiose [Analogiebildung zu Symbiose] *die, -/-n,* das Zusammenleben zweier Organismen zum Nutzen eines Partners ohne Schädigung des anderen, z. B. Parökie, Phoresie, Entökie.

Problem [griech. próblēma ›das Vorgelegte‹; ›die gestellte (wiss.) Aufgabe‹] *das, -s/-e,* schwierige Aufgabe, komplizierte Fragestellung; nicht gelöste Frage, beruhend auf dem Wissen oder der Erkenntnis, dass das verfügbare Wissen nicht ausreicht, um eine gestellte Aufgabe zu bewältigen oder einen Zusammenhang zu durchschauen, dessen Verständnis erstrebt wird; daher anknüpfend an SOKRATES oft als ›Wissen vom Nichtwissen‹ beschrieben. Das P. ist Ausgangspunkt des Fragens und Forschens, v. a. in der Wissenschaft. Wissenschaftstheorie, Heuristik, auch die Psychologie, untersuchen den Vorgang des →Problemlösens. Eine zentrale Rolle spielen P. in Gestalt von so genannten Vermutungen in der Mathematikgeschichte (z. B. →Poincaré-Vermutung, →riemannsche Vermutung, →Syrakus-Problem).

Zu den klass., in den versch. Epochen der Philosophiegeschichte unterschiedlich beantworteten Fragen zählen das →Leib-Seele-Problem, das →Subjekt-Objekt-Problem und das P. der Wahrheit. Die Beantwortung derartiger P. wird oft als Aufklärung des ›Wesens‹ der fragl. Gegenstände aufgefasst. Diese Vorstellung kritisierte L. WITTGENSTEIN mit seiner berühmten These: ›Das P. gibt es nicht‹. Nach seiner Meinung besteht das Lösen philosoph. P. im Sich-klar-Werden über den Sinn der gebrauchten Wörter. (→analytische Philosophie)

Problem|analyse, *Informatik:* →Softwaretechnik.

Problematik *die, -,* aus einer Frage, Aufgabe, Situation sich ergebende Schwierigkeit.

Problemlösen, das Auffinden eines vorher nicht bekannten Weges von einem gegebenen Anfangszustand zu einem gewünschten und mehr oder weniger bekannten Endzustand. Im Unterschied zum reproduktiven Denken, der Anwendung von Gelerntem oder Erfahrungswissen auf eine bestimmte Situation, handelt es sich beim Hervorbringen neuer Lösungen um einen kreativen Vorgang. Probleme können gelöst werden etwa durch das Auffinden eines Schemas, das versch. Elemente zueinander in Beziehung setzt, durch Strukturierung (Vorwärts- und Rückwärtsplanung, Subsumtion), durch Neuanordnung gegebener Elemente, durch Umstrukturierung einer Gestalt (das Gegebene in einem anderen Zusammenhang ›sehen‹). Als Stadien des P. wurden u. a. die Vorbereitung (ein Problem formulieren und Informationen sammeln), die Inkubation (eine Zeitspanne ohne Lösung, oft auch ohne Beschäftigung mit dem Problem), die oft plötzlich erkannte Lösung und ihre nachträgl. systemat. Ausarbeitung (Verifikation) unterschieden. Modelle des P. dienen auch als Vorbilder für die Computersimulation (künstl. Intelligenz).

Problemschach, Kunstschach, vom Schachspiel unabhängiges Gebiet schachl. Aktivität, bei der mit Mitteln, die sich im Schachspiel finden oder daraus abgeleitet sind, künstler. Wirkungen oder konstruktive Leistungen in der Form von **Schachkompositionen** angestrebt werden. Eine solche wird i. d. R. als Schachaufgabe publiziert (Schachstellung nebst Forderung, z. B. ›Weiß zieht und setzt in *n* Zügen matt‹, meist abgekürzt zu ›Matt in *n* Zügen‹). Eine Schachkomposition muss eine eindeutige Lösung besitzen, die nach künstler. und ästhet. Gesichtspunkten (Feinheit, Tiefe und Originalität der dargestellten schachl. Vorgänge) beurteilt wird. Nach Art der Forderung unterscheidet man Endspielstudien (→Studie), orthodoxe Schachprobleme (Zwei-, Drei- und Mehrzüger), bei denen ausschießlich die Schachregeln der FIDE (→Schachspiel) verwendet werden, und heterodoxe Schachprobleme (→Märchenschach).

Seit etwa 1850 haben sich versch. Stile herausgebildet. So befasst sich z. B. die Böhm. Schule mit der Schönheit der Mattbilder, die im Verlauf der Lösung entstehen, und die Log. Schule mit der log. Struktur der Lösung, die so gestaltet sein soll, dass sich die Lösung durch log. Verknüpfen mehrerer Pläne entfaltet. In den meisten Ländern gibt es Vereinigungen von P.-Freunden, die die Entwicklung des P. durch die Veranstaltung von Problemturnieren und die Herausgabe von Büchern und Spezialzeitschriften fördern. Für internat. Regelungen ist die PCCC (Permanent Commission der FIDE for Chess Composition) zuständig, die das alle drei Jahre erscheinende FIDE-Album herausgibt, das die besten in diesem Zeitraum weltweit publizierten Schachkompositionen beinhaltet.

Problemstück, Problemdrama, Drama, das konkreter und enger als das sich allgemeineren Fragestellungen zuwendende →Ideendrama ein oft aktuelles Problem (sozialer, eth., polit. Art) thematisiert. Dabei sind Charakterzeichnung, Handlungsführung und die übrigen gattungseigenen Ausdrucksmittel auf dieses Problem hin ausgerichtet, das dabei jedoch nicht wie in der Tendenzdichtung nur eindimensional, sondern aus mehreren Blickwinkeln diskutiert wird. Beispiele sind ›Les justes‹ (1950) von A. CAMUS und ›Andorra‹ (1961) von M. FRISCH.

Proboscidea [griech.], die →Rüsseltiere.

Proboscis [griech.], der →Rüssel.

Probstei, Landschaft im Kr. Plön, Schlesw.-Holst., im N der Halbinsel Wagrien, zw. Kieler Förde, Ostsee und Selenter See; vorwiegend fruchtbare Grundmoränen, im N eingedeichte Salzwiesen. Hauptort ist Schönberg (Holstein). Westlich vom Badeort Schönberger Strand hat sich ein Fremdenverkehrs- und Naherholungsgebiet entwickelt. – Die P., urspr. wagrisches Siedlungsgebiet, wurde nach Einsetzen der dt. Kolonisation, vermutlich zu Beginn des 13. Jh., zu großen Teilen bereits 1226 dem Kloster Preetz übereignet. Die Verwaltung durch dessen Propst war na-

Marcus Aurelius Probus

Jürgen Prochnow

Aleksandr Michajlowitsch Prochorow

mengebend. Bis zur Mitte des 15. Jh. erwarb das Kloster auch die übrigen Teile der heutigen P. und blieb bis zur Einführung der Kreisordnung (1888), nachdem die Reallasten bereits in den 1870er-Jahren abgelöst worden waren, dort Obrigkeit.

Probus, Marcus **Aurelius,** röm. Kaiser (seit 276), *Sirmium (heute Sremska Mitrovica) 19. 8. 232, †(ermordet) ebd. September 282; wurde vom Heer des Ostens zum Kaiser ausgerufen. P. sicherte die Rhein- und Donaugrenze erfolgreich gegen die Germanen (277/278) und schlug mehrere Militärrevolten nieder. In Thrakien siedelte er die Bastarnen an; er ließ die Aurelian. Mauer vollenden. Nach der Erhebung des MARCUS AURELIUS CARUS zum Gegenkaiser wurde er beim Aufbruch zu einem Perserfeldzug erschlagen.

J. H. E. CREES: The reign of emperor P. (London 1911, Nachdr. Rom 1965).

Probus, Marcus **Valerius,** röm. Philologe der 2. Hälfte des 1. Jh. n. Chr. aus Berytos (heute Beirut); lebte in Rom; edierte die Texte von TERENZ, LUKREZ, VERGIL und HORAZ mit krit. Anmerkungen. Die unter seinem Namen überlieferten grammat. Traktate und Kommentare stammen in der vorliegenden Form nicht von ihm.

Procaccini [prokatˈtʃiːni], **1)** Camillo, ital. Maler, *Bologna wahrscheinlich zw. 1551 und 1555, †Mailand 21. 8. 1629, Bruder von 2); von CORREGGIO und BAROCCI beeinflusst, erlangte seine koloristisch ausdrucksstarke, manierist. Malweise Bedeutung für die frühbarocke Malerei Mailands.

2) Giulio Cesare, ital. Maler, *Bologna 30. 5. 1574, †Mailand 14. 11. 1625, Bruder von 1). Zunächst als Bildhauer am Mailänder Dom tätig, wandte er sich nach einer Reise nach Parma (1600–02), wo er Werke von CORREGGIO und PARMIGIANINO kennen lernte, der Malerei zu. Der zunächst auf manierist. Voraussetzungen beruhende Figurenstil seiner die Bildfläche dekorativ füllenden Kompositionen wandelte sich, bes. nach einer Reise nach Genua (1618) durch die Kunst von P. P. RUBENS beeinflusst, im Sinne des Frühbarock.

Procain [Kw.] *das, -s,* **Novocain®,** 4-Aminobenzoesäure-(2-diäthylaminoäthyl)-ester, Lokalanästhetikum zur Infiltrations- und Leitungsanästhesie; auch zur so genannten Neuraltherapie eingesetzt.

Procaviidae [nlat.], die →Schliefer.

Procedere [lat. procedere, ›fortschreiten‹] *das, -/-,* eingedeutscht **Prozedere,** *bildungssprachlich* für: Verfahrensordnung, -weise, Prozedur.

Procellariidae [lat.], die →Sturmvögel.

pro centum [lat.], Abk. **p.c.,** Zeichen %, *veraltet* für: für hundert, für das Hundert.

Processart [ˈprəʊsesɑːt, engl.] *die, -,* **Process-Art,** die →Prozesskunst.

Processdesign [ˈprəʊsesdɪˈzaɪn, engl.], **Process-Design,** *Chemie:* Planung verfahrenstechn. Anlagen. Beim P., das sich an eine →Feasibility-Studie anschließt, werden u. a. die optimalen Betriebsbedingungen (z. B. Druck, Temperatur) sowie Art und Dimensionierung von Apparaten festgelegt.

Processus [lat. ›das Vorgehen‹, ›das Hervorsprießen‹] *der, -/-, Anatomie:* Fortsatz oder Vorsprung an einem Organ, v. a. an Knochen (z. B. **P. spinosus,** der Dornfortsatz der Wirbel).

Procházka [ˈprɔxaːska], **1)** Antonín, tschech. Maler, *Važany (heute zu Brünn) 5. 6. 1882, †Brünn 9. 6. 1945; fand nach Auslandsreisen ab 1910 zu einer individuellen Form des Kubismus. In die Bilder der 20er- und 30er-Jahre flossen Anregungen von Werken der Naturvölker bzw. der archaischen Kunst ein.

2) Jan, tschech. Schriftsteller, *Ivančice (bei Brünn) 4. 2. 1929, †Prag 20. 2. 1971; schilderte häufig die inneren Wandlungen junger Menschen, schrieb auch erfolgreiche Jugendbücher und Filmdrehbücher. Kurz vor der sowjet. Intervention veröffentlichte er Sammlungen freier polit. Ansichten (›Politika pro každého‹, 1968; dt. ›Solange uns Zeit bleibt‹); wurde dafür aus der KP ausgeschlossen.

Weitere Werke: *Roman:* Přestřelka (1964). – *Erzählungen:* Tři panny a Magdalena (1966; dt. Milena spielt nicht mit); Svatá noc (1966; dt. Die hl. Nacht); Kočár do Vídně (1967; dt. Eine Kutsche nach Wien); Ucho (hg. 1976; dt. Das Ohr). – *Jugendbücher:* Ať žije Republika (1965; dt. Es lebe die Republik); Lenka (1967; dt.).

Prochlorit, Rhipidolith, zu den →Chloriten gehörendes monoklines, aluminium- und eisenhaltiges Schichtsilikatmineral; Gemengteil vieler Chloritschiefer, Überzug auf Bergkristallen, Feldspäten u. a.

Prochloron [griech.] *das, -s,* ein einzelliger photosynthet. Organismus, der nach seiner Zellstruktur zu den →Blaualgen gehört, wegen der Bildung von Chlorophyll a und b aber auch Merkmale der Grünalgen besitzt und deshalb als Übergangsform zw. Prokaryonten und Eukaryonten angesehen wird. P. lebt als Ektosymbiont auf Seescheiden (Ascidien) in trop. Küstengewässern.

Prochnow [-no], Jürgen, Schauspieler, *Berlin 10. 6. 1941; Bühnen- (seit 1966), Fernseh- (seit 1970) und Filmschauspieler (seit 1971); Durchbruch als Charakterdarsteller in dem Melodram ›Die Konsequenz‹ (1977; Fernsehfilm).

Filme: Die Verrohung des Franz Blum (1974); Das Boot (1981); Versteckt (1984); Der Bulle und das Mädchen (1985); Das Siebte Zeichen (1987); The Man Inside – Tödliche Nachrichten (1990); Robin Hood (1991); Der Fall Lucona (1993); Die Mächte des Wahnsinns (1994); Fesseln (1995; Fernsehfilm); Tödliche Wahl (1995, 3 Tle.; Fernsehfilm); Der Schrei der Liebe (1996; Fernsehfilm).

Prochorow, Aleksandr Michajlowitsch, sowjet. Physiker, *Atherton (Australien) 11. 7. 1916; Prof. in Moskau. Grundlegende Untersuchungen zur Quantenelektrodynamik führten ihn mit N. G. BASSOW 1955 zur Entwicklung von Masern und Lasern. P. erhielt 1964 mit BASSOW und C. H. TOWNES den Nobelpreis für Physik.

Procida [-tʃ-], lat. **Prochyta,** Insel im NW des Golfs von Neapel, Italien, 3,9 km², bis 91 m ü. M., aus Laven und Tuffen aufgebaut. Hauptort ist Procida, 10 800 Einwohner.

Proconsul, 1) *antikes Rom:* →Prokonsul.

2) *Paläontologie:* ausgestorbene Gattung der Menschenaffen aus dem frühen Miozän (vor rd. 22–17 Mio. Jahren) O-Afrikas. P. wird heute als sehr unspezialisierter Hominoide von der Größe eines Savannenpavians angesehen, der sich vornehmlich auf allen vieren fortbewegte.

Procter & Gamble Company [ˈprɔktə ənd ˈgæmbl -], einer der weltgrößten Seifen- und Waschmittelher-

Antonín Procházka: Prometheus; 1910–11 (Brünn, Mährisches Museum)

steller, gegr. 1837; Sitz: Cincinnati (Oh.). Neben Wasch- und Reinigungsmitteln, Kosmetika, Pharmazeutika, Chemikalien, Hygieneartikeln werden auch Fruchtsaftgetränke hergestellt. Das Unternehmen ist in über 40 Ländern tätig; dt. Tochtergesellschaft ist die Procter & Gamble GmbH, Schwalbach am Taunus. Umsatz (1997): 35,76 Mrd. US-$, Beschäftigte: 103 000.

Proctor ['prɔktə], Richard Anthony, brit. Astronom, * Chelsea (heute zu London) 23. 3. 1837, † New York 12. 9. 1888; wurde v. a. durch seine detailreichen Mars- und Venuskarten sowie die genaue Bestimmung der Rotationsperiode des Mars bekannt.

Proctor-Dichte [nach dem amerikan. Bauingenieur R. R. PROCTOR, † 1962], *Erdbau:* die höchste Dichte, die eine Bodenprobe durch eine festgelegte Verdichtungsarbeit in einem genormten Gefäß bei ihrem günstigsten Wassergehalt erreicht. Die P.-D. wird durch den **Proctor-Versuch** ermittelt. Dabei wird die Bodenprobe in versch. Schichten mit unterschiedl. Wassergehalten durch ein Fallgewicht in einem Probengefäß eingestampft. Gefäßform, Gewicht, Fallhöhe sowie Anzahl der Schichten und Schläge sind genau vorgegeben.

Proculianer, angeblich von dem röm. Juristen MARCUS ANTISTIUS LABEO (* vor 42 v. Chr., † nach 22 n. Chr.) begründete röm. Rechtsschule, der vom Beginn der Kaiserzeit bis zur Zeit des GAIUS die Schule der **Sabinianer** gegenüberstand. Neben LABEO waren PROCULUS (zur Zeit NEROS), der der Schule ihren Namen gab, PEGASUS (zur Zeit VESPASIANS) und CELSUS (zur Zeit HADRIANS) bekannte Vertreter.

Procurator, →Prokurator 2).

Procyonidae [griech.], die →Kleinbären.

Prodekan, an wiss. Hochschulen der Stellvertreter des amtierenden →Dekans.

Prodi, Romano, ital. Politiker, * Sandino 9. 8. 1939; Jurist und Wirtschaftswissenschaftler, auch publizist. Arbeit; parteilos; 1978/79 Industrie-Min. der Reg. Andreotti; 1982–89 und 1994/95 Präs. der ital. Staatsholding IRI (→Italien, Wirtschaft), wo er erste Privatisierungen erreichte. Nach dem Wahlsieg des Mittelinks-Bündnisses ›L'Ulivo‹ im April 1996 übernahm er das Amt des Ministerpräsidenten.

Romano Prodi

Prodigi|enliteratur [vgl. Prodigium], Erzählungen von außergewöhnl. Erscheinungen (→Prodigium), die, bewusst ausgebaut, schon in der antiken Historiographie und im Epos eine Rolle spielten. Mit späteren Abschriften dieser Passagen wurde die P. eine selbstständige Gattung. Das 16. Jh. hat die P. wieder entdeckt und dazu Wundererscheinungen der eigenen Zeit zusammengestellt, diese aber – geprägt von humanist. Interesse und reformator. Endzeitbewusstsein – eschatologisch interpretiert. Höhepunkt und Zunahme des Umfangs der P. fällt mit histor. Krisenzeiten zusammen.

Prodigium [lat. ›bedeutungsvolles Vorzeichen‹, ›Wunderzeichen‹] *das, -s/...gi|en,* in der Antike Bez. für als göttl. Willensäußerungen verstandene Vorzeichen für gute und schlechte Ereignisse, in Rom im staatl. Bereich Bez. für ein außergewöhnl. Naturereignis (z. B. Blitz, Sonnenfinsternis, Steinregen, Missgeburt), das als Zeichen eines gestörten Verhältnisses zu den Göttern aufgefasst wurde und bestimmte Sühnehandlungen notwendig machte; im MA. allgemein Bez. für ein wunderbares Ereignis.

Prodikos, P. von Keos, griech. Sophist und Rhetor, * um 470/460 v. Chr., † nach 399 v. Chr.; lebte in Iulis auf der Insel Keos; Zeitgenosse des SOKRATES, soll Schüler des PROTAGORAS gewesen sein. Er verfasste v. a. die Schriften ›Über die Natur‹ (›Über die Natur des Menschen‹) mit Gedanken zur Kosmologie und Anthropologie und ›Die Horen‹ mit der (bei XENOPHON überlieferten) Erzählung über ›Herakles am Scheidewege‹ (→Herakles). Beachtung fanden seine auch von PLATON gewürdigten Studien zur Synonymik und seine rationalist. Deutung der Religion, die urspr. aus der Verehrung der natürl. Gegebenheiten menschl. Daseins als göttlich hervorgegangen sei.

Ausgabe: P. v. K., in: Die Fragmente der Vorsokratiker, hg. v. W. KRANZ, Bd. 2 ([6]1952, Nachdr. 1985).

pro domo [lat. ›für das (eigene) Haus‹], *bildungssprachlich* für: in eigener Sache; zum eigenen Nutzen, für sich selbst.

Prodrom [von griech. pródromos ›Vorbote‹, ›Vorläufer‹] *das, -s/-e,* Frühsymptom; **Prodromal|stadium,** Vorläuferstadium einer Krankheit (z. B. Kopfschmerzen vor Ausbruch einer Grippe).

Prodromos, Theodoros, byzantin. Dichter, →Theodoros, T. Prodromos.

Producer [prə'dju:sə, engl.] *der, -s/-,* im engl. Theater der Regisseur; neuerdings setzt sich nach amerikan. Muster die Unterscheidung ›Producer‹ (Produzent, Unternehmer) und ›Director‹ (Regisseur) durch. (→Produktion, →Produzent)

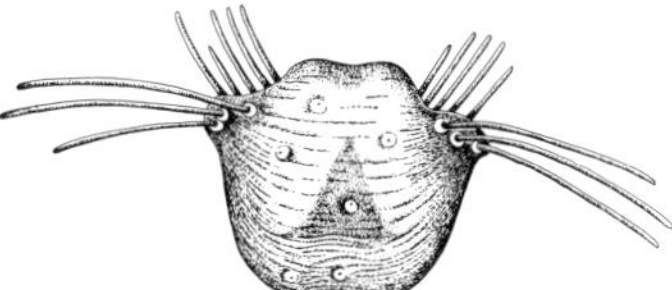

Productiden: Productus (Horridonia) horridus (bis 3,5 cm breit, Stacheln bis 10 cm lang)

Productiden [lat.], ausgestorbene Gruppe der Armfüßer, vom Unterdevon bis zum Oberperm, mit stark konvexer Ventral-(Stiel-) und flacher Dorsalklappe, stiellos, oft mit langen Stacheln (bis 10 cm) am Boden haftend, u. a. Productus (Horridonia) horridus. Der kinderkopfgroße Gigantoproductus giganteus, mit einer Schlossrandlänge von 35 cm, war der größte Armfüßer überhaupt. P. gehörten zur Kohlenkalkfauna des Karbons und waren Bewohner der Zechsteinkalkriffe.

Productplacement ['prɔdʌkt'pleɪsmənt, engl.], **Product-Placement,** *Marketing:* →Schleichwerbung.

Produkt [zu lat. producere, productum ›hervorbringen‹] *das, -(e)s/-e,* **1)** *allg.:* Erzeugnis.

2) *Mathematik:* das Ergebnis der →Multiplikation zweier oder mehrerer Zahlen, den Faktoren. Allg. spricht man auch bei (nichtkommutativen) Gruppen von einem P. Besondere Formen sind z. B. →kartesisches Produkt, →Skalarprodukt, →Vektorprodukt.

produktgebundene Abgabe, in der DDR eine von allen staatl. und privaten Betrieben auf Industriewaren, Genussmittel und höherwertige Lebensmittel zu entrichtende Abgabe, die für jedes steuerpflichtige Produkt als Bestandteil des staatlich festgesetzten Preises festgelegt wurde, sodass sie der Differenz zw. dem staatlich vorgeschriebenen Industrieabgabepreis (Bezugspreis des Handels) und dem Betriebspreis (Erzeugerpreis) entsprach. Sie diente der selektiven Angebots- und Nachfragelenkung sowie der Kaufkraftabschöpfung: Güter des gehobenen Bedarfs wurden wesentlich stärker belastet, während z. B. die Einzelhandelspreise von Grundnahrungsmitteln keine oder nur sehr geringe Preisaufschläge enthielten (und/oder subventioniert wurden). – Die p. A. war ein differenziertes System spezieller Verbrauchsteuern mit mehreren Tausend Einzelsteuern. Die Einnahmen (1988: 43,1 Mrd. Mark; das waren 16% aller Staatseinnahmen) wurden nur für die staatl. Betriebe ausgewiesen. Daraus errechnete sich eine durchschnittl. Belastung der Konsumausgaben für Genussmittel und Industriewaren in Höhe von (1988) 26%.

Produkthaftung, Produzentenhaftung, Warenhaftung, Haftung des Herstellers für Schädigungen bes. an Leben, Gesundheit und Eigentum des Verbrauchers durch Fehlerhaftigkeit von Waren. Fehler sind v. a. Konstruktionsfehler (z. B. fehlerhaft konstruierte Bremsanlage an einem Kfz), Fabrikationsfehler (z. B. Verunreinigung von Impfstoffen beim Abfüllen in die zum Verkauf gelangenden Gefäße) und Instruktionsfehler (z. B. eine unvollständige Gebrauchsanweisung, in der nicht auf mögl. Gefahren hingewiesen wird). Die Haftung bezieht sich nicht auf den Gebrauchswert des Produktes selbst (das Äquivalenzinteresse), sondern nur auf Folgeschäden an bereits vorhandenen Rechtsgütern (Integritätsinteresse).

Seit 1. 1. 1990 gilt in der Bundesrepublik Dtl. das in Umsetzung einer EG-Richtlinie geschaffene P.-Gesetz (ProdHaftG), das für Körper-, Gesundheits- und Sachschäden an für den privaten Gebrauch oder Verbrauch bestimmten Sachen eine verschuldensunabhängige Haftung des Herstellers (als Hersteller gilt auch der Importeur in den Bereich des Europ. Wirtschaftsraums, ersatzweise der Lieferant) normiert. Einschränkungen ergeben sich allerdings durch die Festsetzung einer Haftungshöchstgrenze bei Tod oder Körperverletzung (§ 10) und einer Selbstbeteiligung des Geschädigten bei Sachschäden (1 125 DM, § 11). Ersatz für reine Vermögens- und immaterielle Schäden gewährt das ProdHaftG nicht. Ausgenommen vom Anwendungsbereich sind auch landwirtschaftl. Naturprodukte, die nicht einer ersten Verarbeitung unterzogen worden sind, und Jagderzeugnisse (§ 2), ferner Arzneimittel, für die das Arzneimittel-Ges. eine besondere Haftung vorschreibt.

Unberührt vom ProdHaftG bleibt die Haftung aufgrund anderer Vorschriften (§ 15 Abs. 2 ProdHaftG), bes. die verschuldensabhängige Haftung aus Delikt (§§ 823 ff. BGB). Bedeutsam ist dies v. a. für den Anspruch auf Schmerzensgeld, für Ersatzansprüche für Schäden an gewerblich genutzten Sachen sowie wegen der nach Deliktsrecht nicht gegebenen Einschränkungen durch Haftungshöchstbetrag und Selbstbeteiligung. Nach der Rechtsprechung hat der Geschädigte nachzuweisen, dass der Schaden im Organisationsbereich des Herstellers verursacht worden ist, während der Hersteller in Umkehrung der allgemeinen Beweislastregeln hinsichtlich des Verschuldens den Entlastungsbeweis zu führen hat. Ebenfalls auf der Grundlage der EG-Richtlinie wurden erlassen: in *Österreich* ein P.-Gesetz, das am 1. 7. 1988 in Kraft getreten ist, sowie in der *Schweiz* das Produktehaftpflicht-Ges., welches seit 1. 1. 1994 gültig ist.

H. J. KULLMANN: Aktuelle Rechtsfragen der Produkthaftpflicht ([4]1993); M. PRESLMAYR: Hb. des Produkthaftungsgesetzes (Wien 1993); H.-J. HESS: Komm. zum Produkthaftpflicht-Ges. (PrHG) (Bern [2]1996); P.-Hb., hg. v. F. VON WESTPHALEN, 2 Bde. ([1-2]1991–97).

Produkthemmung, *Biochemie:* →Enzyme.

Produktion [lat. ›das Hervorführen‹] *die, -/-en,* **1)** *allg.:* Erzeugung, Herstellung; das Erzeugte.

2) *Biologie:* Aufbau von körpereigener organ. Substanz **(Biomasse)** durch Pflanzen, Tiere und Bakterien aus dem anorgan. und organ. Material ihrer Umwelt. P. ist der Gewinn von Organismen an Biomasse pro Flächen- oder Raumeinheit in einem bestimmten Zeitraum, i. d. R. pro Jahr. **Primärproduzenten** sind fast nur die grünen Pflanzen, die aus anorgan. Stoffen unter Nutzung der Sonnenenergie (→Photosynthese) Biomasse erzeugen. Sie liefern die Nahrung für **Sekundärproduzenten** (Konsumenten der Primärproduzenten) wie Tiere, Bakterien, Pilze (heterotrophe Organismen). – Auf gleiche Flächen bezogen ist die P. in Wüsten und semiariden Steppen am geringsten, es folgen die Ozeane, natürl. Grasland, tiefe Seen, Bergwälder humider Gebiete sowie flache Seen. Die höchste P. erreichen einige Flussmündungen, Korallenriffe und ganzjährige landwirtschaftl. Intensivkulturen.

3) *Film* und *Rundfunk:* 1) die Herstellung eines Films, einer Hörfunk- oder Fernsehsendung unter der Leitung des P.-Chefs bzw. des →Produzenten. Häufig ist die Ko-P. (von Geldgebern versch. Länder, Firmen, privaten Finanziers, Fernsehanstalten); 2) die mit der finanziellen Kalkulation und wirtschaftl. Abwicklung des Fernsehprogramms befasste Abteilung.

4) *Wirtschaft:* **Fertigung, Herstellung, Leistungserstellung,** als **betriebliche P.** allg. die Hervorbringung von Produkten durch Einsatz von Elementarfaktoren (Arbeitskräfte, Betriebsmittel, Werkstoffe), die durch den dispositiven Faktor unter Zuhilfenahme der derivativen Faktoren Planung und Organisation kombiniert werden (→Produktionsfaktoren). Demnach zählt zur P. nicht nur die Leistungserstellung im fertigungstechn. Sinne, sondern auch die Bereitstellung von Dienstleistungen (z. B. Kreditvermittlung, Versicherungsabschluss, Taxifahrt, Reiseangebot) und die ›Herstellung‹ von Informationen (z. B. die Ideen-P. durch Forschung und Entwicklung), die als immaterielle Güter in Form von Patenten und Lizenzen ebenso gehandelt werden können wie materielle Güter. Ur-P. (Agrarsektor, Bergbau), Weiterverarbeitung und Bereitstellung von Dienstleistungen werden auch analog zur Dreisektorenhypothese als primäre, sekundäre und tertiäre P. bezeichnet. Die **makroökonomische P. (volkswirtschaftliche P.)** umfasst die Erstellung des Sozialprodukts durch die aggregierten volkswirtschaftl. P.-Faktoren Arbeit und Kapital.

Die betriebl. P. vollzieht sich in unterschiedl. Formen **(P.-Verfahren, P.-Typen),** deren konkrete Ausgestaltung v. a. von der Art des Produktes und den techn. P.-Erfordernissen bestimmt wird. Die P. kann auf die Herstellung eines einzelnen Produktes **(Einfach-P., Einprodukt-P.)** oder auf die mehrerer Produkte **(Mehrfach-P., Mehrprodukt-P.)** gerichtet sein. Letztere kommt als simultane, alternative oder verbundene P. vor. Bei der **Simultan-P.** werden die einzelnen Erzeugnisse technisch völlig unabhängig voneinander hergestellt. Von **alternativer P.** spricht man, wenn die Fertigung der Erzeugnisse so miteinander verbunden ist, dass die Herstellung des einen Produkts die des anderen beeinträchtigt. **Verbundene P. (Kuppel-P.)** liegt vor, wenn mehrere Produkte nur in einem techn. Zusammenhang hergestellt werden können.

P.-Stufe ist der Abschnitt der Herstellung, den ein Produkt kontinuierlich, d. h. ohne Unterbrechung durch ein Zwischenlager, durchläuft. Danach gibt es **einstufige P.** und **mehrstufige P.** Im ersten Fall wird das Produkt in einem Gang zum Fertigerzeugnis, im zweiten erst nach Durchlaufen mehrerer P.-Stufen. Weitere Klassifikationen sind u. a.: 1) Unterscheidung nach der Initiative bei der Marktkommunikation, wobei die Auftragserteilung vor der P. **(Kunden-P., Auftrags-P.)** oder die P. vor der Auftragserteilung liegen kann **(Markt-P.);** 2) Unterscheidung nach der Wiederholung des P.-Prozesses in Einzel-P., Serien-P., Sorten-P. und Massen-P.; 3) Unterscheidung nach dem Anteil der einzelnen P.-Faktoren am P.-Prozess in **arbeitsintensive P.** und **kapitalintensive P.** (auch weiter unterteilt in anlageintensive und materialintensive P.); 4) Unterscheidung nach dem Mechanisierungsgrad in Handarbeit **(manuelle P.)** und Maschinenarbeit **(maschinelle P.** bis zur **automatisierten P.).**

Die P. setzt eine gedankl. Vorbereitung des P.-Prozesses voraus, deren Ergebnis in einem **P.-Plan** festgehalten wird. Bei einer kurzfristigen Planung muss auf die vorhandene **P.-Kapazität** (die bei den gegebenen techn. und personellen Daten mögliche maximale Erzeugungsmenge je Zeitabschnitt) Rücksicht genommen werden. Ihr steht die tatsächlich hergestellte Menge je Zeiteinheit gegenüber **(P.-Volumen).** Langfristig wird die P.-Kapazität vom Investitionsplan bestimmt, der seinerseits ein Teil des Gesamtplans des Unternehmens ist. Das **P.-Programm** umfasst die Erzeugnisse, mit denen ein Betrieb auf dem Markt als Anbieter auftritt oder aufzutreten beabsichtigt.

Die **P.-Theorie** als Teilgebiet der Wirtschaftswissenschaften analysiert den P.-Prozess, bes. die Beziehungen zw. Input (Faktoreinsatz) und Output (P.-Ergebnis). Ziel der P.-Theorie ist die Formulierung von →Produktionsfunktionen. Die P.-Theorie dient der Beantwortung sowohl betriebswirtschaftl. Fragen, etwa als Grundlage von Absatz-, Finanz- und P.-Planung, als auch solchen volkswirtschaftl. Art, etwa als Grundlage von Preis- und Gleichgewichtstheorie sowie Wachstumstheorie.

E. GUTENBERG: Grundlagen der Betriebswirtschaftslehre, Bd. 1: Die P. (^{24}1983); P.-Wirtschaft – Controlling industrieller P., hg. v. D. HAHN u. G. LASSMANN, 3 Bde. in 4 Tlen. ($^{1-2}$1989–93); W. BUSSE VON COLBE u. a.: Betriebswirtschaftstheorie, Bd. 1: Grundlagen, P.- u. Kostentheorie (^{5}1991); D. POHMER u. F. X. BEA: P. u. Absatz (^{3}1994); T. ELLINGER u. R. HAUPT: P.- u. Kostentheorie (^{3}1996); H. CORSTEN: P.-Wirtschaft (^{6}1996); E. KAHLE: P. Lb. zur Planung der P. u. Materialbereitstellung (^{4}1996); Hwb. der P.-Wirtschaft, hg. v. W. KERN u. a. (^{2}1996); D. ADAM: P.-Management (^{8}1997); T. NEBL: Einf. in die P.-Wirtschaft (^{2}1997); C. SCHNEEWEISS: Einf. in die P.-Wirtschaft (^{6}1997).

Produktionsǀaufgaberente, die finanzielle Alterssicherung von landwirtschaftl. Unternehmern (i. d. R.) ab vollendetem 55. Lebensjahr, welche wegen Flächenstilllegung oder Abgabe von Betriebsflächen aus dem Erwerbsleben ausgeschieden sind. Die betroffenen Arbeitnehmer und mitarbeitenden Familienangehörigen erhalten ein Ausgleichsgeld. Neben der sozialen Sicherung bezweckt die P. die Entlastung des Agrarmarktes, die Strukturverbesserung von landwirtschaftl. Unternehmen und die Förderung von Natur- und Umweltschutz. Anspruch auf P. nach dem Ges. zur Förderung der Einstellung der landwirtschaftl. Erwerbstätigkeit vom 21. 2. 1989 besteht nur noch, wenn die Voraussetzungen dafür erstmals vor dem 1. 1. 1997 vorgelegen haben.

Produktionsfaktoren, Einsatzgüter, Faktoren, Produktionsmittel, Güter und Leistungen, die zur Erstellung anderer Güter und Leistungen eingesetzt werden. Die einzelnen Faktormengen (Inputs) müssen in einem Produktionsprozess miteinander kombiniert werden, um zu dem gewünschten mengenmäßigen Produktionsergebnis (Output) zu gelangen. Die Einteilung der P. hängt von der jeweiligen Zwecksetzung und der Betrachtungsweise ab. So werden in der *Volkswirtschaftslehre* nach Auffassung der klass. Nationalökonomie die P. Boden, Arbeit und Kapital unterschieden. Ursprüngl. (originäre) P. sind Boden und Arbeit, das Kapital als produziertes Produktionsmittel wird als abgeleiteter (derivativer) P. bezeichnet. Nach Auffassung der Physiokraten ist nur der Boden, nach Auffassung des Marxismus nur die Arbeit ein echter P. Die P. können limitational oder substitutiv sein; im ersten Fall ist das Einsatzverhältnis der P. im Produktionsprozess technisch vorgeschrieben und nicht variabel, im zweiten Fall sind versch. Einsatzverhältnisse möglich (→Produktionsfunktionen).

In der *Betriebswirtschaftslehre* unterscheidet man nach E. GUTENBERG als **betriebliche P.:** ausführende, objektbezogene menschl. Arbeit, Werkstoffe (Material wie Rohstoffe, Halb- und Fertigerzeugnisse sowie Betriebs- und Hilfsstoffe), Betriebsmittel (Maschinen, Anlagen, Werkzeuge, Transportmittel usw.) sowie Betriebs- und Geschäftsleitung, Planung, Organisation und Kontrolle. Werkstoffe, Betriebsmittel und ausführende Arbeit werden auch als **Elementarfaktoren (objektbezogene P.)** bezeichnet, da sie eine unmittelbare Beziehung zum Produktionsobjekt haben. Die Planmäßigkeit der Faktorkombination sichert der **dispositive Faktor (dispositive Arbeit),** zu dem die P. Betriebs- und Geschäftsleitung, Planung, Organisation und Kontrolle zusammengefasst werden.

Andere betriebswirtschaftl. Klassifikationen stellen z. B. die Art des Verbrauchs in den Mittelpunkt und unterscheiden **Potenzialfaktoren (Gebrauchsgüter),** die nicht restlos in die Produktion eingehen, sondern in ihrem Bestand erhalten bleiben und Leistungen von ihrem Leistungspotenzial abgeben, und **Repetierfaktoren (Verbrauchsgüter),** die im Produktionsprozess vollständig verbraucht werden. Potenzialfaktoren können verschleißabhängig sein (z. B. Maschinen) oder nicht (z. B. Grundstücke). Repetierfaktoren werden auch danach gekennzeichnet, ob sie unmittelbar in das Produkt eingehen (z. B. Roh- und Hilfsstoffe) oder selbst kein Bestandteil des Produktes werden (z. B. Betriebsstoffe).

⇨ *Arbeit · Arbeitswerttheorie · Bodenpolitik · Einkommensverteilung · Kapital · Produktion*

<table>
<tr><td rowspan="2">Volkswirtschaftslehre</td><td colspan="4">Arbeit</td><td>Boden</td><td>Kapital</td></tr>
<tr><td colspan="5">originäre Faktoren</td><td>derivativer Faktor</td></tr>
<tr><td rowspan="3">Betriebswirtschaftslehre</td><td colspan="3">Betriebs- und Geschäftsleitung</td><td rowspan="2">ausführende, objektbezogene Arbeit</td><td rowspan="2">Betriebsmittel</td><td rowspan="2">Werkstoffe</td></tr>
<tr><td>Organisation</td><td>Planung</td><td>Kontrolle</td></tr>
<tr><td colspan="3">dispositive Faktoren (dispositive Arbeit)</td><td colspan="3">Elementarfaktoren (objektbezogene Faktoren)</td></tr>
</table>

Produktionsfaktoren: Die verschiedenen Unterteilungsmöglichkeiten der Produktionsfaktoren in der Betriebs- und Volkswirtschaftslehre

Produktionsfondsabgabe [-fɔ̃-], in der DDR eine seit 1967 von allen volkseigenen Betrieben, Kombinaten und Vereinigungen volkseigener Betriebe der Industrie und Bauwirtschaft zu entrichtende Abgabe in Höhe von 6 % der eingesetzten ›produktiven Fonds‹ (Bruttoanlage- und Umlaufvermögen). Die P. war eine Art Kapitalsteuer, die aus dem Gewinn bezahlt werden musste und zu einem rationellen Kapitaleinsatz beitragen sollte. (→Handelsfondsabgabe)

Produktionsfunktionen, *Wirtschaftstheorie:* i. d. R. mathemat. Funktionsbeziehungen, die angeben, welche Produktionsmengen (Outputs), d. h. Güter oder Dienstleistungen, in einem bestimmten Zeitraum mit alternativen Faktoreinsatzmengen (Inputs) jeweils erzeugt werden können und welche Beziehungen dabei Produktionsmengen und Faktormengen untereinander aufweisen. Zum einen kann danach gefragt werden, welche versch. Produktionsmengen mithilfe gegebener Faktoreinsatzmengen in einem technisch effizienten Produktionsprozess (d. h. keine Verschwendung von Produktionsfaktoren) hergestellt werden können. Diese outputorientierte Formulierung einer P. führt zur →Transformationskurve. Die andere Fragestellung wird als inputorientierte Formulierung einer P. bezeichnet. Hierbei gibt die P. z. B. für den Fall eines Produktes an, welche Mengen der einzelnen Faktoren (Arbeit, Werkstoffe, Maschinen usw.) bei sparsamster (effizienter) Verwendung gebraucht werden, um eine bestimmte Menge dieses Produktes herzustellen. Die Produktionsmenge x ist also von den Mengen r_i der jeweils eingesetzten Faktoren ($i = 1, 2, \ldots, n$) abhängig: $x = f(r_1, r_2, \ldots, r_n)$.

In der *Volkswirtschaftslehre* wird methodisch so vorgegangen, dass zunächst die Frage beantwortet wird, wie sich die Ausbringungsmenge ändert, wenn die Einsatzmenge nur eines Produktionsfaktors variiert

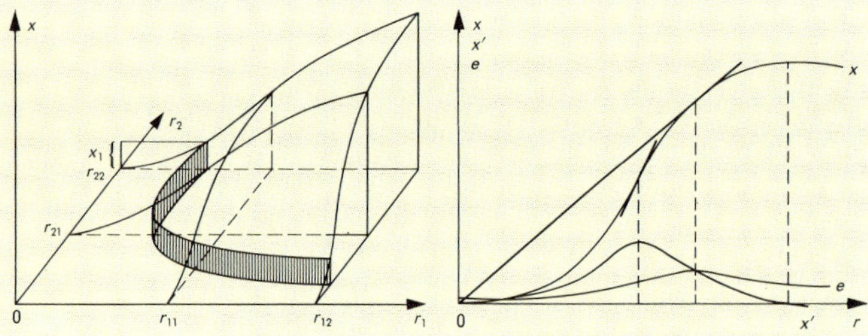

Produktionsfunktionen: links Darstellung des mengenmäßigen Produktionsertrags x in Abhängigkeit von den Mengen zweier Produktionsfaktoren r_1 und r_2 (›Ertragsgebirge‹) nach dem Ertragsgesetz; die schraffierte Fläche stellt alle möglichen Faktorkombinationen r_{1m} und r_{2n} zur Erreichung des Produktionsertrags x_1 dar (Isoquante); **rechts** Darstellung des Zusammenhangs zwischen Gesamtertrag x, Durchschnittsertrag e und Grenzertrag x' bei partieller Faktorvariation (Variation eines Produktionsfaktors r) nach dem Ertragsgesetz

wird und die Einsatzmengen der übrigen Faktoren unverändert bleiben (partielle Faktorvariation). Nach dem Ertragsgesetz wird bei partieller Faktorvariation der Ertragszuwachs bezogen auf die zusätzl. Einheit des variierten Produktionsmittels (Grenzertrag) zuerst zunehmen und von einem bestimmten Punkt an abnehmen. Die optimale Faktorkombination liegt dort, wo der Durchschnittsertrag je Faktoreinheit am höchsten ist und dem Wert des Grenzertrags entspricht. Bei **ertragsgesetzlichen P.** ergibt sich im Modell mit zwei Produktionsfaktoren (r_1, r_2) und einem Gut (x) ein Ertragsgebirge. Wird zusätzlich angenommen, dass das Einsatzverhältnis der Faktoren variiert werden kann (Substitutionalität), ergibt sich bei einem Schnitt durch das Ertragsgebirge in Höhe der Produktionsmenge x_1 eine →Isoquante als geometr. Ort aller Faktorkombinationen zur Erreichung von x_1. Neben dieser klass., substitutiven P. gibt es auch die **limitationale P. (Leontief-P.),** bei der das Einsatzverhältnis der Faktoren technisch bestimmt und für eine bestimmte Produktmenge konstant ist. Wegen der Komplementarität der Faktoren ist der effiziente Faktoreinsatz bei gegebener Produktmenge nur bei einer ganz bestimmten Kombination der Faktoreinsatzmengen gewährleistet. Über die partielle Faktorvariation hinaus wird die Frage untersucht, wie sich die Ausbringungsmenge bei Variation der Einsatzmengen aller Produktionsfaktoren ändert, wobei das Faktoreinsatzverhältnis konstant gehalten wird (totale Faktorvariation). Demnach weist eine P. z. B. konstante (zunehmende, abnehmende) Skalenerträge auf, wenn bei proportionaler Vermehrung aller Faktoren der Ertrag sich auch proportional (progressiv, degressiv) entwickelt. Eine P. wird als linear-homogene P. bezeichnet, wenn z. B. eine Verdoppelung der Faktoreinsatzmengen auch zu einer Verdoppelung des Outputs führt. In diesem Fall wird von einer Skalenelastizität von 1 gesprochen.

Unter den gesamtwirtschaftl. P. spielt die **Cobb-Douglas-P.** eine große Rolle. Sie hat die Form $X = C \cdot L^{\alpha} \cdot K^{\beta}$ (X Produktion, C Variable, die alle nicht gesondert eingesetzten Einflussgrößen umfasst, L Arbeit, K Kapital, α und $\beta\beta$ empirisch zu ermittelnde Größen, die in einer Periode konstant sind). Ihre besonderen Eigenschaften: 1) Die Exponenten entsprechen den partiellen Produktionselastizitäten (Verhältnis der prozentualen Veränderung des Outputs zur prozentualen Änderung der Einsatzmenge des Faktors Kapital bzw. Arbeit); bei Entlohnung nach den Grenzproduktivitäten entsprechen α und β der Lohn- bzw. Gewinnquote; 2) die Substitutionselastizität ist eins, d.h., eine Erhöhung des Faktorpreisverhältnisses führt zu einer gleich hohen Verringerung des Verhältnisses der Faktoreinsatzmengen, sodass die relativen Einkommensanteile von K und L konstant bleiben; 3) die Skalenelastizität ist eins.

In der *Betriebswirtschaftslehre* wurden neben den aus der Mikroökonomie übernommenen P. (z. B. ertragsgesetzl. P., die als P. vom Typ A bezeichnet wird) unterschiedliche technisch orientierte P. und P. auf Grundlage betriebswirtschaftl. Input-Output-Analysen entwickelt. Zu den technisch orientierten P. zählt die von E. GUTENBERG entwickelte P. vom Typ B, die von limitationalen Produktionsfaktoren ausgeht und Verbrauchsfunktionen (Faktorverbrauch pro Arbeitseinheit in Abhängigkeit von der Intensität einer Produktionsanlage) aus dem techn. Produktionsprozess ermittelt. Diese P. wurde von E. HEINEN erweitert, v. a. durch eine weitgehende Aufgliederung des Produktionsprozesses in Elementarkombinationen, wodurch der Produktionsprozess durch eindeutige techn. und wirtschaftl. Input-Output-Beziehungen gekennzeichnet wird (Heinen-P., P. vom Typ C).

Produktionsgenossenschaften, gewerbl. oder landwirtschaftl. Genossenschaften mit Hilfs- oder Ergänzungscharakter, die der Förderung ihrer Mitgl. (mit weiterhin selbstständigen Mitgliederwirtschaften) dienen (Ggs.: →Produktivgenossenschaften). P. veredeln, verarbeiten, verkaufen Erzeugnisse (Verwertungsgenossenschaften), z. B. Molkerei-, Winzergenossenschaften, oder stellen Erzeugnisse zur Förderung der Erwerbs- und Unterhaltswirtschaft her, z. B. Saatgut-, Viehzuchtgenossenschaften.

Produktionsgüter, *Wirtschaftsstatistik:* Rohstoffe und Halbfabrikate, die von der Investitions- oder Konsumgüterindustrie weiterverarbeitet werden.

Produktions|index, →Nettoproduktionsindex.

Produktionskosten, volkswirtschaftlich die Summe aus Arbeitslohn, Grundrente und Zins. Nach der **P.-Theorie** der klass. Nationalökonomie entsprechen im langfristigen Marktgleichgewicht die P. dem natürl. Preis. Betriebswirtschaftlich sind P. (Herstellkosten) der bewertete Güterverbrauch, der bei der Erstellung von Produkten entsteht (→Kosten).

Produktionsmittel, i. w. S. die →Produktionsfaktoren, i. e. S. nach E. VON BÖHM-BAWERK als **produzierte P.** Bez. für das Kapital gegenüber den originären Produktionsfaktoren Arbeit und Boden. – Als zentrale Kategorie des Marxismus Bez. für die Gesamtheit der Arbeitsmittel (z. B. Werkzeug, Maschinen) und Arbeitsgegenstände (z. B. Rohstoffe, Materialien), mit denen der Mensch im Produktionsprozess materielle Güter erzeugt oder Leistungen erbringt.

Produktionsmöglichkeitenkurve, die →Transformationskurve.

Produktions|planung, die operative →Unternehmensplanung für den Bereich der Produktion; in Industrieunternehmen wird auch von **Fertigungsplanung** gesprochen. Zur P. zählen neben der operativen Planung des Produktionsprogramms und des Produktionsverfahrens (Produktionsplan) auch die Steuerung und Kontrolle der Produktion unter Beachtung der vorhandenen Kapazitäten. Die P. muss mit anderen Planungen (z. B. Absatz- und Beschaffungsplanung) abgestimmt werden. In Industriebetrieben wird häufig ein computergestütztes **Produktionsplanungs- und -steuerungssystem** (Abk. **PPS**) eingesetzt, das folgende Phasen umfasst: 1) MRP II (Manufacturing resource planning): Projektion des mittelfristig geplanten Absatzes auf die Produktion, um die benötigten Fertigungskapazitäten abzuschätzen; 2) Planung des Primärbedarfs: Festlegung der in bestimmten Perioden herzustellenden Enderzeugnisse; 3) MRP I (Material requirements planning): Ableitung des Bedarfs an Baugruppen, Einzelteilen und Rohstoffen aus dem Bedarf gemäß Phase 2 nach Menge und Termin;

4) Durchlaufterminierung: Ermittlung der Grobtermine für Beginn und Ende der Arbeitsgänge; 5) Freigabe der Produkte, die in bestimmten Planungszeiträumen gefertigt werden sollen, nachdem sichergestellt ist, dass die nötigen Ressourcen (Fertigungsaggregate, Material, Personal, Steuerungsprogramme) verfügbar sind; 6) Feinterminierung der freigegebenen Aufträge und Zuteilung der Aufträge zu Maschinen und Personal; 7) Überwachung der Fertigung auf Menge, Qualität, Termin und Ressourcenverbrauch; 8) Abrechnung der Kosten.

G. FANDEL u. a.: PPS-Systeme (1994); W.-E. KAUTZ: Produktionsplanungs- u. -steuerungssysteme (1996).

Produktionspotenzial, gesamtwirtschaftliches P., die Produktionsleistung, die von einer Volkswirtschaft in einer Periode erbracht werden kann. Das P. hängt ab von 1) Menge und Qualität der verfügbaren Produktionsfaktoren, 2) den bei der Erzeugung der versch. Produkte nutzbaren techn. Kombinationsmöglichkeiten der Produktionsfaktoren und 3) der Wirtschaftsstruktur. Unter dem P. wird nicht das Produktionsergebnis verstanden, das kurzfristig bei maximaler Auslastung der Produktionsfaktoren und damit auch der Kapazität möglich wäre. Vielmehr kommt nur das Produktionsvolumen in Betracht, das unter normalen Arbeitsbedingungen möglich erscheint. Entsprechend seinen Bestimmungsfaktoren hängt die Veränderung des P. primär von der Veränderung des Bestandes an Kapital und Arbeitskräften, von Arbeits- und Maschinenlaufzeit sowie von der Rate des techn. Fortschritts und vom Strukturwandel ab.

Das P. als fiktive Größe kann nur näherungsweise berechnet werden. Probleme ergeben sich v. a. daraus, dass man abschätzen muss, welchen Beitrag die nicht genutzten Produktionsfaktoren leisten würden, wenn man sie in den Produktionsprozess einbezöge. Deshalb beschränken sich empir. Berechnungen des P. häufig auf die Schätzung der Kapazitätsreserven, die

Produktionspotenzial: Entwicklung des Produktionspotenzials und des Bruttoinlandsprodukts in Deutschland (früheres Bundesgebiet) 1974–1996 (in Preisen von 1991)

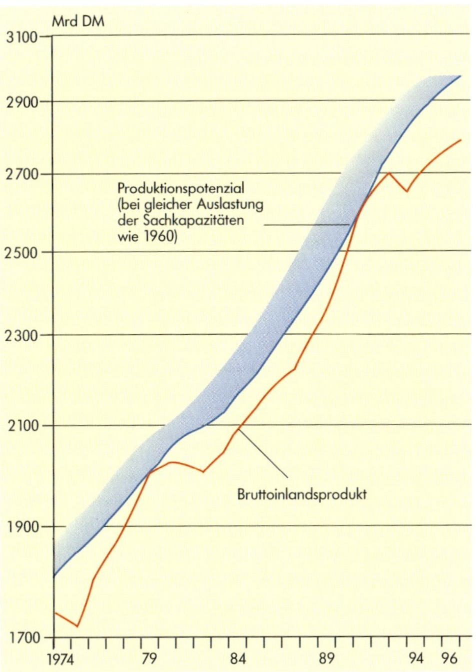

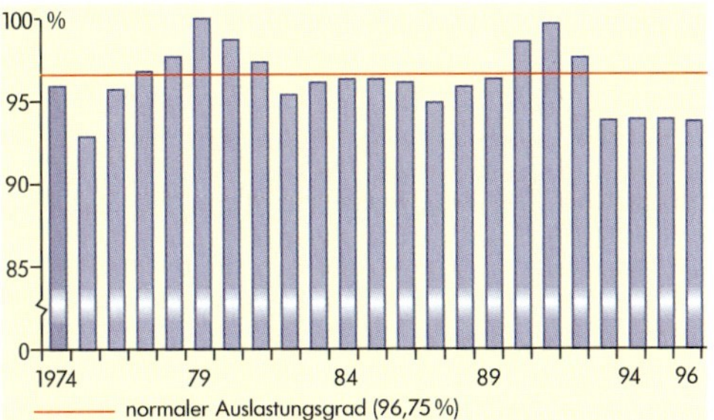

Produktionspotenzial: Auslastungsgrad des gesamtwirtschaftlichen Produktionspotenzials, gemessen am Bruttoinlandsprodukt (in Prozent; früheres Bundesgebiet)

aus dem vorhandenen Sachkapital bei Normalauslastung und unveränderten Faktorproportionen folgen. Eine weitergehende Ausschöpfung bestehender Arbeitskraftreserven wird nicht in die Berechnung einbezogen. So geht z. B. der Sachverständigenrat zur Begutachtung der gesamtwirtschaftl. Entwicklung (SVR) vor. Die Dt. Bundesbank bezieht dagegen auch die Arbeitskraftreserven ein. Nach dem SVR setzt sich das P. zusammen aus der potenziellen Bruttowertschöpfung des Unternehmenssektors (berechnet als Produkt aus jahresdurchschnittl. Bruttoanlagevermögen und potenzieller Kapitalproduktivität) sowie den Beiträgen des Staates, der privaten Haushalte, der Wohnungsvermietung, des Agrarsektors und der Organisationen ohne Erwerbscharakter zur realen Bruttowertschöpfung. Die Dt. Bundesbank definiert das P. als diejenige gesamtwirtschaftl. Produktionsleistung, die mit den verfügbaren Produktionsfaktoren Arbeit und Kapital sowie dem Energieeinsatz unter Berücksichtigung des techn. Fortschritts bei normaler Nutzung erbracht werden kann.

Ein Vergleich des P. mit der tatsächlich erzeugten Gütermenge (Bruttoinlandsprodukt oder -sozialprodukt als gesamtwirtschaftl. Angebot) lässt erkennen, inwieweit die Produktionskapazitäten vollständig oder nur zum Teil ausgelastet sind, und gibt damit Aufschluss über die konjunkturelle Situation eines Landes (→Konjunktur). Der Dt. Bundesbank dient das P. als Grundlage für die Berechnung des Geldmengenziels, dem SVR als Grundlage für die Berechnung des konjunkturneutralen Haushalts. Das P. ist somit eine Orientierungshilfe bei der Planung von Maßnahmen im Sinne einer angebotsorientierten Wirtschaftspolitik oder einer keynesian. Fiskalpolitik.

Produktionsprogramm, Fertigungsprogramm, alle Güter nach Art und Menge, die ein Unternehmen in einer Periode (Monat, Quartal, Jahr) herstellen will, im Unterschied zu den am Markt angebotenen Gütern (Angebots- oder Absatzprogramm, im Handel das Sortiment). Die Entscheidungen über Umfang und artmäßige Zusammensetzung des P. werden als **P.-Politik (Programmpolitik)** bezeichnet. Dabei müssen zunächst Programmbreite und -tiefe festgelegt werden. Die Breite des P. beschreibt die Anzahl der verschiedenen →Produktlinien, die Tiefe des P. die Anzahl der Produktvarianten pro Produktlinie. Die artmäßige Zusammensetzung des P. hängt eng mit der →Produktpolitik zusammen und erfordert neben Entscheidungen über die anzubietenden Produkte die strateg. und operative Abstimmung der einzelnen produktpolit. Maßnahmen, um den Erfordernissen des Absatzmarktes und den wirtschaftl. und techn. Gegebenheiten des Unternehmens zu entsprechen. Ein Kompromiss zw. absatzpolit. Zielen (z. B. tiefes P., das ständig aktualisiert wird) und kostenwirtschaftl. Belangen (z. B. höhere Produktionskosten bei kleinen

Losgrößen) muss gefunden werden. Ein wichtiges Instrument zur Lösung dieses Zielkonflikts ist z. B. die **P.-Strukturanalyse.** Diese untersucht die Struktur des Angebotsprogramms eines Unternehmens hinsichtlich Umsatz- und Gewinnträchtigkeit und anderer Zielbeiträge, um Stärken und Schwächen im P. zu entdecken und Entscheidungsgrundlagen für die Produkt- und Sortimentspolitik zu erhalten. Dabei berechnet man v. a. den Anteil bestimmter Artikel am Gesamtvolumen des Zielkriteriums gemäß der ABC-Analyse und dem spezif. Deckungsbeitrag. Ferner interessieren die Verteilung des Umsatzes auf bestimmte Kunden und Auftragsgrößenklassen sowie die ›Altersstruktur‹ des P.; Verfahren des Operations-Research dienen der Planung eines optimalen P. Die Ergebnisse der **P.-Planung** sind Grundlage einer bisweilen tagesgenauen Produktionsplanung.

Produktions|statistik, Zweig der Wirtschaftsstatistik; es werden unterschieden: 1) die Statistik des **Produktionsausstoßes** (primär auf die einzelnen Produkte bezogen, bes. auf ihre Mengen), 2) die Statistik der **Produktions-** und **Materialverbrauchsmengen** (bezieht unter mengenmäßigem Gesichtspunkt auch den Verbrauch der wichtigsten Roh- und Hilfsstoffe ein), 3) die Statistik der **Nettoproduktion** (liefert v. a. Unterlagen für die Beiträge der Wirtschaftszweige zum Sozialprodukt und damit für ihre volkswirtschaftl. Bedeutung; v. a. wertmäßige, weniger mengenmäßige Betrachtung).

Produktionstechnik, technolog. und organisator. Maßnahmen zur Umsetzung natur- und ingenieurwiss. Erkenntnisse in vom Menschen beherrschbare Produktionssysteme. Sie umfassen die Menge von Betriebsmitteln zur Herstellung von Produkten, denen eine bestimmte Produktionsstruktur aufgeprägt ist. Zu den Methoden der P. gehören das Planen, Realisieren, Betreiben und Erhalten diskreter Produktionsprozesse sowie der kosten- und zeitoptimale, qualitätsgerechte und flexible Einsatz der Produktionsfaktoren im Rahmen der technolog. Entwicklung, Fertigungs-, Planungstechnologie, Fertigungsmesstechnik und Qualitätssicherung, Produktionsplanung und -steuerung, Arbeitsgestaltung, Fabrikplanung, Fabrikökologie.

Im Mittelpunkt stehen dabei die Produktionsfaktoren Mensch, Technik, Stoff und Information für die Teilefertigung und Montage (Fertigungstechnik) innerhalb des gesamtbetriebl. Stoff-, Informations-, Personen- und Energieflusses.

Die P. ist im Maschinen- und Anlagenbau integraler Bestandteil der Technologiewiss. einschließlich Werkstoff-, Informations- und Kommunikations- sowie Umwelttechnik.

Produktionstheorie, 1) *Psychologie:* von der →österreichischen Schule vertretene Theorie, wonach die Wahrnehmung einer →Gestalt auf einer aktiven geistigen Produktivität des Wahrnehmenden beruht und die Gestalten daher auch als subjektiv bedingte Gebilde zu betrachten sind.

2) *Wirtschaft:* →Produktion 4).

Produktionsverhältnisse, zentraler Begriff des Marxismus: die Gesamtheit der in einer Gesellschaft bestehenden Verhältnisse (z. B. Rechts- und Eigentumsverhältnisse) im Prozess der Herstellung (Produktion), des Austauschs und der Verteilung materieller Güter. Die Entwicklung der P. steht in engem dialekt. Verhältnis zur Entfaltung der →Produktivkräfte.

Produktionswagen, *Automobilsport:* Fahrzeuge, die serienmäßig in einer vorgeschriebenen Stückzahl hergestellt werden, unterteilt in versch. Fahrzeuggruppen. In eine der Gruppen kann (mit wenigen Ausnahmen) jedes für den öffentl. Straßenverkehr produzierte Fahrzeug eingestuft werden. Die Gruppen tragen die Bez. Klasse 1, Super Touring, GT, N, A, B, G, F, GTN, ONS-2000, ONS-1800 und H. Mit P. werden z. B. Rallyes, Auto-, Rallyecross, Slalom, Rundstreckenrennen und Leistungsprüfungen ausgetragen. Von den P. zu unterscheiden sind histor. Fahrzeuge, Sportwagen und Formelfahrzeuge.

Produktionswert, Bruttoproduktionswert, Maßstab für die Leistung von wirtschaftl. Unternehmen in einer Periode; in der Produktionsstatistik entspricht der P. dem Wert (ohne Umsatzsteuer) der Verkäufe von Waren und industriellen Dienstleistungen aus eigener Produktion sowie von Handelsware an andere Wirtschaftseinheiten plus/minus Bestandsveränderungen an unfertigen und fertigen Erzeugnissen aus eigener Produktion plus selbst erstellte Anlagen. Zieht man vom P. die Vorleistungen ab, erhält man die Bruttowertschöpfung. Vom P., der auch bei der Input-Output-Analyse Berücksichtigung findet, geht die Entstehungsrechnung (→Sozialprodukt) aus.

produktiv, viel (konkrete Ergebnisse, Produkte) hervorbringend, ergiebig; schöpferisch.

produktive Winterbauförderung, Bez. des Arbeitsförderungs-Ges. alter Fassung für Leistungen der Bundesanstalt für Arbeit an Unternehmen der Bauwirtschaft (Zuschüsse) und deren Arbeitnehmer (Wintergeld) zur Förderung der ganzjährigen Beschäftigung. Die Leistungen an Arbeitgeber sind ab 1. 1. 1994 weggefallen. Nach den ab 1. 1. 1998 geltenden Bestimmungen (§§ 209 ff. SGB III) haben Arbeitnehmer in der Bauwirtschaft Anspruch auf →Wintergeld und Winterausfallgeld.

Produktivgenossenschaften, Genossenschaften, deren Mitgl. zugleich Kapitaleigentümer und Beschäftigte des Genossenschaftsbetriebes sind und somit gleichzeitig Arbeitgeber- wie Arbeitnehmerfunktionen wahrnehmen. **Unechte P.** beschäftigen neben Mitgl. auch Lohnarbeiter. Charakteristika von P.: 1) das demokrat. Prinzip der Gleichheit aller Mitgl. als oberster Leitsatz; 2) die Autonomie der P. als betriebswirtschaftl. Einheiten; 3) Freiwilligkeit des Ein- und Austritts. Die gemeinsame Einkommenserzielung oder Versorgung hat im Ggs. zu den Produktionsgenossenschaften bei den P. besondere Bedeutung.

P. gehen auf die frühsozialist. Bestrebungen zur Überwindung der Ggs. von Kapital und Arbeit zurück. Sie wurden bes. von P. J. B. BUCHEZ, auf dessen Betreiben 1832 in Frankreich die erste P. gegründet wurde, von C. FOURIER und L. BLANC, in Dtl. von F. LASSALLE, in England von R. OWEN vertreten. Für H. SCHULZE-DELITZSCH stellten P., die für ihn ›die höchste Stufe, der Schlussstein des genossenschaftl. Systems‹ (Arbeiterkatechismus, 1863) waren, eine Möglichkeit dar, die Emanzipation der bisher Unterdrückten vom Kapital zu erreichen. – Viele P. bestanden nur kurze Zeit oder haben sich zu unechten P. entwickelt. Als wichtige Ursachen des Zusammenbruchs gelten Kapitalmangel, ungenügende Geschäftsleitung und Uneinigkeit unter den Mitgliedern. – Die heutige Bedeutung der P. in Europa ist eher gering, dagegen stellen sie in vielen Entwicklungsländern und in Israel (→Kibbuz) eine größere wirtschaftl. Kraft dar.

Produktivität, die Ergiebigkeit des Produktions- bzw. Wirtschaftsprozesses, gemessen als Verhältnis des mengen- bzw. wertmäßigen Produktionsergebnisses (Output) zur Menge der eingesetzten Produktionsfaktoren bzw. zu den Herstellkosten (Input). Da die P. nicht auf einen bestimmten Umwandlungsprozess beschränkt ist, lässt sie sich für einzelne Produktionsvorgänge genauso ermitteln wie für einen Betriebsteil, ein Unternehmen, einen Wirtschaftszweig und eine Volkswirtschaft. Aus betriebswirtschaftl. Sicht kann das Streben nach P.-Erhöhung ein Unternehmensziel sein. Eine Steigerung der P. wird erzielt, wenn sich bei konstanter Ausbringung der Einsatz vermindert oder wenn sich die Ausbringung bei gleichem Einsatz erhöht. In der Forderung nach P.-Erhöhung kommt das Wirtschaftlichkeitsprinzip zum Ausdruck.

Die Aussagekraft von P.-Messungen hängt u. a. davon ab, wie Einsatz und Ausbringung erfasst werden. Falls sowohl Ausbringung als auch Einsatz in physikal. Maßeinheiten (Meter, Kilogramm, Liter u. a.) gemessen werden, kommt in der P. die techn. Wirtschaftlichkeit (Effizienz) zum Ausdruck **(technische P., physische P.).** Werden dagegen Ausbringung und Faktoreinsatzmengen mit konstanten Preisen bewertet (wertmäßige Wirtschaftlichkeit), erhält man die **ökonomische P. (Wert-P.).** Als Faktoreinsatz kann entweder ein einzelner Produktionsfaktor gewählt werden, wodurch **partielle P. (Teil-P.)** wie Arbeits-P. oder Kapital-P. ermittelt werden können. Dabei wird das Produktionsergebnis auf den einzelnen Faktor bezogen, aber nicht ihm zugerechnet (deshalb besser: arbeits-, kapitalbezogene P.). Der reziproke Wert der Arbeits-P. ist der Arbeitskoeffizient, der der Kapital-P. der Kapitalkoeffizient. Die andere Möglichkeit besteht in der Definition einer **globalen P. (Gesamt-P., Total-P.),** der die bewerteten Einsatzmengen aller Faktoren zugrunde liegen. Die P. kann sowohl auf die Gesamtmengen (Durchschnitts-P.) als auch auf Zuwächse (→Grenzproduktivität) bezogen werden.

Für die gesamtwirtschaftl. P.-Messung wird als Ausdruck für die Produktionsmenge das Bruttoinlandsprodukt oder die Bruttowertschöpfung gewählt. Preisveränderungen werden durch Deflationierung (Umrechnung auf konstante Preise) ausgeschaltet. Bei der Ermittlung der **Arbeits-P.** dient als Größe für den Arbeitseinsatz die Anzahl der Beschäftigten oder Erwerbstätigen oder die Anzahl der geleisteten Arbeitsstunden. Die Messung des Kapitaleinsatzes zur Bestimmung der **Kapital-P.** ist theoretisch und statistisch sehr schwierig. Da Mengen für die Berechnung ausscheiden, müssen techn. Größen (z. B. der Energieverbrauch) oder Preise herangezogen werden. Allg. wird für Leistungs- und Kostenvergleiche der Kapitalaufwand vorgezogen. Für Analysen über den Kapitalbedarf, die Kapitalstruktur sowie die Produktionsmöglichkeiten sind Bestandsgrößen geeigneter.

Bestimmungsgrößen für einzelne Faktor-P. sind beim Produktionsfaktor Arbeit z. B. Qualifikation, Motivation, Leistungsanreize, Arbeitsplatz, -zeit, -organisation, beim Produktionsfaktor Kapital z. B. Zusammensetzung, techn. Standard und Auslastung der Anlagen. Die Entwicklung der P. eines Faktors wird v. a. vom Tempo des techn. Fortschritts (›Innovationseffekte‹) bestimmt sowie von der Menge des anderen Faktors, mit dem er kombiniert wird (›Substitutionseffekte‹). In wachsenden Wirtschaften steigt daher die Arbeits-P. nicht nur wegen des techn. Fortschritts, sondern auch wegen des Anstiegs der Kapitalintensität, d. h. des Verhältnisses von Kapitaleinsatz zu Arbeitseinsatz. Die Entwicklung der totalen Faktor-P. wird dagegen im Wesentlichen vom techn. Fortschritt bestimmt und nur in geringem Maß von Änderungen der Faktorproportionen (dem Verhältnis von Kapital- zu Arbeitseinsatz) und von Strukturverschiebungen (z. B. bei Abwanderung von Arbeitskräften aus Wirtschaftsbereichen mit niedriger in solche mit höherer P.).

P. gilt in Wirtschaftstheorie und -politik als wichtige Maßzahl für wirtschaftl. Effizienz, Leistungs- und Wettbewerbsfähigkeit und spielt bes. in Theorie und Politik des wirtschaftl. Wachstums und der Einkommensverteilung sowie in der Lohnpolitik eine Rolle. So stellt die Arbeits-P. eine wichtige Richtschnur für die Entwicklung des Reallohnniveaus dar: Steigt die Arbeits-P., d. h. die P. je Arbeitsstunde, so kann aufgrund der zusätzl. P. ein höherer Stundenlohn bezahlt werden, ohne dass über höhere Arbeitskosten das Preisniveau steigen müsste (produktivitätsorientierte Lohnpolitik).

P. Pietsch: Statist. Probleme der Ermittlung von industriellen Arbeitsproduktivitäten (1984); L. Pusse: Arbeits-P. u. Beschäftigung (1984); Klaus-D. Schmitt u. E. Gundlach: Investitionen, P. u. Beschäftigung (1988); U. Busch: P.-Analyse ([3]1991); U. Michaelis: P.-Bestimmung in indirekten Bereichen (1991).

Produktivkräfte, zentraler Begriff des Marxismus, die Gesamtheit der menschl. und gegenständl. Faktoren, die im gesellschaftl. Produktionsprozess Ablauf, Rahmen und Intensität der Güterproduktion bestimmen. Zu den P. zählen die phys. und geistigen Fähigkeiten des Menschen, die Art der →Produktionsmittel, der Stand von Wiss. und Technik u. a.

Produktivvermögen, das reproduzierbare Sachvermögen der Unternehmen, v. a. deren (industrielle) Anlagen (Ausrüstungen, Bauten), Vorräte und Fertiglager. Der Begriff wird uneinheitlich verwendet und z. B. in der vermögenspolit. Diskussion im Zusammenhang mit Fragen der Vermögensverteilung definiert als das gewerbl. Nettobetriebsvermögen der Einzel- und Personalunternehmen einschließlich der Anteile an Kapitalgesellschaften. Nicht zum P. gehört das Geldvermögen.

Produktlebenszyklus, zeitl. Entwicklung des Absatzes und Erfolgs eines Produktes, in der sich sein Lebensweg und seine Lebensdauer am Markt widerspiegeln. Die graf. Darstellung des P. ist durch einen glockenförmigen Verlauf des Umsatzes für ein neu eingeführtes Produkt (Produktinnovation) gekennzeichnet. Zusammen mit den Verläufen von Grenzumsatz und Erfolg (gemessen z. B. als Deckungsbeitrag pro Stück) lassen sich i. d. R. fünf Phasen abgrenzen: In der Einführungsphase wächst der Umsatz nur langsam, nimmt in der Aufschwungphase (Wachstumsphase) und der darauf folgenden Reifephase erheblich zu, um nach seinem Höhepunkt in der Stagnations- oder Sättigungsphase in der dann folgenden Abschwungphase (Degenerations-, Rückgangsphase) wieder abzunehmen, bis das Produkt aus dem Markt ausscheidet (Absterben) oder sich der Umsatz auf niedrigem Niveau einpendelt (Versteinerung).

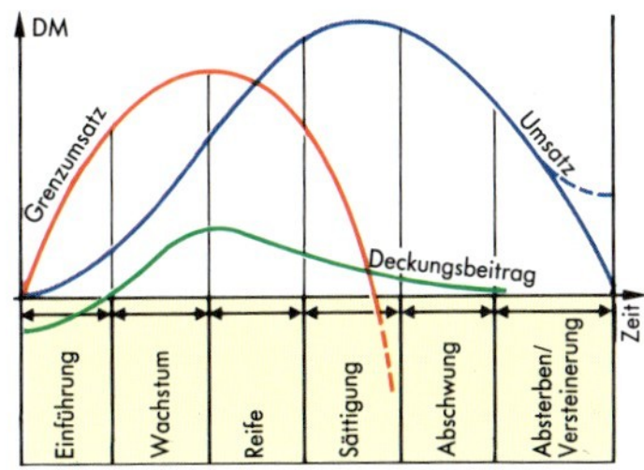

Produktlebenszyklus: Die einzelnen Phasen des Produktlebenszyklus nach Heribert Meffert

Die Dauer der einzelnen Phasen des P. ist nicht nur marktbestimmt (→Marktphasen), sondern kann auch durch typ. phasenbezogene Marketingmaßnahmen von Unternehmen beeinflusst werden (z. B. in der Einführungsphase die Erhöhung der Akzeptanz für das neue Produkt im Einzelhandel, durch Produktdifferenzierung, Facelifting die Sättigungsphase strecken oder den Umsatz wieder beleben). Aus dem P. ergeben sich Hinweise für notwendige Produktneuentwicklungen bzw. Umlenkungen von Investitionen in wachsende strateg. Geschäftseinheiten.

Produktlinie, Produktfamilie, Produktgruppe, Teil des Produktionsprogramms (Sortiments) eines Unternehmens, das artmäßig verwandte, oft durch einen gemeinsamen Markennamen (›Dachmarke‹) gekennzeichnete Produkte umfasst. P. werden nach produktions- und materialtechn. und/oder marktbezogenen Kriterien (Zielgruppe, Bedürfnisfeld, Vertriebsweg) abgegrenzt, meist organisatorisch gemeinsam betreut und als kostenrechner. Einheit behandelt.

Produktmanagement [-mænɪdʒmənt], Gesamtheit der Planungs-, Koordinations- und Kontrollaufgaben bezüglich eines Produktes oder eines Produktbündels in Verantwortung eines Produktmanagers oder eines Produktteams, dem jedoch nicht die Produktionsentscheidung und -durchführung obliegt. Im Ggs. zum →Projektmanagement ist beim P. eine zeitl. Befristung des Tätigwerdens nicht üblich. Die organisator. Trennung in Planungs- und Kontrollaufgaben einerseits und Realisationsaufgaben andererseits führt dazu, dass das P. in Verbindung mit dem für die Durchführung zuständigen Funktionsmanagement häufig als →Matrixorganisation verankert wird, um eine Abstimmung zw. beiden Aufgabenfeldern zu ermöglichen. Alternativ dazu kann das P. in Form der Staborganisation (→Stab) eingerichtet werden. In diesem Fall sind die Produktmanager lediglich planerisch tätig. (→Accountmanagement)

Produkt-Markt-Strategie, Grundsatzentscheidung hinsichtlich der von einem Unternehmen anzubietenden Leistungen auf bestimmten Märkten. Die P.-M.-S. bildet neben der Festlegung der Wettbewerbsstrategie einen Schwerpunkt der strateg. Unternehmensplanung und des Portfoliomanagements. Grundlegende Optionen von P.-M.-S. können aus der Produkt-Markt-Matrix abgeleitet werden, die die Merkmale ›Märkte‹ und ›Produkte‹ nach den Merkmalsausprägungen ›neue‹ und ›bestehende‹ kombiniert. Eine P.-M.-S. für bestehende Märkte mit bestehenden Produkten wird als Marktdurchdringung (1) bezeichnet, mit neuen Produkten als Produkterweiterung (2); eine P.-M.-S. auf neuen Märkten mit bestehenden Produkten wird Markterweiterung (3), mit neuen Produkten Diversifikation (4) genannt. Entsprechend dem ›Gesetz der abnehmenden Synergie‹ empfiehlt sich bei produktionsseitigen Stärken eine Strategiefolge 1, 3, 2, 4, bei absatzseitigen Stärken die Folge 1, 2, 3, 4.

Produktmenge, *Mathematik:* das →kartesische Produkt.

Produktpiraterie, das unrechtmäßige Nachahmen und Vertreiben fremder Produkte geistigen Eigentums, bes. die Verletzung gewerbl. Schutz- und Urheberrechte. Urspr. war die Bez. Markenpiraterie üblich, da zunächst v. a. Markenartikel kopiert wurden. P. und die hierdurch Originalherstellern und Verbrauchern entstehenden Schäden sind in letzter Zeit aufgrund verfeinerter Reproduktionstechniken stark gestiegen. Der Bekämpfung der P. dienen auf internat. Ebene z. B. das Madrider Herkunftsabkommen (→Madrider Abkommen) sowie im Bereich der Markenpiraterie die EWG-VO Nr. 3842/86. Auf nat. Ebene finden sich Schutzvorschriften in den einschlägigen Gesetzen zum gewerbl. Rechtsschutz und zum Urheberrecht. Darüber hinaus wurde durch das Gesetz zur Stärkung des Schutzes des geistigen Eigentums und zur Bekämpfung der P., das am 1. 7. 1990 in Kraft getreten ist, der Schutz gegen unbefugte Nachahmung ausgebaut, indem es einen umfassenden Vernichtungs- und Auskunftsanspruch (auch über Herkunft und Vertriebswege) normiert sowie die Möglichkeiten der Beschlagnahme an der Grenze erweitert und die Strafvorschriften verschärft.

Produktpolitik, Kernbereich des Marketing-Mix, bei dem es unter Abwägung markt- und innerbetriebl. Aspekte zum einen um die langfristig optimale Ausgestaltung bzw. Kombination (›Produkt-Mix‹) von Produkteigenschaften und produktbegleitenden Serviceeigenschaften und zum anderen um die Marktpräsenz von Produkten geht im Unterschied zur Programmpolitik (→Produktionsprogramm). Zur **Produktgestaltung** zählen einerseits die Festlegung der Funktions- und Gebrauchseigenschaften einschließlich Stoffqualität, Lebensdauer, Wirtschaftlichkeit, Wiederverwertbarkeit (Grundnutzen), andererseits auch Kundendienst, Gestaltung von Verpackung, Produktdesign, Profilierung des Markenimages (Zusatznutzen).

Hinsichtlich der Marktpräsenz sind Entscheidungen über Einführung neuer Produkte, Produktdifferenzierung bzw. -vereinheitlichung, Produktvariation sowie über Produktelimination zu treffen. Wichtige Hilfsmittel bei der Entscheidung über Entwicklung **(Produktentwicklung, Produktinnovation)** und Einführung neuer Produkte, aber z. B. auch bei Sortimentsbereinigungen sind Produktbewertungen und -tests. **Produktbewertung** ist die systemat. Überprüfung der Erfolgsaussichten eines Produktes im Hinblick auf alle internen und externen Erfolgsdeterminanten (v. a. Kosten, Kapitalbedarf, Absatz, Umsatz und Gewinne sowie Imagewirkungen). **Produkttests** sind experimentelle oder nichtexperimentelle Marktforschungsmethoden zur Überprüfung einzelner Qualitätsmerkmale (Partialtest) bzw. ganzer Produktkonzeptionen (Volltest). Im Ggs. zu Warentests sind Produkttests auf die subjektive Qualitäts- und Nutzenanmutung bei potenziellen Verwendern ausgerichtet. Dabei soll eine Stichprobe von ihnen nach Vorlage von Mustern (Studiotest) oder zeitweiliger Überlassung des Produktes im Haushalt (Home-Use-Test) Urteile über das Testprodukt (Einzeltest) oder vergleichende Urteile über mehrere Produkte (Vergleichstest) abgeben. Soll die Wirkung bekannter Markierungen u. Ä. ausgeschaltet werden, arbeitet man mit neutralisierter Produktaufmachung (Blindtests). Produkttests stellen eine Vorstufe zum **Markttest** dar, bei dem nicht nur die Produktqualität selbst, sondern die gesamte Marketingkonzeption unter realist. Marktbedingungen auf einem begrenzten Testmarkt überprüft werden.

Im Rahmen der P. umfasst die **Produktdifferenzierung** alle Veränderungen eines bereits am Markt eingeführten Produktes in zusätzlich angebotene Produktvarianten, durch die das Sortiment des Unternehmens ausgeweitet wird. Sie dient v. a. der zielgruppenspezif. Anpassung der Produktgestaltung im Sinne der Marktsegmentierung sowie der Abdeckung neuer Preis- und Qualitätsklassen. Andererseits steigen mit zunehmender Produktdifferenzierung die Produktions- und Vertriebskosten oft überproportional an, wenn es dem Unternehmen (z. B. durch entsprechende Baukastenfertigungssysteme) nicht gelingt, flexible Produktions- und Vertriebsstrukturen zu schaffen. Nicht selten führen Produktdifferenzierungen zur Ausuferung von Sortimenten und damit einhergehend erhöhten Lagerkosten, was Maßnahmen zur Produktvereinheitlichung erforderlich machen kann. Die betriebswirtschaftl. Problematik besteht deshalb in einem sinnvollen Kompromiss zw. der aus Marketingsicht wünschenswerten Individualisierung von Produkten und einer kostenwirtschaftl. Leistungserstellung und -verwertung. Im Unterschied zur Produktdifferenzierung werden bei der **Produktvariation** eine oder mehrere Eigenschaften eines Produktes z. B. aufgrund von Nachfrageverschiebungen, ähnl. Entwicklungen im Konkurrenzbereich, Normen, Standards oder Rechtsvorschriften verändert. Die Anzahl der von einem Unternehmen angebotenen Produkte bleibt unverändert; alte Modelle eines Produktes werden durch neue abgelöst. Die Produktvariation steht in Zusammenhang mit Maßnahmen der geplanten Obsoleszenz und der Herausnahme von Produkten aus dem Sortiment **(Produktelimination).**

Alle Aspekte der P. sollten marktbezogen entschieden, d. h. aus der Sicht potenzieller Kunden analysiert werden, was v. a. bei neuen Produkten intensive Marktforschung voraussetzt. Ferner überantworten viele Unternehmen die P. Produktmanagern (→Produktmanagement). Strategisch entscheidend für den Erfolg der P. ist entweder ein dauerhafter komparativer Konkurrenzvorteil, d.h. ein Leistungsvorsprung im Sinne der Präferenzpolitik (→Präferenz), oder ein auf Standardisierung und Mengenproduktion sowie strengem Kostenmanagement beruhender Kostenvorsprung, der preispolitisch genutzt werden kann. In beiden Fällen muss die P. mit den anderen Instrumenten des Marketing-Mix (v.a. Werbung und Vertrieb) sorgfältig abgestimmt werden.

K. HÜTTEL: P. ([2]1992); K. BROCKHOFF: P. ([3]1993); U. KOPPELMANN: Produktmarketing ([5]1997).

Produktregel, *Mathematik:* →Differenzialrechnung.

Produktsicherheitsgesetz, am 1. 8. 1997 in Kraft getretenes Ges. vom 22. 4. 1997, das eine EG-Richtlinie in nat. Recht umsetzt und bewirken soll, dass Hersteller und Händler dem Verbraucher nur sichere Produkte zur privaten Nutzung überlassen. Der Hersteller ist danach verpflichtet, angemessene Maßnahmen zu ergreifen, um eine vom Produkt ausgehende Gefahr zu erkennen und diese abzuwehren. Sicher ist nach dem P. (§6) ein Produkt, wenn von ihm bei bestimmungsgemäßer Verwendung in der übl. Gebrauchsdauer keine erhebl., mit der Art der Verwendung nicht zu vereinbarende und bei Wahrung der allgemein anerkannten Regeln der Technik nicht hinnehmbare Gefahr für die Gesundheit und Sicherheit von Personen ausgeht. Die zuständige Behörde kann dem Hersteller sowie dem Händler verbieten, dass ein unsicheres Produkt in den Verkehr gebracht wird; sie darf nach dem In-Verkehr-Bringen vor der von dem Produkt ausgehenden Gefahr warnen, den →Rückruf anordnen, die Produkte sicherstellen und ggf. ihre Vernichtung veranlassen.

Produzent [zu lat. producere ›hervorbringen‹] *der, -en/-en,* **1)** *allg.:* Hersteller, Erzeuger.

2) *Film-* und *Fernsehwirtschaft:* Leiter eines Unternehmens, das Filme bzw. Fernsehfilme teils mit eigenem, teils mit fremdem Kapital herstellt (→Produktion), Hersteller von Filmen. Bei Kinospielfilmen trägt der P. das finanzielle Risiko, teilweise mit vorher festgelegten Garantien oder Beteiligungen. Bei Auftragsproduktionen (z.B. des Fernsehens) ist der P. für Kalkulation und Verw. des an ihn gezahlten Budgets verantwortlich; er kann Einfluss auf die Rollenbesetzung u.a. nehmen.

Produzenten, *Biologie:* Organismen, die als Primär-P. oder Sekundär-P. körpereigene organ. Substanz aufbauen (→Produktion).

Produzentenhaftung, →Produkthaftung.

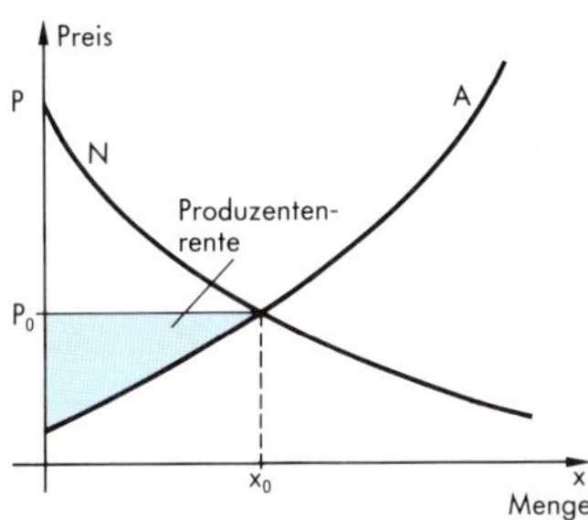

Produzentenrente: Grafische Bestimmung der Produzentenrente als Fläche zwischen der Angebotskurve A und der Preisgeraden (Verbindungslinie von Gleichgewichtspreis P_0 und dem Schnittpunkt der Angebots- und Nachfragekurve N mit der Gleichgewichtsmenge x_0)

Produzentenrente, *Volkswirtschaftslehre:* die Differenz zw. dem Preis, den ein Anbieter mindestens erzielen möchte, und dem tatsächlich erzielten, höheren Marktpreis, multipliziert mit der im Marktgleichgewicht verkauften Gütermenge. Die P. lässt sich darstellen als Fläche zw. der Angebotskurve, die die unterschiedlich hohen Preisforderungen der Anbieter für ein bestimmtes Gut wiedergibt, und der Preisgeraden. Im Ggs. zur Konsumentenrente (→Konsum), die einem Geldbetrag entspricht, der nicht ausgegeben werden musste, ist die P. ein tatsächlich anfallender Differenzialgewinn (→Differenzialrente) für diejenigen Anbieter, die kostengünstiger produzieren als der Grenzanbieter (bei ihm sind die Grenzkosten genauso hoch wie der Marktpreis).

produzierendes Gewerbe, in der amtl. Statistik zusammenfassende Bez. für den Bergbau, das verarbeitende Gewerbe, das Baugewerbe und die Elektrizitäts-, Gas-, Fernwärme- und Wasserversorgung.

Pro Ecclesia et Pontifice [lat. ›für Kirche und Papst‹], päpstl. Ehrenzeichen in Kreuzform, am 17. 7. 1888 von Papst LEO XIII. gestiftet.

Pro|embryo, Vorkeim der Samenpflanzen (→Samenentwicklung).

Pro|enzym, Enzymogen, inaktive Vorstufe Eiweiß abbauender Enzyme; z.B. sind Trypsinogen und Pepsinogen die P. des Trypsins bzw. Pepsins.

Pro Familia Deutsche Gesellschaft für Familienplanung, Sexualpädagogik und Sexualberatung e.V., konfessionell und politisch neutrale Organisation zur Sexual-, Partnerschafts- und Familienplanungsberatung sowie zur psycholog. und sozialen Beratung bei Schwangerschaft, gegr. 1952; Sitz: Frankfurt am Main. 1996 existierten 150 Beratungsstellen und 7 Familienplanungszentren mit rd. 900 haupt- und nebenamtlich beschäftigten Mitarbeitern (v.a. Ärzte, Psychologen und Sozialpädagogen). Pro Familia ist Mitgl. der →International Planned Parenthood Federation. Zeitschrift: ›pro familia magazin‹ (1981 ff.).

profan [lat. profanus ›ungeweiht‹; ›gewöhnlich‹], *bildungssprachlich* für: 1) weltlich, nicht dem Gottesdienst dienend; 2) nicht außergewöhnlich, alltäglich.

Profess [mlat. professus, zu lat. profiteri ›frei bekennen‹] *die, -/...'fesse,* das Ablegen der Ordensgelübde (→Gelübde), verbunden mit der Eingliederung in den Ordensverband. Das kath. Kirchenrecht unterscheidet zw. der **zeitlichen P.,** die die Novizen nach ihrer Eingliederung in den Orden für einen Zeitraum von drei bis sechs Jahren bindet, und die der die Ordensangehörigen das ganze Leben bindenden **ewigen P.** vorangehen muss (cc. 653–658 CIC).

Professional [prəʊˈfeʃnl, engl., eigtl. ›berufsmäßig‹] *der, -s/-s,* Kurz-Bez. **Profi,** der →Berufssportler.

Professor [lat. ›öffentl. Lehrer‹, zu profiteri ›vorlesen‹] *der, -s/...'soren,* Abk. **Prof., 1)** *Hochschulwesen:* Titel und Amts-Bez. von Hochschullehrern. Den P. an wiss. Hochschulen steht beamtenrechtlich die Amts-Bez. **Universitäts-P.** zu; die Fachhochschullehrer führen die Amts-Bez. P.; Frauen mit entsprechendem dienstrechtl. Status führen die Amts-Bez. Professorin (Fachhochschule) oder Universitätsprofessorin.

Diese Regelungen ersetzen die mit dem Hochschulrahmen-Ges. von 1976 (letzte Fassung von 1997) abgeschafften traditionellen Amts-Bez.: **planmäßiger P.** (in eine Planstelle im Hochschulhaushalt berufener Beamter), der **ordentlicher P.** (›Ordinarius‹), Inhaber eines ordentl. Lehrstuhls (Professur) oder Ordinariats (Amts-Bez. P. ordinarius, o. P.; auch o. ö. P., d.h. ordentl. öffentlicher P.), oder **außerordentlicher P.** (›Extraordinarius‹), Inhaber eines außerordentl. öffentlichen Lehrstuhls oder Extraordinariats (Amts-Bez. P. extraordinarius, a. o. P.) sein konnte. Der **außerplanmäßige P.** hatte dagegen keine Planstelle inne (Amts-Bez. apl. P.). Zu apl. P. wurden habilitierte Dozenten ernannt, die sich i.d.R. sechs Jahre in Forschung und Lehre bewährt, aber keinen Ruf erhalten hatten. Sie waren wie der **Honorar-P.** (nebenamtlich für ein begrenztes Lehrgebiet zuständig) keine Voll-Mitgl. der Fakultät (bzw. Fachbereich oder Abtei-

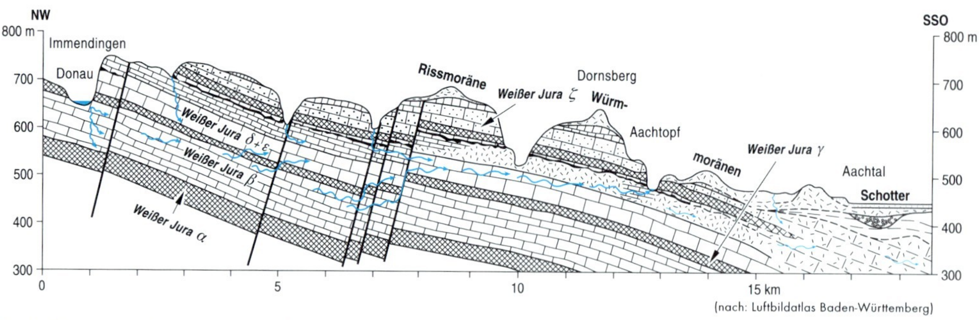

Profil 4): Geologisches Profil von der Donauversickerung bei Immendingen zum Aachtal

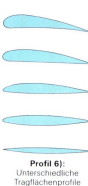

Profil 3): Beispiele für Formstahlprofile; **1** I-Stahl, **2** T-Stahl, **3** U-Stahl, **4** Z-Stahl, **5** L-Stahl

lung). Sämtl. Stellen für P. werden seit 1970 öffentlich ausgeschrieben. Die Emeritierung wurde abgelöst durch das allgemeine Beamtenrecht (Ruhestandsbezüge statt Dienstbezüge). – Im MA. trugen Univ.-Lehrer die Bez. Doctor oder Magister, seit dem 16. Jh. setzten sich Titel und Amts-Bez. P. durch.

2) *Schulwesen:* Titel für Lehrer an höheren Schulen (Gymnasial-P.); früher in Dtl., heute noch in Österreich und der Schweiz gebräuchlich, in Dtl. in einigen Ländern noch als Dienst-Bez. für Studienräte, die mit der Referendarausbildung befasst sind **(Studien-P.).**

3) *Titulatur:* Titel, der für besondere (v. a. künstler.) Verdienste verliehen wird **(Titularprofessor).**

Professor Unrat, Roman von H. MANN (vollständiger Titel ›P. U. oder Das Ende eines Tyrannen‹), 1905; Vorlage für den Film ›Der blaue Engel‹ von J. VON STERNBERG (1930).

Professur *die, -/-en,* →Professor.

Profi *der, -s/-s,* der →Berufssportler.

Profil [frz. ›Seitenansicht‹, ›Umriss‹, von ital. profilo, zu profilare ›umreißen‹] *das, -s/-e,* **1)** *allg.:* 1) Seitenansicht eines Gesichts oder Körpers; 2) charakterist. Erscheinungs- oder Persönlichkeitsbild.

2) *Baukunst:* vorspringendes Bauglied (Bauteil mit vorragendem Querschnitt), z. B. Rundstab, Hohlkehle; auch bei Möbeln.

3) *Fertigungstechnik:* **P.-Material,** Halbzeug oder Fertigerzeugnis mit unterschiedlich gestaltetem, über die ganze Länge unverändert bleibendem Querschnitt aus Metall, Kunststoff, Holz oder Gummi. P. aus Metall werden durch Ziehen aus der Schmelze, Walzen, Pressen (Strangpressen) oder Biegen (Abkanten) hergestellt. **P.-Stahl** unterscheidet man in **Formstahl** (nach seinem Querschnitt z. B. als I-, U-, L-Stahl bezeichnet), **Stabstahl** (Rundstahl bis 200 mm Durchmesser, Flachstahl bis 60 mm Dicke, Vierkantstahl bis 250 mm Kantenlänge, Sechskantstahl bis 100 mm Schlüsselweite) und **Walzdraht** (bis 13 mm Durchmesser). Kunststoff-P. werden im Extrusionsverfahren, durch Strangpressen oder Spanen hergestellt, seltener durch Gießen oder Wickeln.

4) *Geowissenschaften:* **Schnitt,** Aufrisszeichnung (in Form eines Längs- oder Querschnitts) eines Teils der Erdoberfläche zum Veranschaulichen der Höhenverhältnisse **(Relief-P.),** des geolog. Aufbaus **(geologisches P.)** und/oder seiner Natur- und Kulturausstattung, wie Vegetation, Besiedlung, Wirtschaft **(Kausal-P.).** Da die Höhen sich meist in Meter-, die Längen aber in Kilometerbeträgen bewegen, werden P. in der Regel überhöht (→Überhöhung) dargestellt.

5) *Kraftfahrzeugtechnik:* die aus P.-Rillen und -Stegen aufgebaute Struktur der Laufflächen von Reifen.

6) *Luftfahrt:* Querschnittsform des Tragflügels (auch des Leitwerks, der Luftschraube) eines Flugzeugs, hat wesentl. Einfluss auf Flugleistungen und Flugeigenschaften und wird deshalb dem vorgesehenen Verwendungszweck des Flugzeugs angepasst. Kennzeichen eines P. ist die im Vergleich zur Erstreckung in Längsrichtung **(P.-Tiefe)** relativ geringe Ausdehnung quer dazu **(P.-Dicke).** Das P. lässt sich beschreiben durch eine **P.-Mittellinie** oder **Skelettlinie** (gerade oder gekrümmt), der eine symmetr. tropfenförmige Dickenverteilung mit unterschiedlich stark gerundeter Vorderkante und keilförmiger Hinterkante überlagert wird. Verlauf von Skelettlinie und Dickenverteilung bestimmen weitgehend die P.-Eigenschaften (→Laminarprofil, →superkritischer Flügel). P. für hohe Fluggeschwindigkeiten benötigen geringere Dicke und Nasenrundung, meist auch geringere Krümmung der Skelettlinie als P. für mäßige Geschwindigkeiten.

Bei der **P.-Umströmung** wird der stat. Druck entlang der P.-Oberseite wegen der im Mittel erhöhten Strömungsgeschwindigkeit (positiver Anstellwinkel α vorausgesetzt) vermindert **(Saugseite),** entlang der Unterseite dagegen erhöht **(Druckseite),** da hier die Strömung im Mittel verlangsamt ist. Aus dieser Druckdifferenz ergibt sich eine auf den P.-Körper wirkende Kraft, die in eine Komponente parallel zur Anströmrichtung, den P.-Widerstand, und den rechtwinklig dazu gerichteten dynam. Auftrieb zerlegt werden kann.

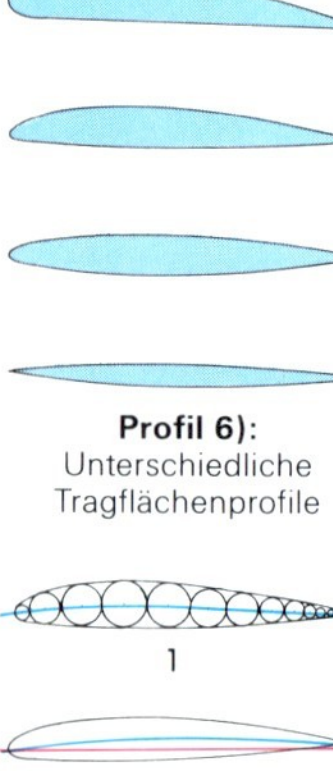

Profil 6): Unterschiedliche Tragflächenprofile

Profil 6): Bezugslinien am Tragflächenprofil; **1** Skelettlinie (blau); **2** Skelettlinie und Sehne (rot); **3** Lage der Sehne bei einem Profil mit konkaver Unterseite

Profilfasern, synthet. Fasern auf Polyamid- und Polyesterbasis mit Querschnitten, die von der Kreisform deutlich abweichen, z. B. sternförmige oder kleeblattförmige Fasern. Dadurch entstehen im Vergleich zu Kreisquerschnitten wesentlich größere Oberflächen, durch die besondere Farb- und Glanzwirkungen erreicht werden können und die Haftwirkung verbessert wird.

Profilwalzen, Kaltprofilieren, Umformverfahren, bei dem Bandstahl kontinuierlich zu Profilen oder Rohren gebogen wird. Die Profilierung der Bänder erfolgt in einer Reihe hintereinander angeordneter Walzgerüste, da die Biegeformänderung je Walze begrenzt werden muss, um unerwünschte Dehnungen in Längsrichtung zu minimieren.

Profit [frz.] *der, -(e)s/-e,* Nutzen, (materieller) Gewinn, Vorteil; in der klass. Nationalökonomie i. w. S. der Kapitalertrag, i. e. S. die Summe aus Unternehmergewinn und kalkulator. Unternehmerlohn; bei K. MARX ist P. gleichbedeutend mit Mehrwert (→Marxismus).

Profitcenter [engl. 'prɔfɪtsentə] *das, -s/-,* Unternehmensbereich mit Eigenverantwortung für den betriebswirtschaftl. Erfolg und gesondertem Erfolgsausweis (divisionale Organisation). Organisator. Voraussetzungen bilden der Zugang zu einem externen oder einem über Verrechnungspreise zu schaffenden unternehmensinternen Markt, eine relativ hohe Entscheidungsautonomie der Teilbereiche sowie eine auf das P. bezogene Erfolgsermittlung. Die P.-Konzeption beabsichtigt, die Flexibilität des Unternehmens und die Motivation seiner Entscheidungsträger zu steigern. (→Costcenter, →Investmentcenter)

Profitquote, die Gewinnquote (→Lohnquote).

Profitrate, allg. das Verhältnis von Gewinn zum eingesetzten Kapital; nach K. MARX das Verhältnis von Mehrwert zum vorgeschossenen Gesamtkapital (→Marxismus).

Proform, *Sprachwissenschaft:* Ausdruck (meist Nomen, daneben auch Adverbiale, Adjektiv und Verb), der einen im Kontext vorausgegangenen wieder aufgreift (**anaphorische P.,** z. B. ›Hans schlief gleich ein; der Junge war sehr müde‹) oder einen im Kontext folgenden vorwegnimmt (**kataphorische P.,** z. B. ›die ich rief, die Geister ...‹).

pro forma [lat.], der Form wegen; nur zum Schein.

Profos [mittelniederländ. provoost, über altfrz. prévost von lat. praepositus ›Vorsteher‹, ›Aufseher‹] *der, -es* und *-en/-e(n),* **Profoss** *der, -'fossen/-'fosse(n),* in den dt. Söldnerheeren der frühen Neuzeit der in einem Regiment die Polizeigewalt Ausübende, meist im Rang eines Hauptmanns. An Hilfskräften unterstanden ihm der Scharfrichter und der Stockmeister (Gefangenenaufseher) sowie Steckenknechte (Polizeidiener). Vorgesetzter aller P. des Gesamtheeres war der **General-P.** Die Bez. und einzelne Funktionen des P. hielten sich z. T. bis ins 19. Jh., zuletzt war er ein Unteroffizier, der Arrestanten beaufsichtigte.

profund [lat. profundus ›tief‹], **1)** *allg.: bildungssprachlich* für: gründlich, umfassend.

2) *Anatomie:* **profundus,** tief liegend, in den tieferen Körperregionen liegend oder verlaufend.

Profundal *das, -s,* die tiefe Bodenzone der Seen, in der keine Photosynthese mehr stattfindet, sondern die mikrobielle Zersetzung organ. Reste aus den oberen Wasserschichten.

progam [zu griech. gamós ›Ehe‹], *Biologie:* bezeichnet Vorgänge der Geschlechtsbestimmung, die vor der Befruchtung eintreten. Die **progame Teilung** ist eine vegetative Zellteilung bei Protozoen, die zur Bildung eines männl. und eines weibl. Gameten führt.

progame Isolation, *Biologie:* ein →Isolationsmechanismus.

Progenie [zu griech. géneion ›Kinn‹] *die, -/...'ni|en, Zahnmedizin:* →Kieferanomalien.

Progerie [zu griech. gérōn ›Greis‹] *die, -/...'ri|en,* vorzeitige Vergreisung. Als (seltene) eigenständige Krankheitsbilder werden unterschieden die **Progeria infantilis** unbekannter Ursache, bei der es zw. den ersten Lebensmonaten und dem dritten Lebensjahr zu Wachstumsstillstand und degenerativen Veränderungen von Haut, Knochen, Gelenken und Muskeln kommt (wegen allgemeiner Arteriosklerose meist Tod vor dem 20. Lebensjahr), und die **Progeria adultorum** als rezessiv erbl. Form, bei der die Veränderungen nach dem 20. Lebensjahr beginnen (Tod häufig bis zum 5. Lebensjahrzehnt).

Progesteron [Kw.] *das, -s,* Steroidhormon aus der Reihe der Gestagene (→Geschlechtshormone).

Proglottiden [griech.], *Sg.* **Proglottid** *der, -en,* die Glieder der →Bandwürmer.

prognath [zu griech. gnáthos ›Kinnbacke‹], bezeichnet bei Insekten eine Kopfstellung, bei der Mund und Mundgliedmaßen nach vorn gerichtet sind.

Prognathie *die, -/...'thi|en,* **1)** *Anthropologie:* Form des Gesichtsprofils, bei der die Linie Nasenwurzel–Schneidezähne zur Ohr-Augen-Ebene einen Winkel unter 80° bildet; häufig bei älteren prähistor. Menschenformen.

2) *Zahnmedizin:* →Kieferanomalien.

Prognos AG, eigtl. **P. AG. Europäisches Zentrum für Wirtschaftsforschung und Strategieberatung,** international tätiges Forschungs- und Beratungsunternehmen für Entscheidungsträger in Politik, Verw. und Unternehmen; gegr. 1959 als Bindeglied zw. Wirtschaftsforschung und Wirtschaftspraxis; Hauptsitz: Basel, Niederlassungen: Köln, Berlin. Die P. AG konzentriert sich auf die Beratungsschwerpunkte Politik und Gesellschaft, Wirtschaft und Bev., Energie, Städte und Regionen, Verkehr, Medien und Kommunikation, Managementberatung, Gesundheit, Soziales und Umwelt, wobei besonderer Wert auf interdisziplinäres Arbeiten und die Nutzung von Synergien gelegt wird. Aktionär ist die Holtzbrinck-Gruppe (100%). Seit 1981 wird jährlich der **Prognos-Preis** für hervorragende Beiträge zu Zukunftsthemen im Rahmen des Prognos Zukunftsforums verliehen.

Veröffentlichungen: Europa in der Weltwirtschaft von morgen (1995); Künftige Entwicklung des Medien- u. Kommunikationssektors in Dtl. (1996); Energiereport II (1996); Prognos World Report 1998. Industrial Countries (Basel 1997); World Report 1997. Emerging Countries 2000 (Basel 1997).

Prognose [spätlat., von griech. prógnōsis ›das Vorherwissen‹] *die, -/-n,* wissenschaftlich fundierte Aussage über den voraussichtl. Verlauf einer zukünftigen Entwicklung bzw. das Eintreten eines künftigen Ereignisses; im Sinne von Statistik und Ökonometrie die Vorhersage des Wertes einer Zeitreihe zu einem zukünftigen Zeitpunkt. P. lassen sich unterscheiden nach 1) dem Zeitraum, den sie umfassen (kurzfristig: einige Monate, mittelfristig: ein bis drei Jahre, langfristig: vier bis sechs Jahre); 2) dem Geltungsbereich (z. B. P. für spezif. Branchen oder die gesamte Gesellschaft); 3) dem Anwendungsbereich (z. B. Wettervorhersage, Diagnose des Krankheitsverlaufs, Wahl-P., Arbeitsmarktentwicklung); 4) der angewendeten Methode (z. B. Trendanalyse, Zeitreihenanalyse, Modellsimulation, exponentielle Glättung).

P. sind eine wichtige Grundlage für unternehmer. und polit. Planung und Entscheidung. Ihr (Nicht-)Zutreffen ist zugleich eine Überprüfung der zugrunde liegenden theoret. Annahmen. Die Wahrscheinlichkeit einer falschen Vorhersage steigt mit dem Zeitraum, den sie umfasst, da i. d. R. nur die Kenntnis bisheriger Entwicklungsverläufe in die Zukunft fortgeschrieben, extrapoliert wird (z. B. P. der Bev.-Entwicklung). Ein besonderes Problem v. a. von sozialwiss. P. ist die Rückwirkung des P.-Ergebnisses auf das prognostizierte Verhalten (→Selffulfilling Prophecy).

Programm [griech. prógramma ›schriftl. Bekanntmachung‹; ›Tagesordnung‹] *das, -s/-e,* **1)** *allg.:* 1) Reihenfolge von Veranstaltungen (z. B. eines Theaters, des Fernsehens); 2) Ablauf einer Reihe von Darbietungen (z. B. bei einer Veranstaltung); 3) Zettel, Heft, das über Veranstaltungen, Darbietungen informiert (z. B. P.-Heft); 4) Darlegung von Grundsätzen, Konzeptionen zur Erreichung eines bestimmten Ziels (z. B. Partei-P.); Arbeitsplan.

2) *Informatik:* allg. ein in einer →Programmiersprache formulierter →Algorithmus sowie die zugehörigen Datenbereiche. P. regeln die Dateneingabe und -ausgabe sowie die Abarbeitung der erforderl. Arbeitsanweisungen. P. sind im exakt definierten und eindeutigen Formalismus einer Programmiersprache verfasst, nehmen Bezug auf bestimmte Darstellungen der verwendeten Daten und sind auf einer Rechenanlage ausführbar. Neben dieser Gesamtlösung einer Aufgabe werden häufig auch Teillösungen wie Unter-P. und Prozeduren als P. bezeichnet.

Die auf einem Rechner benutzten P. (die →Software) werden in **System-P.** und **Anwendungs-P.** eingeteilt. Je nach Art der für die Programmierung verwendeten Programmiersprachen unterscheidet man P. nach der sprachl. Ebene, auf der sie vorliegen. Ein →Quellprogramm ist in einer mehr oder weniger maschinenfernen, meist höheren Programmiersprache verfasst und muss erst durch ein Übersetzungs-P. (→Übersetzer) in ein →Maschinenprogramm übersetzt werden (manchmal in mehreren Stufen), bevor es in Maschinensprache vorliegt und, unter Einbeziehung von aus →Programmbibliotheken benötigten P., gebunden (→Binder) und schließlich in ablauffähiger Form zum P.-Lauf geladen werden kann (→Lader). Ein in einer höheren Programmiersprache vorliegendes Quell-P. ist i. d. R. auf unterschiedl. Rechenanlagen verwendbar, während P. in Maschinensprache nur auf einer bestimmten Art von Rechnern bzw. auf Geräten einer bestimmten Rechnerfamilie einsetzbar sind (→Kompatibilität, →Portabilität).

Ein größeres Gesamt-P. ist gewöhnlich in mehrere **Teil-P.** gegliedert (Unter-P., P.-Blöcke, Prozeduren), in denen Teilaufgaben in übersichtl. Form gelöst werden. Für das Zusammenspiel der Teil-P. sind dabei neu spezifizierte →Schnittstellen notwendig. Bei unverzweigten Geradeaus-P. wird jede →Anweisung (bzw. jeder →Befehl) in festgelegter Folge genau einmal durchlaufen. Ein verzweigtes Geradeaus-P. hat mehrere Geradeauszweige (P.-Pfade), von denen jeweils einer nach Überprüfung einer Bedingung abgearbeitet wird, sodass jede Anweisung höchstens einmal durchlaufen wird (→Verzweigung). Ein zykl. P. enthält (mindestens) eine Folge von Anweisungen, die in Abhängigkeit von einem Testergebnis mindestens zweimal durchlaufen werden kann (P.-Schleife). Ein P. von einigem Umfang enthält gewöhnlich alle drei dieser Strukturen.

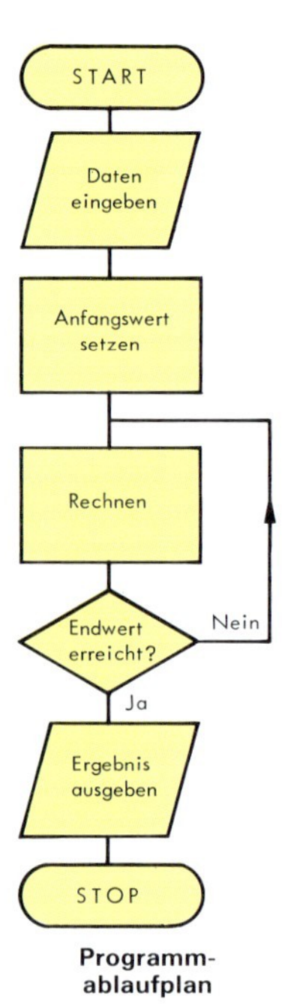

Programm-ablaufplan

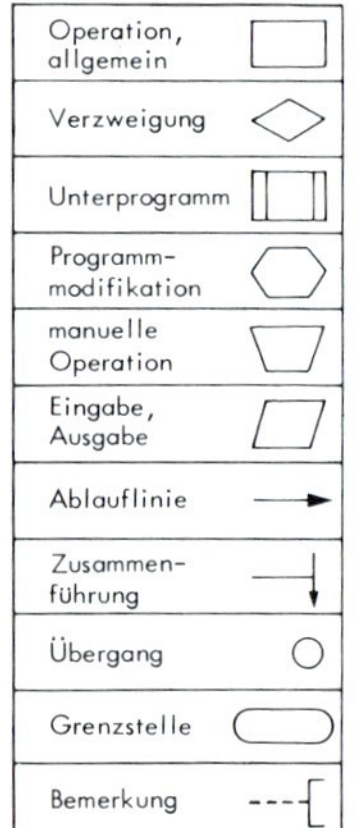

Operation, allgemein
Verzweigung
Unterprogramm
Programm-modifikation
manuelle Operation
Eingabe, Ausgabe
Ablauflinie
Zusammen-führung
Übergang
Grenzstelle
Bemerkung

Programm-ablaufplan: Ablaufplansymbole

Ein in einer höheren Programmiersprache formuliertes P. hat gewöhnlich einen Deklarationsteil (P.-Kopf), in dem z. B. die verwendeten Variablen, Bezeichnungen definiert werden, und einen Anweisungsteil (P.-Rumpf). Die Anweisungen lassen sich nach den von ihnen bewirkten Operationen unterscheiden. Informationsverarbeitende Anweisungen führen arithmet. oder log. Operationen aus; Testanweisungen führen zu Entscheidungen (z. B. P.-Verzweigungen), je nachdem, ob eine Bedingung eingetreten ist oder nicht; Sprunganweisungen führen zu unbedingten P.-Verzweigungen, organisator. Anweisungen steuern den Informationsfluss im Rechner bzw. zwischen diesem und Anschlussgeräten (Peripherie), sie können auch Befehlswörter in ihrem Adressteil modifizieren. (→Programmierung)

Rechtliches: Rechtsschutz von Computer-P. besteht zunächst im Bereich des Urheberrechts. So wurde in § 2 Abs. 1 Nr. 1 Urheberrechts-Ges. ausdrücklich aufgenommen, dass zu den geschützten Werken auch Computer-P. gehören. Der Urheberrechtsschutz setzt voraus, dass das P. schöpferisch neu ist; er besteht insbesondere in Kopier- und Bearbeitungsschutz. Im Wettbewerbsrecht kann sich die unlautere Übernahme eines fremden P. als Wettbewerbsverstoß darstellen. Durch strafrechtl. Bestimmungen wird bes. die Zerstörung oder Veränderung fremder Computer-P. unter Strafe gestellt. Patentschutz für Computer-P. ist dagegen in vielen Ländern nicht vorgesehen, in Dtl. in § 1 Abs. 2 Nr. 3 Patent-Ges. sogar ausdrücklich ausgeschlossen. Soweit P. Teil einer techn. Anlage sind, kann jedoch die entsprechende Erfindung insgesamt Patentschutz beanspruchen. Auf europ. Ebene hat die EG-Richtlinie über den Rechtsschutz von Computer-P. von 1991 den urheberrechtl. Schutz verstärkt und vereinheitlicht. Im internat. Bereich wurden durch das TRIPS-Abkommen von 1994 Mindeststandards auch für den urheberrechtl. Schutz von Computer-P. statuiert (→TRIPS). Hinsichtlich des Patentrechts sind nat. wie internat. die Grenzen zur patentfähigen techn. Erfindung im Fluss.

Programm|ablaufplan, engl. **Flowchart** ['fləʊtʃɑːt, ›Flussdiagramm‹], *Informatik:* Diagramm, in dem Art und Aufeinanderfolge der zur Lösung einer Problemstellung mithilfe eines Computers erforderl. Einzeloperationen dargestellt sind. Die verwendeten Symbole sind nach DIN genormt und prinzipiell unabhängig von der jeweiligen Programmiersprache und Rechenanlage. Der P. ist ein Ausdrucksmittel des lange Zeit (und teilweise noch heute) praktizierten linearen Programmierstils. Nachteile dieses Stils sind u. a. Programmverzweigungen mit unübersichtl. Vor- und Rückwärtssprüngen, unübersichtl. Schleifenbildungen, unzureichende Möglichkeiten der Programmgliederung, schlechte Änderungsfähigkeit und Wartbarkeit der Programme. Im Ggs. dazu hat die Systematisierung des Softwareentwurfsprozesses mit dem Ziel, die Programme übersichtlicher und lesbarer zu gestalten, insbesondere im Hinblick auf eine spätere Wartung, zur →strukturierten Programmierung geführt. Dabei wird ein Programm in voneinander unabhängige Systembausteine, so genannte Strukturblöcke, gegliedert (→Struktogramm).

Programmbibliothek, engl. **Program-Library** ['prəʊgræmlaɪbrəri], *Informatik:* eine Menge häufig verwendeter, mit Namen versehener Programme oder Programmteile (z. B. Prozeduren oder Unterprogramme), die in einer Datei zusammengefasst sind. Solche Bibliotheks-›Routinen‹ können entweder direkt aufgerufen und ausgeführt oder mit den übrigen Programmteilen beim Übersetzen (→Übersetzer) oder beim Binden (→Binder) gekoppelt werden.

Programmblock, *Informatik:* ein Programmteil, innerhalb dessen (mit Ausnahme innerer Blöcke) vereinbarte Bez. für gewisse Objekte (z. B. Variablen) gelten; die Bez. gelten nicht für Blöcke, die denjenigen P. umfassen, in dem die Bez. vereinbart werden.

Programmbudget [-bydʒe], *Wirtschaftspolitik:* das →Planning-Programming-Budgeting-System.

Programmheft, ein gedruckt erscheinendes Heft, das über eine Darbietung, z. B. Theateraufführung, Konzert, informiert. – Die P. für das Theater entstanden seit Ende des 19. Jh. aus den Theaterzetteln. Sie enthalten v. a. das Datum, den Titel des Stücks, den Namen des Autors, Mitteilungen über die Besetzung und den zeitl. Ablauf.

H. KRESSIN: Die Entwicklung des Theater-P. in Dtl. von 1894–1941 (Diss. Berlin 1968).

Programmhilfe, Form der →Entwicklungshilfe.

Programmierer, →Datenverarbeitungsberufe.

Programmiersprache, *Informatik:* eine künstl., formale Sprache zur Formulierung von Arbeitsanweisungen an ein Rechnersystem. Durch die P. werden der Wortschatz und die Grammatik eindeutig definiert, in der ein korrekter Programmtext zu schreiben ist. Je nach dem Grad der Maschinennähe teilt man P. in →Maschinensprachen, **niedere** oder **maschinenorientierte P.** (Assemblersprachen) und (von der Hardware unabhängige) **höhere** oder **problemorientierte P.** ein. Höhere P. werden mit →Übersetzern in niedere übertragen. Auf der Basis des einer P. zugrunde liegenden Konzepts oder Denkschemas werden die höheren P. im Wesentlichen in vier Kategorien unterteilt:

Bei **imperativen (prozeduralen P.)** besteht ein Programm (Programmrumpf) aus einer Abfolge von Operationen, die jeweils Daten bearbeiten. Wesentlich ist bei ihnen das Variablenkonzept, nach dem Eingabewerte in Variablen (Speicherzellen) abgelegt und dann weiterverarbeitet werden. Sie spiegeln deutlich die Architektur des Von-Neumann-Rechners wider. Zu ihnen gehören P. wie ADA, BASIC, C, COBOL, FORTRAN, MODULA-2, PL/1 und PASCAL (früher auch ALGOL, COMAL, ELAN u. a.).

Deklarative P. gehen davon aus, dass vorrangig nicht die Problemlösung, sondern das Problem beschrieben wird, das zu lösen ist. Für diese Problembeschreibung gibt es versch. Ansätze. Das Ziel der **funktionalen P.** besteht darin, die Programmierung weitestmöglich an die Formulierung mathemat. Funktionen anzunähern. Beispiele für funktionale P. sind LISP und LOGO. Die **logischen (prädikativen) P.** basieren auf der Prädikatenlogik. Mit einem Programm wird beispielsweise versucht, die Richtigkeit einer Eingabe anhand vorhandener Fakten und Regeln zu überprüfen. Die bekannteste log. P. ist PROLOG.

Verteilte und **parallele P.** werden bei der Programmierung von Aufgaben für verteilte Rechner (z. B. vernetzte Workstations) und Parallelrechner eingesetzt. I. d. R. ergeben sich hierbei spezielle Probleme hinsichtlich der Kommunikation und Synchronisation, wofür in den Sprachen besondere Sprachkonstrukte vorhanden sind. Einerseits wurden eigene P. wie OCCAM, PARALLAXIS u. a. entwickelt, andererseits wurden konventionelle P. um entsprechende Konstrukte erweitert (z. B. FORTRAN, PASCAL).

In **objektorientierten P.** werden alle zum Problemlösen erforderl. Informationen (Daten und Operationen) als Objekte aufgefasst (→Objektorientierung). Objekte sind gleichberechtigte, aktiv handelnde Einheiten, die miteinander kommunizieren, indem sie Botschaften senden und empfangen. Unter einer Botschaft versteht man dabei die Aufforderung an ein Objekt, eine bestimmte Aufgabe auszuführen. Jedes Objekt wird durch Attribute (Eigenschaften) charakterisiert. Diese beschreiben den Zustand des Objekts. Ein Objekt verfügt über Methoden (Operationen), mit denen es auf Botschaften reagiert. Die Methoden stellen die Schnittstelle des Objekts nach außen dar. Im Bereich der objektorientierten P. sind zwei Richtungen vorhanden: 1) rein objektorientierte P. (wurden von vornherein mit diesem Konzept entwickelt) wie SMALLTALK, EIFEL und JAVA sowie 2) Hybridsprachen (Sprachen, die um die Möglichkeiten der objektorientierten P. erweitert wurden) wie C^{++}, Object Pascal und OBERON (Erweiterung von MODULA-2).

Die Gesamtzahl der P. wird auf weit über 1 000 geschätzt, von denen die meisten auf spezielle Problemstellungen zugeschnitten sind; weit verbreitet sind etwa zwanzig.

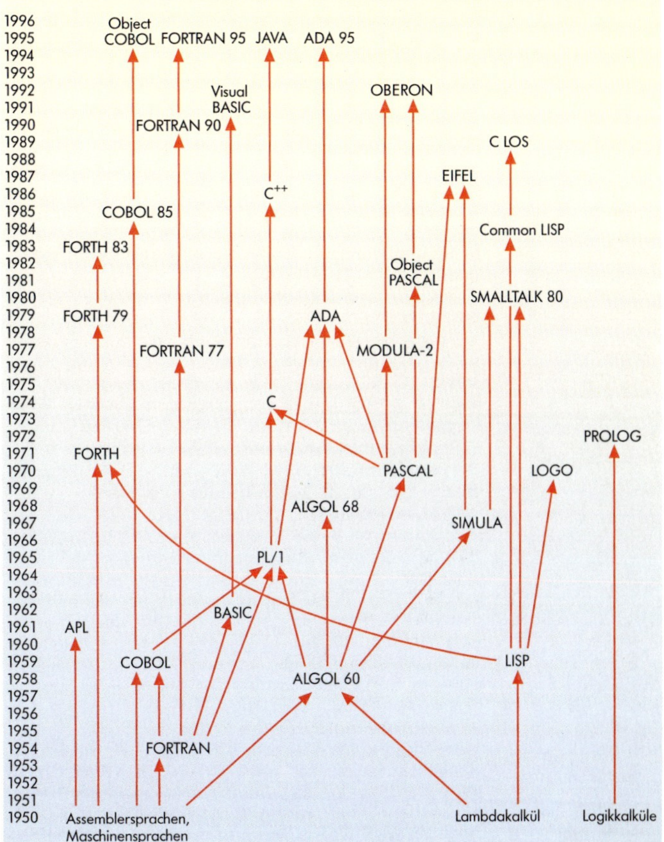

Programmiersprache: Entwicklungslinien und Entstehungszeit einiger wichtiger Programmiersprachen

programmierter Unterricht, ein objektivierter Unterricht, in dem der Lernstoff nach lernpsycholog., didakt. und sachlog. Prinzipien angeordnet ist und vom Lernenden ohne weitere Unterstützung durch einen menschl. Lehrer bearbeitet werden kann. Der p. U. stützt sich auf ein gedrucktes Lehrprogramm oder auf ein interaktives, computergestützes Lernprogramm. Wenngleich moderne Multimediacomputer durch die gleichzeitige Nutzung von Wort, Bild und Ton eine höhere Lerneffizienz ermöglichen, ist das Prinzip des p. U. in beiden Fällen doch gleich. Dabei wird der Lehrstoff in kleinsten Lehrschritten dargeboten, wobei jeweils eine Antwort gegeben werden muss (Aktivierung des Lernenden). Bei bestimmten, bes. für Fremdsprachenprogramme eingerichteten →Lehrmaschinen hört der Lernende auch jeweils seine Antwort. Immer ist eine umgehende Erfolgskontrolle eingeschaltet. Ist die Rückmeldung (Feed-back) negativ, wird dem Lernenden von interaktiven Lernprogrammen häufig Hilfestellung angeboten. Erst dann kann der Schüler zur nächsten Lerneinheit fortschreiten. – An den p. U. wurden zeitweise hohe Erwartungen gerichtet, jedoch wird heute die Rolle der kommunikativen Situation in einer Lerngruppe hervorgehoben. Die Erfahrungswerte mit Lernprogrammen weisen dem p. U. eine ergänzende Rolle neben Buch und freieren Unterrichtsformen zu, teils als erste Einführung in ein Sachgebiet, teils als Training. Spieler. Elemente einbeziehende interaktive Lernprogramme für die Schule konstruieren durch eine Kombination vorgegebener Elemente und der Eingaben der Bedienenden variable Fortsetzungsgeschichten, wobei z. B. Wortschatz und Grammatik geübt werden können. – Die Vorteile des p. U. sind die ständige Aktivierung des Schülers und die weitgehende Individualisierung des Lernprozesses sowie die Unmittelbarkeit der Lernerfolgskontrolle. Als Nachteile gelten die starke Gängelung des Lernenden, die Überbetonung des Worts und damit der Verlust des Praktischen sowie die Vernachlässigung stets auch vorhandener emotionaler Aspekte im Lernprozess. Es wurden versch. Formen der Programmierung entwickelt. B. F. SKINNER hatte lineare Programme mit einem fortlaufenden Text verwendet, in denen vom Lernenden selbst produzierte richtige Antworten bestätigt (verstärkt) wurden. N. CROWDER ließ den Lernenden aus einem Angebot von Antworten auswählen; bei falscher Antwort kann der Lernende Hinweise und Hilfen abfragen (verzweigte Programmierung). Der p. U. eignet sich insgesamt mehr für die Informationsvermittlung als für die Gewinnung von Einsichten.

Programmiertes Lernen u. Lehrmaschinen, hg. v. W. CORELL (1965); Computer u. Lernen. Medienpädagog. Konzeptionen, hg. v. B. ARMBRUSTER u. a. (1988).

Programmierung, 1) *Informatik:* **Programmieren,** das Erstellen eines →Programms oder Programmteils unter Verwendung einer →Programmiersprache, ggf. auch versch. Programmiersprachen für einzelne Unterprogramme. Bei umfangreichen Aufgaben, bes. wenn an ihrer Lösung mehrere Personen beteiligt sind, wird die P. in Teilaufgaben unterteilt, unter genauer Festlegung der →Schnittstellen zw. den einzelnen Programmteilen. Zur P. gehören die exakte Formulierung der Aufgabe (Pflichtenheft) und des Lösungsmodells, z. B. in Form eines →Programmablaufplans oder →Struktogramms, die Festlegung auf algorithm. Verfahren, Datenstrukturen und Programmiersprache und schließlich das eigentl. Codieren in der gewählten Programmiersprache. Hinzu kommen die Programmtests und die Beschreibung des Programms, darunter Maschinenabhängigkeit, Hardwarebedarf (z. B. Speicher), Laufzeit- und Fehlerverhalten. Alle Schritte und v. a. das fertige Programm müssen sorgfältig dokumentiert werden. Versch. Methoden der P. sind die **objektorientierte P.,** die von gleichberechtigten Objekten ausgeht und auf Zuständen, Aktivitäten und Kommunikation aufbaut (→Objektorientierung) sowie die →strukturierte Programmierung. Die P. wird heute überwiegend als ingenieurmäßige Arbeit aufgefasst (→Softwaretechnik).

2) *Operations-Research:* →mathematische Programmierung.

Programmkino, Bez. für Kinos, die ihr Programm nach qualitativen oder inhaltl. Gesichtspunkten gestalten (Ggs. Kommerzkinos). P. entstanden 1912 in Paris und 1925 in London; nach dem Zweiten Weltkrieg konnte sich die P.-Idee auch in Dtl. entfalten.

Programmlader, *Informatik:* →Lader.

Programmlauf, engl. **Run** [rʌn], die Ausführung eines →Programms mithilfe eines Computers.

Programmmusik, Instrumentalmusik, die ein ›Programm‹, z. B. ein Gedicht, eine Begebenheit, ein Bild oder Idealgestalten aus Dichtung, Sage oder Geschichte, in der Sprache der Musik wiedergeben möchte. Durch das beigefügte oder als bekannt vorausgesetzte Programm soll die Fantasie des Hörers in eine bestimmte Richtung gelenkt werden. P. entstand durch Übertragung der in der Oper ausgebildeten Tonsprache in den Bereich der Sinfonie. In diesem Sinne begegnet P. erstmals bei H. BERLIOZ (›Symphonie fantastique‹, 1830) und dann unter dem Namen →sinfonische Dichtung bei F. LISZT, B. SMETANA, R. STRAUSS u. a. Seit Mitte des 19. Jh. stand der P. (→neudeutsche Schule) die Idee der →absoluten Musik gegenüber. – Die Neigung, äußere Geschehnisse (z. B. Vogelgesang, Kriegslärm) tonmalerisch abzubilden oder nachzuahmen und dies auch durch besondere Titel zu kennzeichnen, ist alt, wirkte jedoch zunächst nur relativ wenig auf die Struktur der Musik ein. C. JANEQUIN, die engl. Virginalisten, F. COUPERIN, J.-P. RAMEAU, J. KUHNAU, auch J. S. BACH (›Capriccio sopra la lontananza del suo fratello dilettissimo‹, 1704) u. a. schrieben derartige Stücke. L. VAN BEETHOVENS Pastoralsinfonie (Nr. 6) steht zwar in der Tradition musikal. Naturschilderungen und der Programmsinfonien J. HAYDNS, ist aber mit BEETHOVENS Worten ›mehr Ausdruck der Empfindung als Malerei‹. – Im 20. Jh. verlor die P. zugunsten innermusikal. Ordnungsprinzipien an Bedeutung und Ansehen. Erst in einigen Stilrichtungen nach 1950 (→konkrete Musik) gewinnt Außermusikalisches erneut stärkeren Raum, ohne jedoch einen engeren Bezug zur traditionellen P. erkennen zu lassen.

O. KLAUWELL: Gesch. der P. (1910, Nachdr. 1968); W. STOCKMEIER: Die P. (1970); M. FINK: Musik nach Bildern. Programmbezogenes Komponieren im 19. u. 20. Jh. (Innsbruck 1988).

Programmregler, *Regeltechnik:* ein Folgeregler, dessen Führungsgröße (→Regelung) in ihrem Signalverlauf nach einem vorgegebenen Programm verändert wird. Bei **Zeitplanreglern** liegt die Führungsgröße in ihrem zeitl. Ablauf fest (z. B. die Nachführung eines Teleskops). Die Sollwertveränderung wird nach den Angaben eines Zeitplangebers vorgenommen. **Ablaufplanregler** werden z. B. zur Regelung von Werkzeugmaschinen eingesetzt. Die Führungsgröße ändert sich dabei entsprechend dem Bearbeitungsfortschritt.

Programmsteuerung, i. w. S. eine Funktionseinheit (auch Bez. für deren Funktion) zum Steuern eines Geräts oder einer Anlage nach einem Programm, das entweder mechanisch oder elektrisch fest installiert oder (variabel) in einem Programmspeicher abgelegt sein kann (z. B. bei einer speicherprogrammierten Steuerung, SPS). Bei Computern ist die P. in das Leitwerk integriert (→Zentraleinheit). In der Fertigungstechnik können P. entweder nach einem Zeitplan, einem Wegplan oder als Ablaufsteuerung arbeiten. Mit einer **Zeitplansteuerung** wird die Folge der Steuerungsschritte nach einem zeitlich festgelegten Programm, das im Zeitplangeber gespeichert ist, abgearbeitet. Bei der **Wegplansteuerung** ändert sich die Führungsgröße nach dem Weg, den z. B. ein zu bearbeitendes Werkstück innerhalb einer Anlage zurücklegt. Bei der prozessgeführten **Ablaufsteuerung** werden als Eingangsgrößen die von dem gesteuerten Objekt entnommenen Istzustände verwendet, und das Programm wird dem erreichten Prozess- oder Bearbeitungsfortschritt entsprechend weitergeschaltet.

Programmübersetzung, *Informatik:* das Übertragen eines in einer anderen Programmiersprache geschriebenen Programms in die Maschinensprache (→Übersetzer).

Programmunterbrechung, *Informatik:* das definierte Aussetzen eines Programms (→Interrupt).

Programmzähler, *Informatik:* der →Befehlszähler.

Programmzeitschriften, Rundfunkzeitschriften, i. d. R. wöchentlich, meist in mehreren Regionalausgaben erscheinende, illustrierte Publikumszeitschriften mit ausführl. Vorankündigungen der im Verbreitungsgebiet ausgestrahlten bzw. der über Kabel oder Satellit zu empfangenden dt. und ausländ. Hörfunk- und Fernsehprogramme, Berichten über neue Programme und Einzelsendungen, Schauspieler, Mitwirkende; je nach Umfang mit weiteren Bestandteilen wie Fortsetzungsroman. P. erreichen oft die höchsten Auflagen der Publikumszeitschriften, sodass der Werbeanteil groß und der Verkaufspreis gering ausfällt. Häufig werden **Programmbeilagen** für die Wochenendausgaben der Tagespresse herausgegeben.

Progreso, 1) auch **El P.,** Stadt in NW-Honduras, am Río Ulúa, 77 300 Ew.; Zementfabrik, Metallverarbeitung, Herstellung von Schuhen.

2) Stadt im Bundesstaat Yucatán, Mexiko, am Golf von Mexiko, 24 000 Ew.; Haupthafen (Reede) der Halbinsel Yucatán; Seebad.

Progression [lat.] *die, -/-en,* **1)** *allg.:* Fortschreiten, Weiterentwicklung, (stufenweise) Steigerung.

2) *Finanzwissenschaft:* **Steuer-P.,** die Zunahme des Durchschnittssteuersatzes bei zunehmender Steuerbemessungsgrundlage. Sie wird steuertechnisch erreicht durch einen Steuertarif mit ansteigendem Grenzsteuersatz (**direkte P.,** z. B. bei der Einkommensteuer und der Erbschaftsteuer). Der Ggs. zur P. ist die →Regression. Bei Steuertarifen mit konstantem Grenzsteuersatz kommt es zur **indirekten P.,** wenn bei der Ermittlung der Steuerbemessungsgrundlage ein →Freibetrag abgezogen werden kann. Die prozentuale Steuerbelastung nimmt dann mit zunehmender Größe des Steuerobjektes (Freibetrag plus Bemessungsgrundlage) zu (z. B. bis 1995 bei der Vermögensteuer). Bei steigenden Lebenshaltungskosten (Geldentwertung) führt die Anwendung eines unveränderten progressiven Einkommensteuertarifs mit steigenden Grenzsteuersätzen auf die nominellen Einkommen (Nominalprinzip der Besteuerung) zu einer zunehmenden relativen Steuerbelastung steigender Einkommen, auch wenn diese nur in gleichem oder geringerem Ausmaß wie die Inflationsrate gewachsen sind, von der Kaufkraft her (real) also konstant geblieben oder gesunken sind (**kalte P.**). Die Steuer-P. wird gerechtfertigt mit dem Leistungsfähigkeitsprinzip und mit der Absicht einer Umverteilung der Einkommen.

Bei progressivem Steuertarif bewirkt die Freistellung bestimmter Einkommensteile von der Besteuerung, dass der Durchschnittssteuersatz für die verbleibenden versteuerten Einkommen sinkt. Beim **P.-Vorbehalt** werden deshalb die von der Besteuerung zwar freigestellten Einkommensteile gleichwohl bei der Ermittlung des Steuersatzes für das verbleibende zu versteuernde Einkommen mit berücksichtigt. Bei der Einkommensteuer gibt es einen derartigen P.-Vorbehalt nach § 32 b EStG z. B. für Arbeitslosengeld und -hilfe, für Kindergeld und Mutterschaftsgeld sowie für ausländ. Einkünfte, die nach einem Doppelbesteuerungsabkommen steuerfrei sind.

Progressisten, allgemein Bez. für Fortschrittler und Fortschrittsparteien, auch für Gruppen mit radikaldemokrat. Zielsetzung. In Spanien (›Progresistas‹) Bez. für die extrem liberale Partei, hervorgegangen aus den →Exaltados, tätig seit 1836/37 mit besonderer Wirksamkeit bis 1843 und 1854–56. 1875 ging aus ihr der ›Partido liberal‹ hervor, der bis 1923 wesentlich das polit. Leben in Spanien bestimmte.

progressiv, *bildungssprachlich* für: 1) fortschrittlich; 2) fortschreitend, sich entwickelnd, steigernd.

Progressive Jazz [prəʊˈgresɪv dʒæz, engl.], Mitte der 1940er-Jahre entwickelte Richtung des sinfon. Bigbandjazz, die bestrebt war, Elemente des Bebop und afrokuban. Rhythmik mit Kompositions- und Instrumentationstechniken der modernen europ. Kunstmusik (C. DEBUSSY, P. HINDEMITH, I. STRAWINSKY) zu verbinden. Hauptvertreter war u. a. S. KENTON.

Progressive Movement [prəʊˈgresɪv ˈmuːvmənt], in den USA etwa 1900–17 eine beide große Parteien erfassende heterogene Reformbewegung, die frühere Reformbewegungen (u. a. →Populist Party, Frauenwahlrechtsbewegung) aufnahm. Ausgelöst durch die Gesellschaftskritik der →Muckrakers und von Politikern wie T. ROOSEVELT, W. WILSON, R. M. LA FOLLETTE und G. W. NORRIS (* 1861, † 1944) aufgegriffen, erstrebte das P. M. die Abwendung vom Laissez-faire-Prinzip und setzte sich v. a. für stärkere Kontrolle und Effizienz der polit. Verw. sowie die Bewältigung der durch Industrialisierung, Einwanderung und Verstädterung ausgelösten Probleme ein. Kampf gegen die Korruption und konkrete Reformen wie Arbeitsschutz, Demokratisierung des öffentl. Lebens (u. a. Direktwahl der Senatoren), Stadtsanierung, Naturschutz, öffentl. Kontrolle über Unternehmenszusammenschlüsse und die Reorganisation des Bankwesens (Federal Reserve Act, 1913) bildeten den Kern des Programms. 1912 spaltete sich unter ROOSEVELT die Progressive Party (auch bekannt als Bull Moose Party) von der Republican Party ab, was in den Präsidentschaftswahlen dem Demokraten WILSON zum Sieg verhalf; die Partei löste sich nach 1916 auf. Als Führer einer weiteren Progressive Party erlangte LA FOLLETTE 1924 4,8 Mio. Wählerstimmen, jedoch konnte sich weder diese noch eine gleichnamige Bewegung 1948, als deren Präsidentschaftskandidat H. A. WALLACE auftrat, dauerhaft als Partei etablieren.

progressive Paralyse, syphilit. Späterkrankung, ausgelöst etwa 8–20 Jahre nach der (unbehandelten) Erstinfektion durch massive Invasion der Spirochäten in das Gehirn (bes. in die Großhirnrinde). Erste Anzeichen sind Gedächtnisstörungen und psych. Veränderungen; es folgen Sprachstörungen sowie Lähmungen oder Anfallsleiden. Ohne rechtzeitige *Behandlung* mit Antibiotika tritt nach einigen Jahren völliger Demenz der Tod ein.

Pro Helvetia, Schweizer Kulturstiftung mit Sitz in Zürich; seit 1949 öffentlich-rechtl. Stiftung des schweizer. Bundesstaates. Die Tätigkeit ist auf die Erhaltung und Wahrung der kulturellen Eigenart des Landes, die Förderung des kulturellen Schaffens (gestützt auf die Verhältnisse in den Kantonen sowie in den Sprachgebieten und Kulturkreisen), die Förderung des Kulturaustausches zw. den Sprachgebieten der Schweiz sowie auf die Pflege der kulturellen Beziehungen mit dem Ausland gerichtet. P. H. betreibt ein Kulturzentrum in Paris, eine Vertretung in Kairo, mehrere Informationsstellen in Osteuropa, organisiert Filmwochen, Ausstellungen u. a. Veranstaltungen im Ausland und unterhält in Zürich einen Dokumentations-, Informations- und Pressedienst.

Prohibitine [zu lat. prohibere ›verhindern‹, ›verbieten‹], *Sg.* **Prohibitin** *das, -s,* **Proinhibitine,** pflanzl. Abwehrstoffe, die gegen Krankheitserreger und Tierfraß schützen, z. B. Phenole in braunschaligen Zwiebeln, die einen Pilzbefall verhindern, oder Mimosin in Leucaena leucocephalum (Art der Mimosengewächse), das den Fraß des Laubes durch Vieh verhütet. Im Ggs. zu den →Phytoalexinen sind P. bereits vor Befall durch Parasiten in der Pflanze vorhanden.

Prohibition [engl. prəʊɪˈbɪʃn; engl., von lat. prohibitio ›Verhinderung‹, ›Verbot‹] *die, -/-en* und (bei engl. Aussprache) *-s,* **1)** *Geschichte:* Verbot der Herstellung, der Einfuhr und des Verkaufs von alkohol. Getränken in den USA. Auf die seit dem frühen 19. Jh. starke Temperenzbewegung zurückgehend, die sich auch bald organisierte (u. a. 1869 Gründung der P. Party, 1874 der Women's Christian Temperance Union, 1893 der Anti-Saloon League), setzte sich die P. seit etwa 1900 in mehreren amerikan. Bundesstaaten durch und galt aufgrund des 18. Verf.-Zusatzes (auch Verbot des Alkoholgenusses) 1919/20–33 für die gesamten USA (Ausführungsbestimmungen geregelt durch den National P. Enforcement Act 1919, nach seinem Initiator ANDREW JOSEPH VOLSTEAD auch Volstead Act gen.). Die P. erhielt wesentl. Impulse aus dem Ggs. zw. Land und (Groß-)Stadt sowie den Ressentiments der (prot.) Mittelklasse gegen (v. a. kath.) Einwanderer. Die bundesstaatl. P. ließ sich nur begrenzt durchsetzen; sie führte in großem Umfang zu Schwarzbrennerei, Schmuggel (→Bootlegging), illegalem Ausschank in getarnten Kneipen (›Speakeasies‹) und förderte die organisierte Kriminalität (u. a. AL CAPONE) sowie die Zunahme von Gesetzesmissachtung und Korruption in Politik, Verw. und Polizei. Vor dem Hintergrund der Weltwirtschaftskrise wurde die P. schließlich aus fiskal. Gründen aufgehoben (21. Verf.-Zusatz) und die Kontrolle des Alkoholkonsums wieder den Bundesstaaten übertragen. Bis 1966 wurden auch alle bundesstaatl. P.-Gesetze aufgehoben (bei weiter bestehenden Verkaufsbeschränkungen).

Zur Bekämpfung des Alkoholismus führten auch andere Länder zeitweilig die P. oder den Alkoholverbrauch einschränkende Maßnahmen und Gesetze ein; eine beschränkte P. praktizieren z. B. Schweden, Norwegen und Finnland durch zeitlich begrenzten Verkauf in staatl. Geschäften, hohe Preise und Abgaben.

T. M. COFFEY: The long thirst: prohibition in America, 1920–1933 (New York 1975); M. E. LENDER: Drinking in America: a history (ebd. 1982).

2) *Rechtswesen:* im engl. Verwaltungsrecht Bez. für eine bindende Anweisung, durch die ein Obergericht oder eine höhere Verwaltungsbehörde eine untere Gerichts- oder Verwaltungsinstanz anweist, ein anhängiges Verfahren wegen Unzuständigkeit nicht weiter zu verfolgen.

prohibitiv [lat.], verhindernd, abhaltend; vorbeugend.

Prohibitiv *der, -s/-e, Sprachwissenschaft:* Modus des Verbs zur Bez. eines Verbots, einer Warnung oder Mahnung; verneinter Imperativ.

Prohibitivpreis, Preis eines Gutes, bei dem die Nachfrage null beträgt. Im übertragenen Sinne können z. B. durch steuerl. (verbotsähnl. Wirkung einer **Prohibitivsteuer**) oder außenwirtschaftl. Maßnahmen (bestimmte Einfuhren verhindernde Erhebung von **Prohibitivzöllen**) prohibitive Wirkungen (Nachfrageeinschränkungen) erzielt werden.

Pro Infirmis [lat. ›für die Schwachen‹], 1920 gegründete gesamtschweizer. private, politisch und konfessionell neutrale Dienstleistungsorganisation der Behindertenhilfe mit (1996) 51 Beratungsstellen und einem Jahresbudget von ca. 40 Mio. Franken; zugleich Dachorganisation von (1996) 13 Kollektiv-Mitgl. aus der Fach- und Selbsthilfe.

Proitos, *griech. Mythos:* Zwillingsbruder des Akrisios. Von diesem aus Argos vertrieben, wurde er König von Tiryns. Seine Gemahlin Anteia (oder Stheneboia) verliebte sich in Bellerophon, der sie jedoch zurückwies und von P. auf Betreiben Anteias (Stheneboias) vom Hof verwiesen wurde. Die Töchter des P. widersetzten sich der Einführung des Dionysoskults und wurden daraufhin mit Wahnsinn geschlagen, schließlich jedoch von Melampus geheilt.

Projekt [lat. proiectum ›das nach vorn Geworfene‹] *das, -(e)s/-e,* geplante oder bereits begonnene Unternehmung; (groß angelegtes) Vorhaben.

Projekthilfe, Form der →Entwicklungshilfe.

Projektil [frz.] *das, -s/-e, Waffentechnik:* →Geschoss.

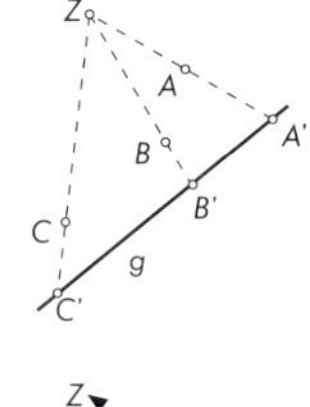

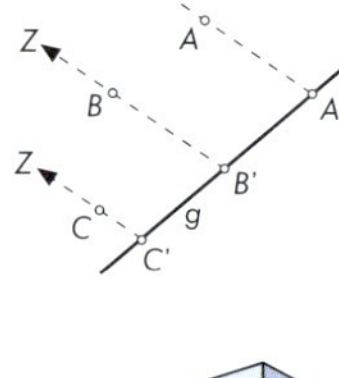

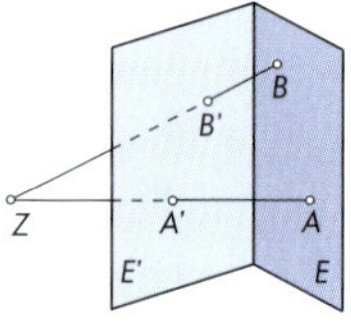

Projektion 1): **oben** Zentralprojektion von Punkten auf eine Gerade; **Mitte** Parallelprojektion; **unten** Projektion zweier Ebenen aufeinander

Projektion [lat. proiectio ›das Hervorwerfen‹] *die, -/-en,* **1)** *Geometrie:* allg. jede surjektive Abbildung. Daneben unterscheidet man v. a. im Rahmen der projektiven Geometrie besondere Arten von P. Die **Zentral-P.** des Punktes A von dem ebenfalls in der Ebene E liegenden Augenpunkt Z auf eine in E liegende Gerade g ist der Schnittpunkt A' des Sehstrahles von Z durch A mit der Geraden g. Die P. einer Punktmenge, z. B. einer Geraden oder einer Kurve, in E auf g ist die Menge der Bildpunkte bei der P. ihrer einzelnen Punkte. Wenn der Augenpunkt Z ein Fernpunkt der Ebene E ist, d. h. wenn Z ›nach unendlich rückt‹, wird die P. zu einer **Parallel-P.** Analog wird im Raum die P. eines Punktes A von einem Augenpunkt Z aus auf eine Ebene E, die Bildebene, erklärt. Verlaufen die projizierenden Strahlen senkrecht zur Bildebene, so spricht man von **senkrechter P. (rechtwinklige P., orthogonale Parallel-P.).** Bei diesen P. gehen Geraden in Geraden über; Doppelverhältnisse bleiben erhalten. Auch zwei Ebenen E und E' lassen sich aufeinander projizieren (über Ausnahmepunkte dabei →projektive Geometrie). Die Darstellung räuml. Gebiete auf einer ebenen Zeichenfläche durch Zentral-P. nennt man **Zentralperspektive,** durch Parallel-P. **Parallelperspektive.** (→Perspektive)

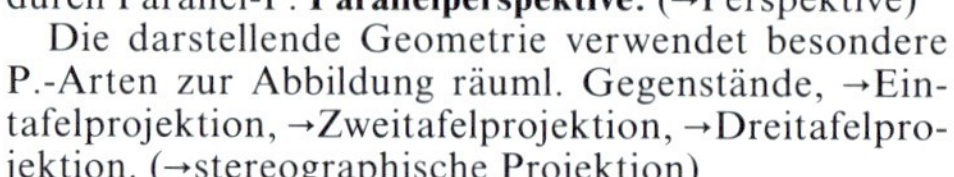

Die darstellende Geometrie verwendet besondere P.-Arten zur Abbildung räuml. Gegenstände, →Eintafelprojektion, →Zweitafelprojektion, →Dreitafelprojektion. (→stereographische Projektion)

2) *Kartographie:* →Kartennetzentwürfe.

3) *Kristallographie:* Konstruktion schemat. Kristallabbildungen mithilfe bestimmter P.-Verfahren; sie dient zur Darstellung morpholog. Eigenschaften, für Kristallberechnungen und zur Indizierung der Kristallflächen. Deren Flächennormalen durchstoßen dabei die Oberfläche einer um den Kristall gedachten Kugel in den so genannten Flächenpolen, wobei sich alle Flächennormalen im Kugelmittelpunkt schneiden. Die Flächenpole werden dann je nach Problemstellung mittels →stereographischer Projektion oder →gnomonischer Projektion auf eine Ebene abgebildet. Die bei entsprechendem Vorgehen erhaltene stereograph. P. des Gradnetzes eines Globus heißt →wulffsches Netz.

4) *Ökonometrie:* Aussage über den Verlauf einer zukünftigen Entwicklung bzw. über den zukünftigen Wert ökonom. Variablen. Im Ggs. zur Prognose basiert eine P. nicht ausschließlich auf objektiven Verfahren; es gehen auch subjektive Einschätzungen und angestrebte Zielgrößen ein (→Zielprojektion).

5) *Optik:* die Abbildung von Bildern u. Ä. mithilfe eines →Projektors auf eine Projektionswand; unterschieden wird zw. Auf- und Durch-P. (→Rückprojektionsverfahren).

6) *Psychologie:* das Hinausverlegen subjektiver Einstellungen in Personen, Gegenstände oder Situationen der Außenwelt. Nach S. FREUD stellt die unbewusste P. einen →Abwehrmechanismus dar, der eigene verdrängte Bedürfnisse, v. a. Triebimpulse, auch minderwertig scheinende Eigenschaften oder Wünsche und Schuldgefühle zur Entlastung nach außen projiziert. Im Rahmen der diagnost. Psychologie bauen die →projektiven Tests auf dem Phänomen der P. auf.

Projektionsapparat, der →Projektor.

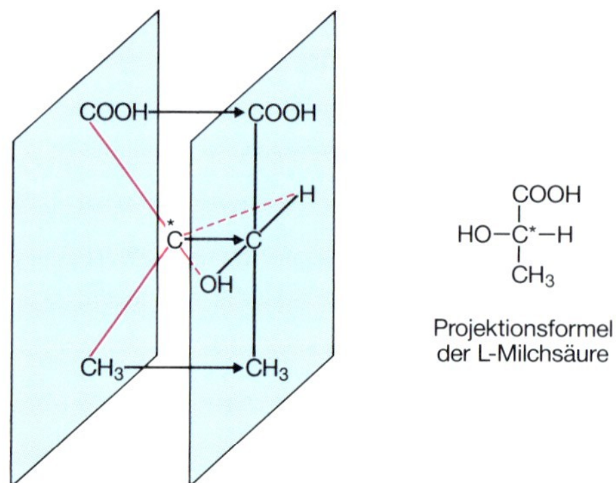

Projektionsformel: Projektion der tetraederförmigen räumlichen Struktur (rot) in die Ebene am Beispiel der Milchsäure (* asymmetrisches Kohlenstoffatom)

Projektionsformel, *chem.* Formel zur Darstellung der Antipoden bei optisch aktiven Verbindungen. P. werden aus der tetraederförmigen räuml. Struktur der Verbindungen durch Projektion in die Ebene nach einer durch EMIL FISCHER entwickelten Methode hergeleitet, indem man die Kohlenstoffkette mit dem asymmetr. Kohlenstoffatom so anordnet, dass das Ende mit der höheren Oxidationsstufe oben liegt und die Substituenten am asymmetr. Kohlenstoffatom nach links und rechts vorn zeigen. Die nach der Projektion vorliegende Formel mit einer rechts stehenden Hydroxylgruppe (oder Aminogruppe) wird als D-Form (von lat. dexter ›rechts‹), die mit einer links sitzenden Hydroxylgruppe (oder Aminogruppe) als L-Form (von lat. laevus ›links‹) bezeichnet.

Projektionslampen, Sonderlampen für Projektionszwecke; ihr Leuchtsystem erzeugt auf möglichst kleiner Brennfläche eine hohe Leuchtdichte. Überspannungsglühlampen (begrenzte Lebensdauer) werden nur bei Diaprojektoren schwacher Leistung verwendet; allg. werden Halogenlampen, für Kinomaschinen auch Hoch- und Höchstdrucklampen (Edelgaslampen) eingesetzt.

Projektionsoperator, ein beschränkter →hermitescher Operator P auf einem →Hilbert-Raum H mit der Eigenschaft $P^2 = P$ (Idempotenz). Die Anwendung der Operatoren P und $(1 - P)$ auf die Elemente des Hilbert-Raums zerlegt diesen in zwei orthogonale Teilräume. In der Physik sind P. bei der Beschreibung quantenmechan. Systeme von Bedeutung, da deren Zustandsvektoren Elemente eines Hilbert-Raums darstellen.

Projektionsregeln, *Sprachwissenschaft:* Regeln zur sukzessiven Ermittlung der Satzbedeutung aufgrund der semant. Beziehungen zw. den Lexemen und Morphemen und der jeweiligen syntakt. Relationen, wobei jede sprachl. Einheit (Konstituente) als Teil einer komplexeren Einheit behandelt wird.

Projektionsröhre, Bildröhre (Kathodenstrahlröhre) für Fernsehgroßprojektoren, bei der das Bild nicht direkt betrachtet, sondern über ein Linsensystem (Objektiv) auf eine Leinwand projiziert wird.

Projektionswand, Bildwand, Auffangfläche für das von einem →Projektor abgestrahlte Bild. Bei P. für die Aufprojektion werden Weißpigmente mit großem Reflexionsgrad (Zinkweiß, Titandioxid) auf feste Wände, Textil- oder Kunststoffbahnen gebracht **(Projektionsleinwand).** Zur Erhöhung der Rückstrahlung können die P. mit einer Schicht kleinster Glasperlen bedeckt werden **(Perlwand).** P. mit rauer, metallisierter Oberfläche (Aluminiumfarbe) depolarisieren auftreffendes Licht nicht. Diese Metallwände eignen sich für die Stereoprojektion mit polarisiertem Licht. **Riffelwände** mit vertikaler zylindr. Prägung streuen mehr in die Breite als die vorgenannten P. mit gerichteter Reflexion. P. für Tonfilme sind porös, damit der Ton von hinten durchtreten kann. Für die →Rückprojektionsverfahren werden durchscheinende P. verwendet.

projektive Abbildung, Projektivität, *Mathematik:* die Abbildung projektiver Räume in sich, die den Wert des Doppelverhältnisses von vier Punkten einer Geraden nicht ändert; dagegen bleibt der Wert des Teilverhältnisses dreier Punkte einer Geraden i. Allg. nicht erhalten. Bei den p. A. werden Punkte in Punkte, Geraden in Geraden usw. abgebildet. Spezielle p. A. sind die affinen Abbildungen. Man kann jede p. A. als Produkt (Hintereinanderausführung) endlich vieler Perspektivitäten darstellen. Bezüglich der Hintereinanderausführung bilden die p. A. eine Gruppe (→projektive Geometrie).

projektive Geometrie, Teilgebiet der Geometrie. Bei der →Projektion einer Ebene E auf eine Ebene E' durch Sehstrahlen von einem Augenpunkt Z aus entsprechen denjenigen Punkten P auf E, deren Sehstrahlen ZP der Ebene E' parallel sind, keine Punkte auf E', da ZP die Ebene E' nicht schneidet. Analog haben die Punkte P', für die die Sehstrahlen ZP' parallel zu E sind, keine Urbildpunkte auf E. Nach G. DESARGUES und J. KEPLER fügt man den Punkten der Ebene noch so genannte →uneigentliche Punkte (Fernpunkte) so hinzu, dass man eine umkehrbare eindeutige Beziehung zw. den Sehstrahlen von Z aus und den Punkten auf E erhält. Analoges gilt für E' **(projektive Ebene).** Durch eine Projektion werden dann die Punkte von E und E' ausnahmslos und in jeder Richtung eindeutig aufeinander bezogen. Das gilt auch bei Hinzunahme weiterer Ebenen und Projektionen, sodass diese eine Gruppe, die Gruppe der →projektiven Abbildungen, bilden. Die p. G. der Ebene befasst sich mit den Eigenschaften der ebenen Figuren, die bei projektiven Abbildungen erhalten bleiben, z. B. mit dem →Doppelverhältnis von vier Punkten auf einer Geraden, oder damit, dass sich in einer projektiven Ebene zwei Geraden stets in genau einem Punkte schneiden (gruppentheoret. Auffassung im Sinne des →Erlanger Programms). Ein Kegelschnitt geht wieder in einen Kegelschnitt über, eine Ellipse aber u. U. in eine Hyperbel. Die metr. Geometrien, v. a. die euklid. und die nichteuklid., lassen sich als Spezialfälle der p. G. deuten.

Mit der Methode der analyt. Geometrie lässt sich die Einführung der uneigentl. Punkte von der projektiven Ebene auf den **projektiven Raum** verallgemeinern. Dazu legt man den Augenpunkt Z in den Ursprung eines rechtwinkligen räuml. Koordinatensystems. Die Ebene E gehe durch den Einheitspunkt E_z der z-Achse und sei zur x, y-Ebene parallel. Jeder Punkt P der Ebene E lässt sich dann durch den Strahl ZP eindeutig festlegen und dieser wieder durch einen beliebigen seiner Punkte S, sobald S vom Augenpunkt Z versch. ist. Die räuml. Koordinaten x, y, z des Punktes S können auf diese Weise zur Festlegung des Punktes P auf E dienen. Hierbei ist die letzte Koordinate z von S stets ungleich null, da sonst der Strahl ZP in der x, y-Ebene liegen, also E nicht schneiden würde. Außer dem Punkt $S = (x, y, z)$ liegen auf ZP genau diejenigen Punkte $S' = (x', y', z')$, deren Koordinaten durch Multiplikation mit einem von null versch. gemeinsamen reellen Zahlfaktor aus denen von S hervorgehen. Einem Punkt P auf E entspricht also genau eine Klasse $[x, y, z]$ von Zahlentripeln (x, y, z). Man nennt $[x, y, z]$ die **homogenen Koordinaten** von P. Definiert man nun umgekehrt zur abstrakten analyt. Begründung der (ebenen) p. G. die Ebene E als Menge dieser Klassen $[x, y, z]$ von Zahlentripeln, so besteht die Ergänzung von E durch die uneigentl. Punkte darin, dass man auch Klassen $[x, y, 0]$ zulässt, bei denen die letzte Koordinate 0 ist. – Diese Definition der projektiven Ebene lässt sich zu einer Definition des projektiven Raumes verallgemeinern, indem man statt von Klassen von Koordinatentripeln von Klassen von Koordinatenquadrupeln $[x_1, x_2, x_3, x_0]$ ausgeht. Analoges gilt für den n-dimensionalen Raum.

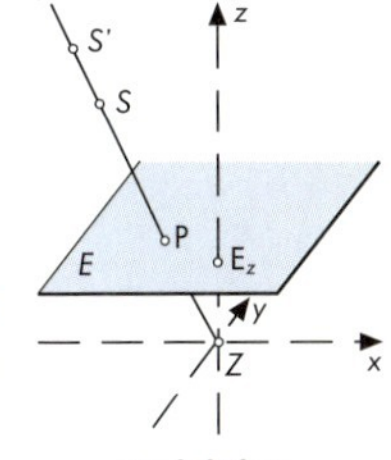

projektive Geometrie: Einführung homogener Koordinaten

Die projektiven Abbildungen der Ebene lassen sich jetzt durch ein System homogener linearer Gleichungen beschreiben. Das führt zur Definition der projektiven Transformationen des Raumes als den durch ein umkehrbares System linearer Gleichungen beschreibbaren. Sie bilden wieder eine Gruppe. Jede algebraische Mannigfaltigkeit, z. B. ein linearer Raum, lässt sich dann durch homogene Gleichungssysteme, also durch Formen definieren; dabei verlieren die uneigentl. Punkte ihre Ausnahmestellung, und die Sätze gewinnen an Übersichtlichkeit.

In der axiomat. Begründung der p. G. der Ebene geht man von zwei Mengen P und G aus, deren Elemente Punkte bzw. Geraden genannt werden, und einer Relation C auf $P \times G$ (gelesen ›der Punkt P liegt auf der Geraden G‹). Für diese Inzidenzrelation werden dann bestimmte Eigenschaften als Axiome der p. G. eingeführt, z. B. ›zwei versch. Punkte sind mit genau einer Geraden inzident‹, ›zu jeder Geraden existieren mindestens drei mit ihr inzidente Punkte‹ und ›zu je zwei Geraden gibt es immer einen Punkt, der mit beiden Geraden inzidiert‹. Es gilt das Prinzip der →Dualität.

Begründer der p. G. sind bes. J. V. PONCELET (›Traité des propriétés projectives des figures‹, 1822), J. STEINER und K. G. C. VON STAUDT. Wichtige Vorarbeiten leisteten im 17. Jh. G. DESARGUES und B. PASCAL.

projektive Tests, projektive Verfahren, Bez. für solche psychodiagnost. Verfahren, die darauf abzielen, die inneren Strebungen eines Menschen, wie sie sich in seinen Wahrnehmungen, Schilderungen oder Gestaltungen als Projektionen ausdrücken, sichtbar zu machen. P. T. bestehen daher aus unstrukturiertem Material wie Klecksfiguren (z. B. →Rorschach-Test), unscharfen szen. Bildern (z. B. →thematischer Apperzeptionstest), angefangenen Sätzen (→Satzergänzungstests) oder Zeichnungen (z. B. →Wartegg-Zeichentest), aus Gestaltungsaufgaben mit Spielmaterial (z. B. →Scenotest) oder aus Zeichen- und Malaufgaben (z. B. Darstellung der eigenen Familie als Tiergestalten). – Da die p. T. im Ggs. zu den psychometr. Tests den Kriterien für psycholog. Messungen (u. a. denen der Objektivität, Reliabilität und Validität) nur unvollkommen gerecht werden, ist die Anwendung von p. T. zur Begründung einer Diagnose wissenschaftlich sehr umstritten. P. T. werden daher vorwiegend als Explorationshilfe und zur Eingrenzung einer psycholog. Diagnose eingesetzt.

Projektivität, *Mathematik:* die →projektive Abbildung.

Projektmanagement [-mænɪdʒmənt], Bez. für die Gesamtheit der Planungs-, Steuerungs- und Kontrollaktivitäten, die bei zeitlich befristeten, relativ innovativen und risikobehafteten Vorhaben mit komplexer Struktur, vorgegebenen Terminen und limitierten Kosten (z. B. Entwicklung neuartiger Produkte, Um-

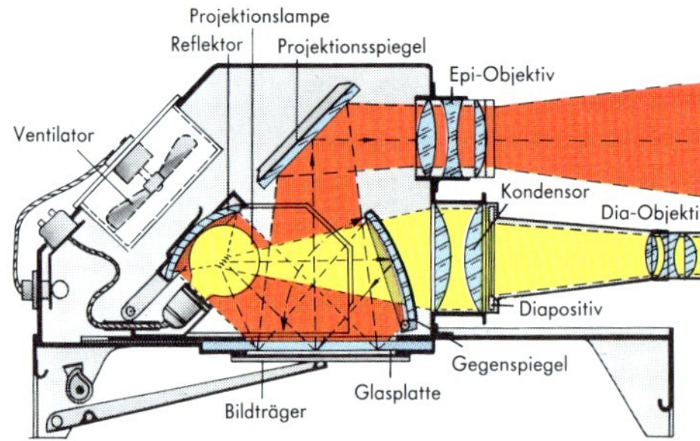

Projektor: Epidiaskop, als Episkop (roter Strahlengang) und als Diaskop (gelber Strahlengang)

stellung der Produktion auf neue Technologien, Reorganisation) anfallen, sowie für die fachbereichsübergreifende Koordination dieser Führungstätigkeiten. Beim **Stabs-P.** liegt die Verantwortung bei übergeordneten Instanzen, die Projektleitung verfügt über keine Entscheidungs- und Weisungsbefugnisse (→Stab). Beim **autonomen** oder **reinen P.** werden die mit Projektaufgaben betrauten Personen einer selbstständigen organisator. Einheit zugeordnet, die Verantwortung für das Projektziel obliegt allein dem Projektleiter, der über Entscheidungs- und Weisungsrechte verfügt. Das **Matrix-P.** ist eine Strukturform, bei der sich eine nach Fachabteilungen sowie eine nach Projekten gegliederte Organisation überlappen (→Matrixorganisation), d. h. es kommt zu Schnittpunkten zw. projekt- und funktionsbezogenem Führungssystem.

B. J. MADAUSS: Hb. P. ([5]1993); H.-D. LITKE: P. ([3]1995); M. SCHWAGER u. J. HAAR: Erfolgsstrategien für eine dynam. Organisation. Projekt- u. prozeßorientierte Unternehmensgestaltung (1996); G. H. SCHLICK: P. – Gruppenprozesse – Teamarbeit (1996); M. BURGHARDT: P. ([4]1997).

Projektor *der, -s/...'toren,* **Projektionsapparat, Bildwerfer,** Gerät zur optisch vergrößerten Wiedergabe von Bildvorlagen auf einer →Projektionswand. Wesentl. Bestandteile des P. sind: Beleuchtungseinrichtung (mit Projektionslampe, Reflektor und Kondensor), Bildbühne (Haltevorrichtung für das Bild mit Transportvorrichtung), Projektionsobjektiv.

Zur Wiedergabe von durchsichtigen Stehbildern (→Diapositiv) wird ein **Dia-P.** (Diaskop, Diabildwerfer) verwendet. Undurchsichtige Stehbilder werden mit dem **Episkop** (Epi-P., Epibildwerfer) projiziert. P. für beide Bilderarten heißen **Epidiaskop** (Epidia-P., Epidiabildwerfer). Sonderformen sind u. a.: **Tageslicht-P.** (Overhead-, Schreib-, Zeichen-, Arbeits-P.), der die Projektion von bewegl. Arbeitsvorlagen und ein Schreiben und Zeichnen während der Projektion

Projektor: Automatischer Diaprojektor mit Rundmagazin; 1 Magazin, 2 Spiegel, 3 Lampe, 4 Kondensor, 5 Wärmeschutzfilter, 6 Fallschacht, 7 Radiallüfter, 8 Objektiv

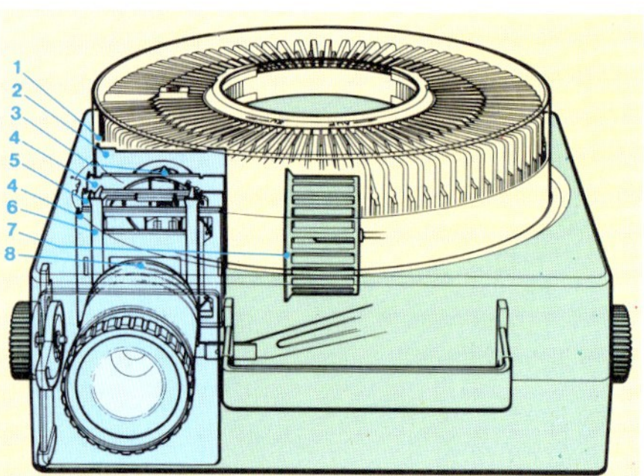

gestattet; **Mikrofilmgerät** (→Mikrofilm); **Stereo-P.** (→Stereoskopie); **Röntgen-P.** (Röntgendiaskop) zur Projektion von Röntgenaufnahmen; **Mikro-P.** (Mikroskop-P.) zur Wiedergabe mikroskop. Präparate.

Große P. für Kinofilme **(Film-, Kino-P.)** enthalten zusätzlich Vorrichtungen zum Filmtransport und ein Tonlaufwerk zur opt. Abtastung der Tonspur.

Projektunterricht, eine handlungsorientierte Unterrichtsform, bei der die Durchführung ganzheitl. und praktisch durchzuführender Arbeitsvorhaben oder größerer Themenbereiche des Unterrichts (›Projekte‹) im Mittelpunkt steht. Die Planung des Projekts gehört meist zum Aufgabenbereich der Schüler. Die Ausführung ist i. d. R. an Lernorte außerhalb der Schule gebunden. Durch den P. soll der Übergang von traditionellen Unterrichtsformen zur Selbstorganisation von Lehr- und Lernprozessen erreicht werden. P. greift auf den Erfahrungshintergrund des Schülers zurück. Durch den abgeschlossenen Charakter des Projekts verstärkt P. die Möglichkeit, schul. Lernen als sinnhaft zu erfahren und dadurch verbreiteten Motivationsschwierigkeiten entgegenzuwirken.

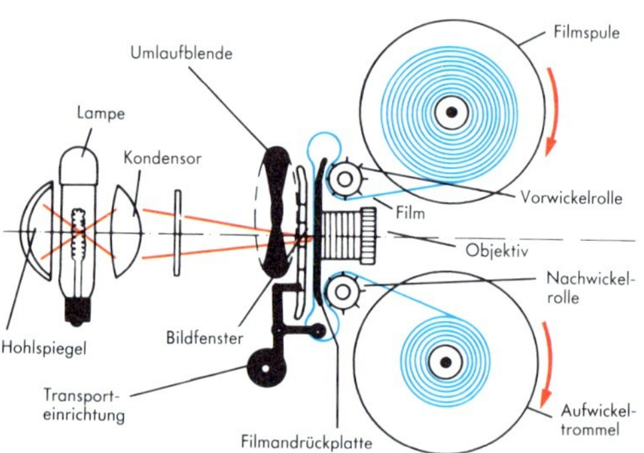

Projektor: Funktionsschema eines Filmprojektors

Ansätze zum P. entstanden in den 1920er- und 30er-Jahren im Anschluss an die Arbeiten von J. DEWEY und W. H. KILPATRICK. Lebenssituation und die Selbsttätigkeit des Schülers waren Ausgangspunkte für den P., der Selbstständigkeit und Verantwortungsgefühl aktiviert, wodurch sich Berührungspunkte mit der in den Zielen verwandten dt. Reformpädagogik, insbesondere der Arbeitsschulbewegung, ergaben. Bedeutsam ist das Konzept des P. in Entwicklungsländern, um die kulturelle Fremdartigkeit der über traditionelle Schulbildung transportierten europ. Bildungsinhalte zu überwinden.

In der Schulpraxis stehen dem P. die starren organisator. Merkmale des öffentl. Schulwesens (Fachunterricht, Stunden- und Klasseneinteilung) sowie die Notwendigkeit einer individuellen Leistungsbeurteilung entgegen. Um die erhofften positiven Wirkungen von P. in der Regelschule verwirklichen zu können, greift man auf **Projektwochen** oder **-tage** zurück.

P. CHOTT: Projektorientierter Unterricht (1990); K. FREY: Die Projektmethode ([3]1990).

Pro Juventute [lat. ›für die Jugend‹], politisch und konfessionell neutrales, privates schweizer. Hilfswerk, das sich für das Wohl der Jugend einsetzt, gegr. 1912 als Stiftung von der Schweizer. Gemeinnützigen Gesellschaft; Sitz: Zürich. Haupttätigkeitsgebiete sind die Einzelhilfe, Familienhilfe, Sozialeinsätze von Jugendlichen, Erziehung, Bildung, Freizeit und Gesundheit. P. J. ist in 191 Stiftungsbezirke gegliedert; die Finanzmittel stammen v. a. aus Wohlfahrtszuschlägen für P.-J.-Briefmarken sowie aus Karten- und Paketetikettenverkäufen. – *Publikation:* ›Ztschr. für Jugend, Familie und Gesellschaft‹ (seit 1919).

Prokaryonten [zu griech. káryon ›Nuss‹] *Pl.*, **Prokaryoten, Anukleobionten, Akaryobionten,** zusammenfassende Bez. für Bakterien (Eubakterien einschließlich Blaualgen) und Archaebakterien (Archaea) aufgrund von Gemeinsamkeiten im Bauplan ihrer Zellen. P. besitzen keinen echten, von einer Kernhülle umgebenen Zellkern, sondern eine membranlose Kernregion. Die DNA liegt als ringförmig geschlossener Strang frei im Zytoplasma. Kompartimentierung ist bei der prokaryont. Zelle (Protozyte) weniger ausgeprägt als bei der eukaryont. Zelle (Euzyte), und die Zellwand der P. enthält als Stützgerüst meist das Peptidoglykan Murein. Die P. sind morphologisch relativ wenig differenziert. Ihre Einteilung erfolgt im Wesentlichen auf der Grundlage von physiologisch-biochem. und molekularbiolog. Merkmalen. Den P. werden die →Eukaryonten gegenübergestellt.

Prokatalepsis [griech. katálēpsis ›das Fassen‹, ›das Ergreifen‹] *die, -/...'lepsen,* **Prolepsis, Antizipation,** *antike Rhetorik:* vorweggenommene Widerlegung eines mögl. Einwands.

Proklamation [frz., von spätlat. proclamatio ›das Ausrufen‹] *die, -/-en,* förml. Bekanntmachung, Aufruf, insbesondere die offizielle (zumeist verbindl.) Kundmachung in feierl. Form seitens einer Reg. an das Volk; im Völkerrecht die förml. Erklärung eines oder mehrerer Staaten über polit. Auffassungen und Absichten im zwischenstaatl. Bereich, die sich an die Staatengemeinschaft richtet; ferner die rechtsverbindl. Anordnung einer Besatzungsmacht gegenüber der Bev. eines besetzten Gebietes. So regelten die Alliierten nach dem Zweiten Weltkrieg die Grundzüge des Besatzungszustandes in Dtl. zunächst in Form von P., z. B. P. Nr. 1 vom 30. 8. 1945 über die Errichtung des Alliierten Kontrollrats.

Prokletije [prɔk'lɛtijɛ] *das,* albanisch **Bjeshkët e Namuna** ['bjəʃkət--; alban. ›verfluchtes Gebirge‹], Hauptgruppe der →Albanischen Alpen.

Proklise [zu griech. proklínein ›vorwärts neigen‹] *die, -/-n, Sprachwissenschaft:* Anlehnung eines schwach oder nicht betonten Wortes **(Proklitikon)** an das folgende Wort, mit dem es sich (meist unter gleichzeitiger phonet. Abschwächung, z. B. ›'s Wasser‹) zu einer Akzenteinheit verbindet; Ggs.: Enklise.

Proklos, griech. Philosoph, *Konstantinopel 8. 4. 412, †Athen 17. 4. 485; studierte Grammatik, Rhetorik und Rechtswissenschaften, begab sich etwa 430 nach Athen, wo er seit etwa 437 die platon. Akad. leitete. P. war der bedeutendste Vertreter des athen. Neuplatonismus. Bezeugt sind seine intensive Lehrtätigkeit und ein umfassendes (nur teilweise erhaltenes) Schrifttum, das Kommentare v. a. zu PLATON, philosophisch-theolog. Abhandlungen wie auch religiöse Dichtung umfasst. Hauptanliegen des P. war die weiterführende Systematisierung der Lehre PLOTINS; in dem Prozess der →Emanation unterscheidet P. die noch für G. W. F. HEGEL richtungweisende dialekt. Struktur: das Bleiben (›mone‹) in der Ursache, das Hervortreten (›prosodos‹) aus ihr, die Rückwendung (›epistrophe‹) zu ihr. Das geistige und eth. Streben wird auf die Vereinigung mit dem höchsten Einen jenseits des diskursiven Denkens ausgerichtet. P. beeinflusste DIONYSIOS AREOPAGITA und ist auch für die Philosophie des MA., der Renaissance und der Neuzeit wirkungsgeschichtlich bedeutsam gewesen. Sein Euklidkommentar zählt, u. a. wegen des darin enthaltenen Mathematikerverzeichnisses, zu den wichtigsten Quellen zur antiken Mathematik.

Ausgaben: Opera, hg. v. V. COUSIN, 6 Bde. (1820–27); Komm. zum ersten Buch von Euklids ›Elementen‹, hg. v. E. ABDERHALDEN (1945).

P. BASTID: Proclus et le crépuscule de la pensée grecque (Paris 1969); W. BEIERWALTES: P. Grundzüge seiner Metaphysik ([2]1979); Wahrheit u. Begründung, hg. v. V. GERHARDT u. a. (1985); W. BERNHARD: Spätantike Dichtungstheorien. Unterss. zu P., Herakleitos u. Plutarch (1990).

Prokne, *griech. Mythos:* Gemahlin des Tereus, Schwester der →Philomela.

Prokofjew, Prokof'ev [-jef], **1)** Aleksandr Andrejewitsch, russ. Lyriker, *Kobona (am Ladogasee, Gebiet Leningrad) 2. 12. 1900, †Leningrad 18. 9. 1971; Sohn eines Fischers, 1919–32 in der Roten Armee; gestaltete in seinen von der Volksdichtung, aber auch der russ. Avantgarde (W. W. MAJAKOWSKIJ) beeinflussten Gedichten politisch aktuelle und patriot. Themen wie Bürgerkrieg, Kollektivierung, Verteidigung und Verherrlichung der Heimat (›Rossija‹, 1944, Poem); wandte sich später verstärkt Motiven der beschreibenden und stimmungshaften Lyrik zu.

Ausgabe: Sobranie sočinenij, 4 Bde. (1978–80).

Sergej Sergejewitsch Prokofjew

2) Sergej Sergejewitsch, russ. Komponist, *Gut Sonzowka (Gebiet Donezk) 23. 4. 1891, †Moskau 5. 3. 1953; studierte in Sankt Petersburg (N. A. RIMSKIJ-KORSAKOW, N. N. TSCHEREPNIN) und nahm seit 1907 an den ›Abenden zeitgenöss. Musik‹ teil, wo er 1910 I. STRAWINSKY, 1913 C. DEBUSSY traf. Seit 1908 trat P. als Pianist auf, z. T. mit eigenen Werken. 1918 leitete er noch eine Aufführung seiner 1. Sinfonie, der ›Symphonie classique‹, in Sankt Petersburg, dann verließ er Russland; er hielt sich in Japan, den USA und Europa (v. a. in Paris) auf. Hier inszenierte S. P. DIAGHILEW (seit 1932 S. LIFAR) seine ersten Ballette; außerdem wurden Opern (u. a. ›Die Liebe zu den drei Orangen‹, 1921), Orchesterwerke und Instrumentalkonzerte aufgeführt. Ab 1933 hielt sich P. zunehmend in seiner Heimat auf, 1936 kehrte er in die UdSSR zurück und schloss sich im Sinn des sozialist. Realismus wieder enger an die russ. Musik des 19. Jh. an.

Insgesamt verbindet das Werk von P. elementare Kraft mit Witz und Ironie, gesangl. Melodik mit virtuosem Spiel und z. T. neoklassizist. Haltung. Durch gemäßigte Modernität und klar gegliederten Formbau erreichte P. ein weit gefächertes Publikum, wenngleich die Harmonik z. T. bis zur Atonalität aufgelöst wird. Außer Bühnen- und Instrumentalmusik umfasst sein umfangreiches Schaffen Vokalwerke (Oratorien, Kantaten, Lieder) sowie Schauspiel- und Filmmusik (darunter zu drei Filmen von S. M. EISENSTEIN); eine ›Autobiografia‹ erschien 1973 in Moskau.

Werke: *Opern:* Igrok (Der Spieler, 1916, Neufassung 1929; Text von P. nach F. M. DOSTOJEWSKIJ); Ljubov' k trem apel'sinam (Die Liebe zu den drei Orangen, 1921; Text von P. nach C. GOZZI); Ognennyj angel (Der feurige Engel, Teilauff. 1928, vollständig konzertant 1953, szenisch 1955); Semen Kotko (1940); Obručenie v monastyre (Die Verlobung im Kloster, 1946); Vojna i mir (Krieg u. Frieden, 1. Fassung 1944, szenisch 1946, Neufassung vollständig 1957; nach L. N. TOLSTOJ); Povest' o nastojaščem čeloveke (Erzählung vom wahren Menschen, 1948–60; nach B. N. POLEWOJ). – *Ballette:* Le chout (Der Narr, 1921); Le pas d'acier (1927); L'enfant prodigue (1929); Romeo i Džul'etta (Romeo u. Julia, 1936); Zoluška (Aschenbrödel, 1945); Skaz o kamennom cvetke (Das Märchen von der steinernen Blume, 1954). – *Orchesterwerke:* 7 Sinfonien (1917–52); Orchestersuiten; Petja i volk (Peter u. der Wolf, 1936; für Sprecher u. Orchester, zugleich eine musikal. Instrumentenkunde); 5 Klavierkonzerte (1911–35); 2 Violinkonzerte (1917–35); 2 Violoncellokonzerte (1933–38, 1952/53). – *Kammermusik:* Quintett (1924; für Oboe, Klarinette, Violine, Viola u. Kontrabass); Sonate (1932; für 2 Violinen); 2 Sonaten (1938–45, 1944; für Violine); Sonate (1949; für Violoncello). – *Klaviermusik:* 9 Sonaten (1949); 4 Etüden (1909); 4 Klavierstücke (1907–11); 4 Klavierstücke (1908–13); Klavierstücke Sarkazmy (Sarkasmen, 1912–14); Sonatinen (1931/32); 10 Klavierstücke (1937; nach Romeo u. Julia).

H. A. BROCKHAUS: S. P. (Leipzig 1964); S. I. ŠLIFŠTEJN: S. P. Dokumente (a. d. Russ., ebd. 1965); N. P. SAWKINA: S. S. P. (a. d. Russ., Berlin-Ost 1984); E. KRÖPLIN: Frühe sowjet. Oper. Schostakowitsch, P. (ebd. 1985); H. L. ROBINSON: Sergei Prokofiev. A biography (New York 1987); M. BIESOLD: S. P. Komponist im Schatten Stalins (1996).

Prokonnesos, im Altertum Name der türk. Insel →Marmara Adası.

Prokonsul, lat. **Proconsul,** röm. Bürger, der als Heerführer oder Provinzstatthalter mit den Befugnissen von →Konsuln ausgestattet war. Das Amt des P. entstand aus der Verlängerung (›prorogatio‹) des militär. Kommandos von Konsuln über deren Amtsjahr hinaus, sodass diese stellvertretend für einen Konsul (›pro consule‹) das Kommando innehatten. Seit SULLA waren ›P.‹ und ›Proprätor‹ die Bez. für die Provinzstatthalter nach ihrem Amtsjahr als Konsul bzw. Prätor. In der Zeit des Prinzipats hießen die Statthalter der senator. Provinzen P., die der kaiserl. Provinzen proprätor. Legaten (›legati Augusti pro praetore‹).

Prokop, byzantin. Geschichtsschreiber, →Prokopios, P. von Kaisareia.

Prokop, P. von Templin, Procopius von Templin, eigtl. **Andreas P. von Templin,** Prediger und Dichter, *Templin um 1609, †Linz 22. 11. 1680; trat 1627 in Prag zum kath. Glauben über, wurde in Wien Kapuziner und wirkte als Volksprediger in Böhmen, Süd-Dtl. und Österreich. Seine Predigten und geistl. Lieder (›Mariae Hülff Ehrenkrentzlein‹, 1642) gab er seit 1659 in zahlr. Sammlungen heraus.

Prokope [griech.] *die, -/-n, Sprachwissenschaft:* Wegfall eines oder mehrerer Laute am Wortanfang, z. B. ›Bischof‹ gegenüber dem griech. Ursprungswort ›episkopos‹. (→Apokope, →Synkope)

Pro-Kopf-Einkommen, der Quotient aus einer die Wirtschaftsentwicklung eines Landes repräsentierenden Größe (i. d. R. das Bruttosozialprodukt, Bruttoinlandsprodukt, Volkseinkommen) und seiner Bev.-Zahl. Er ist ein viel verwendeter Indikator, der es ermöglicht, die Wirtschaftsentwicklung für ein Land im Zeitablauf oder zw. versch. Ländern zu vergleichen.

Prokopios, P. von Gaza [-za], Schulleiter und Exeget, *Gaza um 460, †ebd. um 530; verfasste als Leiter der Sophistenschule von Gaza eine Reihe von Reden und rhetor. Deklamationen, 163 Briefe und (verlorene) Metaphrasen zu HOMER. Seine Bedeutung als Theologe beruht auf seinen Kommentaren zum A. T., durch die er zum Begründer der Katenentechnik wurde, einer Kommentarform, bei der Auslegungsstücke der Kirchenväter aneinander gereiht werden.

Prokopios, P. von Kaisareia, Procopius von Caesarea, Prokop, byzantin. Geschichtsschreiber, *Caesarea Palaestinae um 500, †nach 562. Nach rhetor. und jurist. Ausbildung nahm P. als Sekr. und Berater (seit 527) des byzantin. Feldherrn BELISAR an Kriegen gegen die Wandalen, Goten und Perser teil, die er in acht Büchern beschrieb (›Historiai‹, meist lat. ›Bella‹). Um 542 nach Konstantinopel zurückgekehrt, war er 562 wohl dort Stadtpräfekt. Im Auftrag Kaiser JUSTINIANS I. behandelte P. in sechs Büchern (›Peri ktismaton‹, lat. ›De aedificiis‹) dessen Bautätigkeit. Die anonym verfasste ›Geheimgeschichte‹ (›Anekdota‹, lat. ›Historia arcana‹), wohl noch nicht im 6. Jh. publiziert, war eine Schmähschrift gegen JUSTINIAN, THEODORA und BELISAR.

Ausgaben: Opera omnia, hg. v. J. HAURY, 4 Bde. (Neuausg. 1962–64); Werke, hg. v. O. VEH, 5 Bde. ([1-3]1970–81, griech. u. dt.).

B. RUBIN: P. v. K. (1954).

Prokopjewsk, Stadt im Gebiet Kemerowo, Russland, im S des Kusnezker Steinkohlenbeckens, am Tomzufluss Aba, 244 100 Ew.; Forschungs-Inst. für Kohlebergbau; Zentrum der Steinkohlenförderung; Bau von Bergwerksausrüstungen, Kugellagerherstellung, Gummi-, Konfektions-, Porzellan- und Nahrungsmittelindustrie sowie Tabakverarbeitung.

Prokopowitsch, Prokopovič [-vitʃ], Feofan, russ.-orth. Theologe und Erzbischof von Nowgorod (ab 1725), *Kiew 18. 6. 1681, †Sankt Petersburg 19. 9. 1736; besuchte die Akademie in Kiew (1688–94?), hielt sich dann vier Jahre in Polen auf, konvertierte zum Katholizismus und wurde Basilianermönch (Ordensname SAMUIL) und Diakon. Er setzte seine Studien am Griech. Kolleg in Rom fort, kehrte aber 1702 nach Kiew und in die orth. Kirche zurück. Zwei Jahre lebte er im Kloster von Potschajew und begann 1704 seine Lehrtätigkeit in Kiew. 1711 wurde er Abt des Brüderklosters und Rektor der Akademie. Seit 1706 befreundet mit Zar PETER I., den er 1711 während des Türkenkrieges begleitete. 1715 wurde P. nach Sankt Petersburg beordert und 1718 zum Bischof von Pleskau und Narwa geweiht, war aber v. a. als Berater des Zaren in Kirchenfragen tätig. 1719/20 arbeitete er nach den ihm von PETER gegebenen Richtlinien das ›Geistl. Reglement‹, die Grundordnung der petrin. Kirchenreform, aus (seit 1721 in Kraft). Verfasser von zahlreichen katechet. Schriften und Predigten.

Ausgabe: Sočinenija, hg. v. I. P. EREMIN (1961).

H.-J. HÄRTEL: Byzantin. Erbe u. Orthodoxie bei F. Prokopovič (1970).

Prokris, *griech. Mythos:* Gemahlin des →Kephalos.

Prokrustes, *griech. Mythos:* ein Riese, der alle, die ihm in die Hände fielen, auf ein langes oder kurzes Bett legte: Waren sie zu kurz, streckte er sie (mit dem Hammer), waren sie zu lang, verstümmelte er sie gewaltsam; er wurde von Theseus überwältigt. – **P.-Bett,** im übertragenen Sinn eine Zwangslage, in die jemand gebracht, oder ein Schema, in das etwas gewaltsam hineingezwängt wird.

prokt..., Wortbildungselement, →prokto...

Proktitis *die, -/...'tiden,* **Mastdarmentzündung,** Entzündung der Mastdarmschleimhaut; zu den Ursachen gehören bakterielle Infektionen, Verletzungen, Hämorrhoiden, allgemeine Darmerkrankungen (z. B. Dickdarmentzündung), Reizung oder Schädigung durch Nahrungsmittel, Abführmittel und Gifte. Die Symptome bestehen in Druck- oder Schmerzempfindungen (v. a. beim Stuhlgang), gehäuftem Stuhldrang, Durchfall, Abgang von Schleim, Eiter und Blut. Zur *Behandlung* werden entzündungshemmende, desinfizierende und adstringierende Spülungen vorgenommen, ggf. Einsatz von Antibiotika und Beseitigung mögl. Ursachen.

prokto... [griech.], vor Vokalen verkürzt zu **prokt...,** Wortbildungselement mit der Bedeutung: Mastdarm, After, z. B. Proktologie, Proktitis.

Proktologie *die, -,* Lehre von den Mastdarmkrankheiten.

Prokto|skopie *die, -/...'pi|en,* endoskop. Untersuchung des Analkanals und des unteren Mastdarms mit dem **Proktoskop,** einem röhrenförmigen Darmspekulum, oder einem kurzen Rektoskop zur Klärung krankhafter Prozesse.

Prokuplje, Stadt im südl. Serbien, Jugoslawien, an der Tophice, 256 m ü. M., 28 300 Ew.; Weinkellereien, Obstverarbeitung, Holzindustrie. – In der Nähe liegen die Ruinen der alten Festung **Hisar.** – P., das griech. **Komplos,** röm. **Hammeum,** türk. **Urçub** [-tʃ-], wurde im 14. Jh. erstmals unter dem heutigen Namen erwähnt; im 15.–16. Jh. bedeutender Handelsplatz.

Prokura [ital., zu lat.-ital. procurare ›verwalten‹, ›Sorge tragen‹] *die, -/...ren,* umfassende abstrakte handelsrechtl. Vollmacht, die nur der Inhaber eines Handelsgeschäfts, und zwar ein Vollkaufmann oder sein gesetzl. Vertreter, durch ausdrückl. Erklärung erteilen kann (§§ 48 ff. HGB). Auch Handelsgesellschaften können durch ihre vertretungsberechtigten Organe P. erteilen. Erteilen, Erlöschen und Art der P. sind zur Eintragung ins Handelsregister anzumelden. Die P. ermächtigt den Empfänger **(Prokurist)** im Interesse des Verkehrsschutzes zu allen Arten von Rechtsgeschäften und gerichtl. Handlungen, die zum Gegenstand eines Handelsgewerbes gehören können (§ 49 Abs. 1 HGB); dabei kann er auch Geschäfte vornehmen, die dem Gewerbe des Geschäftsherrn wesensfremd sind (im Ggs. zum →Handlungsbevollmächtigten, der nur branchenübl. Geschäfte tätigen kann). Ausgeschlossen sind nur Veräußerung und Belastung von Grundstücken (§ 49 Abs. 2 HGB), Handlungen, die der Geschäftsinhaber persönlich vornehmen muss, z. B. Anmeldungen zum Handelsregister, und die Geschäftsaufgabe oder der Antrag auf Konkurseröffnung oder auf Veränderung und Löschen der Firma (da diese nicht zum Betrieb des Handelsgewerbes gehören). Dritten gegenüber ist der Umfang der P. unbeschränkbar (§ 50 HGB) mit Ausnahme der →Gesamtprokura und der auf eine Filiale begrenzten Filial-P.; im Innenverhältnis (d. h. zum P.-Erteilenden) aber hat der Prokurist etwaige Beschränkungen zu beachten, andernfalls kann der Geschäftsinhaber Schadensersatz wegen schuldhafter Verletzung des Dienstvertrages fordern. Ausnahmsweise ist das vom Prokuristen abredewidrig geschlossene Geschäft auch im Außenverhältnis unwirksam, z. B. bei arglistigem Zusammenwirken des Prokuristen mit dem Vertragsgegner zum Nachteil des Geschäftsinhabers, aber auch sonst, wenn der Prokurist die P. in für den Geschäftspartner erkennbarer Weise missbraucht (Missbrauch der Vertretungsmacht). Der Prokurist zeichnet mit der Firma, der er seinen Namen mit einem die P. andeutenden Zusatz **(pp., ppa.)** beifügt. Die P. ist jederzeit widerruflich, nicht übertragbar und erlischt nicht durch Tod des Geschäftsinhabers (§ 52 HGB).

In *Österreich* gelten parallele Bestimmungen; die *Schweiz* kennt ähnl. Regelungen (Art. 458 ff. OR).

Prokurator [lat. ›Verwalter‹] *der, -s/...'toren,* **1)** *allg.:* Bevollmächtigter, Sachwalter.

2) *antikes Rom:* lat. **Procurator,** in der Kaiserzeit Bez. für Inhaber versch. Funktionen: 1) allgemeine Bez. für die Ressortvorsteher unter den kaiserl. Beamten (›p. Augusti‹); 2) Prozessvertreter; 3) Vermögensverwalter; 4) in den Kaiser-Prov. den Statthaltern beigeordnete Beamte, die unmittelbar dem Kaiser unterstanden, auch Statthalter kleinerer Prov. (von M. LUTHER als ›Landpfleger‹ übersetzt).

3) *Rechtsgeschichte:* Prozessvertreter einer Partei in einem gerichtl. Verfahren, in Dtl. seit dem Ende des 15. Jh. Im Unterschied zum Advokaten oblag ihm nicht die rechtl. Beratung der Parteien, sondern die formgerechte Vornahme der Prozesshandlungen. Schon im 16. Jh. verflossen die Grenzen zw. Prokuratur und Advokatur.

4) *Republik Venedig:* ital. **Procuratore di San Marco** [›P. von San Marco‹], Titel der neun höchsten Staatsbeamten.

Prokyon [griech.], Hauptstern im Sternbild Kleiner Hund (α Canis minoris); wird von einem Weißen Zwerg begleitet und gehört zum →Wintersechseck. Mit einer scheinbaren visuellen Helligkeit von 0,ᵐ38 gehört der nur 11 Lj entfernte P. zu den hellsten Sternen am Himmel.

Prolaktin [zu lat. lac, lactis ›Milch‹] *das, -s/-e,* **Prolactin,** Abk. **PRL, luteotropes Hormon,** Abk. **LTH, Mammotropin,** vom Hypophysenvorderlappen (→Hirnanhangdrüse) gebildetes, nichtglandotropes Hormon, das bei allen Wirbeltieren und dem Menschen vorkommt. Chemisch ist das P. ein Proteinhormon aus 198 Aminosäuren, das strukturell dem Wachstumshormon (→Somatotropin) verwandt ist. Die Sekretion von P. steht unter dem Einfluss eines im Hypothalamus gebildeten Hemmstoffs, der wahrscheinlich mit Dopamin identisch ist. Die physiolog. Wirkungen des P. sind vielfältig. Es spielt u. a. eine Rolle in der Osmoregulation (Knochenfische), bei Wachstum und Metamorphose (Amphibien) und beim Brutpflegeverhalten (Fische, Vögel). Wichtigste Funktion des P. beim Menschen ist der Einfluss auf die Reifung des Milch bildenden Systems und die Milchsekretion der weibl. Brust. Die P.-Konzentration steigt von der 8. Schwangerschaftswoche an und wird nach der Geburt durch den Stillreiz auf einem anhaltend hohen Niveau gehalten. P. hemmt die Sekretion von LH und FSH (→Gonadotropine), wodurch bei stillenden Müttern meist der Menstruationszyklus nicht in Gang kommt. Nach Ende der Stillzeit kehrt die P.-Konzentration auf den Normalwert zurück.

Prolamine [Kw.], einfache Pflanzenproteine, die ausschließlich in den Samen der Getreidearten vorkommen (im Kleber des Getreides sowie im Mais; nicht im Reis). P. lösen sich im Ggs. zu allen anderen Proteinen in 70 %igem Alkohol; sie enthalten v. a. Prolin und Glutaminsäure.

Prolaps [lat., zu prolabi, prolapsum ›vorwärts gleiten‹] *der, -es/-e,* **Vorfall,** das Heraustreten von Gewebe- oder Organteilen aus ihrer normalen Lage, meist aus einer natürl. Körperöffnung, v. a. in Form des After- oder Mastdarm-, Scheiden- oder Gebärmuttervorfalls, auch des Bandscheibenvorfalls.

Prolegomenon [griech. ›vorher Gesagtes‹] *das, -s/...mena, bildungssprachlich* für: Einführung, Vorrede zu einem wiss. Werk, Vorbemerkungen; wiss. Arbeit mit noch vorläufigem Charakter.

Prolepsie [zu griech. prólēpsis ›Vorwegnahme‹] *die, -/...'si|en,* **proleptische Assimilation, antizipatorische Assimilation,** *Psychologie:* Bez. für eine Sprecheigentümlichkeit des Kleinkindes: Da die Wortvorstellung schneller als die Sprachmotorik abläuft, werden erst an späterer Stelle richtig platzierte Laute bereits früher und anstelle der richtigen Laute benutzt (z. B. ›Kucker‹ statt ›Zucker‹).

Prolepsis [griech.] *die, -/...'sen,* **1)** *antike Rhetorik:* →Prokatalepsis.

2) *Botanik:* vorzeitige Entfaltung der für die nächstjährige Vegetationsperiode angelegten pflanzl. Organe im Herbst, ausgelöst durch Schädlingsbefall oder klimat. Einwirkungen auf Blütenknospen und Laubsprosse. (→Johannistrieb)

3) *Sprachwissenschaft:* Vorwegnahme eines sprachl. Elements außerhalb des syntakt. Zusammenhangs (z. B. ›der Schlingel, wenn ich den erwische!‹ statt ›wenn ich den Schlingel erwische!‹).

Proletariat [frz., zu prolétaire, lat. proletarius ›Bürger der untersten Klasse‹, zu proles ›Nachkomme‹, ›Kind‹, ›Sprössling‹] *das, -(e)s/-e, Pl. selten,* bezeichnet nach der servian. Zenturienordnung (wohl 5./4. Jh.), die das Fußvolk in fünf Steuerklassen einteilte, den Teil der Bev., der aufgrund seiner schlechten Lebenslage und mangelhafter Vermögensausstattung noch unterhalb der letzten Steuerklasse angesiedelt war. Die **Proletarier** (›proletarii‹) wurden weder für die Steuerzahlung noch für den Kriegsdienst herangezogen und hatten als einzigen ›Besitz‹ ihre Nachkommenschaft (›proles‹). Durch die Kriege im 3. und 2. Jh. v. Chr. wuchs das P. Es rekrutierte sich aus dem verarmten bäuerl. Mittelstand und sammelte sich v. a. in Rom. Nachdem der Versuch der Gracchen, das P. wieder landansässig zu machen, gescheitert war, wurden Proletarier von GAJUS MARIUS als Freiwillige im Heer eingesetzt.

Die Humanisten nahmen dann, in deutl. Bezug auf die altröm. Bedeutung, das Wort – zunächst im England des 16. und 17. Jh. – wieder auf. Als P. galten soziale Außenseiter, Randexistenzen, dann aber v. a. die Gruppen von Armen und Bettlern, die als Folge der Umstrukturierung der mittelalterlich-agrar. zur neuzeitlich-industriellen Gesellschaft beständig anwuchsen und seit dem 16. Jh. zum Gegenstand umfangreicher Sozialdisziplinierung, aber auch sozialreformer. Bestrebungen wurden. – Seine spezifisch sozialhistor. Ausprägung und seine Entwicklung zu einem politisch-publizist. Begriff erfuhr der Begriff P. im Diskussionszusammenhang der sozialist. Bewegungen und sozialkrit. Analysen, wie sie nach der Frz. Revolution und bes. mit der um 1850 auf dem Kontinent sich durchsetzenden industriellen Revolution einsetzten. Zunächst wurde dabei die frz. Form des ›prolétaire‹ dazu benutzt, die unterhalb des dritten Standes angesiedelten besitzlosen Mitgl. der Gesellschaft zu bezeichnen. Innerhalb der in den 1840er-Jahren sich in Dtl. entwickelnden Pauperismusdebatte (F. VON BAADER und R. VON MOHL sowie etwas später F. HARKORT) bezeichnete P. sowohl die vorindustriellen besitzlosen Massen als auch die durch die Industriearbeit in ihrer ökonom. und sozialen Lage bestimmten Fabrikarbeiter. ›P.‹ und ›Proletarier‹ wurden erst dadurch zum spezif. Begriff, der in Korrelation zu ›Pauperismus‹ gesetzt wurde (W. CONZE).

Eine systemat. und damit auch erkenntnistheoret. und geschichtsphilosoph. Bedeutung erlangt der Begriff schließlich bei L. VON STEIN und K. MARX. Für VON STEIN bezeichnet P. denjenigen Stand der Gesellschaft, der nichts besitzt als seine Arbeitskraft und der, mit einem korrelierenden Bewusstsein ausgestattet, nunmehr gegenüber der Gesellschaft eine Besserstellung fordert. Während VON STEIN damit auf eine Gefahr für die soziale Ordnung aufmerksam machen wollte und diese durch Sozialreform zu entschärfen hoffte, tritt der Begriff bei MARX in einem aufgewerteten Sinn in Erscheinung, nunmehr um das Subjekt des geschichtl. Emanzipationsprozesses zu identifizieren. Das Kommunist. Manifest (1848) bezeichnet als P. die Klasse der Lohnarbeiter, die in Ermangelung sonstigen Besitzes ihre Existenz aus dem Verkauf ihrer Arbeitskraft sichern müssen und die im Zuge der Bewusstwerdung ihrer Stellung im Klassenkampf die Beseitigung der privatkapitalist. Eigentums-, Wirtschafts- und Gesellschaftsordnung anstreben und schließlich durchführen (→Marxismus). Als Kampfbegriff verlor die Bez. P. im Rahmen der sich ausbreitenden, aber sich auch in unterschiedl. Fraktionen differenzierenden Arbeiterbewegung an Schärfe und Präzision, behielt aber, v. a. im Rahmen kulturpolit. Diskussionen (›Proletkult‹), seine Bedeutung. Nach dem Zweiten Weltkrieg spielte der Begriff sowohl in der antikolonialen Analyse der außereurop. polit. Bewegungen eine Rolle als auch im Zusammenhang mit der Studentenbewegung und dem Neomarxismus in der Diskussion um das Ende der ›alten‹ Arbeiterklasse in den Industriestaaten und das mögl. Auftreten neuer Erscheinungen des P. Auch in den kommunist. Ländern verlor der Begriff seit den 1920er-Jahren an Bedeutung und wurde zunehmend durch den Begriff der Arbeiterklasse ersetzt. (→Klasse)

R. DAHRENDORF: Soziale Klassen u. Klassenkonflikt in der industriellen Gesellschaft (1957); C. D. KERNIG: P., in: Sowjetsystem u. demokrat. Gesellschaft, hg. v. DEMS., Bd. 5 (1972); M. VESTER: Die Entstehung des P. als Lernprozeß. Die Entstehung antikapitalist. Theorie u. Praxis in England 1792–1848 ([3]1975); W. CONZE: P., Pöbel, Pauperismus, in: Geschichtl. Grundbegriffe, hg. v. O. BRUNNER u. a., Bd. 5 (1984); E. P. THOMPSON: Die Entstehung der engl. Arbeiterklasse, 2 Bde. (a. d. Engl., 1987); A. GORZ: Abschied vom P. (a. d. Frz., Neuausg. 1988).

Proletarier aller Länder, vereinigt euch!, Schlusssatz des →Kommunistischen Manifests (1848); später Wahlspruch der sich zur 2. Internationale (gegr. 1889) bekennenden Sozialisten, seit 1920 der Kommunist. Internationale (Komintern). 1918 wurde der Satz Wahlspruch im Wappen der Russ. Sozialist. Föderativen Sowjetrepublik, später der UdSSR.

proletarische Kultur, Arbeiterkultur, die von der Arbeiterbewegung seit dem 19. Jh. durch Arbeiterliteratur, -theater, -lieder, -presse, -bildung, -sport sowie Film, Radio, Fotografie und eine spezif. Arbeiterfest- und Vereinskultur (Arbeiterbildungs-, -sport-, -gesangvereine, -jugendbewegung, Naturfreunde u. a.) hervorgebrachten kulturellen Ausdrucksformen.

Obwohl oft von der bürgerl. Kultur beeinflusst, sind die programmat. Inhalte und Zielsetzungen zumeist antibürgerlich, den polit. und organisator. Zielen und Aufgaben der Arbeiterbewegung dienend, klassenkampforientiert und in der Tendenz sozialistisch. Im Rückgriff auf K. MARX und F. ENGELS (›Deutsche Ideologie‹, Einleitung) wurde jedoch von den engl. Kulturtheoretikern RICHARD HOGGART (* 1918) und R. H. WILLIAMS ein Begriff von p. K. entwickelt, der die gesamte Lebensweise der Arbeiterklasse umfasst. Doch unterscheidet sich auch nach WILLIAMS die p. K. von der bürgerlichen bes. durch die ›alternativen Ideen über die Natur der gesellschaftl. Beziehungen‹. Im Zusammenhang neuerer ethnosoziolog. Erforschung von Volks- und Alltagskultur meint ›proletar. Lebensweise‹ sowohl die i. e. S. kulturellen Ausdrucksformen als auch die materiellen Lebensformen (Wohnen, Ernährung, Kleidung, Arbeit, Zeitbudget usw.), die spezif. Verkehrs- und Kommunikationsformen (Symbole, Riten, Sprachcodes) sowie besondere Mentalitätsstrukturen (Einstellungen, Werte, Normen, Sinnorientierungen wie Weltbild, Zukunftserwartungen). Dieser weite Begriff von p. K. wurde zunehmend auch von dt. Wissenschaftlern übernommen.

R. WILLIAMS: Gesellschaftstheorie als Begriffsgesch. (a. d. Engl., 1972); DERS.: Innovationen (a. d. Engl., Neuausg. 1983); Kultur u. Lebensweise des Proletariats, hg. v. W. JACOBEIT u. U. MOHRMANN (Berlin-Ost 1973); W. LEPENIES in: Arbeiterkultur im 19. Jh., hg. v. J. KOCKA (1979); Arbeiterkultur, hg. v. G. A. RITTER (1979); Lit. u. p. K., hg. v. D. MÜHLBERG u. R. ROSENBERG (Berlin-Ost 1983); P. BOURDIEU: Die feinen Unterschiede (a. d. Frz., [8]1996).

proletarische Revolution, im marxist. Sprachgebrauch die vom →Proletariat getragene Revolution; sie überwindet die von der →Bourgeoisie getragene kapitalist. Gesellschaftsordnung (bes. durch Abschaffung des Privateigentums an den Produktionsmitteln) und schafft mit der Errichtung der →Diktatur des Proletariats die Voraussetzung für die Entwicklung einer sozialist. Gesellschaft. Nach LENIN soll eine an der marxist. Theorie geschulte Kaderpartei dem Proletariat seine ›weltgeschichtl. Aufgabe‹ zum Bewusstsein bringen und die p. R. durchführen.

proletarischer Internationalismus, im Marxismus Bez. für das Prinzip der internat. Solidarität des Proletariats v. a. in Hinblick auf den Sturz des Kapitalismus. Nach K. MARX kann die proletar. Revolution nur als Weltrevolution erfolgreich sein. LENIN leitete aus dem Prinzip des p. I. die Forderungen nach Unterordnung der ›Interessen des proletar. Kampfes des einen Landes‹ unter die ›Interessen des internat. proletar. Kampfes‹ sowie die Notwendigkeit der Opferbereitschaft einer Nation nach Verwirklichung der proletar. Revolution für die Weltrevolution ab. STALIN wandte sich von diesem Prinzip ab, setzte den p. I. mit der Anerkennung der ›führenden Rolle‹ der UdSSR durch den Weltkommunismus gleich und benutzte ihn als Rechtfertigungsideologie für sowjet. Hegemonialbestrebungen.

Proletkult [Kw. für Proletarskije kulturnoprosweetitelskije organisazii ›proletar. kulturell-volksbildner. Organisationen‹], sowjetruss. Kultur- und Bildungsorganisation, 1917 in Petrograd gegründet, entwickelte sich zu einer autonomen Massenorganisation. Nach den Theorien von A. A. BOGDANOW u. a. sollte der P. eine von Proletariern selbst zu schaffende ›Klassenkultur‹ (G. W. PLECHANOW) als Überbau der industriellen Basis hervorbringen, die an die Stelle der – nach marxist. Überzeugung – zum Absterben verurteilten bourgeoisen Literatur und Kunst zu treten hätte. Im Unterschied zu einigen radikalen Theoretikern des P., die alles Vergangene verwarfen, traten BOGDANOW und A. W. LUNATSCHARSKIJ für die Aneignung des literar. Erbes durch die Masse der Werktätigen ein. BOGDANOW sah die Funktion der Kunst in ihrer die proletar. Kräfte organisierenden Rolle und ließ durch den P. literar. Werkstätten errichten, in denen die neuen Autoren ausgebildet werden sollten.

Die P.-Dichtung feierte die Macht der Revolution und des Arbeiterkollektivs. Vorgestellt wurden Massenschauspiele, ›Maschinenkonzerte‹ und Straßentheater im Sinne einer ›monumentalen Propaganda‹. Die bildenden Künstler standen meist dem Konstruktivismus nahe. – Der P. geriet 1921 in Gegensatz zu LENIN und zum Führungsanspruch der KP und wurde 1932 aufgelöst.

P., hg. v. P. GORSEN u. a., 2 Bde. (1974–75); Von der Revolution zum Schriftstellerkongreß, hg. v. G. ERLER u. a. (1979); H. SIEGEL: Sowjet. Literaturtheorie 1917–1940 (1981); L. MALLY: Culture of the future. The P. movement in revolutionary Russia (Berkeley, Calif., 1990).

Proliferation [zu lat. proles ›Sprössling‹ und ferre ›tragen‹] *die, -/-en,* **1)** *Botanik:* →Durchwachsung.

2) *Medizin:* Gewebevermehrung durch Wucherung oder Sprossung, v. a. bei regenerativen Prozessen (Wundheilung).

3) [engl. prəʊlɪfəˈreɪʃn ›Verbreitung‹] *ohne Pl., Politik:* Weitergabe von →Massenvernichtungsmitteln einschließlich ihrer Trägersysteme und Technologien sowie des zu ihrer Herstellung benötigten Materials; Ggs.: Nonproliferation.

Proliferationsphase, →Menstruation.

Prolin [Kw.] *das, -s,* Abk. **Pro,** eine zykl., optisch aktive, nichtessenzielle Aminosäure (chemisch die Pyrrolidin-2-carbonsäure); sehr gut in Wasser löslich. P. kommt v. a. in Gelatine (mit Hydroxyprolin bis 26,7 %), ferner in Kasein (6,7 %) und Prolaminen vor.

Prolog [lat. prologus ›Vorrede‹, ›Vorredner‹, von griech. prólogos ›Vorrede‹] *der, -(e)s/-e,* **1)** *Literatur:* Vorrede oder Vorredner, auch Vorspiel, im griech. Theater des 5. Jh. v. Chr. oft die Eröffnungsrede oder -szene vor dem Einzug des Chors. Im Drama des MA. ersetzt der ›praecursor‹ (eigtl. ›Vorläufer‹) den Theaterzettel und nimmt häufig die Ausdeutung vorweg; wichtige Funktion kommt dem P. auch im höf. Roman zu. Bei SHAKESPEARE ist der P. eine Art Ansager. Auch Vorspiele, die ein abgeschlossenes Ganzes bilden, heißen bisweilen P. GOETHE unterscheidet im ›Faust‹ den ›P. im Himmel‹ vom ›Vorspiel auf dem Theater‹. Das Gegenstück zum P. ist der Epilog.

2) *Musik:* in der Oper v. a. des 17. und 18. Jh. eine nach der Ouvertüre aufgeführte, in sich abgeschlossene Szene, meist ohne direkten dramaturg. Zusammenhang mit dem nachfolgenden Stück (z. B. C. MONTEVERDI, ›L'Orfeo‹, 1607; J.-B. LULLY, ›Alceste‹, 1674).

3) *Straßenradsport:* Auftaktrennen einer Etappenfahrt, meist ein Zeitfahren, dessen Ergebnis nicht gewertet wird. Der Sieger trägt das (gelbe) Trikot des Spitzenreiters auf der folgenden ersten Etappe.

PROLOG [Akronym aus engl. **pro**gramming in **log**ic ›log. Programmierung‹], eine prädikative oder logische →Programmiersprache. Grundelemente sind Fakten (Prädikate), also wahre Aussagen, und Regeln. Eine Menge von Fakten stellt das Grundwissen eines PROLOG-Programms dar; aus Fakten können Regeln gebildet werden. Zweck eines PROLOG-Programms bzw. -Systems ist es, auf der Grundlage des vorhandenen Grundwissens und der Regeln eine vom Benutzer aufgestellte Behauptung zu überprüfen bzw. eine gestellte Frage mit ›ja‹ oder ›nein‹ zu beantworten. PROLOG wird insbesondere in Bereichen der künstl. Intelligenz und der Expertensysteme (wissensbasierte Systeme) eingesetzt.

Prolongation [zu lat. prolongare ›verlängern‹] *die, -/-en,* Verlängerung von Fristen in Vertragsverhältnissen, Stundung fälliger Verpflichtungen, z. B. P. eines Bankkredits auf Antrag des Kreditnehmers mit schriftl. Einwilligung des Kreditinstituts. – Im Börsenterminhandel **P.-Geschäft** (→Report). – Im Wechselrecht die Stundung der Wechselverpflichtung gegen Ausstellung eines neuen Wechsels **(P.-Wechsel)** mit späterem Verfallsdatum, mit dessen Verkaufserlös der Erstwechsel bezahlt wird.

Prolongement [-lɔ̃ʒˈmã:; frz., zu prolonger, lat. prolongare ›verlängern‹] *das, -s/-s,* beim Harmonium ein zusätzlich angebrachter Registerzug (Kniehebel), mit dem herabgedrückte Tasten verankert werden, um die Töne beliebig lange weiterklingen zu lassen; bei größeren Flügeln ein drittes (i. d. R. mittleres) Tonhaltungspedal zur selektiven Dämpferaufhebung.

Proluvium [lat. ›Überschwemmung‹] *das, -s,* andere Bez. für Schwemmlöss (→Löss).

PROM [Abk. für engl. **p**rogramable **r**ead **o**nly **mem**ory ›programmierbarer Festwertspeicher‹], i. w. S. Bez. für alle vom Anwender selbst (im Ggs. zum →ROM i. e. S.) programmierbaren, d. h. beschreibbaren Halbleiterfestwertspeicher, unabhängig von der Art der Programmierung und davon, ob diese einmal oder mehrmals möglich ist; i. e. S. Bez. für Halbleiterfestwertspeicher, die vom Anwender mithilfe eines Spezialgeräts (›Prommer‹) nur einmal programmierbar sind (→Datenspeicher). Bei der Programmierung werden entweder durch Strombelastung sicherungsartige Leiterbahnen durchgeschmolzen (engl. fusible links) oder zunächst in Sperrrichtung betriebene p-n-Übergänge durch Lawinendurchbruch zerstört, wobei Aluminiumatome in die Übergänge wandern und leitende Verbindungen herstellen (AIM, Abk. für engl. **a**valanche-**i**nduced **m**igration). – Obwohl heute bei PROMs Speicherkapazitäten von über 1 Megabit erreichbar sind, werden sie wegen ihrer nur einmaligen Programmierbarkeit zunehmend von →EPROMs und →EEPROMs verdrängt.

Promachos [griech. ›Vorkämpfer(in)‹], Beiname der →Athene.

Prome [prəʊm, engl.], birman. **Pyè,** Flusshafen am unteren Irawadi, Birma, 148 000 Ew.; kath. Bischofssitz; Textilindustrie, Dachziegelwerk, Reismühlen. – In Shri Kshetra, 8 km südöstlich von P., befinden sich die Ruinen der ältesten Stupas und Tempel Birmas, u. a. der Payama-, der Bobegyi- und der Payagyistupa (10. Jh.) sowie die Tempel Bebe-Paya und Lemyatna (beide 10. Jh.).

pro memoria [lat.], Abk. **p. m.,** *bildungssprachlich* für: zur Erinnerung, zum Gedächtnis.

Promesse [frz., zu promettre, lat. promittere ›versprechen‹] *die, -/-n, Bank-* und *Börsenwesen:* 1) verbrieftes Zahlungsversprechen, z. B. in Form eines Wechsels oder eines Schuldscheins; 2) im Effektengeschäft eine Urkunde, in der die Lieferung von Effekten versprochen wird.

Prometheus, griech. **Prometheus,** *griech. Mythos:* Sohn des Titanen Iapetos, Bruder des Atlas und des Epimetheus, Vater des Deukalion; nach späterer Überlieferung bildete er aus Lehm den ersten Menschen. Nach älterer (von HESIOD erzählter) Sage übervorteilte er Zeus bei der Verteilung des Speiseopfers unter Götter und Menschen; als Zeus den Menschen deshalb das Feuer vorenthielt, entwendete es P. und brachte es auf die Erde. Darauf sandte Zeus den Menschen →Pandora, P. aber fesselte er an eine Säule oder einen Felsen im Kaukasus; ein Adler fraß ihm täglich die Leber ab, die nachts nachwuchs, bis Herakles den Adler erschoss und P. befreite. Nach der Darstellung in der ersten Tragödie des AISCHYLOS (im Rahmen seiner P.-Trilogie) hatte sich P. mit Zeus gegen die Titanen verbündet, dann aber das von Zeus zum Untergang bestimmte Menschengeschlecht gerettet, indem er ihm das Feuer und die Kultur brachte. Zeus ließ ihn deshalb durch Hephaistos an einen Felsen schmieden. Da P. das ihm allein bekannte Geheimnis, wie Zeus seinem drohenden Sturz entgehen könne, nicht preisgeben wollte, schleuderte Zeus ihn durch einen Blitz in den Tartaros. Später, in der (nicht erhaltenen) zweiten Tragödie, muss der Versöhnung

Prometheus: Darstellung des Atlas (links) und des Prometheus auf der Innenseite einer Schale aus Lakonien; um 560–550 v. Chr. (Rom, Vatikanische Sammlungen)

mit Zeus und der Befreiung des P. die Verkündigung vorausgegangen sein, dass der Thetis ein Sohn bestimmt sei, der stärker als sein Vater sein werde; Zeus verzichtete daher auf die Heirat mit Thetis und übergab sie dem Peleus als Gattin.

Seit der Renaissance war der Mythos erneut beliebter literar. Stoff. P. wurde als Schöpfer menschl. Kultur dargestellt (G. BOCCACCIO, F. BACON, P. CALDERÓN DE LA BARCA), als ein Sinnbild der unerlösten Menschheit an den Felsen geschmiedet (P. DE RONSARD), seit G. BRUNO war er Wahrheitssucher und Empörer gegen den mächtigen Zeus, ein Motiv, das durch A. SHAFTESBURY, VOLTAIRE und den jungen GOETHE (z. B. in der Ode ›P.‹, 1774) in der Folgezeit beherrschend wurde, wobei P. zugleich zum Symbol des duldenden Menschen erhoben wurde, so in G. BYRONS Gedicht ›P.‹ (1816) und in dem Drama von P. B. SHELLEY (›P. unbound‹, 1820). Seit dem späteren 19. Jh. trug die Interpretation der Gestalt des P. einerseits antikonfessionelle bzw. atheist. Züge, daneben diskutierte man auch F. NIETZSCHES These vom Übermenschen am P.-Stoff, z. B. in C. SPITTELERS Epen (›P. und Epimetheus‹, 2 Tle., 1881, Neufassung 1924 u. d. T. ›P. der Dulder‹) und den Dramen von A. GIDE (›Le Prométhée mal enchaîné‹, 1899), auch bei N. KASANTZAKIS (›P.-Trilogie‹, 1941–43). Im weiteren Verlauf des 20. Jh. reduzierte man das P.-Thema meist auf die Ideen der Rebellion und Emanzipation, deren Bewertung durchaus unterschiedlich ausfiel (A. CAMUS, P. CLAUDEL). Während C. ORFFS Oper ›P.‹ (1968) eine Wiederbelebung des antiken Gesamtkunstwerks nicht zuletzt durch Verwendung der griech. Sprache anstrebte, unternahm HEINER MÜLLER eine Projektion des Helden auf die polit. Ebene (›P.‹, Uraufführung 1969).

Promethium

chem.	Ordnungszahl	61
Symbol:	bisher bekannte Isotope (alle radioaktiv)	^{130}Pm bis ^{158}Pm
	beständigstes Isotop	^{145}Pm
Pm	Halbwertszeit des ^{145}Pm	17,7 Jahre
	relative Nuklidmasse	144,913
	wichtigstes Isotop	^{147}Pm
	Halbwertszeit des ^{147}Pm	2,6234 Jahre
	relative Nuklidmasse	146,915
	Dichte (bei 25 °C)	7,264 g/cm^3
	Schmelzpunkt	1042 °C
	Siedepunkt	3000 °C

Bereits im 7. Jh. v. Chr. wurden die Bestrafung durch den Adler des Zeus (Elfenbeinrelief aus Sparta; Athen, Archäolog. Nationalmuseum) und die Befreiung (Krater des NETTOSMALERS, um 600 v. Chr.; Olympia, Museum) dargestellt, seitdem häufig auf griech. Vasen und Reliefs. Als Feuerbringer lässt sich P. zunehmend seit dem 5. Jh. v. Chr. bis in röm. Zeit nachweisen. Wie er den Menschen aus Lehm erschafft, erscheint oft auf röm. Sarkophagen. Seit der Renaissance wurde bes. das Motiv des gefesselten P. gestaltet (TIZIAN, L. GIORDANO, F. SOLIMENA, J. DE RIBERA, S. ROSA, P. P. RUBENS), PIERO DI COSIMO stellte es in den Rahmen einer ganzen P.-Folge, die Befreiung durch Herakles wählte A. CARRACCI. Der Symbolismus des 19. Jh. befasste sich ebenfalls mit dem P.-Stoff (G. MOREAU, A. FEUERBACH, A. BÖCKLIN); für das 20. Jh. (J. LIPCHITZ, G. MARCKS, O. KOKOSCHKA, O. ZADKINE) war P. ein Sinnbild des sich gegen Gewaltherrschaft aufbäumenden Menschen.

K. KERÉNYI: P. (Neuausg. 21.–25. Tsd. 1962); Mythos P., hg. v. W. STORCH u. B. DAMERAU (1995).

Prometheus, ein Mond des Planeten →Saturn.

Promethium [nach Prometheus] *das, -s,* chem. Symbol **Pm,** ein →chemisches Element aus der Reihe der →Lanthanoide im Periodensystem der chem. Elemente. P. ist ein radioaktives, silberweißes, glänzendes Metall. Das am besten untersuchte P.-Isotop, ^{147}Pm, findet sich in der Natur in Spuren in Uranerzen (Produkt des natürl. Uranzerfalls); ^{147}Pm und die weiteren P.-Isotope werden künstlich in Kernreaktoren hergestellt. In seinen meist rosa gefärbten Verbindungen tritt P. stets in der Wertigkeitsstufe + 3 auf. Das P.-Isotop ^{147}Pm wird wegen seiner weichen β-Strahlung zur Herstellung von Leuchtstoffen sowie als Energiequelle in Isotopenbatterien verwendet.

Bereits 1902 hatte der tschech. Chemiker BOHUSLAV BRAUNER (* 1855, † 1935) darauf hingewiesen, dass in der Reihe der Lanthanoide zw. Neodym und Samarium ein Element fehle. In den 20er-Jahren glaubten eine amerikan. und eine ital. Forschergruppe, das Element, das sie **Illinium** bzw. **Florentium** nannten, nachgewiesen zu haben. 1941 nahm eine amerikan. Forschergruppe an, dass das Element 61, das von ihnen **Cyclonium** genannt wurde, beim Beschießen von Neodym bzw. Praseodym mit im Zyklotron beschleunigten Deuteronen bzw. Heliumkernen entsteht. 1945/46 gelang es einer amerikan. Forschergruppe bei den Clinton Laboratories in Oak Ridge (Tenn.), P.-Isotope unter den bei der Kernspaltung des Uranisotops ^{235}U auftretenden Spaltprodukten zu identifizieren.

pro mille [lat.], Abk. **p. m.,** Zeichen ‰, pro tausend, für das Tausend, vom Tausend. – **Promille** *das, -(s)/-,* das Tausendstel.

Promiskuität [zu lat. promiscuus ›gemischt‹] *die, -,* **1)** *bildungssprachlich* für: Geschlechtsverkehr mit häufig wechselnden Partnern.

2) *Ethnologie:* Bez. für einen Gesellschaftszustand, in dem der Zugang zu Sexualpartnern keinen verbindl. Normen unterliegt. Die These eines frühen, promiskuitiven Stadiums in der Menschheitsgeschichte (u. a. J. J. BACHOFEN, L. H. MORGAN) wurde als Alternative zur (zunächst theolog.) Theorie von der Ursprünglichkeit und Natürlichkeit der patriarchalen, monogamen Familie entwickelt. – Von diesem Problem aus dem Bereich der Anthropogenese strikt zu trennen ist die Frage nach (begrenzt) promiskuitiven Erscheinungsformen bei ganzen Völkern oder Volksgruppen, z. B. sexueller Freizügigkeit der unverheirateten Jugend oder Außerkraftsetzung von gesellschaftl. Normen bei bestimmten Anlässen (Fest-P.; Reste z. B. in Fastnachtsbräuchen).

Promoter [engl. prəˈməʊtə, zu to promote ›fördern‹] *der, -s/-,* Veranstalter von Berufssportwettkämpfen (v. a. Boxen), Konzerten, Tourneen u. Ä.

Promotion [spätlat. ›Beförderung (zu einem ehrenvollen Amt)‹] *die, -/-en,* **1)** *allg.:* 1) Verleihung der Doktorwürde; 2) *österr.* für: offizielle Feier, bei der die Doktorwürde verliehen wird.

2) [prəˈməʊʃn, engl.], *ohne Pl., Marketing:* →Verkaufsförderung.

Promotor [lat. ›Vermehrer‹] *der, -s/...ˈtoren,* **1)** *allg.:* Förderer, Manager.

2) *Chemie, Biochemie:* der Aktivator (→Katalysator).

3) *Genetik:* **Promoter,** Bez. für den Abschnitt eines Gens auf der DNA, der für die Expression dieses Gens erforderlich ist. Am P. binden die RNA-Polymerase und versch. Faktoren in Wechselwirkung mit anderen genet. Elementen, die regulierend auf die Transkription einwirken. Der P. ist stets vor dem transkribierten DNA-Abschnitt angeordnet. Gene ohne P. werden als Pseudogene bezeichnet.

4) *kath. Kirchenrecht:* **P. iustitiae,** der →Kirchenanwalt.

promovieren [lat. promovere ›befördern‹], 1) die Doktorwürde erlangen; 2) jemandem die Doktorwürde verleihen.

Promptgeschäft, das →Kassageschäft.

Promulgation [lat.] *die, -/-en,* öffentl. Bekanntmachung, Bekanntgabe (eines Gesetzes); im *Staatsrecht* die →Ausfertigung eines Gesetzes.

Pronaos [griech.] *der, -/...naoi,* **Pronaon,** im antiken Tempel die Vorhalle der Cella, nach vorn mit zwei Säulen zw. Anten geöffnet oder als →Prostylos ausgebildet; Gegenstück ist der Opisthodomos.

Pronatoren [zu lat. pronare ›vorwärts neigen‹, ›bücken‹], *Sg.* **Pronator** *der, -s, Anatomie:* →Muskeln.

Pronephros, *Anatomie:* die Vorniere (→Niere).

Pronoia [griech. ›Fürsorge‹] *die, -,* im Byzantin. Reich seit dem 11. Jh. die Vergabe von Reichsgut, das frei von öffentl. Leistungen und staatl. Abgaben war, an Veteranen, zunächst auf Lebenszeit; seit ANDRONIKOS II. waren die P.-Lehen vererbbar.

Pronomen [lat.] *das, -s/-* oder *...mina,* **Fürwort,** *Sprachwissenschaft:* Wortart, die als grammat. Stellvertreter für ein Nomen (Substantiv) eintreten oder es wie der Artikel begleiten kann (z. B. ›es [= das Kind] spielt‹, ›dein Kind spielt‹, ›welches Kind spielt?‹). Im Satz wird das P. wie ein Nomen behandelt (etwa in der →Deklination und der →Kongruenz mit seinen Bezugselementen). Man unterscheidet **Personal-P. (persönliches Fürwort)** zur Bez. einer Person oder Personengruppe (ich, du, er, sie, es, wir, ihr, sie); **Possessiv-P. (besitzanzeigendes Fürwort)** zur Bez. der Zugehörigkeit, des Besitzes, eine adjektiv. Bildung zu den Personal-P. (mein, dein, sein usw.); **Demonstrativ-P. (hinweisendes Fürwort)** zur Bez. des Hinweises auf eine Person oder Sache (z. B. dieser, jener, solcher; die betonte Aussprache von ›der‹ wird auch als Determinativ bezeichnet); **Interrogativ-P. (Fragefürwort)** zur Einleitung der Frage nach einer Person oder Sache (wer?, was?, welcher?); **Indefinit-P. (unbestimmtes Fürwort)** bei nicht genauem Hinweis auf eine Person oder Sache oder nur allgemeiner Nennung (irgendeiner, man, jemand), im Unterschied zum – semantisch – **bestimmten P.** oder **bestimmten Fürwort** (jeder, alle, niemand); **Reflexiv-P. (rückbezügliches Fürwort)** zur Bez. des Rückverweises auf das Subjekt des Satzes (sich); **reziprokes P. (wechselseitiges Fürwort)** zur Bez. einer Wechselbeziehung (einander); **Relativ-P. (bezügliches Fürwort)** zur Bez. einer Beziehung zw. Neben- und übergeordnetem Hauptsatz (der, wer, welcher). Bei der Verwendung des P. lassen sich **anaphorischer Gebrauch** (das P. ist mit dem Subjekt identisch, z. B. ›Der Kranke hofft, dass er gesund wird‹), **exophorischer Gebrauch** (das P. ist mit dem Subjekt nicht identisch, z. B. ›Sie weiß nicht, was er vorhat‹) und **kataphorischer Gebrauch** (das P. steht vor einem Bezugselement mit vorausweisender Bedeutung, z. B. ›Ich sage dir nur dies ...‹) unterscheiden.

Pronominaladjektiv, *Sprachwissenschaft:* Adjektiv, das als Pronomen gebraucht wird (z. B. ›kein‹).

Pronominaladverb, Umstandsfürwort, *Sprachwissenschaft:* aus einem alten pronominalen Stamm und einer Präposition gebildetes Adverb (z. B. ›darüber‹ anstelle von ›über es‹, ›über das‹, ›womit‹ für umgangssprachlich ›mit was‹).

Pronominalisierung, *Sprachwissenschaft:* Ersatz von Nomina, Nominalphrasen oder Sätzen durch Pronomina, i. d. R. durch Substitution eines Nomens (einer Nominalphrase, eines Satzes) durch ein Pronomen in Nachfolgesätzen (z. B. ›Der Herr las die Zeitung. Er ...‹).

Prony [prɔˈni], Gaspard-François-Clair-Marie **Riche** [riʃ] Baron de, frz. Ingenieur, *Chamelet (Dép. Rhône) 22. 7. 1755, †Asnières-sur-Seine 29. 7. 1839; Prof. an der École Polytechnique in Paris, machte sich um die Anwendung der Mathematik auf Fragen des Ingenieurwesens und der Statik verdient. Unter NAPOLEON I. und unter den Bourbonen stieg er zu einem der wichtigsten Berater der Reg. in techn. Angelegenheiten, v. a. im Brückenbau, auf.

pronyscher Zaum [prɔˈni-; nach G.-F.-C.-M. R. DE PRONY], ein Bremsdynamometer (→Dynamometer) zur Messung des Drehmoments von Maschinen. Von der Welle der Maschine wird eine gekühlte Bremstrommel angetrieben, und aus dem Reibungsmoment der angedrückten Bremsbacken ergibt sich die Belastung.

Proof [pru:f, engl.] *das, -/-,* Einheit für den Alkoholgehalt: 100 P. (proof spirit) entsprechen in den USA 50 Vol.-% Alkohol, in Großbritannien 57,10 Vol.-% Alkohol. Bei Getränken wird der Alkoholgehalt über 100 P. (overproof, Abk. OP) oder unter 100 P. (underproof, Abk. UP) angegeben, z. B. 15 OP = 115 P., 15 UP = 85 Proof.

Proömium *das, -s/...mi|en,* griech. **Prooimion,** in der antiken Dichtung: kleinerer Hymnus, der von den altgriech. Rhapsoden vor einem großen Epos rezitiert wurde (z. B. die kleineren →homerischen Hymnen), oder auch die Einleitung zu einem großen Epos selbst; in der antiken Prosa: Einleitung zu einer Rede oder Vorrede zu einer Schrift.

Pro Oriente, kirchl. Stiftung mit Sitz in Wien; 1964 durch Kardinal F. KÖNIG mit dem Ziel der Herstellung und Förderung des Dialogs zw. der kath. Kirche und den Christen des Ostens errichtet. Zunächst auf die orth. Kirche ausgerichtet, sind seit 1979 auch die oriental. Kirchen in den von P. O. getragenen ökumen. Dialog eingeschlossen. Arbeitsformen sind v. a. die ökumen. Regionalsymposien (zuletzt 1997 in Wien; geplant 1998 in Armenien), auch die Unterstützung der wiss. Forschung mit ostkirchl. Thematik.

Propädeutik [zu griech. propaideúein ›vorher unterrichten‹] *die, -/-en,* Einführung, Vorunterweisung; Unterricht mit vorbereitendem Charakter; heute v. a. in der Verbindung ›Wiss.-P.‹ verwendet, die als Aufgabe der gymnasialen Oberstufe und der Anfangssemester an Hochschulen angesehen wird.

Propadien [Kw.], *Chemie:* das →Allen.

Propaganda [gekürzt aus nlat. Congregatio de propaganda fide ›(Päpstl.) Gesellschaft zur Verbreitung des Glaubens‹, zu lat. propagare ›(weiter) ausbreiten‹, ›fortpflanzen‹] *die, -,* eine Form der Werbung, bes. für bestimmte geistige Ziele und polit., religiöse, wirtschaftl., aber auch künstler. oder humanitäre Ideen; allg. die publizist. Beeinflussung, ihre Inhalte und Methoden. Der Sache nach war P. schon in der Antike bekannt (z. B. Münz-P. CAESARS und der röm. Kaiser). Der Begriff selbst kam als Bez. für sämtl. Maßnahmen, die der Ausbreitung des christl. Glaubens dienten, auf. Die 1622 von Papst GRE-

$CH_3{-}CH_2{-}CH_3$

Propan

$CH_3{-}CH_2{-}CH_2OH$

1-Propanol

$CH_3{-}CH(OH){-}CH_3$

2-Propanol

Propanole

$HC{\equiv}C{-}CH_2OH$

Propargylalkohol

GOR XV. gegründete P.-Kongregation (Congregatio de propaganda fide) ist besonderer Ausdruck dieser missionar. Ambitionen. Eine polem. Bedeutung erlangte der Begriff im Streit der christl. Konfessionen. Polit. Relevanz gewann er durch die zunächst positiv bewertete P. für die Ziele der Frz. Revolution (Freiheitsidee). Im Zuge der revolutionären Veränderungen nahmen die negativen Begriffsinhalte zu. Nach 1848 wurde P. zu einem Schlagwort des polit. Anarchismus. Mit dem Aufkommen der dt. Sozialdemokratie wurde in den 70er-Jahren des 19. Jh. der Begriff der Agitation für alle polit. Tätigkeiten eingeführt, die der Parteiwerbung dienten. Der Leninismus hingegen ordnete die Agitation der P. unter, welche als wiss. Unterweisung in revolutionärer Theorie definiert wurde.

Schon vor dem Ersten Weltkrieg, in dessen Verlauf die Kriegs-P. zu einem zentralen Instrument der Kriegführung (→Gräuelpropaganda) wurde, hatte man die Instrumentalisierbarkeit der →Massenmedien für P.-Zwecke erkannt (z. B. P.-Film); diese Entwicklung erreichte im Nationalsozialismus ihren Höhepunkt. Parallel hierzu vollzog sich in der Wirtschaftssprache ein sinnverwandter Gebrauch der Begriffe P. und Werbung (z. B. in der Bez. Propagandist für Werbefachmann). Heute verbindet sich mit dem Begriff P. die Vorstellung von einer werbenden, allerdings einseitigen und auf nachhaltige Beeinflussung zielenden Tätigkeit, insbesondere auf polit. Gebiet. Daneben hat sich in dem Begriff ›Mund-P.‹ eine eher neutrale Verwendung manifestiert, die auf interpersonale Beziehungen ausgerichtete Verbreitungsstrategien von mitteilenswerten Nachrichten oder Informationen bezeichnet. Die Vorstellung, gezielte P.-Tätigkeiten führten aufgrund ihrer unmittelbaren Wirkung auf die Empfänger zu weitgehend ident. Einstellungs- und Verhaltensänderungen, wurde bereits in den 1940er-Jahren durch die Untersuchungen von P. F. LAZARSFELD und C. I. HOVLAND (Überredungsforschung) relativiert.

⇨ *Agitation · Agitprop · Manipulation · öffentliche Meinung · Werbung*

W. SCHIEDER u. C. DIPPER: P., in: Geschichtl. Grundbegr., hg. v. O. BRUNNER u. a., Bd. 5 (1984); M. SCHENK: Medienwirkungsforschung (1987); P. in Dtl. Zur Gesch. der polit. Massenbeeinflussung im 20. Jh., hg. v. G. DIESENER u. R. GRIES (1996); Pressepolitik u. P. Histor. Studien vom Vormärz bis zum Kalten Krieg, hg. v. J. WILKE (1997).

Propagandafilm, Bez. für gestalterisch manipulierte bzw. die Zuschauer manipulierende Spiel- und Dokumentarfilme. P. dienen der Verbreitung von Einstellungen und Informationen. Berüchtigt ist der natsoz. P. ›Jud Süß‹ (1940). (→Manipulation)

Propagandakompani|en, Abk. **PK,** im Zweiten Weltkrieg besondere Einheiten der Wehrmacht, in denen Rundfunk-, Presse- und Filmberichterstatter zusammengefasst waren. Zunächst Teil der Nachrichtentruppen, bildeten sie als **Propagandatruppen** ab 1943 eine eigene Waffengattung (rd. 15 000 Mann); neben der Kriegsberichterstattung zunehmend mit Aufgaben der psycholog. Kriegführung betraut.

Propagation [lat.] *die, -/-en, Biologie:* zusammenfassende Bez. für Fortpflanzung und Vermehrung.

Propagator *der, -s,* **feynmanscher P.** [ˈfeınmən-], in der Quantenfeldtheorie, speziell der Quantenelektrodynamik, die →Green-Funktion, die die raumzeitl. Fortpflanzung (Propagation) eines Wellenfeldes beschreibt; in →Feynman-Graphen wird der P. jeweils durch die einem beteiligten Teilchen zugeordnete Linie repräsentiert.

Propan [Kw. aus Propylen und Methan] *das, -s,* gasförmiger Kohlenwasserstoff aus der Reihe der →Alkane, der aus Erdgas und bei der Erdölraffination gewonnen wird. P. gehört zu den Flüssiggasen und wird in Haushalt, Gewerbe und Industrie als Brenngas (›P.-Gas‹) verwendet. Für diesen Zweck kommt es verflüssigt in Druckgasflaschen (Betriebsdruck 30 bar) in den Handel. Der Dampfdruck des P. beträgt 3,6 bar bei 0 °C und 12,6 bar bei 40 °C. P. hat auch als Rohstoff v. a. für die Gewinnung von Propylen und Äthylen in der chem. Industrie Bedeutung.

Propandiole, *Chemie:* →Propylenglykol, →Trimethylenglykol.

Propanole, *Sg.* **Propanol** *das, -s,* **Propyl|alkohole,** zwei strukturisomere, von Propan abgeleitete Alkohole: **1-Propanol (n-Propanol),** eine farblose, angenehm riechende, brennbare Flüssigkeit, wird technisch v. a. aus Äthylen durch Oxosynthese hergestellt; es dient bes. als Lösungsmittel für Lacke, Harze, Fette und Wachse. **2-Propanol (Isopropylalkohol, Isopropanol),** eine farblose, brennbare Flüssigkeit, wird v. a. durch Oxidation von Propylen oder Propan gewonnen; es dient u. a. als Lösungsmittel für Fette, Harze und Nitrolacke, als Frostschutzmittel und als Ersatz für Äthanol in kosmet. Präparaten.

Propanon *das, -s,* das →Aceton.

Propargyl|alkohol, ungesättigter Alkohol (chemisch 2-Propin-1-ol), der durch Reaktion von Acetylen mit Formaldehyd hergestellt wird; farblose, Haut und Schleimhäute reizende Flüssigkeit; wird u. a. als Zwischenprodukt für organ. Synthesen verwendet.

Proparoxytonon, *griech. Betonungslehre:* Wort, das den Akut auf der drittletzten Silbe trägt (z. B. análysis ›Analyse‹). →Oxytonon, →Paroxytonon.

Propeller [engl., eigtl. ›Antreiber‹, zu to propel, lat. propellere ›antreiben‹] *der, -s/-,* →Luftschraube, →Schiffsschraube.

Propellerturbine, eine Variante der Kaplan-Turbine (→Wasserturbine), bei der die Laufschaufeln jedoch nicht verstellbar sind.

Propeller-Turbinen-Luftstrahltriebwerk, ein →Strahltriebwerk.

Propemptikon [griech., zu propémpein ›geleiten‹] *das, -s/...ka,* Geleitgedicht, Abschiedsgedicht, das dem Scheidenden Segenswünsche mit auf den Weg gibt. Das älteste Beispiel ist ein Gedicht SAPPHOS; seit hellenist. Zeit wurde das P. in der griechisch-röm. Dichtung bes. gepflegt (u. a. von THEOKRIT, KALLIMACHOS, den röm. →Neoterikern, HORAZ, PROPERZ, TIBULL, OVID, STATIUS). Es wurde u. a. im Humanismus und Barock nachgebildet.

Propen *das, -s,* das →Propylen.

Propenal *das, -s,* das →Acrolein.

Properdin [Kw.] *das, -s,* ein aus vier Untereinheiten bestehendes Serumprotein, das mit Insulin u. a. unlösl. Polysacchariden Komplexe bildet, die das Komplement, ein Funktionssystem des Blutserums, aktivieren; P. ist somit an der unspezif. humoralen Abwehr von Bakterien und Viren beteiligt.

Property-Rights [ˈprɔpətiraıts, engl.], die →Eigentumsrechte.

Properz, eigtl. **Sextus Propertius,** röm. Dichter, *Asisium (heute Assisi) um 50 v. Chr., †nach 16 v. Chr.; P. stammte aus ritterl. Familie, kam früh nach Rom und wurde bald durch seine erste Elegiensammlung ›Cynthia‹ (etwa 28 v. Chr.) bekannt. Kurz darauf wurde er in den Kreis des MAECENAS aufgenommen, wo er v. a. VERGIL nahe stand; OVID und der jüngeren Dichtergeneration galt er als Vorbild. P. ist der bedeutendste röm. Elegiendichter; vier Bücher eleg. Gedichte sind erhalten. Das Thema des ersten Buches ist die Liebe zu HOSTIA, die unter dem Namen ›Cynthia‹ erscheint. P. sah in seiner Liebe sein Schicksal und die bestimmende Triebkraft seiner Poesie. Neben Selbstempfundenem stehen konventionelle, v. a. mytholog. literar. Motive. Im zweiten und dritten Buch verbinden sich dichter. Selbstbewusstsein, Zeitkritik und Lobpreis des AUGUSTUS, das vierte Buch behandelt

v. a. röm. Gründungssagen. P. versuchte die gelehrte Dichtung alexandrin. Art (KALLIMACHOS) in Rom heimisch zu machen.

Die Nachwirkung des P. war zunächst sehr groß, hörte jedoch im MA. fast ganz auf. Erst im 14. Jh. wurde P.' Dichtung wieder entdeckt und beeinflusste stark die Lyrik der Humanisten und neulat. Dichter in W-Europa. In Dtl. erhielt GOETHE wichtige Anregungen von ihm (›Römische Elegien‹). Im 20. Jh. hat P. u. a. auf E. POUND gewirkt (›Homage to Sextus Propertius‹).

Ausgaben: Sexti Properti Elegiarum libri IV, hg. v. P. FEDELI (1984). – Elegien, übers. v. L. VON KNEBEL (1798); P. u. Tibull: Liebeselegien, hg. v. G. LUCK (1964, lat. u. dt.); Gedichte, hg. v. R. HELM (⁴1986, lat. u. dt.).

H. TRÄNKLE: Die Sprachkunst des P. u. die Tradition der lat. Dichterspache (1960); M. HUBBARD: Propertius (London 1974); J. P. SULLIVAN: Propertius. A critical introduction (Cambridge 1976); J.-P. BOUCHER: Études sur Properce (Paris ²1980); P. FEDELI u. P. PINOTTI: Bibliografia Properziana: 1946–1983 (Assisi 1985).

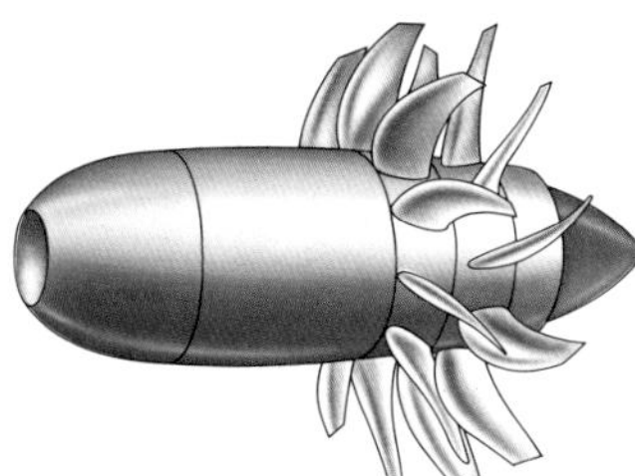

Propfan: Propfantriebwerk mit gegenläufigen Luftschrauben

Propfan ['prɔpfæn; engl. prop, Abk. für Propeller, und fan ›Gebläserad‹] *der, -(s),* neuartige Bauform eines durch eine Gasturbine angetriebenen Luftschraubentriebwerks für Flugzeuge, mit dem eine wirtschaftl. Vortriebserzeugung bis in den Bereich der hohen Unterschallgeschwindigkeit realisiert werden soll. Durch Anwendung von Erkenntnissen der Hochgeschwindigkeitsaerodynamik (Pfeilflügel, Profile geringer Dicke) auf Luftschrauben wird versucht, die mit konventionellen Luftschrauben verbundenen Nachteile bei hohen Fluggeschwindigkeiten zu vermeiden und so Fluggeschwindigkeiten bis zu etwa 0,8 Mach zu ermöglichen, wobei gegenüber dem Turbinen-Luftstrahltriebwerk Kraftstoffeinsparungen bis etwa 30% erwartet werden. Diese Zielsetzung führt zu Luftschrauben kleineren Durchmessers mit einer größeren Anzahl (etwa acht bis zwölf) meist sichelförmig gebogener und stark verwundener Einzelflügel. Dies gibt dem Propeller das Aussehen eines Gebläserades.

Prophage, *Mikrobiologie:* →Bakteriophagen.

Prophase, Phase der Mitose (→Zellteilung).

Prophet [(kirchen-)lat. propheta von griech. prophḗtēs, zu prophánai ›vorhersagen‹, ›verkünden‹] *der, -en/-en,* seit dem 5. Jh. v. Chr. in Griechenland Bez. für Männer und Frauen, die Inhalte oder Anweisungen aussprechen, die sie von einem Gott empfangen haben. In hellenist. Zeit dient P. als Übersetzung einer Reihe von Begriffen aus dem A. T., v. a. von ›Nabi‹ (früher gedeutet als Verkünder, jetzt meist als Berufener).

In der Religionswiss. ist P. Sammelbegriff für eine Fülle von vergleichbaren, im Einzelnen jedoch sehr unterschiedl. religiösen Figuren. Aus Vorformen wie der schon in sehr frühen Stadien von Religion praktizierten ekstat. Magie, der Zauberheilkunde und dem Schamanismus haben sich die urspr. im Kult beheimateten versch. Formen von **Prophetie** entwickelt: Ekstatiker oder Priester geben rituelle Anweisungen, damit durch richtige Sakralpraxis, Sühneriten und Opfer sowie durch die Einhaltung von Tabus böse Folgen (z. B. Krankheit, Not) verhindert und positive Wirkungen (z. B. Gesundheit, gutes Wetter, Jagdglück) erzielt werden können. Weil dabei das Handeln in der Gegenwart Auswirkungen auf die Zukunft hat und es um deren Gestaltung geht, sprechen P. ›futurisch‹. Indem sich dieser Aspekt verselbstständigt, erscheint der P. als Kenner der sonst verborgenen Zukunft und seine Rede als ›Weissagung‹. In der weiteren Entwicklung löst sich das Prophetentum oft von seinen kultisch-rituellen Wurzeln, und die P. werden zu Ratgebern für rechtes Verhalten in allen Stammes-, Sippen- oder Staatsangelegenheiten. Alle P. verstehen sich als Künder übermenschl. Willensäußerungen von Geistern oder Göttern, von denen sie sich getrieben empfinden, sodass sie reden müssen.

Als zwei Grundtypen lassen sich das ekstat. und das Zeichen deutende Prophetentum unterscheiden. In der Ekstase, die oft manipulativ herbeigeführt wird, um in einem Zustand der ›Besessenheit‹ durch einen Geist oder Gott prophet. Antwort auf eine Frage zu erhalten, kündet der P. aufgrund von Visionen oder Auditionen und ist zugleich ›Seher‹. Die P. des zweiten Typs erfahren den numinosen Willen durch Beobachtung und Deutung von Objekten oder Zeichen (Medium, Fetisch, Naturerscheinungen – z. B. Sternkonstellationen –, Würfel, Opfer; **Orakelprophetismus**).

P. finden sich in vielen alten Hochreligionen. Schon die ved. Religion kannte z. B. ekstat. P., ähnlich auch später die german. Religion, in der auch Prophetinnen (z. B. die Prophetin VELEDA, 1. Jh.) eine größere Rolle spielten. Im griech. Kulturraum gab es einen institutionalisierten Orakelprophetismus, z. T. mit ekstat. Formen, der v. a. von Frauen praktiziert wurde (z. B. die Pythia in Delphi oder die Sibyllen).

Im Vorderen Orient sind P. im 2. Jt. v. Chr. in Mesopotamien (Mari) und Syrien/Phönikien (Byblos, Hama) bezeugt. Zur stärksten Ausprägung gelangte das Prophetentum in Religionen, in denen P. oder ein P. zum Verkünder des einen Gottes wurden (›prophet. Religionen‹): im Parsismus (ZARATHUSTRA), in der jüd. Religion, im Christentum und im Islam.

Im *Judentum* hat sich das Prophetentum aus zwei altoriental. Traditionslinien entwickelt: dem nomad. Seher- und dem ortsansässigen, agrarisch geprägten Berufsprophetentum. Lange Zeit gab es in Israel genossenschaftlich organisierte P., die an einem Heiligtum **(Kult-P.)** oder an Königsresidenzen **(Hof-P.)** ansässig waren (z. B. 1. Sam. 10, 5; 1. Kön. 22, 6 ff.) und gegen Entgelt göttl. Weisungen erteilten. Wichtiger wurden die charismat. Einzel-P., deren Aufgaben in vorstaatl. Zeit noch mit priesterl. und polit. Funktionen verbunden waren. Beispiele für solche (männl. und weibl.) P. sind MOSE, SAMUEL, NATHAN, ELIAS, ELISA, DEBORA, MIRJAM und die z. Z. König JOSIAS wirkende Prophetin HULDA (2. Kön. 22, 14). Manche der Einzel-P. gehörten zugleich zu **P.-Gemeinschaften** (z. B. SAMUEL: 1. Sam. 19, 18–24; ELISA).

Mit dem P. AMOS beginnt die Reihe der Schrift-P., die die theolog. und eth. Entwicklung der jüd. Religion wesentlich beeinflusst haben. In der vorexil. Prophetie (1. Hälfte des 1. Jt. v. Chr.; AMOS, HOSEA, MICHA, JESAJA, JOEL, NAHUM, ZEFANJA, JEREMIA, HABAKUK) steht im Vordergrund der Verkündigung eine radikale Kritik an den gesellschaftl. Missständen und Institutionen, an einem kult. Sicherheitsdenken und der Übernahme fremder religiöser Praktiken. In Form von Sprüchen im Auftrag Jahwes an das Volk fordern die P. Umkehr und künden Unheil, den ›Tag Jahwes‹, an **(Unheilsprophetie).** Die Prophetie während des Babylon. Exils (Deuterojesaja, EZECHIEL, OBADJA) entwickelte den bisherigen ›Monokult‹ des Nationalgottes Jahwe theologisch zu einem Monotheismus (zum ersten Mal greifbar bei Deuterojesaja), die Zukunftshoffnung zu einer eschatolog. Erwartung eines neuen Äons fort; es bildete sich ein Erlösungsglaube aus **(Heilsprophetie),** der einzelne Mensch wurde zum Adressaten der Verkündigung. Die nachexil. Prophetie (Tritojesaja, HAGGAI, SACHARJA, MALEACHI, JONA) systematisierte die Theologie der exil. Zeit. Die in die Zeit JESU und des Frühchristentums hineinreichende Apokalyptik (z. B. das Buch Daniel) radikalisierte die Hoffnung zu einer ›Naherwartung‹ der ›Königsherrschaft Gottes‹. In diesem Sinn trat auch JESUS als prophet. Verkündiger auf.

Im *Christentum* wurden die alttestamentl. P. als kanon. Gestalten der Vergangenheit rezipiert, aber auch JOHANNES DER TÄUFER gilt im N. T. als P. Weil in JESUS CHRISTUS die ›Verheißungen‹ der P. erfüllt sind, wird er als Ende und Höhepunkt der Prophetie verstanden. Dennoch traten noch in den frühchristl. Gemeinden Prophetinnen und P. auf, deren charismat. Beitrag in den Gottesdiensten geschätzt, aber schon von PAULUS eingeschränkt wurde (1. Kor. 14). Im Gefolge der Institutionalisierung des Christentums und der Herausbildung eines hierarch. Priestertums verlor das Prophetentum in nachneutestamentl. Zeit an Bedeutung. Die Offenbarung galt als mit JESUS CHRISTUS abgeschlossen, und P. wurden nur anerkannt, wenn sie sich an der Schrift und der kirchl. Lehre orientierten. Dennoch finden sich seit frühchristl. Zeit bis in die Gegenwart prophet. Bewegungen (Montanisten, Täufer, Quäker, Mormonen, Pfingstbewegung), die häufig auch sozialpolit. Forderungen aufgreifen und mit Berufung auf neue Offenbarungen zur Entstehung →neuer Religionen beigetragen haben.

Im *Islam* knüpfte MOHAMMED an die prophet. Redeformen der vorislam. ›Kahin‹ (Seher, Wahrsager) an. Der Koran erkennt die P. der ›Schriftreligionen‹ Judentum und Christentum an, sieht MOHAMMED aber als den endgültigen P. (das ›Siegel der P.‹), durch den Gottes Offenbarung – die Religion Abrahams – unverfälscht vermittelt wurde.

Christliche Kunstgeschichte: In der frühchristl. Kunst erscheinen die P. nur vereinzelt (Codex Rossanensis; Baptisterium der Orthodoxen in Ravenna, 449/452), in voller Anzahl erst im MA., wobei oft DANIEL, EZECHIEL, JEREMIA und JESAJA als die vier ›großen P.‹ den vier Evangelisten, die zwölf ›Kleinen P.‹ den zwölf Aposteln entsprechen. Die in vielen Abwandlungen begegnenden Zusammenstellungen sind Zeugnis der ›Concordia veteris et novi Testamenti‹ (lat. ›Übereinstimmung des A. T. und des N. T.‹). – Zu den P. traten dann die Sibyllen (G. PISANO). Eindrucksvoll haben später DONATELLO und MICHELANGELO prophet. Wesen gestaltet. – Das Hoch-MA. unterschied die einzelnen P. nur wenig. Attribute sind selten (Säge des JESAJA, Kahlkopf des JONA). Allgemeine Kennzeichen der P. waren langes Gewand, Bart (nicht durchgehend), Schriftrolle oder Buch, im Spät-MA. meist ein (jüd.) Hut.

A. JEPSEN: Nabi (1934); G. LANCZKOWSKI: Altägypt. Prophetismus (1960); F. ELLERMEIER: Prophetie in Mari u. Israel (1968); R. E. CLEMENTS: Prophecy and tradition (Oxford 1975); Das Prophetenverständnis in der dt.-sprachigen Forschung seit Heinrich Ewald, hg. v. P. H. A. NEUMANN (1979); G. VON RAD: Die Botschaft der P. ([4]1981); J. BLENKINSOPP: A history of prophecy in Israel (Neuausg. London 1984); H.-J. KRAUS: Prophetie heute (1986); K. KOCH: Die Profeten, 2 Bde. ([2]1987–88); Lex. religiöser Grundbegriffe, hg. v. A. T. KHOURY (Graz 1987); H. W. WOLFF: Studien zur Prophetie (1987); A. ROSENBERG: Die Frau als Seherin u. Prophetin ([2]1988); P. u. Prophetenbuch, hg. v. V. FRITZ u. a. (1989); Prophetie u. geschichtl. Wirklichkeit im alten Israel. Festschr. für Siegfried Hermann zum 65. Geburtstag, hg. v. R. LIWAK u. S. WAGNER (1991); M. BUBER: Der Glaube der P. (Neuausg. [2]1984); M. WÜNSCHE: Der Ausgang der urchristl. Prophetie in der frühkath. Kirche (1997).

Prophetie *die -/...'ti|en,* **1)** *allg.:* **Prophezeiung,** das Voraussagen künftiger Ereignisse (Einzelschicksale, Kriege, Weltuntergang), religiöser (die messian. P.), gesellschaftl. oder polit. Zukunft. Die P. spielte in allen Hochreligionen eine große Rolle (→Prophet). Die großen histor. P. des Abendlands befassen sich mit dem Kommen des Antichrists, der Endzeit oder den polit. Zukunftsereignissen (z. B. →NOSTRADAMUS). Das Auftreten und die Wiederbelebung von P. im Volksglauben geschehen häufig in ›Zeiten der Unruhe‹ und stehen im 20. Jh. mit dem Aufkommen →neuer Religionen in Zusammenhang.

2) *Parapsychologie:* Sammel-Bez. für Ahnungen, Wahrträume, Visionen oder ›zweites Gesicht‹ (in Nieder-Dtl. ›Spökenkieken‹). P. werden auf versch. Weise experimentell untersucht, z. B. in Form von paranormalen Spontanberichten: Der Traumtext wird vor der mutmaßl. Erfüllung dokumentiert, und man versucht, Übereinstimmungen zur späteren Realsituation zu verifizieren.

Prophezei, von U. ZWINGLI (in Anknüpfung an 1. Kor. 14, 22–25) eingerichtete tägl. Zusammenkunft aller geistl. Amtsträger und Studenten im Großen Münster zu Zürich. In der P. wurden im Urtext fortlaufend Abschnitte des A. T. gelesen und erklärt. Das Ergebnis wurde der Gemeinde in erbaul. Form vorgetragen. Die P. trat an die Stelle des Chorgebetes und wurde die Wurzel der theolog. Fakultät in Zürich.

Prophylaxe [griech. prophýlaxis ›Vorsicht‹, zu prophylássein ›sich vor etwas hüten‹] *die, -/-n,* Vorbeugung; Gesamtheit der vorbeugenden Maßnahmen zur Verhütung von Krankheiten und Komplikationen durch allgemeine oder individuelle Vorkehrungen wie Hygiene, Schutzimpfung sowie vorbeugende Arzneimitteleinnahme.

$HC{\equiv}C{-}CH_3$

Propin

$HC{\equiv}C{-}COOH$

Propiolsäure

$CH_3{-}CH_2{-}COOH$

Propionsäure

Propin [Kw.] *das, -s,* vom Propan abgeleitete Verbindung aus der Reihe der Alkine, eine unangenehm riechende, sehr reaktionsfähige gasförmige Substanz.

Propiolsäure, Propinsäure, Acetylencarbonsäure, ungesättigte Carbonsäure, die durch elektrochem. Oxidation von Propargylalkohol hergestellt wird; Verwendung als Zwischenprodukt in der organ. Synthese.

Propionate, die Salze und Ester der →Propionsäure.

Propionsäure [zu griech. pĩon ›Fett‹], **Propansäure,** wichtige organ. Säure, nach Ameisensäure und Essigsäure das nächste Glied in der Reihe der →Carbonsäuren. P. ist eine farblose, stechend riechende Flüssigkeit, die durch Oxidation von Propionaldehyd oder Propylalkohol entsteht. Technisch wird P. durch Carbonylierungsreaktion aus Äthylen, Kohlenmonoxid und Wasser gewonnen und zur Herstellung von Kunststoffen, Herbiziden, Arzneimitteln u. a. verwendet. Die Salze und Ester sind die **Propionate.** P. selbst (E 280) sowie die Salze Natrium-, Calcium- und Kaliumpropionat (E 281, E 282, E 283) wurden als Schimmelverhütungsmittel für Backwaren und Futtermittel benutzt, in Dtl. aber durch die VO zur Änderung der Zusatzstoff-Zulassungs-VO und der Diäten-VO v. 2. 3. 1988 verboten. Seit September 1996 ist die Anwendung durch die europ. Richtlinie 95/2/EG über andere Lebensmittelzusatzstoffe als Farb- und Süßungsmittel in begrenztem Umfang (z. B. für abgepacktes Brot, geschnittenes Brot und Roggenbrot, abgepackte feine Backwaren) wieder erlaubt. Die Ester werden als Riech- und Aromastoffe, z. T. auch als Lösungsmittel verwendet.

Propionsäurebakteri|en, grampositive Bakterien, die im Darm und Pansen von Wiederkäuern, aber auch auf der Haut und im Darm des Menschen sowie in Milchprodukten vorkommen. Unter anaeroben Bedingungen vergären sie Glucose, Saccharose und Lactose, aber auch das von anderen Organismen als Gärungsendprodukt gebildete Lactat zu Propionat. P. sind im Emmentaler Käse an Reifung sowie Aroma- und Lochbildung beteiligt. **Propionibacterium**

acnes ist an der Entstehung der Akne beteiligt. Bestimmte Stämme werden biotechnologisch zur Produktion von Vitamin B_{12} eingesetzt.

Proplastiden, Vorstufen von →Plastiden in meristemat. Zellen mit wenig Innenstrukturen und hoher Teilungsaktivität.

Propolis [griech.] *die, -,* harzartige, dunkelgelbl. bis hellbraune, angenehm riechende Masse, die von Bienen v.a. von Knospen der Laubbäume gesammelt und im Bienenstock zum Verfestigen und Überziehen der Waben benutzt wird. P. enthält u.a. einen großen Anteil Flavonoide (natürl. antimikrobielle Pflanzenwirkstoffe mit Vitamincharakter) und wird als Naturheilmittel zur Unterstützung des körpereigenen Abwehrsystems verwendet.

Propontis, im Altertum Name des →Marmarameeres.

Proportion [lat. ›das entsprechende Verhältnis‹] *die, -/-en,* **1)** *allg.:* Größenverhältnis versch. Teile eines Ganzen zueinander.

2) *Ästhetik:* Gleichmaß, insbesondere des menschl. Körpers, dessen ideale Gestalt in ihrer P. urspr. richtungweisend auch für Malerei, Bildhauerkunst und Architektur angesehen wurde (→Kanon); z.T. gleichgesetzt mit Symmetrie. Die antike P.-Lehre, in der eine Analogie von Makro- und Mikrokosmos und deren harmon. Struktur nach mathematisch-musikal. P. als vorbildhaft für die idealen P. in der Kunst angesehen wurde, erhielt v.a. in der Renaissance (A. DÜRER, LEONARDO DA VINCI) erneut Bedeutung. (→goldener Schnitt, →Harmonie, →Modul)

3) *Mathematik:* **Verhältnis,** der Quotient zweier Zahlen oder Größen; als P. oder **Verhältnisgleichung** wird eine Gleichung der Form $a:b = c:d$ oder (gleichbedeutend) $\frac{a}{b} = \frac{c}{d}$ (gelesen ›a verhält sich zu b wie c zu d‹) bezeichnet, a, b, c, d sind reelle Zahlen (Terme). Zu jeder P. ist die Produktgleichung $ad = bc$ äquivalent; es gilt auch $(a-b):(a+b) = (c-d):(c+d)$; z.B. $24:18 = 4:3$, also auch $3 \cdot 24 = 4 \cdot 18$ und $6:42 = 1:7$. Zwei oder mehrere P. können zu einer **fortlaufenden P.** zusammengefasst werden: für $a:b = c:d$ und $e:f = g:h$ schreibt man $ae:be:bf = cg:dg:dh$. – Eine P. heißt **harmonisch,** wenn $\frac{1}{a} + \frac{1}{b} = \frac{2}{c}$ gilt, wie beim Verhältnis der Schwingungszahlen dreier Töne, deren Intervalle die Quarte, Quinte und Oktave sind, nämlich $3:4:6$, denn es ist $\frac{1}{3} + \frac{1}{6} = \frac{2}{4}$. Drei Zahlen a, b, c stehen in **stetiger P.,** wenn $a \cdot b = c^2$ gilt, z.B. die Hypotenusenabschnitte p und q und die Höhe h eines rechtwinkligen Dreiecks: $p \cdot q = h^2$; c heißt auch **mittlere Proportionale.** Die Lehre von den P. bildete einen wesentl. Teil der ›Elemente‹ des EUKLID. (→Proportionalität)

4) *Musik:* 1) seit der Antike gebrauchte Bez. für das den Intervallen zugrunde liegende Zahlenverhältnis, das an Saitenlängen oder Schwingungszahlen messbar ist, z.B. 2:1 für die Oktave, 3:2 für die Quinte, 4:3 für die Quarte; 2) in der →Mensuralnotation die rhythm. Wertminderung oder -vergrößerung einer Note gegenüber ihrem Normalwert.

proportional, verhältnisgleich; entsprechend, angemessen.

Proportionalität *die, -/-en, Mathematik:* Eine P. (›Verhältnisgleichheit‹) zweier variabler Größen x und y liegt dann vor, wenn der aus beiden Größen gebildete Quotient $y/x = c$ einen konstanten Wert hat; c heißt **P.-Konstante** oder **P.-Faktor;** x und y sind **(direkt) proportional** (zueinander); Schreibweise $y \sim x$. Die graf. Darstellung von $y = cx$ ergibt eine Gerade durch den Nullpunkt des von x und y aufgespannten Koordinatensystems. **Indirekte (umgekehrte) P.** zw. zwei Variablen liegt vor, wenn ihr Produkt $xy = c$ konstant ist. Die graf. Darstellung indirekt proportionaler Größen ergibt Hyperbeln. (→Dreisatz)

Proportionalregler, der →P-Regler.

Proportionalsatz, *Sprachwissenschaft:* zusammengesetzter Satz, in dem sich die Intensität des Verhaltens im Hauptsatz mit der im Gliedsatz gleichmäßig ändert (z.B. ›je älter er wird, desto bescheidener wird er‹, ›je eher, desto besser‹).

Proportionalsteuer, eine Steuer, bei der der Durchschnittssteuersatz konstant und damit die prozentuale Steuerbelastung für jede Größe des Steuerobjektes gleich ist. Dies wird i. Allg. durch einen konstanten Grenzsteuersatz erreicht. Wird allerdings bei konstantem Grenzsteuersatz ein Teil des Steuerobjektes durch einen Freibetrag bei der Ermittlung der Steuerbemessungsgrundlage nicht erfasst, so bleibt der Durchschnittssteuersatz nur in Bezug auf die Bemessungsgrundlage konstant (formale Proportionalität), in Bezug auf die Gesamtgröße des Steuerobjektes (Freibetrag plus Bemessungsgrundlage) steigt dagegen die relative Steuerlast (indirekte Progression).

Proportionalzähler, *Physik:* →Zählrohr.

Proporz [Kurzbildung aus Proportionalwahl] *der, -es/-e,* ein System, in dem Ämter durch Vertreter bestimmter Gruppen (Parteien, Konfessionen, Interessenverbände oder auch Volksgruppen) entsprechend ihrem zahlenmäßigen Stärkeverhältnis besetzt werden. Demokratisch zulässige Erscheinungsformen sind v.a. die entsprechende Besetzung von Ministerämtern in Regierungen und von Aufsichtsgremien, z.B. bei Rundfunkanstalten. Die Ernennung von Beamten nach P. ist unvereinbar mit dem Grundsatz der Ämtervergabe nur nach Eignung, Leistung und Befähigung (Art. 33 Abs. 2 GG). – Im Wahlrecht versteht man unter P.-Wahl die Verhältniswahl.

Proposition [lat. ›Vorstellung‹, ›Darlegung‹] *die, -/-en,* **1)** *Logik:* lat. **Propositio,** Satz, Urteil; Aussage; **Propositio maior** ist der Obersatz, **Propositio minor** der Untersatz in einem →Syllogismus.

2) *Rhetorik:* der auf den Anfang einer Rede (Exordium) folgende Teil, der die Hauptgedanken benennt.

3) *Sprachphilosophie:* das, was ein Aussagesatz aussagt und was diesem den Charakter von Wahrheit oder Falschheit verleiht; bei G. FREGE auch Gedanke genannt. Dieser unterschied die →Bedeutung eines Satzes von dessen →Sinn.

Proposta [ital. ›Vorschlag‹] *die, -/...ten, Musik:* im Kanon die thematisch beginnende Stimme, in der Fuge der Dux; Ggs.: Risposta.

Propp, Wladimir Jakowlewitsch, russ. Folklorist, *Sankt Petersburg 29. 4. 1895, †Leningrad 22. 8. 1970; war ab 1938 Prof. in Leningrad, gilt mit seinen Arbeiten zur Struktur und Genese des Zaubermärchens (v.a. ›Morfologija skazki‹, 1928; dt. ›Morphologie des Märchens‹) sowie mit den Monographien zum russ. Heldenepos (›Russkij geroičeskij ėpos‹, 1955) und zu den russ. Landfesten (›Russkie agrarnye prazdniki‹, 1963) als einer der Begründer der modernen strukturtypolog. Erforschung der Folklore.

Proprätor *der, -s/...'toren,* röm. Amtstitel, →Prokonsul.

Propriorezeptoren [lat. proprius ›eigen(tümlich)‹; ›wesentlich‹], **Propriozeptoren, Enterorezeptoren,** bei vielen Tieren und dem Menschen vorkommende Rezeptoren, die auf Veränderungen und Zustände im Körperinneren reagieren und reflektorisch zu einer entsprechenden Reaktion führen. P. vermitteln dem Organismus Informationen z.B. über die Körperlage im Raum, die Stellung der Körperteile zueinander (kinästhet. Empfindungen) oder auch über physiolog. Zustände (z.B. Blutdruck). Beispiele für P. sind u.a. die Muskelspindeln beim Menschen und bei den Wirbeltieren oder die Stellungshaare und Chordotonalorgane bei Insekten.

Propyläen der Akropolis von Athen

$CH_3{-}CH{=}CH_2$

Propylen

Proprium [lat. ›das Eigene‹] *das, -s, christl. Liturgien:* in den Gottesdienstordnungen der christl. Kirchen Bez. der nach dem Kirchenjahr oder besonderen Anlässen veränderl. Texte.

Proprium de Sanctis [lat. ›Proprium der Heiligen‹], **Proprium Sanctorum, Sanctorale,** *kath. Liturgie:* die Eigentexte für die Eucharistiefeier und das Stundengebet an den Heiligenfesten gemäß ihrer Festlegung im kirchl. Kalender.

Proprium de Tempore [lat. ›Proprium der Zeit‹], **Temporale,** *kath. Liturgie:* die Texte des Missale und des Stundengebets für die ›allgemeine Kirchenjahrzeit‹ (→Jahreskreis).

Proprium Missae [lat. ›Proprium der Messe‹], *kath. Liturgie:* die wechselnden Gesänge einer Messfeier im Unterschied zu den gleich bleibenden Stücken des →Ordinariums. Zum P. M. gehören: Introitus, Graduale (Antwortpsalm) bzw. Sequenz, Halleluja, Offertorium und Kommuniongesang.

Propst [ahd. prōbōst, von spätlat. propos(i)tus, das für lat. praepositus ›Vorsteher‹, ›Aufseher‹ steht], *kath. Kirche:* Titel für den ersten Würdenträger (Dignitär) eines Domkapitels **(Dom-P.)** oder Kollegiatkapitels **(Stifts-P.).** – *Ev. Kirchen:* In den luther. Kirchen der skandinav. Länder Titel leitender Amtsträger mit Aufgaben des Superintendenten; in einigen Landeskirchen in Dtl. Leiter eines mittleren oder unteren Aufsichtsbezirks (Propstei oder Sprengel).

Propulsion [zu lat. propellere, propulsus ›vorantreiben‹] *die, -/-en,* Gehstörung mit Neigung zum Vorwärtsfallen bzw. Verlust der Fähigkeit, in der Bewegung innezuhalten (z. B. bei der Parkinson-Krankheit).

Propyl..., Bez. der chem. Nomenklatur für die einwertige Gruppe $-CH_2-CH_2-CH_3$ (oder $-C_3H_7$).

Propyläen [griech.] *Pl.,* aufwendiger Torbau v. a. der Antike. Die P. der Athener Akropolis wurden von MNESIKLES 437–432 v. Chr. erbaut, sie sind als repräsentative Durchgangshalle ausgebildet, im W und O ist eine Säulenhalle mit je sechs Säulen vorgelagert, seitlich je eine vorgezogene kleine Säulenhalle mit je drei Säulen; in Abänderung des ursprüngl. Plans entstand nur im N in entsprechender Breite ein Raum (Pinakothek gen., weil er wohl als Gemäldegalerie diente). Der ganze Komplex erhebt sich auf einem Sockel mit vier hohen Stufen, in der Mitte führt eine Rampe hinauf. Die Haupthalle enthält im hinteren Drittel eine über Stufen zu erreichende Trennwand mit fünf größenmäßig abgestuften Durchgängen. Die Athener P. mit ihrer Frontgestaltung als Säulenhalle wurden Vorbild vieler profaner Anlagen hellenist. und röm. Zeit (öffentl. Gebäude und Plätze). In der Neuzeit wurden P. von L. VON KLENZE ausgeführt (München, 1846–60).

W. B. DINSMOOR jr.: The Propylaia to the Athenian Akropolis (Princeton, N. J., 1979).

Propyläen, von GOETHE 1798–1800 in der Cotta'schen Buchhandlung herausgegebene Kunstzeitschrift, wichtiges Organ der Kunstanschauung der Weimarer Klassik. Mitarbeiter waren (neben GOETHE) HEINRICH MEYER, SCHILLER, W. und CAROLINE VON HUMBOLDT.

Propyläen Verlag, →Ullstein Verlag.

Propyl|alkohole, die →Propanole.

Propylen [Kw.] *das, -s,* **Propen,** gasförmiger, in höherer Konzentration narkotisierend wirkender Kohlenwasserstoff aus der Gruppe der →Alkene; Siedepunkt: – 47,7 °C. Bei Raffinerieprozessen (z. B. katalyt. Cracken) zus. mit anderen Kohlenwasserstoffen anfallendes P. wird meist als Brenngas verwendet, zu Flüssiggas verarbeitet oder zur Benzinherstellung (Alkylatbenzin) verwendet. Als wichtiges Primärprodukt der Petrochemie entsteht P. beim Steamcracken von Benzin mit Ausbeuten von 14–18 %. Es wird durch Tieftemperaturdestillation von anderen Spaltgaskomponenten (z. B. Äthylen) abgetrennt und v. a. zu Polypropylen, Acrylnitril, Oxoalkoholen, Propylenoxid, Cumol und Isopropylalkohol weiterverarbeitet.

Propylen|glykol, 1,2-Propandiol, ölige, hygroskop., weitgehend ungiftige Flüssigkeit, die durch Hydratisierung von Propylenoxid hergestellt wird:

$$\underset{\text{Propylenoxid}}{CH_3-\overset{\;}{CH}\underset{O}{\diagdown\!\diagup}CH_2} + \underset{\text{Wasser}}{H_2O} \longrightarrow \underset{\text{Propylenglykol}}{CH_3-\underset{OH}{CH}-\underset{OH}{CH_2}}$$

P. hat techn. Bedeutung als Gefrierschutzmittel, Bestandteil von Brems- und Hydraulikflüssigkeiten, Trägersubstanz für Kosmetika und Arzneimittel sowie als Feuchthaltemittel (z. B. für Tabak). Chemisch weiterverarbeitet wird P. v. a. zu Polyestern.

Propylen|oxid, 1,2-Epoxypropan, Methyloxiran, Verbindung aus der Gruppe der →Epoxide, eine ätherartig riechende, bei 34 °C siedende Flüssigkeit. P. ist wichtiges Zwischenprodukt für Propylenglykol, Polyalkylenglykole, Glycerin, Isopropanolamine u. a. Zur Herstellung wird Propylen in wässriger Lösung mit Chlor (das sich mit Wasser zu Salzsäure, HCl, und hypochloriger Säure, HOCl, umsetzt) zunächst in Propylenchlorhydrin überführt, das dann mit Natronlauge oder Calciumhydroxid zu P. umgesetzt wird:

$$\underset{\text{Propylen}}{CH_3-CH{=}CH_2} + \underset{\text{Chlorwasser}}{HOCl} \longrightarrow \underset{\text{Propylenchlorhydrin}}{CH_3-\underset{OH}{CH}-\underset{Cl}{CH_2}}$$

$$CH_3-\underset{OH}{CH}-\underset{Cl}{CH_2} + \underset{\text{Natronlauge}}{NaOH} \longrightarrow \underset{\text{Propylenoxid}}{CH_3-CH\underset{O}{\diagdown\!\diagup}CH_2} + NaCl + H_2O$$

Wegen der bei diesem Verfahren auftretenden Abwasserprobleme (durch Chloride) hat das Oxirane-Verfahren an Bedeutung gewonnen, bei dem Isobutan oder Äthylbenzol zunächst in Peroxide überführt werden, mit deren Hilfe Propylen zu P. oxidiert wird.

Propylgallat, ein Ester der →Gallussäure; dient als Antioxidans (E 310) für Lebensmittel.

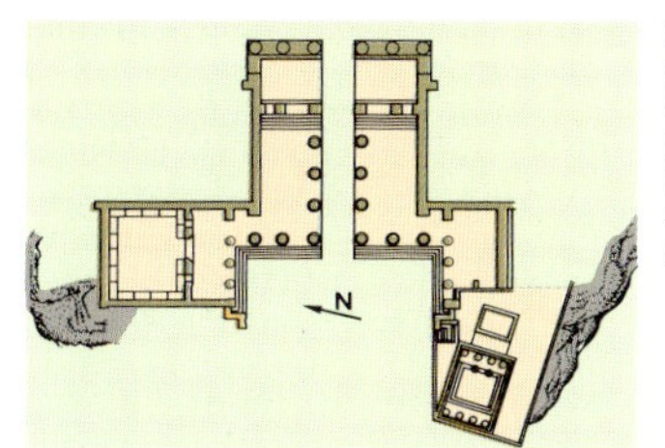

Propyläen: Grundriss der Propyläen und des Niketempels (rechts) der Akropolis von Athen

Propylglykol, Äthylen|glykolmonopropyläther, $C_3H_7-O-C_2H_4-OH$, Verbindung aus der Gruppe der →Glykoläther; mit Wasser mischbare farblose Flüssigkeit, die als langsam verdunstendes Lösungsmittel für Lacke verwendet wird.

Propylitisierung [zu Propylon], durch hydrothermale Autometamorphose (→Metamorphose) bedingte Umwandlung von vulkan. Gesteinen (v. a. Dazit, Andesit, Rhyolith, Trachyt) in der Umgebung von Gold-, Silber- und Kupfererzgängen. Die dadurch hervorgerufene ›Vergrünung‹ der Gesteine beruht auf der Neubildung von Chlorit, Calcit, Epidot, Albit, Quarz und Pyrit.

Propylon [griech. ›Vorhof‹] *das, -s/...la,* im Altertum und in der archäolog. Terminologie neben →Propyläen verwendete Bez. für das Eingangstor zu ummauerten Heiligtümern, Burgen und Palästen (z. B. Tiryns), später auch öffentl. Gebäuden und Plätzen (Märkten).

Prora, Gem.-Teil des Ostseebads Binz auf Rügen (Meckl.-Vorp.). Als Ostseebad der Nationalsozialisten durch die natsoz. Gemeinschaft ›Kraft durch Freude‹ konzipiertes, jedoch nie realisiertes Urlaubsprojekt für 20 000 Urlauber mit einem 1937 im Bau begonnenen, jedoch nur z. T. fertig gestellten, etwa 4,5 km langen Stahlbeton-Riesenblock mit acht Teilblöcken (Teile der Anlage 1948–49 gesprengt) am Prorer Wiek, 1939–89 militärisch, heute als Hotel, Museen- und Galeriestandort sowie Jugendherberge teilweise genutzt; seit 1994 unter Denkmalschutz.

Prorektor, an Hochschulen mit Rektoratsverfassung der stellvertretende →Rektor.

Prorogation [lat. ›Verlängerung‹] *die, -/-en, Prozessrecht:* Gerichtsstandsvereinbarung (§§ 38–40 ZPO), Begründung der örtl. oder sachl. Zuständigkeit eines an sich unzuständigen Gerichts (nur für die erste Instanz und nur im Zivil- oder Arbeitsgerichtsprozess) durch Vertrag zw. den Prozessparteien oder durch rügelose Verhandlung der Beklagten zur Hauptsache (§§ 39, 504 ZPO). Die P. muss sich auf ein bestimmtes Rechtsverhältnis beziehen, darf nur vermögensrechtl. Ansprüche betreffen, und es darf keine ausschließl. Zuständigkeit eines anderen Gerichts gegeben sein. Uneingeschränkt ist die P. in diesen Grenzen nur zulässig, wenn die Vertragsparteien Kaufleute oder jurist. Personen des öffentl. Rechts sind, wenn eine der Parteien keinen allgemeinen Gerichtsstand im Inland hat oder wenn Tarifvertragsparteien im Tarifvertrag die örtl. Zuständigkeit eines Arbeitsgerichts vereinbaren (§ 48 Arbeitsgerichts-Ges.). Im Übrigen ist eine P. nur nach § 38 Abs. 3 ZPO durch ausdrückl. schriftl. Vereinbarung nach Entstehen der Streitigkeit sowie in einigen Sonderfällen zulässig.

Prosa [von lat. prosa (oratio), eigtl. ›geradeaus gerichtete (= schlichte) Rede‹, zu prorsus ›nach vorn gewendet‹] *die, -, Literatur:* freie, nicht durch die Gesetze des Verses gebundene Sprachform; als kunstlose P. ist sie die Form der Alltagssprache, als künstler. P. ist sie in Wortwahl, Satzbau, sprachl. Bildern usw. bewusst gestaltet. Die klangl. Form wird hier bestimmt durch den →Prosarhythmus und die Sprechmelodie. In der Kunstdichtung erscheint die P. als literar. Darstellungsform erst nach der versgebundenen Aussageweise. In der Neuzeit treten die erzählende und die essayist. P. in den Vordergrund (Roman, Novelle, Erzählung, Essay); auch das Drama bevorzugte, nach Ansätzen im 18. Jh., im 19. Jh. zunehmend die P.-Form. Gleichzeitig trat seit dem 18. Jh. die seit Renaissance und Humanismus in Anknüpfung an CICERO und an die Spätantike gepflegte rhetor. P. immer mehr zurück.

Prosagedicht, literar. Gattung, bes. in Frankreich (Poème en prose); lyr. Aussage in Prosa, die durch kunstvolle klangl. und rhythm. Gestaltung Gedanklich-Stimmungshaftes ungebrochener wiedergeben soll als metrisch-lyr. Formen. Das P. steht zw. rhythm. Prosa und freirhythmischer Verssprache. Geschaffen wurde es von A. BERTRAND, gepflegt u. a. von M. DE GUÉRIN, C. BAUDELAIRE, LAUTRÉAMONT, F. PONGE, SAINT-JOHN PERSE.

prosaisch, 1) in Prosa abgefasst; 2) nüchtern, trocken, ohne Fantasie.

Prosa|rhythmus, 1) in der antiken Kunstprosa die Regelung des Rhythmus, bes. vor Sinneinschnitten, bis zum 4. Jh. n. Chr. quantitierend, dann akzentuierend. 2) Im Deutschen versteht man unter P. die rhythm. Gliederung der Rede und Literaturprosa. Sie wird spürbar an den Sprecheinheiten (mannigfach abgestufte Pausen), der Intensität, Lage und Zahl der Betonungen. Die Übergänge vom ungeregelten P. zum geregelten Versrhythmus sind fließend (›rhythm. Prosa‹ z. B. in den Ossianübersetzungen in GOETHES ›Werther‹ und der Prosa der ›Hymnen an die Nacht‹ von NOVALIS). →freie Rhythmen.

Prosektor [lat. ›der Zerschneider‹] *der, -s/...'toren,* 1) Arzt, der Sektionen (Leichenöffnungen) durchführt (Pathologe, Rechtsmediziner); 2) Leiter der pathologisch-anatom. Abteilung (Prosektur) eines Krankenhauses.

Proselyt [griech. prosēlytos, eigtl. ›Hinzugekommener‹] *der, -en/-en,* allg. der von einer Religion zu einer anderen Übergetretene, Neubekehrte; urspr. der Konvertit zum Judentum, hebr. **Ger.** Voraussetzungen für eine Konversion zum Judentum sind ein Vorbereitungsunterricht, eine Übertrittserklärung vor einem rabbin. Gericht, die P.-Taufe (Volltauchbad) und die Beschneidung. Eine volle Gleichstellung erfolgt erst nach drei Generationen. In der Spätantike waren Übertritte zum Judentum häufiger, bes. unter Sklaven, aber durch das Beschneidungsverbot in der Umwelt behindert. Sympathisanten (›Gottesfürchtige‹, vgl. Apg. 10, 2) begnügten sich mit der teilweisen Übernahme jüd. Vorstellungen und Praktiken. Unter christl. und islam. Herrschaft wurde das Proselytentum rechtlich unterbunden, war aber, nicht zuletzt wegen des Mischehenverbots, üblich. Im rabbin. und modernen orth. Judentum herrscht eine restriktive, im Reformjudentum eine offenere Praxis vor.

L. H. SCHIFFMAN: Who was a Jew? (Hoboken, N. J., 1985); J. M. REYNOLDS u. R. TANNENBAUM: Jews and God-fearers at Aphrodisias (Cambridge 1987).

pros|enchymatisch [griech.], in die Länge gestreckt, zugespitzt und faserähnlich; gesagt von Zellen, die in Grundgeweben von Pflanzen vorkommen.

Proserpina, lat. Name der →Persephone.

Pro Sieben, Pro 7, dt. Privatfernsehsender mit Vollprogramm, gegr. 1988; Sitz: Unterföhring (Landkreis München); Sendebeginn 1. 1. 1989. Die P.-S.-Gruppe, zu der auch der Sender Kabel 1 gehört, wurde im November 1995 in eine Aktiengesellschaft umgewandelt (Börsennotierung im Juli 1997). THOMAS KIRCH (→Kirch-Gruppe) hält die Aktienmehrheit der P. S. Media AG.

Prosimiae [lat.], die →Halbaffen.

Proskenion [griech.] *das, -/...nia,* im antiken griech. Theater die lang gestreckte Spielfläche zw. der

Skene (dem Bühnengebäude) und der runden →Orchestra, gegenüber der sie leicht erhöht war. Seitlich begrenzende, wenig vorspringende Flügel heißen **Paraskenien.** (→Proszenium)

Proskomidie [zu griech. proskomízein ›herbeibringen‹] *die, -, ostkirchl. Liturgie:* die Gabenbereitung in der Eucharistiefeier, bei der das Brot, die →Prosphora, vom Priester für die Darbringung des Opfers bereitet wird. Urspr. als einfacher Ritus vom Diakon vollzogen (in Russland bis ins 12. Jh.), wurde die P. seit dem 8. Jh. zu einer symbolträchtigen Darstellung des Christusmysteriums mit Schwergewicht auf der Passionssymbolik ausgebaut (so u. a. Einstich mit der Hl. Lanze in das Brot unter Rezitation von Jes. 53, 7 und Mischung von Brot und Wein) und dem priesterl. Dienst zugeordnet. Ihre heutige Gestalt hat die P. seit dem 14. Jahrhundert.

Proskription [lat.] *die, -/-en, röm. Geschichte:* Bez. für die durch öffentlich ausgehängte Tafeln erfolgende Bekanntgabe von Ächtungen polit. Gegner durch SULLA (82/81 v. Chr.) und während des 2. Triumvirats (43 v. Chr.). Die Geächteten waren vogelfrei (auf ihre Tötung wurden Kopfprämien ausgesetzt), ihr Vermögen wurde eingezogen; ihre Nachkommen wurden von der Ämterlaufbahn ausgeschlossen. Berühmtes Opfer der P. war CICERO.

Proskurow, bis 1954 Name der ukrain. Stadt →Chmelnizkij.

Proskynese [griech. proskýnēsis ›Verehrung‹] *die, -/-n,* anbetende, um Beistand und Gnade flehende Körperhaltung (Niederwerfen, Kuss und Berühren des Bodens mit der Stirn) als Verehrung einer Gottheit oder auch des Monarchen. Von ALEXANDER D. GR. aus dem pers. Hofzeremoniell entlehnt, wurde die P. schon vor DIOKLETIAN auch in den Kult des als göttlich verehrten röm. Kaisers (→Kaiserkult) übernommen. Als Ausdruck des Verhältnisses des Gläubigen zu Gott verwendete die alte Kirche die P. auch liturgisch. Auch im oström. Hofzeremoniell bestand die P. trotz gelegentlicher kirchl. Proteste als Ehrung des Kaisers als des Stellvertreters Gottes durch die höchsten Würdenträger oder ausländ. Gesandte fort.

In der *orth. Kirche* und z. T. in den oriental. Ostkirchen ist die P. v. a. in einigen Gottesdiensten der 40-tägigen Fastenzeit vorgesehen, wird aber – häufig auf die Form der ›Metanie‹ (von griech. metanoia ›Buße‹), ein Verbeugen des Oberkörpers, reduziert – manchmal auch Ikonen, dem Kreuz oder hoch gestellten Geistlichen erwiesen. – *Lat. Kirche:* →Prostration.

Proskynetarion [zu Proskynese] *das, -/...ri|en, orth. Kirche:* Pult, auf dem wegen ihrer Symbolik als geheiligt verehrte Gegenstände wie das Evangelienbuch, das Kreuz oder Ikonen zur Verehrung durch den Kuss der Gläubigen ausliegen.

Prosobranchia [griech.], die →Vorderkiemer.

Prosodem [zu Prosodie, nach Morphem, Phonem gebildet] *das, -s/-e, Sprachwissenschaft:* Merkmal, das sich nicht aus der Gliederung in Phoneme ergibt, sondern sich auf mehrere Lauteinheiten (bis hin zum Satz und darüber hinaus) erstrecken kann, z. B. Akzent, Intonation, Artikulationsdauer, Tonhöhe, Tonstärke.

Prosodie [griech., eigtl. ›Zugesang‹, ›Nebengesang‹] *die, -/...'di|en, Sprachwissenschaft:* in der Antike die Lehre vom Akzent und den Silbenquantitäten, heute eine Hilfsdisziplin der Metrik, die Lehre von den für die Versstruktur konstitutiven Elementen einer Sprache: →Quantität, →Akzent, Tonhöhe und Wortgrenze. Für die auf dem quantitierenden Versprinzip beruhenden griech. und lat. Verse gelten folgende prosod. Regeln: 1) Eine Silbe ist naturlang, wenn ihr Vokal lang ist, wobei Diphthonge als lange Vokale gelten. 2) Eine Silbe ist positionslang, wenn ihr Vokal kurz ist, auf diesen aber zwei oder mehr Konsonanten folgen. 3) Eine Silbe ist kurz, wenn ihr Vokal kurz ist und auf diesen nicht mehr als ein Konsonant folgt. 4) Eine Ausnahme bilden Silben mit kurzem Vokal und der Konsonantengruppe ›Muta cum liquida‹ (p/t/k, b/d/g + r/l), die prosodisch unterschiedlich gewertet werden, z. T. je nach Bedarf kurz oder lang. 5) Eine Silbe, die auf einen langen Vokal endet, wird dann als kurz gewertet, wenn die folgende Silbe mit einem Vokal einsetzt. Dazu kommen Sonderregeln, die v. a. den →Hiatus betreffen. – In der auf dem akzentuierenden Versprinzip beruhenden dt. Metrik treten prosod. Fragen z. B. bei der Übernahme quantitierender Metren in eine akzentuierende Sprache auf.

Prosopis [griech.], Gattung der Mimosengewächse mit etwa 40 Arten vorwiegend in den wärmeren Gebieten der Neuen Welt (auch SW-Asien, Afrika); Bäume mit Dornen oder Sträucher mit doppelt gefiederten Blättern und kleinen, in achselständigen, zylindr. Ähren oder (seltener) in kugeligen Köpfchen stehenden Blüten. – Das dauerhafte und feste Holz einiger Arten wird als Nutzholz verwendet. Zur Gewinnung von Gummi wird der →Mesquitebaum kultiviert.

Prosopographie [zu griech. prósōpon ›Person‹] *die, -/...'phi|en,* alphabetisch geordnetes Verzeichnis aller Personen eines bestimmten Lebenskreises; dient der histor. Forschung zur Untersuchung der allgemeinen Merkmale des Werdegangs einer Personengruppe durch ein zusammenfassendes Studium ihrer Lebensläufe. Mit dieser Methode soll ein Gesamtzusammenhang hergestellt und damit die Möglichkeit geschaffen werden, eine Reihe gleichartiger Fragen zu stellen. Wechselbeziehungen innerhalb der Personengruppe wie auch deren Verhältnis zu anderen Sachverhalten sollen mithilfe der P. aufgedeckt werden.

Prosopopöie [griech. ›Personifikation‹] *die, -/...pö'i|en,* Einführung von Naturerscheinungen oder abstrakten Begriffen als redende oder handelnde Personen in literar. Werken. (→Personifikation)

Prospekt [lat. ›Hinblick‹, ›Aussicht‹] *der, -(e)s/-e,* **1)** *Bank-* und *Börsenwesen:* Offenlegung bestimmter Unternehmensinformationen anlässlich der Emission von Wertpapieren. Seit Aufhebung der staatl. Genehmigungspflicht für inländ. Schuldverschreibungen zum 1. 1. 1991 besteht in Dtl. aufgrund Verkaufsprospekt-Ges. vom 13. 12. 1990 (i. d. F. v. 17. 7. 1996) eine grundsätzl. **P.-Pflicht** für Wertpapiere, die erstmals im Inland öffentlich angeboten werden und nicht zum Handel an einer inländ. Börse zugelassen sind. Die Verkaufsprospekt-VO vom 17. 12. 1990 regelt den Mindestinhalt des zu veröffentlichenden P. (u. a. Angaben über die Ausgestaltung des Wertpapiers, die Kapitalverwendung, Sicherheiten, den Emittenten, dessen Geschäftstätigkeit, Vermögens-, Finanz- und Ertragslage, Geschäftsführungs- und Aufsichtsorgane, die Prüfung seines Jahresabschlusses sowie Angaben über die Personen, die Verantwortung für den Verkaufs-P. übernehmen). Für Wertpapiere, die zum Handel an einer inländ. Börse zugelassen werden sollen, bestand bereits eine P.-Pflicht gemäß §§ 36 ff. Börsen-Ges. in Verbindung mit entsprechenden Regelungen des P.-Inhalts durch die §§ 13 ff. Börsenzulassungs-VO. Sollen Wertpapiere an einer inländ. Börse amtlich notiert werden, ist der nach Börsenzulassungs-VO erstellte P. in mindestens einem Börsenpflichtblatt zu veröffentlichen. Für andere öffentlich angebotene Wertpapiere genügt der Hinweis, dass der nach Verkaufsprospekt-VO erstellte P. bei bestimmten Zahlstellen zur kostenlosen Ausgabe bereitliegt.

Eine Ausnahme von der P.-Pflicht **(P.-Befreiung)** ist für bestimmte Emittenten (öffentl. Hand und inländ. Kreditinstitute als Daueremittenten), Wertpapiere (z. B. Aktien aus einer nominellen oder bedingten Kapitalerhöhung, Anteilscheine von Kapitalanlagegesellschaften, Schuldverschreibungen mit einer Laufzeit unter 14 Jahren) sowie in Abhängigkeit von der Art des Angebots (z. B. Privatplatzierung innerhalb eines begrenzten Personenkreises) vorgesehen.

Neben dem Emittenten haften auch Konsortialbanken für unrichtige und unvollständige P.-Angaben (§ 13 Verkaufsprospekt-Ges. bzw. §§ 45, 46 Börsen-Ges.). Diese Schadensersatz begründende **P.-Haftung** dient dem Anlegerschutz, setzt aber entsprechende Kenntnis bzw. grobe Fahrlässigkeit voraus und weist eine Verjährungsfrist von sechs Monaten (ab Kenntnis der Unrichtigkeit) bis zu maximal fünf Jahren (ab P.-Veröffentlichung) auf. Eine ähnl. Haftung gilt gemäß § 20 Ges. über Kapitalanlagegesellschaften für Investmentgesellschaften.

2) *Malerei* und *Grafik:* die wirklichkeitsgetreue Darstellung einer Landschaft oder einer Stadtansicht (→Vedute) von einem Standpunkt aus.

3) *Musik:* →Orgelprospekt.

4) *Theater:* der – meist auf Leinwand gemalte – Hintergrund der Guckkastenkulissenbühne; hochziehbar oder versenkbar. Seit F. und G. GALLI DA BIBIENA (17./18. Jh.) wird der P. nicht mehr zentralperspektivisch bemalt, sondern in Winkelperspektive (mehrere Fluchtpunkte). Seit Erfindung der Drehbühne werden P. meist durch den Rundhorizont oder durch laufende Projektionen ersetzt.

5) *Werbung:* Druckschrift, die in gedrängter und einprägsamer Form die Beschreibung und Darstellung einer Ware oder Leistung enthält.

Prospektion [spätlat. ›Vorsorge‹] *die, -/-en,* das Untersuchen von Lagerstätten nach geolog., geophysikal., geochem. und bergmänn. Methoden.

prospektiv [lat.], *bildungssprachlich* für: 1) vorausschauend, voraussichtlich; 2) die Weiterentwicklung betreffend.

prospektive Bedeutung, *Biologie:* die Bedeutung, die einer embryonalen Zelle oder Zellgruppe für die weitere normale Entwicklung zukommt; die p. B. ist daher auf das bezogen, was unter normalen Umständen aus der betreffenden Zelle bzw. Zellgruppe entsteht, im Unterschied zur prospektiven Potenz.

prospektive Potenz, *Biologie:* die Gesamtheit der Entwicklungsmöglichkeiten einer (embryonalen) Zelle oder Zellgruppe; alle Zellen sind gleich befähigt (äquipotenziell). Die p. P. ist größer als die prospektive Bedeutung.

Prosper, P. von Aquitanilen, P. Tiro von Aquitanilen, gall. theolog. Schriftsteller, * um 390, † nach 450 (455?); verheirateter Laienmönch. Er verteidigte Gnaden- und Prädestinationslehre des AUGUSTINUS gegen die Semipelagianer, vertrat jedoch später hinsichtlich der Prädestination die Universalität des göttl. Heilswillens, der nach ihm als ›Angebot‹ Gottes prinzipiell alle Menschen einschloss. Nach 440 war er in der Kanzlei LEOS D. GR. tätig und erarbeitete für ihn die ›Epistula dogmatica‹ und den Lehrbrief an Patriarch FLAVIAN (449). Erhalten sind eine Reihe von Gedichten, Prosaschriften zum Augustinismus sowie ein Abriss der Kirchengeschichte. – Heiliger (Tag: 25. 6.).

Prosperität [frz., von lat. prosperitas] *die, -,* Erfolg, Wohlstand; als Konjunkturphase der wirtschaftl. Aufschwung (→Konjunktur).

Prosphora [griech. ›das Darbringen‹, ›Gabe‹] *die, -, orth. Liturgie:* das nach den neutestamentl. Abendmahlsberichten (Mt. 26,26; Mk. 14,22; Lk. 22,19) als Zeichen der Lebendigkeit gesäuerte Weizenbrot (griech. ›artos‹). Es hat eine runde Form und ist als Hinweis auf die beiden Naturen CHRISTI aus zwei Teilen zusammengesetzt. Bei der →Proskomidie zerschneidet der Priester die P. mit der →Heiligen Lanze.

Pross, 1) Harry, Publizist, * Karlsruhe 2. 9. 1923; nach journalist. Tätigkeit 1955–60 Redakteur der ›Dt. Rundschau‹, 1963–68 Chefredakteur von Radio Bremen; ab 1968 Prof. für Publizistik an der FU Berlin; zahlr. Veröffentlichungen zu Symboltheorie, Zeitgeschichte und Publizistik.

2) Helge, Soziologin, * Düsseldorf 14. 7. 1927, † Gießen 2. 10. 1984; war 1965–76 Prof. in Gießen, 1976–84 in Siegen. Schwerpunkte ihrer wiss. Tätigkeit waren die polit. Soziologie der BRD sowie theoret. und empir. Analysen gesellschafts- und wirtschaftspolit. Probleme.

Werke: Die dt. akadem. Emigration nach den Vereinigten Staaten 1933–1941 (1955); Manager u. Aktionäre in Dtl. Unters. zum Verhältnis von Eigentum u. Verfügungsmacht (1965); Über die Bildungschancen von Mädchen in der Bundesrep. (1969); Manager des Kapitalismus. Unters. über leitende Angestellte in Großunternehmen (1971, mit W. BOETTICHER); Gleichberechtigung im Beruf? (1973); Die Wirklichkeit der Hausfrau (1975); Die Männer. Eine repräsentative Unters. über die Selbstbilder von Männern u. ihre Bilder von der Frau (1978); Was ist heute deutsch? Wertorientierungen in der Bundesrep. (1982). – **Hg.:** Familie wohin? (1979); Soziologie der Masse (1984, mit E. BUSS).

Helge Pross

Proßnitz, tschech. **Prostějov** [ˈprɔstjɛjɔf], Stadt im Südmähr. Gebiet, Tschech. Rep., 220 m ü. M., in der fruchtbaren Hanna, 50 200 Ew.; Museum (mit großer Uhrensammlung; im ehem. Rathaus, 1520–38); Zentrum der Bekleidungsindustrie; außerdem Landmaschinenbau, Metallwarenherstellung, Leder- sowie Nahrungs- und Genussmittelindustrie. – Das Schloss, auf Fundamenten einer got. Burg 1568–72 im Renaissancestil erbaut, wurde später mehrmals umgestaltet. – Das im 12. Jh. gegründete P. erhielt 1406 Stadtrecht.

Prost, Alain, frz. Automobilrennfahrer, * Lorette (Dép. Loire) 24. 2. 1955; Formel-1-Fahrer 1980–93 (Weltmeister 1985, 1986, 1989 und 1993), 199 Grand-Prix-Rennen (798,5 Punkte, 51 Siege); seit 1997 Formel-1-Teamchef.

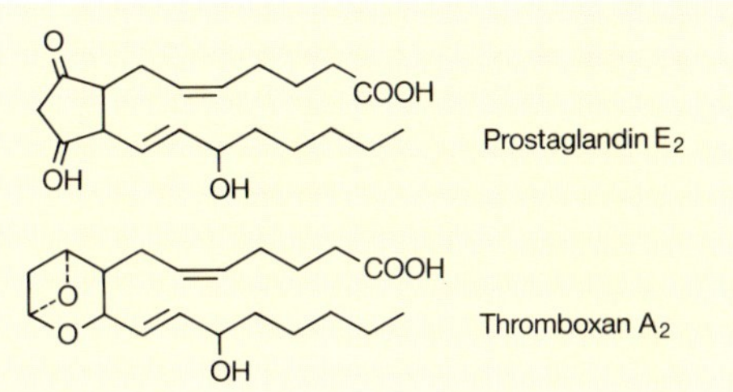

Prostaglandine

Prostaglandine [zu Prostata in der verdeutlichenden Fügung Prostata glans ›Vorsteherdrüse‹ gebildet] *Pl.,* Abk. **PG,** Gruppe von Gewebehormonen, die sich von ungesättigten, essenziellen Fettsäuren (meist Arachidonsäure) ableiten und die beim Menschen, bei nahezu allen Tieren und auch bei Pflanzen vorkommen. P. wurden zuerst im Sperma entdeckt, sind jedoch in fast allen Geweben und in Körperflüssigkeiten nachweisbar. Bislang sind mindestens fünf Gruppen mit zahlr. Untergruppen bekannt, die anhand von Buchstaben (für die Sauerstofffunktionen am Cyclopentanring) und Indexzahlen (Zahl der Doppelbindungen in den Seitenketten) unterschieden werden. Physiologisch wichtige P. sind **PGD_2, PGE_2, $PGF_{2\alpha}$, PGI_2 (Prostacyclin)** und **Thromboxan A_2 (TXA_2).** Ihre sehr unterschiedl. Wirkungen erstrecken sich auf alle Organsysteme. PGE senken z. B. den Blutdruck, PGF erhöhen ihn; PGE steigern die Nierendurchblutung und blockieren die Magensaftsekretion. PGI_2 hemmt die Blutplättchenzusammenballung, Thromboxane fördern sie dagegen. P. sind weiterhin an Entzündungsprozessen und der Schmerzauslösung beteiligt; da Acetylsalicylsäure wie andere Stoffe dieser Art hemmend in die P.-Synthese eingreift, erklärt sich hieraus deren schmerzstillende, fiebersenkende und entzündungshemmende Wirkung. Die wehenauslösenden

Eigenschaften der P. ($PGF_{2\alpha}$ und PGE_2) werden zur Abortauslösung und zur Geburtseinleitung genutzt.

Prostata [zu griech. prostátēs ›Vorsteher‹] *die, -/...tae,* **Vorsteherdrüse,** häufig in paarige Drüsenkomplexe mit getrennten Ausführgängen gegliederte akzessor. Geschlechtsdrüse der männl. Säugetiere. – Die P. besteht beim *Mann* einerseits aus 30–50 Einzeldrüsen, andererseits aus einem dichten Flechtwerk glatter Muskelfasern und aus Bindegewebe. Sie hat Größe und Form einer Kastanie und ist etwa 20 g schwer. Die P. umfasst die Harnröhre des Mannes unmittelbar unter der Harnblase ringförmig und wird außer von der Harnröhre auch von den beiden Spritzkanälchen (Ductus ejaculatorii) durchzogen, die noch im Bereich der P. auf einer Vorwölbung der Harnröhrenwand, dem **Samenhügel** (Colliculus seminalis), in die Harnröhre (nun Harn-Samen-Röhre gen.) münden. Dicht neben dem Samenhügel befinden sich auch die punktförmigen Mündungen der Einzeldrüsen der P. Diese liefern vor und während der Ejakulation das dünnflüssige, milchig-trübe, alkal. P.-Sekret und damit den größten, für die Beweglichkeit der Spermien wichtigen und die Neutralisierung saurer Harnreste in Harnröhre und Vagina bewirkenden Anteil der Samenflüssigkeit. Die glatten Muskelzellen der P. haben die Aufgabe, beim Samenerguss durch ruckweise Kontraktion die Samenflüssigkeit in die Harn-Samen-Röhre zu pressen.

Krankheiten: Akute oder chron. Entzündungen der P. **(Prostatitis)** entstehen meist durch fortgeleitete, auf- oder absteigende Infektionen der Harnwege, seltener durch Einwandern der Erreger (meist gramnegative Bakterien) über den Blut- oder Lymphweg oder durch Mastdarmerkrankungen. Als Symptome treten Schmerzen in Leisten- und Dammgegend, v. a. bei Stuhlgang und Geschlechtsverkehr, und Harnentleerungsstörungen (Dysurie) auf. Die Diagnose wird durch Tastuntersuchung und Erregerbestimmung durch Kultur von nach P.-Massage gewonnenen Harnproben gestellt; die *Behandlung* umfasst v. a. Antibiotikagaben und warme Sitzbäder. Zu den Komplikationen gehören die eitrige Gewebeeinschmelzung **(P.-Abszess).** Unspezif. (abakterielle) Entzündungen mit chron. Blutstau **(P.-Kongestion)** und ähnl. Symptomen, auch Potenzstörungen, können durch anhaltende Unterkühlung, mechan. Reizung (Reiten, Motorrad fahren), neurovegetativ-psych. Einflüsse (sexuelle Überreizung ohne Geschlechtsverkehr), venöse Stauungen im Beckenbereich, P.-Steine oder P.-Hyperplasie verursacht werden.

Die **P.-Hyperplasie (P.-Adenom, P.-Hypertrophie)** ist eine primäre, zw. dem 40. und 50. Lebensjahr auftretende Krankheit, von der 50–60% aller Männer nach dem 60. Lebensjahr betroffen sind. Zu den Ursachen gehört eine altersbedingte Verschiebung des Androgen-Östrogen-Quotienten zugunsten der Östrogene. Hierdurch kommt es zu einer Wucherung der urspr. weiblich angelegten, um die Harnröhre gelegenen Drüsen und von Teilen des im Bereich der P. gelegenen Gewebemantels der Harnröhre mit Verdrängung und druckbedingter Atrophie des P.-Gewebes. Durch zunehmende Einengung der Harnröhre werden die nach Stadien unterteilten Krankheitssymptome hervorgerufen. Im 1. Stadium (Reizstadium) besteht gehäufter Harndrang (v. a. Nykturie) mit erschwerter Blasenentleerung; im 2. Stadium kann die Blase, die sich durch Überlastung zur Balkenblase umbildet, nicht mehr vollständig entleert werden (Restharnbildung mit Gefahr von Infektionen); im 3. Stadium ist die elast. Kapazität der Blase erschöpft, sodass der Harn aus der vollen Blase ständig tröpfelnd abgeht (Überlaufblase). Der erhöhte Blasendruck führt zu Rückstau von Harn in die Niere mit zunehmender Niereninsuffizienz und schleichender Urämie. Die Diagnose wird durch Tastuntersuchung, Urographie, Uroflowmetrie und Restharnbestimmung durch Ultraschalluntersuchung gestellt; die *Behandlung* erfolgt im Anfangsstadium medikamentös, später operativ durch transurethrale Resektion oder Prostatektomie, bei Harnsperre ist die Anlegung eines Dauerkatheters bis zur Operation erforderlich.

Das **P.-Karzinom** ist ein bösartiger Tumor des P.-Gewebes (meist Adenokarzinom), der die dritthäufigste Todesursache bei den Krebserkrankungen des Mannes darstellt; die Morbidität steigt nach dem 55. Lebensjahr zunehmend an und ist von Erbfaktoren mitbestimmt; ein latentes Karzinom, das ohne erkennbare Ursachen in ein expansives Wachstum übergehen kann, besteht bei etwa 30% aller Männer über 70 Jahre. Metastasen treten v. a. in den Beckenlymphknoten, Lendenwirbeln und Beckenknochen auf. Symptome sind erst in fortgeschrittenem Stadium vorhanden und ähneln denen des P.-Adenoms (teils Hämaturie); bei Knochenmetastasen treten heftige Kreuz- und Rückenschmerzen auf. Entscheidend für die Früherkennung ist die Teilnahme an den Krebsvorsorgeuntersuchungen. Die Diagnose wird durch Tastuntersuchung, Saugbiopsie, Ultraschalluntersuchung, Computertomographie und serolog. Tests (Erhöhung des prostataspezif. Antigens, des PSA) gestellt. Die *Behandlung* besteht im Frühstadium in einer radikalen Prostatektomie oder Strahlentherapie und Anwendung von Antiandrogenen, die das Wachstum des Tumors mittelfristig hemmen, im fortgeschrittenen Stadium in einer Hodenentfernung (oder chem. Kastration) mit zusätzl. Hormontherapie, teils in Kombination mit zytostat. Mitteln.

H. J. REUTER u. a.: Die P. u. ihre Krankheiten ([6]1989); Das Prostatakarzinom. Diagnostik u. Therapie, hg. v. G. STAEHLER u. P. G. FABRICIUS (1990).

Prostatektomie, operative Entfernung der Prostata, meist in Form einer Ausschälung (Enukleation) eines fortgeschrittenen Adenoms oder als Radikalentfernung mit Kapsel und Samenblasen bei Prostatakarzinom im Frühstadium; die Teilentfernung wird meist mittels Elektroresektion über die Harnröhre (transurethral), die Radikaloperation durch Zugang oberhalb des Schambeins (retropubisch) oder seltener über den Dammbereich (perineal) durchgeführt. In etwa 10% der Fälle (bei Radikaloperation) kann es durch die P. zu Inkontinenz und bei der Mehrzahl der Patienten zu einer Impotenz kommen.

Prostějov [ˈprɔstjɛjɔf], Stadt in der Tschech. Rep., →Proßnitz.

prosthetische Gruppe [zu griech. prósthetos ›hinzugefügt‹], *Biochemie:* →Proteine, →Enzyme.

prostituieren, 1) Prostitution treiben; 2) in den Dienst eines niedrigen Zwecks stellen und dadurch herabwürdigen.

Schlüsselbegriff

Prostitution [lat. prostitutio, zu prostituere, eigtl. ›vorn hinstellen‹] *die, -,* gewerbsmäßige Ausübung sexueller Handlungen.

Üblich ist die weiblich-heterosexuelle P., gefolgt von der männlich-homosexuellen und der transvestit. P. Dabei treten in den modernen westl. Gesellschaften vermehrt auch Frauen als Kundinnen auf, sodass auch eine Zunahme der männlich-heterosexuellen und weiblich-homosexuellen P. feststellbar ist. Arbeitsbereiche der P. sind Bordelle, Privatwohnungen (so genannte ›Modelwohnungen‹), der mit dem schlechtesten gesellschaftl. Image versehene ›Straßenstrich‹, Massagesalons, Domina-Studios, Peepshows, Bars sowie Telefonsex-, Hausbesuchs- und Begleitagenturen. Die Arbeitsbereiche unterscheiden sich hinsichtlich des Kundenkreises, der Arbeitszeiten und der angebotenen sexuellen Leistungen. Die Verdienstmöglichkeiten werden in Dtl. durch einen Nachfragemarkt vorgegeben, der rd. 18% der männl. Bev. über 18 Jahren als P.-Kunden umfasst; sie entstammen allen Bildungsschichten, Berufszweigen, Einkommensklassen und familiären Verhältnissen (KLEIBER/VELTEN). Die Gesellschaft geht bei der Bewertung der P., einer vor dem Hintergrund der traditionellen gesellschaftl. Prägung durch die Moralnormen des ehel. Monogamiegebots nach wie vor weithin offiziell geächteten Form des Sexualverkehrs, oft davon aus, dass materiell entlohnte sexuelle Handlungen immer entgegen innerer Überzeugung stattfinden. Diesem einseitig negativ besetzten Begriff der P. setzen zahlr. Prostituierte, v.a. innerhalb der modernen Hurenbewegung, den wertfreien Begriff **Sexarbeit** entgegen, verstanden als eine in der Gesellschaft professionell angebotene Dienstleistung. Das moderne P.-Verständnis schließt dabei Emotionen nicht generell aus.

Kulturgeschichte

Die Vorläufer der P. entstanden aus kulturellen bzw. rituellen Bräuchen. Die **Gast-P.** kommt aus *Ägypten, Indien, Vorder-* und *Mittelasien*: Ehefrau bzw. Tochter hatten als Eigentum des Mannes Order, mit dessen Gast zu verkehren, wofür sich dieser mit einem Geschenk erkenntlich zeigte. Eine weitere Frühform ist die →Tempelprostitution, welche sich seit dem 14. Jh. v. Chr. v.a. im Mittleren Osten als Bestandteil von Fruchtbarkeitskulten entwickelte. ›Heilige Hochzeit‹ hieß jene rituelle Paarung zw. dem Priester und der Priesterin bzw. zw. der Priesterin und einem Mann oder dem Priester und einer Frau. Bes. in *Babylonien* wurde der Kult der einmaligen Hingabe jeder Frau vor der Eheschließung an den erstbesten Mann, der ihr zum Zeichen seiner Wahl eine Münze zuwarf, gepflegt; ein symbol. Opfer für die Muttergöttin, die mit dem zukünftig monogamen Verhalten der Frau versöhnt werden musste, welches gegen das göttl. Gebot verstieß, um der Fruchtbarkeit willen jederzeit zur Paarung mit allen Männern bereit zu sein.

Die profane P. bildete sich erst mit dem Übergang vom Mutter- zum Vaterrecht heraus. Im *antiken Griechenland* entwickelte sich in Stadtstaaten wie Athen schon früh eine **gewerbsmäßige P.** SOLON richtete 594 v.Chr. lizenzierte Staatsbordelle ein, die v.a. von Angehörigen der ärmeren Schichten besucht wurden. Dort offerierten Sklavinnen gegen den Einheitspreis von einem Obolus ihre Dienste. Zur gehobenen Klasse der Prostituierten gehörten die Flötenspielerinnen, ebenfalls Sklavinnen, die ihre Kundschaft auch mit Musizieren und Tanz unterhielten. Die Aristokratinnen der P. waren die z.T. hoch angesehenen →Hetären, die mit ihren Gästen v.a. Gespräche pflegten, Sexualität spielte eine eher untergeordnete Rolle. Auch in *Rom* basierte die P. überwiegend auf dem Sklavenstand. Obwohl staatlich autorisiert und weit verbreitet, galt sie als unehrenhaft. Da eine promiskuitive Lebensweise jedoch nur registrierten freien Römerinnen lizenziert wurde, trugen sich auch jene in die P.-Listen ein, die lediglich straflos Umgang mit Männern haben wollten. Freien männl. Römern war bei höchster Strafe die Ausübung der P. untersagt.

Die *christl. Kirche* fürchtete die spirituelle Bedeutung von Sexualität im Heidentum und deklarierte die sexuellen Triebe zu dunklen Mächten. Dessen ungeachtet nahm die P. mit der Entwicklung der Städte, des Geldwesens und den Kreuzzügen (zeitweise bestand 1/4 des Heeres aus Huren, die auch militär. Hilfsdienste erfüllten) kontinuierlich zu. Im *abendländ. MA.* nahm sich die Obrigkeit der P. an: ›Die P. gehört zur Gesellschaft wie die Kloake zum Palast‹ (THOMAS VON AQUINO). Sie wurde wie andere Zünfte organisiert. Die charakterist. Institution der P. des MA. war das Frauenhaus, dessen Gewinne in städt. und kirchl. Kassen flossen. Inoffizielle P. fand u.a. in Badehäusern statt. Der Status der Prostituierten war widersprüchlich: Als notwendiges Übel wurde die P. geächtet, jedoch nicht verleugnet. Die Resozialisierung von Huren war möglich: Die Frauen konnten einen bürgerl. Beruf (Hebamme) ergreifen oder heiraten. Die Heirat mit einer ehem. Hure galt als verdienstvoll und wurde kirchlich gefördert. In manchen Städten konnten Prostituierte das Bürgerrecht erwerben. Insgesamt begegnete die Gesellschaft den Prostituierten mit größerem Verständnis als in späteren Epochen. So wurde in den Ländern der *Reformation* die von den Reformatoren vertretene Auffassung über die Sexualität zum Ausgangspunkt einer Entwicklung, die mit einer einschneidenden Veränderung der Stellung der P. in der Gesellschaft verbunden war. Sexualität wurde als natürl., nach Befriedigung heischendes Bedürnis anerkannt, aber vorrangig unter dem Zeugungsaspekt gesehen und so ausschließlich auf den Bereich der ehel. Pflicht (›Seid fruchtbar und mehret euch‹) eingeschränkt. Die P. passte nicht in diese Betrachtungsweise, die außerehel. Sexualität rigoros verwarf, z.T. sogar die Beerdigung von Prostituierten auf dem Schindanger verlangte.

Die gewandelte Stellung der Kirchen, auch der kath. Kirche, zur P. griff im 16. Jh. auf die städt. Gemeinwesen über und führte zur Ausgrenzung der Prostituierten aus dem öffentl. Leben. Erst im 18. Jh. wurde die P. im Zuge der Aufklärung wieder geduldet, staatlich konzessionierte Bordelle entstanden. Von dieser Entwicklung unberührt war die Herausbildung des Mätressentums zw. dem 16. und 18. Jh. an den ital. Höfen, später in Frankreich und in Dtl., in dessen Rahmen zahlr. Mätressen über ihre Schönheit und Intelligenz Vermögen und z.T. beträchtlichen polit. Einfluss erlangten.

Im 19. Jh. entwickelte sich die P. v.a. in den europ. Metropolen zu einer Massenerscheinung. Die Prostituierten kamen aus ökonomisch unterprivilegierten Familien, der Kundenkreis überwiegend aus dem mittleren und gehobenen Bürgertum. Zu den Erscheinungsformen der P. zählten Bordelle, der ›Straßenstrich‹ und ein in den städt. Vergnügungssektor integrierter **P.-Markt.** Zwangsuntersuchungen sowie räuml. und soziale Isolierung trugen zu einer eindeutigen Identifikation der Prostituierten bei (als ›öffentl. Frauen‹), wodurch der von vielen gewünschte Ausstieg aus der P. erschwert und der Anschluss an ähnlich isolierte gesellschaftl. Außenseiter begünstigt wurde. Die Figur des ›Zuhälters‹ entstand, des Mannes, der bezeichnungsgemäß als einer der wenigen zu einer Prostituierten hielt. Er trat zunächst wertfrei als P.-Organisator auf, nahm aber im Verlauf der Zeit seinen Platz in der patriarchalisch strukturierten Gesellschaft ein, indem er der Mitdiskriminierung durch eine äußerl. Demonstration gesellschaftl. Werte wie Macht und Reichtum zu entfliehen suchte. Gegen das System der Reglementierung und Kasernierung kämpfte die von der Sozialreformerin JOSEPHINE →BUTLER ins Leben gerufene Abolitionsbewegung, die Forderungen zur Veränderung der Situation in der P. aufstellte, Prostituierte jedoch als passive Opfer betrachtete, die gerettet werden müssten.

Eine äußerst bedrohliche Situation entstand für die Prostituierten nach der natsoz. Machtübernahme in Dtl. Im Rahmen der natsoz. Ideologie wurde P. als ›asoziale Lebensweise‹ bekämpft und nur wenige, vorsichtig agierende Prostituierte konnten der Verbringung in ein Konzentrationslager entgehen. In der Folge existierte die P. für die (Zivil-)Bevölkerung praktisch nicht mehr; auf der anderen Seite ließen die natsoz. Machthaber in den Konzentrationslagern Bordelle für Häftlinge, für Fremdarbeiter und für Angehörige der SS errichten. In ihnen mussten die vormaligen Prostituierten als Zwangsprostituierte tätig sein, wobei die P. im Sinne der Ziele des natsoz. Lagersystems instrumentalisiert wurde (Leistungsanreiz, Kanalisation der sexuellen Aktivität von Fremdarbeitern).

Die Situation seit 1945

Die Zunahme der P. nach 1945 in den europ. Industriegesellschaften beruhte anfangs v.a. auf der allgemeinen wirtschaftl. Notlage; ›Überlebens-P.‹ war Alltag vieler Frauen. Im Zuge der Motorisierungswelle entwickelte sich die Auto-P. (›Straßenstrich‹) zu einer der lukrativsten Formen der P. in der dt. Nachkriegsgeschichte. Wirtschaftl. Aufschwung, verändertes Konsumverhalten und eine gewandelte Einstellung zur Sexualität (›sexuelle Revolution‹) führten seit Mitte der 60er-Jahre im Gegenzug zum Massenbetrieb der Großbordelle (Eroscenter) und mit leichter Zeitverschiebung zu einer Luxus- bzw. Exklusiv-P. mit Callgirls, Hostessen, Modellen und Masseusen, die in Appartementhäusern, Saunen, Privatclubs und Kosmetikinstituten arbeiteten und für ihre Dienste warben.

Die wirtschaftl. Rezession Ende der 70er-Jahre war zunächst auch mit einer Stagnation auf dem P.-Markt verbunden. Es entstanden jedoch neue Erscheinungsformen auf dem Gebiet der P.: Peepshow, Telefonsex, Spezialservice, Trend zu ›härteren‹ Sexualpraktiken (Domina-Studios). In die 70er-Jahre fallen die Anfänge des **Frauenhandels.** Als ein gewinnträchtiges Geschäft wird er heute von international operierenden Zuhälterringen organisiert. Die offiziell als Arbeitsmigrantinnen einreisenden Frauen wissen z.T., dass sie in der P. arbeiten werden, oft werden sie aber unter Versprechungen, die den wirkl. Charakter ihrer künftigen Arbeit verschleiern, von so genannten ›Arbeitsvermittlern‹ nach W-Europa in die Unterhaltungs- und Sexindustrie geholt. Bis Ende der 1980er-Jahre waren bes. Frauen aus SO-Asien betroffen, seit dem Zerfall der kommunist. Staatsordnungen in Europa in wachsender Zahl auch Frauen aus mittel- und osteurop. Staaten.

In der DDR war die P. als Ausdruck einer ›asozialen Lebensweise‹ verboten. Sie galt als eine den nichtsozialist. Gesellschaftsordnungen zugehörige Erscheinung und der gesellschaftlich propagierten ›sozialist. Lebensweise‹ unwürdig. Jedoch erfolgte eine politisch-ideolog. Instrumentalisierung der P. durch den Staatssicherheitsdienst (bes. im Rahmen der ›Auslandsaufklärung‹).

Die Situation der 1990er-Jahre ist durch zwei gegenläufige Tendenzen geprägt: Einerseits wächst der Druck auf die Prostituierten dadurch, dass infolge der wirtschaftl. Entwicklung immer mehr dt. sowie ausländ. Frauen gelegentlich der P. nachgehen. Die Konkurrenz wird härter und von der Nachfragerseite z.B. dazu benutzt, Prostituierte zu zwingen, ihre Gesundheit zu riskieren (Sexualverkehr ohne Kondome). Andererseits unterstützen immer breitere Kreise die Arbeit der Hurenbewegung hinsichtlich einer Beseitigung der Diskriminierung von Prostituierten.

Zu den, wie der Frauenhandel, ebenfalls auf dem weltweiten Wirtschaftsgefälle beruhenden neuen Formen der P. zählt auch der **P.- und Sextourismus**, in dessen Zusammenhang der sexuelle Missbrauch von Kindern **(Kinder-P.)** erschreckende Ausmaße angenommen hat. Die Kinderhilfsorganisation UNICEF geht davon aus, dass weltweit über zwei Millionen Kinder als Prostituierte und eine noch weit darüber hinausgehende Zahl für die Herstellung pornograph. Produkte (bes. Filme) missbraucht werden und forderte auf dem von ihr 1996 einberufenen ersten ›Weltkongress gegen Kinderhandel, Kinderpornographie und Kinder-P.‹ in Stockholm eine weltweite Ächtung und entschlossene strafrechtl. Verfolgung.

Prostitution und Prostituiertenselbsthilfebewegung

Die Tatsachen, dass P. in Dtl. nicht als schutz- und anerkennungswürdiges Gewerbe gilt, dass Prostituierte zwar steuer- aber nicht sozialversicherungspflichtig sind, in städt. Randbezirke abgedrängt werden und in Bordellen gettoisiert sind, wurden in den 1980er-Jahren von der **Hurenbewegung** thematisiert und in die öffentl. Diskussion eingebracht. Eine besondere Stellung nehmen dabei die bundesweit existierenden, aus Selbsthilfegruppen entstandenen Prostituiertenprojekte ein, wie Hydra – Berlin, HWG – Frankfurt, Kassandra – Nürnberg, Madonna – Bochum, Nitribitt – Bremen. Auf versch. P.-Kongressen wurde die Forderung erhoben, die Tätigkeit der Prostituierten als Beruf bzw. Dienstleistung mit den gleichen Rechten und Pflichten, die jedem in einem Dienstleistungsverhältnis Stehenden zuteil werden, anzuerkennen, unter freier Wahl des Arbeitsplatzes und ohne Fremdbestimmung. Die in den Gruppen tätigen Prostituierten verstehen sich als **Sexarbeiterinnen,** deren Anliegen in Dtl. zunehmend eine breitere Öffentlichkeit findet. In jüngster Zeit wird dies mit der Gründung eines eigenen Berufsverbandes (›S. E. X.‹) angestrebt. In besonderer Weise widmet sich die Hurenbewegung der Umstiegsberatung und unterstützt im Rahmen der staatl. Sozialarbeit das so genannte ›Umstiegsprogramm‹, das ehem. Prostituierte nach dem Bundessozialhilfegesetz für ein bis zwei Jahre in den Arbeitsmarkt integriert und ihnen dadurch eine verbesserte Ausgangsposition für eine berufl. Neuorientierung außerhalb der P. ermöglichen will.

Gründungsdatum der modernen Hurenbewegung ist der 2. 6. 1975, an dem 150 Prostituierte die Kirche Saint-Nizier in Lyon besetzten, um gegen im Zusammenhang mit ihrer Tätigkeit stehende polizeil. Willkür zu demonstrieren. Seither wird der 2. 6. von der Hurenbewegung als ›Hurentag‹ gefeiert. – Gegenüber den in der P. arbeitenden Frauen haben sich die i.d.R. wesentlich jüngeren und überwiegend in der homosexuellen P. tätigen männl. Prostituierten (Sexarbeiter) bis heute kaum organisiert.

Rechtliche Aspekte

Die Ausübung der P. als solche ist in Dtl. nicht strafbar, unterliegt aber in einzelnen Erscheinungsformen bestimmten (teilweise auch strafbewehrten) Verboten. Nach Art. 297 Einführungs-Ges. zum StGB kann die P. in Gemeinden unter 50000 Ew. durch Rechts-VO der Landes-Reg. (Sperrgebiets-VO) ganz, in Gemeinden über 20000 Ew. für einzelne Bezirke verboten werden. Die VO können auch zeitl. Beschränkungen der P.-Ausübung beinhalten oder bestimmte Formen der P. (z.B. Straßenstrich) ausschließen. Wohnungsbeschränkungen auf bestimmte Örtlichkeiten (Kasernierungen) zum Zwecke der P.-Ausübung sind dagegen unzulässig. Zuwiderhandlungen gegen solche VO sind bloße Ordnungswidrigkeit und nur bei beharrl. Verstoß Straftat (§ 120 Ordnungswidrigkeiten-Ges., OwiG, § 184a StGB). P. ist außerdem verboten, wenn sie geeignet ist, einzelne Personen oder die Allgemeinheit zu belästigen (§ 119 OwiG); strafbar ist die die Jugend gefährdende P., z. B. in der Nähe von Schulen (§ 184 b StGB). Nach § 180 a StGB wird wegen Förderung der P. mit Freiheitsstrafe bis zu drei Jahren oder mit Geldstrafe belegt, wer gewerbsmäßig einen Betrieb unterhält oder leitet, in dem Personen der P. nachgehen und in dem diese in persönl. oder wirtschaftl. Abhängigkeit gehalten werden oder die P.-Ausübung durch Maßnahmen gefördert wird, die über das bloße Gewähren von Wohnung, Unterkunft oder Aufenthalt und die damit üblicherweise verbundenen Nebenleistungen hinausgehen. Ebenso wird bestraft, wer Minderjährigen zur Ausübung der P. Wohnung gewährt, wer einen anderen, dem er Wohnung gewährt hat, zur P. anhält oder im Hinblick auf sie ausbeutet. Die Zuhälterei (→Zuhälter) ist gemäß § 181 a StGB strafbar. Bes. der Verbesserung des strafrechtl. Schutzes ausländ. Frauen und Mädchen vor sexueller Ausbeutung dienen die Regelungen zum →Menschenhandel (§§ 180 b, 181 StGB). Der sexuelle Missbrauch von Kindern (Vornahme sexueller Handlungen mit Kindern unter 14 Jahren sowie das Bestimmen eines Kindes, derartige Handlungen vorzunehmen) ist nach § 176 StGB mit Freiheitsstrafe von sechs Monaten bis zu zehn Jahren, in bes. schweren Fällen (z. B. Geschlechtsverkehr mit dem Kind) Freiheitsstrafe von einem bis zu zehn Jahren bedroht. Nach § 176 machen sich auch Deutsche strafbar, die Kinder im Ausland sexuell missbrauchen (Kinder-P., ›Kindersextourismus‹).

Auch in *Österreich* ist die P. im Grundsatz straffrei; jedoch stellt das StGB zahlr. Handlungen gegen die Sittlichkeit unter Strafe, z. B. die Kuppelei, die entgeltl. Förderung fremder Unzucht, die Förderung gewerbsmäßiger Unzucht, die Zuhälterei oder den Menschenhandel (§§ 213–217 StGB). Beschränkungen des Ortes der P.-Ausübung ergeben sich aus den Polizeistraf-Ges. der Länder. Prostituierte haben sich nach dem Geschlechtskrankheiten-Ges. und einer entsprechenden VO regelmäßig einer amtsärztl. Untersuchung zu unterziehen. Das Aids-Ges. 1993 verlangt vor der Aufnahme der Tätigkeit und danach mindestens alle drei Monate eine Untersuchung auf das Vorliegen des HIV-Virus. – In der *Schweiz* steht die Förderung der P. unter Strafe (Art. 195 StGB). Einerseits sollen Personen davor geschützt werden, gegen ihren Willen zur P. verleitet zu werden, andererseits sollen Personen, die der P. bereits nachgehen, in ihrer Handlungsfähigkeit geschützt werden. Menschenhandel ist nach Art. 196 StGB strafbar, der Verstoß gegen kantonale Vorschriften über Ort, Zeit oder Art der P.-Ausübung sowie über die Verhinderung belästigender Begleiterscheinungen nach Art. 199 StGB.

Erklärungsmuster und Entstehungstheorien

In der P.-Diskussion untersuchte man anfänglich v. a. die Frage, warum Prostituierte in die P. gehen. Die Motivation der Kunden sowie der männl. Prostituierten wurde erst in jüngster Zeit hinterfragt. Lange dominierten die im 19. Jh. entstandenen biologisch-medizin., psycholog. und milieutheoret. Erklärungsansätze. Anhänger des extremen biolog. Determinismus führten P. und prostitutives Verhalten auf erblich-degenerative oder körperlich-seel. Entartung zurück, während psycholog. Theorien die P. aus geschlechtspsycholog. Differenzen (polygame Veranlagung) herleiteten. Milieutheoretiker erklärten P. als Folge der Armut.

In der nachfolgenden Diskussion wurde und wird z. T. bis heute eine vermittelnde Theorie vertreten, der zufolge der Zugang zur P. aus dem Zusammenwirken versch. Faktoren resultiert: materielle Not, instabile familiäre Verhältnisse, Deprivationen wie sexueller Missbrauch in der Kindheit, beschädigte Selbstbilder, ein gestörtes Verhältnis zur Sexualität sowie eine Neigung zu schnell verdientem Geld.

Im Ggs. zur These vom überzeitl. Charakter der P. (›ältestes Gewerbe der Welt‹) wird in neueren sozialwiss. Theorien betont, dass P. ein histor. Phänomen ist, dessen Entstehung und gesellschaftl. Bewertung an die Existenz sozialer Macht- und Schichtungsverhältnisse gebunden ist. So haben sich der Charakter der P. und ihre Zugangsformen aufgrund soziokultureller Veränderungen, ausgelöst durch sexuelle Revolution und Frauen- sowie die aus ihr entstandene Hurenbewegung, verändert. In diesem Zusammenhang weisen Sozialwissenschaftler, auf empir. Untersuchungen gestützt, darauf hin, dass die Entscheidung für die P.-Tätigkeit zunehmend in Richtung einer Berufswahl gehe und damit ein auf Interessen, Neigungen und Umständen beruhender Entschluss sei. Mit rd. 400 000 Prostituierten in Dtl. sei die P. faktisch schon ein Bestandteil des weibl. Arbeitsmarktes geworden. Die Gründe für die Arbeit in der P. seien so vielfältig wie die Prostituierten selbst. Nicht in diese Entscheidungsfreiheit fällt die Unterordnung unter wirtschaftl. Zwänge, d. h., eine Person lässt sich von Existenzängsten dazu zwingen, für Geld über persönl. Grenzen zu gehen, sowie die so genannte **Beschaffungs-P.**, eine Form der P., deren ursächl. Motivation ausschließlich in der Finanzierung des Drogenkonsums zu suchen ist und die somit lediglich ihrer Erscheinungsform nach mit der P. verwandt ist, hinsichtlich ihrer Ursachen jedoch der Drogenproblematik zuzuordnen ist.

I. BLOCH: Die P., 2 Bde. (1912–25, Bd. 2 mit G. LOEWENSTEIN); V. L. BULLOUGH: The history of prostitution (New York 1964); D. RITTER-RÖHR: P. (1972); A bibliography of prostitution, hg. v. V. L. BULLOUGH u. a. (New York 1977); A. CORBIN: Les Filles de noce. Misère sexuelle et prostitution, 19e et 20e siècles (Paris 1978); H.-J. SCHICKEDANZ: Homosexuelle P. (1979); R. SCHULTE: Sperrbezirke. Tugendhaftigkeit u. P. in der bürgerl. Welt (1979); Frauen im MA., hg. v. A. KUHN, Bd. 1 (1983); H. SCHELSKY: Soziologie der Sexualität (190.–192. Tsd. 1983); HEINZ G. SCHMIDT: Der neue Sklavenmarkt. Geschäfte mit Frauen aus Übersee (Basel 1985); B. M. HOBSON: Uneasy virtue. The politics of prostitution and the American Reform tradition (New York 1987); S. SHAHAR: Die Frau im MA. (a. d. Hebr., 1988); M. D. KREUZER: P. (1989); S. LIPKA: Das käufl. Glück in Südostasien. Heiratshandel u. Sextourismus ([3]1989, Nachdr. 1994); Frauenhandel u. P.-Tourismus, hg. v. AQISRA (1990); R. RENSCHLER u. a.: Ware Liebe. Sextourismus. P. Frauenhandel ([3]1991); H. P. DÜRR: Der Mythos vom Zivilisationsprozeß, Bd. 2: Intimität (Neuausg. 1994); D. KLEIBER u. DORIS VELTEN: Prostitutionskunden. Eine Unters. über soziale u. psycholog. Charakteristika von Besuchern weibl. Prostituierter (1994); J. ROSSIAUD: Dame Venus. P. im MA. (a. d. Ital., Nachdr. 1994); J. RIECKER: Ware Lust. Wirtschaftsfaktor P. (1995); B. LEOPOLD u. a.: Dokumentation zur rechtl. u. sozialen Situation von Prostituierten in der Bundesrep. Dtl. ([2]1997).

Prostomium [zu griech. stóma ›Mund‹] *das, -s/...mi|en*, bei Ringelwürmern und Igelwürmern der vorderste, nicht segmentierte Teil des Kopfabschnitts, der vor der Mundöffnung liegt. Der dem P. entsprechende Körperabschnitt bei den Gliederfüßern wird als Akron bezeichnet.

Prostration [lat. ›das Niederwerfen‹] *die, -/-en,* **Adoration,** *lat. Liturgie:* Gebetsgestus, der durch Beugen beider Knie und tiefe Verneigung oder durch lang gestrecktes Auf-dem-Boden-Liegen vollzogen wird. Die P. ist vorgesehen für den Zelebranten vor dem Wortgottesdienst am Karfreitag sowie bei Erteilung der Weihen und bei Professfeiern während der Allerheiligenlitanei. – *Orth. Kirche:* →Proskynese.

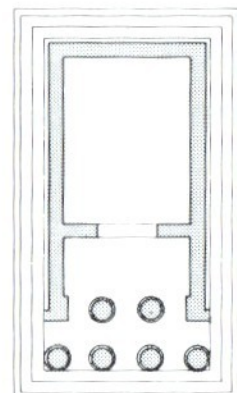

Prostylos

Prostylos [griech.] *der, -/...loi,* kleinerer rechteckiger griech. Tempelbau ohne Säulenumgang, mit einer Säulenreihe vor der Eingangsfront.

Prosyllogismus, *Logik:* Schluss (Syllogismus), dessen Konklusion die Prämisse für einen weiteren Schluss in einer Schlusskette bildet.

Proszenium [griech.-lat.] *das, -s/...ni|en,* Vorbühne, Raum zw. Vorhang und Orchestergraben; seitlich davon die P.-Logen. (→Proskenion)

prot..., Wortbildungselement, →proto...

Protactinium, chem. Symbol **Pa,** sehr seltenes radioaktives →chemisches Element aus der Reihe der →Actinoide im Periodensystem. P. entsteht beim natürl. radioaktiven Zerfall des Uranisotops ^{235}U und kommt in Uranerzen in Mengen von 300 mg pro t Uran vor. Reines P. ist ein silberweißes Metall, das durch Reduktion von P.-Fluorid, PaF_4, mit Barium gewonnen werden kann; im chem. Verhalten ähnelt P. dem Tantal. – K. FAJANS und Mitarbeiter entdeckten 1913 das P.-Isotop ^{234}Pa (damals als Brevium bezeichnet), das innerhalb der Uran-Radium-Zerfallsreihe aus dem Thoriumisotop ^{234}Th entsteht. 1918 gelang es O. HAHN und LISE MEITNER in Dtl. und F. SODDY und Mitarbeitern in Großbritannien, das langlebige P.-Isotop ^{231}Pa als Zerfallsprodukt des Thoriumisotops ^{231}Th in der Uran-Actinium-Zerfallsreihe nachzuweisen.

Protactinium

chem.	Ordnungszahl	91
Symbol:	bisher bekannte Isotope (alle radioaktiv)	^{215}Pa bis ^{218}Pa, ^{221}Pa bis ^{238}Pa
	beständigstes Isotop	^{231}Pa
Pa	Halbwertszeit des ^{231}Pa	32 500 Jahre
	relative Nuklidmasse	231,03588
	Dichte (bei 25 °C)	15,4 g/cm^3
	Schmelzpunkt	1 572 °C

Protagonist [griech. ›erster Kämpfer‹] *der, -en/-en,* **1)** *allg. bildungssprachlich* für: zentrale Gestalt, wichtigste Person; Vorkämpfer.

2) *antikes griech. Drama:* der erste Schauspieler, der als Hauptdarsteller wirkte. (→Deuteragonist, →Tritagonist)

Protagoras, griech. **Protagoras,** griech. Philosoph, *Abdera um 485 v. Chr., †um 415 v. Chr.; der bedeutendste der Sophisten; Wanderlehrer der Rhetorik, weilte meist jedoch in Athen, wo er wegen seiner Schrift ›Über die Götter‹ der Gottlosigkeit angeklagt und verurteilt wurde. Auf der Flucht ertrank er bei einem Schiffbruch. P. soll über die Götter gesagt haben, dass er aufgrund der Dunkelheit der Sache und der Kürze des Lebens nicht erkennen könne, ob sie seien oder ob sie nicht seien. Sein philosoph. Hauptsatz ›Der Mensch ist das Maß aller Dinge, der seienden, dass sie sind, der nicht seienden, dass sie nicht sind‹ (›Homo-Mensura-Satz‹) ist gegen die Eleaten gerichtet: Es gibt nicht eine dem Denken zugängl. Einheit des Seins und eine allgemein gültige Wahrheit, sondern alles ist das, als was es jeweils dem Einzelnen erscheint. PLATON bezieht sich auf P. in den Dialogen ›P.‹ und ›Theaitetos‹.

Ausgabe: P., in: Die Fragmente der Vorsokratiker. Griech. u. dt. v. H. DIELS, hg. v. W. KRANZ, Bd. 2 (^{6}1952, Nachdr. 1989).

A. CAPIZZI: Protagora (Florenz 1955); M. EMSBACH: Sophistik als Aufklärung. Unters. zu Wissenschaftsbegriff u. Geschichtsauffassung bei P. (1980).

Protamine, stark bas., den Histonen verwandte Eiweißstoffe mit sehr hohem Gehalt an der Aminosäure Arginin, die an DNA gebunden v. a. in Fisch- und Vogelsperma vorkommen. P. heben die Wirkung von →Heparinen auf, indem sie mit diesen schwer lösl. Salze bilden und damit die Blutgerinnung nicht mehr hemmen. Mit →Insulin und Zinkionen ergeben sie Komplexe, die im Körper Insulin langsam freigeben und deshalb als Depotformen eingesetzt werden können.

Protea: Protea cynaroides

Prot|andrie [zu griech. anḗr, andrós ›Mann‹, ›Mensch‹] *die, -,* **Proter|andrie, Vormännlichkeit,** bei vielen zwittrigen *Tieren* das Reifwerden der Samenzellen vor den Eizellen, bei zwittrigen *Blüten* das Reifen der Staubblätter **(Pollenvorreife),** bevor die Narben bestäubungsreif sind. Die P. verhindert eine Selbstbestäubung. (→Protogynie)

Prot|anomalie, Form der →Farbenfehlsichtigkeit.

Prot|anopie, Form der →Farbenfehlsichtigkeit.

Protasis [griech., eigtl. ›vorgelegte Frage‹, ›Aufgabe‹] *die, -/...'tasen,* **1)** *Literaturwissenschaft:* der →Epitasis vorangehende Einleitung eines dreiaktigen Dramas.

2) *Sprachwissenschaft:* Vordersatz in einer →hypothetischen Periode.

Protea [nach Proteus], Gattung der Silberbaumgewächse mit etwa 115 Arten im trop. und v. a. im südl. Afrika (allein 85 Arten in Kapland); immergrüne Sträucher mit wechselständigen, lederartigen, oft seidenglänzenden Blättern und von Hochblättern umgebenen Blüten in zapfenartigen Köpfchen; einige Arten sind dekorative Kalthauspflanzen.

Proteaceae, die →Silberbaumgewächse.

Proteasen [zu Proteine gebildet], **Prote|inasen,** zu den Hydrolasen zählende Enzyme, die die hydrolyt. Spaltung der Peptidbindungen in Proteinen und Peptiden katalysieren und somit sowohl am Abbau von Proteinen als auch z. B. an der Umwandlung inaktiver Proteinvorstufen zu aktiven Proteinen beteiligt sind. P., die bevorzugt niedermolekulare Peptide spalten, werden auch als →Peptidasen bezeichnet, Dipeptide spaltende P. als →Dipeptidasen.

Proteidae, die →Olme.

Proteide, veraltete Bez. für aus Aminosäuren und einem Nichtproteinanteil (prosteth. Gruppe) bestehende zusammengesetzte →Proteine.

Proteinbiosynthese, Proteinsynthese, Eiweißsynthese, Translation, die zelluläre Synthese von Proteinen durch Übersetzung der entsprechenden genet. Information auf der DNA der Chromosomen.

Der P. vorgeschaltet ist die →Transkription der DNA, bei der die Information des Gens auf eine spezielle Ribonukleinsäure, die Messenger-RNA (mRNA; →Nukleinsäuren), kopiert wird. Diese mRNA dient als Transportform der genet. Information, wobei jede einzelne Aminosäure in Form von Dreiergruppen von Basen (Basentriplett, Codon) codiert wird (Prinzip der Colinearität).

Die eigentl. Synthese der Proteine **(Translation)** findet im Zytoplasma an den →Ribosomen statt. Die Basensequenz (Reihenfolge der Basentripletts) der mRNA wird hier dem genet. Code entsprechend in die

Aminosäuresequenz der Peptidkette übersetzt. Die Schlüsselmoleküle für diese Übersetzung und für die Knüpfung der Peptidbindungen sind die Transfer-Ribonukleinsäuren (tRNA). Sie tragen jeweils eine Aminosäure in energiereicher Bindung und weisen ein für diese Aminosäure spezif. Basentriplett (Anticodon) auf, das komplementär zu dem passenden Codon der mRNA ist und mit ihm in Basenpaarung tritt.

Die zur Knüpfung von Peptidbindungen notwendige Energie wird durch ATP-Spaltung bereitgestellt: ATP (→Adenosin) reagiert mit der Aminosäure unter Abspaltung von Pyrophosphat zu einem Aminoacyladenylat. Diese ›aktivierte‹ Aminosäure wird dann unter Abspaltung von AMP an die Ribose am 3′-Ende der tRNA gebunden. Die Enzyme (Aminoacyl-tRNA-Synthetasen), die diese Reaktionen katalysieren, sind hochspezifisch für die jeweilige Aminosäure und tRNA. Dies ist von großer Bedeutung, da bei der Translation die tRNA nur über das Anticodon erkannt wird, sodass Fehler in der ›Aminosäure-Beladung‹ der tRNA zu Fehlern in der Proteinsequenz führen.

Mechanismus der P.: Die Translation wird analog zur Transkription in drei Phasen eingeteilt: Der Start **(Initiation)** der P. ist ein sehr komplexer Prozess, an dem mehrere Proteine als Initiations- und Regulationsfaktoren beteiligt sind. Zw. Pro- und Eukaryonten bestehen v.a. in der Initiationsphase der P. erhebl. Unterschiede. Bei eukariont. Zellen erkennt die kleine Untereinheit der Ribosomen das modifizierte 5′-Ende der mRNA und wandert auf der mRNA entlang bis zum Startcodon, wo sich der gesamte ribosomale Komplex endgültig organisiert. Die Effizienz der Translation wird bei Eukaryonten durch die Polyadenylierung am 3′-Ende einer mRNA bestimmt, die die Stabilität der mRNA und damit deren Verfügbarkeit für die P. beeinflusst. Bei den oft polycistron. mRNA von Prokaryonten erfolgt die Ribosomenbindung an spezif. Nukleotidsequenzen, den so genannten Ribosomenbindungsstellen, in unmittelbarer Nähe des Startcodons, wobei dieses Codon in die P-Stelle (Peptidylstelle) der kleinen ribosomalen Untereinheit eingepasst wird. Die erste tRNA, die angelagert wird, ist stets eine mit der Aminosäure Methionin beladene spezielle Initiations-tRNA. Durch Anlagerung der großen Ribosomen-Untereinheit wird das Ribosom vervollständigt, und die zweite tRNA wird an die A-Stelle (Akzeptorstelle) des Ribosoms gebunden und die Peptidbindung zu der an der P-Stelle gebundenen Aminosäure geknüpft. – Bei der Kettenverlängerung **(Elongation)** bewegt sich das Ribosom an der mRNA entlang. Nach Knüpfung der Peptidbindung wird die nicht mehr beladene tRNA an der P-Stelle freigesetzt und die mit der Peptidkette verbundene tRNA von der A-Stelle auf die P-Stelle verlagert **(Translokation).** Die freie A-Stelle kann dann die nächste beladene tRNA binden, und der Vorgang beginnt von vorn. Der Kettenabbruch **(Termination)** erfolgt, wenn auf der mRNA ein Stoppcodon erreicht wird. Die Peptidkette wird dann von der tRNA an der P-Stelle mithilfe von Terminationsfaktoren hydrolytisch gelöst, und das Ribosom zerfällt wieder in seine Untereinheiten. – Während der P. können mehrere Ribosomen gleichzeitig an einer mRNA aktiv sein. Ein solcher Komplex wird auch als **Polysom** bezeichnet. Die zytoplasmat. Polysomen sind am Zytoskelett gebunden und synthetisieren v.a. intrazellulär verbleibende Proteine, während Polysomen an der Membran des endoplasmat. Retikulums (raues ER) hauptsächlich Membranproteine und Proteine synthetisieren, die an die Umgebung abgegeben (sezerniert) werden. Viele Proteine werden anschließend noch in den Zisternen des ER verändert (posttranslationale Modifizierung), z.B. durch Abspaltung der Signalsequenzen, Bindung von Kohlenhydratgruppen, Carboxylierung, Hydroxylierung oder Verkürzung der Peptidketten durch Proteasen (z.B. die Bildung des Insulins aus Proinsulin). Der größte Teil des zellulären Proteins wird im Zytoplasma synthetisiert. Aber auch in Mitochondrien und Chloroplasten findet sich eine derjenigen von Prokaryonten ähnelnde P. Einige spezielle Peptide (z.B. Peptidantibiotika, Glutathion) werden darüber hinaus über nichtribosomale Synthesemechanismen gebildet.

Proteine [zu griech. prõtos ›Erster‹, nach der irrtüml. Annahme, dass alle Eiweißkörper auf einer Grundsubstanz basieren], *Sg.* **Protein** *das, -s,* **Eiweiße, Eiweißstoffe,** hochmolekulare Verbindungen, die als Polykondensationsprodukte von Aminosäuren anzusehen sind, wobei alle P. im Wesentlichen aus 20 (den so genannten proteinogenen) der insgesamt über 400 natürlich vorkommenden Aminosäuren aufgebaut sind. Die Reihenfolge der Aminosäuren ist für jedes Protein charakteristisch, ebenso wie die Kettenlänge, die von wenigen (Oligopeptide), meist jedoch über 100 (Polypeptide) bis über 1000 Aminosäuren reicht, die über Peptidbindungen miteinander verbunden sind. Dementsprechend besitzen P. Molekülmassen von etwa 2000 bis über 1 Mio. Von den nur aus Aminosäuren aufgebauten, einfachen P. unterscheidet man die zusammengesetzten oder konjugierten P., die zusätzlich einen kovalent gebundenen Nichtproteinanteil **(prosthetische Gruppe)** enthalten, so z.B. Metallionen (Metallo-P.), Lipide (Lipo-P.), Kohlenhydrate (Glyko-P.), Nukleinsäuren (Nukleo-P.).

P. sind in der belebten Natur sehr weit verbreitet. Sie stellen mehr als 50% der organ. Bestandteile des Zellplasmas und damit den mengenmäßig, aufgrund ihrer strukturellen Vielfalt aber auch den funktionell wichtigsten Anteil lebender Organismen dar. So sind sie als Enzyme unverzichtbar für einen geregelten Ablauf der Stoffwechselreaktionen sowie für deren Regulation durch Hormone, die häufig Peptide oder P. sind. Als Gerüstsubstanzen (z.B. Kollagen, Keratin) tragen P. wesentlich zum Aufbau der Organe und Gewebe bei; kontraktile P., z.B. bei Einzellern und als Muskel-P., verleihen die Fähigkeit zur aktiven (Fort-)Bewegung. P. dienen dem Transport der Atemgase (z.B. Hämoglobin), sind Träger der Immunabwehr und spielen eine entscheidende Rolle u.a. bei der Blutgerinnung oder der Steuerung der Genaktivitäten.

Einteilung: P. können nach versch. Kriterien klassifiziert werden. Nach dem Vorkommen unterscheidet man zw. Virus-, bakteriellen, pflanzl. und tier. P. oder je nach Vorkommen innerhalb eines Organismus z.B. zw. Blut-P., Milch-P., Muskel-P.; in Abhängigkeit von ihrer physiolog. Wirkung werden u.a. Enzym-P., Transport-P., kontraktile P., Rezeptor-P., Speicher-P. oder die der Genregulation dienenden Aktivator- und Repressor-P. unterschieden. Physikalisch-chemisch werden die P. meist nach ihrer Molekülgestalt und ihren Löslichkeitseigenschaften in die wasserunlösl., Faserstruktur besitzenden **Sklero-P.** (Struktur-P., Gerüsteiweiße, Faser-P.; z.B. →Keratine, →Kollagen) und die wasserlösl. **Sphäro-P.** (globuläre P.; z.B. die P. des Blutserums, des Eiklars und die meisten Enzyme) eingeteilt oder auch nach ihrer molekularen Struktur. Als **Primärstruktur** bezeichnet man die für jedes P. typ. Aufeinanderfolge der Aminosäuren in den Peptidketten, die genetisch in der Basensequenz der jeweiligen P.-Gene festgelegt ist. Die Ähnlichkeit der Primärstruktur homologer P. (z.B. der Cytochrome) versch. Arten ist ein Maß für die Verwandtschaft derselben untereinander und wird zur phylogenet. Klassifizie-

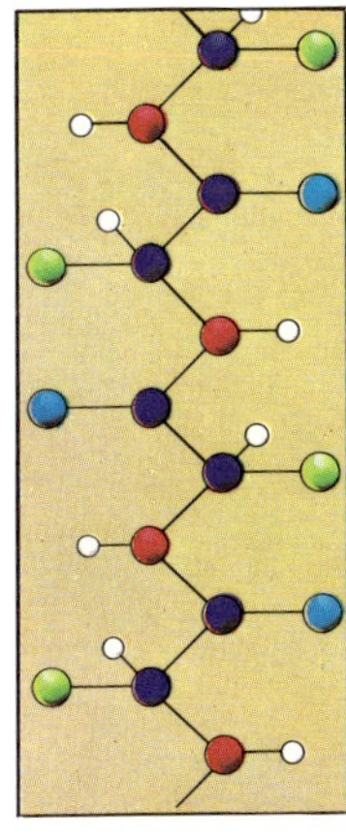

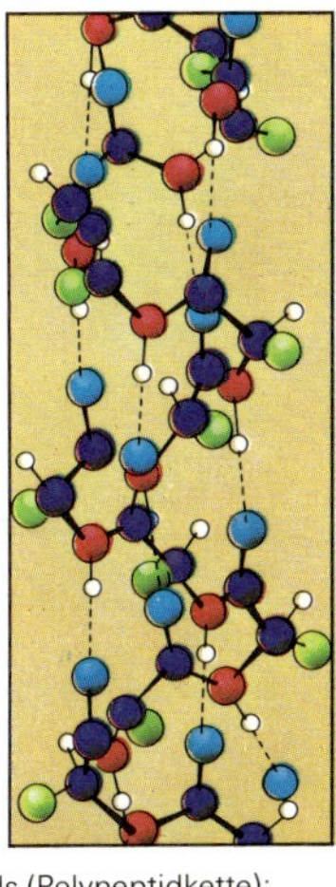

Proteine: oben Schematischer Aufbau eines Proteinmoleküls (Polypeptidkette); **unten** Räumlicher Aufbau eines Proteinmoleküls in Form einer Wendel (α-Helix); die gestrichelten Bindungen sind Wasserstoffbrückenbindungen; die Farben bedeuten: violett C (Kohlenstoff), rot N (Stickstoff), blau O (Sauerstoff), grün R (Aminosäurerest), weiß H (Wasserstoff)

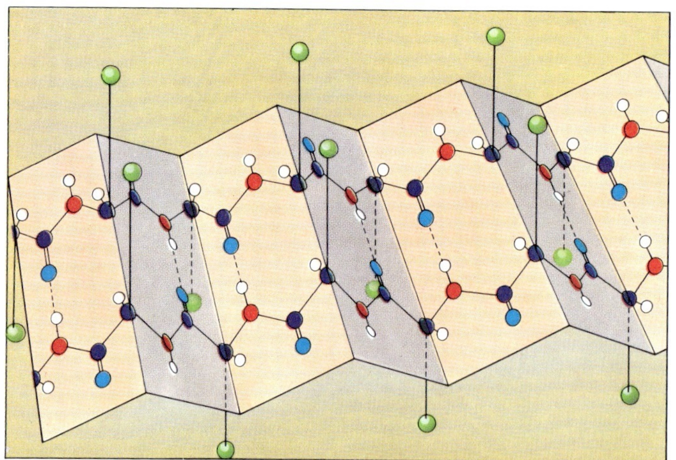

Proteine: Sekundärstruktur, Faltblattstruktur; die Farben bedeuten: violett C (Kohlenstoff), rot N (Stickstoff), blau O (Sauerstoff), grün R (Aminosäurerest), weiß H (Wasserstoff)

rung genutzt. Die **Sekundärstruktur** der P. ist durch Ausbildung von Wasserstoffbrücken (H-Brücken) zw. CO- und NH-Gruppen der Peptidketten gekennzeichnet. Intramolekulare H-Brücken führen zu schraubig gewundenen Polypeptidketten (α-Helix- oder α-Keratinstruktur), intermolekulare H-Brücken zu einer mehr oder weniger flachen, leicht aufgefalteten Struktur der Polypeptidketten (Faltblatt- oder β-Keratinstruktur). Die durch Disulfidbrücken und durch elektrostat. Wechselwirkungen zw. polaren Substituenten (v.a. Carboxyl- und Aminogruppen) zustande kommende räuml. Anordnung einer Polypeptidkette wird als **Tertiärstruktur** bezeichnet. Sie bestimmt die Molekülgestalt und die Anordnung reaktiver Zentren (z.B. bei Enzymen). Als **Quartärstruktur** bezeichnet man die Aggregation mehrerer gleicher oder ungleicher Polypeptidketten (unter Erhaltung der Sekundär- und Tertiärstruktur) zu einem Molekül, wobei der Zusammenhalt der Untereinheiten v.a. durch nichtkovalente Bindungen, seltener auch durch Disulfidbrücken zustande kommt. P. mit Quartärstruktur sind weit verbreitet (z.B. die meisten Enzyme, Hämoglobin).

Eigenschaften der P.: Sekundär-, Tertiär- und Quartärstruktur können durch die Einwirkung von Detergenzien, starke pH-Wertänderungen, Erhitzen, UV- oder Röntgenstrahlung zerstört werden. Dieser Vorgang der **Denaturierung,** der dem Übergang von einem hochgeordneten in einen ungeordneten Zustand (›Zufallsknäuel‹) entspricht, führt zu völlig veränderten physikal. und chem. Eigenschaften der P. und auch zum Verlust ihrer biolog. Aktivität. Wichtig für die Pufferwirkung der P. im Organismus ist ihre durch die Anwesenheit freier saurer und bas. Gruppen bewirkte **Ampholytnatur,** d.h., sie können in Abhängigkeit vom pH-Wert des Lösungsmittels die Eigenschaften von Säuren oder Basen besitzen. Bei der Ausbildung der Tertiärstruktur sind bei den meisten P. die hydrophoben, unpolaren Aminosäurereste ins Molekülinnere gerichtet und die hydrophilen, polaren Reste nach außen. Letztere bilden Wasserstoffbrücken mit den Wassermolekülen des Lösungsmittels aus, was zur Bildung einer das P. umgebenden Hydrathülle führt. Lediglich bei Membran-P. befinden sich viele unpolare Aminosäurereste an der Oberfläche; sie dienen der Verankerung des P. in der Lipiddoppelschicht der Membran.

Charakterisierung und Synthese von P.: Das Molekulargewicht von P. lässt sich u.a. bestimmen durch Elektrophorese oder aus den Sedimentationsgeschwindigkeiten bei Ultrazentrifugation. Die Bestimmung der Aminosäurezusammensetzung erfolgt nach Hydrolyse des P. im Aminosäureanalysator; die Aminosäuresequenz kann durch Partialhydrolyse, die zu Teilpeptiden führt, und deren nachfolgende Zerlegung durch die Reaktionsfolgen des Edman-Abbaus ermittelt werden. Diese Methode wird zunehmend ersetzt durch gentechnolog. Methoden, mit deren Hilfe die für ein Protein kodierende Nukleotidsequenz auf der DNA bestimmt und daraus die Aminosäuresequenz des P. abgeleitet wird. Zur Ermittlung der räuml. Struktur eines P. (Tertiär-, Quartärstruktur) dient die Röntgenstrukturanalyse. – Die zur Zeit wichtigste Methode für die Peptidsynthese ist die von R. B. MERRIFIELD eingeführte und mittlerweile weitgehend automatisierte chem. Synthese an einer Matrix. Zunehmend Bedeutung gewinnen enzymat. Methoden unter Verwendung von Peptidasen und für die Synthese höhermolekularer P. auch gentechnolog. Methoden.

Ernährungsphysiolog. Bedeutung: Während Pflanzen die zum Aufbau der P. notwendigen Aminosäuren selbst aus anorgan. Substanz aufbauen können, müssen tier. Organismen und der Mensch die zum P.-Aufbau benötigten Aminosäuren größtenteils über das Nahrungs-P. zuführen; dies gilt v.a. für die essenziellen Aminosäuren, die der Organismus zum Aufbau lebenswichtiger P. braucht, aber nicht selbst herstellen kann. Die nach der Hydrolyse des Nahrungs-P. im Verdauungstrakt freigesetzten Aminosäuren gehen nach Resorption v.a. in die →Proteinbiosynthese ein. Ein Erwachsener synthetisiert täglich etwa 400 g P. und baut etwa ebenso viel P. ab. Der tägl. Bedarf eines Erwachsenen bemisst sich auf etwa 1 g/kg Körpergewicht, wobei es keinen Bedarf an bestimmten P. gibt, sondern nur an essenziellen Aminosäuren. – Im Hinblick auf das Problem, die zunehmende Welt-Bev. ausreichend mit Nahrungs-P. zu versorgen, sind sowohl die Erschließung bisher nicht für die menschl. Ernährung genutzter P.-Quellen (Einzeller-P. aus Mikroorganismen; Blatt- oder Leaf-P. aus Luzerne; Krill) von Bedeutung als auch die bessere Ausnutzung pflanzl. P. durch geeignete Lebensmittelkombinationen, in denen sich die P. gegenseitig ergänzen und aufwerten.

Protein-Energie-Mangelsyndrom, der →Marasmus.

Proteinfasern, Eiweißfasern, *Chemie:* 1) die aus Proteinen bestehenden natürl. Fasern wie Seide, Wolle; 2) aus tier. oder pflanzl. Proteinen (z.B. Kasein) durch Lösen in Alkalien und Verspinnen in einem Säurebad hergestellte Chemiefasern.

Proteinstoffwechsel, Eiweißstoffwechsel, Gesamtheit der biochemisch-physikal. Prozesse des Aufbaus (Assimilation), Intermediärstoffwechsels und Abbaus (Dissimilation) von Proteinen im Organismus. Die mit der Nahrung aufgenommenen Proteine werden in Magen und Dünndarm durch proteolyt. Enzyme hydrolytisch in verschieden große Bruchstücke zerlegt. Dabei spalten die Endopeptidasen (Pepsin, Trypsin und Chymotrypsin) das Protein innerhalb des Moleküls zu Oligo- und Polypeptiden, während die Exopeptidasen (z.B. Enterokinase, Carboxypeptidase) am Proteinende einzelne Aminosäuren abspalten. Bei der anschließenden Resorption werden die Aminosäuren aus dem Verdauungskanal (Lumen des Gastrointestinaltraktes) in das Körperinnere (Darmepithelzelle, Interstitium, Lymphe, Blut) aufgenommen. Der Hauptanteil der Resorption findet im Dünndarm statt; dabei sind für die meisten natürl. Aminosäuren (L-Aminosäuren) stereospezif. Transportsysteme nachgewiesen, sodass der Transfer durch die Darmschleimhaut bes. schnell erfolgt, durch Stoffwechselgifte hemmbar ist und eine Sättigungskinetik und kompetitive Hemmung zeigt. Der Abtransport der Aminosäuren erfolgt im Blut über die Pfortader in die Leber. Im Vergleich zu den Aminosäuren ist die Resorption von Oligo- und Dipeptiden sehr gering. Im weiteren Verlauf werden die Aminosäuren entweder abgebaut oder zur Synthese körpereigener Proteine (Strukturproteine, Enzyme) eingesetzt. Dabei müssen alle für den Aufbau der Proteine notwendigen Aminosäuren gleichzeitig und in ausreichender Menge verfügbar sein. Wenn nur eine Aminosäure fehlt, kommt die Synthese all jener Proteine zum Erliegen, die sie als Baustein benötigen.

Proteinbilanz: Bei eiweißfreier, aber energetisch ausreichender Ernährung verliert der menschl. Organismus je Tag 13–17 g Eiweiß **(absolutes Proteinminimum).** Das **Bilanzminimum** (aufgenommene = ausgeschiedene Stickstoffmenge) beträgt 30–40 g Eiweiß je Tag, die für das Überleben notwendige Mindestmenge, sie ermöglicht jedoch keine normale körperl. Leistung. Zur optimalen Versorgung sind täglich etwa 70 g Proteine erforderlich **(funktionelles Proteinminimum),** davon mindestens ein Drittel tier. Proteine, da diese durch die essenziellen Aminosäuren für den menschl. Organismus eine Wertigkeit (Nutzbarkeit) von 80 bis 100% haben, während der Wert für pflanzl. Proteine etwa 40 bis 70% beträgt. Bei schwerer körperl. Arbeit, bei Erkrankung und in der Schwangerschaft verdoppelt sich der tägl. Eiweißbedarf.

Proteinsynthese, die →Proteinbiosynthese.

Prote|in|urie [zu griech. oũron ›Harn‹] *die, -/...'rien,* **Albumin|urie, Eiweißharnen,** abnorm erhöhte Ausscheidung von Eiweiß (meist niedermolekulare Proteine, z. B. Albumine) im Harn; als krankhaft gilt die Ausscheidung einer Gesamtmenge von mehr als 150 mg in 24 Stunden.

Ursachen der **renalen P.** sind eine vermehrte Durchlässigkeit der Haargefäßknäuel (Glomerula) der Niere oder eine Störung der Rückresorption niedermolekularer Eiweiße aufgrund akuter oder chron. Nierenschädigung bei Glomerulonephritis, nephrot. Syndrom, degenerativen Veränderungen infolge Stoffwechsel- und Infektionskrankheiten oder tox. und allerg. Einflüsse.

Die **prärenale P.** wird durch eine krankhafte Steigerung der Eiweißkonzentration im Serum hervorgerufen, die die tubuläre Rückresorptionskapazität überschreitet, oder ist Symptom der Stauungsniere.

Bei der **postrenalen P.** stammt das Eiweiß aus entzündl. Prozessen der Harnwege einschließlich der Harnblase. Eine vorübergehende P. (meist ohne Krankheitswert) tritt bei extremer körperl. Belastung, Stress, Kälteeinwirkung oder Fieber auf, in leichter Ausprägung auch in der Schwangerschaft und bei Jugendlichen mit starkem Hohlkreuz und Kreislauflabilität in aufrechter Körperhaltung **(orthostatische P.).**

Der Nachweis der P. erfolgt mit Teststreifen oder durch Sodiumdodecylsulfat-Polyacrylamidgel-Elektrophorese.

Protektion [frz., von spätlat. protectio ›Beschützung‹] *die, -/-en,* Begünstigung, Förderung (in berufl. und gesellschaftl. Hinsicht).

Protektionismus *der, -,* i. e. S. alle staatl. Eingriffe in den Außenhandel, die dem Schutz der inländ. Produktion oder einzelner Produzenten vor ausländ. Konkurrenz dienen; i. w. S. werden auch Maßnahmen der Exportförderung zum P. gerechnet. P. steht im Ggs. zum →Freihandel und stellt eine Beeinträchtigung des freien Güter- und Dienstleistungsverkehrs sowie der internat. Arbeitsteilung dar. Motive für P. sind u. a. die Erhaltung der inländ. Produktion in nicht konkurrenzfähigen Wirtschaftszweigen aus beschäftigungs- und strukturpolit. Zielsetzungen, der Aufbau neuer, noch nicht wettbewerbsfähiger Industrien, die Absicherung von Wirtschaftsbereichen aus polit. Gründen (z. B. Rüstungsindustrie, Energierohstoffe). P. tritt sowohl in Form tarifärer als auch nichttarifärer →Handelshemmnisse auf. Auch mit dem währungspolit. Instrument der Devisenbewirtschaftung lassen sich protektionist. Eingriffe vornehmen. Vom P. profitieren i. d. R. nur einzelne Branchen bzw. Unternehmen, die durch die Ausschaltung ausländ. Konkurrenz eine monopolähnl. Stellung erreichen. Die inländ. Verbraucher und z. T. auch die übrigen, nicht geschützten Bereiche werden dagegen benachteiligt. Die Umlenkung der Handelsströme bewirkt eine Bindung von Produktionsfaktoren in unproduktiver Verwendung und führt zu negativen Wohlfahrtswirkungen. Tendenziell sinkt das Außenhandelsvolumen; der Rückgang kann durch Vergeltungsmaßnahmen beeinträchtigter Außenhandelspartner verstärkt werden.

Nach der Weltwirtschaftskrise (seit 1929) nahm der P. in fast allen Ländern der Erde zu, wobei zunächst überwiegend auf Einfuhrzölle und -kontingente zurückgegriffen wurde. Mithilfe der Regelungen des →GATT wurde seit 1948 versucht, den P. zugunsten einer verbesserten internat. Arbeitsteilung abzubauen. Obwohl es in mehreren Verhandlungsrunden gelang, weitgehende Zollkonzessionen zu erreichen, kam es nur vorübergehend zu einer Liberalisierung des Welthandels. Der Schutz der heim. Wirtschaft vor ausländ. Konkurrenz findet in zunehmendem Maß in Form nichttarifärer Handelshemmnisse statt, deren protektionist. Wirkungen sich oft nur schwer nachweisen lassen (›Grauzonenmaßnahmen‹ wie z. B. ›freiwillige‹ Exportbeschränkungen, Marktabsprachen). V. a. unscharfe Antidumping- und Antisubventionsbestimmungen im GATT verführten zu protektionist. Missbrauch. Das Schutzklauselabkommen der →WTO, nach dem alle bestehenden Grauzonenmaßnahmen innerhalb von vier Jahren auslaufen oder mit den geltenden Bestimmungen in Einklang gebracht werden müssen, soll hier Abhilfe schaffen. – Der effektive Protektionsgrad ist in einzelnen Ländern und Branchen unterschiedlich stark ausgeprägt. Die Außenhandelspolitik Dtl.s gilt – nicht zuletzt aufgrund der starken Exportabhängigkeit der dt. Wirtschaft – als freihandelsorientiert. Dennoch lässt sich feststellen, dass v. a. Bergbau, Schiffbau sowie Luft- und Raumfahrt trotz geringer Zollsätze einer hohen nichttarifären Protektion unterliegen. P. herrscht in fast allen arbeits- und rohstoffintensiven Branchen, in denen im internat. Vergleich Kosten- und Wettbewerbsnachteile vorliegen (z. B. Textilindustrie, Landwirtschaft).

In der aktuellen Diskussion werfen die Entwicklungsländer den Industriestaaten einen sich verstärkenden P. vor, der im Ggs. steht zur Handelshilfe im Rahmen der Entwicklungshilfe. Sowohl im Agrarbereich mit seiner traditionell protektionistisch ausgerichteten Grundhaltung, die sich durch die Agrarmarktordnungen der EG eher noch verstärkt hat, als auch im Bereich des Handels mit industriellen Halb- und Fertigwaren sehen sich insbesondere die Schwellenländer benachteiligt. Als neue Form des P. wird von den Entwicklungsländern die Forderung der Industriestaaten nach international gültigen Umweltauflagen und sozialen Standards betrachtet. (→Außenwirtschaft, →Weltwirtschaft)

Strukturwandel statt P. – was kostet die Neuordnung des Welthandels?, hg. v. S. HABICHT-ERENLER (1989); Protectionism or liberalism in international economic relations? Current issues in Japan and Germany, hg. v. T. DAMS u. T. MATSUGI (Berlin 1991); Die Weltwirtschaft vor neuen Herausforderungen. Strateg. Handel, Protektion u. Wettbewerb, hg. v. R. HASSE u. W. SCHÄFER (1994).

Protektor [lat.] *der, -s/...'toren,* **1)** *allg.:* 1) Beschützer, Förderer; 2) Schutz-, Schirmherr; Ehrenvorsitzender.

2) *Fahrzeugtechnik:* profilierter Laufstreifen eines Reifens aus Gummi. Seine Mischung und die Art der

Profilierung bestimmen wesentlich die Kraftübertragungseigenschaften des Reifens.

Protektorat *das, -(e)s/-e,* **1)** *allg.:* Schutz-, Schirmherrschaft, Gönnerschaft, auch Ehrenvorsitz.

2) *Recht:* im Völkerrecht Schutzherrschaft eines Staates oder einer Staatenmehrheit über einen anderen Staat. Mit P. wird auch der abhängige Staat bezeichnet. Die Schutzmacht **(Protektor, suzeräner Staat)** nimmt die Vertretung und den Schutz des protegierten Staates, der Völkerrechtssubjekt bleibt, nach außen wahr und übt auf dessen innere Angelegenheiten ein gewisses Maß von Aufsicht und Beeinflussung aus. Vom P. zu unterscheiden sind Mandats- oder Treuhandgebiete. P. beruhten i. d. R. auf Vertrag, wurden aber auch einseitig in Anspruch genommen, wie z. B. im Fall des P. Großbritanniens über Ägypten (1914–22). Die Errichtung von P. war ein Instrument des europ. Kolonialismus in Afrika und Asien. Das klass. Völkerrecht kennt auch das personelle P., z. B. das P. Frankreichs über die Christen im Osman. Reich. – Vom völkerrechtl. P. unterscheidet sich das staatsrechtl. P. bes. dadurch, dass das Schutzgebiet kein eigener Staat ist, sondern dass es als Inland des Staates anzusehen ist, in dessen Herrschaftsgewalt es steht (so bei den auf der Ebene der Ungleichheit geschlossenen kolonialen P.-Verträgen).

Protektorat Böhmen und Mähren, NS-Bez. für die unter Bruch des Münchener Abkommens (29. 9. 1938) von A. HITLER im März 1939 ihrer Souveränität beraubten und dem Dt. Reich (bis zum 8. 5. 1945) angegliederten Gebiete der ›Rest-ČSR‹ (49 000 km²; 7,3 Mio. Ew.). Der Protektoratsvertrag wurde vom tschechoslowak. Staatspräs. E. HÁCHA und Außen-Min. FRANTIŠEK CHVALKOVSKÝ (* 1875, † 1944) unter starkem Druck HITLERS unterzeichnet (15. 3. 1939; →Tschechoslowakei, Geschichte).

D. BRANDES: Die Tschechen unter dt. Protektorat, 2 Tle. (1969–75).

pro tempore [lat.], Abk. **p. t.,** *bildungssprachlich* für: für jetzt, vorläufig.

Proteolyse [zu Protein und griech. lýsis ›(Auf)lösung‹] *die, -,* Spaltung (Hydrolyse) von Peptiden und Proteinen in Aminosäuren; z. B. der enzymat. Abbau der Nahrungsproteine bei der Verdauung.

Proterozoikum [zu griech. próteros ›früher‹, ›eher‹ und zoon ›Lebewesen‹] *das, -s,* Erdzeitalter (→Präkambrium, ÜBERSICHT).

Protesilaos, *griech. Mythos:* griech. Held, der bei der Landung der Griechen vor Troja als Erster an Land sprang und von Hektor getötet wurde. Auf das Gebet seiner Gattin Laodameia durfte er für einen Tag aus der Unterwelt zurückkehren, nach dessen Ablauf sie sich den Tod gab.

Protest [ital. protesto, zu protestare, lat. protestari ›öffentlich bezeugen‹, ›verkünden‹] *der, -(e)s/-e,* **1)** *allg.:* Einspruch, Widerspruch, Missfallensbekundung.

2) *Politik:* →Protestbewegungen.

3) *Völkerrecht:* als Gegenstück zur Anerkennung der formlose einseitige Rechtsakt, durch den ein Völkerrechtssubjekt (v. a. ein Staat) ausdrücklich Widerspruch gegen Handlungen eines anderen Völkerrechtssubjekts erhebt; dient bes. dem Schutz eigener Rechte.

4) *Wertpapierrecht:* öffentl. Beurkundung der Verweigerung der Annahme oder der Zahlung eines Wechsels oder Schecks. Der P. ist beim Wechsel Voraussetzung für den Rückgriff des Wechselinhabers gegen die Indossanten, den Aussteller und andere Wechselverpflichtete (**Protestaten,** Art. 43 ff. Wechsel-Ges.). In bestimmten Fällen, bes. wenn der Bezogene seine Zahlungen eingestellt hat oder vergeblich gepfändet worden ist, kann der Wechsel schon vor Fälligkeit zur Zahlung vorgelegt und protestiert werden **(P. mangels Sicherheit).** Ausnahmsweise entfällt der P. als Rückgriffsvoraussetzung, bes. bei Eröffnung des Konkurs- oder Vergleichsverfahrens über das Vermögen des Bezogenen oder wenn der Aussteller, ein Indossant oder Wechselbürge einen **P.-Erlass** (›ohne Kosten‹, ›ohne Protest‹) auf den Wechsel gesetzt hat. Förmlich ist der P. von einem Notar oder einem Gerichtsbeamten auf die Rückseite des Wechsels zu setzen (Art. 79 ff. Wechsel-Ges.). – Beim Scheck ist der P. nicht notwendig Rückgriffsvoraussetzung; es genügt eine Vorlegungsbescheinigung des Bezogenen oder der Abrechnungsstelle (Art. 40 ff. Scheck-Ges.).

Protestanten [lat. ›öffentlich Bezeugende‹], Bez. für die Mitglieder der Kirchen, die aus der Reformation hervorgegangen sind. (→Protestantismus)

Protestantenverein, →Deutscher Protestantenverein.

Protestant Episcopal Church [ˈprɔtɪstənt ɪˈpɪskəpl tʃəːtʃ], seit 1967 **Episcopal Church,** dt. **Episkopalkirche,** der Anglikan. Kirchengemeinschaft zugehörige Kirche in den USA und einigen anderen Ländern; entstanden 1789 nach dem amerikan. Unabhängigkeitskrieg. Sie umfasst (1997) rd. 2,5 Mio. Gläubige in rd. 100 Diözesen. Oberstes Organ ist die alle drei Jahre zusammentretende ›General Convention‹.

protestantische Ethik, von M. WEBER in seiner Schrift ›Die p. E. und der Geist des Kapitalismus‹ (1905) eingeführter Begriff, mit dem er die ethisch-religiöse Entstehungsgrundlage des Kapitalismus und die ihn tragende Leistungsethik beschrieb. Nach WEBER hat die kalvinist. Glaubenslehre und -praxis, bes. die Prädestinationslehre und die als innerweltl. Askese aufgefasste puritan. Lebensweise, zur Herausbildung der p. E. geführt, die ihrerseits zur geistig-moral. Grundlage der industriellen →Leistungsgesellschaft geworden sei. Deren Säulen, Gewinnstreben, Marktrationalität, individueller Leistungswillen, werden durch die p. E. durchweg positiv bewertet; wirtschaftl. Erfolg bzw. Misserfolg wird theologisch als Zeichen der Erwählung bzw. Verwerfung durch Gott (→Prädestination) angesehen. Gegen die These WEBERS ist einzuwenden, dass weder J. CALVIN noch der Kalvinismus die göttl. Vorherbestimmung des Menschen zum Heil bzw. Unheil kausal in seinem wirtschaftl. Erfolg bzw. Misserfolg begründet sehen. Dagegen ist die in der reformierten Glaubenspraxis gepflegte puritan. Lebensweise (der Gewinn erfolgreichen Wirtschaftens wird nicht für den persönl. Konsum verwendet, sondern dem Unternehmen wieder zugeführt) tatsächlich eine Wurzel des Kapitalismus geworden.

Protestantismus *der, -,* Bez. für die Gesamtheit der aus der →Reformation hervorgegangenen organisierten christl. Kirchen und Gemeinschaften sowie für das ihnen entsprechende und zugrunde liegende theolog. Selbstverständnis.

Entstehung: Der ursprünglich polit. Begriff leitet sich ab von der feierl. →Protestation von Speyer (19. 4. 1529). Als Bez. für eine spezif. Form des konfessionellen Christentums, das sich in eigenständig organisierten Kirchen herausgebildet hat, ist der P. jedoch erst im Zusammenhang mit der Ausbildung einer eigenen theolog. Konzeption zu verstehen, die sich im Anschluss an die Reformation, geprägt v. a. von M. LUTHER, U. ZWINGLI und J. CALVIN, entwickelte und vor dem histor. Hintergrund der Reformationsbewegungen seit dem frühen 15. Jh. steht.

Auf den durch LUTHERS Veröffentlichung der ›95 Thesen‹ eingeleiteten reformator. Umbruch folgten die krisenbeladenen Jahre der theolog. und kirchl. Identitätsfindung (Auseinandersetzung mit dem Humanismus, Abgrenzung gegenüber Schwärmertum und Täuferbewegung, Streit um das →Abendmahl). Erst 1555 fand der P. mit dem Augsburger Religionsfrieden seine polit. Anerkennung. Damit war der P.

als eigenständige Konfession samt einer daraus folgenden Kirchenbildung konstituiert. Den Landesfürsten wurde mit dem Religionsfrieden das Ius reformandi nach der Formel →cuius regio, eius religio zugestanden, nach dem jeder Fürst für sein Gebiet die Konfession frei bestimmen konnte. Die daraus resultierenden Territorialkirchen waren der Beginn des Landeskirchentums.

Neben das Luthertum traten auch in den übrigen europ. Ländern z. T. eigenständige Reformbewegungen, die von der Schweiz ausgehend zunächst durch ZWINGLI und darauf folgend v.a. durch CALVIN (→Kalvinismus) zu selbstständigen Formen ev. Kirchentums, den →reformierten Kirchen, führten. Der Westfäl. Friede (1648) stellte im Heiligen Röm. Reich die ref. Kirchen der luther. Kirche gleich.

In den skandinav. Ländern und Preußen konnte sich das Luthertum, in Schottland der Kalvinismus durchsetzen; in Frankreich blieben die Kalvinisten nach blutigen Religionskriegen eine Minderheit. In den übrigen europ. Staaten, bes. in Polen-Litauen, Ungarn und Siebenbürgen, gab es z. T. größere prot. Gemeindebildungen, die jedoch die Vorherrschaft der kath. Kirche nicht gefährdeten. In den Niederlanden konnte sich der Kalvinismus gegen den Druck der spanisch-habsburg. Reg. zunächst nicht behaupten, setzte sich dann aber im Zuge des Freiheitskampfes in den Nordprovinzen durch. Eine eigenständige Entwicklung ergab sich in England, wo mit der anglikan. Staatskirche (→Kirche von England) der dritte große konfessionelle Typ neben das Luthertum und den Kalvinismus trat. Auch in Nordamerika, wo die volle Religionsfreiheit 1787 nachträglich in die Verfassung der USA aufgenommen wurde, machte der P. nach dem Unabhängigkeitskrieg eine eigenständige, konfessionell stabilere Typen ausbildende Entwicklung durch. Bis ins 19. Jh. entwickelten sich neben den drei großen Zweigen des P. zahlr., z. T. noch heute bestehende prot. Splittergruppen und Freikirchen mit unterschiedlichsten Bekenntnissen, z. B. Antitrinitarier, Sozinianer, Unitarier, die Brüdergemeinde, Baptisten, Mennoniten, Täufer, Methodisten, Quäker, Darbysten, Presbyterianer, Kongregationalisten und Episkopalisten.

Theologie: Charakteristisch für den P. sind die Lehre von der →Rechtfertigung, die Vorstellung vom →Priestertum der Gläubigen, die Berufung allein auf die Schrift, aus der sich sowohl die wiss. Bibelkritik (historisch-krit. Exegese) als auch ein biblizist. Fundamentalismus entwickelt haben, und die Betonung der Gewissensfreiheit des Einzelnen, die von vornherein zu einer gewissen konfessionellen und kirchl. Pluralität geführt hat. Die Eigenart des P. spiegelt sich in verschiedenen theolog. Grundsätzen wie ›sola scriptura‹ (allein die Hl. Schrift ist Offenbarungsquelle), ›solus CHRISTUS‹ (CHRISTUS allein ist Heilsgrund), ›sola gratia‹ (allein aus Gnade ist der Mensch von Gott gerechtfertigt), ›sola fide‹ (allein im Glauben wird der Mensch gerecht) und ›ecclesia semper reformanda‹ (die Kirche muss ständig reformiert werden).

Nachdem im 17. Jh. die Theologie wesentlich vom Bemühen um die ›wahre Lehre‹ (→Orthodoxie) geprägt war, entwickelte sich im 18. Jh. unter dem Eindruck eines sich naturwiss. und philosophisch allmählich verändernden Weltbildes, das durch die Abkehr vom kirchl., supranaturalist. Wirklichkeitsverständnis gekennzeichnet war, die historisch-wiss. Theologie (→Exegese, →Leben-Jesu-Forschung). Als religiöse Gegenbewegung zur intellektualist. Aufklärung entstand der →Pietismus. Dennoch setzte sich die breite Säkularisierung aller Lebensbereiche auch theologisch in Gestalt einer →natürlichen Theologie durch, die das orthodoxe Dogmengebäude erschütterte.

Wegweisend für den P. der Neuzeit wurde der Ansatz F. D. E. SCHLEIERMACHERS, der mit seinem Verständnis von Religion und Erfahrung die neuere prot. Theologie neben K. BARTH am stärksten geprägt hat. Unter dem Wiedererstarken pietist. Frömmigkeitspraxis, einer wissenschaftlich gestalteten Theologie, neuen philosoph. Konzeptionen und dem Einfluss der Romantik vollzog sich eine Rückwendung auf die Religion, die auch zur Erneuerung und Reorganisation des P. führte. Mit D. F. STRAUSS und F. C. BAUR entwickelte sich eine neue, vom Historismus und Positivismus beeinflusste historisch-krit. Richtung, die →liberale Theologie. A. RITSCHL, der bedeutendste Vertreter des →Kulturprotestantismus, und A. VON HARNACK, die die histor., sowie E. TROELTSCH, der die religionsgeschichtl. Denkweise für die Theologie etablierte, wurden zu den prägenden Gestalten des →Neuprotestantismus im ausgehenden 19. Jh. Im 20. Jh. wurden die →dialektische Theologie, die ›existenziale Interpretation‹ R. BULTMANNS sowie die Konzeption der ›systemat. Theologie‹ P. TILLICHS theologisch bestimmend. Nachdem in Dtl. mit der Machtergreifung der Nationalsozialisten kirchenpolit. Fragen in den Vordergrund getreten waren (→Kirchenkampf), wurden in der 2. Hälfte des 20. Jh. die Fragestellungen des Neu-P. wieder aufgegriffen und unter Einbeziehung neuerer Forschungsbereiche (Wissenschaftstheorie, Linguistik, empir. Humanwissenschaften wie Psychologie, Pädagogik und Soziologie) fortgeführt. Der Schwerpunkt verlagerte sich dabei zunehmend auf den praktisch-theolog. Bereich. In den 1960er-Jahren entstanden in Nordamerika die →Gott-ist-tot-Theologie und die →Prozesstheologie. In der Gegenwart vollziehen sich die für den P. insgesamt bedeutendsten Entwicklungen im Bemühen um die Neugestaltung von Kirche und Gottesdienst, was sich weltweit auch in der →ökumenischen Bewegung ausdrückt.

E. TROELTSCH: Die Bedeutung des P. für die Entstehung der modernen Welt (1911, Nachdr. 1963); Corpus confessionum. Die Bekenntnisse der Christenheit, hg. v. C. FABRICIUS, auf zahlr. Tle. ber. (1928 ff.); P. TILLICH: P. (a. d. Engl., 1950); E. HIRSCH: Gesch. der neueren ev. Theologie, 5 Bde. (^{3}1964, Nachdr. 1984); Quellen zur Gesch. des dt. P. 1871 bis 1945, hg. v. K. KUPISCH (Neuausg. 1965); Quellen zur Gesch. des dt. P. von 1945 bis zur Gegenwart, hg. v. DEMS., 2 Tle. (1971); Theologen des P. im 19. u. 20. Jh., hg. v. M. GRESCHAT, 2 Bde. (1978); M. WEBER: Ges. Aufs. zur Religionssoziologie, 3 Bde. ($^{6-7}$1978–83); K. BARTH: Die prot. Theologie im 19. Jh. (Zürich ^{4}1981); F. MILDENBERGER: Gesch. der dt. ev. Theologie im 19. u. 20. Jh. (1981); Bekenntnisschr. u. Kirchenordnungen der nach Gottes Wort ref. Kirche, hg. v. W. NIESEL (Neuausg. Zürich 1985); J. WALLMANN: Kirchengesch. Dtl.s seit der Reformation (^{2}1985); H. ZAHRNT: Die Sache mit Gott. Die prot. Theologie im 20. Jh. (^{8}1988); Die Bekenntnisschr. der ev.-luther. Kirche (^{11}1992); Europa u. der P., hg. v. B. BRENNER (1993); Prot. Kirchen in Europa, hg. v. A. RÖSSLER (1993); Encyclopédie du Prostestantisme, hg. v. P. GISEL u. a. (Paris 1995); F. WAGNER: Zur gegenwärtigen Lage des P. (1995); J. ROHLS: Prot. Theologie der Neuzeit, 2 Bde. (1997).

Protestation *die, -/-en,* Protest, v. a. der Einspruch von 19 ev. Reichsständen auf dem 2. Reichstag von Speyer 1529 gegen den Beschluss der altkirchl. Mehrheit, entgegen dem Reichsabschied des 1. Speyerer Reichstages von 1526 am Wormser Edikt von 1521 festzuhalten. (→Protestantismus)

Protestbewegungen, Sammel-Bez. für unterschiedlich stark strukturierte polit. Bewegungen, die sich in der Ablehnung einer bestimmten polit. Entscheidung oder Maßnahme, einer polit. oder sozialen Tendenz oder einer soziokulturell oder ökonomisch bestimmten Entwicklung zusammenfinden und v. a. durch die Mobilisierung von Öffentlichkeit und polit. Entscheidungsträgern auf eine Änderung drängen. Gemeinsames Merkmal der P. ist die Berufung auf Menschen- und Bürgerrechte, d. h. die Strategie, durch die Wahrnehmung von Bürgerrechten (freie Meinungsäußerung, Versammlungsfreiheit, Demonstrationsrecht) und begrenzte Gesetzesüberschreitungen (Blockaden, ziviler Ungehorsam) grundlegend allen Menschen zustehende Rechte einzuklagen oder Gefährdungen abzuwenden. In diesem Sinne stehen P. – auch wenn es in der Geschichte immer vielfältige Erscheinungen politisch, sozial oder ökonomisch motivierten Protests gegeben hat – in der Tradition der Aufklärung und entzünden sich in den westl. Demokratien zumeist an polit. Entscheidungen oder gesellschaftl. Entwicklungen, die bestimmte Bev.-Gruppen aufgrund ihrer polit. oder eth. Überzeugungen ablehnen. Darüber hinaus können P. Ausdruck gefährdeter Gruppeninteressen sein. In autoritären und diktator. Staaten entstehen P. aus dem Bewusstsein mangelnder Kontrolle der Regierungsmacht sowie fehlender oder unzulängl. Beachtung von Menschen- und Bürgerrechten (→Widerstandsbewegung). P. sind so in modernen Gesellschaften häufig Anzeichen sozialer oder polit. Spannungen. Nach 1945 erlangten v. a. die Antiatombewegung der 1950er-Jahre, die →Studentenbewegung der Jahre nach 1965, die Antikriegsproteste gegen den Einsatz amerikan. Soldaten in Vietnam, aber auch die Demokratiebewegungen in Mittel- und Osteuropa seit 1956, nach 1968 und in den 1980er-Jahren (→Bürgerbewegung) sowie die in der Bundesrepublik Dtl. seit 1970 sich entwickelnde →ökologische Bewegung und die →Friedensbewegung der 1980er-Jahre als P. nachhaltigen Einfluss. Insoweit diese P. Ausdruck sich wandelnder Wertvorstellungen, sozialer Strukturveränderungen, des Generationswechsels und damit verbundener Legitimationsdefizite und Umstrukturierungen sind, fallen sie auch unter den Begriff →neue soziale Bewegungen.

J. HABERMAS: P. u. Hochschulreform ([3]1970); P. L. BERGER u. R. J. NEUHAUS: P. u. Revolution. Oder die Verantwortung der Radikalen. Radikalismus in Amerika (a. d. Engl., 1971); Wertwandel u. gesellschaftl. Wandel, hg. v. H. KLAGES u. a. (1979); Jugendkultur als Widerstand. Milieus, Rituale, Provokationen, hg. v. A. HONNETH ([2]1981); H. MEHLICH: Polit. Protest u. Stabilität (1983); H. PROSS: Protestgesellschaft. Von der Wirksamkeit des Widerspruchs (1992); T. BALISTIER: Straßenprotest. Formen oppositioneller Politik in der Bundesrep. Dtl. zw. 1979 u. 1989 (1996); W. KRAUSHAAR: Die Protest-Chronik 1949–1959, 4 Bde. (1996).

Protestsong, Form des gesellschaftskritisch engagierten Liedes. I. w. S. zählen hierzu auch Kleinformen des polit. Liedes, Kampflieder der Arbeiterbewegung und Lieder der Frauenbewegung (u. a. Gruppe Schneewittchen). – I. e. S. ein Mitte der 1960er-Jahre in den USA innerhalb der Folkmusic entstandenes polit. Liedgenre. Der P. knüpfte an Liedtraditionen der Schwarzen (Blues, Gospel) sowie das amerikan. Arbeiterlied (Topical Song; u. a. W. GUTHRIE) an. Obwohl relativ kurzlebig, hatte er großen Einfluss auf die Sensibilisierung der amerikan. Jugend für die Probleme der Bürgerrechtsbewegung der Schwarzen und artikulierte den Protest gegen den Vietnamkrieg. Hauptvertreter waren u. a. B. DYLAN und J. BAEZ. Einen erhebl. Einfluss hatte der amerikan. P. auch auf die deutschsprachige Liedermacherszene.

Proteus [nach Proteus] *der,* -, Gattung der Enterobakterien. **P. vulgaris** gehört zur normalen menschl. Darmflora, ist aber auch in Böden und Gewässern weit verbreitet und spielt eine wichtige Rolle als aerober Proteinzersetzer und Fäulniserreger. Als opportunistisch-pathogenes Bakterium kann P. vulgaris schwer zu behandelnde Infektionen verursachen (Harnwege, Wunden, Gehirnhaut).

Proteus, griech. **Proteus,** *griech. Mythos:* weissagender Meergreis (nach der ›Odyssee‹ auf der Insel Pharos an der Nilmündung). Er konnte sich in versch. Gestalten verwandeln, nur wer ihn festhielt, konnte von ihm eine Wahrsagung erzwingen. Dies gelang (mithilfe von P.' Tochter Eidothea) dem von Troja heimkehrenden Menelaos. Eine andere Version (P. als König von Ägypten) enthält EURIPIDES' ›Helena‹.

Proteus, ein Mond des Planeten →Neptun.

Prot|evangelium, Proto|evangelium, in der christl. Theologie Bez. für die seit den Kirchenvätern als Weissagung des Sieges JESU CHRISTI über die Macht des Satans und (in der kath. Theologie) der heilsgeschichtl. Bedeutung MARIAS gedeutete Bibelstelle 1. Mos. 3,15. In der kath. Theologie durch PIUS IX. 1854 als christologisch-mariolog. Aussage dogmatisiert; in der ev. Theologie seit der Aufklärungszeit abgelehnt.

Prothallium, Vorkeim der →Farne.

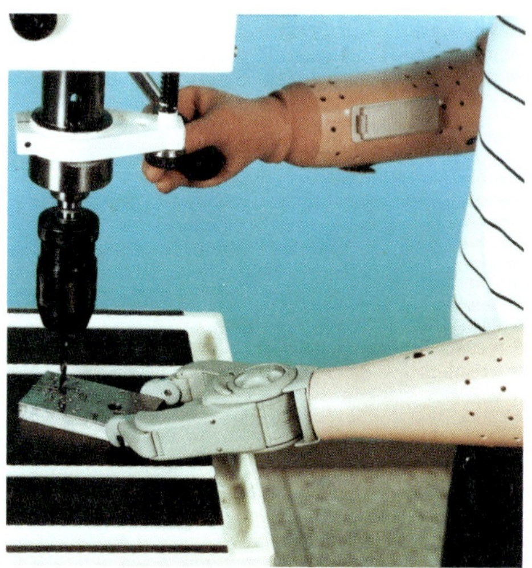

Prothese 1): Myoelektrisch gesteuerte doppelseitige Unterarmprothese mit Elektrohand (oben) und Elektrogreifer (unten)

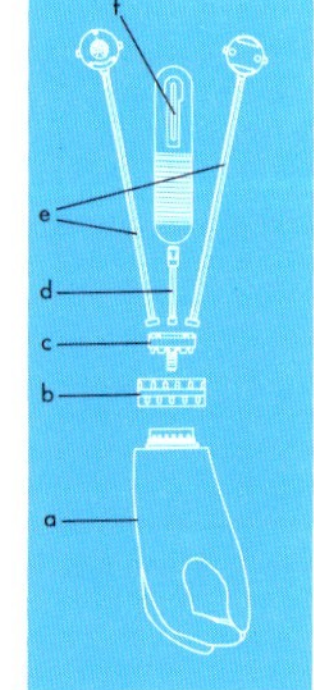

Prothese 1): Myoelektrisch gesteuerte Unterarmprothese; a Elektrohand, b Handgelenkersatz mit Kugellaufbahn, c Einsatz zum Anschluss von Elektrohand, Elektroden und Akkumulator, d Akkumulator-Anschlusskabel, e Elektroden, f Akkumulator

Prothese [griech. próthesis ›das Voransetzen‹, ›Vorsatz‹] *die, -/-n,* **1)** *Medizin:* aus körperfremdem Material hergestellter künstl. Ersatz für durch Unfall verloren gegangene, durch Krankheitsprozesse zerstörte, aus medizin. Gründen entfernte oder von Geburt an fehlende oder mangelhaft ausgebildete Körper- oder Organteile. I. w. S. gehören zu den P. auch die als **Endo-P.** bezeichneten Ersatzstücke, die z. B. in Form künstl. Herzklappen (→Herzklappenprothese), Arterien oder Gelenke (→Arthroplastik), auch als Penis-P. (→Penisplastik), in den Körper eingesetzt werden. I. e. S. wird unter P. v. a. der auch unter dem Begriff **Ekto-** oder **Exo-P.** zusammengefasste künstl. Gliedmaßenersatz verstanden. P. der unteren Gliedmaßen dienen als Teil-P. der Versorgung eines Unter- oder Oberschenkelstumpfes oder können als Bein-P. eine ganze Gliedmaße einschließlich einer Beckenschaufel ersetzen. Als Materialien dienen in großem Umfang Leichtmetalle und (teils glasfaserverstärkte) Kunststoffe mit funktionsangepasster Elastizität. Gegenüber dem früher übl. Oberschenkelschnürschaft bei Unterschenkelamputierten wird inzwischen eine übergreifende Stumpfeinbettung angewendet; die Haftkontaktbettung, die sich ohne Luftzwischenraum dem Stumpf elastisch anschmiegt, mindert das Risiko von Wundstellen und Durchblutungsstörungen. Durch Feststellung des künstl. Kniegelenks durch Federmechanismen oder eine automat. Bremse bei plötzl. Beugung ist auch mit der Bein-P. ein annähernd natürl. Bewegungsablauf beim Gehen erzielbar. Einzelne Zehen können durch Nachbildungen aus

Weichplastik ersetzt werden, die durch einen Strumpf in der richtigen Lage gehalten werden.

Bei den P. der oberen Gliedmaßen (Hand-, Armteil- und Arm-P.) bestehen aufgrund der vielfältigen Funktionen von Hand und Fingern größere Schwierigkeiten, einen adäquaten Ersatz herzustellen. Zu den einfachen Arm-P. gehört die →Arbeitsprothese. Fremdkraft-P. werden von integrierten, batteriebetriebenen Elektromotoren elektromechanisch oder -hydraulisch oder durch einen pressluftbetriebenen Mechanismus bewegt und über am Stumpf befestigte Elektroden durch Muskelaktionsströme (myoelektrisch) gesteuert. Hierdurch sind differenzierte Bewegungsabläufe wie die Beweglichkeit des Oberarms in zwei zueinander senkrechten Ebenen, Beugung und Streckung des Unterarms, Ein- und Auswärtsdrehen der Hand sowie ihr Öffnen und Schließen insgesamt oder als Einzelfunktionen (bes. der künstl. Hand) möglich. Form und Farbe der Oberfläche werden in Weichplastik nachgebildet. Modular-P. werden aus elektronisch gesteuerten Fertigteilen (Modulen) zusammengesetzt.

Die Versorgung des Amputierten mit der P. wird in enger Zusammenarbeit des Arztes (Orthopäden) mit dem Orthopädiemechaniker und dem für das nachfolgend erforderl. Training zuständigen Physiotherapeuten durchgeführt. Nach der Operation wird eine Sofort- oder Immediat-P. angelegt, nach 8–21 Tagen die Früh- oder Interims-P.; die endgültige P. kann wegen der Schwellung des Stumpfes erst 2–3 Monate später angemessen werden. Von diesen **Funktions-P.** sind die **kosmetischen P.,** die wie die Mamma-P. (→Mammaplastik) oder das →künstliche Auge in erster Linie ästhet. Zwecken dienen, zu unterscheiden; einen eigenen Bereich bilden die Zahn-P. (→Zahnersatz), die beide Aspekte vereinen. Die Kosten für P. werden bei medizin. Indikationen von den Krankenkassen oder anderen Kostenträgern getragen oder bezuschusst.

Geschichte: Versuche zur Konstruktion von Ersatzgliedern, meist zum Ausgleich einer Kriegsinvalidität, sind bereits aus der Antike überliefert, so bei PLINIUS D. Ä.; besondere Bekanntheit erlangte die ›eiserne Hand‹ des Reichsritters GÖTZ VON BERLICHINGEN, die 1505 von einem Waffenschmied angefertigt wurde und arretierbare Veränderungen der Hand- und Fingerstellung durch die intakte Hand ermöglichte; derartige Konstruktionen bildeten gegenüber einfachen, mit Greifhaken o. Ä. versehenen Hand-P. die Ausnahme. Als Bein-P. war lange Zeit der Stelzfuß, ein hölzerner Stiel mit einer Hülse zur Aufnahme des Stumpfes, verbreitet. Im Gefolge des amerikan. Bürgerkrieges bahnte sich die industrielle Produktion unter Verwendung neuer Materialien (Kautschuk, Hartgummi, Aluminium) an. Nach Versuchen von F. SAUERBRUCH, P. durch Kraftübertragung von den Muskeln des Gliedstumpfes aus zu bewegen, wurden die eigentätig angetriebenen P. der oberen Gliedmaßen entwickelt.

2) *Sprachwissenschaft:* Bildung eines neuen Lautes (bes. eines Vokals) oder einer neuen Silbe am Wortanfang (z. B. frz. ›esprit‹ aus lat. ›spiritus‹).

Prothesis [griech.] *die, -, frühchristl. Baukunst:* →Pastophorien.

Prothetik *die, -,* Wiss. und Lehre von Bau und Herstellung orthopäd., zahnärztl. u. a. Prothesen als Teilgebiet der jeweiligen medizin. Disziplin.

Prothorax, bei Insekten der vorderste der drei Brustringe; er trägt das vorderste Beinpaar und hat oft Dornen, Hörner oder bizarre Auswüchse, so z. B. bei den Buckelzirpen.

Prothoraxdrüse, Prothorakaldrüse, Hormondrüse im vorderen Brustring der Insekten, →Ecdysone.

Prothrombin, im Blutplasma enthaltenes Glykoproteid, das bei der →Blutgerinnung (als Gerinnungsfaktor II) in das aktive Thrombin umgewandelt wird. P. wird in der Leber synthetisiert, wozu Vitamin K erforderlich ist.

Protista [zu griech. prõtos ›Erster‹], *Sg.* **Protist** *der, -en,* **Protisten,** von E. HAECKEL geprägte Bez. für alle einzelligen Organismen (Bakterien, Blaualgen, Protozoen, einzellige Algen und Pilze); lange Zeit ungebräuchlich, ersetzt die Bez. P. in neueren Systematiken die bislang für das Unterreich der eukaryont. Einzeller benutzte Bez. →Protozoen.

Protium [zu griech. prõtos ›Erster‹] *das, -s,* das Wasserstoffisotop ^{1}H (→Wasserstoff).

proto... [griech. prõtos ›Erster‹, ›Vorderster‹, ›Wichtigster‹], vor Vokalen meist verkürzt zu **prot...,** Wortbildungselement mit den Bedeutungen: 1) Erster (nach der Reihenfolge und zeitlich), z. B. Protophysik, Proton; 2) ursprünglich, urtümlich, z. B. Protozoen.

Protobantu, von M. GUTHRIE hypothetisch angesetztes System von mehreren genealogisch miteinander verbundenen Ursprachen, aus denen alle heutigen Bantusprachen hervorgegangen sein sollen, sowie für die sprachl. Inventare, die den einzelnen Stadien der P.-Entwicklung als Neuerungen zugeordnet werden. Das Konzept des P. löste C. MEINHOFS Begriff des ›Urbantu‹ ab.

M. GUTHRIE: Comparative Bantu, 4 Bde. (Farnborough 1967–71).

Protobionten [zu griech. bíos ›Leben‹], **Protozellen, Progenoten,** erste im Verlauf der biolog. Evolution entstandene Zellen mit der Fähigkeit zur Selbstvermehrung.

Protobranchia [griech.], die →Fiederkiemer.

Protobulgaren, Urbulgaren, nichtslaw. Volk mit Turksprache, das ethnisch nicht genau zugeordnet werden kann. Die P. entstanden aus der Verschmelzung der nach dem Tod ATTILAS (453) in das nördl. Schwarzmeergebiet versprengten Reste der Hunnen mit von O eindringenden Turkvölkern (Ogurstämmen, wohl Kutriguren und Utriguren). Diese P., die seit Ende des 5. Jh. Thrakien heimsuchten, hatten sich Anfang des 7. Jh. im Raum nördlich des Kaukasus aus awar. Vorherrschaft gelöst und 635 unter Khan KUVRAT ein kurzlebiges Großreich nördlich des Schwarzen Meeres gebildet, das von den aus Innerasien nachdrängenden Chasaren Mitte des 7. Jh. zerschlagen wurde. Daraufhin wandte sich ein Teil der P. nordwärts und gründete das Reich der Wolgabulgaren (oder Schwarzen Bulgaren), das 1237 von den Mongolen vernichtet wurde. Die Sprache der Wolgabulgaren (auch als Bolgarisch bezeichnet) ist aus Grabinschriften bekannt und gilt als Vorstufe des heutigen Tschuwaschisch. Eine andere Gruppe unter KUVRATS Sohn, Khan ASPARUCH, zog über Bessarabien in das Gebiet zw. Donau und Balkan und gründete das Erste Bulgar. Reich, das 681 vom byzantin. Kaiser KONSTANTIN IV. anerkannt wurde (→Bulgarien, Geschichte). In diesem Herrschaftsverband der P. ist ein großer Teil der ostbalkan. Stämme aufgegangen. Das slaw. Volk der Bulgaren entstand erst aus der Verschmelzung der protobulgar. Oberschicht mit der Masse der slaw. Bev., wobei die Annahme des Christentums 865 den Assimilierungsprozess beschleunigte.

D. ANGELOV: Die Entstehung des bulgar. Volkes (a. d. Bulgar., Berlin-Ost 1980).

Protocephalon [zu griech. kephalḗ ›Kopf‹] *das, -s,* bei Gliederfüßern das vorderste Kopfsegment. Der im P. befindl. Teil des Oberschlundganglions, das **Protocerebrum,** ist Sitz der Zentren für die Verarbeitung der höheren Sinnesfunktionen und komplexer Verhaltensweisen.

Protoderm [zu griech. dérma ›Haut‹] *das, -s,* **Dermatogen,** äußerste Zellschicht des an den Vegetationspunkt der höheren Pflanzen unmittelbar anschließenden Gewebes, die sich später zur Epidermis entwickelt.

Proto|evangelium, das →Protevangelium

Protogynie [zu griech. gynḗ ›Frau‹] *die, -,* **Proterogynie, Vorweiblichkeit,** bei zwittrigen *Tieren* das Reifwerden der Eizellen vor den Samenzellen (z. B. bei Salpen); bei zwittrigen *Blüten* das vorzeitige Reifen der Narben vor den Staubblättern, z. B. bei Aronstabgewächsen. Die P. verhindert eine Selbstbefruchtung. (→Protandrie)

Protohattisch, altoriental. Sprache, →Hattisch.

protokanonische Bücher, die kanon. Bücher der hebr. Bibel (→Kanon).

Protokoll [mlat., von mittelgriech. prōtókollon, eigtl. ›(den amtl. Papyrusrollen) vorgeleimtes (Blatt)‹] *das, -s/-e,* **1)** *allg.:* förml. Niederschrift der wesentl. Punkte einer öffentl. oder privaten Sitzung, Versammlung oder Verhandlung.

2) *Datenverarbeitung:* 1) allg. eine Aufzeichnung von Daten über den Ablauf eines Programms oder Programmteils, z. B. das beim Lauf eines Übersetzungsprogramms entstehende Übersetzungs-P. oder die befehlsweise Aufzeichnung eines Programmablaufs mittels besonderer Programme (Debugger) für Testzwecke und die Fehlersuche; 2) bei der Datenübertragung (Kommunikation) eine i. d. R. genormte Verfahrensvorschrift oder Vereinbarung für die Übermittlung von Daten, durch die die Datenformate, der Datenfluss sowie Aufbau, Überwachung und Abbau von Kommunikationsverbindungen festgelegt werden, z. B. die P. des →OSI-Schichtenmodells; 3) die Gesamtheit der für den Datenaustausch über eine Schnittstelle vereinbarten Regeln.

3) *Diplomatik:* Bez. für die Eingangsformeln einer mittelalterl. Urkunde: Invocatio (Anrufung des göttl. Namens); Intitulatio (Name und Titel des Ausstellers), häufig mit Devotionsformel (z. B. Deo gratia); Inscriptio (Adresse), häufig mit Salutatio (Grußformel).

4) *freiwillige Gerichtsbarkeit:* Es gibt u. a. P. des Richters, des Rechtspflegers, des Urkundsbeamten und v. a. des Notars, bes. bei Beurkundung von Rechtsgeschäften (z. B. Verträge, Testamente). Notarielle P. müssen die Erklärungen der Beteiligten bzw. die Wahrnehmungen des Notars enthalten, bei Willenserklärungen den Beteiligten vorgelesen, von ihnen genehmigt und unterschrieben werden.

5) *Gesellschaftsrecht:* Beschlüsse der Hauptversammlung der AG bedürfen der Beurkundung durch eine notariell aufgenommene Niederschrift; bei der GmbH gilt dies nur für satzungsändernde Beschlüsse, jedoch sind P. auch bei sonstigen Beschlüssen üblich. Beschlüsse der Generalversammlung der Genossenschaft sind in ein P.-Buch einzutragen.

6) *Prozessrecht:* **Verhandlungs-P.** (Verhandlungsniederschriften) sind das Sitzungs-P., das P. des Urkundsbeamten über die vor ihm abgegebenen Parteierklärungen oder das P. des Gerichtsvollziehers über Vollstreckungshandlungen. – Ein **Sitzungs-P.** (Sitzungsniederschrift) ist über jede mündl. Verhandlung, Beweisaufnahme und Hauptverhandlung aufzunehmen. Es wird i. d. R. vom Urkundsbeamten **(P.-Führer)** geführt (auch mithilfe von Kurzschrift, Tonband u. a.) und nach seiner Erstellung vom Vors. unterzeichnet. Bestimmte Teile sind den Beteiligten vorzulesen oder vorzulegen (§ 273 StPO) und bedürfen ggf. ihrer Genehmigung (§ 162 ZPO). Das P. hat neben der Angabe u. a. von Ort und Tag der Verhandlung, den Namen der beteiligten Personen (bes. Richter, Parteien, Zeugen) alle wesentl. Förmlichkeiten und das Prozessgeschehen zu enthalten. Jede Unrichtigkeit (z. B. Lücken, Schreibfehler) kann jederzeit durch das Gericht – grundsätzlich nach Anhörung der Beteiligten – berichtigt werden (**P.-Berichtigung,** § 164 ZPO). Im Übrigen beweist das P. die Beachtung der gesetzl. Förmlichkeiten der Verhandlung und kann nur durch den Nachweis der Fälschung entkräftet werden (§§ 159 ff. ZPO, 271 ff. StPO). Für das förml. Verwaltungsverfahren ist die Fertigung einer Niederschrift in § 68 Bundesverwaltungsverfahrens-Ges. geregelt.

Im *österr.* Recht gelten ähnl. Regeln (z. B. §§ 207 ff. ZPO). In der *Schweiz* wird die P.-Führung in den Prozessgesetzen des Bundes und der Kantone unterschiedlich geregelt.

7) *Völkerrecht:* Die Form eines P. wird häufig auch für Vertragsabreden verwendet, bes. als **Schluss-P.** zur Zusammenfassung der Ergebnisse einer Konferenz oder als **Zusatz-P.** zur Festlegung ergänzender Abmachungen. – P. ist auch die Gesamtheit der im diplomat. Verkehr beobachteten Regeln der Höflichkeit. – Der **Chef des P.** ist ein höherer Beamter des auswärtigen Dienstes, dessen Aufgaben die persönl. Angelegenheiten des diplomat. Korps und der ausländ. Konsuln sowie die Fragen des diplomat. Zeremoniells (Etikette, Rangordnung) sind.

Protokolle der Weisen von Zion, angebl. Niederschriften einer jüd. Tagung, die einen Plan zur Zerstörung der bestehenden Staaten und zur Errichtung der jüd. Weltherrschaft enthalten. Sie fußen auf der von dem frz. Schriftsteller MAURICE JOLY (* 1821, † 1878) verfassten, anonym erschienenen und gegen NAPOLEON III. gerichteten satir. Schrift ›Dialogue aux enfers entre Machiavel et Montesquieu ou la politique de Machiavel au XIXe Siècle‹ (Brüssel 1864; dt. ›Gespräche in der Unterwelt zw. Machiavelli und Montesquieu‹). Erstmals wohl Ende des 19. Jh. (Dreyfusaffäre) auf die Juden umgefälscht, ist eine Anknüpfung an weit verbreitete zeitgenöss. Vorstellungen der 2. Hälfte des 19. Jh. nachweisbar. Populär wurde v. a. die Fassung, die – vielleicht im Interesse der russ. Geheimpolizei Ochrana – von SERGEJ NILUS, einem Beamten der Synodalkanzlei in Moskau, erstellt wurde (1905, im Anhang der 2. Aufl. seines Buches ›Das Große im Kleinen oder Nahe ist der herandrängende Antichrist und das Reich des Teufels auf Erden‹). Eine Neuauflage (Moskau 1907), mit S. BUTMY als Herausgeber, enthält die Angabe des Verfassers, die geheime Versammlung der ›Weisen von Zion‹ habe im Herbst 1897 in Basel stattgefunden. Trotz Nachweis des rein fiktiven Charakters der P. d. W. v. Z. in mehreren Prozessen (Berlin 19. 4. 1924, Johannesburg 21. 8. 1934, Bern 14. 5. 1935, Basel Juni 1936) wurden sie immer wieder publiziert und wiederholt zur Begründung für judenfeindl. Ausschreitungen benutzt. Bedeutung erlangten sie v. a. in der natsoz. Propaganda sowie – nach 1945 – für die Leugner des Holocaust. (→Antisemitismus)

N. COHN: Die P. d. W. v. Z. Der Mythos von der jüd. Weltverschwörung (a. d. Engl., 1969).

Protome: Oberteil einer keltischen, skythisch beeinflussten Schnabelkanne aus Basse Yutz, Département Moselle; frühes 4. Jh. v. Chr. (London, Britisches Museum)

Protokollsätze, *Wissenschaftstheorie:* Aussagesätze, die ohne Verwendung theoret. Termini einfachste Tatsachen aus der Wahrnehmung eines Beobachters wiedergeben und ohne Kenntnis des jeweiligen Kontextes intersubjektiv verständlich sind (→Basissätze; ›Die Person *P* hat am Ort *x* zur Zeit *t* das und das wahrgenommen‹). Der Begriff P. wurde vom log. Empirismus (O. NEURATH) eingeführt, um die theoriefreie und zuverlässige Basis aller Erfahrungswiss. zu beschreiben (in ihrer Funktion in etwa vergleichbar den Axiomen der Mathematik). Die zugrunde liegende Annahme, die Ebenen der Beobachtung (→Beobachtungssprache) und der Theorie ließen sich sauber trennen, hielt allerdings der Kritik nicht stand.

protokorinthische Vasen, wichtige griech. Vasengattung aus Korinth, →Vasen.

Protolepidodendrales [griech.], die →Urbärlappe.

Protolyse [zu griech. lýsis ›(Auf)lösung‹] *die, -/-n,* chem. Reaktion, bei der von einer Säure (Protonendonator) Protonen an eine Base (Protonenakzeptor) übertragen werden (von der IUPAC wurde die [exaktere] Bez. **Protonenübertragungsreaktion** empfohlen), z. B.

$$\underset{\text{Säure 1}}{HNO_3} + \underset{\text{Base 2}}{H_2O} \rightleftharpoons \underset{\text{Säure 2}}{H_3O^+} + \underset{\text{Base 1}}{NO_3^-}$$

Die Atomgruppierungen (Moleküle oder Ionen), die unter Abgabe oder Aufnahme von Protonen reagieren, heißen **Protolyte.** (→Säure-Base-Begriff)

Protome [griech. ›vorderer oder oberer Teil eines Tieres‹] *die, -/...'tomen,* Oberteil von menschl. oder tier. Körpern, als Schmuck an Gefäßen, Geräten und auch an Toren oder am Bau angebracht (Masken, Köpfe, Oberkörper). Am →Rhyton gab es Tier-P. schon in der minoischen Kultur. Eine lange Tradition löste der im Alten Orient ausgebildete P.-Schmuck aus; frühe Beispiele stammen aus der Bauplastik (BILD →Hattusa) sowie von hethit. Rhyta. Die auf Dreifüße gesetzten großen Kessel mit Metall-P. von Urartu (Kessel mit Stier-P. aus Altıntepe, um 730 v. Chr.; Ankara, Museum) wurden wichtig für die griech. archaischen Kessel mit Greifen-P. seit dem 8. Jh. (Herakult in Olympia und dem Heraion von Samos), auch für die aus etrusk. Gräbern des 7. Jh. v. Chr. (mit Schlangen-P.; Palestrina, Bernardini- und Regolini-Galassi-Grab) oder aus Gräbern von Keltenfürsten stammenden Kessel (mit Löwen-P.; Hochdorf). In der kelt. Kunst treten auch menschl. P. auf (an Fibeln, Zierblechen, Kannen). Als Weihgeschenk waren in Griechenland Kopf-P. weibl. Gottheiten aus Terrakotta verbreitet. – Aus Persepolis und Susa sind Stier-, Löwen- und Greifen-P. bekannt, in Persepolis bestanden die Sattelkapitelle aus zwei adossierten (hinten zusammenstoßenden) Tier-P. Ein Fortleben der P. ist in der buddhist. Kunst Indiens und als Wandsockel in der röm. Kunst Kleinasiens (Ephesos) nachzuweisen, in Europa in der irischen Buchmalerei sowie in der Bauplastik der Romanik.

Protomonadina [zu griech. monás ›Einheit‹, ›das Einfache‹], Ordnung der Flagellaten, zu denen wichtige Krankheitserreger gehören, z. B. Leishmania und Trypanosoma.

Proton [zu griech. prõtos ›Erster‹, ›Wichtigster‹] *das, -s/...'tonen,* physikal. Symbol **p** (auch H^+), schweres, elektrisch positiv geladenes →Elementarteilchen aus der Gruppe der →Baryonen. Das P. ist Träger einer positiven Elementarladung ($e = 1{,}602 \cdot 10^{-19}$ C) und hat die Ruhemasse $m_p = 1{,}0072765\,u = 1{,}67262 \cdot 10^{-27}$ kg. Dies entspricht etwa 1 836 Elektronenmassen und einer Ruhenergie von 938,272 MeV. Es besitzt den Spin $^1/_2$ und das magnet. Moment $\mu_p = 2{,}79285\,\mu_N$ (μ_N Kernmagneton). Zus. mit dem →Neutron ist das P. Baustein der Atomkerne, wobei P. und Neutron formal als zwei versch. Isospinzustände des Nukleons klassifiziert werden können (→Nukleonen). Das P. bildet den Kern des leichten Wasserstoffisotops (›Protium‹) ^1_1H, des häufigsten Elements im Weltall, und kann aus diesem durch Ionisation gewonnen werden (Ionisationsenergie 13,53 eV). Freie P. entstehen auch bei zahlr. Kernprozessen und beim Betazerfall des freien Neutrons. Außerdem bilden die P. den wesentl. Teil der →kosmischen Strahlung. In der Hochenergiephysik verwendet man in Teilchenbeschleunigern erzeugte, energiereiche (nahezu auf Lichtgeschwindigkeit beschleunigte) **P.-Strahlen,** um Kernreaktionen zur Herstellung künstl. Isotope durchzuführen, zur Gewinnung anderer Elementarteilchen oder um die Natur der Kernkräfte zu untersuchen.

E. RUTHERFORD wies bei seinen Versuchen mit Alphastrahlung als Erster Wasserstoffkerne als Bestandteile anderer Atomkerne nach und nannte diese 1920 P. 1955 wurde von O. CHAMBERLAIN, E. G. SEGRÈ u. a. das →Antiteilchen des P., das **Anti-P.** ($\bar{p}$), entdeckt. Aus Streuexperimenten weiß man, dass das P. nicht punktförmig ist, sondern eine innere Struktur besitzt. Nach den heute gültigen Modellen setzt sich das P. aus drei Konstituenten zus., zwei u-Quarks und einem d-Quark, die selbst jedoch nicht als freie Teilchen beobachtbar sind (→Quarks). – Noch unklar ist, ob das P. stabil ist oder eine endl. mittlere Lebensdauer aufweist, sodass ein **P.-Zerfall** stattfindet. Der errechnete Wert im Rahmen bestimmter Modelle (→Große Vereinheitlichte Theorien) liegt zw. 10^{30} und 10^{33} Jahren (das Alter des Weltalls beträgt etwa $1{,}5 \cdot 10^{10}$ Jahre). Experimentelle Untersuchungen hierzu werden mit Detektoren durchgeführt, die mehrere Tausend Tonnen Wasser fassen und zum Schutz gegen störende Strahlungseinflüsse z. T. unterirdisch in stillgelegten Bergwerksschächten aufgebaut wurden (z. B. →Superkamiokande-Experiment). Bisher ergab sich dabei eine Untergrenze für die mittlere P.-Lebensdauer von etwa 10^{30} Jahren.

Proton: Nebelkammeraufnahme von Alphastrahlen; im Kreis eine Kernreaktion, bei der ein Proton nach rechts unten emittiert wird

Protonema [griech. nẽma ›Faden‹] *das, -,* aus einer Spore hervorgehender, haploider, meist verzweigt-fädiger Vorkeim der Moose, aus dem sich die Moospflanze mit Antheridien und Archegonien entwickelt; beide bilden zusammen die geschlechtl. Generation der →Moose.

Protonen|abstrahlung, Protonen|emission, Art des radioaktiven Zerfalls (→Radioaktivität).

Protonen|akzeptor, →Säure-Base-Begriff.

Protonendonator, →Säure-Base-Begriff.

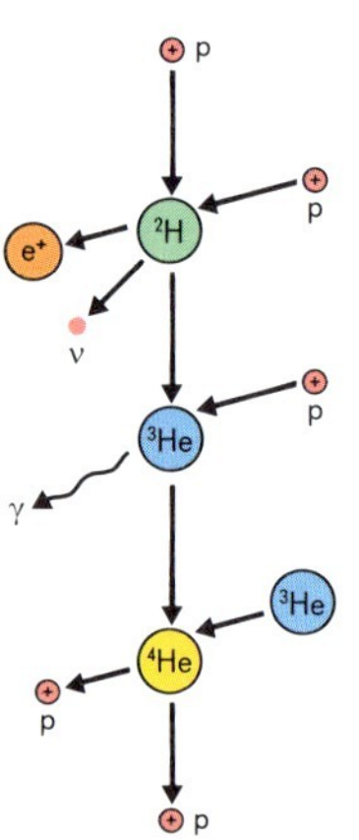

Proton-Proton-Reaktion: Schematischer Ablauf; p Proton (^{1}H), ν Neutrino, e$^+$ Positron, γ Gammaquant

Protonenmagnetometer, Protonenpräzessionsmagnetometer, ein →Magnetometer, das das Auftreten der →Kernspinresonanz an Wasserstoffkernen (Protonen) ausnutzt und dessen Wirkungsweise auf der Abhängigkeit der Larmor-Frequenz des Protons (→Larmor-Präzession) von der Feldstärke eines äußeren Magnetfeldes beruht. Während mit dem NMR-Spektrometer u.a. das magnet. Moment von Atomkernen mithilfe eines vorgegebenen Magnetfeldes gemessen wird, kann man mit dem P. in Kenntnis des magnet. Moments des Protons durch eine Frequenzmessung die Stärke von Magnetfeldern, z.B. des Erdmagnetfeldes, mit hoher Genauigkeit bestimmen.

Protonenmikroskop, ein →Feldionenmikroskop, das mit Wasserstoff arbeitet. Durch Feldionisation entstehen aus dem an der Probenspitze adsorbierten oder dort auftreffenden Wasserstoff Protonen, die die Gitterstruktur der Probenspitze abbilden.

Protonenpumpenhemmer, Arzneistoffe, die durch Hemmung der Protonenpumpe die Salzsäureproduktion im Magen bes. effektiv unterdrücken. Die Protonenpumpe (Protonen-Kalium-ATPase) ist ein Enzym, das Wasserstoffionen bzw. Protonen aus den Belegzellen des Magens heraus- und im Austausch dafür Kaliumionen in die Zellen hineintransportiert. P. (z.B. Omeprazol, Pantoprazol) dienen zur Behandlung von Magen- und Zwölffingerdarmgeschwüren.

Protonenresonanz, die Kernspinresonanz von Protonen; auf ihr beruhen das →Protonenmagnetometer und die P.-Spektroskopie (→NMR-Spektroskopie).

Protonenstürme, hochbeschleunigte Protonen sehr versch. Energie, die zu der von der Sonne teils dauernd, teils nur zeitweise emittierten gasförmigen Materie gehören (neben dem kontinuierl. →Sonnenwind und den Teilchen, die das →Polarlicht hervorrufen). Während Protonen von nahezu $^1/_{10}$ Lichtgeschwindigkeit die →Polarkappenabsorption erzeugen, dringen gelegentlich Protonen von bis zu $^1/_3$ Lichtgeschwindigkeit tief in die Erdatmosphäre ein und verstärken die →kosmische Strahlung. Ihre Sekundärprodukte können auf der Erde nachgewiesen werden. Außerhalb der Atmosphäre können P. wegen ihrer biolog. Wirkung eine Gefahr für die bemannte Raumfahrt darstellen. (→Ionosphäre)

Protonenzahl, →Kernladungszahl.

Protonenzerfall, *Physik:* →Proton.

Protonephridi|en, *Zoologie:* →Exkretion.

Protonium *das, -s,* gebundenes System aus einem Proton (p) und einem Antiproton ($\bar{p}$). Das P. ist ein wasserstoffähnl. →exotisches Atom, bei dem das Hüllenelektron durch ein Antiproton ersetzt ist. In Analogie zum →Positronium können die Spins von Proton und Antiproton antiparallel **(Para-P.)** oder parallel **(Ortho-P.)** ausgerichtet sein. Das P. zerfällt in zwei oder drei Pionen.

Proton kinun akineton [griech.], in der Metaphysik des ARISTOTELES Kennzeichnung Gottes als das ›erste unbewegte Bewegende‹ (→Gottesbeweise), das als ein metaphysisch-ontolog. und kosmolog. Prinzip die Welt nicht mechanisch, sondern ›nach Art eines Geliebten‹ bewegt, d.h. sie im Sinne eines Strebens, Vollkommenheit zu erreichen, auf sich bezieht. Ohne durch etwas außer ihm bedingt zu sein, ist das P. k. a. zugleich der erste Grund von allem (lat. causa prima incausata).

Protonosphäre, die →Geokorona.

Proto|notar, höher gestellter Angehöriger der mittelalterl. Papst-, Kaiser- und Fürstenkanzlei. In der kaiserl. Kanzlei war der P. seit FRIEDRICH I. BARBAROSSA als Vertreter des Kanzlers der eigentl. Leiter der Geschäfte; seit dem 13. Jh. war sein Titel **Vicecancellarius.** Seit der 2. Hälfte des 14. Jh. wurden die Notare der päpstl. Kanzlei im Unterschied zu anderen P. genannt, ohne im Kollegium der Schreiber eine herausragende Stellung einzunehmen. In der fürstl. Kanzlei des späten MA. war die Bez. P. Vorläufer des Titels ›Kanzler‹.

T. FRENZ: Papsturkunden des MA. u. der Neuzeit (1986).

Proton-Proton-Reaktion, p-p-Reaktion, eine Folge von Kernreaktionen, durch die in Sternen unter Freisetzung von Energie Wasserstoff (H) in Helium (He) umgewandelt wird. Dabei entstehen zunächst aus zwei Wasserstoffkernen (Protonen, ^{1}H) ein Deuteron (^{2}H), ein Positron (e^+) und ein Neutrino (ν) unter Freisetzung einer Energie von 1,44 MeV. Über die weiteren Stufen (γ Gammaquant)

$$^2H + {}^1H \rightarrow {}^3He + \gamma \quad \text{und} \quad {}^3He + {}^3He \rightarrow {}^4He + 2\,{}^1H$$

führt die P.-P.-R. zur Bildung von ^{4}He. Die zwei je ^{4}He-Kern entstehenden Neutrinos können entweichen, ihre Energie geht dem Stern verloren. Die übrige durch den Prozess freigesetzte Energie (26,2 MeV) ist als kinet. Energie und Strahlungsenergie vorhanden und wird in Wärme umgesetzt. – Die P.-P.-R. ist die Hauptquelle der Energieerzeugung in Hauptreihensternen (→Sternentwicklung) mit einer Masse bis zu etwa der der Sonne. Neben dem über die Reaktion zweier ^{3}He-Kerne verlaufenden wirksamsten Zweig der P.-P.-R. **(PP-I)** gibt es noch zwei weitere **(PP-II** und **PP-III),** die über die Bildung eines Beryllium- bzw. Borkerns zur Entstehung zweier ^{4}He-Kerne führen.

Proton pseudos [griech. ›erste Lüge‹] *das, - -, Logik:* Beweisfehler, der dadurch verursacht wird, dass die erste Prämisse eines Syllogismus falsch ist (ARISTOTELES) oder allg. ein Beweis auf einer falschen Voraussetzung gründet.

Protophysik, nach einem Vorschlag von P. LORENZEN die der messenden Physik methodisch vorausgehende ›Prototheorie‹ zur operationalen Bestimmung von fundamentalen physikal. Größen. Die Bestimmung von Länge, Zeit und Masse erfolgt – in Konkurrenz zu analytisch-empirist. Metrisierungsprogrammen – ohne Rückgriff auf empir. (von Messungen abhängige) Theorien. In Systemen von Handlungsanweisungen zur (handwerkl.) Herstellung von Körpern definierter Form, von Bewegungen mit festgelegtem zeitl. Ablauf u.a. werden (ideal ungestörte) Messgeräteeigenschaften (z.B. Starrheit von Maßstäben, gleichförmiger Gang von Uhren) ›vorgeschrieben‹ (→Ideation). Das im Rahmen der konstruktiven Wissenschaftstheorie durchgeführte Programm ist z.T. umstritten. Prototheorien wurden später auch für andere Wissensgebiete entwickelt (Protoethik, Protobiologie u.a.).

P. Für u. wider eine konstruktive Wissenschaftstheorie der Physik, hg. v. G. BÖHME (1976); P. LORENZEN: Method. Denken ([3]1988); P. JANICH: Das Maß der Dinge. P. von Raum, Zeit u. Materie (1997).

Protophyten [zu griech. phytón ›Pflanze‹], *Sg.* **Protophyt** *der, -en* und **Protophyton** *das, -s,* Bez. für eine Organisationsstufe der Pflanzen, die alle einzelligen oder lockere Zellverbände darstellenden Pflanzen umfasst. Zu den P. zählen Flagellaten, Bakterien und Schleimpilze.

Protoplanet, eine Materieverdichtung, die als Vorstufe eines Planeten angesehen werden kann. (→Planetenentstehung)

Protoplasma, veraltete und uneinheitlich gebrauchte Bez. für die lebende Substanz in den Zellen, wobei bei den Eukaryonten zw. Zellkern und Zytoplasma unterschieden wird.

Protoplast [zu griech. plássein ›formen‹] *der, -en/-en,* Bez. für wandlose Zellen, die aus pflanzl. Geweben oder aus grampositiven Bakterien durch Zerstörung der Zellwände gewonnen werden.

Protorenaissance [-rənɛsãs], von J. BURCKHARDT geprägte Bez. für versch. Formen der Antikenrezeption in der Kunst des MA. vor der Renaissance, z. B. die Übernahme antiker Bauformen und Motive in der Baukunst Italiens, bes. seit dem 11. Jh. in der Toskana (z. B. Florenz, San Miniato al Monte oder das Baptisterium ebd., beide 11./12. Jh.). Starke antikisierende Tendenzen weist die südital. Skulptur unter FRIEDRICH II. auf (Triumphbogen in Capua), wobei ein bewusstes Wiederaufgreifen des röm. Reichs- und Machtgedankens eine Rolle spielt. Von P. spricht die kunstgeschichtl. Forschung u. a. auch im Zusammenhang mit Bauten der Provence (→provenzalische Bauschule) und der sich an röm. Sarkophagdarstellungen anlehnenden Kunst des N. PISANO.

S. K. SCHER: The renaissance of the 12th century, Ausst.-Kat. (Providence, R. I., 1969); C. BROOKE: The 12th century renaissance (Neuausg. New York 1976); E. PANOFSKY: Die Renaissancen der europ. Kunst (a. d. Engl., [3]1984).

Protosesklokultur, Kulturgruppe der frühen Jungsteinzeit im nördl. Griechenland (6. Jt. v. Chr.) mit Beziehungen zu kleinasiat. Kulturen und solchen im Balkanraum; war die Grundlage für die Herausbildung der →Sesklokultur.

Protosoma [griech. sõma ›Körper‹] *das, -/-ta,* vorderster Körperabschnitt der Kranzfühler, Kragentiere und Bartträger.

Protosphäre, oberste Schicht der Atmosphäre; geht ohne deutl. Grenze in den interplanetaren Raum über.

Protostern, →Sternentwicklung.

Protostomier [zu griech. stóma ›Mund‹], **Protostomia, Urmünder,** *Zoologie:* Bez. für die Vertreter der →Bilateria, bei denen der Urmund zur Mundöffnung (Dauermund) wird und der After sich sekundär aus einer Ektodermeinstülpung bildet. Bei den P. liegt das Herz dorsal und das Nervensystem ventral (Bauchmarktiere, Gastroneuralia). Zu den P. gehören u. a. die Plattwürmer, Schlauchwürmer, Igelwürmer, Weichtiere, Ringelwürmer, Bärtierchen, Gliederfüßer, Kranzfühler.

Prototaxites [zu griech. táxis ›das (An)ordnen‹], **Nematophycus,** fossile tangartige Algen des Devons; bis 35 cm dicke Stämme, die jahresringähnl. Zuwachszonen zeigen können. Sie galten zunächst als Reste von Nadelhölzern.

Prototheria [zu griech. thēríon ›Tier‹], die →Eierlegenden Säugetiere.

prototroph [zu griech. trophḗ ›Nahrung‹], bezeichnet Mikroorganismen, die zum Aufbau aller für das Wachstum notwendigen organ. Verbindungen (z. B. Vitamine) befähigt sind; Ggs.: auxotroph.

Prototyp [griech. prōtótypos ›ursprünglich‹] *der, -s/-en,* **1)** *allg.:* Inbegriff, Urbild, Vorbild, Muster; Phänomene verschiedenster Art (Subjekte und Objekte), die in sich bezeichnende und markante Merkmale vereinen.

2) *Automobilsport:* speziell für den Rennsport konstruiertes, in kleiner Stückzahl oder in Einzelanfertigung hergestelltes Fahrzeug, das den dafür vorgesehenen internat. techn. Bestimmungen entspricht. Auf Komfort wird verzichtet; das Fahrzeuggewicht ist abhängig vom Hubraumvolumen.

3) *Metrologie:* Bez. für die Normale von →Meter und →Kilogramm.

4) *Sozialwissenschaften:* Begriff zur Bez. bedeutsamer zwischenmenschl. Beziehungen, die die Sozialisation des Individuums maßgeblich bestimmen (prototyp. Gruppen), als verhaltensleitende Vorbilder soziale Orientierungen vermitteln und damit die Umwelt strukturieren helfen. Im wiss. Bereich allg. Ausdruck für Lösungswege und Theorien, die sich bei der Bewältigung bestimmter Probleme bewährt haben (prototyp. Lösungen).

Protozoen [griech. zõon ›Lebewesen‹], *Sg.* **Protozoon** *das, -s,* **Protozoa, Einzeller, Urtierchen,** dem Unterreich der vielzelligen Tiere (Metazoa) gegenübergestelltes Unterreich, das die einzelligen (tier.) Organismen umfasst. Die Erkenntnis, dass die Grenze zw. tier. und pflanzl. eukaryont. Organismen innerhalb der Flagellaten (Mastigophora) verläuft – Phytoflagellaten mit Plastiden sind autotroph, Zooflagellaten sind heterotroph – sowie neue Erkenntnisse über die Ultrastruktur und die Fortpflanzungsbiologie z. T. auch solcher Organismen, die früher den Algen oder den Schleimpilzen zugeordnet wurden, haben die Systematik in Bewegung versetzt. Auf der Basis dieser Erkenntnisse wurde z. B. 1980 von NORMAN DION LEVINE (* 1912) und Mitarbeitern eine völlig neue Klassifikation der ›Protista‹ (statt P.) vorgenommen, die allerdings noch umstritten ist.

Zu den P. gehören rd. 27 000 rezente Arten, von denen die meisten eine Größe von 1 µm bis 2 mm, seltener bis zu einigen cm aufweisen; die größte rezente Art, Gypsina plana (eine Foraminifere), besitzt ein Gehäuse von bis zu 12,5 cm Durchmesser. Zusätzlich sind rd. 20 000 fossile Arten bekannt, deren größte, ebenfalls eine Foraminifere, einen Gehäusedurchmesser von bis zu 15 cm besaß.

Bau der P.: Morphologisch stehen die P. auf der Stufe der eukaryont. Einzelzelle; sie enthalten daher alle normalen Zellstrukturen und darüber hinaus vielfach spezif. Zellorganellen, deren Differenzierung der bei den Vielzellern vorliegenden Differenzierung in Gewebe und Organe vergleichbar ist. Alle P. besitzen zumindest einen Zellkern, v. a. größere P. jedoch zahlr. gleichartige Kerne; bei Foraminiferen und Wimpertierchen kommen zwei unterschiedl. Kerntypen vor, ein der Fortpflanzung dienender Mikronukleus und ein somat. Makronukleus. Die Zelloberfläche ist nackt und weitgehend formveränderlich (z. B. bei Amöben) oder mit fester, relativ formkonstanter Pellikula. Als Anhänge der Zellhülle treten Geißeln oder Wimpern auf bzw. aus diesen verschmolzene, komplizierte Bildungen sowie bei den Sauginfusorien Saugtentakeln. Die Zellhülle kann auch durch die Unterlagerung von Zytoskelett (Mikrotubuli, Mikrofilamente) verfestigt sein (z. B. bei den Wimpertierchen). In die Zellmembran können Extrusomen eingefügt sein, membranumhüllte Organellen, die auf äußere Reize hin ihren Inhalt aus der Zelle ausstoßen (z. B. Trichozysten beim Pantoffeltierchen). Der Zellmembran ist eine aus Mucopolysacchariden bestehende äußere Hüllschicht aufgelagert (Glykokalyx), die durch Einlagerung weiterer organ. Substanzen oder von Calciumcarbonat oder Silikat als Skelett den Plasmakörper stützen kann (z. B. bei Silicoflagellaten, Sonnentierchen, Rädertierchen). Im Süßwasser lebende P. besitzen →kontraktile Vakuolen zur Osmoregulation und zur Exkretion.

Der Fortbewegung dienen Geißeln oder Wimpern in Ein- oder Mehrzahl, bei einigen Arten (z. B. den Wimpertierchen) können sie den ganzen Zellkörper bedecken. Durch wellenförmige oder schraubige Bewegungen ermöglichen sie die Fortbewegung der Zelle oder strudeln Nahrung herbei. Geißeln können mit dem Zellkörper durch eine undulierende Membran verbunden (z. B. Trypanosoma) oder auch fein verzweigt sein. Fließ- oder Kriechbewegungen werden durch die Ausbildung von Scheinfüßchen, veränderl. Zellfortsätzen, ermöglicht. Sie entstehen durch die Aktivität kontraktiler Proteine (Aktin, Myosin).

Ernährung, Verdauung: Die heterotrophen P. nehmen organ. Nahrungsbestandteile in fester (durch Phagozytose) oder flüssiger Form (durch Pinozytose) zu sich, die dann in speziellen Nahrungsvakuolen durch Lysozyme verdaut werden. Unverdaul. Nahrungsbestandteile werden wieder ausgeschieden (Exozytose). Bei P. mit fester Zellhülle ist zur Nahrungsaufnahme ein Zellmund (Cytostom) und zur Ausscheidung ein Zellafter (Cytopyge) ausgebildet. Phototrophe P. (Phytoflagellaten) betreiben Photosynthese.

Sinneswahrnehmung: Reize werden durch die ganze Zelle aufgenommen, wobei die Reizantwort i.d.R. in einer gerichteten oder ungerichteten Bewegung der Zelle besteht. V.a. bei den photoautotrophen Flagellaten sind Augenflecke als Hilfsorgane bei der Aufnahme von Lichtreizen ausgebildet. Bei Wimpertierchen können Wimpern für die Mechanorezeption (Berührung, Strömung) spezialisiert sein.

Die *Fortpflanzung* erfolgt auf ungeschlechtl. Weg durch Zweiteilung, Vielfachteilung oder Knospung. Bei vielen P. kommt auch geschlechtl. Fortpflanzung durch Kopulation oder Konjugation vor. Viele endoparasitisch lebende P. (z.B. Sporentierchen) haben einen Generationswechsel, der oft mit einem Wirtswechsel verbunden ist.

Lebensweise: P. leben ausschließlich in feuchten Lebensräumen, sowohl im Meer als auch im Süßwasser und in feuchten Kleinstbiotopen (z.B. Bromelientrichter, Sandlückensystem), als Parasiten, Symbionten oder Kommensalen in oder an anderen Tieren (z.B. Pansenciliaten bei Wiederkäuern). P., die in periodisch austrocknenden Lebensräumen vorkommen, sind zur Zystenbildung befähigt. Einige Arten sind Krankheitserreger bei Mensch und Haustieren (z.B. Plasmodium, Trypanosoma, Kokzidien). Im Gesamtökosystem spielen P. eine wichtige Rolle, sowohl als (herbivore, carnivore oder saprophage) Mikrokonsumenten als auch, im Falle der phototrophen Phytoflagellaten, als Primärproduzenten. Die Skelette bestimmter Formen haben zur Bildung ganzer Gesteinskomplexe beigetragen (z.B. Globigerinenkalke, Kreide, Fusulinenkalke, Radiolarit).

Protozo|ologie, die Wiss. von den →Protozoen.

Protozyte [zu griech. kýtos ›Höhlung‹, ›Wölbung‹] *die, -/-n,* die prokaryont. Zelle (→Prokaryonten).

Protrahierung [zu lat. protrahere ›hinziehen‹, ›verlängern‹] *die, -,* **Protraktion,** *Medizin:* 1) Verlängerung der Wirkungsdauer von Arzneimitteln (Anwendung in Depotform); 2) spezielle Form der Strahlentherapie, bei der eine bestimmte Gesamtstrahlendosis über einen längeren Zeitraum, verteilt auf geringe Einzeldosen, appliziert wird.

Protraktoren [zu lat. protrahere, protractum ›hinziehen‹, ›verlängern‹], *Sg.* **Protraktor** *der, -s,* **Vorzieher,** Muskeln, die eingezogene oder vertieft liegende Organe nach vorn ziehen oder vorstrecken, z.B. der der Akkommodation dienende Musculus protractor lentis bei Fischen, der die Augenlinse in Richtung Hornhaut zieht; Ggs.: Retraktoren.

Protreptik [zu griech. protreptikós ›erweckend‹, ›ermahnend‹] *die, -, Literatur:* **Protreptikos,** Sammelbegriff für v.a. in der Antike belegte Schriften, die zur Beschäftigung mit einer bestimmten Disziplin, insbesondere der Philosophie, anregen sollen; z.B. bei ANTISTHENES, ARISTIPPOS, ARISTOTELES, EPIKUR, den Stoikern, CICERO und GALEN.

Protrusion [zu lat. protrudere, protrusum ›fortstoßen‹] *die, -/-en,* 1) das Hervortreten oder -stehen von Organen oder Körperteilen aufgrund einer Abweichung von der normalen Lage, z.B. des Auges **(Protrusio bulbi)** bei Exophthalmus, der Bandscheibe **(Bandscheiben-P.)** als Vorstufe des Bandscheibenvorfalls. 2) Biss- und Kieferanomalie mit Vorverlagerung von Zähnen und Kieferanteilen.

Protuberanzen: Bogenförmige Fleckenprotuberanz am Sonnenrand

Protuberanzen [zu spätlat. protuberare ›anschwellen‹, ›hervortreten‹], *Sg.* **Protuberanz** *die, -,* wolkenförmig, bogenförmig oder ähnlich strukturierte Gebilde der inneren Sonnenkorona, die sich über die →Chromosphäre der Sonne erheben. Sie zeigen nahezu das gleiche Spektrum wie die Chromosphäre und sind während einer totalen Sonnenfinsternis am Sonnenrand zu sehen. Bei Verwendung von Spezialinstrumenten, wie Koronographen, Spektrohelioskopen, Interferenz- und Lyot-Filtern, können sie jederzeit beobachtet werden, auch als lang gestreckte dunkle →Filamente auf die Sonnenscheibe projiziert. Da die P. an der Sonnenrotation teilnehmen, kann man eine genügend langlebige P. zunächst am östl. Sonnenrand als helle Erhebung, dann als dunkles Filament vor der Sonnenscheibe und schließlich wieder als helle Erhebung am westl. Sonnenrand beobachten. **Ruhende P.,** die im Mittel eine Länge von etwa 200000km, eine Höhe von etwa 50000km und eine Dicke von rd. 6000km haben, können mehrere Sonnenrotationen überdauern. Sie enden oft in einem aktiven Stadium durch rasches Abfließen der Materie in die Chromosphäre. **Aktive P.** sind vielfach mit →Flares verknüpft und zeigen vielfältige Formen und Entwicklungen. Sie können mit Anfangsgeschwindigkeiten bis zu 700 km/s große Höhen (bis 2Mio. km über der Sonnenphotosphäre) erreichen **(aufsteigende** oder **eruptive P.),** wobei sie ihre Geschwindigkeit sprunghaft ändern können. Meist strömt die P.-Materie nach Erreichen des Gipfelpunktes wieder in die Chromosphäre zurück, nicht selten auf bestimmten Bahnen, die durch lokale Magnetfelder bestimmt werden. In der Nähe ihres Einströmungspunktes befindet sich oft ein Sonnenfleck. Teile einer aufsteigenden P. können sich auch ganz von der Sonne ablösen. Die zu den aktiven P. gehörenden **Flecken-P.** sind kleiner und auf einzelne →Sonnenflecken beschränkt. Die Zahl der P. variiert mit der elfjährigen Fleckenperiode. Die P. sind als relativ kühle, dichte Materie (Temperatur 5000–8000K) in die dünnere, 100fach heißere Korona eingebettet. (BILD →Astronomie)

Protze [von ital. (mundartlich) birazzo ›Zweiradkarren‹, zu spätlat. birotus ›zweirädrig‹], zweirädriger Wagen, früher bes. der Vorderwagen pferdebespannter Geschütze, der zum Fahren mit der Lafette verbunden (aufprotzen), beim In-Stellung-Gehen von dieser abgetrennt wurde (abprotzen).

Pierre Joseph Proudhon

Proudhon [pruˈdɔ̃], Pierre Joseph, frz. Sozialist und Schriftsteller, * Besançon 15.1.1809, † Paris 19.1.1865; Schriftsetzer; aus handwerklich-bäuerl. Verhältnissen stammend, eignete sich in kurzem Studium, im Wesentlichen aber als Autodidakt ein umfassendes Wissen an. In seiner 1840 erschienenen Schrift ›Qu'est-ce que la propriété? Ou, Recherches sur le principe du droit et du gouvernement‹ (1840; dt. ›Was ist Eigenthum, oder Untersuchungen über den letzten Grund des Rechts und des Staates‹), die ihn mit einem Schlag berühmt machte, griff P. die bestehende Eigentumsordnung an, mit der These ›Eigentum ist Diebstahl!‹, womit er nicht das Prinzip des Privateigentums, sondern dessen ungleiche und ungerechte Verteilung meinte. P. forderte die gleichmäßige Verteilung des Produktionseigentums zulasten des gewerbl. Großeigentums und zugunsten einer Vielzahl von Kleinproduzenten, die ihre mit eigenen Arbeitsinstrumenten produzierten Waren an einer Tauschzentrale (›La banque d'échange‹) gegen Tauschbons abliefern sollten. Diese Tauschbons sollten zum Bezug gleichwertiger Waren berechtigen, wodurch die sonst anfallende Handelsspanne entfiele. 1844 lernte P. in Paris K. MARX kennen, der ihn vergebens zu einer Vertiefung seiner krit. Analyse und zu einer Mitarbeit am Brüsseler Kommunist. Korrespondenz-Komitee anzuregen suchte. Nachdem die frz. Nationalversammlung 1848 P.s Vorschlag zur Einrichtung von Tauschzentralen, den er als Abg. einbrachte, verworfen hatte, gründete er 1849 eine (allerdings nur ein halbes Jahr bestehende) Volksbank, die kostenlos Kredite vergab. Den zentralist. Staat kritisierte P. als Ursprung der

Unterdrückung, seine neue Gesellschaftsordnung wollte er ohne Staatsmacht errichten (›Keine Partei mehr, keine Autorität mehr, unbedingte Freiheit des Menschen und des Bürgers!‹). P. wurde von marxist. Seite v. a. vorgeworfen, er habe mit seiner Theorie versucht, die mit dem Kapitalismus entstandenen Klassen zu versöhnen und zw. ihnen zu vermitteln, weiter habe er durch eine unzulängl. Auffassung von histor. Dialektik u. a. die relative Progressivität des kapitalist. Konzentrationsprozesses verkannt.

P.-Bibliogr., hg. v. J. HILMER u. L. ROEMHELD (1989); M. NETTLAU: Gesch. der Anarchie, auf mehrere Bde. ber. (Nachdr. 1993 ff.).

Proulx [ˈpraulks], E. (Edna) Annie amerikan. Schriftstellerin, *Norwich (Conn.) 22. 8. 1935; arbeitete u. a. als Journalistin; veröffentlichte 1988 eine Sammlung von Kurzgeschichten (›Heart songs and other stories‹). P.s Werke handeln vom Leben der Einwanderer und deren Nachfahren, von Farmern u. a. einfachen Amerikanern vor dem Hintergrund der amerikan. Geschichte und Kultur. P. schreibt in meisterhafter, lakon. und zugleich poet. Sprache, mit skurrilen Details und Humor.

Weitere Werke: *Romane:* Postcards (1992; dt. Postkarten); The shipping news (1993; dt. Schiffsmeldungen); Accordion crimes (1996; dt. Das grüne Akkordeon).

Proust [prust], **1)** Joseph Louis, frz. Apotheker und Chemiker, *Angers 26. 9. 1754, †ebd. 5. 7. 1826; ab 1789 Prof. für Chemie in Segovia, Salamanca und ab 1791 in Madrid; kehrte 1808 nach Frankreich zurück und wurde 1816 Mitgl. der Académie des sciences. P. formulierte 1797 das Gesetz der konstanten Proportionen (→Stöchiometrie). Außerdem entwickelte er neue Methoden der chem. Analyse und entdeckte 1799 die Glucose.

2) Marcel, frz. Schriftsteller, *Auteuil 10. 7. 1871, †Paris 18. 11. 1922; führte (schon früh an Asthma leidend) nach Studium (Rechts- und Literaturwissenschaft) und kurzer Tätigkeit in der Bibliothèque Mazarine in Paris ein Salonleben, das nur von Reisen (Trouville, Évian, Venedig) unterbrochen wurde.

Sein Leben und eine ganze Epoche resümiert der Roman ›À la recherche du temps perdu‹ (7 Tle., erschienen 1913–27; dt. ›Auf der Suche nach der verlorenen Zeit‹). Weder die frühen Prosaversuche ›Les plaisirs et les jours‹ (1896; dt. ›Tage der Freuden‹) noch seine Tätigkeit als Übersetzer (J. RUSKINS ›La Bible d'Amiens‹, 1904, und ›Sésame et les lys‹, 1906) und Literaturkritiker (›Contre Sainte-Beuve‹, 1905 bis 1909, als Vorstudie zum Hauptwerk; dt. ›Gegen Sainte-Beuve‹) deuten auf ein Werk vom Umfang und Gewicht der ›Recherche‹ hin. Erst die Entdeckung des Romanfragments ›Jean Santeuil‹ (entstanden 1896–1905, 3 Bde., hg. 1952; dt.) wies das Leben P.s als kontinuierliche literar. Anstrengung aus. Der Rückzug aus dem sozialen Leben (1905, nach dem Tod der Mutter) in die Einsamkeit im schallisolierten (mit Kork ausgeschlagenen) Zimmer am Boulevard Haussmann machten (seit 1908) die Arbeit an dem Roman zum einzigen Inhalt dieser Existenz. Im März 1922 beendete er das Werk und betrachtete dies als Erfüllung seines Lebens. In den wenigen Monaten bis zu seinem Tod führte er (bis zum Band ›La prisonnière‹) jene Korrekturen aus, die den geschriebenen oder schon gedruckten Text überwuchern.

Obwohl von fast dokumentar. Genauigkeit, ist die ›Recherche‹ mehr als das Bild einer Epoche oder eines individuellen Lebens. Im Ggs. zur Memoirenliteratur, der P. gleichwohl viel verdankt (L. DE SAINT-SIMON, F. R. DE CHATEAUBRIAND), erschöpft sich der Roman nicht in einem histor. Rückblick, sondern erkundet die Gesetzmäßigkeiten, unter denen das Vergangene wieder gegenwärtig werden kann. Die Schlüsselerlebnisse des unwillentl. Erinnerns (›mémoire involontaire‹), zufällige Analogien, lösen einen Prozess aus, der die Vergangenheit in ihrer Fülle und Totalität wieder erweckt. Die Komplexität und Differenziertheit dieses Vorgangs spiegelt sich in der präzisen Wortwahl, der weit ausgreifenden Syntax sowie in Klanglichkeit und Rhythmus; es wird darin aber auch das Ausmaß der schriftsteller. Anstrengung spürbar. Früh an S. FREUD geschult und mit H. BERGSONS Philosophie der gelebten Zeit vertraut, projiziert P. die Welt seines Romans in den Innenraum eines Icherzählers, dessen Identität mit dem Autor in der Schwebe bleibt. Die Bedeutung des Romans resultiert jedoch nicht aus der Psychologie des Sicherinnerns, so genau sie allgemeinen Gesetzen und der generellen Vergegenwärtigung des Vergangenen auf der Spur bleibt. Die ›Suche nach der verlorenen Zeit‹ ist der mühsame, immer wieder von Rückschlägen gezeichnete Weg der individuellen Erfahrung zum überpersönl. Kunstwerk. Erst indem der Roman die Geschichte seiner Entstehung schreibt, die sein eigentl. Inhalt ist, gehen Zeitbild und Darstellung der Subjektivität ins Allgemeine und Überzeitliche ein. Die wieder gefundene Zeit ist zugleich eine Überwindung der Zeitlichkeit.

Marcel Proust

P.s ›Recherche‹ ist der eigentl. Beginn des modernen Romans in Frankreich; das Werk entstand etwa gleichzeitig mit dem in seiner Subtilität und seiner Sprachbezogenheit verwandten ›Ulysses‹ (1922) von J. JOYCE sowie dem Roman der problemat. Subjektivität ›Der Mann ohne Eigenschaften‹ (3 Bde., 1930–43) von R. MUSIL. Die Poetik des Nouveau Roman mit ihrer Brechung der Welt im Subjekt beruft sich auf P. (NATHALIE SARRAUTE, ›L'ère du soupçon‹, 1956), doch besteht die Nachwirkung des proustschen Werkes eher in vereinzelten Spuren (M. LEIRIS, im dt. Sprachraum H. BURGER) als in einer breiten Tradition. Die Rezeptionsgeschichte der ›Recherche‹ erreicht ihren Höhepunkt bei S. BECKETT, der P.s Modernität mit allen Konsequenzen weiterführt.

Weitere Werke: À la recherche du temps perdu: Du côté de chez Swann (1913; dt. In Swanns Welt); À l'ombre des jeunes filles en fleurs (1919; dt. Im Schatten junger Mädchenblüte); Le côté de Guermantes, 2 Bde. (1920–21; dt. Die Herzogin von Guermantes); Sodome et Gomorrhe, 2 Bde. (1921–22; dt. Sodom u. Gomorra); La prisonnière (hg. 1923; dt. Die Gefangene); Albertine disparue (hg. 1925; dt. Die Entflohene); Le temps retrouvé (hg. 1927; dt. Die wiedergefundene Zeit). – Pastiches et mélanges (1919; dt. Ausw. u. d. T. Pastiches. Die Lemoine-Affäre).

Ausgaben: Œuvres complètes, 10 Bde. (1929–36); Correspondance, hg. v. P. KOLB, 21 Bde. (1970–93); Textes retrouvés, hg. v. DEMS. u. a. (Neuausg. 1971). – Werke, hg. v. L. KELLER, auf 17 Bde. ber. (1988 ff.); Auf der Suche nach der verlorenen Zeit, übers. v. E. RECHEL-MERTENS, 10 Bde. (a. d. Frz., (1–6)1993).

G. POULET: M. P. Zeit u. Raum (a. d. Frz., 1966); R. DE CHANTAL: M. P., critique littéraire, 2 Bde. (Montreal 1967); M. BARDÈCHE: M. P. romancier, 2 Bde. (Paris 1971); E. R. CURTIUS: M. P. (12.–14. Tsd. 1973); Études proustiennes (Paris 1973 ff.); G. DELEUZE: P. u. die Zeichen (a. d. Frz., 1978); A. DE LATTRE: La doctrine de la réalité chez P., 3 Bde. (Paris 1978–85); R. FERNANDEZ: P. ou la généalogie du roman moderne (ebd. 1979); G. P. PAINTER: M. P. Eine Biogr., 2 Bde. (a. d. Engl., 1980); A. HENRY: M. P. Théories pour une esthétique (Paris 21983); Proustiana. Mitteilungsbl. der M.-P.-Gesellschaft (1983 ff.); V. ROLOFF: Werk u. Lektüre. Zur Lit.-Ästhetik von M. P. (1984); J. MILLY: P. dans le texte et l'avant-texte (Paris 1985); H. R. JAUSS: Zeit u. Erinnerung in M. P.s ›À la recherche du temps perdu‹ (Neuausg. 1986); S. BECKETT: P. (a. d. Frz., Neuausg. 1988); K. KREMP: Der Roman von P. (1988); A. BOUILLAGUET: M. P., le jeu intertextuel (Paris 1990); L. KELLER: P. lesen (1991); C. MAURIAC: M. P. (a. d. Frz., 76.–78. Tsd. 1993); E. KÖHLER u. A. CORBINEAU-HOFFMANN: M. P. (31994); J. KRISTEVA: Le temps sensible. P. et l'expérience littéraire (Paris 1994).

Proustit [prusˈtit, nach J. L. PROUST] *der -s/-e,* Mineral, das lichte →Rotgültigerz.

William Prout

Prout [praʊt], William, brit. Mediziner und Chemiker, *Horton (Cty. Gloucestershire) 15. 1. 1785,

Provence-Alpes-Côte-d'Azur: Lavendel- und Getreidefelder bei Puimoisson in der Nähe von Digne

† London 9. 4. 1850; wirkte als prakt. Arzt in London; stellte Untersuchungen zur physiolog. Chemie und über Naturstoffe an (entdeckte u. a., dass der Magensaft Salzsäure enthält). 1815 veröffentlichte er eine Hypothese, nach der die Atome aller Elemente aus Wasserstoffatomen aufgebaut und die Atomgewichte ganzzahlige Vielfache des Atomgewichts des Wasserstoffs sind **(P.-Hypothese).**

Prouvé [pruˈve], Jean, frz. Architekt und Designer, * Nancy 8. 4. 1901, † ebd. 23. 3. 1984; wandte bereits 1934 das System des Curtainwall an, wobei er sich auf Leichtkonstruktionen aus Stahlrohren spezialisierte. In Zusammenarbeit mit P. L. Nervi errichtete er 1957–58 die CNIT-Ausstellungshalle in Paris. In eigener Firma nahm P. die Massenherstellung von vorgefertigten Häusern (Siedlung in Meudon-Bellevue, 1949–50), Schulen (Saint-Égrève, Dép. Isère, 1965) und Laboratorien (Pierrelatte, 1961) auf. P. machte auch auf dem Gebiet des Möbeldesigns mit sachlich-konstruktiven Entwürfen, die Stahl, Holz, Leder und Aluminium kombinieren, auf sich aufmerksam.

Provence
Historisches Wappen

Provence [prɔˈvãs], histor. Gebiet in SO-Frankreich, bewohnt von den →Provenzalen; entspricht etwa den heutigen Dép. Bouches-du-Rhône, Alpes-de-Haute-Provence, Var und Vaucluse; diese bilden mit den Dép. Alpes-Maritimes und Hautes-Alpes die Region →Provence-Alpes-Côte-d'Azur.

Geschichte: Von der zw. 125 und 118 v. Chr. gegründeten röm. ›Provincia Gallia Narbonensis‹ (→Gallien), als älteste röm. Prov. Galliens später meist nur ›Provincia‹ genannt, bewahrte nur der SO den Namen. 476 besetzten die Westgoten nach wiederholten Einfällen Teile der P., später kam sie unter ostgot., dann (um 536) unter fränk. Herrschaft. 737–739 vertrieb Karl Martell die wenige Jahre vorher eingedrungenen Sarazenen, von denen sich jedoch Restgruppen in den Küstengebirgen bis ins 10. Jh. hielten. Durch die Reichsteilung 843 fiel das Gebiet an Kaiser Lothar I., 855 zus. mit dem benachbarten Dukat Lyon (mit Vienne) an dessen Sohn Karl (Karl von der P., * um 840, † 863), unter dem die P. erstmals Königreich war (›Regnum Provinciae‹). Dieses bildete den Kern des 879 von Boso von Vienne gegründeten Königreichs P. oder Niederburgund (→Burgund) mit dem Hauptort Arles. Mit diesem kam die P. 934 an Hochburgund und 1032/34 an den dt. König, der nur eine lockere Herrschaft ausübte. Die nach der Vereinigung Nieder- und Hochburgunds gebildete Grafschaft P. fiel 1112 großenteils an die Grafen von Barcelona, 1245 durch Heirat an Karl I. von Anjou und 1382 an das jüngere Haus Anjou. Unter Karl von Anjou erhielt die P. eine starke Zentralverwaltung und Gerichtshöfe, deren oberste Instanz in Aix tagte. Die ital. Politik der (im Königreich Neapel regierenden) Anjou brachte der P. zuerst großen Reichtum, doch führten der Verlust Siziliens (1282), Kriege gegen Aragonien und die Seeräuber sowie der Rückgang des Orienthandels und die Große Pest im 14. Jh. zum Niedergang. Erst nach dem endgültigen Verlust Neapels (1442) begann ein neuer Aufschwung, der sich fortsetzte, als die P. 1481 durch Erbschaft an die frz. Krone fiel. Die Stände der P. billigten 1486/87 die Union mit der Krone. Ab 1660 wurde die P. wie eine frz. Provinz verwaltet, verzichtete aber auf ihre rechtlich verbrieften Privilegien erst 1789 und wurde dann in Départements aufgeteilt.

J.-P. Clébert: P. antique, 2 Bde. (Paris 1966–70); Histoire de la P., hg. v. E. Baratier, 2 Tle. (Toulouse 1971–76); R. Busquet u. a.: Histoire de la P. (Paris [6]1976); La P. de 1900 à nos jours, hg. v. P. Guiral (Toulouse 1978); F.-X. Emmanuelli: Histoire de la P. (Paris 1980); C. Keck: Die P. in der späten Stauferzeit (1996).

Provence-Alpes-Côte-d'Azur [prɔvãsalpko:tdaˈzy:r], Region in SO-Frankreich, zw. unterer Rhône und ital. Grenze, umfasst die Dép. Alpes-de-Haute-Provence, Bouches-du-Rhône, Var, Vaucluse (→Provence) sowie Alpes-Maritimes und Hautes-Alpes, 31 400 km², 4,48 Mio. Ew.; Hauptstadt ist Marseille. Die Region umfasst das untere Rhônetal, das Rhônedelta einschließlich der Crau und die schmalen, nur durch die bis ans Meer herantretenden Massive der Monts des Maures und des Estérel unterbrochenen Küstenstreifen der Provence und der Côte d'Azur (→Riviera) am S-Fuß der Seealpen. Im Bereich von unterer Durance und Verdon erstrecken sich die subalpinen Ketten der südl. Kalkvoralpen, die sich in niedrigen Kalkketten bis zur Rhône fortsetzen. Weit nach N ausgreifend, erfasst die Region im O noch einen Teil der Hochalpen (mit Teilen der Pelvouxgruppe) und die Seealpen.

Im hoch urbanisierten Küstensaum mit den Zentren Marseille, Toulon, Cannes und Nizza sowie in den Tälern von Durance und Rhône leben über 80 % der Bev. der Region. Das untere Rhônetal ist eines der wichtigsten Agrargebiete des Midi mit Obst- und Gemüsekulturen sowie Weinbau. Die Erzeugnisse werden v. a. auf den Großmärkten von Châteaurenard und Cavaillon vermarktet sowie z. T. in der verarbeitenden Industrie (Schwerpunkt in Avignon) verwertet. Auch im Rhônedelta mit dem Hauptort Arles ermöglichten Bewässerungsmaßnahmen Obst- und Erwerbsgartenbau. In der Camargue wurden Reis-, Wein- und Obstbau entwickelt. Der Bewässerung des Küstengebiets um Toulon dient der →Provencekanal. An der Mittelmeerküste sind Weinbau zw. Marseille und Nizza sowie Blumenkulturen (Côte d'Azur), v.a. für die Parfümindustrie, von großer Bedeutung. Während in den niederschlagsarmen Kalkvoralpen und den Bergländern der südl. Provence überwiegend extensive Schafweidewirtschaft betrieben wird, sind die fruchtbaren Becken Anbaugebiete für Getreide, Reben (Spitzenweine der Provence sind leichte Roséweine, der trockene weiße Cassis und v.a. der rote Bandol) und Oliven. In den Alpen (v.a. Briançonnais, Ubaye und Seealpen) überwiegen Rinderweidewirtschaft und Milchproduktion. Maßgebl. Anteil am Wirtschaftsleben hat hier auch der Fremdenverkehr (Wintersport). Die Nutzung der Wasserkräfte in den Alpen zur Energiegewinnung (Durance), die Errichtung des Hafen- und Industriekomplexes Fos-sur-Mer sowie die Kanalisierung der Rhône von Lyon bis zur Mündung waren von großer Tragweite für die wirtschaftl. Entwicklung der Region. Erdölraffinerien und petrochem. Industrie haben in ihrer wirtschaftl. Bedeutung den im Rückgang begriffenen Schiffbau in Marseille deutlich übertroffen. An nennenswerten Bodenschätzen verfügt die Provence über Bauxit bei Brignoles. An der Küste wird Meersalz gewonnen.

M. WOLKOWITSCH: Provence, Alpes, Côte d'Azur (Paris 1984).

Provencekanal [prɔ'vãs-], 300 km langes Kanalsystem in S-Frankreich, dient der Wasserversorgung der Dép. Var und Bouches-du-Rhône. Der Hauptkanal vom Verdon (Talsperre von Gréoux-les-Bains) zum Küstengebiet um Toulon wurde 1976 vollendet; Abzweigungen führen nach Marseille und zum Étang de Berre. Nach endgültiger Fertigstellung sollen 110000 ha Land bewässert werden.

Provenienz [zu lat. provenire ›herkommen‹, ›entstehen‹] *die, -/-en, bildungssprachlich* für: Bereich, aus dem etwas stammt, Herkunft, Ursprung.

Provenienzsystem, seit Ende des 19. Jh. allg. gehandhabtes Prinzip, nach dem in Archiven der Akten- und Urkundenbestand geordnet wird. Die Archivalien werden unter Beibehaltung oder Wiederherstellung des Registraturzusammenhangs geordnet, d.h., sie verbleiben in dem Zusammenhang, in dem sie entstanden sind.

Proventivknospen [zu lat. proventus das ›Hervorwachsen‹], **Ruheknospen, schlafende Augen,** pflanzl. Knospen, die erst nach monate- oder jahrelangem Ruhezustand, ausgelöst durch Außenreize (z.B. weil sie erst spät dem Licht zugänglich wurden), austreiben. Aus P. hervorgegangene **Proventivsprosse** sind auch die Wasserreiser an älteren Bäumen, die nach Fraß- oder Frostschäden sprießen.

Proventriculus [lat. ventriculus ›kleiner Magen‹] *der, -/...li,* der →Drüsenmagen der Vögel; auch Bez. für den Kaumagen der Insekten.

Provenzale, Francesco, ital. Komponist, *Neapel 1627, †ebd. 6. 9. 1704; war u.a. Vizekapellmeister am königl. Hof in Neapel, war Lehrer von A. SCARLATTI. P. entwickelte aus Anregungen der Venezianer (P. A. ZIANI, A. CESTI) sowie der Melodie und dem Witz des ital. Volksliedes die neapolitan. Opera buffa, in der kunstvolle Stimmführung und bewegl. Modulation entscheidend sind; er gilt als Begründer der Neapolitan. Schule. Neben Bühnenwerken (u.a. ›Ciro‹, 1653) komponierte P. auch Oratorien, Kantaten und Motetten.

Provenzalen, i.e.S. die Bewohner der Provence, sie sind urspr. Ligurer mit starker griech. und phönik., später röm. Überlagerung. Sie leben in Haufendörfern, die in den Weinbaugegenden in dicht gedrängten, stufenweise übereinander gelegenen Häusern auf

provenzalische Bauschule: Abtei Montmajour

der Höhe von Berg- und Hügelkuppen angeordnet sind. Typisch sind die ›maisons en hauteur‹, die Stockwerkhäuser, in denen im Erdgeschoss die Stallungen, im ersten Stock die Wohnküche und die nichtbeheizbaren Schlafkammern, darüber die Speicherräume liegen. In Tarascon findet jährlich am 29. Juli die Prozession mit der ›Tarasque‹ zur Erinnerung an die hl. MARTHA statt, die nach der Legende das Gebiet von Arles und Avignon von diesem Ungeheuer befreit haben soll. I.w.S. meint P. die Südfranzosen im Bereich der Langue d'oc (→provenzalische Sprache).

Provenzalische Alpen, Provençalische Alpen [prɔvãs-], Gebiet der Westalpen in der östl. Provence, Frankreich, den Seealpen südwestlich vorgelagert, zw. mittlerer Durance und Côte d'Azur. Nördlich von Digne werden Höhen von 2100 m ü.M., bei Castellane von 1930 m ü.M. erreicht.

provenzalische Bauschule, Stilrichtung der roman. Baukunst in der Provence im 12. Jh., v.a. um Arles und Avignon. Es entstanden Kirchenbauten von schwerer, geschlossener Formensprache in sorgfältiger, wohl auf antiken Traditionen beruhender Quadertechnik. Dabei herrschten der Typ der Saalkirche (Kathedrale von Avignon, Abteikirche Montmajour) und der dreischiffigen Basilika (Kathedralen von Arles und Vaison-la-Romaine) vor, alle mit Tonnengewölben in dunklen, steilen Innenräumen. Antikisierende kannelierte Pfeiler besitzt der Kreuzgang von Montmajour. Bes. werden antike Vorbilder an den schmuckreichen W-Fassaden der Kathedrale von Arles und der Abteikirche von Saint-Gilles-du-Gard aufgegriffen, die wie eine Umsetzung von antikem Portikus und Triumphbogen in roman. Architektur erscheinen. Auch in die Portalfiguren sind offensichtlich Elemente der spätröm. Sarkophagplastik eingegangen. Aufgrund dieser deutl. Anlehnung an die Antike wurde die Bez. südfrz. Protorenaissance eingeführt.

provenzalische Literatur, die südfrz., in den versch. Mundarten der Region (→provenzalische Sprache) abgefasste Literatur, auch **okzitanische Literatur** genannt.

Herausragende Bedeutung für die volkssprachl. Literaturen des MA. sowie die Dichtung F. PETRARCAS und seiner europ. Nachahmer erlangte die p. L. durch ihre Lyrik, die seit etwa 1100 ein außergewöhnlich reiches Spektrum umfasste: Sie reichte vom volkstüml. und gelehrten, hohen und niederen Minnelied über die Spott- und Disputationsdichtung bis hin zum polit. Kampfgedicht. Schöpfer und z.T. auch Sänger dieser Literatur waren die ›trobadors‹ (→Troubadour). Die epische altprovenzal. Literatur brachte moralisch-didakt. und hagiograph. Texte hervor (so den von Boethius-Viten und dem ›Trost der Philosophie‹ des BOETHIUS inspirierten fragmentar. ›Boeci‹, um 1070; die Vita der hl. FIDES VON AGEN, ›Chanson de Sainte Foy‹, um 1060) sowie von der antiken oder der Zeitgeschichte beeinflusste, z. T. fragmentarisch überlieferte Dichtungen, so die erste volkssprachl., um 1120 in Frankoprovenzalisch abgefasste Version des Alexanderromans von ALBÉRIC DE BESANÇON (›Alexandre‹), das Vasallenepos ›Girart de Roussillon‹ (12. Jh.) und das Heldenlied ›Canson de la crozada‹ (um 1230) vom Kreuzzug gegen die Albigenser von GUILHEM DE TUDELA (erster Teil) und einem Anonymus (zweiter Teil). Die höf. Dichtung des Artuskreises war vertreten durch den anonymen Versroman ›Jaufré‹ (1. Hälfte des 13. Jh.) und das Bruchstück des Romans ›Flamenca‹ (entstanden um 1240). Versnovellen verfassten RAIMON DE MIRAVAL, ARNAUT DE CARCASSÈS (13. Jh.) u. a.; zur Novellenliteratur zu rechnen sind auch einige der Troubadourbiographien (Vidas). Im 13. Jh. wurden Heiligenlegenden, Marienklagen, Tugendlehren, Anstandsbücher für die Stände und ein Lehrgedicht über die Falkenjagd in Versen verfasst, in Prosa die für das formale Verständnis der Troubadourlyrik wichtigen Grammatiken ›Razos de trobar‹ von RAIMON VIDAL DE BESALÚ und ›Donatz proensals‹ von UC FAIDIT; um 1340 entstand die Regelpoetik ›Leys d'amors‹, redigiert vom Kanzler der tolosan. Dichtergesellschaft ›Consistori de la Subregaya Companhia del Gai Saber‹, GUILHEM MOLINIER. Das Schauspiel wird in der altprovenzal. Literatur vertreten durch das liturg., lateinisch-roman. Drama ›Sponsus‹; im 15. Jh. entstanden Mysterienspiele. – Die Albigenserkriege (1209–29) bedeuteten das Ende der höf. Kultur auf provenzal. Boden; trotz der →Jeux floraux kam die altprovenzal. Dichtung nahezu völlig zum Erliegen. Örtlich verstreute und zeitlich unzusammenhängende neue Ansätze im 16., 17. und 18. Jh. blieben folgenlos.

Eine neue Blüte der p. L. ging Anfang des 19. Jh. von Marseille aus. Die Dichter, die sich u. a. in den Anthologien ›Lou bouquet provençau‹ (1823) und ›Li prouvençalo‹ (1851) zusammenfanden, bemühten sich um eine Renaissance der Troubadourdichtung und betonten den Eigenwert der provenzal. Sprache. 1854 schlossen sich unter Leitung von F. MISTRAL die neuprovenzal. Dichter (→Félibres) zur Bewegung des Félibrige zusammen und leiteten damit eine Wiedergeburt der p. L. ein. Nach einer Phase der Festigung und Ausweitung des mistralschen Konzeptes durch ANTONIN PERBOSC (* 1861, † 1944) und PROSPER ESTIEU (* 1860, † 1939) zeichnete sich der Beginn der Überwindung des Regionalismus und der historisierenden Orientierung MISTRALS in den Werken LUISA PAULINS (* 1888, † 1944), JULES CUBAYNES' (* 1893, † 1975) und HENRY MOULYS (* 1896, † 1981) ab. Den Anschluss an den Reflexionsstand der europ. Literaturen markiert RENÉ NELLIS (* 1906, † 1982) 1944 erschienene Anthologie ›Jeune poésie d'oc‹. Nun wurden auch die großen Strömungen (so der Surrealismus) und Themen der modernen Literatur – Angst, Einsamkeit, Zerstörung, Wertwandel und Identitätssuche – Gegenstand der lyr., epischen und dramat. Dichtung in provenzal. (okzitan.) Sprache, v. a. durch MAX ROQUETA (frz. ROUQUETTE, * 1908), MAX ALLIER (* 1912), JOAN BODON (frz. BOUDOU, * 1920, † 1975), ROBERT LAFONT (* 1923), BERNARD LESFARGUES (* 1923), YVES ROQUETA (frz. ROUQUETTE, * 1936) und MICHEL CHAPDUELH (frz. CHADEUIL, * 1947). Durch die stärkere Einbeziehung polit., wirtschaftl. und sozialer Konflikte in die Literatur fand bes. das literar. Chanson in okzitan. Sprache ein breites, internat. Publikum (CLAUDE MARTI, * 1940).

F. P. KIRSCH: Studien zur languedok. u. gaskogn. Lit. der Gegenwart (Wien 1965); R. LAFONT u. C. ANATOLE: Nouvelle histoire de la littérature occitane, 2 Bde. (Paris 1970); C. CAMPROUX: Histoire de la littérature occitane (ebd. 1971); C. ROSTAING u. R. JOUVEAU: Précis de littérature provençale (Saint-Rémy-de-Provence 1972); R. LEJEUNE: Littérature et société occitane au moyen-âge (Lüttich 1979); Okzitan. Erzähler des 20. Jh., hg. v. F. P. KIRSCH (1980); J. ROUQUETTE: La littérature d'oc (Paris [3]1980); J. FOURIÉ: Diccionari de la literatura occitana audenca. Dictionnaire de la littérature occitane audoise (Béziers 1982); U. MÖLK: Trobadorlyrik. Eine Einf. (1982); P. MIREMONT u. J. MONESTIER: La littérature d'oc des troubadours aux félibres (Périgueux 1983); Vingt ans de littérature d'expression occitane 1968–1988. Actes du colloque international, bearb. v. P. GARDY u. a. (Montpellier 1990). – Weitere Literatur →Félibres, →Troubadour.

provenzalische Sprache, zu den roman. Sprachen gehörende Sprache, die im südl. Drittel des frz. Staatsgebiets in mehreren Mundarten gesprochen wird und sich aus dem südlich der Loire gesprochenen Vulgärlatein entwickelt hat. Einzelne Sprachinseln außerhalb Frankreichs bestehen u. a. in Spanien (Arántal) und in Italien (Westalpen). Die Zahl der Sprecher wird unterschiedlich angegeben; die Schätzungen liegen zw. 1,1 Mio. (aktive Sprecher) und 10–12 Mio. (Personen, die die p. S. verstehen).

Man unterscheidet drei große Dialektgruppen: 1) Nordokzitanisch (mit dem Limousinischen, Auvergnatischen und dem Delfinatischen, dem in der Dauphiné verbreiteten Dialekt; im nördl. Teil der Dauphiné das Frankoprovenzalische, dessen Lautstand durch eine Mittelstellung zw. Französisch und Provenzalisch gekennzeichnet ist); 2) Südokzitanisch (mit den Mundarten des Languedoc und der Provence i. e. S.); 3) Gascognisch.

Die p. S. ist gegenüber dem Französischen durch konservativen Charakter (in der Bewahrung lat. Vokale und Konsonanten aufgrund intensiver Romanisierung, →französische Sprache) und das Fehlen eines nennenswerten german. Superstrats gekennzeichnet. Das Nordokzitanische grenzt sich durch die Palatalisierung von lat. c und g vor a vom Südokzitanischen und vom Gascognischen ab, z. B. lat. cantat ›er singt‹, nordokzitan. chanta [tʃanta], südokzitanisch canta; lat. gallina ›die Henne‹, nordokzitan. jalina [dʒalina], südokzitanisch galina. Das im Ganzen konservativere Südokzitanische weist v. a. im Teilbereich des Languedokischen sprachl. Eigentümlichkeiten auf, die die Sonderstellung dieser Mundart beweisen, z. B. den Ausfall des sekundär auslautenden -n (lat. panem über vulgärlat. pan zu languedokisch pa), die Bewahrung der auslautenden stimmlosen Verschlusslaute (lat. lupum, languedokisch lop [lɔp]) und die bilabiale Lautung des v (wie im Gascognischen und Katalanischen). Im Gascognischen wird u. a. lat. f zu (gesprochenem, nur vorkonsonantisch verstummtem) h, z. B. lat. filia ›Tochter‹, gascognisch hilha [hilja].

Die altprovenzal. Literatursprache (10.–13. Jh.) war eine v. a. auf den westlich der Rhône gesprochenen Mundarten basierende Kunstsprache; als Sprache der Troubadours wurde sie auch von Minnedichtern in Italien und auf der Iber. Halbinsel verwendet. Häufig wurde sie im MA. auch als ›lemosi‹ (Limousinisch) bezeichnet, da viele Troubadoure aus dem Limousin stammten und man die Sprache der Troubadourdichtung als aus der Mundart des Limousin hervorgegangen ansah. Seit dem 13. Jh. war auch die Bez. ›proensal‹ (Provenzalisch) geläufig (nach den Bewohnern der röm. Provincia Narbonensis). Der Name ›Langue d'oc‹ für das Südfranzösische wurde nach der südfrz. Bejahungsformel ›oc‹ (aus lat. hoc) geprägt und zuerst von DANTE (als ›lingua d'oco‹) in diesem Sinne verwendet. Die roman. Sprachwissenschaft bezeichnet die Kunstsprache der Troubadours als Altprovenzalisch. Im 19. Jh. wurden, ohne Anknüpfung an das Altprovenzalische, moderne Mundarten für die Dichtung der →Félibres verwendet; Grundlagen für die neuprovenzal. Literatursprache waren die östlich der Rhône gesprochenen Dialekte. Die p. S. in ihren versch. dialektalen Ausformungen wird heute zunehmend als **okzitanische Sprache (Okzitanisch)** bezeichnet.

Nach der Hochblüte der p. S. im MA. ging ihre Bedeutung und Verbreitung durch das Edikt von Villers-Cotterêts (1539), durch das das Französische zur alleinigen Verwaltungssprache bestimmt wurde und wodurch die ererbte schriftsprachl. Norm der p. S. außer Gebrauch kam, zurück. Verstärkt wurde dieser Rückgang durch die Frz. Revolution, in deren Folge die Ausdehnung der aktiven Beherrschung der frz. Sprache auf die gesamte Bevölkerung des frz. Staates gefordert wurde und die planmäßige Durchsetzung des Französischen im Rahmen der allgemeinen Schulpflicht erfolgte. Eine Wiederbelebung der p. S. vollzog sich in der Romantik. Zugleich setzten Bemühungen um eine Vereinheitlichung der Sprachnorm ein, die im 20. Jh. fortgeführt wurden, v. a. durch das ›Institut d'études occitanes‹ (IEO; gegr. 1945), das die Verbreitung der okzitan. Sprache und Literatur fördert.

E. Koschwitz: Grammaire historique de la langue des Félibres (Greifswald 1894, Nachdr. Genf 1973); C. Appel: Provenzal. Lautlehre (1918); E. Levy: Petit dictionnaire provençal-français (Heidelberg [5]1973); O. Schultz-Gora: Altprovenzal. Elementarbuch ([6]1973); L. Alibèrt: Gramatica occitana. Segón los parlars lengadocians (Montpellier [2]1976); J. Salvat: Gramatica occitana des parlers lengadocians. Grammaire occitane des parlers languedociens, bearb. v. E. Nègre (Toulouse [4]1978); J. Boisgontier: Atlas linguistique et ethnographique du Languedoc oriental, 3 Bde. (Paris 1981-86); G. Kremnitz: Das Okzitanische. Sprachgesch. u. Soziologie (1981); R. Chatbert: Questions de lenga (Albi 1983); B. Durand: Grammaire provençale (Marseille [6]1983); R. Lafont: Eléments de phonétique de l'occitan (Valderiès 1983); N. B. Smith u. T. G. Bergin: An Old Provençal primer (New York 1984); F. Jensen: Syntaxe de l'ancien occitan (a. d. Engl., Tübingen 1994); P. Bec: La langue occitane (Paris [6]1995).

Proverb [lat.] *das, -s/-en,* **Proverbium,** *veraltet* für Sprichwort.

Proverbe dramatique [prɔvɛrbdrama'tik, frz.] *das, - -/-s -s,* in Frankreich kurzes, meist heiteres Spiel, Theaterstück, dessen i. Allg. sehr einfache Intrige auf einem Sprichwort (frz.: ›proverbe‹) beruht, das illustriert werden soll. Der Spielverlauf ist auf eine Pointe, das Sprichwort, hin angelegt. Das P. d. entwickelte sich im 17. Jh. zunächst als Gesellschaftsspiel, Scharade, bei Hof; seit der 2. Hälfte des 18. Jh. wurde es zu einem Genre des Boulevardtheaters. Als eigentl. Begründer gilt Carmontelle, als klass. Vertreter Michel Théodore Leclercq (* 1777, † 1851); literarisch bedeutend sind v. a. die - psychologisch vertieften - P. d. von A. de Musset.

Proverbia [lat.] *Pl.,* in der Vulgata Bez. für das alttestamentl. Buch der Sprichwörter (→Sprüche Salomos).

Proviant [ital. provianda, von spätlat. praebenda ›vom Staat zu zahlende Beihilfe‹] *der, -s/-e,* auf eine Wanderung, Reise mitgenommener Vorrat an Lebensmitteln.

Providence ['prɔvɪdəns], Hauptstadt des Bundesstaates Rhode Island, USA, an der weit ins Landesinnere reichenden Narragansett Bay, 160 700 Ew.; die Metrop. Area, zu der auch Städte in Massachusetts gehören, hat 1,14 Mio. Ew.; Sitz eines Bischofs der Protestant Episcopal Church und kath. Bischofssitz; Brown University (gegr. 1764), Colleges; Herstellung von Silber- und Juwelierwaren, Textil- und Werkzeugmaschinen sowie Textilien; Roger Williams Park (183 ha); Hafen. - Saint John's Cathedral (1720), Old Market House (1774), State Capitol (1896-1904), State House (1901). - P., eine der ältesten Städte der USA, wurde 1636 von R. Williams als Zuflucht für religiös Verfolgte gegründet. Im 18. Jh. war die Narragansett Bay ein großer Schiffbaubezirk; Sklavenhandel, Han-

Providence: Das Stadtzentrum mit dem State Capitol (1896-1904) in der Bildmitte

del mit Kolonialwaren und Walfang brachten Wohlstand. Im 19. Jh. wurde der Handel durch die Industrie abgelöst, die sich zuerst an den Wasserfällen der nördl. Zuflüsse der Bucht ansiedelte.

Providence Island ['prɔvɪdəns 'aɪlənd], Koralleninsel im Ind. Ozean, nordnordöstlich von Madagaskar, gehört zum Staat Seychellen; Ausfuhr von Kopra. P. I. war 1965-76 Teil der brit. Kolonie British Indian Ocean Territory.

Providentia [lat.], in der röm. Religion die als Göttin verehrte Personifikation der Voraussicht und Fürsorge, bes. des Kaisers für das Reich (P. Augusta).

Provincetown Players, The [ðə 'prɔvɪnstaʊn 'pleɪəz], 1915 in Provincetown (Mass.) gegründete Theatertruppe, die in Abwendung vom kommerziellen Broadwaytheater und zunächst orientiert an europ. Vorbildern (u. a. A. Strindberg) die Erneuerung des amerikan. Dramas einleitete. Für die P. P. schrieben u. a. E. O'Neill, Susan Glaspell, S. Anderson, Edna St. Vincent Millay, E. E. Cummings. Die Truppe bestand bis 1929.

Provins [prɔ'vɛ̃], Stadt im Dép. Seine-et-Marne, Frankreich, 92 m ü. M., in der südl. Brie, 11 600 Ew.; archäolog. Museum; Herstellung feuerfester Tonwaren. - P., Hauptort einer fränk. Grafschaft, seit dem späten 11. Jh. Teil der Grafschaft Champagne, war eine der vier berühmten Messestädte der Region (Champagnemessen, →Champagne, Geschichte). Der Denar von P. (›Provinois‹), die Währung der Champagne, war international verbreitet.

Provinz *die, -/-en,* **1)** *antikes Rom:* lat. **Provincia,** der Aufgabenbereich eines Magistrats (z. B. die Leitung der Rechtsprechung für den röm. Bürger durch den Stadtprätor), seit dem Erwerb außeritalischer Gebiete (227 v. Chr. Einrichtung der P. Sizilien) das abgegrenzte Untertanengebiet, das von röm. Statthaltern verwaltet wurde. 27 v. Chr. wurde das Reich in kaiserl. und senator. P. geteilt (→Römisches Reich).

2) *Biogeographie:* regionale, kleinere tier- oder pflanzengeograph. Einheit.

3) *kath. Kirchenrecht:* 1) →Kirchenprovinz; 2) **Ordensprovinz,** regionaler Zusammenschluss mehrerer Niederlassungen eines Ordens unter einem Provinzial.

4) *Staatsrecht:* nach röm. Vorbild in zahlr. Staaten Bez. für eine staatl. Verwaltungseinheit mit gewisser (oft auf ethn. Gesichtspunkten basierender) Eigenständigkeit, aber ohne polit. Autonomie. – In Preußen wurden die P. im Zuge der preuß. Reformen und der Gebietszuwächse nach dem Wiener Kongress 1815 neu gegliedert, in die zehn P. Ostpreußen, Westpreußen, Posen, Schlesien, Pommern, Brandenburg, Sachsen, Westfalen, Jülich-Kleve-Berg und Niederrhein (Rheinland). Nach der Zusammenlegung der beiden letztgenannten P. zur P. Rheinland (1822), der Vereinigung von Ost- und Westpreußen zur P. Preußen (1824), dem Hinzuerwerb der P. Schleswig-Holstein, Hannover und Hessen-Nassau (1866) sowie der erneuten Aufteilung der P. Preußen in Ost- und Westpreußen (1878) waren es bis 1918 zwölf, anschließend elf P. und (seit 1922) eine diesen gleichgestellte ›Grenzmark Posen-Westpreußen‹; außerhalb der P.-Einteilung standen Berlin und der Reg.-Bez. Hohenzollern. Obwohl die P.-Verfassung von 1823, die einen Hauptbestandteil der hardenbergschen Staatsreform bildete, stark besitzständ. Züge trug, wurde sie erst 1875–88 durch die Provinzialordnungen ersetzt, die dem auf H. F. K. VOM UND ZUM STEIN zurückgehenden Gedanken der →Selbstverwaltung stärker Rechnung trugen. Danach blieben die P. zwar in Reg.-Bez. und Kreise untergliederte, staatl. Verwaltungseinheiten, die Stadt- und Landkreise einer P. hingegen wurden zu Selbstverwaltungskörperschaften (Provinzialverbänden) zusammengeschlossen. An der Spitze der staatl. Verwaltung stand der Oberpräsident als Vertreter der Staatsregierung; Beschlussbehörde für bestimmte staatl. Aufgaben war der **Provinzialrat.** Organe der Provinzialverbände waren: 1) der **Provinziallandtag** als Legislativorgan, dessen Abg. von den Stadt- und Landkreisen, seit 1925 unmittelbar vom Volk gewählt wurden; 2) der aus seiner Mitte gewählte **Provinzialausschuss** als Exekutivorgan; 3) der vom Provinziallandtag auf 6–12 Jahre gewählte Landesdirektor oder Landeshauptmann, dem die laufenden Geschäfte und die Vertretung des Provinzialverbandes oblagen. Die Selbstverwaltungsaufgaben der Provinzialverbände nahmen nach 1918 zu. Unter dem Nationalsozialismus wurden 1933 die Organe der Provinzialverbände aufgelöst; der Oberpräsident wurde zugleich Leiter der Selbstverwaltung, der Landeshauptmann sein ständiger Vertreter, der Provinzialrat beratendes Organ. Die Provinzialverbände bestanden ohne eigene Bedeutung fort, bis sie nach 1945 beseitigt wurden. Den preuß. P. entsprechende Gebietskörperschaften gab es in den übrigen dt. Ländern nur in Hessen. – In den Ländern der Bundesrepublik Dtl. gibt es keine P.; die Selbstverwaltungsaufgaben früherer P. werden von den Reg.-Bez. wahrgenommen.

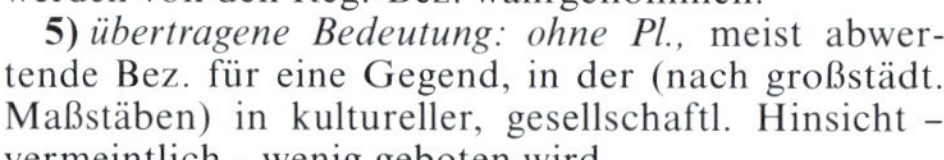

5) *übertragene Bedeutung: ohne Pl.,* meist abwertende Bez. für eine Gegend, in der (nach großstädt. Maßstäben) in kultureller, gesellschaftl. Hinsicht – vermeintlich – wenig geboten wird.

Provinzial *der, -s/-e, kath. Ordensrecht:* der Obere einer Ordensprovinz (in allen zentralistisch geleiteten Orden).

Provinzialat *das, -(e)s/-e, kath. Ordensrecht:* Sitz des Oberen (Provinzials) und der Leitung einer Ordensprovinz.

provinzialrömische Kunst, Bez. für die Kunst der Antike in den röm. Prov.; in der dt. Archäologie i. e. S. die Kunst der nördl. röm. Prov. jenseits der Alpen. Die p. K. setzte zeitlich sehr unterschiedlich ein und blühte v. a. im 1.–4. Jh. n. Chr. Sie wird von den Komponenten Romanisierung, Hellenisierung (Mittelmeer-Prov.), der lokalen Tradition und der Sozialstruktur der jeweiligen Bevölkerung bestimmt. Daher reicht die Spanne von klassisch oder hellenistisch geprägten Werken bis zu neuen Formen der Expressivität. In einigen röm. Prov. entstanden punktuell oder sogar in der Mehrzahl Werke, die ganz als Bestandteile der →römischen Kunst anzusehen sind, keinerlei lokale Färbung haben und keine Qualitätsunterschiede gegenüber der Hauptstadt Rom zeigen.

provinzialrömische Kunst: Bronzestatuette des Merkur mit Geldbeutel und Merkurstab; gefunden in Munderkingen; 2. Jh. n. Chr. (Stuttgart, Württembergisches Landesmuseum)

provinzialrömische Kunst: Delphinrüsselbecher; um 300 n. Chr. (Köln, Römisch-Germanisches Museum)

Das gesamte röm. *Germanien* ist ein Muster für Kulturverpflanzung. Im Rheinland diente die durch das Militär vermittelte Sepulkralkunst Oberitaliens als Vorbild; daneben gab es den direkten Import der senatorisch-kaiserl. Propagandakunst. In frühen Bildhauerschulen in Mainz und Köln wirkten Künstler aus Oberitalien (bei Xanten gefundener Grabstein des Centurio CAELIUS, 9/10 n. Chr.; Bonn, Rhein. Landesmuseum). Noch vor Mitte des 1. Jh. n. Chr. fanden sich auch zivile Auftraggeber (Grabstein des Rheinschiffers BLUSSUS und seiner Familie; Mainz, Landesmuseum). Bald prägten sich eigenständige Kunstformen aus wie die Grabsteine mit Reiterbildnissen und Reiterkampfszenen (Mainz). Ab etwa 70 n. Chr. traten Totenmahlreliefs auf. Große Pfeilergrabmäler entstanden in Mainz, Köln, Koblenz, Arlon und anderenorts (BILDER →Igeler Säule, →Eigelsteine). Zu den Denkmälern, in denen die Verschmelzung einheim. (kelt. und german.) Götter mit röm. Vorstellungen (→Interpretatio Romana) zum Ausdruck kommt, gehören v. a. die →Jupitersäulen in Dtl., Frankreich, Belgien, Luxemburg und den Niederlanden. Einen starken Aufschwung nahm die religiöse Kunst im späten 2. Jh. n. Chr.; es entstanden für das Rheinland typ. Matronenreliefs (BILD →Matronen). Allg. stark verehrt wurden Heilgötter (Grannus, der gall. Apoll, und seine Begleiterin Sirona, z. B. Relief im Sülchgaumuseum Rottenburg am Neckar) und Schutzgottheiten (Epona, z. B. Relief aus Köngen in Stuttgart, Landesmuseum; Merkur und seine kelt. Gefährtin Rosmerta,

provinzialrömische Kunst: Bronzeeber, gefunden auf dem Titelberg, Luxemburg; Länge 30 cm, 2. Jh. n. Chr. (Paris, Louvre)

z. B. Bronzebüste der Rosmerta, 2. Jh. n. Chr.; Mainz, Landesmuseum). Erlösungsreligionen (Isis, Sarapis, Mithras; das Christentum) gelangten in das Rheinland und in andere Regionen und fanden ihren Niederschlag in zahlr. Votivplastiken und -reliefs sowie Kultbildern oder -reliefs (BILDER →Mithras, →Isis); christl. Werke entstanden erst seit dem 3. Jh. (→frühchristliche Kunst). Von den Heiligtümern ist eine Reihe von Mithräen wieder entdeckt worden, auch Matronenheiligtümer, bes. in der Eifel (bei Nettersheim, Kr. Euskirchen, und bei Pesch, Gem. Nettersheim), mit typischem galloröm. Umgangstempel (Fanum) mit erhöhtem Kernbau (Halle), um den ein i. d. R. überdachter Umgang führte. Ein sehr hohes Niveau erreichten in Köln Mosaikkunst und Glaskunsthandwerk, darunter auch Kölner Spezialitäten wie Diatretgläser und Schlangenfadenauflage (BILD →Glas).

Gallien: Trier wurde im 4. Jh. Kaiserresidenz und ein wichtiges Kulturzentrum der Spätantike mit glanzvoller Reichsarchitektur. Reste von Trierer Grabmonumenten wurden in Neumagen-Dhron in ein spätantikes Kastell verbaut; die Grabreliefs geben v. a. Szenen des tägl. Lebens (Pachtzinsrelief; Weinschiff, BILD →Neumagen-Dhron) wieder; ein anderes Beispiel ist die Tuchhändlerszene auf der Igeler Säule. Ein Beispiel der röm. Villenkultur bietet →Nennig (Mosaikboden). In Mittel- und Ostgallien entstand im 2. Jh. vorzügl. römische Keramik (Terra sigillata; z. B. in Rheinzabern). Im bei Trier gelegenen Altbachtal befand sich eine 70 Tempel umfassende Kultstätte der Treverer. Ein anderer Tempelbezirk, der zum Vicus Raccianus gehörte, liegt bei Dalheim (bei Mondorf-les-Bains). Starke galloröm. Eigenheiten zeigt die religiöse Bildkunst sowohl bei der inhaltl. Darstellung galloröm. Götter, z. B. in der Triade Esus (der Hirschgott Cernunnos), Teutates (Merkur; oft als Eber erscheinend) und Taranis (Jupiter), als auch in den abstrahierenden, stilisierten Formen, bes. in der religiösen Volkskunst (Votive für Quellheiligtümer von Seine und Chamalière), aber auch in anderen Bereichen (Gladiatoren- und Löwenrelief, Chalon-sur-Saône).

Eine Sonderentwicklung in Gallien nahm die Prov. Gallia Narbonensis (die heutige Provence und die westlich anschließenden Gebiete), da sie bereits seit dem 2. Jh. v. Chr. und v. a. seit AUGUSTUS romanisiert wurde, wovon bes. die Bauten nach stadtröm. Muster zeugen (Arles, Nîmes, Orange, Vienne, Vaison-la-Romaine). Eine einheim. Bildhauerschule (30 v. Chr. bis 20 n. Chr.) arbeitete v. a. nach pergamen. Vorbildern (Carpentras); einheim. Künstler waren auch am Juliergrabmal tätig, das im Konzept ein Werk augusteischer Kunst ist (Ende des 1. Jh. v. Chr., Saint-Rémy-de-Provence). Auch bei den bewegten Reliefs des Triumphbogens in Orange (noch vor 21, bis 26 n. Chr.) sind die Figuren im Unterschied zur röm. Kunst Italiens konturiert.

Die röm. *Schweiz* zeigt in der Kunst, bes. in der Volkskunst, Beziehungen nach Gallien, sicher auch, weil die Verwaltungsregion für Helvetier und Räter zu Gallien gehörte, bis sie um 90 n. Chr. wohl Teil von Germania superior wurde. V. a. der W zeigt eine ausgeprägte röm. Akkulturation mit Importen aus Italien oder zur Reichskunst orientierten Werken: Steinskulpturen und -reliefs, Bronzen (Büste der Minerva, Augst), Silberstatuetten antiker Götter, Goldbüste des MARK AUREL (Avenches), Silbergerät (Schatzfund von Augst). Häufig sind die galloröm. Umgangstempel, gut erhaltene Reste davon befinden sich z. B. in Studen (Kt. Bern) und in Avenches, auch z. B. in Martigny, wo dreihörnige Stierköpfe wohl einen einheim. Kult bezeugen, ebenso wie in Muri bei Bern die Gruppe einer Bärengöttin. Verehrt wurden auch der phrygisch-thrak. Gott Sabazios (Gefäße und Votivhände mit Schlangen; Windisch) sowie Isis, Sarapis, Kybele (von Attis steht z. B. eine Büste im Röm. Museum von Nyon). Dort befindet sich auch ein geometr. Wandmosaik, das wie alle Mosaike der Schweiz nach Lyon und Vienne weist.

In *Britannien* gab es eine stark vom Militär bestimmte p. K.; über das Rheinland vermittelt, entwickelte sie sich um die Mitte des 1. Jh. n. Chr. (Grabrelief des Centurio FAVONIUS, Colchester). Die größten röm. Städte waren London und Cirencester, von der röm. Befestigungskunst zeugen u. a. der →Hadrianswall, Forts wie Hardknott Castle (Lake District) und Caernarvon und Städte wie Silchester (Cty. Hampshire), Portchester (bei Portsmouth), Lincoln oder in Wales Caerwent. Höhepunkte p. K. bildeten die Badeanlagen von Bath oder die Thermen von Wroxeter (bei Shrewsbury) und Landhäuser, z. T. mit reichem Mosaikschmuck, z. B. →Fishbourne, Bignor (bei Chichester), North Leigh (bei Oxford), Lullingstone (bei Dartford). Die Grundmauern eines großen galloröm. Umgangstempels sind in Maiden Castle (bei Dorchester) konserviert. In Heathrow wurden die Reste des kelt. Vorläufertyps des galloröm. Tempeltyps entdeckt (3. Jh. v. Chr.), der Zaunpfähle um den Kernbau besessen hatte. Militär. Kunsthandwerker stellten Paradehelme, verzierte Schilde, Schwerter u. a. her.

provinzialrömische Kunst: Modell des zum Vicus Raccianus gehörenden Tempelbezirks bei Dalheim nahe Mondorf-les-Bains, Luxemburg; innerhalb der Umfassungsmauer zwei gallische Umgangstempel, Achtecktempel und Schatzhaus (Luxemburg, Staatsmuseum)

In *Spanien* lebten vereinzelt in der Grabkunst Elemente orientalisierender iber. Kunst fort, z. B. in den Statuen und Statuetten des Heiligtums Cerro de los Santos oder den Grabreliefs von Osuna (Madrid, Museo Arqueológico Nacional). Radikale Romanisierung seit dem 3. und 2. Jh. v. Chr. brachte eine starke Urbanisierung mit hauptstädtisch orientierter Sakral- und Profanarchitektur (Brücken in Alcántara, Mérida und Salamanca, Aquädukte in Segovia und Tarragona, Theater in Mérida, Amphitheater von Italica, Mérida und Tarragona). Selbst die Votivkunst ist rein römisch geprägt.

In *Nordafrika* erreichte ein komplizierter Romanisierungsvorgang seinen Höhepunkt erst im 2. Jh. n. Chr. Kennzeichnend war auch hier eine starke Urbanisierung. SEPTIMIUS SEVERUS machte seine Geburtsstadt Leptis Magna zu einer glanzvollen Metropole, und zwar unter Mitwirkung hellenistisch orientierter Künstler (Bildhauer von Aphrodisias), und die sever. Kunst prägte die gesamte weitere Entwicklung. Die einheim. Skulptur in phönikisch-pun. Tradition lebte v. a. im Grabbau weiter; auf Votivreliefs aus Tunesien und O-Algerien sind mit röm. Göttern gleichgesetzte phönikisch-pun. Götter (Baal; Tinnit, in der Interpretatio Romana Caelestis) dargestellt. Ausgrabungen stießen auf eine Fülle von röm. Mosaiken (die ältesten figurierten Afrikas in Utica), v. a. in Tunesien (Sousse). Im 4. Jh. erreichte die hellrote mittelmeer. Terra-sigillata-Produktion in Nordafrika einen Höhepunkt. Zu den prachtvollsten röm. Ruinenstätten gehören auch Timgad, Dougga, Thuburbo Majus, Maktar u. a. Städte Numidiens und der Cyrenaika (römisch Libya), ferner Sabratha (Tripolitanien).

Für *Ägypten* brachte die röm. Okkupation 30 v. Chr. keinen kulturellen Einschnitt. Der Hellenismus lebte

provinzialrömische Kunst: Wandmalereien aus dem Korridor eines Hauses aus Mechern bei Merzig mit der Darstellung eines ›Gladiatorenkampfs‹ (Saarbrücken, Landesmuseum für Vor- und Frühgeschichte)

weiter (bes. in Alexandria), ebenso bestand die ägypt. Tradition fort. Es fand keine Romanisierung statt; die röm. Kaiser sahen sich als Nachfolger der Pharaonen (Statue des CARACALLA als Pharao; Kairo, Ägypt. Museum) und der Ptolemäer an (Herrscherporträts in hellenist. Stil). Gräkoägypt. Mischstil zeigt sich in lokalen Grabreliefs, z. B. in Kom-Abu-Billu (Unterägypten), und in kräftig bemalten lebensnahen Mumienmasken aus stuckiertem Leinen sowie den auf Holzplatten gemalten →Mumienporträts. Aus der Volkskunst entwickelte sich die christl. Lokalkunst (→koptische Kunst).

Auch im *Vorderen Orient* gab es im kulturellen Bereich keine Romanisierung; sie beschränkte sich im Wesentlichen auf das Militärische. In Syrien vollzog sich allerdings in röm. Zeit eine starke Urbanisierung in hellenist. Tradition. Die blühende Kunst der Küstenzone (Architektur, Bildhauerei, Gläser, Mosaiken) dokumentierte sich v. a. in Antiochia und Apameia am Orontes, Laodikeia (heute Latakia), Caesarea Philippi (heute Banias) und im Libanon (Tyros). Auch im Hauran blühten röm. Städte (Bostra, heute Bosra; Philippopolis, heute Shaba). Daneben gab es lokale Phänomene (nordsyr. Büstengrabsteine). Im Libanon zeugt die Ruinenstätte Baalbek von kaiserl. Pracht (Jupitertempel, wohl nach CALIGULAS Planung). In Palmyra entstand eine parthisch-hellenist., in O-Anatolien (Kommagene) eine iranohellenist. Mischkultur (Nemrut Dağı).

provinzialrömische Kunst: Trinkbecher aus Glas; 1. Jh. n. Chr., aus Syrien (Köln, Römisch-Germanisches Museum)

In *Griechenland* und *Kleinasien,* den Kernländern des Hellenismus, war die Formensprache röm. Architektur und Plastik klassizistisch oder hellenistisch geprägt; charakteristisch sind eine reiche Stadtarchitektur (Athen, Korinth, Ephesos, Side, Gortyn), Theaterbauten mit aufwendig dekorierten Bühnengebäuden (Hierapolis, Perge, Milet) und eine Fülle plast. Werke: Reliefsarkophage, Grabreliefs, Kampfreliefs, z. B. das Parthermonument im Wiener Kunsthistor. Museum, Antikensammlung (Ephesos-Museum). Die Bildhauerschule von Aphrodisias fertigte begehrte Kopien älterer griech. Werke. Die röm. Mosaikkunst blühte bis ins 4. Jh. (→Paphos). Im 3. und 4. Jh. wurden bes. durch das Wirken des GALERIUS in Saloniki sowie von KONSTANTIN D. GR. und THEODOSIUS D. GR. in Konstantinopel auf allen Gebieten der Kunst die Grundlagen für die byzantin. Kunst (→byzantinische Kultur) gelegt.

Balkan, Donauländer: Abgesehen vom ganz griechisch-hellenistisch geprägten Thrakien war dieses Gebiet in der Römerzeit ein lateinisch orientierter Sprach- und Kulturraum. Die Kunst war nach Italien orientiert (und zwar über Aquileja), bes. in der kaiserl. Repräsentationskunst, oft aber auch nach der p. K. der westl. Nachbarprovinzen, in *Dakien* (Rumänien) und *Mösien* (Scythia minor; die heutige Dobrudscha) auch nach Osten. Der Typ der dak. Kultreliefs in versch. Varianten (z. B. durchbrochene Marmorreliefs) kommt aus dem hellenist. Thrakien wie auch viele der Gottheiten (z. B. Dionysos, Apoll), andere Kultreliefs gelten Sabazios, Mithras, der lokalen Gruppe der ›Donaureiter‹ oder dem ›thrak. Reiter‹, der auch auf Grabreliefs erscheint. Unter den oft hohen Grabstelen sind jene mit Grabmedaillon oder Totenmahlszenen von besonderem Interesse. Typisch ist die frontale Zuwendung der Gesichter zum Betrachter, beeinflusst vom oströmisch-byzantin. Stil. Die großen offiziellen Reliefs am Siegesdenkmal Kaiser TRAJANS in Adamclisi sind wohl von Handwerkern aus Gallien ausgeführt worden. Tomis (heute Konstanza) wurde die bedeutendste röm. Stadt am Schwarzen Meer, da Histria und Kallatis versandeten; als Dakiens Hauptstadt wurde Ulpia Traiana (heute Sarmizegetusa) gegründet. Malva (Romula-Reşca, Kleine Walachei) und Potaissa (beim heutigen Turda) waren kunsthandwerkl. Zentren (gravierte Steine; vielleicht auch Gesichtshelme für die den Kampf der Amazonen und Griechen nachvollziehenden, urspr. wohl thrak. Reiterspiele). Schatzfunde aus dem 4. Jh. enthalten offenbar häufig Geschenke der (ost)röm. Kaiser an german. Anführer.

In den Prov. am Adriat. Meer wurde v. a. die schon griechisch kolonisierte Küstenzone romanisiert, wovon Ruinen der Städte und Einzelfunde im zu Italica gehörenden Istrien (Pula), Dalmatien (Salona, heute Split), Illyrien (Apollonia; Dyrrhachium, heute Durrës) und Epirus (Buthroton, heute Butrint) zeugen; wichtige Bildhauerschulen hatten ihren Sitz in Apollonia und Buthroton, sie kopierten oft auch griech. Vorbilder, andere Werke weisen nach Osten (Votivtafel und -hand des phrygisch-thrak. Erlösergottes Sabazios, beide Tirana, Archäolog. Museum).

Die westlich an Dakien angrenzenden röm. Prov. *Pannonien* (W-Ungarn und Slowenien sowie östl. Österreich) und *Noricum* (Österreich) hatten ihr eigenes Gesicht. Insbesondere pannon. Reliefkunst ist durch Bewegung charakterisiert. Zentrum des Kaiserkults in Pannonien war Savaria (heute Steinamanger). Sirmium (heute Sremska Mitrovica) im S wurde im 3. Jh. n. Chr. kaiserl. Residenz, am Grenzpunkt nach Dakien und Mösien lag Singidunum (heute Belgrad). In Noricum kamen wie in Dakien Grabmedaillons vor, andere Brustbilder waren in Rechteckformen gestellt wie auch Szenen aus dem Alltag des Verstorbenen; aus Virunum stammt vermutlich das in den Kirchenmauern von Maria Saal vermauerte Relief des so genannten Reisewagens, in dem wohl eine kelt. Göttin fährt, aus Flavia Solva die in Schloss Seggau bei Leibnitz vermauerten Porträtreliefs. Der Löwe von Kremsmünster war eine Grabwächterfigur. In Virunum gab es eine bedeutende Bildhauerschule, die frei nach röm. Kopien griech. Statuen arbeitete, u. a. die Isis Noreia (Klagenfurt, Landesmuseum) oder die Sterbende Amazone (Wien, Kunsthistor. Museum). Schon vor der Gründung der röm. Prov. dürften die Bronzestatue des norischen Kriegsgottes Latobius vom Magdalensberg (nach einer Jünglingsstatue aus der Schule des POLYKLET; Wien, Kunsthistor. Museum), die Diana Nemesis aus dem Amphitheater von Carnuntum oder das dortige große Mithrasrelief importiert worden sein, lokal ist vielleicht das frühe Weihrelief für Dolichenus ebd. (2. Jh. n. Chr.). Aus

Mauer an der Url stammen Bronzestatuetten des Gottes. Eingewanderte alexandrin. Künstler waren im Versammlungshaus der norischen Stammesfürsten auf dem Magdalensberg (Mosaiken und Fresken in Klagenfurt, Landesmuseum) tätig. Röm. Mosaiken gibt es z. B. im Freilichtmuseum von Petronell-Carnuntum sowie in vielen Villen. In der Architektur sind u. a. kelt. Umgangstempel (u. a. Linz), röm. Podientempel (Magdalensberg), ein Palast (ebd.), ein Atriumhaus, das rekonstruiert wurde (Aguntum, 100 n. Chr.), sowie Laubenhäuser nachgewiesen. Typ. Produkte des einheim. Kunsthandwerks waren die norisch-pannon. Flügelfibeln mit kelt. Durchbruchsornamentik, im 4. und 5. Jh. die Zwiebelknopffibeln.

Eine wichtige röm. Handelsroute führte von Mailand über Bregenz nach *Rätien* (Kempten und Augsburg); so ist z. B. der steinerne Regensburger Löwe eine Mailänder Arbeit, während die übrigen Regensburger Steindenkmäler starke einheim. ›rätische‹ Züge tragen. Die Architektur in Regensburg (Porta Praetoria, um 179 n. Chr.) zeigt wie die offizielle Architektur fast immer den ›Reichsstil‹ und ist in Grundriss und Bautyp der →Porta Nigra in Trier verwandt. Bes. reiche Funde röm. Gesichtshelme.

K. PARLASCA: Die röm. Mosaiken in Dtl. (1959, Nachdr. 1970); H. VON PETRIKOVITS: Das röm. Rheinland (1960); Römer in Rumänien, Ausst.-Kat. (1969); A. OBERMAYR: Kelten u. Römer am Magdalensberg (Wien 1971); G. SCHREIBER: Die Römer in Österreich (1974); H.-J. KELLNER: Die Römer in Bayern ([4]1978); R. CHEVALLIER: Röm. Provence (a. d. Frz., 1979); P.-M. DUVAL: Gallien. Leben u. Kultur in röm. Zeit (a. d. Frz., 1979); The archaeology of Roman Pannonia, hg. v. A. LENGYEL (Lexington, Ky., 1980); R. NOLL: Das Inventar des Dolichenusheiligtums von Mauer an der Url (Noricum), 2 Bde. (Wien 1980); L. PAULI: Die Alpen in Frühzeit u. MA. (1980); ARMIN u. RENATE SCHMID: Die Römer an Rhein u. Main ([3]1980); T. BECHERT: Röm. Germanien (1982); D. J. BREEZE: The northern frontiers of Roman Britain (London 1982); C.-M. TERNES: Die Römer an Rhein u. Mosel ([3]1982); DERS.: Röm. Dtl. (1986); Konservierte Gesch.? Antike Bauten u. ihre Erhaltung, hg. v. G. ULBERT u. a. (1985); R. FLORESCU: Die Kunst der dako-röm. Antike (a. d. Rumän., Bukarest 1986); R. PIRLING: Römer u. Franken am Niederrhein, Ausst.-Kat. (1986); Die Römer in Nordrhein-Westfalen, hg. v. H. G. HORN (1987); Albanien. Schätze aus dem Land der Skipetaren, hg. v. A. EGGEBRECHT, Ausst.-Kat. (1988); T. FISCHER: Römer u. Bajuwaren an der Donau. Bilder zur Frühgesch. Ostbayerns (1988); Die Römer in der Schweiz. Beitr. v. W. DRACK u. a. (1988); R. J. A. WILSON: A guide to the Roman remains in Britain (London [3]1988); A. HAFFNER: Gräber – Spiegel des Lebens. Zum Totenbrauchtum der Kelten u. Römer ... (1989); Die Römer in Hessen, hg. v. D. BAATZ u. a. ([2]1989); Die Römer in Rheinland-Pfalz, hg. v. H. CÜPPERS (1990).

Provinzialstände, 1) frz. **États provinciaux** [eˈta prɔvɛ̃ˈsjo], in Frankreich im Unterschied zu den →Generalständen die Vertretungen der einzelnen Provinzen. Sie kamen nach Vorstufen im 14. Jh. auf (der Name jedoch erst im 16. Jh., da es im mittelalterl. Frankreich keine Provinzeinteilung gab), erwarben zumeist bestimmte administrative und polit. Zuständigkeiten, v. a. das Recht der Steuerbewilligung, und behaupteten sich in den ›pays d'états‹ (bes. Bretagne, Burgund und Languedoc) bis 1789, während die ›pays d'élections‹ der unmittelbaren königl. Steuerverwaltung unterstanden.

J. R. MAJOR: Representative government in early modern France (New Haven, Conn., 1980); N. BULST: Die frz. General- u. P. im 15. Jh., in: Europa 1500. Integrationsprozesse im Widerstreit, hg. v. F. SEIBT u. a. (1987).

2) in Preußen 1823/24 geschaffene, aus gewählten Abg. der Stände (Ritterschaft, Städte, Landgemeinden) bestehende Vertretung einer Provinz, beratendes Organ, beschlussfassend nur in Angelegenheiten der Selbstverwaltung. Nach 1875 wurden die P. durch die Provinziallandtage (→Provinz) ersetzt.

Provision [ital. provvisione, von lat. provisio ›Vorsorge‹] *die, -/-en,* in Prozenten einer Wertgröße (z. B. vom Umsatz) berechnete Leistungsvergütung, auch als Arbeitsentgelt für Arbeitnehmer, z. B. im Außendienst. P.-Ansprüche von Kaufleuten sind im HGB (§ 87) geregelt. – P. sind auch im Bankwesen als spezif. Entgelte für Dienstleistungen versch. Art üblich. Ähnliches gilt für die Vermittlerdienste von →Maklern.

provisorisch [frz. provisoire, zu lat. providere, provisum ›Vorsorge treffen‹], nur vorläufig, behelfsmäßig.

provisorische Regierung, häufige Bez. für Reg. in Krisen- und Übergangszeiten. Sie wird meist durch eine Reg. abgelöst, die von einem durch Wahl legitimierten Parlament gewählt oder bestätigt wurde. P. R. waren z. B. in *Frankreich* die von General C. DE GAULLE, F. GOUIN, G. BIDAULT und L. BLUM 1944–47 geführten Regierungen, in *Österreich* die von K. RENNER 1918 und 1945 gebildeten Kabinette, in *Russland* die nach dem Ausbruch der →Februarrevolution und dem Sturz der Monarchie am 15. 3. 1917 konstituierte Reg. unter den Min.-Präs. Fürst G. J. LWOW (bis Juli 1917) und A. F. KERENSKIJ (bis zur →Oktoberrevolution).

Provitamine, biolog. Vorstufen der →Vitamine.

Provo [ˈprəʊvəʊ], Stadt in Utah, USA, am Utahsee und am Fuß der Bruchstufe der Wasatch Range, 86 800 Ew.; Brigham Young University (gegr. 1875); Hüttenindustrie; in der Nähe Bergbau und Bewässerungslandwirtschaft. – 1849 von mormon. Siedlern als **Fort Utah** gegr., 1850 nach dem frz.-kanad. Trapper ÉTIENNE PROVOST (* 1782, † 1850) in P. umbenannt.

Provokation [lat. ›Herausforderung‹] *die, -/-en,* **1)** *allg.:* Herausforderung, Aufreizung, Aufwiegelung.

2) *Politik:* die bewusste Herausforderung eines polit. Gegners, um ihn zu (unbedachten) Aussagen oder Handlungen zu bewegen. In den Beziehungen zw. Staaten können P. wie Grenzverletzungen, Verletzungen des Luftraums, Aufbringung gegner. Schiffe, Embargos u. a. ernste Spannungen bis hin zu krieger. Auseinandersetzungen herbeiführen.

Provost, Jan, auch **Jean Prévost,** fläm. Maler, * Mons um 1465, † Brügge 1529; ließ sich 1494 in Brügge nieder, war Gastgeber A. DÜRERS auf dessen Reise in die Niederlande (1520/21). Seine Bilder sind in vielem noch der Spätgotik verpflichtet, weisen jedoch auch manierist. Züge auf (›Das jüngste Gericht‹, 1524–26; Brügge, Groeningemuseum).

Jan Provost: Christliche Allegorie; um 1500/10 (Paris, Louvre)

provinzialrömische Kunst: Votivhand des Sabazios; 2.–3. Jh. n. Chr. (Tirana, Ethnographisches und Archäologisches Museum)

Proxemik [zu lat. proximus ›der Nächste‹], engl. **Proxemics** [prɔˈksemɪks], *Psychologie:* die kommunikative Dimension des menschl. Raumverhaltens (z. B. körperl. Distanz zum Partner, Berührung, Körperhaltung, Beziehungswinkel, Geruchseindrücke).

Proxenie [griech. ›Staatsgastfreundschaft‹] *die, -/...ˈni|en,* griech. **Proxenia,** im antiken Griechenland die Interessenvertretung eines griech. Staates und seiner Bürger in anderen Staaten durch bes. angesehene Bürger **(Proxenoi)** dieser Staaten.

Proxima Centauri, sonnennächster Stern (Entfernung von der Sonne 4,25 Lichtjahre), gehört zum Mehrfachsystem →Alpha Centauri, dem Hauptstern im Sternbild Kentaur. P. C. ist ein Flackerstern (→Flare-Sterne); seine scheinbare visuelle Helligkeit beträgt $11^{\mathrm{m}}.3$ und variiert mit einer Periode von 41,6 Tagen um 0,01 mag. Mit einer absoluten Helligkeit von $+15^{\mathrm{m}}$ gehört er zu den leuchtkraftschwächsten der bekannten Sterne. Er ist ein roter Zwergstern der Spektralklasse M 5. – Entdeckt wurde P. C. (auch **Centauri C** gen.) 1915 von dem Direktor des Observatoriums in Johannesburg, ROBERT THORBURN AYTON INNES (* 1861, † 1933).

proximal [zu lat. proximus ›der Nächste‹], *Anatomie:* der Körpermitte näher gelegen; Ggs.: distal.

Prozedere, eingedeutschte Schreibung von →Procedere.

Prozedur [engl. procedure, zu lat. procedere ›fortschreiten‹] *die, -/-en,* **1)** *allg.:* umständl., schwieriges und meist unangenehmes Verfahren.

2) *Informatik:* 1) ein selbstständiger, benannter Programmbaustein (Programmteil, Unterprogramm), in dem die Lösung einer problemspezif. Teilaufgabe formuliert werden kann. Eine P. besteht üblicherweise aus einem Schlüsselwort (z. B. procedure), gefolgt von einem Bezeichner und einer Liste formaler Parameter, die zus. als **P.-Kopf** bezeichnet werden, sowie aus einer Folge von Deklarationen und einer Folge von Anweisungen, dem **P.-Rumpf;** sie kann innerhalb eines Programms mehrfach aufgerufen werden, ggf. unter Beifügung der jeweils aktuellen Parameter, durch die die formalen Parameter zu ersetzen sind, und übergibt an das aufrufende Programm ggf. die jeweiligen Ergebnisse. Das P.-Konzept ist von zentraler Bedeutung bei imperativen Programmiersprachen (auch als ›prozedural‹ bezeichnet), weil es ermöglicht, jede als Programm formulierte Vorschrift in einem anderen Programm als elementare Anweisung zu verwenden; 2) i. w. S. svw. Routine, Programm oder Programmteil.

Prozent [von ital. per cento, zu lat. centum ›hundert‹] *das, -(e)s/-e,* Abk. **p. c.,** in Österreich auch **Perzent,** eingedeutscht **vom Hundert,** Abk. **v. H.,** Zeichen %, Zusatz zu Zahlenangaben, die sich auf die Vergleichszahl 100 beziehen, $\frac{p}{100} = p\,\%$ (gelesen ›*p* Prozent‹); z. B. entspricht 25 % (einer Gesamtmenge) $^{25}/_{100} = {}^{1}/_{4}$ (dieser Menge). Die Gesamtmenge bezeichnet man als den **Grundwert** (*G*); er entspricht 100 %. Der **P.-Satz** (*p*) gibt an, wieviel P. des Grundwertes zu bestimmen sind, der **P.-Wert** (*W*) ist der Teil des Grundwertes, der dem angegebenen P.-Satz entspricht; aus $\frac{W}{p} = \frac{G}{100}$ können Grundwert, P.-Satz und P.-Wert nach

$$G = \frac{W}{p} \cdot 100, \quad p = \frac{W}{G} \cdot 100 \quad \text{und} \quad W = \frac{p \cdot G}{100}$$

berechnet werden **(P.-Rechnung).** Eine wichtige Anwendung der P.-Rechnung ist die →Zinsrechnung.

Prozentnotierung, Prozentkurs, *Börsenwesen:* →Kurs.

prozentual, prozentuell, im Verhältnis zum Hundert, in Prozenten ausgedrückt.

Prozess [mlat. process ›Erlass‹, ›gerichtl. Entscheidung‹, über mlat. processus ›Rechtsstreit‹ von lat. processus ›Fortgang‹, ›Verlauf‹] *der, -es/-e,* **1)** *allg.:* Verlauf, Ablauf, Hergang, Entwicklung.

2) *Informatik:* der aktuelle, tatsächl. Ablauf einer algorithm. Informationsbearbeitung; unter der Kontrolle eines Betriebssystems ein Vorgang auf einem →Prozessor, der durch ein Programm gesteuert wird. Mehrere gleichzeitig oder zeitverzahnt ablaufende P. können miteinander kommunizieren und sich dadurch in ihrem Ablauf gegenseitig beeinflussen. Die Kommunikation kann z. B. über gemeinsame Speicherbereiche erfolgen oder durch das Versenden von Nachrichten realisiert werden. Zur Darstellung des Ablaufs von P. dienen u. a. →Petri-Netze.

Gewöhnlich, v. a. im Mehrprogrammbetrieb, stehen vielen P. nur wenige Prozessoren gegenüber, meist sogar nur einer. Die anstehenden P. werden daher abwechselnd stückweise bearbeitet, wobei fünf **P.-Zustände** unterschieden werden können: ›initiiert‹, ›bereit‹, ›blockiert‹, ›aktiv‹ und ›terminiert‹. P., die eine Rechenanlage gerade betreten oder nach abgeschlossener Bearbeitung gerade verlassen, gelangen in die Zustände ›initiiert‹ bzw. ›terminiert‹. Im Zustand ›aktiv‹ wird ein P. vom Prozessor ausgeführt. Muss ein P. in diesem Zustand auf die Bereitstellung von Betriebsmitteln oder eine Nachricht warten, gerät er in den Zustand ›blockiert‹. Aus diesem geht er nach Bereitstellung aller erforderl. Mittel und Informationen in den Zustand ›bereit‹ über, in dem er verbleibt, bis ihm wieder der Prozessor zugeteilt wird.

3) *Physik:* ein Vorgang, dessen zeitl. Verlauf durch gewisse charakterist. Größen (Zustandsvariablen) beschrieben wird (z. B. Kreis-P.). Ein P. ist steuerbar, wenn diese Größen sich durch andere physikal. Größen gezielt beeinflussen lassen, deterministisch, wenn sich sein Verlauf exakt vorhersagen lässt, und stochastisch (zufällig), wenn darüber nur Wahrscheinlichkeitsangaben möglich sind. Je nach der Zeitabhängigkeit der charakterist. Größen kann man z. B. auch zw. stationären, period. und gerichteten P. unterscheiden. Als ergodisch wird ein P. bezeichnet, bei dem das Zeitmittel gleich dem Scharmittel ist.

4) *Psychologie:* auf neurophysiolog. Grundlage sich vollziehender Vorgang, z. B. der Wahrnehmung, des Lernens oder Denkens. – Insbesondere wird von der Entwicklungs- und Persönlichkeitspsychologie die Auffassung vertreten, dass alle psych. Phänomene als P. (**P.-Charakter** des Psychischen) zu verstehen seien.

5) *Recht:* der Rechtsgang, der Rechtsstreit, das Verfahren vor einem Rechtspflegeorgan, meist einem Gericht, das auf ein bestimmtes Rechtspflegeziel, typischerweise auf eine Entscheidung dieses Organs, ausgerichtet ist. Das Verfahren wird geregelt durch das **P.-Recht** (Verfahrensrecht). Dieses ist für die einzelnen P.-Arten (Zivil-P., Arbeitsgerichts-P., Straf-P., Verwaltungsgerichts-P., Sozialgerichts-P., Finanz-P., Verfahren vor dem Bundesverfassungsgericht) unterschiedlich und in verschiedenen Verfahrensgesetzen (P.-Ordnungen) geregelt. Eine allgemeine P.-Lehre befasst sich mit übergreifenden Grundsätzen und Merkmalen der Verfahrensrechte. Ihr sind jedoch dadurch Grenzen gesetzt, dass die verfahrensrechtl. Regelungen auch durch den materiellen Rechtsstoff bedingt sind, mit dem sich die angestrebte Entscheidung befassen muss. Dabei verbieten die versch. Inhalte und Zwecke des Zivil-, Straf- und Verwaltungsrechts und die mit ihnen verwandten Materien eine völlige Gleichförmigkeit der P.-Regeln. Die Grundsatzentscheidungen für die Rechtsprechungstätigkeit in allen P.-Arten enthält das Gerichtsverfassungsrecht (→Gericht). Charakterist. Gestaltungsformen des P.-Rechts sind einerseits die Leitungs- und Entscheidungsbefugnisse des Gerichts, andererseits die Einwirkungsmöglichkeiten der Parteien auf Gang und Inhalt des Verfahrens mit bestimmten prozessualen Pflichten und Lasten.

In *Österreich* und der *Schweiz* gelten im Wesentlichen ähnl. Grundsätze, wobei in der Schweiz einheitl. Verfahrensrecht von untergeordneter Bedeutung ist, da die Gesetzgebungshoheit im Zivil- und Straf-P. zur Hauptsache bei den Kantonen liegt. Diese kantonale Souveränität wird allerdings – v.a. über die Rechtsprechung des Bundesgerichts – durch Staatsverträge und verfassungsmäßige Grundrechte sowie Einwirkungen des materiellen Bundesrechts zunehmend eingeengt.

Im *röm. Recht* oblag dem Gerichtsmagistrat (praetor) nur die Leitung oder die Einleitung eines P. Das Urteil wurde entweder von den Geschworenen unter seinem Vorsitz (so teilweise im Legisaktionen-P.) oder von einem nach seiner Weisung selbstständig verhandelnden Einzelrichter (iudex) oder einem kleinen Kollegium – so stets im Formular-P. – gefällt. Das Verfahren war mündlich und kostenlos. Unter dem Prinzipat bildete sich in Zivil- und Strafsachen der Kognitions-P. heraus, der einheitlich vor einem beamteten Richter mit zahlreichen Gehilfen im schriftl. Verfahren ablief.

6) *Soziologie:* **sozialer P.,** Sammel-Bez. für alle auf zwischenmenschl. Beziehungen beruhenden Vorgänge. Soziale P. sind das Ergebnis sozialen Handelns, das in seinem Ablauf an dem Verhalten anderer orientiert ist. Darunter fallen versch. Formen sozialer Interaktion (z.B. Freundschaft, Wettbewerb, Erziehung), für deren Verlauf kennzeichnend ist, dass im Handlungsvollzug weitere Motivationen erzeugt werden, die Reaktionen und Gegenreaktionen auslösen, neue Systemzustände hervorbringen und damit →sozialen Wandel ermöglichen.

7) *Technik:* ein strukturverändernder Vorgang, bei dem Werkstoffe, Energien oder Informationen transportiert oder umgeformt werden. Ein **Stoffwandlungs-P.** der Verfahrenstechnik ist ein technolog. Vorgang, bei dem chem. Veränderungen an den Ausgangsstoffen gezielt vorgenommen werden. Bei einem **Energiewandlungs-P.** wird eine Energieart in eine andere umgewandelt (z.B. die Wandlung von Primär- in Sekundärenergie). **Informationswandlungs-P.** sind Vorgänge, bei denen die Struktur der an Signale gebundenen Informationen durch log. Verknüpfungen (→logische Schaltungen) verändert wird.

Prozeß, Der, Roman von F. KAFKA (entstanden 1914/15, unvollendet); Erstausgabe 1925.

Prozess|agent, →Rechtsbeistand.

Prozessbeschleunigung, angesichts der Fülle gerichtl. Verfahren und der nur begrenzten Ausbaumöglichkeiten der Justiz durch gesetzl. Regelungen angestrebter zügiger Verfahrensablauf, unter Wahrung von Rechtsstaatlichkeit und Rechtssicherheit und ohne die Wahrscheinlichkeit zutreffender Ergebnisse zu verringern. Unabhängig von solchen Bestimmungen gilt das Gebot der P. für alle Arten von gerichtl. Verfahren.

Im Zivilprozess strebt die ›Vereinfachungsnovelle‹ vom 3. 12. 1976, die u.a. auch zur Änderung des Arbeitsgerichts-Ges. und des Sozialgerichts-Ges. geführt hat, eine schnellere Erledigung der Prozesse an. Das Verfahren einer Instanz soll in einem Haupttermin zur mündl. Verhandlung zur Entscheidungsreife gebracht werden. Zur Vorbereitung des Haupttermins kann das Gericht entweder ein schriftl. Vorverfahren oder einen ›frühen ersten Termin‹ anordnen. Den Parteien werden Schriftsatz- und Erklärungsfristen gesetzt. Verspätetes Vorbringen kann ausgeschlossen werden (→Präklusion). Das Gericht hat erforderl. vorbereitende Maßnahmen rechtzeitig vor dem Termin zu erlassen und darauf hinzuwirken, dass sich die Parteien beizeiten und vollständig erklären. Es kann schon vor der mündl. Verhandlung einen Beweisbeschluss erlassen (§§272–283, 296, 358a, 528 ZPO). Der P. dienten auch für andere Gerichtsbarkeiten sowie später erlassene Ges., z.B. das Ges. zur Entlastung der Gerichte in der Verwaltungs- und Finanzgerichtsbarkeit vom 31. 3. 1978 (→Gerichtsbescheid) oder das Ges. zur Entlastung der Rechtspflege vom 11. 1. 1993.

Prozessfähigkeit, die Fähigkeit, einen Prozess selbst oder durch selbst bestellte Vertreter zu führen. Eine Person ist insoweit prozessfähig, als sie sich durch Verträge verpflichten kann (§52 ZPO), d.h., die P. entspricht im materiellen Recht der (unbeschränkten) Geschäftsfähigkeit. Eine Partei kann auch nur für gewisse Arten von Prozessen prozessfähig sein (z.B. bei Dienst- und Arbeitsverhältnissen Minderjähriger, §113 BGB). Alle jurist. Personen sind prozessunfähig und werden, wie sonstige Prozessunfähige, durch ihren gesetzl. Vertreter vertreten (§51 ZPO), der sich nach dem materiellen Recht bestimmt (z.B. Vorstand einer AG). Die P. ist Prozessvoraussetzung, ihr Fehlen führt zur Abweisung der Klage. Sie ist von der →Parteifähigkeit zu unterscheiden.

In *Österreich* (§§1ff. ZPO) und der *Schweiz* gelten wesensgleiche Regelungen.

Prozessformel, *röm. Recht:* Charakteristikum des Formularprozesses. Nach abgeschlossener Verhandlung der Parteien vor dem Gerichtsmagistrat (praetor) setzte dieser durch den mündl. Ausspruch der P. das Urteilsgericht (iudicium) ein und erteilte ihm das Prozessprogramm, nämlich, je nach Klageart (actio), die Berechtigung des streitigen Anspruchs oder die Wahrheit der Tatsachenbehauptungen zu prüfen und den Beklagten zu verurteilen oder die Klage abzuweisen.

Prozessführungsbefugnis, das Recht, einen Prozess als die richtige Partei im eigenen Namen zu führen. Die P. ist allgemeine Prozessvoraussetzung und steht i.d.R. dem Inhaber des jeweiligen Rechts zu. Ist ausnahmsweise eine andere Person prozessführungsbefugte Partei, handelt es sich um einen Fall von →Prozessstandschaft.

Prozessgericht, im Zivilprozess der Spruchkörper eines Gerichts, vor dem das Erkenntnisverfahren (→Erkenntnis) durchgeführt und von dem es entschieden wird.

Prozesshandlung, Bez. für alle Handlungen des Gerichts, der Parteien oder beteiligter Dritter, die auf das Verfahren gestaltend einwirken (z.B. Terminbestimmung, Entscheidung, Erhebung oder Rücknahme der Klage). Sie stehen im Unterschied zu Realakten und Rechtsgeschäften. Die Wirksamkeit der P. hängt von bestimmten P.-Voraussetzungen ab, bes. Partei-, Prozess- und Postulationsfähigkeit, dem Beachten bestimmter Formen und Fristen, dem Zugang der Erklärung an Gericht und Gegner.

Prozessierung, *Biochemie:* während oder meist im Anschluss an die →Transkription stattfindender Prozess, bei dem die als genaue Kopie des entsprechenden Genabschnitts auf der DNA synthetisierte RNA (als Precursor-RNA bezeichnet) modifiziert und dadurch in die endgültige, funktionsfähige Form überführt wird. Wichtige Vorgänge bei der P. sind die Verkürzung (P. i.e.S.) überlanger RNA-Stücke durch Herausschneiden von Basensequenzen (Introns), die für die Funktion der RNA keine Bedeutung haben, und das anschließende Zusammenfügen der Teilstücke. Dieser Prozess ist für alle RNA-Typen (mRNA, tRNA, rRNA; →Nukleinsäuren) gleichermaßen von Bedeutung. Weiterhin das Einfügen von Substituenten (v.a. Methylgruppen) sowohl in die Ribose als auch in die Basen und die Assoziierung mit Proteinen (v.a. bei mRNA und rRNA).

Prozession [(kirchen)lat., eigtl. ›das Vorrücken‹] *die, -/-en,* in der *Religionsgeschichte* die zum →Kult gehörende Bewegung hin zu einem hl. Bezirk oder seinem Mittelpunkt bzw. sein Umschreiten, Umreiten, Umfahren, Umtanzen unter Wahrung bestimmter Riten (z. B. wiederholtes Innehalten, Niederwerfen, Waschungen, Sprünge vor oder zurück). P. gehören in zahlr. Religionen zu den elementaren kult. Vollzügen und sind bereits in prähistor. Zeit belegt. Sie gewannen in Vegetationskulten seit dem Neolithikum (z. B. Umschreiten eines Ackers) noch größere Bedeutung. In den frühen Hochkulturen entwickelte sich eine von Priestern organisierte, stark differenzierte Durchführung von P. Diese konnten versch. Bedeutungen haben: P. zum Tempel oder von einem Tempel zu einem anderen als Bewegung zur Gottheit (z. B. die P.-Straßen in der babylonisch-assyr. und ägypt. Religion); bei Bergheiligtümern oder Hochtempeln (Tempeltürme oder -pyramiden z. B. in Sumer und im vorkolumb. Amerika) war der Weg zur Gottheit zugleich eine Bewegung ›nach oben‹, in die ›Transzendenz‹; das Umkreisen von realen oder symbolisierten Objekten (z. B. der Stadt Jericho; Josua 6), das auf mag. Weise positive oder negative Wirkungen (z. B. Zerstörung Jerichos) entfalten sollte; Abbild eines für die Gesellschaft wichtigen Wegs der Gottheit, z. B. für den Weg zur hl. Hochzeit (→Hieros Gamos) in frühen Vegetationskulten oder den Weg der Sonne am Himmel und in der Unterwelt.

Im *Christentum* waren P. schon früh gebräuchlich; nach der staatl. Anerkennung unter KONSTANTIN I. entfalteten sie sich – auch nach außen hin – in vielfältigen Formen, die oft vorchristl. Bräuche weiterführten und ihren festen Platz im sich ausbildenden Kirchenjahr fanden (z. B. →Palmsonntag, Kreuz-P. am Karfreitag); daneben gab es →Bittprozessionen aus aktuellen Anlässen (z. B. Hungersnot, Seuchen, Dürrezeiten) und um regionale Zentren der Heiligenverehrung. Das MA. kannte darüber hinaus große →Wallfahrten (z. B. zu den hl. Stätten in Palästina oder nach Santiago de Compostela), im Hoch-MA. entstand u. a. die Fronleichnams-P. Die Reformation kritisierte bestimmte P.-Riten, ohne P. aber gänzlich abzuschaffen (z. B. P. bei Taufe, Trauung, Konfirmation). Auch in der kath. Kirche reduzierte das ›Rituale Romanum‹ von 1614 die Zahl der P.; im Gefolge der Aufklärung wurden v. a. P. außerhalb des Kirchenraums als ›voraufgeklärte Frömmigkeitsform‹ angesehen. Ungeachtet dessen haben die P. ihre Bedeutung in der kath. Kirche und in den Ostkirchen behalten und spielen als ein wichtiges Element der Volksfrömmigkeit bes. in traditionell-volkskirchlich geprägten Ländern und Regionen nach wie vor eine große Rolle.

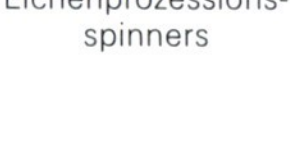

Prozessionsspinner: Raupen des Eichenprozessionsspinners

Prozessions|spiel, Form des geistl. Spiels des MA.; es entwickelte sich im Rahmen von Prozessionen und ähnl. feierl. Begehungen. Seine bedeutendste Ausprägung ist das →Fronleichnamsspiel. Die typ. Bühnenform ist die Wagenbühne.

Prozessions|spinner, Thaumetopoeidae, Familie mittelgroßer, nachtaktiver Falter mit etwa 100 Arten. Die Raupen leben gesellig in Gespinsten, von wo aus sie in geordneten Zügen (›Prozessionen‹) zum gemeinsamen Fraßplatz und wieder zurück wandern. Leicht sich ablösende, winzige Gifthärchen der Raupen verursachen juckende, schlecht heilende Entzündungen. – In Mitteleuropa treten drei Arten als Forstschädlinge auf: der in Nordost-Dtl. und Dänemark verbreitete, bis 3,5 cm spannende **Kiefern-P.** (Thaumetopoea pinivora), der v. a. an Kiefernnadeln frisst; in Eichenwäldern Mittel- und Südeuropas der **Eichen-P.** (Thaumetopoea processionae; Spannweite bis 3 cm) und im SW Dtl.s und in den Mittelmeerländern der v. a. an Pinien und Kiefern fressende **Pinien-P.** (Thaumetopoea pityocampa; Spannweite bis 4 cm).

Prozessionsspinner: Eichenprozessionsspinner (Spannweite bis 3 cm)

Prozesskosten, *Recht:* →Gerichtskosten.

Prozesskostenhilfe, die vollständige oder teilweise Befreiung einer minderbemittelten Partei von den Prozesskosten (früher als Armenrecht bezeichnet). Nach §§ 114–127 a ZPO, auf die sich die anderen Verfahrensordnungen vielfach berufen (z. B. § 11 a Arbeitsgerichts-Ges., § 73 a Sozialgerichts-Ges.), erhält eine Prozesspartei, die nach ihren persönl. und wirtschaftl. Verhältnissen die Kosten der Prozessführung nicht, nur zum Teil oder nur in Raten aufbringen kann, auf Antrag P., wenn die beabsichtigte Rechtsverfolgung oder Rechtsverteidigung hinreichende Aussicht auf Erfolg bietet (stets zu bejahen bei schwierigen, bislang ungeklärten Rechtsfragen, von denen die Hauptsacheentscheidung abhängt) und nicht mutwillig erscheint. Die Prozesspartei hat ihr Einkommen und soweit zumutbar ihr Vermögen zur Begleichung der Prozesskosten einzusetzen. Vom Einkommen sind gemäß § 115 ZPO versch. Beträge abzuziehen, z. B. Einkommensteuer, Sozialversicherungspflichtbeiträge, Werbungskosten, gesetzl. Unterhaltsleistungen. Von dem verbleibenden monatl. Einkommen sind unabhängig von der Zahl der Rechtszüge höchstens 48 Monatsraten aufzubringen, deren Höhe sich aus der in § 115 ZPO eingefügten Tabelle ergibt. Unterlagen, die die Bedürftigkeit nachweisen, sind vorzulegen. Das früher erforderl. Armutszeugnis ist dadurch ersetzt, dass der Antragsteller seine Angaben auf Verlangen des Gerichts glaubhaft machen muss und das Gericht von Amts wegen Erhebungen anstellen kann.

Die P. umfasst die Gerichtskosten und in bestimmten Fällen auch die Kosten des gewählten Anwalts. Mit der Bewilligung der P. wird der Partei ein zur Vertretung bereiter Rechtsanwalt ihrer Wahl beigeordnet, wenn Anwaltszwang besteht; sonst wird ein Rechtsanwalt auf Antrag nur beigeordnet, wenn dies erforderlich erscheint oder der Gegner durch einen Rechtsanwalt vertreten ist. Die Anwaltsgebühren werden von der Staatskasse vergütet. Über die Bewilligung von P. entscheidet das Gericht, bei dem das Verfahren anhängig ist oder anhängig gemacht werden soll, d. h. für jeden Instanzenzug gesondert. Die Bewilligung der P. befreit die unterliegende Partei nicht von der Erstattung der dem Gegner entstandenen Kosten. – Im außerprozessualen Bereich kann ein bedürftiger Bürger kostenlose →Rechtsberatung erlangen.

In *Österreich* ist die P. **(Verfahrenshilfe)** in den §§ 63 ff. ZPO geregelt. Durch die Gewährung von P. werden einer Partei, der durch die Prozesskosten eine Beeinträchtigung des notwendigen Unterhalts droht, die Prozesskosten (Barauslagen, Anwaltskosten) vorläufig erlassen. Bei Obsiegen der P. genießenden Partei hat, wie in Dtl., der Unterlegene alle Kosten zu tragen, verliert sie, ist sie von den eigenen Kosten befreit, hat dem Gegner aber Kostenersatz zu leisten. Lässt es die Vermögenslage der Partei zu, ist die P. innerhalb von drei Jahren zurückzuzahlen (§ 71 ZPO, danach Verjährung). – In der *Schweiz* ist die P. (oft veraltet noch Armenrecht oder nunmehr **unentgeltliche Prozessführung,** kurz **uP** genannt) meist in den entsprechenden Verfahrensgesetzen von Bund und Kantonen geregelt. Unter bestimmten, vom Bundesgericht in reichhaltiger Rechtsprechung entwickelten Kriterien besteht darüber hinaus von Verfassungs wegen ein Anspruch auf P. (Art. 4 Abs. 1 Bundes-Verf.).

J. DÖRNDORFER: P. für Anfänger ([2]1995); A. SCHOREIT u. J. DEHN: Beratungshilfe, P. ([5]1995).

Prozesskunst, engl. **Processart** ['prəʊsesɑ:t], **Process-Art,** Kunstrichtung seit den 1960er-Jahren, die nicht auf das endgültige Ergebnis künstler. Schaffens zielt, sondern die Handlung selbst als Kunst auffasst. Urspr. wurden dazu ebenso körperl. Aktionen (F. E. WALTHER) wie Environments oder Objekte gerechnet, die noch Veränderungen durchlaufen (Biokinetik). Zur P. gehören auch Objekte, bei denen der Herstellungsprozess als wesentl. ästhet. Information im Ergebnis ablesbar bleibt (EVA HESSE, R. MORRIS, B. NAUMAN, R. SERRA, U. RÜCKRIEM). Die P. wird v. a. über Film und Videoband dokumentiert. (→Aktionskunst, →Happening, →Performance)

Prozesslüge, *Recht:* Vorbringen wissentlich falscher Prozessbehauptungen. Beide Parteien trifft die Rechtspflicht, ihre Erklärungen über tatsächl. Umstände vollständig und wahrheitsgemäß abzugeben (§ 138 ZPO). Eine P. ist unter Umständen als **Prozessbetrug** gegenüber dem Gericht zu werten und kann nach § 263 StGB strafbar sein (→Betrug).

Prozessor *der, -s/...'soren, Datenverarbeitung:* 1) Funktionseinheit, die autonom sowohl den Programmfluss steuern als auch die datentransformierenden Operationen eines Programms ausführen kann. Dazu enthält ein P. als wesentlichste Komponenten Steuerwerk, Rechenwerk sowie Register. P. werden heute als hochintegrierte Schaltungen hergestellt, meist auf einem einzigen Chip (→Mikroprozessor); v. a. in dieser Form werden sie auch in Peripheriegeräten zur Entlastung der Zentraleinheit eingesetzt sowie in vielen Geräten und Maschinen zur Steuerung techn. Prozesse. 2) Bez. für ein Programm zur Übersetzung problemorientierter Programmiersprachen (→Übersetzer); bei mehrstufiger Übersetzung sind auch die Bez. Pre- und Post-P. üblich.

Prozesspolitik, *Wirtschaft:* die →Ablaufpolitik.

Prozessrechner, Rechnersystem zur prozessgekoppelten Verarbeitung von Prozessdaten und zur darauf beruhenden Steuerung techn. Prozesse. Zur Hardware eines P. gehören neben einem frei programmierbaren Rechner insbesondere Peripheriegeräte wie Sensoren, Aktoren und Anzeigen. Die Prozessdaten sind Werte für Signale, die zw. Prozess und P. übertragen werden, als Eingabedaten über die Sensoren und als Ausgabedaten über die Aktoren und Anzeigen. Man spricht von *offener Prozesskopplung,* wenn ein P. nur eingangsseitig, über die Sensorperipherie, mit dem Prozess verbunden ist, aber nicht unmittelbar (automatisch) auf den Prozess einwirkt. *Geschlossene Prozesskopplung* liegt vor, wenn ein P. auch ausgangsseitig, über die Aktorperipherie, mit dem Prozess verbunden ist. Da die Erfassung von Prozesszuständen und deren Beeinflussung meist sehr schnell erfolgen müssen, ist bei P. der Echtzeitbetrieb (→Realzeitbetrieb) die Regel. Insbesondere bei geschlossener Prozesskopplung werden daneben oft sehr hohe Anforderungen an die Verfügbarkeit und Zuverlässigkeit der P. gestellt, was häufig nur durch redundante Einrichtungen zu realisieren ist. Die von Prozessen erzeugten bzw. für deren Steuerung benötigten Signale sind meist analog und müssen daher durch entsprechende Analog-digital- und Digital-analog-Umsetzer, an deren Genauigkeit und/oder Schnelligkeit oft hohe Anforderungen gestellt werden, in die jeweils benötigte Darstellungsform gebracht werden.

Prozess|standschaft, Sonderfall der →Prozessführungsbefugnis, nämlich in eigenem Namen einen Prozess über ein fremdes Recht zu führen. Gesetzl. P. besteht in Verwalterfällen (Konkurs-, Nachlass- und Zwangsverwalter, Testamentsvollstrecker als Parteien kraft Amtes) oder bei der klageweisen Geltendmachung von Rechten der Gesellschaft durch einen Gesellschafter gegen Mitgesellschafter (actio pro socio) sowie bei Veräußerung des Streitgegenstandes nach Rechtshängigkeit (§ 265 ZPO). Gewillkürte, d. h. durch Rechtsgeschäft übertragene P. erfordert ein eigenes schutzwürdiges Interesse des Prozessstandschafters, das fremde Recht geltend zu machen. Die Wirkungen eines Urteils treffen den Rechtsträger, um dessen Recht der Prozess geführt wird; er kann im Prozess als Zeuge auftreten.

Prozess|theologie, eine v. a. in Nordamerika beheimatete, aber zunehmend auch in Europa Einfluss nehmende Richtung philosoph. Theologie, deren philosoph. Fundament auf der metaphys. Kosmologie A. N. WHITEHEADS gründet. Die Wirklichkeit wird als Prozess des Übergangs von einer wirkl. Entität (actual entity) zu einer anderen verstanden, in dem Gott einerseits in seiner Urnatur aus reinen Möglichkeiten strukturierend Neues heraussetzt und andererseits die so gewordenen Konkretionen in seiner Folgenatur in sich bewahrt, die dann wiederum als nun vergangener Moment in den Prozess neuerl. Konkretwerdung transformiert mit eingehen. Gott tritt somit durch den Zusammenhang von Urnatur und Folgenatur in eine Wechselbeziehung zur Welt: Gott und Welt schaffen sich gegenseitig. Hauptvertreter der P. sind CHARLES HARTSHORNE (* 1897), JOHN BOSWELL COBB (* 1925) und SCHUBERT MILES OGDEN (* 1928). In der neueren theolog. Diskussion hat die P. die Überlegungen zu einer Theologie der Natur, die das Gott-Welt-Verhältnis neu thematisieren kann, beeinflusst. Als eine moderne Form metaphys. Denkens sucht sie Natur- und Geisteswissenschaften zu verbinden und der klass. Metaphysikkritik zu begegnen. Auf kath. Seite wird zudem eine Verbindung zum evolutiven Denken von P. TEILHARD DE CHARDIN versucht.

J. B. COBB: Die christl. Existenz (a. d. Engl., 1970); DERS.: Christl. Glaube nach dem Tode Gottes (a. d. Engl., 1971); DERS. u. D. R. GRIFFIN: P. (a. d. Engl., 1979); S. M. OGDEN: Die Realität Gottes (a. d. Engl., Zürich 1970); A. N. WHITEHEAD: Prozeß u. Realität (a. d. Engl., [2]1984); M. WELKER: Universalität Gottes u. Relativität der Welt ([2]1988); I. CLAUS: Intensität u. Kontrast. Eine Auseinandersetzung mit der Gottesvorstellung ausgew. Entwürfe der Prozeßtheologie (1994).

Prozess|urteil, im Zivilprozess ein Endurteil, das eine Klage oder einen Rechtsbehelf als unzulässig abweist oder verwirft, weil eine →Prozessvoraussetzung oder ein sonstiges Zulässigkeitserfordernis fehlt. Das P. erwächst wie das →Sachurteil in materielle Rechtskraft, die aber auf die entschiedene Prozessfrage beschränkt ist. Im Strafprozess führt das P. zur Einstellung des Verfahrens.

Prozessvollmacht, die zur Vertretung bei allen den Rechtsstreit betreffenden Prozesshandlungen (§ 81 ZPO) ermächtigende Vollmacht; sie ist auch in den anderen Verfahrensordnungen vorgesehen. Im Innenverhältnis (zw. Mandant und Rechtsanwalt) liegt ihr ein Geschäftsbesorgungsvertrag oder Auftrag zugrunde. Die P. schließt materiellrechtl. Erklärungen, die sich auf den Streitgegenstand beziehen, ein. Die Handlungen des Bevollmächtigten wirken für und gegen die Partei, die jedoch Geständnisse und Erklärungen über Tatsachen im Gerichtstermin sofort widerrufen kann. Handelt der Prozessbevollmächtigte entgegen den ihm erteilten Weisungen, sind seine Handlungen wirksam, doch macht er sich unter Umständen schadensersatzpflichtig. Die P. kann nur durch schriftl. Vollmachtsurkunde nachgewiesen werden. Die Prüfung der Vollmacht erfolgt nur auf Rüge des Gegners, wenn als Bevollmächtigter ein Rechtsanwalt auftritt. Die P. kann jederzeit widerrufen werden, jedoch wird der Widerruf erst wirksam, wenn er dem Gericht und dem Gegner mitgeteilt ist. Die P. erlischt mit dem Ende des Prozesses oder dem Tod des Bevollmächtigten (nicht aber mit dem Tod des Vollmachtgebers) oder dem Ende des zugrunde liegenden Vertrages. Eine rechtsgeschäftl. Vertretungsmacht umfasst nur ausnahmsweise die Ermächtigung zur Prozessführung, z. B. die Prokura, § 49 HGB.

Die P. umfasst nach *österr.* Recht (§§ 31 ff. ZPO) alle mit dem betreffenden Rechtsstreit verbundenen Rechtshandlungen, die Exekutionsführung gegen den Prozessgegner sowie die Empfangnahme der zu erstattenden Kosten. Das Vorliegen der P. ist eine absolute Prozessvoraussetzung (§ 37 Abs. 1 ZPO). – Im *schweizer.* Recht gilt Ähnliches wie in Dtl. Einzelbestimmungen treffen die versch. Prozessgesetze des Bundes und der Kantone.

Prozẹssvoraussetzung, Sachentscheidungsvoraussetzung, Sachurteilsvoraussetzung, von Amts wegen zu prüfende Voraussetzung dafür, dass eine Entscheidung des Gerichts in der Sache selbst ergehen darf. Fehlt eine P., so ist im Zivilprozess die Klage durch →Prozessurteil als unzulässig abzuweisen, im Strafprozess das Verfahren einzustellen. P. sind das Gegebensein der dt. Gerichtsbarkeit, Zulässigkeit des Rechtsweges, sachl., örtl., funktionelle und internat. Zuständigkeit, Parteifähigkeit, Prozessfähigkeit und ordnungsgemäße gesetzl. Vertretung, Prozessführungsbefugnis, ordnungsgemäße Klageerhebung, Fehlen anderweitiger Rechtshängigkeit der Sache und entgegenstehender Rechtskraft, Rechtsschutzbedürfnis. Weitere spezielle P. können hinzukommen, z. B. die Durchführung des Vorverfahrens im Verwaltungsprozess oder der Strafantrag bei Antragsdelikten. **Prozesshindernisse** sind negative P., die nur auf Einrede des Beklagten berücksichtigt werden (z. B. die Einrede des Schiedsvertrags, § 1 027 a ZPO), oder – im Strafprozess – Umstände, die nicht vorliegen dürfen (z. B. die Verjährung der Strafverfolgung).

Das *österr.* Recht unterscheidet absolute und relative P. Das Fehlen absoluter P. heilt erst mit Eintritt der Rechtskraft (etwa fehlende Prozesslegitimation) oder gar nicht (z. B. fehlende Prozessfähigkeit), während das Fehlen einer relativen P. bereits heilt, wenn es nicht bis zu einem bestimmten Zeitpunkt aufgegriffen wird (etwa falsche Gerichtsbesetzung). – Im *schweizer.* Recht gilt im Wesentlichen dasselbe wie in Dtl. Die Einzelheiten sind z. T. in den maßgebenden eidgenöss. und kantonalen Verfahrensordnungen geregelt, wurden aber oft auch in langjähriger Rechtsprechung (v. a. des Bundesgerichts) entwickelt.

Nikolaj Michajlowitsch Prschewalskij

Prschewạlsk [prʒɛ-], 1889–1921 und 1939–94 Name der kirgis. Stadt →Karakol.

Prschewạlskij [prʒə-], **Prževạlskij** [prʒə-], Nikolaj Michajlowitsch, russ. General und Asienforscher, *Kimborowo (bei Smolensk) 12. 4. 1839, †Karakol 1. 11. 1888; erforschte 1868 und 1869 das Ussurigebiet, unternahm 1870–73, 1876–77, 1879–80 und 1884–85 Reisen nach Zentralasien durch die Mongolei nach N-Tibet (12 000 km), ins Tarimbecken, wo er den Lop Nur und den Altyn Tagh entdeckte; gelangte über das Marco-Polo-Gebirge bis 250 km vor Lhasa, zum Quellgebiet des Hwangho und zum oberen Jangtsekiang. P. berichtete erstmals über das Wildkamel und das Wildpferd (→Prschewalskipferd). Er verfasste zahlr. Werke über seine Reisen.

Prschewạlskipferd [prʒə-; nach N. M. PRSCHEWALSKIJ], **Przewạlskipferd** [prʒə-], **Wildpferd, Urwildpferd, Ẹquus przewạlskii,** urspr. mit mehreren Unterarten (z. B. →Tarpan) in weiten Teilen Eurasiens verbreitete Pferdeart, Stammform der Hauspferde. Das P. ist heute bis auf die Unterart **Östliches Steppenwildpferd (Mongolisches Wildpferd, Prschewalskipferd** i. e. S., Equus przewalskii przewalskii) ausgerottet. Die Vertreter dieser Unterart haben einen stämmigen, etwa 2,2–2,8 m langen Körper, dicken Hals, massigen Kopf und eine Schulterhöhe von rd. 1,2–1,45 m. Ihre Färbung ist überwiegend zimtbraun mit schwarzbrauner, aufrecht stehender Rückenmähne und schwarzem Aalstrich, schwarzem Schwanz und schwarz gestiefelten Beinen. Das Überleben des P. ist durch Zoozucht gesichert; es gab auch bereits Auswilderungen einiger Zuchttiere in der Wüste Gobi.

Prschewalskipferd: Östliches Steppenwildpferd (Schulterhöhe 1,2–1,45 m)

Prụ *der,* rechter Nebenfluss des Volta in Ghana, urspr. etwa 200 km lang; 40 km des Unterlaufs bilden heute einen Arm des Voltasees.

Prudẹntius, Aurelius **P. Clemens,** der bedeutendste christl. lat. Dichter des Altertums, *in Spanien 348, †nach 405. P. war nach rhetor. und jurist. Ausbildung hoher Staatsbeamter; trat dann zum Christentum über. Er hinterließ eine Reihe stark nachwirkender rein christl. Dichtungen: ›Cathemerinon‹ (Tagzeitenbuch, eine Hymnensammlung), ›Apotheosis‹ (Die Vergöttlichung des Menschen durch CHRISTUS), ›Hamartigenia‹ (Über den Ursprung der Sünde), ›Psychomachia‹ (Der Kampf der Seele), ›Contra Symmachum‹ (zwei längere Gedichte gegen SYMMACHUS, das geistige Haupt der gebildeten Heiden), ›Peristephanon‹ (Über die Kronen der Märtyrer), ›Dittochaeon‹ (Epigramme über bibl. Szenen).

Ausgaben: Prudence, hg. v. M. LAVARENNE, 4 Bde. ([2–3]1961–72, lat. u. frz.); Carmina, hg. v. M. P. CUNNINGHAM (1966).

K. THRAEDE: Studien zu Sprache u. Stil des P. (1965); R. HERZOG: Die allegor. Dichtkunst des P. (1966); A.-M. PALMER: P. on the martyrs (Oxford 1989).

Prudhoe Bay [ˈprʌdəʊ ˈbeɪ], Bucht der Beaufortsee an der N-Küste Alaskas, USA. 1968 wurden reiche Erdölvorkommen entdeckt. Die 1977 in Betrieb genommene →Trans-Alaska-Pipeline transportiert Erdöl von der Raffinerie an der P. B. zum eisfreien Hafen Valdez an der S-Küste Alaskas.

Prudhomme [pryˈdɔm], René François Armand, frz. Schriftsteller, →Sully Prudhomme.

Prud'hon [pryˈdɔ̃], **Prudhon,** Pierre-Paul, frz. Maler und Zeichner, *Cluny 4. 4. 1758, †Paris 16. 2. 1823; ging 1784 als Stipendiat nach Rom, wo ihn v. a. die Werke RAFFAELS, LEONARDO DA VINCIS, CORREGGIOS und A. CANOVAS beeindruckten. 1789 kehrte er nach Paris zurück. P. überwand die Härte der klassizist. Formen eines J.-L. DAVID durch ein weiches Helldunkel, das an CORREGGIO erinnert. Er verschmolz so die künstler. Haupttendenzen seiner Zeit zu einem persönl. Stil von rokokohafter Anmut, klassizist. Ernst und Monumentalität sowie romant. Beseeltheit. V. a. seine zahlr. Porträts sind bei betont vornehmer Haltung der Dargestellten (›Kaiserin Joséphine‹, 1805; Paris, Louvre) lyrisch-melancholisch gestimmt. Als meisterhaft gelten auch seine meist in Kreide ausgeführten Zeichnungen. Mit dekorativen und kunsthandwerkl. Entwürfen hat P. das Empire nachhaltig beeinflusst.

Weitere Werke: Bündnis zw. Liebe u. Freundschaft (1793; Minneapolis, Minn., Institute of Arts); Mme. Anthony u. ihre Kinder (1796; Lyon, Musée des Beaux-Arts); Weisheit u. Wahrheit steigen auf die Erde herab (1799; Paris, Louvre); Gerechtigkeit u. göttl. Rache verfolgen das Verbrechen (1804–08; ebd.); Psyche wird von den Winden entführt (1808; ebd.).

Prudnik, Stadt in Polen, →Neustadt.

Prüfbit, *Informatik:* das →Paritätsbit.

Prüfening, Benediktinerkloster, →Regensburg.

Prüf|feld, Prüflabor, Gesamtheit aller Prüfmittel zur meist stichprobenartigen Produktionsüberwachung, Erprobung von Werkstoffen, Einzelerzeugnissen und Anlagen, v. a. in Bezug auf deren Zuverlässigkeit unter Gebrauchs- oder Einsatzbedingungen.

Prüfgröße, Testgröße, *Statistik:* reelle oder vektorwertige Funktion einer Stichprobe, mit deren Hilfe eine statist. Hypothese geprüft werden kann (→Testtheorie). Häufig vorkommende Verteilungen einer P. **(Prüf-** oder **Testverteilung)** sind Normalverteilung, t-Verteilung, F-Verteilung (→F-Test).

Prüfmotor, Einzylindermotor zur Ermittlung der Klopffestigkeit von Vergaserkraftstoffen (→Oktanzahl) und der Zündwilligkeit von Dieselkraftstoffen (→Cetanzahl). →CFR-Motor

Prüfreaktor, *Kerntechnik:* →Materialprüfreaktor.

Prüfröhrchen, →Gasspürgeräte.

Prüfstand, Versuchseinrichtung zur Prüfung von Werkstoffen, Bauteilen oder Maschinen unter reproduzierbaren Bedingungen. Ein Motoren-P. besteht mindestens aus Einrichtungen zur Kraftstoff-, Luft- und Kühlmittelversorgung, Abgasabführung, Dynamometer zur Messung des Drehmoments, Drehzahlmesser und Verbrauchsmesseinrichtung. Hinzu kommen oft Geräte zur Messung von Temperaturen, Drücken, Luftmenge, Abgasemission, Drehwinkel der Kurbelwelle, Druckverlauf im Zylinder u. a. Die gemessenen Werte werden i. d. R. direkt in einen Computer übertragen, der die Berechnung weiterer Größen durchführt. Er kann auch die Steuerung des gesamten Messablaufs übernehmen.

Prüfung [mhd. prüevunge, zu prüeven ›erwägen‹, ›erkennen‹, ›beweisen‹, ›erproben‹, von lat. probare ›als gut erkennen‹, ›billigen‹, ›prüfen‹], **1)** *Betriebswirtschaftslehre:* →Revision, →Prüfung des Abschlusses.

2) *Bildungswesen:* im Rahmen von staatl. oder staatlich anerkannten Institutionen in schriftl. und mündl. Form erfolgende Feststellung der Leistungen und Fähigkeiten vor (Aufnahme-, Zulassungs-, Eignungs-P.) und nach einer schul. und berufl. Ausbildung oder Ausbildungsphase (Zwischen-P., Abschluss-P.; →Examen). Das Bestehen einer P. ist eine Qualifizierung, sie verleiht im Hinblick auf weitere Studien oder Ausbildungen Berechtigungen (bei Zulassungsbeschränkungen ist das P.-Ergebnis von Bedeutung) oder öffnet den Weg ins Berufssystem. Berufl. Eignungs-P. finden v. a. bei der Berufswahl oder bei Umschulungen statt. Bei öffentl. P. kann die Einhaltung von Verfahrensvorschriften verwaltungsgerichtlich überprüft werden. Fachl. und pädagog. Entscheidungen entziehen sich richterl. Nachprüfung.

Prüfung des Abschlusses, Abschlussprüfung, die Prüfung von Buchführung, Jahresabschluss und ggf. Lagebericht durch externe Abschlussprüfer aufgrund gesetzl. Vorschriften (Pflichtprüfung) oder als freiwillige Prüfung. Prüfungspflichtig sind Kapital- und Nichtkapitalgesellschaften bestimmter Größenordnung (§§ 316–324 HGB bzw. §§ 6 und 14 Publizitäts-Ges.), Genossenschaften (§§ 53–59 Genossenschafts-Ges.), Stiftungen und Wirtschaftsbetriebe der öffentl. Hand. Versicherungsunternehmen und Kreditinstitute sind unabhängig von ihrer Größe prüfungspflichtig (§§ 341 k und 340 k HGB). Die P. d. A. ist je nach gesetzl. Vorschrift durch Wirtschaftsprüfer, Wirtschafts- oder Buchprüfungsgesellschaften, genossenschaftl. Prüfungsverbände vorzunehmen. Der Abschlussprüfer muss einen **Prüfungsbericht** erstatten und die Ordnungs- und Gesetzmäßigkeit der Buchführung, des Jahresabschlusses und des Lageberichts bestätigen (Bestätigungsvermerk) oder beanstanden (Einschränkung oder Verweigerung des Bestätigungsvermerks).

Prüfungsangst, psych. Belastungszustand vor und während Prüfungen und ähnl. Kontrollsituationen. Die P. ist gekennzeichnet durch psychosomat. Störungen (Freisetzung von Nebennierenrindenhormon als Stressmerkmal, Schlafstörungen, vermehrter Ausscheidungsdrang, Muskelzuckungen, Schweißausbrüche u. a.) und psych. Beeinträchtigungen (z. B. Konzentrationsschwäche, ›automat.‹ Denken, psych. Lähmung). Verursacht ist die P. sowohl intern wie extern durch beängstigende Prüfungsbedingungen (u. a. willkürl. Themenwahl, Machtausübung des Prüfers, dessen eigene P.) sowie durch neurot. Reaktionen (u. a. Paniksyndrom, Selbstkontrollverlust, überhöhter Selbst- und Fremdanspruch, Gefühl des Ausgebranntseins nach der Vorbereitungszeit). Therapeutisch werden sowohl Einübungs- und Bewältigungsverfahren der Verhaltenstherapie wie tiefenpsycholog. Verfahren zum Abbau von phob. Reaktionen gegenüber Autoritäten verwendet.

H.-W. PRAHL: P. Symptome, Formen, Ursachen (Neuausg. 1979); S. GRAEBE: Angst u. Leistung. Unterss. zur Beeinflussung der Aufmerksamkeit in Prüfungssituationen (1992); D. WOLF u. R. MERKLE: So überwinden Sie Prüfungsängste. Psycholog. Strategien zur optimalen Vorbereitung u. Bewältigung von Prüfungen ([4]1995).

Prüfungsverbände, früher **Revisionsverbände,** Verbände in der Rechtsform eingetragener Vereine, die mit der Durchführung der für die Genossenschaften gesetzlich (§§ 53–64 Genossenschafts-Ges.) vorgeschriebenen Pflichtprüfungen betraut sind. Seit 1934 müssen alle eingetragenen Genossenschaften Mitgl. eines P. sein (Verbandszwang). Neben der Prüfung der Einrichtung, Geschäftsführung und Vermögenslage sowie der Maßnahmen zur Abstellung festgestellter Mängel obliegt den P. auch die wirtschaftl., jurist.

Pierre-Paul Prud'hon: Kaiserin Joséphine; 1805 (Paris, Louvre)

Prüm 1): Mittelrisalit im Nordflügel der ehemaligen Benediktinerabtei; nach 1735

und steuerl. Beratung der Mitgl. Neben branchenspezif. P. bestehen auch solche auf regionaler Ebene.

Prüfverfahren, statistische P., →Testtheorie.

Prüfzeichen, amtlich vorgeschriebene Kennzeichen für Kraftfahrzeugteile, elektr. Geräte u. a., deren Bauart gesetzl. Vorschriften entsprechen muss; geregelt z. B. in der VO über die Prüfung und Kennzeichnung bauartgenehmigungspflichtiger Fahrzeugteile (Fahrzeugteile-VO).

Prügelstrafe, →Züchtigung.

Prugiasco [pruˈdʒasko], Ort im Blenio, Kt. Tessin, Schweiz, 160 Ew. – Die Pfarrkirche San Carlo a Negrentino (11.–13. Jh.) ist ein hervorragendes Beispiel lombard. Romanik in der Schweiz; mit romanischen Fresken im nördl. Schiff (2. Hälfte 11. Jh.) und spätgotischen in der Apsis (15. Jh.).

Prüm, 1) Stadt im Landkreis Bitburg-Prüm, Rheinl.-Pf., 430–590 m ü. M., in der westl. Eifel am Fuß der Schnee-Eifel, 5 600 Ew.; Fremdenverkehr. – Die ehem. Klosterkirche, heute kath. Pfarrkirche, wurde 1721–30 als Pfeilerbasilika in got. Formen mit monumentaler Doppelturmfront errichtet. Im Chor sind die Gebeine Kaiser LOTHARS I. beigesetzt. Schlossartiger Klosterkomplex (1735 begonnen), der N-Flügel mit prächtigem Mittelrisalit. Im Ortsteil **Niederprüm** ehem. adeliges Benediktinerinnenkloster (1190 gegr.) mit 1677 geweihter Kirche. – Die 721 gegründete Benediktiner-Reichsabtei P. erlebte ihre kulturelle Blüte im 9./10. Jh. Herausragende Persönlichkeit war Abt REGINO. 1576 gewann der Erzbischof von Trier die Administration der Reichsabtei, die er seinem Territorium als Oberamt eingliederte. Der bei der Abtei entstandene Ort erhielt 1856 Stadtrecht und war bis 1970 Kreisstadt.

2) *die,* linker Nebenfluss der Sauer, Rheinl.-Pf., 64 km lang, entspringt in der Eifel, durchfließt das Bitburger Gutland, mündet östlich von Echternach.

Prünelle [frz., Verkleinerung von prune ›Pflaume‹] *die, -/-n,* entsteinte, getrocknete und gepresste Pflaume; dient auch zur Branntwein- oder Likörherstellung.

Prunellidae [lat.], die Singvogelfamilie →Braunellen.

Prunkbohne, die Feuerbohne (→Bohne).

Prunkkäfer, Lebia, Gattung der Laufkäfer mit sechs einheim. Arten (Länge 4–8 mm), die metallisch grün bis blau oder schwarzgelb gefärbt sind; P. sind durch Jagd auf Schadinsekten nützlich.

Prunkstücke, Wappenteile außerhalb des eigentl. Wappens (→Heraldik).

Prunkwaffen, den Kriegs- und Jagdwaffen in Form und Funktion entsprechende, durch kunsthandwerkl. Arbeit kostbar verzierte Waffen, die seit alters (belegt seit Aufkommen von Metallwaffen) zur Auszeichnung der Vornehmen dienten, weshalb sie z. T. Herrschaftszeichen waren und kaum für den Gebrauch gedacht waren. In frühen Epochen waren sie oft Grabbeigabe. Verziert wurden Axt, Dolch und Schwert (Klinge und Griff), Schild, Helm, auch Lanze, Armbrust, Harnisch und Handfeuerwaffen (Büchse). Manche P. waren nur für die Parade vorgesehen, belegt seit röm. Zeit (Paradewaffen und Gesichtshelme).

Prunkwinde, die Pflanzengattung →Trichterwinde.

Prunner, Brunner, Johann Michael, österr. Baumeister, getauft Linz 4. 9. 1669, † ebd. 26. 4. 1739; erbaute die Dreifaltigkeitskirche in Stadl-Paura bei Lambach (Rohbau 1714–17), die Klosterkirche Spital am Pyhrn (1714–36), die ehem. Deutschordenskirche in Linz nach einem Entwurf von J. L. VON HILDEBRANDT (1718–25) und das Schloss Lamberg in Steyr (1727–31). Seine Bauten zeigen den Einfluss von J. B. FISCHER VON ERLACH, J. L. VON HILDEBRANDT und J. PRANDTAUER.

Pruntrut, Stadt und Bez. im Kt. Jura, Schweiz, →Porrentruy.

Prunus [lat. ›Pflaumenbaum‹], Gattung der Rosengewächse mit rd. 400 Arten in den temperierten Gebieten der Erde (v. a. auf der Nordhalbkugel); meist sommergrüne, zuweilen auch immergrüne Bäume und Sträucher mit wechselständigen Blättern, einzeln oder in Büscheln oder Trauben stehenden fünfzähligen Blüten und meist einsamigen Steinfrüchten. In Dtl. sind v. a. →Traubenkirsche und →Schlehdorn heimisch. Neben wichtigen Kulturpflanzen wie Sauerkirsche und Süßkirsche (→Kirsche), →Mandelbaum, →Pflaumenbaum und →Pfirsichbaum werden zahlr. Sorten und Arten als Zierbäume und Ziersträucher verwendet, u. a. →Japanische Blütenkirschen und →Kirschlorbeer.

Prurigo [lat. ›juckender Grind‹] *der, -s/-s* oder *die, -/...gines,* mit Juckreiz verbundene, meist chron. Hautveränderung (Dermatose) in Form stecknadelkopf- bis erbsengroßer, rotbrauner Knötchen (Papeln); durch Aufkratzen kommt es zur Infizierung sowie Borken- und Narbenbildung. Zu den Ursachen des P. gehören beispielsweise allerg. Erkrankungen (z. B. Neurodermitis), hormonelle Störungen, Magen-Darm-Erkrankungen, Diabetes mellitus oder Leukämie.

Prunkwaffen: Keltischer Prunkhelm, gefunden bei Amfreville-sous-le-Monts, Département Eure; Bronze, Eisen und Goldblech; Mitte des 4. Jh. v. Chr. (Saint-Germain-en-Laye, Musée des Antiquités Nationales)

Johann Michael Prunner: Dreifaltigkeitskirche in Stadl-Paura bei Lambach; begonnen 1714, geweiht 1724

Pruritus [zu lat. prurire, pruritum ›jucken‹] *der,* -, das →Jucken.

Prus, Bolesław, eigtl. **Aleksander Głowacki** [guɔ'vatski], poln. Schriftsteller, *Hrubieszów (Wwschaft Zamość) 20. 8. 1847, †Warschau 19. 5. 1912; neben H. SIENKIEWICZ Hauptvertreter des literar. Positivismus in Polen, dessen Prosa, durch humorist. Züge z.T. an die C. DICKENS' erinnernd, sich durch kritisch-genaue Beobachtung auszeichnet. In ›Lalka‹ (1890; dt. ›Die Puppe‹), einem der bedeutendsten Romane des poln. Realismus, entwirft er ein Panorama des Warschauer Lebens in der zweiten Hälfte des 19. Jh. Der histor. Roman ›Faraon‹ (1897; dt. ›Der Pharao‹) analysiert am altägypt. Stoff die Probleme von Macht und Individuum und versucht, die Mechanismen gesellschaftl. Prozesse aufzudecken. Mit seinen publizist. ›Kroniki‹ war er ein scharfsinniger und krit. Beobachter der sozialen Verhältnisse.

Weitere Werke: *Romane:* Pałac i rudera (1875; dt. Palais und Hütte); Placówka (1886; dt. Der Bauer Slimak); Emancypantki, 4 Bde. (1894; dt. Die Emanzipierten).

Ausgaben: Pisma, hg. v. Z. SZWEYKOWSKI, 29 Bde. (1948–52); Kroniki, hg. v. DEMS., 20 Bde. (1953–70); Listy, hg. v. K. TOKARZÓWNA (1959).

J. PUTRAMENT: Struktura nowel P. (Wilna 1936, Nachdr. Würzburg 1978); Z. SZWEYKOWSKI: Twórczość B. P. (Warschau [2]1972); E. PIEŚCIKOWSKI: Nad twórczością Bolesława Prusa (Posen 1989).

Prusias, griech. **Prusias,** Name von Königen Bithyniens:

1) Prusias I., König (etwa 230–182 v. Chr.), Vater von 2); Gründer von Prusa (heute →Bursa), war als Gegner Pergamons zeitweilig Bundesgenosse PHILIPPS V. von Makedonien. 183 verlangten die Römer von ihm die Auslieferung HANNIBALS, der sich nach Bithynien geflüchtet hatte.

2) Prusias II., König (etwa 182–149 v. Chr.), Sohn von 1); blieb im Krieg Roms gegen PERSEUS von Makedonien neutral und erregte als Gegner Pergamons (Krieg 156–154 v. Chr.) in Rom Abscheu durch sein serviles Auftreten vor dem Senat. Gegen P. erhob sich sein Sohn NIKOMEDES II. (etwa 149–128 v. Chr.) mithilfe ATTALOS' II. von Pergamon und ließ ihn in Nikomedia töten.

Prusiner ['pru:znə], Stanley B., amerikan. Neurologe und Biochemiker, *Des Moines (Ia.) 28. 5. 1942; arbeitet an der Univ. von Kalifornien in San Francisco; für seine bahnbrechende Entdeckung der →Prionen als Ursache für tödl. Gehirnerkrankungen wie BSE und für den Nachweis eines völlig neuen Entstehungsprinzips von Krankheiten erhielt er 1997 den Nobelpreis für Physiologie oder Medizin.

Prußen, Altpreußen, balt. Volksstämme zw. unterer Weichsel und Memel, zum balt. Sprachzweig des Indogermanischen gehörig (→Altpreußisch), z. T. mit den bei TACITUS erwähnten Aestii (→Ästier) gleichgesetzt. Im 10. Jh. im Reisebericht eines jüd. Kaufmanns aus Spanien ›Brus‹ gen., heißen sie in anderen Quellen des MA. ›Pruzzen‹. Sie selbst bezeichneten sich als ›Prusai‹. Die P. waren überwiegend Ackerbauern und bewohnten die Waldzone. Eine einheitl. polit. Gesamtorganisation scheint gefehlt zu haben; es gab offensichtlich nur kleinere Gau- und Stammesverbände. Die Religion war eine Naturreligion (→baltische Religion); der Ahnenkult war hoch entwickelt. Den ersten christl. Missionsversuchen ab Ende des 10. Jh. leisteten die P. als freie Bauern zähen Widerstand. Die mit der militär. Unterwerfung durch den Dt. Orden (1231–83) verbundene, z. T. brutale Zwangschristianisierung hatte bis ins 16. Jh. kaum tiefere Wirkung. Trotz der im 13. Jh. einsetzenden Aufsiedlung der von P. bewohnten Landschaften (u. a. Pomesanien, Ermland, Samland) durch dt. Kolonisatoren blieben die P. ein wesentl. Teil der Bevölkerung, v. a. auf dem Land. Erst ab dem 15. Jh. verschmolzen sie zunehmend mit den Neusiedlern, ihr Name ging in abgewandelter Form als Preußen auf alle Bewohner des Landes zw. unterer Weichsel und Memel über.

Bolesław Prus

O. A. SCHNEIDEREIT: Die P. u. der Dt. Orden (1994).

Prussiate [frz.], →Eisenverbindungen.

Pruszków ['pruʃkuf], Stadt in der Wwschaft Warschau, Polen, 53 500 Ew.; Werkzeugmaschinenbau, elektron., Baustoff-, keram., chem., pharmazeut. Industrie, Schreibgerätefabrik, Eisenbahnwerkstätten.

Pruta *die,* -/...'*tot,* antikes hebr. Münznominal (kleine Kupfermünze) seit dem 2. Jh. v. Chr. Der Staat Israel knüpfte an diese Tradition an und nannte 1949–59 seine kleine Währungseinheit P., 1 000 Prutot = 1 Israel. Pfund.

Prutenische Tafeln, von ERASMUS REINHOLD (*1511, †1553) berechnete Planetentafeln, ›Prutenicae tabulae coelestium motuum‹ (gedruckt in Tübingen 1551), die ersten auf der Grundlage der kopernikan. Lehre.

Pruth *der,* rumän. und ukrain. **Prut,** im Altertum **Pyretos,** linker Nebenfluss der Donau, 950 km lang; entspringt in den Waldkarpaten (Ukraine) am N-Hang des Howerla, durchfließt bis Tschernowzy die Bukowina in einem engen Tal, bildet weiter unterhalb ein kurzes Stück die rumänisch-ukrain. Grenze und ab Lipkany die gesamte Grenze zw. Rumänien und Moldawien, historisch seit 1812 die Grenze zw. dem Fürstentum Moldau (Moldova) und Bessarabien, und mündet unterhalb von Galatz. Der P. ist von der Mündung flussauf 300 km schiffbar. Im Mittellauf entstand nördlich von Ştefăneşte 1978 das sowjetisch-rumän. Wasserkraftwerk Stânca-Costeşti (130 MW).

Prutkow, Kosma, kollektives Pseud. einer russ. Schriftstellergruppe, →Kosma Prutkow.

Prutz, Robert Eduard, Schriftsteller und Literarhistoriker, *Stettin 30. 5. 1816, †ebd. 21. 6. 1872; Mitarbeiter an A. VON CHAMISSOS ›Dt. Musenalmanach‹, an den ›Hall. Jahrbüchern‹ und der ›Rhein. Zeitung‹; 1843–48 Herausgeber des ›Literarhistor. Taschenbuchs‹, 1851–66 der Zeitschrift ›Dt. Museum‹. 1845 wegen der in seiner dramat. Satire ›Die polit. Wochenstube‹ (1845) enthaltenen angebl. Majestätsbeleidigung angeklagt, durch A. VON HUMBOLDTS Vermittlung begnadigt; 1847 Dramaturg in Hamburg, ab 1849 Prof. für dt. Literaturgesch. in Halle (Saale). Verfasste zahlr. Gedichte (›Der Rhein‹, 1840), sozialkrit. und polit. Romane, histor. Dramen, in denen er seine Forderungen nach mehr Freiheit und Demokratie zum Ausdruck brachte, sowie literaturwiss. Abhandlungen

Stanley B. Prusiner

Przemyśl 1): Teilansicht der Burg; nach 1340 zum Königsschloss ausgebaut, 1612–30 umgebaut

(›Die dt. Literatur der Gegenwart. 1848 bis 1858‹, 2 Bde., 1859–60).

Zw. Vaterland u. Freiheit, hg. v. H. KIRCHER (1975); R. LAHME: Zur literar. Praxis bürgerl. Emanzipationsbestrebungen: R. E. P. (1977).

Prytaneion [griech.] *das, -s/...'neien,* in der griech. Antike Gebäude der obersten Beamten **(Prytanen)** einer Stadt oder eines selbstständigen Heiligtums. Im P. befanden sich Staatsherd und -archiv. Es besaß mindestens einen repräsentativen Speisesaal für offizielle Gastmähler, i. d. R. an einem Peristyl gelegen. Das P. entsprach in der Anlage vornehmen Wohnhäusern. – In Athen amtierte im P. (Überreste gefunden) das geschäftsführende Zehntel des Rates der Fünfhundert (→Bule), die **Prytanie.**

PR-Zahl, Abk. für **Ply-Rating-Zahl** ['plaɪ 'reɪtɪŋ-, engl.], Maß für die Höchsttragfähigkeit und Unterbaufestigkeit von Reifen; die Zahl ist hinter der Größenbezeichnung auf dem Reifen angebracht; durch die Tragfähigkeitskennzahl LI (Abk. für **L**oad **I**ndex) ersetzt.

Stanisław Przybyszewski

Przemyśl ['pʃɛmiɕl], **1)** Hauptstadt der Wwschaft P., Polen, am San, 200–300 m ü. M., 14 km vor der Grenze zur Ukraine, auf mehreren Hügeln im Karpatenvorland, 68 600 Ew.; Sitz eines kath. Bischofs und (seit 1996) des Oberhauptes der griechisch-kath. Kirche Polens, des Metropoliten von P.-Warschau; geistl. Seminar; Diözesan- (mit Ikonensammlung) und Regionalmuseum; elektrotechnisch-elektron., Holz-, Maschinenbau-, Nahrungsmittel-, chem. Industrie; in der Nähe großer Güterbahnhof **Żurawica-Medyka** und Erdgasgewinnung. – 1340 eroberte KASIMIR III., D. GR., P. und baute die Burg zum Königsschloss aus (1612–30 umgebaut). Der Dom, urspr. gotisch (1460–1571), wurde 1724–44 barock umgestaltet; Franziskanerkloster (1235 gegr.) mit Spätbarockkirche (1754–77); Jesuitenkloster (1627–79); Kloster der ref. Franziskaner (1627 gegr.) mit Barockkirche (1637–45; später umgebaut); Karmeliterkloster (1627–30); Uhrenturm (18. Jh.; Wahrzeichen der Stadt), der frühere Glockenturm der griechisch-orthodoxen Kirche; Bürgerhäuser mit Laubengängen (16.–17. Jh.). – Unter österr. Herrschaft (seit 1772) wurde P. seit 1876 zur Festung ausgebaut. Im Ersten Weltkrieg war die Stadt hart umkämpft. 1919 kam sie an Polen.

2) Wwschaft im SO Polens, 4 437 km², 415 800 Ew.; an der Grenze zur Ukraine.

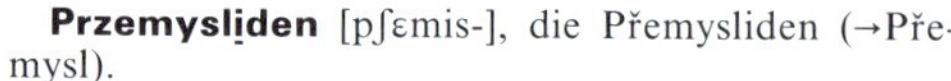

Przemysliden [pʃɛmis-], die Přemysliden (→Přemysl).

Przesmycki [pʃɛs'mitski], Zenon, Pseud. **Miriam,** poln. Schriftsteller, * Radzyń (heute Radzyń Podlaski, Wwschaft Lublin) 22. 12. 1861, † Warschau 17. 10. 1944; lebte lange in Paris, war 1919–20 poln. Kultus-Min.; mit seinem dichter. Schaffen, v. a. aber mit theoret. und programmat. Schriften Wegbereiter der poln. Moderne; bedeutender Übersetzer.

Ausgabe: Wybór pism krytycznych, hg. v. E. KORZENIEWSKA, 2 Bde. (1967).

Prževal'sk [prʒɛ'valjsk], 1889–1921 und 1939–94 Name der kirgis. Stadt →Karakol.

Przewalskipferd [prʒə-], das →Prschewalskipferd.

Przeworsk|kultur ['pʃɛ-], nach einem Brandgräberfeld bei Przeworsk, östlich von Rzeszów, Polen, benannte Kulturgruppe der Zeit von 100 v. Chr. bis 400 n. Chr., die südlich der Netze-Warthe-Linie zw. Oder und Weichsel verbreitet war. Die ethn. Zugehörigkeit der Träger ist umstritten; galt die P. zunächst als ›wandalisch‹, wird ihr in jüngerer Zeit eher eine Mischbevölkerung, darunter Germanen und Slawen, zugrunde gelegt. Gefunden wurden reiche Fürstengräber mit importierten röm. Luxusgütern.

Przyboś ['pʃibɔɕ], Julian, poln. Lyriker und Essayist, * Gwoźnica (Wwschaft Rzeszów) 5. 3. 1901, † Warschau 6. 10. 1970; war 1944–45 Vors. des poln. Schriftstellerverbandes, 1947–51 Gesandter in der Schweiz; strebte als führender Vertreter der Krakauer Avantgarde ›ein Maximum an Bedeutungen bei einem Minimum von Worten‹ an. Wesentl. Stilmittel seiner klar konstruierten Lyrik ist die Metapher. P. verfasste auch kunst- und literaturtheoret. Essays und übersetzte u. a. Werke von GOETHE und R. M. RILKE.

Werke: *Essays:* Linia i gwar, 2 Bde. (1959); Sens poetycki (1963). – *Lyrik:* Liryki 1930–1964 (1966).

Ausgaben: Wybór poezji, hg. v. T. WALAS (1982); Utwory poetyckie (Neuausg. 1984). – Gedichte (1963, poln. u. dt.); Werkzeug aus Licht. Poesie u. Poetik, hg. u. übers. v. K. DEDECIUS (1978); Poesie u. Poetik, hg. u. übers. v. DEMS. (1990).

K. DEDECIUS: Von Polens Poeten (1988).

Przybyszewski [pʃibi'ʃɛfski], Stanisław, poln. Schriftsteller, * Łojewo (Kujawien) 7. 5. 1868, † Jaronty (Kujawien) 23. 11. 1927; hielt sich zw. 1889 und 1898 häufig in Berlin auf, wo er dem Kreis um A. STRINDBERG, E. MUNCH und R. DEHMEL angehörte. Seine Schrift ›Confiteor‹ (1899), in der er die Befreiung des Lebens und der Kunst von den einengenden moral., gesellschaftl. und künstler. Normen predigt (Einfluss von F. NIETZSCHE), um dadurch der Erkenntnis neue Bereiche zu öffnen, gilt als Manifest der modernist. Bewegung ›Junges Polen‹.

Weitere Werke: *Lyrische Prosa:* Vigilien (1891); Totenmesse (1893); De profundis (1895). – *Romane:* Homo sapiens, 3 Bde. (1895–96); Satans Kinder (1897); Die Synagoge des Satans (1897); Erdensöhne, 3 Tle. (1905); Krzyk (1917; dt. Der Schrei). – *Dramen:* Totentanz der Liebe. 4 Dramen (1902); Śnieg (1903; dt. Der Schnee). – *Essays:* Zur Psychologie des Individuums, 2 Bde. (1892). – *Erinnerungen:* Moi współcześni, 2 Bde. (hg. 1926–30; Bd. 1 dt. u. d. T. Ferne komm' ich her. Erinnerungen an Berlin u. Krakau).

Ausgaben: Wybór pism, hg. v. R. TABORSKI (1966). – Werke, Aufzeichnungen u. ausgew. Briefe, hg. v. M. M. SCHARDT, auf 9 Bde. ber. (1990 ff.).

M. HERMAN: Un sataniste polonais: S. P. de 1868 à 1900 (Paris 1939); S. HELSZTYŃSKI: P. (Warschau ²1985); G. KLÍM: Die Gestalt S. P. im Rahmen der dt.-sprachigen Lit. der Jahre 1892–1898 (1990); G. MATUSZEK: ›Der geniale Pole‹? S. P. in Dtl. 1892–1992 (a. d. Poln., 1996).

ps, Einheitenzeichen für Pikosekunde, gleich 10^{-12} Sekunden.

Ps, Abk. für die Währungseinheit Paisa in Pakistan.

PS, Abk. für: **1)** →Parti Socialiste;
2) →**P**ferde**s**tärke;
3) →**P**oly**s**tyrol;
4) →**P**ost**s**kript.

ps., Abk. für die Währungseinheit Poisha von Bangladesh.

Psalmen [ahd. psalm(o), von kirchenlat. psalmus, griech. psalmós, zu psállein ›Zither spielen‹], *Sg.* **Psalm** *der, -s,* im biblisch-alttestamentl. **Buch der P. (Psalter,** Abk. **Ps.)** gesammelte religiöse Dichtungen Israels. P. außerhalb des Psalters finden sich in weiteren Büchern des A.T. (z.B. Schilfmeerlied und Mirjamlied 2. Mos. 15; Deboralied Ri. 5) und in der außerkanon. apokryphen und pseudepigraph. Literatur (z.B. P. SALOMOS; fünf syrisch überlieferte P.; die Loblieder der Qumrangemeinde).

Der hebr. (masoret.) Urtext der Bibel (und damit übereinstimmend die Lutherbibel) und der griech. und lat. Text haben z.T. versch. Zählungen der P., die durch unterschiedl. Zusammenfassungen bzw. Trennungen einzelner P. bedingt sind (in der Septuaginta werden Ps. 9 und 10 sowie 114 und 115 zusammengefasst, Ps. 116 und 147 hingegen unterteilt).

Im Psalter lassen sich anhand von Überschriften, gemeinsamen Stichworten und Themen sowie Doppelüberlieferungen (z.B. Ps. 14 und Ps. 53) größere und kleinere Teilsammlungen rekonstruieren (z.B. Davidspsalter Ps. 3–41; elohist. Psalter Ps. 42–83, in dem der ursprüngl. Gottesname Jahwe durch Elohim verdrängt wurde); sie sind im Laufe der Zeit zum vorliegenden P.-Buch zusammengewachsen, das spätestens im 2. Jh. v. Chr. abgeschlossen war. Angefügte Doxologien (Lobpreisungen) nach Ps. 41; 72; 89 und 106 teilen den Psalter (vermutlich in Analogie zum Pentateuch) in fünf Bücher. Älteste P. stammen wohl aus frühisraelit. Zeit, jüngere sind eindeutig nachexilisch (Ps. 137). Die P.-Überschriften mit Bezug auf DAVID, MOSE oder SALOMO sind erst nachträglich eingefügt worden. Das Wesen der P. als Dichtung wird in der Hauptsache bestimmt durch einen zweigliedrigen (seltener dreigliedrigen) →Parallelismus.

Im Christentum wurden die P. seit früher Zeit eschatologisch-messianisch auf JESUS CHRISTUS hin gedeutet. Mit Entwicklung der historisch-krit. Exegese rückte im 19. Jh. der Versuch in den Vordergrund, die P. aus ihrer Entstehungszeit heraus zu erklären. Eine Vielzahl der **P.-Gattungen** war im israelit. Kult beheimatet (SIGMUND MOWINCKEL; *1884, †1965). Als wichtige Einzelgattungen lassen sich unterscheiden: 1) *Hymnen,* bestehend aus Einführung mit Aufforderung zum Gotteslob und Hauptstück mit Begründung und Inhalt des Lobes; Thema und Anlass ist meist Jahwes Handeln in Vergangenheit, Gegenwart und Zukunft (z.B. Mirjamlied; Ps. 33; 100; 145–150); 2) *Klagelieder* des Einzelnen und des Volkes, mit den Elementen Anrede an Gott, Klage (Notschilderung, Unschuldsbeteuerung) und Bitte (z.B. Ps. 3; 22; 74); 3) *Danklieder,* die als Kern die Nacherzählung der erlösenden Tat Gottes haben (Ps. 66). Daneben werden häufig aus inhaltl. Gründen gruppiert: Königs-P. (z.B. Ps. 2; 89; 110), Zions-P. (Ps. 46; 48; 76), Thronbesteigungs-P. bzw. Jahwe-König-P., die Jahwes Gottesherrschaft thematisieren (z.B. Ps. 93; 96), Weisheits-P. (Ps. 112; 127; 133), Wallfahrtslieder (Ps. 121), Liturgien (Ps. 15; 24).

In der Formen- und Bildersprache mit babylon., kanaanäischer und ägypt. Dichtung eng verwandt, bringen die P. inhaltlich doch Spezifika des israelit. Glaubens zum Ausdruck: Jahwe ist der einzige Gott, Herr der Geschichte, der Schöpfer, der zu loben ist und auf dessen Hilfe man vertrauen kann.

In der *christl. Liturgie* verdrängten die P. seit dem 3. Jh. n. Chr. im Gottesdienst die Hymnen u.a. Lieder und bildeten den Grundstock des Stundengebets in den abendländ. Liturgien, während im christl. Osten weiterhin die Hymnendichtung gepflegt und entwickelt wurde. Der P.-Vortrag erfolgte allg. im gehobenen Sprechgesang der →Psalmodie. Für den liturg. Gebrauch wurden die P. in den einzelnen Teilkirchen zu Psalterium genannten liturg. Büchern zusammengefasst (Psalterium Ambrosianum, Mozarabicum, Romanum). Die röm. Kirche gebrauchte das ›Psalterium Romanum‹ nur selten, nach der Reform des Konzils von Trient nur noch das ›Psalterium Gallicanum‹. Seit dem 2. Vatikan. Konzil ist in der kath. Kirche eine P.-Übersetzung in Gebrauch, die auf das Gallicanum zurückgreift (1969). – In der kath. Messe begegnet P.-Gesang im Introitus, nach der Epistellesung, beim Offertorium und bei der Kommunion. Auch in den Ostkirchen ist P.-Gesang in Morgen- und Abendgottesdienst zu finden, wenn auch mit geringerer Dominanz. Die ev. Kirchen greifen auf den Psalter meist als Umdichtung in Kirchenliedform zurück.

Übersetzungen und *Nachdichtungen:* Früh wurden die P. auch in die Volkssprachen übersetzt (St. Gallen und Reichenauer Interlinearversion; altsächs. P.-Übersetzung; P.-Übertragung des NOTKER LABEO mit Kommentar). M. LUTHER übertrug die P. im Rahmen seiner Bibelübersetzung. Stärker war ihre Wirkung in der ref. Kirche, für die C. MAROT und T. BEZA den in der Schweiz, in England und Schottland eingeführten Hugenottenpsalter schufen, während in Holland selbstständige P.-Dichtungen entstanden. Die dt. Bearbeitung des Hugenottenpsalters von A. LOBWASSER suchte CORNELIUS BECKER (*1561, †1604) durch seinen ›Psalter Davids sangweise‹ (zuerst 1600) zu verdrängen, zu dem später H. SCHÜTZ vierstimmige Sätze schuf. In der Barockzeit wurden P. oft im Zeitgeschmack nachgedichtet (meist in Alexandrinern), so von P. FLEMING, M. OPITZ, A. H. BUCHOLTZ, WOLFGANG HELMHARD Freiherr VON HOHBERG (*1612, †1688). Weitere Übersetzungen aus dieser Zeit in versch. Volkssprachen bilden einen bedeutenden Ausgangspunkt für die Entwicklung eigener Volksliteraturen (z.B. in Polen J. KOCHANOWSKI). Im 18. Jh. wurden die P. unter dem Einfluss bes. F. G. KLOPSTOCKS in Odenform übertragen, so z.B. von S. G. LANGE, J. A. SCHLEGEL, J. K. LAVATER und J. A. CRAMER, daneben entstanden, nach dem Vorbild M. MENDELSSOHNS, gehobene Prosaübertragungen (mit Nachbildung des Parallelismus membrorum). Aus neuerer Zeit ragen die P.-Übersetzungen von R. GUARDINI und M. BUBER hervor.

In der *mehrstimmigen Musik* finden sich eigenständige P.-Vertonungen erst seit dem 15. Jh., zunächst im schlichten homophonen Satz Note gegen Note (Italien) oder im Fauxbourdon-Satz (Frankreich; noch bis ins 18. Jh.). Vers und Gegenvers der P. wurden für einen alternierenden Vortrag zweier Chorhälften oder einen Wechsel von Solo (choral) und Chor genutzt. Der Klang akkord. Sätze konnte durch Instrumente (Orgel) verstärkt, der streng homophone Satz durch polyphone Elemente aufgelockert sein. Um 1500 wurden ganze P.-Texte (P.-Motetten) polyphon durchkomponiert, v.a. die mehr als 20 P.-Vertonungen von J. DESPREZ blieben für die Komponisten des dt. Sprachgebiets bis zum 17. Jh. vorbildlich. Eine Klangsteigerung durch größere Stimmenzahl brachte in Italien die Mehrchörigkeit, zuerst mit den ›Salmi spezzati‹ (1550) von A. WILLAERT. Im ausgehenden 16. Jh. (z.B. bei G. GABRIELI) führte die Verwendung von Instrumenten zu P.-Vertonungen im konzertierenden Stil (›Salmi concertati‹), vorbildlich vertreten u.a. bei C. MONTEVERDI; diese Art wurde von den dt. Komponisten sowohl des kath. als auch des prot. Bereichs übernommen. Eine eigene Entwicklung nahm die P.-Komposition des 17./18. Jh. in der frz. Musik; hier wurden die P. Vers für Vers für Soli oder Chor mit Orchesterbegleitung gesetzt (›Motets‹ u.a. von M.-A. CHARPENTIER, M.-R. DELALANDE, A. CAMPRA). In

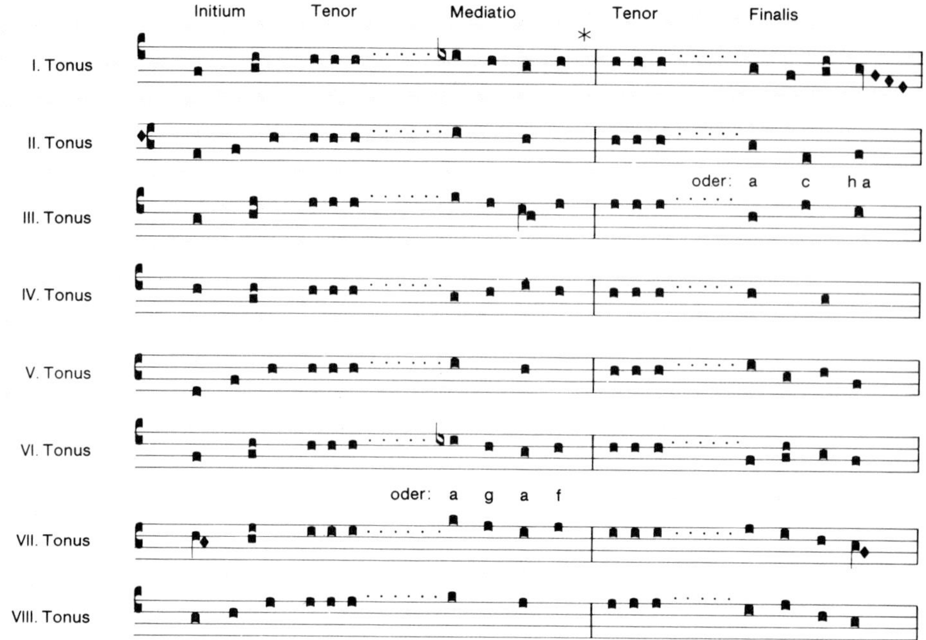

Psalmtöne: Melodieformeln von Initium, Mediatio und Finalis mit dem jeweiligen Tenor (Rezitationston)

England führte die Entwicklung zum →Anthem (H. PURCELL). P.-Vertonungen des 19. und 20. Jh. (z. B. von F. SCHUBERT, F. MENDELSSOHN BARTHOLDY, J. BRAHMS, M. REGER, I. STRAWINSKY, A. SCHÖNBERG, K. HUBER, K. PENDERECKI) schließen sich den jeweiligen Tendenzen der Kirchenmusik an.

S. MOWINCKEL: The psalms in Israel's worship, 2 Bde. (a. d. Norweg., Oxford 1962, Nachdr. ebd. 1967); DERS.: P.-Studien, 6 Bde. (a. d. Norweg., Neuausg. Amsterdam 1966); F. CRÜSEMANN: Studien zur Formgesch. von Hymnus u. Danklied in Israel (1969); E. S. GERSTENBERGER: Der bittende Mensch. Bittritual u. Klagelied des Einzelnen im A. T. (1980); Liturgie u. Dichtung. Ein interdisziplinäres Kompendium, hg. v. H. BECKER u. a. (1983); C. WESTERMANN: Lob u. Klage in den P. (⁶1983); H. GUNKEL: Einl. in die P. (⁴1985); A. WEISER: Die P., 2 Tle. (¹⁰1987); K. SEYBOLD: Die P. Eine Einf. (²1991); G. FOHRER: P. (1993); M. MILLARD: Die Komposition des Psalters (1994); J. SCHRÖTEN: Entstehung, Komposition u. Wirkungsgesch. des 118. P. (1995); O. KEEL: Die Welt der altoriental. Bildsymbolik u. das A. T. Am Beispiel der P. (⁵1996); P. aus Qumran, hg. v. K. BERGER (Neuausg. 1997).

Psalmen Salomos, Bez. für eine Sammlung von 18 pseudepigraph., König SALOMO zugeschriebenen Psalmen wohl aus dem Palästina des 1. Jh. v. Chr. Sie schildern den gesetzestreuen Frommen und den vom Gesetz abweichenden Frevler, stehen dem Pharisäismus nahe und geben insgesamt Einblick in die religiöse Gedankenwelt des 1. Jh. v. Chr.

Psalmensymphonie, frz. ›Symphonie de psaumes‹, Sinfonie von I. STRAWINSKY für vierstimmigen Chor (vorzugsweise Kinder- statt Frauenstimmen) und großes Orchester (ohne Violinen und Violen), 1930 (Neufassung 1948).

Psalmist [griech.] *der, -en, -en,* Verfasser von Psalmen.

Psalmodie [griech.] *die, -,* Bez. für den Psalmenvortrag im gehobenen Sprechgesang der →Psalmtöne – von hier aus übertragen auch auf rezitativ. Gesang allgemein, z. B. im Volksgesang – wie auch für die aus ihm hervorgegangenen Formen des gregorian. Gesangs (v. a. Antiphon und Responsorium). Als Grundlage der P. in der christl. Kirche wird die Praxis des jüd. Psalmengesangs angesehen. Während die antiphonale P. durch den Wechselgesang von zwei (jeweils einstimmig singenden) Chören charakterisiert ist, stehen sich in der responsorialen P. der den Psalmtext vortragende Kantor und das mit einem Kehrvers antwortende Volk bzw. in seiner Vertretung die Schola gegenüber. Als ›Psalmus (auch Cantus) in directum (oder directaneus)‹ wird die P. ohne antiphonale oder responsoriale Einschübe bezeichnet (ihm zuzurechnen ist der →Tractus). Die P. des Invitatoriums (Beginn der Matutin) weist heute als Einzige noch den originären ständigen Wechsel im Vortrag von Antiphon und Psalmvers auf.

P. WAGNER: Einf. in die gregorian. Melodien, 3 Bde. (¹⁻³1911–21, Nachdr. 1970); H. AVENARY: Studies in the Hebrew, Syrian and Greek liturgical recitative (Tel Aviv 1963); H. LEEB: Die P. bei Ambrosius (Wien 1967); M. HUGLO: Les tonaires (Paris 1971); W. APEL: Gregorian chant (Neuausg. Bloomington, Ind., 1982).

Psalmtöne, Bez. für die dem System der Kirchentonarten untergeordneten Melodiemodelle, die im Vortrag den jeweiligen Psalmtexten angepasst werden. Für die P. ist ein Gerüst melod. Formeln charakteristisch, das aus einem gehobenen Leseton entstand und der zweiteiligen Anlage der Psalmverse folgt. Der Aufbau gliedert sich in: Initium (Eröffnung), Tenor (Rezitationston), Mediatio (Mittelkadenz), wiederum Tenor und schließlich Finalis (Schlusskadenz). Letztere erfuhr in den ›Differenzen‹ eine besondere Ausgestaltung, um vom Rezitationston zum jeweiligen Anfangston der anschließend gesungenen Antiphon überzuleiten. Unter den P. nimmt der →Tonus peregrinus eine Sonderstellung ein.

Psalter [griech.-lat.] *der, -s/-,* **1)** *Bibel:* →Psalmen.

2) *christl. Liturgie:* →Psalterium.

3) *Zoologie:* der Blättermagen der Wiederkäuer (→Magen).

Psalterium [griech.-lat.] *das, -s/...rilen,* **Psalter, 1)** *christl. Liturgie:* mittelalterl. liturg. Textbuch der

Psalmen und entsprechenden Antiphonen zur Rezitation im Stundengebet. (→Psalmen)

2) *Musik:* ein seit dem 9. Jh. in Europa belegtes Saiteninstrument oriental. Ursprungs vom Typ der Rahmen- oder Kastenzither, dessen Saiten mit den Fingern oder einem Plektron angezupft werden. Im MA. und später war es vielfach mit dem Hackbrett identisch, dessen Saiten allerdings mit Klöppeln geschlagen wurden. Das P. bestand urspr. aus einem einfachen drei- oder viereckigen Rahmen mit eingespannten Saiten, spätestens seit dem 13. Jh. aus einem flachen, griffbrettlosen Kasten mit wenigen Schalllöchern, über den bis zu 30, z.T. mehrchörige Darm-, später auch Metallsaiten gespannt wurden. Neben der in S-Europa vorherrschenden Trapezform gab es in N-Europa das so genannte ›Schweinskopf-P.‹ mit eingezogenen Flanken; durch dessen Halbierung entstand das P. in Flügelform, aus dem sich vermutlich das Cembalo entwickelt hat. Im 16. Jh. sank das P., das im MA. vielfach als Königsinstrument dargestellt wurde, zu einem Instrument niederer Schichten ab.

Psalterium Moguntinum, →Mainzer Psalter.

Psammetich, ägypt. **Psamtek,** Name (wohl libyscher Herkunft) von drei ägypt. Königen der 26. Dynastie:

1) Psammetich I., griech. **Psammetichos,** König (664–610 v. Chr.), Großvater von 2); aus libyschem Fürstengeschlecht, als Vasall der Assyrer Stadtfürst von Sais im westl. Nildelta, warf die assyr. Oberhoheit ab und einte, gestützt auf griechisch-kleinasiat. Söldner (Bündnis mit GYGES von Lydien), durch Beseitigung von Nebenkönigen das ägypt. Reich. Er trat als Ordner der Verwaltung und der sozialen Struktur des Landes hervor.

2) Psammetich II., griech. **Psammis** oder **Psammuthis,** König (595–589 v. Chr.), Enkel von 1); unternahm einen Feldzug nach Nubien und einen Zug nach Phönikien; ließ auf den Denkmälern die Namen der nub. Herrscher in Ägypten tilgen.

3) Psammetich III., griech. **Psammenitos,** König (526–525 v. Chr.), Sohn des Usurpators AMASIS; wurde 525 v. Chr. vom pers. Großkönig KAMBYSES II. geschlagen und in der Gefangenschaft getötet; Ägypten wurde pers. Satrapie.

Psammit [zu griech. psámmos ›Sand‹] *der, -s/-e,* →klastische Gesteine.

Psammon [zu griech. psámmos ›Sand‹] *das, -s,* Lebensgemeinschaft in den wassergefüllten Sandlückenräumen in Sandbänken oder an See- und Flussufern; zum P. gehören u. a. Wimpertierchen, Fadenwürmer, Milben, Ruderfußkrebse.

Psammophyten [griech.], die →Sandpflanzen.

P-Schale, bei →Atomen die auf die O-Schale folgende Energieschale der Elektronenhülle. Sie gehört zur Hauptquantenzahl $n = 6$ und könnte daher 72 Elektronen aufnehmen. Diese Zahl wird jedoch von keinem Element auch nur annähernd erreicht, weil die Atomkerne mit einer entsprechenden Ordnungszahl instabil sind. Die größte Besetzungszahl der P-S., nämlich 10, wird von dem Element Thorium (Ordnungszahl 90) erreicht.

Pschawen, Zweig der →Georgier im zentralen Großen Kaukasus in NO-Georgien.

PSD, Abk. für →**P**ost-**S**par- und **D**arlehnsvereine.

PSE-Fleisch [PSE Abk. für engl. **p**ale ›blass‹, **s**oft ›weich‹, **e**xudative ›wässrig‹], Qualitätsabweichung bei Schweinefleisch; entsteht durch einen zu raschen Abbau der energiereichen Phosphate und Kohlenhydrate des Muskelgewebes vor und in den ersten Stunden nach der Schlachtung. Wegen der hierdurch verursachten Proteinveränderungen erscheinen die betroffenen Teilstücke blass und verlieren während der Kühllagerung auffallend viel Wasser (bei Scheiben bis zu 10% innerhalb von 24 Stunden nach dem Aufschneiden). Nach dem Braten ist das Fleisch zäh und trocken. Das Auftreten von PSE-Abweichungen ist v. a. erblich bedingt (Stressempfindlichkeit bei stark fleischbetonten Rassen) und wird deshalb durch züchter. Maßnahmen sowie durch Verbesserung der Transport- und Schlachtbedingungen behoben.

Pseira, Insel vor Kreta, →Psira.

Pselaphidae [griech.], die →Palpenkäfer.

Psellos, Michael, byzantin. Philosoph, →Michael, M. Psellos.

Psephit [zu griech. psēphís ›Steinchen‹] *der, -s/-e,* →klastische Gesteine.

pseud..., Wortbildungselement, →pseudo...

Pseud|arthrose, das →Falschgelenk.

Pseud|epigraphen, Schriften, die fälschlich einem bedeutenden Autor der jeweiligen Literaturgattung zugeschrieben wurden, z. B. Epen dem HOMER (→Batrachomyomachie, →Margites, →homerische Hymnen), Elegien dem TIBULL und OVID (→Pseudo-Ovid), ein Alexanderroman dem KALLISTHENES, philosoph. Schriften PLATON und ARISTOTELES.

P. des A. T. sind apokryphe Schriften, die weder in der Septuaginta noch in der Vulgata enthalten sind, z. B. Henochbücher, Jubiläenbuch, Baruchschriften, Esrabücher.

Pseudidae, die →Harlekinfrösche.

pseudo... [zu griech. pseúdein ›belügen‹, ›täuschen‹], vor Vokalen häufig verkürzt zu **pseud...,** Wortbildungselement mit der Bedeutung: falsch, scheinbar, vorgetäuscht, unecht, z. B. Pseudomorphose, Pseudepigraphen.

Pseudobasilika, Kirche, deren Mittelschiff erhöht ist, aber im Obergaden keine Fenster hat.

Psalterium 2) in Schweinskopfform, Ausschnitt aus Hans Memlings Gemälde ›Musizierende Engel‹, um 1480 (Antwerpen, Koninklijk Museum voor Schone Kunsten)

Pseudobulbus, Luftknolle, Scheinzwiebel, aus einem oder mehreren Sprossgliedern gebildete, scheiben-, keulen-, flaschenförmige oder ellipsoide knollenartige Verdickung der Sprosse vieler epiphyt. Orchideen; dient als Wasser- oder Reservestoffspeicher.

Pseudodipteros, antiker Tempel ohne innere Säulenstellung des Dipteros; häufig in der röm. Kunst.

Pseudogene, durch Mutation entstandene, nicht funktionsfähige Abkömmlinge aktiver Gene (Strukturgene). P. besitzen große Ähnlichkeit (homologe Sequenzen) mit dem Ur-Gen, können jedoch z. B. aufgrund von Stoppcodons oder auch von Deletionen oder Insertionen im kodierenden Bereich nicht exprimiert werden; sie unterliegen somit auch nicht der Korrektur durch Selektion.

Pseudogicht, die →Chondrokalzinose.

Pseudogley, Stau|gley, Staunässegley, durch zeitweisen Wasserstau geprägter Bodentyp, der sich unter wechselfeuchten Klimabedingungen auf schwer oder undurchlässigem Gesteinsuntergrund in überwiegend ebenen Lagen bildet. Infolge Wechsels von Durchnässung (bes. im Frühjahr) und Austrocknung (Sommer, Herbst) treten fleckenförmige Oxidations- und Reduktionserscheinungen in dem zw. A- und C-Horizont liegenden S-Horizont auf; dieser zeigt im oberen, hellgrauen Teil rostigbraune bis gelbe Flecken und schwarzbraune Eisen-Mangan-Konkretionen, im unteren, bräunl. Teil fahlgraue Flecken und Streifen (Marmorierung).

Pseudogravidität, die →Scheinträchtigkeit.

Pseudohalluzination, Trugwahrnehmung, die vom Betroffenen als unwirklich und subjektiven Ursprungs erkannt wird; u. a. durch Drogen bewirkt.

Pseudohalogene, zusammenfassende Bez. für chem. Gruppen, die in ihrem Reaktionsverhalten den Halogenen ähneln; zu ihnen gehören v. a. die Cyanid-, die Cyanat-, die Rhodanid- und die Azidgruppe (CN^-, OCN^-, SCN^-, N_3^-). Wässrige Lösungen der **P.-Wasserstoffe** reagieren sauer (z. B. Blausäure, HCN); die Salze der P. heißen **Pseudohalogenide.**

Pseudo|hermaphroditismus, Scheinzwittertum, Form der →Intersexualität, im Ggs. zum echten Zwittertum stimmen chromosomales Geschlecht und Keimdrüsen überein, es kommt jedoch zur Ausbildung gegengeschlechtl. Geschlechtsorgane und sekundärer Geschlechtsmerkmale. Männl. Pseudohermaphroditen ähneln äußerlich dem weibl. Geschlecht, besitzen aber Hoden (P. masculinus, früher auch Androgynie gen.); beim weibl. P. (P. femininus, auch Gynandrie) wird u. a. durch abnormes Wachstum der Klitoris ein männl. Phänotyp vorgetäuscht. Zu P. kommt es u. a. beim →adrenogenitalen Syndrom.

Pseudo|impuls, der →Quasiimpuls.

Pseudo|isidorische Dekretalen, Pseudoisidorische Fälschungen, eine Mitte des 9. Jh. entstandene, aus vier Textgruppen bestehende, mit Fälschungen durchsetzte Sammlung kirchenrechtl. Texte, Kapitularien und Dekretalen: 1) die ›Collectio Hispana Gallica Augustodunensis‹, die von den Fälschern bearbeitete Fassung einer im westgot. Gallien des 8. Jh. entstandenen Kanonessammlung; 2) die ›Capitula Angilramni‹, eine angeblich von Papst HADRIAN I. an Bischof ANGILRAM von Metz († 791) übergebene Zusammenstellung verfälschter Rechtssätze; 3) die Sammlung falscher Kapitularien eines BENEDICTUS LEVITA, der unter Bischof OTGAR von Mainz († 847) Diakon gewesen sein soll; 4) die namengebende, vorgeblich von einem ISIDORUS MERCATOR zusammengestellte Sammlung von Dekretalen, die teilweise echte, meist aber gefälschte Papstbriefe und Konzilsbeschlüsse aus dem 1. bis 7. Jh. enthält.

Ziel der P. D. war wohl in erster Linie die Stärkung der Stellung der Suffraganbischöfe gegenüber den Erzbischöfen und Provinzialsynoden (→HINKMAR VON REIMS) und der Macht des Papstes als des Garanten der bischöfl. Freiheit. Als Handbuch und Nachschlagewerk konzipiert, fanden die Dekretalen bald weite Verbreitung und wurden wohl durch Bischof ROTHAD von Soissons schon 864 nach Rom gebracht. Ihre vollständige Rezeption, die mit einem Erstarken des päpstl. Zentralismus verbunden war, erfolgte in der zweiten Hälfte des 11. Jh.

Als Verfasser der Fälschungen kommt ein westfränk. Reformkreis von Klerikern infrage, die um 850 vermutlich in Reims tätig waren. Als Fälschung bewiesen wurden die P. D., trotz einiger zeitgenöss. Zweifel (HINKMAR), erst im Spät-MA. durch NIKOLAUS VON KUES und endgültig 1628 durch den ref. Theologen DAVID BLONDEL (* 1590, † 1655).

pseudo|isochromatische Tafeln, von dem Augenarzt JAKOB STILLING (* 1842, † 1915) entwickelte Farbtafeln zur Feststellung einer Fehlleistung des Farbensinns. Auch Ishihara-Farbtafeln (→Farbenfehlsichtigkeit) sind dafür bes. gut geeignet. Auf den Tafeln sind farbige Punkte unterschiedl. Sättigung und Helligkeit auf einem aus Punkten in der Verwechslungsfarbe aufgebauten Hintergrund zu Buchstaben oder Zahlen angeordnet. Bei Störung der Farbwahrnehmung können die jeweiligen in gleicher Helligkeit wie der Grund gehaltenen, aber versch. (pseudoisochromat.) Farben und die hiermit dargestellten Zeichen nicht korrekt erkannt werden.

Pseudokarst, →Thermokarst.

Pseudoklementinen, z. T. romanartige Schriften, die über den Lebensweg KLEMENS' I., bes. sein Zusammentreffen mit dem Apostel PETRUS, berichten und ihn fälschlicherweise als Verfasser benennen; ihre Absicht ist es, apologetisch und systematisch die christl. Lehre zu vermitteln. Überliefert sind zwei Überarbeitungen einer nicht in ihrer ursprüngl. Fassung erhaltenen Grundschrift (um die Mitte des 3. Jh. in Syrien entstanden): die arianisch geprägten ›Homilien‹ (um 310; griech.) und die ›Recognitionen‹ (um 350; lat.). Eine Quellenschrift der Grundschrift der P. sind die ›Kerygmata Petru‹ (2./3. Jh.), denen urspr. der in den Homilien überlieferte Brief des PETRUS – neben dem späteren des KLEMENS – an JAKOBUS sowie eine ›Contestatio‹ (Anweisung zum richtigen Gebrauch) vorangestellt waren.

Ausgaben: Die P., hg. v. B. REHM, 2 Bde. ([1-2]1965–69). Neutestamentl. Apokryphen, hg. v. W. SCHNEEMELCHER, Bd. 2 ([5]1989); R. E. VAN VOORST: The ascents of James. History and theology of a Jewish-Christian community (Atlanta, Ga., 1989).

Pseudokrupp, Laryngitis subglottica, Anfälle von Atemnot und bellendem Husten bei bestimmten Formen der Kehlkopfentzündung; tritt v. a. bei Kleinkindern um das zweite Lebensjahr (bei Jungen häufiger als bei Mädchen) auf. Der P. kann im Zusammenhang mit einer infektiösen Erkrankung der oberen Luftwege stehen und wird möglicherweise durch Luftverschmutzung begünstigt. Im akuten Anfall muss für Beruhigung und feuchte, kalte Atemluft gesorgt werden, in schweren Fällen sind Sauerstoffzufuhr und Corticoidanwendung erforderlich.

Pseudolarix, Gattung der Kieferngewächse mit der einzigen Art →Goldlärche.

Pseudolismus *der, -,* die Neigung, sexuelle Erregung und/oder Befriedigung durch mündl. oder schriftl. Äußerung oder Anhören (Lesen) von vorgestellten sexuellen Handlungen und Aspekten (Obszönitäten) zu erlangen.

Pseudologie [griech. pseudología ›Lüge‹] *die, -/...'gi|en,* krankhafte Sucht zu lügen. Häufig werden dabei märchenähnl. ›Erlebnisse‹ erfunden und vom Erzähler zeitweise selbst für wahr gehalten **(Pseudologia phantastica);** kommt meist zus. mit gesteigerter Fantasie und übertriebenem Geltungsbedürfnis vor.

Pseudomalachit, Phosphorochalcit, Phosphorkupfer|erz, smaragd- bis schwärzlich grünes, monoklines Mineral der chem. Zusammensetzung $Cu_5[(OH)_2|PO_4]_2$; Härte nach MOHS 4,5–5, Dichte 4,3–4,4 g/cm³; strahlig-faserige Aggregate von traubig-nieriger Form; Vorkommen in der Oxidationszone von Kupfererzlagerstätten. P. enthält 70,82% Kupferoxid.

Pseudomenos [griech. ›Trugschluss‹] *der, -,* eine dem EUBULIDES VON MEGARA zugeschriebene Antinomie: ›Epimenides von Kreta sagte: Alle Kreter lügen. – Er war ein Kreter, log also und sagte aber dennoch die Wahrheit‹. Zu ergänzen wäre hier: ›in diesem Fall‹; damit müsste aber die allgemeine Aussage modifiziert werden – etwa: ›Viele Kreter lügen‹.

Pseudomixis [griech. mĩxis ›Mischung‹] *die, -,* Form der vegetativen Fortpflanzung. Durch die Verschmelzung der Kerne vegetativer Zellen kommt es zur Entwicklung eines Embryos, z. B. bei Pilzen.

Pseudomonas [griech. monás ›Einheit‹, ›das Einfache‹], Bakteriengattung der Pseudomonadaceae, gramnegative, stäbchenförmige oder leicht gekrümmte Bakterien mit einer polar angesetzten Geißel. P.-Arten (z. B. P. fluorescens, P. putida) sind in Böden und Gewässern weit verbreitet. Sie gewinnen ihre Energie durch aerobe Atmung; einige Arten können auch anaerob atmen (Nitratatmung, Denitrifikation). Die P.-Arten spielen bei der Mineralisation organ. Substanz eine wichtige Rolle. Sie können eine breite Palette von organ. Substanzen, auch aromat. und heterozykl. Verbindungen, abbauen. Einige P.-Arten (z. B. P. syringae, P. solanacearum) sind phytopathogen, d. h. Erreger von Pflanzenkrankheiten. **P. aeruginosa** (früher P. pyocyanea) lebt normalerweise im Wasser, kann als opportunistisch-pathogenes Bakterium aber auch beim Menschen Wundinfektionen hervorrufen oder sogar eine Bakteriämie verursachen. Da P. aeruginosa gegen viele Antibiotika resistent ist, sind Hospitalinfektionen mit diesem Bakterium relativ schwer zu kontrollieren.

Pseudomonokotylie [zu griech. kótylos ›kleine Schale‹] *die, -,* bei einigen zweikeimblättrigen Pflanzen die volle Entwicklung nur eines Keimblattes bei Reduktion des zweiten, z. B. bei Alpenveilchen.

Pseudomorphose, Nachbildungen der Kristallgestalt einer Mineralart A durch feinkristalline Substanz einer Mineralart B, indem die Substanz A durch Verwitterung oder Metamorphose langsam gelöst oder verändert und durch die Substanz B ersetzt wird. Es entsteht eine P. ›von B nach A‹. Man unterscheidet: 1) **Verdrängungs-P. (Ausfällungs-P.)** mit völligem Wechsel der Substanz, z. B. Quarz nach Kalkspat, Gips oder Dolomit nach Steinsalz, 2) **Umwandlungs-P.** durch Stoffzufuhr (Silberglanz nach Silber), Stoffabgabe (Kupfer nach Rotkupfererz) oder teilweisen Stoffaustausch (Aragonit nach Gips), 3) **Perimorphose (Umhüllungs-P.),** wobei der Kristall A zunächst umhüllt und nach Herauslösung der Substanz zum ›negativen‹ Kristall wird, 4) **Paramorphose (Umlagerungs-P.),** bei der durch Änderung von Druck und Temperatur, aber bei Erhaltung der chem. Zusammensetzung das Kristallgitter umgebaut, z. B. eine Hochtemperaturmodifikation durch Kristalle der Tieftemperaturmodifikation ersetzt wird.

Pseudonym [zu griech. pseudṓnymos ›mit falschem Namen (auftretend)‹, zu ónyma ›Name‹] *das, -s/-e,* fingierter Name, Deckname, Künstlername, bes. bei Künstlern und Schriftstellern (pseudonyme Lit.). Gründe für die Wahl eines P. sind u. a.: Furcht vor Verfolgung, v. a. bei polit., religiösen, erot. oder satir. Schriften, Familien- oder Standesrücksichten, Vermeidung häufig vorkommender oder als zu auffallend oder zu schwierig empfundener Namen, Freude an orginellen Namen, Lust an der Mystifikation. Es gibt eine Vielzahl pseudonymer Formen; am häufigsten ist die Wahl eines Fantasienamens, wobei Frauen auch Männernamen (Pseudandronym; z. B. GEORGE SAND statt AURORE DUDEVANT), seltener Männer Frauennamen (Pseudogynym; z. B. CLARA GAZUL statt PROSPER MÉRIMÉE) wählen; es gibt ferner Teil-P.: Zusätze (F. MÜLLER-PARTENKIRCHEN statt FRITZ MÜLLER) oder Verkürzungen, z. B. auf den Vornamen (Prenonym; z. B. JEAN PAUL) oder auf das Namenende (z. B. N. LENAU) sowie →Anagramm.

Es gibt ephemere, nur für eine Zeitspanne oder einzelne Werke gewählte P. (die P. K. TUCHOLSKYS) und beständige P., die an die Stelle des Namens treten (z. B. MOLIÈRE, VOLTAIRE, NOVALIS, MARK TWAIN, KNUT HAMSUN, MAKSIM GORKIJ). Manchmal bleiben die Träger eines P. auch unbekannt (z. B. BONAVENTURA als P. des Romans ›Nachtwachen. Von Bonaventura‹ (1804). Grenzfälle des P. sind Gräzisierungen (z. B. P. MELANCHTHON aus P. SCHWARZERT) und Latinisierungen (z. B. J. A. COMENIUS aus J. A. KOMENSKÝ), ferner Mystifikationen und literar. Fälschungen. (→Asteronym)

Rechtlich genießt das P. gleichen Schutz wie der Name (§ 12 BGB, →Namensrecht). Wer unter einem bekannten P. ein Werk veröffentlicht, wird unter dieser Bez. als Urheber des Werkes angesehen; bei unbekanntem P. kann der Herausgeber oder (mangels einer solchen Angabe) der Verleger die Rechte des Urhebers wahrnehmen (§ 10 Urheberrechts-Ges.).

F. RASSMANN: Lexikon Dt. Pseudonymer Schriftsteller (1830, Nachdr. Leipzig 1973); E. WELLER: Lexicon pseudonymorum (²1886, Nachdr. 1977); M. HOLZMANN u. H. BOHATTA: Dt. P.-Lex. (Wien 1906, Nachdr. 1989); J. WEIGAND: P.e. Ein Lex. Decknamen der Autoren deutschsprachiger erzählender Lit. (²1994); Pseudonyme – Lex. von berühmten Künstlern, Politikern, Persönlichkeiten (1995); W. EYMER: Eymers P.en-Lex. Realnamen u. P.e in der dt. Lit. (1997).

Pseudo-Ovid, unechte Oviddichtung, bei der OVID als Autor einer Dichtung vom echten Verfasser oder häufiger erst von späteren Abschreibern vor- oder untergeschoben wurde. Solche Zuweisungen gab es schon in der Antike (›Nux‹), bes. aber im 12. und 13. Jh., als OVID weit wirkendes Vorbild wurde; unter seinem Namen entstanden Gedichte unterschiedlichsten Inhalts. Die größte und eigenartigste Dichtung, das angeblich in OVIDS Grab wieder gefundene Epos ›De vetula‹, schrieb ein frz. Kleriker um 1250. Er schildert die Bekehrung OVIDS zum Christen, um, vom Neuaristotelismus ausgehend, ein naturwissenschaftlich-theolog. Weltbild zu entwickeln.

F. W. LENZ: Einführende Bemerkungen zu den mittelalterl. Pseudo-Ovidiena, in: Altertum, Jg. 5 (1959); P. KLOPSCH: P.-O. De vetula. Unters. u. Text (Leiden 1967); Die pseudoovid. Elegie ›De somnio‹, hg. v. K. SMOLAK, in: Wiener Studien, Jg. 96 (Wien 1983).

Pseudoparenchym, *Botanik:* das →Plektenchym.

Pseudoperipteros, Tempeltyp v. a. der röm. Baukunst. Statt der frei stehenden, ringsum laufenden Säulen des Peripteros sind Halbsäulen oder Pfeiler an den drei Wänden der Cella vorgeblendet, nur die Frontseite hat Vollsäulen im Pronaos.

Pseudopeziza, Gattung der Scheibenpilze mit etwa 25 Arten; schädlich ist der →Klappenschorf.

Pseudoplasmodi|en, Aggregatplasmodi|en, Bez. für die dicht aneinander liegenden amöboiden Zellen der zellulären Schleimpilze; dabei entstehen einheitl. Massen, die einem →Plasmodium ähneln.

Pseudopodi|en [zu griech. poũs, podós ›Fuß‹], *Sg.* **Pseudopodium** *das, -s,* die →Scheinfüßchen.

Pseudoquadrophonie, elektroakust. Übertragungsverfahren, bei dem stereophon aufgenommene Töne (Musik) technisch aufbereitet werden, sodass bei der Wiedergabe über die Zweikanalstereophonie hinausgehende räuml. Eindrücke entstehen. Dazu werden aus dem Rechts- (R) und Linkssignal (L) die

Differenzsignale R – L und L – R gebildet und gegenphasig über zusätzl. Lautsprecher hinter dem Zuhörer abgestrahlt.

Pseudorotz, afrikanischer Rotz, Lymphangitis epizootica, seuchenhafte, jedoch leicht eindämmbare Lymphgefäßentzündung der Einhufer infolge Wundinfektion durch den Schlauchpilz Histoplasma farciminosus; kommt in allen Erdteilen vor, ist in Dtl. praktisch ausgerottet.

Pseudo|scorpiones [griech.], wiss. Name der →Afterskorpione.

Pseudoskalar, *Mathematik* und *Physik:* eine einkomponentige Größe, die sich bei eigentl. orthogonalen Transformationen (→Pseudovektor) nicht verändert, bei uneigentlichen dagegen ihr Vorzeichen wechselt. Ein P. entspricht dem einzigen wesentl. Element eines antisymmetr. Tensors 2. Stufe im zweidimensionalen, 3. Stufe im dreidimensionalen Raum usw. Ein Beispiel im dreidimensionalen Raum ist das Skalarprodukt aus einem echten und einem Pseudovektor.

Pseudosolarisation, *Fotografie:* der →Sabattier-Effekt.

Pseudosphäre,
erzeugt durch Rotation der Traktrix um die Ordinate

Pseudosphäre, *Mathematik:* eine Fläche mit konstanter negativer Krümmung (insofern Gegenstück zur Sphäre, deren Krümmung konstant positiv ist), die durch Rotation der →Traktrix erzeugt werden kann; erstmals untersucht von C. F. GAUSS und E. F. A. MINDING (1839). Die P. ist in der nichteuklid. Geometrie von Bedeutung, da sie ein (allerdings nicht singularitätenfreies) Modell der hyperbol. Geometrie liefert (E. BELTRAMI, 1868).

Pseudostereophonie, techn. Aufbereitung von monophonen Tonsignalen, durch die ein räuml. Eindruck bei der Wiedergabe entsteht. Über eine Frequenzweiche im Empfänger werden die Tonsignale in hohe und tiefe Frequenzen aufgelöst, die dann über getrennte Lautsprecher abgestrahlt werden.

Pseudosuchi|er [zu griech. soûchos ›Krokodil‹], **Pseudosuchia, Schein|echsen,** ausgestorbene Unterordnung 20 cm bis 5 m langer Fleisch fressender Reptilien (Thecodontia) aus der Trias; oft krokodil- oder eidechsenartige, häufig gepanzerte Tiere mit gestrecktem Schädel und langem Schwanz. Einige P. hatten rückgebildete Vorderextremitäten und liefen auf den Hinterbeinen, z. B. →Chirotherium und Euparkeria (etwa 1 m lang). Zu den P. gehören auch **Ticinosaurus** (etwa 3 m lang, v. a. am Monte San Giorgio, Tessin) und **Longisquama** (20 cm lang, mit federartigen Auswüchsen am Rücken und sich überlappenden Schuppen).

Pseudotachylit, *Geologie:* →Mylonit.

Pseudotetraden, die bei Binärcodierung der zehn Dezimalziffern in Tetradenform keiner Dezimalziffer zugeordneten übrig bleibenden sechs Tetraden. Welche der 16 mögl. Tetraden nicht zugeordnet werden, hängt von dem verwendeten Binärcode ab. Beim BCD-Code sind die letzten sechs Tetraden P., beim Aiken-Code die mittleren sechs, beim Exzess-3-Code die ersten und die letzten drei Tetraden. Um beim Rechnen mit diesen Codes zu richtigen Ergebnissen kommen zu können, muss immer dann eine **Dezimalkorrektur** durchgeführt werden, d. h., es muss zusätzlich eine binäre 6 (›0110‹) addiert werden, wenn bei einer Rechenoperation eine P. entstünde oder durch einen Übertrag erzeugt werden würde.

Pseudotsuga, Gattung der Kieferngewächse mit vier Arten in Ostasien und dem westl. Nordamerika; immergrüne, hohe, fichtenähnl. Bäume mit zweizeilig abstehenden, am Grund stielartig sich verschmälernden Nadeln; hängende Zapfen mit dreispitzigen, die Fruchtschuppen überragenden Deckschuppen; im ersten Jahr reifend, nicht zerfallend. (→Douglasie)

Pseudotuberkulose, Nagertuberkulose, Rodentiose, durch Yersinia pseudotuberculosis, einen

Psiax: Herakles bezwingt den Nemeischen Löwen; schwarzfigurige Darstellung auf einer Amphora; um 520 v. Chr. (Brescia, Museo Civico dell' Età Romana)

zu den Enterobakterien gehörenden Erreger hervorgerufene Infektionskrankheit, verbreitet bei wild lebenden Nagern und Vögeln. Ähnlich wie bei der echten Tuberkulose bilden sich eitrige Entzündungsherde an versch. inneren Organen. Bei der seltenen Übertragung auf den Menschen kommt es zu Erkrankungen des Bauchraums (septisch-typhöse Infektion mit Abszessbildung in vielen Organen). Die *Behandlung* erfolgt mit Antibiotika (Tetracycline, Streptomycin).

Pseudo-Turpin, angebl. Verfasser der ›Historia Karoli Magni et Rotholandi‹, die um 1130–40 von einem anonymen Geistlichen (aus Saint-Denis?) geschrieben wurde. Dieser wird identifiziert mit Erzbischof TILPIN (TURPIN VON REIMS, † 794), der im altfrz. Rolandslied ein Paladin KARLS D. GR. ist. Der fiktive lat. Augenzeugenbericht schildert romanhaft KARLS D. GR. angebl. Kreuzzug gegen die span. Mauren zur Befreiung des Grabes des hl. JAKOBUS in Santiago de Compostela und ROLANDS Tod in Roncesvalles (Roncevaux); er half die karoling. Tradition des frz. Königtums und die von FRIEDRICH I. BARBAROSSA veranlasste Heiligsprechung KARLS D. GR. (Aachen 1165) zu begründen und wurde in mehreren Versionen (über 200 Handschriften), durch Versifizierung und Übersetzung in viele Volkssprachen europaweit verbreitet.

Ausgaben: Der P.-T. von Compostela, hg. v. A. HÄMEL (1965); Die Chronik von Karl d. Gr. u. Roland. Der lat. P.-T. ..., hg. v. H.-W. KLEIN (1986).

Pseudovektor, *Mathematik* und *Physik:* mehrkomponentige Größe, deren Elemente sich bei eigentl. orthogonalen →Transformationen (Drehungen; Transformationsdeterminante $\Delta = +1$) wie die Komponenten eines Vektors verhalten, bei uneigentl. (Spiegelungen; $\Delta = -1$) aber ein zusätzl. Minuszeichen erhalten. Im dreidimensionalen Raum ist das Vektorprodukt $\boldsymbol{c} = \boldsymbol{a} \times \boldsymbol{b}$ eigentlich ein symmetr. Tensor 2. Stufe; ein solcher Tensor hat im Dreidimensionalen aber nur drei wesentl. Elemente, die sich als Komponenten eines axialen oder P. auffassen lassen. Ein Beispiel ist der Drehimpuls: $\boldsymbol{L} = \boldsymbol{r} \times \boldsymbol{p}$. Einen zweidimensionalen P. gibt es nicht. Im vierdimensionalen Raum lässt sich ein antisymmetr. Tensor 3. Stufe als P. auffassen: Infolge der Antisymmetrie (für seine Elemente gilt $a_{ikl} = -a_{ilk} = -a_{kil} = -a_{lki}$) hat er nur vier wesentl. Elemente. Die (vierdimensionalen) Ströme der schwachen Wechselwirkung haben neben einem vektoriellen auch einen pseudovektoriellen Anteil.

Pseudowut, *Tiermedizin:* die →Aujeszky-Krankheit.

Psi, 1) Zeichen ψ, Ψ, der vorletzte Buchstabe des griech. Alphabets.

2) *Parapsychologie:* →Psi-Phänomene.

Psiax, att. Vasenmaler des späten 6. Jh. v. Chr., am Übergang von der schwarz- zur rotfigurigen Malweise; er bemalte vorwiegend kleinere Gefäße mit feingliedrigen, oft mytholog. Figuren (Amphora, um 520; Brescia, Museo Civico dell' Età Romana), ein häufiges Motiv sind Pferde. P. war für die Töpfer ANDOKIDES, HILINOS und MENON tätig (früher erfasste man P.' schwarzfigurige Vasenmalerei für Letzteren als Werk des **Menonmalers**).

Psichari [psika'ri], Ernest, frz. Schriftsteller, * Paris 27. 9. 1883, † (gefallen) Saint-Vincent (Distr. Luxemburg) 22. 8. 1914, Enkel von E. RENAN; war Kolonialoffizier, trat 1912 zum Katholizismus über; begann mit Lyrik im Stil des Symbolismus und wandte sich dann unter dem Einfluss von M. BARRÈS, C. PÉGUY und H. BERGSON einem mystisch-religiös gefärbten Nationalismus zu (z. B. mit seinem Roman ›L'appel des armes‹, 1913). In seinem Tagebuch ›Le voyage du centurion‹ (hg. 1916; dt. ›Der Wüstenritt des Hauptmanns‹) bekämpfte er die pazifist. Haltung der frz. Intellektuellen mit dem Ziel, zur eth. und religiösen Erneuerung Frankreichs beizutragen.

Ausgabe: Œuvres complètes, 3 Bde. (1948).

Psidium [wohl zu griech. psídes ›Tropfen‹], Gattung der Myrtengewächse mit rd. 100 Arten im trop. und subtrop. Amerika; Bäume oder Sträucher mit kugeligen oder birnenförmigen Früchten. (→Guave)

Psifunktion, *Quantenmechanik:* ältere Bez. für die Lösungsfunktionen der Schrödinger-Gleichung. (→Wellenfunktion)

Psilocybin [griech.] *das, -s,* Indolalkaloid, das in Form wasserlösl. farbloser Kristalle aus dem mexikan. Rauschpilz Psilocybe mexicana gewonnen wird (P.-Gehalt etwa 0,3 %). P. ist neben Haschisch, Mescalin und LSD das bekannteste Halluzinogen. Oral eingenommen, hat es eine dem LSD vergleichbare rauscherzeugende Wirkung, die sich in lebhaften Farbvisionen und Bewusstseinserweiterung, verbunden mit unangenehmen Begleiterscheinungen wie starker Lichtempfindlichkeit und Persönlichkeitsspaltung, äußert. Ähnlich wirkt das in der gleichen Pflanze vorkommende, mit P. chemisch verwandte **Psilocin.** – P. wurde schon vor rd. 3 000 Jahren von südamerikan. Indios zu kult. Zwecken verwendet.

Psilocybin

Psilomelan [zu griech. psilós ›kahl‹ und mélas ›schwarz‹] *der, -s/-e,* **Schwarzer Glaskopf, Hartmanganerz,** schwarzes, rhomb. (oder monoklines) Mineral der chem. Zusammensetzung $(Ba,Mn^{2+},...)_3(O,OH)_6Mn_8O_{16}$, das meist in amorphen oder kryptokristallinen, knollig-nierigen, glasglänzenden Aggregaten (Glaskopf) vorkommt; Härte nach MOHS 5–6, Dichte 4,4–4,7 g/cm³; in der Oxidationszone von Manganerzlagerstätten; wichtiges Manganerz. (→Manganomelane)

Psilophyten [zu griech. psilós ›kahl‹ und phytón ›Pflanze‹], **Psilophyta,** die →Urfarne.

Psiloritis, Gebirgsstock auf Kreta, →Ida.

Psilose [griech. ›Entblößung‹] *die, -/-n, griech. Grammatik:* Schwund des h (Spiritus asper) im Wortanlaut, der in einigen Dialekten (z. B. im Ionischen) schon vor Beginn ihrer schriftl. Überlieferung, im Altgriechischen spätestens im 5. Jh. v. Chr. eintrat.

Psilotales [griech.], die →Rutenfarne.

Psi-Phänomene, von BERTHOLD P. WIESNER und ROBERT HENRY THOULESS 1942 eingeführte zusammenfassende Bez. für die Erscheinungen der →außersinnlichen Wahrnehmung (ASW) und →Psychokinese (PK); dabei unterscheidet man **Psi-Gamma** (paranormale Erkenntnis oder ASW) und **Psi-Kappa** (paranormale Aktion, z. B. PK). Unter den Bedingungen von empir. ASW- und PK-Tests bedeutet **Psi-Hitting,** dass die Versuchsperson auf irgendeinen Bereich ihrer physikal. Umwelt häufiger auf ›psych.‹ Wege eine Wirkung ausübt oder auf sie durch ASW reagiert (hits ›Treffer‹), als unter Zufallsbedingungen zu erwarten ist, während **Psi-Missing** signifikant weniger Treffer (miss ›Niete‹) bezeichnet. Unter **Psi-Trailing** fällt das sensorisch nur schwer erklärbare ›Heimfindevermögen‹ mancher Haustiere, ihre verzogenen Besitzer auf weite Entfernungen wieder aufzuspüren.

Psira, Pseira, Insel vor der N-Küste Kretas, in der Merambelubucht; in minoischer Zeit bestand hier eine Hafensiedlung. Blütezeit im 16. Jh. v. Chr., Zerstörung um 1450 v. Chr.; Funde (Steingefäße und -plastiken, u. a. Python, Stier; bemalte Tongefäße, u. a. eine Korbnachahmung; Stuckrelieffragmente) im Archäolog. Museum von Heraklion.

Psiteilchen, ψ-Teilchen, J/ψ-Teilchen, 1974 von B. RICHTER und davon unabhängig von S. C. C. TING (der es **J-Teilchen** nannte) und ihren Arbeitsgruppen entdecktes schweres →Elementarteilchen aus der Gruppe der →Mesonen. Das P., das bei der Paarvernichtung von Elektron-Positron- und Proton-Antiproton-Paaren entsteht, hat eine Masse von 3 096 MeV/c^2, Spin 1 und eine für schwere Elementarteilchen relativ lange mittlere Lebensdauer von etwa $4 \cdot 10^{-21}$ s. Es zerfällt u. a. unter Bildung eines Elektron-Positron- oder Myonpaares. Die Erklärung der Eigenschaften des P. führte zur Einführung der ladungsartigen Quantenzahl →Charm. Danach ist das P. aus einem Charmquark und dessen Antiteilchen aufgebaut ($c\bar{c}$) und stellt den Grundzustand des →Charmoniums dar.

Psittakose [zu griech. psíttakos ›Papagei‹] *die, -/-n,* Papageienkrankheit, →Ornithose.

PSK [Abk. für engl. **p**hase **s**hift **k**eying], **Phasenumtastung,** Modulationsart in der Telegrafie und Datenübertragung, bei der jedem Zustand eines Signals eine bestimmte Phasenlage einer hochfrequenten Trägerschwingung entspricht. Die Phase der Schwingung wird von einem Phasenschalter oder -umtaster im Takt des z. B. binär codierten (2-PSK) Signals sprungartig umgetastet, womit ein Phasensprung, bezogen auf eine Null- oder Referenzphase, erreicht wird. Bei höherwertigen Umtastungen können entsprechend mehr Signalzustände dargestellt werden (4-PSK, 8-PSK usw.). Die Demodulation erfolgt durch Vergleich mit der unmodulierten Originalschwingung, die im Empfänger aus dem Signal zurückgewonnen wird.

Psilomelan

P. S. K., Abk. für →Österreichische **P**ost**s**par**k**asse AG.

Pskow, Stadt in Russland, →Pleskau.

Pskower See, See in Russland und Estland, →Pleskauer See.

p-s-n-Sperrschicht, eine p-n-Sperrschicht (→p-n-Übergang), bei der sich zw. einer hoch dotierten p-Zone und einer hoch dotierten n-Zone eine hochohmige, schwach dotierte Mittelzone von etwa 100 bis 200 µm Breite befindet. Diese so genannte s-Zone kann p- oder n-leitend sein; sie ergibt hohe Sperrspannungen und macht den Übergang in Durchlassrichtung niederohmig.

Psoas [zu griech. psóa ›Lendengegend‹] *der, -,* **Musculus psoas,** zusammenfassende Bez. für den großen und kleinen Lendenmuskel **(Musculus p. major**

und **minor).** Er entspringt im Bereich der letzten Brust- und der ersten Lendenwirbel, vereinigt sich dann mit dem von der Innenfläche des Darmbeins vorspringenden Musculus iliacus zum **Musculus iliopsoas,** der v. a. dem Beugen sowie der Innen- und Außenrotation des Beins dient.

Psocoptera [griech.], die →Staubläuse.

Psophocarpus [zu griech. psóphos ›Lärm‹ und karpós ›Frucht‹], Gattung der Schmetterlingsblütler mit neun Arten im trop. Asien und in Afrika; hochwindende Kräuter mit gefiederten Blättern und lilafarbenen oder violetten Blüten in achselständigen Trauben. Einige Arten, v. a. die →Goabohne, werden als Gemüsepflanzen kultiviert.

Psoriasis [zu griech. psṓra ›Räude‹, ›Krätze‹] *die, -/...'asen,* **Schuppenflechte,** nicht übertragbare Hautkrankheit unbekannter Ursache, die (oft autosomal-dominant vererbt) meist in jugendl. Alter ausbricht. Von der P. sind in W-Europa 1–2% der Bev. betroffen; damit stellt sie nach dem Ekzem die häufigste Hautkrankheit dar.

Die Manifestation der Erkrankung wird durch Infekte, Hautschädigungen, Stoffwechselstörungen, hormonelle Veränderungen (Menarche, Schwangerschaft) u. a. Einflüsse gefördert; sie besteht in einer gesteigerten Neubildung und Abschuppung der Epidermis, die vermutlich durch eine Störung des Zellstoffwechsels hervorgerufen wird. Darüber hinaus bestehen chron. Entzündungen der Haut mit T-Lymphozyten-Aktivierung. Bei der **P. vulgaris** entstehen auf der Haut flache, scharf begrenzte, unregelmäßig geformte, teils juckende rötl. Herde, die mit silbrigen, leicht abkratzbaren Schuppen bedeckt sind. Unter den Schuppen, die beim Kratzen deutlicher hervortreten (›Kerzenfleckphänomen‹), liegt ein feines Häutchen, nach dessen Entfernung punktförmige Blutungen auftreten. Nach Form, Ausdehnung und Zusammenfließen der Herde wird eine Vielzahl von Erscheinungsbildern unterschieden. Bevorzugt betroffen sind die Streckseiten des Ellenbogen- und Kniegelenks, Brust und Rücken, die behaarte Kopfhaut und die Fingernägel. Letztere weisen gelbl. Verfärbungen und Vertiefungen (Ölfleck- und Tüpfelnägel) auf, teils kommt es zur Zerstörung der Nagelplatte (Krümelnägel). Neben der verbreiteten P. vulgaris gibt es auch pustelförmige u. a. Formen. Die P. verläuft chronisch oder in Schüben. Bei 4–5% der Erkrankten tritt eine begleitende chron. Gelenkentzündung, die P.-Arthropathie **(Arthritis psoriatica),** auf. Sie befällt v. a. die Finger- und Zehengelenke und führt zu schmerzhaften Schwellungen.

Die *Behandlung* besteht in einer Erweichung und Ablösung der Schuppen durch Bäder und Salicylsalben, äußerl. Anwendung teerhaltiger Präparate, Dithranol, Vitamin-D-Abkömmlingen, UV-A- und UV-B-Bestrahlung, teils in Verbindung mit photosensibilisierenden Substanzen (PUVA), in schweren Fällen werden auch Retinoide und zytostat. Mittel (Methotrexat, Ciclosporin) eingesetzt. Rückfälle sind möglich.

R. MARKS: P. Ratschläge für alle, die an Schuppenflechte leiden (a. d. Engl., 1983); S. FLADE: Neurodermitis natürlich behandeln (Neuausg. [8]1995); P. u. Gelenkerkrankungen, hg. v. U. WOLLINA u. a. (1996).

PSV-Truppe [Abk. für **ps**ychologische **V**erteidigung], →psychologische Kriegführung.

psych..., Wortbildungselement, →psycho...

Psych|agogik [zu griech. agōgós ›führend‹, ›leitend‹] *die, -,* offene Behandlungsform, die aus beratenden, unterstützenden, auch tiefenpsychologisch orientierten Maßnahmen zur Vorbeugung und Linderung von seel. Konflikten und Verhaltensstörungen besteht. P. wird auf unterschiedl. Gebieten angewendet. Der **Psychagoge** (i. d. R. ein Pädagoge mit vierjähriger Zusatzausbildung an einem psychoanalyt. Institut) arbeitet v. a. als Kinder- und Jugendlichen-Psychotherapeut, z. B. in Heimen, Fachabteilungen von Krankenanstalten, Beratungsstellen, oder an Ausbildungsstätten für Sozialpädagogen, Sozialarbeiter und Lehrer, in der Nachsorge von psychiatrisch als geheilt Entlassenen und in der Erwachsenenerziehung (z. B. Casework, Psychohygiene, Lebenshilfe, Arbeits- und Beschäftigungstherapie).

Psych|algie [zu griech. álgos ›Schmerz‹] *die, -/...'gi|en,* Bez. für anhaltende Schmerzzustände (v. a. Rücken- oder Kopfschmerzen), die nicht organisch begründet sind, sondern durch emotionale oder psychosoziale Probleme verursacht werden.

Psycharis, Jannis, frz. **Jean Psichari** [psika'ri], neugriech. Schriftsteller, *Odessa 15. 5. 1854, †Paris 30. 9. 1929; verbrachte seine Jugend in Konstantinopel und lebte seit 1868 in Frankreich (seit 1900 Prof. an der École des Langues Orientales in Paris). Durch seine sprachwiss. Arbeiten und v. a. durch die Veröffentlichung seiner in Volksgriechisch geschriebenen Erzählungen ›Meine Reise‹ (1888), die als Signal für die neugriech. Autoren wirkten, trug er maßgeblich zur Anerkennung der griech. Volkssprache (Demotike) als Literatursprache bei.

Hommage à Jean Psichari, 1854–1929 (Paris 1951); E. KRIARAS: Psycharēs (Athen 1959).

Psych|asthenie, das →psychovegetative Syndrom.

psych|ästhetische Proportion, nach E. KRETSCHMER das Verhältnis von Reizbarkeit, Überempfindlichkeit einerseits und Stumpfheit, Gleichgültigkeit andererseits, wie es für das Temperament des Schizothymen charakteristisch ist.

Psyche: Römische Skulpturengruppe ›Amor und Psyche‹ in Ostia Antica im ›Haus des Amor und der Psyche‹

Psyche [griech. ›Hauch‹, ›Atem‹; ›Lebenskraft‹, ›Seele‹] *die, -/-n,* urspr. gleichbedeutend mit dem Leben, später mit der →Seele als dem Prinzip des Lebens; in der Psychologie das seelisch-geistige Leben des Menschen, die Gesamtheit bewusster und unbewusster seel. Vorgänge und geistiger bzw. intellektueller Funktionen im Ggs. zum körperl. Sein (Soma). – In der antiken Mythologie wurde die menschl. Seele personifiziert vorgestellt. Sie erscheint in der griech. Kunst als geflügelte oder ungeflügelte jugendl., weibl. Gestalt, in der röm. Kunst häufig mit ihrem Geliebten Eros (Marmorgruppe, röm. Kopie einer hellenist. Plastik, Rom, Kapitolin. Museen). In der Neuzeit bes. beliebtes Motiv (z. B. bei RAFFAEL, GIULIO ROMANO, P. P. RUBENS, A. VAN DYCK, B. THORVALDSEN, A. CANOVA, M. KLINGER).

Psyche, griech. **Psyche,** Heldin einer Erzählung aus APULEIUS' ›Metamorphosen‹, →Amor und Psyche.

Psychedelic Rock [saɪkɪˈdelɪk rɔk], **Acidrock** [ˈæsɪd -], um 1966 im Zusammenhang mit der Hippiebewegung in San Francisco (Calif.) entstandene Spielart der Rockmusik, die häufig unter Drogeneinfluss gespielt wurde und sich in den Texten verschlüsselt oder mehr oder weniger offen für den Konsum von bewusstseinserweiternden Drogen (v.a. LSD) einsetzte. Der bes. bei Liveauftritten zur Geltung kommende P. R. versuchte durch vom Blues inspirierte Harmonik, Elektronik- und Lightshow-Effekte, Lautstärke und formal ungebundene, ausgedehnte Kollektivimprovisationen durch Drogen hervorgerufene Halluzinationen musikalisch nachzuzeichnen oder diese zusätzlich zu stimulieren. Bekannte Vertreter des P. R. waren u.a. die Gruppen Jefferson Airplane, Grateful Dead und Iron Butterfly, in England zeitweise Pink Floyd sowie auch die Beatles (›Sgt. Pepper's lonely hearts club band‹, 1967).

psychedelisch [engl. psychedelic, zu griech. dēloũn ›offenbaren‹], **psychodelisch,** durch Halluzinogene, bes. LSD, oder psych. Vorgänge (z.B. Meditation) erreichter, z.T. euphor. Zustand mit gesteigerter Wahrnehmungsfähigkeit und Erlebnisbereitschaft, teilweise auch mit Halluzinationen verbunden; bezeichnet ebenso die diese Wirkungen hervorrufenden Substanzen **(Psychedelika),** Objekte (z.B. psychedel. Malereien) oder Vorgänge.

psychedelische Kunst, engl. **Psychedelic Art** [saɪkɪˈdelɪk ɑːt], Bez. für Tendenzen in der Kunst seit etwa 1964, die auf bewusstseinserweiternde Wirkungen gerichtet waren und teils unter dem Einfluss von Drogen Erlebnisräume und halluzinator. Zustände bildnerisch darstellten.

R. E. L. Masters u. J. Houston: P. K. (a.d.Amerikan., 1969).

psychedelische Kunst: Isaac Abrams, ›Cosmic Orchid‹; 1967 (Privatbesitz)

Psychiatrie [zu griech. iatreía ›das Heilen‹] *die,* -, Teilgebiet der Medizin, das sich mit der Erkennung und Behandlung sowie Rückfallverhütung psych. Störungen (Psychosen, Neurosen, Persönlichkeitsstörungen, Abhängigkeiten, Abbauerkrankungen) befasst.

Spezielle Ziele verfolgen die versch. Untergebiete und Arbeitsbereiche, zu denen v.a. Psychopathologie, experimentelle und klin. P., forens. P. (Teil der Rechtsmedizin), Psychotherapie, Kinder- und Jugend-P., Sozial-P. und Pharmako-P. (Teil der Psychopharmakologie) gehören. In Verbindung mit der Neurologie besteht die P. als ärztl. Fachgebiet der **Nervenheilkunde** und schließt dabei Erkrankungen des zentralen, peripheren und vegetativen Nervensystems ein.

Die Ausbildung zum **Psychiater (Facharzt für P. und Psychotherapie)** erfordert eine Weiterbildung nach der Approbation (vier Jahre P. und Psychotherapie, ein Jahr Neurologie). Spezialkenntnisse sind für den **Nervenarzt (Arzt für P. und Neurologie)** und den **Kinder- und Jugendpsychiater** erforderlich.

Die *Diagnostik* der P. stützt sich auf die in Gespräch, Beobachtung und Verlaufskontrolle gewonnene Erfassung der Symptomatik (klin. Erscheinungsbild) und die objektiven Befunde aus Anamnese, Verhalten und körperl. Störungen. Ergänzend werden psycholog. Testverfahren sowie bes. Elektroenzephalographie, Computertomographie und Blut- oder Liquoruntersuchungen eingesetzt. Zur Steigerung der Verlässlichkeit (Reliabilität) der Diagnose wurden spezielle method. Kriterien erstellt, die in Form von Diagnosemanualen internat. Geltung besitzen. Zur Sicherung der Gültigkeit (Validität) von Diagnosen festgelegte Aspekte sind v.a. der Zusammenhang typ. Symptome (symptomat. Kohärenz), der kennzeichnende Verlauf von Erkrankungen, das Vorliegen einer genet. Belastung, das Ansprechen bestimmter Therapieverfahren und die Beziehung zu körperl. Befunden.

Die *Behandlung* stützt sich hauptsächlich auf die sich oft ergänzenden Methoden der Psycho-, Pharmako- und Soziotherapie. Sie wird entsprechend der Erkrankung stationär oder halbstationär in einer psychiatr. Klinik oder ambulant durchgeführt. Hinzu kommen Mal-, Musik-, Beschäftigungs- und Arbeitstherapie, die teils auch in Kombination angewendet werden; die reine Verwahrung von Patienten ist inzwischen selten. Etwa 6–8% der Erkrankten werden stationär behandelt (überwiegend auf offenen Stationen). Wesentl. Bedeutung kommt neben der Pharmako- und Psychotherapie der psychosozialen Wiedereingliederung nach einer akuten Krankheitsphase zu. In den letzten Jahren wurden die Angehörigen des Patienten sowie dessen weiteres Umfeld zunehmend in den Behandlungsplan mit einbezogen.

Dies gilt auch als Erfolg der Reformbestrebungen aus den 1960er- und 1970er-Jahren, die sich v.a. auf die Verminderung der Patientenzahlen in den großen Sonderkrankenhäusern und die Schaffung von Behandlungsmöglichkeiten in Wohnortnähe der Patienten gerichtet haben. Die extremen Forderungen der →Antipsychiatrie gelten als überholt. Die wiss. Bemühungen der P. richten sich auf die Erforschung der Ursachen und die Entwicklung verbesserter Behandlungsmöglichkeiten. In beiden Bereichen wurden während der letzten Jahrzehnte große Fortschritte erzielt.

Geschichte: Die Bez. P. wurde erstmals 1808 von Johann Christian Reil (*1759, †1813) geprägt. Die systemat. Zuordnung zum Bereich der Medizin vollzog sich im Laufe des 19. Jh., der erste psychiatr. Lehrstuhl wurde 1811 in Leipzig eingerichtet und von Johann Christian August Heinroth (*1773, †1843) vertreten; im selben Jahr kam es zur Gründung des ersten psychiatr. Krankenhauses in Dresden.

Die wiss. Erforschung der Ursachen ist seit dem 19. Jh. durch zwei widerstreitende Richtungen gekennzeichnet, die bis heute fortwirken. Die **Psychiker** führten damals alle Erscheinungen auf Erkrankungen der Seele selbst als Folge übermäßiger Emotionen, von Sünde oder moral. Schuld zurück und betrachteten alle körperl. Veränderungen als Auswirkung. Heute finden sich diese Gedanken als psychosoziale und biograph. Ursachen-Hypothesen, während die **Somatiker** die alleinige Ursache in körperlich-biolog. Veränderungen (Gehirnstörungen im weitesten Sinn) sehen. Bestimmend für die Vorherrschaft der somat. Auffassung seit dem ausgehenden 19. Jh. war die Lehre von W. Griesinger, der sich auch für eine ›offene P.‹ einsetzte. E. BLEULER verschaffte Anfang des 20. Jh. der von seel. Ursachen ausgehenden Psychoanalyse Eingang in die P., die im Laufe des 20. Jh. zunächst v. a. in den USA, bis etwa Mitte der 1970er-Jahre in abgeschwächter Form auch in Europa, ihren Einfluss verstärkte. Die Psychopathologie erhielt durch K. JASPERS 1913 ihre method. Begründung.

Erste wesentl. Schritte zu einer wiss. begründeten Behandlung waren das von J. WAGNER VON JAUREGG 1917 durch Impfmalaria hervorgerufene Heilfieber, die von HERMANN SIMON (* 1867, † 1947) in den 1920er-Jahren eingeführte Arbeitstherapie, die in den 1930er-Jahren erprobten Formen der Schockbehandlung und die 1936 von A. C. MONIZ EGAS begründete Methode der Leukotomie (→Psychochirurgie). Diese Verfahren wurden überwiegend durch die Einführung der Psychopharmaka in den 1950er-Jahren abgelöst, welche die psychiatr. Behandlung im positiven Sinne revolutionierten. Fortschritte in den Bereichen der Biochemie, Genetik, Neurophysiologie und der bildgebenden Verfahren (Computer- und Kernspintomographie) führten zu einer Verstärkung der somat. Ursachenforschung, die sich v. a. auf den Einfluss von Hirnstoffwechselstörungen und genet. Faktoren richtet (so genannte **biologische P.**). Zu einem Missbrauch der P. zu totalitären polit. Zwecken kam es in Dtl. während der natsoz. Herrschaft, in der etwa 200 000 Patienten den Vernichtungsprogrammen zum Opfer fielen; in der Sowjetunion wurden während des Kommunismus Regimekritiker durch Zwangseinweisung in psychiatr. Kliniken ausgeschaltet.

⇨ *Gemeindepsychiatrie · Kinder- und Jugendpsychiatrie · Neurose · psychiatrische Klinik · Psychoanalyse · Psychopathie · Psychopathologie · Psychopharmaka · Psychose · Psychotherapie · Schizophrenie · seelische Krankheiten · Sozialpsychiatrie*

D. EICKE: Vom psychiatr. Krankenhaus zur sozialtherapeut. Station (1978); CHRISTIAN MÜLLER: Psychiatr. Institutionen. Ihre Möglichkeiten u. Grenzen (1981); E. BLEULER: Lb. der P., bearb. v. M. BLEULER ([15]1983); Lex. der P., hg. v. CHRISTIAN MÜLLER ([2]1986); Neurolog. u. psychiatr. Therapie, hg. v. K. A. FLÜGEL ([2]1987); G. JERVIS: Krit. Hb. der P. (a. d. Ital., Neuausg. 1988); P. der Gegenwart, hg. v. K. P. KISKER u. a. (1989); U. H. PETERS: Wb. der P. u. medizin. Psychologie ([4]1990); Prakt. P., hg. v. H. BARZ (Bern [4]1991); Leitfaden der P., hg. v. A. FRIEDMANN u. K. THAU (Wien [4]1992); T. R. PAYK: Checkliste P. (1992); G. HUBER: P. ([5]1994); K. DÖRNER: Bürger u. Irre. Zur Sozialgesch. u. Wissenschaftssoziologie der P. ([3]1995); DERS. u. U. PLOG: Irren ist menschlich. Lb. der P./Psychotherapie (Neuausg. 1996); D. EBERT: P. systemat. (1995); P., hg. v. V. FAUST (1995); R. TÖLLE: P. ([11]1996).

psychiatrische Klinik, Krankenhaus zur Behandlung psychisch Kranker. Neben den Einrichtungen zur stationären Betreuung in offenen oder geschlossenen Abteilungen bieten die halbstationären Tages- und Nachtkliniken eine gestufte und fallbezogene Rehabilitation. In der **Tagesklinik** halten sich die Patienten für einen begrenzten Zeitraum tagsüber zur Behandlung auf, den Abend und die Nacht verbringen sie im häusl. Milieu; in der **Nachtklinik** werden berufstätige Patienten abends und am Wochenende betreut.

Rechtliches: Die (seltene) Einweisung eines Patienten ohne dessen Einverständnis ist nur bei akuter Gefahr für ihn selbst oder (seltener) für andere möglich; sie erfolgt im →Sicherungsverfahren oder als einstweilige Maßnahme durch →Unterbringungsbefehl entsprechend den Unterbringungsgesetzen der einzelnen Bundesländer oder als →Maßregel der Besserung und Sicherung im Strafverfahren. – Die Beobachtung in einem psychiatr. Krankenhaus zur Vorbereitung von Gutachten kann im Strafverfahren und im Verfahren der freiwilligen Gerichtsbarkeit angeordnet werden.

psychisch [griech. psychikós ›zur Seele gehörend‹], die Psyche betreffend, seelisch.

psychische Epidemien, ältere Bez. für bes. in Krisensituationen zu beobachtende, meist stark affektbesetzte kollektive Einstellungen und Verhaltensweisen (z. B. ›Massenhysterie‹); der Analogie zum medizin. Sprachgebrauch liegt die Vorstellung einer patholog., sich infektionsartig ausbreitenden Massenerscheinung zugrunde (→Masse).

psychische Gesundheit, →seelische Gesundheit.

psychische Krankheiten, →seelische Krankheiten.

psychisches Trauma, Bez. für eine psych. ›Verletzung‹ (griech. traũma), verursacht durch Erlebnisse, die weit außerhalb normaler seel. Belastungen liegen, z. B. Folterung, Vergewaltigung, Krieg, Konzentrationslager, Geiselnahme, natürl. (Erdbeben) oder techn. (Unfälle, Brände) Katastrophen. Wird ein p. T. nicht bewältigt (es wiegt i. d. R. schwerer, wenn es von Menschen verursacht wurde, z. B. bei Folterungen, KZ-Erlebnissen), spricht man von **posttraumatischer Belastungsstörung** (engl. post-traumatic stress disorder, Abk. PTSD), die sich im Wiedererleben im Schlaf- (Albträume) oder Wachzustand (Dissoziation), in Angst, Depression, Schreckhaftigkeit, Zerfall der familiären und Arbeitsbeziehungen, Alkohol- und Drogenabhängigkeit äußern kann. Allg. als behandlungsbedürftiger Zustand erkannt und anerkannt wurde die posttraumat. Belastungsstörung am psych. und sozialen Zusammenbruch sehr vieler Vietnamveteranen nach Kriegsende.

psycho... [griech. psychḗ ›Hauch‹, ›Atem‹; ›Lebenskraft‹, ›Seele‹], vor Vokalen gelegentlich verkürzt zu **psych...,** Wortbildungselement mit der Bedeutung: Seele, Seelenleben; Gemüt, z. B. Psychologie.

Psycho|analyse, auf S. FREUD zurückgehende Gruppe von Theorien und Behandlungsverfahren, die sich mit den Auswirkungen unbewusster Intentionen auf das Denken, Fühlen und Handeln in den Gegenstandsgebieten psych. Erkrankungen, Kunst und Literatur sowie Geschichte und Kultur beschäftigen. Zu unterscheiden ist eine psychoanalyt. Krankheitslehre, die lebensgeschichtlich hergeleitete Aussagen über die Ätiologie von Neurosen, Psychosen und psychosomat. Krankheiten macht, von einer Gruppe allgemeiner Theorien des menschl. Seelenlebens und dessen Entstehung in der Phylo- und Ontogenese (Metatheorie). Davon muss das Behandlungsverfahren seel. und psychosomat. Störungen und dessen Theorie abgetrennt werden.

Da die psychoanalyt. Theorie von FREUD aus der Behandlung psychisch Kranker entwickelt wurde, muss die *Krankheitslehre* als Kernstück angesehen werden. Die Krankheitslehre hat sich in Abhängigkeit von den psychoanalytisch behandelbaren Störungsbildern und den ihnen angemessenen Behandlungstechniken sowie den Veränderungen der Nachbarwissenschaften Biologie, Psychologie, Soziologie und Ethnologie schon in FREUDS Werk und bes. seit seinem Tod stark verändert. Die ursprüngl. Beschränkung auf die so genannten Neurosen mit den Störungsbildern der Hysterie, Zwangsneurosen, Angst- und Konversionsneurosen sowie den Perversionen wurde aufgegeben zugunsten einer Ausdehnung auf die psychosomat. Krankheiten und die narzisst. und psychot. Störungen. Für die Neurosen wird angenommen, dass die Symptome der Erkrankungen Formen von Reaktivierungen traumat. Konflikte aus der Kindheit oder sonstiger schwerer Traumata (posttraumat. Belastungsreaktionen) darstellen, die dem bewussten Verständnis unzugänglich sind und durch Abwehrmechanismen verdeckt werden. Die hohe Stabilität des neurot. Verhaltens wird als Folge der vergebl. Bearbeitungsversuche des traumat. Konfliktes gesehen und als Wiederholungszwang axiomatisiert.

Das *Behandlungsverfahren* versucht, durch eine Konfliktreaktivierung in der Beziehung des Patienten zum Psychoanalytiker die konfliktverursachende unbewusste Struktur neu zu aktualisieren (Übertragungsneurose) und durch systemat. Interventionen (wie Deuten, Stützen, Konfrontieren) bewusstseinsfähig zu machen. Der Vorgang der Bewusstwerdung soll, begleitet von einem kognitiv affektiven Umstrukturierungsprozess (Einsicht), lösende und heilende Auswirkung auf den gesamten Krankheitsprozess haben. Die Hauptzugangsweisen zu den unbewussten Konflikten sind die so genannten freien Assoziationen, Traumberichte und v.a. das nonverbale affektive Verhalten aufseiten des Patienten sowie die gleich bleibende Aufmerksamkeit und ›wohlwollende Neutralität‹ aufseiten des Therapeuten. Die Methode der freien Assoziation soll im wechselseitigen Einverständnis ein Absehen von konventionellen Dialogmerkmalen wie Bedeutsamkeit und Anständigkeit des Mitgeteilten ermöglichen. Aufgrund dieses Materials sowie des nonverbalen, v.a. affektiven Verhaltens versucht der Analytiker, die unbewussten Intentionen des Patienten zu verstehen und sie ihm dann zur Verfügung zu stellen, wenn er das Gefühl hat, der Patient könne die Information nutzbringend in sein Selbstverständnis einbinden. Diese ›klassische‹ Behandlungstechnik muss in Abhängigkeit vom Störungsbild und damit der Belastbarkeit des Patienten teilweise erheblich verändert werden. Ferner haben empir. Untersuchungen von psychoanalyt. Behandlungen gezeigt, dass unabhängig von der Richtigkeit von Deutungen ein großer Teil der Erfolge auf die Qualität der Beziehung zw. Patient und Therapeut zurückzuführen ist, sodass ein wesentl. Problem der analyt. Behandlungstechnik in der Handhabung der Gefühle besteht, die die Patienten im Analytiker hervorrufen (G. RUDOLF). Diese Gefühlsbeziehungen werden in der Theorie der Gegenübertragung (von Erlebnisinhalten des Therapeuten auf den Patienten) abgehandelt und beschäftigen sich mit Problemen wie Empathie, aber auch Abwehr, aufseiten des Analytikers. Der wiss. Status der Krankheitslehre ist umstritten.

Bezüglich der *Metatheorie* gibt es nur noch beschränkt einen Konsens zw. den versch. Gruppierungen der Ichpsychologen, Objektbeziehungstheoretiker, Triebtheoretiker und Selbstpsychologen. Gemeinsam geblieben ist die Vorstellung vom psych. Determinismus, dem zufolge Psychisches niemals zufällig ist, sondern unter Rückgriff auf die Lebensgeschichte teilweise aufgedeckt und erklärt werden kann, dass dies aber nur gegen Widerstand und Abwehr des Betroffenen möglich ist und sich die unbewussten Determinanten im emotionalen Erleben und Gestalten von zwischenmenschl. Beziehungen, Übertragungen, Fehlleistungen, Träumen u.a. niederschlagen. Die entwicklungspsycholog. Einteilung in die konsekutiven Phasen oral, anal, phallisch, genital bzw. in ödipal und präödipal wird heute weniger als eine Form der psychosexuellen Entwicklung allein gesehen denn als Abfolge von je spezif. Beziehungsgestaltungen (Objektbeziehungen) zw. Kind und Eltern bzw. Geschwistern, die mit korrespondierenden Affekten einhergeht. Die Fixierung bzw. Regression auf die entsprechenden Phasen bedeutet, dass die jeweiligen Entwicklungsaufgaben nicht gelöst werden konnten. Es ist möglich, die einzelnen Störungsbilder solchen Entwicklungsverzögerungen zuzuordnen, so die narzisst. Störungen der Bindungsphase, die Zwangsstörungen der Autonomieentwicklung. Ob und inwieweit der →Ödipuskomplex mit dem sexuellen Begehren des gegengeschlechtl. Elternteils und dem Rivalisieren mit dem gleichgeschlechtl. ein universelles Konfliktparadigma ist, ist umstritten. Das Strukturmodell mit den Instanzen Es (Bereich der Triebperson), Ich (die bewusste, nach außen und innen Stellung nehmende Persönlichkeit) und Über-Ich (Repräsentant der Sollensanforderungen der Gesellschaft in der Person) wurde in letzter Zeit durch nuancierte Vorstellungen zur Gewissens- und Idealitätsentwicklung und deren Pathologie erweitert.

Der aus den Naturwissenschaften des 19. Jh. übernommene Triebbegriff und die Axiomatisierung von dessen Energie als Libido sind nach zwei Seiten verändert und ergänzt worden. Auf der einen Seite wurde die Vorstellung der Regulierung des psych. Geschehens durch Lust und Unlust durch eine Theorie der Affekte, die auch die sozialen Beziehungen (Objektbeziehungen) einschließt, abgelöst, zum anderen musste eine Verbindung zu den biolog. Nachbarwissenschaften und deren Instinktbegriff hergestellt werden. In jüngster Zeit hat sich die P. für das Verständnis der Irrationalität gesellschaftl. Entwicklungsphänomene als sehr nutzbringend erwiesen, obgleich die psychoanalyt. Gesellschaftsdiagnosen nicht zu einheitl. Ergebnissen geführt haben.

Die theoret. Abweichungen von der klass. P. führten zu eigenen Therapievarianten (A. ADLER: Individualpsychologie; C. G. JUNG: analyt. Psychologie; S. FERENCZI: Einbeziehung auch nichtsprachl. Ausdrucksformen in die psychoanalyt. Deutung). Mehr oder weniger krit. Fortentwicklungen der P. wurden, unter dem Begriff **Neopsychoanalyse** zusammengefasst, u.a. von E. FROMM und KAREN HORNEY geleistet. – Die psychoanalyt. Behandlungsverfahren sind im Unterschied zur klass. P., die im Liegen bei 3–5 Stunden pro Woche und langer Behandlungsdauer erfolgt, meistens kürzer (Fokaltherapie, tiefenpsychologisch fundierte Psychotherapie).

P. und *Literatur* stehen seit den Arbeiten von FREUD, C. G. JUNG und B. BETTELHEIM, in neuerer Zeit v.a. auch von J. DERRIDA, W. EMPSON, NORTHROP FRYE (* 1912, † 1991), M. FOUCAULT, J. LACAN und W. MUSCHG in vielfach komplexer Wechselbeziehung, sei es als Interpretationsansatz und -verfahren, als Thema und Anregung für die Literaturwissenschaft als auch für die Dichtung (z. B. G. BACHELARD, G. BATAILLE, A. GIDE, J. JOYCE, F. KAFKA, T. MANN, R. MUSIL, E. O'NEILL, M. PROUST, A. SCHNITZLER, VIRGINIA WOOLF) und deren →Interpretation, als künstler. Verfahren und Sichtweise (→Écriture automatique, →Surrealismus, →Stream of Consciousness, →Automatismus) oder auch in dem Sinne, dass die P. selbst nach – auch vorbegrifflich, wie in Märchen und Mythen, gestalteten – individuellen, kollektiven oder allg. anthropolog. Symptomen und Prozessen (LACAN) sucht.

O. FENICHEL: Psychoanalyt. Neurosenlehre, 3 Bde. (a.d. Amerikan., 1974–77); H. HARTMANN: Ich-Psychologie u. Anpassungsproblem ([3]1975); J. A. ARLOW u. C. BRENNER: Die Grundbegriffe der P. (a.d. Amerikan., 1976); E. E. BOESCH: Kultur u. Handlung (Bern 1980); R. KRAUSE u.a.: Sprache u. Affekt (1981); H. LINCKE: Instinktverlust u. Symbolbildung. Die psychoanalyt. Theorie u. die psychobiolog. Grundl. des menschl. Verhaltens (1981); M. ERDHEIM: Die gesellschaftl. Produktion von Unbewußtheit. Eine Einf. in den ethnopsychoanalyt. Prozeß (1982); N. BISCHOF: Das Rätsel Ödipus. Die biolog. Wurzeln des Urkonfliktes von Intimität u. Autonomie (1985); Gesch. u. Kritik der P. Beitr. v. K.-H. BRAUN u.a. (1985); H. THOMÄ u. H. KÄCHELE: Lb. der psychoanalyt. Therapie, 2 Bde. (1985–88, Nachdr. 1989); J. LAPLANCHE u. J.-B. PONTALIS: Das Vokabular der P. (a.d. Frz., [7]1986); H.-E. RICHTER: Der Gotteskomplex (Neuausg. 1986); R. S. WALLERSTEIN: 42 lives in treatment. A study of psychoanalysis and psychotherapy (New York 1986); J. CHASSEGUET-SMIRGEL: Das Ichideal (a.d. Frz., Neuausg. 1987); DIES.: Zwei Bäume im Garten. Zur psych. Bedeutung der Vater- u. Mutterbilder (a.d. Frz., 1988); L. WURMSER: Flucht vor dem Gewissen. Analyse von Über-Ich u. Abwehr schwerer Neurosen (1987); A. GRÜNBAUM: Die Grundl. der P. Eine philosoph. Kritik (a.d. Engl., 1988); D. W. WINNICOTT: Human nature (London 1988); Die Krankheitslehre der P. Eine Einf., hg. v. W. LOCH ([5]1989); L. LUBORSKY u. P. CRITS-CHRISTOPH: Understanding transference. The core conflictual relationship theme method (New York 1990); Psychologie der Emotion, hg. v. K. R. SCHE-

RER (1990); C. ROHDE-DACHSER: Expeditionen in den dunklen Kontinent. Weiblichkeit im Diskurs der P. (1991); G. RUDOLF u.a.: Die therapeut. Arbeitsbeziehung. Unters. zum Zustandekommen, Verlauf u. Ergebnis analyt. Psychotherapien (1991); W. SCHÖNAU: Einf. in die psychoanalyt. Literaturwiss. (1991); Die Zukunft der P., hg. v. J. CREMERIUS (1995).

Psychobiologie, von dem Neurologen HANS LUNGWITZ (* 1881, † 1967) begründete naturwissenschaftlich-medizin. Richtung der Psychologie, in der geistig-seel. Vorgänge als biolog. Nerven-Gehirn-Funktionen aufgefasst werden; hierauf bauen eine allgemeine Krankheits- und Neurosenlehre und eine medizinisch-philosoph. Behandlungsmethode (Erkenntnistherapie) auf. Die **objektive P.** (ADOLF MEYER, * 1866, † 1950) wendet sich gegen jede Trennung in phys. und psych. Teilreaktionen und fasst Verhalten und Verhaltensstörungen als Funktionen des psychobiolog. Gesamtorganismus und seiner Umwelt auf.

H. LUNGWITZ: Lb. der P., 8 Bde. ($^{1-2}$1933–70); DERS.: Psychobiolog. Analyse (^{8}1977).

Psychochirurgie, allgemeine, heute ungebräuchl. Bez. für hirnchirurg. Verfahren, die vor der Entwicklung wirksamer Psychopharmaka und psychotherapeut. Verfahren zur Behandlung schwerer Erregungszustände und Aggressivität bei chronischen psych. Krankheiten eingesetzt wurden, v.a. in Form der **Leukotomie (Lobotomie).** Bei diesem Eingriff, der in den 1940er- und frühen 50er-Jahren große Verbreitung fand, wurde durch Bohrlöcher über dem Stirnhirn oder oberhalb der Augenhöhle eine Durchtrennung von Nervenfasern zw. Stirnhirn und tiefer gelegenen Gehirnabschnitten mit speziellen Instrumenten vorgenommen. Oft waren mit dem Eingriff Persönlichkeitsveränderungen wie Antriebsarmut, Apathie, emotionale Verflachung und kognitive Beeinträchtigung verbunden. Schwere chron. Symptome wie Zwänge, Schmerzzustände, bestimmte Anfallsleiden, die medikamentös oder psychotherapeutisch nicht beeinflussbar sind, können heute durch gezielte gehirnchirurg. Eingriffe, z.B. in Form der stereotakt. Operation (→Gehirnchirurgie) behandelt werden.

Psychodiagnostik, psychologische Diagnostik, diagnostische Psychologie, die Disziplin der Psychologie, die Methoden erarbeitet, mit deren Hilfe Aussagen über psychologisch relevante Merkmale von Sachverhalten, Gegenständen, Institutionen, v.a. aber von Personen getroffen werden. Die Methoden beinhalten Regeln zur Urteilsbildung und Begutachtung, Kategorien- und Bewertungssysteme, Untersuchungsstrategien, Erhebungsverfahren wie Tests, Anamnese-, Explorations-, Beobachtungsverfahren u.a. Dabei zielt die P. in Abgrenzung zur medizin. Diagnostik (→Diagnose) nicht auf Störungen des Organismus, sondern auf Verhaltens- und Erlebensaspekte, sowohl beim gesunden als auch beim kranken Individuum. Bei der P. stehen angewandt-psycholog. Aufgabenstellung, psychodiagnost. Methodenentwicklung und differenziell-psycholog. Theorienbildung in einem engen Wechselverhältnis.

Im Anwendungsbereich gilt es u.a., optimale Lösungswege für prakt., auf Personen und Institutionen bezogene Probleme aufzuweisen. Psychologen testen z.B. Kinder, um in der Schulwahl oder in der Frage, welche zusätzliche pädagog. oder heilpädagog. Betreuung im Einzelfall zweckmäßig ist, eine bessere Entscheidung zu ermöglichen. Bei der Personalauswahl und in der Berufsberatung wird P. eingesetzt mit der Zielstellung, die ›richtige‹ Person an den ›richtigen‹ Platz zu empfehlen. Der Psychodiagnostiker wirkt u.a. auch an der Verbesserung der Gestaltung von Arbeitsplätzen oder an der Entwicklung, Durchführung und Bewertung von Programmen zur berufl. Schulung und Umschulung mit. Er trägt zur Differenzialdiagnose psychisch und psychosomatisch Kranker bei und hilft, die im Einzelfall angemessene Behandlungsmethode zu finden oder zu entwickeln sowie die Effektivität von Behandlungs- und Interventionsmethoden zu überprüfen.

Bei einer psycholog. Gutachtenerstellung wird eine auf das Untersuchungsziel abgestellte Kombination von Tests (Testbatterie) eingesetzt, deren Befunde zu einer Diagnose zusammengefasst werden. Psycholog. Gutachten werden z.B. im Rahmen psycholog. Fragestellungen vor Gericht, in der Psychiatrie oder bei Fragen des Strafvollzugs, bei Sonderschuleinweisungen, in der Personalbeurteilung, bei der Beurteilung der Fahrtauglichkeit, bei Arbeitsplatzeinrichtungen, bei Umweltproblemen (ökopsycholog. Untersuchungen und Beratungen) angefordert.

Die psychodiagnost. Methoden werden aus der →Testtheorie abgeleitet und nach klass. oder probabilist. Testmodellen konstruiert. Je nach zugrunde liegendem Testmodell unterscheidet man zw. Status- und Prozessdiagnostik sowie zw. normorientierter und kriterienorientierter Diagnostik. **Statusdiagnostik** bezeichnet eine P. mit dem Ziel, einen psycholog. Istzustand als Befund zu erheben. Im Ggs. dazu hat **Prozessdiagnostik** das Ziel, Veränderungen in psych. Prozessen (z.B. zur Feststellung von Therapieerfolgen) festzustellen. Unter **normorientierter Diagnostik** versteht man einen Untersuchungsansatz mit dem Ziel, das einzelne Testergebnis im Vergleich mit statist. Bezugswerten (z.B. bezogen auf bestimmte Personengruppen) auszudrücken und zu interpretieren. Im Ggs. dazu zielt eine **kriterienorientierte Diagnostik** darauf ab, die einzelne Person in ihrem Entwicklungsverlauf im Hinblick auf ein Erlebnis oder Verhaltensziel (z.B. Leistungsziel oder Therapieziel), das ›Kriterium‹, zu vergleichen.

Psycholog. Diagnostik, hg. v. C. F. GRAUMANN u.a., 4 Bde. (1982–83); Psycholog. Diagnostik. Ein Lb., hg. v. R. S. JÄGER (1988); H.-J. FISSENI: Lb. der psycholog. Diagnostik (1990). – *Zeitschriften:* Diagnostica (1955 ff.); Ztschr. für differentielle u. diagnost. Psychologie (1980 ff.).

Psychodidae, die →Schmetterlingsmücken.

Psychodrama, von J. L. MORENO begründetes Verfahren der tiefenpsycholog. Gruppentherapie, bei dem die Patienten ihre Konflikte durch spontanes Spiel und improvisierte Übernahme wechselnder Rollen schauspielerisch ausdrücken. Auf diese Weise soll dem Patienten die Dynamik des sozialen Beziehungsgefüges einsichtig werden, in das er eingebettet und von dem er in seinem Befinden und seiner Entwicklung abhängig ist. Das Durchleben, die Abreaktion (Katharsis) und ein Bewusstwerden der Konflikte sollen helfen, Einstellungen und Verhaltensweisen wie auch konflikthafte Faktoren der eigenen Lebenswelt zu verändern. Das P. wird heute auch in anderen Bereichen, z.B. Personalschulung, Selbsterfahrungsgruppen, und als ergänzende Therapie in Kliniken angewendet.

Z.-M. ERDMANN: P. (1975); A. SCHÜTZENBERGER-ANCELIN: P. (a.d. Frz., 1979); E. ENGELKE: P. in der Praxis (1981); Dramat. Therapie. Neue Wege der Behandlung durch P., Rollenspiel, therapeut. Theater, hg. v. H. PETZOLD (1982); L. YABLONSKY: P. (a.d. Amerikan., ^{2}1986).

Psychodysleptika [zu griech. dys... ›miss...‹ und lambánein ›nehmen‹, ›fassen‹], *Sg.* **Psychodysleptikum** *das, -s,* die →Halluzinogene.

Psycho|endokrinologie, Forschungsrichtung, die den Einfluss endokriner Funktionen auf psych. Prozesse und damit auf das Erleben und Verhalten untersucht.

psychogalvanische Reaktion, galvanische Hautreaktion, psychogalvanischer Reflex, Abk. **PGR,** kurzfristige, auch phas. Verringerung des elektr. Hautwiderstands bei seel. Erregung und sensor. Reizen; v.a. durch die Innervierung und Aktivität der Schweißdrüsen bedingt; im →Lügendetektor praktisch genutzt.

Psychographie *die, -/...'phi|en,* die psycholog. Beschreibung einer Person unter Heranziehung aller erreichbaren Daten (eigene Äußerungen, Tests, Verhaltensbeobachtung) mit dem Ziel, ein strukturiertes Gesamtbild der Persönlichkeit zu erstellen (unter Einbeziehung ihrer Krankengeschichte als **Pathographie** bezeichnet). Die übersichtl. Darstellung von Persönlichkeitsvariablen (z.B. Temperament, Vitalität, Intelligenz) in ihrem Verhältnis durch Maßzahlen erfolgt in einem **Psychogramm.** – In *Okkultismus* und *Parapsychologie* wird unter P. die Produktion unterbewusster Inhalte durch psych. →Automatismus verstanden.

Psychohygiene, Mentalhygi|ene, Disziplin der angewandten Psychologie mit der Aufgabe, für die Erhaltung seel. und geistiger Gesundheit zu sorgen (Psychoprophylaxe), sich für angemessene Behandlung und Betreuung und ggf. Rehabilitation psychisch Kranker einzusetzen sowie die Bev. darüber aufzuklären, welche Bedeutung den seel. und geistigen Anomalien, etwa in den Bereichen Erziehung, Berufsleben und Wirtschaft oder Kriminalität (z.B. bei Triebtätern oder Süchtigen), zukommt.

Psychoid [zu griech. -oeidēs ›ähnlich‹] *das, -(e)s/-e,* im Psychovitalismus (H. DRIESCH) seelenähnl. Ganzheit als Organisationsprinzip niederer Organismen; auch dem vegetativen Geschehen verbundener Seelenbereich (E. BLEULER, C. G. JUNG).

Psychokinese, Abk. **PK,** in der Parapsychologie ein physikalisch vorläufig unerklärbarer direkter Einfluss eines Menschen auf materielle Systeme. Unter **Mikro-PK** fällt die quantitativ messbare Beeinflussung mikrophysikal. Systeme, z.B. im Zusammenhang mit einem Zufallsgenerator, durch den Beobachter, der sich abwechselnd eine positive oder negative Beeinflussung des Zufallsprozesses zu wünschen hat, unter **Makro-PK** die Untersuchung qualitativer Effekte in Zusammenhang mit ›physikal. Medien‹, neuerdings auch von Metallbiege-Effekten oder von spontanem Auftreten im Spuk (→Poltergeister).

W. VON LUCADOU: Psyche u. Chaos. Neue Ergebnisse der P.-Forschung (1989).

Psychokybernetik, kybernetische Psychologie, Übertragung und Weiterentwicklung der theoret. Ansätze der Kybernetik und anderer Richtungen (Zeichentheorie, Informationstheorie) auf die Psychologie. Bereits vor der Begründung der Kybernetik hat K. BÜHLER (1927) die Steuerungstheorie in die Psychologie eingeführt. Von der Kybernetik wurde später die Systemtheorie als Organisations- und Kodierungstheorie (innere und äußere Kommunikation) sich selbst steuernder Superstrukturen übernommen und u.a. zur Erklärung der biotechn. Funktionen des Zentralnervensystems (ZNS) für die Entstehung des Psychischen herangezogen. Durch den Dreischritt (Triplexität) von ›Träger–Muster–Bedeutung‹ wird die Funktion der neuronalen (rhythm. und figuralen) Muster als wechselseitig verbindendes Medium zw. dem ZNS als Trägersystem und der psych. Bedeutung dargestellt und dadurch die Grundlage für eine semiotisch-kybernet. Psychotheorie geschaffen.

F. ATTNEAVE: Informationstheorie in der Psychologie (a.d. Engl., Bern [3]1974); H. BENESCH: Zw. Leib u. Seele. Grundl. der P. (1988).

Psycholinguistik, ein fachübergreifendes Forschungsgebiet, in dem die Vorgänge beim Umgang mit Sprache und die sie beeinflussenden Faktoren untersucht werden. Während die beiden älteren Bez. ›Psychologie der Sprache‹ und ›Sprachpsychologie‹ stärker aus psycholog. Fragestellungen (z.B. im Rahmen der Kognitionspsychologie) entwickelt wurden, verwischen sich die Grenzziehungen zw. Psychologie und Linguistik heute zunehmend. Hauptgebiete der P. sind: Sprachverstehen (Decodierung), Sprachproduktion (Encodierung), →Patholinguistik und →Spracherwerb (der u.a. im Rahmen der Pädolinguistik untersucht wird) sowie die Ermittlung von Faktoren, die die Aktivierung sprachl. Prozesse steuern und ggf. begünstigen oder stören. Zentraler Ausgangspunkt für alle Teilbereiche ist, dass dem Umgang mit sprachl. Signalen beim Sprechen und Hören jeweils ein komplexes Gefüge von Planungs- und Entschlüsselungsoperationen zugrunde liegt. Untersuchungen zum Spracherwerb sollen ermitteln, wie sich sprachl. Wissen oder die Fähigkeit, es zu erwerben, entwickelt, während sich die Patholinguistik mit Sprachstörungen beschäftigt. P. und Patholinguistik liefern wichtige Hinweise darauf, wie sprachl. Wissen im Gedächtnis verarbeitet, gespeichert und aktiviert wird und welche Veränderungen (z.B. altersbedingt) sich dabei vollziehen. Ergebnisse der P. dienen heute zunehmend als entscheidende Kriterien für die Adäquatheit linguist. Theorien und Modelle.

F. KAINZ: Psychologie der Sprache, 5 Bde. in 6 Tlen. ([1–4]1965–69); Psycholinguistics. A survey of theory and research problems, hg. v. C. E. OSGOOD u.a. (Bloomington, Ind., [4]1969, Nachdr. Westport, Conn., 1976); H. HÖRMANN: Psychologie der Sprache ([2]1977); DERS.: Einf. in die P. ([3]1991); P. H. LINDSAY u. D. A. NORMAN: Einf. in die Psychologie. Informationsaufnahme u. -verarbeitung beim Menschen (a.d. Amerikan., 1981); M. GARMAN: Psycholinguistics (Cambridge 1990, Nachdr. ebd. 1996); J. R. ANDERSON: Kognitive Psychologie, hg. v. J. GRABOWSKI u. P. GRAF (a.d. Amerikan., [2]1996).

Psychologe *der, -n/-n,* diplomierter Absolvent eines Hochschulstudiums der Psychologie; im übertragenen Sinne eine Person mit besonderem psycholog. Wissen oder Einfühlungsvermögen. Diplom-P. sind qualifiziert zur quantitativen und qualitativen Beschreibung von Individuen in ihrer funktionalen Abhängigkeit von (und ihrer Interaktion mit) ihrer sozialen und dingl. Umwelt sowie zur Planung, Durchführung, Analyse und Bewertung (Evaluierung) von Veränderungsprogrammen. Zu den Berufsfeldern des Diplom-P. gehören Kliniken, Beratungsstellen, Wirtschaft (Personalwesen und -führung, Arbeitsplatzgestaltung und -sicherheit, Werbung) oder eine eigene Praxis. Zur Ausübung von Heilkunde (Psychotherapie) berechtigt (und qualifiziert) das Diplom nicht. Das Psychotherapeuten-Ges. (voraussichtl. In-Kraft-Treten 1.1.1999) soll künftig P. mit einer entsprechenden psychotherapeutischen Zusatzausbildung Ärzten gleichstellen.

Die Belange der im dt.-sprachigen Raum in Forschung und Lehre tätigen P. vertritt die Dt. Gesellschaft für Psychologie (Abk. DGPs); die Belange des Berufsstands und die Berufsinteressen vertreten die Berufsverbände Dt. Psychologen (Abk. BDP) und Österr. Psychologen (Abk. B.Ö.P.) sowie die Schweizer. Gesellschaft für Psychologie. Die Verbände sind Mitgl. der International Union of Psychological Science (Abk. I.U.Psy.S.). Etwa 60% der P. sind heute Frauen.

Psychologie [zu griech. lógos ›Rede‹, ›Wort‹; ›Vernunft‹] *die, -,* die Wiss. von den Formen und Gesetzmäßigkeiten des Erlebens und Verhaltens, bezogen auf Individuen und Gruppen. Methodisch dominiert in der wiss. P. heute – wie in anderen Natur- und Sozialwiss.en – das empirisch-quantitative Grundverständnis (Paradigma).

Fachliche Gliederung

Psycholog. Fragen werden in einem breiten Spektrum des menschl. (und tier.) Lebens gestellt. Daher haben manche Fachgebiete der P. (etwa Neuropsychologie und Tiefenpsychologie) kaum noch eine gemeinsame Sprache und Methodik. Inhaltlich ist zw. Grundlagenfächern, deren Aufgabe die Erforschung der psych. Erscheinungen mit dem Ziel ihrer Beschreibung oder Erklärung ist, und Anwendungsfächern (angewandte P.), in denen es um die prakt. Anwendung der gewonnenen Erkenntnisse in den verschiedenen Bereichen des menschl. Lebens geht, zu unterscheiden.

Zu den *Grundlagenfächern* gehören u.a.: →allgemeine Psychologie, Lern-P. (→Lernen), Gedächtnisforschung (→Gedächtnis), →Wahrnehmungspsychologie, →Kognitionspsychologie (→Denken), Motivations-P. (→Motivation), →Psychophysiologie, →Entwicklungspsychologie, →Persönlichkeitsforschung, →differenzielle Psychologie, →Psychodiagnostik, →Sozialpsychologie, →Religionspsychologie und →Völkerpsychologie.

Auf die Analyse des Psychischen (d.h. dessen Zergliederung und Erfoschung in seinen vielfältigen Aspekten) sind somit recht unterschiedl. Fachbereiche der P. spezialisiert. Die Breite des Spektrums impliziert die reale Gefahr, die Integration in ein Gesamtbild aus dem Auge zu verlieren. Gegenwärtig versuchen jedoch Forscher aus nicht benachbarten Fachgebieten im Rahmen neuer Forschungsgebiete wie kognitive Neuro-P. oder soziale Psychophysiologie traditionelle Abgrenzungen zu durchbrechen, was zu einem breiten, integrierbaren Verständnis des menschl. Erlebens und Verhaltens wesentlich beitragen kann.

Die *Anwendungsfächer* bauen auf den Forschungsansätzen und -methoden der Grundlagenfächer auf und entwickeln ihrerseits Methoden zur Beschreibung (Diagnose) und Veränderung (Intervention) des menschl. Verhaltens und Erlebens im Rahmen ihrer besonderen Zielsetzungen. Zu den Anwendungsfächern gehören u.a.: →klinische Psychologie, →Arbeits-, Betriebs- und Organisationspsychologie, →Berufspsychologie, →forensische Psychologie, →pädagogische Psychologie und →Werbepsychologie.

Methoden

Zus. mit dem Gegenstand definieren die Methoden die P. als Wissenschaft. Psychologisch-wiss. Erkenntnis wird dadurch gewonnen, dass aus Beobachtungen heraus Theorien und Hypothesen aufgestellt, im Experiment oder einer kontrollierten empir. Untersuchung geprüft und anhand der Ergebnisse weiterentwickelt, modifiziert oder verworfen werden. Auch für die P. gelten die wiss. Kriterien der Bedingungskontrolle, Intersubjektivität, Reproduzierbarkeit, Standardisierung, Repräsentativität und Unabhängigkeit von speziellen Untersuchungsbedingungen. Zur Untersuchung von einfacheren Prozessen und nicht auf den Menschen beschränkten Fragestellungen werden aus ökonom. und ethischen Gründen Tierversuche durchgeführt (z.B. in der Lern- und Gedächtnisforschung), bevor die Gültigkeit der Ergebnisse für den Menschen geprüft wird. Meist sind es Gruppenuntersuchungen, doch gibt es auch streng kontrollierte systemat. Einzelfallforschung.

Die Methoden zur Messung (Quantifizierung) der experimentellen oder empir. Beobachtungen richten sich nach der Fragestellung und reichen von hirnelektr. Ableitungen über Reaktionszeit- und Leistungsmessungen bis zu Verhaltenstests, Urteilsskalen zur Selbstbeurteilung (Fragebogen) oder Beurteilung durch geschulte Beobachter. Je weniger konkret der zu quantifizierende Parameter (z.B. ›emotionale Wärme‹ in der Gesprächspsychotherapie) ist, desto unumgänglicher werden solche Urteilsskalen sowie die Kontrolle von Störfaktoren durch den Versuchsplan und durch begleitende Kontrollmessungen. Dies sind Probleme der Forschung in den Grundlagen- und Anwendungsfächern der P. – In den Anwendungsfächern selbst werden diagnost. Methoden und Interventionsmethoden verwendet, deren Reliabilität, Validität und Effizienz in (mehr oder weniger aufwendigen) Untersuchungen empirisch bereits geprüft sind (oder sein sollten).

Die statist. Methoden schließlich dienen der Prüfung, ob die quantifizierten Untersuchungsergebnisse die theoret. Erwartungen stützen, ob die gefundenen Gruppenunterschiede, Merkmalszusammenhänge oder Wechselwirkungen vom Zufall bedeutsam, d.h. verlässlich abweichen, sowie der Strukturierung großer Datenmengen (z.B. Faktorenanalyse). Qualitative Methoden (Hermeneutik) sind in der wiss. P. in den Hintergrund getreten.

Das Universitätsstudium der P. dauert 9 (Mindestzeit), i.d.R. aber 12–13 Semester. Nicht nur das Studium der Grundlagen und Methoden, sondern auch das der Anwendungsgebiete ist wegen der schnellen Veränderungen des jeweiligen Methodenrepertoires wiss. (und weniger praktisch) orientiert, um die Psychologen in die Lage zu versetzen, neue method. Entwicklungen und Anforderungen kritisch analysieren und sich ihnen anpassen zu können.

Geschichte

Das älteste erhaltene Dokument psychologisch-myth. Denkens ist ein 5000 Jahre alter ägypt. Papyrus mit dem Titel: ›Zwiesprache eines Lebensmüden mit seiner Seele‹. In ihm wird die Frage nach der Übereinstimmung von innerer und äußerer Lebensaufgabe gestellt. Ähnlich wurde im ind. Kulturraum in den Lehren der Brahmanen, den Veden und Upanishaden, der Wert der Innerlichkeit und der Vorrang zw. Denken und Sprechen erörtert. Im China des 6. Jh. v. Chr. wirkte LAOZI, dessen ›Waltenlassen‹ als nichtdirektives Therapieverhalten bis heute Teile der klin. P. prägt. Auch das ›psychosoph.‹ Denken der Vorsokratiker hat mit aphorist. Sinnsprüchen die P. beeinflusst (›Erkenne dich selbst‹, CHILON; ›Schädlich ist Mangel an Selbstbeherrschung‹, THALES).

Der P.-Historiker M. DESSOIR nennt drei Wurzeln für das psycholog. Denken: Mythologie, Naturkunde und Kunst, die in den Frühzeiten noch nicht getrennt wurden. Der Begründer einer selbstständigen P. war ARISTOTELES, u.a. mit den Büchern ›Über die Seele‹ (lat. ›De anima‹) und ›Kleine naturphilosoph. Schriften‹ (›Parva naturalia‹). Im Unterschied zu PLATON, der die Seele sowohl zur Welt der Ideen wie (›im Sturz in die Geburt‹) zu der des Werdens rechnet, spricht ARISTOTELES sowohl Pflanzen als auch Tieren und Menschen die Seele als beherrschendes Prinzip (›erste Entelechie‹) zu, wobei er allerdings mit PLATON die Existenz einer ›Geistseele‹ anerkennt, die nicht an das Individuum gebunden ist. Sein Lehrnachfolger THEOPHRAST kann mit seiner Sammlung von 30 ›Charakteren‹ als Begründer der Persönlichkeitstypologie gelten. Während sich die P. der Epikureer, Stoiker, Neuplatoniker (PLOTIN) oder TERTULLIANS (›De anima‹) weitgehend an die ihrer Vorläufer hielt, konnte im 4. Jh. AUGUSTINUS mit seinen ›Bekenntnissen‹ (›Confessiones‹) ein Bild vom Reichtum des Psychischen gestalten, wie es bis heute vorbildlich geblieben ist. Erst THOMAS VON AQUINO griff die psycholog. Analysen in seiner ›Summa theologica‹ wieder auf.

Am Beginn der neuzeitl. P. steht P. MELANCHTHONS ›Kommentar über die Seele‹ (1540, Neufassung 1552), der bis ins 18. Jh. die Lehrordnung der P. innerhalb von Philosophie und Theologie an den prot. Univ. bestimmte. Obgleich sich MELANCHTHON weitgehend auf ARISTOTELES bezog, sind Teile eigenständig, so die Begründung der Willensfreiheit durch die Tatsache, dass man die Triebe unterdrücken könne.

Einen nächsten Höhepunkt in der P.-Entwicklung bildete der engl. Empirismus im 17. Jh. Für T. HOBBES gibt es keine ›Seelengespenster‹, sondern mathematisch-mechanist. Assoziationsgesetzmäßigkeiten sowohl beim Gedächtnis und Lernen wie auch für die anziehenden (Lust, Liebe, Begierde) und abstoßenden (Schmerz, Abneigung, Furcht) Empfindungen.

J. LOCKE erweiterte diese Verknüpfungstheorie auch auf die ›Ideen‹, unter denen er alle psych. Inhalte zusammenfasste.

Aus der Vielzahl neuerer Philosophen mit psycholog. Beiträgen ragt G. W. LEIBNIZ mit seinen ›Nouveaux essais sur l'entendement humain‹ (1704, postum 1765; dt. ›Neue Abhandlungen über den menschl. Verstand‹) heraus. Für ihn reicht eine ununterbrochene Kette von der dunkelsten Perzeption bis zur klarsten und vollkommensten Apperzeption. Somit postulierte er erstmals auch ein unbewusstes Seelenleben.

Auf J. N. TETENS und seine ›Philosoph. Versuche über die menschl. Natur und ihre Entwicklung‹ (1777, 2 Bde.) gehen sowohl die heute noch weitgehend gebräuchl. Einteilung in psych. Prozesse, die Lehre von deren Entwicklung wie auch eine grundlegende ›Affektlehre‹ und die Anfänge der modernen Zeichentheorie zurück. Er wurde deshalb auch als ›Vater der P.‹ bezeichnet.

Vom frühen 19. Jh. an verselbstständigte sich die P. zu einer eigenen Disziplin unter gleichzeitiger Aufsplitterung in methodisch und thematisch unterscheidbare Schulrichtungen bzw. Unterdisziplinen: Die Begründung der P. als einer naturkundl. Disziplin ist das Werk von J. F. HERBART (›Lehrbuch zur P.‹, 1816), G. T. FECHNER (›Elemente der Psychophysik‹, 1860, 2 Bde.) und W. WUNDT (›Grundzüge der physiolog. P.‹, 1893). HERBART war bestrebt, die P. zu einer experimentierenden, sogar mathematisierten Disziplin umzugestalten; FECHNER versuchte eine Brücke zu den zeitgenöss. Naturwiss.en zu schlagen; WUNDT erhob mit der Gründung des ersten psycholog. Instituts in Leipzig (1879) die P. endgültig in den Rang einer experimentellen Disziplin. – Neben dieser naturwiss. P. blieb eine phänomenolog. Richtung bestehen, mit Namen wie W. DILTHEY, F. BRENTANO, H. EBBINGHAUS, L. KLAGES, K. JASPERS, die vom Erleben in der Selbstbeobachtung ausgingen. – Die Gestalt-P. entstand aus der Abwehr der zergliedernden Sinnespsychologie WUNDTS u.a. und betonte die ursprüngl. Einheitlichkeit jedes psych. Prozesses, der aus diffuser Ganzheitlichkeit zur differenzierten Gestalt aufsteige. Die wichtigsten Begründer waren M. WERTHEIMER, F. KRUEGER, W. KÖHLER, F. SANDER. – Der Behaviorismus entstand durch I. P. PAWLOW in Russland und J. B. WATSON in den USA. Beide lehnten jede Art von Selbstbeobachtung des Psychischen ab. Für diese Richtung der P. gab es keine ›Seele‹, sondern ausschließlich reaktives Verhalten, das experimentell zu untersuchen und mit statist. Mitteln (C. E. SPEARMAN) zu sichern ist. – Zunächst abseits von der ›Schul-P.‹ entwickelte sich als erste Tiefenpsychologie die Psychoanalyse S. FREUDS. Sein ›Unbewusstes‹ ist stärker als bei LEIBNIZ eine selbstständige Instanz, die die Entwicklungsgesetze des Psychischen beherrscht. – Die Entwicklungs-P. verdankt ihre Entstehung der Übernahme des Evolutionsgedankens C. DARWINS für die kindl. Entwicklung durch WILHELM PREYER (* 1841, † 1897) in dem Initialwerk ›Über die Seele des Kindes‹ (1882). – Seit THEOPHRAST kam erst im 20. Jh. wieder eine Persönlichkeits-P. auf, zunächst als ›Charakterologie‹ (O. WEININGER), ›Trieblehre‹ (W. MCDOUGALL) und Ausdruckskunde (KLAGES), später als ›Typologie‹ (E. KRETSCHMER) und differenzielle P. (W. L. STERN). – Die Sozial-P. begann mit ihren Randgebieten Massen-P. (G. LE BON), Tiergruppen (THORLEIF SCHJELDERUP-EBBE), Gruppenspiele (J. L. MORENO) und Industriegruppen (E. MAYO), ehe sie K. LEWIN Mitte der 30er-Jahre zu einer ›Gruppendynamik‹ ausbaute. – Bevor die angewandte P. durch H. MÜNSTERBERG als ›Psychotechnik‹ (1914) geschaffen wurde, arbeiteten A. BINET und THÉODORE SIMON (* 1873, † 1961) eine diagnost. Schul-P. aus. Bereits 1907 begründete L. WITMER in Philadelphia (Pa.) mit der Zeitschrift ›Clinical Psychology‹ ein weiteres Gebiet der angewandten P., die klin. Psychologie. – Das bahnbrechende Werk ›The principles of psychology‹ (1890, 2 Bde.) von W. JAMES mit seiner Auffassung vom ›Bewusstseinsstrom‹ fand erst spät Aufnahme in die psycholog. Theorienbildung. JAMES stellte darin die Erkenntnistätigkeit als ›ein Mittel zur Befriedigung eines Lebenszweckes‹ dar. Erst im Laufe des 20. Jh. entwickelten sich aus seiner ›pragmat. Theorie‹ die Kognitions-P. und die Psychokybernetik (u. a. K. BÜHLER, J. PIAGET). In der Zeit des Nationalsozialismus ging – u. a. bedingt durch Emigration bedeutender Psychologen, was einige Fachrichtungen (wie die Gestalt-P.) zum völligen Verschwinden brachte – die führende Rolle der dt. auf die amerikan. P. über. Nach dem Zweiten Weltkrieg begann in Dtl. mit Unterstützung ausländ., v. a. amerikan. Wissenschaftler ein allmähl. Neuaufbau von Forschung, Lehre und Praxis.

⇨ *angewandte Psychologie · Gerontopsychologie · Jugendpsychologie · Kinderpsychologie · Kulturpsychologie · Kunstpsychologie · medizinische Psychologie · Musikpsychologie · Neuropsychologie · Psychokybernetik · Psychotherapie · Tiefenpsychologie · Verhaltenstherapie · Wahrnehmungspsychologie · Wirtschaftspsychologie*

A. A. ROBACK: Weltgesch. der P. u. Psychiatrie (a. d. Amerikan., Olten 1970); Die P. des 20. Jh., bearb. v. H. BALMER u. a., 15 Bde. u. 2 Reg.-Bde. (Zürich 1976–81); Gesch. der P., hg. v. H. BALMER, 2 Bde. (Neuausg. 1982); W. F. BONIN: Die großen Psychologen (1983); L. J. PONGRATZ: Problemgesch. der P. ([2]1984); Grundl. der P., bearb. v. D. KRECH u. a., hg. v. H. BENESCH, 8 Bde. (a. d. Amerikan., Neuausg. 1985); F. DORSCH: Psycholog. Wb. (Bern [11]1987); T. H. LEAHEY: A history of psychology (Englewood Cliffs, N. J., [2]1987); L. T. BENJAMIN: A history of psychology (New York 1988); P.-Lesebuch. Histor. Texte im Überblick, hg. v. H. BENESCH (1990); H. E. LÜCK: Gesch. der P. (1991); Enzykl. der P., hg. v. C. F. GRAUMANN u. a., auf zahlr. Bde. in 4 Reihen ber. (1982 ff.); L. E. BOURNE u. B. R. EKSTRAND: Einf. in die P. (a. d. Amerikan., [2]1997); B. VOLLMERS: Einladung zur P. (1997).

psychologische Kriegführung, psychologische Kampfführung, planvoller Einsatz von Mitteln, Methoden und Techniken der Publizistik und Kommunikationswissenschaft, um Meinungen, Einstellungen und Verhaltensweisen gegner., neutraler oder befreundeter Gruppen zu beeinflussen und um bestimmte polit., wirtschaftl. oder propagandist. Ziele zu erreichen; i. e. S. alle Maßnahmen geplanter kommunikativer Beeinflussung des Kriegsgegners, seiner Streitkräfte und seiner Zivil-Bev. zur Erreichung takt. und strateg. Ziele. In der Bundeswehr oblagen in den Verteidigungsauftrag integrierte und damit rein defensiv ausgerichtete Maßnahmen der p. K. (seit 1970 deshalb ›psycholog. Verteidigung‹ gen.) bis 1990 der PSV-Truppe (Abk. für **p**sychologische **V**erteidigung).

psychologische Tests, →Test.

Psychologismus *der,* -, krit. Bez. für die Anwendung psycholog. Aspekte und Erkenntnismethoden in anderen Wissenschaften als der Psychologie, auch für ausschließlich psycholog. Begründungsversuche von nicht primär psycholog. Phänomenen sowie v. a. für Richtungen der Philosophie oder Psychologie, die der Psychologie die Aufgabe einer allgemeinen Grundwissenschaft zur Erklärung des Seienden zuweisen. Neben der Erkenntnispsychologie des 17.–19. Jh. (z. B. J. LOCKE, D. HUME, J. F. FRIES) wurde ein P. v. a. von W. WUNDT, C. STUMPF, vom Empiriokritizismus und Positivismus vertreten; Gegner des P. waren u. a. G. FREGE und E. HUSSERL.

Psychometrie *die,* -, die quantitative Messung psych. Funktionen in der experimentellen Psychologie (v. a. durch Paarvergleich und Skalierung) und die mathemat. Auswertung entsprechender Testergebnisse, im Ggs. zur **Psycholexie,** der qualitativen Betrachtungsweise; auch Bez. für diejenigen psycholog. Forschungsbereiche, die sich dieser Methodik bedienen. Wesentl. Forschungsthemen sind die Beziehung zw. Reizen und den durch sie hervorgerufenen Empfindungen und Reaktionen sowie zw. körperl. Vorgängen und begleitenden Erlebnissen. Die P. entwickelte sich v. a. aus der Psychophysik. – Die Untersuchung krankhafter psych. Veränderungen mit messenden Testmethoden wird auch als **Psychopathometrie** bezeichnet. – In der *Parapsychologie* bezeichnet P. die Hervorbringung außersinnl., hellseher. Wahrnehmungen eines Mediums durch Verwendung von ›psychometr.‹ Gegenständen (auch ›Induktoren‹), die mit der geforderten Aufgabe zusammenhängen (z. B. Briefe, Ringe, Fotografien, Kleidungsstücke, die mit einer Person oder Situation in Beziehung stehen).

W. GUTJAHR: Die Messung psych. Eigenschaften (1971).

Psychomonismus, *Philosophie:* Lehre, nach der alles Sein seel. Natur ist oder das Seelische die eigentl. Wirklichkeit darstellt; erkenntnistheoretisch die (v. a. Ende des 19. Jh. vertretene) Auffassung, dass das Wirkliche nur als Bewusstseinsinhalt gegeben ist.

Psychomotorik, die Gesamtheit der willkürlich gesteuerten, bewusst erlebten und von psych. Momenten geprägten Bewegungsabläufe, im Unterschied zur →Motilität. Die Eigenart der P. steht v. a. in Verbindung mit Persönlichkeitstyp, Geschlecht und Alter. Die **Leistungsmotorik** (grob- und feinmotor. Koordinationsleistungen, Finger- und Handgeschicklichkeit, Reaktionszeit und -geschwindigkeit) wird bes. in der Arbeitspsychologie und Berufseignung sowie Behindertenpädagogik untersucht; die **Ausdrucksmotorik** (Gang, Sprache, Mimik) ist als Zugang zur Individualität bes. für die Persönlichkeitspsychologie von Interesse.

Psychoneuro|immunologie, Teil der Psychosomatik, der sich mit den Wechselwirkungen von Psyche (psych. Erleben, Verhalten) und nervalen Vorgängen und dem Immunsystem befasst. Grundlage sind der Nachweis vielfältiger physiolog. Verbindungen zw. Nerven- und Immunsystem sowie von Einflüssen psych. Faktoren auf die Immunabwehr und/oder Infektionshäufigkeit.

Psychoneurose, nach S. FREUD eine Form der →Neurose, die im Unterschied zur →Aktualneurose tiefenpsychologisch verursacht ist (unvollständige Triebverdrängung, frühkindl. Triebkonflikte) und mit hyster., phob., anankast. Syndromen sowie als Charakterneurose in Erscheinung treten kann.

Psychopathia sexualis, Titel des 1886 erstmals erschienenen Hauptwerks von R. VON KRAFFT-EBING, das eine Beschreibung und Klassifizierung der gängigsten Formen des normalen und abnormen sexuellen Verhaltens sowie die Einführung einer Reihe neuer Begriffe (z. B. Sadismus, Masochismus) enthält.

Psychopathie [zu griech. páthos ›Schmerz‹, ›Krankheit‹] *die, -/...'thi|en,* veraltete Bez. für Persönlichkeitsstörung, angeborene oder im Lebensverlauf eingetretene Normabweichung im Verhalten und Erleben (nicht in der Intelligenz), unter der der Betroffene und/oder die Mitmenschen leiden.

Bislang besteht in der Psychiatrie keine einheitl. Klassifikation; nach dem Vorherrschen bestimmter Charaktereigenschaften werden v. a. thymopath., zwanghafte, hyster., asthen. oder soziopath. (antisoziale) Störungen unterschieden.

Psychopathologie, Teilbereich der Psychiatrie, der sich mit der Erkennung und Beschreibung krankhafter Erlebnis-, Erfahrungs- und Handlungsweisen (z. B. Halluzinationen, Wahnvorstellungen, Depressivität, Angst, Zwang) beschäftigt. Im Unterschied zur biolog. Psychiatrie und zur Psychoanalyse zielt die P. weder auf eine Erforschung der (körperl. oder seel.) Ursachen noch auf eine Krankheitslehre, sondern auf eine durch die Analyse der vom Patienten erlebten Phänomene und die Interpretation seiner Äußerungen gewonnene objektive Symptombeschreibung. – Die Begründung der P. als methodenkritische wiss. Disziplin geht auf K. JASPERS zurück.

K. JASPERS: Allg. P. ([9]1973); J. GLATZEL: Allg. P. (1978); K. SCHNEIDER: Klin. P. ([14]1992); C. SCHARFETTER: Allg. P. ([4]1996).

Psychopharmaka [griech. phármakon ›Heilmittel‹, ›Gift‹], *Sg.* **Psychopharmakon** *das, -s,* zur Behandlung psych. Störungen eingesetzte Arzneimittel (auch Psychotropika gen.), die auf Gehirnfunktionen einwirken und daher zu Veränderungen psych. Funktionen wie Erleben, Befinden und Verhalten führen (psychotroper Effekt). Die Bez. wurde bereits im ausgehenden MA. gebraucht, erlangte ihre gegenwärtige Bedeutung jedoch erst mit der Entdeckung der inzwischen gebräuchl. wirksamen Substanzen in den 1950er-Jahren. P. wirken auf die Erregungsübertragung von Nervenzellen, d. h., ihr Angriffspunkt sind die Synapsen von Nervenzellen. Unterschiede bestehen in biochem. (physiolog.) Hinsicht durch die Beeinflussung versch. Überträgersysteme, bei denen die Neurotransmitter Dopamin, Serotonin, Noradrenalin, Histamin und Gammaaminobuttersäure (GABA) eine entscheidende Rolle spielen.

Nach ihren Hauptwirkungen auf psychiatr. Störungen lassen sich folgende Gruppen unterscheiden: 1) **Neuroleptika, Neuroplegika** werden bei akuten und chron. schizophrenen Psychosen, bei Erregungszuständen sowie zur vorbeugenden Behandlung von Rückfällen schizophrener Psychosen eingesetzt. Zu ihnen gehören u. a. Phenothiazin-, Azaphenothiazin-, Thioxanthen- und Butyrophenonderivate. Ihre Hauptwirkung besteht in der Unterdrückung produktiv-psychot. Symptome wie Halluzinationen, Wahnvorstellungen, formalen Denk- und Ichstörungen. Ihre zentral dämpfende Wirkung (z. B. Müdigkeit) ist je nach Substanz unterschiedlich stark und kann therapeutisch erwünscht (z. B. bei Erregungszuständen) oder unerwünscht sein (v. a. in der Langzeitbehandlung). 2) **Antidepressiva** werden bei depressiven Syndromen versch. Ursache verwendet; sie hellen die Stimmung auf, vermindern Ängste und depressive Hemmung und steigern z. T. auch den Antrieb. Die eingesetzten Substanzen (z. B. trizykl. oder tetrazykl. Verbindungen, Monoaminoxidase-Hemmer) wirken erst nach einer Einnahme über 1–2 Wochen und nur in etwa 80% der Fälle. 3) **Tranquilizer, Anxiolytika** oder **Ataraktika** wirken bei Angst, Unruhe, Spannungszuständen, Gereiztheit und Schlafstörungen. Im Unterschied zu den genannten Gruppen können sie bei längerer Anwendung zur Abhängigkeit führen. In chem. Hinsicht ist die bedeutendste Substanzgruppe die der Benzodiazepinderivate. Stoffe aus dieser Gruppe werden auch bei Epilepsie, Muskelspastik sowie zur Einleitung einer Narkose eingesetzt. 4) **Lithiumsalze** dienen zur Prophylaxe depressiver Phasen (Phasenprophylaxe) sowie zur Behandlung man. Phasen.

I. w. S. gehören zu den P. auch **Psychotonika, Psychostimulanzien** wie Amphetamin oder dessen Derivate, die Antrieb und Wachheit steigern und v. a. missbräuchlich Anwendung finden.

Die besten therapeut. Ergebnisse werden bei vielen psych. Störungen erst durch die Kombination von Pharmako- und Psychotherapie erzielt. Über Psychotomimetika →Halluzinogene.

W. PÖLDINGER u. F. WIDER: Index psychopharmacorum (Bern [7]1990); V. FAUST: P. Arzneimittel mit Wirkung auf das Seelenleben (1994); G. LAUX u. a.: P. ([5]1995); O. BENKERT: P. Medikamente – Wirkung – Risiken ([2]1996); O. BENKERT u. H. HIPPIUS: Psychiatr. Pharmakotherapie ([6]1996).

Psychopharmakologie, interdisziplinäre Wiss., die sich in enger Zusammenarbeit von Psychiatern, Pharmakologen, Biochemikern, Physiologen und Psychologen mit der Wirkung von →Psychopharmaka auf das Erleben, Befinden und Verhalten beschäftigt; tierexperimentelle Ergebnisse liefern dabei wesentl. Anhaltspunkte. Richtet sich die →Pharmakopsychologie v. a. auf die Beeinflussung normaler psych. Funktionen, untersucht die Pharmakopsychiatrie die Auswirkung von Psychopharmaka auf psych. Störungen, aber auch die psych. Nebenwirkungen anderer Arzneimittel sowie die Aspekte der Arzneimittelabhängigkeit.

R. SPIEGEL u. H.-J. AEBI: P. (1981); T. ELBERT u. B. ROCKSTROH: P. Anwendung u. Wirkungsweise von Psychopharmaka u. Drogen ([2]1993); Allg. u. spezielle Pharmakologie u. Toxikologie, hg. v. W. FORTH u. a. ([7]1996).

Psychophysik, von G. T. FECHNER begründetes Teilgebiet der Sinnesphysiologie und -psychologie (→Wahrnehmungspsychologie), das sich mit der Erforschung der Beziehungen zw. physikal. Reizen und psych. Empfindungen beschäftigt. Aufbauend auf den Arbeiten von E. H. WEBER (→webersches Gesetz) leitete FECHNER 1860 das früher als psychophys. Grundgesetz bezeichnete →fechnersche Gesetz ab. Auf ihn und G. E. MÜLLER gehen die klass. Verfahren der P. zur Bestimmung der absoluten Reiz- bzw. Wahrnehmungsschwelle eines Sinnesorgans und der Unterschiedsschwellen, um einen Unterschied in der Sinnesempfindung hervorzurufen, zurück: Beim **Grenzverfahren** hat eine Versuchsperson einen konstanten Bezugsreiz und einen Vergleichsreiz, der kontinuierlich verändert wird, miteinander zu vergleichen und zu entscheiden, wann der Vergleichsreiz intensiver, schwächer oder gleich dem konstanten Bezugsreiz empfunden wird. Beim **Herstellungsverfahren** soll die Versuchsperson den Vergleichsreiz selbst so verändern, dass Gleichheit zum Bezugsreiz hergestellt ist. Beim **Konstanzverfahren** hat die Versuchsperson jeweils Reizpaare zu vergleichen und zu entscheiden, ob der Vergleichsreiz intensiver als der konstante Bezugsreiz ist oder nicht. Die Abhängigkeit der Sinneswahrnehmung von der Motivation und von den Kosten einer Fehlwahrnehmung wird von der Signalerkennungstheorie analysiert: Wenn es z. B. teuer oder gefährlich ist, etwas nicht wahrgenommen zu haben, wird noch der undeutlichste Hinweis registriert und ein ›falscher Alarm‹ hingenommen. Wenn dagegen ein falscher Alarm teuer oder gefährlich ist, wird ein Signal erst bei großer Deutlichkeit erkannt, und undeutl. Reize werden übersehen. – Subjektive Reizwahrnehmung ist auch kontext- und erfahrungsabhängig (→Bezugssystem). – Anwendungsgebiete der P. sind v. a. Zusammenhänge, in denen die Verarbeitung von Umweltreizen eine Rolle spielt, z. B. Gestaltung von Arbeitsabläufen, Entwicklungen techn. Geräte, Messung von Lärmbelastung.

Wahrnehmungspsychologie, begründet v. D. KRECH, hg. v. H. BENESCH (a. d. Amerikan., Neuausg. 1985).

Psychophysiologie, physiologische Psychologie, Teilgebiet der Psychologie, das sich mit den physiolog., biochem. und bioelektr. Grundlagen psych. Vorgänge befasst. Die P. geht davon aus, dass Verhalten, Wahrnehmung, Bedürfnisse, Lernen, Gedächtnis, Gefühle, Aktivierung, Biorhythmus ebenso wie Störungen dieser Prozesse in Wechselwirkung zu den physiolog. Grundlagen des Organismus stehen. Die P. hat mehrere Teil- und Nachbargebiete, u. a. Sinnesphysiologie, Psychophysik, Psychopharmakologie, Psychoendokrinologie, Neuropsychologie, medizin. Psychologie.

R. BÖSEL: Physiolog. Psychologie. Einf. in die biolog. u. physiolog. Grundl. der Psychologie ([2]1987); M. VELDEN: P. Eine krit. Einf. (1994).

psychophysisches Problem, *Philosophie:* das →Leib-Seele-Problem.

Psychopompos, *griech. Mythos:* Beiname des →Hermes.

Psychoprophylaxe, i. e. S. die systemat. psycholog. oder psychagog. Vorbereitung auf unerwartete Ereignisse oder zu erwartende Beanspruchungen. Die P. findet eine weit verbreitete Anwendung als **psychosomatische Geburtsvorbereitung.** Dabei sollen die im Zusammenhang mit der Geburt bestehenden Ängste weitgehend abgebaut und Verkrampfungen in psych. und phys. Hinsicht gelöst werden. Durch Aufklärung und Gespräche sowie physiotherapeut. Maßnahmen mit Entspannungsübungen soll der Kreislauf Angst – Spannung – Schmerz während der Geburt durchbrochen, der Geburtsschmerz dadurch reduziert und der Geburtsvorgang erleichtert werden; i. w. S. alle vorbeugenden Maßnahmen der Psychohygiene.

Psychose *die, -/-n,* **psychotische Störung,** Sammelbegriff für Erkrankungen, bei denen wichtige psych. Funktionen erheblich gestört sind. P. gehören zu den häufigsten psychiatr. Erkrankungen und sind von Neurosen, Persönlichkeitsstörungen, geistiger Behinderung und Demenz sowie Abhängigkeit zu unterscheiden.

Das psychot. Erleben und Verhalten ist v. a. durch grundlegende Veränderungen im Bezug zur Umwelt gekennzeichnet. Hierzu gehören Ichstörungen, bei denen z. B. eigene Gedanken als von fremden Personen stammend erlebt werden, Wahnstimmungen, aufgrund deren die Umwelt bedrohlich erscheint, Fehlurteile über die äußere Realität (→Wahn) und Wahrnehmungsveränderungen (→Halluzinationen). Neben unmotiviert erscheinenden Verhaltensänderungen oder skurrilen Verhaltensweisen können schwere Störungen der Affektivität (→Depression, →Manie), der Auffassung und des Gedächtnisses, Angstzustände und quälende Unruhe bestehen. Oft fehlt die Einsicht in die Krankhaftigkeit des eigenen Zustandes.

Nach der historisch gewachsenen Systematik besteht folgende grobe Einteilung: Als **organische P. (symptomatische** oder **exogene P.,** körperlich begründbare P.) werden Veränderungen bezeichnet, die durch bekannte, das Zentralnervensystem betreffende organ. Schädigungen hervorgerufen werden (z. B. Entzündungen, Tumoren, Infarkte, Stoffwechselstörungen, Verletzungen, Vergiftungen, Drogen- und Alkoholmissbrauch); **endogene P. (funktionelle P.,** körperlich nicht begründbare P.) hingegen weisen weder erkennbare phys. noch psych. Ursachen auf. Zu ihnen gehören als häufigste Erscheinungen die affektive P. (→manisch-depressive Erkrankung) und die Schizophrenie. Hiervon werden die auf traumat. äußere Einflüsse zurückgeführten **psychogenen P. (reaktive P.)** unterschieden.

Die aufgrund der Erforschung der endogenen P. gewonnenen Kenntnisse führten zur Annahme einer multifaktoriellen Genese, d. h. eines im Einzelfall unterschiedlich gewichteten Zusammenwirkens vieler Faktoren bei der Krankheitsentstehung. Hiernach besteht aufgrund genet. Belastung und z. T. vorhandener geringfügiger hirnorgan. Veränderungen ein erhöhtes Risiko, auf psych. Stressoren (traumat. Lebensereignisse) mit einer P. zu reagieren.

Die *Behandlung* der organ. P. konzentriert sich auf die Ursachen; bei den endogenen P. hat sich eine Kombination von Arzneimittel- und Psychotherapie, verbunden mit sozialen und berufl. Rehabilitationsmaßnahmen, als am wirksamsten erwiesen. Die Heilungsaussichten sind bei affektiven P. besser als bei Schizophrenie; die Selbstmordrate ist in beiden Fällen jedoch wesentlich höher als im Bev.-Durchschnitt.

Rechtliches: P. im akuten Stadium bedingen meist Schuld- und oft Geschäftsunfähigkeit. Die Organisation einer Betreuung ist gelegentlich notwendig.

E. ZERBIN-RÜDIN: Vererbung u. Umwelt bei der Entstehung psych. Störungen ([2]1985); K. CONRAD: Die beginnende Schizophrenie ([6]1992); K. SCHNEIDER: Klin. Psychopathologie ([14]1992); L. CIOMPI: Affektlogik. Über die Struktur der Psyche u. ihre Entwicklung. Ein Beitr. zur Schizophrenieforschung ([4]1994); Vulnerabilität für affektive u. schizophrene Erkrankungen, hg. v. H.-J. MÖLLER u. A. DEISTER (Wien 1996). – Weitere Literatur →Psychiatrie.

Schlüsselbegriff

Psychosomatik [zu griech. sõma ›Körper‹] *die,* -, **psychosomatische Medizin,** Wiss. und Heilkunde von den wechselseitigen Beziehungen psych., sozialer und körperl. Vorgänge in ihrer Bedeutung für Gesundheit und Krankheit. P. stellt eine Betrachtungsweise in allen Disziplinen der Medizin dar, die, so alt wie die Heilkunde selbst, nicht etwa dem Körperlichen weniger, sondern dem Seelischen mehr Beachtung schenkt. Der Begriff P. kennzeichnet die leiblich-seel. Ganzheit des Menschen. Das Grundprinzip der P. als medizin. Disziplin lässt sich mit der Formulierung des Internisten L. VON KREHL (* 1861, † 1937), ›Krankheiten als solche gibt es nicht, wir kennen nur kranke Menschen‹, verdeutlichen. Die Entwicklung der P. in der Medizin bedeutet die ›Einführung des Subjektes in die Pathologie‹ (V. VON WEIZSÄCKER), da nach psychosomat. Auffassung das Individuum als Person nicht auf das Körperliche reduzierbar ist, muss man sich in der Diagnostik und Therapie mit dem einzelnen Kranken, seinen Erlebnissen, seiner Vergangenheit und seiner Zukunftserwartung beschäftigen. P. kennzeichnet somit eine ärztl. Grundeinstellung, die psych. und soziale Faktoren bei der Diagnostik und Therapie von Krankheiten ebenso berücksichtigt wie die phys. Faktoren. Sie untersucht mit biolog., v. a. jedoch mit psycholog. und sozialwiss. Methoden die Einflüsse psych. und sozialer Faktoren für die Entstehung, Erhaltung und Behandlung von phys. Krankheiten. P. ist außerdem Bezeichnung für ein medizin. Fachgebiet (psychosomat. Medizin und Psychotherapie).

Entwicklungsgeschichte der Psychosomatik

Inwieweit es im Altertum bereits eine psychosomat. Medizin gab, ist umstritten. Berühmt ist PLATONS früher Dialog ›Charmides‹, in dem SOKRATES einem an Kopfweh leidenden jungen Mann sagt, dass man, wenn es den Augen wieder gut werden solle, den ganzen Leib nicht ohne die Seele behandeln dürfe, denn von der Seele gehe alles, sowohl Gutes als auch Böses aus, für den Körper und den ganzen Menschen; die Seele aber müsse durch ›gute Reden‹ behandelt werden. Der Begriff ›psychosomatisch‹ erscheint erstmals bei JOHANN CHRISTIAN AUGUST HEINROTH (* 1773, † 1843), der als ein Arzt der romant. Medizin versuchte, viele körperl. Erkrankungen aus (sündhaften) Leidenschaften heraus zu erklären. Die P. wurde zu einer Gegenbewegung zum Leib-Seele-Dualismus in der Medizin. Dieser Dualismus wird zu Unrecht immer wieder auf R. C. DESCARTES zurückgeführt und als Folge der Aufklärung interpretiert. Infolge der ausschließl. Zentrierung auf den Leib gab es für die sich stürmisch entwickelnde naturwiss. Medizin keine Seele, man kann diese nicht sehen und anfassen, deshalb wurde sie zur Sache der Theologen und Philosophen erklärt. Die Geheimnisse des menschl. Organismus, der als eine ›bewundernswerte Maschine, ausgestattet mit den wunderbarsten, verwickeltsten und zartesten Mechanismen‹ betrachtet wird, wie es C. BERNARD, einer der Begründer der Physiologie, formulierte, können nur durch die Naturwiss. gelüftet werden, die Krankheiten, die als Störungen und Defekte dieser Maschine interpretiert werden, können nur durch naturwiss. Methoden behoben werden. Dennoch blieb Vieles naturwiss. unerklärt. Ein Beispiel war das Experiment des Hygienikers M. PETTENKOFER, der lebende Cholerabazillen trank und dennoch nicht an Cholera erkrankte, womit ihm der Nachweis gelang, dass Erreger für sich noch keine Krankheit hervorrufen. Ein anderes Beispiel war das Phänomen der Kriegszitterer des Ersten Weltkrieges, das von dem Neurologen M. NONNE als Ausdruck nicht verarbeiteter psych. Belastungen interpretiert wurde und nur durch Hypnose geheilt werden konnte.

Mit Beginn des 20. Jh. kam es zu einer intensiven wiss. Entwicklung der P. durch Internisten (V. VON WEIZSÄCKER, A. JORES, T. VON UEXKÜLL), Physiologen (W. B. CANNON, W. R. HESS, H. SELYE) und Psychoanalytiker (S. FREUD, FELIX DEUTSCH, * 1884, † 1964, F. G. ALEXANDER, A. MITSCHERLICH). Psychoanalytisch orientierte Internisten und Psychiater haben der P. mithilfe der psychoanalyt. Entwicklungstheorie und der Konfliktpsychologie die entscheidenden Impulse sowohl hinsichtlich der theoret. Modellbildungen als auch der therapeut. Verfahren gegeben. Der Psychoanalytiker M. BALINT forderte eine patientenzentrierte Medizin gegenüber einer ausschließlich krankheitszentrierten Sichtweise, da es nur dann möglich ist, die psych. Konflikte zu erkennen, die sich hinter körperl. Störungen verbergen. Eine funktionelle Erkrankung bedeutet nur, dass der Patient in einer Konfliktlage war, die er durch eine Krankheit zu lösen versuchte. ALEXANDER ordnete bestimmten Erkrankungen bestimmte unbewusste psych. Konflikte zu, und er entwickelte daraus eine erste systematische psychosomat. Krankheitslehre. Neben GEORGE L. ENGEL (* 1913) in Amerika und UEXKÜLL in Dtl. hat v. a. H. WEINER mit klinisch-empir., tierexperimentellen und theoret. Arbeiten den holist. biopsychosozialen Zugang zu allen Erkrankungen untersucht und damit das Selbstverständnis der modernen P. geprägt. Die Entwicklung der psychosomat. Theoriebildungen ging zunächst von eher einfachen, linearkausalen Modellen von Gesundheit und Krankheit aus. V. a. aus den therapeut. Erfahrungen entwickelte sich die Erkenntnis eines multifaktoriellen Geschehens; komplexe biolog., psych. und soziale Einflüsse gehen dem Ausbruch einer Krankheit voraus und tragen sowohl zur Entwicklung von Krankheit als auch zur Aufrechterhaltung von Gesundheit bei. Außerdem stellt die psychosomat. Medizin in ihrer histor. Entwicklung (in Europa mehr als in Amerika) eine medizin. Disziplin dar, die in Diagnostik und Therapie spezif., v. a. psychotherapeut. Maßnahmen, anwendet.

Grundprinzipien der Psychosomatik

Mit der Lehre von der unteilbaren biopsychosozialen Einheit des Menschen vertritt die P. die Auffassung, dass Körper und Seele sich bei jeder Krankheit wechselseitig beeinflussen. Dieses uralte Wissen der Menschheit offenbart sich schon in volkstüml. Redewendungen, in denen der Zusammenhang zw. psych. Erleben und Körperfunktionen beschrieben wird: Man zerbricht sich den Kopf, die Luft bleibt weg vor Staunen, die Sinne schwinden vor Schreck oder die Galle läuft über vor Ärger. Dieser psychosomat. Erfahrungsschatz besagt, dass Stimmungen und Gefühle sich im vegetativen Nervensystem (z. B. Herz, Blutkreislauf, Darm), im motor. Nervensystem (Muskeln, Gestik, Mimik) und in allen anderen körperl. Regulationssystemen (z. B. Immunsystem) niederschlagen, die körperl. Funktionsabläufe mitbestimmen und deshalb auch den Betroffenen beeinträchtigen können. Auf der Grundlage dieser Erkenntnis haben sich in der wiss. P. als unterschiedl. Denkansätze der holist. und der psychogenet. Ansatz entwickelt. Nach der holist. psychosomat. Auffassung ist bei jeder körperl. Krankheit, also z. B. auch bei Krebs oder Organtransplantation, der Krankheitsverlauf wesentlich auch von der psych. Verfassung und von der psych. Krankheitsverarbeitung des Patienten abhängig. Aus holist. Sicht ist P. einerseits eine Wiss. von den Beziehungen biolog., psycholog. und sozialer Determinanten sowohl bei Gesundheit als auch bei jeder Krankheit und andererseits ein Zugang zur medizin. Praxis, der den Einfluss psychosozialer Faktoren bei der Untersuchung, Prävention, Diagnostik und Behandlung aller Erkrankungen befürwortet; darüber hinaus aber auch eine klin. Tätigkeit im Zwischenbereich von Medizin und Verhaltenswissenschaft. Dieser Anspruch zielt auf den Status einer Grundlagenwiss. mit einem bestimmten Zugang zum Kranken. Der psychogenet. Ansatz in der P. ist die Krankheitslehre von der psych. Verursachung bestimmter Erkrankungen, d. h. dass psych. Faktoren maßgeblich und regelhaft für die Entstehung der Krankheit verantwortlich sind, da keine organ. Befunde (z. B. Infektion, Durchblutungsstörung am Herzen, auffällige Laborwerte) vorliegen, welche die Krankheitsentstehung erklären. Ursache der Krankheit sind objektivierbare Störungen der psych. Erlebnisverarbeitung, die zu gestörten körperl. Funktionsabläufen und dadurch zu körperl. Symptombildungen führen. Die krankhafte Störung der Erlebnisverarbeitung entsteht durch innerpsych. unbewusste Konflikte und Fehlhaltungen infolge gestörter Entwicklungs- und Lernprozesse aus der gesamten lebensgeschichtl. Entwicklung, die durch akute Konfliktsituationen aktiviert werden. Ein Beispiel ist die Herzangstneurose oder Herzphobie. Bei dieser Erkrankung treten plötzlich Herzrasen, auf das Herz lokalisierte Schmerzen, Kopfdruck, Ohnmachtsgefühle und Todesangst auf, die Betroffenen sind davon überzeugt, einen Herzinfarkt zu haben. Es handelt sich aber um rein funktionelle körperl. Erscheinungen, die von den Patienten jedoch bes. intensiv wahrgenommen und als krankhaftes Geschehen interpretiert werden. Diese körperl. Erscheinungen werden durch für diese Erkrankung typ., dem Patienten aber unbewusste psych. Konflikte ausgelöst. Es handelt sich v. a. um unbewusste Trennungskonflikte und ambivalente Gefühle und Stimmungen, die aus psychoanalyt. Sichtweise von den Eltern oder anderen wichtigen Bezugspersonen in der Kindheit auf aktuelle Bezugspersonen oder Partner übertragen werden. Diese Patienten suchen immer häufiger einen Arzt auf, da es ihnen zunehmend schlechter geht, und sie gleichzeitig immer weniger glauben können, dass die funktionellen Herzstörungen nicht organisch, sondern psychisch bedingt sind. Eine solche psychosomat. Erkrankung muss psychotherapeutisch behandelt werden, da nur eine konsequente Aufarbeitung der unbewussten psych. Konflikte und Fehlhaltungen zu einer dauerhaften Heilung der Erkrankung führt. Häufig werden für den Ausbruch einer psychosomat. Erkrankung Erscheinungen geltend gemacht, die mit dem Begriff Stress umschrieben werden, z. B. berufl. oder familiäre Überlastungen. Obwohl in diesen Beobachtungen, dass eine Krankheit z. B. während einer berufl. Stresssituation ausbricht, auch ein Stück Wahrheit liegt, ist es nicht ein allgemeiner Überlastungsfaktor, der zur Krankheit führen kann. Es sind die ganz persönl. Probleme der Lebensentwicklung, der Fixierung in ganz bestimmten Lebensbereichen, die sich im Rahmen einer biograph. Krise zu einem für diesen Patienten unlösbaren Konflikt verdichten, der dann im Körperlichen ausgetragen wird. In der P. geht es um den positiven Nachweis dieser Zusammenhänge zw. Erkrankung, aktueller Lebenssituation und Lebensgeschichte.

Grundfragen der Psychosomatik

Wegen des wechselseitigen Einflusses von psych. und körperl. Prozessen bei vielen Krankheiten interessieren in der wiss. P. v. a. folgende Grundfragen:

1) Warum tritt gerade diese Krankheit auf? Die Frage, in welcher Weise die Wahl zugunsten einer bestimmten Krankheit ausfällt, verlangt über die biolog. bzw. genet. Aspekte hinaus die Erfassung der psycholog. Zusammenhänge zw. aktueller Erkrankung und Lebenssituation einerseits und den Erfahrungen und Erlebnissen aus der gesamten biograph. Entwicklung andererseits. Aus Tierexperimenten und aus Beobachtungsstudien gibt es Hinweise dafür, dass belastende psychosoziale Ereignisse (z. B. der Verlust einer wichtigen Bezugsperson) in der frühen Kindheitsentwicklung Körperfunktionen dauerhaft und lebenslang beeinflussen, z. B. Enzymspiegel oder rhythm. Vorgänge permanent verändern, die Regulation des Blutdruckes permanent stören. Dabei ist allerdings festzustellen, dass bisher für keine psychosomat. Krankheit ein gleichbleibendes Muster an disponierenden, auslösenden und krankheitserhaltenden Faktoren festgestellt werden konnte, das sich als regelhafter und universeller Mechanismus festschreiben ließe. Es muss angenommen werden, dass immer mehrere Ursachen für das Auftreten einer Erkrankung verantwortlich sind. Deshalb konzentriert sich die psychosomat. Forschung gegenwärtig stark auf die Untersuchung von Mediatoren, die bei der Umsetzung von Wahrnehmungen und Gefühlen in körperl. Prozesse wirksam werden.

2) Warum tritt die Krankheit gerade jetzt auf? Die Frage, in welcher Weise der zeitl. Ausbruch einer Krankheit gesteuert wird, verlangt eine genaue Beschreibung des auslösenden Lebensereignisses im Krankheitsgeschehen, eine Spezifizierung der psycholog. Reaktion der betreffenden Person in allen Einzelheiten einschließlich der psychobiolog. Zusammenhänge (Korrelate). Menschl. Beziehungen scheinen sowohl für die Auslösung einer Krankheit als auch für die Erhaltung und Wiederherstellung von Gesundheit von wesentl. Bedeutung zu sein. Die Zeit-Rhythmus-Veränderung period. Systeme im menschl. Körper kann durch die Störung bzw. Zerstörung menschl. Beziehungen bedingt sein. Beispiele dafür sind plötzl. Erkrankungen nach Verlusterlebnissen. Es ist diagnostisch und therapeutisch von entscheidender Bedeutung, die Auslösesituation einer Erkrankung sorgfältig zu ermitteln. Erst die Erfassung der subjektiven psycholog. Bedeutung der auslösenden Lebenssituation im Verhältnis zu den äußeren Umständen lassen die Entscheidung zu, inwieweit die Erkrankung in der Lebensentwicklung dieses Patienten einen psychologisch verstehbaren Stellenwert innehat oder nicht. Wichtig ist hier nicht der objektive Befund des äußeren Ereignisses, sondern das subjektive Erleben dieses Kranken. So entwickelte ein sechzigjähriger, sehr kräftiger Mann nach einem Unfall, den er unverletzt überstanden hatte, Lähmungserscheinungen, die organisch nicht erklärbar waren, die ihn jedoch auch wegen anwachsender Angstzustände und Depressionen arbeitsunfähig machten. Für sein Erleben war er ›zum ersten Mal‹ bewusst in eine für ihn völlig unkontrollierbare Situation geraten, da er das Auto trotz der seiner Meinung nach rechtzeitigen Vollbremsung nicht zum Stehen bringen konnte und auf das vor ihm stehende Auto aufgefahren war. Aus der Schilderung seiner Lebensgeschichte

wurde seine feste Überzeugung deutlich, dass es ihm aufgrund besonderer Fähigkeiten immer gelungen war, drohende Gefahren sofort erkennen zu können. In den Monaten vor dem Unfall war er allerdings von einem aufkommenden Zweifel geplagt, ob er wegen seines Alters den zunehmend jüngeren Konkurrenten in seinem Arbeitsbereich zukünftig noch ausreichend gewachsen sei. In dem objektiv eher banalen Unfallereignis verdichtete sich, schon verunsichert durch die Belastungen seiner aktuellen Lebenssituation, seine ›Angst vor Hilflosigkeit‹, die ihn zwar lebenslang begleitet hat, die er aber durch seine Fähigkeiten stets bewältigen oder verdrängen konnte. Erst die psychotherapeut. Aufarbeitung dieses psycholog. Hintergrundes führte zu einer Beseitigung der Symptome, sodass der Patient seine berufl. Tätigkeit wieder aufnehmen konnte.

3) Welche speziellen sozioökonom. Verhältnisse und Zusammenhänge sind mit der Krankheit verbunden? Dieser Schwerpunkt liegt auf der Ermittlung von psychosozialen Risikofaktoren, die für die Entstehung von Krankheiten bedeutsam sind. Dazu sind Informationen v. a. über die Altersstufe, die genet. und soziale Vorgeschichte und das histor. Umfeld notwendig. Gut gesichert sind die Einflüsse aus der Arbeitswelt. Angst vor drohender Entlassung senkt kurzfristig den Krankenstand eines Betriebes, während längerdauernde Arbeitslosigkeit regelhaft mit erhöhter Krankheitsanfälligkeit verbunden ist; tatsächl. und drohende Arbeitslosigkeit sind Risikofaktoren.

Psychosomatik als klinische Disziplin

Über das tatsächl. Vorkommen psychosomat. Störungen gibt es nur wenige Studien. Schätzungen für psychosomat. Störungen in der Bev. liegen zw. 20–80%. Eine epidemiolog. Untersuchung in der Stadt Mannheim wies nach, dass bis zu 12% der Ew. an psychosomat. Störungen, 7,2% an Neurosen, 5,7% an Persönlichkeitsstörungen und 1,5% an Abhängigkeiten leiden. Psychosomatisch behandelt werden Patienten mit Konversionsstörungen (psychisch bedingte Störungen des Bewusstseins, der Sinnesorgane, der Motilität und der Sensibilität mit Störungsbildern, z. B. psychogene Ohnmachten oder Dämmerzustände, psychogene Blindheit oder Taubheit, psychogene Lähmungen, Krämpfe, Missempfindungen und Empfindungsausfälle v. a. der Haut), mit funktionellen Körperstörungen (nichtorgan. Schlafstörungen, diffuse Zustände körperl. Beeinträchtigung wie Kopfdruck, Spannungszustände, Unruhegefühl, Schwindel, nicht lokalisierbare Schmerzen sowie Funktionsstörungen des Herz-Kreislauf-Systems, der Atmungs- und Verdauungsorgane, des Urogenital-, Bewegungs- oder Nervensystems, der Haut, der Augen oder im Hals-Nasen-Ohren-Bereich), mit artefiziellen Störungsbildern (heiml. Selbstverletzungen z. B. durch Einritzen oder Einschneiden der Haut), mit Essstörungen (Magersucht, Bulimie, Esssucht mit oder ohne Übergewicht), bei Organkrankheiten mit psychosozialer Komponente (z. B. Magengeschwüre, Darmentzündungen, Asthma, Hochdruck), bei somatopsych. Störungen (körperl. Erkrankungen, die häufig zu Problemen der Krankheitsverarbeitung und Krankheitsbewältigung führen können, z. B. Diabetes mellitus, Krebs oder auch Organtransplantation). Bei der Behandlung psychosomatisch Kranker wird in Abstimmung mit eventuell notwendigen somat. Behandlungsformen die Psychotherapie angewendet, die auf den einzelnen Kranken abgestimmt sein muss. Dazu gehören beispielsweise Verhaltenstherapie, aber auch Einzel-, Gruppen- oder Familientherapie, aufdeckende, supportive oder mehr übende Verfahren. Aufgrund der mangelnden Selbstwahrnehmung und der Unfähigkeit vieler Kranker, sich emotional ausdrücken zu können, sind Modifikationen der Behandlungstechniken notwendig. Die Überlegenheit der kombinierten psycho- und somatotherapeut. Behandlung gegenüber einer reinen somatotherapeutischen ist belegt.

⇨ *Medizin · Neurose · Psychoanalyse · Psychotherapie*

H. WEINER: Psychobiology and human disease (New York 1977); Lb. der psychosomat. Medizin, hg. v. T. VON UEXKÜLL u. a. (^{2}1981); F. ALEXANDER: Psychosomat. Medizin (a. d. Amerikan., ^{4}1985); W. MILTNER u. a.: Verhaltensmedizin (1986); W. SCHMIDBAUER: Die subjektive Krankheit. Kritik der P. (1986); A. MITSCHERLICH: Krankheit als Konflikt. Studien zur psychosomat. Medizin, 2 Bde. ($^{8-14}$1986–95); Kooperationsformen somat. u. psychosomat. Medizin, hg. v. W. BRÄUTIGAM (1988); ADOLF ERNST MEYER: Die psychosomat. Gegenreformation – sind die Hoffnungen erfüllt?, in: Entwicklung u. Perspektiven der P. in der Bundesrepublik Dtl., hg. v. S. AHRENS (1990); S. O. HOFFMANN u. G. HOCHAPFEL: Einf. in die Neurosenlehre u. psychosomat. Medizin (^{4}1991); Neues Denken in der P., hg. v. H.-E. RICHTER u. a. (1991); W. BRÄUTIGAM u. a.: Psychosomat. Medizin (^{6}1992); V. VON WEIZSÄCKER: Der Gestaltkreis. Theorie der Einheit von Wahrnehmen u. Bewegen (^{6}1996); Psychosomat. Medizin, Beitrr. v. T. VON UEXKÜLL, hg. v. R. H. ADLER u. a. (^{5}1996); T. VON UEXKÜLL u. W. WESIACK: Theorie der Humanmedizin. Grundlagen ärztl. Denkens u. Handelns (^{3}1998).

psychosozial, *Sozialpsychologie:* durch soziale Gegebenheiten (Sprache, Kultur, Gesellschaft u. a.) bedingt (von psych. Faktoren, Fähigkeiten u. Ä. gesagt).

Psychostimulanzien, →Psychopharmaka.

Psychosyndrom, *Psychologie, Medizin:* Bez. für eine allgemeine psych. Störung (z. B. Bewusstseinstrübung, Orientierungs-, Denk-, Gedächtnisstörung). Die Ursache für **organische P.** (z. B. →Korsakow-Syndrom) sind hirnorgan. Veränderungen (z. B. durch Verletzung, Vergiftung oder Entzündung), für **endokrine P.** sind es dagegen hormonale Einflüsse.

Psychosynthese, Richtung der →transpersonalen Psychologie.

Psychotechnik, 1902 von W. STERN geprägte, heute ungebräuchl. Bez. für die Anwendung psycholog. Erkenntnisse und Vorgehensweisen in prakt. Bereichen.

Schlüsselbegriff

Psychotherapie [griech.], klin. und wiss. Disziplin zur Behandlung oder Mitbehandlung von psych., psychosomat. und somatopsych. Krankheiten, von seelisch bedingten Leidenszuständen und von Verhaltensstörungen. P. wird mithilfe wiss. begründeter und empirisch geprüfter Verfahren und Methoden mit psycholog. Mitteln durch verbale, aber auch averbale Kommunikation, in einem bewussten und geplanten interaktionellen Prozess durchgeführt, wozu eine tragfähige emotionale Beziehung zw. Psychotherapeut und Patient notwendig ist.

Entwicklungsgeschichte und Grundlagen der Psychotherapie

Die P. ist neben der Pharmakologie und Chirurgie eine der ältesten Querschnittsdisziplinen der Medizin. Bereits Schamanen integrierten vor Tausenden von Jahren psychotherapeut. Wirkungen in ihre Heilrituale; Priesterärzte Ägyptens wendeten psychotherapeut. Beeinflussungen an, die inzwischen als kathart. und psychoanalyt. Methoden zu bezeichnen sind; die Babylonier unterschieden zw. Seelen- und Körperärzten; in der Medizin des antiken Griechenland finden sich psychotherapeut. Gesprächsmethoden. Mit dem 18. Jh. (als Folge der Aufklärung) ging das psychotherapeut. Wissen aus der naturwiss. Medizin verloren, bis in der Mitte des 19. Jh. der brit. Chirurg J. BRAID die →Hypnose wieder entdeckte. Die P. wurde über die suggestiven Methoden des →Mesmerismus (F. A. MESMER), durch AMBROISE-AUGUSTE LIÉBEAULT (* 1823, † 1904) und HIPPOLYTE BERNHEIM (* 1837, † 1919) in der Nancyer Schule, sowie durch J. M. CHARCOT und P. JANET an der Salpêtrière in Paris wieder in die Medizin eingeführt. Der Begriff P. kam Ende des 19. Jh. in Gebrauch. S. FREUD u. a. entwickelten aus der wiss. Bearbeitung der Erfahrungen mit der Hypnose die Theorie und Praxis der Psychoanalyse, die zu den Grundlagen der psychoanalyt. P. gehört. B. F. SKINNER u. a. entwickelten aus Erkenntnissen der Physiologie, z. B. die Entdeckung der bedingten Reflexe durch I. P. PAWLOW, die Lerntheorie als Grundlage der modernen Verhaltenstherapie. Ab den 1960er-Jahren kam es in der P. zu einer geradezu stürm. Entwicklung hinsichtlich neuer Verfahren und Methoden. Diese Vielfalt resultiert historisch gesehen v. a. daraus, dass sich die verschiedenen klin. Theorien und die jeweilige Behandlungspraxis an die Unterschiedlichkeit der Störungen und Probleme der Patienten angepasst haben. Hinzu kommen die Einflüsse der unterschiedl. sozialen und kulturellen Bedingungen, Persönlichkeitstypen und Lebensumstände der Patienten sowie der Einfluss der persönl. Überzeugungen, schließlich noch Wertvorstellungen und Persönlichkeit des Therapeuten. Förderlich für neue Entwicklungen in der P. sind auch die Offenheit dieser Disziplin für andere Wiss.en, wie Sozialwiss.en, Philosophie, Theologie, Kunst oder Literatur, und die Bereitschaft, deren Ergebnisse in die eigenen Theoriebildungen mit einzubeziehen.

Aber erst mit der Entwicklung der modernen wiss. P. ab den 1970er-Jahren wurden empirisch gesicherte und somit verbindl. Grundlagen für die P. als medizin. Behandlungsmethode geschaffen. Trotz immer noch vorhandener Vorurteile hat die moderne P. den Status einer anerkannten wiss. Disziplin mit einem hohen Erkenntnis- und Wissensstand, die sich zur Behandlung oder Mitbehandlung von psych., psychosomat. und somatopsych. Krankheiten als geeignet und wirksam erwiesen hat. Der im Vergleich zu anderen Behandlungsmethoden in der Medizin hohe öffentl. Legitimationsdruck hat in der P. zu einer sehr strengen wiss. Kontrolle mit einem hohen methodolog. Stand der Bewertung geführt. Die eindeutige wiss. Bestätigung von Wirksamkeit und Effektivität der P. gelang 1980 durch eine erste Metaanalyse der Ergebnisstudien zur P., d. h. durch eine integrierte Gesamteinschätzung von 1766 Behandlungseffekten aus 475 kontrollierten P.-Studien mit etwa 25000 Patienten und dem Ergebnis, dass es dem durchschnittl. P.-Patienten am Ende der Behandlung besser geht als den Patienten, die keine psychotherapeut. Behandlung erhalten hatten. Die Wirksamkeit von verschiedenen psychotherapeut. Verfahren für bestimmte Krankheiten und Problemstellungen von Patienten gilt durch Metaanalysen als wiss. gesichert. Wiss. begründete Verfahren sind von wiss. nicht begründeten psychotherapeut. Verfahren unterscheidbar geworden. Alle psychotherapeut. Verfahren, die den Anspruch erheben, in der Krankenversorgung eingesetzt zu werden, müssen sich der empirischen wiss. Kontrolle unterziehen und den Wirksamkeits- bzw. Effektivitätsbeweis erbringen. Dadurch sind nur wenige psychotherapeut. Methoden für die Krankenbehandlung anerkannt. Die P.-Forschung hat in dem letzten Jahrzehnt des 20. Jh. große Fortschritte für die psychotherapeut. Praxis gebracht. Grundlagenforschung in der P. betrifft u. a. die Spezifität von psychotherapeut. Methoden, die Feinanalyse psychotherapeut. Prozesse, die Frage der Methodenkombination und Methodenintegration. Die angewandte P.-Forschung betrifft Dosis-Wirkungs-Fragen bei P., epidemiolog. Fragestellungen sowie die Optimierung der psychotherapeut. Versorgung.

Für die Krankenversorgung in der P. haben sich entsprechend der Unterschiedlichkeit der Gesundheitssysteme in den versch. Ländern unterschiedliche psychotherapeut. Versorgungsstrukturen herausgebildet. In Dtl. ist die P. im internat. Vergleich in der Krankenversorgung am weitesten fortgeschritten. Durch die Anerkennung der P. als eine für die Krankenkassen kostenpflichtige medizin. Leistung und durch die gesetzl. Regelungen der Weiterbildung von ärztl. und psycholog. Psychotherapeuten ist diese Disziplin vollständig in das medizin. Versorgungssystem integriert. In anderen Ländern ist die P. hinsichtlich der Finanzierung durch Krankenversicherungen und der Ausbildung von Psychotherpeuten in einer ungünstigeren Situation.

Psychotherapie in der Krankenversorgung

Die Ausübung von P. in der Krankenversorgung ist in Dtl. durch die P.-Richtlinien der Kassenärztl. Bundesvereinigung geregelt. Die Kosten für eine psychotherapeut. Behandlung werden von den Krankenkassen dann übernommen, wenn die Durchführung der Behandlung in einem Gutachterverfahren bewilligt worden ist. Nach Abklärung der Krankheitsursachen und nach fünf probator. Sitzungen (diagnost. Probesitzungen) muss von dem Psychotherapeuten vor Beginn der Behandlung ein ausführl. Antrag gestellt werden, der von Fachgutachtern beurteilt wird. Dieses Gutachterverfahren als ein Bestandteil der psychotherapeut. Krankenversorgung ist im Vergleich zu anderen medizin. Maßnahmen eine unter dem Gesichtspunkt der Qualitätssicherung sinnvolle Besonderheit. Es dient dazu, die Patienten vor unseriösen und unzureichend ausgebildeten Psychotherapeuten zu schützen. Außerdem ist dadurch gesichert, dass die Behandlung medizinisch notwendig und wiss. begründet ist, zielorientiert durchgeführt wird und dem Gebot der Wirtschaftlichkeit folgt. Je nach Indikationsstellung werden die Kosten für bestimmte psychotherapeut. Leistungen von den Krankenkassen übernommen. Dazu gehören gegenwärtig 25 Sitzungen psychoanalyt. oder verhaltenstherapeut. Kurzzeittherapie oder bis zu 100 Sitzungen tiefenpsychologisch fundierte Einzel-P. (in jeweils zu bewilligenden Schritten von 50 + 30 + 20 Sitzungen) oder 80 Sitzungen tiefenpsychologisch fundierte Gruppentherapie (in jeweils zu bewilligenden Schritten von 40 + 20 + 20 Sitzungen) oder bis zu 300 Therapiesitzungen analyt. P. (in jeweils zu bewilligenden Schritten von 160 + 80 + 60 Sitzungen) oder 150 Therapiesitzungen analyt. Gruppen-P. (in jeweils zu bewilligenden Schritten von 80 + 40 + 30 Sitzungen) oder 65 Sitzungen Verhaltenstherapie als Einzeltherapie bzw. 80 Sitzungen als Gruppentherapie (in jeweils zu bewilligenden Schritten von 45 + 15 + 20 Sitzungen). Bei medizin. Notwendigkeit können die Behandlungen mit besonderer Begründung über diese Höchstgrenze hinaus fortgeführt werden. Für Patienten ist wichtig zu wissen, dass ohne Antragsverfahren keine P. als reguläre Krankenbehandlung durchgeführt werden kann und die Kosten dann von den Krankenkassen nicht übernommen werden. Außerdem sind nicht alle psychotherapeut. Methoden in der Krankenbehandlung anerkannt und somit für die Krankenkassen kostenpflichtig.

Psychotherapeutische Behandlungsverfahren und Methoden

Grundsätzlich wird in der wiss. P. zw. den psychotherapeut. Grundverfahren bzw. Grundorientierungen und den verschiedenen psychotherapeut. Methoden bzw. Techniken unterschieden. Anerkannte psychotherapeut. Grundverfahren, wofür die Kosten von den Krankenversicherungen übernommen werden, sind die psychoanalyt. P. (Psychoanalyse und tiefenpsychologisch fundierte P.) und die Verhaltenstherapie. In der psychoanalyt. P. hat sich ein breites Spektrum unterschiedl. Methoden und therapeut. Settings entwickelt als Langzeit-, Kurzzeit-, Fokal-, als Einzel- oder Gruppentherapie, als Paar- oder Familientherapie. Im Unterschied dazu wird die ›klass. Psychoanalyse‹ inzwischen nur noch selten angewendet. Formen der Gestaltungstherapie bzw. Kunsttherapie, körpertherapeut. Verfahren wie die konzentrative Bewegungstherapie oder die Musiktherapie sind auf tiefenpsycholog. Grundlage entstanden; sie werden überwiegend in der stationären P. angewendet. Die Verhaltenstherapie hat sich vom einfachen Stimulus-Respons-(Reiz-Reaktions-)Modell zu einem komplexen Systemmodell entwickelt, und die klassischen verhaltenstherapeut. Methoden wurden zu differenzierten Behandlungsprinzipien und therapeut. Verfahren ausgearbeitet. In der **Kinder-P.** kommen besondere psychotherapeut. Verfahren, z.B. die Spieltherapie, zur Anwendung, und die Eltern werden regelmäßig in die Therapie mit einbezogen.

Methoden, deren Kosten von der gesetzl. Krankenversicherung übernommen werden, sind die Hypnose und das autogene Training. Es werden nur psychoanalyt. oder verhaltenstherapeut. Methoden übernommen, jedoch nicht solche Verfahren, die sich als eigenständig deklarieren, wie Gesprächs-P. oder Familientherapie. Hingegen wird das katathym-imaginative Bilderleben als tiefenpsycholog. Methode anerkannt. Neben den anerkannten psychotherapeut. Behandlungsverfahren und Methoden werden eine Vielzahl anderer Methoden angeboten, die nicht den Gesetzmäßigkeiten der wiss. begründeten P. unterliegen. Als Methoden zur Bewusstseinserweiterung, Selbstfindung, Sinnfindung u.a. dienen sie der Lebensberatung, zur Krankenbehandlung sind sie jedoch nicht geeignet und deshalb nicht anerkannt. Konzentrative Bewegungstherapie, Musiktherapie, Existenzanalyse, Transaktionsanalyse und Gestalttherapie sind ebenfalls nicht anerkannt für die Krankenbehandlung.

Eine Indikation zur P. besteht bei neurot. (z.B. Angst, Phobie, Zwangsneurose, Depression) und funktionellen Störungen (z.B. Magen-Darm-Störungen, funktionelle Herzbeschwerden, funktionelle Atemstörungen), bei psychosomat. Erkrankungen (z.B. entzündliche Darmerkrankungen, Asthma, Neurodermitis), bei Persönlichkeitsstörungen (z.B. Borderlinesyndrom, narzist. Persönlichkeitsstörungen, dissoziative Störungen) und bei somatopsych. Störungen (z.B. Krebs, Diabetes mellitus oder nach Organtransplantation).

Eine Besonderheit in Dtl. ist die **stationäre P.** mit der Entwicklung von multimethodalen Behandlungsplänen zur Heilung bzw. Besserung sehr schwerer psych., psychosomat. und somatopsych. Krankheitszustände, die durch ambulante P. nicht ausreichend behandelt werden können. Im stationären Umfeld bestehen bes. gute Möglichkeiten zur Kombination von verschiedenen psychotherapeut. Methoden in Verbindung mit anderen Therapieelementen wie sozialtherapeut. oder ernährungsphysiolog. Maßnahmen. Eine Indikation zur stationären P. besteht bei schweren Persönlichkeitsstörungen, neurot. Störungen (z.B. extensiven Phobien), bei bestimmten psychosomat. Erkrankungen (z.B. Magersucht) und somatopsych. Störungen (z.B. Diabetes mellitus) mit Problemen der Krankheitssowie zur Krisenbewältigung (z.B. nach Selbstmordversuch). Außerdem verhilft die stationäre P. Patienten mit einem erschwerten Zugang zu ihren psych. Problemen zu einem Einstieg in eine P., da durch eine stationäre Behandlung in einem geschützten Rahmen erste positive Erfahrungen mit der P. gemacht werden können.

Die Akzeptanz von P. hat in den letzten Jahren durch eine verbesserte Aufklärung zwar deutlich zugenommen, dennoch haben nicht nur Patienten sondern auch manche Ärzte immer noch Vorurteile gegenüber der P., ein Sachverhalt, der mitunter das Chronischwerden von psychisch bedingten Krankheiten begünstigt. Psych. Störungen oder psychisch bedingte Erkrankungen werden von manchen Menschen noch als ein Stigma erlebt, manche Patienten (z.B. mit funktionellen Herzbeschwerden) reagieren mit Angst oder Scham, wenn ihre Erkrankung von dem Arzt auf psych. Probleme zurückgeführt wird. Deshalb werden schon im Medizinstudium Studenten in die Grundlagen psychotherapeut. Gesprächstechnik eingeführt, damit sie besser auf die Angst ihrer Patienten eingehen und sie zu einer P. motivieren können.

Weiterbildung in der Psychotherapie

Voraussetzung für eine Ausbildung zum Psychotherapeuten ist ein abgeschlossenes Studium der Medizin oder der Psychologie, nur Ärzte und Psychologen sind nach qualifizierter Ausbildung bzw. Weiterbildung zur Ausübung der P. als Krankenbehandlung berechtigt. Lediglich für die Ausbildung zum Kinder- und Jugendpsychotherapeuten sind z.B. auch Pädagogen und Lehrer nach ausreichender Berufserfahrung zugelassen.

Die Ausbildung von Medizinern in der P. erfolgt nach der Weiterbildungsordnung der Ärztekammern. In der Facharztweiterbildung psychotherapeut. Medizin wird am umfangreichsten in der P. ausgebildet mit dem Berufsziel des ärztl. Psychotherapeuten (5 Jahre Weiterbildungszeit mit 3 Jahren psychotherapeut. Medizin). In den Fachgebieten Psychiatrie und P. (5 Jahre Weiterbildungszeit, 1 Jahr Neurologie und 4 Jahre Psychiatrie und P., davon 3 Jahre im Stationsdienst) sowie Kinder- und Jugendpsychiatrie und Jugendpsychotherapie (5 Jahre Weiterbildungszeit, 1 Jahr Kinderheilkunde oder Psychiatrie und P., 4 Jahre Kinder- und Jugendpsychiatrie und Jugend-P., davon mindestens 2 Jahre im Stationsdienst) wird soweit in P. weitergebildet, wie es zur Ausübung der Psychiatrie notwendig ist. Außerdem kann jeder Arzt eine Berechtigung zur Ausübung von P. erwerben durch die Weiterbildung mit den Zusatzbezeichnungen P. (2-jährige klin. Weiterbildung, davon 1 Jahr Psychiatrie und P., bzw. 3-jährige berufsbegleitende Weiterbildung) bzw. Psychoanalyse (2-jährige klin. Weiterbildung, davon 1 Jahr Psychiatrie und P. bzw. 5-jährige berufsbegleitende Weiterbildung).

Die Ausbildung von Psychologen in der P. wird durch die P.-Richtlinien der Kassenärztl. Bundesvereinigung geregelt, die in Umfang und Inhalt analog den Weiterbildungen zu den ärztl. Zusatzbezeichnungen Psychoanalyse und P. für die Verhaltenstherapie ist. Im Psychotherapeuten-Ges. (tritt am 1. 1. 1999 in Kraft) ist eine eigenständige Weiterbildung in P. für Psychologen vorgeschrieben mit einer 3-jährigen klin. bzw. 5-jährigen berufsbegleitenden Weiterbildung.

Die Weiterbildung in der P. umfasst das Erlernen umfangreicher klin. Theorie, den Erwerb der prakt. psychotherapeut. Fähigkeiten durch die Behandlung von Patienten und eine eigene psychotherapeut. Selbsterfahrung. Gegenüber einer einseitigen und schulenhörigen psychotherapeut. Ausbildung der vergangenen Jahrzehnte ist die Ausbildung in P. inzwischen prinzipiell methodenübergreifend und sehr viel weniger eng Therapieschulen verpflichtet.

⇨ *Familientherapie · Gruppentherapie · Lernen · Musiktherapie · Neurose · New Age · Psychiatrie · Psychoanalyse · Psychologe · Psychologie · Psychosomatik · Tiefenpsychologie · Verhaltenstherapie*

P. Grundlagen, Verfahren, Indikationen, hg. v. H. STROTZKA ([2]1978); MARY L. SMITH u. a.: The benefits of psychotherapy (Baltimore, Md., 1980); Handbook of psychotherapy and behavior change, hg. v. S. L. GARFIELD u. a. (New York [3]1986); W. MERTENS: Einf. in die psychoanalyt. Therapie, 3 Bde. ([2]1992–93); Hb. der Entspannungsverfahren, hg. v. D. VAITL u. a., 2 Bde. (1993–94); K. GRAWE u. a.: P. im Wandel. Von der Konfession zur Profession ([4]1995); Psychotherapeut. Medizin, Beitrr. von G. RUDOLF u. a. ([3]1996); Praxis der P. Ein integratives Lb. für Psychoanalyse u. Verhaltenstherapie, hg. v. W. SENF u. M. BRODA (1996); Lb. der Verhaltenstherapie, hg. v. J. MARGRAF, 2 Bde. (1996); C. REIMER u. a.: P. Ein Lb. für Ärzte u. Psychologen (1996); Lb. der psychotherapeut. Medizin, hg. v. S. AHRENS (1997); PsyBaDo: Praxis der Qualitätssicherung in der P. (1998).

psychotisch, zum Erscheinungsbild einer Psychose gehörend; an einer Psychose leidend.

Psychotropika, →Psychopharmaka.

psychovegetativ, auf einer von psych. Stressoren ausgelösten Fehlreaktion des vegetativen Nervensystems beruhend; bes. von organisch nicht fassbaren Krankheitssymptomen gesagt. (→psychovegetatives Syndrom)

psychovegetatives Syndrom, vegetative Regulations|störungen, vegetative Dystonie, vegetative Labilität, neurasthenisches Syndrom, Neurasthenie, Psychasthenie, Nervenschwäche, neurozirkulatorische Asthenie, Fehlregulation und Störung des vegetativen Nervensystems, das z. T. vom Vagus und Sympathikus gebildet wird. Zu den Ursachen gehören starke psych. Belastungen, v. a. Stress, aber auch länger andauernde Konfliktsituationen. Es kommt zu Störungen versch. Organfunktionen, bes. im Bereich von Herz und Kreislauf. Die Symptome reichen von körperl. Beschwerden, v. a. Herzbeschwerden mit Druckgefühl und Rhythmusstörungen (z. B. gelegentl. Herzjagen), Kopfschmerzen, ursächlich nicht erklärbaren Stuhlunregelmäßigkeiten, bis zu unklaren Gefühlen des Bedrücktseins, Spannungszuständen, Angst, Unruhe, Schlaflosigkeit, Schwindelgefühl, Magendruck, feuchtkalten Händen und Füßen, bis zur nervösen Erschöpfung. Die *Behandlung* erfolgt durch Psychotherapie; wichtig ist auch eine geregelte Lebensführung.

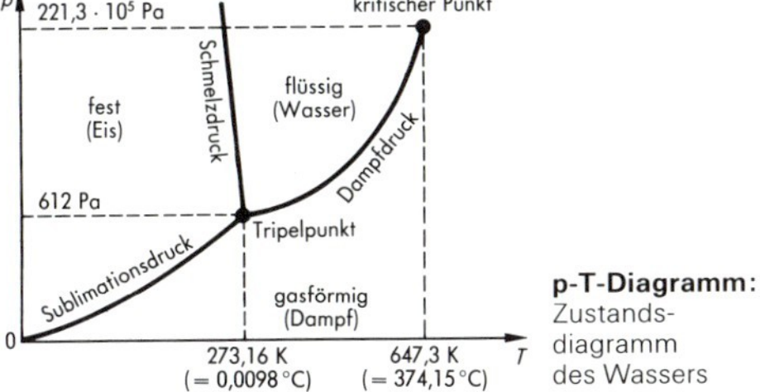

p-T-Diagramm: Zustandsdiagramm des Wassers

Psychovitalismus, philosoph. Lehre, die zur Erklärung des organ. Geschehens und seiner sich vom Mechanischen abhebenden Besonderheiten (z. B. Zweckmäßigkeit) ein besonderes psych. Prinzip (→Entelechie, →Psychoid) annimmt. (→Vitalismus)

psychro... [zu griech. psychrós ›kalt‹, ›kühl‹, ›frostig‹], Wortbildungselement mit der Bedeutung: Kälte, kalt, z. B. Psychrophyten.

Psychrometer *das, -s/-,* Gerät zur Messung der Luftfeuchtigkeit (Wasserdampfgehalt), das aus einem trockenen und einem befeuchteten Thermometer besteht. An Letzterem tritt Verdunstung auf, die zu einem von der Luftfeuchtigkeit abhängigen Wärmeentzug und somit zu einer tieferen Temperatur führt, sodass die Differenz der an den beiden Thermometern gemessenen Werte über Formeln oder Diagramme in Luftfeuchtewerte umgerechnet werden kann. Für die notwendige Ventilation sorgt entweder ein kleiner Motor (Aspirations-P.) oder ein Schleudern des Gesamtinstrumentes (Schleuder-P.) durch die Luft.

psychrophil [zu griech. phileīn ›lieben‹], Kälte liebend; Bez. v. a. für Mikroorganismen, die niedrige Temperaturen bevorzugen (höchste Wachstumsraten unterhalb von 20 °C).

Psychrophyten [zu griech. phytón ›Pflanze‹], *Sg.* **Psychrophyt** *der, -en,* Pflanzen kalter Böden, die lang anhaltenden Frost ertragen können, z. B. Zwergsträucher, Flechten, Moose in der Tundravegetation.

Psykter [griech.] *der, -(s)/-,* antikes bauchiges Gefäß auf hohem zylindr. Fuß; das zum Kühlhalten von Wein bestimmte Gefäß wurde in einen Krater gestellt.

Pszczyna [ˈpʃtʃina], Stadt in Polen, →Pleß.

Pt, chem. Symbol für das Element →Platin.

PT, Abk. für den Piaster in Ägypten und Sudan.

p. t., Abk. für →**pro t**empore.

Pta, Abk. für die span. →Peseta.

PTA, Abk. für **1)** →Post & Telekom Austria.

2) →**P**referential **T**rade **A**rea for Eastern and Southern Africa.

Ptah, einer der ältesten menschengestaltigen Götter Ägyptens. Bedeutung gewann er erst gegen Ende des Alten Reiches, zunächst lokal in der Königsresidenz Memphis; hier wurden der Stier →Apis als Mittler oder Erscheinungsform und die Göttin →Sachmet als Gemahlin des P. verehrt. Im Neuen Reich galt er als universaler Schöpfergott, als Bildner der Welt, der diese durch das schaffende Wort und das Werk seiner Hände ins Leben ruft. P. war Berufsgott der Handwerker und Künstler; sein Oberpriester war der ›Oberste Leiter der Handwerker‹. In der Ramessidenzeit verkörperte sich für den Ägypter in der Trinität P., Re und Amun die Gesamtheit der Götter. Die Griechen setzten P. dem Hephaistos gleich.

Ptah: Darstellung des Gottes auf einer Wandmalerei im Grab der Königin Nofretiri im Tal der Königinnen, Theben; um 1250 v. Chr.

PTB, Abk. für →**P**hysikalisch-**T**echnische **B**undesanstalt.

PTC, Abk. für **p**erkutane **t**ranshepatische **C**holangiographie (→ Cholezystographie).

PTC-Theorem, *Physik:* das →CPT-Theorem.

PTC-Widerstand, *Elektrotechnik:* →Kaltleiter.

p-T-Diagramm, ein →Zustandsdiagramm zur Darstellung der Existenzbereiche der →Aggregatzustände eines Stoffes in Abhängigkeit vom Druck p und der Temperatur T. Das p-T-D. der meisten Stoffe enthält eine Dampfdruck-, Schmelzdruck- und Sublimationsdruckkurve, die diese Bereiche begrenzen und die Zustände beschreiben, bei denen Phasengleichgewicht herrscht **(Koexistenzlinien).** Die Dampfdruckkurve endet dabei im krit. Punkt, jenseits dessen die flüssige und gasförmige Phase entarten. Am Schnittpunkt der drei Kurven, dem →Tripelpunkt, existieren alle drei Phasen nebeneinander im Gleichgewicht.

Pteranodon, Gattung der →Flugsaurier.

Pteridin, bizyklische, heterozykl. Verbindung, in der ein Pyrimidin- und ein Pyrazinring kondensiert

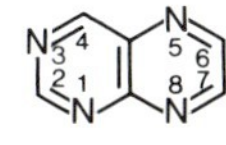

Pteridin

vorliegen. P. ist eine gelbe, gut kristallisierende Substanz; es bildet den Grundkörper der →Pteridine.

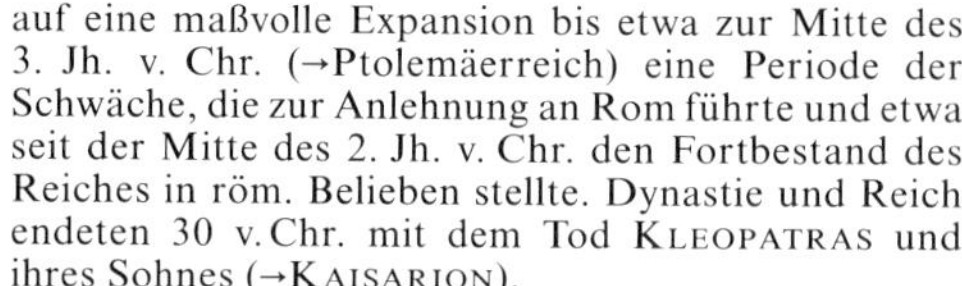

Xanthopterin: R=H
Leukopterin : R=OH
Pteridine

Pteridine [zu griech. pterón ›Flügel‹ (nach ihrem Vorkommen in den Pigmenten von Schmetterlingsflügeln)], Gruppe von Verbindungen, denen das Ringgerüst des Pteridins zugrunde liegt. Weit verbreitete Naturstoffe sind v. a. die vom 2-Amino-4-hydroxypteridin (›Pterin‹) abgeleiteten Derivate, die **Pterine.** Dazu gehören das beim Kohlweißling vorkommende weiße Pigment **Leukopterin** und das im Zitronenfalter enthaltene gelbe Pigment **Xanthopterin.** Biochemisch wichtige Abkömmlinge des Pterins sind v. a. die →Folsäure und die Tetrahydrofolsäure.

Pteridium [zu griech. ptéris ›Farnkraut‹], Gattung der Adlerfarngewächse mit der einzigen Art →Adlerfarn.

Pteridospermae [griech.], die →Samenfarne.

Pterobranchia [griech.], die →Flügelkiemer (Kragentiere).

Pterocarpus [griech.], die Gattung →Flügelfruchtbaum.

Pteroclididae [griech.], die →Flughühner.

Pterodactylus [griech.], Gattung der →Flugsaurier.

Pterophoridae [griech.], die →Federmotten.

Pteropodenschlamm, Sediment der tieferen Meeresteile v. a. der Tropen und Subtropen; die kalkreichen Ablagerungen bestehen überwiegend aus Schalen von Ruderschnecken.

Pterosaurier [griech.], die →Flugsaurier.

Pterostigma [griech.], das →Flügelmal.

Pterygium [zu griech. ptéryx, ptérygos ›Feder‹, ›Flügel‹] *das, -s/...gia,* **1)** *Medizin:* das →Flügelfell.

2) *Zoologie:* Bez. für flächige Strukturen bei Tieren, z. B. das Flossenskelett von im Wasser lebenden Wirbeltieren oder die Flughäute bei einigen Reptilien und Säugetieren; auch Bez. für die Insektenflügel.

Ptolemaios I. Soter (Münzporträt auf einem griechischen Tetradrachmon, Durchmesser 26 mm)

Pterygoid [zu griech. ptéryx, ptérygos ›Feder‹, ›Flügel‹ und -oeidēs ›ähnlich‹], **Flügelbein,** paariger Deckknochen des Munddachs der Wirbeltiere; nimmt urspr. nahezu die ganze Länge des Munddachs ein; bei höher entwickelten Wirbeltieren beschränkt es sich auf dessen hinteren Teil. Durch Verschmelzen mit dem benachbarten Keilbein entsteht bei einigen höheren Säugetieren (auch beim Menschen) ein flügelähnl. paariger Fortsatz (**Flügelfortsatz,** Processus pterygoideus) an der Basis des Hirnschädels.

Pterygopodium [zu griech. ptéryx, ptérygos ›Feder‹, ›Flügel‹ und poús, podós ›Fuß‹] *das, -s/...dilen,* aus einem Teil der beiden Bauchflossen gebildetes paariges Begattungsorgan der Knorpelfische.

Pterygota [griech.], die →Fluginsekten.

PTFE [Abk. für **P**oly**t**etra**f**luor**e**thylen], →Polytetrafluoräthylen.

Ptolemäer [nach dem Herrschernamen Ptolemaios], **Ptolemaier, Lagiden** [nach LAGOS, dem Vater PTOLEMAIOS' I.], die makedon. Dynastie, die seit dem Tod ALEXANDERS D. GR. Ägypten beherrschte (323–30 v. Chr.) und von diesem Kern aus das Ptolemäerreich errichtete. Ihre Herrschaft bedeutete innenpolitisch die Fortführung der alten sozialen und wirtschaftl. Verhältnisse, jedoch bei verstärkter Zentralisierung von Landbesitz, Einkünften und Staatsverwaltung in königl. Hand mithilfe einer griech. Bürokratie. Umfassende staatl. Monopolwirtschaft und zielbewusste Förderung von Produktion sowie Handel (Ausbau der Residenz Alexandria zum Wirtschaftszentrum des Mittelmeerraumes, Expeditionen zur Erschließung von Seewegen und von Materialquellen bes. in Innerafrika) verstärkten die Einflussmöglichkeiten der P. in außerägypt. Ländern. Die Errichtung großer Kulturinstitutionen in Alexandria machten es zum wichtigsten Zentrum hellenist. Bildung und Wiss. (→alexandrinisches Zeitalter). Außenpolitisch folgte auf eine maßvolle Expansion bis etwa zur Mitte des 3. Jh. v. Chr. (→Ptolemäerreich) eine Periode der Schwäche, die zur Anlehnung an Rom führte und etwa seit der Mitte des 2. Jh. v. Chr. den Fortbestand des Reiches in röm. Belieben stellte. Dynastie und Reich endeten 30 v. Chr. mit dem Tod KLEOPATRAS und ihres Sohnes (→KAISARION).

A. BOUCHÉ-LECLERCQ: Histoire des Lagides, 4 Bde. (Paris 1903–07, Nachdr. Aalen 1978); T. C. SKEAT: The reigns of the Ptolemies (München [2]1969); H. BENGTSON: Griech. Gesch. ([7]1986).

Ptolemäerreich, eines der drei großen Reiche der →hellenistischen Staatenwelt, benannt nach der regierenden Dynastie der →Ptolemäer (323–30 v. Chr.). Über das Kernland, die ehem. pers. Satrapie Ägypten, griff schon PTOLEMAIOS I. hinaus. Im 3. Jh. v. Chr., in seiner Glanzzeit, umfasste das P. außer Ägypten die Cyrenaika (Kyrene, etwa 283–246 v. Chr. unter einer Nebenlinie selbstständig), Zypern, S-Syrien (bes. Palästina, seit 301 v. Chr. Streitobjekt in der Auseinandersetzung mit den Seleukiden), die Inseln der Ägäis und Gebiete an der kleinasiat. West- und Südküste sowie in Thrakien. Ende des 3. Jh. v. Chr. setzte der Niedergang ein, verursacht durch Finanzkrisen, Aufstände der einheim. Bevölkerung, Angriffe der Seleukiden, Eingriffe Roms seit 168 v. Chr. und die Schwäche der Herrscher. Das P. verlor seine Außenbesitzungen (S-Syrien, asiat. und ägäischer Besitz 201–195 v. Chr.). Seit dem Streit PTOLEMAIOS' VI. mit seinem Bruder, dem späteren PTOLEMAIOS VIII., mehrten sich die Fälle von dynast. Streitigkeiten und Reichsteilungen. Drei Herrscher machten Testamente zugunsten Roms (zuerst PTOLEMAIOS VIII.), aufgrund deren Kyrene 96 (seit 74 als röm. Prov.) und Zypern 58 v. Chr. von Rom eingezogen wurden. Mit der Besetzung Ägyptens durch OCTAVIAN (30 v. Chr.) erlosch das P. als letztes der hellenist. Großreiche.

G. HÖLBL: Gesch. des P. Politik, Ideologie u. religiöse Kultur von Alexander dem Großen bis zur röm. Eroberung (1994).

Weitere Literatur →Ptolemäer.

Ptolemaios, lat. **Ptolemaeus, Ptolemäus,** Herrscher des hellenist. Ägyptens; bedeutende Vertreter:

1) Ptolemaios I. Soter [›Retter‹], König (seit 305 v. Chr.), * 366 v. Chr., † 283 v. Chr.; Sohn des Makedonen LAGOS, Vater von 2); ⚭ seit 317 mit BERENIKE I.; Leibwächter und Feldherr ALEXANDERS D. GR. (Verfasser einer Alexandergeschichte), erhielt von diesem 323 die Satrapie Ägypten, die er zielbewusst zum selbstständigen Territorialstaat ausbaute und in den Diadochenkriegen behauptete.

J. SEIBERT: Unters. zur Gesch. P.' I. (1969).

2) Ptolemaios II. Philadelphos [›Schwesterliebender‹], Mitregent (seit 285 v. Chr.) und König (seit 283 v. Chr.), * auf Kos um 308 v. Chr., † 246 v. Chr., Sohn von 1) und der BERENIKE I., Vater von 3); konnte den ererbten Besitz bewahren und sogar erweitern (Feldzüge nach Äthiopien und Arabien). P. begründete den ptolemäischen Herrscherkult. Er machte Alexandria zum Mittelpunkt der hellenist. Kultur (→Alexandrinisches Zeitalter). Seine zweite Ehe – nach Verstoßung von ARSINOE I. – mit →ARSINOE II. begründete die Sitte der Ptolemäer, die eigene Schwester oder eine andere ptolemäische Prinzessin zu heiraten.

3) Ptolemaios III. Euergetes [›Wohltäter‹], König (seit 246 v. Chr.), * um 284 v. Chr., † 221 v. Chr., Sohn von 2) und der ARSINOE I., Vater von 4); ⚭ mit BERENIKE II.; behauptete im Kampf mit den Seleukiden die Machtstellung des Reichs und setzte den Ausbau der Reichsverwaltung fort.

4) Ptolemaios IV. Philopator [›Vaterliebender‹], König (seit 221 v. Chr.), * nach 240 (?) v. Chr., † 204 v. Chr., Sohn von 3) und der BERENIKE II., Vater von 5); siegte 217 bei Raphia (heute Rafah) über ANTIO-

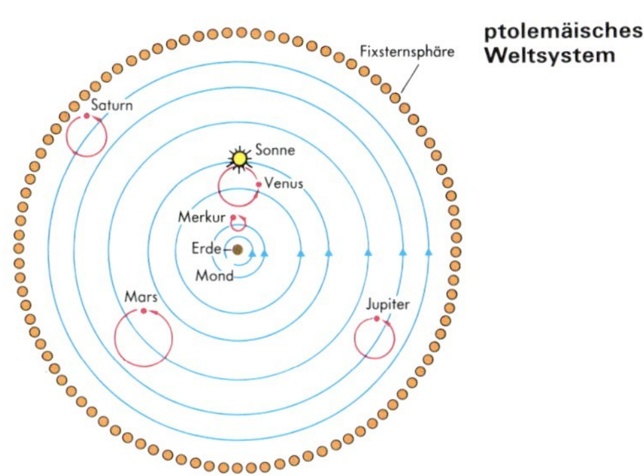

ptolemäisches Weltsystem

CHOS III. erstmals mithilfe einer Phalanx einheim. Ägypter, was deren nat. Selbstbewusstsein förderte und zu Aufständen führte (erst 184 v. Chr. unter P. V. beendet); diese legten im Verein mit einer hohen Inflation die ptolemäische Außenpolitik lahm (Neutralität Ägyptens im 2. Pun. Krieg).

W. HUSS: Unters. zur Außenpolitik P.' IV. (1976).

5) Ptolemaios V. Epiphanes [›der Erschienene‹], König (seit 204 v. Chr.), *210 v. Chr., †180 v. Chr., Sohn von 4), Vater von 6) und 7); stand bis 197 unter wechselnder Vormundschaft; P. wurde erstmals nach ägypt. Ritus in Memphis gekrönt. Er verlor im 5. Syr. Krieg (202/201–195 v. Chr.) Palästina und kleinasiat. Gebiete an ANTIOCHOS III.

6) Ptolemaios VI. Philometor [›Mutterliebender‹], König (seit 180 v. Chr.), †in Syrien 145 v. Chr., Sohn von 5), Bruder von 7). Seine Herrschaft wurde nach der Invasion und Besetzung Ägyptens (170–168 v. Chr.) durch ANTIOCHOS IV. von Syrien nur durch Eingreifen Roms gerettet, zu dem er dadurch in starke Abhängigkeit geriet. 164 wurde er durch seinen Bruder P. VIII. vorübergehend aus Ägypten vertrieben; bei der Reichsteilung 163 musste er an diesen Kyrene abtreten.

W. OTTO: Zur Gesch. der Zeit des 6. Ptolemäers (1934, Nachdr. 1976).

7) Ptolemaios VIII. Euergetes [›Wohltäter‹], König von Ägypten (Alleinherrschaft 164/163 und seit 145 v. Chr.), König von Kyrene (163–145 v. Chr.), *um 180 v. Chr., †116 v. Chr., Sohn von 5), Bruder von 6); erhielt nach vorübergehender Vertreibung seines Bruders P. VI. aus Ägypten Kyrene und machte zur Stützung seines Anspruchs auf Zypern ein Testament zugunsten Roms; nach dem Tod des Bruders Alleinherrscher des Gesamtreichs. P. entfachte durch seine Doppelehe mit seiner Schwester KLEOPATRA II. (†115; vorher Gattin von P. VI.) und seiner Stieftochter KLEOPATRA III. (†101) einen auch unter seinen Nachfolgern nicht zur Ruhe kommenden Dynastie- und Bürgerkrieg.

8) Ptolemaios XIII. Philopator Philadelphos [›der Vater- und Schwesterliebende‹], Mitregent (seit 51 v. Chr.), *61 v. Chr., †47 v. Chr.; Mitregent seiner Schwestergattin →KLEOPATRA VII.; fiel im Alexandrin. Krieg (48/47) gegen CAESAR.

9) Ptolemaios XV., Sohn CAESARS und der KLEOPATRA VII., →KAISARION.

Ptolemaïs, griech. **Ptolemaïs, 1)** Name mehrerer nach →Ptolemäern benannter (umbenannter) antiker Städte, u. a. in Phönikien, der Cyrenaika, Oberägypten und Palästina (z. B. →Akko).

2) Stadt im Verw.-Bez. (Nomos) Kosani in Makedonien, Griechenland, in der Pelagonija, 600 m ü. M., 25 100 Ew.; chem. Industrie, Düngemittelherstellung; Wärmekraftwerk auf der Basis der hier im Tagebau gewonnenen Braunkohle (Xylit).

ptolemäischer Satz, Gegensehnensatz, mathemat. Lehrsatz, nach dem das Produkt der Diagonalen e und f eines konvexen Sehnenvierecks in einem Kreis gleich der Summe der Produkte aus den Gegenseiten ist: $ef = ac + bd$; (a, c) und (b, d) sind die Gegenseitenpaare. Der p. S. bildete die theoret. Grundlage der von C. PTOLEMÄUS im Anschluss an HIPPARCH VON NIKAIA aufgestellten Sehnentafeln.

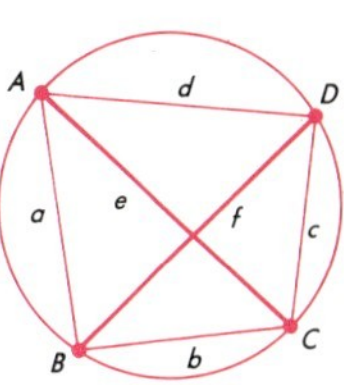

ptolemäischer Satz

ptolemäisches Weltsystem, ein →geozentrisches Weltsystem, bei dem sich die (damals bekannten) Planeten Merkur, Venus, Mars, Jupiter und Saturn sowie Sonne und Mond um die Erde als Mittelpunkt bewegen. Zur Beschreibung der Planetenbewegung kombinierte C. PTOLEMÄUS die ältere →Epizykeltheorie und →Exzentertheorie und führte zusätzlich eine Ausgleichsbewegung (→Punctum aequans) ein, um die Phänomene entsprechend den aristotel. Forderungen nach Gleich- und Kreisförmigkeit aller (Einzel-)Bewegungen am Himmel wiedergeben zu können. Das p. W. wurde vom heliozentr. kopernikan. Weltsystem verdrängt (→Astronomie, →Kosmologie).

Ptolemäus, Claudius, griech. **Klaudios Ptolemaios,** griech. Astronom, Mathematiker und Naturforscher, *Ptolemais (Oberägypten) um 100, †vermutlich Canopus (bei Alexandria) um 160. P. wirkte im 2. Drittel des 2. Jh. in Alexandria; er erwähnt eigene astronom. Beobachtungen aus den Jahren 127–151. Aus seinem Leben ist wenig bekannt.

Claudius Ptolemäus (Holzbüste von Jörg Syrlin d. Ä. am Chorgestühl des Ulmer Münsters; 1469–74)

Das erste systemat. Handbuch der mathemat. Astronomie ist seine um 800 von den Arabern ›Almagest‹ betitelte ›Syntaxis mathematike‹ (›Mathemat. Sammlung‹), die durch ihren Inhalt und Aufbau für alle astronom. Handbücher bis über N. KOPERNIKUS hinaus maßgeblich wurde. Sie enthält eine Einführung in das →ptolemäische Weltsystem, die mathemat. Hilfssätze der Astronomie nebst Beweisen (astronom. Koordinaten, sphär. Trigonometrie, Sehnentafeln, Ausbau und Anwendung der Lehre von den Kegelschnitten), im dritten Buch die Theorie der Sonne (Exzenter), im vierten und fünften die des Mondes (Epizykel). Das sechste Buch widmet sich den Ursachen und Berechnungen von Mond- und Sonnenfinsternissen, die beiden anschließenden behandeln die Sterne und bringen den erweiterten Sternkatalog des HIPPARCH VON NIKAIA, der bis TYCHO BRAHE fast unverändert, nur wegen der Präzession auf die neue Zeit reduziert, übernommen wurde. Auf seiner Basis konnten E. HALLEY 1718 und J. T. MAYER 1760 durch Vergleich mit neueren Beobachtungen erstmals auf Eigenbewegungen von Sternen schließen. Die Bücher 9 bis 13 liefern die Theorie der fünf Planeten Saturn, Jupiter, Mars, Venus und Merkur.

P. versuchte später, auf der Grundlage der →homozentrischen Sphären des ARISTOTELES ebenfalls eine Sphärenkosmologie aufzubauen, die jetzt allerdings aus Teilsphären und nicht aus konzentrisch begrenzten Kugelschalen bestand, entsprechend den Ergebnissen seiner mathemat. Astronomie. Da diese materiellen Sphären räumlich gegeneinander abzugrenzen waren, ließ sich auf der Grundlage der parallakt. Entfernungsbestimmung Erde–Mond und Erde–Sonne sowie aus den relativen Größenverhältnissen der jeweiligen Deferenten und Epizykel ein ineinander geschachteltes System mit berechenbarer Ausdehnung schaffen. Die Schrift, in der diese Kosmologie dargelegt und die äußere Sternsphäre zu 20 000 Erdhalbmessern berechnet wird (›Hypotheses planetarum‹), ist vollständig erst 1967 in einer arab. Übersetzung wieder aufgefunden worden. Die kosmolog. Anschauungen IBN AL-HAITHAMS, die über J. DE SACROBOSCO und G. PEURBACH auch das lat. MA. beherrschten, ließen sich dadurch ebenso als ptolemäisch nachweisen wie die mittelalterl. Vorstellungen von der Größe des Kosmos. Ein im Wesentlichen noch heute gebräuchl. Handbuch schuf P. mit ›Tetrabiblos‹ (›Viererbuch‹), ein noch heute fast unverändertes Regelwerk der Astrologie. Die astrolog. Berechnungen wurden von P. allerdings auf die neue mathemat. Grundlage seines ›Almagest‹ gestellt, und die Planetenastrologie der Babylonier wurde mit der Tierkreis- und Dekanastrologie der Ägypter erstmals fest verknüpft.

Das geograph. Weltbild wurde bis in die Neuzeit wesentlich durch die acht Bücher der ptolemäischen ›Geographia‹ bestimmt, die allerdings selbst keine Erdkarte enthielt, sondern nur eine Anleitung zur Konstruktion von Gradnetzen (mit der ihm erstmals gelungenen Kegelprojektion; →Kartennetzentwürfe) sowie die Länderaufteilung und, nach dem Vorbild von ERATOSTHENES, HIPPARCH und MARINOS, die vorwiegend astronom. Lagebestimmung von rd. 8 100 Orten der in der antiken Welt bekannten (nördl.) Ökumene. Nach diesen Angaben wurden bis zum ausgehenden 16. Jh. (gelegentlich um neue Entdeckungen ergänzte) Erdkarten konstruiert. – Das astronom. Werk wird ergänzt durch lange gebräuchl. Handtafeln, Kalender (→Parapegma) und Schriften über Sternphasen, das Analemma und die Planisphäre (Astrolabium).

Neben kleineren philosoph. Schriften zur Erkenntnistheorie und einem Werk über die Schwere der Körper stammen zwei weitere Handbücher von P., die die behandelten Disziplinen bis in die Neuzeit kanonisch beherrschten, die ›Harmonik‹, die die mathemat. Musiktheorien der Antike abschließend zusammenfasst und starken Einfluss noch auf J. KEPLERS Vorstellungen von der ›Weltharmonik‹ ausübte, und die nur in einer lat. Übersetzung erhaltene ›Optik‹, in der die geometr. Optik einschließlich der Reflexion (Katoptrik) im Wesentlichen im Anschluss an EUKLID und HERON VON ALEXANDRIA axiomatisch behandelt wird, sich aber auch erstmals eine nähere Behandlung der Brechung des Lichtes an der Grenze von Medien unterschiedl. Dichte (Luft–Wasser, Luft–Glas, Glas–Wasser) findet. Einfalls- und Brechungswinkel maß P. dazu mit einer graduierten Scheibe, und er kam für die Einfallswinkel zw. 10° und 80° zu annähernd richtigen Ergebnissen, wenn er auch noch nicht nach einem Brechungsgesetz suchte.

Ausgaben: Geographia, hg. v. C. F. A. NOBBE, 3 Bde. (1843–45, Nachdr. 1990); Opera quae exstant omnia, hg. v. J. L. HEIBERG u. a., 5 Bde. ([1-2]1898–1961); Die Harmonielehre, hg. v. I. DÜRING (1930, Nachdr. 1982); L'optique. Dans la version latine d'après l'arabe de l'émir Eugène de Sicile, hg. v. A. LEJEUNE (1956); The Arabic version of Ptolemy's planetary hypotheses, hg. v. B. R. GOLDSTEIN (1967).

A. VON BRAUNMÜHL: Vorlesungen über Gesch. der Trigonometrie, Bd. 1 (1900, Nachdr. 1971); W. J. TUCKER: Ptolemaic astrology (Sidcup 1962); O. NEUGEBAUER: A history of ancient mathematical astronomy, 3 Bde. (Berlin 1975); G. GRASSHOFF: The history of Ptolemy's star catalogue (New York 1990).

Ptomaine [zu griech. ptõma ›Fall‹, ›Sturz‹; ›Leichnam‹], *Sg.* **Ptomain** *das, -s,* die →Leichengifte.

Ptosis [griech. ›das Fallen‹] *die, -/...ses,* **Ptose,** das Herabhängen des oberen Augenlides aufgrund einer angeborenen oder erworbenen Lähmung des Oberlidhebermuskels. Ursächlich kann eine Schädigung des III. Gehirnnervs durch Verletzung oder eine Infektions-, Gefäß- und Tumorerkrankung des Gehirns vorliegen; tritt auch bei Vergiftungen oder als Teilerscheinung des Horner-Syndroms auf.

PTT, Abk. für die ehem. **Schweizerischen Post-, Telefon- und Telegrafenbetriebe** (gegr. 1922), aus denen 1998 die selbstständigen Unternehmen →Schweizerische Post und →Swisscom AG hervorgingen.

Ptuj, dt. **Pettau,** Stadt in Slowenien, 224 m ü. M., am linken Ufer der Drau, südöstlich von Maribor, 11 200 Ew.; Stadtmuseum (im Schloss), Weinbaumuseum; Zentrum eines Weinbaugebietes. – Denkmalgeschützte Altstadt; aus röm. Zeit stammt u. a. ein Orpheusdenkmal, 194 n. Chr. für Kaiser SEPTIMUS SEVERUS errichtet. Die Kirche St. Georg, ein frühroman. Bau, wurde im 13. Jh. umgebaut. Das ehem. Dominikanerkloster (Fresken, Kreuzgang) beherbergt heute ein Museum; Minoritenkirche mit got. Chor und Barockfassade; Schloss (14. Jh., 16. Jh. umgebaut, später barockisiert). – P., in röm. Zeit Legionslager und blühende Handelsstadt **(Poetovia),** war seit 874 eine wichtige Grenzfestung gegen die Osmanen. Im Spät-MA. ein Mittelpunkt der salzburg. Herrschaft im Draugebiet (1376 Stadtrecht), kam es 1555 zur Steiermark.

Ptyalin [zu griech. ptýalon ›Speichel‹] *das, -s,* Stärke spaltender Bestandteil des →Speichels.

Pu, chem. Symbol für das Element →Plutonium.

puberaler Wachstums|schub, →Pubertät.

Pubertas praecox [lat.] *die, - -,* verfrüht eintretende Geschlechtsreife, bei Mädchen vor dem 8., bei Jungen vor dem 10. Lebensjahr. Mit der vorzeitigen Gonadenreifung ist eine Wachstumsbeschleunigung mit verfrüht einsetzendem Epiphysenschluss verbunden (proportionierter Minderwuchs); durch die altersabweichende Entwicklung kommt es häufig auch zu psych. Problemen. Die Ursache der auf Fehlregulationen des Hypothalamus beruhenden (hypothalam.) P. p., die zu einer verfrühten Sekretion von luteinisierendem Hormon führen, ist meist unbekannt. Die **Pseudopubertas praecox** wird durch Erkrankungen der hormonproduzierenden Organe (Nebennieren-, Eierstock-, Hodentumoren) hervorgerufen oder ist bei Jungen Teil des adrenogenitalen Syndroms.

Die *Behandlung* erfolgt medikamentös mit langfristiger Anwendung von Hormonen, die stimulierend auf die Gonadotropinfreisetzung wirken, jedoch durch Blockierung der Rezeptoren nach kurzer Zeit zu einer starken Hemmung der Hormonsekretion führen.

Pubertas tarda [lat.] *die, - -,* verzögert eintretende Geschlechtsreife, bei Mädchen etwa nach dem 15., bei Jungen nach dem 16. Lebensjahr; die Ursachen sind unbekannt oder liegen in einer Störung der Gonaden- und Hypothalamusfunktion bzw. in einer Unterernährung.

Pubertät [lat. pubertas ›Geschlechtsreife‹] *die, -,* Entwicklungsphase des Menschen zw. Kindheit und Erwachsensein. Mit der P. setzt eine gewissermaßen sekundäre Geschlechtsdifferenzierung ein.

Ausgelöst wird die P. durch das Erreichen eines bestimmten Reifegrades des Hypothalamus. Zahlr. komplizierte Regulationen der inneren Sekretion, die sich in ihrer Reihenfolge gegenseitig steuern, gewährleisten den normalen Ablauf der P. und damit den Übergang vom kindl. zum erwachsenen Organismus. Die zentrale Steuerung erfolgt über Hormone des Hypophysenvorderlappens (→Gonadotropine). Der Beginn dieses Prozesses wird auch als **Vor-P.** bezeichnet. Mit der →Geschlechtsreife, die bei Mädchen zw. dem 11. und 15., bei Jungen zw. dem 12. und 16. Lebensjahr erfolgt, schließt die erste Phase der P. ab.

Außer durch die Ausbildung der sekundären →Geschlechtsmerkmale und das Auftreten der ersten Menstruation (Menarche) bzw. der ersten Ejakulation oder Pollution ist die P. bes. durch Veränderungen hinsichtlich des Körperwachstums gekennzeichnet **(puberaler Wachstumsschub);** v. a. nimmt die relative Kopfhöhe ab, die relative Beinlänge dagegen zu. Proportionsunterschiede zeichnen sich bes. zw. den Geschlechtern ab (starke Zunahme der Schulterbreite bei Jungen, der Hüftbreite bei Mädchen). Der körperl. Reifungsprozess ist mit der zweiten Phase, dem psych. Reifungsprozess verbunden. Allerdings können sehr ausgeprägte Unterschiede zw. beiden Prozessen bestehen.

Die soziale Reife wird später erreicht als die körperl. und sexuelle; sie wird in hohem Maß auch von der Art der sozialen Umwelt, dem Grad ihrer Differenzierung und ihren Anforderungen an den Jugendlichen bestimmt. In der modernen Industriegesellschaft besteht eine problemreiche Spanne zw. dem Erreichen der sexuellen Reife und dem Zeitpunkt, in dem die sozialen und ökonom. Voraussetzungen für eine feste Partnerbeziehung gegeben sind; dies gilt v. a. für Personen in Berufen mit langer Ausbildungszeit.

Aufgrund des Spannungsverhältnisses zw. physiologisch (v. a. hormonal) bedingten körperl. Veränderungen und dem weitgehend noch nicht ›geordneten‹ Sozial- und Geschlechtsleben ist die P. eine Phase seelisch-geistiger Unausgeglichenheit. Im Verhalten zeigen sich leicht hervorrufbare starke Erregtheit, Gefühlsambivalenz und -übersteigerung (›Zerrissenheit‹), Protesthaltung (v. a. gegen die Erwachsenenwelt) und soziale Orientierungsschwierigkeiten. (→Jugend, →Jugendpsychologie)

Puberales Geschehen ist auch bei Tieren zu beobachten. Dabei fällt auf, dass es i. Allg. bei den Primaten später einsetzt als bei anderen Säugetieren, die Kindheit bei ihnen also verlängert ist. Diese **P.-Verzögerung** der Primaten, bes. stark beim Menschen ausgeprägt, bedeutet eine Verlängerung der Lernphase; so können die Möglichkeiten und Fähigkeiten, die das hoch entwickelte Primaten- und bes. Menschengehirn bietet, optimal ausgenutzt werden. Mit dem Abschluss der Wachstums- und Reifungsvorgänge gegen Ende des zweiten Lebensjahrzehnts **(Nach-P.)** setzt eine biologisch relativ konstante Phase ein.

Völkerkunde: Als wichtiger Lebenseinschnitt ist die P. in vielen Stammesgesellschaften mit reichem Ritual umgeben **(P.-Riten).** Um die gemeinsame Durchführung solcher Rituale zu ermöglichen, werden oft Heranwachsende ohne Rücksicht auf die individuell eintretende Geschlechtsreife zu Gruppen zusammengefasst **(soziale P.).** In komplexeren Gesellschaften nimmt die Bedeutung solcher Rituale ab. (→Altersklasse, →Initiation)

W. BLUNCK: Pädiatr. Endokrinologie (1977); R. HEIDEMANN: Erziehung in der Zeit der P. ([2]1981); R. OERTER: Moderne Entwicklungspsychologie ([21]1987); H. FEND: Die Entdeckung des Selbst u. die Verarbeitung der P. (Bern 1994).

Pubes [lat. ›Mannbarkeit‹; ›Schamhaare‹, ›Schamgegend‹] *die, -/-, Anatomie:* 1) Scham, Schamgegend; Bereich der äußeren Genitalien; 2) Schambehaarung.

Pubeszenz *die, -,* Bez. für die Geschlechtsreifung, die mit dem Eintritt in die →Pubertät beginnt und mit der →Adoleszenz endet.

Publicani [lat.], seit dem 3. Jh. v. Chr. Bez. für private Geschäftspartner des röm. Staates für Heereslieferungen, Pacht von staatl. Einkünften und Staatsbesitz.

Public-Choice-Theorie, →politische Ökonomie.

Public Enemy [ˈpʌblɪk ˈenəmi], 1982 in Long Island (N. Y.) gegründete afroamerikan. Rap- und Hip-Hop-Band um CHUCK D. (eigtl. CARLTON RIDENHOUR, * 1965) und HANK STOCKLEE (* 1966), u. a. mit PROFESSOR GRIFF (eigtl. RICHARD GRIFFIN, * 1963), FLAVOR FLAV (eigtl. WILLIAM DRAYTON, * 1965) und D. J. TERMINATOR X (eigtl. NORMAN ROGERS, * 1966); wurde mit ihren aggressiven Songs (u. a. ›Fight the power‹, 1988) sowie provokanten öffentl. Statements zu einem ebenso umstrittenen wie viel beachteten Sprachrohr afroamerikan. Jugendlicher in den USA; 1995 von CHUCK D. für aufgelöst erklärt.

Public Goods [ˈpʌblɪk gʊdz, engl.], die →öffentlichen Güter.

Publicity [pʌˈblɪsɪtɪ; engl., zu public, von lat. publicus ›öffentlich‹; ›staatlich‹] *die, -,* 1) öffentl. Bekanntsein oder -werden; 2) öffentl. Aufsehen, Verbreitung.

Public Library [ˈpʌblɪk ˈlaɪbrərɪ], in England und den USA in der Mitte des 19. Jh. entstandene Form der →öffentlichen Bibliothek. Grundlage waren die ›P. L. Acts‹, die ersten gesetzl. Regelungen (USA 1847, Großbritannien 1850), in denen der Staat verpflichtet wurde, sich der öffentl. Bibliotheken als kultureller Institutionen anzunehmen.

Public Relations [ˈpʌblɪk ˈrɪleɪʃnz; engl., eigtl. ›öffentl. Beziehungen‹] *Pl.,* die →Öffentlichkeitsarbeit.

Public School [ˈpʌblɪk skuːl; engl. ›öffentl. Schule‹] *die, - -/- -s,* 1) in England traditionsreiche Privatschule der Sekundarstufe (13.–18. Lebensjahr) mit angeschlossenem Internat. P. S. besitzen meist ein größeres Vermögen und erhalten Zuwendungen der ehemaligen Fellows (Schüler), was ihnen, zus. mit den oft sehr hohen Schulgeldern, eine von staatl. Einflüssen weitgehend unabhängige Gestaltung des Schullebens ermöglicht. Großes Gewicht haben i. d. R. alte Sprachen, Mathematik und Englisch, ebenso die – persönlichkeitsbildende – Selbstverwaltung des Internatslebens durch die Schüler sowie Teamgeist (›team spirit‹) fördernde Spiele (Cricket, Rugby, Fußball, Hockey). Die P. S. verstehen sich als Eliteschulen, wurden früher fast ausschließlich von Söhnen der Oberschicht besucht und setzen sich die Heranbildung der künftigen Führungskräfte zum Ziel. Zu den bedeutendsten P. S. zählen Eton, Harrow, Rugby, Winchester und (für Mädchen) Rodean. – 2) in den USA und Schottland öffentl. (von einer ›public authority‹ getragene) Schule.

Publikation [frz., von lat. publicatio ›Veröffentlichung‹] *die, -/-en,* 1) das Veröffentlichen, Publizieren; 2) publiziertes, erschienenes Werk.

Publikum [wohl unter Einfluss von engl. und frz. public ›Öffentlichkeit‹, ›(Theater)publikum‹, von mlat. publicum (vulgus) ›das gemeine Volk‹, ›Öffentlichkeit‹, zu lat. publicus ›öffentlich‹, ›staatlich‹] *das, -s,* i. w. S. Bez. für alle Anwesenden bei einem Geschehen bzw. alle Empfänger einer bestimmten Information, insoweit sich Geschehen und Information auf diese Gruppe beziehen und sie dadurch als P. im eigentl. Sinne erst konstituieren. I. e. S. bezeichnet P. die Gruppe von Adressaten, auf die sich eine bestimmte Darbietung bezieht (z. B. die Zuhörer einer Predigt oder im modernen Sinn Theater-, Kino- und Lese-P.). Seit der Aufklärung kommt dem P. eine spezielle krit., wertende und auch kontrollierende Funktion im öffentl., v. a. im polit. Leben (→Öffentlichkeit 1) zu. Bereits Altertum und MA. kennen die Erscheinung des P. Das P. nahm (ggf. nach Ständen getrennt) sowohl an sakralem wie an polit. und kulturellem Geschehen teil. Vom P. des antiken griech. Theaters waren nur die Sklaven ausgeschlossen. Die röm. Komödie wendete sich an die ganze Gesellschaft, während die röm. Tragödie der gesellschaftl. Elite vorbehalten blieb. Demgegenüber waren die Spiele des MA. für jedermann gedacht. Die Darbietungen der ersten Berufsschauspieler (Wandertruppen) fanden an Höfen, aber auch vor einem bunt zusammengesetzten, zahlenden P. in versch. Räumlichkeiten und auf öffentl. Plätzen statt. Charakteristisch für Dtl. im 18. Jh. ist, dass die Wandertruppen einen festen Standort suchten, Hof- und Stadttheater gegründet wurden und v. a. auch für ein bürgerl. P. gespielt wurde. Das P. der Aufklärung und der bürgerl. Epoche stand zunächst noch unter dem Anspruch einer gemeinsamen Wertordnung und teilte die Vorstellung gemeinsamer sozialer Erfahrungen (was in der Realität u. a. Frauen aus dem P. ausschloss). Erst im 19. Jh. traten dann schichten-, klassen- und kulturspezif. Differenzierungen im P. auffällig in Erscheinung. Ab 1890 (Gründung der Besucherorganisation ›Freie Volksbühne‹ in Berlin) wurden Arbeiter als Theater-P. angesprochen. Damit verbunden zeigten sich nun unterschiedl. literar. und künstler. Geschmacksrichtungen. Dennoch blieb bis hinein in die Arbeiterbildung und die Ausbildung einer eigenen sozialist. Ästhetik, z. B. bei G. LUKÁCS, die Orientierung am ›bürgerl. Kulturerbe‹ auch für diese neuen P.-Schichten bindend. Das moderne P., das nicht mehr durch die Anwesenheit (direktes Präsenz-P.), sondern durch den gemeinsamen, aber häufig isolierten Gebrauch des gleichen Mediums (indirektes disperses P.) konstituiert wird, ist in krit. Perspektive eine Ansammlung von ›Masseneremiten‹ (G. ANDERS), das so v. a. zum Objekt der (Massen-)Kommunikationsforschung geworden ist.

L. L. SCHÜCKING: Soziologie der literar. Geschmacksbildung ([3]1961); G. MALETZKE: Psychologie der Massenkommunikation (1963, Nachdr. 1978); R. ESCARPIT: Das Buch u. der Leser. Entwurf einer Lit.-Soziologie (a. d. Frz., [2]1966); H. REIMANN: Kommunikations-Systeme. Umrisse einer Soziologie der Vermittlungs- u. Mitteilungsprozesse (1968); V. KLOTZ: Dramaturgie des P. (1976); H. KINDERMANN: Das Theater-P. der Antike (Salzburg 1979); DERS.: Das Theater-P. des MA. (ebd. 1980); DERS.: Das Theater-P. der Renaissance, 2 Tle. (ebd. 1984–86); P. BOURDIEU: Die feinen Unterschiede. Kritik der gesellschaftl. Urteilskraft (a. d. Frz., Neuausg. [2]1988); P. HUNZIKER: Medien, Kommunikation u. Gesellschaft (1988); J. HABERMAS: Strukturwandel der Öffentlichkeit (Neuausg. 1990).

Publikumsbeschimpfung, Stück von P. HANDKE, Uraufführung 1966 im Theater am Turm, Frankfurt am Main, gedruckt gleichfalls 1966.

Publikumsforschung, die Untersuchung der Empfänger publizist. Aussagen, meist der Medien Presse, Film, Funk und Fernsehen (Leser-, Hörer-, Zuschauerforschung; Rezipientenforschung), mit empir. Methoden nach gesellschaftl. Merkmalen, sozialen und individuellen Meinungen, Einstellungen und Verhaltensweisen. Die P. ist Teilgebiet der Kommunikationswiss., bes. der Wirkungsforschung. Angewandte P. betreibt die →Mediaforschung.

Publikumszeitschriften, Unterhaltungszeitschriften, die in hoher Auflage ein breites Publikum erreichen (meist wöchentlich) und deshalb in ihren Inhalten möglichst allg., in ihrer Aufmachung möglichst anziehend gestaltet sind. Zu den P. zählen v. a. →Illustrierte, Frauenzeitschriften (→Frauenpresse), →Programmzeitschriften, aber auch zielgruppenspezif. Zeitschriften bes. für Sport und Hobby.

Publilius Syrus, röm. Mimendichter des 1. Jh. v. Chr.; freigelassener Sklave, erlangte durch seine Mimen die Gunst des Volkes und CAESARS. Besonderes Aufsehen erregte der Wettkampf, den er 46 v. Chr. gegen seinen Rivalen LABERIUS gewann. Aus seinen Stücken haben sich – neben einigen Fragmenten – Sentenzen (über Themen wie Liebe, Freundschaft, Geiz, Fortuna) erhalten, die im 1. Jh. n. Chr. zusammengestellt wurden.

Ausgabe: Die Sprüche, hg. v. H. BECKBY (1969, dt. u. lat.).

Publishing on Demand [ˈpʌblɪʃɪŋ ɔn dɪˈmɑːnd; engl. ›Publizieren auf Anforderung‹], das Veröffentlichen ausschließlich bei Bedarf. Grundverfahren war urspr. der Einsatz der Fotokopiertechnik anstelle der Drucktechnik; so werden in den USA z. B. Dissertationen teilweise nicht gedruckt, sondern von dem beim Verleger archivierten Mutterexemplar werden nur bei Bedarf Fotokopien hergestellt. Zunehmend finden Informationsträger wie Mikrofilm und Mikrofiche Verwendung. Üblich ist inzwischen auch die Speicherung von Texten auf magnet. und elektron. Informationsträgern (Magnetbänder, Disketten, Datenbanken). P. on D. erfolgt hier z. B. als Papierausdruck eines selektierten Textes aus einer Datenbank.

Publizist *der, -en/-en,* Journalist, polit. Schriftsteller; urspr. der Wissenschaftler des öffentl. Rechts und der Staatslehre.

Publizistik *die, -,* 1) die Summe des in Buch, Presse, Hörfunk, Film und Fernsehen öffentlich Ausgesagten, Teil der →Massenkommunikation; 2) Synonym für **P.-Wissenschaft.** Dieser Begriff wurde als spezifisch dt. Zugang zur →Kommunikationswissenschaft anstelle des engeren Begriffs der Zeitungswiss. 1934 von E. DOVIFAT eingeführt. Indem W. HAGEMANN (1947) die P.-Wiss. als ›Lehre von der öffentl. Aussage aktueller Bewusstseinsinhalte‹ definierte, erfolgte eine definitor. Erweiterung auch auf nichtmediale, unvermittelte Inhalte (verbale und nonverbale Kommunikation) und damit der Zugang zu einer allgemeinen Kommunikationswiss., die alle zeichenhaft vermittelten Phänomene umfasst. Während in Dtl. die Kommunikationswiss. als P.-Wiss. aus einer historisch orientierten Zeitungskunde (→Zeitungswissenschaft) hervorgegangen ist, entwickelte sie sich in den USA und anderswo unter dem Begriff ›journalism research‹ als kommunikatororientierte Handlungslehre. Dennoch ist auch die begriffl. Erweiterung der P.-Wiss. hin zur Kommunikationswiss. sehr ähnlich verlaufen: In großer Übereinstimmung mit der nach der Lasswell-Formel (→Kommunikationsmodelle) systematisierten amerikan. Kommunikationswiss. wird die P. in fünf Bereiche unterteilt: 1) Kommunikatorforschung: Intentionen, Rolle und Arbeitsweise des Journalisten, Berufs- und Standesfragen, 2) Aussagenforschung: Analyse der Aussagen nach Aufmachung, Gestaltung, Verständlichkeit (Form) und Themen, Wertungen, Aufmerksamkeitswirkung (Inhalt) mit der Methode der qualitativ-quantitativen Inhaltsanalyse, 3) Medienforschung: Analyse der Organisations-, Produktions- und Diffusionsstruktur von Medien, 4) Rezipientenforschung: Analyse der Motive, Interessen, Nutzen- und Belohnungsaspekte des Publikums bei der Rezeption bestimmter Inhalte oder Medien, Analyse der Informations- und Kommunikationsverarbeitung und ihrer Folgen in Abhängigkeit von Alter, Geschlecht und sozialer Schicht, 5) Wirkungsforschung: kurz- oder langfristige, positive oder negative Wirkungen informeller und medialer Kommunikation auf Wissen, Einstellungen und Verhalten des Rezipienten. Nach dem Zweiten Weltkrieg wandelte sich die P. schließlich – vornehmlich unter dem Einfluss der Feldtheorie des Handelns (→topologische Psychologie) von K. LEWIN und der sozialwiss. Systemtheorie von N. LUHMANN – von einer deskriptiv und klassifikatorisch ausgerichteten Zeitungskunde zu einer ganzheitlich und prozessorientiert vorgehenden Darstellung und Analyse von Kommunikationsprozessen, die in jüngster Zeit durch den radikalen →Konstruktivismus beeinflusst wird. Der Begriff P.-Wiss. in Lehre und Forschung wird allmählich durch den Begriff Kommunikationswiss. ersetzt. (→Journalist, →öffentliche Meinung)

W. HAGEMANN: Grundzüge der P. ([2]1966); Hb. der P., hg. v. E. DOVIFAT, 3 Bde. ([1-2]1969–71); E. SCHREIBER: Repetitorium Kommunikationswiss. ([3]1990); S. A. LOWERY u. M. L. DE FLEUR: Milestones in mass communication research (White

Plains, N. Y., [3]1995); P./Massenkommunikation, hg. v. E. NOELLE-NEUMANN u. a. (Neuausg. 1997); H. PÜRER: Einf. in die P.-Wiss. ([6]1998).

publizistische Einheit, →Pressekonzentration.

Publizität *die, -,* **1)** *bildungssprachlich* für: das Bekanntsein; Öffentlichkeit; Offenkundigkeit.

2) *Recht:* Offenlegung bestimmter Rechtsverhältnisse und Tatsachen durch Eintragung in öffentl. Bücher, z. B. ins Grundbuch, Güterrechts-, Vereins- oder Handelsregister, sowie durch Veröffentlichung des Jahresabschlusses (→Publizitätspflicht).

Publizitätspflicht, Pflicht von Unternehmen, über ihre wirtschaftl. Lage und Entwicklung öffentlich Rechenschaft zu geben, v. a. durch Veröffentlichung von Jahresabschluss und Lagebericht. Ziel der P. ist der Schutz und die Information von Anlegern und Gläubigern. Die P. von Kapitalgesellschaften (AG, KGaA, GmbH) und eingetragenen Genossenschaften richtet sich nach §§ 325 ff. HGB i. d. F. des Bilanzrichtlinien-Ges. vom 19. 12. 1985, das in Umsetzung von EG-Richtlinien in nat. Recht ergangen ist. Die zu veröffentlichenden Unterlagen sind innerhalb bestimmter Fristen zum Handelsregister einzureichen und können hier von jedermann eingesehen werden; die Einreichung ist im Bundesanzeiger bekannt zu machen. Große Kapitalgesellschaften (§ 267 Abs. 3 HGB) haben die Unterlagen zunächst im Bundesanzeiger zu veröffentlichen und anschließend zum Handelsregister einzureichen. Für mittelgroße und kleine Kapitalgesellschaften (§ 267 Abs. 1 und 2 HGB) bestehen gewisse Erleichterungen hinsichtlich des Umfangs der einzureichenden Unterlagen, für kleine Gesellschaften auch hinsichtlich der Frist der Veröffentlichung. Entsprechende Regeln gelten für eingetragene Genossenschaften; an die Stelle des Handels- tritt das Genossenschaftsregister (§ 339 HGB). Kredit- und Finanzdienstleistungsinstitute sowie Versicherungsunternehmen (nicht Träger der Sozialversicherung) sind ohne Rücksicht auf Größe und Rechtsform zur Offenlegung gemäß den Vorschriften über große Kapitalgesellschaften verpflichtet (§§ 340 l, 341 l HGB); für kleine Kreditinstitute gelten gemäß § 340 l Abs. 4 HGB gewisse Erleichterungen. Für sonstige Unternehmen, bes. für Einzelkaufleute und Personengesellschaften, gilt weiterhin das **Publizitäts-Ges.** vom 15. 8. 1969. Eine P. besteht hiernach nur für Großunternehmen (Bilanzsumme über 125 Mio. DM, Umsatz über 250 Mio. DM, mehr als 5 000 Arbeitnehmer, wobei es genügt, dass zwei dieser drei Kriterien erfüllt sind). Die GmbH und Co. KG unterliegt bisher, als Personengesellschaft, nur der P. nach dem Publizitäts-Ges., soll aber in Zukunft derselben P. unterworfen werden wie die Kapitalgesellschaften. Diese Gleichstellung ist europarechtlich geboten (EG-Richtlinie vom 3. 11. 1990). Zur P. i. w. S. gehört auch die Verpflichtung, vor Einführung von Wertpapieren an einer Börse einen →Prospekt (§ 38 Börsen-Ges.) zu erlassen, der die für die Beurteilung der Papiere wesentl. Angaben enthalten muss. (→Ad-hoc-Publizität)

In *Österreich* wurde die P. großteils durch das Rechnungslegungs-Ges. 1990 (überwiegend erstmals anwendbar auf die nach dem 31. 12. 1991 beginnenden Geschäftsjahre) niedergelegt. Durch das Ges. erfolgt im Wesentlichen eine Anpassung an die EG-Richtlinien. Rechtsgrundlage der Offenlegung sind danach v. a. die neu eingefügten §§ 277 ff. österr. HGB; sie differenzieren die P. nach den jeweiligen Unternehmensgrößen. Die Bestimmungen gelten auch für Banken. – Das am 1. 7. 1992 in Kraft getretene neue *schweizer.* Aktienrecht sieht nun eine beschränkte Offenlegungspflicht für die Jahresrechnung und die Konzernrechnung vor (Art. 697 h OR), v. a. wenn eine Gesellschaft Anleihensobligationen ausstehen hat oder wenn ihre Aktien an der Börse notiert sind. Es besteht eine P. für Banken (Art. 6 Banken-Ges. vom 8. 11. 1934) und private Versicherungseinrichtungen (Art. 21 Versicherungsaufsichts-Ges. vom 23. 6. 1978).

Pub Rock [pʌb rɔk; zu engl. pub ›Kneipe‹], Ende der 1970er-Jahre von der engl. Musikzeitschrift ›Melody maker‹ geprägte Bez. für die auch in Großbritannien entstandene Rockmusikszene des →New Wave mit ihren kleinen, amateurhaften Bands, die mehr oder weniger abseits des kommerziellen Marktes in Kneipen spielten. Zu den wenigen bekannt gewordenen Stars des P. R. gehört u. a. IAN DURY (* 1942).

p. u. c., Abk. für →**p**ost **u**rbem **c**onditam.

Pucallpa [-ˈkaj-], Stadt im östl. Tiefland von Peru, 172 300 Ew.; Zentrum des größten Kolonisationsgebiets im Regenwald Perus; Endpunkt der Straße von Lima über die Anden (846 km), Hafen am Ucayali; landwirtschaftl. Handelszentrum; Sägewerke, Erdölraffinerie (südlich von P. seit 1938 Erdölförderung); Flugplatz. – Gegr. 1896.

Pucará, archäolog. Fundort im Hochland von S-Peru, 50 km nordwestlich des Titicacasees, und Bez. für eine mit Tiahuanaco verwandte Regionalkultur aus der frühen Zwischenperiode von 400 v. Chr. bis 550 n. Chr. Das Hauptbauwerk ist auf einer Terrasse hufeisenförmig angelegt. Die Steinfundamente lassen eine stadtähnl. Anlage vermuten. Die Steinstatuen ähneln den knieenden Figuren von Tiahuanaco, die Stelen sind mit geometr. oder figürl. Motiven verziert. Die Keramik zeigt gelbe und schwarze Bemalung auf rotem Grund, auf den Gefäßwänden häufig Darstellung plast. Köpfe, der dazugehörige Körper fehlt entweder oder ist im Profil eingeritzt oder aufgemalt.

Pucci [ˈputtʃi], Antonio, ital. Dichter, * Florenz um 1310, † ebd. 13. 10. 1388; Lyriker der bürgerlich-realist. Richtung; setzte sich in Gedichten (darunter zahlr. Sonette) u. a. mit den Nöten des Alltags auseinander (›Le noie‹) und gab in Terzinen eine pittoreske Beschreibung des Treibens auf dem Markt von Florenz (›Le proprietà di Mercato Vecchio‹). Mit ›Il centiloquio‹ legte er eine in Terzinen abgefasste Version der Chronik G. VILLANIS vor. Den Krieg zw. Florenz und Pisa 1362–64 schilderte er in ›La guerra di Pisa‹. Außerdem verfasste er moralisch-didakt. Texte und Rittergeschichten (›Cantari‹) in Ottava Rima (u. a. ›Gismirante‹, ›Madonna Lionessa‹).

Puccinellia [pʊtʃi-], die Süßgrasgattung →Salzschwaden.

Giacomo Puccini

Puccini [putˈtʃini], Giacomo Antonio Domenico Michele Secondo Maria, ital. Komponist, * Lucca 22. 12. 1858, † Brüssel 29. 11. 1924; studierte am Mailänder Konservatorium, u. a. bei A. PONCHIELLI. Nach erfolgreicher Aufführung seiner ersten Oper ›Le Villi‹ (1884) ermöglichte ihm ein Vertrag mit dem Verleger G. RICORDI, sich ganz der Opernkomposition zuzuwenden. Nach ›Edgar‹ (1889), einem missglückten Versuch in Wagner-Manier, schrieb P. mit ›Manon Lescaut‹ (1893, Text von A. F. PRÉVOST D'EXILES) sein erstes Meisterwerk. Ihm folgte ›La Bohème‹ (1896), das Urbild der ital. Oper des ausgehenden 19. Jh., lyrisch-sentimental und damit in entschiedenem Ggs. zu G. VERDIS heroischer Oper. ›Tosca‹ (1900) steht eher in der ital. Tradition des 19. Jh.; sie gehört zu den zentralen Werken des Verismo. ›Madame Butterfly‹ (1904) nimmt in ihre Melodik auch jap. Klänge auf. ›La fanciulla del West‹ (dt. ›Das Mädchen aus dem goldenen Westen‹) wurde 1910 in New York unter A. TOSCANINI uraufgeführt. Nach ›La rondine‹ (1917) schuf P. drei Einakter, die unter dem Titel ›Il Trittico‹ zusammengefasst sind: ›Il Tabarro‹ (dt. ›Der Mantel‹), ›Suor Angelica‹ (dt. ›Schwester Angelika‹) und ›Gianni Schicchi‹ (1918), Letzterer eine witzige Typenkomödie, glänzend in ihrer Ensemblekunst. Sein letztes, unvollendetes Werk ›Turandot‹ wurde von F. ALFANO (1926) abgeschlossen.

Die Opern P.s wirken durch die (von VERDI ausgehende) dramat. Gestaltung des Stoffes, ital. Melodik verbindet sich in ihnen mit harmon. und klangl. Neuerungen des frz. Impressionismus (Quintenparallelen in ›La Bohème‹, Ganztonleiter in ›Tosca‹, impressionist. Dissonanzen in ›Madame Butterfly‹) zur Schilderung der oft poet. Atmosphäre. P. komponierte ferner Kammer- und Kirchenmusik (Messe, 1880; Requiem, 1905), Orgel- und Klavierwerke, Chöre und Lieder.

P. Ein Musikerleben, hg. v. G. ADAMI (1939); W. MARKGRAF: G. P. (Neuausg. 1979); H. GREENFELD: P. (a. d. Amerikan., 1982); C. HÖSLINGER: G. P. Mit Selbstzeugnissen u. Bilddokumenten (15.–17. Tsd. 1983); E. KRAUSE: P. Beschreibung eines Welterfolges (Neuausg. 1986); Musica e teatro di G. P., bearb. v. G. MUSCO, auf mehrere Bde. ber. (Cortona 1989 ff.); K. G. BERG: G. P.s Opern. Musik u. Dramaturgie (1991); S. u. G. DEMEL: G. P. Eine Psychobiogr. (1995).

Puccinia [puˈtʃiːnia; nach dem ital. Anatomen T. PUCCINI, † 1735], artenreiche Gattung der →Rostpilze.

Jean Pucelle: Seite aus dem ›Brevier für Jeanne de Belleville‹; 1323–26 (Paris, Bibliothèque Nationale de France)

Pucelle [pyˈsɛl], Jean, auch **Jehan P.**, frz. Buchmaler, † 1334; stammte wohl aus N-Frankreich, ab 1319 in Paris tätig. P. überwand die strenge Flächengebundenheit, indem er sich, wohl unter Einfluss der ital. Frührenaissance, um perspektiv. und körperhafte Gestaltung bemühte. Die Ränder der Buchseiten schmückte er mit realist. Drolerien.

Werke: Brevier für Jeanne de Belleville (1323–26; Paris, Bibliothèque Nationale de France); Bibel des Robert de Billyng (1327 vollendet; ebd.); Stundenbuch der Jeanne d'Evreux (1325–28; New York, Metropolitan Museum).

Pucelle, la [lapyˈsɛl; frz., von vulgärlat. pullicella ›Jungfrau‹], **Jeanne la P.** [ʒan -], →Jeanne d'Arc.

Hermann Fürst von Pückler-Muskau

Puchberg am Schneeberg, Markt-Gem. im Bez. Neunkirchen, Niederösterreich, in einem Talkessel am O-Fuß des Schneebergs, 585 m ü. M., 3 000 Ew.; Fremdenverkehrsort, Eisenbahnendpunkt, Zahnradbahn zum Waxriegel des Schneebergs; Gipsabbau.

Puchheim, Gem. im Landkreis Fürstenfeldbruck, Bayern, am westl. Stadtrand von München, 19 500 Ew.; Herstellung von elektron. und elektr. Geräten, lufttechn. und Förderanlagen, Rollläden, Pumpen und Fußbodenbelägen, Papierverarbeitung.

Puchmajer [ˈpuxmejɛr], Antonín Jaroslav, tschech. Dichter und Philologe, * Týn nad Vltavou (Südböhm. Gebiet) 7. 1. 1769, † Prag 29. 9. 1820; kath. Geistlicher; mit seinen ›Almanachen‹ (1795–1814) Begründer der ersten neutschech. Dichterschule. P. pflegte im Anschluss an die prosod. Theorien J. DOB-

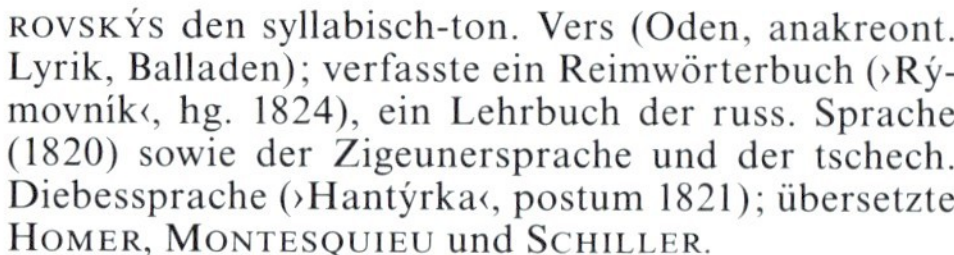

ROVSKÝS den syllabisch-ton. Vers (Oden, anakreont. Lyrik, Balladen); verfasste ein Reimwörterbuch (›Rýmovník‹, hg. 1824), ein Lehrbuch der russ. Sprache (1820) sowie der Zigeunersprache und der tschech. Diebessprache (›Hantýrka‹, postum 1821); übersetzte HOMER, MONTESQUIEU und SCHILLER.

Puch'ŏn, Stadt in NW von Süd-Korea, 670 000 Ew. – Seit 1973 Stadt, entwickelte sich P. als Satellitenstadt von Seoul.

Puchspaum, Buchsbaum, Hans, österr. Baumeister, * zw. 1390 und 1400, † Wien 1454/55; wurde 1446 leitender Baumeister am Stephansdom in Wien: ›Friedrichsgiebel‹ (um 1440), Vorhalle vor dem Singertor (1440–50), Nordturm (1450 ff.). Er entwarf das Denkmal ›Spinnerin am Kreuz‹ in Wien (1451/52).

Puchstein, Otto, Archäologe, * Labes 6. 7. 1856, † Berlin 8. 3. 1911; ab 1896 Prof. in Freiburg im Breisgau; wurde 1903 Leiter der Ausgrabungen in Baalbek, 1905 Gen.-Sekr. des Dt. Archäolog. Instituts in Berlin.

Werk: Die griech. Tempel in Unteritalien und Sicilien, 2 Bde. (1899, mit R. KOLDEWEY).

Puchta, Georg Friedrich, Jurist, * Cadolzburg 31. 8. 1798, † Berlin 8. 1. 1846; Prof. für röm. Recht in Erlangen, München, Marburg, Leipzig und Berlin, der nach F. C. VON SAVIGNY bedeutendste Vertreter der histor. Rechtsschule romanist. Ausprägung. Als eigentl. Begründer der Begriffsjurisprudenz übte er starken Einfluss auf die Zivilrechtsdogmatik des 19. Jh. aus.

Werke: Das Gewohnheitsrecht, 2 Tle. (1828–37); Lb. der Pandekten (1838); Cursus der Institutionen, 3 Bde. (1841–47).

J. BOHNERT: Über die Rechtslehre G. F. P.s (1975).

Puck [engl.] *der, -s/-s,* **1)** *Astronomie:* ein Mond des Planeten →Uranus.

2) *Sport:* →Eishockey.

3) *Volkskunde:* volkstümlich für Kobold. Im engl. Volksglauben ist P. ein böser Geist, in SHAKESPEARES Komödie ›A midsummer night's dream‹ (1600) und M. DRAYTONS kom. Feenepos ›Nymphidia‹ (1627) ein eher schalkhafter Elf.

Puck [putsk], dt. **Putzig,** Ort (11 500 Ew.) an der O-Küste der Danziger Bucht, Polen, namengebend für die **Mierzeja Pucka,** die Putziger Nehrung (→Hela), und die **Zatoka Pucka,** die →Putziger Wiek.

Pückler, schles. Uradelsgeschlecht, urkundlich erstmals 1306 erwähnt, wurde 1655 als ›P. von Groditz‹ in den böhm. alten Herrenstand, 1690 in den Reichsgrafenstand erhoben. Eine fränk., mittlerweile im Mannesstamm erloschene Linie besteht als ›P. und Limburg‹ seit dem 18. Jh. – Bedeutender Vertreter:

Hermann Ludwig Heinrich Fürst (seit 1822) **von P.-Muskau,** Pseudonym **Semilasso,** Schriftsteller, * Muskau (heute Bad Muskau) 30. 10. 1785, † Schloss Branitz (bei Cottbus) 4. 2. 1871; nach dem Jurastudium in Leipzig Offizier in sächs. und russ. Diensten; zog sich nach den Befreiungskriegen auf den 1811 ererbten Herrensitz Muskau zurück, wo er seit 1815 nach engl. Vorbild einen Landschaftspark anlegen ließ (Beschreibung in den ›Andeutungen über Landschaftsgärtnerei‹, 1834). Ab 1828 unternahm er Reisen in die Niederlande, nach Frankreich, Großbritannien und Irland; die Berichte darüber wurden anonym u. d. T. ›Briefe eines Verstorbenen‹ (4 Bde., 1830–32) veröffentlicht. Die in den 1830er-Jahren unternommenen Fahrten nach Nordafrika (Algier, Ägypten), Kleinasien und Griechenland schlugen sich literarisch u. a. in ›Semilasso in Afrika‹ (5 Bde., 1836), ›Südöstl. Bildersaal‹ (3 Bde., 1840–41) und ›Aus Mehemed Ali's Reich‹ (3 Bde., 1844) nieder. Nach Verkauf der Herrschaft Muskau 1845 lebte er hauptsächlich auf Schloss Branitz, wo er ebenfalls einen Landschaftspark anlegte, sowie in Berlin. P.-M. war der beliebteste Reiseschriftsteller seiner Zeit; seine geistreichen und glänzend geschriebenen Berichte und Reflexionen enthalten kulturgeschichtlich aufschlussreiche, oft witzig dargebotene Charakter- und Sittenschilderungen fremder Länder und ihrer aristokrat. Kreise.

Weitere Werke: Tutti Frutti, 5 Bde. (1834); Jugend-Wanderungen (1835); Vorletzter Weltgang von Semilasso, 3 Bde. (1835); Der Vorläufer (1838); Die Rückkehr, 3 Bde. (1846–48).

Ausgabe: Ausgew. Werke, hg. v. E. HAACK u.a., 2 Bde. (1985).

L. ASSING: Fürst H.v. P.-M., 2 Bde. (Neuausg. 1873–74); E. M. BUTLER: The tempestuous prince H. P.-M. (London 1929); A. WELLER: Fürst P.s Lebens- u. Landschaftsstil (1933); K. G. JUST: Fürst H.v. P.-M. (1962); Ein großes Leben. Das Leben des Fürsten P., Komm. v. G. F. HERING u.a. (1968); B. BENDER: Ästhet. Strukturen der literar. Landschaftsbeschreibung in den Reisewerken des Fürsten P.-M. (1982); Der Parkschöpfer P.-M. Das gartenkünstler. Erbe des Fürsten Hermann Ludwig Heinrich von P.-M., hg. v. H. RIPPL ([2]1995); Fürst P. & die Gartenbaukunst. Wörlitz u. die Pücklerschen Parks Muskau, Branitz u. Babelsberg, bearb. v. R. B. EMDE u. W. HERRMANN (Neuausg. 1995); H. OHFF: Der grüne Fürst ([5]1996).

Pückler-Eis, von einem Konditor aus der Lausitz zu Ehren von H. Fürst VON PÜCKLER-MUSKAU benanntes Speiseeis, →Fürst-Pückler-Eis.

Pudding [engl., wohl von (alt)frz. boudin ›Wurst‹], i.d.R. unter Zuhilfenahme von **P.-Pulver,** einer gebrauchsfertigen Zutatenmischung (meist aus Stärkemehl und Geschmacksstoffen), hergestellte Süßspeise, die entweder kalt angerührt oder angerührt und aufgekocht wird.

Puddingstein, *Petrographie:* grobes Konglomerat mit sehr feiner Grundmasse.

Pudel: Zwergpudel (Schulterhöhe 28–35 cm)

Pudel [zu mundartl. pud(d)eln ›im Wasser planschen‹], Haushunderasse, aus zottelhaarigen Schäferhunden und Bracken als Jagdgebrauchshund gezüchtet. Seit dem 18. Jh. hält man ihn vielfach als Modehund. P. sind gelehrig, wachsam und anhänglich. Die Behaarung ist dicht, wollig und gekräuselt, in den Farben Schwarz, Braun, Silber und Weiß. Man unterscheidet: **Groß-P.** oder **Königs-P.** (Schulterhöhe: 45–58 cm), **Klein-P.** (Schulterhöhe: 35–45 cm) und **Zwerg-P.** (Toy-Pudel; Schulterhöhe: 28–35 cm).

Pudelpointer, dt. Haushunderasse, Ende 19. Jh. aus Großpudel und Pointer gezüchtet; Vorstehhund mit dichtem, bräunl. Drahthaar. Schulterhöhe: 60–65 cm.

Puder [frz. poudre, von lat. pulvis ›Staub‹], zur Hautpflege oder -behandlung dienende feine, pulverförmige Zubereitung. Hauptbestandteile sind die adsorbierend (Wasser bindend), z.T. auch neutralisierend wirkenden P.-Grundstoffe (z.B. Talkum, Kieselsäure, Magnesiumcarbonat, Kreide). P. dienen v.a. zur Aufnahme von Sekretabsonderungen der Haut (Fett, Schweiß), sie glätten die Haut und kühlen bei Reizungen. Kosmet. P. können Pigmente, adstringierende (z.B. Aluminiumhydroxychlorid in Fuß-P.) und antimikrobielle Stoffe, Parfümöle u.a. enthalten. **Kompakt-P.** (P.-Stifte), die als Rougepräparate oder vor der Elektrorasur verwendet werden, enthalten neben Talkum Zink- oder Magnesiumstearat. Bei **P.-Cremes** als Make-up-Unterlage sind P.-Grundstoffe und Pigmente in einem Fett-Wachs-Öl-Gemisch oder mithilfe von Tensiden in Wasser dispergiert. Medizinisch verwendete P. enthalten dermatologisch wirksame Zusätze, z.B. Schwefel, Salicylsäure oder Antibiotika.

Puderdunen, Sonderform der Dunen, die sich in viele kleine Ästchen teilen und feinsten Puderstaub absondern. P. dienen bei einigen Vogelarten mit rückgebildeter Bürzeldrüse (z.B. Reiher) als Nässeschutz zum Einpudern des Gefieders.

Pudgalavada, Schule des Hinayana-Buddhismus, die 200 Jahre nach BUDDHAS Tod von dem Brahmanen VATSIPUTRA gegründet wurde. Dieser lehrte, dass die Person (Sanskrit: Pudgala) nicht – wie von den anderen Schulen des Buddhismus gelehrt – eine durch versch. ›Grundkräfte‹ (Sanskrit: Skandha) in jedem Individuum neu konstituierte und mit dessen Tod wieder auseinander fallende Einheit sei, sondern wahrhaftig existiere und im Sinne eines bleibenden Ich von einer Existenz in die nächste übergehe. Alle Schriften der P. sind verloren. Die Anhänger dieser Schule werden als **Pudgalavadin** oder **Vatsiputriya** bezeichnet.

Pudicitia, *röm. Religion:* die als Göttin verehrte Personifikation der (ehel.) Keuschheit.

Pudong, Sonderwirtschaftszone von →Schanghai.

Wsewolod Illarionowitsch Pudowkin

Pudowkin, Pudovkin, Wsewolod Illarionowitsch, russ. Filmregisseur, *Pensa 28. 2. 1893, †Moskau 30. 6. 1953; Schauspieler und Autor; einer der Wegbereiter der revolutionären sowjet. Filmkunst, montierte in seinem Spielfilm ›Schachfieber‹ (1925) Spielszenen mit Wochenschauaufnahmen. P.s Filme ›Die Mutter‹ (1926), ›Das Ende von Sankt Petersburg‹ (1927) und ›Sturm über Asien‹ (1928) zählen zu den Klassikern des russ. Stummfilms. Im Ggs. zu S. M. EISENSTEIN ließ P. professionelle Schauspieler auftreten; seine Helden waren individuelle Helden. Seine Montagetechnik zielte nicht wie EISENSTEINS ›Kollisionsmontage‹ auf emotionale Dynamisierung, sondern auf lyr. Stimmungssteigerung. Seine Tonfilme waren künstlerisch weniger bedeutend. P. verfasste auch theoret. Werke, u.a. ›Kinorežisser i kinomaterial‹ (1926; dt. ›Filmregie und Filmmanuskript‹).

Ausgabe: Die Zeit in Großaufnahme. Aufs., Erinnerungen, Werkstattnotizen (1983).

P. DART: Pudovkin's films and film theory (New York 1974).

Pudus [indian.-span.], *Sg.* **Pudu** *der, -s,* kleinste Gattung der Neuwelthirsche aus dem westl. Südamerika, mit zwei Arten: dem **Nördl. P.** (Pudu mephisto-

Pudus: Pudu pudu (Schulterhöhe bis 36 cm)

pheles) in Peru, Ecuador, Kolumbien und dem **P.** (Pudu pudu) in den gemäßigten Zonen Chiles und Argentiniens. P. sind etwa 32–38 cm schulterhoch; das kurze Spießgeweih ist in dem Stirnschopf fast verborgen. Sie leben im Busch.

Puebla 1): Rosenkranzkapelle (1690) in der Kirche Santo Domingo (geweiht 1611)

Puebla, 1) amtlich **P. de Zaragoza** [-saraˈgɔsa], Hauptstadt des Bundesstaates Puebla, Mexiko, am Río Atoyac, 2 160 m ü. M. im Becken von P.-Tlaxcala, 1,057 Mio. Ew.; Erzbischofssitz; zwei Univ., Museen, Biblioteca Palafoxiana u. a. Bibliotheken; Industriezentrum, Automobilbau (VW de México), Textil-, Schuh-, Glas-, keram., Holz-, Papier-, Zigaretten-, Nahrungs- und Genussmittelindustrie, Zementfabrik; Verkehrsknotenpunkt, Flugplatz. – Die Innenstadt (UNESCO-Weltkulturerbe) hat z. T. ihren kolonialzeitl. Charakter bewahrt mit Kirchen- und Hausfassaden aus roten Ziegeln und bunten Azulejos, die nach span. Vorbild bereits seit Mitte des 16. Jh. in P. hergestellt wurden. Kathedrale (1575–1649); San Francisco (Franziskanerklosterkirche, 1551; Klostergebäude 1531; Fassade 1743–67); Santo Domingo (geweiht 1611; Rosenkranzkapelle, 1690); La Compañía (Jesuitenkirche, 1767 geweiht); Palais, u. a. die Casa del Alfeñique (18. Jh.; heute Staatsmuseum) und die Casa del Dean (1588). – P., 1531 von Spaniern als **P. de los Ángeles** [- ˈaŋxeles] gegr., war vorübergehend Hauptstadt der Rep., 1862–63 Mittelpunkt des Widerstandes gegen das Expeditionsheer NAPOLEONS III.

2) Bundesstaat in Zentralmexiko, 33 919 km², (1995) 4,624 Mio. Ew. Kerngebiet ist das in die Cordillera Neovolcánica eingelagerte, vom Popocatépetl, Ixtaccíhuatl, Citlaltépetl und der Malinche überragte Becken von P.-Tlaxcala. Nach S erstreckt sich P. bis in die Senke des Río Balsas, nach NO über die Sierra Madre Oriental bis auf die Abdachung zur Golfküstenebene. Landwirtschaftl. Erzeugnisse sind u. a. Kartoffeln, Getreide, Obst, Gemüse, Agaven (zur Gewinnung von Pulque), Kaffee, Zuckerrohr. Außerhalb der Hauptstadt Puebla gibt es v. a. Betriebe der Nahrungsmittel- und Textilindustrie.

Das Mexiko-Projekt der Dt. Forschungsgemeinschaft. Eine dt.-mexikan. interdisziplinäre Regionalforschung im Becken von P.-Tlaxcala, hg. v. W. LAUER, auf zahlr. Bde. ber. (1968 ff.).

Pueblito, Ruinenort in der Sierra Nevada de Santa Marta, Kolumbien; gehört ebenso wie **Ciudad Perdida** zur präkolumb. Kultur Tairona. Archäologisch nachweisbar sind eine zentrale Zone für öffentl. Zeremonien und mehr als 150 Wohnterrassen, die in ihrem Durchmesser zw. 6 und 200 m variieren, weshalb auf ihre unterschiedl. Funktion und eine komplexe Rangordnung innerhalb des Ortes geschlossen wird.

Pueblo [span. ›Dorf‹] *der, -s/-s,* **1)** in Lateinamerika kleiner zentraler Ort.

2) Wohnanlage der Puebloindianer, bestehend aus mehrstöckig zusammenhängenden, terrassenartig angelegten Wohneinheiten, die früher nur über Leitern durch Öffnungen im Dach betreten werden konnten; aus mit Lehm verbundenen Steinen oder luftgetrockneten Ziegeln.

Pueblo [pʊˈebləʊ], Stadt in Colorado, USA, 1 430 m ü. M., am Arkansas River, am Fuß der Rocky Mountains, 123 100 Ew.; kath. Bischofssitz; University of Southern Colorado (gegr. 1933 als College, seit 1975 Univ.); Hüttenindustrie, Maschinenbau; Verkehrsknotenpunkt.

Pueblo Bonito [pʊˈebləʊ bəˈniːtəʊ], größtes Bauwerk der Anasazikultur im →Chaco Canyon; halbkreisförmige, bis zu vier Stockwerke aufweisende Großanlage (›Pueblo‹) mit zwei Großkivas im Innenhof. Der etwa 920–1120 n. Chr. bewohnte, recht gut erhaltene Komplex enthielt rd. 800 Räume.

Puebloindianer, Gruppe kulturverwandter Indianer im SW der USA (NO-Arizona, New Mexico); von den Spaniern so genannt nach ihren kompakten Wohnanlagen. Die P. sind die Nachkommen der Träger der prähistor. →Anasazikultur. Die westl. Gruppe der P. bilden die zur utoaztek. Sprachfamilie gehörenden, in mehreren Dörfern (Oraibi, Shungopovi, Walpi u. a.) siedelnden Hopi und die sprachlich isolierten Zuni; zur östl., v. a. im Tal des Rio Grande und seiner Nebenflüsse siedelnden Gruppe gehören die Keres sprechenden Pueblos (Santo Domingo, Cochiti, San Felipe, Zia, Laguna, Acoma, Santa Ana) und die zu drei sprachl. Untergruppen (Tewa, Tiwa, Towa) gehörenden Tano-Pueblos (Taos, Isleta, San Juan, San Ildefonso, Santa Clara, Jemez u. a.). Die (1990) etwa 50 000 P. bilden trotz der sprachl. Heterogenität und der teils ökologisch, teils historisch bedingten Unterschiede in der soziopolit. Organisation eine relativ homogene Kultur. Grundlage ist der Bewässerungsfeldbau (urspr. Mais, Bohne, Kürbis, Baumwolle, Tabak), im Rio-Grande-Tal mit Bewässerungskanälen. Im Mittelpunkt der Weltsicht der P. stehen Fruchtbarkeit und Harmonie. Diesen Zwecken dient ein komplexes, am Agrarzyklus orientiertes Zeremonialwesen, in dem die von maskierten Tänzern dargestellten →Kachinas eine wichtige Rolle spielen. Durch die Bewahrung des angestammten Lebensraumes und ihre konservative Haltung haben die P. die Grundzüge ihrer Kultur erhalten können. Divergierende Auffassungen über den Grad der Anpassung an die dominante amerikan. Gesellschaft haben jedoch in vielen Pueblos zu tiefen polit. Spaltungen geführt. Ökonomisch gewinnt neben der Lohnarbeit außerhalb der Reservationen die Wiederbelebung des alten Handwerks (Töpferei, Weberei, Korbflechterei) immer mehr an Bedeutung.

Handbook of North American Indians, hg. v. W. C. STURTEVANT, Bd. 9: Southwest (Wash., D. C., 1979); E. P. DOZIER: The Pueblo Indians of North America (Neuausg. Prospect Heights, Ill., 1983).

Puelche [ˈpuɛltʃe], in der völkerkundl. Literatur meist unspezifisch verwendete Bez. für die nichtaraukan. →Pampasindianer.

Puente Alto, Stadt in Zentralchile, 20 km südöstlich von Santiago de Chile, 254 500 Ew.; Textil-, Papierfabriken.

Puente del Inca, Ort in der Prov. Mendoza, Argentinien, im Tal des Río Mendoza, 2 800 m ü. M. am Fuß des Aconcagua; an der transandinen Eisenbahnlinie und Straße über den Cumbrepass; Thermalbad und Höhenkurort.

Puerilismus *der, -,* das Auftreten kindl. Verhaltens im Erwachsenenalter, z. B. bei Demenz.

Puerperalfieber [zu lat. puerpera ›Wöchnerin‹], das →Wochenbettfieber.

Puerperalsepsis, das →Wochenbettfieber.

Puerperium, das →Wochenbett.

Puerta [span. ›Tür‹, ›Tor‹] *die, -/-s,* im span. Sprachbereich Name von Pässen und Passschluchten.

Puerto *der, -(s)/-s,* span. für Hafen.

Puerto Aisén, Puerto Aysén, Stadt im Großen Süden Chiles, am Ende eines Fjordes, 11 000 Ew.; in der Umgebung Schaf- und Rinderhaltung sowie Holzgewinnung; Hafen, Straßenverbindung mit Comodore Rivadavia (Argentinien) und Puerto Montt.

Puerto Ayacucho [- aja'kutʃo], Stadt in S-Venezuela, am Orinoco (Grenze gegen Kolumbien), 28 200 Ew.; Verw.-Sitz des Bundesterritoriums Amazonas; Sägewerke; Hafen. – 1924 am unteren Ende der Stromschnellenstrecke von Atures und Maipures gegr.; ersetzt seit 1928 als Verw.-Sitz die frühere Hauptstadt San Fernando de Atabapo.

Puerto Barrios, Stadt an der Karibikküste Guatemalas, 39 000 Ew.; Hauptstadt des Dep. Izabal. – Ehem. wichtigster Atlantikhafen Guatemalas, als solcher inzwischen durch das nur 5 km entfernte Santo Tomás de Castilla abgelöst.

Puerto Bello, früher **Portobelo,** Hafenort am Karib. Meer im östl. Panama, 40 km nordöstlich von Colón, etwa 2 700 Ew. – Festungen (UNESCO-Weltkulturerbe). – P. wurde 1597 gegründet; es war bis 1746 einziger (monopolisierter) Umschlagplatz für Waren aus Spanien und Spanisch-Amerika am atlant. Endpunkt der Straße über die Landenge von Panama (Via Real).

Puerto Cabello [- ka'βejo], Hafenstadt im Bundesstaat Carabobo, Venezuela, am Karib. Meer, 128 800 Ew.; Tiefwasserhafen; Nahrungsmittelindustrie, Sägewerke, Trockendock; nahebei Erdölraffinerie (El Palito); zweitwichtigster Importhafen Venezuelas; Eisenbahnendpunkt, Flugplatz. – Als stark befestigter Kriegshafen war die 1589 gegründete Stadt bis 1823 der letzte Stützpunkt der Spanier im N Südamerikas.

Puerto Cortés, Hafenstadt an der Karibikküste von Honduras, 31 600 Ew.; Erdölraffinerie, Freihafengelände; über den Hafen geht mehr als die Hälfte des Außenhandels. – 1525 von H. CORTÉS als **Puerto Caballos** [- ka'βajos] 5 km weiter südlich gegr.; 1869 unter dem heutigen Namen an den jetzigen Platz verlegt.

Puerto de la Cruz [- 'kruθ], Stadt an der N-Küste der Kanareninsel Teneriffa, 10 m ü. M., 26 900 Ew.; Seebad, größtes Badetouristikzentrum der Insel; Kastell San Felipe (17. Jh.) am ehem. Hafen; botan. Garten (1788 angelegt); Loro Parque (›Papageienpark‹, 1972 angelegter zoologisch-botan. Park); Museen (Erfindungen; Seefahrt).

Puerto del Rosario, bis 1957 **Puerto de Cabra,** Hauptort der Kanareninsel Fuerteventura, an der O-Küste, 17 700 Ew.; Hafen (Fährverbindungen mit den anderen Kanar. Inseln und dem span. Festland); Seebad; internat. Flughafen 7 km südlich.

Puerto de Santa María, El P. de S. M., Hafenstadt in SW-Spanien, Prov. Cádiz, an der Mündung des im Unterlauf schiffbaren Guadalete in die Bucht von Cádiz, 67 900 Ew.; Handels-, Fischerei- und Jachthafen; Straßen- und Eisenbahnknotenpunkt, durch Straßenbrücke mit dem gegenüberliegenden Cádiz verbunden; Weinhandel, Branntweinerzeugung (berühmte Bodegas); Glas- und Fassfabrikation; Fischverarbeitung; Fremdenverkehr (Badestrände); Hauptausfuhrhafen für die Weinprodukte des ›Sherry-Dreiecks‹ (P. de S. M. – Jérez de la Frontera – Sanlúcar de Barrameda). Im SO Meersalzgärten, im Hinterland Weidegebiete (Rinder, Pferde, Kampfstiere). – Araberburg ›Castillo de San Marco‹ (13. Jh., Ende des 16. Jh. renoviert) mit einer zur Kapelle umgebauten

Pueblo 2): Terrassenbauten im Pueblo Taos bei Santa Fe, USA

ehem. Moschee (11. Jh.); Prioratskirche Nuestra Señora de los Milagros (13. Jh., im 17. Jh. umgestaltet). – P. de S. M., urspr. eine griech. Gründung, blühte unter den Arabern (711–1250) als **Almansija Alcantara** auf, wurde 1250 von FERDINAND III. zurückerobert und ab 1264 unter dem heutigen Namen von ALFONS X., DEM WEISEN, wieder aufgebaut.

Puerto La Cruz [- 'krus], Hafenstadt im NO des Bundesstaates Anzoátegui, Venezuela, am Karib. Meer, 155 700 Ew.; Zweig der Univ. von Cumaná; durch Pipelines mit den Erdöl- und Erdgasfeldern in den östl. Llanos verbunden, zwei Erdölraffinerien. – Mit →Barcelona zusammengewachsen.

Puertollano [puɛrto'ʎano], Stadt in der Prov. Ciudad Real, Neukastilien, Spanien, historisch wichtiger Passfußort am Übergang (Puerto de Niefla, 908 m ü. M.) über die Sierra Morena zw. dem Campo de Calatrava und Hochandalusien, 708 m ü. M., 52 500 Ew.; Bergbau (Steinkohle, Antimon, Blei, Ölschiefer); Erdölraffinerie (Pipeline von Málaga); chem. Industrie, Buntmetallverhüttung, Wärmekraftwerk; Heilbad (Mineralquellen); Eisenbahnstation.

Puerto Madryn [- 'maðrin], Hafenort in Patagonien, Argentinien, am Golfo Nuevo (Atlantik), in der Prov. Chubut, rd. 50 000 Ew.; Aluminiumwerk (seit 1974), Textil-, Pelz- und Metallwarenindustrie, Fisch-,

Pueblo Bonito: Luftaufnahme der gut erhaltenen, halbkreisförmigen Anlage

Puerto Rico: Landschaft im nördlichen Teil der Cordillera Central

Fleisch- und Obstverarbeitung; zunehmende tourist. Bedeutung (Seelöwen und Seeelefanten auf der Halbinsel Valdés, Walbeobachtung, Pinguinkolonie); Eisenbahnendpunkt. – P. M. wurde 1865 von dem Waliser PARRY MADRYN gegründet; bis in jüngste Zeit walis. Sprachinsel (letzte Einwanderung 1911).

Puerto Montt, Stadt im Kleinen Süden Chiles, am Golf von Ancud, 110 100 Ew. (darunter viele Deutschstämmige); Verw.-Sitz der Region Los Lagos; Erzbischofssitz; dt. Schule; Fischfang und -verarbeitung; Hafen, Endpunkt der chilen. Längsbahn und der Carretera Panamericana sowie der Straße in den Großen Süden (seit 1982), Flughafen. – Gegr. 1853 von dt. Auswanderern.

Puerto Plata, Stadt in der Dominikan. Republik, →San Felipe (San Felipe de Puerto Plata).

Puerto Presidente Stroessner [-ˈʃtrœ-], seit 1989 **Ciudad del Este** [si̯uˈðað -], Stadt in Paraguay, am Paraná, gegenüber der brasilian. Stadt Foz do Iguaçu, 133 900 Ew.; Nahrungsmittel- u. a. Industrie; Fremdenverkehr. – Gegr. 1957 beim Bau der Paranábrücke (1964 eröffnet); durch Errichtung des Kraftwerks →Itaipú rapide Entwicklung zur zweitwichtigsten Stadt des Landes.

Puerto Princesa [- prinˈθesa], Hafenstadt der Philippinen, an der fischreichen O-Küste der Insel Palawan und deren Prov.-Hauptstadt, 71 300 Ew.; Fischindustrie, Fremdenverkehr; Flugplatz.

Puerto Rico

Wappen

Flagge

Puerto Rico [span. ˈpu̯ɛrtɔ ˈrriko; span. ›reicher Hafen‹], amtlich englisch **Commonwealth of P. R.** [ˈkʌmənwelθ əv -], spanisch **Estado Libre Asociado de P. R.** [- asosˈjaðo-], bis 1932 **Porto Rico,** mit den USA assoziierter Staat im Bereich der Westind. Inseln, gelegen zw. der Dominikan. Rep. und den Virgin Islands of the United States, zw. 18° und 18° 30′ n. Br. sowie 65° 30′ und 67° 30′ w. L., 8 959 km² (davon 36 km² Wasserfläche), (1996) 3 820 000 Ew. Zum Staat gehören außer der Hauptinsel P. R. die unbewohnte Isla Mona (54 km²) im W sowie die Isla Vieques (132 km²) und Culebra (28 km²) im O, ferner zahlr. kleinere vorgelagerte Inseln. Hauptstadt ist San Juan, Amtssprachen sind Spanisch und Englisch. Währung: 1 US-Dollar (US-$) = 100 Cents (c, ¢). Zeitzone: Atlantic Standard Time (7^{00} San Juan = 12^{00} MEZ).

Verfassung: Seit 1952 ist P. R. ein mit den USA assoziierter Staat; die Bev. hat seit 1917 beschränkte US-Staatsbürgerschaft und wird im Repräsentantenhaus der USA von einem ›Resident Commissioner‹ (vom Volk für vier Jahre gewählt) vertreten, der mit Ausnahme des Stimmrechts alle Abg.-Rechte besitzt. Im Rahmen der Selbstverwaltung liegt die Legislative beim Zweikammerparlament, bestehend aus Senat (27 Mitgl.) und Repräsentantenhaus (53 Abg.). Inhaber der Exekutivgewalt ist der Gouv. (für vier Jahre direkt gewählt), dem ein Rat von acht Staatssekretären zur Seite steht.

Landesnatur: Die überwiegend gebirgige Hauptinsel (etwa 50 km breit, W–O 180 km lang), die kleinste Insel der Großen Antillen, wird in ihrer Längsrichtung von der Cordillera Central (im Cerro de Punta 1 338 m ü. M.) durchzogen, die zum Gebirgssystem der nordamerikan. Kordilleren gehört. Im N und S sind ihr Bergländer, teilweise aus Kalkgestein, und Küstenebenen vorgelagert. Die flachen, wenig gegliederten Schwemmlandküsten sind arm an guten Häfen.

Klima und Vegetation: Das randtrop., unter dem Einfluss des Passats stehende wechselfeuchte Klima ist deutlich durch einen niederschlagsreicheren Sommer (Mai–Dezember) und einen trockeneren Winter gekennzeichnet. Im Luv des Zentralgebirges fallen jährlich über 2 000, im Lee etwa 900 mm Regen. Die mittleren Durchschnittstemperaturen liegen zw. 25 und 27 °C. P. R. liegt im Zuggebiet der Hurrikane. Die natürl. Vegetation wird durch immergrünen, heute weitgehend gerodeten Regenwald bestimmt, in der südl. Küstenebene regengrüne Trocken- und Dornwälder. Nur die bis 1 065 m hohe Sierra de Luquillo im O der Insel, heute Naturschutzgebiet, hat noch geschlossenen Wald (Baumfarne, Palmen, Bambus).

Bevölkerung: Die Puertoricaner bilden eine relativ einheitl. Mischlings-Bev., Nachkommen v. a. von Spaniern und ehem. Sklaven aus Schwarzafrika; rd. 80 % gelten als Weiße. Der hohe Bev.-Zuwachs ist stark zurückgegangen, die Geburtenrate sank von (1940) 39 ‰ auf (1994) 17,2 ‰, die Sterberate von 18,2 ‰ auf 7,7 ‰. Das relativ geringe Bev.-Wachstum nach 1945 (1985–95 durchschnittlich jährlich 1 %) beruht auf der starken Auswanderung in die USA, v. a. nach New York (in den USA leben rd. 2 Mio. Puertoricaner, einschließlich der dort geborenen Kinder). Die Auswanderung wurde seit 1963, v. a. seit 1970 – aufgrund veränderter Arbeitsmarktpolitik und sehr fortschrittl. Sozialgesetzgebung – durch eine teilweise Rückwanderung kompensiert. 1970–80 kamen rd. 1 Mio. auf dem Festland geborene Nachkommen von Puertoricanern auf die Insel. 1985 ergab sich wieder eine negative Wanderungsbilanz (27 700 Personen). Dennoch ist P. R. die am dichtesten besiedelte Insel der Großen Antillen. 1995 lebten 71,2 % der Bev. in Städten, davon rd. 12 % in der Hauptstadt San Juan (1990: 437 700 Ew.); über 100 000 Ew. haben auch Bayamón, Ponce, Carolina, Caguas und Magaguëz. Die ländl. Bev. lebt überwiegend in Streusiedlungen.

Religion: Es besteht Religionsfreiheit. Rd. 82 % der Bev. gehören der kath. Kirche an, rd. 15 % prot. Kirchen und der anglikan. Kirche. Fast zwei Drittel der Protestanten sind Mitglieder von Pfingstkirchen. – Juden (nur wenige Familien) und Bahais bilden sehr kleine religiöse Minderheiten.

Wirtschaft: Der besondere polit. Status bewirkt eine einseitige Ausrichtung der Wirtschaft auf den amerikan. Markt. Auf P. R. werden keine Bundessteuern erhoben, der Handel mit den USA ist zollfrei. Die Steueranreize der US-Reg. für Investitionen, genannt Sektion 936, wurden 1994 erheblich reduziert. Gemessen am Bruttosozialprodukt je Ew. von (1993) 7 000 US-$ gehört P. R. zu den Entwicklungsländern der oberen Einkommenskategorie. Lediglich 3,2 % der Erwerbstätigen arbeiten im Agrarbereich. Milchwirtschaft und Viehzucht sind die Hauptstützen der Landwirtschaft. Auf den Plantagen werden v.a. Zuckerrohr, Kaffee, Ananas, trop. Blumen, Kokosnüsse und seit jüngstem auch Kakao angebaut. Auch Versuche mit dem Anbau von Reis verliefen erfolgreich. Ein Großteil der Grundnahrungsmittel muss importiert werden. Neben der traditionellen Nahrungsmittelindustrie sind die Textil- und Elektronik- sowie die chem. und pharmazeut. Industrie die wichtigsten Branchen des verarbeitenden Gewerbes. Die Industrie trug (1994/95) 44% zum BIP bei. Von wachsender Bedeutung ist der Fremdenverkehr (1994: 5,2 Mio. Touristen, meist aus den USA). 1989 richtete ein Hurrikan in der Landwirtschaft immense Schäden an und verwüstete auch einen Großteil der tourist. Infrastruktur. Die Außenhandelsbilanz ist seit Jahren meist positiv (Einfuhrwert 1994/95: 21,4 Mrd. US-$, Ausfuhrwert: 26,0 Mrd. US-$). Mit einem Anteil von knapp 80% am gesamten Außenhandelsvolumen sind die USA vor Venezuela, Japan und der Dominikan. Rep. der mit Abstand wichtigste Handelspartner.

Verkehr: P. R. verfügt über 14000 km befestigte Straßen. Es gibt keine Eisenbahn. Der wichtigste Hafen und der internat. Flughafen befinden sich in der Hauptstadt.

Geschichte: P. R. wurde am 19. 11. 1493 von C. KOLUMBUS auf seiner zweiten Reise entdeckt. 1508 begann die span. Kolonisation unter J. PONCE DE LEÓN (Gründung der ersten Siedlung Caparra). 1815 erhielt die Insel weitgehende Handelsfreiheit, und es begann ein landwirtschaftl. Aufschwung (Tabak, Kaffee, Zucker), der die zunehmende Einwanderung aus dem Mutterland und vom südamerikan. Festland sowie die verstärkte Einfuhr von Sklaven zur Folge hatte. Während des 19. Jh. wechselten konstitutionelle und restriktive Phasen der span. Herrschaft einander ab. 1873 wurde die Sklaverei abgeschafft, 1897 erhielt P. R. von Spanien Autonomie. Im Spanisch-Amerikan. Krieg (1898) fiel P. R. an die USA und wurde 1900 als nicht organisiertes Territorium der Union eingegliedert. Der Jones-Act von 1917 verlieh der Bev. das Bürgerrecht der USA und gewährte ihr eine beschränkte Selbstverwaltung. Nach wirtschaftl. Aufschwung förderten die Auswirkungen der Depression in den 1930er-Jahren das Aufkommen eines mit Gewalt nach Unabhängigkeit strebenden Nationalismus. 1948 wurde der Gouv., Mitgl. des Partido Popular Democrático (PPD), einer Gruppierung der linken Mitte, erstmals gewählt (LOUIS MUÑOZ MARÍN, *1898, †1980, mehrfach wieder gewählt bis 1968). 1952 erhielt P. R. mit dem Status eines ›Commonwealth‹ innere Autonomie. 1967 sprach sich die Bev. in einem Referendum für die vorläufige Beibehaltung dieses Status aus. Im Mittelpunkt der polit. Auseinandersetzung der 1970er- und 80er-Jahre stand angesichts der engen ökonom. Beziehungen zu den USA die Frage der Beibehaltung des bisherigen Status (vertreten vom PPD) oder der vollen Eingliederung in die USA als 51. Bundesstaat (Forderung des Partido Nuevo Progresista, PNP). 1988–92 stellte der PPD mit RAFAEL HERNÁNDEZ COLÓN den Gouverneur; im Januar 1993 übernahm RAFAEL ROSSELLÓ das Amt. Ein Referendum im November 1993 lehnte die Eingliederung in die USA erneut ab.

M. J. GOLDING: A short history of P. R. (New York 1973); K. RÖHRBEIN u. REINHARD SCHULTZ: P. R. Inselparadies der Wallstreet oder unabhängiger Staat? (1978); A. MORALES CARRIÓN: P. R., a political and cultural history (New York 1983); K. KLÜPFEL: Selbstbestimmung durch Assoziation (1987); E. MELÉNDEZ: P. R.'s statehood movement (New York 1988); R. FERNANDEZ: The disenchant island: P. R. and the United States in the 20th century (New York 1992).

Puerto-Rico-Graben, Tiefseegraben im Atlant. Ozean, erstreckt sich (1100 km lang) nördlich von Puerto Rico, bis 9219 m tief (Milwaukeetiefe, größte gemessene Tiefe des Atlant. Ozeans).

Puerto Vallarta [- βaˈjarta], Hafenstadt und Seebad an der Pazifikküste Mexikos, an der Bahía de Banderas, im Bundesstaat Jalisco, 200000 Ew.; seit dem Bau von Straßenverbindungen mit dem Hinterland bedeutender Fremdenverkehr; internat. Flughafen; Fährverbindung mit Cabo San Lucas (Niederkalifornien).

Samuel Freiherr von Pufendorf

Pufendorf, Samuel Freiherr von (seit 1694), Jurist und Historiker, *Dorfchemnitz (bei Chemnitz) 8. 1. 1632, †Berlin 26. 10. 1694; wurde 1661 Prof. des Natur- und Völkerrechts in Heidelberg (erster dt. Lehrstuhl für Naturrecht), ab 1668 in Lund, 1677 schwed. Historiograph und Staats-Sekr. in Stockholm, 1688 brandenburg. Historiograph und Geheimer Rat in Berlin. – Auf der Grundlage der herrschenden rationalist. Naturrechtsauffassungen entwickelte P. das im aufgeklärten Absolutismus führende System der Staatslehre und des Vernunftrechts; P. führte die Lehren H. GROTIUS' fort, die von der Erkenntnis der ursprüngl. Hilflosigkeit (›imbecillitas‹) und des damit verbundenen Geselligkeitsbedürfnisses (›socialitas‹) des mit freiem Willen begabten und nach Selbsterhaltung strebenden Menschen ausgehen. Die Bereitschaft des Menschen, seine Freiheit staatl. Herrschaft zu unterwerfen, sei Ausdruck seines Willens, sich mit einem Schutz zu umgeben gegen die Übel, die ihm von den Menschen drohen. Er verschmolz die humanist. Ideale der Menschenwürde und Freiheit mit den neuen Lebensgesetzen des Staates, der Staatsräson und der Souveränität in einer Recht und Moral streng trennenden Pflichtenlehre und durch ein naturrechtlich begründetes Völkerrecht. Die unter dem Pseudonym **Severinus de Monzambano** veröffentlichte Schrift ›De statu imperii germanici, ...‹ (1667) zeigte die Irregularität der Reichs-Verf. nach den Maßstäben des modernen souveränen Staates, wonach das Reich, staatsrechtlich betrachtet, einem Monstrum vergleichbar (›monstro simile‹) sei. Die Lehren P.s, bes. sein Hauptwerk ›De jure naturae et gentium libri octo‹ (1672), gewannen in Dtl. beherrschenden Rang, der bis I. KANT fortdauerte.

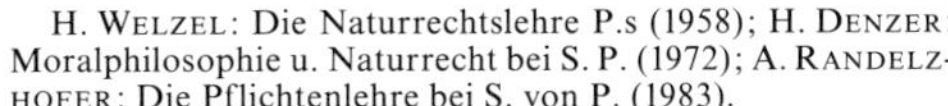

H. WELZEL: Die Naturrechtslehre P.s (1958); H. DENZER: Moralphilosophie u. Naturrecht bei S. P. (1972); A. RANDELZHOFER: Die Pflichtenlehre bei S. von P. (1983).

Puff *das, -(e)s,* ein Würfelbrettspiel für zwei Personen, benannt nach dem dumpfen Geräusch, das beim Aufschlagen der Würfel entsteht. Bei je 15 weißen und schwarzen Steinen und zwei Würfeln werden bei den einzelnen Zügen jeweils zwei Steine bewegt. Dem engl. Backgammon ähnlich; heute als Tavli bes. in der Türkei verbreitet.

Puff [pʌf, engl.] *der, -s/-s, Genetik:* an Riesenchromosomen von Dipteren (Zweiflüglern) mikroskopisch sichtbare lokale, sich wieder zurückbildende und an anderen Stellen neu erscheinende Bereiche mit geringerer Lichtbrechung und Färbung. Es handelt sich dabei um Chromosomenabschnitte mit starker Genaktivität, in denen die DNA dekondensiert ist. Bes. große P.s werden als **Balbiani-Ringe** bezeichnet. Die Genaktivität in einem einzelnen P. ist als rege Synthese von RNA an der betreffenden Stelle des Chromosoms messbar.

Puffbohne, die Dicke Bohne (→Bohne).

Puffen, *Lebensmitteltechnik:* Aufschlussverfahren für Mais, Reis und Hülsenfrüchte, die unter Überdruck gedämpft und nach Aufheben des Drucks zu lockeren Massen aufgebläht werden. Die Produkte kommen als Puffreis, Puffmais, gepuffte Erbsen usw. in den Handel.

Puffer, 1) *Chemie:* **P.-Lösung,** Lösung, die ihren pH-Wert bei Zusatz starker Säuren oder Basen nur wenig ändert. P.-Lösungen bestehen meist aus einer schwachen Säure (z. B. Essigsäure) und einem ihrer Salze (z. B. Natriumacetat). Die Wirkungsweise eines

P. ergibt sich aus dem Massenwirkungsgesetz; vereinfacht kann man sie wie folgt erklären: Bei Zugabe einer starken Säure, z. B. Salzsäure, HCl, zu einem Essigsäure-Natriumacetat-P. reagieren die Wasserstoffionen der stark dissoziierten Salzsäure mit dem Natriumacetat, und es wird die viel weniger dissoziierte, schwächere Essigsäure gebildet (die Säure wird ›gepuffert‹, ›abgepuffert‹ oder ›abgestumpft‹):

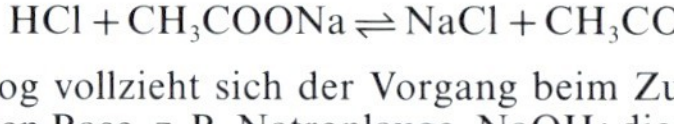

$$HCl + CH_3COONa \rightleftharpoons NaCl + CH_3COOH.$$

Analog vollzieht sich der Vorgang beim Zusatz einer starken Base, z. B. Natronlauge, NaOH; diese reagiert mit Essigsäure zu Wasser und dem nur schwach basisch reagierenden Natriumacetat:

$$NaOH + CH_3COOH \rightleftharpoons H_2O + CH_3COONa.$$

Jemeljan Iwanowitsch Pugatschow

Physiologisch wichtig ist die Konstanthaltung des pH-Werts der Körperflüssigkeiten (Blut, Lymphe) und der Gewebe. Schon geringfügige Änderungen des pH-Werts stören empfindlich den Ablauf von Stoffwechselreaktionen und können daher lebensbedrohlich sein. Das wichtigste **P.-System** des Blutes ist das System Kohlensäure/Natrium- und Kaliumhydrogencarbonat. Weitere wichtige P. im Blut sind das Phosphatsystem ($H_2PO_4^-/HPO_4^{2-}$), Hämoglobin und die Plasmaproteine. In Böden spielen P. (z. B. Huminstoffe) für den Pflanzenwuchs eine wichtige Rolle.

2) *Eisenbahn:* paarweise an den Stirnseiten des Untergestells von Eisenbahnfahrzeugen angeordnete Stoßeinrichtungen zum Schutz der Fahrzeuge, Fahrgäste und des Ladeguts sowie zum sicheren Durchfahren von Gleisbogen mit gekuppelten Fahrzeugen. Um Stöße aufzufangen, enthalten die P.-Gehäuse Federelemente, i. d. R. Ring- oder Elastomerfedern, für höchste Anforderungen hydraul. Federsysteme. Zum sicheren Abwälzen aneinander sind beide P.-Teller leicht gewölbt.

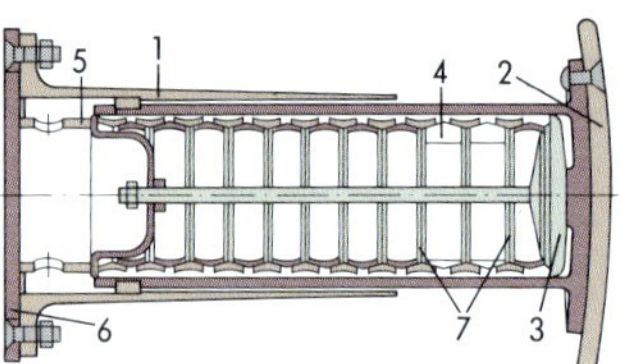

Puffer 2): Längsschnitt durch einen Hülsenpuffer mit Ringfeder; 1 Hülse, 2 Pufferteller, 3 Druckstück, 4 Stößel, 5 Vorspanntopf, 6 Grundplatte, 7 Ringfedersegmente

3) *Elektronik:* engl. **Buffer,** ein Gatter mit Verstärkerwirkung (Leistungsgatter, Treiber); wird eingesetzt, wenn hohe Ausgangsbelastbarkeit oder Pegelanpassung erforderlich ist.

4) *Informatik:* der →Pufferspeicher.

Pufferspeicher, Puffer, engl. **Buffer** [ˈbʌfə], **Buffer-Memory** [- ˈmemərɪ], *Informatik:* Speicher für die vorübergehende (Zwischen-)Speicherung meist kleinerer Datenmengen. P. kommen v. a. bei der Ein- und Ausgabe von Daten, d. h. bei der Datenübertragung zw. Prozessor und Arbeitsspeicher (z. B. →Cachespeicher) oder Peripherie eines Rechners zur Anwendung. Dabei dienen sie zum Ausgleich der unterschiedl. Schnelligkeit der verbundenen Funktionseinheiten **(Datenpufferung).** Die zu übertragenden Daten werden so lange im P. gesammelt, bis sie vom Empfänger übernommen werden oder der P. voll ist.

Pufferstaat, Bez. für einen kleineren, i. d. R. neutralen Staat, der die Interessengebiete rivalisierender größerer Mächte trennt und so internat. Konfliktmöglichkeiten mindern kann. (→Kleinstaat)

Puff|ottern, Bitis, Gattung der Vipern mit elf Arten im trop. und südl. Afrika. Der Körperbau ist gedrungen, der dreieckige Kopf deutlich abgesetzt; der Lebensraum der versch. 0,3 bis 1,8 m langen Arten umfasst alle Lebensräume von Sandwüsten bis zu trop. Regenwäldern. P. sind zumeist dämmerungs- oder nachtaktiv. Sie besitzen ein äußerst wirksames Gift, das v. a. hämatotoxisch wirkt; das Gift der →Gabunviper besitzt zusätzlich eine Nervengiftkomponente. Die bis 1,5 m lange **Gewöhnliche P.** (Bitis arietans) kommt in Trockengebieten in ganz Afrika vor und verursacht dort die meisten der auf Schlangenbisse zurückgehenden Todesfälle beim Menschen.

Puffottern: Gewöhnliche Puffotter (Länge bis 1,5 m)

Pugatschow, Pugačev [-ˈtʃɔf], Jemeljan Iwanowitsch, Führer eines russ. Volksaufstandes, *Staniza Simowejskaja-na-Donu um 1742, †(hingerichtet) Moskau 21. 1. 1775; Donkosak, stellte sich, indem er sich für den (ermordeten) Kaiser PETER III. ausgab, an die Spitze eines Aufstandes (1773–75) unter den Uralkosaken, der u. a. von Baschkiren, Raskolniki und Leibeigenen starken Zulauf hatte. P.s Ziel war die Errichtung eines Bauernstaates unter einem Bauernzaren. Nach anfängl. Erfolgen (1774 Eroberung von Kasan) wurde er 1774 von Reg.-Truppen besiegt und von seinen Mitstreitern ausgeliefert.

J. T. ALEXANDER: Emperor of the Cossacks. Pugachev and the frontier jacquerie of 1773–1775 (Lawrence, Kans., 1973); D. PETERS: Polit. u. gesellschaftl. Vorstellungen in der Aufstandsbewegung unter Pugačev (1973).

Puget [pyˈʒɛ], Pierre, frz. Bildhauer, Maler und Architekt, getauft Marseille 16. 10. 1620, † ebd. 2. 12. 1694; ging nach der Ausbildung in der Holzwerkstatt einer Schiffswerft 1640 nach Italien. In Florenz war er als Mitarbeiter PIETRO DA CORTONAS an der Dekoration des Palazzo Pitti beteiligt. 1643–79 war er mit Unterbrechungen in Marseille und Toulon als Schiffsdekorateur, Maler und Bildhauer tätig und führte auch Bauaufträge aus. In seinen Skulpturen suchte P., unter dem Eindruck der Werke MICHELANGELOS und G. L. BERNINIS und im Unterschied zur klass. Richtung der Kunst des Louis-quatorze, den unmittelbaren Eindruck des Lebendigen festzuhalten. Die Kompositionstechnik und Gestik der Figuren seiner Gemälde (v. a. religiöse Themen) und Zeichnungen sind bes. von den CARRACCI und P. P. RUBENS beeinflusst.

Werke: Portal des Rathauses in Toulon (1656/57, erhalten nur zwei Atlanten, heute an der Fassade des Musée naval); Mariä Himmelfahrt, Relief (1664/65; Berlin, Skulpturensammlung); Perseus befreit Andromeda (1675–84; Paris, Louvre); Milon von Kroton (1682; ebd.); Alexander als Sieger, Vorstudie für ein Reiterdenkmal Ludwigs XIV. (nach 1683; ebd.); Alexander u. Diogenes, Relief (1687–92; ebd.).

K. HERDING: P. P. Das bildner. Werk (1970).

Pugetsund [ˈpjuːdʒɪt-], engl. **Puget Sound** [- saʊnd], stark verzweigte, inselreiche Bucht im NW des Bundesstaates Washington, USA, etwa 150 km lang, bis 250 m tief; durch die Juan-de-Fuca-Straße mit dem Pazifik verbunden; Haupthäfen sind Seattle und Tacoma.

Pugin [ˈpjuːdʒɪn], Augustus Welby Northmore, brit. Architekt, Kupferstecher und Architekturtheoretiker, *London 1. 3. 1812, † Ramsgate 14. 9. 1852; baute kath. Kirchen, Klöster, Schulen und Landhäuser im neugot. Stil. In seinen Schriften verband er christlich-romant. Vorstellungen mit rationalist. und funktionalist. Argumenten, die die Architekturentwicklung bis in die Moderne beeinflussten. Er entwarf auch Dekorationen und Innenausstattungen (u. a. für das Londoner Parlamentsgebäude, 1844 ff.). Sein Sohn EDWARD

WELBY (* 1834, † 1875) baute Kirchen in England, Irland, Belgien und Amerika.

Schrift: The true principles of pointed or Christian architecture (1841).

P. B. STANTON: P. (London 1971); M. BELCHER: A. W. N. P. An annotated critical bibliography (ebd. 1987); G. WILLIAMS: A. P. versus Decimus Burton. A Victorian architectural duel (London 1990).

Puglia [ˈpuʎa], ital. Name für →Apulien.

Pugnani [puɲˈɲaːni], Giulio Gaetano Gerolamo, ital. Violinist und Komponist, * Turin 27. 11. 1731, † ebd. 15. 7. 1798; war als Violinist in Turin (seit 1748) und London (seit 1767) tätig, von 1770 an wieder in Turin als Konzertmeister und (seit 1776) Musikintendant. Von 1754 an unternahm er ausgedehnte Konzertreisen, u. a. mit seinem Schüler G. B. VIOTTI. – P.s Instrumentalwerke gehören zur ital. Frühklassik (neun Violinkonzerte, zwölf Ouvertüren, sechs Quintette, sechs Streichquartette).

Pugni [ˈpuɲɲi], Cesare, ital. Komponist, * Genua 31. 5. 1802, † Sankt Petersburg 26. 1. 1870; seit 1851 Ballettkomponist des Marientheaters in Sankt Petersburg, schrieb über 300 Ballettmusiken, darunter ›La Esmeralda‹ (1844), ›Le corsaire‹ (1858) und ›Konyok gorbunyok‹ (1864; dt. ›Das bucklige Pferdchen‹).

Pugwash-Bewegung [ˈpʌgwɔʃ-], internat. Diskussionsforum von Wissenschaftlern zur Förderung der Verantwortung in der Wiss. und der interdisziplinären Forschung; entstand als Reaktion auf ein von A. EINSTEIN, B. RUSSELL und anderen namhaften Wissenschaftlern 1955 verabschiedetes Manifest, das zur Abkehr von der atomaren Aufrüstung aufrief, und dem 1957 in Pugwash (Prov. Nova Scotia, Kanada) die erste der ›Pugwash Conferences on Science and World Affairs‹ folgte. Die **Pugwash-Konferenzen,** an denen sich schon während des Kalten Krieges Wissenschaftler aus Ost und West beteiligten und von denen bis 1997 mehr als 200 stattfanden, befassten sich v. a. mit den Gefahren der nuklearen Rüstung, den zu lösenden Aufgaben der Rüstungskontrolle, der Konfliktregelung und Friedenserhaltung, seit dem Ende der 80er-Jahre auch verstärkt mit nichtmilitär. globalen Problemen wie der Umweltsituation und der Weltentwicklung. Die P.-B. förderte z. B. das Zustandekommen des SALT-Prozesses. – Die Aktivitäten der P.-B. werden von einem organisator. Zentrum in London koordiniert. Die Vereinigung Dt. Wissenschaftler (VDW) stellt die dt. Sektion der P.-B.

1995 erhielten die Pugwash-Konferenzen und ihr Präs. J. ROTBLAT den Friedensnobelpreis für ihren Einsatz zur weltweiten Abschaffung der Kernwaffen.

J. ROTBLAT: Pugwash – the first ten years: history of the conferences of science and world affairs (London 1967).

Pu-i, Volk in S-China, →Buyi.

Puig [puddʒ], katalanisch für Berg, bes. in den Pyrenäen; in der Region Valencia und auf den Balearen tritt P. auch als Ortsname und in Verbindungen mit Ortsnamen auf.

Puig [pu̯ix], Manuel, argentinischer Schriftsteller, * General Villegas (Prov. Buenos Aires) 28. 12. 1932, † Cuernavaca 23. 7. 1990; lebte in Europa, New York, Rio de Janeiro und Mexiko; Einsamkeit, Machismo und psycholog. Konflikte sind Themen seiner experimentellen Romane, die unter dem Einsatz von Filmtechniken und Elementen des Trivialen eine krit. Erforschung moral., polit. und ästhet. Gewohnheiten betreiben. ›El beso de la mujer araña‹ (1976; dt. ›Der Kuß der Spinnenfrau‹) wurde 1985 von H. BABENCO verfilmt.

Weitere Werke: *Romane:* La traición de Rita Hayworth (1968; dt. Verraten von Rita Hayworth); Boquitas pintadas (1969; dt. Der schönste Tango der Welt); The Buenos Aires affair (1973); Pubis angelical (1979; dt. Die Engel von Hollywood); Maldición eterna a quien lea estas páginas (1980); Sangre de amor correspondido (1982; dt. Herzblut erwiderter Liebe); Cae la noche tropical (1988; dt. Bei Einbruch der trop. Nacht). – *Dramen:* Bajo un manto de estrellas (1983; dt. Unter einem Sternenzelt); La cara del villano (1985); Recuerdo de Tijuana (1985).

R. ECHEVARREN WELKER u. E. GIORDANO: M. P., montaje y alteridad del sujeto (Santiago 1986); J. TITTLER: M. P. (New York 1993); G. MARTÍ-PEÑA: M. P. ante la crítica. Bibliografía analytica y comentada (1968–1996) (Frankfurt am Main 1996).

Augustus Welby Northmore Pugin: Saint Augustine's Church in Ramsgate; geweiht 1851

Puigcerdá [pu̯ixθɛrˈða, katalanisch puddʒ-], span. Grenzstadt in der Prov. Gerona, O-Pyrenäen, an der span.-frz. Grenze, auf einem Hügel oberhalb des Zusammenflusses von Segre und Carol in der Cerdaña, 1 147 m ü. M., 6 500 Ew.; Sommerfrische, Wintersport- und Bergtourenzentrum. – Mittelalterl. Stadtmauern; dreischiffige Kirche Santa María (im 12. Jh. begonnen, im 14. Jh. im got. Stil umgebaut, 1936 z. T. zerstört, danach restauriert); Kloster (gegr. im 12. Jh.). – P. wurde 1177 gegründet.

Puig i Ferreter [ˈpuddʒ i fərrəˈte], Joan, katalan. Schriftsteller, * La Selva del Camp (Prov. Tarragona) 5. 2. 1882, † Paris 2. 2. 1956; als Journalist zunächst dem Anarchismus verbunden, politisch aufseiten der Republik stehend; begann als Lyriker, um sich dann einem modernist., stark von H. IBSEN beeinflussten Ideendrama zuzuwenden (›Un enemic del poble‹, 1908; ›La dama enamorada‹, 1908). Nach dem Scheitern des Versuchs, im kommerziellen Theater Fuß zu fassen, schrieb er autobiograph. Romane, wo er seine größten Leistungen erbrachte: ›El cercle màgic‹, 1929; ›La farsa i la quimera‹, 3 Bde., 1936; ›Camins de França‹, 1936; ›El pelegrí apassionat‹, entstanden 1938–52, erschienen 1952–77, 12 Bde. Er übersetzte Werke von SHAKESPEARE, M. GORKIJ und L. N. TOLSTOIJ.

Puig Major [ˈpuddʒ maˈjɔr], katalanisch für Puig Mayor (→Mallorca).

Puigmal [span. pu̯iɣˈmal, frz. pɥigˈmal], höchster Berg der O-Pyrenäen, südöstlich von Puigcerdá, ein 2 913 m hoher Schiefergrat mit der span.-frz. Grenze.

Puja [Sanskrit ›Verehrung‹] *die, -,* die einmal am Tage in den Tempeln des Hinduismus von den Priestern durchgeführte feierl. Zeremonie der Götterverehrung. Dabei schmücken die Priester das Götterbild mit Blumen, besprengen es mit Wasser aus dem Ganges und rezitieren hl. Texte. Zugleich übermitteln sie dem Gott Gaben der Gläubigen. – Die P. hat als Opferritual auch in den Buddhismus Eingang gefunden.

Pujmanová [-vaː], Marie, geb. **Hennerová** [-vaː], tschech. Schriftstellerin, * Prag 8. 6. 1893, † ebd. 19. 5. 1958; schildert in ihrem Hauptwerk, der im Sinn des sozialist. Realismus gestalteten Romantrilogie ›Lidé na křižovatce‹ (1937; dt. ›Die Leute an der Kreuzung‹), ›Hra s ohněm‹ (1948; dt. ›Das Spiel mit dem Feuer‹) und ›Život proti smrti‹ (1952; dt. ›Das Leben gegen den Tod‹), die soziale Not der Arbeiter in Mähren und die Auflösung der überkommenen Sozialstruktur zw. 1918 und 1945; daneben Reiseberichte, Lyrik und impressionist. Erzählungen.

Ausgabe: Dílo, 10 Bde. (1953–59).

A. M. PÍŠA: Stopami prózy. Studie a stati (Prag 1964).

Pujol [katalan. puˈʒɔl] Jordi, span. (katalan.) Politiker, * Barcelona 9. 6. 1930; bereits unter dem Franco-Regime für katalan. Eigenständigkeit engagiert (1960–63 in Haft), gründete 1974 die Partei ›Convergència Democrática de Catalunya‹ (seit 1979 weitergeführt als Wahlbündnis ›Convergència i Unió‹); nach Wiederherstellung der ›Generalitat de Catalunya‹ (→Katalonien, Geschichte) zum Präs. gewählt, seitdem in den Regionalwahlen 1984–95 immer wieder im Amt bestätigt; unterstützt den seit 1996 regierenden Partido Popular unter Min.-Präs. J. M. AZNAR LOPÉZ.

Puka Puka, Danger Island [ˈdeɪndʒə ˈaɪlənd, engl.], Insel der nördl. Gruppe der neuseeländ. Cookinseln, 5,1 km², 670 polynes. Einwohner.

Pukë [ˈpukə], Hauptstadt des gleichnamigen Bez. in N-Albanien, 3 100 Ew.; Holzverarbeitung.

Pul *der, -/-(s),* Abk. **Pl,** kleine Währungseinheit in Afghanistan seit 1926, 100 P. = 1 Afghani.

Pula *die, -/-(s),* Abk. **P,** Währungseinheit von Botswana, 1 P. = 100 Thebe (t).

Pula, ital. **Pola,** Hafenstadt in Kroatien, an der südl. W-Küste Istriens, an der 4 km langen P.-Bucht des Adriat. Meeres, 62 400 Ew.; pädagog. Akademie, Wirtschaftshochschule; archäolog. Museum, jährl. Filmfestival; Werften, Maschinenbau, Textil-, Zement-, Glas-, Zigarettenindustrie, Fischverarbeitung; wichtiger Handels- und Marinehafen (Naturhafen), Fährverbindung mit der Insel Lošinj; östlich der Stadt internat. Flughafen. An den Buchten südlich von P. zahlr. Fremdenverkehrssiedlungen für sommerl. Badebetrieb. – Bedeutendstes Baudenkmal ist das unter AUGUSTUS erbaute Amphitheater (30–14 v. Chr.; erweitert unter Kaiser VESPASIAN, 69–79 n. Chr.; BILD →Amphitheater), mit etwa 23 000 Sitzplätzen; aus röm. Zeit sind weiterhin erhalten ein Ehrenbogen, die Porta Aurea (um 30 v. Chr.), der Tempel des Augustus und der Roma (zw. 2 v. Chr. und 14 n. Chr. erbaut) u. a. Reste; Herkulestor und Doppeltor (2. Jh. n. Chr.) der röm. Stadtbefestigung; Kapelle der nicht mehr erhaltenen Basilika Santa Maria Formosa (6. Jh.); Dom (15. Jh., mit Resten einer frühchristl. Basilika); venezian. Kastell (17. Jh.). – An der Stelle einer illyr. Siedlung aus dem 4. Jh. v. Chr. ließ Kaiser AUGUSTUS die röm. Militärsiedlung **Pietas Iulia** anlegen, die im 2. Jh. **Colonia Iulia Pola Pollentia Herculanea** genannt wurde und im 6. Jh. Bischofssitz war. Ab 539 in byzantin. Besitz, kam P. 810 an die Franken und 1148 an Venedig. Unter österr. Herrschaft (ab 1797) wurde es nach 1848 zum wichtigsten österr. Kriegshafen ausgebaut. 1920 fiel die Stadt an Italien, 1947–90 gehörte sie zu Jugoslawien, seitdem zu Kroatien.

Pulcinella: Neapolitanischer Pulcinella; Lithographie, um 1820

Pulau, malaiische Bez. für Insel.

Puławy [puˈuavi], Stadt in der Wwschaft Lublin, Polen, 130–140 m ü. M., an der Weichsel, 54 700 Ew.; landwirtschaftl. Forschungsinstitute, Regionalmuseum; Chemiewerk (bes. Stickstoffdüngerherstellung) auf Erdgasbasis, außerdem Gelatinefabrik und Nahrungsmittelindustrie. – Das Schloss (Lubomirskipalast), 1676–79 erbaut, wurde im 18. und 19. Jh. mehrfach verändert; in seinem Landschaftspark (1798 bis 1806) zeugt u. a. der Sibyllentempel (1798–1801) vom poln. Historismus; Marinkapalast (1790–94), Got. Haus (1809) u. a. Außerhalb des Gartens die Pfarrkirche (ehem. Kapelle der Czartoryski), ein dem röm. Pantheon nachgebildeter Zentralbau (1800–03).

Carl Pulfrich

Pulcheria, griech. **Pulcheria, Aelia P.,** byzantin. Kaiserin (Augusta seit 414), * Konstantinopel 19. 1. 399, † ebd. 18. 2. 453. Die energ., fromme und gebildete Tochter Kaiser ARKADIOS' war bis 416 Vormund ihres Bruders THEODOSIOS II., nach dessen Tod sie 450 den Feldherrn MARKIAN heiratete, der zum Kaiser gewählt wurde. – Heilige (10. 9.).

Pula: Tempel des Augustus und der Roma; zwischen 2 v. Chr. und 14 n. Chr. erbaut

Pulci [ˈpultʃi], Luigi, ital. Dichter, * Florenz 15. 8. 1432, † Padua Oktober oder November 1484; befreundet mit LORENZO DE' MEDICI; schrieb, oft im volkstüml. Florentinisch, Sonette z. T. burlesken Charakters, eine Novelle (›Novella del picchio senese‹) und geistl. Gesänge. Kultur- und zeitgeschichtlich interessant sind seine Briefe. P.s literar. Nachruhm beruht jedoch auf dem tragikom. Ritterepos ›Il Morgante‹ (die ersten 23 Gesänge 1478, endgültige, zweigeteilte Fassung 1483 in 28 Gesängen u. d. T. ›Il Morgante maggiore‹; dt. ›Morgant, der Riese‹), in dem er auf hohem künstler. Niveau Gestalten der altfrz. Karlsepik und ihrer oberital. Adaptationen für ein höfisch-humanist. Publikum parodistisch und schwankhaft umdeutet.

Ausgaben: Morgante e lettere, hg. v. D. DE ROBERTIS ([2]1984); Opere minori, hg. v. P. ORVIETO (1986).

G. GETTO: Studio sul ›Morgante‹ (Florenz 1967); A. GAREFFI: L'ombra dell'eroe: ›Il Morgante‹ (Urbino 1986); C. JORDAN: P.'s ›Morgante‹. Poetry and history in the 15th-century Florence (Washington, D. C., 1986).

Pulcinella [pultʃiˈnɛlla; ital. ›kleines Hähnchen‹] *der,* Charaktermaske aus den südital. Volksposse, die Ende des 16. Jh. in die →Commedia dell'Arte aufgenommen wurde: der gefräßige, listige, in neapolitan. Mundart sprechende Diener, der im 18./19. Jh. zur Lieblingsgestalt des neapolitan. Volks- und Marionettentheaters wurde. Seine Kleidung besteht aus weitem, weißem Obergewand, weißer Pluderhose, hohem, spitzem Hut, schwarzer Halbmaske mit Vogelnase.

Pul-e Khumri [-ˈxʊm-], **Pol-e Chomri,** Stadt in NO-Afghanistan, 640 m ü. M., Straßenknotenpunkt am N-Fuß des Hindukusch, etwa 35 000 Ew. – In der Umgebung die unter König KANISCHKA (regierte zw. 78 und 144?) erbaute, von einer Mauer umschlossene Akropolis mit mehreren Heiligtümern.

Pulex [lat.], Gattung der Flöhe mit dem →Menschenfloh.

Pulfrich, Carl, Optiker, * Sträßchen (heute zu Burscheid) 24. 9. 1858, † (Unfall) Timmendorfer Strand 12. 8. 1927; war Mitarbeiter in den opt. Werkstätten Carl Zeiss, Jena, konstruierte Refraktometer u. a. opt., v. a. stereoskop. Messgeräte und neue Phototheodolite. P. wurde so zum Begründer der Stereophotogrammmetrie. Etwa seit 1920 wandte sich P. der physiolog. Optik zu. Er schuf 1925 ein Stufenphotometer, das als Farb- und Trübungsmesser und Kolloido- sowie als Kolorimeter diente.

Pulgar [pulˈɣar], Hernando del, span. Schriftsteller, * Toledo (?) um 1436, † um 1493; war Ratgeber HEIN-

RICHS IV. von Kastilien (1454–74), dann Sekr. ISABELLAS der Katholischen, als deren Botschafter in Rom und Paris; vermittelt in seinen Briefen (›Cartas‹, hg. 1498) und seiner Chronik der Kath. Könige (›Chronica de los muy altos y esclarecidos Reyes Catolicos don Fernando y doña Isabel‹, lat. 1545 unter dem Namen des Übersetzers E. A. DE NEBRIJA gedruckt, span. 1565) ein unmittelbares Bild vom schwierigen Übergang Spaniens zur Neuzeit (bis 1490). Das an T. LIVIUS geschulte Werk zielt auf eine sehr positive Darstellung ISABELLAS. In seinem ›Libro de los claros varones de Castilla‹ (1486) gibt P. 24 phys. und geistige Porträts von 24 bedeutenden Adligen und Klerikern des 15. Jahrhunderts.

Ausgaben: Chronica de los Reyes Catolicos ..., hg. v. J. DE MATA CARRIAZO (1943); Claros varones de Castilla, hg. v. R. B. TATE (1971).

Pulheim, Stadt im Erftkreis, nordwestlich an Köln anschließend, 50 m ü. M., 51 400 Ew.; Rohr- und Walzwerk, Baustoffindustrie, Gewerbepark. Im Ortsteil Brauweiler Hauptschaltleitung (Zentrale Steuerung von Stromnetzen) der RWE AG und ehem. Abtei. – Die Basilika (1048–61) des von Pfalzgraf Ezzo 1024 gegründeten Benediktinerklosters wurde im 12. Jh. umgebaut. In den um 1780 neu errichteten Abteigebäuden sind u. a. Archiv-, Museums- und Denkmalschutzbehörden untergebracht. – P. wurde 1981 Stadt.

Puli [ungar.] *der, -s/-s,* ungar. Haushunderasse (→Hirtenhunde).

Pulicaria, die Gattung →Flohkraut.

Pulitzer ['pʊlɪtsə], Joseph, amerikan. Verleger, *Makó (Ungarn) 10. 4. 1847, †Charleston (S. C.) 29. 10. 1911; kam 1864 in die USA, gilt als Schöpfer der modernen amerikan. Tagespresse, erwarb Zeitungen in Saint Louis (Mo.), 1883 in New York ›The World‹; 1887 gründete er das Abendblatt ›Evening World‹. P. stiftete die ›School of Journalism‹ an der Columbia University in New York und die →Pulitzerpreise. Sein Sohn JOSEPH P. II (*1885, †1955) wurde 1912 Verlagsleiter der ›Saint Louis Post-Dispatch‹, der er Ansehen verschaffte. Der Enkel JOSEPH P. III (*1913, †1993) wurde 1948 Mitgl. der Verlagsleitung, 1955 Präs. der ›Pulitzer Publishing Co.‹ in Saint Louis. Sein Nachfolger ist seit 1986 MICHAEL EDGAR P. (*1930).

Pulitzerpreise ['pʊlɪtsə-], von J. PULITZER gestiftete, hoch angesehene Preise, die seit 1917 jährlich von einem Preiskomitee in Verbindung mit der Columbia University in New York für hervorragende Leistungen auf dem Gebiet des Journalismus (acht Preise), der Literatur (fünf Preise) und der Musik (ein Preis) verliehen werden.

Pulk [slaw.] *der, -(e)s/-s,* seltener *-e,* 1) loser Verband von Kampfflugzeugen oder militär. Fahrzeugen; 2) größere Anhäufung von Menschen, Fahrzeugen, Tieren in dichtem Gedränge.

Pulkowo, südl. Stadtteil von Sankt Petersburg, mit dem astronom. Observatorium der Russländ. Akad. der Wiss.en **(P.-Observatorium).** Durch die 1835–39 auf einer Anhöhe (77 m ü. M.) erbaute Sternwarte (gegr. von F. G. W. STRUVE) verlief bis 1917 der Nullmeridian für russ. Kartenwerke. Die Beobachtungstätigkeit wurde zunehmend an andere Observatorien (z. B. auf der Krim) verlagert.

Pullach i. Isartal, Gem. im Landkreis München, Oberbayern, am Südrand Münchens, 582 m ü. M. über dem 30 m eingeschnittenen engen Isartal, 8 700 Ew.; Werke für Kältetechnik und für Elektrochemie; Sitz des Bundesnachrichtendienstes; Predigerseminar der Vereinigten Ev.-Luther. Kirche Deutschlands.

pullen [engl. to pull, eigtl. ›ziehen‹], 1) *Golf:* einem Ball mit einem Schlag einen Linksdrall geben; 2) *Reitsport:* heftig gegen die Hand des Reiters vorwärts drängen (vom Pferd gesagt; **Puller,** Pferd, das zum Davonstürmen neigt); 3) *seemännisch:* rudern.

Pullman ['pʊlmən], George Mortimer, amerikan. Industrieller, *Brocton (N. Y.) 3. 3. 1831, †Chicago (Ill.) 19. 10. 1897; begann 1858 mit dem Bau von Eisenbahnschlafwagen. 1864 wurde der erste wohnlich ausgestattete Schlafwagen und 1865 der erste Durchgangswagen mit reicher Innenausstattung **(P.-Wagen)** gebaut; seit 1867 im eigenen Unternehmen. Als Arbeitersiedlung der P.-Werke gründete er 1880 die Chicagoer Vorstadt Pullman.

Pullman-Limousine ['pʊlmənlimu-; nach G. M. PULLMAN], i. Allg. bes. luxuriös ausgestattete Limousine mit verlängertem Radstand und verlängerter Karosserie, mit Passagierraum für mehr als vier Personen; bis zu sechs Seitentüren, Trennwand zw. Fahrer- und Passagierraum.

Pullorumseuche [zu lat. pullus ›Jungtier‹], die weiße Kükenruhr, →Geflügelkrankheiten.

Pullover [engl., eigtl. ›zieh über!‹] *der, -s/-,* über den Kopf zu ziehendes gestricktes oder gehäkeltes Bekleidungsstück des Oberkörpers, mit rundem, geradem, V-Ausschnitt oder versch. Kragenformen (z. B. Rollkragen), für beide Geschlechter. Vor 1918 als Sportkleidung unter der Bez. Sweater, nach dem Ersten Weltkrieg als Jumper bekannt, fand der P. in den 1930er-Jahren, zuerst bei den Frauen, in die Tagesmode Eingang.

Joseph Pulitzer

Pullunder [analog zu Pullover gebildet, engl. under ›unter‹] *der, -s/-,* ärmelloser Pullover, meist mit V-Ausschnitt. Schon in den 1920er-Jahren konnten Unterziehpullover ohne Ärmel die Anzugweste ersetzen, doch kam die Bez. P. für die von Männern und Frauen getragenen Pullover erst in den 1960er-Jahren auf.

Pully [py'ji], Stadt im Kt. Waadt, Schweiz, am Genfer See, östlich an Lausanne anschließend, 425 m ü. M., 15 800 Ew.; v. a. Wohnort.

Pulmologie [zu lat. pulmo ›Lunge‹] *die, -,* die →Pneumologie.

pulmonal [zu lat. pulmo ›Lunge‹], *Anatomie:* die Lunge betreffend, von ihr ausgehend.

Pulmonalstenose, meist angeborene Verengung im Bereich der Lungenarterie, die teils isoliert, häufig aber auch in Verbindung mit anderen Anomalien, z. B. als Teil der Fallot-Kardiopathien, auftritt; häufigste Form der isolierten P. ist die in seltenen Fällen auch durch entzündl. Erkrankungen erworbene **Pulmonalklappenstenose (valvuläre P.),** ferner kann der Ausflusstrakt der rechten Herzkammer infolge Muskelhypertrophie betroffen sein **(infundibuläre P.).**

Mortimer Pullman

Pulmonaria [lat.], die Gattung →Lungenkraut.

Pulmonata [lat.], die →Lungenschnecken.

Pulpa [lat. ›(Frucht)fleisch‹] *die, -/...pae,* **1)** *Anatomie:* 1) **Zahn-P.,** das Nerven und Blutgefäße enthaltende Zahnmark; 2) **Milz-P.,** Bindegewebe im Innern der →Milz.

2) *Botanik:* das fleischige Gewebe, das bei manchen Früchten (z. B. bei Zitrusfrüchten, Bananen) als innerste Schicht der Fruchtwand zw. den Samen ausgebildet ist.

Pulpe [frz., von lat. pulpa ›(Frucht)fleisch‹] *die, -/-n,* **Pülpe, Pulp,** Bez. für versch., aus zerkleinertem Pflanzenmaterial bestehende breiige Massen, z. B. für die aus Früchten hergestellten Vorprodukte bei der Bereitung von Konfitüren und Obstsäften **(Obst-P., Fruchtmark)** sowie für die bei der Verarbeitung von Kaffeekirschen anfallenden Fruchtfleischmassen.

Pulpitis, die →Zahnmarkentzündung.

Pulque ['pʊlkə; span., wohl aus dem Aztekischen] *der, -(s),* vergorener Saft der Agave atrovirens, urspr. Kultgetränk (›octli‹) der Azteken; ergibt destilliert den Meskal. (→Tequila)

Puls [mhd. puls, zu lat. pellere, pulsum ›schlagen‹, ›stoßen‹], **1)** *Elektronik* und *Technik:* period. Folge von →Impulsen; der Augenblickswert des period. Vorgangs nimmt innerhalb einer Periodendauer T nur während eines Zeitabschnitts $\tau < T$ von null versch. Werte an; auch als P.-Schwingung bezeichnet.

2) *Medizin* und *Physiologie:* **Pulsus,** i.w.S. jede an die Herztätigkeit gekoppelte Strom-, Druck- oder Volumenschwankung innerhalb des Kreislaufsystems (Strom-P., Druck-P., Volumen-P.), die als Anstoß der vom Herzschlag durch das Arteriensystem getriebenen Blutwelle an den Gefäßwänden, v.a. über der Speichenarterie **(P.-Ader)** am Handgelenk, zu fühlen ist. Der arterille P. beruht auf der diskontinuierl. Beschleunigung des Blutes durch das Herz. Die **P.-Welle** pflanzt sich von der Aortenwurzel bis zu den Kapillaren beim Menschen mit einer Geschwindigkeit von 4 bis 6 m/s fort. Diese Wellengeschwindigkeit hängt, ebenso wie die P.-Beschaffenheit, von der Höhe des Blutdrucks und von der elast. Beschaffenheit der Gefäßwände ab und kann aus der Verspätung des P. einer herzfernen Arterie gegenüber dem P. einer herznahen Arterie genau gemessen werden durch einen **P.-Schreiber** (Sphygmograph), der mit mechan. oder elektr. Übertragung die **Druck-** oder **Volumenpulskurven** beider Arterienstellen aufzeichnet. Die **P.-Zahl,** d.h. die Zahl der Pulsschläge je Minute (Herzfrequenz), beträgt für den gesunden Erwachsenen in Ruhe 60–80, erheblich mehr für das Kind, für den Säugling gegen 130. (→Bradykardie, →Tachykardie)

Pulsare [zu engl. pulse ›Impuls‹, ›Schwingung‹, Analogiebildung zu Quasar], *Sg.* **Pulsar** *der, -s,* kosm. Radioquellen, deren Strahlung in Pulsen sehr kurzer und jeweils (nahezu) konstanter Pulsperiode empfangen wird (die relative Abweichung beträgt typischerweise 10^{-10}). Die Pulsperioden der über 500 bislang bekannten P. liegen zw. 0,0015 und 4,5 s, mit einem Maximum der Verteilung bei knapp unter einer Sekunde. Die Pulslängen betragen durchschnittlich etwa 5% der Pulsperioden. Die Pulshöhen zeigen unregelmäßige Schwankungen, bei der Mittelung über viele Pulse ergibt sich für jeden P. ein eigenes Pulsprofil, das meist aus zwei Komponenten besteht. Das Spektrum der Strahlung fällt nach hohen Frequenzen hin ab. Die Pulsperioden nehmen um etwa 10^{-15} je Periode zu, was einer Verdopplung der Periode in einigen Mio. Jahren entspricht. Einige P. zeigen plötzlich unstetige Periodenverkürzungen, wonach wieder eine Periodenzunahme mit gleicher Geschwindigkeit wie zuvor erfolgt.

P. werden i.Allg. mit **PSR** und ihren Koordinaten benannt, z.B. gibt beim ersten entdeckten P. PSR 1919+21 (A. HEWISH und J. BELL, 1967) die erste Zahl die Rektaszension ($19^h 19^{min}$), die zweite die Deklination (+21°) an.

Bei einigen P. beobachtet man gepulste Strahlung außer im Radiofrequenz- auch im opt. sowie im Röntgen- und sogar im Gammabereich, z.B. beim **Krebsnebel-P.** PSR 0531+21, dem stellaren Überrest der Supernova von 1054; seine Periode beträgt 0,03320 s (→Krebsnebel). Bisher konnten zwei weitere P. mit Supernovaüberresten in Verbindung gebracht werden, u.a. der →Velapulsar. Es existieren auch P., von denen man nur gepulste Gamma-, aber keine gepulste Radiostrahlung empfängt.

Nach allgemeiner Auffassung handelt es sich bei P. um rotierende →Neutronensterne. Sie sind das Ergebnis einer Supernovaexplosion, bei der das Zentralgebiet eines massereichen Sterns kollabierte, wobei sein Radius auf den etwa 10^{-4}ten Teil geschrumpft ist. Wegen der Drehimpulserhaltung erfolgt eine Verkleinerung der Rotationsperiode auf den etwa 10^{-8}ten Teil der ursprüngl. Periode, ein ursprüngl. Magnetfeld verstärkt sich um etwa diesen Faktor. Rotations- und Magnetfeldachse fallen i.Allg. nicht zusammen. – Für das Entstehen der P.-Strahlung gibt es noch keine allg. akzeptierte Erklärung, doch geht man davon aus, dass das Magnetfeld nahezu Dipolcharakter aufweist, seine Stärke daher mit wachsendem Abstand von der Sternoberfläche abnimmt. Elektrisch geladene Teilchen werden daher nach außen getrieben und beschleunigt, Elektronen erreichen dabei nahezu Lichtgeschwindigkeit. Vom Magnetfeld zur Mitrotation gezwungen, durchlaufen sie gekrümmte Bahnen, was zur Ausstrahlung von Synchrotronstrahlung in einen engen Kegel in Richtung der augenblickl. Bewegung führt. Befindet sich der Beobachter in Richtung des Strahlkegels, nimmt er period. Strahlungsblitze wahr. Wegen des geringen Kegelöffnungswinkels ist die Wahrscheinlichkeit dafür gering, sodass nicht in jedem Supernovaüberrest ein P. beobachtet wird; außerdem führt nicht jede Supernovaexplosion zur Bildung eines Neutronensterns. Die abgestrahlte Energie wird der Rotationsenergie des Neutronensterns entnommen, wodurch die Periodenlänge langsam zunimmt; die plötzl. Periodenverkürzungen dürften auf Trägheitsmomentsänderungen im Stern zurückgehen. Die P. mit Perioden im Millisekundenbereich haben wahrscheinlich eine nachträgl. Rotationsbeschleunigung erfahren: Sie sind Mitglieder von Doppelsternsystemen. Beim Überströmen von drehimpulstragender Materie von der anderen Komponente des Doppelsterns wird der Drehimpuls des Neutronensterns vergrößert. Beim Überströmen kann es zur Aufheizung der Neutronensternoberfläche im Bereich der Magnetfeldpole kommen, von denen dann therm. Röntgenstrahlung ausgeht (→Röntgenpulsar).

Einige P. haben als Partner einen weiteren Neutronenstern **(Binär-P.),** z.B. PSR 1913+16. Die zeitl. Änderungen der Bahnelemente derartiger Systeme werden durch die Ausstrahlung von →Gravitationswellen verursacht.

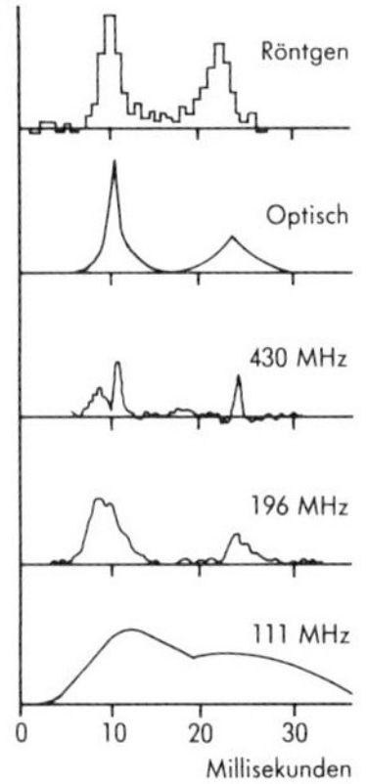

Pulsare: Impulsform des Krebsnebelpulsars (PSR 0531+21) in verschiedenen Frequenzbereichen (Röntgen-, optische und Radiofrequenzen)

Pulsatilla [lat.], die Pflanzengattung →Küchenschelle.

Pulsationsltheorie, von den russ. Geologen M.A. USSOW und W.A. OBRUTSCHEW entwickelte geotekton. Hypothese, nach der die Entwicklung der Erde durch einen Wechsel von Einengungs- und Ausweitungsbewegungen erfolgte.

Pulsationsveränderliche [lat. pulsatio ›das Schlagen‹, ›das Stoßen‹], *Astronomie:* Gruppe von →Veränderlichen, bei denen die Änderung bestimmter Zustandsgrößen wie Radius, Leuchtkraft oder Temperatur durch regelmäßige Expansion und Kontraktion **(Pulsation;** ihre Periodendauer ist die **Pulsationsperiode)** ihrer äußeren Schichten hervorgerufen wird. P. sind u.a. die →Beta-Canis-Maioris-Sterne, die →Cepheiden, die →Mira-Sterne und die →RR-Lyrae-Sterne.

Pulsbetrieb, *Physik:* 1) Betriebsart für bestimmte Arten von Beschleunigern, bei der die Teilchen (im Ggs. zum **Dauerstrichbetrieb**) nicht kontinuierlich beschleunigt werden, sondern jeweils nur ein Teilchenpaket pro Beschleunigungszyklus. Eine wichtige Kenngröße für den P. ist das Tastverhältnis (→Linearbeschleuniger). 2) →Laser.

Pulscodemodulation [-ko:t-], Abk. **PCM,** Verfahren zur Umwandlung analoger Signale (i.d.R. Sprachsignale) in digitale Signale. Die zeitkontinuierl. analogen Signale werden durch →Abtasten in zeitdiskrete digitale Signale umgewandelt. Zur Abtastung muss mit mindestens der doppelten höchsten Frequenz des umzuwandelnden analogen Signals gearbeitet werden, damit sich das Originalsignal vollständig wiedergewinnen lässt und kein Informationsverlust auftritt. Da die höchste übertragene Frequenz in der Fernsprechtechnik 3,4 kHz ist, wurde international eine Abtastfrequenz von 8 kHz festgelegt. Nach der Abtastung liegt ein pulsamplitudenmoduliertes Signal (PAM-Signal) vor. Übertragen werden die Abtastwerte jedoch nicht in Form unterschiedlich hoher Impulse, sondern sie werden mit einem Binärcode verschlüsselt. Um den techn. Aufwand zu begrenzen, ist die Zahl der mögl. Amplitudenwerte auf 256 Quantisierungsintervalle beschränkt worden, wobei jeder einzelne abgetastete Wert nach der Quantisierung und Codierung durch einen →Analog-Digital-Umsetzer einem 8-bit-Codewort (PCM-Signal) entspricht. Aus einem analogen Sprachsignal entsteht auf diese Weise bei 8000 Abtastungen pro Sekunde (8 kHz) ein PCM-Signal mit 64 kbit/s. Die Zahl der zeitmultiplex zu übertragenden Fernsprechsignale ist mit 30 festgelegt. Damit ist das kleinste digitale Übertragungssystem das PCM 30 (für 30 Fernsprechkanäle), bei dem ein digitales Signal mit einer Bitrate von 2 Mbit/s erzeugt wird. P.-Übertragungen erfolgen über Richtfunkstrecken oder Breitbandkabel (Koaxialkabel, Glasfaserkabel). Zur Beseitigung von Dämpfungen und Verfälschungen durch Störspannungen müssen PCM-Signale in bestimmten Abständen regeneriert werden. Da das PCM-Signal nur aus den beiden Zuständen 0 und 1 besteht, müssen zur Regeneration lediglich die Zustände der einzelnen Bits abgefragt werden, worauf ein völlig neues PCM-Signal gebildet wird, das exakt dem ursprüngl. entspricht.

Pulsfrequenz, Impulsfolgefrequenz, bei einem period. Vorgang mit der Periodendauer T, der aus einer Folge gleicher Impulse besteht (→Puls), die Frequenz $f = 1/T$, mit der die Impulse aufeinander folgen.

Pulsgenerator, Impulsgenerator, Gerät zur Erzeugung von elektr. Pulsen, i. d. R. mit versch. Frequenzen und Tastverhältnissen, einstellbarer Amplitude und Dauer sowie unterschiedl. Formen der Impulse.

pulsieren [lat. pulsare ›schlagen‹, ›stoßen‹], rhythmisch, dem Pulsschlag entsprechend an- und abschwellen, schlagen, klopfen.

pulsierende Vakuole, *Biologie:* die →kontraktile Vakuole.

Pulsmodulation, Impulsmodulation, Sammelbegriff für alle Modulationsverfahren, bei denen →Pulse als Träger verwendet werden.

Pulsnitz, sorb. **Połčnica** [pɔutʃnitsa], Stadt im Landkreis Kamenz, Sa., 240 m ü. M., an der Pulsnitz (Zufluss zur Schwarzen Elster), im Lausitzer Bergland, 6700 Ew.; Stadtmuseum, private Sternwarte (mit Meteoritensammlung); Pfefferkuchenhandwerk (seit Mitte des 16. Jh.); Töpfereien, Blaudruckwerkstatt, Maschinenbau. – Spätgot. Nikolaikirche (16. Jh., 1742–45 nach Brand wieder aufgebaut); Renaissancegiebel am ehem. Rathaus (1555); Altes (um 1600) und Neues Schloss (1718; heute Rehaklinik). – P. wurde 1225 erstmals erwähnt und erhielt 1375 Stadtrecht.

Pulsometer *das, -s/-,* **Dampfdruckpumpe,** kolbenlose Verdrängerpumpe mit einem Wirkungsgrad bis 50%, bei der Wasserdampf als Verdränger unmittelbar auf die Förderflüssigkeit (Wasser) einwirkt. Der Wasserdampf wird abwechselnd in zwei Arbeitskammern mit Druck- und Saugventilen geleitet. Das in der Kammer befindl. Wasser wird in das Leitungssystem gedrückt, der Dampf kondensiert und erzeugt dadurch ein Vakuum, durch das wiederum Wasser in die Arbeitskammer gesaugt wird. Der Dampfdruck (bis etwa 300 kPa) muss größer sein als der Absolutdruck des Wassers. Mit P. sind Förderhöhen bis 50 m und Saughöhen bis 8 m erreichbar.

Pult [mhd. pulpit, von lat. pulpidum ›Brettergerüst‹], standfestes, meist tragbares Möbelstück mit schräger Platte zum Lesen oder Schreiben. In liturg. Gebrauch als **Lese-P.** für die Lesungen, meist reich geschmückt als **Chor-P.** (seit dem frühen MA.). Das **Bet-P.** ist meist mit einem Knieschemel verbunden. Neben dem aus Holz gefertigten P. wurden auch prunkvolle Chor-P. aus Marmor, Bronze u. a. hergestellt (z. B. →Adlerpult). Im profanen Bereich war das **Schreib-P.,** u. a. als **Steh-P.,** vom MA. bis ins 19./20. Jh. in Gebrauch. – In der Ostkirche werden auch für Ikonen P. angefertigt. Der Islam kennt das Koran-P. (Rahle).

Pultbibliothek, typ. Form der Studien- und Gelehrtenbibliothek v. a. in Klöstern und Kollegien des MA. und der Renaissance. In einem langen schmalen Raum, durch Seitenfenster gut beleuchtet, sind vom Mittelgang aus ein- oder doppelseitige Lesepulte angeordnet, vor denen Sitzbänke stehen. Auf den Pulten liegen bzw. stehen die mit Ketten befestigten Bücher, die so auch gegen Diebstahl gesichert waren. – Noch heute als P. erhalten ist die von MICHELANGELO gestaltete Biblioteca Medicea Laurenziana (errichtet 1524–71) in Florenz.

Pultrusionsverfahren, ein kontinuierl. Laminierverfahren zur Herstellung faserverstärkter Platten und Profile aus Kunststoffen. Für Profile werden harzgetränkte Rovings (→Glasfasern) langsam durch eine Düse mit dem gewünschten Querschnitt gezogen. Noch in der Düse findet eine Vorhärtung statt. Für Platten wird das getränkte Fasermaterial zw. Folien durch Walzen verdichtet und anschließend ausgehärtet. Durch P. hergestellte Platten und Profile haben bes. gute mechan. Eigenschaften.

Pultscholle, *Geologie:* schräg gestellter, von Verwerfungen umgrenzter Erdkrustenkomplex, z. B. der Harz.

Pułtusk ['puu̯tusk], Stadt in der Wwschaft Warschau, Polen, 90 m ü. M., am unteren Narew, 18500 Ew.; Regionalmuseum; elektrotechn., Nahrungsmittel-, Baustoffindustrie. – Teilweise erhaltene Befestigungsanlagen von 1508/09; spätgot. Kollegiatskirche (vor 1443, 1560 im Renaissancestil umgebaut) und Grabkapelle mit Wandmalereien und Grabdenkmal (1561). Das urspr. got. Bischofsschloss wurde im 16.–18. Jh. umgebaut. – P., Anfang des 13. Jh. Burgsiedlung im Besitz der Bischöfe von Płock, erhielt 1257 Stadtrecht (1339 erneuert). Von 1566 bis ins 18. Jh. bestand hier ein bedeutendes Jesuitenkolleg, an dem u. a. P. SKARGA lehrte.

Pulver [von lat. pulvis ›Staub‹], **1)** *allg.:* sehr fein zerkleinerter, trockener, fester Stoff, der aus grob zerkleinerter Substanz durch weiteres Zerteilen (›Pulverisieren‹) in Reibschalen mit Pistill, durch Mahlen u. a. gewonnen wird. (→Pulvermetallurgie)

2) *Pharmazie:* **Pulvis,** Arzneizubereitung aus festen, sehr fein zerkleinerten Inhaltsstoffen, die sich an der Luft nicht zersetzen und nicht durch Wasseraufnahme zerfließen. P. enthalten Wirksubstanzen und einen Füllstoff (z. B. Stärke). P. zur äußerl. Anwendung nennt man →Puder.

3) *Waffenwesen:* →Schießpulver.

Liselotte Pulver

Pulver, 1) Liselotte, schweizer. Theater- und Filmschauspielerin, * Bern 11. 10. 1929; mit Filmen, in denen sie meist komödiant., burschikose Rollen spielte, wie ›Ich denke oft an Piroschka‹ (1955), ›Bekenntnisse des Hochstaplers Felix Krull‹ (1957), ›Das Wirtshaus im Spessart‹ (1957), ›Kohlhiesels Töchter‹ (1962), hatte sie große Erfolge. Spielte in der Fernsehserie ›Mit Leib und Seele‹ (1989); schrieb die Erinnerungen ›...wenn man trotzdem lacht. Tagebuch meines Lebens‹ (1990) und ›Bleib doch noch ein bißchen‹ (1996).

Max Pulver

2) Max, schweizer. Schriftsteller, * Bern 6. 12. 1889, † Zürich 13. 6. 1952; Vertreter der Neuromantik, am bedeutendsten in seiner Lyrik; auch Dramen, Erzählungen und der Roman ›Himmelpfortgasse‹ (1927). Bedeutender Graphologe im Umkreis von C. G. JUNG.

Weitere Werke: *Lyrik:* Selbstbegegnung (1916); Auffahrt (1919); Übergang (1946).

Pulverholz, der Gemeine →Faulbaum.

Pulverkaffee, der →Kaffeeextrakt.

Pulvermaar, von einem See eingenommenes Maar in der Vulkaneifel (→Eifel), südöstlich von Daun, Rheinl.-Pf., 411 m ü. M. Der fast kreisrunde See hat mit rd. 36 ha die größte Wasserfläche aller Eifelmaare; abgesehen vom Bodensee und einigen Alpenrandseen ist er mit einer Wassertiefe von 74 m der tiefste natürl. See Dtl.s. Das P. entstand um 8100 v. Chr.

Pulvermetallurgie, ältere Bez. **Metallkeramik, Sintermetallurgie,** Herstellung von Halbzeugen und Fertigteilen aus Pulvern oder körnigen Mischungen von Metallen oder Metallverbindungen (teilweise unter Zusatz nichtmetall. Bestandteile) durch Pressen und anschließendes Sintern. Pulvermetallurg. Verfahren werden für hochschmelzende Metalle, Legierungen, die sich im schmelzflüssigen Zustand nicht verbinden lassen, und Werkstoffkombinationen (→Cermets) aus metall. und nichtmetall. Komponenten angewendet. Die Pulver werden mechanisch v. a. durch Mahlen oder Verdüsen von Schmelzen erzeugt. Auf chem. Weg erfolgt die Pulvergewinnung durch Reduktion von Oxiden, therm. Zersetzung (Carbonylverfahren), Ausfällen oder elektrolyt. Abscheidung. Da sehr feine Pulver schlechte Fließeigenschaften aufweisen, werden sie durch Granulierung und nachfolgendes Mahlen in die optimale Partikelgröße gebracht. Das Pulver – eventuell unter Zusatz von Gleitmitteln – wird in die Form gegeben und verpresst. Beim einachsigen **Kaltpressen** werden die Pulver bis etwa 90 % der theoret. Dichte in Stahlformen verdichtet. Das dreiachsige **isostatische Pressen** (in allen drei Richtungen wirken gleich große Druckspannungen) arbeitet mit geschlossenen Elastomerformen aus Gummi oder Kunststoffen. Der anschließende Sinterprozess erfolgt im Ofen unter Schutzgas oder im Vakuum, um Oxidation zu vermeiden. Die Temperatur liegt dabei unterhalb des Schmelzpunktes der am schwersten schmelzenden Komponente. Mit dem Sintern wird eine feste und dauerhafte Verbindung der gepressten Pulver erreicht. Beim **Heißpressen (Drucksintern)** wird gleichzeitig gepresst und gesintert, wobei die Belastung der Pressformen sehr hoch ist. Bis 1 000 °C bestehen die Formen aus hochwarmfesten Nickellegierungen, bei noch höheren Temperaturen aus Graphit. Ein Sonderfall ist das **Schlickergießverfahren,** bei dem die Pulver lediglich aufgeschlämmt und drucklos in die Form gegossen werden. Das Aufschlämmmittel wird von der Formwandung aufgesogen und der Formkörper dadurch verfestigt.

P., Sinter- u. Verbundwerkstoffe, hg. v. W. SCHATT (Neuausg. [3]1988).

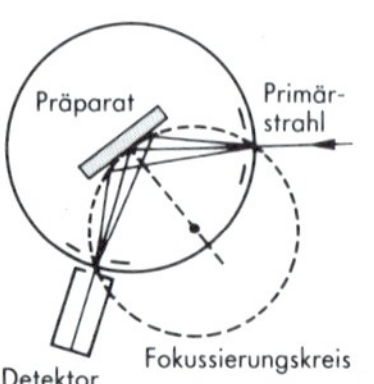

Pulvermethoden: Prinzip eines Diffraktometers nach dem Bragg-Brentano-Verfahren

Pulvermethoden, Polykristallmethoden, *Kristallographie:* Verfahren der →Röntgenstrukturanalyse, bei denen polykristallines Pulver mit nahezu monochromat. Röntgenstrahlen untersucht wird. Aufgrund der großen Zahl und der statistisch verteilten Orientierung der Kristalle im Pulver wird die braggsche Reflexionsbedingung (→Bragg-Gleichung) für die Ausrichtung der Kristallnetzebenen in jeder Beugungsordnung von hinreichend vielen Kristallen erfüllt. Daher treten alle mögl. Interferenzmaxima im Beugungsbild der Röntgenstrahlen gleichzeitig auf. Diese können mit Filmmethoden gemeinsam auf →Röntgenfilm aufgezeichnet werden, während sie bei Diffraktometermethoden mit einem Zählrohr einzeln nacheinander registriert werden. Weit verbreitet ist das zu den (nicht fokussierenden) Filmmethoden gehörende →Debye-Scherrer-Verfahren. Fokussierende Verfahren arbeiten mit geometr. Anordnungen, die die von versch. Stellen des Präparats abgebeugten und in einer Ebene liegenden Strahlen auf einen Punkt abbilden, wodurch die Intensität der Interferenzlinien erhöht wird. Das →Guinier-Verfahren verbessert die Auflösung durch Verwendung streng monochromat. Strahlung. – Zu den Diffraktometermethoden zählt das →Bragg-Brentano-Verfahren. Das plättchenförmige Präparat wird synchron mit dem Zählrohr um die gleiche Achse, aber mit halber Geschwindigkeit gedreht, sodass man eine teilweise Fokussierung erreicht.

P. werden in erster Linie zur Identifizierung, Strukturanalyse und Bestimmung der Gitterkonstanten von Substanzen verwendet, für die geeignete Einkristalle fehlen. Dazu ist eine Indizierung der Röntgenreflexe, d. h. eine Zuordnung der Interferenzlinien zu den Netzebenen des Kristalls, sowie die Berücksichtigung der Linienintensitäten notwendig.

Puma (Körperlänge bis 1,8 m; Schwanzlänge 60–90 cm)

Pulverschorf, durch den Pilz Spongospora subterranea hervorgerufene Krankheit der Kartoffelknolle, erkennbar durch helle Schorfpusteln auf der Knolle.

Pulververschwörung, engl. **Gunpowder Plot** [ˈgʌnpaʊdə plɔt], Verschwörung von kath. Edelleuten (u. a. G. FAWKES) in England unter Mitwissen engl. Jesuiten, um JAKOB I. und das Parlament bei der Parlamentseröffnung am 5. 11. 1605 in die Luft zu sprengen. Am 4. 11. wurde der Plan verraten. Der 5. 11. ist seit 1606 Tag des Dankes (›Guy Fawkes Day‹).

Puma [Ketschua] *der, -s/-s,* **Silberlöwe, Berglöwe, Kuguar, Profelis concolor, P. concolor,** bis 1,8 m körperlange (Schwanzlänge 60–90 cm) Art der Katzen v. a. in Wäldern und Steppen Nord- und Südamerikas. Überwiegend dämmerungs- und nachtaktive, einzelgänger. Raubtiere mit dichthaarigem, meist braunem bis silbergrauem Fell; P. erbeuten bis hirschgroße Säugetiere, die sie nach Ansprung durch Nackenbiss töten. Die Fortpflanzungszeit ist an keine Jahreszeit gebunden; nach dreimonatiger Tragzeit werden zwei bis vier dunkel gefleckte, schwarzohrige Jungtiere geboren, die erst nach etwa zehn Tagen ihre Augen öffnen. In freier Wildbahn werden P. etwa 18 Jahre alt. Die Bestände sind vielerorts bedroht oder ausgerottet.

Pumi [ungar.] *der, -s/-s,* ungar. Haushunderasse (→Hirtenhunde).

Pump, Hans Wilhelm, Schriftsteller, * Tantow (bei Stettin) 9. 3. 1915, † Esmarkholm (heute zu Satrup, Kr. Schleswig-Flensburg) 7. 7. 1957; schilderte in seinen Romanen und Erzählungen Kriegs- und Nachkriegsschicksale; soziale Motive stehen im Vordergrund, Naturbeschreibung und Charakteristik sind besonders eindrucksvoll.

Werke: *Romane:* Vor dem großen Schnee (1956); Die Reise nach Capuascale (1957). – *Erzählungen:* Gesicht in dieser Zeit (hg. 1958).

Pumpe, Arbeitsmaschine zur Förderung von Flüssigkeiten und Gasen durch Umwandlung mechan. in hydraul. Energie. Das Fördergut wird in einem bestimmten Volumenabschnitt verdrängt. Bauart und Wirkungsweise des Förderelements dienen als Einteilungskriterien für P. Man unterscheidet: →Kreiselpumpen, →Verdrängerpumpen, →Mischluftheber, →hydraulische Widder und →Vakuumpumpen.

Die günstigste P.-Bauart wird nach Betriebsbedingungen und nach der Förderflüssigkeit gewählt. Die Größe einer P. wird bestimmt durch die **Förderwerte** (Förderstrom in m^3/s und Förderhöhe in m) und die **Antriebswerte** (Drehzahl oder Hubzahl in 1/min und Leistungsbedarf in kW). Der Förderstrom kann zw. weniger als $1\,cm^3/h$ (Dosier-P.) und über 10^6 m^3/h (Kühlwasser-P.) variieren. Die hydraul. Güte der P. wird durch den Wirkungsgrad beschrieben, wobei der volumetr. Wirkungsgrad die Leckströme an funktionsbedingten Spalten, z. B. zw. Wandung und Kolben, und der mechan. Wirkungsgrad die Reibungs- und Druckverluste berücksichtigt. Die **Saugfähigkeit** wird durch die spezif. Haltedruckenergie in m^2/s^2 ausgedrückt. Es ist der Überschuss der auf den Saugstutzen bezogenen, im Betrieb gemessenen spezif. Energie über der spezif. Verdampfungsdruckenergie im gleichen Querschnitt. Bei Überschreitung des noch zulässigen Wertes tritt →Kavitation auf. – P. werden in nahezu allen Bereichen der Technik eingesetzt, v. a. im Bergbau, in der Verfahrens-, Kraftwerk-, Wasserversorgungs-, Abwasser-, Bau-, Fahrzeug-, Haus- und Hausgerätetechnik. In der chem. Verfahrenstechnik und bei der Herstellung hochintegrierter elektron. Bauelemente spielen Vakuum-P. eine besondere Rolle. Zur Umwälzung flüssigen Natriums im Kühlmittelkreislauf von Kernkraftwerken (Hochtemperaturreaktoren, schnelle Brutreaktoren) werden elektromagnet. P. als Sonderbauformen verwendet. Auf flüssiges Metall, das von einem elektr. Strom durchflossen wird, wirkt in einem äußeren Magnetfeld eine zur elektr. Stromrichtung und zur Richtung der Magnetfeldlinien senkrecht gerichtete Kraft, und das Metall strömt daher in diese Richtung.

Pump|energie, *Physik:* →Laser.

Pumpen|umlaufkühlung, andere Bez. für Zwangsumlaufkühlung (→Kühlkreislauf).

Pumpermette [zu pumpern, landschaftl. ›pochen‹, ›schlagen‹], **Poltermette, Rumpelmette,** bis ins 19. Jh. begangene kirchl. Feier an den Vorabenden des Gründonnerstags, Karfreitags und Karsamstags mit rituellem Lärmen durch Schläge und Klopfen auf die Kirchenbänke. Der Lärm sollte den Tumult bei der Gefangennahme und das Erdbeben beim Tod CHRISTI, später auch die Empörung über den Verrat des JUDAS zum Ausdruck bringen. Nachdem dieser Ritus im späten MA. zu Ausschreitungen geführt hatte (›Judasjagen‹ der Schulkinder, Verbrennen des JUDAS als Puppe), wurde er seit dem 17. Jh. nur noch in einer andeutenden Form zugelassen. Vorläufer der P. ist die **Finstermette** (›matutina tenebrarum‹), die erstmals im 8. Jh. bezeugt ist. Seit dem 13. Jh. wurden zwölf Kerzen nach und nach gelöscht (Abfall der Jünger), während die 13. brennen blieb (Symbol für CHRISTUS als ›Licht der Welt‹).

Pumpernickel [zu älter Pumper ›Furz‹ (wohl wegen der blähenden Wirkung)], →Brot.

Pumphose, bauschige, unter den Knien gebundene Hose, v. a. in der Landsknechtstracht.

Pump|speicherwerk, ein Wasserkraftwerk, das in Schwachlastzeiten (z. B. nachts) die elektr. Überschussenergie von Dampf-, Speicherwasser- und Laufwasserkraftwerken hydraulisch speichert. Dabei arbeitet der Synchrongenerator als Motor und treibt eine Pumpe oder Pumpenturbine an, die Wasser aus einem Unterbecken in ein hoch gelegenes Oberbecken (Speicherbecken) pumpt. Zur Zeit der Bedarfsspitze treibt man mit dem gespeicherten Wasser die Turbine und damit auch den Generator an, der nun hochwertige Spitzenenergie in das Netz einspeist. P. stellen als Spitzenkraftwerke eine sehr wirtschaftl. Momentanreserve (P. können etwa binnen 2 min ihre Leistung erreichen) mit niedrigen Betriebskosten dar. Oft werden P. mit einem Hochdruckwasserkraftwerk mit natürl. Wasserzulauf kombiniert. Der Gesamtwirkungsgrad zw. aufgewendeter und wiedergewonnener elektr. Energie kann bis 80% erreichen.

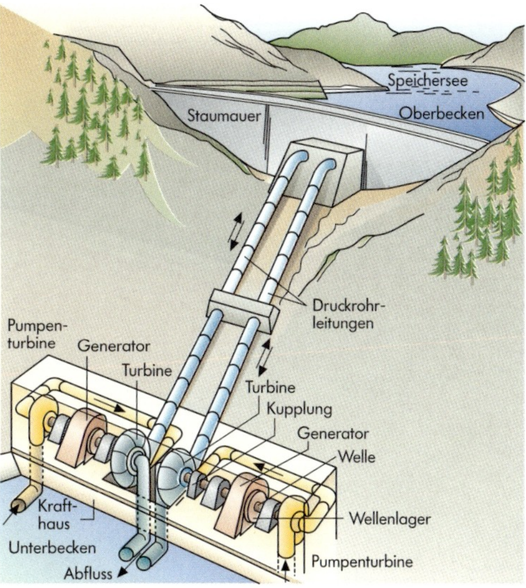

Pumpspeicherwerk

Pümpwurm, die →Sandkoralle.

Puna, 1) ['pu:na], Stadt in Indien, →Pune.

2) Hochland in den zentralen Anden, setzt in S-Peru zw. West- und Ostkordillere ein, erreicht in Bolivien (Altiplano) seine größte Breite (200 km) und findet seine Fortsetzung in N-Chile und N-Argentinien in der **P. de Atacama** (beiderseits der Grenze) und in der **P. Argentina.** Über den eigentl. Hochlandflächen (3000–4000 m ü. M.) erheben sich von N nach S gerichtete Gebirgsketten (4500–5300 m ü. M.) und Vulkankegel. In den mit Sedimenten erfüllten Becken gibt es nur Binnenentwässerung, häufig lediglich von period. oder sogar episod. Charakter, oft mit Salztonebenen (Salare). In großen Becken liegen der Titicacasee und der Poopósee. Nicht mehr der eigentl. P. zuzurechnen ist die **zertalte P.** im Bereich des Ostbolivian. Berglandes. – In der P. herrscht trop. Hochgebirgsklima mit geringen jährl. und hohen tägl. Temperaturschwankungen (über 4000 m ü. M. auch im Sommer häufig Nachtfröste). Die Niederschläge (Dezember bis März) nehmen von über 600 mm am Titicacasee auf etwa 50 mm pro Jahr nach S ab. Die Vegetation ist im zentralen Bereich (Trocken-P.) durch Horstgräser (Ichu), Zwergsträucher (Tolaheide) und Polsterpflanzen (Llareta) gekennzeichnet; im trockeneren Süden (Dorn- oder Salz-P.) treten dazu Sukkulenten auf, im feuchteren Norden (Feucht-P.) Gräser. Die P. dient v. a. als Weide für Schafe, Rinder, Lamas und Alpakas, nur vereinzelt (v. a. am Titicacasee) dem Anbau von Gerste, Kartoffeln u. a. Knollenfrüchten.

Puná, Isla P., Insel im Golf von Guayaquil, Ecuador, vor der Mündung des Río Guayas, 855 km^2.

Pụnan, Sammel-Bez. für unter den Dayak auf Borneo lebende Jäger und Sammler (Sago), von denen sie sich lediglich durch ihre nichtsesshafte Lebensweise unterscheiden. Da vielfach ein Übergang zur Sesshaftigkeit beobachtet wird, ist ihre Anzahl (wenige Tausend bis zu 60 000) schwer zu schätzen. Die etwa 5 000 P. von Sarawak (Malaysia), dort **Penan** gen., erregten durch ihren Kampf gegen die den Regenwald rodenden Holzgesellschaften internat. Aufsehen. Der malays. Staat stellte ihnen 1993 ein Regenwaldgebiet von 657 km² als Reservat zur Verfügung, in dem sie ungehindert von der Holzindustrie nach ihren (z. T. nomad.) Traditionen leben können.

Punch 1): John Tenniel, ›Dropping the Pilot‹ (Der Lotse geht von Bord); abgedruckt in der Ausgabe vom 29. 3. 1890

Punch [pʌntʃ; engl., gekürzt aus Punchinella, dieses entstellt aus Pulcinella], **1)** *Literatur:* engl. satir. Wochenschrift; gegr. 1841 u. d. T. ›Punch or The London charivari‹; erschien bis 1992 und war die langlebigste satir. Zeitschrift der Welt; benannt nach der Figur P. Zu den Mitarbeitern gehörten neben namhaften brit. Zeichnern und Karikaturisten (J. LEECH, G. DU MAURIER, J. TENNIEL, R. SEARLE) auch bedeutende Literaten (u. a. W. M. THACKERAY, THOMAS HOOD, * 1799, † 1845). →satirische Zeitschriften.

A century of P., hg. v. R. E. WILLIAMS (Neuausg. Melbourne 1960); P. Viktorian. Humor 1841–1901, hg. v. W. R. BERGER (1982).

2) *Theater:* seit etwa 1670 Gestalt der engl. Komödie und (zus. mit seiner Frau Judy) Hauptfigur des engl. Puppenspiels (→Puppentheater); entspricht etwa dem dt. →Kasperl.

Pụnctum ae̲quans [lat.] *das, --,* **Ausgleichspunkt,** Bestandteil des →ptolemäischen Weltsystems. Das P. a. liegt auf der Apsidenlinie des Exzenters, der den Epizykel trägt (→Epizykeltheorie, →Exzentertheorie), im gleichen Abstand vom Exzentermittelpunkt wie die Erde, nur jenseits von dieser. Der Epizykelmittelpunkt bewegt sich mit gleichförmiger Winkelgeschwindigkeit um das P. a. J. KEPLER erkannte im P. a. den zweiten Brennpunkt der ellipt. Planetenbahnen.

Hermann Pünder

Pụ̈nder, Hermann, Politiker, * Trier 1. 4. 1888, † Fulda 3. 10. 1976; Jurist; war 1926–32 Staats-Sekr. und Chef der Reichskanzlei, dann bis 1933 Reg.-Präs. in Münster. Im Juli 1933 wurde er aus polit. Gründen aus dem Staatsdienst entlassen und nach dem 20. 7. 1944 in versch. Konzentrationslagern bis Kriegsende inhaftiert. 1945 Mitbegründer der CDU, war P. nach

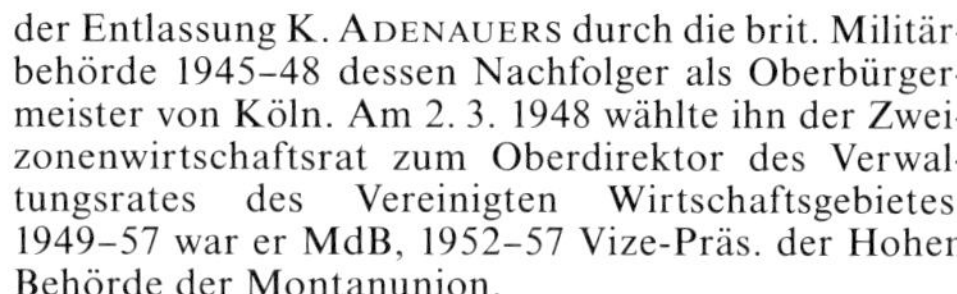

der Entlassung K. ADENAUERS durch die brit. Militärbehörde 1945–48 dessen Nachfolger als Oberbürgermeister von Köln. Am 2. 3. 1948 wählte ihn der Zweizonenwirtschaftsrat zum Oberdirektor des Verwaltungsrates des Vereinigten Wirtschaftsgebietes. 1949–57 war er MdB, 1952–57 Vize-Präs. der Hohen Behörde der Montanunion.

Pu̲ne, früher **Poona** [ˈpuːnə], **Pu̲na,** Stadt im Bundesstaat Maharashtra, Indien, in den Westghats, 1,567 Mio. Ew.; kath. Bischofssitz; Univ. (gegr. 1949), Colleges, Forschungsinstitut für Sanskrit und Prakrit (Bhandarkar Oriental Research Institute), Nat. Chemielaboratorium, Militärakademie; Maschinen- und Traktorenbau, Textil-, chem. und pharmazeut. Industrie. – P., im 8. Jh. als **Pu̲nya Vishaya** [-viʃ-] oder **Pu̲nya Vishayak** erwähnt (›vishaya‹ bezeichnete eine Verwaltungseinheit), war im 17. und 18. Jh. Machtzentrum der Marathen, 1749–1818 Residenzstadt der Peshwadynastie und nach der Eroberung durch die Briten (1818) Sitz der Reg. von Bombay während der Monsunzeit. Ende des 19. Jh. wurde P. eines der geistigen Zentren der ind. Nationalbewegung. 1974–81 war es Sitz der →Bhagvan-Bewegung.

Puni̯, Punji̯, Iwan Albertowitsch, frz. Maler russisch-ital. Herkunft, →Pougny, Jean.

Pu̲nica [lat.], die Gattung →Granatapfelbaum.

Punica̲ceae [lat.], die Granatapfelgewächse (→Granatapfelbaum).

Pu̲ni|er, lat. **Po̲eni,** die Phöniker (→Phönikien) Nordafrikas, bes. die Bewohner Karthagos und seines Reiches.

Pu̲nische Kriege, die drei Kriege zw. Römern und Karthagern (Punier), durch die Rom die Herrschaft im westl. Mittelmeer und die ersten überseeischen Besitzungen erlangte. Nach längerer Zeit der Freundschaft zw. Rom und Karthago entbrannte der **1. Punische Krieg** (264–241 v. Chr.) durch den Streit der →Mamertiner von Messina mit Syrakus und entwickelte sich zu einem Kampf um Sizilien zw. Rom und Karthago (seit 247 unter Führung von HAMILKAR BARKAS), in dem Syrakus 263 röm. Bundesgenosse wurde und die Landmacht Rom eine Kriegsflotte bauen musste. Diese errang mehrere Seesiege, so 260 bei Mylai (heute Milazzo), 256 bei Eknomos und schließlich, kriegsentscheidend, 241 bei den Ägad. Inseln, während eine röm. Landung in Afrika unter MARCUS ATILIUS REGULUS (256/255) misslang. Bei Kriegsende fiel Sizilien, mit Ausnahme des Königreichs Syrakus, das selbstständiger röm. Bundesgenosse blieb, an Rom und wurde 227 als Prov. eingerichtet. 237 hatte Rom bereits unter Ausnutzung des karthag. Söldneraufstandes (241–237) Sardinien und Korsika besetzt, die ebenfalls 227 röm. Prov. wurden.

Der **2. Punische Krieg** (218–201 v. Chr.) begann in Spanien, als →HANNIBAL nach der Eroberung von Sagunt gegen die Bestimmungen des von seinem Schwager HASDRUBAL mit den Römern geschlossenen Vertrages den Ebro überschritt. Nach HANNIBALS Zug über die Alpen (218) siegten die Karthager am Ticinus (heute Tessin) und an der Trebia (heute Trebbia), 217 am Trasimen. See und 216 bei →Cannae. Trotz weiterer Erfolge und des Abfalls mehrerer italischer Bundesgenossen (darunter Capua) von Rom konnte HANNIBAL die röm. Herrschaft über Italien nicht ernsthaft gefährden. Auch das Bündnis Karthagos mit PHILIPP V. von Makedonien, das zu einem Krieg zw. Makedonien und Rom führte (1. Makedon. Krieg, 215–205 v. Chr.), blieb wirkungslos, da Rom seinerseits ein Bündnis mit dem Hauptgegner PHILIPPS V. in Griechenland, dem Ätol. Bund, schloss. Zw. 212 und 209 v. Chr. trat die Wende ein: Die Römer eroberten 212 Syrakus, 211 Capua (HANNIBAL erschien vergeblich vor den Toren Roms), 209 Neukarthago (heute Cartagena) in Spanien. Ihr Sieg bei Sena Gallica

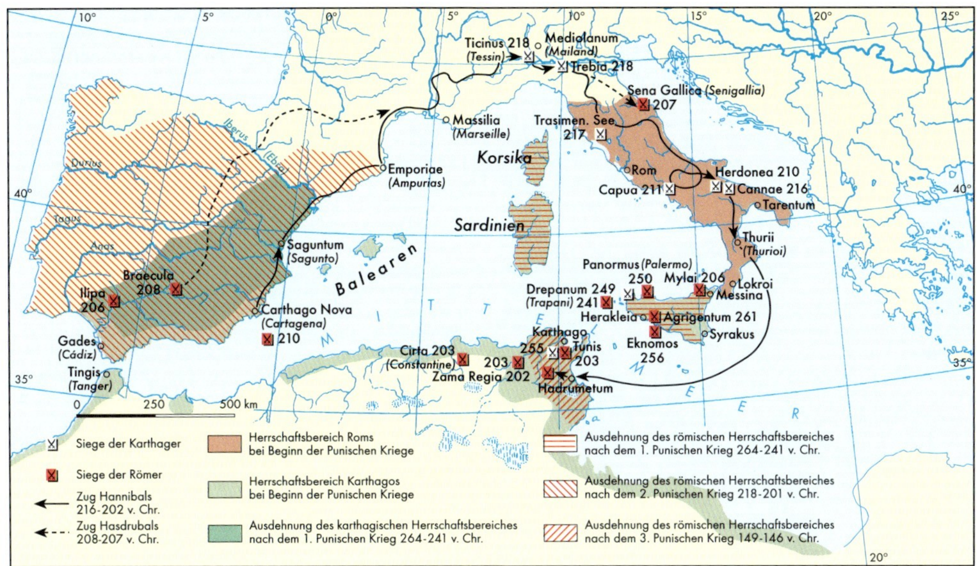

Punische Kriege: Übersichtskarte

(heute Senigallia) am Metauro (207 v. Chr.) verhinderte die Vereinigung HANNIBALS mit seinem Bruder HASDRUBAL auf ital. Boden. Als SCIPIO D. Ä., der die Karthager aus Spanien vertrieben hatte, 204 v. Chr. nach Afrika übersetzte, musste HANNIBAL folgen. Bei Zama fiel 202 v. Chr. durch den Sieg SCIPIOS die Entscheidung: Im Frieden von 201 v. Chr. wurde Karthago auf sein afrikan. Gebiet beschränkt, musste 10 000 Talente Silber zahlen und die Kriegsschiffe bis auf zehn ausliefern; es durfte – auch wenn es um Selbstverteidigung ging – nur noch mit Erlaubnis Roms Krieg führen. Dies setzte Karthago den Angriffen des numid. Königs →MASSINISSA aus, der mit Rom verbündet war. Diese Übergriffe und die Agitation der Karthagerfeinde in Rom (v. a. CATOS D. Ä.), die einen Wiederaufstieg Karthagos fürchteten, führten zum **3. Punischen Krieg** (149–146 v. Chr.). Er endete mit der Eroberung und Zerstörung Karthagos durch SCIPIO D. J. Danach richtete Rom die Prov. Africa ein.

J.-P. BRISSON: Carthage ou Rome? (Paris 1973); J. F. LAZENBY: Hannibal's war (Warminster 1978); K.-H. SCHWARTE: Der Ausbruch des Zweiten Pun. Krieges (1983); N. BAGNALL: Rom u. Karthago. Der Kampf ums Mittelmeer (a. d. Engl., 1995); M. ZLATTNER: Hannibals Geheimdienst im Zweiten Pun. Krieg (1997).

Punischer Apfel, Frucht des →Granatapfelbaumes.

punische Sprache, →phönikische Sprache.

Punjab [pʌnˈdʒɑːb], **1)** Bundesstaat im NW Indiens, grenzt an die Bundesstaaten Jammu and Kashmir, Himachal Pradesh, Haryana und Rajasthan sowie im W an Pakistan, 50 362 km², (1994) 21,7 Mio. Ew.; Hauptstadt ist Chandigarh. Regionalsprache ist Panjabi. P. liegt im →Pandschab. Infolge der bes. beim Weizenanbau erfolgreichen ›grünen Revolution‹ ist P. einer der wohlhabendsten Gliedstaaten Indiens. Größte Städte sind Ludhiana, Amritsar und Jalandhar. – Die hindisprachigen Gebiete wurden 1966 als Gliedstaat →Haryana ausgegliedert.

2) Prov. in Pakistan, grenzt im O an Indien, 205 344 km², (1996) 73,9 Mio. Ew.; Hauptstadt ist Lahore. Der im N der Prov. gelegene Hauptstadtbezirk von Islamabad untersteht der Zentral-Reg. Die Prov. umfasst den von Indus, Chenab, Jhelum, Ravi und Sutlej durchflossenen westl. Teil des →Pandschab sowie im N die Salt Range und Teile des Potwarplateaus. Die intensive Bewässerungslandwirtschaft erzeugt Weizen, Baumwolle und Jute. Größte Städte sind Lahore, Faisalabad, Rawalpindi, Multan und Gujranwala.

3) Landschaft in Pakistan und Indien, →Pandschab.

Punk [pʌŋk; engl., eigtl. ›Abfall‹, ›Mist‹] von ihren Anhängern geprägte Selbst-Bez. einer Mitte der 1970er-Jahre in Großbritannien entstandenen jugendl. Subkultur. In ihrer Entstehungsphase überwiegend von sozial unterprivilegierten (oft arbeitslosen) Jugendlichen in den Großstädten getragen, verweigerten sich ihre Anhänger, die **Punks** oder **Punker,** einerseits bewusst den Normen der bürgerl. Gesellschaft, nutzten jedoch anderseits die durch sie gegebenen Freiheitsräume bis an die Grenzen. Äußere Zeichen dieser gegen die bürgerl. Konventionen gerichteten Haltung wurden die provozierende und schockierende äußere Erscheinung der Punks (grellbunte Haarfarben, Irokesenschnitt, entsprechende Kleidung) sowie eine eigene, den ›Wohlklang‹ etablierter Pop- und Rockmusik ablehnende Musik (→Punkrock). In ihrem Selbstverständnis wollte die P.-Bewegung v. a. ›schockieren‹. Sie ist prinzipiell als eine unpolit. Bewegung anzusehen, was polit. Äußerungen jedoch nicht ausschloss; z. B. ›P. gegen Rechts‹, ›P. gegen Rassismus‹. – Von der P.-Bewegung der 1970er- und 1980er-Jahre zu unterscheiden ist die so genannte Bewegung der **Neo-Punks** in den 1990er-Jahren. Nach eigenem Selbstverständnis die ›spaßigste Jugendbewegung des Jahrhunderts‹, handelt es sich bei ihr jedoch v. a. um eine zunehmend kommerzialisierte Form der Jugendkultur, in deren Rahmen z. T. sehr teure Produkte vermarktet werden (z. B. Designermode) und die soziologisch nicht mehr mit ganz bestimmten Gruppen von Jugendlichen identifiziert werden kann.

B. PENTH u. G. FRANTZEN: Last Exit. P., Leben im toten Herz der Städte (1982); M. MAY: Provokation P. Versuch einer Neufassung des Stilbegriffes in der Jugendforschung (1986); T. LAU: Die heiligen Narren. P. 1976–1986 (1992).

Punkaharju, schmaler, aus eiszeitl. Geröllen bestehender Höhenrücken (Os) in O-Finnland, der sich 7 km durch den See Puruvesi hindurchzieht, dabei eine Straße und streckenweise auch die Eisenbahn Helsinki–Sankt Petersburg aufnimmt. P. steht unter Naturschutz. BILD →Finnland.

Punkrock ['pʌŋkrɔk], urspr. abwertende Bez. für grob aggressive und dilettantisch wirkende Rockmusik. Seit dem Auftreten der engl. Gruppe Sex Pistols (Album ›Anarchy in the UK‹, 1977) steht der P. für den Beginn einer weit über die Musik hinausgehenden Punkwelle. Charakteristisch für den P. sind durch verzerrende Rückkoppelungs- und Übersteuerungseffekte der Elektrogitarre hervorgerufene übermäßige Lautstärkepegel, rasende Tempi und abstoßende, zynisch-resignative Texte. Zum Image des P. gehört eine bewusst hässl., z. T. Selbstverstümmelung einschließende Aufmachung von Musikern und Fans. Mit seiner feindl. Haltung gegenüber den gesteigerten Kommerzialisierungstendenzen und dem Starkult innerhalb der Rockmusik der 1970er-Jahre hatte der P. großen Einfluss auf die Entwicklung des →New Wave.

Punkt [mhd. pun(c)t, von lat. punctum, eigtl. ›das Gestochene‹, ›eingestochenes Satzzeichen‹], **1)** *allg.:* 1) sehr kleiner Fleck, Tupfen, Abdruck oder Einstich; 2) bestimmte Stelle, bestimmter Ort; 3) Stelle, Abschnitt (z. B. eines Textes, einer Rede); 4) Thema, Verhandlungsgegenstand innerhalb eines größeren Themenkomplexes.

2) *graf. Technik:* Abk. **p,** Kurz-Bez. für →typographischer Punkt.

3) *Mathematik:* Grundbegriff der Geometrie, ausdehnungsloses Gebilde, bei EUKLID etwas, ›was keine Teile hat‹. In der modernen Auffassung wird P. seit D. HILBERT (1899) als undefinierter Grundbegriff der synthet. Geometrie verwendet oder aber im Sinne der analyt. Geometrie als Zahlenpaar (P. der Ebene), Zahlentripel (P. des Raumes) oder Zahlen-n-tupel (P. des n-dimensionalen Raumes) definiert; allgemeiner auch Bez. für die Elemente eines abstrakten Raumes.

4) *Musik:* Zeichen der Notenschrift, das rechts neben einer Note (oder Pause) die Verlängerung um die Hälfte ihres Wertes anzeigt **(punktierte Note),** zwei Punkte verlängern die Note um drei Viertel; über oder unter die Noten gesetzt, bedeutet der P. einen gestoßenen Vortrag (→staccato), in Verbindung mit einem Bogen →portato. – In der Barockzeit konnte die Ausführung der punktierten Note – v. a. in schnellen Sätzen – der Triole angeglichen oder durch Überpunktierung verschärft werden **(punktierter Rhythmus).**

5) *Satzzeichen:* Zeichen für das Ende eines Satzes; als Schlusszeichen fungiert der P. bei abgekürzten Wörtern; ferner kennzeichnet er die Ordnungszahlen. (→Interpunktion)

Punkt|achat, weißer oder grauer →Chalcedon mit kleinen roten Flecken und Punkten von Eisenoxid. P. wird im Handel auch ›Stephanstein‹ genannt.

Punktation [zu mlat. punctare ›Einstiche machen‹] *die, -/-en,* **1)** *bürgerl. Recht:* eine nicht bindende Abrede im Hinblick auf einen demnächst abzuschließenden Vertrag.

2) *Sprachwissenschaft:* Kennzeichnung der Vokale im Hebräischen durch Punkte und Striche über oder unter den Konsonanten.

Punktdiät, Diät, die in der starken Einschränkung oder Meidung von Kohlenhydraten zugunsten von Proteinen und bes. Fetten besteht; aus medizin. Sicht bedenklich, da krankhafte Blutgefäßveränderungen gefördert werden können.

Punktefahren, *Bahnradsport:* Wettbewerb mit Massenstart über eine festgelegte Distanz (allg. 50 km bei Männern, 30 km bei Frauen) mit mehreren Zwischenwertungen (Wertungsspurts), bei denen Punkte vergeben werden (5, 3, 2, 1). In der letzten Runde zählen diese doppelt. Die Platzierung ergibt sich aus der erreichten Punktzahl; Rundengewinn geht über Punktgewinn. – Olymp. Disziplin seit 1976 (Männer) bzw. 1996 (Frauen), WM-Disziplin seit 1977 (Männer) bzw. 1989 (Frauen).

Punktgitter, →Raumgitter.

Punktgruppe, Punktsymmetriegruppe, *Mathematik* und *Kristallographie:* eine der Gruppen von Symmetrieoperationen mit Symmetrieelementen, die sich in einem Punkt schneiden **(Punktsymmetrieoperationen, Punktsymmetrieelemente);** alle Punktsymmetrieoperationen, zu denen Spiegelungen, Drehungen, Inversion, Drehspiegelungen und Drehinversionen gehören, lassen diesen Punkt fest. In der Kristallographie erhält man die 32 möglichen kristallograph. P., die dort zu einer Einteilung der Kristalle in 32 Kristallklassen führen (→Kristall, ÜBERSICHT).

punktieren, 1) *Bildhauerkunst:* Messpunkte von einem Modell auf einen noch zu gestaltenden Holz- oder Steinblock durch Lote, Lotrahmen, Zirkel oder ein Punktiergerät übertragen.

2) *Medizin:* eine →Punktion durchführen.

Punktierkunst, die Wahrsagung aus den zufällig in Erde oder Sand markierten oder auf Papier verteilten Punkten oder Strichen, die als Figuren gedeutet werden. Die P. wurde im MA. mit der →Geomantie in Beziehung gesetzt. Sie stammt aus dem Orient und wurde, bes. am Ende des 17. und Anfang des 18. Jh., in ›Punktierbüchern‹ beschrieben.

Punktiermanier, ein Kupferdruckverfahren, bei dem zur Herstellung der Druckform mit Hammer und Punzen Vertiefungen in eine polierte Kupferplatte eingeschlagen werden, um Druckelemente unterschiedl. Größe zu schaffen, die so anzuordnen sind, dass eine bildmäßige Darstellung erreicht wird.

Punktion [zu mlat. punctare ›Einstiche machen‹] *die, -/-en, Medizin:* das Einstechen einer speziellen Hohlnadel oder eines Trokars durch die Haut in ein Blutgefäß, Gewebe oder in natürl. oder durch Krankheitsprozesse entstandene Hohlräume zum Einbringen (Injektion, Instillation) von Arzneimitteln oder zur Entnahme von Untersuchungsmaterial.

Punktladung, punktförmig idealisierte elektr. Ladung. Ein kugelsymmetr. Körper mit homogen verteilter Raum- oder Oberflächenladung übt auf Probeladungen in großer Entfernung dieselbe Wirkung aus, wie wenn seine gesamte Ladung im **Ladungsschwerpunkt** vereinigt wäre. Das Elektron verhält sich wie eine P. bis in Abstände von 10^{-17} m.

Punktmasse, der →Massenpunkt.

Punktprozess, *Wahrscheinlichkeitstheorie:* →stochastischer Prozess.

Punktquelle, *Physik:* jede als punktförmig angenommene →Quelle eines Feldes; z. B. Punktladungen bei elektr. bzw. elektromagnet. Feldern, Punktmassen (Massenpunkte) bei Gravitationsfeldern. Die (orts- und zeitabhängige) Dichte der Quellstärke einer P. lässt sich mithilfe des →Deltafunktionals angeben.

Punktschätzung, *Statistik:* →Schätztheorie.

Punktschrift, die →Blindenschrift.

Punktstich, Technik des Kupferstichs, bei der zur Erzielung von fließenden Übergängen und Schattierungen mit dem Grabstichel punktförmige Einstiche in die Kupferplatte gearbeitet werden. Im Unterschied zum Ätzverfahren der Punktiermanier wird direkt (›trocken‹) in die Platte gestochen. Der P. kam Ende des 15./Anfang des 16. Jh. zus. mit dem Punzenstich als ergänzende Technik des Kupferstichs auf.

Punktsymmetrie, 1) *Analysis:* Eine reelle Funktion f, für die gilt $f(-x) = -f(x)$, ist punktsymmetrisch (bezüglich des Koordinatenursprungs).

2) *Geometrie:* Eine Figur ist punktsymmetrisch, wenn es eine Punktspiegelung gibt, die die Figur auf sich abbildet. Beispiel: Das Parallelogramm ist punktsymmetrisch bezüglich seines Mittelpunktes.

Punktsymmetriegruppe, die →Punktgruppe.

punktuelle Musik, 1952 von H. EIMERT geprägter Begriff für eine Kompositionsart der →seriellen Musik, bei der die →Parameter der Töne durch Elementreihen festgelegt werden. Ihr Bauelement ist der Einzelton, der nicht mehr, wie in der überlieferten Musik, in der Kontinuität der Thematik, Motivik, Rhythmik und Harmonik verhaftet ist, sondern zum Tonpunkt als Schnittpunkt von Reihen wird, die die Dauer, Höhe, Stärke, Farbe u.a. Elemente des Tones erfassen und den Ton ergeben. Der Begriff p. M. wurde angewandt auf Kompositionen wie K. GOEYVAERTS' ›Composition no 1‹ (1950/51), K. STOCKHAUSENS ›Kreuzspiel‹ (1951) und ›Kontra-Punkte‹ (1953) sowie P. BOULEZ' ›Polyphonie X‹ (1951) und ›Structures I‹ (1952).

Punkturen [spätlat. punctura ›das Stechen‹], *Sg.* **Punktur** *die, -, graf. Technik:* 1) die Einstichlöcher der Punkturnadeln, mit denen die abgetrennten, bedruckten Teile der Papierbahn gehalten werden, bevor sie in den Falzapparat einlaufen; 2) Interpunktionszeichen gegossener Schriftsätze.

Punkt-Vier-Programm, Point Four Program [pɔɪnt fɔː ˈprəʊgræm], das vom amerikan. Präs. H. S. TRUMAN als Punkt 4 seiner Inaugurationsrede vom 20. 1. 1949 vorgestellte, v.a. technisch-wirtschaftl. Hilfsprogramm für unterentwickelte Länder in Asien, Afrika und Lateinamerika. Es zielte auf die Stärkung dieser Länder gegen inneren und äußeren Druck von kommunist. Seite. Dem P.-V.-P. lag – wie der Trumandoktrin und dem Marshallplan – die Überzeugung zugrunde, dass mit finanzieller, wirtschaftl., techn. und militär. Hilfe Armut bekämpft, ein demokrat. polit. System entwickelt und so der Ausbreitung des Kommunismus Einhalt geboten werden könne (›Peace-and-Prosperity‹-Konzept). Mit dem P.-V.-P. wurde die Politik des Containment, die urspr. auf Europa beschränkt war, endgültig zu einer globalen Strategie. Das P.-V.-P., das gleichzeitig amerikan. Wirtschaftsinteressen diente und zunehmend militär. Unterstützung enthielt, leitete die weitere Politik der Entwicklungshilfe ein (z.B. ab 1954 Food for Peace Program).

Puno, San Carlos de P., Hauptstadt des Dep. P., S-Peru, 3850 m ü. M., an einer Bucht des Titicacasees (Schiffsverbindung mit Guaqui, Bolivien), 91900 Ew.; TU; kath. Bischofssitz; Handel mit Alpaka- und Lamawolle und Fellen; Umschlagplatz für einen Teil des bolivian. Außenhandels; Fremdenverkehr.

Punsch [engl. punch, nach Hindi pāñč ›fünf‹], heißes Getränk aus (urspr.) fünf Bestandteilen: Rum oder Arrak, Tee, Wasser, Zitrone und Zucker; heute werden fertige P.-Extrakte angeboten (Alkoholgehalt mindestens 30 Vol.-%; auch mit Wein, Fruchtsäften u.a. im Handel).

Punt, in ägypt. Inschriften häufig genanntes Land in Afrika, genaue Lage unbekannt, wohl an der Küste von O-Sudan. Seit dem 3. Jt. v. Chr. unternahmen die Ägypter Handelsfahrten nach P., um Weihrauch, Harze, Edelhölzer, Elfenbein und Gold zu importieren. Die Königin HATSCHEPSUT ließ ihre Expedition nach P. (1482 v. Chr.) im Tempel von →Deir el-Bahari an der Wand der Pfeilerhalle **(Punthalle)** aufzeichnen. Später sandte auch König SALOMO Schiffe nach Punt.

Punta [span. und ital. ›Spitze‹], in Spanien und Lateinamerika: Landzunge, Kap; in Italien: Berggipfel.

Punta Arenas, 1927–37 **Magallanes** [magaˈjanes], Stadt im Großen Süden Chiles, Hafen an der Magellanstraße, 132400 Ew.; Verw.-Sitz der Region Magallanes y Antártica Chilena; Bischofssitz; zwei Museen; Zentrum eines Schafzuchtgebietes, Verschiffung von Fleisch, Vieh und Schafwolle; Versorgungszentrum für die Erdöl- und Erdgasförderung im östl. Bereich der Magellanstraße; Fremdenverkehr; internat. Flugplatz. – Gegr. 1849 zur Stützung der Ansprüche Chiles auf die Magellanstraße und als Strafkolonie.

Punta del Este, Seebad in Uruguay, an der Mündung des Río de la Plata, 7000 Ew.; Fischerei. – In P. d. E. fanden mehrere Konferenzen der →Organization of American States statt.

Puntarenas, Hafenstadt und Provinzhauptstadt in Costa Rica, am Golf von Nicoya, 100300 Ew.; Nahrungsmittelindustrie (u.a. Fischereiprodukte). Der Hafen wird als wichtigster Pazifikhafen Costa Ricas allmählich durch das rd. 15 km entfernte Caldera abgelöst.

Punto Fijo [- ˈfixo], Stadt an der SW-Küste der Península de Paraguaná, Venezuela, 174700 Ew.; Erdöl- und Erdgasexport (Pipelines vom Maracaibobecken).

Puntraschigna [-ɲa], Ort im Engadin, Schweiz, →Pontresina.

Punze [von ital. punzone ›(Loch)stempel‹] *die, -/-n,* mit dem Hammer anzuschlagender Stahlstab von etwa 10 cm Länge zum Einschlagen von Mustern **(Punzieren)** v.a. in Metall, aber auch in Leder und Holz. Die P.-Köpfe werden nach Bedarf zugefeilt. **Schrot-P.** dienen zum Ziehen von Linien, **Modellier-P.** zum Treiben des Metalls, **Setz-P.** zum Planieren getriebener Flächen. Auch das Beschauzeichen in Edelmetallen wird mit einer P. geschlagen **(Punzierstempel).**

Punzenstich, Technik des Kupferstichs, bei der mithilfe von Punzen und Hammer wie beim Schrotschnitt punktförmige Vertiefungen direkt in die Kupferplatte eingeschlagen werden. Ende des 15. Jh. aufgekommen, diente der P. v.a. der Auflockerung von Leerflächen durch wohl geordnete Sternchen, Punkte oder Rosetten sowie durch dichteres und lockereres Einschlagen der Gestaltung von weichen Übergängen und Schattierungen.

Puo, Pwo, Stamm der →Karen.

Pupa [lat.] *die, -/...pae, Zoologie:* die →Puppe.

Pupille [lat., eigtl. ›Püppchen‹] *die, -/-n,* **1)** *Anatomie:* **Pupilla, Seh|loch,** bei Mensch, Wirbeltieren und Tintenfischen (Kopffüßern) die runde, tiefschwarze Öffnung in der Mitte der Regenbogenhaut des →Auges.

2) *Optik:* die den →Strahlenraum der opt. Abbildung begrenzenden →Blenden, die von dem abbildenden System als objekt- **(Eintritts-P.)** oder bildseitiges Bild **(Austritts-P.)** der reellen Aperturblende (Öffnungsblende) erzeugt werden.

Pupillenreaktion, Pupillenreflex, Lichtreaktion, die Veränderung der Pupillenweite. Eine Verengung (→Miosis) der Pupille tritt reflektorisch auf bei unmittelbarer Belichtung des Auges (direkte Lichtreaktion; Helladaptation) oder als indirekte (konsensuelle) Lichtreaktion der unbelichteten Pupille bei Belichtung nur eines Auges; weiterhin tritt Pupillenverengung ein bei Nahakkommodation (synerg. P.), Lidschluss sowie psychisch ausgelöst bei Überwiegen des Vagotonus. Auf sensible Reize (z.B. Schmerz) hin, bei Überwiegen des Sympathikotonus, bei Fernakkommodation sowie als Reaktion bei Dunkeladaptation tritt Pupillenerweiterung ein (→Mydriasis).

Pupillenstarre, Reaktionslosigkeit der Pupille; kann vorübergehend durch mechan. Lähmung des pupillenverengenden Muskels nach Prellverletzung des Auges entstehen oder durch eine Verwachsung des Pupillenrandes auf der Linse bedingt sein; häufiger beruht sie auf einer Lähmung der die Pupillenbewegung beherrschenden Nerven. Die **reflektorische P.,** bei der sich die Pupille nicht auf Lichteinfall, wohl aber auf Naheinstellung (Konvergenz) zusammenzieht, ist wichtiges Anzeichen für versch. Gehirn- und Nervenkrankheiten, z.B. Paralyse; sie kann verwechselt werden mit dem →Adie-Syndrom. Die konstante Unbeweglichkeit (negatives Reflexverhalten) der stark erweiterten Pupille ist eines der →Todeszeichen.

Pupillotonie [zu griech. tónos ›das Spannen‹] *die, -/...ˈni|en,* eine harmlose Pupillenstörung beim →Adie-Syndrom.

Pupin, Michael Idvorsky, amerikan. Elektroingenieur, *Idvor (Banat) 4. 10. 1858, †New York 12. 3.

Michael I. Pupin

Puppe 1): **links** Holzgliederpuppe, 18. Jh.; **Mitte** Puppe mit Wachskopf, eingesetzten Haaren und Schlafaugen, um 1893; **rechts** Puppe mit weißlichem Biskuitporzellankopf, um 1885 (alle Nürnberg, Spielzeugmuseum)

1935; lehrte 1889–1931 an der Columbia University New York; Arbeiten über Gasentladungen, elektr. Schwingungen und Netzwerke; erfand 1899 die Pupinspule, eine Selbstinduktionsspule, die er in Fernsprechleitungen einfügte (→Pupinisierung).

Pupinisierung [nach M. I. PUPIN], die Einfügung (Bespulung) von Spulen **(Pupinspule)** in Fernsprechleitungen in regelmäßigen Abständen, die klein im Verhältnis zu den Wellenlängen der zu übertragenden Frequenzen sind, wodurch im Frequenzbereich unterhalb einer charakterist. Frequenz die Dämpfung je Kilometer der Leitung vermindert wird. Vor Einführung der Verstärker in die Fernsprechtechnik war die P. das einzige Mittel, Fernsprechen über einige 100 km Kabelleitungen mit wirtschaftlich tragbaren Drahtdurchmessern zu ermöglichen.

Pupipara [zu lat. pupa ›Puppe‹ und parere ›gebären‹] *die, -,* die →Lausfliegen.

Pupiparie, Form der →Viviparie, bei der sich die geborenen Larven bereits nach kurzer Zeit verpuppen, z. B. bei den Lausfliegen.

Puppe [von lat. pup(p)a ›Puppe‹, ›kleines Mädchen‹], **1)** *Kulturgeschichte:* Nachbildung der menschl. Gestalt für kult. oder mag. Zwecke, als Grabbeigabe oder als (Kinder-)Spielzeug; mit unterschiedl. Beweglichkeit von Kopf und Gliedmaßen. – P. sind v. a. überliefert aus dem alten Ägypten, aus Mesopotamien, Griechenland sowie dem Röm. Reich (u. a. aus Ton, Holz, Stoff, Elfenbein), aus den andinen Hochkulturen und Ostasien. In Europa werden P. (z. T. bis in Lebensgröße) – mitunter bis heute – als Votivgaben, Prozessionsfiguren und Funeralplastiken sowie für Fruchtbarkeits-, Abwehr- oder Schadenzauber (›Rache-P.‹) verwendet. – **Spiel(zeug)-P.** (alte dt. Bez. **Docke** oder **Tocke**) kennen fast alle Völker; handgewerbl. Produktion gab es wohl schon im Altertum. Ton-P. sind aus dem MA. überliefert; spätere P. sind aus Holz und steif, so die Fatschendocke, oder beweglich (Glieder-P.), wie die P. der Barockzeit, die Sonneberger Holzgelenkdocken und die P. aus dem Grödner Tal. Hausgefertigte Spiel-P. waren aus Stoff, Holz, Binsen u. a. Materialien, seit dem 19. bzw. 20. Jh. auch aus Papiermaché, (Biskuit-)Porzellan, Zelluloid, Gummi und Kunststoff. Die ›gestopften‹ Körper oder Bälge bestehen aus Leinen, Schirting (einem Baumwollgewebe), Leder oder Wachstuch, gefüllt mit Kleie, Sägemehl, Werg oder Pflanzenfasern, heute auch mit Schaumstoff. – P., seit dem Altertum zumeist als junge Mädchen oder Frauen und kostümiert gestaltet, dokumentierten in Ausstattung und Gestalt sowohl Frauenideal als auch Kulturniveau und Mode der jeweiligen Epoche; um 1855 (Sonneberg: ›Sonneberger Gelenktäufling‹) kam die **Baby-P.** auf. Aus undifferenzierten frühen Formen entwickelte sich eine immer genauere Abbildung des Menschen bis hin zur Ausprägung von individuellen kindl. Gesichtszügen (Anfang des 20. Jh., Charakter- und Künstler-P. von u. a. KÄTHE KRUSE, ELENA KONIG DI SCAVINI, Firma Lenci Soc. sowie der Schweizerin SASCHA MORGENTHALER, * 1893, † 1975; 100er-Serie von Sonneberg); betont anatomisch gestaltet ist z. B. die ›Barbie‹-P. aus Plastik (RUTH HANDLER, 1959). – Moderichtungen vermitteln noch heute die Schaufenster-P. oder Figurinen bei Messen u. Ä.; Sonderformen sind auch Automaten-P. (schon seit dem 18. Jh.), Papier- und Wahrsage-P. sowie Hand-P., Stock-P., Marionetten u. a. P. für das →Puppentheater. Eine differenzierte P.-Kultur gibt es bes. in Japan. In einigen Touristengebieten, u. a. in Westafrika, werden P. als Souvenirartikel hergestellt. – Für bes. kleine P. entstanden **P.-Häuser** bzw. **-Stuben** (seit dem 16. Jh.; zunächst v. a. als bürgerl. Repräsentationsstücke, eigentl. Spielzeugcharakter erst seit Ende des 18. Jh., bes. seit dem 19. Jh. für das soziale Rollenspiel der Mädchen; kulturgeschichtlich wertvolle Sammlung im Schlossmuseum Arnstadt: P.-Stadt ›Mon plaisir‹, 1. Hälfte 18. Jh.) sowie **P.-Läden**. – Alte P. und Künstler-P. (ausdrucksvolle handgemachte P.) sind heute gesuchte Sammelobjekte.

Puppe 1): Gliederpuppe mit Porzellankopf und Perücke aus echtem Haar; japanische Arbeit aus der 2. Hälfte des 19. Jh. (Stuttgart, Linden-Museum)

Das große P.-Buch, Beitr. v. M. BACHMANN u. a. (Leipzig ^{5}1988); Künstler-P. Werkb. u. Dokumentation zeitgenöss. P.-Macher, hg. v. J. F. RICHTER (^{3}1988); J. u. M. CIESLIK: Cieslıks Lex. der dt. P.-Industrie (^{2}1989); DIES.: Cieslik's P.-Bestimmungsbuch (^{3}1989); Traumwelt der P., hg. v. B. KRAFFT (1992); J. BACH: Internat. Hb. der P.-Marken. Ein P.-Bestimmungsbuch (a. d. Engl., ^{2}1996); E. MAIWALD: Porzellan-P. Von den Anfängen bis 1930 (1997).

Puppe 1): ›Puppe I‹ aus der Werkstatt von Käthe Kruse; 1911

2) *Zoologie:* **Pupa, Chrysalis, Chrysalide,** aus dem letzten Larvenstadium hervorgehendes Entwicklungsstadium der Insekten mit vollkommener Verwandlung. Nach Entleerung des Darminhalts und Einstellung der Nahrungsaufnahme kommt die verpuppungsreife Larve (Vor-P., **Propupa**) zur Ruhe. Noch unter der Larvenkutikula werden die Anlagen für die Körperanhänge des Vollinsekts ausgestülpt. Nach der Häutung **(Verpuppung)** zeigt die P. bereits die Gliederung und Anhänge des Vollinsekts. Die P. stellt ein Ruhestadium mit aufgehobener oder zumindest eingeschränkter Bewegungsfähigkeit dar; jegl. Nahrungsaufnahme unterbleibt. Im Verlauf der tief greifenden inneren Metamorphose werden die larvalen Organe ab- und die imaginalen aufgebaut.

Man unterscheidet: **Pupa dectica,** z. B. bei Köcherfliegen mit frei bewegl., kräftigen Mandibeln zum Durchbeißen des Puppenkokons, und die **Pupa adectica** ohne funktionsfähige Mandibeln. Zu Letzteren gehört die **freie P.** (Pupa libera), bei der die Körperanhänge unbeweglich, aber frei auf der Körperoberfläche liegen (z. B. Käfer, Hautflügler, Flöhe). Ein Sonderfall der freien P. ist die **Tönnchen-P.** der Fliegen, bei der die P. eingeschlossen in einer tönnchenförmigen Hülle liegt. – Die **Mumien-P.,** bei der die Körperanhänge fest dem Rumpf anliegen, kommt bei den meisten Schmetterlingen und bei Mücken vor. Sonderformen dieser P. sind: **Gürtel-P.** (Pupa cingulata), die mit einigen Gespinstfäden um die Körpermitte mit dem Kopf nach oben befestigt ist, und **Stürz-P.** (Pupa suspensa), die mit dem Hinterende in einem Gespinstfleck verankert kopfabwärts hängt.

Puppenfilm, Puppentrickfilm, →Trickfilm.

Puppenkernkeule, Cordyceps militaris, keulenförmiger, oben zungenförmig verbreiterter, warzenförmig getüpfelter, 1–4 cm hoher, orangeroter Schlauchpilz; kommt im Boden auf vergrabenen Schmetterlingspuppen und -raupen, meist im Herbst, vor.

Puppenräuber, Calosoma, Gattung der →Laufkäfer, deren Arten alle geschützt sind. Der metallisch grüne, kupfrig glänzende, bis 30 mm lange **Große P.** (Calosoma sycophanta) verfolgt auf Bäumen andere Insekten und vertilgt pro Jahr bis zu 400 Raupen, seine Larve frisst bis zu 40 Raupen.

Puppenspiel, andere Bez. für →Puppentheater.

Puppentheater, Puppenspiel, Figurentheater, darstellende Kunst, bei der die Produzenten (Spieler) mit Puppen oder anderen mechanisch bewegten Figuren auf einer ihnen angepassten Bühne, von einem Kommentator begleitet (asiat. P.) oder mit unterlegten menschl. Stimmen, oft mit musikal. Untermalung vor Zuschauern agieren. Man unterscheidet P. mit plast. Figuren: Hand-P. (→Handpuppe), Marionettentheater (→Marionette), Stock- oder Stab-P. (→Stockpuppe, →Stabfiguren), Theater mit →Humanetten und P. mit bewegl. oder starren Flachfiguren: →Schattenspiel, →mechanisches Theater, →Theatrum Mundi, Modell- oder →Papiertheater. Allen Dramenformen und Stoffen zugänglich tendiert das P. zu Vereinfachungen in Personenzahl, Dialog und Problematik. Charakteristisch sind (bes. für P. mit Hand- und Stockpuppen) volkstüml. Stoffe, Improvisationen, die es erlauben, das Publikum ins Spiel einzubeziehen (Beantwortung von Fragen, Aufpasserfunktionen u. a.) und auf Aktuelles anzuspielen. Dies macht das P. für pädagog. Zwecke geeignet; es ist heute oftmals Bestandteil der Vorschul- und Schulerziehung. Als volkstüml. Unterhaltung hat es v. a. lustige Typen ausgebildet, die z. T. bis heute die einzelnen Arten und ihre nat. Ausprägungen kennzeichnen: so der dt. →Hanswurst und das dt.→Kasperl, der ital. →Pulcinella, der sich als →Punch im engl. P. findet, der frz. →Guignol und der türk. →Karagöz u. a. Während man früher im P. verkleinertes Theaterspiel von Menschen sah (›théâtre en miniature‹), wird gegenwärtig die Eigenständigkeit des P. als des künstlichsten, ›absoluten‹ Theaters betont. Das P. wendet sich heute stärker dem Bildhaften, dem Spiel mit Objekten zu.

Geschichte: Für das Vorhandensein des P. gibt es Hinweise bereits in alten Kulturen (in Griechenland bei XENOPHON für 422 v. Chr.; in China für die westl. Handynastie; in Ägypten, Ostasien und Indien), selten unmittelbare Beweise, da das verwendete Material dem Verfall ausgesetzt war. Das P. ist als archaische Kunst zu betrachten, die jedoch zu ihrer Entwicklung das Vorhandensein anderer Künste (Malerei, Musik,

Puppe 2): links freie Puppe des Maikäfers in der Puppenwiege; **rechts** Gürtelpuppe des Schwalbenschwanzes

Tanz) voraussetzt. In der abendländ. Kultur gibt es erst in der 1. Hälfte des 14. Jh. authent. Nachweise (Randzeichnung in einer Handschrift des Alexanderliedes). Im dt. Sprachraum sind P.-Spiele mit dramat. Handlung im 15. Jh. nachweisbar (›hymelrich‹ oder ›tockenspil‹). Leiter von Wanderbühnen ersetzten in schlechten Zeiten während des Dreißigjährigen Krieges ihre Schauspieler durch Figuren. So drang allmählich das Repertoire der Wanderkomödianten ins P. ein. ›Das Puppenspiel vom Dr. Faust(us)‹ war im dt. P. das meistgespielte (noch heute aufgeführte) Stück. In England entstanden Ende des 16. Jh., in Frankreich im 17. Jh. feste P. (in Dtl. erst 1802 das Kölner →Hänneschen-Theater), die dem eigtl. Theater oft Konkurrenz machten. Während Hand-P. und Marionettentheater die volkstüml. Unterhaltung blieben, interessierten sich Adel und Bürgertum im Gefolge der Chinoiseriemode seit Ende des 17. Jh. auch für das Schattenspiel, im 18. Jh. für das mechan. Theater und für das Theatrum Mundi. Das Interesse für das P. (stark ausgeprägt auch bei GOETHE) erreichte einen Höhepunkt in der Romantik: theoret. Reflexion u. a. bei A. VON ARNIM, E. T. A. HOFFMANN, bes. H. VON KLEIST. L. TIECK, S. A. MAHLMANN, J. KERNER und C. BRENTANO verfassten Stücke ausdrücklich für das P. Mitte des 19. Jh. versuchte F. VON POCCI das P. für pädagog. Zwecke zu erneuern; grundlegende Bestrebungen hierzu setzten etwa 1910 ein, als, z. T. angeregt durch das hohe künstler. Niveau des asiat. P. (u. a. das jap. →Bunraku), bedeutende Bühnenbildner wie A. APPIA und E. G. CRAIG, bildende Künstler wie NATALIA GONTSCHAROWA, P. KLEE, SOPHIE TÄUBER-ARP, A. CALDER und bes. Mitglieder des Bauhauses unter engem Anschluss an herrschende Kunstrichtungen und neue techn. Errungenschaften (Lichtregie) eigenständige Figuren und Bühnenformen entwickelten; Auftrieb erhielt das P. auch durch die Jugendbewegung. Von Bedeutung wurden die P. von PAUL BRANN (* 1873, † 1955) in München (Mitarbeit: O. GULBRANSSON, H. THOMA, P. KLEE, W. KANDINSKY), von RICHARD TESCHNER (* 1879, † 1948) in Wien (javan. Spieltechnik, Mitarbeit: G. KLIMT, A. ROLLER), IVO PUHONNY (* 1876, † 1940) in Baden-Baden und WILLIAM BRITTON (BIL) BAIRD (* 1904, † 1987) in New York, die →Hohnsteiner Puppenspiele von MAX JACOB (* 1888, † 1967) sowie die Marionetten von ANTON AICHER (* 1859, † 1930) in Salzburg. Die natsoz. Zeit brachte die avantgardist. P.-Bewegung zum Erliegen, förderte aber das P. als propagandist. Medium. Nach dem Zweiten Weltkrieg wurden die Versuche mit dem P. fortgesetzt; u. a. gründete WALTER OEHMICHEN (* 1901, † 1977) die ›Augsburger Puppenkiste‹, H. M. DENNEBORG das ›Atelier-Theater für Puppenspiel‹ (Gelsenkirchen), MICHAEL MESCHKE (* 1931) das Stockholmer P. In jüngster Zeit gewann das P. als mobile, kindgemäße Kleinst-

Puppenräuber: Großer Puppenräuber (Länge bis 30 mm)

theaterform, als Theater für Erwachsene und im therapeut. Bereich an Bedeutung. Texte für P. schrieben im 20. Jh. u.a. A. VON BERNUS (Gründer der ›Schwabinger Schattenspiele‹, 1906), W. VON SCHOLZ, E. TOLLER, M. KOMMERELL, T. DORST, der Tscheche K. ČAPEK. – In der DDR gab es zuletzt acht staatl. und neun städt. P., die z.T. Mehrspartentheatern angeschlossen waren, außerdem rd. 50 private Bühnen. In Dtl. gibt es insgesamt rd. 470 P., davon rd. 260 professionelle. Etwa 100 P. haben eine feste Spielstätte und spielen regelmäßig.

Edward M. Purcell

In den osteurop. Ländern entwickelte sich das P. – als in großen Häusern organisiertes Staatstheater – teilweise zum Kindertheater (z.B. Staatl. zentrales P. Moskau; Theater Drak in Königgrätz). Bedeutend sind die tschech. P., u.a. wegen ihrer traditionell auch polit. Funktion, z.B. bei →Spejbl und Hurvínek von JOSEF SKUPA (* 1892, † 1957), ferner die russ. P., die von S. W. OBRASZOW seit 1925 entwickelt, in ihren Spielmöglichkeiten erweitert und theoretisch fundiert wurden. – Überregionale Institutionen: UNIMA (Union Internationale de la Marionnette), Forum für Figurentheater und Puppenspielkunst e.V. (Sitz: Bochum), Fachverband für Puppenspielkunst e.V. (Sitz: Berlin), dem (1997) 130 professionelle P. angehören.

Henry Purcell

Puppenwiege, von einer Insektenlarve in Erde oder Holz zur Verpuppung angelegter Hohlraum mit oft durch Sekret oder Kot verfestigten Innenwänden.

Puppis [lat.], wiss. Bez. des Sternbilds →Heck des Schiffes.

PUR, Abk. für →**P**oly**ur**ethane.

Pura Besakih, wichtigstes Heiligtum auf Bali, am SW-Hang des Vulkans Agung. Mit Wächterfiguren flankierte Freitreppen führen zu dem auf vier Terrassen übereinander liegenden, von einer Mauer umgebenen Heiligtum aus dem 14. Jh. Der schwarze nördl. Tempel ist dem Gott Shiva geweiht, der weiße mittlere Vishnu und der rote südl. Brahma. Die Anlage diente seit dem 15. Jh. als Grabanlage (Meru). Die einzelnen Bauwerke mussten wegen der Vergänglichkeit des Materials und eines Vulkanausbruchs (1963) mehrfach restauriert werden. BILD →indonesische Kunst

Puranas [Sanskrit ›alte Erzählungen‹], *Sg.* **Purana** *das, -s,* eine Gruppe von anonymen Sanskrittexten der religiösen hinduist. Literatur. Früheste Erwähnungen finden sich in den altind. Rechtsbüchern, so im ›Apastamba-Dharmasutra‹ (spätestens 4.–5. Jh. n. Chr.). Die heute vorliegenden Werke dieser Art sind jedoch das Ergebnis einer sich über Jahrhunderte erstreckenden Tätigkeit versch. Bearbeiter.

Es gibt drei Gruppen von P.: 1) **Maha-P.** (›Große P.‹); die Tradition überliefert 18 von ihnen: Brahma, Padma, Vishnu, Shiva, Bhagavata, Narada, Markandeya, Agni, Bhavishya, Brahmavaivarta, Linga, Varaha, Skanda, Vamana, Kurma, Matsya, Garuda, Brahmana-Purana; 2) **Upa-P.** (›Neben-P.‹). Diese weniger angesehenen P. sind inhaltlich den Maha-P. ähnlich, ihre Namen und ihre Zahl sind nicht einheitlich überliefert; 3) lokale P. (z.B. Sthala-P.), nur in einzelnen Gebieten Indiens bekannt.

Jedes P. soll gemäß der ind. Überlieferung fünf Gegenstände behandeln: 1) Schöpfung (sarga), 2) Neuschöpfung (pratisarga, d.h. Schöpfung und Vernichtung der Welten in bestimmten Perioden), 3) Genealogie von Göttern und Weisen (vamsha), 4) Manu-Zeiträume (mamvantarani, d.h. die Beschreibung jener Perioden, in denen ein →Manu oder Urvater der Menschen auftritt), 5) Gesch. der Königsgeschlechter (vamshanucarita). Von diesen Merkmalen weichen die einzelnen P. jedoch mehr oder weniger ab.

W. KIRFEL: Die Kosmographie der Inder (1920, Nachdr. 1967); DERS.: Das Purāṇa Pañčalaksaṇa. Versuch einer Textgesch. (1927); DERS.: Das Purāṇa vom Weltgebäude (Bhuvanavinyāsa). Die kosmograph. Traktate der Purāṇa's (1954); Die P., in: K. MYLIUS: Gesch. der altind. Lit. (Bern 1988).

Purbeck, Isle of P. [ˈaɪl əv ˈpəːbek], Halbinsel in der Cty. Dorset, S-England, fällt mit schroffen Kreidefelsen zum Ärmelkanal ab; ehem. bedeutende Steinbrüche (›Purbeck-Marmor‹); Seebad Swanage.

Purcell [ˈpəːsl], **1)** Edward Mills, amerikan. Physiker, * Taylorville (Ill.) 30. 8. 1912, † Cambridge (Mass.) 7. 3. 1997; Prof. an der Harvard University; entdeckte die Resonanzabsorption des Kernmagnetismus (P.-Methode, →Kernspinresonanz) und 1951 zus. mit HAROLD IRWING EWEN (* 1922) und GART WESTERHOUT (* 1927) die von atomarem Wasserstoff herrührende 21-cm-Linie der Milchstraße, die durch H. C. VAN DE HULST vorhergesagt worden war. P. erhielt 1952 mit F. BLOCH den Nobelpreis für Physik.

2) Henry, engl. Komponist, * 1659, † Westminster (heute zu London) 21. 11. 1695; war Singknabe der Königl. Kapelle, wurde 1677 Composer for the Violins am Hof, 1679 Organist an der Westminster Abbey, 1682 einer der Organisten der Königl. Kapelle und 1683 königl. Instrumentenverwalter. Bedeutendster Komponist des engl. Hochbarock. P. entwickelte eine in Rhythmik, Melodik und Harmonik an der ital. Musik geschulte, jedoch (z.B. in der oft ungewöhnl. Stimmführung) eigenständige Tonsprache, die sich in den Vokalkompositionen durch vorbildl. Textbehandlung auszeichnet. Außer Bühnenwerken komponierte er Schauspielmusiken, Kantaten, Oden und Welcome-Songs, Catches und Lieder, zahlr. Anthems und andere Kirchenmusik, Kammermusik und Klavierwerke.

Werke: *Oper:* Dido and Aeneas (1689; N. TATE). – *Semioperas* (Oper mit gesprochenen Dialogen oder Schauspiele mit bedeutendem Musikanteil): The prophetess, or the history of Dioclesian (1690; nach F. BEAUMONT u. J. FLETCHER); King Arthur (1691; J. DRYDEN); The Fairy Queen (1692; nach SHAKESPEARE); The Indian Queen (1695; DRYDEN u. R. HOWARD); The tempest (1695; nach SHAKESPEARE).

Ausgabe: The works, hg. v. der P. Society, 32 Bde. (1878–1965).

R. SIETZ: H. P. Zeit, Leben, Werk (1955); J. A. WESTRUP: P. (Neuausg. London 1980); F. B. ZIMMERMAN: H. P. 1659–1695. His life and times (Neuausg. Philadelphia, Pa., 1983); DERS.: H. P. A guide to research (New York 1989); C. A. PRICE: H. P. and the London stage (Cambridge 1984).

Purdy [ˈpəːdi], **1)** Al oder A. W. (Alfred Wellington), kanad. Schriftsteller, * Wooler (Ontario) 30. 12. 1918; seine frühen Gedichte stehen in der kanad. Spätromantik. Nach weiten Reisen und versch. Tätigkeiten, oft als Arbeiter, entwickelte P. in einer großen Zahl von Gedichtbänden seinen eigenen Stil. Dieser ist geprägt von der sinnl. Unmittelbarkeit der dichterischen Welterfahrung (Reiseeindrücke, Alltägliches, menschl. Grunderfahrungen), histor. Bewusstsein sowie der sprachl. Orientierung am mündl. Vortrag; verfasste auch Fernsehspiele, Reisebücher und Literaturkritiken.

Werke: *Lyrik:* The enchanted echo (1944); The crafte so longe to lerne (1959); Poems for all the Annettes (1962); The Cariboo horses (1965); In search of Owen Roblin (1974); Bursting into song. An A. P. omnibus (1982); Piling blood (1984); The woman on the shore (1990). – *Essays:* No other country (1977). – *Roman:* A splinter in the heart (1990). – *Autobiographisches:* Naked with summer in your mouth (1994).

Ausgaben: Being alive. Poems 1958–78 (1978); The collected poems, hg. v. R. BROWN (1986); MARGARET LAWRENCE – A. P., a friendship in letters, hg. v. J. LENNOX (1993).

G. WOODCOCK: The world of Canadian writing (Vancouver 1980).

2) James, amerikan. Schriftsteller, * bei Fremont (Oh.) 17. 7. 1923; war in versch. Berufen tätig, u.a. in Kuba, Mexiko, Spanien und Frankreich. P.s Romane und Kurzgeschichten, die meist in Kleinstädten des Mittleren Westens lokalisiert sind, setzen sich mit Liebesbeziehungen (häufig auch zw. Homosexuellen),

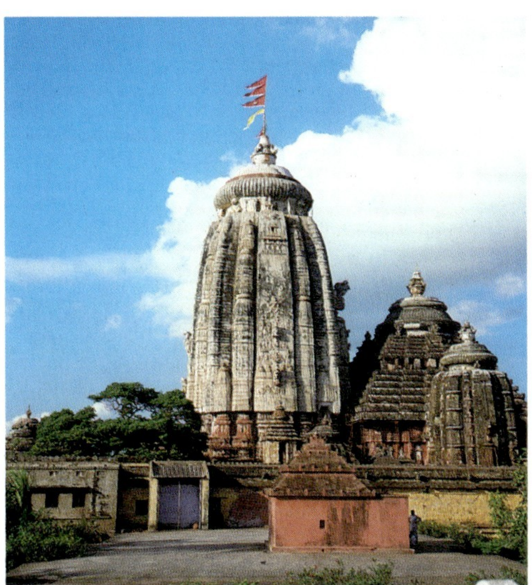

Puri: Jagannathatempel; 12. Jh.

Einsamkeit und Entfremdung der amerikan. Mittelschicht in oft satir. und grotesker Form auseinander. P. schreibt auch Dramen und Gedichte.

Werke: *Romane:* The nephew (1960; dt. Der Neffe); Eustace Chisholm and the works (1967; dt. Die Preisgabe); Sleepers in moon-crowded valleys, Tl. 1: Jeremy's version (1970), Tl. 2: The house of the solitary maggot (1974), Tl. 3: Mourners below (1981); I am Elijah Trush (1972; dt. Die Millionärin auf der Wendeltreppe kannibal. Beziehungen); Narrow rooms (1978; dt. Enge Räume); In the hollow of his hand (1986); Garments the living wear (1989); Out with the stars (1992); In a shallow grave (1975; dt. Der Gesang des Blutes). – *Erzählungen:* Color of darkness (1957; dt. Die Farbe der Dunkelheit); The candles of your eyes (1985). – *Lyrik:* Naked with summer in your mouth (1994).

Ausgabe: Collected poems (1990).

H. CHUPACK: J. P. (New York 1975); S. D. ADAMS: J. P. (London 1976).

Püree [frz., zu altfrz. purer ›durchpassieren‹, eigtl. ›reinigen‹] *das, -s/-s,* breiige Speise, z. B. aus Kartoffeln oder Erbsen.

Purex-Verfahren [Purex Kw. aus engl. **p**lutonium-**u**ranium **r**ecovery by **ex**traction ›Plutonium-Uran-Rückgewinnung durch Extraktion‹], Verfahren zur →Wiederaufarbeitung von Kernbrennstoffen; die abgebrannten Brennstäbe werden zunächst zerschnitten, und ihr Inhalt (Plutonium, Uran, Spaltprodukte) wird in Salpetersäure gelöst. Anschließend werden Plutonium und Uran mit Tributylphosphat aus der Lösung extrahiert und voneinander getrennt, während die Spaltprodukte in der Abfalllösung verbleiben.

Purga *die,* starker und lang anhaltender Schneesturm im N des europ. Teils Russlands und in Sibirien, verbunden mit einem Kaltlufteinbruch.

Purgatorium [mlat., zu lat. purgatorius ›reinigend‹] *das, -s,* das →Fegefeuer.

Purgierkörner, die Samen von Croton tiglium (→Croton).

Purgierkreuzdorn, der Echte →Kreuzdorn.

Purgierlein, Art der Pflanzengattung →Lein.

Purgiernuss, Jatropha curcas, Wolfsmilchgewächs der Gattung Jatropha; in trop. Ländern häufig der ölhaltigen Samen wegen angepflanzt, auch als Zierbaum in Kultur.

Purgstall an der Erlauf, Markt-Gem. im Bez. Scheibbs, NÖ, 300 m ü. M., umfasst als Groß-Gem. 56 km^2, mit 5300 Ew.; Heimat-, Feuerwehrmuseum; Metallindustrie. – 1230 als Markt erstmals erwähnt.

Puri [altind. ›Stadt‹], Stadt im Bundesstaat Orissa, O-Indien, am Golf von Bengalen, 125 200 Ew.; bedeutendes Pilgerzentrum des Krishnakultes. – Der Haupttempel im Nagarastil Orissas entstand im 12. Jh. innerhalb eines umwallten Kultbezirks, der gemäß einem Mandala das Zentrum des den Stadtplan beherrschenden Systems von Nebentempeln bildet. P. ist das bedeutendste Zentrum für die Verehrung des dunkelhäutigen Hindugottes Jagannatha.

Purimfest, Losfest, jüd. Fest, das am 14. Adar (Februar/März) gefeiert wird, zur Erinnerung an die Errettung der pers. Juden durch →Esther und MARDOCHAI (Est. 9, 17 ff.). Im Mittelpunkt des Gottesdienstes steht die Verlesung des Buches Esther, wobei die Gemeinde bei jeder Nennung des pers. Judenfeindes HAMAN durch Lärminstrumente (Rasseln) und Klopfen Lärm erzeugt, um seinen Namen symbolisch auszulöschen. Zum Festbrauch des als Freudenfest begangenen P., an dem die Teilnehmer Gott auch für die Errettung aus persönl. Gefahren danken, gehören Geschenke an Freunde und Arme, ein besonderes Essen (gekochte Bohnen und Erbsen), ein mit Obst, Quark oder Mohn gefülltes Gebäck (›Hamantaschen‹ bzw. ›Hamansohren‹), das Trinken von Alkohol, Maskeraden und die Aufführung von Purimspielen.

Purimspiel, Frühform des jidd. Dramas; meist einaktige, in lockeren Reimpaaren abgefasste kom. Bearbeitung von Stoffen, die v. a. Figuren jüd. Geschichtsüberlieferung (v. a. ESTHER; ferner z. B. JOSEPH; MOSE und JOSUA; DAVID und GOLIATH) betreffen. Urspr. wurden die Stücke anlässlich des Purimfests von Talmudstudenten im größeren Familienkreis aufgeführt. Ältester erhaltener Text ist ein ›Achaschweroschspil‹ von 1697, literar. Spuren reichen bis zur Mitte des 16. Jh. zurück. Dramaturgisch bestehen Ähnlichkeiten mit Fastnachtspiel, Posse und Farce. Im 18. Jh. entwickelte sich ein professioneller Spielbetrieb, der das P. für Trends des zeitgenössischen europ. Theaters öffnete.

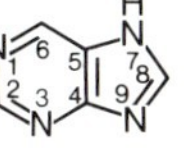

Purin

Purin [zusammengezogen aus nlat. purum acidum uricum ›reine Harnsäure‹] *das, -s/-e,* bizykl., aus einem Pyrimidin- und einem Imidazolring aufgebaute heterozykl. Verbindung. P. ist eine farblose kristalline Substanz, die in der Natur nicht vorkommt; sie bildet jedoch das Grundgerüst zahlr. biochemisch wichtiger Substanzen, der Purinbasen.

Purinbasen, Purine, zusammenfassende Bez. für eine Gruppe von in der Natur weit verbreiteten Substanzen, denen das Ringsystem des Purins zugrunde liegt. Wichtige Vertreter aus dieser Substanzgruppe sind die Nukleinsäurebasen Adenin und Guanin, ferner Harnsäure, Hypoxanthin und Xanthin, die als Stoffwechselprodukte von Mensch und Tier auftreten, sowie die Purinalkaloide Koffein, Theobromin und Theophyllin.

Purindrogen, Bez. für auf versch. Kontinenten wachsende, nicht miteinander verwandte Pflanzenarten, die als Wirkstoffe Koffein, Theophyllin und Theobromin produzieren. Sie werden aufgrund ihrer chem. Struktur unter der Bez. **Purine** zusammengefasst. Diese sind u. a. in Kaffee, schwarzem Tee, Mate, Guarana, Kakao und Cola enthalten. Von den drei Substanzen, die im Prinzip ähnlich wirken, besitzt Koffein den stärksten zentralerregenden Effekt. Theophyllin wird als Asthmamittel verwendet.

Purismus [zu lat. purus ›rein‹] *der, -,* **1)** *bildungssprachlich* für: Streben nach Authentizität, Echtheit, Reinheit.

2) *Ethik:* eine Haltung, der die strikte Reinheit der Motive als Kriterium sittlichen Handelns gilt, die sich damit jedoch von der Wirklichkeit entfernen kann. (→Moralismus)

3) *Malerei:* Stilrichtung, die 1918 mit dem Manifest ›Après le cubisme‹ von A. OZENFANT und C. É. JEAN-

NERET-GRIS (LE CORBUSIER) begründet wurde und deren Ideen 1920–25 von der Zeitschrift ›L'Esprit Nouveau‹ verbreitet wurden. Die Puristen wollten den variantenreich gewordenen Kubismus wieder zu seinen Ursprüngen zurückführen und strebten eine auf geometr. Ordnungen und rationalen Normen beruhende ›funktionale‹ Malerei an.

4) *Sprachwissenschaft:* Bez. für Bestrebungen, eine Sprache ›rein‹ zu erhalten, d. h. v. a. Fremdwörter, z. T. auch Neologismen und Verstöße gegen idiomat. Korrektheit zu bekämpfen. P. richtet sich oft gegen mod. Überfremdungen einer Sprache, z. B. in der Antike der →Attizismus, die purist. Bestrebungen seit dem 16. Jh. in Italien (→Accademia della Crusca), Frankreich (Académie française, →Institut de France) und auch in Dtl., wo bes. die →Sprachgesellschaften die Übernahme von Fremdwörtern bekämpften und Vorschläge zur Eindeutschung fremdsprachl. Wortguts unterbreiteten. Ein schöpfer. P. wurde erneut um 1800 gefordert, seit 1885 vom Allgemeinen →Deutschen Sprachverein. (→Gesellschaft für deutsche Sprache)

Puritaner [engl., zu spätlat. puritas ›Reinheit‹], Bez. für die Anhänger der theolog. Protest- und Reformbewegung innerhalb der Kirche von England, die sich, stark kalvinistisch geprägt, seit den 60er-Jahren des 16. Jh. gegen katholisierende Tendenzen (u. a. Liturgie und episkopale Kirchenverfassung) in der anglikan. Kirche wandte. Bedeutendster geistiger Führer der frühen P. war T. CARTWRIGHT, der sich seit 1569 für die Einführung einer presbyterian. Verfassung einsetzte. 1583 begann die harte Verfolgung und Bestrafung der P. als →Dissenters durch die ›High Commission‹, einen eigenen, unter ELISABETH I. geschaffenen Gerichtshof. Seit dem 17. Jh. galten als P. alle Protestanten, die sich gegen die absolutist. Herrschaft der Stuarts und den Episkopalismus richteten und für die Parlamentsfreiheit eintraten; i. w. S. wurden jene als P. bezeichnet, die sich – unabhängig von ihrer polit. Gesinnung – einer sittenstrengen, am Biblizismus ausgerichteten Lebensführung verschrieben (→Puritanismus). Von den presbyterian. P. grenzte sich seit Mitte des 16. Jh. die radikalere Richtung der →Independenten ab, die sowohl die presbyterian. als auch die episkopale Kirchenverfassung ablehnte (→Kongregationalismus). Unter dem Druck staatl. und kirchl. Verfolgung setzten seit 1620 die Auswanderungswellen in die Niederlande und nach Nordamerika ein, wo bes. an der Massachusetts Bay streng theokratisch organisierte (kongregationalist.) Siedlungen entstanden. Mit dem Sieg O. CROMWELLS erlangten die P. die polit. und religiöse Herrschaft in England. Durch radikale Maßnahmen versuchten sie die kirchl. und gesellschaftl. Verhältnisse zu verändern (Abschaffung des →Common Prayer Book und des Bischofsamts, Vertreibung der anglikan. Pfarrer aus ihren Gemeinden, Entfernung der Orgeln aus den Kirchen, Schließung der Theater). Nach der Restauration der Stuarts wurden die P. ihrerseits rigoros aus dem öffentl. Leben zurückgedrängt, erlangten jedoch 1689 durch die →Toleranzakte die Anerkennung als religiöse Gemeinschaft, der die Abhaltung eigener Gottesdienste gestattet wurde, wodurch ihre weitere Existenz in England endgültig gesichert war.

E. DOWDEN: Puritan and Anglican. Studies in literature (London 1900, Nachdr. Freeport, N. Y., 1967); J. MARLOW: The Puritan tradition in English life (London 1956); W. HALLER: The rise of Puritanism (New York [3]1957); The constitutional documents of the Puritan revolution 1625–1660, hg. v. S. R. GARDINER (Oxford [3]1962, Nachdr. ebd. 1979); L. L. SCHÜCKING: Die puritan. Familie in literar-soziolog. Sicht (Bern [2]1964); J. S. COOLIDGE: The Pauline Renaissance in England. Puritanism and the Bible (New York 1970); P. S. SEAVER: The Puritan lectureships. The politics of religious dissent 1560–1662 (Stanford, Calif., 1970).

Puritanische Revolution [nach den Puritanern als den religiösen Gegnern KARLS I. von England], Bez. für den 1642 ausgebrochenen engl. Bürgerkrieg (→Großbritannien und Nordirland, Geschichte), in dessen Verlauf das von O. CROMWELL geführte Parlamentsheer König KARL I. besiegte (1644 und 1645) und schließlich, nach der Verurteilung und Hinrichtung des Königs (30. 1. 1649), das ›Commonwealth of England‹ gebildet wurde.

Puritanismus *der,* -, die Geisteshaltung der →Puritaner. Im Mittelpunkt des P. steht das ›studium purioris religionis‹ (Studium der reineren Religion); seinen Ausdruck findet er in einem biblizist. Bibelverständnis (→Biblizismus), der sabbatähnl. Sonntagsheiligung, einer durch strenge Selbstzucht geprägten Ethik und der Ablehnung von Unterhaltung, Vergnügungen und Zerstreuung im weitesten Sinn (z. B. Tanz, Theater, Kunst). Der P. stand mit seiner Innerlichkeit, die sich u. a. in einer eigenen, tendenziell weltflüchtigen Erbauungsliteratur darstellte, in Opposition zur anglikanisch-kath. Politik und Kirchenstruktur und zeigte erst nach dem Ausbruch der Revolution 1642 das eigene polit. Potenzial. Sein presbyterian. Gesellschafts- und Kirchenverständnis hat England sowie die Einflussgebiete in Nordamerika bis in die Gegenwart stark beeinflusst. Seiner religions- und geistesgeschichtl. Bedeutung entsprechend, fand der P. breiten Niederschlag in der angelsächs. Literatur (→amerikanische Literatur, →englische Literatur).

Purkersdorf, Stadt in NÖ, westlich an Wien anschließend, 248 m ü. M., an der Westbahn, 7100 Ew.; Heimatmuseum mit Wienerwaldhaus; Druckerei; v. a. Wohnort. – Die kath. Pfarrkirche St. Jakob (14. Jh.) wurde im 17. Jh. erweitert, der mittelalterl. SO-Turm erhielt eine barocke Haube. Das Schloss, eine ehem. Wasserburg, wurde 1642 barock umgebaut. Das Sanatorium baute J. HOFFMANN (1903–06). – Die um eine Burg des 12. Jh. entstandene Siedlung P. wurde im 19. Jh. ein beliebter Erholungsort der Wiener. 1929 erhielt P. Marktrecht; 1938–54 war es in Wien eingemeindet, seit 1966 ist es Stadt.

Purkinje, 1) Johannes Evangelista Ritter von, tschech. **Jan Purkyně** [-kinjɛ], tschech. Physiologe, *Libochowitz (bei Leitmeritz) 18. 12. 1787, †Prag 28. 7. 1869, Vater von 2); wurde 1823 Prof. in Breslau, 1850 in Prag; förderte bes. die physiolog. Optik und die Entwicklungsgesch.; entdeckte u. a. das **P.-Bläschen** (Keimbläschen), 1834 mit GABRIEL GUSTAV VALENTIN (*1810, †1883) das Flimmerepithel, ferner viele entopt. Wahrnehmungen (z. B. die **P.-Aderfigur,** die Schatten der Netzhautgefäße) sowie die Ganglienzellen im Kleinhirn **(P.-Zellen).** P. beschrieb die nach ihm benannten Fasern im Erregungsleitungssystem des Herzens, das →Purkinje-Phänomen und prägte den Begriff ›Protoplasma‹.

2) Karel, tschech. **Purkyně** [-kinjɛ], tschech. Maler und Zeichner, *Breslau 11. 3. 1834, †Prag 5. 4. 1868, Sohn von 1); studierte in Prag, München, Paris und Wien. P. entwickelte sich, beeinflusst von G. COURBET, zur bedeutendsten Persönlichkeit unter den tschech. Realisten. Er malte v. a. Stillleben und Porträts (›Bildnis des Schmiedes Jech‹, 1860; Prag, Národní Galerie) und betätigte sich auch als Illustrator und Kunstkritiker.

Purkinje-Phänomen, Purkinje-Erscheinung, erstmals 1825 von J. E. Ritter VON PURKINJE beschriebener Effekt beim Farbensehen: Die Helligkeit roter und orangeroter Farben verschiebt sich zugunsten der blauen und blaugrünen Farben bei stark herabgesetztem Leuchtdichteniveau (Dunkeladaptation). Das P.-P. beruht auf der unterschiedl. Hellempfindlichkeit des Auges, dessen Optimum sich bei Dunkeladaptation vom Wellenlängenbereich 555 nm in Richtung 505 nm verändert.

Purmerend [pyrmǝrˈɛnt], Stadt in der Prov. Nordholland, Niederlande, nördlich von Amsterdam, 65 000 Ew.; Zentrum der Polder im Waterland; Maschinenbau, Herstellung von Präzisionsinstrumenten, Kücheneinrichtungen, Kartoffelfertigkost und Werbeartikeln.

Purple Ore [pǝ:pl ɔ:, engl.], Eisenerz, →Pyrit.

Purpur [ahd. und lat. purpura, von griech. porphýra ›(Farbstoff aus dem Saft der) Purpurschnecke‹] *der, -s,* **1)** *Farbvalenzmetrik:* jede Farbe, deren Farbort in der Normfarbtafel (→Farbtafel) auf der Purpurlinie oder in deren Nähe liegt. P.-Farbvalenzen ergeben sich durch additive Farbmischung von Farbvalenzen des kurzwelligen und des langwelligen Endes des Spektralfarbenzugs und erscheinen dem Betrachter blaurot bis rotblau.

2) *Kulturgeschichte:* aus der Hypobranchialdrüse der Purpurschnecken gewonnenes violettes Farbstoffgemisch, das im Altertum zum Färben von Stoffen verwendet wurde. Die antiken Färberezepte sind durch PLINIUS D. Ä. bekannt. Die Drüsenbestandteile der Schnecken wurden einige Tage mit Salzlösung ausgelaugt; nach dem Eindampfen der Lösung erhielt man eine gelbl. Brühe (Farbküpe), in die die Stoffe eingelegt wurden. Beim anschließenden Trocknen entstand eine rot- bis blauviolette Färbung. Da pro Schnecke nur eine sehr geringe Farbstoffmenge gewonnen werden kann (für 1,2 g P. benötigt man 10 000 Schnecken), war P. der kostbarste Farbstoff. Am wertvollsten waren der violette (Color principalis) und der hochrote (blatta, oxyblatta oder tyria) P.-Farbton. Schon in der Antike wurde echter P. gefälscht und imitiert. Der ›Stockholmer Papyrus‹ (Ägypten, 3. Jh.) erwähnt 70 Rezepte zur Herstellung von meist falschem P. – Hauptbestandteil des P. ist ein Derivat des Indigos, der 6,6′-Dibromindigo.

Mythologie, Geschichtsforschung und Ausgrabungen verweisen auf Phönikien als Ursprungsland der P.-Färberei. Färbereien und Handelsplätze wurden an ertragreichen Fangplätzen der Meeresküsten errichtet, Städte mit P.-Produktion waren z. B. Tyros und Sidon. P.-Gewänder waren Würdezeichen der pers. Könige. In Ägypten spielte die P.-Färberei erst in hellenist. Zeit eine Rolle (P.-Segel des Admiralsschiffs von KLEOPATRA VII.). Bei den Juden wurde P. nur für die Kleidung der Priester und für Tempel verwendet, später schmückten sich auch die Könige damit. In Griechenland wurden P.-Stoffe von Staatsmännern, Schauspielern und auch von Hetären getragen. In Rom war P. zunächst die Farbe der Amtskleidung der Könige, später auch der höheren Beamten. CAESAR erlaubte nur sich und den höchsten Beamten das Tragen von P., die Beamtenkleidung hatte lediglich Streifen in P. ALEXANDER SEVERUS machte die P.-Produktion zum Staatsmonopol.

Im christl. Abendland fand P. zunächst in der Buchmalerei Verwendung (z. B. im Codex argenteus). Unter JUSTINIAN I. erreichte der P.-Luxus einen neuen Höhepunkt. Byzantin. Fürstensöhne führten den Beinamen Porphyrogennetos. Seit dem 10. Jh. schrieb man in Byzanz und Dtl. Staatsakte auf purpur gefärbtes Pergament. Im 11. Jh. war der P. von Palermo bes. begehrt. Von dort bezogen die Stauferkaiser ihre purpurnen Krönungsmäntel. Zu den besonderen Vorrechten der Kardinäle gehört ein P.-Mantel (ital. porpora), sodass der Kardinal auch als Porporato bezeichnet wird.

M. REINHOLD: History of purple as a status symbol in antiquity (Brüssel 1970).

Purpura [lat. ›Purpurschnecke‹] *die, -/...rae, Medizin:* die →Blutfleckenkrankheit.

Purpurbakteri|en, Gruppe der →phototrophen Bakterien.

Purpurdämmerung, eine →Dämmerungserscheinung, bei der sich der helle Schein im oberen Teil rötlich färbt und den Purpurfleck bildet. Dieser vergrößert sich rasch und wird dann zum →Purpurlicht.

Purpureosalze, *Chemie:* →Kobaltverbindungen.

Purpurglöckchen, Heuchera, Gattung der Steinbrechgewächse mit rd. 55 Arten in Nordamerika. In Kultur weit verbreitet sind Heuchera sanguinea und zahlr. Hybriden: 30–40 cm hohe Pflanzen mit runden, dunkel gefleckten Blättern und roten, in Rispen stehenden Blüten.

Purpurglöckchen: Heuchera sanguinea, Hybride (Höhe 30–40 cm)

Purpurgranadilla, →Passionsfrüchte.

Purpurholz, Violettholz, Amarantholz, Holz mehrerer Baumarten der zu den Hülsenfrüchtlern zählenden Gattung Peltogyne im Amazonasgebiet; harzhaltig, meist geradfaserig, dunkelrotbraun bis violett getönt, mit heller Streifung; sehr dauerhaft, hart und zäh; Verwendung u. a. im Wasserbau, für Fußböden, Möbel und Drechslerarbeiten.

Purpurhühner, Gattung der →Rallen.

Purpurin [zu Purpur gebildet] *das, -s,* ein Anthrachinonfarbstoff (chemisch das 1,2,4-Trihydroxyanthrachinon), der u. a. in der Färberröte vorkommt und synthetisch durch Oxidation von Alizarin hergestellt wird. P. ergibt mit Chromsalzen einen rotvioletten Farblack.

Purpurlicht, eine →Dämmerungserscheinung; das erste P. erscheint am deutlichsten bei einem Sonnenstand von 4° unter dem Horizont, das zweite P. (bei günstigen Beobachtungsverhältnissen) zus. mit dem so genannten hellen Segment als letzte Lichterscheinung der abendl. Dämmerung.

Purpur|orchis, →Knabenkraut.

Purpurprunkwinde, Art der Gattung →Trichterwinde.

Purpurschnecken, Stachelschnecken, Leistenschnecken, Muricidae, artenreiche Gruppe (z. T. als zwei Familien, Muricidae und Thaididae, angesehen) zu den →Vorderkiemern gestellter Meeresschnecken mit dickwandiger, oft auffällig skulpturierter oder bestachelter Schale mit lang ausgezogenem Siphonalkanal. P. leben räuberisch oder von Aas. Die im Mantelraum liegende Hypobranchialdrüse scheidet ein farbloses Sekret unbekannter Funktion ab, das sich im Sonnenlicht über Gelb, Grün und Blau purpurrot bis violett verfärbt und im Altertum und MA. den →Purpur lieferte. Genutzt wurden hierzu im Mittelmeerraum v. a. die **Purpurschnecke** (Murex trunculus), das **Brandhorn** (Murex brandaris) und die **Rotmund-Leistenschnecke** (Thais haemastoma).

Purpurschnecken: Murex trunculus (Höhe bis 8 cm)

Purpurseerose, die →Pferdeaktinie.

Purpurwinde, die Gattung →Trichterwinde.

Purrmann, Hans Marsilius, Maler und Grafiker, *Speyer 10. 4. 1880, †Basel 17. 4. 1966; studierte in Karlsruhe und München (u. a. bei F. VON STUCK), ging 1906 nach Paris, wo er im Kreis um das Café du Dôme als Schüler und Freund von H. MATISSE seinen eigenen Stil fand. 1916–35 lebte er abwechselnd in Berlin und Langenargen, 1935–43 in Florenz (Leiter der Villa Romana), dann in der Schweiz. Er gelangte in seinen Stillleben, Akten, Bildnissen und meist südl., lichterfüllten Landschaften zu einer Ausgeglichenheit in Form und Farbe. (BILD S. 628)

H. P. Das druckgraph. Werk. Gesamtverz., hg. v. E. HINDELANG (1981); H. P. Stilleben, Akte, Interieurs, Ausst.-Kat. (1990); H. P. Aquarelle, Zeichnungen, Druckgraphik, bearb. v. H. HÖFCHEN u. A. GREULICH, Ausst.-Kat. Pfalzgalerie Kaiserslautern (1996); H. P. 1880–1966. Im Raum der Farbe, hg. v. M. M. GREWENIG, Ausst.-Kat. Histor. Museum der Pfalz, Speyer (1996).

Pürstinger, Berthold, gen. **Berthold von Chiemsee** [ˈki:m-], kath. Theologe, *Salzburg 1465, †Saalfelden am Steinernen Meer 16. 7. 1543; 1493 Pfarrer, wurde 1508 Bischof von Chiemsee und Weihbischof von Salzburg. Nach dem Verzicht auf seine Ämter (1526) gründete er in Saalfelden eine Priesterbruderschaft

Hans Purrmann: Garten mit rotem Haus; 1957 (Privatbesitz)

(1533) sowie ein Spital mit Kapelle (1538/41). P. verfasste in Abwehr der Reformation kontroverstheolog. Schriften, u. a. eine deutschsprachige kath. Dogmatik (›Tewtsche Theologey‹, 1528).

E. W. ZEEDEN: Berthold von Chiemsee, in: Kath. Theologen der Reformationszeit, hg. v. E. ISERLOH, Bd. 3 (1986).

Purus [nach einem Indianerstamm] *der,* **Rio P.,** span. **Río Purús,** rechter Nebenfluss des Amazonas in Südamerika, 3 148 km lang, entspringt in der Montaña O-Perus, mündet in vielen Armen oberhalb von Manaus, schiffbar über 1 700 km bis Sena Madureira am (Nebenfluss) Rio Laco.

Purusha [Sanskrit ›Mensch‹] *der, -, Religionswissenschaft:* 1) in der ind. Mythologie der ewige Mensch, das Urwesen; nach einem Schöpfungsmythos des ›Rigveda‹ entstand die Welt aus Teilen des Ur-P.; 2) in der ind. Philosophie (→Samkhya) ist der kosm. P. das Absolute, die Weltseele, die den Wandlungen in der Prakriti, der Materie, zuschaut; 3) Mahapurusha (›großer P.‹) ist ein Name für Vishnu und die Religionsstifter von Buddhismus und Jainismus.

Pus [lat.] *das, -/ 'Pura,* der →Eiter.

Pusan

Stadt in Süd-Korea · zweitgrößte Stadt des Landes · 3,847 Mio. Ew. · zwei Universitäten · wichtiges Industriezentrum · führender Hafen Süd-Koreas · internat. Flughafen · 1876 den Japanern geöffnet · nach 1910 japanisch geprägt · 1950–53 Regierungssitz

Pusan, jap. **Fusan,** Stadt in Süd-Korea, an der Mündung des Naktonggang in die Koreastraße des Jap. Meeres, im Rang einer Prov., 526 km², 3,847 Mio. Ew., die zweitgrößte Stadt des Landes; kath. Bischofssitz; zwei Univ., Hochschule der Handelsmarine, Fischereihochschule, ozeanographische Hochschule. P. ist die Metropole des südl. Süd-Korea und der führende Hafen des Landes (Tiefwasserhafen), daneben auch Fischereihafen; Textil- und Bekleidungs-, Schuh-, Nahrungsmittel-, Gummi-, chem., pharmazeut., Holzindustrie, Maschinen-, Fahrzeug-, Schiffbau, Herstellung von Rundfunkgeräten; nahebei Kernkraftwerk. Mehrere Seebäder; Fährverkehr nach Shimonoseki (Japan) und Yantai (China), internat. Flughafen. – Schon im 10. Jh. als regionale Verwaltungsstadt erwähnt. Ab dem 15. Jh. Militärstützpunkt, seitdem bedeutender Handel mit Japan. Durch den Vertrag von Kanghwa 1876 ganz den Japanern geöffnet, wurde P. nach der Annexion 1910 eine stark japanisch geprägte Stadt (1935 waren 45% der Einwohner Japaner). Während des Koreakrieges 1950–53 Regierungssitz der Rep. Korea und zugleich wichtigster Nachschubhafen der UNO-Truppen.

Pușcariu [puʃkariu], Sextil, rumän. Romanist, * Kronstadt 4. 1. 1877, † Bran (bei Kronstadt) 5. 5. 1948; war seit 1919 Prof. in Klausenburg; 1920 begründete er dort das erste rumän. sprachwissenschaftl. Institut. 1906–40 leitete er die Arbeiten am Wörterbuch der Rumän. Akademie und seit 1929 am rumän. Sprachatlas; 1920–48 war er Herausgeber der Zeitschrift ›Dacoromania‹. Als sein Hauptwerk gilt die unvollendet gebliebene sprachwissenschaftliche Untersuchung ›Limba română‹ (Bd. 1 1940, dt. ›Die rumän. Sprache‹; Bd. 2 hg. 1965).

Puschkin, Puškin [-ʃ-], bis 1918 **Zarskoje Selo,** 1918–37 **Detskoje Selo,** Stadt südlich von Sankt Petersburg, Russland, dem sie administrativ unterstellt ist, 93 100 Ew.; landwirtschaftl. Hochschule; Puschkinmuseum; Herstellung von Straßenbaumaschinen, Elektrogeräten und Spielwaren. – Innerhalb eines etwa 600 ha großen Parks liegt das Katharinenpalais (kleinerer Bau 1717–23, 1743–48 umgebaut, 1752–57 von B. F. RASTRELLI entscheidend vergrößert; 1755–60 wurde das →Bernsteinzimmer eingebaut). 1811 wurde im Schlossbereich das Lyzeum (1789–91, 1811 von W. P. STASSOW umgebaut) eröffnet, das A. PUSCHKIN 1811–17 besuchte. Im N des Parks entstand 1792–96 das klassizist. Alexanderpalais von G. QUARENGHI, um das herum 1914–17 der Fjodorowskij Gorodok (›kleine Stadt von Fjodor‹) im altruss. Stil mit Kreml, Kathedrale, Kasernen und Palästen erbaut wurde (heute Landwirtschaftshochschule). Weitere kleinere Bauten im Park sind der Eremitage-Pavillon (1743–54, von RASTRELLI) und die Admiralität (1773–77). – Zw. Sankt Petersburg und P. wurde 1837 die erste Eisenbahnlinie Russlands in Betrieb genommen.

Puschkin, Puškin [-ʃ-], **1)** Aleksandr Sergejewitsch, russ. Dichter, * Moskau 6. 6. 1799, † Sankt Petersburg 10. 2. 1837, Neffe von 2); entstammte dem alten Erbadel, mütterlicherseits Urenkel HANNIBALS, des Mohren PETERS D. GR. P. war 1811–17 Schüler des Lyzeums in Zarskoje Selo (heute Puschkin), danach im Staatsdienst. Noch während der Lyzeumszeit gewann er Zutritt zu den Petersburger literar. Salons und Gesellschaften (›Arsamas‹, ›Seljonaja lampa‹). Wegen satir. und polit. Gedichte wurde er 1820 nach Jekaterinoslaw, später nach Kischinjow und Odessa

Aleksandr Sergejewitsch Puschkin (Porträt von Orest A. Kiprenskij, 1827; Moskau, Tretjakow-Galerie)

Puschkin: Katharinenpalais; 1717 ff.

versetzt und 1824–26 auf das Gut seines Vaters, Michajlowskoje (Gouv. Pskow), verbannt. Danach lebte er in Moskau und Sankt Petersburg, wo er der persönl. Zensur Kaiser NIKOLAUS' I. unterstand. 1836 gründete er die Zeitschrift ›Sowremennik‹ (Zeitgenosse). Intrigen und Angriffe auf die Ehre seiner Frau NATALJA GONTSCHAROWA (⚭ seit 1831) führten zu einem Duell mit dem frz. Emigranten GEORGES D'ANTHÈS, an dessen Folgen er starb.

P. gilt als der eigentl. Schöpfer der russ. Literatursprache (→russische Literatur). Er ließ sich von den älteren Zeitgenossen – W. A. SCHUKOWSKIJ, P. A. KATENIN, K. N. BATJUSCHKOW – anregen und war vertraut mit den literar. Konventionen seiner Zeit, die er, anfangs mit Zitaten, Anspielungen, Titeln und Paraphrasen spielend, als solche dem Leser vor Augen führte, bis er allmählich zur Parodie und Kontrastierung versch. Konventionen überging. Der formale Aspekt erhält dabei eine tiefere Bedeutung, indem die Überschneidungen zw. Klassizismus, Sentimentalismus, Romantik und beginnendem Realismus zugleich die Diskussion versch. Weltmodelle und ihrer Gebundenheit an literar. Klischees auslösten und dadurch nach den Beziehungen zw. Ästhetik und Ethik, ›Literatur‹ und ›Leben‹ gefragt wurde.

Den Schwerpunkt des Werkes P.s bildet die Lyrik, die durch ihren Reichtum an Stilmitteln sowie klangl. und rhythm. Formen bei gleichzeitiger Klarheit des Ausdrucks und Verhaltenheit des Gefühls unübertroffenes Vorbild der russ. Poesie bleibt. Ihre Skala reicht von der ›leichten Poesie‹ bis zur reifen Liebeslyrik, von der politisch engagierten Stellungnahme bis zur poet. Verkündung der zeitüberwindenden Sendung des Dichters. Eine wichtige Rolle spielen die Großformen der Versdichtung, angefangen vom frühen heroisch-kom. Märchenepos ›Ruslan i Ljudmila‹ (1820; dt. ›Ruslan und Ludmilla‹) über die von BYRON beeinflussten ›Südl. Poeme‹ (›Kavkazskij plennik‹, 1822, dt. ›Der Gefangene im Kaukasus‹; ›Bachčisarajskij fontan‹, 1824, dt. ›Der Springbrunnen von Bachtschisaraj‹; ›Cygani‹, 1824, dt. ›Die Zigeuner‹), die historisch-heroischen Verserzählungen (›Poltava‹, 1829, dt. ›Poltawa‹; ›Mednyj vsadnik‹, entst. 1833, hg. 1837, dt. ›Der eherne Reiter‹) und iron. Poeme (›Graf Nulin‹, 1825, dt.; ›Domik v Kolomne‹, 1833, dt. ›Das Häuschen in Kolomna‹) bis zu seinem Hauptwerk, dem Versroman ›Evgenij Onegin‹ (1825–32, vollständig hg. 1833; dt. ›Eugen Onegin‹). Diese im Lauf von acht Jahren aus Szenen und Reflexionen gefügte Lebens- und Liebesgesch. der kritisch gesehenen byronist. Titelfigur spiegelt die Spannung zw. Leben und Literatur wider; von W. G. BELINSKIJ wurde er als ein treffendes Panorama der russ. Gesellschaft gesehen. Als der erste große psychologisch-gesellschaftskrit. Roman der russ. Literatur vermittelte er vielfältige Impulse an spätere Autoren, u. a. an M. J. LERMONTOW, I. S. TURGENJEW, L. N. TOLSTOJ.

Das dramat. Werk umfasst zum einen die an SHAKESPEARE orientierte histor. Tragödie im Blankvers ›Boris Godunov‹ (entst. 1825, hg. 1831; dt.), die sich jedoch in Fabel, Charakterdarstellung sowie der Kontrastierung von Weltanschauungen dem histor. Roman annähert, zum anderen die kleinen Versdramen ›Kamennyj gost‹ (entst. 1830, hg. 1841; dt. ›Der steinerne Gast‹) und ›Mocart i Sal'eri‹ (1831; dt. ›Mozart und Salieri‹), die sich ebenfalls der Prosa nähern.

Nach 1830 verstärkte sich P.s Interesse an der Prosa. Dem unvollendeten Roman ›Arap Petra Velikogo‹ (entst. 1827, hg. 1837; dt. ›Der Mohr Peters d. Gr.‹) folgten die ›Povesti Belkina‹ (1831; dt. ›Erzählungen Belkins‹), die, wie die gesamte Novellistik P.s (›Dubravskij‹, entst. 1832/33, hg. 1841, dt. ›Dubrowsky‹; ›Pikovaja dama‹, 1834, dt. ›Pique Dame‹), Motive der romant. Novelle mit volkstümlich stilisierter oder betont sachl. Erzählweise verbinden. – Die Zeit der Kosakenaufstände unter J. I. PUGATSCHOW behandelt P. in ›Istorija Pugačeva‹ (1834; dt. ›Gesch. des Pugatschew'schen Aufruhrs‹), einer histor. Analyse der Rebellion vor dem Hintergrund sozialer, polit. und wirtschaftl. Unterdrückung, sowie in der Erzählung ›Kapitanskaja dočka‹ (1836; dt. ›Die Hauptmannstochter‹), die er ebenfalls zu einem historiograph. Kommentar über diese nat. Krise nutzt.

Ausgaben: Polnoe sobranie sočinenij, 17 Bde. (1937–59; Nachdr. 1978); Sobranie sočinenij, 10 Bde. (1974–78); Sobranie socinenij (1984). – Eugen Onegin. A novel in verse, übers. v. V. NABOKOV, 4 Bde. (1964); Ges. Werke, hg. v. J. VON GUENTHER ([2]1974); Ges. Werke, hg. v. H. RAAB, 6 Bde. ([3–6]1984–85); Die Erzählungen, übers. v. F. OTTOW (Neuausg. 1991).

M. A. CJAVLOVSKIJ: Letopis' žizni i tvorčestva A. S. Puškina (Moskau 1954); V. SETSCHKAREFF: A. P. Sein Leben u. sein Werk (1963); A. L. SLONIMSKIJ: Masterstvo Puškina (Moskau [2]1963); D. S. MIRSKY: Pushkin (Neuausg. New York 1974); U. HERDMANN: Die Südl. Poeme A. S. Puškins. Ihr Verhältnis zu Lord Byrons Oriental tales (1982); P. DEBRECZENY: The other Pushkin. A study of Alexander Pushkin's prose fiction (Stanford, Calif., 1983); N. K. GEJ: Proza Puškina. Poėtika povestvovanija (Moskau 1989); U. BUSCH: P. Leben u. Werk (1989); J. M. LOTMAN: Alexander P. – Leben als Kunstwerk (a. d. Russ., [2]1993); R. EDMONDS: P. Biogr. (a. d. Engl., Zürich 1996). – Arion. Jb. der Dt. P.-Gesellschaft (1989 ff.).

2) Wassilij Lwowitsch, russ. Dichter, *Moskau 8. 5. 1770, † ebd. 1. 9. 1830, Onkel von 1); an N. M. KARAMSIN geschult, den er in sarkast., gegen den Pseudoklassizismus gerichteten Gedichten verteidigte (›Opasnyj sosed‹, 1815). Er schrieb u. a. Elegien, Romanzen, Fabeln und Epigramme.

Puschkinia [nach dem russ. Gelehrten APOLLOS APOLLOSSOWITSCH Graf MUSSIN-PUSCHKIN, *1760, † 1805], **Puschkinie,** Gattung bis 15 cm hoher Liliengewächse mit nur zwei Arten im Kaukasus und in der Türkei bis zum Libanon; mit porzellanblauen oder weißen Blüten in Trauben und lanzettl. Blättern; winterharte, sich durch Selbstaussaat verbreitende Gartenpflanzen.

Puschkino, Puškino [-ʃ-], Stadt im Gebiet Moskau, Russland, an der Utscha und ihrem Zufluss Serebrjanka, 71 500 Ew.; forstwirtschaftl. Forschungs-Inst.; Textil-, Elektro-, Möbelindustrie.

Puschlav, ital. **Val Poschiavo** [- poskiˈa:vo], Talschaft des Poschiavino im Kt. Graubünden, Schweiz, auf der Alpensüdseite vom Berninapass (2 323 m ü. M.) bis zum Tal der Adda (Grenzort Campocolongo 553 m ü. M.), 25 km lang, vermittelt zw. dem Engadin und dem Veltlin (Lombardei); umfasst den im O, S und W von Italien umgebenen Bez. Bernina, 237 km², 5 000 Ew., zu 92% italienischsprachig, mit den Gem. Poschiavo (im N; im Hauptort alte Patrizierhäuser, im Palazzo Mengotti, 17.–19. Jh., u. a. Talschaftsmuseum, spätgot. Kirche) und Brusio (südlich des Lago di

Pustertal: Die Ortschaft Anras (Osttirol), im Hintergrund die Lienzer Dolomiten

Poschiavo, 962 m ü. M.). Das P. ist durch Talstufen gegliedert, der oberste der drei Abschnitte außerdem geteilt in das Val Laguné (mit dem Seitental Val di Camp), dem die Berninastraße folgt, und den Kessel von Cavaglia, den in zahlr. Serpentinen die Berninabahn benutzt, mit der Alp Grüm (mit botan. Garten) und dem Stausee Lago Bianco mit Kraftwerk am Pass. Wirtschaftlich wichtig sind Forst- (25 % bewaldet) und Landwirtschaft (v. a. Almwirtschaft) sowie sommerl. Fremdenverkehr, außerdem auch Steinbrüche (Serpentin, Marmor), Weberei, Spielzeugherstellung und Weinkellereien (eigene Weinberge liegen im Veltlin). – Das P., seit 602 langobardisch, 774 in karoling. Besitz gekommen, fiel im 10. Jh. an den Bischof von Chur. 1408 schloss sich die Talschaft dem Gotteshausbund an. 1549 trat das P. zur reformierten Lehre über.

Puschmann, Adam, Meistersinger, * Görlitz 1531 oder 1532, † Breslau 4. 4. 1600 (?); Schneidergeselle, Schüler von H. SACHS, schließlich Kantor in Görlitz und Gymnasiallehrer in Breslau. Bedeutend als Theoretiker und systemat. Sammler des Meistersangs. Sein ›Gründl. Bericht des dt. Meistersanges‹ (3 Fassungen; 1571, 1584, 1596) wurde zum Elementarbuch des Meistersangs und ist eine frühe literarhistor. Betrachtung dieser Gattung. In seinem nach dem Vorbild der Colmarer Liederhandschrift angelegten und 1588 abgeschlossenen ›Singebuch‹ sammelte er die Melodien aller ihm erreichbaren Meistertöne.

Puscht-e Kuh, bis 2 849 m ü. M. ansteigende Gebirgskette in NO-Iran.

Pusey [ˈpjuːzɪ], Edward Bouverie, engl. anglikan. Theologe, * Pusey (Cty. Berkshire) 22. 8. 1800, † Ascot Priory (Cty. Berkshire) 16. 9. 1882; wurde 1828 Prof. für Hebräisch und Domherr am Christ Church College in Oxford. 1834 schloss er sich der →Oxfordbewegung an, deren theolog. Führer er nach dem Übertritt von J. H. NEWMAN zum Katholizismus wurde.

Werke: The doctrine of holy baptism ... (1834); The holy eucharist a comfort to the penitent (1843); The doctrine of the real presence ... (1855); The real presence of the body and blood of Our Lord Jesus Christ ... (1857); An Eirenicon, 3 Bde. (1865–70). – **Hg.:** A library of fathers of the Holy Catholic church, 51 Tle. (1838–85).

Pushball [ˈpʊʃbɔːl, engl.] *der, -(s),* in den USA um 1894 entstandenes Spiel, das mit einem aufblasbaren Gummiball (Gewicht zw. 21,8 und 22,7 kg, Durchmesser bis zu 1,85 m) zw. zwei Mannschaften mit je elf Spielern betrieben wurde. Sie versuchten, den Ball in das gegner. Tor zu drücken bzw. ihn über die Querlatte zu heben oder zu werfen. Die Spieldauer betrug 4 × 10 Minuten. Zwar wurde P. 1902 auch in Europa (London) vorgestellt, war aber bald bedeutungslos. In Dtl. nannte man es **Schiebeball.** – P. zu Pferd (mit unterschiedl. Regeln) wird noch in einigen Staaten der GUS (als **Pushbol**) betrieben.

Pushkara [-ʃ-; Sanskrit ›blauer Lotos‹], *Hinduismus:* Beiname von Krishna und Shiva.

Puškin [-ʃ-], Stadt in Russland, →Puschkin.

Puškino [-ʃ-], Stadt in Russland, →Puschkino.

Pusŏksa, Tempel in der Prov. Kyŏngsangbuk-do, Süd-Korea, geht mit seinem Gründungsjahr 676 auf das Königreich der Silla zurück. Aus dieser Zeit sind nur geringe Reste erhalten (Steinlaterne, dreistöckige Steinpagode, Steinpfeiler für die buddhist. Fahne und das Fundament der Haupthalle). Die heutige Haupthalle wurde im 12./13. Jh. aus Holz errichtet und ist der älteste erhaltene Holzbau Koreas. Hier befindet sich eine vergoldete Tonplastik des Amitabha (2,78 m hoch) aus dem späten 14. Jahrhundert.

Pu Songling, P'u Sung-ling, chin. Schriftsteller, * Zichuan (Prov. Shandong) 5. 6. 1640, † ebd. 25. 2. 1715; berühmt als Verfasser der nach seinem Tod (1766) erschienenen Sammlung ›Liao-zhai zhi-yi‹ (Merkwürdige Berichte aus dem Studio der Muße) von 431 Geister- und Liebesgeschichten mit z. T. sozialkrit. Tendenz. In eleganter klass. Schriftsprache abgefasst und vielfach an alte Motive anknüpfend, waren sie wegen ihrer spannenden Ausarbeitung bis zum Aufkommen der modernen umgangssprachl. Unterhaltungsliteratur Anfang des 20. Jh. sehr populär.

Ausgabe: Liao-dschai-dschi-yi, übers. v. G. RÖSEL, auf mehrere Bde. ber. (1990 ff.).

Pustel [von lat. pustula ›Bläschen‹] *die, -/-n,* **Eiterblase,** etwa stecknadelkopfgroße, in oder unter der Epidermis, häufig auch an der Mündung eines Haarfollikels gelegene, mit Eiter gefüllte Hautblase; sie entsteht meist durch Eindringen von Staphylo- oder Streptokokken in die oberen Hautschichten und gehört zu den primären Effloreszenzen.

Pustertal, ital. (W-Teil) **Val Pusteria,** Talschaft zw. Zillertaler Alpen und Defereggengebirge im N sowie Dolomiten und Karn. Alpen im S, in Osttirol (Österreich) und Südtirol (Italien), etwa 90 km lang; nach W von der Rienz (bis zur Mühlbacher Klause nördlich von Brixen), nach O von der Drau (bis Lienz) durchflossen; die Talwasserscheide befindet sich bei Toblach (Toblacher Feld), 1 204 m ü. M. Wichtige Seitentäler sind von N das Tauferer Tal (→Taufers), das Antholzer Tal (Valle di Anterselva), das Gsieser Tal (Valle di Casies) und das Villgratental sowie von S v. a. das Gadertal (Abteital, Val Badia), das Höhlensteintal (Valle di Landro), das Sextental (Valle di Sesto) und das Tilliacher Tal, alle von Durchgangsstraßen nach S (Trentino, Venetien) bzw. O genutzt. P. und Seitentäler bilden eine bedeutende Fremdenverkehrsregion; zentraler Ort in Südtirol ist Bruneck. Dem P. folgt die Bahnlinie (und Straße) Franzensfeste–Lienz.

Pustet, Verlag Friedrich P., Verlag in Regensburg, gegr. 1826 von FRIEDRICH P. (* 1798, † 1882). Der Verlag pflegt kath.-theolog. Schrifttum, speziell die lat. Liturgie, ferner Kirchenmusik und Belletristik.

Pustkuchen, P.-Glanzow [-tso], Johann Friedrich Wilhelm, Schriftsteller, * Detmold 4. 2. 1793, † Wiebelskirchen (heute zu Neunkirchen, Saarland) 2. 1. 1834; ev. Pfarrer. Neben theolog. und pädagog. Werken veröffentlichte P. anonym ›Wilhelm Meisters Wanderjahre‹ (5 Bde., 1821–28), der 1. Band erschien kurz vor dem goetheschen Werk. P.s Roman, literarisch unbedeutend, ist als Fortsetzung der ›Lehrjahre‹ von christl. Standpunkt aus konzipiert. Das Werk löste heftige Polemiken aus und spielte in der Goethe-Kritik der Folgezeit eine wesentl. Rolle.

P'u Sung-ling, chin. Schriftsteller, →Pu Songling.

Puszcza Kampinoska ['puʃtʃa -], poln. Nationalpark (seit 1959) im Weichselbogen zw. Warschau und der Mündung der Bzura, 357 km^2 groß; ausgedehnte Wälder, Moorgebiete sowie Dünenfelder mit bis zu 30 m hohen Dünen; Wildreservate; Parkmuseum; wichtigstes Erholungsgebiet für die Bev. Warschaus.

Puszta [ungar. 'pustɔ; eigtl. ›kahl‹, ›verlassen‹, ›öde‹] *die, -/...ten,* Bez. für die ehem. weiten, baumlosen, durch Weidewirtschaft (Steppenrinder, Pferde, Schafe, Schweine; typisch sind Ziehbrunnen) genutzten steppenartigen Gebiete im Ungar. Tiefland, die meist erst in der Türkenzeit infolge der Zerstörung von Siedlungen und Verödung von Ackerland entstanden sind; die Grassteppenbildung im Überschwemmungsbereich der Theiß wurde wesentlich verstärkt durch die im 19. Jh. begonnene Theißregulierung, die zur Absenkung des Grundwasserspiegels und Salzausblühung führte. Durch umfangreiche Meliorationsarbeiten, v. a. nach 1945, sind die P.-Gebiete bis auf geringe Reste wieder in Ackerland umgewandelt worden; lediglich in der Hortobágy sind rd. 520 km^2 als Nationalpark (seit 1973) geschützte Gebiete.

Put [engl.] *der, -s/-s,* amerikan. Börsen-Bez. für eine Verkaufsoption. Der Käufer eines P. erwirbt gegen Zahlung einer Prämie (Optionspreis) das Recht, innerhalb eines vereinbarten Zeitraums (amerikan. Option) bzw. zu einem bestimmten Zeitpunkt (europ. Option) eine festgelegte Menge eines bestimmten Handelsobjekts (Basiswert) zu einem vorab fixierten (Basis-)Preis zu verkaufen. Der Verkäufer des P. verpflichtet sich im Gegenzug zum Kauf des Basiswerts. – Ggs.: Call. (→Optionsgeschäft)

putativ [spätlat., zu lat. putare ›glauben‹], *Recht:* vermeintlich, auf einem →Irrtum über die sachl. Voraussetzungen eines Rechtfertigungsgrundes beruhend. **P.-Notwehr** liegt vor, wenn der Handelnde die tatsächl. Voraussetzungen der Notwehr irrtümlich für gegeben hält. Analoges gilt für den **P.-Notstand.** – **P.-Ehe** ist eine aufgrund der §§ 17–21 Ehe-Ges. nichtige Ehe, bei der aber zumindest der eine Teil das Ehehindernis nicht gekannt hat; sie spielt auch im kirchl. Eherecht eine Rolle. Über **P.-Delikte** →Wahndelikte.

Putbus, Stadt im SO der Insel (des Landkreises) Rügen, Meckl.-Vorp., 50 m ü. M., in waldreicher Umgebung (Biosphärenreservat Südost-Rügen), umfasst 29 Ortsteile und die Insel Vilm mit zus. 5 200 Ew.; Kulturzentrum von Rügen; Fischerei, Fischverarbeitung, Jachtwerft, Landwirtschaft sowie Wirtschafts- und Jachthafen im Stadtteil **Lauterbach** am Rügenschen Bodden (N-Teil des Greifswalder Boddens); Landschaftspark (75 ha) im engl. Stil; Kleinbahn (24,4 km) von P. nach Binz und Göhren. – Im ursprüngl. Zustand erhaltene planmäßige Stadtanlage (1810–45) mit stilistisch einheitl. Bebauung. Klassizist. Theater (1819–21, 1835 umgebaut); Schlosskirche

Putbus: Orangerie nach Plänen von Karl Friedrich Schinkel; 1824

(1818 als Kurhalle erbaut, Umbau zur Kirche 1891/92); ausgedehnter Schlosspark mit Marstall, Orangerie (1824; nach Plänen von K. F. SCHINKEL), Affen-, Fasanenhaus u. a. Das Schloss (16. Jh., 1830 umgebaut) wurde 1960 abgetragen. – P. wurde 1810 bei dem Schloss der Herren von P. als Residenzsiedlung gegründet; seit 1960 Stadt.

Pute, das Haustruthuhn (→Truthühner).

Puteaux [py'to], Industriestadt im Dép. Hauts-de-Seine, im westl. Vorortbereich von Paris, Frankreich, 42 700 Ew.; Flugzeug- und Kfz-Industrie, Gießereien, Werkzeugherstellung, chem., Elektro- und Papierindustrie. Auf dem Gebiet von P. liegt das neue Pariser Wohn- und Wirtschaftszentrum ›La Défense‹ (viele Firmensitze) mit dem ›Centre National des Industries et des Techniques‹.

Püterich von Reichertshausen, Jakob, bayer. Ritter aus dem Münchener Stadtadel, * um 1400, † 1469; lebte als herzogl. Rat am Hof in München. Er war Liebhaber und Sammler älterer dt. Dichtung. Ein von ihm 1462 in der Form der Titurelstrophe verfasster, an Gräfin MECHTHILD von Württemberg, Herzogin von Österreich (* 1419, † 1482) gerichteter ›Ehrenbrief‹ enthält neben genealog. Mitteilungen eine Aufzählung der ihm bekannten Werke und ist so eine bedeutende Quelle für die Wirkungs- und Überlieferungsgesch. der Dichtung des 12. und 13. Jahrhunderts.

Ausgabe: Der Ehrenbrief, hg. v. F. BEHREND u. a., 2 Tle. (1920).

Puthoste [py'tɔst], Roger, frz. Schriftsteller, →Thérive, André.

Putinas, eigtl. **Vincas Mykolaitis** [mi:-], litauischer Schriftsteller, * Pilotiškiai 6. 1. 1893, † Kačerginė (bei Kaunas) 7. 6. 1967; urspr. kath. Priester, war ab 1923 Prof. in Kaunas, ab 1940 in Wilna; schrieb zunächst spätromant., später symbolist. Lyrik und wandte sich mit dem Roman ›Altorių šešėly‹ (2 Bde., 1933; dt. ›Im Schatten der Altäre‹), in dem er z. T. autobiographisch das Schicksal eines Priesters schildert, der sein Amt zugunsten des Schriftstellerberufs aufgibt, dem Neorealismus zu.

Weitere Werke: *Lyrik:* Tarp dviejų aušrų (1927); Keliai ir kryžkeliai (1936). – *Romane:* Krizė (1937); Sukilėliai, 2 Bde. (1957–69).

Ausgabe: Raštai, 10 Bde. (1959–69).

Putlitz, Stadt im Landkreis Prignitz, Bbg., 56 m ü. M., 2 000 Ew. – Die Siedlung, erstmals 946 erwähnt, 1319 als Stadt, wurde durch das Rittergeschlecht der Edlen Gans zu Putlitz nahe einer slaw. Burg gegründet.

Putman ['pytman], Willem, fläm. Schriftsteller und Kritiker, * Waregem 7. 6. 1900, † Brügge 3. 9. 1954; Verfasser viel gespielter Bühnenstücke; trat (nach dem Zweiten Weltkrieg unter dem Pseud. **Jean du Parc**) v. a. mit populären Romanen hervor.

Werke: Christine Lafontaine (1947; dt.); Mevrouw Pilatus (1949; dt. Frau Pilatus); Paula van Berkenrode (1952).

Pụtna, Gem. im Kr. Suceava, im N Rumäniens, 27 km westlich von Rădăuţi, 3 700 Ew. – 1466 gestiftetes Moldaukloster; von der ursprüngl. Festungsmauer ist nur der ›Schatzturm‹ (1481) erhalten. Die heutige Kirche (17. Jh.) wurde später erweitert. Museum für mittelalterl. Kirchenkunst.

Putnam [ˈpʌtnəm], Hilary, amerikan. Philosoph, *Chicago (Ill.) 31. 7. 1926; seit 1965 Prof. für Philosophie an der Harvard University. P., von H. REICHENBACH, R. CARNAP und W. VAN O. QUINE geprägt, unterzog später den log. Empirismus einer scharfsinnigen Kritik. Sein Hauptinteresse gilt den Beziehungen des Denkens und der Sprache zur Wirklichkeit, wobei er gegen die Extrempositionen des metaphys. Realismus, der auf einer völligen Unabhängigkeit der Welt von den Erkenntnissubjekten und ihrer Sprache beharrt, und des kognitiven und moral. Relativismus, der jeden Unterschied zw. richtigen und falschen Beschreibungen und Bewertungen aufzuheben droht, einen gemäßigt realist. Standpunkt vertritt.

Werke: Philosophy of logic (1971); Mathematics, matter and method (1975); Mind, language and reality (1975); Realism and reason (1983); Representation and reality (1988; dt. Repräsentation u. Realität); Words and life (1994); Pragmatism. An open question (1995; dt. Pragmatismus. Eine offene Frage).

Reading P., hg. v. P. CLARK u. a. (Oxford 1994); A. BURRI: H. P. (1994).

Putorạnagebirge, russ. **Putorạna platọ,** höchstes Gebirgsmassiv des Mittelsibir. Berglandes, in der Region Krasnojarsk, Russland, zw. Jenissej im W, Kotuj im O, Unterer Tunguska im S und Nordsibir. Tiefland im N, durchschnittlich 600–1 000 m ü. M., im Kamen bis 1 701 m hoch; fluss- und seenreich mit vielen Wasserfällen.

Putrạment, Jerzy, poln. Schriftsteller, *Minsk 14. 11. 1910, †Warschau 23. 6. 1986; war 1947–50 Botschafter in Paris, 1950–56 Gen.-Sekr., 1959–81 Vize-Präs. des poln. Schriftstellerverbandes; 1972–81 Chefredakteur der Ztschr. ›Literatura‹; schrieb v. a. Romane, in denen er sich mit der poln. Vor- und Nachkriegspolitik auseinander setzte. Sein starkes Engagement in der kommunist. Partei führte ihn oft dazu, die jeweiligen Parteirichtlinien in kulturpolit. Maßnahmen und literar. Texte umzusetzen.

Werke: *Romane:* Rzeczywistość (1947; dt. Wirklichkeit); Wrzesień (1952; dt. September); Pasierbowie (1963; dt. Die Stiefkinder); Odyniec (1964; dt. Der Keiler); Bołdyn (1969; dt. Der General); Akropol (1975; dt. Akropolis). – *Erinnerungen:* Pół wieku, 4 Bde. (1961–70; dt. Ein halbes Jahrhundert).

Ausgabe: Pisma, auf mehrere Bde. ber. (1979 ff.).

NH_2 – $(CH_2)_4$ – NH_2

Putrescin

Putrescịn [zu lat. putrescere ›verwesen‹, ›verfaulen‹] *das, -s,* unangenehm riechendes biogenes Amin (chemisch das 1,4-Diaminobutan), das durch Decarboxylierung der Aminosäure Ornithin entsteht; bildet sich bei der Zersetzung (Fäulnis) von Eiweißstoffen.

Pụtsch [von schweizer. bütsch ›heftiger Stoß‹, ›Zusammenprall‹, ›Knall‹], ein von meist kleineren Gruppen durchgeführter (erfolgreicher oder gescheiterter) Versuch, auf nichtverfassungsgemäßem, meist gewaltsamem Weg die Macht im Staat zu erringen. Oft sind Inhaber militär. Kommandos die Initiatoren **(Militär-P.).** Vom P. zu unterscheiden ist der →Staatsstreich.

Robert von Puttkamer

Pụtte, *Kunst:* →Putto.

putten [engl.], *Sport:* →Golf

Putten [ˈpytə], Gem. in der Prov. Gelderland, Niederlande, am Rand der Veluwe, 21 800 Ew.; Markt- und Ausflugsort; Nahrungs- und Futtermittelindustrie, Metall- und Kunststoffverarbeitung. – Im Oktober 1944 wurden nach einem Anschlag niederländ. Widerstandsgruppen auf einen dt. Patroullienwagen von der dt. Besatzungsmacht 75 Häuser in Brand gesteckt, sieben Bewohner erschossen und 660 Männer in das KZ Neuengamme deportiert.

Pụttgarden, Ortsteil der Gem. Bannesdorf auf Fehmarn, an der N-Küste der Insel, Schlesw.-Holst.; Fährhafen für den Eisenbahn- und Kfz-Verkehr auf der Vogelfluglinie Dtl.–Skandinavien. Dän. Gegenhafen nördlich des Fehmarnbelts ist **Rødbyhavn.**

Putto: Putten von Johann Joseph Christian am Altar Johannes des Täufers (um 1765) in der Abteikirche von Ottobeuren

Pütting [niederländ.], kurze eiserne Stange (Beschlag) mit Auge (Loch) an Schanzkleid oder Spant, die zur Befestigung der unteren Wanten an der Außenhaut des Schiffes oder der oberen am Mast dient.

Pụttkamer, pommerell. Adelsgeschlecht slaw. Ursprungs, dessen Stammreihe 1240 beginnt. Einige Zweige wurden in den preuß. Freiherrenstand erhoben. – Bedeutender Vertreter:

Robert von P., preuß. Politiker, *Frankfurt/Oder 5. 5. 1828, †Karzin (bei Stolp) 15. 3. 1900; seit 1860 im Staatsdienst, wurde 1877 Ober-Präs. von Schlesien. Als Kultus-Min. (1879–81) begann er den Abbau der während des Kulturkampfs erlassenen Maigesetze und führte 1880 erfolgreich eine Rechtschreibreform durch; 1881–88 war P. Innen-Min. Er setzte die preuß. Verw.-Reform fort und trat, seiner streng konservativen Haltung folgend, für eine scharfe Anwendung des Sozialistengesetzes ein. Die von ihm initiierten Reglementierungen des Beamtentums wurden als ›System P.‹ bezeichnet. Mit der Reg.-Übernahme Kaiser FRIEDRICHS (1888) wurde P. als Repräsentant der alten Ordnung demonstrativ entlassen. 1891–99 war P. Ober-Präs. von Pommern. Er war mehrfach MdR und zeitweilig Mitgl. des preuß. Abgeordnetenhauses.

Pụttke, Martin, Tänzer, Tanzpädagoge und Ballettdirektor, *Breslau 30. 4. 1943; begann nach seiner Ausbildung an der Staatl. Ballettschule Berlin (Ost) als Tänzer an der Dt. Staatsoper. Nach einem Ballettpädagogikstudium in Moskau wurde P. 1975 Lehrer, 1979 künstler. Leiter und 1981 Direktor der Staatl. Ballettschule Berlin (bis 1991). 1990–92 war P. künstler. Leiter des Balletts der Dt. Staatsoper, seit 1995 ist er Direktor des Essener ›aalto ballett theaters‹.

Püttlingen, Stadt im Stadtverband Saarbrücken, Saarland, 21 100 Ew.; Saarländ. Uhrenmuseum; Produktion von Gelenk- und Gleitlagern, Betriebe in den Bereichen Hochtechnologie, Maschinen- und Anlagenbau. – An das neugot. Langhaus (1888) der kath. Pfarrkirche Liebfrauen fügten D. und G. BÖHM 1953/54 ein Querhaus an. 1956 Neubau des einzigen Redemptoristinnenklosters in Dtl. (Heilig Kreuz). In Köllerbach (Ortsteil Kölln) ev. Martinskirche (14. bis 16. Jh., auf Vorgängerbauten des 7./8. Jh. errichtet). Ruine der Wasserburg Bucherbach (urspr. 11. Jh., Neubau im 16. Jh.) im Ortsteil Engelfangen. – P., 1224 erstmals urkundlich erwähnt, wurde 1968 Stadt.

Putto [ital. ›Knäblein‹, von lat. putus ›Knabe‹] *der, -s/...ti* und *...ten,* **Putte,** *bildende Kunst:* kleiner Knabe mit oder ohne Flügel, meist nackt oder leicht bekleidet, der – wohl angeregt durch Bilder von antiken Eroten – zum ersten Mal in der Frührenaissance neben den in der Gotik oft dargestellten Kinderengeln erscheint. P. waren ein Lieblingsmotiv der Rokokokunst. In entsprechendem Zusammenhang wird er als Amorette bezeichnet. (→Engel)

Putumayo, 1) Dep. in →Kolumbien.

2) Río P., linker Nebenfluss des oberen Amazonas, 1 852 km lang, entspringt am SO-Hang der Ostkordillere, bildet die Grenze zw. Kolumbien, Ecuador und Peru, mündet als **Rio Içá** in NW-Brasilien; bedeutende Wasserstraße.

Putz [von frühnhd. butzen ›schmücken‹] *der, Bautechnik:* bei Bauwerken an Wand- oder Deckenflächen einlagig oder mehrlagig aufgetragene Deckschicht. P. an Innenflächen wird **Innen-P.,** P. an Außenflächen **Außen-P.** genannt. Eine obere P.-Lage wird als **Ober-P.,** darunter liegende P.-Lagen als **Unter-P.** bezeichnet. Die P.-Weise kennzeichnet die Oberfläche, z. B. bei **Kratz-P., Spritz-P.** oder **Scheiben-P.** Vor der Verarbeitung werden dem P.-Mörtel (→Mörtel) **P.-Dichtungsmittel** zugesetzt, um die Feuchtigkeitsdurchlässigkeit herabzusetzen oder zu verhindern. **P.-Maschinen** dienen zum Anwerfen von P. an Decken und Wände. Mit manuell betriebenen Maschinen wird der P.-Mörtel aus einer Fülltrommel gleichmäßig aufgeschleudert, meist aber mit Schleuderrädern oder über Spritzdüsen aufgetragen. Der P.-Mörtel wird dabei pneumatisch, durch Pumpen oder Förderschnecken transportiert.

Putz, Leo, österr. Maler, Zeichner, Illustrator und Grafiker, *Meran 18. 6. 1869, †ebd. 21. 7. 1940; war Mitarbeiter der Zeitschrift ›Jugend‹ und Mitglied der Künstlervereinigung ›Scholle‹ und der Neuen Sezession in München. P. malte v. a. Porträts, Akte und Szenen im Freien in einem flächig-ornamentalen Stil.

L. P. Zeichnungen u. Bilder aus dem Spätwerk, bearb. v. J. POETTER u. a., Ausst.-Kat. (1981); H. PUTZ: L. P. 1869–1940 Werk-Verz., 2 Bde. (1994).

Putzen, Gussputzen, *Gießereitechnik:* Reinigungsverfahren für Gussstücke. Zum P. gehören alle Arbeiten am Gussstück nach dem Ausleeren der Form: das Abtrennen der Eingüsse und Steiger, das Ausstoßen der Kerne, das Entfernen von anhaftendem Formsand und Glätten von Unebenheiten i. d. R. in zwei Arbeitsgängen (Roh-, Fein-P.). Das **Roh-P.** erfolgt bei Feinguss mit chem. Putzverfahren, bei Druckguss werden Abgratpressen und Gleitschleifanlagen eingesetzt. Beim **Fein-P.** werden die Gussteile in Trommeln unter Zugabe von Putzmitteln gesäubert oder durch Strahlen mit Stahl-, Temperkies, Drahtkorn u. a. oder Quarzsand (Sandstrahlen) trocken oder nass unter Druck gereinigt. **Nach-P.** bedeutet Entzundern nach eventueller Wärmebehandlung, z. B. bei Chrom-Nickel-legiertem Stahlguss durch Beizen.

Putzerfische, Bez. für Fische, die von größeren Fischen Haut-, Kiemen- und Mundparasiten ablesen, z. B. der Putzerlippfisch (→Lippfische) und die →Neongrundel. Als **P.-Nachahmer** werden Fische bezeichnet, die anstatt zu ›putzen‹ anderen Fischen Hautstücke herausbeißen (→Schleimfische).

Putziger Nehrung, Halbinsel an der poln. Ostseeküste, →Hela.

Putziger Wiek, poln. **Zatoka Pucka** [zaˈtɔka ˈputska], flacher nordwestl. Teil der Danziger Bucht, durch die Halbinsel →Hela von der Ostsee getrennt.

Putzmittel, die →Reinigungsmittel.

Puucstil [puˈuk-], Architekturstil der Mayakultur in NW-Yucatán, Mexiko, im Gebiet der niedrigen Puuc-Hügelkette, am Ende der klassischen Periode (800–1000). Die untere Hälfte der Gebäudefassaden ist meist aus glattem Kalksteinmauerwerk. Charakteristisch für den auf die obere Hälfte beschränkten Baudekor ist ein Fries aus Steinmosaik mit sich ständig wiederholenden Mustern und Motiven (häufig die Maske des Regengottes Chac). Bes. ausgeprägt ist der P. in den Bauwerken von Kabah, Labná, Sayil und Uxmal. BILDER →Kabah, →Labná

H. E. D. POLLOCK: The Puuc. An architectural survey of the hill country of Yucatan and northern Campeche, Mexico (Cambridge, Mass., 1980).

PUVA, Abk. für **P**soralene plus **UV-A** (→Blacklight-Therapie).

Leo Putz: Die Perle; Illustration aus Heft 50 der Zeitschrift ›Jugend‹; 1901

Puvis de Chavannes [pyvisdəʃaˈvan, pyvidʃaˈvan], Pierre, frz. Maler, *Lyon 14. 12. 1824, †Paris 24. 10. 1898; Schüler von T. COUTURE und E. DELACROIX, befreundet mit T. CHASSÉRIAU. Seine symbolist. Malerei, v. a. Wandbilder (auf Leinwand), behandelt mytholog., allegor. und religiöse Themen. Er malte flächige, von klass. Vorbildern inspirierte Figuren. Das Kolorit ist blass, manchmal kalkig, und bewirkt zus. mit den scharfen Konturen einen reliefartigen Eindruck. Ein gedämpftes, grünlich blaues Licht entmaterialisiert die Szenerie. Bedeutend sind v. a. zwei Genoveva-Zyklen im Panthéon in Paris (›Kindheit der hl. Genoveva‹, 1876–77; ›Genoveva als Schutzheilige von Paris‹, 1897–98).

Weitere Werke: Herbst (1865; Köln, Wallraf-Richartz-Museum); Der Sommer; (1873; Paris, Musée d'Orsay); Mädchen am Meeresufer (1879; ebd.); Der arme Fischer (1881; ebd.); Der hl. Hain der Künste u. der Musen (1884–87; Lyon, Musée des Beaux-Arts).

Pierre Puvis de Chavannes: Der Sommer; 1873 (Paris, Musée d'Orsay)

P. P. de C., 1824–1898, Ausst.-Kat. (Paris 1976); M.-C. BOUCHER: Catalogue des dessins et peintures de P. de C. (ebd. 1979).

Puy [pɥi] *der, -/-s,* vom späten 12. bis ins 17. Jh. in Frankreich lokale literar. Gesellschaften zur Veranstaltung dichter. Darbietungen und Wettkämpfe (z. B. der P. d'Arras). Sozial-, literatur- und musikgeschichtlich sind sie mit den Singschulen der Meistersinger (→Meistersang) vergleichbar.

Puy [pɥi, frz.] *der,* in der Auvergne Bez. für Berg; z. B. der Puy de Sancy (→Mont-Dore) und der →Puy de Dôme.

Puy [pɥi], Stadt in Frankreich, →Le Puy-en-Velay.

Puy [pɥi], Jean, frz. Maler, *Roanne 7. 11. 1876, †ebd. 6. 3. 1960; stand den Fauves, bes. H. MATISSE, nahe. Seine Landschaften, Akte und Porträts sind jedoch farblich zurückhaltender.

Puya [span., aus einer Indianersprache Chiles], Gattung der Ananasgewächse mit etwa 180 Arten in den Anden Südamerikas, in bis über 4 000 m ü. M.; oft als Massenbestände an steinigen, grasigen Abhängen der Hochanden; ausschließlich erdbewohnende Rosettenpflanzen bis stammbildende Schopfbäume, die im blühenden Zustand Höhen von 10 m (P. raimondii) erreichen können. Die Blätter sind scharf zugespitzt, hart und am Rand stark bestachelt. Bei P. raimondii stehen die grünl. Blüten zu vielen Tausend in meterhohen ährenartigen Blütenständen.

Puyana, Rafael, kolumbian. Cembalist, *Bogotá 14. 10. 1931; studierte u. a. bei WANDA LANDOWSKA, lebt in Paris. Er wurde bes. durch seine Interpretationen span. und frz. Musik des Barock bekannt.

Puy de Dôme [pɥidəˈdo:m] *der,* höchster Berg der vulkan. Gebirgskette Chaîne des Puys in der Auvergne, Frankreich, 8 km westlich von Clermont-Ferrand, 1 465 m ü. M., eine Quellkuppe aus Trachyt mit kleinem Krater (Nid de la Poule); Observatorium (seit 1876), Sendeturm; am Fuße des Berges, in Saint-Ours-les-Roches, entsteht ein Vulkanismus-Museum. BILD →Auvergne

Puy-de-Dôme [pɥidəˈdo:m], Dép. in Frankreich, umfasst den nördl. Teil der Auvergne, 7 970 km², 605 000 Ew.; Verw.-Sitz: Clermont-Ferrand.

Pu Yi, P'u-i, letzter Kaiser von China (1908–12), *Peking 7. 2. 1906, †ebd. 17. 10. 1967; aus der Dynastie der Mandschu (Qing); musste nach dem Ausbruch der chin. Revolution (1911) am 12. 2. 1912 abdanken, durfte aber in der ehem. kaiserl. Residenz (›Verbotene Stadt‹) in Peking bleiben. 1924 vertrieben, stellte er sich unter jap. Schutz. 1932 setzte ihn die jap. Reg. als Regenten, 1934 als Kaiser ihres Satellitenstaates Mandschukuo ein. 1945 geriet er in sowjet. Gefangenschaft, wurde 1950 an die VR China ausgeliefert und bis zu seiner Amnestierung (1959) im Gefängnis ›umerzogen‹; arbeitete dann als Gärtner, später als Angestellter an einem Inst. für Gesch. in Peking. Pu Yi, dessen Autobiographie 1964 in China erschien (dt. ›Ich war Kaiser von China‹, 1973), wurde v. a. durch die Verfilmung seiner Lebensgeschichte durch B. BERTOLUCCI (›Der letzte Kaiser‹, 1987) bekannt.

Puyŏ, chin. **Fuyo,** urspr. aus der zentralen Mandschurei stammendes Volk, das im 3. Jh. v. Chr. am Oberlauf des Sungari siedelte (erste Kontakte mit China). Später zogen einige Stämme nach S und gründeten im Quellgebiet des Yalu das Königreich P., das im 4. Jh. unter die Schutzherrschaft des korean. Reiches Koguryŏ geriet und schließlich in diesem aufging.

Puzo [ˈpu:zəʊ], Mario, amerikan. Schriftsteller und Journalist ital. Abstammung, *New York 15. 10. 1920; Verfasser realist. Unterhaltungsromane; schildert in seinem Bestseller ›The godfather‹ (1969; dt. ›Der Pate‹) die Machtkämpfe von Mafiafamilien in New York; mehrere seiner Romane wurden zw. 1972–90 verfilmt (Regie: F. F. COPPOLA), auch als Fernsehfassungen.

Weitere Werke: *Romane:* The dark arena (1955; dt. Die dunkle Arena); The fortunate pilgrim (1964; dt. Mamma Lucia); Inside Las Vegas (1977; dt. Las Vegas); Fools die (1978; dt. Narren sterben); The Sicilian (1984; dt. Der Sizilianer); The fourth K. (1990; dt. Der vierte K.); The last Don (1996; dt. Der letzte Pate). – The godfather papers and other confessions (1972; dt. Die Welt des Paten. Geständnisse des Autors zu Buch u. Film).

Puzzle [pʌzl; engl., eigtl. ›Frage(spiel)‹, ›Problem‹] *das, -s/-s,* Geduldspiel, z. B. Zusammenleg-, Verschieb-, Kombinationsspiel, v. a. das Zusammensetzen eines Bildes aus vielen kleinen (bis zu mehreren Tausend) Einzelteilen.

Puzzolane [nach dem Fundort Pozzuoli], *Sg.* **Puzzolan** *das, -s,* **Puzzolanerde, Pozzolane,** vulkan. Tuffe (Trachyt), die wegen ihrer latent hydraul. Eigenschaft als Zusatzmittel für bestimmte Mörtel- und Betonarten verwendet werden. Mit dem Zusatz von P. wird der freie Kalk im Mörtel durch die Kieselsäure der P. in Calciumsilicate umgewandelt.

PVC, Abk. für →Polyvinylchlorid.

p-V-Diagramm, in der *Thermodynamik* ein →Zustandsdiagramm zur Darstellung der Abhängigkeit von Druck *p* (Ordinate) und Volumen *V* (Abszisse)

Puya: Puya raimondii (Höhe bis 10 m)

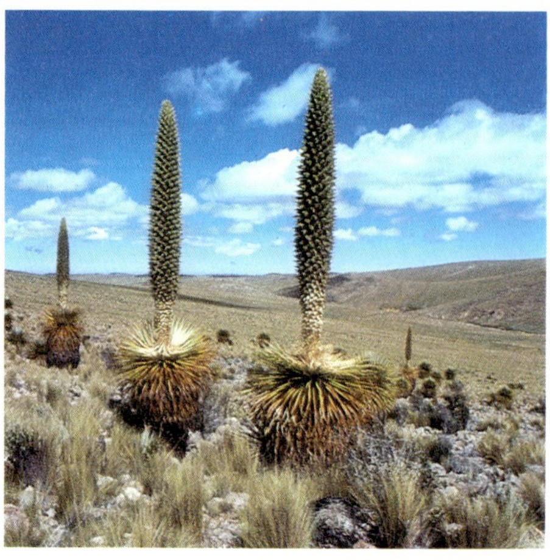

bei Zustandsänderungen des betrachteten Systems. Das *p-V*-D. beschreibt in der Technik den Druckverlauf in Gasen und (seltener) Flüssigkeiten beim Ansaugen, Füllen, Ausschieben, Expandieren oder Komprimieren in Hub- und Drehkolbenmaschinen. Die bei einer Zustandsänderung zu leistende Ausdehnungsarbeit ist gleich der Fläche unter dem zugehörigen Abschnitt der *p-V*-Kurve **(Expansionskurve);** das *p-V*-D. wird deshalb auch als **Arbeitsdiagramm** bezeichnet. *p-V*-D. spielen v.a. bei der Beschreibung von Zustandsgleichungen bei konstanter Temperatur (→Andrews-Diagramm) sowie von →Kreisprozessen eine wichtige Rolle.

PVD-Verfahren [PVD Abk. für engl. **p**hysical **v**apour **d**eposition], die Beschichtung vorzugsweise metall. Werkstoffe durch physikal. Dampfabscheideprozesse mithilfe plasmaaktivierter Verfahren unter Vakuum. Hierzu gehören das Ionenplattieren, das Bedampfen (→Bedampfungstechnik) sowie die →Kathodenzerstäubung (Sputtern). Beim **Ionenplattieren** wird in einer Vakuumkammer an das leitfähige Substrat eine elektr. Spannung gelegt und in zwei Arbeitsphasen zunächst die Oberfläche durch Beschuss mit Argonionen gereinigt; in der zweiten Phase wird das Beschichtungsmaterial verdampft und auf der Oberfläche abgelagert. Abgeschieden werden Hartstoffverbindungen mit hoher Verschleißbeständigkeit, wobei im Ggs. zum →CVD-Verfahren die Hartstoffverbindung im Fein- und Hochvakuumbereich aus den Ausgangselementen synthetisiert wird. Der metall. Anteil des Hartstoffes wird unmittelbar verdampft; eine Reaktion in der Dampfphase oder auf der zu beschichtenden Oberfläche führt zu der gewünschten Verbindung. Hartstoffschichten aus Titannitrid können bei wesentlich niedrigeren Werkstücktemperaturen als beim CVD-Verfahren mit vergleichbaren Eigenschaften abgeschieden werden. Kompliziert geformte Teile und Bohrungen können nach dem PVD-V. nicht beschichtet werden.

PWA Papierwerke Waldhof-Aschaffenburg AG, Unternehmen der Zellstoff- und Papierindustrie (Kerngeschäftsbereiche: Hygieneprodukte, graf. Papiere, Verpackungen), entstanden 1970 durch Fusion der Zellstoff Fabrik Waldhof (gegr. 1884) und der Aschaffenburger Zellstoffwerke AG (gegr. 1872), Sitz: Raubling (Landkreis Rosenheim). Nach Übernahme der Aktienmajorität (75%) durch die Svenska Cellulosa Aktiebolaget (SCA), Stockholm, entstand 1995 mit dem Konzernverbund zw. SCA und PWA eine der größten europ. Papier- und Verpackungsgruppen. Insgesamt stellt PWA mit rd. 10 100 Beschäftigten und einem Umsatz (1996) von 5,0 Mrd. DM die größte Geschäftseinheit des SCA-Konzerns dar.

P-Wellen, →Erdbeben.

Pwo, Puo, Stamm der →Karen.

PWR [Abk. für engl. **p**ressurized **w**ater **r**eactor], der Druckwasserreaktor. (→Kernreaktor)

PWV-Region, frühere Bez. für das **P**retoria-**W**itwatersrand-**V**aal-Dreieck, das bedeutendste Bergbau- und Industriegebiet in der Rep. Südafrika; PWV (Pretoria-Witwatersrand-Vereeniging) war 1994 für kurze Zeit Name der Prov. →Gauteng; Zentrum ist Johannesburg.

PX, Abk. für die Rebsorte →**P**edro **X**iménez.

py..., Wortbildungselement, →pyo...

PY, Nationalitätszeichen für Paraguay.

Pya, Abk. **P,** kleine Währungseinheit Birmas, 100 P. = 1 Kyat.

Pyämie [zu griech. haĩma ›Blut‹] *die, -/...'mi|en,* Anwesenheit von Eiter bildenden Krankheitserregern im Blut durch laufende Einschwemmung von einem Infektionsherd aus (Bakteriämie) mit der Gefahr der Ausbildung von metastat. Herden und Abszessen oder einer allgemeinen Sepsis.

Pyarthrose, die →Gelenkeiterung.

Pycnonotidae [griech.], die →Bülbüls.

Pydna, antike Stadt in Makedonien, urspr. am Thermaischen Golf gelegen, im 5. Jh. v. Chr. ins Landesinnere verlegt. Hier siegten 168 v. Chr. die Römer unter AEMILIUS PAULLUS über den Makedonenkönig PERSEUS. (→Makedonien, Geschichte)

Pyè, Stadt in Birma, →Prome.

pyel..., Wortbildungselement, →pyelo...

Pyelitis *die, -/...'tiden,* die →Nierenbeckenentzündung.

pyelo... [griech. pýelos ›Wanne‹, ›Becken‹], vor Vokalen verkürzt zu **pyel...,** Wortbildungselement mit der Bedeutung Nierenbecken, z.B. Pyelographie.

Pyelographie *die, -/...'phi|en,* Röntgenkontrastdarstellung des Nierenbeckens (→Urographie).

Pyelonephritis, mit Beteiligung des angrenzenden Nierenparenchyms verlaufende →Nierenbeckenentzündung.

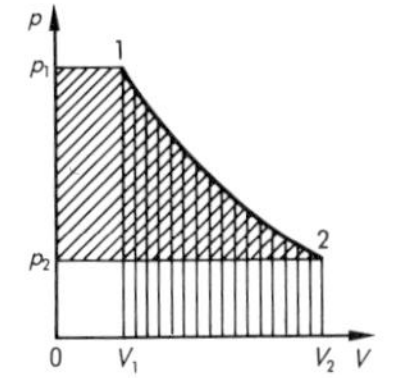

p-V-Diagramm für den Übergang von Zustand 1 in Zustand 2 (*p* Druck, *V* Volumen); die Ausdehnungsarbeit ist gleich der Fläche unter dem Kurvenzug

Pygmäen [zu griech. pygmaĩos ›eine Faust lang‹], kleinwüchsige Menschen in den äquatorialen Regenwäldern Afrikas, von Kamerun im W bis zu den ostafrikan. Seen, etwa 150 000 Menschen. Die mittlere Körperhöhe liegt bei den Ost-P. bei 137 cm (Frauen) und 145 cm (Männer), sie ist bei den West-P. mit 144 cm (Frauen) und 154 cm (Männer) etwas höher.

Die P. haben generell eine kupfergetönte Hautfarbe; es gibt aber auch vereinzelt den sehr hellen, gelbl. Typus. Morphologisch charakteristisch sind ein verhältnismäßig langer Rumpf, lange Arme, aber kurze Beine, eine flache, breite Trichternase mit stark gewölbten Nasenflügeln, ein breiter Mund mit schmalen, fein geschnittenen europiden Lippen und eine ebenfalls europide Ohrform. Die P. haben stark entwickelte Rücken-Lenden-Muskeln, eine betonte Lendenlordose mit – bes. bei Frauen – leichtem Fettsteiß. Das krause Kopfhaar wächst pfefferkornartig in kleinen Büscheln wie bei den Buschleuten, Hadza (Volk in Tansania) und Andamanern. Ferner haben die P. häufig kräftigen Bartwuchs und starke Körperbehaarung. Der mittelbreite Schädel und das Körperskelett zeigen spezifisch archaische Merkmale und zeichnen die P. eindeutig als eigenständige Menschengruppe aus (durch die Blutgruppenmerkmale bestätigt).

Die volle körperlich-geistige Leistungsfähigkeit und hochgradige Anpassung an ihren Lebensbereich (ökolog. Nische) widerlegen die Auffassung, die P. seien in Mangelgebieten entstandene Kümmerformen oder Pädomorphe, d.h. im Körperbau auf kindl. Entwicklungsstand zurückgeblieben. Ihre Kleinwüchsigkeit ist vom krankhaften (chondrodystrophen) Zwergwuchs zu unterscheiden.

Die Ost-P. im Gebiet des Ituri (NO der Demokrat. Rep. Kongo), auch als Mbuti (Bambuti) bezeichnet, bilden mit Aka, Efe und Sua drei Gruppen mit unterschiedl. kulturellen Eigenheiten. Die West-P. teilen sich auf in Baka (Gabun und S-Kamerun) und Bayaka (N-Kongo und Zentralafrikan. Rep.). Weitere P. finden sich als weit versprengte Restgruppen, die teilweise genetisch mit Großwüchsigen vermischt sind, in der Demokrat. Rep. Kongo, in Angola, Ruanda, Burundi und Uganda unter den Sammel-Bez. Twa und Bachwa. Die für die P. zahlreichen überlieferten Bez. wie Bakola, Babenzele, Bagielli sind meist von den Bantu gebrauchte abwertende Namen, während Babinga eine Verballhornung des Bantuwortes BaMbenga (Lanzenträger) ist.

Die P. leben auf paläolith. Kulturstufe; sie durchstreifen als Sammler und Jäger im Rhythmus des jahreszeitl. Nahrungsangebotes ein weites Gebiet. Die angenommene klass. Arbeitsteilung zw. Frauen (Sammeln) und Männern (Jagen) hat nur relative Gültigkeit, da auch Männer sammeln und alle Frauen und Kinder sich an den großen Netzjagden beteiligen. Die

P. haben nur essenziellen Besitz wie Pfeil und Bogen, Armbrust, Speer, Axt, Grabstock, Stirnbandtragekorb. Sie tragen Lendenschurz und Baströckchen als Kleidung.

Die P. bilden eine ausgeprägt egalitäre Gesellschaft mit einem nur temporären ›Primus inter Pares‹ und leben in offenen, flexiblen Wohngemeinschaften von nie mehr als 30 Personen. Die (jeweils nur für sechs bis acht Wochen angelegten) Waldlager bestehen aus kreisförmig angeordneten, einfachen Bienenkorbhütten. Die meisten P. leben monogam. Hochgottglaube ist mit Geister- und Ahnenglauben verknüpft, jedoch wohl durch die jeweiligen (großwüchsigen) Nachbarn beeinflusst.

Die Existenz der P. ist durch fortschreitende Einengung ihres Lebensraumes unmittelbar bedroht. Die Vernichtung großer Regenwaldgebiete durch Abholzung und Brandrodung schafft veränderte ökolog. Verhältnisse, denen sich die P. nur schwer anzupassen vermögen, denn sie leiden unter Licht und Sonne, Hitze und Staub. Unterdrückung, Diskriminierung und Versklavung der P. durch die Großwüchsigen sind heute vielfach an die Stelle der symbiot. Lebensformen getreten. Folge des Sesshaftwerdens sind Infektionskrankheiten wie Syphilis, Frambösie, Hepatitis und Tuberkulose.

Die *Sprachen* der P. gehören teils zu den Niger-Kongo-Sprachen, teils zu den nilosaharan. Sprachen. Die Hypothese einer urspr. eigenen Sprache der Ost- und West-P. wird nach jüngsten Forschungsergebnissen wieder aufgenommen.

P. SCHEBESTA: Die P.-Völker der Erde, Reihe 1, 4 Tle. (Brüssel 1938–50), Reihe 2, 3 Tle. (Mödling 1952–57); M. GUSINDE: Die Kongo-P. in Gesch. u. Gegenwart (1942); DERS.: Die Twiden (1956); S. SEITZ: Die zentralafrikan. Wildbeuterkulturen (1977); Pygmées de Centrafrique, hg. v. S. BAHUCHET (Paris 1979); Encyclopédie des pygmées Aka, hg. v. J. M. THOMAS, 2 Bde. (ebd. 1981–83); A. HEYMER: Die P. Menschenforschung im afrikan. Regenwald (1995).

Pygmalion, griech. **Pygmalion,** sagenhafter König von Kypros (Zypern), nach OVID ein frauenfeindl. Bildhauer, der sich in eine von ihm selbst gefertigte Elfenbeinstatue einer Jungfrau verliebte. Aphrodite belebte sie auf seine Bitten, und er nahm sie zur Frau. – Von JEAN DE MEUNGS Wiedergabe der Sage im ›Roman de la rose‹ (13. Jh.) bis ins 18. Jh. hinein wurde ihr Schwerpunkt in der Belohnung des Liebhabers durch die Belebung der Statue gesehen. Mitte des 18. Jh. verschob sich die Deutung auf die Bändigung der Natur durch den von der Liebe inspirierten künstler. Schaffensprozess, so in J. J. BODMERS Epos ›P. und Elise‹ (1749) und in J.-J. ROUSSEAUS Monodrama ›P.‹ (1771). Kom. Interpretationen des Stoffes im Sinne der Bekehrung eines Weiberfeindes reichen von GOETHES Jugendgedicht ›P.‹ (1767) und F. VON SUPPÉS Operette ›Die schöne Galathée‹ (1865) bis zu G. B. SHAWS Drama ›P.‹ (1912), das als Textvorlage für das Musical ›My fair lady‹ (1956) von F. LOEWE diente. Auch die Rückversteinerung der belebten Statue wurde Gegenstand dramat. Bearbeitungen, so bei W. S. GILBERT (›P. and Galatea‹, 1831) und G. KAISER (›P.‹, 1948).

Pyhrn [pɪrn, pyrn] *der,* Pass in den Nördl. Kalkalpen, Österreich, W-Begrenzung der Ennstaler Alpen, 954 m ü. M.; die Straße über den P. verbindet das obere Steyrtal (Oberösterreich) mit dem Ennstal bei Liezen (Steiermark). Die **P.-Bahn** (erbaut 1905–08) von Linz nach Selzthal(–Graz) quert die Ennstaler Alpen hier im 4 770 m langen Bosrucktunnel (727 m ü. M.). Die **P.-Autobahn** (z. T. noch im Bau) verbindet die Westautobahn bei Wels mit der Südautobahn bei Graz; sie quert die Ennstaler Alpen ebenfalls in einem Bosrucktunnel (5 500 m lang, 742 m ü. M.; Maut) und weiter südöstlich die Gleinalpe (im Bogen der Mur) im Gleinalmtunnel (8 320 m lang; Maut) und umfährt Graz im Plabutschtunnel (9 664 m lang). – Der P. wurde bereits von den Römern im Zuge der Straße von Aquileja nach Ovilava (Wels) benutzt.

Pylon 1): Der 113 m breite erste Pylon des Amuntempels in Karnak, davor die Widder-Sphinx-Allee

Pyjama [pyˈdʒaːma; engl. von Urdu pājāmā ›Beinkleid‹] *der,* österr. und schweizer. auch *das, -s/-s,* Schlafanzug aus Jacke und Hose. Der P., urspr. eine in Indien und Persien von beiden Geschlechtern getragene lange Hose, kam um 1910 in Europa auf, zunächst für Männer, später auch für Frauen.

Pykniker [zu griechisch pyknós ›dicht‹, ›fest‹], von E. KRETSCHMER beschriebener Körperbautyp (→Konstitutionstypen).

Pyknit *der, -s/-e,* stängelige Aggregate von →Topas.

Pyknolepsie [zu griech. pyknós ›dicht‹, ›fest‹ und lēpsis ›Anfall‹] *die, -/...ˈsi|en,* veraltete Bez. für ein Anfallsleiden des Schulkindalters (→Absence, →Blitz-Nick-Salaam-Krämpfe).

Pyknometer [zu griech. pyknós ›dicht‹, ›fest‹] *das, -s/-,* meist birnenförmiges Wägegefäß mit äußerst genau bestimmtem Volumen zur Ermittlung der Dichte von Flüssigkeiten oder zerkleinerten Feststoffen (Pulvern); die Masse der Flüssigkeit (des Pulvers), dividiert durch das Volumen des P., ergibt die Dichte bei gegebener Temperatur.

Pylades, griech. **Pylades,** *griech. Mythos:* Freund des →Orest.

Pylon [griech. ›Tor‹, ›Turm‹] *der, -en/-en,* **Pylone** *die, -/-n,* **1)** *Architekturgeschichte:* gewaltige Toranlage vor ägypt. Tempeln; zw. zwei turmartigen, rechteckigen Gebäuden lag das eigentl. Eingangstor. Die Außen- und Innenwände waren oft mit Reliefdarstellungen geschmückt, außen häufig das Motiv des Pharaos, der seine Feinde erschlägt. Bei mehreren Höfen hatten die Tempel auch mehrere P.; zu den breitesten P. gehört der erste P. des Tempels von Karnak (113 m). Weiteres BILD →Idfu

2) *Brückenbau:* hohes Brückenbauwerk aus Stahl oder Beton, am Fußpunkt eingespannt oder gelenkig gelagert, auf dem die Gurte (Stahlkabel) von Hänge- oder Schrägseilbrücken gelagert sind. Über die P. werden die Druckkräfte in die Auflager und Pfeiler geleitet. Zur Stabilitätserhöhung können zwei P. rahmenartig durch Querverbände verbunden sein.

3) *Flugzeubau:* meist stielförmiger Träger unter Tragflügeln oder am Rumpf zur Befestigung von Triebwerken, militär. Außenlasten (**Außenlastträger** für Abwurf- oder Raketenwaffen, Aufklärungssensoren u. a.) oder von Kraftstoffzusatzbehältern.

4) *Straßenverkehr:* kegelförmige, bewegl. Absperrmarkierung auf Straßen.

Pyloro|spasmus [zu Pylorus], **Magenpförtnerkrampf,** anhaltende krampfbedingte Verengung (Pylorusstenose) des Magenpförtners infolge benachbarter Geschwüre oder Tumoren des Magens oder Zwölffingerdarms und neurolog. Einflüsse.

Pylorus [griech. pylōrós ›Torhüter‹] *der, -/...ri,* der Magenpförtner (→Magen).

Pylorus|stenose, Magenausgangstenose, Verengung des Magenausgangs (Pylorus), die bis zum Magenverschluss reichen kann; Ursache sind Geschwüre, nachfolgende Narbenschrumpfungen, Tumoren oder ein Pylorospasmus.

Bei der **hypertrophischen P.** kommt es zu einer Vergrößerung (Hyperplasie, Hypertrophie) der Muskulatur des Pförtners, die beim Erwachsenen durch chron. Magenschleimhautentzündung oder Geschwüre, beim Säugling erbbedingt durch unbekannte Ursachen hervorgerufen wird.

Anhaltende P. führt zunächst zu einer verstärkten Peristaltik und einer Magenmuskelhypertrophie; im weiteren Verlauf kommt es zu einer aton. Magenerweiterung, Gärungs- und Fäulnisprozessen, schwallartigem Erbrechen angedauter Speisen mit zunehmendem Flüssigkeits- und Elektrolytverlust. Die *Behandlung* wird in leichten Fällen medikamentös und diätetisch, bei ausgeprägter P. operativ, z. B. durch Erweiterung des Pyloruskanals zur besseren Magenentleerung (Pyloroplastik), durchgeführt.

Pylos, 1) Hafenstadt im Verw.-Bez. (Nomos) Messenien, Griechenland, an der südl. W-Küste der Peloponnes, 2 000 Ew. – Seit der fränk., im 13. Jh. dann venezian. Besetzung wurde P. **Navarino** genannt; der Name ging auch auf die türk. Festung (1500–1686 und 1715–1821 war die Stadt osmanisch) über. – Über die Seeschlacht von 1827 →Navarino.

2) in den Epen HOMERS Name von mehreren Orten an der W-Küste der Peloponnes, südlich des Flusses Peneios. Der 15 km nördlich des heutigen P. 1939 gefundene, 1952–65 freigelegte myken. Palast auf der Höhe von Epano Englianos unterhalb von Chora (Museum) ist offenbar der Palast des Nestor. Der über Vorläuferbauten und älteren Befestigungen auf der westl. Plateauhälfte um 1300 v. Chr. errichtete unbefestigte Palast war eine bes. großzügige und künstlerisch reich ausgestaltete myken. Anlage. Das im Zentrum gelegene Megaron besaß im Hauptraum einen stuckierten Rundherd und einen steinernen Thronsitz (beide konserviert), vier stuckierte Holzsäulen sowie Boden-, Wand- und Deckenmalereien (Wandfresken teilweise erhalten). In das Megaron, das von zweistöckigen Wohnbauten und Magazinen umgeben war, gelangte man durch ein Propylon und über einen kleinen Hof. In P. wurde ein großes Tontafelarchiv (Linear B) entdeckt (→kretische Schriften). Wirtschaftl. Hintergrund war vermutlich die Herstellung duftender Salben und der Handel damit. Die Siedlung befand sich an den Abhängen. Durch ein Großfeuer (vor 1200 v. Chr.) ging der Palast vor dem Ende der myken. Epoche zugrunde, danach blieb die Stätte unbesiedelt. Die in der Umgebung gefundenen Kuppelgräber sind älter als der Palast.

The Palace of Nestor at P. in Western Messenia, hg. v. C. W. BLEGEN u. a., 3 Bde. (Princeton, N. J., 1966–73); C. W. SHELMERDINE: The perfume industry of Mycenaean P. (Göteborg 1985).

Pym [pɪm], **1)** Barbara Mary Crampton, engl. Schriftstellerin, *Oswestry (Cty. Shropshire) 6. 6. 1913, †Oxford 11. 1. 1980; studierte in Oxford; arbeitete am International African Institute in London. Ihre tragikom. Romane aus dem engl. Mittelstandsmilieu, häufig um unverheiratete, alternde Frauen und deren unerwiderte Liebe, wurden zunächst kaum beachtet, gelangten jedoch ab 1977 (u. a. dank des Eintretens von P. LARKIN für sie) zu großer Popularität.

Werke: *Romane:* Excellent women (1952; dt. Vortreffl. Frauen); A glass of blessings (1959; dt. Ein Glas voll Segen); Quartet in autumn (1977; dt. Quartett im Herbst); The sweet dove died (1978; dt. Das Täubchen); A few green leaves (1980); An unsuitable attachment (hg. 1982); Crampton Hodnet (hg. 1985; dt. Tee u. blauer Samt); An academic question (hg. 1986; dt. Die Frau des Professors).

R. E. LONG: B. P. (New York 1986); K. A. ACKLEY: The novels of B. P. (New York 1989); M. COTSELL: B. P. (New York 1989); R. LIDDELL: A mind at ease. B. P. and her novels (London 1989); A. WELD: B. P. and the novel of manners (London 1992).

2) John, engl. Politiker, *Brymore (Cty. Somerset) 1583/84, †London 8. 12. 1643; seit 1621 Mitgl. des engl. Unterhauses, unterstützte 1628 die Petition of Right und nahm in der Zeit der Parlamentsaufhebung (1629–40) Verbindung zur puritan. Opposition auf, deren Führer im Kampf gegen KARL I. er ab 1640 im Langen Parlament war. 1643 erreichte er für die Parlamentspartei ein Bündnis mit den Schotten.

J. H. HEXTER: The reign of King P. (Neuausg. Cambridge 1961).

Pynacker ['pɛi̯nakər], Adam, niederländ. Maler, →Pijnacker, Adam.

Pynas ['pɛi̯nas], Jan Simonsz., niederländ. Maler und Zeichner, →Pijnas, Jan Simonsz.

Pynchon ['pɪntʃən], Thomas, amerikan. Schriftsteller, *Glen Cove (N. Y.) 8. 5. 1937; lebt seit Beginn der 60er-Jahre an unbekanntem Ort. Mit seinen stilistisch brillanten, z. T. barock wuchernden Romanen zählt er zu den bedeutendsten Autoren des amerikan. Postmodernismus. In ihnen löst er die konventionellen Erzählstrukturen in einem Labyrinth von Handlungen und Personen, einer Flut von Einzelinformationen und dem Spiel mit einer Vielzahl von Bedeutungen und literar. Gattungsmustern auf. Dabei dient ihm die kulturpessimistische Metaphorisierung der Entropie ebenso zur Veranschaulichung seiner Zivilisationskritik wie die Darstellung paranoider Ängste angesichts der als undurchschaubar erlebten Realität, des Destruktionspotenzials der Technik und der Reduktion des Denkens auf binäre Strukturen.

Werke: *Romane:* V (1963; dt.); The crying of lot 49 (1966; dt. Die Versteigerung von No. 49); Gravity's rainbow (1973; dt. Das Ende der Parabel); Vineland (1990; dt.); Mason & Dixon (1997). – *Erzählungen:* Slow learner (1984; dt. Spätzünder).

T. P., hg. v. H. BLOOM (New York 1986); D. SEED: The fictional labyrinths of T. P. (Iowa City, Ia., 1988); D. L. MADSEN: The postmodernist allegories of T. P (Leicester 1991); M. KLEPPER: P., Auster, DeLillo. Die amerikan. Postmoderne zw. Spiel u. Rekonstruktion (1996).

Pynson ['pɪnsn], Richard, engl. Buchdrucker, *in der Normandie, †London 1530. Zu den bedeutendsten Druckwerken P.s, die in London erschienen, zählen J. LYDGATES ›The fall of princes‹ (1494), eine Terenz-Ausgabe (›Comœdiae sex‹, 1495–97) und ein Missale für Salisbury (1500). Als Hofbuchdrucker König HEINRICHS VIII. druckte er u. a. dessen Schrift gegen M. LUTHER (1521).

pyo... [griech. pýon ›Eiter‹], vor Vokalen meist verkürzt zu **py...,** Wortbildungselement mit der Bedeutung: Eiter, z. B. Pyodermie, Pyämie.

Pyodermien [zu griech. dérma ›Haut‹], *Sg.* **Pyodermie** *die,* durch bakterielle Infektionen hervorgerufene eitrig-entzündl. Erkrankungen der Haut und ihrer Anhangsgebilde (v. a. Akne, Ekthyma, Furunkel und Impetigo).

Pyometra [griech. métra ›Gebärmutter‹] *die, -,* Eiteransammlung in der Gebärmutter infolge entzündl. Prozesse (z. B. Endometritis) oder einer Tumorerkrankung (Korpuskarzinom).

Pyo|nephrose, Eitersackniere, Nierenvereiterung als Folge einer eitrigen Gewebeeinschmelzung bei Pyelonephritis mit Nierenstau oder einer Sekundärinfektion bei Hydronephrose. Symptome sind hohes Fieber, häufig auch Schüttelfrost, Nierenschwellung und örtl. Schmerzen. Die *Behandlung* umfasst

Pyramide 1): Sonnenpyramide von Teotihuacán

Antibiotikagaben, Flüssigkeitszufuhr, Bettruhe, ggf. eine operative Beseitigung von Abflusshindernissen.

P'yŏngyang, Hauptstadt Nord-Koreas, →Pjöngjang.

Pyo|salpinx, Eileitervereiterung infolge einer Entzündung (→Eileiter).

Pyozin *das, -s,* ein →Bakteriozin aus Pseudomonas aeroginosa.

pyr..., Wortbildungselement, →pyro...

Pyra, Immanuel Jakob, Schriftsteller, *Cottbus 25. 7. 1715, †Berlin 14. 7. 1744; Theologiestudium in Halle (Saale); gründete dort mit seinem Freund S. G. LANGE den ›älteren‹ Halleschen Dichterkreis. Als Gegner einer einseitig rationalist. Dichtung lehnte P. die Poetik J. C. GOTTSCHEDS ab. Unter pietist. Einfluss und in Nachahmung der Antike verfasste P. religiös-gefühlsbetonte Dichtung, die in ihren Themen (Gott, Tugend, Freundschaft) und in den reimlosen Strophenformen für F. G. KLOPSTOCK von großer Bedeutung wurde. Daneben entstanden anakreont. Gedichte mit realist. Zügen.

Pyracantha [griech. ákantha ›Dorn‹, ›Stachel‹], die Pflanzengattung →Feuerdorn.

Pyralidae [griech.], die →Zünsler.

pyramidal, 1) *allg.:* pyramidenförmig.

2) *Anatomie:* zur Pyramidenbahn gehörig; Ggs.: extrapyramidal.

Pyramide [griech.-lat.] *die, -/-n,* **1)** *Architektur:* griech. Bez. für die monumentalen altägypt. Königsgräber mit quadrat. Grundfläche und dreieckigen, spitz zulaufenden Seiten mit einem Neigungswinkel von etwa 52°. Dieser Grabtyp wurde vorwiegend von den Pharaonen des frühen Alten Reiches bis zum Beginn des Neuen Reiches errichtet. Den Vorläufertyp repräsentiert die steinerne Stufen-P. des Königs DJOSER bei Sakkara, die noch nicht den quadrat. Grundriss hat und aus sechs aufeinander getürmten Mastabas besteht (als Bild des Urhügels, auf dem der Schöpfergott die Welt erschafft). Diese Form haben auch die übrigen P. der 3. Dynastie. Erst König SNOFRU erbaute die erste eigentl. P., die quadrat. ›Rote P.‹ von Dahschur, aus Stein (Neigungswinkel 43° 36′). Mit den großen Stein-P. seiner Nachfolger CHEOPS, CHEPHREN und MYKERINOS bei Giseh wurde die definitive Form der P. und der gesamten Anlage erreicht: Taltempel (zum Empfang des Leichenzuges auf Schiffen) und Totentempel, den man östlich neben der P. anordnete, waren durch einen Aufweg miteinander verbunden und dienten dem Totenkult des verstorbenen Königs. Eine kleine Neben-P. setzte die alte Tradition des Doppelgrabes (für die Mumie und für den Ka des Königs) fort; ggf. errichtete man auch Neben-P. für Königinnen. Schiffe zur Fortbewegung im Jenseits wurden getrennt beigesetzt. Den Bezirk um Totentempel und P. umgab eine Umfassungsmauer. Die größte P. ist (mit urspr. 146,6 m Höhe, 233 m Kantenlänge und 2,3 Mio. verbauten Blöcken) die des CHEOPS. Die (gedeckten) Aufwege waren mit Reliefs versehen (mehrere übereinander liegende Bildstreifen), ebenso die Kulträume von Tal- und Totentempel, in denen Statuen des Königs standen. Seit der Zeit des UNAS, des letzten Pharaos der 5. Dynastie, beschriftete man die Kammern der P. mit religiösen Texten. Die Kammern lagen meist unter, auch in der P. (z. B. Cheops-P.). Urspr. lag der Zugang zur Grabkammer im N, seit SESOSTRIS II. versteckt, zunehmend erreichte man die Sargkammer erst durch ein kompliziertes, vielfach abknickendes System von Gängen mit Blindwegen, Fallgruben und Geheimtüren. Die kleineren P. des Mittleren Reichs sind aus Lehmziegeln errichtet und mit Steinplatten verkleidet.

Als die Könige des Neuen Reiches zum Felsengrab übergingen, wurde die Form der P. für private Grabanlagen frei. Die nub. Könige der 25. Dynastie und ihre Nachfolger griffen die Grundform der P. – allerdings in einer steileren und spitzeren Variante – für ihre Gräber wieder auf (P. von Napata und Meroë; Basiskantenlänge nicht über 12 m, Neigungswinkel 68°), später die Ptolemäer, durch deren P. die P.-Form auch auf Grabbauten in der übrigen Mittelmeerwelt ausstrahlte (z. B. Cestius-P. in Rom).

Über die Konstruktion der P. lassen sich noch keine sicheren Aussagen machen; die angebl. ›Zahlenmystik‹ der Cheops-P. und ihre Deutung als Einweihungsstätte entbehren einer wiss. Grundlage.

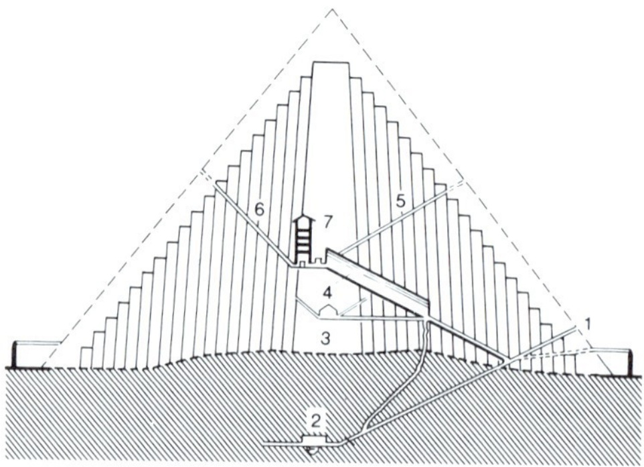

Pyramide 1): Schnitt durch die Cheopspyramide bei Giseh; 1 Eingang an der Nordseite, 2 älteste, unvollendete Grabkammer, 3 kleine Grabkammer mit unvollendeten Luftschächten, 4 ›Große Galerie‹ mit 8,50 m hohem Kragsteingewölbe, 5 ursprünglich für die Grabkammer angelegter Luftschacht, 6 späterer Luftschacht der 5,80 m hohen Grabkammer, 7 Sarkophag und vier Entlastungsräume

In *Mesoamerika* und *Peru* wurden P. als Tempelplattformen, bei den Maya auch als Grabmonumente, errichtet. Sie hatten in Mesoamerika meist einen rechteckigen oder quadrat. Grundriss, waren stufenförmig, bestanden aus einem Kern von Lehm und Steinen und waren außen mit Steinblöcken und Mörtelputz verkleidet. Bestehende P. wurden oft überbaut und als Grundlage einer neuen, höheren verwendet. In Peru errichtete man die P. meist aus massiv geschichteten Lehmziegeln. Weitere BILDER →ägyptische Kultur, →El Tajín, →Medum.

I. E. S. EDWARDS: Die ägypt. P. (a. d. Engl., 1967); G. R. WILLEY: Das Alte Amerika (1974, Nachdr. 1985); G. KUBLER: The art and architecture of ancient America (Harmondsworth [2]1975); R. STADELMANN: Die großen P. von Giza (Graz 1990); DERS.: Die ägypt. P. ([2]1991).

2) *Geometrie:* ein Körper, bei dem die Ecken eines ebenen Vielecks (Grundfläche gen.) mit einem Punkt *S*, der P.-Spitze, außerhalb der Ebene des Vielecks ge-

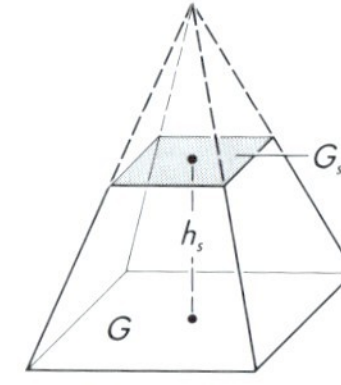

Pyramide 2): Pyramidenstumpf der Höhe h_s und Schnittfläche G_s einer regelmäßigen Pyramide (Grundfläche G)

Pyramide 1): Luftaufnahme der Chephrenpyramide bei Giseh

radlinig verbunden sind. Das Volumen einer P. beträgt $V = \frac{1}{3} G h$, wobei G der Inhalt der Grundfläche und h die Höhe der P. ist. Wichtige Spezialfälle sind die quadrat. P., deren Grundfläche ein Quadrat ist, und das Tetraeder, dessen Grundfläche ein Dreieck ist. Ist die Grundfläche ein regelmäßiges Vieleck und liegt S senkrecht über dessen Mittelpunkt, so wird die P. als gerade (regelmäßig), sonst als schief bezeichnet. Schneidet man eine P. mit einer zu ihrer Grundfläche parallelen Ebene, so bezeichnet man den zw. der Schnitt- und Grundfläche liegenden Teil als **P.-Stumpf,** den restl. Teil als **Ergänzungspyramide.**

3) *Kristallographie:* offene, allgemeine Kristallformen der **pyramidalen Klassen** des rhomb., tetragonalen und hexagonalen Kristallsystems mit vier oder acht (rhombisch, tetragonal) bzw. drei, sechs oder zwölf (hexagonal) kongruenten Flächen, die die kristallograph. Achse in einem Punkt, der geometr. **P.-Spitze,** schneiden. Durch Spiegelung der Flächen an einer zur kristallograph. Achse senkrechten Spiegelebene entsteht eine **Bi-P.** (Di-P.) als geschlossene, allgemeine Kristallform. Spezielle Kristallformen sind das **P.-Oktaeder** (→Triakisoktaeder), das **P.-Tetraeder** (→Triakistetraeder) und der **P.-Würfel** (→Tetrakishexaeder).

4) *Sportakrobatik:* aus dynam. und (vorwiegend) stat. Elementen bestehender vertikaler ›Aufbau‹ einer Wettkampfgruppe (Dreier-, Vierer-, Fünfer- oder Sechsergruppe), bes. im →Kunstkraftsport üblich.

Pyramidenbahn, Tractus corticospinalis, die Gesamtheit der in den Zellen der psychomotor. Rindenfelder des Großhirns entspringenden Nervenfasern, die zu den motor. Vorderhornzellen des Rückenmarks ziehen. Etwa 80–90% aller Fasern der P. kreuzen an der Vorderseite des verlängerten Marks in der so genannten Pyramide auf die andere Seite und bilden im Rückenmark die **Pyramidenseitenstrangbahn.** Die ungekreuzt verlaufenden Fasern bilden den **Pyramidenvorderstrang.** Die P., eine der wichtigsten Leitungsbahnen, leitet die willkürl. Bewegungsimpulse für die Muskulatur; sie wirkt hemmend auf die Regulation des Muskeltonus und das Zustandekommen der Eigenreflexe der Muskeln. Die **P.-Zeichen** sind Symptome, die bei einer Schädigung der P. auftreten, z.B. gesteigerte Muskeleigenreflexe.

Entwicklungsgeschichtlich ist die P. die jüngste der absteigenden motor. Nervenbahnen. Sie tritt erst bei den Säugetieren auf und ist bei den Affen und beim Menschen am stärksten ausgeprägt.

Pyramidenflügel, ein aufrecht stehendes, hohes Hammerklavier, dessen Saitenbezug in einem pyramidenähnl. Gehäuse untergebracht ist. Der erstmals 1745 von CHRISTIAN ERNST FRIEDERICI (*1709, †1780) konstruierte P. wurde bis in die 1830er-Jahre gebaut.

Pyramidenkrone, eine Baumkrone in Gestalt eines Kegels mit einem kräftigen Achsentrieb und sich von unten nach oben verjüngenden Seitenästen; im dt. Obstbau häufige, künstlich erzielte (und durch ständigen Obstbaumschnitt erhaltene) Kronenform.

Pyramidenpappel, Varietät der →Schwarzpappel.

Pyramidentexte, die älteste religiöse Spruchsammlung Ägyptens, für das Begräbnis und den Totenkult des Königs bestimmt. P. fanden sich zuerst im Innern der Pyramiden des UNAS, des letzten Königs der 5. Dynastie (um 2350 v. Chr.), und der folgenden Könige der 6. Dynastie. Inhaltlich stellen sie eine Sammlung unterschiedlichster Sprüche dar: Opfertexte, Zauberformeln, Götterhymnen, Sprüche über die Himmelfahrt des Königs, seinen Verkehr mit den Göttern und seine Herrschaft im Jenseits u.a. Ein Teil der Sprüche ist nach Sprache, Stil und Inhalt älter als die Niederschrift. Nach dem Zusammenbruch des Königtums am Ende der 6. Dynastie finden sich P. auch in Gräbern von Privatleuten. Die späteren Sargtexte und das Totenbuch übernahmen viele Sprüche aus den P., meist in einer stark veränderten Fassung.

Ausgaben: Die altägypt. P., hg. v. K. SETHE, 3 Tle. (1908–22, Nachdr. 1987); K. SETHE: Übers. u. Komm. zu den altägypt. P., 6 Bde. (1935–62); The pyramid of Unas, übers. v. A. PIANKOFF (1968); The ancient Egyptian pyramid texts, hg. v. R. O. FAULKNER (Neuausg. 1985).

Pyramos *der,* Fluss in der Türkei, →Ceyhan.

Pyramus und Thisbe, nach der Sage ein babylon. Liebespaar, dessen Geschichte in OVIDS ›Metamorphosen‹ erzählt wird: Die Eltern widersetzen sich der Verbindung der Liebenden. Diese verabreden eine nächtl. Zusammenkunft vor den Toren, doch Thisbe, die zuerst am Treffpunkt erscheint, muss vor einer Löwin fliehen und verliert dabei ihren Schleier, den die Löwin zerfetzt. In dem Glauben, die Löwin habe Thisbe zerrissen, nimmt sich Pyramus das Leben. Als Thisbe ihn findet, folgt sie ihm in den Tod. – Der Stoff wurde seit der Renaissance mehrfach literarisch gestaltet, u.a. parodistisch von SHAKESPEARE (›A midsummer night's dream‹, 1600). Gemälde schufen u.a. H. BALDUNG, TINTORETTO und N. POUSSIN.

Pyrane, *Sg.* **Pyran** *das, -s,* sechsgliedrige heterozykl. Verbindungen mit einem Sauerstoffatom im Ring. Nach der Lage der Doppelbindungen unterscheidet man das 2H- und das 4H-Pyran (**α-** bzw. **γ-Pyran**), von denen jedoch nur das 4H-Pyran in freiem Zustand bekannt ist (farbloses Öl). Die Oxoderivate der P. (**α-** und **γ-Pyron**) sind Bestandteile von Naturstoffen (Cumarin, Flavone); das Ringsystem des γ-Pyrons findet sich auch im Aromastoff Maltol.

Pyranometer *das, -s/-,* Gerät zur Messung der Intensität der →Globalstrahlung.

Pyranosen, *Sg.* **Pyranose** *die, -,* →Monosaccharide.

Pyrargyrit [zu griech. árgyros ›Silber‹] *der, -s/-e,* Mineral, das dunkle →Rotgültigerz.

Pyrazin [Kw.] *das, -s,* **1,4-Diazin,** sechsgliedrige heterozykl. Verbindung mit zwei Stickstoffatomen in 1,4-Stellung im Ring; farblose kristalline Substanz. Beim Hydrieren geht P. in Piperazin über. Gebunden liegt P. in vielen chem. Verbindungen vor (z.B. im Phenazin).

Pyrazol [Kw.] *das, -s,* **1,2-Diazol,** fünfgliedrige heterozykl. Verbindung mit zwei Stickstoffatomen in 1,2-Stellung im Ring; schwach bas., pyridinähnlich riechende, farblose Substanz. P. ist der Grundkörper zahlreicher Verbindungen. Hydrierungsprodukte des P. sind das **Pyrazolin** (Dihydro-P.) mit drei Isomeren,

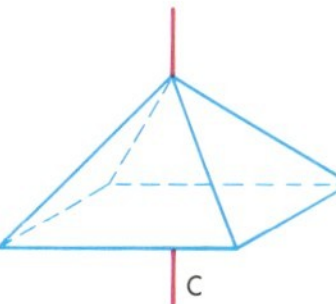

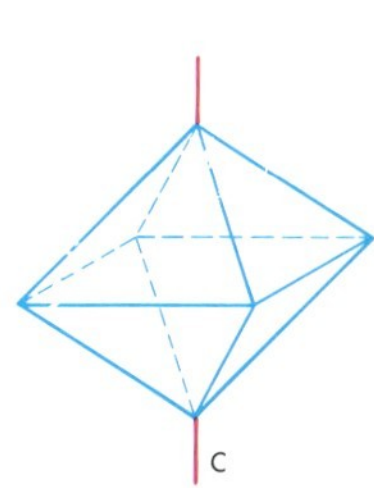

Pyramide 3): oben tetragonale Pyramide; unten tetragonale Bipyramide (C kristallographische Achse)

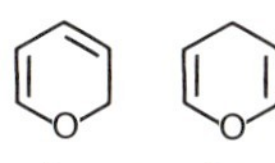

α-Pyran γ-Pyran

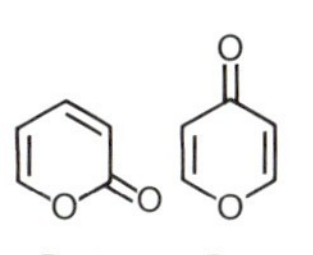

α-Pyron γ-Pyron

Pyrane

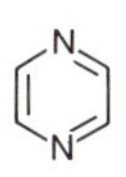

Pyrazin

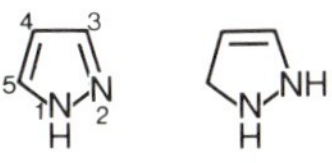

Pyrazol 3-Pyrazolin

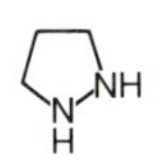

Pyrazolidin

Pyrazol

von denen sich die →Pyrazolone ableiten, und das vollständig hydrierte **Pyrazolidin** (Tetrahydro-P.).

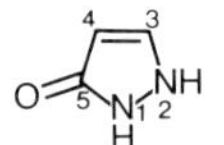

5-Pyrazolon
(2-Pyrazolin-5-on)

Pyrazolone

Pyrazolone [Kw.], *Sg.* **Pyrazolon** *das, -s,* Oxoverbindungen, die sich von den Isomeren des Pyrazolins (→Pyrazol) ableiten, i. e. S. die Substitutionsprodukte des **5-Pyrazolons.** Zahlreiche dieser (kurz P. genannten) Verbindungen werden als Kupplungskomponenten bei der Herstellung von Azofarbstoffen verwendet. Andere Verbindungen aus dieser Reihe wurden als schmerzlindernd, fiebersenkend und entzündungshemmend wirkende Arzneimittel bekannt. Große Bedeutung hatte z. B. über viele Jahrzehnte das →Aminophenazon. Heute werden nur noch wenige P. als Arzneimittel verwendet (meist in Kombinationspräparaten), z. B. das Propyphenazon (2,3-Dimethyl-4-isopropyl-1-phenyl-pyrazolon).

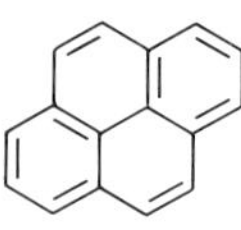

Pyren

Pyren *das, -s,* polyzykl. aromat. Kohlenwasserstoff, der im Steinkohlenteer enthalten ist und zur Synthese von Farbstoffen verwendet wird. P. ist im Ggs. zu →Benzopyren nicht Krebs erregend.

Pyrenäen *Pl.,* frz. **Pyrénées** [pireˈne], span. **Pirineos** [-ˈneɔs], katalan. **Pirineus,** Hochgebirge zw. dem Atlant. Ozean (Golf von Biskaya) und dem Mittelmeer (Golfe du Lion), schließt die Iberische Halbinsel (auch P.-Halbinsel gen.) gegen die Hauptmasse Europas ab; über die Hauptkämme verläuft die Grenze zw. Frankreich und Spanien. Im östl. Teil der P. liegt der Kleinstaat Andorra.

Gliederung

Trotz der Geschlossenheit des massigen Gebirgskörpers lassen sich die P. durch bedeutende Pässe und histor. Grenzen in **Zentral-, Ost-** und **West-P.** gliedern. Der Puerto de Somport (lat. summus portus, 1631 m ü. M.) im W und der Puerto del Portillón (1308 m ü. M.) im O begrenzen den Hauptkamm der **Zentral-P. (Aragonesische P.)** mit Pico Infierno (3076 m ü. M.), Vignemale (3298 m ü. M.), Monte Perdido (3355 m ü. M.), Pico de Poseta (3375 m ü. M.) und Pico de Aneto (3404 m ü. M.) sowie dem span. Nationalpark →Ordesa und dem frz. Nationalpark Pyrénées Occidentales (477 km²; 1967 eingerichtet). In diesem Teil liegen auch einige kleinere rezente Hanggletscher. Die **West-P. (Navarrische P.)** mit Visaurin (2668 m ü. M.), Pic d'Anie (2504 m ü. M.) und Pic d'Orby (2016 m ü. M.) werden zur Baskischen Küste hin immer niedriger und sind auf mehreren Pässen gut zu überqueren (z. B. Puerto de Ibañeto/Roncesvalles, 1056 m ü. M.). Die **Ost-P. (Katalanische P.)** mit Pic Maubermé (2880 m ü. M.), Montvalier (2839 m ü. M.), Pic de Horedo (2760 m ü. M.), Pic de Montcalm (3141 m ü. M.), Port Negre (2761 m ü. M.) und Mont Canigou (2785 m ü. M.) sowie dem span. Nationalpark Aigües Tortes sind im östl. Teil durch die Hochtäler Capcir, Cerdagne und Vallespir aufgelöst, verflachen rasch und erreichen in der Kette der Albères und im Alto Ampurdán das Mittelmeer beim Kap Creus.

Aufbau · Oberflächengestalt

Die P. erstrecken sich von WNW nach OSO auf 440 km Länge und 50–140 km Breite und sind im Pico de Aneto (Maladeta) 3404 m ü. M. hoch. Durch ihre ungleichseitige Abdachung (steile N-Seite, sanftere S-Seite) entfallen zwei Drittel der Gebirgsbreite auf span., ein Drittel auf frz. Gebiet. Als Teilstück der alpid. Gebirgsbildung sind die P. in Zonen gegliedert: Beiderseits einer variskisch gefalteten (im W aufgelösten) Zentralzone mit Gneisen, Schiefern, Graniten und Kalken folgen alpidisch angefaltete mesozoische und alttertiäre Gesteinsserien (in Spanien ›Prepireneos‹ gen.), deren steil gestellte Kalke Serien von Schichtkämmen und -stufen bilden (in Spanien die ›Sierras Interiores‹, z. B. Sierra de la Peña, Sierra del Cadi); die weicheren Schichten wurden ausgeräumt, sodass sich weit gespannte Längstalfurchen bildeten (in Spanien ›Depresión Muedia‹); die Quertäler bilden vielfach enge Schluchten. Im N der P. ist die Zone der inneren Sierren nur sehr schmal ausgebildet. Die nach der Gebirgsbildung erfolgte Heraushebung der P. war im W deutlich geringer als im O (hier mächtige Nagelfluhablagerungen im Vorland). Durch die eiszeitl. Vergletscherungen (geringer als die der Alpen) wurden die höchsten Teile (im W oberhalb 1400 m ü. M., im O oberhalb 2000 m ü. M.) glazial überformt (Talschlüsse, Kare, Karseen, Gratbildung, Trogtäler). Die Gletscher der N-Abdachung waren länger als die der S-Seite (Würm-Eiszeit: Ariègegletscher 63 km, Aragóngletscher 18 km), erreichten aber nur bei Lourdes das Vorland. Die P. entwässern in meist tief eingeschnittenen Tälern (Staudämme, Kraftwerke; bes. auf der span. Seite) nach N in das Flusssystem der Garonne, nach S in dasjenige des Ebro.

Klima · Pflanzen- und Tierwelt

Das *Klima* ist überwiegend immerfeucht; aus dem Ebrobecken und von SO her reichen Zonen des sommertrockenen Mittelmeerklimas herein. Die N-Abdachung auf der atlant. Seite ist mild mit 1500–1800 mm Jahresniederschlägen; die raueren Zentral-P. haben, je nach Hangexposition, z. T. über 2500 mm Niederschläge; nach O zu sinken diese auf 900–700 mm ab. Die Schneegrenze steigt vom W (2700 m ü. M.) zum Zentralkamm (3100 m ü. M.) an und sinkt im O nur gering ab. Die Niederschläge auf der S-Seite sind deutlich geringer (z. T. unter 500 mm).

Pflanzenwelt: Dem Klima entsprechend tragen die waldärmeren Süd- und Ost-P. Stein- und Korkeichen sowie Schwarzkiefern, die nördl. P. Stieleichen, Buchen, Ahorn, Rotkiefern und Kastanien – im W auch Erika-, Ginster- und Farnbestände. Nahe der Mittelmeerküste sind Macchien häufig. Das Innere ist steppenhaft und trägt in den feuchteren Gebieten lichte Eichenbestände oder Macchien, die auf trockeneren Standorten in Garigue übergehen.

Tierwelt: Wölfe, Füchse und Wildschweine leben in den Wäldern, Gämsen an der Waldgrenze (2400 bis 2500 m ü. M.), die von Zwergstrauchheiden und alpinen Matten begleitet wird. Der P.-Steinbock wurde Anfang des 20. Jh. ausgerottet. In den Bergbächen leben der P.-Desman, ein Maulwurf, der auf dem Grund des Gewässers nach Nahrung sucht, und der P.-Gebirgsmolch.

Bevölkerung · Siedlungen

Obwohl weniger leicht passierbar als die Alpen, waren die P. nie eine Völkerscheide. Baskenland, Navarra, Katalonien umfassen noch heute jeweils N- und S-Seite. Die Bev.-Dichte ist in den zentralen Teilen gering (z. T. unter 15 Ew./km²), in den östl. und westl. P. etwas höher (50–75 Ew./km²). Im Kernraum finden sich kleinere Bev.-Konzentrationen nur in Winter- und Bergsportzentren sowie in Heilbädern und Kurorten; auf der frz. Seite reichen Großdörfer in die unteren Täler herein, auf der span. Seite treten, mit Ausnahme von Jaca, größere Siedlungen erst in den Vor-P. auf. In den Zentral-P. dominieren eng gebaute Kleindörfer.

Wirtschaft · Verkehr

Wirtschaft: Die Höhenlagen sind Weidegebiete für die noch immer bedeutende Schafhaltung, z. T. als Transhumanz über die Staatsgrenzen hinweg, z. T. verbunden mit Rinderhaltung. Auch die Pferdehaltung spielt seit jeher eine große Rolle. Auf der span. Seite Anbau (mit Bewässerung) von Mais, Weizen, Roggen in breiteren Becken- und schmaleren Talsohlen, bis 800 m ü. M. Oliven-, bis 1000 m ü. M. Weinbau, in geschütz-

Pyrenäen: **links** Pyrenäenvorland bei Lourdes; **rechts** Col du Tourmalet, 2 115 m ü. M., zweithöchster Straßenpass der Pyrenäen

ten Tallagen Mandel- und Feigenkulturen. Auf der frz. N-Flanke Weinbau in niedrigeren Lagen, begleitet von Kernobst (Birnen, Äpfel), im O auch Anbau von Tomaten und Gemüse. In den frz. Zentral-P. Bauxitabbau und Aluminiumherstellung (Dép. Ariège); der früher auch auf span. Seite bedeutende Erzabbau (Eisen, Blei, Zink, Magnesium) ist großenteils aufgegeben worden. Thermalheilbäder sind Bagnères-de-Luchon, Bagnères-de-Bigorre, Ax-les-Thermes, Panticosa; frz. Wintersportzentren u. a. Barèges, Font-Romeu, Superbagnères. Auf span. Seite sind in den letzten Jahrzehnten viele Winter- und Bergsportzentren ausgebaut oder neu angelegt worden, u. a. La Molina, Nuria, Valiter 2000, Tredós, El Formigal, Candanchú, Astún, Super Espot, Baqueira-Beret, Burguete, Isaba, Sallent de Gallego.

Verkehr: Wegen der geringen Schartung – der wasserscheidende Kamm geht auf einer Länge von 300 km nicht unter 1 600 m ü. M. hinab – liegen die wichtigsten Übergänge an den Gebirgsrändern: im O bei Le Perthus (290 m ü. M.), im W die Küstenstraße Hendaye–Irún (20 m ü. M.), heute beide mit Autobahn. Außer den beiden Küstenlinien queren Eisenbahnen die P. unter dem Col de Puymorens und dem Pass Somport. Zwei Übergänge sind durch moderne Straßentunnel ganzjährig befahrbar: Viella–Pont de Suert und Saint-Lary-Soulan–Bielsa; sie verbinden das oberste Garonnegebiet mit dem Ebrobecken im Bereich des Segre. Weitere wichtige Straßenpässe sind der Pass von Roncesvalles, der Somport (Römerstraße, im MA. Pilgerweg nach Santiago de Compostela), der Col de la Perch und der Col de Puymorens nach Puigcerdá sowie der Port d'Envalira nach Andorra la Vella und der Col d'Ares bei Prats-de-Molló-La-Preste am Tech. Im Bau befindet sich ein 8,6 km langer Straßentunnel, der die Fahrt über den Pass Somport ersetzen soll (geplante Fertigstellung 1999). Die **Route des Pyrénées** durchzieht über eine Anzahl hoher Pässe die frz. P. von Saint-Jean-de-Luz an der Atlantikküste nach Cerbère an der Mittelmeerküste.

Vorgeschichte

Geröllgeräte und Steinwerkzeuge des Clactonien aus Terrassenschottern der oberen Garonne bilden die ältesten Spuren des Menschen im Randgebiet der P. Das Acheuléen ist im Garonnebecken fast ausschließlich durch Quarzitgeräte vertreten. Aus der Grotte Malarnaud (Ariège) stammen Skelettreste eines Neandertalers. Wie hoch gelegene Höhlen mit Moustérienfunden beweisen, ist diese Menschenform in einer Wärmephase des Jungpleistozäns tiefer in die P. eingedrungen als ihre Vorgänger. In der jüngeren Altsteinzeit haben Jägergruppen das nördl. P.-Gebiet bis an den Rand der Talgletscher durchstreift. Felsbilder des Aurignacien und Gravettien wurden in den Höhlen Gargas, Massat und Le Portel entdeckt. Das Solutréen hat im frz. P.-Gebiet Sonderformen entwickelt, die Zusammenhänge mit N-Spanien erkennen lassen. Die meisten jungpaläolith. Kulturreste der P. sind auf den Menschen des Magdalénien zurückzuführen, der den zurückweichenden Gletschern der Würm-Eiszeit folgte und Höhlen in Höhen bis zu 800 m ü. M. aufsuchte. Außer Felsbildern in vielen Höhlen (Labastide, Montespan, Niaux, Trois Frères, Tuc-d'Audoubert) zeugen zahlr. Kleinkunstwerke aus Höhlen und Abris von einer beachtl. Kulturhöhe der späteiszeitl. Rentierjäger. In der Höhle bei Le Mas-d'Azil wurde mit dem Azilien eine Kultur entdeckt, die sich stratigraphisch als epipaläolith. Übergangskultur erwies (→Mittelsteinzeit).

Die Verbreitung der jungsteinzeitl. Fundorte auf beiden Hängen der östl. P. lässt auf Benutzung der Hochweiden und der Pässe seit dem 3. Jt. v. Chr. schließen. Aus der Bronzezeit (2. Jt.) sind Kulturreste in Höhen über 2 000 m ü. M. bezeugt (Port d'Orle, Col de la Hunarde). In der älteren Eisenzeit reichten die iber. Einflüsse, die nun auch auf dem Fernhandel beruhten, bis an den Fuß der Cevennen.

WILLY MEYER: P. (Bern 1962); P. HÖLLERMANN: Zur Verbreitung rezenter periglazialer Kleinformen in den P. u. Ostalpen (1967); G. VIERS: Les Pyrénées (Paris [3]1973); Les Pyrénées, hg. v. F. TAILLEFER (Toulouse [2]1984).

Pyrenäenfrieden, zw. Frankreich und Spanien am 7. 11. 1659 auf der Fasaneninsel im Grenzfluss Bidasoa geschlossener Frieden, der den seit 1635 geführten Krieg beendete und die durch den Frieden von →Cateau-Cambrésis (1559) geschaffene Situation grundlegend revidierte. Spanien trat die Grafschaften

Roussillon und Cerdagne nördlich der Pyrenäen ab, die jetzt die Grenze bildeten, ferner Teile des Artois, des Hennegaus, von Flandern und Luxemburg und verzichtete auf alle Rechte an den Gebieten, die Frankreich im Westfäl. Frieden von Österreich erhalten hatte. Frankreich gab den unter seinem Einfluss verbleibenden Herzögen von Lothringen, Savoyen und Modena ihre Besitzungen zurück. Ein mit dem P. gekoppelter Heiratsvertrag zw. LUDWIG XIV. und der span. Königstochter MARIA THERESIA eröffnete dem Haus Bourbon die Aussicht auf das Erbe der span. Habsburger (→Spanischer Erbfolgekrieg). Der P. beendete die spanisch-habsburg. Vormachtstellung in Europa, er gab Frankreich die Ausgangsposition für den Vorstoß auf die Niederlande und die Westgrenze des Heiligen Röm. Reiches.

Pyrenäenhalbinsel, die →Iberische Halbinsel.

Pyrenäenhund, frz. und span. Haushunderasse (→Hirtenhunde).

pyrenäische Phase, *Geologie:* eine →Faltungsphase.

Pyrénées-Atlantiques [pire'ne atlã'tik], bis 1969 **Basses-Pyrénées** ['bas-], Dép. in SW-Frankreich in der Region Aquitanien, umfasst die westl. Pyrenäen und ihr nördl. Vorland, 7 645 km², 591 000 Ew.; Verw.-Sitz: Pau.

Pyrénées-Orientales [pire'ne ɔriã'tal], Dép. in S-Frankreich, in der Region Languedoc-Roussillon, umfasst die östl. Pyrenäen und ihr nördl. Vorland, 4 116 km², 386 000 Ew.; Verw.-Sitz: Perpignan.

Pyrenoide [zu griech. pyrḗn ›Obstkern‹ und -eīdḗs ›gestaltet‹, ›ähnlich‹], *Sg.* **Pyrenoid** *das, -(e)s,* thylakoidfreie, dichte, globuläre Strukturen in Chloroplasten von Algen, Phytoflagellaten, Moosen und manchen Farnen. P. sind von Stärkekörnern umgeben und werden als Bildungsorte für Reservepolysaccharide diskutiert.

Pyrenomyzeten [zu griech. pyrḗn ›Obstkern‹ und mýkes, mýkētos ›Pilz‹], **Pyrenomycetales,** Gruppe der Schlauchpilze, die teils als Pflanzenparasiten, teils von abgestorbenen organ. Substanzen leben. Zu ihnen gehören z. B. der Bäckereipilz, Obstbaumkrebs und Mutterkornpilz.

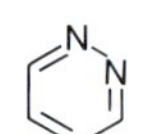
Pyridazin

Pyrethroide [zu griech. -eīdḗs ›gestaltet‹, ›ähnlich‹], *Sg.* **Pyrethroid** *das, -s,* als Insektizide verwendete, synthetisch hergestellte Analoga der im Pyrethrum enthaltenen insektiziden Wirkstoffe. P. werden bevorzugt im Freiland eingesetzt, da sie weniger licht- nd sauerstoffempfindlich sind als Pyrethrumextrakte.

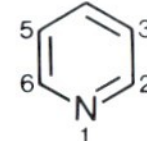
Pyridin

Pyrethrum [griech. pýrethron (ein Pflanzenname), zu pȳr ›Feuer‹] *das, -s,* **1)** *Botanik:* veralteter Gattungsname (heute Chrysanthemum) für einige Arten der Wucherblume, aus denen das Insektizid P. gewonnen wird.

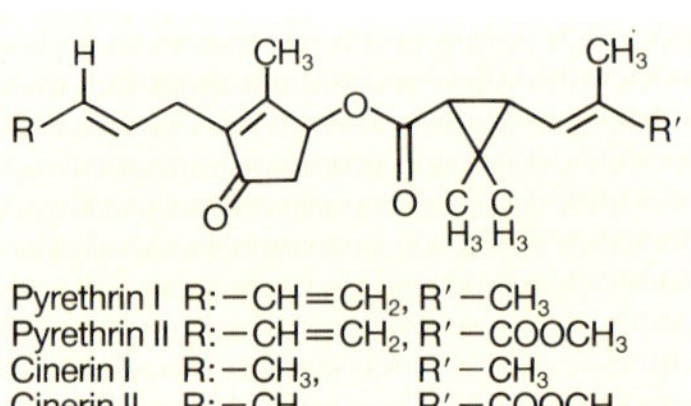

Pyrethrum 2)

2) *Schädlingsbekämpfung:* meist durch Extraktion aus getrockneten Blüten versch. Wucherblumenarten gewonnenes Insektizid, das mehrere Wirkstoffe enthält (u. a. **Pyrethrin I** und **II** sowie **Cinerin I** und **II**). P. ist als Fraß- und Berührungsgift sowie als Muskel- und Nervengift für Insekten und andere wechselwarme niedere Tiere wirksam; für Menschen und andere Warmblüter ist es jedoch kaum schädlich (Menschen mit regelmäßigem P.-Kontakt können allerg. Hauterkrankungen zeigen). P. wird entweder als Stäube- oder als Sprühmittel im Haushalt und im Vorratsschutz verwendet. Aufgrund der hohen Lichtempfindlichkeit ist die Anwendung von P. im Freiland nur begrenzt möglich, hier werden zunehmend die weniger leicht oxydierbaren synthet. →Pyrethroide eingesetzt. – Schon zu Anfang des 19. Jh. wurde P. als ›dalmatin. Insektenpulver‹ benutzt.

Pyretos, antiker griech. Name des Flusses →Pruth.

Pyrex®, Handelsname für →Borosilikatgläser der amerikan. Firma Corning. Aufgrund ihrer chem. Beständigkeit eignen sie sich für Laborgläser und für Küchengeräte. Der geringe Ausdehnungskoeffizient ermöglicht die Verwendung für Teleskopspiegel, z. B. beim →Mount-Palomar-Observatorium.

Pyrgeometer *das, -s/-,* Gerät zur Messung der vom Erdboden (entsprechend seiner Temperatur) emittierten langwelligen elektromagnet. Strahlung.

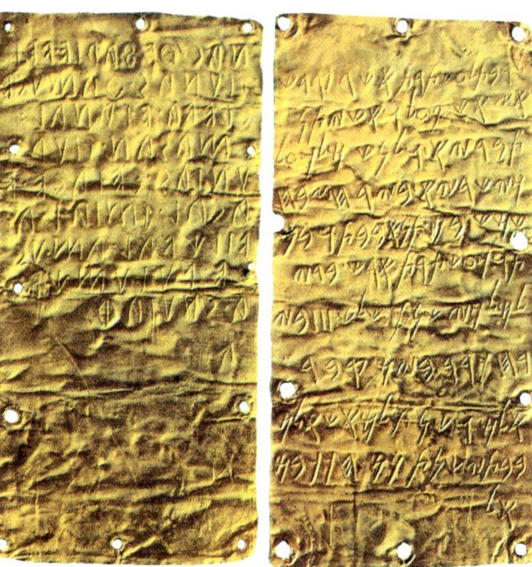
Pyrgi: Zwei der drei gefundenen Goldbleche mit etruskischer (links) und phönikischer Inschrift (rechts); um 500 v. Chr.

Pyrgi, Hafenstadt des etrusk. Caere (→Cerveteri, Prov. Rom), mit einem in der Antike berühmten Heiligtum. Ausgegraben wurden zwei parallel gelegene Tempel mit reicher Terrakottaplastik (vor 500 und 480 v. Chr.), zw. ihnen wurden in einem Steingehege drei Goldplättchen (etwa 9 cm × 19 cm) entdeckt, eines mit phönik. (pun.) Inschrift und zwei mit unterschiedlich langen etrusk. Texten (um 500 v. Chr.), in denen Regelungen über ein Astarteheiligtum (etrusk. Uni, röm. Juno) getroffen sind.

K.-W. WEEBER: Die Inschriften von P. In: Antike Welt, Jg. 16, H. 3 (Feldmeilen 1985).

Pyrgos, 1) neugriech. **Pirgos,** Hauptstadt des Verw.-Bez. (Nomos) Elis, Griechenland, im W der Peloponnes, in der fruchtbaren Küstenebene nördlich der Mündung des Alphios, 28 500 Ew.; orth. Bischofssitz; Weinbau (Korinthen), Nahrungsmittelindustrie.

2) Hügel mit dem Grabungsplatz einer minoischen Siedlung in der Nähe von →Myrtos auf Kreta.

Pyrheliometer, Gerät zum Messen der absoluten Strahlungsintensität der direkten Sonnenstrahlung, d. h. des ungestreut die Atmosphäre durchdringenden Strahlungsanteils (→Strahlung 2). Es besteht im Prinzip aus einem Hohlkörper mit geschwärzten Innenwänden, dessen Wärmekapazität bekannt ist. Die durch eine kleine Öffnung in den Hohlraum einfallende Strahlung bewirkt eine Erwärmung, aus der der Strahlungsfluss berechnet werden kann. (→Aktinometrie)

Pyridazin *das, -s/-e,* **1,2-Diazin,** sechsgliedrige heterozykl. Verbindung, die zwei Stickstoffatome in 1,2-Stellung enthält; eine farblose Flüssigkeit.

Pyridin *das, -s,* heterozykl. Verbindung mit aromat. Eigenschaften (→aromatische Verbindungen). P. ist eine unangenehm riechende, giftige, mit Wasser mischbare, schwach bas. Flüssigkeit (Siedetemperatur 115,5 °C). P. und seine Alkylhomologen **(P.-Basen)** werden durch Destillation aus Steinkohlenteer gewonnen oder synthetisch aus Acetaldehyd, Formaldehyd und Ammoniak hergestellt. Sie werden als Lösungsmittel sowie zur Herstellung u. a. von Arzneimitteln und Herbiziden gebraucht. Im Gemisch mit Picolinen wird P. zum Denaturieren von Alkohol verwendet. Das Ringsystem des P. liegt einigen Naturstoffen, z. B. NAD, NADP, Vitamin B_6 (Pyridoxin), zugrunde.

Pyridoxin *das, -s/-e,* Bez. für die natürlich vorkommenden Pyridinderivate mit Vitamin-B_6-Aktivität Pyridoxol, Pyridoxal und Pyridoxamin (→Vitamine). Das aus Pyridoxal durch Phosphorylierung entstehende **Pyridoxalphosphat** ist prosthet. Gruppe bei einigen Enzymen, die Umwandlungen an Aminosäuren katalysieren (z. B. Aminosäure-Decarboxylase).

Pyrimidin [Kw.] *das, -s/-e,* **1,3-Diazin,** sechsgliedrige heterozykl. Verbindung mit zwei Stickstoffatomen in 1,3-Stellung; farblose, charakteristisch riechende, kristalline, basisch reagierende Substanz. Das Ringsystem des P. findet sich in zahlr. Naturstoffen, z. B. im Vitamin B_1 (Thiamin) und in den Nukleinsäurebasen Cytosin, Uracil und Thymin **(P.-Basen).** Auch die →Purinbasen enthalten den P.-Ring.

Pyrit [von griech. pyrítēs, eigtl. ›Feuerstein‹] *der, -s/-e,* **Schwefelkies, Eisenkies,** Mineral der chem. Zusammensetzung FeS_2 (theoretisch 46,6 % Fe und 53,4 % S, geringe Gehalte an Ni, Co, As; wirtschaftlich wichtige Gehalte an Cu, Ag, Au usw. beruhen auf Durchmischung mit anderen Erzen), hell messingfarben (›speisgelb‹) bis goldgelb **(Katzengold),** zuweilen bunt angelaufen, oft rostfarbene Verwitterungsrinde von Limonit; Härte nach MOHS 6–6,5, Dichte 5–5,2 g/cm^3. P. bildet derbe Massen, häufig auch metallisch glänzende, gut ausgebildete kub. Kristalle der disdodekaedr. Klasse (mehr als 60 Formvarianten), darunter am häufigsten der Würfel (oft mit Flächenstreifung) und das Pentagondodekaeder **(Pyritoeder)** sowie Kombinationen beider. Ergänzungszwillinge aus zwei Pyritoedern werden als **Eisernes Kreuz** bezeichnet. – P. kommt weltweit vor, u. a. 1) als Hauptbestandteil kontaktmetasomatisch, hydrothermal oder sedimentär gebildeter ›Kieslager‹, 2) als Nebenbestandteil sulfid. Erz- und oxid. Eisenerzlager, 3) in Gold führenden Lagerstätten, 4) untergeordnet in bas. Tiefengesteinen, 5) eingesprengt in verschiedensten Sedimenten, als kugelige, z. T. radialstrahlig gebaute Konkretionen, oft als Pseudomorphosen, häufig auch als Versteinerungsmittel von Fossilien. – P. wird zur Schwefelsäuregewinnung verwendet; die Abröstrückstände geben Eisenerz **(Purple Ore),** rotbraune Farbpigmente sowie Polierpulver **(Potée).** – P. wurde von den Inka in Peru **(Inkastein)** und den Azteken in Mexiko als Schmuckstein verwendet; auch heute noch wird P. (z. T. geschliffen) zu Schmuck verarbeitet.

Pyritz, poln. **Pyrzyce** [pi'ʒitsɛ], Stadt in der Wwschaft Szczecin (Stettin), Polen, 38 m ü. M., 13 200 Ew.; Nahrungsmittel-, Textilindustrie, Eisengießerei; Eisenbahnknoten. – Die Stadtmauer (13.–16. Jh.) mit Türmen und Toren ist größtenteils erhalten; die Mauritiuskirche, eine spätgot. Basilika (15./16. Jh.), wurde z. T. zerstört. – Neben einer 1124 erstmals bezeugten slaw. Burgsiedlung entstand im Zuge der dt. Ostsiedlung P., das 1263 Stadtrecht nach Stettiner Vorbild erhielt. P. kam 1945 unter poln. Verwaltung, die Zugehörigkeit zu Polen wurde durch den Dt.-Poln. Grenzvertrag vom 14. 11. 1990 anerkannt.

Pyrker, Johann Ladislaus, eigtl. **J. L. P. von Felső-Eőr** ['fɛlʃø: 'ɛø:r], österr. kath. Theologe und Schriftsteller, * Långh (bei Stuhlweißenburg, Ungarn) 2. 11. 1772, † Wien 2. 12. 1847; aus ungar. Adelsfamilie; Prior und Abt des Zisterzienserstifts Lilienfeld (Niederösterreich), Bischof der Zips, Patriarch von Venedig, ab 1827 Erzbischof von Erlau. Er schrieb u. a. Gedichte, Legenden und Geschichtsdramen, berühmt wurde er beim zeitgenöss. Publikum aber v. a. durch seine klassizist. Versepen in der Nachfolge KLOPSTOCKS. Ein interessantes Zeitzeugnis des polit. und geistigen Lebens im österr. Vielvölkerstaat ist seine Autobiographie ›Mein Leben‹ (hg. 1966).

Ausgabe: Mit Krummstab u. Leyer, hg. v. E. J. GÖRLICH (1958; Ausw.).

Pyrmont, Bad P. [- 'pyr-, auch - pyr'mɔnt], Stadt und niedersächs. Staatsbad im Landkreis Hameln-P., Ndsachs., 110 m ü. M., in einem von der Emmer durchflossenen Talkessel im Weserbergland, 23 500 Ew.; Museum im Schloss. Das Heilbad zählt rd. 1 Mio. Übernachtungen jährlich. Natürl. Kurmittel sind sole- und kohlensäurehaltige Quellen, Quellgas und Moor; Heilanzeigen: Herz-Kreislauf-, Atemwegs- und gynäkolog. Erkrankungen oder solche des Stütz- und Bewegungssystems sowie Magen-, Darm-, Leber- und Gallenleiden. Mineralwasserabfüllung, Elektronik- und Textilindustrie, Leuchtenfabrik. – Wasserschloss der Fürsten von Waldeck, 1526–36 und 1556–62 errichtet; der Mitteltrakt der Viereckanlage wurde 1706–10 als barockes Wohnschloss an der Stelle des alten Wohntraktes erbaut; spätere Umbauten. Die Entwicklung des Bades führte vom Ende des 18. bis ins 20. Jh. zu einer regen Bautätigkeit, z. B. das Badelogierhaus am Brunnenplatz (1777; heute Klinik). – P., namengebend war die ehem. kurköln. ›Petri mons‹ genannte Burg auf dem Schellenberg, entstand um die schon im 1. Jh. n. Chr. bekannten Heilquellen. 1668 wurde die heutige Siedlung planmäßig angelegt. Sie erhielt 1720 städt. Privilegien und erlangte 1850 Selbstverwaltung. Seit 1922 ist P. staatl. Bade- und Kurort.

pyro... [griech. pỹr ›Feuer‹], vor Vokalen meist verkürzt zu **pyr...,** Wortbildungselement mit den Bedeutungen: 1) Feuer, z. B. Pyromanie, Pyracantha; 2) hohe Temperatur, z. B. Pyrometer, Pyrheliometer; 3) Fieber, z. B. Pyrogene.

Pyro..., 1) Vorsatz zur Kennzeichnung anorgan. Säuren, die durch Abspaltung eines Wassermoleküls aus zwei Molekülen der Orthosäure entstehen, z. B. die Pyroschwefelsäure (nomenklaturgerecht: Dischwefelsäure); 2) Vorsatz zur Bez. unter hohen Temperaturen ablaufender Prozesse (z. B. Pyrotechnik).

Pyrochlor, kub., gelblich grünes oder rötlich braunes bis dunkelbraunes, durchscheinendes bis durchsichtiges, pechglänzendes Mineral der chem. Zusammensetzung $(Na,Ca)_2(Nb,Ti,Ta)_2O_6[OH,F,O]$, dessen Komponenten in stark wechselnden Mengen vorliegen (enthält z. T. bis 12 % Uran anstelle von Calcium); Härte nach MOHS 5–5,5, Dichte 4,03–4,36 g/cm^3; bei starkem Überwiegen von Tantal **Mikrolith** genannt; oft radioaktiv, mit Thermolumineszenz; magmatisch entstanden, v. a. in Nephelinsyeniten und ihren Pegmatiten. Vorkommen u. a. in Uganda, Simbabwe, Kanada (Ontario) und Norwegen. Technisch wichtig zur Gewinnung von Niob, Tantal und Uran.

Pyrochroidae [griech.], die →Feuerkäfer.

Pyro|elektrizität, die Erscheinung, dass sich Ionenkristalle mit permanenter elektr. Polarisation bei Erwärmung oder Abkühlung auf gegenüberliegenden

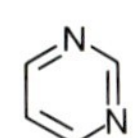

Pyrimidin

Pyrit: Verwachsene Kristalle

1

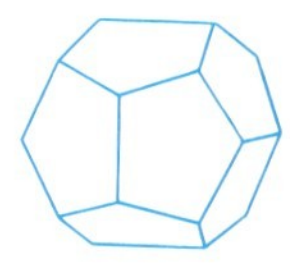

2

3

4

Pyrit: 1 Würfel mit Flächenstreifung; 2 Pyritoeder; 3 Kombination aus Würfel und Pyritoeder; 4 Eisernes Kreuz

Johann Ladislaus Pyrker

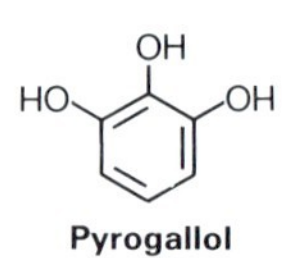

Pyrogallol

Pyrolusit: Kristallaggregate auf weißem Schwerspat

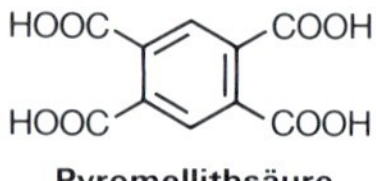

Pyromellithsäure

Pyromorphit: Grüner kristalliner Überzug

Flächen entgegengesetzt elektrisch aufladen, wobei das sich beim Erwärmen positiv aufladende Ende **analoger,** das andere **antiloger Pol** heißt. Da das permanente elektr. Dipolmoment i. Allg. durch aus der Umgebung aufgenommene Ladungsträger kompensiert wird, treten (scheinbare) Oberflächenladungen nur dann auf, wenn sich durch plötzl. Temperaturänderung der Abstand der Gitterionen und damit die Polarisation ändert. Dieser **pyroelektrische Effekt** wurde zuerst beim Turmalin festgestellt. Seine Umkehrung, d.h. die Erzeugung von Wärme (Kälte) beim Anlegen (Zusammenbrechen) eines elektr. Feldes heißt **elektrokalorischer Effekt.** P. tritt nur bei piezoelektr. Kristallen auf, jedoch nicht bei allen (→Piezoelektrizität).

Die P. findet u.a. in Infrarot- und Mikrowellendetektoren, Temperaturfühlern (Sensoren) und Kalorimetern Anwendung. Zu den dabei benutzten pyroelektr. Substanzen gehören Einkristalle aus Triglycinsulfat oder Lithiumtantalat, Bleizirkonat-Titanat-Keramik und Polyvinylidenfluorid.

Pyrogallol *das, -s,* **Pyrogallussäure,** dreiwertiges, mit →Phloroglucin isomeres Phenol (chemisch das 1,2,3-Trihydroxybenzol); farblose, kristalline, in Wasser und Alkohol lösl. Substanz, die sich an der Luft rasch verfärbt und die man z.B. aus Gallussäure durch Decarboxylieren erhält. P. wird u.a. in der Gasanalyse zur Absorption von Sauerstoff sowie als Stabilisator für Hydrauliköle und Schmierfette verwendet.

pyrogen [zu griech. -genēs ›hervorbringend‹, ›hervorgebracht‹], aus magmat. Schmelzen (Magma, Lava) durch Kristallisation entstanden (von Gesteinen oder Mineralen gesagt).

Pyrogene, *Sg.* **Pyrogen** *das, -s,* **pyrogene Substanzen,** mikrobielle Endotoxine v.a. gramnegativer Bakterien (Lipopolysaccharide, Polypeptide), die in äußerst niedriger Konzentration (unter 0,2 µg/kg Körpergewicht) im Blut Fieber auslösend wirken.

Pyroklastite, pyroklastische Gesteine, Sammel-Bez. für die aus vulkan., durch explosive Ausbrüche geförderten Lockermassen (Aschen, Lapilli, Bomben, Schlacken u.a.) entstandenen Gesteine: Tuff, Tuffit, Ignimbrit. Durch ihre Ablagerung stellen die P. ein Bindeglied zw. den magmat. und den Sedimentgesteinen dar. P. können auch als Schlammströme (Lahar) in Erscheinung treten.

Pyrola [lat.], die Gattung →Wintergrün.

Pyrolaceae [lat.], die →Wintergrüngewächse.

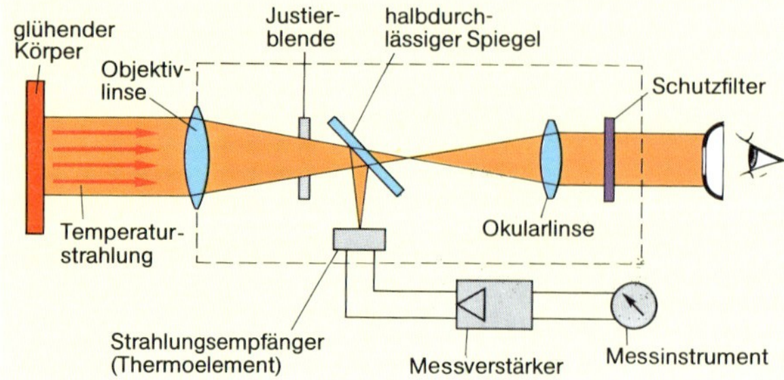

Pyrometer: Schematische Darstellung der Wirkungsweise

Pyrolit *der, -s/-e,* als primär angenommenes Gesteinsmaterial des oberen Erdmantels, ein Gemisch aus drei Teilen Peridotit und einem Teil Basalt. P. wurde als Einschluss in Basalten, Peridotiten und Kimberliten nachgewiesen.

Pyrolusit [zu griech. loũsis ›das Waschen‹] *der, -s/-e,* schwarzes bis graues, metallisch glänzendes Mineral der chem. Zusammensetzung β-MnO_2; Härte nach MOHS 2–6,5 (›Weichmanganerz‹), Dichte 4,5–5,0 g/cm³. Vorkommen: selten in kleinen tetragonalen Kristallen **(Polianit),** häufiger pseudomorph nach anderen Manganmineralen (v.a. Manganit), meist aber in erdigen, oolith. und strahligen Massen; marin oder terrestrisch (Oxidationszonen) entstanden; wichtiges Manganerz.

Pyrolyse [griech. lýsis ›(Auf)lösung‹] *die, -/-n,* therm. Spaltung chem. Verbindungen in Abwesenheit von Sauerstoff bzw. unter Sauerstoffmangel. Von techn. Bedeutung sind die P. von Benzin zu Olefinen, zu Pyrolysebenzin u.a. bei etwa 850 °C (**Mitteltemperatur-P.,** →Steamcracken), von Erdgas zu Acetylen bei etwa 1 500 °C **(Hochtemperatur-P.)** und die Verkokung von Steinkohle. Die P. von Abfällen (z.B. Autoreifen, Klärschlamm) zur Erzeugung von chem. Rohstoffen und Brennstoffen ist von großem Interesse. P. findet auch bei der ›trockenen Destillation‹ statt.

Pyrolysebenzin, aromatenreiche Benzinfraktion, die beim Steamcracken von Rohbenzin anfällt. P. hat eine hohe Oktanzahl (ROZ: 92–100). Es wird als Mischkomponente für Ottokraftstoffe und zur Gewinnung von Aromaten (bes. Benzol) verwendet.

Pyromanie, krankhafter Trieb, Brände zu legen oder sich beim Anblick des Feuers (v.a. sexuell) zu erregen; Vorkommen z.B. bei Schizophrenie oder geistiger Behinderung.

Pyromantie [zu griech. manteía ›Weissagung‹] *die, -,* Wahrsagung aus dem Feuer, Ausdeutung der Flamme, war z.B. bei den Slawen, aber auch bei anderen Völkern verbreitet.

Pyromellithsäure, Pyromellitsäure, kristalline organ. Säure (chemisch die 1,2,4,5-Benzoltetracarbonsäure). **P.-Anhydrid** wird durch Oxidation von 1,2,4,5-alkylierten Benzolen (z.B. Durol) hergestellt und v.a. zur Herstellung von Polyimiden verwendet.

Pyrometallurgie, Schmelzmetallurgie, Teilgebiet der Metallurgie; umfasst die Verfahren zur Gewinnung und Raffination von Metallen bei höheren Temperaturen. Die techn. Verfahren zur Gewinnung von Roheisen und Stahl sind ausschließlich Verfahren der Pyrometallurgie.

Pyrometamorphose, →Kontaktmetamorphose.

Pyrometer *das, -s/-,* Gerät zur berührungslosen Messung der Temperatur eines Objektes aus der von ihm ausgesandten Strahlung. P. werden v.a. für Messung hoher Temperaturen (über 800 °C) sowie bewegter oder unzugängl. Objekte (z.B. der Sonne) und zeitlich rasch veränderl. Temperaturen verwendet; auch Temperaturmessungen unter 0 °C sind möglich.

Nach ihrer spektralen Empfindlichkeit unterteilt man P. in **Spektral-P. (Teilstrahlungs-P.)** mit einer Empfindlichkeit in einem sehr engen Wellenlängenbereich, **Bandstrahlungs-P.** für einen breiteren und **Gesamtstrahlungs-P.** für den gesamten emittierten Wellenlängenbereich, wobei die Strahlung meist mittels Linsen oder Spiegeln auf den eigentl. Detektor konzentriert wird. Als Strahlungsempfänger werden geeichte Photodetektoren (z.B. →Bolometer, →Thermoelement, →Photozelle, Widerstandsthermometer) eingesetzt. – Eine Form des Spektral-P. ist das **Leuchtdichte-P. (Glühfaden-P.).** Bei ihm wird die einfallende Strahlung nicht durch einen Photodetektor nachgewiesen, sondern visuell mit der Strahlung des Fadens einer Glühlampe verglichen, deren Heizstrom so lange verändert wird, bis beide Strahlungen die gleiche Leuchtdichte (Helligkeit) haben. Der Strom der Vergleichsstrahlungsquelle ist ein Maß für die Temperatur. Im übl. Messbereich von 800 bis 3 000 °C werden Genauigkeiten von ± 10 °C erreicht. Der empfangene Strahlungsfluss hängt außer von der Temperatur des Strahlers auch vom Emissionsgrad seiner Oberfläche ab. P. müssen daher für genaue Messungen mit Strahlern gleichen Emissionsgrades geeicht werden. – **Ver-**

hältnis-P. messen das Verhältnis der spektralen Strahldichten (Intensitäten) bei zwei Wellenlängen; das Messergebnis ist damit weitgehend unabhängig vom Emissionsverhalten des Strahlers.

Pyrometrie *die, -,* Verfahren der berührungslosen Messung der (Oberflächen-)Temperatur glühender Körper und Stoffe. (→Pyrometer)

Pyromorphit [zu griech. morphḗ ›Gestalt‹] *der, -s/-e,* hexagonales, durchscheinendes bis undurchsichtiges Mineral der chemischen Zusammensetzung $Pb_5[Cl|(PO_4)_3]$, weiß oder farblos, gelb, orangerot, am häufigsten grün **(Grünbleierz)** oder braun **(Braunbleierz);** Härte nach MOHS 3,5–4, Dichte i.d.R. 6,7–7,0 g/cm^3; nadelige, oft gekrümmte Kristalle, auch in traubig-nierigen Aggregaten, als dünne Kruste und in Pseudomorphosen. Verwitterungsmineral von Bleiglanzlagerstätten; sehr ähnlich dem →Mimetesit.

Pyrone, →Pyrane.

Pyrop [zu griech. pyrōpós ›feurig‹] *der, -(e)s/-e,* **Böhmischer Granat, Magnesiaton|granat, Roter Granat,** blut- bis dunkelrotes, durchsichtiges Granatmineral der chem. Zusammensetzung $Mg_3Al_2[SiO_4]_3$; meist rundl. Körner; beliebter Schmuckstein (handelsübl. Bez. ›Kaprubin‹), bes. im 18. und 19. Jh.; Hauptvorkommen in der Tschech. Republik, Rep. Südafrika, Australien, Sibirien. Eine rosarote Varietät ist der **Rhodolith.**

Pyrophanit [zu griech. phanós ›glänzend‹] *der, -s/-e,* trigonales, tief blutrotes, metallisch glänzendes Mineral der chem. Zusammensetzung $MnTiO_3$; isotyp mit Ilmenit. Härte nach MOHS 5, Dichte 4,5 g/cm^3; schuppige Kristalle.

Pyrophore [zu griech. phoreĩn ›tragen‹], *Sg.* **Pyrophor** *der, -s,* allg. Stoffe, die sich an der Luft bei gewöhnl. Temperatur selbst entzünden (z.B. weißer Phosphor); i.e.S. feinstverteilte Metalle, die aufgrund ihrer sehr großen Oberfläche äußerst rasch mit dem Sauerstoff der Luft unter Oxidation reagieren. So verglimmt z.B. Eisenpulver, das durch Reduktion von Eisenoxid mit Wasserstoff bei tiefer Temperatur hergestellt wird, sobald es der Luft ausgesetzt wird. Bes. leicht selbstentzündlich sind Pulver und Späne von Leichtmetallen.

Pyrophyllit [zu griech. phýllon ›Blatt‹] *der, -s/-e,* monoklines, perlmuttglänzendes Mineral der chem. Zusammensetzung $Al_2[(OH)_2|Si_4O_{10}]$, dem →Talk ähnl. Dreischichtsilikat, weiß, gelblich, braun, auch grün; Härte nach MOHS 1–1,5, Dichte 2,66–2,90 g/cm^3; tafelige, biegsame Kristalle in feinschuppigen oder plattig-strahligen Aggregaten oder derbe, dichte, lagenförmig in metamorphen Schiefern auftretende Massen **(Agalmatolith, Pagodit),** auch in hydrothermalen Gängen. Verwendung als Füllstoff und Rohstoff in der keram. und Papierindustrie, auch für Bildschnitzereien.

Pyrophyten [griech. phytón ›Pflanze‹], *Sg.* **Pyrophyt** *der, -en,* Pflanzen, die zu ihrer Verjüngung auf die Einwirkung von Feuer angewiesen sind. Hierzu gehören zahlr. Arten der wechselfeuchten Tropen und Subtropen. Austral. Silberbaumgewächse (z.B. Banksia) und Myrtengewächse (z.B. Calothamnus) besitzen verholzte Früchte, die sich von allein nicht öffnen, sondern ihre Samen erst nach Feuereinwirkung entlassen. Ferner gibt es gegen Feuer widerstandsfähige Pflanzen, die eine feuerresistente Borke besitzen (z.B. Arten aus der Gattung Eukalyptus).

Pyropissit [zu griech. píssa ›Pech‹, ›Teer‹] *der, -s/-e,* →Kohle.

Pyrosis [griech. pýrōsis ›das Brennen‹, ›die Entzündung‹] *die, -,* das →Sodbrennen.

Pyrosomida [zu griech. sõma ›Leib‹], die →Feuerwalzen.

Pyrostilpnit [zu griech. stilpnós ›glänzend‹] *der, -s/-e,* Mineral, →Rotgültigerz.

Pyrotechnik, Technik der Herstellung von Feuerwerkskörpern, die ›Vergnügungs- oder techn. Zwecken dienen und in denen explosionsgefährl. Stoffe oder Stoffgemische **(pyrotechnische Sätze)** enthalten sind, die dazu bestimmt sind, unter Ausnutzung der enthaltenen Energie Licht-, Schall-, Rauch-, Nebel-, Heiz-, Druck- oder Bewegungswirkungen zu erzielen‹ (Sprengstoffgesetz i.d.F.v. 17. 4. 1986, voraussichtl. Novellierung 1998, das in Dtl. auch den Umgang mit pyrotechn. Mitteln regelt). – **Feuerwerkskörper** werden nach dem Grad ihrer Gefährlichkeit in Feuerwerksspielwaren (z.B. Knallerbsen, Wunderkerzen), Kleinfeuerwerk, Mittelfeuerwerk (Gartenfeuerwerk) und Großfeuerwerk unterteilt. Für die Verwendung von Mittel- und Großfeuerwerk ist eine spezielle Erlaubnis erforderlich. Feuerwerkskörper enthalten einen Feuerwerkssatz in einer Umhüllung aus Pappe, Kunststoff u.a. Die Feuerwerkssätze bestehen aus Oxidationsmitteln, Brennstoffen und je nach Verwendungszweck aus anderen Bestandteilen (z.B. Flammen färbende Stoffe, Bindemittel. Phlegmatisatoren, PVC-Pulver zur Überführung von Flammen färbenden Metallen in leicht verdampfbare Chloride). Zu den ältesten pyrotechn. Sätzen gehört das →Schwarzpulver, das v.a. für Raketentreibsätze und Anzündsätze verwendet wird. **Leuchtsätze** müssen hohe Verbrennungstemperaturen erreichen. Sie enthalten Nitrate als Oxidationsmittel und Brennstoffe, die feste Verbrennungsprodukte mit hohem Schmelzpunkt bilden (z.B. Magnesium, Aluminium). Farbiges Licht wird durch Alkali-, Erdalkali- und Kupfersalze erzeugt, z.B. Gelb mit Natriumnitrat oder Kryolith, Rot mit Strontiumoxalat, Grün mit Bariumnitrat. Metallfreie Leuchtsätze mit Chloraten als Oxidationsmittel und Harzen als Brennstoff werden z.B. als **bengalisches Feuer** verwendet. Brisante **Knallsätze,** die im Unterschied zu Schwarzpulver bereits ohne Verdämmung einen lauten Knall erzeugen, bestehen z.B. aus Aluminiumpulver und Kaliumperchlorat. **Pfeifsätze** erzeugen in einer einseitig geöffneten Hülse einen Pfeifton. Sie bestehen aus aromat. Carbonsäuren, Phenolen oder deren Salzen (z.B. Gallussäure, Natriumbenzoat, Kaliumdinitrophenolat) und Chloraten oder Perchloraten als Oxidationsmittel.

Geschichte: Pyrotechn. Stoffe sind in China und Indien bereits vor einigen 1000 Jahren verwendet worden. Schwarzpulver wurde vor über 1000 Jahren entdeckt. In dieser Zeit entstanden die ersten Feuerwerke. In Europa verbreitete sich die Feuerwerkskunst im ausgehenden MA. von Florenz aus an den Fürstenhöfen, wo bes. während der Barockzeit Raketen, Schnurfeuerwerke (eine Figur läuft durch den Rückstoß einer Rakete eine Schnur entlang), Feuerräder (Girandola) u.a. zur Krönung glanzvoller Feste im Freien gezündet wurden.

Pyroxene [zu griech. xénos ›Gast‹, ›Fremder‹] *Pl.,* wichtige Gruppe gesteinsbildender Minerale (z.T. auch als Augite bezeichnet), meist grün, braun bis schwarz; Härte nach MOHS um 6, Dichte 3–3,5 g/cm^3; Kristalle säulig bis stängelig, stets auch derb, eingewachsen und in Aggregaten. Die allgemeine Formel der monoklinen P. ist XYZ_2O_6; X = Ca, Na, K, Mg; Y = Mg, Fe^{II}, Fe^{III}, Al, Ti, selten Li, Mn; Z = Si, z.T. Al, Fe^{III}; die Formel der rhomb. P. ist $Y_2Si_2O_6$. – **Monokline P.** (früher auch **Klino-P.** gen.) sind: 1) **Klinoenstatit** (XY = Mg_2), **Klinoferrosilit** (XY = Fe_2), beide selten, in Ergussgesteinen; 2) Diopsidreihe: a) **Diopsid** (XY = CaMg) mit den Abarten **Chromdiopsid** (smaragdgrün, in Diamantlagerstätten), **Pigeonit** (ein Hochtemperatur-P.) und dem weit verbreiteten, grünlich grauen bis bräunlichen **Diallag** (in bas. Tiefengesteinen), b) **Hedenbergit** (XY = CaFe), schwarzgrün, in Magnetitlagerstätten, c) **Johannsenit** (XY = CaMn), braungrau, faserig; 3) Augitreihe: a) **Augit**

Pyrophyllit

Pyroxene: Augit, Kristalle

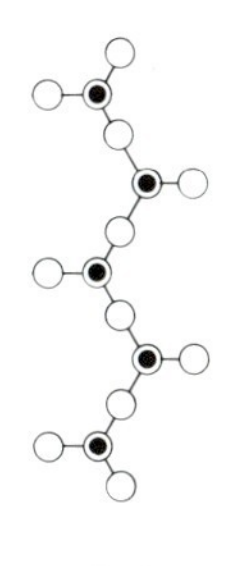

O = Sauerstoff

O + Si = Sauerstoff + Silicium (in der Projektion)

Pyroxene: Schnitte durch die Kettenstruktur, längs (oben) und quer zur c-Achse (unten)

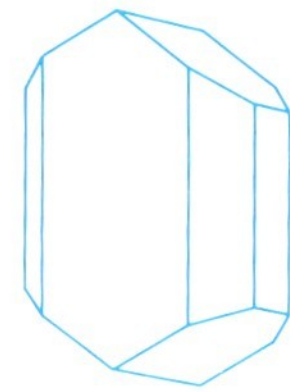

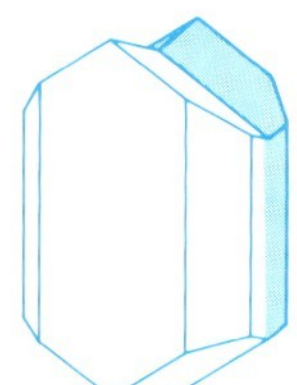

Pyroxene: oben prismatischer Einkristall; unten Zwilling

(XY = CaMg, z.T. sehr kompliziert zusammengesetzt), meist pech- oder grünlich schwarze kurzsäulige Kristalle, in Laven auch nadelförmig **(Porricin);** weit verbreitet als ›gemeiner‹ oder als ›basalt.‹ Augit (in Ergussgesteinen), b) **Fassait,** grün, kontaktmetamorph und auf Klüften, c) grüner, meist körniger **Omphacit** in Eklogiten; 4) **Spodumen** (XY = LiAl), trüb, farblos, aschgrau; Kristalle in Pegmatiten z.T. bis mehrere Meter groß (Edelspodumene: **Hiddenit, Kunzit**); 5) Jadeitreihe: a) **Jadeit** (XY = NaAl), lichtgrüne, zähe, feinfilzige Aggregate, sehr ähnlich dem dunkelgrünen **Chloromelanit,** b) **Ägirin, Akmit** (XY = NaFe), schwärzlich und rötlich braun, in Alkaligraniten und -syeniten. – Die **rhombischen P. (Ortho-P.)** sind Mischkristalle von $Mg_2Si_2O_6$ mit $Fe_2Si_2O_6$: a) **Enstatit** (0,5–34% FeO), grauweiß bis grünlich gelb, z.T. halbmetergroße Kristalle (in Pegmatiten), u.a. in Noriten und Gabbros, b) **Bronzit** (5–15% FeO), braun, grün; u.a. in Harzburgiten, Noriten und Meteoriten; durch Wasseraufnahme entsteht grüner **Schillerspat (Bastit),** c) **Hypersthen** (15–34% FeO), schwarzbraun, pechschwarz. Die rhomb. P. sind gesteinsbildend in bas. Tiefengesteinen, auch in Meteoriten.

Pyroxenite, *Sg.* **Pyroxenit** *der, -s,* Gruppe dunkler, ultrabas., feldspatfreier, v.a. aus →Pyroxenen bestehender Tiefengesteine; meist nach vorherrschender Pyroxenvarietät benannt.

Pyroxmangit *der, -s/-e,* Mineral, →Rhodonit.

Pyrrha, *griech. Mythos:* →Deukalion.

Pyrrhichius [griech., eigtl. ›den Waffentanz betreffend‹, zu pyrrhíchē ›Waffentanz‹] *der, -/...chii,* zweiteiliger Versfuß aus zwei Kürzen (◡◡), die durch Auflösung einer Länge entstanden sein können.

Pyrrhon, P. von Elis, griech. Philosoph, * Elis um 365 v.Chr., † ebd. um 275 v.Chr.; zunächst als Maler tätig, soll an den Feldzügen ALEXANDERS D. GR. nach Asien teilgenommen haben. P. begründete um 300 v.Chr. die pyrrhon. (ältere) Skepsis (→Skeptizismus). Er soll die Möglichkeit einer Erkenntnis des Wirklichen verneint haben, da jeder Behauptung nur eine subjektive Kenntnis von Erscheinungen zugrunde liege, Wertungen auf Konvention (Sitte, Gesetz) beruhen und somit ein Gleichgewicht (›isostheneia‹) der Gründe und Gegengründe gegeben sei. Darum forderte er einen Verzicht auf jegl. Urteil (›epoche‹). Für das prakt. Leben ergibt sich daraus für ihn die Gleichgültigkeit des Weisen gegen die Wechselfälle des Lebens, um Seelenruhe (→Ataraxie) und damit das Glück erreichen zu können. – P. lehrte nur mündlich, seine Lehren sind über die (nicht erhaltenen) Schriften seines Schülers TIMON VON PHLIUS (Hauptquelle: DIOGENES LAERTIOS) überliefert.

Pyrrhos, *griech. Mythos:* Sohn des Achill, anderer Name des →Neoptolemos.

Pyrrhos I., lat. **Pyrrhus,** König der Molosser (306–302 und 297–272 v.Chr.) und Hegemon von →Epirus, * 319 v.Chr., † (gefallen) Argos 272 v.Chr.; wuchs bei den Illyrern auf, die ihn 306 v.Chr. als König der Molosser einsetzten. 302 verlor er die Herrschaft an KASSANDER, erhielt sie aber 297 mithilfe PTOLEMAIOS' I. zurück. 287–284 gewann er die Herrschaft über Makedonien, Thessalien und Illyrien, die er im Kampf mit LYSIMACHOS 284 jedoch wieder verlor. 280 setzte er mit 25 000 Mann, von Tarent gegen Rom um Hilfe ersucht, nach Italien über und schlug die Römer 280 bei Herakleia (Lukanien) und 279 bei Ausculum (heute Ascoli Satriano) unter hohen eigenen Verlusten **(Pyrrhussieg).** 278–276 führte er auf Sizilien gegen Karthago Krieg, kehrte dann nach Italien zurück, wo er 275 von den Römern bei Benevent geschlagen wurde. 274 eroberte P. Makedonien zurück; 272 fiel er in Argos im Straßenkampf.

Pyrrhotin [zu griech. pyrrhótēs ›Feuerfarbe‹] *der,* Mineral, →Magnetkies.

Pyrrol [zu griech. pyrrhós ›feuerrot‹ und ...ol] *das, -s,* fünfgliedrige heterozykl. Verbindung mit einem Stickstoffatom im Ring; chloroformähnlich riechende, stark lichtbrechende Flüssigkeit, die bei längerem Stehen polymerisiert. Das Ringsystem des P. ist Bestandteil vieler biochemisch wichtiger Verbindungen (u.a. der Porphyrine und der Gallenfarbstoffe). Hydrierungsprodukte des P. sind das **Dihydro-P.** (früher **Pyrrolin**), das in drei Isomeren auftritt, von denen nur das 3-Dihydro-P. beständig ist, und das **Pyrrolidin** (Tetrahydro-P.), das für zahlr. Umsetzungen verwendet wird. Wichtige P.-Derivate sind →Methylpyrrolidon und →Vinylpyrrolidon.

Pyrus [lat.], der Birnbaum (→Birne).

Pyruvate [zu griech. pŷr ›Feuer‹ und lat. uva ›Weintraube‹], *Sg.* **Pyruvat** *das, -(e)s,* Salze und Ester der →Brenztraubensäure (Pyruvinsäure); sie treten v.a. bei Stoffwechselvorgängen als Zwischenprodukte physiolog. Ab- und Aufbauprozesse auf. Bei der →Glykolyse wird Pyruvat in der Säugetierzelle bei Sauerstoffmangel mithilfe des Enzyms Lactatdehydrogenase und des Coenzyms NAD zu Lactat reduziert. In Gegenwart von Sauerstoff geht P. unter Decarboxylierung in Acetyl-Coenzym A über, das im →Zitronensäurezyklus durch dessen Kopplung mit der →Atmungskette unter Energiegewinn (ATP) vollständig zu Kohlendioxid und Wasser abgebaut wird.

Pyrzyce [pi'ʒitsɛ], Stadt in Polen, →Pyritz.

Pyschma *die,* rechter Nebenfluss der Tura im Westsibir. Tiefland, Russland, 603 km lang, entspringt auf der O-Abdachung des Nördl. Urals und mündet unterhalb von Tjumen. Die P. wird dreimal gestaut und für die Flößerei genutzt.

Pyskowice [piskɔ'vitsɛ], Stadt in Polen, →Peiskretscham.

Pythagoras, griech. **Pythagoras,** Bildhauer aus Samos, vermutlich Anfang des 5. Jh. v.Chr. nach Rhegion (heute Reggio di Calabria) in Unteritalien ausgewandert. Literarisch überliefert sind von ihm v.a. Statuen in Heiligtümern in Magna Graecia sowie Siegerstatuen in Olympia und Delphi.

Pyrrhos I. (Marmorbüste; römische Kopie nach einem Original des frühen 3. Jh. v.Chr.; Neapel, Museo Archeologico Nazionale)

Pythagoras, P. von Samos, griech. **Pythagoras,** griech. Philosoph, * Samos um 570 v.Chr., † Metapont (?) um 500 v.Chr. P. soll die Naturphilosophen ANAXIMANDER und PHEREKYDES gehört haben und durch Ägypten und Babylonien gereist sein. Er ging 532/531 angeblich wegen seiner Ablehnung der polit. Verhältnisse unter dem Tyrannen POLYKRATES nach Unteritalien und gründete in Kroton die nach ihm benannte Gemeinschaft der →Pythagoreer. Polit. Gegner sollen ihn aus Kroton vertrieben haben. – P., um dessen Leben sich zahlr. Legenden ranken, galt seinen Schülern als der vollkommene Weise und soll schon zu Lebzeiten göttl. Verehrung (als Inkarnation Apolls) genossen haben. Da er seine Lehre nicht schriftlich niederlegte, ist nur wenig von dem, was ihm später zugeschrieben wurde, als authentisch erwiesen (so die Auffassung von der Bedeutung der Zahl in Dingwelt und Musik, die Lehre von der Seelenwanderung). Vermutlich geht der Satz ›Alles ist Zahl‹ auf ihn zurück; der ›Satz des P.‹ (→pythagoreischer Lehrsatz), den PROKLOS P. zuschreibt, ist dagegen älteren Ursprungs.

E. BINDEL: P. Leben u. Lehre in Wirklichkeit u. Legende (1962); JAMBLICHOS: P., hg. v. M. VON ALBRECHT (Zürich 1963, griech. u. dt.); E. STROHL: Pythagore. Perennité de sa philosophie (Paris 1968).

Pythagoreer, die Anhänger der Philosophie des PYTHAGORAS VON SAMOS; i. e. S. Mitglieder der von diesem gegründeten religiös-polit. Gemeinschaft in Kroton, der bald weitere Gemeinschaften in Unteritalien (z. B. in Metapont, Tarent, Lokroi) folgten. Mitte des 5. Jh. v. Chr. wurden die der Aristokratie nahe stehenden P., Ende des 5. Jh. nunmehr die P., die gegen die Tyrannis (DIONYSOS I.) für eine gemäßigte Demokratie Partei ergriffen, aus Unteritalien mit Ausnahme von Tarent vertrieben. Bald nach 350 v. Chr. gab es in Unteritalien keinen Bund der P. mehr. Eine Wiederbelebung des Pythagoreismus erstrebten seit dem 1. Jh. v. Chr. die →Neupythagoreer. – Die bedeutendsten P. sind: PHILOLAOS, ARISTOXENOS und ARCHYTAS VON TARENT, EURYTOS, HIPPODAMOS VON MILET, HIPPASOS VON METAPONT, EKPHANTOS, HIKETAS und ALKMAION VON KROTON. – Die strengen Vorschriften des P.-Bundes beruhen auf der Annahme, dass das Ziel des Menschen im Nachvollzug der göttl. (Welt-)Ordnung bestehe, dass diese mathemat. Natur sei und dass man sie nur erkennen könne, wenn die Seele zur Aufnahme der Weisheit (›sophia‹) befähigt werde. Reinigung und asket. Übungen des Körpers stärken die durch die Bindung an diesen getrübte Erkenntnisfähigkeit der Seele. Aufgrund dieser Wechselwirkung zw. Seele und Körper kann der ›Philosophos‹ (›derjenige, der die Weisheit liebt‹; von den P. geprägter Begriff) sein Ziel durch Einhaltung von Verhaltensregeln, die gleichzeitig Grundlage des Zusammenlebens sind, erreichen. Die Seele ist unsterblich und gehört der Region des Göttlichen an; nach dem Tod des Menschen geht sie seinem sittl. Wert entsprechend in ein anderes Wesen ein. – Aus der Gliederung in ›Politiker‹, die ein öffentl. Amt bekleideten und deshalb bestimmte Vorschriften des Bundes nicht einzuhalten brauchten, und ›Theoretiker‹ ging vermutlich die spätere Einteilung und Spaltung in ›Akusmatiker‹ (›Hörer‹ des engeren Kreises), die das Wissen ihres Meisters PYTHAGORAS nur rein bewahren und tradieren wollten, und ›Mathematiker‹ hervor, die unter Führung des HIPPASOS die Lehre weiterentwickelten. – Nur schwer lässt sich die Lehre der P. einzelnen Personen mit Sicherheit zuordnen. Da das Wissen Grundlage des polit. Handelns war, wurde es geheim gehalten. Ihre (wahrscheinlich auf PYTHAGORAS selbst zurückgehende) Lehre, dass Harmonien auf Zahlenverhältnissen beruhen, dass die Bewegungen der Gestirne sich in Zahlen ausdrücken und rechtwinklige Dreiecke sich mithilfe der Zahlen 3, 4 und 5 (als Seitenlängen) erzeugen lassen, führte zu der Annahme, dass das Wesen aller Dinge in der Zahl bestehe, und somit zu Spekulationen über die ›Wesenszahl‹ der Lebewesen, andererseits auch zur Auseinandersetzung mit ernsthaften mathemat. und geometr. Problemen (→griechische Mathematik). – In der Kosmologie sind die Theorien, mit denen die P. die Phänomene entgegen dem Augenschein deuteten und der Erde ihre Vorrangstellung in der Mitte der Welt nahmen, der Beginn einer revolutionären Entwicklung der Astronomie (→griechische Astronomie). – In der Musiktheorie führte die Entdeckung einfacher Proportionen in den wichtigsten konsonanten Intervallen (Oktave 2 : 1, Quinte 3 : 2, Quarte 4 : 3) zur mathemat. Berechnung des Tonsystems (z. B. Ganzton 9 : 8, Terz 81 : 64, kleiner Halbton 256 : 243, großer Halbton 2 187 : 2 048). – Die Nachwirkung der P. ist im Einzelnen nicht genau bestimmbar. Zahlr. P. standen in enger Verbindung mit den Philosophenschulen in Athen. Die ältere Akademie und der Mittelplatonismus (→Platonismus) lehnten sich eng an die P. an.

E. FRANK: Plato u. die sogenannten P. (1923, Nachdr. 1962); W. BURKERT: Weisheit u. Wiss. Studien zu Pythagoras ... (1962); I. LÉVY: Recherches esséniennes et pythagoriciennes (Genf 1965); J. A. PHILIP: Pythagoras and early Pythagoreism (Toronto 1966, Nachdr. ebd. 1968); R. HAASE: Gesch. des harmonikalen Pythagoreismus (Wien 1969); B. L. VAN DER WAERDEN: Die P. (Zürich 1979).

Pyrrol

3-Pyrrolin

Pyrrolidin

Pyrrol

pythagoreischer Lehrsatz [nach PYTHAGORAS VON SAMOS], **Satz des Pythagoras,** grundlegender Lehrsatz der Geometrie, der besagt, dass in einem rechtwinkligen Dreieck die Summe der Kathetenquadrate gleich dem Hypotenusenquadrat ist. Sind a und b die Katheten und c die Hypotenuse, so gilt: $a^2 + b^2 = c^2$. Der p. L. ist gleichbedeutend mit dem →Höhensatz und dem →Kathetensatz. Der →Kosinussatz ist die Verallgemeinerung des p. L. auf nichtrechtwinklige Dreiecke. Auch die Umkehrung des p. L. gilt: Sind a, b und c positive reelle Zahlen mit $a^2 + b^2 = c^2$, so ist das entsprechende Dreieck mit den Seiten a, b und c rechtwinklig. Speziell nennt man natürl. Zahlen a, b und c mit $a^2 + b^2 = c^2$ auch **pythagoreische Zahlentripel.** Sind m und n natürl. teilerfremde Zahlen, für die $m > n$ und $m - n$ ungerade ist, so bilden $a = m^2 - n^2$, $b = 2mn$ und $c = m^2 + n^2$ ein pythagoreisches Tripel, z. B. (3, 4, 5) für $m = 2$ und $n = 1$ (→fermatsche Vermutung).

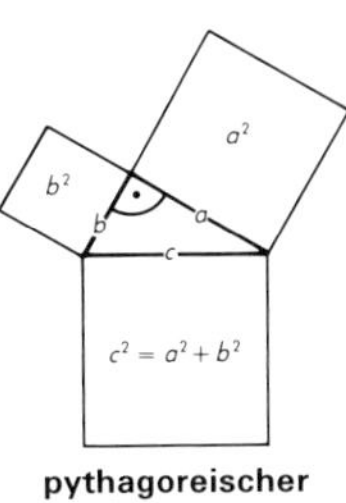

pythagoreischer Lehrsatz

Für den p. L. sind mehr als 100 Beweise bekannt. Er zählt zum ältesten geometr. Wissen der Menschheit: Bereits auf babylon. Keilschrifttafeln (2000–1500 v. Chr.) finden sich Tabellen mit pythagoreischen Tripeln, die vermutlich zur Konstruktion rechter Winkel dienten. Welche Rolle PYTHAGORAS und die Pythagoreer im Zusammenhang mit dem p. L. gespielt haben, lässt sich nicht vollständig klären: PROKLOS berichtet mit einem skept. Unterton, dass ›diejenigen, die das Altertum erforschen wollen‹, den p. L. auf PYTHAGORAS zurückführten. EUKLID gibt in seinen ›Elementen‹ (Buch 1, 47) einen Beweis des p. L. (in Buch 1, 48 einen für dessen Umkehrung).

W. LIETZMANN: Der p. L. (Leipzig [9]1968).

Pythagorion, Hafenort an der SO-Küste von Samos, Griechenland, 1 400 Ew.; Fremdenverkehr; Flughafen der Insel. – P. liegt an der Stelle der antiken Stadt **Samos,** bedeutende Reste der archaischen und hellenist. Stadtmauer. Der von EUPALINOS, Sohn eines Mannes aus Megara, im Auftrag von POLYKRATES zum Zweck der Wasserversorgung durch einen Berg getriebene Tunnel, den HERODOT als bedeutende Ingenieurleistung erwähnt, wurde freigelegt. Ausgrabungen fanden auch in dem in der antiken Welt berühmten, westlich der Stadt gelegenen Heraion statt. Eine Kultstätte (Altar) lässt sich hier seit vorgeschichtl. Zeit nachweisen; zahlr. archaische Votivfunde einheim. Werkstätten sowie Kleinfunde aus dem gesamten Mittelmeerraum und Vorderasien. Der mehrfach erneuerte Heratempel wurde für die Entwicklung des griech. Tempelbaus entscheidend: der ›Hekatompedos II‹ (um 670 v. Chr.) besaß die erste echte Ringhalle. Dieser musste um die Mitte des 6. Jh.

v. Chr. einem Neubau mit riesigem Ausmaß weichen (Dipteros, etwa 52,50 m × 105 m), der als Weltwunder galt; bald wegen Baufälligkeit abgetragen. Der daraufhin unter POLYKRATES um 530 v. Chr. begonnene, nochmals vergrößerte Neubau wurde nie fertig gestellt; Wahrzeichen des Heraion ist eine einzelne, noch über 11 m hohe Säule. In der frühen röm. Kaiserzeit erlebte das Heiligtum eine Nachblüte. Von dem einst reichen Statuenschmuck des Heiligtums zeugen eine Anzahl archaischer Bildwerke, darunter der gut erhaltene Torso eines etwa 5 m hohen Kuros (um 570/560; Archäolog. Museum von Samos) und die aufgereihte Gruppe des →GENELEOS (ebd. und Berlin). Im archäolog. Museum von P. u. a. Grabstelen und ein vorzügl. Augustuskopf. Der Palast des AUGUSTUS wurde nicht gefunden, der des POLYKRATES wird mit dem Grabungsgelände bei der Festungsruine in nachbyzantin. Stil (frühes 19. Jh.) identifiziert.

H. KYRIELEIS: Führer durch das Heraion von Samos (Athen 1981); H. WALTER: Das griech. Heiligtum. Dargestellt am Heraion von Samos (1990).

Pytheas, P. von Massalia, griech. **Pytheas,** griech. Seefahrer, Geograph und Astronom der 2. Hälfte des 4. Jh. v. Chr.; unternahm um 330 v. Chr. eine Reise von Massalia (heute Marseille) nach Spanien, nach →Thule, nach Mittelnorwegen und zur Dt. Bucht und lieferte die ersten Informationen über die nordwestl. Gebiete Europas. Er führte Messungen der Sonnenhöhe mit dem →Gnomon zur Bestimmung der Dauer der längsten Tage (und damit der geograph. Breite) an versch. Orten aus und stellte die Lage des Himmelsnordpols genauer fest. Von ihm stammen die ersten exakten Angaben über die Gezeitenbewegungen, als deren Ursache er bereits den Mond ansah. Von seinen Reisebeschreibungen, die er unter dem Titel ›Vom Ozean‹ griechisch verfasste, sind nur Bruchstücke (so bei PLINIUS und STRABO) erhalten.

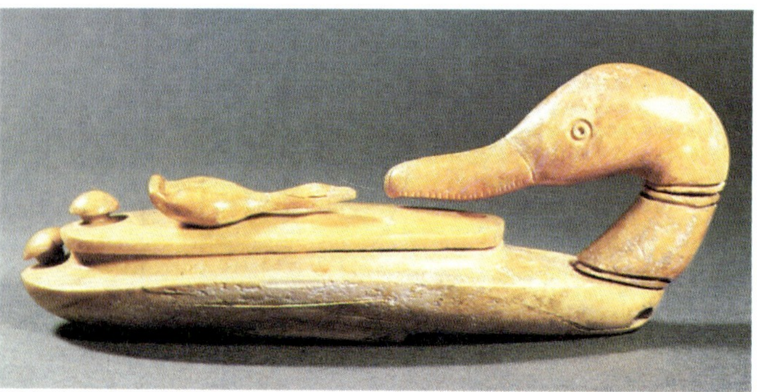

Pyxis: Pyxis in Form einer schwimmenden Ente mit einem Jungtier auf dem Rücken, aus Khamid-el-Loz, Libanon; Länge 16 cm, 2. Hälfte des 2. Jt. v. Chr.

Pytheos, griech. Architekt des 4. Jh. v. Chr. in Ionien; erbaute mit →SATYROS das Mausoleum von Halikarnassos (370–330 v. Chr.) und den Athenetempel von Priene (350–330 v. Chr.); beide verfassten eine Schrift über die Bauten (von VITRUV benutzt).

Pythia, griech. **Pythia,** *griech. Mythos:* Prophetin des Orakels in →Delphi.

Pythische Spiele, Pythi|en, zu den panhellen. Spielen gehörende Wettkämpfe, die zu Ehren Apolls und des von ihm besiegten und getöteten Drachen Python in Delphi veranstaltet wurden. Den Beginn der urspr. alle acht Jahre ausgetragenen P. S. kennt man nicht. Seit 582 v. Chr. wurden sie wie die Olymp. Spiele alle vier Jahre (im 3. Jahr der jeweiligen Olympiade) durchgeführt. Ausgetragen wurden die P. S. bis um die Zeitenwende. (→antike Festspiele)

Python, *griech. Mythos:* Drache, der in Delphi das Orakel seiner Mutter Gaia bewachte; er wurde von Apoll getötet.

Pythonschlangen: Netzpython (Länge bis 9 m)

Pythonschlangen [nach dem Drachen Python], **Pythoninae,** Unterfamilie der Riesenschlangen mit etwa 21 Arten in Afrika, Indien, SO-Asien bis Neuguinea und Australien. P. sind vorwiegend dämmerungs- und nachtaktiv, ihre Nahrung besteht v. a. aus Säugetieren und Vögeln, die durch Umschlingen getötet werden. Die Fortpflanzung erfolgt durch Eier, die vom Weibchen bis über zwei Monate lang bei erhöhter Körpertemperatur bebrütet werden. Der **Netzpython** (**Netzschlange, Gitterschlange,** Python reticulatus) in SO-Asien wird bis 9 m lang, der **Tigerpython** (Python morulus) in S-Asien 8 m, der **Felspython** (Python sebae) in Afrika 7 m und der **Rautenpython** (Morelia argus) in Australien und Neuguinea bis 3,7 m lang. Da die Haut der P. durchweg schön gezeichnet ist, sind sie begehrte Schlangenlederlieferanten. Einige Arten (Felsenpython, Netzpython, Tigerpython) werden stark verfolgt, der Tigerpython ist in weiten Bereichen seines Verbreitungsgebietes bereits ausgerottet.

Pyu, der tibetobirman. Sprachgruppe zugehörige, dem Birmanischen sehr nahe stehende Sprache; im 14. Jh. ausgestorben. Die Inschriften in einer Variante eines ind. Schriftsystems konnten mit der viersprachigen Myazedi-Inschrift von 1113 (→birmanische Sprache und Literatur) entziffert werden.

Pyurie [zu griech. pȳon ›Eiter‹ und oũron ›Harn‹] *die, -/...'ri|en,* Ausscheidung von Eiter im Harn; Symptom bei eitrigen Entzündungen der ableitenden Harnwege, bes. des Nierenbeckens und der Prostata.

Pyxis [griech. ›Büchse aus Buchsbaumholz‹] *die, -/...'xiden* und *...'xides,* kleine runde Dose mit Deckel zur Aufbewahrung von Kosmetika und Schmuck in der Antike. Im MA. aus Holz, Metall, Elfenbein u. a. gearbeitet, diente die P. zur Aufbewahrung von Reliquien, später auch von Hostien.

Pyxis, lat. Bez. für das Sternbild →Kompass.

p-Zustand, quantenmechan. Einteilchenzustand (z. B. eines Elektrons in einem Atom, **p-Elektron**), dessen Drehimpuls durch die Bahndrehimpulsquantenzahl $l = 1$ gekennzeichnet wird. – Ein Mehrelektronenzustand, der durch die Gesamtbahndrehimpulsquantenzahl $L = 1$ charakterisiert ist, wird als **P-Zustand** bezeichnet.

Q

Q, 1) der siebzehnte Buchstabe des dt. Alphabets u.a. Alphabete (der sechzehnte des lat.). Im Griechischen (vor folgendem o und u) sowie im Altlateinischen (vor o und u) bezeichnete es den stimmlosen velaren Verschlusslaut [k]. Von der Verwendung vor Hinterzungenvokalen im altröm. Alphabet leitet sich die Schreibung qu (qv) in klass. Zeit her, nach deren Vorbild in zahlr. europ. Sprachen qu mit den Lautwerten [kv], [kw] und [ku̯] steht; im Französischen, im Spanischen sowie im Portugiesischen vor e und i hat qu den Lautwert [k]. Im Albanischen begegnet q [kj] allein.

2) Q oder **Q.,** röm. Abk. für lat. **Q**uintus, **Q**uirinus, **q**uaestor (→Quästor).

3) *Formelzeichen:* Q (oder q) für elektr. Ladung (→Elektrizität), Q für →Blindleistung, →Lichtmenge und →Wärmemenge.

4) *Mathematik:* $\mathbb{Q}$, Zeichen für die Menge der →rationalen Zahlen.

5) *Münzwesen:* **Q,** Kennbuchstabe auf frz. Münzen für Châlons-sur-Marne bis 1572, Narbonne bis 1710 und danach für Perpignan bis 1837.

6) *Physik:* **q** Symbol für ein Quark (→Quarks).

Qaanaaq [k-], dän. **Thule,** Siedlung an der W-Küste Grönlands, bei 77° 30′ n. Br., etwa 600 Ew. – Gegr. 1953 durch Umsiedlung der Eskimo von →Dundas (Dundas geht auf die 1910 von K. RASMUSSEN angelegte Station Thule zurück, die Ausgangspunkt der sieben Thule-Expeditionen war).

Qadiriyya [k-] *die,* islam. Bruderschaft; benannt nach ABD AL-QADIR AL-DJILANI († 1166); eine der frühesten und am weitesten verbreiteten Sufi-Bruderschaften, trug maßgeblich zur Ausbreitung des Islam bei. Ausgehend vom Irak, verbreitete sich die Q. im 14./15. Jh. im Gebiet des Fruchtbaren Halbmonds, dann auf der Arab. Halbinsel und im Maghreb und im 19. Jh. im subsahar. Afrika und in Malaysia. In Algerien spielte sie unter →ABD EL-KADER eine führende Rolle im Kampf gegen die frz. Kolonialmacht.

Literatur →Derwischorden

Qaidambecken [ˈtʃai̯-; mongol. Qaidam ›Salzsumpf‹], früher **Tsaidambecken, Zaidambecken** geschrieben, abflusslose Beckenlandschaft im NO Tibets, China, in der Prov. Qinghai, vom Altun Shan (im NW), Kunlun Shan (im S) und Richthofengebirge (im NO) begrenzt, etwa 220 000 km², Hauptort ist Golmud. Das Q. liegt im NW 3 000 m ü. M. und senkt sich nach SO auf 2 600 m ü. M.; im Zentrum ist es Wüste und Wüstensteppe, im O gibt es viele Salzseen (Salzgewinnung) und -sümpfe. Bei Lenghu wird Erdöl gefördert (seit 1954), bei Golmud Kalisalz abgebaut; außerdem bestehen Bauxit-, Eisenerz- und Buntmetallerzvorkommen.

Qalam [k-], *islam. Kultur* und *Theologie:* →Kalam.

Qalat [k-], Stadt in Afghanistan, →Kalat.

Qanat [k-, arab.], Bewässerungssystem, →Kanat.

Qantas Airways Ltd. [ˈkwɔntæs ˈeəweɪz ˈlɪmɪtɪd], austral. Luftverkehrsgesellschaft, gegr. 1920 als Queensland and Northern Territory Aerial Services (QANTAS), 1934 umbenannt in Qantas Empire Airways unter 49-prozentiger Beteiligung des brit. BOAC-Vorläuferunternehmens Imperial Airways, 1946 nationalisiert, heutiger Name seit 1967, 1993 Übernahme von Australian Airlines; Sitz: Sydney. Das Streckennetz umfasst sämtl. Kontinente außer Lateinamerika. Q. A. Ltd. beförderte 1995 mit 91 Flugzeugen und 21 600 Beschäftigten rd. 15 Mio. Passagiere. (BILD S. 650)

Qanun [k-], *arab. Musik:* →Kanun.

Qaqortoq [k-], dän. **Julianehåb** [-ˈhɔːb], Stadt in S-Grönland, 3 400 Ew.; Fischerei, Hafen, Flugplatz. – Gegr. 1774.

Qaraghandy [k-], Stadt in Kasachstan, →Karaganda.

Qasigiannguit [k-], dän. **Christianshåb** [kresdjansˈhɔːb], Siedlung an der W-Küste Grönlands, an der Diskobucht, 1 600 Ew.; Fischereihafen, Garnelenkonservenfabrik. – Gegr. 1734.

Qasr Amra [kasr-], Jagdschloss (UNESCO-Weltkulturerbe) bei Amman, →Kusair Amra.

Qatar [k-], das Emirat →Katar.

Qathlamba [k-], die →Drakensberge im südl. Afrika.

Qattara [k-], Depression in Ägypten, →Kattarasenke.

QbA [kubeˈɑ], **QbA-Wein,** →Qualitätswein.

QC [Abk. für engl. **q**uick **c**hange ›schneller Wechsel‹], Kennbuchstaben für Sonderausführungen von Verkehrsflugzeugen, die sich in kurzer Zeit vom Passagier- zum Fracht- oder Postflugzeug und umgekehrt umrüsten lassen.

QCD, Abk. für →**Q**uanten**c**hromo**d**ynamik.

QED, Abk. für →**Q**uanten**e**lektro**d**ynamik.

q.e.d., Abk. für →**q**uod **e**rat **d**emonstrandum.

Qeqertarsuaq [k-], dän. **Godhavn** [ˈgoðhau̯n], Stadt in W-Grönland, an der S-Spitze der Insel Disko, 1 100 Ew.; Arktisstation der Univ. Kopenhagen.

QFD, Abk. für →**Q**uanten**f**lavour**d**ynamik.

Q-Fieber, Balkanfieber, Balkangrippe, Krimfieber, Pneumorickettsiose, Queenslandfieber [ˈkwiːnzlənd-], meist akut und überwiegend gutartig verlaufende, zu den Rickettsiosen gehörende, weltweit verbreitete, meldepflichtige Zoonose, die durch Coxiella burneti hervorgerufen wird. Sie tritt v.a. bei Rindern, Schafen, Ziegen und vielen Wildtieren auf und wird von diesen auf den Menschen übertragen. Die Erreger gelangen durch Einatmen infizierter verstäubter tier. Ausscheidungen, Genuss infizierter Milch oder Zeckenstiche in den Körper. Nach etwa dreiwöchiger Inkubationszeit kommt es zu hohem Fieber, grippeartigen Symptomen, Lungenentzündung und Durchfällen. Die *Behandlung* erfolgt medikamentös mit Antibiotika. Die Krankheit trat urspr. nur in Australien (Queensland) auf.

Q-Gruppen, im Sprechfunkverkehr benutzte, meistens aus drei Großbuchstaben (mit Q beginnend) bestehende Kombinationen z.B. zur Beschreibung von Höhenmessereinstellungen (QNH, QFE, QFF) und Peilungen (QTE, QDR, QDM).

Qi [tʃi; chin. ›Dunst‹, ›Äther‹, ›Stoff‹], **Ch'i,** in China vieldeutiger, zentraler Begriff in der Philosophie und traditionellen Naturwissenschaften sowie in der Medizin, der seit dem 2. Jh. v. Chr. zunehmend Bedeutung gewann. Außer als Oberbegriff für alle Ge-

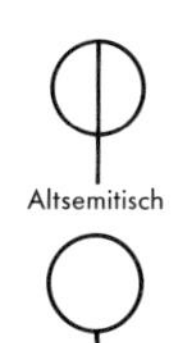
Altsemitisch

Altgriechisch (archaisch)

Römische Kapitalschrift

Unziale

Karolingische Minuskel

Textur

Renaissance-Antiqua

Humanistische Kursive

Fraktur

Klassizistische Antiqua

Egyptienne

Grotesk

Qantas Airways Ltd.

staltungskräfte in der belebten und unbelebten Natur steht er in der philosoph. Terminologie v.a. seit dem 10. Jh. entweder für eine monistisch sich selbst formende oder für eine dualistisch vom Strukturprinzip →Li vielfältig geformte Materie.

Qi [tʃi], **Ch'i, Ts'i, 1)** Name eines altchin. Lehnsstaates im Gebiet der heutigen Prov. Shandong zur Zeit der Zhoudynastie, stieg dank seiner Lage am Meer v.a. durch den Salzhandel im 7. Jh. v. Chr. zur führenden wirtschaftl. und dann auch polit. Macht Chinas auf (Fürstenbund mit dem Staat Jin im südl. Shanxi, →China, Geschichte); 221 v. Chr. durch den Weststaat →Qin annektiert.

2) (Südliche) Qi, Teildynastie in S-China zur Zeit der ›Ersten Trennung in Nord und Süd‹, regierte 479–502 in der Hauptstadt Nanking.

3) Nördliche Qi, Teildynastie in N-China zur Zeit der ›Ersten Trennung in Nord und Süd‹, regierte 550–577 beim heutigen Changde.

Qiang [tʃjaŋ], **K'iang, Ch'iang, 1)** in frühen chin. Texten verwendete Sammel-Bez. für Hirtenvölker, die im 1. Jt. v. Chr. im W des damaligen China lebten. Aus ihnen entwickelten sich vermutlich die Tanguten, Tibeter, Naxi u. a. Völker.

2) tibetobirman. Volk in den Hoch- und Mittelgebirgen im NW von Sichuan, China, im Autonomen Kreis Maowen des Autonomen Bezirks Aba. Die etwa 100 000 Q. betreiben Ackerbau (Mais, Gerste, Kartoffeln) und Viehhaltung, daneben verschiedene Gewerbe, v. a. Frauen auch Stickerei.

Qianlong [tʃ-], **Ch'ien-lung** [tʃ-], Regierungsdevise (→Devise) des vierten Kaisers (1735–96, nach traditioneller Chronologie erst ab 1736) der Qingdynastie, offizieller Name (Tempelname) **Gaozong (Kaotsung),** persönl. Name **Hongli (Hung-li),** * 25. 9. 1711, † Peking 7. 2. 1799; nach KANGXI und YONGZHENG der Letzte der drei großen Mandschuherrscher, unter denen das chin. Reich seine kulturelle Blütezeit erlebte und seine heutige territoriale Gestalt erhielt (→China, Geschichte). 1796 dankte er ab, weil er nicht länger als sein Großvater KANGXI regieren wollte.

Qi Baishi [tʃi baɪʃi], **Ch'i Pai-shih** [tʃi baɪʃi], **Tsi Poschi,** chin. Maler, Holzschnitzer, * Xiangtan 1863, † Peking 16. 9. 1957. Beeinflusst durch die Individualisten der frühen Qinzeit, wie SHITAO, malte er Blumen, Vögel, Insekten; er war einer der bekanntesten chin. Maler des frühen 20. Jahrhunderts.

Q. B. Meister der Tuschmalerei (Peking 1990).

Qigong [tʃigʊŋ], **Chi Gong** [tʃɪ -], eine der chin. Tradition entstammende Heil- und Selbstheilmethode. Atem, Bewegung und Vorstellungskraft werden dabei methodisch eingesetzt, um die subtile Lebensenergie des Qi im Körper zu stärken, anzureichern und in bestimmte Richtungen zu lenken. Die Übungen werden bes. zur Verbesserung des Stoffwechsels, zur Stärkung des Kreislaufs, des Nervensystems und der Herztätigkeit angewendet.

Qilian Shan [tʃiljan ʃan] *der,* Gebirge in China, →Richthofengebirge.

Qin [tʃin, chin.] *das, -/-,* **Ch'in,** chin. Musikinstrument, das schon in den klass. Schriften des Altertums (z. B. im →Shu-jing) erwähnt wird, eine Wölbbrettzither ohne Bünde, mit fünf, später sieben Saiten, die als Begleitinstrument im Tempel und am Hof erklang. Zur Zeit des KONFUZIUS war das Q. bevorzugtes Soloinstrument gehobener Kreise. Spätestens in der Mingzeit (14.–17. Jh.) erfuhr das Q.-Spiel seine höchste Vollendung; es waren etwa 200 versch. Griff- und Anschlagsarten bekannt, die notwendig waren, um die spezif. Klangfarben, Artikulationen, Tonschwankungen und -stärkegrade hervorzubringen. Aus dem Q. entwickelte sich das jap. →Koto.

Qin [tʃin], **Ch'in, Ts'in, 1)** Name eines chin. Lehnsstaates in NW-China, gegr. um 900 v. Chr. im heutigen O-Gansu, mit größtenteils nichtchin. Bev.; unternahm, militärisch und wirtschaftlich stark, eine Eroberungspolitik, der bis 221 v. Chr. alle Lehnsstaaten und die Zhoudynastie zum Opfer fielen, sodass China als Einheitsstaat unter König ZHENG (als Kaiser QIN SHI HUANGDI) erstehen konnte, der die Staatenvielfalt des altchin. Feudalismus beendete. Nach der von QIN SHI HUANGDI begründeten **Dynastie Qin** (→China, Geschichte), die 221–206 v. Chr. herrschte, erhielt China seinen Namen.

2) Name von Teildynastien in N-China zur Zeit der ›Sechzehn Staaten‹: **Frühere Qin** (350–394), **Spätere Qin** (384–417) und **Westliche Qin** (385–431).

Qindar [k-; alban. ›ein Hundertstel‹] *der, -(s)/-ka,* kleine alban. Währungseinheit, 100 Qindarka = 1 Lek.

Qing [tʃiŋ, chin.] *das, -/-,* **Ch'ing,** ein bereits aus der Shangzeit belegtes chin. Lithophon, das sowohl einzeln als auch zu Klangsteinspielen zusammengestellt, mit bis zu 16 L-förmigen in einem Rahmen (zweireihig) aufgehängten Steinen, vorkommt. Das Q. gehört zum Bereich der Tempelmusik.

Qing [tʃiŋ], **Ch'ing, Ts'ing,** die Dynastie der Mandschukaiser in China, die letzte chin. Dynastie, begründet 1636, regierte 1644–1911/12 (→China, Geschichte); ihr letzter Herrscher war →PU YI.

Qingdao [tʃiŋ-], Stadt in China, →Tsingtau.

Qinghai [tʃiŋ-], **Chinghai,** Prov. in NW-China, nordöstlich an Tibet anschließend, 721 000 km², (1994) 4,74 Mio. Ew. (v. a. im O konzentriert), z. T. nat. Minderheiten (Tibeter, Mongolen, Kasachen, Hui), die in sechs autonomen Bez. wohnen, Hauptstadt ist Xining. Q. ist flächenmäßig die größte, jedoch nach Tibet die am schwächsten besiedelte Prov. Chinas. Q. ist v. a. ein Hochgebirgsland, das den NO des Hochlandes von Tibet (Hochland von Q., über 4 000 m ü. M.) mit eingelagerten Becken (Qaidambecken, Becken des Qinghai Hu) umfasst und auch an den Gebirgssystemen des Kunlun Shan und Richthofengebirges Anteil hat; es ist Quellgebiet von Hwangho, Mekong und Jangtsekiang, große Gebiete sind aber abflusslos (Salzseen). Q. hat wintertrockenes Kontinentalklima, sodass Hochgebirgssteppen und -wüsten vorherrschen; nur 2 % der Fläche sind bewaldet. Q. gehört zu den wirtschaftlich noch wenig entwickelten Prov. Chinas. Größte Bedeutung hat die Weidewirtschaft (Yak-, Schaf-, Kamel-, Pferdehaltung); in den Flusstälern nahe Xining sowie am S-Rand des Qaidambeckens Getreide- (Gerste, Hafer, Mais, Hirse) und Batatenanbau. Die reichen Bodenschätze werden nur z. T. genutzt (Förderung von Erdöl, Uranerz, Kohle, an den Salzseen Salzgewinnung). Die verarbeitende Industrie beschränkt sich auf die Verarbeitung landwirtschaftl. Produkte. Hauptverkehrswege sind die Eisenbahnlinie von Xining bis Golmud im Qaidambecken und die 1954 fertig gestellte Autostraße nach Lhasa.

Qinghai Hu [tʃiŋ- -], **Ching Hai Hu,** mongol. **Kuku Nụr** [›blauer See‹], auch **Kuku-nọr, Koko Nọr,** abflussloser Salzsee im NO der Prov. Qinghai, China, in einer von den südl. Randketten des Nanshan umschlossenen Senke, 3 200 m ü. M., mit einer Fläche von 4 200 bis 5 000 km² größter Endsee des Hochlandes von Tibet, bis 38 m tief.

Qinhuangdao [tʃinxwaŋdau̯], **Chinhuangtao, Chinwangtao,** Stadt in der Prov. Hebei, China, an der Bucht Bo Hai, 558 000 Ew.; ein Zentrum der chin. Glasproduktion; Stahl- und Schiffbau. Der Hafen von Q. (eisfreier Naturhafen) ist der zweitgrößte chin. Handelshafen (Gesamtumschlag 1995: 84 Mio. t), er dient v. a. der Erdöl- (1 152 km lange Pipeline von Daqing) und Kohleausfuhr (653 km lange Kohlebahn von Datong, Prov. Shanxi). Q. hat eine ökonom. und techn. Entwicklungszone, in der Auslandsinvestoren günstige Ansiedlungsbedingungen erhalten.

Qinling Shan [tʃinliŋ ʃan] *der,* **Tsinlingshan,** Gebirgssystem im mittleren China, die östl. Fortsetzung des Kunlun Shan, 1 550 km lang, höchste Erhebung ist der Taibai Shan (3 767 m ü. M.). Der Q. S. ist ein varisk. Faltengebirge, aus Graniten, Schiefern, Kalken und Sandsteinen aufgebaut; er bildet eine markante Klimascheide zw. dem gemäßigten N- und dem subtrop. S-China und die Wasserscheide zw. Hwangho und Jangtsekiang.

Qin Shi Huangdi [tʃin ʃi -; chin. ›Erster Göttlich Erhabener von Qin‹], **Ch'in Shih Huang-ti,** chin. Kaiser (221–210 v. Chr.), *um 259 v. Chr., †210 v. Chr.; trug als König (seit 246 v. Chr.) des nordwestchin. Staates Qin den Namen ZHENG und nahm 221 v. Chr. den Titel ›Göttlich Erhabener‹ (Huangdi) an, seitdem Selbst-Bez. der gesamtchin. Herrscher. Er unterwarf ganz China, das er mit der Ideologie des ›Legalismus‹ (bedeutendste Theoretiker →HAN FEIZI und →SHANG YANG) in einen zentralist. Einheitsstaat umwandelte (→China, Geschichte). 1974 wurde östlich von Lintong eine zu der gigant. Grabanlage des Kaisers gehörende Armee von mehreren Tausend unterird. Terrakottakriegern entdeckt (BILD →China); die Grabstätte selbst wurde noch nicht freigelegt.

Qiqihar [tʃi:tʃi:xa:r], **Tsitsikar, Chichihaerh,** 1913–47 **Lungkiang,** Stadt in der Prov. Heilongjiang, China, in der Mandschurei, in der fruchtbaren Ebene des Nen Jiang vor dem O-Fuß des Großen Chingan, 1,38 Mio. Ew.; wichtige Industriestadt mit Schwermaschinen-, Lokomotiv-, Waggon-, Motoren- und Kranbau, vielseitiger Nahrungsmittelindustrie sowie Papierproduktion; Eisenbahnknotenpunkt, Flusshafen. – Q. wurde 1681 gegründet.

Qirat [k-], arab. Längen-, Massen- und Flächeneinheit; →Kirat.

Qirsh [k-] *-/-es,* Währungseinheit von Saudi-Arabien, 1 Q. = 5 Hallalas, 20 Qirshes = 1 Saudi Riyal.

Qiu Ying [tʃiu jiŋ], **Ch'iu Ying,** chin. Maler, *Taitsang (Prov. Jiangsu) um 1500, †Suzhou nach 1552; wie sein Lehrer TANG YIN tätig als Berufsmaler. In der Figurenmalerei und den Landschaften im ›Blau-Grün-Stil‹ nahm er Traditionen der Tangzeit (LI SIXUN) wieder auf. Feine Pinselzeichnung, Liebe zum Detail und leuchtende, transparente Farben zeichnen seine Werke aus (›Kaiser Kuangwu, eine Furt durchreitend‹, Ottawa, National Gallery of Canada).

Qizil [k-], in Sinkiang, China, gelegenes Dorf mit buddhist. Höhlenklöstern, →Kizil.

Qizil Qala [k-], afghan. Flusshafen am Amudarja, →Kisil Kala.

Qocho [xotʃo], **Khocho, Kara Khoja, Chotscho, Chodjo, Chocho,** chin. **Gaochang,** zentralasiat. Ruinenstadt in der Oase Turfan, China; im 9. Jh. Hauptstadt des Königreiches der Uiguren **(Idiqutshari).** Es entstand eine vom Uigurentum geprägte Kultur, die v. a. dem buddhist. Kult diente, neben sich aber auch Nestorianer und den Manichäismus, dem das uigur. Königshaus angehörte, bestehen ließ. Neben Wandmalereien im buddhistisch-chin. Stil (Tangmalerei) sind auch manichäische Buchminiaturen – ebenfalls stilistisch chinesisch beeinflusst – erhalten.

A. VON LE COQ: Chotscho. Facsimile-Wiedergaben der wichtigeren Funde ... (1913, Nachdr. Graz 1979).

Qohelet [k-], Buch des A. T., →Kohelet.

Qollawayu [k-], Volksgruppe in Bolivien, →Callawaya.

Qosayr [koˈzeɪr], **Al-Q.,** ägypt. Hafenstadt, →Koseir.

Qostanaj [k-], Stadt in Kasachstan, →Kustanaj.

Q-Schale, bei →Atomen die zur Hauptquantenzahl $n = 7$ gehörende Energieschale der Elektronenhülle. Sie kann theoretisch 98 Elektronen aufnehmen, die größte tatsächlich erreichte Besetzungszahl ist jedoch nur 2 (bei Radium und bei den Actiniden).

Q-Schalter, der →Güteschalter.

Q-Technik, bes. in der *Persönlichkeitsforschung* angewendete Technik der Faktorenanalyse zur Ermittlung von Ähnlichkeiten zw. Versuchspersonen, die mit derselben Testserie untersucht wurden; die ermittelten Testdaten jeder Versuchsperson werden hierbei mit den Testdaten jeder anderen korreliert. Dadurch spiegelt die Matrix der Korrelation nicht (wie üblich) die Ähnlichkeiten von Testergebnissen wider, sondern die von Versuchspersonen, von denen die einander ähnlichsten als ›Typus‹ oder als ›Gruppe‹ erscheinen.

Quaddel [niederdt.] *die, -/-n,* **Urtika,** akute Hautreaktion in Form stecknadelkopf- bis handtellergroßer Ödeme, die als flache, weißl. oder rosafarbene, juckende Erhebung auftreten; sie gehören zu den primären Effloreszenzen und werden durch Reizwirkungen (Brennnesselgift, Insektenstiche) und allerg. Reaktionen (Nesselsucht) hervorgerufen, die zu einer meist nur kurzzeitig anhaltenden Erweiterung und erhöhten Durchlässigkeit der Kapillargefäße führen.

Quaden, lat. **Quadi,** elbgerman. Stamm, der zuerst 21 n. Chr. an der March bezeugt ist. Noch im 1. Jh. dehnte sich das quad. Siedlungsgebiet über Waag und Gran aus. Die nördlich des Donaulimes lebenden Q. gehörten zum Reich des MARBOD, standen vom 1. bis zum 3. Jh. in einem Klientelverhältnis zum Röm. Reich (u. a. bis 50 n. Chr. das Reich des quad. Herrschers VANNIUS), beteiligten sich aber maßgeblich an den →Markomannenkriegen (166–180). Im 4. Jh. wurden Q. und Sarmaten mehrfach von den Römern besiegt. Seit Anfang des 5. Jh. schlossen sich Teile der Q. den Wanderungen anderer Germanenstämme an. Die letzten Q. zogen wohl mit den Langobarden im 6. Jh. nach Italien.

Quader [aus mlat. quadrus (lapis) ›viereckiger (Stein)‹] *der, -s/-,* **1)** *Bauwesen:* Natur- oder Kunststein von prismat. Form, mit bruchrauen oder bearbeiteten Ansichtsflächen. Beim **Q.-Mauerwerk** werden die Q. nach festgelegtem Muster (Zeichnung) bearbeitet und zum Mauerwerk verbaut, wobei Q. mit geschliffenen Lagerflächen ohne Mörtel als Trockenmauerwerk gesetzt werden können.

2) *Geometrie:* vierseitiges gerades →Prisma, dessen sechs Begrenzungsflächen paarweise kongruente Rechtecke sind. Sind a, b und c die Kanten des Q., so haben alle Raumdiagonalen die Länge $d = \sqrt{a^2 + b^2 + c^2}$; das Volumen beträgt $V = abc$ (Produkt aus Grundfläche und Höhe des Q. über dieser Grundfläche), die Oberfläche ist $O = 2(ab + ac + bc)$. Sind alle Kanten des Q. gleich lang, spricht man von einem Würfel.

Quadersandstein, heller, grobkörniger, dickbankiger und steil geklüfteter Sandstein der Oberkreide, v. a. im Elbsandsteingebirge und in N-Böhmen; Randfazies (meist Wattablagerung) der ehem. Schutt liefernden Festländer; Baustein, z. B. für die Dresdner Barockbauten.

Will Quadflieg

Quadflieg, Will, eigtl. **Friedrich Wilhelm Q.,** Schauspieler, Rezitator und Regisseur, *Oberhausen 15. 9. 1914; 1937–44 in Berlin; 1947–64 Ensemblemitglied am Hamburger Schauspielhaus (später als Gast), ab 1948 in Zürich. Gastspiele an zahlr. Theatern sowie bei den Salzburger Festspielen (ab 1949; Titelrolle in ›Jedermann‹ 1952–59, Mephisto in ›Faust‹ 1962–64) und in Recklinghausen; mit einem eigenen Ensemble ›Die Schauspieltruppe‹ Tourneen im In- und Ausland. Spielt seit 1981 immer wieder am Hamburger Thalia Theater. Q., der als jugendl. Held begann, gehört zu den großen Charakterdarstellern. Glanzrollen: u. a. Clavigo (1942), Macbeth (1953, 1964), Faust (1957/58, Regie G. GRÜNDGENS, 1960 auch im Film), Marquis Posa (1962); in letzter Zeit (1987) bes. als Nat in HERB GARDNERS (*1934) ›Ich bin nicht Rappaport‹; daneben Film- (›Die Reise‹, 1986) und Fernsehrollen. Erinnerungen: ›Wir spielen immer‹ (1976).

Quad-in-line-Gehäuse [kwɔd ɪn 'laɪn -, engl.], Kurz-Bez. **QUIL-Gehäuse,** Gehäuse zum Verkappen integrierter Schaltungen, mit zwei Doppelreihen von Anschlussstiften, die dem Rastermaß von gedruckten Schaltungen angepasst sind. (→Dual-in-line-Gehäuse)

Quadragesima [lat. quadragesimus ›der vierzigste (Tag vor Ostern)‹] *die, -,* **Quadragesimalzeit,** *lat. Liturgie:* die mit Aschermittwoch beginnende 40-tägige Vorbereitungszeit vor Ostern; im kath. Messbuch für den dt. Sprachraum als **Fastenzeit,** in der luther. Agende als **Passionszeit** bezeichnet. (→Fasten)

Quadragesimo anno [lat. ›im 40. Jahr‹, d.h. nach der Enzyklika ›Rerum novarum‹], Sozialenzyklika Papst PIUS' XI. vom 15. 5. 1931. An →Rerum novarum anschließend betont Q. a. die Notwendigkeit gesellschaftl. Reformen im Sinne der Entwicklung einer sozialen Strukturpolitik, entfaltet das Subsidiaritätsprinzip der kath. Soziallehre und fordert in Ablehnung ungezügelter Durchsetzung von Einzelinteressen und zügellosem Wettbewerb von der Wirtschaft ein den Geboten sozialen Verhaltens und dem Prinzip der sozialen Gerechtigkeit verpflichtetes Handeln.

Quadrans [lat.] *der, -/...'rantes,* ein Viertel einer zwölfteiligen Skala. Als Masseneinheit galt bei den Römern: 1 Q. = $^1/_4$As = 3 Unciae = 81,87 g. In das röm. Münzsystem wurde diese Unterteilung übernommen, wobei der Q. in der Aes-grave-Periode auch eine Bronzemünze im Gewicht von 3 Unciae war. In der Kaiserzeit war der Q. die kleinste reichsröm. Bronzemünze, die aber nur bis in das frühe 2. Jh. geprägt wurde.

Quadrant [von lat. quadrans, quadrantis ›der vierte Teil‹] *der, -en/-en,* **1)** *Astronomie* und *Nautik:* historisches astronom. Instrument aus einem schwenkbaren Stab mit Visiereinrichtung, mit dem das Gestirn anvisiert wurde. An einem Viertelkreis mit Gradeinteilung wurde die Neigung des Stabes und damit die Höhe des Gestirns abgelesen. (→Mauerquadrant)

2) *Mathematik:* Teil einer Kreisfläche, der von zwei aufeinander senkrechten Radien begrenzt wird; auch jede der vier Teilebenen der durch ein rechtwinkliges Koordinatensystem zerlegten euklid. Ebene (→Koordinaten).

Quadrantiden *Pl.,* ein →Meteorstrom.

Quadrat [zu lat. quadrare ›viereckig machen‹] *das, -(e)s/-e,* **1)** *Mathematik:* 1) in der Geometrie ein Parallelogramm mit vier gleich langen Seiten und vier rechten Winkeln. Die Diagonalen des Q. stehen senkrecht aufeinander und halbieren sich gegenseitig. Außer diesen Diagonalen besitzt das Q. noch zwei weitere Symmetrieachsen, die Seitenhalbierenden. Ein Q. mit der Seitenlänge a hat den Flächeninhalt $a^2 = a \cdot a$, sein Umfang beträgt $4a$. Q.-Seite und -Diagonale bilden das einfachste Paar inkommensurabler Größen. 2) in der Arithmetik das Produkt einer Zahl mit sich selbst, die zweite Potenz oder Q.-Zahl.

2) *Messwesen:* Der Zusatz ›Q.‹ vor Längeneinheiten bezeichnet ein Q., dessen Seite gleich der Längeneinheit ist, z.B. Q.-Meter. Q. wurde in Dtl. mit q abgekürzt, früher auch □, z.B. □Rute. – In Frankreich wird die Flächeneinheit durch das der Längeneinheit nachgesetzte Wort **carré** bezeichnet, z.B. ›mètre carré‹, in den engl.-sprachigen Ländern durch das vorgesetzte Wort **square,** z.B. ›square meter‹. Internat. wird die Flächeneinheit durch die 2. Potenz der Einheit der Seitenlänge bezeichnet, z. B. m^2 = Quadratmeter.

Quadraten, *graf. Technik:* Blindmaterial (Ausschlussstücke, nicht druckende Zwischenräume) in Bleisatzschriften von 2, 3 und 4 Cicero Länge und einem dem Schriftgrad entsprechenden Kegel.

quadratische Form, ein Polynom aus maximal n^2 Ausdrücken $a_{ik}x_ix_k$, die sich durch paarweise Multiplikation von n reellwertigen, zu einem Zeilen- bzw. Spaltenvektor $\boldsymbol{x}$ zusammenfassbaren Variablen bzw. Koordinaten x_i ($i = 1, 2, ..., n$) ergeben, wobei die Koeffizienten a_{ik} die Elemente einer reellsymmetr. Matrix $A = (a_{ik})$ bilden. Ist $n = 2$, so spricht man auch von einer binären q. F., bei $n = 3$ von einer ternären usw.; d.h. eine n-äre q. F. ist ein homogenes Polynom vom Grad 2 in n Variablen. Mit derartigen q. F.

$$Q_n(\boldsymbol{x}, \boldsymbol{x}) = \langle \boldsymbol{x}, A\boldsymbol{x} \rangle = \sum_{i,k=1}^{n} a_{ik}\, x_i\, x_k$$

lassen sich Hyperflächen in einem n-dimensionalen Raum $\mathbb{R}^n$ beschreiben, z.B. Kegelschnitte im $\mathbb{R}^2$ durch eine Gleichung der Form $Q_2(\boldsymbol{x},\boldsymbol{x}) = \text{const.}$, Flächen zweiten Grades im $\mathbb{R}^3$ durch eine Gleichung der Form $Q_3(\boldsymbol{x},\boldsymbol{x}) = \text{const.}$ (→Quadrik). Das Hauptproblem der Theorie der q. F. besteht darin, eine Koordinatentransformation zu finden, die eine gegebene q. F. auf ihre einfachste Gestalt, eine Summe aus n Gliedern der Form $\lambda_i x_i^2$, bringt (Hauptachsentransformation). – Eine q. F. heißt **positiv definit,** wenn für alle $\boldsymbol{x} \neq 0$ $Q_n(\boldsymbol{x},\boldsymbol{x}) > 0$ gilt. Analog wird **negativ definit** festgelegt.

quadratische Gleichung, Gleichung zweiten Grades der Form $ax^2 + 2bx + c = 0$ mit $a \neq 0$. Dividiert man die Gleichung durch a, dann erhält man die q. G. in der **Normalform** $x^2 + px + q = 0$. Die allgemeine Form der beiden Lösungen ist

$$x_{1,2} = -\frac{p}{2} \pm \sqrt{\left(\frac{p}{2}\right)^2 - q}.$$

Den Ausdruck $\left(\frac{p}{2}\right)^2 - q = D$ nennt man die →Diskriminante der q. G.; ist $D > 0$, besitzt die Gleichung die beiden reellen Lösungen $-\frac{p}{2} \pm \sqrt{D}$, ist $D = 0$, gibt es nur die eine Lösung $-\frac{p}{2}$, ist $D < 0$, sind die Lösungen komplex.

Im allgemeinen Fall formt man den Term $x^2 + px + q$ folgendermaßen um **(quadratische Ergänzung):**

$$x^2 + px + q = \left(x + \frac{p}{2}\right)^2 - \left[\left(\frac{p}{2}\right)^2 - q\right]$$

(→binomische Formeln). Die q. G. lautet dann $\left(x + \frac{p}{2}\right)^2 = D$.

quadratischer Schematismus, *Baukunst:* →gebundenes System.

quadratisches Reziprozitätsgesetz, Satz der Zahlentheorie. Sind p und q Primzahlen größer als 2, so gilt:

$$\left(\frac{p}{q}\right) \cdot \left(\frac{q}{p}\right) = (-1)^{\frac{p-1}{2} \cdot \frac{q-1}{2}}$$

(die Klammern sind →legendresche Symbole). – Den ersten korrekten Beweis des q. R. lieferte 1801 C. F. GAUSS.

Quadratmalerei, als Touristenkunst moçambiquan. Emigranten in Daressalam entstanden (seit 1965), entwickelte sich durch internat. Anerkennung als ›Q.-Schule‹ zur wichtigsten Kunstrichtung von Tansania (seit 1972). Bedeutende Vertreter sind ihre Begründer EDUARDO TINGA TINGA (* 1937, † 1972) sowie JANNARY LINDA (* 1947), OMARI AMONDE (* 1945) und MRUTA (* 1952). Kennzeichnend sind das quadrat. Format (60 cm × 60 cm) der Bilder sowie Lackfarben. Als häufigste Motive kommen Tier- und Dorfszenen, Mythen, Legenden sowie soziale Themen vor.

Quadratmeile, frühere dt. Flächeneinheit, 1 Q. = 4 000 000 Quadratruten = 82,1198 km^2 (Sachsen),

1 dt. Q. = 56,2500 km², 1 geograph. Q. = 55,0629 km². In Österreich galt 1 Q. = 10 000 Joch = 57,5464 km².

Quadratnotation, *Musik:* →Choralnotation.

Quadratrix [lat.] *die, -,* eine von HIPPIAS VON ELIS eingeführte transzendente Kurve, die zur Dreiteilung des Winkels und zur Konstruktion der Kreiszahl π (und damit zur →Quadratur des Kreises; erstmals bei DEINOSTRATOS, 4. Jh. v. Chr.) verwendet werden kann. Die Punkte der Q. ergeben sich als Schnitte einer sich gleichförmig nach unten bewegenden Strecke mit einem sich mit gleichförmiger Winkelgeschwindigkeit drehenden Strahl. Da die Q. nicht mit Zirkel und Lineal als Kurve konstruierbar ist, löst sie allerdings nicht exakt das Problem der Quadratur des Kreises.

Quadrat|rute, frühere dt. Flächeneinheit, 1 Q. = 144 Quadratfuß = 14,1846 m² (Preußen). Bei dezimaler Unterteilung hatte die Q. 10 Riemruten = 100 Quadratfuß = 9 m² (in Baden seit 1810 gesetzlich). In den dt. Staaten schwankte die Q. zw. etwa 8 und 32 m².

Quadratsäure, nach der charakterist. Struktur bezeichnete kristalline, zweibasige, stark sauer reagierende und sehr reaktionsfähige organ. Verbindung aus der Gruppe der Oxokohlenstoffe (chemisch das 3,4-Dihydroxy-3-cyclobuten-1,2-dion).

Quadratschrift [lat.], 1) Form der →hebräischen Schrift; 2) eine →mongolische Schrift.

Quadratum incusum [lat.] *das, - -/...ta ...sa,* geometr. Muster unterschiedl. Form auf den Rückseiten der frühen antiken griech. Münzen (statt eines Münzbildes).

Quadratur [spätlat.] *die, -/-en,* **1)** *Astronomie:* eine →Konstellation.

2) *Mathematik:* die Bestimmung des Flächeninhalts einer ebenen Figur. Man unterscheidet die **geometrische Q.,** die zeichner. Umwandlung einer von krummen Linien begrenzten ebenen Fläche in ein flächengleiches Quadrat (Flächenverwandlung), und die **arithmetische Q.,** die Berechnung des Inhalts einer von Kurven begrenzten Fläche.

Quadratur des Kreises, eine der drei Aufgaben der klass. griech. Geometrie, die verlangt, zu einem beliebigen Kreis nur mithilfe von Zirkel und Lineal ein flächengleiches Quadrat zu konstruieren. BRYSON VON HERAKLEIA soll erstmals dieses Problem mit in- und umbeschriebenen Vielecken behandelt haben, eine Idee, die von ARCHIMEDES zur angenäherten Bestimmung von Werten für die Kreiszahl π verwendet wurde. Aus der von F. VON LINDEMANN 1882 gezeigten Transzendenz von π folgt, dass die Q. d. K. im Rahmen der euklid. Geometrie nicht geleistet werden kann (→Galois-Theorie). Deshalb wird die Bez. Q. d. K. oft im Sinne von ›unlösbare Aufgabe‹ gebraucht.

G. I. DRINFEL'D: Q. d. K. u. Transzendenz von π (a. d. Russ., Berlin-Ost 1980).

Quadraturmalerei, illusionist. Wand- und Deckenmalerei, die die Raumgrenzen durch Scheinarchitekturen optisch erweitert. Dazu werden perspektivisch konstruierte Entwürfe mittels Quadrierung proportional vergrößert auf Wand oder Decke übertragen, sodass von einem bestimmten Betrachterstandpunkt aus eine vollkommene Raumillusion entsteht. Die Q. wurde in Italien seit dem 15. Jh. (A. MANTEGNA, CORREGGIO, B. PERUZZI, PIETRO DA CORTONA, A. POZZO) ausgeübt, im dt.-sprachigen Gebiet erst im 18. Jh. (P. TROGER, C. D. ASAM), häufig auch in der Bühnenmalerei.

Quadratus, Kodratos, Apostelschüler, ältester frühchristl. Apologet; seine an Kaiser HADRIAN gerichtete Schrift (um 129, möglicherweise mit dem →Diognetbrief identisch) ist nur fragmentarisch in der Kirchengesch. des EUSEBIOS VON CAESAREA überliefert; wird in der byzantin. Kirche als Bischof von

Quadriga auf dem Brandenburger Tor in Berlin von Johann Gottfried Schadow; 1789–94 (1991 in rekonstruierter Form restauriert)

Armenien und Athen verehrt, wo er (als Märtyrer?) starb. – Heiliger (Tag: 26. 5.; in der orth. Kirche: 21. 9.).

Quadratwurzel, i. e. S. eine nichtnegative reelle Zahl a mit der Eigenschaft $a^2 = b$ (mit b als nichtnegativer reeller Zahl); a heißt dann Q. oder zweite →Wurzel aus b, geschrieben $a = \sqrt{b}$. – Aus positiven Zahlen lässt sich im Bereich der reellen Zahlen stets eine Q. ziehen, bei negativen Zahlen muss man in den Bereich der komplexen Zahlen übergehen.

Quadrat|zahl, eine Zahl, die Quadrat einer natürl. Zahl ist, z. B. 16, 25 (→Potenz). – Bereits G. GALILEI erkannte, dass sich Q. und natürl. Zahlen einander eineindeutig zuordnen lassen. (→magisches Quadrat)

quadrieren [lat. quadrare ›viereckig machen‹], eine Zahl mit sich selbst multiplizieren, also ihr Quadrat bilden.

Quadriga [lat., zu quadri- ›vier‹ und iugum ›Joch‹] *die, -/...gen,* Viergespann; offener Wagen des Altertums mit vier nebeneinander gespannten Pferden, im Alten Orient im Kampf und zur Jagd benutzt, im antiken Griechenland zu Wettrennen (seit 680 v. Chr. in Olympia als Wettkampfart zugelassen). Die Römer kannten die Q. als Wagen des Triumphators und als Rennwagen im Zirkus.

Q.-Darstellungen in der bildenden Kunst sind seit dem Altertum bekannt, z. B. ist aus der griech. Antike eine Metope der Q. des Sonnengottes vom Tempel C aus Selinunt erhalten (um 550 v. Chr.; Palermo, Archäolog. Museum). Auf einer röm. Münzenserie erscheint Jupiter auf einer Q. (geprägt 225–212); die Zügel führt Viktoria, ebenso auf dem Relief des Triumphbogens des TITUS (nach 81 n. Chr.). Bes. im Klassizismus finden sich Q. als Bekrönung von Toren, so die (von der Siegesgöttin gelenkte) Q. auf dem →Brandenburger Tor in Berlin. Weitere Q. befinden sich z. B. auf dem Arc de Triomphe du Caroussel in Paris (BILD →Fontaine, Pierre François L.), dem Siegestor in München und am Braunschweiger Schloss.

Quadriga, Gruppe von Wegbereitern der informellen Malerei in Dtl., die 1952 in der Galerie Franck in Frankfurt am Main gemeinsam ausstellten. Zu ihr gehörten O. GREIS, K. O. GÖTZ, B. SCHULTZE und HEINZ KREUTZ (* 1923).

U. GEIGER: Die Maler der Q. Otto Greis, Karl O. Götz, Bernard Schultze, Heinz Kreutz u. ihre Stellung im Informel (Neuausg. 1990).

O=C–C–OH / O=C–C–OH (Strukturformel)

Quadratsäure

Quadrigatus: Römische silberne Didrachme (um 215/210; Durchmesser 21 mm) mit dem Januskopf auf der Vorderseite

Vorderseite

Rückseite

Quadrigatus, Beiname antiker röm. Silbermünzen des 3. Jh. v. Chr. (römisch-campan. Didrachmen) und des 2./1. Jh. v. Chr. (röm. Republikdenare) mit der Darstellung einer Quadriga auf der Rückseite.

Quadrik *die, -/-en,* eine →Hyperfläche zweiter Ordnung im n-dimensionalen projektiven Raum, deren Punkte mit den $n+1$ homogenen Koordinaten x_i $(i = 0, 1, \ldots, n)$ einer Gleichung $\sum_{i,k=0}^{n} a_{ik} x_i x_k = 0$ (→quadratische Form) genügen. Dabei ist (a_{ik}) eine symmetr. Matrix mit positivem Rang. Für $n = 2$ ist die Q. ein Kegelschnitt oder eine Kurve zweiter Ordnung, für $n = 3$ eine (algebraische) Fläche zweiter Ordnung.

Quadrille [ka'driljə, frz. ka'drij; frz., von span. cuadrilla, eigtl. ›Gruppe von vier Reitern‹] *die, -/-n,* gegen Ende des 18. Jh. in Paris entstandener frz. Gesellschaftstanz, von mindestens vier Paaren im Karree getanzt, eine Abart der →Contredanse. Die Q. bestand aus fünf, später sechs suitenartig gereihten ›Touren‹, deren Musik aus beliebten Musikstücken (u. a. auch aus Opern und Operetten) zusammengestellt wurde. Im 19. Jh. entstanden viele Abarten der Q., etwa die mit einem Walzer schließende Walzerquadrille.

Quadrilliarde [frz., zu lat. quadri- ›vier‹ und Milliarde] *die, -/-n,* die Zahl $10^{27} = 10^{4 \cdot 6 + 3}$.

Quadrillion [frz., zu lat. quadri- ›vier‹ und Million] *die, -/-n,* die Zahl $10^{24} = 10^{4 \cdot 6}$; in den USA wird die Zahl 10^{15} (Billiarde) Q. genannt.

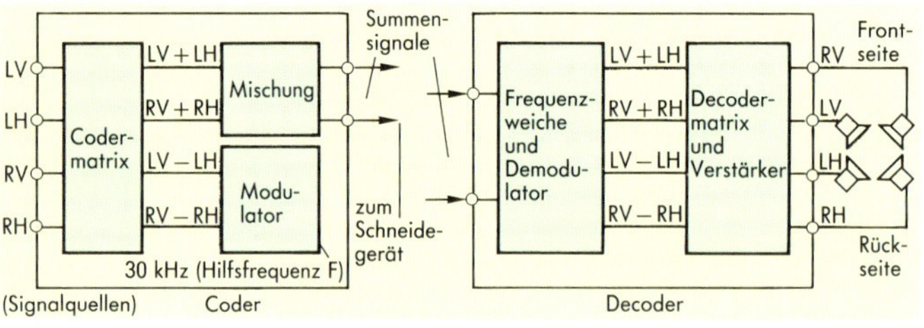

Quadrophonie: CD-4-System mit vier Mikrofonen; **links** In der Codermatrix werden die Summensignale gebildet; **rechts** In der Decodermatrix werden die ursprünglichen Signale LV (links vorn), LH (links hinten), RV (rechts vorn), RH (rechts hinten) wiedergewonnen

Quadrupel 2): Quadrupla des Kirchenstaates (Rom, 1678/79; Durchmesser 33 mm) mit dem Porträt von Papst Innozenz XI. auf der Vorderseite

Vorderseite

Rückseite

Quadrio, Francesco Saverio, ital. Literarhistoriker, * Ponte di Valtellina (Prov. Sondrio) 1. 12. 1695, † Mailand 21. 11. 1756; Jesuit, Prof. in Padua, trat 1746 aus dem Orden aus; war zuletzt Bibliothekar des Grafen PALLAVICINI. Sein Hauptwerk ›Della storia e della ragione d'ogni poesia‹ (7 Tle., 1739–52, ein erster Teil erschien 1734 unter dem Pseud. GIUSEPPE MARIA ANDRUCCI mit dem Titel ›Della poesia italiana‹, 2 Tle.) ist zugleich Entwurf einer rational begründeten Dichtungstheorie und früher Versuch einer Universalgeschichte der Literatur.

Quadrivium [lat. ›Vierweg‹] *das, -s,* der mathemat. Teil der sieben freien Künste (→Artes liberales).

Quadrophonie [zu lat. quadri- ›vier‹ und griech. phōnḗ ›Stimme‹] *die, -,* elektroakust. Übertragungsverfahren, das über die akust. Raumwirkungen der Stereophonie hinaus zusätzl. Schalleindrücke, v. a. von dem im Aufnahmeraum reflektierten (indirekten) Schall vermittelt. Beim Zuhörer entsteht dadurch z. B. die Illusion, dass er mitten im Konzertsaal sitzt. Für quadrophon. Übertragungen gibt es zwei grundsätzlich versch. Systeme: 1) die **diskrete Übertragung, System 4-4-4,** mit vier voneinander unabhängigen Kanälen, also vier Aufnahmemikrofonen, vier Übertragungskanälen, vier Wiedergabelautsprechern. Das für die Schallplatten-Q. eingesetzte **CD-4-System** (engl. compatible-discrete 4-channel system) speichert in jeder Flanke einer Plattenrille zwei Summensignale, die zur Kompatibilität mit Stereoanlagen erforderlich sind, und zwei Differenzsignale, die einer 30-kHz-Trägerschwingung frequenzmoduliert überlagert sind; 2) das **Matrixverfahren, System 4-2-4,** das nur zwei Kanäle benötigt. Dabei werden die urspr. vier Kanäle in einer Matrix (Netzwerk mit Widerständen und Phasendrehern) zu zwei Kanälen kombiniert und auf der Wiedergabeseite in einer entsprechenden Matrix in vier Kanäle zurückverwandelt. Zu diesem System gehören das **SQ-System** (stereo quadrophonic record) und das **QS-System** (quadrosonic system). Ein kombiniertes System ist das noch nicht angewendete **UMX-System** (Universalmatrix). Die Q. ist einige Jahre bei Schallplatten angewendet worden, hat sich jedoch nicht durchgesetzt.

Die **Pseudo-Q.** (›Quadrosound‹) versucht, bei Geräten für zweikanalige Stereophonie mit vier Lautsprechern die Raumklangwirkung der Q. näherungsweise zu erreichen. Im einfachsten Fall werden jedem von zwei zusätzl., hinten angeordneten Lautsprechern abgeschwächte Signale der beiden vorderen Lautsprecher zugeführt. Günstiger ist es, die zusätzl. Lautsprecher nur mit Nachhallsignalen zu speisen, die in einer Matrix durch Differenzbildung des Links- und Rechtssignales zur Auslöschung des direkten Schalles gewonnen werden.

Quadrumvirn [lat. ›vier Männer‹], die Faschisten I. BALBO, E. DE BONO, CESARE MARIA DE VECCHI (* 1884, † 1959) und MICHELE BIANCHI (* 1883, † 1930), die 1922 den →Marsch auf Rom leiteten.

Quadrupel [von lat. quadruplum ›Vierfaches‹], **1)** *das, -s/-, Mathematik:* ein geordnetes Viertupel (→Tupel). Q. lassen sich als Punkte eines vierdimensionalen Raums auffassen.

2) *der, -s/-, Münzkunde:* **Quadrupla,** bis in das 19. Jh. internat. Bez. für europ. Goldmünzen im Wert einer vierfachen Pistole (das Halbstück wurde als zweifache Pistole Dublone gen.). Außer in Spanien wurden Q. (= 8 Escudos) v. a. in versch. ital. Staaten einschließlich des Kirchenstaates geprägt. Mit einem Raugewicht von etwa 27 g waren die Q. neben den →Portuguez die schwersten Goldmünzen in Europa.

Quadrupel|allianz, polit. Bündnis zw. vier Mächten, z. B. die **Q. von London** (2. 8. 1718) zw. Großbritannien, Frankreich, dem dt. Kaiser und den Niederlanden (Beitritt Letzterer vorgesehen, aber nicht erfolgt) gegen Spanien, die **Q. von Warschau** (8. 1. 1745) zw. Österreich, Sachsen, Großbritannien und den Niederlanden mit dem Ziel, im Österr. Erbfolgekrieg Schlesien zurückzugewinnen, die **Q. von Chaumont** (1. 3. 1814, am 20. 11. 1815 in Paris in ihren Grundsätzen bestätigt) zw. Großbritannien, Österreich, Preußen und Russland gegen Frankreich, die **Q. von London** (15. 7. 1840) zw. Großbritannien, Österreich, Preußen und Russland zur Stützung der Türkei.

Quadrupelkonzert, Komposition für vier Soloinstrumente und Orchester; z. B. von A. VIVALDI op. 3 Nr. 10.

Quadrupol [zu lat. quadri- ›vier‹], das auf den Dipol in der Reihe der →Multipole folgende Glied. Es gibt **elektrische** und **magnetische Q.** Ein elektr. Q. entsteht z. B., wenn man zwei elektr. Dipole in einander entgegengesetzten Richtungen in sehr kleinem Abstand zusammenfügt. Das Produkt aus Stärke und Abstand der Dipole ergibt das Q.-Moment des Systems. Auch jede nicht kugelsymmetr. homogene Ladungsverteilung (z. B. ein Atomkern) besitzt ein elektr. Q.-Moment. Es beeinflusst die →Hyperfeinstruktur des Atomspektrums und kann aus diesem bestimmt werden.

Quadrupol|linse, Bauelement der Ionen- und →Elektronenoptik mit abbildenden Eigenschaften. Die wesentl. Komponenten der Q. sind vier, in Strahlrichtung gleich lange, unter jeweils 90° zueinander angeordnete Pole, deren zur Strahlachse hin konvexe

Oberflächen idealerweise gleiche Hyperbelzylinder sind, die aber häufig durch gleiche Kreiszylinder angenähert werden. Die Scheitellinien der Polflächen verlaufen parallel zu Strahlachse und haben zu dieser den gleichen Abstand. Die Geometrie der Q. besitzt somit vier durch die Strahlachse verlaufende Spiegelebenen, die paarweise einen Winkel von 45° bilden. Bei den Polen handelt es sich entweder um elektr. **(elektrische Q.)** oder um magnet. Pole **(magnetische Q.)** mit jeweils fester, aber einstellbarer Stärke (Potenzial bzw. Polstärke), aber mit von Pol zu Pol wechselndem Vorzeichen. Die Stärke des durch die Pole erzeugten elektr. oder magnet. Feldes ist proportional zum Abstand von der Strahlachse, auf dieser selbst ist sie null. Dabei ist die Feldrichtung so, dass eine Q. immer in einer durch die Strahlachse verlaufenden Ebene fokussiert und in der dazu senkrechten, ebenfalls durch die Strahlachse verlaufenden Ebene defokussiert. Zwei Q. **(Dublett),** die mit zusammenfallenden opt. Achsen so hintereinander angeordnet sind, dass die fokussierende Ebene der einen mit der defokussierenden Ebene der anderen zusammenfällt, wirken in allen Ebenen fokussierend.

Quadrupolmassenfilter, auf der elektr. Quadrupollinse basierendes, als Massenspektrometer (→Massenspektrograph) verwendbares Massenfilter. Werden bei einer elektr. Quadrupollinse durch die Scheitellinien der gegenüberliegenden Elektroden (Pole) die *xy*- und die *yz*-Ebenen eines kartes. Koordinatensystems festgelegt (Strahlrichtung als positive *y*-Richtung), dann ist bei Anliegen einer Spannung Φ_0 an den Elektroden das elektr. Potenzial in der *xz*-Ebene $\Phi(x,z) = \Phi_0(x^2 - z^2)/2r^2$; dabei ist $2r$ der Scheitelabstand der Elektroden. Die Quadrupollinse wird zum Q., wenn statt der Gleichspannung Φ_0 eine Wechselspannung $\Phi_0(t) = U + V\cos\omega t$ (U Gleichspannungsanteil, V Wechselspannungsamplitude, ω Kreisfrequenz) angelegt wird. Die daraus folgenden Bewegungsgleichungen für Teilchen (z.B. Ionen) mit der elektrischen Ladung e und der Masse m sind spezielle Differenzialgleichungen, deren Parameter $a = 4eU/mr^2\omega^2$ und $q = 2eV/mr^2\omega^2$ maßgebend dafür sind, ob die einer Lösung entsprechende Bewegung stabil oder instabil ist. Bei stabiler Bewegung schwingen die Teilchen in der *xz*-Ebene mit begrenzter Amplitude und durchqueren das Q., ohne an die Elektroden zu stoßen, während bei instabiler Bewegung die Amplitude exponentiell wächst und die Teilchen verloren gehen. Für feste Werte von r, ω, U und V haben alle Ionen mit demselben Verhältnis m/e denselben Arbeitspunkt im Stabilitätsdiagramm des Q. Für $a = 0$ ist die Bewegung für alle Massen stabil, die größer als eine bestimmte Mindestmasse sind. Mit steigender Gleichspannung U wird der stabile Massenbereich Δm immer kleiner und schließlich null, bevor die Bewegung instabil wird. Durch gleichzeitige und proportionale Änderung von U und V derart, dass a/q konstant bleibt, kann man nacheinander Ionen versch. Masse in den Stabilitätsbereich bringen und so das Massenspektrum durchlaufen; in dieser Weise wirkt das Q. als Massenspektrometer. – Das Q. wurde 1953 von W. PAUL und H. STEINWEDEL entwickelt. Es wird z.B. in der Vakuumtechnik zur Restgasanalyse eingesetzt.

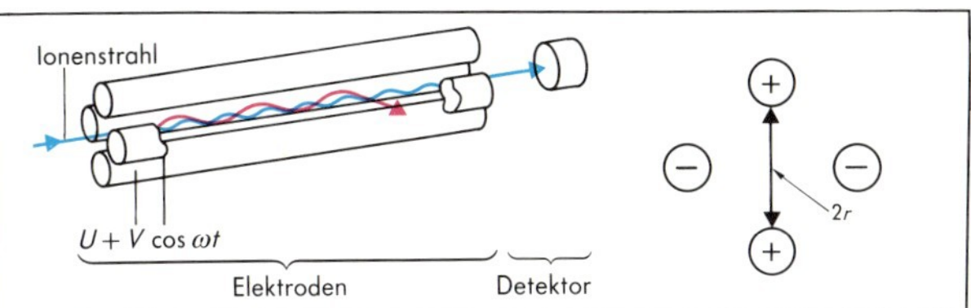

Quadrupolmassenfilter: links Schematische Darstellung; *U* Gleichspannungsanteil, *V* Wechselspannungsamplitude, *ω* Kreisfrequenz, *t* Zeit; **rechts** Querschnitt; 2*r* Scheitelabstand der Elektroden

Quadrupolmoment, →Multipolentwicklung, →Kernmomente.

Quadrupolstrahlung, →Multipolstrahlung.

Quaestio [lat. ›(Streit)frage‹] *die, -/...sti'ones,* in der Scholastik die etwa der heutigen Einteilung großer wiss. Untersuchungen in Kapitel entsprechende Unterabteilung der großen Summenwerke, etwa der ›Summa theologica‹ des THOMAS VON AQUINO mit 631 Quaestiones. Jede Q. baut sich aus drei Teilen auf: Zuerst wird die in Frageform gekleidete These mit den Gründen gegen und für sie dargelegt, dann die Lösung historisch-systematisch erarbeitet; schließlich wird diese durch die Antwort auf die Gegengründe bestätigt. Damit tritt das Problembewusstsein an die Stelle der dogmat. Denkart. – **Quaestiones disputatae,** aus der mündl. Disputation hervorgehende Spezialuntersuchungen einer wiss. Frage, wurden auch in zusammenfassender Bearbeitung veröffentlicht.

Quaestio facti [lat. ›Frage nach dem Vorhandenen‹] *die, --,* nach I. KANT (›Kritik der reinen Vernunft‹) die Frage nach dem Vorhandensein gültiger Erkenntnis, im Unterschied zur **Quaestio iuris,** der Frage nach der Gültigkeit vorhandener Erkenntnis.

Quaestor, →Quästor.

Quagga [afrikan.] *das, -s/-s,* **Equus equus quagga,** Unterart des Steppenzebras, das bis Mitte des 19. Jh. noch in großen Herden im östl. Kapland lebte. Aufgrund der starken Bejagung als Fleisch- und Fellllieferant wurde es Ende des 19. Jh. ausgerottet. Das letzte Q. starb 1883 im zoolog. Garten von Amsterdam. Das Q. war an Kopf und Hals deutlich, an der Brust ansatzweise gestreift, mit braunem Körper und cremefarbenen Beinen. BILD →Aussterben

Quaglio ['kuaʎʎo], seit dem letzten Viertel des 18. Jh. in München ansässige Künstlerfamilie aus Laino am Comer See. – Bedeutende Vertreter:

1) Angelo II, Bühnenbildner, *München 13. 12. 1829, †ebd. 5. 1. 1890, Sohn von 7); seine wichtigsten Bühnenbilder schuf er für die Uraufführungen zu R. WAGNERS Opern ›Tannhäuser‹ (1845), ›Lohengrin‹ (1850) und ›Tristan und Isolde‹ (1865).

2) Domenico, Maler, Kupferstecher und Lithograph, *München 1. 1. 1787, †Hohenschwangau 9. 4. 1837, Bruder von 5), 6) und 7); bedeutender Architekturmaler der Romantik und Pionier der Münchner Landschaftsmalerei; seine Münchner Veduten geben Aufschluss über das Stadtbild Münchens um 1820. Ab 1833 leitete er den Wiederaufbau des Schlosses Hohenschwangau. (BILD S. 656)

B. TROST: D. Q. 1787–1837. Monographie u. Werkverz. (1973); Die Slg. maler. Burgen der bayer. Vorzeit von D. Q. u. Karl August Lebschée, hg. v. A. MILLER (1987).

Angelo II Quaglio: Modell des Bühnenbilds für die Uraufführung von Richard Wagners Oper ›Tristan und Isolde‹ 1865 im Münchner Residenztheater

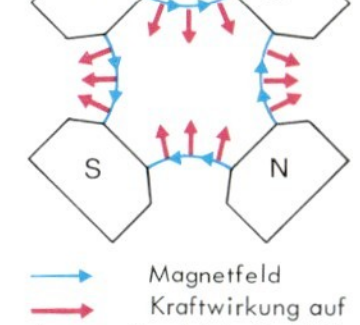

Quadrupol: oben Magnetischer Quadrupol; unten Elektrischer Quadrupol

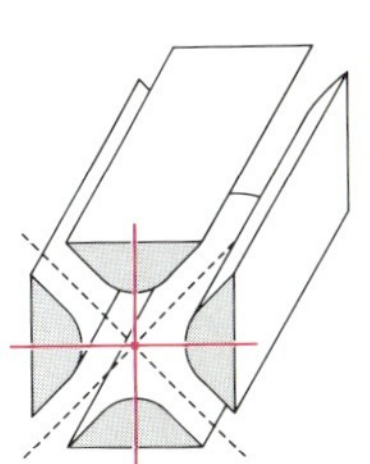

Quadrupollinse: Geometrische Anordnung der Polschuhe; die Spiegelebenen schneiden sich in der Strahlachse

Domenico Quaglio: Blick auf die Villa Malta in Rom; 1830 (München, Neue Pinakothek)

3) Eugen, Bühnenbildner, *München 3. 4. 1857, †Berlin 25. 9. 1942; war bis 1891 in München, danach an der Hofbühne in Berlin, aber auch in Stuttgart, Prag und Augsburg tätig.

4) Lorenzo I, Theatermaler und Architekt, *Laino (bei Como) 25. 5. 1730, †München 7. 5. 1804; war ab 1750 am Hof in Mannheim tätig, wo er das Opernhaus des Schlosses vergrößerte (1767; 1795 abgebrannt) und das Komödienhaus errichtete (Nationaltheater; 1775–77; im Zweiten Weltkrieg zerstört). 1778 wurde er Hofarchitekt in München, wo er u. a. die Dekoration zur Uraufführung von W. A. MOZARTS Oper ›Idomeneo‹ (1781) schuf.

5) Lorenzo II, Maler und Lithograph, *München 19. 12. 1793, †ebd. 15. 3. 1869, Bruder von 2), 6) und 7); malte neben Landschaften v. a. humorvolle Szenen aus dem oberbayr. Volksleben.

L. PALUCH: L. Q., 1793–1869 (1983).

6) Michael Angelo I, Maler, Kupferstecher und Lithograph, *München 13. 8. 1778, †ebd. 2. 4. 1815, Bruder von 2), 5) und 7); wurde 1800 Hoftheatermaler in München. 1809 zeichnete er für S. BOISSERÉE Ansichten und Risse des Kölner Doms.

7) Simon, Maler und Bühnenbildner, *München 23. 10. 1795, †ebd. 8. 3. 1878, Vater von 1), Bruder von 2), 5) und 6); war Hoftheatermaler in München (ab 1828 Oberleitung). Q. verwandte als Erster in Dtl. ab 1839 neben gemalten auch gebaute Dekorationen.

Quai d'Orsay [kedɔrˈsɛ], Straße entlang des linken (südl.) Ufers der Seine in Paris, zw. Pont de l'Alma und Pont de la Concorde; auch Bez. für das hier gelegene frz. Außenministerium.

Quakenbrück, Stadt im Landkreis Osnabrück, Ndsachs., 20 m ü. M., an der Hase im Artland, 12 500 Ew.; Dt. Institut für Lebensmitteltechnik; Stadtmuseum; Fahrradfabrik, Metallwaren-, Fahrzeugzulieferer-, Nahrungsmittel- und Textilindustrie. – Stiftskirche (heute ev. Sylvesterkirche) mit fein gegliederten Säulenportalen des 13. Jh. erhalten. Die spätmittelalterl. Hohe Pforte ist der Rest der Stadtbefestigung; Fachwerkhäuser des 17. und 18. Jh. – Q. wurde 1235 als bürgerl. Siedlung mit Marktplatz neben der zur gleichen Zeit erbauten Stiftsburg des Bischofs von Osnabrück angelegt.

Q. Von der Grenzfestung zum Gewerbezentrum. Zur 750-Jahr-Feier, hg. v. H.-R. JARCK (1985).

Quäker [engl., eigtl. ›Zitterer‹ wegen der ekstat. Erscheinungen in ihren Versammlungen], engl. **Quakers** [ˈkweɪkəz], urspr. spött., später Selbst-Bez., eigtl. **Religiöse Gesellschaft der Freunde,** im 17. Jh. in England z. T. auf dem Boden des Puritanismus entstandene christl. Gemeinschaft; eine der →Friedenskirchen. Die Q. gehen zurück auf G. →FOX, der nach einem visionären Erlebnis in den 1640er-Jahren einen Kreis von Anhängern um sich sammelte. Diese bezeichneten sich zunächst als ›Children of the Light‹ (›Kinder des Lichts‹), nach 1652 als ›Society of Friends‹ (Gesellschaft der Freunde). Grundlegend für die Q. wurde die Erfahrung des ›inneren Lichts‹, verstanden als ›Stimme Gottes‹, die den Menschen erleuchte und zum Heil führe. So wissen sich die Q. von Gott unmittelbar durch den Hl. Geist geleitet, wodurch sich aus ihrer Sicht theolog. Lehrgebäude, Bekenntnisschriften, hierarch. Organisationsstrukturen und kirchl. Ämter, aber auch Sakramente erübrigen. Die Ethik der Q. ist geprägt durch mannigfaltige Sozialarbeit und Friedensdienst im umfassenden Sinn; ihr Menschenbild betont eindringlich die Gleichheit aller Menschen (bes. auch im Hinblick auf die Rechte der Frauen), woraus die Ablehnung jegl. Diskriminierung und Gewaltanwendung folgt. Wegen der Ablehnung der engl. Staatskirche, des Eides und des Kriegsdienstes waren die Q. in England bis 1689 (Toleranzakte) schweren Verfolgungen ausgesetzt; viele wanderten aus. 1681 erfolgte durch W. PENN die Gründung eines eigenen Q.-Staates in Nordamerika, Pennsylvania, dessen Verf. auf den Grundsätzen des Quäkertums beruhte (Gewaltfreiheit, Gleichheit, Toleranz). Der Theologe R. BARCLAY war einer der Vorkämpfer der Religionsfreiheit; eine entscheidende Rolle spielten die Q. bei der Beseitigung der Sklaverei (J. WOOLMAN) und in der Gefängnisreform (ELISABETH FRY). Während der Zeit der natsoz. Gewaltherrschaft richteten Q. Hilfsfonds für verfolgte Menschen ein, betreuten aus polit. Haft Entlassene und organisierten die Ausreise Hunderter gefährdeter Menschen (bes. Juden) aus Dtl. Die Hilfskomitees der amerikan. und engl. Q. erhielten 1947 den Friedensnobelpreis (u. a. für die ›Q.-Speisungen‹ der Not leidenden Bev. nach den Weltkriegen).

Von den weltweit (1997) rd. 250 000 Q. leben rd. ein Drittel in den USA, rd. 50 000 in Kenia und rd. 20 000 in Großbritannien; in Dtl. und Österreich gibt es rd. 400, in der Schweiz rd. 110 Q. Zentrum der dt. Q. ist Bad Pyrmont.

E. SIEVEKING: Die Q. u. ihre sozialpolit. Wirksamkeit (1948); H. OTTO: Werden u. Wesen des Quäkertums u. seine Entwicklung in Dtl. (Wien 1972); Die Q., hg. v. R. C. SCOTT (a. d. Engl., 1974); H. BARBOUR u. J. FROST: The Quakers (New York 1988); A. S. HALLE: Quäkerhaltung und -handeln im natsoz. Dtl. (1993); Hb. religiöse Gemeinschaften, hg. v. H. RELLER u. a. ([4]1993). – **Zeitschrift:** Der Q., Jg. 9 ff. (1932 ff.; früher unter anderen Titeln).

Quäkerhut, Filzhut mit flachem Kopf, wie er der Mode entsprechend von den um 1660 nach Amerika auswandernden Quäkern getragen und durch sie um 1780 in Europa wieder modisch wurde.

Qualifikation [frz., von mlat. qualificatio ›Befähigung‹] *die, -/-en,* **1)** *allg.:* Befähigung, Eignung; Befähigungsnachweis.

2) *Arbeitsleben:* die Merkmale eines Menschen hinsichtlich Arbeitsfähigkeit (Wissen), -disposition, -kondition (Können) und -bereitschaft (Wollen). Q. wird uneinheitlich definiert, wobei folgende Merkmale bzw. Ausprägungen verwendet werden: kognitive (Kenntnisse, Verstehen, Problemlösung), affektive (Interessen, Empfindungen, Werthaltungen), sensomotor. (manuelle Geschicklichkeit, Körpergeschicklichkeit, Reaktionsvermögen) und physiolog. Merkmale (Belastbarkeit, Ausdauer, körperl. Kraft, Kondition, Sehen, Hören).

3) *Sport:* Wettbewerb (bei Ballsportarten **Q.-Spiel[e]**) zur Ermittlung der Teilnehmer eines Wettkampfes gemäß der in den Ausschreibungen festgelegten Teilnehmerzahl. (→Disqualifikation)

qualifizierte Mehrheit, →Mehrheitsgrundsatz.

qualifizierte Straftat, qualifiziertes Erfolgsdelikt, Straftat, die gegenüber dem Grunddelikt wegen Vorliegens eines zusätzl. Merkmals strenger bestraft wird, z. B. Körperverletzung mit Todesfolge (§ 226 StGB) gegenüber einfacher Körperverletzung (§ 223 StGB) oder Diebstahl mit Waffen gegenüber dem einfachen Diebstahl (§§ 242, 244 StGB).

Qualität [lat. qualitas ›Beschaffenheit‹, ›Eigenschaft‹, zu qualis ›wie beschaffen‹] *die, -/-en,* **1)** *allg.:* Gesamtheit der charakterist. Eigenschaften (einer Person oder Sache), Beschaffenheit, Güte.

2) *Philosophie:* erkenntnistheoret. Bez. für eine der formallog. Grundformen des Denkens (Kategorien, Urteile), die für ARISTOTELES auch die Grundstruktur des Seins bestimmen; ontologisch das System der Eigenschaften, die ein Ding zu dem machen, was es ist, und es von anderen Dingen unterscheiden. Anknüpfend an die auf ARISTOTELES zurückgehende Unterscheidung zw. objektiven und subjektiven Q. stellt J. LOCKE den primären Q. (Raum, Zeit) als Eigenschaften der Dinge selbst die sekundären Q. (Farbe, Geruch, Härte u. a.) gegenüber, die allein die sinnl. Wahrnehmung der Dinge betreffen. Den Q. der Urteile (bejahende, verneinende und ›unendliche‹) ordnet I. KANT ›Realität‹, ›Negation‹ und ›Limitation‹ als transzendentale Q. zu. Als ›qualitativen Sprung‹ bezeichnet G. W. F. HEGEL im dialekt. Prozess den Umschlag eines quantitativen Geschehens zu einem qualitativ neuen. Dieses Prinzip wurde zu einem Grundbegriff des Marxismus und als ein ›universelles Struktur-, Veränderungs- und Entwicklungsgesetz der Natur, der Gesellschaft und des menschl. Denkens‹ angesehen.

3) *Phonetik:* Klangfarbe eines Lautes, unterschiedlich z. B. bei offenen und geschlossenen Vokalen. (→Quantität)

4) *Wirtschaft:* die Beschaffenheit einer Ware **(Produkt-Q.)** oder einer Dienstleistung nach ihren Unterscheidungsmerkmalen gegenüber anderen Waren oder Dienstleistungen, nach ihren Vorzügen oder Mängeln. Der Begriff Q. wird einerseits auf messbare, stofflich-techn. Eigenschaften (z. B. Reinheit chem. Erzeugnisse) angewendet (**objektive Q.**). Er bringt zum anderen die Abstufung des Eignungswertes gleichartiger Güter für die Befriedigung bestimmter Bedürfnisse zum Ausdruck und ist insoweit subjektiv bestimmt **(subjektive Q.).** Für den Markterfolg ist die **relative Q.** entscheidend, d. h. die Q. im Vergleich zu Konkurrenten. Hilfsmittel zur Q.-Beurteilung auch im Sinne eines Preis-Leistungs-Verhältnisses sind u. a. Güte-, Verbands- und Warenzeichen, Handelsklassen, Herkunfts-Bez. und Warentests. Bei den nach der Gattung gehandelten Waren soll die Q. von mittlerer Art und Güte sein. Für die gegenseitigen Ansprüche des Käufers und Verkäufers ist die vertragsgemäße Q. maßgebend.

J. M. JURAN: Hb. der Qualitätsplanung (a. d. Amerikan., [3]1991); W. GEIGER: Qualitätslehre ([2]1994).

qualitative Analyse, →chemische Analyse.

Qualitäts|audit, eine systemat. und unabhängige Überprüfung, ob die qualitätsbezogenen Tätigkeiten und deren Ergebnisse den geplanten Anordnungen entsprechen und ob diese Anordnungen wirkungsvoll realisiert wurden und geeignet sind, die Qualitätsziele zu erreichen. Unterschieden wird zw. einem **internen Q.,** das z. B. von der Herstellerfirma erstellt wird, und einem **externen Q.,** das durch eine unabhängige, bei einer nat. Akkreditierungsstelle eingetragene Zertifizierungsgesellschaft veranlasst wird. Ein externes Q. kann zur Zertifizierung des Qualitätssicherungssystems führen. Bei der Produktzertifizierung wird festgestellt, ob ein Erzeugnis den vorab definierten Qualitätsanforderungen genügt. Beim Systemzertifikat handelt es sich um ein Zeugnis über das ordnungsgemäße Funktionieren eines unternehmensbezogenen Managementsystems. Bei der Beurteilung von Qualitätsmanagementsystemen wird überprüft, ob die Normen nach der DIN ISO 9000 erfüllt werden.

Qualitätskontrolle, Soll-Ist-Vergleich zur Feststellung, inwieweit ein Produkt die Qualitätsanforderungen erfüllt. I. d. R. kommt bei Industrieprodukten die Partialkontrolle mithilfe statist. Methoden **(statistische Q.)** zur Anwendung. Wichtigstes prakt. Hilfsmittel zur Überwachung des laufenden Produktionsprozesses ist die Kontroll- bzw. Qualitätsregelkarte. Auf ihr markiert eine horizontale Linie die Norm; zwei parallele Linien (Kontrollgrenzen), die eine über, die andere unter der Normlinie, charakterisieren tolerable Abweichungen. Eine Überschreitung der Kontrollgrenzen führt zur verstärkten Kontrolle bzw. zur Auslösung von Korrekturmaßnahmen. Bei der Abnahmeprüfung werden Stichprobenprüfpläne verwendet, um Informationen über den Ausschussanteil eines gefertigten Loses zu erhalten.

Qualitätsmanagement [-mænɪdʒmənt], Gesamtheit der Maßnahmen zur Planung, Steuerung und Überwachung der Qualität des betriebl. Leistungsprozesses bzw. des Prozessergebnisses; umfasst Qualitätsplanung, -lenkung, -kontrolle, -verbesserung und -sicherung. Aus institutioneller Sicht bezeichnet Q. die Gruppe der in einer Organisation mit der Qualitätssicherung betrauten Personen. Organisationsstruktur, Verantwortlichkeiten und Befugnisse, Verfahren und Prozesse sowie die für die Verwirklichung des Q. erforderl. Mittel werden als **Qualitätssicherungssystem** bezeichnet.

Unter der Bez. **Total Quality Management** (Abk. **TQM**) hat sich ein mehrdimensionales, unternehmens- und funktionsübergreifendes Konzept herausgebildet, bei dem es u. a. um die Optimierung der Qualität von Produkten und Dienstleistungen auf den versch. Ebenen eines Unternehmens durch Einbeziehung aller Mitarbeiter und stärkere Kundenorientierung geht. TQM setzt ein neues Qualitätsbewusstsein und die Vermeidung von Fehlern in sämtl. Phasen der Leistungserstellung voraus.

Qualitätssicherung, Bez. für die organisator. und techn. Maßnahmen zur Gewährleistung einer entsprechenden Konzept- und Ausführungsqualität. Q. umfasst die Qualitätsplanung (Auswahl der Qualitätsmerkmale für ein Produkt), Qualitätssteuerung (Vorgabe der geplanten Ausführungsanforderungen sowie deren Überwachung und mögl. Korrektur) und →Qualitätskontrolle.

Qualitätswein, nach EG-Normen Wein höherer Qualität als Tafelwein; in Dtl. die mittlere Güteklasse **Q. bestimmter Anbaugebiete** (Abk. QbA, QbA-Wein), dessen Most – in genau geregeltem Maße und bei vorgeschriebenen Höchstmengen – zur Erzielung eines höheren Alkoholgehalts des Weins mit Zucker angereichert werden darf, und die obere Güteklasse **Q. mit Prädikat** (→Prädikatsweine). In Frankreich bilden einfache Q. die Kategorie V. D. Q. S. (→französische Weine).

Qualitätszirkel, engl. **Quality-Circle** [ˈkwɔlɪtɪ səːkl], auf Dauer angelegte Arbeitsgruppe, in der 3–20 Mitarbeiter eines Unternehmens mit gleichartiger oder ähnl. Erfahrungsgrundlage (z. B. gleicher Arbeitsbereich) freiwillig und regelmäßig zusammenkommen, um unter Anleitung speziell geschulter Moderatoren Probleme oder Schwachstellen innerhalb des eigenen Arbeitsbereichs zu analysieren, Lösungsvorschläge und Empfehlungen zu erarbeiten, diese

Lösungen unter eigener Beteiligung umzusetzen und eine Ergebniskontrolle vorzunehmen. Q. dienen der Verbesserung der Produktqualität, der Arbeitsleistung und der gruppendynam. Prozesse sowie der Weiterbildung und Motivation der Mitarbeiter.

J. DEPPE: Quality circle u. Lernstatt ([3]1992).

Quallen, die →Medusen.

Quallenfische, Nomeidae, Familie der →Erntefische mit 15 Arten im Atlant. und Ind. Ozean. Einige besitzen fächerartig zusammenklappbare große Bauchflossen. Der bis 10 cm lange **Quallenfisch** (Nomeus gronovii) hält sich zw. den Fangarmen von giftigen Quallen der Gattung Physalia auf.

Quallenfische: Nomeus gronovii (Länge bis 10 cm)

Quallenflohkrebs, Hyperia galba, bis 2 cm langer Flohkrebs in der Nordsee (bei Helgoland) und der westl. Ostsee. Sobald sich die frei schwimmend rotbraunen Tiere an oder in →Scheibenquallen angeklammert haben, um von diesen zu fressen, werden sie farblos und durchsichtig.

Qualmwasser, Grundwasser, das in Niederungen durch Wasser von außen hochgedrückt wird und zutage tritt. Die Eindämmung erfolgt durch Notdeiche **(Qualmdeiche).**

Helmut Qualtinger

Qualtinger, Helmut, österr. Schauspieler, Schriftsteller und Kabarettist, * Wien 8. 10. 1928, † ebd. 29. 9. 1986; wurde in den 50er-Jahren v. a. durch die ›Travniček-Dialoge‹, eine Parodie auf den überhebl. Besserwisser, und durch insgesamt sechs Kabarettprogramme (1952–61, mit G. BRONNER und C. MERZ) bekannt. Großen Erfolg hatte Q. mit dem Monolog ›Der Herr Karl‹ (Uraufführung 1961, mit MERZ), einer Satire auf den kleinbürgerl. opportunist. Durchschnittsösterreicher. Seit Mitte der 60er-Jahre war Q. als Schauspieler v. a. in Dramen von Ö. VON HORVÁTH und J. NESTROY sowie in seinem eigenen Stück ›Die Hinrichtung‹ (1965, mit MERZ) erfolgreich; spielte auch in zahlr. Fernseh- und Kinofilmen, u. a. ›Geschichten aus dem Wienerwald‹ (1978, nach HORVÁTH) und ›Der Name der Rose‹ (1986, nach U. ECO).

Weitere Werke: *Kabaretttexte:* Blattl vor'm Mund, 2 Bde. (1959–61, mit C. MERZ); Glasl vor'm Aug (1960, mit G. BRONNER u. C. MERZ). – *Satiren:* Der Mörder u. andere Leut' (1975); Das letzte Lokal (1978); Drei Viertel ohne Takt (1980); Halbwelttheater (1982).

Ausgabe: Werkausg., 5 Bde. (1995–97).

Der Q. Ein Porträt, bearb. v. M. KEHLMANN u. a. (1987); H. Q., bearb. v. M. HOROWITZ (Neuausg. Wien 1996).

Quamoclit [aus einer Indianersprache Mexikos], →Sternwinde.

Quandt-Gruppe, (nichtoffizielle) Bez. für eine Familiengemeinschaft zur Verw. von Immobilien und Industriebeteiligungen, teilweise organisiert über Beteiligungsgesellschaften, gegr. von GÜNTHER QUANDT (* 1881, † 1954). Die Erben von HERBERT QUANDT (* 1910, † 1982) und HARALD QUANDT (* 1921, † 1967) sind u. a. maßgeblich beteiligt an der Altana AG, der Bayer. Motorenwerke AG, der Varta AG, der Delton AG, der Augsburger Aktienbank und der Infratest Burke AG.

Quantelung, *Physik:* 1) die →Quantisierung; 2) Bez. für den Sachverhalt, dass eine physikal. Größe nur diskrete Werte annehmen kann.

Quanten [zu lat. quantum ›wie groß‹, ›wie viel‹], *Sg.* **Quant** *das, -s,* allg. Bez. für kleinste, unteilbare Einheiten physikal. Größen, z. B. der elektr. Ladung (→Elementarladung), der Wirkung (→plancksches Wirkungsquantum), des quantenmechan. →Drehimpulses oder des magnet. Flusses (Fluss-Q., →Fluss-

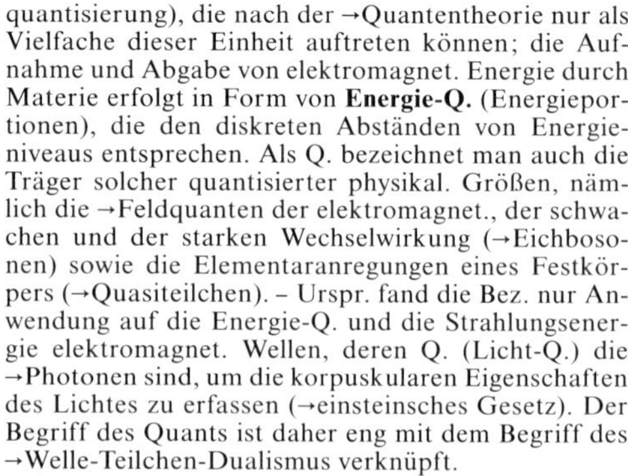

quantisierung), die nach der →Quantentheorie nur als Vielfache dieser Einheit auftreten können; die Aufnahme und Abgabe von elektromagnet. Energie durch Materie erfolgt in Form von **Energie-Q.** (Energieportionen), die den diskreten Abständen von Energieniveaus entsprechen. Als Q. bezeichnet man auch die Träger solcher quantisierter physikal. Größen, nämlich die →Feldquanten der elektromagnet., der schwachen und der starken Wechselwirkung (→Eichbosonen) sowie die Elementaranregungen eines Festkörpers (→Quasiteilchen). – Urspr. fand die Bez. nur Anwendung auf die Energie-Q. und die Strahlungsenergie elektromagnet. Wellen, deren Q. (Licht-Q.) die →Photonen sind, um die korpuskularen Eigenschaften des Lichtes zu erfassen (→einsteinsches Gesetz). Der Begriff des Quants ist daher eng mit dem Begriff des →Welle-Teilchen-Dualismus verknüpft.

Quanten|äquivalentgesetz, einsteinsches Äquivalentgesetz, Stark-Einstein-Prinzip, von A. EINSTEIN formulierte und von J. STARK auf photochem. Prozesse angewendete grundlegende Gesetzmäßigkeit, nach der ein →Photon bei seiner Absorption durch ein mikrophysikal. System (z. B. ein Molekül) an diesem genau einen Elementarprozess verursacht, d. h. bei photoelektr. Erscheinungen genau ein Photoelektron freisetzt, bei photochem. Reaktionen einen Primärprozess hervorruft **(photochemisches Äquivalentgesetz).** Dabei muss die Energie des Photons mindestens gleich der für das Eintreten des jeweiligen Prozesses notwendigen Energie sein.

Quanten|ausbeute, Zeichen Φ, in der →Photochemie das Verhältnis der Anzahl der umgesetzten Moleküle zur Anzahl der absorbierten Photonen bei der Absorption von Licht durch eine reaktionsfähige Substanz; die Q. ist im Idealfall gleich 1, wenn jedes einfallende Photon genau einen Reaktionsprozess auslöst (→Quantenäquivalentgesetz). I. Allg. ist die Q. jedoch von 1 versch., da dieser Primärprozess von Sekundärprozessen überlagert wird, z. B. durch Fluoreszenz ($\Phi < 1$) oder nichtphotochem. Folgereaktionen, bes. bei Kettenreaktionen ($\Phi > 1$). Die Q. ist damit ein wichtiges Maß für die Effizienz der Stoffumwandlung in photochem. Reaktionen, wird aber auch auf andere Prozesse in analoger Weise bezogen, z. B. ist die photoelektr. Q. das Verhältnis der beim Photoeffekt erzeugten Photoelektronen zur Zahl der absorbierten Photonen.

Quantenbiologie, Arbeitsrichtung der Biologie und v. a. der Biophysik, die sich mit der Einwirkung von Quanten auf die lebenden Zellen eines Organismus und den dabei im Bereich der Atome und Moleküle auftretenden energet. Prozessen und Veränderungen befasst.

Quantenchemie, Gebiet der theoret. Chemie, in dem Methoden der Quantenmechanik auf chem. Problemstellungen angewendet werden. Ziel der Q. ist es, die Elektronenstruktur und das Verhalten von Atomen und Molekülen, ihre physikal. und chem. Eigenschaften sowie bes. die Bildung von Molekülen aus Atomen oder Atomgruppen, daneben auch den zeitl. Ablauf chem. Reaktionen mithilfe der Lösungen der Schrödinger-Gleichung des jeweiligen Problems oder entsprechenden Näherungsverfahren zu bestimmen.

Eine der Hauptaufgaben der Q. ist die Berechnung chem. Bindungen. Mithilfe von Näherungsverfahren sollen dabei die quantenmechan. Energie- und Bindungszustände der Elektronen in den Molekülen zumindest näherungsweise bestimmt werden, indem die quantenmechan. Wellenfunktion der Elektronen des betrachteten Moleküls angenähert wird. In der **AO-Methode** (engl. atomic orbital theory) nach W. HEITLER und F. LONDON wird für sie ein symmetrisiertes Produkt von Atomorbitalen angesetzt, die jeweils um einen Atomkern herum lokalisiert sind. Ein Spezialfall ist die **Valenzstruktur-** oder **VB-Methode** (engl. valence bond theory; →Valenztheorie). Ein weiteres Näherungsverfahren ist die von F. HUND und R. S. MULLIKEN entwickelte Methode der Molekülzustände oder -orbitale **(MO-Methode),** bei der die Valenzelektronen zweier sich bindender Atome durch Molekülorbitale beschrieben werden, die sich über das ganze Molekül erstrecken und sich meist additiv oder subtraktiv aus ihren Atomorbitalen zusammensetzen. Bei den heute übl. **LCAO-MO-Methoden** (LCAO, engl. für linear combination of atomic orbitals) werden die zu berechnenden Molekülorbitale durch Linearkombination von Atomorbitalen angenähert (bei den als ›initrio‹ bezeichneten Verfahren berechnet man alle Integrale explizit). Diese mehrzentr. Einelektronfunktionen werden mit der Hartree-Fock-Methode festgelegt; dabei ergeben sich entweder bindende oder antibindende (›lockernde‹) Molekülzustände, deren relativer Anteil an der Gesamtwellenfunktion die Festigkeit der Bindung im Molekül festlegt. Das Energieschema des Moleküls ist durch die Gesamtheit dieser Molekülzustände bestimmt.

Neben diesen Verfahren gibt es eine Reihe von halbempir. (semiempir.) Verfahren, die bestimmte Modellvorstellungen als Basis haben, von denen aus zu vereinfachten Wellengleichungen übergegangen wird, und in denen die auftretenden Integrale (etwa bei der Bestimmung der Energie) empirisch festgelegt oder mit gemessenen Größen in Zusammenhang gebracht werden, um damit wieder andere empir. Größen im Rahmen der jeweiligen Methode zu bestimmen. Bei diesem von E. HÜCKEL eingeschlagenen Weg geht die LCAO-MO-Methode in das **HMO-Verfahren** mit seinen versch. Erweiterungen über, das sich bes. zur quantenmechan. Behandlung von Molekülen eignet, deren Eigenschaften und chem. Bindungen vorwiegend durch π-Elektronen (Pielektronen) und deren Molekülorbitale bestimmt sind. Dabei wird das effektive Potenzial, das die Wirkung bes. stark lokalisierter Elektronen auf die übrigen Elektronen darstellen soll, z. B. dem statist. Atommodell (→Thomas-Fermi-Modell) entnommen. – Heute ist man nur noch bei der Berechnung großer (komplexer) Systeme, wie Polymere oder Cluster, auf halbempir. Verfahren angewiesen.

J. REINHOLD: Quantentheorie der Moleküle (1994); H.-H. SCHMIDTKE: Q. ([2]1994).

Quantenchromodynamik, Abk. **QCD, Farbdynamik,** die in Anlehnung an die Quantenelektrodynamik seit 1974 u. a. von S. WEINBERG und M. GELL-MANN entwickelte →Quantenfeldtheorie zur Beschreibung der →starken Wechselwirkung zw. den →Quarks. Die dem Photon entsprechenden →Eichbosonen der QCD sind die →Gluonen. An die Stelle der elektr. Ladung tritt die Farbladung (→Color). Damit wird ein zusätzl. Freiheitsgrad der Quarks bezeichnet, der drei, gelegentlich mit ›rot‹, ›grün‹ und ›blau‹ benannte Zustände annehmen kann (r, g, b; Antifarbladungen $\bar{r}$, $\bar{g}$, $\bar{b}$). Im Ggs. zu den Photonen, die keine Ladung tragen, tragen die acht versch. Gluonenzustände je eine Farb- und Antifarbladung ($r\bar{g}$, $b\bar{r}$ usw.). Die starke Wechselwirkung wird über den Austausch von Gluonen zw. den Quarks vermittelt, wobei in der QCD die Besonderheit auftritt, dass nicht nur Quarks und Gluonen aneinander, sondern auch die Gluonen untereinander koppeln. Dies führt zu einer stark abstandsabhängigen Kopplung der Quarks. Bei sehr kleinen Abständen ($< 10^{-15}$ m) gehen die Kräfte zw. den Quarks asymptotisch gegen null, während sie mit zunehmendem Abstand stark anwachsen. Daher können quasifreie Quarks nur innerhalb begrenzter Raumgebiete, nämlich im Innern von Hadronen, existieren **(asymptotische Freiheit).**

Hadronen unterteilen sich in die Gruppe der →Baryonen, die aus drei Quarks bestehen, und die Gruppe der →Mesonen, die aus einem Quark und einem Antiquark bestehen. Da außerhalb der Hadronen kein Gluonfeld existiert, müssen die Quarks beim Aufbau eines Hadrons so kombiniert werden, dass das Hadron ›farblos‹ ist, d. h. die Farbladung 0 trägt (Baryonen: rgb, Mesonen: $r\bar{r}$, $g\bar{g}$, $b\bar{b}$). Versucht man, ein Quark aus einem Hadron zu isolieren, wächst mit zunehmendem Abstand die Energie des Gluonfeldes so stark an, dass damit Quark-Antiquark-Paare aus dem Vakuum erzeugt werden, die zur unmittelbaren Bildung neuer Hadronen führen. Dieser Einschluss der Quarks in Hadronen wird als **Confinement** bezeichnet. Bei Beschleunigerexperimenten mit Elementarteilchen lassen sich daher keine freien Quarks beobachten, sondern nur die in Form von Teilchenbündeln (Jets) entstehenden Hadronen. Der erste, als Bestätigung der QCD gewertete Nachweis von Gluonen anhand solcher Hadron-Jets gelang 1979 am Deutschen Elektronen-Synchrotron mit dem Speicherring PETRA. (→Elementarteilchen)

P. BECHER u. a.: Eichtheorien der starken u. elektroschwachen Wechselwirkung ([2]1983); T. MUTA: Foundations of quantum chromodynamics (Singapur 1987); F. J. YNDURÁIN: The theory of quark and gluon interactions (Berlin [2]1993).

Quantenelektrodynamik, Abk. **QED,** relativist. Quantenfeldtheorie zur vollständigen Beschreibung der →elektromagnetischen Wechselwirkung; sie stellt die Synthese von relativist. Quantenmechanik und Elektrodynamik dar und behandelt die Wechselwirkung elektrisch geladener Materiefelder mit selbst hervorgerufenen und äußeren elektromagnet. Feldern (z. B. Licht). Die relativistisch invariante Formulierung (→Lorentz-Invarianz) der QED erfolgt für Materiefelder über die →Dirac-Gleichung (Spin-$^1/_2$-Felder, z. B. Proton, Elektron, Myon) oder die →Klein-Gordon-Gleichung (Spin-0-Felder, z. B. π-Mesonen) und für das elektromagnet. Feld über die →maxwellschen Gleichungen bzw. die äquivalenten Wellengleichungen. Die ebenfalls lorentzinvariant durchzuführende Quantisierung der Felder führt auf geladene Elementarteilchen als Feldquanten der Materiefelder und Photonen als Feldquanten des elektromagnet. Feldes (→Eichbosonen). Die QED erlaubt die Beschreibung von Prozessen wie Erzeugung und Vernichtung von Teilchen-Antiteilchen-Paaren und Photonen, des Compton-Effekts, der Entstehung von Bremsstrahlung, der Vakuumpolarisation (→Polarisation) u. a. Auf ihr beruht das umfassende Verständnis aller Absorptions- und Emissionsvorgänge von elektromagnet. Strahlung in Materie; die ausgezeichnete quantitative Übereinstimmung mit experimentellen Daten gehört zu den großen Erfolgen der QED. Hierzu zählt die Berechnung der anomalen magnet. Momente des Elektrons und des Myons (Landé-Faktor des Elektrons $g = 2{,}002\,319\,304$), der →Lamb-Shift, der Strahlungskorrekturen zu den versch. Stoß- und Streuprozessen von Elektronen und Positronen sowie der Eigenschaften des →Positroniums.

Formal werden die Elektronen in der Dirac-Gleichung als Viererspinoren (→Spinor) und das elektromagnet. Feld in der Wellengleichung als Viererpotenzial (→Vierervektoren) dargestellt und dann der Quantisierung unterzogen (→Quantenfeldtheorie). Wegen der Kleinheit der Kopplungskonstante der elektromagnet. Wechselwirkung ($\alpha \approx {}^1/_{137}$, →Feinstrukturkonstante) kann man den →Streuoperator in eine Störungsreihe entwickeln. Die dabei auftretenden divergenten Ausdrücke **(Strahlungskorrekturen)** lassen sich durch →Renormierung der elektr. Ladung und der Teilchenmasse beseitigen. Die einzelnen Ent-

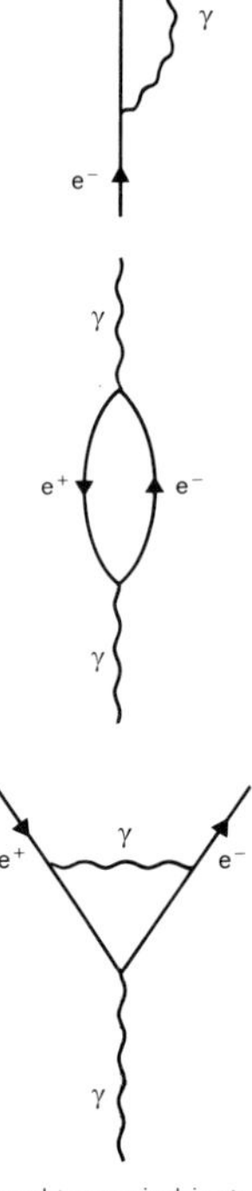

Quantenelektrodynamik: Feynman-Graphen der Strahlungskorrekturen niedrigster Ordnung (e^- Elektron, e^+ Positron, γ Gammaquant); **oben** Selbstenergie; **Mitte** Vakuumpolarisation; **unten** Vertexkorrektur wicklungsterme können mithilfe von →Feynman-Graphen veranschaulicht und berechnet werden.

Geschichte: Die Entwicklung der QED begann durch P. A. M. DIRAC 1927 mit der Anwendung der Quantentheorie auf das Strahlungsfeld und der Aufstellung der Dirac-Gleichung (und Vorhersage des Positrons) 1928. 1929 lieferten W. HEISENBERG und W. PAULI eine relativist. Quantisierung des Strahlungsfelds, wobei erste prinzipielle Schwierigkeiten auftraten (unendlich große Selbstenergie des Elektrons). E. FERMI lieferte 1929/30 eine unabhängige Formulierung der QED. Während die störungstheoret. Behandlung in niedrigster Näherung gute Ergebnisse erzielte, führten die höheren Näherungen zum Auftreten neuer Divergenzen, die mit der Vakuumpolarisation zusammenhingen (DIRAC 1934). Zu ihrer Umgehung schlug HEISENBERG 1943 die S-Matrix-Theorie vor, die seitdem eine grundlegende Stellung in der Quantenfeldtheorie einnimmt. Die heute allg. anerkannte und angewendete Form der QED wurde durch S. TOMONAGA (1946/47), J. SCHWINGER (1948/49) und R. P. FEYNMAN (1949), die dafür 1965 den Nobelpreis erhielten, sowie F. J. DYSON (1949) entwickelt. Ende der 60er-Jahre wurde die QED durch die Zusammenfassung von elektromagnet. und schwacher Wechselwirkung zur →Glashow-Salam-Weinberg-Theorie weiterentwickelt, die die Beschreibung hochenerget. Streuprozesse mit Energieüberträgen von etwa 100 GeV ermöglicht (Nobelpreis 1979).

J. D. BJORKEN u. S. D. DRELL: Relativist. Quantenmechanik (a. d. Amerikan., 1966, Nachdr. 1992); DIES.: Relativist. Quantenfeldtheorie (a. d. Amerikan., 1967, Nachdr. 1993); J. M. JAUCH u. F. ROHRLICH: The theory of photons and electrons (New York [2]1976); Quantum electrodynamics, hg. v. T. KINOSHITA (Singapur 1990); W. B. BERESTETZKI u. a.: Q. (a. d. Russ., [7]1991); R. P. FEYNMAN: QED. Die seltsame Theorie des Lichts u. der Materie (a. d. Amerikan., [5]1992); DERS.: Q. (a. d. Amerikan., [4]1997).

Quanten|elektronik, Teilgebiet der angewandten Physik und der Elektronik, das sich mit den quantentheoret. Grundlagen und techn. Anwendungen der Erscheinungen bei der Wechselwirkung elektromagnet. Strahlung mit atomaren Systemen und Festkörpern befasst; physikal. Grundlage ist die →Quantenoptik. Typ. Frequenzen der für die Q. wichtigen elektromagnet. Felder liegen zw. 10^{11} und 10^{15} Hz, während sich die konventionelle Elektronik im darunter liegenden Bereich bewegt. – Die Q. untersucht die Erzeugung und Verstärkung hochfrequenter und kohärenter Mikrowellenstrahlung (spontane und stimulierte Emission, Absorption, Resonanz, Kohärenz u. a.) und entwickelt entsprechende Technologien (→Maser). I. w. S. sind auch wiss. und techn. Anwendungen der Laserstrahlung Gegenstand der Quantenelektronik.

Quantenfeldtheorie, Quantentheorie der Wellenfelder, die Verallgemeinerung von klass. →Feldtheorie und Quantenmechanik auf eine einheitl. Beschreibung von (i. Allg. gekoppelten) Wellenfeldern. Durch die hierzu vorgenommene Feldquantisierung und die damit verbundene Einführung von →Feldquanten kommt die Äquivalenz des Wellen- und Teilchenbildes zum Ausdruck (→Welle-Teilchen-Dualismus). Die Wechselwirkung zw. den Feldquanten eines Materiefeldes (Teilchen) erfolgt über den (virtuellen) Austausch von Feldquanten der ankoppelnden Felder (Wechselwirkungsbosonen). Bei relativist. Eichfeldtheorien führt die Eichinvarianz unmittelbar zu solchen →Eichbosonen. Beispiele für **relativistische Q.** sind die Quantenelektrodynamik zur Beschreibung der elektromagnet. Wechselwirkung, die →Glashow-Salam-Weinberg-Theorie der elektroschwachen Wechselwirkung sowie die Quantenchromodynamik als Theorie der starken Wechselwirkung. **Nichtrelativistische Q.** spielen in der Festkörperphysik eine wichtige Rolle bei der Behandlung von →Elementaranregungen und deren Wechselwirkungen, so z. B. der →Elektron-Phonon-Wechselwirkung (elektr. Widerstand, Supraleitung) oder von Spin-Wechselwirkungen (Ferromagnetismus).

Bei der Formulierung einer Q. werden die Felder zunächst durch Einführung von →Vertauschungsrelationen zw. den Feldgrößen quantisiert. Gleichzeitig werden die Wellenfunktionen der Felder durch **Feldoperatoren** ersetzt, deren Algebra durch die Vertauschungsrelationen festgelegt ist. Die Feldoperatoren lassen sich auf eine Darstellung mit **Erzeugungs-** und **Vernichtungsoperatoren** transformieren, die eine Klassifizierung der Zustandsvektoren des Systems nach der Teilchenzahl erlauben; ihre Anwendung auf einen Zustandsvektor erhöht oder erniedrigt die darin angegebene Teilchenzahl der zugehörigen Teilchensorte. Man kann auf diese Weise die Erzeugung und Vernichtung von Teilchen beschreiben und erhält eine adäquate Wiedergabe der Wechselwirkungsprozesse.

Die Behandlung der Wechselwirkungen von Teilchen (Streuprozesse, Erzeugung und Vernichtung bzw. Emission und Absorption) erfolgt in der S-Matrix-Theorie durch störungstheoret. Entwicklung des →Streuoperators. Jeder in dieser Entwicklung auftretende Ausdruck entspricht einem Wechselwirkungsprozess, der sich durch einen →Feynman-Graphen veranschaulichen und mit den dazu definierten Vorschriften berechnen lässt. Für die Untersuchung von gebundenen Zuständen und Vielteilchenproblemen eignet sich v. a. die Methode der →Green-Funktionen, in der nichtlineare Bewegungsgleichungen für die Green-Funktionen des Vielteilchensystems aufgestellt und näherungsweise gelöst werden. In relativist. Q. treten in der Störungsreihe i. Allg. divergente Ausdrücke für Observablen auf, die sich in renormierbaren Q. (z. B. der Quantenelektrodynamik) durch →Renormierung beseitigen lassen. In nichtrelativist. Q. sind diese Ausdrücke endlich und führen zu Selbstenergiekorrekturen des Energiespektrums der betreffenden Teilchen (z. B. bei der Elektron-Phonon-Wechselwirkung). – Die →axiomatische Quantenfeldtheorie versucht mit speziellen Mitteln eine exakte und von Divergenzen freie Formulierung der Q. zu erreichen.

A. H. VÖLKEL: Fields, particles, and currents (Berlin 1977); N. N. BOGOLJUBOV u. D. V. SIRKOV: Quantenfelder (a. d. Russ., Berlin-Ost 1984); C. ITZYKSON u. J. B. ZUBER: Quantum field theory (Neuausg. New York 1985); H. HAKEN: Q. des Festkörpers ([2]1993); S. WEINBERG: The quantum theory of fields, 2 Bde. (Cambridge 1995–96); R. HAAG: Local quantum physics (Berlin [2]1996). – Weitere Literatur →Quantenelektrodynamik.

Quantenflavourdynamik [-fleɪvə-], Abk. **QFD,** allg. die mit den Flavourfreiheitsgraden der →Quarks als Quellen einer Flavourwechselwirkung verknüpfte Eichfeldtheorie; gelegentlich Bez. für die →Glashow-Salam-Weinberg-Theorie der elektroschwachen Wechselwirkung.

Quantenfluktuation, *Physik:* →Schwankungserscheinungen.

Quantenflüssigkeit, quantenmechan. System wechselwirkender Teilchen bei großen Dichten und i. d. R. niedrigen Temperaturen, dessen →Nullpunktsenergie so groß ist, dass unterhalb einer krit. Temperatur die therm. Energie und die Wechselwirkungsenergie zw. den Teilchen in ihrer Größenordnung liegen und daher kein Übergang des Systems in die feste Phase erlaubt ist. Nach der zugrunde liegenden Statistik unterscheidet man **Fermi-Flüssigkeiten** (z. B. flüssiges ^{3}He und die Leitungselektronen in Metallen wie Natrium) und **Bose-Flüssigkeiten** (z. B. flüssiges ^{4}He). Die krit. Temperatur liegt meist in der Nähe des absoluten Nullpunkts (^{3}He, ^{4}He), sie kann aber auch, wie im Fall der Leitungselektronen, weit über der Raumtemperatur liegen. Bose-Flüssigkeiten können →Suprafluidität aufweisen.

Quantengas, quantenmechan. System wechselwirkungsfreier Teilchen; in Abhängigkeit von der zugrunde liegenden Statistik unterscheidet man zw. Bose-Gasen (z. B. Photonengas, Phononengas, →Bose-Einstein-Statistik) und →Fermi-Gasen (z. B. Elektronengas, →Fermi-Dirac-Statistik).

Quantengravitation, die bisher nur in Ansätzen entwickelte →Quantentheorie der →Gravitation, die die Eigenschaften der (gekrümmten) Raum-Zeit bei extrem kleinen Abständen (von der Größenordnung der →Planck-Länge) und das Verhalten von physikal. Systemen bei allerhöchsten Energien (von der Größenordnung $E_{Pl} = m_{Pl}c^2 \approx 1{,}22 \cdot 10^{19}$ GeV bzw. Temperaturen von rd. $1{,}42 \cdot 10^{32}$ K; m_{Pl} →Planck-Masse, c Lichtgeschwindigkeit) beschreiben soll, wie sie z. B. in der Frühphase des Kosmos nach dem Urknall vorgelegen haben müssen (→Kosmologie). Raum- und Zeitkoordinaten werden dann diskontinuierlich (man spricht auch vom ›Raum-Zeit-Schaum‹) und müssen durch nicht kommutierende Operatoren dargestellt werden. Dass Effekte der Q. erst unter solch extremen Bedingungen auftreten, hat seine Ursache in der im Verhältnis zu den anderen primären physikal. →Wechselwirkungen um viele Größenordnungen schwächeren Gravitation.

Im klass. Grenzfall $h \to 0$ (h plancksches Wirkungsquantum) soll die Q. in die allgemeine Relativitätstheorie (ART) übergehen; sie konnte jedoch bisher nicht in konsistenter Weise durch Quantisierung der ART gewonnen werden. – Aus den zahlr. Versuchen zur Aufstellung einer Q. ergeben sich theoret. Ansätze, die alle Wechselwirkungen der Natur in einer einheitl. Theorie beschreiben, wie die Eichtheorie der lokalen →Supersymmetrie, die Gravitonen, Gravitinos u. a. masselose Teilchen in einem Supermultiplett zusammenfasst **(Supergravitation)**, sowie deren Verallgemeinerungen, die Superstringtheorien (→Stringtheorie).

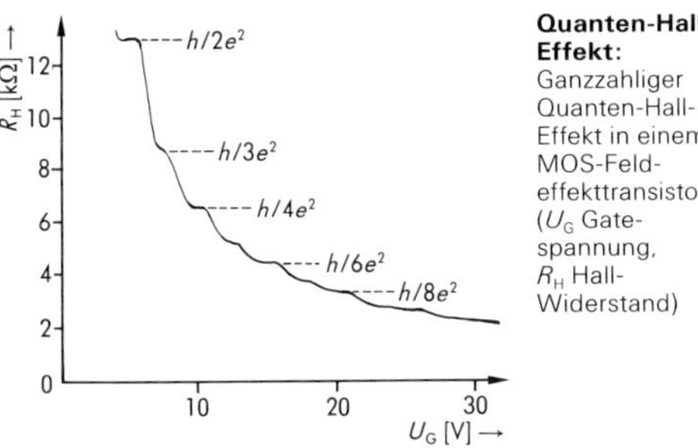

Quanten-Hall-Effekt: Ganzzahliger Quanten-Hall-Effekt in einem MOS-Feldeffekttransistor (U_G Gatespannung, R_H Hall-Widerstand)

Quanten-Hall-Effekt [-ˈhɔːl-], **quantisierter Hall-Effekt** [-ˈhɔːl-], ein 1980 von K. VON KLITZING entdeckter Effekt, der bei tiefen Temperaturen (< 1 K) und hohen magnet. Flussdichten (etwa 10 T) in quasi-zweidimensionalen Elektronensystemen, z. B. im Kanal von MOS-Feldeffekttransistoren (→MOSFET), auftritt; die Elektronen befinden sich dabei in einer nur wenige Atomlagen dicken Halbleiterschicht, sodass sie sich nur noch parallel zu dieser bewegen können, während die Bewegung senkrecht zur Schicht durch Potenzialbarrieren verhindert wird. Im starken Magnetfeld ist dann die zweidimensionale Elektronenbewegung in →Landau-Niveaus quantisiert. Der Hall-Widerstand R_H des Systems (→Hall-Effekt), gemessen als Funktion des Magnetfeldes oder der Elektronenkonzentration, weist dabei ausgeprägte Stufen (Plateaus) auf. Gleichzeitig verschwindet in den Plateaubereichen auch der Längswiderstand. R_H ist vom Material, von der Probenherstellung und -geometrie sowie anderen Größen unabhängig und nur von den Naturkonstanten e (Elementarladung) und h (plancksches Wirkungsquantum) bestimmt. Er ist in Einheiten von $h/e^2 = 25\,812{,}805\,\Omega$ quantisiert und kann beim **ganzzahligen Q.-H.-E.** die Werte

$$R_H = \frac{h}{ne^2} \quad (n = 1, 2, 3, \ldots)$$

annehmen. Die Entstehung des Q.-H.-E. ist noch nicht umfassend geklärt, wird aber auf Lokalisierungsphänomene im Elektronensystem zurückgeführt. Bei sehr tiefen Temperaturen (50 mK) und sehr hoher Beweglichkeit der Elektronen im Material ist ein **fraktionaler Q.-H.-E.** beobachtbar, bei dem n eine gebrochene Zahl ist. Mit dem Q.-H.-E. lässt sich der elektr. Widerstand auf eine elementare Größe zurückführen, die seit dem 1. 1. 1990 zur Darstellung der Widerstandseinheit Ohm dient.

The quantum Hall effect, hg. v. R. E. PRANGE u. a. (New York [2]1990).

Quanten|informationstheorie, Theorie der Bewertung quantenmechan. Zustände mithilfe verallgemeinerter Entropien sowie der Codierung, Bearbeitung und des Transports von quantenmechan. Information (im Sinne negativer →Entropie). Die elementare Einheit der Quanteninformation ist das ›Qubit‹ (quantenmechan. Bit), ein quantenmechan. System mit zwei Freiheitsgraden (2-Niveau-System). Wegen der statist. Interpretation der Quantentheorie und des Superpositionsprinzips quantenmechan. Zustände ergeben sich neuartige, klassisch nicht realisierbare und sehr effektive Möglichkeiten zur Verarbeitung (u. a. mittels ›Quantencomputern‹) und Verschlüsselung **(Quantenkryptologie)** von Information.

Quanten|interferometer, →SQUID.

Quantenlogik, eine der Quantentheorie angepasste formale Logik, die die Verschiedenartigkeit quantenmechan. Wahrscheinlichkeitsaussagen gegenüber den Aussagemöglichkeiten der klass. formalen Logik berücksichtigt; der Q. liegt ein allgemeiner, nicht-boolescher Verband als Struktur der Wahrheitswerte zugrunde.

P. MITTELSTAEDT: Quantum logic (Dordrecht 1978).

Quantenmechanik, die nichtrelativist. →Quantentheorie der Bewegung und Wechselwirkung mikrophysikal. Systeme, wie Elementarteilchen, Atome und Moleküle. Die Beschränkung auf den nichtrelativist. Bereich beinhaltet, dass die auftretenden Geschwindigkeiten klein gegen die Lichtgeschwindigkeit sind und die Wechselwirkungsenergien klein gegen die Ruhemassen der Teilchen (→Relativitätstheorie). Die Q. ist hiernach eine Theorie mikrophysikal. Systeme, in denen die Zahl der Teilchen mit von null versch. Ruhemasse erhalten bleibt und die einzig möglichen Erzeugungs- und Vernichtungsprozesse Emission und Absorption von Photonen sind. Sie wurde urspr. zur widerspruchsfreien Erklärung der aus Experimenten an und mit →Atomen gewonnenen Resultate entwickelt, auf die sich die klass. Physik nicht anwenden lässt, ohne zu unauflösbaren Widersprüchen zu führen, und die v. a. auf dem in der Mikrophysik auftretenden →Welle-Teilchen-Dualismus beruhen. In ihrer heutigen Form ist die Q. v. a. auch die Theorie der Atom- und Molekülphysik, mit einer für viele Zwecke und Anwendungsbereiche ausreichenden Genauigkeit, und als solche die theoret. Grundlage für Disziplinen wie Quantenchemie, Festkörper- und Kernphysik.

Die Q. unterscheidet sich von der klass. Mechanik wesentlich dadurch, dass in ihr physikal. Variablen nicht, wie in dieser, gewöhnl. Zahlen mit kommutativer Multiplikation sind (so genannte c-Zahlen), sondern →Operatoren mit i. Allg. nichtkommutativer Multiplikation (q-Zahlen; →Vertauschungsrelationen), insbesondere hermitesche Operatoren für beobachtbare Variablen (→Observable). Während in der klass. Mechanik der Zustand eines physikal. Systems genau dann eindeutig bestimmt ist, wenn die *tatsächlichen* Werte eines vollständigen Satzes von Observablen bekannt sind, trifft dies in der Q. nur für Werte der (i. Allg. verschiedenen) Einschränkungen dieses Satzes auf kommensurable, d. h. gleichzeitig beliebig genau messbare Observable zu (heisenbergsche →Unschärferelation). Insbesondere können in der Q. für Paare kanonisch konjugierter Observablen, z. B. für Ort und Impuls eines Teilchens, nur die Wahrscheinlichkeiten für alle *möglichen* Werte dieser Observablen angegeben werden. Hierin zeigt sich ein wesentl. und unabdingbares statist. Element der Q. Während in der klass. Mechanik somit allein die Observablen für die Beschreibung eines Zustands ausreichen, benötigt man in der Q. eine Vorschrift, wie bei einem gegebenen Zustand die mögl. Werte der Observablen zu ermitteln sind und für diese Werte die Wahrscheinlichkeiten. Klassisch genügt im Prinzip eine einmalige Messung der jeweiligen Observablen zur Bestimmung eines Zustands, quantenmechanisch muss dafür eine Messung an einem Ensemble von Systemen oder viele Male an dem gleichen System vorgenommen werden. Der Menge aller Zustände eines Quantensystems werden die Elemente eines abstrakten, i. Allg. unendlichdimensionalen linearen Raumes, des →Hilbert-Raumes, als **Zustandsvektoren** zugeordnet und nach P. DIRAC durch ein ›Ket‹-Symbol $|\alpha\rangle$ bezeichnet (α dient zur Kennzeichnung des eindeutig bestimmten Zustands). Die für experimentell verifizierbare Aussagen der Q. wesentl. Größen, die **Matrixelemente,** erhält man durch Anwendung eines Operators Ω von links auf ein Ket $|\alpha\rangle$ und anschließende Multiplikation von links mit dem zu einem Ket $|\beta\rangle$ hermitesch adjungierten ›Bra‹ $\langle\beta|$ (Bildung des Skalarprodukts). Von den so entstehenden Klammerausdrücken $\langle\beta|\Omega|\alpha\rangle$ für die Matrixelemente des Operators Ω leiten sich die Bez. Bra und Ket her (engl. **bracket,** ›Klammer‹). Aus den Matrixelementen kann man die die jeweilige physikal. Situation kennzeichnenden und messbaren Größen wie Erwartungs- und Eigenwerte von Operatoren und Übergangswahrscheinlichkeiten zw. versch. Zuständen ableiten.

Die Eigenwerte ω_i eines hermiteschen Operators Ω, die man aus der Lösung des →Eigenwertproblems (mit den Eigenkets $|i\rangle$) gewinnt, $\Omega|i\rangle = \omega_i|i\rangle$, sind die für die entsprechende Observable mögl. Messwerte. Der Erwartungswert $\langle\omega\rangle$ des Operators Ω in einem beliebigen (normierten) Zustand $|\alpha\rangle$ ist $\langle\omega\rangle = \langle\alpha|\Omega|\alpha\rangle$. Eine Beziehung zw. Eigen- und Erwartungswerten beruht auf dem für die Q. fundamentalen →Superpositionsprinzip, nach dem die Summe zweier Kets (Zustände) wieder ein Ket (einen Zustand) ergibt: $|\alpha\rangle + |\beta\rangle = |\gamma\rangle$. Insbesondere lässt sich jedes Ket $|\alpha\rangle$ nach den zu einem vollständigen Satz kommensurabler Observablen gehörenden orthonormalen und nicht entarteten Eigenkets $|k\rangle$ entwickeln:

$$|\alpha\rangle = \sum_k c_k |k\rangle.$$

Dabei dient der Index k (er kann z. B. für alle relevanten →Quantenzahlen stehen) der eindeutigen Kennzeichnung eines Zustands, und die Summation wird bei stetig veränderl. Indexgrößen durch die Integration ersetzt; die Entwicklungskoeffizienten c_k sind i. Allg. komplexe Größen. Das Skalarprodukt des Kets $|\alpha\rangle$ mit einem Eigenbra $\langle i|$ der Entwicklung ergibt wegen der Orthogonalität und der Normierung der Eigenkets: $\langle i|\alpha\rangle = c_i\langle i|i\rangle = c_i$. Dieser fundamentale Zusammenhang wird dahingehend interpretiert, dass das Absolutquadrat $|c_i|^2$ des Entwicklungskoeffizienten c_i die Wahrscheinlichkeit dafür ist, im Zustand $|\alpha\rangle$ eines quantenmechan. Systems den Zustand $|i\rangle$ anzutreffen, mit den entsprechenden Werten für die Observablen. Demnach ist der Erwartungswert des Operators Ω im Zustand $|\alpha\rangle$ gleich der Summe der mit dem Absolutquadrat der Entwicklungskoeffizienten gewichteten Eigenwerte dieses Operators:

$$\langle\alpha|\Omega|\alpha\rangle = \sum_k \omega_k |c_k|^2.$$

Auf diesen Zusammenhängen beruht die Möglichkeit der Verwendung versch. äquivalenter Darstellungen der Q., z. B. als →Matrizenmechanik oder →Wellenmechanik, und der Transformation von einer Darstellung in eine andere. Insbesondere für die Ortsdarstellung der Kets, $\langle \boldsymbol{r}|\alpha\rangle = \psi_\alpha(\boldsymbol{r})$, wird die Bez. →Wellenfunktion verwendet. Das mit dem Volumenelement $d^3\boldsymbol{r}$ multiplizierte Absolutquadrat einer normierten Wellenfunktion, $|\psi(\boldsymbol{r})|^2 d^3\boldsymbol{r}$, ist die Wahrscheinlichkeit dafür, das durch sie beschriebene Teilchen im Volumen $d^3\boldsymbol{r}$ um den Ort $\boldsymbol{r}$ zu finden. In dieser Darstellung ist $-i\hbar\nabla$ der Operator des Impulses, $i\hbar\partial/\partial t$ entspricht dem Operator der Energie, und $-\hbar^2\nabla^2/2m + V(\boldsymbol{r})$ ist der nichtzeitabhängige Hamilton-Operator H für ein Teilchen. Dabei ist i die imaginäre Einheit, $h = 2\pi\hbar$ das plancksche Wirkungsquantum, ∇ der Nablaoperator, t die Zeit, sowie m die Masse des Teilchens und $V(\boldsymbol{r})$ seine potenzielle Energie (Potenzial) am Ort $\boldsymbol{r}$. Mit diesem Hamilton-Operator geht die zeitabhängige →Schrödinger-Gleichung $i\hbar\dot{\Psi}(\boldsymbol{r},t) = H\psi(\boldsymbol{r},t)$ in die zeitunabhängige Eigenwertgleichung für den Hamilton-Operator über: $H\psi(\boldsymbol{r}) = E\psi(\boldsymbol{r})$, mit E für die Eigenwerte der Energie. Durch Lösung dieser Gleichung für die Elektronenhüllen der Atome erhält man die Energieeigenwerte und -funktionen der versch. Elektronenkonfigurationen und -zustände, und mit den Absolutquadraten der Eigenfunktionen die räuml. Dichteverteilungen der Elektronen in diesen Zuständen.

Durch den Begriff der Dichteverteilung, die ihrem Wesen nach eine Wahrscheinlichkeitsverteilung ist, wird der aufgrund des Unschärfeprinzips in der quantenmechan. Beschreibung nicht anwendbare Begriff der Bahn, insbesondere auch der einer Elektronenbahn im bohrschen Atommodell, ersetzt. Die Verallgemeinerung der Q. auf relativist. Vorgänge ist für einzelne Teilchen möglich, deren Bewegung durch die →Klein-Gordon-Gleichung bzw. →Dirac-Gleichung für Teilchen mit Spin 0 bzw. $^1/_2$ beschrieben wird.

Zur Geschichte →Quantentheorie.

W. HEISENBERG: Die physikal. Prinzipien der Quantentheorie (1958, Nachdr. 1991); L. D. LANDAU u. E. M. LIFSCHITZ: Q. (a. d. Russ., [9]1991); A. MESSIAH: Q., 2 Bde. (a. d. Frz., [2-3]1990–91); A. S. DAWYDOW: Q. (a. d. Russ., [8]1992); R. P. FEYNMAN: Q. (a. d. Engl., Neuausg. [2]1992); H. MITTER: Quantentheorie ([3]1994); T. FLIESSBACH: Q. ([2]1995); S. GASIOROWICZ: Quantenphysik (a. d. Engl., [6]1996).

Quanten|optik, mathematisch konsistente Beschreibung aller opt. Erscheinungen, d. h. der Ausbreitung elektromagnet. Wellen und ihrer Wechselwirkung mit stoffl. Materie, auf der Grundlage der Quantenfeldtheorie des elektromagnet. Feldes (→Quantenelektrodynamik). Wellen- und Teilchenvorstellungen sind – ebenso wie die geometr. Optik – anschaul. Näherungen für Teilbereiche der Optik. Den wellenopt. Begriffen a) Frequenz ν, b) Wellenlänge λ und Ausbreitungsrichtung $\boldsymbol{n}$ sowie c) Polarisation entsprechen die Teilchenbegriffe a) Photonenenergie $E = h\nu$, b) Impuls $\boldsymbol{p} = \hbar\boldsymbol{k}$ ($\boldsymbol{k} = 2\pi/\lambda\boldsymbol{n}$ Wellenzahlvektor; $\hbar = h/2\pi$, h plancksches Wirkungsquantum) sowie c) Drehimpuls $\boldsymbol{L} = \pm\hbar\boldsymbol{n}$. Der wellenopt. Begriff der →Kohärenz ist mit der **Photonenstatistik** verknüpft: vollständig kohärentem (Laser-)Licht entspricht eine →Poisson-Verteilung der Photonen, vollständig inkohärentem (therm.) Licht eine Bose-Einstein-Verteilung (→Bose-Einstein-Statistik).

I. e. S. beschreibt die Q. Erscheinungen, die mit der Wellennatur des Lichts allein nicht erklärt werden können, wie →Photoeffekt, →Compton-Effekt, kohärente Wechselwirkungsprozesse als Grundlage von →Masern und →Lasern (einschließlich laserspektroskop. Verfahren) sowie nichtklass. Licht (›squeezed light‹) und die →Laserkühlung von Atomen.

P. MEYSTRE u. M. SARGENT: Elements of quantum optics (Berlin [2]1991).

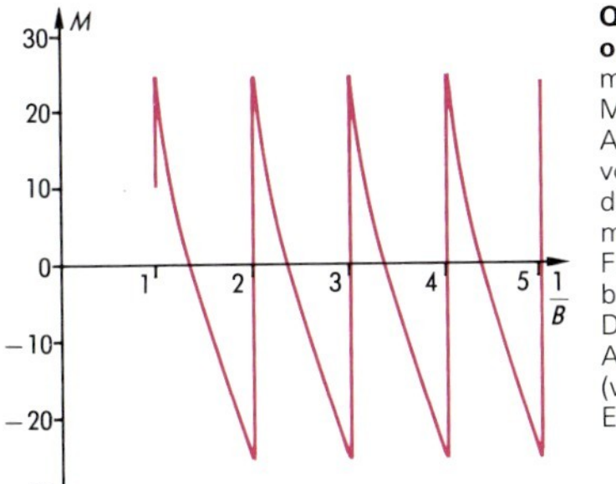

Quantenoszillation des magnetischen Moments M in Abhängigkeit vom Kehrwert der magnetischen Flussdichte B beim De-Haas-van-Alphen-Effekt (willkürliche Einheiten)

Quanten|oszillation, die Oszillation physikal. Messgrößen von Metallen (und Halbleitern hoher Ladungsträgerkonzentration) in Abhängigkeit von der Stärke eines äußeren homogenen Magnetfeldes. Q. können nur an sauberen Kristallen bei tiefen Temperaturen ($\leqq 4$ K) und in starken Magnetfeldern (magnet. Flussdichte einige Tesla) beobachtet werden. Sie werden durch die Quantisierung der Energiezustände der Ladungsträger im Magnetfeld verursacht (→Landau-Niveau) und treten u. a. als Q. der magnet. Suszeptibilität beziehungsweise des magnet. Moments (→De-Haas-van-Alphen-Effekt), des elektrischen Widerstandes (→Schubnikow-de-Haas-Effekt), der therm. Leitfähigkeit sowie der Mikrowellen- und Ultraschallabsorption von Metallen (→magnetoakustischer Effekt) auf.

Quantenphysik, zusammenfassende Bez. für die klassisch-physikalisch nicht beschreibbaren Phänomene, die bei mikrophysikal. Systemen auftreten, sowie für die Methoden zu deren Untersuchung und Beschreibung. Die Bez. Q. wird häufig synonym mit Quantentheorie verwendet.

Quantensprung, Quantenübergang, *Quantenphysik:* Übergang eines mikrophysikal. Systems von einem stationären Zustand in einen anderen, wobei sich die Energie nicht stetig, sondern sprunghaft (portionsweise, diskret, quantenhaft) ändert. In Stoßprozessen wird die Energie für den Q. aus der kinet. Energie der Stoßpartner entnommen (→Franck-Hertz-Versuch). Absorption und Emission von Photonen (Lichtquanten) oder anderen Teilchen führen ebenfalls zu Q. Beim Übergang von einem Zustand mit der Energie E_1 in einen Zustand der Energie E_2 emittiert bzw. absorbiert ein Atom ein Photon der Energie $h\nu = |E_1 - E_2|$ (h plancksches Wirkungsquantum, ν Frequenz; →einsteinsches Gesetz, →Photoeffekt).

Quantenstatistik, Verallgemeinerung der klass. →statistischen Mechanik auf Gesamtheiten mit quantenmechan. Eigenschaften wie diskreten Energieniveaus, Übergangsamplituden und →Nichtunterscheidbarkeit von ident. Teilchen (z. B. Elektronen oder Photonen). Wesentl. Abweichungen zw. Q. und klass. Statistik treten insbesondere bei tiefen Temperaturen und hohen Teilchendichten auf (z. B. bei der Gasentartung). Je nach Spin der Teilchen muss dann die →Bose-Einstein-Statistik (ganzzahliger Spin) oder die →Fermi-Dirac-Statistik (halbzahliger Spin) verwendet werden, die beide im Grenzfall hoher Temperaturen (i. d. R. bereits bei Raumtemperatur) in die klass. →Boltzmann-Statistik übergehen. Die Q. enthält die Möglichkeit der →Bose-Einstein-Kondensation von Bose-Gasen und macht Aussagen über die →Nullpunktsenergie von Fermi-Gasen. Zudem trägt sie entscheidend zum Verständnis der therm. und magnet. Eigenschaften der Materie (z. B. Temperaturabhängigkeit der spezif. Wärmekapazität, Dia-, Para- und Ferromagnetismus), der Dynamik wechselwirkender Vielteilchensysteme sowie auch astrophysikal. Prozesse bei und begründet den 3. Hauptsatz der Thermodynamik (→nernstscher Wärmesatz).

Der formale Aufbau der Q. erfolgt in Analogie zur klass. Statistik, insbesondere die Verwendung statist. Gesamtheiten und die Herleitung der thermodynam. →Zustandsgrößen aus den Zustandssummen. Der klass. Verteilungsfunktion entspricht der →Dichteoperator ϱ, der alle quantenstatist. Eigenschaften eines Systems repräsentiert. Ist das System in einem bestimmten, durch einen Zustandsvektor $|i\rangle$ (→Quantenmechanik) beschriebenen Zustand, spricht man von einem ›reinen‹ Zustand; kann es sich mit gewissen statist. Wahrscheinlichkeiten p_i in versch. Zuständen $|i\rangle$ befinden ($\sum_i p_i = 1$), handelt es sich um einen ›gemischten‹ Zustand. Der Dichteoperator hat dann die Form $\varrho = \sum_i p_i |i\rangle\langle i|$.

Die Zeitabhängigkeit des Dichteoperators im Nichtgleichgewichtsfall ist durch die quantenmechan. Fassung der Liouville-Gleichung, die **Von-Neumann-Gleichung,** gegeben:

$$\mathrm{i}\hbar \frac{\partial \varrho}{\partial t} = [H, \varrho].$$

Dabei tritt an die Stelle der →Poisson-Klammer der →Kommutator von H (→Hamilton-Operator des Systems) und ϱ.

K. HUANG: Statist. Mechanik, 3 Bde. (a. d. Engl., 1964); E. FICK u. G. SAUERMANN: Q. dynam. Prozesse, auf 3 Tle. ber. (Leipzig 1983 ff.); L. D. LANDAU u. E. M. LIFSCHITZ: Statist. Physik, 2 Bde. (Berlin-Ost [4-8]1987–92); G. RÖPKE: Statist. Mechanik für das Nichtgleichgewicht (1987).

Quantentheorie, 1) **ältere Q.,** Bez. für die dem Bohr-Sommerfeld-Atommodell (→Atommodell) zugrunde liegende Theorie; 2) Oberbegriff für alle Theorien und formalen theoret. Konzepte sowie deren Interpretation, die zur Beschreibung mikrophysikal. Systeme (Systeme atomarer und subatomarer Größe) und der auf ihnen beruhenden Phänomene, insbesondere der Quantelung vieler Größen, geeignet sind oder entwickelt wurden. Die Q. enthalten das plancksche Wirkungsquantum h als grundlegende neue Naturkonstante; die diskrete quantenhafte Natur vieler physikal. Größen wird als Folge der Endlichkeit seines Wertes erklärt. Diese Tatsache liegt dem von N. BOHR herausgearbeiteten Prinzip der →Komplementarität im Allgemeinen und dem des →Welle-Teilchen-Dualismus im Besonderen zugrunde und tritt explizit zutage in der adäquaten, mathematisch prägnanten Formulierung dieser Prinzipe durch W. HEISENBERGS →Unschärferelation. Im Grenzfall $h \to 0$ (genauer: wenn das Wirkungsfunktional S des Systems sehr groß gegenüber h wird) gehen die Q. in die entsprechenden klass. Theorien über. Umgekehrt lässt sich prinzipiell (aber nicht eindeutig) mithilfe einer Quantisierungsvorschrift aus einer klass. Theorie eine Q. gewinnen. So entsteht durch Quantisierung klass. Teilchentheorien (Mechanik) die nichtrelativist. →Quantenmechanik, aus der Quantisierung klass. Feldtheorien folgen die versch. →Quantenfeldtheorien.

Ein grundlegender Unterschied zw. klass. Theorien und Q. besteht darin, dass in Letzteren kanonisch konjugierte Größen nicht gleichzeitig mit beliebiger Genauigkeit gemessen werden können. Auch diese Tatsache, an die die Q. des Messprozesses anknüpft, steht in enger Beziehung mit der Unschärferelation. Charakteristisch für die Q. ist ferner, dass sie über das Eintreten bestimmter Messergebnisse i. Allg. nur Wahrscheinlichkeitsvoraussagen machen.

Geschichte: Die erste Q. war die 1900 von M. PLANCK im Zusammenhang mit dem nach ihm benannten Strahlungsgesetz für den schwarzen Strahler formulierte Quantenhypothese, nach der Materie elektromagnet. Strahlungsenergie nur in endl. Portionen, eben Quanten, emittieren und absorbieren kann. Weitere wichtige Schritte waren die Lichtquantenhypothese von A. EINSTEIN (1905, →Photon), die Formulierung des bohrschen Atommodells unter Verallgemeinerung der Quantenhypothese (N. BOHR 1913) und die Übertragung des beim Licht entdeckten Dualismus von Welle und Teilchen auch auf materielle Teilchen (Materiewellen) durch L. V. DE BROGLIE (1923). Die Grundlagen der Quantenmechanik wurden, aufbauend auf wichtigen Vorleistungen durch M. PLANCK, A. EINSTEIN und N. BOHR und angeregt durch eine große Zahl experimenteller atomphysikal. Befunde (insbesondere spektroskopischer), in der zweiten Hälfte der 1920er-Jahre im Wesentlichen von W. HEISENBERG, E. SCHRÖDINGER, L. V. DE BROGLIE, P. A. M. DIRAC und M. BORN geschaffen. N. BOHR hatte seit der Formulierung seines Atommodells maßgebl. Anteil an ihrer Entwicklung; nach dem Ort seines Wirkens ist die →Kopenhagener Deutung der Quantenmechanik benannt.

W. HEISENBERG: Q. u. Philosophie (1979, Nachdr. 1994); Grundl. der Q., hg. v. P. MITTELSTAEDT u. a. (1980); F. HUND: Gesch. der Q. ([3]1984). – Weitere Literatur →Quantenmechanik.

Quanten|übergang, der →Quantensprung.

Quantenzahl, ganze oder halbe Zahl zur Kennzeichnung eines diskreten Zustands eines mikrophysikal. Systems (Molekül, Atom, Kern, Elementarteilchen u. a.). Der Zustand eines derartigen Systems ist durch die Angabe eines vollständigen Satzes von Q. eindeutig bestimmt. Q. entsprechen Werten von →Observablen, die unter bestimmten Wechselwirkungen erhalten bleiben, wie Energie, Drehimpuls, elektr. Ladung, Baryonen- oder Leptonenzahl; sie sind Eigenwerte der Operatoren, durch die die Observablen dargestellt werden. Ein Beispiel sind die vier Q., mit denen ein Einelektronenzustand (Orbital) von Atomen gekennzeichnet wird; sie ergeben sich durch die Lösung der entsprechenden Schrödinger-Gleichung, die im Fall des Wasserstoffatoms geschlossen darstellbar ist. Diese vier Q. sind die **Haupt-Q.** $n = 1, 2, \ldots$, die **Neben-** oder **Bahndrehimpuls-Q.** $l = 0, 1, 2, \ldots, n-1$, die **magnetische Q.** (Projektion des Bahndrehimpulses auf eine beliebige, z. B. durch ein Magnetfeld ausgezeichnete Achse) $m_l = -l, -l+1, \ldots, l$ und die **Spin-Q.** $m_s = \pm 1/2$. Nach der schrödingerschen Theorie werden beim →Wasserstoffatom aufgrund der besonderen hier vorliegenden Symmetrien die Spektralterme und damit die Energien der Einelektronenzustände nur durch deren Haupt-Q. bestimmt, d. h., es liegt eine vielfache →Entartung vor, und das Linienspektrum kann durch eine einzige Serienformel beschrieben werden. Bei Mehrelektronenatomen ist die l-Entartung aufgehoben, d. h., die Terme hängen auch von der Bahndrehimpuls-Q. l ab. Für Atome mit mehr als einem Valenzelektron können die Drehimpuls-Q. vom Kopplungsmechanismus der Drehimpulse der einzelnen Elektronen zu einem Gesamtdrehimpuls abhängen (→jj-Kopplung, →Russell-Saunders-Kopplung). Q., die unabhängig vom Kopplungsmechanismus sind, werden als **gute Q.** bezeichnet. Zu Atomkernen gehören ähnl. Q., insbesondere die Kernspin-Q., die den Gesamtdrehimpuls des →Kerns (Kernspin) charakterisiert. Bei Molekülen besitzen die **Rotations-** und die **Schwingungs-Q.** besondere Bedeutung.

Die die →Elementarteilchen kennzeichnenden **inneren Q.** sind additive →ladungsartige Quantenzahlen; sie beruhen auf inneren (d. h. nicht raumzeitl.) Symmetrien der theoret. Elementarteilchenmodelle.

Quantifizierung, Quantifikation, 1) *allg.:* die Einführung messender Methoden in ein Forschungsgebiet. Die Q. stellt eine Vorstufe der Mathematisierung dar, insofern sie Zahlenmaterial bereitstellt, das unter mathemat. Gesichtspunkten behandelt werden kann. Wissenschaftsgeschichtlich war die Ablösung der spekulativen durch die empir., quantifizierende Methode grundlegend für die Entwicklung der modernen Naturwissenschaften. Der Versuch ihrer uneingeschränkten Anwendung auf alle Wissensbereiche zeigt jedoch auch ihre Grenzen; durch die method. Einengung können wesentliche Fragestellungen und qualitative Dimensionen insbesondere im geistes- und sozialwiss. Bereich unberücksichtigt bleiben.

2) *Logik:* die Überführung einer Aussageform mit mindestens einer freien Variablen in eine Aussage durch Einführung (mindestens) eines Quantors. Beispiel: Aus $x \neq 0$ wird durch Einführung eines Allquantors die wahre Aussage

$$\forall_{x \in \mathbb{N}} \; x \geqq 0.$$

Wählt man allerdings einen anderen Grundbereich, so kann eine falsche Aussage entstehen:

$$\forall_{x \in \mathbb{Z}} \; x \geqq 0.$$

Quantil *das, -s/-n, Wahrscheinlichkeitstheorie:* Hat die Zufallsvariable X die stetige Verteilungsfunktion F, so heißt für $0 < q < 1$ jede (i. Allg. nicht eindeutig bestimmte) Zahl x_q ein q-Q. der Verteilung von X (oder von F), falls $F(x_q) = q$ gilt. Die Q. $x_{\frac{1}{4}}$ und $x_{\frac{3}{4}}$ heißen **unteres** und **oberes Quartil,** $x_{\frac{1}{2}}$ ist der →Median. Q. für diskrete (insbesondere empir.) Verteilungen sind ähnlich definiert. Viele Tests sind durch eine Prüfgröße und ein geeignetes Q. ihrer Verteilung festgelegt.

Quantisierung, 1) *Nachrichtentechnik:* die Umwandlung eines analogen (amplitudenkontinuierl.) in ein digitales (amplitudendiskretes) Signal. Der Amplitudenbereich der Signalschwingung wird in kleine Teilbereiche unterteilt. Jeder dieser Teilbereiche wird durch einen zugeordneten (quantisierten) Wert dargestellt. Dadurch entsteht ein treppenförmiges Signal, das nur diskrete Amplitudenwerte annimmt und somit nur einen endl. Zeichenvorrat aufweist, der codiert (→Codierung) und praktisch fehlerfrei übertragen werden kann. Das ursprüngl. Signal wird im Empfänger aus dem quantisierten Signal rekonstruiert, wobei eine Q.-Verzerrung (Q.-Geräusch) unvermeidbar ist. Sie ist umso geringer, je mehr Q.-Stufen vorhanden sind. Eine vertretbare Fernsprechqualität ist z. B. mit 32 Q.-Stufen erreichbar. (→Analog-digital-Umsetzer, →Pulscodemodulation)

2) *Physik:* **Quantelung,** Ersetzung kontinuierl. Zustände und Übergänge durch diskrete (d. h. ganz bestimmte), zw. denen keine anderen erlaubt sind. Die Q. kennzeichnet den Übergang von der klass. Mechanik zur →Quantenmechanik unter Ersetzung der mit kontinuierl. Werten auftretenden klass. Größen durch quantenmechan. Größen, die in vielen Fällen nur diskrete (quantisierte) Werte annehmen können (z. B. Energien eines Atomspektrums) oder als Vielfache einer elementaren Einheit auftreten (z. B. elektr. Ladung, Drehimpuls). Formal werden bei der **kanonischen Q.** die →Observablen wie Ort, Impuls und Energie durch →Operatoren beschrieben, die bestimmten →Vertauschungsrelationen genügen und diskrete Eigenwerte besitzen. – Die Q. eines Wellenfeldes in der Quantenfeldtheorie wird als **Feld-Q.** (zweite Q.) bezeichnet.

Quantität [lat. quantitas ›Größe‹, ›Menge‹] *die, -/-en,* **1)** *allg.:* Menge, Anzahl; Ausmaß, Umfang.

2) *antike Metrik:* **Silbenlänge,** Dauer einer Silbe (Länge oder Kürze des Vokals) ohne Rücksicht auf die Betonung. Im antiken Versmaß galt eine Silbe als lang, wenn ihr Vokal lang war; war ihr Vokal kurz, galt sie als kurz, falls nur ein Konsonant folgte, dagegen i. Allg. als lang (→Positionslänge), wenn mehrere Konsonanten folgten.

3) *Philosophie:* die durch Zahlen erfassbare, mengenmäßige Bestimmtheit der Dinge; seit ARISTOTELES eine der grundlegenden Kategorien, die Aussagen über das Zählbare (Menge), Messbare (Größe) und in seine Bestandteile Zerlegbare umfasst. Sieht das klassisch-aristotel. Denken das Werden und Wachsen der Natur als wesentlich qualitativ bestimmt, gewinnt mit der Entwicklung der Naturwiss.en in der Neuzeit die messende, quantifizierende Betrachtungsweise (→Quantifizierung) immer stärkere Bedeutung. Im rationalist. Mechanismus und aufklärer. Materialismus wird das sichtbar Wirkliche ausschließlich nach dem Gesichtspunkt der Q. betrachtet. Während G. W. F. HEGEL die Entwicklung der Natur aus der Entwicklung der absoluten Idee und nicht durch mathemat. Naturgesetze erklärt, werden Q. und →Qualität im Marxismus als dialekt. Widerspruchseinheit verstanden. – In der traditionellen Logik ist die Q. der Urteile ihr Geltungsumfang (allgemein, besonders, einzeln).

4) *Phonetik:* die instrumentell messbare Zeitdauer, mit der Einzellaute, Lautgruppen, Silben u. a. gesprochen werden. Man unterscheidet zw. lang und kurz, z. B. [o] und [oː]. (→Qualität)

quantitative Analyse, →chemische Analyse.

Quantitätstheorie, eine Geldtheorie, die einen Zusammenhang zw. den Veränderungen der Geldmenge und der Güterpreise annimmt. Die naive Q. wurde von J. BODIN mit der These vertreten, dass zw. der Geld- und der Güterseite der Volkswirtschaft ein Gleichgewicht bestehe, sodass die Vermehrung der Geldmenge für die Inflation verantwortlich gemacht werden müsse. Nach BERNARDO DAVANZATI (* 1529, † 1606) führt jede Veränderung der Geldmenge zu einer proportionalen Veränderung des allgemeinen Preisniveaus. R. CANTILLON, D. HUME, J. LOCKE und W. PETTY erkannten jedoch, dass nur das in Umlauf befindl. Geld auf die Preise wirken könne. Da jedes einzelne Geldstück mehrmals hintereinander zu Kaufakten verwendet werde, sei neben der Menge des Geldes auch seine Umlaufsgeschwindigkeit ein wesentl. Bestimmungsgrund für die Preishöhe. Spätere Varianten der Q. teilen die Geldmenge in die Bargeld- und die Buchgeldmenge mit versch. Umlaufsgeschwindigkeiten. Die Q. bildete die Grundlage für die →Currencytheorie.

In der mathemat. Formulierung der Q. nach I. FISHER **(Verkehrsgleichung, Quantitätsgleichung)** wird die Geldmenge (G) unter Berücksichtigung ihrer Umlaufsgeschwindigkeit (U) der Gütermenge (Handelsvolumen: H), multipliziert mit dem durchschnittl. Preisniveau (P), gegenübergestellt: $G \cdot U = H \cdot P$. Hiermit wird lediglich eine funktionale Beziehung zw. den genannten Größen veranschaulicht, die nichts über ihren kausalen Zusammenhang aussagt. Die weitere Entwicklung der Q. setzte an der Neuinterpretation der Umlaufsgeschwindigkeit an, wie sie von K. G. CASSEL und der Cambridger Schule eingeleitet wurde. Die neue Interpretation verstand die Umlaufsgeschwindigkeit als die gesamtwirtschaftl. Resultante der individuellen Kassenhaltungen und führte sie damit auf einzelwirtschaftl. Entscheidungen zurück. In der **Cambridge-Gleichung** wird U durch den Kassenhaltungskoeffizienten k und H durch das reale Volkseinkommen Y_r ersetzt; so ergibt sich für die Geldmenge $M = k \cdot P \cdot Y_r$. Daraus wurde die Hypothese entwickelt, dass Änderungen von Geldmenge und Kassenhaltungskoeffizient das Preisniveau und/oder das reale Volkseinkommen beeinflussen. Diese Kassenhaltungstheorie wird von der keynesian. Liquiditätspräferenztheorie und Einkommenstheorie kritisiert. Die von der Chicago-Schule weiterentwickelte Q. **(Neo-Q.)** bildet eine Grundlage für den →Monetarismus.

Quantor *der, -s/...'toren, Logik:* eine log. Partikel, die dazu dient, unbegrenzt viele, durch eine Aussageform gegebene Aussagen zu einer neuen prädikatenlogisch zusammengesetzten Aussage zu verknüpfen (→Logik, Abschnitt Prädikatenlogik). Q. sind der selten verwendete **Kein-Q.** (›für kein‹; symbolisiert $\downarrow$), der **All-Q.** (›für alle‹; symbolisiert $\wedge$ oder $\forall$) und der **Existenz-Q.** (›es gibt‹, ›einige‹; symbolisiert $\vee$ oder $\exists$). Der All-Q. wird auch als Generalisator oder Großkonjunktion, der Existenz-Q. als Manch-Q., Großadjunktion oder Partikulator bezeichnet.

Der Übergang von Aussageformen zu Aussagen geschieht dadurch, dass freie Variablen in den Wirkungsbereich eines Q. einbezogen (›gebunden‹) werden. – Die Q. wurden in der zweiten Hälfte des 19. Jh. von G. FREGE eingeführt.

Johann Joachim Quantz

Quantz, Johann Joachim, Komponist, * Oberscheden (heute zu Scheden, Kr. Göttingen) 30. 1. 1697, † Potsdam 12. 7. 1773; Schüler von J. D. ZELENKA und J. J. FUX in Wien, wirkte ab 1718 als Oboist, dann als Flötist der königl. Kapelle in Dresden und Warschau. Nach Aufenthalten in Italien (Studium des Kontrapunkts bei F. GASPARINI in Rom), Paris und London wurde er 1728 zum Flötenlehrer des späteren Königs FRIEDRICH II., 1741 zu dessen Kammermusiker und Hofkomponisten bestellt. Q. schrieb etwa 300 stilistisch A. VIVALDI nahe stehende Flötenkonzerte sowie 200 Kammermusikwerke für die Flöte. Als Instrumentenbauer führte er bei der Querflöte eine zweite Klappe ein und gilt als Erfinder einer Stimmkorrekturschraube. Seine bis ins 19. Jh. richtungweisende Flötenschule ›Versuch einer Anweisung die Flöte traversière zu spielen‹ (1752) ist eine wichtige Quelle für die Musikpraxis und -ästhetik seiner Zeit.

Leben u. Werke des Flötisten J. J. Q., in: Selbstbiogr. dt. Musiker des 18. Jh., hg. v. W. KAHL (1948, Nachdr. Amsterdam 1972); I. ALLIHN: Georg Philipp Telemann u. J. J. Q. (Magdeburg 1971); H. AUGSBACH: J. J. Q., themat. Verz. der musikal. Werke (Dresden 1984); M. TEN BRINK: Die Flötenkonzerte von J. J. Q. Unterss. zu ihrer Überlieferung u. Form, 2 Bde. (1995).

Quanzhou: Eine Pagode des Pagodenpaars Shuangta; 13. Jh.

Quanzhou [tʃyɛndʒoʊ], früher **Chüanchow, Chüanchou** geschrieben, Stadt in der Prov. Fuijan, China, an der Formosastraße, 150 000 Ew.; Univ. (gegr. 1960); Museum der Gesch. des Überseehandels; Zucker- und Textilindustrie. – Der Tempel Kaiyuan Si (686) ist Teil einer urspr. tangzeitl. Klosteranlage. Das Pagodenpaar Shuangta aus dem 13. Jh., das Wahrzeichen der Stadt, diente früher den Seefahrern zur Orientierung.

Quappe, die →Aalquappe.

Quappenwurm, Quappwurm, Quappe, Echiurus echiurus, einschließlich des ungeteilten Rüssels 10–15 cm langer, walzenförmiger Igelwurm mit zwei Borstenkränzen am Hinterende. Er lebt im Sand der Nordatlantik-, Nordsee- und westl. Ostseeküsten in 10 bis maximal 30 cm tiefen u-förmigen selbst gegrabenen Röhren und wird von Anglern und Fischern als Köder verwendet.

Quarantäne [frz. quarantaine, eigtl. ›Anzahl von 40 (Tagen)‹] *die, -/-n,* **1)** *Medizin:* seuchenhygien. Maßnahme zur Verhütung einer Einschleppung epidem. Infektionskrankheiten von Mensch und Tier durch den Land-, See- oder Luftverkehr. Sie ist durch das Bundes-Seuchengesetz sowie entsprechende nat. und internat. Vorschriften (Weltgesundheitsorganisation) geregelt und besteht in befristeter Isolierung von Personen, ggf. auch von Transportmitteln, Gebäuden, deren Dauer sich an der Inkubationszeit der betreffenden Krankheit orientiert, sowie in Impfung, Beobachtung und Desinfektionsmaßnahmen. Q. wird bei Erkrankung und Krankheitsverdacht unter Einbeziehung mögl. Kontaktpersonen verhängt und betrifft gegenwärtig v. a. Cholera, Gelbfieber, Fleckfieber und Rückfallfieber.

Geschichte: Isolierungsmaßnahmen wurden bes. zur Abwehr der Pest in N-Italien (Venedig, Neapel, Ancona) schon im frühen 14. Jh. durch Einrichtung von Q.-Anstalten auf kleinen Inseln eingeführt; eine zeitl. Festlegung der Absonderung von Krankheitsverdächtigen auf 30 Tage (›Trentina‹), später auf 40 Tage erweitert, wurde erstmals 1377 in Ragusa (heute Dubrovnik) getroffen.

2) *Völkerrecht:* moderne amerikan. Bez. für eine →Blockade bzw. wirtschaftl. und polit. Isolierung eines Landes; von Präs. F. D. ROOSEVELT in seiner **Q.-Rede** in Chicago am 5. 10. 1937 gebraucht als Bez. für die von ihm befürwortete Politik der kollektiven Eindämmung gegenüber dem expansionist. Japan und den faschist. Staaten Europas. Im Verlauf der Kubakrise 1962 wurde der Begriff von den USA für die Maßnahmen der amerikan. Flotte auf hoher See zur Verhinderung der Lieferung sowjet. Mittelstreckenraketen nach Kuba verwendet.

Quarantotti Gambini, Pier Antonio, ital. Schriftsteller, * Pisino (heute Pazin, Istrien) 23. 2. 1910, † Venedig 22. 4. 1965; fand in dem Erzählungsband ›I nostri simili‹ (1932) zu seinem Hauptthema, der Pubertätszeit, deren Konflikte auch die Romane ›L'onda dell'incrociatore‹ (1947; dt. ›Hafenballade‹) und ›La calda vita‹ (1958; dt. ›Heiße Jugend‹) behandeln. Die autobiographisch inspirierte Figur des Knaben Paolo steht im Zentrum einer Reihe von Texten, in denen vor historisch und sozial definiertem Hintergrund die Erfahrungen der eigenen Sozialisation beschrieben werden und die der Autor als Zyklus u. d. T. ›Gli anni ciechi‹ geplant hatte (u. a. ›Amor militare‹, 1955, 1964 u. d. T. ›L'amore di Lupo‹, Roman; ›Il cavallo Tripoli‹, 1956, Roman; ›I giochi di Norma‹, 1964, Erzählungen; ›La corsa di Falco‹, hg. 1969, Roman).

Quarenghi [kua'rеŋgi], **Kwarengi,** Giacomo, russ. Architekt ital. Herkunft, * Valle Imagna (bei Bergamo) 20. oder 21. 9. 1744, † Sankt Petersburg 2. 3. 1817; stand als Architekt in der Nachfolge von A. PALLADIO. Q. trat 1779 in Russland in den Dienst KATHARINAS II. Charakteristisch für seine Werke sind eine blockhaft-monumentale Erscheinung und die sparsame Verwendung schmückender Details.

Werke: Theater der Eremitage in Sankt Petersburg (1783–87); Akad. der Wiss.en, ebd. (1783–89); Staatsbank, ebd. (1783–90); Smolnyj-Institut, ebd. (1806–08); Engl. Palais in Petrodworez (1781–94); Alexanderpalais in Puschkin (1792–96).

Quark [aus dem Slaw.], aus Milch durch Säuerung **(Sauermilch-Q.)** oder Labfällung **(Lab-Q.)** gewonnenes Frischkäseprodukt, das v. a. aus geronnenem, weiß ausgeflocktem (noch stark wasserhaltigem) →Kasein (Parakasein) besteht. Q. hat je nach Zusammensetzung der Ausgangsmilch wechselnde Zusammensetzung: Aus Magermilch gewonnener ›Mager-Q.‹ enthält z. B. etwa 13,5% Eiweiß, nur Spuren von Fett, 4% Kohlenhydrate (Rest v. a. Wasser). Ein aus Vollmilch unter Sahnezusatz erzeugter Q. mit 40% Fett i. Tr. enthält 11,1% Eiweiß, 11,4% Fett und 3,3% Kohlenhydrate, Q. mit 20% Fett i. Tr. enthält 10,5% Eiweiß, 5,1% Fett und 3,4% Kohlenhydrate. **Hüttenkäse (Cottagecheese)** ist ein körniger, aus frischem Käseteig (Bruch) hergestellter Frischkäse, der durch Auswaschen von Resten der Molke befreit wurde (→Käse, TABELLE).

Quarkonium *das, -s,* in Analogie zum →Positronium gebildete Bez. für i. Allg. kurzlebige, gebundene Zustände eines schweren →Quarks und dessen Antiquarks; dabei handelt es sich um die aus solchen Quark-Antiquark-Paaren gebildeten →Mesonen und deren Anregungszustände. Dies sind das →Etameson (Strange- und Antistrangequark), das Psiteilchen (Charm- und Anticharmquark, →Charmonium) und das Ypsilonteilchen (Bottom- und Antibottomquark, →Bottomonium). Q.-Zustände liefern ein ›atomähnl.‹ Anregungsspektrum und erlauben die spektroskop. Untersuchung der →starken Wechselwirkung.

Quarks [kwɔːks; engl., von M. GELL-MANN geprägte Fantasie-Bez. nach dem Namen schemenhafter Wesen in dem Roman ›Finnegans wake‹ von J. JOYCE], *Sg.* **Quark** *das, -s,* nach dem Standardmodell der →Elementarteilchen neben den →Leptonen die fundamentalen Bausteine der Materie. Danach sind Hadronen aus Q. aufgebaut, und zwar →Baryonen aus je drei Q. (qqq), Antibaryonen aus je drei Anti-Q. ($\bar{q}\bar{q}\bar{q}$), →Mesonen aus je einem Q. und einem Anti-Q. ($q\bar{q}$). Bisher wurden sechs Q.-Arten nachgewiesen: **Up** (u), **Down** (d), **Strange** (s), **Charm** (c), **Bottom** oder **Beauty** (b), **Top** oder **Truth** (t). Zu jeder Q.-Art gibt es das entsprechende **Anti-Q.** (→Antiteilchen). Q. haben den Spin $^1/_2$, weisen drittelzahlige elektr. Elementarladungen auf und besitzen die →Baryonenzahl $^1/_3$; bei den Anti-Q. ändert sich jeweils das Vorzeichen. Experimentelle Befunde ergeben sich aus Streuexperimenten mit hochenerget. Teilchen in Beschleunigern, die eine Substruktur der Hadronen bestätigen und zur Bestimmung der Eigenschaften von Q. dienen. Dabei konnten Q. nicht als freie Teilchen außerhalb von Hadronen beobachtet werden (→Confinement).

Das Q.-Modell der Hadronen wurde 1963 von GELL-MANN und G. ZWEIG unabhängig voneinander zunächst für die drei Q.-Arten Up, Down und Strange entwickelt, die in der Theorie den drei Basiszuständen der speziellen, unitären Symmetriegruppe SU(3) zugeordnet werden (→unitäre Symmetrie). Protonen und Neutronen, aus denen sich die Atomkerne zusammensetzen, bestehen dabei aus Kombinationen von Up- und Down-Q. (Proton: uud, Neutron: udd). Die Entdeckung des Psiteilchens 1974 hatte die Einführung des Charm-Q., die des Ypsilonteilchens 1977 die Einführung des Bottom-Q. zur Folge. Das aus theoret. Gründen postulierte und 1995 am Fermi-Laboratorium erstmals nachgewiesene Top-Q. vervollständigt die Q. zu drei ›Familien‹ (oder ›Generatio-

Eigenschaften von Quarks

Quark	Masse*) [MeV/c^2]	Ladung (e)	Isospin (I_3)	Charm	Strangeness	Truth	Beauty
u	5,6	2/3	1/2	0	0	0	0
d	9,9	−1/3	−1/2	0	0	0	0
c	1350	2/3	0	1	0	0	0
s	199	−1/3	0	0	1	0	0
t	~17600	2/3	0	0	0	1	0
b	5000	−1/3	0	0	0	0	1

*) Werte geben die ungefähren Massen wieder

nen‹), die den drei Leptonenfamilien entsprechen. Die →starke Wechselwirkung zw. den Q. wird nach heutigen Vorstellungen über Farbladungen (→Color) durch →Gluonen hervorgerufen, die auch den Einschluss der Q. in den Hadronen bewirken (→Quantenchromodynamik). Die einzelnen Q.-Arten lassen sich auch als versch. Ausprägungen einer Quantenzahl →Flavour auffassen, die dann unter der starken, nicht aber unter der →schwachen Wechselwirkung erhalten bleibt.

Quart [zu lat. quartus ›der Vierte‹], **1)** [engl. kwɔ:t] *das, -s/-s, Messwesen:* alte dt. und angloamerikan. Volumeneinheit für Flüssigkeiten und trockene Güter, 1 Q. = $^1/_3$ Metze = 1,145 l (Preußen, für Flüssigkeiten), 1 Q. = $^1/_4$ Last = 10 Scheffel = 741,039 l (Bremen, für Getreide), 1 Q. = $^1/_4$ Stübchen = 4 Mengel = 0,805 l (Bremen, für Wein; für Bier galt 1 Q. = 0,943 l), 1 Q. (Quartel) = $^1/_4$ Maß (Kanne) = 0,267 l (Bayern), 1 Q. (liq qt) = $^1/_4$ Gallon = 2 Pints = 1,136 l (Großbritannien, für Flüssigkeiten; USA: 0,946 l), 1 Q. (dry qt) = 1,101 l (USA, für trockene Güter).

2) [engl. kwɔ:t, frz. ka:r] *der, -s/-s, Münzkunde:* 1) unter NAPOLEON I. Name des frz. $^1/_4$-Franc-Stücks, der auch den Münzen aufgeprägt war; 2) Währungseinheit von Genf bis 1838, 1 Q. = 3 Deniers, 4 Q. = 1 Sol.

3) *Sport:* Klingenhaltung beim Fechten; deckt als →Parade die inneren Blößen; Arm abgewinkelt vor dem Bauch, der Handrücken zeigt nach unten, Klinge steigend.

Quart, Pere (= Peter IV.), iron. Pseudonym des katalan. Schriftstellers **Joan Oliver,** *Sabadell 29. 11. 1899, †Barcelona 18. 6. 1986; lebte 1939–48 im Exil in Frankreich, Argentinien und Chile; entstammte dem katalan. Großbürgertum, von dem er sich in seinem literar. Werk satirisch distanzierte (›Una tragèdia a Lil·liput‹, 1928, Erzählungen); war als Journalist, Theaterautor (›Ball robat‹, 1958) und Lyriker einer der entschiedensten Vertreter des gegen die Diktatur F. FRANCOS gerichteten Katalanismus. Seine Lyrik bricht mit dem elitären Symbolismus und Surrealismus, um sich – auch sprachlich – der alltägl. Realität und der breiten Masse zuzuwenden (u. a. ›Les decapitacions‹, 1934; ›Bestiari‹, 1947; ›Circunstàncies‹, 1969; ›Poesia empírica‹, 1981). Hervorragender Übersetzer u. a. von MOLIÈRE, C. GOLDONI, G. B. SHAW, B. BRECHT, P. CLAUDEL, S. BECKETT.

Ausgabe: Obres completes, 2 Bde. (1975–77).

Quarta [lat. ›die Vierte‹] *die, -/...ten, Schulwesen:* →Prima.

Quartal [mlat. quartale (anni) ›Viertel (eines Jahres)‹] *das, -s/-e,* eines der Viertel des Kalenderjahres, Vierteljahr.

Quartana [zu lat. quartanus ›zum vierten (Tag) gehörend‹] *die, -/...nen,* Kurz-Bez. für Malaria quartana, Form der →Malaria.

Quartär [zu lat. quartus ›der Vierte‹, also eigtl. ›die vierte (Formation)‹] *das, -s,* der jüngste Zeitraum (System) der Erdgeschichte, untergliedert in das Pleistozän, das als →Eiszeitalter in Erscheinung trat, und in das noch heute andauernde →Holozän, die Nacheiszeit (Postglazial). Die Untergrenze zum Pliozän (→Tertiär) ist klimatologisch und paläomagnetisch definiert.

quartäre Verbindungen, chem. Verbindungen, bei denen vier an ein Zentralatom (Kohlenstoff, Stickstoff u. a.) gebundene Wasserstoffatome durch organ. Reste ersetzt sind.

Quartarius [lat. ›Viertel‹] *der, -/...rii,* antike röm. Volumeneinheit für Flüssigkeiten, 1 Q. = $^1/_4$ Sextarius = 2 Acetabula = 0,137 l.

Quartärstruktur, *Biochemie:* die Struktur eines durch Zusammenlagerung mehrerer (wenige bis einige Tausend) ident. oder nichtident. tertiärstrukturierter Peptidketten entstehenden biologisch aktiven Proteinmoleküls. Bei der Reaktion einer Untereinheit wird die Reaktivität der anderen Untereinheiten durch Konformationsänderungen beeinflusst. Z. B. bindet das aus vier (je zwei gleichen) Peptidketten aufgebaute, Sauerstoff transportierende Hämoglobin zunächst ein Sauerstoffmolekül an eine Untereinheit, wodurch die Bindung weiterer O_2-Moleküle an die anderen erleichtert wird. Die Ausbildung einer Q. dient als Regulationsprinzip von Stoffwechselprozessen.

Quartation *die, -/-en,* →Gold-Silber-Scheidung.

Quarte [zu lat. quartus ›der Vierte‹] *die, -/-n,* **Quart,** griech. **Diatesseron,** *Musik:* Bez. für das →Intervall, das ein Ton mit einem vier diaton. Stufen entfernt gelegenen Ton bildet (z. B. c–f). Die Saitenlängen zweier Töne im Abstand einer Q. verhalten sich wie 4 : 3, die Schwingungszahlen wie 3 : 4. Die Q. kann als reines, vermindertes (c–fes) oder übermäßiges Intervall (c–fis; →Tritonus) auftreten. In Antike und MA. wurde sie als vollkommene →Konsonanz angesehen, sie bildete als Rahmenintervall des →Tetrachords einen grundlegenden Bestandteil der Tonordnung. In der Harmonie- und Kontrapunktlehre fungiert die Q. als ambivalentes Intervall: Sie ist konsonant, wenn sie durch Unterquint oder -terz gestützt ist (a), dagegen dissonant (regulär mit Auflösung in die Terz) als Intervall zwischen der untersten und einer Oberstimme (b):

a b

Quarte

Quarten|akkord, ein Akkord, der statt aus Terzen aus Quarten aufgebaut ist (z. B. d–g–c[1]–f[1]). Q. unterschiedl. Struktur (also auch aus verminderten und übermäßigen Quarten) kommen schon im 19. Jh. vor, finden aber v. a. beim Übergang zur Neuen Musik in Abkehr von traditionellen tonalen Bezügen weite Verwendung, z. B. bei A. SCHÖNBERG (1. Kammersinfonie op. 9, 1906), A. BERG, A. WEBERN, A. N. SKRJABIN, B. BARTÓK, I. STRAWINSKY, P. HINDEMITH.

Quartense, kleine schles. Groschenmünze zw. 1290 und 1330 als vierter Teil (lat. quartus) eines Skots (Rechnungsmünze).

Quarter [ˈkwɔ:tə; engl. ›Viertel‹] *der, -s/-,* **1)** *Messwesen:* Abk. **qr,** 1) brit. Volumeneinheit, 1 Q. = 2 Cooms (Combs) = 8 Bushels = 64 Gallons = 290,942 l (Großbritannien, urspr. 1824 mit 290,7813 l festgelegt), 1 Q. = 242,100 l (USA); 2) brit. Masseneinheit (Handelsgewicht) im →Avoirdupois-System, 1 Q. = 2 Stones = 28 Pounds = 12,700 kg; 3) brit. Längeneinheit (Tuchmaß), 1 Q. = $^1/_4$ Yard = 4 Nails = 22,86 cm.

2) *Münzwesen:* umgangssprachl. Bez. in den USA für das $^1/_4$-Dollar-Stück.

Quarterdeck, Achterdeck auf Schiffen, z. T. erhöht. Auf Großseglern Standort der Schiffsführung.

Quarter Horse [ˈkwɔ:tə hɔ:s, engl.], aus dem W der USA und aus Kanada stammende, zunehmend weltweit gezüchtete Pferderasse, 150–155 cm schulterhohe Tiere mit edlem, kurzem Kopf und kurzem Rücken; Kruppenpartie bes. muskulös ausgebildet. Das Q. H. ist das bekannteste Cowboypferd; aufgrund seines guten Charakters heute ein beliebtes Freizeitpferd.

Quarterly Review, The [ðə ˈkwɔ:təlı rıˈvju:], engl. Vierteljahresschrift, 1809 von dem Verleger JOHN MURRAY (*1778, †1843) mit aktiver Unterstützung durch W. SCOTT als konservatives Gegenstück zum liberalen →Edinburgh Review gegr., mit dem anfangs auch literar. Fehden ausgetragen wurden, bes. um die Bewertung der Dichter der engl. Romantik. Zu den Autoren gehörten neben SCOTT R. SOUTHEY, SAMUEL ROGERS (*1763, †1855), W. E. GLADSTONE, W. M. THACKERAY und M. ARNOLD; 1967 eingestellt.

$$\left[\begin{array}{c} CH_3 \\ | \\ H_3C-N-CH_3 \\ | \\ CH_3 \end{array}\right]^+ J^-$$

Tetramethylammoniumjodid

quartäre Verbindungen

Enguerrand Quarton: Marienkrönung; 1453–54 (Villeneuve-lès-Avignon, Musée Pierre-de-Luxembourg)

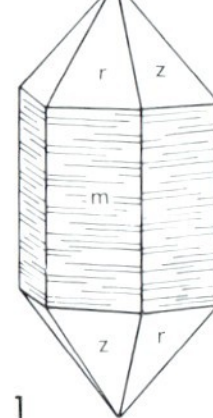

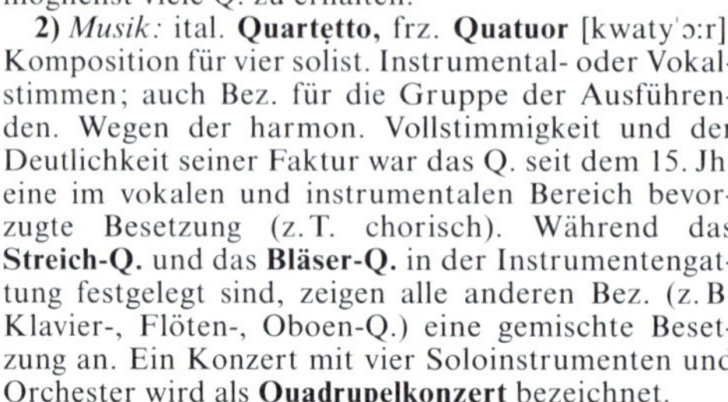

Quarternio [lat. ›Vierzahl‹] *der, -s/...ni'onen, Münzkunde:* vierfacher röm. →Aureus.

Quarteron [kar'trɔ̃; frz. landschaftl. ›fünfundzwanzig‹] *der, -/-s,* 1) frühere Volumeneinheit in der französischsprachigen Schweiz, 1 Q. = 10 Émines = 15,01 (nach 1853); 2) Bez. eines Viertels des Livre usuel, 1 Q. = 125,0 g.

Quartett [von ital. quartetto, zu quarto, lat. quartus ›der Vierte‹] *das, -(e)s/-e,* **1)** *Kartenspiel* für beliebig viele Mitspieler. Je vier gleichartige oder thematisch zusammengehörende Karten bilden ein Q. Jeder Spieler versucht, durch Anfordern ihm fehlender Karten möglichst viele Q. zu erhalten.

2) *Musik:* ital. **Quartetto,** frz. **Quatuor** [kwaty'ɔ:r], Komposition für vier solist. Instrumental- oder Vokalstimmen; auch Bez. für die Gruppe der Ausführenden. Wegen der harmon. Vollstimmigkeit und der Deutlichkeit seiner Faktur war das Q. seit dem 15. Jh. eine im vokalen und instrumentalen Bereich bevorzugte Besetzung (z. T. chorisch). Während das **Streich-Q.** und das **Bläser-Q.** in der Instrumentengattung festgelegt sind, zeigen alle anderen Bez. (z. B. Klavier-, Flöten-, Oboen-Q.) eine gemischte Besetzung an. Ein Konzert mit vier Soloinstrumenten und Orchester wird als **Quadrupelkonzert** bezeichnet.

Quartier [(alt)frz. quartier ›Teil (eines Heerlagers)‹, eigtl. ›Viertel‹] *das, -s/-e,* **1)** *Militärwesen:* Unterkunft von Truppen in Kasernen oder Privathäusern (→Einquartierung). Stand-Q. ist die Garnison (Standort).

2) *österr.* und *schweizer.* für: Stadtviertel.

Quartier Latin [kar'tje la'tɛ̃; frz. ›lat. (d. h. gelehrtes) Viertel‹], eines der ältesten Stadtviertel von Paris, links der Seine um die röm. Thermen und das mittelalterl. Hôtel de Cluny (Musée de Cluny) bis zum Hügel Sainte-Geneviève, heute 5. und 6. Arrondissement, Sitz der Université de Paris I–VII mit den alten Gebäuden der →Sorbonne sowie des →Collège de France und versch. Grandes Écoles (→École); Bibliotheken, Verlage; mit dem Jardin du Luxembourg und den Boulevards Saint-Germain und Saint-Michel sowie als westl. Grenze dem Boulevard Raspail.

Quartiermeister, im früheren dt. Heer im Stab eines Armeekorps der Generalstabsoffizier, der für die Versorgung (Logistik) zuständig war. (→Oberquartiermeister)

Quartodezimaner [von lat. quartadecima (die) ›am vierzehnten (Tag)‹], **Quartadezimaner,** Bez. für diejenigen Christen der ersten Jahrhunderte, die Ostern am Tag des jüd. Passahfestes (dem 14. Nisan) feierten. (→Ostern)

Quartole [zu lat. quartus ›der Vierte‹, nach Triole gebildet] *die, -/-n,* eine Folge von vier Noten, die für drei oder sechs Noten gleicher Gestalt bei gleicher Zeitdauer eintreten, angezeigt durch eine Klammer und die Ziffer 4 über oder unter den Noten.

Quarton [kar'tɔ̃], **Carton, Charonton** [ʃarɔ̃'tɔ̃], **Charton** [ʃar'tɔ̃], Enguerrand, frz. Maler, * in der Diözese Laon vor 1419, † Avignon (?) 1466 oder später; zw. 1444 und 1446 zunächst in Aix-en-Provence, dann in Arles nachweisbar, ab 1447 in Avignon tätig. Q. ist neben N. FROMENT Hauptvertreter der Schule von Avignon. Er schuf außer Tafelbildern auch Buchmalereien. Q. wird identifiziert mit dem Meister der Pietà von Avignon.

Werke: Requin-Altar (1447–50; Avignon, Musée Calvet); Schutzmantelmadonna (Auftrag 1452; Chantilly, Musée Condé); Marienkrönung (1453–54; Villeneuve-lès-Avignon, Musée Pierre-de-Luxembourg); Pietà von Avignon (etwa zw. 1454 und 1456; Paris, Louvre; BILD →Avignon, Schule von); Miniaturen zum Missale des Jean de Martin (1466; Paris, Bibliothèque Nationale de France).

Quartsextakkord, ein Akkord aus drei Tönen, der außer dem tiefsten Ton dessen Quarte und Sexte enthält (Generalbassbezifferung: $^6_4$). Er wird in der Harmonielehre als die 2. Umkehrung des Dreiklangs mit der Quinte im Bass erklärt (z. B. g–c^1–e^1, entstanden aus c–e–g). Im 18. und 19. Jh. tritt der Q. häufig als Vorhaltsakkord auf (e löst sich nach d, c und h), der zur Dominante gehört (g ist dann Grundton) und deren Kadenzwirkung am Schluss eines Abschnitts verdeutlicht und verstärkt.

Quarz [Herkunft unsicher, vielleicht zu mhd. querch ›Zwerg‹] *der, -es/-e,* engl. und frz. Schreibung oft **Quartz,** ein Mineral; die bei Temperaturen unterhalb 870 °C stabile Form des kristallisierten Siliciumdioxids, SiO_2 (wasserfreie Kieselsäure). Die bis 573 °C stabile trigonale Modifikation, der **Tief-Q. (α-Q.),** oft einfach als Q. bezeichnet, ist farblos oder mannigfach gefärbt, durchsichtig bis undurchsichtig, mit Glasglanz auf Kristallflächen, Fettglanz auf den muscheligen Bruchflächen; Härte nach MOHS 7, Dichte 2,65 g/cm^3; optisch aktiv sowie piezoelektrisch **(Schwing-, Oszillator-, Steuer-Q.).** Bei 573 °C geht der Tief-Q. durch Gitterumbau reversibel in den hexagonalen **Hoch-Q. (β-Q.)** über (Dichte 2,51 g/cm^3). Da die Rückumwandlung bei niedrigen Temperaturen sehr langsam verläuft, gibt die jeweils auftretende Kristallform Aufschluss über die früheren Temperaturverhältnisse am Fundort (→geologische Thermometer). – Q. ist nach den Feldspäten das häufigste Mineral, Gemengteil in magmat., metamorphen und Sedimentgesteinen, Hauptbestandteil vieler Gänge und Mineralparagenesen; bes. große Kristalle in Pegmatiten. Infolge seiner Härte und Schwerlöslichkeit ist er angereichert in Sanden und Geröllen. Bei der Diagenese von Sedimenten kann das SiO_2 im Porenwasser gelöst

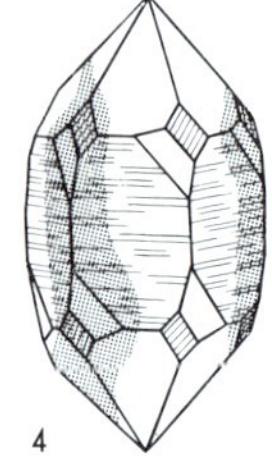

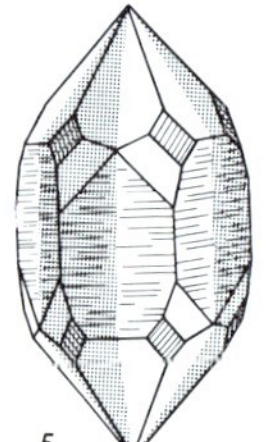

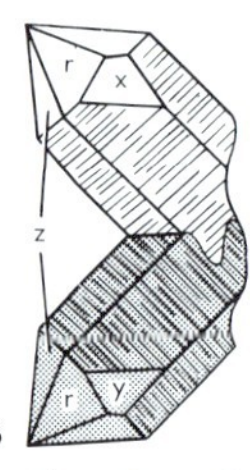

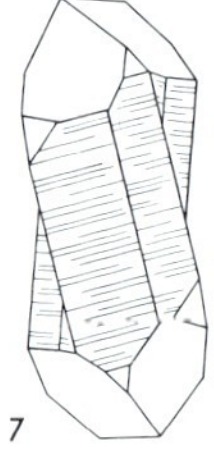

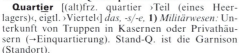

Quarz: Unterschiedliche Kristallgestalten; 1 gemeiner Quarz; 2 Linksquarz; 3 Rechtsquarz; 4 Dauphinéer Zwilling; 5 Brasilianer Zwilling; 6 Japaner Zwilling; 7 gedrehter Quarz

und als Bindemittel, Konkretion u.a. ausgefällt werden. Q. bildet Pseudomorphosen und ist Versteinerungsmittel (→Fossilisation).

Das *Kristallgitter* des Q. wird von nahezu regulären Tetraedern gebildet, bei denen ein Si^{4+}-Ion immer von vier O^{2-}-Ionen umgeben ist, die jeweils zwei Tetraedern gemeinsam angehören. Die *Kristallgestalt* des Q. ist nach Vorkommen und Entstehungsart sehr unterschiedlich: Am **gemeinen Q.** (auf Gangdrusen oder in Kalken u.a. eingewachsen) sind nur die beiden meist gleich groß entwickelten Rhomboeder r und z mit dem quer gestreiften (→Kombinationsstreifung) Prisma m vorhanden (hexagonaler Habitus). **Bergkristalle** und **Rauch-Q.** (aus Klüften und Drusen metamorpher Schiefer und Granite) sind flächenreicher und am Auftreten linker (y) und rechter (x) Trapezoederflächen als Links- oder Rechts-Q. zu unterscheiden. Nach Ausbildung der Flächen können bei alpinen Q. Maderaner, Tessiner, Dauphinéer Typen unterschieden werden.

Unverzwillingte Q. sind in der Natur selten; von den 18 beim Tief-Q. vorkommenden *Zwillingsformen* sind am häufigsten: 1) **Dauphinéer Zwillinge (alpine, Schweizer Zwillinge):** zwei Rechts-Q. oder zwei Links-Q. durchdringen sich so, dass ihre r- und z-Flächen zusammenfallen. Die Zwillinge können nur am Fehlen der Piezoelektrizität erkannt werden; 2) **Brasilianer Zwillinge:** gegenseitige Durchdringung eines Rechts- und eines Links-Q.; 3) **Japaner Zwillinge:** die c-Achsen (Längsachsen) der Zwillingsindividuen bilden einen Winkel von 84° 33′.

Besondere *Formvarietäten* sind: 1) **gedrehte** oder **gewundene Q.** (›Q.-Gewindel‹), entstanden durch nichtparallele, windschiefe Verwachsung mehrerer linker oder rechter Individuen, 2) **Szepter-Q.** mit längs der c-Achse aufeinander gewachsenen Kristallen unterschiedl. Durchmessers, 3) **Babylon-Q.** mit treppenartig verjüngtem Kristallprisma, 4) **Stern-Q.** mit radialer Anordnung, 5) **Kappen-Q.** mit deutl. Zonarbau infolge Wachstumsunterbrechungen, 6) **Phantom-** oder **Gespenster-Q.** mit Einlagerung von Fremdmaterial zw. den Wachstumszonen, 7) parallelfaseriger **Faser-Q.,** 8) **Skelett-Q.** mit durch Wachstumsstörungen entstandener unvollständiger Form, 9) **Fenster-Q.** mit bevorzugtem Wachstum der Kristallkanten, 10) doppelendig ausgebildete Kristalle, z.B. →Suttroper Quarze.

Als Farbvarietäten treten auf: 1) **gemeiner Q., Gang-Q., Milch-Q.,** weiß, trüb, 2) farblos klarer **Bergkristall,** 3) hell- bis dunkelbrauner **Rauch-Q.,** der nach Brennen Gelbfärbung zeigt (Citrin), 4) brauner bis schwarzer **Morion,** 5) hellgelber **Citrin** mit seltenem natürl. Vorkommen, meist durch Brennen aus anderen Q., 6) rosafarbener **Rosen-Q.,** meist in derben Bruchstücken, 7) violetter **Amethyst,** meist derbstrahlig in Drusen; wird gebrannt als tiefgelber **Goldtopas,** hellgelber **Citrin,** bräunlich roter **Madeiratopas** oder grüner **Prasiolith** gehandelt, 8) durch Eisenoxide oder -oxidhydrate gelb, braun oder rot gefärbter **Eisenkiesel.**

Von den zahlr. *Einschlussvarietäten* des Q. sind recht häufig die des Faser-Q. (→Falkenauge, →Quarzkatzenauge, →Tigerauge), weiterhin der →Aventurin, der →Prasem und der Blau- oder →Saphirquarz. Es treten auch Einschlüsse von Gasen und Flüssigkeiten auf. Außer den genannten phanerokristallinen Varietäten werden zum Q. zuweilen noch mehrere z.T. kryptokristalline Varietäten gerechnet, u.a. die SiO_2-Hochdruckmodifikationen →Cristobalit, →Tridymit, →Coesit, →Stishovit sowie die →Chalcedone. Amorph sind →Lechatelierit (ein Glas) und →Opal.

Q. wird in der Technik sehr vielseitig verwendet; insbesondere bildet Q.-Sand einen wichtigen Rohstoff für die Glas- und Keramikindustrie, für die Herstellung feuerfester Steine, von Putz- und Schleifmitteln, Formsand und die Gewinnung von Silicium. Q.-Kristalle dienen wegen ihrer opt. und elektr. Eigenschaften als Bauelemente in der Optik, Elektronik und Nachrichtentechnik (→Piezoelektrizität, →Schwingquarz). Die hierfür benötigten unverzwillingten Q. werden heute auch künstlich durch Hydrothermalsynthese hergestellt. Viele Varietäten des Q. werden als Schmucksteine verwendet, z.B. Bergkristall, ferner gefärbte Abarten wie Amethyst, Aventurin, Prasem, Rauch-Q. und Rosenquarz. (Weitere BILDER S. 670)

R. RYKART: Q.-Monographie. Die Eigenheiten von Bergkristall, Rauch-Q., Amethyst u.a. Varietäten (Thun 1989).

Quarz-Fritte-Keramik, in der islam. Kunst seit dem 11. Jh. gefertigte, dünnwandige, glasierte und bemalte Feinkeramik, deren Scherben aus Quarz (bis zu 90%), wenig weißem Ton und Glaspulver besteht; Produktionsstätten in Iran und Syrien, bes. die Lakabiware, u.a. aus Rakka (12. Jh.), und die Minaiware, u.a. aus Raj (13. Jh.), sowie die kobaltblaue Ladjwardina mit reiner Aufglasurbemalung.

Quarzgenerator, ein Generator, in dessen Oszillatorteil ein Schwingquarz die Frequenzbestimmung übernimmt; als Frequenznormal bei Frequenzmesseinrichtungen, zur Ansteuerung von Sendern u.a. verwendet.

Quarzglas, Kieselglas, die amorphe Modifikation des Siliciumdioxids (SiO_2); Eigenschaften: niedrige Wärmeausdehnung, hohe Temperaturwechselbeständigkeit, hohe Lichtdurchlässigkeit, hohe Erweichungstemperatur, sehr gute chem. Widerstandsfähigkeit, gute Wärmeleitfähigkeit, sehr guter elektr. Isolator. Die Herstellung erfolgt durch Schmelzen von reinem →Quarz, in dünnen Schichten auch durch Hydrolyse von organ. Siliciumverbindungen. Q. wird v.a. zur Herstellung von opt. Geräten, Laboratoriumsglaswaren, flammfestem Haushaltsglasgerät und →Glasfasern verwendet.

Quarzit *der, -s/-e,* sehr hartes, meist dichtes, feinkörniges, überwiegend aus Quarzmineralen bestehendes metamorphes Gestein; häufige Nebengemengteile sind Feldspäte, Glimmer, Aluminiumsilikate und Erzminerale (Magnetit, Hämatit). Q. entstanden infolge Regional- oder Kontaktmetamorphose, auch Metasomatose, durch Umkristallisation quarzreicher Gesteine (v.a. Sandsteine), d.h. durch Wachstum und Verzahnung der Quarzkristalle; sie sind meist ohne Bindemittel. Sie können manchmal schiefriges Gefüge aufweisen. Als Q. werden z.T. auch bestimmte sedimentäre, silifizierte Quarzgesteine bezeichnet, v.a. der →Tertiärquarzit.

Quarzkatzen|auge, Schillerquarz, graue, grüne, gelbe oder braune Varietät von Quarz, mit wogendem Lichtschein infolge parallel eingelagerter Hornblendefasern, v.a. in Sri Lanka, auch Indien und Brasilien; Schmuckstein.

Quarzlampe, eine Metalldampflampe zur Erzeugung von UV-Strahlung. Nach Zündung der Q. entsteht zw. den Elektroden ein Lichtbogen, in dem Quecksilber verdampft. Nach der Verdampfung erlischt die Bogenentladung, und die Quecksilberatome strahlen durch Ionisation UV-Licht ab, das durch den Kolben aus Quarzglas nach außen gelangt. Niederdruck-Q. werden als **Entkeimungsstrahler** verwendet. Das dabei v.a. abgestrahlte Licht mit der Wellenlänge von 253,7 nm tötet Bakterien, Viren, Sporen, Hefen, Protozoen, Algen und Schimmelpilze. Einige Lampenausführungen **(Ozonstrahler)** können durch ihre UV-Strahlung im Bereich zw. 100 und 200 nm Ozon erzeugen und lassen sich damit zur Beseitigung von Gerüchen (z.B. in Dunstabzugshauben) einsetzen. Quecksilberhochdruck-Q. werden wegen ihrer überwiegend im nahen Ultraviolett liegenden Strahlung als Heimsonnen und Solarien verwendet. Mit vorgesetz-

8

9

10

11

Quarz:
8 Kappenquarz;
9 Suttroper Quarz;
10 Milchquarzadern;
11 Bergkristall

12

13

14

15

Quarz:
12 Rauchquarz;
13 Morion;
14 Rosenquarz;
15 Amethystdruse

tem Schwarzglasfilter (UV-durchlässig, aber lichtundurchlässig) dienen sie auch zur Anregung von Leuchtstoffen, als Prüfgerät in der Kriminologie, für Werkstoffe, bei Gemälden sowie zu medizin. Zwecken.

Quarzporphyr, Bez. für ein jungpaläozoisches vulkan. Gestein rhyolith. Zusammensetzung, das in einer dichten, meist rötlich grau bis rötlich braun gefärbten Grundmasse Einsprenglinge von Quarz, Kalifeldspat, wenig Plagioklas und Biotit enthält, entspricht unter den Tiefengesteinen Granit, tritt v. a. in Gängen, Stöcken oder Deckenergüssen im Rotliegenden auf. Q. wird bes. als Schottermaterial verwendet.

Quarzporphyrit, Gestein, →Dazit.

Quarzstaublunge, die →Staublunge.

Quarzsteuerung, Steuerung elektron. Geräte, deren frequenz- (oder zeit-)bestimmendes Glied durch einen →Schwingquarz gebildet wird.

Quarz|thermometer, auf der Verwendung von Quarz beruhende →geologische Thermometer.

Quarz|topas, früher im Schmucksteinhandel Bez. für den →Citrin.

Quarz|uhr, Präzisionsuhr, deren Genauigkeit ein →Schwingquarz gewährleistet. Dieser wird piezoelektrisch zur Abgabe von hochfrequenten Schwingungen angeregt, die nach einer Impulsformung über Teilerschaltungen (→Frequenzteiler) auf niederfrequente Schwingungen untersetzt werden. Diese dienen zum Antrieb eines Uhrwerks, der über ein Schrittschaltwerk (Sekundenspringer, 1 Hz), über einen Synchronmotor oder durch Synchronisieren eines elektr. Unruhschwingers erfolgt. Bei einer elektron. Schaltung wird die Zeit ohne mechan. Zwischenglieder digital durch Flüssigkristallzellen oder Leuchtdioden angezeigt. Die Ganggenauigkeit von Q. ist von der Frequenzdrift des Schwingquarzes abhängig. Sie liegt etwa zw. 10^{-7}/Monat und 10^{-10}/Monat.

Quasar [Kw. für **quasi**stell**ar**es (Objekt), ›sternähnliches (Objekt)‹] *der, -s/-e,* aktives extragalakt. Sternsystem, dessen Kern im sichtbaren Spektralbereich das Restsystem stark überstrahlt, wodurch das Gesamtsystem bei einer Abbildung wie ein Stern (›quasistellar‹) erscheint. Q. sind z. T. starke (veränderl.) Radioquellen. Als solche wurden sie zuerst entdeckt und entsprechend **quasistellare Radioobjekte** (Abk. **QSO**) oder **quasistellare Radioquellen** (Abk. aus dem Englischen **QSS**) genannt. Bei nahen Q. kann z. T. das den aktiven Galaxienkern umgebende Restsystem als schwacher Lichtsaum beobachtet werden. Bei Q. mit starker Radiostrahlung (›radiolaute‹ Q.) gleicht dieses i. Allg. einem ellipt. Sternsystem, bei ›radioleisen‹ Q. eher einem Spiralsystem. Bei weit entfernten Q. sind die Restsysteme wegen ihrer geringen Winkelausdehnung nicht beobachtbar. Die Entfernung eines Q. ergibt sich aus der →Rotverschiebung z der vom Q. stammenden Emissionslinien, die einem durch Synchrotronstrahlung verursachten Kontinuum überlagert sind, und für große z-Werte aus dem angenommenen Weltmodell. Zusätzlich findet man Absorptionslinien, die vermutlich in vom Q.-Kern mit hoher Geschwindigkeit ausgestoßener Materie entstehen, und Absorptionslinien, die dem Q.-Licht durch Vordergrundgalaxien und einzelnen, im Wesentlichen aus Wasserstoff bestehenden, intergalakt. Gaswolken aufgeprägt werden. Die scheinbare Helligkeit eines Q. kann sich innerhalb von Wochen bis mehreren Jahren um z. T. mehrere Größenklassen ändern.

Die Radiostrahlung der Q. ist Synchrotronstrahlung, die von einer Zentralquelle ausgeht. Viele der ›radiolauten‹ Q. haben zusätzlich noch eine symmetrische, zum sichtbaren Q. aber weit außerhalb von ihm gelegene Radiodoppelquelle. Diese sind für Radiogalaxien und BL-Lacertae-Objekte typ. Erscheinungen. Sie weisen auf eine Verwandtschaft der Q. mit anderen aktiven Sternsystemen hin.

Aus den gemessenen Strahlungsströmen und Entfernungen ergeben sich unter der (vermutlich unzutreffenden) Annahme einer isotropen Ausstrahlung Strahlungsleistungen für die Q. von bis zu 10^{15} Sonnenleuchtkräften, was die normaler Sternsysteme um etwa das 10 000fache übertrifft. Wahrscheinlich erfolgt die Ausstrahlung in einen schmalen Raumbereich hinein, sodass die abgestrahlte Strahlungsleistung einen oberen Grenzwert darstellt. Die strahlenden Zentralregionen haben eine Ausdehnung von nur etwa 0,01 bis 1 pc, wie aus Radiointerferometerbeobachtungen naher Q. und aus der Zeitdauer der Helligkeitsvariationen hervorgeht.

Die gegenwärtigen Q.-Modelle gehen i. Allg. davon aus, dass sich im Kern der Q.-Galaxien ein →Schwarzes Loch von einigen 100 Mio. Sonnenmassen befindet, in das aus einer rotierenden scheibenförmigen Materieanordnung Masse stürzt. Die dabei freigesetzte Gravitationsenergie sorgt für eine starke Aufheizung der Scheibenmaterie, was das Emissionslinienspektrum erklärt. Starke Magnetfelder bewirken wahrscheinlich den Ausstoß zweier entgegengerichteter Materiestrahlen aus der Scheibe, in denen bis nahe an die Lichtgeschwindigkeit beschleunigte Elektronen die beobachtete (gebündelte) Synchrotronstrahlung und die Radiodoppelquellen verursachen. Beim Q. 3C 345 konnte ein Materiestrahl direkt nachgewiesen werden. Ein zeitlich veränderl. Masseeinsturz könnte die beobachteten Helligkeitsänderungen bewirken.

Der erste Q. wurde 1960 von A. R. SANDAGE entdeckt. Doppel- und Mehrfach-Q. gehen auf die Wirkung des Gravitationslinseneffekts zurück. Beim Doppel-Q. QSO 0957 + 561 konnte die den Effekt verursachende Vordergrundgalaxie auch optisch nachgewiesen werden.

quasi [lat.], gewissermaßen; gleichsam, so gut wie.

Quasi|atome, atomare Systeme, die für kurze Zeit in Stoßprozessen zweier schwerer Atome oder Ionen entstehen, wenn sich dabei Atomorbitale (AO) zu einem Atom (oder Ion) bilden, dessen Kernladungszahl gleich der Summe der Kernladungszahlen der beiden Stoßpartner ist. Bei weniger enger Annäherung können unter Ausbildung von Molekülorbitalen (MO) **Quasimoleküle** entstehen. An Q. und Quasimolekülen können atomphysikal. Effekte in sehr starken elektr. Feldern untersucht werden.

Quasigeld, die →Geldsubstitute.

Quasigruppe, *Soziologie:* Bez. für eine Gesamtheit von Personen, die trotz eines kaum oder gar nicht bestehenden ›Wirgefühls‹ durch gemeinsame Merkmale (z. B. ähnl. soziale Position, Beschäftigung im gleichen Wirtschaftszweig) eine latente Interessenidentität aufweisen, die zu manifesten Gruppenbildungen und zur Organisation von Interessen führen kann, wenn Ereignisse eintreten, die die Q. als Ganzes betreffen.

Quasi|impuls, Pseudo|impuls, bei →Phononen in einem Kristall der dem Wellenvektor $\boldsymbol{k}$ der entsprechenden Gitterschwingung zugeordnete Impuls $\boldsymbol{p} = \hbar\boldsymbol{k}$ ($\hbar = h/2\pi$, h plancksches Wirkungsquantum). Obwohl ein Kristall immer den tatsächl. Gesamtimpuls null hat, wird diese Größe als Q. bezeichnet, weil sich Phononen bei Wechselwirkungsprozessen wie Teilchen mit dem Impuls $\hbar\boldsymbol{k}$ verhalten. Auch andere →Quasiteilchen, z. B. Bandelektronen, beschreibt man mit einem Q. Die Auswahlregeln für Übergänge zw. Anregungszuständen können dann als Impulserhaltungssätze formuliert werden, die gewissen Besonderheiten unterliegen. So ist die Impulserhaltung bei Mehrphononenprozessen nur bis auf einen reziproken Gittervektor $\boldsymbol{G}$ (→reziprokes Gitter) bestimmt, da wegen der Periodizität der Gitterstruktur des Kristalls die Wellenvektoren (und damit die Q.) auf die erste Brillouin-Zone des Impulsraumes beschränkt bleiben: $\boldsymbol{k}_1 + \boldsymbol{k}_2 = \boldsymbol{k}_3 + \boldsymbol{k}_4 + \boldsymbol{G}$. Bei Normalprozessen gilt $G = 0$; bei Umklappprozessen reicht die Summe $k_1 + k_2$ über die erste Brillouin-Zone hinaus und wird mit einem reziproken Gittervektor $G \neq 0$ in diese zurückgebracht.

Quasikristalle, 1982 entdeckte Klasse von Festkörpern (meist Legierungen, z. B. $Al_{56}Cu_{11}Li_{33}$), die eine für gewöhnl. kristalline Verbindungen aus geometr. Gründen nicht mögliche 5-, 8-, 10- oder 12-zählige Symmetrie aufweisen und keine Translationssymmetrie zeigen. Die Struktur von Q. bilden die so genannten Penrose-Gitter, in denen bestimmte Bauelemente (z. B. Rhomboeder) zu quasiperiod. Anordnungen mit entsprechender Symmetrieeigenschaft kombiniert werden.

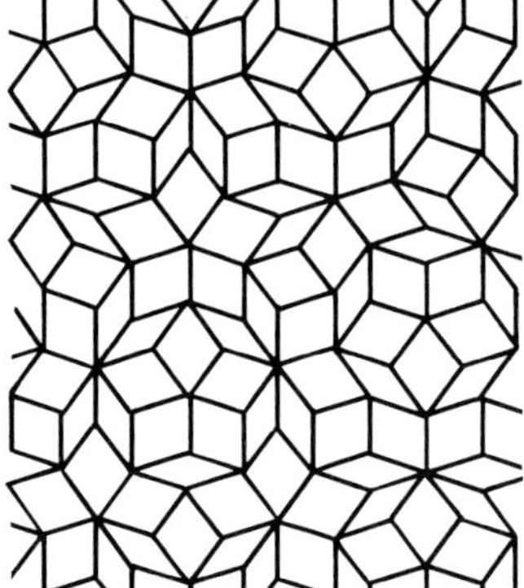

Quasikristalle: Zweidimensionales ›Penrose-Gitter‹ als Strukturmodell

Quasimodo, Salvatore, ital. Lyriker, Essayist und Übersetzer, * Modica 20. 8. 1901, † Neapel 14. 6. 1968; war u. a. Theaterkritiker und Mitarbeiter zahlr. Zeitungen, hatte Verbindung zur Florentiner Literaturzeitschrift ›Solaria‹, wo u. a. E. MONTALE wirkte; seit 1941 Dozent für ital. Literatur am Konservatorium in Mailand. Seine frühe, dem Symbolismus nahe stehende Lyrik, die im ›mag. Wort‹ die heimatl. Landschaft Siziliens und ihre Vergangenheit in der griech. Antike beschwört, gehört in den Umkreis des →Hermetismus. In seinen späteren Lyrikbänden (nach 1945) strebte er unter dem Eindruck histor. Erfahrungen nach sozialem Engagement und einfacher Sprache (›poesia sociale‹), die zuweilen nicht frei von pathet. Tönen ist. Q. war kongenialer Übersetzer griech. und lat. Autoren (AISCHYLOS, SOPHOKLES, VERGIL, CATULL), auch SHAKESPEARES, P. NERUDAS und P. ÉLUARDS. 1959 erhielt er den Nobelpreis für Literatur.

Werke: *Lyrik:* Acque e terre (1930); Oboe sommerso (1932); Erato e Apollion (1936); Poesie (1938); Ed è subito sera (1942); Giorno dopo giorno (1947; dt. Tag um Tag); La vita non è sogno (1949; ital. u. dt. Ausw. u. d. T. Das Leben ist kein Traum); Il falso e vero verde (1954); La terra impareggiabile (1958); Tutte le poesie (1960); Dare e avere (1966). – *Essays:* Il poeta e il politico e altri saggi (1960); Scritti sul teatro (1961).

Ausgaben: Poesie e discorsi sulla poesia, hg. v. G. FINZI ([6]1983); Il poeta a teatro, hg. v. A. QUASIMODO (1984); Tutte le poesie, hg. v. G. FINZI ([14]1984). – Ein offener Bogen (1963; ital. u. dt.); Insel des Odysseus. Isola di Ulisse (1967); Parola. Ausgew. Gedichte, neu übertragen v. W. BRUNSCH (1996).

G. BATTAGLIA: Q. Itinerario poetico e umano (Ragusa 1973); La critica e Q., hg. v. M. BEVILACQUA (Bologna 1976); E. SALIBRA: S. Q. (Rom 1985); O. MACRI: La poesia di Q. (Palermo 1986); E. VERDURA: Q. oggi (Cosenza 1988).

Quasimodogeniti [lat. ›wie neugeborene (Kinder)‹], **Quasi modo geniti,** in den ev. Kirchen der nach seinem Introitus (1. Petr. 2, 2) benannte erste Sonntag nach Ostern; in der kath. Kirche der zweite Sonntag der Osterzeit (→Weißer Sonntag).

Quasimoleküle, →Quasiatome.

Quasireligion, von P. TILLICH geprägter Begriff für Gefühlshaltungen und Bewegungen, die innerweltl. Ziele mit einem Anspruch vertreten, der religiös-fundamentalist. Ausschließlichkeits- und Missionsansprüchen vergleichbar ist, und diese allgemein oder für bestimmte Gruppen durchsetzen wollen. In ihren Formen vielfältig, kann die Verfolgung bestimmter sozialer Ziele (z. B. einer gerechten Gesellschaft), polit. Utopien (z. B. eines idealen Staates), aber auch das Vertrauen auf objektive Autoritäten (Wissenschaftsgläubigkeit), die Bewunderung außergewöhnl. Leistungen (z. B. in Sport und Kunst) und die Verehrung berühmter Persönlichkeiten (Starkult) Mittelpunkt einer Q. sein. Indem diese das Profane heiligt, hat sie für ihre ›Bekenner‹ gleichsam (›quasi‹) die Funktion einer **Ersatzreligion,** die ihnen religionsanaloge Erlebnisse vermittelt, z. B. Gemeinschaft, Hoffnung, Geborgenheit in einem übergeordneten Zusammenhang und Identifikation mit etwas über die Existenz des Einzelnen Hinausweisendem, gegenüber anders Denkenden und Fühlenden jedoch sehr oft mit äußerster Intoleranz vertreten wird.

Quasirente, nach A. MARSHALL der Unternehmergewinn. Soweit dieser nicht auf monopolist. Marktstrukturen beruht, ist er entweder ein Marktlagengewinn oder ein Pioniergewinn im Sinne J. A. SCHUMPETERS. In beiden Fällen fällt der Unternehmergewinn im Modell vollständiger Konkurrenz nur vorübergehend an. (→Gewinn)

quasistationär, v. a. in der Strömungslehre und der Elektrodynamik svw. zeitlich langsam veränderlich; z. B. kann bei quasistationären Strömen der Verschiebungsstrom gegenüber dem Leitungsstrom vernachlässigt werden, wodurch sich die maxwellschen Gleichungen wesentlich vereinfachen.

quasistatisch, bezeichnet Vorgänge (Zustandsänderungen) bes. in der Thermodynamik, die so langsam ablaufen, dass das System in jedem Zeitpunkt als im (thermodynam.) Gleichgewicht befindlich betrachtet werden kann.

quasistellares Objekt, →Quasar.

Quasisteuern, parafiskalische Sonderabgaben, zur Erfüllung spezieller Aufgaben von bestimmten Gruppen erhobene zweckgebundene Abgaben, für deren Einziehung und Verwendung meist besondere selbstständige Institutionen (Parafiski) zuständig sind und die nach steuerrechtl. Kriterien weder Steuern noch Gebühren oder Beiträge darstellen. Sie werden z. T. auch als Ausgleichsabgaben i. w. S. bezeichnet. Nach der Zielsetzung lassen sich unterscheiden: 1) Q. zum Ausgleich oder zur Verringerung von Kosten- oder Ertragsunterschieden von Unternehmen innerhalb einer Branche oder zw. verwandten Branchen (**Ausgleichsabgaben** i. e. S. wie der bis 1995 erhobene →Kohlepfennig, die berufsgenossenschaftl. Ausgleichsabgabe, die Winterbauumlage, die Umlage zur Finanzierung des Konkursausfallgeldes und die Erdölbevorratungsabgabe); 2) Q. zur Förderung des Absatzes, der Lagerhaltung oder der Qualität der Produkte eines Wirtschaftszweigs (**Förderungsabgaben** wie die landwirtschaftl. Abgaben nach dem Absatzfonds-, Fisch-, Milch- und Fett- sowie Weinwirtschaftsgesetz); 3) Q. zur Beeinflussung des Verhaltens der Wirtschaftssubjekte im Sinne einer gewünschten Allokation der Ressourcen (**Lenkungsabgaben** wie Abgaben im Rahmen von Agrarmarktordnungen der EG, z. B. für Zucker, und die Fehlbelegungsabgabe); 4) Q. zur Einbeziehung (Internalisierung) externer Kosten bzw. negativer →externer Effekte (**Verursacherabgaben** wie die →Abwasserabgabe u. a. →Umweltabgaben). – Ausgleichs- und Förderungsabgaben werden auch als Umlagen bezeichnet.

Das Bundesverfassungsgericht hat die Voraussetzungen für die Erhebung von Q. eng begrenzt. Finanzwissenschaftlich werden die Q. überwiegend als Steuern betrachtet und sind Gegenstand intensiver Kritik, da sie nicht von Art. 105 und 106 GG zur steuerl. Ge-

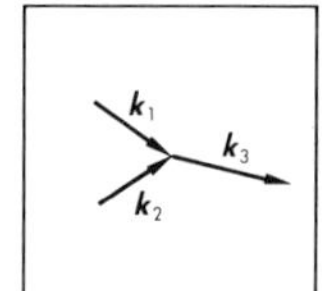

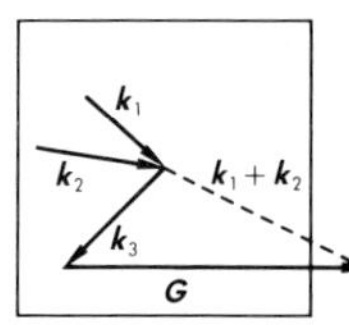

Quasiimpuls: Dreiphononenprozesse in einem zweidimensionalen quadratischen Gitter; die Quadrate stellen die erste Brillouin-Zone dar; **oben** Normalprozess; **unten** Umklappprozess

Salvatore Quasimodo

setzgebungs- und Ertragshoheit erfasst werden, den Finanzausgleich verfälschen, durch die Fondswirtschaft die Haushaltsprinzipien der Klarheit und Vollständigkeit beeinträchtigen (›Flucht aus dem Budget‹) und dadurch die Abgabenbelastung der Bürger verschleiern. Das Statist. Bundesamt listet (einschließlich Kohlepfennig) 20 Q. nach Bundesrecht auf mit einem Aufkommen von (1995) 15 Mrd. DM. Davon werden z. B. vom Sektor Energie 6,5 Mrd. DM und von der Landwirtschaft 0,9 Mrd. DM aufgebracht.

Quasiteilchen, die Energiequanten der →Elementaranregungen in Festkörpern (oder allg. in Vielteilchensystemen), die sich hinsichtlich gewisser Eigenschaften wie Teilchen verhalten; im Ggs. zu gewöhnl. Teilchen können Q. nicht frei auftreten und zerfallen nach der begrenzten Lebensdauer des angeregten Zustands. Jedes Q. ist durch seinen (Quasi-)Impuls $\boldsymbol{p}$ bzw. Wellenvektor $\boldsymbol{k}$ (mit $\boldsymbol{p} = \hbar \boldsymbol{k}$, $\hbar = h/2\pi$, h plancksches Wirkungsquantum) und über die →Dispersionsrelation durch seine Energie $E = E(\boldsymbol{k})$ charakterisiert. Die Anregung eines Systems wird quantenfeldtheoretisch als Erzeugung eines Q. aus dem Grundzustand (›Vakuum‹) erfasst, und Wechselwirkungen zw. versch. Elementaranregungen werden durch die Erzeugung und Vernichtung von Q. unter Energie- und Impulserhaltung beschrieben. Derartige Wechselwirkungsprozesse führen zu neuen Eigenzuständen des Festkörpers, denen wieder ein neues Q. zugeordnet werden kann. Q. sind z. B. →Defektelektronen, →Phononen, →Polaronen, →Exzitonen, →Polaritonen, →Plasmonen, →Magnonen in Festkörpern und →Cooper-Paare in Supraleitern.

Quassi|e [nach dem surinam. Medizinmann GRAMAN QUASSI, 18. Jh.] *die, -/-n,* **Quassia,** Gattung der Bitterholzgewächse mit rd. 35 Arten in Südamerika und Westafrika; Sträucher oder Bäume mit schraubig angeordneten Blättern und kleinen, meist in Rispen stehenden Blüten. Der **Amerikanische Quassiaholzbaum** (Quassia amara) ist ein etwa 3 m hoher Baum mit geflügelten Blattstielen und ziemlich großen, roten Blüten. Aus dem hellgelben, bitter schmeckenden Holz (Surinam-Bitterholz) werden Extrakte hergestellt, die früher als Magenmittel und Insektizide sowie als Hopfenersatz bei der Bierbereitung dienten.

Quast, Pieter, niederländ. Maler, *Amsterdam um 1605/06, †ebd. Mai 1647; malte, von A. BROUWER beeinflusst, groteske Bauern-, Soldaten- und Theaterszenen; auch zahlr., oft satir. Zeichnungen sowie Radierungen.

Quaste, büschelförmig an den oberen Enden zusammengefasste, gleich lange Fäden bzw. Fransen meist aus Wolle oder Seide (z. B. als →Troddel).

Quastenflosser, Crossopterygi|er, Crossopterygi|i, seit dem Unterdevon, seit rd. 400 Mio. Jahren nachweisbare, mit Ausnahme einer Art ausgestorbene Unterklasse (z. T. auch als Ordnung angesehen) bis 1,8 m langer, primitiver Knochenfische, die urspr. Süßgewässer bewohnten und später z. T. in die Meere abwanderten; bizarr aussehende Tiere mit unvollkommen verknöcherter Wirbelsäule, relativ großen Kosmoidschuppen und quastenartigen paarigen Flossen.

Die Q. waren für die weitere stammesgeschichtl. Entwicklung der Wirbeltiere eine wichtige Gruppe.

Quastenflosser: Latimeria chalumnae (Länge etwa 1,7 m)

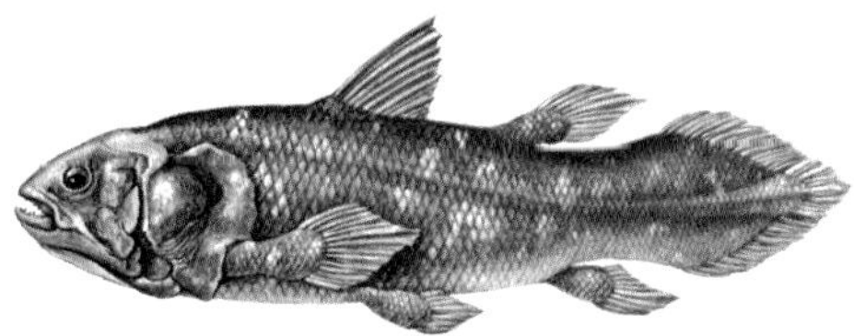

Von den vier (nach anderer Ansicht zwei oder drei) unterscheidbaren Ordnungen waren die im Mittel- und Oberdevon lebenden **Onychadontiformes** bedeutungslos, ebenso die aus dem Unter- bis Oberdevon bekannten **Porolepiformes.** Dagegen entwickelten sich aus den stets Süßgewässer bewohnenden **Osteolepidiformes** (Mitteldevon bis Unterperm) noch im Oberdevon die ersten Amphibien (→Labyrinthodontia), d. h. die ersten landbewohnenden Wirbeltiere (Rhipidistier). Den hypothet. Ahnenformen steht die Gattung Eusthenopteron bes. nahe. Grundlegende Veränderungen traten v. a. an den Bewegungs- und Atmungsorganen ein. Die Osteolepidiformes waren befähigt, sich auf ihren beinartig ausgebildeten, durch ein vierfüßerähnl. Innenskelett gestützten Brust- und Bauchflossen an Land zu schieben und kürzere Strecken zu gehen. Sie konnten somit aus zeitweise eintrocknenden Gewässern in wasserreichere gelangen. Die ursprüngl. Kiemen wurden zugunsten der außerdem vorhandenen lungenartigen Organe zurückgebildet. Wirbelsäule und Gliedmaßen wurden wegen der stärkeren Beanspruchung auf dem Land fest verbunden. Aus den **Actinistia (Coelacanthiformes, Hohlstachler;** ab Mitteldevon), deren beinartige paarige Flossen von hohlen Knorpelstrahlen gestützt wurden (Name!), stammt die einzige heute noch lebende Art der Q.: **Latimeria chalumnae,** erstmals 1938 entdeckt (die Population wird heute auf ungefähr 200 Exemplare geschätzt); sie lebt im Ind. Ozean (v. a. bei den Komoren) als Bodenbewohner in Tiefen von 150–400 m; etwa 1,7 m lang und bis 100 kg schwer; gilt als lebendes Fossil.

Quastenstachler, Gattung der →Stachelschweine.

Quästor [lat., zu quaerere, quaestum ›untersuchen‹] *der, -s/...'toren,* **1)** *antikes Rom:* lat. **Quaestor,** Abk. **Q.,** Magistrat. Die Q. waren zunächst Untersuchungsrichter der Strafgerichtsbarkeit in Mordfällen **(quaestores parricidii),** dann von den Konsuln als Gehilfen ernannte, ab 447 v. Chr. wohl vom Volk gewählte Jahresbeamte, die die Staatskasse (→Aerarium) verwalteten **(quaestores aerarii).** Anfangs gab es zwei, ab 421 mit dem Zutritt der Plebejer zu diesem Amt vier, seit 367 v. Chr. acht Q. Wegen der zunehmenden Verwaltungsaufgaben in immer neuen Provinzen wurde die Zahl der Q. von SULLA 81/80 v. Chr. auf 20 erhöht, diese gelangten nach Ablauf des Amtsjahres automatisch in den Senat.

2) *Hochschulwesen:* alte Bez. des obersten Kassenbeamten einer Hochschule und Leiters der **Quästur,** von der die Hochschulgebühren eingezogen wurden.

Quatembertage [zu lat. quattuor tempora ›vier Zeiten‹], *kath. Kirche:* Bitt- und Bußtage; jeweils der Mittwoch, Freitag und Sonnabend von vier Wochen im Jahr, die ungefähr mit dem Beginn der vier Jahreszeiten zusammenfallen. Ihre Termine werden von den Bischofskonferenzen festgelegt, in Dtl.: die Woche nach dem ersten Fastensonntag, die Woche vor Pfingsten, die erste Oktober- und die erste Adventswoche. – Die Q. gehen sowohl auf stadtröm. Brauch zurück, der vielleicht heidn. Erntedankfeste ablösen sollte, als auch auf alttestamentl. Fastenvorschriften (Sach. 8, 19). Seit dem 7. Jh. hat ihre Feier sich mit der röm. Liturgie in der ganzen lat. Kirche verbreitet. Die Q. waren bevorzugte Weihetermine, im MA. teilweise auch weltl. Termine (Zins-, Gerichtstage).

quaternäre Verbindungen [lat. quaternarius ›aus je vier bestehend‹], chem. Verbindungen, die sich aus vier verschiedenen Elementen zusammensetzen; z. B. Triammoniumphosphat, $(NH_4)_3PO_4$. Analog werden aus vier Komponenten bestehende Legierungen als **quaternäre Legierungen** bezeichnet.

Quaternionen [lat. quaternio ›Vierzahl‹], **1)** *Algebra: Sg.* **Quaternion** *die, -,* eine vierdimensionale Algebra $\mathbb{H}$ über den reellen Zahlen mit den Basiselemen-

Quebec 1): Blick über den Sankt-Lorenz-Strom auf die Stadtmauer und das das Stadtbild beherrschende Hotel ›Château Frontenac‹ (1892)

ten $\{1, i, j, k\}$. Für diese gilt $i^2 = j^2 = k^2 = -1$ und $ij = k, jk = i$ sowie $ki = j$. Bezüglich der Multiplikation besitzt jedes Element $x \neq 0$ aus $\mathbb{H}$ ein inverses Element. Allerdings ist die Multiplikation nicht kommutativ, weshalb $\mathbb{H}$ nur ein →Schiefkörper ist. Da sich $\mathbb{H}$ als Erweiterung der komplexen Zahlen auffassen lässt, werden seine Elemente auch als **hyperkomplexe Zahlen** bezeichnet. Die Theorie der Q. wurde 1843 von W. R. HAMILTON entwickelt und 1853 (›Lectures on quaternions‹) sowie 1867 (›Elements of quaternions‹) beschrieben. A. CAYLEY erkannte, dass man Drehungen im Raum mit Q. beschreiben kann.

2) *Geschichte: Sg.* **Quaternio** *der, -s,* im Hl. Röm. Reich vom 15. bis zum 17./18 Jh. beliebte bildl. und schriftl. Darstellung des Aufbaues des Reiches durch – zurückgehend auf die Heerschildordnung (13. Jh.) – je vier Repräsentanten der weltl. Stände von den Herzögen bis zu den Bauern.

Quaternio Terminorum [lat.] *der, -s -,* log. Schlussfehler, der darin besteht, dass der Mittelbegriff im Ober- und Untersatz eines Syllogismus nicht der gleiche ist, sodass mit Subjekt und Prädikat vier statt drei Begriffe im Schluss enthalten sind.

Quattrocento [-tʃ-; ital., eigtl. ›vierhundert‹, kurz für 1400] *das, -(s),* ital. Bez. für das 15. Jh.; als Stilbegriff der Kunstgeschichte Bez. für die Epoche der ital. Frührenaissance in Abgrenzung gegenüber dem Cinquecento, der Hochrenaissance.

Quay, Jan Eduard de, niederländ. Politiker, *Herzogenbusch 26. 8. 1901, †Beers (Prov. Nordbrabant) 4. 7. 1985; nach der dt. Besetzung der Niederlande Mitbegründer der gegen das natsoz. Regime agierenden Niederländ. Union; 1959–63 Min.-Präs. einer Mitte-rechts-Reg., 1963–66 und 1967–69 Abg. der Kath. Volkspartei (KVP) in der Ersten Kammer, 1966–67 stellv. Ministerpräsident.

Quayle [kweɪl], **1)** Sir (seit 1985) Anthony, brit. Schauspieler und Theaterregisseur, *Ainsdale (Cty. Lancashire) 7. 9. 1913, †London 20. 10. 1989; bekannt als Darsteller v. a. in klass. Bühnenstücken (SHAKESPEARE u. a.); 1932–39 Mitgl. des Old Vic Theatre; 1946 erste Regiearbeit; 1948–56 Leiter des Shakespeare Memorial Theatre in Stratford-upon-Avon; auch Film- (seit 1948) und Fernsehrollen.

2) James Danforth, gen. **Dan Q.,** amerikan. Politiker, *Indianapolis (Ind.) 4. 2. 1947; Jurist; 1977–81 republikan. Abg. im Repräsentantenhaus, 1981–89 Senator von Indiana, 1989–93 Vize-Präs. unter G. H. W. BUSH.

Quebec [kve'bɛk, engl. kwɪ'bek], frz. **Québec** [ke'bɛk], **1)** Hauptstadt der gleichnamigen Prov. in Kanada, am linken Ufer des Sankt-Lorenz-Stroms, dessen Mündungstrichter hier beginnt, 167 500 Ew., als Metrop. Area 695 200 Ew.; kath. Erzbischofs- und anglikan. Bischofssitz; Université Laval (gegr. 1852), Seminar der Jesuiten (gegr. 1663), Nationalarchiv von Quebec, Museen. Die Stadt, deren Bev. über 90 % frz. Abkunft ist und zu 95 % Französisch als Umgangssprache angibt, ist Mittelpunkt des kulturellen Lebens der Frankokanadier und Anziehungspunkt für Touristen, ferner Standort von Nahrungsmittel-, Holz verarbeitender, chem., Leder- und Textilindustrie. Der Hafen am Sankt-Lorenz-Seeweg hat große Getreidesilos. – Q. ist im Stil der frz. Städte des 18. Jh. erbaut worden, mit Stadtmauer (1832 fertiggestellt, heute Nationaldenkmal) und Zitadelle (1820–32, heute Museum und Kaserne). Die histor. Altstadt (UNESCO-Weltkulturerbe) ist durch ein rd. 100 m hohes Kliff in eine Ober- und Unterstadt geteilt und wird von dem Backstein-Hochhausbau des Hotels Château Frontenac (1892) überragt. Bemerkenswert auch die kleine Steinkirche Notre-Dame des Victoires (1688) am Place Royal, wo die eigentl. Gründung von Q. erfolgte; das Hôtel-Dieu du Précieux-Sang (1654 ff.), der älteste Krankenhausbau Nordamerikas; das Ursulinenkloster (1639 gegr.); die anglikan. Dreifaltigkeitskathedrale (1804; nach Brand wiederhergestellt und 1925 geweiht); umfangreiche Sanierungen in der Altstadt. Zu den modernen Bauten gehört das Musée de la Civilisation von M. SAFDIE (1987 eröffnet). – Das 1608 von S. DE CHAMPLAIN gegründete Q. (Name abgeleitet von indian. ›Kebek‹, ›am Zusammenfluss der Wasser‹), das bereits 1629–32 von Engländern besetzt und 1690 sowie 1711 von diesen erfolg-

Quebec 1)
Stadtwappen

Provinzhauptstadt in Kanada
·
am Sankt-Lorenz-Strom
·
167 500 Ew.
·
Zentrum der Frankokanadier
·
Universität (gegr. 1852)
·
historische Altstadt von der UNESCO zum Weltkulturerbe erklärt
·
1608 gegründet
·
einstige Hauptstadt der Kolonie Neufrankreich

los belagert wurde, war bis zur dauerhaften Eroberung durch brit. Truppen 1759 Zentrum der frz. Kolonie Neufrankreich. 1774 verabschiedete die brit. Reg. den ›Q. Act‹ (→Kanada, Geschichte). 1791 wurde Q. Hauptstadt der Prov. Lower Canada (Unterkanada), 1867 der Prov. Quebec.

2) Prov. in O-Kanada, mit 1540680 km² (einschließlich 183890 km² Binnengewässer) mehr als viermal so groß wie Dtl.; (1995) 7,3 Mio. Ew., das sind ein Viertel der Bev. Kanadas. Hauptstadt der Prov. ist Quebec, größte Stadt ist Montreal. Über 80% der Bewohner sind Frankokanadier, 1991 gaben 83% Französisch als Umgangssprache an. Ungefähr 11% der Bewohner sind brit. Abkunft. Außerdem siedelten sich bes. Osteuropäer und Italiener an sowie seit 1960 zunehmend Portugiesen, Haitianer, Griechen und Asiaten; diese Bev.-Gruppen benutzen überwiegend Englisch zur Verständigung, sodass bes. im Großraum von Montreal, wo sich die meisten Neueinwanderer niederlassen, der Anteil der Französisch Sprechenden (1991) bereits unter 70% liegt. – Die Bev. konzentriert sich in Süd-Q., das die fruchtbaren Landschaften beiderseits des unteren Sankt-Lorenz-Stroms mit den nördl. Ausläufern der Appalachen umfasst. 90% der Prov.-Fläche werden vom Kanad. Schild eingenommen, hauptsächlich von der Halbinsel →Labrador. Fast die Hälfte der Prov.-Fläche ist waldbedeckt, der N gehört zum Tundrenbereich. Wichtige Wirtschaftsgrundlagen bilden die Bodenschätze (Eisen, Kupfer, Gold, Zink, Titan, Asbest), der Holzreichtum und die Wasserkräfte (rd. 40% der in Kanada installierten Leistung). Seit den 70er-Jahren Ausbau der Hydroenergiegewinnung an der →James Bay, sodass sich die Prov. zu fast 90% selbst versorgen und sogar Elektroenergie exportieren kann. Die vielseitige Industrie liefert u.a. Aluminium, Zellstoff, Papier, Chemikalien, Textilien, Maschinen, Fahrzeuge, Lederwaren, Schiffe und Flugzeuge. Insgesamt erbringt Q. knapp ein Viertel des kanad. Produktionswertes. Hauptstandorte sind Montreal und die Stadt Quebec. Der Fremdenverkehr umfasst auch Wasser- und Wintersport (v.a. in den Laurentian Mountains).

Zur *Geschichte* bis zum Ende des 19. Jh. →Kanada (Geschichte). – Der rasche wirtschaftl. Aufschwung seit Beginn des 20. Jh. wurde von der Depression der 30er-Jahre nur vorübergehend gebremst. Nach der modernisierungsfeindl. Politik der konservativen Reg. Duplessis (1936–40 und 1944/45–59), die sich auf den frankokanad. Nationalismus stützte, brachte die ›quiet revolution‹ (ab 1960), initiiert von der Liberal Party, eine Erneuerung der polit. Strukturen, des Erziehungs- und Sozialsystems. Aus der Rivalität zw. frankophoner Mehrheit und anglophoner Minderheit entstand eine neue Form des Nationalismus. Er zielte auf die Durchsetzung des Französischen als einziger offizieller Sprache, auf die Verbesserung der Berufschancen der in dieser Hinsicht benachteiligten Frankokanadier und Neuregelung der Machtverteilung zw. Prov. und Zentral-Reg. (bis hin zur Unabhängigkeit); Auftrieb erhielt er nicht zuletzt auch durch den Besuch des frz. Präs. C. DE GAULLE (1967) und seinen Ruf ›Vive le Québec Libre!‹ während einer Rede in Montreal. Als radikalste Organisation dieses Nationalismus gewann der separatist. Parti Québécois zunehmend an Einfluss und stellte 1976–85 die Reg. Im **Q.-Referendum** 1980 sprach sich die Bev. jedoch gegen die Loslösung Q.s von Kanada (bei Aufrechterhaltung der wirtschaftl. Verbindungen) aus. 1985–94 führten die Liberalen unter ROBERT BOURASSA (* 1933, † 1996), der bereits 1970–76 Premier-Min. von Q. war, die Reg. Als einzige Prov. weigerte sich Q., die neue Verf. Kanadas von 1982 zu ratifizieren, weil es darin die eigenen Kompetenzen geschwächt und seine Interessen als Vertreter aller Frankokanadier nicht ausreichend berücksichtigt sah. Ein verfassungspolit. Kompromiss zw. den Min.-Präs. der Provinzen und der Bundes-Reg., der Q.s Rolle als ‹Distinct Society› (›besondere Gesellschaft‹) anerkannte und Sonderrechte zugestand (**Meech-Lake-Accord,** 1987), wurde v.a. wegen des neu aufflammenden Sprachenstreits, der Schwächung der Zentralgewalt und des Misstrauens gegenüber dem Sonderstatus Q.s von den Parlamenten Manitobas und Newfoundlands trotz einiger Zusätze nicht fristgerecht (23. 6. 1990) ratifiziert; seitdem waren wieder verstärkte Forderungen nach Unabhängigkeit Q.s sowie Aufbegehren der anglophonen Minderheit und der indian. Bev. (z.B. Unruhen bei Montreal in Oka 1990 und in Kahnewake 1991) zu verzeichnen. Auch einen erneuten, im August 1992 ausgehandelten Kompromiss zur Verf.-Reform (Charlottetown Accord) lehnte die Bev. in einem Referendum im Oktober ab. Als Nachfolger BOURASSAS wurde DANIEL JOHNSON (* 1944) im Dezember 1993 Vors. der Liberalen und im Januar 1994 Reg.-Chef. Mit dem Sieg des Parti Québécois (44,7% der Stimmen; 77 von 125 Sitzen) bei den Wahlen zum Prov.-Parlament im September 1994 übernahm dessen Parteiführer JACQUES PARIZEAU (* 1930) das Amt des Premier-Min. Im Dezember 1994 legte er einen Entwurf für ein Sezessions-Ges. vor, das die volle staatl. Unabhängigkeit Q.s mit einer Wirtschafts- und (während der Konsolidierungsphase) Währungsgemeinschaft mit Kanada verknüpfte. Im Sezessionsreferendum am 30. 10. 1995 sprach sich die Bev. jedoch knapp (50,6% der abgegebenen Stimmen) für einen Verbleib Q.s bei Kanada aus, woraufhin PARIZEAU zurücktrat. Sein Nachfolger als Partei- und Reg.-Chef wurde im Januar 1996 der sich ebenfalls für die Loslösung Q.s einsetzende LUCIEN BOUCHARD (* 1938). Im September 1997 einigten sich die Premiers der neun englischsprachigen Prov. Kanadas in der ›Deklaration von Calgary‹ auf die Anerkennung des ›einzigartigen Charakters‹ von Q. (de facto eine neue Variante der Distinct-Society-Klausel).

W. D. COLEMAN: The independence movement in Q. 1945–1980 (Toronto 1984); Histoire du Q., hg. v. J. HAMELIN (Neuausg. Montreal 1984); P.-A. LINTEAU u.a.: Histoire du Q. contemporain, 2 Bde. (Montreal [1-6]1986–87); F. QUELLET: Economy, class and nation in Q. (a.d. Frz., Toronto 1991); R. DAUPHIN: Economie du Québec (Québec 1994); Q. Wirtschaft, Gesellschaft, Politik, hg. v. U. KEMPF (1994); R. BOTHWELL: Canada and Q. One country, two histories (Vancouver 1995).

Quebec-Konferenzen [kveˈbɛk-, engl. kwɪˈbek-], Bez. zweier während des Zweiten Weltkriegs in Quebec abgehaltener Konferenzen von Präs. F. D. ROOSEVELT (USA) und Premier-Min. W. CHURCHILL (Großbritannien). Bei der ersten Zusammenkunft (11.–24. 8. 1943) standen Pläne zu alliierten Invasionen in Italien und Frankreich, bei der zweiten (11.–16. 9. 1944) neben militär. Fragen bes. der →Morgenthau-Plan im Mittelpunkt.

Quebrachin [kebraˈtʃiːn] *das, -s,* das →Yohimbin.

Quebrachoholz [keˈbratʃo-; span., zu quebrar ›brechen‹ und hacha ›Axt‹], dunkelrotes hartes, sehr dauerhaftes und schweres Kernholz des südamerikan. **Quebrachobaums** (Schinopsis quebracho-colorado), eines Sumachgewächses; mit hohem Gerbstoffgehalt.

Quechan [kɛtʃ-], Indianergruppe in den USA, →Yuma.

Quechua [ˈketʃu̯a], →Ketschua.

Quecke, Agropyron, Gattung der Süßgräser mit rd. 40 Arten auf der Nordhalbkugel und im südl. Südamerika; zweizeilig beblätterte Ährengräser mit zwittrigen Blüten in Ährchen, die zu ährenartigen Gesamtblütenständen zusammentreten. Bekannte einheim. Arten sind u.a.: **Binsen-Q.** (Agropyron junceum), ein 30–60 cm hohes Dünengras an der Nord- und (seltener) Ostsee; **Gemeine Q.** (Agropyron repens), 20 bis

Quecke: Gemeine Quecke (Höhe 20–150 cm)

150 cm hoch; lebhaft grün oder blau bereift; in Europa, Nordasien und Nordamerika; mehrjährige, oft große Flächen bedeckende, durch die mitunter meterlangen unterird. Ausläufer lästige Unkräuter, deren Wurzelstock (Q.-Wurzel) in der Volksmedizin als blutreinigendes und harntreibendes Mittel verwendet wird.

Quecksilber [ahd. quecsilbar, Lehnübersetzung von mlat. argentum vivum ›lebendiges Silber‹], griech.-lat. **Hydrargyrum,** chem. Symbol **Hg,** ein →chemisches Element aus der zweiten Nebengruppe des Periodensystems der chem. Elemente. Q. ist das einzige bei gewöhnl. Temperatur flüssige Metall; es bildet infolge seiner großen Oberflächenspannung sehr leicht Tropfen und zeigt bes. in engen Rohren konvexen Meniskus und ausgeprägte Kapillardepression (→Kapillarität). Das reine, silberweiße, stark glänzende Q. ist bei normaler Temperatur an der Luft beständig, überzieht sich jedoch in Gegenwart von Verunreinigungen rasch mit einem dünnen dunkelgrauen Oxidfilm. Oberhalb 300 °C verbindet es sich mit Sauerstoff zu Q.(II)-oxid, HgO. Q. reagiert nicht mit verdünnten Säuren (mit Ausnahme von Salpetersäure), wird aber von konzentrierten oxidierenden Säuren gelöst. Mit zahlr. Metallen bildet Q. sehr leicht Legierungen, die →Amalgame. Daneben reagiert Q. mit zahlr. Nichtmetallen (z. B. mit Halogenen und Schwefel). – Das flüssige Metall hat schon bei Zimmertemperatur einen merkl. Dampfdruck (Sättigungsdruck bei 20 °C etwa 14 mg/m³ Luft). Q.-Dampf sowie die anorgan. und organ. Verbindungen des Q. sind sehr toxisch (→Quecksilbervergiftung).

Q. kommt selten gediegen in Form fein verteilter Tröpfchen vor; in abbauwürdiger Form findet es sich v. a. in Form des Minerals →Zinnober. Weitere (technisch unbedeutende) Q.-Minerale sind z. B. →Metacinnabarit, →Kalomel, Coloradoit, HgTe, und Tiemannit, HgSe. – Zur Gewinnung des Q. werden zinnoberhaltige Erze (der durchschnittl. Gehalt an Q. liegt bei etwa 1 %; die Erze werden deshalb meist zunächst angereichert) in direkt oder indirekt beheizten Öfen oder in Muffeln oder Retorten bei über 400 °C abgeröstet, wobei folgende Umsetzung stattfindet: $HgS + O_2 \rightarrow Hg + SO_2$. Die entweichenden Q.-Dämpfe werden in Vorlagen kondensiert. Dabei fällt das Q. entweder bereits verhältnismäßig rein als flüssiges Metall an oder in Form eines (die ›Stupp‹ genannten) schlammartigen Gemisches mit feindispersen Destillations- und Sublimationsprodukten des Abröstungsprozesses, aus dem das Q. abgetrennt werden muss. Eine Reinigung des gewonnenen Q. ist durch Waschen mit verdünnter Salpetersäure oder durch Vakuumdestillation möglich. Ein größerer Anteil von Q. wird inzwischen auch durch Recycling gewonnen.

Verwendung findet Q. zur Herstellung von Thermometern, Barometern, Manometern, Thermostaten u. a., ferner bes. zur Herstellung von Q.-Dampflampen, Q.-Pumpen und Batterien (Q.-Zink-Zellen). In der Chemie spielt Q. zur Herstellung von anorgan. und organ. Q.-Verbindungen und Amalgamen sowie als Kathodenmaterial bei der Chloralkalielektrolyse nach dem Amalgamverfahren eine Rolle. Wegen seiner großen Legierungsfähigkeit wird Q. auch noch z. T. zur Gewinnung der Edelmetalle Gold und Silber (→Amalgamation) eingesetzt.

Umweltwirkung: Bis zum In-Kraft-Treten des Abfallbeseitigungs-Ges. (1972) war die ungeordnete Deponierung von quecksilberhaltigen Abfällen weit verbreitet und führte zu erhöhten Q.-Konzentrationen in den Bodensedimenten der Gewässer. Gegenwärtig stellen die quecksilberhaltigen Kleinbatterien v. a. bei der Müllverbrennung ein Problem dar, da das bei der Verbrennung verdampfende Q. von den Abluftfiltern nur z. T. zurückgehalten werden kann. – Die Konzentration von Q. im Meerwasser schwankt stark und liegt nach versch. Quellen zw. 0,4 und 50 ng/l. Normalerweise enthalten Fische und Muscheln 100–400 µg/kg Q. Trockenmasse (TM). Im Nahrungskreislauf über Wasserorganismen können sich allerdings Akkumulationsfaktoren von 1 000 bis 10 000 durch Methyl-Q. einstellen. Der Grenzwert für Trinkwasser beträgt nach der EU-VO 1 µg/l. – Im Boden haben anorgan. Q.-Salze sowie →quecksilberorganische Verbindungen eine antimikrobielle Wirkung; sie wurden deshalb als Bakterizide und Fungizide eingesetzt. Klärschlamm darf in Dtl. (nach VO) nur auf landwirtschaftlich oder gärtnerisch genutztem Boden aufgetragen werden, wenn die Q.-Konzentration im Boden weniger als 1 mg/kg TM beträgt. Der MAK-Wert für Q. am Arbeitsplatz liegt bei 0,1 mg/m³ Luft.

Quecksilber

chem.	Ordnungszahl	80
Symbol:	relative Atommasse	200,59
	Häufigkeit in der Erdrinde	$4 \cdot 10^{-5}$ %
Hg	natürliche Isotope (mit Anteil in %)	^{196}Hg (0,15), ^{198}Hg (9,97), ^{199}Hg (16,87), ^{200}Hg (23,10), ^{201}Hg (13,18), ^{202}Hg (29,86), ^{204}Hg (6,87)
	insgesamt bekannte Isotope	^{175}Hg bis ^{207}Hg
	längste Halbwertszeit (^{194}Hg)	520 Jahre
	Dichte (bei 25 °C)	13,5336 g/cm³
	Schmelzpunkt	−38,83 °C
	Siedepunkt	356,73 °C
	spezifische Wärmekapazität (bei 25 °C)	0,140 J/(g · K)
	elektrische Leitfähigkeit (bei 0 °C)	$1{,}063 \cdot 10^6$ S/m
	Wärmeleitfähigkeit (bei 27 °C)	8,34 W/(m · K)

Wirtschaft: Nach langjährigem Anstieg mit einem Höhepunkt in den 1970er-Jahren (1971: 10 577 t) ist die Weltproduktion wieder auf (1995) 2 820 t gesunken. Die wichtigsten Produzenten sind Mexiko, Spanien, die USA, China, die Ukraine, Kirgistan und Algerien. Mit dem Vorkommen Almadén verfügt Spanien über die weltgrößte Lagerstätte. Daneben hat die Türkei umfangreiche Reserven, deren Abbau aber wegen des niedrigen Preises drastisch eingeschränkt wurde. Das ital. Vorkommen im Monte Amiata ist seit 1982 nahezu erschöpft. Ein Großteil des Q.-Verbrauchs entfällt auf die Batterienproduktion.

Geschichte: Im Altertum war als einzige Q.-Verbindung Zinnober bekannt, den man als Pigmentfarbe und zur Gewinnung des Metalls verwendete. Eine wichtige Rolle spielte das Q. in der Alchimie, wo es teils zu den Metallen, teils zu den ›Geistern‹ (d. h. den flüchtigen Stoffen) gerechnet wurde. Wegen seiner Beweglichkeit und seiner Flüchtigkeit erhielt es das Symbol des Planeten Merkur und wurde **Mercurius** genannt. Bis ins 19. Jh. wurden Q. (z. B. in der ›grauen Salbe‹) und einige Q.-Verbindungen (z. B. Sublimat) wegen ihrer antibiot. Wirkung v. a. zur Behandlung der Syphilis verwendet.

Quecksilberdampfgefäß, Hg-Ventil, steuerbares →elektrisches Ventil, bei dem in einem evakuierten Eisengefäß der Lichtbogen zw. einer Quecksilberkathode und einer Hilfsanode eine Elektronenquelle bildet, von der aus Elektronen zur Hauptanode gelangen. Durch Ionisation entstehen beim Stromfluss weitere Ladungsträger, dabei stellt sich eine nur wenig stromabhängige Lichtbogenspannung ein.

Quecksilberdampflampe, Metalldampflampe mit Quecksilberfüllung. Entsprechend dem Druck des nach der Zündung verdampfenden Quecksilbers unterteilt man Q. in Niederdruck- (bis etwa 1 kPa),

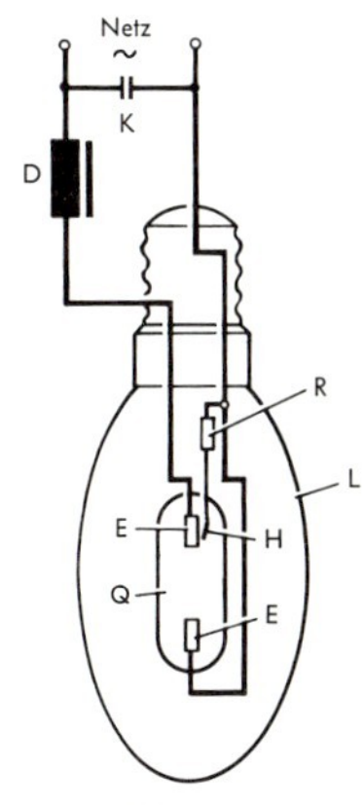

Quecksilberdampflampe: Schematische Darstellung der Hochdrucklampe; K Kompensationskondensator als Phasenschieber, D Drosselspule zur Stabilisierung, R Hilfswiderstand, L evakuierter Lampenkolben, E Elektroden, H Hilfselektrode zur Zündung, Q Quarzbrenner (Entladungsröhre)

Hochdruck- (bis etwa 1 MPa) und Höchstdrucklampen (bis 10 MPa). **Niederdrucklampen** dienen nur noch als UV-Strahler (→Quarzlampe). **Hochdrucklampen** strahlen bes. stark bei 365/366 nm und im blauen sowie gelbgrünen Wellenlängenbereich (404, 436, 546, 577, 579 nm). Der Mangel an rotem Licht wird durch eine Leuchtstoffschicht auf der Innenfläche des Außenkolbens ausgeglichen, die UV-Licht in sichtbares Licht im roten Spektralbereich wandelt; Verwendung zur Straßenbeleuchtung. **Höchstdrucklampen** bilden einen kurzen (wenige mm) Lichtbogen mit hoher Leuchtdichte (bis 10^5 cd/cm^2); Verwendung für starke Scheinwerfer und in Projektoren.

Quecksilberhorizont, offene Schale mit Quecksilber, deren Oberfläche als Spiegel wirkt, in dem man das Licht von Sternen in Reflexion beobachten kann; u. a. Bestandteil des →Prismenastrolabiums.

Quecksilberhorn|erz, Mineral, das →Kalomel.

quecksilber|organische Verbindungen, organ. Verbindungen, in denen mindestens ein Kohlenstoffatom direkt an ein Quecksilberatom gebunden ist. Wichtig sind v. a. Verbindungen mit der allgemeinen Zusammensetzung RHgX (R = aliphat. oder aromat. Rest, X = Halogenatom, Hydroxylgruppe oder Säurerest), die durch Umsetzen von Quecksilber(II)halogeniden mit Grignard-Verbindungen hergestellt werden: $R-Mg-X + HgX_2 \rightarrow R-Hg-X + MgX_2$. Beispiele für diese q. V. sind das **Äthylquecksilberchlorid,** C_2H_5HgCl, das als Saatbeizmittel diente, und das **Phenylquecksilberacetat,** $C_6H_5HgOOCCH_3$, das als Fungizid verwendet wurde. Aufgrund der hohen Toxizität besteht laut Pflanzenschutz-Anwendungs-VO i. d. F. v. 10. 11. 1992 ein vollständiges Anwendungsverbot für Quecksilberverbindungen. – Daneben sind auch q. V. mit der allgemeinen Formel RR′Hg bekannt (R und R′ = gleiche oder versch. Alkyl- oder Arylgruppen). Diese Verbindungen haben jedoch praktisch nur in der präparativen Chemie Bedeutung; sie sind stark riechende und außerordentlich giftige Substanzen. Zu ihnen gehören z. B. das **Dimethylquecksilber,** $Hg(CH_3)_2$, und das **Diphenylquecksilber,** $Hg(C_6H_5)_2$.

Quecksilber|oxidzelle, galvan. Element (Primärzelle) mit einer Nennspannung von 1,35 V; Reaktionsverlauf: $Zn + HgO \rightarrow ZnO + Hg$. Der Pluspol besteht aus einem in eine vernickelte Stahlhülle gepressten Gemisch aus Quecksilber(II)-oxid und Graphit, als Minuspol dient amalgamiertes Zinkpulver. Das Elektrolyt ist in Baumwolle fixierte 40%ige Kalilauge. Gegenüber anderen Trockenelementen zeichnen sich Q. durch eine hohe Spannungsstabilität aus.

Quecksilberverbindungen. Quecksilber hat in seinen Verbindungen die Oxidationszahlen + 1 und + 2. Die Quecksilber(I)-Verbindungen enthalten zweiatomige Hg_2^{2+}-Ionen; sie sind nicht sehr stabil und disproportionieren leicht zu Quecksilber und Quecksilber(II)-Verbindungen. Die Verbindungen des zweiwertigen Quecksilbers wurden früher **Mercuri-,** die des einwertigen **Mercuroverbindungen** genannt.

Quecksilber(II)-oxid (Rotes Präzipitat), HgO, entsteht beim Erhitzen von Quecksilber an der Luft auf etwa 300 °C; es kommt in einer gelben und einer roten Form vor, die sich nur durch die Korngröße unterscheiden. Die gelbe Form (geringere Korngröße) dient v. a. zur Herstellung anderer Q., die rote Form wird als algizider Wirkstoff z. B. Schiffsanstrichen zugesetzt. Beim Erhitzen auf über 400 °C zerfällt Quecksilber(II)-oxid wieder in seine Bestandteile; die Beobachtung dieser Reaktion führte J. PRIESTLEY zur Entdeckung des Sauerstoffs.

Quecksilber(I)-chlorid (Kalomel), Hg_2Cl_2, eine weiße, kristalline, in Wasser und vielen organ. Lösungsmitteln unlösl. Substanz, wird durch Erhitzen von Quecksilber mit Quecksilber(II)-chlorid gewonnen und v. a. zur Herstellung von Kalomelelektroden

Quedlinburg 1): Fachwerkhäuser

verwendet. Bei Zugabe von Ammoniak verfärbt es sich schwarz infolge Bildung eines Gemisches von **Quecksilber(II)-amid-chlorid,** $Hg(NH_2)Cl$, und fein verteiltem elementarem (schwarzem) Quecksilber. **Quecksilber(II)-chlorid (Sublimat),** $HgCl_2$, entsteht aus Quecksilber(II)-sulfat und Natriumchlorid beim Erhitzen auf über 300 °C als weiße, kristalline, sublimierbare Substanz, die in Wasser leicht löslich ist. Quecksilber(II)-chlorid wirkt schon in geringen Konzentrationen bakterizid und fungizid und wurde früher als Desinfektions- und Saatbeizmittel verwendet; es dient heute z. B. zur Herstellung anderer Hg-Verbindungen und als Katalysator. Mit gasförmigem Ammoniak bildet es das weiße **schmelzbare Präzipitat,** $[Hg(NH_3)_2]Cl_2$ (mit dem Kation $[Hg(NH_3)_2]^{2+}$) und mit wässrigem Ammoniak das weiße **unschmelzbare Präzipitat,** $[HgNH_2]_xCl_x$ (mit langkettigem Kation $[(HgNH_2)^+]_x$). Das unschmelzbare Präzipitat geht beim Kochen in die Verbindung $[Hg_2N]Cl$ über, ein Chlorid der Verbindung $[Hg_2N]OH$ **(millonsche Base).** – **Quecksilber(II)-jodid,** HgJ_2, entsteht aus Lösungen von Quecksilber(II)-Salzen und Kaliumjodid als leuchtend rotes Pulver, das bei 127 °C in eine gelbe Modifikation übergeht (→Thermochromie). Mit überschüssigem Kaliumjodid bildet sich farbloses **Kaliumtetrajodomercurat(II),** $K_2[HgJ_4] \cdot 2H_2O$, dessen alkal. Lösung zum Nachweis von Ammoniak verwendet wird (→Neßlers Reagenz).

Quecksilber(II)-sulfid, HgS, entsteht durch Erwärmen von Quecksilber mit Schwefel oder durch Umsetzen von Quecksilbersalzlösungen mit Schwefelwasserstoff in Form einer schwarzen Substanz, die beim Erwärmen in eine beständigere rote Modifikation übergeht. In der Natur kommt Quecksilber(II)-sulfid als roter trigonaler →Zinnober und als grauschwarzer kub. →Metacinnabarit vor. – **Quecksilber(I)-sulfat,** Hg_2SO_4, und **Quecksilber(II)-sulfat,** $HgSO_4$, sind farblose, in Wasser lösl. Salze, die technisch als Katalysatoren verwendet werden.

Quecksilber(I)-nitrat, $Hg_2(NO_3)_2 \cdot 2H_2O$, und **Quecksilber(II)-nitrat,** $Hg(NO_3)_2 \cdot H_2O$, sind farblose, in Wasser lösl. Salze, die sich beim Auflösen von Quecksilber in kalter verdünnter bzw. heißer konzentrierter Salpetersäure bilden. Quecksilber(I)-nitrat dient als analyt. Reagenz (bei der millonschen Reaktion) zum Nachweis von tyrosinhaltigen Eiweißen.

Quecksilber(II)-thiocyanat oder **Quecksilber(II)-rhodanid,** $Hg(SCN)_2$, fällt aus Lösungen von Quecksilber(II)-Salzen bei Zusatz von Kaliumthiocyanat als weißer, schwer lösl. Niederschlag aus. Es verbrennt unter Bildung eines sich stark aufblähenden Rückstandes. **Quecksilber(II)-fulminat (Knallquecksilber),**

$Hg(CNO)_2$, ist eine kristalline, farblose, hochexplosive Substanz, die früher als Initialsprengstoff verwendet wurde (heute weitgehend durch Bleiazid u. a. verdrängt). **Quecksilber(II)-acetat,** $Hg(OOCCH_3)_2$, ist eine weiße pulverige oder kristalline Substanz, die als Katalysator bei organ. Synthesen verwendet wird.

Quecksilbervergiftung, Merkurialismus, Hydrargyrosis, Metallvergiftung, die durch Einatmen von Dämpfen des bereits bei Zimmertemperatur flüchtigen elementaren Quecksilbers oder innerl. Einwirkung von Quecksilberverbindungen hervorgerufen wird; oral aufgenommenes metall. Quecksilber besitzt nur geringe Toxizität.

Die Giftwirkung beruht auf einer Zell- und Protoplasmaschädigung durch Eiweißdenaturierung und Blockierung der Sulfhydrylgruppe (SH-Gruppe) bestimmter Enzyme; das Metall wird in Leber, Niere, Milz und Zentralnervensystem gespeichert und nur langsam wieder ausgeschieden. Die **akute Q.** äußert sich in Metallgeschmack im Mund, vermehrter Speichelsekretion, Verätzungen der Mundschleimhaut und des Magen-Darm-Kanals, Übelkeit, Brechdurchfall mit Blutbeimengung, akuter Niereninsuffizienz. Zur spezif. Behandlung werden Chelatbildner (→BAL) verwendet. Bei der **chronischen Q.,** die sich oft aus einer akuten Q. entwickelt, aber auch beruflich bedingt durch langzeitige Aufnahme kleinster Mengen entsteht, treten neben unspezif. Allgemeinerscheinungen (Mattigkeit, Kopf- und Nackenschmerzen), Lockerung der Zähne und Ausbildung eines dunklen (Quecksilber-)Saums am Zahnfleischrand im späteren Verlauf Schädigungen des Zentralnervensystems mit sensor. Störungen, Bewegungs-, Sprach- und Gedächtnisstörungen und psych. Veränderungen (Angst, Erregung, Delirien) in den Vordergrund. – Als berufl. Vergiftung (z. B. bei der Farben-, Batterie-, Fungizidherstellung) ist die Q. eine anzeigepflichtige Berufskrankheit. (→Minamata-Krankheit)

qu. e. d., q. e. d., Abk. für: →**qu**od **e**rat **d**emonstrandum.

Quedlinburg, 1) Kreisstadt in Sa.-Anh., 125 m ü. M., im fruchtbaren nördl. Harzvorland, an der Bode, 25 500 Ew.; Schloss-, Klopstock- (im Klopstockhaus) und Fachwerkmuseum, Lyonel-Feininger-Galerie; Baugewerbe, Metall-, Holzverarbeitung, Bauelementefertigung sowie auf Saat- und Pflanzgut spezialisierte Landwirtschaft; Dienstleistungs- und Fremdenverkehrsgewerbe. – Die Stadt wird überragt vom Schloss (16.–18. Jh., heute Museum) und der Kirche des ehem. Frauenstifts St. Servatius, einer roman. Basilika (1129 geweiht) mit hervorragender Bauornamentik (am got. Chor reiches Portal, um 1320); in der Krypta roman. Gewölbefresken, die Gräber von König HEINRICH I. und seiner Gemahlin MATHILDE DER HEILIGEN sowie drei Grabplatten von Äbtissinnen (Stuck; wohl frühes 12. Jh.); in der Schatzkammer seit 1993 der wieder vereinte Domschatz, dessen wertvollste Stücke 1945 einem Kunstraub zum Opfer fielen, jedoch bis 1992 rückerworben werden konnten. In der z. T. noch ummauerten Altstadt drei got. Hallenkirchen (Ägidien-, Benediktus- und Nikolauskirche), Rathaus (im Kern spätgotisch, 1615 und 1898–1901 umgebaut), an der SW-Ecke Roland (1427), sowie zahlr. Fachwerkhäuser (16.–17. Jh.). Außerhalb der Altstadt die Wipertikirche (12. Jh.) mit Umgangskrypta (Anfang 11. Jh.). Die UNESCO erklärte die Altstadt, Schloss und Stiftskirche zum Weltkulturerbe. – Das 922 erstmals erwähnte Q. entstand in Anlehnung an eine aus karoling. Zeit stammende und bis ins 13. Jh. die Bedeutung wahrende Pfalz. 936/937 gründete MATHILDE DIE HEILIGE mit Zustimmung ihres Sohnes OTTO D. GR. das Kanonissenstift, dessen Äbtissinnen lange Zeit in enger Verbindung zum Königtum standen. OTTO III. verlieh 994 dem Kloster Markt-, Münz- und Zollprivilegien für die in seinem Umfeld siedelnden Kaufleute. 1539 wurde die Reformation eingeführt. Besondere wirtschaftl. Bedeutung erlangte im 19. Jh. die Samenzucht.

Quedlinburg 1): Blick auf das Schloss (16.–18. Jh.) und die Stiftskirche Sankt Servatius (1129 geweiht)

Quedlinburg 1) Stadtwappen

H.-H. SCHAUER: Q. Das städtebaul. Denkmal u. seine Fachwerkbauten (Berlin-Ost 1990); Der Quedlinburger Schatz wieder vereint, hg. v. D. KÖTZSCHE, Ausst.-Kat. Kunstgewerbemuseum Berlin (1992); R. HEYDENREUTER: ›Kunstraub‹. Die Gesch. des Quedlinburger Stiftsschatzes (1993); W. HOFFMANN: Die Kirchen in Q. (1994); DERS.: Q. Ein Führer durch die Weltkultur-Stadt ([2]1996).

2) Landkreis im Reg.-Bez. Magdeburg, Sa.-Anh., grenzt im SW an Thür., 540 km^2, 82 300 Ew.; hat im N und Zentrum Anteil am fruchtbaren lössbedeckten Harzvorland beiderseits der Bode, das übrige Kreisgebiet liegt im waldreichen O-Harz (im Rambergmassiv bis 582 m ü. M.) mit den Tälern von Bode und Selke. Im Harzvorland Getreide-, Zuckerrübenanbau sowie Gemüse- und Obstbau, im Harz Wald- und Grünlandwirtschaft (Jungrinderaufzucht) sowie Fremdenverkehr (Thale, Bad Suderode, Gernrode, Harzgerode, Bode- und Selketal). Die wichtigsten Standorte der industriellen Produktion (bes. Metallurgie und Holzindustrie) sind Quedlinburg, Thale und Ballenstedt.

Quedlinburger Evangeliar, karoling. Prachthandschrift (um 840, Einband 1225–30), nach ihrem Schreiber SAMUHEL auch **Samuhel-Evangeliar** genannt. 1945 zus. mit anderen Pretiosen aus dem Kirchenschatz der Quedlinburger Stiftskirche geraubt,

Quedlinburger Evangeliar: Das Samuhel-Evangeliar aus dem Quedlinburger Domschatz, der in die Schatzkammer der Stiftskirche zurückkehrte

konnte es 1990 von der Kulturstiftung der Länder rückerworben werden; führte auch zur Wiederentdeckung der anderen geraubten Stücke.

Das Q. E., hg. v. F. MÜTHERICH u. a., Ausst.-Kat. (1991).

Queen [kwi:n], brit. Rockgruppe, gegr. 1970 u. a. von dem Sänger und Bandleader FREDDIE MERCURY (* 1946, † 1991); ihr vielfältiges Repertoire reichte von Hardrock bis zu Pop und sanften Balladen, mit aufwendigen Bühnenshows (›Bohemian rhapsody‹, 1975). 1995 erschien mit ›Made In Heaven‹ das letzte Album.

Queen-Anne-Stil [kwi:n 'æn-], nach der Königin ANNA benannter engl. Stil (etwa zw. 1700 und 1720), der Bauten C. WRENS und J. VANBRUGHS prägte, sich v. a. aber im Kunstgewerbe durchsetzte. Bezeichnend sind Schlichtheit und wohlproportionierte, funktionale Formen.

Queen Charlotte Islands [kwi:n 'ʃɑ:lət 'aɪləndz], Gruppe von mehr als 150 gebirgigen, waldreichen Inseln vor der Küste von British Columbia, Kanada, 9 596 km², 3 400 Ew., meist Indianer.

Queen Elizabeth Islands [kwi:n ɪ'lɪzəbəθ 'aɪləndz], die nördlichste Inselgruppe des Kanadisch-Arkt. Archipels, nördlich von Viscount-Melville-Sund und Lancastersund, etwa 425 000 km², davon ein Fünftel vergletschert; umfasst die Parry Islands (im S), die Sverdrup Islands und Ellesmere Island. Bedeutende Erdgasvorkommen auf Melville Island und Ellef Ringnes Island. Abgesehen von Wetter- und Forschungsstationen sind die Inseln unbewohnt.

Queens [kwi:nz], Stadtbezirk von →New York.

Queen's County ['kwi:nz 'kaʊntɪ], früher Name der irischen County →Laois.

Queensland ['kwi:nzlənd], Bundesstaat von Australien, im NO des Kontinents (einschließlich vorgelagerter Inseln), 1 727 200 km², (1994) 3,197 Mio. Ew.; 79 800 Aborigines (280 000 ha Reservate und 4,2 Mio. ha sonstiger Besitz). Hauptstadt ist Brisbane. Über 70 % der Bev. leben in den Küstenstädten.

Landesnatur: Im O erstreckt sich die Great Dividing Range, die sich nach N bis auf die Kap-York-Halbinsel fortsetzt und meist steil zum schmalen Küstentiefland abfällt. Der O-Küste ist das Große Barriereriff vorgelagert. Der W umfasst die Ebenen des Großen Artes. Beckens (mit über 2 500 artes. Brunnen) im S und des Carpentariabeckens im Norden.

Nord-Q. hat tropisch-wechselfeuchtes, der S subtrop. Klima. Im NO fallen jährlich bis 4 400 mm Niederschlag (Sommerregen des SO-Passats), im SO auch zyklonale Winterregen. Im trockenen Binnenland des W (bis unter 150 mm) haben die Flüsse nur period. oder episod. Wasserführung; sie enden im Becken des meist trockenen Eyresees. Die Küstenflüsse sind dagegen kurz und wasserreich. Die Vegetation reicht von den trop. Regenwäldern im NO bis zu den Grasfluren, Trockensavannen und -wäldern im Westen.

Wirtschaft: Über die Hälfte Q.s wird durch Viehhaltung genutzt, intensiv an der O-Küste (mit Milchwirtschaft), extensiv im trockenen Binnenland (1994: 9,47 Mio. Rinder, 11,40 Mio. Schafe). Ackerbau (1994: 2,4 Mio. ha, davon 387 000 ha bewässert) wird v. a. an der O-Küste und in den →Darling Downs betrieben. Q. ist das wichtigste Zuckerrohranbaugebiet Australiens (seit 1864). Außerdem werden u. a. Weizen, Hirse, Gerste, Reis, Erdnüsse, Feldfutter, Gemüse, Obst, Baumwolle erzeugt. Durch den Goldboom (1860–80) wurde die Verkehrserschließung erheblich gefördert. Heute spielt v. a. der Steinkohlenabbau, bes. im Bowenbecken (von Collinsville bis Moura), eine Rolle (1994: 111 Mio. t). Die Kohle wird großenteils exportiert (bes. nach Japan), sichert aber auch die Energieversorgung Q.s (1993: 99 % der Elektrizitätserzeugung). Von großer Bedeutung sind auch der Erzbergbau von →Mount Isa (das Erz enthält Kupfer, Blei, Zink und Silber) sowie die Bauxitförderung auf der Kap-York-Halbinsel bei Weipa. Außerdem werden Gold, Phosphate, Erdöl und Erdgas gefördert.

Dominierende Industriezweige sind die Verarbeitung von Bergbauprodukten (Kupfer-, Bleischmelzen; weltgrößter Tonerde-Aluminium-Komplex in Gladstone, verarbeitet Bauxit aus Weipa) und die Nahrungsmittelindustrie (Fleischverarbeitung und Zuckergewinnung). Gleichfalls von Bedeutung sind chem., Holzindustrie und Maschinenbau. Hauptindustriestandort ist Brisbane (50 % aller Betriebe). Zunehmende Bedeutung gewinnt der Tourismus (Küstenorte, Großes Barriereriff).

Geschichte: 1606 entdeckten die Holländer W. JANSZ. und J. L. VAN ROOSSENGIN die NW-Küste, 1770 der engl. Seefahrer J. COOK die O-Küste des Gebiets. 1824 errichteten die Briten an der Moreton Bay eine Strafkolonie, nach deren Auflösung (1839) die eigentl. Besiedlung einsetzte. 1859 erhielt Q. nach Abtrennung von New South Wales Selbstverwaltung und wurde 1901 Teil des Austral. Bundes.

B. FAUTZ: Agrarlandschaften in Q. (1984).

Queenslandfieber ['kwi:nzlənd-], das →Q-Fieber.

Queenstown ['kwi:nztaʊn], **1)** Stadt in der Rep. Irland, →Cobh.

2) Ort in W-Tasmanien, Australien, 3 700 Ew.; Aufbereitungs- und Schmelzanlage für das am Mount Lyell abgebaute Kupfererz; das Rohkupfer wird über Strahan verschifft.

3) Stadt in der Prov. Ost-Kap, Rep. Südafrika, 1 082 m ü. M., 95 200 Ew.; kath. Bischofssitz; Zentrum eines Rinder- und Schafzuchtgebiets mit jährl. Landwirtschaftsausstellung. – Q. wurde 1853 gegründet.

Queirós [kai'rɔʃ], **1)** Francisco **Teixeira de** [teɪ'ʃeɪra -], port. Schriftsteller, →Teixeira de Queirós, Francisco.

2) José Maria **Eça de** ['ɛsa -], port. Schriftsteller, →Eça de Queirós, José Maria.

3) [kei̯'rɔs], Raquel de, auch **Rachel de Queiroz** [kei̯'rɔs], brasilian. Schriftstellerin, * Fortaleza 17. 11. 1910; schildert in ihrem Werk kritisch und lebendig die Zustände im NO Brasiliens. Von ›As três Marias‹ (1939, Roman) bis ›Dôra, Doralina‹ (1975, Roman) vertieft sich die Klage über Provinzialität, Armut und die Benachteiligung von Frauen. 1977 wurde sie als erste Frau Mitgl. der Academia Brasileira de Letras.

Weitere Werke: *Romane:* O quinze (1930; dt. Das Jahr 15); João Miguel (1932); Caminho de pedras (1937); O galo de ouro (1950; in: O cruzeiro, Jg. 22). – *Dramen:* Lampião (1953); A beata Maria do Egito (1958). – *Erzählungen:* O Brasileiro perplexo (1963). – *Berichte:* O caçador de tatu (1967); As meninhas e outras crónicas (1976).

H. BRUNO: Rachel de Queiroz (Rio de Janeiro 1977).

Queis *der,* poln. **Kwisa,** linker Nebenfluss des Bobers in Polen, Schlesien, 127 km lang, entspringt auf dem Hohen Iserkamm (Isergebirge), mündet zw. Sprottau und Sagan; im Oberlauf zwei Talsperren.

Queiß, Erhard von, Reformator, * Storkow 1488 (?), † Riesenburg 1529. Durch ALBRECHT von Brandenburg 1523 zum Eintritt in den Dt. Orden bewogen, wurde er noch im selben Jahr zum Bischof von Pomesanien gewählt, dessen preuß. Teile er 1525 an das neu entstandene Herzogtum Preußen abtrat; er wirkte an der Durchführung der Reformation in Preußen mit.

Die Reformation im Ordensland Preußen 1523/24, hg. v. R. STUPPERICH (1966).

Quelimane [kəli'manə, port.], **Kilimane** [kelə'manə], Hafenstadt im mittleren Moçambique, am Mündungstrichter des Rio dos Bons Sinais 20 km landeinwärts, 146 200 Ew.; Prov.-Verwaltung; kath. Bischofssitz; Handel und Verarbeitung landwirtschaftl. Produkte, Bekleidungswerk; Eisenbahnendpunkt, Flugplatz. Bei Q. Kokosplantage mit rd. 4 Mio. Palmen sowie Zuckerrohr-, Sisal- und Reiskulturen. – Q. ist eine arab. Gründung und war schon im 10. Jh. eine bedeutende Handelsstadt.

Quelle 1): Die Fontaine de Vaucluse, die Quelle der Sorgue, 30 km östlich von Avignon

Quellcode [-ko:t], *Informatik:* →Quellprogramm.

Quelle, 1) *Geowissenschaften:* i. w. S. Stelle, an der flüssige (Wasser, Erdöl) oder gasförmige Stoffe (Fumarolen, Mofetten, Sofataren) aus der Erde treten, i. e. S. die natürl. Austrittsstelle von Grundwasser (vadoses Wasser) oder – in selteneren Fällen – von Tiefenwasser, das bei vulkan. Vorgängen frei wurde (juveniles Wasser). In den weitaus meisten Fällen ist das Wasser der Q. atmosphär. Ursprungs (in wasserdurchlässige Gesteine eingedrungene Niederschläge). Die **Quellschüttung** (Abflussmenge des Quellwassers je Sekunde) ist abhängig von Niederschlag, Versickerung, Verdunstung, Größe des Einzugsgebiets und des Grundwasservorrats. Ist die Ergiebigkeit der Q. so gering, dass das Wasser nicht abfließt, sondern den Boden nur durchfeuchtet, wird die Q. **Rasengalle (Nassgalle)** genannt. Ist die Schüttung sehr stark, können durch die **Quellerosion** eigene Hohlformen wie **Quellmulden** oder in festem Gestein schalen-, trichter- oder schlotförmige **Quelltöpfe** (Blautopf bei Blaubeuren: 2 200 l/s) entstehen. Andererseits werden oft infolge Druck- und Temperaturänderung am Quellaustritt aus dem Grundwasser Substanzen, v. a. Kalk- und Kieselsinter, ausgeschieden **(Quellabsätze, Quellablagerungen).** Ist der eigentl. Quellaustritt durch Hangschutt verdeckt, erscheint das Wasser etwas tiefer am Hang als **Schutt-Q.** Wird die Wasser führende Schicht auf größerer Länge geschnitten, sodass mehrere Q. nebeneinander austreten, handelt es sich um einen **Quellhorizont.** Tritt das in Lockerablagerungen des Flachlands oder von Tälern fließende Grundwasser wegen vertikaler oder horizontaler Verkleinerung des Grundwasserträgers an die Oberfläche, spricht man von einer **Grundwasser-Q.** (BILD →Grundwasser). Q. können auch (in Flüssen, Seen, am Meer) unter Wasser auftreten.

Quelltypen: Je nachdem, ob das ausfließende Wasser einen Sumpf, Tümpel oder Bach bildet, spricht man von **Helokrenen, Limnokrenen** und **Rheokrenen.**

Nach Art der Wasserbewegung werden unterschieden: 1) **Absteigende Q.** und **Auslauf-Q.** (Hang-Q., Tal-Q., Schicht-Q., Stau-Q., Überlauf- oder Überfall-Q.) entstehen in Wasser führenden Schichten, die von der Erdoberfläche geschnitten werden und hierbei das sich abwärts bewegende Grundwasser zutage treten lassen; ebenso durch Stau vor wasserundurchlässigen Schichten oder durch Ansammlung von Grundwasser in einer Schichtmulde, bis es überläuft. 2) **Aufsteigende Q.** oder **Steig-Q.** (meist Spalten- und Verwerfungs-Q.) finden sich dort, wo unter hydrostat. Druck stehendes Grundwasser in Spalten, Klüften oder Schichtfugen aufsteigen und austreten kann. Bei den **artesischen Q.** erfolgt Wasseraustritt durch das hydrostatisch gespannte Grundwasser (meist aber nicht natürlich, sondern durch Anbohren, →artesischer Brunnen). 3) Bei **Karst-Q.** fehlt ein zusammenhängender Grundwasserspiegel. Sie bilden die ergiebigsten Q., v. a. wo ganze Höhlenflüsse zutage treten (Aach-Q. nördlich des Bodensees, mit einem Mittelwert von 8 530 l/s die stärkste Q. Dtl.s).

Nach Art der Wasserschüttung werden unterschieden: 1) **permanente** oder **perennierende Q.,** d. h. beständig fließende Q. (Dauer-Q.); 2) **periodische Q.,** die nur in niederschlagsreichen Jahreszeiten Wasser führen (›Frühlingsbrunnen‹, ›März-Q.‹, ›Mai-Q.‹ u. Ä.); 3) **episodische Q.,** die nur in bes. nassen Jahren (›Hunger-Q.‹) oder – in ariden und semiariden Gebieten – nach Niederschlägen tätig werden; 4) **intermittierende Q.,** die – meist durch Entladung gespannter Gas- oder Luftmassen bedingt – in mehr oder weniger regelmäßigen, kurzen Zeitabständen fließen oder ausbrechen (Spring-Q.) wie die Geysire.

Nach der Wassertemperatur werden unterschieden: 1) **Pegen** (so die meisten Q.), deren mittlere Temperatur etwa der mittleren Jahrestemperatur der Umgebung entspricht. Q. aus oberflächennahen Schichten zeigen je nach Jahreszeit stärkere Temperaturschwankungen. 2) **Thermen** oder warme Q. besitzen Temperaturen über 20 °C; sie steigen i. d. R. aus tieferen Erdschichten auf. 3) **Heiße Q.** haben über 50 °C, sie kommen meist aus großer Erdtiefe und erreichen, wie die ›Kochbrunnen‹, Temperaturen von 65 °C (Wiesbaden), 74 °C (Aachen-Burtscheid) und auch 90 °C (Trinchero/Venezuela).

Nach dem Charakter des Quellwassers werden unterschieden: 1) **indifferente Q.** mit chemisch sehr reinem Wasser; 2) **Mineral-Q.,** die auf ihrem häufig langen Weg durch das Gestein manchmal große Mengen an gelösten (festen oder gasförmigen) Stoffen aufnehmen (Carbonate, Chloride, Sulfate, Sulfide, Phosphate, Eisen, Radium u. a.), aber frei von organ. Bestandteilen sind. Q. mit mehr als einem Gramm Kohlensäure je Kilo Wasser heißen **Säuerlinge** (oder Sauerbrunnen). **Sol-Q.** haben außer für die Kochsalzgewinnung auch als Heilmittel Bedeutung (→Heilquellen). Sprudel sind aufsteigende (Mineral-)Q., deren Auftrieb durch gepresste Gase (Kohlensäure, Wasserdampf, Kohlenwasserstoffe) erzeugt wird.

Die Verehrung von Q. ist eine der ältesten Erscheinungen der *Religions-* und *Kulturgeschichte;* sie beruht auf der lebenserhaltenden sowie reinigenden Kraft des Wassers. Q. gelten daher in vielen Kulturen als Wohnsitze von Gottheiten und Geistern (die griech. Najaden und die german. Nixen waren weibl. Quellgeister), was v. a. in den weit verbreiteten Quellheiligtümern zum Ausdruck kommt. In christl. Zeit wurden dort häufig Kirchen errichtet (die oft zu Wallfahrtskirchen wurden). Ortsnamen weisen noch heute auf Quellheiligtümer hin (z. B. Heilbronn). Quellopfer sollten die Erhaltung der Q. bewirken. Die Römer warfen Blumen und Kränze in ihre Q., später auch Geld. Mit ihrem Symbolwert spielen Q. in vielen Mythen, Märchen und Sagen eine Rolle (so ist ihr Versiegen ein Todeszeichen). Im german. Mythos entspringt unter der Weltesche Yggdrasil der Schicksalsbrunnen (Urdbrunnen). In der Bibel findet sich die Q. verschiedentlich als Symbol des ewigen Lebens und der Wiedergeburt.

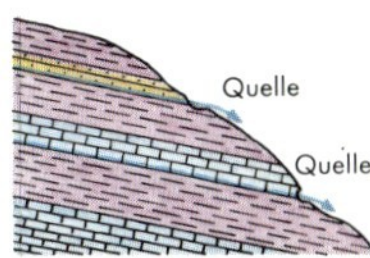

Auslaufquelle (Schichtquelle)

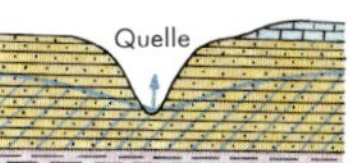

Talquelle

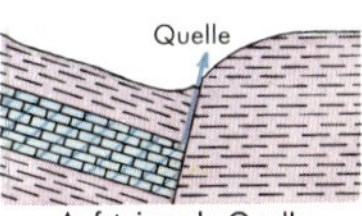

Aufsteigende Quelle (Verwerfungsquelle)

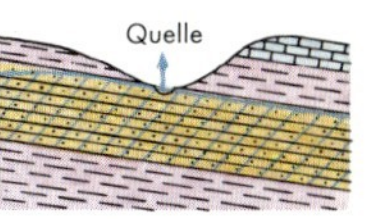

Stauquelle

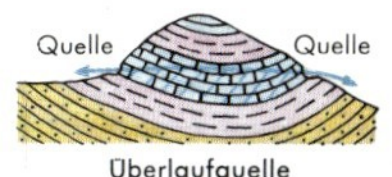

Überlaufquelle

Artesische Quelle

Quelle 1): Schematische Darstellung verschiedener Quelltypen

M. NINCK: Die Bedeutung des Wassers im Kult u. Leben der Alten (1921, Nachdr. 1967); T. PAULUS: Rettet die Q. (1995). – Weitere Literatur →Grundwasser.

2) *Geschichtswissenschaft:* **Geschichts-Q.,** histor. Material, d. h. alle Gegenstände, Tatsachen und Texte, aus denen Kenntnisse über die Vergangenheit gewonnen werden können. Seit J. G. DROYSENS ›Historik‹ (1868) unterscheidet man zw. den **Überresten,** die ›von sich aus‹ als Zeugnisse der Vergangenheit erhalten blieben, und der **Tradition** (Überlieferung), die eigens zum Zweck der histor. Unterrichtung und Belehrung der Mit- und Nachwelt hinterlassen wurde und sich dabei meist der literar. Ausdrucksweise bedient. Innerhalb der Überreste differenziert man zw. den Sachüberresten (auch Sach-Q. gen., u. a. Gerätschaften, Bauwerke, Gräber, Münzen), abstrakten Überresten (z. B. Institutionen, Sitten, Rechts- und Verfassungszustände, Namen, Zeitrechnung) und schriftl. Überresten (Akten, Briefe, Urkunden, Zeitungen usw.). Für die neueste Geschichte besitzen zudem Überreste wie Ton-, Foto- und Filmdokumente sowie Interviews mit Zeitzeugen (→Oral History) erhebl. Q.-Wert. Zu den Traditionen im Sinne von absichtlich hinterlassenen Q. gehören z. B. Annalen, Chroniken, Biographien und Memoiren. Andere Kriterien einer Q.-Einteilung sind die Zugehörigkeit zu Sachgebieten oder die Nähe zum Ereignis (danach Unterscheidung zw. **Primär-Q.** und der davon abgeleiteten **Sekundär-Q.).**

Die Bedeutung einer Geschichts-Q. ergibt sich erst nach einer sorgfältigen, mithilfe der →historischen Hilfswissenschaften durchgeführten **Q.-Kritik,** die bes. auf die Echtheit und die Objektivität, d. h. den Aussagewert, zielt. – In der **Q.-Edition** wird die Q. dann herausgegeben. Die Fülle der Q. erschließen spezielle **Q.-Kunden.**

Q.-Kunde der dt. Gesch. Bibliogr. der Q. u. der Lit. zur dt. Gesch., begr. v. F. C. DAHLMANN u. G. WAITZ, hg. v. H. HEIMPEL u. H. GEUSS, auf 8 Bde. u. Reg.-Bde. ber. ([10]1965 ff.); Die Q. der Gesch. Österreichs, hg. v. E. ZÖLLNER (Wien 1982); Einf. in die Interpretation histor. Q. Schwerpunkt: Neuzeit, hg. v. B.-A. RUSINEK u. a. (1992); Die archival. Q. Eine Einf. in ihre Benutzung, hg. v. F. BECK u. E. HENNING ([2]1994); A. VON BRANDT: Werkzeug des Historikers ([14]1996); K. MEISTER: Einf. in die Interpretation histor. Q. Schwerpunkt: Antike, auf mehrere Bde. ber. (1997 ff.); G. THEUERKAUF: Einf. in die Interpretation histor. Q. Schwerpunkt: MA. ([2]1997).

Queller: Gemeiner Queller (Höhe 10–40 cm)

3) *Literaturwissenschaft:* Bez. für 1) Primärliteratur; 2) stoffl. Basis, aus welcher der Autor bei der Entstehung bzw. Bearbeitung eines (dichter.) Werkes schöpft; 3) literar. und außerliterar. Anregungen und Vorlagen, denen sich die →Stoff- und Motivgeschichte zuwendet.

4) *Physik:* Singularität in einem →Feld, Ort in einem Q.-Feld, von dem aus die Feldlinien beginnen (Ggs.: Senke). Die →Divergenz eines Vektorfeldes gibt dessen Quellstärke an.

5) *Urheberrecht:* **Q.-Angabe,** die beim Zitieren eines fremden Werkes in vielen Fällen vorgeschriebene (§ 63 Urheberrechts-Ges.) Angabe der Herkunft des Zitats. Ein Verstoß gegen das Gebot zur Q.-Angabe kann zum Vorwurf des →Plagiats führen.

Quelle, eigtl. **Quelle Schickedanz AG & Co,** größtes europ. Versandunternehmen; gegr. 1927 von G. SCHICKEDANZ, firmierte bis 1992 als Quelle Gustav Schickedanz KG; Sitz: Fürth. Q. verfügt in Dtl. über ein flächendeckendes Netz stationärer Vertriebsstellen (u. a. 6 700 Agenturen, 170 Verkaufshäuser und 90 Niederlassungen des techn. Kundendienstes) sowie über eigene Versandunternehmen und stationäre Einrichtungen in 13 europ. Ländern. Tochtergesellschaft ist u. a. das Großversandhaus Schöpflin GmbH, Lörrach. Der von Q. zweimal im Jahr verschickte Hauptkatalog hat eine Auflage von jeweils 12 Mio. Exemplaren; ergänzt werden die Versandhandelsaktivitäten durch rd. 30 zielgruppenorientierte Spezialkataloge

Artus Quellinus d. Ä.: Simson und Delila; Terrakotta, Höhe 37,5 cm; um 1640 (Berlin, Skulpturensammlung)

und den Einsatz multimedialer Medien. Umsatz (1996/97): 12,0 Mrd. DM, Beschäftigte: rd. 27 000.

Quellen|abzugsverfahren, *Steuerrecht:* eine Erhebungsform der Einkommensteuer für bestimmte Einkünfte. Bei der Auszahlung der steuerpflichtigen Einkünfte an den Empfänger wird die Steuer von der auszahlenden Stelle einbehalten und unmittelbar an das Finanzamt abgeführt (›Steuerabzug an der Quelle‹). Das Q. gibt es in Dtl. 1) für die Einkünfte aus unselbstständiger Arbeit (Lohnsteuer), 2) für bestimmte Kapitalerträge (Kapitalertragsteuer) sowie 3) für Gebietsfremde (beschränkt Steuerpflichtige) bei inländ. Einkünften aus der Tätigkeit als Aufsichtsrats-Mitgl. (Aufsichtsratsteuer), als Künstler, Berufssportler, Schriftsteller, Journalist und Bildberichterstatter sowie bei Vergütungen aus Lizenzen und Patenten u. Ä. Die Vorzüge des Q. für das Finanzamt liegen im pünktl. Zahlungseingang, in den geringen Erhebungskosten und den geringen Möglichkeiten zur Steuerhinterziehung. Nachteilig für den Steuerpflichtigen ist, dass erst im Rahmen des Lohnsteuerjahresausgleichs bzw. der Veranlagung zur Einkommensteuer die persönl. Verhältnisse berücksichtigt werden können.

Quellenspannung, →elektromotorische Kraft, →Klemmenspannung.

Quellensteuern, Abzugsteuern, Bez. für Steuern, die im Wege des →Quellenabzugsverfahrens erhoben werden.

Quellentheorie, *Finanzwissenschaft:* Entstehungstheorie des →Einkommens.

Queller, Glasschmalz, Salicornia, Gattung der Gänsefußgewächse mit 13 weltweit (Ausnahme Australien) verbreiteten, oft bestandbildenden Arten an Meeresküsten und auf Salzböden im Binnenland. Die bekannteste Art ist der **Gemeine Q.** (Salicornia europaea), eine ein- oder zweijährige, wenig bewurzelte, glasig-fleischige Salzpflanze, deren Stängel 10–40 cm hoch werden und einfach oder kandelaberartig verzweigt sind; Blätter zu Schüppchen reduziert; Blüten unscheinbar (Windbestäubung).

Quellfest|ausrüstung, Verfahren der Textilveredlung, mit dem das hohe Quellvermögen von Cellulosefasern reduziert und damit das →Krumpfen vermindert und die Nassfestigkeit erhöht werden. Die Q. wird durch Quervernetzung des Fasergefüges mit Formaldehyd oder Beschichtung mit Kunstharzen erreicht.

Quellfreiheit, Quellenfreiheit, *Physik:* Eigenschaft eines Vektorfeldes (→Feld), das keine Quellen und Senken besitzt und dessen Feldlinien in sich geschlossen verlaufen **(quellenfreies Wirbelfeld);** mathematisch ist die Q. durch das Verschwinden der →Divergenz des betreffenden Feldes definiert. Ein wichtiges Beispiel für Q. ist die magnet. Flussdichte $\boldsymbol{B}$, für die div$\boldsymbol{B} = 0$ gilt (→maxwellsche Gleichungen).

Quellgras, Catabrosa, Gattung der Süßgräser mit nur wenigen Arten in Nordamerika und Eurasien. An Gewässern und an feuchten Standorten in Europa anzutreffen ist das **Zarte Q.** (Catabrosa aquatica) mit schlaffem Stängel, lockerer Rispe und an den Knoten wurzelnden Ausläufern; gut als Futtergras geeignet.

Quellinus [kwɛˈliːnys], eigtl. **Quellien,** fläm. Künstlerfamilie. – Bedeutende Vertreter:

1) Artus, d. Ä., Bildhauer, getauft Antwerpen 30. 8. 1609, † ebd. 23. 8. 1668, Onkel von 2) und Bruder von 3); wurde in Rom von den Werken F. DUQUESNOYS und G. L. BERNINIS beeinflusst. Als Hauptmeister der fläm. Barockplastik arbeitete er für Kirchen, schuf u. a. mit seinen Schülern die plast. Ausstattung für das Amsterdamer Rathaus (1650–64; heute königl. Schloss), Skulpturen für Grabmäler und Porträtbüsten.

2) Artus, d. J., Bildhauer, getauft Sint-Truiden 20. 11. 1625, † Antwerpen 22. 11. 1700, Sohn von 3) und Neffe von 1); war 1652–54 Mitarbeiter seines Onkels. Er schuf u. a. Reliefs, Chorschranken, Kanzeln und Grabmäler.

3) Erasmus, d. J., Maler, * Antwerpen 19. 11. 1607, † ebd. 7. 11. 1678, Vater von 2) und Bruder von 1); Schüler und Mitarbeiter von P. P. RUBENS, u. a. 1636–38 bei der Dekoration des Jagdschlosses Torre de la Parada bei Madrid (vier mytholog. Bilder, heute Madrid, Prado). Nach RUBENS' Tod wurde er Stadtmaler von Antwerpen.

Quellkade, behelfsmäßige Erhöhung und Verstärkung eines Deiches auf seiner Binnenseite bei Gefährdung seiner Standsicherheit infolge Durchsickerung. Zw. der Deichkrone und der Q. sammelt sich Wasser, das einen Gegendruck erzeugt und so die Durchsickerung bremst.

Quellkraut, Montia, Gattung der Portulakgewächse mit etwa 15 Arten in den temperierten Gebieten der N-Halbkugel und den Gebirgen Südamerikas, des trop. Afrika und Asien sowie in SO-Australien. Einheimisch an Bächen, Gräben und auf feuchten Äckern ist u. a. das Kalk meidende **Bach-Q.** (Montia fontana), eine 10–30 cm hohe Pflanze mit spatelförmigen, gelbgrünen Blättern und unscheinbaren weißen Blüten.

Quellkuppe, keulenförmige Lavakuppe, die über einem Vulkanschlot durch Aufstau zähflüssigen Magmas unter einer Tuffüberdeckung entsteht. Ohne Tuffbedeckung bilden sich **Staukuppen.** Wird durch vulkan. Gase ein fast erstarrter Lavapfropfen nach oben gepresst, entstehen **Stoßkuppen.** Wenn sie auseinander brechen, können sich →Glutwolken bilden (z. B. Montagne Pelée auf Martinique).

Quellkuppe des Drachenfelses (mit eingeregelten Sanidinkristallen) und Stoßkuppe der Wolkenburg (Siebengebirge)

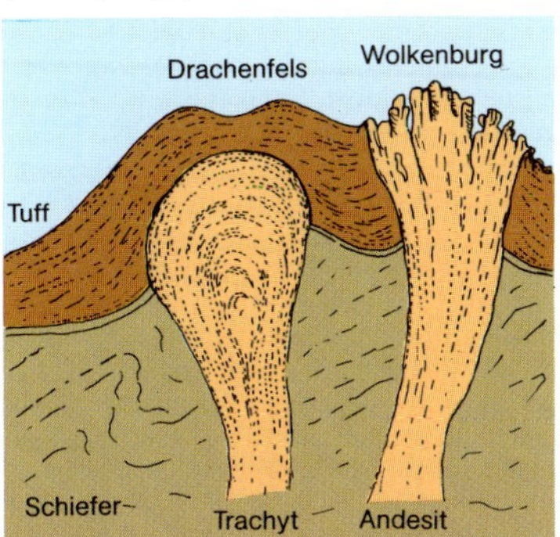

Quellmoos, Philonotis, Gattung der Laubmoose mit rd. 170 weltweit verbreiteten Arten. In kalten Quellen, Bächen und auf Quellfluren wächst die Kalk meidende Art Philonotis fontana; 5–15 cm hoch, gelblich bis dunkelgrün, in dichten Polstern.

Quellprogramm, Quellcode [-koːt], engl. **Source-Program** [sɔːsˈprəʊgræm], ein in einer anderen Programmiersprache als einer Maschinensprache formuliertes →Programm. Die Bez. ist an der Funktion der →Übersetzer orientiert, durch die ein Programm aus einer **Quellsprache** (engl. source language) in eine Ziel- oder Objektsprache (→Maschinensprache) übersetzt wird. Bei einer mehrstufigen Übersetzung kann die gleiche Sprache sowohl Objekt- (der vorausgehenden Übersetzungsstufe) als auch Quellsprache (der folgenden Übersetzungsstufe) sein; Entsprechendes gilt für das in dieser Sprache formulierte Programm. Programmkorrekturen und -änderungen werden i. d. R. am urspr. formulierten Q. vorgenommen.

Quellgras: Zartes Quellgras (Höhe 20–45 cm)

Quellstoffe, →Abführmittel.

Quellung, Vorgang der Volumenzunahme und Gestaltänderung eines Festkörpers bei Einwirkung von Flüssigkeiten, Dämpfen und Gasen. **Unbegrenzte Q.** führt die quellende Substanz über in eine Lösung (z. B. Gelatinegel und Wasser) oder in eine Suspension. Durch Q. können in einem Werkstoff erhebl. innere Spannungen hervorgerufen werden.

Quellungswasser, →Kristallwasser.

Quellwolken, Wolken mit vorwiegend vertikaler Erstreckung, deren Mächtigkeit von der Temperaturschichtung der Luft und von der frei werdenden Kondensationswärme abhängt (labile Schichtung ist mit Quellbewölkung verbunden). Typ. Q. sind Cumulus und Cumulonimbus; bes. aus Letzterem fallen häufig Regenschauer.

Quelpart, südkorean. Insel, →Cheju-do.

Queluz [kɛˈluʃ], Stadt im Distr. Lissabon, Portugal, 10 km nordwestlich von Lissabon, 61 300 Ew.; pharmazeut. Industrie. – Palast (1747 ff.) mit großen Gartenanlagen, die ehem. Sommerresidenz der port. Könige. (BILD →portugiesische Kunst)

Quemoy [kɪˈmɔɪ, engl.], chin. **Jinmen Dao** [dʒɪn-], zu Taiwan gehörende Insel in der Formosastraße, 2 300 m vor dem Festland bei Xiamen, 132 km². Q. ist seit 1949 von nationalchin. Truppen besetzt und dient mit seinen 13 Nebeninseln (44 km²) als Festung für die Verteidigung Taiwans. Etwa die Hälfte der waldreichen Insel (Kampferbäume) ist landwirtschaftlich genutzt (Bataten, Erdnüsse, Getreide, Sojabohnen).

Quenching [ˈkwentʃɪŋ; engl. to quench ›löschen‹] *das, -(s),* **1)** *Chemie:* **Quenchen** [ˈkwentʃən], Abschrecken von heißen Reaktionsprodukten mit Wasser, Öl, Gas u. a. oder Desaktivierung eines Katalysators, um die chem. Reaktion zum Stillstand zu bringen.

2) *Festkörperphysik* und *Photochemie:* die Lumineszenzlöschung (→Phosphoreszenz).

Quendel, der Feldthymian (→Thymian).

Raymond Queneau

Queneau [kəˈno], Raymond, frz. Schriftsteller, Mathematiker und Sprachwissenschaftler, * Le Havre 21. 2. 1903, † Paris 25. 10. 1976; schloss sich zunächst der Gruppe der Surrealisten an, die er 1929 wieder verließ. 1960 gehörte Q. zu den Begründern des ›Oulipo‹ (Ouvroir de littérature potentielle), einer internat. Vereinigung an formalen Experimenten bes. interessierter Schriftsteller. Seine Romane orientieren sich an formalen Regeln, die der Mathematik und der Linguistik entlehnt sind. Als Meister der literar. Parodie unterwarf er bekannte Inhalte neuen Gestaltungsmustern, um alle sprachl. Möglichkeiten zu erproben. Am deutlichsten wird dieses Prinzip in den ›Exercices de style‹ (1947; dt. ›Stilübungen‹), in denen Q. dieselbe alltägl. Begebenheit in 99 Variationen erzählt. Q. erweiterte die frz. Literatursprache um zahlreiche Elemente des gesprochenen Französisch und der diversen Argots sowie viele Neologismen, so auch in seinem bekanntesten Werk, dem grotesk-witzigen Roman ›Zazie dans le métro‹, 1959, verfilmt von L. MALLE; dt. ›Zazie in der Metro‹).

Weitere Werke: *Romane:* Le chiendent (1933; dt. Der Hundszahn); Les derniers jours (1935; dt. Die kleinen Geschäfte des Monsieur Brabbant); Odile (1937; dt.); Un rude hiver (1939; dt. Ein Winter in Le Havre); Pierrot mon ami (1942; dt. Mein Freund Pierrot); Loin de Rueil (1944; dt. Die Haut der Träume. Fern von Rueil); On est toujours trop bon avec les femmes (1947; dt. Man ist immer zu gut zu den Frauen; veröffentlicht unter dem Pseud. SALLY MARA); Saint Glinglin (1948; dt. Heiliger Bimbam); Le dimanche de la vie (1951; dt. Sonntag des Lebens); Les fleurs bleues (1965; dt. Die blauen Blumen); Le vol d'Icare (1968; dt. Der Flug des Ikarus). – *Lyrik:* Cent mille milliards de poèmes (1961; dt. Hunderttausend Milliarden Gedichte). – *Essay:* Une histoire modèle (1966; dt. Eine Modellgeschichte). – *Autobiographisches:* Journal 1939–1940 (hg. 1986).

Quengeln, *Orthopädie:* Beseitigung von Gelenkfehlstellungen durch das Einwirken von Minimalkräften mithilfe mechan. Vorrichtungen.

Quenstedt, 1) Friedrich August, Geologe und Paläontologe, * Eisleben 9. 7. 1809, † Tübingen 12. 12. 1889; ab 1837 Prof. in Tübingen. Q. verfasste v. a. grundlegende Arbeiten zur Geologie und Paläontologie Schwabens.

Werke: Das Flözgebirge Würtembergs (1843); Petrefaktenkunde Dtl.s, 7 Bde. (1846–84); Hb. der Petrefaktenkunde (1852); Der Jura (1858); Geolog. Ausflüge in Schwaben (1864); Die Ammoniten des schwäb. Jura, 3 Bde. (1883–88).

2) Johannes Andreas, luther. Theologe, * Quedlinburg 13. 8. 1617, † Wittenberg 22. 5. 1688; wichtigster Vertreter der luther. →Orthodoxie in Wittenberg neben A. CALOV. Seine ›Theologia didactico-polemica, sive systema theologicum‹ (1685) gilt als die beste Zusammenfassung luther. Orthodoxie seiner Zeit.

J. BAUR: Die Vernunft zw. Ontologie u. Evangelium. Eine Unters. zur Theologie J. A. Q.s (1962).

Quental [ken'tal], Antero Tarquínio de, port. Schriftsteller, * Ponta Delgada (Azoren) 18. 4. 1842, † (Selbstmord nach langem Nervenleiden) ebd. 11. 9. 1891. Als einer der Hauptvertreter der ›Generation von Coimbra‹ bekämpfte er die Romantik und wurde, beeinflusst von der dt. Philosophie (G. W. F. HEGEL, A. SCHOPENHAUER) und von sozialkrit. Doktrinen (P. J. PROUDHON), einer der geistigen Führer des modernen Portugal. Seine pessimistisch gefärbte, antiromantische philosoph. Lyrik zählt zu den bedeutendsten Dichtungen Portugals im 19. Jahrhundert.

Werke: *Lyrik:* Sonetos de Anthero (1861); Odes modernas (1865); Primaveras românticas (1872); Os sonetos completos (1886; dt. Ausw. u. d. T. Ausgew. Sonette).

Ausgaben: Prosas, hg. v. C. MARTINS, 3 Bde. (1923–31); Sonetos, hg. v. A. SÉRGIO ([7]1984).

H. CIDADE: A. de Q. A obra e o homem (Lissabon [3]1980); J. B. CARREIRO: A. de Q. Subsídios para a sua biografia (Ponta Delgada [2]1981).

Quentchen [zu lat. quintus ›der fünfte (Teil)‹], **Quent,** alte dt. Masseneinheit, Unterteilung der Gewichtsmark (→Mark).

Que Que, Stadt in Simbabwe, →Kwekwe.

Querbau, *Bergbau:* Abbauverfahren für steil stehende, mächtige Lagerstätten, deren Strecken quer zum Streichen der Gebirgsschichten aufgefahren werden (**Querschlag** gen.). Von den Strecken aus wird die Lagerstätte durch quer verlaufende Örter abgebaut.

Quercetin [zu lat. quercus ›Eiche‹] *das, -s,* gelber Naturfarbstoff aus der Gruppe der →Flavone. Das Q. kommt frei oder gebunden in Form von Glykosiden in zahlr. Pflanzen (z. B. auch in der Färbereiche) vor.

Quercia ['kwɛrtʃa], Jacopo della, ital. Bildhauer, →Jacopo, J. della Quercia.

Quercit [zu lat. quercus ›Eiche‹] *der, -s,* **Eichelzucker,** süß schmeckender fünfwertiger zyklischer Zuckeralkohol (Cyclit), der in Eicheln vorkommt (chemisch das 1,2,3,4,5-Pentahydroxycyclohexan).

Quercus [lat.], die Pflanzengattung →Eiche.

Quercy [kɛr'si] *das,* histor. Gebiet in Frankreich, im östl. Aquitan. Becken und am SW-Rand des Zentralmassivs, entspricht weitgehend dem Dép. Lot. Hauptort ist Cahors. Das **Haut-Q.** ist aus verkarsteten Kalkplateaus aufgebaut, die durch die Täler von Vézère, Dordogne, Célé und Lot gegliedert sind; extensive Schafweidewirtschaft. Im NW wird das Q. durch das Becken von Brive gegen das Périgord abgegrenzt. Zw. dem Unterlauf des Lot und der Garonne erstreckt sich das **Bas-Q.,** ein von zahlr. Nebenflüssen der Garonne in Riedel gegliedertes, niedriges Hügelland; Anbau von Weizen, Mais und Wein; bedeutende Viehwirtschaft. – Die fränk. Grafschaft Q. kam im 9. Jh. unter die Oberherrschaft der Grafen von Toulouse und war im 12./13. Jh. sowie im Hundertjährigen Krieg zw. dem engl. und dem frz. König umstritten.

Querdehnungszahl, *Physik:* →Dehnung.

Querder, Larve der →Neunaugen.

Querdisparation, horizontale Abweichung der Lage beider Netzhautbilder bei →Konvergenz der Augenachsen; ermöglicht die Tiefenwahrnehmung.

Querele [lat. querela ›Klage‹, ›Beschwerde‹] *die, -/-n, meist Pl., bildungssprachlich* für: (kleinere) Streiterei, Beschwerde, Klage.

Querelle des anciens et des modernes [kə'rɛl dezɑ̃'sjɛ̃ edɛmɔ'dɛrn], Ende des 17. Jh. in Frankreich geführte Auseinandersetzung um die vorbildhafte Geltung der griech. und röm. Antike im Hinblick auf die zeitgenöss. Literatur. Der eigentl. Literaturstreit wurde durch das ›Poème sur le siècle de Louis le grand‹ von C. PERRAULT in der Sitzung der Académie française vom 27. 1. 1687 ausgelöst, worin PERRAULT den Vorrang und die Überlegenheit der zeitgenöss. gegenüber der antiken Literatur vertrat. Partei für die ›modernes‹ nahm auch u. a. B. DE FONTENELLE, Repräsentanten der ›anciens‹ waren u. a. N. BOILEAU-DESPRÉAUX, J. DE LA FONTAINE, J. DE LA BRUYÈRE und J. RACINE. Ein wichtiges Argument der ›modernes‹ bildete der Verweis auf die Wissenserweiterung in der Gegenwart auf naturwissenschaftlich-techn. Gebiet. Die Betonung der Relativität und damit der Zeitbedingtheit des literaturkrit. Urteils stellte einen bedeutsamen Ansatz zu entwicklungsgeschichtl. Denken dar und beeinflusste zunächst die Aufklärung; die Auseinandersetzung mit dem Fortschrittsgedanken im Zuge der ›Querelle‹ steht am Anfang der Problematisierung des Begriffs der →Moderne.

Querétaro [ke'retaro], **1)** Hauptstadt des Bundesstaates Q., Mexiko, rd. 1 850 m ü. M. im zentralen Hochland, 432 000 Ew.; Bischofssitz; Univ. (gegr. 1775), pädagog. Hochschule, Technikum, Regionalmuseum; Textilindustrie, Verarbeitung von landwirtschaftl. Produkten; Fremdenverkehr. – Kolonialzeitl. Stadtbild (UNESCO-Weltkulturerbe) mit heute noch genutztem, fast 9 km langem Aquädukt (1726–37). Im Kloster San Francisco (1683 umgebaut; Kirche um 1640) das Regionalmuseum. In der Kirche Santa Clara polychrome churriguereske Retabel (Ende 18. Jh.). Die Klosterkirche Santa Rosa (1752) hat eine barocke Ausstattung. Das reich dekorierte ehem. Kloster San Agustín (1731–43) mit Kirche und Kreuzgang ist heute Reg.-Palast (Palacio Federal). – Q., urspr. eine Siedlung der Otomí, in der 2. Hälfte des 15. Jh. von den Azteken unterworfen, wurde 1531 von bekehrten Indianern für die Spanier erobert; in der Kolonialzeit bedeutend als Stützpunkt auf dem Weg zw. der Stadt Mexiko und den Silbervorkommen von Guanajuato und Zacatecas; 1810 Ausgangspunkt der mexikan. Unabhängigkeitsbewegung. 1867 wurde Kaiser MAXIMILIAN hier gefangen genommen und am 19. 6. erschossen. Mexikos Verf. wurde 1917 in Q. ausgearbeitet.

2) Bundesstaat Mexikos, 11 769 km^2, (1995) 1,249 Mio. Ew., im S des mexikan. Hochlands, der NO umfasst einen kleinen Teil der Sierra Madre Oriental; auf den fruchtbaren Hochebenen Anbau von Mais, Weizen, Luzerne, Zuckerrohr, Kartoffeln, Gemüse, Obst, Pulqueagaven; Viehhaltung; Bergbau v. a. auf Quecksilber und Opale.

Querfaltung, *Geologie:* Kreuzung gleich- oder verschiedenaltriger, gleich- oder ungleichwertiger Faltensysteme unterschiedl. Richtung. Dadurch können Faltenachsen aufwärts **(Achsenkulmination)** oder abwärts **(Achsendepression)** gebogen werden.

Querfeld|einlauf, frühere Bez. für →Geländelauf.

Querfeld|einradsport, Radsportwettbewerbe im Freien, die mit geländegängigen Spezialrädern durchgeführt werden. Klassische Q.-Disziplin ist das **Querfeldeinrennen,** das i. d. R. im Winterhalbjahr über eine Geländestrecke mit natürl. und künstl. Hindernissen ausgetragen wird. Die Rundenlänge beträgt mindestens 3 km, die Renndauer (für Elitefahrer) etwa 1 h. Zwei Drittel der Strecke sollten befahrbar sein, während auf dem übrigen Streckenabschnitt das Spezialrad durch unbefahrbares Gelände geschoben oder getragen werden muss. Weltmeisterschaften werden seit 1950 (Berufsfahrer) bzw. 1967 (Amateure), seit 1994 nur noch in einer Klasse ausgetragen. Zum Q. gehören weiterhin u. a. der **Crosscountry** beim →Mountainbike und die **BMX-Rennen** beim →Bicycle-Moto-Cross. – *Organisationen:* →Radsport.

Querfeldmaschine, eine Kommutatormaschine mit zweipoligem Anker und zwei Bürstenpaaren, die gegeneinander um eine halbe Polteilung versetzt sind. Bei der Generatormetadyne werden die Erregerwicklungen der vier Teilpole des Ständers so geschaltet, dass zwei benachbarte Teilpole die gleiche Polarität aufweisen. Das Bürstenpaar im Primärstromkreis wird kurzgeschlossen und an das Bürstenpaar im Sekundärstromkreis ein Lastwiderstand geschaltet. Bei dieser Grundanordnung der Metadyne ist der Belastungsstrom bei konstanter Erregung vom Belastungswiderstand unabhängig (Konstantgenerator). Neben der →Metadyne ist auch die →Amplidyne eine Querfeldmaschine.

Querfeldröhre, eine Wanderfeldröhre, die als Leistungsverstärkerröhre im Mikrowellenbereich eingesetzt wird. In ihr bewegen sich die Elektronen in gekreuzten elektr. und magnet. Gleichfeldern entlang einer gestreckten oder einer zu einem Ring zusammengebogenen Verzögerungsleitung. Die Q. liefert hohe Ausgangsleistung bei allerdings geringer Leistungsverstärkung (15–20 dB).

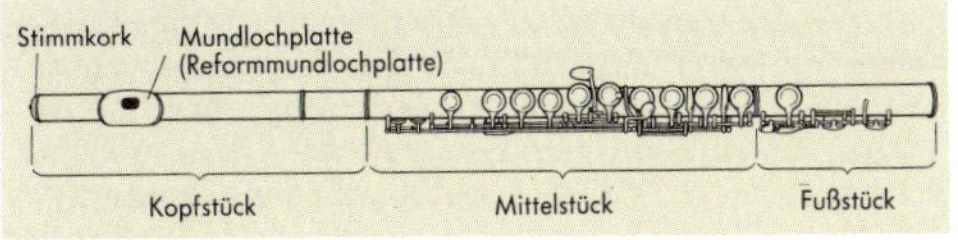

Querflöte

Querflöte, Traversflöte, ital. **Flauto traverso,** frz. **Flûte traversière** [flyt travɛrˈzjɛ:r], i. w. S. jede quer zur Körperachse gehaltene →Flöte im Unterschied zur Längsflöte; i. e. S. die Flöte des modernen Orchesters (Große Flöte; bis ins 18. Jh. Traversière, Traverso, Traversflöte), das beweglichste und im Hinblick auf die Tonerzeugung einfachste Holzblasinstrument. Die Röhre der modernen, meist gänzlich aus Metall gefertigten Q. ist aus drei Teilen (Kopfstück, Mittelstück, Unterstück oder Fuß) zusammengesetzt und wird am Kopfstückende von der mit einem Stimmkork verbundenen Kopfschraube abgeschlossen. Die Anblasvorrichtung besteht aus einem rechteckigen Loch, auf dem eine glatte Platte oder eine Art Wulst (Mundlochplatte, Reformmundstück) befestigt ist. Am gebräuchlichsten ist die Q. in C (Umfang c^1 [h] bis d^4 [f^4]; als **Große Flöte** bezeichnet). Der kleinste Vertreter ist die **Pikkoloflöte** in C, seltener Des (Umfang in C: d^2–b^4); ferner gibt es die **Altflöte** in G und die **Bassflöte** in C.

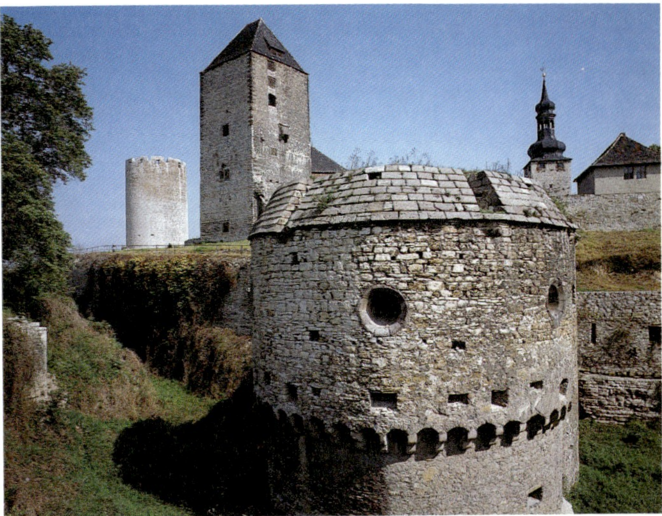

Querfurt: Burganlage (10.–15. Jh.), Teilansicht

Die ersten Hinweise auf die Q. kommen aus China (9. Jh. v. Chr.); ein früher europ. Beleg stammt aus Etrurien (2. oder 1. Jh. v. Chr.), seit dem 12. Jh. ist die Q. in der mitteleurop. Musik nachweisbar. Bis etwa 1650 hatte sie eine ungeteilte Schallröhre mit zylindr. Bohrung (→Querpfeife). Danach kam in Frankreich ein zerlegbarer Typus auf, bei dem das Kopfstück zylindrisch, die übrige Röhre aber verkehrt konisch gebohrt war. In Verbindung mit einem kleinen, scharf geschnittenen Anblasloch bewirkte dies einen hellen, nuancenreichen Klang. Bis ins 17. Jh. hatte die Q. gewöhnlich 6 Grifflöcher, die ersten Klappen kamen um 1650 in Frankreich auf. Ab 1760 wurden weitere Klappen hinzugefügt, die die versch. Gabelgriffe überflüssig und damit den Klang ausgeglichener machten. Eine weitere Verbesserung erreichte T. Boehm mit seiner 1847 konstruierten Q. (→Boehmflöte).

Die Q. hatte ihre Blütezeit im 18. Jh.; damals entstanden viele Kammermusikwerke mit Q. und Solokonzerte, so von A. Vivaldi, G. P. Telemann, J. A. Hasse, J. J. Quantz, C. P. E. und J. C. Bach, C. Stamitz, W. A. Mozart und F. Danzi. Bedeutende Lehrwerke für Q. schrieben J. Hotteterre (1707) und Quantz (1752). Nach 1900 gaben v. a. frz. Komponisten (C. Debussy, M. Ravel, E. Varèse, J. Ibert, D. Milhaud, F. Poulenc, A. Jolivet, O. Messiaen, J. Françaix) der Flötenmusik neue Impulse, u. a. durch Einführung neuer Spieltechniken (Flatterzunge, Flageolett). Werke mit solist. Q. schrieben in jüngster Zeit u. a. G. Petrassi, B. Maderna, L. Berio, H. W. Henze, B. A. Zimmermann und W. Rihm. – Im folklorist. und außereurop. Bereich werden Q. seltener verwendet. Q. sind v. a. in Ostasien verbreitet und werden zumeist aus Bambus gefertigt.

K. Ventzke: Die Boehmflöte (1966); R. Meylan: Die Flöte (a. d. Frz., Bern 1974); G. Scheck: Die Flöte u. ihre Musik (1975); P. Bate: The flute (London ²1979); H.-P. Schmitz: Fürstenau heute. Flötenspiel in Klassik u. Romantik, 2 Tle. (1988).

Querfurt, Stadt im Landkreis Merseburg-Querfurt, Sa.-Anh., 179 m ü. M., im Tal des Quernebachs im südl. Harzvorland; 10 300 Ew.; Mischfutterwerk, Metall-, Elektronik-, Baustoff- und Lebensmittelindustrie. – Eine der größten und besterhaltenen Burganlagen Mitteleuropas (10.–15. Jh., Veränderungen 16.–19. Jh.) mit Tumba des Grafen GEBHARD XIV. von Q. († 1383) sowie Museum im Kornhaus; Spätrenaissancerathaus (1655; Turm 1699 angefügt); spätgot. Pfarrkirche St. Lamberti (1475–1523, nach Bränden bis 1687 verändert wiederhergestellt), zahlr. barocke Bürgerhäuser, Rest der Inneren und Äußeren Stadtmauer mit Wehrtürmen. – Q. entstand vor 979 als Marktflecken nahe einer Burg. Zw. 880 und 899 erstmals erwähnt **(Curnfurt),** erhielt Q. vor 1198 Stadtrecht; es kam 1496 an das Erzbistum Magdeburg, 1635 an Kursachsen (1663–1744 Residenz der kursächs. Sekundogenitur Fürstentum **Sachsen-[Weißenfels]-Q.**), 1815 an Preußen (Prov. Sachsen) und war 1816 bis 1995 Kreisstadt.

Querido ['kwe:-], Israel, niederländ. Schriftsteller und Kritiker, *Amsterdam 1. 10. 1872, †ebd. 5. 8. 1932; aus jüd. Familie; vielseitige Tätigkeit (auch als Diamantenschleifer, Geigenvirtuose, Journalist); bildete sich autodidaktisch; schrieb neben Gedichten v. a. Romane (u. a. den Zyklus ›De Jordaan‹, 4 Bde., 1912–25) und Essays (›Over literatuur‹, 1904).

Querkontraktion, *Physik:* →Dehnung.

Querlage, anomale Kindslage, bei der die Körperachse der Frucht einen rechten Winkel zu derjenigen der Gebärmutter bildet; sie tritt bei etwa 1% aller Geburten auf und ist lebensbedrohlich für Mutter und Kind, da eine natürl. Geburt nicht möglich ist.

Bei der **verschleppten Q.** kommt es durch die Wehen zum Austritt eines Arms des Kindes mit der Schulter, wobei aufgrund der starken Überdehnung die akute Gefahr einer Gebärmutterzerreißung besteht.

Querneigung, *Straßenbau:* die Abweichung von der Horizontalen bei Straßen quer zur Fahrtrichtung. Eine Mindest-Q. ist stets vorhanden, um das Niederschlagswasser abzuführen. In Kurven ist aus fahrdynam. Gründen (Aufnahme der Fliehkraft) i. d. R. eine einseitige Q. nach innen vorhanden (Kurvenüberhöhung). Sie ist mindestens so groß wie die dachförmige (beidseitige) Q. der anschließenden Geraden. Die Größe der Q. ist vom Material der Deckschicht abhängig (z. B. Beton 1–1,5%, Pflaster 2–3%).

Curt Querner: Bauer Rehn mit Hut; 1952 (Privatbesitz)

Querner, Curt, Maler, *Börnchen (heute zu Possendorf, Weißeritzkreis) 7. 4. 1904, †Kreischa (heute zu Oschatz) 10. 3. 1976; Mitgl. der ASSO; malte verist. Bilder mit zunehmend expressiven Zügen. Nach 1945 widmete er sich bes. der Aquarellmalerei.

C. DITTRICH: Werkverz. C. Q. Gemälde, Aquarelle, Zeichnungen, Skizzenbücher (1984).

Querpfeife, Zwerchpfeife, Schweizerpfeife, Schwegel, kleine →Querflöte mit zunächst vier, später sieben Grifflöchern (ohne Klappen); sie hat meist einen Tonumfang von c^2–c^4. Die häufig von einer Trommel begleitete Q. war ein beliebtes Instrument der Spielleute und wurde spätestens seit dem 15. Jh. in der militär. Marschmusik verwendet.

Querrolle, älteste chin. Bildform, entwickelte sich etwa seit der 2. Hälfte der Zeit der Sechs Dynastien (221–589) aus der alten chin. Buchform, der Papier- oder Seidenrolle, die in vertikalen Zeilen von rechts nach links beschrieben und z. T. mit Illustrationen versehen wurde, wobei man zum Malen wie zum Schreiben einen elast. Haarpinsel verwendete. Die Bildrolle im Querformat wird wie ein Text von rechts nach links entrollt. Das ermöglichte eine fließende, bruchlose Kompositionsweise, die das Thema durch die ganze Rolle hindurch fortlaufend entwickelte. Wie die →Hängerolle versah man auch die Q. mit Auf- und Schlussschriften (Kolophonen).

In Japan sind die frühesten Beispiele Sutrenrollen, die seit dem 8. Jh. illustriert wurden. Mit der Entstehung des höf. Romans im 10./11. Jh. kam die Q. (jap. **Makimono** oder **Emaki**) als Bildform in die profane Malerei (→Yamato-e). In den frühesten Formen sind einzelne Illustrationen in den Text eingeblendet (Monogatari-e); im späteren Typ setzt sich die Erzählung in filmartiger Szenenfolge fort. Als typ. Form des jap. Historienbildes haben sie im 13. Jh. Kriegsromane, Biographien und Legenden zum Thema.

Querruder, an der Tragflügelhinterkante eines Flugzeugs beweglich angeordnete Steuerflächen, deren an beiden Tragflügelhälften gegensinniger Ausschlag eine unsymmetr. Auftriebsverteilung und somit eine Drehung des Flugzeugs um seine Längsachse bewirkt. Bei Nurflügelflugzeugen und Deltaflüglern ohne gesondertes Höhenleitwerk können die Q. außerdem meist auch gleichsinnig ausgeschlagen werden; sie können hierbei als Höhenruder eine Drehung um die Querachse bewirken.

Querschiff, Querhaus, Transept, in der Basilika ein dem Langhaus im O oder W quer vorgelagerter oder dieses durchkreuzender Raum. Die Durchdringung von Q. und Langhaus ist die →Vierung.

Querschnitt, 1) *allg.:* ebener Schnitt senkrecht zur Längs- oder Drehachse eines Körpers; auch Bez. für die graf. Darstellung einer entsprechenden Schnittfläche; Ggs.: Längsschnitt.

2) *Physik:* →Wirkungsquerschnitt.

Querschnitt, Der, Kulturzeitschrift, gegr. 1921 als Hauszeitschrift der Düsseldorfer Galerie von A. FLECHTHEIM, erschien seit 1923 als Monatsschrift in Frankfurt am Main, seit 1924 im Propyläen-Verlag (Ullstein), 1933–36 im Kurt-Wolff-Verlag; 1933 kurzzeitig, 1936 endgültig eingestellt.

Querschnittslähmung, durch punktuelle Schädigung verursachte Unterbrechung der Leitungsbahnen des Rückenmarks, die sensible, motor. und vegetative Lähmungen zur Folge hat. Ursachen sind u. a.: Verletzungen (v. a. Knochenbrüche und Verrenkungen) der Wirbelsäule, Tumoren, Entzündungen und Systemerkrankungen des Rückenmarks (multiple Sklerose, Syringomyelie). Je nach dem Ausmaß der Schädigung (Querschnittsläsion) unterscheidet man: 1) **totale Q.** mit vollständiger Leitungsunterbrechung und vollständiger motor. und sensibler Lähmung in den unterhalb der Schädigungsstelle gelegenen Körperpartien sowie mit vegetativen Störungen im Bereich von Blase, Enddarm und Geschlechtsorganen; 2) **subtotale Q. (partielle Q.)** mit nur teilweiser Leitungsunterbrechung und unvollständigen Ausfallerscheinungen; 3) halbseitige Querschnittunterbrechungen des Rückenmarks **(Halbseitenläsion).** – Bei den motor. Funktionsstörungen handelt es sich anfangs um schlaffe **(spinaler Schock),** später um spast. Lähmungen. Die Höhe der Läsionsstelle spielt eine besondere Rolle

v. a. bei Halsmarkschäden (Atemlähmung bei Beteiligung der oberen Halssegmente).

E. STURM: Rehabilitation von Querschnittgelähmten (Bern 1979); Physiotherapie in der Rehabilitation Querschnittgelähmter, hg. v. V. PAESLACK u. a. (1980); Die Rehabilitation traumatisch Querschnittgelähmter, hg. v. D. STOCK (²1983).

Querschnittsregel, Flächenregel, im Schallgrenzbereich gültige Aussage über den Einfluss der Querschnittsverteilung eines Flugzeugs auf dessen Strömungswiderstand, wonach dieser möglichst gering gehalten werden kann, wenn sich die Summe aller Querschnittsflächen (Rumpf, Tragflügel, Leitwerk) in Rumpflängsrichtung stetig ändert. Die Anwendung der Q. führt zur Einschnürung des Rumpfes im Bereich der Tragflügel (Wespentaillenrumpf).

Querschnitts|untersuchung, verhaltens- und sozialwiss. Forschungsmethode, bei der im Ggs. zur →Längsschnittuntersuchung eine zumeist repräsentative Zufallsauswahl nur zu einem bestimmten Zeitpunkt betrachtet wird (z. B. Repräsentativbefragungen zu einer bestimmten Thematik, Ermittlung aktueller Einstellungen und Stimmungslagen). Q. dienen der Überprüfung von Hypothesen bzw. Annahmen über den Zusammenhang von zwei (bivariate Analyse) oder mehreren Merkmalen (multivariate Analyse). Neben prakt. Vorteilen (geringer Kostenaufwand, keine Stichprobenpflege über einen längeren Zeitraum) hat die Q. gegenüber Längsschnittuntersuchungen den method. Nachteil, nur in eingeschränktem Maße Kausalhypothesen überprüfen zu können.

K. DAUMENLANG: Querschnitt- u. Längsschnittmethoden, in: Sozialwiss. Methoden, hg. v. E. ROTH (²1987).

Querschott, eine quer zur Schiffslängsrichtung angeordnete Trennwand, die je nach Bedarf und Sicherheitsvorschrift mit Öffnungen (Türen usw.) versehen oder wasser- bzw. öldicht ausgeführt ist. Der Sinksicherheit dienende Q. müssen bis zum Haupt-(Ober-)Deck geführt und entsprechend den Vorschriften der Klassifikationsgesellschaft dimensioniert werden, um dem bei Wassereinbruch auftretenden Druck standhalten zu können.

Querstand, *Harmonielehre:* Bez. für die chromat. Veränderung eines Tones in zwei versch. Stimmen bei zwei aufeinander folgenden Akkorden (links) oder für das entsprechende Auftreten des Tritonus (rechts):

Querstand

Der im strengen Kontrapunkt verbotene Q. wurde bereits in der Musik des Barock zur Darstellung bestimmter Affekte erlaubt, v. a. seit dem 19. Jh. häufiger ausgenutzt, meist um einen fremdartigen oder altertüml. Klangeffekt zu erzielen.

Querströmung, Sekundärströmung, *Wasserbau:* Strömung mit einer Komponente quer zur Hauptfließrichtung. Verursacht werden Q. durch geometriebedingte Druckunterschiede in einem Fließgerinne, z. B. als Folge von Unregelmäßigkeiten, Krümmungen oder Einbauten.

Quersumme, die Summe der Ziffern einer natürl. Zahl; z. B. ist 9 die Q. von 342, da $3 + 4 + 2 = 9$. Ist die Q. einer Zahl durch 3 oder 9 teilbar, dann ist es auch die Zahl selbst. Bei der **alternierenden Q.** (Wechsel-Q.) werden die Ziffern, die an den geraden Stellen stehen, negativ gerechnet. So ist die alternierende Q. von 1235 gleich $1 - 2 + 3 - 5 = 3$. (→Neunerprobe)

Querträger, *Bautechnik:* im Winkel von 90° zur Längsrichtung eines Bauwerks angeordneter Profil- oder Blechträger.

Quertrieb, eine Komponente des dynam. →Auftriebs, die quer zur Schwerkraft wirkt; z. B. beim →Magnus-Effekt von Bedeutung.

Querulant [zu lat. querulare ›sich beschweren‹] *der, -en/-en,* jemand, der sich über jede Kleinigkeit beschwert und dabei starrköpfig auf seinem Recht beharrt, Nörgler.

Querverband, in einem Bauwerk oder Fahrzeug ein quer zur Längsrichtung der Hauptverbände angeordnetes Konstruktionsglied zur Aufnahme horizontaler Kräfte. Bei Dachkonstruktionen nehmen die Q. z. B. die senkrecht zur Längsrichtung wirkenden Windkräfte auf. In Brücken leiten Q. Kräfte eines oberen Verbandes in einen unteren, verhindern das seitl. Ausknicken der Druckgurte und stützen die Gurte der Hauptträger.

Querwindfahrwerk, ein für Landungen bei starkem Seitenwind geeignetes Flugzeugfahrwerk, das durch Schrägstellen auch der Hauptfahrwerksräder zur Landerichtung die seitl. Windversetzung beim Rollen auf der Landebahn ausgleicht. Das Q. wird nur bei sehr großen Flugzeugen angewendet.

Querzahl, *Physik:* →Dehnung.

Querzahnmolche, Ambystomatidae, Familie der Schwanzlurche mit 30 Arten in Nordamerika. Gemeinsames charakterist. Merkmal ist die Anordnung der Gaumenzähne in Querreihen. Bekannteste Art ist der →Axolotl.

Quesada [keˈsaða], Gonzalo **Jiménez de** [xiˈmeneð ðe], span. Konquistador, * Córdoba vor 1500, † Mariquita (Kolumbien) 16. 2. 1579; unternahm 1536–39 Entdeckungsvorstöße vom Río Magdalena auf das Hochland von Kolumbien, unterwarf dort die Indianerstämme (Muisca) und gründete am 6. 8. 1538 die Stadt Villa de la Santa Fe (später Bogotá), in deren Nähe Q. 1539 mit den ebenfalls nach Besitzrechten strebenden Konquistadoren S. DE BENALCÁZAR und N. FEDERMANN zusammentraf (Übereinkunft, ihre Angelegenheiten einem Schiedsgericht in Spanien vorzulegen). Ohne seine Ansprüche durchsetzen zu können, kehrte Q. in das von ihm eroberte Neugranada zurück und brach 1569 auf der Suche nach Eldorado zu einer erfolglosen Expedition in die Tiefebenen östlich der Anden auf (bis 1572).

Quese, die Finne des Quesenbandwurms (→Gehirnquese).

Quesenbandwurm, Art der →Bandwürmer.

François Quesnay

Quesnay [kɛˈnɛ], François, frz. Volkswirtschaftler und Arzt, * Méré (bei Versailles) 4. 6. 1694, † Versailles 16. 12. 1774; Leibarzt LUDWIGS XV. und der Marquise DE POMPADOUR; gehörte zu den Enzyklopädisten und war Begründer der Schule der →Physiokraten. Ausgehend vom Naturrecht, trat er für die Verwirklichung einer harmon. und natürl. Selbstregulierung der Wirtschaft ein. Sein Hauptwerk ›Tableau économique‹ (1758; dt.) beinhaltet das erste Modell eines geschlossenen ökonom. Kreislaufs.

Ausgaben: Œuvres économiques et philosophiques, hg. v. A. ONCKEN (1888, Nachdr. 1965). – Ökonom. Schriften, hg. v. M. KUCZYNSKI, 2 Bde. in 4 Tlen. (1971–76).

Quesnel [kɛˈnɛl], Pasquier (Paschasius), frz. kath. Theologe, * Paris 14. 7. 1634, † Amsterdam 2. 12. 1719; seit 1657 Oratorianer; wichtiger Vertreter des Jansenismus. 1676 wurde seine bedeutende Werkausgabe LEOS D. GR. wegen gallikan. Tendenzen im Kommentar indiziert. Anfeindungen zwangen ihn 1681 zur Flucht nach Orléans, 1685 nach Brüssel (zu A. ARNAULD) und 1703 nach Amsterdam. Gegen die Verurteilung seiner ›Réflexions morales sur les Evangiles‹ in seinem Hauptwerk ›Le Nouveau Testament en français, ...‹ (4 Bde., 1692) durch KLEMENS XI. in der Bulle ›Unigenitus‹ (1713) appellierte Q. bis zu seinem Tode an ein allgemeines Konzil.

Pasquier Quesnel

P. Q. devant la congrégation de l'index, hg. v. J. A. G. TANS (Den Haag 1974).

Questione della Lingua [kues-, ital.], 1) Auseinandersetzung über den Vorrang der roman. Sprachen ge-

Lambert Adolphe Jacques Quetelet

Quetzal: Männchen (Größe bis 140 cm einschließlich Schwanzfedern)

Henri Queuille

genüber dem Lateinischen zw. dem 14. und dem 16. Jh. Die Q. d. L. setzte in Italien mit DANTES Schrift ›De vulgari eloquentia‹ (entstanden nach 1305, Erstausg. 1529) ein, in der u.a. das Toskanische als neue Literatursprache gerechtfertigt wird. Auch wenn im 15. Jh. die Zahl der Verteidiger des Lateinischen überwog, war der Konflikt zw. Latein und Volgare (Volkssprache) mit den Schriften von P. BEMBO (›Prose‹, 1525) und S. SPERONI (›Dialogi‹, 1542) zugunsten der Volkssprache entschieden. In gleicher Weise bestätigten die grammat. und sprachphilosoph. Werke von E. A. DE NEBRIJA in Spanien, J. DE BARROS in Portugal und J. DU BELLAY in Frankreich die Vorrangstellung der jeweiligen Nationalsprachen vor der Sprache Roms. – 2) In Italien bezeichnet der Begriff darüber hinaus die Diskussion über die Frage, welchem ital. Dialekt am ehesten die Rolle und Funktion einer nat. Literatursprache zukomme. Diese Form der Kontroverse begann ebenfalls im 14. Jh., reichte jedoch bis weit ins 20. Jh. Seinen bekanntesten Ausdruck fand dieser Aspekt der Q. d. L. in neuerer Zeit in A. MANZONIS toskan. Neufassung (1840–42) seines urspr. in mailänd. Dialekt geschriebenen Romans ›I promessi sposi‹.

Quetelet [ke'tlɛ], Lambert Adolphe Jacques, belg. Mathematiker, Astronom und Statistiker, * Gent 22. 2. 1796, † Brüssel 17. 2. 1874; ab 1819 Mathematik-Prof. in Brüssel; 1828 wurde Q. Direktor der unter seiner Leitung in Brüssel erbauten Sternwarte. Ausgehend von der Auswertung körperl. Maße (Größe, Gewicht) übertrug Q. die statist. Methodik auf gesellschaftl. Ereignisse (Kriminalität, Suizid, Eheschließung). Er gilt als Begründer der Sozialstatistik. Seine Auffassung des ›homme moyen‹ (eines Menschen, der für alle menschl. Merkmale die ermittelten Durchschnittswerte aufweist) als Typus einer Population war heftig umstritten. Q. verwendete bereits multiple statist. Verfahren und setzte sich für die Vereinheitlichung der Statistik ein.

Werk: Physique sociale, 2 Bde. (1869; dt. Soziale Physik).

H. KERN: Empir. Sozialforschung. Ursprünge, Ansätze, Entwicklungslinien (1982).

Quetschgrenze, Grenzbelastung (Werkstoffkennwert) eines verformungsfähigen Werkstoffs (Metall), bei der dieser unter Druck zu fließen beginnt (→Fließen). Ermittelt wird die Q. im →Druckversuch unter reproduzierbaren Bedingungen.

Quetschhahn, metall. Schlauchklemme zum Verschluss von (Gummi-)Schläuchen.

Quetschraum, Teil des Brennraums eines Ottomotors, aus dem durch besondere Gestaltung von Kolben und Zylinderkopf bei der Verdichtung im oberen →Totpunkt die Ladung bes. beschleunigt und verwirbelt wird. Durch schnelleres Durchbrennen der Ladung werden das →Brenngesetz und die Abgaszusammensetzung beeinflusst. Brennt die Ladung im Q. nicht durch, steigt der Anteil unverbrannter Kohlenwasserstoffe im Abgas.

Quetschung, Gewebeverletzung unter Einwirkung stumpfer Gewalt, bei der es durch Gefäßzerreißung zu einem Blutaustritt unter die Haut (→Bluterguss), auch zu offener Wundbildung kommt, in leichter Form als Prellung bezeichnet. Bei Beteiligung innerer Organe können Zerreißungen (z. B. Milzruptur) oder schwerwiegende Gewebeschädigungen auftreten, v. a. bei →Gehirnprellung oder Herzprellung (→Herzverletzungen). Ausgedehnte Muskel-Q. bergen die Gefahr eines →Crush-Syndroms.

Quetta ['kwetə], Hauptstadt der Prov. Belutschistan, Pakistan, 1 800 m ü. M., nordwestlich des Bolanpasses, 286 000 Ew.; Univ. (gegr. 1970), Akademie für Belutschi, archäolog. Museum; Woll-, pharmazeut., Obstkonservenindustrie; Handelsplatz. – Im Juni 1935 wurde Q. durch ein Erdbeben fast völlig zerstört, danach neu aufgebaut.

Quetzal [kɛ-] *der, -(s)/-(s),* Abk. **Q,** Währungseinheit von Guatemala, 1 Q. = 100 Centavos.

Quetzal [kɛ-; span., von Nahuatl quetzalli, eigtl. ›Schwanzfeder‹] *der, -s/-s,* **Pharomachrus mocinno,** etwa taubengroße Art der →Trogone, von S-Mexiko bis Panama verbreitet. Das Männchen hat eine lange Federschleppe, es ist am Bauch leuchtend rot, sonst überwiegend prachtvoll metallisch glänzend grün gefärbt. Die Federn waren schon in den alten Indianerreichen als Schmuck hoch geschätzt und oft nur den Herrschern vorbehalten. Der in seinem Bestand gefährdete Q. ist heute gesetzlich geschützt.

Quetzalcoatl [kɛ-; aztekisch ›Federschlange‹], **Quetzalcóatl,** bei den Maya **Kukulcán, Kukulkan** oder **Cucumátz,** Göttergestalt Mesoamerikas, gleichzeitig auch historisch-myth. Herrscher der Tolteken; bildl. Darstellung als Schlange, deren Leib mit den kostbaren Schwanzfedern des Quetzalvogels geschmückt ist.

Quetzalcoatl, Beitrr. v. J. LÓPEZ PORTILLO Y PACHECO u. a. (a. d. Span., 1982).

Quetzalcoatl

Quetzalcoatlus [kɛ-], Gattung der →Flugsaurier.

Queue [kø:; frz., eigtl. ›Schwanz‹] *das,* österr. auch *der, -s/-s, Sport:* →Billard.

Queuille ['kœj], Henri, frz. Politiker, * Neuvic-d'Ussel (Dép. Corrèze) 31. 3. 1884, † Paris 15. 6. 1970; Arzt; 1914–35 Abg. der Radikalsozialisten in der Kammer, 1935–40 Senator, 1924–40 fast ständig Min. (Landwirtschaft, Gesundheit, Post, öffentl. Arbeiten). 1943 schloss er sich C. DE GAULLE an, wurde dessen Stellv. und Vize-Präs. des →Comité National Français in London, 1944 Vize-Präs. in der Radikalsozialist. Partei. 1946–58 war er Abg. in der Nationalversammlung, 1948–54 erneut Min. (u. a. Finanzen, 1948–49; Inneres, 1950–51); Min.-Präs. September 1948 bis Oktober 1949, Juni/Juli 1950 und März bis Juli 1951.

Quevedo [ke'βeðo], Nuria, span. Malerin und Grafikerin, * Barcelona 18. 3. 1938; emigrierte 1952 in die DDR; nach Studium in Berlin (1958–63) war sie 1969–72 Meisterschülerin bei W. KLEMKE an der Akad. der Künste ebd. Ihre realist. Menschen- und Landschaftsdarstellungen sind von lapidarer Formensprache und herber Ausdrucksstiefe geprägt; auch polit. Grafik und Buchillustrationen.

Quevedo y Villegas [ke'βeðo i βi'ʎeγas], Francisco **Gómez de** ['gomɛð ðe], span. Schriftsteller, * Madrid 17. 9. 1580, † Villanueva de los Infantes 8. 9. 1645; aus nordspan. niederem Adel, Erziehung durch Jesuiten, Theologiestudium; 1613–20 in Sizilien und Neapel als Vertrauter des Vizekönigs von Neapel und Sizilien, dessen polit. Sturz er teilte; 1620–39 intensive Teilnahme am literar. und polit. Leben seiner Zeit, meist in Opposition zum mächtigen Grafen VON OLIVARES, dem Günstling PHILIPPS IV.; 1639 Verhaftung, wohl wegen Zusammenarbeit mit Frankreich; bis 1643 in Kerkerhaft in León, die er nur gesundheitlich gebrochen überstand. Sein Denken war von der →Vanitas-Idee (›desengaño‹) bestimmt, die ihn die span. Wirklichkeit satirisch ins Burlesk-Groteske verzerrt sehen ließ. Diese Sicht findet ihren stilist. Ausdruck in den Mitteln des →Konzeptismus, dessen Hauptrepräsentant Q. y V. ist. Sein literar. Werk erregte öfter das Missfallen der Inquisition und wurde z. T. erst postum gedruckt. Es umfasst alle Gattungen: Theater (Comedias und Entremeses), eine sehr bedeutsame Lyrik, deren Spannweite von petrarkist. Liebeslyrik bis zur moralisierend-metaphys. Dichtung reicht (›El Parnaso español‹, hg. 1648; ›Las tres musas últimas castellanas‹, hg. 1670) sowie vielfältige Prosaschriften: didaktisch-polit. Werke wie den antimachiavellist. Versuch einer christl. Herrschaftslehre (›Política de Dios, govierno de Christo‹, 2 Tle., 1626–55), moralisch-religiöse Abhandlungen (›Epitome a la historia de la vida exemplar y gloriosa muerte del bienaventurado F. Thomas de Villanueva‹, 1620; ›Providencia de Dios‹, entstanden 1641, hg. 1700), fiktionale satirisch-burleske Schriften, wie die ›Historia de la vida del Buscón‹ (entstanden 1603, veröffentlicht 1626; dt. ›Der abenteuerl. Buscon‹, auch u. d. T. ›Leben des Don Pablos, ...‹), einer der bedeutendsten span. Schelmenromane, sowie die ›Sueños ...‹ (1627; dt. Adaption zunächst von J. M. →MOSCHEROSCH, später auch unter den Titeln ›Q.'s wunderl. Träume‹ und ›Die Träume‹), fünf Satiren auf die zeitgenöss. span. Gesellschaft mit stark misogynen und antisemit. Elementen. Viele seiner Schriften sind aus literar. und polit. Fehden entstanden, u. a. die Angriffe auf L. DE GÓNGORA Y ARGOTE und den →Culteranismo (›La culta latiniparla‹, 1629). Q. y V.' pessimistisch-konzeptist. Werk blieb bis weit ins 18. Jh. stilbildend.

Ausgaben: Obras completas en prosa, hg. v. F. BUENDÍA, 3 Bde. ([5]1960–61); Obra poética, hg. v. J. M. BLECUA, 3 Bde. (1969–71); Poesía varia, hg. v. J. O. CROSBY ([3]1985). – Aus dem Turm. Sonette, hg. v. W. VON KOPPENFELS (1981, span. u. dt.); Gedichte, übers. v. W. MUSTER (1982, span. u. dt.).

I. NOLTING-HAUFF: Vision, Satire u. Pointe in Q.s ›Sueños‹ (1968); J. O. CROSBY: Guía bibliográfica para el estudio crítico de Q. (London 1976); J. IFFLAND: Q. and the grotesque, 2 Bde. (ebd. 1978–82); D. G. WALTERS: F. de Q., love poet (Washington, D. C., 1985); H. G. RÖTZER: F. de Q., ›El Buscón‹, in: Der span. Roman vom MA. bis zur Gegenwart, hg. v. V. ROLOFF u. a. (1986); R. QUERILLACQ: Q., de la misogynie à l'antiféminisme (Nantes 1987); J. KÜPPER: Die entfesselte Signifikanz. Q.s ›Sueños‹, eine Satire auf den Diskurs der Spät-Renaissance (1992).

Quezaltenango [kesal-], Hauptstadt des Dep. Q. in W-Guatemala, 2 330 m ü. M. am Fuß des Vulkans Santa María (3 768 m ü. M.), mit 101 000 Ew. zweitgrößte Stadt des Landes; Bischofssitz; staatl. Universität; Handels- und Verwaltungszentrum, Textil-, Leder- und Nahrungsmittelindustrie. – Q. wurde 1524 von P. DE ALVARADO auf dem Boden einer alten Stadt der Quiché gegr.; 1902 durch Erdbeben und den Ausbruch des Vulkans Santa María stark zerstört.

Quezon, Q. City [ke'θɔn 'sɪtɪ], Stadt auf der Insel Luzon, Philippinen, unmittelbar nordöstlich an Manila anschließend, 1,989 Mio. Ew. Die Stadt war 1948–75 nominelle Hauptstadt der Philippinen. Bis heute ist Q. C. Sitz mehrerer Ministerien und Regierungsverwaltungen sowie von Universitäten und Colleges, darunter die staatl. University of the Philippines (gegr. 1908) und die kirchl. Ateneo de Manila. Rundfunk- und Fernsehsender.

Quezón [ke'θɔn], Manuel Luis, eigtl. **Manuel Luis Q. y Molina** [- i -], philippin. Politiker, * Baler (Luzon) 19. 8. 1878, † Saranac Lake (N. Y.) 1. 8. 1944; Rechtsanwalt; nahm 1899–1901 unter E. AGUINALDO am Widerstand gegen die Errichtung der amerikan. Herrschaft auf den Philippinen teil; wurde 1905 Gouv. der Prov. Tayabas und vertrat 1909–16 die Philippinen im USA-Kongress. Als Präs. des philippin. Senates (1916–35) und Vors. der Nationalist. Partei setzte er sich für die philippin. Unabhängigkeit ein. 1935 wurde er erster Präs. der Philippinen. Nach deren Besetzung durch jap. Truppen (1941–42) bildete er in den USA eine Exilregierung.

Qufu [tʃyfu], frühere Schreibweisen **Küfow, Ch'üfu** [tʃ-], Stadt im SW der Prov. Shandong, China, 100 km südlich von Jinan; Geburtsort des KONFUZIUS. – Sein Wohnhaus wurde bereits ein Jahr nach seinem Tode (479 v. Chr.) zu einem Tempel umgebaut. Der Konfuziustempel (Kongmiao, gegr. 195 v. Chr., nat. Heiligtum seit 152 n. Chr., 1724 wieder aufgebaut; UNESCO-Weltkulturerbe) präsentiert sich heute als eine von Mauern umschlossene Monumentalanlage (647 × 152 m) in N-S-Ausrichtung. Die ehem. Residenz der Nachkommen von KONFUZIUS, die z. Z. des Kaiserreichs Prinzenstatus hatten, ist heute Museum. Im N von Q. das Grab des KONFUZIUS. Nachahmung kaiserl. Grabanlagen mit frei stehenden Ehrenpforten und einem von steinernen Grabwächtern in Tier- und Menschengestalt flankierten Geisterweg.

Quibdó [kiβ'ðo], Hauptstadt des Dep. Chocó, W-Kolumbien, am Río Atrato in der Küstenebene, 123 100 Ew.; in der Umgebung Gold- und Platinbergbau. – 1654 von Jesuiten gegründet.

Quiberon [ki'brɔ̃], Seebad und Fischereihafen im Dép. Morbihan, Frankreich, am S-Ende der lang gestreckten Halbinsel Q. an der S-Küste der Bretagne, 4 600 Ew.; Fischkonservenfabrik.

Quiche ['ki:ʃ, frz.] *die, -/-s,* tortenähnl. Gebäck aus ungezuckertem Mürbe- oder (weniger häufig) Blätterteig; als **Q. Lorraine** mit kurz angebratenen Räucherspeckscheiben und dünnen Scheiben Emmentaler Käse belegt; wird mit gewürzter Eiermilch übergossen und im Ofen gebacken.

Quiché [ki'tʃe], indian. Volk und vorspan. Staatswesen im Hochland von Guatemala, nördlich und westlich des Atitlánsees. Sprachlich und kulturell zählen die Q. zu den Hochland-Maya und sind eng verwandt mit den Cakchiquel und Tzutuhil. Diese drei Gruppen bestimmten die klass. und nachklass. Epoche (1000–1530) im zentralen Hochland von Guatemala. Die Q. waren im 11. Jh., vom oberen Usumacinta kommend, in das Hochland eingedrungen. Zur Zeit der span. Eroberung bildeten sie einen in Expansion begriffenen krieger. Staat. Das →Popol Vuh gibt Auskunft über Religion, Mythologie und Geschichte der Q. Am 20. 2. 1524 wurden die Q. unter TECUN UMAN durch ein Heer aus Spaniern und indian. Hilfstruppen unter P. DE ALVARADO besiegt. – Die heutigen Q. haben v. a. im Bereich Religion und Sozialstruktur eine ungebrochene Tradition und grenzen sich selbst gegenüber den Ladinos ab. Zentren der Q. sind Chichicastenango und Momostenango.

Die **Q.-Sprachen,** eine Sprachgruppe der Mayasprachen, werden heute von etwa 500 000 Menschen gesprochen.

L. SCHULTZE-JENA: Indiana, Bd. 1: Leben, Glaube u. Sprache der Q. von Guatemala (1933); R. M. CARMACK: The Q. Mayas of Utatlán (Norman, Okla., 1981).

Quickborn, 1) Gedichtsammlung von K. GROTH (1853), mit der er die neuniederdt. Dichtung als Mundartdichtung mit literar. Anspruch begründete; danach als Bez. für Verbände und Einrichtungen übernommen, z. B. ›Q. Vereinigung für niederdt. Sprache und Literatur in Hamburg‹ (gegr. 1904) und deren Vierteljahresschrift ›Q. Zeitschrift für plattdt. Sprache und Dichtung‹ (seit 1907).

2) 1909 entstandener kath. Jugendbund (Name seit 1913), wurde von der →Jugendbewegung stark beeinflusst und bes. durch die schles. Priester BERNHARD STREHLER (* 1872, † 1945), KLEMENS NEUMANN (* 1873, † 1928) und HERMANN HOFFMANN (* 1878, † 1972) geprägt, später von R. GUARDINI (Bundesleiter des Q. 1927–39). Im Jahr 1939 aufgelöst, kam es

1946 zur Wiedergründung. 1966 teilte sich Q. in den ›Bund Christl. Jugendgruppen‹ (Abk. ›bcj‹) und den ›Q.-Arbeitskreis‹. Zentrum der Q.-Gemeinschaft (beider Zweige) ist die Burg Rothenfels.

J. BINKOWSKI: Jugend als Wegbereiter. Der Q. von 1905 bis 1945 (1981); Jugend der Kirche. Selbstdarstellung von Verbänden u. Initiativen, hg. v. G. BIEMER u. W. TZSCHEETZSCH.

Quickborn, Stadt im Kr. Pinneberg, Schlesw.-Holst., 19 400 Ew.; Unterzentrum am W-Rand der Aufbauachse Hamburg–Norderstedt–Kaltenkirchen. Wohnsiedlung von R. NEUTRA (1966). – Q. wurde 1974 Stadt.

Quickstep ['kwɪkstep, engl.] *der, -s/-s,* Gesellschaftstanz (internat. Standardtanz) im 4/4-Takt; schnelle Form des →Foxtrott.

Quick-Test [nach dem amerikan. Arzt ARMAND JAMES QUICK, * 1894, † 1978], Laborverfahren zur Diagnose von Störungen der ersten Phase der →Blutgerinnung durch Messung der Umwandlungsgeschwindigkeit von Prothrombin zu Thrombin. Der **Quick-Wert** einer Probe wird in Form einer Prozentangabe auf die Normalreaktion bezogen.

Quicktone, *Geologie:* schluffige bis feinsandige, stark wasserhaltige Tone von labiler Beschaffenheit (Konsistenz); erscheinen fest, verlieren aber bei Erschütterung oder Überbelastung ihre Stabilität und werden kurzzeitig flüssig (→Thixotropie); Ursache für schwere Verwüstungen in bebauten Gebieten.

Quicumque [lat. ›wer auch immer‹] *das, -,* **Athanasianisches Glaubensbekenntnis,** ein nach seinen Anfangsworten ›Quicumque vult salvus esse‹ (›Wer gerettet werden will‹) benanntes christl. Glaubensbekenntnis; eines der drei →ökumenischen Glaubensbekenntnisse. Bis ins 17. Jh. fälschlich dem ATHANASIOS zugeschrieben, entstand das Q. wohl im 5. Jh. in Südgallien. Es enthält in 40 knappen Sätzen schwerpunktmäßig Aussagen zur Trinitätslehre und Christologie, an die sich ein kurzer Abriss der Heilsgeschichte anschließt. Es wendet sich gegen Apollinarismus (→APOLLINARIS), Nestorianismus und Monophysitismus. Trotz seiner vergleichsweise geringen liturg. Verwendung scheint es wesentl. Gedankengut des Konzils von Chalkedon ins Früh-MA. vermittelt zu haben und fand bes. im karoling. Westen Verbreitung. In der Ostkirche (Orthodoxie) im Streit um das →Filioque zunächst verworfen, wurde es erst seit dem 17. und 18. Jh. wieder rezipiert. In den Kirchen abendländischer Tradition ist es heute weitgehend in den Hintergrund getreten.

Ludwig Quidde

Quidde, Ludwig, Historiker und Politiker, * Bremen 23. 3. 1858, † Genf 5. 3. 1941; seit 1890 Prof. und Leiter des preuß. Histor. Instituts in Rom; 1889–96 leitete er die Edition der ›Alten Reihe‹ der ›Reichstagsakten‹. Der Politik Kaiser WILHELMS II. stand er kritisch gegenüber (›Caligula. Eine Studie über röm. Cäsarenwahnsinn‹, 1894). Er setzte sich für Abrüstung ein (u. a. Flugblatt gegen die Militärvorlage, 1893) und war seit 1893 Mitgl. sowie 1914–29 Vors. der Dt. Friedensgesellschaft; er trat führend in der Dt. Volkspartei (DtVP) hervor und wurde 1918 Mitgl. der DDP. Nach ihrer Spaltung war er 1930 Mitbegründer der ›Vereinigung unabhängiger Demokraten‹; 1933 emigrierte Q. in die Schweiz. – Mit F. É. BUISSON erhielt er 1927 den Friedensnobelpreis.

Quidditas [mlat., zu lat. quid ›was?‹] *die, -, scholast. Philosophie:* das Wesen eines Seienden im Ggs. zu seinem Dasein (Existenz).

Quierschied, Gem. im Stadtverband Saarbrücken, Saarland, 15 400 Ew.; Steinkohlenbergbau, Kohlekraftwerk.

Quileszenz [lat. quiescentia ›Ruhe‹] *die, -,* unmittelbar als Reaktion auf ungünstige Umweltbedingungen (z. B. Temperaturabfall) auftretende Ruheperiode oder Entwicklungshemmung bei wechselblütigen Tieren. Die Q. ist eine Form der →Dormanz und kann im Unterschied zur →Diapause in jedem Entwicklungsstadium auftreten. Beim Eintreten günstigerer Bedingungen wird sie wieder aufgehoben.

Quietismus [zu lat. quietus ›ruhig‹] *der, -,* i. w. S. eine der Mystik verwandte religiöse Haltung der Passivität, die unter Verzicht auf jegliches eigene Tun und Wollen die vollkommene innere Ruhe (›Seelenfrieden‹) bzw. ›Ruhe in Gott‹ anstrebt. Sie ist feststellbar u. a. bei LAOZI, im jap. Zen-Buddhismus, bei den Epikureern sowie im Christentum bei den Messalianern und bei den Brüdern und Schwestern des freien Geistes. I. e. S. bezeichnet Q. eine myst. Strömung innerhalb des Katholizismus im 17. Jh., die auf den in Rom wirkenden span. Priester M. DE MOLINOS zurückgeht. Seine Schriften, in denen er völlige seel. Passivität allem anderen als Gott gegenüber forderte, wurden 1687 von INNOZENZ XI. verurteilt. 1695 und 1699 wurden die von MOLINOS beeinflussten frz. Quietisten JEANNE-MARIE GUYON DU CHESNOY und F. FÉNELON verurteilt. Einflüsse dieses Q. lassen sich u. a. in der zeitgenöss. Erbauungsliteratur, im Pietismus (G. TERSTEEGEN), im literar. Sentimentalismus (Empfindsamkeit) und in den prot. Erweckungsbewegungen nachweisen. – Ggs. ist der religiöse Aktivismus.

H. HEPPE: Gesch. der quietist. Mystik in der kath. Kirche (1875, Nachdr. 1978); M. BENDISCIOLI: Der Q. zw. Häresie u. Orthodoxie (1964).

Quilt: ›Sunshine and Shadow‹; Patchwork der Amischen in Pennsylvania; Anfang des 20. Jh. (Genf, Musée d'Art et d'Histoire)

quieto [ital.], musikal. Vortrags-Bez.: ruhig.

Quijote, Don ['dɔŋ ki'xɔte], literar. Gestalt, →Don Quijote.

QUIL-Gehäuse, Kurz-Bez. für →**Quad-in-line-Gehäuse.**

Quilichinus, Q. von Spoleto, mittellat. Dichter; Richter vermutlich im Dienst Kaiser FRIEDRICHS II.; 1237 vollendete er ein Epos von rd. 2 000 Distichen über Leben und Taten ALEXANDERS D. GR. nach der romanhaften ›Historia de preliis‹ des LEO ARCHIPRESBYTER (Neapel, 10. Jh.), das im 14. Jh. ins Italienische und Deutsche übersetzt wurde.

Ausgabe: Historia Alexandri Magni, hg. v. W. KIRSCH (1971).

Quilici [-ʃi], Oriano, ital. kath. Theologe und päpstl. Diplomat, * San Pietro a Vico (Toskana) 29. 11. 1929; wurde 1954 zum Priester, 1975 zum Bischof geweiht; Titularerzbischof; war 1971–75 Nuntiaturrat in Wien, dann Ständiger Vertreter des Hl. Stuhls bei der Internat. Atomenergie-Behörde und der UN-Entwicklungsorganisation UNIDO. 1990 wurde Q. Apostol. Nuntius in Venezuela; seit Juli 1997 ist er Nuntius für die Schweiz und Liechtenstein.

Quillaja [indian.], die Gattung →Seifenbaum.

Quillajarinde, Panamarinde, Seifenrinde, Bez. für die von der im westl. Südamerika verbreiteten Seifenbaumart Quillaja saponaria gewonnenen gelblich weißen Stammrindenstücke, die etwa 5% Saponine enthalten. Auszüge aus Q. werden als milde Waschmittel, als Bestandteile von Fleckenwasser sowie als Schaum bildende Zusätze in Haarwässern und Zahnpasten verwendet.

Quillwork ['kwɪlwɔ:k, engl.] *das, -s,* Verzierung (Stickerei, Applikation) mit gefärbten Stachelschweinborsten. Nordamerikan. Indianer schmückten damit Taschen, Kleidungsstücke, Pferdegeschirr u. a. aus Stoffen, Leder oder Birkenrinde.

Quilmes ['kilmes], Stadt im SO von Groß-Buenos-Aires, Argentinien, am Río de la Plata, 509 400 Ew.; Bischofssitz; Verkehrsmuseum; Industriezentrum mit einer der größten Brauereien der Erde, Chemiefaserwerk, Textil-, Eisenwaren-, Papier-, Glasindustrie.

Quilt [engl.] *der, -s/-s,* gesteppte, mit Applikationen geschmückte Bettüberdecke oder ähnlich gearbeiteter Wandbehang. In der aus England übernommenen Technik wurden von amerikan. Siedlerfrauen im 18. Jh. aus meist geometrisch geschnittenen Stoffresten (häufig Flickwerk aus gebrauchten Textilien) kunstvolle Decken gearbeitet. (→Patchwork)

Quimbaya [kim'baja], Bez. für einen von den span. Eroberern im 16./17. Jh. im Caucatal (Kolumbien) angetroffenen Indianerstamm und für den nach diesem benannten Regionalstil in der Goldverarbeitung, von Medellín im N bis Zarzal im S, aus der Zeit von 400 bis 700. Das Material ist häufig eine Gold-Kupfer-Legierung (Tumbaga), deren rötl. Farbe oft absichtlich zur Erzielung von Farbeffekten eingesetzt wurde. Hergestellt wurden v. a. Masken, Brustplatten, Kronen, Helme und flaschenförmige Gefäße. Die Gegenstände sind meist gegossen. (BILD →andine Hochkulturen)

Quimper [kɛ̃'pɛ:r], Hafenstadt in der Bretagne, Frankreich, Verw.-Sitz des Dép. Finistère, am Kopf des Ästuars des Odet, 59 400 Ew.; kath. Bischofssitz; Kunstmuseum; Fahrradfabrik, Textil-, keram., Holz- und Nahrungsmittelindustrie; Fremdenverkehrszentrum; Handelshafen; Flugplatz. – Mittelpunkt der in ihrer Ursprünglichkeit erhaltenen Altstadt ist die got. Kathedrale Saint-Corentin (13.–16. Jh.) mit reicher Innenausstattung; im ehemaligen bischöfl. Palast (16./17. Jh.) breton. Volkskundemuseum (u. a. Fayencen aus Q.). – Als Hauptstadt der Grafschaft Cornouaille kam Q. 1066 an die Bretagne.

Quimperlé [kɛ̃pɛr'le], Stadt im Dép. Finistère, Frankreich, nahe der S-Küste der Bretagne, 10 700 Ew.; Landmaschinenbau u. a. Industrie.

Quinar [lat. ›Fünfer‹] *der, -s/-e,* **Quinarius,** antike röm. Silbermünze, Halbstück des Denars (Q. argenteus). Das Halbstück des →Aureus war der Q. aureus.

Quimbaya: Helm mit Frauenfigur (Gelbgold mit Rotgoldlegierung zur Kennzeichnung des Gesichts; Durchmesser 19 cm; 400–700; Berlin, Museum für Völkerkunde)

Quimper: Straße in der Altstadt mit der Kathedrale Saint-Corentin (13.–16. Jh.)

Quinault [kwɪ'nʌlt], Stamm der Nordwestküstenindianer, auf der Olympic Peninsula (Washington, USA); gehört zu den Küsten-Salish (→Salish).

Quinault [ki'no], Philippe, frz. Dramatiker, * Paris 3. 6. 1635, † ebd. 26. 11. 1688; schrieb Komödien, Tragikomödien und Tragödien (u. a. ›Astrate, Roy de Tyr‹, 1665) mit komplizierter Handlung und differenzierter Sprache, die auf J. RACINE anregend wirkten. Ab 1671 schrieb er nur noch Opernlibretti für J.-B. LULLY (z. B. ›Alceste‹, 1674; ›Thésée‹, 1675; ›Proserpine‹, 1680; ›Persée‹, 1682; ›Amadis‹, 1684).

Quincey ['kwɪnsɪ], Thomas De, engl. Schriftsteller, →De Quincey, Thomas.

Quincke, 1) Georg Hermann, Physiker, * Frankfurt (Oder) 19. 11. 1834, † Heidelberg 13. 1. 1924, Bruder von 2); Prof. in Berlin, Würzburg und Heidelberg. Q. erfand 1866 das nach ihm benannte, vom Instrumentenbauer KARL RUDOLF KÖNIG (* 1832, † 1901) mit einem Posaunenauszug versehene →Interferenzrohr und gab 1885/86 ein Verfahren zur Messung der magnet. Feldstärke aus der Steighöhe paramagnet. Flüssigkeiten in kommunizierenden Röhren an.

Georg Hermann Quincke

2) Heinrich Irenäus, Mediziner, * Frankfurt (Oder) 26. 8. 1842, † Frankfurt am Main 19. 5. 1922, Bruder von 1); Prof. in Bern, Kiel (ab 1878) und Frankfurt am Main (ab 1915); entwickelte die Technik der Lumbalpunktion (von ihm 1891 eingeführt); beschrieb 1882 das Quincke-Ödem.

Quincke-Ödem [nach H. I. QUINCKE], akute, örtlich begrenzte, juckende Hautschwellung (v. a. im Gesicht); sie beruht auf einer Ödembildung im Unterhautgewebe als Sofortreaktion im Rahmen einer Allergie. Die Symptome bilden sich i. d. R. nach kurzer Zeit zurück; zu lebensbedrohl. Auswirkungen kann es beim Übergreifen auf die Schleimhäute des Rachens und Kehlkopfs (Glottisödem) aufgrund der damit verbundenen Erstickungsgefahr kommen.

Quinctilius, Quintilius, Name eines röm. Patriziergeschlechts; ihm gehörte u. a. der röm. Statthalter PUBLIUS Q. →VARUS an.

Quinctius, Name eines sehr alten röm. Patriziergeschlechts; ihm gehörte u. a. der röm. Staatsmann LUCIUS Q. →CINCINNATUS an. Weiterer Vertreter:

Titus Q. Flamininus, röm. Feldherr und Politiker (Konsul 198, Zensor 189 v. Chr.), * um 228 v. Chr.,

Willard Van Orman Quine

† 174 v. Chr.; besiegte im 2. Makedon. Krieg PHILIPP V. von Makedonien 197 bei Kynoskephalai und erklärte 196 während der Isthm. Spiele alle griech. Städte, die unter makedon. Oberhoheit gestanden hatten, für frei.

Quindío [kin'dio], Dep. in →Kolumbien.

Quindt, William, Schriftsteller, * Hildesheim 22. 10. 1898, † Marquartstein (Landkreis Traunstein) 29. 12. 1969; erfolgreich mit Tiergeschichten und Romanen, v. a. mit dem im Zirkusmilieu spielenden Roman ›Der Tiger Akbar‹ (1933).

Weitere Werke: *Romane:* Der Wildpfad (1936); Die Straße der Elefanten (1939); Sehnsucht nach Joana (1943); Gerechtigkeit (1958). – *Erzählungen:* Die Bestie (1943); Das Kind im Affenhaus (1949).

Quine [kwaɪn], Willard Van Orman, amerikan. Logiker und Philosoph, * Akron (Oh.) 25. 6. 1908; seit 1948 Prof. an der Harvard University, 1978 emeritiert. In der mathemat. Grundlagenforschung und Logik ist Q. durch eine neuartige Begründung der Mengenlehre (in seinem Aufsatz ›New foundations for mathematical logic‹, 1937, deshalb oft als NF-System bezeichnet) und durch eine Vereinfachung des Beweises des Unvollständigkeitssatzes von K. GÖDEL (1940) bekannt geworden. Seine Lehrbücher ›Methods of logic‹ (1950; dt. ›Grundzüge der Logik‹) und ›Set theory and its logic‹ (1963; dt. ›Mengenlehre u. ihre Logik‹) fanden wegen ihrer klaren Darstellung weite Verbreitung.

Die Beiträge Q.s zur Sprachphilosophie knüpfen an den Pragmatismus von C. S. PEIRCE an, insofern sie die Sprachhandlungen als letzte unhintergehbare Instanz für das Verstehen von Sprache betonen. Bekannt geworden ist Q.s These von der prinzipiellen Unbestimmtheit jegl. Übersetzung: Ein und dasselbe Sprachverhalten lässt sich durch viele miteinander unverträgliche Übersetzungen wiedergeben. Hieran knüpft auch Q.s Verwerfung der klass. Unterscheidung zw. ›analytisch‹ und ›synthetisch‹ an. Wissenschaftstheoretisch gehört Q. zu den Vertretern des →Holismus.

Weitere Werke: From a logical point of view (1953; dt. Von einem log. Standpunkt); Word and object (1960; dt. Wort u. Gegenstand); The ways of paradox, and other essays (1966); Ontological relativity, and other essays (1969; dt. Ontolog. Relativität u. a. Schr.); Philosophy of logic (1970; dt. Philosophie der Logik); The roots of reference (1973; dt. Die Wurzeln der Referenz); Theories and things (1981; dt. Theorien u. Dinge).

Words and objections. Essays on the work of W. V. Q., hg. v. D. DAVIDSON u. a. (Dordrecht 1969); The philosophy of W. V. Q., hg. v. L. E. HAHN u. a. (La Salle, Ill., 1986); R. NAUMANN: Das Realismusproblem in der analyt. Philosophie. Studien zu Carnap und Q. (1993).

Anthony Quinn

Qui Nhon [kui ɲɔn], Stadt im südl. Vietnam, Hafen an einer Bucht des Südchin. Meeres, 160 100 Ew.; Verw.-Sitz der Prov. Binh Dinh; kath. Bischofssitz; Lehrerseminar; Seidenweberei u. a. Industrie; Fischerei.

Quinn, 1) Anthony, eigtl. **A. Rudolph Oaxaca Quinn,** amerikan. Schauspieler, * Chihuahua (Mexiko) 21. 4. 1915; seit 1947 in den USA eingebürgert, lebt in Italien; ab 1936 beim Film; charismatischer Charakterdarsteller und Symbol rauer Männlichkeit u. a. in Western und Abenteuerfilmen; auch Bühnen- und Fernsehrollen; führte Regie in dem Film ›König der Freibeuter‹ (1958); auch Bildhauer und Maler.

Werke: *Filme:* Viva Zapata (1952); La strada (1954); Vincent van Gogh – Ein Leben in Leidenschaft (1956); Der Glöckner von Notre Dame (1957); Die Faust im Gesicht (1961); Alexis Sorbas (1964); Der große Grieche (1977); Omar Mukhtar – Der Löwe der Wüste (1980); Onassis (1987); Der alte Mann und das Meer (1989); Mama, ich und wir zwei (1990); Der letzte Action-Held (1993); Dem Himmel so nah (1995). – *Autobiographien:* The original sin, a self-portrait (1972; dt. Kampf mit dem Engel); One man tango (1995; dt. Ein-Mann-Tango; zus. mit D. PAISNER).

A. H. MARILL: The films of A. Q. (Secaucus, N. J., 1975).

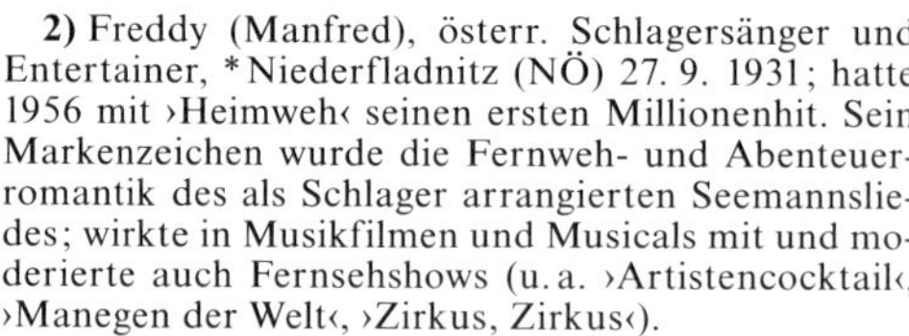
2) Freddy (Manfred), österr. Schlagersänger und Entertainer, * Niederfladnitz (NÖ) 27. 9. 1931; hatte 1956 mit ›Heimweh‹ seinen ersten Millionenhit. Sein Markenzeichen wurde die Fernweh- und Abenteuerromantik des als Schlager arrangierten Seemannsliedes; wirkte in Musikfilmen und Musicals mit und moderierte auch Fernsehshows (u. a. ›Artistencocktail‹, ›Manegen der Welt‹, ›Zirkus, Zirkus‹).

Quinoa, die →Reismelde.

Quinquagesima [lat. ›der fünfzigste (Tag)‹] *die, -,* in der kath. Kirche der Sonntag vor Aschermittwoch; in den ev. Kirchen der Sonntag vor der Passionszeit (→Estomihi).

Quint *die, -/-en, Musik:* →Quinte.

Quinta [lat. ›die Fünfte‹] *die, -/...ten, Schulwesen:* →Prima.

Quintal [frz. kɛ̃'tal, span. und port. kin'tal] *der, -s/-e,* alte Masseneinheit (Handelsgewicht, Zentner) in vielen europ. Staaten und in Südamerika, z. B. in Spanien, Chile 1 Q. = 4 Arrobas = 46,014 kg, in Frankreich 1 Q. = 100 Livres = 48,950 kg.

Quintana [zu lat. quintanus ›zum fünften (Tag) gehörend‹] *die, -,* **1)** *Medizin:* Kurz-Bez. für **Febris quintana,** das →Fünftagefieber.

2) *Volkskunde* und *Brauchtum:* urspr. eine Gasse in röm. Heerlagern mit Zielpfählen zur Übung des Schwert- und Lanzenfechtens, bes. vom Pferd aus; seit dem MA. Bez. für das höf. ›Zielreiten‹. Seit dem ausgehenden 12. Jh. ist das höfisch-ritterl., im späten MA. durch das städt. Patriziat und danach vom Landvolk übernommene Sportspiel bis ins 18. Jh. hinein bezeugt: Stechen und Rennen nach aufgestellten Holzschilden und Ringen, Holzfiguren in Gestalt eines Ritters (Rolandspiel), eines Türken oder Mohren.

Quintana [kin-], José Manuel, span. Schriftsteller, * Madrid 11. 4. 1772, † ebd. 11. 3. 1857; Hauptrepräsentant der span. Spätaufklärung; als Journalist und Politiker entschiedener Vertreter eines liberalen Reformdenkens und Erziehungswesens; organisierte 1808 den geistigen Widerstand gegen NAPOLEON I. Die Zeit der reaktionären Herrschaft FERDINANDS VII. verbrachte er im Gefängnis (1814–20) und in der Verbannung (1823–33); unter dessen liberaler Nachfolgerin ISABELLA II. versah er hohe öffentl. Ämter. Sein dramat. Werk (›El duque de Viseo‹, 1801; ›Pelayo‹, 1805) protestiert gegen Tyrannei und Fanatismus; die von J. MELÉNDEZ VALDÉS und N. ÁLVAREZ DE CIENFUEGOS inspirierte, stark rhetor. Lyrik feiert die Idee des Fortschritts, der Tugend und des Patriotismus (›Oda a la invención de la imprenta‹, 1800; ›Oda a los marinos españoles en el combate del 21 de octubre‹, 1805). Mit seinen Fragment gebliebenen ›Vidas de españoles célebres‹ (3 Bde., 1807–33; dt. ›Lebensbeschreibungen berühmter Spanier‹) wollte er der span. Jugend liberale Tradition neu nahe bringen.

A. DÉROZIER: J. M. Q. et la naissance du libéralisme en Espagne, 2 Bde. (Paris 1968–70).

Quintana Roo [kin-], Bundesstaat Mexikos, im O der Halbinsel Yucatán, 50 350 km², (1995) 703 400 Ew. (vorwiegend Mayaindianer); Hauptstadt ist Chetumal. Das feuchtheiße Land ist überwiegend von trop. Regenwald (Holz- und Chiclegewinnung), daneben auch von Savanne bedeckt. Tourismus an der Küste (Cancún, Cozumel, Mujeres, Tulum).

Quintdezime [lat.], *Musik:* das Intervall von 15 diaton. Tonstufen (Doppeloktave).

Quinte [von mlat. quinta (vox) ›fünfte(r Ton)‹] *die, -/-n,* **Quint,** griech. **Diapente,** Bez. für das →Intervall, das ein Ton mit einem fünf diaton. Stufen entfernt gelegenen Ton bildet (z. B. c–g). Die Saitenlängen zweier Töne im Abstand einer Q. verhalten sich wie 3 : 2, die Schwingungszahlen wie 2 : 3. Die Q. kann als reines, vermindertes (c–ges) oder übermäßiges Intervall (c–gis) auftreten. Sie gilt im Abendland seit der Antike als vollkommene →Konsonanz, spielt jedoch auch in außereurop. Musik als Stütz- und Rahmenintervall melodisch freier Linien eine wichtige Rolle. In der kadenzorientierten (→Kadenz) tonalen Musik, die sich im 15. Jh. allmählich entwickelte und bis Ende des 19. Jh. gültig blieb, hat die Q. als Quintfortschreitung des Basses (Dominante – Tonika) ebenso wie als Rahmenintervall des →Dreiklangs grundlegende Bedeutung. Im →Quintenzirkel ist sie konstituierendes Intervall des temperierten Tonsystems.

Lothar Quinte: Pulsar blau; 1972 (Karlsruhe, Technische Universität)

Quinte, Lothar, Maler und Grafiker, * Neisse 13. 4. 1923; Vertreter der Op-Art. Seine meist dunklen, monochromen Farbflächen werden durchbrochen von leuchtenden, schmalen Farbbändern und/oder abgestuft; in einem anderen ›System‹ werden Kreise in versch. Farben ineinander verschränkt. In den 1980er-Jahren entstanden ›Vorhänge‹ aus transparenten, monochromen Farben, bei denen der Bildgrund an den Ecken sichtbar bleibt.

L. Q., hg. v. H. H. Hofstätter, Ausst.-Kat. (1984).

Quintenzirkel, Bezeichnung für die in einem Kreis darstellbare Anordnung sämtlicher Dur- und Molltonarten des temperierten Tonsystems, deren Grundtöne jeweils eine Quinte voneinander entfernt liegen, wenn man sie fortschreitend nach zunehmenden Vorzeichen ordnet. Der Q. schließt sich dort, wo zwei Tonarten durch enharmon. Verwechslung (→Enharmonik) als klanglich gleich erscheinen (z. B. Ges-Dur und Fis-Dur).

Quintero [kin-], **1)** José, amerikan. Theaterregisseur panamaischer Herkunft, * Panama 15. 10. 1924; schon seit seiner Collegezeit in den USA; seit 1949 Regisseur; 1950 Mitbegründer des Off-Broadway-Theaters Circle in the Square; bekannt durch seine Aufführungen von bedeutenden Stücken des 20. Jh. (bes. von T. Williams und E. O'Neill); auch Regisseur des Films ›Der römische Frühling der Mrs. Stone‹ (1961) und einiger Opern; Fernseharbeit.

2) Serafín **Álvarez** [-θ] und Joaquín **Álvarez** [-θ], span. Dramatiker, →Álvarez Quintero.

Quintessenz [von lat. quinta essentia ›das fünfte Wesen‹], bei Aristoteles der Äther als fünfte, allerfeinste Substanz und alles durchdringendes Element; im übertragenen Sinn das Wesen einer Sache oder Untersuchung (auch der Hauptgedanke oder Inhalt oder das Endergebnis). In der Alchimie war Q. die Einheit bzw. Vereinigung der Gegensätze als Ziel des alchimist. Prozesses. Zuweilen wurde früher auch der Alkohol als Q. bezeichnet.

Quintett [ital., zu quinto, lat. quintus ›Fünfter‹] *das, -(e)s/-e,* ital. **Quintetto,** frz. **Quintette** [kɛ̃ˈtɛt], **Quintuor** [kɛ̃tyˈɔːr], Bez. für eine Komposition für fünf solist. Instrumental- oder Vokalstimmen sowie für das ausführende Ensemble. Gegenüber dem Streichquartett ist das **Streich-Q.** durch eine Viola, ein Violoncello, selten durch einen Kontrabass erweitert. Im **Bläser-Q.** tritt zu den Holzblasinstrumenten des Bläserquartetts das Horn. Bez. wie **Klarinetten-Q.** (W. A. Mozart, C. M. von Weber, J. Brahms, M. Reger) oder **Klavier-Q.** (R. Schumann, Brahms, H. Pfitzner) zeigen i. d. R. eine Besetzung von Klarinette bzw. Klavier und Streichquartett an; F. Schuberts →Forellenquintett ist die Ausnahme.

quintieren [zu Quinte], eine in der mehrstimmigen Musik des MA. belegte und in der Volksmusik europ. Randgebiete teilweise bis heute fortlebende Praxis, zu einer Grundstimme eine Gegenstimme vornehmlich in parallelen Quinten zu singen. – Bei Blasinstrumenten mit zylindr. Bohrung (z. B. Klarinette) heißt Q. das Überblasen in den dritten Teilton, also die Quinte über der Oktave.

Quintilian, eigtl. **Marcus Fabius Quintilianus,** * Calagurris (heute Calahorra, Spanien) um 30 n. Chr., † Rom um 96; wirkte seit 68 als Redner und Lehrer der Rhetorik in Rom und schrieb im Alter die zwölf Bücher seiner ›Institutio oratoria‹. Die formalrhetor. Ausbildung ist für ihn die Grundlage einer ganzheitl., sittlich fundierten Erziehung; das 10. Buch behandelt die für den angehenden Redner zu empfehlende Lektüre und bietet so einen Abriss der griech. und röm. Literaturgeschichte. Q. forderte die Abkehr vom ›modernen‹ Stil der neron. Zeit und die Rückwendung zum ›Klassiker‹ Cicero. Sein Werk wirkte nachhaltig auf die Humanisten; 1350 von F. Petrarca teilweise, 1416 von Poggio ganz wieder entdeckt, wurde es viel benutzt und von M. Luther und Erasmus von Rotterdam hoch geschätzt. Seit der Gegenreformation wurde es zunehmend aus dem Unterricht verdrängt. Q.s frühere Schrift ›De causis corruptae eloquentiae‹ (Von den Ursachen des Verfalls der Beredsamkeit) ist verloren, zwei ihm zugeschriebene Sammlungen von Deklamationen sind unecht.

Ausgaben: Institutionis oratoriae libri duodecim, hg. v. M. Winterbottom, 2 Bde. (1970). – Ausbildung des Redners, hg. v. H. Rahn, 2 Tle. (1972–75, lat. u. dt.).

Quintenzirkel

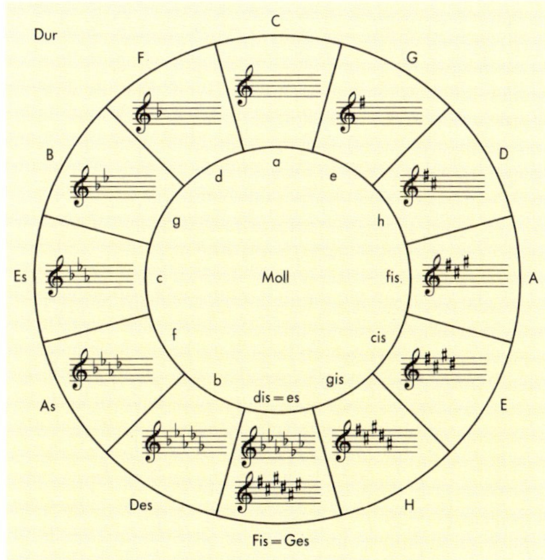

G. A. KENNEDY: Q. (New York 1969); O. SEEL: Q. oder die Kunst des Redens u. Schweigens (1977); U. MAIER-EICHHORN: Die Gestikulation in Q.s Rhetorik (1989).

Quintilius, →Quinctilius.

Quintilliarde [zu lat. quintus ›Fünfter‹, nach Milliarde gebildet] *die, -/-n,* die Zahl $10^{33} = 10^{5 \cdot 6 + 3}$.

Quintillion [zu lat. quintus ›Fünfter‹, nach Million gebildet] *die, -/-en,* die Zahl $10^{30} = 10^{5 \cdot 6}$; in den USA Bez. für Trillion (10^{18}).

Quintole [zu lat. quintus ›Fünfter‹, nach Triole gebildet] *die, -/-n,* eine Folge von fünf Noten, die für drei, vier oder sechs Noten gleicher Gestalt bei gleicher Zeitdauer eintreten, angezeigt durch eine Klammer und die Ziffer 5 über oder unter den Noten.

Quintole

Quinton [kɛ̃'tɔ̃; frz., zu lat. quintus ›Fünfter‹] *der, -s/-s,* im 17. und 18. Jh. in Frankreich gebautes fünfsaitiges Streichinstrument, eine Mischform aus der Viola da Gamba und der Violine. Der Q. übernahm im fünfstimmigen Geigenensemble die fünfte (höchste) Stimme.

Quintsext|akkord, ein Dur- oder Molldreiklang mit hinzugefügter Sexte (→Sixte ajoutée), z. B. f–a–c–d oder f–as–c–d. Er hat zumeist subdominant. Funktion. – Zu unterscheiden hiervon ist der Q. als 1. Umkehrung eines →Septimenakkords, vorwiegend des Dominantseptakkords.

Quintus Smyrnaeus, griech. Dichter aus Smyrna, verfasste im 3. oder 4. Jh. n. Chr. die ›Posthomerica‹, ein Epos, das als Fortsetzung der ›Ilias‹ die Geschichte des Trojan. Krieges vom Tod Hektors bis zur Heimkehr der Griechen (d. h. bis zum Beginn der ›Odyssee‹) schildert.

Ausgabe: Quintus de Smyrne. La suite d'Homère, hg. v. F. VIAN, 3 Bde. (1963–69).

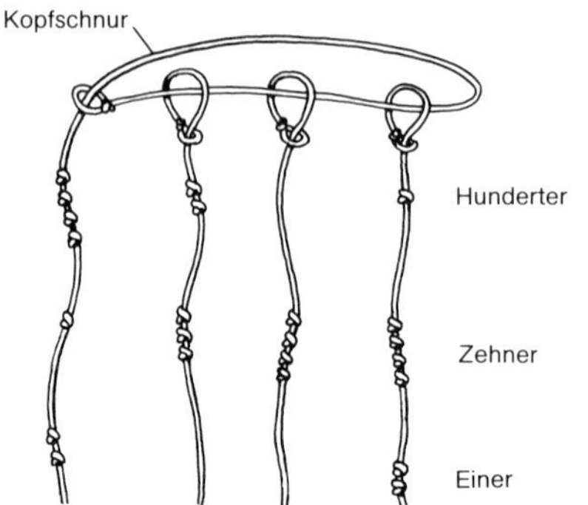

Quipu: Knotenschnüre der peruanischen Indianer; die Kopfschnur trägt die Summe (hier die Zahl 412) der drei durch ihren Kopf gezogenen Schnüre mit den Zahlen 230, 40 und 142

Quipu [k-; Ketschua ›Knoten‹] *der, -(s)/-(s),* **Kipu,** wollene oder baumwollene Knotenschnüre, die im vorspan. Südamerika als Hilfsmittel zur Erfassung und Übermittlung zahlenmäßig fassbarer Daten dienten. Q. als archäolog. Material sind selten und schwierig zu bergen. Sie haben sich in der peruan. Küstenwüste in den Gräbern von Ica, Nazca, Chancay und Cajamarquilla erhalten. Eine bedeutende Sammlung von Q. befindet sich im Museum für Völkerkunde in Berlin. Bildl. Darstellungen und Berichte über ihre Entschlüsselung stammen von F. G. POMA DE AYALA und dem peruan. Inka-Chronisten GARCILASO DE LA VEGA. Q. bestehen aus einer bis zu 1 m langen Kopfschnur, von der bis zu 100 kleinere Schnüre mit Knoten in versch. Abständen herunterhängen. Die Schnüre haben oft unterschiedl. Farben, die auf die Art des Gezählten hinweisen, die Knoten versch. Knüpfarten. Die Knoten entsprechen Zahlenwerten, wobei die von der Kopfschnur entferntesten die Einerstellen von 1–9, die nächst näheren die Zehner-, die nächsten die Hunderterstellen in einem Dezimalsystem symbolisieren. Tausender- und Zehntausenderstellen waren selten. Die Q. waren im Gebrauch nicht aus sich selbst heraus zu verstehen, sondern bedurften einer mündl. Erläuterung. Bei den Inka gab es ein spezielles Amt für die Anfertigung der Q.-Mitteilungen. Diese betrafen v. a. statist. Angaben zu Ernteerträgen und sonstigen zählbaren Daten der Verwaltung; vermutlich wurden sie auch als Hilfsmittel bei der Übermittlung histor., genealog. und kalendar. Daten verwendet. Heute werden Q. im Andenraum noch von Schafhirten zum Zählen ihrer Herden benutzt.

M. u. R. ASCHER: Code of the Q. A study in media, mathematics, and culture (Ann Arbor, Mich., 1981); Peru durch die Jahrtausende. Kunst u. Kultur im Lande der Inka, bearb. v. F. ANDERS u. a., Ausst.-Kat. Villa Hügel, Essen (²1984).

Quiriguá [k-], Ruinenstätte der Mayakultur (UNESCO-Weltkulturerbe) am Río Motagua in SO-Guatemala. Die Stadt erlebte ihre Blütezeit zw. 500 und 800. In ihrer architekton. Anlage und Ausführung zeigt sie viel Ähnlichkeit mit dem 50 km entfernten Copán. Es gibt versenkte Plätze, große Treppen und skulptierte riesige Stufen. Charakterist. Skulpturen (Altäre) sind die aus Sandsteinblöcken gehauenen monumentalen tier. Fabelwesen (›Zoomorphe‹), die ebenso wie die (bis 10 m hohen) Stelen Hieroglypheninschriften zeigen. Der größte Teil der Siedlung ist unter mehreren Metern Schwemmland verborgen.

W. M. FERGUSON: Maya ruins in Central America in color. Tikal, Copán, and Q. (Albuquerque, N. Mex., 1984); The Southeast Maya periphery, hg. v. P. A. URBAN u. a. (Austin, Tex., 1986).

Quirinal *der,* lat. **Collis Quirinalis,** einer der sieben Hügel Roms (nach dem Tempel des altröm. Gottes Quirinus). Der Palazzo del Quirinale (1574 ff.) war vom 16. bis 18. Jh. Sommerresidenz der Päpste; 1870–1946 königl. Palast, heute Sitz des ital. Staatspräsidenten (daher auch übertragen für die ital. Regierung gebraucht). Ferner Palazzo della Consulta (1732–34 von F. FUGA als päpstl. Gericht erbaut, heute Sitz des ital. Verfassungsgerichtshofs). – Reste der Thermen DIOKLETIANS (298–306), des Mithräum Barberini (2. Jh. n. Chr.) und eines Nymphäums (4. Jh. n. Chr.). Der Obelisk der Piazza del Quirinale stammt aus den Konstantinsthermen, von denen ebenso wie von dem unter AUGUSTUS erneuerten Quirinustempel, den Gärten des SALLUST oder dem großen Sarapistempel kaum Reste erhalten sind.

Quirinus, altröm. Gott, urspr. der Haupt- und Kriegsgott der Hügelgemeinde auf dem Quirinal; als diese in Rom aufging, wurde Q. mit Jupiter und Mars zur beherrschenden Göttertrias verbunden, später mit dem Stadtgründer Romulus gleichgesetzt. Sein Heiligtum lag auf dem Quirinal in der Nähe der Porta Quirinalis, sein Hauptfest (die **Quirinalien**) fand am 17. Februar statt.

K. LATTE: Röm. Religionsgesch. (²1967, Nachdr. 1976); G. RADKE: Die Götter Altitaliens (²1979).

Quirinus, legendärer röm. Märtyrer, war angeblich Volkstribun, der von Papst ALEXANDER I. getauft wurde. Seine Reliquien kamen im 11. Jh. nach Neuss (seitdem Stadtpatron). Seit dem 15. Jh. wird er (mit EVENTIUS, THEODULUS und HERMAS) zu den hl. ›Vier Marschällen‹ gezählt (Tag: 30. 3., im Bistum Köln: 30. 4.). – In der *bildenden Kunst* wird Q. als Ritter mit Schild und Lanze dargestellt. – Die Reliquien eines anderen legendarischen röm. Märtyrers Q. wurden um 760 nach Tegernsee überführt (Tag: 16. 6.).

Quiriten, lat. **Quirites,** im antiken Rom älteste, ihrer Herkunft nach umstrittene Bez. für die röm. Bürger (bes. als Anrede in den Volksversammlungen).

Quirk [kwəːk], Sir (seit 1985) Randolph, brit. Sprachwissenschaftler, *Lambfell (Isle of Man) 12. 7. 1920; Prof. u. a. an den Univ. Durham (1958–60) und London (seit 1960); v. a. durch Forschungen zur alt- und neuengl. Grammatik hervorgetreten.

Werke: An Old English grammar (1957, mit C. L. WRENN); Essays on the English language – medieval and modern (1968); A grammar of contemporary English (1972, mit S. GREENBAUM); Style and communication in the English language (1982).

D. GÖTZ u. T. HERBST: R. Q., in: Die Neueren Sprachen, Bd. 88 (1989).

Quirl, *Botanik:* bei Pflanzen Bez. für eine Gruppe von mehr als zwei seitl. Gliedern, die auf gleicher Höhe der Sprossachse oder eines Seitensprosses entspringen.

Quiriguá: Sandsteinblock mit Fabeltier

Quiroga [kiˈroɣa], **1)** Elena **de la Válgoma,** span. Schriftstellerin, *Santander 26. 10. 1921, †La Coruña 3. 10. 1995; seit 1983 als zweite Frau nach CARMEN CONDE Mitgl. der Span. Akademie. Grundthema ihrer einem christl. Existenzialismus zuzurechnenden Romane ist die Problematik zwischenmenschl. Kommunikation. Bereits ihr zweiter Roman (›Viento del norte‹, 1951; dt. ›Herbststürme‹) erhielt den ›Premio Nadal‹. Ihre weiteren Romane seit ›La careta‹ (1955) und ›La última corrida‹ (1958) zeigen den Einfluss W. FAULKNERS. ›Tristura‹ (1960) und ›Escribo tu nombre‹ (1965) spiegeln ihre Kindheit und religiöse Erziehung.

Weitere Werke: *Romane:* Algo pasa en la calle (1954; dt. Eine Stunde der Wahrheit); Presente profundo (1973).

P. Z. BORING: E. Q. (Boston, Mass., 1977).

2) Horacio, uruguayischer Erzähler, *Salto 31. 12. 1878, †(Selbstmord) Buenos Aires 19. 2. 1937; lebte lange Jahre zurückgezogen im argentin. Chaco. Seine Kurzgeschichten, deren Schauplatz oft die Urwälder Argentiniens sind, bestechen durch ihre Mischung aus Ästhetizismus und krassem Realismus.

Werke: *Erzählungen:* Cuentos de amor, de locura y de muerte (1918; dt. Geschichten von Liebe, Irrsinn u. Tod); Cuentos de la selva para los niños (1918; dt. Der Papagei mit der Glatze); Anaconda (1921; dt. Der Aufruhr der Schlangen); Los desterrados (1926; dt. Auswanderer); Más allá (1935).

Ausgabe: Todos los cuentos, Colección Archivos 26 (1993).

W. RELA: H. Q. Repertorio bibliográfico anotado 1897–1971 (Buenos Aires 1972); N. B. PONCE DE LEÓN: H. Q. (Montevideo 1979).

Quis, Ladislav, tschech. Schriftsteller, *Tschaslau 7. 2. 1846, †Černošice (Mittelböhm. Gebiet) 1. 9. 1913; Rechtsanwalt; schrieb Balladen und Epen (›Ballady‹, 1883; ›Písničky‹, 1887), wobei er aus Volksdichtung und -humor schöpfte. In dem Balladenzyklus ›Hloupý Honza, česke pohádky‹ (1880) schuf er die Figur des tschech. ›dummen Hans‹.

Quisling, Vidkun, norweg. Offizier und Politiker, *Fyresdal (Prov. Telemark) 18. 7. 1887, †(hingerichtet) Oslo 24. 10. 1945; war 1922–26 Mitarbeiter F. NANSENS bei dessen humanitären Hilfsaktionen in Russland, gehörte 1927–29 der norweg. Delegation in Moskau an. Seit 1931 näherte er sich, 1931–33 im Amt des Kriegs-Min., der faschist. Bewegung und gründete 1933 nach natsoz. Vorbild die ›Nasjonal Samling‹. 1939 trat er HITLER gegenüber für die präventive Besetzung Norwegens durch dt. Truppen ein. Nach der Okkupation Norwegens war Q. von April bis September 1941 Vors. eines Norwegen regierenden Verwaltungsrates. Als Führer der einzigen zugelassenen Partei übernahm Q. 1942–45 die Führung einer eng mit der Besatzungsmacht zusammenarbeitenden, sich scharf gegen die norweg. Opposition wendenden Regierung, die letztlich vom dt. Reichskommissar J. TERBOVEN abhing. Nach der Kapitulation der dt. Truppen wurde Q. am 9. 5. 1945 verhaftet und wegen Hochverrats von einem norweg. Gericht zum Tod verurteilt. – Sein Name wurde zum Synonym für einen Landesverräter und Kollaborateur.

H.-D. LOOCK: Q., Rosenberg u. Terboven (1970).

Vidkun Quisling

Quisqualis [wohl zu lat. quis ›wer?‹ und qualis ›was für ein?‹], Gattung der Langfadengewächse mit 16 Arten in den Tropen der Alten Welt. Am bekanntesten ist die von Birma bis Neuguinea heim. Art **Q. indica (Wunderstrauch),** ein kletternder Strauch mit duftenden, anfangs weißen, später rosafarbenen bis scharlachroten Blüten in hängenden Ähren und gegenständigen, länglich eiförmigen, zugespitzten Blättern; in allen trop. Ländern als Zierpflanze in Kultur.

Quisqualis: Wunderstrauch (rankender Spross)

Quist, Wim G., niederländ. Architekt, *Amsterdam 27. 10. 1930; Vertreter einer klaren, sachlich-nüchternen Architektur; neben Industriebauten entwarf er v. a. Museumsarchitektur: u. a. Erweiterung des Kröller-Müller-Museums in Otterlo, zu Ede (1970–77), ›Maritiem‹-Museum in Rotterdam (1986/87), Museum Beelden aan Zee in Scheveningen (1994), Cobra Museum für Moderne Kunst in Amstelveen (1995).

Quita [ˈkita], Domingos dos Reis, port. Dichter, *Lissabon 6. 1. 1728, †ebd. 26. 8. 1770; war Perückenmacher, später Bibliothekar; einer der bedeutendsten Vertreter der bukol. Dichtung in Portugal; schrieb außer Idyllen und Eklogen auch klassizistische Tragödien, von denen das Stück über INÊS DE CASTRO (›A Castro‹, 1766) das erfolgreichste war.

Quito [ˈkito], Hauptstadt von Ecuador und der Prov. Pichincha, 2 850 m ü. M. in einem von Vulkanen (u. a. Pichincha, 4 789 m ü. M.) umrahmten Hochbecken, fast am Äquator, mit (1990) 1,1 Mio. Ew. (überwiegend Indianer und Mestizen) die zweitgrößte Stadt des Landes; Erzbischofssitz; staatl. Univ. (seit 1769) und kath. Univ. (1946 gegr.), Polytechnikum, Akademie der Wissenschaften, medizin., Kunstakademie, Forschungsinstitute, astronom. Observatorium, Militärakademie, dt. Schule, Nationalarchiv und Nationalbibliothek, mehrere Museen. Moderne Industriebetriebe stellen Textilien, Nahrungsmittel u. a. Verbrauchsgüter her (auch Metall- und Holzverarbeitung, Kfz-Montage, chemisch-pharmazeut. Industrie), das Hausgewerbe Heiligenbilder, Woll- und Baumwollgewebe, Goldschmiedearbeiten, Panamahüte und Tonwaren. Ein Teil der wirtschaftl. Bedeutung von Q. ist an Guayaquil übergegangen. Q. liegt am Panamerican Highway; Eisenbahnverbindung mit Guayaquil (seit 1908); internat. Flughafen (Mariscal Sucre).

Quito
Stadtwappen

Hauptstadt von Ecuador
·
in einem Hochbecken der Anden
·
2 850 m ü. M.
·
1,1 Mio. Ew.
·
zweitgrößte Stadt des Landes
·
zwei Universitäten
·
gut erhaltene kolonialspanische Altstadt (von der UNESCO zum Weltkulturerbe erklärt)
·
ehemaliges Kloster San Francisco (1534)
·
Kathedrale (1572)
·
1534 von den Spaniern neu angelegt

Quito: Plaza de la Independencia in der Altstadt; im Hintergrund der Turm der Kathedrale

Stadtbild: Das Kloster San Francisco (gegr. 1534) war im 18. Jh. Sitz einer bedeutenden Maler- und Bildhauerschule; heute Museum für Sakralkunst, die Klosterkirche, ein Hauptwerk der Spätrenaissance in Südamerika, zeigt im Innern kunstvolle Schnitzereien, Stuckarbeiten, Holzdecke im Mudéjarstil; benachbart ist die Capilla de Catuña. Die Kathedrale an der Plaza de la Independencia (1572 geweiht, spätere Umbauten) ist eine dreischiffige Basilika; angebaut ist die Kirche El Sagrario mit Barockfassade. Einschiffige Jesuitenkirche (La Compañia, 1605–89) mit in Anlehnung an Il Gesù in Rom gestalteter Barockfassade (1722–25, 1760–65 vollendet), Schnitzereien und Stuckaturen mit indian. Ornamentik. Kloster La Merced (gegr. 1534) mit zweigeschossigem Kreuzgang und Brunnen im Atrium; die Klosterkirche (1700–34) zeigt v. a. in der Innendekoration starken indian. Einfluss. Im Refektorium des Klosters Santo Domingo (17. Jh.) Stuckdecke im Mudéjarstil; in der einschiffigen Klosterkirche (1581–1650) die prachtvolle Capilla del Rosario. – 1979 wurde die Altstadt von der UNESCO zum Weltkulturerbe erklärt.

Geschichte: Q., urspr. Hauptstadt des Indianervolks der Cara, seit Ende des 15. Jh. Teil des Inkareiches, wurde 1534 von S. DE BENALCÁZAR erobert und unter dem Namen **San Francisco de Q.** als typisch span. Stadt neu angelegt. Seit 1546 Bischofssitz, seit 1563 Sitz einer Audiencia, war Q. auch eine der kulturell bedeutendsten kolonialen Städte Amerikas. Augustiner, Jesuiten und Dominikaner gründeten seit dem späten 16. Jh. Bildungsstätten, die 1769 zur Univ. zusammengefasst wurden. Seit Erlangung der Unabhängigkeit (1830) ist Q. die Hauptstadt Ecuadors.

Quitte: Birnenquitte, oben blühender Zweig; unten Frucht

Quitte [ahd. qitina, über lat. cydonia mala von griech. kydṓnia (mẽla) ›Quitten(äpfel)‹, nach der antiken Stadt Kydonia auf Kreta], **Cydọnia oblọnga,** Rosengewächs aus Vorderasien; bis 8 m hoher Baum mit eiförmigen, ganzrandigen Blättern und einzelnen rötlich weißen Blüten. In Süd- und Mitteleuropa werden die Varietäten **Birnen-Q.** (Cydonia oblonga var. piriformis) und **Apfel-Q.** (Cydonia oblonga var. maliformis) mit birnen- bzw. apfelförmigen Früchten kultiviert. Das Fruchtfleisch der Q. ist hart, sehr aromatisch, roh aber nicht genießbar. Die Früchte (Kernobst) werden zu Konfitüre oder Saft verarbeitet. Die Schleimstoffe der Samen werden zur Herstellung von Husten-, Magen- und Darm- sowie Appreturmitteln und kosmet. Emulsionen verwendet. Die Q. ist Veredelungsunterlage für kleine Birnensorten. – Die Q. war schon Griechen und Römern bekannt und wurde seit dem 9. Jh. auch nördlich der Alpen angepflanzt. Die Früchte galten im Altertum neben Apfel und v. a. Granatapfel als Symbol der Liebe und Fruchtbarkeit.

Quittenmispel, die Pflanzengattung →Zwergmispel.

Quittung [zu mhd. quit ›quitt‹, unter Einfluss von frz. quitter, mlat. qui(e)t(t)are ›aus einer Verbindlichkeit entlassen‹], **Empfangsschein,** *Recht:* schriftl. Bekenntnis über den Empfang einer geschuldeten Leistung (§§ 368 ff. BGB). Zur Erteilung einer Q. ist der Gläubiger auf Verlangen gegen Empfang der Leistung verpflichtet. Für die Löschung einer Hypothek in öffentlich beglaubigter Form kann der Schuldner eine **löschungsfähige Q.** (§ 1144 BGB) verlangen. – Die Kosten der Q. hat i. d. R. der Schuldner zu tragen und vorzuschießen. Der Überbringer einer Q. gilt als ermächtigt, die Leistung zu empfangen. – Ähnl. Regelungen finden sich in *Österreich* (§§ 1426–1430 ABGB) und der *Schweiz* (Art. 88 OR).

Qui vive? [ki'vi:v; frz., eigtl. ›Wer lebt?‹], wer da?, früher der Anruf des Wachtpostens; **auf dem Quivive sein,** aufpassen, vorsichtig sein.

Quixote, Don ['dɔŋ ki'xɔte], →Don Quijote.

Quiz [kvɪs, engl. kwɪz; amerikan., eigtl. ›Jux‹, ›Ulk‹] *das, -/-,* Frage-und-Antwort-Spiel, das nach bestimmten Regeln abläuft, v. a. bei Hörfunk und Fernsehen, und von einem **Q.-Master** geleitet wird.

Qum [k-], Stadt in Iran, →Kum.

Qumran [k-], **Kumran, Khirbet Q.** [x-; arab. ›Ruine von Q.‹], Ruinenstätte einer klosterähnl. Anlage mit Nekropole am NW-Ende des Toten Meeres, nahe dem Wadi Q. (Westjordanland); seit Mitte des 19. Jh. bekannt, jedoch erst 1952 und 1956 unter Leitung von GERALD L. HARDING von der jordan. Altertümerbehörde und dem Dominkanerpater und Archäologen ROLAND DE VAUX (* 1903, † 1971) systematisch ausgegraben. Die Anlage von Q. wurde Mitte des 2. Jh. v. Chr. auf älteren Fundamenten errichtet und wurde bis zu ihrer Zerstörung im römisch-jüd. Krieg (68 n. Chr.) wohl von versch. jüd. Gruppen bewohnt.

Qumran: Lageplan

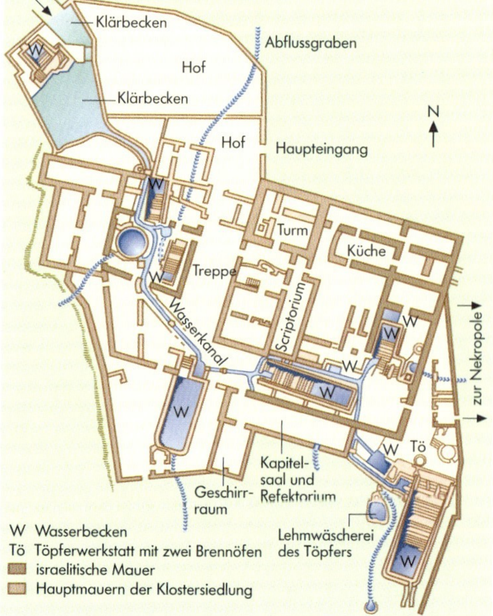

Im Unterschied zum wiss. Konsens der älteren Q.-Forschung, der die ›Q.-Gemeinde‹ bzw. ›Q.-Leute‹ weitgehend mit den →Essenern identifizierte, geht die gegenwärtige Forschung aufgrund der Vielgestaltigkeit der Q.-Texte von mehreren Gruppen unterschiedl. Selbstverständnisses bzw. von einer differenzierteren Sicht der Essener aus. Das alle Gruppen Einende wird dabei in dem Bestreben gesehen, außerhalb der hellenistisch-röm. Stadtkultur in bewusster Abgrenzung von den so genannten ›hellenist.‹ (hellenisierten) Juden ›in der Wüste‹ zu den Quellen des Judentums zurückzukehren und ein an authentischer jüd. Tradition ausgerichtetes Leben zu führen. Dabei verstanden sich einige wohl als der ›hl. Rest‹ des Volkes Israel, in dessen Mitte der david. Königsmessias und der hohepriesterl. →Messias auftreten werden.

Zw. 1947 und Mitte der 1960er-Jahre wurden in elf Höhlen in Q. und Umgebung eine große Anzahl in Tonkrügen verborgener Schriftrollen (Leder, Papyrus sowie eine Rolle aus Kupfer) aus der Zeit zw. dem 3. Jh. v. Chr. und dem 1. Jh. n. Chr. entdeckt: Handschriften von Büchern der hebr. Bibel (u. a. eine vollständige Handschrift des Buches Jesaja, Teile des Buches Daniel, Reste mehrerer Psalmenhandschriften, althebr. Fragmente von 3. Mos. sowie hebr. und aramäische Fragmente von deuterokanon. Büchern), Kommentare zu bibl. Texten, pseudepigraph. Schriften und gemeindeinternes Schrifttum (Regelbuch, Kriegsrolle, Loblieder, Tempelrolle, rituelle und zivilrechtl. Bestimmungen). Die Textfunde sind von großer Bedeutung für die Forschungen zur vorkanon. Textgestalt der hebr. Bibel und das philolog. Studium der hebr. Sprache und Lit. und bilden wichtige Quellen zur Geschichte der jüd. Theologie zw. dem 2./1. Jh. v. Chr. und dem 1. Jh. n. Chr.

Die von den Journalisten MICHAEL BAIGENT und RICHARD LEIGH in ›Verschlußsache Jesus‹ (1991) vertretene These (u. a. mit Hinweis auf angeblich durch den Vatikan unterdrückte Q.-Texte), die Gemeinde von Q. sei die erste Christengemeinde gewesen und die Person JESU sowie weitere Personen des N. T. ließen sich aus den Q.-Texten erschließen, wird als wiss. unhaltbar nahezu einhellig seitens der jüd. und christl. Bibelwissenschaftler zurückgewiesen.

Revue de Q. (Paris 1958 ff.); Q., hg. v. K. E. GRÖZINGER u. a. (1981); Die Texte aus Q., hg. v. E. LOHSE ([4]1986); D. BATZNER: Die Q.-Gemeinde. Lebensform u. Grundlagen ihrer Theologie (1994); O. BETZ u. R. RIESNER: Jesus, Q. u. der Vatikan (Neuausg. 1995); JOHANN MAIER: Die Q.-Essener, 3 Bde. (1995–96); R. DE VAUX: Die Ausgrabungen von Q. u. En Feschcha, auf mehrere Bde. ber. (a. d. Frz., 1996 ff.); F. ROHRHIRSCH: Wissenschaftstheorie u. Q. (Freiburg 1996); M. WISE u. a.: Die Schriftrollen von Q. Übers. u. Komm., hg. v. A. LÄPPLE (a. d. Amerikan., 1997).

quod erat demonstrandum [lat. ›was zu beweisen war‹], Abk. **qu. e. d., q. e. d.,** *bildungssprachlich* für: was hiermit deutlich, klar, bewiesen ist (auf EUKLID zurückgehender Schlusssatz bei Beweisen).

Quodlibet [lat. ›was beliebt‹] *das, -s/-s,* **1)** altes student. *Kartenspiel* (Stich- und Anlegespiel) für drei bis fünf Personen mit einem vollständigen dt. oder frz. Blatt und einer Menge Jetons.

2) *Musik:* Form der Vokalmusik, gebildet durch Aneinanderreihung bzw. Überlagerung verschiedener textierter Melodien oder Melodieteile, oft kunstvoll kontrapunktisch ausgearbeitet; ihr überwiegend scherzhafter Charakter wird durch die Textzusammenstellungen noch hervorgehoben. Besonders im 16.–18. Jh. war das Q., auch als Stegreifpraxis, beliebt. Im 17. und 18. Jh. erscheint es vereinzelt auch als Instrumentalmusik; ein berühmtes Beispiel ist das Schlussstück der ›Goldberg-Variationen‹ (1742) von J. S. BACH.

quod licet Iovi, non licet bovi [lat. ›was Jupiter erlaubt ist, ist nicht (auch) dem Ochsen erlaubt‹], *bildungssprachlich* für: was dem höher Stehenden zugebilligt, nachgesehen wird, wird bei dem niedriger Stehenden beanstandet.

Quorum [lat. ›derer‹] *das, -s,* die Anzahl von Mitgl. einer Körperschaft, eines Kollegialorgans oder einer Personengesamtheit, die zur Beschlussfähigkeit erforderlich ist; bei Wahlen und Abstimmungen die Mindestzahl von Votierenden, die zur Gültigkeit des Wahl- oder Abstimmungsvorgangs erforderlich ist.

Quotation [engl. kwəʊˈteɪʃn] *die, -/-en* und (bei engl. Aussprache) *-s,* Börsenausdruck für Kursnotierung.

Quote [mlat. quota (pars), zu lat. quotus ›der Wievielte?‹], Anteil (von Sachen oder auch Personen), der bei Aufteilung eines Ganzen auf den Einzelnen oder auf eine Einheit entfällt. In der Statistik eine Beziehungszahl (z. B. →Erwerbsquote), bei Kartellen (Q.-Kartell) die Menge an Produkten, die in einem bestimmten Zeitraum produziert bzw. abgesetzt werden darf, bei Wetten die nach einer Wettveranstaltung errechnete Gewinnsumme, u. a. im Lotto.

Quoten|akti|en, Anteils|akti|en, Aktien, die auf einen Bruchteil des Gesellschaftsvermögens oder Eigenkapitals einer AG lauten und nicht auf einen bestimmten Betrag (Nennwert; deshalb auch **nennwertlose Aktien**); an der Börse pro Stück notiert. Q. sind in den USA und Kanada üblich; in Dtl. war ihre Ausgabe bisher unzulässig. Seit 6. 11. 1997 liegt ein Beschluss der Bundes-Reg. über ihre Einführung vor. – Ggs: Nennwertaktie.

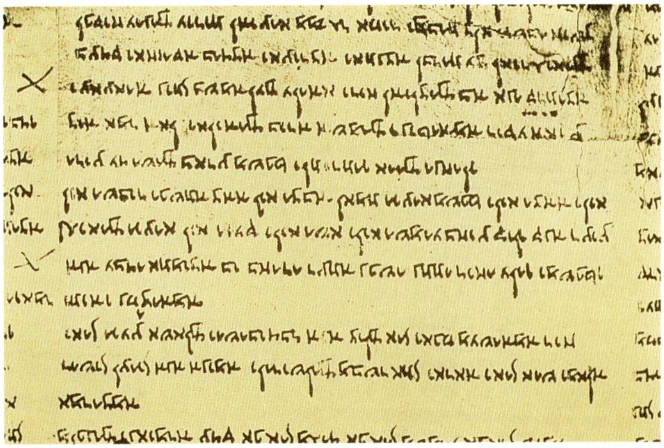

Qumran: Schriftbeispiel aus einer der zwei Schriftrollen mit Texten aus Jesaja; 1. Jh. v. Chr. (Jerusalem, Israel-Museum)

Quotenregelung, *Politik* und *Recht:* Regelung, wonach festgesetzte Prozentsätze der in einem Bereich zu besetzenden Funktionen Angehörigen bestimmter, nach Herkunft, ethn. Zugehörigkeit oder Geschlecht definierter Gruppen vorbehalten sind. Die Q. führt zu einem Konflikt mit dem als Diskriminierungsverbot formulierten Gleichheitssatz; versteht man das Gleichheitsgrundrecht als Gruppengrundrecht und als Auftrag, tatsächlich gleiche Lebensverhältnisse herzustellen, kann eine Q. mit ihm vereinbar sein. Die Q. beabsichtigt regelmäßig, traditionell benachteiligten Gruppen, z. B. den Afroamerikanern in den USA, den Zugang zu Funktionen im öffentl. oder Wirtschaftsleben zu erleichtern. Q. können sich u. U. kontraproduktiv auswirken (›Quotenfrau‹).

In Dtl. gibt es auf Länderebene rechtlich versch. ausgestaltete Q. bezüglich der (bevorzugten) Einstellung von Frauen (Frauenquote) in den öffentl. Dienst. Diese sind, soweit sie die zwingende Bevorzugung von

Frauen bei sonst gleicher Befähigung und Eignung vorsehen, verfassungsrechtlich im Hinblick auf Art. 33 Abs. 2 GG problematisch. Wie weit die durch Verfassungsänderung 1994 erfolgte Ergänzung des Art. 3 Abs. 2 GG durch den Satz ›Der Staat fördert die tatsächliche Durchsetzung der Gleichberechtigung von Frauen und Männern und wirkt auf die Beseitigung bestehender Nachteile hin‹ hieran etwas geändert hat, wird unterschiedlich beurteilt.

Der Europ. Gerichtshof hat 1995 im bremischen Gleichstellungs-Ges., das eine zwingende Bevorzugung von Frauen im öffentl. Dienst bei gleicher Eignung und bei Unterrepräsentation anordnete, einen Verstoß gegen europ. Recht gesehen. Nach seiner Entscheidung von 1997 zum nordrhein-westfäl. Frauenförderungs-Ges. verstößt jedoch eine Q. nicht gegen die europ. Gleichbehandlungsrichtlinie, wenn sie im Fall gleicher Eignung nicht einen unbedingten Vorrang der Fau anordnet, sondern auf dem Wege einer ›Öffnungsklausel‹ besondere persönl. Umstände zu berücksichtigen erlaubt.

Quotensystem, System der Beschränkung der Einwanderung in die USA (bes. aus Asien, S- und O-Europa) aufgrund der nat. Herkunft und des jeweiligen Anteils der Nationalitäten an der amerikan. Bev., im Zuge der fremdenfeindl. Strömung nach dem Ersten Weltkrieg durch die Einwanderungs-Ges. von 1921 und 1924 begründet. Das Ges. von 1924 (ergänzt ab 1929 in Kraft) begrenzte die jährl. Quote für die Einwanderung auf max. 165 000 Personen und innerhalb dieser Anzahl auf 2% des jeweiligen Bev.-Anteils von 1890; die Einwanderung aus Teilen Asiens (v. a. Japan) wurde ganz unterbunden, während die aus Kanada und Lateinamerika von der Quotenregelung unberührt blieb. Erst mit dem Einwanderungs-Ges. von 1965 (mit Wirkung zum 1. 7. 1968) erfolgte eine weit reichende Änderung. Unabhängig vom Herkunftsland wurde für Einwanderer eine jährl. Gesamtzahl von 290 000 festgelegt (nach Gesetzeskorrekturen je zur Hälfte aus der östl. und der westl. Hemisphäre sowie eine Höchstzahl von 20 000 pro Land). Ein Gesetz von 1990 erhöhte die Zahl der legalen Einwanderer nochmals. Bes. seit den 1960er-Jahren bereitet die illegale Einwanderung über die Landgrenzen, v. a. aus Mexiko, Probleme.

Quotenverfahren, Quotaverfahren, *beschreibende Statistik:* →Auswahlverfahren.

Quotient [zu lat. quotiens ›wie oft?‹, ›wievielmal (eine Zahl durch eine andere teilbar ist)‹] *der, -en/-en, Mathematik:* das Ergebnis einer →Division.

Quotientenkriterium, *Mathematik:* Konvergenzkriterium für Reihen reeller oder komplexer Zahlen. Die Reihe

$$\sum_{n=1}^{\infty} a_n$$

konvergiert, falls $\limsup |a_{n+1}/a_n| < 1$, sie divergiert, falls $\limsup |a_{n+1}/a_n| > 1$ gilt. Das Q. ist hinreichend, aber nicht notwendig, wie man am Beispiel der Reihe

$$\sum_{n=1}^{\infty} \frac{1}{n^2}$$

erkennen kann. (→Wurzelkriterium)

Quotientenmess|instrumente, elektr. Messinstrumente, bei denen die Anzeige vom Verhältnis (Quotient) zweier gleichartiger Größen, z. B. Ströme, Spannungen, magnet. Flüsse, elektr. Felder, abhängig ist. Q. sind im Wesentlichen aus zwei gegeneinander verdrehten Spulen aufgebaut, die entweder den bewegl. oder den fest stehenden Teil des Messwerks bilden. Es gibt Q. für Gleich- und Wechselströme, eine verbreitete Ausführungsform ist das →Kreuzspulinstrument.

Quotientenregel, *Mathematik:* →Differenzialrechnung.

Quotierung, 1) *Börsenwesen:* die Kursnotierung.

2) *Politik* und *Recht:* die →Quotenregelung.

Quotitäts|steuern, Steuern, bei denen Steuersatz und Steuerbemessungsgrundlage festgesetzt werden, während das Steueraufkommen unbestimmt bleibt und u. a. von der Höhe der Bemessungsgrundlage bei den Steuerpflichtigen und dem Ausmaß der Steuerhinterziehung abhängt. Die modernen Steuern sind ausschließlich Quotitätssteuern.

quo vadis? [verkürzt aus lat. Domine, quo vadis? ›Herr, wohin gehst du?‹], nach der Legende die Frage, die der aus dem röm. Kerker vor NERO entflohene PETRUS dem ihm erscheinenden CHRISTUS stellte. – Titel eines Romans von H. SIENKIEWICZ (3 Bde., 1896; dt.).

Quseir [-ˈzeɪr], **El-Q.,** ägypt. Hafenstadt, →Koseir.

Qu Yuan [tç-], **Ch'ü Yüan, K'ü Yüan,** halblegendärer chin. Staatsmann und Dichter aus dem Südstaat Chu im 4./3. Jh. v. Chr., der, in Ungnade gefallen, seinen Tod in einem Fluss gesucht haben soll. Als dem chin. Nationalhelden schlechthin ist ihm das ›Drachenbootfest‹ am 5. Tag des 5. Monats im Mondjahr gewidmet, bei dem Bootsrennen auf Flüssen abgehalten werden, die die Nachforschung nach seinem Verbleib symbolisieren. Eine Qu Y. zugeschriebene Elegie ›Begegnung mit dem Leid‹ (›Li sao‹) ist das Kernstück der Sammlung ›Chu ci‹ (Elegien von Chu), die den Ausgangspunkt einer Tradition sehr persönlich, meist traurig gestimmter Rhapsodien (fu) bildet.

Ausgabe: Ch'u tz'ü: The songs of the South, an ancient Chinese anthology, hg. v. D. HAWKES (1959).

L. A. SCHNEIDER: A madman of Ch'u. The Chinese myth of loyalty and dissent (Berkeley, Calif., 1980).

Qwaqwa, ehem. Homeland in der Rep. Südafrika, heute Teil der Prov. Freistaat; bewohnt vorwiegend von Süd-Sotho. Q., 1969 im Rahmen der Politik der Apartheid geschaffen, gehört seit 1994 zur Prov. Freistaat.

Qyteti Stalin [kjyˈteti ˈstalin], 1950–90 Name von →Kuçovë.

Qzylorda, Stadt in Kasachstan, →Ksyl-Orda.

R

R, r, 1) der achtzehnte Buchstabe des dt. Alphabets und anderer Alphabete (der siebzehnte des lat.); er bezeichnet in den einzelnen Sprachen v. a. gerollte und geschlagene Laute (dental: ›Zungenspitzen-R‹; uvular: ›Zäpfchen-R‹) sowie auch Reibelaute mit ähnl. Artikulationsstelle. R kommt auch in Verbindung mit diakrit. Zeichen vor, z. B. im Tschechischen als ř [rʒ].

2) *Börsenwesen:* **r,** Abk. für rationiert oder repartiert (→Repartierung, →Kurszettel, ÜBERSICHT).

3) *Chemie:* R, in chem. Formeln verwendetes Symbol für einen (meist organ.) →Rest.

4) *Einheitenzeichen:* R für →Röntgen, °R für →Grad Rankine und →Grad Réaumur.

5) *Formelzeichen:* R für die allgemeine →Gaskonstante, die →Rydberg-Konstante und den elektr. Widerstand; r für Radius, $\boldsymbol{r}$ für Ortsvektor.

6) *Mathematik:* $\mathbb{R}$ für die Menge der →reellen Zahlen.

7) *Münzwesen:* **R,** Kennbuchstabe auf frz. Münzen bis 1796 für die Münzstätte Orléans; auf Münzen des Kirchenstaats und Italiens für Rom (unter NAPOLEON I. mit einer Krone); auf brasilian. Münzen des 18./19. Jh. für Rio de Janeiro.

8) *Musik:* Abk. für →**R**écit, →**R**ipieno und **R**esponsorium (meist R).

9) *Wirtschaftsrecht:* Abk. für registered trademark, gekennzeichnet durch ® als international gebräuchl. Hinweis auf eine →Marke.

Ra, chem. Symbol für das Element →Radium.

Ra, ägypt. Sonnengott, →Re.

RA, Nationalitätszeichen für Argentinien.

Raab, 1) ungar. **Győr** [djø:r], Stadt in NW-Ungarn, an der Mündung von Raab und Rabnitz in die Kleine Donau, umfasst als Stadt-Bez. 175 km², mit 130 900 Ew.; Verw.-Sitz des Bez. Raab-Wieselburg-Ödenburg; kath. Bischofssitz; Hochschulen für Lehrerbildung sowie für Verkehr und Fernmeldetechnik, Museen, Außenstelle der Budapester Franz-Liszt-Akademie für Musik; Industriezentrum mit Waggon-, Maschinen-, Kfz-Motorenbau, Textil-, chem., Kunstleder-, Möbel- sowie Nahrungsmittelindustrie; Eisenbahnknotenpunkt, Flusshafen. – Die Bischofsburg wurde 1546 befestigt. Der Dom, um 1100 erstmals erwähnt, wurde im 15. Jh. erweitert und 1639–45 umgebaut; Hochaltarbild und Fresken von F. A. MAULBERTSCH; klassizist. Fassade (1823); in der angebauten St.-Ladislaus-Kapelle (15. Jh.) Kopfreliquiar des Heiligen (Anfang 15. Jh.). Die Ignatiuskirche (1635–41) wurde 1726–38 barock umgestaltet; Deckengemälde von P. TROGER (1744). In der Karmeliterkirche (1721–25) Altarbilder von M. ALTOMONTE; Bürgerhäuser des 17. und 18. Jh. – Das auf eine neolith. Siedlung und einen kelt. Handelsplatz zurückgehende R. wurde im 1.–4. Jh. als **Arrabona** von den Römern bewohnt und anschließend von den Awaren zur Festung (Győr ›Ringwall‹) ausgebaut. 896 von den Magyaren eingenommen, wurde es 1001 unter STEPHAN I. Bischofssitz, 1271 königl. Freistadt mit Stapelrecht.

2) *die,* ungar. **Rába** [ˈra:bɔ], rechter Nebenfluss der Donau, Hauptfluss des Kleinen Ungar. Tieflands, 283 km lang (davon 84 km in Österreich), entspringt am Osser im Grazer Bergland, Österreich, mündet bei 1) in die Kleine Donau; sehr mäanderreicher Lauf.

Raab, Julius, österr. Politiker, * Sankt Pölten 29. 11. 1891, † Wien 8. 1. 1964; Bauingenieur; war 1927–34 als Mitgl. der Christlichsozialen Partei Abg. im Nationalrat, außerdem Landesführer der Heimwehr in Niederösterreich. Mit der Gründung des Gewerbebundes (1934) schuf er die erste einheitl. Organisation des österr. Gewerbes. Unter K. SCHUSCHNIGG (16. 2.–11. 3. 1938) war er Min. für Handel und Verkehr. 1945 wurde er zum Mitbegründer der ÖVP und des Österr. Wirtschaftsbundes, einer ständ. Gliederung der ÖVP, die er bis 1963 führte; 1952–60 war R. Bundesobmann der ÖVP, 1945–64 Abg. im Nationalrat. In der provisor. Reg. unter K. RENNER (27. 4.–20. 12. 1945) leitete er als Staatssekretär das Ministerium für Bauten und Wiederaufbau. Ab 1. 4. 1953 Bundeskanzler, konnte er in einer engen Zusammenarbeit von ÖVP und SPÖ den wirtschaftl. und sozialen Wiederaufbau wesentlich befördern (u. a. Stabilisierung der Währung, Begründung der Sozialpartnerschaft, EFTA-Beitritt). In langwierigen Verhandlungen mit den Siegermächten des Zweiten Weltkrieges erreichte R. v. a. mit Außen-Min. L. FIGL den Abschluss des →Österreichischen Staatsvertrages (1955). Am 11. 4. 1961 trat R. vom Amt des Bundeskanzlers zurück. (BILD S. 698)

Werke: Verantwortung für Österreich (1961); Selbstporträt eines Politikers (1964).

J. R., hg. v. A. BRUSATTI u. G. HEINDL (1984); M. RAUCHENSTEINER: Die Zwei. Die Große Koalition in Österreich 1945–1966 (Wien 1987).

Raabe, 1) Paul, Literaturwissenschaftler, * Oldenburg (Oldenburg) 21. 2. 1927; 1958–68 Leiter der Bibliothek des Dt. Literaturarchivs in Marbach, 1968–92 Direktor der Herzog August Bibliothek in Wolfenbüttel; seit 1992 Direktor der Franckeschen Stiftungen; viele Publikationen zur Buch-, Bibliotheks- und Quellengeschichte, zum Expressionismus, Barock, zur Aufklärung und zur dt. Klassik. (BILD S. 698)

Werke: Einf. in die Bücherkunde zur dt. Literaturwiss. (1961); Quellenkunde zur neueren dt. Literaturgesch. (1962); Quellenrepertorium zur neueren dt. Literaturgesch. (1966); Die Autoren u. Bücher des literar. Expressionismus (1985, mit I. HANNICH-BODE); Spaziergänge durch Goethes Weimar (1990); Bibliosibirsk oder Mitten in Dtl. (1992). – **Hg.:** Index Expressionismus. Bibliogr. der Beitr. in den Ztschr. u. Jb. des literar. Expressionismus, 18 Bde. (1972).

P. R. zum 21. 2. 1977 von Freunden u. Mitarbeitern (1977); Respublica Guelpherbytana. ... Festschr. für P. R., hg. v. A. BUCK u. a. (Amsterdam 1987).

2) Wilhelm, Pseud. **Jacob Corvinus,** Schriftsteller, * Eschershausen 8. 9. 1831, † Braunschweig 14. 11. 1910; 1849 Beginn einer Buchhändlerlehre in Magdeburg, 1854 Besuch von philosoph. und histor. Vorlesungen in Berlin, wo er auch zu schreiben begann. Als freier Schriftsteller lebte er danach in Wolfenbüttel, später in Stuttgart, ab 1870 in Braunschweig. Wichtiges Kennzeichen seines Schaffens ist die treffsichere, plast. Darstellung der Wirklichkeit, in der auch Traum, Groteske, Imagination und Sehnsucht ein Platz eingeräumt wird. R., der lange Zeit v. a. als idyllisch-gemütvoller Poet rezipiert wurde, zählt neben T. FONTANE zu den bedeutenden Erzählern des dt.

Altsemitisch

Altgriechisch (archaisch)

R

Römische Kapitalschrift

R

Unziale

r

Karolingische Minuskel

Textur

Rr

Renaissance-Antiqua

Rr

Humanistische Kursive

Fraktur

Rr

Klassizistische Antiqua

Rr

Egyptienne

Rr

Grotesk

Julius Raab

Paul Raabe

Wilhelm Raabe

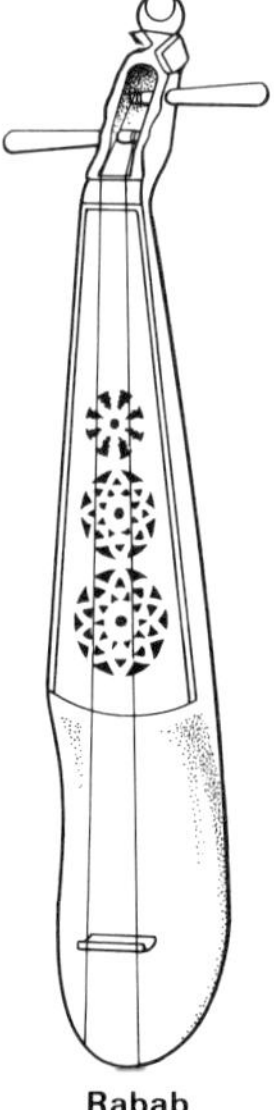
Rabab aus Tunesien

(›poet.‹) Realismus. Das Werk umfasst Gegenwartsromane mit treffenden Schilderungen der Gesellschaft und trag. Einzelschicksale, histor. Romane, Novellen und Gedichte. Im Spätwerk, das bes. auch durch das Verlassen traditioneller Erzählhaltungen und die Eröffnung neuer Erzählperspektiven gekennzeichnet ist, zeigt sich die Tendenz zu humorvoller Verklärung der Resignation und zu humanist. Kritik. In der Nachfolge JEAN PAULS steht seine Bildungskritik unter dem Einfluss von L. STERNE, C. DICKENS, W. M. THACKERAY, G. W. F. HEGEL, J. BÖHME und A. SCHOPENHAUER. R. selbst fühlte sich dem Erbe des Jungen Deutschland und der Philosophie des 19. Jh. (L. FEUERBACH) verpflichtet. Einfacher, sachl. Bericht, humorist. Steigerung, lyrisch-gebrochene Stimmungen, Verschlüsselungen und Anspielungen sind charakteristisch, Symbolik und Bildlichkeit bleiben realistisch. R.s Sympathie galt den von der Gesellschaft unterdrückten und deformierten Charakteren, den Außenseitern und Sonderlingen. Spießertum, Bildungsphilister, polit. und geistige Enge werden durch komische Verfremdung und Groteske kritisiert. Weitschweifende Darstellungsweise und persönl. Reflexion spiegeln dabei die Ambivalenz von Alltag und bürgerlich-idealist. Bewusstsein.

Werke: *Romane:* Die Chronik der Sperlingsgasse (1857); Ein Frühling (1857); Die Kinder von Finkenrode (1859); Die Leute aus dem Walde, 3 Bde. (1863); Der Hungerpastor, 3 Bde. (1864); Drei Federn (1865); Abu Telfan oder die Heimkehr vom Mondgebirge, in: Über Land u. Meer, Jg. 9, H. 18 (1867); Der Schüdderump, 3 Tle. (1870); Alte Nester, in: Westermanns Monatshefte, Bd. 46 (1879); Pfisters Mühle (1884); Unruhige Gäste (1886); Stopfkuchen (1891); Die Akten des Vogelsangs (1896); Altershausen (hg. 1911). – *Erzählungen:* Die schwarze Galeere, in: Westermanns Monatshefte, Bd. 9 (1861); Unseres Herrgotts Canzlei, 2 Bde. (1862); Der Regenbogen, 2 Bde. (1869); Der Dräumling (1872); Meister Autor oder die Geschichten vom versunkenen Garten (1874); Zum wilden Mann, in: Westermanns Monatshefte, Bd. 36 (1874); Horacker (1876); Krähenfelder Geschichten, 3 Bde. (1879); Das Horn von Wanza (1881); Prinzessin Fisch (1883); Das Odfeld (1889); Hastenbeck (1899).

Ausgaben: Sämtl. Werke. Braunschweiger Ausg., hg. v. K. HOPPE u. a., 20 Bde. u. 4 Erg.-Bde. ([1-3]1966–83); Werke in Einzelbänden, hg. v. H.-J. SCHRADER, 10 Bde. (1985); Ges. Werke, hg. v. H. A. NEUNZIG u. P. BRAMBÖCK (1987).

R.-Jb. (1949–50; fortgef. u. d. T. Jb. der R.-Gesellschaft 1960 ff.); K. HOFFMEISTER: W. R.s Leben u. Schaffen in biograph. Skizzen (1981); A. KLEIN: Versuch einer Interpretation von W. R.s Werk (1983); H.-W. PETER: W. R. Der Dichter in seinen Federzeichnungen u. Skizzen (1983); H. DENKLER: Neues über W. R. Zehn Annäherungsversuche an einen verkannten Schriftsteller (1988); DERS.: W. R. Legende – Leben – Lit. (1989); H. OPPERMANN: W. R. Mit Selbstzeugnissen u. Bilddokumenten ... (25.–27. Tsd. 1988); W. FULD: W. R. Eine Biogr. (1993); U. VORMWEG: W. R. Die histor. Romane u. Erzählungen (1993); A. HARNISCH: Keller, R., Fontane (1994).

Raab Karcher AG, →VEBA AG.

Raabs an der Thaya, Stadt im Bez. Waidhofen an der Thaya, Niederösterreich, 450 m ü. M., am Zusammenfluss der Dt. und der Mähr. Thaya, umfasst als Groß-Gem. 135 km², die bis an die Grenze zur Tschech. Rep. reicht, 3 200 Ew.; Bezirksgericht; Grenzlandmuseum (Landwirtschaft, Handwerk); Land- und Forstwirtschaft (Sägewerk), sommerl. Fremdenverkehr. – Spätroman. Pfarrkirche Mariä Himmelfahrt (13. Jh., im 15. Jh. umgebaut); über der Stadt die Burg (urspr. 11. Jh., Rittersaal mit Renaissancefresken 16. Jh.). – Das Mitte des 12. Jh. entstandene Raabs wurde 1926 Stadt.

Raab-Wieselburg-Ödenburg, ungar. **Győr-Moson-Sopron** [ˈdjøːr ˈmoʃon ˈʃo-], Bez. in NW-Ungarn, grenzt im NW an Österreich und im N (mit der Donau) an die Slowak. Rep., 4 062 km², 427 000 Ew., Hauptstadt ist Raab; umfasst einen wesentl. Teil des Kleinen Ungar. Tieflands, hier Anbau von Weizen, Roggen, Gerste, Mais, Kartoffeln, Zuckerrüben, Lein und Gemüse. Wichtigste Industriestandorte sind Raab, Ödenburg und Mosonmagyaróvár, v. a. mit Textil-, Konsumgüter- und Metall verarbeitender Industrie (bes. Fahrzeugbau).

Raahe, schwed. **Brahestad,** Stadt in der Prov. Oulu, Finnland, am Bottn. Meerbusen, 17 900 Ew.; Stadtmuseum; in der Nähe befindet sich das Hüttenwerk Rautaruukki.

Raalte, Gem. in der Prov. Overijssel, Niederlande, im Salland, 28 400 Ew.; Holz-, Nahrungsmittel-, Fertigbetonindustrie; Geflügelhaltung.

Raape, Leo, Jurist, *Rheydt (heute zu Mönchengladbach) 14. 6. 1878, †Hamburg 7. 12. 1964; Prof. in Bonn, Halle (Saale) und (seit 1924) Hamburg; verwahrte sich als Rektor der Univ. Hamburg entschieden gegen die vom NS-Regime veranlasste Entfernung jüd. Kollegen und legte als einer der wenigen jurist. Amtsträger sein Amt nieder. Mitherausgeber des ›Archivs für die civilist. Praxis‹.

Rab, ital. **Arbe,** eine der Dalmatin. Inseln, im Kvarner, Kroatien, 94 km², 9 000 Ew. Die Insel wird von drei parallel verlaufenden Kalkbergzügen (bis 408 m ü. M.) durchzogen und ist, abgesehen von der kahlen O-Seite, von üppiger Vegetation (Steineichenwälder) bedeckt; Wein- und Gemüsebau, wichtigste Erwerbsquelle ist der Fremdenverkehr (Badetourismus). Durch Fähren ist R. mit der Nachbarinsel Krk und dem Festland verbunden. Hauptort ist **Rab** (2 000 Ew.) an einer Bucht an der W-Küste. – Ehem. Dom (1177 geweiht) mit spätgot. Chorgestühl (1445) und roman. Glockenturm; Dominikanerkloster; Fürstenpalast in venezian. Gotik (13. Jh.); Loggia (Gerichtshalle, 16. Jh.). – R. war von der Spätantike bis 1828 Bischofssitz und Stützpunkt des Levantehandels, verödete jedoch durch die Pest von 1456.

Rába [ˈraːbɔ], Nebenfluss der Donau, →Raab 2).

Rabab [pers.-arab.] *die, -/-,* **Rebab,** Bez. für versch., im islam. Raum und in vom Islam beeinflussten Musikkulturen verbreitete Saiteninstrumente: 1) in N-Afrika und den arab. Ländern eine gestrichene Spießlaute, seit dem 10. Jh. belegt, mit ein bis drei in Quinten oder Quarten gestimmten Saiten, rechteckigem oder halbkugelförmigem Resonanzkörper (der →Kamangah verwandt). Die R. gelangte mit der Ausbreitung des Islam nach W-Europa (→Rebec) und nach SO-Asien (hier Rebab); mit herzförmigem Korpus gehört sie zu den Gamelaninstrumenten; 2) in N-Afrika auch eine zweisaitige Kurzhalsfidel. Sie hat einen schmalen, bootförmigen Schallkörper, der ohne Hals in den abgeknickten Wirbelkasten übergeht; die Decke ist geteilt, oben aus durchbrochenem Metall oder Holz, unten aus Pergament. – Als R. werden in Iran, Süd- und Zentralasien auch Langhalslauten, in Afghanistan und Vorderindien keulenförmige Kurzhalslauten mit bis zu 15 Resonanzsaiten bezeichnet.

Rabat [raˈba, frz.-niederländ.] *der, -/-s,* schmalrechteckiger, leinener Überfallkragen auf dem Männerhemd Ende des 17. Jh.; der im Laufe der Zeit reduzierte R. besteht heute im →Beffchen weiter.

Rabat, Hauptstadt und eine der vier ›Königsstädte‹ Marokkos, an der Mündung des Bou Regreg in den Atlantik, (1994) 799 400 Ew.; bildet mit **Salé** am nördl. Flussufer eine Doppelstadt mit 1,386 Mio. Ew.; Residenz des Königs und Sitz der Regierung; kath. Erzbischofssitz; Univ. (1957 gegr.), Ingenieurschule, Inst. für die arab. Sprache, Nationales Konservatorium, Teppichknüpfschule, Museen, Theater, Bibliothek, botan. Garten, Versuchsgarten für Agrarforschungen, zoolog. Garten; bedeutendes Kunsthandwerk (Berberteppiche, Schmuck, Keramik, Stickerei-, Kunstschmiede-, Holzschnitzerei-, Korbflechtarbeiten), chem., Textil-, Leder-, Möbel-, Töpferei- und Nahrungsmittelindustrie; Fremdenverkehr (Seebad, Jachthafen); Straßenknotenpunkt, Eisenbahnverbin-

Rabat: Minarett (›Hasan-Turm‹) und Ruinen der Hasan-Moschee; um 1191 begonnen, 1199 Einstellung der Bauarbeiten

dung mit Tanger–Casablanca und Fès–Oujda; internat. Flughafen 10 km nordöstlich der Stadt.

Stadtbild: Die Almohadenmauer von R. (1197 vollendet, viele Türme, fünf Tore, auf 5,5 km Länge erhalten) umschließt die alten Stadtviertel, die kolonialzeitl. Neustadt, die zugleich das heutige Zentrum bildet, sowie den Königspalastbezirk. Das monumentale Schmucktor der Oudaia-Kasba (um 1191 als Empfangs- und Gerichtshalle erbaut) gilt als prächtigstes Beispiel almohad. Festungsbaukunst. Innerhalb der Kasba die Moschee Djamaa el-Atiqa (um 1150 gegr., im 18. Jh. umgebaut), Häuser aus dem 12. Jh., die Festung Sqala (1776), die Teppichknüpfschule (Ende 18. Jh.), der Piratenturm (17. Jh.), das berühmte alte Maur. Café (1915–18), der Andalus. Garten (1915–18 angelegt) sowie der ehem. Sultanspalast (1672–94; heute Museum). In der verwinkelten Medina der Merinidenbrunnen (14. Jh.), Museen, die Festung Bordj Sidi Makhlouf mit Mausoleum (17. Jh.), die Große Moschee (um 1812, 1882–1939 völlig erneuert) u. a. Moscheen und der große Souk es-Sebat. Im SO der Medina das Anfang des 19. Jh. planmäßig angelegte Judenviertel (Mellah). Die Medina wird im SO von der Andalusiermauer (1. Hälfte des 17. Jh., vier Tore) begrenzt.

Am NW-Rand der kolonialzeitl. Neustadt liegt die mächtige Ruine der unvollendeten Hasan-Moschee (um 1191 begonnen, 1199 Einstellung der Bauarbeiten, 1755 durch Erdbeben zerstört); ihr quadrat. Minarett, der ›Hasan-Turm‹ (44 m hoher Stumpf, 16,2 m Seitenlänge, bereitbare Innenrampe) hat allseitig unterschiedl. vielbogige Mehrfachblendarkaden. Über dem O-Teil der Hasan-Moschee wurde das Mausoleum MOHAMMEDS V., ein Werk im traditionellen hispanomaur. Stil, errichtet (1971 vollendet). In der kolonialzeitl. Neustadt liegen ferner das Theater Mohammed V., die Kathedrale Saint-Pierre (Anfang 20. Jh.), die Große Moschee Djamaa es-Souna (18. Jh.). Im SO des Zentrums der Komplex des Königspalasts (erster Palast 1780, zweiter Palast 1864 errichtet, heutiger moderner Palast mit Moschee). Im O, außerhalb des almohad. Tores Zaer (12. Jh.), liegt die ummauerte Merinidennekropole Chellah (1310–39 an der Stelle der antiken Stadt Sala erbaut) mit monumentalem Schmucktor, den Merinidengräbern und der Abu-Jusuf-Jakub-Moschee (13. Jh.; Fayencemosaiken).

Salé ist durch mehrere moderne Brücken sowie Fähren mit R. verbunden. Die rechteckige Medina ist allseitig von der Merinidenmauer (13. Jh.) mit vielen Türmen und fünf Toren umschlossen. Innerhalb der hispanomaurisch geprägten Medina liegen die Große Moschee (1163–85), die prachtvolle Medrese (1341) und der Funduk Asfour. 12 km nördlich, bei Bouknadel, liegen die Exot. Gärten. Nordöstlich von Salé erstreckt sich der Mamora-Wald (Eukalyptus, Pinien, Eichen, Tamarisken, Mimosen).

Geschichte: An der Stelle einer Siedlung aus dem 3. Jh. v. Chr. gründeten die Phöniker den Handelsstützpunkt **Sala,** der vom 1. Jh. v. Chr. bis ins 1. Jh. n. Chr. Hauptstadt eines Berberkönigreichs war. Im 10. Jh. gründeten die Araber an der S-Seite der Flussmündung das Militärkloster **Ribat el-Fath,** das ab Mitte des 12. Jh. von den Almohaden zu einer gewaltigen Kasba mit Palast ausgebaut wurde. Das heutige Salé wurde Anfang des 11. Jh. auf der N-Seite der Flussmündung angelegt. Beide Städte erlebten unter den Meriniden (13.–15. Jh.) und den Sadiern (16. und 17. Jh.) eine städtebaul. Blüte. Den entscheidenden Aufschwung brachte die Niederlassung von 1609–14 aus Andalusien vertriebenen Morisken. 1627 errichteten diese die ›Korsarenrepublik von Bou Regreg‹, besetzten das zeitweilig rivalisierende Salé, bauten eine mächtige Flotte und betrieben Seeräuberei im Mittelmeer und vor der frz. und engl. Atlantikküste. 1666 wurde der Kleinstaat nominell dem Königreich der in Marokko zur Macht gelangten Hasaniden (Alawiden) eingegliedert; die Piraterie dauerte bis ins 19. Jh. 1912 wurde R. Verwaltungssitz des frz. Protektoratsgebiets Marokko, unter MULAI JUSUF (1913–27) Sultansresidenz; seitdem ist es Hauptstadt von Marokko.

J. CAILLÉ: La ville de R. jusqu'au protectorat français, 3 Bde. (Paris 1949); J. L. ABU-LUGHOD: R., urban apartheid in Morocco (Princeton, N. J., 1980); M. BELFQUIH u. A. FADLOULLAH: Mécanismes et formes de croissance urbaine au Maroc. Cas de l'agglomération de Rabat-Salé, 3 Bde. (Rabat 1986); A. M. FINDLAY u. R. PADDISON: Planning the Arab city: the cases of Tunis and R. (Oxford 1986); C. CHALINE: Urbanisme et développement ... Ankara, Le Caire, R., Tunis (Paris 1989); R. CHASTEL: Rabat-Salé. Vingt siècles de l'Oued Bou Regred (Rabat 1994).

Rabatt [ital. rabatto, zu rabattere ›abschlagen‹, ›einen Preisnachlass gewähren‹] *der, -(e)s/-e,* **1)** *Marketing:* Preisnachlass oder Mengenzuschlag **(Natural-R.),** der dem Käufer auf einen allg. geforderten Preis gewährt wird. Man unterscheidet R. für Wiederverkäufer und für Endverbraucher. Zu den **Wiederverkäufer-R.** zählen: 1) Preisnachlass eines Herstellers oder Großhändlers für Absatzaufgaben, die der Wiederverkäufer übernimmt (Funktions-R., Händler-R.); 2) Preisnachlass oder Mengenzuschlag beim Kauf größerer Mengen, als handelsüblich ist (Mengen-R. im Unterschied zu Mindermengenzuschlägen bei Kleinaufträgen); der Mengen-R. ist an Auftragsvolumen oder -zusammensetzung gebunden, oder er wird als Bonus für den gesamten Umsatz einer Periode gewährt; 3) Preisnachlass für Bestellungen zu bestimmten Zeitpunkten oder -perioden sowie zur Einführung neuer Waren (Zeit-R.); 4) Preisnachlass für den Dauerbezug (Treue-R.).

Die R.-Gewährung an Endverbraucher ist durch das Ges. über Preisnachlässe **(R.-Gesetz)** vom 25. 11. 1933 eingeschränkt. Danach sind folgende **Verbraucher-R. (Konsumenten-R.)** erlaubt: 1) Barzahlungs-R. in Höhe von 3% des Rechnungsbetrages (→Skonto); 2) Mengen-R., sofern dieser handelsüblich ist; 3) Sonder-R. für Personen, die die Ware oder Leistung in ihrer berufl. oder gewerbl. Tätigkeit verwerten, für Großabnehmer und Werksangehörige (Personal-R.); 4) Treue-R., durch Beipacken von Gutscheinen bei Markenwaren, die in bestimmter Anzahl gegen einen Barbetrag eingelöst werden. Die geplante Aufhebung des R.-Gesetzes konnte 1994 nicht durchgesetzt werden. – R. bieten im Vergleich zu niedrigeren Nettopreisen psycholog. Vorteile, weil sie dem Käufer eine

Rabat

Hauptstadt von Marokko

eine der vier ›Königsstädte‹

an der Mündung des Bou Regreg in den Atlantik

799 400 Ew.

als Doppelstadt mit Salé 1,386 Mio. Ew.

Universität (1957 gegründet)

Schmucktor der Oudaia-Kasba und Hasan-Turm (12. Jh.), Meisterwerke der almohadischen Baukunst

phönikischer Handelsstützpunkt Sala, Hauptstadt eines Berberkönigreichs

arabisches Militärkloster Ribat el-Fath, im 12. Jh. zur Kasba ausgebaut

städtebauliche Blüte vom 13. bis 17. Jh.

seit 1912 Verwaltungssitz von Marokko

gewisse Bevorzugung suggerieren; ferner ermöglichen sie eine differenzierte Absatzsteuerung. Die Gefahr einer Diskriminierung besteht, wenn R. nicht mehr durch sachl. Gründe zu rechtfertigen sind oder die R.-Spreizung zw. höchstem und niedrigstem Bezugspreis zu Konzentrationsprozessen führt.

2) *Versicherung:* Nachlass auf die Prämie (Beitrag) aufgrund besonderer Gegebenheiten des Versicherungsvertrages, z. B. in der Lebensversicherung, wenn die Versicherungssumme eine bestimmte Höhe übersteigt **(Summen-R.)**; in der Kraftfahrt- und Vollkaskoversicherung, wenn der individuelle Schadenverlauf des Autohalters in der Vergangenheit günstig war **(Schadenfreiheits-R.)**.

Rabatte [niederländ. rabat, eigtl. ›Aufschlag am Halskragen‹] *die, -/-n,* im Gartenbau ein meist langes und schmales Zierpflanzenbeet (Langbeet) für Gehölze, Stauden und Sommerblumen längs von Wegen, Rasenflächen, Mauern u. a.

Rabaul, Stadt im NO der Insel New Britain, Papua-Neuguinea, an der Küste der Gazellehalbinsel, 17 000 Ew.; kath. Erzbischofssitz; Rundfunkstation, botan. Garten; Holzverarbeitung, Fischerei; Exporthafen, internat. Flughafen.

Ernst Rabel

Rabbi [hebr. ravvî ›mein Meister‹, ›mein Lehrer‹] *der, -(s)/...ba'nan* und (dt.) *...'binen* oder *-s,* im *Judentum* urspr. höfliche allgemeine Anrede, in talmud. Zeit Titel für Gelehrte, die in verbindl. Weise die Vorschriften der Thora auslegten. Der Titel war auf die Gelehrten Palästinas beschränkt und wurde mit der Ordination (hebr. ›Semikah‹) durch den Patriarchen oder durch Schulhäupter und Gelehrte verliehen. In Babylonien lautete der Titel **Rab;** Ehrentitel des →Patriarchen war **Rabban.** Seit dem MA. wurde R. auch für →Rabbiner gebraucht. – Im *N. T.* wird auch JESUS mit R. (Mk. 9, 5; Mt. 26, 25) bzw. aram. **Rabbuni** (Mk. 10, 51) angeredet.

François Rabelais

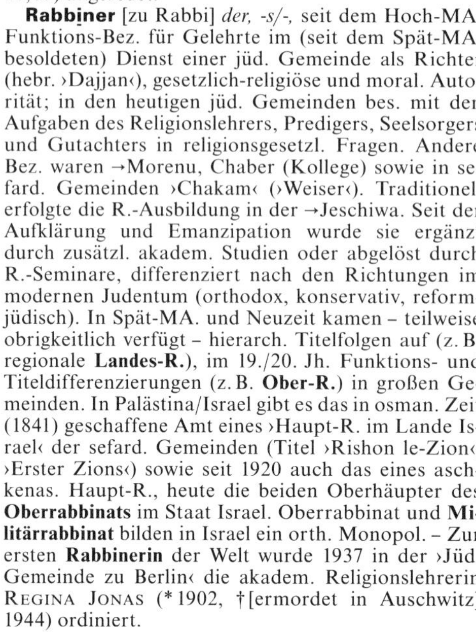

Rabbiner [zu Rabbi] *der, -s/-,* seit dem Hoch-MA. Funktions-Bez. für Gelehrte im (seit dem Spät-MA. besoldeten) Dienst einer jüd. Gemeinde als Richter (hebr. ›Dajjan‹), gesetzlich-religiöse und moral. Autorität; in den heutigen jüd. Gemeinden bes. mit den Aufgaben des Religionslehrers, Predigers, Seelsorgers und Gutachters in religionsgesetzl. Fragen. Andere Bez. waren →Morenu, Chaber (Kollege) sowie in sefard. Gemeinden ›Chakam‹ (›Weiser‹). Traditionell erfolgte die R.-Ausbildung in der →Jeschiwa. Seit der Aufklärung und Emanzipation wurde sie ergänzt durch zusätzl. akadem. Studien oder abgelöst durch R.-Seminare, differenziert nach den Richtungen im modernen Judentum (orthodox, konservativ, reformjüdisch). In Spät-MA. und Neuzeit kamen – teilweise obrigkeitlich verfügt – hierarch. Titelfolgen auf (z. B. regionale **Landes-R.**), im 19./20. Jh. Funktions- und Titeldifferenzierungen (z. B. **Ober-R.**) in großen Gemeinden. In Palästina/Israel gibt es das in osman. Zeit (1841) geschaffene Amt eines ›Haupt-R. im Lande Israel‹ der sefard. Gemeinden (Titel ›Rishon le-Zion‹, ›Erster Zions‹) sowie seit 1920 auch das eines aschkenas. Haupt-R., heute die beiden Oberhäupter des **Oberrabbinats** im Staat Israel. Oberrabbinat und **Militärrabbinat** bilden in Israel ein orth. Monopol. – Zur ersten **Rabbinerin** der Welt wurde 1937 in der ›Jüd. Gemeinde zu Berlin‹ die akadem. Religionslehrerin REGINA JONAS (* 1902, † [ermordet in Auschwitz] 1944) ordiniert.

rabbinisch-talmudische Literatur, →hebräische Literatur.

Rabbit Haemorrhagic Disease ['ræbɪt 'hemərɪdʒɪk dɪ'zi:z, engl.], Abk. **RHD,** durch ein Calicivirus (Virus mit einsträngiger RNA als Erbmaterial) verursachte, seuchenhaft verlaufende und vielfach tödl. Infektionskrankheit bei Haus- und Wildkaninchen, die 1984 erstmalig in China beschrieben wurde

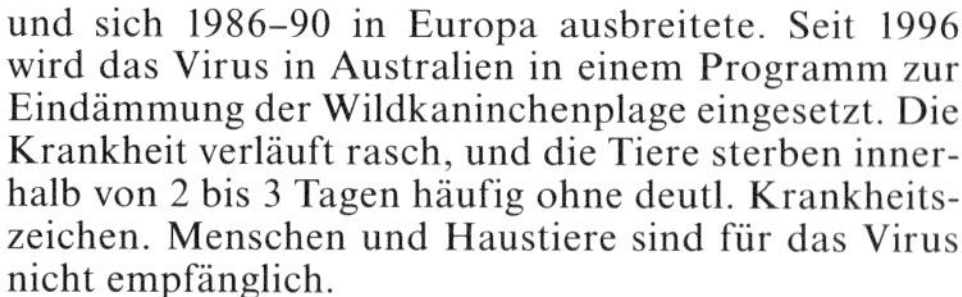

und sich 1986–90 in Europa ausbreitete. Seit 1996 wird das Virus in Australien in einem Programm zur Eindämmung der Wildkaninchenplage eingesetzt. Die Krankheit verläuft rasch, und die Tiere sterben innerhalb von 2 bis 3 Tagen häufig ohne deutl. Krankheitszeichen. Menschen und Haustiere sind für das Virus nicht empfänglich.

Rabe, *Astronomie* lat. **Corvus,** Abk. **Crv,** kleines →Sternbild des Südhimmels, südlich der →Jungfrau gelegen; im Frühjahr am Abendhimmel sichtbar.

Rabe [reɪb], David, amerikan. Dramatiker, * Dubuque (Ia.) 10. 3. 1940; wurde durch seine Trilogie über den Vietnamkrieg, an dem er teilnahm, bekannt: ›The basic training of Pavlo Hummel‹ (1969); ›Sticks and bones‹ (1972; dt. ›Knüppel und Knochen‹); ›Streamers‹ (1977; dt. ›Die schreienden Adler‹). In diesen Dramen stellt er die brutalisierenden Auswirkungen des Krieges auf das Individuum, die Familie und die amerikan. Gesellschaft dar.

Weitere Werke: *Drama:* Hurlyburly (1985). – *Roman:* Recital of the dog (1993).

W. HERMAN: Understanding contemporary American drama (Columbia, S. C., 1987); P. C. KOLIN: D. R. A stage history and a primary and secondary bibliography (New York 1988).

Rabearivelo, Jean-Joseph, madegass. Schriftsteller, * Antananarivo 4. 3. 1903, † (Selbstmord) ebd. 22. 6. 1937; verfasste eine Vielzahl von z. T. erst postum erschienenen Gedichten und Essays auf Malagasy (u. a. ›Lova‹, hg. 1957) und Französisch (›Presque-songes‹, 1934; ›Traduit de la nuit‹, 1935; ›Poèmes‹, hg. 1960). Seine oft von Trauer, Verzweiflung und dem Gefühl von Einsamkeit und kultureller Gespaltenheit erfüllte Lyrik greift auf klassische madegass. Balladenformen zurück.

Rabel, Ernst, Jurist, * Wien 28. 1. 1874, † Zürich 7. 9. 1955; Prof. in Leipzig, Basel, Kiel, Göttingen, München und Berlin. Erster Direktor des Kaiser-Wilhelm- (heute: Max-Planck-)Instituts für ausländ. und internat. Privatrecht in Berlin (1926–35); Mitgl. u. a. des Ständigen Internat. Gerichtshofs in Den Haag (1925–27); Begründer und Herausgeber der ›Zeitschrift für Ausländ. und Internat. Privatrecht‹ (seit 1927, seit 1961 ›R.s Zeitschrift für ausländ. und internat. Privatrecht‹). Durch das natsoz. Regime vertrieben, lehrte R. in den USA (Ann Arbor, Mich.; Cambridge, Mass.). R. hat die moderne Rechtsvergleichung in Dtl. begründet.

Werke: Grundzüge des röm. Privatrechts (1913); Das Recht des Warenkaufs, 2 Bde. (1936–58); The conflict of laws. A comparative study, 4 Bde. (1945–58).

Rabelais [ra'blɛ], François, frz. Schriftsteller, * La Devinière (bei Chinon) um 1494, † Paris 9. 4. 1553; erhielt eine theolog. Ausbildung, trat 1511 in den Franziskanerorden ein, geriet aber wegen seiner Studien antiker (v. a. griech.) Texte in Konflikt mit den Ordensregeln und gehörte ab 1524 dem Orden der Benediktiner an. 1527 wurde er Weltgeistlicher, studierte ab 1530 Medizin und Naturwiss.en in Montpellier und wirkte ab 1532 als Arzt in Lyon. Hier veröffentlichte er u. a. eigene medizin. Schriften sowie Übersetzungen einiger Werke des HIPPOKRATES und GALEN. Als Leibarzt und Sekretär des Kardinals JEAN DU BELLAY (* 1494, † 1560) unternahm er mehrere Reisen nach Italien und entzog sich nach der Verurteilung seines ›Tiers livre‹ durch die kirchl. Zensur 1546 einer Verfolgung durch die Flucht nach Metz. 1551 übertrug ihm Kardinal DU BELLAY als Pfründe die Pfarreien von Saint-Christophe du Jambet und Meudon bei Paris.

Der schriftsteller. Ruhm von R. beruht auf seinem um die Figuren der Riesen Gargantua und Pantagruel und ihre Gefährten angelegten Roman, der von unbändiger Fabulierkunst und Fantastik sprüht und in dem humanist. Gedankengut, Parodie, Satire und

Zeitkritik eine enge Verbindung eingehen (›Les horribles et espouventables faictz et prouesses du très renommé Pantagruel ...‹, 1532, dt. ›Die schreckl. Heldentaten des berühmten Pantagruel ...‹; ›La vie inestimable du grand Gargantua, pere de Pantagruel ...‹, 1534, dt. ›Das höchst schreckl. Leben des großen Gargantua, des Vaters von Pantagruel‹; ›Tiers livre‹, 1546, dt. ›Drittes Buch ...‹; ›Le quart livre de Pantagruel‹, 1548, vollständige Ausg. 1552, dt. ›Das vierte Buch‹; die Authentizität von ›Le cinquiesme et dernier livre ...‹, hg. 1564; dt. ›Das fünfte und letzte Buch‹, erstmals hg. 1562 u. d. T. ›L'isle sonante‹, ist umstritten).

Das Handlungsschema des Werks, das unmittelbar durch ein 1532 in Lyon erschienenes Volksbuch angeregt wurde (Schilderung der Jugend der Protagonisten, ihre Erziehung und Studien sowie die Waffentaten der herangewachsenen Helden), verweist auf die mittelalterl. Heldendichtung und den altfrz. Ritterroman sowie deren Parodien. Stofflich basiert es ferner u. a. auf der Bibel, der klassisch-antiken Literatur, antiken Geheimlehren, mittelalterl. Farcen, Fabliaux und Mysterienspielen, den ital. Renaissance-Epen, zeitgenöss. Reiseliteratur und den Werken humanist. Autoren (z. B. ERASMUS VON ROTTERDAM).

Die erzähler. Originalität beruht auf einer maßlosen, karnevalesken Übertreibung der Wirklichkeit bis hin zu ihrer Deformierung, wobei sich Reales und Irreales, Subtiles und derb Sinnliches bis zum Obszönen, (un)mittelbarer Zeitbezug und groteske wie utop. Elemente verbinden. Damit korrespondiert eine alle Stilebenen (von der klassisch-gelehrten Kunstprosa bis zur sinnl. Kraft volkstüml. und vulgärer Wendungen) virtuos beherrschende Sprache, die mit ihren Neologismen und Wortspielen, fantast. Sprachmischungen und eruptiven Wortkaskaden zum Mittel kom. Verfremdung und Instrument satir. Kritik wird und dem Französischen nachhaltig neue Möglichkeiten erschloss.

Inhaltlich präsentiert sich der Roman als komplexes Gebilde vieldeutig aufeinander bezogener und einander häufig relativierender Sinnebenen. Seine Grundhaltung ist von renaissancehafter Daseins- und Sinnenfreude geprägt, von humanist. Geist und entschiedener Abkehr von dogmat. Denken in allen seinen Formen. Hieraus erwächst auch seine umfassende Zeitsatire: gegen das zeitgenöss. Wissenschafts- und Bildungsverständnis, die scholast. Theologie (und die theolog. Fakultät an der Sorbonne), blinden Aberglauben, die Weltfeindlichkeit der Mönchsorden, geistige Intoleranz, konfessionelle Erstarrung und religiösen Fanatismus bei Katholiken und Reformern sowie generell gegen alles Unnatürliche im menschl. Leben. Dem steht der Glaube an die Möglichkeiten humanist. Wiss. und eine universalist., weltoffene, geistige und körperl. Erziehung umfassende, praxisbezogene Bildung gegenüber, die den Menschen zu eth. Vollkommenheit, Toleranz, individueller Gewissensentscheidung und Gestaltung der Lebenswirklichkeit aus innerer Freiheit befähigt. Mit der ›Abbaye de Thélème‹ gestaltet R. (in ›Gargantua‹) das als ›Antikloster‹ konzipierte Bild einer idealen menschl. Gemeinschaft in humanist. Geist und auf der Basis der Willensfreiheit (nach der Devise ›Fais ce que voudras‹, ›Tu, was du willst‹) als positive Utopie.

Die schon im 16. Jh. (J. →FISCHART u. a.) einsetzende Nachwirkung R.' blieb in der frz. Klassik nur vereinzelt spürbar (J. DE LA FONTAINE, MOLIÈRE); er wurde v. a. seit dem 19. Jh. (H. DE BALZAC, ›Contes drôlatiques‹, V. HUGO, A. JARRY) in seiner geistigen und künstler. Originalität erkannt, deren Einfluss bis ins 20. Jh. reicht (ARNO SCHMIDT u. a.).

Ausgaben: Œuvres complètes, hg. v. J. PLATTARD, 5 Bde. ([1-6]1946–66); Œuvres complètes, hg. v. P. JOURDA, 2 Bde. ([2]1970); Œuvres complètes, hg. v. L. SCHELER (Neuausg. 1985). – Des F. R. weiland Arznei-Doktors u. Pfarrers zu Meudon Gargantua u. Pantagruel, übers. v. E. HEGAUR u. a. ([5]1974); Gargantua u. Pantagruel, übers. v. W. WIDMER u. a., 2 Bde. (1978).

L. SAINÉAN: La langue de R., 2 Bde. (Paris 1922–23, Nachdr. Genf 1976); J. PLATTARD: F. R. (Paris 1932, Nachdr. Genf 1972); DERS.: R., l'homme et l'œuvre (Paris 1957); DERS.: L'œuvre de R. Sources, invention et composition (ebd. 1967); V. L. SAULNIER: Le dessein de R. (ebd. 1957); DERS.: R., 2 Bde. (ebd. 1982–83); M. A. SCREECH: L'évangelisme de R. (Genf 1959); DERS.: R. (Ithaca, N. Y., 1979); DERS. u. S. RAWLES: A new R. bibliography (Genf 1987); R., hg. v. A. BUCK (1973); F.-R. HAUSMANN: F. R. (1979); M. LAZARD: R. et la renaissance (Paris 1979); G. DEMERSON: R. (ebd. 1986); M. D. CUSSET: Mythe et l'histoire. Le pouvoir et la transgression dans l'œuvre de R. (1992); M. BACHTIN: R. u. seine Welt. Volkskultur als Gegenkultur (a. d. Russ., Neuausg. 1995); B. ROMMEL: Literatur als Lebensführung. R. zw. Mündlichkeit u. Schriftlichkeit: ›Gargantua‹ (1996).

Rabemananjara [-'ʒara], Jacques, madegass. Schriftsteller und Politiker, *Maroantsetra (Prov. Toamasina) 23. 7. 1913; ab 1939 Kolonialbeamter in Paris; schloss sich der Négritude-Bewegung an, 1947 Mitbegründer der Zeitschrift ›Présence africaine‹. Als angebl. Mitanstifter des madegass. Aufstandes gegen die Kolonialmacht Frankreich (1947) zehn Jahre in Haft, war er nach der Unabhängigkeit seines Landes (1960) u. a. 1960–65 Wirtschafts-, 1967–72 Außen-Min.; lebt heute in Paris. Seine bekanntesten, während der Haft in frz. Sprache geschriebenen Gedichte verleihen seiner Wut und Verzweiflung wie seiner Freiheits- und Vaterlandsliebe Ausdruck (›Antsa‹, 1948; ›Lamba‹, 1956; beide dt. u. d. T. ›Insel mit Flammensilben‹). Schrieb auch Dramen und Essays.

Ausgaben: Œuvres complètes, auf mehrere Bde. ber. (1978 ff.). – Deine unermeßl. Legende (1985, Ausw.).

M. KADIMA-NZUJI: J. R. L'homme et l'œuvre (Paris 1981); J.-P. KOENIG: Le théâtre de J. R. (Dakar 1989).

Raben, umgangssprachl. Bez. für den →Kolkraben, aber auch für andere →Rabenvögel, wie Saatkrähe, Rabenkrähe und Nebelkrähe.

Kulturgeschichte: Bei den Griechen und Römern waren weiße R. Begleiter Apolls, auch dem Sonnengott Helios waren R. heilig. Nach der chin. Mythologie haust ein dreifüßiger R. in der Sonne. – In der Bibel galten R. als unrein (3. Mos. 11, 15), waren aber andererseits dazu ausersehen, ELIA auf der Flucht zu ernähren (1. Kön. 17, 4–6). Sie wurden als grausame Eltern angesehen, die sich nicht um ihre Jungen kümmern (Hiob 38, 41; daher ›Rabeneltern‹). Im Christentum symbolisiert der R. die Ungläubigen und Abtrünnigen. – In der nord. Mythologie besitzt Odin zwei R., Hugin und Munin (Gedanke und Erinnerung), die ihm Kunde vom Geschehen in der Welt bringen. – Den Indianern an der NW-Küste Nordamerikas war der R. als Schöpfergeist, Licht- und Heilsbringer wichtig. Der Kolkrabe gilt v. a. wegen seiner Farbe und seines Krächzens (bes. im Märchen) als Unglücks- oder Seelenvogel.

Rabenau, Stadt im Weißeritzkreis, Sa., 250–350 m ü. M., am Fuß des östl. Erzgebirges, 4 700 Ew.; Heimat- und Stuhlbaumuseum; Sitzmöbelherstellung. Westlich von R. das von einer Schmalspurbahn durchquerte steilwandige Kerbtal **Rabenauer Grund** (Naturschutzgebiet).

Rabener, Gottlieb Wilhelm, Schriftsteller, *Wachau (bei Leipzig) 17. 9. 1714, †Dresden 22. 3. 1771; Besuch der Fürstenschule St. Afra in Meißen (Freundschaft mit C. F. GELLERT), Jurastudium in Leipzig; ab 1763 Steuerrat in Dresden. Mitarbeit an den ›Bremer Beiträgen‹ und an JOHANN JOACHIM SCHWABES (*1714, †1784) ›Belustigungen des Verstandes und Witzes‹ (4 Bde., 1742–45). R., gerühmt als ›dt. Swift‹, pflegte die maßvolle bürgerl. Satire gegen individuelle Schwächen und Modetorheiten.

Ausgaben: Verewigte Esel, hg. v. H. KUNZE ([2]1968).

Rabenkrähe, einfarbig schwarze Unterart der Aaskrähe (→Krähen).

Rabenschlacht, mhd. Heldenlied eines anonymen Autors in 1 140 Strophen, verfasst im letzten Drittel des 13. Jh. in Tirol; gehört in den Stoffkreis der Erzählungen um Dietrich von Bern. Es berichtet vom Kampf Dietrichs gegen den Gotenkönig ERMANARICH in der Schlacht von Raben (Ravenna). Die R. ist zus. mit dem wenig später entstandenen ›Buch von Bern‹ (auch ›Dietrichs Flucht‹) überliefert.

Ausgabe: Alpharts Tod. Dietrichs Flucht. R., hg. v. E. MARTIN (1866, Nachdr. 1975).

Rabenschnabelbein, Korakoid, Os coracoideum, Knochenelement im Schultergürtel der Wirbeltiere; beim Menschen zum **Rabenschnabelfortsatz** (Processus coracoideus) des Schulterblattes zurückgebildet.

Rabenvögel, Corvidae, Familie der →Sperlingsvögel mit 105 drossel- bis bussardgroßen Arten, die nahezu weltweit verbreitet sind. R. gelten als bes. anpassungsfähige und intelligente Vögel. Ihr Gefieder ist häufig schwarz, kann aber auch recht farbig sein. Die meisten Arten haben ein sehr breites Nahrungsspektrum, viele, z. B. der Tannenhäher, legen umfangreiche Vorräte für Notzeiten an. Als Neststandorte dienen Bäume, Klippen, Baum- und Erdhöhlen. In Dtl. brüten →Kolkrabe, →Saatkrähe, Raben- und Nebelkrähe (→Krähen), →Dohle, →Alpendohle, →Elster, →Eichelhäher und →Tannenhäher.

Isaac I. Rabi

Rabi [ˈreɪbɪ], Isaac Isidor, amerikan. Physiker poln. Herkunft, *Rymanów (bei Sanok) 29. 7. 1898, †New York 11. 1. 1988; Prof. an der Columbia University in New York. R. gelang die Bestimmung magnet. Kernmomente und der Hyperfeinstruktur von Spektrallinien; er entwickelte die →Atomstrahlresonanzmethode **(R.-Methode)** zur Feststellung magnet. Eigenschaften des Atomkerns, wofür er 1944 den Nobelpreis für Physik erhielt.

Rabi|es [lat. ›Wut‹, ›Tollheit‹] *die*, -, die →Tollwut.

Itzhak Rabin

Rabin, Itzhak, israel. General und Politiker, *Jerusalem 1. 3. 1922, †(ermordet) Tel Aviv-Jaffa 4. 11. 1995; Sohn von ROSA COHEN, der weißruss. Mitbegründerin der Histadrut; wurde 1941 Mitgl., später Kommandeur der Palmach. Als Generalstabschef (1964–68) leitete er im Juni 1967 die israel. Operationen im Sechstagekrieg. Danach war R. Botschafter (1968–73) in Washington (D. C.) sowie Vors. der Israel. Arbeitspartei (seit 1992 ›Avoda‹; 1974–77 und 1992–95); ab Januar 1974 Abg. der Knesset; bemühte sich in seiner 1. Amtszeit als Min.-Präs. (1974–77) um den Abschluss von Truppenentflechtungsabkommen mit Syrien (Mai 1974) und Ägypten (September 1975). Seit Juli 1992 erneut Min.-Präs. sowie Innen- und Verteidigungs-Min. (dies auch schon 1984–90), förderte er die Aussöhnung zw. Israel und Palästinensern/PLO; nach dem Abschluss des Gaza-Jericho-Abkommens (13. 9. 1993) erhielt er zus. mit S. PERES und J. ARAFAT den Friedensnobelpreis 1994. Im Anschluss an eine Großveranstaltung zugunsten des Friedensprozesses im Nahen Osten fiel R. dem Attentat eines israel. Extremisten zum Opfer.

D. ARAZI: I. R. – Held von Krieg u. Frieden (1996); Y. R. Feldherr u. Friedensstifter, hg. v. D. HOROVITZ (a. d. Engl., 1996).

Rabinal Achí [- aˈtʃi; Quiché ›der Mann von Rabinal‹], Tanzdrama der Quiché-Indianer in Guatemala, das bis ins 19. Jh. in der Stadt Rabinal aufgeführt wurde. Es behandelt den Kampf zw. den verfeindeten Stammesgruppen der Quiché und der Rabinal sowie die zeremoniellen Opferkämpfe anlässlich der Opferung des unterlegenen Quiché-Königs. Das in Dialogform verfasste, 1850 erstmals aufgeschriebene Stück ist das einzige überlieferte Tanzspiel mit nur geringem kolonialsprachl. Einfluss.

Ausgabe: Der Mann von Rabinal oder Der Tod des Gefangenen, übers. v. E. W. PALM (1961).

Rabinowitch, David, kanad. Bildhauer, *Toronto 6. 3. 1943; lebt seit 1972 in New York; konstruiert seit 1969 kompliziert errechnete Bodenskulpturen aus mehreckig geformten, zu einem unregelmäßigen Gesamtumriss zusammengefügten Platten; seit 1975 auch ›Wandzeichnungen‹ in Gips.

D. R. Skulpturen mit ausgew. Zeichnungen, Plänen u. Texten, hg. v. C. NEIMANN, Ausst.-Kat. (1987); D. R. Werke 1967–1976, Beitrr. v. K. BAKER u. a. (dt., engl., 1992).

Rabinowitsch, Schalom, jidd. Schriftsteller, →Scholem Alejchem.

Rabinowitsch-Kempner, Lydia, Bakteriologin, *Kowno (heute Kaunas) 22. 8. 1871, †Berlin 3. 8. 1935; einzige Schülerin von R. KOCH; erhielt als erste Frau 1912 den ordentlichen preuß. Professorentitel; leitete ab 1920 das Bakteriolog. Laboratorium des Berliner Krankenhauses Moabit; arbeitete bes. über Tuberkulose.

Rabitzwand [nach einem Berliner Maurer], die →Drahtputzwand.

Råbjerg Mile [ˈrɔbjɛr ˈmiːlə], Wanderdünengebiet in Nordjütland, Dänemark, auf der Halbinsel Skagens Odde, etwa 2 km lang und 800 m breit; 41 m ü. M. Die vegetationslosen Dünen bewegen sich pro Jahr etwa 8 m nach O; Naturschutzgebiet.

Rabnitz *die*, ungar. **Répce** [ˈreːptsɛ], im Unterlauf **Rábca** [ˈraːptsɔ], rechter Nebenfluss der Donau, 177 km lang, davon 60 km in Österreich; entspringt in der Buckligen Welt, Österreich, mündet bei Raab, Ungarn, in die Kleine Donau.

Rabobank Nederland, Kurz-Bez. für **Coöperatieve Centrale Raiffeisen-Boerenleenbank BA** [- ˈbuːrənleːn- beˈperktə ˈɑnsprɑkelɛi̯khɛi̯d], niederländ. Genossenschaftsbank, entstand 1972 durch Fusion der Coöperatieve Centrale Raiffeisenbank, Utrecht, mit der Coöperatieve Centrale Boerenleenbank, Eindhoven; Sitz: Utrecht.

Rabula-Evangeliar, Rabula-Codex, älteste vollständig erhaltene syr. Evangelienhandschrift (Blattgröße 33,4 × 25,5 cm), laut Inschrift am 6. 2. 586 unter

Rabula-Evangeliar: ›Himmelfahrt Christi‹; Miniatur, 586 n. Chr. (Florenz, Biblioteca Medicea Laurenziana)

Leitung eines Mönches namens RABULA im Skriptorium des Johannesklosters von Beth Mar Johannan in Zagba (bei Apameia, Syrien) vollendet, seit 1497 im Besitz der Biblioteca Medicea Laurenziana in Florenz (daher auch ›Codex Laurentianus‹). Bemerkenswert ist das R.-E. bes. durch seine Illuminationen (zwei Zierseiten, sieben ganzseitige Miniaturen, 70 kleine Szenen des A.T. und N.T. im Text sowie neun Kanontafeln), von denen einige das älteste Zeugnis christl. Ikonographie bestimmter Feste und Szenen darstellen. Das R.-E. ist offenbar das Werk syr. Künstler, die griech. mit oriental. Vorstellungen verbanden. Weiteres BILD →Pfingsten

Ausgabe: The Rabbula Gospels, hg. v. C. CECCHELLI u.a. (1959).

D. H. WRIGHT: The date and arrangement of the illustrations in the Rabbula gospels, in: Dumbarton Oaks Papers, Jg. 27 (Washington, D.C., 1973).

Rabutin [raby'tɛ̃], Roger de, Graf **von Bussy** [- by'si], →Bussy, Roger de Rabutin.

Racan [ra'kã], Honorat **de Bueil** [by'ɛj], Seigneur de, frz. Dichter, *Schloss Champmarin (bei Aubigné-Racan, Dép. Sarthe) 5. 2. 1589, †Paris 21. 1. 1670; schrieb unter ital. Einfluss die Pastorale ›Les bergeries‹ (1625) sowie u.a. Oden, Sonette und Stanzen, zuletzt v.a. geistl. Dichtungen (Psalmenübersetzungen) und die ›Mémoires pour la vie de Malherbe‹ (1651).

Racemat [zu lat. racemus ›Traube‹, da das Gemisch zuerst in der Traubensäure entdeckt wurde] *das, -(e)s/-e, Chemie:* Gemisch gleicher Mengen der Antipoden optisch aktiver Verbindungen. R. zeigen nach außen keine →optische Aktivität, da sich die Drehwinkel der Antipoden aufheben. Bei techn. Synthesen optisch aktiver Verbindungen entstehen immer R. **(racemische Gemische),** die man durch geeignete Methoden in die Antipoden zerlegen kann. R. weisen andere Schmelzpunkte und Kristallformen auf als die reinen Antipoden. Gekennzeichnet werden die R. durch Vorsetzen der die Antipoden unterscheidenden Buchstaben D und L vor den Verbindungsnamen, z.B. bei der DL-Weinsäure. (→Stereochemie)

Rache, archaische, dem modernen Rechtsempfinden und eth. Bewusstsein zuwiderlaufende Extremform der Vergeltung (→Blutrache); dabei wird – häufig unter Berufung auf eine metaphysisch verstandene Gerechtigkeit oder ein (angeblich) allgemein gültiges Rechtsempfinden – ein gewaltsamer Ausgleich zw. Individuen oder Gruppen, deren Recht (nach subjektivem Empfinden) verletzt oder deren Ehrgefühl gedemütigt wurde, herbeigeführt.

Rachel *der,* zweithöchste Berggruppe des Böhmerwalds, Bayern, am N-Rand des Nationalparks Bayerischer Wald, im **Großen R.** 1453 m ü. M.; in einem Kar an seiner Ostseite der Rachelsee (1071 m ü. M.); **Kleiner R.** 1399 m ü. M.

Rachel, 1) eigtl. **R. Bluwstein,** hebr. Dichterin, *Saratow 20. 9. 1890, †Tel Aviv 16. 4. 1931; wanderte 1909 nach Palästina aus, wirkte im Ersten Weltkrieg in Russland, später in jüd. Siedlungen am See Genezareth als Lehrerin. In ihrer Lyrik (zuerst in russ., dann in hebr. Sprache) beschreibt sie u.a. das Jordantal, den See Genezareth und das tägl. Leben der Pioniere.

Ausgabe: Lyrik. Ausgew. Lieder (1970).

2) Joachim, Schriftsteller, *Lunden (bei Husum) 28. 2. 1618, †Schleswig 3. 5. 1669; ab 1652 Rektor in Heide, Norden und Schleswig. Von den Zeitgenossen als ›dt. Juvenal‹ bezeichnet, richtete R., formal der Opitz-Schule verbunden, seine humanistisch orientierten Satiren gegen Unsitten der Zeit und gegen die Verachtung der Dichtkunst.

Racheln, Runsen, ital. **Calanche** [-'laŋke], *Geomorphologie:* meist dicht nebeneinander auftretende kerbförmige Furchen, Rinnen, Gräben und Tobel an Berghängen, bes. in Gebieten semihumiden bis semiariden Klimas. Die **Zerrachelung** tritt v.a. auf Hängen aus Lockergesteinen auf (Mergel, Ton, Lehm, Sand); durch sie wird der Zusammenhang der Vegetationsdecke gestört und die Entwaldung verstärkt.

Rachen, 1) *Anatomie:* der →Schlund.

2) *Zoologie:* v.a. bei größeren Raubtieren Bez. für die gesamte bezahnte Mundhöhle.

Rachenblume, Alpenrachen, Tozzia alpina, Rachenblütler in Hochstaudenfluren und an Bächen der Pyrenäen, Alpen und des Balkans; 10–15 cm hohe Pflanze mit glänzenden Blättern und blutrot punktierter Unterlippe an den goldgelben Blüten; Halbschmarotzer.

Rachenblüte, bei Rachenblütlern verbreitet vorkommende, einem aufgesperrten Rachen ähnelnde, dorsiventrale Lippenblüte mit meist verwachsener Oberlippe und tief gespaltenem Saum. Ist der Schlund durch eine Aufwölbung der Unterlippe fest geschlossen, wird die R. als ›maskiert‹ bezeichnet (z.B. beim Löwenmaul).

Rachenblütler, Braunwurzgewächse, Scrophulariaceae, Familie zweikeimblättriger Pflanzen mit etwa 4500 weltweit verbreiteten Arten in 222 Gattungen; meist Kräuter, Stauden, Sträucher und Lianen (selten Bäume) mit wechsel- oder gegenständigen Blättern; Blüten mit verwachsenblättriger Krone in ährigen, traubigen oder rispenartigen Blütenständen; der oberständige Fruchtknoten bildet Kapselfrüchte; z.T. Halb- oder Vollparasiten. Bekannte Gattungen sind →Ehrenpreis, →Fingerhut, →Gnadenkraut, →Klappertopf, →Königskerze und →Löwenmaul.

Rachenbräune, die →Diphtherie.

Rachenbremsen, Cephenomyiinae, Unterfamilie der Dasselfliegen; plumpe, 12–18 mm große, pelzig behaarte Fliegen, die aus wenigen Zentimetern Abstand ihre lebend geborenen Larven in die Nüstern des Wirtstieres (Elch, Hirsch, Reh, Ren) hineinspritzen; die Larven entwickeln sich im Rachenraum, den sie über die Nüstern wieder verlassen, um sich im Boden zu verpuppen.

Rachenreflex, →Würgereflex.

Rachepuppe, kleine plast. Zauberfigur mit Schadensabsichten im →Bildzauber, meist aus Wachs oder Lehm geformt.

Rach Gia [raik ʒa], Hafen- und Provinzhauptstadt im S Vietnams, am Golf von Thailand, 137800 Ew.; Zentrum eines Reisanbaugebietes; Flugplatz.

Rachinbürgen, Ratbürgen, im altfränk. Recht mit Pfändung und Vollstreckung beauftragte Gehilfen des Grafen sowie urteilende und das Urteil verkündende Schöffen. Bis zur Karolingerzeit schränkte sich ihr Tätigkeitsfeld auf die Urteilerfunktion ein.

Rachitis [zu griech. rháchis ›Rückgrat‹] *die, -/...'tiden,* **englische Krankheit,** Vitamin-D-Mangelkrankheit mit Störung des Calcium- und Phosphatstoffwechsels im Säuglings- und Kleinkindalter, die v.a. zu kennzeichnenden Veränderungen am Knochensystem führt. Die Ursachen liegen in einer unzureichenden Sonnenbestrahlung der Haut, wodurch die Umwandlung des Provitamins in die wirksame Form (Vitamin D_3) unter Einfluss der UV-Strahlen eingeschränkt ist, sowie in einer mangelhaften Zufuhr des Vitamins mit der Nahrung. Durch den Vitaminmangel kommt es zu einer Verminderung der Calciumresorption im Darm und zum Absinken des Calciumspiegels im Blut (Hypokalzämie) mit der Folge einer kompensator. Überfunktion der Nebenschilddrüsen (sekundärer →Hyperparathyreoidismus). Diese ist Ursache einer Knochenentkalkung, einer gesteigerten Phosphatausscheidung durch die Nieren und einer Störung der Kalkeinlagerung in die Wachstumszonen des Knochens (krankhafte Verformbarkeit).

Die *Symptome* bestehen zunächst in Unruhe und Schreckhaftigkeit, Muskelhypotonie mit Erschlaffung der Bauchdecke (›Froschbauch‹), ammoniakal. Harngeruch, Kopfschweiß, Haarausfall am Hinterkopf, Verstopfung, Krampfneigung; erste Skelettveränderungen treten in Form einer Erweichung des Hinterhauptbeins (Kraniotabes) auf; später kommt es zu stärkerer Abplattung des Kopfes (Caput quadratum) und verzögertem Fontanellenschluss, Auftreibungen an den Knochen-Knorpel-Grenzen, z. B. der Rippen (›rachit. Rosenkranz‹), Hand- und Fußgelenke (Doppelhöcker), Finger (›Perlschnurfinger‹), zu Erweiterung der unteren Brustkorböffnung (Glockenthorax), Hühnerbrust und verzögertem Zahndurchbruch mit Schmelzschäden. Bei Belastung des Skeletts treten Beckendeformierungen, Kyphose, O- oder X-Beine auf. Zu den Komplikationen gehören Tetanie und Knochenbrüche (›Grünholzbruch‹). Die *Diagnose* wird durch Röntgen- und Laboruntersuchungen (Serumcalcium- und Serumphosphatbestimmung) gestellt. Die *Behandlung* besteht in hoch dosierter Gabe von Vitamin D, UV-Bestrahlung, ggf. einer Korrektur von Belastungsdeformitäten durch Gipsverbände oder Schalenbett und Krankengymnastik. Durch vorbeugende Vitamingabe während des Säuglingsalters ist die R. in den Industrieländern selten geworden.

Andere Formen der R., die durch normale Vitamindosen nicht beeinflussbar sind und deshalb unter der Bez. **Vitamin-D-resistente R.** zusammengefasst werden, gehen auf teils erblich bedingte Störungen des Phosphatstoffwechsels (v. a. →Phosphatdiabetes) und unterschiedlich verursachte Nierenschädigungen (**R. renalis**) zurück. Bei Manifestation im Erwachsenenalter kommt es zu →Knochenerweichung.

Sergej Wassiljewitsch Rachmaninow

Rachmaninow, Sergej Wassiljewitsch, russ.-amerikan. Komponist und Pianist, *Gut Oneg (bei Nowgorod) 1. 4. 1873, †Beverly Hills (Calif.) 28. 3. 1943; studierte in Moskau Klavier und Komposition (S. I. TANEJEW, A. S. ARENSKIJ) und machte sich durch Konzertreisen einen Namen. 1904–06 wirkte er als Dirigent am Moskauer Bolschoi-Theater, 1917 verließ er Russland und lebte zunächst in Paris, seit 1935 in den USA. R. war einer der gefeiertsten Pianisten seiner Zeit, v. a. als Interpret der Werke F. CHOPINS, F. LISZTS und A. S. SKRJABINS. Seine Kompositionen (Opern, drei Sinfonien, sinfon. Dichtungen, Kammer- und Klaviermusik, Chorwerke und Lieder) knüpfen stilistisch an LISZT, CHOPIN und P. I. TSCHAIKOWSKY an. Bes. populär wurden das 2. Klavierkonzert und das Prélude cis-Moll op. 3, Nr. 2.

Werke: *Opern:* Aleko (1893, nach A. PUSCHKINS ›Die Zigeuner‹); Der geizige Ritter (1906, nach PUSCHKIN); Frančeska da Rimini (1906, nach DANTE). – Vier Klavierkonzerte: fis-Moll (1891, revidiert 1917), c-Moll (1901), d-Moll (1909), g-Moll (1926, revidiert 1941); Rhapsodie über ein Thema von Paganini (1934; für Klavier u. Orchester).

N. BAZHANOV: Rachmaninov (a. d. Russ., Moskau 1983); B. MARTYN: Rachmaninoff. Composer, pianist, conductor (Aldershot 1990); M. BIESOLD: S. R. Zw. Moskau u. New York. Eine Künstlerbiographie ([2]1993).

Rachmanowa, Alja (Aleksandra), eigtl. **Galina Nikolajewna,** verh. **Aleksandra Galina von Hoyer,** russ. Schriftstellerin, *Perm (?) 27. 6. 1898, †Ettenhausen (Kt. Thurgau) 11. 2. 1991; flüchtete 1917 vor der Revolution nach Sibirien, emigrierte 1925 nach Österreich, 1945 in die Schweiz; schrieb Erlebnisberichte sowie biograph. Romane.

Werke: *Romane:* Studenten, Liebe, Tscheka und Tod (1931), Ehen im roten Sturm (1932), Milchfrau in Ottakring (1933), alle drei u. d. T. Meine russ. Tagebücher (1960); Die Fabrik des neuen Menschen (1935); Tragödie einer Liebe. Roman der Ehe Leo Tolstojs (1937, auch u. d. T. Tolstoj. Tragödie einer Ehe); Das Leben eines großen Sünders. Ein Dostojewski-Roman, 2 Bde. (1947); Die Liebe eines Lebens. Iwan Turgenjew und Pauline Viardot (1952); Im Schatten des Zarenhofes. Die Ehe Alexander Puschkins (1957); Tschaikowskij (1972).

Jean Racine (Ausschnitt aus einem Kupferstich von Gerard Edelinck)

Rachmonow, Emomali (Imamali), tadschik. Politiker, *Dangara (Gebiet Kuljab) 5. 10. 1952; studierte Wirtschaftswissenschaften, war KP-Funktionär und bis 1992 Direktor eines landwirtschaftl. Staatsguts (Sowchos) im Gebiet Kuljab; wurde im November 1992 zum Vors. des Obersten Sowjets (Staatsoberhaupt) und nach einer Verf.-Änderung im November 1994 zum Staatspräs. gewählt. Eng angelehnt an die militär. Schutzmacht Russland schloss er nach einem mehrjährigen bewaffneten Konflikt zw. Reg.-Truppen und islam. Oppositionsgruppen mit Letzteren im Juni 1997 ein Friedensabkommen.

Racibórz [raˈtɕibuʃ], Stadt in Polen, →Ratibor.

Racin [-ts-], Kočo, makedon. Schriftsteller, *Veles (heute Titov Veles) 22. 12. 1908, †(gefallen) bei Kičevo (bei Ohrid) 13. 6. 1943; Journalist; wurde als Kommunist vor dem Zweiten Weltkrieg verfolgt und interniert, Teilnehmer am Partisanenkampf in Makedonien. R. ist mit seiner sozialen Lyrik (›Beli mugri‹, 1939) sowie mit seinen Erzählungen und Essays (in serbokroat., später in makedon. Sprache) über das schwere Leben der Arbeiter und Bauern einer der Begründer der modernen makedon. Literatur.

Racine [raˈsin], **1)** Jean, frz. Dramatiker, getauft La Ferté-Milon (bei Soissons) 22. 12. 1639, †Paris 21. 4. 1699, Vater von 2); besuchte die jansenistisch geprägte Schule von Port-Royal. Seine humanist. Ausbildung (intensives Griechischstudium) erlangte für die spätere dramat. Arbeit zur Erneuerung der frz. Tragödie große Bedeutung. R.s Debüt in Bühnen- und Hofwelt sowie persönl. Ehrgeiz führten jedoch bald zum Bruch mit den theaterfeindl. Jansenisten (1666). Trotz einiger Skandale und Affären brachten ihm seine Erfolge die Förderung durch N. BOILEAU-DESPRÉAUX, durch einflussreiche Politiker (J.-B. COLBERT) und die königl. Familie (König LUDWIG XIV. und dessen Schwägerin HENRIETTE). 1673 wurde er Mitgl. der Académie française. 1677 zog er sich nach Hof- und Theaterintrigen als Bühnenautor zurück, im gleichen Jahr wurde er Hofhistoriograph.

Schon in der ersten, noch von MOLIÈRES Schauspielern aufgeführten Tragödie ›La Thébayde ou les frères ennemis‹ (1664; dt. ›Die Thebais oder Die feindl. Brüder‹), die das trag. Verfallensein des Menschen an seine Vergangenheit behandelt, machte sich R. die effektvollen Stoffe der griech. Mythologie zunutze. Das Stück blieb jedoch wenig beachtet. In ›Alexandre le Grand‹ (1666; dt. ›Alexander der Große‹) schmeichelte er mit einem idealisierten histor. Stoff den Feldherrntugenden LUDWIGS XIV. und ahmte mit galanten Liebesabenteuern und preziöser Stilart die mod. Romanliteratur nach. Der endgültige Durchbruch gelang mit ›Andromaque‹ (1668; dt. ›Andromache‹), dem von EURIPIDES, HOMER und VERGIL inspirierten Drama der Folgeereignisse des Trojan. Krieges, worin die Menschen nun aber nicht mehr den Göttern, sondern ihren eigenen Leidenschaften und Regungen ausgeliefert sind. Entgegen dem heroischen, willensbetonten Menschenbild und aristokrat. Ethos P. CORNEILLES herrschten somit selbst in polit. Stücken R.s wie ›Britannicus‹ (1670; dt.) und ›Mithridate‹ (1673; dt. ›Mithridates‹) kleinmütiger Egoismus, misstrauisches Beobachten und gegenseitiges Hintergehen der an sich selbst verzweifelnden Menschen. Folgerichtig nahm er darum ›Bérénice‹ (1671; dt. ›Berenike‹), die Tragödie eines schmerzhaften, unfreiwilligen Liebesverzichts, zum Anlass, im Vorwort seinen humanist. Tragikbegriff als ›tristesse majestueuse‹ (›erhabene Melancholie‹) zu umschreiben, als seel. Leid, das des theatral. Beiwerks barocker Schauertragödien nicht mehr bedurfte. Auf Kritik an diesem neuartigen Tragikbegriff reagierte R. mit ›Bajazet‹ (1672; dt.), einer Haremstragödie aus zeitgenöss. türk. Milieu. In das Zentrum von ›Iphigénie‹ (1675; dt. ›Iphigenie‹) stellte er die antike Idee des Menschenopfers, jedoch aus Gründen des zeitübl.

Kunstbegriffs abgeschwächt zum Selbstmord der Eriphile. Mit ›Phèdre‹ (1677; dt. ›Phädra‹, von F. SCHILLER) schöpfte die klass. frz. Tragödie noch einmal alle ihre Möglichkeiten aus: Nach dem stoffl. Vorbild von EURIPIDES gestaltete R. die vom Jansenismus verkündete unbeeinflussbare Vorbestimmtheit des Menschen psychologisch überzeugend in vollendeten Alexandrinern. Die beiden letzten Stücke, die R. auf Anregung der glaubensstrengen Madame DE MAINTENON für die Schülerinnen von Saint-Cyr schrieb, nehmen bibl. Stoffe auf (›Esther‹, 1689, dt.; ›Athalie‹, 1691, öffentlich aufgeführt 1716; dt. ›Athalja‹).

R. verfasste des Weiteren eine Komödie nach ARISTOPHANES, ›Les plaideurs‹ (1669; dt. ›Die Prozeßsüchtigen‹), die ihn als begabten Satiriker erwies, ferner höf. und geistl. Lyrik (›Cantiques spirituels‹, 1694; dt. ›Geistl. Gesänge‹) sowie die den Jansenismus rechtfertigende Abhandlung ›Abrégé de l'histoire de Port-Royal‹ (entstanden zw. 1695 und 1699, hg. 1742; dt. ›Abriß der Geschichte von Port-Royal‹).

Mit seinen fünfaktigen Verstragödien erfüllte R. den theoret. Anspruch der klass. Dichtungslehre, trag. Geschehen mittels Vergeistigung und Überhöhung an die sittl. und gesellschaftl. Normen seiner Zeit anzupassen. Er veränderte das komplizierte, äußerst beredsame Barocktheater, indem er einerseits komplexe Intrigen durch einfache Handlungen, andererseits barocke Überraschungstechnik durch Reflexion und Selbsterkenntnis ersetzte; die Reduzierung des Wortschatzes (ungebräuchl. Wörter, Neologismen u.Ä. waren in der durch die Académie française festgelegten Sprachregelung nicht erlaubt) glich er durch symbol- und anspielungsreiche Sprache sowie den verstärkten Einsatz nichtsprachl. Mittel (Mimik, Gestik, beredtes Schweigen) aus. In einer durch christl. Trieb- und höf. Selbstbeherrschung geprägten Epoche stellte R. (wie auch B. PASCAL und die Moralisten) den Menschen im Räderwerk seiner selbst dar. So gelang es ihm, anstelle moral. Belehrung wieder verstärkt trag. Empfinden auf der Bühne zu vermitteln.

Ausgaben: Œuvres, hg. v. P. MESNARD, 10 Bde. (Neuausg. 1873–90); Œuvres complètes, hg. v. R. PICARD, 2 Bde. (Neuausg. 1980–81); Théâtre complet, hg. v. J. MOREL (1980). – Dramen, übers. v. A. LUTHER u. a., 2 Bde. (1961–62).

R. PICARD: Corpus Racinianum (Paris 1956); DERS.: Suppl. au Corpus Racinianum (ebd. 1961); DERS.: La carrière de J. R. (Neuausg. ebd. 1979); E. VINAVER: R. et la poésie tragique (ebd. [2]1963); K. BIERMANN: Selbstentfremdung u. Mißverständnis in den Tragödien R.s (1969); R. C. KNIGHT: R. et la Grèce (Paris [2]1974); W. THEILE: R. (1974); Nouveau corpus Racinianum, hg. v. R. PICARD (Paris 1976); R. BARTHES: Sur R. (Neuausg. ebd. 1981); L. GOLDMANN: Der verborgene Gott (a. d. Frz., 1985); J. D. HUBERT: Essai d'exégèse racinienne (Neuausg. Paris 1985); A. NIDERST: R. et la tragédie classique (ebd. [2]1986); T. MAULNIER: R. (Neuausg. ebd. 1988); J. ROUHOU: J. R. Bilan critique (ebd. 1994).

2) Louis, frz. Dichter, *Paris 6. 11. 1692, †ebd. 29. 1. 1763, Sohn von 1); schrieb religiöse Gedichte von jansenist. Grundhaltung (›La grâce‹, 1720; ›La religion‹, 1742, dt. ›Die Religion‹) und verfasste Oden, dichtungstheoret. Abhandlungen (›Réflexions sur la poésie‹, 1747) sowie Aufzeichnungen über Werk (›Remarques sur les tragédies de Jean Racine‹, 3 Bde., 1752) und Leben (›Mémoires sur la vie de Jean Racine‹, 1747) seines Vaters.

Rack *das, -s/-s, Schiffbau:* Halterung, mit der eine Rah am Mast beweglich befestigt ist.

Rackelhuhn, Bez. für einen aus der Kreuzung von Auerhuhn und Birkhuhn hervorgegangenen Bastard.

Racken, Raken, Coraciidae, Familie der R.-Vögel, die sich aus den Unterfamilien Erd-R. (Brachypteraciinae) und Echte R. (Coraciinae) zusammensetzt. Die fünf Arten der **Erd-R.,** die bisweilen als eigenständige Familie angesehen werden, bewohnen ausschließlich Madagaskar. Sie halten sich vorwiegend auf dem Boden auf und brüten in Erdhöhlen. Die **Echten R.,** die die wärmeren Gebiete der Alten Welt bewohnen, umfassen elf knapp dohlengroße Arten, die vorwiegend in Blau-, Grün- und Brauntönen gefärbt sind. Sie haben im Unterschied zu den Erd-R. nur kurze Beine und erbeuten ihre Hauptnahrung, Insekten, meistens fliegend; Höhlenbrüter. In Europa kommt nur die **Blau-R. (Mandelkrähe,** Coracias garrulus; Größe 30 cm) vor; sie ist in Dtl. nach der Roten Liste vom Aussterben bedroht.

Rackenvögel, Coraciiformes, Ordnung der Vögel. Sie umfasst die Familien Eisvögel (Alcedinidae), Todis (Todidae), Sägeracken (Momotidae), Spinte (Meropidae), Kurole (Leptosomatidae), Racken (Coraciidae), Wiedehopfe (Upupidae), Baumhopfe (Phoeniculidae) und Nashornvögel (Bucerotidae). R. haben meist ein buntes Gefieder, ihre drei Vorderzehen sind in wechselndem Ausmaß miteinander verwachsen; bei den mit nur einer Art (**Kurol;** Leptosomus discolor) auf Madagaskar beschränkten Kurolen ist die vierte Zehe eine Wendezehe. R. sind Höhlenbrüter; die ersten Federn bleiben lange von der Federscheide umhüllt, sodass die Nestjungen ein igelartiges Aussehen haben. R. waren bereits im Tertiär sehr artenreich; systemat. Einteilung und Abgrenzung sind umstritten.

Racket [ˈrɛkət, auch ˈrækɪt; engl., von frz. raquette, eigtl. ›Handfläche‹, aus dem Arab.] *das, -s/-s, Sport:* Tennisschläger.

Racket [ˈrɛkət, auch ˈrækɪt; engl. ›Schwindel‹, ›Gaunerei‹] *das, -s/-s,* Bez. für Banden, die mithilfe von Drohung oder Gewaltanwendung Forderungen durchsetzen, i. w. S. auch Banden von Straßengangstern und Schlägern. Klass. Form des R. ist die Schutzgelderpresserbande, die Geschäftsleuten (im Ausland oft eigenen Landsleuten) Geldbeträge für angebl. Schutz ihrer Einrichtungen und leibl. Unversehrtheit aufdrängt oder bestimmte Geschäftsabschlüsse mit Gewaltanwendung durchsetzt. Das R.-Wesen ist fester Bestandteil der organisierten Kriminalität.

Rackets [ˈrækɪts, engl.], ein Rückschlagspiel (→Squash), das unter dieser Bez. 1908 in London olymp. Sportart war.

Rackett, Musikinstrument, das →Rankett.

Rackjobber [ˈræk ˈdʒɔbə, engl.] *der, -s/-,* **Regalgroßhändler,** Hersteller oder Großhändler, der bei Groß- und Einzelhandel Regalflächen anmietet und auf eigene Rechnung das Sortiment ergänzende Waren verkauft. Der R. übernimmt die Regalpflege und die Zusammenstellung des angebotenen Sortiments, z. T. auch Beratungsfunktionen. Für die Überlassung der Fläche und die Übernahme des Inkassos erhält der Handelsbetrieb ein Fixum und/oder eine Umsatzprovision.

Rackwitz, Gem. im Landkreis Delitzsch, Sa., nördlich von Leipzig, 2 900 Ew.; Leichtmetallwerk.

Raclette [raˈklɛt; frz. ›Schabeisen‹] *die, -/-s,* auch *das, -s/-s,* Spezialität der schweizer. Küche; die Oberfläche eines angeschnittenen großen Bergkäserades wird unter dem Grill zum Schmelzen gebracht, die flüssige Käsemasse mit einem Spatel (Raclette) abgestreift und auf einem Teller mit Pellkartoffeln und Gewürzgurke serviert.

Racquetball [ˈrækɪt-, engl.], dem →Squash und →Ricochet ähnl. Rückschlagspiel, das (von Frauen und Männern) als Einzel, Doppel oder mit drei Spielern in der Halle gespielt wird. Sportstätte ist ein Raum von 12,20 m × 6,10 m × 6,10 m. Alle Seitenwände sowie Boden und Decke gehören zum Spielfeld. In der Mitte der Grundfläche ist eine 1,52 m breite Aufschlagzone markiert, aus der heraus ein Hartgummiball (Durchmesser 5,5 cm) mit einem 46–50 cm langen, an einer Halteschlaufe getragenen Schläger so an eine der Wände geschlagen wird, dass er vom Gegner nach Möglichkeit nicht mehr erreicht werden kann.

Racken: Blauracke (Größe etwa 30 cm)

Rad: Darstellung von Onager-Viergespannen auf der so genannten Standarte von Ur, gefunden in einem Fürstengrab in Ur; Mitte des 3. Jt. v. Chr. (London, Britisches Museum)

Gewertet wird in Punkten, die nur erzielen kann, wer aufschlägt. Ein Satz geht bis 15, ein Entscheidungssatz (›Tiebreak‹) bis 11 Punkte; gespielt wird immer auf zwei Gewinnsätze. – Weltmeisterschaften werden seit 1981, dt. Meisterschaften seit 1982 ausgetragen. In Dtl. wird R. vom Dt. R.-Verband (DRBV; gegr. 1979, Sitz: Hamburg) organisiert (etwa 2 000 Mitgl.). Internat. Dachverband ist die International R. Federation (IRF; gegr. 1979, Sitz: Colorado Springs).

Racquets ['rækɪts; engl.], frühere Bez. für →Squash.

rad, Einheitenzeichen für →Radiant.

Rad [Abk. für engl. **r**adiation **a**bsorbed **d**ose ›absorbierte Strahlungsdosis‹] *das, -(s)/-, Dosimetrie:* Einheitenzeichen **rd,** nichtgesetzl. Einheit der Energiedosis (→Dosis); 1 rd = 0,01 Gray.

Rad, Rollkörper, i. e. S. Maschinenelement, dessen äußere runde Begrenzung (R.-Kranz, →Felge) über Speichen (Speichen-R.) oder eine Scheibe (Scheiben-R.) mit der Nabe verbunden ist; durch diese ist das R. fest oder drehbar an der Achse befestigt. Pkw-Räder sind meistens Scheibenräder, deren schüsselförmige Scheibe aus Stahlblech gepresst und mit der Felge verschweißt wird (früher auch Nietverbindung). Zur Massereduzierung und besseren Bremsenkühlung

Rad: Modell einer Barke auf einem Wagen; gefunden im Grab der Königin Ahhotep in Theben; Gold, Silber, Räder aus Bronze; 18. Dynastie, um 1550 v. Chr. (Kairo, Ägyptisches Museum)

befinden sich Löcher oder Schlitze in der Scheibe. Für Sportwagen werden auch Leichtmetall-Gussräder verwendet; für schwere Nutzfahrzeuge werden Stahlguss-Speichenräder eingesetzt, deren Speichenarme an die Felge geschraubt werden. Zweiradfahrzeuge werden meistens mit Drahtspeichenrädern mit vielen dünnen Stahldrahtspeichen ausgerüstet. Bei den Rädern von Schienenfahrzeugen wird auf die kon. oder gewellte R.-Scheibe der R.-Reifen (Laufkreis) mit der Lauffläche und dem Spurkranz aufgeschrumpft und durch einen Sprengring gesichert.

Geschichte: Älteste Räder aus zusammengesetzten Holzscheiben für Wagen sind in Mesopotamien und im Schwarzmeergebiet im 4. Jt. v. Chr. belegt, die Darstellung eines Scheiben-R. findet sich auf einem Relief aus dem sumer. Ur (etwa 2600 v. Chr.); ein Tonmodell eines Büffelkarrens ist aus der Harappakultur bekannt. In Europa stammen die ältesten Komposit-Scheibenräder aus einer schnurkeram. Siedlung (etwa 2000 v. Chr.) in Zürich. Aus Mooren N- und W-Europas sind aus jungsteinzeitl. Fundzusammenhängen Reste von Scheibenrädern von 50 bis 90 cm Durchmesser erhalten. Wagenräder mit Speichen finden sich um 2000 v. Chr. in N-Mesopotamien und um 1600 v. Chr. bei dem ägypt. Streitwagen. Im Laufe der Bronzezeit verbreitete sich das aus Bronze gegossene vier- bis achtspeichige R. in ganz Europa. Seit der späten Hallstattzeit wurde das R. mit Felge und Speichen aus Holz und eisernen Radreifen hergestellt. In China kannte man bereits im 4. Jh. v. Chr. Räder mit schräg eingesetzten Speichen; in Europa tauchte diese Bauweise erst im 15./16. Jh. n. Chr. auf. – Im vorkolumb. Amerika war das R. als Gebrauchsgerät unbekannt.

Religionswissenschaft und *Volkskunde:* Das R. ist ein Symbol der Bewegung, des Sonnenweges durch Raum und Zeit, des menschl. Lebenslaufs und der Welt. Es versinnbildlicht einerseits eine zykl. Weltauffassung, der zufolge alle Dinge periodisch wiederkehren, andererseits das Auf und Ab des Werdens und die Vergänglichkeit. Das R. taucht als Sonnensymbol wie der →Kreis bereits in der Jungsteinzeit auf (R.-Kreuz, Scheibe); es spielt in zahlr. Religionen, u. a. im Hinduismus (Wagenfahrt des Sonnengottes Surya), im Buddhismus (›R. der Lehre‹, ›R. des Lebens‹, ›R. der Wiedergeburten‹) und im Christentum (mittlere Fensterrose in Kathedralen als Symbol des Kosmos, Kreuz im R. als Hinweis auf JESUS CHRISTUS als Kosmokrator oder Weltenherrscher) eine Rolle. In der Antike galt das R. als Glückszeichen (Attribut der griech. Göttin Tyche und der röm. Fortuna), im MA. als Allegorie der Unbeständigkeit des Glücks. Im Volksbrauch spielt das R. seit dem MA. bei den Feuerbräuchen am Funkensonntag (Scheibenschlagen) und zu Ostern bes. in mittel- und westdt. Gebieten eine Rolle. Beim ›Radrollen‹ werden mit Stroh umflochtene Wagenräder angezündet und vom Berg herabgerollt (noch heute beim Osterfeuer in Lügde und im südbad. Raum).

Achse, R. u. Wagen. Fünftausend Jahre Kultur- u. Technikgesch., hg. v. W. TREUE (Neuausg. 1986).

Rad, Gerhard von, ev. Theologe, * Nürnberg 21. 10. 1901, † Heidelberg 31. 10. 1971; seit 1934 Prof. für A. T. in Jena, 1945 in Göttingen, 1950 in Heidelberg. Ausgehend von der formgeschichtl. Methode versuchte er, im A. T. bezeugte Traditionen und Texte auf kult. Handlungen (Feste, Gottesdienst) zurückzuführen und gewann so überlieferungs- und traditionsgeschichtl. Einsichten (z. B. über das Wachstum des Pentateuchstoffes). Theologisch akzentuierte R. die Einheit von Glaube, Vernunft und Erfahrung im alten Israel.

Werke: Das erste Buch Mose, Genesis, 3 Bde. (1949–53); Theologie des A. T., 2 Bde. (1957–60); Ges. Studien zum A. T., 2 Bde. (1958–73).

Probleme bibl. Theologie. G. v. R. zum 70. Geburtstag, hg. v. H. W. WOLFF (1971); J. L. CRENSHAW: G. v. R. Grundlinien seines theolog. Werks (a. d. Amerikan., 1979); R. SMEND: Dt. Alttestamentler in drei Jahrhunderten (1989).

Radagais, Radagaisus, got. (wohl ostgot.) Heerkönig, † bei Fiesole 23. 8. 406; drang 405 aus dem Donau-Karpaten-Raum mit einem starken ostgerman. Heer in Oberitalien ein und richtete dort große Verwüstungen an; 406 belagerte er Florentia (Florenz). Mithilfe des Gotenfürsten SARUS und des Hunnenfürsten ULDIN wurde er bei Fiesole von STILICHO besiegt und hingerichtet.

Radama I., König von Madagaskar (1810–28), * 1791, † Antananarivo 28. 7. 1828; fasste fast ganz Madagaskar zu einem Staat zusammen. Er modernisierte seine Streitkräfte und versuchte mit europ. Hilfe (Missionare, Handwerker, Kaufleute), sein Reich wirtschaftlich und kulturell zu entwickeln; förderte die Entwicklung einer Schriftsprache.

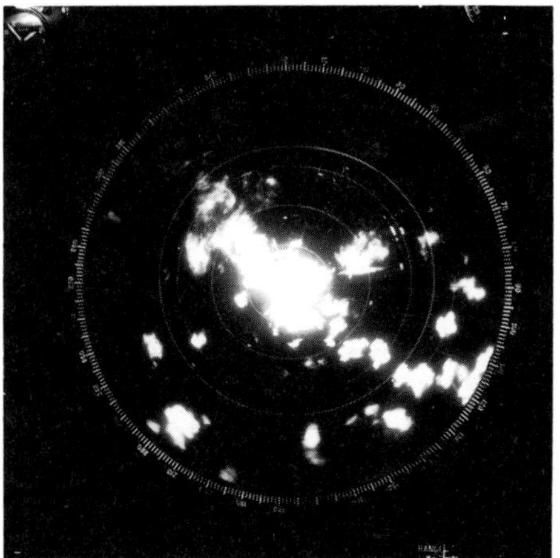

Radar: Radarwetterkarte mit einzelnen Gewitterzellen auf dem Schirm eines Rundsichtgeräts

Radar [ra'da:r, 'ra:dar; engl. Kw. aus **ra**dio **d**etecting **a**nd **r**anging, eigtl. ›Funkermittlung und Entfernungsmessung‹] *der* oder *das, -s/-e,* mit Funkwellen kleiner Wellenlängen (Dezimeter- bis Millimeterwellen) arbeitendes Ortungsverfahren bzw. -system, für das charakteristisch ist, dass die Abstrahlung gerichtet erfolgt und die empfangene Strahlung die Antwort (direktes oder indirektes Echo) auf die ausgesandte Strahlung ist. Die Bedeutung der R.-Technik besteht darin, dass sie hinsichtlich Wetterunabhängigkeit (weitgehend), Genauigkeit und Zuverlässigkeit besser als jede andere Ortungstechnik für die Erfassung, Vermessung und Verfolgung von Schiffen, Luft- und Raumfahrzeugen geeignet ist. – Beim **Primär-R.** wird die von dem oder den Zielen u. a. Gegenständen der Umgebung reflektierte Strahlung (direktes Echo, passive Rückstrahlung) mit der ausgesandten Strahlung verglichen. So wird z. B. eine Messung der Zeitspanne zw. dem Aussenden eines Impulses und dem Empfang seines Echos zur Entfernungsermittlung genutzt oder die Messung der Frequenzdifferenz zw. ausgesandter und reflektierter Strahlung zur Geschwindigkeitsbestimmung. Beim **Sekundär-R.** müssen die antwortenden Ziele mit einer Empfangs-Sende-Einrichtung (→Transponder, →Abfragefunkfeuer) ausgerüstet sein, die immer dann ein Antwortsignal (indirektes Echo) abstrahlt, wenn sie vorher ein dafür vorgesehenes Abfragesignal empfangen hat. Nachteilig ist bei solchen Systemen der größere gerätetechn. Aufwand an Bord der Flugzeuge. Unerwünschte Antwortsignale können dabei jedoch vermieden werden, und es kann mit kleineren Sendeleistungen gearbeitet werden, sodass bei gleicher Leistung größere Entfernungen überbrückt werden können. Die Elementaraufgaben von R.-Anlagen sind die Ermittlung von Entfernung, Richtung und Radialgeschwindigkeit von Gegenständen in der (näheren oder weiteren) Umgebung der Anlage. Eine einzelne R.-Anlage kann zur teilweisen oder vollständigen Lösung einer oder mehrerer Elementaraufgaben eingerichtet sein: Bei der Bahnvermessung eines einzelnen Flugkörpers kommt es auf die möglichst genaue Lösung aller Elementaraufgaben an, eine R.-Anlage der →Flugsicherung soll v. a. Entfernung und Azimut von mehreren Flugzeugen innerhalb eines größeren Gebietes ermitteln, ein R.-Höhenmesser in einem Flugzeug nur die Flughöhe über Grund. Beim **Puls-R.** wird die Laufzeit zw. Senden eines Impulses und dem Empfangen des Echos gemessen. Ein **Dauerstrich-R.** (CW-R., engl. continuous wave) sendet kontinuierlich frequenz- oder amplitudenmoduliert. Die Messung der Phase zw. Sende- und Echowelle ermöglicht dann einen Rückschluss auf die Entfernung. Die Richtungsbestimmung folgt aus der mechanisch und/oder elektronisch beeinflussbaren Strahlrichtung der Antenne für gleichzeitiges Senden und Empfangen. Wenn Sende- und Empfangsantenne in die gleiche Richtung weisen, reflektieren nur die Objekte, die in Strahlrichtung liegen. Für die Bahnvermessung eines Flugkörpers ist i. d. R. eine bleistiftförmige Strahlungskeule mit kreisförmigem Querschnitt typisch, mit der das Ziel (auf versch. Weisen) ›abgetastet‹ wird und deren Richtung durch zwei Winkel (meist Azimut und Höhe) gegeben ist. Bei der Luftraumüberwachung (R.-Ortung), dem Küsten- und Schiffs-R. rotiert die Richtstrahlantenne um ihre Lotachse. Der horizontale Ausstrahlungswinkel beträgt 1 bis 2° und ist in der Höhe auf 15 bis 20° begrenzt. Von den innerhalb der Strahlungskeule

Kennwerte charakteristischer Radaranlagen

Anwendung		Luftstraßen-Überwachungsradar	Flughafen-Rundsichtradar	Flughafen-Rollfeld-Überwachungsradar	Landradar für Schiffssicherung	Schiffsradar für Navigation und Antikollision
Bereich in km		280	110	5	10	0,25–48 sm[3]
Höhenbereich in m		22000	12000	–	–	–
Frequenz in GHz		1,3	2,8	9–16	8,2–9,2	9,4
Impulsleistung in kW		2500[1]	500	25	25	7
Pulsfrequenz in Hz		400	1000	4000–16000	2300	3400/850
Pulsdauer in µs		4,5	1	0,02–0,04	0,08	0,05/0,75
Antenne	U/min	2–7,5	12/24	60	20	28
	Breite in m	14,5	3,7	4,0–6,0	4,4/6,3	1,2/1,8
	Höhe in m	9	3,0	1,3	·	·
Bündelung	horizontal	1,2°	1,4°	0,25–0,4°	0,28°	1,9°/1,2°
	vertikal	2,3°[2]	2,0°	1,0°	+6°/–10°	20°

[1] zwei Parabolreflektoren Rücken an Rücken. – [2] Keulendiagramm. – [3] neun Bereiche.

(Fächerkeule) getroffenen Objekten, z. B. Fahrzeuge, Küstenverläufe, Geländeerhebungen, Wolken, Regengebiete, wird ein Echo erzeugt. Zur Richtungsbestimmung genügt dabei ein einziger (in der Horizontebene gemessener) Winkel. Die Bestimmung der Radialgeschwindigkeit basiert auf dem →Doppler-Effekt, der infolge der Relativbewegung zw. R.-Antenne und Ziel auftritt. Die Geschwindigkeit eines Flugkörpers ist damit bestimmbar. Auf diesem Grundgedanken beruht u. a. das →Doppler-Navigationsverfahren. Bei der **Festzielunterdrückung** bzw. beim **MTI** (engl. moving target indication) nutzt man die Kenntnis vom Doppler-Effekt, um bewegte Ziele von den Bodenreflexionen zu trennen. Dabei werden zwei zeitlich (um die Pulswiederholdauer) versetzte Impulse ausgesandt und ihre Echos subtrahiert. Da sich diese Echos nur dann unterscheiden, wenn sie von bewegten Zielen stammen, ist eine Unterdrückung der Echos unbewegter Objekte möglich. Beim Puls-R. werden die einzelnen Pulse von einem Impulsgenerator (Zeitgeber) erzeugt, sie modulieren einen Sender und speisen über eine Sende-Empfangs-Weiche, über Hohlleiter und Hornstrahler eine parabolförmige Antenne. Die von der gleichen Antenne aufgenommenen Echos werden über die Weiche dem Empfänger zugeführt, der während der Sendezeit (Pulsdauer) gesperrt ist. Sie lösen im einfachsten Falle (Entfernungsmessung) einen vertikalen Zacken auf einer horizontalen Zeile aus, der auf dem Bildschirm einer Kathodenstrahlröhre durch einen Elektronenstrahl von links nach rechts entfernungsproportional geschrieben wird. Bei den Schirmbildern der Rundsichtgeräte (Rundsicht-R.) wird der Elektronenstrahl von der Schirmmitte als Entfernungslinie zum Schirmrand ausgelenkt, springt vom Rand zur Mitte zurück und schreibt synchron mit der Antennendrehung die nächste Linie. Hier wird das Echo nicht als Zacken, sondern durch Helligkeitssteuerung als Leuchtpunkt auf dem dunklen Schirm entsprechend seiner Entfernung und Richtung dargestellt. Die Winkelstellung der Antenne zum Anzeigegerät wird durch einen Winkelgeber übertragen. Für viele Anwendungen sind auch Sichtgeräte im Einsatz, deren Bild von einem Rechner erzeugt wird, der neben R.-Daten (ggf. von mehreren R.-Anlagen) auch andere Informationen (z. B. über Verkehrswege, Funkhilfen, Maßstab, Uhrzeit, Kennungen) zu einer gewünschten (auch farbigen) Darstellung verarbeiten kann. Große Bedeutung hat R. auch für die Erkennung von Gewitterfronten, Regen-, Hagel-, Schneegebieten und Sturmzentren **(R.-Meteorologie).** Spezielle Anlagen für Wetter-R. werden an Bord von Flugzeugen (Wetterbord-R.) betrieben.

Radar: 1 Rundsichtradar (Primärimpulsradar) in der Flugsicherung; ein Teil der Sendeimpulse (Primärimpulse) wird vom Flugzeug passiv zurückgestrahlt; die Entfernung wird durch Laufzeitmessungen von Sende- und Echoimpuls ermittelt; 2 Primärradaranlage (Blockdiagramm); 3 Primär- und Sekundärradaranlage kombiniert

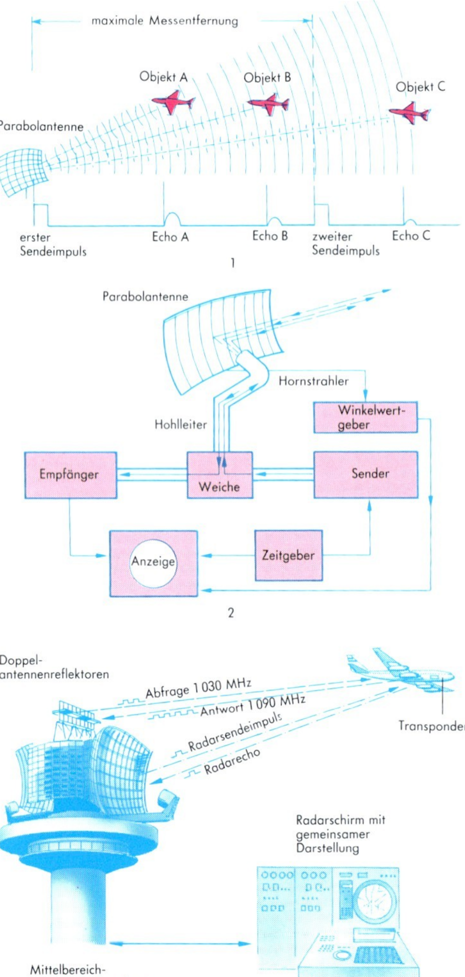

J. Detlefsen: R.-Technik (1989); E. Voges: Hochfrequenztechnik, Bd. 2: Leitungsröhren, Antennen u. Funkübertragung, Funk- u. R.-Technik ([2]1991); A. Ludloff: Hb. R. u. Radarsignalverarbeitung (1993).

Radar|antwortanlage [ra'da:r-, 'ra:dar-], Kurz-Bez. **Racon** [Abk. für engl. **ra**dar bea**con**], Schifffahrtszeichen (Radiobake) als ortsgebundene Funkempfangs- und -sendeanlage, die, durch empfangene Radarwellen angeregt, eigene Radarwellen mit Kennung aussendet und damit auf dem Radarbildschirm eines Schiffes den Standort der Anlage markiert.

Radar|astronomie [ra'da:r-, 'ra:dar-], Forschungsdisziplin zur Untersuchung kosm. Objekte mithilfe von Radartechniken. Die Wellenlängen der verwendeten Funksignale liegen i. d. R. zw. etwa 1 cm und 3 m. Zur gebündelten Ausstrahlung dient üblicherweise eine paraboloidförmige Antenne, mit der die Signale nach der Reflexion an dem zu untersuchenden Objekt meist auch wieder aufgefangen werden. Die Entfernung des Objekts lässt sich aus der Laufzeit für Hin- und Rückweg des sich mit Lichtgeschwindigkeit ausbreitenden Radarsignals ermitteln, die Radialgeschwindigkeit des Objekts mithilfe des →Doppler-Effekts. Dieser Effekt dient auch zur Ermittlung der Rotationsgeschwindigkeit eines Himmelskörpers, da die sich durch die Rotation in Richtung Erde bewegenden Randgebiete des Himmelskörpers eine Blauverschiebung, die sich von der Erde wegbewegenden dagegen eine Rotverschiebung bewirken, wodurch das Signal bei der Reflexion insgesamt auf ein größeres Wellenlängenintervall verteilt wird. Aus der Stärke und der zeitl. Intensitätsverteilung innerhalb der reflektierten Signale lässt sich auf die Größe und die Oberflächenbeschaffenheit der Objekte schließen. Aufgrund der begrenzten Sendeleistung (einige Megawatt), Antennengröße und Empfängerempfindlichkeit sowie der endl. Lichtgeschwindigkeit sind Untersuchungen mithilfe der R. auf Körper des Sonnensystems beschränkt.

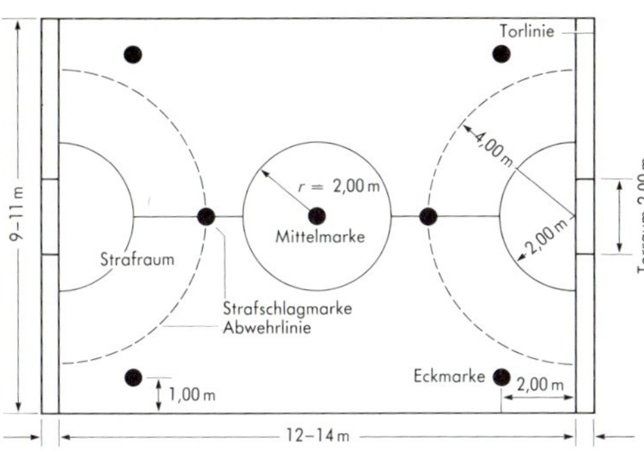

Radball: Spielfeld

Die ersten Objekte der R. waren Meteore, deren Untersuchung mit Radarmethoden bereits vor dem Zweiten Weltkrieg durch Ionosphärenforscher begonnen wurde. Die R. ermöglicht es, Meteore ohne Behinderung durch Wolken oder Tageslicht zu beobachten; eine bedeutende Entdeckung dabei waren die Tageslichtströme (→Meteorstrom). Mithilfe der R. gelang auch erstmals eine genaue Absoluteichung der Entfernungsskala im Sonnensystem (Parallaxenbestimmung, →Parallaxe), vorzugsweise durch Messungen an der →Venus. Deren Rotationsperiode und Oberflächenbeschaffenheit konnten erst mithilfe der Radartechnik bestimmt werden, wobei neben erdgebundenen auch von venusumlaufenden Raumsonden getragene Radarinstrumente verwandt wurden. Andere Untersuchungsobjekte sind der Erde nahe kommende Planetoiden und Kometen sowie große Satelliten (z. B. der Saturnsatellit Titan). – Von großem wiss. Interesse war die Messung der Zeitverzögerung von Radarsignalen im Gravitationsfeld der Sonne, wenn die Radarimpulse und deren Echos (von Mars, Venus und Merkur) die Sonne nahe passieren; die gewonnenen Resultate bestätigten vollständig die Voraussagen der allgemeinen Relativitätstheorie.

Radarbild [raˈdaːr-, ˈraːdar-], mit einem →Seitensichtradar aufgenommenes Bild von einem Teil der Erdoberfläche (→Fernerkundung).

Radarbug [raˈdaːr-, ˈraːdar-], **Radarnase,** →Radom.

Radarfalle [raˈdaːr, ˈraːdar-], umgangssprachl. Bez. für ein Messgerät, mit dem Fahrzeuggeschwindigkeiten auf Straßen gemessen werden (Verkehrsradar). Für die Messung wird der →Doppler-Effekt ausgenutzt. Die vom Fahrzeug reflektierte Welle ist gegenüber der Sendefrequenz in Abhängigkeit von der Relativgeschwindigkeit zw. Radarantenne und Fahrzeug verändert. Im Sender werden Empfangs- und Sendefrequenz gemischt, wobei die gewonnene Differenzfrequenz ein Maß für die Fahrzeuggeschwindigkeit ist, die digital am Gerät angezeigt wird.

Radarmeteorologie [raˈdaːr-, ˈraːdar-], →Radar.

Rad|aufhängung, *Kraftfahrzeugtechnik:* die Art der →Achsanordnung zur Führung der Räder und Aufnahme der Bauelemente zur Federung und Dämpfung.

Radauskas, Henrikas, litauischer Lyriker, *Krakau 23. 4. 1910, †Washington (D. C.) 27. 8. 1970; emigrierte 1944, lebte seit 1949 in den USA; schrieb klangvolle, modernistisch orientierte Gedichte, in denen er eine Gedanken- und Gefühlswelt darstellte, in der das Schöne und Groteske, Schöpfung und Zerstörung, Leben und Tod als ein dynam. Prozess dargestellt werden.

Rădăuţi [rədəˈutsj], dt. **Radautz,** Stadt im Kr. Suceava, im NO Rumäniens, 370 m ü. M., im Vorland der Ostkarpaten, 32 200 Ew.; Holz- und Metallverarbeitung, chem., Textil-, Nahrungsmittelindustrie. – St. Nikolauskirche (1359–65; ältestes Baudenkmal der Bukowina). – R. wurde 1415 erstmals erwähnt.

Radball, Hallenradball, Ballspiel mit Torwertung, ausschließlich gespielt von Zweiermannschaften (Männer) auf Spezialfahrrädern (u. a. ohne Bremsen) in der Halle. Das Spielfeld wird von einer 30 cm hohen Bande begrenzt. Der (Rad-)Ball, ein mit Rosshaar gefüllter Vollball, 500–600 g schwer und 16–18 cm im Durchmesser, darf nur mit dem Rad und dem Körper mit Ausnahme der Hände und Füße gespielt werden. Regelverstöße werden mit Freistoß (im Strafraum mit 4-m-Ball) geahndet. Die Spielzeit beträgt zweimal sieben Minuten. – Im R. (nichtolympisch) werden seit 1930 Weltmeisterschaften ausgetragen. *Organisationen:* →Radsport.

Radball: Fahrrad

Radbaum, Trochodendron aralioides, einzige rezente Art der R.-Gewächse (Trochodendraceae) in Korea, Japan und Taiwan; immergrüner, bis 20 m hoher Baum mit aromatisch duftender Rinde, lederartigen Blättern und leuchtend grünen Zwitterblüten in endständigen Trauben; im mitteleurop. Weinbauklima als Zierbaum angepflanzt.

Radbaum (Zweig mit unreifen Früchten)

Radbert, R. von Corbie [- kɔrˈbiː], **Pas|chasius Radbertus,** Benediktiner, *Soissons um 790, †Corbie um 865; Mitgründer der Abtei Corvey, wurde 844 Abt des Klosters Corbie, zog sich aber bald in das Kloster Saint-Riquier zurück. Neben mariolog. und dogmat. Arbeiten verfasste R. zahlreiche Kommentare zum A. T. und N. T., darunter sein umfangreichstes Werk, einen Matthäuskommentar in 12 Bänden. Bekannt wurde er bes. durch seine Schrift ›De corpore et sanguine Domini‹ (›Über Leib und Blut des Herrn‹), in der er Leib und Blut der Eucharistie mit dem histor. und verklärten Leib JESU identifizierte, dessen Menschwerdung und Opferung sich in der Konsekration täglich aufs Neue vollziehe. Diese Auffassung forderte den Widerspruch zahlreicher bedeutender Zeitgenossen wie HINKMAR VON REIMS, HRABANUS MAURUS, GOTTSCHALK VON ORBAIS und seines eigenen Schülers RATHRAMNUS heraus und löste so den ersten →Abendmahlsstreit aus. – Heiliger (Tag: 26. 4.).

Radbod, Redbad, König der Friesen, †719; Herrscher (wohl v. a. Heerkönig) eines großfries. Reiches, dessen Machtschwerpunkt in SW-Friesland mit den Zentren Utrecht und Dorestad lag. 690 wurde R. bei Dorestad von PIPPIN II., DEM MITTLEREN, besiegt und verlor W-Friesland, das unter den Franken der angelsächs. Mission geöffnet wurde. Nach dem Tod PIPPINS (714) eroberte er das verlorene Gebiet zurück und drang in einem Feldzug bis Köln vor.

Gustav Radbruch

Radbruch, Gustav Lambert, Rechtsphilosoph, Strafrechtslehrer und Politiker, *Lübeck 21. 11. 1878, †Heidelberg 23. 11. 1949; ab 1903 Dozent in Heidelberg, ab 1914 in Königsberg (heute Kaliningrad), ab 1919 in Kiel; 1920–24 MdR (SPD); Mitgl. der verfassunggebenden Nationalversammlung; legte als Reichsjustiz-Min. (1921–22, 1923) einen Reformentwurf für das StGB vor; ab 1926 Prof. in Heidelberg (1933–45 amtsenthoben). – R.s Rechtsphilosophie (›Grundzüge der Rechtsphilosophie‹, 1914) stellt den letzten Entwurf einer klassischen rechtsphilosoph. Gesamtkonzeption dar. Sie hat ihr Fundament in der Wertphilosophie des südwestdt. Neukantianismus (H. RICKERT, E. LASK, M. WEBER). Das Recht ist danach weder lediglich ein positivierter Imperativ, wie der Rechtspositivismus annahm, noch Derivat eines überpositiven Naturrechts, sondern wertbezogene Kulturtatsache. Der unüberbrückbare Dualismus von Sein und Sollen mache allerdings eine Erkenntnis apriorischer Werte unmöglich und lasse nur einen systemat. Relativismus zu: Für das Recht ließen sich Gerechtigkeit, Rechtssicherheit und Zweckmäßigkeit als

Carl Raddatz

Fritz Joachim Raddatz

Rade: Kornrade (Höhe bis 1 m)

Radebeul Stadtwappen

Höchstwerte konstatieren, die zueinander in einem antinom. Spannungsverhältnis stünden, das nicht durch vernünftige Einsicht, sondern nur durch subjektives Bekenntnis gelöst werden könne. Unter dem Eindruck der Verbrechen des Nationalsozialismus modifizierte R. seine Position dahin gehend, dass die Rechtssicherheit der Gerechtigkeit dort zu weichen habe, wo das Gesetz in unerträgl. Maße zur Gerechtigkeit in Widerspruch steht. Dann trete an die Stelle des gesetzl. Unrechts das übergesetzl. Recht (›radbruchsche Formel‹). – R. war einer der wenigen dt. Professoren, die dem natsoz. Regime entgegentraten.

Weitere Werke: Einf. in die Rechtswiss. (1910); Kulturlehre des Sozialismus (1922); Paul Johann Anselm Feuerbach (1934); Gestalten u. Gedanken (1944); Der Geist des engl. Rechts (1946); Gesch. des Verbrechens (hg. 1951, mit H. GWINNER); Der innere Weg. Aufriß meines Lebens (hg. 1951).

Ausgabe: Gesamtausgabe, hg. v. A. KAUFMANN, auf 20 Bde. ber. (1987 ff.).

P. BONSMANN: Die Rechts- u. Staatsphilosophie G. R.s (²1970); H. OTTE: G. R.s Kieler Jahre 1919–1926 (1982); B. SCHUMACHER: Rezeption u. Kritik der R.'schen Formel (Diss. Göttingen 1985); A. KAUFMANN: G. R. Rechtsdenker, Philosoph, Sozialdemokrat (1987).

Radcliffe ['rædklıf], Ann, geb. **Ward** [wɔːd], engl. Schriftstellerin, * London 9. 7. 1764, † ebd. 7. 2. 1823; Vertreterin des englischen Schauerromans (→Gothic Novel). In ihren Romanen verband sie effektvoll eingesetzte, atmosphärisch dichte Naturschilderung mit Einflüssen der Empfindsamkeit und führte übernatürlich scheinende Ereignisse zu einem rational analysierenden Schluss.

Werke: The mysteries of Udolpho, 4 Bde. (1794; dt. Udolphos Geheimnisse); The Italian, or The confessional of the Black Penitents, 3 Bde. (1797; dt. Die Italienerin, oder der Beichtstuhl der schwarzen Büßenden, auch u. d. T. Der Italiäner oder der Beichtstuhl der schwarzen Büßermönche).

A. GRANT: A. R., a biography (Denver, Colo., 1951); P. ARNAUD: A. R. et le fantastique (Paris 1976).

Radcliffe-Brown ['rædklıfbraʊn], Alfred Reginald, brit. Ethnologe, * Birmingham 17. 1. 1881, † London 24. 10. 1955; einer der Hauptvertreter der brit. Ethnologie; neben B. MALINOWSKI Mitbegründer des sozialwiss. Funktionalismus; gilt auch als Wegbereiter des Strukturalismus in der Ethnologie. Nach Feldforschung auf den Andamanen (1906–08) und in Westaustralien (1910–12) umfassende Lehrtätigkeit u. a. in Cambridge, London, Kapstadt, Sydney, Chicago (Ill.), Oxford und Alexandria.

Werke: The Andaman islanders (1922); The social organization of Australian tribes (1931); The nature of a theoretical natural science of society (1948); Structure and function in primitive society (1952); Method in social anthropology (hg. 1958).

Rad|dampfer, ein →Dampfschiff mit Schaufelradantrieb.

Raddatz, 1) Carl, Schauspieler, * Mannheim 13. 3. 1912; erster Bühnenauftritt 1931 in Mannheim; 1933–38 in Aachen, Darmstadt und Bremen; ab 1937 bei der Ufa; 1951–55 am Dt. Theater Göttingen; ab 1958 an den Staatl. Schauspielbühnen Berlin (seit 1972 deren Ehren-Mitgl.); bekannter Charakterdarsteller; auch Fernsehrollen.

Filme: Unter den Brücken (1945); In jenen Tagen (1947); Epilog (1950); Jons u. Erdme (1959); Jeder stirbt für sich allein (1975); Rosinenbomber (1988; Fernsehfilm).

2) Fritz Joachim, Literaturwissenschaftler und Publizist, * Berlin 3. 9. 1931; war u. a. 1977–85 Leiter des Feuilletons der Wochenzeitung ›Die Zeit‹, seit 1986 deren Kulturkorrespondent; ab 1968 Lehrtätigkeit an der Univ. Hannover, 1986–88 Gast-Prof. in Paris. Verfasser von Literaturkritiken, Essays (›Revolte und Melancholie‹, 1979; ›Geist und Macht‹, 1989; ›Männerängste in der Literatur‹, 1993), Biographien (›Kurt Tucholsky‹, 1961; ›Heine. Ein dt. Märchen‹, 1977) und Reiseberichten (›Pyrenäenreise im Herbst‹, 1985); auch Erzählungen und Romane (›Kuhauge‹,

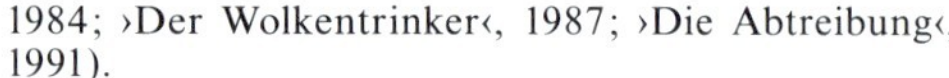
1984; ›Der Wolkentrinker‹, 1987; ›Die Abtreibung‹, 1991).

Radde, Gustav, Forschungsreisender, * Danzig 27. 11. 1831, † Tiflis 16. 3. 1903; bereiste 1855 die Krim und anschließend fünf Jahre Ostsibirien. 1863 gründete er in Tiflis das ›Kaukas. Museum‹ und widmete sich seit dieser Zeit der Erforschung Kaukasiens.

Werke: Reisen im Süden von Ost-Sibirien, 2 Bde. (1862–63); Vier Vorträge über den Kaukasus (1874); Die Chews'uren u. ihr Land (1878); Grundzüge der Pflanzenverbreitung in den Kaukasusländern ... (1897).

Rade, Agrostemma, Gattung der Nelkengewächse mit zwei urspr. im Mittelmeerraum beheimateten Arten; mit purpurroten, einzeln stehenden Blüten und Kapselfrüchten. Als Getreideunkraut ist die bis 1 m hohe **Korn-R.** (Agrostemma githago) durch den Einsatz von Herbiziden selten geworden; die Samen der Korn-R. sind giftig.

Rade, Martin, ev. Theologe, * Rennersdorf (bei Löbau) 4. 4. 1857, † Frankfurt am Main 9. 4. 1940; Sohn eines luther. Pfarrers; studierte in Leipzig (u. a. bei A. VON HARNACK); war ab 1892 Pfarrer an der Paulskirche in Frankfurt am Main; wurde 1904 außerordentl. Prof. und 1921 Ordinarius für systemat. Theologie in Marburg (1933 von den Nationalsozialisten entlassen). Seit der Jahrhundertwende knüpfte R. vielfältige internat. Verbindungen, setzte sich für Frieden und internat. Verständigung ein und initiierte maßgeblich den ›Weltkongress für freies Christentum und religiösen Fortschritt‹ 1919 in Berlin mit. R. war Mitbegründer und 1887–1931 Herausgeber der Zeitschrift ›Christl. Welt‹ (1941 unter natsoz. Druck eingestellt), die er zu einem Forum des →Kulturprotestantismus in Dtl. ausbaute.

Werke: Religion u. Moral (1898); Glaubenslehre, 3 Bde. (1924–27).

Ausgabe: Ausgew. Schr., hg. v. C. SCHWÖBEL, 3 Bde. (1983–88); Der Briefwechsel zw. Adolf von Harnack u. M. R., hg. v. J. JANTSCH (1996).

C. SCHWÖBEL: M. R., in: Gestalten der Kirchengesch., hg. v. M. GRESCHAT, Bd. 10, Tl. 1 (1985); M. R. Aspekte seines Wirkens, bearb. v. A. M. MARISCOTTI DE GÖRLITZ u. W. WAGNER (1990).

Radé, Volk in Vietnam, →Rhadé.

Radeberg, Stadt im Landkreis Kamenz, Sa., 244 m ü. M., an der Röder, am NO-Rand der Dresdner Heide, 15 400 Ew.; Bierbrauerei, elektron. Industrie, Herstellung von Küchenmöbeln, Leuchten und zahntechn. Geräten, Autozuliefer-, Lebensmittelindustrie. – Renaissanceschloss Klippenstein mit Vorburg (16. Jh.; heute Heimatmuseum). – R. entstand im 13. Jh. bei einer 1289 erstmals erwähnten Burg. Die Stadt wurde 1344 zum ersten Mal genannt.

Radebeul ['raːdəbɔ͜yl, radəˈbɔ͜yl], Stadt im Landkreis Meißen, Sa., Große Kreisstadt, 110–249 m ü. M., erstreckt sich über 8 km zw. Dresden und Coswig auf dem rechten Ufer des Elbtales und auf den anschließenden Lößnitzhängen, 31 000 Ew.; Karl-May-Museum im Wohnhaus K. MAYS (Villa ›Shatterhand‹; 1995 Rückführung der Karl-May-Bibliothek aus Bamberg), daneben in der Villa ›Bärenfett‹ Indianermuseum (völkerkundl. Sammlung über die nordamerikan. Indianer); alljährlich Karl-May-Festtage; Volkssternwarte, Puppentheatersammlung im Hohenhaus, Theater (Stammhaus der Landesbühnen Sachsen); Herstellung von Druckmaschinen, Arzneimitteln und Miederwaren, Wein- und Sektkellereien; Schmalspurbahn (Lößnitztalbahn) nach Radeburg. In der Umgebung Wein-, Obst- und Gemüsebau. – Im Stil der Renaissance wurden das Bennoschlösschen (um 1600) und in Oberlößnitz Schloss Hoflößnitz (1650; heute u. a. Weinbaumuseum), Spitzhaus (1620) und im Barock Schloss Wackerbarth (1729; Staatsgut für den Weinbau) erbaut. – R. wurde 1349 erstmals erwähnt. Der seit dem MA. betriebene Wein- und Gartenbau gab R. das Gepräge. 1923 wurde R. Stadt und 1935 mit →Kötzschenbroda samt sieben weiteren Gemeinden zur Stadt R. zusammengefasst.

Radeburg, Stadt im Landkreis Meißen, Sa., 150 m ü. M., nordöstlich der Moritzburger Teiche, 4800 Ew.; Heimatmuseum (u. a. zur Erinnerung an H. ZILLE, der in R. geboren wurde); Flachglaswerk, Elektronikbetrieb, Bilderrahmenherstellung. – Aus einem um 1150 angelegten Straßendorf entwickelte sich die im frühen 13. Jh. erstmals bezeugte Stadt.

Radecki [ra'dɛtski], Sigismund von, Pseudonym **Homunculus,** Schriftsteller, *Riga 19. 11. 1891, †Gladbeck 13. 3. 1970; Bergbaustudium; war Ingenieur, Schauspieler, Zeichner, ab 1946 freier Schriftsteller in Zürich. Unter dem Einfluss seines Freundes K. KRAUS wurde R. zum Meister der literar. Kleinform. Seine Essays und Feuilletons sind oft zeit- und kulturkritisch.

Werke: *Erzählungen:* Der eiserne Schraubendampfer Hurricane (1929); Nebenbei bemerkt (1936). – *Essays:* Die Welt in der Tasche (1939); Wort u. Wunder (1940); Das Schwarze sind die Buchstaben (1957); Ein Zimmer mit Aussicht (1961); Gesichtspunkte (1964); Im Gegenteil (1966).

Radegund, Radegundis, frz. **Radegonde** [radə'gɔ̃d], fränk. Königin, *518, †Poitiers 13. 8. 587; thüring. Prinzessin, wurde nach der Vernichtung des Thüringerreiches 531 vom Merowingerkönig CHLOTHAR I. als Geisel ins Frankenreich gebracht und 536 gezwungen, ihn zu heiraten. Um 555 floh sie nach Noyon, wurde Nonne und zog sich 561 in das von ihr gegründete Kloster Poitiers zurück. – Heilige (Tag: 13. 8.).

Radek, Karl Bernhardowitsch, eigtl. **K. B. Sobelsohn,** sowjet. Politiker, *Lemberg 1885, †in einem sowjet. Straflager 1939; Journalist; schloss sich zunächst der Sozialdemokratie in Polen an. Als Mitarbeiter sozialdemokrat. Zeitungen in Dtl., der ›Leipziger Volkszeitung‹ und der ›Bremer Volkszeitung‹, war er jedoch v. a. für die SPD tätig. Zu Beginn des Ersten Weltkriegs ging er in die Schweiz, arbeitete dort mit LENIN zusammen und nahm an den Konferenzen von Zimmerwald (1915) und Kiental (1916) teil. 1917 begleitete er LENIN auf der Fahrt nach Russland und schloss sich dort den Bolschewiki an. 1918/19 beteiligte er sich in Dtl. am Aufbau der KPD. Von Februar bis Dezember 1919 in Dtl. inhaftiert, wurde R. – in Abwesenheit – in das ZK der russ. KP gewählt. Im Auftrag des Exekutivkomitees der Komintern, dessen Sekr. er seit 1920 war, suchte er in Dtl. 1923 einen kommunist. Aufstand zu organisieren. Als entschiedener Anhänger L. D. TROTZKIJS in dessen Auseinandersetzung mit STALIN wurde R. 1924 aus allen seinen Parteiämtern, 1927 aus der Partei selbst ausgeschlossen und nach Sibirien deportiert (bis 1929). Nach Unterwerfung unter die Linie STALINS wurde er 1930 wieder in die Partei aufgenommen, fiel aber im Zuge der Großen Säuberung (1935–39) endgültig in Ungnade (1936 erneuter Parteiausschluss) und wurde in einem Schauprozess, im ›Prozess der Siebzehn‹ (1937), zu zehn Jahren Gefängnis verurteilt.

Radekrankheit, Gicht, durch das Weizenälchen hervorgerufene Krankheit von Weizen und Roggen; im Jugendstadium Wellung, Kräuselung und Verdrehung der Blätter; die Internodien sind verkürzt; später werden die Blütenanlagen in kleine, harte Gallen umgewandelt, die dem Samen der Kornrade ähneln **(Radekörner).**

Rädel|erz, ein Mineral, →Bournonit.

Rädelsführer [von älter Rädlein(s)führer, zu mhd. redelīn ›Rädchen‹, der Bez. für die kreisförmige Formation einer Schar von Landsknechten], Anführer einer Verschwörung, eines Aufruhrs oder Unfugs. R. bei Weiterführung von für verfassungswidrig erklärten Organisationen (§§ 84, 85 StGB), bei verfassungsfeindl. Sabotage (§ 88 StGB), bei der Gründung von oder der Beteiligung an kriminellen oder terrorist. Vereinigungen (§§ 129, 129a StGB) und bei Meuterei von Soldaten (§ 27 Wehrstraf-Ges.) werden strenger bestraft als die übrigen Beteiligten. – Das *österr.* Strafrecht sieht in der ›führenden Beteiligung‹, ›führenden Betätigung‹ und ›führenden Teilnahme‹ (§§ 33 Nr. 4, 246, 274 Abs. 2, 279 StGB) einen ausdrückl. Strafschärfungsgrund. Die *Schweiz* kennt den Begriff des R. nicht.

Radebeul: Villa ›Bärenfett‹ (Indianermuseum)

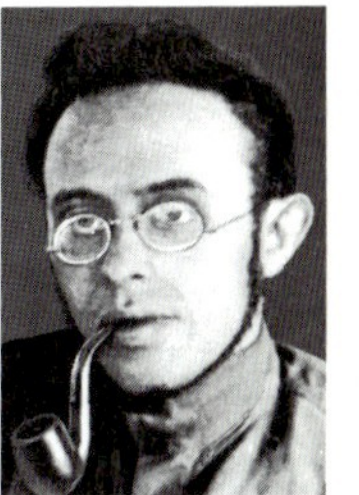

Karl Bernhardowitsch Radek

Rademacher, 1) Arnold, kath. Theologe, *Bocket (heute zu Waldfeucht, Kr. Heinsberg) 10. 10. 1873, †Bonn 2. 5. 1939; Priesterweihe 1898, ab 1912 Prof. für Fundamentaltheologie in Bonn; mit seinen Arbeiten über die Lehre von der Kirche ein Wegbereiter der Ökumene im Sinne einer Einheit in der Vielfalt.

Werke: Gnade u. Natur (1908); Die Kirche als Gemeinschaft u. Gesellschaft (1931); Die Wiedervereinigung der christl. Kirche (1937); Der religiöse Sinn unserer Zeit u. der ökumen. Gedanke (1939).

2) Hans Adolph, amerikan. Mathematiker dt. Herkunft, *Wandsbek (heute zu Hamburg) 3. 4. 1892, †Haverford (Pa.) 7. 2. 1969; Prof. in Hamburg (1922), Breslau (1925) und Philadelphia (Pa.). Sein wichtigstes Arbeitsgebiet war die analyt. Zahlentheorie; schrieb mit O. TOEPLITZ ›Von Zahlen und Figuren‹ (1930).

3) Johann Gottfried, Arzt, *Hamm 4. 8. 1772, †Goch 9. 2. 1850; praktizierte, von PARACELSUS ausgehend, eine ›Erfahrungsheillehre‹; gewann die Diagnose durch die ›sichtbare‹ Reaktion der ›unsichtbaren‹ Krankheit auf das ausgewählte Heilmittel und teilte die Krankheiten entsprechend ein.

Radenthein, Stadt im Bez. Spittal an der Drau, Kärnten, Österreich, erstreckt sich vom Millstätter See (Badeort Döbriach) bis in die Nockberge, umfasst 89 km² mit 6900 Ew.; Abbau und Verarbeitung von Magnesit, Herstellung feuerfester Steine (Radexziegel); Trachtenkleiderfabrik; Fremdenverkehr. – R. wurde 1177 erstmals urkundlich erwähnt.

Rädergetriebe, Getriebebauart (→Getriebe) mit zwei Rädern und fest stehendem Steg (Ausnahme: Umlauf-R.) vorwiegend zur Drehmomentenwandlung. Das wird durch unterschiedl. Durchmesser der Räder erreicht. Die Drehmomente der Radwellen werden vom Verhältnis der Raddurchmesser bestimmt. Hat das kleinere Rad den Durchmesser 1 und das größere den Durchmesser 2, so kann an der Welle

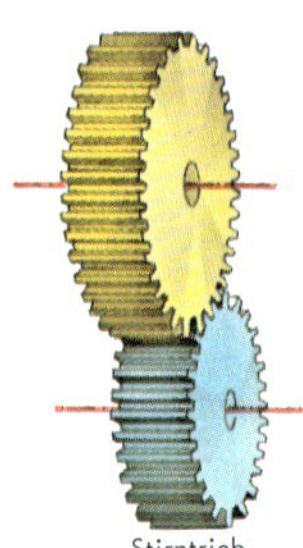
Stirntrieb

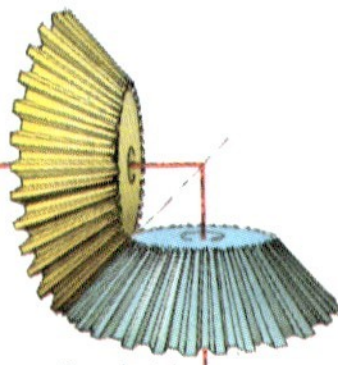
Kegeltrieb

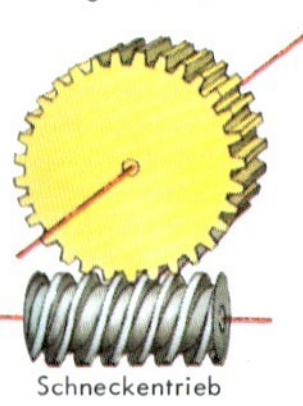
Schneckentrieb

Rädergetriebe

des größeren Rades das doppelte Drehmoment abgegriffen werden; das kleinere Rad hat die doppelte Drehzahl des größeren (Übersetzungsverhältnis 1 : 2). Die Getrieberäder können kraftschlüssigen (Reibradgetriebe) oder formschlüssigen Kontakt haben (Zahnradgetriebe). Stirn-R. haben parallele, Kegel-R. sich schneidende, Schrauben-R. sich kreuzende Drehachsen. Umlauf-R. haben einen umlaufenden Steg und mindestens drei Zahnräder, bekannteste Ausführungsform sind die →Planetengetriebe.

Rädern, Strafe des Rades, bei den Römern, im Spät-MA. und in der frühen Neuzeit gebräuchl. Art der Todesstrafe v. a. für Mörder (in Preußen 1811 abgeschafft), bei der dem Verurteilten die Glieder mit dem Rad gebrochen wurden; danach wurde er auf das Rad geflochten und zur Schau gestellt.

R. VAN DÜLMEN: Theater des Schreckens ([4]1995).

Räderscheidt, Anton, Maler, * Köln 11. 10. 1892, † ebd. 8. 3. 1970; studierte in Düsseldorf, war in den 1920er-Jahren einer der führenden Maler der Neuen Sachlichkeit in Köln, wohin er nach seiner Emigration (1934–49) zurückkehrte. Unter dem Einfluss von ›Valori Plastici‹ gelangte er zu einem kühl verfremdenden Realismus, der um das schweigende Nebeneinander von Mann und Frau als Ausdruck der Großstadteinsamkeit kreist. Nach dem Zweiten Weltkrieg näherte sich R. zeitweise der abstrakten Malerei.

H. RICHTER: A. R. (1972); G. HERZOG: A. R. (1991); A. R., hg. v. W. SCHÄFKE u. a., Ausst.-Kat. Stadtmuseum Köln (1993).

Rädertiere, Rotatoria, etwa 1 500 Arten der →Schlauchwürmer von meist weniger als 0,5 mm Körpergröße (max. 3 mm; die kleinsten Zwergmännchen gehören mit 0,04 mm zu den kleinsten mehrzelligen Tieren). Die R. leben überwiegend im Süßwasser (seltener im Meer oder im Lückensystem des Bodens). Der Körper gliedert sich in Kopfregion, Rumpf und Fuß, der mithilfe von Klebdrüsen der Anheftung am Untergrund dient. Vorderkörper und Fuß können in den von einer teilweise starren Kutikula umgebenen Rumpf eingezogen werden. Am Vorderende dienen vielgestaltige Wimperkränze der schwimmenden Fortbewegung und zum Herbeistrudeln der Nahrung. Sie werden als **Räderorgan** bezeichnet, da durch den Wimpernschlag der Eindruck eines sich drehenden Rades entsteht. Die Nahrung wird dem mit einem komplizierten Gerüst aus Spangen und Platten versehenen Schlundsack (Kaumagen, Mastax) zum Zerkleinern zugeführt, um im eigentl. Magen verdaut zu werden. Atmungs- und Kreislauforgane fehlen. Der Exkretion dienen Protonephridien. Durch Wasserabgabe können extrem kälteresistente (bis −270 °C) Dauerstadien **(Tönnchen)** gebildet werden.

R. sind getrenntgeschlechtig. Die Gonaden münden mit den Protonephridien und dem Darm in einer Kloake. Es kommen drei Fortpflanzungsweisen vor: ausschließlich zweigeschlechtig (mit gleich großen Geschlechtern), rein parthenogenetisch (ohne Männchen) sowie als Generationswechsel mit mehreren Generationen parthenogenet. Fortpflanzung, auf die im Herbst eine zweigeschlechtige Generation (mit Zwergmännchen) folgt, deren befruchtete Dauereier äußerst widerstandsfähig sind und durch den Wind verbreitet werden können. Die Entwicklung verläuft ohne Larvenstadium.

Joseph Graf Radetzky (Ausschnitt aus einer Lithographie; 1852)

Rädertiere: Bauplan; **links** Sagittalschnitt; **rechts** Dorsalansicht

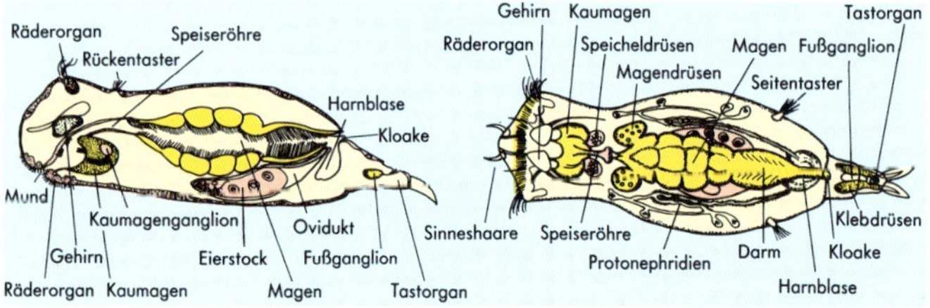

Radetzky, Joseph Wenzel Graf, eigtl. **J. W. Graf R. von Radetz,** österr. Feldmarschall (seit 1836), * Trebnitz (bei Leitmeritz) 2. 11. 1766, † Mailand 5. 1. 1858; wurde zu Beginn der Befreiungskriege Generalstabschef bei K. Fürst VON SCHWARZENBERG und hatte maßgebl. Anteil an Planung und Durchführung der Feldzüge 1813/14. Als Kommandeur der österr. Truppen in Lombardo-Venetien (ab 1831) bzw. Gen.-Gouv. (1850–57) musste er nach Ausbruch des ital. Aufstandes in Mailand (18. 3. 1848) seine Streitkräfte zunächst zurücknehmen, stellte dann aber durch die Siege bei Custoza (25. 7. 1848) und Novara (23. 3. 1849) die österr. Herrschaft in Oberitalien wieder her. R. war der volkstümlichste Heerführer Österreichs im 19. Jh.; nach ihm wurde der **R.-Marsch** (1848) von J. STRAUSS (Vater) benannt.

F. HERRE: R. (1981).

Radetzkymarsch, Roman von J. ROTH, 1932.

Radevormwald, Stadt im Oberberg. Kreis, NRW, 400 m ü. M., auf der nordöstl. Hochfläche des Bergischen Landes, 25 750 Ew.; Landessportschule, Textilmuseum; Kleineisen- und andere Metall verarbeitende Betriebe, Textil-, Kunststoff- und elektrotechn. Industrie. – Zu den bedeutendsten Bauten der Industriearchitektur in NRW gehören die um 1830 in klassizist. Formensprache errichteten Textilfabriken Dahlerau, Vogelsmühle und Dahlhausen (Turbinenhalle aus den 1920er-Jahren). – R., zw. 850 und 1000 als Rodungsort angelegt, erhielt im 13. Jh. Stadtrecht. Urkundlich als Stadt bezeugt ist R. seit 1363. Nach einem Stadtbrand (1802) wurde der Ort neu aufgebaut.

Radfenster, Rundfenster (bes. in der Baukunst der Spätromanik und Frühgotik), in das speichenförmig z. T. ornamentierte Stäbe eingestellt sind. Es bildet eine Vorstufe zur →Fensterrose.

Radha, in der ind. Mythologie die Geliebte des Krishna. R.s und Krishnas Trennung und Vereinigung wurden oft literarisch bearbeitet; von tiefem religiösen Symbolwert im Vishnuismus.

Rad|hacke, Landmaschine zum Ausdünnen von Pflanzenbeständen in Reihenkulturen mit Werkzeugantrieb über die Zapfwelle des Traktors. Für jede Reihe arbeitet ein quer dazu angeordneter Rotor mit Hackmessern, deren Zahl und Form die Art der Ausdünnung bestimmen.

Radhakrishnan [-ʃ-], Sarvepalli, ind. Philosoph und Politiker, * Tiruttani (Tamil Nadu) 5. 9. 1888, † Madras 17. 4. 1975; lehrte Philosophie u. a. an den Univ. Mysore (1918–21) und Kalkutta (1921–31, 1937–41); 1936–52 war er Prof. für östl. Religionen in Oxford. Er leitete 1946–50 die ind. Delegation bei der UNESCO. 1949–52 war R. Botschafter in Moskau, 1952–62 Vize-Präs., 1962–67 Präs. der Ind. Union. In seinen Schriften vertrat er den Standpunkt des Neohinduismus (moderner →Vedanta), der die ind. Kultur mit einem vom Westen beeinflussten Begriffsapparat zu verstehen suchte und damit zu einer Neuinterpretation der ind. Tradition führte. R. erhielt 1961 den Friedenspreis des Dt. Buchhandels.

Werke: Indian philosophy, 2 Bde. (1923–27); The Hindu view of life (1927; dt. Die Lebensanschauung des Hindu); Eastern religions and western thought (1939); Religion in a changing world (1967).

Radhasoami, R. Satsang, Sant Mat, hinduist. Reformbewegung mit unterschiedl. Gruppierungen (Zentren sind u. a. Agra und Beas); beruft sich auf den ind. Mystiker SHIV DAYAL SING (* 1818, † 1878), der R. (Sanskrit ›Gott Radhas‹, aufgefasst als ›Herr der Seele‹) als höchsten Gott verkündete und 1861 die nach ihm benannte Vereinigung schuf. Eine große Rolle spielen die Verehrung des Meisters (Guru) und der Meditationspfad (›Yoga des Klangs und des Lichtes‹), auf dem das allen Religionen gemeinsame religiöse Urwissen der Menschheit wieder entdeckt werden soll.

R. HUMMEL: Ind. Mission u. neue Frömmigkeit im Westen (1980).

radial, den Radius betreffend; in der Richtung eines Radius verlaufend; von einem Mittelpunkt (strahlenförmig) ausgehend oder auf ihn hinzielend; Ggs.: axial.

Radial|ader, Radius, die i.d.R. stärkste Längsader des Insektenflügels.

Radialbeschleunigung, *Physik:* die zum Krümmungsmittelpunkt einer Bahnkurve hin gerichtete →Beschleunigung.

Radialgeschwindigkeit, 1) *Astronomie:* die Geschwindigkeitskomponente eines Himmelskörpers in Richtung seiner Verbindungslinie (Sichtlinie) mit der Erde nach Kompensation von Erdrotation und Erdbahnbewegung; bei positiver R. entfernt sich das Objekt, bei negativer R. nähert es sich. Ein Großteil der Sterne hat in Sonnennähe R. von etwa ± 20 km/s; Sterne mit R. über 65 km/s bezeichnet man als →Schnellläufer. Mithilfe der Verschiebung der Spektrallinien durch den →Doppler-Effekt kann die R. bestimmt werden: $v_R = c \cdot \Delta\lambda/\lambda$; c Vakuumlichtgeschwindigkeit, λ Wellenlänge, $\Delta\lambda$ Spektrallinienverschiebung. Zus. mit der →Eigenbewegung beschreibt diese Radialbewegung den Bewegungszustand des betreffenden Himmelskörpers. Die (positive) R. von Galaxien nimmt mit steigender Entfernung von der Sonne zu (Fluchtbewegung, →Hubble-Effekt).

2) *Physik:* in Richtung des Radiusvektors weisende Komponente der →Geschwindigkeit.

Radialislähmung, Lähmung infolge Schädigung des Speichennervs (Nervus radialis) des Armes durch Verletzung oder Druckschädigung (z. B. Druckeinwirkung im Schlaf). Die Folge sind Lähmungen im Bereich der Streckmuskulatur am Ober- und Unterarm. Die Hand kann nicht mehr gestreckt oder gehoben werden **(Fallhand).**

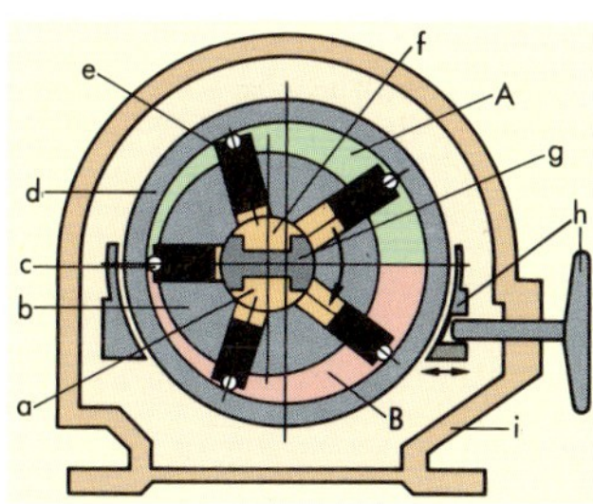

Radialkolbenpumpe: Schematische Darstellung einer Radialkolbenpumpe mit äußerer Kolbenabstützung; a Ölabfuhrkanal, b rotierender Zylinderblock, c Kolbenstützrollen, d mitrotierendes Umlaufgehäuse (Außenexzenter), e Kolben, f Ölzufuhrkanal, g fest stehende Zentralachse mit eingefrästen Ölkanälen, h Stellrad und Führungselemente zum Verschieben von d (Regulierung der Fördermenge), i Gehäuse; Bereich A: Kolben beim Saughub; Bereich B: Kolben beim Druckhub

Radialkolbenpumpe, Bauart von Kolbenpumpen (→Verdrängerpumpe), bei denen mehrere (mindestens fünf) Kolben sternförmig in einem Zylinderblock angeordnet sind, der exzentrisch in ein Umlaufgehäuse eingebaut ist. Weil dieses in einer Führung verschiebbar ist, können der Exzenterspalt und damit die Fördermenge kontinuierlich verändert werden.

Radialkraft, die Komponente der auf ein Teilchen (einen Körper) der Masse m wirkenden Kraft, die bei Darstellung ebener, krummliniger Bewegungen mithilfe von Polarkoordinaten parallel zum Radiusvektor $\boldsymbol{r}$ wirkt; die R. $\boldsymbol{F}_r = m\,\boldsymbol{a}_r$ ist proportional zur Radialbeschleunigung $\boldsymbol{a}_r$ (→Beschleunigung).

Radialturbine, Turbinenbauart, bei der das Laufrad radial mit dem Arbeitsmittel (Dampf oder Wasser) beaufschlagt wird. Als R. arbeiten v.a. die Ljungström-Turbinen. (→Dampfturbine)

Radialverdichter, ein →Verdichter, bei dem die Laufschaufeln so auf die Laufscheibe aufgesetzt sind, dass sie eine radiale Strömungsrichtung des Arbeitsmediums hervorrufen; Ggs.: Axialverdichter.

Radiant [zu lat. radiare ›strahlen‹] *der, -en/-en,* **1)** *Astronomie:* **Radiationspunkt,** scheinbarer Ausstrahlungspunkt eines →Meteorstroms.

2) *Einheit:* Einheitenzeichen **rad,** ergänzende SI-Einheit des ebenen Winkels; definiert als Winkel, bei dem die Bogenlänge eines zugehörigen Kreisbogens gleich dem Radius des entsprechenden Kreises ist; $1\,\text{rad} = 180°/\pi = 57{,}295\,78°$. (→Bogenmaß)

Sarvepalli Radhakrishnan

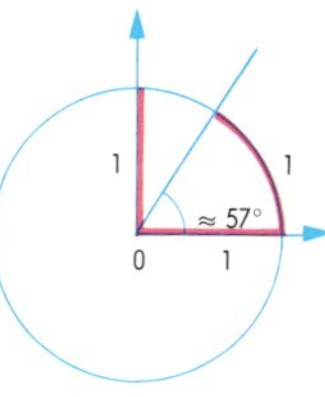

Radiant 2)

radiär [zu Radius], strahlenförmig angeordnet, verlaufend; strahlig.

radiärsymmetrisch, *Biologie:* bezeichnet die Körpergrundform von Lebewesen, die eine längs verlaufende Symmetrieachse besitzen und dazu senkrecht verlaufende, strahlig angeordnete Symmetrieelemente, die durch Rotation um die Längsachse zur Deckung gebracht werden können; r. sind u.a. die meisten Nesseltiere, die Stachelhäuter und zahlr. Blüten.

Radiästhesie [frz., zu lat. radius ›Strahl‹ und griech. aísthēsis ›Wahrnehmung‹] *die, -,* die Lehre von angebl. Strahlenwirkungen, die von belebten und unbelebten Objekten ausgehen und von bes. ›empfindl.‹ Menschen (›Sensitiven‹, ›Radiästheten‹) mittels Wünschelrute oder sider. Pendel feststellbar sein sollen. Wasser- und Metallvorkommen sollen auf diese Weise aufgespürt, krank machende →Erdstrahlen und pathogene ›Reizzonen‹ festgestellt, Krankheiten und geeignete Medikamente anhand von Fotografien des Betroffenen ›ausgependelt‹ werden können. Gängige Erklärungsversuche fallen in zwei Gruppen: 1) psychomotor. Automatismen, die unbemerkt gebliebene Wahrnehmungen oder Fantasieprodukte, in seltenen Fällen auch auf außersinnl. Wahrnehmung beruhende Leistungen zum Ausdruck bringen können; 2) ›ortsspezif. Reaktionen‹ mancher Menschen, die im Rahmen eines im Wesentlichen konventionellen biophysikal. Reiz-Reaktions-Modells erforschbar sind. Der abergläub. und kommerzielle Missbrauch der R. spielt im Rahmen der ›Okkultkriminalität‹ eine große Rolle.

O. PROKOP u. W. WIMMER: Wünschelrute, Erdstrahlen, R. ([3]1985); H.-D. BETZ: Geheimnis Wünschelrute. Aberglaube u. Wahrheit über Rutengänger u. Erdstrahlen (1990).

Radiation [lat. radiatio ›das Strahlen‹] *die, -/-en,* **adaptive R.,** die Entwicklung neuer ökolog. Lebensformen aus einer Stammform durch die Herausbildung spezif. Anpassungen an versch. Umweltbedingungen. Ein bekanntes Beispiel für R. sind die Darwinfinken der Galápagosinseln.

Radiationspunkt, *Astronomie:* der →Radiant.

Radiator [zu lat. radiare ›strahlen‹] *der, -s/...'toren,* →Heizkörper.

Radić ['ra:ditɕ], Stjepan, kroat. Politiker, *Trebarjevo Desno (bei Rijeka) 11. 7. 1871, †Zagreb 8. 8. 1928; Gründer (1904) und lange Führer der Kroat. Bauernpartei, die für eine stärkere Föderalisierung der Habsburgermonarchie eintrat. Nach 1918 kämpfte er für den Abbau des großserb. Zentralismus sowie die Autonomie Kroatiens (→Jugoslawien, Geschichte) und war deshalb 1919–20 und 1924–25 inhaftiert. Nachdem er der Vidovdan-Verf. von 1921 zugestimmt hatte, war er 1925–26 Unterrichts-Min., ging jedoch danach wieder in die Opposition. R., ebenso aggressiver Demagoge

Radierung: Francisco de Goya y Lucientes, ›Mit und ohne Verstand‹; Blatt aus der Folge ›Los desastres de la guerra‹, um 1808–14

wie Idealist und Pazifist, starb an den Folgen eines Attentats (20. 6.) im Belgrader Parlament.

I. MUŽIĆ: S. R. u Kraljevini Srba, Hrvata i Slovenaca (Zagreb [4]1990).

Radicchio [raˈdɪki̯o; ital., zu lat. radicula, Verkleinerung von radix ›Wurzel‹] *der, -s,* Varietät des →Chicorées.

Radičević [raˈdiːtʃɛvitɕ], Branko, serb. Dichter, * Slavonski Brod 27. 3. 1824, † Wien 30. 6. 1853; unterstützte die Sprachreform von V. KARADŽIĆ, schrieb – als Erster in reiner Volkssprache – von H. HEINE und Lord BYRON angeregte lyr. und epische Gedichte im Geist der Romantik sowie schlichte Dichtungen in Anlehnung an die Volksdichtung.

Radicula [lat. ›kleine Wurzel‹] *die, -/...lae,* die Keimwurzel (→Keimung).

Radi|enquoti|entenregel, *Kristallographie:* Regel, nach der sich die zu erwartenden Gittertypen von Ionenkristallen der Verbindungsarten AB (z. B. CsCl, NaCl, ZnS) und AB_2 (z. B. CaF_2, SrF_2) abschätzen lassen. Der Wert des Quotienten r_A/r_B aus dem Radius des kleineren (Kat-)Ions und dem Radius des größeren (An-)Ions gibt einen Anhaltspunkt für die energetisch günstigste Anordnung der Ionen im Kristall. Die Abgrenzung zw. versch. Gittertypen erfolgt anhand bestimmter krit. Werte von r_A/r_B. So liegt z. B. bei einem Grenzquotienten von über 0,732 das Cäsiumchloridgitter vor, bei einem Wert von 0,732–0,414 das Natriumchloridgitter und zw. 0,414–0,225 das Zinksulfidgitter.

Radierung: Horst Janssen, ›Klee und Ensor um einen Bückling streitend‹; 1961

Radierung [zu lat. radere ›kratzen‹, ›schaben‹], Tiefdruckverfahren, bei dem als Druckform eine geätzte Kupfer- oder Zinkplatte dient. Die Platte wird zunächst mit einem säurefesten Ätzgrund (eine Mischung aus Asphalt, Harz und Wachs) beschichtet und anschließend mit Ruß geschwärzt. Mit der Radiernadel gräbt der Künstler die Zeichnung in den Ätzgrund. Im darauf folgenden Säurebad (Eisenchlorid oder mit Salpetersäure angesetztes Scheidewasser) greift die Ätzlösung den freigelegten Metallgrund an und vertieft so die Zeichnung, wobei die Dauer der Ätzung die Tiefe bestimmt. Durch partielles Abdecken mit Asphaltlack während des Ätzvorgangs können hellere Stellen (›Lichter‹) der Darstellung erhalten bleiben. Nach dem Entfernen des Ätzgrundes wird die Druckfarbe mit einem Tampon in die vertieften Linien gerieben. Beim Druck mit der Handpresse presst sich die Druckplatte tief in das angefeuchtete Papier. Der Vorteil der R. im Vergleich zum Kupferstich liegt in der leichten Handhabung der Radiernadel. Mit der →kalten Nadel können geätzte Platten weiterbehandelt werden **(Kaltnadel-R.).** Im Ggs. zur R., deren bildkünstler. Gestaltungsmittel die Linie ist, werden bei der →Aquatinta durch den abgestuften Ätzvorgang Flächentöne erzeugt. Experimentierfreudige Künstler entwickelten noch weitere Varianten der R. (→Crayonmanier, →Vernis mou, →Glasklischee).

Geschichte: Die Erfindung der R. Anfang des 16. Jh. wird dem Plattner D. HOPFER aus Augsburg zugeschrieben. Bald machten Künstler wie A. DÜRER und A. ALTDORFER sich den größeren Spielraum, den die R. gegenüber dem Kupferstich bietet, für spontanes Arbeiten zunutze. Mit der Verwendung von Kupferplatten anstelle der ursprüngl. Eisenplatten war eine weitere Voraussetzung für die Vervollkommnung der Technik gegeben. Niederländer (LUCAS VAN LEYDEN) wie Italiener (PARMIGIANINO) arbeiteten von Anfang an auf Kupferplatten. In Frankreich entstanden inhaltlich aufeinander bezogene Folgen (J. CALLOT). In den Niederlanden erreichte die R. mit Einzelblättern von H. SEGHERS und REMBRANDT einen künstler. Höhepunkt. In der Folgezeit beherrschten viele bedeutende Künstler die linearen Differenzierungsmöglichkeiten und die maler. Helldunkelwirkungen der R., in Frankreich u. a. F. BOUCHER, G. DE SAINT-AUBIN und M. MOREAU, in Italien CANALETTO, G. PIRANESI und G. B. TIEPOLO, in England W. HOGARTH, J. GILLRAY und T. ROWLANDSON, in Dtl. J. E. RIDINGER und D. CHODOWIECKI, in Spanien F. DE GOYA Y LUCIENTES. Als virtuos gehandhabte Reproduktionstechnik fand die R. im 18. Jh. Verwendung; zahlreiche Werkzeuge wurden erfunden und Varianten der R. entwickelt. Seit etwa Mitte des 19. Jh. verhalfen bedeutende Künstler der R. zu einem neuen künstler. Aufschwung. Zu ihnen gehören die Vertreter der Schule von Barbizon, C. MERYON, C. PISSARRO, E. DEGAS, F. ROPS und A. RENOIR in Frankreich, W. LEIBL, M. LIEBERMANN, L. CORINTH und M. SLEVOGT in Dtl., K. STAUFFER-BERN in der Schweiz, J. ENSOR in Belgien, in England J. WHISTLER, J. PENNELL und F. S. HADEN, der als Erster um 1880 begann, seine Abzüge zu signieren. Auch im 20. Jh. bildet die R. Schwerpunkte im grafischen Œuvre namhafter Künstler, darunter E. MUNCH, KÄTHE KOLLWITZ, H. MATISSE, P. PICASSO, G. BRAQUE, M. BECKMANN, M. CHAGALL, G. ROUAULT, E. NAY, G. ALTENBOURG, H. JANSSEN, A. HRDLICKA, B. LU-

GINBÜHL, A. BRUNOVSKÝ, J. ANDERLE, D. HOCKNEY, F. AUERBACH und die Vertreter der Schule des fantast. Realismus.

W. KOSCHATZKY u. K. SOTRIFFER: Mit Nadel u. Säure. 500 Jahre Kunst der R., Ausst.-Kat. (Wien 1982); M. KRICK: Die Kunst der R. Werkzeuge, Techniken, Arbeitsprozesse (1985); F. VAN DER LINDEN: DuMont's Hb. der graf. Techniken (a. d. Niederländ., [3]1990); J. TICHY: Kaltnadelradierungen (Klagenfurt 1992); W. KOSCHATZKY: Die Kunst der Graphik. Technik, Gesch., Meisterwerke (Neuausg. 111.–115. Tsd. 1993).

Radieschen [letztlich von lat. radix, radicis ›Wurzel‹], mit dem →Rettich verwandter Kreuzblütler.

Radiguet [radiˈgɛ], Raymond, frz. Schriftsteller, *Saint-Maur-des-Fossés 18. 6. 1903, †Paris 12. 12. 1923. Das schmale Werk verrät das bedeutende Erzähltalent des Autors, der zur Pariser Boheme-Szene um J. COCTEAU gehörte: Bei sparsamster äußerer Handlung werden leidenschaftl. Gefühle in präziser Sprache psychologisch ausgelotet. Außer zwei Romanen schrieb er auch Gedichte, Erzählungen und Essays.

Werke: *Romane:* Le diable au corps (1923; dt. Den Teufel im Leib); Le bal du Comte d'Orgel (hg. 1924; dt. Der Ball des Comte d'Orgel, auch u. d. T. Das Fest).

radikal [frz., von spätlat. radicalis ›mit Wurzeln versehen‹, zu lat. radix ›Wurzel‹], 1) von Grund aus, vollständig (erfolgend); 2) rücksichtslos, mit Härte vorgehend; 3) eine extreme (polit., ideolog.) Position einnehmend.

Radikal *das, -s/-e,* **1)** *Chemie:* Atom oder Molekül mit einem ungepaarten Elektron (in Formeln gekennzeichnet durch einen Punkt) und dadurch mit paramagnet. Eigenschaften, das bei ausreichender Konzentration mit der Methode der →Elektronenspinresonanz nachgewiesen werden kann. R. können unter Einwirkung von Licht, Wärme oder Katalysatoren u. a. durch Spaltung von Einfachbindungen gebildet werden. Sie sind meist sehr reaktiv und reagieren miteinander v. a. unter Kupplung (R.-Rekombination), z. B.

$$CH_3^{\cdot} + {}^{\cdot}CH_3 \rightarrow CH_3 - CH_3,$$

mit ungesättigten Verbindungen unter Addition, z. B.

$$CH_3^{\cdot} + CH_2 = CH_2 \rightarrow CH_3 - CH_2 - CH_2^{\cdot},$$

oder mit anderen Molekülen unter Abspaltung eines Atoms, z. B.

$$Cl^{\cdot} + CH_3 - CH_3 \rightarrow HCl + CH_3 - CH_2^{\cdot}.$$

Bei den Reaktionen entstehen häufig neue R., die in einer Kettenreaktion weiterreagieren. Relativ stabil sind R. mit konjugierten Doppelbindungen oder aromat. Ringsystemen (z. B. das Triphenylmethyl-R.). Wichtige chem. Reaktionen wie radikal. →Polymerisation, →Autoxidation, therm. Cracken und Chlorierung laufen über R. ab. R. wie das Hydroxyl-R., ·OH, spielen außerdem bei der Verbrennung und bei photochem. Reaktionen in der Atmosphäre (z. B. Ozonbildung und -abbau, Entstehung von Salpeter- und Schwefelsäure als Bestandteile des sauren Regens) eine große Rolle. – **Biradikale** enthalten zwei ungepaarte Elektronen; das Sauerstoffmolekül ist ein Biradikal und reagiert sehr leicht mit anderen R. O_2 muss deshalb bei manchen gezielt durchgeführten R.-Reaktionen aus der Reaktionsmischung entfernt werden. – Erfolgt die R.-Bildung durch Elektronenübergang (z. B. bei der viele Reaktionsschritte umfassenden Photosynthese), spricht man von **R.-Ionen** (R.-Kationen, R.-Anionen); →freies Radikal.

2) *Mathematik:* die →Wurzel der so genannten reinen Gleichung $x^n - a = 0$ über einen Körper. Lassen sich alle Wurzeln einer algebraischen Gleichung durch endlichfache Anwendung der vier Grundrechenarten und des Wurzelziehens gewinnen, so heißt die entsprechende Gleichung **durch R. auflösbar.** Ihr Zerfällungskörper, der durch schrittweise Adjunktion von R. im Sinne der Galois-Theorie zustande kommt, heißt auch **Radikalerweiterung.**

Radikalenerlass, *Recht:* →Extremistenbeschluss.

Radikalfänger, *Chemie:* →Antioxidantien.

Radikalismus *der, -,* politisch-sozialer Begriff, der – häufig nur undeutlich gegen den des →Extremismus abgegrenzt und mitunter synonym verwendet – bestimmte polit. Theorien, Weltanschauungen und die dazugehörigen politisch-sozialen Bewegungen bezeichnet, die auf eine grundlegende Veränderung oder Kritik eines bestehenden Zustandes zielen.

Polit. Verbreitung, zunächst in einem durchaus positiven Sinne, erfuhr der Begriff erstmals im Zuge der nach der Frz. Revolution und v. a. im Vormärz in Europa einsetzenden demokrat., liberalen und republikan. Bestrebungen, wobei R. als ›Spielart des Liberalismus‹ (P. WENDE) das prinzipienfeste, unter Umständen auch organisierte Eintreten für Bürgerrechte, soziale Gleichheit, Freiheit und demokrat. Selbstbestimmung bezeichnete. Erst nach dem Scheitern der Revolution von 1848/49 und in der abwehrenden Einstellung gegenüber der aufkommenden Arbeiterbewegung erhielt der Begriff die negative Bedeutung einer kompromisslosen Umsturzgesinnung und wurde zum Instrument tages- oder parteipolit. Auseinandersetzungen. In der Zwischenkriegszeit fand der Begriff Anwendung auf jede polit. Richtung, die ›das System‹ bekämpfte – auf die extreme Linke ebenso wie auf die extreme Rechte. Nach 1945 setzte sich die eindeutig negative Besetzung des Begriffs fort. Erst durch die Studentenbewegung der späten 60er-Jahre, die sich als ›radikal‹ verstand, änderte sich dies allmählich. Der damit in der Folgezeit verbundenen Aufwertung des Begriffs R. trugen die Verfassungsschutzbehörden insofern Rechnung, als sie seit 1974 antidemokrat. Gruppierungen nicht mehr als ›radikal‹, sondern als ›extremistisch‹ einstuften. Demgegenüber wurde der →Extremistenbeschluss vom 28. 1. 1972, der die Verfassungstreue von Bewerbern für den öffentl. Dienst sicherstellen sollte, unter dem missverständl. Namen ›Radikalenerlass‹ bekannt. – Heute ist der Begriff R. mehrdeutig und damit unscharf geworden; er wird 1) gleichbedeutend mit Extremismus gebraucht, 2) als Vorform des Extremismus verstanden; 3) beschreibt er eine Haltung, die entsprechend der sprachl. Grundbedeutung (von lat. radix ›Wurzel‹) die Wurzel allen Übels zu beseitigen sucht, ohne notwendigerweise antidemokratisch zu sein.

P. WENDE: R. im Vormärz. Unterss. zur polit. Theorie der frühen dt. Demokratie (1975); Kampf um Wörter. Polit. Begriffe im Meinungsstreit, hg. v. M. GREIFFENHAGEN (1980); J. BUTTON: The radicalism handbook. A complete guide to the radical movement in the twentieth century (London 1995). – Weitere Literatur →Extremismus.

Radikaloperation, vollständige chirurg. Entfernung eines erkrankten Organs oder Gewebes unter Mitnahme von umgebendem gesundem Gewebe.

Radikalsozialisten, Radikalsozialistische Partei, frz. Partei, 1901 als **Parti Républicain Radical et Radical-Socialiste** [parˈti repybliˈkɛ̃ radiˈkal ɛ radikalsɔsjaˈlist] gegründet. Hervorgegangen aus der Auseinandersetzung mit den gemäßigten Republikanern, bildeten die R. den weniger kompromissbereiten, stärker auf soziale Öffnung hin orientierten Flügel des bürgerl. Republikanismus in der Dritten Republik. Ideologisch lehnten sie sich an die jakobin. Tradition der Frz. Revolution an, betonten dabei aber die Notwendigkeit pragmat. Offenheit. Ihre Mitte-links-Variation des Liberalismus brachte ihnen häufig eine Schlüsselstellung zw. rechter und linker Mehrheitsbildung ein. Ihre Wähler fanden die R. vorwiegend unter Kleinbauern, Gewerbetreibenden und Angehörigen des öffentl. Dienstes; daneben spielten Freiberufler und Unternehmer eine wichtige Rolle. Als Partei wa-

Raymond Radiguet (Kohlezeichnung von Pablo Picasso; 1920)

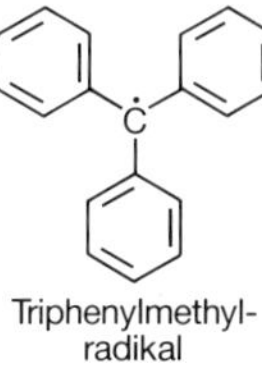

Triphenylmethyl-radikal

Radikal 1)

ren sie kaum organisiert; der Schwerpunkt der Entscheidungen lag bei den lokalen Parteikomitees einerseits und den Parlaments-Abg. andererseits.

Nach der Mobilisierung der Anhänger durch die →Dreyfusaffäre stiegen sie 1902 zur stärksten Fraktion der Abgeordnetenkammer auf. Mit É. COMBES, G. CLEMENCEAU und J. CAILLAUX stellten sie wiederholt den Min.-Präs. Sie setzten die vollständige Trennung von Kirche und Staat durch (1905), zerstritten sich aber in der Frage des Entgegenkommens gegenüber den Streikbewegungen der Arbeiter.

Nach dem Ersten Weltkrieg sank ihr Mandatsanteil unter 25%, doch blieb ihre parlamentar. Schlüsselstellung erhalten. Wahlsiege mit Unterstützung der Sozialisten ermöglichten es É. HERRIOT 1924–26 und 1932, Regierungen der linken Mitte zu bilden. 1936 traten die R. in die Volksfront-Reg. unter L. BLUM ein; 1937 übernahmen sie mit C. CHAUTEMPS selbst deren Leitung. 1938 rückten sie mit É. DALADIER wieder nach rechts.

Nach dem Zweiten Weltkrieg erfolgte ein weiterer Einbruch in den Wählerstamm der R. Mit 7–8% der Stimmen blieben sie aber für die Mehrheitsbildung in der Vierten Republik unentbehrlich. Sie waren in allen Reg. vertreten und stellten häufig Min.-Präs. (u.a. H. QUEUILLE, P. MENDÈS-FRANCE, E. FAURE). Mitte der 50er-Jahre wurde die parteiinterne Auseinandersetzung heftiger; es kam zu Parteiausschlüssen und Neugründungen (u.a. 1956 Sammlungsbewegung der republikan. Linken unter FAURE).

In der Fünften Republik spielte die Partei unter dem Namen **Parti Radical** nur noch eine untergeordnete Rolle. Geführt von M. FAURE (1961–65, 1969–71) und J.-J. SERVAN-SCHREIBER (1971–75, 1977–79), gingen sie in die Opposition. Eine Minderheit schloss sich 1972 als →Mouvement des Radicaux de Gauche (MRG) dem Linksbündnis Union de la Gauche an. Die Mehrheit gehört seit 1978 dem Parteienbündnis Union pour la Démocratie Française (UDF) um V. GISCARD D'ESTAING an.

J.-T. NORDMANN: Histoire des radicaux 1820–1973 (Paris 1974); S. BERSTEIN: Histoire du parti radical, 2 Bde. (ebd. 1980–82).

radioaktiv: Gefahrensymbol

Radikand [lat.], *Mathematik:* →Wurzel.

Radikation [zu lat. radicare ›Wurzel schlagen‹] *die, -/-en,* **Bewurzelung,** die Entwicklung und Ausbildung der Pflanzenwurzel (→Wurzel).

Radin ['reɪdɪn], Paul, amerikan. Völkerkundler poln. Herkunft, * Lodz 2. 4. 1883, † New York 21. 2. 1959; Prof. in Fiske (Tenn.), Berkeley (Calif.), Chicago (Ill.), Cambridge (Großbritannien), Waltham (Mass.). In seinen Untersuchungen zur Religion und Kultur schriftloser Gesellschaften betonte R. die Rolle schöpfer. Individuen; er leistete wichtige Beiträge zur Ethnographie der nordamerikan. Indianer.

Werke: Crashing Thunder, the autobiography of an American Indian (1926); Primitive man as philosopher (1927); The story of the American Indian (1927); Social anthropology (1932); Primitive religion (1937).

Radinger, Johann Edler (seit 1892) von, österr. Ingenieur, * Wien 31. 7. 1842, † ebd. 20. 11. 1901; ab 1875 Prof. an der TH Wien, schuf 1870 die theoret. Grundlagen für den Bau schnell laufender Dampfmaschinen. Er ging dabei über die rein kinemat. Betrachtungen hinaus und wies auf die Ergründung der dynam. Verhältnisse hin.

Radio..., radio... [zu lat. radius ›Strahl‹], bezeichnet in Zusammensetzungen allg. den Bezug auf oder die Zugehörigkeit zu Strahlungen (Strahlen) irgendwelcher Art; im Besonderen 1) den Bezug auf elektromagnet. Strahlung mit jeweils spezif. Bedeutung (z.B. Radioastronomie); 2) den Bezug auf radioaktive Strahlung (z.B. Radioaktivität; 3) den Bezug auf Rundfunkanstalten, -sender oder -empfänger.

Radio [Kurzform von engl. radiotelegraphy ›Übermittlung von Nachrichten durch Ausstrahlung elektromagnet. Wellen‹] *das, -s/-s,* gebräuchl. Bez. für Hörfunk und Hörfunkempfänger.

Radio|actinium, ältere Bez. für das radioaktive Thoriumisotop ^{227}Th (Symbol RaAc), Zwischenglied in der Uran-Actinium-Reihe (→Radioaktivität).

radio|aktiv, Radioaktivität aufweisend oder mit ihr zusammenhängend, z.B. radioaktiver Abfall, Niederschlag, Zerfall; zum Hinweis auf Gefährdung durch radioaktive Stoffe dient ein besonderes Gefahrensymbol.

radio|aktive Höfe, pleochroitische Höfe, die in manchen Mineralen (z.B. Glimmer, Flussspat, Hornblende) auftretenden farbigen Ringe oder Höfe; sie entstehen durch die Einwirkung von Alphastrahlung aus dem radioaktiven Zerfall eingelagerter Körnchen von Uran, Thorium oder Samarium, die die Ionen des Gastminerals zu Atomen entionisiert und so innerhalb ihrer Reichweite (bis zu 0,02 mm) eine Färbung hervorruft. R. H. können zur →Altersbestimmung der betreffenden Substanz herangezogen werden.

radio|aktiver Abfall, umgangssprachlich **Atommüll,** alle beim Betrieb von →Kernreaktoren, bei der Bearbeitung, Verarbeitung und →Wiederaufarbeitung von Kernbrennstoffen sowie bei der Anwendung von Radionukliden (z.B. in der Forschung, Kerntechnik, Nuklearmedizin) anfallenden, nicht weiter verwertbaren radioaktiven Reststoffe sowie ausgebaute oder abgebaute radioaktive Anlagenteile. R. A. sind nach dem →Atomgesetz geordnet zu beseitigen. Zu diesem Zweck sind sie bei den Landessammelstellen der Länder für Zwischenlagerung oder bei Anlagen des Bundes zur Sicherstellung und Endlagerung r. A. abzuliefern. (→Entsorgung, →Endlagerung)

radio|aktiver Niederschlag, Niederschlag von festen Partikeln und/oder Tröpfchen, die Radionuklide natürl. oder künstl. Ursprungs enthalten (→Fall-out). – Das Ausscheiden von Aerosolen über die atmosphär. Niederschläge wird mitunter auch als **Rain-out** (Aerosole wirken als Kondensationskeime bei der Wolkenbildung) und **Wash-out** (bei Anlagerung an Niederschlagströpfchen) bezeichnet.

Radio|aktivität, die Eigenschaft einer Reihe von Atomkernen (→Kern) oder allgemeiner Nukliden **(Radionuklide),** sich spontan, d.h. ohne äußere Einwirkung, in andere Kerne umzuwandeln **(radioaktiver Zerfall),** wobei Energie in Form von kinet. Energie ausgesandter Teilchen und/oder elektromagnet. Strahlung frei wird. Die R. beruht stets auf einer Instabilität der Kerne infolge eines Überschusses an Protonen oder Neutronen, der durch Aussendung der für die versch. Zerfallsarten charakterist. Teilchen oder durch Elektroneneinfang beseitigt wird: Beim →Alphazerfall (α-Zerfall) wird ein α-Teilchen (Heliumkern $^{4}_{2}$He mit der Massenzahl 4 und der Kernladungszahl 2) ausgesandt, beim →Betazerfall (β-Zerfall) ein Elektron (β^--Zerfall) und ein Antineutrino oder ein Positron (β^+-Zerfall) und ein Neutrino; beim Elektroneneinfang wird, ebenso wie beim β^+-Zerfall, die Kernladungszahl des Mutterkerns um eins erniedrigt. Häufig befinden sich die entstehenden Tochter- oder Folgekerne in einem angeregten Zustand, aus dem sie – bis auf wenige Ausnahmen (→Kernisomerie) – wegen seiner sehr kurzen Lebensdauer praktisch sofort unter Emission eines oder mehrerer hochenergetischer, als Gammaquanten (Symbol γ) bezeichneter Photonen in den energetisch tiefsten Zustand (Grundzustand) des jeweiligen Folgekerns übergehen (→Gammastrahlung). Das Tochternuklid nimmt stets einen anderen Platz im Periodensystem der chem. Elemente ein, gehört also einem anderen chem. Element an (→fajans-soddysche Verschiebungssätze). Die Strahlen der bei den versch. Zerfallsarten emittierten

Teilchen werden als α-, β- und γ-Strahlen (oder -Strahlung) bezeichnet, die Muttersubstanzen entsprechend als α-, β- oder γ-Strahler. – Unter R. i. w. S. versteht man auch Kernumwandlungen durch Neutronenemission (→Kernspaltung), durch Protonenemission (Protonenabstrahlung) und durch spontane Kernspaltung sowie den Zerfall instabiler Elementarteilchen. Je nachdem, ob die radioaktiven Nuklide bzw. Isotope in der Natur vorkommen oder künstlich durch Kernreaktionen erzeugt werden, unterscheidet man zw. **natürlicher** und **künstlicher Radioaktivität.**

Zerfallsgesetz und *Aktivität:* In einer einheitl. radioaktiven Substanz laufen die Kernzerfälle in statistisch unabhängiger Folge ab. Man kann nicht sagen, welches der Atome sich in der nächsten Sekunde umwandeln wird, sondern nur eine für jedes Radionuklid charakterist. Übergangswahrscheinlichkeit **(Zerfallskonstante)** λ angeben, mit der im Mittel ein Atom pro Zeitintervall zerfällt. Enthält eine radioaktive Substanz zur Zeit t gerade $N(t)$ radioaktive Atome, so ändert sich diese Zahl im Zeitintervall $[t, t + dt]$ im Mittel um $-dN = \lambda \cdot N(t)\, dt$ Atome. Für die augenblickl. Zerfallsrate (Aktivität) gilt daher die Beziehung $A = -dN/dt = \lambda \cdot N(t)$. Die Zahl der nach einer gewissen Zeit t, die seit einem Zeitpunkt t_0 verstrichen ist, noch vorhandenen radioaktiven Atome wird demnach durch $N(t) = N(t_0) \cdot \exp(-\lambda t)$ gegeben; entsprechend klingt auch die Aktivität exponentiell ab. Nach der Zeit $\tau = 1/\lambda$, der mittleren →Lebensdauer, sind $N(t)$ und auch die Aktivität A auf den e-ten Teil (d. h. den $\approx 0{,}37$fachen Betrag) des Anfangswertes abgefallen. Aus prakt. Gründen gibt man anstelle von τ meist die →Halbwertszeit $T_{1/2} = \tau \cdot \ln 2 \approx \tau \cdot 0{,}693$ an, nach deren Ablauf die Aktivität auf die Hälfte ihres ursprüngl. Wertes abgeklungen ist. Die Halbwertszeiten der Radionuklide variieren zw. weniger als 10^{-9} Sekunden und 10^{14} Jahren und mehr.

Die →Aktivität einer radioaktiven Substanz wird in der SI-Einheit →Becquerel angegeben (ältere Einheit Curie). Die physikal. Wirkung einer radioaktiven Strahlung wird durch die Ionendosis (→Dosis), gemessen in Coulomb/Kilogramm (ältere Einheit Röntgen), und die Energiedosis, gemessen in →Gray (ältere Einheit Rad), gekennzeichnet, die biolog. Wirkung am menschl. Körper durch die Äquivalentdosis, gemessen in →Sievert (ältere Einheit Rem).

Energie und *Reichweite:* Die Energie der Teilchen einer radioaktiven Strahlung liegt je nach Zerfallsart zw. einigen Kilo- (keV) und einigen Megaelektronvolt (MeV). Da es beim α- und beim γ-Zerfall nur jeweils zwei Zerfallsprodukte gibt, beim β-Zerfall dagegen drei, haben die α-Teilchen und die γ-Quanten aus kinemat. Gründen eine jeweils feste Energie, während die der β-Teilchen (Elektronen oder Positronen) jeweils zw. null und einem Maximalwert liegt. Insgesamt strahlt 1 g Radium eine Energie von etwa $13 \cdot 10^6$ kJ ab, während 1 g Kohle beim Verbrennen im Mittel eine Wärmemenge von nur 32 kJ liefert.

Beim Durchdringen von Materie werden die radioaktiven Strahlen durch Wechselwirkung mit Atomen abgeschwächt bzw. absorbiert. Hierbei verlieren die energiereichen Alpha- und Betateilchen ihre Energie durch zahlreiche inelast. Stöße mit den Hüllenelektronen, die zur Ionisation oder Anregung der betroffenen Absorberatome führen (mittlerer Energieverlust pro ionisierendem Stoß etwa 35 eV). Entlang der Teilchenbahn entsteht so eine Spur von Ionenpaaren, die in der Nebelkammer sichtbar gemacht werden kann. Auf dieser Ionisierung beruht auch der Nachweis radioaktiver Strahlung mit Kernspurplatte, Ionisationskammer, Zählrohr, Funkenkammer, Blasenkammer u. a. Bei Szintillationsdetektoren wird die Strahlung anhand der von angeregten Atomen emittierten Lichtstrahlung nachgewiesen.

Die spezif. Ionisierung der schweren Alphateilchen ist etwa 100-mal größer als die für Betateilchen gleicher Energie; die von Gammastrahlung ist hingegen um einen Faktor 100 geringer. Monoenerget. Alphateilchen haben eine geradlinige Bahn und dieselbe Reichweite (bis zu 8 cm in Luft oder etwa 0,1 mm in Aluminium). Monoenerget. Betateilchen haben keine einheitl. Reichweiten; ihre mittlere Reichweite beträgt bei Energien von etwa 1 MeV in Luft 3 bis 4 m, in Aluminium 0,2 mm. Ihre Bahnen sind infolge elast. Streuungen an den Atomkernen völlig unregelmäßig. Gammastrahlen sind aufgrund ihrer geringeren Ionisierungsfähigkeit wesentlich durchdringender als Alpha- und Betastrahlen vergleichbarer Energie; ihre Intensität nimmt exponentiell mit der Absorberdicke ab. Ihre Durchdringungsfähigkeit nimmt mit ihrer Energie zu; sie beträgt z. B. in Aluminium 2,2 cm für 50-keV-Quanten, 13 cm für 500 keV und 19 cm für 5 MeV. Die Verwendung von Blei als Abschirmmaterial gegen Gamma- und Röntgenstrahlen beruht auf der mit wachsender Ordnungszahl zunehmenden Absorption.

Natürliche R.: Sie tritt nur bei einigen Elementen mit Ordnungszahlen $Z \leqq 80$ auf, hingegen bei allen Elementen mit Ordnungszahlen $Z > 80$. Die insgesamt etwa 50 natürl. Radionuklide (Radioisotope) haben größtenteils kurze Halbwertszeiten. Sie wären heute – etwa 6 Mrd. Jahre nach ihrer Entstehung – nicht mehr nachweisbar, wenn sie nicht immer wieder neu aus dem Zerfall der langlebigen Uranisotope ^{238}U und ^{235}U sowie des Thoriumisotops ^{232}Th und dem Zerfall ihrer Tochterkerne hervorgingen.

Es gibt insgesamt drei natürl. **Zerfallsreihen,** denen sich die meisten der natürlich vorkommenden Radionuklide zuordnen lassen. Es handelt sich dabei um die **Uran-Radium-,** die **Thorium-** und die **Uran-Actinium-Reihe,** innerhalb deren die Radionuklide jeweils in einem genet. Zusammenhang miteinander stehen. Eine weitere mögl. Zerfallsreihe, die Neptuniumreihe, kann nur künstlich dargestellt werden, da alle ihre Glieder Halbwertszeiten von höchstens einigen Mio.

Radioaktivität: Radioaktive Zerfallsreihen; grün Uran-Radium-Reihe, violett Uran-Actinium-Reihe, blau Neptuniumreihe, rot Thoriumreihe; Z Ordnungszahl (Kernladungs-, Protonenzahl), N Neutronenzahl; die Summe aus Ordnungs- und Neutronenzahl ergibt die Massenzahl

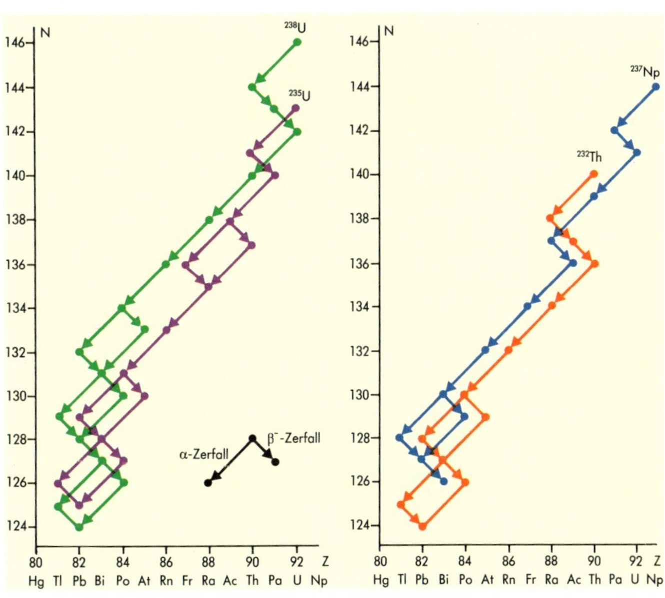

Jahren haben und somit im Lauf des Erdalters praktisch vollständig zerfallen sind. – Auch der Zerfall der durch Wechselwirkung der kosm. Strahlung mit der Atmosphäre und mit Meteoriten erzeugten kurzlebigen Nuklide sowie die spontane Spaltung schwerer Kerne kann zur natürl. R. gerechnet werden.

Künstliche R.: Durch Kernreaktionen mit Neutronen in Kernreaktoren und mit energiereichen Teilchen in Teilchenbeschleunigern entstehen aus stabilen Nukliden insgesamt weit über 1 000 künstl. radioaktive Nuklide. Die meisten künstl. Radionuklide sind β-Strahler; α-Emission wurde bisher an künstl. radioaktiven Nukliden mit $Z < 51$ nicht beobachtet. Relativ selten sind Neutronen- und Protonenstrahler. – Von jedem chem. Element gibt es ein oder mehrere (z. T. über 30) Radioisotope.

Radioaktivität

Uran-Radium-Reihe	Thoriumreihe	Uran-Actinium-Reihe	Neptuniumreihe
^{238}U *(UI)*	^{232}Th *(Th)*	^{235}U	^{241}Pu
α ↓	α ↓	α ↓	β ↓
^{234}Th *(UX$_1$)*	^{228}Ra *(MsThI)*	^{231}Th *(UY)*	^{241}Am
β ↓	β ↓	β ↓	α ↓
^{234}Pa *(UX$_2$)*	^{228}Ac *(MsThII)*	^{231}Pa *(Pa)*	^{237}Np
β ↓	β ↓	α ↓	α ↓
^{234}U *(UII)*	^{228}Th *(RdTh)*	^{227}Ac *(Ac)*	^{233}Pa
α ↓	α ↓	β ↙ ↘ α	β ↓
^{230}Th *(Io)*	^{224}Ra *(RhX)*	^{227}Th ^{223}Fr	^{233}U
α ↓	α ↓	*(RdAc) AcK)*	α ↓
^{226}Ra *(Ra)*	^{230}Rn *(Tn)*	α ↙ ↘ β	^{229}Th
α ↓	α ↓	^{223}Ra *(AcX)*	α ↓
^{222}Rn *(Rn)*	^{216}Po *(ThA)*	α ↓	^{225}Ra
α ↓	α ↙ ↘ β	^{219}Rn *(An)*	β ↓
^{218}Po *(RaA)*	^{212}Pb ^{216}At	α ↓	^{225}Ac
α ↙ ↘ β	*(ThB)*	^{215}Po *(AcA)*	α ↓
^{214}Pb ^{218}At	β ↘ ↙ α	α ↙ ↘ β	^{221}Fr
(RaB)	^{212}Bi *(ThC)*	^{211}Pb ^{215}At	α ↓
β ↘ ↙ α	β ↙ ↘ α	*(AcB)*	^{217}At
^{214}Bi *(RaC)*	^{212}Po ^{208}Tl	β ↘ ↙ α	α ↓
β ↙ ↘ α	*(ThC') (ThC")*	^{211}Bi *(AcC)*	^{213}Bi
^{214}Po ^{210}Tl	α ↘ ↙ β	β ↙ ↘ α	β ↘ ↙ α
(RAC') (RaC")	^{208}Pb *(ThD)*	^{211}Po ^{207}Tl	^{213}Po ^{209}Tl
α ↘ ↙ β		*(AcC') (AcC")*	α ↘ ↙ β
^{210}Pb *(RaD)*		↘ ↙	^{209}Pb
β ↓		^{207}Pb *(AcD)*	β ↓
^{210}Bi *(RaE)*			^{209}Bi
β ↙ ↘ α			
^{210}Po ^{206}Tl			
(RaF)			
α ↘ ↙ β			
^{206}Pb *(RaG)*			

Gewöhnliche Schrift:
Chem. Zeichen der radioaktiven Isotope;
kursive Schrift:
Zugehörige historische Namen.

Umwelt-R.: Entsprechend ihrer Häufigkeit und Halbwertszeit sind die Radionuklide ^{238}U, ^{232}Th und ^{40}K die Hauptträger der ird. R. Diese ist in den äußeren Gesteinsschichten der Erde (Lithosphäre) von etwa 10 km Dicke konzentriert. Zwar finden sich ^{238}U und ^{232}Th bevorzugt in uran- und thoriumhaltigen Mineralen und Gesteinen wie Graniten und Gneisen, in kleinen Konzentrationen sind sie jedoch in jedem Gesteins- und Bodenmaterial enthalten, sodass ein mittlerer Gehalt der Lithosphäre von $3 \cdot 10^{-6}$ g Uran je Gramm Gestein bzw. $12 \cdot 10^{-6}$ g Thorium je Gramm Gestein vorliegt. Die vom Radium herrührende Aktivität einer 1 km^2 großen und 1 m dicken Erdschicht beträgt etwa $7{,}5 \cdot 10^{10}$ Bq. Dem durchschnittl. ^{40}K-Gehalt von ebenfalls $3 \cdot 10^{-6}$ g je Gramm Gestein entspricht eine ^{40}K-Betaaktivität von etwa $4 \cdot 10^{12}$ Bq. Die durch Absorption radioaktiver Strahlung verursachte Erwärmung der Lithosphäre führt zu einem ständigen Wärmestrom nach außen, der im Durchschnitt etwa 10^{-4} J/(cm^2 · min) beträgt. Die R. des Meerwassers ist etwa 2 bis 3 Größenordnungen geringer als die der festen Erdkruste. Die vom Radium herrührende Aktivität pro km^3 beträgt im Mittel nur etwa $4 \cdot 10^9$ Bq, die vom ^{40}K herrührende Betaaktivität wegen des relativ hohen Kaliumgehalts von 0,035 % jedoch etwa $11 \cdot 10^{12}$ Bq.

Hauptträger der R. der Atmosphäre ist das der Uran-Radium-Zerfallsreihe angehörende Isotop $^{222}_{86}$Rn des Edelgases Radon, das in beträchtl. Mengen aus der oberen Erdschicht herausdiffundiert. Wesentlich geringer ist der Beitrag des der Thoriumzerfallsreihe entstammenden Isotops $^{220}_{86}$Rn und der durch die Höhenstrahlung in der Atmosphäre gebildeten Radionuklide (z. B. des Tritiums). – In den letzten Jahrzehnten ist die R. der Atmosphäre zeitweilig als Folge der Kernwaffentests, durch die große Mengen radioaktiver Spalt- und Fusionsprodukte in die Stratosphäre geschleudert wurden, sowie durch Reaktorunfälle (z. B. →Tschernobyl) und Unfälle in militär. Anlagen erheblich angestiegen. Der Transport dieser künstlich injizierten R. über die Hemisphären und das Niedersinken der entstandenen radioaktiven Teilchen in Form radioaktiver Niederschläge (Fall-out) hängt wesentlich stärker von Wetterlagen und -entwicklungen ab als im Falle der natürl. R. der Atmosphäre. – Zur R. in Anlagen zur Nutzung der Kernenergie →Kernkraftwerk (Sicherheit).

Biologische und *physiologische Wirkung:* Die Wirkung radioaktiver Strahlung auf lebende Organismen, die stark von der Art, Intensität und Reichweite der Strahlen abhängt, zeigt sich z. B. in einer Herabsetzung der Keimungsfähigkeit von Samen und in Entwicklungshemmungen oder Fehlbildungen bei Mensch und Tier bei größerer Strahlenbelastung. Durch geringe Dosen kann das Wachstum jedoch auch angeregt werden. Gewebe sind umso empfindlicher, je jünger ihre Zellen und je größer deren Teilungsgeschwindigkeit ist. Daher werden v. a. Gonaden, Blut bildende Organe, die Schleimhaut des Magen-Darm-Kanals, aber auch schnell wachsende Tumoren (Krebs, Sarkom) bei zu hoher Strahlendosis geschädigt. Darauf beruht der Erfolg der Strahlentherapie bei Krebs. Alphastrahlen sind wegen ihrer kurzen Reichweite unschädlich, solange nicht Alphastrahlen abgebende Substanzen in den tier. oder menschl. Körper gelangen. Strahlungsschäden werden daher v. a. von den durchdringenden Gammastrahlen und energiereichen Betastrahlen verursacht. (→Strahlenschutz)

Geschichte: Die R. wurde zuerst 1896 von A. H. Becquerel an Uranmineralen beobachtet, bald darauf auch an Thorium (Gerhard C. Schmidt, * 1865, † 1949; Marie Curie) und einigen neu entdeckten, aus Uranmineralen isolierten Elementen wie Polonium und Radium (P. und Marie Curie) sowie am Actinium (André Louis Debierne, * 1874, † 1949). E. Rutherford und Paul Ulrich Villard (* 1860, † 1934) wiesen 1899 die Alpha-, Beta- und Gammastrahlen nach. Das Zerfallsgesetz fanden J. Elster und H. Geitel. Rutherford und F. Soddy erkannten 1902, dass es sich bei der R. um eine Umwandlung von Atomen mit Energiefreisetzung handelt. Die Entdeckung zahlreicher weiterer radioaktiver Elemente bzw. Radioisotope (O. Hahn u. a.) führte zur Erkenntnis der Zerfallsreihen, zum Begriff der Isotopie und der Aufstellung der Verschiebungssätze (Soddy und K. Fajans 1912/13). Die künstl. R. entdeckten 1934 F. und Irène Joliot-Curie beim Beschuss von Aluminium mit Alphateilchen, wobei das Phosphorisotop ^{30}P, ein Positronenstrahler, entstand. Die Protonen-R. wurde 1981 entdeckt.

W. Minder: Gesch. der R. (1981); C. Keller: Die Gesch. der R. (1982); P. Weish u. E. Gruber: R. u. Umwelt (^{3}1986); Pschyrembel-Wb. R., Strahlenwirkung, Strahlenschutz, hg. v. C. Zink (^{2}1987); H. von Buttlar u. M. Roth: R. Fakten, Ursachen, Wirkungen (1990); L. Herforth u. H. Koch: Praktikum der R. u. der Radiochemie ([3]1992); W. STOLZ: R. Grundlagen, Messung, Anwendungen ([3]1996). – Weitere Literatur →Kernphysik.

Radio|astronomie, Teilgebiet der Astronomie, das sich mit der Erforschung der aus dem Weltall kommenden Radiostrahlung (Radiofrequenzstrahlung) befasst, die wie das sichtbare Licht die Erdatmosphäre zu durchdringen vermag. Das **Radiofenster** (→astronomische Fenster) umfasst den Wellenlängenbereich von etwa 1 mm bis 20 m. Die Untersuchung kürzerwelliger Strahlung fällt in das Gebiet der →Submillimeterastronomie, das z. T. auch zur R. gezählt wird. Das Radiofenster wird auf der kurzwelligen Seite infolge der Absorption in der Erdatmosphäre (v. a. durch Sauerstoff und Wasserdampf), auf der langwelligen Seite durch die Reflexion der Radiostrahlung an der Ionosphäre begrenzt. Die Beobachtungen, die nicht von dem in der Erdatmosphäre gestreuten Sonnenlicht beeinflusst werden und daher auch am Tage möglich sind, erfolgen mit →Radioteleskopen sowie mit →Radiointerferometern.

Die von den kosm. →Radioquellen emittierte Strahlung kann sowohl eine Kontinuum- als auch eine Linienstrahlung sein. Die kontinuierliche therm. Radiostrahlung wird in ionisierten Gasen und relativ kühlen festen Körpern oder Teilchen (Staubteilchen) emittiert, die kontinuierliche nichttherm. Strahlung ist i. Allg. Synchrotronstrahlung. Die Linien entstehen u. a. nach der Rekombination ionisierter Atome (von Wasserstoff, Helium und Kohlenstoff) mit freien Elektronen beim Übergang von hochangeregten Zuständen zu benachbarten tiefer liegenden, die →Einundzwanzig-Zentimeter-Linie wird hingegen von neutralen interstellaren Wasserstoffatomen im Grundzustand ausgestrahlt. Die meisten Emissionslinien im Radiobereich stammen von interstellaren Molekülen, von denen bisher mehr als 80 nachgewiesen werden konnten (→interstellare Materie). Der von den Radioquellen kommenden Kontinuumstrahlung können von der zw. diesen und dem Beobachter liegenden interstellaren Materie zusätzl. Absorptionslinien aufgeprägt sein. Neben isolierten Radioquellen untersucht die R. die kosm. →Radiohintergrundstrahlung.

Die Radiostrahlung unterliegt nicht der interstellaren Extinktion, sodass die R. auch Objekte und Räume untersuchen kann, die den Beobachtungen im sichtbaren Spektralbereich unzugänglich sind. Dies trifft z. B. auf die weitere Sonnenumgebung im Milchstraßensystem zu, dessen Spiralstruktur v. a. aufgrund der Untersuchung mittels der 21-cm-Linie aufgeklärt werden konnte, sowie die Molekülwolken, die wegen ihrer hohen Extinktion im sichtbaren Spektralbereich völlig undurchsichtig sind. Die R. untersucht weiterhin Materiezustände, bei denen z. B. infolge sehr niedriger Temperaturen die Ausstrahlungen in anderen Spektralbereichen unter der Nachweisgrenze liegen, und Objekte, die im Radiobereich eine höhere Ausstrahlung haben als im opt. Bereich (→Pulsare, →Radiogalaxien, →Quasare). Für das Verständnis der Struktur und der Entwicklung der Welt als Ganzes (→Kosmologie) hat die Untersuchung der →kosmischen Hintergrundstrahlung, deren Energiemaximum bei 1,1 mm und damit im Radiofrequenzbereich liegt, große Bedeutung.

Die R. begann 1932 mit Untersuchungen der aus dem Gebiet der Milchstraße kommenden Radiostrahlung im Dekameterbereich durch K. G. JANSKY. Als erste isolierte Radioquelle wurde 1942 die Sonne entdeckt. 1944 sagte H. C. VAN DE HULST aufgrund theoret. Überlegungen die Existenz der 21-cm-Linie des atomaren Wasserstoffs voraus, die 1951 von H. I. EWEN (* 1922) und E. M. PURCELL in den USA und wenig später auch von niederländ. und austral. Astronomen beobachtet wurde. 1968 wurde als erstes interstellares Molekül das OH-Radikal entdeckt.

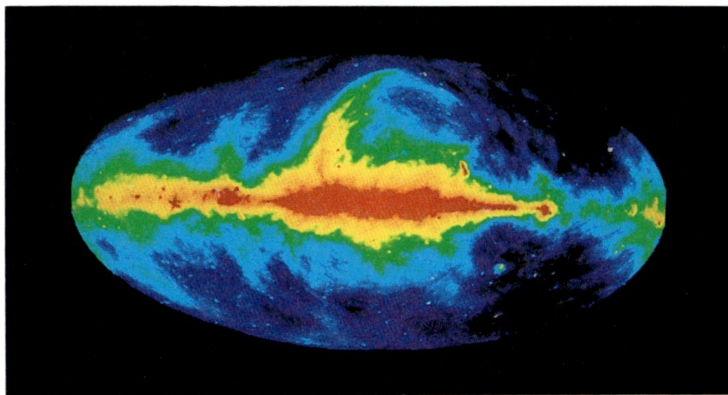

Radioastronomie: Radiokarte des gesamten Himmels bei 73,5 cm Wellenlänge (408 MHz) mit dem galaktischen Zentrum in der Bildmitte; in der Falschfarbendarstellung erscheinen die Gebiete schwächster Emission dunkelblau, diejenigen stärkster Emission rot

G. L. VERSCHUUR: Die phantast. Welt der R. (a. d. Engl., Basel 1988); K. ROHLFS u. T. L. WILSON: Tools of radio astronomy (Berlin [2]1996).

Radiobake, ein →Funkfeuer zur Standlinien- oder Standortpeilung (Kreuzrahmenpeiler; →Funkpeiler) durch Eigenpeilung, zu Zielfahrt oder -flug in See- und Luftfahrt. (→Radarantwortanlage, →Ramark)

Radiobiologie, die →Strahlenbiologie.

Radioblei, ältere Bez. für das radioaktive Bleiisotop ^{210}Pb (Symbol RaD), Zwischenglied der Uran-Radium-Reihe (→Radioaktivität).

Radio Bremen, Abk. **RB,** Rundfunkanstalt öffentl. Rechts der Freien Hansestadt Bremen; gegründet 1945 (Vorgänger war die 1924 gegründete Norddt. Rundfunk AG, NORAG), bis 1949 in amerikan. Verwaltung; kleinste ARD-Anstalt, Sitz: Bremen. R. B. strahlt vier Hörfunkprogramme sowie zus. mit dem Norddt. Rundfunk ein drittes Fernsehprogramm (N 3) aus, trägt 2,5 % zum ARD-Gemeinschaftsprogramm und 10 % zu N 3 bei; ist an den Kulturprogrammen ARTE und 3sat beteiligt.

Radio Bremen

Radiochemie, Teilgebiet der Kernchemie, das sich mit Eigenschaften, Herstellung und Anwendung von →Radionukliden beschäftigt, vorwiegend solcher, die bei Kernreaktionen in Spurenmengen entstehen. Zur R. gehören auch die Aufbereitung radioaktiver Abfälle (wie Brennelemente; →heiße Chemie), die Herstellung von Strahlungsquellen (z. B. ^{60}Co für die Kobaltbestrahlung) und von →markierten Verbindungen. – Radiochem. Methoden werden heute in nahezu allen Bereichen der Naturwiss.en und Medizin eingesetzt, beispielsweise in der Archäologie zur Altersbestimmung metall. Gegenstände durch die Aktivierungsanalyse. Mittels Isotopenindikatoren (Tracer) werden Reaktionsmechanismen in Chemie und Biochemie sowie Stoffwechselprozesse in der klin. Chemie aufgeklärt.

Radio|elemente, chem. Elemente, die keine stabilen, sondern nur radioaktive Isotope haben. R. sind neben Technetium und Promethium alle Elemente ab der Ordnungszahl 84.

Radiofenster, **1)** *Astronomie:* →astronomische Fenster.

2) *Nachrichtentechnik:* Bez. für den Frequenzbereich zw. 1 und 10 GHz, in dem die Rauscheinflüsse durch →Funkstörungen minimal sind; das R. eignet sich für den großreichweitigen Funkverkehr (Satelliten, Raumsonden).

Radio Free Europe/Radio Liberty [ˈreɪdɪəʊ fri: ˈjʊərəp, ˈreɪdɪəʊ ˈlɪbətɪ], Abk. **RFE/RL,** eine staatl.

amerikan. Rundfunkgesellschaft, die als unabhängiges Nachrichten- und Informationsmedium einem konstruktiven Dialog mit den Völkern O-Europas und der Sowjetunion bzw. deren Nachfolgestaaten dienen soll; 1972 entstanden aus der Fusion von Radio Free Europe (gegr. 1949) und Radio Liberty (gegr. 1972); Sitz: bis 1995 München, jetzt Prag. RFE/RL wird unmittelbar über Zuwendungen des amerikan. Kongresses finanziert und betreibt ein tägl. Hörfunkprogramm (inländ. Angelegenheiten der Sendegebiete) in 23 Sprachen. Heute besteht die Hauptaufgabe des Senders in der Unterstützung des Aufbaus einer demokrat. Gesellschaft auf marktwirtschaftl. Grundlage und in der Förderung eines unabhängigen und qualifizierten Journalismus.

Radiofrequenzbereich, im elektromagnet. Spektrum der Frequenzbereich von etwa 10 kHz bis 300 GHz; der Rundfunkbereich (Tonfunk) liegt zw. 148,5 kHz und 108 MHz, unter Ausklammerung einiger Bereiche für den kommerziellen Funkbetrieb und das Fernsehen.

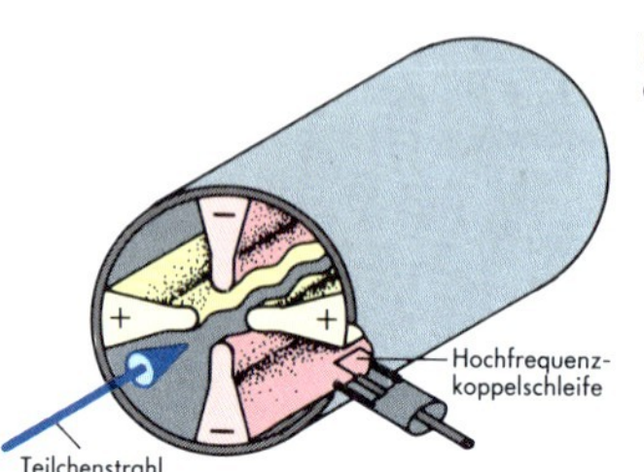

Radiofrequenzquadrupol

Radiofrequenzquadrupol [von engl. radio frequency ›Hochfrequenz‹], **Hochfrequenzquadrupol,** Linearbeschleuniger für Ionenstrahlen hoher Stromstärke im Bereich sehr niedriger Energien (etwa 40 keV bis 2 MeV), d. h. mit Teilchengeschwindigkeiten von etwa 1 bis 6% der Lichtgeschwindigkeit. Bei solchen Geschwindigkeiten ist die elektrostat. Abstoßung der gleichsinnig geladenen Teilchen noch viel stärker als die gegenseitige Anziehung durch das vom Teilchenstrahl erzeugte Magnetfeld. Der Strahl muss daher stark fokussiert werden. Ein R. ist so aufgebaut, dass er den aus einer Gleichspannungsionenquelle injizierten Teilchenstrahl gleichzeitig fokussiert, in Flugrichtung zu Teilchenpaketen bündelt und beschleunigt. Er besteht aus einem zylindr. →Hohlraumresonator, in dem in Längsrichtung vier Elektroden um 90° gegeneinander versetzt eingebaut sind und der in einer solchen Feldkonfiguration schwingt, dass gegenüberliegende Elektroden jeweils gleiche Polarität haben, die im Takt der Hochfrequenz wechselt (50 bis 400 MHz). Der Strahl wird dadurch einer elektr. Quadrupolfokussierung mit alternierenden Gradienten unterworfen. Das zur Beschleunigung benötigte elektr. Längsfeld wird durch ein period. Verkippen des reinen Quadrupolquerfeldes erreicht, indem die Elektroden in Längsrichtung nicht glatt, sondern gewellt sind und diese Modulation beim vertikalen Paar um eine halbe Wellenlänge gegen die des horizontalen Paars verschoben ist. R. erzeugen Ionenstrahlen vorher unerreichter Qualität und Stromstärke (einige 100 mA). Sie haben durch ihre Kompaktheit (Länge 1 bis 2 m, Durchmesser 0,3 m) die großen Kaskadengeneratoren stark verdrängt, sowohl als Injektoren für Großbeschleuniger als auch als Industriebeschleuniger für die Ionenimplantation (Halbleitertechnik, Oberflächenvergütung).

Radiofrequenzspektroskopie, Teilbereich der →Hochfrequenzspektroskopie.

Radiofrequenzstrahlung, die →Radiostrahlung.

Radiogalaxi|en, extragalakt. Sternsysteme mit einer Strahlungsleistung im Radiofrequenzbereich von mindestens 10^{15} W, was die Strahlungsleistung im opt. Spektralbereich um mehr als das Zehnfache übertrifft. R. gehören i. d. R. zu den optisch absolut hellsten Sternsystemen; es sind meist ellipt. Riesengalaxien. Die Radiostrahlung ist hauptsächlich →Synchrotronstrahlung. Ihr Hauptteil stammt aus mehreren getrennten Quellgebieten, meist einer Doppelquelle, deren beide Flügel **(Radiolobes,** von engl. lobe, **Radioblasen)** i. Allg. weit außerhalb und auf entgegengesetzten Seiten des optisch sichtbaren Sternsystems liegen. Gelegentlich werden auch mehrere, symmetrisch längs einer Geraden aufgereihte Doppelquellen beobachtet. Bei der mit etwa 3 Mpc Entfernung nächsten R., dem ellipt. Sternsystem NGC 5128 (als Radioquelle Centaurus A bezeichnet), hat das äußerste Quellenpaar einen (projizierten) Abstand von rd. 400 kpc. Fast alle R. haben zusätzlich eine mit dem Galaxienkern zusammenfallende Kernquelle, deren Strahlungsleistung gegenüber der der Flügel gering ist, die Radiostrahlungsleistung normaler Galaxienkerne aber weit übersteigt.

Die Quellenanordnung geht auf einen in entgegengesetzten Richtungen erfolgenden Materieauswurf aus dem Galaxienkern zurück. Die Auswürfe können sich offenbar in Zeiträumen von 10^7 bis 10^9 Jahren wiederholen, wie die Mehrfachdoppelquellen zeigen. Die Auswurfrichtung fällt mit der Rotationsachse des Galaxienkerns zusammen. Die Auswurfmaterie ist hochgradig ionisiert. Die freien Elektronen in ihr haben nahezu Lichtgeschwindigkeit, von ihnen stammt die Synchrotronstrahlung. Die Bündelung des Strahls geht vermutlich auf innere Magnetfelder und auf die Wirkung der das Sternsystem umgebenden intergalakt. Materie zurück. An den Vorderseiten der Materiestrahlen bilden sich beim Aufprall auf die intergalakt. Materie Stoßfronten aus, in denen die Radiostrahlung bes. intensiv ist, was die Doppelquellen erklärt. In einigen R. sind die Materiestrahlen auch im opt. Spektralbereich beobachtbar, z. B. in der ellipt. Riesengalaxie M 87 (Radioquelle Virgo A), deren sichtbarer Strahl sich über rd. 1 500 pc erstreckt und sogar im Röntgenbereich nachweisbar ist. Die R. sind typ. aktive Galaxien (→Sternsysteme).

Radiographie *die, -/...'phi|en,* das Sichtbarmachen ionisierender Strahlung mittels fotograf. Materials. Die erhaltenen Aufnahmen heißen **Radiogramme, Röntgenogramme** oder **Röntgenaufnahmen;** die Anwendung in der Medizin dient zur Darstellung von Körperteilen und Organen und zur rechtsmedizin. Identifizierung von Personen, in der Geschichte, Kunst und Technik zur Begutachtung und Dokumentation (z. B. von Kunstwerken, Fossilien) und Werkstücken (z. B. zur Prüfung von Schweißnähten). Dabei werden die zu prüfenden Objekte mithilfe von Röntgen- **(Röntgenographie),** Gamma- **(Gammagraphie)** oder Protonenstrahlen **(Protonen-R.)** durchstrahlt und fotografiert. Die direkte Projektions-R. wird zunehmend durch digitale R. abgelöst. Bei der **Auto-R.** werden mithilfe radioaktiver Indikatoren v. a. biolog. Transportvorgänge sichtbar gemacht.

Radioheliogramm, ein Spektroheliogramm (→Spektroheliograph) für den Radiofrequenzbereich.

Radiohintergrundstrahlung, eine aus dem Weltall kommende Radiostrahlung, deren Intensitätsverteilung am Himmel relativ gleichmäßig ist und keinen isolierten →Radioquellen zugeordnet werden kann. Die →kosmische Hintergrundstrahlung ist extragalakt. Ursprungs und vollkommen isotrop verteilt, während die galakt. R. gegen den Äquator des Milchstraßensystems konzentriert ist.

Radiohorizont, gedachte Horizontlinie, bei der ein von einer Antenne ausgehender elektromagnet. Strahl die Erdoberfläche gerade berührt. Der R. ist infolge der Brechungseigenschaften der Atmosphäre etwa 15% weiter von der Antenne entfernt als der opt. Horizont.

Radio|immunassay [-əseɪ; engl. assay ›Versuch‹, ›Prüfung‹] *der,* auch *das, -s/-s,* **Radio|immunanalyse,** Abk. **RIA,** Verfahren zur quantitativen Bestimmung zahlr. Substanzen (z. B. Proteine, Hormone, Arzneistoffe) selbst in sehr geringen Konzentrationen (bis etwa 10^{-12} g/ml). Das Prinzip dieser Methode beruht auf einer →Antigen-Antikörper-Reaktion, wobei die zu bestimmende Substanz das Antigen darstellt. Ihre Konzentration lässt sich durch Zusatz einer definierten Menge des entsprechenden radioaktiv markierten Antigens bestimmen. Da markiertes und nicht markiertes Antigen um die Bindung an den spezif. Antikörper in gleicher Weise konkurrieren, wird von dem markierten Antigen umso weniger gebunden, je mehr nicht markiertes Antigen vorhanden ist. Durch Messung der Radioaktivität des Antigen-Antikörper-Komplexes lässt sich somit die Konzentration des gesuchten Stoffes ermitteln. Der Vorteil des RIA besteht neben der hohen Empfindlichkeit v. a. darin, dass er sich für Routinebestimmungen bes. eignet und sich vielseitig sowohl in der Diagnostik (z. B. zur Bestimmung von Leberenzymen bei Lebererkrankungen) als auch zur Kontrolle (z. B. Ermittlung der Plasmaspiegel von Arzneimitteln) einsetzen lässt.

Radio|indikator, ein künstlich hergestelltes →Radionuklid, das bei der →Indikatormethode zur Markierung verwendet wird. (→markierte Verbindungen)

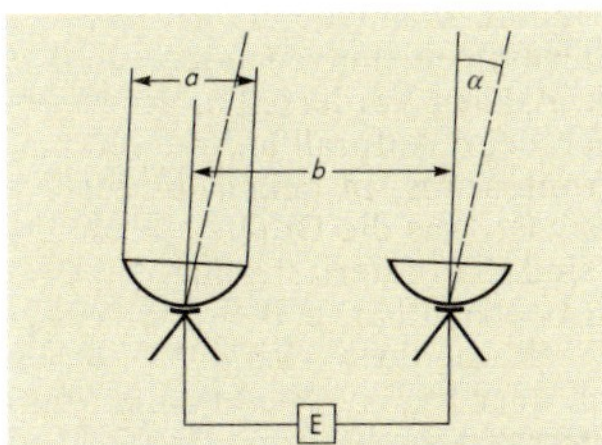

Radiointerferometer: Skizze eines Radiointerferometers; *a* Reflektordurchmesser, *b* Basislänge, E Empfänger, *α* Einfallswinkel

Radio|interferometer, radioastronom. Messanordnung zur Untersuchung von Radioquellen mit geringem Winkeldurchesser, bei der mindestens zwei in einem mehr oder weniger großen Abstand (Basisstrecke) befindliche (i. d. R. gleich große) →Radioteleskope in geeigneter Weise zusammengeschaltet werden. In einem gemeinsamen Empfänger (Korrelator) werden die empfangenen Signale phasengerecht zusammengeführt und zur Interferenz gebracht. Das Auflösungsvermögen eines Zwei-Teleskop-R. wird durch die Basisstrecke und die Beobachtungswellenlänge bestimmt und gleicht in Basisrichtung dem, das ein einzelnes Radioteleskop mit einem Reflektordurchmesser gleich der Basislänge hätte; senkrecht dazu entspricht es nur dem Auflösungsvermögen der Einzelteleskope. Um auch in dieser Richtung eine hohe Auflösung zu erreichen, ordnet man mehrere Radioteleskope (als so genannte **Arrays** oder **Syntheseteleskope**) auf Schienen kreuz-, Y- oder T-förmig an. Durch Verschieben der Teleskope ergibt sich eine große Anzahl nach Länge und Richtung unterschiedl. Basisstrecken, wodurch ein Radioteleskop mit der Öffnung (Apertur) gleich der größten Basisstrecke erzeugt (synthetisiert) werden kann (→Apertursynthese). Die empfangene Strahlenleistung eines R. wird im Ggs. dazu nur durch die tatsächl. Reflektorfläche der beteiligten Teleskope bestimmt.

Die Signale werden bei Basisstrecken unter etwa 1 km durch Kabel, darüber mithilfe drahtloser Übertragungssysteme dem Korrelator zugeführt. Bei R. mit Basislängen über etwa 100 km (**Langstreckeninterferometrie**) werden die von den einzelnen Teleskopen empfangenen Signale mit Zeitmarken höchster Genauigkeit versehen, auf geeigneten Trägern gespeichert und später mithilfe leistungsstarker Rechenanlagen miteinander korreliert. Mit einem interkontinentalen Interferometernetzwerk (→Very Long Baseline Interferometry) lassen sich Radioteleskope von etwa 10 000 km Durchmesser mit einem Auflösungsvermögen besser als 0,001 Bogensekunden synthetisieren, womit das der größten opt. Teleskope bei weitem übertroffen wird.

Radio|isotope, natürl. oder künstl. radioaktive →Isotope eines bestimmten chem. Elements. R. sind →Radionuklide gleicher Kernladungszahl, aber unterschiedl. Massenzahl; z. B. das Wasserstoffisotop Tritium (^{3}H).

Radio|isotopennephrographie, die →Isotopennephrographie.

Radiojod|test, nuklearmedizin. Verfahren zur Prüfung der Schilddrüsenfunktion; nach Einnahme geringer Mengen (1–75 MBq) eines radioaktiven Jodisotops (^{123}J oder ^{131}J) werden der anfängl. Anstieg, die maximale Speicherung und der nachfolgende Abfall der Radioaktivität zeitbezogen über der Schilddrüse gemessen. Die Werte geben Hinweise auf die Jodaufnahme der Schilddrüse wie auf den Jodeinbau in die Schilddrüsenhormone und damit auf eine Jodverwertungsstörung.

Radiojod|therapie, nuklearmedizin. Strahlenbehandlung der Schilddrüse durch Einnahme eines radioaktiven Jodisotops (^{131}J), das durch selektive Einlagerung gezielt und dosisabhängig durch die Betastrahlung Teile des Schilddrüsengewebes zerstört; v. a. bei Hyperthyreose (bes. Basedow-Krankheit), mitunter auch bei Kropf angewendet, wenn eine Operation nicht angezeigt oder nicht erwünscht ist. Bei bösartigen Tumoren der Schilddrüse und zur Behandlung von Metastasen wird die R. als Ergänzung der Operation eingesetzt.

Radiokarbonmethode, Radiokohlenstoffdatierung, C-14-Methode, von W. F. LIBBY und Mitarbeitern entwickeltes Verfahren zur →Altersbestimmung geolog. und historischer organ. Gegenstände. Grundlage der R. ist die Erzeugung von Neutronen in der Atmosphäre durch die kosm. Strahlung, die durch eine Kernreaktion mit dem Stickstoffisotop ^{14}N der Luft das Kohlenstoffisotop ^{14}C bilden. Dieses ist radioaktiv und zerfällt mit einer Halbwertszeit von 5730 ± 40 Jahren (13,56 Zerfälle je Minute und Gramm Kohlenstoff) in ^{14}N. Da Erzeugung und Zerfall im Gleichgewicht stehen, ist der ^{14}C-Anteil im Kohlenstoffgehalt der Atmosphäre konstant (Isotopenverhältnis $^{14}C/^{12}C = 10^{-12}$). Wird bei einem organ. Aufbauprozess Kohlenstoff eingebaut, so befindet sich darunter ständig ein gewisser (wenn auch kleiner) Prozentsatz ^{14}C, der entsprechend seiner Halbwertszeit zerfällt. Da nach dem Absterben des Organismus kein Kohlenstoff mehr eingebaut wird, kann aus dem heute noch vorhandenen Anteil an ^{14}C in einem solchen Objekt auf dessen Alter geschlossen werden. Die Methode ist bes. bei der Altersbestimmung von Holz u. ä. organ. Stoffen nützlich. Sie ist bei bis zu 100 000 Jahre alten Proben angewendet worden. Änderungen in der Intensität der Höhenstrahlung sowie Kohleteilchen aus Verbrennungsvorgängen beeinträchtigen die Genauigkeit der R. Der durch solche Einflüsse verursachte Fehler kann je nach Alter der Probe bis zu einigen 100 Jahren betragen. Wenn Schwankungen des ^{14}C-Gehalts der Atmosphäre berücksichtigt werden, die für die letzten nahezu 8 000 Jahre durch ^{14}C-Analyse der Jahrringe von Bäumen ermittelt werden können, deren Alter bekannt ist (→Dendrochronologie), kann dieser Fehler erheblich verringert werden. Noch weiter zurückliegende

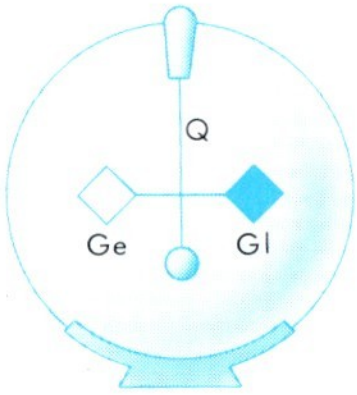

^{14}C-Schwankungen können durch Analyse von Sedimenten und durch Vergleich mit anderen Datierungsmethoden ermittelt werden.

Radiokardiographie, Verfahren der Isotopendiagnostik, szintigraph. Darstellung der Herzfunktion nach Einspritzung von ^{99m}Tc (**m**etastabil), ^{113}In oder eines anderen Radioisotops und Auswertung mittels Gammakamera. Die serielle Abbildung **(Radiokardiogramm)** der Durchflussphasen (fotografisch oder durch Computerauswertung) ermöglicht u.a. die Bestimmung des Herzminuten- und Kammervolumens zur Diagnose von Herzkrankheiten.

Radiokobalt, Bez. für die radioaktiven Isotope des Kobalts, bes. für ^{60}Co sowie ^{57}Co und ^{58}Co. ^{60}Co ist β^--instabil und emittiert energiereiche γ-Strahlung (1,17 und 1,33 MeV). Es wird in der Strahlentherapie in Telegammageräten eingesetzt sowie z.B. in Form von Perlen oder anderen kleinen Partikeln zur Kontaktbestrahlung oder zur intrakavitären Strahlentherapie (→After-Loading-Technik). ^{57}Co und ^{58}Co zerfallen durch Elektroneneinfang oder β^+-Zerfall; sie werden in der Nuklearmedizin bei Stoffwechseluntersuchungen angewendet (Markierung des →Cobalamins).

Radiokohlenstoff, Bez. für radioaktive Kohlenstoffisotope, speziell für das Isotop ^{14}C. (→Radiokarbonmethode)

Radiokompass, Form des →Funkpeilers.

Radiolaria [zu spätlat. radiolus, Verkleinerung von lat. radius ›Strahl‹], **Radiolari|en,** die →Strahlentierchen.

Radiolari|enschlamm, biogene →Meeresablagerung im Tiefseebereich, reich an Kieselskeletten der Radiolarien (→Strahlentierchen). Das rote, tonige Tiefseesediment bedeckt etwa 2% des Meeresbodens, in Bereichen von unter 4000 m Wassertiefe.

Radiolarit *der, -s/-e,* fast ausschließlich aus den Skeletten der Radiolarien (→Strahlentierchen) entstandenes, rötl. bis grünlich graues, sehr hartes Kieselgestein (krypto- bis mikrokristalliner Quarz, z.T. mit Toneinlagen), mit muscheligem Bruch; vom Kambrium bis zum Tertiär verbreitet, v.a. im Oberen Jura der Nördl. Kalkalpen (Tethys). R. entstanden – im Ggs. zum rezenten Radiolarienschlamm – vielfach in schmalen Trögen der Orogene.

Radiolobes [-ləʊbz; zu engl. lobe ›Lappen‹, ›Ausbuchtung‹], →Radiogalaxien.

Radiologie *die, -,* Wiss. von den ionisierenden Strahlen und ihrer Anwendung in Medizin, Biologie, Landwirtschaft und Technik. – Die **medizinische R.** befasst sich mit der diagnost. und therapeut. Anwendung ionisierender Strahlen einschließlich des Strahlenschutzes und kernphysikal. Verfahren (→Kernspintomographie) sowie der Ultraschallwellen (→Ultraschalldiagnostik). Aus der medizin. R. sind drei Teildisziplinen entstanden, die **diagnostische R.,** die **Nuklearmedizin** und die **Strahlentherapie.** Die Anerkennung als entsprechender Facharzt setzt eine 4- bis 5-jährige Weiterbildung im entsprechenden Fach voraus, weitere Subspezialisierungen der diagnost. R. sind Kinderradiologie und Neuroradiologie. Spezielle fachübergreifende Arbeitsgebiete sind Strahlenbiologie, experimentelle R. und Strahlenschutz.

Radiolumineszenz, durch radioaktive Strahlung hervorgerufene →Lumineszenz.

Radio Luxembourg [raˈdi̯o lyksɑ̃ˈbu:r], Hörfunkprogramm der privaten, durch Funkwerbung finanzierten Rundfunkgesellschaft Compagnie Luxembourgeoise de Télédiffusion-CLT, Sitz: Luxemburg, gegr. 1930, sendet wechselweise in frz., niederländ., dt. und engl. Sprache.

Radiolyse [zu griech. lýsis ›(Auf)lösung‹] *die, -/-n,* zusammenfassende Bez. für alle Vorgänge, die in einem chem. System Veränderungen durch ionisierende Strahlung hervorrufen, z.B. Bildung von Radikalen, Ionen oder angeregten Molekülen.

Radiometeorologie, Teilgebiet der Meteorologie, das sich elektromagnet. Wellen (Radiowellen) bedient oder die meteorolog. Einflüsse auf deren Ausbreitung in der Erdatmosphäre studiert.

Radiometer *das, -s/-,* sehr empfindl. Strahlungsmessgerät, das aus einem evakuierten Glasgefäß besteht, in dem an einem Quarzfaden ein leichter Balken hängt, der eine einseitig berußte Metall- oder Glimmerplatte und ein Gegengewicht trägt **(Quarzfaden-R.).** Bei Bestrahlung erwärmt sich die berußte Seite des Plättchens stärker als die blanke, d.h., ein Temperaturgradient mit Richtung zur geschwärzten Seite wird aufgebaut. Dabei ist es unwichtig, von welcher Seite die Bestrahlung erfolgt. Da die auf der heißeren (schwarzen) Seite auffallenden Gasmoleküle mit einem größeren Impuls als diejenigen der Gegenseite reflektiert werden, erfährt das Plättchen einen Rückstoß entgegengesetzt zur Richtung des Temperaturgradienten, sodass sich der Balken dreht, bis sich ein Gleichgewicht zw. den R.-Kräften und der rücktreibenden Torsionskraft des Quarzfadens einstellt. Entscheidend für die Drehrichtung ist nur der Temperaturverlauf im Plättchen. Der Drehwinkel, der mit einem am Quarzfaden angebrachten kleinen Drehspiegel über einen Lichtzeiger bestimmt werden kann, ist ein Maß für den einfallenden Strahlungsfluss. – Eine Vorform des R. ist die **crookessche Lichtmühle** (heute ein physikal. Spielzeug), bei der sich ein leicht drehbares Flügelrädchen um eine vertikale Achse dreht.

Der 1825 von A. J. FRESNEL entdeckte **R.-Effekt** ist druckabhängig. Bei niederer Gasdichte wächst er proportional mit dem Druck, bei großer Gasdichte nimmt er umgekehrt proportional zum Druck ab.

Radiometer: Quarzfadenradiometer; Q Quarzfaden, Gl Glimmerplatte, Ge Gegengewicht

Radiometrie *die, -,* Verfahren der angewandten Geophysik, das sich mit der radioaktiven Strahlung von Gesteinen, Mineralen oder aus der Tiefe aufsteigenden Gasen befasst. Anzeigegeräte für die im Gelände, Bohrloch, Labor oder vom Flugzeug aus durchgeführten Untersuchungen sind Geigerzähler, Szintillometer oder Ionisationskammern. R. dient der Prospektion von Erz-, Erdöl- u.a. Lagerstätten, der Erkundung von Grundwasserbewegungen (mittels radioaktiver Ionen als Markierungsmittel) oder der →Altersbestimmung.

Radiomimetika [zu griech. mímēsis ›Nachahmung‹], *Sg.* **Radiomimetikum** *das, -s,* Substanzen, die auf die lebende Zelle eine tumorwachstumshemmende Wirkung haben, z.B. zytostat. Mittel.

Radionuklidbatterie, die →Isotopenbatterie.

Radionuklide, radioaktive →Nuklide, die sich durch radioaktiven Zerfall (→Radioaktivität), v.a. unter Aussendung von α-, β- oder γ-Strahlung, in andere Nuklide umwandeln. R. eines bestimmten chem. Elements mit unterschiedl. Massenzahlen heißen **Radioisotope.** R. können natürl. Ursprungs sein (z.B. ^{40}K oder die Glieder der radioaktiven Zerfallsreihen) oder künstlich erzeugt werden (z.B. die Transurane). R. lassen sich von allen Elementen künstlich herstellen, z.B. durch Bestrahlung mit energiereichen geladenen Teilchen oder Neutronen (meist im Kernreaktor). Von den über 1500 bekannten R. sind etwa 50 natürl. Ursprungs. – Die Bedeutung der R. liegt in ihrer Anwendung als →Radioindikatoren, als Strahlenquelle, z.B. in der zerstörungsfreien Werkstoffprüfung (→Radiographie), oder bei der →Altersbestimmung. In der Nuklearmedizin werden R. für diagnost. und therapeut. Zwecke verwendet.

Radio|ökologie, Teilgebiet der Ökologie, das die Wirkungen natürl. und künstl. Strahlenbelastung auf Mensch, Tier und Pflanze sowie radioaktive Verunreinigungen in Ökosystemen (z.B. die Anreicherung von Radionukliden über die Nahrungskette) untersucht.

Radiopharmaka, Radiopharmazeutika, Nuklearpharmaka, radioaktive (und damit energiereiche Strahlung emittierende) Substanzen zur diagnost. und therapeut. Anwendung in der Nuklearmedizin. Zur Diagnostik werden v.a. Gammastrahler, zur Behandlung Beta- und Gammastrahler eingesetzt. Wichtige R. sind z.B. ^{57}Eisen zur Feststellung einer perniziösen Anämie, ^{198}Gold zur diagnost. Darstellung der Leber, ^{85}Krypton zur Untersuchung der Lungenfunktion und der Organdurchblutung, ^{131}Jod zur Diagnose und Behandlung von Schilddrüsenerkrankungen, ^{99m}Technetium zur Untersuchung zahlr. Organe (z.B. Herz, Magen, Schilddrüse) oder ^{59}Kobalt zur Tumorbestrahlung.

Radioquelle, begrenztes Gebiet am Himmel, das sich durch eine relativ starke Radiostrahlung aus der allgemeinen Radiohintergrundstrahlung heraushebt. Zu den R. des Sonnensystems gehören die →Sonne, der Mond, die Planeten und nahe Kometen. Als galakt. R. treten Emissionsnebel, interstellare Wolken neutralen Wasserstoffs, Molekülwolken, gasförmige und stellare Reste (diese als →Pulsare) von Supernovae sowie einzelne nahe Sterne in Erscheinung, während zu den extragalakt. R. u.a. →Radiogalaxien, aktive Galaxien und →Quasare zählen.

Radiorekorder, →Kassettenrekorder.

Radiosonde, Aerosonde, Standardmessgerät der Aerologie zur Ermittlung meteorolog. Zustandsgrößen in der freien Atmosphäre. Die R. besteht aus Luftdruck- (Vidie-Dose), Temperatur- (Bimetallthermograph) und Feuchtemessfühler (meist Lithiumchloridhygrometer, →Hygrometer). Ein Kurzwellensender übermittelt die Messergebnisse zur aerolog. Station **(R.-Station).** Die im Meteorographen gespeicherten Messwerte können dagegen erst nach der Rückkehr auf den Erdboden ausgewertet werden. Instrumententräger ist ein gasgefüllter, frei fliegender Ballon (Ballonsonde, Freiballon; Startdurchmesser etwa 2m). Durch Anpeilen der R. mit einem Windradar oder einem Radiotheodoliten wird aus der Ballondrift der Höhenwind bestimmt (Pilotballon). R. steigen bis in große Höhen auf, i.d.R. bis 30 km, unter günstigen meteorolog. Bedingungen bis 50 km. Nachdem der Ballon geplatzt ist, fällt die R. an einem Fallschirm zu Boden. Ein **R.-Aufstieg** dauert i. Allg. etwa $1^1/_2$ Stunden. Weltweit, auch in entlegenen Gebieten (z.B. in Polarregionen und Wüsten oder über Ozeanen), werden zweimal täglich (um 0 und 12 Uhr UTC) von über 700 R.-Stationen Aufstiege durchgeführt.

Radiostrahlung, Radiofrequenzstrahlung, elektromagnet. Strahlung kosm. →Radioquellen im Kurz-, Ultrakurz- und Mikrowellenbereich. Von der aus dem Weltraum einfallenden R. ist auf der Erde nur der durch das so genannte Radiofenster (→astronomische Fenster) eindringende Anteil beobachtbar. Kontinuierl. R. entsteht thermisch in oberflächennahen Schichten fester Himmelskörper sowie als therm. →Bremsstrahlung in Gasansammlungen (Sternatmosphären, interstellare Wolken) oder nichtthermisch als →Synchrotronstrahlung von Elektronen. Radioastronom. Linienstrahlung beobachtet man v.a. im Spektrum des interstellaren Gases. (→Radioastronomie)

Radio Symphonieorchester Wien, seit 1996 Name des **ORF-Symphonieorchesters,** 1969 gegr. als Nachfolgeinstitution des Orchesters des Österr. Rundfunks, Radio Wien (1945 gegr., 1969 aufgelöst; ständiger Dirigent MAX SCHÖNHERR); Chefdirigent: D. R. DAVIES. Frühere bedeutende Dirigenten waren u.a. MILAN HORVAT, L. SEGERSTAM und PINCHAS STEINBERG.

Radio|szintillation, schnelle und unregelmäßige Intensitätsschwankungen, die bei Radioquellen mit einem Winkeldurchmesser kleiner als 1″ beobachtet werden. Sie beruhen auf Schwankungen der Elektronendichte auf dem Weg zw. Radioquelle und Beobachter (in der interstellaren und interplanetaren Materie sowie in der Ionosphäre, hier v.a. in der F_2-Schicht).

Radioteleskop: Very Large Array, Antennenanlage bei Socorro (N. Mex., USA)

Radioteleskop, Instrument der →Radioastronomie zum Empfangen und Messen der aus dem Weltall kommenden Radiostrahlung. R. unterscheiden sich in ihrem prinzipiellen Aufbau i. Allg. nicht von opt. Spiegelteleskopen. Von einem meist parabol. Reflektor wird die Strahlung gesammelt, gebündelt und (z.T. über Sekundärspiegel) auf eine im Brennpunkt des Systems befindl. Antenne gerichtet. Diese ist entweder ein Dipol, in dem eine Wechselspannung induziert und durch ein Kabel zum Empfänger geleitet wird, oder ein Metallhorn (Hornantennen), von dem die Strahlung mittels eines Hohlleiters den Empfänger erreicht. In ihm wird sie u.a. moduliert, verstärkt, gemessen und aufgezeichnet. Die Reflektoroberfläche braucht nicht homogen zu sein, sie kann (u.a. zur Verringerung des Winddrucks) aus durchlöcherten Metallplatten oder einem Drahtnetz bestehen, wobei die Loch- bzw. Maschengröße höchstens $^1/_{10}$ bis $^1/_{20}$ der Beobachtungswellenlänge betragen darf. Wie bei einem opt. Teleskop ist das Auflösungsvermögen eines R. vom Verhältnis der Wellenlänge der empfangenen Strahlung zur Größe des Reflektordurchmessers abhängig. Wegen der gegenüber dem sichtbaren Licht rd. 1000- bis 100000fach größeren Wellenlänge der Radiostrahlung erreicht ein R. trotz extrem großer Reflektordurchmesser bei weitem nicht das Auflösungsvermögen eines opt. Teleskops. Mit →Radiointerferometern (Syntheseteleskopen) ist dieser Nachteil jedoch vollständig kompensierbar.

R. können voll beweglich, ähnlich einem Durchgangsinstrument nur im Meridian schwenkbar oder unbeweglich fest montiert sein. Das größte, bei →Effelsberg stehende frei bewegl. R. ist für Beobachtungen bis zum Zentimeterwellenbereich geeignet (Auflösungsvermögen bei 3cm rd. 2′). Weitere große frei schwenkbare R. stehen in Großbritannien (→Jodrell Bank), Kalifornien (Goldstone, Durchmesser 64m) und Australien (Parkes, New South Wales, Durchmesser 64m). Ein Parabolspiegel für Beobachtungen bei etwa 1mm mit 30 m Durchmesser wurde auf dem Pico de Veleta bei Granada (Spanien) 1987 vom →Institut für Radioastronomie im Millimeterbereich (IRAM) in Betrieb genommen. Das in Arecibo (Puerto Rico) befindl. fest stehende R. hat mit 305m die größte (sphärisch geformte) Reflektorfläche. Das bei Socorro in New Mexico (USA) errichtete Syntheseteleskop **Very Large Array (VLA)** besteht aus 27 bewegl. R. (Reflektordurchmesser je 25m), die in Form eines Y angeord-

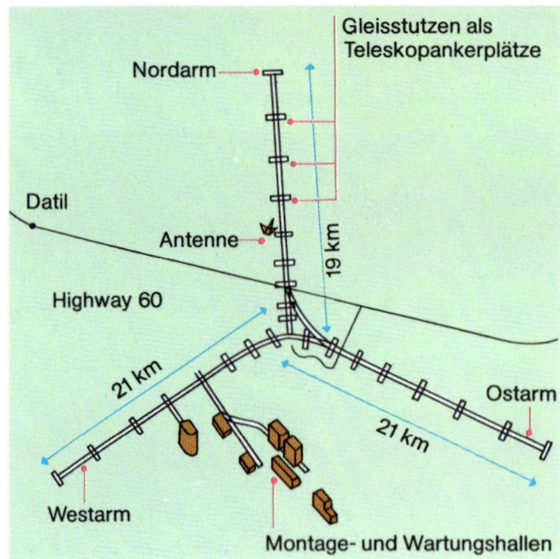

Radioteleskop: Schemazeichnung des Very Large Array bei Socorro (N. Mex., USA)

net sind, wobei die Einzelteleskope längs der 21 km langen Arme verschoben werden können. Sein Auflösungsvermögen entspricht dem eines Einzelteleskops von rd. 35 km Durchmesser und erreicht abhängig von der Beobachtungswellenlänge 0,1 bis 1″.

Radiotelevisione Italiana, Abk. **RAI,** die staatl. ital. Rundfunkgesellschaft, →Italien (Landesnatur und Bevölkerung).

Radiothorium, ältere Bez. für das radioaktive Thoriumisotop ^{228}Th (Symbol RdTh), Zwischenglied der Thoriumreihe (→Radioaktivität).

Radiotoxizität, Maß für die Schädlichkeit eines in den menschl. Organismus gelangten Radionuklids aufgrund seiner Strahlenwirkung. Die R. ist abhängig von der Art und der Energie der radioaktiven Strahlen, von der Halbwertszeit des Radionuklids sowie seiner Verteilung im Organismus und seinem biochem. Verhalten. Am gefährlichsten sind die Alphateilchen emittierenden Radionuklide mit großer Halbwertszeit, wie ^{239}Pu, ^{226}Ra, ^{227}Ac und ^{210}Po sowie der Betastrahler ^{90}Sr als langlebige Muttersubstanz des ^{90}Y mit seiner energiereichen Betastrahlung.

Radium		
chem. Symbol:	Ordnungszahl	88
	beständigstes Isotop	^{226}Ra
	relative Atommasse (^{226}Ra)	226,0254
Ra	Häufigkeit in der Erdrinde	$9{,}5 \cdot 10^{-11}$ %
	insgesamt bekannte (radioaktive) Isotope	^{206}Ra bis ^{234}Ra
	längste Halbwertszeit (^{226}Ra)	1 599 Jahre
	Dichte (berechnet)	etwa 5 g/cm³
	Schmelzpunkt	700 °C
	Siedepunkt	< 1 140 °C

Radiowellen, elektromagnet. Wellen im →Radiofrequenzbereich.

Radischtschew, Radiščev [-ʃtʃ-], Aleksandr Nikolajewitsch, russ. Schriftsteller, *Moskau 31. 8. 1749, †(Selbstmord) Sankt Petersburg 24. 9. 1802; studierte in Leipzig (1767–71). Von der dt. und v. a. der frz. Aufklärung ausgehend, seit 1773 Freimaurer, beschäftigten ihn philosoph. und moral. Probleme. Sein Hauptwerk, ›Putešestvie iz Peterburga v Moskvu‹ (1790; dt. ›Reise von Petersburg nach Moskau‹), das an L. Sternes ›A sentimental journey through France and Italy‹ (1768) anknüpft und im Stil Elemente des Klassizismus und Sentimentalismus verbindet, ist eine krasse Darstellung gesellschaftl. Missstände wie Leibeigenschaft oder Rekrutenaushebung. Der subversive polit. Ton des Werks und sein Erscheinen kurz nach der Frz. Revolution hatte R.s Verurteilung zum Tod zur Folge, die aber zu lebenslängl. Verbannung nach Sibirien umgewandelt wurde. 1796 begnadigt und 1801 von Alexander I. in die Kommission zur Vorbereitung neuer Gesetze berufen, beging er Selbstmord, als ihm wegen seiner Reformvorschläge eine erneute Verbannung drohte.

Ausgaben: Polnoe sobranie sočinenij, 3 Bde. (1938–52, Nachdr. Bd. 1 u. 2, 1969). – Ausgew. Schriften, hg. v. I. J. Ščipanov (1959).

A. McConnell: A Russian philosophe, Alexander Radishchev. 1749–1802 (Den Haag 1964, Nachdr. Westport, Conn., 1981).

Raditschkow, Radičkov [-tʃ-], Jordan, bulgar. Schriftsteller, *Kalimaniza (bei Berkowiza, Region Montana) 24. 10. 1929; entstammt einer Bauernfamilie, Journalist; schildert in seinen Erzählungen (›Nie, vrabčetata‹, 1968; dt. ›Wir Spatzen‹) den Dorfalltag und v. a. die Veränderung der dörfl. Lebensweise durch Industrialisierung und Urbanisierung; auch Romane (›Vsički i nikoj‹, 1975) und Schauspiele (›Januari‹, 1974; dt. ›Januar‹).

Ausgaben: Die Abenteuer einer Melone und andere Erz. (1970); Die fliegende Kreissäge und andere merkwürdige Geschichten (1977).

Radium [zu Radius] *das, -s,* chem. Symbol **Ra,** radioaktives →chemisches Element aus der zweiten Hauptgruppe des Periodensystems der chem. Elemente (Erdalkalimetalle). Von den zahlr., meist künstlich hergestellten Isotopen des R. kommen einige auch in der Natur in den Zerfallsreihen vor (→Radioaktivität). Das wichtigste und langlebigste Isotop ist ^{226}Ra, das in der Uran-Radium-Zerfallsreihe auftritt und letztlich zu Blei (^{206}Pb) zerfällt (›Uranblei‹). R. findet sich deshalb in allen Uranmineralen. Zur techn. Gewinnung dient überwiegend die Pechblende, die etwa 0,14 g R. je Tonne enthält. – R. wurde 1898 durch Marie und P. Curie in der Pechblende entdeckt und 1910 von Marie Curie und dem frz. Chemiker André Louis Debierne (*1874, †1949) durch Elektrolyse von R.-Salzen erstmals rein dargestellt.

R. ist in seinen Eigenschaften dem Barium sehr ähnlich, so ist **R.-Sulfat,** $RaSO_4$, in Wasser schwer löslich, die Halogenide wie **R.-Chlorid,** $RaCl_2$, oder **R.-Bromid,** $RaBr_2$, lassen sich durch Umkristallisieren reinigen. Das elementare R. ist ein weiß glänzendes Schwermetall, das durch Schmelzelektrolyse von R.-Chlorid oder durch Reduktion von R.-Oxid mit Aluminium im Hochvakuum gewonnen werden kann. Wegen der Radioaktivität zeigen die Verbindungen des R. ein schon bei Tageslicht sichtbares Leuchten. R. und seine Verbindungen geben eine intensiv rote Flammenfärbung. – Wie bei allen radioaktiven Stoffen sind beim Arbeiten mit R. und seinen Verbindungen besondere Sicherheitsvorkehrungen nötig; in den Körper gelangtes R. lagert sich ähnlich wie Strontium bevorzugt in den Knochen ab.

In der ersten Hälfte des 20. Jh. hatte R. große Bedeutung für die Erforschung der Radioaktivität und der Radiochemie. Daneben wurde es in der Medizin in größerem Umfang für Bestrahlungen in der Krebstherapie verwendet (→Radiumbestrahlung); die Bedeutung auf diesem Gebiet ist jedoch mit der Herstellung künstl. Radionuklide stark zurückgegangen. Außerdem diente R. früher zur Herstellung von Leuchtstoffen für Leuchtzifferblätter an Uhren und Kompassen.

Wirtschaft: Die gewerbl. Gewinnung von R. begann 1907 aus der Pechblende in Sankt Joachimsthal, wo sie bis 1914 rd. 10 g erreichte. Von da an stand die Gewinnung aus Carnotit in den USA (1914 rd. 22 g, 1936 rd. 36 g) im Vordergrund. Nach Entdeckung reicher Vorkommen von Pechblende im damaligen Belgisch-Kongo verschob sich seit Ende 1922 der Schwerpunkt nach Belgien, wo 1923 12,5 g hergestellt wurden. 1937 wurde Pechblende in Kanada entdeckt und vorübergehend ausgebeutet. Für 1938 wurde die Weltgewinnung auf 175 g, für 1952 auf 250 g geschätzt. Seitdem ging sie unter dem Einfluss des Wettbewerbs leichter zu gewinnender künstl. radioaktiver Stoffe zurück.

Radiumbestrahlung, Anwendung von Radium (v.a. ^{226}Ra als Sulfat) zur Strahlentherapie von bösartigen Tumoren **(Radiumtherapie),** wobei bes. die Gammastrahlen genutzt werden. Das Radium wird hierbei als luftdicht von einer röhrchen- oder nadelförmigen Metallhülle aus Gold, Platin oder Stahllegierungen, der zugleich als Filter für Alpha- und Betastrahlen wirkenden **Radiumzelle,** umschlossenes Präparat verwendet und entweder in Organhöhlen eingebracht, unmittelbar in das erkrankte Gewebe eingestochen (Spickmethode) oder an der Oberfläche aufgelegt (Moulage). – Die heute weitgehend durch die →After-Loading-Technik ersetzte R. wurde v.a. bei Haut-, Kehlkopf- und Gebärmutterkrebs eingesetzt. I.w.S. wird auch die →Emanationstherapie zur Radiumtherapie gerechnet.

Radium|emanation, →Radon.

Radius [lat. ›Stab‹; ›Strahl‹] *der, -/...di|en,* **1)** *allg.:* Reichweite.

2) *Anatomie:* die Speiche (→Arm).

3) *Mathematik:* der →Halbmesser eines Kreises oder einer Kugel.

Radius, Anna, ital. Schriftstellerin, →Neera.

Radius|fraktur, Bruch der Speiche (Radius), des daumenseitigen Unterarmknochens; häufigste Form (›typ. R.‹) ist der Bruch in der Nähe des Handgelenks **(distale R.),** erkennbar an der charakterist. Bajonettstellung der Hand durch Verschiebung in Richtung der Speiche.

Radiusvektor, *Mathematik:* Wird ein Punkt der Ebene oder des Raumes durch Polarkoordinaten (r, φ) bzw. (r, φ, ϑ) festgelegt, so heißt der r entsprechende Ortsvektor auch Radiusvektor.

Radix [lat. ›Wurzel‹] *die, -/...'dizes,* **1)** *Anatomie:* Ursprungsstelle eines Körperteils, Organs oder Nervs, z.B. **R. dentis,** Zahnwurzel, **R. pili,** Haarwurzel.

2) *Pharmazie:* Wurzeldroge; z.B. R. Valerianae (Baldrianwurzel).

Radizieren [zu Radix], **Wurzelziehen,** *Mathematik:* das Berechnen der →Wurzel aus einer Zahl oder aus einem Term.

Radkarten, T-O-Karten, mittelalterl. Weltkarten, auf denen die Erde als runde oder ovale Scheibe dargestellt ist, die vom Weltmeer umgeben und in Form eines T-förmigen Kreuzes in drei Erdteile (Asien als oberer Halbkreis, Europa und Afrika als die beiden unteren Viertelkreise) gegliedert ist. Das Kreuzschema ist babylon. Ursprungs, wurde im MA. als christl. Symbol aufgefasst, mit Jerusalem im Zentrum der Darstellung. Bekanntestes Beispiel der R. ist die →Ebstorfer Weltkarte.

Radkersburg, Name von geographischen Objekten:

1) Radkersburg, Bezirk in der Steiermark, Österreich, 337 km², 24 900 Ew., umfasst den äußersten SO der Steiermark.

2) Bad Radkersburg, Bezirkshauptstadt in der SO-Steiermark, Österreich, am linken Ufer der Mur, 208 m ü.M., 1 700 Ew.; Kuranstalt mit Thermalbad (36–38 °C); Mineralwasserversand; Grenzübergang nach Slowenien. – Das Stadtbild bestimmen Palais und Bürgerhäuser des 16. bis 18. Jh. sowie die Stadtpfarrkirche (15. Jh.) und die Filialkirche Mariahilf (1643). – R. entstand im 12. Jh. als Siedlung zu einer auf den östl. Ausläufern der Windischen Bühel gelegenen Burg; später Oberradkersburg genannt; sie und die am rechten Ufer der Mur gelegenen Ortsteile gehören heute als **Gornja Radgona** zu Slowenien. Die

Radolfzell am Bodensee: Ehemaliges Ritterschaftshaus; 17. Jh. (heute Amtsgericht)

Stadt entwickelte sich von einem Weinhandelszentrum zu einem wichtigen Stützpunkt gegen die Osmanen (1546–86 zur Festung ausgebaut). 1918–20 war R. von Jugoslawien besetzt. Seit 1978 trägt R. den Titel Bad.

Radków ['ratkuf], Stadt in Polen, →Wünschelburg.

Radlastmesser, Achslastmesser, ortsbewegl. Wiegegeräte, die von der Verkehrspolizei benutzt werden, um die Einhaltung der Bestimmungen des § 34 Straßenverkehrs-Zulassungs-Ordnung über Achslasten für Kfz und Anhänger zu kontrollieren.

Radleier, die →Drehleier.

Radloff, Friedrich Wilhelm, Turkologe, *Berlin 17. 1. 1837, †Petrograd 12. 5. 1918; sammelte grundlegende Materialien über türk. Sprachen und Dialekte in Zentralasien und veröffentlichte erstmals die →Orchoninschriften.

Werke: Proben der Volkslitteratur der türk. Stämme Süd-Sibiriens, 10 Bde. (1866–1907, dt. u. russ.); Die alttürk. Inschriften der Mongolei, 5 Tle. (1894–99, mit anderen); Versuch eines Wb. der Türk-Dialecte, 4 Bde. (1893–1911).

Radmelde, Kochia, Gattung der Gänsefußgewächse mit rd. 80 Arten in Australien, Eurasien, Afrika und im westl. Nordamerika; kleine Sträucher oder Kräuter mit kleinen, schmalen, seidig behaarten Blättern und unscheinbaren Blüten. Eine bekannte Art ist das in Mitteleuropa als Zierstrauch kultivierte **Besenkraut (Besen-R.,** Kochia scoparia), das in SO-Europa und Asien getrocknet zu Besen verarbeitet wird. Aus dem Besenkraut wurde als Gartenform die bis 2 m hohe **Sommerzypresse** (Kochia scoparia var. trichophylla) gezüchtet, deren Blätter sich im Herbst rot färben.

Radnetzspinnen, Araneidae, weltweit verbreitete Spinnen mit 4 000 bislang in eine Familie gestellten kleinen bis mittelgroßen Arten, die radförmige Netze aus radialen Fäden mit aufgewebter Spirale von klebstoffhaltigen Fangfäden weben; z.B. die →Gartenkreuzspinne und die →Zebraspinne.

Radnorshire ['rædnəʃɪə], ehem. County in Wales, seit 1974 Teil der Cty. Powys.

Radok, Alfréd, tschech. Regisseur und Dramatiker, *Týn nad Vltavou (Südböhm. Gebiet) 17. 12. 1914, †Wien 23. 4. 1976; wirkte am Prager Nationaltheater; auch Filmregisseur (›Großvater Automobil‹, 1956); mit J. SVOBODA Schöpfer der →Laterna magica und bis 1965 ihr künstler. Leiter; arbeitete ab 1965 im westl. Ausland, zuletzt Regisseur in Schweden.

Radolfzell am Bodensee Stadtwappen

Radolfzell am Bodensee, Große Kreisstadt im Landkreis Konstanz, Bad.-Württ., 404 m ü.M., am Bodensee, am NW-Ende des Zeller Sees, 28 100 Ew.; Fachschulen (Betriebswirtschaft, Sozialpädagogik); Vogelwarte im Schloss Möggingen; Textilindustrie, ferner Pumpenfabrik und elektrotechn. Industrie; Zentrum eines Obstbaugebiets; Kneippkurort (Anlagen auf der z. T. unter Naturschutz stehenden Halbinsel **Mettnau**). – Spätgot. kath. Stadtpfarrkirche Mariä Himmelfahrt (so genanntes Münster; 1436 begonnen, 1466 und 1475 geweiht, 1713 barockisiert); ehem. Ritterschaftshaus (17. Jh., heute Amtsgericht); Österreich. Schlösschen, 1626 für Erzherzog WILHELM LEOPOLD erbaut; Reste mittelalterl. Stadtbefestigung. – In Möggingen ehem. Wasserburg, um 1650 über Vorgängerbauten errichtet, mit hoher Ringmauer und Torturm. – R., aus einer Fischersiedlung und einer Mönchszelle des 9. Jh. hervorgegangen, wurde gegen 1100 Markt und 1267 Stadt. 1298–1806 gehörte R. zu Habsburg, danach fiel es an Baden.

R. u. seine Stadtteile. Geographie, Gegenwart, Gesch., mit Beitrr. v. F. GÖTZ u. a. (1988).

Joseph Maria von Radowitz (Bleistiftzeichnung von Alfred Rethel; um 1850)

Radom [Abk. für engl. **ra**dar **dome** ›Radarkuppel‹] *das, -s/-s,* für elektromagnet. Strahlung durchlässige, aerodynam. Kunststoffverkleidung der Radarantennenanlagen am Bug von Flugzeugen **(Radarbug, Radarnase);** auch Bez. für den kuppelförmigen Wetterschutz von Boden- oder Schiffsantennenanlagen.

Radom, **1)** Hauptstadt der gleichnamigen Wwschaft in Polen, 170 m ü. M., südlich von Warschau, 232 300 Ew.; Freilichtdorfmuseum, botan. Garten; Schuh-, Zigaretten-, Metallindustrie, Herstellung von Schreib- und Nähmaschinen sowie Fernsprecheinrichtungen, Eisenbahnreparaturwerkstätten; Verkehrsknotenpunkt. – Frühmittelalterl. Wehrsiedlung mit spätgot. Bernhardinerkloster (15./16. Jh.) und Kirche (1911/12 ausgebaut); Pfarrkirche St. Johannes der Täufer (um 1360) mit spätgot. Glockenturm und Rosenkranzkapelle aus dem 15./16. Jh. (1908/09 neugotisch verändert); spätbarockes Piaristenkloster (1737–56, von A. SOLARI); Rathaus mit Hauptwache (1847/48). – R., 1155 als Ort im Besitz der Bischöfe von Warschau erstmals erwähnt, erhielt um 1350 Magdeburger Stadtrecht, blieb aber trotz seiner günstigen Lage am Handelsweg von Warschau nach Schlesien bis Ende des 18. Jh. nur Handwerkersiedlung.

2) Wwschaft im mittleren Teil Polens, 7 294 km², 764 100 Einwohner.

Radomsko, Stadt in der Wwschaft Piotrków Trybunalski (Petrikau), Polen, 51 300 Ew.; Möbelherstellung, Maschinen-, Metallbau, Glashütte.

Radon

chem. Symbol:	Ordnungszahl	86
	beständigstes Isotop	^{222}Rn
	relative Atommasse (^{222}Rn)	222,01757
Rn	Häufigkeit in der Erdrinde	$6{,}2 \cdot 10^{-16}$%
	bekannte Isotope (alle radioaktiv)	^{198}Rn bis ^{228}Rn
	längste Halbwertszeit (^{222}Rn)	3,8235 Tage
	Dichte (bei 0 °C)	9,73 kg/m³
	Schmelzpunkt	−71 °C
	Siedepunkt	−61,8 °C
	kritische Temperatur	104 °C
	kritischer Druck	62,8 bar
	spezifische Wärmekapazität (bei 25 °C)	0,094 J/(g · K)

Radon [ˈraːdɔn, raˈdoːn; zu Radium gebildet, analog zu Argon, Krypton, Neon u. Ä.] *das, -s,* chem. Symbol **Rn,** radioaktives →chemisches Element aus der achten Hauptgruppe des Periodensystems der chem. Elemente (Edelgase). Von den zahlreichen Isotopen des R. sind die Isotope ^{219}Rn **(Actiniumemanation, Actinon),** ^{220}Rn **(Thoriumemanation, Thoron)** und ^{222}Rn **(Radiumemanation)** Produkte des radioaktiven Zerfalls von Actinium, Thorium und Uran (→Radioaktivität). R. ist wie alle Edelgase ein sehr reaktionsträges Gas, jedoch konnten Fluor- und Sauerstoffverbindungen des R. hergestellt werden. Die Gewinnung von R. erfolgt durch Abpumpen aus radioaktiven, R. bildenden Elementen. Verwendung finden R. enthaltende Gase (die u. a. in Höhlen mit radioaktiven Gesteinen oder in Quellwässern in der Nähe radioaktiver Lagerstätten vorkommen) als Heilmittel bei der Therapie u. a. von Rheuma, Gicht, Asthma (→Emanationstherapie). Eine Dauerbelastung durch R. enthaltende Gase (z. B. beim Arbeiten in Bergwerken, Laboratorien) muss vermieden werden, da die R.-Isotope in den Zerfallsreihen zu stark strahlenden, nicht flüchtigen Zerfallsprodukten (Polonium-, Blei-, Wismutisotope) umgewandelt werden.

R. wurde 1900 von E. RUTHERFORD und F. SODDY entdeckt und Radiumemanation genannt. W. RAMSAY ermittelte 1910 Dichte und relative Atommasse des Elements und schlug den Namen **Niton** vor. 1931 wurde der Name R. eingeführt.

Radoslawow, Wassil Christow, bulgar. Politiker, *Lowetsch 15. 7. 1854, †Berlin 21. 10. 1929; gründete und führte die Liberale Partei Bulgariens, war 1899–1900 Innen-Min., 1886–87 und 1913–18 Min.-Präs.; er betrieb eine russlandfeindl. Politik und führte während des Ersten Weltkriegs 1915 den Anschluss Bulgariens an die Mittelmächte herbei; emigrierte nach Dtl. (1918).

Radowitz, Joseph Maria von, preuß. General (seit 1845) und Politiker, *Blankenburg (Harz) 6. 2. 1797, †Berlin 25. 3. 1853; trat 1823 in preuß. Staatsdienste, wurde als Vertrauter König FRIEDRICH WILHELMS IV. 1836 Militärbevollmächtigter beim Dt. Bund in Frankfurt am Main, dessen Reform er im Einvernehmen mit Österreich anstrebte. In der Frankfurter Nationalversammlung zählte R. zur äußersten Rechten. Nach dem Scheitern der Frankfurter Reichsverfassung strebte er als preuß. Außen-Min. (seit 26. 9. 1850) einen kleindt. Bundesstaat unter preuß. Führung an. Die von ihm verfolgte Politik der Union scheiterte v. a. am Widerstand Österreichs; noch vor dem Abschluss der Olmützer Punktation trat R., der sich zunehmend isoliert sah, zurück.

E. RITTER: R. Ein kath. Staatsmann in Preußen (1948).

Radphänomen, *Wahrnehmungspsychologie:* →stroboskopisches Sehen.

Radpolo, Ballspiel mit Torwertung, ausschließlich gespielt von Zweiermannschaften (Frauen) auf Spezialfahrrädern (u. a. ohne Bremsen) in der Halle. Spielfläche und Tore haben die gleichen Ausmaße wie beim →Radball. Der Ball (wie Radball, jedoch 175–240 g schwer und 9,5–10,5 cm im Durchmesser) wird mit dem Polostock (Länge 70–100 cm) gespielt, an dessen Ende ein Schlagpflock (Hammer) befestigt ist. Mit dem Rad darf der Ball nur angehalten, nicht gespielt werden. Die Spielzeit beträgt zweimal fünf Minuten. – Im R. (nichtolympisch, keine WM-Disziplin) werden seit 1942 dt. Meisterschaften ausgetragen. *Organisationen:* →Radsport.

Radsatz, Bauteil im Fahrwerk von Schienenfahrzeugen, bestehend aus R.-Welle und zwei aufgepressten oder aufgeschrumpften Rädern, deren Form mit Lauffläche und Spurkranz die Führung im Gleis gewährleistet. Bereifte Räder bestehen aus Radkörper und Radreifen, der aufgeschrumpft oder, bei gummigefederten Rädern, mittels Vorspannung durch die Gummielemente und zusätzlich mit Schrauben befestigt sein kann. Vollräder bestehen aus einem Stück.

Radschputen, die →Rajputen.

Radsinskij, Radzinskij [-z-], Edward Stanislawowitsch, russ. Dramatiker, *Moskau 23. 9. 1936; spricht in seinen Stücken Probleme des Einzelnen in der Gesellschaft an; auch Drehbuchautor.

Werke: *Stücke:* 104 stranicy pro ljubov' (1965); Besedy s Sokratom (UA 1975); Alte Schauspielerin für die Rolle der Frau Dostojewskijs (dt. Erstaufführung 1986). – *Roman:* Naš Dekameron (1990). – *Sachbuch:* Gospodi ... spasi i usmiri Rossiu.

Nikolai II (1993; dt. bereits 1992 u. d. T. Nikolaus II. Der letzte Zar u. seine Zeit).

Radsport, sportl. Wettkämpfe auf Fahrrädern. Man unterscheidet →Bahnradsport, →Straßenradsport, →Querfeldeinradsport und →Hallenradsport.

Beim Querfeldein- und Hallen-R. werden **Spezialfahrräder** verwendet. Beim Bahn- und Straßen-R. sind die **Rennräder** für die einzelnen Disziplinen unterschiedlich, aber in allen Teilen aerodynamisch gestaltet, bes. leicht und den Maßen des Fahrers möglichst optimal angepasst. Dabei werden moderne Werkstoffe wie Titan, hochwertige Aluminiumlegierungen oder Carbonfasermischungen genutzt. Straßenräder wiegen etwa 8–10 kg, haben unabhängig voneinander funktionierende Felgenbremsen für Vorder- und Hinterrad, eine Gangschaltung mit 10–18 Übersetzungen, zwei Kettenblätter vorn und am Hinterrad fünf bis neun Zahnkränze; ein Reifen wiegt 175–340 g. Bahnräder wiegen 5–6 kg, haben einen kürzeren Rahmen als Straßenmaschinen und sind ohne Schaltung und Bremsen gebaut. Ein Reifen (Seide) wiegt 90–175 g. Für das Zeitfahren auf Straße und Bahn gibt es das Kompaktrad, dessen Speichen durch Kunststoffscheiben ersetzt sind, die den Luftwiderstand verringern. Das Vorderrad ist oftmals aus aerodynam. Gründen kleiner als das Hinterrad; beim Steherrad hilft das kleinere Vorderrad, den Abstand zum Schrittmacher zu verkürzen. – Die Kleidung der Fahrer ist windschlüpfig durch eng anliegende, glatte Rennanzüge und aerodynam. Helmschalen; bei vielen Rennen sind Rennmützen, Schutzkappen oder -ringe üblich.

R. ist in Dtl. im Bund Dt. Radfahrer (BDR; gegr. 1884, Sitz: Frankfurt am Main) organisiert. In Österreich besteht der Österr. Radsportverband (ÖRV; gegr. 1973, Sitz: Wien) und in der Schweiz der Schweizer. Rad- und Motorfahrer-Bund (SRB; gegr. 1883, Sitz: Bern). Internat. Dachverband ist die Union Cycliste Internationale (UCI; gegr. 1900, Sitz: Lausanne).

Radstadt, Stadt im Pongau, Bundesland Salzburg, Österreich, an der oberen Enns, 862 m ü. M., 4600 Ew.; Bez.-Gericht, Heimatmuseum; Holzverarbeitung; bedeutender Fremdenverkehr (v. a. Wintersport); Straßenknotenpunkt. – Stadtpfarrkirche (v. a. 14. und 15. Jh.); Kapuzinerkirche (1629; 1748 vergrößert); Stadtmauer mit Türmen (16. Jh.). – Das zw. 1270 und 1286 angelegte R. erhielt 1289 Stadtrecht.

Radstädter Tauern, 1) *Pl.,* westlichste Gruppe der Niederen Tauern, westlich von 2), Bundesland Salzburg, Österreich, im Hochfeind 2687 m ü. M.; wird von der Tauernautobahn, im N dem Tal der obersten Enns (Flachautal) folgend, mit dem Tauerntunnel (6,4 km lang) gequert. Um Wagrain und Flachau eines der größten Skigebiete Österreichs mit Seilbahnen und Liftanlagen.

2) anderer Name der **Tauernpasshöhe,** Pass in den Niederen Tauern, Österreich, 1739 m ü. M., trennt 1) von den Schladminger Tauern; Wintersportgebiet (Obertauern); die Straße über den R. T. verbindet das Ennstal bei Radstadt mit dem oberen Murtal (Lungau).

Radstand, *Kraftfahrzeugtechnik:* Abstand zw. den Radmitten der Vorder- und Hinterräder. Bei Schienenfahrzeugen →Achsstand.

Radsturz, Sturz, *Kraftfahrzeugtechnik:* Neigung des Rades gegen die Fahrzeuglängsebene, gemessen in der Fahrzeugquerebene. Bei Neigung oben nach außen ist der R. positiv (i. Allg. +0°20′ bis +1°30′) und bewirkt bei gewölbter Fahrbahn gleichmäßige Reifenabnutzung, aber geringere Seitenführungskräfte bei Kurvenfahrt. Leicht negativer Sturz (i. Allg. –0°30′ bis –2°) meist an den Hinterrädern, die dann oben nach innen geneigt sind, erhöht die Seitenführungskraft, verursacht aber stärkeren Reifenverschleiß.

Radula [spätlat. ›Schabeisen‹] *die, -/...lae,* mit (bis rd. 75 000) Zähnchen in Längs- und Querreihen besetzte Chitinmembran in der Mundhöhle vieler Weichtiere (bes. bei Schnecken), die zum Zerkleinern der Nahrung dient. Die R. wächst ständig aus einem engen Blindsack des Schlundes nach.

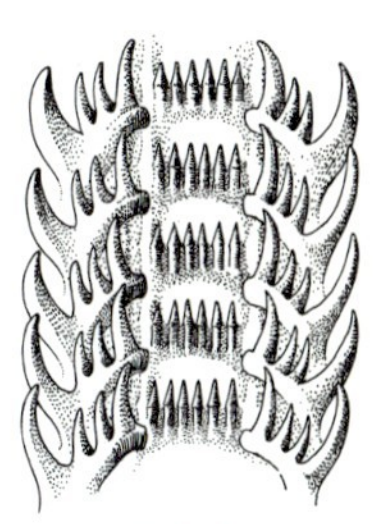

Radula der Wellhornschnecke

Radulfus, R. Niger, engl. Chronist und Theologe, * um 1140, † Lincoln (?) um 1199; studierte die Rechte und Theologie in Paris u. a. bei JOHANNES VON SALISBURY, trat trotz Sympathien für THOMAS BECKET 1166 als Magister in den Dienst König HEINRICHS II. und musste nach dem Aufstand von dessen Söhnen 1173 zu Prinz HEINRICH (2. Sohn HEINRICHS II., * 1155, † 1183) ins frz. Exil fliehen; erst unter RICHARD LÖWENHERZ ist er wieder in England, u. a. als Mitgl. des Domkapitels in Lincoln, bezeugt. In seinen Bibelkommentaren verband R. moral. Exegese mit rechtl. Argumenten und scharfer Kritik an Kirche und Gesellschaft, kühner noch 1187–88 in einer den frz. König PHILIPP II. AUGUSTUS vor dem 3. Kreuzzug warnenden Schrift, worin er die Kreuzzugsidee pointiert infrage stellte.

Ausgaben: De re militari et triplici via peregrinationis Ierosolimitanae, hg. v. L. SCHMUGGE (1977); Chronica, hg. v. H. KRAUSE (1985).

Radulfus, R. Tortarius, Rodulfus Tortarius, mittellat. Schriftsteller, * Gien um 1063, † Fleury um 1114 (?); sein meist in eleg. Distichen verfasstes poet. Werk enthält u. a. eine neun Bücher umfassende Versifizierung der Exempelsammlung des VALERIUS MAXIMUS (›De memorabilibus‹), ferner die ›Miracula sancti Benedicti‹, die poet. Gestaltung von Wundern des hl. BENEDIKT, die versch. Autoren in R.' Kloster Fleury in Prosa verfasst hatten (darunter ein Buch von R. selbst), sowie elf kulturgeschichtlich bedeutsame Briefe.

Ausgabe: Carmina, hg. v. M. B. OGLE u. a. (1933).

Radványi [ˈrɔdvaːnji], Netty, Schriftstellerin, →Seghers, Anna.

Radweg, durch Zeichen 237 StVO gekennzeichneter Sonderweg für Radfahrer mit Benutzungsverbot für andere Verkehrsteilnehmer; kann farbig markiert auf der Kfz-Fahrbahn oder baulich abgesetzt sein. Man unterscheidet 1) den getrennten Rad- und Fußweg, 2) den gemeinsamen Fuß- und R., 3) den baulich abgesetzten R., 4) den Radfahrstreifen auf der Fahrbahn und 5) die Fahrradstraße mit Vorfahrt für den Radverkehr. Eine Sonderform ist die Radspur auf der Fahrbahn (Angebotsstreifen).

In letzter Zeit haben Verkehrsverbände wie v. a. der →Allgemeine Deutsche Fahrrad-Club e. V. (ADFC) und der →Verkehrsclub Deutschland e. V. (VCD) wegen der wachsenden Bedeutung des Fahrrads als Verkehrsmittel das forcierte Anlegen von R. sowie deren (auch überregionale) Verknüpfung zu einem **R.-Netz** gefordert.

Weitere Maßnahmen sind z. B. die Schaffung von →verkehrsberuhigten Zonen und das Radfahren entgegen der Einbahnstraße (ist erlaubt, wenn durch ein Zusatzschild angezeigt).

Radweg: Verkehrszeichen für Radweg (oben), getrennten Rad- und Fußweg (Mitte) und gemeinsamen Fuß- und Radweg (unten)

Radverkehr u. Verkehrsberuhigung, bearb. v. D. HEZEL ([4]1995); Radverkehr u. Verkehrssicherheit, bearb. v. DEMS. ([4]1995).

Radziwill, Johann Franz Wilhelm Eduard, Maler und Grafiker, * Rodenkirchen (heute zu Stadland, Landkreis Wesermarsch) 6. 2. 1895, † Wilhelmshaven 12. 8. 1983; orientierte sich nach einem expressionist. Frühwerk (1919–22) ab 1923/24 an den Tendenzen der Neuen Sachlichkeit und bezog auch surrealist. und symbolist. Elemente in seine landschaftlich-kosm. Visionen ein. (BILD S. 728)

F. R., Ausst.-Kat. (1981); F. R. 1895 bis 1983, hg. v. A. FIRMENICH u. RAINER W. SCHULZE, Ausst.-Kat. Kunsthalle Emden (1995).

Franz Radziwill: Die Inselbrücke bei Wilhelmshaven mit der ›Deutschland‹; 1934 (Privatbesitz)

Radziwiłł [raˈdʑiviu̯], eingedeutscht **Radziwill,** litauisch **Radvila,** poln. Magnatengeschlecht urspr. litauischer Herkunft, das seit dem 15. Jh. in Politik, Verwaltung und Armee einflussreich war. – Der Stammvater, MIKOŁAJ R. (* 1366, † 1446), ließ sich 1386 mit JAGIEŁŁO taufen und wurde Woiwode von Wilna. 1515 wurde eine Linie, 1547 das ganze Geschlecht in den Reichsfürstenstand erhoben. Im 17. und 19. Jh. verschwägerte es sich mehrfach mit den Hohenzollern. Die mit BOGUSŁAW R. 1669 im Mannesstamm ausgestorbene Linie auf Birże und Dubinski war die wichtigste Stütze des Protestantismus im Großfürstentum Litauen. Der in Posen ansässige Zweig spielte im 19. Jh. in der preuß. Politik eine bedeutende Rolle. Die Linie auf Nieśwież und Ołyka, 1939 und 1945 enteignet, besteht weiter.

T. NOWAKOWSKI: Die Radziwills. Die Gesch. einer großen europ. Familie (a. d. Poln., 1966).

Bedeutende Vertreter:

1) Antoni Henryk (Anton Heinrich) Fürst, preuß. Statthalter, * Wilna 13. 6. 1775, † Berlin 7. 4. 1833; seit 1796 ⚭ mit LUISE, der Schwester des Prinzen LOUIS FERDINAND von Preußen, 1815–31 Statthalter im Großherzogtum Posen; Förderer F. CHOPINS und selbst Komponist.

2) Bogusław Fürst, preuß. Statthalter, * Danzig 3. 5. 1620, † Königsberg (heute Kaliningrad) 31. 12. 1669; Protestantenführer, ging 1655 im polnisch-schwed. Krieg auf die Seite des schwed. Königs KARL X. GUSTAV über; seit 1657 Statthalter des GROSSEN KURFÜRSTEN in Preußen.

Henry Raeburn: Kleines Mädchen mit Blumen; um 1798 (Paris, Louvre)

3) Janusz Fürst, Woiwode von Wilna und Großhetman (seit 1654) von Litauen, * 1612, † Tykocin (bei Białystok) 12. 12. 1655; Protestant, bekämpfte erfolgreich die Kosaken, ging 1655 mit seinem Vetter BOGUSŁAW auf die Seite des schwed. Königs KARL X. GUSTAV über.

4) Karol Stanisław Fürst, Woiwode von Wilna (1762–64 und seit 1768), * Nieśwież (bei Baranowitschi) 1734, † ebd. 22. 11. 1790; war als entschiedener Gegner König STANISLAUS' II. AUGUST PONIATOWSKI Marschall der Konföderation von Radom (1767) und führend an der Konföderation von Bar (1768) beteiligt.

5) Mikołaj (Nikolaus) Fürst, gen. ›der Rote‹, Großhetman von Litauen (seit 1553), Woiwode von Wilna und Großkanzler von Litauen (seit 1566), * 1512, † Wilna 27. 4. 1584; Stammvater der prot. Linie auf Birże und Dubinski; trat für die Aufrechterhaltung der Sonderstellung Litauens ein.

6) Mikołaj (Nikolaus) Krzysztof Fürst, gen. ›der Schwarze‹, Großmarschall (seit 1544) und Großkanzler (seit 1550) von Litauen, Woiwode von Wilna (seit 1551), * Nieśwież (bei Baranowitschi) 4. 1. 1515, † Wilna 29. 5. 1565; Vertrauter König SIGISMUNDS II. AUGUST; führte 1561 erfolgreich die Verhandlungen über den Anschluss Livlands an Polen-Litauen. Als Förderer des Protestantismus in Litauen ließ er 1563 in Brest-Litowsk die ins Polnische übersetzte Bibel, die ›Biblia brzeska‹ (Brester Bibel), auch ›Biblia Radziwiłłowska‹ (R.-Bibel) gen., drucken.

Radziwiłłowa [radʑiviu̯ˈu̯ɔva], Franciszka Urszula Fürstin, poln. Schriftstellerin, * Czartorysk (Tschartorisk, Ukraine) 13. 2. 1705, † Pucewicze (Litauen) 23. 5. 1753; Frau des Fürsten MICHAŁ KAZIMIERZ RADZIWIŁŁ (* 1702, † 1762), seit 1744 Woiwode von Wilna und Großhetman von Litauen; trug durch eigene Dramen und Molière-Bearbeitungen, die sie auf der von ihr gegründeten Magnatenbühne in Nieśwież (bei Baranowitschi) aufführen ließ, wesentlich zur Entwicklung des poln. Theaters bei.

Ausgabe: Teatr, hg. v. K. WIERZBICKA (1961).

Raeber [ˈrɛː-], Kuno, schweizer. Schriftsteller, * Klingnau (Kt. Aargau) 20. 5. 1922, † Basel 28. 1. 1992. In R.s Werk verbinden sich Mythos, Legende und Aktualität, Historisches und Erfundenes, antike und christl. Traditionen. In seinen Gedichten fand er von einer zunächst anspielungsreichen mytholog. Maskerade zu konzentriertem lyr. Ausdruck (›Reduktionen‹, 1981). Auch Theaterstücke, Reiseberichte (›Calabria‹, 1961) und Hörspiele.

Weitere Werke: *Lyrik:* Gesicht im Mittag (1950); Die verwandelten Schiffe (1957); Gedichte (1960); Flußufer (1963); Abgewandt, zugewandt (1985). – *Romane:* Die Lügner sind ehrlich (1960); Alexius unter der Treppe oder Geständnisse von einer Katze (1973); Das Ei (1981); Sacco di Roma (1989).

Raeburn [ˈreɪbən], Sir (seit 1822) Henry, schott. Maler, * Stockbridge (heute zu Edinburgh) 4. 3. 1756, † Edinburgh 8. 7. 1823; hielt sich 1785–87 in Italien auf und wurde 1815 Mitgl. der Royal Academy in London. R. malte v. a. Porträts von Vertretern der schott. Gesellschaft (›Colonel Alastair Macdonell of Glengarry‹, 1812; Edinburgh, National Gallery of Scotland).

Raeder [ˈrɛː-], Erich, Großadmiral (seit 1939), * Wandsbek (heute zu Hamburg) 24. 4. 1876, † Kiel 6. 11. 1960; im Ersten Weltkrieg Kommandant eines Kreuzers, 1928–35 Chef der Marineleitung, 1935–43 Oberbefehlshaber der Kriegsmarine. Im Ggs. zu HITLER sah R. in Großbritannien und den USA die Hauptfeinde des Dt. Reiches, warnte aber vor einem vorzeitigen Konflikt mit der größten Seemacht Großbritannien angesichts der unzureichend gerüsteten dt. Kriegsmarine und befürwortete einen Ausgleich mit der Sowjetunion oder zumindest den Verzicht auf einen Angriff vor der Niederringung Großbritanniens. Er war verantwortlich für den uneingeschränkten U-Boot-Krieg. Wegen weiterer Gegensätze zu HITLER im Januar 1943 entlassen. 1946 im Nürnberger Hauptkriegsverbrecherprozess zu lebensländl. Haft verurteilt, 1955 entlassen.

Markus Raetz: See-Stück; 1980–83 (Bern, Kunstmuseum)

Raetia ['rɛ:tsia], röm. Provinz, →Rätien.

Raetz [rɛ:-], Markus, schweizer. Maler, Grafiker und Bildhauer, *Büren an der Aare 6. 6. 1941; experimentiert bei seinen sehr unterschiedlich strukturierten Arbeiten (Gemälde, Zeichnungen, Grafiken, Plastiken, Objekte, Installationen) mit der menschl. Wahrnehmungsfähigkeit.

M. R. Arbeiten 1962 bis 1986, hg. v. B. BÜRGI u. a., Ausst.-Kat. (Zürich 1986).

RAF, Abk. für: **1)** →**R**ote-**A**rmee-**F**raktion;

2) Royal **A**ir **F**orce, amtl. Name der brit. Luftwaffe.

Rafah [-fax], Ort im Gazastreifen, 30 km südwestlich von Gaza, Oase am südlichsten Punkt der O-Küste des Mittelmeers, 85 000 Ew. (davon ein großer Teil in Flüchtlingslagern); histor. Grenzort zw. Sinai und Palästina, Raststätte für Karawanen und Marktstadt; Bewässerungskulturen (Zitrusfrüchte). Bei R. Flughafen geplant. – Bei der antiken Stadt **Raphia** schlug 720 v. Chr. SARGON II. von Assyrien die Ägypter und 217 v. Chr. PTOLEMAIOS IV. den Seleukiden ANTIOCHOS III.

Rafaiter, Raphaiter, im A. T. Bez. für Teile der Urbevölkerung Kanaans (z. B. 1. Mos. 15, 20). Die R. galten als ›zahlreich und hoch gewachsen‹ (vergleichbar den →Enakitern; 5. Mos. 2, 10) und wurden wohl als Riesen angesehen, von den Ammonitern **Samsummiter** genannt (5. Mos. 2, 20). – Ein Zusammenhang mit den in Ugarit bezeugten ›rpum‹ (verwandt mit akkad. ›rabu‹, die Großen, oder Götterwesen?) ist nicht auszuschließen.

Rafale [-'fal; frz.], Typ-Bez. eines Mehrzweckkampfflugzeuges des frz. Luftfahrtunternehmens von M. DASSAULT; existiert in verschiedenen Ausführungen (erster Demonstrationsflug 4. 7. 1986). Das Modell R. M (Erstflug 12. 12. 1991) besitzt zwei Strahltriebwerke, hat eine Höchstgeschwindigkeit von Mach 1,15 in Bodennähe und Mach 2 in 11 000 m Höhe, ein Gewicht von max. 19 500 kg und einen Aktionsradius (je nach Zuladung) von 1 090 bis 1 850 km. Die Bewaffnung besteht aus einer 30-mm-Kanone und max. 6 000 kg Waffenzuladung (Bomben, Luft-Luft- bzw. Luft-Boden-Raketen, nukleare Luft-Boden-Mittelstreckenraketen).

Raff, Joseph Joachim, Komponist, *Lachen (Kt. Schwyz) 27. 5. 1822, †Frankfurt am Main 24. 6. 1882; schrieb zunächst Klavierstücke; wurde von F. LISZT nach Köln, später nach Hamburg empfohlen, war 1850–56 in Weimar LISZTS Assistent bis hin zur Mitarbeit als geschickter Instrumentator, ging 1856 nach Wiesbaden, seit 1877 Direktor des Hoch'schen Konservatoriums in Frankfurt am Main. In seinen zahlr. Werken, darunter sechs Opern (›König Alfred‹, 1851; ›Dame Kobold‹, 1870), elf Sinfonien, Kammer-, Klavier- und Vokalmusik, versuchte er, traditionelle Stilelemente mit den Errungenschaften der →neudeutschen Schule zu verbinden, deren Ziele er auch als Publizist vertrat (›Die Wagnerfrage‹, 1854).

Joachim Raff

J. KÄLIN u. A. MARTY: Leben u. Werk des vor 150 Jahren geborenen Komponisten Joachim R. (Lachen 1972); M. RÖMER: J. J. R. (1982); M. WIEGANDT: Vergessene Symbolik? Studien zu Joachim R., Carl Reinicke u. zum Problem der Epigonalität in der Musik (1997).

Raffa [ital.] *das, -,* Form des Boccia, die v. a. in Italien ausgeübt wird und sich in Frankreich unter dem Namen **Jeu provençal** einbürgerte; gespielt wird mit Holzkugeln.

Raffa|el, Rapha|el, eigtl. **Raffaello Santi (Sanzio),** ital. Maler und Baumeister, *Urbino vermutlich 6. 4. 1483, †Rom 6. 4. 1520; war zunächst Gehilfe seines Vaters GIOVANNI SANTI (†1494), dann Schüler PERUGINOS in Perugia; um 1499 wieder in Urbino, war 1504 und erneut 1506 in Florenz, seit Ende 1508 in Rom, seit 1514 Bauleiter der Peterskirche (sein Langhausentwurf wurde nicht ausgeführt) und Konservator der antiken Denkmäler Roms. Er ist im Pantheon beigesetzt. R. zählt neben LEONARDO DA VINCI und MICHELANGELO zu den bedeutendsten Künstlern der Hochrenaissance. Seine ausgewogenen Kompositionen gelten in ihren subtilen Beziehungsgefügen als Inbegriff klass. Vollkommenheit; sein künstler. Ideal von Anmut und Schönheit ist bis ins 20. Jh. hinein als vorbildlich rezipiert worden.

Sein frühes Hauptwerk, ›Die Vermählung Mariä‹ (1504; Mailand, Brera), zeigt in der feierl. Symmetrie

Raffael: Disputa; Ausschnitt aus dem Fresko in der Stanza della Segnatura im Vatikan; 1509–11

Raffael: Madonna Terranuova; um 1505 (Berlin, Gemäldegalerie)

und den empfindsam bewegten Figuren bei aller Eigenständigkeit noch den prägenden Einfluss von PERUGINO. Dessen zarte, abgeklärte Stimmung erfuhr in den Florentiner Jahren – die R., obwohl er bereits selbstständig tätig war, als Lehrzeit auffasste – entscheidende Vertiefung und Bereicherung. Geschult v. a. an der Kunst LEONARDOS und in Rom MICHELANGELOS, entwickeln seine Figuren freie Körperentfaltung und Beweglichkeit und fügen sich durch vielfältige Wechselbeziehungen organisch in ein meist pyramidales Ordnungsgefüge ein. Außer für Bildnisse erhielt er in Florenz v. a. Aufträge für Madonnendarstellungen, die er, halb- oder ganzfigurig, auch, z. B. in der ›Hl. Familie Canigiani‹ (um 1505/06; München, Alte Pinakothek), zur kunstvoll organisierten Gruppe erweitert, in idyll. Landschaften einbettete.

Die monumentalen Aufgaben in Rom führten zum Höhepunkt seiner künstler. Gestaltung. In den päpstl. Prachträumen, den Stanzen des Vatikans, entfaltete er in seinen Fresken in weiten, perspektiv. Schauplätzen eine souveräne Regie vielfiguriger Kompositionen. In der als Bibliothek gedachten Stanza della Segnatura (1508–11) sind die weltanschaul. Vorstellungen seiner Zeit in der Verbindung von christl. und antikem Gedankengut v. a. mit der ›Schule von Athen‹ und der ›Disputa‹ umfassend formuliert. Während sie und auch die Fresken der Stanza d'Eliodoro (1512–14) weitgehend eigenhändig ausgeführt sind, waren an der Stanza dell'Incendio di Borgo (1514–17) Gehilfen, u. a. GIULIO ROMANO und GIANFRANCESCO PENNI (* um 1488, † um 1528), wesentlich beteiligt; in der Darstellung des Borgobrands ist die harmonisch rhythmisierte Gestaltung bereits empfindlich gestört und im Sinne des Manierismus dynamisiert. Gleichzeitig war R. mit einem weiteren päpstl. Großauftrag, den Kartons für Wandteppiche der Sixtin. Kapelle, beschäftigt (1515–16); die den Raum füllenden Gestalten (in Szenen aus der Geschichte der Apostel PETRUS und PAULUS) setzen MICHELANGELOS plastisch angelegte Figuren in R.s Sprache um (sieben der zehn großen Entwurfskartons befinden sich in London im Victoria and Albert Museum, die Teppiche in den Vatikan. Sammlungen). Neben dem Vatikan war ein weiterer wichtiger Auftraggeber in Rom A. CHIGI: Um 1512 schuf R. in der Villa Farnesina das mytholog. Wandbild ›Triumph der Galatea‹ (BILD →Galatea), und 1517 entwarf er die Dekoration für die Loggia der Villa mit den Deckenbildern ›Hochzeit von Amor und Psyche‹ und ›Rat der Götter‹. Infolge seiner Überlastung mit Aufträgen überließ R. die Ausführung wie bei den Loggien des Vatikans weitgehend seiner Werkstatt. Auch die Tafelbilder der röm. Zeit sind von dem an den Fresken entwickelten Monumentalstil geprägt. R.s Mariendarstellungen wie die ›Sixtin. Madonna‹ (um 1513/14, 1516 fertig gestellt; Dresden, Staatl. Kunstsammlungen; BILD →Sixtinische Madonna) haben in der Verbindung inniger Mütterlichkeit mit entrückter Idealität klassisch-vorbildhafte Bedeutung erlangt. Auch seine späteren Porträts sind durch das Streben nach einer geschlossenen Großform bestimmt (›Baldassare Castiglione‹, um 1515, Paris, Louvre; ›Donna Velata‹, um 1516, Florenz, Palazzo Pitti), und trotz der humanistisch geprägten Distanz des Künstlers zum Bildgegenstand gelingt es R., vom Individuellen zum Typischen, Gültigen vorstoßend, dem Porträt gleichzeitig durch feine psycholog. Beobachtung und stoffl. Charakterisierung unmittelbare Präsenz zu geben. Für das Gruppenbild wurde ›Leo X. mit den Kardinälen Giulio de' Medici und Luigi de' Rossi‹ (um 1518; Florenz, Uffizien) wegweisend. Sein letztes großes Altarbild, die ›Verklärung Christi‹ (1517 begonnen; Vatikan. Sammlungen), von Dramatik erfüllt, wurde von GIULIO ROMANO vollendet.

Als Baumeister folgte R. dem Stil BRAMANTES und arbeitete eng mit A. DA SANGALLO D. J., und dessen Bruder BATTISTA (* 1496, † 1552) zusammen; die Villa Madama (um 1516 ff.) ist vom Palastbau der antiken röm. Baukunst abgeleitet, die Gewölbehallen greifen auf die hohe röm. Apsis zurück, die Stuckdekorationen (von GIULIO ROMANO und GIOVANNI DA UDINE) auf die antike Ornamentik (Grotesken). Am reichen Bestand von Handzeichnungen lässt sich die Entstehung seiner Werke – auch der Architektur – verfolgen. Verlorene Originale sind in Stichen von M. RAIMONDI u. a. überliefert.

Raffael: Gartenhalle der um 1516 ff. erbauten Villa Madama in Rom

Während für J. J. WINCKELMANN und die Klassik v. a. der Künstler R. interessant war, entdeckten die Romantiker auch den Menschen R. (W. H. WACKENRODER, ›Herzensergießungen eines kunstliebenden Klosterbruders‹, 1797; L. TIECK, ›Franz Sternbalds Wanderungen‹, 4 Tle., 1798). Die von G. VASARI überlieferten Liebesabenteuer R.s fanden Eingang in zahlr. Dichtungen, u.a. in Novellen wie A. VON ARNIMS ›Raphael und seine Nachbarinnen‹ (1824), in P. HEYSES Versnovelle (›Rafael‹, 1863) und R. VOSS' Drama (›Rafael‹, 1883).

Weitere Werke: *Tafelbilder* (Datierungen umstritten): Madonna Solly, 1500/01 (Berlin, Gemäldegalerie); Madonna Diotalevi, um 1502 (Berlin, Gemäldegalerie); Die drei Grazien, 1502/03 (Chantilly, Musée Condé; BILD →Chariten); Madonna Conestabile, 1502/03 (Sankt Petersburg, Eremitage); Sposalizio, 1504 (Mailand, Brera); Madonna Terranuova, um 1505 (Berlin, Gemäldegalerie); Madonna del Granduca, um 1505 (Florenz, Palazzo Pitti); Madonna im Grünen, um 1505 (Wien, Kunsthistor. Museum); Angelo und Maddalena Doni, um 1505 (Florenz, Palazzo Pitti); Madonna del Cardellino, um 1506 (mit dem Stieglitz; Florenz, Uffizien); Madonna mit Kind u. Johannes, 1507 (›La belle Jardinière‹, Paris, Louvre); Grablegung Christi, 1507 (Rom, Galleria Borghese); Madonna Colonna, 1507 (Berlin, Gemäldegalerie); Madonna Tempi, 1507 (München, Alte Pinakothek); Madonna del Baldacchino, 1507 (Florenz, Palazzo Pitti); Kardinal, 1510/11 (Madrid, Prado); Madonna Alba, 1510/11 (Washington, D.C., National Gallery of Art); Papst Julius II., 1510/11 (Florenz, Uffizien, vermutlich Kopie); Madonna di Foligno, 1510/11 (Vatikan. Sammlungen); Madonna mit dem Fisch, um 1513 (Madrid, Prado); Madonna della Tenda, um 1514 (München, Alte Pinakothek); Madonna della Seggiola, um 1514 (Florenz, Palazzo Pitti); Jüngling, um 1514 (Krakau, Nationalmuseum; Verbleib nicht bekannt); Hl. Cäcilie, um 1514 (Bologna, Pinakothek). – *Bauwerke:* Sant'Eligio degli Orefici, Rom (Entwurf um 1511/12, begonnen 1514); Palazzo Branconio dell'Aquila und Palast Raffaels, ebd. (zerstört); Chigi-Kapelle in Santa Maria del Popolo, ebd. (begonnen 1513–16); Palazzo Pandolfini (?), Florenz (begonnen um 1516).

L. DUSSLER: R., Krit. Verz. der Gemälde, Wandbilder u. Bildteppiche (1966); J. POPE-HENNESSY: R. (New York 1970); R. QUEDNAU: Die Sala de Costantino im Vatikan. Palast (1979); K. OBERHUBER: Raphaels ›Transfiguration‹. Stil u. Bedeutung (1982); J.-P. CUZIN: Raphaël. Vie et œuvre (Paris 1983); H. FALCK-YTTER: Raphaels Christologie (1983); R. JONES u. N. PENNY: Raphael (New Haven, Conn., 1983); Raphael – die Zeichnungen, bearb. v. E. KNAB u.a. (1983); C. L. FROMMEL u.a.: R. Das architekton. Werk (a.d. Ital., 1987); R. in seiner Zeit, hg. v. V. HOFFMANN (1987); Raffaello e i Suoi. Disegni di Raffaello e della sua cerchia, bearb. v. D. CORDELLIER u.a., Ausst.-Kat. Villa Medici, Rom (Rom 1992); H. LOCHER: R. u. das Altarbild der Renaissance. Die ›Pala Baglioni‹ als Kunstwerk im sakralen Kontext (1994); E. ULLMANN: R. ([3]1997).

Raffaelli, Jean-François, frz. Maler und Grafiker, * Paris 20. 4. 1850, † ebd. 29. 2. 1924; Schüler von J. L. GÉRÔME, beeinflusst von den Impressionisten, mit denen er 1880 und 1881 ausstellte. Er malte v.a. die Umgebung von Paris; auch Radierungen (Karikaturen und Illustrationen).

Raffet [ra'fɛ], Denis Auguste Marie, frz. Maler und Grafiker, * Paris 2. 3. 1804, † Genua 16. 2. 1860; Schüler von N. T. CHARLET und J. GROS, bedeutend bes. als Lithograph und Illustrator. Er gestaltete v.a. zeitgeschichtl. Themen (u.a. Feldzüge NAPOLEONS I.) sowie Reiseimpressionen.

Raffi, eigtl. **Hakop Melik-Hakopjan,** armen. Schriftsteller, * Pajadjok (Iran) 1835, † Tiflis 6. 5. 1888; stellte die nationale Unterdrückung in der Vergangenheit seines Volkes dar, wobei er an histor. Gestalten anknüpfte oder idealisierte Persönlichkeiten schilderte.

Raffinade *die, -/-n,* Bez. für ein bes. sorgfältig gereinigtes Produkt, i.e.S. für fein gemahlenen, gereinigten Zucker.

Raffination [frz., zu raffiner ›verfeinern‹] *die, -/-en,* **Raffinieren,** allg. das Veredeln von Rohstoffen, i.e.S. das Entfernen von Verunreinigungen oder störenden Begleitstoffen aus techn. Produkten. Große Bedeutung hat die R. von Metallen, bei der die Metalle durch elektrolyt. oder pyrometallurg. Verfahren von unerwünschten Bestandteilen befreit werden. In der Lebensmitteltechnik spielt v.a. das Reinigen von Fetten und von Zucker eine Rolle. Auch die Verarbeitung von Erdöl wird R. genannt.

Raffinerie *die, -/...'ri|en,* Bez. für meist größere techn. Einrichtungen, in denen aus Naturprodukten (z.B. Erdöl, Zuckerrüben) Verkaufsprodukte ganz bestimmter Qualität hergestellt werden; i.e.S. Industriebetrieb zur Verarbeitung von →Erdöl.

Raffineriegase, unterschiedlich zusammengesetzte gasförmige Nebenprodukte der Erdölverarbeitung, die im Ggs. zu →Flüssiggasen bei einer Druckdestillation nicht verflüssigt werden (›Trockengase‹). R. bestehen aus Methan, Äthan und geringen Anteilen höherer gesättigter Kohlenwasserstoffe (Rohöldestillation), sie können aber auch Wasserstoff (katalyt. Reformieren, Hydrotreating) und Alkene (katalyt. Cracken) enthalten. R. werden meist in der Raffinerie als →Brenngas verwendet.

Raffinose *die, -,* **Melitose, Melitriose,** aus je einem Molekül Glucose, Fructose und Galaktose aufgebautes, nicht süß schmeckendes Trisaccharid; kommt in Zuckerrüben (nicht im Zuckerrohr) vor und wird als Zusatz für Bakteriennährböden verwendet. Durch Säuren und Hefeenzyme wird R. in Fructose und das Disaccharid Melibiose, durch Emulsin in Galaktose und das Disaccharid Saccharose gespalten.

Rafflesiengewächse: Riesenrafflesie

Rafflesia, Gattung der →Rafflesiengewächse.

Rafflesi|engewächse [nach dem brit. Kolonialbeamten Sir THOMAS STAMFORD RAFFLES, * 1781, † 1826], **Rafflesiaceae,** zum weiteren Verwandtschaftskreis um die Rosengewächse gehörende Familie chlorophyllloser Parasiten mit etwa 50 Arten in acht Gattungen, überwiegend in den Tropen verbreitet. Der wurzellose Vegetationskörper zeigt extreme Anpassungen an die parasit. Lebensweise: seine im Wirt (ausschließlich Holzpflanzen) befindl. Teile gleichen einem Pilzgeflecht. Als einziger Teil ist dann die Blüte bzw. der Blütenstand zu sehen, der aus dem Wirtsgewebe hervorbricht und kurz gestielt und schuppig beblättert sein kann. Eine bekannte Gattung ist **Rafflesia** (Rafflesie) mit rd. zehn Arten in SO-Asien, darunter die auf Sumatra heim. **Riesenrafflesie** (Rafflesia arnoldii), deren tellerförmige, fünfteilige, ziegelrot und weiß gescheckte Blüte fast 1 m Durchmesser erreicht und 6 kg schwer wird (größte Einzelblüte aller Pflanzen); Bestand bedroht.

Ali Akbar Hashemi Rafsandjani

Rafi, Kw. für **Reschimat Poalei Israel** [›Arbeiterliste‹], israel. Partei, von der Mapai abgespalten, gegr. 1965 von D. BEN GURION, S. PERES (1965–68: Gen.-Sekr.) u.a., ging 1968 in der →Israelischen Arbeitspartei auf.

Rafsandjani [rafsan'dʒa:ni], Hodjatoleslam Ali Akbar Hashemi, iran. Politiker, * Rafsandjan (Prov. Kerman) 25. 8. 1934; geistl. Schüler und polit. Gefolgsmann Ayatollah R. M. H. KHOMEINIS, maßgeblich am Sturz des Schahs MOHAMMED RESA (1979) beteiligt, 1980–89 Parlaments-Präs., war nach der Ermordung von Ayatollah M. H. BEHESCHTI (oberster Revolutionsrichter) und M. A. RADJAIS (Staatspräs.) seit 1981 nach KHOMEINI der einflussreichste Politiker. Als Oberbefehlshaber der iran. Streitkräfte (1988–89) konnte er 1988 dem Krieg mit Irak im Sinne der fundamentalistisch-islam. Kriegsziele keine Wende geben und machte mit Billigung von KHOMEINI den Weg für Waffenstillstandsverhandlungen frei. Nach dem Tod KHOMEINIS (3. 6. 1989) und der Wahl A. KHAMENEIS zum obersten geistl. Führer Irans war R. 1989–97 Staatspräs., dessen Amtsbefugnisse durch Referendum (1989) stark erweitert worden waren. R. verfolgte eine streng an den Ideen der fundamentalistisch-islam. Revolution ausgerichtete Politik, betrieb aber eine vorsichtige wirtschaftl. Liberalisierung und suchte die starke außenpolit. Isolierung Irans zu mildern.

Rafting [engl. to raft ›flößen‹, ›auf einem Floß fahren‹] *das, -s,* Wildwasserfahren **(River-R.)** in großen Schlauchbooten mit bis zu 30 Personen. Eine Wintersportvariante des R. ist das **Snow-R.,** bei dem max. zwölf Personen auf Schneeflößen bei Geschwindigkeiten bis zu 100 km/h die Skipisten hinuntergleiten. Beide Disziplinen zählen zu den →Extremsportarten.

Raga [Sanskrit] *der, -s/-s,* Melodiemodell in der ind. Musik; ausgebildet zw. dem 9. und 13. Jh., urspr. in bestimmten Melodietypen die Bez. für die Stimmungsqualität einzelner Haupttöne, die bei der Rezitation poet. Texte im Theater festgelegte Gefühle ausdrückten. Die Erscheinungsform (shakal) eines R. wird durch die Auswahl bestimmter Töne (svara) aus Materialleitern (18 Jati in der Hindustanimusik N-Indiens, 72 Melakarta in der karnat. Musik S-Indiens) und ihre hierarch. Ordnung geprägt. Das im 13. bis 17. Jh. voll ausgebildete System unterscheidet männl. R. und weibl. Ragini; den einzelnen R. sind Gefühlsinhalte (rasa) zugeordnet, z. B. Trauer, Freude, Zorn, Tages- und Jahreszeiten sowie Göttergestalten des Hinduismus.

W. KAUFMANN: The rāgas of North India (Bloomington, Ind., 1968, Nachdr. New York 1984); DERS.: The rāgas of South India (Bloomington, Ind., 1976); R. R. MENON: Abenteuer R. Vom Zauber der ind. Musik (a. d. Engl., 1988); M. R. GAUTAM: Evolution of raga and tala in Indian music (Delhi 1989).

RAG Aktiengesellschaft, Holdinggesellschaft des RAG-Konzerns mit den Kernbereichen Bergbau und Energiewirtschaft, Chemie, Umwelt, Technologie, Immobilien, Handel, gegr. 1968 als **Ruhrkohle AG,** firmiert seit 1997 unter der heutigen Bezeichnung; Sitz: Essen. Der Konzern betreibt in Dtl. nach zahlr. Zechenstilllegungen und der 1996 erfolgten Integrierung des Bergwerks der Gewerkschaft Auguste Victoria GmbH 15 Steinkohlenbergwerke und drei eigene Kokereien. Teilkonzerne sind die Steag AG, die Rütgers AG, die Ruhrkohle Handel GmbH, die Ruhrkohle Umwelt GmbH, die RAG Technik AG, die RAG Immobilien AG, die DBT Dt. Bergbau-Technik GmbH und die Eschweiler Bergwerks-Verein AG. Hauptaktionäre sind Veba AG (37,1 %), VEW AG (30,2 %) und Thyssen Stahl AG (12,7 %); Konzernumsatz (1996): 24,94 Mrd. DM, Beschäftigte: rd. 102 000.

Ragarock [-rɔk], Richtung innerhalb der Rockmusik (v. a. 1965–70), in der versucht wurde, rhythm. (Tala) und melod. (Raga) Elemente sowie traditionelle Instrumente (Sitar) der ind. Musik zu adaptieren. Versuche dieser Art unternahmen – nach Studien bei R. SHANKAR – G. HARRISON von den Beatles (›Norwegian wood‹, 1965; ›Within you, without you‹, 1967) sowie die Gruppen Birds, Yardbirds und Jefferson Airplane.

Ragaz, Bad R., Kurort im Kt. St. Gallen, Schweiz, im Rheintal nördlich von Chur, an der Mündung der Tamina (oberhalb die steile Taminaschlucht), 510 m ü. M., 4 800 Ew.; Thermalbad (das Wasser von 37 °C wird seit 1840 über eine 4 km lange Leitung aus der Schlucht hierher geleitet). In der Schlucht nahe der Quelle (Schüttung 7 000 l/min) das **Alte Bad Pfäfers,** seit dem MA. viel besucht (erste Bäderkonzession 1382); heute als Freilichtmuseum mit Paracelsus-Gedenkstätte restauriert. Bergbahn und anschließender Sessellift auf den Mugger Chamm (Pizolbahn, bis 2 226 m ü. M.). – Kath. Kirche, Barockbau von 1703–05 (über karoling. und roman. Fundamenten) mit mittelalterl. Turm (1892 erhöht); ehem. Statthalterei (1774) des Klosters Pfäfers, 1841 zum Badehotel umgebaut; Bad- und Trinkhalle von 1866–68. – R. ist seit 1937 als Badeort anerkannt.

Ragaz, Leonhard, schweizer. ev. Theologe, *Tamins (Kt. Graubünden) 28. 7. 1868, †Zürich 6. 12. 1945; war ab 1902 Pfarrer in Basel, ab 1908 Prof. für systemat. und prakt. Theologie in Zürich. Zus. mit H. KUTTER begründete R. 1906 die religiös-soziale Bewegung in der Schweiz und stand in der Folge an deren Spitze. Unter dem Eindruck des Ersten Weltkrieges trat er für das Prinzip der Gewaltlosigkeit und die Bekämpfung des Krieges ein. 1921 legte R. sein Lehramt nieder, gründete in Zürich die Volkshochschule ›Arbeit und Bildung‹ und widmete sich der Arbeiterbildungsarbeit und den sozialen, rechtlichen und polit. Anliegen der Arbeiterschaft. Dabei entwickelte er das Modell einer genossenschaftlich strukturierten demokrat. Gesellschaftsordnung.

Werke: Du sollst (1904); Das Evangelium u. der soziale Kampf der Gegenwart (1906); Weltreich, Religion u. Gottesherrschaft, 2 Bde. (1922); Von Christus zu Marx, von Marx zu Christus (1929); Gedanken aus 40 Jahren geistigen Kampfes (1938); Die Botschaft vom Reiche Gottes (1942).

Ausgaben: L. R. in seinen Briefen, hg. v. C. RAGAZ u. a., 2 Bde. (1966–82); Eingriffe ins Zeitgeschehen. Reich Gottes u. Politik. Texte von 1900–1945, hg. v. R. BRASSEL u. W. SPIELER (1995).

M. MATTMÜLLER: L. R., in: Gestalten der Kirchengesch., hg. v. M. GRESCHAT, Bd. 10, Tl. 1 (1985); L. R. im Profil. Gedanken u. Biographisches, hg. v. W. LIETHA (Chur 1995).

Ragdoll [ˈrægdɔl; engl., eigtl. ›Stoffpuppe‹] *die, -/-s,* amerikan. Langhaarkatze mit halblangem, dichtem Fell und buschigem Schwanz.

Ragionenbuch [von älter ital. ragione ›Firma‹, eigtl. ›Recht(sanspruch)‹], in der Schweiz eine Publikation, die den wesentl. Inhalt des Handelsregistereintrags aller registrierten Unternehmen zusammenfasst.

Raglai, Roglai, den Cham nahe verwandtes Volk mit austrones. Sprache in den Bergen östlich und südöstlich von Dalat im südl. Vietnam. Die etwa 50 000 R. betreiben Feldbau (Brandrodungen; Reis); sie haben eine matrilineare Gesellschaftsordnung.

Raglan [ˈraglan, ˈrɛglɛn, engl. ˈræglən; nach dem brit. Feldmarschall FITZROY JAMES HENRY SOMERSET, 1. Baron RAGLAN, *1788, †1855] *der, -s/-s,* in der 2. Hälfte des 19. Jh. aufgekommener Mantel mit Ärmeln und Schulterteil aus einem Stück; auch Bez. für die Schnittform.

Ragnar Lodbrok, dän. Wikingerkönig des 9. Jh., mit seinen Söhnen vermutlich Begründer des dän. Wikingerreiches in Northumbria (England). Seine mit der ›Völsunga saga‹ verknüpften fiktiven Taten (Drachenkampf, Befreiung und Gewinnung der Königstochter Thora, zweite Heirat mit →Aslaug, Heerfahrt nach England, Tod in der Schlangengrube; Rachetaten seiner Söhne) sind Gegenstand eines isländ. Heldenromans aus der 2. Hälfte des 13. Jh. (›Ragnars saga lodbrókar‹), werden aber bereits (mit Abweichungen) in den ›Gesta Danorum‹ (IX. Buch) des dän. Geschichtsschreibers SAXO GRAMMATICUS (um 1200) sowie in dem altnord. Gedicht ›Krákumál‹ (›Lied der Kráka‹, wohl 12. Jh.) erwähnt. R. L. gehört zu den berühmtesten nord. Heldengestalten der Wikingerzeit.

Ausgabe: Thule, hg. v. F. NIEDNER u. a., Bd. 21: Isländ. Heldenromane, übers. v. P. HERRMANN (Neuausg. 1966).

Ragnarök [altnord. ›Götterverhängnis‹] *die, -, altnord. Mythologie:* der Kampf der Götter mit den feindl. Mächten, ihr Untergang und die Vernichtung der Erde. Vorboten der Endzeit, die nach der Ermordung des guten Gottes Baldr einsetzt, sind lang anhaltende Kälte (›Fimbulwinter‹) und Kriege; Wölfe verschlingen Sonne und Mond, die Sterne fallen vom Himmel, die Erde bebt. Dann erheben sich die Göttergegner (Riesen und Dämonen) und sammeln sich auf der Ebene Vigrid; Loki und sein Sohn, der Wolf Fenrir, von den Göttern gefesselt, reißen sich los, die Midgardschlange kommt an Land, das Endzeitschiff Naglfar führt den Riesen Hrymr und die Reifriesen heran, der Feuerriese Surt erscheint mit den Muspellsleuten (→Muspell). Nun weckt der Wächter Heimdall die Götter, →Odin berät sich mit dem Haupt des weisen Mimir, und die Weltesche Yggdrasil erbebt. Die Götter ziehen in den Kampf und gehen unter, da sie moralisch versagt haben (Eidbruch; so die Deutung des Eddaliedes →Völuspá) und z.T. nicht hinreichend gerüstet waren: Odin wird von Fenrir verschlungen, aber von seinem Sohn Vidar gerächt, Thor erschlägt die Midgardschlange, stirbt jedoch an ihrem Gifthauch, Surt tötet den Friedensgott Freyr, der Wolf Garm und Gott Týr sowie Loki und Heimdall töten sich gegenseitig. Schließlich entfacht Surt den Weltbrand. Danach erhebt sich eine neue, paradies. Welt aus dem Meer; die Söhne Thors und Odins und die ehemals verfeindeten Götter Hödr und Baldr finden sich wieder ein und leben in Frieden; es entsteht ein neues Menschengeschlecht.

Ein einheitl. R.-Mythos existiert nicht. Die systematisierte, detaillierte, aber kaum ursprüngl. Darstellung der R. in der ›Gylfaginning‹ (→Edda) des Isländers SNORRI STURLUSON (13. Jh.) stützt sich auf einige Eddalieder, bes. die ›Völuspá‹. Zwar weisen die Vorstellungen vom ›Weltbrand‹ und den ›gefesselten Unholden‹ auf indogerman. Traditionen, die eigentl. eschatolog. Perspektive scheint sich jedoch erst gegen Ende des nordgerman. Heidentums, wohl unter christl. Einfluss, herausgebildet zu haben, ebenso die Vision einer neuen, friedvollen Welt.

Der von R. WAGNER für den letzten Teil des ›Rings des Nibelungen‹ gewählte Titel ›Götterdämmerung‹ bezieht sich auf den von SNORRI STURLUSON verwendeten Begriff ›ragna rökkr‹ (Neutrum Singular; ›Finsternis der Götter‹) anstelle des ursprüngl. ›ragnarök‹.

G. NECKEL: Studien zu den german. Dichtungen vom Weltuntergang (1918); A. OLRIK: R. Die Sagen vom Weltuntergang (a.d. Dän., 1922); J. DE VRIES: Altgerman. Religionsgesch., 2 Bde. ([3]1970); J. S. MARTIN: Ragnarøk (Assen 1972); S. NORDAL: Völuspá (a.d. Isländ., 1980, Text u. Komm.).

Ragnit, russ. Name seit 1946 **Neman,** Stadt im Gebiet Kaliningrad (Königsberg), Russland, am linken Ufer der Memel, 14 200 Ew.; Zellstoff-, Papierfabrik. – Die Deutschordensburg (14.–15. Jh.) wurde nach mehreren Bränden stark verändert. – R. entstand im Schutz einer Burg des Dt. Ordens Anfang des 15. Jh.; 1722 wurde R. Stadt. Mit dem nördl. Teil Ostpreußens kam R. 1945 an die Sowjetunion und gehört heute zu Russland.

Ragout [raˈguː; frz., zu ragoûter ›den Gaumen reizen‹] *das, -s/-s,* warmes Gericht aus gewürfeltem und geschmortem Fleisch (auch Fisch). **Ragoût fin** besteht aus kleinen Kalb- oder Geflügelfleischwürfeln mit pikanter Soße (meist Füllung für Pasteten).

Ragtime [ˈrægtaɪm; engl., eigtl. ›zerrissener Takt‹] *der, -,* ein im letzten Drittel des 19. Jh. im Mittelwesten der USA von schwarzen Pianisten entwickelter virtuoser Klaviermusikstil, der seinen Namen der in der Oberstimme bes. stark synkopierten Phrasierungsweise verdankt. Der am Marschrhythmus angelehnte R. umfasste 16- oder 32-taktige Themen, wobei beim Spiel meist mehrere R.-Themen, durch Zwischenspiele verbunden, aneinander gereiht wurden. Zur populärsten Spielweise des R., der als unmittelbarer Vorläufer des Jazz gilt, wurde der von J. R. MORTON um 1900 in New Orleans entwickelte R.-Stil mit charakterist. →Walkingbass in der linken Hand. Bedeutende R.-Komponisten waren u.a. S. JOPLIN, JAMES SCOTT (* 1886, † 1938) und TOM TURPIN (* 1873, † 1922).

Ragtime: Scott Joplin, ›The entertainer‹; 1902

Raguhn, Stadt im Landkreis Bitterfeld, Sa.-Anh., 70 m ü. M., in breiter Talaue westlich der Mulde, 3 900 Ew.; klein- und mittelständ. Betriebe, Landwirtschaft. – Das 1285 erstmals erwähnte R. entstand an einem Straßenübergang über die Mulde; 1395 erstmals als Stadt bezeugt.

Ragusa, 1) Hauptstadt der Prov. R., Italien, in SO-Sizilien, auf der Hochfläche der Monti Iblei beiderseits des Torrente (Trockental) Irminio, 502 m ü. M., 68 800 Ew.; Bischofssitz; Archäolog. Museum; Erdölraffinerie (südlich von R. Asphalt- und Erdölgewinnung), Kunststoff-, Zement-, Nahrungsmittelindustrie. – Dom San Giovanni (1706–60); in Ibla die Barockkirche San Giorgio Nuovo (1744–75; Kuppel von 1820). – Ältester Teil R.s ist **Ibla** auf einem Hügel unterhalb der Hochfläche, eine urspr. byzantin. Siedlung des 7. Jh. (an der Stelle, an der die Sikuler im 5. Jh. v. Chr. Hibla Heraea errichtet hatten). Nach dem Erdbeben von 1693 wurde auf der Hochfläche (nördlich des Torrente) **R. Superiore** als barocke Stadt mit Schachbrettgrundriss erbaut. Ab dem 19. Jh., verstärkt dann seit den 1950er-Jahren (Erdölfunde), entstand auf der jenseitigen Hochfläche die Neustadt.

2) Prov. auf Sizilien, Italien, 1 614 km², 296 700 Einwohner.

3) ital. Name für →Dubrovnik.

Ragwurz [zu ragen (in Anspielung auf die Wirkung der früher als Aphrodisiakum verwendeten Pflanze)], **Ophrys,** Orchideengattung mit 50–60 Arten in Mitteleuropa und in Vorderasien; bes. auf Kalkböden wachsende Erdorchideen, deren Stängel und Blütentraube aufrecht wachsen. Bei einigen einheim. Arten ähnelt die Lippe der bunten Blüten bestimmten Insekten. Bekannte Arten sind **Fliegen-R. (Fliegenorchis,** Ophrys insectifera), bis 30 cm hoch, Lippen der Blüten rotbraun, mit bläulich glänzendem Fleck am Grund, und **Hummel-R.** (Ophrys holosericea), bis 50 cm hoch, Blüten hummelähnlich, Lippe braun, samtig behaart, mit bläul. oder grüngelber Zeichnung, äußere Blütenhüllblätter weiß bis rosafarben; beide Arten sind geschützt.

Ragwurz: Hummelragwurz (Höhe bis 50 cm)

Hinweise für den Benutzer

Ausführliche Hinweise für den Benutzer finden sich am Ende des ersten Bandes.

Reihenfolge der Stichwörter

Die Stichwörter sind in alphabetischer Reihenfolge angeordnet, sie stehen am Anfang eines Artikels. Alphabetisiert werden alle fett gedruckten Buchstaben des Hauptstichworts, auch wenn es aus mehreren Wörtern besteht. Umlaute (ä, ö, ü) werden wie einfache Vokale eingeordnet, z. B. folgen aufeinander: **Bruck, Brück, Bruck an der Leitha, Brücke;** ß steht vor ss, also **Reuß, Reuss.** Buchstaben mit diakritischen Zeichen (z. B. mit einem Akzent) werden behandelt wie die Buchstaben ohne dieses Zeichen, z. B. folgen aufeinander: **Acinetobacter, Ačinsk, Acinus.** Unterscheiden sich mehrere Stichwörter nur durch ein diakritisches Zeichen oder durch einen Umlaut, so wird das Stichwort mit Zusatzzeichen nachgestellt; so folgen z. B. aufeinander: **Abbe, Abbé.** Unterscheiden sich mehrere Stichwörter nur durch Groß- und Kleinschreibung, so steht das kleingeschriebene Stichwort voran.

Gleich lautende Hauptstichwörter werden in der Reihenfolge: Sachstichwörter, geographische Namen, Personennamen angeordnet.

Gleich lautende geographische Namen mit und ohne Namenszusatz werden zu einem Artikel ›Name von geographischen Objekten‹ zusammengefasst.

Gleich lautende **Personennamen** erscheinen in dieser Reihenfolge: biblische Personen, Herrscher, Päpste, Vornamen (mit Zusatz), Nachnamen.

Herrschernamen werden alphabetisch nach Territorien angeordnet, das Heilige Römische Reich und das Deutsche Reich werden vorangestellt. Innerhalb der Territorien erscheinen die Herrscherbiographien in chronologischer Reihenfolge. Vornamen mit Zusatz (z. B. Adam von Bremen) werden unter dem Vornamen eingeordnet, der abgekürzte Vorname wird zusammen mit dem Zusatz nachgestellt, z. B.: **Adam, A. von Bremen.** Vornamen mit Zusatz werden nach den Zusätzen alphabetisch angeordnet, so folgen z. B. aufeinander: **Adam, A. de la Halle; Adam, A. von Bremen; Adam, A. von Fulda.**

Angaben zur Betonung und Aussprache

Fremdwörtliche und fremdsprachliche Stichwörter erhalten als Betonungshilfe einen Punkt (Kürze) oder einen Strich (Länge) unter dem betonten Laut. Weiterhin wird bei Personennamen sowie bei geographischen Namen die Betonung angegeben.

Die getrennte Aussprache von üblicherweise zusammen gesprochenen Lauten wird durch einen senkrechten Strich angezeigt, z. B. **A̲is|chylos, Lị|li|e.**

Weicht die Aussprache eines Stichwortes von der deutschen ab, so wird in der dem Stichwort folgenden eckigen Klammer die korrekte Aussprache in phonetischer Umschrift angegeben. Diese folgt dem Internationalen Lautschriftsystem der Association Phonétique Internationale. Die verwendeten Zeichen bedeuten:

a = helles a, dt. Bl*a*tt, frz. p*a*tte
ɑ = dunkles a, dt. w*a*r, engl. r*a*ther
ã = nasales a, frz. gr*an*d
ʌ = dumpfes a, engl. b*u*t
β = halboffener Reibelaut b, span. Ha*b*anera
ç = Ich-Laut, dt. mi*ch*
ɕ = sj-Laut (stimmlos), poln *Si*enkiewicz
ð = stimmhaftes engl. th, engl. *th*e
æ = breites ä, dt. *Ä*ther
ɛ = offenes e, dt. f*e*tt
e = geschlossenes e, engl. *e*gg, dt. B*ee*t
ə = dumpfes e, dt. all*e*
ɛ̃ = nasales e, frz. f*in*
ɣ = geriebenes g, span. Tarra*g*ona, niederländ. *G*ogh
i = geschlossenes i, dt. W*ie*se
ɪ = offenes i, dt. b*i*tte
ĩ = nasales i, port. *I*nfante
ʎ = lj, span. Sevi*ll*a
ŋ = ng-Laut, dt. Ha*ng*
ɲ = nj-Laut, Champa*gn*er
ɔ = offenes o, dt. K*o*pf
o = geschlossenes o, dt. T*o*r
ɔ̃ = nasales o, frz. b*on*
ø = geschlossenes ö, dt. H*ö*hle
œ = offenes ö, dt. H*ö*lle
œ̃ = nasales ö, frz. parf*um*
s = stimmloses s, dt. wa*s*
z = stimmhaftes s, dt. *s*ingen
ʑ = zj-Laut (stimmhaft), poln. *Zi*elona Gora
ʃ = stimmloses sch, dt. *Sch*uh
ʒ = stimmhaftes sch, Gara*g*e
θ = stimmloses th, engl. *th*ing
u = geschlossenes u, dt. K*u*h
ʊ = offenes u, dt. b*u*nt
ũ = nasales u, port. At*um*
v = stimmhaftes w, dt. *W*ald
w = halbvokalisches w, engl. *w*ell
x = Ach-Laut, dt. Kra*ch*
y = geschlossenes ü, dt. M*ü*tze
ɥ = konsonantisches y, frz. S*u*isse
ː = bezeichnet Länge des vorhergehenden Vokals
ˈ = bezeichnet Betonung und steht vor der betonten Silbe, z. B. ˈætlɪ = Attlee
̑ = unter Vokalen, gibt an, dass der Vokal unsilbisch ist

b d f g h j k l m n p r t geben in den meisten Sprachen etwa den Lautwert wieder, den sie im Deutschen haben. Im Englischen wird ›r‹ weder wie ein deutsches Zäpfchen-r noch wie ein gerolltes Zungenspitzen-r gesprochen, sondern mit der Zungenspitze an den oberen Vorderzähnen oder am Gaumen gebildet.

Abkürzungen

Außer den im Abkürzungsverzeichnis aufgeführten Abkürzungen werden die Adjektivendungen ...lich und ...isch abgekürzt sowie allgemein gebräuchliche Einheiten mit bekannten Einheitenzeichen (wie km für Kilometer, s für Sekunde).

Das Hauptstichwort wird im Text des jeweiligen Artikels mit seinem Anfangsbuchstaben wiedergegeben. Bei Stichwörtern, die aus mehreren Wörtern bestehen, wird jedes Wort mit dem jeweils ersten Buchstaben abgekürzt. Dies gilt auch für Stichwörter, die mit Bindestrich gekoppelt sind.

Alle Abkürzungen und Anfangsbuchstaben der Hauptstichwörter gelten auch für flektierte Formen (z. B. auch für Pluralformen) des abgekürzten Wortes. Bei abgekürzten Hauptstichwörtern, die aus Personennamen oder Namen von geographischen Objekten bestehen, wird die Genitivendung nach dem Abkürzungspunkt wiedergegeben.

Benennung und Abkürzung der biblischen Bücher können der Übersicht ›Bücher der Bibel‹ beim Stichwort ›Bibel‹ entnommen werden.

Abg.	Abgeordnete(r)
ABGB	Allgemeines Bürgerliches Gesetzbuch (Österreich)
Abh(h).	Abhandlung(en)
Abk.	Abkürzung
Abs.	Absatz
Abt(t).	Abteilung(en)
a. d.	aus dem
AG	Aktiengesellschaft
ags.	angelsächsisch
ahd.	althochdeutsch
Akad.	Akademie
Ala.	Alabama
Alas.	Alaska
allg.	allgemein
Anh.	Anhang
Anm(m).	Anmerkung(en)
Anth.	Anthologie
AO	Abgabenordnung
Ariz.	Arizona
Ark.	Arkansas
Art.	Artikel
ASSR	Autonome Sozialistische Sowjetrepublik
A. T.	Altes Testament
Aufl(l).	Auflage(n)
ausgew.	ausgewählt
Ausg(g).	Ausgabe(n)
Ausst.	Ausstellung
Ausw.	Auswahl
autobiogr.	autobiographisch
...b.	...buch
Bad.-Württ.	Baden-Württemberg
Bbg.	Brandenburg
Bd., Bde.	Band, Bände
bearb.	bearbeitet
begr.	begründet
Beitr(r).	Beitrag/Beiträge
ber.	berechnet
bes.	besonders
Bev.	Bevölkerung
Bez.	Bezeichnung; Bezirk
BGB	Bürgerliches Gesetzbuch
BGH	Bundesgerichtshof
bibliogr.	bibliographisch
Bibliogr(r).	Bibliographie(n)
Biogr.	Biographie
BRD	Bundesrepublik Deutschland
Bull.	Bulletin
BWV	Bach-Werke-Verzeichnis
bzw.	beziehungsweise
Calif.	Kalifornien
chin.	chinesisch
Colo.	Colorado
Conn.	Connecticut
ČR	Tschechische Republik
ČSFR	Tschechoslowakei (1990–1992)
ČSSR	Tschechoslowakei (bis 1990)
Cty.	County
D	Deutsch-Verzeichnis
d. Ä.	der (die) Ältere
dargest.	dargestellt
Darst.	Darstellung
D. C.	District of Columbia
DDR	Deutsche Demokratische Republik
Del.	Delaware
Dep.	Departamento
Dép.	Département
ders.	derselbe
dgl.	dergleichen, desgleichen
d. Gr.	der (die) Große
d. h.	das heißt
d. i.	das ist
dies.	dieselbe(n)
Diss.	Dissertation
Distr.	Distrikt
d. J.	der (die) Jüngere
DM	Deutsche Mark
Dr(n).	Drama/Dramen
dt.	deutsch
Dtl.	Deutschland
EA	Erstausgabe
ebd.	ebenda
EG	Europäische Gemeinschaft
ehem.	ehemalig; ehemals
eigtl.	eigentlich
Einf.	Einführung
Einl.	Einleitung
entst.	entstanden
Enzykl.	Enzyklopädie
Erg(g).	Ergänzung(en)
Erl(l).	Erläuterung(en)
ersch.	erschienen
erw.	erweitert
Erz(n).	Erzählung(en)
Es(s).	Essay(s)
EStG	Einkommensteuergesetz
EU	Europäische Union
europ.	europäisch
ev.	evangelisch
e. V.	eingetragener Verein
Ew.	Einwohner
f., ff.	folgende..., folgende
Fasz.	Faszikel
Festschr.	Festschrift
FH	Fachhochschule
Fla.	Florida
fortgef.	fortgeführt
fortges.	fortgesetzt
Forts.	Fortsetzung
frz.	französisch
Ga.	Georgia
geb.	geborene(r)
Ged(e).	Gedicht(e)
gedr.	gedruckt
gegr.	gegründet
Gem.	Gemeinde
gen.	genannt
Gen.-Gouv.	Generalgouverneur; Generalgouvernement
Gen.-Sekr.	Generalsekretär
ges.	gesammelt
Ges.	Gesetz
...gesch.	...geschichte
Gesch.	Geschichte
Gew.-%	Gewichtsprozent
GG	Grundgesetz
ggf.	gegebenenfalls
Ggs.	Gegensatz
gleichbed.	gleichbedeutend
GmbH	Gesellschaft mit beschränkter Haftung
Gouv.	Gouverneur; Gouvernement
Gramm.	Grammatik
Grundl.	Grundlage
Grundr.	Grundriß (bei Buchtitel)
...h.	...heft
H.	Heft
Ha.	Hawaii
Habil.	Habilitationsschrift
Hb.	Handbuch
hebr.	hebräisch
Hg.	Herausgeber(in)
HGB	Handelsgesetzbuch
hg. v.	herausgegeben von
hl., Hl.	heilig; Heilige(r)
Hob.	Hoboken-Verzeichnis
Hörsp(e).	Hörspiel(e)
Hs(s).	Handschrift(en)
Hwb.	Handwörterbuch
Ia.	Iowa
i. Allg.	im Allgemeinen
Id.	Idaho
i. d. F. v.	in der Fassung von
idg.	indogermanisch
i. d. R.	in der Regel
i. e. S.	im engeren Sinn
Ill.	Illinois
Ind.	Indiana; Industrie
Inst.	Institut
internat.	international
ital.	italienisch
i. w. S.	im weiteren Sinn
jap.	japanisch
Jb.	Jahrbuch
Jg.	Jahrgang
Jh.	Jahrhundert
jr.	junior
Jt.	Jahrtausend
Kans.	Kansas
Kap.	Kapitel
Kat.	Katalog
kath.	katholisch
Kfz	Kraftfahrzeug
KG	Kommanditgesellschaft
Kl.	Klasse
Komm.	Kommentar
Kom(n).	Komödie(n)
Kr.	Kreis
Krst.	Kreisstadt
Kt.	Kanton
KV	Köchelverzeichnis
Kw.	Kunstwort; Kurzwort
Ky.	Kentucky
La.	Louisiana
lat.	lateinisch
Lb.	Lehrbuch
Leitf.	Leitfaden
Lex.	Lexikon
Lfg(g).	Lieferung(en)
LG	Landgericht
Lit.	Literatur
Losebl.	Loseblattausgabe, -sammlung
Lw.	Lehnwort
MA.	Mittelalter
magy.	magyarisch
Masch.	Maschinenschrift
Mass.	Massachusetts
max.	maximal
Md.	Maryland
MdB	Mitglied des Bundestags
MdEP	Mitglied des Europäischen Parlaments
MdL	Mitglied des Landtags
MdR	Mitglied des Reichstags
Me.	Maine
Meckl.-Vorp.	Mecklenburg-Vorpommern
Metrop. Area	Metropolitan Area
Metrop. Cty.	Metropolitan County
MGG	Die Musik in Geschichte und Gegenwart, hg. v. F. Blume
mhd.	mittelhochdeutsch
Mich.	Michigan
min.	minimal
Min.	Minister
Minn.	Minnesota
Min.-Präs.	Ministerpräsident
Mio.	Million(en)
Miss.	Mississippi
Mitarb.	Mitarbeit
Mitgl.	Mitglied
Mitt.	Mitteilung
mlat.	mittellateinisch
mnd.	mittelniederdeutsch
m. n. e.	mehr nicht erschienen
Mo.	Missouri
Mont.	Montana
Mrd.	Milliarde(n)
Mschr.	Monatsschrift
Ms(s).	Manuskript(e)
N	Nord(en)

Nachdr.	Nachdruck
Nachr(r).	Nachricht(en)
nat.	national
natsoz.	nationalsozialistisch
n. Br.	nördliche Breite
N. C.	North Carolina
n. Chr.	nach Christi Geburt
N. D.	North Dakota
NDB	Neue Deutsche Biographie, hg. v. der Histor. Kommission bei der Bayer. Akademie der Wissenschaften, Berlin
Ndsachs.	Niedersachsen
Nebr.	Nebraska
Neuaufl.	Neuauflage
Neuausg.	Neuausgabe
Nev.	Nevada
N. F.	Neue Folge
N. H.	New Hampshire
nhd.	neuhochdeutsch
niederdt.	niederdeutsch
N. J.	New Jersey
nlat.	neulateinisch
N. Mex.	New Mexico
NO	Nordost(en)
NÖ	Niederösterreich
Nov(n).	Novelle(n)
Nr.	Nummer
N. R.	Neue Reihe
NRW	Nordrhein-Westfalen
N. S.	Neue Serie
N. T.	Neues Testament
NW	Nordwest(en)
N. Y.	New York
O	Ost(en)
o. Ä.	oder Ähnliches
oberdt.	oberdeutsch
Oh.	Ohio
OHG	Offene Handelsgesellschaft
o. J.	ohne Jahr
Okla.	Oklahoma
ö. L.	östliche Länge
OLG	Oberlandesgericht
OÖ	Oberösterreich
o. O.	ohne Ort
op.	Opus
OR	Obligationenrecht (Schweiz)
Ordn.	Ordnung
Oreg.	Oregon
orth.	orthodox
österr.	österreichisch
Pa.	Pennsylvania
Pauly-Wissowa	Pauly Realencyclopädie der classischen Altertumswissenschaft, neu bearb. v. G. Wissowa u.a.
PH	Pädagogische Hochschule
Pl.	Plural
port.	portugiesisch
Präs.	Präsident
Prof.	Professor
prot.	protestantisch
Prov.	Provinz
Pseud.	Pseudonym
R.	Reihe
R(e).	Roman(e)
rd.	rund
ref.	reformiert
Reg.	Regierung
Reg.-Bez.	Regierungsbezirk
Reg.-Präs.	Regierungspräsident
Rep.	Republik
rev.	revidiert
Rheinl.-Pf.	Rheinland-Pfalz
R. I.	Rhode Island
RSFSR	Russische Sozialistische Föderative Sowjetrepublik
S	Süd(en)
S.	Seite; Spalte
Sa.	Sachsen
Sa.-Anh.	Sachsen-Anhalt
Sb.	Sitzungsberichte
s. Br.	südliche Breite
S. C.	South Carolina
Schlesw.-Holst.	Schleswig-Holstein
Schr.	Schrift
Schsp(e).	Schauspiel(e)
S. D.	South Dakota
Sekr.	Sekretär
Sg.	Singular
Slg(g).	Sammlung(en)
SO	Südost(en)
SSR	Sozialistische Sowjetrepublik
St.	Sankt
Staatspräs.	Staatspräsident
stellv.	stellvertretende(r)
Stellv.	Stellvertreter(in)
StGB	Strafgesetzbuch
StPO	Strafprozessordnung
Suppl.	Supplement
svw.	so viel wie
SW	Südwest(en)
Tab(b).	Tabelle(n)
Tb(b).	Taschenbuch/Taschenbücher
Tenn.	Tennessee
Tex.	Texas
TH	Technische Hochschule
Thür.	Thüringen
Tl., Tle.	Teil, Teile
tlw.	teilweise
Trag(n).	Tragödie(n)
TRE	Theologische Realenzyklopädie, hg. v. G. Krause u. a.
Tsd.	Tausend
TU	Technische Universität
UA	Uraufführung
u. a.	und andere, unter anderem
u. Ä.	und Ähnliches
u. a. T.	unter anderem Titel/unter anderen Titeln
übers.	übersetzt
Übers.	Übersetzung
UdSSR	Union der Sozialistischen Sowjetrepubliken (Sowjetunion)
u. d. T.	unter dem Titel
u. M.	unter dem Meeresspiegel
ü. M.	über dem Meeresspiegel
Univ.	Universität
Unters(s).	Untersuchung(en)
urspr.	ursprünglich
USA	United States of America (Vereinigte Staaten von Amerika)
usw.	und so weiter
Ut.	Utah
u. U.	unter Umständen
u. v. a.	und viele(s) andere
v.	von
Va.	Virginia
v. a.	vor allem
v. Chr.	vor Christi Geburt
verb.	verbessert
Verf.	Verfasser; Verfassung
verh.	verheiratete(r)
Verh(h).	Verhandlung(en)
Veröff.	Veröffentlichung
versch.	verschieden
Verw.	Verwaltung
Verz.	Verzeichnis
vgl.	vergleiche
Vjbll.	Vierteljahresblätter
Vjh.	Vierteljahresheft
Vjschr.	Vierteljahresschrift
VO	Verordnung
Vol.-%	Volumenprozent
Vors.	Vorsitzende(r)
VR	Volksrepublik
Vt.	Vermont
W	West(en)
Wash.	Washington
Wb.	Wörterbuch
Wis.	Wisconsin
wiss.	wissenschaftlich
...wiss.(en)	...wissenschaft(en)
Wiss.(en)	Wissenschaft(en)
w. L.	westliche Länge
W. Va.	West Virginia
Wwschaft	Woiwodschaft
Wyo.	Wyoming
zahlr.	zahlreich
z. B.	zum Beispiel
Zbl.	Zentralblatt
ZGB	Zivilgesetzbuch
ZK	Zentralkomitee
ZPO	Zivilprozessordnung
z. T.	zum Teil
Ztschr.	Zeitschrift
zus.	zusammen
zw.	zwischen
zz.	zurzeit
z. Z.	zur Zeit

*	geboren
†	gestorben
∞	verheiratet
→	siehe
⇨	siehe
®	Marken (steht bei fett und halbfett gesetzten Wörtern. – Siehe auch Impressum)

Das Bildquellenverzeichnis für alle Bände befindet sich am Ende des letzten Bandes.